Contraste insuffisant

NF Z 43-120-14

...LET DE LANGUE FRANÇAISE

PAR M. GUÉRARD

DICTIONNAIRE GÉNÉRAL

DE LA

LANGUE FRANÇAISE

COMPRENANT

1º Tous les termes littéraires et ceux du langage usuel, avec leur sens propre et leur sens figuré;

2º Un vocabulaire des principaux termes usités dans les sciences et dans les arts (mathématiques, astronomie, physique, chimie, histoire naturelle, botanique, géologie, architecture, etc.);

3º Un dictionnaire biographique et mythologique, ou dictionnaire des noms propres de saints personnages, de divinités fabuleuses, de personnes qui ont marqué dans l'histoire ou qui se sont illustrées dans les lettres, dans les sciences ou dans les arts;

4º Un dictionnaire de géographie ancienne et moderne;

INDIQUANT

1º La prononciation figurée, dans les cas exceptionnels ou douteux;

2º Les étymologies propres à déterminer et à rappeler le sens précis des termes scientifiques;

ET TERMINÉ

Par une liste des citations ou locutions latines, italiennes ou anglaises, le plus fréquemment employées par les Français dans leurs conversations ou dans leurs écrits;

PAR MM.

GUÉRARD

Agrégé de l'Université et préfet des études au collége de Sainte-Barbe.

SARDOU

Ancien chef d'institution, professeur à l'École impériale ottomane de Paris.

PARIS

F. TANDOU ET Cie, LIBRAIRES-ÉDITEURS

RUE DES ÉCOLES, 78

DICTIONNAIRE GÉNÉRAL

DE

LA LANGUE FRANÇAISE

COURS COMPLET
DE LANGUE FRANÇAISE

THÉORIE ET EXERCICES

POUR L'ENSEIGNEMENT UNIMETHODIQUE DES LANGUES

PAR M. GUÉRARD

Agrégé de l'Université, préfet des études à Sainte-Barbe,
Chevalier de la Légion d'honneur.

CORBEIL. — Typ. et stér. de CRÉTÉ.

COURS COMPLET DE LANGUE FRANÇAISE
PAR M. GUÉRARD

DICTIONNAIRE GÉNÉRAL

DE LA

LANGUE FRANÇAISE

COMPRENANT

1º Tous les **termes littéraires** et ceux du **langage usuel**, avec leur sens propre et leur sens figuré;

2º Un **vocabulaire** des principaux termes usités dans les sciences et dans les arts (**mathématiques, astronomie, physique, chimie, histoire naturelle, botanique, géologie, architecture**, etc.);

3º Un **dictionnaire biographique** et **mythologique**, ou dictionnaire des noms propres de saints personnages, de divinités fabuleuses, de personnes qui ont marqué dans l'histoire ou qui se sont illustrées dans les lettres, dans les sciences ou dans les arts;

4º Un dictionnaire de **géographie ancienne et moderne;**

INDIQUANT

1º La **prononciation figurée**, dans les cas exceptionnels ou douteux;

2º Les **étymologies** propres à déterminer et à rappeler le sens précis des termes scientifiques,

ET TERMINÉ

Par une liste des citations ou locutions latines, italiennes ou anglaises, le plus fréquemment employées par les Français dans leurs conversations ou dans leurs écrits;

PAR MM.

GUÉRARD

Agrégé de l'Université et préfet des études au collège de Sainte-Barbe.

SARDOU

Ancien chef d'institution, professeur à l'école impériale ottomane de l'a is.

PARIS

Fᵈ TANDOU ET Cⁱᵉ, LIBRAIRES-ÉDITEURS

RUE DES ÉCOLES, 78

1864

Toutes nós éditions sont revêtues de notre griffe.

AVERTISSEMENT DES ÉDITEURS

La langue française, comme celle de toute autre nation plus ou moins civilisée, est en quelque sorte multiple, en ce sens que tous les mots dont elle se compose appartiennent à des catégories diverses constituant pour ainsi dire autant de langues particulières.

Ainsi, nous avons la langue usuelle ou de la conversation, la langue littéraire, la langue scientifique, celle des arts et métiers. Nous avons de plus une classe fort nombreuse de mots à caractère tellement tranché, qu'on en a fait des dictionnaires spéciaux : ce sont les noms propres de personnes, de villes, de fleuves, etc.

En effet, par la forme que nous leur donnons, par leur orthographe (car, quoi qu'on en dise, ils en ont une bien arrêtée), les noms propres font partie de la langue générale. Ainsi par exemple, SOCRATE, ARISTOTE, en grec *Socratês*, *Aristotelês*; PAUL, en latin *Paulus*, en espagnol *Pablo*, en italien *Paolo* ; PIERRE, en latin *Petrus*, en italien *Pietro*, en espagnol *Pedro* ; JACQUES, l'*Yacoub* des Arabes, en latin *Jacobus*, en italien *Giacomo*, en anglais *James*, etc. : tous ces mots sont parfaitement français au même titre que les noms communs *cheval, lion, table, maison*, etc. Il en est de même des noms propres géographiques, tels que LONDRES, en anglais *London* ; TURIN, NAPLES, VENISE, FLORENCE, en italien *Torino, Napoli, Venezia, Firenze* ; MAYENCE, en allemand *Mainz* ; DANUBE, en allemand *Donau*, en hongrois *Duna*, etc., etc.

Cela étant, les personnes vouées à l'enseignement public, et plus particulièrement les instituteurs primaires, avaient lieu de se plaindre de ne pouvoir trouver, à l'usage de leurs élèves, que de petits dictionnaires français ne contenant guère que les mots de la langue usuelle et ceux de la langue littéraire : non pas tous néanmoins, car en général les auteurs de ces dictionnaires avaient pris pour base de leur travail le dictionnaire de l'Académie ; et l'Académie, on ne sait

a

trop pourquoi, a omis un grand nombre de mots parfaitement français, employés fréquemment par nos meilleurs auteurs, par les Académiciens eux-mêmes. Quant aux termes scientifiques, c'était presque toujours peine perdue que de les chercher dans ces livres ; et pourtant, c'est surtout pour l'orthographe ou la signification de ces sortes de mots que les élèves, et que les grandes personnes elles-mêmes ont le plus souvent besoin de consulter un dictionnaire.

Il y avait donc là une grande lacune à combler, et notre maison publia en 1851 l'ouvrage composé par M. Sardou et intitulé : *Nouveau Dictionnaire abrégé de la langue française, où l'on trouve les mots de la langue littéraire et les termes scientifiques les plus usités, suivi d'un dictionnaire historique, mythologique et géographique ou dictionnaire des noms propres.*

Le succès qu'a obtenu ce livre, succès attesté par les imitations qui en ont été faites depuis, nous imposait en quelque sorte l'obligation de faire davantage. Le dictionnaire abrégé de M. Sardou avait été rédigé spécialement en vue des écoles primaires, et dès lors il avait fallu en restreindre le cadre; celui que nous publions aujourd'hui est destiné aux élèves qui reçoivent un enseignement d'un degré au-dessus de l'enseignement primaire, aux gens d'étude ou d'affaires, aux employés, aux ouvriers, en un mot à tout le monde : on l'a donc rendu aussi complet que possible.

Ainsi l'on trouvera dans ce nouveau dictionnaire, non-seulement tous les termes usuels et les mots de la langue littéraire, mais encore un très-grand nombre de termes techniques ou didactiques que ne donnent pas toujours des dictionnaires même très-volumineux; et comme l'étude des sciences a pris depuis quelques années un très-grand développement, les auteurs ont enrichi leur nomenclature de tous les termes de *chimie*, de *physique*, d'*astronomie*, de *mathématiques*, de *botanique*, de *zoologie*, de *géologie*, etc., qu'il n'est plus permis, même aux gens du monde, d'ignorer complétement. Ils n'ont écarté que ceux qui, par trop spéciaux ou d'un emploi fort rare, ne sont usités que parmi les savants de profession. Enfin, au lieu de faire imprimer séparément le *Dictionnaire historique, mythologique et géographique*, nous l'avons fait entrer dans le corps même de l'ouvrage en plaçant les noms propres à leur rang alphabétique.

On doit comprendre maintenant la signification que nous attachons au titre de *Dictionnaire général* donné à ce nouveau livre : ici le mot *général* a trait à l'étendue de la nomenclature, et nullement au développement des articles et à la multitude des détails.

Les auteurs auraient pu, comme tant d'autres, donner de nombreux exemples et allonger les définitions, ce qui eût été plus facile que de les resserrer ; mais alors, ou notre livre devenait trop volumineux et par conséquent trop cher pour l'immense majorité des élèves, ou bien il fallait sacrifier le principal à l'accessoire en restreignant beaucoup la nomenclature ; et dans ce cas, au lieu de *cinquante mille* mots qui forment autant d'articles, notre dictionnaire n'en aurait contenu, comme les autres, que *trente* ou *quarante mille :* des deux façons nous manquions notre but.

On a donc été sobre de détails afin de laisser plus de place à la nomenclature. « Ce que l'élève, s'est-on dit, ce que chacun demande « avant tout à un dictionnaire, c'est le *mot*, c'est l'orthographe de ce « mot, puis sa définition claire et précise, au sens propre comme au « sens figuré. Ainsi tout dictionnaire, pour être bon, doit d'abord et « surtout satisfaire à ces premières conditions. »

Les exemples sont utiles sans doute ; mais leur utilité n'est que secondaire, et encore faut-il qu'ils soient vraiment nécessaires pour l'intelligence de la définition. Supposons en effet qu'après avoir dit au mot TABLE, « meuble ordinairement en bois, dont le dessus est une surface « plane, et qui a un ou plusieurs pieds, » l'on ajoute cet exemple : *table à manger*, qu'aura-t-on appris de plus à la personne qui consultera le dictionnaire ? On s'est bien gardé de donner des explications aussi oiseuses et qui souvent répétées auraient pris dans le livre une place que les auteurs croient avoir beaucoup mieux remplie ; et, en fait d'exemples, ils n'ont mis que ceux qui leur ont paru réellement indispensables.

Ils ont indiqué la prononciation, mais seulement dans les cas difficiles ou exceptionnels ; ils ont cru inutile de le faire toutes les fois que la prononciation du mot ne pouvait être douteuse pour personne.

Les faits purement grammaticaux, tels que le pluriel de certains substantifs composés, celui de quelques adjectifs en *al*, etc., ont été indiqués comme ils le sont dans l'excellente grammaire de M. Guérard. Notre *Dictionnaire général* et l'abrégé de ce dictionnaire se rattachent ainsi au *Cours complet de langue française* du même auteur, et par ce moyen nous satisfaisons à l'une des conditions les plus essentielles des bonnes études, *l'unité de l'enseignement donné par les livres.*

Quant aux étymologies, on n'a pas jugé à propos d'indiquer celles qui, bien que certaines, ne sont réellement d'aucun secours pour fixer ou faire connaître la vraie signification d'un mot; ainsi, l'on n'a pas fait remarquer que *homme* vient du latin *homo*, *terre* de *terra*, *pain* de *panis*, *vin* de *vinum*, *extrême* d'*extremus*, *courir* de *currere*, etc.: le mot latin n'apprend ici rien de plus que le mot français lui-même. On s'est surtout abstenu de donner de ces étymologies curieuses ou plus ou moins contestables qui ne peuvent intéresser que des philologues ou des savants; et l'on a cru devoir se borner à ne guère indiquer que l'étymologie des termes scientifiques, tels que *hexagone*, *isopérimètre*, *homocentrique*, *amorphe*, *anhydre*, *isochronisme*, *aréomètre*, *monocotylédone*, *cryptogamie*, *épicorolle*, *entomozoaires*, *cheiroptère*, *lépidoptère*, *mammalogie*, *anastomose*, *conchylien*, *pliocène*, etc. Pour ces sortes de mots, en effet, l'étymologie est d'un grand secours et facilite singulièrement l'étude des sciences, parce qu'elle donne la vraie signification du mot, auquel elle fait perdre pour ainsi dire sa physionomie étrangère, et que ce mot, portant en lui-même la définition de la chose qu'il désigne, est en vertu de cela le signe d'une ou de plusieurs idées claires, précises, bien déterminées. Il est donc certain qu'un dictionnaire qui fournit des indications de cette nature est fort utile à consulter, quand on étudie les sciences, ou que dans ses lectures on rencontre des termes scientifiques que l'on voit pour la première fois ou dont on ne connaît pas bien la signification.

Les étymologies grecques ont été écrites avec les caractères de l'alphabet français; et, pour représenter certaines lettres grecques qui diffèrent des nôtres, on a fait usage des notations suivantes:

L'*epsilon* (E, ε) ou *e* bref a été figuré par notre *e* fermé.

L'*êta* (H, η) ou *e* long, par *ê*.

L'*omicron* (O, ο) ou *o* bref, par *o*.

L'*oméga* (Ω, ω) ou *o* long, par *ô*.

L'*upsilon* ou *ypsilon* (Υ, υ), par *y*, suivant l'usage des Latins, qui ont traduit le grec λύρα par *lyra*, μάρτυς par *martyr*, etc.

Cependant, après les voyelles α, ε, ο, et avant l'ι, l'upsilon équivaut à notre *u* : ainsi les diphthongues αυ, ευ, ου, υι, se prononcent *au, eu, ou, ui* (1).

L'aspiration indiquée dans le grec par un *esprit rude* surmontant une voyelle initiale, comme par exemple ά, έ, ί, a été figurée par la lettre *h* : ainsi ἁρμονία a été écrit *harmonia*, ἑπτά *hepta*, ἵππος *hippos*.

Le *rho* (P, ρ) ou *r* grec, lorsqu'il est surmonté d'un esprit rude, est toujours figuré en français par *rh* : ῥήτωρ (rhêtôr), *rhéteur*.

Les lettres doubles Θ, θ ; Φ, φ; X, χ; Ψ, ψ, ont été figurées suivant l'usage ordinaire par la combinaison des lettres *th*, *ph*, *ch* (toujours dur comme *k*) et *ps*.

Il faut bien remarquer que le *gamma* (Γ, γ) ou *g* grec, a toujours le son dur, même devant les voyelles *e*, *i* : ainsi ἅγιος se prononce *haghios*. En outre, le gamma suivi d'un autre gamma ou bien d'un χ (*k*), d'un ξ (*x*) ou d'un χ (*ch*), prend la valeur d'une *n* : ἄγγελος (aggélos) se prononce *anguélos*; ἄγκυρα (agkyra), *ankyra*; σφίγξ (sphigx), *sphinx*; βράγχια (bragchia), *branchia*.

N. B. Un supplément formé d'un certain nombre de mots tout à fait nouveaux ou peu usités a été mis à la suite du Dictionnaire général. Ce supplément sera remanié à chaque nouveau tirage du livre pour donner place aux expressions nouvelles qui auront été introduites dans la langue littéraire ou dans celle des sciences, et aussi afin de pouvoir faire dans la nomenclature des noms historiques ou géographiques les augmentations et les changements amenés par le temps.

On trouve souvent dans les livres, dans les écrits périodiques, et l'on entend quelquefois dans la conversation elle-même, des citations ou des locutions latines, italiennes, anglaises, etc., qui sont devenues en quelque sorte proverbiales et dont le sens échappe entièrement aux per-

_____

(1) Comme les prononcent les Grecs modernes, qui, hors ce cas, donnent à l'υ le son de l'*i*. Mais il est à croire que les Grecs anciens lui donnaient le son de notre *u* : or les Romains, dont l'*u* se prononçait *ou*, devaient trouver à rendre le son de l'υ grec la même difficulté que les Italiens de nos jours pour rendre celui de l'*u* français; ils lui donnèrent probablement une prononciation intermédiaire entre notre *u* et leur *i*, et ils finirent bientôt par confondre avec cet *i* l'upsilon des Grecs, auquel ils conservèrent sa forme originelle Y, devenu *y* dans l'écriture courante; et depuis lors le son *i* a partout prévalu.

sonnes qui n'ont point appris le latin, l'italien et l'anglais. Les auteurs ont choisi parmi ces locutions celles qui sont le plus fréquemment employées, et ils en ont donné la traduction mot à mot, qu'ils ont fait suivre du sens général de la phrase et de toutes les explications, de tous les renseignements nécessaires pour la parfaite intelligence de la citation ou de l'application qu'on en fait. Ce recueil forme un dictionnaire particulier qui termine le volume.

ABRÉVIATIONS

---

a. — actif.
Acad. — Académie.
adj. — adjectif.
adj. 2 g. — adjectif des deux genres.
adv. — adverbe.
agric. — agriculture.
allem. — allemand.
anat. — anatomie.
anc. — ancien, ancienne.
arch. — architecture.
archev. — archevêque.
art. — article.
arith. — arithmétique.
astr. — astronomie.
astrol. — astrologie.
auj. — aujourd'hui.
av. J. C. — avant Jésus-Christ
B. — Bas, Basses.
bot. — botanique.
c. — comme.
c.-à-d. — c'est-à-dire.
capit. ou *cap.* — capitale.
ch.-l. — chef-lieu.
chim. — chimie.
chir. — chirurgie.
coll. — collectif.
comm. — commerce.
cond. — conditionnel.
conj. — conjonction.
déf. — défini.
dép. — département.
E. — Est.
emp. ou *emper.* — empereur.
f. — féminin.
fam. — familier.
Fig. — Figurément, au figuré.
fl. — fleuve.
fort. ou *fortif.* — fortification.
franç. — français.
fut. — futur.
g. — genre.
gen. — génitif.
gén. — général.
géog. — géographie.
géom. — géométrie.
gr. — grand, grande.
gr. — grec.
gramm. — grammaire.
H. — Haut.
Hte, Htes. — Haute, Hautes.

hist. nat. — histoire naturelle.
id. — idem.
imp. — imparfait, impersonnel.
impér. — impératif.
impers. — impersonnel.
imprim. — imprimerie.
ind. ou *indic.* — indicatif.
Ind. pr. ou *Indic. pr.* — Indicatif présent.
indéf. — indéfini.
inf. — infinitif.
interj. — interjection.
inv. — invariable au pluriel.
ironiq. — ironique, ironiquement.
irrég. — irrégulier.
Ital. — italien.
jurisp. — jurisprudence.
l. ou *lat.* — latin.
litt. — littérateur.
littér. — littéralement.
ll m. — ll mouillées.
loc. adv. — locution adverbiale.
loc. conj. — locution conjonctive.
loc. prép. — locution prépositive.
m. — masculin.
m. — mort, morte.
Mme. — Madame.
mar. — marine.
math. ou *mathém.* — mathématiques, mathématicien.
méc. — mécanique.
méd. — médecine.
mérid. — méridional, méridionale.
métall. — métallurgie.
minx. — minéralogie.
mont. — montagne, montagnes.
mot a. — mot ancien.
mt, mts. — mont, monts.
mus. — musique.
myth. — mythologie.
N. — Nord.
n. — neutre, nous.
neg. — négation.
num. — numéral.
O. — Ouest.
occid. — occidental, occidentale.
on pr. ou *on pron.* — on prononce.
orient. — oriental, orientale.
p. — petit, petite.
p. — passé.
p. déf. — passé défini.

p. pr. ou *part. p.* — participe présent.
p. p. — participe passé.
partic. — participe.
pers. — personne, personnel.
philol. — philologie, philologue.
philos. — philosophie, philosophe.
phys. — physique.
pl. — pluriel.
plus. — plusieurs.
pop. — populaire.
poss. — possessif.
pr. — présent. — (On pr.) on prononce.
pr. — pour.
prép. — préposition.
prés. ou *pr.* — présent.
pron. — pronom. — (On pron.), on prononce.
prov. — proverbialement.
prov. — province.
q. — que.
rhét. — rhétorique.
rép. — république.
riv. — rivière
Rme ou *royme.* — royaume.
S. — sud.

s. — siècle.
s. ou *sing.* — singulier.
sav. — savant.
sept¹., *sept¹ᵉ.* — septentrional, septentrionale
sf. — substantif féminin.
sm. — substantif masculin.
s. 2 g. — substantif des 2 genres.
sing. ou *s.* — singulier.
s.-préf. — sous-préfecture.
St., *Ste.* — saint, sainte.
subj. — subjonctif.
subst. — substantivement.
sup. — supin.
t. — terme.
topog. — topographie.
V. — voyez.
v. — verbe.
va. — verbe actif.
v. imp. — verbe impersonnel.
vn. — verbe neutre.
vpr. — verbe pronominal.
vx. — vieux.
zool. — zoologie.

INDICATIONS IMPORTANTES

Il faut chercher à la lettre S les noms propres de villes, d'îles, de fleuves ou de personnes, qui commencent par le mot SAINT OU SAINTE faisant partie intégrante du nom, comme SAINT-CLAUDE, SAINTE-HÉLÈNE ; mais ceux des saints personnages eux-mêmes sont à la lettre initiale de leur nom, de cette manière : CLAUDE (Sᵗ), HÉLÈNE (Sᵗᵉ).

Les dates entre parenthèses à la suite d'un nom propre de personne, indiquent, la première, l'année de la naissance, et la seconde, celle de la mort de cette personne.

Le *t* final est indiqué comme étant nul dans la prononciation de certains mots terminés en *et*, tels que *chenet, fausset, guet*, etc. Il faut entendre par là qu'il ne se prononce point, quoiqu'il influe sur la prononciation de l'*e* qui le précède ; l'*e* cessant d'être muet dans la prononciation de ces mots, la lettre *t* équivaut en effet à un accent placé sur l'*é* : *chené, faussé, gué.*

DICTIONNAIRE GÉNÉRAL

DE LA

LANGUE FRANÇAISE

A

A, sm. voyelle, 1re lettre de l'alphabet.

A (sans accent), 3e pers. du sing. de l'indic. prés. du v. *avoir*.

À (avec accent grave), *prép.* exprimant un rapport de tendance, de direction, de but, etc.

AA, riv. de France (Pas-de-Calais), de Hollande, de Suisse, de Russie.

AAR, riv. de Suisse, affluent du Rhin.

AARAU, capit. de l'Argovie (Suisse).

AARON, grand prêtre, frère de Moïse (1574-1452 av. J. C.).

AB ABRUPTO, AB ABSURDO, V. *Abrupto*, *Absurdo*.

ABAISSE, sf. croûte de dessous d'une pièce de pâtisserie.

ABAISSEMENT, sm. action d'abaisser, résultat de cette action. *Fig.* diminution, affaiblissement, humiliation.

ABAISSER, va. faire aller en bas, diminuer la hauteur, tirer en descendant : *abaisser une perpendiculaire*. *Fig.* humilier, ravaler. — S'ABAISSER, vpr. s'humilier, se dégrader, devenir plus bas.

ABAISSEUR, adj. m. se dit de muscles dont la fonction est d'abaisser certaines parties du corps (anat.).

ABAJOUE, sf. sorte de poche dans les joues de certains animaux.

ABALIÉNATION, sf. action d'abaliéner.

ABALIÉNER, va. aliéner des meubles, des bestiaux (jurispr.).

ABALOURDIR, va. rendre lourd, balourd, stupide.

ABANDON, sm. action d'abandonner, état d'une personne ou d'une chose abandonnée. *Fig.* oubli de soi, confiance entière; sorte de facilité qui exclut toute recherche, toute affectation. — À L'ABANDON, loc. adv. sans soin, avec négligence.

ABANDONNEMENT, adv. action d'abandonner, délaissement.

ABANDONNER, va. quitter, délaisser, ne pas retenir. *Fig.* renoncer à, exposer à, remettre, confier. — S'ABANDONNER, vpr. se laisser aller à, se confier à, ne plus avoir confiance en soi : *s'abandonner au désespoir*.

ABAQUE ou TAILLOIR, sm. (l. *abacus* du gr. *abax* table), partie supérieure d'un chapiteau, en forme de petite table.

ABASOURDIR, va. étourdir, assourdir par un grand bruit. *Fig.* consterner.

ABATAGE, sm. coupe des bois sur pied; action d'abattre des bestiaux, etc.

ABÂTARDIR, va. faire dégénérer, altérer. — S'ABÂTARDIR, vpr. dégénérer.

ABÂTARDISSEMENT, sm. altération, dégénérescence.

ABAT-FAIM, sm. (inv.), grosse pièce de viande.

ABAT-FOIN, sm. (inv.) ouverture par laquelle on jette le foin.

ABATIS, sm. (s nulle), amas de choses abattues; pattes, cou, ailerons d'une volaille.

ABAT-JOUR, sm. (inv.), sorte de fenêtre ou d'auvent qui rabat le jour; objet qui rabat la lumière.

ABATTANT, sm. dessus de table mobile; châssis qui se lève et s'abaisse.

ABATTEMENT, sm. grand affaiblissement des forces morales ou physiques.

ABATTEUR, sm. celui qui abat.

ABATTOIR, sm. lieu où l'on abat les bestiaux.

ABATTRE, va. mettre à bas, faire tomber, assommer. *Fig.* affaiblir, diminuer, décourager, expédier rapidement. — S'ABATTRE, vpr. tomber (en parlant d'un cheval), se précipiter sur, s'apaiser, s'affaiblir (c. *battre*).

ABATTU, ue, adj. part. qui est à bas ou tombant : *bride abattue*. *Fig.* affaibli, découragé : *visage abattu*.

ABAT-VENT, sm. (inv.), assemblage de petits auvents.

ABAT-VOIX, sm. (inv.), dessus d'une chaire à prêcher.

ABBASSIDES, dynastie de califes fondée en Asie vers 750.

ABBATIAL, ALE, adj. (on pr. abacial), qui appartient à l'abbé, à l'abbaye.

ABBATUCCI (Pierre), général français; (1726-1812). — (Charles), fils du précédent et général (1770-1796).

ABBAYE, sf. (on pr. abéï), monastère.

ABBÉ, sm. supérieur d'une abbaye d'hommes; ecclésiastique.

ABBESSE, sf. supérieure d'une abbaye de femmes.

ABBEVILLE, s.-pref. du départ. de la Somme.

ABBON, moine, auteur d'un poème sur le siège de Paris par les Normands (850-923). — abbé de Fleury et auteur d'une histoire des papes; m. 1004.

A B C, sm. livret de l'alphabet. Fig. premiers éléments.

ABCÉDER, vn. se terminer par abcès

ABCÈS, sm. (s nulle), amas de pus, tumeur.

ABCISSE, V. Abscisse.

ABDALLAH, nom de plusieurs chefs arabes.

ABDÉRAME, nom de plusieurs califes d'Espagne. — Général sarrasin défait par Charles-Martel, en 732, près de Poitiers.

ABDÈRE, ancienne v. de Thrace.

ABDICATION, sf. action d'abdiquer.

ABDIQUER, va. et n. renoncer au pouvoir souverain, à une haute dignité.

ABDOLONYME, roi de Sidon, 332 av. J. C.

ABDOMEN, sm. (on pr. abdomène), ventre, partie postérieure du corps des insectes.

ABDOMINAL, ALE, adj. de l'abdomen.

ABDON, juge d'Israël, 1220 av. J. C.

ABDUCTEUR, adj. m. se dit de certains muscles dont la fonction est d'écarter de l'axe du corps les parties auxquelles ils sont joints.

ABDUCTION, sf. (l. abducere emmener, détourner), action des muscles abducteurs.

ABÉCÉDAIRE, adj. 2 g. qui concerne l'alphabet. — sm. livret de l'alphabet ou a b c.

ABECQUER ou ABEQUER, va. donner la becquée.

ABÉE, sf. ouverture par laquelle coule l'eau qui fait tourner un moulin.

ABEILLE, sf. (ll m.), insecte hymenoptère qui produit la cire et le miel.

ABEL, second fils d'Adam.

ABÉLARD ou ABAILARD, célèbre théologien français (1079-1142).

ABENCÉRAGES, puissante tribu maure de Grenade, dans le 15e siècle.

ABERDEEN, ville d'Écosse.

ABERRATION, sf. (l. aberrare s'égarer), petit mouvement apparent des astres; dispersion des rayons lumineux. Fig. écart d'imagination, erreur.

ABÊTIR, va. rendre bête ou stupide. — vn. et S'ABÊTIR, vpr. devenir bête.

AB HOC ET AB HAC, loc. adv. latine (on fait sentir le t de et), confusément, sans raison.

ABHORRER, va. avoir en horreur. — S'ABHORRER, vpr. se détester.

ABIA, roi de Juda, 958 av. J. C.

ABIGAIL (l m.), femme du roi David.

ABÎME, sm. gouffre. Fig. enfer, ruine, chose inconnue ou difficile à pénétrer.

ABIMÉLECH, roi philistin du temps d'Abraham. — Juge d'Israël, m. 1235 av. J. C.

ABÎMER, va. et n. précipiter ou tomber dans un abîme. Fig. perdre, ruiner, gâter. — S'ABÎMER, vpr. s'engloutir, se perdre.

AB INTESTAT, V. Intestat.

AB IRATO, loc. adv. latine, par un mouvement de colère.

ABIRON, lévite qui se révolta contre Moïse.

ABJECT, ECTE, adj. méprisable, vil.

ABJECTION, sf. (on pr. abjexion), abaissement, avilissement.

ABJURATION, sf. action d'abjurer.

ABJURER, va. et n. renoncer à une religion, à une doctrine, à une opinion.

ABLANCOURT (PERROT D'), écrivain français, traducteur d'un grand nombre d'ouvrages grecs ou latins (1606-1664).

ABLATIF, sm. 6e cas de la déclinaison latine.

ABLATION, sf. retranchement d'une partie du corps (chir.).

ABLE, sm. ou ABLETTE, sf. petit poisson blanc.

ABLÉGAT, sm. vicaire d'un légat.

ABLERET, sm. filet carré pour pêcher les petits poissons.

ABLETTE, V. Able.

ABLUTION, sf. (l. abluere laver), action de laver (mot consacré particulièrement aux cérémonies de la messe, et qui se dit aussi d'une pratique religieuse consistant à se laver diverses parties du corps).

ABNÉGATION, sf. renoncement, désintéressement, sacrifice.

ABNER (on pr. l'r), général de Saül.

ABO, ville de Finlande. Archipel d'Abo, dans la mer Baltique.

ABOI, ABOIEMENT ou ABOÎMENT, sm. cri du chien, action d'aboyer. Fig. Être aux abois, être réduit aux dernières extrémités.

ABOLIR, va. annuler, mettre à néant ou hors d'usage. — S'ABOLIR, vpr. cesser d'être en usage.

ABOLISSEMENT, sm. action d'abolir.

ABOLITION, sf. anéantissement, destruction, suppression.

ABOLITIONISTE, s. 2 g. celui, celle qui veut l'abolition de l'esclavage.

ABOMINABLE, adj. 2 g. exécrable, horrible, détestable, très-mauvais.

ABOMINABLEMENT, adv. d'une manière abominable.

ABOMINATION, sf. exécration, action abominable.

ABOMINER, va. détester (vx. mot).

ABONDAMMENT, adv. en abondance.

ABONDANCE, sf. grande quantité; toutes les choses nécessaires à la vie; eau rougie d'un peu de vin. — Fig. Parler d'abondance, discourir sans préparation.

ABONDANT, ANTE, adj. qui abonde, ample, copieux, riche. — D'ABONDANT, loc. adv. de plus, outre cela.

ABONDER, *vn.* avoir ou être en grande quantité. *Fig.* *Abonder dans le sens de quelqu'un*, être entièrement de son avis.

ABONNÉ, ÉE, *s.* celui, celle qui a pris un abonnement.

ABONNEMENT, *sm.* convention ou marché à prix fixe, pour avoir certains droits.

ABONNER, *va.* faire un abonnement. — S'ABONNER, *vpr.* prendre un abonnement.

ABONNIR, *va.* rendre bon ou meilleur. — S'ABONNIR, *vpr.* devenir meilleur.

ABONNISSEMENT, *sm.* amélioration.

ABORD, *sm.* (*d* nul), accès, action d'aborder. — D'ABORD, TOUT D'ABORD, DE PRIME ABORD, *loc. adv.* premièrement, sur-le-champ.

ABORDABLE, *adj.* 2 g. qui peut être abordé.

ABORDAGE, *sm.* action d'aborder un navire ou de deux navires qui s'entre-choquent.

ABORDER, *vn.* arriver à bord, à terre. — *va.* joindre un navire, y monter. *Fig.* accoster. — S'ABORDER, *vpr.* mêmes sens.

ABORDEUR, *s.* et *adj. m.* qui aborde (*mar.*).

ABORIGÈNE, *adj.* et *sm.* (l. *ab* depuis, *origo* origine), qui est du pays même dès l'origine (se dit des races d'hommes ou d'animaux).

ABORTIF, IVE, *adj.* avorté, qui n'a pu acquérir son entier développement.

ABOU-BEKR ou ABOU-BEKRE, 1er calife, successeur de Mahomet, en 632 ; m. 634.

ABOUCHEMENT, *sm.* entrevue ; jonction de tubes, de tuyaux, etc.

ABOUCHER, *va.* réunir pour tenir conférence ; joindre des tubes, des tuyaux, etc. — S'ABOUCHER, *vpr.* entrer en conférence.

ABOUGRI, V. *Rabougri.*

ABOUKIR, petit port d'Égypte. Bataille navale en 1798 ; victoire des Français sur les Turcs en 1799.

ABOUL-ABBAS, 1er calife abbasside, m. 754.

ABOUT, *sm.* (*t* nul), bout d'assemblage d'une pièce de bois ou de fer.

ABOUTIR, *vn.* toucher par un bout. *Fig.* tendre à, avoir pour terme, pour résultat ; crever (en parlant d'un abcès).

ABOUTISSANT, ANTE, *adj.* qui touche à. — *sm. pl.* pièces de terre qui bornent. *Fig. Les tenants et les aboutissants d'une affaire,* circonstances et détails de cette affaire.

ABOUTISSEMENT, *sm.* action d'aboutir, en parlant d'un abcès.

AB OVO, *loc. adv. latine* (ab dès, ovo l'œuf), dès l'origine, dès le principe, dès le commencement.

ABOYANT, ANTE, *adj.* qui aboie.

ABOYER, *vn.* faire des aboiements. *Fig.* médire de, poursuivre ardemment, chercher à obtenir (c. *employer*).

ABOYEUR, *sm.* chien qui aboie sans approcher. *Fig.* criailleur, médisant.

ABRAHAM, patriarche, père de la nation juive, m. 1821 av. J. C.

ABRANCHES, *sm. pl.* (gr. *a* privatif et *brachia,* l. *branchiæ,* branchies), ordre d'animaux articulés de la classe des annelides, et qui n'ont pas de branchies (zool.).

ABRANTÈS, ville de Portugal. Victoire des Français sur les Anglais, en 1807. V. *Junot.*

ABRÉGÉ, *sm.* sommaire, précis. — EN ABRÉGÉ, *loc. adv.* sommairement, brièvement.

ABRÉGEMENT, *sm.* action d'abréger, raccourcissement.

ABRÉGER, *va.* et *n.* rendre plus court, devenir plus court.

ABREUVAGE, *sm.* action d'abreuver.

ABREUVER, *va.* faire boire. *Fig.* humecter ; accabler : *abreuver de chagrins.*

ABREUVOIR, *sm.* lieu où l'on mène boire les animaux.

ABRÉVIATEUR, *sm.* celui qui a fait l'abrégé d'un livre.

ABRÉVIATIF, IVE, *adj.* qui indique une abréviation, qui forme abréviation.

ABRÉVIATION, *sf.* retranchement de lettres dans un mot ; signe de ce retranchement.

ABRI, *sm.* lieu où l'on peut se mettre à couvert de la pluie, du vent, etc. et *fig.* du mal, du danger. — À L'ABRI, *loc. adv.* à couvert ; À L'ABRI DE, *loc. prép.,* à couvert de.

ABRICOT, *sm.* (*t* nul), sorte de fruit à noyau.

ABRICOTIER, *sm.* arbre qui porte les abricots.

ABRITER, *va.* mettre à l'abri.

ABROGATION, *sf.* annulation, suppression d'une loi, d'un usage, etc.

ABROGER, *va.* abolir une loi, une coutume, des cérémonies, etc.

ABROUTISSEMENT, *sm.* action de brouter ; dommage causé aux arbres par les bestiaux.

ABRUPT, UPTE, *adj.* escarpé. *Fig. style abrupt,* style brisé, sans liaison.

ABRUPTO (EX ou AB), *loc. adv. latine,* sans préparation, brusquement.

ABRUTIR, *va.* rendre stupide comme une brute. — S'ABRUTIR, *vpr.* devenir comme une brute.

ABRUTISSANT, ANTE, *adj.* qui abrutit.

ABRUTISSEMENT, *sm.* état d'une personne abrutie ; stupidité.

ABRUTISSEUR, *s.* et *adj. m.* qui abrutit.

ABRUZZES (LES), province dans le sud de l'Italie.

ABSALON, fils de David ; m. 1030 av. J. C.

ABSCISSE, *sf.* (l. *abscidere* couper), portion de l'axe ou du diamètre d'une courbe entre son sommet et l'ordonnée (*math.*).

ABSENCE, *sf.* éloignement du domicile habituel, défaut de présence. *Fig.* manque de : *absence de goût;* distraction, désordre d'esprit passager.

ABSENT, ENTE, *adj.* éloigné de sa demeure, non présent. *Fig.* distrait, inattentif. — *sm. pl.* ceux qui sont absents.

ABSENTER (S'), *vpr.* s'éloigner du lieu où l'on est d'habitude.

ABSIDE ou APSIDE, *sf.* (gr. *apsis* voûte, cintre, courbe, nœud, etc.), chevet d'une église et où se trouve le sanctuaire. — APSIDES, *sm. pl.* les deux points de l'orbite d'un astre qui sont le plus loin ou le plus près d'un autre astre (*astr.*).

ABSINTHE, *sf.* plante aromatique et amère ; liqueur qui en est faite.

ABSOLU, UE, adj. indépendant, sans contrôle; impérieux, sans restriction. — Fig. adj. et sm. opposé à relatif.

ABSOLUMENT, adv. d'une manière absolue, nécessairement, tout à fait.

ABSOLUTION, sf. jugement qui acquitte un innocent; rémission des péchés.

ABSOLUTISME, sm. système de gouvernement où la volonté d'un seul fait loi.

ABSOLUTISTE, s. et adj. 2 g. partisan de l'absolutisme.

ABSOLUTOIRE, adj. 2 g. qui porte absolution.

ABSORBABLE, adj. 2 g. qui peut être absorbé.

ABSORBANT, ANTE, adj. et sm. qui absorbe.

ABSORBÉ, EE, adj. profondément appliqué à quelque chose.

ABSORBER, va. engloutir, faire disparaître. Fig. occuper fortement l'esprit, attirer à soi entièrement, consumer.

ABSORPTION, sf. (on pr. absorpcion), action d'absorber.

ABSOUDRE, va. remettre les péchés après la confession, déclarer innocent un accusé. — Ind. pr. j'absous, tu absous, il absout, n. absolvons, v. absolvez, ils absolvent; imp. j'absolvais; point de passé déf.; fut. j'absoudrai; cond. j'absoudrais; impér. absous, absolvons, absolvez; subj. pr. que j'absolve; point d'imp. du subj.; part. pr. absolvant; part. p. absous, absoute.

ABSOUTE, sf. absolution solennelle donnée au peuple le jeudi saint.

ABSTÈME, s. 2 g. (l. abs privatif, temetum vin), celui, celle qui ne boit pas de vin.

ABSTÉMIUS, fabuliste latin du 15e siècle.

ABSTENIR (S'), vpr. s'empêcher de faire une chose, se priver de (c. tenir).

ABSTENTION, sf. (on pr. abstancion), acte par lequel on s'abstient; action de s'abstenir.

ABSTERGENT, ENTE, adj. et sm. se dit d'un remède qui sert à nettoyer les plaies (méd.).

ABSTERGER, va. nettoyer (méd.).

ABSTERSIF, IVE, adj. qui est propre à nettoyer (méd.).

ABSTERSION, sf. action d'absterger.

ABSTINENCE, sf. action de se priver volontairement de certains aliments.

ABSTINENT, ENTE, adj. modéré dans le boire et le manger.

ABSTRACTEUR, sm. faiseur d'abstractions.

ABSTRACTIF, IVE, adj. qui exprime les abstractions.

ABSTRACTION, sf. (on pr. abstraxion), opération par laquelle l'esprit considère séparément des choses réellement unies; ce qui est abstrait. Fig. au pl. préoccupation.

ABSTRACTIVEMENT, adv. par abstraction.

ABSTRAIRE, va. (l. abs hors de, trahere tirer), litt. tirer hors de l'ensemble; considérer séparément des choses réellement unies. Il se conjugue comme traire; mais au pl. de l'ind. pr. on dit n. faisons abstraction, etc. On se sert de même du verbe faire

à l'imp., au passé défini, à l'impér., au près. et à l'imp. du subj. ainsi qu'au part. pr.

ABSTRAIT, AITE, adj. séparé par l'abstraction. Fig. difficile à comprendre; esprit abstrait, rêveur; nombre abstrait, dont l'espèce des unités n'est pas exprimée.

ABSTRAITEMENT, adv. d'une manière abstraite (peu usité).

ABSTRUS, USE, adj. difficile à comprendre, à concevoir.

ABSURDE, adj. 2 g. et sm. contraire au sens commun, à la raison.

ABSURDEMENT, adv. d'une manière absurde, impertinente.

ABSURDITÉ, sf. défaut de ce qui est absurde; chose absurde.

ABSURDO (AB), loc. adv. latine, par l'absurde, d'après l'absurde.

ABUS, sm. (l's est nulle), usage mauvais ou excessif d'une chose; désordre.

ABUSER, va. faire un mauvais usage. — va. tromper. — S'ABUSER, vpr. se tromper.

ABUSEUR, sm. celui qui abuse.

ABUSIF, IVE, adj. contraire au bon usage, aux règles, à la raison, aux lois.

ABUSIVEMENT, adv. d'une manière abusive.

ABYDOS, anc. ville d'Asie, sur l'Hellespont. — Anc. ville d'Égypte.

ABYLA, anc. montagne d'Afrique sur le détroit de Gadès.

ABYME, ABYMER, V. Abîme, Abîmer.

ABYSSINIE, contrée de l'Afrique orientale.

ABYSSIQUE, adj. 2 g. Terrain abyssique, des profondeurs de la mer (géol.).

ACABIT, sm. (t nul) qualité bonne ou mauvaise. Fig. caractère, naturel.

ACACIA, sm. arbre d'Afrique qui produit la gomme; nom impropre du robinier.

ACADÉMICIEN, sm. philosophe de la secte de Platon; membre d'une académie.

ACADÉMIE, sf. secte de philosophie fondée par Platon; compagnie de savants, d'artistes, d'hommes de lettres; une des divisions de l'université; école de danse, d'équitation, etc.; maison de jeu; figure en pied d'après un homme nu.

ACADÉMIQUE, adj. 2 g. d'académicien, à la manière des académiciens.

ACADÉMIQUEMENT, adv. d'une manière académique.

ACADÉMISER, va. dessiner, peindre d'après le modèle.

ACADÉMISTE, sm. celui qui tient une académie de danse, d'escrime, etc. ou celui qui en suit les exercices.

ACADIE OU NOUVELLE-ÉCOSSE, pays de l'Amérique du Nord.

ACAGNARDER, va. accoutumer à l'oisiveté. — S'ACAGNARDER, vpr. s'accoutumer à une vie oisive.

ACAJOU, sm. arbre d'Amérique; bois de cet arbre.

ACALÈPHES, sm. pl. (gr. akalêphê ortie), classe de zoophytes dont plusieurs espèces produisent au toucher une sensation analogue à celle des orties (zool.).

ACANTHACÉES, *sf. pl.* famille des acanthes (*bot.*).

ACANTHE, *sf.* (gr. *akantha* épine), sorte de plante ; ornement d'architecture.

ACANTHOPTÉRYGIENS, *sm. pl.* (gr. *akantha* épine, *ptérygion* nageoire), ordre de poissons comprenant ceux qui ont des nageoires épineuses (*zool.*).

ACARIÂTRE, *adj. 2 g.* qui est sans amabilité, d'une humeur difficile.

ACARIÂTRETÉ, *sf.* caractère de la personne acariâtre.

ACARUS, *sm.* (on pr. l's), insecte de l'ordre des arachnides.

ACARNANIE, partie de l'ancienne Grèce.

ACAULE, *adj. 2 g.* (gr. *a* privatif, *kaulos* tige), sans tige.

ACCABLANT, ANTE, *adj.* qui accable. *Fig.* insupportable.

ACCABLEMENT, *sm.* abattement par le chagrin ou les souffrances ; grande surcharge d'affaires.

ACCABLER, *va.* faire succomber sous le poids. *Fig.* surcharger, combler, lasser.

ACCALMIE, *sf.* calme passager (*mar.*).

ACCAPAREMENT, *sm.* action d'accaparer, résultat de cette action.

ACCAPARER, *va.* amasser une denrée pour la vendre plus cher. *Fig.* s'assurer de la totalité de certaines choses.

ACCAPAREUR, EUSE, *adj. et s.* celui, celle qui accapare.

ACCÉDER, *vn.* consentir à, adhérer à.

ACCÉLÉRATEUR, TRICE, *adj.* qui accélère ; qui augmente la vitesse.

ACCÉLÉRATIF, IVE, *adj.* qui accélère, qui rend plus prompt.

ACCÉLÉRATION, *sf.* augmentation de vitesse. *Fig.* prompte expédition.

ACCÉLÉRER, *va.* (l. *celer*, prompt, vif), faire aller plus vite, hâter.

ACCENT, *sm.* manière particulière de prononcer, modification de la voix ; petit signe sur une voyelle. *Fig.* ton, expression, langage : *les accents de la douleur*.

ACCENTUATION, *sf.* manière d'accentuer.

ACCENTUER, *va.* varier le ton et les inflexions de la voix ; mettre des accents.

ACCEPTABLE, *adj. 2 g.* qui peut ou qui doit être accepté.

ACCEPTANT, *sm.* celui qui accepte ou a accepté (*jurisp.*).

ACCEPTATION, *sf.* action d'accepter.

ACCEPTER, *va.* agréer, recevoir. *Accepter une lettre de change*, s'engager par écrit à la payer.

ACCEPTEUR, *sm.* celui qui a accepté une lettre de change.

ACCEPTION, *sf.* (on pr. *accepcion*), préférence : *il n'y a point acception de personnes devant Dieu* ; sens dans lequel on prend un mot.

ACCÈS, *sm.* (s nulle), abord : *accès facile* ; retour périodique d'une fièvre, d'un mal ; mouvement passionné : *accès de folie, de colère*.

ACCESSIBILITÉ, *sf.* facilité de l'approche, qualité de l'objet accessible.

ACCESSIBLE, *adj. 2 g.* qui peut être abordé, dont on peut facilement s'approcher.

ACCESSION, *sf.* consentement ; adhésion à un traité.

ACCESSIT, *sm.* (le *t* se prononce), récompense qui approche du prix (l. *accédere* approcher) : pl. *accessits*.

ACCESSOIRE, *adj. 2 g. et sm.* qui dépend d'une chose principale, qui l'accompagne.

ACCESSOIREMENT, *adv.* d'une manière accessoire.

ACCIDENT, *sm.* (l. *accidere* arriver par hasard), cas fortuit, événement imprévu, bon ou mauvais. *Accidents de terrain*, élevations ou abaissements du sol ; *accidents de lumière*, effets de lumière dans un paysage. — PAR ACCIDENT, *loc. adv.* par hasard.

ACCIDENTÉ, ÉE, *adj.* se dit d'un terrain inégal, de ce qui est d'aspects variés.

ACCIDENTEL, ELLE, *adj.* qui arrive par hasard, d'une manière imprévue.

ACCIDENTELLEMENT, *adv.* par hasard, par accident.

ACCIDENTER, *va. et n.* donner lieu à des accidents ; rendre un sol inégal.

ACCIPITRES ou ACCIPITRINS, *sm. pl.* (l. *accipiter*, épervier), ordre d'oiseaux, synonyme de *Rapaces* ou oiseaux de proie (*zool.*).

ACCISE, *sf.* taxe sur les boissons en Angleterre.

ACCLAMATION, *sf.* cris de joie, d'approbation par plusieurs personnes.

ACCLAMER, *va.* approuver par acclamation ; proclamer.

ACCLIMATATION, *sf.* action d'acclimater des plantes, des animaux.

ACCLIMATER, *va.* accoutumer à la température, à l'influence d'un nouveau climat.

ACCOINTABLE, *adj. 2 g.* sociable, avec qui on peut se lier.

ACCOINTANCE, *sf.* action de s'accointer de quelqu'un, liaison familière.

ACCOINTER (s'), *vpr.* se lier avec quelqu'un (*fam.*).

ACCOLADE, *sf.* embrassement ; trait embrassant plusieurs articles.

ACCOLER, *va.* jeter les bras autour du cou ; joindre par une accolade.

ACCOMBANT, ANTE, *adj.* (l. *accumbere* être couché), qui est couché ou appliqué sur (*bot.*).

ACCOMMODABLE, *adj. 2 g.* qui se peut accommoder.

ACCOMMODAGE, *sm.* apprêt donné aux viandes, aux cheveux.

ACCOMMODANT, ANTE, *adj.* traitable, complaisant.

ACCOMMODÉ, ÉE, *adj.* apprêté, ajusté, mis en ordre.

ACCOMMODEMENT, *sm.* accord ; moyen pour terminer une affaire, un différend.

ACCOMMODER, *va.* arranger, apprêter ; terminer un différend. — S'ACCOMMODER, *vpr.* se conformer à, prendre ses commodités, s'arranger de.

ACCOMPAGNATEUR, TRICE, s. celui, celle qui accompagne le chant.

ACCOMPAGNEMENT, sm. action d'accompagner, ce qui accompagne, ce qui vient à la suite; parties de musique qui accompagnent le chant.

ACCOMPAGNER, va. reconduire, escorter; assortir, convenir à; soutenir le chant par un instrument.

ACCOMPLI, IE, adj. qui est achevé, effectué, revolu; qui est parfait.

ACCOMPLIR, va. achever, exécuter entièrement. — S'ACCOMPLIR, vpr. s'effectuer.

ACCOMPLISSEMENT, sm. achèvement, exécution, réalisation complète.

ACCORD, sm. (d nul) conformité de sentiments, convention; concordance des mots; union des sons (mus.). — D'ACCORD, loc. adv. Tomber d'accord, penser, juger de même.

ACCORDABLE, adj. 2 g. qui peut s'accorder, que l'on peut accorder.

ACCORDAILLES, sf. pl. (ll m.), conventions qui précèdent le mariage (pop.).

ACCORDANT, ANTE, adj. qui s'accorde bien (mus.).

ACCORDÉ, ÉE, s. celui, celle qui a signé les accordailles : fiancé, fiancée.

ACCORDÉON, sm. sorte d'instrument de musique à touches, et à soufflet.

ACCORDER, va. mettre d'accord; donner, attribuer; reconnaître pour vrai; faire concorder des mots. — S'ACCORDER, vpr. être ou vivre d'accord; avoir de la conformité, du rapport; prendre le genre et le nombre (gramm.).

ACCORDEUR, sm. celui qui accorde des instruments de musique, des pianos.

ACCORDOIR, sm. outil pour accorder.

ACCORT, ORTE, adj. qui est d'humeur douce, complaisante.

ACCORTISE, sf. humeur complaisante, accommodante (fam.).

ACCOSTABLE, adj. 2 g. qu'on peut aborder facilement (fam.).

ACCOSTER, va. (l. costa côté), litter. arriver à la côte : se dit d'un navire qui se place le long et à côté d'un objet. Fig. aborder quelqu'un. — S'ACCOSTER de quelqu'un, le fréquenter.

ACCOTEMENT, sm. espace entre le ruisseau et la maison, entre le pavé et le fossé.

ACCOTER, va. appuyer de côté. — S'ACCOTER, vpr. s'appuyer.

ACCOTOIR, sm. ce qui sert à s'appuyer de côté.

ACCOUCHÉE, sf. femme qui vient d'avoir un enfant.

ACCOUCHEMENT, sm. action d'accoucher.

ACCOUCHER, vn. enfanter; se dit au fig. des productions de l'esprit : accoucher d'un projet. — va. aider à accoucher.

ACCOUCHEUR, EUSE, s. celui, celle dont la profession est d'aider à accoucher.

ACCOUDER (s'), vpr. s'appuyer du coude.

ACCOUDOIR, sm. appui pour le coude.

ACCOUPLE, sf. lien avec lequel on attache les chiens ensemble.

ACCOUPLEMENT, sm. action d'accoupler, résultat de cette action.

ACCOUPLER, va. joindre par couples deux animaux ou deux choses.

ACCOURCIE, sf. voie plus courte qu'une autre.

ACCOURCIR, va. diminuer la longueur. — S'ACCOURCIR, vpr. devenir plus court.

ACCOURCISSEMENT, sm. diminution de longueur ou de durée.

ACCOURIR, vn. (c. courir, avec être ou avoir), courir vers.

ACCOUTREMENT, sm. habillement ridicule.

ACCOUTRER, va. habiller d'une manière ridicule. Fig. au part. maltraité.

ACCOUTUMANCE, sf. habitude (vx. mot).

ACCOUTUMER, va. habituer. — vn. avoir coutume. — S'ACCOUTUMER, vpr. s'habiller. — A L'ACCOUTUMÉE, loc. adv. à l'ordinaire.

ACCRÉDITER, va. mettre en crédit. Fig. rendre croyable; donner qualité : accréditer un ambassadeur auprès d'un souverain. — S'ACCRÉDITER, vpr. mêmes sens.

ACCRESCENT, ENTE, adj. (l. accrescere accroître), qui prend de l'accroissement (bot.).

ACCROC, sm. (c final nul), déchirure à une étoffe. Fig. difficulté qui survient dans une affaire; discrédit.

ACCROCHEMENT, sm. action d'accrocher.

ACCROCHER, va. suspendre à un crochet; déchirer Fig. retarder; attirer à soi, obtenir. — S'ACCROCHER, vpr. s'attacher à.

ACCROIRE, vn. (ne s'emploie qu'à l'inf avec faire pour auxiliaire), faire croire ce qui n'est pas. S'en faire accroire, trop présumer de soi.

ACCROISSEMENT, sm. augmentation.

ACCROÎT, sm. augmentation d'un troupeau.

ACCROÎTRE, va. rendre plus grand — vn. devenir plus grand (c. croître).

ACCROUPIR (s'), vpr. s'asseoir ou s'abaisser sur ses talons.

ACCROUPISSEMENT, sm. état d'une personne accroupie.

ACCRUE, sf. augmentation d'un terrain par atterrissement, ou d'un bois.

ACCUEIL, sm. (l m.), réception, traitement. Faire accueil, bien recevoir.

ACCUEILLANT, ANTE, adj. (ll m.), qui fait un bon accueil.

ACCUEILLIR, va. (ll m.), recevoir; agréer (c. cueillir).

ACCUL, sm. lieu sans issue.

ACCULER, va. pousser en un lieu où l'on ne peut plus reculer.

ACCUMULATEUR, TRICE, s. et adj. celui, celle qui accumule.

ACCUMULATION, sf. action d'accumuler, amas de choses.

ACCUMULER, va. entasser. — S'ACCUMULER, vpr. s'augmenter.

ACCURSE, célèbre jurisconsulte italien (1180-1260).

ACCUSABLE, adj. 2 g. qui peut être accusé.

ACCUSATEUR, TRICE, adj. et s. qui accuse.

ACCUSATIF, *sm.* 4e cas de la déclinaison en latin, en grec, etc.

ACCUSATION, *sf.* action d'accuser en justice, imputation de faute.

ACCUSÉ, **ÉE**, *adj.* et *s.* personne inculpée. *Accusé de réception*, écrit par lequel on déclare avoir reçu un objet.

ACCUSER, *va.* imputer un délit à quelqu'un; blâmer; reprocher; servir d'indice contre; faire connaître, donner avis de : *accuser réception*.—S'ACCUSER, *vpr.* s'avouer coupable.

ACENSEMENT, *sm.* action d'acenser.

ACENSER, *va.* donner à cens.

ACÉPHALE, *adj.* (gr. *a* privatif, *képhalé* tête), qui est sans tête. — *sm. pl.* nom d'une classe de mollusques (zool.).

ACERBE, *adj.* 2 *g.* âpre au goût. *Fig.* rude, sévère, amer.

ACERBITÉ, *sf.* âpreté, sévérité.

ACÈRE, *adj.* (gr. *a* privatif, *kéras* corne), sans cornes, sans antennes (zool.).

ACÉRÉ, **ÉE**, *adj.* rendu tranchant par l'application de l'acier. *Fig.* blessant, piquant.

ACÉRER, *va.* souder de l'acier avec du fer; rendre tranchant. *Fig.* rendre blessant.

ACÉRINÉES, *sf. pl.* (l. *acer* érable), famille des érables (bot.).

ACESCENCE, *sf.* disposition à s'aigrir.

ACESCENT, **ENTE**, *adj.* qui s'aigrit.

ACÉSINÈS, riv. de l'Inde ancienne.

ACÉTABULÉ, **ÉE** ou **ACÉTABULEUX**, **EUSE**, *adj.* (l. *acetabulum* gobelet), qui a la forme d'une coupe, d'un gobelet (bot.).

ACÉTATE, *sm.* nom générique des sels formés par l'acide acétique (chim.).

ACÉTEUX, **EUSE**, *adj.* qui a le goût du vinaigre; acide extrait du vinaigre.

ACÉTIMÈTRE, *sm.* instrument pour mesurer le degré de force des acides.

ACÉTIQUE, *adj.* (l. *acetum* vinaigre), se dit d'un acide extrait du vinaigre.

ACÉTITE, *sm.* sel formé par la combinaison de l'acide acéteux avec une base.

ACHAB (on pr. *akabe*), roi d'Israël, m. 887 av. J. C.

ACHÆUS (on pr. *akéusse*), petit-fils d'Hellen et père des Achéens.

ACHAÏE (on pr. *akaï*), État de l'ancienne Grèce.

ACHAINE ou **AKÈNE**, *sf.* ou *m.* (gr. *a* privatif, *chainô* s'entr'ouvrir), fruit sec indéhiscent, à graine unique non adhérente au péricarpe (bot.).

ACHALANDAGE, *sm.* art ou action d'achalander; chentele.

ACHALANDER, *va.* procurer ou attirer des chalands, en avoir.

ACHARNEMENT, *sm.* action d'un animal qui s'attache à sa proie. *Fig.* fureur, animosité opiniâtre.

ACHARNER, *va.* exciter, irriter vivement. — S'ACHARNER, *vpr.* s'attacher avec fureur.

ACHAT, *sm.* (t nul), action d'acheter; la chose achetée.

ACHAZ (on pr. *akaz*), roi de Juda, m. 732 av. J.C.

ACHE, *sf.* sorte de plante ombellifère, dont le céleri est une espèce.

ACHÉEN, **ENNE** (on pr. *ch* comme dans *chez*), de l'Achaïe.

ACHÉLOÜS (on pr. *akéloüs*), riv. de l'ancienne Grèce.

ACHEM, État et ville de l'île de Sumatra.

ACHEMENIDES (on pr. *akéménide*), famille puissante chez les anciens Perses.

ACHEMINEMENT, *sm.* moyen de parvenir au but; préparation à.

ACHEMINER, *va.* mettre en état de parvenir au terme, de réussir. — S'ACHEMINER, *vpr.* se mettre en chemin, et *fig.* être en bon train.

ACHERON (on pr. *ch* comme dans *cher*), riv. de l'anc. Grèce; fleuve des enfers.

ACHÉRONTIQUE, *adj.* 2 *g.* de l'Achéron.

ACHETER, *va.* acquérir à prix d'argent. *Fig.* se procurer avec de la peine. — *Ind. pr.* j'achète, tu achètes, il achète, n. achetons, v. achetez, ils achètent; *imp.* j'achetais, p. *déf.* j'achetai; *fut.* j'achèterai; *cond.* j'achèterais; *impér.* achète, achetons, achetez; *subj. p.* que j'achète, que tu achètes, qu'il achète, que n. achetions, que v. achetiez, qu'ils achètent; *imp.* que j'achetasse; *part. pr.* achetant, *part. p.* acheté, ée.

ACHETEUR, **EUSE**, *s.* celui, celle qui achète.

ACHEVE, **ÉE**, *adj.* parfait, accompli.

ACHEVEMENT, *sm.* fin de l'exécution d'une chose. *Fig.* perfection.

ACHEVER, *va.* terminer. *Fig.* achever quelqu'un, lui porter le dernier coup.

ACHILLE, héros grec, tué au siège de Troie, par Pâris.

ACHILLÉE, usurpateur sous l'empereur Dioclétien.

ACHILLEE, *sf.* sorte de plante.

ACHILLE-TATIUS, écriv. grec du 3e siècle.

ACHLAMYDÉES, *sf. pl.* (gr. *a* privatif, *chlamys* chlamyde, vêtement), se dit de fleurs nues, c'est-à-dire sans corolle ni calice (bot.).

ACHMET ou **ACMED** (on pr. *akmet*), nom de plusieurs sultans.

ACHOPPEMENT, *sm.* obstacle. *Pierre d'achoppement*, occasion de faillir.

ACHROMATIQUE, *adj.* 2 *g.* (gr. *a* privatif, *chrôma* couleur), qui fait voir les objets sans mélange de couleurs provenant de la décomposition de la lumière.

ACHROMATISME, *sm.* propriété ou effet des verres achromatiques.

ACICULAIRE ou **ACICULÉ**, **ÉE**, *adj.* (l. *acicula* petite aiguille), qui est en forme d'aiguille ou en pointe (bot.).

ACIDE, *sm.* substance à saveur aigre. — *adj.* 2 *g.* qui est aigre, piquant.

ACIDIFIABLE, *adj.* 2 *g.* qui peut être converti en acide.

ACIDIFIANT, **ANTE**, *adj.* qui acidifie.

ACIDIFICATION, *sf.* action d'acidifier.

ACIDIFIER, *va.* rendre acide.

ACIDITE, *sf.* qualité de ce qui est acide.

ACIDULE ou **ACIDULÉ**, **ÉE**, *adj.* qui est légèrement acide.

ACIDULER, *va.* rendre légèrement acide.

ACIER, sm. fer combiné avec du charbon. *Fig.* épée, poignard.

ACIÉRER, va. convertir du fer en acier.

ACIÉRIE, sf. manufacture d'acier.

ACILIUS GLABRIO, nom de deux consuls romains.

ACINACIFORME, adj. 2 g. (l. *acinaces* cimeterre), qui a la forme d'un sabre (bot.).

ACOLYTAT, sm. (t final nul), fonctions de l'acolyte, l'un des ordres mineurs.

ACOLYTE, sm. (gr. *akolouthos* suivant, aide), jeune clerc qui sert l'officiant à l'autel. *Fig.* personne qui en accompagne une autre.

ACOMAT, général de Mahomet II.

À-COMPTE, sm. payement d'une partie de la somme due ; pl. *à-compte* (Acad.).

ACONIT, sm. (on pr. le t), sorte de plante vénéneuse.

ACOQUINANT, ANTE, adj. qui acoquine.

ACOQUINER, va. attacher par habitude. — S'ACOQUINER, vpr. s'attacher trop à.

AÇORES, îles de l'océan Atlantique, appartenant aux Portugais.

ACOTYLÉDON, ACOTYLÉDONE, sf. et ACOTYLÉDONE, EE, adj. (gr. a privatif ; *kotylédôn* cavité, cotyle), se disent des plantes dépourvues de cotylédons à leur naissance (bot.).

ACOTYLÉDONES, sf. pl. l'une des trois grandes divisions du règne végétal.

ACOUSTIQUE, sf. (gr. *akouô* entendre), science qui traite des sons. — Adj. 2 g. qui sert à produire, à modifier ou à percevoir les sons : *cornet acoustique.*

ACQUÉREUR, sm. celui qui acquiert.

ACQUÉRIR, va. se procurer par achat, obtenir. — Ind. pr. j'acquiers, tu acquiers, il acquiert, n. acquérons, v. acquérez, ils acquièrent ; imp. j'acquérais ; p. déf. j'acquis ; fut. j'acquerrai ; cond. j'acquerrais ; impér. acquiers, acquérons, acquérez ; subj. pr. que j'acquière, que tu acquières, qu'il acquière, que n. acquérions, que v. acquériez, qu'ils acquièrent ; imp. que j'acquisse ; part. pr. acquérant ; part. p. acquis, ise.

ACQUÊT, sm. (t nul), chose acquise.

ACQUIESCEMENT, sm. action d'acquiescer, consentement.

ACQUIESCER, vn. consentir à ; se soumettre, céder.

ACQUIS, sm. (s nulle), connaissances acquises.

ACQUISITION sf. action d'acquérir, d'acheter ; chose achetée.

ACQUIT, sm. (t nul) quittance. *Par manière d'acquit,* avec négligence.

ACQUIT-A-CAUTION, sm. autorisation de laisser circuler des marchandises.

ACQUITTABLE, adj. 2 g. qui peut être acquitté.

ACQUITTEMENT, sm. action d'acquitter.

ACQUITTER, va. payer, absoudre. — S'ACQUITTER, vpr. se libérer d'une obligation.

ACRE, sf. mesure de terre.

ÂCRE, adj. 2 g. piquant, corrosif.

ACRE (SAINT-JEAN D'), ville de Syrie.

ÂCRETÉ, sf. qualité de ce qui est âcre.

ACRIDOPHAGE, adj. et s. 2 g. (gr. *akris,* gen. *akridos* sauterelle, *phagein* manger), se dit des peuples qui se nourrissent de sauterelles.

ACRIMONIE, sf. âcreté. *Fig.* aigreur.

ACRIMONIEUX, EUSE, adj. qui a de l'acrimonie, où il y a de l'acrimonie.

ACRISIUS, roi d'Argos, père de Danaé.

ACROBATE, sm. danseur de corde.

ACROCÉRAUNIENS, adj. (gr. *akrôn* sommet, *keraunos* foudre), monts de l'Épire.

ACROCORINTHE, citadelle de Corinthe.

ACROPOLE, sf. (gr. *akrôn* sommet, *polis* ville), citadelle qui domine une ville.

ACROPOLIS, citadelle d'Athènes.

ACROSTICHE, sm. (gr. *akrôn* extrémité, *stichos* vers), petite pièce de vers dont chacun commence par une des lettres d'un même mot.

ACROTÈRE, sm. sorte de piédestal.

ACTE, sm. opération d'un agent, mouvement de l'âme, action. Partie d'une pièce de théâtre ; écrit obligatoire ; au pl. registre contenant les décisions de l'autorité.

ACTÉON, chasseur qui fut changé en cerf par Diane (myth.).

ACTEUR, TRICE, s. celui, celle qui prend part à une action, qui joue dans une pièce.

ACTIF, sm. avoir d'un commerçant.

ACTIF, IVE, adj. qui agit, prompt, diligent ; de l'actif. Verbe actif, qui a un régime ou complément direct.

ACTINIES, sf. pl. (gr. *aktis* rayon), ordre de polypes à forme rayonnée (zool.).

ACTINOLOGIE, sf. (gr. *aktis* rayon, *logos* discours, traité), traité des animaux rayonnés (zool.).

ACTINOZOAIRES ou ACTINOZOÉS, sm. pl. (gr. *aktis* rayon, *zôon* animal), animaux dont le corps offre une disposition rayonnée (zool.).

ACTION, sf. opération de celui qui agit ; combat ; véhémence, gestes ; poursuite en justice ; sujet principal d'une œuvre littéraire ; part de propriété dans une entreprise. *Actions de grâces,* remercîments.

ACTIONNAIRE, s. 2 g. celui, celle qui a des actions dans une entreprise.

ACTIONNER, va. intenter contre quelqu'un une action en justice.

ACTIUM (on pr. *Acciome*), anc. ville d'Acarnanie. Bataille navale où Octave défit Antoine.

ACTIVEMENT, adv. promptement.

ACTIVER, va. presser, accélérer.

ACTIVITÉ, sf. faculté active, vertu d'agir ; état actif. *Fig.* célérité, promptitude. — *Être en activité,* être employé ; fonctionner.

ACTUALITÉ, sf. état présent des choses.

ACTUEL, ELLE, adj. réel, effectif, présent.

ACTUELLEMENT, adv. présentement.

ACUITÉ, sf. qualité de ce qui est aigu.

ACULÉIFORME, adj. 2 g. (l. *aculeus* aiguillon) qui a la forme d'un aiguillon (bot.).

ACUMINÉ, EE, adj. en pointe (bot.).

ACUPONCTURE, sf. opération de chirurgie consistant à piquer la peau.

ACUTANGLE, *adj.* 2 g. à angles aigus.

ACUTANGULÉ, ÉE, *adj.* qui a des angles aigus, qui offre des angles tranchants, qui est partagé en plusieurs lobes aigus (*bot.*).

ADAGE, *sm.* maxime populaire.

ADAGIO, *sm.* air d'un mouvement lent (*mus.*). — *adv.* lentement.

ADALBÉRON, évêque de Reims, livra Charles de Lorraine à Hugues Capet ; m. 1030.

ADALBERT (SAINT), évêque de Prague (939-997).

ADAM, le premier homme. V. *Billaut.*

ADAM (Adolphe), compositeur de musique (1803-1856.)

ADAMANTIN, INE, *adj.* de la nature du diamant.

ADANSON, célèbre botaniste français (1727-1806).

ADAPTATION, *sf.* action d'adapter.

ADAPTER, *va.* ajuster, appliquer à.

ADDA, riv. affluent du Pô.

ADDISON, célèbre écrivain anglais (1672-1719).

ADDITION, *sf.* ce qu'on ajoute ; opération par laquelle on réunit ensemble plusieurs nombres donnés.

ADDITIONNEL, ELLE, *adj.* qui est ou qui doit être ajouté.

ADDITIONNER, *va.* faire une addition.

ADDUCTEUR, *adj.* et *sm.* muscle qui ramène vers l'axe du corps.

ADDUCTION, *sf.* (on pr. *adduxion*), action des muscles adducteurs.

ADÉLAÏDE (SAINTE), femme de l'empereur Othon le Grand ; m. 999.

ADÉLOBRANCHES, *sm. pl.* (gr. *adêlos* caché, *brachia* branchies), ordre ou famille de mollusques gastéropodes, comprenant ceux dont les branchies ne sont point apparentes (*zool.*).

ADÉLOGÈNE, *adj.* 2 g. (gr. *adêlos* caché, *génos* naissance, production), se dit des roches formées d'un mélange de parties tellement fines et peu caractérisées, que leur composition est en quelque sorte cachée (*géol.*).

ADÉMAR ou AYMAR, chroniqueur français ; m. 1030

ADEN, ville et état d'Arabie.

ADEPTE, *sm.* celui qui est initié aux mystères d'une secte, aux secrets d'une science.

ADÉQUAT, ATE, *adj.* (on pr. *adécouat*), entier, complet ; conforme en tout point : exprime la parfaite conformité de l'idée avec son objet.

ADHÉMAR DE MONTEIL, évêque du Puy, l'un des chefs de la première croisade.

ADHERBAL, général carthaginois. — roi de Numidie ; m. 112 av. J. C.

ADHÉRENCE, *sf.* état de ce qui adhère. *Fig.* attachement à un parti.

ADHÉRENT, ENTE, *adj.* et *s.* qui adhère, attaché à. *Fig.* qui est du même sentiment.

ADHÉRER, *vn.* (l. *ad*, *haerere* être attaché), être attaché à. *Fig.* être du parti, du sentiment de quelqu'un.

ADHÉSION, *sf.* action d'adhérer.

AD HOC, *loc. adv. latine signifiant à cela*, directement, spécialement.

AD HOMINEM, *loc. adv. latine signifiant à l'homme :* personnellement, directement à la personne.

AD HONORES, *loc. adv. latine, littér. pour les honneurs :* se dit d'un titre sans fonctions et sans émoluments.

ADIEU, *loc. adv.* employée pour prendre congé. — *sm.* faire ses adieux.

ADIGE, fleuve d'Italie ; se jette dans l'Adriatique.

ADIPEUX, EUSE (l. *adeps*, gén. *adipis* graisse), graisseux (*anat.*).

ADIRER, *va.* perdre, égarer.

ADJACENT, ENTE, *adj.* situé auprès.

ADJECTIF, *sm.* mot qui se joint au substantif pour le qualifier ou le modifier.

ADJECTIVEMENT, *adv.* en manière, en fonction d'adjectif.

ADJOINDRE, *va.* joindre à (c. *joindre*).

ADJOINT, *sm.* celui qui est joint à un autre pour l'aider ; suppléant du maire.

ADJONCTION, *sf.* (on pr. *adjonxion*), jonction d'une personne à une autre.

ADJUDANT, *sm.* officier ou sous-officier chargé de seconder un supérieur.

ADJUDICATAIRE, *s.* 2 g. celui, celle à qui on adjuge un objet vendu publiquement.

ADJUDICATEUR, TRICE, *s.* et ADJUDICATIF, IVE, *adj.* qui adjuge.

ADJUDICATION, *sf.* action d'adjuger ; acte par lequel on adjuge.

ADJUGER, *va.* attribuer par autorité de justice ; accorder ; livrer au plus offrant. — S'ADJUGER, *vpr.* s'attribuer, s'approprier.

ADJURATION, *sf.* formule d'exorcisme.

ADJURER, *va.* commander ou supplier de faire ou de dire une chose.

AD LIBITUM, *loc. adv. lat.* (on pr. *ad libitome*), à volonté.

ADMÈTE, roi de Phères en Thessalie (*myth.*).

ADMETTRE, *va.* recevoir, agréer, comporter ; reconnaître pour véritable (c. *mettre*).

ADMINISTRATEUR, TRICE, *s.* celui, celle qui administre, qui régit.

ADMINISTRATIF, IVE, *adj.* qui appartient à l'administration.

ADMINISTRATION, *sf.* action d'administrer, direction des affaires, gouvernement ; réunion des administrateurs.

ADMINISTRATIVEMENT, *adv.* selon les formes administratives.

ADMINISTRÉ, *s.* celui qui est sous l'autorité d'un administrateur.

ADMINISTRER, *va.* régir, diriger, gouverner ; donner, conférer.

ADMIRABLE, *adj.* 2 g. qui doit être admiré, qui excite l'admiration.

ADMIRABLEMENT, *adv.* d'une manière admirable.

ADMIRATEUR, TRICE, *s.* celui, celle qui admire.

ADMIRATIF, IVE, *adj.* qui exprime l'admiration.

ADMIRATION, *sf.* sentiment de plaisir mêlé

1.

de surprise que cause une belle action ou une belle chose.

ADMIRER, va. éprouver de l'admiration. — S'ADMIRER, vpr. avoir de soi une haute opinion.

ADMISSIBILITÉ, sf. qualité de ce qui est admissible.

ADMISSIBLE, adj. 2 g. qui peut être admis; valable, recevable.

ADMISSION, sf. action par laquelle on est admis, action d'admettre.

ADMONETER ou ADMONESTER, va. blâmer légèrement, avertir.

ADMONITION, sf. réprimande.

ADNÉ, ÉE, adj. (l. ad auprès, natus né), immédiatement attaché à (bot.).

ADOLESCENCE, sf. âge entre l'enfance et l'âge viril.

ADOLESCENT, ENTE, s. et adj. qui est dans l'adolescence.

ADOLPHE DE NASSAU, empereur d'Allemagne (1250-1298).

ADONAÏ, nom du Seigneur chez les Juifs.

ADONIS, sm. personnage mythologique. Fig. jeune homme qui fait le beau; sorte de fleur.

ADONISER, va. parer avec recherche.

ADONNER (S'), vpr. se livrer à une chose.

ADOPTABLE, adj. 2 g. qui peut être adopté.

ADOPTANT, sm. celui qui adopte.

ADOPTER, va. prendre pour fils ou pour fille. Fig. admettre, préférer.

ADOPTIF, IVE, adj. qui est adopté ou qui a adopté.

ADOPTION, sf. (on pr. adopcion), action d'adopter.

ADORABLE, adj. 2 g. digne d'être adoré.

ADORATEUR, TRICE, adj. et s. qui adore.

ADORATIF, IVE, adj. qui exprime l'adoration.

ADORATION, sf. action d'adorer.

ADORER, va. rendre à la Divinité le culte qui lui est dû. Fig. aimer vivement.

ADOS, sm. (s nulle), terre en talus.

ADOSSER, va. appuyer le dos contre ou une chose contre une autre.

ADOUCIR, va. rendre doux ou plus doux. Fig. calmer, apaiser, polir.

ADOUCISSAGE, sm. action d'adoucir une couleur.

ADOUCISSANT, ANTE, adj. et sm. calmant.

ADOUCISSEMENT, sm. action d'adoucir.

ADOUR, rivière de France; se jette dans le golfe de Gascogne.

AD PATRES, loc. adv. lat. (on pr. ad patress), littéral. vers ses pères : dans l'autre monde.

ADRAGANT ou ADRAGANTE, adj. se dit d'une sorte de gomme.

ADRASTE, roi d'Argos et l'un des sept chefs qui assiégèrent Thèbes; 13e s. av. J. C.

AD REM, loc. adv. lat. littér. à la chose; répondre ad rem, convenablement.

ADRESSE, sf. indication du domicile, chose adressée à quelqu'un; habileté, dextérité, finesse.

ADRESSER, va. envoyer directement à quelqu'un; diriger vers; dédier. — S'ADRESSER, vpr. avoir recours à, concerner.

ADRETS (baron des), fameux chef des huguenots (1513-1586).

ADRIA, ville d'Italie, sur un canal communiquant au Pô.

ADRIATIQUE (golfe ou mer), à l'est de l'Italie.

ADRIEN, emp. romain (76-138). Nom de plus. papes et de plus. saints.

ADROIT, OITE, adj. qui a de l'adresse.

ADROITEMENT, adv. avec adresse.

ADULATEUR, TRICE et ADULATIF, IVE, adj. et s. bassement flatteur.

ADULATION, sf. flatterie basse.

ADULE (mont), le Saint-Gothard.

ADULER, va. flatter bassement.

ADULTE, adj. 2 g. et s. qui est parvenu à l'âge de l'adolescence.

ADULTÉRATION, sf. action de gâter, d'altérer ce qui est pur.

ADULTÈRE, adj. et s. 2 g. qui viole la foi conjugale. — sm. violation de cette foi.

ADULTÉRER, va. altérer, falsifier, frelater une substance.

ADULTÉRIN, INE, adj. né d'adultère.

AD UNGUEM, loc. adv. lat. (on pr. ad onguéme), littér. à l'ongle, sur le bout du doigt : parfaitement.

ADUSTE, adj. 2 g. comme brûlé.

ADUSTION, sf. action du feu sur le corps, cautérisation.

ADVENIR. V. Avenir.

ADVENTICE, adj. 2 g. qui n'est pas dans l'objet, qui y survient de dehors.

ADVENTIF, IVE, adj. provenant de succession ou de donation.

ADVERBE, sm. mot qui sert à modifier le verbe ou l'adjectif.

ADVERBIAL, ALE, adj. qui tient de l'adverbe. Au pl. m. adverbiaux.

ADVERBIALEMENT, adv. d'une manière adverbiale.

ADVERSAIRE, adj. 2 g. qui est opposé, contraire, ennemi.

ADVERSATIF, IVE, adj. qui marque opposition ou différence.

ADVERSE, adj. 2 g. contraire.

ADVERSITÉ, sf. malheur, infortune.

ADYNAMIE, sf. (gr. a privatif, dynamis force), manque de force.

ADYNAMIQUE, adj. 2 g. de l'adynamie, qui a rapport à l'adynamie.

ÆGADES ou ÆGATES. V. Égades.

ÆGAGROPILE, sf. (gr. aix, gén. aigos chèvre; agrios sauvage; pilos balle feutrée, pelote de laine), pelote de poils que l'on trouve souvent dans les intestins des chèvres, des autres ruminants et même des chevaux.

ÆGIDIUS, général romain dans les Gaules; m. 484.

ÆGIPANS, sm. pl. divinités champêtres.

ÆGOS-POTAMOS, riv. de Thrace.

ÆLIA CAPITOLINA, nom donné à Jérusalem par l'emp. Adrien.

ÆOLIPYLE, V. Éolipyle.

AÉRAGE, sm. action d'aérer.

AÉRÉ, ÉE, adj. qui reçoit de l'air.

AÉRER, va. donner de l'air.

AÉRIEN, ENNE, adj. qui est d'air, qui appartient à l'air, qui se passe dans l'air.

AÉRIFÈRE, adj. 2 g. qui conduit l'air.

AÉRIFICATION, sf. action de convertir une substance en air.

AÉRIFORME, adj. 2 g. qui est comme l'air, qui en a les propriétés.

AÉRISER, va. rendre subtil ou fluide comme l'air.

AÉROGRAPHIE, sf. (gr. aër air, graphô décrire), description de l'air.

AÉROLITHE, sm. (gr. aër air, lithos pierre), pierre tombée de l'atmosphère.

AÉROLOGIE, sf. (gr. aër air, logos traité), traité sur l'air et ses propriétés.

AÉROMÈTRE, sm. (gr. aër air, métron mesure), instrument pour mesurer la densité de l'air.

AÉROMÉTRIE, sf. science qui a pour objet de mesurer les effets mécaniques de l'air.

AÉRONAUTE, sm. (l. nauta, gr. nautês navigateur), navigateur aérien, en ballon.

AÉROPHORE, adj. 2 g. (gr. aër air, phérô porter), qui conduit l'air, qui transporte de l'air : se dit des trachées (physiol.).

AÉROSCOPE, sm. (gr. aër air, skopeô voir), instrument qui indique la force d'expansion de l'air ou des gaz.

AÉROSTAT, sm. ballon rempli d'un fluide moins pesant que l'air.

AÉROSTATION, sf. art de construire des aérostats et de les diriger.

AÉROSTATIQUE, adj. qui a rapport aux aérostats. — sf. partie de la physique qui traite de l'équilibre des fluides expansibles.

AÉROTHERME, adj. 2 g. (gr. aër air, thermos chaud), à air chaud.

ÆRUGINEUX, EUSE, adj. (l. ærugo rouille), qui tient de la rouille.

ÆSTUAIRE, V. Estuaire.

ÆTIOLOGIE, V. Étiologie.

AÉTITE, sf. sorte de pierre ou géode ferrugineuse, vulgairement pierre d'aigle.

AÉTIUS (on pr. Aétius), général romain, vainqueur d'Attila ; m. 454.

AFFABILITÉ, sf. qualité de celui qui reçoit et écoute avec bonté.

AFFABLE, adj. 2 g. qui a de l'affabilité.

AFFABLEMENT, adv. avec affabilité.

AFFABULATION, sf. moralité d'un apologue, d'une fable.

AFFADIR, va. rendre fade, causer du dégoût. Fig. Affaiblir.

AFFADISSEMENT, sm. effet de la fadeur, dégoût.

AFFAIBLIR, va. rendre faible. — S'AFFAIBLIR, vpr. devenir faible.

AFFAIBLISSANT, ANTE, adj. qui affaiblit.

AFFAIBLISSEMENT, sm. état de l'être affaibli, diminution de forces.

AFFAIRE, sf. occupation ; spéculation ; que-

relle, combat, embarras, etc. Au pl. ce qui touche aux intérêts publics ou particuliers. Avoir affaire à quelqu'un, être en rapport avec lui. Avoir affaire de, avoir besoin de. Affaire d'honneur, duel.

AFFAIRÉ, ÉE, adj. qui a beaucoup d'affaires, qui paraît très-occupé.

AFFAISSEMENT, sm. état de ce qui est affaissé. Fig. accablement d'esprit.

AFFAISSER, va. faire baisser sous le faix. Fig. accabler.

AFFALER, va. baisser, descendre ; pousser vers la côte (mar.).

AFFAMÉ, ÉE, adj. qui a faim. Fig. avide de.

AFFAMER, va. causer la faim ou la famine ; retrancher les vivres.

AFFECTATION, sf. manière de parler ou d'agir éloignée du naturel.

AFFECTÉ, ÉE, adj. qui a de l'affectation. Fig. ému, affligé.

AFFECTER, va. mettre de l'affectation à ; employer d'habitude, destiner à un usage particulier ; prendre à tâche, rechercher avec ardeur. Fig. émouvoir. — S'AFFECTER, vpr. s'affliger.

AFFECTIF, IVE, adj. qui inspire une affection pieuse.

AFFECTION, sf. (on pr. afexion) tendre penchant, amitié ; maladie : affection nerveuse. Au pl. mouvements de l'âme.

AFFECTIONNÉMENT, adv. avec affection.

AFFECTIONNER, va. aimer vivement.

AFFECTUEUSEMENT, adv. d'une manière affectueuse.

AFFECTUEUX, EUSE, adj. qui est plein d'affection, qui marque de l'affection.

AFFÉRENT, ENTE, adj. qui appartient à.

AFFERMER, va. louer une propriété moyennant une redevance.

AFFERMIR, va. rendre ferme, plus assuré. — S'AFFERMIR, vpr. devenir ferme.

AFFERMISSEMENT, sm. action d'affermir ; état de l'objet affermi.

AFFÉTÉ, ÉE, adj. qui a de l'afféterie.

AFFÉTERIE, sf. prétention dans les manières, dans le langage.

AFFICHE, sf. papier écrit ou imprimé que l'on placarde pour avertir le public.

AFFICHER, va. poser une affiche. Fig. rendre public, faire parade de. — S'AFFICHER, vpr. se faire remarquer en mal.

AFFICHEUR, sm. celui qui affiche.

AFFIDÉ, ÉE, adj. et s. à qui l'on se fie ; agent secret.

AFFILER, va. donner le fil à un instrument tranchant. Fig. Avoir la langue bien affilée, avoir du babil.

AFFILIATION, sf. association.

AFFILIÉ, ÉE, s. admis dans un corps.

AFFILIER, va. admettre dans un corps, dans une société.

AFFILOIR, sm. ou AFFILOIRE, sf. pince ou pierre pour affiler.

AFFINAGE, sm. art ou action d'affiner.

AFFINER, va. purifier les métaux, le sucre, etc. ; tromper par ruse (La Fontaine).

AFFINERIE, *sf.* lieu où l'on affine.

AFFINEUR, *sm.* celui qui affine.

AFFINITÉ, *sf.* alliance, parenté. *Fig.* liaison, convenance entre deux choses; tendance des molécules de deux corps à se combiner entre elles (*chim.*).

AFFINOIR, *sm.* instrument pour affiner.

AFFIQUET, *sm.* (*t* nul), ajustement de femme; porte-aiguille.

AFFIRMATIF, IVE, *adj.* qui affirme.

AFFIRMATION, *sf.* action d'affirmer.

AFFIRMATIVE, *sf.* proposition par laquelle on affirme.

AFFIRMATIVEMENT, *adv.* d'une manière affirmative.

AFFIRMER, *va.* assurer qu'une chose est vraie.

AFFLEUREMENT, *sm.* action d'affleurer; état des liquides affleurés.

AFFLEURER, *va.* mettre de niveau.

AFFLICTIF, IVE, *adj.* se dit d'une peine corporelle infligée par la justice.

AFFLICTION, *sf.* (on pr. *aflixion*) profond chagrin, peine morale.

AFFLIGÉ, ÉE, *s.* personne qui a de l'affliction. — *adj.* partie affligée, partie malade.

AFFLIGEANT, EANTE, *adj.* qui cause de l'affliction.

AFFLIGER, *va.* causer un profond chagrin, un grand mal. *Fig.* accabler. — S'AFFLIGER, *vpr.* se chagriner.

AFFLUENCE, *sf.* état de ce qui afflue; grand concours de personnes ou de choses.

AFFLUENT, ENTE, *adj. et sm.* se dit d'une rivière qui se jette dans une autre.

AFFLUER, *vn.* couler vers un même lieu. *Fig.* arriver en abondance.

AFFLUX, *sm.* (*x* nulle), action d'affluer.

AFFOLER, *va.* faire aimer vivement. — S'AFFOLER, *vpr.* se passionner pour.

AFFOUAGE, *sm.* droit de prendre du bois dans les forêts.

AFFOURCHER, *va.* disposer en fourche les câbles de deux ancres. *Fig.* Affourché, à califourchon.

AFFRANCHI, IE, *s. et adj.* esclave mis en liberté. *Fig.* délivré de, franc de port.

AFFRANCHIR, *va.* rendre libre, délivrer; exempter de; payer d'avance le port.

AFFRANCHISSEMENT, *sm.* action d'affranchir; exemption.

AFFRE (Denis), archevêque de Paris (1793-1848).

AFFRES, *sf. pl.* grand effroi.

AFFRÈTEMENT, *sm.* action d'affréter.

AFFRÉTER, *va.* prendre un navire à louage.

AFFRÉTEUR, *sm.* celui qui affrète.

AFFREUSEMENT, *adv.* d'une manière affreuse.

AFFREUX, EUSE, *adj.* qui cause de l'effroi; horrible; laid; méchant.

AFFRIANDER, *va.* rendre friand; attirer par un appât, allécher.

AFFRIOLER, *va.* attirer par un appât.

AFFRONT, *sm.* injure, outrage, honte, humiliation, déshonneur.

AFFRONTER, *va.* attaquer de front, braver; s'exposer hardiment à.

AFFRONTEUR, EUSE, *s.* celui, celle qui affronte. *Fig.* trompeur.

AFFUBLÉ, ÉE, *adj.* couvert, vêtu.

AFFUBLEMENT, *sm.* vêtement.

AFFUBLER, *va.* couvrir d'un vêtement, revêtir (*fam.*).

AFFÛT, *sm.* (*t* nul), machine qui soutient le canon; lieu d'où l'on guette le gibier.

AFFÛTAGE, *sm.* action d'affûter.

AFFÛTER, *va.* disposer le canon pour tirer; aiguiser un outil.

AFFUTIAU, *sm.* brimborion (*pop.*).

AFGHANISTAN, contrée d'Asie.

AFIN, *conj.* à l'effet de.

AFISTOLER, *va.* orner, embellir (v. mot).

A FORTIORI, V. *Fortiori.*

AFRICAIN, AINE, *adj. et s.* d'Afrique.

AFRIQUE, *sf.* l'une des cinq parties du monde.

AGA, *sm.* commandant turc.

AGAÇANT, ANTE, *adj.* qui agace.

AGACE ou AGASSE, *sf.* pie.

AGACEMENT, *sm.* irritation des dents ou des nerfs.

AGACER, *va.* irriter les dents, les nerfs. *Fig.* provoquer, exciter.

AGACERIE, *sf.* petits moyens pour attirer l'attention, pour exciter.

AGAG, roi des Amalécites, contemporain de Saül.

AGAME, *adj. et s.* (gr. *a* privatif, *gamos* mariage, et par extension, ensemble des étamines et du pistil d'une fleur, qui sont les organes de la reproduction de la plante), végétaux dépourvus d'étamines et de pistil (*bot.*).

AGAMEMNON, roi de Mycènes, chef de la guerre contre Troie.

AGAMI, *sm.* sorte d'oiseau très-intelligent.

AGAPES, *sf. pl.* repas commun des premiers chrétiens.

AGAPET (SAINT), pape, m. 536.

AGAR, mère d'Ismaël.

AGARIC, *sm.* sorte de champignon.

AGASSE, V. *Agace.*

AGATE, *sf.* sorte de pierre précieuse.

AGATHE (SAINTE), vierge et martyre; m. 251.

AGATHOCLE, tyran de Sicile; m. 287 av. J. C.

AGATHON (SAINT), pape, m. 682.

AGAVÉ ou AGAVE, *sm.* belle plante grasse, appelée vulgairement aloès.

AGDE, ville de France (Hérault).

ÂGE, *sm.* temps écoulé depuis la naissance; époque, vieillesse. — D'ÂGE EN ÂGE, *loc. adv.* de siècle en siècle, successivement.

ÂGÉ, ÉE, *adj.* qui a un certain âge; vieux.

AGEN, ch.-l. du dép. de Lot-et-Garonne.

AGÉNAIS, V. *Agénois.*

AGENCE, *sf.* emploi ou administration d'agent.

AGENCEMENT, *sm.* ordre, disposition.

AGENCER, va. disposer, ajuster.

AGENDA, sm. (gen se pron. ginn), petit livre où l'on inscrit des notes (pl. agendas).

AGÉNOIS, partie de la Guienne. — adj. et s. d'Agen (au f. Agénoise).

AGENOUILLER (S'), vpr. (Il m.) se mettre à genoux.

AGENOUILLOIR, sm. (Il m.) banc ou coussin sur lequel on s'agenouille.

AGÉNOR, roi de Phénicie; 16e s. av. J. C.

AGENT, sm. celui qui agit, qui dirige une affaire, une entreprise. Agent de change, officier public chargé de négocier les papiers de commerce.

AGÉSILAS, roi de Sparte, m. 361 av. J. C.

AGGÉE, l'un des douze petits prophètes.

AGGLOMÉRAT, sm. (t nul), substances diverses agglomérées par l'action des eaux.

AGGLOMÉRATION, sf. action d'agglomérer; grande masse.

AGGLOMÉRÉ, ÉE, adj. assemblé, réuni.

AGGLOMÉRER, va. assembler, mettre en tas, amonceler.

AGGLUTINANT, ANTE, et AGGLUTINATIF, IVE, adj. et s. qui agglutine.

AGGLUTINATION, sf. action d'agglutiner.

AGGLUTINER, va. réunir, recoller les chairs (méd.).

AGGRAVANT, ANTE, adj. qui aggrave.

AGGRAVATION, sf. action d'aggraver.

AGGRAVER, va. rendre plus grave.

AGIDES, famille de rois de Sparte.

AGILE, adj. 2 g. qui a de l'agilité.

AGILEMENT, adv. avec agilité.

AGILITÉ, sf. légèreté, rapidité dans les mouvements.

AGILULF ou AGILULPHE, roi des Lombards, m. 615.

AGIO, sm. différence de valeur entre l'argent monnayé et les billets; bénéfice sur le commerce des espèces.

AGIOTAGE, sm. trafic sur les effets publics ou sur certaines marchandises.

AGIOTER, vn. faire l'agiotage.

AGIOTEUR, sm. celui qui agiote. (Au f. agioteuse).

AGIR, vn. faire quelque chose, opérer, produire un effet; se conduire; poursuivre en justice. — IL S'AGIT, v. imp. il est question de.

AGIS, nom de plusieurs rois de Sparte.

AGISSANT, ANTE, adj. qui agit.

AGITATEUR, sm. celui qui agite les esprits, qui excite des troubles. (Au f. Agitatrice)

AGITATION, sf. grand mouvement. Fig. trouble de l'âme, inquiétude.

AGITER, va. remuer, secouer. Fig. troubler, tourmenter l'esprit. Agiter une question, la discuter.

AGLABITES, dynastie musulmane en Afrique, de 780 à 908.

AGLAÉ, l'une des trois Grâces (myth.).

AGNADEL, ville de la Lombardie. — Victoire de Louis XII sur les Vénitiens en 1509 et du duc de Vendôme sur le prince Eugène de Savoie en 1705.

AGNAT, sm. (on pron. ag-na), parent du côté du père.

AGNATION, sf. (on pron. ag-nacion), qualité des agnats.

AGNEAU, sm. petit de la brebis. Fig. homme ou animal fort doux.

AGNELER, vn. mettre bas, en parlant de la brebis.

AGNELET, sm. petit agneau.

AGNELINE, adj. f. Laine agneline, laine d'agneau.

AGNÈS, sf. jeune fille très-innocente.

AGNÈS (SAINTE), vierge et martyre en 303. V. Méranie.

AGNÈS SOREL, dame célèbre sous le règne de Charles VII; m. 1450.

AGNUS, sm. (on pr. ag-nuce), petite image de piété.

AGONALES, sf. pl. (gr. agôn combat), fêtes en l'honneur de Janus, que les Romains célébraient par des combats et des exercices violents.

AGONIE, sf. lutte d'un malade contre la mort. Fig. inquiétude extrême.

AGONISANT, ANTE, adj. et s. qui est à l'agonie.

AGONISER, vn. être à l'agonie.

AGRAFE, sf. espèce de crochet servant à attacher.

AGRAFER, va. attacher par une agrafe.

AGRAIRE, adj. 2 g. (l. ager champ), relatif au partage ou à la mesure des terres.

AGRAM, ville de Croatie.

AGRANDIR, va. rendre plus grand, augmenter. — S'AGRANDIR, vpr. devenir plus grand.

AGRANDISSEMENT, sm. action d'agrandir; accroissement.

AGRÉABLE, adj. 2 g. qui agrée, qui plaît.

AGRÉABLEMENT, adv. d'une manière agréable.

AGRÉÉ, sm. défenseur devant un tribunal de commerce.

AGRÉER, va. recevoir favorablement, approuver. — vn. plaire : cela m'agrée.

AGRÉGAT, sm. (t nul), assemblage; corps solide de molécules adhérentes entre elles (chim.).

AGRÉGATION, sf. admission dans un corps; grade universitaire; réunion de matières, de parties matérielles.

AGRÉGÉ, sm. gradué admis dans le corps des professeurs; agrégat (chim.).

AGRÉGER, va. (l. grex troupeau, troupe), réunir à la troupe; admettre dans un corps; réunir des parties.

AGRÉMENT, sm. approbation; ce qui plaît dans quelqu'un ou dans quelque chose; plaisir. Au pl. ornements, grâces.

AGRÈS, sm. pl. (s nulle), tout ce qui sert à équiper un navire.

AGRESSEUR, sm. celui qui attaque.

AGRESSIF, IVE, adj. qui a le caractère de l'agression, qui attaque.

AGRESSION, sf. action d'attaquer.

AGRESTE, adj. 2 g. rustique. Fig. grossier, sauvage.

AGRICOLA, général romain; m. 93.

AGRICOLE. adj. 2 g. qui s'adonne ou qui a rapport à l'agriculture.

AGRICULTEUR, s. et adj. m. cultivateur.

AGRICULTURE, sf. culture des champs, art de cultiver la terre.

AGRIFFER (S'), vpr. s'attacher avec les griffes.

AGRIGENTE, anc. ville de Sicile, aujourd'hui Girgenti.

AGRIPPA, général romain, m. 12 av. J. C.

AGRIPPER, va. saisir avidement.

AGRIPPINE, femme de Germanicus, m. 33. — fille de la précédente et mère de Néron, m. 59.

AGRONOME, sm. cultivateur versé dans la théorie de l'agriculture.

AGRONOMIE, sf. théorie de l'agriculture.

AGRONOMIQUE, adj. 2 g. qui a rapport à l'agronomie.

AGROUPER, va. grouper. — S'AGROUPER, vpr. se mettre en groupe.

AGUERRIR, va. habituer à la guerre, et au fig. à quelque chose de pénible.

AGUESSEAU (D') ou DAGUESSEAU, chancelier de France (1668-1751).

AGUETS, sm. pl. Être aux aguets, épier.

AH ! interj. qui exprime la joie, la douleur, l'étonnement, etc.

AHAN, sm. grand effort, peine de corps.

AHANER, vn. avoir de la peine en faisant quelque chose.

AHASVÉRUS, V. Ashavérus.

AHEURTEMENT, sm. obstination.

AHEURTER (S'), vpr. s'obstiner à.

AHI ! interj. exprimant la douleur.

AHMED, V. Achmet.

AHRIMAN, V. Arimane.

AHURI, IE, adj. et s. interdit, stupéfait.

AHURIR, va. troubler, étourdir.

AÏ ou **AY**, ville du département de la Marne.

AIDE, sf. secours, assistance; — sm. et f. celui, celle qui aide; chirurgien militaire. — Aide de camp, officier attaché à un chef militaire.

AIDER, va. prêter assistance, secourir. — AIDER A, vn. partager le travail de quelqu'un, contribuer à. — S'AIDER, vpr. se prêter assistance.

AÏE ! interj. marquant la douleur.

AÏEUL, sm. grand-père (pl. aïeuls). AÏEULE, sf. grand'mère.

AÏEUX, sm. pl. ancêtres.

AIGLE, sm. genre d'oiseau de proie, au fig. homme supérieur; — sf. aigle femelle, et fig. étendard, enseigne, constellation.

AIGLE (L'). — V. Laigle.

AIGLON, sm. petit de l'aigle.

AIGLON, ONNE, adj. de l'aigle.

AIGRE, adj. 2 g. acide, piquant. Fig. rude, fâcheux. Voix aigre, perçante.

AIGRE-DOUX, AIGRE-DOUCE, adj. à la fois aigre et doux.

AIGREFIN, sm. escroc.

AIGRELET, ETTE, adj. un peu aigre.

AIGREMENT, adv. avec aigreur.

AIGREMOINE, sf. sorte de plante.

AIGRET, ETTE, adj. un peu aigre.

AIGRETTE, sf. faisceau de plumes, espèce de pompon en crins; poils qui surmontent certaines graines (bot.).

AIGREUR, sf. qualité de ce qui est aigre. Au pl. rapports acides des aliments mal digérés. Fig. disposition à offenser.

AIGRIR, va. rendre aigre. Fig. irriter. — S'AIGRIR, vpr. devenir aigre; s'irriter.

AIGU, UË, adj. terminé en pointe, en tranchant. Fig. piquant, vif, perçant: accent aigu, petit signe ayant cette forme (').

AIGUADE, sf. provision d'eau douce pour les navires; lieu où on la fait.

AIGUAYER, va. baigner dans l'eau.

AIGUE-MARINE, sf. sorte d'émeraude (pl. aigues-marines).

AIGUEPERSE, p. ville (Puy-de-Dôme).

AIGUES-MORTES, p. ville (Gard).

AIGUIÈRE, sf. vase très-ouvert, à bec et à anse, où l'on met de l'eau.

AIGUIÉRÉE, sf. le contenu d'une aiguière.

AIGUILLE, sf. (ll m.), petite verge d'acier ou de fer pour coudre ou tricoter; verge de métal indiquant les heures sur un cadran; pièce de fer servant à changer la voie sur un chemin de fer. Fig. Pointe de clocher, obélisque, sommet allongé d'une roche.

AIGUILLÉE, sf. (ll m.), longueur de fil, de laine, etc., suffisante pour garnir une aiguille.

AIGUILLETER, va. (ll m.), attacher à l'aide d'aiguillettes; ferrer des lacets.

AIGUILLETTE, sf. (ll m.), cordon, lacet, etc. ferré par les deux bouts. Fig. morceau de chair ou de peau coupé en long.

AIGUILLETTIER, sm. (ll m.), fabricant d'aiguillettes.

AIGUILLEUR, sm. (ll m.), employé chargé du service de l'aiguille sur un chemin de fer.

AIGUILLIER, sm. (ll m.), étui à aiguilles; ouvrier qui fait des aiguilles.

AIGUILLON, sm. (ll m.), bâton pointu pour piquer les bœufs; dard des abeilles, des guêpes, etc. Fig. tout ce qui excite.

AIGUILLON, p. ville (Lot-et-Garonne).

AIGUILLON (duc d'), ministre de Louis XV (1720-1782).

AIGUILLONNER, va. (ll m.), piquer avec l'aiguillon. Fig. exciter.

AIGUISEMENT, sm. (on pr. gu-z), action d'aiguiser.

AIGUISER, va. (on pr. gu-i), rendre plus aigu, plus tranchant. Fig. rendre plus vif, exciter.

AIL, sm. (l m.), genre de plante bulbeuse, bulbe ou ognon de la plante. Au pl. aulx pour les bulbes, ails pour les plantes.

AILANTE ou **AILANTHE**, sm. arbre de la famille des Rutacées, vulgairement Vernis du Japon.

AILE, sf. membre des oiseaux et de certains insectes, qui leur sert à voler; châssis tournant d'un moulin à vent; partie jointe au corps principal d'un bâtiment; extrémités d'une armée en bataille. *Fig.* protection.

AILE ou **ALE**, *sf.* sorte de bière.

AILÉ, **ÉE**, *adj.* qui a des ailes.

AILERON, *sm.* extrémité de l'aile; nageoires; petites planches garnissant les roues d'un moulin à eau.

AILLEURS, *adv.* (*ll m.*) dans un autre lieu. — D'AILLEURS, d'un autre lieu, d'une autre cause, par un autre motif, de plus, en outre.

AILLY (Pierre D'), cardinal et chancelier de l'Université (1350-1420).

AIMABLE, *adj.* 2 *g.* qui mérite d'être aimé, qui fait plaisir.

AIMABLEMENT, *adv.* d'une manière aimable, avec amabilité.

AIMANT, *sm.* minéral qui attire le fer, métal aimanté. *Fig.* ce qui attire et attache.

AIMANT, **ANTE**, *adj.* disposé à aimer.

AIMANTATION, *sf.* action d'aimanter.

AIMANTER, *va.* communiquer à un corps la propriété de l'aimant.

AIMER, *va.* avoir de l'attachement, de l'affection, du goût pour. *Aimer mieux*, préférer. *Aimer à*, se plaire à.

AIMOIN, chroniqueur français; m. 1008.

AIN, riv. de France, affluent du Rhône; nom d'un département français, dont le chef-lieu est *Bourg*.

AINE, *sf.* partie du corps entre la cuisse et le bas-ventre.

AÎNÉ, **ÉE**, *adj.* premier né des enfants. — *s.* le plus âgé, la plus âgée.

AÎNESSE, *sf.* priorité d'âge.

AINSI, *adv.* de cette façon, par conséquent. — AINSI QUE, *loc. conj.* de même que.

AIR, *sm.* fluide élastique qui enveloppe la terre et que nous respirons; vent *Fig.* apparence extérieure, physionomie; chant. *Avoir l'air*, sembler.

AIRAIN, *sm.* alliage de cuivre, de zinc et d'étain. *Fig. cœur d'airain*, cœur dur; *ciel d'airain*, sans nuages, sans pluie.

AIRE, *sf.* place à battre le grain; nid des oiseaux de proie; surface. *Aire de vent*, direction selon laquelle le vent souffle (*mar.*).

AIRE, p. ville (Pas-de-Calais et Landes).

AIRÉE, *sf.* quantité de gerbes mises sur une aire.

AIRELLE, *sf.* sorte d'arbrisseau.

AIRER, *sf.* faire son aire ou nid.

AIS, *sm.* (s nulle), planche de bois travaillée.

AISANCE, *sf.* facilité dans l'action ou dans la parole. *Fig.* commodité, fortune suffisante.

AISE, *sf.* contentement; état de fortune satisfaisant; commodité. — A L'AISE, *loc. adv.* commodément.

AISE, *adj.* 2 *g.* content, joyeux.

AISÉ, **ÉE**, *adj.* facile, commode; qui est sans contrainte, qui ne gêne pas.

AISÉMENT, *adv.* facilement.

AISNE, riv. affluent de l'Oise; nom d'un département français dont le ch.-l. est *Laon*.

AISSELLE, *sf.* dessous du bras à son point de jonction avec l'épaule.

AITIOLOGIE, V. *Étiologie.*

AÎTRES, V. *Êtres.*

AIX, *s.* préf. du dép. des Bouches-du-Rhône. — Ville du dép. de la Savoie.

AIX (ILE D'), île faisant partie du dép. de la Charente-Inférieure.

AIX-LA-CHAPELLE, grande ville de la Prusse rhénane.

AJACCIO, ch.-l. du dép. de la Corse.

AJAN, contrée de l'Afrique orientale.

AJAX, nom de deux héros grecs, l'un fils de Télamon, l'autre d'Oïlée.

AJONC, *sm.* (c nul), sorte d'arbuste épineux.

AJOURNEMENT, *sm.* assignation à un jour, renvoi à un autre jour.

AJOURNER, *va.* renvoyer à un autre jour, citer à comparaître.

AJOUTAGE, *sm.* chose ajoutée à d'autres.

AJOUTER, *va.* joindre à; augmenter. *Ajouter foi*, croire.

AJUSTAGE, *sm.* action d'ajuster.

AJUSTEMENT, *sm.* action d'ajuster; accommodement, parure.

AJUSTER, *va.* rendre juste un poids, une mesure, une balance, etc.; adapter, approprier. Viser juste. *Fig.* parer, orner. — S'AJUSTER, *vpr.* s'adapter à, se parer, se préparer à.

AJUSTEUR, *sm.* celui qui ajuste.

AJUTAGE, **AJUTOIR** ou **AJOUTOIR**, *sm.* embouchure soudée au tuyau d'une fontaine ou d'un jet d'eau.

A-KEMPIS (THOMAS), religieux du 15e s. auteur présumé de l'*Imitation de J. C.*

AKÈNE, V. *Achaine.*

ALABAMA, riv. et l'un des États de l'Union (États-Unis).

ALACOQUE (MARIE), célèbre religieuse française (1647-1690).

ALACRITÉ, *sf.* gaîté, joie vive.

ALADIN ou **ALLA-EDDIN**, dit *le Vieux de la Montagne*, chef de la secte des *Assassins* en 1221.

ALAIN, nom d'homme.

ALAINS, peuple barbare de la Scythie.

ALAIS, s.-préf. du dép. du Gard.

ALAISE, bourg (Doubs). V. *Alesia.*

ALAISER, V. *Aléser.*

ALAMANS ou **ALAMANNI**. V. *Alemanni.*

ALAMBIC, *sm.* vase pour distiller.

ALAMBIQUÉ, **ÉE**, *adj.* subtil.

ALAMBIQUER, *va.* fatiguer l'esprit par des subtilités. — *vn.* raffiner, subtiliser.

ALAMBRA ou **ALHAMBRA**, célèbre édifice maure de Grenade.

ALAND, île et archipel dans la mer Baltique.

ALANGUIR, *va. et n.* rendre ou être languissant. — S'ALANGUIR, *vpr.* perdre sa force.

ALANGUISSEMENT, *sm.* état de langueur, action d'alanguir.

ALARIC Ier, roi des Visigoths, m. 411. ALARIC II, roi des Visigoths, m. 507.

ALARMANT, **ANTE**, *adj.* qui alarme.

ALARME, *sf.* cri ou signal pour courir aux armes. *Fig.* épouvante, inquiétude.

ALARMER, *va.* inquiéter, effrayer.

ALARMISTE, s. 2 g. celui, celle qui se plaît à répandre l'alarme.

ALASKA, presqu'île de l'Amérique russe.

ALATERNE, sm. sorte d'arbrisseau.

ALAVA, province d'Espagne.

ALBACÈTE, ville d'Espagne.

ALBAN (SAINT), martyr, vers 303.

ALBANE (L'), peintre italien (1578-1660).

ALBANIE, prov. de la Turquie d'Europe.

ALBANO, v. et lac près de Rome.

ALBANY, partie de l'Écosse, — ville et comté des États-Unis.

ALBÂTRE, sm. pierre de la nature du marbre et demi-transparente.

ALBATROS, sm. (on pr. l's), sorte d'oiseau de mer.

ALBE ou ALBE-LA-LONGUE, ancienne ville du Latium.

ALBE (Duc d'), général espagnol sous Charles-Quint et Philippe II (1508-1582).

ALBENGA, petit port d'Italie.

ALBERGE, sf. sorte de petite pêche.

ALBERGIER, sm. arbre qui produit l'alberge.

ALBÉRIC, nom d'homme.

ALBÉRONI, cardinal, ministre du roi d'Espagne Philippe V (1664-1752).

ALBERT, nom d'homme porté par plusieurs ducs d'Autriche, empereurs d'Allemagne, etc. V. Durer.

ALBERT LE GRAND, savant et philosophe scolastique, m. 1280.

ALBERTVILLE, s.-préf. du dép. de la Savoie.

ALBI ou ALBY, ch.-l. du dép. du Tarn.

ALBIGEOIS, pays d'Alby. — sm. pl. hérétiques du 12e siècle.

ALBINOS, sm. (on pr. l's), homme d'un teint blafard avec les cheveux blancs.

ALBINUS, général romain proclamé empereur; m. 197.

ALBION, la Grande-Bretagne.

ALBOIN, roi des Lombards, m. 573.

ALBRÉDA, comptoir français (Sénégal).

ALBRET, ville et pays (Landes).

ALBUFÉRA ou ALBUHARA, village, près de Badajoz. Bataille entre les Français commandés par Soult, et une armée anglo-espagnole, en 1811.

ALBUGINÉ, ÉE, adj. se dit de membranes ou de tissus de couleur blanche (anat.).

ALBUGINEUX, EUSE, adj. formé par la fibre albuginée (anat.).

ALBUM, sm. (on pr. albome), cahier de papier blanc, tablettes, recueil de dessins, etc. (pl. albums).

ALBUMEN, sm. (on pr. albumène), l'un des principes constitutifs de la chair.

ALBUMINE, sf. substance de la nature du blanc d'œuf.

ALBUMINEUX, EUSE, adj. qui contient de l'albumine.

ALBUQUERQUE, célèbre navigateur et guerrier portugais (1453-1515).

ALCADE, sm. magistrat espagnol.

ALCALESCENCE, sf. état des corps alcalescents.

ALCALESCENT, ENTE, adj. qui tend à la fermentation alcaline, qui contient de l'alcali.

ALCALI, sm. substance qui verdit les couleurs bleues végétales et forme des sels en se combinant avec les acides.

ALCALIGÈNE, sm. principe générateur des alcalis. — adj. 2 g. qui produit un alcali.

ALCALIMÈTRE, sm. instrument pour mesurer la force des alcalis.

ALCALIN, INE, adj. qui a rapport aux alcalis, qui en a les propriétés.

ALCALISATION, sf. action d'alcaliser.

ALCALISER, va. tirer l'acide d'un sel et n'y laisser que l'alcali (chim.).

ALCANTARA, ville d'Espagne; ordre militaire et religieux en Espagne.

ALCARAZAS, sm. vase de terre poreux, propre à rafraîchir l'eau.

ALCÉE, père d'Amphitryon. — poète grec du 7e s. av. J. C.

ALCESTE, femme d'Admète, roi de Phères.

ALCHIMIE, sf. science qui avait pour but la transmutation des métaux.

ALCHIMIQUE, adj. 2 g. qui a rapport à l'alchimie.

ALCHIMISTE, sm. celui qui s'occupe d'alchimie.

ALCIAT, célèbre jurisconsulte italien (1492-1550).

ALCIBIADE, célèbre général athénien (450-404 av. J. C.)

ALCIDE, Hercule.

ALCINOÜS, roi des Phéaciens, qui accueillit Ulysse.

ALCMÈNE, femme d'Amphitryon.

ALCOOL, sm. esprit de vin très-pur.

ALCOOLAT, sm. (t nul), médicament à l'alcool.

ALCOOLIQUE, adj. 2 g. qui contient de l'alcool.

ALCOOLISATION, action de réduire à l'état d'alcool ou d'alcooliser.

ALCOOLISER, va. mêler de l'alcool à un liquide.

ALCOOMÈTRE, sm. instrument pour mesurer la force des liqueurs alcooliques.

ALCORAN, V. Coran.

ALCÔVE, sf. enfoncement dans une chambre pour un ou deux lits.

ALCUIN, savant anglais sous Charlemagne (735-804).

ALCYON, sm. oiseau de mer.

ALDÉBARAN, sm. étoile de première grandeur dans la constellation du Taureau.

ALDE MANUCE, V. Manuce.

ALDÉE, sf. établissement européen en Afrique ou aux Indes.

ALDERMAN, sm. (on pr. l'n), officier municipal anglais; au pl. aldermans (Acad.).

ALDJEZYREH, région de la Turquie d'Asie, anc. Mésopotamie.

ALDROVANDE, célèbre naturaliste italien (1522-1605).

ALE, V. *Aile.*

ALÉATOIRE, *adj.* 2 *g.* qui dépend d'un évènement incertain.

ALÉATOIREMENT, *adv.* d'une façon aléatoire.

ALECTON, l'une des trois Furies (*myth.*).

ALEMANNI, ALAMANNI ou ALEMANS, confédération de tribus germaines.

ALEMBERT (D'), V. *Dalembert.*

ALENÇON, ch.-l. du dép. de l'Orne.

ALÈNE, *sf.* poinçon pour percer le cuir.

ALÉNIER, *sm.* fabricant ou marchand d'alènes.

ALÉNOIS, *adj. m.* se dit d'un cresson.

ALENTÉJO, province de Portugal.

ALENTOUR, *adv.* aux environs. — LES ALENTOURS, *sm. pl.* les lieux environnants; au *fig.* les familiers, les compagnons.

ALÉOUTES ou ALÉOUTIENNES (*îles*), archipel dépendant de l'Amérique russe.

ALEP, grande ville de Syrie.

ALERTE, *adj.* 2 *g.* gai, vif, vigilant. — *sf.* alarme. — *adv.* ou *interj.* garde à vous! debout!

ALÉSER, *va.* polir, limer; forer ou calibrer un canon.

ALESIA, anc. v. de la Gaule; auj. *Alise* (Côte-d'Or) ou *Alaise* (Doubs): célèbre par le siège que Vercingétorix y soutint contre César.

ALÉSOIR, *sm.* outil pour aléser.

ALESTIR (S'), *vpr.* se débarrasser de tout ce qui gêne.

ALEVIN et ALEVINAGE, *sm.* petit poisson pour peupler un étang.

ALEVINER, *va.* mettre de l'alevin.

ALEXANDRA, fille de Priam. — reine des Juifs, m. 70 av. J. C.

ALEXANDRE, nom d'homme porté par plusieurs princes et plusieurs papes : — LE GRAND, roi de Macédoine (356-323 av. J. C.), — JANNÉE, roi de Judée (106-79 av. J. C.), — SÉVÈRE, emp. romain (209-235). — ALEXANDRE 1er, PAULOWITZ, empereur de Russie (1777-1825).

ALEXANDRETTE, ville et port de Syrie.

ALEXANDRIE, ville et port d'Égypte. — ville de Piémont.

ALEXANDRIN, *adj. m.* se dit du vers français de douze syllabes.

ALEXIS (SAINT), solitaire (4e s.). — ALEXIS COMNÈNE, nom de deux emp. d'Orient (12e s.). — L'ANGE, emp. d'Orient en 1195. — DUCAS ou MURZUPHLE, emp. d'Orient en 1204. — MICHAELOWITZ, tsar de Moscovie, père de Pierre le Grand; m. 1676.

ALEZAN, ANE, *adj.* d'un roux fauve. — *sm.* cheval de cette couleur.

ALÈZE, *sf.* petit drap que l'on met sous les malades; petite planche.

ALFANGE, *sf.* épée des Maures.

ALFIÉRI, poëte italien (1749-1803).

ALFORT, village près de Paris; école vétérinaire.

ALFRED, nom d'homme. — LE GRAND, roi des Anglo-Saxons (849-901).

ALGARADE, *sf.* attaque brusque contre quelqu'un pour un sujet très-léger.

ALGAROTTI, savant et littérateur italien (1712-1764).

ALGARVE, province de Portugal.

ALGÈBRE, *sf.* science qui traite des quantités en général, représentées par des lettres de l'alphabet.

ALGÉBRIQUE, *adj.* 2 *g.* qui appartient à l'algèbre.

ALGÉBRISTE, *sm.* celui qui s'occupe d'algèbre, qui la sait bien.

ALGER, capitale de l'Algérie.

ALGÉRIE, possession française dans le nord de l'Afrique.

ALGÉRIEN, IENNE, *adj.* et *s.* de l'Algérie.

ALGÉSIRAS, ville et port d'Espagne. Victoire navale des Français sur les Anglais en 1801.

ALGIDE, *adj.* 2 *g.* qui fait éprouver une sensation de grand froid.

ALGONQUINS, Indiens de l'Amérique du Nord.

ALGUAZIL, *sm.* (on pr. *algouazil*), exempt de police en Espagne.

ALGUE, *sf.* herbe marine. Au *pl.* famille ou classe de plantes (*bot.*).

ALHAMBRA, V. *Alambra.*

ALI, calife d'Orient, m. 661. Nom de plus. princes ou chefs mahométans.

ALIBERT, savant médecin français (1768-1837).

ALIBI, *sm.* (pas d's au *pl.*), absence d'un lieu prouvée en justice (m. latin).

ALIBILE, *adj.* 2 *g.* propre à nourrir.

ALIBORON, *sm.* sot, ignorant.

ALICANTE, ville et port d'Espagne.

ALIDADE, *sf.* règle mobile servant à mesurer les angles.

ALIÉNABILITÉ, *sf.* caractère de ce qui est aliénable.

ALIÉNABLE, *adj.* 2 *g.* qu'on peut aliéner.

ALIÉNATION, *sf.* action d'aliéner. *Fig.* égarement d'esprit, folie.

ALIÉNÉ, ÉE, *s.* fou, folle.

ALIÉNER, *va.* transporter à un autre la propriété d'un bien. *Fig. aliéner les cœurs, les esprits*, faire perdre l'affection, l'attachement.

ALIGHIERI, V. *Dante.*

ALIGNEMENT, *sm.* action d'aligner; résultat de cette action.

ALIGNER, *va.* ranger en ligne droite.

ALIGRE (D'), chancelier de France, m. 1635. — garde des sceaux, fils du précédent, m. 1677.

ALIMENT, *sm.* nourriture. *Fig.* ce qui entretient ou fomente.

ALIMENTAIRE, *adj.* 2 *g.* qui peut servir d'aliment, qui a rapport aux aliments.

ALIMENTATION, *sf.* action d'alimenter.

ALIMENTER, *va.* nourrir. *Fig.* fomenter, entretenir.

ALIMENTEUX, EUSE, *adj.* qui nourrit.

ALINÉA, *sm.* commencement d'un paragraphe dont la première ligne est rentrante. Pl. *alinéas* (*alinea* suivant l'Acad.).

ALIQUOTE, *adj. f.* se dit d'une partie contenue exactement dans un tout.

ALISE, V. *Alésia* et *Alize.*

ALISMACÉES, *sf. pl.* famille de plantes dont le type est l'*alisma* ou flûteau (*bot.*).

ALITER, *va.* faire garder le lit. — S'ALITER, *vpr.* se mettre au lit pour cause de maladie.

ALIX, nom de femme.

ALIZARI, *sm.* racine sèche de garance.

ALIZE ou ALISE, *sf.* petit fruit rouge.

ALIZÉ, *adj. m. Vents alizés,* vents réguliers entre les deux tropiques.

ALIZIER, *sm.* arbre qui donne l'alize.

ALKMAAR, ville de Hollande.

ALLAH, *sm.* nom que les mahométans donnent à Dieu.

ALLAITEMENT, *sm.* action d'allaiter.

ALLAITER, *va.* nourrir de son lait.

ALLANT, ANTE, *adj.* qui aime à marcher. — LES ALLANTS, *sm. pl.* ceux qui vont.

ALLARD, général français, qui devint généralissime du roi de Lahore (1785-1839).

ALLÈCHEMENT, *sm.* moyen d'allécher. *Fig.* amorce, appât.

ALLÉCHER, *va.* attirer par un appât. *Fig.* attirer par le plaisir.

ALLÉE, *sf.* passage entre deux murs ou entre deux rangées d'arbres. Au pl. *allées et venues,* demarches.

ALLÉGANY, ALLÉGHANY ou APALACHES, montagnes dans les États-Unis.

ALLÉGATION, *sf.* citation, proposition mise en avant.

ALLÉGE, *sf.* barque destinée à alléger un navire; mur d'appui d'une fenêtre.

ALLÉGEANCE, *sf.* action ou résultat de l'action de soulager, de calmer, de consoler.

ALLÉGEMENT, *sm.* soulagement.

ALLÉGER, *va.* rendre plus léger. *Fig.* soulager, calmer.

ALLÉGIR, *va.* diminuer le volume.

ALLÉGORIE, *sf.* fiction qui sous un objet en désigne un autre.

ALLÉGORIQUE, *adj. 2 g.* qui tient de l'allégorie.

ALLÉGORIQUEMENT, *adv.* d'une manière allégorique.

ALLÉGORISER, *va.* expliquer selon le sens allégorique; donner un sens allégorique.

ALLÉGORISEUR et ALLÉGORISTE, *sm.* celui qui allégorise.

ALLÈGRE, *adj. 2 g.* agile, gai, dispos.

ALLÉGREMENT, *adv.* d'une manière allègre.

ALLÉGRESSE, *sf.* joie vive, joie publique.

ALLÉGRETTO, *adv.* et *sm.* diminutif d'*allégro* (*mus.*).

ALLÉGRO, *adv.* gaiment. — *sm.* morceau de musique d'un mouvement vif (*mus.*).

ALLÉGUER, *va.* avancer un fait; citer; prétendre que.

ALLELUIA, *sm.* (on pr. *alléluia*), chant d'Église; sorte de plante.

ALLEMAGNE, contrée au centre de l'Europe, comprenant plusieurs États.

ALLEMAND, ANDE, *adj.* et *s.* de l'Allemagne.

ALLEMANDE, *sf.* sorte de danse.

ALLER, *vn.* se transporter d'un lieu à un autre. Au *fig.* mener; être en bonne voie ou en bon état; fonctionner, agir, se porter vers; convenir : *cela vous va;* manière d'être quant à la santé : *comment allez-vous?* être sur le point de : *je vais partir.* — *Ind. pr.* je vais ou je vas, tu vas, il va, n. allons, v. allez, ils vont; *imp.* j'allais; *p. déf.* j'allai; *fut.* j'irai; *cond.* j'irais; *impér.* va, allons, allez; *subj. pr.* que j'aille, que tu ailles, qu'il aille, que n. allions, que v. alliez, qu'ils aillent; *imp.* que j'allasse; *part. pr.* allant; *part. p.* allé, allée. (Les temps composés prennent le verbe *être*). — S'EN ALLER, *vpr.* partir.

ALLEU, *sm.* terre exempte de droits feodaux.

ALLIA, riv. affluent du Tibre. Victoire des Gaulois sur les Romains, 390 av. J. C.

ALLIACÉ, ÉE, *adj.* qui tient de l'ail.

ALLIAGE, *sm.* combinaison de deux métaux; mélange de substances.

ALLIANCE, *sf.* action d'allier, d'unir; parenté entre deux familles; confédération entre États; anneau de mariage.

ALLIÉ, ÉE, *s.* joint par alliance.

ALLIER, *va.* mélanger, combiner, unir; joindre par mariage. — S'ALLIER, *vpr.* s'unir, se confédérer.

ALLIER, *sm.* filet à prendre des perdrix.

ALLIER, riv. affluent de la Loire. Elle donne son nom à un dép. dont le ch.-l. est *Moulins.*

ALLIGATOR, *sm.* sorte de crocodile.

ALLITÉRATION, *sf.* répétition affectée des mêmes lettres ou de sons pareils.

ALLOBROGES, anc. peuple de la Gaule, entre le Rhône et l'Isère.

ALLOCATION, *sf.* action d'allouer.

ALLOCUTION, *sf.* courte harangue, petit discours à des personnes réunies.

ALLODIAL, ALE, *adj.* tenu en franc-alleu.

ALLONGE, *sf.* chose qui sert à allonger.

ALLONGEMENT, *sm.* augmentation de longueur.

ALLONGER, *va.* rendre plus long.

ALLOPATHE, *adj.* et *sm.* médecin qui traite par l'allopathie.

ALLOPATHIE, *sf.* (gr. *allos* autre, différent, opposé; *pathê* affection, maladie), doctrine médicale qui consiste à traiter une maladie par des remèdes ayant une action contraire à la cause du mal.

ALLOPATHIQUE, *adj. 2 g.* qui appartient à l'allopathie, qui y a rapport.

ALLOUABLE, *adj. 2 g.* qu'on peut allouer.

ALLOUER, *va.* attribuer une somme à une dépense; accorder.

ALLUCHON, *sm.* fuseau dont on arme une roue pour la faire engrener.

ALLUMER, *va.* mettre le feu à. *Fig.* exciter; donner lieu à.

ALLUMETTE, *sf.* brin de bois, de chanvre, etc. soufré et propre à s'allumer.

ALLUMEUR, *sm.* celui qui allume. Au f. *allumeuse.*

ALLURE, *sf.* façon de marcher. *Fig.* manière de se conduire, de progresser.

ALLUSION, *sf.* figure de rhétorique par laquelle on dit une chose qui en rappelle une autre.

ALLUVIAL, ALE ou ALLUVIEN, ENNE, *adj.* formé par alluvion (*géol.*).

ALLUVION, *sf.* terrain apporté et déposé par les eaux.

ALLUVIUM, *sm.* (on pr. *alluviome*), terrain des alluvions modernes (*géol.*).

ALMA, riv. de Crimée. Victoire de l'armée anglo-française sur les Russes, en 1854.

ALMA-DAGH, chaîne du Taurus.

ALMADEN, ville d'Espagne; riches mines de mercure.

ALMAGRO (Diégo d'), Espagnol qui découvrit le Chili (1463-1518).

AL-MAMOUN, calife d'Orient, m. 833.

ALMANACH, *sm.* (on pr. *almana*), sorte de calendrier.

ALMANZA, ville d'Espagne. Victoire des Français sur les Anglais en 1707.

ALMANZOR ou AL-MANSOUR, calife d'Orient, m. 775. — célèbre général maure, de Cordoue, m. 997.

ALMÉIDA, v. de Portugal. — (François d'), célèbre amiral portugais, m. 1509.

ALMÉRIA, ville et port d'Espagne; anc. capitale d'un royaume maure.

ALMOHADES, dynastie de princes maures en Espagne et en Afrique.

ALMORAVIDES, tribu d'Arabes qui conquit le Maroc et une partie de l'Espagne.

ALOÈS, *sm.* (on pr. l's), sorte de plante, son suc.

ALOI, *sm.* titre de l'or ou de l'argent. *Fig.* qualité : *marchandise de bon aloi.*

ALORS, *adv.* en ce temps-là; en ce cas.

ALOSE, *sf.* sorte de poisson.

ALOST, ville de Belgique.

ALOUETTE, *sf.* sorte d'oiseau.

ALOURDIR, *va.* rendre plus lourd.

ALOYAU, *sm.* morceau de bœuf coupé dans le dos.

ALPAGA, *sm.* grosse étoffe de laine.

ALPES, montagnes d'Europe; elles se divisent en Alpes *Maritimes, Cottiennes, Grées* ou *Grecques, Pennines, Lépontiennes, Rhétiques, Carniques,* etc.

ALPES (BASSES-), HAUTES-ALPES et ALPES-MARITIMES, noms de trois départements français dont les ch.-l. sont *Digne, Gap* et *Nice.*

ALPESTRE, *adj.* 2 g. des Alpes, qui a rapport aux Alpes.

ALPHA, *sm.* 1re lettre de l'alphabet grec. *Fig.* commencement, principe.

ALPHABET, *sm.* tableau de toutes les lettres d'une langue; petit livre qui contient ces lettres et les éléments de la lecture.

ALPHABÉTIQUE, *adj.* 2 g. qui est selon l'ordre des lettres de l'alphabet.

ALPHABÉTIQUEMENT, *adv.* dans l'ordre alphabétique.

ALPHÉE, riv. de l'anc. Élide.

ALPHONSE, nom d'homme porté par plusieurs princes, entre autres ALPHONSE Ier

le *Batailleur,* roi d'Aragon, puis de Castille, m. en 1134. — ALPHONSE VI et ALPHONSE X le *Sage,* rois de Castille, m. le 1er en 1109 et le 2e en 1284 ; — ALPHONSE V le *Magnanime,* roi d'Aragon, m. en 1458.

ALPINE, *adj. f.* se dit des plantes qui ne poussent que sur les hautes montagnes.

ALPIQUE, *adj.* 2 g. des Alpes.

ALQUIFOUX, *sm.* (x nulle), plomb sulfuré.

ALSACE, anc. province de France.

ALSACIEN, ENNE, *adj.* et *s.* de l'Alsace.

ALTAÏ, chaîne de montagnes en Asie.

ALTAMURA, v. de l'Italie méridionale.

ALTENBOURG, ville de Saxe.

ALTENKIRCHEN, bourg de la Prusse rhénane près de Coblentz. Combats divers en 1796 entre les Français et les Prussiens.

ALTÉRABLE, *adj.* 2 g. susceptible d'être altéré.

ALTÉRANT, ANTE, *adj.* qui cause la soif.

ALTÉRATION, *sf.* changement apporté à l'état d'une chose ; falsification ; grande soif ; agitation intérieure décelée à l'extérieur.

ALTERCATION, *sf.* et ALTERCAS, *sm.* (s nulle), querelle, contestation.

ALTER EGO, *loc. latine.* C'est un *alter ego*, c'est un *autre moi-même.*

ALTÉRER, *va.* changer l'état d'une chose ; falsifier ; causer de la soif. — S'ALTÉRER, *vpr.* se gâter.

ALTERNANT, ANTE, *adj.* qui alterne.

ALTERNATIF, IVE, *adj.* qui agit, qui se produit ou qui a lieu tour à tour.

ALTERNATIVE, *sf.* succession de deux choses qui reviennent tour à tour ; choix entre deux choses.

ALTERNATIVEMENT, *adv.* tour à tour, l'un après l'autre.

ALTERNE, *adj.* 2 g. qui est des deux côtés.

ALTERNER, *vn.* remplir tour à tour les mêmes fonctions ; se succéder ; faire varier la culture d'un champ.

ALTESSE, *sf.* titre donné à certains princes.

ALTIER, IÈRE, *adj.* fier, hautain.

ALTIÈREMENT, *adv.* avec hauteur.

ALTIMÉTRIE, *sf.* mesure des hauteurs.

ALTITUDE, *sf.* hauteur au-dessus du niveau de la mer ou d'un point donné.

ALTKIRCH, p. ville (Haut-Rhin).

ALTMUHL, riv. de Bavière, affluent du Danube.

ALTO, *sm.* sorte de gros violon.

ALTONA, ville danoise, sur l'Elbe.

ALTORF, ch.-l. du canton d'Uri (Suisse).

ALUMINE, *sf.* argile, oxyde d'aluminium.

ALUMINEUX, EUSE, *adj.* qui contient de l'alun.

ALUMINIFÈRE, *adj.* 2 g. qui contient de l'alumine.

ALUMINIUM, *sm.* (on pr. *aluminiome*), métal, l'un des corps simples de la chimie.

ALUN, *sm.* sel composé d'acide sulfurique et d'alumine.

ALUNAGE, *sm.* action d'aluner; effet de cette action.

ALUNER, va. tremper dans une dissolution d'alun.

ALUNIÈRE, sf. lieu d'où l'on tire de l'alun.

ALVAREZ, nom espagnol.

ALVÉOLAIRE, adj. 2 g. qui appartient aux alvéoles.

ALVÉOLE, sm. petite cavité dans laquelle s'enchâsse la dent ; petite cellule d'abeille ou de guêpe.

ALVÉOLÉ, ÉE, adj. qui ressemble à un alvéole ; creusé en alvéole.

ALVIANO, général vénitien (1455-1515).

ALVIN, INE, adj. du bas-ventre.

ALVINZI, général autrichien (1735-1810).

ALYATTE, nom de deux rois de Lydie.

AMABLE (SAINT), prêtre ; 5ᵉ s.

AMABILITÉ, sf. caractère d'une personne aimable.

AMADOU, sm. agaric préparé, qui prend feu très-facilement.

AMADOUER, va. attirer ou calmer par des flatteries.

AMADOUEUR, sm. flatteur.

AMADOUVIER, sm. agaric de chêne ou de bouleau.

AMAIGRIR, va. et vn. rendre ou devenir maigre.

AMAIGRISSEMENT, sm. perte d'embonpoint.

AMALARIC, roi des Visigoths, m. 531.

AMALASONTE, fille de Théodoric le Grand et reine des Ostrogoths, m. 535.

AMALÉCITES, peuple arabe au sud de la Judée.

AMALFI, ville de l'Italie méridionale.

AMALGAMATION, sf. action de séparer l'or et l'argent de leur gangue en les amalgamant avec le mercure.

AMALGAME, sm. union du mercure avec un métal. Fig. mélange disparate.

AMALGAMER, va. faire un amalgame. — S'AMALGAMER, vpr. s'unir.

AMALTHÉE, nourrice de Jupiter (myth.).

AMAN, sm. pardon (m. arabe).

AMAN, ministre du roi Assuérus.

AMAND (SAINT), évêque de Bordeaux en 402. — évêque de Tongres, m. 679. V. SAINT-AMAND.

AMANDE, sf. fruit de l'amandier ; graine renfermée dans un noyau.

AMANDIER, sm. sorte d'arbre.

AMANT, ANTE, s. celui, celle qui aime.

AMARANTACÉES ou AMARANTHACÉES, sf. pl. famille de plantes dont le type est l'amarante (bot.).

AMARANTE, sf. sorte de plante et de fleur. — adj. 2 g. de couleur amarante.

AMARESCENCE, sf. qualité de ce qui est amarescent.

AMARESCENT, ENTE, adj. légèrement amer.

AMARINAGE, sm. action d'amariner.

AMARINER, va. remplacer l'équipage d'un navire pris sur l'ennemi ; accoutumer à la mer (mar.).

AMARRAGE, sm. action d'amarrer.

AMARRE, sf. cordage pour attacher un bâtiment (mar.).

AMARRER, va. attacher un navire avec une amarre (mar.).

AMARYLLIDÉES, sf. pl. famille de plantes dont le type est l'amaryllis (bot.).

AMARYLLIS, sf. sorte de plante.

AMAS, sm. (s nulle), assemblage, accumulation.

AMASIAS, roi de Juda, m. 810 av. J. C.

AMASIS, roi d'Égypte, m. 526 av. J. C.

AMASSER, va. mettre en amas, en tas, en réserve ; accumuler.

AMASSEUR, sm. celui qui amasse. Au f. amasseuse.

AMATEUR, sm. et f. celui, celle qui a beaucoup de goût pour quelque chose.

AMATHONTE, anc. v. de l'île de Chypre.

AMATI, célèbres luthiers de Crémone (16ᵉ et 17ᵉ s.).

AMAUROSE, sf. maladie des yeux, vulgairement goutte-sereine.

AMAURY, nom d'homme.

AMAZONE, sf. femme guerrière ou courageuse ; robe de femme pour monter à cheval. Grand fleuve de l'Amérique du Sud. Au pl. anc. peuplade fabuleuse de femmes guerrières.

AMBAGES, sf. pl. longue circonlocution, embarras de paroles.

AMBASSADE, sf. fonction d'un ambassadeur. Fig. message.

AMBASSADEUR, sm. ministre envoyé par une puissance à une autre.

AMBASSADRICE, sf. femme de l'ambassadeur.

AMBE, sm. deux numéros sortis ensemble.

AMBERT, s.-préf. du Puy-de-Dôme.

AMBÈS (Bec d'), point où la Dordogne se réunit à la Garonne.

AMBIANT, ANTE, adj. qui enveloppe, qui circule autour.

AMBIDEXTRE, adj. et s. 2 g. (l. ambo deux, dextra main droite), qui se sert également bien de ses deux mains.

AMBIGU, sm. repas de divers mets servis à la fois. Fig. mélange disparate.

AMBIGU, UË, adj. à double sens.

AMBIGUÏTÉ, sf. qualité de ce qui est ambigu : double sens, obscurité de paroles.

AMBIGUMENT, adv. d'une manière ambiguë.

AMBIORIX, roi des Éburons (Gaule), défendit vaillamment la Gaule contre César.

AMBITIEUSEMENT, adv. (on pr. ambitieuseman), avec ambition. Fig. avec recherche, avec affectation.

AMBITIEUX, EUSE, adj. et s. (on pr. ambicieux), qui a de l'ambition. Fig. recherché, affecté.

AMBITION, sf. (on pr. ambicion), désir excessif d'autorité, de gloire, d'honneurs, etc.; grande prétention.

AMBITIONNER, va. (on pr. ambicioné), désirer, rechercher vivement.

AMBLE, sm. allure du cheval avançant les deux jambes du même côté.

AMBLETEUSE, petit port (Pas-de-Calais).

AMBLYGONE, *adj.* 2 *g.* (gr. *amblys* obtus, *gônia* angle), obtusangle.

AMBOINE, l'une des îles Moluques.

AMBOISE, ville (Indre-et-Loire).—GEORGES D'AMBOISE, cardinal, ministre de Louis XII, m. 1510.

AMBRE, *sm.* substance résineuse odorante.

AMBRER, *va.* parfumer d'ambre.

AMBRETTE, *sf.* sorte de plante.

AMBROISE (SAINT), évêque de Milan, l'un des Pères de l'Église (340-397).

AMBROISIE, *sf.* mets des dieux mythologiques. *Fig.* mets exquis.

AMBRONES, AMBRONS ou AMBRES, ancien peuple de la Gaule.

AMBULANCE, *sf.* emploi d'un commis ambulant; hôpital militaire qui suit l'armée.

AMBULANT, ANTE, *adj.* qui est obligé d'aller de côté et d'autre; non sédentaire.

AMBULATOIRE, *adj.* 2 *g.* qui change de résidence. *Fig.* variable, sujet à changer.

ÂME, *sf.* principe de la vie, de la pensée. *Fig.* sensibilité, chaleur, cœur, conscience; personne, habitant : ville de 20,000 âmes; mobile, principe, fondement d'une chose : la bonne foi est l'âme du commerce.— Âme d'un canon, creux où l'on met la poudre; âme d'un soufflet, soupape de cuir qui laisse entrer l'air.

AMÉ, ÉE, *adj.* (vieux mot), aimé.

AMÉDÉE, nom d'homme.

AMÉLIE, nom de femme.

AMÉLIORATION, *sf.* action d'améliorer; progrès vers le bien; meilleur état.

AMÉLIORER, *va.* rendre meilleur. — S'AMÉLIORER, *vpr.* devenir meilleur.

AMEN (on pr. *amène*), mot hébreu signifiant Ainsi soit-il.

AMÉNAGEMENT, *sm.* action d'aménager; effet ou résultat de cette action.

AMÉNAGER, *va.* régler les coupes d'une forêt; débiter du bois.

AMENDABLE, *adj.* 2 *g.* qui peut s'amender, s'améliorer.

AMENDE, *sf.* peine d'argent. *Amende honorable*, aveu public d'une faute ou d'un crime avec demande de pardon.

AMENDEMENT, *sm.* changement en mieux, modification; engrais d'un champ.

AMENDER, *va.* corriger, améliorer. — *vn.* progresser en mieux. — S'AMENDER, *vpr.* se corriger.

AMENER, *va.* mener ou conduire vers, tirer à soi; abaisser, en t. de marine. *Fig.* introduire, faire naître.

AMÉNITÉ, *sf.* agrément. *Fig.* douceur de caractère.

AMÉNOPHIS, nom de plus. rois d'Égypte.

AMENTACÉES, *sf. pl.* (l. *amentum* courroie, chaton), famille de végétaux à fleurs en chaton (*bot.*).

AMENUISER, *va.* rendre plus menu.

AMER, *sm.* ce qui a de l'amertume; fiel de certains animaux.

AMER, ÈRE, *adj.* d'e saveur rude et désagréable. *Fig.* pénible, offensant.

AMÈREMENT, *adv.* avec amertume.

AMÉRIC VESPUCE, voyageur florentin qui a donné son nom à l'Amérique, m. 1516.

AMÉRICAIN, AINE, *adj.* et *s.* d'Amérique.

AMÉRIQUE, *sf.* l'une des 5 parties du monde découverte par Christophe Colomb en 1492.

AMERSFOORT, ville de Hollande.

AMERTUME, *sf.* saveur amère. *Fig.* affliction, peine, déplaisir.

AMÉTHYSTE, *sf.* pierre précieuse de couleur violette.

AMEUBLEMENT, *sm.* assortiment des meubles d'un appartement.

AMEUBLIR, *va.* rendre les terres plus légères; assimiler les immeubles au mobilier.

AMEUBLISSEMENT, *sm.* action d'ameublir.

AMEUTER, *va.* mettre les chiens en meute. *Fig.* attrouper, exciter.

AMI, IE, *s.* et *adj.* personne avec qui on est intimement lié, qui aime une chose. *Fig.* propice, favorable, bienveillant.

À MI, *loc. adv.* à demi, à moitié.

AMIABLE, *adj.* 2 *g.* gracieux, bienveillant. — À L'AMIABLE, *loc. adv.* sans contestation.

AMIABLEMENT, *adv.* d'une façon amiable.

AMIANTE, *sm.* sorte de minéral filamenteux et incombustible.

AMICAL, ALE, *adj.* qui marque l'amitié (pas de pl. m. suivant l'Acad. cependant quelques grammairiens admettent le pl. *amicals*, d'autres *amicaux*).

AMICALEMENT, *adv.* d'une manière amicale.

AMICT, *sm.* (on pr. *ami*), linge bénit que le prêtre met sur ses épaules.

AMIDINE, *sf.* substance extraite de l'amidon (*chim.*).

AMIDIQUE, *adj.* 2 *g.* de l'amidon.

AMIDON, *sm.* espèce de fécule qui sert à faire de l'empois.

AMIDONNER, *va.* enduire d'amidon.

AMIDONNERIE, *sf.* fabrique d'amidon.

AMIDONNIER, *sm.* fabricant ou marchand d'amidon.

AMIÉNOIS, partie de l'ancienne province de Picardie.

AMIENS, ch.-l. du dép. de la Somme.

AMILCAR, nom de plusieurs généraux carthaginois.

AMINCIR, *va.* rendre plus mince. — S'AMINCIR, *vpr.* devenir plus mince.

AMINCISSEMENT, *sm.* action d'amincir; résultat de cette action.

À MINIMA. V. *Minima*.

AMIRAL, *sm.* (pl. *amiraux*), chef de toutes les forces navales; commandant d'une flotte. — *adj.* vaisseau *amiral*, vaisseau monté par le chef de la flotte.

AMIRANTES, îles dans l'océan Indien.

AMIRAUTÉ, *sf.* office d'amiral; administration supérieure de la marine.

AMITIÉ, *sf.* affection mutuelle, bon office. Au pl. marques d'affection.

AMMIEN MARCELLIN, historien latin, m. 390.

AMMITE, sf. (gr. ammos sable), minéral à grains arrondis comme du sable (min.).

AMMON, nom de Jupiter dans la Libye.

AMMONIAC, AQUE. adj. se dit d'un sel ou d'un gaz résultant de l'ammoniaque.

AMMONIACAL, ALE, adj. qui contient de l'ammoniaque ou qui y a rapport.

AMMONIAQUE, sf. et m. alcali volatil composé d'azote et d'hydrogène.

AMMONITE, sf. sorte de coquille fossile (géol.).

AMMONITES, peuples qui habitaient à l'est du Jourdain.

AMMONIUS SACCAS, philosophe, fondateur de l'école d'Alexandrie (2e s.).

AMNISTIE, sf. pardon général accordé par un souverain.

AMNISTIÉ, ÉE, adj. et s. compris dans une amnistie.

AMNISTIER, va. comprendre dans une amnistie.

AMODIATEUR, sm. celui qui prend à ferme.

AMODIATION, sf. bail à ferme.

AMODIER, va. affermer une terre.

AMOINDRIR, va. et n. rendre ou devenir moindre.

AMOINDRISSEMENT, sm. diminution.

À MOINS DE ou QUE, loc.prép. ou loc.conj. si ce n'est de ou que.

AMOLLIR, va. rendre mou. Fig. énerver, affaiblir. — S'AMOLLIR, vpr. devenir mou; s'affaiblir, s'énerver.

AMOLLISSEMENT, sm. action d'amollir.

AMON, roi de Juda, m. 639 av. J. C.

AMONCELER, va. mettre en monceaux, entasser (c. appeler).

AMONCELLEMENT, sm. action d'amonceler; résultat de cette action.

AMONT (EN ou D'), loc. adv. vers le mont, en remontant une rivière.

AMONTONS, physicien français (1663-1705).

AMORCE, sf. appât pour prendre des animaux; mèche ou poudre pour faire partir une arme à feu. Fig. tout ce qui attire ou qui excite le désir.

AMORCER, va. mettre une amorce. Fig. séduire, attirer.

AMORÇOIR, sm. sorte d'outil.

AMORPHE, adj. 2 g. (gr. a privatif, morphé forme), dont la cristallisation est irrégulière, ou dont la contexture n'offre rien de distinct (chim. et min.).

AMORPHOZOAIRES, sm. pl. (gr. a privatif, morphé forme, zôon animal), petits zoophytes de forme très-irrégulière (zool.).

AMORRHÉENS, peuples de la Palestine.

AMORTIR, va. rendre moins ardent, moins violent; affaiblir. Fig. Amortir une dette, l'éteindre.

AMORTISSABLE, adj. 2 g. qui peut être amorti.

AMORTISSEMENT, sm. extinction d'une pension, d'une rente, etc.

AMOS, l'un des petits prophètes.

AMOU-DARIA. V. Djihoun.

AMOUR, sm. vive affection pour une personne ou une chose; objet de cette affection (dans ces deux sens il peut être du f. au pl.). Fig. divinité fabuleuse.

AMOUR, grand fleuve d'Asie.

AMOURACHER, va. engager dans de folles amours. — S'AMOURACHER, vpr. prendre une affection un peu folle.

AMOURETTE, sf. affection passagère.

AMOUREUSEMENT, adv. avec amour.

AMOUREUX, EUSE, adj. qui a une vive affection pour; qui marque de l'amour; — s. amant.

AMOUR-PROPRE, sm. amour de soi; bonne opinion de soi.

AMOVIBILITÉ, sf. qualité de ce qui est amovible.

AMOVIBLE, adj. 2 g. qui peut être déplacé, privé de son emploi.

AMPÉLIDÉES, sf. pl. (gr. ampélos vigne), famille de plantes dont la vigne est le type (bot.).

AMPÉLIDIQUE, adj. désigne le terrain géologique formé par les ampélites.

AMPÉLITE, sf. (gr. ampélos vigne), roche schisteuse à laquelle les anciens attribuaient la propriété de faire mourir les insectes qui attaquent la vigne (géol.).

AMPÈRE (André-Marie), illustre savant français (1775-1836).

AMPHIBIE, adj. 2 g. et s. (gr. amphi doublement, bios vie), qui vit sur la terre et dans l'eau. Au pl. ordre de mammifères, famille de batraciens (zool.).

AMPHIBIENS, sm. pl. famille de batraciens (zool.).

AMPHIBOLOGIE, sf. (gr. amphibolos équivoque, logos discours), double sens.

AMPHIBOLOGIQUE, adj. 2 g. qui offre, qui renferme une amphibologie.

AMPHIBOLOGIQUEMENT, adv. d'une manière amphibologique.

AMPHICTYONIDE, adj. f. qui avait le droit d'amphictyonie.

AMPHICTYONIE, sf. droit de nommer des amphictyons.

AMPHICTYONIQUE, adj. 2 g. qui a rapport au conseil des amphictyons.

AMPHICTYONS, sm. pl. députés des anc. villes de la Grèce au conseil général de la nation, conseil fondé par Amphictyon, fils de Deucalion.

AMPHIGOURI, sm. discours burlesque et inintelligible.

AMPHIGOURIQUE, adj. qui a le caractère de l'amphigouri.

AMPHION, célèbre poëte et musicien grec (myth.).

AMPHIPODES, sm. pl. (gr. amphi autour, pous pied), ordre de crustacés pourvus de pieds tout autour du corps (zool.).

AMPHIPOLIS, anc. ville de Macédoine.

AMPHISCIENS, sm. pl. (gr. amphi des deux côtés, skia ombre), habitants de la zone torride, qui, suivant la saison, ont leur ombre dirigée vers le nord ou vers le sud.

AMPHITHÉÂTRE, sm. enceinte circulaire et garnie de gradins; tout local garni de gradins.

AMPHITRITE, déesse de la mer (*myth.*).

AMPHITRYON, prince thebain. *Fig. sm.* celui qui donne à dîner.

AMPHORE, *sf.* vase ancien à deux anses; ancienne mesure de capacité.

AMPLE, *adj.* 2 *g.* étendu, vaste, abondant.

AMPLEMENT, *adv.* d'une manière ample.

AMPLEUR, *sf.* qualité ou état de ce qui est ample.

AMPLEXICAULE, *adj.* 2 *g.* (1. *amplexor* embrasser, *caulis* tige), qui embrasse la tige (*bot.*).

AMPLEXIFLORE, *adj.* 2 *g.* (1. *amplexor* embrasser, *flos* fleur), qui embrasse la fleur (*bot.*).

AMPLIATIF, IVE, *adj.* qui augmente, qui ajoute à.

AMPLIATION, *sf.* copie d'une pièce.

AMPLIFICATEUR, *sm.* celui qui amplifie.

AMPLIFICATION, *sf.* développement d'un sujet à traiter; exagération.

AMPLIFIER, *va.* et *n.* augmenter, développer, exagérer.

AMPLISSIME, *adj.* 2 *g.* très-ample, très-grand (*fam.*).

AMPLITUDE, *sf.* grandeur d'un arc, d'une ligne droite comprise entre les extrémités de l'arc d'une parabole.

AMPOULE, *sf.* fiole; petite tumeur remplie de sérosité.

AMPOULÉ, ÉE, *adj.* enflé, exagéré.

AMPUTATION, *sf.* action d'amputer.

AMPUTÉ, ÉE, *s.* et *adj.* celui, celle qui a subi une amputation.

AMPUTER, *va.* couper un membre.

AMRETSEIR ou AMRETSIR, *g.* ville du Lahore, anc. capitale des Seykhs.

AMRI, roi d'Israël, m. 907 av. J. C.

AMROU, célèbre général arabe, m. 683.

AMSTEL, rivière de Hollande.

AMSTERDAM, grande ville de Hollande, sur l'Amstel.

AMULETTE, *sm.* ou *f.* petit objet auquel on attribue une heureuse influence.

AMULIUS, roi d'Albe (8e s. av. J. C.).

AMURAT, nom de plusieurs sultans.

AMURE, *sf.* cordage servant à fixer le coin du bas d'une voile (*mar.*).

AMURER, *va.* tendre l'amure (*mar.*).

AMUSABLE, *adj.* 2 *g.* qu'on peut amuser.

AMUSANT, ANTE, *adj.* qui amuse.

AMUSEMENT, *sm.* divertissement.

AMUSER, *va.* divertir; faire perdre le temps. *Fig.* tromper.

AMUSETTE, *sf.* petit amusement.

AMUSEUR, *sm.* celui qui amuse.

AMUSOIRE, *sf.* moyen d'amuser, de distraire.

AMYGDALE, *sf.* petite glande placée aux deux côtés de la gorge.

AMYGDALÉES, *sf. pl.* (gr. *amygdalè* amande), famille de végétaux qui comprend l'amandier.

AMYGDALIFÈRE, *adj.* 2 *g.* (1. *amygdala* amande, *fero* porter), se dit en min. d'une géode qui porte un noyau mobile, et en

bot. d'une plante dont le fruit est une amande.

AMYGDALITE ou AMYGDALOÏDE, *sf.* (gr. *amygdalè* amande, *eidos*, forme), nom de différentes espèces de roches dans lesquelles sont disséminés des rognons arrondis ou en forme d'amande (*géol.*).

AMYLACÉ, ÉE, *adj.* qui ressemble à l'amidon, qui est constitué par l'amidon.

AMYNTAS, nom de plusieurs rois de Macédoine.

AMYOT, célèbre écrivain français, traducteur de Plutarque (1513-1593).

AN, *sm.* espace de douze mois. *Fig.* au *pl.* siècles, âge avancé.

ANA, *sm.* (pas d's au *pl.*), recueil d'anecdotes, de pensées, de bons mots.

ANABAPTISTE, *sm.* et *adj.* (gr. *ana* de rechef, *baptô* baptiser), sectaire chrétien qui prétend que les enfants doivent être baptisés une seconde fois à l'âge de raison.

ANACAMPTIQUE, *adj.* 2 *g.* (gr. *anakamptô* réfléchir), réfléchissant (*phys.*).

ANACHARSIS, philosophe scythe (6e s. av. J. C.).

ANACHORÈTE, *sm.* (on pr. *anakorète*; gr. *anachôreô* se retirer à l'écart), religieux solitaire.

ANACHRONISME, *sm.* (gr. *ana* en arrière, *chronos* temps), erreur de date.

ANACLET (SAINT), 3e pape, m. 91.

ANACRÉON, célèbre poète lyrique grec, m. 478 av. J. C.

ANACRÉONTIQUE, *adj.* 2 *g.* dans le goût des poésies d'Anacréon.

ANAFESTO, 1er doge de Venise, en 697.

ANAGNI, v. d'Italie (États romains).

ANAGOGIE, *sf.* (gr. *ana* en haut, *agô* conduire), ravissement vers les choses divines.

ANAGOGIQUE, *adj.* 2 *g.* qui élève l'âme aux choses divines.

ANAGRAMME, *sf.* (gr. *ana* en arrière, *gramma* lettre), transposition des lettres d'un ou de plusieurs mots pour en former d'autres.

ANALECTES, *sm. pl.* (gr. *analekta* recueil), fragments choisis, recueil de morceaux.

ANALEPTIQUE, *adj.* 2 *g.* propre à rendre les forces (*méd.*).

ANALOGIE, *sf.* sorte de ressemblance, de rapport.

ANALOGIQUE, *adj.* 2 *g.* qui a de l'analogie, du rapport avec.

ANALOGIQUEMENT, *adv.* suivant l'analogie, par analogie.

ANALOGISME, *sm.* comparaison de l'analogie, des rapports qu'il y a entre des objets divers.

ANALOGUE, *adj.* 2 *g.* qui a de l'analogie, qui correspond à.

ANALYSE, *sf.* (gr. *analysis* dissolution, explication), décomposition d'un tout en ses parties ou en ses éléments; méthode de résoudre les problèmes; résumé. — EN DERNIÈRE ANALYSE, *loc. adv.* en dernier résultat.

ANALYSER, *va.* faire l'analyse.

ANALYSTE, *sm.* celui qui est versé dans l'analyse mathématique.

ANALYTIQUE, *adj.* 2 g. qui procède par voie d'analyse, qui tient de l'analyse.

ANALYTIQUEMENT, *adv.* par voie d'analyse.

ANAMORPHOSE, *sf.* (gr. *ana* de nouveau, *morphôsis* formation), tableau changeant selon les points de vue, image difforme devenant régulière dans un miroir conique.

ANANAS, *sm.* plante et fruit.

ANANCHITE ou ANANCHYTE, *sf.* (on pr. *ananhite*. Gr. *a* ou *an* non, *agchô* étrangler), genre d'oursin fossile à bouche non étranglée (*géol.*).

ANARCHIE, *sf.* absence de gouvernement et de lois. *Fig.* grand désordre.

ANARCHIQUE, *adj.* 2 g. qui tient de l'anarchie, qui est dans l'anarchie.

ANARCHISTE, *s.* 2 g. fauteur d'anarchie, de troubles.

ANASTASE, nom de plus. papes et empereurs. — (SAINT), évêque d'Antioche (8e s.).

ANASTASIE (SAINTE), martyre sous Néron; une autre sous Dioclétien.

ANASTOMOSE, *sf.* (gr. *ana* dans, avec; *stoma* bouche), abouchement des veines, des artères ou de tout autre vaisseau dans un autre.

ANASTOMOSER (S'), *vpn.* s'emboucher, se joindre par anastomose.

ANATHÉMATISER, *va.* frapper d'anathème. *Fig.* réprouver.

ANATHÈME, *sm.* excommunication. *Fig.* malédiction, réprobation.

ANATIFE, *sm.* sorte de mollusque ou de crustacé (*zool.*).

ANATOLE (SAINT), évêque, 3e s.

ANATOLIE, province de la Turquie d'Asie, anc. Asie Mineure.

ANATOMIE, *sf.* (gr. *ana* à travers, dans; *tomê* coupure), dissection d'un corps animal ou végétal, ou de quelqu'une de ses parties.

ANATOMIQUE, *adj.* 2 g. qui a rapport à l'anatomie, qui y appartient.

ANATOMIQUEMENT, *adv.* d'une manière anatomique.

ANATOMISER, *va.* faire l'anatomie.

ANATOMISTE, *sm.* celui qui sait l'anatomie.

ANAXAGORE, philos. grec, m. 428 av. J. C.

ANAXARQUE, philos. grec, 4e s. av. J. C.

ANAXIMANDRE, philos. grec, m. 547 av. J. C.

ANAXIMÈNES, philos. grec, m. 480 av. J. C.

ANCELOT, poète dramatique français (1794-1854).

ANCENIS, s.-préf. de la Loire-Inférieure.

ANCÊTRES, *sm. pl.* les aïeux; tous ceux qui ont vécu avant nous.

ANCHE, *sf.* petit bec plat que l'on adapte à certains instruments à vent.

ANCHISE, père d'Énée.

ANCHOIS, *sm.* (s nulle), p. poisson de mer.

ANCIEN, ENNE, *adj.* qui existe depuis longtemps; antique. — *sm.* Personne de l'antiquité; au pl. ceux qui ont vécu avant nous; vieillards.

ANCIENNEMENT, *adv.* autrefois.

ANCIENNETÉ, *sf.* qualité de ce qui est ancien; priorité de temps.

ANCILES, *sm. pl.* boucliers sacrés chez les anciens Romains.

ANCOLIE, *sf.* plante et fleur.

ANCONE, ville d'Italie, port sur l'Adriatique.

ANCRAGE, *sm.* lieu où l'on peut jeter l'ancre.

ANCRE, *sf.* instrument de fer que l'on jette au fond de l'eau pour retenir un navire. *Fig.* ce qui consolide et attache.

ANCRE (Maréchal d'), V. *Concini*.

ANCRER, *vn.* jeter l'ancre. — S'ANCRER, *vpr.* se mettre en crédit, s'affermir.

ANCUS MARTIUS, roi de Rome, m. 617 av. J. C.

ANCYLOCÉRAS, *sm.* (gr. *agkylos* courbé, *kéras* corne), coquille fossile ayant la forme d'une corne recourbée (*géol.*).

ANCYLOCÉRIQUE, *adj.* se dit d'un terrain crétacé caractérisé par la présence de l'ancyloceras (*géol.*).

ANCYRE, v. de l'Asie Mineure, aujourd'hui *Angora*.

ANDAIN, *sm.* ce qu'un faucheur peut faucher à chaque pas.

ANDALOUS, OUSE, *adj.* et *s.* de l'Andalousie.

ANDALOUSIE, province d'Espagne.

ANDAMAN, îles dans l'océan Indien.

ANDANTE et ANDANTINO, *adv.* et *sm.* termes de musique indiquant un mouvement modéré.

ANDELOT, village de la Haute-Marne; traité de 587 entre Childebert II, Brunehaut et Gontran.

ANDELYS (LES), s.-préf. du dép. de l'Eure.

ANDES, chaîne de montagnes de l'Amérique méridionale.

ANDORRE, petite république dans les Pyrénées entre la France et l'Espagne.

ANDOUILLE, *sf.* (ll m.), boyau de porc rempli de chair hachée.

ANDOUILLER, *sm.* (ll m.), petite corne sur le bois du cerf.

ANDOUILLETTE, *sf.* (ll m.), petite andouille.

ANDRÉ (SAINT), l'un des 12 apôtres.

ANDRÉ (LE PÈRE), philosophe français (1675-1764).

ANDRÉ DEL SARTO, peintre italien (1479-1530).

ANDRÉOSSI (Antoine-François), général et ingénieur français (1761-1828).

ANDRIEUX, poète français (1759-1833).

ANDRINOPLE, ville de Turquie.

ANDRISCUS, aventurier qui se fit passer pour le fils de Persée, roi de Macédoine.

ANDROCÉE, *sm.* (gr. *anêr*, gén. *andros* homme ou mâle), l'ensemble des étamines ou organes mâles de la fleur (*bot.*).

ANDROCLÈS, esclave célèbre par la reconnaissance qu'un lion eut pour lui (1er s.).

ANDROGYNE, *adj.* (gr. *anêr*, gén. *andros* homme ou mâle; *gynê* femme ou femelle), se dit en bot. des fleurs pourvues à la fois d'étamines ou organes mâles et du pistil, organe femelle.

ANDROMAQUE, femme d'Hector.

ANDROMÈDE, fille de Céphée, sauvée par Persée (*myth.*); constellation.

ANDRONIC, nom de plusieurs empereurs grecs du 12e au 14e s.

ANDROPHORE, sm. (gr. *anêr*, gén. *andros* homme ou mâle; *phérô* porter), support des étamines ou organes mâles (*bot.*).

ANDROS, île de l'archipel grec.

ANDUJAR, ville d'Espagne, près de Jaen.

ANDUZE, p. ville, dep. du Gard.

ÂNE, sm. bête de somme. *Fig.* esprit lourd, ignorant, grossier. *Pont aux ânes*, chose d'une grande facilité ou que nul ne doit ignorer.

ANÉANTIR, va. réduire au néant. *Fig.* accabler.

ANÉANTISSEMENT, sm. action d'anéantir. *Fig.* accablement.

ANECDOTE, sf. particularité historique, petit récit.

ANECDOTIER, IÈRE, s. celui, celle qui se plaît à recueillir des anecdotes.

ANECDOTIQUE, adj. 2 g. qui tient de l'anecdote, qui contient des anecdotes.

ANÉE, sf. la charge d'un âne.

ANÉMOMÈTRE, sm. (gr. *anémos* vent, *métron* mesure), instrument qui sert à mesurer l'intensité du vent et sa direction.

ANÉMOMÉTRIE, sf. art de mesurer l'intensité du vent.

ANÉMONE, sf. plante et fleur.

ANÉMOSCOPE, sm. (gr. *anémos* vent; *skopéô* voir, observer). instrument qui fait connaître la direction du vent.

ÂNERIE, sf. ignorance, faute grossière.

ÂNESSE, sf. femelle de l'âne.

ANESTHÉSIE, sf. (gr. *a* ou *an* privatif, *aisthésis* sensation), état d'insensibilité physique.

ANESTHÉTIQUE ou **ANESTÉSIQUE**, adj. 2 g. de l'anesthésie, qui produit l'anesthésie.

ANET, ch.-l. de canton (Eure-et-Loir).

ANETH, sm. sorte de plante.

ANÉVRISMAL, ALE, adj. qui tient de l'anévrisme ou qui y a rapport.

ANÉVRISME, sm. tumeur causée par la dilatation ou la rupture d'une artère.

ANFRACTUEUX, EUSE, adj. plein d'anfractuosités.

ANFRACTUOSITÉ, sf. état de ce qui est anfractueux; inégalité, cavité.

ANGE, sm. créature spirituelle, esprit bienheureux. *Fig.* être parfait.

ANGÉLIQUE, adj. 2 g. qui est d'un ange, de la nature d'un ange. — sf. plante.

ANGÉLIQUEMENT, adv. d'une façon angélique.

ANGELOT, sm. (t nul), sorte de fromage; ancienne monnaie.

ANGELUS, sm. (on pr. *angélusse*), prière latine commençant par ce mot; son de la cloche pour annoncer cette prière le matin et le soir.

ANGÉLY (L'), fou du roi Louis XIII.

ANGE POLITIEN. V. *Politien.*

ANGERS, ch.-l. du dép. de Maine-et-Loire.

ANGEVIN, INE, adj. et s. de l'Anjou.

ANGINE, sf. mal de gorge.

ANGINEUX, EUSE, adj. qui est accompagné d'angine.

ANGIOLOGIE, sf. (gr. *aggéion* vaisseau, veine; *logos* discours, traité), partie de l'anatomie qui traite des artères, des veines et autres vaisseaux du corps.

ANGIOSPERME, adj. 2 g. (gr. *aggéion* boîte, capsule; *sperma* graine), à graine revêtue d'un péricarpe distinct (*bot.*).

ANGIOSPERMIE, sf. classe des plantes angiospermes (*bot.*).

ANGLAIS, AISE, adj. et s. d'Angleterre. — sf. sorte de danse ou d'écriture.

ANGLE, sm. écartement plus ou moins grand de deux lignes ou de deux ou plusieurs plans qui se rencontrent.

ANGLES, anc. peuple germain.

ANGLESEY, île anglaise dans la mer d'Irlande.

ANGLETERRE, île et royaume d'Europe.

ANGLEUX, EUSE, adj. se dit des noix dont la substance est difficile à détacher des coins qui la renferment.

ANGLICAN, ANE, adj. se dit de la religion dominante en Angleterre.

ANGLICANISME, sm. religion de l'État en Angleterre.

ANGLICISME, sm. locution particulière à la langue anglaise.

ANGLO-AMÉRICAINS (ÉTATS), les États-Unis de l'Amérique du Nord.

ANGLOMANE, adj. 2 g. et s. partisan outré des coutumes anglaises.

ANGLOMANIE, sf. enthousiasme outré pour ce qui vient des Anglais.

ANGLO-SAXONS, peuples germains qui envahirent la Grande-Bretagne (5e s.).

ANGOISSE, sf. grande douleur, anxiété.

ANGOLA, État d'Afrique dans la Guinée, méridionale.

ANGON, sm. arme des Francs.

ANGORA, v. de la Turquie d'Asie. — adj. et s. originaire d'Angora.

ANGOULÊME, ch.-l. du dép. de la Charente. — (Duc d'), fils aîné du roi Charles X (1775-1844).

ANGOUMOIS, anc. prov. de France.

ANGUIER (François et Michel), sculpteurs français, frères, m. le premier en 1699, le second en 1686.

ANGUILLADE, sf. (*ll* m.), coup de peau d'anguille, de fouet, de lanière, etc.

ANGUILLE, sf. (*ll* m.), poisson à forme de serpent.

ANGUILLIFORME, adj. 2 g. (*ll* m.), à forme d'anguille.

ANGUIS, sm. (on pr. l'u), sorte de serpent; au pl. famille d'Ophidiens (*zool.*).

ANGULAIRE, adj. 2 g. qui a un ou plusieurs angles. *Fig. Pierre angulaire*, base, fondement.

ANGULÉ, ÉE, adj. à angles (bot.).

ANGULEUX, EUSE, adj. plein d'angles, dont la surface présente des angles.

ANHALT, principauté d'Allemagne, divisée en Anhalt-Bernbourg, Anhalt-Coëthen et Anhalt-Dessau.

ANHYDRE, adj. 2 g. (gr. a ou an privatif, hydor eau), sans eau (chim.).

ANICET (SAINT), pape, m. 168.

ANICROCHE, sf. embarras, difficulté.

ÂNIER, IÈRE, s. celui, celle qui conduit des ânes.

ANIMADVERSION, sf. blâme, censure.

ANIMAL, sm. être organisé, sensible et qui se meut. Fig. personne stupide.

ANIMAL, ALE, adj. qui appartient à l'animal; sensuel, charnel.

ANIMALCULE, sm. petit animal.

ANIMALISATION, sf. transformation des aliments en la substance de l'animal.

ANIMALISER (S'), vpr. s'assimiler à la substance de l'animal.

ANIMALITÉ, sf. ensemble des qualités qui constituent l'animal.

ANIMATION, sf. action d'animer. Fig. vivacité, chaleur.

ANIMER, va. donner l'âme, la vie. Fig. exciter, donner de la vivacité.

ANIMIQUE, adj. 2 g. de l'âme.

ANIMOSITÉ, sf. mouvement de dépit, de haine; violence.

ANIO, riv. d'Italie, auj. Teverone, affluent du Tibre.

ANIS, sm. (s nulle), sorte de plante, sa graine

ANISER, va. parfumer d'anis.

ANISETTE, sf. liqueur à l'anis.

ANJOU, anc. province de France.

ANKARSTROEM, assassin du roi de Suède Gustave III (1792).

ANKOBER, ville et État de l'Abyssinie.

ANKYLOSE, sf. maladie consistant dans la privation du mouvement des articulations.

ANKYLOSER (S'), vpr. se dit des articulations où se forme une ankylose.

ANNAL, ALE, adj. qui ne dure qu'un an (pl. m. annaux.)

ANNALES, sf. pl. histoire année par année.

ANNALISTE, sm. auteur d'annales.

ANNAM, grand État de l'Inde transgangétique.

ANNATE, sf. droit payé par les bénéficiers à la chambre apostolique.

ANNE (SAINTE), mère de la sainte Vierge.

ANNE, nom porté par plusieurs princesses, entre autres: ANNE DE BEAUJEU, fille de Louis XI; ANNE DE BRETAGNE, femme de Charles VIII et de Louis XII; ANNE D'AUTRICHE, femme de Louis XIII; ANNE, reine d'Angleterre en 1702, m. 1714.

ANNEAU, sm. petit cercle évidé, ordinairement en métal; bague; boucle de cheveux.

ANNECY, ch.-l. du dép. de la Haute-Savoie.

ANNÉE, sf. durée de douze mois.

ANNELÉ, ÉE, adj. qui a des anneaux. Au pl. gr. division d'animaux invertébrés dont l'or-

ganisation présente une disposition annulaire (zool.).

ANNELER, va. disposer en anneaux.

ANNÉLIDES, sm. pl. classe d'animaux articulés dont le corps est formé d'anneaux (zool.).

ANNELURE, sf. frisure des cheveux par anneaux.

ANNEXE, sf. ce qui est joint à une chose principale.

ANNEXER, va. joindre, unir.

ANNEXION, sf. action d'annexer; chose annexée.

ANNIBAL, célèbre général carthaginois, m. 183 av. J. C.

ANNIHILABLE, adj. 2 g. qui peut ou doit être annihilé.

ANNIHILATION, sf. anéantissement.

ANNIHILER, va. réduire à rien.

ANNIVERSAIRE, adj. 2 g. et sm. qui a lieu chaque année à pareil jour.

ANNONAY, v. du dép. de l'Ardèche.

ANNONCE, sf. avis au public.

ANNONCER, va. publier, avertir de, prédire. — S'ANNONCER, vpr. se présenter.

ANNONCIADE, sf. ordre religieux.

ANNONCIATION, sf. message de l'ange Gabriel auprès de la sainte Vierge; fête.

ANNONE, sf. provision de vivres.

ANNOTATEUR, sm. celui qui annote.

ANNOTATION, sf. note explicative.

ANNOTER, va. ajouter des notes.

ANNUAIRE, sm. sorte d'almanach ou de livre publié tous les ans.

ANNUEL, ELLE, adj. d'une année, qui dure un an, qui revient tous les ans.

ANNUELLEMENT, adv. tous les ans.

ANNUITÉ, sf. rente annuelle d'une partie du capital avec les intérêts.

ANNULABLE, adj. 2 g. qui peut être annulé.

ANNULAIRE, adj. 2 g. qui a la forme d'un anneau. — adj. et sm. doigt où l'on met ordinairement un anneau.

ANNULATION, sf. action d'annuler.

ANNULER, va. rendre nul, abolir.

ANOBLI, IE, s. celui, celle qui a été fait noble depuis peu.

ANOBLIR, va. faire noble, donner des lettres de noblesse.

ANOBLISSEMENT, sm. action d'anoblir; faveur par laquelle on est anobli.

ANODIN, INE, adj. (gr. a ou an privatif, odyné douleur), se dit des remèdes qui calment, qui apaisent les douleurs. Fig. doux, sans force, sans vigueur.

ANOMAL, ALE, adj. irrégulier, inégal (pl. m. anomaux).

ANOMALIE, sf. état de ce qui est anomal; irrégularité.

ANOMALISTIQUE, adj. f. Année anomalistique, temps que la terre met à revenir au même point de son orbite (astr.).

ANON, sm. petit âne, petit de l'ânesse.

ANONNEMENT, sm. action d'ânonner.

ÂNONNER, vn. réciter, lire, parler en hésitant.

ANONYME, *adj.* qui est sans nom ou dont le nom n'est pas connu.

ANOPLOTHÉRIUM, *sm.* (gr. *a* ou *an* privatif, *oplon* arme, *thér* animal), sorte d'animal fossile (*géol*).

ANOPLURES, *sm. pl.* (gr. *anoplos* désarmé, *oura* queue), ordre d'insectes aptères à queue désarmée (*zool*.).

ANORMAL, ᴀʟᴇ, *adj.* déréglé ou sans règle ; contraire aux règles (pl. m. *anormaux*).

ANOURE, *adj.* et *sm.* (gr. *a* ou *an* privatif, *oura* queue), sans queue. Au *pl.* ordre de Batraciens (*zool*.).

ANQUETIL, historien français (1723-1806). — **ANQUETIL DUPERRON**, savant orientaliste (1731-1805).

ANSE, *sf.* partie recourbée en arc par laquelle on porte un vase, un panier, etc. *Fig.* petite baie.

ANSÉATIQUE. V. *Hanséatique.*

ANSELME (SAINT), célèbre théologien et philosophe (1033-1109).

ANSÉRINE, *sf.* plante de la famille des chénopodées.

ANSON, navigateur et amiral anglais (1697-1762).

ANSPACH, ville de Bavière.

ANSPESSADE, *sm.* autrefois fantassin qui aidait et remplaçait le caporal.

ANTAGONISME, *sm.* opposition, rivalité.

ANTAGONISTE, *sm.* adversaire.

ANTALCIDAS, gén. spartiate, 4ᵉ s. av. J. C.

ANTAN, *sm.* l'an d'avant celui où l'on est (IV. mot).

ANTARCTIQUE, *adj.* 2 *g.* (gr. *anti* contre, *arktikos* arctique), opposé au pôle arctique.

ANTARÈS, *sm.* étoile de première grandeur dans la constellation du Scorpion.

ANTÉCÉDEMMENT, *adv.* avant dans l'ordre du temps, antérieurement.

ANTÉCÉDENT, ᴇɴᴛᴇ, *adj.* qui est avant, qui va devant, — *sm.* fait antérieur ; mot auquel se rapporte le pronom relatif, premier terme d'un rapport.

ANTECHRIST, *sm.* (*st* ne se pr. pas), l'adversaire, l'ennemi du Christ.

ANTÉDILUVIEN, ɪᴇɴɴᴇ, *adj.* (l. *ante* avant, *diluvium* déluge), d'avant le déluge.

ANTÉE, géant étouffé par Hercule.

ANTENNE, *sf.* longue pièce de bois qui soutient la voile triangulaire ; corne mobile de certains insectes.

ANTENNULE, *sf.* petite antenne.

ANTÉPÉNULTIÈME, *adj.* 2 *g.* et *sf.* qui précède l'avant-dernier.

ANTEQUERA, ville d'Espagne. Victoire des chrétiens sur les Maures, en 1424.

ANTÉRIEUR, ᴇᴜʀᴇ, *adj.* qui est avant, qui précède.

ANTÉRIEUREMENT, *adv.* avant.

ANTÉRIORITÉ, *sf.* priorité de temps.

ANTESCIENS. V. *Antisciens.*

ANTHELMINTIQUE, *adj.* 2 *g.* (gr. *anti* contre, *helmins* vers), bon contre les vers (*méd*.).

ANTHÉMIUS, emp. d'Occident, m. 472.

ANTHÈRE, *sf.* (gr. *anthéros* fleuri), capsule renfermant le pollen à l'extrémité de l'étamine (*bot*.).

ANTHÉRIDIE, *sf.* petit sac analogue à l'anthère dans les acotylédones (*bot*.).

ANTHOCARPÉ, *adj.* (gr. *anthos* fleur, *karpos* fruit), se dit d'un fruit pourri d'une seconde enveloppe provenant de la fleur (*bot*.).

ANTHOLOGIE, *sf.* (gr. *anthos* fleur, *legô* cueillir), recueil de petites poésies.

ANTHOPHORE, *sm.* (gr. *anthos* fleur, *phérô* porter), prolongement du réceptacle de la fleur qui porte les pétales, les étamines et le pistil (*bot*.).

ANTHRACITE, *sm.* ou *f.* (gr. *anthrax* charbon), sorte de charbon de terre.

ANTHRACITIFÈRE, *adj.* 2 *g.* qui contient de l'anthracite (*géol*.).

ANTHRACOTHÉRIUM, *sm.* (gr. *anthrax* charbon, *thér* animal), nom d'un animal trouvé à l'état fossile (*géol*.).

ANTHRAXIFÈRE, *adj.* 2 *g.* (gr. *anthrax* charbon, *pherô* porter), qui contient de la houille (*géol*.).

ANTHROPOLOGIE, *sf.* (gr. *anthrôpos* homme, *logos* discours), traité sur l'homme.

ANTHROPOLOGIQUE, *adj.* 2 *g.* qui a rapport à l'anthropologie.

ANTHROPOMORPHE, *adj.* 2 *g.* (gr. *anthrôpos* homme, *morphê* forme), qui a la forme ou figure d'un homme.

ANTHROPOMORPHISME, *sm.* opinion des anthropomorphistes.

ANTHROPOMORPHITE, *sm.* celui qui attribue à Dieu une forme humaine.

ANTHROPOPHAGE, *adj.* 2 *g.* et *s.* (gr. *anthrôpos* homme, *phagein* manger), mangeur d'homme.

ANTHROPOPHAGIE, *sf.* habitude de manger de la chair humaine.

ANTI, prépos. grecque signifiant *contre*, *opposé à*, *au lieu de*.

ANTIAPOPLECTIQUE, *adj.* 2 *g.* bon contre l'apoplexie.

ANTIARTHRITIQUE, *adj.* 2 *g.* et *sm.* (gr. *anti* contre ; *arthritis nosos* maladie des articulations, goutte), remède contre la goutte.

ANTIASTHMATIQUE, *sm.* et *adj.* 2 *g.* remède bon contre l'asthme.

ANTIBES, v. et port (Alpes-Maritimes).

ANTICATARRHAL, *adj.* et *sm.* remède contre le catarrhe.

ANTICHAMBRE, *sf.* pièce qui est immédiatement avant une chambre ou une autre pièce principale de l'appartement.

ANTICHOLÉRIQUE, *adj.* 2 *g.* et *sm.* remède contre le choléra.

ANTICHRÈSE, *sf.* (gr. *anti* au lieu de, *chrêsis* usage), abandon des revenus d'un immeuble fait à un créancier.

ANTICHRÉTIEN, ᴇɴɴᴇ, *adj.* contraire à la doctrine chrétienne.

ANTICIPATION, *sf.* action d'anticiper.

ANTICIPÉ, ᴇᴇ, *adj.* prématuré.

ANTICIPER, *va.* et *n.* devancer, prévenir (en parlant du temps) ; empiéter.

ANTIDARTREUX, EUSE, adj. et sm. bon contre les dartres.

ANTIDATE, sf. fausse date antérieure à la véritable.

ANTIDATER, va. mettre une antidate.

ANTIDOTE, sm. (gr. antidoton remède donné contre), contre-poison.

ANTIDOTER, va. donner un antidote.

ANTIENNE, sf. verset de psaume qui se répète. Fig. répétition continuelle.

ANTIÉPILEPTIQUE, adj. 2 g. et sm. bon contre l'épilepsie.

ANTIGONE, fille d'Œdipe. — l'un des généraux d'Alexandre. — Doson, roi de Macédoine en 232 av. J. C. — Gonatas, fils de Démétrius Poliorcète, roi de Macédoine en 278 av. J. C. — roi des Juifs en 40 ou 38 av. J. C.

ANTIGOUTTEUX, EUSE, adj. bon contre la goutte.

ANTIHÉMORROÏDAL, adj. et sm. bon contre les hémorroïdes.

ANTILAITEUX, sm. remède qui fait évacuer le lait.

ANTI-LIBAN, chaîne du Liban.

ANTILLES (Il m.), sf. pl. archipel en Amérique.

ANTILOGIE, sf. (gr. anti contre, à l'opposé; logos discours), contradiction de sens dans un discours ou entre deux expressions.

ANTILOPE, sf. sorte de quadrupède ruminant à cornes creuses.

ANTIMOINE, sm. metal, l'un des corps simples de la chimie.

ANTIMONARCHIQUE, adj. 2 g. contraire à la monarchie.

ANTIMONIAL, ALE ou ANTIMONIÉ, ÉE, adj. qui appartient à l'antimoine ou qui en contient.

ANTINATIONAL, ALE, adj. contraire aux intérêts de la nation.

ANTINÉPHRÉTIQUE, adj. et sm. (gr. anti contre, nephritis douleur de reins), bon contre les douleurs de reins.

ANTINOMIE, sf. (gr. anti contre, nomos loi), contradiction entre deux lois.

ANTINOÜS, favori de l'empereur Adrien; constellation.

ANTIOCHE, ville de Syrie.

ANTIOCHUS, nom de plus. rois de Syrie entre autres : — I, Soter, m. 260 av. J. C. — II, Théos, m. 247 av. J. C. — III, le Grand, m. 186 av. J. C. — IV, Épiphane, m. 164 av. J. C.

ANTIODONTALGIQUE, adj. 2 g. bon contre l'odontalgie.

ANTIOPE, fille de Nyctée, roi de Thèbes. — reine des Amazones (myth.).

ANTIPAPE, sm. faux pape élu en opposition au vrai pape.

ANTIPARALYTIQUE, adj. et sm. bon contre la paralysie.

ANTIPAROS, île de l'Archipel grec.

ANTIPAS, V. Hérode.

ANTIPATER, général macédonien, m. 319 av. J. C. — roi de Macédoine, m. 295 av. J. C. — ministre d'Hyrcan II.

ANTIPATHIE, sf. aversion, répugnance involontaire.

ANTIPATHIQUE, adj. 2 g. pour qui ou pour quoi l'on a de l'antipathie; opposé, contraire.

ANTIPÉRISTALTIQUE, adj. 2 g. se dit du mouvement irrégulier des intestins de bas en haut, opposé au mouvement régulier ou péristaltique.

ANTIPESTILENTIEL, ELLE, adj. bon contre la peste.

ANTIPHILOSOPHIQUE, adj. 2 g. contraire à la philosophie.

ANTIPHLOGISTIQUE, adj. 2 g. et sm. (gr. anti contre, phlogistos enflammé), remède contre l'inflammation.

ANTIPHONAIRE ou ANTIPHONIER, sm. livre contenant les antiennes.

ANTIPHRASE, sf. expression employée à dessein dans un sens contraire à son sens naturel; contre-vérité, ironie.

ANTIPHTHISIQUE, sm. et adj. remède contre la phthisie.

ANTIPODE, sm. (gr. anti contre, à l'opposé; pous, gén. podos pied), placé sur un point de la terre diamétralement opposé à un autre.

ANTIPSORIQUE, sm. et adj. 2 g. (gr. anti contre, psora gale), remède contre la gale.

ANTIPUTRIDE, adj. 2 g. bon contre la putridité.

ANTIQUAILLE, sf. (Il m.), chose antique et de peu de valeur.

ANTIQUAIRE, sm. celui qui fait son étude des antiquités.

ANTIQUE, adj. 2 g. fort ancien. — sf. statue antique. — sm. l'art ancien.

ANTIQUITÉ, sf. ancienneté très-reculée; les anciens; objet d'art ancien.

ANTIRÉVOLUTIONNAIRE, adj. et s. 2 g. contraire à la révolution.

ANTISCIENS, sm. pl. (gr. anti à l'opposé, skia ombre) peuples qui, à midi, ont des ombres opposées.

ANTISCORBUTIQUE, adj. 2 g. et sm. bon contre le scorbut.

ANTISCROFULEUX, ou ANTISCROBULEUX, EUSE, adj. et sm. bon contre les scrofules ou écrouelles.

ANTISEPTIQUE, adj. 2 g. et sm. (gr. anti contre, sêpios pourri), contraire à la putréfaction ou à la gangrène.

ANTISOCIAL, ALE, adj. contraire à la société.

ANTISPASMODIQUE, sm. et adj. 2 g. remède contre les spasmes.

ANTISTHÈNE, philos. grec, 45 a. av. J. C.

ANTISTROPHE, sf. seconde strophe de la poésie lyrique; renversement de termes.

ANTITHÈSE, sf. (gr. antithésis; d'anti contre, et tithémi poser), opposition de mots ou de pensées.

ANTITHÉTIQUE, adj. 2 g. qui tient de l'antithèse.

ANTIUM, ville du Latium, auj. Anzio.

ANTOINE (SAINT), fondateur du monachisme oriental, m. 356. — de Padoue (Saint), célèbre prédicateur, m. 1231. V. Marc-Antoine.

ANTOINETTE, nom de femme.

ANTONIN LE PIEUX, empereur romain (86-161).

ANTONOMASE, sf. (gr. *anti* au lieu de, *onoma* nom), substitution d'une périphrase au d'un nom commun à un nom propre, et réciproquement.

ANTONYMIE, sf. (gr. *anti* contre, *onyma* nom), opposition de mots inconciliables, exemple : *un aimable coquin*.

ANTRE, sm. caverne.

ANTRUSTION, sm. volontaire qui chez les peuples germains suivait le prince.

ANUITER (S'), vpr. se laisser surprendre en chemin par la nuit.

ANUBIS, dieu égyptien (*myth.*).

ANUS, sm. le fondement, l'orifice de l'intestin rectum.

ANVERS, ville et port de Belgique.

ANVILLE (D'), savant géographe français (1697-1782).

ANXIÉTÉ, sf. peine d'esprit, vive inquiétude.

ANXIEUSEMENT, adv. avec anxiété.

ANXIEUX, EUSE, adj. très-inquiet.

ANZIN, bourg du dép. du Nord.

AOD ou **AHOD**, juge d'Israël, 15e s. av. J. C.

AORISTE, sm. (on pr. *oriste*), temps passé dans la conjugaison grecque.

AORTE, sf. artère qui part du ventricule gauche du cœur (*anat.*).

AOST ou **AOSTE**, ville du Piémont.

AOUDE, royaume de l'Hindoustan.

AOÛS, riv. d'Épire, auj. *Voïoussa*.

AOÛT, sm. (on pr. *oû*), huitième mois de l'année. *Fig.* la moisson.

AOÛTÉ, ÉE, adj. (on pr. *aoûté*), mûri par la chaleur d'août.

AOÛTERON, sm. (on pr. *oûteron*), moissonneur loué.

APAISER, va. calmer, modérer, adoucir.

APANAGE, sm. propriété donnée aux puînés d'un souverain. *Fig.* ce qui appartient à.

APANAGER, va. donner un apanage.

APANAGISTE, sm. et adj. qui est pourvu d'un apanage.

À PART, V. *Part*.

APARTÉ, sm. paroles prononcées à part; au pl. *apartés* (l'Acad. écrit *des aparte*).

APATHIE, sf. (gr. *a* privatif; *pathos* passion, émotion), état d'insensibilité dans lequel on n'est agité par aucune émotion; indolence.

APATHIQUE, adj. 2 g. insensible, indolent.

APELLE ou **APPELLES**, célèbre peintre grec, m. 332 av. J. C.

APENNINS, montagnes d'Italie.

APENRADE, ville du Danemark.

APER (Arrius), préfet du prétoire sous l'empereur Carus; m. 284.

APERCEPTION, sf. sentiment intime de sa propre conscience; acte de l'âme qui a conscience de ses sensations.

APERCEVABLE, adj. 2 g. qu'on peut apercevoir.

APERCEVOIR, va. commencer à voir, découvrir. — **S'APERCEVOIR**, vpr. remarquer.

APERÇU, sm. vue première ou rapide; exposé sommaire, estimation.

APÉRITIF, IVE, adj. et sm. (l. *aperire*, ouvrir), qui facilite certaines sécrétions.

APERTEMENT, adv. ouvertement.

APÉTALE ou **APÉTALÉ, ÉE**, adj. (gr. *a* privatif), sans pétales (*bot.*).

APETISSEMENT, sm. diminution.

APETISSER, va. et n. rendre ou devenir plus petit.

À PEU PRÈS, loc. adv. presque, environ. — sm. approximation.

APHÉLIE, sm. (gr. *apo* loin de, *hélios* soleil), point de l'orbite d'une planète où elle se trouve le plus éloignée du soleil.

APHÉRÈSE, sf. retranchement d'une lettre ou d'une syllabe au commencement d'un mot (*gram.*).

APHONE, adj. 2 g. qui est sans voix, qui ne rend point de son.

APHONIE, sf. (gr. *a* privatif, *phôné* voix), extinction de voix.

APHORISME, sm. maxime concise.

APHTHE, sm. petit ulcère superficiel dans la bouche.

APHYLLE, adj. 2 g. (gr. *a* privatif, *phyllon* feuille), sans feuilles (*bot.*).

API, sm. sorte de pomme.

APIAIRES, sm. pl. (l. *apis* abeille), genre d'insectes comprenant les abeilles.

APICIFIXE, adj. 2 g. (l. *apex*, gén. *apicis* sommet; *fixus* fixe), se dit de l'anthère qui est fixée par son sommet au filet de l'étamine (*bot.*).

APICILLAIRE, adj. 2 g. (l. *apex*, gén. *apicis* sommet), se dit en bot. du style lorsque la feuille carpellaire est ascendante dans toute sa longueur et que l'ovaire est continue à son sommet par le style.

APICIUS, célèbre gastronome du temps d'Auguste et de Tibère.

APIS, bœuf adoré par les anc. Égyptiens.

APITOYER, va. toucher de pitié. — **S'APITOYER**, vpr. témoigner de la pitié.

APLANIR, va. rendre plan, uni. *Fig.* Aplanir une *difficulté*, l'enlever.

APLANISSEMENT, sm. action d'aplanir, effet de cette action.

APLATIR, va. rendre plat. — **S'APLATIR**, vpr. devenir plat.

APLATISSEMENT, sm. action d'aplatir; effet de cette action.

APLOMB, sm. (b. *nul*); ligne perpendiculaire au plan de l'horizon. *Fig.* assurance. — **D'APLOMB**, loc. adv. verticalement.

APOCALYPSE, sf. (gr. *apokalypsis* révélation), livre du Nouveau-Testament, qui contient les révélations de saint Jean.

APOCALYPTIQUE, adj. 2 g. de l'Apocalypse. *Fig.* obscur, impénétrable.

APOCARPÉ, adj. m. (gr. *apo* marquant séparation, *karpos* fruit), se dit d'un fruit dont les carpelles sont séparés (*bot.*).

APOCOPE, sf. retranchement d'une lettre ou d'une syllabe à la fin d'un mot.

APOCRYPHE, adj. 2 g. douteux, supposé, suspect.

APOCYNÉES, *sf. pl.* famille de végétaux dont le type est l'arbrisseau appelé *apocyn* (*bot.*).

APODE, *adj.* (gr. *a* privatif; *pous*, gén. *podos* pied), qui est sans pieds. — *sm. pl.* famille de Batraciens (*zool.*).

APOGÉE, *sm.* (gr. *apo* loin de, *gê* terre), point de l'orbite d'une planète où elle se trouve le plus éloignée de la terre. *Fig.* le plus haut point.

APOLLINE (SAINTE), vierge et martyre, 3e s.

APOLLON, dieu du soleil et des arts (*myth.*).

APOLLONIE, nom de plus. villes grecques.

APOLLONIUS DE RHODES, poëte grec, m. 186 av. J. C. — *de Tyane*, philosophe et thaumaturge, m. 97.

APOLOGÉTIQUE, *adj.* 2 g. qui contient une apologie.

APOLOGIE, *sf.* justification.

APOLOGISTE, *sm.* celui qui fait ou a fait une apologie.

APOLOGUE, *sm.* fable morale; discours ou récit allégorique pour instruire et corriger les hommes.

APONÉVROSE, *sf.* expansion membraneuse d'un muscle ou d'un tendon (*anat.*).

APONÉVROTIQUE, *adj.* 2 g. qui a rapport à l'aponévrose.

APOPHTHEGME, *sm.* sentence, maxime, bon mot.

APOPHYSE, *sf.* (gr. *apo* de; *phyomai* naître, sortir), saillie ou éminence d'un os (*anat.*); excroissance, renflement (*bot.*).

APOPLECTIQUE, *adj.* 2 g. qui a rapport à l'apoplexie. — *s.* 2 g. qui est sujet à l'apoplexie.

APOPLEXIE, *sf.* maladie qui prive subitement de mouvement et de sentiment.

APOSTASIE, *sf.* abandon de la religion ou du parti que l'on suivait.

APOSTASIER, *vn.* faire apostasie.

APOSTAT, ATE, *adj.* et *s.* qui a fait apostasie.

APOSTÈME, V. *Apostume*.

APOSTER, *va.* mettre dans un poste pour épier ou pour surprendre.

À POSTERIORI, V. *Posteriori*.

APOSTILLE, *sf.* (*ll* m.), note ajoutée à une demande pour la recommander.

APOSTILLER, *va.* (*ll* m.), mettre une apostille.

APOSTOLAT, *sm.* ministère de l'apôtre.

APOSTOLICITÉ, *sf.* conformité de mœurs avec les apôtres ou de doctrines avec l'Église.

APOSTOLIQUE, *adj.* 2 g. qui vient des apôtres, du saint-siège, ou qui y a rapport.

APOSTOLIQUEMENT, *adv.* à la façon des apôtres.

APOSTROPHE, *sf.* interpellation; signe en forme de virgule.

APOSTROPHER, *va.* interpeller quelqu'un, lui adresser brusquement la parole.

APOSTUME, *sm.* abcès.

APOTHÈME, *sm.* perpendiculaire menée du centre d'un polygone régulier sur un de ses côtés (*géom.*).

APOTHÉOSE, *sf.* (gr. *apo* avec, parmi; *théos* dieu), action de mettre ou d'être mis au rang des dieux. *Fig.* honneurs excessifs.

APOTHÈQUE ou APOTHÈCE, *sm.* (gr. *apothêkê* boîte), réceptacle contenant les organes reproducteurs des lichens (*bot.*).

APOTHICAIRE, *sm.* celui qui prepare et vend des médicaments.

APOTHICAIRERIE, *sf.* art, magasin de l'apothicaire.

APÔTRE, *sm.* l'un des douze disciples choisis par J. C. pour prêcher l'Evangile. *Fig.* missionnaire, prédicateur.

APPARAÎTRE, *vn.* se rendre visible, se montrer.

APPARAT, *sm.* (*t* nul), grand éclat, ostentation.

APPARAUX, *sm. pl.* ce qui garnit un vaisseau (*mar.*).

APPAREIL, *sm.* (*l* m.), apprêt solennel; instrument scientifique; ensemble d'organes; ce qui sert au pansement d'une plaie.

APPAREILLAGE, *sm.* (*ll* m.), action d'appareiller (*mar.*).

APPAREILLER, *va.* (*ll* m.), réunir des choses qui se conviennent. — *vn.* mettre à la voile (*mar.*); faire le trait et la mesure de la coupe des pierres (*arch.*).

APPAREILLEUR, *sm.* (*ll* m.), ouvrier qui appareille.

APPAREMMENT, *adv.* suivant les apparences.

APPARENCE, *sf.* extérieur, vraisemblance, probabilité, vestiges.

APPARENT, ENTE, *adj.* visible, évident, remarquable, spécieux.

APPARENTER, *va.* donner des parents par alliance. — S'APPARENTER, *vpr.* s'allier à une famille.

APPARIEMENT, ou APPARIMENT, *sm.* action d'apparier.

APPARIER, *va.* unir, assortir par paires ou par couples.

APPARITEUR, *sm.* bedeau, huissier de faculté; préparateur.

APPARITION, *sf.* manifestation subite, action de paraître. *Fig.* court séjour.

APPARDIR, *vn.* être évident (ne s'emploie qu'à l'infinitif et à la troisième pers. du prés. de l'indicatif : il *appert*).

APPARTEMENT, *sm.* logement composé de plusieurs pièces.

APPARTENANCE, *sf.* ce qui appartient à une chose, ce qui en dépend.

APPARTENANT, ANTE, *adj.* qui appartient de droit.

APPARTENIR, *vn.* être la propriété de, le propre de; avoir rapport à, convenir à; faire partie de; être parent de. — S'APPARTENIR, *vpr.* être son maître.

APPAS, *sm. pl.* (*s* nulle), agréments extérieurs, attraits, charmes.

APPÂT, *sm.* (*t* nul), pâture pour attirer un animal. *Fig.* ce qui attire.

APPÂTER, *va.* attirer par un appât; donner à manger.

APPAUVRIR, *va.* rendre pauvre. *Fig.* appauvrir un terrain, l'épuiser. — S'APPAUVRIR, *vpr.* devenir pauvre, s'épuiser.

APPAUVRISSEMENT, *sm.* état ou augmentation de pauvreté. *Fig.* diminution de forces ou de qualités.

APPEAU, *sm.* oiseau qui en attire d'autres; sifflet imitant le chant des oiseaux.

APPEL, *sm.* cri ou signal pour faire venir; action de nommer ceux qui doivent être présents; recours à un tribunal supérieur; défi, provocation.

APPELANT, **ANTE**, *adj.* et *s.* qui appelle d'un jugement.

APPELER, *va.* dire le nom; faire venir, inviter à, faire un signal; défier au combat. — *vn.* réclamer contre un jugement. — *Ind. pr.* j'appelle, tu appelles, il appelle, n. appelons, v. appelez, ils appellent; *imp.* j'appelais; *p. déf.* j'appelai; *fut.* j'appellerai; *cond.* j'appellerais; *imper.* appelle, appelons, appelez; *subj. pr.* que j'appelle, que tu appelles, qu'il appelle, que n. appelions, que v. appeliez, qu'ils appellent; *imp.* que j'appelasse; *part. pr.* appelant; *part. p.* appelé, ée.

APPELLATIF, *adj. m. Nom appellatif*, nom commun (*gram.*).

APPELLATION, *sf.* action d'appeler, appel d'un jugement.

APPENDICE, *sm.* (on pr. *appaindice*), supplément, ce qui tient à autre chose.

APPENDICULÉ, **ÉE**, *adj.* (on pr. *appaindicule*), terminé par des appendices (*bot.*).

APPENDRE, *va.* suspendre, attacher à.

APPENTIS, *sm.* (*s* nulle), toit en manière d'auvent appuyé contre un mur.

APPENZELL, ville et canton de Suisse.

APPERT (IL), *v. impers.* V. Apparoir.

APPESANTIR, *va.* rendre plus lourd. — S'APPESANTIR *vpr.* devenir plus pesant, et au *fig.* s'arrêter longtemps sur.

APPESANTISSEMENT, *sm.* état d'une personne appesantie.

APPÉTENCE, *sf.* acte d'appéter, désir instinctif.

APPÉTER, *va.* être porté vers; désirer vivement, instinctivement.

APPÉTIBILITÉ, *sf.* faculté d'appeter, de désirer vivement.

APPÉTIBLE, *adj.* 2 *g.* désirable.

APPÉTISSANT, **ANTE**, *adj.* qui donne, qui excite l'appétit. *Fig.* séduisant.

APPÉTIT, *sm.* (*t* final nul), inclination, désir ayant pour but la satisfaction des sens; désir de manger.

APPÉTITION, *sf.* passion, désir de l'âme.

APPIEN, historien grec, 2e *s.*

APPIENNE (*voie*), grande et célèbre route romaine.

APPIUS CLAUDIUS, nom d'un décemvir, d'un censeur et d'un consul romain.

APPLAUDIR, *va.* et *n.* battre des mains pour approuver. *Fig.* approuver. — S'APPLAUDIR, *vpr.* se féliciter de.

APPLAUDISSEMENT, *sm.* battement de mains; vive approbation.

APPLAUDISSEUR, *sm.* celui qui applaudit sans discernement ou par métier.

APPLICABLE, *adj.* 2 *g.* qui peut ou doit être appliqué.

APPLICATION, *sf.* action d'appliquer. *Fig.* attention suivie.

APPLIQUER, *va.* placer sur; employer à, faire servir à. — S'APPLIQUER, *vpr.* s'approprier, mettre son attention à.

APPOINT, *sm.* complément d'une somme en petite monnaie.

APPOINTEMENT, *sm.* réglement en justice; au *pl.* salaire d'un employé.

APPOINTER, *va.* donner des appointements; régler en justice.

APPORT, *sm.* valeurs apportées en mariage ou dans une société de commerce; dépôt de pièces d'un procès.

APPORTER, *va.* porter à ou vers. *Fig.* produire, causer, annoncer.

APPOSER, *va.* mettre, appliquer sur ou contre.

APPOSITION, *sf.* action d'apposer.

APPRÉCIABLE, *adj.* 2 *g.* que l'on peut apprécier.

APPRÉCIATEUR, *sm.* celui qui apprécie. Au *f. appreciatrice.*

APPRÉCIATIF, **IVE**, *adj.* qui marque l'appréciation.

APPRÉCIATION, *sf.* estimation du prix, de la valeur.

APPRÉCIER, *va.* mettre à prix; estimer ou reconnaître la valeur d'une chose.

APPRÉHENDER, *va.* saisir au corps; craindre, redouter.

APPRÉHENSIBILITÉ, *sf.* qualité de ce qui peut être saisi.

APPRÉHENSIF, **IVE**, *adj.* craintif.

APPRÉHENSION, *sf.* crainte; idée première d'une chose.

APPRENDRE, *va.* acquérir ou enseigner des connaissances; être informé de, faire savoir.

APPRENTI, **IE**, *s.* celui, celle qui apprend un métier. *Fig.* inhabile, novice.

APPRENTISSAGE, *sm.* état de l'apprenti, durée de cet état. *Fig.* essai.

APPRÊT (*t* nul), *sm.* manière d'apprêter une étoffe; au *pl.* préparatifs. *Fig.* affectation de style, de langage, de manières.

APPRÊTÉ, **ÉE**, *adj.* qui est affecté, qui manque de naturel.

APPRÊTER, *va.* préparer, donner l'apprêt. — S'APPRÊTER, *vpr.* se préparer.

APPRÊTEUR, *sm.* celui qui apprête.

APPRIVOISER, *va.* rendre moins farouche, familier, plus traitable. — S'APPRIVOISER, *vpr.* s'accoutumer à.

APPROBATEUR, **TRICE**, *adj.* et *s.* qui donne son approbation, qui approuve.

APPROBATIF, **IVE**, *adj.* qui exprime, qui marque l'approbation.

APPROBATION, *sf.* assentiment; jugement ou témoignage favorable.

APPROBATIVEMENT, *adv.* avec approbation.

APPROCHANT, **ANTE**, *adj.* qui a quelque

rapport, quelque ressemblance. — *prép.* et *adv.* à peu près, environ.

APPROCHE, *sf.* action de s'approcher; abord, accès; au *pl.* travaux de siège.

APPROCHER, *va.* avancer auprès. — *vn.* venir auprès. — **S'APPROCHER,** *vpr.* s'avancer; au *fig.* ressembler un peu.

APPROFONDIR, *va.* donner plus de profondeur. *Fig.* examiner à fond.

APPROFONDISSEMENT, *sm.* action d'approfondir.

APPROPRIATION, *sf.* action de s'approprier une chose.

APPROPRIER, *va.* rendre propre à, adapter à; mettre dans un état de propreté. — **S'APPROPRIER,** *vpr.* s'attribuer la propriété.

APPROUVER, *va.* donner son approbation; agréer.

APPROVISIONNEMENT, *sm.* action d'approvisionner.

APPROVISIONNER, *va.* fournir les provisions nécessaires. — **S'APPROVISIONNER,** *vpr.* se munir de provisions.

APPROVISIONNEUR, *sm.* celui qui approvisionne.

APPROXIMATIF, IVE, *adj.* qui approche, qui est fait par approximation.

APPROXIMATION, *sf.* opération par laquelle on approche de la valeur exacte; estimation, valeur approchante.

APPROXIMATIVEMENT, *adv.* par approximation.

APPUI, *sm.* support, soutien. *Fig.* aide, secours. — **À L'APPUI DE,** *loc. prép.* pour appuyer.

APPUI-MAIN, *sm.* baguette pour soutenir la main du peintre (*pl. appuis-main*).

APPUYER, *va.* et *n.* soutenir, poser contre ou sur. *Fig.* aider, protéger; insister sur. — **S'APPUYER,** *vpr.* se soutenir, s'aider de quelqu'un ou de quelque chose.

ÂPRE, *adj.* 2 g. rude, raboteux, âcre. *Fig.* violent, rigoureux, avide.

ÂPREMENT, *adv.* avec âpreté.

APRÈS, *prép.* marquant l'ordre, la succession, la tendance vers, sur ou contre. *adv.* dans la suite, ensuite. **APRÈS COUP,** trop tard; **APRÈS TOUT,** cependant; **CI-APRÈS,** ensuite, plus loin. — **D'APRÈS,** *prép.* en imitation de.

APRÈS-DEMAIN, *adv.* le deuxième jour après celui qui est actuellement.

APRÈS-DÎNÉE, *sf.* ou **APRÈS-DÎNER,** *sm.* **APRÈS-MIDI,** *sf.* ou *m.* **APRÈS-SOUPÉE,** *sf.* **APRÈS-SOUPÉ** ou **APRÈS-SOUPER,** *sm.* le reste du jour après le dîner, midi ou le souper.

À PRÉSENT, V. *Présent.*

ÂPRETÉ, *sf.* qualité de ce qui est âpre.

APRIÈS, roi d'Égypte, m. 589 av. J. C.

À PRIORI, À PROPOS, V. *Priori, Propos.*

APSIDE, V. *Abside.*

APT, s-préf. du dép. de Vaucluse.

APTE, *adj.* 2 g. propre à.

APTÈRE, *adj.* 2 g. et *sm.* (gr. *a* privatif, *ptéron* aile), qui est sans ailes.

APTITUDE, *sf.* qualité de celui ou de ce qui est apte à, propre à; disposition naturelle à quelque chose.

APULÉE, écrivain latin, 2e s.

APULIE ou **POUILLE,** province de l'Italie méridionale.

APUREMENT, *sm.* vérification et reddition d'un compte.

APURER, *va.* vérifier un compte.

APYRE, *adj.* 2 g. (gr. *a* privatif, *pyr* feu), qui a la propriété de résister à l'action du feu.

AQUARELLE, *sf.* (on pr. *acouarelle*), peinture à l'eau sur papier.

AQUARIUM, *sm.* (on pr. *acouariome*; l. *aqua* eau), sorte de réservoir ou de bassin dans lequel on entretient des animaux ou des plantes qui vivent dans l'eau.

AQUATILE, *adj.* 2 g. (on pr. *acouatile*; l. *aqua* eau), qui naît et vit dans l'eau.

AQUA-TINTA ou **AQUA-TINTE,** *sf.* (on pr. *acoua*), gravure imitant le lavis (inv.).

AQUATIQUE, *adj.* 2 g. (on pr. *acouatique*, l. *aqua* eau), d'eau, qui croît ou qui vit dans l'eau.

AQUEDUC ou **AQUÉDUC,** *sm.* canal qui conduit l'eau.

AQUEUX, EUSE, *adj.* (l. *aqua* eau), plein d'eau ou de la nature de l'eau.

À QUIA, V. *Quia.*

AQUILÉE, ville et port de l'Illyrie.

AQUILIN, *adj. m.* (l. *aquila* aigle), se dit d'un nez recourbé comme le bec d'un aigle.

AQUILON, *sm.* vent du nord.

AQUITAINE, région ou division de la Gaule, au sud de la Loire; royaume, puis duché.

ARA, *sm.* genre de perroquet.

ARABE, *adj.* et *s.* 2 g. de l'Arabie. *Fig.* usurier, avare.

ARABIE, contrée d'Asie.

ARABESQUE, *adj.* 2 g. à la manière des Arabes. — *sf. pl.* ornements de peinture et de sculpture.

ARABIQUE, *adj.* 2 g. d'Arabie.

ARABLE, *adj.* 2 g. qui peut être labouré, qui est propre au labour.

ARACAN, ville et province de l'Inde transgangélique.

ARACHIDE, *sf.* sorte de plante de la famille des Légumineuses.

ARACHNÉ (on pr. *arakné*), femme métamorphosée en araignée par Minerve.

ARACHNIDES, *sm. pl.* (on pr. *araknides*; gr. *arakné* araignée) classe d'insectes dont l'araignée est le type (*zool.*).

ARACHNOÏDE, *s.* et *adj. f.* (on pr. *araknoïde*, gr. *arakné* araignée, *eïdos* forme), membrane fine et déliée comme une toile d'araignée (*anat.*); se dit en *bot.* des feuilles recouvertes de poils longs très-fins et entre-croisés.

ARACHOSIE (on pr. *aracosie*), province de l'ancienne Perse.

ARAGO (François), illustre savant français (1786-1853).

ARAGON, province d'Espagne.

ARAGNE, *sf.* araignée (vx. mot).

ARAIGNÉE, *sf.* sorte d'insecte.

ARAIRE, *sm.* charrue romaine sans roues.

ARAL (mer ou lac d') en Asie.

ARAM, ancien nom de la Syrie.

ARAMÉEN, ENNE, adj. de l'Aram, des peuples sémitiques.

ARANÉEUX, EUSE, adj. (l. aranea araignée), couvert de toiles d'araignee.

ARANJUEZ, ville d'Espagne, sur le Tage.

ARARAT, mont d'Arménie.

ARASEMENT, sm. action d'araser.

ARASER, va. mettre de niveau un mur, un bâtiment, etc.

ARASES, sf. pl. pierres de bas appareil qui servent à araser.

ARATOIRE, adj. 2 g. (l. arare labourer), qui appartient à l'agriculture.

ARATUS, général de la ligue achéenne (272-213 av. J. C.). — poète grec; 3e s. av. J. C.

ARAUCANIE ou PAYS DES ARAUCANS, contrée au sud du Chili.

ARAXE, rivière d'Asie, auj. Aras, affluent du Kour.

ARBACE ou ARBACÈS, roi des Mèdes, en 759 av. J. C.

ARBALÈTE, sf. arme de trait montée sur un fût.

ARBALÉTRIER, sm. soldat armé d'une arbalète; pièce de charpente.

ARBELLES, ville d'Assyrie. Victoire d'Alexandre sur Darius, 331 av. J. C.

ARBITRAGE, sm. jugement par arbitres; calcul du change.

ARBITRAIRE, adj. 2 g. qui dépend de la volonté. Fig. tyrannique. — sm. pouvoir sans limite.

ARBITRAIREMENT, adv. d'une façon arbitraire.

ARBITRAL, ALE, adj. de l'arbitre (pl. m. arbitraux).

ARBITRALEMENT, adv. par arbitres.

ARBITRE, sm. celui qui est choisi pour terminer un différend. Fig. maître absolu. Libre arbitre, faculté de l'âme de faire ou de ne pas faire.

ARBITRER, va. régler, estimer, juger, décider.

ARBOGASTE, gaulois, général de Valentinien II; m. 394.

ARBOIS, p. ville du dép. du Jura.

ARBORER, va. planter ou élever droit comme un arbre. — Arborer un drapeau, le hisser et le déployer au vent; au fig. se déclarer pour.

ARBORESCENT, ENTE, adj. qui est presque un arbre, qui forme arbrisseau.

ARBORICULTURE, sf. art de cultiver les arbres.

ARBORISATION, sf. dessin naturel représentant des arbres ou des feuilles dans les pierres.

ARBORISÉ, ÉE, adj. qui présente des arborisations.

ARBORISTE, sm. celui qui cultive les arbres.

ARBOUSE, sf. fruit de l'arbousier.

ARBOUSIER, sm. sorte d'arbrisseau du midi de l'Europe.

ARBRE, sm. végétal ligneux ayant un tronc

avec des branches; grosse pièce de bois d'une machine. Fig. dessin, tableau en forme d'arbre.

ARBRISSEAU, sm. petit arbre.

ARBROT ou ARBRET, sm. petit arbre garni de gluaux.

ARBUSTE, sm. petit arbrisseau.

ARC, sm. arme servant à lancer des flèches; partie d'une circonférence; courbure d'une voûte. Arc de triomphe, monument ayant la forme d'une porte en arc.

ARC, riv. de France (Bouches-du-Rhône).

ARC (Jeanne d'), jeune paysanne qui délivra Orléans assiégé par les Anglais et sauva la France. (1409-1431).

ARCACHON (bassin d'), lagune maritime dans le dép. de la Gironde.

ARCADE, sf. ouverture en arc.

ARCADIE, anc. partie du Péloponèse.

ARCADIEN, IENNE, adj. et s. de l'Arcadie.

ARCADIUS, emp. d'Orient, m. 408.

ARCANE, sm. secret, mystère.

ARCANSON, sm. sorte de résine.

ARCAS, fils de Jupiter et de Callisto (myth.).

ARC-BOUTANT, sm. (pl. arcs-boutants), arc s'appuyant contre une construction pour la soutenir. Fig. soutien.

ARC-BOUTER, va. soutenir par un arc-boutant.

ARC-DOUBLEAU, sm. arcade en saillie (pl. arcs-doubleaux).

ARCEAU, sm. petit arc, courbure d'une voûte, petite voûte.

ARC-EN-CIEL, sm. météore en forme d'arc, offrant les sept couleurs qui résultent de la décomposition de la lumière solaire (pl. arcs-en-ciel, on pr. comme au sing.).

ARCÉSILAS, philos. grec, m. 239 av. J. C.

ARCHAÏSME, sm. (on pr. arkaïsme), expression vieillie (gr. archaios ancien).

ARCHAL (fil d'), sm. fil de métal.

ARCHANGE, sm. (on pr. arkange), ange d'un ordre supérieur.

ARCHANGEL (on pr. arkangel), ville et port de Russie sur la mer Blanche.

ARCHANGÉLIQUE, adj. 2 g. (on pr. arkangélique), de l'archange.

ARCHE, sf. voûte d'un pont. Arche de Noé, sorte de vaisseau construit par ce patriarche.

ARCHÉLAÜS (on pr. arkelaüs), philos. grec, 5e s. av. J. C. — roi de Macédoine, m. 400 av. J. C. — roi de Judée, m. 6 après J. C. Nom de plusieurs généraux.

ARCHÉOLOGIE, sf. (on pr. arkéologie), science des monuments antiques (gr. archaios ancien; logos traité, étude, science).

ARCHÉOLOGIQUE, adj. 2 g. (on pr. arkéologique), qui a rapport à l'archéologie.

ARCHÉOLOGUE, sm. (on pr. arkéologue), celui qui est versé dans l'archéologie ou qui s'en occupe.

ARCHER, sm. soldat armé d'un arc; autrefois bas officier de police.

ARCHET, sm. (t nul) baguette garnie de crins pour tirer des sons d'un instrument à cordes; outil pour tourner et percer.

ARCHÉTYPE, *sm.* (on pr. *arkétype*), premier modèle, type primordial ou primitif (gr. *arché* primauté, principe; *typos* modèle, type).

ARCHEVÊCHÉ, *sm.* diocèse, palais d'un archevêque.

ARCHEVÊQUE, *sm.* prélat métropolitain au-dessus de l'évêque.

ARCHI, mot tiré du grec que l'on place devant un autre pour marquer la supériorité ou l'excès, comme *archifou*, *archifripon*.

ARCHICHAMBELLAN, *sm.* grand chambellan.

ARCHICHANCELIER, *sm.* grand chancelier.

ARCHIDAMUS (on pr. *arkidamus*), nom de plusieurs rois de Sparte.

ARCHIDIACONAT, *sm.* (le *t* est nul), dignité, fonctions d'archidiacre.

ARCHIDIACRE, *sm.* ecclésiastique qui exerce une sorte de juridiction sur les curés.

ARCHIDIOCÉSAIN, AINE, *adj.* dépendant d'un archevêché.

ARCHIDUC, ARCHIDUCHESSE, s. titre de dignité des princes et princesses de la maison d'Autriche.

ARCHIDUCHÉ, *sm.* domaine, dignité d'archiduc.

ARCHIÉPISCOPAL, ALE, *adj.* (on pr. *arkiépiscopal*), de l'archevêque.

ARCHIÉPISCOPAT, *sm.* (on pr. *arkiépiscopa*), dignité, fonctions d'archevêque.

ARCHIFRIPON, s. et *adj. m.* extrêmement fripon (*fam.*).

ARCHIFOU, ARCHIFOLLE, s. et *adj.* extrêmement fou (*fam.*).

ARCHILOQUE, poète grec (7e s. av. J. C.).

ARCHIMANDRITAT, *sm.* (*t* final nul), dignité de l'archimandrite.

ARCHIMANDRITE, *sm.* supérieur de certains monastères dans l'Orient.

ARCHIMÈDE, célèbre savant de Syracuse (287-212 av. J. C.).

ARCHIPATELIN, *sm.* fourbe très-adroit (*fam.*).

ARCHIPEL, *sm.* mer semée d'îles, groupe d'îles; partie de la Méditerranée.

ARCHIPRESBYTÉRAL, ALE, *adj.* qui concerne l'archiprêtre.

ARCHIPRÊTRE, *sm.* curé ayant la suprématie sur d'autres curés.

ARCHITECTE, *sm.* celui qui connaît et exerce l'art de construire, de bâtir.

ARCHITECTONIQUE, *adj.* 2 g. qui a rapport à l'architecture. — *sf.* art de la construction.

ARCHITECTONOGRAPHE, *sm.* celui qui a écrit sur l'architecture, qui a décrit un édifice.

ARCHITECTONOGRAPHIE, *sf.* description des édifices.

ARCHITECTURAL, ALE, *adj.* qui a rapport à l'architecture.

ARCHITECTURE, *sf.* art de l'architecte; construction, ordonnance d'un bâtiment.

ARCHITRAVE, *sf.* partie de l'entablement qui pose sur le chapiteau.

ARCHITRÉSORIER, *sm.* grand trésorier d'un empire.

ARCHITRICLIN, *sm.* ordonnateur d'un festin (*fam.*).

ARCHIVES, *sf. pl.* titres, documents anciens; lieu où on les garde.

ARCHIVISTE, *sm.* celui qui est chargé de la garde des archives.

ARCHIVOLTE, *sf.* bande ou moulure qui suit le cintre d'une arcade.

ARCHONTAT, *sm.* (on pr. *arkonta*), dignité d'archonte.

ARCHONTE, *sm.* (on pr. *arkonte*), magistrat à Athènes.

ARCHYTAS (on pr. *arkytas*), philosophe grec, m. 360 av. J. C.

ARCIS-SUR-AUBE, s.-préf. du dep. de l'Aube.

ARCOLE, bourg de la Lombardie. Victoire du général Bonaparte sur les Autrichiens, en 1796.

ARÇON, *sm.* pièce de bois formant le corps de la selle; sorte d'outil.

ARCTIQUE, *adj.* 2 g. septentrional.

ARCTURUS, *sm.* étoile de première grandeur dans la constellation du Bouvier.

ARDÉATE, *adj.* et s. 2 g. d'Ardée.

ARDÈCHE, riv. affluent du Rhône; donne son nom à un département dont le ch.-l. est Privas.

ARDÉE, anc. ville du Latium.

ARDÉLION, *sm.* homme qui fait l'officieux, qui se mêle de tout (*fam.*).

ARDEMMENT, *adv.* avec ardeur.

ARDENNES, montagnes et forêts qui donnent leur nom à un dep. dont le ch.-l. est Mézières.

ARDENT, ENTE, *adj.* enflammé, qui brûle. *Fig.* violent, véhément, plein d'activité. *Chevelure ardente*, rougeâtre.

ARDER ou ARDRE, *va.* et *n.* brûler (vx. mot).

ARDEUR, *sf.* chaleur vive. *Fig.* activité, vivacité.

ARDILLON, *sm.* (ll m.), pointe de boucle qui sert à arrêter la courroie.

ARDOISE, *sf.* sorte de pierre bleuâtre et se levant par lames.

ARDOISÉ, EE, *adj.* de couleur d'ardoise.

ARDOISIÈRE, *sf.* carrière d'ardoise.

ARDRE, V. *Arder*.

ARDRES, p. ville (Pas-de-Calais).

ARDU, UE, *adj.* escarpé, de difficile accès. *Fig.* difficile à resoudre.

ARE, *sm.* unité de mesure agraire.

AREC, *sm.* fruit des Indes; noix d'une espèce de palmier.

À REMOTIS, V. *Remotis*.

ARÉNA (Joseph), général français, chef d'une conspiration contre le premier consul Bonaparte; m. 1801.

ARÉNACÉ, ÉE, *adj.* (l. *arena* sable), de sable, qui a la forme du sable (*min.*).

ARÈNE, *sf.* sable menu. *Fig.* terrain de l'amphithéâtre où combattaient les gladiateurs; au *pl.* amphithéâtre.

ARÉNEUX, EUSE, *adj.* (l. *arena* sable), plein de sable, sablonneux.

ARÉNIFORME, *adj.* 2 *g.* en forme de sable.

ARÉOLE, *sf.* (l. *area* aire), petite aire, petite surface plane et circulaire.

ARÉOLÉ, ÉE, *adj.* se dit du réceptacle des fleurs aplani et marqué d'inégalités peu sensibles (*bot.*).

ARÉOMÈTRE, *sm.* (gr. *araios* rare, peu dense; *métron* mesure), instrument de physique servant à mesurer la densité ou poids spécifique des liquides et même des solides.

ARÉOMÉTRIE, *sf.* partie de la physique qui traite de la mesure de la densité des corps (V. Aréomètre).

ARÉOPAGE, *sm.* tribunal à Athènes. *Fig.* assemblée de juges.

ARÉOPAGITE, *sm.* membre d'un aréopage.

ARÉQUIPA, ville du Pérou.

ARÊTE, *sf.* barbe d'épi; partie dure tenant lieu d'os aux poissons. *Fig.* angle saillant formé par l'intersection de deux plans.

ARÉTHUSE, nom d'une nymphe (*myth.*); fontaine de Syracuse.

ARÊTIER, *sm.* pièce de charpente.

ARÉTIN (Pierre), poëte satirique italien (1492-1557).

AREZZO, v. d'Italie (Toscane).

ARGELÈS, s.-préf. des Hautes-Pyrénées.

ARGÉMONE, *sf.* plante de la famille des Papavéracées.

ARGENS, riv. de France (Var). — *Le marquis d'*ARGENS, écrivain franç. favori du roi de Prusse Frédéric II (1704-1771).

ARGENSON (VOYER D'), nom de plusieurs magistrats et ministres français sous Louis XIV et Louis XV.

ARGENT, *sm.* métal blanc. *Fig.* toute espèce de monnaie; richesses.

ARGENTAN, s.-préf. du dép. de l'Orne.

ARGENTAT, ch.-l. de canton (Corrèze).

ARGENTÉ, ÉE, *adj.* qui a l'éclat de l'argent, qui est recouvert d'argent.

ARGENTER, *va.* couvrir d'une couche d'argent.

ARGENTERIE, *sf.* vaisselle ou ustensiles d'argent.

ARGENTEUIL, bourg (Seine-et-Oise).

ARGENTEUR, *sm.* ouvrier qui argente.

ARGENTEUX, EUSE, *adj.* qui a beaucoup d'argent (*pop.*).

ARGENTIER, *sm.* autrefois ministre des finances, officier chargé de distribuer certains fonds d'argent.

ARGENTIÈRE (L'), s.-préf. du dép. de l'Ardèche.

ARGENTIFÈRE, *adj.* 2 *g.* qui contient, qui recèle de l'argent.

ARGENTIN, INE, *adj.* qui a le son ou la couleur de l'argent.

ARGENTINE (République) ou du RIO DE LA PLATA, dans l'Amérique du Sud.

ARGENTON-SUR-CREUSE, p. ville (Indre).

ARGENTURE, *sf.* couche d'argent appliquée; art d'argenter.

ARGIEN, IENNE, *adj.* et s. d'Argos.

ARGILE, *sf.* sorte de terre.

ARGILEUX, EUSE, *adj.* qui tient de l'argile, qui en est formé.

ARGINUSES, îles de la mer Égée. Victoire navale des Athéniens sur les Spartiates en 406 av. J. C.

ARGO, *sm.* nom du navire monté par les Argonautes; constellation.

ARGOLIDE, région de l'ancienne Grèce

ARGONAUTE, *sm.* coquillage marin, appelé aussi *nautile papyrace.*

ARGONAUTES, *sm. pl.* héros grecs qui allèrent à la conquête de la toison d'or (*myth.*).

ARGOT, *sm.* (t nul), jargon des voleurs; bois au-dessus de l'œil dans les végétaux.

ARGOTER, *va.* couper le bout d'une branche morte.

ARGOUSIN, *sm.* surveillant des forçats.

ARGOVIE, canton suisse.

ARGUE, *sf.* machine pour tirer l'or.

ARGUER, *va.* (on pron. *argu-e*), reprendre, contredire, accuser de faux. — *vn.* tirer une conséquence d'un fait.

ARGUMENT, *sm.* raisonnement, preuve, conjecture, indice; sujet en abrégé d'un ouvrage, d'un chapitre, etc.

ARGUMENTANT, *sm.* celui qui argumente.

ARGUMENTATEUR, *sm.* celui qui aime à argumenter.

ARGUMENTATION, *sf.* action ou art d'argumenter.

ARGUMENTER, *vn.* faire des arguments, prouver par des arguments.

ARGUS, roi d'Argos. — petit-fils du précédent, avait cent yeux, suivant la Fable. — *Fig. sm.* gardien, espion; oiseau, papillon (*zool.*).

ARGUTIE, *sf.* (on pr. *arguci*), vaine subtilité, raisonnement pointilleux.

ARGYRASPIDES, *sm. pl.* corps d'élite de l'armée d'Alexandre le Grand.

ARGYROLITHE, *sf.* (gr. *argyros* argent, *lithos* pierre), pierre couleur d'argent.

ARIANE ou ARIADNE, fille de Minos.

ARIARATHE, nom de plusieurs rois de Cappadoce.

ARIANISME, *sm.* hérésie d'Arius.

ARICA, ville du Pérou.

ARICH (EL), fort de la basse Égypte, vers l'isthme de Suez.

ARICIE, princesse athénienne. — ancienne ville du Latium.

ARIDE, *adj.* 2 *g.* sec, dépourvu d'humidité; et, par extension, stérile.

ARIDITÉ, *sf.* état de ce qui est aride.

ARIE, province de l'ancienne Perse.

ARIÉGE, riv. affluent de la Garonne : donne son nom à un dép. dont le ch.-l. est *Foix.*

ARIEN, ENNE, *adj.* et s. de la secte d'Arius; de l'Arié.

ARIETTE, *sf.* air léger et vif.

ARILLE, *sm.* (ll m.), tégument accessoire qui recouvre la graine sans adhérer au testa, et qui n'est qu'une expansion du funicule (*bot.*)

ARILLÉ, ÉE, *adj.* (ll m.), revêtu d'un arille.

ARILLODE, *sm.* (ll m.), faux arille résultant d'une dilatation des bords du micropyle (*bot.*).

AHIMANE ou **AHRIMAN**, divinité qui était le principe du mal chez les anciens Perses (*myth.*).

ARIMATHIE, V. *Joseph.*

ARIOBARZANE, nom de plusieurs rois de Cappadoce.

ARION, poète et musicien grec (7e s. av. J. C.).

ARIOSTE, célèbre poète italien, auteur de *Roland furieux* (1474-1533).

ARIOVISTE, roi des Suèves (1er s. av. J. C.).

ARISTARQUE, astronome grec (3e s. av. J. C.). — célèbre critique grec (160-88 av. J. C.). — *Fig. sm.* critique judicieux et sévère.

ARISTÉ, ÉE, *adj.* garni d'une ou de plusieurs arêtes (*bot.*).

ARISTÉE, berger célèbre, fils d'Apollon et de la nymphe Cyrène (*myth.*). — officier de Ptolémée Philadelphe, roi d'Egypte.

ARISTIDE, célèbre général et magistrat athénien, m. 469 av. J. C.

ARISTIPPE, philosophe grec, vers 400 av. J. C.

ARISTOBULE, nom de deux rois juifs.

ARISTOCRATE, s. 2 g. partisan de l'aristocratie.

ARISTOCRATIE, *sf.* (gr. *aristos* le meilleur, le premier; *kratos* pouvoir, autorité), gouvernement ou classe des grands, des premiers de l'Etat.

ARISTOCRATIQUE, *adj.* 2 g. qui appartient à l'aristocratie.

ARISTOCRATIQUEMENT, *adv.* d'une manière aristocratique.

ARISTODÈME, roi de Sparte, en 1104 av. J. C. — roi de Messénie, en 744 av. J. C.

ARISTOGITON, célèbre avec son ami Harmodius par leur conspiration contre Hipparque et Hippias.

ARISTOLOCHE, *sf.* sorte de plante.

ARISTOLOCHIÉES, *sf. pl.* famille de plantes dont l'aristoloche est le type (*bot.*).

ARISTOMÈNE, roi des Messéniens, m. 668 av. J. C.

ARISTOPHANE, célèbre poète comique grec (5e s. av. J. C.).

ARISTOTE, célèbre philosophe grec, fondateur de l'Ecole des Péripatéticiens (384-322 av. J. C.)

ARISTOTÉLICIEN, **ENNE**, *adj.* conforme à la doctrine d'Aristote. — *sm.* disciple ou partisan de ce philosophe.

ARISTOTÉLIQUE, *adj.* 2 g. d'Aristote.

ARISTOTÉLISME, *sm.* doctrine philosophique d'Aristote.

ARITHMÉTICIEN, *sm.* celui qui sait ou qui enseigne l'arithmétique.

ARITHMÉTIQUE, *sf.* science des nombres, art du calcul; *adj.* 2 g. qui a rapport à cette science.

ARITHMÉTIQUEMENT, *adv.* par la voie de l'arithmétique.

ARITHMOMANCIE, *sf.* (gr. *arithmos* nombre, *manteia* divination) prétendu art de

prédire l'avenir par le moyen des nombres.

ARIUS, fameux hérésiarque, m. 336.

ARKANSAS, fleuve et État de l'Union (Etats-Unis).

ARKHANGEL, V. *Archangel.*

ARKWRIGHT, célèbre mécanicien anglais, inventeur du métier à filer le coton (1732-1792).

ARLEQUIN, *sm.* personnage bouffon dont le vêtement est formé de pièces de différentes couleurs.

ARLEQUINADE, *sf.* bouffonnerie d'Arlequin.

ARLES, s.-préf. du dep. des Bouches-du-Rhône.

ARLON, ch.-l. du Luxembourg belge.

ARMADILLE, *sf.* (ll m.), petite flotte que l'Espagne entretenait en Amérique.

ARMAGNAC, partie de la Gascogne, ancien comté. Au *pl.* parti célèbre sous le roi Charles VI.

ARMANÇON, riv. de France, affluent de l'Yonne.

ARMAND, nom d'homme.

ARMATEUR, *sm.* celui qui équipe un navire.

ARMATURE, *sf.* assemblage de barres, de liens de métal.

ARME, *sf.* instrument pour la défense ou pour l'attaque; troupes différentes qui composent l'armée. Au pl. *fig.* profession militaire, escrime, armoiries.

ARMÉ, ÉE, *adj.* garni, muni, pourvu de.

ARMÉE, *sf.* corps de troupes sous les ordres d'un général. *Fig.* grand nombre.

ARMEMENT, *sm.* action d'armer, ce qui sert à armer; équipement.

ARMÉNIE, contrée d'Asie.

ARMÉNIEN, **ENNE**, *adj.* et s. d'Arménie.

ARMENTIÈRES, p. ville (Nord).

ARMER, *va.* fournir d'armes, lever des troupes, équiper. *Fig.* prémunir contre. *S'armer de patience*, prendre de la patience.

ARMET, *sm.* (t nul), sorte de casque.

ARMILLAIRE, *adj.* (ll non m.). Sphère armillaire, évidée et composée des cercles imaginés par les astronomes.

ARMILLES, *sf. pl.* petites moulures en anneaux du chapiteau dorique.

ARMINIUS ou **HERMANN**, célèbre général des Germains. — théologien protestant, chef de la secte des Arminiens (1560-1609).

ARMISTICE, *sm.* suspension d'armes.

ARMOIRE, *sf.* meuble ou placard pour serrer des objets.

ARMOIRIES, *sf. pl.* signes héraldiques, attributs distinctifs des nobles.

ARMOISE, *sf.* sorte de plante.

ARMON, *sm.* pièce du train d'un carrosse.

ARMORIAL, *sm.* livre contenant les armoiries.

ARMORICAIN, **AINE**, *adj.* et s. de l'Armorique.

ARMORIER, *va.* peindre, graver des armoiries.

ARMORIQUE, ancien nom de la Bretagne

et des côtes de la Manche. — *adj.* 2 *g.* maritime.

ARMURE, *sf.* ensemble d'armes défensives. Plaque de fer attachée à un aimant (*phys.*).

ARMURIER, *sm.* celui qui fabrique ou vend des armes.

ARNAUD (Antoine), célèbre théologien et philosophe de Port-Royal (1612-1694). ARNAUD D'ANDILLY, frère du précédent, écrivain et solitaire de Port-Royal (1589-1674).

ARNAUD DE BRESCIA, fameux hérétique du 12e s.

ARNAUD DE VILLENEUVE, célèbre alchimiste français, m. 1314.

ARNAULT, poète tragique et fabuliste français (1766-1834).

ARNAUTES, peuple des montagnes de l'Albanie.

ARNAY-LE-DUC, p. v. de la Côte-d'Or.

ARNHEIM, ville de Hollande.

ARNICA, *sm.* sorte de plante.

ARNO, fl. d'Italie (Toscane).

ARNOBE, apologiste du christianisme (3e et 4e s.).

ARNOLD, nom d'homme. V. *Winckelried*.

ARNOUL ou **ARNULF**, empereur d'Allemagne (849-899).

AROÏDÉES, *sf. pl.* famille de plantes dont l'*arum* est le type (*bot.*).

AROMATE, *sm.* substance végétale odoriférante

AROMATIQUE, *adj.* 2 *g.* qui est de la nature des aromates.

AROMATISATION, *sf.* action d'aromatiser.

AROMATISER, *va.* mêler des aromates avec une substance.

AROME, *sm.* principe odorant.

ARONDE, *sf.* hirondelle; sorte de coquillage.

ARPAD, chef des Hongrois vers la fin du 9e s.

ARPÉGE ou **ARPÉGEMENT**, *sm.* manière de frapper successivement et rapidement tous les sons d'un accord.

ARPÉGER, *vn.* faire des arpéges.

ARPENT, *sm.* anc. mesure agraire.

ARPENTAGE, *sm.* action, art, science d'arpenter.

ARPENTER, *va.* mesurer un terrain. *Fig.* marcher à grands pas.

ARPENTEUR, *sm.* celui qui arpente.

ARPENTEUSE, *sf.* et *adj.* sorte de chenille.

ARPHAXAD, fils de Sem. — roi de Médie.

ARQUÉ, ÉE, *adj.* courbé en arc.

ARQUEBUSADE, *sf.* coup d'arquebuse.

ARQUEBUSE, *sf.* anc. arme à feu.

ARQUEBUSER, *va.* tuer à coups d'arquebuse.

ARQUEBUSERIE, *sf.* métier de l'arquebusier.

ARQUEBUSIER, *sm.* celui qui fait ou vend des armes à feu; soldat armé d'une arquebuse.

ARQUER, *va.* courber en arc. — *vn.* et s'ARQUER, *vpr.* fléchir, se courber.

ARQUES, p. ville et riv. (Seine-Inférieure).

Victoire de Henri IV sur Mayenne en 1589.

ARRACHEMENT, *sm.* action d'arracher.

ARRACHE-PIED (D'), *loc. adv.* tout de suite, sans discontinuer.

ARRACHER, *va.* détacher, ôter avec effort. *Fig.* obtenir avec peine. — S'ARRACHER, *vpr.* s'éloigner de, se détacher de; se disputer quelque chose.

ARRACHEUR, EUSE, *s.* celui, celle qui arrache.

ARRACHIS, *sm.* (*s* nulle), enlèvement frauduleux des arbres ou des plantes.

ARRAISONNER, *va.* chercher à persuader par des raisons.

ARRANGEMENT, *sm.* action d'arranger, disposition. *Fig.* conciliation.

ARRANGER, *va.* disposer, mettre en ordre. *Fig.* concilier. — S'ARRANGER, *vpr.* prendre ses mesures, se placer dans un certain ordre ou commodément; s'accorder.

ARRAS, ch.-l. du dép. du Pas-de-Calais.

ARRENTEMENT, *sm.* action de donner ou de prendre à rente.

ARRENTER, *va.* donner ou prendre à rente.

ARRÉRAGER, *vn.* laisser les arrérages s'accumuler

ARRÉRAGES, *sm. pl.* ce qui est dû d'un revenu, d'une rente.

ARRESTATION, *sf.* action d'arrêter une personne, état de la personne arrêtée.

ARRÊT, *sm.* jugement d'une cour, décision; retardement; saisie; tout ce qui sert à fixer, à arrêter une chose. Au pl. défense à un militaire de sortir pendant un temps.

ARRÊTÉ, *sm.* résolution; décision de l'autorité; règlement de compte.

ARRÊTE-BŒUF, *sm.* sorte de bugrane.

ARRÊTER, *va.* empêcher d'avancer, mettre un terme au mouvement, à l'action; saisir quelqu'un; fixer, assurer une chose. *Fig.* retenir d'avance; prendre une résolution. — S'ARRÊTER, *vpr.* cesser de marcher, s'interrompre.

ARRHER, *va.* retenir en donnant des arrhes.

ARRHES, *sf. pl.* somme donnée d'avance comme garantie d'un marché. *Fig.* gage, assurance.

ARRHIDÉE (Philippe), frère d'Alexandre le Grand.

ARRIE, célèbre dame romaine, femme de Pœtus (1er s.).

ARRIEN (Flavius), historien grec (2e s.).

ARRIÈRE, *sm.* moitié d'un navire du côté de la poupe.

ARRIÈRE, *adv.* loin. — EN ARRIÈRE, *loc. adv.* indiquant un mouvement ou une position vers le côté ou le lieu qui est derrière. — ARRIÈRE, *prép.* désignant la personne, la chose placée en arrière ou qui vient après: *arrière-corps*.

ARRIÉRÉ, *sm.* payement retardé, travail en retard.

ARRIÈRE-BAN, *sm.* convocation ou réunion de toute la noblesse pour faire la guerre (pl. *arrière-bans*).

ARRIÈRE-BOUCHE, *sf.* le fond de la bouche.

ARRIÈRE-BOUTIQUE, sf. pièce derrière la boutique (pl. arrière-boutiques).

ARRIÈRE-CAUTION, sf. caution de la caution (pl. arrière-cautions).

ARRIÈRE-CORPS, sm. (inv.), bâtiment derrière un autre.

ARRIÈRE-COUR, sf. petite cour de dégagement (pl. arrière-cours).

ARRIÈRE-FIEF, sm. fief relevant d'un autre fief (pl. arrière-fiefs).

ARRIÈRE-GARDE, sf. partie d'une troupe marchant en arrière du corps principal (pl. arrière-gardes).

ARRIÈRE-GOÛT, sm. goût peu agréable que laissent des aliments, des liqueurs (pl. arrière-goûts).

ARRIÈRE-MAIN, sf. (inv.), train de derrière du cheval; — sm. et f. coup du revers de la main au jeu de paume.

ARRIÈRE-NEVEU, sm. fils du neveu ou de la nièce (pl. arrière-neveux). Fig. postérité.

ARRIÈRE-NIÈCE, sf. fille du neveu ou de la nièce (pl. arrière-nièces).

ARRIÈRE-PENSÉE, sf. pensée ou vue secrète (pl. arrière-pensées).

ARRIÈRE-PETIT-FILS, sm. ARRIÈRE-PETITE-FILLE, sf. fils, fille du petit-fils ou de la petite-fille (pl. arrière-petits-fils, arrière-petites-filles).

ARRIÈRE-POINT, sm. point de couture qui empiète sur le précédent (pl. arrière-points).

ARRIÉRER, va. retarder.

ARRIÈRE-SAISON, sf. fin de l'automne; fig. fin de l'âge mûr (pl. arrière-saisons).

ARRIÈRE-VASSAL, sm. celui qui relevait d'un seigneur vassal d'un autre seigneur (pl. arrière-vassaux).

ARRIÈRE-VOUSSURE, sf. voûte derrière une porte (pl. arrière-voussures).

ARRIMAGE, sm. action d'arrimer.

ARRIMER, va. arranger la cargaison d'un navire (mar.).

ARRIMEUR, sm. celui qui arrime.

ARRIVAGE, sm. abord d'un navire ou des marchandises dans un port.

ARRIVÉE, sf. action d'arriver; moment où se fait cette action.

ARRIVER, vn. aborder, parvenir d'un point à un autre; se diriger vers, survenir. Fig. parvenir à un but.

ARROCHE, sf. sorte de plante; au pl. famille de plantes (bot.).

ARROGAMMENT, adv. avec arrogance.

ARROGANCE, sf. présomption, fierté, orgueil offensant.

ARROGANT, ANTE, adj. et s. orgueilleux, fier, hautain.

ARROGER (S'), vpr. s'attribuer à tort.

ARROI, sm. train, équipage.

ARRONDIR, va. rendre rond. Fig. arrondir une phrase, lui donner du nombre; arrondir sa fortune, son champ, l'augmenter. — **S'ARRONDIR**, vpr. prendre une forme ronde; fig. s'enrichir.

ARRONDISSEMENT, sm. action d'arrondir, état de ce qui est arrondi. Fig. portion de territoire ou de ville.

ARROSAGE, sm. action d'arroser, eau avec laquelle on arrose.

ARROSEMENT, sm. action d'arroser.

ARROSER, va. humecter, mouiller; verser de l'eau, la faire circuler.

ARROSOIR, sm. instrument pour arroser.

ARROUX, riv. de France, affluent de la Loire.

ARSACE, fondateur de l'empire des Parthes, en 255 av. J. C.

ARSACIDES, descendants d'Arsace.

ARSENAL, sm. magasin d'armes, de munitions.

ARSÈNE (SAINT), solitaire, m. 445.

ARSÉNIATE, sm. nom générique des sels formés par l'acide arsénique (chim.).

ARSENIC, sm. (on pr. arseni), l'un des corps simples de la chimie. Arsenic blanc, poison (V. Arsénieux).

ARSENICAL, ALE, adj. de la nature de l'arsenic, qui contient de l'arsenic.

ARSÉNIÉ, ÉE, adj. combiné avec l'arsenic (chim.).

ARSÉNIEUX et **ARSÉNIQUE**, adj. m. se disent d'acides formés par l'arsenic; le premier est l'arsenic blanc (chim.).

ARSÉNITE, sm. nom générique des sels formés par l'acide arsénieux (chim.).

ARSINOÉ, nom de plusieurs princesses et de plusieurs villes égyptiennes.

ART, sm. méthode pour faire un ouvrage; habileté, talent, industrie, artifice. Au pl. arts libéraux, beaux-arts, ceux où domine l'intelligence.

ARTA, ville et golfe de Turquie.

ARTABAN, frère de Darius Ier; — capitaine des gardes de Xerxès, — nom de plusieurs rois des Parthes.

ARTABAZE, roi d'Arménie, en 50 av. J. C. — général de Darius Codoman.

ARTAPHERNE, général de Darius Ier, en 400.

ARTAXERCE ou **ARTAXERCÈS**, nom de plusieurs rois de Perse : — Ier Longuemain, m. 424 av. J. C. — II Mnémon, m. 362 av. J. C. — III Ochus, m. 338 av. J. C. — fils de Sassan, fondateur de la dynastie des Sassanides, m. 240.

ARTÉMISE, nom de deux reines d'Halicarnasse.

ARTÉMISIUM, promontoire de l'Eubée.

ARTÈRE, sf. vaisseau portant le sang du cœur à tous les organes.

ARTÉRIEL, ELLE, adj. qui appartient aux artères.

ARTÉRIOLE, sf. petite artère.

ARTÉSIEN, ENNE, adj. et s. de l'Artois. Puits artésien, puits foré dans la terre.

ARTEVELD ou **ARTEVELLE** (Jacques) et Philippe, son fils, chefs d'une révolte contre Louis Ier et Louis II, comtes de Flandres; m. le 1er en 1345, le 2e en 1382.

ARTHRODIAIRES ou **ARTHROPODAIRES**, sm. pl. (gr. arthron jointure, articulation;

pous, gén. podos pied), sous-embranchement d'Entomozoaires comprenant les animaux articulés qui ont des pieds (zool.).

ARTHUR ou ARTUS, roi de la Grande-Bretagne, m. vers 542. — duc de Bretagne, assassiné par Jean sans Terre en 1202.

ARTICHAUT, sm. (t final nul), plante potagère, légume qu'elle donne.

ARTICLE, sm. jointure des os, des membres d'un insecte. Fig. subdivision d'un livre ou d'un compte; objet de discussion, objet de commerce; point important; l'une des parties du discours (gramm.).

ARTICULAIRE, adj. 2 g. qui a rapport aux articulations.

ARTICULATION. sf. jointure; prononciation distincte, énonciation de faits.

ARTICULÉ, ÉE, adj. prononcé, joint, qui a des articulations. Au pl. m. l'une des divisions des animaux invertébrés (zool.).

ARTICULER, va. prononcer nettement; énoncer par articles. — S'ARTICULER, vpr. s'unir par articulation.

ARTIFICE, sm. art, industrie, habileté, ruse, fraude; composition de matières inflammables.

ARTIFICIEL, ELLE, adj. qui est fait par art, opposé au naturel.

ARTIFICIELLEMENT, adv. d'une façon artificielle.

ARTIFICIER, sm. celui qui fait des feux d'artifice.

ARTIFICIEUSEMENT, adv. d'une manière artificieuse.

ARTIFICIEUX, EUSE, adj. plein de ruse, de finesse.

ARTILLERIE, sf. (ll m.), canons, mortiers, bombes, etc.; troupes employées au service de l'artillerie.

ARTILLEUR, sm. (ll m.), soldat d'artillerie.

ARTIMON, sm. mât de l'arrière d'un navire (mar.).

ARTISAN, sm. celui qui exerce un art mécanique, un métier. Fig. celui qui est la cause de, l'auteur de : l'artisan de mes maux.

ARTISTE, s. 2 g. celui ou celle qui cultive un art. Artiste vétérinaire, médecin vétérinaire.

ARTISTEMENT, adv. avec art.

ARTISTIQUE, adj. 2 g. qui tient aux arts, qui y a rapport.

ARTOCARPÉES, sf. pl. tribu ou famille de végétaux, comprenant le figuier, le mûrier, etc., et dont le type est l'arbre à pain ou artocarpus (gr. artos pain, karpos fruit).

ARTOIS, anc. province de France.

ARUM, sm. (on pr. arome), sorte de plante appelée aussi gouet.

ARUNS, nom d'un frère et d'un fils de Tarquin le superbe.

ARUSPICE, sm. prêtre chez les Romains, qui consultait les entrailles des victimes pour en tirer des présages.

ARVERNES, peuple gaulois qui habitait le pays appelé depuis Auvergne.

ARZEW, ville et port d'Algérie.

AS, sm. (on pr. l's), point unique sur une carte ou un dé; poids et monnaie chez les anciens Romains.

ASA, roi de Juda, m. 904 av. J. C.

ASAR-HADDON, V. Assar-Haddon.

ASBESTE, sm. sorte d'amiante.

ASCAGNE, fils d'Énée.

ASCALON, ville de Syrie. Victoire des Croisés, en 1099.

ASCARIDE, sm. ver intestinal.

ASCENDANCE, sf. état de supériorité; ligne ascendante d'une famille; mouvement d'un astre qui s'élève au-dessus de l'horizon (astr.).

ASCENDANT, sm. autorité, influence; personne dont on descend.

ASCENDANT, ANTE, adj. qui monte, qui s'élève.

ASCENSION, sf. action de s'élever, de monter; fête de l'Église en mémoire de l'ascension de J. C. Point de l'équateur qui se lève en même temps qu'un autre point de la sphère céleste (astr.).

ASCENSIONNEL, ELLE, adj. qui tend à élever. Différence ascensionnelle, différence entre l'ascension droite et l'ascension oblique (astr.).

ASCÈTE, s. 2 g. celui, celle qui consacre sa vie aux exercices de piété.

ASCÉTIQUE, adj. 2 g qui a rapport à la vie spirituelle. — s. ascète.

ASCÉTISME, sm. caractère de ce qui est ascétique; grande piété.

ASCIENS, sm. pl. (gr. a privatif, skia ombre), habitants de la zone torride, qui n'ont point d'ombre à midi lorsque le soleil est à leur zénith.

ASCLÉPIADE, sf. sorte de plante.

ASCLÉPIADE, poëte grec, 7e s. av J. C. — célèbre médecin et philosophe grec, m. 60 av. J. C.

ASCLÉPIADES (gr. Asklêpios Esculape), descendants d'Esculape.

ASCLÉPIADÉES, sf. pl. famille de plantes dont l'asclépias est le type (bot.).

ASCULUM, anc. ville d'Apulie. Bataille entre Pyrrhus et les Romains, 279 av. J. C.

ASDRUBAL, nom de plusieurs généraux carthaginois.

ASER, l'un des fils de Jacob. — ville de la Palestine.

ASHAVÉRUS ou AHASVÉRUS, nom du Juif errant.

ASIATIQUE, adj. et s. 2 g. qui est d'Asie ou qui appartient à l'Asie.

ASIE, l'une des cinq parties du monde.

ASILE, sm. lieu de refuge, abri. Fig. séjour tranquille, protecteur.

ASINE, adj. f. (l. asinus âne), de l'âne.

ASINIUS POLLIO, V. Pollion.

ASIONGABER ou ASION-GABER, anc. port sur la mer Rouge, en Arabie.

ASMODÉE, nom d'un démon.

ASMONÉENS, famille des Machabées, originaires d'Asmon.

ASOPUS, nom de plusieurs rivières de l'ancienne Grèce.

ASPAR, général goth et patrice romain, m. 471.

ASPARAGINÉES, sf. pl. (l. asparagus asperge), famille de plantes dont l'asperge est le type (bot.).

ASPASIE, femme de Périclès.

ASPECT, sm. vue d'un objet, apparence. Fig. différents points de vue sous lesquels se présente une chose.

ASPERGE, sf. sorte de plante potagère.

ASPERGER, va. arroser goutte à goutte; jeter l'eau bénite avec un goupillon.

ASPERGÈS, sm. (on pr. l's finale), goupillon; moment où le prêtre fait l'aspersion de l'eau bénite.

ASPÉRITÉ, sf. rudesse, âpreté; petites élévations qui rendent une surface rude ou inégale.

ASPERSION, sf. action d'asperger.

ASPERSOIR, sm. goupillon.

ASPHALTE, sm. sorte de bitume.

ASPHALTITE (lac) ou MER MORTE, dans la Palestine.

ASPHODÈLE, sm. sorte de plante.

ASPHODÉLÉES, sf. pl. famille de plantes dont l'asphodèle est le type (bot.).

ASPHYXIE, sf. (gr. a privatif, sphyxis battement du pouls), suspension de la respiration produisant un état de mort apparente et imminente.

ASPHYXIÉ, sm. celui qui se trouve dans l'état d'asphyxie.

ASPHYXIER, va. causer l'asphyxie. — S'ASPHYXIER, vpr. se donner la mort par asphyxie.

ASPIC, sm. sorte de serpent venimeux. Fig. personne médisante.

ASPIC ou SPIC, sm. plante nommée aussi grande lavande.

ASPIRANT, ANTE, adj. et s. celui, celle qui aspire à quelque chose. — adj. qui aspire en faisant le vide (phys.).

ASPIRATION, sf. action d'aspirer.

ASPIRER, va. attirer l'air dans les poumons; faire le vide en attirant l'air; prononcer de la gorge. — Fig. vn. désirer ardemment, prétendre à.

ASPRO-POTAMO, riv. de la Grèce, ancien Achélaüs.

ASSA-FŒTIDA, sf. sorte de résine d'une odeur désagréable.

ASSAILLANT, sm. (ll m.), celui qui attaque.

ASSAILLIR, va. (ll m.), attaquer vivement. — Ind. pr. j'assaille, tu assailles, il assaille, n. assaillons, v. assaillez, ils assaillent; imp. j'assaillais; p. déf. j'assaillis; fut. j'assaillirai; cond. j'assaillirais; imper. assaille, assaillons, assaillez; subj. pr. que j'assaille; imp. que j'assaillisse; part. pr. assaillant; part. p. assailli, ie.

ASSAINIR, va. rendre sain.

ASSAINISSEMENT, sm. action d'assainir, résultat de cette action.

ASSAISONNEMENT, sm. action d'assaisonner, ce qui assaisonne.

ASSAISONNER, va. préparer un mets, en relever le goût. Fig. donner de l'agrément.

ASSAR-HADDON, roi de Ninive, m. vers 668 av. J. C.

ASSAS (le chevalier d'), officier français illustré par son dévouement, m. 1760.

ASSASSIN, sm. celui qui tue par trahison.

ASSASSIN, INE, adj. qui assassine. Fig. regards assassins, qui inspirent une grande passion.

ASSASSINAT, sm. action d'assassiner. Fig. acte, discours qui cause un grand préjudice.

ASSASSINER, va. tuer ou frapper quelqu'un de dessein formé et par trahison. Fig. causer un grand préjudice, importuner beaucoup.

ASSAUT, sm. (t nul), attaque d'une place, vive attaque, lutte, combat au fleuret. Fig. sollicitation pressante.

ASSEMBLAGE, sm. action d'assembler des choses, de les réunir.

ASSEMBLÉE, sf. ensemble de personnes qui se sont réunies pour un même dessein; corps délibérant.

ASSEMBLER, va. mettre ensemble, réunir, convoquer. — S'ASSEMBLER, vpr. se réunir.

ASSEMBLEUR, EUSE, s. celui, celle qui assemble les feuilles d'un livre.

ASSENER, va. donner un coup violent.

ASSENTIMENT, sm. consentement, approbation.

ASSENTIR, vn. consentir.

ASSEOIR, va. placer sur un siège. Fig. poser solidement, fonder, établir. — S'ASSEOIR, vpr. se mettre sur un siège, s'affermir. — Ind. pr. j'assieds, tu assieds, il assied, n. asseyons, v. asseyez, ils asseyent; imp. j'asseyais; p. déf. j'assis; fut. j'assiérai ou j'asseyerai; cond. j'assiérais ou j'asseyerais; imper. assieds, asseyons, asseyez; subj. pr. que j'asseye, que tu asseyes, qu'il asseye, que n. asseyions, que v. asseyiez, qu'ils asseyent; imp. que j'assisse; part. p. assis, ise. — Il se conjugue aussi de la manière suivante: Ind. pr. j'assois, tu assois, il assoit, n. assoyons, v. assoyez, ils assoient; imp. j'assoyais; fut. j'assoirai; cond. j'assoirais; imper. assois, assoyons, assoyez; subj. pr. que j'assoie, que tu assoies, qu'il assoie, que n. assoyions, que v. assoyiez, qu'ils assoient; part. pr. assoyant.

ASSERMENTÉ, ÉE, adj. qui a prêté serment.

ASSERMENTER, va. lier par un serment.

ASSERTION, sf. (on pr. assercion), proposition soutenue comme vraie.

ASSERVIR, va. réduire sous sa puissance, assujettir. — S'ASSERVIR, vpr. s'assujettir. — Ind. pr. j'asservis, tu asservis, il asservit, n. asservissons, v. asservissez, ils asservissent; imp. j'asservissais; p. déf. j'asservis, fut. j'asservirai; cond. j'asservirais; imper. asservis, asservissons, asservissez; subj. pr. que j'asservisse; imp. que j'asservisse; part. pr. asservissant; part. p. asservi, ie.

ASSERVISSANT, ANTE, adj. qui asservit, qui assujettit.

ASSERVISSEMENT, sm. état de ce qui est asservi; servitude.

ASSESSEUR, *sm.* magistrat adjoint à un autre.

ASSEZ, *adv.* (on pr. *assé*), suffisamment.

ASSIDU, UE, *adj.* très-exact, continuel ; qui rend des soins continuels.

ASSIDUITÉ, *sf.* exactitude de celui qui est assidu ; présence continuelle ; soins, attention.

ASSIDÛMENT, *adv.* avec assiduité.

ASSIÉGEANT, ANTE, *adj.* et *s.* qui assiége.

ASSIÉGER, *va.* faire le siége. *Fig.* se presser en foule autour de, importuner, inquiéter, attaquer.

ASSIÉGÉS, *sm. pl.* ceux qui sont dans une ville assiégée.

ASSIETTE, *sf.* situation où l'on est, position solide ; état de l'esprit ; repartition des impôts ; petit plat.

ASSIETTÉE, *sf.* quantité de choses contenues dans une assiette pleine.

ASSIGNABLE, *adj.* 2 *g.* qu'on peut assigner, qui peut être déterminé.

ASSIGNAT, *sm.* (*t* nul), sorte de papier-monnaie ; constitution de rente.

ASSIGNATION, *sf.* citation en justice, rendez-vous ; attribution de fonds.

ASSIGNER, *va.* affecter des fonds à un payement ; déterminer, fixer, indiquer ; sommer de comparaître en justice.

ASSIMILABLE, *adj.* 2 *g.* qui peut être assimilé.

ASSIMILATION, *sf.* action d'assimiler.

ASSIMILER, *va.* rendre semblable, comparer. En parlant des corps organisés, s'approprier des substances. — S'ASSIMILER, *vpr.* se comparer à ; se réunir à la substance d'un être organisé.

ASSISE, *sf.* rang de pierres placées horizontalement ; au *pl.* session d'une Cour qui juge les criminels.

ASSISE, v. d'Italie (États-Romains).

ASSISTANCE, *sf.* aide, secours ; assemblée de personnes ; présence d'un officier de justice, ou d'un ecclésiastique.

ASSISTANT, ANTE, *adj.* et *s.* qui assiste, qui est présent ; qui aide.

ASSISTER, *vn.* être présent à. — *va.* aider, secourir.

ASSOCIATION, *sf.* action d'associer ; union dans un but commun.

ASSOCIÉ, ER, *adj.* et *s.* qui est en société avec quelqu'un.

ASSOCIER, *va.* prendre ou donner pour associé ; *fig.* unir ensemble. — S'ASSOCIER, *vpr.* entrer en part, fréquenter.

ASSOLEMENT, *sm.* action d'assoler.

ASSOLER, *va.* diviser une terre en plusieurs parties pour y faire succéder les récoltes dans un certain ordre.

ASSOMBRIR, *va.* rendre sombre. — S'ASSOMBRIR, *vpr.* devenir sombre.

ASSOMMANT, ANTE, *adj.* fatigant, ennuyeux à l'excès.

ASSOMMER, *va.* tuer avec quelque chose de pesant. *Fig.* battre à l'excès ; importuner extrêmement.

ASSOMMEUR, *sm.* celui qui assomme.

ASSOMMOIR, *sm.* instrument pour assommer ; sorte de piége.

ASSOMPTION, *sf.* enlèvement de la sainte Vierge au ciel ; fête en mémoire de ce miracle. V. L'*Assomption*.

ASSONANCE, *sf.* ressemblance imparfaite de sons à la fin des mots, comme *herbe* et *perde*.

ASSONANT, ANTE, *adj.* qui produit une assonance.

ASSORTI, IE, *adj.* qui est fourni de marchandises. *Fig.* époux *assortis*, qui se conviennent bien.

ASSORTIMENT, *sm.* action d'assortir ; effet de cette action.

ASSORTIR, *va.* réunir des personnes ou des choses qui se conviennent ; fournir de. — *vn.* convenir. — S'ASSORTIR, *vpr.* se convenir.

ASSORTISSANT, ANTE, *adj.* qui s'assortit à, qui convient à.

ASSOTER, *va.* infatuer d'une passion (*fam.*).

ASSOUPIR, *va.* endormir à demi. *Fig.* apaiser, amortir, adoucir. — S'ASSOUPIR, *vpr.* s'endormir. *Fig.* s'apaiser.

ASSOUPISSANT, ANTE, *adj.* qui assoupit.

ASSOUPISSEMENT, *sm.* état de la personne assoupie. *Fig.* nonchalance.

ASSOUPLIR, *va.* rendre souple. *Fig.* rendre plus doux. — S'ASSOUPLIR, *vpr.* devenir souple.

ASSOURDIR, *va.* rendre sourd par un grand bruit ; fatiguer l'ouïe.

ASSOURDISSANT, ANTE, *adj.* qui assourdit.

ASSOUVIR, *va.* rassasier complétement. *Fig.* satisfaire ses désirs, ses passions.

ASSOUVISSEMENT, *sm.* action d'assouvir ; état de ce qui est assouvi.

ASSUÉRUS, roi des Perses, le même peut-être qu'Artaxerce Ier.

ASSUJETTI, IE, *adj.* qui est dans une grande sujétion ; stable, fixe, solide (en parlant de choses).

ASSUJETTIR ou **ASSUJÉTIR,** *va.* réduire sous sa dépendance ; forcer à ; fixer une chose à. — S'ASSUJETTIR, *vpr.* s'astreindre à.

ASSUJETTISSANT, ANTE, *adj.* qui assujettit, qui gêne.

ASSUJETTISSEMENT, *sm.* état de dépendance, obligation, contrainte.

ASSUMER, *va.* prendre sur soi.

ASSUR, fils de Sem, fondateur du royaume d'Assyrie.

ASSURANCE, *sf.* certitude, confiance, promesse, hardiesse, sûreté.

ASSURÉ, ÉE, *adj.* sûr, qui est en sûreté ; infaillible, certain ; hardi, sans crainte. — *sm.* celui qui a fait assurer.

ASSURÉMENT, *adv.* certainement.

ASSURER, *va.* rendre stable, ferme, sûr ; garantir ; affirmer la vérité de ; rendre certain. — S'ASSURER, *vpr.* être persuadé, établir sa confiance. *S'assurer d'une chose,* s'en procurer la certitude ou s'en rendre maître ; *S'assurer de quelqu'un,* obtenir sa protection, son concours ; l'arrêter, l'emprisonner.

ASSUREUR, sm. celui qui assure des navires, des maisons, etc. en cas de sinistre.

ASSURGENT, ENTE, adj. (l. assurgere s'é-
lever), qui s'élève, qui monte (bot.).

ASSYRIE, contrée de l'Asie anc.

ASSYRIEN, ENNE, adj. et s. d'Assyrie.

ASTAROTH, ville de Palestine. — divinité
phénicienne (myth.).

ASTARTÉ, divinité phénicienne (myth.).

ASTÉISME, sm. (gr. asteismos urbanité, civilité), ironie délicate qui cache le blâme
sous la louange, et réciproquement.

ASTER, sm. (gr. astér astre, étoile), genre
de plantes à fleurs radiées.

ASTÉRIES, sf. pl. (gr. astér astre, étoile),
groupe d'Echinodermes pédicellés vulgairement étoiles de mer (zool.).

ASTÉRISME, sm. constellation.

ASTÉRISQUE, sm. signe ayant la forme d'une
étoile (*).

ASTÉROÏDE, sm. (gr. astér étoile, éidos
forme), corps météorique ressemblant à une
étoile; petite planète.

ASTHMATIQUE, adj. 2 g. et s. (on pr.
azmatique), qui a un asthme.

ASTHME, sm. (on pr. azme), maladie qui
rend la respiration très-pénible

ASTI, v. d'Italie (Piémont).

ASTICOT, sm. (t final nul), sorte de ver.

ASTICOTER, va. contrarier pour peu de
chose (fam.).

ASTIQUER, va. frotter, polir.

ASTOLPHE, roi des Lombards, m. 756.

ASTRAGAN ou ASTRAKHAN, ville de Russie.

ASTRAGALE, sm. moulure ronde dans le
haut d'une colonne; sorte de plante.

ASTRAIRES, V. Astrées.

ASTRAL, ALE, adj. (sans pl. m.), qui a rapport aux astres. Lampe astrale, qui éclaire
de haut en bas.

ASTRE, sm. nom générique des corps célestes.

ASTRÉE, déesse de la justice (myth.). — sf.
l'une des petites planètes.

ASTRÉES sf. pl. ou ASTRAIRES, sm. pl.
nom d'un ordre de polypes (zool.).

ASTREINDRE, va. assujettir à. — S'AS-
TREINDRE, vpr. s'assujettir à.

ASTRINGENT, ENTE, adj. et sm. qui resserre (méd.).

ASTROLABE, sm. instrument pour mesurer
la hauteur des astres au-dessus de l'horizon.

ASTROLOGIE, sf. (gr. astron astre, logos
discours), art prétendu de prédire l'avenir
par l'inspection des astres.

ASTROLOGIQUE, adj. 2 g. qui a rapport à
l'astrologie.

ASTROLOGUE, sm. celui qui s'adonne à
l'astrologie.

ASTRONOME, sm. celui qui sait l'astronomie, qui s'en occupe.

ASTRONOMIE, sf. (gr. astron astre; nomos
loi, règle), science qui a pour objet la connaissance des lois qui règlent les mouvements des astres et l'étude de tout ce qui
est relatif aux astres.

ASTRONOMIQUE, adj. 2 g. qui appartient
à l'astronomie.

ASTRONOMIQUEMENT, adv. suivant l'astronomie.

ASTUCE, sf. ruse, finesse ayant pour but
le mal.

ASTUCIEUSEMENT, adv. avec astuce.

ASTUCIEUX, EUSE, adj. plein d'astuce, de
ruse.

ASTURIES (LES), province d'Espagne.

ASTYAGE, roi des Mèdes; 6e s. av. J. C.

ASTYANAX, fils d'Hector et d'Andromaque.

ASYMÉTRIE, sf. (on pr. assimétrie), défaut
de commune mesure, de symétrie ou de
proportion (gr. a privatif, syn avec, métron
mesure).

ASYMÉTRIQUE, adj. 2 g. (on pr. assimé-
trique), sans commune mesure, sans symétrie.

ASYMPTOTE, sf. (on pr. assimptote), ligne
droite qui s'approche continuellement d'une
courbe sans pouvoir jamais la rencontrer
(gr. a privatif; syn avec; piptô tomber,
arriver).

ATALANTE, femme célèbre par son agilité
(myth.).

ATARAXIE, sf. (gr. a privatif; taraxis
trouble, émotion), état calme et paisible de
l'âme.

ATAULPHE, roi des Visigoths, m. 415.

ATAXIE, sf. (gr. a priv. taxis régularité), irrégularité des fièvres (méd.).

ATAXIQUE, adj. 2 g. de l'ataxie.

ATELIER, sm. lieu où travaillent des artistes
où des ouvriers; au fig. les travailleurs
eux-mêmes.

ATELLANES, sf. pl. farces en usage sur le
théâtre de l'ancienne Rome.

ATERMOIEMENT, sm. accommodement
d'un débiteur avec ses créanciers.

ATERMOYER, va. reculer les termes d'un
payement; — S'ATERMOYER, vpr. faire un
atermoiement.

ATH, ville de Belgique.

ATHALARIC, roi des Ostrogoths, m. 534.

ATHALIE, reine de Juda, m. 870 av. J. C.

ATHANAGILDE, roi des Visigoths, m. 567.

ATHANASE (SAINT), Père de l'Eglise grecque (296-373).

ATHÉE, sm. et adj. 2 g. (gr. a priv. théos
dieu), celui qui ne reconnaît pas de Dieu,
qui nie l'existence de Dieu.

ATHÉISME, sm. opinion de l'athée.

ATHÉISTIQUE, adj. 2 g. de l'athéisme.

ATHELSTAN, ou ATHELSTANE, roi des Anglo-Saxons, m 941.

ATHÉNAGORAS, philos. grec (2e s.).

ATHÉNÉE, sm. réunion littéraire ou scientifique. — auteur grec du 2e s.

ATHÈNES, célèbre ville grecque, capitale de
l'Attique; aujourd'hui capitale du royaume
de Grèce.

ATHÉNIEN, ENNE, adj. et s. d'Athènes.

ATHLÈTE, sm. celui qui combattait dans les
jeux publics de la Grèce. Fig. combattant,
homme robuste.

ATHLÉTIQUE, *adj.* 2 g. propre à l'athlète, d'athlète.

ATHOS, mont et promontoire de la Turquie d'Europe.

ATLANTE, *sm.* figure d'homme qui soutient une corniche, une tribune, en guise de colonne.

ATLANTIDE, grande île ou continent que les anciens croyaient exister dans l'océan Atlantique.

ATLANTIDES, *sf. pl.* les filles d'Atlas.

ATLANTIQUE, *s.* et *adj. m.* océan compris entre l'ancien continent à l'est et le nouveau à l'ouest.

ATLAS, *sm.* recueil de cartes géographiques, de gravures, etc.

ATLAS, roi de Mauritanie (*myth.*). — chaînes de montagnes en Afrique.

ATMOSPHÈRE, *sf.* sphère d'air qui environne la terre.

ATMOSPHÉRIQUE, *adj.* 2 g. qui a rapport à l'atmosphère.

ATOLE, ATOLL, ATOLON, V. *Attole.*

ATOME, *sm.* (gr. *atomos*; d'a priv. et *temnô* couper, diviser), très-petite partie indivisible d'un corps.

ATOMIQUE ou **ATOMISTIQUE**, *adj.* 2 g. se dit de la théorie qui repose sur le calcul des atomes fournis du corps composé par chacun des corps composants (*chim.*).

ATONIE, *sf.* (gr. a priv. *tonos* ton, force), défaut de ton, faiblesse extrême.

ATONIQUE, *adj.* 2 g. qui résulte de l'atonie.

À TORT ET À TRAVERS, *loc. adv.* étourdiment, sans réflexion.

ATOUR, *sm.* parure de femme (ne s'emploie guère qu'au pluriel).

ATOURNER, *va.* orner, parer.

ATOUT, *sm.* (t final nul) carte de la couleur de celle qui retourne.

ATRABILAIRE, *adj.* 2 g. (l. ater, fém. atra noire; bilis bile, humeur), qui est d'humeur noire, mélancolique, triste.

ÂTRE, *sm.* foyer.

ATRÉE, roi d'Argos et de Mycènes, fils de Pélops (13e s. av. J. C.).

ATRIDES, descendants d'Atrée.

ATRIPLICÉES, *sf. pl.* (l. *atriplex* arroche), famille de plantes dont l'arroche est le type (*bot.*).

ATROCE, *adj.* 2 g. cruel, féroce, excessif, horrible.

ATROCEMENT, *adv.* avec atrocité.

ATROCITÉ, *sf.* action atroce; énormité d'un crime, d'une injure.

ATROPATÈNE, prov. de l'anc. Perse.

ATROPHIE, *sf.* (gr. a priv. *trophê* nourriture), amaigrissement extrême.

ATROPHIÉ, ÉE, *adj.* amaigri.

ATROPHIER (S'), *vpr.* amaigrir; perdre sa force, sa vigueur.

ATROPOS, l'une des Parques (*myth.*).

ATTABLER, *va.* faire asseoir à une table. — **S'ATTABLER**, *vpr.* se mettre à table.

ATTACHANT, ANTE, *adj.* qui intéresse, qui fixe l'attention.

ATTACHE, *sf.* tout ce qui sert à attacher. *Fig.* attachement.

ATTACHÉ, *sm.* d'ambassade, qui est de la suite de l'ambassadeur.

ATTACHEMENT, *sm.* sentiment qui attache à. *Fig.* grande application.

ATTACHER, *va.* retenir, joindre par un lien. *Fig.* fixer l'attention, unir par affection. — **S'ATTACHER**, *vpr.* se lier, s'appliquer à.

ATTALE, nom de plus. rois de Pergame.

ATTAQUABLE, *adj.* 2 g. qui peut être attaqué.

ATTAQUANT, *sm.* celui qui attaque (usité surtout au pluriel).

ATTAQUE, *sf.* action d'attaquer; crise dans certaines maladies. *Fig.* agression, atteinte, insulte.

ATTAQUER, *va.* assaillir, être agresseur. *Fig.* s'élever contre, chercher querelle, provoquer, atteindre. — **S'ATTAQUER A**, *vpr.* s'en prendre à.

ATTARDER, *va.* mettre en retard. — **S'ATTARDER**, *vpr.* se mettre tard en route.

ATTEINDRE, *va.* frapper de loin; saisir, toucher; attraper en chemin. *Fig.* parvenir à un but, égaler (*v. teindre*).

ATTEINTE, *sf.* coup dont on est atteint. *Fig.* attaque d'une maladie.

ATTELAGE, *sm.* chevaux ou bœufs attelés ensemble.

ATTELER, *va.* attacher des animaux de trait à une voiture. — **S'ATTELER**, *vpr.* se mettre à une voiture pour la tirer. *Fig.* s'appliquer à.

ATTELLE, *sf.* pièce du collier des chevaux; pièce de bois, de carton, etc. pour maintenir des os fracturés.

ATTENANT, ANTE, *adj.* contigu, proche de; *prép.* et *adv.* joignant, près de.

ATTENDANT (EN), *loc. adv.* jusqu'à tel moment.

ATTENDRE, *va.* être dans l'attente, l'incertitude, le désir, la crainte, différer. — **S'ATTENDRE A**, *vpr.* compter sur, prévoir.

ATTENDRIR, *va.* rendre tendre, sensible. *Fig.* toucher. — **S'ATTENDRIR**, *vpr.* devenir tendre; *fig.* s'émouvoir.

ATTENDRISSANT, ANTE, *adj.* qui attendrit.

ATTENDRISSEMENT, *sm.* sentiment de compassion, état d'une âme attendrie.

ATTENDU, *prép.* à cause de. — **ATTENDU QUE**, *loc. conj.* puisque, vu que.

ATTENTAT, *sm.* (t final nul) entreprise criminelle contre les personnes, les biens, etc.

ATTENTATOIRE, *adj.* 2 g. qui attente, qui porte atteinte à.

ATTENTE, *sf.* état de celui qui attend; temps pendant lequel on attend; espérance; opinion faite d'avance.

ATTENTER, *vn.* commettre un attentat.

ATTENTIF, IVE, *adj.* qui prête attention; qui a des soins, des égards pour.

ATTENTION, *sf.* (on pr. *alancion*) application d'esprit; au *pl.* soins officieux.

ATTENTIONNÉ, ÉE, *adj.* (on pr. *alancioné*) qui a des égards, des attentions.

ATTENTIVEMENT, *adv.* avec attention.

ATTÉNUANT, **ante**, *adj.* qui atténue.

ATTÉNUATION, *sf.* affaiblissement, diminution de gravité.

ATTÉNUER, *va.* affaiblir, diminuer, rendre moins grave.

ATTERRAGE ou ATTÉRAGE, *sm.* approches de la terre (*mar.*).

ATTERRER, *va.* renverser par terre. *Fig.* accabler, affliger beaucoup.

ATTERRER, ATTERRIR ou ATTÉRIR, *vn.* prendre terre (*mar.*).

ATTERRISSAGE ou ATTÉRISSAGE, *sm.* action d'atterrir.

ATTERRISSEMENT ou ATTÉRISSEMENT. *sm.* amas de terre ou de sable formé par les eaux.

ATTESTATION, *sf.* certificat, écrit par lequel on atteste.

ATTESTER, *va.* assurer, certifier; prendre à témoin.

ATTICISME, *sm.* délicatesse de langage, finesse de goût, qui était particulière aux habitants de l'Attique.

ATTIÉDIR, *va.* rendre tiède. *Fig.* rendre moins vif, moins ardent.

ATTIÉDISSEMENT, *sm.* tiédeur.

ATTIFER, *va.* parer, ajuster.

ATTIFET, *sm.* (*t* final nul) ornement de tête pour les femmes.

ATTIGNY, bourg (Ardennes), sur l'Aisne, Habitation des rois Mérovingiens.

ATTILA, roi des Huns, m. 453.

ATTIQUE, contrée de la Grèce.

ATTIQUE, *sm.* petit étage au-dessus d'une corniche. — *adj.* 2 *g.* qui a rapport aux anciens Athéniens.

ATTIQUEMENT, *adv.* à la manière des Athéniens.

ATTIRAIL, *sm.* (on pr. *attirai*), grande quantité de choses nécessaires; bagage inutile.

ATTIRANT, **ante**, *adj.* qui attire.

ATTIRER, *va.* faire venir à soi, avoir par adresse. *Fig.* gagner, occasionner, causer. — S'ATTIRER, *vpr.* encourir, obtenir.

ATTISER, *va.* rapprocher des tisons allumés. *Fig.* exciter, aigrir.

ATTISEUR, *sm.* celui qui attise.

ATTITRER, *va.* ne se dit qu'au part. passé et signifie habitué, préféré, soudoyé : *marchand attitré, témoins attitrés.*

ATTITUDE, *sf.* position du corps. *Fig.* situation où l'on est à l'égard de quelqu'un.

ATTOLE ou ATTOLON, *sm.* amas de petites îles.

ATTOUCHEMENT, *sm.* action de toucher.

ATTRACTIF, IVE, *adj.* qui attire.

ATTRACTION, *sf.* action d'attirer, force attractive.

ATTRAIRE, *va.* attirer (ne s'emploie qu'à l'inf. prés.).

ATTRAIT, *sm.* (*t* final nul) ce qui attire, inclination; au *pl.* agréments, charmes.

ATTRAPE, *sf.* tromperie.

ATTRAPE-LOURDAUD et ATTRAPE-NIGAUD, *sm.* ruse grossière.

ATTRAPER, *va.* prendre à un piège, atteindre, frapper, saisir, surprendre. *Fig.* se procurer, obtenir, tromper; reproduire : *attraper la ressemblance.* — S'ATTRAPER A, *vpr.* s'accrocher à.

ATTRAPEUR, **euse**, *s.* celui, celle qui attrape, qui trompe.

ATTRAPOIRE, *sf.* piège. *Fig.* tour de finesse, attrape.

ATTRAYANT, **ante** *adj.* qui a de l'attrait, qui attire agréablement.

ATTRIBUER, *va.* accorder, appliquer, conférer, attacher. — S'ATTRIBUER, *vpr.* s'adjuger, prétendre à.

ATTRIBUT, *sm.* ce qui est propre à un sujet; symbole; partie de la proposition qui exprime la manière d'être du sujet.

ATTRIBUTIF, IVE, *adj.* qui attribue.

ATTRIBUTION, *sf.* concession de droits, prérogative, fonctions, compétence.

ATTRISTANT, **ante**, *adj.* qui attriste.

ATTRISTER, *va.* rendre triste. — S'ATTRISTER, *vpr.* s'affliger.

ATTRITION, *sf.* regret du péché; frottement de deux corps qui s'usent.

ATTROUPEMENT, *sm.* rassemblement tumultueux.

ATTROUPER, *va.* assembler en troupe tumultueusement. — S'ATTROUPER, *vpr.*

ATWOOD (on pr. *Atoud*), célèbre physicien anglais (1745-1807).

ATYADES, dynastie de rois de Lydie.

ATYS, roi de Lydie, chef de la dynastie des Atyades (18e s. av. J. C.).

AU, contraction de la prép. à et de l'art. le; pl. *aux*, pour à les.

AUBADE, *sf.* concert donné à l'aube du jour. *Fig.* insulte avec tapage.

AUBAGNE, p. ville (Bouches-du-Rhône).

AUBAINE, *sf.* succession aux biens des étrangers. *Fig.* avantage inattendu.

AUBE, *sf.* pointe du jour; vêtement ecclésiastique.

AUBE, riv. affluent de la Seine; elle donne son nom à un dép. dont le ch.-l. est *Troyes*.

AUBENAS, p. ville (Ardèche).

AUBÉPINE, *sf.* arbuste épineux à fleurs blanches.

AUBER (Daniel-François), compositeur de musique français, né en 1784.

AUBÈRE, *adj.* 2 *g.* *Cheval aubère*, entre le blanc et le bai.

AUBERGE, *sf.* maison où les voyageurs logent et mangent en payant.

AUBERGINE, *sf.* sorte de plante et fruit qu'elle donne.

AUBERGISTE, *s.* 2 *g.* celui, celle qui tient auberge.

AUBERT (l'abbé), fabuliste français (1731-1814).

AUBIER, *sm.* partie tendre sous l'écorce de l'arbre; sorte de viorne.

AUBIGNÉ (d'), capitaine, ami de Henri IV et historien (1550-1630).

AUBIN, *sm.* allure d'un cheval, tenant de l'amble et du galop.

AUBRIOT (Hugues), intendant des finances et prévôt de Paris, m. 1382.

AUBRY, conventionnel, membre du comité de salut public (1765-1802).

AUBUSSON, s.-préf. du dép. de la Creuse.

AUBUSSON (Pierre d'), grand maître des chevaliers de Malte (1433-1505).

AUCH, ch.-l. du dép. du Gers.

AUCUN, UNE, *adj.* nul, pas un; au *pl.* quelques-uns.

AUCUNEMENT, *adv.* nullement.

AUDACE, *sf.* hardiesse excessive; insolence.

AUDACIEUSEMENT, *adv.* avec audace.

AUDACIEUX, EUSE, *adj.* qui a de l'audace. *Fig.* hardi, téméraire.

AUDE, riv. de France; se jette dans la Méditerranée et donne son nom à un dép. dont le ch.-l. est Carcassonne.

AU DECÀ, *adv.* de ce côté-ci. — AU DECÀ DE, *loc. prép.*

AU DEDANS, *adv.* dans l'intérieur. — AU DEDANS DE, *loc. prép.*

AU DEHORS, *adv.* à l'extérieur. — AU DEHORS DE, *loc. prép.*

AU DELÀ, *adv.* de l'autre côté. — AU DELÀ DE, *loc. prép.*

AU-DESSOUS, *adv.* à un point inférieur. — AU-DESSOUS DE, *loc. prep.*

AU-DESSUS, *adv.* à un point supérieur. — AU-DESSUS DE, *loc. prép.*

AU-DEVANT, *adv.* à la rencontre. — AU-DEVANT DE, *loc. prép.*

AUDENARDE, V. *Oudenarde*.

AUDIENCE, *sf.* acte d'écouter celui qui parle; réception; séance d'un tribunal, lieu où elle se tient; auditoire.

AUDIENCIER, *adj. m.* Huissier *audiencier*, qui appelle les causes.

AUDITEUR, *sm.* celui qui écoute; fonctionnaire attaché à un conseil.

AUDITIF, IVE, *adj.* qui appartient à l'ouïe.

AUDITION, *sf.* action d'entendre.

AUDITOIRE, *sm.* enceinte où l'on prononce des discours, où l'on plaide; assemblée d'auditeurs.

AUDRAN, nom de plusieurs graveurs français du 17e s.

AUDUBON, célèbre ornithologiste américain (1776-1851).

AUERSTÆDT, p. ville de Prusse. Victoire des Français sur les Prussiens, en 1806.

AUFIDUS, riv. d'Italie, auj. *Ofanto*.

AUGE, *sf.* pierre creuse, vase où l'on met le manger et le boire des animaux, où l'on délaye le plâtre.

AUGE (Vallée d'), pays de Normandie dans le dép. du Calvados.

AUGÉE, *sf.* contenance d'une auge.

AUGER (l'abbé), sav. helléniste français (1734-1792).

AUGEREAU, maréchal de France (1757-1816).

AUGET, *sm.* (*t nul*) petite auge; vases des roues hydrauliques; extrémité de la trémie d'un moulin.

AUGIAS, roi d'Élis, tué par Hercule (*myth.*).

AUGSBOURG, ville de Bavière.

AUGMENT, *sm.* accroissement, addition d'une syllabe au commencement d'un verbe.

AUGMENTATIF, IVE, qui augmente le sens des mots.

AUGMENTATION, *sf.* accroissement, addition d'une chose.

AUGMENTER, *va.* accroître, agrandir. — *vn.* croître, hausser de prix.

AUGURAL, ALE, *adj.* qui appartient aux augures, aux présages.

AUGURE, *sm.* présage; prêtre qui, chez les Romains, tirait les présages.

AUGURER, *va.* présager, conjecturer.

AUGUSTE ou OCTAVE, 1er empereur romain (62 av. J. C. — 14 après).

AUGUSTIN (SAINT), évêque d'Hippone, l'un des Pères de l'Église latine (354-430). — apôtre de l'Angleterre, m. 604.

AUGUSTIN, INE, *s.* religieux, religieuse de l'ordre de Saint-Augustin.

AUGUSTULE (Romulus), dernier emp. romain d'Occident en 476.

AUJOURD'HUI, *adv.* le jour où l'on est; maintenant.

AULIDE, pays de l'anc. Grèce.

AULIQUE, *adj.* 2 g. du conseil suprême en Allemagne.

AULIS, ville de l'anc. Grèce.

AULNE, riv. de France : se jette dans la rade de Brest. V. *Aune*.

AULU-GELLE, écrivain latin (2e s.).

AUMALE, p. ville (Seine-Inférieure), combat entre Henri IV et les Espagnols, en 1592. — p. ville d'Algérie.

AUMÔNE, *sf.* don fait aux pauvres.

AUMÔNERIE, *sf.* charge d'aumônier.

AUMÔNIER, *sm.* ecclésiastique chargé des aumônes; chapelain.

AUMÔNIÈRE, *sf.* sorte de bourse que l'on portait attachée à la ceinture.

AUMONT, nom de deux maréchaux de France, m. le 1er en 1595, le 2e en 1669.

AUMUSSE ou AUMUCE, *sf.* fourrure de certains dignitaires de l'Église.

AUNAGE, *sm.* mesure à l'aune.

AUNAIE, *sf.* lieu planté d'aunes.

AUNE, *sf.* ancienne mesure.

AUNE ou AULNE, *sm.* sorte d'arbre.

AUNER, *va.* mesurer à l'aune.

AUNIS, anc. prov. de France : cap. *La Rochelle*.

AUPARAVANT, *adv.* qui marque priorité de temps ou d'action.

AU PIS ALLER, *loc. adv.* en mettant les choses au pis.

AUPRÈS, *adv.* et AUPRÈS DE, *loc. prép.* à côté de, en comparaison de.

AUQUEL, V. *Lequel*.

AURANTIACÉES, *sf. pl.* (L. *citrus aurantium* oranger), famille de plantes dont l'oranger est le type (*bot.*).

AURAY, p. ville (Morbihan). Victoire de Pierre de Montfort sur Charles de Blois, en 1364.

AURE, *sf.* vent frais d'été (*la Fontaine*).

3.

AURÉLIEN, emp. romain (212-275).

AURÉLIUS VICTOR, historien latin, 4e s.

AURENGABAD, v. et prov. de l'Hindoustan.

AURENG-ZEYB ou **AURENG-ZEB**, emp. du Mogol, m. 1707.

AURÉOLE, sf. cercle lumineux autour de la tête. *Fig.* degré de gloire.

AURÉOLUS, général romain, usurpateur sous Gallien, m. 268.

AURÈS (Monts), chaîne de l'Atlas.

AU RESTE, V. **Reste**.

AURICULAIRE, adj. 2 g. qui a rapport aux oreilles; qui a entendu de ses propres oreilles; doigt —, le petit doigt.

AURICULÉ, EE, adj. qui, à sa base, a deux lobes séparés du disque (bot.).

AURIFÈRE, adj. 2 g. qui charrie ou qui contient de l'or.

AURIFIQUE, adj. 2 g. qui fait de l'or, qui convertit en or.

AURIGNY, île dans la Manche.

AURILLAC, ch.-l. du dép. du Cantal.

AURIOL, bourg (Bouches-du-Rhône).

AUROCHS, sm espèce de taureau sauvage appelé aussi Urus.

AURORE, sf. lueur qui annonce le lever du soleil. *Fig.* commencement. — adj. Couleur aurore, jaune doré.

AUSCULTATION, sf. action d'ausculter.

AUSCULTER, va. et n. explorer par l'ouïe les divers phénomènes qui se passent dans les organes du corps.

AUSONE, poète latin (309-394).

AUSONES, anc. peuple d'Italie.

AUSONIE, l'Italie.

AUSPICE, sm. présage. *Fig.* sous les auspices, avec l'appui.

AUSSI, adv. de même, de plus, autant, tellement. — conj. c'est pourquoi.

AUSSITÔT, adv. à l'heure même. — AUSSITÔT QUE, loc. conj. dès que.

AUSTER, sm. (on pron. l'r), vent du midi.

AUSTÈRE, adj. 2 g. rigoureux, rude; sévère, grave, sans agrément.

AUSTÈREMENT, adv. avec austérité.

AUSTÉRITÉ, sf. rigueur exercée sur le corps; sévérité.

AUSTERLITZ, village de Moravie. Victoire de Napoléon Ier sur les Russes et les Autrichiens, en 1805.

AUSTRAL, ALE, adj. du midi, ou méridional (pas de pl. m.).

AUSTRALIE, le continent austral ou Nouvelle-Hollande.

AUSTRASIE, royaume des Francs mérovingiens à l'E. de la Meuse.

AUSTRASIEN, ENNE, adj. d'Austrasie.

AUTAN, sm. vent du midi.

AUTANT, adv. également, à proportion. — D'AUTANT, loc. adv. dans la même proportion; D'AUTANT QUE, vu que; D'AUTANT PLUS, D'AUTANT MIEUX, D'AUTANT MOINS, loc. adv.

AUTEL, sm. table destinée au sacrifice religieux. *Fig.* au pl. la religion, le culte public.

AUTEUR, sm. première cause d'une œuvre;
inventeur; celui qui a fait un ouvrage d'esprit ou d'art.

AUTHARIS, roi des Lombards, m. 591.

AUTHENTICITÉ, sf. qualité de ce qui est authentique.

AUTHENTIQUE, adj. 2 g. certain; dressé dans les formes légales; qui fait preuve.

AUTHENTIQUEMENT, adv. d'une manière authentique.

AUTHIE, riv. de France; se jette dans la Manche.

AUTOBIOGRAPHIE, sf. (gr. autos soi-même, bios vie, graphô écrire), biographie de soi-même.

AUTOBIOGRAPHIQUE, adj. 2 g. qui a rapport à l'autobiographie.

AUTOCHTHONE, sm. et adj. 2 g. (on pr. autoktone), indigène, premiers habitants d'un pays (gr. autos lui-même; chthôn sol, pays).

AUTOCRATE, sm. souverain absolu; titre de l'empereur de Russie.

AUTOCRATIE, sf. (gr. autos soi-même; kratos puissance, autorité), pouvoir absolu d'un despote.

AUTOCRATIQUE, adj. 2 g. de l'autocrate, qui a rapport à l'autocratie.

AUTO-DA-FÉ, sm. (mot espagnol signifiant acte de foi), exécution des jugements de l'inquisition (pas d's au pl.).

AUTOGRAPHE, adj. 2 g. et sm. (gr. autos soi-même, lui-même; graphô écrire), écrit par l'auteur lui-même.

AUTOGRAPHIE, sf. art de reproduire par la lithographie plusieurs exemplaires d'un autographe ou d'un écrit fait à la main.

AUTOGRAPHIER, va. reproduire par l'autographie.

AUTOGRAPHIQUE, adj. 2 g. qui a rapport à l'autographie.

AUTOMATE, sm. (gr. automatos spontané, qui agit de soi-même), machine qui imite les mouvements des êtres animés. *Fig.* homme stupide.

AUTOMATIQUE, adj. 2 g. se dit d'un mouvement spontané, machinal, involontaire, comme ceux d'un automate.

AUTOMATIQUEMENT, adv. en automate.

AUTOMÉDON, sm nom de l'écuyer d'Achille, se dit ironiquement d'un cocher.

AUTOMNAL, ALE, adj. qui appartient à l'automne.

AUTOMNE, sm. et f. (m nulle), 3e saison de l'année. *Fig.* âge avant la vieillesse.

AUTOMOTEUR, TRICE, adj. (gr. autos soi-même), qui se meut, qui agit par soi-même.

AUTONOME, adj. 2 g. qui possède l'autonomie.

AUTONOMIE, sf. (gr. autos soi-même, nomos loi), droit de se gouverner par ses propres lois.

AUTOPSIE, sf. (gr. autos soi-même; opsis vision, vue), vision intuitive des mystères, contemplation de la Divinité; action de voir par ses propres yeux; examen de l'intérieur d'un cadavre.

AUTORISATION, sf. permission, acte par lequel on autorise.

AUTORISER, va. donner pouvoir, permettre, approuver. — S'AUTORISER, vpr. s'appuyer sur une autorité.

AUTORITÉ, sf. puissance légitime, droit, crédit, influence, citation à l'appui. Fig. magistrat.

AUTOUR, adv. aux environs. — AUTOUR DE, loc. prép. en environnant, auprès de.

AUTOUR, sm. oiseau de proie.

AUTRE, adj. 2 g. différent, distinct.

AUTREFOIS, adv. jadis, anciennement.

AUTREMENT, adv. différemment, sinon.

AUTRE PART, loc. adv. ailleurs. — D'AUTRE PART, loc. adv. d'ailleurs, de plus.

AUTRICHE, empire et archiduché d'Europe: cap. Vienne.

AUTRICHIEN, ENNE, adj. et s. de l'Autriche.

AUTRUCHE, sf. grand oiseau échassier.

AUTRUI, sm. ou pron. indéf. les autres (pas de pl.).

AUTUN, s.-préf. de Saône-et-Loire.

AUTUNOIS, pays d'Autun.

AUVENT, sm. petit toit en saillie.

AUVERGNAT, ATE, adj. et s. de l'Auvergne.

AUVERGNE, anc. prov. de France.

AUXERRE (on pr. Ausserre), ch.-l. du dép. de l'Yonne.

AUXERROIS (on pr. Ausserroi), pays d'Auxerre.

AUXILIAIRE, adj. 2 g. et s. qui aide. Verbes auxiliaires, qui aident à conjuguer les autres.

AUXOIS, partie de la Bourgogne: chef-lieu Semur.

AUXONNE, p. ville (Côte-d'Or).

AVA, contrée et ville de l'empire Birman.

AVACHIR (S'), vpr. se déformer, devenir mou.

AVAL, sm. caution, garantie du payement d'un effet. Au pl. avals.

AVAL, sm. côté vers lequel descend la rivière. — EN AVAL, loc. adv. en descendant la rivière.

AVALAGE, sm. action de faire descendre un bateau, de descendre les vins dans la cave.

AVALAISON, V. Avalasse.

AVALANCHE, sf. masse de neige qui se détache du sommet d'une montagne.

AVALASSE, sf. chute d'eau impétueuse qui vient des grosses pluies.

AVALER, va. faire aller vers le val ou le bas, descendre dans la cave; faire passer par le gosier dans l'estomac. — vn. suivre le courant de l'eau. Fig. faire avaler, faire croire, faire endurer; avaler des yeux, désirer vivement.

AVALEUR, sm. celui qui avale.

AVALLON, s.-préf. du dép. de l'Yonne.

AVALOIRE, sf. grand gosier; pièce du harnais des chevaux.

AVANCE, sf. ce qui fait saillie; ce par quoi on devance quelqu'un; somme prêtée ou payée avant terme. — Fig. premières démarches.

AVANCÉ, EE, adj. qui est en avant; développé; ayant fait des progrès; très-mûr, près de sa fin.

AVANCEMENT, sm. progrès, avance.

AVANCER, va. porter en avant, hâter. — Avancer de l'argent, le prêter. — vn. aller en avant, faire des progrès, anticiper.

AVANIE, sf. affront, humiliation.

AVANT, sm. partie antérieure d'un navire.

AVANT, prép. marquant la priorité. — EN AVANT, adv. — AVANT DE, loc. prép. — AVANT QUE, loc. conj.

AVANTAGE, sm. ce qui est utile ou favorable; supériorité; ce qui est donné en plus.

AVANTAGER, va. donner en plus.

AVANTAGEUSEMENT, adv. d'une façon avantageuse.

AVANTAGEUX, EUSE, adj. qui apporte avantage; favorable, qui sied bien. — Fig. présomptueux.

AVANT-BEC, sm. (pl. avant-becs), brise-glace d'un pont.

AVANT-BRAS, sm. (inv.), partie antérieure du bras.

AVANT-CORPS, sm. (inv.), bâtiment en saillie sur un autre.

AVANT-COUR, sf. (pl. avant-cours), première cour d'un édifice.

AVANT-COUREUR, sm. (pl. avant-coureurs), ce qui précède et annonce une chose.

AVANT-COURRIÈRE, sf. — Avant-courrière du jour, l'aurore.

AVANT-DERNIER, ÈRE, adj. (pl. avant-derniers), qui est avant le dernier.

AVANT-GARDE, sf. (pl. avant-gardes), troupe qui marche en avant.

AVANT-GOÛT, sm. (pas de pl.), goût que l'on a par avance d'une chose.

AVANT-HIER, adv. dans la journée qui a précédé hier.

AVANT-PORT, sm. (inv.), port à l'entrée d'un plus grand.

AVANT-POSTE, sm. (pl. avant-postes), poste militaire le plus près de l'ennemi.

AVANT-PROPOS, sm. (inv.), introduction à un écrit.

AVANT-QUART, sm. (pl. avant-quarts), coup de l'horloge avant l'heure, la demie, etc.

AVANT-SCÈNE, sf. (pl. avant-scènes), partie avancée de la scène.

AVANT-TOIT, sm. (pl. avant-toits), toit en saillie.

AVANT-TRAIN, sm. (pl. avant-trains), train de devant d'une voiture.

AVANT-VEILLE, sf. (pl. avant-veilles), jour avant la veille.

AVARE, s. et adj. 2 g. qui aime excessivement l'argent. Fig. ménager d'une chose.

AVARES, peuple originaire d'Asie.

AVARICE, sf. amour déréglé de l'argent.

AVARICIEUSEMENT, adv. en avaricieux.

AVARICIEUX, EUSE, adj. avare.

AVARIE, sf. dommage arrivé à un navire, à une marchandise.

AVARIÉ, ÉE, adj. qui a subi une avarie; endommagé.

AVARIER (S'), vpr. se gâter.

À VAU L'EAU, *loc. adv.* au courant de l'eau. *Fig.* aller *à vau l'eau*, ne pas réussir.

AVÉ ou AVÉ MARIA, *sm.* (pl. avés; apé suivant l'Acad.), la salutation angélique; prière à la sainte Vierge.

AVEC, *prép.* ensemble, par le moyen de.

AVEINDRE, *va.* tirer un objet de l'endroit où on l'avait placé (v. *teindre*).

AVEINE, *sf.* avoine (vx. mot).

AVELANÈDE, *sf.* godet d'un gland.

AVELINE, *sf.* grosse noisette.

AVELINIER, *sm.* espèce de noisetier.

AVELLINO, v. de l'Italie méridionale.

AVENANT, ANTE, *adj.* qui a bonne grâce. — À L'AVENANT, *loc. adv.* et *prep.* à proportion, de même.

AVENCHES, v. de Suisse (Vaud).

AVÉNEMENT, *sm.* venue, promotion au pouvoir souverain.

AVENIR, *vn.* et *imp.* arriver par accident.

AVENIR, *sm.* temps futur. *Fig.* la postérité. — À L'AVENIR, *loc. adv.* dorénavant.

AVENT, *sm.* espace de temps qui précède la fête de Noël.

AVENTIN (Mont), l'une des sept collines de Rome.

AVENTURE, *sf.* événement imprévu; entreprise hasardeuse. *Bonne aventure*, prétendue prédiction. — À L'AVENTURE, D'AVENTURE, PAR AVENTURE, *loc. adv.* au hasard, par hasard.

AVENTURÉ, EE, *adj.* hasardé.

AVENTURER, *va.* hasarder. — S'AVENTURER, *vpr.* se hasarder.

AVENTUREUX, EUSE, *adj.* qui se hasarde volontiers; qui est livré au hasard.

AVENTURIER, IÈRE, *s.* qui cherche les aventures; intrigant.

AVENTURINE, *sf.* pierre brune ou jaunâtre avec des points brillants.

AVENU, UE, *adj.* se dit dans *non avenu*, qui signifie nul.

AVENUE, *sf.* allée bordée d'arbres ou chemin par où l'on arrive.

AVÉRÉ, ÉE, *adj.* prouvé, constaté.

AVÉRER, *va.* s'assurer, prouver qu'une chose est vraie.

AVERNE, lac de la Campanie (Italie méridionale), regardé par les anciens comme l'entrée des enfers. — *sm.* les enfers (*myth.*).

AVERRHOÈS ou AVERROÈS, célèbre philosophe arabe, m. 1198.

AVERSA ou AVERSE, ville de l'Italie méridionale.

AVERSE, *sf.* grande pluie. — À VERSE, *loc. adv.* Il pleut *à verse*, fortement.

AVERSION, *sf.* sentiment qui porte à s'éloigner de ce qui déplaît, de ce qui dégoûte ou répugne; haine, répugnance.

AVERTI, *sm.* celui qui a été prévenu.

AVERTIR, *va.* donner avis, informer.

AVERTISSEMENT, *sm.* avis, conseil, avant-propos d'un livre.

AVESNES, s.-préf. du dép. du Nord.

AVEU, *sm.* déclaration par laquelle on avoue;

témoignage; consentement. *Homme sans aveu*, vagabond.

AVEUGLE, *adj.* et *s.* 2 g. privé de la vue; au *fig.* sans jugement. *Aveugle-né*, aveugle de naissance. — À L'AVEUGLE, EN AVEUGLE, *loc. adv.* étourdiment, sans réflexion.

AVEUGLEMENT, *sm.* privation de la vue (peu usité). *Fig.* trouble de la raison.

AVEUGLÉMENT, *adv.* sans discernement, en aveugle.

AVEUGLER, *va.* priver de la vue et au *fig.* de la raison, éblouir. — S'AVEUGLER, *vpr.* être dans l'illusion, ne pas faire usage de sa raison.

AVEUGLETTE (À L'), *loc. adv.* à tâtons.

AVEYRON, riv. affluent du Tarn; donne son nom à un dep. français dont le ch.-l. est *Rhodez*.

AVICENNE, célèbre philosophe et médecin arabe (980-1036).

AVICEPTOLOGIE, *sf.* (l. *avis* oiseau, *capere* prendre; gr. *logos* traité), traité de la chasse aux oiseaux.

AVIDE, *adj.* 2 g. qui désire ardemment. *Fig.* cupide.

AVIDEMENT, *adv.* avec avidité.

AVIDITÉ, *sf.* désir immodéré.

AVIÉNUS (Rufus Festus), poète latin, 4e s.

AVIGNON, ch.-l. du dép. de Vaucluse.

AVIGNONET, p. ville (Haute-Garonne).

AVILA, p. ville d'Espagne. — D'AVILA, nom de deux historiens espagnols du 16e et du 17e siècle.

AVILIR, *va.* rendre vil, ôter du prix. — S'AVILIR, *vpr.* se dégrader.

AVILISSANT, ANTE, *adj.* qui avilit.

AVILISSEMENT, *sm.* état d'une personne ou d'une chose avilie.

AVINÉ, ÉE, *adj.* qui dénote l'ivresse, qui est ivre.

AVINER, *va.* imbiber de vin.

AVIRON, *sm.* espèce de rame.

AVIS, *sm.* (s nulle), sentiment, opinion; conseil, avertissement.

AVIS ou AVIZ, ville de Portugal.

AVISÉ, ÉE, *adj.* prudent, habile.

AVISEMENT, *sm.* prudence clairvoyante (*Fénelon*).

AVISER, *va.* donner avis; apercevoir. — *vn.* prendre garde à. — S'AVISER, *vpr.* penser, remarquer, imaginer.

AVISO, *sm.* (pl. *avisos*), bâtiment qui porte les dépêches.

AVITAILLEMENT, *sm.* (u. m.), action d'avitailler, approvisionnement de vivres.

AVITAILLER, *va.* (u m.), garnir de vivres une place de guerre, un navire.

AVITUS, emp. romain en 455; m. évêque de Plaisance. — AVITUS ou AVIT (SAINT), évêque de Vienne en Dauphiné; m. 525.

AVIVER, *va.* donner de la vivacité, de l'éclat.

AVIZE, ch.-l. de canton (Marne).

AVOCASSER, *vn.* exercer mal la profession d'avocat.

AVOCASSERIE, *sf.* métier d'avocat.

AVOCAT, *sm.* (t nul) celui qui défend en

justice. *Fig.* celui qui intercède pour un autre (dans ce sens il fait au f. *avocate*).

AVOINE, *sf.* sorte de graminée dont la graine sert à nourrir les chevaux.

AVOIR, *va.* posséder, ressentir, obtenir. — *Verbe auxiliaire* servant à conjuguer tous les autres; *v. imp.*, avec l'*adv. y*, signifie existir, être. *Avoir à*, devoir : *J'ai d'sortir*.

AVOIR, *sm.* (pas de *pl.*) ce que l'on possède. L'opposé de Doit (t. de comm.).

AVOISINER, *va.* être voisin de.

AVORTÉ, **ÉE**, *adj.* qui n'a pu mûrir. *Fig.* qui n'a pas réussi.

AVORTEMENT, *sm.* action d'avorter.

AVORTER, *vn.* mettre au jour avant terme. *Fig.* ne pas mûrir, échouer.

AVORTON, *sm.* venu avant terme. *Fig.* homme chétif, ouvrage incomplet.

AVOUÉ, *sm.* officier de justice, autrefois procureur.

AVOUER, *va.* confesser, reconnaître la vérité d'une chose; approuver. — S'AVOUER, *vpr.* se reconnaître.

AVOYE (SAINTE), V. *Hedwige*.

AVOYER, *sm.* magistrat suisse.

AVRANCHES, s.-préf. du dép. de la Manche.

AVRIL, *sm.* 4e mois de l'année. *Poisson d'avril*, attrape faite le 1er de ce mois.

AVUNCULAIRE, *adj.* 2 *g.* (on pr. *avonculaire*), de l'oncle ou de la tante.

AVULSION, *sf.* (l. *avulsio* : *d'avellere* arracher), action d'arracher (*méd.*).

AXE, *sm.* ligne droite passant par le centre d'un globe et sur laquelle il tourne; toute ligne qui traverse le centre d'un objet.

AXIFUGE, *adj.* 2 *g.* qui s'éloigne ou qui éloigne de l'axe.

AXILE, *adj.* 2 *g.* attaché à la columelle (*bot.*).

AXILLAIRE, *adj.* 2 *g.* qui appartient ou qui tient à l'aisselle, qui naît dans l'angle entre la branche et la tige (*bot.*).

AXIOME, *sm.* vérité évidente et qui n'a pas besoin d'être démontrée.

AXONGE, *sf.* graisse molle.

AY, *p.* ville (Marne) : vignoble célèbre.

AYANT CAUSE, *sm.* (pl. *ayants cause*), celui

auquel les droits d'une personne ont été transmis par legs, vente, etc.

AYANT DROIT, *sm.* (pl. *ayants droit*), celui qui a droit ou est intéressé à quelque chose.

AYMON, duc de Dordogne sous Charlemagne, ses quatre fils sont célèbres dans les romanciers du moyen âge.

AYOUBITES, dynastie musulmane en Égypte et en Syrie.

AZAÏS, philos. franç. (1766-1845).

AZARIAS, roi de Juda ; m. 752 av. J. C.

AZEROLE, *sf.* petit fruit aigrelet.

AZEROLIER, *sm.* arbre qui produit l'azerole.

AZIMUT, *sm.* cercle vertical, angle compris entre ce cercle et le méridien.

AZIMUTAL, **ALE**, *adj.* et *sm.* qui représente ou qui mesure les azimuts.

AZINCOURT, village (Pas-de-Calais). Défaite des Français par les Anglais en 1415.

AZNAR, comte de Navarre, tige des rois de ce pays, m. 837.

AZOF ou **AZOV**, ville et mer en Russie.

AZOÏQUE ou **AZOTIQUE**, *adj.* 2 *g.* (gr. *a* priv., *zôon* animal), qui ne renferme point d'animaux fossiles (*géol.*).

AZOTATE, *sm.* nom générique des sels formés par l'acide azotique (*chim.*).

AZOTE, *sm.* (gr. *a* priv., *zôê* vie) gaz impropre à la respiration et par conséquent privatif de la vie (*chim.*).

AZOTÉ, **ÉE**, *adj.* qui contient de l'azote.

AZOTEUX et **AZOTIQUE**, *adj. m.* se disent d'acides formés par l'azote (*chim.*).

AZOTH, ville de Palestine, chez les Philistins.

AZOTITE, *sm.* sel formé par l'acide azoteux.

AZOTURE, *sm.* nom de certains composés binaires formés par l'azote (*chim.*).

AZOV, V. *Azof.*

AZTÈQUES, peuple de l'ancien Mexique.

AZUR, *sm.* bleu clair donné par l'oxyde de cobalt ; sa couleur.

AZURÉ, **ÉE**, *adj.* de couleur d'azur.

AZURER, *va.* colorer avec de l'azur.

AZYME, *adj.* (gr. *a* priv., *zymê* levain), sans levain. Au *pl. s.* fête juive.

B

B, *sm.* la 2e lettre de l'alphabet.

BAAL, divinité des Chaldéens, des Phéniciens, etc.

BAASA, roi d'Israël, m. 919 av. J. C.

BABA, *sm.* sorte de pâtisserie.

BABEL, *sf.* mot hébreu signifiant *confusion*. *Tour de Babel*, tour construite par les descendants de Noé; au *fig.* confusion.

BAB-EL-MANDEB, détroit à l'entrée de la mer Rouge.

BABEUF (Gracchus), fameux démagogue, chef d'une conspiration contre le Directoire (1764-1797).

BABEURRE, *sm.* sérosité laissée par le lait converti en beurre.

BABIL, *sm.* (l m.), abondance de paroles inutiles.

BABILLAGE, *sm.* (ll m.), action de babiller.

BABILLARD, **ARDE**, *adj.* (ll m.) qui babille excessivement ; indiscret.

BABILLEMENT, *sm.* (ll m.) action de parler avec volubilité.

BABILLER, *vn.* (ll m.) parler beaucoup à propos de rien.

BABINE, *sf.* lèvre pendante de certains animaux.

BABIOLE, *sf.* jouet d'enfant, chose futile.

BABOLEIN (SAINT) abbé de Saint-Maur, m. 660.

BABRIUS ou **BABRYAS**, fabuliste grec du 3e s.

BÂBORD, *sm.* (d nul), côté gauche d'un navire enpartant de l'arrière.

BABOUCHE, *sf.* sorte de pantoufle.

BABOUIN, *sm.* sorte de gros singe. *Fig.* enfant badin et étourdi ; *f.* babouine.

BABYLAS (SAINT) martyr, m. 251.

BABYLONE, célèbre ville de l'antiquité, capitale de la Chaldée.

BABYLONIE, contrée d'Asie.

BAC, *sm.* grand bateau plat pour le passage d'une rivière.

BACCALAURÉAT, *sm.* (t nul). premier degré dans une faculté de l'Université.

BACCARAT, p. ville (Meurthe).

BACCHANAL, *sm.* (on pr. *bacanal*) tapage excessif (*fam.*).

BACCHANALE, *sf.* (on pr. *bacanale*) fête en l'honneur de Bacchus. *Fig.* danse bruyante, orgie.

BACCHANTE, *sf.* (on pr. *bacante*), prêtresse de Bacchus. *Fig.* femme colère et sans modestie.

BACCHUS, dieu du vin (*myth.*).

BACCIFÈRE, *adj.* 2 g. (l. *bacca* baie, *ferre* porter), qui porte des baies (*bot.*).

BACCIFORME, *adj.* 2 g. en forme de baie (*bot.*).

BACCIOCHI (Élisa, princesse), sœur de Napoléon 1er, m. 1820 (on pr. *Batchioki*).

BACH (Sébastien), célèbre compositeur allemand (1685-1750).

BACHA. V. *Pacha.*

BACHAUMONT, poëte franç., m. 1702. — auteur de mémoires littéraires, m. 1771.

BÂCHE, *sf.* enveloppe pour couvrir les marchandises, caisse vitrée où l'on serre les plantes ; cuvette d'une pompdaspirante.

BACHELETTE, *sf.* jeune fille (vx. mot).

BACHELIER, *sm.* celui qui a été promu au baccalauréat.

BÂCHER, *va.* couvrir d'une bâche.

BACHIQUE, *adj.* 2 g. qui a rapport à Bacchus. *Chanson bachique*, chanson à boire.

BACHOT, *sm.* (t nul), petit bateau.

BACHOTEUR, *sm.* celui qui conduit un bachot.

BÂCLER, *va.* fermer avec une barre. *Fig.* faire vite et sans soin.

BACLER D'ALBE, général et ingénieur géographe franç. (1762-1824).

BACON (Roger), moine et savant anglais (1214-1294).

BACON (François), célèbre philosophe et grand chancelier d'Angleterre (1560-1626).

BACTRES, capitale de la Bactriane, auj. *Balk.*

BACTRIANE, ancienne contrée d'Asie.

BACULITE, *sf.* sorte de coquille cylindrique à l'état fossile (géol.).

BADAJOZ, ville d'Espagne.

BADAUD (d final nul), **AUDE**, *s.* celui, celle qui perd son temps à regarder niaisement.

BADAUDER, *vn.* faire le badaud.

BADAUDERIE, *sf.* curiosité niaise, propos de badaud.

BADE, grand-duché de la Confédération germanique ; ville de ce duché. — ville de Suisse, canton d'Argovie.

BADIGEON, *sm.* couleur jaune ou grise dont on peint en détrempe une muraille.

BADIGEONNAGE, *sm.* action de badigeonner ; ouvrage de badigeonneur.

BADIGEONNER, *va.* couvrir de badigeon.

BADIGEONNEUR, *sm.* ouvrier qui badigeonne.

BADIN, INE, *adj.* plaisant, folâtre.

BADINAGE, *sm.* action de badiner ; plaisanterie, bagatelle.

BADINE, *sf.* petite canne flexible.

BADINER, *vn.* plaisanter, folâtrer.

BADINERIE, *sf.* badinage.

BADOIS, OISE, *adj.* et *s.* de Bade.

BAFFIN (baie ou mer de) dans l'Amérique du Nord.

BAFOUER, *va.* traiter avec moquerie.

BÂFRE ou **BIFFRERIE**, *sf.* repas abondant, excessif (pop.).

BÂFRER, *vn.* manger avidement.

BÂFREUR, *sm.* grand mangeur.

BAGAGE, *sm.* paquets, effets de voyage, équipage de guerre. *Fig. Plier bagage*, déloger furtivement, mourir.

BAGARRE, *sf.* tumulte, encombrement. *Fig.* situation embarrassante.

BAGATELLE, *sf.* chose peu importante.

BAGAUDES, nom donné à des paysans de la Gaule qui se révoltèrent contre les Romains, vers l'an 270.

BAGDAD, ville de la Turquie d'Asie.

BAGNE, *sm.* lieu où l'on tient les forçats.

BAGNÈRES-DE-BIGORRE, s.-préf. du dép. des Hautes-Pyrénées.

BAGNÈRES-DE-LUCHON, bourg (Haute-Garonne).

BAGNOLS, p. ville (Gard).

BAGRADAS, riv. de l'Afrique ancienne, auj. *Medjerdah.*

BAGRATION (prince de), général russe (1765-1812).

BAGUE, *sf.* anneau que l'on met au doigt. *Fig. C'est une bague au doigt*, c'est une chose de prix et d'agrement. Au pl. signifie *bagages* dans cette phrase : *sortir vie et bagues sauves.*

BAGUENAUDE, *sf.* fruit du baguenaudier, gousse pleine d'air.

BAGUENAUDER, *vn.* s'amuser à des niaiseries.

BAGUENAUDIER, *sm.* arbrisseau ; celui qui baguenaude ; jeu d'enfant.

BAGUETTE, *sf.* bâton mince et flexible, verge de fer, petite moulure ronde.

BAGUIER, *sm.* coffret à bagues.

BAH ! *interj.* exprimant le doute, l'étonnement, etc.

BAHAMA, l'une des îles Lucayes.

BAHIA ou **SAN-SALVADOR**, ville et port du Brésil.

BAHR-EL-ABIAD (rivière blanche) et BAHR-
EL-AZREK (rivière bleue), noms des deux
bras du Nil supérieur.

BAHUT, sm. (t nul), ancien coffre.

BAHUTIER, sm. celui qui fait des bahuts.

BAI, BAIE, adj. rouge brun.

BAIE, sf. petit fruit pulpeux; golfe; ouverture dans un mur. Fig. plaisanterie, mystification.

BAIES, port de l'Italie méridionale.

BAÏF, poète français (1532-1589).

BAIGNER, va. faire prendre un bain, arroser, mouiller. — vn. être plongé dans. — SE
BAIGNER, vpr. prendre un bain; Fig. se baigner dans le sang, aimer à le repandre.

BAIGNEUR, EUSE, s. celui, celle qui se
baigne, qui tient des bains publics.

BAIGNOIRE, sf. cuve où l'on se baigne; sorte
de loge dans un théâtre.

BAÏKAL, lac de la Siberie.

BAIL, sm. (l m.; pl. baux), acte par lequel
on loue une terre, une maison.

BAILLE, sf. (ll m.), moitié de tonneau formant baquet.

BÂILLEMENT, sm. (ll m.), action de bâiller.

BÂILLER, vn. (ll m.), ouvrir largement la
bouche en respirant avec force. Fig. présenter une ouverture.

BAILLER, va. (ll m.) donner, livrer. Fig.
vous me la baillez belle, vous voulez m'en
faire accroire.

BAILLERESSE, V. Bailleur.

BAILLEUL (ll m.), p. ville (Nord).

BÂILLEUR, EUSE, s. (ll m.), celui, celle qui
bâille souvent.

BAILLEUR, ERESSE, s. (ll m.), qui donne à
bail, qui fournit des fonds.

BAILLI, sm. (ll m.), ancien magistrat.

BAILLIAGE, sm. (ll m.), juridiction, tribunal
du bailli.

BAILLIVE, sf. (ll m.), femme du bailli.

BÂILLON, sm. (ll m.), ce que l'on met dans
la bouche pour empêcher de parler.

BÂILLONNER, va. (ll m.), mettre un bâillon.

BAILLY (ll m.), astronome franç. et maire de
Paris (1736-1793).

BAIN, sm. immersion dans un liquide, le liquide lui-même. Au pl. lieux publics où
l'on se baigne; eaux minérales où les malades se baignent. BAIN-MARIE, eau bouillante dans laquelle on plonge un vase contenant ce que l'on veut faire chauffer (pl.
bains-marie).

BAÏONNETTE, sf. arme pointue qui s'adapte
au bout d'un fusil.

BAIRAM ou BEIRAM, sm. fête solennelle
chez les Turcs.

BAIROUT ou BEYROUT, ville de Syrie, anc.
Béryte.

BAISEMAIN, sm. hommage du vassal à son
seigneur. Au pl. compliments.

BAISEMENT, sm. action de baiser les pieds.

BAISER, va. appliquer ses lèvres sur le visage, sur les mains, etc. Fig. je vous baise
les mains, je vous salue. — SE BAISER, vpr.
en parlant des choses, se toucher.

BAISER, sm. action de baiser. Fig. baiser de

paix, réconciliation; — de Judas, trahison.

BAISOTTER, va. donner souvent des bai-
sers (fam.).

BAISSE, sf. diminution.

BAISSER, va. mettre plus bas, diminuer la
hauteur, au fig. faire faiblir. — vn. décroi-
tre, s'affaiblir. Fig. à tête baissée, hardiment, étourdiment.

BAISURE, sf. endroit par lequel un pain en
a touché un autre dans le four.

BAJAZET, Ier, sultan des Turcs, m. 1401
ou 1403. — II, fils de Mahomet II, sultan en
1481, m. 1512.

BAJOUE, sf. partie de la tête de certains
animaux, de l'œil à la mâchoire.

BAL, sm. (pl. bals), assemblée et lieu où l'on
danse.

BALAAM, fameux devin araméen, m. 1489
av. J. C.

BALADIN, INE, s. danseur public, bouffon

BALAFRE, sf. longue blessure ou cicatrice
au visage.

BALAFRÉ, ÉE, adj. qui a une balafre.

BALAFRER, va. faire une balafre.

BALAI, sm. ustensile qui sert à enlever les
ordures, à nettoyer.

BALAIS, adj. m. (s nulle), se dit d'un rubis
couleur de vin paillet.

BALANCE, sf. instrument pour peser. Fig.
état final d'un compte; incertitude; constellation zodiacale.

BALANCÉ, sm. pas de danse où le corps se
balance.

BALANCELLE, sf. sorte d'embarcation napolitaine.

BALANCEMENT, sm. mouvement alternatif
d'un côté et d'autre. Fig. hésitation.

BALANCER, va. tenir en équilibre. Fig.
compenser. — vn. hésiter. — SE BALANCER,
vpr. se mouvoir sur une balançoire ou de
côté et d'autre.

BALANCIER, sm. pièce dont les oscillations
règlent le mouvement d'une horloge, d'une
machine; machine à frapper les monnaies;
long bâton des acrobates; fabricant ou
marchand de balances.

BALANÇOIRE, sf. pièce de bois ou siege
suspendu pour se balancer.

BALANES ou GLANDS DE MER, sf. pl. (l.
balanus, gr. balanos gland), famille de
crustacés cirrhopodes, classés d'abord parmi
les mollusques (zool.).

BALARUC, village (Hérault); eaux thermales.

BALAST, sm. lest, pierres, sable, etc.

BALATON, lac de Hongrie.

BALAYAGE, sm. action de balayer.

BALAYER, va. nettoyer avec un balai. Fig.
dissiper, faire disparaître. (c. payer.)

BALAYEUR, EUSE, s. celui, celle qui balaye.

BALAYURES, sf. pl. ordures résultant de
l'action de balayer.

BALBECK ou BALBEK, anc. ville de Syrie.

BALBIN, emp. romain, m. 238.

BALBUTIEMENT, sm. (on pr. balbuciman),
action de balbutier.

BALBUTIER, *va. et n.* (on pr. *balbucie*), parler, dire avec hésitation.

BALCON, *sm.* saillie avec balustrade sur une façade.

BALDAQUIN, *sm.* espèce de dais, ciel de lit.

BÂLE, ville et canton suisse.

BALÉARES (îles), dans la Méditerranée, à l'Espagne.

BALEINE, *sf.* mammifère de l'ordre des cétacés; fanon de la baleine.

BALEINÉ, *ÉE*, *adj.* garni de baleines.

BALEINEAU, *sm.* petit d'une baleine.

BALEINIER, *sm. et adj.* navire pour la pêche de la baleine.

BALEINOPTÈRE, *sm.* genre de cétacé.

BALÈVRE, *sf.* lèvre inférieure. *Fig.* saillie (archit.).

BALFROUCH, g. ville de Perse.

BALIOL, nom de deux rois d'Ecosse du 13e et du 14e s.

BALISE, *sf.* perche indiquant les écueils à l'entrée des ports; chemin de halage; fruit du balisier.

BALISER, *va.* garnir de balises.

BALISIER, *sm.* sorte d'arbrisseau.

BALISTE, *sf.* machine à lancer des pierres chez les anciens; poisson.

BALISTIQUE, *sf.* (gr. *ballô* jeter), art de calculer le jet des projectiles.

BALIVAGE, *sm.* choix et marque des baliveaux.

BALIVEAU, *sm.* jeune arbre réservé quand on coupe un bois.

BALIVERNE, *sf.* parole, discours, chose futile.

BALIVERNER, *vn.* s'occuper de balivernes.

BALK ou **BALKH**, ville du Turkestan.

BALKAN ou **EMINEH-DAGH**, chaîne de mont en Turquie.

BALLADE, *sf.* sorte de pièce de vers.

BALLANCHE, écrivain philosophe français (1776-1847).

BALLANT, *adj. m. Bras ballants*, qui suivent les mouvements du corps en marchant.

BALLE, *sf.* pelote ronde servant à jouer, petite boule en métal; paquet de marchandises; ustensile d'imprimeur; calice des graminées.

BALLER, *vn.* danser (vx. mot).

BALLET, *sm.* divertissement composé de danses sur un théâtre.

BALLON, *sm.* vessie enflée d'air et recouverte de peau; aérostat; sommet arrondi d'une montagne; globe de verre.

BALLONNÉ, *ÉE*, *adj.* distendu.

BALLONNEMENT, *sm.* état du ventre ballonné.

BALLONNIER, *sm.* fabricant ou marchand de ballons.

BALLOT, *sm.* (t nul), paquet de marchandises. *Fig.* ce qui fait l'affaire de quelqu'un.

BALLOTIN, *sm.* petit ballot.

BALLOTTAGE, *sm.* action de ballotter des candidats.

BALLOTTEMENT, *sm.* mouvement d'un côté et de l'autre.

BALLOTTER, *va.* remuer en plusieurs sens.

Fig. voter pour décider le choix entre deux candidats; se jouer de quelqu'un. — *vn.* remuer.

BALNÉATION, *sf.* (l. *balneum* bain), action de prendre un bain, de baigner dans.

BALOURD, **OURDE**, *s.* grossier, stupide.

BALOURDISE, *sf.* stupidité; caractère, parole, action du balourd.

BALSAMIER, V. *Baumier.*

BALSAMINE, *sf.* (on pr. *balsamine*), sorte de plante, sa fleur.

BALSAMINÉES, *sf.* (on pr. *balzaminées*), famille de plantes dont la balsamine est le type (bot.).

BALSAMIQUE, *adj. 2 g.* (on pr. *balzamique*), qui tient du baume.

BALTHASAR, **BALTHAZAR** ou **LABYNIT**, dernier roi de Babylone, m 538 av. J. C.

BALTIMORE, ville des Etats-Unis.

BALTIQUE, mer dans le nord de l'Europe.

BALUE (Jean de la), cardinal et ministre de Louis XI (1421-1491).

BALUSTRADE, *sf.* ensemble de balustres servant de clôture à hauteur d'appui.

BALUSTRE, *sm.* petit pilier façonné.

BALUSTRER, *va.* orner, garnir d'une balustrade.

BALUZE, savant historiographe français (1630-1718).

BALZAC (Jean-Louis de), écrivain français (1597-1655). — (Honoré de), célèbre romancier français (1799-1850).

BAMBARA, état de la Nigritie centrale.

BAMBERG, ville de Bavière.

BAMBIN, *sm.* petit garçon (fam.).

BAMBOCHE, *sf.* marionnette; farce. Au *pl.* amusements immodérés.

BAMBOCHEUR, **EUSE**, *s.* celui, celle qui passe son temps en parties de plaisir (pop.).

BAMBOU, *sm.* sorte de roseau; canne faite de ce roseau.

BAMBOULA, *sf.* danse des nègres.

BAN, *sm.* proclamation; publication de mariage; convocation de la noblesse; exil, bannissement.

BANAL, **ALE**, *adj.* à la disposition de tout le monde. *Fig.* commun, trivial (pl. *banaux*).

BANALITÉ, *sf.* qualité de ce qui est banal; ancien droit d'un seigneur.

BANANE, *sf.* fruit du bananier.

BANANIER, *sm.* arbre des Indes.

BANC, *sm.* (c nul), long siège; écueil, amas de sable sous l'eau; lit de pierres; amas de glaces, d'huîtres, de poissons, etc.

BANCAL, **ALE**, *adj. et s.* qui a les jambes tortues (pl. m. *bancals*).

BANCROCHE, *adj. 2 g.* bancal, rachitique.

BANDAGE, *sm.* bande pour bander une plaie ou comprimer une partie du corps; manière et action de bander.

BANDAGISTE, *sm.* celui qui fait ou vend des bandages.

BANDE, *sf.* long morceau d'étoffe; tout ce qui est plus long que large; rebord intérieur d'un billard. *Fig.* troupe, parti.

BANDEAU, *sm.* bande qui ceint le front ou couvre les yeux.

BANDELETTE, *sf.* petite bande.

BANDER, *va.* lier avec une bande, mettre un bandeau, tendre avec effort. — *vn.* être tendu. — SE BANDER, *vpr.* s'opposer.

BANDEROLLE, *sf.* sorte de petit étendard; bretelle de fusil.

BANDIÈRE, *sf.* bannière. *Fig. front de ban-dière,* ligne des étendards.

BANDIT, *sm.* (*t* nul), malfaiteur; homme sans aveu, qui brave les lois.

BANDOULIÈRE, *sf.* bande de cuir pour porter une arme; sorte de baudrier.

BANIANS, *sm. pl.* idolâtres de l'Indoustan, qui croient à la métempsychose.

BANKOK, capitale du royaume de Siam.

BANLIEUE, *sf.* territoire qui entoure une ville et en dépend.

BANNE, *sf.* toile tendue pour garantir de la pluie ou du soleil; panier long.

BANNER, *va.* couvrir avec une banne.

BANNERET, *adj.* et *sm.* (*t* nul), qui avait droit de bannière à la guerre.

BANNETON, *sm.* coffre percé pour conserver le poisson; panier d'osier à l'usage des boulangers.

BANNETTE, *sf.* sorte de petit panier.

BANNI, IE, *adj.* et *s.* exilé.

BANNIÈRE, *sf.* étendard, drapeau.

BANNIR, *va.* exiler, exclure, éloigner.

BANNISSABLE, *adj.* 2 *g.* qui doit être banni.

BANNISSEMENT, *sm.* action de bannir; état du banni.

BANQUE, *sf.* commerce d'argent et d'effets publics; caisse publique.

BANQUEROUTE, *sf.* cessation frauduleuse de payement de la part d'un commerçant. *Fig.* manque de promesse.

BANQUEROUTIER, ÈRE, *s.* celui, celle qui fait banqueroute.

BANQUET, *sm.* festin, repas de corps.

BANQUETER, *vn.* faire bonne chère.

BANQUETTE, *sf.* banc rembourré; élévation derrière un parapet; appui.

BANQUIER, *sm.* celui qui fait le commerce d'argent, qui tient le jeu.

BANQUISE, *sf.* amas considérable de glaces flottantes.

BAOBAB, *sm.* arbre d'Afrique, le plus grand des végétaux.

BAPAUME, p. ville (Pas-de-Calais).

BAPTÊME, *sm.* (le *p* est nul), le premier des sept sacrements. *Fig.* action de bénir une cloche, un navire, etc.

BAPTISER, *va.* (le *p* est nul), conférer le baptême; bénir. *Fig.* donner un sobriquet; mélanger d'eau.

BAPTISMAL, ALE, *adj.* (le *p* est nul), qui appartient au baptême. (Pl. *baptismaux*.)

BAPTISTAIRE, *adj.* (le *p* est nul), registre qui contient les noms de ceux qu'on baptise. — *sm.* acte extrait de ce registre.

BAPTISTE (SAINT JEAN), le précurseur du Christ (le *p* est nul).

BAPTISTÈRE, *sm.* (le *p* est nul), chapelle où le prêtre donne le baptême.

BAQUET, *sm.* petit cuvier en bois.

BARABAS, V. *Barrabas.*

BARAC, général des Juifs (14e s. av. J. C.).

BARAGOUIN et BARAGOUINAGE, *sm.* langage corrompu, inintelligible.

BARAGOUINER, *vn.* altérer les mots d'une langue. — *va.* mal prononcer.

BARAGOUINEUR, EUSE, *s.* celui, celle qui baragouine.

BARANTE (de), historien français, né en 1782.

BARAQUE, *sf.* hutte; petite maison en bois, mauvais édifice.

BARAQUEMENT, *sm.* action de se baraquer; ensemble de baraques.

BARAQUER, *va.* faire des baraques. — SE BARAQUER, *vpr.* s'en construire.

BARATERIE, *sf.* malversation, fraude commise sur un bâtiment.

BARATTE, *sf.* baril où l'on bat le beurre.

BARATTER, *vn.* battre le beurre.

BARBACANE, *sf.* ouverture étroite pratiquée dans un mur; meurtrière.

BARBACOLE, *sm.* pédant (*La Fontaine*).

BARBADE (la), l'une des Antilles.

BARBARE, *adj.* 2 *g.* et *sm.* cruel, sauvage, grossier, ignorant. *Fig.* terme barbare, impropre, mauvais; *style barbare,* détestable.

BARBARES, *sm. pl.* peuples non civilisés; peuples qui envahirent l'empire romain.

BARBAREMENT, *adv.* d'une façon barbare, avec barbarie.

BARBARESQUE, *adj.* 2 *g.* de la Barbarie.

BARBARIE, *sf.* cruauté; défaut de civilisation, grossièreté de mœurs ou d'esprit.

BARBARIE ou ÉTATS BARBARESQUES, région de l'Afrique septentrionale.

BARBARISME, *sm.* mot forgé, altération du sens d'un mot.

BARBAROUX, célèbre conventionnel (1767-1794).

BARBAZAN, fameux général franç., m. 1431. — érudit franç., m. 1770.

BARBE, *sf.* poil du menton, poils à la gueule des animaux; frange aux côtes des plumes; pointe des épis; bande de toile, de dentelles.

BARBE, *sm.* et *adj.* cheval de Barbarie.

BARBE (SAINTE), vierge et martyre, m. 306.

BARBEAU, *sm.* poisson d'eau douce; bluet.

BARBE-DE-CAPUCIN, *sf.* sorte de chicorée (pl. *barbes-de-capucin*).

BARBELÉ, ÉE, *adj.* dentelé.

BARBÉ-MARBOIS, ministre sous l'Empire et la Restauration (1745-1817).

BARBEROUSSE (Hariadan), célèbre amiral turc (1476-1545). V. *Fréderic.*

BARBET, ETTE, *s.* chien à poils frisés.

BARBEYRAC, moraliste et publiciste français (1674-1744).

BARBEZIEUX, s.-préf. de la Charente.

BARBICHE, *sf.* barbe au bas du menton.

BARBICHON, *sm.* petit barbet.

BARBIÉ DU BOCAGE, savant géographe et philologue franç. (1760-1825).

BARBIER, sm. celui qui fait la barbe.

BARBIFIER, va. faire la barbe. — SE BAR-
BIFIER, vpr. se raser.

BARBILLON, sm. (ll m.), petit barbeau,
filament de la gueule du barbeau; replis
membraneux de la bouche du cheval, du
bœuf, etc.

BARBON, sm. vieillard (ironique).

BARBOTER, vn. fouiller ou marcher dans
l'eau bourbeuse.

BARBOTEUR, sm. canard domestique.

BARBOUILLAGE, sm. (ll m.), peinture,
écriture mal faites; discours embrouillé.

BARBOUILLER, va. (ll m.), gâter, salir;
peindre grossièrement; mal écrire.

BARBOUILLEUR, EUSE, s. (ll m.), mauvais
peintre, mauvais écrivain.

BARBOUILLIS, sm. (ll m. s nulle), amas de
choses barbouillées; barbouillage.

BARBU, UE, adj. qui a beaucoup de barbe.

BARBUE, sf. sorte de poisson.

BARCA ou BARQUAH, contrée de la régence
de Tripoli.

BARCA, célèbre famille carthaginoise.

BARCAROLLE, sf. chanson des gondoliers
vénitiens; sorte de romance.

BARCELONE, ville et port d'Espagne.

BARCELONNETTE, s.-préf. des B.-Alpes.

BARCELONNETTE, sf. sorte de berceau.

BARCINE, adj. f. se dit d'une faction carthaginoise dont le chef était Amilcar Barca.

BARCLAY DE TOLLY, général russe (1755-
1818).

BARD, sm. (d nul), sorte de civière.

BARDANE, sf. sorte de plante.

BARDE, sf. ancienne armure; tranche de lard
très-mince. — sm. poète celtique qui chantait
les héros.

BARDEAU, sm. petite planche employée dans
la couverture d'une maison.

BARDELLE, sf. sorte de selle.

BARDER, va. couvrir de bardes; charger un
bard.

BARDEUR, sm. homme de peine.

BARDIT, sm. (t nul), chant de guerre des
anciens Germains.

BARDOT, sm. (t nul), petit mulet.

BARÉGE, sm. sorte de tissu de laine.

BARÈGES, village (Hautes-Pyrénées). Eaux
thermales.

BARÈRE DE VIEUZAC, V. Vieuzac.

BARETER, vn. se dit du cri de l'éléphant.

BARFLEUR, bourg (Manche).

BARGE, sf. oiseau; pile de foin; bateau plat
à voile.

BARGUIGNAGE, sm. hésitation (fam.).

BARGUIGNER, vn. hésiter (fam.).

BARGUIGNEUR, EUSE, s. celui, celle qui
hésite (fam.).

BARI, ville de l'Italie méridionale.

BARIGEL, sm. officier de police en Italie.

BARIGOULE, sf. sorte de champignon, d'apprêt culinaire de l'artichaut.

BARIL, sm. (on pr. bari), petit tonneau.

BARILLET, sm. (ll m.), petit baril; boîte
qui contient le ressort d'horlogerie.

BARIOLAGE, sm. assemblage de couleurs
qui ne se conviennent pas.

BARIOLÉ, ÉE, adj. bigarré, de couleurs mal
assorties ou tranchantes.

BARIOLER, va. peindre bizarrement de couleurs diverses.

BARJÉSU, V. Élymas.

BARJOLS, p. ville (Var).

BARJONE (Simon), vrai nom de saint Pierre.

BAR-LE-DUC, ch.-l. du dép. de la Meuse.

BARLETTA, v. de l'Italie méridionale.

BARMÉCIDES, famille célèbre en Orient
dans le 8e siècle.

BARMEN, ville de la Prusse rhénane.

BARNABÉ (SAINT), l'un des disciples
de J. C.

BARNABITE, sm. religieux de la congrégation de Saint-Paul.

BARNAVE, célèbre avocat, député à la 1re assemblée nationale (1761-1793).

BARNEVELDT, célèbre magistrat hollandais
(1549-1619).

BAROCHE (le), célèbre peintre italien (1528-
1612).

BAROMÈTRE, sm. (gr. baros poids, métron
mesure), instrument qui sert à mesurer le
poids de l'air ou pression atmosphérique.

BAROMÉTRIQUE, adj. du baromètre, fait au
moyen du baromètre.

BARON, ONNE, s. titre de noblesse.

BARON, fameux acteur français (1653-1729.

BARONIUS, célèbre cardinal, auteur des
Annales ecclésiastiques (1538-1607).

BARONNET, sm. titre de noblesse en Angleterre.

BARONNIE, sf. seigneurie d'un baron.

BAROQUE, adj. 2 g. bizarre, irrégulier.

BARQUAH, V. Barca.

BARQUE, sf. bateau.

BARQUEROLLE, sf. petit bâtiment sans
mât.

BARR, p. ville (Bas-Rhin).

BARRABAS ou BARABAS, meurtrier que les
Juifs préférèrent au Christ.

BARRAGE, sm. barrière, digue.

BARRAS, l'un des membres du Directoire
en 1795 (1755-1829).

BARRE, sf. pièce de bois ou de fer longue
et étroite; trait de plume en droite ligne;
banc de sable à l'entrée d'une rivière, d'un
port; barrière à l'entrée d'une assemblée.
Au pl. sorte de jeu où l'on court.

BARREAU, sm. petite barre servant de clôture. Fig. enceinte d'un tribunal, profession, corps des avocats.

BARRÊME, calculateur dont le nom est devenu proverbial, m. 1703. — sm. livre de
comptes faits publié par Barrême.

BARRER, va. fermer avec une barre, mettre
obstacle, raturer. Fig. barrer le chemin
s'opposer aux desseins.

BARRETTE, sf. petit bonnet, bonnet de cardinal.

BARRICADE, *sf.* retranchement fait avec des barriques pleines de terre, ou des pavés, des voitures renversées, etc.

BARRICADER, *va.* faire des barricades, fortifier. — *Fig.* SE BARRICADER, *vpr.* s'enfermer pour ne voir personne.

BARRIÈRE, *sf.* pièces de bois fermant un passage ; tout ce qui défend ou fait obstacle. *Fig.* empêchement.

BARRIÈRE, auteur d'une tentative d'assassinat sur Henri IV, en 1593.

BARRIQUE, *sf.* grosse futaille.

BARROIS, partie de la Lorraine.

BAR-SUR-AUBE et BAR-SUR-SEINE, s.-préf. du dép. de l'Aube.

BART (Jean), célèbre marin français (1650-1702).

BARTHÉLEMY (SAINT), l'un des 12 apôtres.

BARTHÉLEMY (l'abbé), archéologue franç., auteur du *Voyage du jeune Anacharsis* (1716-1795). — neveu du précédent, et membre du Directoire (1747-1830).

BARTHEZ (Paul-Joseph), célèbre médecin et physiologiste français (1734-1806).

BARTHOLE ou BARTOLE, célèbre jurisconsulte italien (1313-1356).

BARTAVELLE, *sf.* grosse perdrix rouge.

BARYTE, *sf.* oxyde de baryum (*chim.*).

BARYTON, *sm.* voix entre la voix de basse et celle de ténor.

BARYUM, *sm.* (on pron. bariome), l'un des corps simples de la chimie.

BAS, BASSE, *adj.* qui n'est pas élevé. *Fig.* vil, de peu de prix. *Vue basse*, qui ne distingue que de près ; *messe basse*, où l'on ne chante pas ; *note basse*, grave.

BAS, *adv.* Parler bas, doucement. — À BAS, *loc. adv.* à terre ; LÀ-BAS, se dit d'un lieu où l'on n'est pas ; ICI-BAS, en ce monde.

BAS, *sm.* a partie inférieure ; vêtement qui couvre le pied et la jambe.

BASALTE, *sm.* sorte de roche volcanique.

BASALTIQUE, *adj.* 2 g. formé de basalte.

BASANE, *sf.* peau de mouton préparée.

BASANÉ, ÉE, *adj.* noirâtre.

BASCULE, *sf.* levier dont on fait lever un bout en pesant sur l'autre ; contre poids pour faire mouvoir un pont-levis.

BASE, *sf.* ce qui sert de fondement, d'appui, de soutien. *Base d'un triangle*, côté opposé au sommet. — En t. de chimie, matière qui, unie aux acides, forme un sel. — *Fig.* principe, fond.

BAS-EMPIRE, l'empire d'Orient de 395 à 1453.

BASER, *va.* donner pour fondement, appuyer sur (mot nouveau).

BAS-FOND, *sm.* (pl. bas-fonds), fond où il y a peu d'eau ; au pl. terrains bas.

BASILE (SAINT), l'un des pères de l'Église grecque (319-379).

BASILE, nom de deux empereurs d'Orient. *Basile Valentin*, V. Valentin.

BASILAIRE, *adj. m.* se dit du style lorsque le sommet de l'ovaire s'est infléchi jusqu'à descendre au niveau de sa base (*bot.*).

BASILIC, *sm.* sorte de plante odoriférante ; espèce de lézard. *Fig. yeux de basilic*, qui expriment le courroux.

BASILICATE, prov. de l'Italie méridionale.

BASILIQUE, *sf.* église principale. Au pl. compilation de lois romaines. — *adj.* se dit d'une veine du bras.

BASIN, *sm.* étoffe croisée.

BASINE, femme de Childéric Ier.

BASKIRS, Tartares tributaires de la Russie.

BASNAGE, historien franç. (1653-1723).

BASOCHE, *sf.* corporation et juridiction des anciens clercs de procureur.

BASOCHIEN, *sm.* et *adj.* de la basoche.

BASQUE, *sf.* pan d'habit.

BASQUE, *s.* et *adj.* nom d'un peuple, ancien reste des Ibères, au S. O. de la France et au N. de l'Espagne.

BASQUINE, *sf.* sorte de vêtement de femme.

BAS-RELIEF, *sm.* (pl. bas-reliefs), sculpture qui a peu de saillie.

BAS-RHIN, dép. français : ch.-l. *Strasbourg*.

BASSAN, nom de plusieurs peintres italiens du 16e et du 17e siècle.

BASSANO, ville d'Italie. Victoire du général Bonaparte sur les Autrichiens, en 1796.

BASSE, *sf.* partie grave en musique, voix qui la chante ; instrument. En t. de marine, bas-fond.

BASSE-CONTRE, *sf.* (pl. basses-contre), voix au-dessous de la basse.

BASSE-COUR, *sf.* (pl. basses-cours), cour où l'on élève la volaille.

BASSE-FOSSE, *sf.* (pl. basses-fosses), cachot profond.

BASSELIN (Olivier), célèbre chansonnier français du 15e siècle.

BASSEMENT, *adv.* d'une manière basse.

BASSES-ALPES, BASSES-PYRÉNÉES, V. Alpes, Pyrénées.

BASSESSE, *sf.* qualité de ce qui est bas ou vil ; abjection de sentiments ou de naissance.

BASSET, *sm.* chien à jambes courtes.

BASSE-TAILLE, *sf.* (pl. basses-tailles), voix de basse.

BASSE-TERRE, ch.-l. de la Guadeloupe.

BASSIEN, surnom de Caracalla et d'Héliogabale.

BASSIGNY, pays de France (Haute-Marne).

BASSIN, *sm.* grand plat creux, plateau de balance ; pièce d'eau, endroit du port où les vaisseaux jettent l'ancre ; plaine entourée de montagnes ; terrain arrosé par des cours d'eau ; cavité sous l'abdomen.

BASSINE, *sf.* sorte de grand bassin.

BASSINER, *va.* chauffer avec une bassinoire ; humecter doucement.

BASSINET, *sm.* pièce de l'arme à feu qui tient l'amorce ; sorte de casque.

BASSINOIRE, *sf.* bassin de métal pour chauffer un lit.

BASSOMPIERRE, maréchal de France (1579-1646).

BASSON, *sm.* sorte d'instrument à vent, celui qui en joue.

BASSORA, ville de la Turquie d'Asie.

BASTE, *interj.* signifiant *soit, il suffit*, et exprimant le doute, l'indifférence.

BASTIA, s.-préf. de la Corse.

BASTIDE, *sf.* maison de campagne dans le midi de la France.

BASTILLE, *sf.* (ll m.), château fort; ancienne prison de Paris.

BASTINGAGE, *sm.* parapet sur le pont supérieur d'un navire (*mar.*).

BASTINGUE, *sf.* toile matelassée pour faire des bastingages (*mar.*).

BASTINGUER (SE), *vpr.* faire un bastingage (*mar.*).

BASTION, *sm.* partie saillante d'une fortification.

BASTIONNÉ, ÉE, *adj.* garni de bastions.

BASTONNADE, *sf.* coups de bâton.

BASTRINGUE, *sm.* bal de guinguette.

BAS-VENTRE, *sm.* (pl. *bas-ventres*), partie inférieure du ventre.

BÂT, *sm.* (t nul), selle de bête de somme. *Fig. cheval de bât*, sot, lourdaud; *savoir où le bât blesse*, éprouver de la peine et en savoir la cause.

BATACLAN, *sm.* attirail embarrassant.

BATAILLE, *sf.* (ll m.), combat entre deux armées; sorte de jeu de cartes.

BATAILLER, *vn.* (ll m.), livrer bataille. *Fig.* disputer.

BATAILLEUR, EUSE, *s.* (ll m.), celui, celle qui aime à batailler.

BATAILLON, *sm.* (ll m.) section d'un régiment d'infanterie. *Fig.* grande troupe.

BÂTARD, ARDE, *adj.* qui est une dégénération de l'espèce; illégitime. *Porte bâtarde*, qui n'est ni petite porte ni porte cochère. — *sf.* sorte d'écriture.

BATARDEAU, *sm.* digue de pieux et de terre.

BÂTARDISE, *sf.* qualité de bâtard.

BATAVES, *sm. pl.* anc. peuple germain dans le pays appelé auj. Hollande.

BATAVIA, capitale de l'île de Java.

BATEAU, *sm.* embarcation.

BATELAGE, *sm.* métier ou tour de bateleur; allées et venues d'un bateau.

BATELÉE, *sf.* charge d'un bateau.

BATELET, *sm.* petit bateau.

BATELEUR, EUSE, *s.* faiseur de tours, en public. *Fig.* bouffon.

BATELIER, IÈRE, *s.* celui, celle qui conduit un bateau.

BÂTER, *va.* charger d'un bât.

BATH, ville d'Angleterre.

BATHILDE (SAINTE), femme de Clovis II.

BATHORI (Étienne), roi de Pologne (1532-1586).

BÂTI, *sm.* couture à points écartés; pièces de menuiserie assemblées.

BÂTIER, *sm.* fabricant de bâts.

BATIFOLAGE, *sm.* action de batifoler.

BATIFOLER, *vn.* jouer comme des enfants, plaisanter (*fam.*).

BATIFOLEUR, EUSE, *s.* celui, celle qui aime à batifoler.

BATIGNOLLES, v. aux portes de Paris.

BÂTIMENT, *sm.* toute construction; navire.

BÂTIR, *va.* construire, édifier. *Fig.* coudre à points écartés, établir.

BÂTISSE, *sf.* maçonnerie.

BÂTISSEUR, *sm.* celui qui aime à faire bâtir.

BATISTE, *sf.* toile de lin très-fine.

BÂTON, *sm.* morceau de bois long et cylindrique; tout ce qui en a la forme. *Fig. bâton de vieillesse*, appui d'un vieillard; *tour du bâton*, profit secret et illicite. — À BÂTONS ROMPUS, *loc. adv.* sans suite.

BÂTONNER, *va.* frapper d'un bâton; rayer, biffer.

BÂTONNET, *sm.* petit bâton, règle carrée.

BÂTONNIER, *sm.* chef temporaire de l'ordre des avocats.

BÂTONNISTE, *sm.* celui qui sait manier le bâton.

BATRACIENS, *sm. pl.* (gr. *batrachos* grenouille), classe d'animaux vertébrés dont la grenouille est le type (*zool.*).

BATTAGE, *sm.* action ou temps de battre le blé, les laines, etc.

BATTANT, *sm.* marteau d'une cloche, partie d'une porte qui s'ouvre en deux.

BATTANT, ANTE, *adj.* qui bat; *porte battante*, qui se referme d'elle-même.

BATTE, *sf.* bâton plat; petit banc de blanchisseuse; instrument pour battre la terre, le beurre, etc.

BATTEMENT, *sm.* action de battre des mains, de mouvoir les ailes; se dit aussi du mouvement ou pulsation du cœur et du pouls.

BATTERIE, *sf.* querelle où l'on se bat; ensemble de pièces d'artillerie; manière de battre du tambour. *Batterie de fusil*, pièce qui couvre le bassinet; *batterie de cuisine*, ustensiles. — *Fig.* dispositions pour la réussite d'une affaire.

BATTEUR, EUSE, *s.* celui, celle qui bat; *batteur de pavé*, fainéant qui se promène.

BATTEUX, V. Le Batteux.

BATTITURES, *sf. pl.* écailles qui se séparent des métaux quand on les bat.

BATTOIR, *sm.* palette à manche pour battre le linge ou jouer à la paume.

BATTOLOGIE, *sf.* répétition inutile d'une même chose.

BATTRE, *va.* frapper, donner des coups, vaincre; agiter. *Battre les cartes*, les mêler. *Fig. battre la campagne*, aller à la découverte, déraisonner. — *vn.* être agité. — SE BATTRE, *vpr.* combattre. — Ind. pr. je bats, tu bats, il bat, n. battons, v. battez, ils battent; imp. je battais; p. déf. je battis; fut. je battrai; cond. je battrais; impér. bats, battons, battez; subj. pr. que je batte; imp. que je battisse; part. pr. battant; part. p. battu, ue.

BATTU, UE, *adj. chemin battu*, frayé; *yeux battus*, fatigués; *battu des vents, de l'orage, de la tempête*, exposé aux vents, tourmenté par l'orage, par la tempête. — *sm.* celui qui a été battu.

BATTUE, *sf.* action de parcourir un bois pour en faire sortir les animaux.

BAUCIS (on pr. l'*s*), femme de Philémon (*myth.*).

BAUDET, *sm.* âne. *Fig.* homme stupide.

BAUDOUIN, nom de plusieurs comtes de Flandre, dont l'un, BAUDOUIN IX, fut empereur de Constantinople en 1204. — Cinq rois de Jérusalem ont aussi porté ce nom ; le 1er, BAUDOUIN Ier, était le frère de Godefroy de Bouillon.

BAUDRICOURT (Robert de), gouverneur de Vaucouleurs, envoya Jeanne d'Arc à Charles VII.

BAUDRIER, *sm.* large bande à laquelle pend le sabre ou l'épée.

BAUDRUCHE, *sf.* pellicule de boyau de bœuf ; parchemin très-fin.

BAUGE, *sf.* repaire fangeux d'un sanglier, mortier de terre et de paille.

BAUGÉ, *s.-préf.* de Maine-et-Loire.

BAUHIN (Jean), célèbre botaniste suisse (1541-1613). — *Gaspard*, son frère, illustre médecin et botaniste (1560-1624).

BAUME, *sm.* substance odorante, médicament ; sorte de plante. *Fig.* consolation.

BAUME-LES-DAMES, *s.-pref.* du dép. du Doubs.

BAUMÉ, chimiste franç. (1728-1804).

BAUMIER ou **BALSAMIER**, *sm.* arbre qui donne le baume.

BAUTZEN, ville de Saxe. Victoire de Napoléon Ier sur les Prussiens et les Russes en 1813.

BAVARD, ARDE, *adj.* et *s.* qui parle avec excès ; indiscret.

BAVARDAGE, *sm.* action de bavarder ; propos inutiles ; indiscrétion.

BAVARDER, *vn.* parler avec excès, sans discrétion.

BAVARDERIE, *sf.* défaut du bavard.

BAVARDISE, *sf.* propos de bavard.

BAVAROIS, OISE, *adj.* et *s.* de Bavière.

BAVAROISE, *sf.* boisson de thé avec du lait et du sirop.

BAVE, *sf.* salive ; écume de certains animaux.

BAVER, *vn.* jeter de la bave.

BAVETTE, *sf.* petit linge que l'on met sur la poitrine des enfants. *Fig. tailler des bavettes*, bavarder.

BAVEUX, EUSE, *adj.* qui bave.

BAVIÈRE, royaume de la Confédération germanique.

BAVOLET, *sm.* sorte de coiffure villageoise.

BAVURE, *sf.* trace laissée par les joints des pièces d'un moule.

BAYADÈRE, *sf.* danseuse indienne.

BAYARD (Pierre du *Terrail*, seigneur de), illustre guerrier franç. (1476-1524).

BAYARD (Jean-François), excellent auteur dramatique franç. (1796-1853).

BAYER, *vn.* (on pron. *bé-ie*), tenir la bouche ouverte en regardant. *Fig.* désirer.

BAYEUR, EUSE, *s.* (on pron. *bé-ieur*), celui, celle qui baye.

BAYEUX, *s.-préf.* du Calvados.

BAYLE, célèbre écrivain franç. (1647-1706).

BAYLEN, ville d'Espagne.

BAYONNE, *s.-préf.* des B.-Pyrénées.

BAYONNETTE, V. *Baïonnette*.

BAYREUTH ou **BAIREUTH**, ville de Bavière.

BAZADOIS, partie de la Guienne.

BAZAR, *sm.* lieu couvert où sont réunis des marchands tenant boutique.

BAZAS, *s.-préf.* de la Gironde.

BÉANT, ANTE, *adj.* qui offre une ouverture.

BÉARN, anc. province de France.

BÉARNAIS, AISE, *adj.* et *s.* du Béarn.

BÉAT (on pr. le *t*), ATE, *adj.* et *s.* qui affecte la dévotion.

BÉATIFICATION, *sf.* acte par lequel le pape béatifie.

BÉATIFIER, *va.* mettre au nombre des bienheureux ; *Fig.* rendre heureux.

BÉATIFIQUE, *adj.* à g. qui rend heureux ; dont jouissent les élus.

BÉATILLES, *sf. pl.* (ll m.), petites friandises.

BÉATITUDE, *sf.* félicité éternelle ; au *fig.* grand bonheur.

BÉATRIX (SAINTE), martyre en 303.

BEAU (BEL devant une voyelle ou une *h* muette), BELLE, *adj.* qui a de la beauté, remarquable ; parfait au moral et au physique. Ironiquement : *voilà de belles idées.* — DE PLUS BELLE, *loc. adv.* tout de nouveau.

BEAU, *sm.* ce qui est excellent, parfait. *Beau idéal*, ce que l'imagination peut concevoir de plus parfait. — *adv.* avoir BEAU *faire*, agir vainement ; TOUT BEAU, *loc. adv.* doucement.

BEAUCAIRE, p. ville (Gard).

BEAUCE, partie de l'Orléanais.

BEAUCERON, ONNE, *adj.* et *s.* de la Beauce.

BEAUCOUP, *adv.* en grande quantité, extrêmement.

BEAU-FILS, *sm.* (pl. *beaux-fils*), celui dont on épouse le père ou la mère ; celui qui épouse notre fille. *Fig.* élégant ridicule.

BEAU-FRÈRE, *sm.* (pl. *beaux-frères*), celui dont on épouse la sœur ou le frère ; celui qui épouse notre sœur.

BEAUFORT (Henri de), frère du roi d'Angleterre Henri IV et cardinal, m. 1447.

BEAUFORT (François de *Vendôme*, duc de), surnommé *le roi des Halles*, l'un des chefs de la Fronde (1616-1669).

BEAUGENCY, p. ville (Loiret).

BEAUHARNAIS (Alexandre de), général français (1760-1794). — *Eugène*, fils d'Alexandre et fils adoptif de l'emp. Napoléon Ier (1781-1824). — V. *Joséphine*.

BEAUJEU, p. ville (Rhône).

BEAUJEU (Anne de), sœur de Charles VIII et régente de France, m. 1522.

BEAUJOLAIS, partie du Lyonnais.

BEAUMARCHAIS, célèbre auteur dramatique français (1732-1799).

BEAUMONT (Jean-Baptiste Élie de), célèbre géologue français, né en 1798.

BEAUNE, s.-préf. de la Côte-d'Or.

BEAU-PÈRE, sm. (pl. beaux-pères), celui que notre mère épouse en secondes noces; celui dont on épouse le fils ou la fille.

BEAUPRÉ, sm. mât couché sur l'éperon à l'avant du navire.

BEAUPRÉAU, p. ville (Maine-et-Loire).

BEAUSOBRE, savant ministre protestant (1659-1738).

BEAUTÉ, sf. qualité de ce qui est beau.

BEAUVAIS, ch.-l. du dép. de l'Oise.

BEAUVAIS (l'abbé de), prédicateur français (1731-1790).

BEAUVAISIS ou BEAUVOISIS, pays de Beauvais.

BEAUVEAU (duc de), maréchal de France et ministre de Louis XVI (1720-1793).

BEAUVILLIERS (duc de), ministre de Louis XIV (1648-1714).

BEAUZÉE, grammairien français (1717-1789).

BEC, sm. partie dure et saillante qui tient lieu de bouche aux oiseaux. Fig. pointe, saillie. Avoir du bec, du babil; blanc-bec, homme; tenir le bec dans l'eau, amuser par des promesses.

BÉCARRE, sm. signe de musique qui rétablit une note dans son ton naturel.

BÉCASSE, sf. oiseau qui a un très-long bec. Fig. femme sans esprit.

BÉCASSEAU, sm. petite bécasse ou petite bécassine.

BÉCASSINE, sf. oiseau qui ressemble à la bécasse, mais plus petit.

BECCARD, sm. (d'ul) femelle du saumon.

BECCARIA, célèbre publiciste italien (1738-1794).

BEC-D'ÂNE, sm. (pl. becs-d'âne), outil de menuisier (on pr. bé-d'âne).

BEC-DE-CANE (Acad.) ou BEC-DE-CANNE, sm. (pl. becs-de-cane), outil, clou à crochet, instrument de chirurgie.

BEC-DE-CORBIN, sm. (pl. becs-de-corbin), instrument de chirurgie; canne à bec; sorte de hallebarde.

BEC-DE-LIÈVRE, sm. (pl. becs-de-lièvre), division de l'une des lèvres en deux parties; celui qui a cette difformité.

BECFIGUE, sm. sorte de fauvette.

BÊCHE, sf. outil de jardinier.

BÊCHER, va. travailler la terre avec une bêche.

BÉCHER, célèbre chimiste allemand (1628-1685).

BÉCHIQUE, adj. 2 g. et s. bon contre la toux.

BECKET (SAINT Thomas), archevêque de Cantorbéry, m. 1170.

BECQUÉE ou BÉQUÉE, sf. nourriture qu'un oiseau donne à ses petits avec son bec.

BECQUETER ou BÉQUETER, va. frapper à coups de bec. — SE BECQUETER, vpr. se dit des oiseaux qui se caressent avec le bec (c. acheter).

BÉDAINE, sf. gros ventre (fam.).

DÉBARRIEUX, p. ville (Herault).

BÈDE, dit le Vénérable, moine et historien anglais (673-735).

BEDEAU, sm. bas officier d'église.

BEDFORD, ville et comté d'Angleterre. — Duc de BEDFORD, frère du roi d'Angleterre Henri V (1389-1435).

BEDMAR (de la CUEVA, marquis de), ambassadeur du roi d'Espagne Philippe III à Venise, et chef d'une conspiration contre cette république; m. 1655.

BÉDOUIN, INE, adj. et s. Arabe du désert.

BÉDRIAC, v. de la Gaule cisalpine, auj. Beverara (Italie septentrionale).

BÉE, adj. f. A gueule bée, se dit d'un tonneau défoncé.

BEETHOVEN, célèbre compositeur allemand (1770-1827).

BEFFROI, sm. tour, clocher d'où l'on fait le guet; cloche d'alarme.

BÉFORT, V. Belfort.

BÉGAYEMENT ou BÉGAIEMENT, sm. action de begayer.

BÉGAYER, va. et n. parler en répétant plusieurs fois les mêmes syllabes, mal prononcer. Fig. s'expliquer avec peine (c. payer).

BÈGUE, adj. et s. 2 g. qui begaye.

BÉGUEULE, sf. et adj. prude, dedaigneuse et impertinente.

BÉGUEULERIE, sf. manières, ton, caractère de bégueule.

BÉGUIN, sm. sorte de bonnet d'enfant.

BÉGUINE, sf. nom de certaines religieuses des Pays-Bas catholiques.

BEHRING, détroit, mer et île entre l'Asie et l'Amérique septentrionale.

BEIGE, adj. et s. laine, serge, etoffe qui n'est pas teinte.

BEIGNET, sm. pâte frite entourant ordinairement une tranche de fruit.

BEIRA, province de Portugal.

BEIRAM, V. Bairam.

BÉJAUNE, sm. jeune oiseau dont le bec est encore jaune. Fig. jeune homme sans expérience; sottise.

BEL, V. Beau.

BÊLANT, ANTE, adj. qui bêle.

BÉLEM ou PARA, ville du Bresil.

BÊLEMENT, sm. cri du mouton.

BÉLEMNITE, sf. (gr. bélemnon flèche), coquille fossile allongée en forme de flèche (géol.).

BÊLER, vn. pousser des bêlements.

BÉLÉSIS, roi de Babylone en 759 av. J. C.

BEL-ESPRIT, V. Esprit.

BELETTE, sf. sorte de quadrupède.

BELFAST, ville d'Irlande.

BELFORT ou BÉFORT, s.-préf. du Haut-Rhin.

BELGE, adj. et s. 2 g. de la Belgique. — BELGES, peuple de l'anc. Gaule.

BELGIQUE, anc. division de la Gaule, auj. royaume au N. de la France.

BELGIUS, général gaulois, vers 280 av. J. C.

BELGRADE, ville de la Servie.

BÉLIAL, idole des Sidoniens (myth.).

BÉLIER, sm. mâle de la brebis. Fig. poutre

ferré pour battre les murs; signe et constellation du zodiaque.

BELIÈRE, sf. anneau qui lient le battant d'une cloche; pendeloque.

BÉLISAIRE, célèbre général de l'empereur Justinien (490-565).

BELÎTRE, sm. coquin, homme de rien.

BELLAC, s.-préf. de la Haute-Vienne.

BELLADONE ou BELLA-DONA, sf. plante à baies vénéneuses.

BELLARMIN, savant théologien italien et cardinal (1542-1621).

BELLÂTRE, adj. et s. 2 g. d'une beauté fade.

BELLEAU (Rémy), poète franç. (1528-1577).

BELLE-DE-JOUR, BELLE-DE-NUIT, sf. (pl. belles-de-jour, belles-de-nuit), sortes de plantes.

BELLE-FILLE, sf. (pl. belles-filles), celle dont on épouse en secondes noces le père ou la mère; bru.

BELLEGARDE, maréchal de France, m. 1579. — grand écuyer sous Henri IV (1565-1646).

BELLE-ÎLE, île française sur les côtes de l'océan Atlantique.

BELLE-ISLE, maréchal de France (1684-1761).

BELLEMENT, adv. doucement.

BELLE-MÈRE, sf. (pl. belles-mères), celle qui épouse notre père en secondes noces ou dont on épouse le fils ou la fille.

BELLÉROPHON, héros grec (myth.).

BELLESME ou BELLÈME, p. ville du dép. de l'Orne.

BELLE-SŒUR, sf. (pl. belles-sœurs), celle dont on épouse la sœur ou le frère; celle qui épouse notre frère.

BELLEY, s.-préf. du dép. de l'Ain.

BELLIARD, général franç. (1769-1832).

BELLIGÉRANT, ANTE, adj. se dit des puissances qui sont en guerre.

BELLIQUEUX, EUSE, adj. guerrier, qui aime la guerre.

BELLINI (Jean), célèbre peintre vénitien, m. 1516. — (Vincent) compositeur italien. (1802-1835).

BELLINZONA, v. du canton du Tesin (Suisse).

BELLISSIME, adj. 2 g. très-beau. — sf. sorte de poire.

BELLONE, déesse de la guerre (myth.).

BELLOT, OTTE, adj. et s. diminutif de beau (fam.).

BELLOVÈSE, chef gaulois (6e s. av. J. C.).

BELLUNE, ville d'Italie. Duc de BELLUNE, V. Victor.

BELOUR ou BOLOR, chaîne de montagnes en Asie.

BELOUTCHISTAN, contrée d'Asie.

BELPHÉGOR, idole des Moabites; démon.

BELSUNCE ou BELZUNCE (De), évêque de Marseille, s'illustra pendant la peste de cette ville; m. 1755.

BELT, nom de deux détroits dans la mer Baltique: le grand et le petit.

BÉLUS, roi d'Assyrie (20e s. av. J. C.).

BELVÉDÈRE ou BELVÉDER, sm. pavillon ou terrasse sur le haut d'un édifice.

BELZÉBUTH, sm. démon.

BEMBO, cardinal et fameux écrivain italien (1470-1547).

BÉMOL, sm. signe de musique qui abaisse une note d'un demi-ton.

BÉMOLISER, va. marquer d'un bémol.

BENADAD ou BENADAB, nom de plusieurs rois de Syrie.

BÉNARDE, sf. sorte de serrure.

BÉNARÈS, g. ville de l'Hindoustan.

BENDER, ville de la Russie d'Europe.

BÉNÉDICITÉ sm. (pl. bénédicités), prière avant le repas.

BÉNÉDICTIN, INE, s. religieux, religieuse de l'ordre de Saint-Benoît.

BÉNÉDICTION, sf. action de bénir; paroles par lesquelles on bénit ou l'on appelle la protection divine.

BÉNÉFICE, sm. profit, gain, privilège; terres données par les premiers rois; revenu ecclésiastique.

BÉNÉFICIAIRE, s. et adj. 2 g. celui au bénéfice de qui une chose est faite; héritier bénéficiaire, par bénéfice d'inventaire.

BÉNÉFICIAL, ALE, adj. qui concerne les bénéfices ecclésiastiques.

BÉNÉFICIER, sm. titulaire d'un bénéfice ecclésiastique.

BÉNÉFICIER, vn. faire un gain.

BENÊT, s. et adj. m. (t nul), niais.

BÉNÉVENT, ville de l'Italie méridionale.

BÉNÉVOLE, adj. 2 g. bienveillant.

BÉNÉVOLEMENT, adv. volontiers.

BENGALE, partie de l'Hindoustan.

BENGALI, sm. langue ou oiseau du Bengale.

BENGUELA, contrée de la Guinée méridionale.

BÉNI, IE, V. Bénit.

BÉNIGNEMENT, adv. avec bénignité.

BÉNIGNITÉ, sf. caractère de celui qui est bénin; douceur, indulgence.

BÉNIN, BÉNIGNE, adj. doux, trop facile, trop bon; favorable.

BÉNIN, ville et royaume d'Afrique.

BÉNIR, va. donner la bénédiction, consacrer; appeler la faveur du ciel; rendre grâces, louer; faire prospérer.

BÉNIT, ITE, adj. partic. de BÉNIR: se dit des choses consacrées par une cérémonie religieuse. Fig. eau bénite de cour, promesses trompeuses. Dans les autres sens il fait béni, ie.

BÉNITIER, sm. vase contenant l'eau bénite.

BENJAMIN, le dernier des fils de Jacob. Fig. sm. fils préféré.

BENJOIN, sm. (on pron. binjoin), sorte de résine aromatique.

BEN-JONSON, V. Jonson.

BENOÎT (SAINT), fondateur de l'ordre des Bénédictins (480-543). — S. INT BENOÎT D'ANIANE réformateur de la discipline monastique (750-821).— BENOÎT, nom de plusieurs papes.

BENOITE, sf. sorte de plante.

BENSERADE, poète franç. (1612-1691).

BENTHAM (Jérémie), célèbre jurisconsulte anglais (1748-1832).

BENVENUTO, V. *Cellini.*

BENZINE, *sf.* (on pron. *binzine*), liquide extrait de la houille et qui enlève les taches de graisse.

BENZOATE, *sm.* (on pron. *binzoate*), sel formé par l'union de l'acide benzoïque avec une base (*chim.*).

BENZOÏQUE, *adj. m.* (on pron. *binzoïque*), extrait du benjoin.

BÉOTIE (on pron. *Béoci*), contrée de l'anc. Grèce.

BÉOTIEN, ENNE (on pron. *Béocien*), *adj. et s.* de la Béotie. *Fig.* lourd, stupide, insensible au beau.

BÉQUÉE, BÉQUETER, V. *Becquée, Becqueter.*

BÉQUILLARD, *sm.* (*ll m.*), qui marche avec des béquilles (*fam.*).

BÉQUILLE, *sf.* (*ll m.*), bâton surmonté d'une traverse et qui sert pour marcher.

BÉQUILLER, *vn.* (*ll m.*), se servir de béquilles. — *vn.* faire un petit labour.

BÉRANGER (Jean-Pierre de), célèbre poète chansonnier franç. (1780-1857).

BERBÉRIDÉES, *sf. pl.* famille de plantes dont le type est le *berberis*, nom latin de l'épine-vinette (*bot.*).

BERBERS, peuples de l'Atlas.

BERCAIL, *sm.* bergerie ; au *fig.* le sein de l'Église (pas de *pl.*).

BERCEAU, *sm.* petit lit d'enfant ; voûte de feuillage ; voûte en plein cintre. *Fig.* commencement d'une chose, lieu où elle a commencé.

BERCER, *va.* balancer dans un berceau. *Fig.* amuser de fausses espérances. — SE BERCER, *vpr.* se flatter d'une chose.

BERCEUSE, *sf.* celle qui berce.

BÉRÉCYNTHE, célèbre montagne de l'ancienne Phrygie.

BÉRENGER, nom de deux rois d'Italie et de plusieurs princes.

BÉRÉNICE, fille de Ptolémée-Philadelphe. — princesse juive, fille d'Agrippa 1er. — nom de plusieurs villes de l'Egypte ancienne.

BÉRÉSINA, riv. de Russie, affluent du Dnieper.

BÉRET ou BERRET, *sm.* sorte de toque.

BERG, duché d'Allemagne.

BERGAME, ville de la Lombardie.

BERGAMOTE, *sf.* sorte de poire, d'orange, de boîte.

BERGE, *sf.* rive escarpée ou relevée ; chaloupe longue et étroite.

BERGEN ou BERGHEN, ville de Norvège.

BERGER, ÈRE, *s.* gardeur de moutons, de troupeaux.

BERGERAC, s.-préf. de la Dordogne.

BERGERAC (*Cyrano de*), écrivain franç. (1620-1655).

BERGÈRE, *sf.* sorte de fauteuil.

BERGERETTE, *sf.* petite bergère.

BERGERIE, *sf.* étable à moutons ; au *pl.* poésies pastorales.

BERGERONNETTE, *sf.* petit oiseau.

BERGHEM, célèbre peintre hollandais (1624-1683).

BERGIER, théologien et écrivain français (1718-1790).

BERG-OP-ZOOM, ville de Hollande.

BERGUES, p. ville (Nord).

BÉRIL ou BÉRYL, *sm.* pierre précieuse d'un vert bleuâtre.

BERKELEY, célèbre métaphysicien irlandais (1684-1753).

BERLE, *sf.* sorte de plante.

BERLIN, capitale de la Prusse.

BERLINE, *sf.* sorte de voiture.

BERLINGOT, *sm.* (*t* nul) berline coupée.

BERLOQUE ou BRELOQUE, *sf.* batterie de tambour à l'heure des repas, etc.

BERLUE, *sf.* léger éblouissement. *Fig.* Avoir la berlue, juger de travers.

BERMUDE, nom de plus. rois de Léon.

BERMUDES, îles d'Amérique dans l'océan Atlantique.

BERNABLE, *adj. 2 g.* qui mérite d'être berné.

BERNADOTTE, célèbre général français qui devint roi de Suède sous le nom de *Charles-Jean*. (1764-1844).

BERNARD, nom d'homme. Deux saints de ce nom, l'un fondateur de l'hospice du mont Saint-Bernard, m. 1008, l'autre abbé de Clairvaux et célèbre orateur chrétien, m. 1153. V. *Gentil-Bernard.*

BERNARD, duc de Saxe-Weimar, général célèbre (1604-1639).

BERNARDIN (SAINT), moine prédicateur (1385-1444). V. *Saint Pierre.*

BERNARDIN, INE, *s.* religieux bénédictin réformé par saint Bernard.

BERNAY, s.-préf. du dép. de l'Eure.

BERNBOURG, v. du duché d'Anhalt.

BERNE, v. et canton suisse.

BERNE, *sf.* jeu où quatre personnes en font sauter une autre sur une couverture. *Pavillon en berne*, roulé (*mar.*).

BERNEMENT, *sm.* action ou manière de berner.

BERNER, *va.* faire sauter quelqu'un en l'air à l'aide d'une couverture. *Fig.* tourner en ridicule.

BERNEUR, *sm.* celui qui berne.

BERNIER, célèbre voyageur franç. (1625-1688). — (l'abbé), évêque d'Orléans (1764-1806).

BERNIN (le cavalier), célèbre artiste italien (1598-1680).

BERNIQUE, sorte d'*adv.* marquant que l'on a tort de compter sur quelque chose.

BERNIS (de), cardinal et poète français (1715-1794).

BERNOUILLI, nom de deux frères, célèbres mathématiciens. Jacques, m. 1705, Jean, m. 1748.

BÉROSE, historien chaldéen, 4e s. av. J.-C.

BERQUIN, écrivain franç. (1749-1791).

BERRE, bourg et étang marin dans le dép. des Bouches-du-Rhône.

BERRET, V. *Béret.*

BERRICHON, ONNE, *adj.* et *s.* du Berry.

BERRUYER, jesuite, auteur d'une *Histoire du peuple de Dieu*, m. 1758.

BERRY ou BERRI, anc. province de France.

BERRYER (Pierre-Nicolas), célèbre avocat et orateur politique, né en 1790.

BERTAUT, poète français, évêque de Séez (1552-1611).

BERTHE, nom de femme. — *Sainte* BERTHE, m. 725.

BERTHIER, intendant de Paris, l'une des premières victimes de la Révolution, m. 1789. — (Alexandre), maréchal de France (1753-1815).

BERTHOLLET, célèbre chimiste français (1748-1822).

BERTON, compositeur de musique français (1767-1844).

BERTRAND, général, fidèle ami de l'empereur Napoléon 1er (1773-1844).

BERTRAND DE MOLLEVILLE, ministre de Louis XVI (1744-1818).

BÉRULLE, cardinal et ministre d'État français (1575-1629).

BERVIC, célèbre graveur français (1756-1822).

BERWICK, ville et comté d'Écosse.

BERWICK (duc de), maréchal de France (1670-1734).

BÉRYL, V. *Béril.*

BÉRYTE, anc. ville de Phénicie, aujourd'hui *Baïrout.*

BERZÉLIUS, célèbre chimiste suédois (1779-1848).

BESACE, *sf.* long sac ouvert par le milieu et à deux poches.

BESACIER, *sm.* porteur de besace.

BESAIGUË ou BISAIGUË, *sf.* outil de charpentier tranchant par les deux bouts.

BESANÇON, ch.-l. du dép. du Doubs.

BESANT, *sm.* monnaie du Bas-Empire.

BESENVAL (baron de), général suisse au service de la France (1722-1794).

BESET, *sm.* (t nul), deux as à la fois.

BESICLES, *sf. pl.* lunettes à branches.

BESME ou BÊME, meurtrier de Coligny.

BESOGNE, *sf.* travail, ce qui en résulte. *Fig. tailler de la besogne,* causer de l'embarras.

BESOGNER, *vn.* faire une besogne.

BESOIGNEUX, EUSE, *adj.* qui est dans le besoin, dans la gêne.

BESOIN, *sm.* privation, indigence, manque d'une chose que l'on veut avoir ; au *pl.* nécessités naturelles.

BESSARABIE, partie de la Russie méridionale.

BESSARION, sav. cardinal grec (1395-1472).

BESSEL, astronome allemand (1784-1846).

BESSIÈRES, duc d'Istrie, maréchal de France (1768-1813).

BESSON, ONNE, *adj.* et *s.* jumeau.

BESSUS, assassin de Darius Codoman.

BESTIAIRE, *sm.* gladiateur qui combattait contre les animaux.

BESTIAL, ALE, *adj.* qui tient de la bête (pl. m. *bestiaux*).

BESTIALEMENT, *adv.* à la façon d'une bête.

BESTIASSE, *sf.* grosse bête : se dit populairement d'une personne dépourvue de sens, de raison.

BESTIAUX, *sm. pl.* bétail.

BESTIOLE, *sf.* petite bête.

BESTION, *sm.* petit animal (*La Fontaine*).

BÊTA, *sm.* homme très-bête.

BÉTAIL, *sm.* désignant collectivement les bœufs, les moutons, etc. (pas de *pl.*).

BÊTE, *sf.* et *adj.* 2 g. tout être animé, excepté l'homme. *Fig.* stupide, sot.

BÉTEL, *sm.* plante dont les Indiens mâchent les feuilles.

BÊTEMENT, *adv.* sottement.

BÉTHANIE, bourg de la Palestine.

BÉTHEL, ville de la Palestine.

BÉTHENCOURT (Jean de), conquérant des îles Canaries, m. 1425.

BETHLÉEM, village de la tribu de Juda, lieu de naissance de Jésus-Christ.

BETHSABÉE, femme d'Urie (*Bible*).

BÉTHULIE, ville de Judée.

BÉTHUNE, s.-préf. du Pas-de-Calais.

BÉTIQUE, anc. nom de l'Andalousie.

BÉTIS, anc. nom du Guadalquivir.

BÊTISE, *sf.* défaut d'intelligence, de bon sens. *Fig.* parole, action d'un sot.

BÉTOINE, *sf.* sorte de plante.

BÉTON, *sm.* espèce de mortier.

BETTE ou POIRÉE, *sf.* sorte de plante potagère.

BETTERAVE, *sf.* sorte de bette dont la racine fournit du sucre.

BÉTULINÉES ou BÉTULACÉES, *sf. pl.* (l. *betula* bouleau), tribu ou famille de plantes dont le bouleau est le type (*bot.*).

BEUCHOT, célèbre bibliographe français (1773-1851).

BEUDANT, minéralogiste français (1787-1850).

BEUGLEMENT, *sm.* cri du taureau, du bœuf et de la vache.

BEUGLER, *vn.* pousser des beuglements.

BEUGNOT, ministre de Louis XVIII (1761-1835).

BEURNONVILLE, maréchal de France (1752-1821).

BEURRE, *sm.* substance grasse extraite de la crème.

BEURRÉ, *sm.* sorte de poire fondante.

BEURRÉE, *sf.* tartine de beurre.

BEURRER, *va.* couvrir de beurre.

BEURRIER, IÈRE, *s.* celui, celle qui vend du beurre.

BÉVUE, *sf.* erreur, méprise.

BEY, *sm.* (on pr. bé), gouverneur de province; titre chez les Turcs.

BEYROUT, V. *Baïrout.*

BÈZE (Théodore de), l'un des principaux chefs de la réforme calviniste, m. 1605.

BÉZIERS, s.-préf. de l'Hérault.

BEZOUT, mathématicien français (1730-1783).

BIAFRA, État et golfe de la Guinée.

BIAIS, *sm.* (s nulle), ligne oblique. *Fig.* moyens détournés pour réussir.

BIAISEMENT, sm. action de biaiser.

BIAISER, vn. être ou aller de biais. Fig. user de détours.

BIAISEUR, sm. celui qui biaise. Au f. biaiseuse.

BIAS, philosophe grec (6ᵉ s. av. J. C.).

BIBANS, célèbre défilé de l'Atlas, appelé aussi Portes de fer.

BIBERACH, p. ville du Wurtemberg. Victoire des Français sur les Autrichiens en 1796 et 1800.

BIBERON, sm. petit vase à tuyau pour boire.

BIBERON, ONNE, s. et adj. buveur, ivrogne (pop.).

BIBLE, sf. livre qui contient les saintes Écritures.

BIBLIOGRAPHE, sm. celui qui est versé dans la connaissance de ce qui a rapport aux livres, qui fait des traités sur les livres.

BIBLIOGRAPHIE, sf. science du bibliographe; liste des différentes éditions d'un livre.

BIBLIOGRAPHIQUE, adj. qui a rapport à la bibliographie.

BIBLIOMANE, sm. celui qui a la manie ou passion des livres.

BIBLIOMANIE, sf. (gr. biblion livre, mania manie), manie d'amasser des livres.

BIBLIOPHILE, sm. (gr. biblion livre, philos ami), celui qui aime les livres.

BIBLIOPOLE, sm. (gr. biblion livre, pôléô vendre), libraire.

BIBLIOTHÉCAIRE, sm. celui qui a la garde et le soin d'une bibliothèque.

BIBLIOTHÈQUE, sf. lieu où l'on met les livres; sorte d'armoire qui les contient.

BIBLIQUE, adj. 2 g. qui a rapport à la Bible.

BIBRACTE, ville des Éduens, auj. Autun.

BIBUS, sm. (on pr. l's). Affaire, raisons de bibus, de nulle valeur (fam.).

BICAPSULAIRE, adj. 2 g. qui a deux capsules (bot.).

BICARBONATE et BICARBURE, sm. carbonate, carbure du second degré (chim.).

BICÉPHALE, adj. 2 g. (l. bis deux, gr. képhalé tête), qui a deux têtes.

BICEPS, sm. se dit de certains muscles dont la partie supérieure est divisée en deux.

BICÊTRE, hospice célèbre, près de Paris.

BICHAT, savant médecin franç. (1771-1802).

BICHE, sf. femelle du cerf.

BICHET, sm. (t nul), ancienne mesure pour les grains.

BICHLORATE et BICHLORURE, sm. chlorate, chlorure du second degré (chim.).

BICHON, ONNE, s. petit chien à poils longs.

BICHONNER, va. coiffer, attifer (pop.).

BICONJUGUÉ, ÉE, adj. se dit de feuilles dont le pétiole commun se divise en deux rameaux chargés chacun de deux folioles (bot.).

BICOQUE, sf. place mal fortifiée; très-petite maison.

BICOQUE (LA), village près de Milan. Victoire des Impériaux sur les Français, en 1522.

BICORNU, UE, adj. garni de deux pointes en forme de cornes.

BICUSPIDÉ, ÉE, adj. (l. bis deux, cuspis pointe), se dit des parties de la plante terminées par deux pointes (bot.).

BIDASSOA, rivière qui sert de limite entre la France et l'Espagne.

BIDENTÉ, ÉE, adj. (l. bis deux, dens dent), dont le bord est garni de deux dents (bot.).

BIDET, sm. (t nul), petit cheval; meuble de garde-robe.

BIDON, sm. vase de fer-blanc où l'on met de l'eau, du vin, etc., broc de bois.

BIDOUZE, rivière de France, affluent de l'Adour.

BIDPAY, V. Pilpay.

BIEF ou BIEZ, sm. canal qui mène les eaux sur la roue d'un moulin; parties d'un canal, l'une en amont, l'autre en aval de l'écluse.

BIELLE, sf. pièce qui joint une roue à un levier pour changer le mouvement de va-et-vient en mouvement circulaire.

BIEN, sm. ce qui est juste, honnête, utile, agréable; possession en terres ou en autres valeurs; qualités, vertus : biens de l'esprit, de l'âme.

BIEN, adv. convenablement, parfaitement, beaucoup, très, environ. — Vouloir bien, consentir. — BIEN LOIN DE, loc. prép. au lieu de; tant s'en faut que; BIEN QUE, loc. conj. quoique.

BIEN-AIMÉ, ÉE, adj. et s. plus aimé que les autres (pl. bien aimés).

BIEN-DIRE, sm. beau langage (pas de pl.).

BIEN-DISANT, ANTE, adj. qui parle bien.

BIEN-ÊTRE, sm. (pas de pl.), état d'aisance: bonne situation.

BIENFAISANCE, sf. (on pr. bienfezance), penchant à faire du bien, action d'en faire.

BIENFAISANT, ANTE, adj. (on pr. bienfezan), qui aime à faire du bien.

BIENFAIT, sm. bien que l'on fait; service, grâce.

BIENFAITEUR, TRICE, s. celui, celle qui fait du bien.

BIEN-FONDS, sm. maison ou terre que l'on possède (pl. biens-fonds).

BIENHEUREUX, EUSE, adj. et s. très-heureux, qui jouit de la béatitude éternelle.

BIENNAL, ALE, adj. (on pron. bien-nal), qui dure deux ans (pl. biennaux).

BIENNE ou BIEL, ville et lac de Suisse.

BIENSÉANCE, sf. convenance.

BIENSÉANT, ANTE, adj. qui sied bien, qui est conforme à la bienséance.

BIENTÔT, adv. (t final nul), dans peu de temps.

BIENVEILLANCE, sf. (ll m.), bon vouloir, bonne disposition envers quelqu'un.

BIENVEILLANT, ANTE, adj. (ll m.), qui a ou qui marque de la bienveillance.

BIENVENU, UE, adj. et s. accueilli avec plaisir.

BIENVENUE, sf. heureuse venue; bonne réception.

BIÈRE, sf. cercueil; sorte de boisson.

BIEZ, V. Bief.

BIFARIE, ÉE, adj. (l. bifarius double), disposé en deux séries sur deux faces (bot.).

BIFFAGE, sm. rature.

BIFFER, va. rainrer, annuler.

BIFIDE, adj. 2 g. fendu en deux (bot.).

BIFLABELLÉ, ÉE, adj. (l. bis deux, flabellum éventail), se dit des antennes d'insectes quand elles sont branchues et déployees comme en éventail (zool.).

BIFOLIÉ, ÉE, adj. à deux feuilles (bot.).

BIFTECK, sm. tranche de bœuf grillée.

BIFURCATION, sf. division en deux branches.

BIFURQUE, ÉE, adj. divisé en deux.

BIFURQUER (SE), vpr. se separer en deux branches.

BIGAME, adj. et s. marié à la fois à deux personnes.

BIGAMIE, sf. état, crime du bigame.

BIGARADE, sf. petite orange aigre.

BIGARRÉ, ÉE, adj. qui est de diverses couleurs tranchantes.

BIGARREAU, sm. espèce de cerise.

BIGARREAUTIER, sm. arbre qui porte le bigarreau.

BIGARRER, va. rassembler des couleurs mal assorties.

BIGARRURE, sf. assemblage de couleurs mal assorties. Fig. melange disparate.

BIGÉMINÉ, ÉE, adj. deux fois double (bot.).

BIGLE, adj. 2 g. et s. louche.

BIGLER, vn. loucher.

BIGNON, célèbre magistrat français (1589-1656). — Diplomate franç. (1771-1841).

BIGORRE, partie de la Gascogne.

BIGOT, OTE, adj. et s. qui outre la dévotion.

BIGOTERIE, sf. dévotion outrée.

BIGOTISME, sm. manière de penser et d'agir du bigot.

BIGUE, sf. mât ou matereau avec poulies et servant à soulever des fardeaux.

BIJOU, sm. ouvrage d'une matière précieuse et qui sert à la parure. Fig. ce qui est joli, achevé en son genre; objet de prédilection (pl. bijoux).

BIJOUTERIE, sf. art du bijoutier, produits de cet art.

BIJOUTIER, IÈRE, s. celui, celle qui fait ou vend des bijoux.

BIJUGUÉ, ÉE, adj. se dit de feuilles composées de quatre folioles deux à deux sur un pehole commun (bot.).

BILABIÉ, ÉE, adj. doublement labié, qui a deux lèvres (bot.).

BILAMELLÉ, ÉE, adj. composé de deux petites lames (bot.).

BILAN, sm. état indiquant ce que possède et ce que doit un commerçant. Déposer son bilan, se declarer en faillite.

BILATÉRAL, ALE, adj. se dit d'un contrat, d'une obligation qui lie les deux parties.

BILBAO, ville d'Espagne.

BILBOQUET, sm. sorte de jouet.

BILE, sf. humeur sécretée par le foie. Fig. colère, ressentiment.

BILEDULGÉRID ou PAYS DES DATTES, contrée d'Afrique au sud de l'Atlas.

BILIAIRE, adj. 2 g. qui a rapport à la bile.

BILIEUX, EUSE, adj. et s. qui a beaucoup de bile. Fig. irascible.

BILINGUE, adj. 2 g. qui est en deux langues différentes.

BILL, sm. (on pr. bil), projet de loi en Angleterre.

BILLARD, sm. (ll m.), grande table couverte de drap, sur laquelle on joue avec des billes d'ivoire; le jeu lui-même, la salle où il se tient.

BILLAUD-VARENNES (ll m.), fameux conventionnel, membre du Comité de salut public (1760-1819).

BILLAUT (ll m.), dit Maître-Adam, poète menuisier français, m. 1662.

BILLE, sf. (ll m.), boule d'ivoire; petite boule; baton pour serrer les ballots.

BILLER, va. (ll m.), serrer avec une bille.

BILLET, sm. (ll m.), petite lettre; engagement par écrit de payer une somme, carte pour entrer dans un lieu.

BILLEVESÉE, sf. discours futile, frivole; idée chimerique.

BILLION, sm. milliard.

BILLOM, p. ville du Puy-de-Dôme.

BILLON, sm. (ll m.), monnaie de cuivre, mauvaise monnaie — sf. ados de terrain formé avec la charrue.

BILLONNAGE, sm. (ll m.), action de faire des billons dans un champ.

BILLOT, sm. (ll m. t nul), tronçon de bois gros et court.

BILOBÉ, ÉE, adj. à deux lobes (bot.).

BILOCULAIRE, adj. 2 g. se dit des fruits à deux loges (bot.).

BIMANE, adj. 2 g. qui a deux mains : se dit en zool. de l'homme considéré comme faisant partie de la classe des mammifères.

BIMBELOT, sm. (t nul), jouet d'enfant.

BIMBELOTERIE, sf. fabrique, commerce de jouets.

BIMBELOTIER, sm. fabricant ou marchand de jouets.

BINAGE, sm. action de biner, second labour.

BINAIRE, adj. 2 g. composé de deux unités ou de deux corps simples.

BINER, va. labourer une seconde fois la même terre. — vn. dire deux messes le même jour.

BINET, sm. (t nul), ustensile pour brûler les bouts de chandelle ou de bougie.

BINETTE, sf. instrument pour biner.

BINOCLE, sm. lunette double.

BINOCULAIRE, adj. qui sert aux deux yeux.

BINÔME, sm. quantité algébrique composée de deux termes.

BIOGRAPHE, sm. celui qui écrit des biographies.

BIOGRAPHIE, sf. (gr. bios vie, graphô écrire), histoire de la vie d'une personne.

BIOGRAPHIQUE, adj. 2 g. qui a rapport à une biographie.

BIOLOGIE, sf. (gr. bios vie, logos discours), traité, discours sur le principe de la vie animale.

BION, célèbre poète grec (3e s. av. J. C.).

BIOT, illustre savant français (1774-1862).

BIOXYDE, sm. double oxyde (chim.).

BIPARTIT, ITE, adj. partagé en deux (bot.).

BIPÉDAL, ALE, adj. long de deux pieds.

BIPÈDE, sm. et adj. (l. bis deux ; pes gén. pedis pied), animal à deux pieds.

BIPENNÉ, ÉE ou BIPINNÉ, ÉE, adj. dont le pétiole soutient d'autres pétioles (bot.).

BIQUE, sf. chèvre.

BIQUET, sm. chevreau ; petite balance.

BIRAGUE, chancelier de France et cardinal (1507-1583).

BIRÈME, sf. galère à deux rangs de rames.

BIREN, ministre de Russie et régent (1690-1772).

BIRIBI, sm. sorte de jeu de hasard.

BIRMAN, empire dans l'Indo-Chine.

BIRMINGHAM, g. ville d'Angleterre.

BIRON (Armand Gontaut de), maréchal de France, m. 1592. — (Charles), fils du précédent, compagnon de Henri IV, exécuté pour trahison en 1602. V. Lauzun.

BIS, BISE, adj. tirant sur le brun.

BIS, adv. s. et adj. exprime la répétition d'une chose.

BISAÏEUL, EULE, s. père, mère de l'aïeul ou de l'aïeule.

BISAIGUE, V. Besaiguë.

BISAILLE, sf. (ll m.), farine de dernière qualité.

BISANNUEL, ELLE, adj. qui vit deux ans : se dit des plantes.

BISBILLE, sf. (ll m.), petite querelle.

BIS-BLANC, adj. m. demi-blanc.

BISCAÏEN, sm. sorte de boulet.

BISCARA, p. ville de l'Algérie.

BISCAYE, province d'Espagne.

BISCHWILLER, p. ville (Haut-Rhin).

BISCORNU, UE, adj. mal construit. Fig. bizarre, ridicule.

BISCOTIN, sm. ou BISCOTTE, sf. petit gâteau dur et cassant.

BISE, sf. vent du nord. Fig. l'hiver.

BISEAU, sm. bord en biais, en talus ; outil dont le tranchant est en biseau ; morceau de bois pour serrer les pages de caractères d'imprimerie.

BISER, vn. dégénérer, en parlant des grains. — va. restreindre.

BISET, sm. (t nul), espèce de pigeon.

BISETTE, sf. dentelle de peu de prix.

BISMUTH, sm. métal, l'un des corps simples de la chimie.

BISON, sm. bœuf sauvage d'Amérique.

BISONNE, sf. toile grise.

BISQUE, sf. potage de coulis d'écrevisse.

BISQUER, vn. avoir du dépit, pester (pop.).

BISSAC, sm. besace. Fig. mendicité.

BISSAGOS, archipel sur la côte occidentale de l'Afrique.

BISSECTION, sf. section ou division en deux parties égales (géom.).

BISSECTRICE, sf. ligne qui forme bissection (géom.).

BISSEXTE, sm. addition d'un jour tous les quatre ans au mois de février.

BISSEXTIL, ILE, adj. se dit de l'année où février a 29 jours.

BISTORTE, sf. sorte de plante.

BISTOURI, sm. instrument de chirurgie qui sert à faire des incisions.

BISTRE, sm. couleur de suie.

BISULQUE ou BISULCE, adj. 2 g. qui a le pied fendu par un sillon (zool.).

BITCHE, p. ville (Moselle).

BITHYNIE, partie de l'Asie Mineure, ancien royaume.

BITON, V. Cléobis.

BITONTO, ville de l'Italie méridionale, victoire des Espagnols sur les Impériaux, en 1734.

BITORD, sm. fil à deux brins, petit cordage.

BITUME, sm. matière inflammable, liquide ou solide.

BITUMER, va. garnir de bitume.

BITUMINER, va. enduire de bitume.

BITUMINEUX, EUSE, adj. qui tient du bitume, qui en contient.

BIVAC ou BIVOUAC, sm. station d'une troupe, d'une armée en plein air.

BIVALVE, adj. 2 g. qui a deux valves.

BIVAQUER ou BIVOUAQUER, vn. camper en plein air.

BIVAR, V. Cid (le).

BIZARRE, adj. 2 g. fantasque, capricieux, extraordinaire.

BIZARREMENT, adv. d'une façon bizarre.

BIZARRERIE, sf. humeur bizarre, caprice, singularité.

BIZERTE, ville et port (État de Tunis).

BLACK (Joseph), célèbre chimiste écossais (1728-1799).

BLAFARD, ARDE, adj. pâle, terne.

BLAGUE, sf. petit sac à tabac.

BLAINVILLE (DUCROTAY de), célèbre naturaliste français (1777-1850).

BLAIREAU, sm. sorte de petit quadrupède ; pinceau fait de ses poils.

BLAISE (SAINT), évêque et martyr en 316.

BLAISOIS ou BLÉSOIS, pays de Blois.

BLAKE, fameux amiral anglais (1599-1657).

BLÂMABLE, adj. 2 g. digne de blâme.

BLÂME, sm. sentiment, parole qui désapprouve.

BLÂMER, va. réprimander, reprendre, désapprouver.

BLANC, sm. couleur blanche ; homme de race blanche ; ancienne monnaie ; but où l'on vise ; espace non rempli dans un écrit. — Blanc d'Espagne, sorte de craie ; blanc de baleine, matière provenant de la cervelle de certains cachalots.

BLANC, ANCHE, adj. qui a la couleur de la neige, qui s'en rapproche ; qui est propre. Armes blanches, épées, sabre, baïonnettes ; vers blancs, non rimés ; carte blanche, plein pouvoir.

BLANC-BEC, sm. (pl. blancs-becs), jeune homme sans expérience.

BLANCHAILLE, sf. (ll m.), fretin.

BLANCHÂTRE, adj. 2 g. un peu blanc, tirant sur le blanc.

BLANCHE, *sf.* note de musique valant deux noires; femme de race blanche.

BLANCHE, nom de femme porté par plusieurs princesses. *Mer Blanche,* vaste golfe de l'océan Glacial arctique.

BLANCHEMENT, *adv.* proprement.

BLANCHEUR, *sf.* couleur blanche; qualité de ce qui est blanc.

BLANCHIMENT, *sm.* action de blanchir; résultat de cette action.

BLANCHIR, *va.* rendre blanc, nettoyer. — *vn.* devenir blanc. *Fig.* passer un long temps: *blanchir sous les armes.* — SE BLANCHIR, *vpr.* se justifier.

BLANCHISSAGE, *sm.* action de blanchir le linge; résultat de cette action.

BLANCHISSANT, ANTE, *adj.* qui blanchit, qui paraît blanc.

BLANCHISSERIE, *sf.* lieu où l'on blanchit la toile, la toile.

BLANCHISSEUR, EUSE, *s.* celui, celle qui blanchit le linge.

BLANC-MANGER, *sm.* espèce de gelée aux amandes (pas d's au pl.).

BLANC-SEING ou BLANC SEING (Acad.), *sm.* signature donnée sur un papier laissé en blanc (pl. *blanc-seings*).

BLANDICES, *sf. pl.* flatteries, caresses artificieuses.

BLANQUETTE, *sf.* sorte de poiré, de vin blanc, de ragoût.

BLANQUI (Adolphe), célèbre économiste français (1798-1854).

BLASÉ, ÉE, *adj. Homme blasé,* qui a usé et abusé de tout; dégoûté de tout.

BLASER, *va.* émousser les sens, le goût, la sensibilité.

BLASON, *sm.* science des armoiries; ce qui compose un écusson.

BLASONNER, *va.* peindre, expliquer des armoiries. *Fig.* médire de.

BLASPHÉMATEUR, TRICE, *adj.* et *s.* qui blasphème.

BLASPHÉMATOIRE, *adj.* 2 g. qui contient des blasphèmes.

BLASPHÈME, *sm.* parole impie. *Fig.* propos injuste, déplacé.

BLASPHÉMER, *va.* et *n.* proférer des blasphèmes.

BLATIER, *sm.* marchand de blé.

BLATTE, *sf.* sorte d'insecte.

BLAUDE, *sf.* blouse de charretier.

BLAVET, *riv.* de France; affluent de l'Atlantique.

BLAYE, *s.-préf.* du dép. de la Gironde.

BLE, *sm.* grain dont on fait le pain; plante qui le produit.

BLÊME, *adj.* 2 g. pâle.

BLÊMIR, *vn.* devenir blême.

BLÉNEAU, bourg (Yonne). Victoire de Turenne sur Condé en 1652.

BLENHEIM, p. ville de Bavière. Bataille dite aussi d'*Hochstœdt.* V. ce mot.

BLÉRÉ, ch.-l. de canton (Indre-et-Loire).

BLESSANT, ANTE, *adj.* qui blesse.

BLESSE, ÉE, *adj.* et *s.* qui a reçu une blessure. *Fig.* offensé.

BLESSER, *va.* faire une blessure. *Fig.* incommoder, faire tort à, offenser.

BLESSURE, *sf.* plaie, effet d'un coup violent. *Fig.* offense, douleur morale.

BLET, ETTE, *adj.* mou, trop mûr.

BLETTE ou BLÈTE, *sf.* plante.

BLEU, *sm.* couleur.

BLEU, EUE, *adj.* de la couleur du bleu.

BLEUÂTRE, *adj.* 2 g. un peu bleu, tirant sur le bleu.

BLEUET, V. *Bluet.*

BLEUIR, *va.* et *n.* rendre ou devenir bleu.

BLIDAH, p. ville de l'Algérie.

BLINDAGE, *sm.* action de blinder.

BLINDER, *va.* garnir de blindes.

BLINDES, *sf. pl.* pièces de bois pour soutenir les fascines.

BLOC, *sm.* amas de divers objets; gros morceau de matière dure non travaillée. EN BLOC, *loc. adv.* en totalité et sans examen.

BLOCAGE, *sm.* lettre renversée mise à la place d'une autre (t. d'imprimerie).

BLOCAGE, *sm.* ou BLOCAILLE, *sf.* (ll m.), menu moellon.

BLOCKHAUS, *sm.* petit fort en bois.

BLOCUS, *sm.* (on pr. l's), action de cerner une ville, un port.

BLOIS, ch.-l. du dép. de Loir-et-Cher.

BLOND, *sm.* (d nul), la couleur blonde.

BLOND, ONDE, *adj.* de couleur moyenne entre le doré et le châtain clair. — *s.* celui, celle qui a les cheveux de cette couleur.

BLONDE, *sf.* dentelle de soie.

BLONDEL, célèbre troubadour, ami de Richard Cœur de Lion. — architecte français (1618-1686).

BLONDIN, INE, *adj.* et *s.* qui a les cheveux blonds. *Fig.* jeune homme.

BLONDIR, *vn.* devenir blond.

BLONDISSANT, ANTE, *adj.* qui blondit, qui jaunit.

BLOQUER, *va.* faire le blocus d'une place; pousser une bille dans la blouse, faire un blocage (t. d'imprimerie).

BLOTTIR (SE), *vpr.* se ramasser sur soi-même.

BLOUSE, *sf.* surtout de toile; trou de billard.

BLOUSER, *va.* faire entrer dans la blouse. *Fig.* tromper, duper.

BLUCHER (on pr. *Bluker*), général prussien, m. 1819.

BLUET ou BARBEAU, *sm.* plante; sa fleur.

BLUETTE, *sf.* étincelle. *Fig.* ouvrage d'esprit sans prétention.

BLUMENBACH, célèbre naturaliste allemand (1752-1840).

BLUTAGE, *sm.* action de bluter; résultat de cette action.

BLUTER, *va.* passer la farine par le blutoir.

BLUTERIE, *sf.* lieu où l'on blute.

BLUTOIR ou BLUTEAU, *sm.* sac ou tamis pour séparer la farine du son.

BOA, *sm.* serpent de la plus grande espèce; sorte de fourrure cylindrique.

BOABDIL, dernier roi maure de Grenade, m. 1492.

SOBÈCHE, *sf.* petite pièce mobile qui surmonte le chandelier.

BOBINE, *sf.* cylindre en bois sur lequel on dévide de la soie, du fil, etc.

BOBINER, *va.* dévider sur la bobine.

BOBINETTE, *sf.* petite pièce de bois servant à tenir la porte fermée.

BOBINEUSE, *sf.* celle qui dévide sur la bobine.

BOBO, *sm.* petit mal léger (t. d'enfant).

BOCAGE, *sm.* petit bois. Pays dans le Poitou et la basse Normandie.

BOCAGER, ÈRE, *adj.* qui appartient aux bois, qui les fréquente.

BOCAL, *sm.* (pl. *bocaux*), vase à large ouverture.

BOCCACE, célèbre écrivain italien (1313-1375).

BOCCHERINI (on pr. *Bokérini*), fameux compositeur italien (1740-1806).

BOCCHETTA (LA) (on pr. *Boketta*), célèbre défilé dans les Apennins.

BOCCHORIS (on pr. *Bocorisse*), roi d'Égypte; 8e s. av. J. C.

BOCCHUS (on pr. *Bocusse*), roi de Mauritanie; 1er s. av. J. C.

BODE, célèbre astronome prussien (1747-1826).

BODIN (Jean), fameux publiciste français (1530-1596).

BOÈCE, ministre du roi Theodoric, et philosophe (470-524).

BOEHMERWALD, chaîne de montagnes en Bohème.

BOÉMOND, prince d'Antioche, l'un des chefs de la première croisade.

BOERHAAVE, célèbre médecin et chimiste hollandais (1668-1738).

BOÉTIE, voir *La Boétie*.

BŒUF, *sm.* gros quadrupède ruminant; morceau de sa chair. *Fig.* homme gros; grand travailleur.

BOG ou **BOUG**, riv. de Russie.

BOGHEI, *sm.* cabriolet découvert.

BOGOTA ou SANTA-FÉ DE BOGOTA, capitale de la Nouvelle-Grenade.

BOGUE, *sf.* première enveloppe de la châtaigne; sorte de poisson.

BOHAIN, p. ville (Aisne).

BOHÈME, royaume faisant partie de l'empire d'Autriche.

BOHÉMIEN, IENNE, *adj.* et *s.* de la Bohème. *Fig.* ou BOHÈME, vagabond, dissipateur.

BOHÉMOND, V. *Boémond.*

BOÏARD, V. *Boyard.*

BOÏARDO, poète italien (1430-1494).

BOÏELDIEU, célèbre compositeur français (1775-1834).

BOÏENS, peuple gaulois.

BOILEAU, surnommé DESPRÉAUX, célèbre poète français (1636-1711).

BOIRE, *va.* et *n.* avaler un liquide, absorber, s'imbiber. *Fig. boire un affront*, le recevoir sans rien dire. — *Ind. pr.* je bois, tu bois, il boit; n. buvons, v. buvez, ils boivent; *imp.* je buvais; *p. déf.* je bus; *fut.*

je boirai; *cond.* je boirais; *impér.* bois, buvons, buvez; *subj. pr.* que je boive, que tu boives, qu'il boive, que n. buvions, que v. buviez, qu'ils boivent; *imp.* que je busse; *part. pr.* buvant; *part. p* bu, bue.

BOIRE, *sm.* ce que l'on boit.

BOIS, *sm.* (s nulle), partie dure des arbres; lieu planté d'arbres; cornes des bêtes fauves; ouvrage en bois.

BOISAGE, *sm.* bois employé à une boiserie.

BOISARD, fabuliste franç. (1743-1831).

BOISÉ, EE, *adj.* où il y a des arbres; garni de boiserie.

BOISEMENT, *sm.* plantation de bois.

BOISER, *va.* garnir de menuiserie; planter de bois.

BOISERIE, *sf.* menuiserie garnissant les murs.

BOISEUX, EUSE, *adj.* ligneux, qui tient du bois.

BOIS-LE-DUC, ville de Hollande.

BOISMONT (l'abbé de), prédicateur français (1715-1786).

BOISROBERT, poète et favori du cardinal de Richelieu (1592-1662).

BOISSEAU, *sm.* ancienne mesure pour les grains; ce qu'elle contenait.

BOISSELÉE, *sf.* contenu d'un boisseau. *Boisselée de terre*, où l'on peut semer un boisseau de blé.

BOISSELIER, *sm.* fabricant de boisseaux, de mesures pour les grains.

BOISSELLERIE, *sf.* profession du boisselier; ouvrage du boisselier.

BOISSON, *sf.* ce que l'on boit.

BOISSONADE, célèbre helléniste français (1774-1857).

BOISSY, auteur dramatique français (1694-1758).

BOISSY-D'ANGLAS, membre de la Convention; s'illustra par sa fermeté héroïque (1756-1826).

BOISTE, lexicographe français (1765-1824).

BOÎTE, *sf.* petit coffret de bois, de carton, etc.; son contenu; tabatière; tronc où l'on met les lettres à la poste; petit mortier chargé à poudre.

BOITER, *vn.* clocher en marchant.

BOITEUX, EUSE, *adj.* et *s.* qui boite. *Fig.* qui a quelque chose de trop court.

BOITIER, *sm.* boîte à plusieurs compartiments.

BOJADOR (cap), en Afrique.

BOL, *sm.* médicament en petite boule; vase demi-sphérique, son contenu; sorte de terre colorée.

BOLBEC, p. ville (Seine-Inférieure).

BOLÉRO, *sm.* sorte de danse espagnole.

BOLESLAS, nom de plusieurs rois de Pologne et de Bohème.

BOLET, *sm.* (t nul), genre de champignons.

BOLEYN (Anne), V. *Boulen.*

BOLIDE, *sm.* pierre, corps tombé du ciel.

BOLINGBROKE, célèbre homme d'État anglais (1672-1751).

BOLIVAR, libérateur de l'Amérique espagnole (1783-1830).

BOLIVIE, république de l'Amérique du Sud.

SOLLÈNE, ch.-l. de canton (Vaucluse).

BOLOGNE, ville d'Italie.

BOLONAIS, AISE, *adj.* et *s.* de Bologne. — *sm.* le pays de Bologne.

BOLOR, V. *Bélour*.

BOLSENA, ville et lac d'Italie.

BOLZANO, V. *Botzen*.

BOMBANCE, *sf.* abondance de bonne chère.

BOMBARDE, *sf.* ancienne machine à lancer des pierres; gros canon; sorte de navire.

BOMBARDEMENT, *sm.* action de bombarder.

BOMBARDER, *va.* lancer des bombes.

BOMBARDIER, *sm.* soldat qui lance des bombes.

BOMBAY, *g.* ville de l'Hindoustan.

BOMBE, *sf.* globe de fer creux et rempli de poudre.

BOMBEMENT, *sm.* convexité.

BOMBER, *va.* rendre convexe. — *vn.* devenir convexe.

BOMBIQUE, *adj.* 2 *g.* du ver à soie; extrait de la chrysalide de ce ver.

BOMBYX ou **BOMBYCE**, *sm.* (gr. *bombyx* ver à soie), genre de lépidoptère qui file comme le ver à soie (*zool.*).

BON, **BONNE**, *adj.* qui a toutes les qualités convenables à sa nature; bienfaisant; qui excelle; propre à, utile, avantageux; grand, vigoureux.

BON, *sm.* ce qui est bon; bénéfice; autorisation par écrit; engagement par écrit de payer une somme.

BON, *adv.* agréablement, fortement. — TOUT DE BON, *loc. adv.* réellement, sérieusement. — BON! *interj.* marquant l'étonnement, l'approbation, l'indifférence, etc.

BONACE, *sf.* calme en mer.

BONALD, écrivain et philosophe français (1753-1840).

BONAPARTE (Charles), député de la noblesse de Corse (1746-1785) avait épousé *Letizzia Ramolino*, m. en 1836. Enfants : 1° *Joseph*, roi d'Espagne (1768-1844); 2° *Napoléon Ier*, empereur (1769-1821); 3° *Élisa* (V. *Bacciochi*); 4° *Lucien*, prince de Canino (1773-1840); 5° *Louis*, roi de Hollande (1778-1846); 6° *Pauline*, duchesse de Guastalla et princesse de Borghèse (1741-1825); 7° *Caroline*, femme de Murat et reine de Naples (1782-1839); 8° *Jérôme*, ancien roi de Westphalie (1784-1860).

BONASSE, *adj.* 2 *g.* extrêmement bon, trop bon.

BONAVENTURE (SAINT), célèbre docteur de l'Église (1221-1274).

BONBON, *sm.* friandise faite avec du sucre.

BONBONNIÈRE, *sf.* boîte à bonbons. *Fig.* joli petit logement.

BONCHAMP, célèbre général vendéen (1759-1793).

BON-CHRÉTIEN, *sm.* sorte de poire.

BOND, *sm.* (d mil), rejaillissement d'un corps élastique; saut subit. *Fig. prendre la balle au bond*, saisir le moment favorable.

BONDE, *sf.* pièce de bois qui retient l'eau d'un étang; trou d'un tonneau; tampon de bois qui le bouche.

BONDER, *va.* boucher avec une bonde.

BONDIR, *vn.* faire un ou plus. bonds.

BONDISSANT, ANTE, *adj.* qui bondit.

BONDISSEMENT, *sm.* action de bondir.

BONDON, *sm.* tampon de bois; fromage qui en a la forme.

BONDONNER, *va.* mettre un bondon.

BONDONNIÈRE, *sf.* outil pour faire les bondes.

BONE, v. de l'Algérie, anc. *Hippone*.

BONHEUR, *sm.* état heureux, félicité, évènement ou chance favorable. — PAR BONHEUR, *loc. adv.* heureusement.

BONHOMIE, *sf.* bonté jointe à la simplicité. *Fig.* crédulité.

BONHOMME, *sm.* homme bon jusqu'à la faiblesse; homme crédule.

BONI, *sm.* somme qui reste en sus de la dépense ou des frais; bénéfice.

BONIFACE, deux saints de ce nom. — Nom de plusieurs papes, entre autres Boniface VIII, m. 1303.

BONIFACIO, ville et détroit de la Corse.

BONIFICATION, amélioration, augmentation de produit.

BONIFIER, *va.* améliorer. — *vn.* et SE BONIFIER, *vpr.* devenir meilleur.

BONJOUR, *sm.* terme de salut de jour.

BON MOT, V. *Mot*.

BONN, ville de la Prusse rhénane.

BONNE, *sf.* femme chargée du soin d'un enfant ou du ménage.

BONNE AVENTURE, *sf.* (pl. *bonnes aventures*), heureuse aventure; prétendue prédiction de l'avenir.

BONNE-ESPÉRANCE, cap à l'extrémité méridionale de l'Afrique.

BONNE FOI, *sf.* sincérité, franchise.

BONNE FORTUNE, *sf.* (pl. *bonnes fortunes*), avantage inattendu.

BONNE HEURE (à la), *loc. adv.* bien, soit.

BONNEMENT, *adv.* de bonne foi, simplement.

BONNET, *sm.* sorte de coiffure. *Fig. gros bonnet*, personnage important; *opiner du bonnet*, suivre un avis sans examen; *avoir la tête près du bonnet*, se fâcher aisément; *prendre sous son bonnet*, imaginer; *mettre son bonnet de travers*, entrer en mauvaise humeur.

BONNET (Charles), philosophe et naturaliste genevois (1720-1793).

BONNÉTABLE, p. ville (Sarthe).

BONNETADE, *sf.* salutation.

BONNETERIE, *sf.* métier, commerce, marchandise de bonnetier.

BONNETIER, IÈRE, *s.* fabricant ou marchand de bonnets, de bas, etc.

BONNETTE, *sf.* petite fortification saillante; petites voiles.

BONNEVILLE, s.-préf. de la Haute-Savoie.

BONNIVET, général et amiral français (1488-1525).

BONSOIR, sm. terme de salut du soir.

BONTÉ, sf. qualité de ce qui est bon; humanité, bienveillance, complaisance.

BONZE, sm. prêtre chinois.

BOOZ, bisaïeul de David.

BOQUILLON, sm. (ll m.), bûcheron.

BORACIQUE, V. Borique.

BORATE, sm. nom générique des sels formés par l'acide borique (chim.).

BORATÉ, ÉE, adj. combiné avec l'acide borique.

BORAX, sm. borate de soude.

BORBORYGME, sm. bruit que font les gaz dans l'abdomen.

BORD, sm. (d nul), ce qui termine une surface; rivage; navire; galon pour border.

BORDA, savant franç. (1733-1799).

BORDAGE, sm. planches épaisses qui revêtent le corps d'un navire (mar.).

BORDÉ, sm. galon qui borde.

BORDEAUX, ch.-l. du dép. de la Gironde. — sm. vin de Bordeaux.

BORDÉE, sf. décharge de tous les canons d'un côté du navire; route du navire qui louvoie. Fig. bordée d'injures.

BORDELAIS, AISE, adj. et s. de Bordeaux. — sm. pays de Bordeaux.

BORDER, va. garnir le bord; s'étendre sur le bord; côtoyer.

BORDEREAU, sm. détail des articles qui forment un compte.

BORDEU, célèbre médecin et physiologiste franç. (1722-1776).

BORDURE, sf. ce qui borde.

BORE, sm. l'un des corps simples de la chimie.

BORÉAL, ALE, adj. du nord ou septentrional (pas de pl. m.).

BORÉE, sm. vent du nord.

BORGHÈSE, V. Bonaparte.

BORGIA, ville de l'Italie méridionale; nom d'une célèbre famille romaine.

BORGNE, s. (f. borgnesse, terme bas et injurieux), et adj. 2 g. qui n'a qu'un œil. Fig. obscur, chétif.

BORIQUE, adj. m. acide formé par le bore.

BORIS Godunow, V. Godunow.

BORMIDA, riv. d'Italie, affluent du Tanaro.

BORNAGE, sm. action d'établir des bornes.

BORNE, sf. limite, marque qui distingue les propriétés; pierres placées le long des maisons ou des routes. Fig. fin, terme.

BORNÉ, ÉE, adj. de peu d'étendue; sans intelligence.

BORNEO, grande île de l'Océanie.

BORNER, va. séparer par des bornes, limiter, resserrer. Fig. modérer. — SE BORNER, vpr. se contenter de.

BORNHOLM, île danoise dans la Baltique.

BORNOYER, va. juger d'un alignement, placer des jalons (c. employer).

BORODINO, village de Russie, près du champ de bataille de la Moskowa.

BORRAGINÉES, sf. pl. (l. borrago bourrache), famille de plantes dont la bourrache est le type (bot.).

BORROMÉE (SAINT CHARLES), cardinal et archevêque de Milan (1538-1584). Îles Borromées, dans le lac Majeur.

BORY DE SAINT-VINCENT, savant naturaliste et géographe franç. (1780-1846).

BORYSTHÈNE, anc. nom du Dniéper.

BOSIO, sculpteur célèbre (1768-1845).

BOSNA-SERAÏ, capit. de la Bosnie.

BOSNIE, contrée de la Turquie d'Europe.

BOSON, roi d'Arles et de Provence en 879; m. 888.

BOSPHORE, sm. détroit. Anc. nom du détroit de Constantinople.

BOSQUET, sm. petit bois; touffe d'arbres.

BOSSAGE, sm. ornement en saillie.

BOSSE, sf. grosseur au dos ou à la poitrine; enflure, tumeur, élévation; figure en relief, modèle en plâtre.

BOSSELAGE, sm. travail en bosse sur l'argenterie.

BOSSELER, va. travailler en bosse; bossuer.

BOSSETTE, sf. ornement aux deux côtes du mors d'un cheval.

BOSSOIR, sm. poutre à laquelle est suspendue l'ancre.

BOSSU, UE, adj. et s. qui a une bosse.

BOSSUER, va. faire par accident des bosses à la vaisselle en métal.

BOSSUET, célèbre orateur et écrivain franç., évêque de Meaux (1627-1704).

BOSSUT (l'abbé), savant géomètre français (1730-1814).

BOSTON, sm. sorte de jeu de cartes.

BOSTON, ville et port des États-Unis. — ville d'Angleterre.

BOSWORTH, p. ville d'Angleterre près de Leicester; bataille où fut tué Richard III en 1485.

BOT, adj. m. (t all). Pied bot, contrefait.

BOTANIQUE, sf. (gr. botané plante), science qui traite des végétaux. — adj. Jardin botanique, qui forme une collection de plantes.

BOTANISER, vn. herboriser.

BOTANISTE, sm. celui qui s'occupe de botanique.

BOTANY-BAY, baie sur la côte orientale de la Nouvelle-Hollande.

BOTHWELL, p. ville d'Écosse. — seigneur écossais, époux de Marie Stuart.

BOTNIE ou BOTHNIE, golfe de la mer Baltique; région de la péninsule scandinave.

BOTTA, historien italien (1766-1837).

BOTTE, sf. faisceau d'objets liés ensemble; sorte de chaussure; coup de fleuret ou d'épée; sorte de tonneau.

BOTTELAGE, sm. action de botteler.

BOTTELER, va. mettre en bottes.

BOTTELEUR, EUSE, s. celui, celle qui met du foin, de la paille en bottes.

BOTTER, va. mettre des bottes. — SE BOTTER, vpr. mettre ses bottes.

BOTTIER, sm. cordonnier qui fait des bottes.

BOTTINE, sf. petite botte.

BOTZARIS (Marc), l'un des héros de la Grèce moderne, m. 1823.

BOTZEN ou BOLZANO, ville du Tyrol.

BOUC, sm. mâle de la chèvre.

BOUC, p. ville et port (Bouches-du-Rhône).

BOUCAN, sm. lieu où l'on fume la viande; gril de bois; tapage (pop.).

BOUCANER, va. et n. fumer la viande, le poisson; chasser aux bœufs sauvages.

BOUCANIER, sm. celui qui chasse aux bœufs sauvages; pirate d'Amérique.

BOUCAUT, sm. (t nul), futaille grossière.

BOUCHAIN, place forte (Nord).

BOUCHARDON, sculpteur franç., m. 1762.

BOUCHE, sf. ouverture au bas du visage d'où sort la voix et qui reçoit les aliments; organe de la voix et du goût; ouverture; bouche à feu, canon. Au pl. embouchures des fleuves.

BOUCHÉ, ÉE, adj. clos, fermé. Fig. privé d'intelligence (fam.).

BOUCHÉE, sf. morceau d'aliment qui tient dans la bouche.

BOUCHER, va. fermer.

BOUCHER, ÈRE, s. celui, celle qui vend la chair des bestiaux. Fig. homme cruel.

BOUCHER, peintre franç. (1703-1770).

BOUCHERIE, sf. commerce de boucher, lieu où se vend la viande. Fig. carnage.

BOUCHES-DU-RHÔNE, dép. français dont le ch.-l. est Marseille.

BOUCHE-TROU, sm. (inv.), mauvais remplaçant (fam.).

BOUCHOIR, sm. plaque pour boucher un four.

BOUCHON, sm. ce qui sert à boucher; poignée de paille tortillée. Fig. enseigne de cabaret; cabaret.

BOUCHONNER, va. chiffonner, frotter avec un bouchon de paille.

BOUCHONNIER, sm. fabricant ou marchand de bouchons.

BOUCICAUT, maréchal de France (1364-1421).

BOUCLE, sf. anneau à une ou plusieurs pointes pour serrer; anneau de cheveux frisés. Boucle d'oreille, anneau qui s'attache à l'oreille.

BOUCLEMENT, sm. action de boucler; état de ce qui est bouclé.

BOUCLER, va. attacher avec une boucle; friser les cheveux en boucles.

BOUCLIER, sm. ancienne arme défensive. Fig. défenseur, protecteur.

BOUDDHA, BOUDHA ou BOUDAH, divinité fabuleuse d'Asie.

BOUDDHISME ou BOUDHISME, sm. religion de Bouddha.

BOUDER, vn. et a. montrer de la mauvaise humeur. — SE BOUDER, vpr. être fâché l'un contre l'autre.

BOUDERIE, sf. action de bouder, état où est une personne qui boude.

BOUDEUR, EUSE, adj. et s. qui boude fréquemment.

BOUDHISME, V. Bouddhisme.

BOUDIN, sm. boyau de porc plein de sang et de graisse. Fig. rouleau de cheveux, petite valise, sorte de ressort.

BOUDOIR, sm. cabinet orné avec élégance et à l'usage des dames.

BOUE, sf. fange des rues et des chemins. Fig. abjection.

BOUÉE, sf. pièce de bois ou tonneau flottant servant de signe sur la mer.

BOUEUR, sm. celui qui enlève les boues.

BOUEUX, EUSE, adj. plein de boue.

BOUFARIK, p. ville d'Algérie.

BOUFFANT, ANTE, adj. qui bouffe.

BOUFFÉE, sm. bouffon; au pl. le Théâtre-Italien à Paris.

BOUFFÉE, sf. souffle de vent, de vapeur, de fumée. Fig. accès passager.

BOUFFER, vn. gonfler; s'enfler.

BOUFFETTE, sf. petite houppe, nœud de ruban.

BOUFFIR, va. et n. enfler, devenir enflé. Fig. style bouffi, ampoulé.

BOUFFISSURE, sf. gonflement.

BOUFFLERS, maréchal de France (1644-1711). — (Le chevalier de), général français et poète (1737-1815).

BOUFFON, sm. acteur qui fait rire; le genre bas-comique.

BOUFFON, ONNE, adj. plaisant, facétieux.

BOUFFONNER, vn. faire ou dire des bouffonneries.

BOUFFONNERIE, sf. parole, action bouffonne.

BOUG, V. Bog.

BOUGAINVILLE, célèbre navigateur français (1729-1811).

BOUGE, sm. logement étroit et mal tenu; petit cabinet.

BOUGEOIR, sm. petit flambeau à manche.

BOUGER, vn. se mouvoir, se remuer.

BOUGETTE, sf. petit sac de cuir.

BOUGIE, sf. chandelle de cire.

BOUGIE, ville et port de l'Algérie.

BOUGON, ONNE, adj. et s. qui bougonne souvent (pop.).

BOUGONNER, vn. gronder entre ses dents.

BOUGRAN, sm. toile forte et gommée.

BOUGUER, savant franç. (1698-1758).

BOUHOURS (Le Père), jésuite, habile critique (1628-1702).

BOUILLANT, ANTE, adj. (ll m.), qui bout. Fig. vif, ardent.

BOUILLÉ (marquis de), général franç. (1739-1800). — fils du précédent, général franç. (1769-1850).

BOUILLE, sf. (ll m.), longue perche pour troubler l'eau.

BOUILLEUR, sm. (ll m.), celui qui convertit le vin en eau-de-vie; chaudière d'une machine à vapeur.

BOUILLI, sm. (ll m.), viande bouillie.

BOUILLI, IE, adj. (ll m.), qui a bouilli.

BOUILLIE, sf. (ll m.), potage fait avec de la farine et du lait bouillis.

BOUILLIR, vn. (ll m.), être en ébullition, cuire dans un liquide. Fig. être tourmenté d'une vive ardeur. — Ind. pr. je bous, tu bous, il bout, n. bouillons, v. bouillez, ils bouillent; *imp.* je bouillais ; *p. déf.* je bouil-lis ; *fut.* je bouillirai ; *cond.* je bouillirais ; *impér.* bous, bouillons, bouillez ; *subj. pr.* que je bouille ; *imp.* que je bouillisse ; *part. pr.* bouillant ; *part. p.* bouilli, ie.

BOUILLOIRE, *sf.* (*ll m.*), vase de métal pour faire bouillir de l'eau.

BOUILLON, *sm.* (*ll m.*), bulle d'air, de gaz qui s'élève d'un liquide en ebullition ou en fermentation ; eau bouillie avec de la viande ou des herbes ; bulle d'air dans le verre ; pli rond à une étoffe. *Fig.* ardeur excessive, transport.

BOUILLON (*ll m.*), ville du duché de Luxembourg. — GODEFROY DE BOUILLON, chef de la 1re croisade, et premier roi chrétien de Jérusalem, m. 1100.

BOUILLON-BLANC, *sm.* (*ll m.*), plante, espèce de molène.

BOUILLONNANT, ANTE, *adj.* (*ll m.*), qui bouillonne.

BOUILLONNEMENT, *sm.* (*ll m.*), état d'un liquide qui bouillonne.

BOUILLONNER, *vn.* (*ll m.*), s'élever en bouillons, fermenter. *Fig.* être agité. — *va.* mettre des bouillons à une étoffe.

BOUILLOTTE, *sf.* (*ll m.*), bouilloire ; sorte de jeu de cartes.

BOUKHARA, ville du Turkestan.

BOUKHAREST, capit. de la Valachie.

BOUKHARIE, pays de Boukhara.

BOULAIE, *sf.* lieu planté de bouleaux.

BOULAK, ville d'Égypte, port du Caire.

BOULANGER, *vn.* faire du pain.

BOULANGER, ÈRE, *s.* celui, celle qui fait ou vend du pain.

BOULANGER, erudit et écrivain français (1722-1759).

BOULANGERIE, *sf.* art de faire le pain, lieu où on le vend.

BOULAY DE LA MEURTHE, homme d'État pendant le 1er empire (1761-1840).

BOULE, *sf.* corps sphérique de matière quelconque.

BOULE (André-Charles), sculpteur ébéniste français (1642-1732).

BOULEAU, *sm.* sorte d'arbre.

BOULEDOGUE, *sm.* espèce de dogue.

BOULEN ou BOLEYN (Anne), femme du roi d'Angleterre Henri VIII ; m. 1536.

BOULET, *sm.* boule de fer dont on charge les canons.

BOULETTE, *sf.* petite boule de papier, de cire, de pâte, de viande, etc.

BOULEVARD ou BOULEVART, *sm.* rempart ; promenade ou rue plantée d'arbres. *Fig.* place forte, sauvegarde.

BOULEVERSEMENT, *sm.* renversement, trouble, désordre.

BOULEVERSER, *va.* renverser, mettre dans un grand désordre.

BOULIN, *sm.* trou de colombier ; pot de terre servant de nid aux pigeons. *Trous de boulin*, pratiqués pour planter les perches qui soutiennent les échafauds.

BOULINE, *sf.* cordage de voile.

BOULINGRIN, *sm.* grande pelouse dans un jardin.

BOULONGNE (Bon), peintre français (1649-1717).

BOULOGNE, s.-préf. du Pas-de-Calais.

BOULOGNE (Étienne-Antoine de), évêque de Troyes et bon prédicateur (1747-1825).

BOULOIR, *sm.* instrument pour remuer la chaux.

BOULON, *sm.* cheville de fer à tête ronde.

BOULONNAIS, le pays de Boulogne.

BOULONNER, *va.* fixer avec un boulon.

BOUQUET, *sm.* (*t* nul), assemblage de fleurs, de certaines choses liées ensemble ; gerbe de fusées ; parfum du vin.

BOUQUET (dom *Martin*), savant benédictin français (1685-1754).

BOUQUETIER, *sm.* vase à fleurs.

BOUQUETIÈRE, *sf.* marchande de bouquets.

BOUQUETIN, *sm.* espèce de petit bouc sauvage.

BOUQUIN, *sm.* vieux bouc ; lièvre mâle ; vieux livre.

BOUQUINER, *vn.* rechercher les vieux livres ; les lire.

BOUQUINERIE, *sf.* amas de vieux livres.

BOUQUINEUR, *sm.* celui qui aime à bouquiner.

BOUQUINISTE, *sm.* marchand de vieux livres.

BOURACAN, *sm.* gros camelot.

BOURBE, *sf.* fange liquide.

BOURBEUX, EUSE, *adj.* plein de bourbe.

BOURBIER, *sm.* lieu plein de bourbe. *Fig.* être dans un bourbier, dans une mauvaise affaire.

BOURBON, nom d'une branche des Capétiens. — ILE BOURBON ou de la RÉUNION, île de la mer des Indes. — BOURBON-LANCY, p. ville (Saône-et-Loire). — BOURBON-L'ARCHAMBAULT, p. ville (Allier). — BOURBON-VENDÉE ou NAPOLÉON-VENDÉE, ch.-l. du dép. de la Vendée.

BOURBON (duc de), connétable de France (1489-1527).

BOURBONNAIS, anc. province de France.

BOURBONNE-LES-BAINS, p. ville (Haute-Marne).

BOURDALOUE, célèbre prédicateur français (1632-1704).

BOURDE, *sf.* mensonge, défaite (pop.)

BOURDON, *sm.* insecte ; bâton de pèlerin ; grosse cloche ; basse continue. *Faux-bourdon*, sorte de chant d'église.

BOURDON (Sébastien), peintre français (1616-1671).

BOURDON (Léonard), conventionnel (1758-1815).

BOURDON DE L'OISE, conventionnel (m. 1797).

BOURDONNEMENT, *sm.* bruit sourd, murmure confus.

BOURDONNER, *vn.* produire un bourdonnement. — *va.* chanter entre ses dents. *Fig.* importuner par des paroles.

BOURG, *sm.* (on pron. *bourk*), autrefois ville forte, aujourd'hui petite ville ou gros village.

BOURG, ch.-l. du dép. de l'Ain.

BOURGADE, sf. petit bourg.

BOURGANEUF, s.-pref. de la Creuse.

BOURG-DU-PÉAGE, chef-lieu de canton (Drôme).

BOURGEOIS, EOISE, s. habitant d'un bourg, d'une ville; celui pour lequel travaillent des ouvriers; roturier. — adj. qui appartient à la bourgeoisie; commun, vulgaire.

BOURGEOISEMENT, adv. à la manière des bourgeois.

BOURGEOISIE, sf. qualité de bourgeois, corps des bourgeois.

BOURGEON, sm. bouton d'où il doit sortir des feuilles, des fruits. — Fig. bouton rouge au visage.

BOURGEONNÉ, ÉE, adj. qui a des bourgeons.

BOURGEONNER, vn. jeter ou avoir des bourgeons.

BOURGES, ch.-l. du dép. du Cher.

BOURGMESTRE, sm. magistrat en Allemagne et en Hollande.

BOURGOGNE, anc. province de France.

BOURGOIN, ch.-l. de canton (Isère).

BOURGOING (le Père), général des Oratoriens, et écrivain religieux (1585-1662).

BOURG-SAINT-ANDÉOL, p. ville (Ardèche).

BOURGUIGNON, ONNE, adj. et s. de Bourgogne.

BOURGUIGNONS, peuple germain qui envahit la Gaule; nom d'un parti sous le règne de Charles VI.

BOURMONT, maréchal de France (1773-1846).

BOURNOU, ville et État de la Nigritie.

BOURNOUS, V. Burnous.

BOURRACHE, sf. sorte de plante.

BOURRADE, sf. coup de crosse de fusil. Fig. reparhe dure.

BOURRASQUE, sf. violent coup de vent. Fig. mauvaise humeur passagère, vexation imprévue, redoublement d'un mal.

BOURRE, sf. poil détaché des peaux que l'on prépare; soie grossière; duvet des bourgeons; ce qui sert à bourrer une arme à feu.

BOURREAU, sm. (fem. bourrelle), exécuteur des arrêts criminels. Fig. homme cruel; bourreau d'argent, dissipateur.

BOURRÉE, sf. fagot de menues branches; sorte de danse.

BOURRÈLEMENT, sm. état d'une âme bourrelée de remords.

BOURRELER, va. tourmenter (v. geler).

BOURRELERIE, sf. métier, commerce du bourrelier.

BOURRELET ou BOURRLET, sm. (t mol), coussin rond ou cylindrique rempli de bourre; bonnet rembourré pour les enfants.

BOURRELIER, sm. fabricant ou marchand de bâts, de selles, de harnais.

BOURRER, va. mettre une bourre dans une arme à feu; remplir à l'excès. — Fig. faire manger à l'excès; maltraiter.

BOURRICHE, sf. panier pour transporter le gibier, la volaille, etc.

BOURRIENNE, secrétaire intime de Napoléon Ier (1769-1834).

BOURRIQUE, sf. ânesse. Fig. ignorant.

BOURRIQUET, sm. ânon; civière.

BOURRU, UE, adj. brusque, d'humeur chagrine.

BOURSAULT, auteur dramatique français (1638-1701).

BOURSE, sf. petit sac pour l'argent; son contenu; pension fondée pour l'entretien gratuit d'un élève dans un collège; édifice où se réunissent les commerçants.

BOURSICAUT, sm. petite bourse (fam.).

BOURSIER, sm. élève qui a obtenu une bourse dans un collège.

BOURSILLER, vn. (ll m.), contribuer chacun à une petite dépense.

BOURSOUFLAGE, sm. enflure (ne se dit que du style).

BOURSOUFLER, va. rendre enflé.

BOURSOUFLURE, sf. enflure.

BOUSCULADE, sf. action de bousculer.

BOUSCULER, va. pousser en tous sens; mettre sens dessus dessous.

BOUSE, sf. fiente de bœuf ou de vache.

BOUSIER, sm. sorte de coléoptère.

BOUSILLAGE, sm. (ll m.), mélange de chaume et de terre. — Fig. ouvrage peu soigné.

BOUSILLER, vn. (ll m.), faire du bousillage. — va. mal faire.

BOUSILLEUR, EUSE, adj. (ll m.), celui, celle qui bousille.

BOUSSAC, s.-pref. de la Creuse.

BOUSSOLE, sf. cadran avec une aiguille aimantée dont la pointe se dirige toujours vers le nord. Fig. guide.

BOUT, sm. (t nul), extrémité d'un espace ou d'un corps; ce qui garnit l'extrémité; petite partie d'un objet. Fig. jusqu'au bout, jusqu'à la fin; pousser à bout, faire perdre patience; bout d'homme, homme très-petit; venir à bout d'une chose, la terminer; à tout bout de champ, à tout moment; au bout du compte, tout bien considéré; tirer à bout portant, le bout de l'arme touchant presque l'objet; d'un bout à l'autre, du commencement à la fin.

BOUTADE, sf. caprice, saillie, humeur passagère.

BOUTAN, État au n. de l'Hindoustan.

BOUTANT, adj. V. Arc-boutant.

BOUT D'AILE, sm. plume de l'extrémité de l'aile (pl. bouts d'aile).

BOUT DE L'AN, sm. service funèbre célébré un an après la mort.

BOUTE-EN-TRAIN, sm. (inv.), celui qui pousse les autres à la joie.

BOUTE-FEU, sm. (inv. et suivant l'Acad. boute-feux au pl.), incendiaire; mèche pour mettre le feu au canon. Fig. celui qui excite les disputes.

BOUTEILLE, sf. (ll m.), vase à goulot, son contenu. Fig. le vin.

BOUTER, va. mettre (t. mol).

BOUTE-SELLE, sm. (inv.), signal militaire pour avertir de seller les chevaux.

BOUTILLIER ou BOUTEILLER, sm. (ll m.), échanson.

BOUTIQUE, sf. lieu où l'on vend des marchandises.

BOUTIQUIER, IÈRE, s. celui, celle qui tient boutique.

BOUTOIR. sm. groin du sanglier; outil de maréchal. Fig. coup de boutoir, propos dur.

BOUTON, sm. bourgeon, fleur naissante; petite tumeur sur la peau; petites pièces rondes pour attacher un vêtement, ce qui en a la forme.

BOUTON-D'ARGENT, sm. plante à fleurs blanches (pl. boutons-d'argent).

BOUTON-D'OR, sm. plante à fleurs jaunes (pl. boutons-d'or).

BOUTONNER, va. attacher au moyen de boutons. — vn. pousser des bourgeons.

BOUTONNERIE, sf. fabrique, commerce, marchandise du boutonnier.

BOUTONNIER, sm. fabricant, marchand de boutons.

BOUTONNIÈRE, sf. fente pour y passer le bouton.

BOUT-SAIGNEUX, sm. (pl. bouts-saigneux), cou saignant de veau ou de mouton.

BOUTS-RIMÉS, sm. pl. vers dont les rimes sont données d'avance.

BOUTURE, sf. branche détachée de l'arbre et replantée.

BOUVERIE, sf. étable à bœufs.

BOUVET, sm. (t nul), rabot à rainures.

BOUVIER, IÈRE, s. gardeur, gardeuse de bœufs. Fig. personne grossière; constellation.

BOUVILLON, sm. (ll m.), jeune bœuf.

BOUVINES, village près de Lille (Nord). Victoire de Philippe-Auguste sur l'empereur Othon IV et Ferrand, comte de Flandre, en 1214.

BOUVREUIL, sm. sorte d'oiseau.

BOUXWILLER, p. ville (Bas-Rhin).

BOVINE, adj. f. Race bovine, bêtes bovines, les bœufs, les vaches.

BOXE, sf. lutte à coups de poing.

BOXER, vn. se battre à coups de poing.

BOXEUR, sm. lutteur à la boxe.

BOYARD, sm. seigneur russe; fém. boyarde.

BOYAU, sm. intestin, conduit des aliments. Fig. conduit en cuir; chemin étroit.

BOYAUDERIE, sf. lieu où l'on prepare les boyaux.

BOYAUDIER, sm. celui qui prépare les cordes à boyau.

BOYER (Alexis), célèbre chirurgien français (1757-1833). — (Jean-Pierre), président de la république d'Haïti (1776-1850). — V. Fonfrède.

BOYLE (Robert), savant physicien et chimiste anglais (1626-1691).

BOYNE, rivière d'Irlande. Défaite de Jacques II par Guillaume III en 1688.

BRABANÇON, ONNE, adj. et s. du Brabant. V. Routiers.

BRABANT, province de la Belgique et de la Hollande.

BRACELET, sm. (t nul), ornement que l'on met au bras.

BRACHIAL, ALE, adj. (on pron. brakial), du bras, qui appartient au bras (pl. brachiaux).

BRACHIOPODES, sm. pl. (on pr. brakiopodes; gr. brachiôn épaule, bras; pous pied), ordre de mollusques à tentacules adhérents à la bouche, et servant à la fois de bras et de pieds (zool).

BRACHYPTÈRES, sm. pl. (on pron. brakiptéra: gr. brachys court, ptéron aile), famille d'oiseaux palmipèdes à ailes très-courtes (zool.).

BRACONNAGE, sm. action de braconner.

BRACONNER, vn. chasser furtivement sur les terres d'autrui.

BRACONNIER, sm. celui qui braconne.

BRACONNOT, savant chimiste français (1780-1855).

BRACTÉE, sf. petite feuille qui naît à l'aisselle des fleurs (bot.).

BRACTÉOLE, sf. petite bractée (bot.).

BRADLEY, savant astronome anglais (1692-1762).

BRAGA, ville de Portugal.

BRAGANCE, ville de Portugal; nom de la maison régnante de Portugal.

BRAGUETTE, sf. fente du devant d'une culotte.

BRAHMA, divinité principale des Hindous.

BRAHMANE, sm. prêtre et philosophe indien.

BRAHMANIQUE, adj. 2 g. qui appartient aux brahmanes.

BRAHMANISME, sm. doctrine des brahmanes.

BRAHMAPOUTRA, fleuve d'Asie; se jette dans l'océan Indien.

BRAHME ou BRAHMINE, sm. brahmane.

BRAI, sm. suc noirâtre et résineux qui sert à calfater.

BRAIE, sf. linge pour les enfants; au pl. haut-de-chausses.

BRAILLARD, ARDE, adj. et s. (ll m.), qui braille.

BRAILLEMENT, sm. (ll m.), cri désagréable de quelques animaux.

BRAILLER, vn. (ll m.), crier sans cesse, parler trop haut.

BRAILLEUR, EUSE, adj. et s. (ll m.), qui braille.

BRAIMENT ou BRAIRE, sm. cri de l'âne.

BRAIRE, vn. et défectif; se dit de l'âne qui crie. Fig. chanter mal; crier. — Ne s'emploie qu'à l'infinitif pr., aux 3es p. de l'ind. pr., il brait, ils braient; du fut. il braira, ils brairont, et du cond. il brairait, ils brairaient.

BRAISE, sf. charbon ardent ou que l'on a éteint.

BRAISER, va. faire cuire sur la braise.

BRAISIER, sm. huche à braise.

BRAISIÈRE, sf. vase pour faire cuire sur la braise ou pour étouffer la braise.

BRAMANTE (le), célèbre architecte italien (1444-1514).

BRAME ou BRAMINE, V. Brahmane.

BRAMER, vn. crier (en parlant du cerf).

BRANCARD, sm. (d nul), espèce de civière; bras d'une voiture.

BRANCHAGE, sm. ensemble des branches d'un arbre.

BRANCHE, sf. bois qui sort du tronc d'un arbre; au fig. ce qui y ressemble par la forme; diverses parties d'une science, d'une industrie, etc.; familles issues d'une même tige.

BRANCHER, va. pendre à une branche. — vn. percher.

BRANCHE-URSINE, sf. acanthe.

BRANCHIES, sf. pl. ouïes, organes respiratoires des poissons et d'autres animaux.

BRANCHIONS sm. pl. (on pron. brankion), ordre d'Annélides (zool.).

BRANCHIOPODES, sm. pl. (on pron. brankiopode; gr. bragchia branchies, pous pied), ordre de Crustacés comprenant ceux qui ont des branchies placées sur les pattes (zool.).

BRANCHU, UE, adj. garni de beaucoup de branches.

BRANDADE, sf. mets provençal fait avec de la morue.

BRANDE, sf. bruyère.

BRANDEBOURG, sm. (g nul), broderie accompagnant la boutonnière.

BRANDEBOURG, province de Prusse.

BRANDEVIN, sm. eau-de-vie.

BRANDILLEMENT, sm. (ll m.), action de brandiller.

BRANDILLER, va. (ll m.), balancer, agiter. — vn. se balancer, s'agiter.

BRANDIR, va. agiter dans sa main une arme, un bâton.

BRANDON, sm. torche de paille; flammèches qui jaillissent d'un incendie. Fig. ce qui excite.

BRANDONNER, va. mettre des brandons.

BRANDYWINE, p. rivière des États-Unis, affluent de la Delaware. Bataille perdue par Washington contre les Anglais en 1777.

BRANLANT, ANTE, adj. qui branle, qui penche; mal assuré.

BRANLE, sm. oscillation. Fig. première impulsion; sorte de danse.

BRANLE-BAS, sm. préparatifs d'un combat naval (mar.).

BRANLEMENT, sm. mouvement de ce qui branle.

BRANLER, va. remuer en plusieurs sens. — vn. être agité, mal assuré.

BRANLOIRE, sf. planche ou solive à se balancer.

BRANTÔME, chroniqueur français (1527-1614).

BRAQUE, sm. et adj. 2 g. sorte de chien de chasse. Fig. étourdi, un peu fou.

BRAQUEMART, sm. (t nul), ancienne épée courte et large.

BRAQUEMENT, sm. action de braquer.

BRAQUER, va. tourner un canon, une lunette

dans une direction en ajustant. Fig. braquer ses regards, les fixer sur.

BRAS, sm. (s nulle), membre du corps partant de l'épaule; objet dont la forme ressemble à celle du bras. Fig. partie d'eau resserrée entre deux terres; puissance qui agit. Avoir les bras longs, avoir du pouvoir. A TOUR DE BRAS, loc. adv. de toutes ses forces.

BRASER, va. souder deux morceaux de métal.

BRASIDAS, général spartiate, m. 422 av. J. C.

BRASIER, sm. charbons ardents; bassin de métal où on les met.

BRASILLER, va. et n. (ll m.) cuire un peu sur la braise; présenter une traînée de lumière.

BRASSAGE, sm. action de brasser la bière.

BRASSARD, sm. (d nul), armure couvrant le bras; sorte de cylindre pour jouer au ballon.

BRASSE, sf. mesure de la longueur des deux bras étendus.

BRASSÉE, sf. autant que l'on peut contenir entre ses bras.

BRASSER, va. remuer à force de bras; brasser de la bière, en faire. Fig. tramer secrètement.

BRASSERIE, sf. art du brasseur de bière, établissement du brasseur.

BRASSEUR, EUSE, s. celui, celle qui brasse de la bière et la vend en gros.

BRASSIÈRES, sf. pl. petite camisole d'enfant. Fig. contrainte.

BRASSIN, sm. cuve à bière, son contenu.

BRASURE, sf. endroit où deux morceaux de métal sont soudés.

BRAVACHE, sm. faux brave.

BRAVADE, sf. action ou parole par laquelle on brave effrontément quelqu'un.

BRAVE, adj. 2 g. et s. courageux, honnête, bon, obligeant, bien vêtu.

BRAVEMENT, adv. en brave; habilement.

BRAVER, va. affronter sans crainte; traiter avec mépris, défier.

BRAVERIE, sf. élégance dans les vêtements.

BRAVISSIMO, interj. très-bien.

BRAVO, sm. et interj. mot italien dont on se sert pour applaudir (pl. bravos suiv. l'Acad. ou bravi).

BRAVOURE, sf. courage guerrier.

BRAY (pays de), partie de la Normandie.

BRAYETTE, V. Braguette.

BRÉA, général français (1790-1848).

BRÉBEUF, poète français (1618-1661).

BREBIS, sf. (s nulle), femelle du bélier. Fig. chrétien sous la conduite du pasteur.

BRÈCHE, sf. ouverture faite à un mur, à un rempart, à une clôture, etc. Fig. tort, dommage, diminution.

BRÈCHE-DENT (Acad.), ou mieux BRÈCHE-DENTS, adj. et s. qui a une brèche dans les dents (pl. brèche-dents).

BRÉCHET, sm. (t nul), sternum, os du creux de l'estomac (fam.).

BRÉDA, ville de Hollande.

BRÉDI-BRÉDA, adv. trop précipitamment.

BREDOUILLE, sm. (ll m.), partie double gagnée au trictrac ; marque de 2 jetons.

BREDOUILLEMENT, sm. (ll m.), action de bredouiller.

BREDOUILLER, va. et n. (ll m.), parler vite et peu distinctement.

BREDOUILLEUR, EUSE, adj. et s. (ll m.), qui bredouille.

BREF, BRÈVE, adj. de peu de durée, court ; qui se prononce rapidement. — BREF, adv. enfin, en peu de mots. — BRÈVE, sf. syllabe ou note brève.

BREF, sm. lettre pastorale du pape.

BRÉGUET, fameux horloger mécanicien français (1747-1823.)

BRELAN, sm. sorte de jeu de cartes.

BRELANDER, vn. jouer sans cesse aux cartes.

BRELANDIER, IÈRE, s. joueur, joueuse de profession (t de mépris.)

BRELOQUE, sf. petit bijou que l'on pend à une chaîne de montre ; curiosité de peu de valeur. V. Berloque.

BRÈME, sf. poisson de rivière.

BRÈME, ville libre de la Confédération germanique.

BRENNEVILLE, lieu de l'ancien Vexin, près des Andelys. Défaite de Louis VI le Gros par Henri Ier, roi d'Angleterre, en 1119.

BRENNUS, nom de plusieurs généraux gaulois (4e et 3e s. av. J. C.).

BRENTA, rivière d'Italie ; se jette dans l'Adriatique.

BRESCIA ou BRESSE, ville de la Lombardie.

BRÉSIL, sm. sorte de bois rouge.

BRÉSIL, empire dans l'Amérique méridionale.

BRÉSILIEN, IENNE, adj. et s. du Brésil.

BRÉSILLER, va. (ll m.), rompre en petits morceaux.

BRESLAU, ville de Prusse, capitale de la Silésie.

BRESLE, rivière de France ; se jette dans la Manche.

BRESSE, partie de la Bourgogne. V. Brescia.

BRESSUIRE, s.-préf. des Deux-Sèvres.

BREST, s.-préf. du Finistère.

BRETAGNE, ancienne province de France. — GRANDE-BRETAGNE, grande île comprenant l'Angleterre et l'Écosse. — NOUVELLE-BRETAGNE, vaste région de l'Amérique du Nord ; archipel de l'Océanie.

BRETAILLER, vn. (ll m.), tirer souvent l'épée ; fréquenter les salles d'armes.

BRETAILLEUR, s. m. (ll m.), querelleur, qui aime à se battre.

BRETAUDER, va. tondre inégalement ; bretauder un cheval, lui couper les oreilles.

BRETELLE, sf. courroie à porter les fardeaux ; bandes soutenant le pantalon.

BRETEUIL, ch.-l. de canton (Eure et Oise).

BRETEUIL (Baron de), ministre sous Louis XVI (1733-1807).

BRÉTIGNY, hameau près de Chartres, célèbre par un traité de 1360.

BRETON, ONNE, adj. et s. de la Bretagne. —

BRETONS, anciens habitants de la Grande-Bretagne.

BRETTE, sf. épée (fam.).

BRETTELER, va. tailler, gratter avec un instrument à dents (c. appeler).

BRETTEUR, sm. duelliste.

BREUVAGE, sm. boisson.

BRÈVE, sf. V. Bref.

BREVET, sm. (t nul, titre, diplôme, certificat ; sorte d'acte, d'obligation.

BREVETER, va. donner un brevet.

BREVETÉ, ÉE, adj. et s. qui a obtenu un brevet.

BRÉVIAIRE, sm. livre d'office d'un ecclésiastique, l'office lui-même. Fig. lecture habituelle.

BRÉVIPENNES, sm. pl. (l. brevis court, penna plume de l'aile), famille d'oiseaux échassiers à ailes courtes zool.)

BRÉVIROSTRE, adj. (l. brevis court, rostrum bec), qui a le bec court (zool.).

BRIAL (Dom), savant bénédictin français (1743-1828).

BRIANÇON, s.-préf. des Hautes-Alpes.

BRIARE, petite ville (Loiret).

BRIARÉE, l'un des géants qui attaquèrent le ciel (Myth.).

BRIBE, sf. gros morceau de pain ; au pl. restes d'un repas. Fig. citations, phrases prises sans discernement.

BRIC-À-BRAC, sm. vieille ferraille, vieux objets de hasard.

BRICE (St), évêque de Tours, m. 444.

BRICK ou BRIG, sm. sorte de navire.

BRICOLE, sf. partie du harnais d'un cheval de trait ; longe de cuir pour porter un fardeau ; retour d'une bille qui a frappé la bande. Fig. moyen détourné.

BRICOLER, vn. jouer de bricole, biaiser.

BRICOLIER, sm. cheval attaché près du brancard.

BRIÇONNET, cardinal et ministre sous Charles VIII, m. 1514.

BRIDAINE (le Père), célèbre missionnaire français (1701-1767).

BRIDE, sf. partie du harnais qui sert à conduire le cheval ; lien de coiffure ; points pour arrêter les boutonnières. Fig. ce qui sert de frein.

BRIDER, va. mettre la bride à un cheval ; serrer étroitement ; lier. Fig. réprimer.

BRIDON, sm. bride légère.

BRIE, partie de la Champagne et de l'Île-de-France.

BRIE-COMTE-ROBERT, p. ville (Seine-et-Marne).

BRIEF, IÈVE, adj. court, bref.

BRIENNE, p. ville (Aube).

BRIÈVEMENT, adv. en peu de mots.

BRIÈVETÉ, sf. courte durée, concision.

BRIEY, s.-préf. de la Moselle.

BRIG, V. Brick.

BRIGADE, sf. corps de troupes ; division d'une compagnie de gendarmes ; réunion d'hommes sous un chef.

BRIGADIER, sm. chef d'une brigade.

BRIGAND, sm. bandit, voleur.

BRIGANDAGE, sm. vol à main armée; pillage, exaction, concussion.

BRIGANDEAU, sm. fripon.

BRIGANDER, vn. vivre ou agir en brigand.

BRIGANDINE, sf. sorte d'anc. armure.

BRIGANTIN, sm. et BRIGANTINE, sf. sortes de navires.

BRIGGS, célèbre mathématicien anglais (1556-1630).

BRIGHTON, ville d'Angleterre sur la Manche.

BRIGITTE (Ste), princesse de Suède (1302-1373.)

BRIGNAIS, village près de Lyon. Défaite de Jacques de Bourbon, comte de la Marche, par les Tard-Venus, en 1360.

BRIGNOLES, s.-pref. du dép. du Var.

BRIGUE, sf. manœuvre pour obtenir une chose; cabale.

BRIGUER, va. chercher à obtenir par brigue; ambitionner.

BRIGUEUR, sm. celui qui brigue.

BRILLAMMENT, adv. (ll m.), d'une manière brillante.

BRILLANT, ANTE, adj. (ll m.), qui brille. — sm. éclat; diamant taillé.

BRILLANTER, va. (ll m.), tailler un diamant. Fig. donner un faux éclat; style brillante, plein de faux brillants.

BRILLER, vn. (ll m.), reluire; jeter un vif éclat (au propre et au figuré).

BRIMBALE, sf. levier d'une pompe.

BRIMBALER, va. agiter, secouer.

BRIMBORION, sm. chose inutile, de peu de valeur.

BRIN, sm. première pousse d'un végétal; petite partie, petite quantité d'une chose. — BRIN A BRIN, loc. adv. peu à peu.

BRIN D'ESTOC, sm. bâton ferré par les deux bouts.

BRINDE, sf. toast.

BRINDES, ville et port de l'Italie méridionale.

BRINDILLE, sf. (ll m.), petite branche.

BRIOCHE, sf. sorte de pâtisserie. Fig. étourderie, maladresse (fam.).

BRIOUDE, s.-pref. de la Haute-Loire.

BRIQUE, sf. morceau de terre pétrie et cuite. Fig. ce qui en a la forme.

BRIQUET, sm. (t nul), instrument à obtenir du feu; sabre d'infanterie.

BRIQUETAGE, sm. maçonnerie en briques; imitation de briques.

BRIQUETER, va. et n. imiter la brique.

BRIQUETERIE, sf. lieu où l'on fait la brique.

BRIQUETIER, sm. celui qui fait ou vend des briques.

BRIQUETTE, sf. petite masse de houille, de tourbe ou de tan, servant de combustible.

BRIS, sm. (s nulle), action de briser, rupture; débris de navire.

BRISABLE, adj. 2 g. que l'on peut briser.

BRISANT, sm. écueil; objet sur lequel la mer se brise.

BRISE, sf. vent léger.

BRISE-COU, sm. V. Casse-cou.

BRISÉES, sf. pl. débris de branches jetées à terre pour marquer une trace. Fig. suivre les brisées, imiter; aller sur les brisees, entrer en rivalité.

BRISE-GLACE, sm. (inv.), angle, éperon ou arc-boutant devant les piles d'un pont pour briser les glaces.

BRISEMENT, sm. choc des flots qui se brisent. Fig. brisement de cœur, douleur vive.

BRISE-MOTTES, sm. (inv.), cylindre pour briser les mottes de terre.

BRISER, va. rompre, casser, mettre en pièces, fatiguer. — vn. heurter violemment. — SE BRISER, vpr. être mis en pièces, se plier, s'allonger. Brisons là, n'en parlons plus.

BRISE-RAISON, sm. (inv.), personne qui parle à tort et à travers.

BRISE-TOUT, sm. (inv.), maladroit qui casse tout.

BRISEUR, EUSE, adj. et s. qui brise.

BRISE-VENT, sm. (inv.), clôture qui garantit les arbres de l'action du vent.

BRISGAU, pays du g.-duché de Bade.

BRISOIR, sm. instrument à briser le chanvre, la paille, etc.

BRISQUE, sf. sorte de jeu de cartes.

BRISSAC, nom de plusieurs maréchaux de France.

BRISSON (Barnabé), magistrat français (1531-1591).

BRISSOT dit de Warville, célèbre révolutionnaire (1754-1793).

BRISTOL, ville et port d'Angleterre.

BRISURE, sf. partie brisée.

BRITANNICUS, fils de l'empereur Claude, empoisonné par Néron, l'an 56.

BRITANNIQUES (îles), la Grande-Bretagne, l'Irlande, les Hébrides, etc.

BRIVES, ou BRIVES-LA-GAILLARDE, s.-pref. du dép. de la Corrèze.

BROC, sm. (on pron. bro), vase à anse pour le vin. — DE BRIC ET DE BROC, loc. adv. d'une manière et d'une autre.

BROCANTAGE, sm. action de brocanter.

BROCANTER, vn. acheter, revendre des marchandises d'occasion.

BROCANTEUR, EUSE, s. celui, celle qui brocante.

BROCARD, sm. (d nul), raillerie mordante.

BROCARDER, va. accabler de brocards.

BROCARDEUR, EUSE, s. celui, celle qui dit des brocards.

BROCART, sm. (t nul), étoffe de soie brochée d'or ou d'argent.

BROCATELLE, sf. imitation de brocart; marbre de diverses couleurs.

BROCHAGE, sm. action de brocher des livres.

BROCHE, sf. verge de fer à rôtir la viande; diverses choses qui en ont la forme; cheville pour boucher un tonneau; petites verges adaptées aux rouets, aux métiers à filer; au pl. défenses du sanglier.

BROCHÉE, sf. viande qui garnit une broche.

BROCHER, va. passer de l'or, de la soie dans une étoffe; coudre ensemble les feuilles d'un livre. *Fig.* faire à la hâte. *Brochant sur le tout*, en surcroît.

BROCHET, *sm.* (*t* nul), sorte de poisson.

BROCHETON, *sm.* petit brochet.

BROCHETTE, *sf.* petite broche; petit bâton pour donner à manger aux jeunes oiseaux. *Fig. élever à la brochette*, elever avec beaucoup de soin.

BROCHEUR, EUSE, *s.* celui, celle qui broche des livres.

BROCHOIR, *sm.* marteau de maréchal ferrant.

BROCHURE, *sf.* action, art de brocher; livre broché.

BROCOLI, *sm.* chou d'Italie.

BRODEQUIN, *sm.* sorte de chaussure. *Fig.* symbole de la comédie.

BRODER, *va.* faire avec une aiguille des dessins en relief sur une étoffe. *Fig.* embellir, altérer un récit.

BRODERIE, *sf.* dessin en relief sur une étoffe. *Fig.* embellissements.

BRODEUR, EUSE, *s.* celui, celle qui brode.

BRODY, ville de la Gallicie (Autriche).

BROIE, *sf.* outil pour broyer le chanvre.

BROIEMENT, ou **BROÎMENT**, *sm.* action de broyer, résultat de cette action.

BRÔME, *sm.* (gr. *brômos* puanteur) l'un des corps simples de la chimie.

BROMÉLIACÉES, *sf. pl.* famille de plantes ayant pour type l'ananas, dont le nom botanique est *bromelia ananas*.

BRÔMHYDRIQUE, *adj.* se dit d'un acide gazeux composé de brôme et d'hydrogène (*chim.*).

BRÔMIQUE, *adj.* se dit d'un acide formé par l'oxygène et le brôme (*chim.*).

BRÔMURE, *sm.* nom de certains composés binaires formés par le brôme.

BRONCHADE, *sf.* action de broncher.

BRONCHE, *sf.* conduit par lequel l'air entre dans les poumons.

BRONCHEMENT, *sm.* action de broncher.

BRONCHER, *vn.* faire un faux pas. *Fig.* faillir, manquer à ses devoirs.

BRONCHIAL, ALE, et **BRONCHIQUE**, *adj.* qui appartient aux bronches.

BRONCHITE, *sf.* irritation, inflammation des bronches.

BRONCHOTOMIE, *sf.* (on pron. *bronkotomie*), incision de la trachée-artère (gr. *brogchos* trachée-artère, *tomê* incision).

BRONGNIART (Alexandre), célèbre minéralogiste et géologue français (1770-1847).

BRONZE, *sm.* alliage de cuivre, de zinc et d'étain; ouvrage de ce métal.

BRONZÉ, ÉE, *adj.* qui a la couleur du bronze.

BRONZER, *va.* peindre en couleur de bronze; brunir.

BROQUART, *sm.* (*t* nul), bête fauve d'un an.

BROQUETTE, *sf.* petit clou à tête.

BROSSE, *sf.* ustensile garni de poils ou de crins pour nettoyer; sorte de pinceau.

BROSSER, *va.* frotter, nettoyer avec une brosse.

BROSSERIE, *sf.* fabrication, commerce, magasin de brosses.

BROSSIER, *sm.* celui qui fait ou vend des brosses.

BROU, *sm.* enveloppe verte de la noix.

BROUÉE, *sf.* brouillard.

BROUET, *sm.* (*t* nul), potage au lait et au sucre. *Fig.* mauvais ragoût.

BROUETTE, *sf.* chaise à deux roues traînée à bras; petit tombereau à une roue que l'on pousse devant soi.

BROUETTÉE, *sf.* contenu d'une brouette.

BROUETTER, *va.* transporter, traîner dans une brouette.

BROUETTEUR, *sm.* celui qui traîne des personnes dans une brouette.

BROUETTIER, *sm.* celui qui transporte un fardeau dans une brouette.

BROUHAHA, *sm.* (*inv.*), bruit confus.

BROUILLAMINI, *sm.* (*ll m.*), désordre, brouillerie.

BROUILLARD, *sm.* (*ll m.*), vapeur qui obscurcit l'air; livre de commerce. — *adj. m.* *papier brouillard*, qui boit.

BROUILLE, *sf.* (*ll m.*), brouillerie (*fam.*).

BROUILLEMENT, *sm.* (*ll m.*), mélange.

BROUILLER, *va.* (*ll m.*), mêler; troubler l'ordre, mettre la désunion. — *vn.* mettre en désordre. — SE BROUILLER, *vpr.* s'embarrasser, se gâter.

BROUILLERIE, *sf.* (*ll m.*), désunion.

BROUILLON, *sm.* (*ll m.*), premier écrit à mettre au net.

BROUILLON, ONNE, *adj. et s.* (*ll m.*), qui a l'habitude de brouiller, de s'embrouiller.

BROUIR, *va.* se dit du soleil qui brûle les plantes après une gelée blanche.

BROUISSURE, *sf.* dommage causé aux plantes par la gelée.

BROUSSAILLES, *sf. pl.* (*ll m.*), ronces, menu bois.

BROUSSAIS, célèbre médecin français (1772-1838).

BROUSSE, ville de la Turquie d'Asie.

BROUSSEL, conseiller au parlement, l'un des acteurs de la Fronde en 1648.

BROUSSIN, *sm.* excroissance sur les branches de certains arbres.

BROUT, *sm.* première pousse des jeunes tailles.

BROUTANT, ANTE, *adj.* qui broute.

BROUTER, *va. et n.* paître.

BROUTILLES, *sf. pl.* (*ll m.*), menues branches. *Fig.* choses de peu de valeur.

BROYER, *va.* écraser, mettre en poudre. *Fig.* *broyer du noir*, se livrer à des idées sombres (c. *employer*).

BROYEUR, *sm.* celui qui broie.

BROYON, *sm.* instrument à broyer, à prendre l'encre d'imprimerie.

BRU, *sf.* femme du fils.

BRUANT, *sm.* sorte d'oiseau.

BRUANT (Libéral), célèbre architecte français, m. 1697.

BRUAT, amiral français (1796-1855).

BRUCE (Robert), célèbre chef écossais, père de Robert 1er, roi d'Écosse en 1306.

BRUCTÈRES, peuple germain.

BRUEYS, auteur dramatique franç. (1640-1723). — amiral français (1753-1798).

BRUGÈS, ville de Belgique.

BRUGNON, sm. espèce de pêche.

BRUINE, sf. petite pluie froide et très-fine.

BRUINER, v. imp. se dit de la bruine qui tombe.

BRUIRE, vn. et défectif : rendre un bruit confus. — Il ne s'emploie qu'à l'inf. pr., à la 3e p. de l'ind. pr. il bruit, et aux 3es p. de l'imp. il bruyait, ils bruyaient.

BRUISSEMENT, sm. bruit confus.

BRUIT, sm. (t nul), assemblage de sons peu distincts ; éclat que fait une chose ; tumulte ; nouvelle, renommée.

BRUIX, amiral franç. (1759-1805).

BRÛLANT, ANTE, adj. qui brûle, qui a une grande chaleur. Fig. très-animé.

BRÛLÉ, sm. odeur, goût de ce qui est brûlé.

BRÛLEMENT, sm. action de brûler ; état de ce qui brûle.

BRÛLER, va. consumer, endommager par le feu ou par les corrosifs ; échauffer avec excès. — vn. être consumé. Fig. désirer ardemment. — A BRULE-POURPOINT, loc. adv. à bout portant.

BRÛLERIE, sf. atelier où se fait l'eau-de-vie.

BRÛLE-TOUT, sm. (inv.), bobèche pour brûler les bouts de chandelle.

BRÛLEUR, sm. celui qui brûle.

BRÛLOIR, sm. ustensile pour torréfier.

BRÛLOT, sm. (t nul), navire pour en incendier d'autres ; morceau très-épicé. Fig. homme ardent.

BRÛLURE, sf. action, impression du feu ou d'une matière brûlante.

BRUMAIRE, sm. deuxième mois de l'année républicaine.

BRUMAL, ALE, adj. de l'hiver (pas de pl. m.).

BRUME, sf. gros brouillard.

BRUMEUX, EUSE, adj. chargé de brume.

BRUN, sm. couleur tirant sur le noir.

BRUN, UNE, adj. de couleur du brun. — s. celui, celle qui a les cheveux bruns. — SUR ou A LA BRUNE, loc. adv. à l'entrée de la nuit.

BRUNÂTRE, adj. 2 g. tirant sur le brun.

BRUNE, maréchal de France (1763-1815).

BRUNEHAUT, reine d'Austrasie (534-613).

BRUNELLESCHI (on pr. Brunelleski), célèbre architecte florentin (1377-1444).

BRUNET, ETTE, adj. et s. un peu brun.

BRUNI, IE, adj. rendu brun. — sm. le poli en orfèvrerie.

BRUNIR, va. rendre brun, polir. — vn. devenir brun.

BRUNISSAGE, sm. travail du brunisseur.

BRUNISSEUR, EUSE, s. celui, celle qui brunit les métaux.

BRUNISSOIR, sm. outil pour brunir.

BRUNISSURE, sf. poli d'un métal, façon donnée aux étoffes pour mieux assortir leurs teintes.

BRUNN, capitale de la Moravie.

BRUNO (SAINT), fondateur de l'ordre des Chartreux (1030-1101).

BRUNO (Giordano), philosophe italien, m. 1600.

BRUNSWICK, ville et duché d'Allemagne.

BRUSQUE, adj. 2 g. prompt, subtil ; bourru, incivil.

BRUSQUEMENT, adv. d'une manière brusque.

BRUSQUER, va. traiter rudement, offenser par des paroles ; agir, faire brusquement.

BRUSQUERIE, sf. caractère d'une personne brusque ; chose brusque.

BRUT, UTE, adj. grossier, raboteux, qui n'est pas poli, ni travaillé. Fig. produit brut, y compris les frais ; poids brut, poids de la marchandise avec son enveloppe.

BRUTAL, ALE, adj. et s. qui tient de la brute ; grossier et emporté.

BRUTALEMENT, adv. avec brutalité.

BRUTALISER, va. traiter durement.

BRUTALITÉ, sf. vice du brutal ; action ou parole brutale.

BRUTE, sf. animal privé de raison. Fig. homme sans esprit ni raison.

BRUTIUM (on pr. Bruciome), partie de l'Italie ancienne, aujourd'hui Calabre.

BRUTUS (Junius), fondateur de la république romaine, m. 508 av. J. C. — (Marcus Junius), l'un des assassins de César, m. 42 av. J. C.

BRUXELLES (on pr. Brusselle), capitale de la Belgique.

BRUYAMMENT, adv. d'une manière bruyante.

BRUYANT, ANTE, adj. qui fait du bruit, où il se fait du bruit.

BRUYÈRE, sf. sorte de plante ligneuse ; lieu où elle croît.

BRYOZOAIRES, sm. pl. (gr. bryô abonder, zôarion animalcule), classe de malacozoaires microscopiques, qui vivent réunis en très-grand nombre (zool.).

BUACHE, célèbre géographe français (1700-1773).

BUANDERIE, sf. lieu où l'on fait la lessive.

BUANDIER, IÈRE, s. celui, celle qui blanchit le linge, les toiles neuves.

BUBASTE, ville de l'Égypte ancienne.

BUBE, sf. petite pustule.

BUBON, sm. tumeur à l'aine ou aux aisselles.

BUCCAL, ALE, adj. de la bouche (pl. m. buccaux).

BUCCIN, sm. sorte d'instrument à vent ; sorte de coquillage.

BUCCINE, sf. sorte de trompette.

BUCENTAURE, sm. nom d'un vaisseau vénitien.

BUCÉPHALE, sm. cheval d'Alexandre le Grand. Fig. cheval de parade ; rosse.

BUCH (la Teste de), V. Teste.

BUCH (Leopold de), célèbre géologue allemand (1774-1853).

BUCHANAN, écrivain écossais (1506-1582).

BUCHAREST, V. Boukharest.

BÛCHE, sf. pièce de bois de chauffage. *Fig.* personne stupide.

BÛCHER, sm. lieu où l'on serre le bois; pile de bois qui servait à brûler des condamnés ou des cadavres.

BÛCHER, va. dégrossir une pièce de bois. *Fig.* frapper (*pop.*).

BÛCHERON, sm. celui qui abat et coupe le bois.

BÛCHETTE, sf. petite bûche.

BUCKINGHAM, ville et comté d'Angleterre. — (Duc de), ministre des rois d'Angleterre Jacques Ier et Charles Ier (1592-1628).

BUCOLIQUE, adj. 2 g. se dit des poésies pastorales. — sf. pl. poésies pastorales de Virgile. *Fig.* amas de choses de peu d'importance.

BUDE ou **OFEN,** capit. de la Hongrie.

BUDÉ (Guillaume), célèbre érudit français (1467-1540).

BUDGET, sm. (t nul), état des recettes et des dépenses de l'année.

BUDGÉTAIRE, adj. 2 g. du budget.

BUÉE, sf. lessive.

BUEIL (Jean de), comte de Sancerre, célèbre guerrier sous Charles VII et Louis XI, m. 1480.

BUENOS-AYRES, capitale de la république de la Plata.

BUFFET, sm. (t nul), armoire pour la vaisselle; table sur laquelle on dispose différents mets; menuiserie qui renferme les orgues.

BUFFIER, savant jésuite français (1661-1737).

BUFFLE, sm. espèce de bœuf, son cuir. *Fig.* homme sans esprit (*pop.*).

BUFFLETERIE, sf. pièces de l'équipement d'un soldat, en buffle ou en cuir.

BUFFLETIN, sm. jeune buffle.

BUFFON, célèbre naturaliste et écrivain français (1707-1788).

BUGEAUD, maréchal de France (1784-1849).

BUGEY, partie de l'ancien gouvernement de Bourgogne.

BUGLE, sf. sorte de plante.

BUGLOSE ou **BUGLOSSE,** sf. sorte de plante.

BUGRANE, sf. sorte de plante, vulgairement *arrête-bœuf.*

BUIS, sm. (s nulle), sorte d'arbuste; son bois.

BUISSON, sm. touffe d'arbrisseaux sauvages, partie d'un bois peu étendue.

BUISSONNEUX, EUSE, adj. plein de buissons.

BUISSONNIER, IÈRE, adj. se dit des lapins qui se retirent dans les buissons. *Fig. faire l'école buissonnière,* manquer sa classe pour se promener.

BUKOWINE. partie de la Gallicie.

BULBE, sm. et f. oignon de plante. — sm. partie globuleuse (*anat.*).

BULBEUX, EUSE, adj. formé d'un bulbe, qui produit des bulbes.

BULBIFÈRE, adj. 2 g. qui porte des bulbes (*bot.*).

BULBIFORME, adj. 2 g. en forme de bulbe (*bot.*).

BULBILLE, sm. petit bulbe.

BULGARE, adj. 2 g. de la Bulgarie; au pl. peuple originaire d'Asie.

BULGARIE, province de la Turquie d'Europe.

BULLANT (Jean), sculpteur et architecte français, m. 1578.

BULLE, sf. globule d'air à la surface d'un liquide; lettre du pape; constitution de quelques empereurs.

BULLÉ, ÉE, adj. se dit d'une feuille bosselée en dessus, creuse en dessous (*bot.*).

BULLETIN, sm. petit billet par lequel on donne son suffrage; compte journalier d'une affaire, d'une situation; recueil : *bulletin des lois.*

BULOW, général prussien (1755-1816).

BUONARROTI, V. *Michel-Ange.*

BUPLÈVRE, sm. sorte de plante.

BUPRESTE, sm. genre de coléoptère.

BURALISTE, s. 2 g. celui, celle qui tient un bureau de poste, de tabac, etc.

BURAT, sm. (t nul), bure grossière.

BURE, sf. grosse étoffe de laine.

BUREAU, sm. comptoir, table pour écrire; lieu de travail. *Fig.* personnes choisies dans une assemblée pour un travail particulier, division d'une administration.

BUREAUCRATE, sm. employé dans un bureau d'administration.

BUREAUCRATIE, sf. (on pr. *bureaucraci*) influence des bureaucrates.

BUREAUCRATIQUE, adj. 2 g. qui concerne la bureaucratie.

BURETTE, sf. petit vase à goulot.

BÜRGER, poète allemand (1748-1794).

BURGONDES ou **BOURGUIGNONS,** peuple germain.

BURGOS, ville d'Espagne (Vieille-Castille).

BURGRAVE, sm. ancien titre de dignité en Allemagne.

BURGRAVIAT, sm. dignité de burgrave.

BURGUNDES, V. *Burgondes.*

BURIDAN (Jean), philosophe scolastique, recteur de l'Université de Paris en 1327.

BURIN, sm. outil d'acier pour graver sur les métaux. *Fig.* art du graveur.

BURINER, va. graver avec le burin. *Fig.* imprimer fortement dans l'esprit.

BURLAMAQUI, célèbre publiciste genevois (1694-1748).

BURLESQUE, adj. 2 g. bouffon, risible. — sm. style qui travestit les choses sérieuses.

BURLESQUEMENT, adv. d'une manière burlesque.

BURNOUF, célèbre grammairien et traducteur français (1775-1844).

BURNOUS, sm. (on pr. l's), sorte de manteau arabe.

BURON, sm. hutte où se fait le fromage dans les montagnes.

BURRHUS, gouverneur de Néron.

BURSAL, ALE, adj. qui a pour objet un impôt (pl. m. *bursaux*).

BUSARD, sm. sorte d'oiseau de proie.

BUSC, sm. lame flexible dans un corset ou une robe.

BUSE, sf. sorte d'oiseau de proie. *Fig.* personne stupide, ignorante.

BUSIRIS, nom d'un roi égyptien, d'une ville de l'Egypte anc. et d'un tyran d'Espagne tué par Hercule.

BUSQUER, va. mettre un busc.

BUSSY D'AMBOISE, l'un des chefs du massacre de la Saint-Barthélemy.

BUSSY-LECLERC, l'un des Seize pendant la Ligue.

BUSSY-RABUTIN (comte de), écrivain français (1618-1693).

BUSTE, sm. partie supérieure du corps depuis a poitrine ; sculpture qui la reproduit.

BUT, sm. (on pr. le t), point où l'on vise. *Fig.* fin que l'on se propose. — BUT à BUT, *loc. adv.* sans avantage de part ni d'autre, DE BUT EN BLANC, *loc. adv.* sans raison.

BUTE, sf. outil pour couper la corne du pied des chevaux.

BUTER, vn. frapper au but. tendre à. — va. affermir, soutenir. — SE BUTER, vpr. s'opiniâtrer à, se contrarier.

BUTIN, sm. ce qui est pris à l'ennemi. *Fig.* profit, richesse, proie.

BUTINER, vn. faire du butin.

BUTOMÉES, sf. pl. famille de plantes dont le type est le butome ou jonc fleuri (bot.).

BUTOR, sm. oiseau de proie. *Fig.* homme grossier, brutal.

BUTTE, sf. petite élévation de terre. *Fig.* *Être en butte,* être exposé à.

BUTTÉE, sf. massif de pierres à l'extrémité d'un pont, pour résister à la poussée des arches.

BUTTER, va. garnir, entourer de terre. — vn. broncher, faire un faux pas.

BUTYREUX, EUSE, adj. (l. *butyrum* beurré), qui est de la nature du beurre.

BUTYRINE, sf. substance grasse qui, avec l'oléine et la stéarine, constitue le beurre.

BUVABLE, adj. 2 g. potable.

BUVANT, ANTE, adj. qui boit. *Bien buvant et bien mangeant,* en bonne santé.

BUVARD, adj. m. (d nul), se dit d'un papier qui boit. — sm. cahier fait de ce papier.

BUVETIER, sm. celui qui tient une buvette.

BUVETTE, sf. lieu où l'on trouve à boire et à manger un peu.

BUVEUR, EUSE, adj. et s. qui aime à boire, qui boit beaucoup et souvent.

BUVOTTER, vn. boire à petits coups et souvent.

BUZANÇAIS, p. ville (Indre).

BUZOT, l'un des chefs du parti girondin (1760-1798).

BYBLOS, nom de deux villes de l'antiquité, l'une en Phénicie, l'autre en Egypte.

BYNG (George), amiral anglais (1664-1730). — (John), fils du précédent et amiral (1704-1757).

BYRON (lord), célèbre poète anglais (1788-1824).

BYRSA, citadelle de Carthage.

BYSSUS, sm. (on pr. l's), matière à riches tissus chez les anciens.

BYZACÈNE, contrée de l'Afrique anc.

BYZANCE, auj. Constantinople.

BYZANTIN, INE, adj. et s. de Byzance. *Empire byzantin,* empire d'Orient. Se dit aussi d'un style de peinture et d'architecture.

C

C, 3e lettre de l'alphabet. En chiffre romain C vaut 100.

ÇA, adv. de lieu : ici. — ÇÀ et LÀ, *loc. adv.* de côté et d'autre. — ÇA ! *interj.* pour encourager, pour exciter.

ÇA (sans accent), contraction de cela (fam.) : *donnez-moi ça.*

CABALANT, ANTE, adj. qui cabale.

CABALE, sf. tradition juive sur l'interprétation de la Bible ; art chimérique de commander aux esprits. *Fig.* intrigue, complot.

CABALER, vn. intriguer pour faire réussir une chose.

CABALEUR, EUSE, s. celui, celle qui cabale.

CABALISTE, sm. savant dans la cabale des Juifs.

CABALISTIQUE, adj. 2 g. qui appartient à l'art de la cabale.

CABAN, sm. sorte de vêtement avec un capuchon.

CABANE, sf. petite chaumière, hutte de berger, réduit en planches.

CABANIS, célèbre médecin français (1757-1808).

CABANON, sm. loge où l'on renferme les fous ; cachot.

CABARET, sm. lieu où l'on achète, où l'on boit du vin ; plateau garni de tasses.

CABARETIER, IÈRE, s. celui, celle qui tient un cabaret.

CABAS, sm. (on pron. *caba*), sorte de panier.

CABESTAN, sm. tourniquet avec câble pour tirer les fardeaux.

CABILLAUD, sm. (ll m.), morue fraîche.

CABINE, sf. petite chambre de navire.

CABINET, sm. chambre de travail ou d'étude ; lieu où l'on met des tableaux, des curiosités ; petite pièce d'un appartement. *Fig.* conseil des ministres.

CÂBLE, sm. gros cordage.

CÂBLER, va. faire un câble.

CABOCHE, sf. tête (fam.) ; clou à grosse tête.

CABOCHE, boucher, chef de faction sous le règne de Charles VI.

CABOCHIENS, faction qui avait pour chef le boucher Caboche.

CABOCHON, sm. pierre précieuse non taillée.

CABOT, père et fils, célèbres navigateurs vénitiens : le père découvrit Terre-Neuve en 1497.

CABOTAGE, sm. navigation le long des côtes, de cap en cap.

CABOTER, vn. faire le cabotage.

CABOTEUR, adj. m. qui fait le cabotage.

CABOTIER, sm. bâtiment pour faire le cabotage.

CABOTIN, INE, s. mauvais acteur.

CABOUL, Voir Kaboul.

CABRAL (Alvarez), navigateur portugais, qui découvrit le Brésil en 1500.

CABRER (SE), vpr. se dit du cheval qui se dresse sur les pieds de derrière. Fig. s'emporter, se fâcher contre.

CABRÉRA, l'une des îles Baléares.

CABRI, sm. chevreau.

CABRIÈRES, village près de la fontaine de Vaucluse.

CABRIOLE, sf. saut d'agilité.

CABRIOLER, vn. faire des cabrioles.

CABRIOLET, sm. sorte de voiture.

CABRIOLEUR, sm. celui qui fait des cabrioles.

CABUS, adj. (s nulle), Chou cabus, pommé.

CACABER, vn. se dit du cri de la perdrix.

CACADE, sf. entreprise manquée par imprudence ; lâcheté (fam.).

CACAO, sm. amande dont on fait le chocolat.

CACAOYER ou CACAOTIER, sm. arbre qui produit le cacao.

CACATOIS, sm. petit mât.

CACHALOT, sm. (t nul), grand cétacé du genre des baleines.

CACHE, sf. lieu propre à cacher.

CACHE-CACHE, sm. jeu d'enfant.

CACHÉ, EE, adj. dissimulé, secret.

CACHEMIRE, sm. sorte de tissu de laine très-fine.

CACHEMIRE ou CACHEMYR, ville et royaume d'Asie.

CACHE-NEZ, sm. (inv.), grande cravate pour garantir du froid le bas du visage.

CACHER, va. mettre en un lieu secret ; dissimuler, couvrir.

CACHET, sm. (t nul), petit sceau, son empreinte sur la cire carte portant cette empreinte ; ce qui ferme une lettre. Fig. caractère particulier qui fait reconnaître une chose.

CACHETER, va. mettre un cachet.

CACHETTE, sf. petite cache. — EN CACHETTE, loc. adv. secrètement.

CACHOT, sm. (t nul), prison obscure.

CACHOTTERIE, sf. mystère pour des choses peu importantes.

CACHOTTIER, IÈRE, adj. et s. qui fait des cachotteries.

CACHOU, sm. suc d'un arbre des Indes.

CACIQUE, sm. ancien prince du Mexique ou du Pérou.

CACIS, V. Cassis.

CACOCHYME, adj. 2 g. rempli de mauvaises humeurs, malsain. Fig. bizarre, chagrin.

CACOCHYMIE, sf. (gr. kakos mauvais, chymos humeur), état du cacochyme.

CACOGRAPHIE, sf. (gr. kakos mauvais, graphô écrire), orthographe vicieuse.

CACOGRAPHIQUE, adj. 2 g. de cacographie.

CACOLET, sm. (t nul), panier à dossier sur une bête de somme.

CACOLOGIE, sf. (gr. kakos mauvais, logos discours), mauvaise locution.

CACOLOGIQUE, adj. 2 g. de cacologie.

CACOPHONIE, sf. (gr. kakos mauvais ; phonê voix, son), son désagréable, voix ou instruments discordants.

CACTÉES, sf. pl. ou CACTIERS, sm. pl. famille des cactus (bot).

CACTUS, sm. (on pr. l's), sorte de plante.

CACUMINÉ, ÉE, adj. (l. cacumen sommet), qui forme cime ou sommet (bot.).

CACUS, brigand tué par Hercule (myth).

CADASTRAL, ALE, adj. du cadastre.

CADASTRE, sm. plan et estimation des propriétés territoriales.

CADASTRER, va. faire le cadastre.

CADAVÉREUX, EUSE, adj. qui tient du cadavre.

CADAVÉRIQUE, adj. 2 g. qui a rapport au cadavre.

CADAVRE, sm. corps mort.

CADEAU, sm. petit présent ; don.

CADENAS, sm. (on pron. cadena), sorte de serrure mobile.

CADENASSER, va. fermer avec un cadenas.

CADENCE, sf. mesure qui règle les mouvements ; tremblement de sons ; harmonie d'une phrase, d'un vers.

CADENCÉ, ÉE, adj. mesuré par temps égaux.

CADENCER, va. régler sur la cadence ; rendre harmonieux.

CADENETTE, sf. longue tresse de cheveux.

CADET, ETTE, adj. et s. puîné, second frère ; le plus jeune, le dernier des enfants.

CADI, sm. juge turc.

CADIS, sm. (s nulle), serge de laine.

CADIX, ville d'Espagne.

CADMÉE (la), citadelle de l'anc. Thèbes en Béotie.

CADMIE, sf. oxyde de zinc qui s'attache aux parois des fourneaux.

CADMIUM, sm. (on pr. cadmiome), métal, l'un des corps simples de la chimie.

CADMUS, fondateur de Thèbes, 16e s. av. J.C.

CADOGAN, V. Catogan.

CADORE (duc de), V. Champagny.

CADOUDAL (Georges), chef d'une conjuration contre le 1er consul Bonaparte, m. 1804.

CADRAN, sm. surface où sont marquées les heures.

CADRATURE, sf. assemblage des pièces qui font marcher les aiguilles d'un cadran.

CADRE, sm. bordure de tableau ; châssis. Fig. plan et disposition des parties d'un ouvrage ; officiers d'une compagnie.

CADRER, vn. être en rapport ; avoir de la convenance avec.

CADUC, UQUE, adj. tombant ; cassé, ruiné par la vieillesse. Mal caduc, épilepsie.

CADUCÉE, sm. baguette de Mercure ; bâton des hérauts d'armes.

CADUCITÉ, *sf.* état d'une personne, d'une chose caduque.

CADURQUES, peuple gaulois dans l'Aquitaine.

CAEN, ch.-l. du dép. du Calvados.

CÆRE, anc. ville d'Étrurie, adj. *Cerretri.*

CAFARD, ARDE, *adj.* et *s.* hypocrite.

CAFARDERIE, *sf.* hypocrisie.

CAFARDISE, *sf.* acte de dévotion affectée.

CAFÉ, *sm.* graine du caféier, breuvage qu'on en fait ; lieu public où on le prend.

CAFÉIER ou **CAFIER**, *sm.* arbuste qui produit le café.

CAFÉIÈRE, *sf.* plantations de caféiers.

CAFETAN ou **CAFTAN**, *sm.* robe turque.

CAFETIER, *sm.* maître d'un café.

CAFETIÈRE, *sf.* vase pour faire ou pour contenir le café.

CAFFA, ville de Russie sur le détroit de Caffa ou d'Iénikaleh.

CAFFARELLI *du Falga*, général français (1756-1799). — (comte), son frère, général et pair de France (1766-1849).

CAFFAS, *sm.* (on pron. *caffa*), sorte de panier en sparterie.

CAFIER, V. *Caféier.*

CAFRE, *adj.* et *s.* 2 g. de la Cafrerie.

CAFRERIE, région de l'Afrique méridionale.

CAGE, *sf.* loge en grillage pour les oiseaux ou pour d'autres animaux.

CAGLIARI (on pron. *Cailiari*, ll m.), capit. de l'île de Sardaigne.

CAGLIOSTRO (on pron. *Cailiostro*, ll m.), fameux aventurier thaumaturge (1743-1795).

CAGNARD, ARDE, *adj.* et *s.* (*d* nul), fainéant, poltron (*pop.*).

CAGNARDER, *vn.* vivre dans la paresse.

CAGNARDISE, *sf.* paresse (*pop.*).

CAGNEUX, EUSE, *adj.* qui a les genoux en dedans.

CAGOT (*t* nul), OTE, *adj.* et *s.* faux dévot.

CAGOTERIE, *sf.* action du cagot.

CAGOTISME, *sm.* fausse dévotion.

CAHIER, *sm.* assemblage de feuilles de papier; mémoire écrit.

CAHIN-CAHA, *adv.* tant bien que mal.

CAHORS, ch.-l. du dép. du Lot.

CAHOT, *sm.* (*t* nul), secousse d'une voiture. *Fig.* contrariété.

CAHOTAGE, *sm.* mouvement résultant des cahots.

CAHOTANT, ANTE, *adj.* qui cahote, qui fait cahoter.

CAHOTER, *va.* et *n.* produire ou éprouver des cahots. *Fig.* tourmenter.

CAHUTE, *sf.* cabane, maisonnette.

CAÏD, *sm.* chef, gouverneur dans les États barbaresques.

CAÏEU, *sm.* petit bulbe.

CAÏFA ou **CAIFFA**, ville de Syrie.

CAILHAVA, auteur dramatique français (1731-1813).

CAILLE, *sf.* (ll m.), sorte d'oiseau.

CAILLÉ, *sm.* (ll m.), lait caillé.

CAILLEBOTTE, *sf.* (ll m.), masse de lait caillé.

CAILLE-LAIT, *sm.* (inv.), sorte de plante.

CAILLEMENT, *sm.* (ll m.), état de ce qui est caillé.

CAILLER, *va.* (ll m.), coaguler.

CAILLETAGE, *sm.* (ll m.), babil.

CAILLETEAU, *sm.* (ll m.), petite caille.

CAILLETER, *vn.* (ll m.), babiller.

CAILLETTE, *sf.* (ll m.), personne babillarde ; viscère contenant la présure.

CAILLIÉ (René), célèbre voyageur français (1800-1838).

CAILLOT, *sm.* (ll m., *t* nul), masse de sang coagulé ; grumeau de sang.

CAILLOU, *sm.* (ll m.), pierre très-dure (pl. *cailloux*).

CAILLOUTAGE, *sm.* (ll m.), ouvrage fait en cailloux.

CAILLOUTER, *va.* (ll m.), garnir de cailloux.

CAILLOUTEUX, EUSE, *adj.* (ll m.), plein de cailloux.

CAILLOUTIS, *sm.* (ll m., *s* nulle), pierres cassées pour l'entretien des chemins.

CAÏMACAN, *sm.* lieutenant du grand vizir.

CAÏMAN, *sm.* sorte de crocodile.

CAÏN, premier fils d'Adam.

CAÏPHE, grand prêtre juif qui fit condamner à mort Jésus-Christ.

CAÏQUE, *sm.* barque turque.

CAIRE (Le), capit. de l'Égypte.

CAISSE, *sf.* coffre où l'on met des marchandises, de l'argent ; lieu où l'on paye, où l'on dépose de l'argent ; tambour ; corps d'une voiture ; coffre où l'on plante des arbustes, des fleurs.

CAISSETIN, *sm.* petite caisse.

CAISSIER, *sm.* celui qui tient la caisse à argent (fem. *caissière*).

CAISSON, *sm.* chariot en forme de caisse pour transporter les vivres ou les munitions ; compartiments.

CAÏSTRE, V. *Caystre.*

CAÏUS, prénom très-usité chez les anciens Romains.

CAJOLER, *va.* flatter, chercher à séduire.

CAJOLERIE, *sf.* flatterie.

CAJOLEUR, EUSE, *adj.* et *s.* qui cajole.

CAL, *sm.* durillon (pl. *cals*).

CALABRAIS, AISE, *adj.* et *s.* de la Calabre.

CALABRE, prov. de l'Italie méridionale.

CALAIS, ville et port (Pas-de-Calais).

CALAISON, *sf.* état d'un navire dont la carène est plus ou moins enfoncée dans l'eau.

CALAMENT, *sm.* sorte de plante.

CALAMINAIRE, *adj. f.* de calamine.

CALAMINE, *sf.* oxyde de zinc natif.

CALAMITE, *sf.* mauvais storax ; sorte d'argile blanche ; pierre d'aimant, boussole ; sorte de végétal fossile.

CALAMITÉ, *sf.* grand malheur.

CALAMITEUX, EUSE, *adj.* qui abonde en calamités.

CALANDRAGE, *sm.* action de calandrer.

CALANDRE, *sf.* alouette; insecte; machine pour lustrer les etoffes.

CALANDRER, *va.* lustrer les étoffes avec la calandre.

CALANDREUR, *sm.* ouvrier qui calandre.

CALATHIDE, *sf.* (gr. *kalathis* petite corbeille), fleurs sessiles et serrées dans un involucre commun (*bot.*).

CALATHIFÈRE, *adj.* à calathides (*bot.*).

CALATHIFORME, *adj.* 2 *g.* (l. *calathus* corbeille, coupe), hémisphérique et cuncave comme un bol ou coupe (*bot.*).

CALATRAVA, ville d'Espagne; ordre militaire en Espagne.

CALAURIE, île de la Grèce.

CALCAIRE, *adj.* 2 *g.* et *s.* qui renferme de la chaux.

CALCARIFORME, *adj.* 2 *g.* (l. *calcar* eperon), se dit des petales creusés en un tube dont l'extrémité inférieure est en forme d'eperon (*bot.*).

CALCEDOINE, *sf.* espèce d'agate.

CALCHAS (on pr. *Calcas*), prêtre d'Apollon.

CALCIFÈRE, *adj.* 2 *g.* qui contient de la chaux.

CALCINATION, *sf.* action de calciner; résultat de cette action.

CALCINER, *va.* soumettre à l'action violente du feu.

CALCIUM, *sm.* (on pr. *calciome*), l'un des corps simples de la chimie, base de la chaux.

CALCUL, *sm.* compte, combinaison; concrétion pierreuse dans la vessie.

CALCULABLE, *adj.* 2 *g.* que l'on peut calculer.

CALCULATEUR, TRICE, *adj.* et *s.* qui calcule, qui combine.

CALCULER, *va.* et *n.* compter, combiner, prévoir.

CALCULEUX, EUSE, *adj.* qui a rapport aux calculs de la vessie. — *s.* qui a la pierre.

CALCUTTA, capit. de l'Hindoustan.

CALDÉRON DE LA BARCA, célèbre poète dramatique espagnol (1600-1681).

CALDIÉRO, bourg de la Lombardie. Combats entre les Français et les Autrichiens, en 1796 et 1805.

CALE, *sf.* la plus basse partie d'un navire; fragment de bois, de pierre, etc. pour etablir le niveau.

CALEB, lieutenant de Josué.

CALEBASSE, *sf.* espèce de courge; bouteille qui en est faite.

CALEBASSIER, *sm.* arbre d'Amérique.

CALÈCHE, *sf.* sorte de voiture.

CALEÇON, *sm.* sorte de culotte.

CALED, l'un des généraux de Mahomet.

CALÉDONIE, anc. nom de l'Écosse. — NOUVELLE-CALÉDONIE, contrée d'Amérique; île de l'Océanie.

CALÉFACTION, *sf.* (on pr. *caléfaxion*), chaleur causée par l'action du feu.

CALEMBOUR, *sm.* jeu de mots, mot à double sens.

CALEMBREDAINE, *sf.* parole frivole, mauvaise defaite.

CALENDER, *sm.* (on pron. l'r), religieux turc.

CALENDES, *sf. pl.* premier jour du mois romain. *Fig. calendes grecques*, jour qui ne doit jamais venir, parce que les Grecs n'avaient pas de calendes.

CALENDRIER, *sm.* tableau des jours et des fêtes de l'année.

CALEPIN, savant italien, auteur d'un dictionnaire latin (1435-1511).

CALEPIN, *sm.* recueil de notes, carnet.

CALER, *va.* mettre de niveau avec une cale; baisser (*mar.*). — *vn.* enfoncer dans l'eau.

CALFAT, *sm.* (*t* nul), celui qui calfate.

CALFATAGE, *sm.* action de calfater, ouvrage du calfat.

CALFATER, *va.* boucher avec des étoupes et du goudron.

CALFEUTRAGE, *sm.* action de calfeutrer; résultat de cette action.

CALFEUTRER, *va.* boucher les fentes d'une porte, d'une fenêtre, etc. — SE CALFEUTRER, *vpr.* s'enfermer bien chaudement.

CALIBRE, *sm.* diamètre du canon d'une arme à feu; celui du boulet ou de la balle; instrument pour mesurer; volume. *Fig.* qualité, caractère d'une personne.

CALIBRER, *va.* donner le calibre voulu.

CALICE, *sm.* vase dans lequel le prêtre consacre le vin. *Fig.* ou CALYCE, enveloppe extérieure de la fleur (*bot.*). *Boire le calice jusqu'à la lie*, eprouver de grandes douleurs, une longue humiliation.

CALICIFLORES ou CALYCIFLORES, *sf. pl.* classe de plantes dont les fleurs ont les étamines insérées sur le calice (*bot.*).

CALICIFORME ou CALYCIFORME, *adj.* 2 *g.* se dit de tout involucre analogue au calice, et accompagnant la fleur (*bot.*).

CALICOÏDE ou CALYCOÏDE, *adj.* 2 *g.* (gr. *kalyx* calice; *eidos* forme, apparence), se dit d'un perianthe ayant l'apparence d'un double calice (*bot.*).

CALICOT, *sm.* (*t* nul), étoffe de coton.

CALICULE, *sm.* double calice, rang de petites ecailles autour du calice; bractée qui environne la base du calice (*bot.*).

CALICUT, ville de l'Hindoustan.

CALIFAT, *sm.* (*t* nul), dignité de calife.

CALIFE, *sm.* titre d'anciens souverains mahométans.

CALIFORNIE, État de l'Union (États-Unis), sur le Grand Océan.

CALIFOURCHON (à), *loc. adv.* jambe deçà, jambe delà. *Fig. sm.* manie.

CALIGINEUX, EUSE, *adj.* sombre.

CALIGULA, emp. romain, m. 41.

CALIN, INE, *adj.* et *s.* indolent, cajoleur (*fam.*).

CALINER, *va.* cajoler. — SE CALINER, *vpr.* rester dans l'inaction (*fam.*).

CALINERIE, *sf.* cajolerie.

CALISTO, nymphe qui fut changée en ourse (*myth.*).

CALIXTE (St), pape et martyr, m. 222; nom de plusieurs autres papes.

CALLAO, ville et port du Pérou.

CALLE (la), ville et port de l'Algérie.

CALLET, mathématicien franç., auteur d'une table des logarithmes (1744-1798).

CALLEUX, EUSE, adj. qui a des callosités.

CALLICRATIDAS, général spartiate, 4e s. av. J. C.

CALLIGRAPHE, sm. celui qui a une belle écriture.

CALLIGRAPHIE. sf. (gr. kalos beau, graphô j'écris), belle écriture.

CALLIGRAPHIQUE, adj. 2 g. de la calligraphie.

CALLIMAQUE, célèbre poète grec, 3e s. av. J. C.

CALLIOPE, l'une des Muses (myth.).

CALLISTHÈNE, philosophe grec qui suivit Alexandre.

CALLOSITÉ, sf. espèce de durillon.

CALLOT (Jacques), célèbre dessinateur et graveur franç. (1593-1635).

CALMANT, ANTE, adj. et s. qui calme les douleurs.

CALMAR, sm. sorte de mollusque.

CALMAR, ville et port de Suède.

CALME, adj. 2 g. tranquille, non agité. — sm. tranquillité, bonace de mer.

CALMER, va. rendre calme, apaiser, adoucir.

CALMET (dom), savant bénédictin franç. (1672-1757).

CALOMEL ou CALOMÉLAS, sm. (on pr. l's), mélange de mercure et de soufre; protochlorure de mercure.

CALOMNIATEUR, TRICE, adj. et s qui calomnie.

CALOMNIE, sf. accusation mensongère.

CALOMNIER, va. attaquer par de fausses accusations.

CALOMNIEUSEMENT, adv. avec calomnie.

CALOMNIEUX, EUSE, adj. qui contient une calomnie.

CALONNE (de), ministre de Louis XVI (1734-1802).

CALORIE, sf. (l. calor chaleur), unité de chaleur (phys.).

CALORIFÈRE, sm. (l. calor chaleur, ferre porter), appareil qui porte qui distribue la chaleur dans toutes les pièces d'un appartement ou d'une habitation.

CALORIFICATION, sf. faculté de produire la chaleur; son effet.

CALORIFIQUE, adj. 2 g. qui produit la chaleur.

CALORIMÈTRE, sm. (l. calor chaleur, métron mesure), instrument de physique qui sert à mesurer le calorique des corps.

CALORIQUE, sm (l. calor chaleur), principe de la chaleur: chaleur (phys.).

CALOTTE, sf. petit bonnet. Fig. voûte; coup sur la tête avec la main.

CALOYER, sm. moine grec.

CALPÉ, ville et montagne de l'anc. Espagne sur le détroit de Cadès.

CALPURNIA, nom d'une famille romaine.

CALPURNIUS, nom romain.

CALQUE, sm. trait d'un dessin reproduit à l'aide d'un papier transparent. Fig. imitation servile.

CALQUER, va. reproduire par le calque. Fig. imiter.

CALUMET, sm. (l nal), pipe des sauvages.

CALUS, sm. (on pr. l's), soudure des os fractures Fig. durillon, endurcissement.

CALVADOS (on pr. l's), rochers sur la côte de la Manche; nom d'un dep. français dont le ch.-l. est Caen.

CALTAGIRONE, ville de Sicile.

CALTANISETTA, ville de Sicile.

CALVAIRE, sm. montagne où Jesus-Christ a été crucifié élévation sur laquelle on place une croix.

CALVI, s.-préf. de la Corse.

CALVILLE, sm. espèce de pomme.

CALVIN (Jean), fondateur de la secte des Calvinistes (1509 1564).

CALVINISME, sm. doctrine de Calvin.

CALVINISTE, adj. et s 2 g. qui suit la doctrine de Calvin.

CALVITIE, sf. (on pron. calvici), chute des cheveux; son effet.

CALYCANDRIE, sf. (gr. kalyx calice; aner homme, mâle, et par extension étamines), classe des plantes ayant plus de dix étamines insérées au calice (bot.).

CALYCANTHÉES, sf. pl. (gr. kalyx calice, anthos fleur), famille de plantes dont le type est le calycanthus, ainsi nommé parce-que son calice est coloré comme la corolle d'une fleur (bot.).

CALYCE, V. Calice.

CALYDON, ville d'Étolie (anc. Grèce).

CALYPSO, nymphe qui reçut Ulysse dans l'île d'Ogygie (myth.).

CAMAIEU, sm. pierre fine; peinture d'une seule couleur.

CAMAIL, sm. (l m.), demi-manteau à l'usage des ecclésiastiques (pl. camails).

CAMALDULE, sm. religieux.

CAMARADE, s. 2 g. celui, celle avec qui l'on a l'habitude de vivre, de travailler.

CAMARADERIE, sf. familiarité, union entre camarades.

CAMARD, ARDE, adj. et s. qui a le nez court et aplati.

CAMARE, sf. (gr. kamara chambre), fruit membraneux composé de deux valves soudées (bot.).

CAMARGUE, île à l'embouchure du Rhône.

CAMARILLA, sf. (ll m.), coterie des courtisans intimes d'un prince.

CAMBACÉRÈS, second consul sous la République, archichancelier de l'empire (1753-1824).

CAMBAYE, ville et golfe de l'Hindoustan.

CAMBISTE, sm. celui qui spécule sur les changes ou qui entend ces sortes d'opérations.

CAMBIUM, sm. (on pron. cambiome), substance organique du bois.

CAMBODJE ou CAMBODGE, ville, riv. et contrée du royaume d'Annam.

CAMBON, fameux conventionnel (1754-1820).

CAMBOUIS, sm. (s nulle), oing noir qui a servi à graisser les roues des voitures.

CAMBRAI, s.-préf. du dép. du Nord.

CAMBRÉ, ÉE, adj. légèrement courbe en arc.

CAMBRER, va. courber en arc.

CAMBRÉSIS, pays de Cambrai.

CAMBRIDGE, ville d'Angleterre.

CAMBRIENS, nom des Galls qui habitaient la Bretagne.

CAMBRIEN, ENNE adj. se dit d'un terrain qui se remarque surtout dans le pays de Galles, anc. Cambria.

CAMBRONNE, général franç. (1770-1842).

CAMBRURE, sf. courbure en arc.

CAMBUSE, sf. lieu sur un navire où se distribuent les vivres.

CAMBUSIER, sm. gardien de la cambuse.

CAMBYSE, père de Cyrus. — fils de Cyrus et roi de Perse, m. 522 av. J. C.

CAMÉE, sm. pierre dure sculptée en relief.

CAMÉLÉON, sm. espèce de lézard changeant de couleur. Fig. personne qui change facilement d'opinion.

CAMÉLÉONIENS, sm. pl. famille des caméléons (zool.).

CAMÉLÉOPARD, sm. girafe.

CAMÉLIA ou CAMELLIA, sm. arbre de la famille des orangers; sa fleur.

CAMÉLIENS, sm. pl. famille des chameaux (zool.).

CAMELINE, sf. sorte de plante.

CAMELOT, sm. (t nul), sorte d'étoffe.

CAMELOTTE, sf. ouvrage mal fait; mauvaise marchandise.

CAMÉRARIUS, célèbre érudit allemand (1500-1574).

CAMÉRIER, sm. officier de la chambre du pape.

CAMÉRISTE, sf. femme de chambre.

CAMERLINGUE, sm. cardinal président de la chambre apostolique.

CAMILLE (Furius), célèbre dictateur romain, m. 365 av. J. C.

CAMION, sm. sorte de baquet; petite épingle.

CAMIONNAGE, sm. transport sur un camion.

CAMIONNEUR, sm. conducteur de camion.

CAMISARD, sm. calviniste des Cévennes du temps de Louis XIV.

CAMISOLE, sf. sorte de vêtement de femme; camisole de force, qui empêche l'usage des bras.

CAMOËNS, célèbre poète portugais (1524-1579).

CAMOMILLE, sf. (ll m.), plante.

CAMOUFLET, sm. (t nul), fumée que l'on souffle au néz de quelqu'un. Fig. affront.

CAMP, sm. (p nul), terrain où s'établit une armée; lice de combat ou de tournoi.

CAMPAGNARD, ARDE, s. habitant de la campagne. Fig. rustique.

CAMPAGNE, sf. pays plat et cultivé. Fig. mouvement, action des troupes, temps que dure cette action; durée de travaux. Battre la campagne, déraisonner.

CAMPAGNOL, sm. espèce de mulot.

CAMPAN, p. ville (Hautes-Pyrénées).

CAMPAN (Madame), femme de chambre de Marie-Antoinette et célèbre institutrice (1752-1822).

CAMPANELLA, philosophe italien (1568-1639).

CAMPANIE, division de l'Italie ancienne, auj. Terre de Labour.

CAMPANIFORME, adj. 2 g. (l. campana cloche), en forme de cloche (bot.).

CAMPANILE, sm. petit clocher.

CAMPANULACÉES, sf. pl. famille de plantes dont la campanule est le type (bot.).

CAMPANULE, sf. plante dont la fleur a la forme d'une petite cloche.

CAMPANULÉ, ÉE, adj. (l. campanula, petite cloche), en forme de cloche (bot.).

CAMPE, littérateur allemand (1746-1818).

CAMPÊCHE, ville du Mexique. — sm. bois de teinture qui en vient.

CAMPEMENT, sm. action de camper; le camp même.

CAMPENON, poète franç. (1772-1843).

CAMPER (Pierre), célèbre anatomiste et naturaliste hollandais (1722-1799).

CAMPER, vn. et va. établir un camp; faire une courte station; abandonner. — SE CAMPER, vpr. se placer, se mettre dans une posture.

CAMPHRE, sm. substance aromatique.

CAMPHRÉ, ÉE, adj. contenant du camphre.

CAMPHRER, va. mettre du camphre.

CAMPHRIER, sm. arbre d'où l'on tire le camphre.

CAMPISTRON, poète dramatique français (1656-1723).

CAMPO-BASSO, ville de l'Italie méridle. — (Comte de), condottiere napolitain au service de Charles le Téméraire.

CAMPO-FORMIO, ville de la Vénétie: traité de paix de 1797.

CAMPOS, sm. (on pron. campo), congé.

CAMULOGÈNE, général gaulois du temps de César.

CAMUS, USE, adj. camard. Fig. stupéfait.

CAMUS, mathématicien franç. (1699-1768). — conventionnel (1740-1804).

CANA, ville de la Galilée.

CANADA, contrée de l'Amérique du Nord.

CANADIEN, IENNE, adj. et s. du Canada.

CANAILLE, sf. (ll m.), vile populace; homme méprisable.

CANAL, sm. (pl. canaux), conduit par où l'eau passe; rivière creusée par la main des hommes; conduit dans l'intérieur d'un corps organisé. Fig. entremise.

CANALISABLE, adj. 2 g. qui peut être canalisé.

CANALISATION, sf. action de canaliser.

CANALISER, va. établir des communications par le moyen de canaux; faire d'une rivière un canal.

CANAPÉ, sm. long siège avec dossier.

CANARD, sm. oiseau. Fig. fausse nouvelle (fam.).

CANARDER, *va.* tirer d'un lieu où l'on est à couvert.

CANARDIÈRE, *sf.* lieu disposé pour prendre les canards; long fusil.

CANARI, *sm.* serin des îles Canaries.

CANARIES (îles), dans l'océan Atlantique, sur la côte d'Afrique.

CANCALE, *p.* ville (Ille-et-Vilaine).

CANCAN, *sm.* commérage, médisance.

CANCANER, *vn.* faire des cancans (*fam.*).

CANCELLARIAT, *sm.* (*t* nul), charge, dignité de chancelier.

CANCELLÉ, ÉE, *adj.* (l. *cancellatus* fait en forme de grille), qui est en forme de grillage, de réseau, de treillis, ou qui en offre l'apparence (bot. et zool.).

CANCER, *sm.* (on pr. l'r), tumeur qui produit un ulcère; constellation.

CANCÉREUX, EUSE, *adj.* qui est de la nature du cancer.

CANCHE, riv. de France (Pas-de-Calais).

CANCLAUX, général français (1740-1817).

CANCRE, *sm.* espèce de crabe. *Fig.* homme avare, pauvre diable, mauvais écolier.

CANDAHAR, V. *Kandahar.*

CANDAULE, roi de Lydie, 8° s. av. J. C.

CANDÉLABRE, *sm.* chandelier à plusieurs branches.

CANDEUR, *sf.* pureté d'âme, franchise, ingénuité.

CANDI, *adj. Sucre candi,* cristallisé.

CANDIDAT, *sm.* (*t* nul), celui qui aspire à une dignité, une place, etc.

CANDIDATURE, *sf.* état du candidat.

CANDIDE, *adj.* 2 g. qui a ou qui marque de la candeur.

CANDIDEMENT, *adv.* avec candeur.

CANDIE, g. île de la Méditerranée.

CANDIR (SE), *vpr.* se cristalliser.

CANDOLLE (de), célèbre botaniste genevois (1778-1841).

CANE, *sf.* femelle du canard.

CANÉE (La), ville de l'île de Candie.

CANÉPHORE, *sf.* jeune fille qui portait dans des corbeilles les choses destinées aux sacrifices; statue ayant une corbeille sur la tête.

CANEPIN, *sm.* peau fine travaillée.

CANETON, *sm.* petit canard.

CANETTE, *sf.* petite cane; mesure pour la bière.

CANEVAS, *sm.* (s nulle), toile claire. *Fig.* première ébauche d'un ouvrage d'esprit.

CANEZOU, *sm.* sorte de corps de robe.

CANGUE, *sf.* sorte de carcan.

CANICHE, *s.* et *adj.* 2 g. chien barbet.

CANICULAIRE, *adj.* 2 g. de la canicule.

CANICULE, *sf.* constellation du grand Chien; époque de l'été où cette constellation se lève avec le soleil.

CANIF, *sm.* instrument qui sert à tailler les plumes.

CANIGOU, montagne des Pyrénées.

CANIN, INE, *adj.* de chien; *dent canine,* dent pointue à côté des incisives.

CANINO, ville d'Italie (États Romains). V. *Bonaparte.*

CANIVEAU, *sm.* pierre creusée pour faire écouler l'eau.

CANNABINÉES, *sf. pl.* (l. *cannabis* chanvre) tribu de plantes dont le chanvre est le type (bot.).

CANNAIE, *sf.* lieu planté de cannes.

CANNE, *sf.* roseau à nœuds; bâton pour s'appuyer; *canne à sucre,* dont on extrait le sucre.

CANNELER, *va.* orner de cannelures.

CANNELLE, *sf.* écorce du cannelier; robinet. *Fig.* mettre en cannelle, briser.

CANNELLIER, *sm.* espèce de laurier.

CANNELURE, *sf.* rainure le long d'une colonne, d'un pilastre; strie.

CANNES, ville de l'Italie anc. dans l'Apulie. — ville et port (Alpes-Maritimes).

CANNETILLE, *sf.* (ll m.) filet de métal tortillé.

CANNETTE ou **CANNELLE**, *sf.* robinet.

CANNIBALE, *sm.* anthropophage d'Amérique. *Fig.* homme cruel.

CANNING, célèbre ministre d'Angleterre (1770-1827).

CANO (Alonzo), peintre et sculpteur espagnol (1601-1667).

CANON, *sm.* (ital. *canone* grande canne, grand tube), pièce d'artillerie, tube des armes à feu; tuyau.

CANON, *sm.* (gr. *kanôn* règle, loi), décision des conciles, règlements ecclésiastiques, certaines prières de la messe. *Droit canon,* droit ecclésiastique.

CANONIAL, ALE, *adj.* qui a rapport aux canons de l'Église, des chanoines (pas de pl. m.).

CANONICAT, *sm.* (*t* nul), dignité, bénéfice de chanoine.

CANONICITÉ, *sf.* qualité de ce qui est canonique.

CANONIQUE, *adj.* 2 g. conforme aux canons de l'Église.

CANONIQUEMENT, *adv.* selon les canons de l'Église.

CANONISATION, *sf.* action de canoniser.

CANONISER, *va.* mettre au rang des saints. *Fig.* louer extrêmement.

CANONISTE, *sm.* savant en droit canon.

CANONNADE, *sf.* décharge de canons.

CANONNER, *va.* battre à coups de canon.

CANONNIER, *sm.* soldat d'artillerie.

CANONNIÈRE, *sf.* meurtrière; espèce de tente, sorte de jouet. — *adj. f. chaloupe canonnière,* armée de canons.

CANOPE, ville de l'anc. Égypte.

CANORE, *adj.* 2 g. resonnant, mélodieux, harmonieux.

CANOT, *sm.* (*t* nul), petite barque.

CANOTIER, *sm.* celui qui conduit un canot, qui se promène en canot.

CANOVA, célèbre sculpteur italien (1757-1822).

CANTABILE, *sm.* et *adv.* (on pron. *cantábilé*), mélodie expressive et un peu lente.

CANTABRES, peuple de l'anc. Espagne.

— *Monts Cantabres ou Cantabriques*, chaîne de montagnes en Espagne.

CANTACUZÈNE, nom de deux empereurs de Constantinople : *Jean*, abdiqua en 1355, et *Mathieu*, son fils, fut détrôné en 1356.

CANTAL, sm. fromage d'Auvergne.

CANTAL, montagne d'Auvergne, qui donne son nom à un dép. dont le ch.-l. est Aurillac.

CANTALOUP, sm. (p nul), sorte de melon.

CANTATE, sf. sorte de poëme lyrique, de pièce de musique.

CANTATRICE, sf. chanteuse de théâtre.

CANTHARIDE, sf. mouche dont on fait les vésicatoires.

CANTILÈNE, sf. chanson, romance.

CANTINE, sf. coffre pour porter des bouteilles en voyage; cabaret de caserne.

CANTINIER, IÈRE, s. celui, celle qui tient la cantine.

CANTIQUE, sm. chant religieux.

CANTON, sm. subdivision d'un pays, d'un arrondissement, d'une ville.

CANTON, g. ville de Chine.

CANTONADE, sf. intérieur des coulisses d'un théâtre.

CANTONAL, ALE, adj. du canton.

CANTONNÉ, ÉE, adj. dont les encognures sont ornées de colonnes, de pilastres, etc.

CANTONNEMENT, sm. action de cantonner des troupes; lieu où elles sont logées.

CANTONNER, va. et n. distribuer des troupes en divers cantons. — SE CANTONNER, vpr. se retirer dans un canton, se fortifier contre.

CANTONNIER, sm. ouvrier qui entretient les routes.

CANTORBÉRY, ville d'Angleterre.

CANULE, sf. petit tuyau; bout d'une seringue.

CANUSIUM, ville de l'Apulie, auj. *Canosa*.

CANUT, nom de plusieurs rois de Danemark et d'Angleterre, entre autres CANUT LE GRAND, m. 1036; son fils LE HARDI ou HARDICANUT, m. 1041, et SAINT CANUT, m. 1086.

CAOUTCHOUC, sm. gomme élastique.

CAP, sm. tête; pointe de terre qui s'avance dans la mer; proue d'un navire. — DE PIED EN CAP, loc. adv. des pieds à la tête.

CAP (le), ville et colonie à l'extrémité de l'Afrique méridionale. — ville d'Haïti.

CAPABLE, adj. 2 g. qui peut contenir; qui a les qualités requises pour; habile, qui peut.

CAPACITÉ, sf. qualité de celui ou de ce qui est capable; contenance d'un vase, d'une boîte, d'un récipient, etc.

CAPANÉE, l'un des sept chefs qui firent le 1er siège de Thèbes.

CAPARAÇON, sm. couverture de cheval.

CAPARAÇONNER, va. couvrir d'un caparaçon.

CAPE, sf. manteau à capuchon. — *Rire sous cape*, dissimuler son rire. *Mettre à la cape*, laisser aller le navire à la dérive (mar.).

CAPELINE, sf. sorte de chapeau de femme.

CAPELUCHE, sf. chaperon.

CAPELUCHE, bourreau de Paris, chef de la populace sous le règne de Charles VI.

CAPENDU, sm. espèce de pomme.

CAPET, surnom de *Hugues*, roi de France.

CAPÉTIEN, ENNE, adj. et s. (on pron. *capécien*), de la 3e race des rois de France.

CAPHARNAÜM (on pr. *Cafarnaome*), ville de la Palestine. — sm. désordre.

CAPILLAIRE, adj. 2 g. (l. *capillus* cheveu), fin comme un cheveu; d'un très-petit diamètre. — sm. sorte de plante.

CAPILLARITÉ, sf. propriété que les tubes capillaires ont de pomper les liquides.

CAPILOTADE, sf. sorte de ragoût. *Fig. mettre en capilotade*, battre, maltraiter.

CAPITAINE, sm. chef d'une compagnie de soldats; chef d'armée, commandant d'un navire; chef (en général).

CAPITAINERIE, sf. charge de capitaine d'une maison royale, des chasses, etc.

CAPITAL, ALE, adj. principal. *Péché capital*, péché mortel; *crime capital*, qui mérite la mort; *peine capitale*, peine de mort; *lettre capitale*, majuscule (pl. m. *capitaux*).

CAPITAL, sm. le principal, l'essentiel; somme d'argent, fonds commercial.

CAPITALE, sf. ville où est le siège du gouvernement d'un État, de l'administration d'une province; majuscule.

CAPITALISER, va. convertir des intérêts ou des valeurs en capital.

CAPITALISTE, sm. celui qui a des capitaux, des valeurs commerciales.

CAPITAN, sm. rodomont, fanfaron.

CAPITAN-PACHA, sm. amiral turc.

CAPITANATE, prov. de l'Italie méridionale.

CAPITATION, sf. taxe imposée par tête.

CAPITÉ, ÉE, adj. (l. *caput* tête), renflé au sommet en forme de tête (bot.).

CAPITEUX, EUSE, adj. se dit d'une liqueur qui porte à la tête.

CAPITOLE, sm. temple et forteresse dans l'ancienne Rome.

CAPITOLIN, adj. m. du Capitole.

CAPITOLINUS, V. *Manlius* et *Quintius*.

CAPITOUL, sm. ancien magistrat civil de Toulouse.

CAPITOULAT, sm. dignité du capitoul.

CAPITULAIRE, sm. ordonnance des rois de la 2e race. — adj. 2 g. qui appartient à un chapitre de religieux.

CAPITULAIREMENT, adv. en chapitre.

CAPITULANT, adj. et s. qui a voix dans un chapitre.

CAPITULATION, sf. action de capituler; traité de reddition d'une place.

CAPITULE, sm. petite leçon après certains offices; assemblage de fleurs formant une tête (bot.).

CAPITULÉ, ÉE, adj. ramassé en capitule (bot.).

CAPITULER, vn. traiter de la reddition d'une place; faire un accommodement.

CAPNOFUGE, adj. 2 g. (gr. *kapnos* fumée;

pheugô fuir, éviter) , qui chasse ou évite la fumée.

CAPO-D'ISTRIA, ville d'Illyrie (Autriche). — ou **CAPODISTRIAS**, président de la Grèce (1776-1831).

CAPON, sm. hypocrite, poltron (*pop.*).

CAPONNER, vn. faire le capon (*pop.*).

CAPORAL, sm. soldat à haute paye au-dessous du sergent.

CAPOT, adj. 2 g. (t nul) qui ne fait aucune levée au jeu de cartes. *Fig.* confus.

CAPOTE, sf. sorte de manteau, redingote de soldat; chapeau de femme; partie supérieure d'un cabriolet.

CAPOUE, ville de l'Italie méridionale.

CAPPADOCE, contrée de l'Asie Mineure.

CAPPARÉES ou **CAPPARIDÉES**, sf. pl. (gr. *kapparis* câprier), famille de plantes dont le câprier est le type (*bot.*).

CAPPEL, ville du canton de Zurich. Défaite des reformés par les catholiques, en 1831.

CAPRAIS (**SAINT**), martyr, m. 287.

CAPRARA, cardinal, archevêque de Milan (1733-1810).

CÂPRE, sf. bouton confit du câprier.

CAPRE, sm. sorte de navire.

CAPRÉE ou **CAPRI**, île près de Naples.

CAPRÉOLÉ, ÉE, adj. pourvu de vrilles (*bot.*).

CAPRICE, sm. fantaisie, bizarrerie, boutade.

CAPRICIEUSEMENT, adv. par caprice.

CAPRICIEUX, EUSE, adj. qui a des caprices.

CAPRICORNE, sm. constellation du zodiaque; insecte.

CÂPRIER, sm. sorte de plante.

CAPRIFOLIACÉES, sf. pl. (l. *caprifolium* chèvrefeuille), famille de plantes dont le chèvrefeuille est le type (*bot.*).

CAPRON ou **CAPERON**, sm. grosse fraise.

CAPSA, anc. ville de la Numidie.

CAPSULAIRE, adj. 2 g. formant capsule, qui a des capsules (*bot.*).

CAPSULE, sf. petite loge ou cavité (*bot.*); amorce de poudre fulminante; sorte de vase.

CAPTAL, sm. titre ancien signifiant *chef*.

CAPTATEUR, sm. celui qui capte.

CAPTATION, sf. action de capter.

CAPTATOIRE, adj. 2 g. que l'on fait pour provoquer un legs en faveur de soi.

CAPTER, va. chercher à obtenir par des moyens adroits.

CAPTIEUSEMENT (on pr. *capciéuseman*), adv. d'une manière captieuse.

CAPTIEUX (on pr. *capcieu*), EUSE, adj. qui tend à induire en erreur, à surprendre.

CAPTIF, IVE, adj. et s. prisonnier, esclave. *Fig.* retenu, assujetti.

CAPTIVER, va. rendre captif. *Fig.* assujettir, entraîner.

CAPTIVITÉ, sf. état du captif.

CAPTURE, sf. action de prendre, la chose prise; arrestation.

CAPTURER, va. prendre, saisir.

CAPUCE ou **CAPUCHON**, sm. vêtement qui couvre la tête.

CAPUCHONNÉ, ÉE, adj. en forme de capuchon (*bot.*).

CAPUCIN, sm. religieux de l'ordre de Saint-François.

CAPUCINADE, sf. plat discours de morale (*fam.*).

CAPUCINE, sf. sorte de plante; sa fleur; pièce du canon du fusil.

CAQUAGE, sm. action de caquer des harengs.

CAQUE, sf. espèce de barrique.

CAQUER, va. saler des harengs et les mettre dans les caques.

CAQUET, sm. (t nul) babil, médisance. *Caquet bon bec*, nom de la pie, et *fig.* femme bavarde et médisante.

CAQUETAGE, sm. bavardage.

CAQUETER, vn. bavarder; se dit aussi du cri de la poule.

CAQUETERIE, sf. caquet.

CAQUETEUR, EUSE, adj. et s. bavard.

CAQUEUR, EUSE, s. celui, celle qui caque les harengs.

CAR, conj. à cause que, parce que, en effet.

CARABE, sm. sorte d'insecte.

CARABIN, sm. autrefois cavalier armé d'une carabine; se dit auj. d'un mauvais étudiant en médecine.

CARABINE, sf. sorte de petit fusil.

CARABINER, va. creuser des raies dans le canon d'une arme à feu.

CARABINIER, sm. soldat armé d'une carabine.

CARACALLA, emper. romain, m. 217.

CARACAS, capit. du Vénézuéla.

CARACO, sm. sorte de vêtement de femme.

CARACOLE, sf. mouvement circulaire que fait un cheval.

CARACOLER, vn. faire des caracoles.

CARACTÈRE, sm. empreinte; figures dont on se sert dans l'écriture ou l'impression; naturel d'une personne, propre d'une chose; force d'âme; air expressif; qualité, titre, dignité.

CARACTÉRISER, va. déterminer le caractère.

CARACTÉRISTIQUE, adj. 2 g. qui caractérise.

CARAFE, sf. sorte de vase de verre ou de cristal.

CARAFFA, illustre famille napolitaine. — (Antoine), feld-maréchal au service de l'Autriche, m. 1693.

CARAFON, sm. petite carafe.

CARAÏBES, peuple d'Amérique qui habitait les Antilles.

CARAMANIE, partie de l'Asie Mineure.

CARAMBOLAGE, sm. action de caramboler au jeu de billard.

CARAMBOLER, vn. toucher deux billes avec la sienne.

CARAMEL, sm. sucre à demi brûlé et durci.

CARANUS, fondateur du royaume de Macédoine, vers 800 av. J. C.

CARAPACE, sf. écaille de la tortue.

CARAQUE, sf. sorte de navire portugais; adj. et sm. sorte de cacao.

CARAT, *sm.* (*t* nul), litre de l'or; ancien poids de quatre grains.

CARAVAGE, nom de deux célèbres peintres italiens du 16e siècle.

CARAVANE, *sf.* troupe de marchands voyageurs en Orient.

CARAVANSÉRAÏ ou CARAVANSÉRAIL, *sm* (pl. *caravansérails*), hôtellerie dans le Levant.

CARAVELLE, *sf.* sorte de navire.

CARBATINE, *sf.* peau de bête fraîchement écorchée.

CARBON (Papírius), tribun romain, m. 119 av. J. C. — consul, partisan de Marius, m. 82 av. J. C.

CARBONATE, *sm.* nom générique des sels formés par l'acide carbonique (*chim.*)

CARBONE, *sm.* l'un des corps simples de la chimie, base du charbon.

CARBONÉ, ÉE, *adj.* qui contient du carbone (*chim.*).

CARBONIFÈRE, *adj.* 2 g. qui contient du charbon (*géol.*).

CARBONIQUE, *adj.* se dit d'un acide formé par le carbone et l'oxygène.

CARBONISATION, *sf.* réduction en charbon.

CARBONISER, *va.* réduire en charbon.

CARBONNADE, *sf.* grillade.

CARBURE, *sm.* nom de certains composés binaires formés par le carbone (*chim.*).

CARBURÉ, ÉE, *adj.* qui contient du carbure ou du carbone (*chim.*).

CARCAN, *sm.* collier de fer que l'on met au cou d'un criminel. *Fig.* collier de pierreries.

CARCASSE, *sf.* ossements décharnés, mais encore joints; charpente d'un bâtiment ou de toute autre chose.

CARCASSONNE, ch.-lieu du dep. de l'Aude.

CARDAMINE, *sf.* sorte de plante, vulgairement *cresson des prés*.

CARDAMOME, *sm.* sorte de plante aromatique, sa graine.

CARDAN (Jérôme), célèbre savant italien (1501-1576).

CARDE, *sf.* peigne pour carder; côte des feuilles de certaines plantes.

CARDER, *va.* peigner de la laine, du drap avec une carde.

CARDÈRE, *sm.* chardon à foulon.

CARDEUR, EUSE, *adj.* et *s.* qui carde.

CARDIALGIE, *sf.* (gr. *kardia* cœur, orifice supérieur de l'estomac), douleur à cet orifice.

CARDIAQUE, *adj.* 2 g. (gr. *kardia* cœur), qui a rapport au cœur; propre à fortifier le cœur.

CARDIER, *sm.* fabricant de cardes.

CARDINAL, *sm.* prélat du sacré collège; espèce d'oiseau (pl. *cardinaux*).

CARDINAL, ALE, *adj.* Nombre *cardinal* qui désigne la quantité, par opposition à *ordinal*, qui marque le rang. *Points cardinaux*, le nord, le sud, l'est et l'ouest.

CARDINALAT, *sm.* dignité de cardinal.

CARDON, *sm.* sorte de plante.

CARDUACÉES, *sf. pl.* (l. *carduus* chardon), tribu de plantes dont le chardon est le type (*bot.*).

CARÉLIE, partie sud de la Finlande.

CARÊME, *sm.* temps d'abstinence entre le mardi gras et Pâques.

CARÊME-PRENANT, *sm.* (inv.), les jours gras, personne masquée.

CARÉNAGE, *sm.* action de caréner.

CARENCE, *sf.* manque, défaut de bien mobilier d'un défunt.

CARÈNE, *sf.* quille et partie des flancs d'un navire; pétale inférieur des papilionacées (*bot.*).

CARÉNÉ, ÉE, *adj.* qui a la forme d'une carène (*bot.*).

CARÉNER, *va.* raccommoder la carène.

CARENTAN, p. ville (Manche).

CARESSANT, ANTE, *adj.* qui aime à caresser; affectueux.

CARESSE, *sf.* témoignage d'affection.

CARESSER, *va.* faire des caresses. *Fig.* flatter, se complaire à.

CARET, *sm.* tortue de mer; dévidoir; gros fil.

CARGAISON, *sf.* marchandises dont on charge un navire.

CARGUE, *sf.* corde pour plier la voile.

CARGUER, *va.* plier les voiles (*mar.*).

CARHAIX, p. ville (Finistère).

CARIATIDE ou CARYATIDE, *sf.* figure qui soutient une corniche.

CARIBERT, fils de Clotaire Ier, m. 567. — fils de Clotaire II, m. 630.

CARICATURE, *sf.* dessin grotesque. *Fig.* personne d'un extérieur ridicule.

CARICATURER, *va.* dessiner en caricature.

CARIE, *sf.* maladie qui attaque les os, les dents, les blés.

CARIE, anc. contrée de l'Asie Mineure.

CARIER, *va.* attaquer de la carie.

CARIGNAN, ville du Piémont. — ch.-l. de canton (Ardennes).

CARILLON, *sm.* (ll m.), battement de cloches à coups précipités, sonnerie d'airs. *Fig.* crierie, grand bruit.

CARILLONNER, *vn.* (ll m.), sonner le carillon.

CARILLONNEUR, *sm.* (ll m.), celui qui carillonne.

CARIN, emper. romain, m. 284.

CARINTHIE, prov. de l'Illyrie.

CARIOPSE ou CARYOPSE, *sm.* ou *f.* sorte de fruit sec et indéhiscent (*bot.*).

CARLIN, *sm.* petit chien à museau noir; monnaie de Naples.

CARLISLE, ville d'Angleterre.

CARLOMAN, nom de plusieurs princes de la race des Carlovingiens.

CARLOS (don), nom de plusieurs princes espagnols.

CARLOSTADT, chef des hérétiques sacramentaires m. 1541.

CARLOVINGIEN, ENNE, *adj.* et *s.* de la 2e race des rois de France.

CARLOWITZ, p. ville d'Esclavonie: traité de 1699.

CARLSBAD, p. ville de Bohême: congrès de 1819.

CARLSCRONA, ville et port de Suède.

CARLSRUHE, capit. du gr.-duché de Bade.

CARMAGNOLE, sf. sorte d'habit ; air, danse.

CARMAGNOLE, ville du Piémont. — condottiere italien (1390-1432).

CARME, sm. religieux du Mont-Carmel.

CARMEL, mont. en Syrie.

CARMÉLITE, sf. religieuse.

CARMIN, sm. couleur d'un rouge éclatant.

CARMINÉ, ÉE, adj. qui renferme du carmin, qui en a la teinte.

CARMONTELLE, auteur dramatique français (1717-1806).

CARNAC, V. Karnak.

CARNAGE, sm. massacre.

CARNASSIER, ÈRE, adj. qui se nourrit de chair ; — sm.pl. ordre de mammifères (zool.).

CARNASSIÈRE, sf. sac où l'on met le gibier tué à la chasse.

CARNATIC, prov. de l'Hindoustan.

CARNATION, sf. teint, peinture de la chair.

CARNAVAL, sm. temps entre l'Épiphanie et le jour des Cendres (pl. carnavals).

CARNE, sf. angle extérieur d'un corps.

CARNÉADE, philos. grec, m. 126 av. J.-C.

CARNET, sm. (t nul), livre de poche; livre d'inscription.

CARNIER, sm. carnassière.

CARNIOLE, partie de l'Illyrie.

CARNIQUES, V. Alpes.

CARNIVORES, adj. 2 g. carnassier.—sm.pl. tribu d'animaux carnassiers (zool.).

CARNOSITÉ, sf. excroissance charnue.

CARNOT, célèbre général et savant français (1753-1823).

CARNUTES, peuple de la Gaule.

CAROLINE, nom de deux États de l'Amérique du Nord. — nom de femme.

CAROLINES, archipel de l'Océanie.

CAROLUS, sm. (on pron. l's), ancienne monnaie.

CARON ou CHARON, nocher des enfers (myth.).

CARONADE, sf. gros canon court.

CARONCULE, sf. petite excroissance de chair; excroissance sur une graine (bot.).

CAROTIDE, s. et adj. f. artère qui conduit le sang au cerveau.

CAROTTE, sf. plante potagère; feuilles de tabac roulées; mensonge, tromperie (pop.).

CAROTTER, v.n. jouer très-petit jeu, obtenir en trompant (pop.).

CAROTTEUR, EUSE, ou CAROTTIER, ÈRE, s. celui, celle qui carotte (pop.).

CAROUBE, sf. fruit du caroubier.

CAROUBIER, sm. sorte d'arbre.

CARPATHES ou CRAPACS (Monts), chaîne de montagnes au N. de la Hongrie.

CARPE, sf. poisson. — sm. partie entre le bras et la paume de la main.

CARPEAU, sm. petite carpe.

CARPELLE, sm. ensemble de l'ovaire et du pistil constituant le fruit à sa naissance (bot.).

CARPENTRAS, s.-préf. du Vaucluse.

CARPILLON, sm. (ll m.), très-petite carpe.

CARPOLITHE, sf. (gr. karpos graine, lithos pierre), graine à l'état fossile (géol.).

CARPOLOGIE, sf. (gr. karpos fruit, logos discours, traité), partie de la botanique qui traite des fruits et des graines.

CARPOPHORE, sm. (gr. karpos fruit, graine; phéro porter), prolongement de l'axe, qui porte le fruit ou graine (bot.).

CARQUOIS, sm. (s nulle), étui à flèches.

CARRACHE, nom de trois peintres italiens du 16e siècle : Louis, Augustin et Annibal.

CARRARE, p. ville d'Italie (anc. duché de Modène).

CARRE, sf. partie extrême d'un chapeau, d'un soulier; largeur du dos, mise au jeu.

CARRÉ, sm. figure à 4 angles droits et 4 côtés égaux ; produit d'un nombre par lui-même; palier à chaque étage d'un escalier.

CARRÉ, ÉE, adj. qui a la forme du carré. Nombre carré, élevé au carré; partie carrée, partie à quatre.

CARREAU, sm. pavé plat de terre cuite, de pierre ou de marbre; pièce de verre mise à une fenêtre; coussin carré; une des couleurs du jeu de cartes.

CARREFOUR, sm. lieu où se croisent plusieurs rues.

CARRELAGE, sm. action de carreler, ouvrage qui en résulte.

CARRELER, v.a. paver de carreaux ; raccommoder de vieux souliers.

CARRELET, sm. (t nul), sorte de poisson ; filet à poisson; grosse aiguille.

CARRELEUR, sm. celui qui pose les carreaux; raccommodeur de souliers.

CARRELIER, sm. celui qui fait des carreaux.

CARRELURE, sf. semelle que l'on met à une vieille chaussure.

CARRÉMENT, adv. en carré, à angle droit. Fig. nettement, franchement.

CARRER, v.a. rendre carré. Carrer un nombre, le multiplier par lui-même. — Fig. se CARRER, v.pr. prendre un air prétentieux.

CARRHES, anc. ville de la Mésopotamie, auj. Harran. Défaite de Crassus par les Parthes, 53 av. J.-C.

CARRICK, sm. redingote à plusieurs collets.

CARRIER, sm. ouvrier qui extrait la pierre des carrières.

CARRIER, révolutionnaire fameux par sa cruauté (1756-1794).

CARRIÈRE, sf. lice fermée, lieu d'où l'on tire la pierre. Fig. temps de la vie : profession que l'on embrasse. Donner carrière, donner pleine liberté.

CARRIOLE, sf. sorte de voiture.

CARROSSABLE, adj. 2 g. praticable pour les voitures.

CARROSSE, sm. voiture à quatre roues, suspendue et couverte.

CARROSSÉE, sf. nombre de personnes que contient un carrosse.

CARROSSERIE, sf. fabrication de voitures.

CARROSSIER, sm. fabricant de voitures.

CARROUSEL, sm. espèce de tournoi; place où il se fait.

CARRURE, *sf.* largeur du dos.

CARTE, *sf.* carton fin qui sert à jouer; petit carton sur lequel on a écrit son nom; liste des mets chez un traiteur; plan d'un lieu, représentation de la terre ou d'une de ses parties.

CARTEAUX, général français (1751-1813).

CARTEJA, anc. ville d'Espagne. Victoire de César sur Sextus Pompée.

CARTEL, *sm.* défi par écrit; règlement pour l'échange des prisonniers; sorte de pendule.

CARTELLIER, sculpteur franç. (1757-1831).

CARTERET, navigateur anglais du 18e s.

CARTÉSIANISME, *sm.* doctrine philosophique de Descartes.

CARTÉSIEN, ENNE, *adj.* qui appartient à la doctrine de Descartes. — *sm.* partisan de cette doctrine.

CARTHAGE, célèbre ville de l'Afrique ancienne, auj. ruinée.

CARTHAGÈNE, ville d'Espagne. — ville de la Nouvelle-Grenade (Amérique du Sud).

CARTHAME, *sm.* plante nommée aussi safran bâtard.

CARTIER, *sm.* fabricant de cartes à jouer.

CARTIER (Jacques), célèbre navigateur français du 16e siècle.

CARTILAGE, *sm.* substance dure et élastique, ordinairement à l'extrémité des os.

CARTILAGINEUX, EUSE, *adj.* de la nature du cartilage.

CARTOMANCIE, *sf.* (gr. *chartès* papier ou carte; *manteïa* divination), art de tirer les cartes, divination par les cartes.

CARTOMANCIEN, ENNE, *s.* celui, celle qui exerce la cartomancie.

CARTON, *sm.* pâte de papier mise en feuilles épaisses; boîte en carton; grand portefeuille; feuillet d'impression refait; dessin destiné à être reproduit en peinture.

CARTONNAGE, *sm.* action de cartonner, ouvrage en carton.

CARTONNER, *va.* relier en carton.

CARTONNEUR, EUSE, *s.* celui, celle qui cartonne, qui fait des objets en carton.

CARTONNIER, *sm.* fabricant de carton; meuble à cartons.

CARTOUCHE, *sm.* ornement de peinture ou de sculpture. — *sf.* charge d'une arme à feu.

CARTOUCHE, fameux voleur (1693-1721).

CARTOUCHIER, *sm.* ou CARTOUCHIÈRE, *sf.* boîte à cartouches.

CARTULAIRE, *sm.* recueil d'actes.

CARUS, empereur romain, m. 282.

CARVIN, p. ville (Pas-de-Calais).

CARYATIDE, V. *Cariatide*.

CARYOPHYLLÉES, *sf.*, *pl.* (l. *caryophyllus* œillet), famille de plantes dont l'œillet est le type (bot.). — ou CARYOPHYLLIES, groupe de polypiers (zool.).

CARYOPSE, V. *Cariopse*.

CAS, *sm.* (a nulle), désinences diverses des noms dans certaines langues; événement fortuit, occasion. *Fig. faire cas de*, estimer.

CASAL, ville du Piémont.

CASANIER, ÈRE, *adj.* qui aime à demeurer chez soi.

CASAQUE, *sf.* vêtement à larges manches. *Fig. tourner casaque*, s'enfuir.

CASAQUIN, *sm.* petite casaque, camisole.

CASAUBON, célèbre érudit (1559-1614).

CASCADE, *sf.* chute d'eau. *Fig.* défaut d'ordre, de liaison; *par cascade*, indirectement, par occasion.

CASCATELLE, *sf.* petite cascade.

CASE, *sf.* cabane, maisonnette; carré de l'échiquier; compartiment.

CASÉEUX, EUSE, *adj.* de la nature du fromage.

CASÉIFORME, *adj.* 2 g. qui a la forme ou l'apparence du fromage.

CASEMATE, *sf.* souterrain voûté et à l'épreuve de la bombe.

CASEMATÉ, ÉE, *adj.* à casemates.

CASER, *va.* placer, établir. SE CASER, *vpr.* se placer.

CASERNE, *sf.* grand bâtiment où logent les troupes.

CASERNEMENT, *sm.* action de caserner.

CASERNER, *va.* et *n.* loger dans une caserne.

CASERTE, ville de l'Italie méridionale.

CASÉUM, *sm.* (on pron. *caséome*), principe constituant du fromage.

CASIER, *sm.* assemblage de cases pour mettre des papiers.

CASIMIR, *sm.* sorte de drap.

CASIMIR (SAINT), grand-duc de Lithuanie, m. 1483. — Nom de plusieurs rois de Pologne, entre autres *Casimir III le Grand*, m. 1370.

CASINO, *sm.* lieu d'assemblée où l'on joue, où l'on danse; cercle.

CASOAR, *sm.* sorte d'oiseau.

CASPIENNE (mer), mer intérieure entre la Russie et le Turkestan.

CASQUE, *sm.* arme qui couvre la tête.

CASQUETTE, *sf.* sorte de coiffure d'homme.

CASSAGNE (l'abbé), poète médiocre, m. 1679.

CASSANDRE, fille de Priam. — fils d'Antipater, roi de Macédoine, m. 298 av. J. C.

CASSANDRE, *sm.* personnage de vieillard ridicule dans l'anc. comédie italienne.

CASSANO, p. ville de Lombardie.

CASSANT, ANTE, *adj.* fragile. *Fig. ton cassant*, ton rogue, impérieux.

CASSATION, *sf.* acte juridique qui annule un jugement. *Cour de cassation*, cour suprême qui révise les actes des tribunaux.

CASSAVE, *sf.* fécule de manioc.

CASSE, *sf.* plante médicinale; boîte à compartiments contenant les caractères d'imprimerie; action de casser.

CASSÉ, ÉE, *adj.* rompu. *Fig.* brisé par l'âge; infirme.

CASSE-COU, *sm.* (inv.); passage dangereux.

CASSEL, capit. de la Hesse électorale. — ville de France (Nord).

CASSE-NOISETTES ou CASSE-NOIX, *sm.* (inv.); petit étau pour casser des noisettes ou des noix.

CASSER, va. briser, annuler. *Fig.* priver de son grade; affaiblir. — SE CASSER, *vpr.* se briser; et *fig.* vieillir.

CASSEROLE, *sf.* sorte de poêlon en métal.

CASSE-TÊTE, *sm.* (inv.), espèce de massue. *Fig.* occupation difficile, inquiétude.

CASSETIN, *sm.* chaque carre de la casse.

CASSETTE, *sf.* petit coffre.

CASSEUR, *sm.* *Casseur d'assiettes*, tapageur, querelleur (*pop.*).

CASSIE, *sf.* fleur d'un arbuste de la tribu des Mimeuses, famille des Legumineuses, et qui est cultivé en Provence pour la parfumerie.

CASSIEN, célèbre écrivain ascétique, m. 440.

CASSIN (mont), dans l'Italie méridionale.

CASSINE, *sf.* petite maison au milieu des champs; mauvaise maison.

CASSINI, nom de quatre célèbres astronomes français : *Dominique* (1625-1712); *Jacques*, son fils (1677-1756); *Cassini de Thury*, fils de Jacques, auteur de la grande carte de France (1714-1784); *Jacques-Dominique*, fils du précédent (1747-1845).

CASSIODORE, ministre de Théodoric le Grand, et écrivain latin (468-562).

CASSIOPÉE, femme de Céphée et mère d'Andromède (*myth.*); constellation.

CASSIS, *sm.* (s finale nulle), groseillier à fruits noirs; liqueur qui en est faite.

CASSIS, p. ville (Bouches-du-Rhône).

CASSIUS, consul romain, m. 485 av. J. C. — général romain, l'un des meurtriers de César, m. 42 av. J. C. — V. *Dion.*

CASSOLETTE, *sf.* vase, boîte à parfums.

CASSONADE, *sf.* sucre raffiné une fois.

CASSURE, *sf.* fracture; endroit où un objet est cassé.

CASTAGNETTE, *sf.* petit morceau de bois creux que l'on tient dans la main en le frappant en cadence contre un autre.

CASTALIE, fontaine de Phocide consacrée aux Muses.

CASTE, *sf.* classe, tribu.

CASTEL, *sm.* château (vx. mot).

CASTEL, poète français (1758-1832).

CASTEL (le Père), savant jésuite français (1688-1757).

CASTELLAMARE, ville de l'Italie méridionale sur le golfe de Naples.

CASTELLANE, s.-préf. des B.-Alpes.

CASTELNAU, p. ville (Lot).

CASTELNAUDARY, s.-préf. de l'Aude.

CASTEL-SARRASIN, s.-préf. du dép. de Tarn-et-Garonne.

CASTI, poète italien (1721-1803).

CASTIGLIONE (on pr. *Castilloné*, *ll* m.), ville de Lombardie. Victoire de Bonaparte sur les Autrichiens, en 1796.

CASTILLAN, ANE (*ll* m.), *adj.* et *s.* de la Castille.

CASTILLE (*ll* m.), nom de deux provinces d'Espagne : l'ancienne et la *nouvelle*.

CASTILLE (*ll* m.), *sf.* petit démêlé.

CASTILLON (*ll* m.), p. ville (Gironde). Victoire des Français sur les Anglais, en 1453.

CASTLEREAGH, ministre anglais (1769-1822).

CASTOR, *sm.* animal; chapeau fait avec son poil.

CASTOR, héros grec, fils de Léda (*myth.*).

CASTORINE, *sf.* étoffe de laine.

CASTRAMÉTATION, *sf.* art d'établir un camp.

CASTRES, s.-préf. du dép. du Tarn.

CASTRIES (de), maréchal de France (1727-1801).

CASTRO (Guillen de), poète dramatique espagnol (1569-1631).

CASUALITÉ, *sf.* qualité de ce qui est casuel, c'est-à-dire de ce qui dépend du hasard et n'a rien de certain.

CASUEL, ELLE, *adj.* fortuit, accidentel, qui n'est pas fixe. — *sm.* revenu accidentel.

CASUELLEMENT, *adv.* accidentellement.

CASUISTE, *sm.* théologien qui résout les cas de conscience.

CASUS BELLI, *sm.* mots latins signifiant cas de guerre.

CATACHRÈSE, *sf.* sorte de métaphore par abus des termes.

CATACLYSME, *sm.* grande inondation, déluge.

CATACOMBE, *sf.* cavité souterraine; ancienne carrière.

CATACOUSTIQUE, *sf.* (gr. *kata* contre, *akouô* entendre), partie de la physique qui a pour objet les échos ou sons réfléchis.

CATADIOPTRIQUE, *sf.* science des effets de la catoptrique et de la dioptrique (*phys.*). — *adj. m.* se dit des télescopes garnis de miroirs.

CATAFALQUE, *sm.* décoration funèbre dans une église autour du cercueil.

CATALAN, ANE, *adj.* de la Catalogne.

CATALAUNIENS (Champs), plaine de la Champagne où fut défait Attila.

CATALEPSIE, *sf.* suspension du sentiment et du mouvement.

CATALEPTIQUE, *adj.* 2 g. attaque de la catalepsie, qui y a rapport.

CATALOGNE, prov. d'Espagne.

CATALOGUE, *sm.* liste, nomenclature.

CATALOGUER, va. faire un catalogue de.

CATALPA, *sm.* arbre.

CATANE, ville de Sicile.

CATAPHRACTE, *sm.* (gr. *kataphraktès* cuirassé) armure d'anc. cavalier; anc. navire de guerre. — *sf.* sorte de cuirasse formée par les écailles chez certains poissons (*zool.*).

CATAPLASME, *sm.* sorte d'emplâtre pour adoucir ou fomenter.

CATAPULTE, *sf.* ancienne machine de guerre qui servait à lancer des projectiles contre l'ennemi.

CATARACTE, *sf.* maladie du cristallin de l'œil; grande chute d'eau.

CATARRHAL, ALE, *adj.* qui tient du catarrhe.

CATARRHE, *sm.* fluxion, gros rhume.

CATARRHEUX, EUSE, *adj.* sujet aux catarrhes.

CATASTROPHE, *sf.* événement malheureux, dénoûment fâcheux.

CATAY ou CATHAY, nom du nord de la Chine, dans le moyen âge.

CATEAU-CAMBRÉSIS, p. ville (Nord).

CATÉCHISER, va. enseigner les principaux points de la religion. *Fig.* instruire, chercher à persuader.

CATÉCHISME, sm. instruction sur les principes et les mystères de la foi; livre qui contient cette instruction.

CATÉCHISTE, sm. celui qui enseigne le catéchisme.

CATÉCHUMÈNE, sm. (on pron. catécumène), celui à qui on enseigne le catéchisme.

CATÉGORIE, sf. classe, genre.

CATÉGORIQUE, adj. 2 g. qui est selon la raison; précis, clair.

CATÉGORIQUEMENT, adv. d'une manière catégorique.

CATHAY, V. Catay.

CATHÉDRALE, sf. église principale d'un évêché.

CATHELINEAU, chef des Vendéens (1759-1793).

CATHERINE (SAINTE), vierge et martyre, m. 312. — SAINTE CATHERINE DE SIENNE, m. 1380.

CATHERINE, nom de plusieurs princesses, entre autres CATHERINE DE MÉDICIS, reine de France (1519-1589); CATHERINE 1re et CATHERINE II impératrices de Russie; m. la première 1727, la seconde 1796.

CATHÈTE, sf. ligne perpendiculaire, et en particulier celle qui passe par le milieu de la volute.

CATHÉTOMÈTRE, sm. (gr. kathétè verticale, métron mesuré) instrument pour mesurer les forces qui agissent verticalement (méc.).

CATHOLICISME, sm. religion catholique.

CATHOLICITÉ, sf. doctrine catholique; les pays catholiques.

CATHOLIQUE, adj. 2 g. universel, qui appartient à la religion dont le pape est le chef spirituel. — s. 2 g. celui, celle qui suit cette religion.

CATHOLIQUEMENT, adv. selon la foi catholique.

CATI, sm. apprêt pour lustrer les étoffes.

CATILINA (Lucius Sergius), célèbre conspirateur romain, m. 61 av. J. C.

CATIMINI (en), loc. adv. en cachette, comme les chats (fam.).

CATINAT, célèbre maréchal de France (1637-1712).

CATIR, va. lustrer une étoffe.

CATISSAGE, sm. action de catir.

CATISSEUR, sm. ouvrier qui catit.

CATOGAN, sm. sorte de nœud qui retrousse les cheveux.

CATON (Marcus Porcius), nom de deux Romains célèbres: l'Ancien ou le Censeur, m. 147 av. J. C.; d'Utique, adversaire de César, m. 46 av. J. C.

CATON, sm. homme de mœurs sévères, comme Caton le Censeur.

CATOPE, sf. (gr. katô au-dessous, pous pied), nageoire ventrale des poissons (zool.).

CATOPTRIQUE, sf. (gr. katoptron miroir) partie de l'optique relative à la réflexion de la lumière.

CATTARO, ville et port de la Dalmatie.

CATTEGAT, détroit à l'entrée de la Baltique.

CATTES, peuple germain.

CATULLE, célèbre poète latin, 1er s av. J.C.

CATULUS, V. Lutatius.

CAUCASE, chaîne de montagnes entre la mer Noire et la mer Caspienne.

CAUCASIEN, ENNE, adj. ou CAUCASIQUE, adj. 2 du Caucase. Race caucasienne, ou race blanche, originaire du Caucase.

CAUCHEMAR, sm. oppression pendant le sommeil. *Fig.* personne, objet désagréable.

CAUCHOIS, OISE, adj. et s. du pays de Caux.

CAUCHY, célèbre mathématicien français (1789-1857).

CAUDAL, ALE, adj. de la queue.

CAUDÉ, ÉE, adj. muni d'un appendice en forme de queue (bot.).

CAUDEBEC, p. ville (Seine-Inférieure).

CAUDICIFORME, adj. (l. caudex, gén. caudicis tige), se dit d'une tige qui ne se ramifie point (bot.).

CAUDICULE, sm. (l. caudex tige), petite tige, pédicelle (bot.).

CAUDIMANE, adj. 2 g. se dit d'un animal, tel que le sapajou, qui se sert de sa queue comme d'une main.

CAUDINES (fourches), défilé près de Caudium. *Fig.* passer sous les fourches caudines, en passer par où veut l'adversaire; subir une humiliation.

CAUDIUM, ville de l'Italie anc.

CAULAINCOURT, V. Caulincourt.

CAULESCENT, ENTE, adj. qui forme une tige s'élevant comme un arbrisseau (bot.).

CAULICOLES, sf. pl. tiges roulées qui sortent d'entre les feuilles d'acanthe du chapiteau corinthien.

CAULIFÈRE, adj. 2 g. qui porte une tige (bot.).

CAULINAIRE, adj. 2 g. qui pousse sur la tige (bot.).

CAULINCOURT ou CAULAINCOURT, général et diplomate franç. (1773-1827).

CAUMONT DE LA FORCE, V. La Force.

CAUNE (la), p. ville (Tarn).

CAURIS, sm. petite coquille servant de monnaie en Afrique et dans l'Inde.

CAUS (Salomon de), célèbre ingénieur français, m. 1626 ou 1630.

CAUSALITÉ, sf. manière dont une cause agit.

CAUSANT, ANTE, adj. qui aime à causer.

CAUSATIF, IVE, adj. qui rend raison de ce qui a été dit (gram.).

CAUSE, sf. principe qui produit un effet; raison d'une chose; motif; procès que l'on plaide; parti. — À CAUSE QUE, loc. conj. parce que; à CAUSE DE, loc. prép. en considération de.

CAUSER, va. être cause de. — vn. s'entretenir de; parler.

CAUSERIE, sf. conversation, babil.

CAUSEUR, EUSE, adj. et s. qui aime à causer.

CAUSEUSE, sf. petit canapé.

CAUSSADE, p. ville (Tarn-et-Garonne).

CAUSSIN DE PERCEVAL, orientaliste franç. (1759-1835).

CAUSTICITÉ, sf. propriété des caustiques. Fig. penchant à la critique, malignité.

CAUSTIQUE, adj. 2 g. et sm. brûlant, corrosif. Fig. satirique.

CAUTÈLE, sf. finesse, ruse.

CAUTELEUSEMENT, adv. avec ruse.

CAUTELEUX, EUSE, adj. plein de finesse, de ruse.

CAUTÈRE, sm. médicament qui corrode la chair; plaie qui en résulte.

CAUTERETS, bourg (Htes-Pyrénées); eaux thermales.

CAUTÉRISATION, sf. action de cautériser.

CAUTÉRISER, va. brûler avec un caustique.

CAUTION, sf. garantie; celui qui garantit.

CAUTIONNEMENT, sm. acte par lequel on cautionne, somme qui garantit.

CAUTIONNER, va. répondre de quelqu'un en déposant une somme.

CAUX (pays de), partie de la Normandie.

CAVAIGNAC (Eugène), général français, chef du pouvoir exécutif en 1848 (1802-1857).

CAVAILLON (ll m.), p. ville (Vaucluse).

CAVALCADE, sf. suite de gens qui vont à cheval.

CAVALCADOUR, adj. m. se dit d'un écuyer qui a la surveillance des chevaux et des équipages.

CAVALE, sf. femelle du cheval.

CAVALERIE, sf. troupe de soldats à cheval.

CAVALIER, sm. soldat de cavalerie; personne à cheval; homme; élévation de terre, en termes de fortification.

CAVALIER (Jean), chef des Camisards (1679-1740).

CAVALIER, ÈRE, adj. dégagé; inconvenant, trop leste.

CAVALIÈREMENT, adv. d'une façon brusque, hautaine.

CAVATINE, sf. sorte de chant.

CAVE, sf. souterrain où l'on met le vin; coffre à liqueurs; argent qu'un joueur met devant son

CAVE, adj. 2 g. creux. Veine cave, veine qui se rend à droite du cœur.

CAVEAU, sm. petite cave.

CAVEÇON, sm. demi-cercle de fer qui prend le nez des chevaux.

CAVENDISH, célèbre physicien et chimiste anglais (1731-1810).

CAVER, va. creuser; faire fonds d'une somme d'argent au jeu : on dit aussi dans ce sens SE CAVER, vpr.

CAVERNE, sf. antre, creux dans un rocher.

CAVERNEUX, EUSE, adj. où il y a des cavernes, des creux. Fig. voix caverneuse, sourde et rude.

CAVERY, fleuve de l'Hindoustan.

CAVIAR, sm. œufs d'esturgeon salés.

CAVILLATION, sf. moquerie, chicane de mots, fausse subtilité.

CAVITAIRES, sm. pl. ordre d'helminthes (zool.).

CAVITÉ, sf. creux, trou.

CAVOUR, célèbre ministre italien (1809-1861).

CAYENNE, capit. de la Guyane franç.

CAYES (Les), ville et port de l'île d'Haïti.

CAYET (Palma), historien français (1525-1610).

CAYLUS (comte de), célèbre archéologue français (1692-1765).

CAYSTRE, rivière de Lydie.

CAZALÈS, célèbre orateur politique, membre de la Constituante (1758-1805).

CAZOTTE, écrivain français (1720-1792).

CE, CET, m. CETTE, f. CES pl. des 2 g. adj. démonst. servant à indiquer.

CE, pron. m. la chose dont on parle.

CÉANS, adv. ici dedans.

CECI, pron. démonst. cette chose-ci.

CÉCILE (Ste), vierge et martyre, m. 230.

CÉCILIES, sf. pl. ordres de batraciens qui ressemblent aux serpents (zool.).

CÉCITÉ, sf. privation de la vue.

CÉCROPS, fondateur d'Athènes, 16e s, av. J. C.

CÉCUBE, coteau du Latium, célèbre par le vin qu'il produisait.

CÉDANT, ANTE, adj. et s. qui cède.

CÉDER, va. laisser, abandonner, vendre, transporter à. — vn. se soumettre, consentir; plier, s'affaisser.

CÉDILLE, sf. (ll m.), petite virgule que l'on met sous le ç pour lui donner le son de l's.

CÉDRAT, sm. (t nul), sorte de citronnier; son fruit.

CÈDRE, sm. arbre, son bois.

CÉDRON, torrent près de Jérusalem.

CÉDULE, sf. billet sous seing privé.

CEINDRE, va. entourer; attacher à la ceinture (o. teindre).

CEINT, CEINTE, adj. entouré;

CEINTURE, sf. ruban, cordon dont on s'environne le milieu du corps; partie du corps où on le place; chose qui environne.

CEINTURON, sm. ceinture pour suspendre l'épée, le sabre, etc.

CEINTURONNIER, sm. celui qui fait ou vend des ceinturons.

CELA, pron. démonst. cette chose-là.

CÉLADON, sm. vert pâle; amant délicat et passionné (fam.).

CÉLANO, nom actuel du lac Fucin, en Italie.

CÉLÈBES, grande île de la Malaisie.

CÉLÉBRANT, sm. prêtre qui officie.

CÉLÉBRATION, sf. action de célébrer.

CÉLÈBRE, adj. 2 g. fameux.

CÉLÉBRER, va. louer hautement; solenniser; célébrer un mariage, le bénir.

CÉLÉBRITÉ, sf. grande réputation; personne qui a une grande réputation.

CÉLÉNO, l'une des harpies (myth.).

CÉLER, va. taire, cacher (o. geler).

CÉLÈRE, *adj.* 2 *g.* rapide, léger à la course; *sm. pl.* gardes à cheval de Romulus.

CÉLERI, *sm.* sorte de plante.

CÉLÉRITÉ, *sf.* rapidité, prompte exécution.

CÉLESTE, *adj.* 2 *g.* qui appartient au ciel; divin, parfait.

CÉLESTIN, INE, *s.* religieux, religieuse d'un ordre fondé par le pape Célestin V.

CÉLESTIN, nom de plus. papes.

CÉLÉSYRIE, partie de l'anc. Syrie.

CÉLIBAT, *sm.* (*t* nul) état du célibataire.

CÉLIBATAIRE, *sm.* celui qui n'est pas marié.

CELLAMARE, ambassadeur d'Espagne à la cour de France, chef d'une conjuration contre le Régent (1657-1733).

CELLE, *f.* de CELUI.

CELLÉRIER, IÈRE, *s.* religieux, religieuse qui a soin des provisions de bouche.

CELLIER, *sm.* lieu où l'on serre le vin, les provisions.

CELLINI (Benvenuto), célèbre sculpteur florentin (1500-1571).

CELLULAIRE, *adj.* 2 *g.* formé de cellules; consistant en cellules.

CELLULE, *sf.* petite chambre, petite cavité.

CELLULEUX, EUSE, *adj.* divisé en cellules (*bot.* et *anat.*).

CELLULOSE, *sf.* pâte blanchâtre destinée à former tous les tissus mous ou durs de la plante (*physiol. végétale*).

CELSE, médecin et savant latin du siècle d'Auguste.

CELTES, peuple de la Gaule.

CELTIBÈRES ou Celtiberiens, peuple de l'Espagne ancienne.

CELTIBÉRIE, partie de l'Espagne ancienne.

CELTIDÉES, *sf. pl.* famille ou tribu de plantes dont le type est le micocoulier, en latin *celtis australis* (*bot.*).

CELTIQUE, partie de la Gaule.

CELUI, *m.* pron. démonstratif; *f.* CELLE; *pl.* CEUX, *m.* CELLES, *f.*

CELUI-CI, CELUI-LÀ, *m.* pron. demonst.; *f.* CELLE-CI, CELLE-LÀ.

CÉMENT, *sm.* poudre pour cementer les métaux.

CÉMENTATION, *sf.* action d'exposer au feu les métaux dans une poudre pour leur donner de nouvelles propriétés.

CÉMENTATOIRE, *adj.* 2 *g.* qui est relatif à la cémentation.

CÉMENTER, *va.* faire la cémentation.

CÉNACLE, *sm.* salle à manger (usité seulement dans le style de l'Écriture sainte).

CENDRE, *sf.* poussière résultant de la combustion. *Fig.* restes mortels, ruines.

CENDRÉ, ÉE, *adj.* qui est de la couleur de cendre.

CENDRÉE, *sf.* petit plomb de chasse.

CENDREUX, EUSE, *adj.* plein de cendre.

CENDRIER, *sm.* partie du fourneau où tombent les cendres.

CÈNE, *sf.* souper de J. C. avec les apôtres avant sa passion; cérémonie commemorative de ce souper.

CENIS (Mont), dans les Alpes.

CÉNOBITE, *sm.* moine qui vit en communauté.

CÉNOBITIQUE, *adj.* 2 *g.* des cénobites.

CÉNOMANS, peuple gaulois.

CÉNOTAPHE, *sm.* tombeau vide élevé à la mémoire d'un mort.

CENS, *sm.* (on pr. l's) dénombrement, redevance annuelle; quotité de contributions necessaire pour être électeur.

CENSE, *sf.* métairie.

CENSÉ, ÉE, *adj.* réputé.

CENSEUR, *sm.* ancien magistrat de Rome; celui qui contrôle, critique, examine, surveille.

CENSIER, ÈRE, *s.* celui, celle qui tient une cense. — *adj.* à qui le cens était dû.

CENSITAIRE, *adj.* et *sm.* qui devait le cens; qui paye le cens.

CENSIVE, *sf.* redevance due à un seigneur; terres dependant d'un fief.

CENSORIAL, ALE, *adj.* relatif à la censure.

CENSURABLE, *adj.* 2 *g.* qui doit être censuré.

CENSURE, *sf.* fonctions du censeur chez les anciens Romains; blâme, correction, critique; comité chargé d'examiner des écrits, des pièces de théâtre.

CENSURER, *va.* blâmer, critiquer.

CENT, *adj.* numéral, dix fois dix, centième. — *sm.* une centaine.

CENTAINE, *sf.* nombre de cent. V. Sentène.

CENTAURE, *sm.* être fabuleux moitié homme, moitié cheval.

CENTAURÉE, *sf.* sorte de plante.

CENTENAIRE, *adj.* 2 *g.* qui a, qui contient cent ans.

CENTENIER, *sm.* chef qui commandait cent soldats.

CENTÉSIMAL, ALE, *adj.* dont les parties sont des centièmes.

CENTIARE, *sm.* centième partie de l'are.

CENTIÈME, *sm.* une des parties de l'entier divisé en cent parties. — *adj.* 2 *g.* nombre ordinal : *la centième année.*

CENTIGRADE, *adj.* 2 *g.* divisé en cent degrés.

CENTIGRAMME, *sm.* centième du gramme.

CENTILITRE, *sm.* centième du litre.

CENTIME, *sm.* centième du franc.

CENTIMÈTRE, *sm.* centième du mètre.

CENTISTÈRE, *sm.* centième du stère.

CENTON, *sm.* ouvrage composé de vers ou de fragments de vers empruntés à un ou à plusieurs auteurs.

CENTRAL, ALE, *adj.* qui est au centre, qui a rapport au centre (*pl. m. centraux*).

CENTRALISATION, *sf.* action de centraliser, réunion dans un centre.

CENTRALISER, *va.* rendre central, établir un rapport avec le centre; réunir dans un même centre.

CENTRE, *sm.* point au milieu d'un cercle, d'un globe, d'un espace. *Fig.* milieu, point de réunion.

CENTRIFUGE, *adj.* 2 *g.* qui fuit le centre, qui tend à éloigner du centre.

ENTRIPÈTE, *adj.* 2 *g.* qui tend à ramener vers le centre.

CENTUMVIR, *sm.* (on pron. *centomvir*), magistrat de l'ancienne Rome.

CENTUMVIRAL, ALE, *adj.* (on pron. *centomviral*), qui appartient aux centumvirs.

CENTUMVIRAT, *sm.* (on pron. *centomvira*), dignité de centumvir.

CENTUPLE, *adj.* 2 *g.* et *sm.* qui vaut cent fois autant.

CENTUPLER, *va.* rendre cent fois plus grand.

CENTURIE, *sf.* division par centaines; partie de la légion romaine.

CENTURION, *sm.* chef d'une centurie.

CÉOS, l'une des îles Cyclades.

CEP, *sm.* pied de vigne.

CÉPÉE, *sf.* touffe de plusieurs tiges de bois sur la même souche.

CEPENDANT, *adv.* pendant cela. — *conj.* pourtant.

CÉPHALANTHE, *adj.* et *sf.* (gr. *képhalé* tête, *anthos* fleur) se dit de plantes à fleurs en boule ou réunies en forme de tête (*bot.*).

CÉPHALALGIE, *sf.* (gr. *képhalé* tête, *algos* douleur), vive douleur de tête.

CÉPHALE, époux de Procris (*myth.*).

CÉPHALIQUE, *adj.* 2 *g.* (gr. *kephalé* tête), de la tête.

CÉPHALOÏDE, *adj.* 2 *g.* (gr. *képhalé* tête, *éidos* forme), qui a la forme d'une tête.

CÉPHALONIE, l'une des îles Ioniennes, anc. *Céphalénie.*

CÉPHALOPODES, *sm. pl.* (gr. *képhalé* tête, *pous* pied), classe de mollusques pourvus à la tête d'appendices charnus servant de pieds (*zool.*).

CÉPHÉE, prince d'Éthiopie (*myth.*); nom d'une constellation.

CÉPHISE, nom de 2 riv. de la Grèce anc.

CÉPION, consul et général romain, 1er s. av. J. C.

CÉRAM, l'une des îles Moluques.

CÉRAMIQUE, *sf.* (gr. *kéramos*, terre à potier), art de fabriquer la poterie.

CÉRAMOGRAPHIQUE, *adj.* 2 *g.* (gr. *kéramos* vase en terre; *graphô* tracer, dessiner), qui a rapport aux vases en terre cuite ornés de dessins.

CÉRASONTE, ville de l'anc. royaume de Pont.

CÉRASTE, *sm.* (gr. *kéras* corne), serpent dont la tête est armée de deux éminences en forme de cornes.

CÉRAT, *sm.* (*t* nul), sorte d'onguent.

CÉRATITE, *sf.* (gr. *kéras* corne), coquille fossile, sorte de corne d'Ammon (*géol.*).

CÉRATOPHYLLÉES, *sf. pl.* famille ou genre de plantes dont le type est la cornifle, en latin *ceratophyllum* (*bot.*).

CÉRAUNITE, *sf.* (gr. *kéraunos* foudre), pierre de fu dre, sorte de belemnite (*géol.*).

CERBÈRE, *sm.* chien à trois têtes, gardien des enfers (*myth.*). *Fig.* portier intraitable.

CERCEAU, *sm.* cercle de bois ou de fer pour relier les tonneaux.

CERCLAGE, *sm.* action de cercler.

CERCLE, *sm.* surface limitée par une courbe dont tous les points sont à égale distance du centre; cerceau. *Fig.* assemblée; étendue, limites; *cercle vicieux*, sorte de raisonnement faux.

CERCLER, *va.* mettre des cercles.

CERCUEIL, *sm.* caisse où l'on met un mort.

CERCYON, brigand fameux vaincu par Thésée (*myth.*).

CERDAGNE, pays dans le Roussillon et la Catalogne.

CÉRÉALE, *s.* et *adj. f.* blé, tous les grains à farine.

CÉRÉBRAL, ALE, *adj.* qui a rapport au cerveau (pl. m. *cérébraux*).

CÉRÉMONIAL, *sm.* ensemble des cérémonies prescrites par l'usage; livre qui en contient les règles.

CÉRÉMONIE, *sf.* forme extérieure du culte; formalité solennelle; témoignage de déference. *Fig.* au *pl.* façons.

CÉRÉMONIEUX, EUSE, *adj.* qui fait trop de cérémonies.

CÉRÈS, déesse des moissons (*myth.*). — *sf.* nom d'une planète.

CÉRET, s.-pref. des Pyrénées-Orientales.

CERF, *sm.* quadrupède ruminant et à cornes branchues.

CERFEUIL, *sm.* sorte de plante.

CERF-VOLANT, *sm.* (pl. *cerfs-volants*), sorte d'insecte; jouet d'enfant.

CÉRIGNOLE, p. ville de l'Italie méridionale. Victoire de Gonzalve de Cordoue sur les Français en 1503.

CÉRIGO, l'une des îles Ioniennes, anc. *Cythère.*

CERISAIE, *sf.* lieu planté de cerisiers.

CERISE, *sf.* sorte de fruit.

CERISIER, *sm.* arbre qui produit la cerise.

CÉRISOLES, p. ville du Piémont. Victoire des Français sur les Impériaux en 1544.

CÉRIUM, *sm.* (on pron. *ceriome*), l'un des corps simples de la chimie.

CERNAY, p. ville (Haut-Rhin).

CERNEAU, *sm.* noix verte tirée de sa coque.

CERNER, *va.* environner, investir, creuser autour: *yeux cernés*, batins.

CERTAIN, AINE, *adj.* sûr, assuré, dont on ne peut douter; quelque: *certains auteurs*. — *sm.* chose sûre.

CERTAINEMENT, *adv.* assurément, d'une manière certaine.

CERTES, *adv.* (*s* nulle), certainement, en vérité.

CERTIFICAT, *sm.* (*t* final nul), écrit par lequel on certifie une chose.

CERTIFICATEUR, *adj.* et *sm.* qui certifie.

CERTIFIER, *va.* assurer la vérité d'une chose, affirmer.

CERTITUDE, *sf.* assurance intime; conviction; qualité de ce qui est assuré, stable.

CÉRUMEN, *sm.* (on pron. *l'n*), matière épaisse dans le conduit de l'oreille.

CÉRUMINEUX, EUSE, *adj.* qui est relatif au cérumen; qui tient de la nature de la cire.

CÉRUSE, *sf.* blanc de plomb.

CERVANTÈS SAAVEDRA, célèbre écrivain espagnol, auteur du *Don Quichotte* (1547-1616).

CERVEAU, *sm.* substance molle renfermée dans la cavité du crâne. *Fig.* esprit, jugement.

CERVELAS, *sm.* (s nulle), sorte de saucisson.

CERVELET, *sm.* (t nul), partie postérieure du cerveau.

CERVELLE, *sf.* cerveau.

CERVICAL, ALE, *adj.* qui appartient au cou (pl. m. *cervicaux*).

CERVIER, V. *Loup.*

CERVIN (mont), dans les A'pes.

CERVOISE, *sf.* boisson fa te avec du grain, sorte de bière.

CÉSAIRE (SAINT), archevêque d'Arles, m. 542.

CÉSALPIN, célèbre botaniste italien (1519-1603).

CÉSAR (Jules), célèbre général et dictateur romain (101-44 av. J. C.).

CÉSAR, *sm.* titre des empereurs et des princes romains héritiers présomptifs de l'empire ou associés à l'empire.

CÉSARÉE, nom de plusieurs villes anc.

CESAROTTI, littérateur italien (1730-1808).

CESSANT, ANTE, *adj.* qui cesse. *Toute affaire cessante*, en cessant toute affaire.

CESSATION, *sf.* action de cesser, discontinuation.

CESSE, *sf.* discontinuation. — SANS CESSE, *loc. adv.* continuellement.

CESSER, *va.* et *n.* interrompre, discontinuer.

CESSIBILITÉ, *sf.* qualité de ce qui est cessible.

CESSIBLE, *adj.* 2 g. qui peut être cédé.

CESSION, *sf.* abandon, action de céder.

CESSIONNAIRE, *adj.* et s. 2 g. à qui l'on a fait une cession.

CESTE, *sm.* gantelet garni de fer.

CESTOIDES, *sm. pl.* (gr. *kestos* ceinture, *eidos* forme), classe d'entomozoaires dont le corps allongé et aplati a la forme d'un ruban (zool.).

CÉSURE, *sf.* coupure des mots dans un vers, repos dans un vers.

CET, CETTE, V. *Ce.*

CÉTACÉS, *sm. pl.* (gr. *kêtos*, l. *cetus* baleine), ordre de mammifères pisciformes dont la baleine est le type (zool.).

CÉTHÉGUS, nom d'une famille romaine.

CETTE, ville et port (Hérault).

CEUTA, ville espagnole dans le Maroc.

CÉVENNES, montagnes dans le sud-est de la France.

CEYLAN, g. île de l'océan Indien.

CHABLIS (s nulle), p. ville (Yonne).— *sm.* vin blanc que cette ville récolte.

CHABLIS, *sm.* (s nulle), bois abattu par le vent.

CHABOT, *sm.* (t nul), sorte de poisson.

CHABOT (Philippe de), amiral de France, m. 1543.

CHABOT (François), révolutionnaire, membre de la Convention (1759-1794).

CHABRAQUE, *sf.* housse.

CHABRIAS (on pr. *Cabrias*), général athénien. 4e s. av. J. C.

CHACAL, *sm.* (pl. *chacals*), animal tenant du loup et du renard.

CHACONNE, *sf.* ancien air de danse.

CHACUN, UNE, *pron. ind.* chaque personne, chaque chose (pas de *pl.*).

CHAFOUIN, OUINE, *adj.* et *s.* maigre, de petite taille; qui a la mine basse.

CHAGNY, p. ville (Saône-et-Loire).

CHAGRIN, *sm.* affliction, peine, dépit; espèce de cuir grenu.

CHAGRIN, INE, *adj.* triste.

CHAGRINANT, ANTE, *adj.* qui chagrine.

CHAGRINER, *va.* rendre chagrin, attrister.

CHAH, V. *Shah.*

CHAÎNE, *sf.* lien de métal composé d'anneaux; ensemble de tiges de fer pour mesurer les terrains; fils tendus pour tisser une étoffe. *Fig.* suite, enchaînement; prison, servitude; troupe de galériens.

CHAÎNER, *va.* mesurer avec la chaîne d'arpenteur.

CHAÎNETTE, *sf.* petite chaîne.

CHAÎNON, *sm.* anneau faisant partie de la chaîne. *Fig.* subdivision d'une chaîne de montagnes.

CHAIR, *sf.* substance molle entre la peau et les os; carnation, aliment. *Fig.* la nature humaine; le corps, les sens de l'homme.

CHAIRE, *sf.* tribune, siège élevé. *Fig.* emploi de professeur; éloquence sacrée.

CHAISE, *sf.* siège à dos; siège fermé que portent deux hommes; *chaise de poste*, voiture légère de voyage.

CHAKO, V. *Shako.*

CHALABRE, p. ville (Aude).

CHALAIS, V. *Talleyrand.*

CHALAND, ANDE, *adj.* acheteur.

CHALAND, *sm.* sorte de bateau plat.

CHALANDISE, *sf.* clientèle ou pratiques d'un marchand.

CHALAZE, *sf.* (gr. *chalaza* grain de grêle, petit tubercule), point où les sucs nourriciers pénètrent dans la graine (bot.); cordon qui retient le jaune de l'œuf (physiol.).

CHALCÉDOINE (on pr. *Calcédoine*), anc. ville de Bithynie.

CHALCIDIQUE (on pr. *Calcidique*), nom de deux presqu'îles, l'une en Macédoine, l'autre en Syrie.

CHALCIS (on pr. *Calcis*), anc. capitale de l'Eubée.

CHALCITE, *sm.* (on pr. *calcite*; gr. *chalkos* cuivre), minéral qui est un hydrosulfate de cuivre (min.).

CHALCOGRAPHE, *sm.* (on pron. *calcographe*), graveur sur cuivre.

CHALCOGRAPHIE, *sf.* (on pron. *calcografi*; gr. *chalkos* cuivre; *grapho* écrire, graver), gravure sur cuivre.

CHALCONDYLE, savant grec (1424-1513).

CHALCOPYRITE, sf. (on pr. *calcopyrite*; gr. *chalkos* cuivre, *pyrités* pyrite), pyrite contenant du cuivre (*min.*).

CHALDAÏQUE, adj. 2 g. (on pron. *caldaïque*), des Chaldéens.

CHALDÉE (on pr. *Caldé*), partie de la Babylonie.

CHALDÉEN, ENNE, adj. et s. (on pron. *caldéen*), de la Chaldée; au *pl.* peuple de l'anc. Babylone.

CHÂLE, sm. pièce d'étoffe que les femmes mettent sur leurs épaules.

CHALET, sm. cabane suisse.

CHALEUR, sf. qualité de ce qui est chaud. *Fig.* ardeur, zèle, vive affection.

CHALEUREUSEMENT, adv. avec chaleur, avec vivacité.

CHALEUREUX, EUSE, adj. plein de chaleur.

CHÂLIT, sm. (t nul), bois de lit.

CHALOIR, v. *imp.* usité seulement à la 3e pers. du s. du prés. de l'indic. *Il ne m'en chaut*, il m'importe peu (vx. mot).

CHALONNAIS, pays de Châlon-sur-Saône et de Chalons-sur-Marne.

CHALONNES, p. ville (Maine-et-Loire).

CHÂLON-SUR-SAÔNE, s.-préf. de Saône-et-Loire.

CHALONS-SUR-MARNE, ch.-l. du dép. de la Marne.

CHALOSSE, pays dans la Gascogne.

CHALOUPE, sf. petit bâtiment pour le service d'un navire.

CHALUMEAU, sm. petit tuyau; sorte de flûte champêtre.

CHALUS, p. ville (Haute-Vienne).

CHAM (on pr. *Came*), second fils de Noé. — nom de l'Egypte ancienne.

CHAMADE, sf. signal pour demander à parlementer.

CHAMAILLER, vn. (ll m.), quereller, disputer. — SE CHAMAILLER, vpr. se quereller.

CHAMAILLIS, sm. (ll m., s nulle), querelle.

CHAMARRER, va. garnir, orner de galons, de dentelles, de rubans, etc.

CHAMARRURE, sf. garniture.

CHAMAVES, peuple de la Germanie.

CHAMBELLAN, m. gentilhomme de la chambre d'un prince.

CHAMBERTIN, village de la Côte-d'Or. — sm. vin que l'on y récolte.

CHAMBÉRY, ch.-l. du dép. de la Savoie.

CHAMBORD, village et château (Loir-et-Cher).

CHAMBRANLE, sm. ornement qui encadre une porte, une fenêtre, etc.

CHAMBRE, sf. pièce d'une maison; lieu d'assemblée, l'assemblée même; cavité dans un canon pour la poudre.

CHAMBRÉ, EE, adj. se dit des pièces d'artillerie qui ont des chambres.

CHAMBRÉE, sf. nombre de gens qui logent ensemble; quantité de spectateurs.

CHAMBRER, vn. loger dans la même chambre. — va. tenir enfermé.

CHAMBRETTE, sf. petite chambre.

CHAMBRIÈRE, sf. servante; long fouet de manège; bâton soutenant les brancards d'une charrette.

CHAMEAU, sm. sorte de quadrupède ruminant.

CHAMELIER, sm. conducteur de chameaux.

CHAMFORT, littérateur français (1741-1794).

CHAMILLARD, ministre de Louis XIV (1651-1721).

CHAMILLY, maréchal de France (1636-1715).

CHAMOIS, sm. (s nulle), espèce de chèvre sauvage; sa peau.

CHAMOISER, va. préparer la peau à la façon de celle du chamois.

CHAMOISERIE, sf. lieu où l'on apprête les peaux de chamois; la peau apprêtée.

CHAMOISEUR, sm. ouvrier qui apprête les peaux de chamois.

CHAMOUNI, p. ville et vallée de la Savoie.

CHAMP, sm. (p nul), espace de terre labourable; étendue de terrain plat; au *pl.* la campagne. *Fig.* sujet, occasion, fond. — SUR-LE-CHAMP, loc. adv. à l'instant; À TOUT BOUT DE CHAMP, loc. adv. à tous moments.

CHAMPAGNE, anc. province de France. — sm. sorte de vin mousseux.

CHAMPAGNE (Philippe de), peintre célèbre, né à Bruxelles en 1602, m. 1674.

CHAMPAGNOLE, p. ville (Jura).

CHAMPAGNY, duc de Cadore, ministre de Napoléon 1er (1756-1834).

CHAMPAUBERT, village (Marne). Victoire de Napoléon 1er sur les Russes, en 1814.

CHAMPEAUX (Guillaume de), célèbre philosophe scolastique, m. 1121.

CHAMPEAUX, sm. pl. prairies.

CHAMPENOIS, OISE, adj. et s. de la Champagne.

CHAMPÊTRE, adj. 2 g. qui appartient aux champs.

CHAMPIGNON, sm. sorte de végétal spongieux sans feuilles; bouton qui se forme au lumignon; excroissance de chair; support ayant la forme d'un champignon.

CHAMPIGNONNIÈRE, sf. couche où poussent des champignons.

CHAMPION, sm. celui qui combattait en champ clos. *Fig.* défenseur.

CHAMPIONNET, général français (1762-1800).

CHAMPLAIN (lac), dans les Etats-Unis.

CHAMPMESLÉ (mademoiselle), célèbre tragédienne française (1644-1698).

CHAMPOLLION, célèbre archéologue français (1790-1832).

CHANAAN (on pr. *Canaan*), fils de Cham. *Terre de Chanaan*, Judée, Phénicie et partie de la Syrie.

CHANANÉEN, ENNE, adj. et s. (on pron. *cananéen*), de la terre de Chanaan.

CHANCE, sf. jeu de dés. *Fig.* événement probable, bonne ou mauvaise fortune.

CHANCELANT, ANTE, adj. qui chancelle.

CHANCELER, *vn.* vaciller. *Fig.* n'être pas ferme, être mal assuré.

CHANCELIER, *sm.* officier chargé de garder les sceaux; chef de la justice.

CHANCELIÈRE, *sf.* femme du chancelier; petit meuble garni de fourrure pour tenir les pieds chauds.

CHANCELLEMENT, *sm.* action de chanceler.

CHANCELLERIE, *sf.* lieu où l'on scelle les actes; hôtel du chancelier.

CHANCEUX, EUSE, *adj.* qui a beaucoup de chance; douteux, incertain.

CHANCIR, *vn.* moisir.

CHANCISSURE, *sf.* moisissure.

CHANCRE, *sm.* ulcère rongeur.

CHANCREUX, EUSE, *adj.* de la nature du chancre; qui a un chancre.

CHANDELEUR, *sf.* fête en commémoration de la présentation de J. C. au temple et de la purification de la Vierge.

CHANDELIER, *sm.* celui qui fait ou vend des chandelles; ustensile où l'on met une chandelle pour la brûler.

CHANDELLE, *sf.* cylindre de suif au milieu duquel est une mèche. *Chandelle romaine,* pièce d'artifice.

CHANDERNAGOR, ville de l'Hindoustan, appartenant à la France.

CHANDOS (Jean), célèbre capitaine anglais, connétable d'Aquitaine, m. 1369.

CHANG-HAÏ, ville et port de la Chine.

CHANFREIN, *sm.* devant de la tête du cheval; surface que l'on forme en abattant l'arête d'un corps.

CHANFREINDRE, *va.* faire un trou de forme conique; faire un chanfrein.

CHANFREINER, *va.* faire un chanfrein; couper de biais une planche.

CHANGE, *sm.* échange; lieu où l'on change les monnaies; droit d'échange. *Prendre le change,* se tromper; *donner le change,* tromper.

CHANGEANT, ANTE, *adj.* variable; qui change aisément.

CHANGEMENT, *sm.* action de changer.

CHANGER, *va.* donner une chose pour une autre; remplacer, rendre différent; convertir. — *vn.* n'être plus le même; varier.

CHANGEUR, *sm.* celui qui échange les monnaies.

CHANLATTE ou CHANLATE, *sf.* chevron, madrier refendu.

CHANNING, célèbre moraliste américain (1780-1842).

CHANOINE, *sm.* ecclésiastique pourvu d'un canonicat.

CHANOINESSE, *sf.* dame qui possédait une prébende.

CHANSON, *sf.* pièce de vers que l'on chante. *Fig.* raisons frivoles, sornette.

CHANSONNER, *va.* faire une chanson satirique contre quelqu'un.

CHANSONNETTE, *sf.* petite chanson.

CHANSONNIER, IÈRE, *s.* celui, celle qui fait des chansons. — *sm.* recueil de chansons.

CHANT, *sm.* inflexion de voix sur différents tons; air; manière de chanter; ramage des oiseaux. *Fig.* composition en vers, division d'un poème.

CHANTABLE, *adj.* 2 *g.* que l'on peut ou que l'on doit chanter.

CHANTAGE, *sm.* manœuvre répréhensible pour forcer à donner de l'argent.

CHANTAL (Jeanne-Françoise de), fondatrice de l'ordre de la Visitation, née en 1572, m. en 1641, canonisée en 1767.

CHANTANT, ANTE, *adj.* qui prête au chant, facile à chanter; où l'on chante.

CHANTEAU, *sm.* morceau de pain bénit; morceau d'étoffe.

CHANTEPLEURE, *sf.* long entonnoir; fente pour l'écoulement des eaux.

CHANTER, *va.* et *n.* faire entendre un chant. *Fig.* célébrer, publier, déclarer.

CHANTERELLE, *sf.* la petite corde d'un violon; oiseau captif qui par son chant en attire d'autres.

CHANTEUR, EUSE, *adj.* et *s.* qui chante.

CHANTIER, *sm.* vaste emplacement où l'on tient le bois à brûler ou le bois de charpente; atelier de construction; pièces de bois sur lesquelles on place les tonneaux.

CHANTILLY, *p.* ville (Oise).

CHANTONNER, *vn.* chanter à demi-voix.

CHANTOURNER, *va.* couper en suivant un profil donné.

CHANTRE, *sm.* celui dont la fonction est de chanter à l'église. *Fig.* poète. *Le chantre des bois* ou *du printemps,* le rossignol.

CHANTRERIE, *sf.* office de chantre.

CHANVRE, *sm.* plante qui donne le chènevis; filasse qu'on en fait.

CHAOS, *sm.* (on pron. *cao*), confusion de toutes choses avant la création. *Fig.* mélange confus.

CHAPE, *sf.* long manteau ecclésiastique; partie d'une boucle par laquelle elle s'attache; monture de poulie.

CHAPEAU, *sm.* sorte de coiffure. *Fig.* dignité de cardinal; objets ayant la forme d'un chapeau; *chapeau chinois,* sorte d'instrument de musique.

CHAPE-CHUTE, *sf.* occasion favorable, heureux hasard (La Fontaine); et *dans un sens opposé,* fâcheuse aventure.

CHAPELAIN, *sm.* prêtre qui dessert une chapelle; aumônier.

CHAPELAIN, poëte français (1595-1674).

CHAPELER, *va.* racler la croûte du pain.

CHAPELET, *sm.* (*t* nul) grains enfilés sur chacun desquels on dit une prière; ce qui en a la forme.

CHAPELIER, IÈRE, *s.* fabricant ou marchand de chapeaux.

CHAPELLE, *sf.* petit édifice religieux; partie d'une église. *Fig.* musiciens d'une église.

CHAPELLE, poëte français (1626-1686).

CHAPELLENIE, *sf.* bénéfice ou dignité d'un chapelain.

CHAPELLERIE, *sf.* fabrication, commerce de chapeaux.

CHAPELURE, *sf.* croûte de pain râpée.

CHAPERON, *sm.* ancienne coiffure; bourrelet que les gens de robe portent sur l'épaule gauche; haut d'un mur en forme de toit. *Fig.* femme qui accompagne une demoiselle par convenance.

CHAPERONNER, *va.* mettre un chaperon. *Fig.* servir de chaperon.

CHAPITEAU, *sm.* partie qui couronne une colonne, un pilastre; partie supérieure de l'alambic.

CHAPITRE, *sm.* division d'un livre; assemblée de religieux; corps de chanoines. *Fig.* sujet dont on parle.

CHAPITRER, *va.* réprimander.

CHAPON, *sm.* coq que l'on engraisse; croûte de pain frottée d'ail.

CHAPONNEAU, *sm.* petit chapon.

CHAPPE (Claude), inventeur du télégraphe aérien (1763-1805).

CHAPPE-D'AUTEROCHE, astronome français (1722-1769).

CHAPTAL, célèbre chimiste français, ministre de Napoléon 1er (1756-1832).

CHAQUE, *adj. indéf.* 2 g. tout individu, tout objet pris individuellement (pas de *pl.*).

CHAR, *sm.* voiture à deux roues chez les anciens; voiture d'apparat principalement pour les cérémonies funèbres. *Char-à-bancs*, voiture garnie de plusieurs banquettes.

CHARA, V. *Charagne.*

CHARAGÉES, *sf. pl.* famille de plantes dont la chara est le type (*bot.*).

CHARADE, *sf.* sorte d'énigme.

CHARAGNE, *sf.* sorte de plante aquatique, vulgairement *herbe à écurer.*

CHARANÇON, *sm.* insecte qui attaque le blé.

CHARANÇONNÉ, ÉE, *adj.* attaqué par les charançons.

CHARBON, *sm.* morceau de bois embrasé et sans flammes; menu bois éteint avant son entière combustion; tumeur inflammatoire; maladie des graminées. *Charbon de terre*, houille.

CHARBONNER, *va.* noircir, dessiner avec du charbon; réduire en charbon.

CHARBONNEUX, EUSE, *adj.* de la nature du charbon.

CHARBONNIER, IÈRE, *s.* celui, celle qui fait ou vend du charbon. — *sm.* lieu où l'on place le charbon.

CHARBONNIÈRE, *sf.* lieu où l'on fait le charbon.

CHARBOUILLER, *va.* (ll m.), gâter par la nielle (en parlant du blé).

CHARCUTER, *va.* et *n.* couper, tailler maladroitement de la viande ou la chair d'un blessé.

CHARCUTERIE, *sf.* commerce de charcutier; viande de porc.

CHARCUTIER, IÈRE, *s.* celui, celle qui vend de la viande de porc.

CHARDIN, célèbre voyageur français (1643-1713).

CHARDON, *sm.* sorte de plante.

CHARDONNERET, *sm.* oiseau.

CHARDONNETTE, *sf.* espèce d'artichaut sauvage.

CHARDONNIÈRE, *sf.* champ plein de chardons.

CHARENTE, rivière de France; elle donne son nom à un dép. dont le ch.-l. est Angoulême. — CHARENTE-INFÉRIEURE, autre dép. dont le ch.-l. est La Rochelle.

CHARENTON, bourg et hospice d'aliénés près de Paris.

CHARETTE, fameux général vendéen (1763-1796).

CHARGE, *sf.* fardeau, ce que l'on peut porter. *Fig.* office, fonctions; dépense, imposition, obligation ou condition onéreuse; attaque impétueuse d'une troupe; poudre et plomb d'une arme à feu; indice contre un accusé. Plaisanterie, caricature.

CHARGÉ, ÉE, *adj.* rempli, couvert de. *Fig.* qui a beaucoup ou trop de certaines choses.

CHARGEMENT, *sm.* action de charger; cargaison d'un navire.

CHARGER, *va.* mettre une charge, peser sur. *Fig.* imposer une condition onéreuse; donner une commission; attaquer l'ennemi; déposer contre : *charger l'accusé*; mettre la charge dans une arme à feu. Exagérer; faire la caricature de. — SE CHARGER DE, *vpr.* prendre le soin de.

CHARGEUR, *sm.* celui qui charge.

CHARIOT, *sm.* (t nul), voiture à quatre roues pour charrier. *Fig.* constellation.

CHARITABLE, *adj.* 2 g. qui a de la charité; qui fait souvent l'aumône; qui marque la charité.

CHARITABLEMENT, *adv.* d'une manière charitable.

CHARITÉ, *sf.* amour de Dieu et du prochain; aumône.

CHARITÉ (LA), p. ville (Nièvre).

CHARIVARI, *sm.* bruit tumultueux; musique discordante.

CHARLATAN, *sm.* vendeur de drogues sur les places publiques. *Fig.* hâbleur.

CHARLATANER, *va.* amadouer, enjôler, tromper par de belles paroles.

CHARLATANERIE, *sf.* hâblerie; discours artificieux.

CHARLATANISME, *sm.* manière d'agir du charlatan, hâblerie, discours artificieux.

CHARLEMAGNE, roi de France et empereur d'Occident (742-814).

CHARLEROI, ville de Belgique, sur la Sambre.

CHARLES (SAINT) Borromée, cardinal et archevêque de Milan (1538-1584).

CHARLES, nom de plusieurs rois de France, entre autres : CHARLES II LE CHAUVE (823-877); CHARLES V LE SAGE (1337-1380); CHARLES VII (1403-1461); CHARLES VIII (1470-1498); CHARLES IX (1550-1574), CHARLES X (1757-1836). — Nom de plusieurs autres princes, tels que CHARLES LE TÉMÉRAIRE, duc de Bourgogne (1433-1477); CHARLES V ou CHARLES-QUINT, empereur d'Allemagne (1500-1558); CHARLES XII, roi de Suède (1682-1718).

CHARLES-ALBERT, roi de Sardaigne (1798-1849).

CHARLES-MARTEL, fils de Pépin d'Héristal, et maire du palais (689-741).

CHARLESTON ou CHARLESTOWN, ville de la Caroline du Sud (Etats-Unis).

CHARLET, dessinateur français (1792-1846).

CHARLEVILLE, ville (Ardennes).

CHARLIEU, p. ville (Loire).

CHARLOTTE, nom de femme. — sf. sorte de mets.

CHARMANT, ANTE, adj. très-agréable, qui plaît beaucoup.

CHARME, sm. sortilége. Fig. attrait, ce qui plaît. — sorte d'arbre.

CHARMER, va. agir par un prétendu art magique. Fig. plaire extrêmement, causer une vive satisfaction, calmer, adoucir.

CHARMILLE, sf. (ll m.), petits charmes, haie de petits charmes.

CHARMOIE, sf. lieu planté de charmes.

CHARNEL, ELLE, adj. qui appartient à la chair; sensuel.

CHARNELLEMENT, adv. selon la chair.

CHARNIER, sm. lieu où l'on garde la viande salée; amas d'ossements.

CHARNIÈRE, sf. assemblage de deux pièces de métal jointes par une broche et jouant l'une sur l'autre.

CHARNU, UE, adj. bien fourni ou formé de chair.

CHARNURE, sf. qualité de la chair d'une personne.

CHAROGNE, sf. corps d'animal en putréfaction.

CHAROLAIS, partie de la Bourgogne.

CHAROLLES, s.-préf. de Saône-et-Loire.

CHARON, V. Caron.

CHARONDAS (on pr. Carondas), disciple de Pythagore, et législateur de Catane; 7e s. av. J.-C.

CHARPENTE, sf. assemblage de grosses pièces de bois. Fig. structure d'un corps, plan d'un ouvrage.

CHARPENTER, va. tailler du bois de charpente. Fig. couper, tailler maladroitement.

CHARPENTERIE, sf. art du charpentier; charpente.

CHARPENTIER, sm. ouvrier qui fait de la charpente.

CHARPIE, sf. petits fils tirés d'une toile usée.

CHARRÉE, sf. cendres de la lessive.

CHARRETÉE, sf. la charge d'une charrette, tout ce que contient une charrette.

CHARRETIER, IÈRE, s. celui, celle qui conduit une charrette. — adj. porte charretière, porte par où peut passer une charrette.

CHARRETTE, sf. voiture à deux roues pour transporter des fardeaux.

CHARRIAGE, sm. action de charrier.

CHARRIER, va. voiturer dans une charrette; emporter.

CHARRIER, sm. pièce de toile pour mettre les cendres de la lessive.

CHARROI, sm. action de charrier; prix du transport; troupes qui transportent le bagage.

CHARRON, sm. ouvrier qui fait des charrettes, des chariots, etc.

CHARRON (Pierre), moraliste français (1541-1603).

CHARRONNAGE, sm. art, ouvrage du charron.

CHARROYER, va. voiturer.

CHARROYEUR, sm. celui qui charrie.

CHARRUE, sf. machine à labourer.

CHARTE ou CHARTRE, sf. ancien titre; documents historiques; loi constitutionnelle.

CHARTIER (Alain), écrivain français (1386-1449). — Jean, frère d'Alain, auteur des Grandes Chroniques de France.

CHARTON, sm. charretier (La Fontaine).

CHARTRAIN (pays), partie de l'Orléanais. — AINE, adj. de Chartres.

CHARTRE, sf. prison (vx. mot); chartre privée, lieu où l'on retient illégalement. V. Charte.

CHARTRES, ch.-l. du dép. d'Eure-et-Loir.

CHARTREUSE, sf. couvent de chartreux. La grande Chartreuse (Isère).

CHARTREUX, EUSE, s. religieux, religieuse de l'ordre de Saint-Bruno.

CHARTRIER, sm. gardien ou dépôt de chartes ou chartres.

CHARYBDE, sm. (on pron. caribde), nom d'un gouffre fameux situé dans le détroit de Messine.

CHAS, sm. (s nulle), trou d'une aiguille.

CHÂSSE, sf. coffre où l'on conserve des reliques.

CHASSE, sf. action de chasser, de poursuivre. Fig. les gens et les chiens qui chassent; terre, bois réservé pour la chasse.

CHASSÉ, sm. sorte de pas de danse.

CHASSELAS, sm. (s nulle), sorte de raisin.

CHASSE-MARÉE, sm. (inv.), voiturier ou voiture qui apporte la marée; petit bâtiment.

CHASSE-MOUCHE (Académ.), et mieux CHASSE-MOUCHES, sm. (inv.), instrument pour chasser les mouches.

CHASSER, va. forcer de sortir, renvoyer; pousser en avant, poursuivre.

CHASSERESSE, s. et adj. f. chasseuse (t. poétique).

CHASSEUR, EUSE, s. celui, celle qui chasse, qui aime la chasse. — sm. soldat armé à la légère; domestique en habit de chasse.

CHASSIE, sf. humeur des paupières.

CHASSIEUX, EUSE, adj. qui a de la chassie.

CHÂSSIS, sm. (s finale nulle), carré de bois à compartiments, espèce de cadre.

CHASTE, adj. 2 g. pur, qui a de la pudeur; modeste.

CHASTEMENT, adv. d'une manière chaste.

CHASTETÉ, sf. pureté, modestie.

CHASUBLE, sf. ornement que le prêtre met par-dessus l'aube et l'étole.

CHASUBLIER, sm. celui qui fait des ornements d'église.

CHAT, CHATTE, s. sorte d'animal domestique.

CHÂTAIGNE, sf. fruit farineux à écorce.

CHÂTAIGNERAIE, sf. lieu planté de châtaigniers.

CHÂTAIGNIER, sm. arbre qui produit la châtaigne.

CHÂTAIN, *adj. m.* de couleur d'écorce de châtaigne.

CHATAM, V. *Chatham.*

CHÂTEAU, *sm.* forteresse; vaste maison; résidence royale.

CHATEAUBRIAND, célèbre écrivain français (1768-1848).

CHÂTEAUBRIANT, s.-préf. de la Loire-Inférieure.

CHÂTEAU-CHINON, s.-préf. de la Nièvre.

CHÂTEAU-DU-LOIR, p. ville (Sarthe).

CHÂTEAUDUN, s.-préf. d'Eure-et-Loir.

CHÂTEAU-GONTIER, s.-préf. du dep. de la Mayenne.

CHÂTEAULIN, s.-préf. du Finistère.

CHÂTEAUNEUF-DE-RANDON, ch.-l. de canton (Lozère). Duguesclin mourut au siege de cette place.

CHÂTEAU-RENAUD, chef d'escadre et maréchal de France (1637-1716).

CHÂTEAU-RENAULT, p. ville (Indre-et-Loire).

CHÂTEAUROUX, ch.-l. du dép. de l'Indre.

CHÂTEAU-SALINS, s.-préf. de la Meurthe.

CHÂTEAU-THIERRY, s.-préf. de l'Aisne.

CHÂTEL (Jean), fanatique qui tenta d'assassiner Henri IV en 1594.

CHÂTELAIN, AINE, *adj.* et *s.* qui commande ou habite un château.

CHAT-EL-ARAB, nom de l'Euphrate après qu'il a reçu le Tigre.

CHÂTELET, *sm.* (*t* final nul), petit château; ancien tribunal à Paris.

CHÂTELLENIE, *sf.* juridiction d'un seigneur châtelain.

CHÂTELLERAULT, s.-préf. de la Vienne.

CHAT-HUANT, *sm.* (on pron. *cha-huan*, *h* aspirée), sorte de hibou (pl. *chats-huants*).

CHATHAM, v. d'Angleterre.

CHÂTIABLE, *adj.* 2 g. qui doit être châtié.

CHÂTIER, *va.* corriger, punir. *Fig. châtier son style*, le polir.

CHATIÈRE, *sf.* trou pour laisser passer le chat.

CHÂTILLON-SUR-SEINE, s.-préf. du dep. de la Côte-d'Or.

CHÂTIMENT, *sm.* action de châtier, punition.

CHATOIEMENT ou CHATOYEMENT, *sm.* reflet d'une pierre précieuse, d'une etoffe, etc.

CHATON, *sm.* petit chat; partie d'une bague qui enchâsse une pierre précieuse; assemblage de fleurs de certains arbres.

CHATOUILLEMENT, *sm.* (*ll* m.), action de chatouiller, sensation qui en résulte.

CHATOUILLER, *va.* (*ll* m.), causer un tressaillement nerveux en touchant légèrement. *Fig.* flatter, exciter.

CHATOUILLEUX, EUSE, *adj.* (*ll* m.), sensible au chatouillement. *Fig.* susceptible. *Affaire chatouilleuse*, délicate.

CHATOYANT, ANTE, *adj.* qui chatoie.

CHATOYEMENT, V. *Chatoiement.*

CHATOYER, *va.* changer de couleur suivant la direction de la lumière (c. *employer*).

CHÂTRE (LA), s.-préf. du dép. de l'Indre.

CHÂTRE (Claude de LA), maréchal de France (1536-1614).

CHATTEMITE, *sf.* se dit de celui qui affecte un air doux pour tromper.

CHATTERIE, *sf.* friandise, douceurs, cajolerie.

CHATTERTON, poête anglais (1752-1770).

CHAUCER, anc. poête anglais (1326-1400).

CHAUD, *sm.* (*d* nul), chaleur.

CHAUD, AUDE, *adj.* qui a de la chaleur. *Fig.* ardent, vif, passionné, zèle; récent. — *adv.* chaudement.

CHAUDE, *sf.* feu vif; action de chauffer et de forger.

CHAUDEAU, *sm.* boisson chaude.

CHAUDEMENT, *adv.* de façon à conserver la chaleur. *Fig.* avec ardeur ou vivacité.

CHAUDES-AIGUES, p. ville (Cantal).

CHAUDIÈRE, *sf.* grand vase de metal dans lequel on fait chauffer de l'eau.

CHAUDRON, *sm.* petite chaudière.

CHAUDRONNÉE, *sf.* ce que contient un chaudron.

CHAUDRONNERIE, *sf.* état, fabrique, marchandise de chaudronnier.

CHAUDRONNIER, IÈRE, *s.* celui, celle qui fait ou vend des chaudrons.

CHAUFFAGE, *sm.* action de chauffer; quantité de combustible consommée dans l'année pour se chauffer.

CHAUFFE, *sf.* lieu où se jette et se brûle le bois employé à la fonte des metaux.

CHAUFFE-PIEDS, *sm.* chaufferette.

CHAUFFER, *va.* donner de la chaleur. — *vn.* en recevoir. — SE CHAUFFER, (*pr.*) s'approcher du feu et s'y tenir.

CHAUFFERETTE, *sf.* ustensile pour se chauffer les pieds.

CHAUFFEUR, *sm.* ouvrier qui entretient le feu d'une forge, d'une machine à vapeur.

CHAUFFOIR, *sm.* endroit public pour se chauffer.

CHAUFOUR, *sm.* four à chaux.

CHAUFOURNIER, *sm.* ouvrier qui fait la chaux.

CHAULAGE, *sm.* action de chauler.

CHAULER, *va.* faire tremper le blé dans l'eau de chaux avant de le semer.

CHAULIEU, poête français (1639-1720).

CHAULNES (duc de), maréchal de France, m. 1649.

CHAUMAGE, *sm.* action ou temps de couper le chaume.

CHAUME, *sm.* tige des graminées; partie de cette tige qui reste après la moisson.

CHAUMER, *va.* arracher le chaume.

CHAUMETTE, procureur de la commune de Paris pendant la révolution (1763-1794).

CHAUMIÈRE, *sf.* petite habitation couverte de chaume.

CHAUMINE, *sf.* petite chaumière.

CHAUMONT, ch.-l. de la Haute-Marne.

CHAUNY, p. ville (Aisne).

CHAUSSANT, ANTE, *adj.* qui se chausse aisément.

CHAUSSE, *sf.* entonnoir en drap pour filtrer

les liqueurs. Au *pl.* autrefois, espèce de culotte.

CHAUSSÉE, *sf.* levée de terre près d'une rivière; partie élevée d'une voie publique.

CHAUSSE-PIED, *sm.* corne ou morceau de cuir pour aider à se chausser.

CHAUSSER, *va.* mettre une chaussure. — *vn.* aller bien à la jambe, au pied.

CHAUSSETIER, *sm.* marchand de bas, de bonnets, etc.

CHAUSSE-TRAPE, *sf.* piège. Au pl. *chausse-trapes* (Acad.).

CHAUSSETTE, *sf.* demi-bas.

CHAUSSON, *sm.* sorte de chaussure; sorte de pâtisserie.

CHAUSSURE, *sf.* ce que l'on met aux pieds pour se chausser.

CHAUVE, *adj.* et *s.* 2 g. qui n'a plus de cheveux ou n'en a guère.

CHAUVEAU-LAGARDE, célèbre avocat, défenseur de la reine Marie-Antoinette (1765-1841).

CHAUVELIN, garde des sceaux (1685-1762). — (marquis de), ambassadeur, membre du tribunat, puis député (1766-1832).

CHAUVE-SOURIS, *sf.* (pl. *chauves-souris*), sorte de mammifère volant.

CHAUX, *sf.* (x nulle), pierre calcaire calcinée.

CHAUX-DE-FOND (LA), ville (Suisse).

CHAVIRER, *vn.* se renverser; se dit d'un navire, d'un bateau.

CHEBEC, *sm.* sorte de navire.

CHECK, V. *Cheque.*

CHEF, *sm.* tête. *Fig.* celui qui commande, qui dirige; premier cuisinier; point principal. — DE SON CHEF, *loc. adv.* par soi-même, de son autorité privée.

CHEF-D'ŒUVRE, *sm.* (on pr. *ché-d'œuvre*), ouvrage parfait (pl. *chefs-d'œuvre*).

CHEF-LIEU *sm.* (pl. *chefs-lieux*), ville principale; siège de préfecture.

CHEIK ou CHEICK, *sm.* chef de tribu arabe.

CHÉIROPTÈRES, *sm.* pl. (on pron. *kéiroptère*; gr. *chéir* main, *ptéron* aile), ordre de mammifères dont les doigts très-longs sont garnis d'une membrane en forme d'aile, comme la chauve-souris (zool.).

CHÉLIDOINE, *sf.* (on pron. *kélidoine*), plante vulgairement appelée *éclaire.*

CHÉLIF, fleuve d'Algérie.

CHELLES, bourg (Seine-et-Marne); résidence des rois mérovingiens; anc. abbaye.

CHÉLONIENS, *sm.* pl. (on pron. *kéloniens*; gr. *chéloné* tortue), ordre de reptiles comprenant les tortues (zool.).

CHELSEA, ville d'Angleterre, près de Londres, sur la Tamise.

CHEMILLÉ, p. ville (Maine-et-Loire).

CHEMIN, *sm.* voie; espace parcouru. *Fig.* moyen de parvenir à un but.

CHEMINÉE, *sf.* cavité où l'on fait le feu; conduit de la fumée.

CHEMINER, *vn.* marcher.

CHEMISE, *sf.* vêtement de linge sur la peau. *Fig.* enveloppe; travail de maçonnerie.

CHEMISETTE, *sf.* petite chemise; devant de chemise.

CHEMNITZ, ville de Saxe.

CHÊNAIE, *sf.* lieu planté de chênes.

CHENAL, *sm.* courant d'eau à bords en talus, canal où peut passer un navire; chéneau.

CHENAPAN, *sm.* vaurien.

CHÊNE, *sm.* arbre.

CHÊNEAU, *sm.* jeune chêne.

CHÉNEAU, *sm.* conduit par où l'eau du toit passe dans la gouttière.

CHÊNEDOLLÉ, poète français (1769-1833).

CHENET, *sm.* (t nul), ustensile de fer sur lequel on pose le bois du feu.

CHÉNEVIÈRE, *sf.* terre semée de chanvre.

CHÉNEVIS, *sm.* (s nulle), graine de chanvre.

CHÉNEVOTTE, *sf.* brin de la tige du chanvre dépouillée de son écorce.

CHÉNEVOTTER, *vn.* pousser du bois faible comme des chénevottes.

CHÉNIER, nom de deux frères, poètes français : *André* (1762-1794); *Marie-Joseph* (1764-1811).

CHENIL, *sm.* (on pron. *cheni*), loge pour les chiens. *Fig.* logement sale.

CHENILLE, *sf.* (ll m.), insecte rampant qui est la larve du papillon; tissu velouté imitant la chenille.

CHÉNOPODÉES, *sf.* pl. (on pron. *kénopode*), famille de plantes dont le type est le *chenopodium* ou anserine (bot.).

CHENU, UE, *adj.* blanc de vieillesse; couvert de neige.

CHÉOPS, roi d'Égypte, 13e s. av. J. C.

CHEPTEL, *sm.* (on pron. *chetel*), bail de bestiaux.

CHÈQUE ou CHECK, *sm.* billet au porteur payable à vue (mot anglais).

CHER, CHÈRE, *adj.* très-aimé; qui est de prix. — *adv.* à haut prix.

CHER, riv. de France : elle donne son nom à un dép. dont le ch.-l. est *Bourges.*

CHERASCO, p. ville du Piémont, sur le Tanaro.

CHERBOURG, s.-préf. de la Manche; port militaire.

CHERCHELL, ville d'Algérie.

CHERCHER, *va.* se donner de la peine pour trouver, pour obtenir.

CHERCHEUR, EUSE, *s.* celui, celle qui cherche.

CHÈRE, *sf.* autrefois accueil; aujourd'hui mets, repas.

CHÈREMENT, *adv.* tendrement; à haut prix.

CHÉRI, IE, *s.* terme d'affection se disant de celui ou de celle que l'on aime beaucoup.

CHÉRIF, *sm.* prince arabe.

CHÉRIR, *va.* aimer tendrement.

CHÉRISSABLE, *adj.* 2 g. digne d'être chéri.

CHÉRONÉE (on pron. *Kérone*), anc. ville de Béotie. Victoire de Philippe, roi de Macédoine, sur les Athéniens, et de Sylla sur Archélaüs.

CHERSONÈSE, *sf.* (on pron. *kersonèze*), presqu'île.

CHERTÉ, *sf.* prix élevé.

CHÉRUBIN, *sm.* ange.

CHERUBINI (on pr. *Kéroubini*), célèbre compositeur italien (1760-1842).

CHÉRUSQUES, peuple germain.

CHÉSAPEAKE (on pron. *Chésapik*), baie sur la côte des États-Unis.

CHERVIS, sm. (s nulle), sorte de plante.

CHESTER, ville d'Angleterre. — sm. fromage qui en vient.

CHESTERFIELD, homme d'État et écrivain anglais (1694-1773).

CHÉTIF, IVE, adj. petit, faible, vil, mauvais.

CHÉTIVEMENT, adv. d'une façon chétive.

CHEVAL, sm. grand quadrupède domestique. *Fig.* homme brutal, homme dur au travail. *Cheval-vapeur*, force de la vapeur capable d'élever en une seconde et à un mètre de hauteur 75 kilogrammes. *Cheval fondu*, jeu d'enfant; *cheval de frise*, solive hérissée de pointes.

CHEVALEMENT, sm. poutre pour étayer.

CHEVALER, va. étayer.

CHEVALERESQUE, adj. 2 g. qui tient de la chevalerie.

CHEVALERIE, sf. grade, dignité de chevalier; ordre des chevaliers.

CHEVALET, sm. ancien instrument de supplice; morceau de bois plat qui supporte les cordes d'un violon, etc.; support de bois sur lequel les peintres placent leurs tableaux; étai qui soutient les bâtiments en réparation.

CHEVALIER, sm. celui qui avait reçu l'ordre de chevalerie; membre d'un ordre militaire ou religieux; titre de noblesse. *Fig.* défenseur; *chevalier d'industrie*, intrigant.

CHEVALINE, adj.f. Bête *chevaline*, cheval ou jument.

CHEVALLET (de), philologue français, auteur de l'ouvrage intitulé: *Origine et formation de la langue française* (1812-1858).

CHEVANCE, sf. le bien que l'on a (vx. mot).

CHEVAUCHÉE, sf. voyage à cheval, marche à cheval.

CHEVAUCHER, vn. aller à cheval.

CHEVAU-LÉGER, sm. cavalier d'un ancien corps militaire (pl. *chevau-légers*).

CHEVELU, UE, adj. qui a beaucoup de cheveux, qui a une grande chevelure. *Cuir chevelu*, peau de la tête.

CHEVELU, sm. filaments des racines.

CHEVELURE, sf. les cheveux; *Fig.* rayons d'une comète; feuilles des arbres.

CHEVERT, général français (1695-1769).

CHEVERUS (de), cardinal, archevêque de Bordeaux (1768-1836).

CHEVET, sm. (t nul), tête du lit; partie qui termine le chœur d'une église.

CHEVÊTRE, sm. licou; pièce de charpente; bandage.

CHEVEU, sm. poil de la tête de l'homme.

CHEVILLE, sf. (ll m.), morceau de bois ou de métal pour boucher un trou ou joindre des pièces; ce qui s'élève en saillie aux deux côtés du pied. *Fig.* mot inutile dans un vers.

CHEVILLER, va. (ll m.), attacher avec des chevilles.

CHEVILLETTE, sf. (ll m.), petite cheville.

CHEVIOT (Mts), entre l'Angleterre et l'Écosse.

CHEVIR, vn. venir à bout de quelqu'un, jouir de (vx. mot).

CHÈVRE, sf. femelle du bouc. *Fig.* constellation; machine à soulever des fardeaux.

CHEVREAU, sm. petit de la chèvre.

CHÈVREFEUILLE, sm. sorte d'arbrisseau grimpant.

CHÈVRE-PIED, et mieux CHÈVRE-PIEDS, adj. m. qui a des pieds de chèvre.

CHEVRETTE, sf. femelle du chevreuil; petit chenet bas.

CHEVREUIL, sm. (l m.), animal du genre du cerf.

CHEVREUL, chimiste français, né en 1786.

CHEVREUSE, bourg (Seine-et-Oise).

CHEVRIER, IÈRE, s. gardeur, gardeuse de chèvres.

CHEVRILLARD, sm. (ll m.), petit chevreuil.

CHEVRON, sm. pièce de bois de charpente; galon marquant les années de service militaire.

CHEVROTAIN, sm. petit ruminant sans cornes.

CHEVROTANT, ANTE, adj. qui chevrote.

CHEVROTEMENT, sm. action de chevroter.

CHEVROTER, vn. chanter d'une voix tremblotante.

CHEVROTIN, sm. peau de chevreau préparée.

CHEVROTINE, sf. gros plomb de chasse.

CHEZ, prép. dans la maison de, dans le pays de, parmi. Joint aux pronoms personnels, il forme des substantifs: un *chez-soi*, son *chez-lui*.

CHIAOUX, sm. (x nulle), espèce d'huissier chez les Turcs.

CHIARI (on pron. *Kiari*), ville de la Lombardie. Défaite de Villeroy par le prince Eugène, en 1701.

CHIASSE, sf. écume de métaux; excréments d'insecte.

CHICANE, sf. contestation captieuse; mauvaise querelle.

CHICANER, vn. user de chicane. — va. faire un procès mal fondé, critiquer, tourmenter.

CHICANERIE, sf. mauvaise difficulté.

CHICANEUR, EUSE, adj. et s. qui aime à chicaner.

CHICANIER, IÈRE, adj. et s. qui chicane sur des riens; vétilleux.

CHICHE, adj. 2 g. trop ménager; mesquin; *pois chiche*, sorte de pois.

CHICHEMENT, adv. en chiche.

CHICON, sm. laitue romaine.

CHICORACÉES, sf. pl. famille ou tribu de plantes dont la chicorée est le type (bot.).

CHICORÉE, sf. sorte de plante.

CHICOT, sm. (t nul), reste d'un arbre rompu, d'une branche ou d'une dent cassée.

CHICOTIN, sm. suc amer.

CHIEN, CHIENNE, s. sorte d'animal domestique; pièce qui tient la pierre d'une arme à feu; *chien marin*, sorte de poisson.

CHIENDENT, sm. sorte de plante.

CHIENNER, vn. se dit de la chienne qui fait ses petits.

CHIFFA, rivière de l'Algérie.

CHIFFE, sf. mauvaise étoffe.

CHIFFON, sm. vieux morceau d'étoffe, objet de peu de valeur. Au pl. ajustements de femme.

CHIFFONNER, va. friper, froisser une étoffe. Fig. contrarier.

CHIFFONNIER, ière, s. celui, celle qui ramasse les chiffons dans les rues ; sorte de petit meuble.

CHIFFRE, sm. caractère pour écrire les nombres ; total ; lettres entrelacées ; signes d'une écriture secrète.

CHIFFRER, va. marquer avec des chiffres. — vn. calculer, écrire en chiffres.

CHIFFREUR, sm. calculateur.

CHIGNON, sm. derrière du cou ; chevenx de derrière.

CHILDEBERT, nom de plusieurs rois de France.

CHILDEBRAND, frère de Charles-Martel.

CHILDÉRIC, nom de plusieurs rois de France.

CHILI, État de l'Amérique du Sud.

CHILIADE, sf. (on pron. kiliade ; gr. chilias millier), assemblage de plusieurs choses par milliers.

CHILIEN, ienne, adj. et s. du Chili.

CHILOGNATHES, sm. pl. (on pron. kilognates ; gr. cheilos lèvre, gnathos mâchoire), ordre de myriapodes ayant une bouche composée de deux mandibules et d'une langue formant une grande lèvre inférieure (zool.).

CHILON, l'un des sept sages de la Grèce, 6e s. av. J. C.

CHILOPODES, sm. pl. (on pron. kilopodes ; gr. cheilos lèvre, pous pied ou patte), ordre de myriapodes comprenant ceux qui ont une lèvre formée par une paire de pattes (zool.).

CHILPÉRIC, nom de deux rois francs.

CHIMBORAÇO ou Chimborazo, fameuse montagne dans l'Amérique du Sud.

CHIMÈRE, sf. monstre fabuleux. Fig. illusion, idée vaine.

CHIMÉRIQUE, adj. 2 g. qui est plein de chimères ; sans fondement.

CHIMÉRIQUEMENT, adv. d'une façon chimérique.

CHIMIE, sf. science qui traite de l'analyse des corps et de leur recomposition.

CHIMIQUE, adj. 2 g. de la chimie.

CHIMISTE, sm. celui qui sait la chimie, qui l'exerce.

CHIMPANZÉ, sm. sorte de singe.

CHINCHILLA, sm. sorte de quadrupède du Pérou ; sa fourrure.

CHINE, grand empire d'Asie.

CHINER, va. former un dessin irrégulier sur une étoffe par la disposition des fils.

CHINOIS, oise, adj. et s. de la Chine.

CHINOISERIE, sf. curiosité venant de la Chine ou imitée des Chinois.

CHINON, s.-pref. d'Indre-et-Loire.

CHIOGGIA (on pron. Kiodgia), ville et port de la Vénétie.

CHIOS (on pron. Kios), île de l'Archipel grec, aujourd'hui Chio.

CHIOURME, sf. l'ensemble des forçats du bagne.

CHIPER, va. dérober (pop.).

CHIPEUR, euse, s. celui, celle qui dérobe (pop.).

CHIPIE, sf. femme acariâtre (pop.).

CHIPOTER, vn. faire quelque chose lentement ; vétiller (fam.).

CHIPOTIER, ière, adj. et s. qui chipote.

CHIQUE, sf. petit insecte qui entre dans les chairs ; morceau de tabac que l'on mâche.

CHIQUENAUDE, sf. coup donné avec le doigt du milieu.

CHIQUER, vn. mâcher du tabac.

CHIRAGRE, sf. (on pron. kiragre), goutte qui attaque les mains. — sm. celui qui en est attaqué.

CHIRAZ, ville de Perse.

CHIROGRAPHAIRE, adj. 2 g. (on pron. ki ; gr. cheir main, graphô écrire), qui est créancier en vertu d'un simple écrit, sans hypothèque.

CHIROLOGIE, sf. (on pron. ki ; gr. cheir main, logos discours), art de parler par signes faits avec la main.

CHIROMANCIE, sf. (on pron. ki ; gr. cheir main, manteia divination), art prétendu de prédire d'après l'inspection des mains.

CHIROMANCIEN, sm. (on pron. ki), celui qui exerce la chiromancie.

CHIRON, fameux centaure (myth.).

CHIRURGICAL, ale, adj. qui a rapport à la chirurgie.

CHIRURGIE, sf. art de faire les opérations manuelles sur le corps humain pour guérir.

CHIRURGIEN, sm. celui qui exerce la chirurgie.

CHIRURGIQUE, adj. 2 g. de la chirurgie, qui a rapport à la chirurgie.

CHIURE, sf. excrément de mouche.

CHLAMYDE, sf. (on pron. clamide), espèce de manteau des anciens.

CHLORANTHACÉES ou Chloranthées, sf. pl. famille de plantes dont le type est le genre chloranthe.

CHLORANTHE, sm. (gr. chlôros jaunâtre ou verdâtre, anthos fleur), genre de plantes dont les fleurs sont d'un jaune verdâtre. — adj. 2 g. à fleurs vertes.

CHLORANTHIE, sf. (gr. chlôros verdâtre, anthos fleur), métamorphose en lames vertes des parties d'une fleur (bot.).

CHLORATE, sm. nom générique des sels formés par l'acide chlorique.

CHLORE, sm. (gr. chlôros jaune ou verdâtre), gaz, l'un des corps simples de la chimie.

CHLOREUX, adj. m. se dit d'un acide formé par le chlore et l'oxygène.

CHLORHYDRATE, sm. nom générique des sels formés par l'acide chlorhydrique.

CHLORHYDRIQUE, adj. 2 g. se dit d'un acide formé par le chlore et l'hydrogène.

CHLORIQUE, adj. m. se dit d'un acide formé par le chlore et l'oxygène.

CHLORITE, sm. sel formé par la combinaison de l'acide chloreux avec une base (chim.) ;

sf. silicale hydraté d'alumine et de magnésie de couleur verdâtre (*minér.*).

CHLORITÉ, ÉE, *adj.* qui contient de la chlorite (*minér.* et *géol.*).

CHLOROFORME, *sm.* liquide anesthétique composé de chlore, de carbone et d'oxygène.

CHLOROFORMISER, *va.* rendre insensible par le chloroforme.

CHLOROPHYLLE, *sf.* (gr. *chlóros* verdâtre, *phyllon* feuille), matière verte qui remplit les cellules des feuilles (*bot.*).

CHLORURE, *sm.* nom de certains composés binaires formés par le chlore.

CHOA, royaume d'Abyssinie.

CHOC, *sm.* heurt de deux corps; rencontre de combattants. *Fig.* conflit, atteinte grave.

CHOCOLAT, *sm.* pâte composée de cacao et de sucre; breuvage qu'on en fait.

CHOCOLATIER, *sm.* celui qui fait ou vend du chocolat.

CHOCOLATIÈRE, *sf.* vase où l'on fait dissoudre le chocolat.

CHODORLAHOMOR (on pr. *co*), roi des Élamites du temps d'Abraham.

CHŒUR, *sm.* (on pron. *kœur*), troupe de musiciens chantant ensemble; musique qu'ils chantent; partie de l'église où l'on chante l'office.

CHOIR, *vn.* tomber (ne se dit qu'à l'infinitif et au participe passé *chu*, *us*).

CHOISEUL (duc de), ministre de Louis XV (1719-1785).

CHOISEUL-GOUFFIER, savant antiquaire français (1752-1817).

CHOISIR, *va.* élire, prendre de préférence.

CHOISY (l'abbé de), historien français (1644-1724).

CHOISY-LE-ROI, bourg (Seine).

CHOIX, *sm.* (x nulle), action de choisir, son effet.

CHOLÉRA-MORBUS, ou simplement Choléra, *sm.* (on pron. *co*), sorte de maladie.

CHOLÉRINE, *sf.* (on pron. *co*), maladie qui tient du choléra, mais moins dangereuse.

CHOLÉRIQUE, *adj.* 2 *g.* (on pron. *co*), qui tient du choléra. — *s.* qui en est atteint.

CHOLET ou CHOLLET, *s.-pr.* (Maine-et-Loire)

CHÔMABLE, *adj.* 2 *g.* que l'on doit chômer.

CHÔMAGE, *sm.* temps que l'on est sans travailler.

CHÔMER, *vn.* ne rien faire faute d'ouvrage; manquer de reposer (en parlant des terres, etc.) — *va.* célébrer une fête en ne travaillant pas.

CHONDROLOGIE, *sf.* (on pron. *condrologie*; gr. *chondros* cartilage, *logos* traité), partie de l'anatomie qui traite des cartilages.

CHONDROPTÉRYGIENS, *sm. pl.* (on pron. *condroptérigien*; gr. *chondros* cartilage, *ptérygion* nageoire), série de poissons à nageoires cartilagineuses (*zool.*).

CHOPE, *sf.* long verre.

CHOPINE, *sf.* demi-pinte.

CHOPINER, *vn.* boire fréquemment.

CHOPPER, *vn.* heurter du pied contre quelque chose. *Fig.* faire une faute.

CHOQUANT, ANTE, *adj.* offensant, désagréable.

CHORAL, *sm.* (on pron. *coral*), chant religieux (pl. *chorals*). — *adj. m.* chant choral.

CHORÉGE, *sm.* (on pron. *co*), celui qui, chez les Grecs, réglait les frais des spectacles.

CHORÉGRAPHE, *sm.* (on pron. *co*), celui qui s'occupe de chorégraphie.

CHORÉGRAPHIE, *sf.* (on pron. *co*), art de noter les pas et les figures d'une danse.

CHORÉGRAPHIQUE, *adj.* 2 *g.* (on pron. *co*), de la chorégraphie.

CHORISANTHÉRIE, V. *Corisanthérie*.

CHORISTE, *s.* 2 *g.* (on pron. *co*), celui, celle qui chante dans les chœurs.

CHORIZE, *sf.* (on pron. *corize*; gr. *chôrizô* séparer), dédoublement de quelque organe de la fleur (*bot.*).

CHOROGRAPHIE, *sf.* (on pron. *co*; gr. *chôros* région, contrée; *graphô* décrire), description ou représentation d'un pays.

CHOROGRAPHIQUE, *adj.* 2 *g.* (on pron. *co*), qui appartient à la chorographie.

CHOROÏDE, *sf.* (on pr. *co*), l'une des membranes de l'œil.

CHORUS, *sm.* (on pr. *corusse*). *Faire chorus*, chanter en chœur; au *fig.* répéter ce que d'autres disent.

CHOSE, *sf.* ce qui est; objet quelconque (se dit par opposition à personne); affaire; bien, possession.

CHOSROÈS (on pron. *Kosroèsse*), nom de plusieurs rois de la Perse.

CHOU, *sm.* plante potagère (pl. *choux*). — *Chou-fleur, chou-navet, chou-rave* (pl. *choux-fleurs, choux-navets, choux-raves*), variétés du chou.

CHOUAN, *sm.* se dit des insurgés de l'Ouest de la France pendant la révolution.

CHOUANNERIE, *sf.* organisation militaire des chouans; leur insurrection.

CHOUCAS, *sm.* espèce de corbeau.

CHOUCROUTE, *sf.* mets de choux fermentés.

CHOUETTE, *sf.* sorte d'oiseau de nuit.

CHOUMLA, ville de la Turquie d'Europe.

CHOYER, *va.* avoir soin de, soigner avec tendresse. *Fig.* être plein d'égards pour (c. *employer*).

CHRAMNE ou CHRANNE, fils de Clotaire Ier.

CHRÊME, *sm.* (on pron. *crème*), huile sacrée mêlée de baume.

CHRESTIEN DE TROYES, poète et romancier, m. 1191 en Palestine.

CHRESTOMATHIE, *sf.* (le 2e *t* se pron. dur), choix de fragments d'auteurs.

CHRÉTIEN, IENNE, *adj.* et *s.* de la religion du Christ.

CHRÉTIENNEMENT, *adv.* d'une manière chrétienne; en chrétien.

CHRÉTIENTÉ, *sf.* (on pron. *crétienté*), les peuples, les pays chrétiens.

CHRIST, *sm.* (on pron. l's et le *t*), le Messie.

CHRISTIAN ou CHRISTIERN, nom de plusieurs rois de Danemark.

CHRISTIANIA, capit. de la Norvége.

CHRISTIANISME, *sm.* religion de Jésus-Christ.

CHRISTIERN, V. *Christian*.

CHRISTINE (Ste), vierge et martyre, 3e s.

CHRISTINE, reine de Suède (1626-1689). — DE PISAN, femme auteur du 14e s.

CHRISPOTHE (St), martyr, m. 250.

CHROMATE, sm. nom générique des sels formés par l'acide chromique.

CHROMATIQUE, adj. 2 g. qui procède par demi-tons (t. de musique).

CHROME, sm. l'un des corps simples de la chimie.

CHROMIQUE, adj. se dit d'un acide formé par le chrome.

CHROMULE, sf. chlorophylle (bot.).

CHRONICITÉ, sf. qualité d'un mal, d'une maladie chronique (méd.).

CHRONIQUE, sf. histoire du temps ou écrite dans l'ordre des années. Fig. bruits, médisance.

CHRONIQUE, adj. 2 g. qui dure depuis quelque temps.

CHRONIQUEUR, sm. auteur d'une chronique

CHRONOGRAMME sm. (gr. chronos temps, gramma lettre), inscription dans laquelle les lettres numérales marquent une date.

CHRONOGRAPHE ou CHRONOSCOPE, sm (gr. chronos temps ; graphô écrire, marquer ; skopeô voir, observer), appareil avec lequel on peut mesurer les espaces de temps les plus courts, jusqu'aux fractions de seconde.

CHRONOLOGIE, sf. (gr. chronos temps ; logos traité, science), connaissance ou science des temps, des dates.

CHRONOLOGIQUE, adj. 2 g. de la chronologie, conforme à l'ordre des temps.

CHRONOLOGIQUEMENT, adv. suivant la chronologie.

CHRONOLOGISTE, sm. celui qui s'occupe de chronologie.

CHRONOMÈTRE, sm. (gr. chronos temps, métron mesure), instrument qui sert à mesurer la durée du temps.

CHRONOSCOPE, V. Chronographe.

CHRYSALIDE, sf. insecte renfermé dans sa coque.

CHRYSANTHÈME, sm. sorte de plante ; sa fleur.

CHRYSIPPE, philosophe grec (280-210 av. J. C.).

CHRYSOCALE, sm. composition qui imite l'or

CHRYSOLITHE, sf. (gr. chrysos or, lithos pierre), sorte de pierre précieuse.

CHRYSOSTOME, V. Jean (St) et Dion.

CHUCHOTEMENT, sm. action de chuchoter.

CHUCHOTER, vn. parler bas à l'oreille.

CHUCHOTERIE, sf. chuchotement.

CHUCHOTEUR, EUSE, adj. et s. qui a l'habitude de chuchoter.

CHUINTANT, ANTE, adj. se dit de l'articulation ou de la prononciation du ch et du j.

CHUQUISACA ou LA PLATA, capitale de la Bolivie.

CHUT ! (on pron. le t), interj. pour imposer silence.

CHUTE, sf. action de tomber. Fig. malheur, disgrâce, ruine ; mauvais succès d'une œuvre

d'esprit. Chute du jour, fin de la journée.

CHUTER, vn. tomber au théâtre (en parlant d'une pièce). — va. désapprouver le chant, le jeu d'un acteur.

CHYITES ou SCHYITES, sm. pl. secte musulmane.

CHYLE, sm. suc blanc exprimé des aliments digérés et qui se mêle au sang.

CHYLIFÈRE, adj. 2 g. qui porte le chyle.

CHYLIFICATION, sf. formation du chyle.

CHYME, sm. bol alimentaire réduit en masse pulpeuse dans l'estomac.

CHYMIFICATION, sf. formation du chyme.

CHYPRE, g. île de la Méditerranée.

CI, adv. signifiant ici. Se joint aux noms, aux pronoms : Ce livre-ci, celle-ci, et à d'autres adv. ou prép. ci-après, ci devant, etc.

CIBLE, sf. but contre lequel on tire à distance.

CIBOIRE, sm. vase sacré qui renferme les hosties.

CIBOULE, sf. sorte de petit oignon.

CIBOULETTE, sf. espèce d'ail appelé aussi civette.

CICATRICE, sf. marque d'une blessure, d'une plaie.

CICATRICULE, sf. petite cicatrice.

CICATRISATION, sf. opération naturelle par laquelle une plaie se ferme.

CICATRISER, va. faire une cicatrice. — SE CICATRISER, vpr. se fermer en cicatrice.

CICÉRO, sm. sorte de caractère d'imprimerie.

CICÉRON, célèbre orateur et consul romain (107-43 av. J. C.).

CICÉRONE, sm. (on pron. tchitchéroné) celui qui fait voir aux étrangers les curiosités d'une ville. Au pl. ciceroni (m. italien).

CICÉRONIEN, IENNE, adj. qui rappelle le style de Cicéron.

CID, sm. chef, commandant (de l'arabe séid) ; surnom de Rodrigue de Bivar, fameux héros espagnol, m. 1099.

CIDRE, sm. boisson de jus de pomme.

CIEL, sm. (pl. cieux), espace indéfini où se meuvent les astres ; air, climat, Fig. séjour des bienheureux ; Dieu, la Providence ; l'on représente dans un tableau ; dais d'un lit, plafond d'une carrière (dans ces trois derniers sens il fait ciels au plur.).

CIERGE, sm. flambeau de cire à l'usage des églises ; espèce de cactier.

CIERGIER, sm. fabricant ou marchand de cierges.

CIGALE, sf. sorte d'insecte ailé.

CIGARE, sm. feuilles de tabac roulées pour fumer.

CIGARETTE, sf. petit cigare fait avec du tabac roulé dans du papier.

CIGOGNE, sf. gros oiseau de passage à long cou et à longues jambes.

CIGUË, sf. herbe vénéneuse qui ressemble au persil.

CIL, sm. poil des paupières.

CILIAIRE, adj. 2 g. qui soutient le cristallin de l'œil (anat.).

CILICE, sf. tissu rude que l'on porte sur la chair pour se mortifier.

CILICIE, anc. contrée de l'Asie Mineure.

CILIÉ, ÉE, adj. garni de poils comme des oils (bot.).

CILLEMENT, sm. (ll m.), action de ciller.

CILLER, va. et n. (ll m), fermer et rouvrir les paupières.

CIMABUÉ, peintre italien (1240-1300).

CIMAROSA, célèbre compositeur italien (1754-1801).

CIMBÉBASIE, région de l'Afrique meridionale.

CIMBRES, peuple teutonique.

CIMBRIQUE, adj. 2 g. des Cimbres.

CIME, sf. sommet.

CIMENT, sm. espèce d' mortier.

CIMENTER, va. unir à l'aide du ciment. Fig. affermir : cimenter l'alliance.

CIMETERRE, sm. sabre recourbé.

CIMETIÈRE, sm. enceinte où l'on enterre les morts.

CIMIER, sm. ornement placé au haut d'un casque.

CIMMÉRIENS, anc. peuple de l'Europe orientale. — (monts), en Crimée.

CIMON, célèbre général athénien, m. 449 av. J. C.

CINABRE, sm. couleur rouge composée de soufre et de mercure.

CINAROCÉPHALES, sf. pl. (gr. kinara artichaut, chardon; képhalé tête), famille de plantes dont le chardon est le type (bot.).

CINCINNATI, ville des États-Unis sur l'Ohio.

CINCINNATUS (Quinctius), célèbre dictateur romain, 5e s. av. J. C.

CINÉAS, ministre et favori de Pyrrhus, roi d'Épire, 3e s. av. J. C.

CINÉMATIQUE, sf. (gr. kinéma mouvement) partie de la mécanique qui traite du mouvement.

CINÉRAIRE, adj. 2 g. (l. cinis, cineris cendre), se dit d'une urne renfermant les cendres d'un mort. — sf. sorte de plante.

CINÉRATION, sf. action de reduire en cendres.

CINGALAIS, V. Singalais.

CINGLEMENT, sm. action de cingler; son effet.

CINGLER, vn. naviguer. — va. frapper avec quelque chose de flexible: se dit aussi de la grêle, de la pluie, du vent.

CINNA, consul romain, l'an 87 av. J. C. — chef d'une conspiration contre Auguste.

CINNAMOME, sm. sorte d'aromate.

CINQ, adj. num. et sm. quatre plus un; cinquième; le chiffre 5.

CINQ-MARS, favori du roi Louis XIII (1620-1642).

CINQUANTAINE, sf. nombre de cinquante.

CINQUANTE, adj. num. cinq fois dix.

CINQUANTIÈME, adj. 2 g. nombre ordinal de cinquante. — sm. la partie d'un entier divisé en cinquante parties.

CINQUIÈME, adj. 2 g. nombre ordinal de cinq. — sm. la partie d'un entier divisé en cinq parties.

CINQUIÈMEMENT, adv. en cinquième lieu.

CINTEGABELLE, p. ville (Haute-Garonne).

CINTRA, p. ville de Portugal.

CINTRE, sm. figure demi-circulaire; appareil de charpente.

CINTRER, va. disposer en cintre, faire un cintre.

CIOTAT (LA), p. ville (B.-du-Rhône).

CIPAYE, sm. (on pron. cipa-ye), soldat indien.

CIPPE, sm. demi-colonne sans chapiteau.

CIRAGE, sm. composition pour cirer; action de cirer, son résultat.

CIRCASSIE, contrée de la Russie entre la mer Noire et la mer Caspienne.

CIRCASSIEN, IENNE, adj. et s. de la Circassie.

CIRCÉ, célèbre magicienne (myth.).

CIRCINÉ, ÉE, adj. (l. circinare arrondir), qui est roulé en crosse, en spirale, etc. (bot.).

CIRCOMPOLAIRE, adj. 2 g. qui environne les pôles; autour des pôles.

CIRCONCIRE, va. faire la circoncision.

CIRCONCIS, adj. et sm. qui a reçu la circoncision.

CIRCONCISION, sf. opération par laquelle on est initié à la religion juive; fête de l'Église le 1er janvier.

CIRCONFÉRENCE, sf. ligne qui termine le cercle; enceinte, surface extérieure.

CIRCONFLEXE, adj. se dit de l'accent qui a cette forme ^.

CIRCONLOCUTION, sf. circuit de paroles, tour employé pour designer une chose sans la nommer.

CIRCONSCRIPTION, sf. action de circonscrire, limite; par extension, division administrative.

CIRCONSCRIRE, va. limiter; tracer une figure autour d'une autre.

CIRCONSPECT, ECTE, adj. qui a de la circonspection.

CIRCONSPECTION, sf. prudence, discretion, retenue.

CIRCONSTANCE, sf. particularité d'un fait, d'un récit; conjoncture; au pl. ce qui dépend de.

CIRCONSTANCIEL, IELLE, adj. qui marque les circonstances.

CIRCONSTANCIER, va. marquer les circonstances ou particularités d'un fait principal.

CIRCONVALLATION, sf. fortification autour d'un camp.

CIRCONVENIR, va. employer l'artifice auprès de quelqu'un (c. venir).

CIRCONVOISIN, INE, adj. voisin autour; qui est proche et autour de.

CIRCONVOLUTION, sf. direction circulaire autour d'un centre commun; contours de choses qui s'enroulent.

CIRCUIT, sm. (t nul), tour, détour, enceinte.

CIRCULAIRE, adj. 2 g. qui est en cercle. — sf. même lettre ou instruction par écrit adressée à plusieurs personnes.

CIRCULAIREMENT, adv. en rond.

CIRCULANT, ANTE, adj. qui circule.

CIRCULATION, sf. mouvement de ce qui circule ; facilité d'aller et de venir.

CIRCULATOIRE, adj. 2 g. qui a rapport à la circulation du sang.

CIRCULER, vn. se mouvoir circulairement; revenir au point de départ; passer de main en main; aller et venir; se propager.

CIRCUMNAVIGATION, sf. (on pron. circomenavigation), navigation autour d'une île, d'un continent ou du globe.

CIRE, sf. matière jaunâtre résultant du travail des abeilles; bougie; composition pour cacheter les lettres.

CIREY, bourg (Meurthe).

CIRER, va. enduire ou frotter de cire ou de cirage.

CIRIER, sm. celui qui travaille ou qui vend de la cire; sorte d'arbre.

CIRON, sm. insecte très-petit.

CIRQUE, sm. lieu circulaire destiné à des spectacles publics.

CIRRE ou CIRRHE, sm. vrille de plante (bot.).

CIRRIFÈRE ou CIRRHIFÈRE, adj. 2 g. qui porte des cirres (bot.).

CIRRIFORME ou CIRRHIFORME, adj. 2 g. en forme de cirre (bot.).

CIRRIPÈDES ou CIRRHIPÈDES, CIRROPODES ou CIRRHOPODES, sm. pl. (l. cirrus vrille, pes et gr. pous pied), ordre d'entomostracés à plusieurs tests et pourvus d'un appendice articulé, espèce de pied, au moyen duquel ils s'attachent aux rochers (zool.).

CIRTA, anc. ville d'Afrique, aujourd'hui Constantine.

CIRURE, sf. enduit de cire.

CISAILLER, va. (ll m.), couper avec des cisailles.

CISAILLES, sf. pl. (ll m.), gros ciseaux pour couper les feuilles de métal.

CISALPIN, INE, adj. (l. cis en deçà), situé en deçà des Alpes.

CISEAU, sm. outil de fer long, aplati et tranchant par un bout; au pl. instrument formé de deux branches mobiles jointes par le centre et tranchantes.

CISELER, va. sculpter des ornements sur les métaux.

CISELET, sm. petit ciseau.

CISELEUR, sm. ouvrier qui cisèle.

CISELURE, sf. ouvrage fait avec le ciselet, art du ciseleur.

CISJURANE, adj. f. (l. cis en deçà). Bourgogne cisjurane, royaume fondé en 879 par Boson, et formé des pays en deçà du Jura, du Lyonnais, de la Provence, etc.

CISPADAN, ANE, adj. (l. cis en deçà, Padus le Pô), situé en deçà du Pô.

CISRHÉNAN, ANE, adj. (l. cis en deçà), qui est en deçà du Rhin.

CISSOÏDE, sf. (gr. kissos lierre, éïdos forme), ligne courbe qui, en approchant de l'asymptote, se contourne de manière à figurer une feuille de lierre (géom.).

CISTE, sm. genre de plante.

CISTERCIEN, sm. religieux de l'ordre de Cîteaux.

CISTINÉES sf. pl. famille de plantes dont le ciste est le type (bot.).

CISTOPHORE, sf. (gr. kisté corbeille, pheró porter), jeune fille qui portait une corbeille dans les fêtes de Bacchus.

CITADELLE, sf. forteresse qui commande à une ville.

CITADIN, INE, s. habitant d'une ville.

CITATEUR, sm. celui qui cite habituellement les auteurs.

CITATION, sf. assignation devant un juge; texte cité.

CITÉ, sf. ville; territoire; ensemble des citoyens.

CÎTEAUX, hameau (Côte-d'Or); abbaye célèbre.

CITER, va. assigner à comparaître devant un juge; alléguer un fait, un écrit, un auteur.

CITÉRIEUR, EURE, adj. qui est en deçà.

CITERNE, sf. reservoir pour garder l'eau de pluie.

CITERNEAU, sm. petite citerne.

CITHARE, sf. espèce de lyre.

CITHÉRON, chaîne de montagnes en Béotie.

CITIUM, anc. ville de l'île de Chypre.

CITOYEN, ENNE, s. habitant d'une cité, d'un pays libre.

CITRATE, sm. nom générique des sels formés par l'acide citrique (chim.).

CITRIN, INE, adj. de couleur de citron.

CITRIQUE, adj. se dit de l'acide du citron et de quelques autres fruits.

CITRON, sm. sorte de fruit, sa couleur.

CITRONNÉ, ÉE. adj. où l'on a mis du citron, qui sent le citron.

CITRONNELLE, sf. sorte de plante à odeur de citron.

CITRONNIER, sm. arbre qui produit le citron.

CITROUILLE, sf. (ll m.), plante rampante; son fruit.

CIUDAD-RÉAL, ville d'Espagne. Victoire des Français sur les Espagnols, en 1809.

CIVE ou CIVETTE, sf. espèce d'ail.

CIVET, sm. ragoût de lièvre, de lapin.

CIVETTE, sf. petit quadrupède qui fournit un liquide odorant. V. Cive.

CIVIÈRE, sf. sorte de brancard.

CIVIL, ILE, adj. qui regarde les citoyens; opposé à criminel, à militaire. Fig. poli.

CIVILEMENT, adv. en matière civile. Fig. poliment.

CIVILIS, chef des Bataves en 70.

CIVILISATEUR, TRICE, adj. qui civilise.

CIVILISATION, sf. action de civiliser; effet de cette action.

CIVILISER, va. rendre civil, sociable. Fig. polir les mœurs.

CIVILITÉ, sf. qualité de ce qui est civil; honnêteté, manières polies.

CIVIQUE, adj. 2 g. du citoyen; qui concerne le citoyen.

CIVISME, sm. manière de sentir, de penser et d'agir d'un bon citoyen, dévouement à son pays.

CIVITA-VECCHIA (on pron. *tchivita-vékia*), ville et port d'Italie.

CIVRAY, s.-préf. du dép. de la Vienne.

CLABAUD, *sm.* (*d* nul), chien de chasse qui aboie mal à propos. *Fig.* criailleur.

CLABAUDAGE, *sm.* aboiement. *Fig.* criailleries vaines.

CLABAUDER, *vn.* aboyer mal à propos. *Fig.* criailler sans sujet.

CLABAUDERIE, *sf.* criaillerie sans sujet.

CLABAUDEUR, EUSE, *s.* celui, celle qui clabaude.

CLAGENFURTH, V. *klagenfurth*.

CLAIE, *sf.* carré long en osier à claire-voie.

CLAIN, rivière de France, affluent de la Vienne.

CLAIR, AIRE, *adj.* lumineux; où il y a beaucoup de jour; qui n'est pas foncé; transparent; net; peu épais. *Fig.* évident, aisé à comprendre. — *sm.* clarté: *un beau clair de lune.* — *adv.* clairement: *voir clair.*

CLAIRAC, p. ville (Lot-et-Garonne).

CLAIRAUT, célèbre géomètre français (1713-1765).

CLAIRE (Ste), religieuse (1194-1253).

CLAIREMENT, *adv.* d'une manière claire.

CLAIRET, *s.* et *adj. m.* espèce de vin.

CLAIRE-VOIE, *sf.* (pl. *claires-voies*), ouverture dans un mur, dans un tissu, etc. — A CLAIRE-VOIE, *loc. adv.* à jour.

CLAIRIÈRE, *sf.* partie d'une forêt dégarnie d'arbres.

CLAIR-OBSCUR, *sm.* imitation en peinture des effets de la lumière et des ombres.

CLAIRON, *sm.* sorte de trompette.

CLAIRON (Mlle), célèbre tragédienne française (1723-1803).

CLAIR-SEMÉ, ÉE, *adj.* (pl. *clair-semés*), non serré. *Fig.* rare.

CLAIRVAUX, village (Aube): célèbre abbaye.

CLAIRVOYANCE, *sf.* qualité d'un esprit clairvoyant; sagacité, pénétration.

CLAIRVOYANT, ANTE, *adj.* qui a de la clairvoyance.

CLAMECY, s.-préf. du dép. de la Nièvre.

CLAMEUR, *sf.* grand cri, voix publique. *Fig.* injure, outrage.

CLAMPIN, *adj.* et *sm.* indolent, retardataire (*pop.*).

CLAN, *sm.* tribu en Écosse.

CLANDESTIN, INE, *adj.* qui a lieu ou qui se fait en cachette.

CLANDESTINEMENT, *adv.* d'une manière clandestine.

CLANDESTINITÉ, *sf.* vice de ce qui est clandestin, fait en secret.

CLAPET, *sm.* petite soupape.

CLAPIER, *sm.* trou à lapins.

CLAPIR, *vn.* se dit du cri du lapin. — SE CLAPIR, *vpr.* se blottir dans un trou.

CLAPOTAGE, CLAPOTEMENT ou CLAPOTIS, *sm.* (*s* nulle), agitation légère des vagues.

CLAPOTER, *vn.* s'agiter (se dit de l'eau).

CLAPOTEUSE, *adj. f.* qui clapote.

CLAPPEMENT, *sm.* action de clapper, bruit qui en résulte.

CLAPPER, *vn.* frapper de la langue contre le palais avec un bruit aigu.

CLAQUE, *sf.* coup du plat de la main; les claqueurs; sorte de sandale.

CLAQUE, *sm.* chapeau qui s'aplatit.

CLAQUEMENT, *sm.* bruit des dents qui se choquent, des mains frappées l'une contre l'autre.

CLAQUEMURER, *va.* enfermer dans un espace étroit. — SE CLAQUEMURER, *vpr.* se tenir enfermé chez soi.

CLAQUER, *vn.* faire entendre un bruit avec les mains, les dents, un fouet, etc. — *va.* frapper, applaudir.

CLAQUET, *sm.* petite latte qui bat avec bruit sur la trémie d'un moulin.

CLAQUETER, *vn.* se dit du cri de la cigogne.

CLAQUETTE, *sf.* instrument formé d'une petite planchette et d'une poignée mobile qui frappe sur la planchette quand on l'agite.

CLAQUEUR, *sm.* homme payé pour applaudir au théâtre.

CLARAC (comte de), célèbre archéologue français (1778-1847).

CLARENCE (duc de), frère du roi d'Angleterre Edouard IV, m. 1478.

CLARIFICATION, *sf.* action de clarifier.

CLARIFIER, *va.* rendre clair un liquide qui est trouble.

CLARINETTE, *sf.* sorte d'instrument à vent, — celui qui en joue.

CLARISSE, *sf.* religieuse de Sainte-Claire; nom de femme.

CLARISSIME, *adj.* (l. *clarus* illustre), très-illustre.

CLARKE (Samuel), moraliste et savant anglais (1675-1729).

CLARKE, duc de Feltre, maréchal de France et ministre (1765-1818).

CLARTÉ, *sf.* qualité de ce qui est clair; lumière, transparence. *Fig.* netteté de l'esprit, évidence.

CLASSE, *sf.* ordre dans lequel on range; division principale, rang des conditions; salle des leçons; l'ensemble des écoliers, des conscrits. Au *pl.* temps consacré aux études: *faire ses classes,* faire ses études classiques.

CLASSEMENT, *sm.* action de classer, état de ce qui est classé.

CLASSER, *va.* ranger par classes.

CLASSIFICATION, *sf.* action de classer; distribution par classes.

CLASSIQUE, *adj. 2 g.* qui a rapport aux classes; se dit d'un auteur ou d'un ouvrage devenu modèle; et aussi par opposition à *romantique.*

CLAUDE, nom de deux empereurs romains; le 1er m. 54, le second m. 270.

CLAUDE (St), évêque, m. 697.

CLAUDICATION, *sf.* action de boiter.

CLAUDIEN, poète latin du 4e s.

CLAUDIUS (Appius), décemvir romain, m. 449 av. J. C. — CLAUDIUS PULCHER, consul romain, 3e s. av. J. C.

CLAUSE, *sf.* article d'un édit, d'un contrat, d'une convention.

CLAUSEL, maréchal de France (1772-1843).

CLAUSENBOURG, V. *Klausenbourg.*

CLAUSTRAL, ALE, *adj.* qui appartient au cloître (pl. m. *claustraux*).

CLAVAIRE, *sf.* sorte de champignon.

CLAVEAU, *sm.* clavelée ; clé de voûte.

CLAVECIN, *sm.* instrument de musique à un ou plusieurs claviers.

CLAVELÉ, ÉE, *adj.* qui a la clavelée.

CLAVELÉE, *sf.* maladie contagieuse des bêtes à laine.

CLAVETTE, *sf.* clou plat qui maintient une cheville.

CLAVICORNE, *adj.* et *sm.* (l. *clava* massue, *cornu* corne), se dit d'un insecte pourvu de tentacules en forme de massue (zool.).

CLAVICULE, *sf.* os qui joint l'épaule à la poitrine.

CLAVICULÉ, ÉE, *adj.* pourvu de clavicules ; qui tient à la clavicule.

CLAVIER, *sm.* rangée de touches d'un piano, d'un clavecin, etc., anneau qui réunit plusieurs clefs.

CLAVIER, savant helléniste français (1762-1817).

CLAVIÈRE, ministre des finances de Louis XVI (1735-1793).

CLAVIFORME, *adj.* 2 g. (l. *clava* massue), se dit d'un calice monosépale en forme de massue (bot.).

CLAVIPALPES, *sm. pl.* (l. *clava* massue, *palpus* palpe), famille d'insectes comprenant ceux qui ont les palpes ou antennes terminées en massue (zool.).

CLAYMORE, *sf.* épée écossaise.

CLAYON, *sm.* petite claie.

CLAYONNAGE, *sm.* pieux disposés pour empêcher l'éboulement des terres.

CLAZOMÈNES, anc. ville de Lydie.

CLÉ, V. *Clef.*

CLÉANTHE, philosophe grec, 3e s. av. J.C.

CLÉARQUE, général lacédémonien, m. 401 av. J. C.

CLEF ou **CLÉ,** *sf.* (on pron. clé), petit instrument pour ouvrir une serrure, un robinet, etc. *Clef de voûte,* pierre du milieu d'une voûte ; *clef de musique,* signe qui fait connaître le nom et l'intonation des notes. *Fig.* ce qui sert à expliquer une chose obscure ; place forte dont la prise donne entrée dans un pays.

CLÉLIE, célèbre Romaine, 507 av. J. C.

CLÉMATIDÉES, *sf. pl.* tribu de la famille des Renonculacées (bot.).

CLÉMATITE, *sf.* sorte de plante grimpante.

CLÉMENCE, *sf.* vertu qui fait pardonner les offenses ou adoucir les châtiments.

CLÉMENCE, nom de femme. V. *Isaure.*

CLÉMENCET (dom), savant bénédictin français (1703-1778).

CLÉMENT, ENTE, *adj.* qui a de la clémence.

CLÉMENT (St), docteur de l'Église, m. 217. — Nom de plusieurs papes, entre autres *Clément* XIV (Ganganelli), m. 1774.

CLÉMENT (Jacques), assassin de Henri III en 1589.

CLÉMENT (dom FRANÇOIS), sav. bénédictin français (1714-1793).

CLÉOBIS et **BITON,** frères argiens célèbres par leur piété filiale.

CLÉOBULE, l'un des sept sages de la Grèce, 6e s. av. J. C.

CLÉOMÈNE, nom de plus. rois de Sparte.

CLÉON, général athénien, m. 422 av. J. C.

CLÉOPÂTRE, nom de plusieurs princesses de l'antiquité.

CLEPHTE ou **KLEPHTE,** *sm.* montagnard libre de la Grèce pendant la domination des Turcs dans ce pays.

CLEPSYDRE, *sf.* horloge d'eau.

CLEPTE, V. *Clephte.*

CLERC, *sm.* (c final nul), ecclésiastique ; gradué ; employé chez un notaire, un avoué, un huissier.

CLERFAYT, général autrichien (1713-1798).

CLERGÉ, *sm.* le corps des ecclésiastiques.

CLERGIE, *sf.* science, doctrine ; l'ensemble des hommes lettrés pendant le moyen âge.

CLÉRICAL, ALE, *adj.* et *s.* du clergé (pl. m. *cléricaux*).

CLÉRICALEMENT, *adv.* d'une manière cléricale.

CLÉRICATURE, *sf.* condition ou état de l'ecclésiastique.

CLERMONT, s.-préf. du dép. de l'Oise. — p. ville (Hérault).

CLERMONT-FERRAND, ch.-l. du Puy de Dôme.

CLERMONT-TONNERRE, maréchal de France (1688-1781).

CLÉRY, valet de chambre de Louis XVI (1759-1809).

CLÈVES, ville et duché (Prusse rhénane).

CLICHAGE, *sm.* action de clicher, résultat de cette action.

CLICHÉ, *sm.* planche formée par le clichage ; première épreuve photographique au moyen de laquelle on en tire plusieurs autres.

CLICHER, *va.* et *n.* reproduire en relief et tout d'une pièce l'empreinte d'une composition en caractères mobiles ; faire un cliché photographique.

CLICHEUR, *sm.* ouvrier qui cliche.

CLICHY, p. ville (Seine) ; — prison pour dettes à Paris.

CLIENT, ENTE, *s.* celui, celle qui charge de ses intérêts un homme d'affaires ; protégé, pratique d'un commerçant. Celui qui chez les Romains s'attachait à un patricien qui le protégeait et le défendait.

CLIENTÈLE, *sf.* l'ensemble des clients.

CLIGNEMENT, *sm.* action de cligner.

CLIGNE-MUSETTE, *sf.* jeu de cache cache.

CLIGNER, *va.* fermer à demi les paupières.

CLIGNOTANT, ANTE, *adj.* qui clignote.

CLIGNOTEMENT, *sm.* mouvement involontaire et fréquent des paupières.

CLIGNOTER, *vn.* remuer fréquemment les paupières.

CLIMAT, *sm.* (t nul), zone terrestre comprise entre deux cercles parallèles à l'équateur ; région ; température de l'air.

CLIMATÉRIQUE, *adj.* 2 *g.* qui a rapport aux climats : se dit aussi de chaque septième année de la vie.

CLIMATOLOGIE, *sf.* etude et traité des divers climats.

CLINANDRE, *sm.* (gr. *kliné* lit; *anêr*, *gén.* *andros* homme, mâle), prolongement concave de l'étamine, lequel, dans certaines fleurs, protege l'anthère ou organe mâle (*bot.*).

CLINANTHE, *sm.* (gr. *kliné* lit, *anthos* fleur), réceptacle commun des fleurons dans les fleurs composées (*bot.*).

CLIN D'ŒIL, *sm.* (pl. *clins d'œil*), mouvement rapide de la paupière.

CLINIQUE, *sf.* et *adj.* (gr. *kliné* lit), se dit de la medecine qui se fait au lit des malades.

CLINQUANT, *sm.* petite feuille de cuivre dore ou argente. *Fig.* faux brillant.

CLIO, l'une des Muses (*myth.*).

CLIQUE, *sf.* société de gens unis pour cabaler ou tromper.

CLIQUET, *sm.* pièce qui empêche une roue dentée de retourner.

CLIQUETER, *vn.* imiter le bruit du cliquet d'un moulin.

CLIQUETIS, *sm.* (s nulle), bruit d'objets sonores qui se choquent.

CLIQUETTE, *sf.* morceaux de bois ou tessons que l'on bat l'un contre l'autre.

CLISSE, *sf.* clayon; plaque de bois pour maintenir un os fracturé.

CLISSÉ, ÉE, *adj.* garni de clisses.

CLISSON (Olivier), connétable de France (1336 1407).

CLISTHÈNE, chef du parti democratique à Athènes, 6e s, av. J. C.

CLITUS, général d'Alexandre le Grand.

CLIVAGE, *sm.* action de cliver.

CLIVER, *va.* fendre un mineral suivant ses joints naturels.

CLOAQUE, *sf.* aqueduc pour faire écouler les immondices. — *sm.* lieu destine à les recevoir. *Fig.* lieu infect.

CLOCHE, *sf.* instrument de métal avec lequel on sonne; vase en forme de cloche; ampoule qui se forme sur la peau.

CLOCHEMENT, *sm.* action de clocher.

CLOCHE-PIED (à), *loc. adv.* sur un seul pied.

CLOCHER, *sm.* partie elevée d'une église où sont les cloches.

CLOCHER, *vn.* boiter en marchant. *Fig.* être défectueux.

CLOCHETON, *sm.* petit clocher.

CLOCHETTE *sf.* petite cloche.

CLODION, roi des Francs, m. 448. — sculpteur français (1745-1814).

CLODIUS, tribun romain, m. 52 av. J. C.

CLODOALD, V. *Cloud.*

CLODOMIR, fils de Clovis et roi d'Orléans, m. 523.

CLOISON, *sf.* separation en bois ou en maçonnerie legère; membrane; ce qui sépare deux cavités.

CLOISONNAGE, *sm.* ouvrage de cloison.

CLOISONNÉ, ÉE, *adj.* qui a une ou plusieurs séparations dans son intérieur (*physiol. et bot.*).

CLOISONNER, *va.* séparer par une cloison.

CLOÎTRE, *sm.* partie d'un monastère où sont les cellules et en forme de galerie; le monastère lui-même.

CLOÎTRER, *va.* faire entrer dans un cloître.

CLOOTZ (Anacharsis), fameux demagogue (1755-1794).

CLOPIN-CLOPANT, *loc. adv.* en clopinant.

CLOPINER, *vn.* marcher en clochant et avec peine.

CLOPORTE, *sm.* sorte d'insecte.

CLOQUE, *sf.* maladie des feuilles du pêcher.

CLORE, *va.* fermer, environner de murs : terminer. — *Ind. pr.* je clos, tu clos, il clôt (pas de pl.); *fut.* je clorai; *cond.* je clorais; *part. p.* clos, close. Les autres temps simples manquent.

CLOS, *sm.* (s nulle), espace de terre fermé de murs ou de haies.

CLOS, OSE, *adj.* fermé.

CLOSEAU, *sm.* petit clos.

CLOSERIE, *sf.* jardin clos de haies; métairie.

CLOSTERCAMP, p. ville de la Prusse rhénane. Victoire du maréchal de Castries sur les Hanovriens en 1760.

CLOSTERSEVEN, bourg du Hanovre. Victoire du maréchal de Richelieu sur le duc de Cumberland, 1757.

CLOTAIRE, nom de plusieurs rois francs.

CLOTHO, l'une des Parques (*myth.*).

CLOTILDE (Ste), femme de Clovis Ier.

CLÔTURE, *sf.* enceinte. *Fig.* action de clore, de terminer.

CLÔTURER, *va.* clore, fermer.

CLOU, *sm.* pointe de métal, à tête; furoncle. *Clou de girofle*, fleur desséchée du giroflier, qui a la forme d'un clou.

CLOUAGE, *sm.* clouement.

CLOUD (St), ou CLODOALD, fils de Clodomir.

CLOUEMENT, *sm.* action de clouer.

CLOUER, *va.* attacher avec des clous. *Fig.* assujettir fortement.

CLOUET dit JANET, peintre français, 16e s.

CLOUTER, *va.* garnir de clous.

CLOUTERIE, *sf.* fabrique, commerce de clous.

CLOUTIER, *sm.* celui qui fait ou vend des clous.

CLOVIS, fondateur de la monarchie française, m. 511.

CLOWN, *sm.* (on pron. *cloune*), personnage grotesque de la farce anglaise.

CLOYÈRE, *sf.* panier à huîtres.

CLUB, assemblée de gens qui s'occupent de politique.

CLUBISTE, *sm.* habitué d'un club.

CLUNY, p. ville (Saône-et-Loire) : celebre abbaye de benédictins.

CLUPE, *sm.* genre de poissons.

CLUSIUM, anc. ville d'Étrurie.

CLYDE, rivière d'Écosse.

CLYSOIR, *sm.* espèce de tube servant à prendre des lavements.

CLYSMIEN, *adj. m.* (gr. *klysma* lieu inondé), se dit du terrain formé à l'époque diluvienne (géol.).

CLYSTÈRE, *sm.* lavement.

CLYTEMNESTRE, femme d'Agamemnon.

CNIDE ou GNIDE, anc. ville de Carie.

CNOSSE, anc. ville de Crète.

COACCUSÉ, ÉE, *s.* celui, celle qui est accusé avec d'autres.

COACTIF, IVE, *adj.* qui a droit ou pouvoir de contraindre.

COACTION, *sf.* contrainte.

COACTIVITÉ, *sf.* qualité de ce qui est coactif.

COADJUTEUR, TRICE, *s.* celui, celle que l'on adjoint à un prélat, à une abbesse pour l'aider.

COADJUTORERIE, *sf.* charge de coadjuteur ou de coadjutrice.

COAGULANT, ANTE, *adj.* qui coagule.

COAGULATION, *sf.* action de coaguler, effet de cette action.

COAGULER, *va.* figer, cailler.

COAGULUM, *sm.* (on pron. *coagulome*), coagulation, ce qui coagule.

COALISER (SE), *vpr.* former une coalition.

COALISÉS, ÉES, *adj. et spl.* se dit des souverains qui ont formé une coalition et de leurs armées.

COALITION, *sf.* ligue de partis, de puissances diverses.

COASSEMENT, *sm.* cri de la grenouille.

COASSER, *vn.* pousser des coassements.

COASSOCIÉ, ÉE, *adj. et s.* associé avec d'autres.

COBÆA, *sm.* sorte de plante.

COBBÉ, capitale du Darfour.

COBALT, *sm.* métal, l'un des corps simples de la chimie.

COBLENTZ (on pr. *coblanse*), ville de la Prusse rhénane.

COBOURG (g nul), ville de Saxe.

COCAGNE, *sf.* *Pays de cocagne*, où tout abonde ; *mât de cocagne*, mât très-élevé au haut duquel on suspend des prix.

COCARDE, *sf.* signe de couleurs différentes pour chaque nation et que les militaires portent à leur coiffure.

COCASSE, *adj. 2 g.* plaisant, risible, ridicule (pop.).

COCCYX, *sm.* petit os qui termine l'os sacrum.

COCHE, *sm.* espèce de chariot, de bateau. — *sf.* truie ; entaille.

COCHENILLAGE, *sm.* (ll m.), décoction faite avec de la cochenille.

COCHENILLE, *sf.* (ll m.), insecte qui sert à teindre en écarlate.

COCHENILLER, *va.* (ll m.), teindre avec de la cochenille.

COCHER, *sm.* celui qui conduit une voiture ; constellation.

COCHÈRE, *adj. f.* *Porte cochère*, qui donne entrée aux voitures.

COCHEREL, village (Eure). Victoire de Duguesclin sur les troupes de Charles le Mauvais, en 1364.

COCHET, *sm.* petit coq.

COCHIN, ville de l'Hindoustan.

COCHIN, avocat célèbre (1687-1747). — nom de trois graveurs français du 17e et du 18e s. — curé de Paris, fondateur d'un hospice (1726-1788).

COCHINCHINE, contrée de l'Indo-Chine.

COCHLÉAIRE, *adj. f.* (l. *cochlear* cuillère), se dit d'une sorte de préparaison (bot.).

COCHLÉARIA, *sm.* plante employée contre le scorbut.

COCHON, *sm.* porc. *Fig.* homme malpropre. *Cochon d'Inde*, sorte d'animal rongeur.

COCHONNAILLE, *sf.* (ll m.), charcuterie.

COCHONNER, *vn.* mettre bas (en parlant de la truie). — *Fig. va.* faire un ouvrage sans soin.

COCHONNERIE, *sf.* malpropreté. *Fig.* action ou parole sale (fam.).

COCHONNET, *sm.* (t nul), petite boule qui sert de but.

COCHRANE (lord), amiral anglais (1748-1832). — neveu du précédent et contre-amiral (1775-1832).

COCLÈS, V. *Horatius.*

COCO, *sm.* fruit du cocotier ; boisson faite avec du bois de réglisse.

COCON, *sm.* coque dans laquelle s'enferme le ver à soie.

COCOTIER, *sm.* sorte de palmier.

COCOTTE, *sf.* ustensile de cuisine ; maladie des yeux. Poule ; papier plié figurant une poule (t. enfantin).

COCTION, *sf.* (on pron. *corion*), action de cuire, résultat de cette action ; digestion des aliments dans l'estomac.

COCYTE, rivière d'Épire. — fleuve des enfers (myth.).

CODE, *sm.* recueil de lois. *Fig.* recueil de préceptes.

CODÉBITEUR, *sm.* celui qui a contracté une dette conjointement avec une autre personne.

CODÉINE, *sf.* (gr. *kôdê* tête de pavot), substance constitutive de l'opium, extrait des graines de pavot (chim.).

CODÉTENTEUR, *sm.* celui qui retient avec un autre une somme ou une succession.

CODEX, *sm.* recueil de formules médicales.

CODICILLAIRE, *adj. 2 g.* qui a rapport à un codicille.

CODICILLE, *sm.* changement ou addition à un testament.

CODONATAIRE, *adj. 2 g.* associé avec un autre dans une même donation.

CODRINGTON, amiral anglais (1770-1851).

CODRUS, dernier roi d'Athènes, m. 1132 av. J. C.

CÆCUM, *sm.* (on pron. *cécome*), le premier des gros intestins.

COEFFICIENT, *sm.* nombre placé devant une quantité algébrique pour la multiplier.

CÆLIUS (Mt), l'une des 7 collines de Rome.

COEMPTION, *sf.* achat réciproque.

COERCIBLE, *adj. 2 g.* qui peut être resserré dans certaines limites.

COERCITIF, IVE, *adj.* qui peut contraindre.

COERCITION, *sf.* (on pron. *coerciéion*), droit, action de contraindre.

COÉTERNEL, ELLE, adj. qui est éternel avec un autre.

CŒUR, sm. viscère qui est le principal organe de la circulation du sang. *Fig.* siège des passions; affection, courage; milieu d'une chose; une des couleurs du jeu de cartes. — PAR CŒUR, loc. adv. de mémoire.

CŒUR (Jacques), ministre des finances de Charles VII (1400-1456).

COEXISTANT, ANTE, adj. qui existe en même temps qu'un autre.

COEXISTENCE, sf. état de choses coexistantes.

COEXISTER, vn. exister ensemble.

COFFRE, sm. caisse pour renfermer divers objets. *Fig.* partie du corps enfermée sous les côtes.

COFFRE-FORT, sm. (pl. coffres-forts), caisse de fer contenant l'argent.

COFFRER, va. emprisonner (fam.).

COFFRET, sm. petit coffre.

COFFRETIER, sm. celui qui fait des coffres.

COGITATION, sf. méditation, pensée.

COGNAC, s.-pref. de la Charente. — sm. eau de-vie qui en vient.

COGNASSIER, sm. arbre qui produit le coing.

COGNAT, sm. (on pron. cog-na), parent descendant de la même souche, et particulièrement du côté des femmes.

COGNATION, sf. (on pron. cog-nacion), parenté des cognats.

COGNÉE, sf. espèce de hache.

COGNER, va. et n. frapper. — SE COGNER, vpr. se heurter.

COGNITIF, IVE, adj. (on pron. cog-nitif), capable de connaître.

COGNITION, sf. (on pron. cog-nicion), faculté de connaître.

COHABITATION, sf. action de cohabiter.

COHABITER, vn. habiter ensemble.

COHÉRENCE, sf. état de ce qui est cohérent, union entre deux choses.

COHÉRENT, ENTE, adj. qui a de la cohérence.

COHÉRITER, vn. hériter ensemble.

COHÉRITIER, IÈRE, s. hériter conjointement avec d'autres personnes.

COHÉSION, sf. force qui unit entre elles les molécules d'un corps; effet produit par cette force (phys.).

COHOBATION, sf. seconde distillation d'un liquide.

COHOBER, va. distiller de nouveau, fortifier, épaissir (chim.).

COHORTE, sf. l'une des divisions de la légion romaine; troupe armée.

COHUE, sf. réunion tumultueuse, foule pressée.

COI, COITE, adj. tranquille, paisible.

COIFFE, sf. sorte de bonnet; toile garnissant l'intérieur d'un chapeau.

COIFFER, va. couvrir la tête; arranger les cheveux. — SE COIFFER, vpr. se couvrir la tête, s'arranger les cheveux. *Fig.* s'engouer de.

COIFFEUR, EUSE, s. celui, celle qui coiffe, qui arrange les cheveux.

COIFFURE, sf. ce qui couvre la tête; arrangement des cheveux.

COIGNY (duc de), nom de deux maréchaux de France, l'un (1670-1759), l'autre (1737-1821).

COÏMBRE, ville de Portugal.

COIN, sm. angle. *Fig.* lieu retiré, extrémité; outil pour fendre le bois; fer, poinçon pour marquer la monnaie, la vaisselle, etc.

COÏNCIDENCE, sf. état de choses coïncidentes.

COÏNCIDENT, ENTE, adj. qui arrive en même temps qu'un autre, qui s'ajuste avec un autre.

COÏNCIDER, vn. arriver en même temps, s'ajuster l'un sur l'autre.

COING, sm. (g nul), fruit du cognassier.

COÏNTÉRESSÉ, ÉE, adj. et s. intéressé dans une affaire conjointement avec d'autres personnes.

COIRE, ch.-l. du canton des Grisons (Suisse).

COITIER, V. Coytier.

COKE, sm. résidu de la houille distillée.

COL, sm. cou, ce qui en a la forme; espèce de cravate; partie de la chemise qui entoure le cou; passage étroit.

COLAS (s nulle), abrégé de Nicolas.

COLATURE, sf. filtration, liqueur filtrée.

COLBACK, sm. sorte de coiffure militaire.

COLBERT, célèbre ministre de Louis XIV (1619-1683).

COLCHESTER, ville d'Angleterre.

COLCHICACÉES, sf. pl. famille de plantes dont le colchique est le type (bot.).

COLCHIDE, contrée de l'Asie anc.

COLCHIQUE, sm. sorte de plante.

COLÉAH, ville d'Algérie.

COLÉGATAIRE, s. 2 g. légataire avec d'autres.

COLÉOPTÈRES, sm. pl. (gr. koléos étui, ptéron aile), ordre d'insectes comprenant ceux dont les ailes sont renfermées dans des étuis écailleux, comme le hanneton (zool.).

COLÉORHIZE, sf. (gr. koléos étui, gaine; rhiza racine), sorte de gaine qui renferme la radicule sortant de la graine germée (bot.).

COLÈRE, sf. vive irritation contre quelqu'un; emportement. — adj. 2 g. sujet à la colère.

COLERIDGE, poète anglais (1773-1834).

COLÉRIQUE, adj. 2 g. porté à la colère.

COLETTE (Ste), religieuse (1380-1446).

COLIBRI, sm. sorte de petit oiseau d'Amérique.

COLICITANT, sm. se dit des personnes au nom desquelles se fait une vente par licitation.

COLIFICHET, sm. babiole, futilité; pâtisserie sèche pour les oiseaux.

COLIGNY (l'amiral de), chef des protestants en France (1517-1572).

COLIMAÇON, sm. limaçon.

COLIN, nom d'homme.

COLIN-MAILLARD, sm. sorte de jeu.

COLIN-TAMPON, sm. autrefois son du tambour suisse. *Fig.* comme de colin-tampon, comme de rien.

COLIQUE, *sf.* vive douleur d'entrailles.

COLIS, *sm.* (s nulle), caisse, ballot, etc.

COLISÉE, *sm.* nom d'un amphithéâtre de l'ancienne Rome.

COLLABORATEUR, TRICE, *s.* celui, celle qui travaille avec un autre.

COLLABORATION, *sf.* action de collaborer; travail du collaborateur.

COLLABORER, *vn.* travailler avec une autre personne.

COLLAGE, *sm.* action de coller.

COLLANT, ANTE, *adj.* qui colle.

COLLATÉRAL, ALE, *adj. et s.* qui tient à la parenté hors de la ligne directe (pl. m. collatéraux).

COLLATIN (Tarquin), mari de Lucrèce, et consul romain, l'an 509 av. J. C.

COLLATION, *sf.* (on pron. les 2 l), droit, action de conférer un bénéfice; action de comparer.

COLLATION, *sf.* (on ne pron. qu'une l), repas léger.

COLLATIONNER, *va.* (on pron. les 2 l), comparer une copie au texte original.

COLLATIONNER, *vn.* (on ne pron. qu'une l), faire un repas léger.

COLLE, *sf.* matière gluante pour coller. *Fig.* mensonge (pop.).

COLLÉ, auteur dramatique français (1709-1783).

COLLECTE, *sf.* levée des impôts; quête; prière faite avant l'épître.

COLLECTEUR, *sm.* celui qui recueille les impôts. — *adj. m.* qui recueille, qui réunit ensemble: égout collecteur.

COLLECTIF, IVE, *adj.* qui embrasse ou désigne plusieurs personnes ou plusieurs choses.

COLLECTION, *sf.* (on pr. *colexion*), recueil de plusieurs objets ayant du rapport entre eux.

COLLECTIONNER, *va. et n.* (on pr. *colexioné*), recueillir, réunir ensemble des objets ayant du rapport entre eux.

COLLECTIONNEUR, *sm.* (on pr. *colexioneur*), celui qui fait une ou plusieurs collections.

COLLECTIVEMENT, *adv.* dans un sens collectif.

COLLÉGE, *sm.* corps, assemblée de dignitaires; lieu destiné à l'enseignement; division électorale, réunion des électeurs.

COLLÉGIAL, ALE, *adj.* qui a un chapitre de chanoines (pl. m. collégiaux).

COLLÉGIEN, *sm.* élève d'un collège.

COLLÈGUE, *sm.* celui qui exerce les mêmes fonctions.

COLLEMENT, *sm.* se dit des paupières collées.

COLLER, *va.* faire adhérer à l'aide de colle; enduire de colle; coller du vin, le clarifier avec de la colle. — *vn.* s'appliquer exactement.

COLLERETTE, *sf.* collet de linge pour les femmes.

COLLET, *sm.* (t nul), partie du vêtement qui entoure le cou ou qui tombe sur les épaules; lacet à prendre le gibier.

COLLETER, *va.* prendre quelqu'un au collet. — *vn.* tendre des lacets. — SE COLLETER, *vpr.* se battre.

COLLEUR, *sm.* celui qui colle.

COLLIER, *sm.* ornement du cou; cercle de métal autour du cou des animaux; harnais que l'on met au cou des chevaux.

COLLIGER, *va.* recueillir les endroits notables d'un livre.

COLLIMATION, *sf.* ligne par laquelle on vise un objet à travers les pinnules; axe optique de la lunette.

COLLIN-D'HARLEVILLE, poète comique français (1755-1806).

COLLINE, *sf.* petite montagne à pente douce.

COLLIOURE, p. ville (Pyrénées-Orientales).

COLLIQUATIF, IVE, *adj.* (*qua* se pron. *coua*), qui accompagne la colliquation, qui en résulte.

COLLIQUATION, *sf.* (*qua* se pron. *coua*), amoindrissement des parties solides avec excrétion abondante (méd.).

COLLISION, *sf.* choc de deux corps. *Fig.* lutte.

COLLOCATION, *sf.* ordre dans lequel sont placés des créanciers pour être payés.

COLLODION ou COLLODIUM, *sm.* liquide formé par une dissolution de coton-poudre dans un mélange d'alcool et d'éther.

COLLOQUE, *sm.* entretien, dialogue.

COLLOQUER, *va.* placer; ranger des créanciers dans l'ordre suivant lequel on doit les payer.

COLLOT-D'HERBOIS, fameux conventionnel (1750-1796).

COLLUDER, *vn.* s'entendre avec un autre pour tromper un tiers.

COLLUSION, *sf.* intelligence secrète entre plusieurs personnes au préjudice d'une autre.

COLLUSOIRE, *adj. 2 g.* fait par collusion.

COLLUSOIREMENT, *adv.* d'une manière collusoire.

COLLYRE, *sm.* remède pour les yeux.

COLMAR, ch.-l. du dép. du Haut-Rhin.

COLOCOTRONI, l'un des régénérateurs de la Grèce (1770-1843).

COLOGNE, ville de la Prusse rhénane.

COLOMB (Christophe), célèbre navigateur génois qui découvrit l'Amérique en 1492; m. 1506.

COLOMBAN (Saint), fondateur du monastère de Luxeuil, m. 615.

COLOMBE, *sf.* pigeon, femelle du pigeon.

COLOMBIE, région de l'Amérique du Sud, comprenant les trois républiques de l'Équateur, de Vénézuela et de la Nouvelle-Grenade.

COLOMBIER, *sm.* pigeonnier; sorte de papier.

COLOMBIN, INE, *adj.* qui est couleur gorge de pigeon.

COLOMBINE, *sf.* fiente de pigeon ou de volaille.

COLOMBIUM, *sm.* (on pron. *colombiome*), l'un des corps simples de la chimie.

COLON, *sm.* cultivateur; habitant d'une colonie.

COLON, *sm.* partie moyenne du gros intestin (anat.).

COLONE, anc. bourg près d'Athènes.

COLONEL, sm. officier qui commande un régiment.

COLONIAL, ALE, adj. des colonies.

COLONIE, sf. réunion de personnes qui vont s'établir dans un pays; ce pays lui-même.

COLONISABLE, adj. 2 g. que l'on peut coloniser.

COLONISATION, sf. action de coloniser.

COLONISER, va. établir une colonie.

COLONNA ou COLONNE (Prosper), célèbre général italien, m. 1523.

COLONNADE, sf. rangée symétrique de colonnes.

COLONNE, sf. pilier cylindrique servant de soutien ou d'ornement; division d'un tableau, des pages d'un livre; corps de troupes. Fig. soutien.

COLONNETTE, sf. petite colonne, colonne très-mince.

COLOPHANE, sf. résine dont on frotte les archets.

COLOPHON, anc. ville de Lydie.

COLOQUINTE, sf. sorte de petite citrouille très-amère.

COLORANT, ANTE, adj. qui colore.

COLORATION, sf. action de se colorer.

COLORER, va. donner de la couleur. Fig. donner une apparence mensongère. — Se COLORER, vpr. prendre de la couleur.

COLORIAGE, sm. enluminure.

COLORIER, va. appliquer des couleurs.

COLORIS, sm. (s nulle), résultat de l'emploi des couleurs. Fig. éclat des couleurs, du style, des pensées.

COLORISTE, sm. celui qui entend bien le coloris. — s. 2 g. celui, celle qui colorie des images.

COLOSSAL, ALE, adj. de grandeur extraordinaire (pl. m. colossaux).

COLOSSALEMENT, adv. de façon colossale, extrêmement (fam.).

COLOSSE, sm. statue, homme, animal gigantesque.

COLOURI, île de la Grèce, anc. Salamine.

COLPORTAGE, sm. action de colporter.

COLPORTER, va. porter çà et là des marchandises, des livres, etc.

COLPORTEUR, EUSE, s. celui, celle qui fait le métier de colporter.

COLUMBIA ou OREGON, fleuve et État de l'Union (États-Unis).

COLUMELLE, savant agronome latin du 1er s.

COLUMELLE, sf. (l. columella petite colonne), petit axe filiforme placé au centre de l'urne des mousses; axe d'un fruit (bot.); espèce de petite colonne formant l'axe d'une coquille spirale (zool.).

COLUMELLÉ, ÉE, adj. pourvu d'une columelle.

COLURE, sm. nom de deux grands cercles de la sphère armillaire.

COLZA, sm. espèce de chou.

COMA, sm. affection soporeuse qui ressemble à la léthargie.

COMAGÈNE, petite contrée de l'Asie Mineure.

COMATEUX, EUSE, adj. qui produit ou annonce le coma.

COMBAT, sm. action de combattre; lutte, dispute. Fig. état de trouble.

COMBATTANT, sm. celui qui combat.

COMBATTRE, va. et n. attaquer ou se défendre; contester.

COMBIEN, adv. quelle quantité; quel prix; à quel point.

COMBINAISON, sf. union, disposition de plusieurs choses; mesures prises; union chimique de deux corps.

COMBINER, va. faire une combinaison.

COMBLE, sm. faîte d'un bâtiment; ce qui excède une mesure. Fig. le plus haut degré. — DE FOND EN COMBLE, loc. adv. complètement.

COMBLE, adj. 2 g. rempli jusque par-dessus les bords. Fig. plein, complet.

COMBLÉ, ÉE, adj. qui a en abondance.

COMBLEMENT, sm. action de combler.

COMBLER, va. remplir; mettre le comble. Fig. accorder beaucoup de faveurs.

COMBURANT, ANTE, adj. qui a la propriété de brûler les corps.

COMBUSTIBILITÉ, sf. qualité de ce qui est combustible; propriété d'un corps de s'unir avec l'oxygène.

COMBUSTIBLE, adj. 2 g. qui a la propriété de brûler. — sm. ce qui sert à faire du feu.

COMBUSTION, sf. action de brûler, incendie. Fig. grand désordre, grand tumulte.

CÔME, ville et lac de la Lombardie.

COMÉDIE, sf. sorte de pièce de théâtre; le théâtre même. Fig. feinte; chose plaisante.

COMÉDIEN, IENNE, s. celui, celle qui joue la comédie; au fig. qui feint ce qu'il n'éprouve pas.

COMESTIBLE, adj. 2 g. qui peut être mangé, que l'on mange. — sm. tout ce qui peut se manger.

COMÉTAIRE, adj. 2 g. des comètes.

COMÈTE, sf. astre errant ordinairement accompagné d'une queue.

COMFORT, V. Confort.

COMICES, sm. pl. assemblées du peuple romain.

COMIQUE, adj. 2 g. qui a rapport à la comédie; plaisant. — sm. acteur comique, le genre comique.

COMIQUEMENT, adv. plaisamment.

COMITÉ, sm. réunion de personnes pour s'occuper d'une affaire; société choisie.

COMMA, sm. quart de ton (mus.).

COMMANDANT, adj. qui commande. — sm. chef de bataillon; celui qui commande une place de guerre, un navire de guerre.

COMMANDANTE, sf. femme d'un commandant.

COMMANDE, sf. ouvrage commandé. — DE COMMANDE, loc. adv. supposé, feint.

COMMANDEMENT, sm. action de commander; ordre; autorité; exploit d'huissier.

COMMANDER, va. ordonner; dominer. — n. être revêtu de l'autorité. Fig. maîtriser. Commander à ses passions.

COMMANDERIE, sf. bénéfice affecté à un ordre militaire.

COMMANDEUR, sm. celui qui a une commanderie; grade dans un ordre de chevalerie.

COMMANDITAIRE, s. et adj. 2 g. celui, celle qui a une commandite.

COMMANDITE, sf. sorte de société commerciale dans laquelle on est bailleur de fonds sans avoir droit à la gestion.

COMME, adv. et conj. de même que, ainsi que, combien, puisque.

COMMÉMORAISON, sf. mention que l'Église fait d'un saint ou d'une sainte.

COMMÉMORATIF, IVE, adj. qui rappelle le souvenir; fait en mémoire d'un événement.

COMMÉMORATION, sf. cérémonie qui rappelle un événement important.

COMMÉMORER, va. avoir mémoire d'une chose, faire mention de.

COMMENÇANT, ANTE, s. et adj. celui, celle qui commence à apprendre.

COMMENCEMENT, sm. origine, principe; première partie d'une chose.

COMMENCER, va. faire le commencement; vn. débuter, prendre commencement.

COMMENDATAIRE, adj. 2 g. qui possède une commende.

COMMENDE, sf. usufruit d'une abbaye régulière accordé par le pape.

COMMENSAL, ALE, s. celui, celle qui mange à une même table (pl. m. commensaux).

COMMENSALITÉ, sf. droit des commensaux de la maison du roi.

COMMENSURABILITÉ, sf. rapport de deux grandeurs qui ont une mesure commune.

COMMENSURABLE, adj. 2 g. qui a une mesure commune.

COMMENT, adv. de quelle manière, pourquoi; eh quoi!

COMMENTAIRE, sm. éclaircissement sur un livre; interprétation maligne; au pl. mémoires historiques.

COMMENTATEUR, sm. celui qui commente un ouvrage.

COMMENTER, va. faire des commentaires; interpréter malignement.

COMMÉRAGE, sm. bavardage, caquet.

COMMERÇABLE, adj. 2 g. que l'on peut négocier.

COMMERÇANT, ANTE, adj. et s. qui fait le commerce.

COMMERCE, sm. trafic de marchandises; corps des marchands. Fig. rapport entre des personnes, fréquentation.

COMMERCER, vn. faire du commerce.

COMMERCIAL, ALE, adj. qui a rapport au commerce (pl. m. commerciaux).

COMMERCIALEMENT, adv. d'une manière commerciale.

COMMERCY, s.-préf. de la Meuse.

COMMÈRE, sf. celle qui a tenu un enfant sur les fonts de baptême. Fig. femme curieuse et bavarde.

COMMETTANT, sm. celui qui charge un autre d'une affaire de commerce.

COMMETTRE, va. faire quelque chose de mal; confier, proposer à. — SE COMMETTRE, vpr. se compromettre; avoir lieu; les crimes qui se commettent (c. mettre).

COMMINATOIRE, adj. 2 g. qui renferme une menace.

COMMINES (Philippe de), historien français (1445-1509).

COMMINES, p. ville (Nord).

COMMINGES, pays de la Gascogne.

COMMIS, sm. employé de bureau.

COMMISÉRATION, sf. pitié.

COMMISSAIRE, sm. celui qui est commis pour exercer une fonction; magistrat chargé de la police. V. Priseur.

COMMISSARIAT, sm. emploi, charge de commissaire.

COMMISSION, sf. charge de faire ou d'acheter; message; droit de commission.

COMMISSIONNAIRE, sm. celui qui est chargé d'une commission, qui la fait.

COMMISSIONNER, va. donner une commission; charger d'agir pour soi.

COMMISSURE, sf. jonction, point d'union des parties du corps.

COMMODE, sf. meuble à tiroirs pour le linge.

COMMODE, adj. 2 g. convenable, d'un usage facile; indulgent.

COMMODE, empereur romain, m. 192.

COMMODÉMENT, adv. d'une manière commode.

COMMODITÉ, sf. chose, état, moyen commode; occasion. Au pl. lieux d'aisance.

COMMODORE, sm. commandant dans la marine anglaise ou américaine.

COMMOTION, sf. secousse violente. Fig. agitation des esprits.

COMMUABILITÉ, sf. qualité de ce qui est commuable.

COMMUABLE, adj. 2 g. qui peut être changé, que l'on peut changer.

COMMUER, va. changer; se dit en parlant d'une peine.

COMMUN, UNE, adj. qui est à l'usage de tout le monde; général; abondant; de peu de valeur; vulgaire, trivial. Lieux communs, arguments; idées rebattues. — sm. ce qui est en communauté; le vulgaire. — EN COMMUN, loc. adv. en société.

COMMUNAL, ALE, adj. qui concerne une commune, qui lui appartient.

COMMUNAUTÉ, sf. société de religieux; biens en commun.

COMMUNAUX, sm.pl. pâturages ou propriétés d'une commune.

COMMUNE, sf. division du territoire administrée par un maire; municipalité; les habitants de la commune, lieu où ils se rassemblent.

COMMUNÉMENT, adv. ordinairement, généralement.

COMMUNIANT, ANTE, s. celui, celle qui communie.

COMMUNICABLE, adj. 2 g. qui peut se communiquer.

COMMUNICATIF, IVE, adj. qui se communique facilement; qui aime à communiquer aux autres ses pensées et ses sentiments.

COMMUNICATION, *sf.* action de communiquer; effet de cette action; relation, rapport; information.

COMMUNICATIVEMENT, *adv.* avec communication.

COMMUNIER, *va.* recevoir le sacrement de l'eucharistie.

COMMUNION, *sf.* union dans la même foi; action de communier.

COMMUNIQUER, *va.* transmettre, faire connaître; donner communication. — *vn.* aboutir, conduire à. — SE COMMUNIQUER, *vpr.* se joindre; se rendre familier, se montrer affable.

COMMUNISME, *sm.* doctrine, opinion du communiste.

COMMUNISTE, *sm.* celui qui veut la communauté des biens.

COMMUTATION, *sf.* action de commuer, de changer une peine en une autre.

COMNÈNE, nom de famille de plusieurs empereurs grecs.

COMMORES ou **COMORES**, îles de l'océan Indien, près de l'Afrique.

COMORIN (Cap), à la pointe méridionale de l'Hindoustan.

COMORN, V. *Komorn.*

COMPACITÉ, *sf.* qualité de ce qui est compacte.

COMPACTE, *adj.* 2 *g.* condensé, très-serré.

COMPAGNE, *sf.* celle qui partage le sort de quelqu'un, qui est liée d'affection avec une autre; épouse.

COMPAGNIE, *sf.* réunion de personnes; société de commerce; corps de magistrats, corporation; troupe commandée par un capitaine.

COMPAGNON, *sm.* camarade; ouvrier travaillant chez un maître; égal. *Joyeux compagnon*, gaillard, ami de la joie.

COMPAGNONNAGE, *sm.* association d'ouvriers; temps que l'on est compagnon.

COMPARABLE, *adj.* 2 *g.* qui peut se comparer.

COMPARABLEMENT, *adv.* en comparaison de.

COMPARAISON, *sf.* action de comparer; résultat de cette action.

COMPARAÎTRE, *vn.* paraître en justice.

COMPARANT, ANTE, *adj. et s.* qui paraît devant un juge.

COMPARATIF, IVE, *adj.* qui sert à comparer. — *sm.* se dit de l'adjectif exprimant la comparaison.

COMPARATIVEMENT, *adv.* par comparaison.

COMPARER, *va.* mettre en rapport deux objets; égaler à.

COMPAROIR, *vn.* comparaître en justice (ce verbe n'a que l'infinitif).

COMPARSE, *sm.* figurant muet sur un théâtre.

COMPARTIMENT, *sm.* l'une des parties des divisions faites sur une surface, comme un plafond, un parterre, ou dans un tiroir, une boîte, un wagon, etc.

COMPARUTION, *sf.* action de comparaître.

COMPAS, *sm.* (s nulle), instrument à deux branches servant à tracer des cercles et à mesurer.

COMPASSEMENT, *sm.* action de compasser; effet de cette action.

COMPASSER, *va.* mesurer avec le compas. *Fig.* régler minutieusement ce que l'on fait.

COMPASSION, *sf.* pitié.

COMPATIBILITÉ, *sf.* qualité de ce qui est compatible.

COMPATIBLE, *adj.* 2 *g.* qui peut s'accorder avec.

COMPATIR, *vn.* littéralement souffrir avec: prendre part aux souffrances de quelqu'un, avoir de la pitié, de l'indulgence, supporter les mêmes choses, et par extension s'accorder, se concilier avec.

COMPATISSANT, ANTE, *adj.* qui a ou qui exprime de la pitié.

COMPATRIOTE, *s.* 2 *g.* celui, celle qui est du même pays.

COMPENDIEUSEMENT, *adv.* en abrégé.

COMPENDIUM, *sm.* (on pr. *compendiôme*), abrégé.

COMPENSATEUR, *adj. et sm.* qui établit une compensation.

COMPENSATION, *sf.* action de compenser; dédommagement.

COMPENSER, *va.* balancer, dédommager, réparer. — SE COMPENSER, *vpr.* être égal.

COMPÉRAGE, *sm.* qualité de compère. *Fig.* connivence.

COMPÈRE, *sm.* celui qui tient un enfant sur les fonts baptismaux. *Fig.* qui est de connivence. *Compère-loriot*, petit abcès à la paupière.

COMPÉTENCE, *sf.* droit de juger; concurrence, prétention d'égalité.

COMPÉTENT, ENTE, *adj.* qui a droit de juger; qui est dû; qui est suffisant.

COMPÉTER, *vn.* être de la compétence; appartenir de droit.

COMPÉTITEUR, *sm.* celui qui aspire au même emploi; concurrent.

COMPIÈGNE, s.-préf. du dép. de l'Oise.

COMPILATEUR, *sm.* celui qui compile.

COMPILATION, *sf.* recueil d'extraits de divers ouvrages.

COMPILER, *va.* faire une compilation.

COMPITALES, *sf. pl.* fêtes que les Romains célébraient dans les carrefours.

COMPLAINDRE (SE), *vpr.* se plaindre à quelqu'un.

COMPLAINTE, *sf.* chanson plaintive et populaire; au *pl.* lamentations.

COMPLAIRE, *vn.* s'accommoder au goût de quelqu'un. — SE COMPLAIRE, *vpr.* prendre plaisir à.

COMPLAISAMMENT, *adv.* avec complaisance.

COMPLAISANCE, *sf.* facilité de caractère; disposition à rendre service; déférence; satisfaction.

COMPLAISANT, ANTE, *adj. et s.* qui a de la complaisance.

COMPLANT, *sm.* plant de vignes composé de plusieurs pièces de terre.

COMPLANTER, *va.* planter en totalité.

COMPLÉMENT, sm. ce qui sert à compléter une chose.

COMPLÉMENTAIRE, adj. 2 g. qui sert à compléter.

COMPLET, ÈTE, adj. entier, auquel il ne manque rien. — sm. le nombre nécessaire.

COMPLÈTEMENT, adv. d'une manière complète. — sm. action de compléter.

COMPLÉTER, va. rendre complet.

COMPLÉTIF, IVE, adj. qui sert de complément.

COMPLEXE, adj. 2 g. qui embrasse plusieurs choses ou plusieurs idées.

COMPLEXION, sf. tempérament; inclination.

COMPLEXITÉ, sf. qualité de ce qui est complexe.

COMPLICATION, sf. concours de choses fâcheuses ou difficiles à saisir.

COMPLICE, adj. et s. 2 g. qui a pris part à un crime, à un méfait.

COMPLICITÉ, sf. participation à un crime, à un méfait.

COMPLIES, sf. pl. partie de l'office divin après vêpres.

COMPLIMENT, sm. paroles flatteuses; discours à l'occasion d'une fête; civilités.

COMPLIMENTER, va. faire un compliment. — vn. faire des civilités.

COMPLIMENTEUR, EUSE, adj. et s. qui aime à complimenter.

COMPLIQUÉ, ÉE, adj. complexe, embrouillé.

COMPLIQUER, va. rendre difficile; embrouiller, mêler.

COMPLOT, sm. (t nul) dessein criminel formé secrètement par plusieurs personnes.

COMPLOTER, va. et n. former un complot.

COMPONCTION, sf. (on pron. componxion), douleur d'avoir offensé Dieu.

COMPORTEMENT, sm. manière d'agir, de se comporter.

COMPORTER, va. permettre, supporter, souffrir. — SE COMPORTER, vpr. se conduire.

COMPOSANT, ANTE, adj. qui compose.

COMPOSÉ, ÉE, adj. formé de plusieurs parties. — sm. ce qui est composé.

COMPOSÉES, sf. pl. grande famille de plantes (bot.).

COMPOSER, va. littéralement poser ou mettre des choses ensemble : faire un tout de plusieurs parties; faire un ouvrage d'esprit, une œuvre d'art; réunir les caractères d'imprimerie pour former les mots; composer son visage, le disposer d'une certaine façon. — vn. entrer en arrangement.

COMPOSITE, sm. et adj. 2 g. l'un des cinq ordres d'architecture.

COMPOSITEUR, sm. auteur de musique; ouvrier imprimeur qui compose.

COMPOSITION, sf. action de composer; ouvrage d'esprit ; mélange de diverses substances; accommodement; arrangement des figures d'un tableau.

COMPOSTELLE (St-JACQUES de), ville d'Espagne. ✦

COMPOSTEUR, sm. instrument sur lequel le compositeur range les lettres.

COMPOTE, sf. fruits cuits.

COMPOTIER, sm. plat creux où l'on met la compote.

COMPRÉHENSIBILITÉ, sf. qualité de ce qui est compréhensible, aptitude à être compris.

COMPRÉHENSIBLE, adj. 2 g. qui peut être compris; qui est intelligible, concevable.

COMPRÉHENSIF, IVE, adj. qui est propre à comprendre, appelé à comprendre; se dit aussi d'une idée qui en comprend, qui en renferme d'autres.

COMPRÉHENSION, sf. faculté de comprendre; connaissance.

COMPRENDRE, va. contenir, mentionner. Fig. avoir l'intelligence de, concevoir (c. prendre).

COMPRESSE, sf. linge que l'on met sur une blessure, sur une plaie.

COMPRESSIBILITÉ, sf. propriété d'être comprimé.

COMPRESSIBLE, adj. 2 g. qui peut être comprimé.

COMPRESSIF, IVE, adj. qui comprime.

COMPRESSION, sf. action de comprimer; effet de cette action.

COMPRIMER, va. presser fortement. Fig. empêcher d'agir.

COMPRIS, ISE, adj. renfermé dans. Fig. conçu.

COMPROMETTRE, va. exposer à quelque désagrément. — SE COMPROMETTRE, vpr. donner atteinte à sa réputation, à son crédit. — vn. faire un compromis (c. mettre).

COMPROMIS, sm. acte par lequel on s'en remet à un arbitre.

COMPROMIS, ISE, adj. exposé à quelque désagrément; impliqué dans une affaire fâcheuse.

COMPTABILITÉ, sf. (p. nul), action ou manière de rendre ou d'établir les comptes; ensemble des comptes; tenue des livres.

COMPTABLE, sm. et adj. 2 g. (p. nul), celui qui rend des comptes ou qui les tient; qui a rapport aux comptes : pièce comptable.

COMPTANT, adj. m. (p. nul), en espèces. — sm. argent comptant.

COMPTE, sm. (p. nul), calcul; état des recettes et des dépenses; de ce qu'une personne a donné et reçu; rapport; tenir compte de, faire cas de. — A-COMPTE, sm. somme payée à valoir sur la totalité de la dette. — COMPTE RENDU, sm. exposé ou récit d'un fait. — AU BOUT DU COMPTE, loc. adv. après tout.

COMPTER, va. (p. nul), nombrer, calculer, comprendre dans une énumération; payer; estimer. — vn. se proposer de; se fier, croire, penser.

COMPTEUR, sm. (p. nul), instrument qui sert à compter et à marquer le nombre; détente d'une sonnerie; horloge qui bat les secondes.

COMPTOIR, sm. (p. nul), sorte de bureau d'un marchand; bureau de commerce d'une nation dans un pays étranger.

COMPULSER, va. examiner un registre, des papiers, des livres, etc.

COMPUT, sm. supputation de temps relative au calendrier.

COMTAT, *sm.* (*t* final nul), comté. V. *Venaissin.*

COMTÉ, *sm.* terre ou territoire conférant le titre de comte.

COMTE, *sm.* COMTESSE, *sf.* titre de noblesse.

COMUS, dieu des festins (*myth.*).

CONAN, nom de plusieurs ducs de Bretagne.

CONCASSER, *va.* briser en petits morceaux.

CONCATÉNATION, *sf.* enchaînement, liaison, gradation.

CONCAVE, *adj.* 2 g. creux et sphérique.

CONCAVITÉ, *sf.* état de ce qui est concave, côté concave d'un corps.

CONCAVO-CONVEXE, *adj.* 2 g. concave d'un côté, convexe de l'autre.

CONCÉDER, *va.* accorder.

CONCENTRATION, *sf.* action de concentrer; effet de cette action.

CONCENTRÉ, EE, *adj.* caché, secret, dissimulé; pur de tout mélange. *Acide concentré*, acide très-fort.

CONCENTRER, *va.* réunir en un centre, rassembler; *concentrer un liquide*, le dépouiller des parties d'eau qui l'affaiblissaient. *Fig.* diriger sur un seul point, réunir; dissimuler : *concentrer sa fureur.*

CONCENTRIQUE, *adj.* 2 g. ayant un centre commun.

CONCENTRIQUEMENT, *adv.* avec le même centre.

CONCEPT, *sm.* (on pron. le *p*), simple vue de l'esprit.

CONCEPTACLE, *sm.* (l. *conceptaculum* lieu où une chose prend naissance), cavité fructifère dans l'épaisseur du tubercule (*bot.*).

CONCEPTIBILITÉ, *sf.* aptitude à se faire concevoir.

CONCEPTION, *sf.* (on pr. *concepcion*), faculté, action de concevoir; pensée; fête de l'Église.

CONCERNANT, *prép.* sur, touchant.

CONCERNER, *vn.* regarder, avoir rapport à.

CONCERT, *sm.* harmonie de voix, d'instruments. *Fig.* accord, union. — DE CONCERT, *loc. adv.* d'intelligence.

CONCERTANT, ANTE, *s.* musicien qui fait sa partie dans un concert. — *Adj.* se dit d'un duo, d'un trio, etc.

CONCERTER, *vn.* faire un concert. — *va.* préparer ensemble un projet. — SE CONCERTER, *vpr.* s'entendre pour.

CONCERTO, *sm.* (pl. *concertos*), symphonie avec une partie principale.

CONCESSION, *sf.* don, privilège concédé; terres concédées.

CONCESSIONNAIRE, *sm.* celui qui a obtenu une concession.

CONCETTI, *sm. pl.* (pl. *concettis*), pensée brillante et fausse.

CONCEVABLE, *adj.* 2 g. que l'on peut concevoir.

CONCEVOIR, *va.* comprendre, imaginer, ressentir; donner l'existence, produire.

CONCHIFÈRE, *adj.* 2 g. (on pron. *conkifère*; l. *concha* coquille, *ferre* porter), qui porte une coquille ou quelque partie qui en a la forme. Au pl. *sm.* classe de mollusques comprenant ceux qui ont une coquille bivalve (*zool.*).

CONCHOÏDAL, ALE, *adj.* (on pron. *concoïdal*), qui a l'apparence de l'empreinte d'une coquille.

CONCHOÏDE, *sf.* (on pron. *concoïde*; gr. *kogchê* coquille, *eidos* forme), ligne courbe dont la forme a quelque analogie avec celle d'une certaine coquille (*geom.*).

CONCHYLIEN, *adj. m.* (on pron. *conkilien*; gr. *kogchylion* coquille), se dit d'un terrain calcaire qui renferme de nombreuses coquilles fossiles (*géol.*).

CONCHYLIFÈRE, *adj.* 2 g. (on pron *conkilifère*; gr. *kogchylion* coquille; l. *ferra* porter), se dit de mollusques ou de terrains à coquilles.

CONCHYLIOLOGIE, *sf.* (on pron. *conkiliologie*; gr. *kogchylion* coquille, *logos* discours, traité), partie de l'histoire naturelle qui traite des coquillages.

CONCHYLIOLOGISTE, *sm.* (on pron. *conkiliologiste*), celui qui s'occupe de conchyliologie.

CONCIERGE, *s.* 2 g. gardien d'un hôtel, d'une maison, etc.

CONCIERGERIE, *sf.* charge, demeure du concierge; prison.

CONCILE, *sm.* assemblée solennelle d'évêques et d'abbés catholiques.

CONCILIABLE, *adj.* 2 g. que l'on peut concilier.

CONCILIABULE, *sm.* assemblée secrète, illégale.

CONCILIANT, ANTE, *adj.* disposé à concilier, propre à la conciliation.

CONCILIATEUR, TRICE, *adj.* et *s.* qui concilie.

CONCILIATION, *sf.* action de concilier, concordance de textes.

CONCILIER, *va.* mettre d'accord; attirer, acquérir.

CONCINI, dit *le Maréchal d'Ancre*, ministre de Louis XIII, m. 1617.

CONCIS, ISE, *adj.* resserré, en peu de mots.

CONCISION, *sf.* qualité de ce qui est concis.

CONCITOYEN, ENNE, *s.* celui, celle qui est du même pays ou de la même ville que nous.

CONCLAVE, *sm.* assemblée de cardinaux pour élire un pape.

CONCLAVISTE, *sm.* ecclésiastique qui suit un cardinal au conclave.

CONCLUANT, ANTE, *adj.* qui conclut, qui prouve.

CONCLURE, *va.* et *n.* terminer, achever; tirer une conséquence, une conclusion; prouver. — *Ind. pr.* je conclus, tu conclus, il conclut, n. concluons, v. concluez, ils concluent; *imp.* je concluais, p. déf. je conclus; *fut.* je conclurai; *cond.* je conclurais; *impér.* conclus; *subj. pr.* que je conclue, que tu conclues, qu'il conclue, que n. concluions, que v. concluiez, qu'ils concluent; *imp.* que je conclusse; *part. pr.* concluant; *part. p.* conclu, ue.

CONCLUSIF, IVE, *adj.* qui marque induction ou conclusion.

CONCLUSION, *sf.* fin, conséquence d'un argument.

CONCOMBRE, *sm.* sorte de plante potagère; son fruit.

CONCOMITANCE, *sf.* qualité de ce qui est concomitant; coexistence.

CONCOMITANT, ANTE, *adj.* qui accompagne autre chose.

CONCORDANCE, *sf.* état, qualité de choses qui concordent, qui s'accordent ensemble.

CONCORDANT, ANTE, *adj.* qui s'accorde bien, qui est bien en rapport.

CONCORDAT, *sm.* (*t* nul), transaction, accord, traité.

CONCORDE, *sf.* union, bonne intelligence.

CONCORDER, *vn.* être d'accord. *Fig.* avoir de la convenance avec.

CONCOURANT, ANTE, *adj.* qui tend au même but, au même point ou à produire le même effet.

CONCOURIR, *vn.* courir ensemble pour atteindre un but; rivaliser; cooperer, produire un effet conjointement avec quelque cause ou quelque agent (c. *courir*.)

CONCOURS, *sm.* (s nulle), action de concourir; affluence de gens.

CONCRET, ÈTE, *adj.* exprimant les qualités unies à leur sujet, l'espèce des unités, et signifiant en t. de *chimie* épais.

CONCRÉTION, *sf.* action de s'épaissir; réunion de plusieurs parties en un corps solide.

CONCUBINAGE, *sm.* état de deux personnes qui, sans être mariées l'une à l'autre, vivent ensemble comme si elles l'étaient.

CONCUBINE, *sf.* femme dans l'état de concubinage.

CONCUPISCENCE, *sf.* désir déréglé.

CONCUPISCIBLE, *adj.* 2 g. qui porte à désirer un bien, un objet qui plaît.

CONCURREMMENT, *adv.* par concurrence, ensemble.

CONCURRENCE, *sf.* action de concourir, prétention au même but; rivalité de commerce.

CONCURRENT, ENTE, *adj.* qui tend au même but qu'un autre.

CONCUSSION, *sf.* malversation dans l'administration des deniers publics.

CONCUSSIONNAIRE, *sm.* celui qui a commis des concussions.

CONDAMNABLE, *adj.* 2 g. (*m* nulle), qui mérite d'être condamné.

CONDAMNATION, *sf.* (*m* nulle), jugement qui condamne; peine.

CONDAMNÉ, ÉE, *s.* (*m* nulle), celui, celle qui a subi une condamnation.

CONDAMNER, *va.* (*m* nulle), prononcer un jugement contre; blâmer; interdire l'usage. *Condamner un malade*, declarer qu'il n'en reviendra pas.

CONDÉ, p. ville (Nord). — CONDÉ-SUR-NOIREAU, p. ville (Calvados).

CONDÉ, titre de plusieurs princes français, entre autres: *Louis Ier*, chef du parti calviniste (1530-1569); *Louis II*, dit le *Grand Condé*, célèbre général (1621-1686).

CONDENSABILITÉ, *sf.* propriété de pouvoir être condensé.

CONDENSABLE, *adj.* 2 g. qui peut être condensé.

CONDENSATEUR, *sm.* appareil pour condenser.

CONDENSATION, *sf.* action de condenser; état de ce qui est condensé.

CONDENSER, *va.* rendre plus dense, plus serré.

CONDENSEUR, *sm.* partie de la machine à vapeur où s'opère la condensation de la vapeur qui a agi dans le corps de pompe.

CONDESCENDANCE, *sf.* complaisance, déférence.

CONDESCENDANT, ANTE, *adj.* qui a de la condescendance.

CONDESCENDRE, *vn.* céder aux sentiments, à la volonté d'un autre.

CONDILLAC, célèbre philosophe français (1715-1780).

CONDIMENT, *sm.* ce avec quoi on assaisonne un mets.

CONDISCIPLE, *sm.* celui qui étudie ou a étudié avec un autre.

CONDITION, *sf.* nature, état d'une personne ou d'une chose; profession; domesticité; clause d'un traité, obligations moyennant lesquelles on fait quelque chose; qualités requises. — 'A CONDITION QUE, *loc. conj.* pourvu que; À CONDITION DE, *loc. prep.* à la charge de.

CONDITIONNÉ, ÉE, *adj.* qui a les qualités requises.

CONDITIONNEL, ELLE, *adj.* soumis à une condition, marquant une condition; — *sm.* mode du verbe.

CONDITIONNELLEMENT, *adv.* à certaine condition.

CONDITIONNER, *va.* donner les qualités requises à une chose.

CONDOLÉANCE, *sf.* acte par lequel on prend part à l'affliction de quelqu'un.

CONDOM, s.-préf. du dép. du Gers.

CONDOR, *sm.* grand vautour du Pérou.

CONDORCET, savant et philosophe français (1743-1794).

CONDOTTIERE, *sm.* (on pron. *condotière*; pl. *condottieri*), bandit des Apennins au 17e s.; soldat qui vend ses services; chef des mletiers en Italie (*mot italien*).

CONDOULOIR (SE), *vpr.* souffrir avec quelqu'un, participer à sa douleur.

CONDRIEU, p. ville (Rhône).

CONDUCTEUR, TRICE, *s.* celui, celle qui conduit.

CONDUCTIBILITÉ, *sf.* propriété que certains corps ont de transmettre l'électricité, la chaleur, etc. (*phys*).

CONDUCTIBLE, *adj.* 2 g. qui a la propriété nommée conductibilité (*phys.*).

CONDUIRE, *va.* mener, guider; accompagner par honneur; diriger. — SE CONDUIRE, *vpr.* se comporter (c. *construire*).

CONDUIT, *sm.* (*t* nul), tuyau, canal.

CONDUITE, *sf.* action de conduire, direction; manière d'agir; suite de tuyaux.

CONDYLE, *sm.* (gr. *kondylos* nœud, jointure), jointure ou nœud des doigts ; éminence d'une articulation au bout des os.

CÔNE, *sm.* solide de géométrie engendré par la révolution d'un triangle rectangle sur un des côtés de l'angle droit.

CONÉGLIANO (on pron. *coneiliano* en mouillant les *l*), *p.* ville de la Venétie. V. *Monery.*

CONFABULATION, *sf.* entretien familier.

CONFABULER, *vn.* s'entretenir familièrement avec quelqu'un (vx. mot).

CONFECTION, *sf.* action de faire, de confectionner.

CONFECTIONNER, *va.* exécuter, achever. *Confectionner des vêtements*, les fabriquer.

CONFECTIONNEUR, EUSE, *s.* celui, celle qui confectionne.

CONFÉDÉRATIF, IVE, *adj.* qui concerne une confédération.

CONFÉDÉRATION, *sf.* alliance entre plusieurs États.

CONFÉDÉRÉ, ÉE, *adj.* et *s.* uni en confédération.

CONFÉDÉRER (SE), *vpr.* s'unir par confédération.

CONFÉRENCE, *sf.* comparaison ; entrevue pour traiter une affaire ; répétition d'études en commun.

CONFER, mot latin écrit quelquefois par abréviation *cf.* impératif de *conferre* comparer.

CONFÉRER, *va.* comparer ; transmettre, accorder. — *vn.* se rapprocher pour traiter d'une affaire.

CONFERVE, *sf.* nom générique de certaines plantes aquatiques ou marines (*bot.*).

CONFESSE, *s.* confession. Ce mot n'a ni genre ni nombre et s'emploie sans article : *Aller à confesse.*

CONFESSER, *va.* avouer ; ouïr en confession. — SE CONFESSER, *vpr.* avouer ses péchés.

CONFESSEUR, *sm.* prêtre qui confesse ; celui qui a souffert pour la foi.

CONFESSION, *sf.* aveu ; déclaration de ses péchés à un prêtre ; profession de foi religieuse.

CONFESSSIONNAL, *sm.* siège du prêtre qui confesse.

CONFIANCE, *sf.* qualité de la personne confiante ; assurance ferme, honnête hardiesse ; présomption.

CONFIANT, ANTE, *adj.* qui se confie facilement ; présomptueux.

CONFIDEMMENT, *adv.* en confidence.

CONFIDENCE, *sf.* communication d'un secret ; intimité. — EN CONFIDENCE, *loc. adv.* secrètement, sous le sceau du secret.

CONFIDENT, ENTE, *s.* celui, celle à qui l'on confie ses secrets.

CONFIDENTIEL, ELLE, *adj.* (on pr. *confidenciel*), dit ou fait en confidence.

CONFIDENTIELLEMENT, *adv.* (on pr. *confidenciellemen*), d'une manière confidentielle.

CONFIER, *va.* commettre à la fidélité, aux soins de quelqu'un ; dire en confidence. — SE CONFIER, *vpr.* prendre confiance, s'assurer.

CONFIGURATION, *sf.* forme extérieure des corps.

CONFIGURER, *va.* figurer l'ensemble d'un corps.

CONFINER, *va.* reléguer. — *vn.* toucher aux confins d'un pays.

CONFINITÉ, *sf.* voisinage, proximité ; rapport de deux pays qui se touchent.

CONFINS, *sm. pl.* limites.

CONFIRE, *va.* faire cuire ou infuser dans un suc, dans une liqueur. — *Ind. pr.* je confis, tu confis, il confit, n. confisons, v. confisez, ils confisent ; *imp.* je confisais ; *p. déf.* je confis, tu confis, il confit, n. confîmes, etc. ; *fut.* je confirai ; *cond.* je confirais ; *impér.* confis, confisons, confisez ; *subj. pr.* que je confise ; *imp.* que je confisse (peu usité) ; *part. pr.* confisant ; *part. p.* confit, ite.

CONFIRMATIF, IVE, *adj.* qui confirme.

CONFIRMATION, *sf.* ce qui confirme ; assurance expresse ; l'un des sept sacrements ; partie du discours oratoire.

CONFIRMER, *va.* rendre plus ferme, ratifier ; prouver plus fortement ; donner le sacrement de la confirmation.

CONFISCABLE, *adj. 2 g.* qui peut être confisqué.

CONFISCATION, *sf.* action de confisquer.

CONFISERIE, *sf.* art, état du confiseur.

CONFISEUR, EUSE, *s.* celui, celle qui fait ou vend des sucreries.

CONFISQUER, *va.* enlever son bien au possesseur pour le punir.

CONFITEOR, *sm.* (on pron. *confitéor*), prière avant la confession (*liturg.*). *Fig. dire son confiteor*, avouer.

CONFITURE, *sf.* fruits confits au sucre.

CONFITURIER, IÈRE, *s.* celui, celle qui fait ou vend des confitures.

CONFLAGRATION, *sf.* embrasement général. *Fig.* grande révolution qui remue et enflamme tous les esprits.

CONFLIT, *sm.* (*t* nul), choc, lutte de personnes ou de choses avec d'autres ; contestation.

CONFLUENT, *sm.* endroit où deux rivières se joignent.

CONFLUENT, ENTE, *adj.* se dit des eaux qui se réunissent, des feuilles qui paraissent se toucher sur la tige (*bot.*), et aussi de la petite vérole dont les boutons se touchent.

CONFLUER, *vn.* couler ensemble ; se dit de la réunion de deux cours d'eau.

CONFOLENS, *s.-pref.* de la Charente.

CONFONDRE, *va.* brouiller ; prendre un objet pour un autre ; déconcerter, réduire à ne pouvoir répondre ; étonner fortement. — SE CONFONDRE, *vpr.* se mêler ; s'embrouiller.

CONFORMATION, *sf.* manière dont un corps est conformé.

CONFORME, *adj. 2 g.* qui a même forme ; semblable ; qui s'accorde avec.

CONFORMÉ, ÉE, *adj.* organisé, construit.

CONFORMÉMENT, *adv.* d'une manière conforme.

CONFORMER, *va.* rendre conforme. — SE CONFORMER, *vpr.* se soumettre à.

CONFORMISTE, *sm.* celui qui professe la religion anglicane.

CONFORMITÉ, *sf.* rapport entre les objets conformes.

CONFORT ou COMFORT, *sm.* secours; bien-être matériel.

CONFORTABLE, *adj.* 2 g. et *sm.* bon, commode, agréable.

CONFORTABLEMENT, *adv.* d'une manière commode, agréable.

CONFORTANT, ANTE ou CONFORTATIF, IVE, *adj.* qui fortifie.

CONFORTATION, *sf.* action de fortifier.

CONFORTER, *va.* donner de la force. *Fig.* encourager.

CONFRATERNITÉ, *sf.* relation, rapports entre confrères.

CONFRÈRE, *sm.* celui qui est d'une même société ou d'une même profession que nous.

CONFRÉRIE, *sf.* association pieuse.

CONFRONTATION, *sf.* action de confronter.

CONFRONTER, *va.* mettre des personnes en présence pour les interroger; comparer deux objets.

CONFUCIUS, célèbre philosophe chinois, m. 479 av. J. C.

CONFUS, USE, *adj.* brouillé, obscur, incertain; honteux.

CONFUSÉMENT, *adv.* d'une manière confuse.

CONFUSION, *sf.* mélange confus, désordre, affluence désordonnée; honte.

CONGÉ, *sm.* permission de se retirer, de s'absenter, de rentrer dans ses foyers; jour où il n'y a pas de classe; cessation de loyer. *Donner congé à,* renvoyer: *prendre congé de,* annoncer son départ, faire ses adieux.

CONGÉDIER, *va.* renvoyer, licencier.

CONGÉLATION, *sf.* action de congeler; état de ce qui est congelé.

CONGELER, *va.* geler, figer.

CONGÉNÈRE, *adj.* 2 g. qui est du même genre, de même nature.

CONGÉNIAL ou CONGÉNITAL, ALE, *adj.* se dit des maladies que l'on apporte en naissant.

CONGESTION, *sf.* (le t se prononce dur), amas de liquides dans un organe.

CONGLOMÉRAT, *sm.* (t null), matière, substance conglomérée.

CONGLOMÉRÉ, ÉE, *adj.* amassé en pelotons, réuni en masse.

CONGLOMÉRER, *va.* réunir comme en pelotons; amasser.

CONGLUTINANT, ANTE, *adj.* qui agglutine ou consolide les plaies.

CONGLUTINATIF, IVE, *adj.* qui rend visqueux.

CONGLUTINATION, *sf.* action de conglutiner.

CONGLUTINER, *va.* rendre gluant, visqueux.

CONGO, région de l'Afrique méridionale.

CONGRATULATION, *sf.* félicitation.

CONGRATULER, *va.* féliciter.

CONGRE, *sm.* anguille de mer.

CONGRÉGANISTE, *s.* 2 g. celui, celle qui est d'une congrégation.

CONGRÉGATION, *sf.* confrérie, société religieuse.

CONGRÈS, *sm.* (s nulle), assemblée de plénipotentiaires de divers États; réunion.

CONGRÈVE, poëte dramatique anglais (1672-1729). — officier d'artillerie anglais inventeur de fusées qui portent son nom (1772-1828.

CONGRU, UE, *adj.* suffisant, convenable. *Fig.* peu considérable.

CONGRUITÉ, *sf.* convenance; efficacité de la grâce de Dieu qui agit sans détruire le libre arbitre.

CONGRÛMENT, *adv.* d'une manière correcte, convenable.

CONI, ville du Piémont.

CONIFÈRE, *adj.* 2 g. qui est en forme de cône. — *sf. pl.* famille de végétaux tels que le pin, le sapin, etc. dont le fruit a la forme d'un cône (*bot.*).

CONIQUE, *adj.* 2 g. qui a la forme d'un cône.

CONIROSTRES, *sm. pl.* (l. conum cône, rostrum bec), famille d'oiseaux de l'ordre des passereaux, comprenant ceux qui ont un bec en forme de cône (*zool.*).

CONJECTURAL, ALE, *adj.* qui n'est fondé que sur des conjectures.

CONJECTURALEMENT, *adv.* par conjecture.

CONJECTURE, *sf.* opinion fondée sur des probabilités.

CONJECTURER, *va.* juger par conjecture.

CONJOINDRE, *va.* joindre avec ou ensemble (c. *joindre*).

CONJOINT, OINTE, *adj.* et *s.* qui est uni.

CONJOINTEMENT, *adv.* ensemble, de concert.

CONJONCTIF, IVE, *adj.* qui joint, qui sert à unir (*gram.*).

CONJONCTION, *sf.* union; rencontre de deux planètes; petit mot qui sert à joindre, à lier (*gram.*).

CONJONCTIVE, *sf.* membrane qui unit le globe de l'œil aux paupières.

CONJONCTURE, *sf.* rencontre de circonstances, occasion.

CONJOUIR (SE), *vpr.* se réjouir avec (VX. mot).

CONJUGABLE, *adj.* 2 g. qui peut être conjugué.

CONJUGAISON, *sf.* classement des différentes formes d'un verbe par modes et temps; manière de conjuguer.

CONJUGAL, ALE, *adj.* des époux; qui a rapport au mariage (pl. m. *conjugaux*).

CONJUGALEMENT, *adv.* selon l'union conjugale.

CONJUGUÉ, ÉE, *adj.* uni. *Nerfs conjugués,* doubles, qui concourent à la même fonction (*anat.*); *hyperboles conjuguées,* à axe commun (*géom.*); *feuille conjuguée,* feuille ailée, à deux folioles. — *sf. pl.* famille de plantes (*bot.*).

CONJUGUER, *va.* écrire ou réciter tous les modes et temps d'un verbe.

CONJURATEUR, *sm.* celui qui conjure; conspirateur.

CONJURATION, sf. exorcisme, formule magique; conspiration.

CONJURÉ, sm. celui qui prend part à une conspiration.

CONJURER, va. exorciser, supplier; former un complot contre. *Fig.* détourner.

CONNAISSABLE, adj. 2 g. facile à connaître.

CONNAISSANCE, sf. faculté de connaître; notion de; relation sociale, personne que l'on connaît dans le monde. Au pl. instruction, savoir. *Perdre connaissance*, perdre le sentiment, s'évanouir.

CONNAISSEMENT, sm. déclaration écrite de marchandises chargées sur un navire.

CONNAISSEUR, EUSE, s. et adj. celui, celle qui se connaît à une chose.

CONNAÎTRE, va. avoir la notion de; s'entendre à quelque chose, être en relation avec; discerner. — vn. avoir le droit de juger de certaines choses. — SE CONNAÎTRE, vpr. connaître soi-même; avoir des connaissances en. — *Ind. pr.* je connais, tu connais, il connaît, n. connaissons, v. connaissez, ils connaissent; *imp.* je connaissais; *p. déf.* je connus; *fut.* je connaîtrai; *cond.* je connaîtrais; *impér.* connais, connaissons, connaissez; *subj. pr.* que je connaisse; *imp.* que je connusse; *part. pr.* connaissant; *part. p.* connu, ue.

CONNAUGHT, province d'Irlande.

CONNÉ, EE, adj. se dit en botanique de deux parties semblables qui naissent réunies, et d'une feuille qui embrasse la tige par sa base.

CONNECTIF, sm. partie charnue qui réunit les deux lobes des anthères (bot.).

CONNECTICUT, riv. et État de l'Union (États-Unis).

CONNÉTABLE, sm. autrefois le chef des forces militaires en France.

CONNÉTABLIE, sf. autrefois tribunal et juridiction des maréchaux de France.

CONNEXE, adj. 2 g. se dit des choses qui ont une certaine liaison entre elles.

CONNEXION, sf. liaison, rapport entre deux objets.

CONNEXITÉ, sf. état de choses qui sont connexes; liaison, rapport entre deux objets.

CONNIVENCE, sf. action de conniver; sorte de complicité secrète.

CONNIVENT, ENTE, adj. se dit des parties d'une plante qui tendent à se rapprocher (bot.).

CONNIVER, vn. faire d'accord avec quelqu'un quelque chose de mal, en dissimulant sa complicité.

CONOÏDE, sm. solide semblable à un cône, mais dont la base n'est pas un cercle (géom.).

CONON, général athénien, m 390 av. J. C.

CONQUE, sf. grande coquille; cavité de l'oreille.

CONQUÉRANT, ANTE, s. et adj. celui, celle qui fait des conquêtes.

CONQUÉRIR, va. soumettre par les armes. *Fig.* gagner, se concilier (c. *acquérir*).

CONQUÊT, sm. (t nul), bien acquis pendant le mariage.

CONQUÊTE, sf. action de conquérir, chose conquise.

CONRAD, nom de plus. empereurs d'Allemagne; entre autres CONRAD II le Salique, m. 1039; CONRAD III, m. 1152, et CONRAD IV, m. 1254.

CONRADIN, fils de l'empereur Conrad IV (1252-1268).

CONSACRANT, adj. et sm. qui sacre un évêque.

CONSACRER, va. dévouer à Dieu par certaines cérémonies; rendre sacre. *Fig.* destiner à, sanctionner. — SE CONSACRER, vpr. se livrer à, donner tout son temps à.

CONSALVI, cardinal et homme d'État romain (1757-1824).

CONSANGUIN, INE, adj. et s. qui est du même sang; se dit des frères et sœurs qui ont même père, mais non même mère.

CONSANGUINITÉ, sf. (on pron. *consangu-inité*), parenté du côté du père.

CONSCIENCE, sf. connaissance intérieure, sens intime; sentiment de ce qui est bien ou mal. — EN CONSCIENCE, loc. adv. franchement, en vérité.

CONSCIENCIEUSEMENT, adv. avec conscience, de bonne foi.

CONSCIENCIEUX, EUSE, adj. dont la conscience est droite, délicate.

CONSCRIPTION, sf. (on pr. *conscripcion*), inscription pour le service militaire.

CONSCRIT, sm. celui qui est appelé par la conscription. — adj. m Pères conscrits, les sénateurs de l'ancienne Rome.

CONSÉCRATEUR, sm. consacrant.

CONSÉCRATION, sf. action de consacrer, effet de cette action.

CONSÉCUTIF, IVE, adj. qui suit immédiatement.

CONSÉCUTIVEMENT, adv. tout de suite, sans intervalle.

CONSEIL, sm. avis; dessein; celui qui donne un avis; assemblée délibérante, lieu où elle se tient.

CONSEILLER, va. et n. (ll m.), donner conseil.

CONSEILLER, ÈRE, s. et adj. (ll m.), celui, celle qui conseille; juge, membre d'un conseil.

CONSEILLEURS, sm. pl. (ll m.), donneurs de conseils.

CONSENSUEL, ELLE, adj. formé par le seul consentement des parties (t. de *droit*).

CONSENTANT, ANTE, adj. qui consent.

CONSENTEMENT, sm. acquiescement à quelque chose.

CONSENTIR, vn. acquiescer, trouver bon. — va. autoriser: *consentir la vente*.

CONSÉQUEMMENT, adv. d'après les principes; en conséquence.

CONSÉQUENCE, sf. ce qui est la suite d'un principe, d'un fait; ce qui en dérive; conclusion; importance. — EN CONSÉQUENCE, loc. adv. et prép. convenablement, d'après.

CONSÉQUENT, ENTE, adj. et sm. littéralement qui suit une autre chose, qui vient à la suite de: proposition qui est à la suite d'une autre; second terme d'un rapport. Se dit comme *adj.* d'une personne dont les actions sont la conséquence ou suite des principes qu'elle professe, ou qui raisonne logiquement, c'est-à-dire de façon que ses pensées sont bien la conséquence d'autres pensées. — PAR CONSÉQUENT, *loc. adv.* donc.

CONSERANS, partie de la Gascogne.

CONSERVATEUR, TRICE, *s.* et *adj.* celui, celle qui conserve.

CONSERVATION, *sf.* action de conserver, effet de cette action.

CONSERVATOIRE, *sm.* école publique de musique. — *adj.* 2 g. qui conserve.

CONSERVE, *sf.* espèce de confiture ; au *pl.* lunettes.

CONSERVER, *va.* maintenir en bon état, garder. — SE CONSERVER, *vpr.* ne point se gâter, subsister.

CONSIDÉRABLE, *adj.* 2 g. digne de considération ; important, nombreux.

CONSIDÉRABLEMENT, *adv.* beaucoup.

CONSIDÉRANT, *sm.* motif d'une loi, d'un jugement, d'un arrêt.

CONSIDÉRATION, *sf.* examen ; motif, raison ; circonspection. *Fig.* égard, estime ; au *pl.* observations, réflexions. — EN CONSIDÉRATION DE, *loc. prép.* eu égard à.

CONSIDÉRÉMENT, *adv.* prudemment.

CONSIDÉRER, *va.* regarder, examiner avec attention. *Fig.* estimer, réputer.

CONSIGNATAIRE, *sm.* dépositaire.

CONSIGNATION, *sf.* dépôt d'argent ou de marchandises.

CONSIGNE, *sf.* ordre donné à une sentinelle, à un chef de poste ; défense de sortir.

CONSIGNER, *va.* faire un dépôt ; donner la consigne ; défendre de sortir ou d'entrer. *Fig.* citer dans un écrit.

CONSISTANCE, *sf.* épaississement d'un liquide. *Fig.* solidité, stabilité.

CONSISTANT, ANTE, *adj.* qui consiste. *Fig.* solide, stable.

CONSISTER, *vn.* se dit de l'état d'une chose considérée dans son essence, ses qualités, ses propriétés. *Fig.* être formé ou composé de.

CONSISTOIRE, *sm.* assemblée de cardinaux ou de ministres protestants ; lieu où elle se tient.

CONSISTORIAL, ALE, *adj.* qui a rapport au consistoire.

CONSOLABLE, *adj.* 2 g. qui peut être consolé.

CONSOLANT, ANTE, *adj.* qui console.

CONSOLATEUR, TRICE, *adj.* et *s.* qui console.

CONSOLATIF, IVE, *adj.* propre à consoler.

CONSOLATION, *sf.* soulagement à la douleur, au déplaisir.

CONSOLATOIRE, *adj.* 2 g. consolant, destiné à consoler.

CONSOLE, *sf.* pièce d'architecture en saillie ; sorte de meuble.

CONSOLER, *va.* soulager, adoucir l'affliction.

CONSOLIDANT, *adj. m.* qui consolide, qui affermit.

CONSOLIDATION, *sf.* action de consolider, effet de cette action.

CONSOLIDER, *va.* rendre solide, ferme, durable. — SE CONSOLIDER, *vpr.* s'affermir.

CONSOMMATEUR, *sm.* celui qui consomme ; celui qui perfectionne.

CONSOMMATION, *sf.* action de consommer ; accomplissement.

CONSOMMÉ, *sm.* bouillon succulent.

CONSOMMÉ, ÉE, *adj.* parfait ; très-expert en quelque chose.

CONSOMMER, *va.* accomplir, achever ; détruire par l'usage, absorber.

CONSOMPTION, *sf.* état de ce qui se consume ; amaigrissement.

CONSONNANCE, *sf.* qualité de ce qui est consonnant ; accord, ressemblance de sons.

CONSONNANT, ANTE, *adj.* qui sonne avec, dont le son s'accorde avec celui d'un autre.

CONSONNE, *sf.* lettre qui n'a un son qu'avec le secours d'une voyelle.

CONSORTS, *sm. pl.* ceux qui ont le même intérêt ou qui sont du même parti.

CONSOUDE, *sf.* sorte de plante.

CONSPIRANT, ANTE, *adj.* se dit en mécanique de forces, de puissances qui agissent dans la même direction, et concourent à produire le même effet.

CONSPIRATEUR, TRICE, *s.* celui, celle qui conspire.

CONSPIRATION, *sf.* complot.

CONSPIRER, *vn.* former une conspiration ; contribuer à. — *va.* résoudre, décider : *il a conspiré ma perte.*

CONSPUER, *va.* mépriser ouvertement.

CONSTABLE, *sm.* officier de police en Angleterre.

CONSTAMMENT, *adv.* avec constance ; toujours.

CONSTANCE, *sf.* fermeté, persévérance.

CONSTANCE, ville du grand-duché de Bade ; nom d'un lac près du Constance ; — ville du gouvernement du Cap (Afrique méridionale).

CONSTANCE Ier, surnommé *Chlore*, empereur romain, m. 306 ; — II, emper. romain, fils de Constantin, m. 361.

CONSTANCE, général d'Honorius, m. 421. — nom de plusieurs princesses.

CONSTANT, ANTE, *adj.* qui a de la constance ; invariable, certain.

CONSTANT, nom de deux empereurs, l'un fils de Constantin, l'autre d'Héraclius II.

CONSTANT (Benjamin), célèbre publiciste et orateur français (1767-1830).

CONSTANTIN Ier *le Grand*, empereur romain (272-337). Nom de plusieurs autres empereurs de Constantinople.

CONSTANTINE, ville d'Algérie.

CONSTANTINOPLE, capitale de la Turquie, ancienne *Byzance.*

CONSTANTINOPOLITAIN, AINE, *adj.* et *s.* de Constantinople.

CONSTATATION, *sf.* action de constater.

CONSTATER, *va.* établir un fait, consigner dans un acte.

CONSTELLATION, *sf.* groupe d'étoiles.

CONSTELLÉ, ÉE, *adj.* (on pron. les 2 *l*), qui est fait sous l'influence de certaine constelation; qui a la forme d'une etoile. *Fig.* parsemé de.

CONSTER, *vn. impers.* être évident, être certain.

CONSTERNATION, *sf.* abattement mêlé de surprise.

CONSTERNER, *va.* frapper de consternation.

CONSTIPATION, *sf.* difficulté d'aller à la selle.

CONSTIPER, *va.* causer la constipation.

CONSTITUANT, ANTE, *adj.* qui constitue. *Assemblée constituante* ou *la Constituante*, *sf.* qui a décrété une constitution politique.

CONSTITUE, EE, *adj.* établi. *Bien constitué*, bien conformé, solide.

CONSTITUER, *va.* composer un tout; établir, faire consister dans. *Constituer une rente*, la créer.

CONSTITUTIF, IVE, *adj.* qui constitue.

CONSTITUTION, *sf.* action de constituer; conformation, tempérament; loi fondamentale d'un Etat; création de rente.

CONSTITUTIONNALITÉ, *sf.* qualité de ce qui est constitutionnel.

CONSTITUTIONNEL, ELLE, *adj.* qui est selon la constitution, qui est en vertu d'une constitution.

CONSTITUTIONNELLEMENT, *adv.* d'une manière constitutionnelle.

CONSTRICTEUR, *sm. et adj.* se dit d'un muscle qui resserre. V. *Constrictor.*

CONSTRICTION, *sf.* (on pr. *constriction*), resserrement des parties du corps.

CONSTRICTOR ou CONSTRICTEUR, *adj. m.* se dit d'une sorte de serpent boa.

CONSTRINGENT, ENTE, *adj.* qui resserre, qui lie, qui presse.

CONSTRUCTEUR, *sm.* celui qui construit.

CONSTRUCTION, *sf.* action de construire; bâtiment; arrangement des mots d'une phrase, des parties d'un tout.

CONSTRUIRE, *va.* bâtir, fabriquer, tracer, arranger, disposer. — *Ind. pr.* je construis, tu construis, il construit, n. construisons, v. construisez, ils construisent; *imp.* je construisais; *p. def.* je construisis; *fut.* je construirai; *cond.* je construirais; *imper.* construis, construisons, construisez; *subj. pr.* que je construise; *imp.* que je construisisse; *part. pr.* construisant; *part. p.* construit.

CONSUBSTANTIALITÉ, *sf.* unité et identité de substance.

CONSUBSTANTIEL, ELLE, *adj.* d'une seule et même substance.

CONSUBSTANTIELLEMENT, *adv.* d'une manière consubstantielle.

CONSUL, *sm.* ancien magistrat à Rome; magistrat suprême de la 1re république française; agent chargé de protéger les intérêts de sa nation dans un port étranger.

CONSULAIRE, *adj.* 2 g. du consul, qui a rapport au consul. — *sm.* Romain qui avait été consul.

CONSULAIREMENT, *adv.* à la manière des consuls.

CONSULAT, *sm.* (t nul), dignité, charge de consul.

CONSULTANT, *adj. et sm.* qui donne ou prend des consultations.

CONSULTATIF, IVE, *adj.* que l'on consulte.

CONSULTATION, *sf.* action de consulter; avis donné par écrit; conseils d'un médecin, d'un avocat, d'un homme d'affaires.

CONSULTER, *va.* demander avis ou conseil. — *vn.* délibérer, examiner une question.

CONSUMABLE, *adj.* 2 g. qui peut être consumé ou se consumer.

CONSUMANT, ANTE, *adj.* qui consume.

CONSUMÉ, EE, *adj.* accablé, perdu de santé.

CONSUMER, *va.* dissiper, user, réduire à rien. — SE CONSUMER, *vpr.* épuiser ses forces, sa santé; employer tout son temps.

CONTACT, *sm.* (on pron. les lettres et finales), attouchement de deux corps. *Fig.* rapport, relation, liaison.

CONTADES (marquis de), maréchal de France (1704-1795).

CONTAGIEUX, EUSE, *adj.* qui est de la nature de la contagion; qui se communique par la contagion, par l'exemple.

CONTAGION, *sf.* communication d'un mal par le contact, par l'exemple; le mal lui-même.

CONTAMINATION, *sf.* souillure.

CONTAMINER, *va.* souiller.

CONTE, *sm.* récit fabuleux.

CONTEMPLATEUR, TRICE, *adj. et s.* qui contemple.

CONTEMPLATIF, IVE, *adj.* et *s.* qui s'attache à contempler de la pensée. *Vie contemplative*, qui se passe dans la méditation.

CONTEMPLATION, *sf.* action de contempler, méditation.

CONTEMPLER, *va.* et *n.* considérer attentivement; méditer.

CONTEMPORAIN, AINE, *adj. et s.* qui est du même temps.

CONTEMPORANÉITÉ, *sf.* existence dans le même temps.

CONTEMPTEUR, *sm.* celui qui méprise.

CONTEMPTIBLE, *adj.* 2 g. méprisable.

CONTENANCE, *sf.* propriété ou manière d'être de l'objet qui contient ou renferme; étendue; maintien. *Faire bonne contenance*, montrer de la fermeté; *perdre contenance*, paraître embarrassé.

CONTENANT, ANTE, *adj. et sm.* qui contient.

CONTENDANT, ANTE, *adj.* et *s.* concurrent, compétiteur.

CONTENIR, *va.* renfermer en soi, retenir dans certaines limites. *Fig.* modérer, réprimer. — SE CONTENIR, *vpr.* rester maître de soi (*se tenir*).

CONTENT, ENTE, *adj.* satisfait.

CONTENTEMENT, *sm.* joie, satisfaction.

CONTENTER, *va.* satisfaire, plaire. — SE CONTENTER DE, *vpr.* être satisfait de, se borner à.

CONTENTIEUSEMENT, *adv.* (on pron. *contentieusemant*), avec contention, avec dispute.

CONTENTIEUX, EUSE, *adj.* (on pron. *contancieux*), qui est en débat, en contestation;

qui aime à contester. — sm. affaires contentieuses.

CONTENTION, sf. (on pr. contancion), débat; grande application d'esprit.

CONTENU, UE, adj. renfermé dans, maintenu. — sm. ce qui est renfermé dans.

CONTER, va. et n. faire un récit. — En conter, dire des faussetés ou des douceurs.

CONTESTABLE, adj. qui peut être contesté.

CONTESTANT, ANTE, adj. et s. qui conteste en justice, qui aime à contester.

CONTESTATION ou CONTESTE, sf. debat, dispute. — SANS CONTESTE, loc. adv. incontestablement.

CONTESTER, va. et n. disputer, débattre; nier la vérité de.

CONTEUR, EUSE, s. et adj. celui, celle qui conte, qui aime à conter.

CONTEXTE, sm. texte d'un acte; texte quelconque considéré par rapport à l'ensemble des idées.

CONTEXTURE, sf. liaison, enchaînement des parties.

CONTI, nom d'une branche de la maison de Bourbon. — Armand, prince de Conti, frère du grand Condé (1629-1666). — François-Louis, son fils, élu roi de Pologne (1664-1709).

CONTIGU, UE, adj. attenant.

CONTIGUÏTÉ, sf. état de choses qui se touchent.

CONTINENCE, sf. chasteté.

CONTINENT, ENTE, adj. qui a de la continence.

CONTINENT, sm. vaste espace de terre ferme.

CONTINENTAL, ALE, adj. qui a rapport au continent.

CONTINGENCE, sf. possibilité qu'une chose arrive ou n'arrive pas (phil.). Angle de contingence, angle fait par une ligne droite et une courbe, ou par deux courbes tangentes (géom.).

CONTINGENT, ENTE, adj. qui peut être ou ne pas être (phil.).

CONTINGENT, sm. part de chacun; nombre d'hommes à lever pour le service militaire.

CONTINU, UE, adj. sans interruption, sans séparation. — A LA CONTINUE, loc. adv. à la longue (la Fontaine).

CONTINUATEUR, sm. celui qui continue ou a continué.

CONTINUATION, sf. action de continuer, chose continuée; persistance.

CONTINUEL, ELLE, adj. qui n'a pas d'interruption.

CONTINUELLEMENT, adv. toujours, sans cesse.

CONTINUER, va. poursuivre une chose commencée; prolonger; maintenir. — vn. ne pas cesser.

CONTINUITÉ, sf. liaison des parties; durée non interrompue.

CONTINÛMENT, adv. sans interruption.

CONTONDANT, ANTE, adj. dont le coup fait contusion.

CONTORSION, sf. mouvement violent et forcé; grimace.

CONTOUR, sm. enceinte, circuit, ligne qui délimite un objet arrondi.

CONTOURNABLE, adj. 2 g. qui peut être contourné.

CONTOURNÉ, ÉE, adj. à contour déformé; à tour forcé.

CONTOURNER, va. marquer ou donner le contour; déformer.

CONTRACTANT, ANTE, adj. et s. qui contracte.

CONTRACTE, adj. 2 g. Mot contracte, où il y a contraction.

CONTRACTÉ, ÉE, adj. fait par contrat; acquis, gagné; resserré, raccourci.

CONTRACTER, va. et n. faire une convention; prendre, acquérir; resserrer, raccourcir. — SE CONTRACTER, vpr. se resserrer.

CONTRACTILE, adj. 2 g. qui peut se resserrer.

CONTRACTILITÉ, sf. propriété de se resserrer.

CONTRACTION, sf. (on pr. contraxion), action de se resserrer; mouvement des nerfs qui se resserrent; réduction de deux lettres en une.

CONTRACTUEL, ELLE, adj. stipulé par contrat.

CONTRACTURE, sf. rétrécissement du haut des colonnes; rigidité des muscles.

CONTRADICTEUR, sm. celui qui contredit.

CONTRADICTION, sf. (on pr. contradixion), action de contredire, opposition.

CONTRADICTOIRE, adj. 2 g. qui contredit ou se contredit; qui est opposé.

CONTRADICTOIREMENT, adv. d'une manière contradictoire.

CONTRAIGNABLE, adj. 2 g. qui peut être contraint.

CONTRAINDRE, va. forcer à; gêner. — SE CONTRAINDRE, vpr. se gêner, se faire violence (c. craindre).

CONTRAINT, AINTE, adj. forcé, gêné.

CONTRAINTE, sf. gêne, violence, retenue; contrainte par corps, droit de faire arrêter quelqu'un.

CONTRAIRE, adj. 2 g. opposé; non favorable, nuisible. — sm. l'opposé. — AU CONTRAIRE, loc. adv. tout autrement, d'une manière opposée.

CONTRAIREMENT, adv. par opposition.

CONTRALTO, sm. la plus grave des voix de femme (pl. contraltos).

CONTRAPONTISTE, sm. musicien qui connaît les règles du contre-point.

CONTRARIANT, ANTE, adj. qui contrarie, qui aime à contrarier.

CONTRARIER, va. dire ou faire le contraire. Fig. faire obstacle. — SE CONTRARIER, vpr. être ou se mettre en opposition avec soi-même; se faire mutuellement obstacle ou opposition.

CONTRARIÉTÉ, sf. opposition, obstacle. Fig. désagrément.

CONTRASTE, sm. littéralement ce qui est contre ou contraire : opposition, défaut de ressemblance ou d'analogie.

CONTRASTER, vn. être en contraste. — va. faire un contraste.

CONTRAT, *sm.* convention écrite; pacte.

CONTRAVENTION, *sf.* infraction à un règlement de police, à une loi, à un traité, etc.

CONTRE, *prép.* marquant l'opposition, la position en face ou auprès. — CI-CONTRE, *loc. adv.* à côte.

CONTRE, *sm.* ce qui est contre : *le pour et le contre.*

CONTRE-ALLÉE, *sf.* allée latérale et parallèle à une autre (pl. *contre-allées*).

CONTRE-AMIRAL, *sm.* officier de marine qui vient après le vice-amiral (pl. *contre-amiraux*).

CONTRE-APPEL, *sm.* appel après un autre (pl. *contre-appels*).

CONTRE-APPROCHES, *sf. pl.* travaux des assiégés opposés à ceux des assiégeants.

CONTRE-BALANCER, *va.* compenser.

CONTREBANDE, *sf.* action de passer des marchandises en fraude; la marchandise elle-même.

CONTREBANDIER, IÈRE, *s.* celui, celle qui fait la contrebande.

CONTRE-BAS, *loc. adv.* marquant direction ou position de haut en bas.

CONTRE-BASSE, *sf.* grosse basse (pl. *contre-basses*).

CONTRE-BATTERIE, *sf.* batterie de canons opposée à une autre (pl. *contre-batteries*).

CONTRE-BIAIS (À), *loc. adv.* à biais en sens contraire.

CONTRE-BOUTANT, *sm.* contre-fort (pl. *contre-boutants*).

CONTRE-BOUTER, *va.* étayer avec un pilier.

CONTRE-CALQUER, *va.* faire la contre-épreuve d'un calque.

CONTRECARRER, *va.* contrarier quelqu'un dans ses desseins.

CONTRE-CHÂSSIS, *sm.* châssis que l'on met devant un autre (*inv.*).

CONTRE-CLEF, *sf.* voussoir à côte de la clef d'une voûte (*archit.*).

CONTRE-CŒUR, *sm.* plaque au fond de la cheminée. — À CONTRE-CŒUR, *loc. adv.* avec répugnance, à regret.

CONTRE-COUP, *sm.* répercussion. *Fig.* événement qui est la conséquence d'un autre (pl. *contre-coups*).

CONTRE-COURANT, *sm.* courant opposé à un autre (pl. *contre-courants*).

CONTREDANSE, *sf.* sorte de danse.

CONTREDIRE, *va.* dire le contraire; être opposé à (c. *médire*).

CONTREDISANT, ANTE, *adj.* qui contredit, qui aime à contredire.

CONTREDIT, *sm.* (t nul), réponse contre ce qui a été dit. — SANS CONTREDIT, *loc. adv.* assurément.

CONTRÉE, *sf.* région, pays.

CONTRE-ÉCHANGE, *sm.* échange (pl. *contre-échanges*).

CONTRE-ENQUÊTE, *sf.* enquête opposée à une autre (pl. *contre-enquêtes*).

CONTRE-ÉPAULETTE, *sf.* dessus d'épaulette sans franges (pl. *contre-épaulettes*).

CONTRE-ÉPREUVE, *sf.* estampe tirée sur une autre fraîchement imprimée; imitation;

vote sur la proposition contraire (pl. *contre-épreuves*).

CONTRE-ESPALIER, *sm.* espalier en face d'un autre (pl. *contre-espaliers*).

CONTREFAÇON, *sf.* imitation illicite au détriment de l'inventeur ou de l'auteur, etc.; la chose contrefaite.

CONTREFACTEUR, *sm.* celui qui est coupable de contrefaçon.

CONTREFACTION, *sf.* (on pron. *contre-facxion*), contrefaçon.

CONTREFAIRE, *va.* imiter, représenter; feindre, déguiser, déformer (c. *faire*).

CONTREFAISEUR, *sm.* celui qui contrefait quelqu'un.

CONTREFAIT, AITE, *adj.* imité, déguisé; difforme.

CONTRE-FORT, *sm.* mur d'appui; chaîne latérale de montagnes; pièce de cuir derrière la chaussure (pl. *contre-forts*).

CONTRE-GARDE, *sf.* fortification autour d'une autre; masse de pierres autour de la base d'une pile de pont (pl. *contre-gardes*).

CONTRE-HACHER, *va.* croiser les hachures d'un dessin par d'autres hachures.

CONTRE-HACHURE, *sf.* hachure qui en croise d'autres (pl. *contre-hachures*).

CONTRE-HAUT (En), *loc. adv.* marquant direction ou position de bas en haut.

CONTRE-JOUR, *sm.* (*inv.*), endroit opposé au grand jour. — À CONTRE-JOUR, *loc. adv.* contre le jour.

CONTRE-LETTRE, *sf.* écrit secret par lequel on annule en tout ou en partie un acte public (pl. *contre-lettres*).

CONTRE-MAÎTRE, *sm.* officier de manœuvre sur un vaisseau; chef d'atelier (pl. *contre-maîtres*).

CONTREMANDER, *va.* donner un ordre contraire, révoquer un ordre donné.

CONTRE-MARCHE, *sf.* marche d'une armée contraire à celle qu'elle a simulée; volte-face (pl. *contre-marches*).

CONTRE-MARÉE, *sf.* marée contraire à la marée ordinaire (pl. *contre-marées*).

CONTRE-MARQUE, *sf.* seconde marque apposée à un objet; billet de sortie au spectacle (pl. *contre-marques*).

CONTRE-MARQUER, *va.* mettre une contre-marque.

CONTRE-MINE, *sf.* ouvrage souterrain pratiqué pour détruire l'effet de la mine creusée par l'ennemi. *Fig.* démarches pour déjouer un projet (pl. *contre-mines*).

CONTRE-MINER, *va.* faire des contre-mines.

CONTRE-MINEUR, *sm.* celui qui travaille à une contre-mine (pl. *contre-mineurs*).

CONTRE-MONT (En), *loc. adv.* en haut, en remontant.

CONTRE-MUR, *sm.* second mur pour en fortifier un autre (pl. *contre-murs*).

CONTRE-MURER, *va.* faire un contre-mur.

CONTRE-ORDRE, *sm.* révocation d'un ordre (pl. *contre-ordres*).

CONTRE-PARTIE, *sf.* partie de musique opposée à une autre. *Fig.* opinion, système, chose contraire (pl. *contre-parties*).

CONTRE-PASSE, sf. action de contre-passer; rectification d'un article de comptabilité.

CONTRE-PASSER, va. passer un article de comptabilité contraire à celui qui avait été passé.

CONTRE-PESER, va. contre-balancer, servir de contre-poids.

CONTRE-PIED, sm. le contraire d'une chose (pas de pl.).

CONTRE-PILASTRE, sm. pilastre devant un pilastre engagé (pl. contre-pilastres).

CONTRE-POIDS, sm. (inv.) poids qui en contre-balance d'autres. Fig. compensation.

CONTRE-POIL, sm. le rebours du poil (pas de pl.) — A CONTRE-POIL, loc. adv. en sens contraire.

CONTRE-POINT, sm. composition de musique à plusieurs parties (pas de pl.).

CONTRE-POINTER, va. faire des points des deux côtés; opposer une batterie à une autre. Fig. contredire, contrecarrer.

CONTRE-POISON, sm. (inv.), remède contre le poison.

CONTRE-PORTE, sf. seconde porte (pl. contre-portes).

CONTRE-PROJET, sm. projet contraire à un autre (pl. contre-projets).

CONTRE-RÉVOLUTION, sf. révolution contraire à une autre; parti contraire à la révolution (pl. contre-révolutions).

CONTRE-RÉVOLUTIONNAIRE, adj. 2 g. et sm. favorable à la contre-révolution.

CONTRE-RUSE, sf. ruse opposée à une autre (pl. contre-ruses).

CONTRE-SANGLON, sm. courroie de la selle (pl. contre-sanglons).

CONTRESCARPE, sf. pente du mur extérieur d'un fossé; le glacis et le chemin couvert.

CONTRE-SCEL, sm. petit sceau à côté du grand (pl. contre-scels).

CONTRE-SCELLER, va. mettre un contre-scel.

CONTRE-SEING, sm. signature de celui qui contre-signe (pl. contre-seings).

CONTRE-SENS, sm. (inv.), sens contraire au sens naturel d'une chose, au sens véritable d'un texte ou d'un discours. — A CONTRE-SENS, loc. adv. en sens contraire.

CONTRE-SIGNER, va. signer après un autre.

CONTRE-TEMPS, sm. (inv.), accident fâcheux qui nuit au succès d'une affaire. — A CONTRE-TEMPS, loc. adv. mal à propos.

CONTRE-TIRER, va. faire une contre-épreuve, copier trait pour trait.

CONTREVALLATION, sf. lignes contre les sorties des assiégés.

CONTREVENANT, ANTE, s. celui, celle qui est en contravention.

CONTREVENIR, vn. enfreindre une loi, un ordre, un règlement (c. venir).

CONTREVENT, sm. sorte de volet.

CONTRE-VÉRITÉ, sf. parole qui doit être prise dans un sens contraire à ce qu'elle exprime (pl. contre-vérités).

CONTRIBUABLE, sm. celui qui est soumis à l'impôt.

CONTRIBUER, vn. participer à une dépense, à un travail, à un résultat.

CONTRIBUTIF, IVE, adj. de la contribution; qui contribue.

CONTRIBUTION, sf. part de dépense; impôt.

CONTRISTER, va. affliger fortement.

CONTRIT, ITE, adj. très-affligé.

CONTRITION, sf. regret du péché.

CONTRÔLE, sm. vérification, registre de vérification; état nominatif; marque sur les ouvrages d'or et d'argent. Fig. censure.

CONTRÔLER, va. vérifier; timbrer l'or et l'argent. Fig. censurer.

CONTRÔLEUR, sm. vérificateur. Fig. censeur.

CONTROUVÉ, ÉE, adj. faux, inventé à dessein.

CONTROUVER, va. inventer une fausseté.

CONTROVERSABLE, adj. 2 g. qui peut être l'objet d'une controverse.

CONTROVERSE, sf. débat, discussion.

CONTROVERSÉ, ÉE, adj. qui est l'objet d'une controverse.

CONTROVERSER, va. et n. traiter un sujet d'une manière opposée à celle dont un autre l'a traité.

CONTROVERSISTE, sm. celui qui s'occupe de controverses ou qui en a traité.

CONTUMACE, sf. refus de comparaître en justice.

CONTUMAX, adj. et s. 2 g. qui refuse de comparaître (pl. contumaces).

CONTUMÉLIEUX, EUSE, adj. qui contient un outrage.

CONTUS (s nulle), USE, adj. meurtri.

CONTUSION, sf. meurtrissure.

CONTUSIONNÉ, ÉE, adj. meurtri.

CONTUSIONNER, va. et n. faire une contusion.

CONVAINCANT, ANTE, adj. qui a la force de convaincre.

CONVAINCRE, va. persuader, donner les preuves de. — SE CONVAINCRE, vpr. s'assurer, se rendre certain d'une chose (c. vaincre).

CONVAINCU, UE, adj. partic. persuadé, assuré; reconnu coupable.

CONVALESCENCE, sf. état d'un malade qui revient à la santé.

CONVALESCENT, ENTE, adj. et s. qui relève de maladie.

CONVENABLE, adj. 2 g. qui convient.

CONVENABLEMENT, adv. d'une manière convenable.

CONVENANCE, sf. rapport, conformité, accord, bienséance, commodité.

CONVENANT, ANTE, adj. bienséant.

CONVENIR, vn. (c. venir): avec le verbe être dans les temps composés: être d'accord, faire une convention; avec le verbe avoir: plaire, être à propos, être sortable.

CONVENTICULE, sm. petite assemblée.

CONVENTION, sf. accord, traité, chose convenue; assemblée délibérante.

CONVENTIONNEL, ELLE, adj. qui a rapport à une convention. — sm. membre de la

Convention nationale sous la 1re république française.

CONVENTIONNELLEMENT, *adv.* par convention.

CONVERGENCE, *sf.* état de ce qui converge ; direction vers un même point.

CONVERGENT, **ENTE**, *adj.* qui tend ou se dirige vers le même point.

CONVERGER, *vn.* tendre vers un même point.

CONVERS, **ERSE**, *adj.* employé au service d'un couvent.

CONVERSATION, *sf.* entretien familier, manière de causer.

CONVERSER, *vn.* causer familièrement.

CONVERSION, *sf.* changement de forme, d'état, de religion, de mouvement, etc.

CONVERTI, **IE**, *adj.* et *s.* qui a changé de religion, d'opinion, etc.

CONVERTIBILITÉ, *sf.* qualité ou propriété de ce qui est convertible.

CONVERTIBLE, *adj.* qui peut être changé.

CONVERTIR, *va.* changer, transformer. *Fig.* faire changer de croyance, de sentiments, etc.

CONVERTISSABLE, *adj.* 2 g. qui peut être converti.

CONVERTISSEMENT, *sm.* changement.

CONVERTISSEUR, *sm.* celui qui convertit à une religion.

CONVEXE, *adj.* 2 g. dont la surface extérieure est bombée.

CONVEXITÉ, *sf.* état de ce qui est convexe.

CONVEXO-CONCAVE, *adj.* convexe d'un côté, concave de l'autre.

CONVICTION, *sf.* (on pron. *convixion*), certitude.

CONVIÉ, **ÉE**, *s.* invité à un repas, à une fête.

CONVIER, *va.* inviter à un repas, à une fête. *Fig.* engager à.

CONVIVE, *s.* 2 g. celui, celle qui prend part à un repas.

CONVOCABLE, *adj.* 2 g. qui peut ou doit être convoqué.

CONVOCATION, *sf.* action de convoquer.

CONVOI, *sm.* littéralement route ensemble : réunion de navires qui voyagent ensemble, de troupes qui escortent un transport de provisions ou de munitions ; cortège de funérailles ; ensemble des wagons qui courent sur un chemin de fer.

CONVOITABLE, *adj.* 2 g. qui peut être convoité ; désirable.

CONVOITER, *va.* désirer ardemment.

CONVOITEUX, **EUSE**, *adj.* et *s.* qui convoite.

CONVOITISE, *sf.* vif désir.

CONVOLER, *vn.* se remarier.

CONVOLUTÉ, **ÉE**, *adj.* roulé en cornet (*bot.*).

CONVOLVULACÉES, *sf. pl.* (l. *convolvulus*, liseron), famille de plantes dont le liseron est le type.

CONVOLVULUS, *sm.* liseron.

CONVOQUER, *va.* appeler ensemble, réunir en assemblée.

CONVOYER, *va.* escorter.

CONVOYEUR, *s.* et *adj. m.* navire qui en convoie d'autres.

CONVULSIF, **IVE**, *adj.* qui cause des convulsions, qui est accompagné de convulsions.

CONVULSION, *sf.* contraction violente des muscles. *Fig.* grande agitation.

CONVULSIONNAIRE, *s.* et *adj.* 2 g. celui, celle qui a des convulsions.

CONVULSIVEMENT, *adv.* avec des convulsions.

COOBLIGÉ, *sm.* obligé avec un autre.

COOK (on pron. *Couk*), célèbre navigateur anglais (1728-1769).

COOPER (Fenimore) (on pron. *Coupeur*), célèbre romancier américain (1789-1851).

COOPÉRATEUR, **TRICE**, *s.* celui, celle qui coopère.

COOPÉRATION, *sf.* action de coopérer.

COOPÉRER, *vn.* opérer conjointement avec quelqu'un.

COORDINATION, *sf.* action de coordonner ; résultat de cette action.

COORDONNÉES, *sf. pl.* se dit des abscisses et des ordonnées d'une courbe, considérées relativement les unes aux autres (*géom.*).

COORDONNER, *va.* mettre en ordre des choses ensemble ou avec d'autres, et les disposer convenablement pour un but, une fin.

COPAÏS, ancien lac en Béotie.

COPAL, *sm.* sorte de gomme-résine.

COPARTAGEANT, **ANTE**, *adj.* qui prend part au partage.

COPARTAGER, *va.* partager avec un autre ou d'autres.

COPEAU, *sm.* éclat de bois.

COPECK, V. *Kopeck*.

COPENHAGUE, capitale du Danemark.

COPÉPODES, *sm. pl.* (gr. *kôpê* rame ou *kôpê* entaille), ordre d'entomostracés comprenant ceux qui ont des pattes en forme de rames fendues à leur extrémité (*zool.*).

COPERMUTANT, *sm.* chacun de ceux qui permutent ensemble.

COPERNIC, célèbre astronome polonais (1473-1543).

COPHTE ou **COPTE**, *s.* et *adj.* ancienne langue égyptienne ; chrétien d'Égypte.

COPIE, *sf.* écrit d'après un autre ou d'après un imprimé ; objet d'art qui en reproduit exactement un premier ; manuscrit à imprimer ; imitation.

COPIER, *va.* faire une copie, imiter. — SE COPIER, *vpr.* se répéter.

COPIEUSEMENT, *adv.* avec abondance.

COPIEUX, **EUSE**, *adj.* abondant.

COPISTE, *sm.* celui qui copie.

COPROLITHE ou **COPROLITE**, *sf.* (gr. *kopros* excrément, *lithos* pierre), excrément fossiles de certains animaux (*géol.*).

COPRONYME, surnom de Constantin VI, empereur grec (741-775).

COPROPRIÉTAIRE, *adj.* et *s.* 2 g. propriétaire conjointement avec un autre.

COPULATIF, **IVE**, *adj.* et *s.* qui sert à lier les mots (*gram.*).

COPULE, *sf.* mot qui lie l'attribut au sujet (*gram.*).

COQ, sm. mâle de la poule, de la perdrix, etc. *Fig.* le plus riche, le plus influent d'un lieu.

COQ, sm. (l. *coquus* cuisinier), cuisinier d'un navire.

COQ-À-L'ÂNE, sm. (inv.), discours sans suite, sans liaison.

COQ D'INDE, sm. (on pron. co d'Inde), dindon.

COQUE, sf. enveloppe de l'œuf, de certains fruits ou graines; corps d'un navire; cocon.

COQUECIGRUE, sf. baliverne.

COQUELICOT, sm. espèce de pavot.

COQUELOURDE, sf. sorte de plante.

COQUELUCHE, sf. toux convulsive des enfants. *Fig. être la coqueluche*, être le préféré, être en vogue.

COQUEMAR, sm. vase pour faire chauffer de l'eau.

COQUERET, sm. sorte de plante.

COQUERICO ou COCORICO, sm. chant du coq.

COQUET, ETTE, adj. et s. qui a de la coquetterie.

COQUETER, vn. user de coquetterie (fam.).

COQUETIER, sm. marchand d'œufs et de volaille; petit vase pour manger les œufs à la coque.

COQUETTERIE, sf. désir de plaire; moyens pour y parvenir; amour de la parure.

COQUILLAGE, sm. (ll m.), mollusque à coquille; la coquille elle-même.

COQUILLE, sf. (ll m.), enveloppe dure de certains mollusques; coque; ce qui a la forme d'une coquille; sorte de papier; lettre employée pour une autre (t. d'impr.).

COQUILLE (Guy), célèbre jurisconsulte français (1523-1603).

COQUILLEUX, EUSE, adj. rempli de coquilles (Buffon).

COQUILLIER, sm. (ll m.), collection de coquilles.

COQUILLIER, IÈRE (ll m.), adj. qui contient des coquilles.

COQUIMBO, ville du Chili.

COQUIN, INE, s. fripon, maraud; lâche, infâme.

COQUINERIE, sf. action de coquin, caractère de coquin.

COR, sm. sorte d'instrument à vent; durillon au doigt du pied. — À COR ET À CRI, *loc. adv.* avec force, instamment.

CORAIL, sm. sorte de polypier marin (pl. coraux).

CORAILLEUR, (ll m.), sm. pêcheur de corail.

CORALLIAIRES, sm. pl. classe des polypes à corail (zool.).

CORALLIN INE, adj. de la nature ou de la couleur du corail.

CORALLINE, sf. espèce de polypier.

CORAN ou ALCORAN, sm. livre qui contient la loi de Mahomet.

CORAY, savant helléniste français (1748-1835).

CORBACH, capitale de la principauté de Waldeck.

CORBEAU, sm. oiseau; soutien d'une poutre; croc de fer. *Fig.* constellation.

CORBEIL, s.-préf. du dép. de Seine-et-Oise.

CORBEILLE, sf. (ll m.), panier léger; petit parterre rond ou ovale.

CORBIE, p. ville (Somme).

CORBILLARD, sm. (ll m.), char pour transporter les morts.

CORBILLON, sm. (ll m.), petite corbeille.

CORBIN, sm. *Bec-de-corbin*, recourbé en pointe.

CORBULON, général romain, m. 66.

CORCYRE, l'une des îles Ioniennes, auj. *Corfou.*

CORDAGE, sm. ensemble de cordes d'un navire, d'une machine, etc.; mesurage du bois.

CORDAY (Charlotte), jeune femme qui tua Marat (1768-1793).

CORDE, sf. fils tortillés de chanvre ou d'autres matières analogues; fil de boyau ou de métal; ligne droite joignant deux points de la circonférence; mesure de bois à brûler. *Fig.* supplice de la potence.

CORDÉ, ÉE, adj. en cœur (bot.); qui devient filamenteux.

CORDEAU, sm. petite corde.

CORDELER, va. tordre en forme de corde.

CORDELETTE, sf. petite corde.

CORDELIER, sm. religieux de l'ordre de Saint-François.

CORDELIÈRE, sf. corde à nœuds, cordon servant de ceinture; baguette sculptée en forme de corde.

CORDELLE, sf. corde pour le halage des bateaux.

CORDER, va. mettre en corde; entourer de cordes; mesurer du bois.

CORDERIE, sf. endroit où l'on fait la corde.

CORDIAL, ALE, adj. du cœur, qui a rapport au cœur; qui le conforte. *Fig.* affectueux.

CORDIAL, sm. potion qui conforte le cœur (pl. m. *cordiaux*).

CORDIALEMENT, adv. affectueusement, sincèrement.

CORDIALITÉ, sf. qualité de ce qui part du cœur; affection vive et sincère.

CORDIER, sm. celui qui fait des cordes.

CORDIER, célèbre géologue français (1777-1862).

CORDIFORME, adj. 2 g. (l. *cor*, *cordis* cœur), qui a la forme d'un cœur (bot.).

CORDILLÈRE ou CORDILLIÈRE (ll m.), nom de plusieurs chaînes de montagnes en Amérique.

CORDON, sm. tresse ronde ou plate; brin d'une corde; ruban d'un ordre de chevalerie; sorte de moulure ronde. *Fig. Cordon d'arbres*, rangée d'arbres; *cordon bleu*, habile cuisinière.

CORDONNER, va. tortiller en cordons.

CORDONNERIE, sf. métier, commerce de cordonnier.

CORDONNET, sm. (t nul), petit cordon, petit ruban, fil de soie.

CORDONNIER, IÈRE, s. celui, celle qui fait ou vend des souliers.

CORDOUE, ville d'Espagne. — *Gonzalès* ou *Gonsalve de* CORDOUE, célèbre général espagnol (1443-1515).

CORÉ, lévite qui se révolta contre Moïse.

CORÉE, royaume qui fait partie de l'empire chinois.

CORÉLIGIONNAIRE, s. 2 g. qui est de la même religion.

CORFINIUM, ville de l'Italie ancienne; auj. Serino.

CORFOU, ch.-l. de l'île de même nom dans la mer Ionienne.

CORIACE, adj. 2 g. qui a la dureté du cuir. Fig. avare, dont on a de la peine à obtenir quelque chose.

CORIACÉ, ÉE, adj. dont la consistance approche de celle du cuir.

CORIAIRE, sf. sorte de plante.

CORIARIÉES, sf. pl. famille de plantes dont la coriaire est le type (bot.).

CORIANDRE, sf. sorte de plante aromatique.

CORINDON, sm. sorte de pierre précieuse.

CORINNE, femme poète grecque, 5e s. av. J.-C.

CORINTHE, ville de la Grèce.

CORINTHIEN, IENNE, adj. et s. de Corinthe. Ordre corinthien, ordre d'architecture.

CORIOLAN (Caïus-Marcius), général romain, m. 488 av. J. C.

CORIOLES, ville de l'Italie ancienne.

CORIS, V. Cauris.

CORISANTHÉRIE, sf. (gr. chôris séparément), classe de plantes à corolle staminifère insérée sur l'ovaire, les anthères étant distinctes et séparées (bot.).

CORK, ville d'Irlande.

CORME, sf. fruit du cormier.

CORMIER, sm. sorbier.

CORMORAN, sm. sorte d'oiseau palmipède.

CORNAC, sm. conducteur d'éléphant.

CORNALINE, sf. pierre précieuse.

CORNE, sf. matière dure qui sort de la tête ou qui forme le sabot de certains animaux; tentacule d'insectes ou de certains mollusques; pointe, angle saillant; pli d'un feuillet.

CORNÉ, ÉE, adj. de la nature de la corne.

CORNÉE, sf. la première des tuniques de l'œil, le blanc de l'œil.

CORNEILLE, sf. espèce de petit corbeau.

CORNEILLE (Pierre), célèbre poète tragique français; ses chefs-d'œuvre sont : le Cid, Horace, Cinna, Polyeucte, Rodogune et Héraclius (1606-1684).— Thomas, son frère, littérateur (1625-1709).

CORNÉLIE, mère des Gracques.

CORNÉLIEN, IENNE, adj. de Corneille, à la manière de Corneille.

CORNÉLIUS NÉPOS, historien latin, 1er s. av. J.-C.

CORNEMUSE, sf. sorte d'instrument de musique à vent.

CORNEMUSEUR, sm. joueur de cornemuse.

CORNER, vn. sonner du cornet; bourdonner dans les oreilles. Fig. corner aux oreilles de quelqu'un, lui parler continuellement d'une chose. — va. publier, répéter.

CORNET, sm. (t. mus), petit cor; petit vase de forme conique; papier roulé en cône.

CORNETTE, sf. coiffe de femme; autrefois espèce d'étendard.

CORNETTE, sm. officier porte-étendard.

CORNEUR, sm. celui qui corne.

CORNICHE, sf. moulures en saillie formant couronnement.

CORNICHON, sm. petite corne; sorte de petit concombre. Fig. nigaud.

CORNICULÉ, ÉE, adj. (l. corniculum cornet), se dit des fleurs dont les anthères sont transformées en pétales ayant la forme d'un cornet (bot.).

CORNISTE, sm. musicien qui joue du cor.

CORNOUAILLES, comté d'Angleterre; pays de la Bretagne (France).

CORNOUILLE, sf. (ll m.), sorte de fruit rouge.

CORNOUILLER, sm. (ll m.), arbre qui produit la cornouille.

CORNU, UE, adj. qui a des cornes. Fig. visions cornues, idées folles.

CORNUE, sf. vaisseau de chimie pour distiller.

CORNWALLIS (Charles), général anglais (1738-1805). — (William), frère du précédent, amiral (1754-1819).

COROGNE (La), ville d'Espagne.

COROLLAIRE, sm. conséquence d'une proposition démontrée.

COROLLE, sf. ensemble des pétales d'une fleur.

COROLLÉ, ÉE, adj. pourvu d'une corolle (bot.).

COROLLIFLORES, sf. pl. nom générique des végétaux de la 3e classe, à corolle monopétale portant les étamines (bot.).

COROMANDEL, côte orientale de l'Hindoustan.

CORON, p. ville de la Grèce.

CORONAIRE, adj. f. se dit des artères qui portent le sang dans le cœur.

CORONAL, ALE, adj. du front.

CORONÉE, ville de la Grèce anc. Victoire d'Agésilas, roi de Sparte, sur les Athéniens, les Thébains, etc.

CORONER, sm. (on pron. l'r finale), officier de justice anglais.

CORONULE, sf. petite couronne (bot.).

CORPORAL, sm. linge bénit sur lequel le prêtre place le calice.

CORPORATION, sf. association de personnes de même profession.

CORPOREL, ELLE, adj. qui a un corps, qui concerne le corps.

CORPORELLEMENT, adv. d'une manière corporelle.

CORPORIFICATION, sf. action de corporifier.

CORPORIFIER, va. supposer un corps à ce qui n'en a pas; fixer en corps les parties éparses d'une substance (chim.).

CORPS, sm. portion de matière formant un tout; partie matérielle d'un être animé; cadavre. Fig. principales parties; communautés particulières; partie d'une armée; troupe; assemblée; recueil d'ouvrages sur un même sujet; solidité, etc. Corps de garde, poste militaire; corps de logis, partie principale d'un édifice.— A BRAS-LE-CORPS. loc. adv. avec les deux bras; à CORPS PERDU, loc. adv. vivement et sans crainte

CORPS-SAINT, *sm.* le corps, les reliques d'un saint (pl. *corps-saints*).

CORPULENCE, *sf.* volume du corps humain, embonpoint.

CORPULENT, ENTE, *adj.* qui est fort du corps, qui a de l'embonpoint.

CORPUSCULAIRE, *adj. 2 g.* relatif aux corpuscules.

CORPUSCULE, *sm.* petit corps, très-petite portion de matière.

CORRECT, ECTE, *adj.* sans fautes, selon les règles, exact.

CORRECTEMENT, *adv.* d'une manière correcte.

CORRECTEUR, *sm.* celui qui corrige.

CORRECTIF, *sm.* ce qui corrige; adoucissement dans le discours.

CORRECTION, *sf.* (on pr. *correxion*), action de corriger, résultat de cette action; par extension réprimande, châtiment pour corriger.

CORRECTIONNEL, ELLE, *adj.* (on pron. *correxionnel*), qui a rapport aux simples délits.

CORRECTIONNELLEMENT, *adv.* (on pr. *correxionelleman*), par correction; en matière correctionnelle.

CORRÉGE (Antoine ALLEGRI, dit *le*), célèbre peintre italien (1494-1534).

CORRÉGIDOR, *sm.* officier de police en Espagne.

CORRÉLATIF, IVE, *adj.* qui marque une corrélation.

CORRÉLATION, *sf.* relation réciproque entre deux choses.

CORRESPONDANCE, *sf.* qualité de choses qui se correspondent; action de correspondre avec quelqu'un; relation par lettres, ces lettres mêmes.

CORRESPONDANT, ANTE, *adj.* qui correspond à autre chose. — *sm.* celui avec qui l'on est en relation d'affaires ou par lettres; celui qui est chargé de payer la pension d'un élève.

CORRESPONDRE, *vn.* être en rapport, être conforme; avoir une relation d'affaires ou par lettres. — SE CORRESPONDRE, *vpr.* être en rapport, en proportion.

CORRÈZE, rivière de France, affluent de la Vézère. Elle donne son nom à un dép. dont le ch.-l. est *Tulle*.

CORRIDOR, *sm.* passage étroit dans un appartement.

CORRIGÉ, *sm.* devoir corrigé.

CORRIGER, *va.* enlever un défaut, une faute; punir. *Fig.* adoucir, réparer. — SE CORRIGER, *vpr.* s'améliorer.

CORRIGIBLE, *adj. 2 g.* qui peut être corrigé.

CORROBORANT, ANTE, *adj.* qui corrobore.

CORROBORATIF, IVE, *adj.* qui corrobore, qui donne plus de force.

CORROBORATION, *sf.* action de corroborer; effet de cette action.

CORROBORER, *va.* fortifier; donner plus de certitude.

CORRODANT, ANTE, *adj.* qui corrode, qui ronge.

CORRODER, *va.* ronger.

CORROI, *sm.* façon du cuir.

CORROIERIE, V. *Corroyerie*.

CORROMPRE, *va.* gâter, altérer. *Fig.* dépraver, séduire, troubler.

CORROMPU, UE, *adj.* gâté, altéré, dépravé.

CORROSIF, IVE, *adj. et sm.* qui corrode, qui ronge fortement.

CORROSION, *sf.* action ou effet d'un corrosif.

CORROYAGE, *sm.* action de corroyer.

CORROYER, *va.* apprêter le cuir; battre du fer, de la terre; souder (e. employer).

CORROYERIE ou CORROIERIE, *sf.* art de corroyer les peaux; atelier où on les corroie.

CORROYEUR, *sm.* celui qui corroie les peaux.

CORRUPTEUR, TRICE, *adj. et s.* qui corrompt.

CORRUPTIBILITÉ, *sf.* qualité de ce qui est corruptible.

CORRUPTIBLE, *adj. 2 g.* qui peut se corrompre ou être corrompu.

CORRUPTIF, IVE, *adj.* qui corrompt.

CORRUPTION, *sf.* (on pr. *corrupcion*), action de corrompre; résultat de cette action; altération, dépravation.

CORS, *sm. pl.* cornes du cerf.

CORSAGE, *sm.* partie du corps des hanches aux épaules; vêtement qui recouvre cette partie.

CORSAIRE, *sm.* navire armé en course; celui qui le commande; pirate. *Fig.* homme dur et cupide.

CORSE, île de la Méditerranée formant un dép. français dont le ch.-l. est *Ajaccio*.

CORSELET, *sm.* légère cuirasse; partie des insectes entre la tête et l'abdomen.

CORSET, *sm.* vêtement serré qui soutient la taille.

CORSETIER, IÈRE, *s.* celui, celle qui fait ou vend des corsets.

CORTÉ, s.-préf. de la Corse.

CORTÉGE, *sm.* personnes qui accompagnent quelqu'un dans une cérémonie. *Fig.* suite de gens, accompagnement.

CORTÈS, *sf. pl.* (on pron. l's), assemblées législatives en Espagne et en Portugal.

CORTEZ (Fernand), général espagnol, conquérant du Mexique (1485-1547).

CORTICAL, ALE, *adj.* de l'écorce; d la nature de l'écorce (pl. m. *corticaux*).

CORTIQUEUX, EUSE, *adj.* à peau coriace et charnu à l'intérieur (bot.).

CORTONE, p. ville d'Italie *Pietro de Cortone*, peintre italien (1596-1669).

CORUSCATION, *sf.* éclat de lumière.

CORVÉABLE, *adj. 2 g. et s.* qui est soumis à la corvée.

CORVÉE, *sf.* travail gratuit et forcé; travail fait à tour de rôle par les soldats; travail pénible et fait à regret.

CORVETTE, *sf.* sorte de navire de guerre.

CORVETTO, homme d'État, ministre de Louis XVIII (1756-1822).

CORVIN (Mathias), roi de Hongrie (1443-1490).

CORVISART, célèbre médecin français (1755-1821).

CORYBANTE, sm. prêtre de Cybèle.

CORYMBE, sm. assemblage de fleurs s'élevant à la même hauteur (bot.).

CORYMBIFÈRE, adj. 2 g. qui porte corymbe. — sf. pl. famille de plantes (bot.).

CORYMBIFORME, adj. 2 g. qui a la forme d'un corymbe (bot.).

CORYPHÉE, sm. chef d'un chœur. Fig. le premier d'une secte, d'un parti, etc.

CORYZA, sm. rhume de cerveau.

COS, île de la mer Égée.

COSAQUE, sm. et adj. 2 g. peuple de la Russie méridionale.

COSENZA, ville de l'Italie méridionale.

COSÉCANTE, sf. sécante du complément d'un angle (math.).

COSINUS, sm. sinus du complément d'un angle (math.).

COSME (Saint), patron des chirurgiens, m. 303.

COSMÉTIQUE, sm. et adj. 2 g. substance qui embellit la peau.

COSMIQUE, adj. 2 g. de l'univers; matière cosmique, qui constitue les corps célestes; aspect cosmique, des planètes par rapport à la terre; lever, coucher cosmique, d'un astre avec celui du soleil.

COSMOGONIE, sf. (gr. kosmos l'univers, gonéia origine), science ou système de la formation de l'univers.

COSMOGONIQUE, adj. 2 g. qui a rapport à la cosmogonie.

COSMOGRAPHE, sm. celui qui s'occupe de cosmographie.

COSMOGRAPHIE, sf. (gr. kosmos l'univers, graphô décrire), description de l'univers.

COSMOGRAPHIQUE, adj. 2 g. qui a rapport à la cosmographie.

COSMOLOGIE, sf. (gr. kosmos l'univers; logos discours, traité, science), science des lois qui gouvernent l'univers.

COSMOLOGIQUE, adj. 2 g. qui a rapport à la cosmologie.

COSMOPOLITE, sm. (gr. kosmos le monde, polités citoyen), citoyen du monde entier: se dit de celui qui voyage continuellement.

COSMOPOLITISME, sm. manière de vivre du cosmopolite.

COSMORAMA, sm. (gr. kosmos l'univers; orama vue, spectacle), tableau de l'univers, c'est-à-dire du soleil, des planètes et des constellations.

COSNE (on p. Cône), s.-préf. de la Nièvre.

COSSE, sf. enveloppe de certaines graines.

COSSER, vn. se dit des béliers qui heurtent de la tête.

COSSON, sm. insecte qui ronge les graines; sarment nouveau.

COSSU, UE, adj. qui a beaucoup de cosse. Fig. riche; invraisemblable.

COSTAL, ALE, adj. des côtes (pl. m. costaux).

COSTA-RICA, État du Guatémala.

COSTUME, sm. habillement, déguisement; usage, mœurs.

COSTUMER, va. revêtir d'un costume.

COSTUMIER, sm. celui qui fait, tient, vend ou loue des costumes.

COTANGENTE, sf. tangente du complément d'un angle (math.).

COTE, sf. part d'impôt; taux des effets publics ou des marchandises; chiffre pour marquer et classer les papiers. Cote mal taillée, arrêté de compte en gros.

CÔTE, sf. os plat et arqué qui tient à la colonne vertébrale; ce qui y ressemble; terre qui longe la mer; montée d'une colline. — Côte à côte, loc. adv. à côte l'un de l'autre.

CÔTÉ, sm. partie latérale; face ou ligne formant contour; direction. — A côté, loc. adv. à côté de, loc. prép. sur le côte et auprès; de côté, loc. adv. de travers, à part.

COTÉ, ÉE, adj. part. taxé, fixé à tel prix, numéroté, marqué des indications nécessaires.

COTEAU, sm. penchant d'une colline.

CÔTE-D'OR, dép. français dont le ch.-l. est Dijon.

CÔTELETTE, sf. petite côte détachée de certains animaux.

COTENTIN, partie de la Normandie.

COTER, va. marquer par ordre; indiquer le taux, le prix.

COTERIE, sf. société d'intrigue ou de personnes à part; cabale.

CÔTE-SAINT-ANDRÉ (La), ch.-l. de canton (Isère).

CÔTES-DU-NORD, dép. français, dont le ch.-l. est Saint-Brieuc.

COTHURNE, sm. chaussure antique des acteurs tragiques. Fig. la tragédie.

CÔTIER, IÈRE, adj. et s. qui connaît les côtes de la mer, qui les suit.

COTIGNAC, sm. (c final nul), confiture de coings.

COTIGNAC, p. ville (Var).

COTILLON, sm. (ll m.), petite jupe de dessous; sorte de danse.

COTIN (l'abbé), poète et prédicateur français (1604-1682).

COTIR, va. meurtrir (en parlant des fruits).

COTISATION, sf. action de cotiser; de se cotiser; quote-part.

COTISER, va. régler la somme que chacun doit donner. — Se cotiser, vpr. se réunir pour former une somme.

COTISSURE, sf. meurtrissure des fruits.

COTON, sm. duvet qui provient du cotonnier; fil qu'on en fait; bourre, duvet.

COTONNADE, sf. étoffe de coton.

COTONNER (se), vpr. se couvrir d'une espèce de bourre, de duvet. — vn. même sens: cette étoffe cotonne.

COTONNEUX, EUSE, adj. couvert de duvet; mou, spongieux.

COTONNIER, sm. arbuste qui produit le coton.

COTOPAXI, volcan fameux dans les Andes.

CÔTOYER, va. suivre les côtes; aller le long de, marcher auprès (c. employer).

COTRE, V. Cutter.

8

COTRET, sm. petit fagot de bois.

COTTAGE, sm. petite maison de campagne (mot anglais).

COTTE, sf. jupe. Cotte d'armes, ancienne casaque militaire; cotte de mailles, chemise formée de mailles d'acier.

COTTIENNES, V. Alpes.

COTUTEUR, sm. tuteur avec un autre.

COTYLE, sm. (gr. kotylé cavité, écuelle), ancienne mesure grecque pour les liquides; cavité d'un os dans laquelle un autre os s'articule (anat.).

COTYLÉDON, sm. (gr. kotylédon cavité, cymbale), feuille séminale de la plantule, en forme de lobe ou de corps charnu (bot.).

COTYLÉDONÉ, ÉE, adj. ou COTYLÉDONE, adj. et sf. se dit des végétaux pourvus de cotylédons (bot.).

COTYLOÏDE, adj. 2 g. (gr. kotylé cavité, éidos forme), se dit de la grande cavité de l'os des îles où s'articule la tête du fémur (anat.).

COU, sm. partie du corps qui joint la tête aux épaules; toute partie d'objet ayant la forme d'un cou.

COUANZA, fleuve de la Guinée méridionale.

COUARD, adj. et sm. (d nul), poltron (fam.).

COUARDEMENT, adv. timidement, lâchement.

COUARDISE, sf. défaut du couard; poltronnerie, lâcheté.

COUCHANT, sm. occident. — adj. m. qui se couche; soleil couchant.

COUCHE, sf. lit; linge dont on enveloppe les petits enfants; enfantement; matière molle étendue sur une autre; lit de fumier; lit dont se compose un terrain; enduit.

COUCHÉE, sf. lieu où l'on couche en voyage.

COUCHER, va. mettre dans un lit; étendre de son long; courber; étendre sur; coucher en joue, viser pour tirer. — vn. passer la nuit dans un lieu. — SE COUCHER, vpr. se mettre au lit; s'étendre de son long.

COUCHER, sm. action ou moment de se coucher; ce qui garnit un lit.

COUCHETTE, sf. petit lit.

COUCHEUR, EUSE, s. compagnon de lit. Fig. mauvais coucheur, homme difficile à vivre.

COUCI-COUCI, loc. adv. à peu près, ni bien ni mal (fam.).

COUCOU, sm. oiseau; petite voiture; espèce d'horloge.

COUCY, ch.-l. de canton (Aisne).

COUDE, sm. partie extérieure du bras à l'endroit où il se plie. Fig. angle que fait un chemin, une rivière, etc.

COUDÉE, sf. étendue du bras depuis le coude jusqu'au bout des doigts; ancienne mesure. Fig. coudées franches, aise, liberté.

COU-DE-PIED, sm. partie supérieure du pied (pl. cous-de-pied).

COUDER, va. ployer en forme de coude.

COUDOIEMENT, sm. action de coudoyer.

COUDOYER, va. heurter, presser du coude (v. employer).

COUDRAIE, sf. plant de coudriers.

COUDRE, sm. coudrier.

COUDRE, va. joindre avec du fil et une aiguille. Fig. attacher, réunir. — Ind. pr. je couds, tu couds, il coud, n. cousons, v. cousez, ils cousent; imp. je cousais; p. déf. je cousis; fut. je coudrai; cond. je coudrais; impér. couds, cousons, cousez; subj. pr. que je couse; imp. que je cousisse; part. pr. cousant; part. p. cousu, ue.

COUDRETTE, sf. plant de coudriers.

COUDRIER, sm. noisetier.

COUENNE, sf. peau du cochon; peau grisâtre qui se forme sur le sang.

COUENNEUX, EUSE, adj. qui est de la nature de la couenne.

COUESNON, rivière de France: se jette dans la Manche.

COUFFE, sf. ou COUFFIN, sm. sorte de panier en sparterie.

COUGOUARD ou COUGUAR, sm. animal du genre chat.

COULAGE, sm. perte des liquides en tonneaux; action de couler la lessive. Fig. perte ou diminution de profit.

COULAMMENT, adv. d'une manière coulante, aisée.

COULANT, ANTE, adj. qui coule aisément; facile; de bonne composition. Nœud coulant, facile à dénouer.

COULANT, sm. bijou mobile qui se met au cou; anneau mobile.

COULÉE, sf. et adj. écriture penchée et légère; action de couler.

COULER, vn. suivre sa pente, en parlant des liquides; passer, s'échapper; se produire facilement; s'enfoncer; fuir, en parlant d'un tonneau, d'un vase, etc.; perdre sa sève en parlant des fruits. — va. passer un liquide. Fig. couler ses jours, passer sa vie.

COULEUR, sf. impression que l'œil reçoit de la lumière réfléchie; substance colorante; coloris. Fig. éclat de style; prétexte, apparence.

COULEUVRE, sf. sorte de serpent. Fig. dégoût, chagrin.

COULEUVREAU, sm. petit de la couleuvre.

COULEVRINE, sf. longue pièce d'artillerie.

COULIS, sm. (s nulle) suc de viande, purée. — adj. m. Vent coulis, qui souffle par une fente.

COULISSE, sf. rainure d'un châssis; châssis formant décor de théâtre; ourlet qui se serre au moyen d'un ruban.

COULISSEAU, sm. languette qui tient lieu de rainure; au pl. bâtis pour placer des tiroirs.

COULOIR, sm. écuelle à couler le lait; passage étroit.

COULOIRE, sf. vase pour passer les liquides ou les sucs.

COULOMB, savant physicien français (1736-1806).

COULOMMIERS, s.-préf. de Seine-et-Marne.

COULPE, sf. faute, péché.

COULURE, sf. maladie du raisin quand il commence à se nouer.

COUP, sm. choc d'un corps sur un autre, impression qui en résulte; décharge d'arme à feu ; foi* ; action rapide d'une chose. — *Fig.* impression pénible ; *coup de langue*, médisance ; *coup de main*, aide, attaque hardie ; *coup de tête*, action irréfléchie ; *coup d'œil*. V. **Œil.** — **Après coup,** *loc. adv.* trop tard ; **tout à coup,** soudainement ; **à coup sûr,** certainement.

COUPABLE, *adj.* et *s.* qui a commis une faute, un crime ; condamnable.

COUPANT, ANTE, *adj.* qui coupe. — *sm.* le tranchant.

COUPE, *sf.* action de couper ; manière de tailler ; arbres destinés à être coupés ; distribution d'un ouvrage ; représentation d'un objet que l'on suppose coupé verticalement : *coupe d'un édifice.* Action de séparer un jeu de cartes.

COUPE, *sf.* sorte de tasse. *Fig. épuiser la coupe du malheur*, être très-malheureux ; *boire la coupe jusqu'à la lie*, souffrir une grande humiliation, une douleur longue et cruelle.

COUPÉ, *sm.* sorte de voiture suspendue ; compartiment du devant d'une diligence.

COUPE-GORGE, *sm.* (inv.), lieu très-dangereux.

COUPE-JARRET (Acad.), et mieux **COUPE-JARRETS,** *sm.* assassin.

COUPELLATION, *sf.* action de purifier les métaux à la coupelle.

COUPELLE, *sf.* vase avec des cendres ou des os calcinés pour purifier les métaux. *Fig.* épreuve rigoureuse, examen sévère.

COUPELLER, *va.* mettre à la coupelle.

COUPER, *va.* trancher, séparer, diviser, enlever, traverser ; arrêter : *couper la fièvre ;* extirper : *couper le mal dans sa racine. Couper la parole*, interrompre. — *vn.* séparer en deux un jeu de cartes. — **Se couper,** *vpr.* se faire une coupure, et au *fig.* se contredire.

COUPERET, *sm.* large couteau de cuisine.

COUPEROSE, *sf.* sulfate de fer, de zinc ou de cuivre ; sorte de maladie.

COUPEROSÉ, ÉE, *adj.* qui est atteint de la maladie appelée couperose.

COUPE-TÊTE, *sm.* (inv.), sorte de jeu d'enfant.

COUPEUR, EUSE, *s.* celui, celle qui coupe. *Fig. coupeur de bourses*, voleur.

COUPLE, *sf.* deux choses de même espèce prises ou employées ensemble ; lien.

COUPLE, *sm.* deux êtres animés unis par la volonté ou le sentiment.

COUPLER, *va.* attacher les chiens de chasse avec une couple.

COUPLET, *sm.* stance d'une chanson ; tirade de vers ou de prose.

COUPOIR, *sm.* outil pour couper.

COUPOLE, *sf.* partie concave d'un dôme ; le dôme même.

COUPON, *sm.* morceau d'étoffe ; partie détachée d'un papier de crédit ; billet d'une loge de théâtre.

COUPURE, *sf.* division d'un corps ; blessure. *Fig.* suppression.

COUR, *sf.* espace découvert entouré de bâtiments.

COUR, *sf.* résidence d'un souverain ; les personnes qui l'environnent ; gouvernement ; siège de justice, tribunal. *Fig.* assiduités, respects.

COURAGE, *sm.* qualité qui fait braver le danger, supporter la souffrance, le malheur. — **Courage !** *interj.* pour exciter.

COURAGEUSEMENT, *adv.* avec courage, avec constance.

COURAGEUX, EUSE, *adj.* qui a du courage, de la constance.

COURAMMENT, *adv.* rapidement, avec facilité.

COURANT, *sm.* le fil de l'eau ; ruisseau ; mouvement des eaux marines, d'un fluide ; le mois dans lequel on est ; cours d'une période.

COURANT, ANTE, *adj.* qui court ; qui a couru ; ordinaire.

COURANTE, *sf.* sorte de danse ; dévoiement.

COURBATU, UE, *adj.* fatigué des jambes ; accablé de fatigue.

COURBATURE, *sf.* fatigue des jambes ; lassitude douloureuse.

COURBATURER, *va.* produire une courbature. — **Se courbaturer,** *vpr.* se donner une courbature.

COURBE, *adj.* 2 g. qui n'est pas droit. — *sf.* ligne courbe.

COURBER, *va.* rendre courbe. — *vn.* plier. **Se courber,** *vpr.* devenir courbe. *Fig.* s'abaisser, s'humilier.

COURBETTE, *sf.* mouvement du cheval qui se cabre. *Fig. faire des courbettes*, être bas et rampant.

COURBEVOIE, *p.* ville près de Paris.

COURBURE, *sf.* état d'une chose courbée.

COUREUR, EUSE, *s.* qui est léger à la course, qui fait des courses ; qui va et vient, qui fréquente ; *sm.* valet de pied.

COURGE, *sf.* citrouille.

COURIER (Paul-Louis), helléniste et écrivain français (1772-1825).

COURIR, *vn.* et *a.* aller très-rapidement ; se diriger, parcourir ; se répandre, avoir la vogue ; poursuivre, rechercher, fréquenter. *Fig. courir un danger*, y être exposé. — *Ind. pr.* je cours, tu cours, il court, n. courons, v. courez, ils courent ; *imp.* je courais ; *p. déf.* je courus ; *fut.* je courrai ; *cond.* je courrais ; *impér.* cours, courons, courez ; *subj. pr.* que je coure ; *imp.* que je courusse ; *part. pr.* courant ; *part. p.* couru, ue.

GOURLANDE, partie de la Russie.

COURLIS, *sm.* (s nulle), oiseau.

COURONNE, *sf.* ornement autour de la tête ; cercle lumineux autour d'un astre ; forme circulaire. *Fig.* royauté, monarchie ; sorte de papier.

COURONNÉ, ÉE, *adj.* qui porte une couronne ; surmonté de, environné de ; orné, embelli ; récompensé, vainqueur au concours. *Cheval couronné*, qui s'est blessé au genou en tombant.

COURONNEMENT, *sm.* action de couronner ; ce qui surmonte un édifice, un meuble. *Fig.* accomplissement.

COURONNER, *va.* mettre une couronne. *Fig.* récompenser, surmonter, terminer, environner, accomplir. — SE COURONNER, *vpr.* mettre une couronne sur sa tête, et au *fig.* s'embellir, s'orner.

COURRE, *va. et n.* courir une bête à la chasse.

COURRIER, *sm.* porteur de dépêches; sa voiture.

COURRIÈRE, *sf.* celle qui court : ne se dit guère que de la lune et dans le vieux style.

COURROIE, *sf.* lien en cuir.

COURROUCER, *va.* irriter.

COURROUX, *sm.* (*x* nulle), colère.

COURS, *sm.* (*s* nulle), course naturelle des eaux, des astres; durée, vogue; étude d'une science, livre qui la contient; leçons suivies, marche des affaires; prix; promenade publique plantée d'arbres.

COURSE, *sf.* action de courir; trajet, excursion.

COURSIER, *sm.* cheval.

COURSON, *sm.* petite branche.

COURT, COURTE, *adj.* qui a peu de longueur, peu de durée. *Fig.* prompt, facile; *tirer à la courte paille* au sort avec des pailles ou des brins de bois.

COURT, *adv.* brièvement, brusquement. *Couper court*, abréger; *rester court*, manquer de mémoire en parlant.

COURTAGE, *sm.* profession, droit du courtier.

COURTAUD, AUDE, *adj.* de taille courte. — *sm.* garçon de boutique.

COURT-BOUILLON, *sm.* (pl. *courts-bouillons*), sauce de poisson.

COURT DE GÉBELIN, savant français (1725-1784).

COURTEMENT, *adv.* d'une manière courte, brièvement.

COURTENAY, *p.* ville (Loiret).

COURTE-POINTE, *sf.* (pl. *courtes-pointes*), couverture de lit.

COURTIER, *sm.* entremetteur de ventes, d'achats, d'assurances, etc.

COURTIL, *sm.* (*l* nulle), petit jardin clos.

COURTILIÈRE *sf.* sorte d'insecte.

COURTILLE, *sf.* (*ll* m.), jardin (vx. mot).

COURTINE, *sf.* rideau de lit; mur entre deux bastions.

COURTISAN, *sm.* celui qui fréquente la cour, celui qui cherche à plaire.

COURTISANERIE, *sf.* art du courtisan, action de courtisan.

COURTISANESQUE, *adj.* 2 g. propre au courtisan.

COURTISER, *va.* faire la cour à quelqu'un.

COURT-JOINTÉ, ÉE, *adj.* se dit d'un cheval ou d'une jument dont les articulations inférieures sont trop courtes.

COURTOIS, OISE, *adj.* poli, gracieux. *Armes courtoises*, dont la pointe est émoussée. *Fig.* combattre à armes courtoises, loyalement.

COURTOIS (Jacques), dit *le Bourguignon*, peintre français (1621-1676).

COURTOISEMENT, *adv.* d'une manière courtoise.

COURTOISIE, *sf.* civilité, complaisance.

COURTRAY ou COURTRAI, ville de Belgique. Défaite des Français par les Flamands, en 1302.

COUSEUSE, *sf.* femme qui coud; machine à coudre.

COUSIN, *sm.* insecte.

COUSIN, INE, s. fils, fille du frère ou de la sœur de notre père ou de notre mère.

COUSIN (Jean), célèbre peintre et sculpteur français (1500-1590).

COUSIN (Victor), professeur de philosophie, auteur d'ouvrages remarquables sur les matières philosophiques; né en 1792.

COUSINAGE, *sm.* parenté entre cousins.

COUSINER, *va.* appeler quelqu'un cousin. — *vn.* vivre en parasite sous prétexte de parenté.

COUSINIÈRE, *sf.* gaze pour se garantir des cousins.

COUSSIN, *sm.* sac rembourré pour s'asseoir ou s'appuyer.

COUSSINET, *sm.* (*t* nul), petit coussin.

COUSTOU, nom de trois statuaires français : *Nicolas* (1658-1733); *Guillaume*, son frère (1678-1746), et *Guillaume*, fils du précédent (1716-1777).

COÛT, *sm.* ce que coûte une chose.

COUTANCES, s.-préf. de la Manche.

COÛTANT, *adj. m. Prix coûtant*, ce qu'une chose a coûté.

COUTEAU, *sm.* instrument pour couper, tailler ou racler.

COUTELAS, *sm.* (*s* nulle), grand couteau; épée courte et large.

COUTELIER, IÈRE, s. fabricant ou marchand de couteaux, de rasoirs, etc.

COUTELLERIE, *sf.* métier, ouvrage, boutique de coutelier.

COÛTER, *vn.* être acheté un certain prix. — *Fig. va.* causer de la peine, des soins, des pertes.

COÛTEUX, EUSE, *adj.* qui coûte cher.

COUTHON, célèbre conventionnel, membre du comité de Salut public (1756-1794).

COUTIL, *sm.* (on pr. *couti*), sorte de toile forte.

COUTRAS, *p.* ville (Gironde). Victoire de Henri IV sur les Ligueurs, en 1587.

COUTRE, *sm.* fer tranchant de la charrue.

COUTUME, *sf.* habitude, usage, pratique fréquente d'une chose.

COUTUMIER, IÈRE, *adj.* qui a coutume de, qui se règle selon la coutume. — *sm.* livre contenant le droit coutumier d'un pays ou d'une ville.

COUTURE, *sf.* action ou art de coudre; assemblage de deux choses à l'aide du fil; manière de coudre. *Fig.* cicatrice.

COUTURÉ, ÉE, *adj.* marqué de cicatrices.

COUTURIER, *sm.* celui qui fait métier de coudre (vx. mot). — *adj. et sm.* se dit d'un muscle de la jambe (*anat.*).

COUTURIÈRE, *sf.* celle qui travaille en couture.

COUVAIN, *sm.* œufs d'insecte.

COUVAISON, *sf.* temps de la couvée.

COUVÉE, sf. tous les œufs couvés à la fois; petits qui en sortent. Fig. famille.

COUVENT, sm. maison religieuse, monastère.

COUVER, va. et n. couvrir ses œufs pour les faire éclore. Fig. tenir caché ou secret, préparer sourdement. Couver des yeux, ne pas perdre de vue.

COUVERCLE, sm. ce qui couvre un vase, un coffre, etc.

COUVERT, sm. ensemble des ustensiles qui couvrent une table à manger; la cuiller et la fourchette; logement, toit, abri; lieu ombragé; enveloppe de lettre, de papiers. — A COUVERT, loc. adv. à l'abri.

COUVERT, ERTE, adj. caché, vêtu; rempli de; chargé de nuages; temps couvert. Fig. dissimulé; à mots couverts, à double sens; pays couvert, pays boisé.

COUVERTEMENT, adv. secrètement, en cachette.

COUVERTURE, sf. ce qui sert à couvrir, à envelopper.

COUVERTURIER, sm. fabricant ou marchand de couvertures.

COUVET, sm. (t nul) pot à anse qui sert de chaufferette.

COUVEUSE, sf. poule qui couve.

COUVI, adj. m. à demi couvé.

COUVRE-CHEF, sm. (inv.), coiffure de tête.

COUVRE-FEU, sm. (inv.), ustensile pour couvrir le feu; heure d'éteindre le feu.

COUVRE-PIED (Acad.), ou mieux COUVRE-PIEDS (inv.), sm. petite couverture de lit pour les pieds.

COUVREUR, sm. artisan qui couvre les maisons.

COUVRIR, va. mettre quelque chose sur une autre pour la cacher, la conserver, la garantir, etc. Fig. cacher, dissimuler, défendre, indemniser, dominer, s'étendre sur : les eaux couvrent la campagne. — SE COUVRIR, vpr. mettre son chapeau; le temps se couvre, les nuages s'étendent dans l'atmosphère. — Ind. pr. je couvre, tu couvres, etc.; imp. je couvrais; p. déf. je couvris; fut. je couvrirai; cond. je couvrirais; impér. couvre, etc.; subj. pr. que je couvre; imp. que je couvrisse; part. pr. couvrant; part. p. couvert, erte.

COVENDEUR, sm. celui qui vend avec un autre un bien possédé en commun.

COVENTRY, ville d'Angleterre.

COXAL, ALE, adj. de la hanche (pl. m. coxaux).

COYPEL (Noël), peintre français (1628-1707); — (Antoine), son fils, peintre (1661-1722). — (Noël-Nicolas), 2e fils de Noël (1684-1734).

COYSEVOX (Antoine), sculpteur français (1640-1720).

COYTHIER (Jacques), médecin de Louis XI.

CRABE, sm. genre de crustacé.

CRAC, sm. bruit que fait un corps dur en se brisant. — interj. marquant la soudaineté.

CRACHAT, sm. (t nul) jet de salive ou de pituite. Fig. plaque d'un ordre de chevalerie appliquée sur l'habit (pop.).

CRACHEMENT, sm. action de cracher.

CRACHER, va. et n. rejeter de la bouche la salive ou autre chose. Fig. éclabousser.

CRACHEUR, EUSE, s. celui, celle qui crache souvent.

CRACHOIR, sm. vase où l'on crache.

CRACHOTEMENT, sm. action de crachoter.

CRACHOTER, vn. cracher souvent.

CRACOVIE, ville de Pologne, annexée à l'empire d'Autriche.

CRAIE, sf. pierre calcaire, tendre et blanche.

CRAINDRE, va. redouter, appréhender; respecter, révérer. — Ind. pr. je crains, tu crains, il craint, n. craignons, v. craignez, ils craignent; imp. je craignais; p. déf. je craignis; fut. je craindrai; cond. je craindrais; impér. crains, craignons, craignez; subj. pr. que je craigne; imp. que je craignisse; part. pr. craignant; part. p. craint, crainte.

CRAINTE, sf. appréhension, peur. Fig. sorte de respect.

CRAINTIF, IVE, adj. timide, sujet à la crainte.

CRAINTIVEMENT, adv. avec crainte.

CRAMOISI, sm. couleur d' rouge foncé.

CRAMOISI, IE, adj. rouge foncé.

CRAMPE, sf. contraction douloureuse d'un muscle.

CRAMPON, sm. pièce de fer recourbée pour attacher fortement.

CRAMPONNER, va. attacher avec un crampon. — SE CRAMPONNER, vpr. s'attacher fortement.

CRAMPONNET, sm. petit crampon; partie d'une serrure qui embrasse la queue du pêne.

CRAN, sm. entaille. Fig. échelon.

CRANACH (Luc de), peintre et graveur allemand (1472-1553).

CRÂNE, sm. boîte osseuse de la tête qui contient le cerveau. Fig. rodomont, tapageur; homme hardi, ferme (fam.).

CRÂNEMENT, adv. hardiment, arrogamment.

CRÂNERIE, sf. bravade, hardiesse.

CRÂNIEN, IENNE, adj. du crâne.

CRANIOLOGIE, sf. (gr. kranion crâne; logos discours, traité), traité ou étude des protubérances du crâne.

CRANIOSCOPIE, sf. (gr. kranion crâne, skopia examen), inspection du crâne.

CRANMER, archevêque de Cantorbéry, promoteur de la réforme protestante en Angleterre (1489-1556).

CRÂNOLOGIE, V. Craniologie.

CRANON, anc. ville de Thessalie. Victoire de Cratère et d'Antipater sur les Athéniens.

CRAON, p. ville (Mayenne).

CRAONNE, village (Aisne). Victoire de Napoléon 1er sur les Alliés, en 1814.

CRAPAUD, sm. (d nul), reptile du genre de la grenouille. Fig. petit homme laid; affût du mortier.

CRAPAUDIÈRE, sf. lieu humide plein de crapauds.

CRAPAUDINE, sf. dent fossile; morceau de fer où entre le gond d'une porte; plaque qui ferme un tuyau; soupape. Pigeons à la crapaudine, grillés.

8.

CRAPONNE (Adam de), ingénieur français (1519-1559).

CRAPONNE, p. ville (Haute Loire).

CRAPOUSSIN, INE, s. personne petite et contrefaite (pop.).

CRAPULE, sf. basse debauche; ceux qui s'y livrent.

CRAPULER, vn. vivre dans la crapule.

CRAPULEUSEMENT, adv. d'une manière crapuleuse

CRAPULEUX, EUSE, adj. qui vit dans la crapule, qui y a rapport.

CRAQUE, sf. mensonge (pop.).

CRAQUELIN, sm. sorte de gâteau qui craque sous la dent.

CRAQUEMENT, sm. bruit d'un corps qui craque.

CRAQUER, vn. produire un son sec en se brisant. Fig. mentir (pop.).

CRAQUERIE, sf. craque.

CRAQUÈTEMENT, sm. convulsion dans la mâchoire qui fait craquer les dents.

CRAQUETER, vn. craquer souvent; crier (se dit de la cigogne).

CRAQUEUR, EUSE, s. menteur (pop.).

CRASSANE, V. Cresane.

CRASSE, sf. saleté, ordure. Fig. avarice. — adj. f. épaisse, grossière : humeur crasse. Fig. Ignorance crasse, grossière.

CRASSEUX, EUSE, adj. et s. plein de crasse. Fig. avare.

CRASSULACÉES ou **CRASSULEES**, sf. pl. (l. crassus gros, épais), famille des plantes grasses ou à feuilles épaisses (bot.).

CRASSUS (Licinius), nom d'un orateur et d'un triumvir romains, 1er s. av. J. C.

CRATÈRE, sm. tasse antique; ouverture d'un volcan.

CRATÈRE, lieutenant d'Alexandre, m. 321 av. J. C.

CRATÉRIFORME, adj. 2 g. qui a la forme d'un cratère ou coupe (bot.).

CRATÈS, philos. grec, 5e s. av. J. C.

CRATINUS, poète dramatique grec, 5e s. av. J. C.

CRATIPPE, philos. grec, 1er s. av. J. C.

CRAU (La), vaste plaine pierreuse près de l'embouchure du Rhône.

CRAVACHE, sf. sorte de fouet d'une seule pièce.

CRAVANT ou **CREVANT**, village (Yonne). Défaite des Français par les Anglais en 1423.

CRAVATE, sf. linge ou étoffe dont on entoure le cou. — sm. cheval de Croatie; cavalier.

CRAVATER, va. mettre la cravate. — SE CRAVATER, vpr. mettre sa cravate.

CRAYEUX, EUSE, adj. qui contient de la craie.

CRAYON, sm. pierre de mine ou autre matière colorée propre à dessiner, à tracer des lignes. Fig. dessin, esquisse.

CRAYONNER, va. tracer avec un crayon; esquisser.

CRAYONNEUR, sm. celui qui crayonne (se dit en mauvaise part).

CRAYONNEUX, EUSE, adj. de la nature du crayon.

CRÉANCE, sf. croyance, confiance; somme qui nous est due. Lettre de créance, lettre qui accrédite une personne auprès de quelqu'un.

CRÉANCIER, IÈRE, s. celui, celle à qui l'on doit.

CRÉATEUR, TRICE, s. et adj. qui crée, qui tire du néant, qui invente. Le Créateur, Dieu.

CRÉATION, sf. action de créer, d'inventer; ensemble des êtres créés.

CRÉATURE, sf. être créé. Fig. celui, celle dont on a fait la position.

CRÉBILLON (Prosper JOLYOT de), poète tragique français (1674-1762).

CRÉCELLE, sf. moulinet de bois avec lequel on produit un bruit.

CRÉCERELLE, sf. sorte d'oiseau.

CRÈCHE, sf. mangeoire des bestiaux. Fig. salle d'asile pour les petits enfants, en mémoire de la crèche où naquit le Sauveur.

CRÉCY, bourg (Somme). Bataille perdue par Philippe VI de Valois contre les Anglais, en 1346.

CRÉDENCE, sf. sorte de buffet; tablette à côté de l'autel.

CRÉDENCIER, sm. celui qui est chargé de la garde et de la distribution des provisions de bouche.

CRÉDIBILITÉ, sf. qualité de ce qui est croyable; motifs de credibilité, raisons pour croire à une chose.

CRÉDIT, sm. réputation de solvabilité; prêt; délai pour payer; page de l'avoir d'un compte. Fig. considération, influence.

CRÉDITER, va. inscrire une valeur au crédit ou avoir d'un compte.

CRÉDITEUR, s. et adj. m. créancier.

CREDO, sm. (inv.), symbole des apôtres (on pron. crédo).

CRÉDULE, adj. 2 g. qui croit trop facilement.

CRÉDULEMENT, adv. avec credulité.

CRÉDULITÉ, sf. défaut de la personne crédule.

CRÉER, va. tirer du néant. Fig. inventer, susciter; établir : créer une usine.

CREFELD, V. Creveld.

CREIL, p. ville (Oise).

CRÉMAILLÈRE, sf. (ll m.), pièce de metal ou de bois munie de crans.

CRÉMAILLON, sm. (ll m.), petite crémaillère.

CRÉMATION, sf. (l. cremare brûler), brûlement des cadavres.

CRÈME, sf. partie grasse du lait; mets composé de lait, d'œufs et de sucre; liqueur. Fig. ce qu'il y a de meilleur.

CRÉMENT, sm. syllabe ajoutée à un mot.

CRÉMER, vn. se couvrir de crème.

CRÉMÈRE, ruisseau affluent du Tibre, combat des 300 Fabius contre les Gaulois, 477 av. J. C.

CRÉMIER, IÈRE, s. celui, celle qui vend du laitage.

CRÉMERIE, sf. lieu où l'on vend de la crème, du lait, des œufs, etc.

CRÉMONE, ville de la Lombardie sur le Pô,

CRÉNEAU, sm. dentelure au haut des murs fortifiés.

CRÉNELAGE, sm. cordon sur l'épaisseur d'une pièce de monnaie.

CRÉNELÉ, ÉE, adj. garni de créneaux; dont le bord est découpé en dents arrondies (bot.).

CRÉNELER, va. faire des creneaux.

CRÉNELURE, sf. dentelure.

CRÉOLE, s. 2 g. né d'un Européen dans les colonies.

CRÉON, roi de Thèbes, 13e s. av. J. C.

CRÉOSOTE, sf. caustique employé contre le mal de dent.

CRÊPE, sf. pâte frite à la poêle. — sm. étoffe très-legère.

CRÊPÉ, sm. frisure très-courte.

CRÊPER, va. friser en manière de crêpe.

CRÉPI sm. enduit de plâtre, de mortier.

CRÉPIN, sm. usité dans l'expression populaire son saint-Crépin, qui signifie le peu que l'on a.

CRÉPIN et **CRÉPINIEN** (Sts), frères, martyrisés en 287.

CRÉPINE, sf. frange travaillée; toile de graisse sur la panse de l'agneau.

CRÉPINETTE, sf. saucisse plate entourée d'une crepine.

CRÉPIR, va. enduire d'un crépi.

CRÉPISSURE, sf. crepi.

CRÉPITATION, sf. pétillement.

CRÉPITER, vn. pétiller.

CRÉPON, sm. gros crêpe.

CRÉPU, UE adj. très-frisé. Fig. feuille crépue, feuille a bord ondulé et plein de petites rides.

CRÉPUSCULAIRE, adj. 2 g. du crépuscule, qui appartient au crépuscule.

CRÉPUSCULE, sm. faible clarté avant le lever et après le coucher du soleil.

CRÉPY ou **CRESPY**, village (Aisne). Traité entre François Ier et Charles-Quint en 1544. — **CRÉPY EN VALOIS**, ch.-l. de canton (Oise).

CRÉQUI (DE), nom de deux maréchaux de France ; Charles, m. 1638 ; François, fils du précédent, m. 1687.

CRÉSANE, sf. sorte de poire.

CRESCENDO, sm. (on pron. créchendo), dont le son va en augmentant (mot italien).— adv. en augmentant.

CRESCENTIUS ou **CRESCENCE**, tribun de Rome, m. 998.

CRESPHONTE, roi de Messénie, 11e s. av. J. C.

CRESPY, V. Crépy.

CRESSON, sm. sorte de plante.

CRESSONNIÈRE, sf. lieu où vient le cresson.

CREST, p. ville (Drôme).

CRÉSUS, dernier roi de Lydie, fameux par ses richesses ; 6e s. av. J. C. Fig. sm. homme très-riche.

CRÉTACÉ, ÉE, adj. (l. creta craie), de la nature de la craie; composé de craie (géol.).

CRÈTE, grande île de la Grèce anc. aujourd'hui, Candie.

CRÊTE, sf. excroissance sur la tête de certains oiseaux. Fig. cime, faîte.

CRÊTÉ, ÉE, adj. qui a une crête.

CRÉTIN, sm. goitreux, idiot. Fig. homme stupide.

CRÉTINISER, va. rendre crétin. — SE CRÉTINISER, devenir stupide.

CRÉTINISME, sm. infirmité du crétin. Fig. stupidité.

CRÉTOIS, OISE, adj. et s. de la Crète.

CRETONNE, sf. sorte de toile forte.

CRETONS, sm. pl. residus de la fonte des suifs.

CREUSE, riv. de France, affluent de la Vienne : elle donne son nom à un dep. dont le ch.-l. est Guéret.

CRÉUSE, femme d'Énée.

CREUSEMENT, sm. action de creuser.

CREUSER, va. rendre creux, faire un creux. Fig. approfondir. Se creuser le cerveau, reflechir, mediter profondément.

CREUSET, sm. (t nul), vase pour fondre les metaux. Fig. épreuve.

CREUX, sm. cavité, fond.

CREUX, EUSE, adj. qui a une cavité, profond. Fig. chimérique, sans consistance.

CREUZÉ DE LESSER, littérateur français (1771-1839).

CREUZOT (LE), ville remarquable par ses usines de fer (Saône-et-Loire).

CREVANT, V. Cravant.

CREVASSE, sf. fente.

CREVASSER, va. faire des crevasses. — SE CREVASSER, vpr. se fendre.

CREVÉ, sm. fente pratiquée aux manches d'un vêtement.

CRÈVE-CŒUR, sm. (inv.), grand chagrin, mortification (fam.).

CREVELD ou **GREFELD**, ville de la Prusse rhenane.

CREVER, va. et n. faire rompre ou éclater ; épuiser par un excès. Fig. mourir (pop.). — SE CREVER, vpr. s'ouvrir, se fendre, et fig. se fatiguer à l'excès.

CREVETTE, sf. sorte de petite ecrevisse de mer.

CREVIER, historien franç. (1693-1765).

CRI, sm. voix poussée avec effort ; voix des animaux ; clameur, plainte.

CRIAILLER, vn. (ll m.), crier, gronder pour rien.

CRIAILLERIE, sf. (ll m.), action de criailler.

CRIAILLEUR, EUSE, adj. et s. (ll m.), qui criaille toujours.

CRIANT, ANTE, adj. qui excite à la plainte ; révoltant.

CRIARD, ARDE, adj. et s. qui crie ou gronde souvent, qui crie beaucoup ; qui est d'un son aigre : voix criarde. Fig. qui manque d'harmonie : couleurs criardes, tons criards.

CRIBLE, sm. instrument percé de trous pour passer le grain.

CRIBLER, va. passer par le crible ; percer de trous. Fig. accabler : être criblé de dettes.

CRIBLEUR, EUSE, s. celui, celle qui crible.

CRIBLURE, sf. mauvais grain séparé du bon.

CRIC, sm. (on pron. cri), machine pour soulever des fardeaux.

CRIC-CRAC, sm. bruit d'une chose qui se casse.

CRI-CRI, sm. grillon (pl. cris-cris).

CRID, sm. (d nul), poignard des Malais.

CRIÉE, sf. vente aux enchères.

CRIER, vn. jeter des cris; parler très-haut; gronder, blâmer; se plaindre; invoquer; rendre un son aigre par le frottement. — va. répéter avec importunité, annoncer au nom de l'autorité, vendre aux enchères.

CRIERIE, sf. bruit fait en criant.

CRIEUR, EUSE, s. celui, celle qui crie, qui fait du bruit.

CRILLON (ll m.), célèbre guerrier français (1541-1615).

CRIME, sm. très-mauvaise action, grave infraction aux lois de la religion ou de la morale.

CRIMÉE, presqu'île de la Russie sur la mer Noire.

CRIMINALISER, va. faire un procès criminel.

CRIMINALISTE, sm. homme instruit en jurisprudence criminelle.

CRIMINALITÉ, sf. qualité de ce qui est criminel.

CRIMINEL, ELLE, adj. et s. coupable d'un crime, qui concerne les crimes; condamnable.

CRIMINELLEMENT, adv. d'une manière criminelle.

CRIN, sm. poil long et rude de certains animaux.

CRINCRIN (Acad.), sm. mauvais violon (fam.).

CRINIÈRE, sf. crins du cou du cheval ou du lion. Fig. chevelure épaisse.

CRINOÏDES, sm. pl. (gr. krinon lis, éidos ressemblance), classe d'animaux rayonnés dont le corps se compose d'une colonne articulée au sommet de laquelle est une série de plaques offrant l'apparence d'une coupe ou d'un lis (zool.).

CRINOLINE, sf. étoffe de crin; jupon qui en est fait; vaste jupon.

CRIOCÉRAS, sm. et CRIOCÉRATITE, sf. (gr. krios belier, kéras corne), coquilles fossiles contournées comme les cornes du bélier (géol.).

CRIQUE, sf. petite baie.

CRIQUET, sm. (t nul), sorte de sauterelle. Fig. mauvais petit cheval; petit homme.

CRISE, sf. effort de la nature dans une maladie. Fig. moment décisif d'une affaire.

CRISPATION, sf. contraction. Fig. mouvement d'impatience.

CRISPER, va. causer des crispations. — SE CRISPER, vpr. se resserrer.

CRISS, V. Crid.

CRISSA, ville de l'anc. Grèce.

CRISSEMENT, sm. action de crisser.

CRISSER, vn. produire un bruit sec en grinçant les dents.

CRISTAL, sm. forme symétrique des corps (min.); verre fin. Fig. limpidité de l'eau. Cristal de roche, quartz hyalin.

CRISTALLERIE, sf. fabrique de cristaux.

CRISTALLIN, sm. lentille transparente de l'œil.

CRISTALLIN, INE, adj. qui appartient aux cristaux; transparent.

CRISTALLISABLE, adj. 2 g. qui peut se cristalliser.

CRISTALLISANT, ANTE, adj. qui cristallise (chim.).

CRISTALLISATION, sf. action de se cristalliser; matière cristallisée.

CRISTALLISER, va. et n. réduire en cristal. — SE CRISTALLISER, vpr. se former en cristaux.

CRISTALLOGRAPHIE, sf. (gr. krystallos cristal, graphô décrire), description des cristaux.

CRISTALLOÏDE, sf. (gr. krystallos cristal, éidos ressemblance), membrane transparente nommée aussi arachnoïde (anat.).

CRISTALLOTECHNIE, sf. (gr. krystallos cristal, téchnê art), art de faire cristalliser les sels (chim.).

CRISTÉ, ÉE, adj. (l. crista crête), muni d'appendices en forme de crêtes (bot.).

CRITÉRIUM, sm. (on pron. critériome), marque à laquelle on reconnaît la vérité (mot latin emprunté au gr. kritérion, moyen de discerner, preuve).

CRITHOPHAGE, adj. (gr. krithê orge, phagô manger), qui se nourrit d'orge.

CRITIAS, l'un des trente tyrans d'Athènes, m. 403 av. J. C.

CRITIQUABLE, adj. 2 g. qui prête à la critique.

CRITIQUE, sf. art de juger les ouvrages d'esprit, action de les examiner; censure maligne. — sm. celui qui fait de la critique; censeur.

CRITIQUE, adj. 2 g. qui a rapport à la critique; qui aime à critiquer; qui amène une crise; difficile.

CRITIQUER, va. examiner un ouvrage d'esprit, une œuvre d'art; censurer.

CRITIQUEUR, sm. celui qui aime à critiquer, à relever les défauts.

CRITON, disciple de Socrate.

CRITOPHAGE. V. Crithophage.

CROASSEMENT, sm. cri du corbeau.

CROASSER, vn. pousser des croassements.

CROATE, adj. et s. 2 g. de la Croatie.

CROATIE, partie de l'empire d'Autriche.

CROC, sm. (on pron. cro), instrument à pointe recourbée; harpon; dent de certains animaux.

CROC-EN-JAMBE, sm. (on pron. crokan-jambe), action de passer son pied entre les jambes de quelqu'un. Fig. ruse pour supplanter. Au pl. crocs en-jambe.

CROCHE, sf. note de musique valant la moitié d'une noire. — adj. 2 g. tortu.

CROCHET, sm. petit croc; instrument à peser; machine pour porter des fardeaux à dos; outil de serrurier.

CROCHETAGE, sm. action de crocheter.

CROCHETER, va. ouvrir avec un crochet (s. acheter).

CROCHETEUR, sm. portefaix; celui qui crochète.

CROCHU, UE, adj. en crochet.

CROCODILE, sm. très-grand reptile de l'espèce du lézard.

CROCODILIENS, sm. pl. famille de reptiles de l'ordre des sauriens (zool.).

CROIRE, va. tenir une chose pour vraie; ajouter foi à quelqu'un; penser, présumer. — vn. avoir la foi, avoir confiance à ou en. — SE CROIRE, vpr. se figurer, s'imaginer être : il se croit habile. — Ind. pr. je crois, tu crois, il croit, n. croyons, v. croyez, ils croient; imp. je croyais, etc., n. croyions, v. croyiez, ils croyaient; p. déf. je crus; fut. je croirai; cond. je croirais; impér. crois, croyons, croyez; subj. pr. que je croie, que tu croies, qu'il croie, que n. croyions, que v. croyiez, qu'ils croient; imp. que je crusse; part. pr. croyant; part. p. cru, crue.

CROISADE, sf. expédition des chrétiens contre les infidèles ou les hérétiques.

CROISÉ, sm. celui qui prenait part à une croisade; sorte d'étoffe.

CROISÉ, ÉE, adj. en croix. Rimes croisées, alternées.

CROISÉE, sf. fenêtre à châssis vitré en forme de croix.

CROISEMENT, sm. position de deux objets qui se croisent.

CROISER, va. mettre en forme de croix ou en travers; tordre; aller en travers de; rayer. — vn. faire une croisière. — SE CROISER, vpr. se rencontrer sans se voir; aller à la croisade.

CROISEUR, sm. navire ou marin en croisière.

CROISIC (LE), port (Loire-Infér.).

CROISIÈRE, sf. expédition en mer pour observer ou attaquer des vaisseaux ennemis.

CROISILLON, sm. (ll m.), traverse d'une croix, d'une croisée.

CROISSANCE, sf. augmentation en grandeur, en hauteur.

CROISSANT, sm. figure de la lune jusqu'à son premier quartier; ce qui a cette forme; outil de jardinier.

CROISSANT, ANTE, adj. qui s'accroît, qui augmente.

CROISURE, sf. tissu d'une étoffe croisée.

CROÎT, sm. augmentation du bétail par la naissance des petits; accroissement.

CROÎTRE, vn. augmenter en grandeur, en hauteur ou en nombre; être produit, se répandre. — Ind. pr. je crois, tu crois, il croît, n. croissons, v. croissez, ils croissent; imp. je croissais; p. déf. je crûs; fut. je croîtrai; cond. je croîtrais; impér. croîs, croissons, croissez; subj. pr. que je croisse; imp. que je crusse; part. pr. croissant; part. p. crû, crue.

CROIX, sf. ancien instrument de supplice formé de deux poteaux perpendiculaires entre eux; figure représentant la croix de J. C.; tout ce qui en a la forme; décoration de chevalerie. Fig. affliction.

CROMWELL (Olivier), protecteur, c'est-à-dire chef de l'État en Angleterre en 1653 (1599-1658).

CRONSTADT, ville de Russie. — ville de Transylvanie.

CROQUANT, sm. homme de rien.

CROQUANT, ANTE, adj. et s. qui croque sous la dent.

CROQUE-MORT, ou mieux CROQUE-MORTS (inv.), sm. homme qui transporte les morts (pop.).

CROQUE-NOTE, ou mieux CROQUE-NOTES (inv.), sm. mauvais musicien (fam.).

CROQUER, vn. faire du bruit sous la dent. — va. manger, faire un croquis. Fig. croquer le marmot, attendre longtemps. — À LA CROQUE AU SEL, loc. adv. avec du sel seulement.

CROQUET, sm. (t nul), sorte de pâtisserie sèche qui croque sous la dent.

CROQUETTE, sf. petite boule de pâte frite.

CROQUEUR, sm. celui qui a l'habitude de croquer (La Fontaine).

CROQUIGNOLE, sf. chiquenaude; sorte de pâtisserie croquante.

CROQUIS, sm. (s nulle), esquisse rapide.

CROSSE, sf. bâton pastoral d'un évêque; bâton recourbé; partie inférieure du fusil.

CROSSÉ, ÉE, adj. qui porte ou a le droit de porter la crosse.

CROSSER, va. et n. pousser avec une crosse. Fig. traiter avec mépris. — SE CROSSER, vpr. se maltraiter réciproquement (pop.).

CROSSETTE, sf. branche de vigne, de figuier, servant à faire des boutures.

CROSSEUR, sm. celui qui crosse.

CROTALE, sm. serpent à sonnettes; castagnettes des prêtres de Cybèle.

CROTONE, ville de l'Italie anc.

CROTTE, sf. boue, fiente de certains animaux.

CROTTER, va. salir de crotte.

CROTTIN, sm. excrément du cheval et d'autres animaux.

CROULANT, ANTE, adj. qui croule.

CROULEMENT, sm. chute de ce qui croule.

CROULER, vn. tomber en s'affaissant. Fig. renverser, détruire, périr.

CROULIER, IÈRE, adj. se dit des terres dont le fond est mouvant.

CROUP, sm. espèce d'angine.

CROUPE, sf. partie de derrière des animaux; sommet d'une montagne.

CROUPÉ, ÉE, adj. qui a une belle croupe.

CROUPIER, sm. associé au jeu.

CROUPIÈRE, sf. longe qui passe sous la queue d'une bête de somme. Tailler des croupières, mettre en fuite, susciter des obstacles.

CROUPION, sm. extrémité de l'échine; partie du corps d'un oiseau où sont plantées les plumes de la queue.

CROUPIR, vn. être stagnant, se corrompre. Fig. vivre dans un état honteux.

CROUPISSANT, ANTE, adj. qui croupit.

CROUPISSEMENT, sm. état de matières qui croupissent.

CROUSTILLANT, ANTE, adj. (ll m.), croquant.

CROUSTILLE, sf. (ll m.), petite croûte de pain.

CROUSTILLER, *vn.* (*ll m.*), manger des croustilles.

CROUSTILLEUSEMENT, *adv.* (*ll m.*), trop librement (*fam.*).

CROUSTILLEUX, EUSE, *adj.* (*ll m.*), trop libre, graveleux (*fam.*).

CROÛTE, *sf.* partie dure du pain, du pâté; surface durcie. *Fig.* mauvais tableau.

CROÛTON, *sm.* morceau de croûte de pain. *Fig.* mauvais peintre.

CROYABLE, *adj.* 2 g. que l'on peut ou doit croire.

CROYANCE, *sf.* conviction, foi, opinion.

CROYANT, ANTE, *s.* celui, celle qui croit ce que la religion enseigne.

CRU, *sm.* terroir; accroissement des plantes. *Fig.* invention : *cette histoire est de votre cru.*

CRU, UE, *adj.* qui n'est pas cuit; non préparé. *Fig.* dur, informe, de digestion difficile, trop libre.

CRUAUTÉ, *sf.* inhumanité; action cruelle, rigoureuse.

CRUCHE, *sf.* vase de terre à anse. *Fig.* personne stupide (*fam.*).

CRUCHÉE, *sf.* le contenu d'une cruche.

CRUCHON, *sm.* petite cruche.

CRUCIAL, ALE, *adj.* qui est en forme de croix.

CRUCIFÈRES, *sf. pl.* (l. *crux* croix, *ferre* porter), famille de plantes dont les fleurs ont quatre pétales disposés en forme de croix (*bot.*).

CRUCIFIEMENT ou **CRUCIFIMENT**, *sm.* action de crucifier.

CRUCIFIER, *va.* attacher à une croix.

CRUCIFIX, *sm.* (on pron. *crucifi*), représentation de J. C. sur la croix.

CRUCIFORME, *adj.* 2 g. (l. *crux* croix), en forme de croix (*bot.*).

CRUDITÉ, *sf.* état de ce qui est cru ; au pl. aliments crus ou indigestes. *Fig.* paroles trop libres.

CRUE, *sf.* augmentation des eaux; croissance.

CRUEL, ELLE, *adj.* et *s.* qui a ou qui marque de la cruauté. *Fig.* rigoureux, sévère, douloureux, fâcheux.

CRUELLEMENT, *adv.* avec cruauté.

CRÛMENT, *adv.* durement, sans aucun ménagement.

CRUOR, *sm.* partie colorante du sang.

CRURAL, ALE, *adj.* (l. *crus*, gen. *cruris* jambe), de la jambe, de la cuisse (pl. m. *cruraux*).

CRUSSOL (Jacques de), maréchal de France, m. 1584.

CRUSTACÉ, ÉE, *adj.* (l. *crusta* croûte, écorce), se dit des animaux couverts d'une enveloppe dure, comme une sorte de croûte, tels que le homard et l'écrevisse ; au pl. nom d'une classe comprenant ces sortes d'animaux (*zool.*).

CRUZADE, *sf.* monnaie du Portugal.

CRYPTE, *sf.* (gr. *kryptô* cacher), souterrain, caveau; orifice en forme de petite fosse et follicule glanduleux qui la forme (*anat.*).

CRYPTOGAME, *adj.* 2 g. et *sf.* ou *m.* (gr. *kryptos* caché, *gamos* mariage; V. *Agame*), se dit des plantes dont les organes, étamines et pistils, sont cachés ou peu apparents (*bot.*).

CRYPTOGAMIE, *sf.* classe des plantes cryptogames.

CRYPTOGRAPHIE, *sf.* (gr. *kryptos* caché, secret; *graphô* écrire), art d'écrire d'une manière secrète par des signes de convention.

CTÉSIPHON, anc. ville de la Babylonie. — Athénien qui fit décerner une couronne d'or à Démosthène.

CUBA, la plus grande des Antilles.

CUBAGE, *sm.* ou **CUBATURE**, *sf.* action de cuber, résultat de cette action.

CUBE, *sm.* solide à six faces carrées; produit du carré d'un nombre par ce nombre. — *adj.* 2 g. cubique (*math.*).

CUBER, *va.* évaluer un solide en mesures cubiques; élever un nombre à son cube (*math.*).

CUBIQUE, *adj.* 2 g. du cube; qui a rapport au cube.

CUBITAL, ALE, *adj.* (l. *cubitus* coude), du coude (pl. m. *cubitaux*).

CUBITUS, *sm.* (on pron. l's), le gros os de l'avant-bras.

CUBZAC, p. ville (Gironde).

CUCULIFORME, *adj.* (l. *cuculus* capuchon), se dit d'un pétale en forme de capuchon ou de cornet (*bot.*).

CUCURBITACÉES, *sf. pl.* (l. *cucurbita* citrouille), famille de plantes dont la citrouille est le type (*bot.*).

CUCURBITE, *sf.* partie inférieure de l'alambic.

CUDWORTH, philosophe anglais (1617-1688).

CUEILLAGE, *sm.* (*ll m.*), action de cueillir; matière vitrifiée prise à la fois.

CUEILLAISON, *sf.* (*ll m.*), cueillage.

CUEILLETTE, *sf.* (*ll m.*), récolte ; résultat d'une quête.

CUEILLEUR, EUSE, *s.* (*ll m.*), celui, celle qui cueille.

CUEILLIR, *va.* (*ll m.*), détacher de la branche ou de la tige. — *Ind. pr.* je cueille ; *imp.* je cueillais ; *p. déf.* je cueillis ; *fut.* je cueillerai ; *cond.* je cueillerais ; *impér.* cueille ; *subj. pr.* que je cueille, etc., que n. cueillions, que v. cueilliez, qu'ils cueillent ; *imp.* que je cueillisse ; *part. pr.* cueillant ; *part. p.* cueilli, ie.

CUEILLOIR, *sm.* (*ll m.*), panier pour cueillir les fruits.

CUENÇA, ville d'Espagne.

CUERS, p. ville (Var).

CUIDER, *va.* penser, s'imaginer (vx. mot).

CUILLER ou **CUILLÈRE**, *sf.* (*ll m.*), ustensile creux pour porter à la bouche les mets liquides.

CUILLERÉE, *sf.* (*ll m.*), le contenu d'une cuiller.

CUILLERON, *sm.* (*ll m.*), partie creuse de la cuiller.

CUIR, *sm.* peau des gros animaux; peau tannée. *Fig.* faute de prononciation (*fam.*); cuir de laine, sorte de gros drap.

CUIRASSE, *sf.* armure, d'abord de cuir, puis de fer, pour garantir la poitrine et le dos.

CUIRASSÉ, ÉE, *adj.* qui a une cuirasse. *Fig.* endurci, préparé à tout.

CUIRASSER, *va.* revêtir d'une cuirasse. — SE CUIRASSER, *vpr.* mettre sa cuirasse. *Fig.* se fortifier, s'armer contre.

CUIRASSIER, *sm.* cavalier qui a une cuirasse.

CUIRE, *va.* et *n.* préparer par le moyen du feu; mûrir; causer de vives douleurs.

CUISANT, ANTE, *adj.* qui cause une douleur aiguë, un vif chagrin.

CUISINE, *sf.* endroit où l'on apprête les mets; art, manière de les apprêter.

CUISINER, *vn.* faire la cuisine.

CUISINIER, IÈRE, *s.* celui, celle qui fait la cuisine. — *sf.* ustensile pour faire rôtir.

CUISSARD, *sm.* armure qui couvre la cuisse.

CUISSE, *sf.* partie de la jambe entre le genou et la hanche.

CUISSE-MADAME, *sf.* (pl. *cuisses-madame*), sorte de poire.

CUISSON, *sf.* action de cuire; résultat de cette action. *Fig.* douleur vive et piquante.

CUISSOT, *sm.* (*t* nul), cuisse de cerf, de chevreuil, etc.

CUISTRE, *sm.* valet de collège. *Fig.* homme pédant et grossier.

CUIT, CUITE, *adj. part.* qui a été cuit. *Fig.* abîmé, perdu (pop.).

CUITE, *sf.* cuisson de la chaux ou d'objets en terre.

CUIVRE, *sm.* métal.

CUIVRÉ, ÉE, *adj.* de couleur de cuivre.

CUIVRER, *va.* revêtir de feuilles de cuivre.

CUIVREUX, EUSE, *adj.* qui est de la nature du cuivre.

CUJAS, célèbre jurisconsulte français (1520-1590).

CULASSE, *sf.* partie de derrière d'une arme à feu.

CUL-BLANC, *sm.* (pl. *culs-blancs*), bécassine.

CULBUTE, *sf.* saut en tournant sur soi-même; chute.

CULBUTER, *va.* et *n.* renverser, ruiner.

CULBUTIS, *sm.* (*s* nulle), amas confus de choses culbutées.

CUL DE BASSE-FOSSE, *sm.* (pl. *culs de basse-fosse*), cachot sous terre.

CUL-DE-FOUR, *sm.* (pl. *culs-de-four*), voûte sphérique (arch.).

CUL-DE-JATTE, *sm.* et *adj.* (pl. *culs-de-jatte*), celui qui est privé de l'usage de ses jambes.

CUL-DE-LAMPE, *sm.* (pl. *culs-de-lampe*), ornement d'architecture, fleuron.

CUL-DE-SAC, *sm.* (pl. *culs-de-sac*), rue sans issue.

CULÉE, *sf.* masse de pierres soutenant les dernières arches d'un pont.

CULIÈRE, *sf.* sangle attachée au derrière du cheval; pierre creusée pour recevoir l'eau d'un tuyau.

CULINAIRE, *adj.* 2 *g.* (l. *culina* cuisine), qui a rapport à la cuisine.

CULLODEN, champs près du village de Croy

en Écosse. Bataille perdue par le prétendant Charles-Édouard en 1746.

CULMINANT, ANTE, *adj.* (l. *culminare* élever au sommet), qui est le plus élevé.

CULMINATION, *sf.* (l. *culmen* sommet) moment du passage d'un astre par le méridien supérieur (astr.).

CULMINER, *vn.* passer par le méridien supérieur (se dit d'un astre).

CULOT, *sm.* (*t* nul), le dernier né; le dernier reçu dans une compagnie; résidu métallique après la fusion; reste au fond d'une pipe.

CULOTTE, *sf.* vêtement d'homme depuis les genoux jusqu'à la ceinture.

CULOTTER, *va.* mettre des culottes.

CULOTTIER, IÈRE, *s.* celui, celle qui fait ou vend des culottes de peau, des guêtres, etc.

CULPABILITÉ, *sf.* état de celui qui est coupable.

CULTE, *sm.* profond hommage rendu à Dieu; actes extérieurs de la religion. *Fig.* vénération excessive; *culte des arts, des lettres*, etc., étude pratique des arts, des lettres, etc.

CULTELLATION, *sf.* (l. *cultellare* niveler), manière de mesurer un terrain en le rapportant au plan horizontal.

CULTIVABLE, *adj.* 2 *g.* qui peut être cultivé.

CULTIVATEUR, *sm.* et *adj.* celui qui cultive la terre.

CULTIVER, *va.* travailler la terre. *Fig.* étudier, pratiquer, former, développer, entretenir; *cultiver quelqu'un*, être en relations suivies avec lui.

CULTRIROSTRES, *sm. pl.* (l. *culter*, gén. *cultri* couteau; *rostrum* bec), famille d'oiseaux échassiers dont le bec a la forme de deux lames de couteau, tels que la grue et la cigogne (zool.).

CULTURE, *sf.* art de cultiver, travaux agricoles. *Fig.* étude, soins, application.

CUMANA, ville du Vénézuela.

CUMBERLAND, comte d'Angleterre.

CUMBRIEN, IENNE, *adj.* se dit en géologie d'un terrain qui se remarque surtout dans le Cumberland, anciennement *Cumbria*.

CUME ou CYME, anc. ville de l'Asie Mineure; auj. *Sandarli*.

CUME ou CUMES, anc. ville d'Italie, dans la Campanie.

CUMIN, *sm.* sorte de plante.

CUMUL, *sm.* action de cumuler.

CUMULARD, *sm.* (*d* nul), celui qui ne cherche qu'à cumuler des emplois, des fonctions.

CUMULATIF, IVE, *adj.* qui se fait par accumulation.

CUMULATIVEMENT, *adv.* par accumulation.

CUMULER, *va.* réunir plusieurs droits, charges ou emplois.

CUNAXA, village de l'anc. Babylonie. Bataille où fut tué Cyrus le Jeune, 401 av. J. C.

CUNÉAIRE, *adj.* 2 *g.* (l. *cuneus* coin), qui, de même qu'un coin, va en s'élargissant de la base au sommet, lequel est très-obtus (bot.).

CUNÉGONDE (Ste), impératrice, m. 1040.

CUNÉIFORME, *adj. 2 g.* (l. *cuneus* coin), en forme de coin ; *écriture cunéiforme*, écriture des anciens Perses et Mèdes ; *feuille ou pétale cunéiforme*, qui va en s'élargissant de la base au sommet (*bot.*).

CUNETTE, *sf.* cuvette ; canal dans un fossé de fortification.

CUPIDE, *adj. 2 g.* qui désire ardemment des richesses.

CUPIDITÉ, *sf.* défaut de la personne cupide, convoitise, amour excessif des richesses.

CUPIDON, fils de Vénus (*myth.*).

CUPRIQUE, *adj. 2 g.* (l. *cuprum* cuivre), du cuivre ; où il y a du cuivre.

CUPULE, *sf.* petite coupe ; petit godet qui renferme les organes floraux des lichens ou qui enveloppe la base des glands, des noisettes, etc. (*bot.*).

CUPULIFÈRES, *sf. pl.* (l. *cupula* cupule, *ferre* porter), famille ou tribu de végétaux dont le fruit est garni d'une cupule (*bot.*).

CUPULIFORME, *adj. 2 g.* se dit d'un calice qui ressemble à une petite coupe ou à un godet (*bot.*).

CURABLE, *adj. 2 g.* qui peut se guérir.

CURAÇAO, *sm.* (on pron. *curaço*), sorte de liqueur. — L'une des petites Antilles.

CURAGE, *sm.* action de curer, de nettoyer ; frais causés par cette action.

CURATELLE, *sf.* fonctions du curateur.

CURATEUR, TRICE, *s.* celui, celle qui administre les biens d'un mineur ou d'un interdit.

CURATIF, IVE, *adj.* qui a pour but de guérir, qui concerne la guérison.

CURATION, *sf.* traitement d'une maladie.

CURCUMA, *sm.* sorte de plante nommée aussi *safran d'Inde*.

CURE, *sf.* guérison ; soin, inquiétude. *Fig.* fonctions, logement d'un curé.

CURÉ, *sm.* prêtre qui a la direction spirituelle d'une paroisse.

CURE-DENT (Acad.), et mieux CURE-DENTS (inv.), *sm.* petit instrument pour nettoyer les dents.

CURÉE, *sf.* pâture des chiens de chasse. *Fig.* gain, profit.

CURE-MÔLE, *sm.* (inv.), machine dont on se sert pour curer les ports.

CURE-OREILLE, *sm.* (inv.), instrument avec lequel on se nettoie l'oreille.

CURER, *va.* nettoyer quelque chose de creux.

CURES, anc. ville des Sabins (Italie).

CURÈTES, *sm. pl.* prêtres de Cybèle.

CUREUR, *sm.* celui qui cure les puits.

CURIACES (Les), nom de trois frères d'Albe qui combattirent les Horaces.

CURIAL, ALE, *adj.* du curé (pl. m. *curiaux*). — *sm.* membre de la curie d'une ville de l'empire romain (pl. *curials* ou *curiales*).

CURIE, *sf.* subdivision de la tribu dans l'ancienne Rome ; conseil d'un municipe.

CURIEUSEMENT, *adv.* avec curiosité ; soigneusement.

CURIEUX, EUSE, *adj. et s.* qui a de la curiosité ; qui recherche des objets rares. *Fig.*

extraordinaire, rare, surprenant. — *sm.* ce qu'il y a de curieux.

CURION, *sm.* prêtre ou chef de la curie romaine.

CURION (C. Scribonius), sénateur romain et tribun, m. 48 av. J. C.

CURIOSITÉ, *sf.* désir de connaître, de voir, de posséder des choses rares ou intéressantes, de savoir les affaires d'autrui. Au *pl.* choses rares.

CURISCHE-HAFF, V. *Kurische-Haff*.

CURIUS DENTATUS, célèbre consul romain, 3e s. av. J. C.

CUROIR, *sm.* instrument pour curer.

CURSEUR, *sm.* petit corps qui glisse dans une fente ou le long d'une règle ; fil mobile dans un micromètre.

CURSIF, IVE, *adj.* rapide. *Écriture cursive* écriture courante.

CURTIUS (on pron. *Curcius*), Romain qui se dévoua pour sa patrie en se jetant dans un gouffre, 362 av. J. C.

CURULE, *adj. 2 g. Chaise curule*, siège d'ivoire de certains magistrats romains ; *charge curule*, donnant droit à un pareil siège.

CURVILIGNE, *adj. 2 g.* (l. *curvus* courbe), formé de lignes courbes.

CURVINERVÉ, ÉE, *adj.* se dit d'une feuille dont les nervures se recourbent ou se prolongent en décrivant une courbe (*bot.*).

CUSCUTE, *sf.* sorte de plante parasite.

CUSPIDÉ, ÉE, *adj.* (l. *cuspis* pointe, aiguillon), qui se termine en pointe (*bot.*).

CUSPIDIFORME, *adj. 2 g.* (l. *cuspis*, gén. *cuspidis* pointe), qui a la forme d'une petite pointe.

CUSSET, p. ville (Allier).

CUSTINE, général français (1740-1793).

CUSTODE, *sf.* rideau du maître-autel ; couverture ou pavillon qui couvre le saint ciboire.

CUTANÉ, ÉE, *adj.* (l. *cutis* peau), de la peau.

CUTICULE, *sf.* (l. *cuticula* ; de *cutis* peau) petite peau, pellicule, épiderme.

CUTTER, *sm.* (on pron. l'r), sorte de navire.

CUVAGE, *sm.* action de cuver le vin ; lieu où sont les cuves.

CUVE, *sf.* grand tonneau à un seul fond.

CUVEAU, *sm.* petite cuve.

CUVÉE, *sf.* quantité de vin qui se fait à la fois dans une cuve.

CUVER, *vn.* se dit du vin qui fermente dans la cuve. — *va. Cuver son vin*, dormir après avoir trop bu ; *fig.* revenir à la raison.

CUVETTE, *sf.* sorte de vase creux.

CUVIER, *sm.* cuve pour la lessive.

CUVIER (Georges), célèbre naturaliste français (1769-1832).

CUYP (Albert), peintre hollandais (1605-1683).

CYANHYDRIQUE, *adj.* se dit d'un acide, autrement dit *acide prussique*, formé par une combinaison de cyanogène et d'hydrogène (*chim.*).

CYANIQUE, *adj.* (gr. *kyanos* bleu), se dit d'un acide générateur du bleu de Prusse (*chim.*).

CYANOGÈNE, *sm.* (gr. *kyanos* bleu; *génos* generation, origine), corps composé de carbone et d'azote, base de l'acide cyanique (*chim.*).

CYANURE, *sm.* composé formé par le cyanogène avec un autre corps (*chim.*).

CYATHE, *sm.* coupe et mesure grecque ou romaine.

CYATHIFORME, *adj. 2 g.* (l. *cyathus* cyathe, coupe), se dit de la corolle ayant la forme d'un cyathe ou verre à pied (*bot.*).

CYATHOPHYLLE, *sm.* (gr. *kyathos* coupe; *phyllon* herbe, plante), polypier ayant l'apparence d'une végétation en forme de cornets ou coupes de forme conique et réunies en groupe (*zool.*).

CYAXARE, nom de deux rois des Perses, 7e et 6e s. av. J. C.

CYBÈLE, deesse de la terre (*myth.*).

CYCADACÉES ou **CYCADÉES**, *sf. pl.* (gr. *kykas* cycas ou palmier d'Éthiopie), famille de plantes dont le cycas est le type (*bot.*).

CYCLADE, *sf.* (gr. *kyklos* cercle), coquille de forme ronde. Au *pl.* iles de l'Archipel grec disposées en cercle.

CYCLAMEN, *sm.* (on pron. *cyclamène*; gr. *kyklaminon* : de *kyklos* cercle), plante à feuilles arrondies, vulgairement *pain de pourceau*; sorte de coquille ronde.

CYCLE, *sm.* (gr. *kyklos* cercle), période, révolution continue d'un certain nombre d'années qui ramène au même point, comme si l'on avait décrit une circonférence de cercle; série de petits poëmes grecs des temps héroïques.

CYCLIQUE, *adj. 2 g.* du cycle : se dit des anciens poëtes grecs qui ont raconté l'histoire des temps fabuleux dans une série de petits poëmes, appelée *cycle* ou *cercle épique*.

CYCLOBRANCHES, *sm. pl.* (gr. *kyklos* cercle, *branchia* branchies), ordre de mollusques gastéropodes à branchies rangées en cercle (*zool.*).

CYCLOÏDE, *sf.* (gr. *kyklos* cercle; *éidos* figure, forme), littéralement *à forme de cercle* : courbe décrite par un point de la circonférence d'un cercle qui avance en roulant sur un plan, comme la roue d'une voiture (*géom.*).

CYCLOPE, *sm.* (gr. *kyklos* cercle, *ops* œil), géant qui n'avait qu'un œil rond au milieu du front.

CYCLOPÉEN, ENNE, *adj.* des cyclopes se dit de constructions très-anciennes des premiers peuples de la Grèce ou de l'Italie, et qui étaient attribuées aux cyclopes.

CYCLOSTOMES, *sm. pl.* (gr. *kyklos* cercle, *stoma* bouche), ordre de poissons cartilagineux à bouche arrondie, comme la lamproie (*zool.*).

CYDNUS, riv. de Cilicie.

CYNÉGIRE, célèbre guerrier athénien, frère du poëte Eschyle (5e s. av. J. C.).

CYGNE, *sm.* gros oiseau aquatique. *Fig.* constellation; grand poëte.

CYLINDRE, *sm.* (gr. *kylindros*, de *kylindéo* rouler), solide engendré par la révolution d'un rectangle autour d'un de ses côtés (*géom.*); vulgairement *rouleau*.

CYLINDRER, *va.* former en rouleau; passer au cylindre.

CYLINDRIQUE, *adj. 2 g.* en forme de cylindre.

CYLINDROÏDE, *sm.* (gr. *kylindros* cylindre; *éidos* forme, ressemblance), solide semblable au cylindre, mais dont les bases sont elliptiques (*géom.*).

CYMAISE, *sf.* moulure à l'extrémité d'une corniche (*arch.*).

CYMBALE, *sf.* instrument de musique formé autrefois de deux demi-sphères creuses et aujourd'hui de deux disques en cuivre.

CYMBALIER, *sm.* musicien qui joue des cymbales.

CYME, *sf.* (gr. *kyma* embryon, rejeton), nom générique donné par les botanistes aux inflorescences définies ou terminales qui présentent un assemblage de fleurs dont les pédoncules, nés du même point de la tige, se ramifient irrégulièrement en divers rejetons fleuris.

CYNAROCÉPHALES, V. *Cinarocéphales*.

CYNÉGÉTIQUE, *adj.* (gr. *kynégétikos* : de *kyon* chien et *hégéomai* conduire), de la chasse, qui a rapport à la chasse.—*sf.* art de chasser.

CYNIQUE, *adj.* et *s.* (gr. *kynikos* : de *kyon* chien), s'est dit d'abord d'une secte d'anciens philosophes mordants et sans pudeur comme les chiens; signifie aujourd'hui impudent.

CYNISME, *sm.* mœurs des cyniques; impudence.

CYNOCÉPHALE, *sm.* (gr. *kyon*, gén. *kynos* chien; *képhalé* tête), singe à tête de chien; ancienne statue égyptienne à tête de chien.

CYNOCÉPHALES (Monts), dans la Thessalie.

CYNOGLOSSE, *sf.* (gr. *kyon*, gén. *kynos* chien; *glossa* langue), plante de la famille des borraginées dont les feuilles ressemblent à la langue d'un chien.

CYNTHIUS, mont dans l'île de Délos près duquel Latone mit au monde Diane et Apollon (*myth.*).

CYPÉRACÉES, *sf. pl.* (l. *cyperus* souchet), famille de plantes dont le souchet est le type (*bot.*).

CYPRE, V. *Chypre*.

CYPRÈS, *sm.* sorte d'arbre.

CYPRIEN (St), l'un des Pères de l'Église et martyr, m. 258.

CYPRIOTE, *adj. 2 g.* et *s.* de l'ile de Cypre ou Chypre.

CYRÉNAÏQUE, contrée de l'Afrique ancienne

CYRÈNE, capitale de la Cyrénaïque.

CYRIAQUE (St), patriarche de Constantinople, m. 606.

CYRILLE (St), l'un des Pères de l'Église grecque (315-386). — patriarche d'Alexandrie, m. 444. — apôtre des Slaves, m. 883.

CYRUS, célèbre roi des Perses, m. 529 av. J. C. — *Le Jeune*, fils de Darius Nothus, m. 401 av. J. C.

CYTHÈRE, ile de la Grèce ancienne, aujourd'hui *Cérigo*.

CYTHÉRÉE, surnom de Vénus.

CYTISE, *sm.* genre d'arbres ou d'arbrisseaux.

CYTOBLASTE, *sm.* (gr. *kytos* cavité, utricule ; *blasté* bourgeon, germé), germe des cellules dans les organes élémentaires des végétaux (*bot.*).

CYZIQUE, ville et presqu'île de l'Asie Mineure.

CZAR, CZARIENNE, CZARINE, CZAROWITZ. V. *Tsar, Tsarienne, Tsarine, Tsarowitz.*

CZARTORYISKI (Adam–Casimir), célèbre chef polonais (1731-1823). — *Adam*, fils du précédent, ministre de l'empereur Alexandre, président du gouvernement provisoire de Pologne, en 1830 (1770-1861).

CZERNI (Georges), fameux chef des Serbes ou Serviens (1770-1817).

D

D, *sm.* 4e lettre de l'alphabet. En chiffres romains D vaut 500.

DA, *particule* qui a le sens de *certainement*, et ne s'emploie que jointe à une affirmation ou à une négation : *oui-da, non-da.*

D'ABORD, *loc. adv.* au premier instant, premièrement.

DACE, *adj.* et *s.* 2 g. de la Dacie.

DACIE, grande région de l'empire romain au nord du Danube.

DACIER (André), philologue français (1651-1722). — Mme *Dacier*, sa femme, célèbre par ses traductions d'auteurs grecs (1651-1720).

DACIER (Bon-Joseph), philologue et érudit, membre de l'Académie française (1742-1833).

DACTYLE, *sm.* pied de vers grec ou latin composé d'une longue et deux brèves.

DACTYLIFÈRE, *adj.* 2 g. (l. *dactylus* datte, *ferre* porter), qui produit ou porte des dattes (*bot.*).

DACTYLOLOGIE, *sf.* (gr. *daktylos* doigt ; *logos* discours, langage), art de s'exprimer par des signes faits avec les doigts.

DADA, *sm.* (t. d'enfant), cheval. *Fig.* idée favorite.

DADAIS, *sm.* (s nulle), niais, gauche.

DAGHESTAN, province de la Russie d'Asie au sud du Caucase.

DAGO, île russe dans la Baltique.

DAGOBERT, nom de trois rois francs, dont le plus remarquable est Dagobert Ier (604-638).

DAGOBERT (Luc-Siméon-Auguste), général français qui s'est rendu célèbre comme chef de l'armée des Pyrénées-Orientales sous la République (1736-1794).

DAGON, divinité des Philistins (*myth.*).

DAGUE, *sf.* espèce de poignard.

DAGUERRE, peintre français, inventeur du daguerréotype et du diorama (1787-1851).

DAGUERRÉOTYPAGE, *sm.* action de daguerréotyper.

DAGUERRÉOTYPE, *sm.* appareil avec lequel on obtient l'image des objets par l'action de la lumière.

DAGUERRÉOTYPER, *va.* prendre l'image au moyen du daguerréotype.

DAGUERRÉOTYPIE, *sf.* art d'obtenir une image au daguerréotype.

DAGUERRIEN, IENNE, *adj.* obtenu par le daguerréotype.

DAGUET, *sm.* (t nul), jeune cerf.

DAHLIA, *sm.* sorte de plante ; sa fleur.

DAIGNER, *vn.* condescendre à, faire la faveur de.

D'AILLEURS, V. *Ailleurs.*

DAIM, *sm.* bête fauve plus petite que le cerf.

DAINE, *sf.* femelle du daim. (Les chasseurs pron. *dîne*)

DAÏRI, *sm.* titre de l'empereur du Japon.

DAIS, *sm.* (s nulle), tenture, ouvrage en bois, etc. au-dessus d'un autel, d'une chaire, d'une place d'honneur ; sorte de poêle sous lequel on porte le saint Sacrement.

DAKKA, g. ville de l'Hindoustan.

DAL, rivière de Suède.

DALAÏ-LAMA, *sm.* titre du chef de la religion de Bouddha.

DALAYRAC, compositeur de musique, français (1753 1809).

DALÉCARLIE, anc. province de la Suède.

DALEMBERT ou D'ALEMBERT, célèbre géomètre et écrivain français (1717-1783).

DALILA, femme qui trahit Samson.

DALLAGE, *sm.* action de daller ; résultat de cette action.

DALLE, *sf.* pierre plate et polie pour paver.

DALLER, *va.* garnir de dalles.

DALLOZ, savant jurisconsulte français (1797 1857).

DALMATE, *adj.* et *s.* 2 g. de la Dalmatie.

DALMATIE, province de l'empire d'Autriche.

DALMATIQUE, *sf.* sorte de tunique que revêtent les diacres.

DALTON, célèbre physicien et chimiste anglais (1766-1844).

DAM, *sm.* préjudice, dommage.

DAMAS, *sm.* (s nulle), étoffe de soie à fleurs ; sorte de prune ; sabre ou lame d'acier très-fin.

DAMAS, g. ville de Syrie.

DAMASCÈNE (St Jean), prêtre savant et éloquent (676-760).

DAMASE (Saint), pape, m. 384.

DAMASQUINER, *va.* incruster de filets d'or ou d'argent.

DAMASQUINERIE, *sf.* art du damasquineur.

DAMASQUINEUR, *sm.* celui qui damasquine.

DAMASQUINURE, *sf.* incrustation d'or ou d'argent.

DAMASSÉ, ÉE, *adj.* et *s.* qui imite le damas.

DAMASSER, *va.* fabriquer du linge en façon de damas.

DAMASSURE, *sf.* dessin, ouvrage damassé.

DAMBRAY, chancelier, ministre de Louis XVIII (1760-1829).

DAME, *sf.* femme mariée ; titre d'honneur et

de certaines religieuses; petit disque en bois ou en ivoire pour jouer; pièce du jeu d'échecs; deuxième figure du jeu de cartes.

DAME! *interj.* marque la surprise, l'affirmation, etc.

DAME-JEANNE, *sf.* (pl. dames-jeannes), grande bouteille à large ventre.

DAMER, *va.* placer un pion sur un autre au jeu de dames. *Fig.* damer le pion, supplanter.

DAMERET, *sm. et adj.* (t nul), homme empressé de plaire aux dames.

DAMIEN (SAINT), frère de saint Cosme, m. 303.

DAMIENS, assassin de Louis XV (1714-1757).

DAMIER, *sm.* tablette divisée en carreaux noirs et blancs pour jouer aux dames.

DAMIETTE, ville d'Égypte sur une branche du Nil.

DAMMARTIN, p. ville (Seine-et-Marne).

DAMNABLE, *adj. 2 g.* (on pron. danable), qui entraîne la damnation; détestable.

DAMNABLEMENT, *adv.* (on pron. danablement), d'une manière damnable.

DAMNATION, *sf.* (on pron. danation), action de se damner; punition des damnés.

DAMNÉ, ÉE, *adj. et s.* (on pron. dané), qui est en enfer. *Fig.* âme damnée, personne entièrement dévouée à quelqu'un (se prend en mauvaise part).

DAMNER, *va.* (on pron. daner), condamner aux peines éternelles; causer la damnation. *Fig.* tourmenter excessivement. — SE DAMNER, *vpr.* agir de manière à être damné.

DAMOCLÈS, courtisan de Denys, roi de Syracuse; 4e s. av. J. C.

DAMOISEAU et DAMOISEL, *sm.* autrefois jeune gentilhomme; aujourd'hui damoiseau, se dit d'un homme qui fait le beau, le galant.

DAMOISELLE, *sf.* fille noble (ancien titre).

DAMON et PYTHIAS ou PHINTIAS, célèbres par leur amitié; 4e s. av. J. C.

DAMPIER (William), navigateur anglais (1652-1711).

DAMPIERRE (Guy de), comte de Flandre, m. 1305.

DAMPIERRE, général français (1756-1793).

DAMRÉMONT, général français (1783-1837).

DAN, l'un des fils de Jacob.

DANAÉ, fille d'Acrisius, roi d'Argos (myth.).

DANAÏDES, les 50 filles de Danaüs.

DANAÜS, fils de Belus et roi d'Égypte (myth.).

DANCHET (Antoine), poète dramatique français (1671-1748).

DANCOURT, auteur dramatique français (1661-1726).

DANDELOT, général français, frère de l'amiral Coligny (1521-1569).

DANDIN, *sm.* niais, qui n'a aucune contenance.

DANDINEMENT, *sm.* action de dandiner.

DANDINER, *vn. et SE DANDINER, vpr.* balancer son corps nonchalamment.

DANDOLO, nom de plusieurs doges de Venise.

DANDY, *sm.* homme élégant ou d'une tournure affectée; qui est épris de sa toilette (mot anglais).

DANDYSME, *sm.* manières du dandy; élégance dans le vêtement.

DANEMARK, royaume d'Europe, dont la capitale est Copenhague.

DANGEAU (marquis de), favori de Louis XIV (1638-1720).

DANGER, *sm.* péril; risque, inconvénient.

DANGEREUSEMENT, *adv.* d'une façon dangereuse.

DANGEREUX, EUSE, *adj.* qui met en danger; nuisible.

DANIEL, l'un des quatre grands prophètes; 6e s. av. J. C.

DANIEL (Le Père), historien français (1649-1728).

DANOIS, *sm.* grand chien à poil ras.

DANOIS, OISE, *adj. et s.* du Danemark.

DANS, *prép.* de lieu et de temps; marque aussi l'état: être dans la misère.

DANSANT, ANTE, *adj.* où l'on danse; qui excite à la danse: musique dansante.

DANSE, *sf.* pas mesurés et mouvement du corps en cadence.

DANSER, *vn. et va.* exécuter une danse.

DANSEUR, EUSE, *s.* celui, celle qui danse.

DANSOMANIE, *sf.* passion de la danse.

DANTE ALIGHIERI ou LE DANTE, célèbre poète italien, auteur de la Divine Comédie, en trois parties: l'Enfer, le Purgatoire et le Paradis (1265-1321).

DANTESQUE, *adj. 2 g.* du Dante, à la manière du Dante.

DANTON, célèbre révolutionnaire (1759-1794).

DANTZICK ou DANTZIG, g. ville de Prusse.

DANUBE, g. fleuve d'Europe; se jette dans la mer Noire.

DANUBIEN, IENNE, *adj.* du Danube.

DANVILLE, V. Anville (d')

DAOURIE, partie de la Sibérie.

DAPHNÉ, nymphe qui fut changée en laurier (myth.).

DAPHNIS (on pr. l's), nom de berger dans les poésies pastorales.

DARCET (Jean), chimiste français (1725-1801). — (Jean-Pierre-Joseph), fils du précédent, chimiste (1777-1844).

DARD, *sm.* (d final nul), arme de trait; aiguillon d'insecte.

DARDANELLES (détroit des), entrée de la mer de Marmara.

DARDANIE, région de l'Europe ancienne.

DARDANUS, anc. roi de Troie; 16e s. av. J. C.

DARDER, *va.* lancer comme on lancerait un dard; blesser avec un dard. *Fig.* se dit des rayons du soleil, du regard des yeux, etc.

DARÈS, fameux athlète troyen.

DARFOUR, État de l'Afrique centrale.

DARIEN (golfe de), formé par la mer des Antilles.

DARIOLE, *sf.* pâtisserie légère.

DARIQUE, *sf.* monnaie des anciens Perses.

DARIUS, nom de plusieurs rois de Perse : *Darius I*, fils d'Hystaspe, m. 485 av. J. C. *Darius II, Ochus* ou *Nothus*, m. 404 av. J. C. *Darius III, Codoman*, m. 330 av. J. C.

DARMSTADT, capitale du grand-duché de Hesse-Darmstadt.

DARNETAL, p. ville (Seine-Inférieure).

DARNLEY, cousin et epoux de Marie Stuart (1541-1567).

DARSE, *sf.* partie intérieure d'un port.

DARTRE, *sf.* sorte de maladie de la peau.

DARTREUX, **EUSE**, *adj.* de la nature de la dartre. — *s.* celui, celle qui a une dartre.

DARU, homme d'état et littérateur français (1767-1829).

DASYMÈTRE, *sm.* (gr. *dasys* épais, dense ; *métron* mesure), instrument qui sert à mesurer la densité des couches atmosphériques (*phys.*).

DATE, *sf.* époque ; jour ; nombre qui l'indique.

DATER, *va.* marquer la date. — **DATER DE**, *vn.* remonter à, faire époque.

DATIF, *sm.* 3ᵉ cas des noms latins ou grecs.

DATIS (on pr. l's), général du roi de Perse Darius Iᵉʳ.

DATISME, *sm.* répétition de synonymes pour dire la même chose.

DATTE, *sf.* fruit du palmier dattier.

DATTIER, *sm.* sorte de palmier.

DATURA, *sm.* sorte de plante.

DAUBE, *sf.* sorte de ragoût.

DAUBENTON, célèbre naturaliste français (1716-1799).

DAUBER, *va.* frapper à coups de poing. *Fig.* railler, médire de quelqu'un.

DAUBEUR, *sm.* railleur, médisant.

DAUMESNIL, surnommé la *Jambe de bois*, général français (1776-1832).

DAUNIE, anc. région de l'Italie méridionale.

DAUNOU, érudit et littérateur français (1761-1840).

DAUPHIN, *sm.* animal marin de l'ordre des cétacés. *Fig.* constellation ; nom du fils aîné du roi de France.

DAUPHINE, *sf.* femme du Dauphin de France.

DAUPHINÉ, anc. province de France.

DAUPHINOIS, **OISE**, *adj.* et *s.* du Dauphiné.

DAUPHINELLE, *sf.* plante appelée aussi *pied-d'alouette.*

DAURADE, V. *Dorade.*

D'AUTANT, V. *Autant.*

DAVANTAGE, *adv.* plus; plus longtemps.

DAVID, roi des Juifs et prophète, m. 1001 av. J. C.

DAVID (Louis), célèbre peintre français (1748-1825).

DAVID D'ANGERS, célèbre statuaire français (1789-1856).

DAVILA, historien italien (1576-1631).

DAVIS, navigateur anglais, m. 1605. — **DÉTROIT DE DAVIS**, entrée de la mer de Baffin.

DAVOUT ou **DAVOUST**, prince d'Eckmühl, maréchal de France (1770-1823).

DAVY (Sir Humphry), célèbre chimiste anglais (1778-1829).

DAX, s.-préf. des Landes.

DE, *prép.* marque différents rapports de possession, de départ, d'origine, etc.

DÉ, *sm.* petit cube marqué de points sur chaque face pour jouer ; cube de pierre ; petit cylindre que l'on met au bout du doigt pour coudre.

DÉAMBULATION, *sf.* (l. *deambulare*, se promener), action de se promener, promenade.

DÉBÂCHER, *va.* et *n.* ôter la bâche.

DÉBÂCLAGE, *sm.* action de débâcler.

DÉBÂCLE, *sf.* rupture subite des glaces d'une rivière. *Fig.* ruine imprévue.

DÉBÂCLEMENT, *sm.* action de débâcler ; débâcle.

DÉBÂCLER, *va.* débarrasser un port, un navire ; ouvrir ce qui était bâclé. — *vn.* se débarrasser de la glace.

DÉBALLAGE, *sm.* action de déballer.

DÉBALLER, *va.* défaire des balles, des ballots, des caisses.

DÉBANDADE, *sf.* action de se débander. — **À LA DÉBANDADE**, *loc. adv.* en désordre; au hasard.

DÉBANDEMENT, *sm.* débandade.

DÉBANDER, *va.* ôter une bande ; détendre. — **SE DÉBANDER**, *vpr.* se détendre, se relâcher ; quitter les rangs et s'enfuir en désordre.

DÉBAPTISER, *va.* (on pron. *débatiser*), changer le nom de quelqu'un.

DÉBARBOUILLER, *va.* (ll m.), laver la figure. — **SE DÉBARBOUILLER**, *vpr.* se laver le visage. *Fig.* se tirer d'une mauvaise affaire.

DÉBARBOUILLEUR, **EUSE**, *s.* (ll m.), celui, celle qui débarbouille.

DÉBARCADÈRE, *sm.* jetée ; lieu de débarquement et d'embarquement ; gare de chemin de fer.

DÉBARDAGE, *sm.* action de débarder.

DÉBARDER, *va.* tirer le bois de dessus un bateau, d'un train, d'un taillis, etc.

DÉBARDEUR, *sm.* celui qui débarde.

DÉBARQUÉ, *sm. Nouveau débarqué,* nouvellement arrivé.

DÉBARQUEMENT, *sm.* action de débarquer.

DÉBARQUER, *va.* tirer d'une barque, d'un navire ce qui y était contenu. — *vn.* descendre d'une barque, d'un navire.

DÉBARQUER, *sm. Au débarquer,* au débarquement, à l'arrivée.

DÉBARRAS, *sm.* cessation d'embarras.

DÉBARRASSEMENT, *sm.* action de débarrasser.

DÉBARRASSER, *va.* délivrer d'un embarras ; enlever ce qui embarrasse.

DÉBARRER, *va.* ôter la barre.

DÉBARRICADER, *va.* enlever ce qui barricade.

DÉBAT, *sm.* (t nul), discussion, examen d'une affaire ; contestation.

DÉBÂTER, *va.* ôter le bât.

DÉBÂTIR, *va.* enlever le bâti d'une couture.

DÉBATTRE, *va.* discuter, contester. — SE DÉBATTRE, *vpr.* se défendre contre, s'agiter, se tourmenter.

DÉBAUCHE, *sf.* déréglement dans la conduite ; excès de table.

DÉBAUCHÉ, ÉE, *adj.* et *s.* abandonné à la débauche.

DÉBAUCHER, *va.* entraîner à la débauche ; corrompre ; détourner du devoir, du travail.

DÉBAUCHEUR, EUSE, *s.* celui, celle qui débauche.

DÉBET, *sm.* (on pron. le *t*), ce qui reste dû (pl. *débets*).

DÉBIFFER, *va.* affaiblir, gâter : ne s'emploie guère qu'au partic. passé *débiffé*, *ée*.

DÉBILE, *adj.* faible, affaibli.

DÉBILEMENT, *adv.* faiblement.

DÉBILITANT, ANTE, *adj.* et *s.* qui affaiblit, qui diminue les forces vitales.

DÉBILITATION, *sf.* affaiblissement.

DÉBILITÉ, *sf.* état de celui ou de ce qui est débile.

DÉBILITÉ, ÉE, *adj. part.* affaibli.

DÉBILITER, *va.* affaiblir, gâter.

DÉBIT, *sm.* (*t* nul), vente au détail ; vente prompte et heureuse. *Fig.* manière de s'énoncer, de tailler le bois ; partie d'un compte renfermant ce que doit le titulaire de ce compte.

DÉBITANT, ANTE, *adj.* et *s.* qui vend au détail.

DÉBITER, *va.* vendre en détail. *Fig.* parler, prononcer ; répandre des bruits ; couper du bois, de la pierre ; inscrire comme débiteur.

DÉBITEUR, EUSE, *s.* celui, celle qui débite des nouvelles.

DÉBITEUR, TRICE, *s.* celui, celle qui doit.

DÉBLAI, *sm.* action de déblayer ; terres enlevées.

DÉBLATÉRATION, *sf.* action de déblatérer.

DÉBLATÉRER, *vn.* parler sans mesure contre quelqu'un.

DÉBLAYER, *va.* débarrasser, enlever des terres.

DÉBLOCAGE, *sm.* action de débloquer (t. d'imprimerie).

DÉBLOQUER, *va.* faire lever un blocus ; remplacer les lettres bloquées par celles qui conviennent (t. d'imprimerie).

DÉBOIRE, *sm.* mauvais goût que laisse une liqueur. *Fig.* dégoût, chagrin.

DÉBOISEMENT, *sm.* action de déboiser ; état d'un terrain déboisé.

DÉBOISER, *va.* arracher les bois qui couvraient un terrain.

DÉBOÎTEMENT, *sm.* déplacement d'un os, de choses qui s'emboîtent.

DÉBOÎTER, *va.* disloquer un os ; disjoindre deux choses qui s'emboîtent.

DÉBONDER, *va.* ôter la bonde. — *vn.* se vider rapidement.

DÉBONDONNER, *va.* ôter le bondon.

DÉBONNAIRE, *adj.* 2 g. bon jusqu'à la faiblesse.

DÉBONNAIREMENT, *adv.* avec douceur, avec trop de bonté.

DÉBONNAIRETÉ, *sf.* bonté, douceur.

DÉBORA, prophétesse juive, 14e s. av. J. C.

DÉBORD, *sm.* (*d* final nul), débordement ; partie qui déborde.

DÉBORDÉ, ÉE *adj.* privé de bordure ; dépassé. *Fig.* dissolu.

DÉBORDEMENT, *sm.* action d'un cours d'eau qui déborde ; écoulement. *Fig.* irruption, profusion, débauche.

DÉBORDER, *va.* sortir du bord ; dépasser le bord, la longueur. — *va.* ôter la bordure.

DÉBOTTER, *va.* ôter les bottes.

DÉBOTTER ou DÉBOTTÉ, *sm.* moment où l'on arrive.

DÉBOUCHÉ, *sm.* issue d'un défilé. *Fig.* moyen d'écouler des marchandises ; expédient : *chercher un débouché pour se tirer d'embarras*.

DÉBOUCHEMENT, *sm.* action de déboucher.

DÉBOUCHER, *va.* ôter ce qui bouche. — *vn.* sortir d'un endroit resserré : *l'armée déboucha au point du jour* ; affluer dans (en parlant d'un cours d'eau).

DÉBOUCLER, *va.* défaire la boucle.

DÉBOUQUEMENT, *sm.* canal, détroit, passage entre deux îles ; action de débouquer (mar.).

DÉBOUQUER, *vn.* sortir d'un détroit, d'un canal (mar.).

DÉBOURBER, *va.* ôter la bourbe ; tirer de la bourbe.

DÉBOURRER, *va.* ôter la bourre. *Fig.* débourrer quelqu'un, le façonner.

DÉBOURS ou DÉBOURSÉ, *sm.* argent avancé ou dépensé ; frais.

DÉBOURSEMENT, *sm.* action de débourser.

DÉBOURSER, *va.* sortir de l'argent de la bourse et payer.

DEBOUT, *adv.* (*t* nul), sur pied ; sur sa base. *Vent debout* et mieux *de bout*, vent contraire (t. de mar.). — *interj.* pour faire lever quelqu'un qui est couché ou assis.

DÉBOUTER, *va.* déclarer quelqu'un déchu d'une demande faite en justice.

DÉBOUTONNER, *va.* dégager le bouton d'une boutonnière ; ôter le bouton d'un fleuret. — *Fig.* SE DÉBOUTONNER, *vpr.* parler librement, sans crainte.

DÉBRAILLER (SE), *vpr.* (ll m.), se découvrir la poitrine d'une manière inconvenante. *Fig. manières débraillées*, inconvenantes.

DÉBRECZIN, ville de Hongrie.

DÉBRIDER, *va.* ôter la bride. *Fig.* faire avec précipitation. — SANS DÉBRIDER, *loc. adv.* tout de suite.

DÉBRIS, *sm.* (*s* nulle), restes, ruines.

DÉBROCHER, *va.* ôter de la broche.

DEBROSSE (Jacques), célèbre architecte français, m. 1621.

DE BROSSES (le président), littérateur français (1709-1777).

DÉBROUILLEMENT, *sm.* (ll m.), action de débrouiller.

DÉBROUILLER, va. (ll m.), mettre en ordre, démêler. *Fig.* rendre plus clair.

DÉBRUTIR, va. dégrossir, commencer à polir.

DÉBRUTISSEMENT, sm. action de débrutir ; résultat de cette action.

DÉBUCHER, vn. et a. sortir d'un bois ; débusquer. — sm. action de la bête sortant du bois.

DÉBUSQUEMENT, sm. action de débusquer.

DÉBUSQUER, va. faire sortir du bois. *Fig.* chasser d'un poste, d'un emploi.

DÉBUT, sm. (t nul), action de débuter. *Fig.* commencement.

DÉBUTANT, ANTE, s. celui, celle qui débute.

DÉBUTER, vn. jouer le premier coup. *Fig.* commencer une affaire, entrer dans une carrière, s'essayer sur un théâtre.

DEÇÀ, prép. EN DEÇÀ, loc. adv. de ce côté-ci. — DEÇÀ, DELÀ, loc. adv. de côté et d'autre.

DÉCACHETER, va. ouvrir ce qui est cacheté.

DÉCADE, sf. dizaine, espace de dix jours.

DÉCADENCE, sf. état de ce qui déchoit, commencement de ruine.

DÉCADI, sm. dixième jour de la décade.

DÉCAGONE, sm. (gr. *déka* dix, *gônia* angle), figure de dix angles et de dix côtés (géom.).

DÉCAGRAMME, sm. poids de dix grammes.

DÉCAGYNIE, sf. (gr. *déka* dix ; *gyné* femme, et par extension femelle), sous-division dans la méthode de Linnée, des classes des plantes dont la fleur a dix pistils ou organes femelles (bot.).

DÉCAISSER, va. ôter d'une caisse.

DÉCALITRE, sm. mesure de dix litres.

DÉCALOGUE, sm. (gr. *déka* dix, *logos* parole), les dix commandements que Dieu donna à Moïse.

DÉCALQUER, va. reproduire le calque d'un dessin.

DÉCAMÉRON, sm. (gr. *déka* dix, *héméra* jour), livre dans lequel on raconte les événements ou les entretiens de dix jours.

DÉCAMÈTRE, sm. dix mètres.

DÉCAMPEMENT, sm. action de décamper.

DÉCAMPER, vn. s'en aller du camp, lever un camp. *Fig.* s'enfuir.

DECAMPS, peintre français (1803-1860).

DECAN, DECCAN ou DEKKAN, partie méridionale de l'Hindoustan.

DÉCANAT, sm. (l. *decanus* doyen), dignité, fonctions de doyen.

DÉCANDRIE, sf. (gr. *déka* dix ; *anêr*, gen. *andros* homme, et par extension organe mâle des fleurs ou étamine), dixième classe des plantes dans la méthode de Linnée, comprenant celles qui ont dix étamines (bot.).

DÉCANTATION, sf. action de décanter.

DÉCANTER, va. transvaser un liquide qui a déposé.

DÉCAPAGE, sm. action de décaper un métal.

DÉCAPER, va. nettoyer, dérouiller les métaux. Sortir d'un golfe, dépasser un cap.

DÉCAPITATION, sf. action de décapiter.

DÉCAPITER, va. priver de tête, enlever la tête.

DÉCAPODE, adj. (gr. *déka* dix ; *pous*, gen. *podos* pied), se dit d'animaux qui ont dix pieds ou pattes, comme l'écrevisse. — sm. pl. ordre de crustacés à dix pattes (zool.).

DÉCAPOLE, sf. (gr. *déka* dix, *polis* ville), contrée qui renferme dix villes principales.

DÉCARRELAGE, sm. action de décarreler ; résultat de cette action.

DÉCARRELER, va. ôter les carreaux d'une chambre.

DÉCASTÈRE, sm. mesure de dix stères.

DÉCASTYLE, sm. (gr. *déka* dix, *stylos* colonne), édifice dont le devant est orné de dix colonnes.

DÉCASYLLABE ou **DÉCASYLLABIQUE**, adj. 2 g. qui est composé de dix syllabes.

DÉCATIR, va. ôter l'apprêt d'une étoffe.

DÉCATISSAGE, sm. action de décatir ; résultat de cette action.

DÉCATISSEUR, sm. celui qui décatit.

DÉCAVER, va. gagner toute la cave d'un joueur. — SE DÉCAVER, vpr. perdre sa cave.

DECAZES, homme d'État, ministre de Louis XVIII (1780-1860).

DECAZEVILLE, p. ville (Aveyron).

DÈCE ou **DÉCIUS**, empereur romain (201-251).

DÉCÉDÉ, ÉE, adj. et s. mort.

DÉCÉDER, vn. mourir de mort naturelle (ne se dit que de l'homme).

DÉCÈLEMENT, sm. action de déceler.

DÉCELER, va. dévoiler ce qui est caché (c. geler).

DÉCEMBRE, sm. le dernier mois de l'année.

DÉCEMMENT, adv. avec décence.

DÉCEMVIR, sm. (on pron. décemvir - l. *decem* dix, *vir* homme), titre d'anciens magistrats romains au nombre de dix.

DÉCEMVIRAL, ALE, adj. (on pron. décemviral), des décemvirs, qui a rapport aux décemvirs (pl. m. décemviraux).

DÉCEMVIRAT, sm. (on pron. décemvira), magistrature des décemvirs.

DÉCENCE, sf. qualité de ce qui est décent, convenable, conforme aux bonnes mœurs, à la bienséance.

DÉCENNAL, ALE, adj. (on pr. décen-nal), qui dure dix ans, qui revient tous les dix ans (pl. m. décennaux).

DÉCENT, ENTE, adj. qui est convenable, qui est selon la décence.

DÉCENTRALISATION, sf. le contraire de centralisation.

DÉCENTRALISER, va. opérer la décentralisation.

DÉCEPTION, sf. (on pr. décepcion), action de tromper, résultat de cette action.

DÉCERCLER, va. enlever les cercles.

DÉCERNER, va. accorder publiquement ; ordonner par un acte juridique.

DÉCÈS, sm. (s nulle), mort naturelle.

DÉCEVABLE, *adj.* 2 g. sujet à être trompé, facile à tromper.

DÉCEVANCE, *sf.* qualité de ce qui est décevant (vx. mot).

DÉCEVANT, ANTE, *adj.* trompeur, séduisant.

DÉCEVOIR, *va.* tromper, abuser.

DÉCHAÎNEMENT, *sm.* emportement, violence; haine.

DÉCHAÎNER, *va.* détacher de la chaîne. *Fig.* animer ou irriter contre. — SE DÉCHAÎNER, *vpr.* s'emporter contre.

DÉCHANTER, *vn.* mal chanter. *Fig.* changer de ton, rabattre de ses prétentions.

DÉCHARGE, *sf.* action d'ôter une charge, un fardeau. *Fig.* acte par lequel on relève quelqu'un d'une obligation; coups d'arme à feu; déposition favorable à un accusé; endroit par où s'écoule l'eau.

DÉCHARGEMENT, *sm.* action de décharger.

DÉCHARGER, *va.* ôter une charge, un fardeau. *Fig.* témoigner en faveur de, tirer une arme à feu; déclarer quitte d'une obligation; dispenser d'un soin, d'un travail; assener : *décharger un coup de bâton.* — SE DÉCHARGER, *vpr.* se débarrasser d'un fardeau, des soins d'un travail, et s'écouler dans (en parlant de l'eau).

DÉCHARGEUR, *sm.* celui qui décharge des marchandises.

DÉCHARNÉ, ÉE, *adj.* dont on a ôté la chair. *Fig.* maigre.

DÉCHARNER, *va.* ôter la chair des os. *Fig.* amaigrir excessivement, dépouiller d'ornements.

DÉCHASSER, *vn.* faire un second chassé en dansant.

DÉCHAUMER, *va.* enterrer le chaume; défricher.

DÉCHAUSSEMENT, *sm.* action de déchausser un arbre, une dent.

DÉCHAUSSER, *va.* ôter la chaussure. *Fig.* mettre à nu le pied, la base d'un objet.

DÉCHAUSSOIR, *sm.* outil pour déchausser les dents.

DÉCHAUX, *adj. m. Carmes déchaux,* qui n'ont que des sandales et pas de bas.

DÉCHÉANCE, *sf.* perte d'un droit.

DÉCHET, *sm.* (*t* nul), diminution de valeur ou de quantité.

DÉCHEVELÉ, ÉE, *adj.* qui a la chevelure en désordre.

DÉCHEVELER, *va.* mettre la chevelure en désordre.

DÉCHIFFRABLE, *adj.* 2 g. qui peut être déchiffré.

DÉCHIFFREMENT, *sm.* action de déchiffrer, effet de cette action.

DÉCHIFFRER, *va.* expliquer un écrit en chiffres; lire une écriture difficile; lire de la musique. *Fig.* pénétrer quelque chose d'obscur; découvrir les intentions de quelqu'un.

DÉCHIFFREUR, *sm.* celui qui déchiffre.

DÉCHIQUETER, *va.* découper en menus morceaux.

DÉCHIQUETURE, *sf.* découpure.

DÉCHIRAGE, *sm.* action de défaire un train de bois ou les planches d'un bateau.

DÉCHIRANT, ANTE, *adj.* qui déchire, qui fait beaucoup de peine.

DÉCHIRÉ, ÉE, *adj. part.* qui a été déchiré. *Fig.* défiguré, enlaidi.

DÉCHIREMENT, *sm.* action de déchirer. *Fig.* douleur excessive; troubles civils.

DÉCHIRER, *va.* mettre en pièces, rompre. *Fig.* causer une forte douleur morale, troubler; calomnier.

DÉCHIRURE, *sf.* rupture faite en déchirant.

DÉCHOIR, *vn.* tomber dans un état inférieur, décliner, diminuer. — *Ind. pr.* je déchois, tu déchois; il déchoit, n. déchoyons, v. déchoyez, ils déchoient; (pas d'*imp.*); *p. déf.* je déchus; *fut.* je décherrai; *cond.* je décherrais; (pas d'*impér.*); *subj. pr.* que je déchoie, que tu déchoies, qu'il déchoie, que n. déchoyions, que v. déchoyiez, qu'ils déchoient; *imp.* que je déchusse; (pas de *part. prés.*); *part. p.* déchu, ue. Les temps composés prennent *être* ou *avoir.*

DÉCHOUER, *va.* remettre à flot un navire échoué.

DÉCHU, UE, *adj. part.* tombé d'un état supérieur; affaibli.

DÉCIARE, *sm.* dixième de l'are.

DÉCIDÉ, ÉE, *adj.* résolu, ferme; qui n'a rien d'incertain.

DÉCIDÉMENT, *adv.* d'une manière décidée; résolûment.

DÉCIDENT, ENTE, *adj.* (l. *decidere* tomber), tombant ou caduc (*bot.*).

DÉCIDER, *va.* résoudre, terminer; déterminer. — *vn.* ordonner, disposer de; porter son jugement sur. — SE DÉCIDER, *vpr.* se résoudre à, prendre un parti.

DÉCIGRAMME, *sm.* dixième partie du gramme.

DÉCILITRE, *sm.* dixième du litre.

DÉCIMAL, ALE, *adj.* où les parties sont des dixièmes (pl. m. *decimaux*).

DÉCIMATION, *sf.* action de décimer.

DÉCIME, *sm.* dixième du franc.

DÉCIMER, *va.* punir une personne sur dix. *Imp.* faire périr un grand nombre d'individus.

DÉCIMÈTRE, *sm.* dixième du mètre.

DECIMO, *adv.* (on pr. *decimo* et l'on écrit 10°), dixièmement.

DÉCINTREMENT, *sm.* action de décintrer.

DÉCINTRER, *va.* ôter les cintres.

DÉCISIF, IVE, *adj.* qui décide, qui tranche la question. *Bataille décisive,* qui oblige le vaincu à se soumettre.

DÉCISION, *sf.* jugement définitif; détermination.

DÉCISIVEMENT, *adv.* d'une manière décisive.

DÉCISTÈRE, *sm.* dixième du stère.

DECIZE, *p.* ville (Nièvre).

DÉCLAMATEUR, *s. et adj. m.* qui déclame; emphatique.

DÉCLAMATION, *sf.* action, art de déclamer. *Fig.* invective; abus d'expressions emphatiques.

DÉCLAMATOIRE, *adj. 2 g.* qui appartient à la déclamation ; emphatique.

DÉCLAMER, *va.* réciter à haute voix et avec art. — *vn.* parler contre.

DÉCLARATIF, IVE, *adj.* par lequel on déclare quelque chose.

DÉCLARATION, *sf.* action de déclarer ; acte par lequel on déclare ; déposition, aveu.

DÉCLARATOIRE, *adj. 2 g.* par lequel on déclare juridiquement.

DÉCLARER, *va.* faire connaître ouvertement ; révéler ; décréter ; signifier : *déclarer la guerre.* — SE DÉCLARER, *vpr.* s'expliquer nettement, prendre parti pour.

DÉCLASSEMENT, *sm.* action de déclasser ; résultat de cette action.

DÉCLASSER, *va.* retirer d'une classe, d'un rang, d'un ordre ; détruire le classement.

DÉCLIC, *sm.* ressort qui tient suspendu ; dent de loup ou rochet qui, retiré, laisse entrer en mouvement une machine ; bélier pour enfoncer les pieux.

DÉCLIMATER, *va.* faire changer de climat à un animal ou à une plante.

DÉCLIN, *sm.* état d'une chose qui va vers sa fin.

DÉCLINABLE, *adj. 2 g.* que l'on peut décliner.

DÉCLINAISON, *sf.* manière de former les cas des noms, adjectifs et pronoms dans quelques langues ; distance des astres à l'équateur.

DÉCLINANT, *adj. m.* qui décline.

DÉCLINATOIRE, *adj. 2 g. Acte déclinatoire,* qui sert à décliner une juridiction.

DÉCLINER, *vn.* pencher vers sa ruine, s'affaiblir ; s'écarter d'une direction. — *va.* former les cas des mots déclinables. *Décliner une juridiction,* ne pas l'accepter ; *décliner son nom,* le dire.

DÉCLIQUETER, *va.* dégager le cliquet des dents de la roue.

DÉCLIVE, *adj. 2 g.* qui est en pente.

DÉCLIVER, *vn.* pencher, s'abaisser graduellement.

DÉCLIVITÉ, *sf.* pente.

DÉCLORE, *va.* ôter la clôture (c. clore).

DÉCLOUER, *va.* enlever les clous ; détacher la chose clouée.

DÉCOCHEMENT, *sm.* action de décocher.

DÉCOCHER, *va.* faire sortir un trait de la coche d'une arbalète. *Fig.* lancer un trait, une plaisanterie.

DÉCOCTION, *sf.* (on pron. *décoxion*), bouillon d'herbes médicinales.

DÉCOIFFER, *va.* défaire, déranger la coiffure ; ôter ce qui couvre la tête.

DÉCOLLATION, *sf.* action par laquelle on coupe le cou.

DÉCOLLEMENT, *sm.* action de décoller ; effet de cette action.

DÉCOLLER, *va.* détacher une chose collée ; couper le cou.

DÉCOLLETER, *va.* découvrir le cou, les épaules. — *vn.* laisser le cou découvert (c. *acheter*).

DÉCOLORATION, *sf.* perte ou diminution de la couleur.

DÉCOLORÉ, ÉE, *adj. part.* qui a perdu sa couleur. *Fig.* qui manque de couleur, de coloris, de vigueur.

DÉCOLORER, *va.* enlever la couleur, priver de couleur. — SE DÉCOLORER, *vpr.* perdre sa couleur.

DÉCOMBRER, *va.* enlever les décombres.

DÉCOMBRES, *sm. pl.* débris d'une démolition.

DÉCOMMANDER, *va.* contremander.

DÉCOMPLÉTER, *va.* rendre incomplet en enlevant une partie du tout.

DÉCOMPOSABLE, *adj. 2 g.* qui peut être décomposé.

DÉCOMPOSER, *va.* réduire par l'analyse un corps à ses principes, une chose aux éléments qui la composent ; séparer les parties d'un tout. *Fig.* altérer.

DÉCOMPOSITION, *sf.* action de décomposer ; effet de cette action. *Fig.* altération profonde.

DÉCOMPTE, *sm.* (p nul), rabais sur une somme à payer. *Fig.* espérance trompée.

DÉCOMPTER, *va.* (p nul), déduire d'un compte. — *Fig. vn.* rabattre d'une opinion.

DÉCONCERTER, *va.* troubler, décontenancer ; *déconcerter des projets,* les faire avorter. — SE DÉCONCERTER, *vpr.* perdre contenance.

DÉCONFIRE, *va.* défaire dans un combat ; décontenancer.

DÉCONFITURE, *sf.* déroute. *Fig.* destruction, ruine, faillite.

DÉCONFORT, *sm.* découragement.

DÉCONFORTER, *va.* décourager.

DÉCONSEILLER, *va.* dissuader.

DÉCONSIDÉRATION, *sf.* perte de la considération.

DÉCONSIDÉRÉ, ÉE, *adj.* qui n'est plus considéré ni estimé.

DÉCONSIDÉRER, *va.* faire perdre la considération.

DÉCONTENANCE, *sf.* défaut ou perte de contenance.

DÉCONTENANCER, *va.* faire perdre contenance.

DÉCONVENUE, *sf.* mauvais succès.

DÉCOR, *sm.* ce qui décore ; décorations de théâtre.

DÉCORATEUR, *sm.* et *adj.* celui qui fait les décorations.

DÉCORATION, *sf.* embellissement ; ornement d'architecture ; peinture de théâtre ; marque d'honneur, insigne de dignité.

DÉCORDER, *va.* détortiller une corde.

DÉCORÉ, ÉE, *adj.* orné. *Fig.* qui porte une décoration, une marque d'honneur.

DÉCORER, *va.* orner ; conférer une décoration. *Fig. décorer du nom de,* nommer de ce nom.

DÉCORNER, *va.* enlever les cornes ; défaire la corne faite à un feuillet.

DÉCORTIGATION, *sf.* action d'enlever l'écorce, de peler des racines, des graines, etc.

DÉCORTIQUER, va. enlever l'écorce, l'enveloppe.

DÉCORUM, sm. (on pron. décorome), bienséance (pas de pl.).

DÉCOUCHER, vn. coucher hors de chez soi. — va. priver quelqu'un de son lit.

DÉCOUDRE, va. défaire une couture. Fig. faire une blessure en long; en découdre, en venir aux mains (c. coudre).

DÉCOULEMENT, sm. flux.

DÉCOULER, vn. couler peu à peu. Fig. émaner, être la conséquence.

DÉCOUPAGE, sm. action de découper.

DÉCOUPER, va. couper par morceaux; découper une image, une figure, la détacher de son entourage.

DÉCOUPEUR, euse, s. celui, celle qui fait des découpures.

DÉCOUPLÉ, ÉE, adj. dont la taille est bien dégagée.

DÉCOUPLER, va. détacher des chiens couplés. Fig. lâcher des gens après quelqu'un.

DÉCOUPOIR, sm. instrument pour découper.

DÉCOUPURE, sf. action de découper; ornement découpé; taillade faite à une étoffe.

DÉCOURAGEANT, ANTE, adj. qui décourage.

DÉCOURAGEMENT, sm. perte de courage, abattement.

DÉCOURAGER, va. ôter le courage, ôter le désir de faire quelque chose.

DÉCOURONNER, va. enlever la couronne. Fig. chasser d'une hauteur les troupes qui y étaient postées.

DÉCOURS, sm. déclin de la lune; décroissance d'une maladie.

DÉCOUSU, UE, adj. part. qui n'est plus cousu. Fig. qui manque de liaison, de suite. — sm. état de ce qui manque de liaison.

DÉCOUSURE, sf. endroit décousu d'une étoffe.

DÉCOUVERT, ERTE, adj. qui n'est pas couvert. Fig. inventé; pays découvert, où il n'y a pas d'arbres. — À DÉCOUVERT, loc. adv. sans être couvert; clairement, sans ambiguïté; sans garantie (t. de commerce).

DÉCOUVERTE, sf. action de découvrir; chose découverte; invention; exploration.

DÉCOUVREUR, sm. auteur d'une découverte; en t. de guerre, celui qui va à la découverte.

DÉCOUVRIR, va. enlever ce qui couvre. Fig. trouver à force de recherches; commencer à apercevoir; dévoiler une chose ignorée. — SE DÉCOUVRIR, vpr. ôter ses vêtements ou son chapeau. Fig. faire connaître ses pensées, ses sentiments; se priver de garantie, s'exposer à; le temps se découvre, les nuages se dissipent.

DÉCRASSER, va. ôter la crasse. Fig. instruire, faire sortir d'une basse condition.

DÉCRÉDITEMENT, sm. action de décréditer.

DÉCRÉDITER, va. faire perdre le crédit, l'estime, la confiance, l'autorité.

DÉCRÉPI, IE, adj. qui a perdu son crépi.

DÉCRÉPIT, ITE, adj. qui est dans la décrépitude.

DÉCRÉPITATION, sf. pétillement.

DÉCRÉPITER, vn. pétiller.

DÉCRÉPITUDE, sf. état de vieillesse extrême.

DÉCRÈS, amiral, ministre de la marine pendant le premier empire (1761-1820).

DÉCRESCENDO, sm. (on pron. décréchendo), dont le son va en décroissant (mot ital.). — adv. en décroissant.

DÉCRET, sm. ordonnance, loi, arrêt; saisie de biens.

DÉCRÉTALE, sf. règlement, décision des anciens papes.

DÉCRÉTER, va. ordonner par décret. — vn. faire un décret.

DÉCRI, sm. action de décrier; perte de considération, de valeur.

DÉCRIER, va. défendre la vente, le cours, l'usage d'une chose. Fig. attaquer la réputation, ôter l'estime.

DÉCRIRE, va. dépeindre par la parole; tracer.

DÉCRIVANT, ANTE, adj. se dit d'un point d'une ligne, d'une surface dont le mouvement décrit une ligne, une surface ou un solide (géom.).

DÉCROCHEMENT, sm. action de décrocher.

DÉCROCHER, va. détacher une chose accrochée.

DÉCROISSANCE, sf. ou DÉCROISSEMENT, sm. diminution.

DÉCROISSANT, ANTE, adj. qui décroît.

DÉCROÎT, sm. quantité dont une chose décroît; déclin de la lune.

DÉCROÎTRE, vn. diminuer (c. croître).

DÉCROTTAGE, sm. action de décrotter.

DÉCROTTER, va. enlever la crotte.

DÉCROTTEUR, sm. celui qui décrotte.

DÉCROTTOIR, sm. ustensile pour décrotter la chaussure.

DÉCROTTOIRE, sf. brosse à décrotter.

DÉCRUE, sf. quantité dont les eaux ont décru.

DÉCRUER, va. préparer du fil cru ou de la soie pour les teindre.

DÉCRUSAGE ou DÉCRUSEMENT, sm. action de décruser.

DÉCRUSER, va. faire bouillir les cocons pour les dévider.

DÉCUIRE, va. remédier à l'excès de cuisson.

DÉCUPLE, adj. 2 g. et sm. qui vaut dix fois autant.

DÉCUPLER, va. rendre dix fois aussi grand.

DÉCURIE, sf. dixième d'une centurie chez les anciens Romains.

DÉCURION, sm. chef d'une décurie.

DÉCURRENT, ENTE, adj. qui a un prolongement en saillie (bot.).

DÉCUSSÉ, ÉE, adj. disposé par paires, croisé en sautoir (bot.).

DÉCUVER, va. et n. transvaser d'une cuve ou d'un tonneau dans un autre.

DÉDAIGNER, va. mépriser; rejeter avec dédain; ne pas se soucier de.

DÉDAIGNEUSEMENT, adv. avec dédain.

DÉDAIGNEUX, EUSE, adj. et s. qui marque du dédain, qui dédaigne.

DÉDAIN, *sm.* mépris que l'on exprime.

DÉDALE, architecte qui, suivant la Fable, construisit le labyrinthe de Crète. — *sm.* labyrinthe. *Fig.* embarras, chose embrouillée.

DÉDALLER, *va.* ôter les dalles.

DEDANS, *adv.* dans l'intérieur. — *sm.* la partie intérieure.

DÉDICACE, *sf.* consécration d'un édifice religieux; hommage par écrit d'un ouvrage imprimé.

DÉDICATOIRE, *adj.* 2 g. formant la dédicace.

DÉDIER, *va.* consacrer au culte; faire hommage de.

DÉDIRE, *va.* désavouer. — SE DÉDIRE, *vpr.* revenir sur sa parole, sur sa décision.

DÉDIT, *sm.* (t nul), révocation d'une parole donnée; peine en cas de dédit.

DÉDOMMAGEMENT, *sm.* réparation d'un dommage; compensation.

DÉDOMMAGER, *va.* anéantir le dommage, rendre l'équivalent du dommage souffert.

DÉDORER, *va.* enlever la dorure.

DÉDOUBLEMENT, *sm.* action de dédoubler.

DÉDOUBLER, *va.* enlever la doublure; séparer ce qui est double.

DÉDUCTION, *sf.* (on pr. *déduxion*), soustraction, diminution; conséquence tirée d'un principe; action de raconter en détail.

DÉDUIRE, *va.* soustraire; exposer en détail; tirer une conséquence.

DÉDUIT, *sm.* (t nul), divertissement.

DÉESSE, *sf.* divinité féminine de la Fable.

DÉFÂCHER (Se), *vpr.* s'apaiser.

DE FAÇON QUE, V. *Façon.*

DÉFAILLANCE, *sf.* (ll m.), évanouissement, grande faiblesse.

DÉFAILLANT, ANTE, *adj.* (ll m.), qui s'affaiblit. — *s.* qui ne comparaît pas en justice.

DÉFAILLIR, *vn.* (ll m.), tomber en faiblesse, manquer, dépérir, s'affaiblir. — Les seuls temps employés sont : le pl. de l'ind. pr. n. défaillons, v. défaillez, ils défaillent; l'imp. je défaillais; le p. déf. je défaillis; l'infin. prés. et les temps composés.

DÉFAIRE, *va.* détruire ce qui est fait; mettre en déroute : *défaire l'ennemi*; amaigrir, abattre : *le chagrin l'a défait*; faire périr. — SE DÉFAIRE DE, *vpr.* se désaccoutumer d'une chose, y renoncer; céder, vendre; se débarrasser de : *se défaire d'un importun* (c. faire).

DÉFAIT, AITE, *adj.* abattu, amaigri.

DÉFAITE, *sf.* déroute complète d'une armée; vente facile; mauvais prétexte.

DÉFALCATION, *sf.* action de défalquer.

DÉFALQUER, *va.* rabattre, retrancher d'une somme, d'une quantité.

DÉFAUT, *sm.* manque, imperfection; manquement à une assignation en justice. — A DÉFAUT DE, *loc. adv.* au lieu de.

DÉFAVEUR, *sf.* disgrâce, discrédit.

DÉFAVORABLE, *adj.* 2 g. qui n'est pas favorable.

DÉFAVORABLEMENT, *adv.* d'une manière défavorable.

DÉFÉCATION, *sf.* dépuration d'une liqueur.

DÉFECTIF, IVE, *adj.* se dit d'un verbe qui manque de quelque temps ou de quelque personne.

DÉFECTION, *sf.* (on pr. *défexion*), action d'abandonner un parti; désertion.

DÉFECTIVITÉ, *sf.* qualité de ce qui est défectif ou défectueux.

DÉFECTUEUSEMENT, *adv.* d'une manière défectueuse.

DÉFECTUEUX, EUSE, *adj.* qui manque des qualités, des conditions requises.

DÉFECTUOSITÉ, *sf.* état de ce qui est défectueux, imperfection, défaut.

DÉFENDABLE, *adj.* 2 g. qui peut être défendu.

DÉFENDEUR, DÉFENDERESSE, *s.* celui, celle qui se défend en justice.

DÉFENDRE, *va.* secourir, protéger, conserver, garantir; parler en faveur de quelqu'un; prohiber, interdire. — SE DÉFENDRE, *vpr.* repousser une attaque; s'excuser.

DÉFENSE, *sf.* secours, appui, justification, réponse en justice; résistance contre une attaque; prohibition, interdiction. Au pl. fortifications; longues dents de certains animaux.

DÉFENSEUR, *sm.* celui qui défend, protecteur, soutien.

DÉFENSIF, IVE, *adj.* propre à la défense.

DÉFENSIVE, *sf.* état de celui qui se défend.

DÉFÉQUER, *va.* ôter les fèces, les impuretés d'un liquide (chim.).

DÉFÉRENCE, *sf.* égard, condescendance.

DÉFÉRENT, ENTE, *adj.* se dit de canaux, de conduits qui portent des sucs ou des humeurs d'une partie à une autre dans les corps organisés.

DÉFÉRER, *va.* donner, accorder; *déférer en justice*, dénoncer. — *vn.* avoir de la déférence pour : *déférer aux avis d'un père*.

DÉFERLER, *va.* déployer les voiles. — *vn.* se dit des lames de la mer qui se déploient et se résolvent en écume (mar.).

DÉFERRER, *va.* ôter le fer d'un objet, du pied d'un cheval. *Fig.* déconcerter.

DÉFEUILLAISON, *sf.* (ll m.), chute des feuilles; temps où elle a lieu.

DÉFEUILLER, *va.* (ll m.), enlever les feuilles.

DÉFI, *sm.* provocation.

DÉFIANCE, *sf.* soupçon, crainte, manque de confiance.

DÉFIANT, ANTE, *adj.* qui a de la défiance.

DÉFICIT, *sm.* (on pron. le t), ce qui manque d'une somme; pl. *déficits*.

DÉFIER, *va.* provoquer, braver. — SE DÉFIER DE, *vpr.* être en défiance, prévoir.

DÉFIGUREMENT, *sm.* état de ce qui est défiguré (*Mme de Sévigné*).

DÉFIGURER, *va.* gâter la figure, rendre difforme. *Fig.* dénaturer.

DÉFILÉ, *sm.* passage étroit; marche à la file. *Fig.* situation embarrassante.

DÉFILER, *va.* ôter le fil, le cordon enfilé. *Fig.* raconter en détail. — *vn.* marcher à la file.

DÉFINI, IE, *adj.* et *sm.* déterminé, fixe; qui marque un temps déterminé.

DÉFINIR, va. faire connaître la nature d'un objet, le sens d'un mot; déterminer.

DÉFINISSABLE, adj. 2 g. qui peut être défini.

DÉFINITIF, IVE, adj. qui décide, qui détermine. — EN DÉFINITIVE, loc. adv. en dernier résultat.

DÉFINITION, sf. explication d'une chose par ses attributs ou du sens d'un mot.

DÉFINITIVEMENT, adv. enfin, par décision définitive.

DÉFLAGRATION, sf. opération par laquelle un corps est brûlé avec flamme (chim.).

DÉFLÉCHIR, va. et SE DÉFLÉCHIR, vpr. courber, tomber en dehors (bot.); être détourné de sa direction (phys.).

DÉFLEXION, sf. action de se défléchir, état de ce qui est défléchi.

DÉFLEURAISON, sf. chute des fleurs, temps de cette chute.

DÉFLEURIR, va. ôter la fleur. — vn. perdre ses fleurs.

DÉFLORER, va. ôter à un sujet ce qu'il a de neuf et de piquant.

DEFOË (Daniel), écrivain anglais, auteur de Robinson Crusoe (1663-1731).

DÉFOLIATION, sf. défeuillaison.

DÉFONCÉ, ÉE, adj. Chemin défoncé, chemin degradé, effondre.

DÉFONCEMENT, sm. action de defoncer.

DÉFONCER, va. ôter, briser le fond; fouiller la terre.

DÉFORMATION, sf. altération de la forme.

DÉFORMER, va. detruire ou altérer la forme.

DÉFOURNER, va. retirer du four.

DÉFRAYER, va. payer la depense de quelqu'un. Fig. amuser à ses dépens (c. payer).

DÉFRICHEMENT, sm. action de défricher; au pl. terrains défrichés.

DÉFRICHER, va. anéantir la friche, mettre en culture un sol inculte.

DÉFRICHEUR, sm. celui qui défriche.

DÉFRISER, va. défaire la frisure.

DEFRONCEMENT, sm. action de défroncer.

DÉFRONCER, va. défaire les plis. Fig. defroncer le sourcil, se derider le front.

DÉFROQUE, sf. dépouille; vêtements usés; biens meubles abandonnés à un autre.

DÉFROQUÉ, ÉE, adj. et sm. qui a quitté le froc.

DÉFROQUER, va. ôter le froc.

DÉFUBLER, va. ôter ce qui affuble, ce qui enveloppe.

DÉFUNT, UNTE, adj. et s. qui est mort.

DÉGAGÉ, ÉE, adj. libre, aisé.

DÉGAGEMENT, sm. action de dégager; passage dérobé.

DÉGAGER, va. retirer ce qui est en gage. Fig. débarrasser, liberer; séparer; fournir des émanations. Degager sa parole, retirer sa parole donnée, se liberer d'une promesse.

DÉGAINE, sf. tournure, manière (pop.).

DÉGAINER, va. tirer de la gaine ou du fourreau. — vn. tirer l'epée.

DÉGANTER, va. ôter les gants.

DÉGARNIR, va. ôter ce qui garnit. Fig. priver de. — SE DÉGARNIR, vpr. se vêtir moins chaudement; se priver de.

DÉGÂT, sm. (t nul), ravage, ruine; consommation de denrées sans économie.

DÉGAUCHIR, va. redresser une chose gauche; faire perdre la gaucherie.

DÉGAUCHISSEMENT, sm. action de dégauchir.

DÉGEL, sm. fonte de la glace ou de la neige.

DÉGELER, va. et n. faire qu'une chose cesse d'être gelée (c. geler).

DÉGÉNÉRATION, sf. état de ce qui dégénère.

DÉGÉNÉRER, vn. changer de bien en mal; perdre de sa valeur.

DÉGÉNÉRESCENCE, sf. état de ce qui degénère ou a degénéré.

DÉGINGANDÉ, ÉE, adj. disloque, sans grâce (fam.).

DÉGLUER, va. ôter la glu, la chasse.

DÉGLUTITION, sf. (on pr. dégluticion), action d'avaler.

DÉGOBILLER (ll m), va. et n. vomir (pop.).

DÉGOBILLIS, sm. (ll m. s. nulle), matières vomies (pop.).

DÉGOISER, va. et n. parler avec volubilité, sans discretion (fam.).

DÉGOMMAGE, sm. action de degommer; resultat de cette action.

DÉGOMMER, va. ôter la gomme. Fig. destituer (pop.).

DÉGONFLEMENT, sm. action de dégonfler.

DÉGONFLER, va. faire cesser le gonflement.

DÉGORGEMENT, sm. écoulement des eaux, des humeurs, etc.

DÉGORGEOIR, sm. endroit où les eaux se dégorgent.

DÉGORGER, va. débarrasser un passage engorgé; nettoyer. — vn. se deboucher, se nettoyer. — SE DÉGORGER, vpr. s'écouler, se vider.

DÉGOTER, va. prendre le poste de quelqu'un, supplanter (fam.).

DÉGOURDI, IE, adj. part. un peu chaud. — adj. et s. Fig. hardi, adroit, avisé, difficile à tromper.

DÉGOURDIR, va. faire cesser l'engourdissement; chauffer legèrement. Fig. donner de l'aisance, de la hardiesse.

DÉGOURDISSEMENT, sm. action de se dégourdir.

DÉGOÛT, sm. absence de goût, d'appetit. Fig. répugnance, aversion, déplaisir.

DÉGOÛTANT, ANTE, adj. qui excite le degoût.

DÉGOÛTÉ, ÉE, adj. et s. qui ne trouve pas ou ne trouve plus à son gré; qui fait le delicat, le difficile.

DÉGOÛTER, va. faire perdre le goût, l'appetit. Fig. donner, exciter le dégoût. — SE DÉGOÛTER DE, prendre en dégoût, se fatiguer de.

DÉGOUTTANT, ANTE, adj. qui dégoutte.

DÉGOUTTEMENT, sm. action de dégoutter.

DÉGOUTTER, vn. couler goutte à goutte ; être couvert de gouttes.

DÉGRADANT, ANTE, adj. qui dégrade.

DÉGRADATION, sf. destitution ignominieuse ; avilissement ; dégât, dépérissement ; affaiblissement des teintes.

DÉGRADER, va. destituer ignominieusement d'un grade ; avilir ; détériorer. — SE DÉGRADER, vpr. s'avilir ; s'endommager.

DÉGRAFER, va. détacher une chose agrafée

DÉGRAISSAGE ou **DÉGRAISSEMENT,** sm. action de dégraisser des étoffes.

DÉGRAISSER, va. enlever la graisse, les taches.

DÉGRAISSEUR, EUSE, s. celui, celle qui dégraisse les étoffes.

DÉGRAISSOIR, sm. instrument pour dégraisser.

DÉGRAVOIEMENT ou **DÉGRAVOIMENT,** sm. dégradation par l'action de l'eau.

DÉGRAVOYER, va. causer du dégravoiement (t. employé).

DEGRÉ, sm. escalier, marche d'escalier ; grade ; progrès ; point ; division d'une échelle ; 360e partie du cercle. Fig. proximité en parenté. — PAR DEGRÉS, loc. adv. graduellement

DÉGRÉEMENT, sm. action de dégréer.

DÉGRÉER, va. ôter les agrès d'un navire.

DÉGRÈVEMENT, sm. action de dégrever.

DÉGREVER, va. littéralement ôter la charge, décharger ; diminuer un impôt, une charge trop forte.

DÉGRINGOLADE, sf. chute rapide. Fig. ruine.

DÉGRINGOLER, va. descendre rapidement. — vn. rouler de haut en bas.

DÉGRISEMENT, sm. état d'une personne dégrisée.

DÉGRISER, va. faire passer l'ivresse. Fig. détruire l'illusion, l'espérance.

DÉGROSSI, IE, adj. part. ébauché, éclairci, rendu moins grossier.

DÉGROSSIR, va. ôter le plus gros. Fig. ébaucher, éclaircir ; rendre moins grossier.

DÉGROSSISSAGE, sm. action de dégrossir.

DÉGUENILLÉ, ÉE, adj. (ll m.), couvert de guenilles, qui tombe en guenilles.

DÉGUERPIR, vn. s'en aller par contrainte (fam.).

DÉGUERPISSEMENT, sm. action de déguerpir.

DÉGUIGNONNER, va. faire cesser le guignon (fam.).

DÉGUISÉ, ÉE, travesti. Fig. dissimulé, feint, caché.

DÉGUISEMENT, sm. ce qui sert à déguiser ; état d'une personne déguisée. Fig. fausse apparence, dissimulation.

DÉGUISER, va. travestir. Fig. dissimuler, cacher, altérer. — SE DÉGUISER, vpr. se travestir.

DÉGUSTATEUR, sm. celui qui déguste.

DÉGUSTATION, sf. action de déguster.

DÉGUSTER, va. goûter une boisson ou autre chose pour en connaître le goût, la qualité.

DÉHÂLER, va. et n. faire disparaître le hâle.

DÉHANCHÉ, ÉE, adj. qui a les hanches disloquées.

DÉHARNACHEMENT, sm. action de déharnacher.

DÉHARNACHER, va. ôter le harnais.

DÉHISCENCE, sf. manière dont s'ouvrent les anthères, les gousses (bot.).

DÉHISCENT, ENTE, adj. se dit des parties de la plante qui s'ouvrent d'elles-mêmes (bot.).

DEHLI, V. Delhi.

DÉHONTÉ, ÉE, adj. sans honte, sans pudeur.

DEHORS, sm. l'extérieur. Fig. apparences. — adv. à l'extérieur, hors de.

DÉICIDE, adj. 2 g. et s. qui a tué un dieu.

DÉIFICATION, sf. action de déifier.

DÉIFIER, va. mettre au rang des dieux. Fig. louer extrêmement.

DÉIPHOBE, fils de Priam et d'Hécube.

DÉISME, sm. croyance religieuse du déiste.

DÉISTE, adj. et s. 2 g. qui reconnaît un Dieu, mais rejette toute religion révélée.

DÉITÉ, sf. divinité de la Fable.

DÉJÀ, adv. dès ce moment ; antérieurement.

DÉJANIRE, fille d'Œnée, roi de Calydon et femme d'Hercule (myth.).

DÉJECTION, sf. (on pr. déjexion), évacuation d'excréments, matières évacuées.

DÉJETER (SE), vpr. se courber, se plier, se déjettre, se contourner.

DÉJEUNÉ ou **DÉJEUNER,** sm. repas du matin ; petit plateau garni de tasses.

DÉJEUNER, vn. manger le déjeuné.

DÉJOCÈS, roi des Mèdes, 7e s. av. J. C.

DÉJOINDRE, va. séparer des choses jointes (c. joindre).

DÉJOUER, va. faire échouer les desseins d'autrui. — vn. mal jouer.

DÉJUCHER, va. et n. descendre du juchoir (en parlant des poules). Fig. faire descendre quelqu'un.

DEKKAN, V. Décan.

DELÀ, prép. de l'autre côté de. — DEÇÀ ET DELÀ, loc. adv. de côté et d'autre ; EN DELÀ, plus loin.

DÉLABRÉ, ÉE, adj. part. en mauvais état, en ruines.

DÉLABREMENT, sm. mauvais état d'une chose.

DÉLABRER, va. mettre en lambeaux, en désordre ; détériorer.

DÉLACER, va. défaire ou relâcher un lacet.

DELACROIX (Eugène), célèbre peintre français (1799-1863).

DÉLAI, sm. retardement ; temps accordé pour faire une chose.

DÉLAISSEMENT, sm. abandon ; manque d'assistance, de secours.

DÉLAISSER, va. abandonner, laisser sans assistance ; renoncer à.

DELAMBRE, célèbre astronome français (1749-1822).

DELAROCHE (Paul), célèbre peintre français (1797-1856).

DÉLASSEMENT, sm. repos.

DÉLASSER, va. ôter la lassitude. — SE DÉLASSER, vpr. se reposer.

DÉLATEUR, TRICE, s. celui, celle qui dénonce.

DÉLATION, sf. action de dénoncer, accusation.

DÉLATTER, va. ôter les lattes.

DELAVIGNE (Casimir), poète dramatique français (1793-1843).

DELAWARE, rivière et État de l'Union (États-Unis).

DÉLAYANT, ANTE, adj. et s. remède qui délaye.

DÉLAYEMENT, sm. action de délayer.

DÉLAYER, va. détremper dans un liquide. Fig. exprimer en beaucoup de mots (v.payer).

DELEATUR, sm. (on pron. déléatur), signe indiquant la suppression des lettres ou des mots (t. d'imprimerie).

DÉLÉBILE, adj. 2 g. qui peut être effacé.

DÉLECTABLE, adj. 2 g. qui délecte, qui est très-agréable.

DÉLECTATION, sf. plaisir qu'on savoure.

DÉLECTER, va. charmer, causer un vif plaisir. — SE DÉLECTER, vpr. prendre plaisir à.

DÉLÉGATION, sf. commission pour agir à la place d'un autre; transport d'une créance.

DÉLÉGUÉ, sm. celui qui a une délégation; député.

DÉLÉGUER, va. députer; charger de pouvoirs.

DELESSERT (Benjamin), philanthrope, savant et député français (1773-1847).

DÉLESTAGE, sm. action de délester.

DÉLESTER, va. ôter le lest d'un navire.

DÉLÉTÈRE, adj. 2 g. nuisible à la santé, qui peut causer la mort.

DELFT, ville de Hollande.

DELHI ou DEHLI, gr. ville de l'Hindoustan.

DÉLIBATION, sf. action de goûter.

DÉLIBÉRANT, ANTE, adj. qui délibère.

DÉLIBÉRATIF, IVE, adj. qui a rapport à la délibération. Voix délibérative, qui a droit de voter; genre délibératif, qui a pour objet de persuader.

DÉLIBÉRATION, sf. action de délibérer; discussion, examen.

DÉLIBÉRÉ, sm. résultat d'une délibération.

DÉLIBÉRÉ, ÉE, adj. part. conclu; aisé, libre, déterminé. — DE PROPOS DÉLIBÉRÉ, loc. adv. à dessein, exprès.

DÉLIBÉRÉMENT, adv. avec hardiesse, résolument.

DÉLIBÉRER, vn. examiner, discuter; prendre une résolution.

DÉLICAT, ATE, adj. et s. fin, exquis. Fig. agréable, ingénieux; scrupuleux; sensible, frêle, de complexion faible; difficile à contenter; qui juge finement; qui offre des difficultés: affaire délicate.

DÉLICATEMENT, adv. avec délicatesse.

DÉLICATESSE, sf. qualité de ce qui est délicat.

DÉLICE, sm. (f. au pl.), grand plaisir.

DÉLICIEUSEMENT, adv. avec délices.

DÉLICIEUX, EUSE, adj. très-agréable.

DÉLICOTER (SE), vpr. se débarrasser de son licou.

DÉLICTUEUX, EUSE, adj. qui a le caractère de délit.

DÉLIÉ, ÉE, adj. menu, mince. Fig. fin, habile, adroit.

DÉLIÉ, sm. léger trait de plume.

DÉLIER, va. détacher ce qui est lié. Fig. dégager, absoudre.

DELILLE (Jacques), célèbre poète français (1738-1813); traducteur de Virgile et auteur de divers poèmes didactiques, dont les plus remarquables sont: les Jardins, l'Homme des champs, la Pitié et l'Imagination.

DÉLIMITATION, sf. action de délimiter; résultat de cette action.

DÉLIMITER, va. marquer les limites.

DÉLINÉATION, sf. dessin avec de simples lignes.

DÉLINQUANT, ANTE, s. celui, celle qui a commis un délit.

DÉLIQUESCENCE, sf. état de ce qui est déliquescent; fusion par l'humidité, propriété d'attirer l'humidité.

DÉLIQUESCENT, ENTE, adj. qui commence à se liquéfier en absorbant l'humidité.

DÉLIRANT, ANTE, adj. qui est en délire

DÉLIRE, sm. égarement d'esprit; trouble, émotion violente.

DÉLIRER, vn. être dans le délire.

DELISLE (Guillaume), savant géographe français (1675-1726).

DÉLIT, sm. (t nul), infraction à une loi, à une ordonnance.

DÉLIT, sm. (t nul), côté de la pierre différent de celui sur lequel elle était posée dans la carrière; manière dont on pose les pierres dans une bâtisse.

DÉLITER, va. poser une pierre sur son délit. — SE DÉLITER, vpr. se dit des pierres qui s'écartent de la position qu'on leur avait donnée.

DÉLIVRANCE, sf. action de délivrer, état qui résulte de cette action; livraison.

DÉLIVRER, va. mettre en liberté; affranchir d'un mal; livrer de la marchandise.

DELLA-MARIA, compositeur de musique dramatique (1764-1800).

DELLYS, ville et port d'Algérie.

DÉLOGEMENT, sm. action de déloger

DÉLOGER, va. renvoyer d'un logement; chasser d'un poste; vn. quitter un logis, un lieu; décamper.

DELORME (Philibert), célèbre architecte français (1518-1577).

DÉLOS, l'une des îles Cyclades.

DÉLOYAL, ALE, adj. qui est sans loyauté; perfide (pl. m. déloyaux).

DÉLOYALEMENT, adv. avec déloyauté.

DÉLOYAUTÉ, sf. manque de loyauté, perfidie.

DELPECH, savant chirurgien français (1772-1832).

DELPHES, ville de la Grèce anc.

DELTA, sm. terre de forme triangulaire entre deux embouchures d'un fleuve. (Du nom de la lettre grecque Δ).

DELTOÏDE, adj. 2 g. qui a la forme d'un delta (Δ).

DELUC, savant physicien et géologue français, né à Genève (1727-1817).

DÉLUGE, sm. inondation générale; grande pluie. Fig. grande quantité de.

DÉLUSTRAGE, sm. action de délustrer; résultat de cette action.

DÉLUSTRER, va. ôter le lustre d'une étoffe.

DÉLUTER, va. ôter le lut, l'enduit.

DÉMAGOGIE, sf. domination violente de la faction populaire; exagération dans les idées favorables aux intérêts du peuple.

DÉMAGOGIQUE, adj. 2 g. qui appartient à la démagogie.

DÉMAGOGUE, sm. et adj. (gr. dêmos peuple, agôgos conducteur), chef d'une faction populaire; partisan exagéré des intérêts du peuple.

DÉMAIGRIR, vn. devenir maigre. — va. amincir : démaigrir une pièce de bois.

DÉMAILLOTER, va. (Il m.), ôter du maillot.

DEMAIN, adv. indiquant le jour qui suit celui où l'on est. Fig. bientôt.

DÉMANCHEMENT, sm. action de démancher; état de ce qui est démanché.

DÉMANCHER, va. ôter le manche. — SE DÉMANCHER, vpr. aller mal, se disjoindre; — vn. monter la main le long du manche d'un violon, d'une basse.

DEMANDE, sf. action de demander; ce que l'on demande.

DEMANDER, va. prier que l'on donne, interroger, désirer, exiger, avoir besoin de, appeler en justice. — SE DEMANDER, vpr. s'interroger, être demandé.

DEMANDEUR, EUSE, s. celui, celle qui demande souvent.

DEMANDEUR, DERESSE, s. celui, celle qui attaque en justice.

DÉMANGEAISON, sf. picotement à la peau. Fig. vif désir.

DÉMANGER, vn. éprouver une démangeaison.

DÉMANTÈLEMENT, sm. action de démanteler; résultat de cette action.

DÉMANTELER, va. détruire les fortifications d'une ville.

DÉMANTIBULER, va. rompre la mâchoire. Fig. briser, démonter.

DÉMARCATION, sf. action de limiter, de séparer; ligne qui limite, qui sépare.

DÉMARCHE, sf. façon de marcher. Fig. manière d'agir, soins que l'on prend pour parvenir à.

DÉMARIER, va. annuler le mariage.

DÉMARQUER, va. ôter une marque. — vn. ne marquer plus l'âge.

DÉMARRAGE, sm. action de démarrer.

DÉMARRER, va. et n. détacher, rompre les amarres (mar.). Fig. quitter une place.

DÉMASQUER, va. ôter le masque. Fig. dévoiler. — SE DÉMASQUER, vpr. ôter son masque, et fig. faire connaître ses intentions.

DÉMASTIQUER, va. ôter le mastic.

DÉMÂTAGE, sm. perte des mâts; action de démâter.

DÉMÂTER, va. abattre, couper, rompre les mâts d'un navire.

DEMBÉA, pays et lac de l'Abyssinie.

DÉMÊLAGE, sm. action de démêler la laine, le chanvre, etc.

DÉMÊLÉ, sm. débat, dispute.

DÉMÊLER, va. séparer des choses mêlées. Fig. éclaircir, distinguer. — vn. contester, débattre. — SE DÉMÊLER, vpr. se dégager de.

DÉMÊLOIR, sm. peigne servant à démêler les cheveux.

DÉMEMBREMENT, sm. action de démembrer; choses démembrées.

DÉMEMBRER, va. séparer les membres d'un corps. Fig. diviser, détacher.

DÉMÉNAGEMENT, sm. action de déménager.

DÉMÉNAGER, va. et n. transporter son mobilier d'un logement à un autre. Fig. quitter un lieu, s'en aller.

DÉMENCE, sf. folie.

DÉMENER (SE), vpr. s'agiter en tous sens, se débattre.

DÉMENTI, sm. paroles par lesquelles on nie ce qu'un autre a dit. Fig. désagrément de ne pas réussir.

DÉMENTIR, va. dire de quelqu'un qu'il a menti; contester, ne pas reconnaître comme vrai. Fig. ne pas confirmer, n'être pas digne de. — SE DÉMENTIR, vpr. se contredire.

DÉMÉRARY, rivière de la Guyane.

DÉMÉRITE, sm. ce qui peut attirer l'improbation.

DÉMÉRITER, vn. cesser de mériter l'estime, la bienveillance, l'affection.

DÉMESURÉ, ÉE, adj. qui sort de la mesure ordinaire, qui la dépasse. Fig. extrême.

DÉMESURÉMENT, adv. extrêmement.

DÉMÉTRIUS, nom de plusieurs rois de Macédoine et de Syrie, entre autres : DÉMÉTRIUS Ier, Poliorcète, m. 283 av. J. C. DÉMÉTRIUS Ier, Soter, roi de Syrie, m. 149 av. J. C. DÉMÉTRIUS II, Nicator, fils de Soter, roi de Syrie, m. 125 av. J. C.

DÉMÉTRIUS DE PHALÈRE, célèbre orateur et gouverneur d'Athènes, m. 283 av. J. C.

DÉMETTRE, va. disloquer, déplacer, destituer. — SE DÉMETTRE, vpr. quitter un emploi; abandonner ses droits.

DÉMEUBLEMENT, sm. action de démeubler; état de ce qui est démeublé.

DÉMEUBLER, va. dégarnir de meubles.

DEMEURANCE, sf. demeure (vx. mot).

DEMEURANT, ANTE, adj. qui demeure. — sm. ce qui reste. — AU DEMEURANT, loc. adv. au surplus, d'ailleurs.

DEMEURE, sf. domicile, habitation. Fig. retard; mettre en demeure, avertir légalement. — A DEMEURE, loc. adv. de manière à être fixe, stable.

DEMEURER, vn. habiter, rester, s'arrêter, persister; être dans tel état.

DEMI, IE, *adj. sing.* qui est la moitié (le masculin *demi* se joint à un grand nombre de substantifs, comme dans *demi-aune*, *demi-cercle*, *demi-heure*, pour exprimer la moitié de la chose, et reste invariable au pluriel). — 'A DEMI, *loc. adv.* à moitié.

DEMIE, *sf.* la moitié de la chose.

DEMI-BRIGADE, *sf.* (pl. *demi-brigades*), régiment d'infanterie sous la 1re république française.

DEMI-DIEU, *sm.* (pl. *demi-dieux*), être fabuleux participant de la nature divine, comme les faunes; héros fils d'un dieu et d'une mortelle (*myth.*).

DEMI-FORTUNE, *sf.* (pl. *demi-fortunes*), voiture à 4 roues avec un seul cheval.

DEMI-LUNE, *sf.* (pl. *demi-lunes*), ouvrage de fortification.

DEMI-MESURE, *sf.* (pl. *demi-mesures*), moyen insuffisant.

DEMI-MOT (À), *loc. adv. Entendre à demi-mot*, sans qu'on se soit entièrement expliqué.

DEMI-SAVANT, *sm.* (pl. *demi-savants*), présomptueux qui ne sait qu'à demi.

DEMI-SAVOIR, *sm.* (sans pl.), science superficielle.

DÉMISSION, *sf.* acte par lequel on se démet d'un emploi, d'une fonction.

DÉMISSIONNAIRE, *s. et adj.* 2 *g.* celui, celle qui a donné sa démission.

DEMI-TEINTE, *sf.* (pl. *demi-teintes*), passage de la lumière à l'ombre; teinte plus claire.

DEMI-TOUR, *sm.* (pl. *demi-tours*), moitié d'un tour sur soi-même.

DÉMOCRATE, *sm.* partisan de la démocratie.

DÉMOCRATIE, *sf.* (gr. *dêmos* peuple; *kratos* force, autorité), gouvernement du peuple par ses mandataires; état populaire.

DÉMOCRATIQUE, *adj.* 2 *g.* de la démocratie, qui appartient à la démocratie.

DÉMOCRATIQUEMENT, *adv.* d'une manière démocratique.

DÉMOCRATISER, *va.* rendre démocrate, mettre dans l'état démocratique.

DÉMOCRITE, célèbre philosophe grec, 5e s. av. J. C.

DEMOISELLE, *sf.* celle qui n'est pas mariée. *Fig.* sorte d'insecte, de poule; instrument pour battre la terre ou enfoncer les pavés.

DÉMOLIR, *va.* détruire, abattre une construction. *Fig.* renverser.

DÉMOLISSEUR, *sm.* celui qui démolit.

DÉMOLITION, *sf.* action de démolir; matériaux démolis.

DÉMON, *sm.* diable; génie chez les païens. *Fig.* personne très-vive ou très-méchante.

DÉMONÉTISATION, *sf.* action de démonétiser, effet de cette action.

DÉMONÉTISER, *va.* ôter aux monnaies, aux billets leur valeur légale.

DÉMONIAQUE, *adj.* et *s.* 2 *g.* possédé du démon. *Fig.* emporté, violent.

DÉMONOLOGIE, *sf.* traité sur les démons.

DÉMONOMANIE, *sf.* sorte de folie où l'on se croit possédé du démon.

DÉMONSTRABILITÉ, *sf.* qualité de ce qui est démontrable.

DÉMONSTRATEUR, *sm.* celui qui démontre.

DÉMONSTRATIF, IVE, *adj.* qui sert à la démonstration; qui fait des démonstrations d'amitié. *Adjectif ou pronom démonstratif*, qui indique, qui désigne; *genre démonstratif*, genre d'éloquence qui loue ou blâme.

DÉMONSTRATION, *sf.* raisonnement qui prouve; preuve; marque, témoignage.

DÉMONSTRATIVEMENT, *adv.* d'une manière convaincante.

DÉMONTAGE, *sm.* action de démonter; résultat de cette action.

DÉMONTER, *va.* désassembler les parties d'un tout; renverser de cheval; ôter la monture. *Fig.* déconcerter complètement.

DÉMONTRABLE, *adj.* 2 *g.* que l'on peut démontrer.

DÉMONTRER, *va.* prouver par raisonnement; fournir la preuve ou l'indice.

DÉMORALISATEUR, TRICE, *adj.* qui démoralise.

DÉMORALISATION, *sf.* corruption des mœurs; absence de moralité.

DÉMORALISÉ, ÉE, *adj.* privé des forces morales, découragé, déconcerté.

DÉMORALISER, *va.* corrompre les mœurs; priver des forces morales, décourager.

DÉMORDRE, *vn.* cesser de tenir avec les dents. *Fig.* se départir de, renoncer.

DÉMOSTHÈNE ou DEMOSTHÈNES, célèbre orateur grec (385-322 av. J. C.). — général athénien, m. 413 av. J. C.

DÉMOTIQUE, *adj.* 2 *g.* (gr. *dêmos* peuple), qui concerne le peuple, qui est à l'usage du peuple; se dit d'une ancienne écriture égyptienne.

DÉMOUCHETÉ, *adj. m.* se dit d'un fleuret dont on a ôté le bouton.

DÉMOUCHETER, *va.* ôter le bouton d'un fleuret.

DÉMUNIR, *va.* enlever les munitions. — SE DÉMUNIR, *vpr.* se dépouiller en faveur d'un autre; se défaire de ce qui garantissait.

DÉMURER, *va.* ouvrir ce qui est muré.

DÉMUSELER, *va.* ôter la muselière.

DENAIN, *p.* ville près de Valenciennes (Nord). Victoire du maréchal de Villars sur le prince Eugène de Savoie en 1712.

DÉNAIRE, *adj.* 2 *g.* décimal.

DÉNANTIR (SE), *vpr.* abandonner un gage; se dépouiller de.

DÉNATIONALISER, *va.* priver quelqu'un de sa nationalité.

DÉNATTER, *va.* défaire ce qui est natté.

DÉNATURÉ, ÉE, *adj.* sans affection; contraire à la nature altère.

DÉNATURER, *va.* changer, altérer la nature de. *Fig. dénaturer le caractère*, l'endurcir.

DENDER, rivière de Belgique, affluent de l'Escaut.

DENDERAH, village de la haute Égypte sur la rive gauche du Nil, anc. *Tentyris.*

DENDERMONDE ou TERMONDE, ville de Belgique.

DENDRITE, *sf.* (gr. *dendron* arbre), pierre arborisée.

DENDROÏDE, *sf.* (gr. *dendron* arbre, *éidos* forme), plante arborescente; fossile ramifié comme un arbre.

DENDROLITHE ou **DENDROLITE**, *sf.* (gr. *dendron* arbre, *lithos* pierre), arbre fossile ou incrustation d'arbre (*géol.*).

DENDROMÈTRE, *sm.* (gr. *dendron* arbre, *métron* mesure), instrument qui sert à mesurer la quantité de bois que contient un arbre.

DENDROPHORES, *sm. pl.* hommes qui portaient des arbres dans les dendrophories; charpentiers et bûcherons chez les Romains.

DENDROPHORIES, *sf. pl.* (gr. *dendron* arbre, *phéro* porter), fêtes grecques durant lesquelles on promenait des arbres que l'on plantait ensuite.

DÉNÉGATION, *sf.* action de nier.

DÉNI, *sm.* refus de ce qui est dû.

DÉNIAISEMENT, *sm.* action de déniaiser.

DÉNIAISER, *va.* rendre moins niais; abuser de la simplicité de quelqu'un.

DÉNICHER, *va.* enlever du nid. *Fig.* faire sortir; découvrir dans une retraite. — *vn.* s'évader.

DÉNICHEUR, *sm.* celui qui déniche.

DÉNIER, *va.* nier, refuser.

DENIER, *sm.* anc. petite monnaie; titre de l'argent; au *pl.* argent. *Denier à Dieu*, arrhes d'un marché.

DÉNIGRANT, **ANTE**, *adj.* qui dénigre.

DÉNIGREMENT, *sm.* action de dénigrer, de noircir quelqu'un en l'attaquant par la médisance; de déprécier une action, un ouvrage, etc.

DÉNIGRER, *va.* attaquer par la médisance; déprécier.

DÉNIGREUR, *sm.* celui qui dénigre.

DENIS (SAINT) ou **DENYS l'*Aréopagite***, évêque d'Athènes et martyr, m. 95.

DENIS (SAINT), apôtre des Gaules et martyr, m. 270. — V. *Denys*.

DÉNOMBREMENT, *sm.* énumération de personnes ou de choses.

DÉNOMBRER, *va.* énumérer, détailler.

DÉNOMINATEUR, *sm.* terme d'une fraction qui indique en combien de parties on a divisé l'entier.

DÉNOMINATIF, **IVE**, *adj.* qui sert à nommer, qui désigne par un nom.

DÉNOMINATION, *sf.* désignation par le nom.

DÉNOMMER, *va.* nommer.

DENON, savant antiquaire et graveur français (1747-1825).

DÉNONCER, *va.* déclarer, publier; signaler à l'autorité.

DÉNONCIATEUR, **TRICE**, *s.* celui, celle qui dénonce.

DÉNONCIATION, *sf.* action par laquelle on dénonce, délation.

DÉNOTATION, *sf.* désignation.

DÉNOTER, *va.* désigner, être la marque de.

DÉNOUER, *va.* défaire un nœud. *Fig.* rendre plus souple, plus agile; dégager, amener le dénoûment.

DÉNOÛMENT ou **DÉNOUEMENT**, *sm.* conclusion, fin d'une action, solution d'une affaire, d'une intrigue, etc.

DENRÉE, *sf.* marchandise (se dit surtout des aliments).

DENSE, *adj. 2 g.* (l. *densus* serré, presse), qui renferme beaucoup de matière sous un petit volume, en raison du grand rapprochement des molécules (*phys.* et *chim.*). *Fig.* épais, pressé.

DENSIMÈTRE, *sm.* instrument pour mesurer la densité (*phys.*).

DENSITÉ, *sf.* état de ce qui est dense; degré de rapprochement des molécules d'un corps (*phys.* et *chim.*).

DENT, *sf.* petit os enchâssé dans la mâchoire. *Fig.* pointe ou découpure en forme de dent. *Avoir les dents longues*, être affamé; *être sur les dents*, être fatigué, harassé; *parler entre ses dents*, parler bas et d'une manière inintelligible.

DENTAIRE, *adj. 2 g.* qui appartient aux dents.

DENTAL, **ALE**, *adj.* qui se prononce avec le secours des dents (pas de pl. m.). — *sf.* lettre qui se prononce par ce moyen, comme D et T.

DENT-DE-LOUP, *sf.* (pl. *dents-de-loup*), cheville de fer, instrument pour polir.

DENTÉ, **ÉE**, *adj.* garni de dents; découpé en forme de dents.

DENTELAIRE, *sf.* genre de plante.

DENTELÉ, **ÉE**, *adj.* garni de pointes, de dentelures.

DENTELER, *va.* pratiquer des entailles en forme de dents.

DENTELLE, *sf.* tissu à jour et à mailles fines et régulières.

DENTELURE, *sf.* sculpture ou découpure en forme de dents.

DENTICULÉ, **ÉE**, *adj.* garni de très-petites dents (*bot.*).

DENTICULES, *sm. pl.* ornement d'architecture en forme de dents.

DENTIER, *sm.* rangée de dents artificielles.

DENTIFRICE, *adj. 2 g.* et *sm.* qui sert à nettoyer les dents.

DENTIROSTRES, *sm. pl.* (l. *dens* dent, *rostrum* bec), ordre de passereaux dont le bec est garni d'appendices en forme de dents (*zool.*).

DENTISTE, *sm.* celui dont la profession est de soigner et d'arracher les dents.

DENTITION, *sf.* (on pr. *danticion*), éruption naturelle des dents.

DENTURE, *sf.* ensemble et ordre des dents; dents d'une roue.

DÉNUDATION, *sf.* action de dénuder; état d'une chose mise à nu.

DÉNUDÉ, **ÉE**, *adj. part.* dépouillé de ce qui revêt, ou de chair, de végétaux, etc.

DÉNUDER, *va.* rendre nu; dépouiller de chair, de végétaux, d'écorce, etc.

DÉNUÉ, **ÉE**, *adj.* dépourvu.

DÉNUER, *va.* priver des choses nécessaires.

DÉNÛMENT, sm. état de la personne qui est denuée.

DENYS, nom de deux tyrans de Syracuse : l'*Ancien*, m. 368 av. J. C.; le *Jeune*, fils du precedent, chassé du trône l'an 345, se fit maître d'école à Corinthe.

DENYS D'HALICARNASSE, historien grec, 1er s. av. J. C.

DÉPALISSAGE, sm. action de dépalisser.

DÉPALISSER, va. defaire un palissage.

DÉPAQUETER, va. defaire ce qui est en paquet.

DÉPAREILLER, va. (ll m.), enlever une ou plusieurs des choses qui sont pareilles.

DÉPARER, va. ôter ce qui pare. *Fig.* nuire au bon effet, rendre moins agréable.

DÉPARIER, va. defaire une paire en enlevant un des deux objets.

DÉPARLER, vn. cesser de parler.

DÉPART, sm. action, moment de partir.

DÉPARTAGER, va. faire cesser le partage des voix dans un vote.

DÉPARTEMENT, sm. branche principa'e d'administration; une des 89 divisions administratives de la France.

DÉPARTEMENTAL, ALE, adj. du département, qui a rapport au département.

DÉPARTIE, sf. séparation, départ (vx. mot).

DÉPARTIR, va. partager. — SE DÉPARTIR, vpr. se desister, s'écarter.

DÉPASSER, va. aller au delà, devancer; retirer ce qui est passé dans quelque chose.

DÉPAVAGE, sm. action de depaver; résultat de cette action.

DÉPAVER, va. enlever les pavés.

DÉPAYSEMENT, sm. action de dépayser (vx. mot).

DÉPAYSER, va. faire sortir quelqu'un de son pays. *Fig.* dérouter, donner le change.

DÉPECEMENT, sm. action de dépecer.

DÉPECER, va. couper en morceaux, mettre en pièces.

DÉPECEUR, sm. celui qui dépèce.

DÉPÊCHE, sf. lettre d'affaires, d'administration; paquet de lettres; *dépêche télégraphique*, avis ou demande transmise par le télégraphe electrique.

DÉPÊCHER, va. hâter, faire vite; *dépêcher quelqu'un*, l'envoyer, le tuer. — SE DÉPÊCHER, vpr. se hâter.

DÉPEÇOIR, sm. outil pour dépecer.

DÉPEINDRE, va. décrire par la parole ou par écrit.

DÉPENAILLÉ, ÉE, adj. (ll m.), déguenille, mal h·billé.

DÉPENAILLEMENT, sm. (ll m.), état d'une personne depenaillee.

DÉPENDAMMENT, adv. d'une manière dépendante.

DÉPENDANCE, sf. subordination, assujettissement; rapport; au pl. tout ce qui relève d'une propriété.

DÉPENDANT, ANTE, adj. qui dépend.

DÉPENDRE, va. détacher un objet pendu. — vn. être dans la dépendance, relever de; résulter, provenir : *l'effet dépend de la cause.*

DÉPENS, sm. pl. (on pr. *dépan*), ce que l'on dépense, frais. *Fig.* détriment.

DÉPENSE, sf. emploi d'argent, déboursé. *Fig.* emploi d'une chose quelconque, deperdition; lieu où l'on serre les provisions de bouche.

DÉPENSER, va. faire une dépense; employer, mettre en œuvre; consumer.

DÉPENSIER, IÈRE, adj. et s. qui aime la dépense, qui est chargé de la dépense.

DÉPERDITION, sf. perte, déchet.

DÉPÉRIR, vn. s'affaiblir, se détériorer.

DÉPÉRISSEMENT, sm. etat de ce qui dépérit.

DÉPÊTRER, va. dégager, débarrasser. — SE DÉPÊTRER, vpr. se debarrasser, se delivrer de.

DÉPEUPLEMENT, sm. action de dépeupler; résultat de cette action.

DÉPEUPLER, va. priver un pays de ses habitants, en diminuer le nombre. *Fig.* dégarnir.

DÉPICAGE, sm. action de séparer le grain de l'epi.

DÉPIÉCER, va. démembrer.

DÉPILATIF, IVE, adj. qui fait tomber le poil, les cheveux.

DÉPILATION, sf. action de dépiler; résultat de cette action.

DÉPILATOIRE, adj. 2 g. et sm. qui fait tomber le poil, les cheveux.

DÉPILER (SE), vpr. se dit d'un animal qui perd son poil.

DÉPIQUER, va. defaire les piqûres d'une étoffe; faire le depicage; perdre son dépit, sa mauvaise humeur.

DÉPISTER, va. découvrir la piste du gibier. *Fig.* découvrir en epiant les démarches.

DÉPIT, sm. (t nul), mauvaise humeur, ressentiment, impatience. — EN DÉPIT DE, loc. prép. malgre.

DÉPITER, va. causer du dépit, irriter contre. — SE DÉPITER, vpr. se fâcher, s'impatienter.

DÉPLACÉ, ÉE, adj. qui n'est pas à la place où il devrait être; inconvenant.

DÉPLACEMENT, sm. action de déplacer, de se deplacer.

DÉPLACER, va. changer de place; enlever à quelqu'un sa place.

DÉPLAIRE, vn. être désagréable; causer de l'ennui, du chagrin. — SE DÉPLAIRE, vpr. s'ennuyer, être mal à l'aise.

DÉPLAISAMMENT, adv. d'une manière deplaisante.

DÉPLAISANCE, sf. répugnance.

DÉPLAISANT, ANTE, adj. qui deplait.

DÉPLAISIR, sm. mécontentement, chagrin, dépit.

DÉPLANTAGE, sm. ou DÉPLANTATION, sf. action de déplanter; résultat de cette action.

DÉPLANTER, va. ôter de terre un végétal pour le replanter.

DÉPLANTOIR, sm. outil pour déplanter.

DÉPLÂTRER, va. ôter le plâtre.

DÉPLIER, va. défaire une chose pliée ; étendre, étaler.

DÉPLISSER, va. défaire les plis.

DÉPLOIEMENT, sm. action de déployer.

DÉPLORABLE, adj. 2 g. digne de pitié ; fâcheux, pénible, funeste.

DÉPLORABLEMENT, adv. d'une manière déplorable.

DÉPLORER, va. plaindre vivement, regretter.

DÉPLOYER, va. développer, étendre, faire paraître, étaler. — SE DÉPLOYER, vpr. se développer, s'étendre (c. employer).

DÉPLUMÉ, ÉE, adj. dégarni de ses plumes. Fig. ruiné (fam.).

DÉPLUMER, va. dégarnir de plumes. — SE DÉPLUMER, vpr. perdre ses plumes.

DÉPOCHER, va. ôter des poches, débourser (pop.).

DÉPOLIR, va. enlever le poli de quelque chose.

DÉPONENT, adj. m. Verbe déponent, verbe qui a la forme passive et la signification active.

DÉPOPULARISATION, sf. perte de la faveur populaire.

DÉPOPULARISER, va. enlever, faire perdre la faveur populaire.

DÉPOPULATION, sf. état d'un pays dépeuplé.

DÉPORTATION, sf. bannissement à perpétuité dans un lieu déterminé.

DÉPORTÉ, ÉE, adj. et s. condamné à la déportation.

DÉPORTEMENT, sm. mauvaise conduite, dérèglement de mœurs.

DÉPORTER, va. condamner à la déportation. — SE DÉPORTER, vpr. se désister.

DÉPOSANT, ANTE, adj. et s. qui dépose.

DÉPOSER, va. poser ce que l'on portait ; faire un dépôt ; se dépouiller de ; destituer. — vn. témoigner en justice ; attester ; former un dépôt, en parlant d'un liquide ou d'une sérosité.

DÉPOSITAIRE, s. 2 g. celui, celle à qui l'on confie un dépôt.

DÉPOSITION, sf. destitution ; témoignage en justice.

DÉPOSSÉDER, va. ôter la possession d'une chose.

DÉPOSSESSION, sf. action de déposséder.

DÉPOSTER, va. chasser d'un poste.

DÉPÔT, sm. (t nul), action de déposer, chose déposée ; ce que l'on confie à quelqu'un ; lieu où l'on garde des objets ; partie d'un régiment qui reçoit les recrues ; amas d'humeurs ; partie grossière qui tombe au fond d'un liquide.

DÉPOTER, va. ôter d'un pot ; changer de vase.

DÉPOUDRER, va. ôter la poudre.

DÉPOUILLE, sf. (ll m.), peau ôtée du corps de certains animaux ; vêtements ; butin. Dépouille mortelle, cadavre ; ossements d'un mort.

DÉPOUILLEMENT, sm. (ll m.), action de dépouiller ; dénûment ; extrait d'un compte, d'un registre ; relevé des votes.

DÉPOUILLER, va. (ll m.), ôter la peau d'un animal. Fig. ôter l'habit, priver de ; relever un compte, compter les votes.

DÉPOURVOIR, va. dégarnir des choses qui sont nécessaires. (Ne s'emploie guère qu'au présent de l'inf. et au part. p. dépourvu.)

DÉPOURVU, UE, adj. part. qui manque de. — AU DÉPOURVU, loc. adv. sans être pourvu, sans être préparé.

DÉPRAVATEUR, TRICE, adj. qui déprave.

DÉPRAVATION, sf. altération, corruption.

DÉPRAVÉ, ÉE, adj. part. gâté, corrompu, perverti.

DÉPRAVER, va. altérer. Fig. corrompre, pervertir.

DÉPRÉCATION, sf. prière ; figure oratoire par laquelle on souhaite du bien ou du mal à quelqu'un.

DÉPRÉCIATEUR, TRICE, adj. et s. qui déprécie.

DÉPRÉCIATIF, IVE, adj. qui exprime une dépréciation.

DÉPRÉCIATION, sf. action de déprécier, état d'une chose dépréciée.

DÉPRÉCIÉ, ÉE, adj. part. qui a perdu de son prix, de sa valeur.

DÉPRÉCIER, va. ôter de son prix à une chose ; rabaisser la valeur, le mérite.

DÉPRÉDATEUR, sm. et adj. celui qui fait ou tolère des déprédations (fém. déprédatrice).

DÉPRÉDATIF, IVE, adj. qui a le caractère de la déprédation.

DÉPRÉDATION, sf. action de piller, de dévaster ; pillage, malversation.

DÉPRÉDER, va. piller avec dégât.

DÉPRENDRE, va. détacher, séparer.

DÉPRESSION, sf. affaissement, enfoncement, abaissement.

DÉPRIER, va. retirer une invitation.

DÉPRIMÉ, ÉE, adj. affaissé, aplati.

DÉPRIMER, va. enfoncer, affaisser. Fig. avilir, rabaisser.

DÉPRISER, va. mettre au-dessous de son prix, de sa valeur ; témoigner que l'on fait peu de cas de.

DE PROFUNDIS, sm. (on pron. dé profondisse), le 6e des psaumes de la pénitence, qui se chante à la messe des morts.

DEPTFORD, ville d'Angleterre.

DEPUIS, prép. marquant le temps, l'ordre, le lieu. — adv. de temps. — DEPUIS QUE, loc. conj. depuis le moment où.

DÉPURATIF, IVE, adj. et s. qui peut dépurer le sang.

DÉPURATION, sf. action de dépurer.

DÉPURATOIRE, adj. 2 g. qui sert à dépurer, à rendre plus pur.

DÉPURER, va. rendre plus pur.

DÉPUTATION, sf. envoi, fonction ou réunion de députés.

DÉPUTÉ, sm. envoyé chargé d'une mission publique ou privée ; personne élue pour faire partie d'une assemblée législative.

DÉPUTER, va. envoyer en députation.

DÉRACINEMENT, sm. action de déraciner, effet de cette action.

DÉRACINER, va. arracher de terre avec les racines. *Fig.* extirper, détruire.

DÉRAIDIR, V. *Déroidir.*

DÉRAILLEMENT, sm. (ll m.), action de dérailler.

DÉRAILLER, vn. (ll m.), sortir des rails.

DÉRAISON, sf. absence de raison.

DÉRAISONNABLE, adj. 2 g. qui n'a pas de raison, contraire à la raison.

DÉRAISONNABLEMENT, adv. sans raison.

DÉRAISONNEMENT, sm. discours déraisonnable.

DÉRAISONNER, vn. parler d'une façon déraisonnable.

DÉRANGÉ, ÉE, adj. déplacé, mal rangé. *Fig.* qui est de mauvaise conduite; légèrement indisposé.

DÉRANGEMENT, sm. action de déranger; désordre, mauvais état.

DÉRANGER, va. ôter de son rang, de sa place; mettre en désordre; *Fig.* gêner, troubler, altérer. — SE DÉRANGER, vpr. cesser de se conduire bien, d'aller bien.

DÉRATÉ, ÉE, adj. et s. à qui on a ôté la rate. Ne s'emploie guère que dans cette locution familière : *courir comme un dératé*, c'est-à-dire courir très-vite.

DÉRATER, va. enlever la rate.

DERBY, ville d'Angleterre.

DERCYLLIDAS, général spartiate, 4e s. av. J. C.

DERECHEF, adv. de nouveau.

DÉRÉGLÉ, ÉE, adj. irrégulier, qui n'a pas de règle; immoral.

DÉRÉGLEMENT, sm. désordre, état d'une chose déréglée; désordre dans la conduite.

DÉRÉGLÉMENT, adv. sans règle.

DÉRÉGLER, va. faire sortir de la règle ou de la régularité; déranger, troubler. — SE DÉRÉGLER, vpr. se déranger dans sa conduite.

DÉRIDER, va. ôter les rides. *Fig.* égayer. — SE DÉRIDER, vpr. quitter son sérieux.

DÉRISION, sf. moquerie, raillerie.

DÉRISOIRE, adj. 2 g. qui est fait ou dit par dérision, pour railler.

DÉRIVATIF, IVE, adj. et s. qui détourne une cause de maladie.

DÉRIVATION, sf. action de détourner les eaux ou une cause de maladie; origine d'un mot tiré d'un autre.

DÉRIVE, sf. déviation de route d'un navire.

DÉRIVÉ, sm. mot qui dérive d'un autre.

DÉRIVER, vn. s'éloigner du rivage ou de la route. *Fig.* tirer son origine de. — va. détourner de, faire venir de.

DERMATOÏDE, adj. 2 g. (gr. *derma*, gén. *dermatos* peau; *eidos* ressemblance), qui a l'apparence de la peau.

DERME, sm. (gr. *derma* peau), peau (*anat.*).

DERMOBRANCHES, sm. pl. (gr. *derma* peau, *branchia* branchies), ordre de Gastéropodes comprenant ceux qui respirent par des branchies extérieures ayant la forme de pellicules, de lames ou de filaments (*zool.*).

DERNIER, IÈRE, adj. qui est après tous les autres; le plus récent; extrême : *la dernière vieillesse.*

DERNIÈREMENT, adv. récemment.

DÉROBÉ, ÉE, adj. part. qui a été dérobé ou soustrait. *Fig. escalier* ou *corridor dérobé*, *porte dérobée* : escalier, corridor, porte par où l'on peut entrer ou sortir sans être vu. *Heures dérobées*, temps que l'on prend sur ses occupations ordinaires.

DÉROBÉE (À LA), loc. adv. en secret, sans être aperçu.

DÉROBER, va. prendre secrètement, soustraire, cacher; enlever l'enveloppe des fèves. — SE DÉROBER, vpr. se retirer furtivement, se soustraire à; faiblir, plier : *ses jambes se dérobaient sous lui.*

DÉROGATION, sf. action de déroger, effet de cette action.

DÉROGATOIRE, adj. 2 g. et s. qui contient une dérogation.

DÉROGEANCE, sf. action par laquelle on perd les droits et privilèges de la noblesse.

DÉROGEANT, EANTE, adj. qui déroge.

DÉROGER, vn. modifier une loi, s'en écarter; faire une chose indigne de son caractère, de sa condition; s'abaisser.

DÉROIDIR, va. diminuer ou ôter la roideur.

DÉROUGIR, va. faire perdre la rougeur. — vn. devenir moins rouge.

DÉROUILLEMENT, sm. (ll m.), action de dérouiller, effet de cette action.

DÉROUILLER, va. (ll m.), ôter la rouille. *Fig.* polir, former aux belles manières.

DÉROULEMENT, sm. action de dérouler.

DÉROULER, va. étendre ce qui était roulé. *Fig.* présenter successivement.

DÉROUTE, sf. débandade, fuite d'une troupe. *Fig.* désordre complet, ruine.

DÉROUTER, va. détourner de la route. *Fig.* déconcerter.

DERRIÈRE, sm. partie postérieure.

DERRIÈRE, prép. marquant ce qui est après. — adv. en arrière.

DERVICHE ou **DERVIS**, sm. moine musulman.

DES, contraction de *de les.*

DÈS, prép. depuis, à partir de.

DÉSABUSEMENT, sm. action de désabuser, effet de cette action.

DÉSABUSER, va. tirer d'erreur; ôter une illusion.

DÉSACCORD, sm. manque d'accord.

DÉSACCORDER, va. détruire l'accord.

DÉSACCOUPLER, va. détacher des choses accouplées.

DÉSACCOUTUMANCE, sf. perte d'une coutume (vx. mot).

DÉSACCOUTUMER, va. faire perdre la coutume, l'habitude.

DÉSACHALANDER, va. faire perdre les chalands.

DÉSAFFECTION, sf. perte d'affection.

DÉSAFFECTIONNER, va. faire perdre l'affection, l'attachement.

DÉSAGENCER, va. détruire l'agencement.

DÉSAGRÉABLE, adj. 2 g. qui déplaît.

DÉSAGRÉABLEMENT, *adv.* d'une manière désagréable.

DÉSAGRÉER, *vn.* déplaire. — *va.* enlever les agrès d'un navire.

DÉSAGRÉMENT, *sm.* chose qui déplaît; sujet d'ennui, tracasserie.

DESAIX, célèbre général français (1768-1800).

DÉSAJUSTER, *va.* déranger ce qui était ajusté.

DÉSALTÉRER, *va.* apaiser la soif.

DÉSAPPAREILLER, *va.* (*ll m.*), dépareiller.

DÉSAPPARIER, *va.* séparer deux oiseaux qui étaient appariés.

DÉSAPPOINTEMENT, *sm.* contrariété, état d'une personne trompée dans ses espérances

DÉSAPPOINTER, *va.* tromper l'espoir.

DÉSAPPRENDRE, *va.* oublier ce que l'on avait appris.

DÉSAPPROBATEUR, TRICE, *adj.* et *s.* qui désapprouve.

DÉSAPPROBATION, *sf.* action de désapprouver.

DÉSAPPROPRIATION, *sf.* action de se désapproprier.

DÉSAPPROPRIER (SE), *vpr.* renoncer à une propriété, s'en dépouiller.

DÉSAPPROUVER, *va.* ne pas approuver; blâmer, trouver mauvais.

DÉSARÇONNER, *va.* faire perdre les arçons. *Fig.* mettre hors d'état de répondre dans une discussion.

DÉSARGENTER, *va.* ôter l'argent qui recouvre un objet.

DÉSARMEMENT, *sm.* action de désarmer; licenciement de troupes.

DÉSARMER, *va.* ôter les armes; enlever les agrès d'un navire. *Fig.* priver de défense; apaiser le ressentiment. — *vn.* casser la guerre.

DÉSARROI, *sm.* grand désordre dans les affaires; ruine.

DÉSARTICULATION, *sf.* action de désarticuler, résultat de cette action.

DÉSARTICULER, *va.* défaire les articulations des os, des jointures.

DÉSASSEMBLER, *va.* séparer ce qui est assemblé.

DÉSASSOCIER, *va.* défaire une association.

DÉSASSORTIR, *va.* détruire l'assortiment.

DÉSASTRE, *sm.* grand malheur, calamité, ruine.

DÉSASTREUSEMENT, *adv.* d'une manière désastreuse.

DÉSASTREUX, EUSE, *adj.* qui abonde en désastres; très-funeste.

DÉSATTRISTER, *va.* faire cesser la tristesse.

DÉSAUGIERS, auteur dramatique et chansonnier français (1772-1827).

DESAULT, célèbre chirurgien français (1744-1795).

DÉSAVANTAGE, *sm.* infériorité; préjudice, dommage.

DÉSAVANTAGEUSEMENT, *adv.* d'une manière désavantageuse.

DÉSAVANTAGEUX, EUSE, *adj.* qui cause du désavantage, qui porte préjudice.

DÉSAVENANT, ANTE, *adj.* désavantageux; inconvenant (vx. mot).

DÉSAVEU, *sm.* dénégation, rétractation, désapprobation.

DÉSAVEUGLER, *va.* détromper d'une erreur.

DÉSAVOUABLE, *adj.* à g. qui peut, qui doit être désavoué.

DÉSAVOUER, *va.* nier, méconnaître, rétracter. *Fig.* désapprouver.

DESBILLONS, poète latin moderne (1711-1789).

DESCARTES (René), célèbre philosophe et savant français (1591-1650).

DESCELLER, *va.* détacher ce qui est scellé; enlever le sceau.

DESCENDANCE, *sf.* origine, filiation, postérité.

DESCENDANT, ANTE, *adj.* et *s.* qui descend, qui tire son origine de.

DESCENDRE, *vn.* aller de haut en bas; mettre pied à terre; débarquer. *Fig.* s'abaisser, condescendre; faire une irruption; être issu de. — *va.* porter en bas.

DESCENTE, *sf.* action de descendre. *Fig.* irruption d'ennemis, visite judiciaire; terrain qui va en pente; hernie.

DESCRIPTIF, IVE, *adj.* qui décrit. *Géométrie descriptive* ou *subst.* la *descriptive*, partie de la géométrie qui traite des projections sur des plans.

DESCRIPTION, *sf.* (on pron. *descripcion*), action de décrire; paroles par lesquelles on décrit; détail exact.

DESCRIPTIVE, *sf.* ou *Géométrie descriptive*. V. *Descriptif*.

DÉSÉCHOUER, *va.* relever un navire échoué.

DÉSEMBALLAGE, *sm.* action de désemballer.

DÉSEMBALLER, *va.* ôter d'une balle, d'un ballot, d'une caisse, ce qui y était contenu.

DÉSEMBARQUEMENT, *sm.* action de désembarquer.

DÉSEMBARQUER, *va.* retirer d'une barque ou d'un navire.

DÉSEMBOURBER, *va.* tirer hors de la bourbe.

DÉSEMPARER, *vn.* abandonner la place où l'on est. *Sans désemparer*, sans quitter la place. — *va.* démâter un navire, le mettre hors d'état.

DÉSEMPENNÉ, ÉE, *adj.* dégarni de plumes.

DÉSEMPESER, *va.* ôter l'empois.

DÉSEMPLIR, *va.* vider en partie. — *vn.* *Ne pas désemplir*, rester toujours plein.

DÉSEMPRISONNER, *va.* délivrer de la prison.

DÉSENCHAÎNER, *va.* enlever la chaîne. — *SE DÉSENCHAÎNER*, *vpr.* se dégager de la chaîne, et *fig.* exprimer vivement son ressentiment contre quelqu'un.

DÉSENCHANTEMENT, *sm.* action de désenchanter; effet de cette action; ce qui désenchante.

DÉSENCHANTER, *va.* rompre l'enchantement. *Fig.* détruire l'illusion.

DÉSENCLOUER, *va.* tirer un clou du lieu où il était enfoncé.

DÉSENFILER, *va.* défaire ce qui était enfilé.

DÉSENFLER, va. ôter, diminuer l'enflure — vn. devenir moins enflé.

DÉSENFLURE, sf. cessation d'enflure.

DÉSENGRENER, va. dégager un engrenage ou ce qui est engrené.

DÉSENIVRER, va. (on pron. *désaniverer*), faire cesser l'ivresse. — vn. en sortir.

DÉSENLAIDIR, va. et n. rendre ou devenir moins laid.

DÉSENNUI, sm. cessation de l'ennui, du chagrin.

DÉSENNUYER, va. chasser l'ennui. — Se DÉSENNUYER, vpr. se récréer.

DÉSENRAYER, va. défaire la chaîne qui retenait une roue.

DÉSENRHUMER, va. guérir d'un rhume.

DÉSENROUER, va. guérir l'enrouement.

DÉSENSEVELIR, va. ôter le linceul d'un mort

DÉSENSORCELER, va. délivrer de l'ensorcellement.

DÉSENSORCELLEMENT, sm. action de désensorceler.

DÉSENTÊTER, va. faire cesser l'entêtement.

DÉSENTORTILLER, va. (ll m.), défaire l'entortillement.

DÉSENTRAVER, va. dégager des entraves.

DÉSERT, sm. lieu inculte, inhabité. *Fig.* retraite dans un lieu écarte.

DÉSERT, ERTE, adj. inhabité; peu fréquenté

DÉSERTER, va. et n. abandonner un lieu, une cause, un parti, etc.; quitter, sans en avoir le droit, le service militaire.

DÉSERTEUR, sm. celui qui déserte ou a déserté.

DÉSERTION, sf. (on pron. *désercion*), action de déserter.

DÉSESPÉRADE ('A LA), loc. adv. à la manière d'un désespéré (*fam.*).

DÉSESPÉRANT, ANTE, adj. qui pousse au désespoir.

DÉSESPÉRÉ, ÉE, adj. et s. qui est ou laisse sans espoir, *Fig.* furieux, très-fâché.

DÉSESPÉRÉMENT, adv. éperdument, avec excès.

DÉSESPÉRER, va. affliger vivement. — vn. cesser d'espérer, perdre l'espoir. — Se DÉSESPÉRER, vpr. se désoler.

DÉSESPOIR, sm. perte d'espoir; abattement, vive douleur morale.

DESÈZE (Raymond), avocat, défenseur de Louis XVI devant la Convention, président à la Cour de cassation (1750-1828).

DESFONTAINES (l'abbé), critique français (1685-1745). — (René), botaniste, membre de l'Académie des sciences (1752-1833).

DESFORGES, auteur dramatique français (1746-1806).

DESGENETTES, célèbre médecin français (1762-1837).

DÉSHABILLÉ, sm. (ll m.); habillement négligé.

DÉSHABILLER, va. (ll m.), ôter les habits. — Se DÉSHABILLER, vpr. ôter ses vêtements.

DÉSHABITÉ, ÉE, adj. qui n'est plus habité.

DÉSHABITUER, va. faire perdre l'habitude.

DÉSHÉRENCE, sf. état d'une succession sans héritier.

DÉSHÉRITER, va. priver d'héritage.

DÉSHEURER, va. déranger les heures des occupations habituelles.

DÉSHONNÊTE, adj. 2 g. qui est contre la pudeur, les convenances.

DÉSHONNÊTEMENT, adv. d'une manière déshonnête.

DÉSHONNÊTETÉ, sf. action ou parole déshonnête.

DÉSHONNEUR, sm. perte de l'honneur; opprobre, avilissement.

DÉSHONORABLE, adj. 2 g. déshonorant.

DÉSHONORANT, ANTE, adj. qui déshonore.

DÉSHONORER, va. ôter l'honneur, diffamer, flétrir. — Se DÉSHONORER, vpr. perdre l'honneur.

DESHOULIÈRES (Mme), femme poète (1633-1694).

DÉSIGNATIF, IVE, adj. (on pron. *désig-na-tif*), qui désigne, qui spécifie.

DÉSIGNATION, sf. action de désigner.

DÉSIGNER, va. faire connaître, indiquer.

DÉSILLUSIONNER, va. faire perdre les illusions; éclairer la raison.

DÉSINCORPORER, va. séparer une chose incorporée.

DÉSINENCE, sf. terminaison des mots.

DÉSINFATUER, va. détruire l'infatuation, la prévention favorable.

DÉSINFECTANT, ANTE, adj. qui désinfecte. — sm. substance qui a la propriété de désinfecter.

DÉSINFECTER, va. faire cesser l'infection.

DÉSINFECTION, sf. (on pr. *désinfextion*), action de désinfecter.

DÉSINTÉRESSÉ, ÉE, adj. qui a ou marque du désintéressement.

DÉSINTÉRESSEMENT, sm. oubli ou abandon volontaire de ses intérêts.

DÉSINTÉRESSER, va. dédommager.

DÉSINVESTIR, va. retirer une faculté, un droit, une fonction.

DÉSINVITER, va. révoquer une invitation.

DÉSINVOLTURE, sf. jolie tournure, galbe gracieux.

DÉSIR, sm. souhait, sentiment qui nous porte à vouloir obtenir ou faire quelque chose.

DÉSIRABLE, adj. 2 g. qui mérite d'être désiré.

DÉSIRADE (LA), l'une des Antilles françaises.

DÉSIRER, va. souhaiter, avoir désir de; faire des vœux.

DÉSIREUX, EUSE, adj. qui désire ardemment.

DÉSISTEMENT, sm. action de se désister.

DÉSISTER (SE), vpr. renoncer à.

DÈS LORS, loc. adv. depuis ce temps.

DESMAHIS, poète français (1722-1761).

DESMARETS (Nicolas), contrôleur général des finances sous Louis XIV, m. 1721.

DESMARETS DE SAINT-SORLIN, poète français (1596-1676).

DESMOULINS (Camille), fameux publiciste, membre de la Convention (1762-1794).

DÉSOBÉIR, vn. ne pas obéir.

DÉSOBÉISSANCE, sf. defaut d'obéissance, action de désobeir.

DÉSOBÉISSANT, ANTE, adj. et s. qui désobéit.

DÉSOBLIGEAMMENT, adv. d'une manière désobligeante.

DÉSOBLIGEANCE, sf. disposition à désobliger.

DÉSOBLIGEANT, ANTE, adj. qui désoblige.

DÉSOBLIGER, va. faire de la peine, du déplaisir.

DÉSOBSTRUANT, ANTE, adj. et s. qui désobstrue, qui débouche.

DÉSOBSTRUCTIF, sm. remède contre les obstructions.

DÉSOBSTRUER, va. enlever ce qui embarrasse le passage.

DÉSOCCUPATION, sf. oisiveté.

DÉSOCCUPÉ, ÉE, adj. qui est sans occupation.

DÉSŒUVRÉ, ÉE, adj. et s. qui n'a rien à faire, oisif.

DÉSŒUVREMENT, sm. état d'une personne désœuvrée.

DÉSOLANT, ANTE, adj. affligeant, insupportable, fatigant.

DÉSOLATEUR, sm. et adj. celui qui desole, qui ravage (fém. désolatrice).

DÉSOLATION, sf. chagrin excessif; destruction, ravage, ruine.

DÉSOLÉ, ÉE, adj. et s. affligé; ravagé, dévasté, ruiné.

DÉSOLER, va. causer une vive affliction, tourmenter; ravager, ruiner. — SE DÉSOLER, vpr. s'abandonner à la douleur.

DÉSOPILANT, ANTE, adj. qui désopile. Fig. qui excite la gaîté.

DÉSOPILATIF, IVE, adj. et s. propre à désopiler.

DÉSOPILATION, sf. action de désopiler.

DÉSOPILER, va. désobstruer. Fig. désopiler la rate, réjouir, exciter le rire.

DÉSORDONNÉ, ÉE, adj. sans ordre, déréglé, excessif.

DÉSORDONNÉMENT, adv. d'une manière désordonnée.

DÉSORDONNER, va. détruire l'ordre, l'arrangement.

DÉSORDRE, sm. manque d'ordre, confusion; dégât; dissensions, trouble, égarement; déréglement de mœurs.

DÉSORGANISATEUR, TRICE, adj. et s. qui désorganise.

DÉSORGANISATION, sf. action de désorganiser, résultat de cette action.

DÉSORGANISER, va. détruire l'organisation, la disposition.

DÉSORIENTER, va. faire perdre la connaissance de l'orient, du chemin à suivre. Fig. déconcerter, embarrasser.

DÉSORMAIS, adv. à l'avenir.

DÉSOSSEMENT, sm. action de désosser.

DÉSOSSER, va. ôter les os, les arêtes.

DÉSOXYDATION ou DÉSOXYGÉNATION, sf. action de désoxyder.

DÉSOXYDER ou DÉSOXYGÉNER, va. séparer l'oxygène d'un autre corps.

DESPAUTÈRE, grammairien latin (1460-1520).

DESPECTIF, IVE, adj. (l. despectus mépris), qui exprime le mepris, le dedain.

DESPÉRIERS (Bonaventure), écrivain français, m. 1544.

DESPORTES (Philippe), poète français (1546-1606). — François, peintre français (1661-1743).

DESPOTE, sm. (gr. despotês maître), souverain dont l'autorité est arbitraire et absolue. Fig. personne qui s'arroge un pouvoir oppresseur.

DESPOTIQUE, adj. 2 g. du despote; tyrannique, absolu. État despotique, gouverné par un despote.

DESPOTIQUEMENT, adv. d'une manière despotique.

DESPOTISME, sm. pouvoir arbitraire et absolu, tyrannie.

DESPOTO-DAGH, chaîne de montagnes en Turquie, anc. Rhodope.

DESPRÉAUX, V. Boileau.

DESPUMATION, sf. action de despumer.

DESPUMER, va. (l. spuma écume), ôter l'écume, les impuretés d'un liquide en ebullition ou en fermentation.

DESQUAMATION, sf. (on pron. descouamacion), separation de l'épiderme sous forme d'écailles; action d'ôter les écailles (l. squama écaille).

DESSAISIR (SE), vpr. abandonner ce que l'on a.

DESSAISISSEMENT, sm. action de se dessaisir.

DESSAISONNER, va. s'écarter de l'ordre suivi dans la culture d'une terre.

DESSAIX, général français (1764-1834). V. Desaix.

DESSALÉ, ÉE, adj. rusé.

DESSALER, va. ôter le sel, rendre moins salé.

DESSALINES, nègre qui se fit empereur d'Haïti en 1804, m. en 1806.

DESSANGLER, va. defaire, lâcher la sangle.

DESSAU, capitale du duché d'Anhalt-Dessau.

DESSÉCHANT, ANTE, adj. qui dessèche.

DESSÉCHEMENT, sm. action de dessécher, résultat de cette action.

DESSÉCHER, va. rendre sec, mettre à sec; amaigrir.

DESSEIN, sm. projet, résolution, plan. — A DESSEIN, loc. adv. exprès.

DESSELLER, va. ôter la selle.

DESSEMELER, va. ôter la semelle.

DESSERRE, sf. Dur à la desserre, qui a de la peine à desserrer sa bourse pour donner de l'argent: avare.

DESSERRER, va. relâcher ce qui est serré; desserrer un coup, donner un coup.

DESSERT, sm. fruits et friandises servis à la fin d'un repas.

DESSERTE, sf. mets que l'on a ôté de la table; suppléance dans un service d'église.

DESSERVANT, sm. ecclésiastique qui fait le service d'une cure, d'une chapelle.

DESSERVIR, va. ôter les mets de dessus la table; mtire; faire le service d'une cure, d'une chapelle.

DESSICCATIF, IVE, adj. et s. qui dessèche.

DESSICCATION, sf. action de dessecher, résultat de cette action.

DESSILLER, va. (ll m.), ouvrir les paupières. Fig. détromper.

DESSIN, sm. représentation d'objets quelconques au crayon, à la plume, etc.; plan; art de dessiner.

DESSINATEUR, sm. celui qui dessine.

DESSINER, va. representer par le dessin.

DESSOLER, va. ôter le dessous du pied d'un cheval; changer l'ordre des cultures.

DESSOLES, général français, ministre de Louis XVIII (1767-1828).

DESSOUDER, va. defaire la soudure.

DESSOULER, va. dissiper l'ivresse. — vn. cesser d'être ivre (pop.).

DESSOUS, adv. plus bas. — AU DESSOUS DE, PAR-DESSOUS, loc. prép. — LE DESSOUS, sm. la partie inferieure. Fig. desavantage.

DESSUS, adv. plus haut. — AU-DESSUS DE, PAR-DESSUS, loc. prép. sur. — LE DESSUS, la partie superieure. Fig. avantage; partie de musique opposée à la basse.

DESTIN, sm. fatalite, sort, enchaînement nécessaire des événements.

DESTINATAIRE, s. 2 g. celui, celle à qui une chose est adressée.

DESTINATEUR, TRICE, s. celui, celle qui destine une chose à telle personne ou à tel but.

DESTINATION, sf. emploi déterminé; but; lieu où l'on va, où l'on envoie.

DESTINÉ, ÉE, adj. reservé pour; conduit par le destin à.

DESTINÉE, sf. destin, vie, sort.

DESTINER, va. fixer la destination; réserver. — SE DESTINER, vpr. se preparer à une profession.

DESTITUABLE, adj. 2 g. qui peut être destitué.

DESTITUÉ, ÉE, adj. part. prive de son emploi; depourvu de.

DESTITUER, va. priver d'un emploi, d'une fonction; depourvoir.

DESTITUTION, sf. action de destituer; effet de cette action.

DESTOUCHES (Néricault), poëte dramatique français (1680-1754).

DESTRIER, sm. cheval de main, de bataille.

DESTRUCTEUR, TRICE, adj. et s. qui detruit.

DESTRUCTIBILITÉ, sf. qualité de ce qui est destructible.

DESTRUCTIBLE, adj. 2 g. qui peut être detruit.

DESTRUCTIF, IVE, adj. qui amène la destruction.

DESTRUCTION, sf. (on pr. destruxion), action de détruire; ruine complète, anéantissement.

DESTUTT DE TRACY, V. Tracy.

DÉSUÉTUDE, sf. (on pron. dessuetude), ces-

sation ou anéantissement d'une habitude, de l'usage d'une chose.

DÉSUNION, sf. séparation des parties, disjonction. Fig. mesintelligence.

DÉSUNIR, va. démembrer, séparer. Fig. détruire l'union, la bonne intelligence.

DES YVETEAUX, poëte français (1560-1649).

DÉTACHEMENT, sm. degagement d'une passion, de ce qui nous attache; troupe detachée du corps principal.

DÉTACHER, va. degager de ce qui retient, ôter ce qui attache; séparer de; envoyer en détachement; faire ressortir; ôter les taches.

DÉTAIL, sm. (l m), action de vendre par petites parties; circonstances d'un fait, énumération.

DÉTAILLANT, ANTE, adj. et s. (ll m.), qui vend en detail.

DÉTAILLER, va. (ll m.), vendre en détail: couper en pièces; raconter en détail.

DÉTAILLEUR, sm. (ll m.), detaillant.

DÉTALAGE, sm. action de detaler.

DÉTALER, va. et n. defaire un étalage. Fig. fuir rapidement.

DÉTEINDRE, va. et n. enlever ou perdre la teinture, la couleur. Déteindre sur, communiquer sa couleur, et fig. son caractère (c. teindre).

DÉTELER, va. détacher des animaux attelés.

DÉTENDRE, va. relâcher ce qui etait tendu; se dit aussi au sens moral: détendre son esprit.

DÉTENIR, va. retenir injustement; tenir en prison (c. tenir).

DÉTENTE, sf. pièce qui détient un ressort. Fig. dur à la detente, avare.

DÉTENTEUR, TRICE, s. celui, celle qui possède actuellement un bien, une chose.

DÉTENTION, sf. (on pr. détancion), action de détenir; état d'une chose détenue; emprisonnement.

DÉTENU, UE, s. prisonnier.

DÉTÉRIORANT, ANTE, adj. qui déteriore.

DÉTÉRIORATION, sf. action de deteriorer; resultat de cette action.

DÉTÉRIORER, va. gâter, dégrader, rendre pire.

DÉTERMINANT, ANTE, adj. qui sert à determiner.

DÉTERMINATIF, IVE, adj. et s. qui détermine, qui fixe le sens d'un mot.

DÉTERMINATION, sf. action de determiner; resolution prise après reflexion.

DÉTERMINÉ, ÉE, adj. résolu, arrêté, fixe; hardi, courageux, passionné.

DÉTERMINÉMENT, adv. d'une manière determinee.

DÉTERMINER, va. fixer, décider, reconnaitre avec précision; faire prendre une résolution; être la cause de. — SE DÉTERMINER, vpr. se decider.

DÉTERRÉ, ÉE, adj. part. et s. retiré de dedans la terre.

DÉTERRER, va. retirer de la terre. Fig. decouvrir.

DÉTESTABLE, *adj.* 2 g. que l'on doit détester; très-mauvais.

DÉTESTABLEMENT, *adv.* très-mal.

DÉTESTATION, *sf.* horreur que l'on éprouve d'une chose.

DÉTESTER, *va.* avoir en horreur, en aversion.

DÉTIRER, *va.* étendre en tirant.

DÉTISER, *va.* éteindre le feu en séparant les charbons.

DÉTISSER, *va.* défaire un tissu.

DETMOLD, capitale de la principauté de Lippe-Detmold.

DÉTONATION, *sf.* bruit subit d'une matière qui s'enflamme; explosion.

DÉTONER, *vn.* produire une détonation.

DÉTONNER, *vn.* sortir du ton en chantant. *Fig.* ne pas s'accorder.

DÉTORDRE, *va.* remettre en état ce qui était tordu. — SE DÉTORDRE le pied, *vpr.* se fouler le pied.

DÉTORQUER, *va.* détourner le sens d'un passage, d'une pensée, d'un discours; donner un sens forcé; éluder un raisonnement.

DÉTORS, ORSE, *adj.* détordu.

DÉTORTILLER, *va.* (*ll* m.), remettre en état ce qui était tortillé.

DÉTOUR, *sm.* sinuosité, passage qui tourne; chemin qui s'écarte du droit chemin. *Fig.* subterfuge.

DÉTOURNÉ, ÉE, *adj.* soustrait, écarté, peu fréquenté, indirect.

DÉTOURNEMENT, *sm.* action de détourner, de soustraire frauduleusement.

DÉTOURNER, *va.* éloigner du droit chemin; soustraire. *Fig.* dissuader, distraire; changer la signification, la direction. — *vn.* quitter le vrai chemin. — SE DÉTOURNER, *vpr.* prendre un autre chemin.

DÉTRACTATION, *sf.* (on dit mieux *Détraction*. V. ce mot).

DÉTRACTER, *va.* et *n.* rabaisser le mérite ou parler mal de.

DÉTRACTEUR, *sm.* celui qui détracte.

DÉTRACTION, *sf.* (on pr. *détraxion*), médisance.

DÉTRAQUER, *va.* déranger une machine, dérégler, mettre le désordre.

DÉTREMPE, *sf.* couleur délayée dans de l'eau; peinture avec cette couleur.

DÉTREMPER, *va.* délayer; ôter la trempe à l'acier.

DÉTRESSE, *sf.* grande peine d'esprit; danger éminent, situation désespérée.

DÉTRIMENT, *sm.* dommage, préjudice, perte.

DÉTRITAGE, *sm.* action de détriter.

DÉTRITER, *va.* écraser les olives sous la meule.

DÉTRITUS, *sm.* (on pron. l's), résidu, débris.

DÉTROIT, *sm.* bras de mer resserré entre deux terres; défilé.

DÉTROMPEMENT, *sm.* action de détromper; résultat de cette action.

DÉTROMPER, *va.* tirer d'erreur. — SE DÉTROMPER, *vpr.* se désabuser.

DÉTRÔNEMENT, *sm.* action de détrôner; résultat de cette action.

DÉTRÔNER, *va.* déposséder du trône. *Fig.* renverser, détruire, dissiper.

DÉTROUSSER, *va.* détacher ce qui est troussé. *Fig.* voler avec violence sur la voie publique.

DÉTROUSSEUR, *sm.* voleur qui détrousse.

DÉTRUIRE, *va.* démolir, renverser, ruiner, anéantir. — SE DÉTRUIRE, *vpr.* tomber en ruines, et *fig.* se donner la mort.

DÉTRUIT, ITE, *adj. part.* démoli, anéanti.

DETTE, *sf.* ce que l'on doit. *Fig.* obligation, devoir.

DETTINGEN, village de Bavière. Bataille perdue par les Français, en 1743.

DEUCALION, roi de Thessalie, connu par un déluge qui eut lieu sous son règne, dans le 16e s. av. J. C.

DEUIL, *sm.* (*l* m.), grande douleur, affliction causée par la perte de quelqu'un; vêtements portés en signe de douleur; temps qu'on doit les porter.

DEUTÉRONOME, *sm.* (gr. *deuteros* second, *nomos* loi), livre de la Bible, le dernier de Moïse, qui est comme une répétition des précédents, une seconde publication de la loi.

DEUTO, contraction du gr. *deuteros* second; initial employé dans la nomenclature chimique, comme dans *deutosulfure*, *deutoxyde*.

DEUTOSULFURE, *sm.* sulfure du second degré (*chim.*).

DEUTOXYDE, *sm.* oxyde du second degré (*chim.*).

DEUX, *adj.* 2 g. et s. (*x* nulle), un plus un; deuxième: *Charles II, chapitre II*; le chiffre 2.

DEUXIÈME, *adj.* 2 g. qui vient après le premier.

DEUXIÈMEMENT, *adv.* en second lieu.

DEUX-PONTS, ville et principauté de la Bavière rhénane.

DEUX-SÈVRES, dep. français: ch.-l. *Niort*.

DEUX-SICILES, royaumes réunis de Naples et de Sicile.

DÉVALER, *va.* et *n.* descendre (*pop.*).

DÉVALISER, *va.* dérober les hardes, dépouiller.

DEVANCER, *va.* précéder, gagner le devant. *Fig.* avoir l'avantage, surpasser.

DEVANCIER, IÈRE, *s.* prédécesseur: *les devanciers*, les ancêtres.

DEVANT, *adv.* et *prép.* en présence, en face de; avant. — AU-DEVANT DE, *loc. prép.* à la rencontre de; CI-DEVANT, *adv.* précédemment, DEVANT QUE, *loc. conj.* avant que.

DEVANT, *sm.* partie antérieure d'un objet.

DEVANTURE, *sf.* façade, partie extérieure d'une boutique.

DÉVASTATEUR, TRICE, *adj.* et *s.* qui dévaste.

DÉVASTATION, *sf.* action de dévaster; résultat de cette action.

DÉVASTER, *va.* ravager.

DÉVELOPPABLE, *adj.* 2 g. susceptible d'être développé en surface plane (*géom.*).

DÉVELOPPEMENT, *sm.* action de développer ; résultat de cette action.

DÉVELOPPER, *va.* ôter l'enveloppe, déployer. *Fig.* exposer en détail, étendre, augmenter : *développer les forces* ; éclaircir : *développer une difficulté.* — SE DÉVELOPPER, *vpr.* s'étendre, prendre de l'accroissement.

DEVENIR, *vn.* commencer à passer d'un état à un autre ; avoir tel ou tel sort (*c. venir*).

DEVENTER, ville de Hollande.

DÉVERGONDAGE, *sm.* impudeur, libertinage.

DÉVERGONDÉ, ÉE, *adj. et s.* sans pudeur et sans retenue.

DÉVÉRIA (Achille), peintre français (1800-1857).

DÉVERROUILLER, *va.* (*ll m.*), tirer le verrou.

DEVERS, *prép.* du côté de. — PAR DEVERS, *loc. prép.* marquant la possession.

DÉVERSER, *va. et n.* incliner, pencher, devenir courbe. *Fig.* répandre, jeter.

DÉVERSOIR, *sm.* décharge d'eau.

DÉVÊTIR (SE), *vpr.* ôter ses vêtements ou seulement une partie. *Fig.* se dessaisir.

DÉVÊTISSEMENT, *sm.* dessaisissement (*t. de droit*).

DÉVIATION, *sf.* action de dévier ou de se dévier, détour, déplacement.

DÉVIDAGE, *sm.* action de dévider.

DÉVIDER, *va.* mettre en peloton, en écheveau.

DÉVIDEUR, EUSE, *s.* celui, celle qui dévide.

DÉVIDOIR, *sm.* instrument pour dévider.

DÉVIER, *vn.* sortir de la voie ; se détourner ou être détourné de sa direction. — SE DÉVIER, *vpr.* changer de direction, quitter la bonne direction.

DEVIN, INERESSE, *s.* celui, celle qui fait profession de deviner l'avenir. *Devin*, *sm.* sorte de serpent.

DEVINABLE, *adj.* 2 g. que l'on peut deviner.

DEVINATION, *sf.* action de deviner.

DEVINER, *va. et n.* prédire, conjecturer, prévoir, découvrir, comprendre. — SE DEVINER, *vpr.* se comprendre.

DEVINERESSE, *sf.* V. Devin.

DEVINEUR, EUSE, *s.* celui, celle qui a la prétention de deviner une énigme, etc.

DEVIS, *sm.* (l's est nulle), propos, conversation ; état détaillé des dépenses à faire pour exécuter des travaux.

DÉVISAGER, *va.* déchirer le visage, défigurer.

DEVISE, *sf.* sentence, figure emblématique.

DEVISER, *vn.* causer familièrement.

DÉVISSER, *va.* défaire ce qui est vissé.

DÉVOIEMENT, *sm.* diarrhée.

DÉVOILEMENT, *sm.* action de dévoiler.

DÉVOILER, *va.* ôter le voile ; le contraire de voiler, de cacher, de tenir secret ; découvrir, faire connaître.

DEVOIR, *va.* être obligé à payer, à rendre,

à faire, etc. Devant un autre verbe il exprime la nécessité, l'intention, la probabilité : *il doit venir demain.* — SE DEVOIR à, *vpr.* avoir des devoirs à remplir envers.

DEVOIR, *sm.* ce à quoi l'on est obligé ; travail donné aux élèves.

DÉVOLU, UE, *adj.* acquis, échu par droit. — *sm.* prétention, choix.

DÉVOLUTION, *sf.* transmission d'un droit, d'un bien.

DEVON ou DEVONSHIRE, comté de l'Angleterre.

DÉVONIEN, IENNE, *adj.* se dit d'un terrain de transition qui a été étudié pour la première fois dans le Devon (*géol.*).

DÉVORANT, ANTE, *adj.* qui dévore. *Fig.* qui détruit, violent : *soif dévorante.*

DÉVORATEUR, TRICE, *adj.* qui dévore.

DÉVORER, *va. et n.* manger avec avidité. *Fig.* consumer, détruire. *Dévorer des yeux*, considérer avec une vive attention ; *dévorer un livre*, le lire rapidement ; *dévorer ses larmes*, les retenir ; *dévorer un affront*, le cacher, le dissimuler ; *dévorer les difficultés*, les surmonter.

DÉVOT, OTE, *adj. et s.* qui a ou qui marque de la dévotion.

DÉVOTEMENT, *adv.* avec dévotion.

DÉVOTIEUSEMENT, *adv.* (on pr. *dévocieuseman*), dévotement (vx. mot).

DÉVOTIEUX, EUSE, *adj.* (on pr. *dévocieu*), dévot.

DÉVOTION, *sf.* piété, attachement aux pratiques religieuses. *Fig.* dévouement.

DÉVOUÉ, ÉE, *adj.* plein de dévouement.

DÉVOUEMENT ou DÉVOÛMENT, *sm.* abandonnement aux volontés, au service d'autrui ; zèle ; action de s'exposer pour autrui.

DÉVOUER, *va.* consacrer, livrer sans réserve. — SE DÉVOUER, *vpr.* se consacrer, se sacrifier : *le Fils de Dieu voulut se dévouer pour nous.*

DÉVOYÉ, ÉE, *adj. et s.* qui n'est pas dans la bonne voie.

DÉVOYER, *va.* détourner de la route ; donner le dévoiement. — SE DÉVOYER, *vpr.* s'égarer (*c. employer*).

DE WITT, V. *Witt.*

DEXTÉRITÉ, *sf.* adresse, habileté.

DEXTRE, *sf.* la main droite, le côté droit.

DEXTREMENT, *adv.* avec dextérité.

DEXTRINE, *sf.* principe faisant partie des substances alimentaires (*chim.*).

DEY, *sm.* (on pron. *dé*), ancien chef musulman du gouvernement à Alger.

D'HOZIER, généalogiste français (1592-1660).

DIA, *interj.* pour faire tourner les chevaux à gauche.

DIABÈTE, *sm.* maladie caractérisée par une abondante excrétion d'urine contenant une matière sucrée.

DIABÉTIQUE, *adj.* 2 g. qui tient du diabète.

DIABLE, *sm.* le démon, l'esprit malin. *Fig.* personne méchante, vive, habile, etc. *Bon diable*, de bon caractère ; *pauvre diable*, qui est dans la misère. — EN DIABLE, *loc. adv.*

fort, extrêmement ; À LA DIABLE, *loc. adv.* très-mal ; DIABLE ! *interj.*

DIABLEMENT, *adv.* extrêmement.

DIABLERETS (monts), en Suisse.

DIABLERIE, *sf.* sortilège ; mauvais effet dont la cause est inconnue.

DIABLESSE, *sf.* femme difficile à vivre. *Bonne diablesse, pauvre diablesse.* V. *Diable.*

DIABLOTIN, *sm.* petit diable. *Fig.* méchant enfant ; espèce de bonbon.

DIABOLIQUE, *adj.* 2 g. du diable, qui tient du diable. *Fig.* très-méchant ; mauvais, difficile : *affaire diabolique.*

DIABOLIQUEMENT, *adv.* très-méchamment.

DIACHYLON, *sm.* emplâtre composé de substances mucilagineuses.

DIACODE, *s. et adj. m.* sirop de têtes de pavot.

DIACONAL, ALE, *adj.* du diacre (pl. m. *diaconaux*).

DIACONAT, *sm.* (t nul), le second des ordres sacrés.

DIACONESSE, *sf.* femme qui exerçait certains ministères dans la primitive Eglise.

DIACOUSTIQUE, *sf.* (gr. *dia* à travers, *akoud* entendre), partie de l'acoustique qui considère les propriétés des sons passant à travers des milieux différents (*phys.*).

DIACRE, *sm.* ecclésiastique promu au diaconat.

DIADELPHE, *adj.* 2 g. (gr. *dis* deux fois, *adelphos* frère), se dit des étamines dont les filets sont soudés en deux faisceaux (*bot.*).

DIADELPHIE, *sf.* nom de la 17e classe dans la méthode de Linné, comprenant les plantes dont les fleurs sont diadelphes (*bot.*).

DIADÈME, *sm.* bandeau royal ; sorte de parure de tête. *Fig.* royauté.

DIAGNOSTIC, *sm.* (on pr. *diag-nostic* ; gr. *diagnôsis* connaissance), connaissance de la nature d'une maladie d'après les symptômes (*méd.*).

DIAGNOSTIQUE, *adj.* 2 g. (on pr. *diagnostique*), se dit des signes qui établissent le diagnostic.

DIAGONAL, ALE (gr. *dia* à travers, *gônia* angle), qui va d'un angle à un autre (pl. m. *diagonaux*).

DIAGONALE, *sf.* ligne diagonale ou qui va d'un angle à un autre.

DIAGONALEMENT, *adv.* suivant la diagonale.

DIAGRAMME, *sm.* construction de lignes servant à une démonstration ; échelle des sons, gamme.

DIALECTE, *sm.* langage particulier d'une ville ou d'un pays.

DIALECTICIEN, *sm.* celui qui connaît la dialectique, qui raisonne bien.

DIALECTIQUE, *sf.* (gr. *dialektikê* : de *dialégomai* discourir), art de discourir, de raisonner avec méthode.

DIALECTIQUEMENT, *adv.* selon la dialectique.

DIALOGIQUE, *adj.* 2 g. qui a la forme du dialogue.

DIALOGISME, *sm.* l'art, le genre du dialogue.

DIALOGUE, *sm.* conversation entre deux ou plusieurs personnes.

DIALOGUER, *vn.* converser. — *va.* mettre en dialogues.

DIALYPÉTALE, *adj.* 2 g. (gr. *dialyô* se séparer, *pétalon* pétale), polypétale ou dont les pétales sont libres entre eux (*bot.*).

DIAMAGNÉTISME, *sm.* partie de la physique qui traite de la transmission de l'action magnétique.

DIAMAGNÉTIQUE, *adj.* 2 g. se dit des corps qui transmettent l'action magnétique.

DIAMANT, *sm.* pierre précieuse. *Fig.* petit ouvrage excellent.

DIAMANTAIRE, *sm.* celui qui taille les diamants.

DIAMÉTRAL, ALE, *adj.* qui appartient au diamètre (pas de pl. m.).

DIAMÉTRALEMENT, *adv.* suivant le diamètre. *Fig.* entièrement, tout à fait : *diamétralement contraire.*

DIAMÈTRE, *sm.* (gr. *dia* à travers, *métron* mesure), droite qui traverse le cercle d'un point de la circonférence à un autre, en passant par le centre, et qui par conséquent mesure la largeur du cercle (*géom.*).

DIANDRIE, *sf.* (gr. *dis* deux ; *anêr*, gén. *andros* homme, et par extension, organe mâle des fleurs ou étamine), 2e classe des plantes dans la méthode de Linné, comprenant celles dont les fleurs ont deux étamines (*bot.*).

DIANDRIQUE, *adj.* 2 g. de la diandrie.

DIANE, *sf.* batterie de tambour pour le reveil.

DIANE, déesse de la chasse (*myth.*).

DIANTRE, *sm. et interj.* diable (*fam.*).

DIAPASON, *sm.* étendue des sons musicaux ; petit instrument qui donne le ton.

DIAPHANE, *adj.* 2 g. (gr. *dia* à travers, *phainô* briller), transparent.

DIAPHANÉITÉ, *sf.* qualité de ce qui est diaphane ; transparence.

DIAPHRAGMATIQUE, *adj.* 2 g. qui a rapport au diaphragme.

DIAPHRAGME, *sm.* (gr. *diaphragma* : de *dia* à travers, et *phrassô* clore, barrer), large muscle qui sépare la poitrine de l'abdomen (*anat.*) ; se dit, en d'autres sciences, de tout ce qui forme cloison ou séparation.

DIAPRÉ, EE, *adj.* varié de plusieurs couleurs.

DIAPRER, *va.* varier de plusieurs couleurs.

DIAPRURE, *sf.* variété de couleurs.

DIARBÉKIR, ville de la Turquie d'Asie, sur le Tigre.

DIARRHÉE, *sf.* dévoiement.

DIASTASE, *sf.* (gr. *diastasis* séparation, dissolution), luxation, dilatation des muscles (méd.); se dit aussi d'une matière azotée qui agit sur les substances amylacées (*chim.*).

DIASTOLE, *sf.* (gr. *diastolê* dilatation), mouvement du cœur lorsqu'il se dilate (*physiol.*).

DIATHERMANE, *adj.* 2 g. (gr. *dia* à travers, *thermê* chaleur), se dit des substances qui se laissent facilement traverser par la chaleur (*phys.*).

DIATHERMANÉITÉ, sf. propriété des substances diathermanes (phys.).

DIATONIQUE, adj. 2 g. (gr. dia à travers, tonos ton), qui procède par les tons de la gamme.

DIATONIQUEMENT, adv. suivant l'ordre diatonique.

DIATRIBE, sf. critique amère; injures.

DIAZ (Barthelemy), fameux navigateur portugais, m. 1500.

DIBRANCHIAUX (on pron. dibrankiauv) ou **DIBRANCHES**, sm. pl. (gr. dis deux, bragchia branchies), ordre de céphalopodes et de cirripèdes dont les branchies consistent en deux feuillets (zool.).

DICHOTOMAL, ALE, adj. (on pron. dicotomal), qui naît de l'angle de deux rameaux (bot.).

DICHOTOME, adj. 2 g. (on pron. dicotome), divisé en deux; dichotome se dit en outre de la lune quand on ne voit que la moitié de son disque (gr. dichotoméō couper en deux parties).

DICHOTOMIE, sf. (on pron. dicotomie), division en deux parties; phase de la lune à son premier ou à son dernier quartier.

DICHOTOMIQUE, adj. 2 g. (on pron. dicotomique), se dit de toute méthode qui consiste à poser une série de questions ne laissant de choix qu'entre deux propositions contradictoires.

DICLINE, adj. 2 g. (gr. dis deux; klinē lit, réceptacle), se dit des plantes qui ont des fleurs mâles ou à étamines et des fleurs femelles ou à pistil seul, de sorte que les etamines et le pistil sont séparés sur des réceptacles différents (bot.).

DICLINIE, sf. nom de la 15e classe de la méthode de Linnée, comprenant les plantes dont les fleurs sont diclines.

DICOTYLÉDONE et **DICOTYLÉDONÉ, ÉE**, adj. (gr. dis deux; kotylēdōn cavité, cotyle), se dit des plantes qui à leur naissance sont pourvues de deux cotylédons (bot.).

DICOTYLÉDONES, sf. pl. l'une des trois grandes divisions du règne végétal, comprenant les plantes qui naissent avec deux cotylédons (bot.).

DICTAME, sm. espèce d'origan, plante vulnéraire.

DICTAMEN, sm. (on pron. dictamène), sentiment intérieur de la conscience.

DICTATEUR, sm. magistrat ayant un pouvoir absolu.

DICTATORIAL, ALE, adj. du dictateur.

DICTATURE, sf. dignité, pouvoir du dictateur.

DICTÉE, sf. action de dicter, chose dictée.

DICTER, va. prononcer à haute voix ce que l'on fait écrire. Fig. suggérer, inspirer, prescrire.

DICTION, sf. (on pron. dixion), élocution, choix des mots.

DICTIONNAIRE, sm. (on pron. dixionnaire) recueil par ordre alphabétique des mots d'une langue, d'une science, etc.

DICTON, sm. sentence, proverbe, raillerie.

DICTUM, sm. (on pron. dictome), dispositif d'un jugement, d'un arrêt.

DIDACTIQUE, adj. 2 g. (gr. didaskō enseigner), qui est propre à instruire, qui sert à expliquer. — sf. art d'enseigner. — sm. genre didactique.

DIDACTIQUEMENT, adv. d'une manière didactique.

DIDACTYLE, adj. 2 g. (gr. dis deux, daktylos doigt), qui a deux doigts (zool.).

DIDELPHES ou **DIDELPHIENS**, sm. pl. (gr. dis deux; delphys sein de la mère, poche), groupe de mammifères (zool.).

DIDEROT, philosophe franç., l'un des auteurs de l'Encyclopédie (1713-1784).

DIDIER, plusieurs saints de ce nom: l'un évêque de Langres, m. 264; un autre archevêque de Vienne, m. 608.

DIDIER, dernier roi des Lombards, détrôné par Charlemagne en 774.

DIDIUS JULIANUS, empereur romain (133-193).

DIDON, princesse tyrienne, fonda ou agrandit Carthage, vers l'an 880 av. J. C.

DIDYME, adj. 2 g. (gr. didymos double, jumeau), se dit d'une anthère formée de deux loges unies de manière à avoir l'apparence de deux anthères jumelles (bot.).

DIDYME, surnom de saint Thomas, apôtre.

DIDYNAME, adj. 2 g. (gr. dis deux, dynamis force), se dit des étamines lorsque, étant au nombre de quatre, deux d'entre elles sont plus grandes, plus fortes que les autres (bot.).

DIDYNAMIE, sf. nom de la 14e classe dans la méthode de Linnée, comprenant les plantes à étamines didynames (bot.).

DIDYNAMIQUE, adj. 2 g. qui a les étamines didynames (bot.).

DIE, s.-préf. du dép. de la Drôme.

DIÈDRE, adj. (gr. dis deux, hedra siège, base), se dit d'un angle solide formé par deux plans et qui présente par conséquent deux bases ou faces (géom.).

DIÉGO, prénom espagnol.

DIÉMEN (Terre de Van), ou **DIEVENIE**, grande île de l'Océanie.

DIEPPE, s.-préf. de la Seine-Infér.

DIÉRÈSE, sf. (gr. diairésis division, séparation), division d'une syllabe en deux; opération de chirurgie qui consiste à séparer des parties unies contre nature.

DIÈSE, sm. signe indiquant qu'une note doit être haussée d'un demi-ton (mus.).

DIÉSÉ, ÉE, adj. précédé d'un dièse (mus.).

DIÉSER, va. marquer d'un dièse (mus.).

DIÈTE, sf. régime qui règle la nourriture, abstinence; assemblée d'États.

DIÉTÉTIQUE, adj. 2 g. et sf. relatif à la diète.

DIEU, sm. le souverain Être créateur de l'univers. On le dit aussi par abus des divinités du paganisme.

DIEU-LE-FIT, p. ville (Drôme).

DIEUZE, p. ville (Meurthe).

DIFFAMANT, ANTE, adj. qui diffame.

DIFFAMATEUR, sm. celui qui diffame.

DIFFAMATION, sf. action de diffamer; paroles diffamantes.

DIFFAMATOIRE, adj. 2 g. qui diffame; qui attaque l'honneur, la réputation.

DIFFAMER, *va.* attaquer l'honneur, la réputation.

DIFFÉREMMENT, *adv.* d'une manière différente.

DIFFÉRENCE, *sf.* dissemblance ; excès d'une grandeur sur une autre.

DIFFÉRENCIER, *va.* distinguer, établir la différence.

DIFFÉREND, *sm.* contestation, débat.

DIFFÉRENT, ENTE, *adj.* dissemblable, distinct, divers.

DIFFÉRENTIATION, *sf.* (on pron. *différanciacion*), action de différencier (*math.*).

DIFFÉRENTIEL, ELLE, *adj.* (on pron. *différanciel*), qui procède par différences. — *sf.* quantité infiniment petite et variable (*math.*).

DIFFÉRENTIER, *va.* (on pron. *différancié*), prendre l'accroissement infiniment petit d'une quantité ou la première dérivée d'une fonction algébrique (*math.*).

DIFFÉRER, *va.* remettre à un autre temps. — *vn.* ne pas ressembler, avoir une opinion différente.

DIFFICILE, *adj.* 2 g. malaisé, pénible ; exigeant, délicat : *c'est un homme difficile sur les aliments.*

DIFFICILEMENT, *adv.* avec difficulté, avec peine.

DIFFICULTÉ, *sf.* ce qui rend une chose difficile ; obstacle, empêchement, obscurité, objection, mauvaise chicane. — SANS DIFFICULTÉ, *loc. adv.* indubitablement, sans peine, volontiers.

DIFFICULTUEUSEMENT, *adv.* avec difficulté.

DIFFICULTUEUX, EUSE, *adj.* qui cherche, qui fait naître des difficultés.

DIFFORME, *adj.* 2 g. laid, défiguré, sans les proportions voulues.

DIFFORMER, *va.* changer ou altérer la forme.

DIFFORMITÉ, *sf.* laideur, défaut dans les proportions.

DIFFRACTION, *sf.* (on pron. *difraxion*), inflexion, détour des rayons lumineux qui rasent une surface (*phys.*).

DIFFUS (s nulle), USE, *adj.* abondant en paroles, prolixe, vague. En t. *de bot.* nombreux et étalés horizontalement.

DIFFUSÉMENT, *adv.* d'une manière diffuse.

DIFFUSION, *sf.* action de se répandre, effet de cette action ; prolixité.

DIGÉRER, *va.* et *n.* faire la digestion. *Fig. digérer un affront,* le supporter en silence ; *digérer une affaire,* l'examiner avec soin.

DIGESTE, *sm.* recueil des décisions des anciens jurisconsultes romains.

DIGESTEUR, *sm.* vase pour élever l'eau à une très-haute température sans qu'elle bouille.

DIGESTIF, IVE, *adj.* qui aide à la digestion, qui fait digérer.

DIGESTION, *sf.* coction des aliments dans l'estomac ; action de digérer.

DIGITAL, ALE, *adj.* du doigt.

DIGITALE, *sf.* sorte de plante.

DIGITÉ, ÉE, *adj.* qui a des doigts, qui est divisé en forme de doigts.

DIGITIGRADES, *sm. pl.* (l. *digitus* doigt, *gradi* marcher), tribu de mammifères carnassiers qui marchent sur l'extrémité des doigts (*zool.*).

DIGITINERVÉ, ÉE, *adj.* (l. *digitus* doigt, *nervus* nervure), se dit d'une feuille dont les nervures partent toutes de la base et se dirigent vers le sommet comme les doigts de la main et sans éprouver de division (*bot.*).

DIGNE, *adj.* 2 g. qui mérite. *Fig.* qui a de la dignité, honnête, conforme à.

DIGNE, ch.-l. du dep. des Basses-Alpes.

DIGNEMENT, *adv.* d'une manière digne, juste, convenable.

DIGNITAIRE, *sm.* celui qui est revêtu d'une dignité.

DIGNITÉ, *sf.* qualité de ce qui est digne, convenable ; mérite, importance, élévation, gravité extérieure, emploi éminent.

DIGOIN, p. ville (Saône-et-Loire).

DIGRESSION, *sf.* ce qui, dans un écrit, dans un discours, est en dehors du sujet principal.

DIGUE, *sf.* rempart contre l'eau. *Fig.* obstacle.

DIGYNE, *adj.* 2 g. (gr. *dis* deux, *gyné* femme ou femelle), qui a deux pistils ou organes femelles (*bot.*).

DIGYNIE, *sf.* sous-division des classes des plantes dont les fleurs sont digynes (*bot.*).

DIJON, ch.-l. du dep. de la Côte-d'Or.

DIJONNAIS, AISE, *adj.* de Dijon. — DIJONNAIS, *sm.* le pays de Dijon.

DILACÉRATION, *sf.* action de dilacérer.

DILACÉRER, *va.* déchirer, mettre en pièces.

DILAPIDATEUR, TRICE, *s.* et *adj.* celui qui dissipe, qui dépense follement sa fortune.

DILAPIDATION, *sf.* action de dilapider.

DILAPIDER, *va.* dépenser follement.

DILATABILITÉ, *sf.* propriété de se dilater.

DILATABLE, *adj.* 2 g. qui peut se dilater.

DILATANT, ANTE, *adj.* qui dilate, propre à dilater.

DILATATION, *sf.* extension, augmentation de volume.

DILATER, *va.* étendre, augmenter le volume. — SE DILATER, *vpr.* s'étendre, s'élargir.

DILATOIRE, *adj.* 2 g. qui étend un délai, qui tend à retarder.

DILECTION, *sf.* (on pron. *dilexion*), charité.

DILEMME, *sm.* (on pron. *dilème*), argument formé de deux propositions contraires qui ont la même conclusion.

DILETTANTE, *sm.* (on pron. *dilettanté*), grand amateur de musique ; pl. *dilettanti* (mot italien).

DILETTANTISME, *sm.* passion musicale du dilettante.

DILIGEMMENT, *adv.* promptement, avec soin.

DILIGENCE, *sf.* manière d'agir avec soin, avec exactitude et promptement ; sorte de voiture publique.

DILIGENT, ENTE, *adj.* expéditif, prompt, soigneux, vigilant.

DILIGENTER, *va.* et *n.* hâter, agir avec diligence.

DILUÉ, ÉE, *adj.* délayé, dissous dans un liquide, infusé (*méd.*).

DILUTION, *sf.* action de délayer, état de ce qui est dilué (*méd.*).

DILUVIEN, IENNE, *adj.* (l. *diluvium* déluge), qui a rapport au déluge.

DILUVIUM, *sm.* (on pron. *diluviome*, l. *diluvium* déluge), époque géologique ou s'est formé l'étage des alluvions anciennes; époque caractérisée par de grandes inondations et de violents cataclysmes (*géol.*).

DIMANCHE, *sm.* premier jour de la semaine, jour du Seigneur.

DÎME, *sf.* dixième partie des produits que l'on payait à l'Église et aux seigneurs.

DIMENSION, *sf.* étendue des corps. *Fig.* au *pl.* mesures, précautions.

DÎMER, *vn.* lever la dîme. — *va.* soumettre à la dîme.

DIMÈRES, *sm. pl.* (gr. *dis* deux, *méris* partie ou division), ordre de coléoptères comprenant ceux qui n'ont que deux articles à tous les tarses (*zool.*).

DIMIDIÉ, ÉE, *adj.* réduit à moitié.

DIMINUER, *va.* amoindrir. — *vn.* devenir moindre, maigrir.

DIMINUTIF, IVE, *adj.* et *s.* qui rend plus faible la signification d'un mot; objet qui en représente un plus grand.

DIMINUTION, *sf.* amoindrissement, réduction, rabais.

DIMITRI, Démétrius.

DIMORPHE, *adj.* 2 g. (gr. *dis* deux, *morphé* forme), se dit en *min.* d'une substance qui peut donner des cristaux appartenant à deux systèmes différents, et en *bot.* de toute partie de la plante qui offre deux formes différentes.

DIMORPHISME, *sm.* phénomène qui caractérise les substances dimorphes; état de ce qui est dimorphe.

DINA, fille de Jacob.

DINAN, s.-préf. des Côtes-du-Nord.

DINANT, ville de Belgique.

DINARIQUES (Alpes), montagnes de l'Illyrie.

DÎNATOIRE, *adj.* 2 g. du dîner, qui en tient lieu.

DINDE, *sf.* poule d'Inde. *Fig.* femme sans intelligence. — *sm.* coq d'Inde.

DINDON, *sm.* coq d'Inde. *Fig.* homme stupide.

DINDONNEAU, *sm.* jeune dindon.

DINDONNIER, IÈRE, *s.* gardeur, gardeuse de dindons. — *adj.* la gent dindonnière, la race des dindons (*La Fontaine*).

DÎNÉ ou DÎNER, *sm.* repas, mets qui le composent.

DÎNÉE, *sf.* lieu où l'on dîne en voyage.

DÎNER, *vn.* manger le dîné. V. *Dîné*.

DÎNETTE, *sf.* petit repas d'enfants.

DÎNEUR, *sm.* celui qui est d'un dîné, qui aime à bien dîner.

DINORNIS, *sm.* (gr. *déinos* fort, *ornis* oiseau), oiseau de très-grande taille trouvé à l'état fossile (*géol.*).

DINOTHÉRIUM, *sm.* (on pron. *dinotériome*; gr. *déinos* fort, redoutable; *thér* animal), énorme mammifère trouvé à l'état fossile (*géol.*).

DIOCÉSAIN, AINE, *adj.* du diocèse.

DIOCÈSE, *sm.* pays sous la juridiction d'un évêque ou d'un archevêque.

DIOCLÉTIEN, empereur romain (245-313).

DIODORE DE SICILE, historien grec, contemporain de César et d'Auguste.

DIŒCIE, *sf.* (gr. *dis* deux; *oikia* maison, habitation), nom donné par Linnée à la 23e classe des plantes, comprenant celles qui ont des fleurs mâles et des fleurs femelles sur des pieds différents (*bot.*).

DIOGÈNE, philosophe grec (414-324 av. J. C.).

DIOGÈNE LAERCE, écrivain grec du 3e s.

DIOÏQUE, *adj.* 2 g. fleurs ou plantes de la classe dite *diœcie* (*bot.*).

DIOIS, pays de Die, partie du Dauphiné.

DIOMÈDE, roi d'Étolie, l'un des héros grecs qui assiégèrent Troie.

DION, de Syracuse, gendre de Denys l'Ancien et disciple de Platon.

DION CASSIUS, historien grec, auteur d'une histoire romaine; 2e s.

DION CHRYSOSTÔME, rhéteur grec, conseiller intime de Trajan (30-116).

DIONIS DU SÉJOUR, mathématicien français (1734-1794).

DIONYSIAQUES, *sf. pl.* fêtes en l'honneur de Bacchus.

DIONYSIUS, nom grec de Bacchus.

DIOPHANTE, mathématicien grec, inventeur de l'algèbre; 2e s.

DIOPTRIQUE, *sf.* (gr. *dioptriké*: de *dia* à travers et *optomaï* voir), partie de l'optique qui traite de la réfraction des rayons lumineux passant à travers des milieux de densités différentes (*phys.*).

DIORAMA, *sm.* (gr. *dia* à travers, *orama* vue), toile transparente peinte des deux côtés, et qui fait voir deux tableaux différents selon qu'elle est éclairée par devant ou par derrière.

DIOSCORIDE, célèbre médecin et botaniste grec, 1er s.

DIOSCURES, surnom de Castor et Pollux.

DIPÉRIANTHÉ, ÉE, *adj.* se dit des fleurs qui ont un double périanthe (*bot.*).

DIPÉTALE, *adj.* 2 g. ou DIPÉTALÉ, se dit d'une fleur dont la corolle est formée de deux pétales (*bot.*).

DIPHTHONGUE, *sf.* (gr. *dis* deux ou double, *phthoggos* son ou voyelle), réunion de deux ou plusieurs voyelles ne formant qu'une seule syllabe.

DIPHYLLE, *adj.* 2 g. (gr. *dis* deux, *phyllon* feuille), qui a deux feuilles (*bot.*).

DIPLOMATE, *sm.* et *adj.* celui qui s'occupe de diplomatie, qui est habile en diplomatie ou qui est dans la diplomatie.

DIPLOMATIE, *sf.* (on pr. *diplomaci*), science des rapports entre les États; corps des diplomates.

DIPLOMATIQUE, *sf.* art de reconnaître les diplômes ou chartes authentiques.

DIPLOMATIQUE, *adj. 2 g.* qui appartient à la diplomatie.

DIPLOMATIQUEMENT, *adv.* par la diplomatie.

DIPLÔME, *sm.* charte, titre, lettres patentes, acte public.

DIPLOPIE, *sf.* (gr. *diploos* double ; *ops* œil, vue), maladie des yeux qui fait voir doubles les objets.

DIPLOSTÉMONE, *adj. 2 g.* (gr. *diploos* double, *stémon* étamine), qui a deux étamines (*bot.*).

DIPLOPTÈRE, *adj. 2 g.* (gr. *diploos* double, *ptéron* aile), qui a des ailes doublés (*zool.*).

DIPODE, *adj. 2 g.* (gr. *dis* deux, *pous* pied), qui a deux pieds. — *sm. pl.* famille de la classe des reptiles, comprenant ceux qui n'ont que deux pattes ; poissons qui n'ont que deux nageoires (*zool.*).

DIPSACÉES, *sf. pl.* (l. *dipsacum* chardon), famille de plantes dont le chardon est le type (*bot.*).

DIPTÈRE, *adj.* et *sm.* (gr. *dis* deux, *ptéron* aile), se dit d'un édifice entouré de deux rangs de colonnes ou ailes. Au *pl.* ordre d'insectes qui ont deux ailes (*zool.*).

DIPTYQUE, *sm.* (gr. *diptycha* : de *dis* deux fois et *ptysso* plier), tablette de deux feuilles ou deux tablettes qui se replient.

DIRADIATION, *sf.* rayonnement de la lumière (*phys.*).

DIRE, *va.* exprimer, énoncer, raconter, prétendre, proposer, ordonner. *Dire la messe*, la célébrer. — SE DIRE, *vpr.* dire à soimême, se donner pour. — *Ind. pr.* je dis, tu dis, il dit, n. disons, v. dites, ils disent ; *imp.* je disais ; *p. déf.* je dis ; *fut.* je dirai ; *cond.* je dirais ; *impér.* dis, disons, dites ; *subj. pr.* que je dise ; *imp.* que je disse ; *part. pr.* disant ; *part. p.* dit, dite.

DIRE, *sm.* ce que l'on dit, assertion.

DIRECT, ECTE, *adj.* droit, sans détour, immédiat, qui a lieu sans le secours d'un intermédiaire.

DIRECTEMENT, *adv.* d'une manière directe.

DIRECTEUR, TRICE, *s.* celui, celle qui dirige, qui administre en chef.

DIRECTION, *sf.* (on pr. *direxion*), action de diriger, droit de diriger, administration, conduite, mouvement dans un sens quelconque.

DIRECTOIRE, *sm.* conseil chargé d'une direction ; corps de cinq magistrats qui gouvernèrent la France pendant quatre ans à partir de novembre 1795.

DIRECTORIAL, ALE, *adj.* du directoire.

DIRIGEANT, ANTE, *adj.* qui dirige.

DIRIGER, *va.* conduire, régler, administrer, mouvoir dans un sens, tourner d'un certain côté. — SE DIRIGER, *vpr.* aller vers.

DIRIMANT, ANTE, *adj.* qui annule.

DISCERNABLE, *adj. 2 g.* que l'on peut distinguer de tout autre objet.

DISCERNEMENT, *sm.* distinction que l'on fait d'une chose d'avec une autre, faculté de bien distinguer les choses et d'en juger sainement.

DISCERNER, *va.* distinguer un objet d'avec un autre.

DISCIPLE, *sm.* élève ; celui qui suit la doctrine d'un autre.

DISCIPLINABLE, *adj. 2 g.* que l'on peut discipliner.

DISCIPLINAIRE, *adj. 2 g.* qui concerne la discipline.

DISCIPLINE, *sf.* éducation, instruction, direction, règle de conduite ; règlement, lois ; fouet de pénitence.

DISCIPLINER, *va.* former, habituer, soumettre à une règle ; donner la discipline ou le fouet.

DISCOBOLE, *sm.* (gr. *diskobolos* : de *diskos* disque, assiette, et *ballô* lancer, pousser, produire), athlète qui lançait le disque ou palet dans les jeux de la Grèce. Au *pl.* famille de poissons dont le *porte-écuelle* est le type (*zool.*).

DISCONTINUATION, *sf.* interruption momentanée.

DISCONTINUER, *va.* interrompre. — *vn.* cesser.

DISCONVENANCE, *sf.* défaut de convenance, inégalité.

DISCONVENANT, ANTE, *adj.* qui manque de convenance.

DISCONVENIR, *vn.* ne pas convenir, ne pas être d'accord.

DISCORD, *sm.* (*d* final nul), discorde. — *adj. m.* qui n'est pas d'accord.

DISCORDANCE, *sf.* état, qualité de choses discordantes.

DISCORDANT, ANTE, *adj.* qui n'est pas d'accord, qui ne s'accorde pas avec.

DISCORDE, *sf.* opposition de sentiments, dissension, mauvaise intelligence. Fig. *pomme de discorde*, sujet de querelle.

DISCORDER, *vn.* être discordant.

DISCOUREUR, EUSE, *s.* celui, celle qui discourt ; bavard.

DISCOURIR, *vn.* parler avec quelque étendue. Fig. dire des choses inutiles.

DISCOURS, *sm.* assemblage de mots pour exprimer sa pensée ; propos, langage ; harangue. *Fig.* paroles vaines.

DISCOURTOIS, OISE, *adj.* qui n'a pas de courtoisie.

DISCOURTOISIE, *sf.* manque de courtoisie, de politesse.

DISCRÉDIT, *sm.* (*t* nul), diminution ou perte de crédit, de valeur, de considération.

DISCRÉDITÉ, ÉE, *adj.* qui a perdu son crédit, sa valeur.

DISCRÉDITER, *va.* faire tomber en discrédit, faire perdre la valeur.

DISCRET, ÈTE, *adj.* prudent, réservé, judicieux ; qui sait garder un secret.

DISCRÈTEMENT, *adv.* d'une manière discrète.

DISCRÉTION, *sf.* réserve, retenue, circonspection. — A DISCRÉTION, *loc. adv.* à volonté, sans conditions ; À LA DISCRÉTION DE, *loc. prép.* à la merci de.

DISCRÉTIONNAIRE, *adj. 2 g.* laissé à la discrétion de.

DISCULPATION, *sf.* justification.

DISCULPER, *va.* justifier.

DISCURSIF, **IVE**, *adj.* qui tire une proposition d'une autre par le raisonnement.

DISCUSSION, *sf.* action de discuter, examen; contestation.

DISCUTER, *va. et n.* débattre une question, une affaire.

DISÉPALE, *adj. 2 g.* (gr. *dis* deux), qui n'a que deux sépales (*bot.*).

DISERT, **ERTE**, *adj.* qui a la parole facile et élégante.

DISERTEMENT, *adv.* d'une façon diserte.

DISETTE, *sf.* manque de vivres, de choses nécessaires ou utiles.

DISETTEUX, **EUSE**, *adj.* qui manque des choses nécessaires.

DISEUR, **EUSE**, *s.* celui, celle qui dit; parleur.

DISGRÂCE, *sf.* perte de la faveur; malheur; mauvaise grâce.

DISGRACIÉ, **EE**, *adj. et s.* qui est en disgrâce, qui a perdu la faveur; difforme.

DISGRACIER, *va.* priver de sa faveur, de ses bonnes grâces.

DISGRACIEUSEMENT, *adv.* d'une manière disgracieuse.

DISGRACIEUX, **EUSE**, *adj.* qui est sans grâce; désagréable, fâcheux.

DISGRÉGATION, *sf.* séparation; dispersion des rayons lumineux (*phys.*).

DISGRÉGER, *va.* séparer; disperser les rayons lumineux (*phys.*).

DISJOINDRE, *va.* séparer des choses jointes (e. *joindre*).

DISJOINT, **OINTE**, *adj.* séparé.

DISJONCTIF, **IVE**, *adj. et s.* qui sépare les idées : *mot disjonctif.*

DISJONCTION, *sf.* séparation.

DISLOCATION, *sf.* action de disloquer, de séparer, de démettre les pièces d'une machine ou les os que l'on fait sortir de leur place.

DISLOQUER, *va.* démettre, déboîter.

DISPARAÎTRE, *vn.* cesser de paraître, d'exister, de se montrer; se retirer promptement.

DISPARATE, *sf.* défaut de parité, de conformité, de rapport, opposition. — *adj. 2 g.* qui fait disparate.

DISPARITÉ, *sf.* inégalité, dissemblance.

DISPARITION, *sf.* action de disparaître.

DISPENDIEUX, **EUSE**, *adj.* qui exige beaucoup de dépense.

DISPENSAIRE, *sm.* établissement où l'on donne gratuitement des remèdes aux pauvres; codex.

DISPENSATEUR, **TRICE**, *s.* celui, celle qui dispense, qui distribue.

DISPENSATION, *sf.* distribution.

DISPENSE, *sf.* exemption, permission.

DISPENSER, *va.* distribuer; exempter, faire une exception en faveur de quelqu'un, ne pas obliger à. — **SE DISPENSER**, *vpr.* s'exempter de.

DISPERMATIQUE ou **DISPERME**, *adj. 2 g.* (gr. *dis* deux, *sperma* graine), qui a deux graines (*bot.*).

DISPERSER, *va.* jeter ou placer çà et là, répandre, dissiper; mettre en fuite, en désordre.

DISPERSION, *sf.* action de disperser, résultat de cette action.

DISPONIBILITÉ, *sf.* état de celui ou de ce qui est disponible.

DISPONIBLE, *adj. 2 g.* dont on peut disposer.

DISPOS, *adj. m.* (s finale nulle), léger, agile.

DISPOSANT, **ANTE**, *adj.* qui dispose par testament.

DISPOSÉ, **ÉE**, *adj. part.* mis, placé, préparé; qui a l'intention de , porté à : *je suis tout disposé à vous être utile.*

DISPOSER, *va.* mettre dans un certain ordre; préparer à ou pour; engager à. — *vn.* faire ce qu'on veut d'une personne ou d'une chose; prescrire, aliéner. — **SE DISPOSER**, *vpr.* se préparer, faire ses dispositions.

DISPOSITIF, *sm.* prononcé d'un jugement, d'une loi, d'une ordonnance, etc.

DISPOSITION, *sf.* arrangement, situation; préparatifs; sentiments à l'égard de, inclination, aptitude; dessein; faculté de disposer de.

DISPROPORTION, *sf.* manque de proportion, inégalité.

DISPROPORTIONNÉ, **ÉE**, *adj.* qui manque de proportion.

DISPROPORTIONNER, *va.* ôter les proportions.

DISPUTABLE, *adj. 2 g.* qui peut être disputé.

DISPUTAILLER, *vn.* (ll m.), disputer sur un rien.

DISPUTE, *sf.* débat, querelle; discussion publique sur un sujet donné.

DISPUTER, *vn.* être en dispute, en rivalité. — *va.* contester ou concourir pour obtenir. — **SE DISPUTER** *une chose*, *vpr.* s'efforcer à l'envi de l'obtenir.

DISPUTEUR, *sm.* celui qui se plaît à disputer, à contredire.

DISQUE, *sm.* palet plat et rond; ce qui a cette forme.

DISQUISITION, *sf.* examen, recherche exacte d'une vérité.

DISSECTION, *sf.* (on pr. *dissexion*), séparation des parties d'un cadavre, d'un corps organisé pour en étudier la structure.

DISSEMBLABLE, *adj. 2 g.* qui ne se ressemble pas.

DISSEMBLANCE, *sf.* défaut de ressemblance.

DISSÉMINATION, *sf.* action de disséminer, effet de cette action.

DISSÉMINER, *va.* semer, éparpiller, répandre.

DISSENSION, *sf.* discorde, diversité d'avis, querelle.

DISSENTIMENT, *sm.* opposition d'avis, d'opinion.

DISSÉQUER, *va.* faire la dissection. *Fig.* analyser, examiner minutieusement.

DISSÉQUEUR, *sm.* celui qui dissèque.

DISSERTATEUR, sm. celui qui disserte (se prend en mauvaise part).

DISSERTATION, sf. discours ou écrit dans lequel on examine une question.

DISSERTER, vn. faire une dissertation.

DISSIDENCE, sf. état de personnes dissidentes, scission.

DISSIDENT, ENTE, adj. et s. qui s'écarte de la religion dominante, qui fait scission.

DISSIMILAIRE, adj. 2 g. non similaire.

DISSIMILITUDE, sf. non-similitude, différence, diversité.

DISSIMULATEUR, TRICE, s. celui, celle qui dissimule.

DISSIMULATION, sf. action de dissimuler; caractère de celui qui dissimule.

DISSIMULÉ, EE, adj. cache; qui cache ses desseins; artificieux.

DISSIMULER, va. cacher sa pensée, ses desseins; déguiser, tenir secret.

DISSIPATEUR, TRICE, adj. et s. prodigue, qui aime à dépenser.

DISSIPATION, sf. action de dissiper; conduite désordonnée; distraction.

DISSIPÉ, ÉE, adj. dispersé, écarte; distrait; livré aux plaisirs.

DISSIPER, va. disperser, détruire, écarter, distraire; dépenser follement : il a dissipé tout son bien.

DISSOLU, UE, adj. débauche, impudique.

DISSOLUBLE, adj. 2 g. qui peut se dissoudre.

DISSOLUMENT, adv. d'une manière dissolue.

DISSOLUTIF, IVE, adj. qui a la faculté de dissoudre.

DISSOLUTION, sf. état d'un corps qui se dissout; séparation, rupture. Fig. dérèglement de mœurs.

DISSOLVANT, ANTE, adj. et s. qui a la force de dissoudre.

DISSONANCE, sf. faux accord, sons désagréables. Fig. mélange disparate.

DISSONANT, ANTE, adj. qui forme dissonance.

DISSONER, vn. former dissonance.

DISSOUDRE, va. séparer les parties d'un corps, fondre. Fig. diviser, rompre, détruire (c. absoudre).

DISSOUS, OUTE, adj. part. fondu, défait, dispersé.

DISSUADER, va. détourner de l'exécution d'un dessein.

DISSUASIF, IVE, adj. qui tend à dissuader.

DISSUASION, sf. action de dissuader; effet des discours, des raisons qui dissuadent.

DISSYLLABE et DISSYLLABIQUE, adj. 2 g. (gr. dis deux), qui est composé de deux syllabes.

DISTANCE, sf. espace entre deux points. Fig. différence, inégalité.

DISTANCER, va. laisser à distance, dépasser.

DISTANT, ANTE, adj. éloigné.

DISTÉMONE, adj. 2 g. (gr. dis deux; stémon filament, étamine), qui n'a que deux étamines (bot.).

DISTENDRE, va. tendre fortement.

DISTENSION, sf. état de ce qui est fortement tendu.

DISTILLATEUR, sm. celui qui distille.

DISTILLATION, sf. action de distiller, résultat de cette action.

DISTILLATOIRE, adj. 2 g. qui sert à distiller, propre aux distillations.

DISTILLER, va. extraire à l'aide du feu les principes volatils d'un corps. Fig. répandre, verser : distiller le venin de la calomnie. — vn. couler goutte à goutte : l'eau distille de la roche.

DISTILLERIE, sf. lieu où l'on fait les distillations.

DISTINCT, INCTE, adj. différent d'un autre; séparé, clair, net.

DISTINCTEMENT, adv. d'une manière distincte, clairement, nettement.

DISTINCTIF, IVE, adj. qui sert à distinguer.

DISTINCTION, sf. (on pron. distinxion), action de distinguer; différence, séparation, chose à distinguer; prérogative, honneur, préférence, égard; manières nobles, élégance.

DISTINGUÉ, ÉE, adj. remarquable, élégant, de bonnes manières.

DISTINGUER, va. discerner, reconnaître la différence, remarquer, séparer, élever au-dessus de, préférer. — SE DISTINGUER, vpr. se signaler.

DISTIQUE, sm. (gr. dis deux; stichos vers, rang, rangée), petit couplet de deux vers. — adj. se dit des parties de la plante qui naissent de nœuds alternes placés sur deux rangs à droite et à gauche, comme dans l'if (bot.).

DISTORSION, sf. contorsion.

DISTRACTION, sf. (on pron. distraxion), démembrement, séparation. Fig. inattention, préoccupation d'esprit, amusement, récréation.

DISTRAIRE, va. séparer de. Fig. détourner, divertir. — SE DISTRAIRE, vpr. se divertir l'esprit (c. traire).

DISTRAIT, AITE, adj. et s. (t final nul) inattentif; détourné.

DISTRAYANT, ANTE, adj. qui est propre à distraire, à divertir l'esprit.

DISTRIBUER, va. répartir, partager, diviser, ranger, mettre en ordre.

DISTRIBUTEUR, TRICE, s. celui, celle qui distribue.

DISTRIBUTIF, IVE, adj. qui distribue; l'opposé de collectif.

DISTRIBUTION, sf. action de distribuer; résultat de cette action; disposition.

DISTRIBUTIVEMENT, adv. dans un sens distributif; séparément.

DISTRICT, sm. (on pron. distrik), étendue de pays sous une juridiction.

DIT, sm. (t nul), mot, sentence, maxime.

DIT, ITE, adj. proféré; conclu; fixé; surnommé.

DITHYRAMBE, sm. chez les anciens hymne en l'honneur de Bacchus; aujourd'hui ode en stances libres et où éclate l'enthousiasme poétique.

DITHYRAMBIQUE, adj. 2 g. du dithyrambe.

DITO (t. de commerce), idem.

DITRIGLYPHE, *sm.* espace entre deux triglyphes (*archit.*).

DIU, ville de l'Hindoustan.

DIURÉTIQUE, *adj.* 2 g. et *sm.* (gr. *dioureô* uriner), qui a la propriété de provoquer les urines (*méd.*).

DIURNAL, *sm.* livre de prières contenant l'office de chaque jour.

DIURNE, *adj.* 2 g. (l. *diurnus*: de *dies* jour), de jour, d'un jour. — *sm. pl.* papillons qui volent le jour (*zool.*).

DIVAGATION, *sf.* action de divaguer, de vaguer çà et là (au *fig.*).

DIVAGUER, *vn.* errer çà et là. *Fig.* s'écarter de la question; faire des digressions inutiles.

DIVAN, *sm.* sorte de sofa, de canapé. *Fig.* conseil suprême en Turquie.

DIVARIQUÉ, ÉE, *adj.* (l. *divaricare* s'écarter), qui s'écarte fortement et se dirige en divers sens (*bot.*).

DIVE, riv. de France, affluent du Thouet.

DIVE, *adj. f.* divine (vx. mot).

DIVERGENCE, *sf.* état de lignes qui divergent. *Fig.* différence d'opinions.

DIVERGENT, ENTE, *adj.* qui diverge.

DIVERGER, *vn.* se séparer et s'écarter de plus en plus.

DIVERS, ERSE, *adj.* différent, varié; au *pl.* plusieurs.

DIVERSEMENT, *adv.* d'une manière différente.

DIVERSIFIABLE, *adj.* 2 g. qui peut se diversifier, se varier.

DIVERSIFIER, *va.* rendre divers, donner de la variété.

DIVERSION, *sf.* action de détourner, effet de cette action.

DIVERSITÉ, *sf.* différence, variété.

DIVERTIR, *va.* détourner, dérober; distraire, amuser. — SE DIVERTIR, *vpr.* s'amuser, se distraire, plaisanter.

DIVERTISSANT, ANTE, *adj.* qui divertit, qui réjouit.

DIVERTISSEMENT, *sm.* amusement; danses; action de dérober.

DIVES, riv. de France, affluent de la Manche. — petit port (Calvados).

DIVIDENDE, *sm.* nombre à diviser; portion d'intérêts ou de bénéfice à répartir.

DIVIN, INE, *adj.* de Dieu, qui a rapport à Dieu. *Fig.* parfait, excellent.

DIVINATEUR, TRICE, *adj.* qui devine, qui pressent.

DIVINATION, *sf.* prétendue connaissance de l'avenir, art de deviner.

DIVINATOIRE, *adj.* 2 g. qui concerne la divination.

DIVINEMENT, *adv.* par la vertu divine. *Fig.* parfaitement bien.

DIVINISER, *va.* rendre divin, reconnaître pour divin; mettre au rang des dieux. *Fig.* exalter outre mesure.

DIVINITÉ, *sf.* Dieu; la nature divine; au *pl.* faux dieux du paganisme.

DIVISÉ, ÉE, *adj.* séparé, partagé en deux ou en plusieurs parties. *Fig.* qui est en discorde, désuni.

DIVISER, *va.* séparer en parties, partager. *Fig.* désunir. — SE DIVISER, *vpr.* se partager, se désunir, être partagé.

DIVISEUR, *adj.* et *sm.* qui divise; nombre par lequel on divise ou qui divise sans reste.

DIVISIBILITÉ, *sf.* qualité de ce qui est divisible.

DIVISIBLE, *adj.* 2 g. qui peut être divisé.

DIVISION, *sf.* partage; 4e opération de l'arithmétique. *Fig.* désunion; partie d'une armée, d'une administration, etc.

DIVISIONNAIRE, *adj.* 2 g. de division.

DIVORCE, *sm.* rupture d'un mariage. *Fig.* séparation, renoncement; *faire divorce avec le monde.*

DIVORCÉ, ÉE, *adj.* et *s.* qui a fait divorce.

DIVORCER, *vn.* faire divorce. *Fig.* se séparer de, renoncer à, être opposé à: *divorcer avec le bon sens.*

DIVULGATEUR, TRICE, *adj.* et *s.* qui divulgue.

DIVULGATION, *sf.* action de divulguer, résultat de cette action.

DIVULGUER, *va.* faire connaître publiquement.

DIX, *adj.* numéral et *sm.* neuf plus un; dixième.

DIXIÈME, *s.* et *adj.* 2 g. (on pron. *dizième*); nombre ordinal de dix; partie d'un tout divisé en dix parties égales.

DIXIÈMEMENT, *adv.* (on pron. *dizièmmant*), en dixième lieu.

DIZAIN, *sm.* chapelet de dix grains; petit poème de dix vers.

DIZAINE, *sf.* collection de dix unités.

DIZEAU, *sm.* tas de dix gerbes ou de dix bottes de foin.

DIZENIER, *sm.* chef d'une dizaine; celui qui a dix personnes sous sa charge; ancien officier de ville.

DJEBEL ou **GEBEL**, mot arabe qui signifie *montagne.*

DJEDDAH ou **GIDDAH**, port de la Mecque.

DJEMA-GHAZOUAT ou **NEMOURS**, ville d'Algérie.

DJIGELLI ou **GIGELLY**, ville d'Algérie.

DJIHOUN ou **AMOU-DARIA**, fleuve d'Asie, affluent du lac Aral.

DJIMILLAH, ville d'Algérie.

DJIN, **DJINN** ou **GIN**, *sm.* génie ou démon chez les Arabes et les Persans.

DJIZEH, V. *Gyzeh.*

DJOLIBA, V. *Niger.*

DMITRI, *Démétrius*, nom d'homme.

DNIEPER, fleuve de Russie: se jette dans la mer Noire.

DNIESTER, fleuve de Russie: se jette dans la mer Noire.

DOCILE, *adj.* 2 g. qui se laisse facilement instruire, éclairer, diriger.

DOCILEMENT, *adv.* avec docilité.

DOCILITÉ, *sf.* qualité de la personne, de l'être docile.

DOCIMASTIQUE ou **DOCIMASIE**, *sf.* (gr. *dokimasia* épreuve, examen), art d'essayer la richesse des minerais.

DOCK, *sm.* bassin pour les navires avec magasins pour recevoir les chargements ; très-vastes magasins de dépôt.

DOCTE, *adj.* 2 *g.* et *sm.* savant, érudit.

DOCTEMENT, *adv.* savamment.

DOCTEUR, *sm.* celui qui a été promu au doctorat ; médecin. *Fig.* savant, habile.

DOCTORAL, **ALE**, *adj.* de docteur. *Fig.* suffisant, tranchant.

DOCTORALEMENT, *adv.* d'une façon doctorale, tranchante.

DOCTORAT, *sm.* grade ou dignité de docteur.

DOCTRINAIRE, *s.* et *adj. m.* prêtre ou clerc séculier de la Doctrine chrétienne ; s'est dit aussi d'un parti politique.

DOCTRINAL, **ALE**, *adj.* se dit des avis, des sentiments que donnent les docteurs en matière de doctrine (pl. m. *doctrinaux*).

DOCTRINE, *sf.* savoir, opinion enseignée, précepte ; système philosophique, scientifique, etc.

DOCUMENT, *sm.* titre, preuve par écrit, renseignement.

DODÉCAÈDRE, *sm.* (gr. *dôdéka* douze, *hédra* base ou face), solide composé de douze faces (*géom.*).

DODÉCAGONE, *sm.* (gr. *dôdéka* douze, *gônia* angle), figure de douze angles et douze côtés (*géom.*).

DODÉCAGYNIE, *sf.* (gr. *dôdéka* douze, *gyné* femme ou femelle), ordre, dans l'une des classes du système de Linnée, comprenant les plantes dont chaque fleur a douze pistils ou organes femelles (*bot.*).

DODÉCANDRIE, *sf.* (gr. *dôdéka* douze, *anêr* homme ou mâle), douzième classe des plantes, comprenant celles dont les fleurs ont douze étamines ou organes mâles (*bot.*).

DODE DE LA BRUNERIE, maréchal de France (1775-1851).

DODINER, *vn.* avoir un mouvement oscillatoire. — **SE DODINER**, *vpr.* soigner beaucoup sa personne.

DODO, *sm.* lit, sommeil. *Faire dodo*, dormir (*t. d'enfant*).

DODONE, anc. ville d'Épire.

DODU, **UE**, *adj.* gras, potelé.

DOFRINES ou **ALPES SCANDINAVES**, chaîne de montagnes en Norwège et en Suède.

DOGARESSE, *sf.* femme du doge.

DOGAT, *sm.* dignité de doge.

DOGE, *sm.* chef des anciennes républiques de Venise et de Gênes.

DOGMATIQUE, *adj.* 2 *g.* qui a rapport au dogme ; sentencieux.

DOGMATIQUEMENT, *adv.* d'une manière dogmatique.

DOGMATISER, *vn.* enseigner une mauvaise doctrine ; parler d'un ton décisif, sentencieux.

DOGMATISEUR, *sm.* celui qui a l'habitude de dogmatiser, de prendre un ton dogmatique.

DOGMATISTE, *s.* et *adj. m.* celui qui établit des dogmes.

DOGME, *sm.* point de doctrine religieuse ou philosophique ; vérité.

DOGRE, *sm.* sorte de navire.

DOGUE, *sm.* gros chien.

DOGUIN, **INE**, *s.* petit dogue.

DOIGT, *sm.* (on pr. *doi*), partie mobile qui termine la main ou le pied ; partie du gant qui revêt le doigt. *Fig.* petite quantité : *un doigt de vin*. *Donner sur les doigts*, avoir *sur les doigts*, châtier, être châtié ; *savoir sur le bout des doigts*, savoir parfaitement ; *faire toucher au doigt*, démontrer clairement ; *s'en mordre les doigts*, se repentir d'une chose ; *montrer quelqu'un au doigt*, s'en moquer publiquement. — À **DEUX DOIGTS DE**, *loc. prép.* très-près de.

DOIGTÉ ou **DOIGTER**, *sm.* (on pr. *doité*), manière de doigter (*mus.*).

DOIGTER, *vn.* (on pr. *doité*), placer les doigts d'une certaine manière sur un instrument de musique.

DOIGTIER, *sm.* (on pr. *doitié*), ce dont on couvre un doigt.

DOIRE, nom de deux riv. du Piémont, affluents du Pô.

DOIT, *sm.* (on pr. le *t*), partie d'un compte renfermant ce qui est dû par le titulaire de ce compte (*t. de commerce*).

DOL, *sm.* tromperie, fraude.

DOL, p. ville (Ille-et-Vilaine).

DOLABELLA, gendre de Cicéron et consul romain, m. 43 av. J. C.

DOLABRIFORME, *adj.* 2 *g.* (l. *dolabra* doloire), qui a la forme d'une doloire (*bot.*).

DOLCE, *adv.* (on pron. *doltché*), mot italien servant à indiquer une expression douce dans l'exécution de la musique.

DOLCE ou **DOLCI** (Carlo), peintre florentin (1616-1686).

DÔLE, s.-préf. du dép. du Jura.

DÔLE (LA), montagne du Jura.

DOLÉANCE, *sf.* action de se plaindre, plainte.

DOLEMMENT, *adv.* d'une manière dolente.

DOLENT, **ENTE**, *adj.* qui exprime la souffrance, plaintif.

DOLER, *va.* aplanir ou amincir avec la doloire.

DOLET (Étienne), érudit et imprimeur français (1509-1546).

DOLGOROUKI, nom de plusieurs généraux et ministres russes.

DOLICHOPODES, *sm. pl.* (on pr. *dolicopode* ; gr. *dolichos* long ; *pous*, gen. *podos* pied), ordre d'insectes diptères à longues pattes (*zool.*).

DOLLAR, *sm.* monnaie des États-Unis, qui vaut 5 fr. 34.

DOLLART (golfe de), dans la mer du Nord.

DOLMAN, *sm.* veste de hussard.

DOLMEN, *sm.* (on pron. *dolmène*), roche isolée marquant une tombe celtique.

DOLOIRE, *sf.* outil pour aplanir ou amincir le bois.

DOLOMIE ou DOLOMITE, *sf.* chaux carbonatée granuleuse (*min.* et *géol.*).

DOLOMIEU, célèbre minéralogiste et géologue français (1750-1801).

DOLOPES, anc. peuple de Thessalie.

D. O. M. initiales des mots latins *Deo optimo maximo*, qui signifient *à Dieu très-bon et très-grand*.

DOM, *sm.* titre d'honneur (abrégé du latin *dominus*, seigneur).

DOMAINE, *sm.* propriété, héritage; biens de l'État ou du prince.

DOMAIRON, littérateur français (1745-1807).

DOMANIAL, ALE, *adj.* qui est du domaine de l'État (pl. m. *domaniaux*).

DOMANIALISER, *va.* faire entrer dans le domaine de l'État.

DOMAT (Jean), célèbre jurisconsulte français (1625-1695).

DOMBASLE (Mathieu de), savant agronome français (1777-1843).

DOMBES (pays de), partie de la Bourgogne, capitale *Trévoux*.

DOMBROWSKI, célèbre général polonais (1755-1818).

DÔME, *sm.* voûte en forme de demi-sphère; coupole.

DOMERGUE (Urbain), grammairien français (1745-1810).

DOMESTICITÉ, *sf.* état ou condition des domestiques; état des animaux apprivoisés.

DOMESTIQUE, *adj.* 2 g. de la maison, de la famille. *Animal domestique*, nourri et élevé par l'homme. — *s.* 2 g. serviteur ou servante à gages. — *sm.* l'ensemble des serviteurs de la maison.

DOMESTIQUEMENT, *adv.* en qualité de domestique; familièrement.

DOMFRONT, s.-préf. du dép. de l'Orne.

DOMICILE, *sm.* lieu où l'on habite ordinairement.

DOMICILIAIRE, *adj.* 2 g. du domicile, qui concerne le domicile.

DOMICILIÉ, ÉE, *adj.* ayant domicile.

DOMICILIER (SE), *vpr.* établir son domicile.

DOMINANT, ANTE, *adj.* qui domine.

DOMINANTE, *sf.* cinquième note de la gamme.

DOMINATEUR, TRICE, *adj.* et *s.* qui domine, qui a le pouvoir, qui aime à dominer.

DOMINATION, *sf.* autorité souveraine, pouvoir; au *pl.* ordre d'anges.

DOMINER, *vn.* et *a.* commander; prévaloir. *Fig.* être plus élevé : *la citadelle domine la ville; maîtriser : il faut que la raison domine les passions*.

DOMINICAIN, AINE, *s.* religieux, religieuse de l'ordre de Saint-Dominique.

DOMINICAL, ALE, *adj.* du Seigneur; du dimanche. *Oraison dominicale*, le *Pater*.

DOMINIQUE (LA), l'une des petites Antilles.

DOMINIQUE (SAINT), fondateur de l'ordre des Dominicains (1170-1221).

DOMINIQUIN (Domenico ZAMPIERI, dit LE), célèbre peintre italien (1581-1641).

DOMINO, *sm.* camail, costume de bal masqué; sorte de jeu.

DOMINOTERIE, *sf.* sorte de commerce d'images, de papiers marbrés ou colorés, de lotos, etc.

DOMINOTIER, *sm.* marchand qui fait le commerce de dominoterie.

DOMITIEN, empereur romain (51-96).

DOMITIUS AHÉNOBARBUS, consul romain, l'an 122 av. J. C. — consul et beau-frère de Caton d'Utique, tué à la bataille de Pharsale, en 48 av. J. C. — (Cneius), père de Néron.

DOMMAGE, *sm.* préjudice, perte, dégât, malheur. *Dommages et intérêts*, indemnité fixée en justice. *C'est dommage*, c'est fâcheux.

DOMMAGEABLE, *adj.* 2 g. qui cause du dommage.

DOMO D'OSSOLA, ville du Piémont.

DOMPTABLE, *adj.* 2 g. (on ne pron. pas le *p*), qui peut être dompté.

DOMPTER, *va.* (on ne pron. pas le *p*), subjuguer, vaincre, assujettir. — SE DOMPTER, *vpr.* se rendre maître de soi.

DOMPTEUR, *sm.* (on ne pron. pas le *p*), celui qui dompte.

DOMPTE-VENIN, *sm.* (on ne pron. pas le *p*), sorte de plante.

DOMRÉMY, village du dép. des Vosges, patrie de Jeanne d'Arc.

DON, *sm.* titre d'honneur, V. *Dom*.

DON, *sm.* présent, donation; avantage, talent. — Au pl. *fig.* productions : *les dons de la terre*.

DON, fleuve de Russie; se jette dans la mer d'Azof; riv. de France, affluent de la Vilaine.

DONALD, nom de plusieurs rois d'Écosse.

DONAT (SAINT), évêque de Besançon, m. 660.

DONAT, nom de deux évêques schismatiques d'Afrique et d'un grammairien latin du 4e s.

DONATAIRE, *s.* 2 g. à qui l'on a fait une donation.

DONATELLO ou DONATO, célèbre sculpteur florentin (1383-1466).

DONATEUR, TRICE, *s.* celui, celle qui fait ou a fait une donation.

DONATION, *sf.* don fait par un acte; l'acte lui-même.

DONATISTES, *sm. pl.* partisans de l'hérésie de Donat dans le 4e s.

DONAWERT, p. ville de Bavière. Victoire de Marlborough sur les Bavarois en 1704, et de Soult sur les Autrichiens en 1805.

DONC, *conj.* qui sert à conclure; par conséquent.

DONDON, *sf.* grosse femme (*pop.*).

DONGOLAH, contrée de la Nubie.

DONIZETTI, célèbre compositeur italien (1797-1848).

DONJON, *sm.* la plus haute tour d'un château.

DONNANT, ANTE, *adj.* qui donne, qui aime à donner.

DONNE, *sf.* action de distribuer les cartes au jeu.

DONNÉE, *sf.* notion, probabilité, base; en t. de *math.* quantité connue.

DONNER, *va.* faire don, fournir, accorder, livrer, causer, occasionner, procurer, appliquer, administrer, attribuer, infliger, imposer. — *vn.* avoir vue sur, tomber, heurter, se livrer à. *Fig.* *donner la chasse*, poursuivre; *donner la main à*, consentir à, participer à; *donner un coup d'épaule*, aider. — **SE DONNER**, *vpr.* donner à soi-même, se livrer; *se donner des airs*, faire l'homme d'importance; *se donner pour*, se faire passer pour.

DONNEUR, EUSE, *s.* celui, celle qui aime à donner, qui donne.

DONT, *pron. rel.* de qui, duquel, de laquelle, desquels, etc.

DONZELLE, *sf.* femme ou fille méprisable.

DONZY, *p.* ville (Nièvre).

DORADE, *sf.* sorte de poisson.

DORAGE, *sm.* action de dorer, action de parer son ouvrage.

DORAT, poète français (1734-1780).

DORDOGNE, riv. de France, affluent de la Garonne; elle donne son nom à un dép. dont le ch.-l. est *Périgueux*.

DORDRECHT, ville de Hollande.

DORE, montagne d'Auvergne. — deux rivières de France, l'une affluent de l'Allier, l'autre qui, jointe à la Dogne, forme la Dordogne.

DORÉ, EE, *adj.* revêtu d'or, qui a la couleur de l'or. — *sm.* dorure.

DORÉNAVANT, *adv.* désormais.

DORER, *va.* appliquer de l'or sur quelque chose; donner la couleur de l'or. *Fig.* jaunir; *dorer la pilule*, consoler d'une disgrâce, employer des paroles flatteuses pour obtenir de quelqu'un ce qu'il lui répugne de faire.

DOREUR, EUSE, *s.* celui, celle qui dore.

DORIA, nom de plusieurs amiraux génois dont le plus célèbre est *André* (1468-1560).

DORIDE, contrée de la Grèce anc.; contrée de l'Asie Mineure.

DORIEN, *adj.* et *sm.* dialecte ou mode musical de la Doride. — *sm. pl.* l'une des tribus helléniques.

DORIQUE, *sm.* et *adj. 2 g.* ordre d'architecture; dorien.

DORLÉANS (le Père), jésuite, historien français (1644-1698).

DORLOTER, *va.* traiter délicatement, avec complaisance. — **SE DORLOTER**, *vpr.* se traiter délicatement.

DORMANS, p, ville (Marne). Victoire de Henri de Guise sur les Allemands, en 1575.

DORMANS (Jean de), cardinal, chancelier de France sous Charles V, m. 1373.

DORMANT, ANTE, *adj.* qui dort. *Fig.* stagnant; *eaux dormantes*. — *sm.* châssis fixe; pièce de bois ou ferrement scellé.

DORMEUR, EUSE, *adj.* qui aime à dormir. — *sf.* sorte de fauteuil ou de voiture.

DORMIR, *vn.* être dans le sommeil. *Fig.* rester inactif, immobile; *dormir sur ses deux oreilles*, être en pleine sécurité; *laisser dormir ses capitaux*, ne pas les faire valoir; *laisser dormir une affaire*, ne pas y donner suite. — *Ind. pr.* je dors, tu dors, il dort, n. dormons, v. dormez, ils dorment; *imp.*

je dormais; *p. def.* je dormis; *fut.* je dormirai; *cond.* je dormirais; *impér.* dors, dormons, dormez; *subj. pr.* que je dorme; *imp.* que je dormisse; *part. pr.* dormant; *part. p.* dormi, ie.

DORMIR, *sm.* le sommeil.

DORMITIF, IVE, *adj.* et *sm.* qui provoque à dormir, qui cause le sommeil.

DORNACH, village de Suisse (canton de Soleure). Victoire des Suisses sur les Souabes, en 1499.

DORONIC, *sm.* sorte de plante.

DOROTHÉE (Ste), vierge et martyre en 311.

DORPAT, ville de Livonie (Russie).

DORSAL, ALE, *adj.* (l. *dorsum* dos), du dos, qui est au dos (pl. m. *dorsaux*).

DORSALE, *sf.* dos de terrain, arête formée par les plans de terrain inclinés en sens opposés (*géol.* et *topogr.*).

DORSET, comté d'Angleterre.

DORSET (comte de), grand trésorier d'Angleterre (1536-1608).

DORSIBRANCHES, *sm. pl.* (l. *dorsum* dos, *branchiæ* branchies), ordre d'annélides qui ont les branchies sur le dos (*zool.*).

DORSIFIXE, *adj. 2 g.* (l. *dorsum* dos; *fixus* fixe, attaché), se dit de l'anthère attachée par son dos au filet (*bot.*).

DORTOIR, *sm.* lieu où l'on dort, grande pièce à plusieurs lits.

DORURE, *sf.* art ou action de dorer, ouvrage qui en résulte; feuille d'or appliquée.

DORYLÉE, ville de l'Asie Mineure. Victoire de Godefroy de Bouillon sur les Turcs Seldjoucides, en 1097.

DORYPHORE, *sm.* (gr. *doryphoros* : de *dory* lance, et *phéro* porter), garde armé d'une lance.

DOS, *sm.* (s nulle), partie postérieure du corps depuis le cou jusqu'aux reins; *Fig.* dossier du siège; partie opposée; revers d'une chose. *Avoir bon dos*, être en état de supporter une perte, être insensible aux railleries; *se mettre quelqu'un à dos*, s'en faire un ennemi; *mettre ou renvoyer dos à dos*, ne donner gain de cause ni avantage ni à l'un ni à l'autre.

DOSAGE, *sm.* action de doser.

DOS D'ÂNE, *sm.* terrain disposé en talus des deux côtés.

DOSE, *sf.* quantité déterminée de quelque chose.

DOSER, *va.* faire la dose.

DOSSIER, *sm.* partie d'un siège qui sert d'appui pour le dos; liasse ou réunion de pièces concernant une personne ou une affaire.

DOSSIÈRE, *sf.* partie du harnais placée sur le dos.

DOT, *sf.* (on pron. le t), bien qu'une personne apporte en se mariant.

DOTAL, ALE, *adj.* qui a rapport à la dot. *Régime dotal*, dans lequel la dot de la femme ne devient pas la propriété commune des époux (pl. m. *dotaux*).

DOTATION, *sf.* action de doter; fonds assignés à un établissement; majorat.

DOTER, *va.* donner une dot; faire une dotation. *Fig.* gratifier.

DOUAI, *s.-pref.* du dép. du Nord.

DOUAIRE, *sm.* biens du mari assurés à la veuve.

DOUAIRIÈRE, *adj.* et *sf.* veuve qui a un douaire.

DOUANE, *sf.* droit sur les marchandises qui entrent dans un pays, lieu où on le paye, administration qui le perçoit.

DOUANIER, *sm.* employé de la douane.

DOUAR, *sm.* réunion de tentes arabes (m. arabe).

DOUARNENEZ, ville et port (Finistère).

DOUBLAGE, *sm.* revêtement en cuivre ou en planches mis à un navire.

DOUBLE, *adj.* 2 *g.* qui vaut deux fois autant, qui se répète deux fois, qui va par deux ou est au nombre de deux; *double sens,* sens ambigu. *Fig.* dissimulé. — *sm.* une fois autant; copie d'un écrit; ancienne monnaie. — *adv.* doublement.

DOUBLEAU, *sm.* forte solive d'un plancher. V. Arc-doubleau

DOUBLE-CROCHE, *sf.* note de musique qui vaut la moitié d'une croche (pl. *doubles-croches*).

DOUBLEMENT, *sm.* action de doubler.

DOUBLEMENT, *adv.* pour deux motifs, en deux manières.

DOUBLER, *va.* augmenter du double; mettre une doublure; mettre en doublé; recommencer; *doubler un cap,* le franchir. — *vn.* devenir double.

DOUBLEUR, EUSE, *s.* celui, celle qui dans les fabriques double les fils sur le rouet.

DOUBLON, *sm.* monnaie d'or espagnole qui vaut 25 fr. 8+; répétition d'un ou de plusieurs mots (*impr.*).

DOUBLURE, *sf.* étoffe qui sert à doubler. *Fig.* acteur qui joue à défaut d'un autre.

DOUBS, riv. de France, affluent de la Saône : donne son nom à un dép. dont le ch.-l. est Besançon.

DOUCE-AMÈRE, *sf.* sorte de plante.

DOUCEÂTRE, *adj.* 2 *g.* qui est d'une douceur fade.

DOUCEMENT, *adv.* avec douceur, faiblement, lentement, sans bruit, agréablement, délicatement, assez bien.

DOUCEREUX, EUSE, *adj.* et *s.* plein de douceur, fade.

DOUCET, ETTE, *adj.* un peu doux.

DOUCETTE, *sf.* mâche.

DOUCETTEMENT, *adv.* tout doucement.

DOUCEUR, *sf.* qualité de ce qui est doux. *Fig.* agrément, petit profit; au *pl.* cajoleries. — EN DOUCEUR, *loc. adv.* doucement, avec ménagement.

DOUCHE, *sf.* eau que l'on fait jaillir ou tomber sur une partie malade.

DOUCHER, *va.* donner la douche.

DOUCINE, *sf.* sorte de moulure.

DOUDEVILLE, p. telle (Seine Infér.).

DOUÉ, p. ville (Maine-et-Loire).

DOUÉ, EE, *adj.* part. pourvu, orné.

DOUELLE, *sf.* parement d'un voussoir, courbure d'une voûte (*arch.*).

DOUER, *va.* assigner un douaire; pourvoir, favoriser.

DOUÉRA, p. ville d'Algérie.

DOUGLAS, p. ville d'Angleterre, capitale de l'île de Man. — nom d'une puissante famille d'Écosse.

DOUILLE, *sf.* (*ll m.*), partie creuse d'un objet qui s'emmanche.

DOUILLET, ETTE, *adj.* et *s.* (*ll m.*), doux et mollet, délicat, très-sensible.

DOUILLETTE, *sf.* (*ll m.*), vêtement de soie ouaté.

DOUILLETTEMENT, *adv.* (*ll m.*), d'une manière douillette.

DOULEUR, *sf.* souffrance; grande peine morale.

DOULLENS, *s.-pref.* du dép. de la Somme.

DOULOIR (SE), *vpr.* se plaindre (vx. mot).

DOULOUREUSEMENT, *adv.* avec douleur.

DOULOUREUX, EUSE, *adj.* qui cause ou marque de la douleur.

DOURDAN, p. ville (Seine-et-Oise).

DOURO ou DUÉRO, fleuve d'Espagne et de Portugal.

DOUTE, *sm.* incertitude, soupçon, crainte. — SANS DOUTE, *loc. adv.* certainement, probablement.

DOUTER, *vn.* être dans le doute, n'être pas sûr. *Ne douter de rien,* croire que l'on est capable de tout bien faire. — SE DOUTER, *vpr.* pressentir, soupçonner.

DOUTEUR, *sm.* celui qui doute.

DOUTEUSEMENT, *adv.* avec doute.

DOUTEUX, EUSE, *adj.* incertain, peu sûr; équivoque; craintif (*La Fontaine*). — *sm.* l'incertain.

DOUVAIN, *sm.* bois à douves.

DOUVE, *sf.* planche de tonneau; sorte de renoncule.

DOUVRES, ville d'Angleterre.

DOUX, DOUCE, *adj.* agréable au goût, facile, humain, affable, tranquille, tempéré, qui ne fatigue point; malléable; *fer doux,* non cassant.

DOUZAINE, *sf.* collection de douze objets.

DOUZE, *adj. numéral,* dix plus deux; douzième.

DOUZIÈME, *adj.* 2 *g.* nombre ordinal de douze. — *sm.* partie d'un entier divisé en douze parties égales.

DOUZIÈMEMENT, *adv.* en douzième lieu.

DOW (Gérard), peintre hollandais (1613-1680).

DOYEN, *sm.* le plus ancien ou le chef d'un corps; le plus vieux; titre ecclésiastique.

DOYEN (François), peintre français (1726-1806).

DOYENNÉ, *sm.* dignité de doyen; sorte de poire.

DRACHME, *sf.* (on pron. *dragme*), poids et monnaie des anc. Grecs.

DRACON, législateur des Athéniens, 621 av. J. C.

DRACONIEN, IENNE, *adj.* de Dracon. *Fig.* très-sévère, cruel.

DRAGAGE, *sm.* action de draguer.

DRAGÉE, *sf.* sorte de bonbon; menu plomb.

DRAGEOIR, *sm.* boîte ou vase à dragées.

DRAGEON, *sm.* bourgeon qui sort de la racine.

DRAGEONNER, *vn.* pousser des drageons.

DRAGON, *sm.* monstre fabuleux; espèce de lézard; soldat de cavalerie. *Fig.* personne acariâtre; constellation.

DRAGONNADE, *sf.* expédition des dragons contre les protestants des Cévennes sous Louis XIV.

DRAGONNE, *sf.* galon avec gland qui orne la poignée d'une épée ou d'un sabre.

DRAGONNIER, *sm.* sorte d'arbre qui donne le sang-dragon.

DRAGUE, *sf.* pelle recourbée pour curer les ports, les rivières, les puits.

DRAGUER, *va.* nettoyer, curer avec la drague.

DRAGUEUR, *s. et adj. m.* bateau garni de dragues.

DRAGUIGNAN, ch.-l. du dép. du Var.

DRAIN, *sm.* tranchée du drainage; conduit d'épuisement (m. anglais).

DRAINABLE, *adj.* 2 g. qui peut être drainé.

DRAINAGE, *sm.* action de placer dans un terrain des conduits en terre poreuse, qui absorbent l'humidité ou qui y conduisent l'eau.

DRAINER, *va. et n.* faire le drainage.

DRAINEUR, *sm.* celui qui draine.

DRAKE (Francis), célèbre marin anglais (1545-1595).

DRAMATIQUE, *adj.* 2 g. qui a rapport au drame, qui cause de l'émotion. — *sm.* le genre du drame, le caractère de ce qui émeut.

DRAMATIQUEMENT, *adv.* d'une manière dramatique.

DRAMATISER, *va.* donner le caractère du drame.

DRAMATURGE, *s.* 2 g. auteur de drames.

DRAME, *sm.* pièce de théâtre dont l'action est émouvante; le genre théâtral. *Fig.* suite d'événements qui excitent l'émotion.

DRAMMEN, ville de Norvége.

DRAP, *sm.* (p nul), sorte de tissu de laine, d'or, de soie, etc.; pièce de toile pour le lit.

DRAPEAU, *sm.* étendard; morceau de linge. *Fig.* service militaire: *être sous les drapeaux*, parti, secte: *suivre le drapeau des mécontents*.

DRAPER, *va.* couvrir de drap; faire des draperies; bien disposer les plis d'un vêtement ample. *Fig.* censurer, railler. — SE DRAPER, *vpr.* bien disposer son vêtement, s'envelopper.

DRAPERIE, *sf.* manufacture ou commerce de drap; pièce d'étoffe disposée avec symétrie, tenture.

DRAPIER, *adj. et sm.* qui fabrique ou vend du drap.

DRASTIQUE, *adj. et sm.* (gr. *drastikos* actif, énergique), se dit des remèdes dont l'action est prompte et vive (*méd.*).

DRAVE, riv. des États autrichiens, affluent du Danube.

DRÊCHE, *sf.* marc de l'orge qui sert à faire la bière.

DRELIN, *sm.* son d'une sonnette.

DRENTHE, prov. de Hollande.

DRÉPANE ou **DREPANUM**, anc. ville de Sicile, auj. *Trapani*.

DRESDE, capit. du royaume de Saxe. Victoire de Napoléon sur les Alliés, en 1813.

DRESSÉ, ÉE, *adj.* qui s'élève verticalement; se dit aussi des feuilles, des rameaux qui forment un angle très-aigu avec la tige (*bot.*).

DRESSER, *va.* lever, tenir droit. *Fig.* façonner, instruire, ériger, établir. *Dresser un acte*, le rédiger. — SE DRESSER, *vpr.* se tenir droit; se façonner.

DRESSEUR, *sm.* celui qui dresse, prépare, arrange; tuyau de fer pour redresser les cardes.

DRESSOIR, *sm.* instrument pour dresser ou redresser; buffet pour préparer le service ou pour égoutter la vaisselle.

DREUX, s.-préf. d'Eure-et-Loir. Victoire de François de Guise sur le prince de Condé en 1562.

DRILLE, *sm.* (ll m.), autrefois soldat. *Bon drille*, joyeux compagnon; *pauvre drille*, pauvre homme.

DRILLES, *sf. pl.* (ll m.), vieux chiffons qui servent à faire du papier.

DRIN, riv. de Turquie; se jette dans l'Adriatique.

DRISSE, *sf.* cordage qui sert à élever une voile, un pavillon (*mar.*).

DROGHEDA, ville d'Irlande.

DROGMAN, *sm.* interprète dans le Levant.

DROGUE, *sf.* substance pour la teinture ou pour la médecine; sorte de jeu de cartes. *Fig.* chose mauvaise.

DROGUER, *va.* faire prendre des drogues; falsifier, altérer. — *vn.* se morfondre en attendant (*fam.*).

DROGUERIE, *sf.* commerce de drogues, les drogues mêmes.

DROGUET, *sm.* sorte d'étoffe.

DROGUIER, *sm.* armoire ou boîte à drogues.

DROGUISTE, *sm.* marchand de drogues.

DROIT, *sm.* faculté d'avoir, de faire, d'agir, d'exiger, etc.; jurisprudence, étude des lois; taxe sur certains objets; salaire taxé. — 'A BON DROIT, *loc. adv.* avec justice, avec raison.

DROIT, OITE, *adj.* qui n'est pas courbe; qui est debout; perpendiculaire; juste, sincère, judicieux; opposé à gauche. — *sf.* la main droite, le côté droit. — *adv.* directement, debout. — 'A DROITE, *loc. adv.* du côté droit.

DROITEMENT, *adv.* équitablement, judicieusement.

DROITIER, IÈRE, *adj. et s.* qui se sert habituellement de la main droite.

DROITURE, *sf.* équité; rectitude du cœur, de l'esprit. — EN DROITURE, *loc. adv.* directement.

DRÔLATIQUE, *adj.* 2 g. badin, risible, plaisant.

DRÔLATIQUEMENT, *adv.* plaisamment.

DRÔLE, *adj.* 2 g. plaisant, singulier, bizarre.

DRÔLE, *sm.* mauvais sujet (fém. *drôlesse*).

DRÔLEMENT, *adv.* d'une manière drôle

DRÔLERIE, *sf.* chose plaisante, bouffonnerie.

DRÔLESSE, *sf.* V. *Drôle.*

DROMADAIRE, *sm.* chameau à une seule bosse.

DRÔME, riv. de France, affluent du Rhône; donne son nom à un dep. dont le ch.-l. est *Valence.*

DRONTHEIM, ville de Norwége.

DROSÉRACÉES, *sf. pl.* (gr. *drosos* rosée), famille de petites plantes presque toujours cachées sous l'herbe et comme noyées dans la rosée (*bot.*).

DROUET D'ERLON, maréchal de France (1765-1844).

DROUOT, célèbre général français (1774-1847).

DROZ (François-Joseph), philosophe et historien français (1773-1850).

DRU, UE, *adj.* vif, fort, épais, touffu. — *adv.* en grande quantité, très-serré : *la grêle tombe dru ; semer dru.*

DRUIDE, DRUIDESSE, *s.* prêtre et prêtresse des Gaulois.

DRUIDIQUE, *adj. 2 g.* des druides.

DRUIDISME, *sm.* doctrine religieuse des druides.

DRUPACÉ, ÉE, *adj.* formant drupe. — *sf. pl.* tribu de plantes dont le fruit est un drupe (*bot.*).

DRUPE, *sm.* (suivant l'Acad. quelques botanistes le font du fém.), fruit charnu à un seul noyau, comme la cerise, la prune (*bot.*).

DRUPÉOLE, *sf.* ou *sm.* petit drupe (*bot.*).

DRUSES ou DRUZES, peuple de Syrie qui habite le Liban.

DRUSUS, nom de plusieurs personnages romains.

DRYADE, *sf.* (gr. *dryas* : de *drys* chêne, arbre), nymphe des bois (*myth.*).

DRYDEN, célèbre poëte anglais (1631-1701).

DU, contraction de *de le.*

DÛ, *sm.* ce qui est dû, obligation.

DÛ, *adj. part.* que l'on doit ; qui est causé par : *une ruine due à l'inconduite.*

DUALISME, *sm.* système de ceux qui admettent deux esprits supérieurs égaux en puissance, le bon et le mauvais.

DUALISTE, *s.* et *adj. 2 g.* partisan du dualisme.

DUALITÉ, *sf.* qualité ou état de ce qui est double, de ce qui réunit deux êtres distincts.

DU BARRY (Jeanne-VAUBERNIER, comtesse), femme de basse extraction, devenue toute-puissante sous Louis XV (1744-1793).

DU BARTAS, poëte français (1544-1590).

DU BELLAY (Guillaume), homme d'État (1491-1543). — (Jean), frère du précédent, cardinal et homme d'État (1492-1580). — (Joachim), poëte français (1524-1560).

DU BIEZ, maréchal de France, m. 1551.

DUBITATIF, IVE, *adj.* qui exprime le doute.

DUBITATION, *sf.* figure de rhétorique par laquelle on feint de douter.

DUBITATIVEMENT, *adv.* avec doute.

DUBLIN, capitale de l'Irlande.

DUBOIS (l'abbé), ministre du régent et cardinal (1656-1723). — (Antoine), célèbre médecin et chirurgien français (1756-1837).

DUBOIS DE CRANCÉ, ministre de la guerre sous le Directoire (1747-1814).

DUBOURG (Anne), conseiller au parlement de Paris (1521-1559).

DUC, *sm.* titre de noblesse ; sorte d'oiseau nocturne de la famille du hibou.

DUCAL, ALE, *adj.* du duc (pl. m. *ducaux*).

DU CANGE (Charles DU FRESNE, seigneur), savant glossateur et historien français (1610-1688).

DUCANGE (Victor), romancier et auteur dramatique (1783-1833).

DUCASSE, lieutenant général des armées navales sous Louis XIV (1650-1715).

DUCAT, *sm.* (*t* nul), monnaie de divers États.

DUCATON, *sm.* petit ducat.

DUCERCEAU (le Père), jésuite, poëte latin moderne (1670-1730).

DUCHÉ, *sm.* terre, seigneurie ou titre de duc.

DUCHÉ-PAIRIE, *sm.* titre de duc et pair (quelques-uns font ce mot du fém.).

DUCHESNE (André), savant historien français (1584-1640).

DUCHESNOIS (Mlle), célèbre tragédienne française (1777-1835).

DUCHESSE, *sf.* femme d'un duc ; femme qui possède un duché.

DUCIS (Jean-François), poëte tragique français (1733-1816).

DUCLOS (Charles PINEAU), moraliste et historien français (1704-1772).

DUCOS (Roger), membre du Directoire, puis du Consulat (1754-1816).

DUCROIRE, *sm.* prime d'assurance pour celui qui se rend caution du payement des marchandises par l'acheteur (t. de *commerce*).

DUCTILE, *adj. 2 g.* se dit des métaux qui peuvent être tirés en allonges.

DUCTILITÉ, *sf.* qualité de ce qui est ductile.

DU DEFFANT (marquise), Française célèbre par son esprit, auteur de lettres sur la littérature et les salons du 18e s. (1697-1780).

DUDLEY (John), duc de Northumberland, favori du roi d'Angleterre Henri VIII (1502-1553). — (Robert), fils du précédent, comte de Leicester, favori de la reine Élisabeth (1531-1588).

DUÈGNE, *sf.* gouvernante, vieille femme.

DUEL, *sm.* combat à deux ; nombre grammatical qui sert à désigner deux personnes ou deux choses.

DUELLISTE, *sm.* celui qui se bat souvent en duel.

DUÉRO, V. *Douro.*

DUFRÉNOY (Pierre-Armand), célèbre minéralogiste et géologue français (1792-1857).

DUFRESNY, auteur dramatique français (1648-1724).

DUGAS-MONTBEL, helléniste français, traducteur d'Homère (1775-1834).

DUGAZON, célèbre comédien français (1743-1809). — (Louise-Rosalie), femme du précédent, célèbre actrice du Théâtre-Italien ou de l'Opéra-Comique (1755-1821).

DUGOMMIER, illustre général français (1736-1794).

DUGUAY-TROUIN, célèbre marin français (1673-1736).

DUGUESCLIN (Bertrand), connétable de France (1314-1380).

DU HAILLAN, historiographe de Charles IX et de Henri III (1535-1610).

DUHALDE, savant jésuite français (1674-1743).

DUHAMEL (Jean-Baptiste), oratorien, secrétaire perpétuel de l'Académie des sciences (1624-1706). — (Jean-François), ingénieur et minéralogiste (1730-1816).

DUHAMEL DU MONCEAU, savant agronome français (1700-1782).

DUILIUS, consul et général romain, 3ᵉ s. av. J.-C.

DUIRE, vn. plaire, convenir (ne s'emploie qu'à la 3ᵉ personne du présent de l'indicatif, duit).

DULAURE, auteur d'une *Histoire de Paris* (1755-1835).

DULCIFICATION, sf. action de dulcifier.

DULCIFIER, va. rendre doux, adoucir un acide.

DULIE, sf. (gr. *douléia* service), culte que l'on rend aux saints, qui ont été serviteurs de Dieu et que nous devons honorer comme étant leurs serviteurs.

DULONG (Pierre-Louis), célèbre physicien et chimiste français (1785-1838).

DUMANIANT, auteur dramatique français (1754-1828).

DUMARSAIS, célèbre grammairien français (1676-1757).

DUMAS, nom de deux généraux français : l'un, *Alexandre* DAVY DE LA PAILLETERIE (1762-1807), fut surnommé par Napoléon l'*Horatius Coclès* du Tyrol; l'autre, *Mathieu,* (1753-1837), a laissé des écrits estimés sur les guerres de la République et de l'Empire.

DUMAS (Jean-Baptiste), chimiste français, ministre sous Louis-Philippe; né en 1800.

DUMÉRIL, célèbre naturaliste français (1774-1860).

DUMESNIL (Marie-Françoise), célèbre tragédienne (1713-1803).

DUMERSAN, numismate et auteur dramatique français (1780-1849).

DUMNORIX, chef éduen du temps de César.

DUMONT (Jacques-Edme), sculpteur français (1761-1844).

DUMONT D'URVILLE, célèbre navigateur français (1790-1842).

DUMOULIN (Charles), célèbre jurisconsulte français (1500-1566).

DUMOURIEZ, général français (1739-1824).

DUNA, V. *Dwina.*

DUNBAR, ville d'Écosse. Victoire de Cromwell sur les Écossais, en 1650.

DUNCAN, nom de plusieurs rois d'Écosse.

DUNDALK, ville d'Écosse.

DUNE, sf. colline sablonneuse sur les bords de la mer.

DUNETTE, sf. partie la plus élevée de l'arrière d'un navire.

DUNKERQUE, s.-préf. du dép. du Nord.

DUN-LE-ROI, p. ville (Cher).

DUNOIS, l'un des généraux du roi Charles VII (1402-1468).

DUNS SCOT, philosophe scolastique écossais (1275-1308).

DUNSTAN (Sᵗ), archevêque de Cantorbéry (924-988).

DUO, sm. (pl. *duos*), pièce de musique en deux parties.

DUODÉCIMAL, ALE, adj. (l. *duodecim* douze), qui se compte ou se divise par douze; *système duodécimal,* dont la base est le nombre 12.

DUODENUM, sm. (on pron. *duodénome*), le premier des intestins grêles (anat.).

DUODI, sm. (l. *duo* deux, *dies* jour), le deuxième jour de la décade dans le calendrier républicain.

DUPATY (Charles), président au parlement de Bordeaux, auteur des *Lettres sur l'Italie* (1744-1788). — (Louis-Marie), fils du précédent, sculpteur (1771-1825). — (Louis-Emmanuel), autre fils de Charles, auteur dramatique (1775-1851).

DUPE, sf. personne facile à tromper ou qui a été trompée.

DUPER, va. tromper.

DUPERIE, sf. tromperie, ce qui dupe.

DUPÉRAC (Étienne), architecte et graveur français, m. 1601.

DUPERRÉ (Victor-Guy), amiral et pair de France (1775-1846).

DU PERRON (Jacques DAVY), cardinal et homme d'État (1556-1618).

DU PETIT-THOUARS (Aristide), marin français (1760-1798). — *Aubert,* frère du précédent, savant botaniste (1758-1831).

DUPEUR, EUSE, s. trompeur.

DUPHOT, général français (1770-1798).

DUPIN (Louis-Ellies), savant historien ecclésiastique (1657-1719). — (André-Marie), dit *Dupin aîné,* célèbre avocat, président de la chambre des députés sous Louis-Philippe; né en 1783.

DUPLEIX, gouverneur des établissements français dans l'Inde, m. 1763.

DUPLICATA, sm. double copie; pl. *duplicatas,* et suivant l'Acad. *duplicata.*

DUPLICATIF, IVE, adj. qui double, qui opère la duplication.

DUPLICATION, sf. action de doubler.

DUPLICITÉ, sf. état de ce qui est double et devrait être simple. *Fig.* mauvaise foi.

DUPONT DE L'ÉTANG (Pierre), général français, ministre de la guerre sous Louis XVIII (1765-1840).

DUPONT DE L'EURE (Jacques-Charles), homme politique, ministre de la justice en 1830 et président du gouvernement provisoire de 1848 (1767-1855).

DUPONT DE NÉMOURS, philosophe et économiste français (1739-1817).

DUPORT DU TERTRE (François-Joachim), littérateur français (1715-1759). — (Marguerite-Louis), fils du précédent, ministre de la justice en 1790 (1754-1793).

DUPRAT, cardinal, chancelier de France (1463-1535).
DUPUIS (Charles-François), antiquaire, membre de l'Institut (1742-1809).
DUPUYTREN, célèbre chirurgien français (1777-1835).
DUQUEL, contraction de de lequel.
DUQUESNE (Abraham), célèbre marin français (1610-1688).
DUR, DURE, adj. solide, ferme, difficile à entamer. Fig. insensible, émoussé, rude, austère, pénible. — adv. durement.
DURABLE, adj. 2 g. qui doit durer longtemps.
DURABLEMENT, adv. d'une manière durable.
DURANCE, riv. de France, affluent du Rhône.
DURANT, prép. pendant.
DURAS ou DURAZZO (Charles de), roi de Naples, m. 1386.
DURAS (Jacques-Henri, duc de), maréchal de France (1626-1704). — (Jean-Baptiste), fils du précédent, maréchal de France (1684-1770).
DURCIR, va. rendre dur. — vn. devenir dur, plus dur.
DURCISSEMENT, sm. action de durcir; résultat de cette action.
DURE, sf. le sol, le plancher sur lequel on couche.
DUREAU DE LA MALLE (Jean-Baptiste), traducteur français (1742-1807). — (Adolphe-Jules), archéologue et géographe (1777-1857).
DURÉE, sf. temps que dure une chose; la suite des temps.
DUREMENT, adv. d'une manière dure.
DURE-MÈRE, sf. membrane qui entoure l'encéphale.
DURER, vn. continuer d'être; être pendant longtemps.
DÜRER (Albert), célèbre peintre et graveur allemand (1471-1528).
DURET, ETTE, adj. un peu dur.
DURETÉ, sf. qualité de ce qui est dur.
DURHAM, ville et comté d'Angleterre.
DURILLON, sm. (ll m.), calus aux pieds ou aux mains.
DURIUSCULE, adj. 2 g. un peu dur.
DUBOC, duc de Frioul, grand maréchal du palais sous Napoléon Ier (1772-1813).
DU SOMMERARD (Alexandre), savant antiquaire (1779-1842).
DUSSAULX, littérateur français (1728-1799).
DUSSELDORF, ville de la Prusse rhenane.
DUTROCHET, savant physiologiste et naturaliste français (1776-1847).

DUUMVIR, sm. (l. duo deux, vir homme), titre d'anciens magistrats romains, ordinairement au nombre de deux (on pron. duomevir).
DUUMVIRAL, ALE, adj. (on pron. duomeviral), des duumvirs.
DUUMVIRAT, sm. (on pron. duomevira), charge, dignité de duumvir.
DUVAL (Jameray), archéologue et numismate (1695-1775). — (Amaury), littérateur et érudit (1760-1838). — (Alexandre), auteur dramatique (1767-1842). — (Georges), auteur dramatique (1777-1855).
DUVERNEY (Joseph GUICHARD), célèbre anatomiste français (1648-1730).
DUVERNOY, naturaliste français (1777-1855).
DUVET, sm. petite plume; premier poil du menton; espèce de coton qui vient sur certains fruits ou sur les tiges et les feuilles.
DUVETEUX, EUSE, adj. garni de duvet.
DUVIVIER, général français (1794-1848).
DWINA ou DUNA, nom de deux fleuves de Russie, l'un qui se jette dans l'océan Glacial, l'autre dans la mer Baltique.
DYCK (VAN), V. Van Dyck.
DYKE, sm. mot anglais (on pron. deigue), espèce de filon en forme de mur traversant des masses de roches (géol.).
DYLE, riv. de Belgique, affluent de la Nèthe.
DYNAMIQUE, sf. (gr. dynamis force), partie de la mécanique qui traite des forces.
DYNAMOMÈTRE, sm. (gr. dynamis force, metron mesure), instrument pour mesurer l'intensité des forces (mécan.).
DYNASTE, sm. (gr. dynastès maître, prince), souverain d'un petit État.
DYNASTIE, sf. (gr. dynasteia autorité, empire), succession de souverains d'une même race.
DYNASTIQUE, adj. 2 g. qui concerne une dynastie.
DYRRACHIUM, anc. ville d'Illyrie, aujourd'hui Durazzo.
DYSCOLE, adj. 2 g. (gr. dyskolos difficile sur le manger, et au fig. d'humeur chagrine : de dys difficilement, et kolon nourriture), qui est de mauvaise humeur, avec qui il est difficile de vivre.
DYSPEPSIE, sf. difficulté de digérer (méd.).
DYSSENTERIE, sf. diarrhée avec douleurs d'entrailles.
DYSSENTÉRIQUE, adj. 2 g. de la dyssenterie.
DYSURIE, sf. difficulté d'uriner.
DZOUNGARIE, contrée de l'empire chinois.

E

E, sm. voyelle, 5e lettre de l'alphabet.
ÉACIDES, les descendants d'Éaque.
ÉAQUE, père de Pélée et l'un des juges des enfers (myth.).
EAU, sf. substance liquide, incolore et sans saveur, qui est un protoxyde d'hydrogène; pluie, fontaine, étang, lac, mer. Fig. sueur, suc, humeur; éclat des pierres précieuses, des miroirs, etc. EAU-DE-VIE, liqueur spiritueuse (pl. eaux-de-vie); EAU-FORTE, acide azotique, gravure faite au moyen de cet acide (pl. eaux-fortes); EAU SECONDE,

cau-forte étendue d'eau ; EAU DE JAVELLE, (ainsi dénommée parce qu'elle fut fabriquée pour la première fois dans un hameau de ce nom près de Paris), hypochlorite de potasse, qui sert au blanchissage du linge.

EAUX-BONNES, village où se trouvent des eaux thermales très-fréquentées (Basses-Pyrénées).

ÉBAHIR (S'), vpr. s'étonner.

ÉBAHISSEMENT, sm. étonnement.

ÉBARBER, va. ôter les barbes du papier, des plumes, les inégalités du bord, les bavures d'un trait de gravure.

ÉBARBOIR, sm. outil à ébarber.

ÉBARBURE, sf. bavure ébarbée, fragment de fonte ôté du bord.

ÉBAT, sm. (t nul), divertissement (s'emploie surtout au pluriel).

ÉBATTEMENT, sm. ébat ; jeu qu'une voiture a dans ses balancements entre les brancards.

ÉBATTRE (S'), vpr. se divertir.

ÉBAUBI, IE, adj. surpris, étonné.

ÉBAUCHE, sf. esquisse ; ouvrage dégrossi ou dont les parties principales sont indiquées.

ÉBAUCHER, va. faire l'ébauche ; dégrossir.

ÉBAUCHOIR, sm. outil de sculpteur pour ébaucher.

ÉBAUDIR (S'), vpr. se réjouir vivement.

ÉBAUDISSEMENT, sm. action de s'ébaudir (vx. mot).

EBBON, évêque de Reims, président du concile de Compiègne, qui déposa Louis le Débonnaire, m. 851.

ÈBE, sf. reflux de la mer.

ÉBÉNACÉES, sf. pl. famille de plantes dont l'ébénier est le type (bot.).

ÉBÈNE, sf. bois très-dur et de couleur foncée. Fig. beau noir.

ÉBÉNER, va. donner la couleur de l'ébène.

ÉBÉNIER, sm. arbre qui donne l'ébène. FAUX ÉBÉNIER, arbrisseau nommé aussi Cytise des Alpes.

ÉBÉNISTE, sm. ouvrier qui travaille en ébène et autres bois précieux ; fabricant ou marchand de meubles.

ÉBÉNISTERIE, sf. métier de l'ébéniste, du fabricant de meubles ; ouvrage de l'ébéniste.

ÉBERSDORF, ville de la principauté de Reuss-Lobenstein.

ÉBIONITES, hérétiques du 1er siècle.

ÉBLÉ (Jean-Baptiste), célèbre général d'artillerie du 1er empire français (1758-1812).

ÉBLOUIR, va. frapper les yeux par un éclat trop vif ; aveugler. Fig. séduire, surprendre : il ne faut pas se laisser éblouir par les apparences.

ÉBLOUISSANT, ANTE, adj. qui éblouit.

ÉBLOUISSEMENT, sm. état de la vue éblouie ; étourdissement où la vue se trouble.

ÉBORGNAGE, sm. action d'enlever un œil ou des yeux à la vigne ou à d'autres arbustes.

ÉBORGNER, va. rendre borgne ; faire mal à l'œil ; faire l'éborgnage.

ÉBOULEMENT, sm. chute de ce qui s'éboule ; effet de cette chute.

ÉBOULER, vn. et S'ÉBOULER, vpr. tomber en ruine ou en s'affaissant.

ÉBOULIS, sm. (s nulle), amas de choses éboulées.

ÉBOURGEONNEMENT, sm. retranchement des bourgeons.

ÉBOURGEONNER, va. ôter les bourgeons.

ÉBOURIFFANT, ANTE, adj. singulier, surprenant (fam.).

ÉBOURIFFÉ, ÉE, adj. dont les cheveux sont en désordre. Fig. agité, troublé.

ÉBRANCHEMENT, sm. action d'ébrancher ; résultat de cette action.

ÉBRANCHER, va. enlever une partie des branches.

ÉBRANCHOIR, sm. outil pour ébrancher.

ÉBRANLEMENT, sm. action d'ébranler ; secousse.

ÉBRANLER, va. secouer, rendre moins solide. Fig. affaiblir, émouvoir, fléchir : les menaces ne sauraient m'ébranler. — S'ÉBRANLER, vpr. être ébranlé : les voûtes du temple s'ébranlèrent ; se mettre en mouvement : les troupes s'ébranlèrent.

ÉBRASEMENT, sm. action d'ébraser, résultat de cette action.

ÉBRASER, va. élargir en dedans la baie d'une porte, d'une croisée, suivant un plan oblique.

ÈBRE, fleuve d'Espagne : se jette dans la Méditerranée.

ÉBRÉCHER, va. faire une brèche au tranchant d'une lame. Fig. ébrécher sa fortune, l'amoindrir.

ÉBROIN, maire du palais sous Clotaire III et Thierry III, m. 681.

ÉBROUEMENT, sm. ronflement d'un cheval effrayé.

ÉBROUER, va. passer dans l'eau des toiles, des étoffes. — S'ÉBROUER, vpr. faire entendre un ébrouement.

ÉBRUITER, va. divulguer. — S'ÉBRUITER, vpr. se répandre, devenir un bruit public.

ÉBUARD, sm. (d nul), coin de bois pour fendre les bûches.

ÉBULLITION, sf. mouvement d'un liquide qui bout ; éruption de boutons à la peau.

ÉBURNÉ, ÉE, adj. (l. ebur ivoire), qui prend la consistance de l'ivoire.

ÉBURONS, peuple de la Gaule Belgique, exterminés par César.

ÉCACHER, va. écraser, froisser.

ÉCAILLAGE, sm. (ll m.), action d'ouvrir les huîtres ; état de ce qui s'écaille.

ÉCAILLE, sf. (ll m.), petites lames sur la peau des poissons et d'autres animaux ; tout ce qui y ressemble ; enveloppe dure de la tortue et de certains mollusques.

ÉCAILLÉ, ÉE, adj. (ll m.), couvert d'écailles ; privé de ses écailles.

ÉCAILLER, va. (ll m.), enlever les écailles. — S'ÉCAILLER, vpr. se détacher ou tomber en forme d'écailles.

ÉCAILLER, ÈRE, s. (ll m.), celui, celle qui vend et ouvre des huîtres.

ÉCAILLEUX, EUSE, adj. (ll m.), qui se lève par écailles ; garni d'écailles.

ÉCALE, sf. coque des noix et d'autres fruits

ÉCALER, va. enlever l'écale.

ÉCANGUER, va. débarrasser le lin de sa paille.

ÉCARBOUILLER, va. (ll m.), écraser.

ÉCARLATE, sf. rouge vif; étoffe teinte en cette couleur. — adj. 2 g. qui est de cette couleur.

ÉCARQUILLEMENT, sm. (ll m.), action d'écarquiller.

ÉCARQUILLER, va. (ll m.), écarter les jambes; ouvrir les yeux.

ÉCART, sm. action d'écarter ou de s'écarter; cartes que l'on jette au jeu. Fig. action légère ou contraire à la morale; erreur, digression. — A L'ÉCART, loc. adv. à part, en un lieu écarté.

ÉCARTÉ, sm. sorte de jeu de cartes.

ÉCARTÉ, ÉE, adj. éloigné, isolé.

ÉCARTÈLEMENT, sm. action d'écarteler.

ÉCARTELER, va. mettre en quatre quartiers; tirer à quatre chevaux (c. geler).

ÉCARTEMENT, sm. action d'écarter; séparation, disjonction.

ÉCARTER, va. séparer, éloigner, repousser, détourner, disperser; rejeter les cartes au jeu. — S'ÉCARTER, vpr. s'éloigner, se détourner.

ECBATANE, anc. capitale de la Médie; auj. Hamadan.

ECCE HOMO, sm. (on pron. exé homo), figure du Christ couronné d'épines (expression latine signifiant voilà l'homme; au pl. ecce homo).

ECCELIN, nom de plusieurs podestats de Vicence, célèbres dans les guerres des Guelfes et des Gibelins.

ECCHYMOSE, sf. (on pron. ékimose; gr. ekchymod s'extravaser), extravasation de sang dans le tissu cellulaire sous-cutané et qui paraît à la peau.

ECCLÉSIASTE, sm. l'un des livres de l'Ancien Testament.

ECCLÉSIASTIQUE, adj. 2 g. (l. ecclesia église), qui concerne l'Église. — sm. membre du clergé; l'un des livres de l'Ancien Testament.

ECCLÉSIASTIQUEMENT, adv. en ecclésiastique.

ÉCERVELÉ, ÉE, adj. et s. qui est sans cervelle, étourdi; qui n'a pas de jugement, de bon sens.

ÉCHAFAUD, sm. (à nul), degrés en charpente formant des sièges; plancher mobile pour construire, pour exécuter ou exposer des condamnés.

ÉCHAFAUDAGE, sm. ensemble d'échafauds. Fig. grands préparatifs faits pour peu de chose, raisonnements vains, grand étalage de sentiments, etc.

ÉCHAFAUDER, va. dresser des échafauds. Fig. faire un grand étalage.

ÉCHALAS, sm. (s nul), bâton pour soutenir une vigne, un arbuste, etc.

ÉCHALASSEMENT, sm. action d'échalasser.

ÉCHALASSER, va. garnir d'échalas.

ÉCHALIER, sm. clôture en branches d'arbres.

ÉCHALOTE, sf. espèce d'ail.

ÉCHAMPIR, V. Réchampir.

ÉCHANCRER, va. faire une echancrure.

ÉCHANCRURE, sf. entaille en forme de croissant.

ÉCHANGE, sm. troc d'une chose pour une autre; remise réciproque. Fig. réciprocité.

ÉCHANGEABLE, adj. 2 g. que l'on peut échanger.

ÉCHANGER, va. faire un échange.

ÉCHANGISTE, sm. celui qui fait un échange; partisan d'échanges.

ÉCHANSON, sm. personne qui sert à boire.

ÉCHANTILLON, sm. (ll m.), portion, fragment d'une chose; modèle.

ÉCHANTILLONNER, va. (ll m.), vérifier un poids, une mesure, etc. en les confrontant avec le modèle; couper l'échantillon.

ÉCHANVRER, va. ôter les chenevottes.

ÉCHAPPATOIRE, sf. moyen adroit et subtil pour échapper à quelque chose d'embarrassant, pour se tirer d'affaire; subterfuge.

ÉCHAPPÉ, sm. jeune écervelé. Échappé des Petites Maisons, fou; échappé des galères, de prison, qui en est sorti ou semble en être sorti.

ÉCHAPPÉE, sf. imprudence, étourderie. Échappée de vue, vue dans un espace réservé.

ÉCHAPPEMENT, sm. mécanisme d'horlogerie; vue resserrée.

ÉCHAPPER, vn. s'esquiver, se soustraire à; disparaître, se dissiper; n'être pas vu ou remarqué. — va. éviter; échapper le danger. L'échapper belle, éviter heureusement un péril. — S'ÉCHAPPER, vpr. s'évader. Fig. s'emporter; sortir.

ÉCHARDE, sf. piquant de chardon ou petit éclat de bois qui entre dans la chair.

ÉCHARDONNER, va. arracher les chardons.

ÉCHARPE, sf. large bande d'étoffe servant de baudrier ou de ceinture; soutien d'un bras blessé; sorte de vêtement de femme.

ÉCHARPER, va. faire une grande blessure; détruire presque entièrement.

ÉCHASSE, sf. bâton à étrier ou à fourchon que l'on adapte au pied pour marcher.

ÉCHASSIERS, sm. pl. ordre d'oiseaux à longues jambes (zool.).

ÉCHAUBOULÉ, ÉE, adj. qui a des échauboulures.

ÉCHAUBOULURE, sf. petites élevures rouges sur la peau.

ÉCHAUDÉ, sm. sorte de pâtisserie très-légère.

ÉCHAUDER, va. passer à l'eau bouillante ou très-chaude; jeter de l'eau chaude sur quelque chose. — S'ÉCHAUDER, vpr. se brûler avec un liquide chaud; au fig. éprouver un dommage dans quelque affaire.

ÉCHAUDOIR, sm. vase à echauder; lieu où l'on echaude.

ÉCHAUFFAISON, sf. éruption à la peau.

ÉCHAUFFANT, ANTE, adj. qui échauffe.

ÉCHAUFFÉ, sm. odeur causée par une chaleur excessive ou par la fermentation.

ÉCHAUFFÉ, ÉE, adj. part. rendu chaud; qui a excès de chaleur animale. Fig. excité, animé.

ÉCHAUFFEMENT, *sm.* action d'échauffer; effet de cette action; excès de chaleur animale.

ÉCHAUFFER, *va.* donner de la chaleur, rendre chaud. *Fig.* animer, exciter, irriter. — S'ÉCHAUFFER, *vpr.* devenir chaud, et *fig.* se mettre en colère, s'animer, se passionner pour.

ÉCHAUFFOURÉE, *sf.* entreprise téméraire et sans succès; combat imprévu.

ÉCHAUFFURE, *sf.* petite rougeur à la peau.

ÉCHAULER, *va.* V. *Chauler.*

ÉCHÉANCE, *sf.* jour où doit se faire un payement.

ÉCHEC, *sm.* terme du jeu d'échecs pour dire qu'une pièce est exposée à être prise. *Fig.* mauvais succès, désappointement, perte considérable. *Tenir en échec*, empêcher d'agir.

ÉCHECS, *sm. pl.* (on pron. *échè*), sorte de jeu; pièces qui servent à ce jeu.

ÉCHELETTE, *sf.* petite échelle; espèce de ridelle devant une charrette.

ÉCHELLE, *sf.* sorte d'escalier portatif. *Fig.* ligne divisée en parties égales pour mesurer, degrés d'élévation, série, ordre, hiérarchie; place de commerce dans le Levant.

ÉCHELLES (LES), p. ville (Savoie).

ÉCHELON, *sm.* barreau transversal d'une échelle. *Fig.* degré, rang, disposition de troupes sur divers plans.

ÉCHELONNER, *va.* ranger en échelons.

ÉCHENILLAGE, *sm.* (*ll m.*), action d'écheniller.

ÉCHENILLER, *va.* (*ll m.*), ôter les chenilles.

ÉCHENILLOIR, *sm.* (*ll m.*), instrument pour écheniller.

ÉCHEVEAU, *sm.* fil replié en plusieurs tours.

ÉCHEVELÉ, ÉE, *adj.* dont les cheveux sont en désordre.

ÉCHEVIN, *sm.* ancien magistrat municipal.

ÉCHEVINAGE, *sm.* fonctions d'échevin.

ÉCHIDNÉ, *sm.* (on pron. *ékidné*), quadrupède de l'ordre des édentés, armé de piquants comme le hérisson.

ÉCHINE, *sf.* épine du dos; le dos lui-même.

ÉCHINÉE, *sf.* partie du dos d'un porc.

ÉCHINER, *va.* rompre l'échine. *Fig.* assommer, fatiguer extrêmement. — S'ÉCHINER, *vpr.* se fatiguer beaucoup (*fam.*).

ÉCHINIDES, *sm. pl.* (on pron. *ékinîdes*), radiaires échinodermes à corps court (*zool.*).

ÉCHINITE, *sm.* (on pron. *ékinite*; gr. *échinos* hérisson, oursin), oursin ou hérisson de mer à l'état fossile (*géol.*).

ÉCHINODERMES, *sm. pl.* (on pron. *ékinodermes*; gr. *échinos* armé de piquants, *derma* peau), classe de radiaires ou zoophytes à peau armée de piquants (*zool.*).

ÉCHINOÏDES, *sm. pl.* (on pron. *ékinoïdes*; gr. *échinos* hérisson, oursin; *éidos* ressemblance), ordre d'échinodermes comprenant ceux qui ont de la ressemblance avec l'oursin (*zool.*).

ÉCHIQUIER, *sm.* table divisée en cases pour jouer aux échecs; sorte de filet; juridiction anglaise: *chancelier de l'Échiquier.*

ÉCHO (on pron. *Éco*), nymphe de la suite de Junon (*myth.*). — *sm.* son répercuté, lieu où se produit ce son. *Fig.* personne qui répète ce que d'autres disent.

ÉCHOIR, *vn.* arriver par hasard, par succession; arriver à un temps fixe. — Temps usités: Ind. pr. 3e p. du s. il échoit *ou* il échet; p. déf. j'échus, etc.; fut. j'écherrai, etc.; cond. j'écherrais, etc.; imp. du subj. que j'échusse, etc.; part. pr. échéant; part. p. échu, ue. Les temps composés prennent l'auxiliaire *être.*

ÉCHOMÈTRE, *sm.* (on pron. *ékomètre*; gr. *écho*, cri, son; *métron* mesure), instrument pour mesurer la durée des sons (*phys.*).

ÉCHOPPE, *sf.* petite boutique en appentis; sorte d'outil en pointe.

ÉCHOPPER, *va.* travailler avec l'échoppe.

ÉCHOUAGE, *sm.* état d'un navire qui porte sur le fond.

ÉCHOUEMENT, *sm.* action d'échouer.

ÉCHOUER, *vn.* donner sur un écueil, sur un bas-fond. *Fig.* ne pas réussir.

ÉCIJA, ville d'Espagne, dans l'Andalousie.

ÉCIMER, *va.* enlever la cime.

ECKMÜHL, village de Bavière, près de Ratisbonne. Victoire de Napoléon 1er sur les Autrichiens, en 1809. V. *Davoust.*

ÉCLABOUSSEMENT, *sm.* action d'éclabousser.

ÉCLABOUSSER, *va.* faire rejaillir de la boue, de l'eau sale sur quelqu'un.

ÉCLABOUSSURE, *sf.* boue, eau sale qui a rejailli.

ÉCLAIR, *sm.* lumière vive, subite (se dit surtout de celle qui précède le tonnerre). *Fig.* chose qui ne dure qu'un instant.

ÉCLAIRAGE, *sm.* action d'éclairer, résultat de cette action.

ÉCLAIRCIE, *sf.* endroit clair dans un ciel brumeux, dans une forêt.

ÉCLAIRCIR, *va.* rendre plus clair, moins épais. *Fig.* expliquer, débrouiller, rendre évident; diminuer le nombre: *éclaircir les rangs.*

ÉCLAIRCISSEMENT, *sm.* explication.

ÉCLAIRE, *sf.* sorte de plante, nom vulgaire de la chélidoine.

ÉCLAIRÉ, ÉE, *adj.* 2 g. où il y a de la lumière. *Fig.* instruit, qui a de l'expérience.

ÉCLAIRER, *va.* répandre de la clarté sur, tenir la lumière pour faire voir clair. *Fig.* instruire, surveiller, épier: *éclairer la conduite de quelqu'un.* — *vn.* jeter une lueur, étinceler. — *v. imp.* faire des éclairs.

ÉCLAIREUR, *sm.* celui qui va à la découverte.

ÉCLANCHE, *sf.* épaule de mouton.

ÉCLAT, *sm.* (*t* nul), morceau de matière dure brisée; vive lumière; son violent. *Fig.* gloire, splendeur; bruit, scandale: *cette affaire fait de l'éclat.*

ÉCLATANT, ANTE, *adj.* qui jette de l'éclat, qui fait du bruit.

ÉCLATER, *vn.* se rompre par éclats; faire un grand bruit, retentir; briller. *Fig.* s'emporter, se manifester subitement; *éclater de rire*, rire très-fortement.

ÉCLECTIQUE, adj. 2 g. et sm. (gr. éklektikos : d'eklêgô choisir), se dit d'une secte philosophique qui fait un choix dans les divers systèmes des philosophes.

ÉCLECTISME, sm. philosophie éclectique.

ÉCLIPSE, sf. obscurcissement total ou partiel d'un astre par l'interposition d'un autre. Fig. disparition passagère.

ÉCLIPSER, va. intercepter la lumière. Fig. l'emporter sur. — S'ÉCLIPSER, vpr. disparaître momentanément.

ÉCLIPTIQUE, sm. et f. suivant l'Acad. grand cercle de la sphère, orbite apparente du soleil, orbite réelle de la terre. — adj. 2 g. qui a rapport aux éclipses.

ÉCLISSE, sf. plaque de bois ou de carton qui sert à soutenir un membre fracturé; partie latérale d'un violon, d'une basse, etc. bois de fente pour faire des seaux, des tambours, etc.; rond d'osier ou de jonc sur lequel on fait égoutter le lait caillé.

ÉCLISSER, va. soutenir avec des éclisses.

ÉCLOPPÉ, ÉE, adj. estropié, qui marche difficilement.

ÉCLORE, vn. sortir de l'œuf, s'épanouir. Fig. paraître, se manifester. — N'est usité qu'à l'infinitif pr. et aux 3es pers. des temps suivants : Ind. pr. il éclôt, ils éclosent; fut. il éclora, ils écloront; cond. il éclorait, ils écloraient; subj. pr. qu'il éclose, qu'ils éclosent; (pas de part. pr.); part. p. éclos, ose. Les temps composés prennent l'auxiliaire être, et ne sont aussi usités qu'aux 3es personnes.

ÉCLOSION, sf. action d'éclore.

ÉCLUSE, sf. clôture sur un canal pour retenir et pour lâcher l'eau; porte qui ferme l'écluse.

ÉCLUSE (L'), fort dans le dép. de l'Ain. — p. ville et port en Hollande. Bataille navale perdue par les Français contre les Anglais en 1340.

ÉCLUSÉE, sf. quantité d'eau lâchée d'une écluse.

ÉCLUSIER, sm. celui qui est préposé à une écluse.

ÉCOBUAGE, sm. action d'enlever l'herbe, les broussailles, et de les brûler.

ÉCOBUE, sf. pioche à écobuer.

ÉCOBUER, va. faire un écobuage.

ÉCOINÇON ou ÉCOINSON, sm. encoignure, pierre d'encoignure.

ÉCOLAMPADE, V. Œcolampade.

ÉCOLÂTRE, sm. ecclésiastique qui dirigeait l'école attachée à la cathédrale; celui qui surveille les écoles du diocèse.

ÉCOLE, sf. lieu, établissement où l'on enseigne; l'ensemble des élèves. Fig. doctrine particulière; secte; principes, manière, genre spécial dans les arts ou en littérature; enseignement; faute, étourderie. Le chemin de l'école, le plus long.

ÉCOLIER, IÈRE, s. celui, celle qui étudie sous un maître. Fig. personne peu habile.

ÉCOMMOY, p. ville (Sarthe).

ÉCONDUIRE, va. éloigner ou refuser avec ménagement.

ÉCONOMAT, sm. (t nul), charge d'économe; administration, bureaux de l'économe.

ÉCONOME, adj. 2 g. qui a de l'économie, qui épargne la dépense. Fig. qui est ménager d'une chose. — sm. celui qui est chargé de la dépense d'une maison.

ÉCONOMIE, sf. (gr. oikonomia : d'oikos maison et nomos loi, règle), ordre, règle dans le gouvernement d'une maison, épargne. Fig. bonne disposition de toute chose, arrangement, harmonie, administration. Économie politique, science qui traite de la formation, de la distribution et de la consommation des richesses.

ÉCONOMIQUE, adj. 2 g. qui tient de l'économie.

ÉCONOMIQUEMENT, adv. avec économie.

ÉCONOMISER, va. épargner, ménager.

ÉCONOMISTE, sm. celui qui s'occupe d'économie politique.

ÉCOPE, V. Escope.

ÉCOPER, va. vider l'eau avec une écope ou escope.

ÉCORCE, sf. enveloppe des végétaux et de certains fruits. Fig. superficie, apparence.

ÉCORCER, va. ôter l'écorce.

ÉCORCHÉ, sm. figure d'homme ou d'animal dépouillé de sa peau et dont on voit les muscles.

ÉCORCHER, va. enlever la peau d'un animal, déchirer une partie de la peau. Fig. produire une impression désagréable; faire trop payer. Écorcher une langue, la parler mal.

ÉCORCHERIE, sf. lieu où l'on écorche les animaux.

ÉCORCHEUR, sm. celui qui écorche. Fig. celui qui fait payer trop cher. Au pl. bandes d'aventuriers du 15e siècle, appelés aussi Routiers.

ÉCORCHURE, sf. enlèvement partiel de la peau.

ÉCORNER, va. rompre une corne; briser un angle. Fig. ôter une partie d'une chose, la diminuer.

ÉGORNIFLER, va. chercher à manger aux dépens d'autrui (fam.).

ÉGORNIFLERIE, sf. action d'écornifleur (fam.).

ÉGORNIFLEUR, EUSE, s. celui, celle qui mange aux dépens d'autrui (fam.).

ÉCORNURE, sf. éclat emporté d'un angle solide.

ÉCOSSAIS, AISE, adj. et s. de l'Écosse.

ÉCOSSE, partie nord de la Grande-Bretagne. — NOUVELLE-ÉCOSSE, région de l'Amérique du Nord.

ÉCOSSER, va. ôter les cosses, tirer des légumes de leurs cosses.

ÉCOSSEUR, EUSE, s. celui, celle qui écosse.

ÉCOT, sm. (t nul), ce que chacun doit pour un repas commun.

ÉCOUEN, ch.-l. de canton (Seine-et-Oise).

ÉCOULEMENT, sm. mouvement de ce qui s'écoule; débit de marchandises.

ÉCOULER (S'), vpr. couler hors d'un lieu. Fig. diminuer; passer; se vendre, en parlant de marchandises; dans ce dernier sens on emploie aussi activement écouler.

ÉCOURGEON, sm. orge carré.

ÉCOURTER, va. rogner, couper trop court.

ÉCOUTANT, ANTE, adj. et s. qui écoute, auditeur.

ÉCOUTE, sf. lieu où l'on écoute sans être vu; cordage de voile.

ÉCOUTER, va. prêter l'oreille pour entendre. Fig. consentir à; bien accueillir; suivre un avis; croire. — S'ÉCOUTER, vpr. s'inquiéter de sa santé.

ÉCOUTEUR, EUSE, s. celui, celle qui a l'habitude d'écouter par curiosité.

ÉCOUTILLE, sf. (ll m.), ouverture pour descendre dans l'intérieur d'un navire.

ÉCOUVILLON, sm. (ll m.), instrument pour nettoyer l'intérieur d'un canon, d'un four.

ÉCOUVILLONNER, va. (ll m.), nettoyer avec l'écouvillon.

ÉCRAN, sm. petit meuble pour se garantir de l'ardeur du feu; surface interceptant la lumière (phys.).

ÉCRASANT, ANTE, adj. qui écrase. Fig. qui abat.

ÉCRASÉ, ÉE, adj. très-aplati, très-court.

ÉCRASEMENT, sm. action d'écraser; état de ce qui est écrasé.

ÉCRASER, va. briser en appuyant, aplatir. Fig. surcharger, fatiguer, abattre, anéantir.

ÉCRÉMER, va. ôter la crème du lait. Fig. prendre le meilleur d'une chose.

ÉCRÊTER, va. enlever la crête, le sommet.

ÉCREVISSE, sf. sorte de crustacé. Fig. signe du zodiaque.

ÉCRIER(S'), vpr. pousser un cri; parler haut.

ÉCRILLE, sf. (ll m.), claie destinée à retenir le poisson d'un étang.

ÉCRIN, sm. coffret où l'on serre les bijoux.

ÉCRIRE, va. tracer des lettres, des mots; adresser une lettre missive; faire un ouvrage d'esprit; exprimer par écrit. — S'ÉCRIRE, vpr. correspondre par lettres. — Ind. pr. j'écris, tu écris, il écrit, n. écrivons, v. écrivez, ils écrivent; imp. j'écrivais; p. déf. j'écrivis; fut. j'écrirai; cond. j'écrirais; impér. écris, écrivons, écrivez; subj. pr. que j'écrive; imp. que j'écrivisse; part. pr. écrivant; part. p. écrit, ite.

ÉCRIT, sm. (t nul), ce qui est écrit; convention écrite; ouvrage de littérature.

ÉCRIT, ITE, adj. mis par écrit; chargé d'écriture, marqué.

ÉCRITEAU, sm. carton ou planche portant un écrit.

ÉCRITOIRE, sf. ustensile renfermant les choses nécessaires pour écrire; encrier.

ÉCRITURE, sf. art d'écrire; lettres écrites, forme des lettres. Au pl. écrits d'un procès; livres d'une maison de commerce. Écriture sainte, ou absolument l'Écriture, l'Ancien et le Nouveau Testament.

ÉCRIVAILLER, vn. (ll m.), écrire beaucoup et en mauvais style.

ÉCRIVAILLEUR, sm. (ll m.), écrivassier.

ÉCRIVAIN, sm. auteur; celui dont le métier est d'écrire.

ÉCRIVASSIER, sm. celui qui a la manie d'écrire beaucoup et qui écrit d'un mauvais style.

ÉCROU, sm. trou dans lequel entre une vis; article du registre des emprisonnements.

ÉCROUELLES, sf. pl. scrofules, maladie des glandes du cou.

ÉCROUER, va. inscrire un prisonnier sur le registre de la geôle.

ÉCROUIR, va. battre un métal à froid.

ÉCROUISSEMENT, sm. action d'écrouir, résultat de cette action.

ÉCROULEMENT, sm. action de s'écrouler.

ÉCROULER (S'), vpr. tomber en s'affaissant. Fig. tomber en ruines; être détruit.

ÉCROÛTER, va. ôter la croûte.

ÉCRU, UE, adj. qui n'a pas été lavé ou blanchi.

ÉCRUES, sf. pl. bois qui ont nouvellement crû sur des champs.

ÉCU, sm. ancien bouclier, figure de bouclier qui porte les armoiries; ancienne pièce de monnaie.

ÉCUEIL, sm. (on pr. ékeuil en mouillant l), rocher dans la mer. Fig. chose dangereuse.

ÉCUELLE, sf. vase pour le bouillon ou le potage.

ÉCUELLÉE, sf. le contenu d'une écuelle.

ÉCUSSER, va. faire éclater un arbre en l'abattant.

ÉCULER, va. plier sur le talon le quartier d'une chaussure.

ÉCUMAGE, sm. action d'écumer.

ÉCUMANT, ANTE, adj. qui écume, qui est chargé d'écume. Fig. très-animé : écumant de fureur.

ÉCUME, sf. mousse qui se forme sur un liquide; bave, sueur. Fig. rebut. Écume de mer, silicate de magnésie dont on fait des pipes.

ÉCUMÉNICITÉ, ÉCUMÉNIQUE, V. Œcuménicité, Œcuménique.

ÉCUMER, va. enlever l'écume. — vn. jeter de l'écume. Fig. être très-animé; écumer les mers, exercer la piraterie.

ÉCUMEUR, sm. celui qui écume. Fig. écumeur de mer, pirate; écumeur de marmite, parasite.

ÉCUMEUX, EUSE, adj. chargé d'écume.

ÉCUMOIRE, sf. ustensile de cuisine pour écumer.

ÉCURAGE, sm. action d'écurer.

ÉCURER, va. nettoyer de la vaisselle, des ustensiles.

ÉCUREUIL, sm. (l m.), petit quadrupède rongeur.

ÉCUREUR, EUSE, s. celui, celle qui écure.

ÉCURIE, sf. lieu où on loge les bêtes de somme; train, équipage d'un prince, d'un grand seigneur.

ÉCUSSON, sm. petit écu d'armoiries; plaque de métal; morceau d'écorce portant un œil ou un bouton propre à être greffé.

ÉCUSSONNER, va. greffer en écusson.

ÉCUSSONNOIR, sm. petit couteau pour écussonner.

ÉCUYER, sm. gentilhomme qui suivait un chevalier; intendant d'une écurie; maître d'équitation; homme qui fait des exercices publics d'équitation. Bon écuyer, celui qui monte bien à cheval.

ÉCUYÈRE, sf. femme qui fait des exercices publics d'équitation. Bottes à l'écuyère, longues bottes pour monter à cheval.

EDDA, sm. nom de deux livres qui renferment la mythologie scandinave.

ÉDELINCK, célèbre graveur flamand (1649-1707).

ÉDEN, sm. (on pron. édène), paradis terrestre.

ÉDENTÉ, ÉE, adj. qui n'a plus de dents. — sm. pl. ordre de mammifères (zool.).

ÉDENTER, va. rompre les dents d'une scie, d'un peigne, etc.

ÉDESSE, ancienne ville de la Mésopotamie, auj. Orfa.

EDGAR, roi d'Angleterre, m. 975. — roi d'Écosse, m. 1107.

EDGEWORTH, célèbre ingénieur anglais (1744-1817). — (Miss Maria), sa fille, romancière et moraliste (1770-1849).

EDGEWORTH DE FIRMONT (l'abbé), confesseur de Louis XVI, qu'il assista sur l'échafaud (1745-1807).

ÉDICTER, va. faire et publier des édits, des lois.

ÉDICULE, sm. (l. ædes édifice, temple), petit temple antique.

ÉDIFIANT, ANTE, adj. qui porte à la vertu, à la piété.

ÉDIFICATEUR, sm. celui qui élève, qui construit un édifice.

ÉDIFICATION, sf. action de bâtir. Fig. sentiments, exemples édifiants.

ÉDIFICE, sm. (l. ædificium : d'ædes maison, temple, construction), bâtiment, construction remarquable. Fig. l'organisation, l'ensemble : l'édifice social, l'édifice de sa fortune.

ÉDIFIER, va. (l. ædificare bâtir : d'ædes maison, bâtiment, et facere faire), faire un édifice, bâtir, construire. Fig. établir ; porter à la piété.

ÉDILE, sm. (l. ædilis : d'ædes bâtiment, construction), magistrat romain chargé de tout ce qui concernait la construction et l'entretien des édifices.

ÉDILITÉ, sf. fonctions des édiles.

ÉDIMBOURG, capitale de l'Écosse.

ÉDIT, sm. (t nul), loi, ordonnance.

ÉDITER, va. faire imprimer et publier un livre.

ÉDITEUR, sm. celui qui édite.

ÉDITION, sf. publication d'un livre; l'ensemble des exemplaires tirés.

EDME (St), archevêque de Cantorbéry, m. 1242.

EDMOND (St), roi d'Est-Anglie, m. 870. — nom de plusieurs rois et princes d'Angleterre.

ÉDOMITES, les Iduméens, descendants d'Ésaü, surnommé Édom, c.-à-d. le Rouge.

ÉDOUARD (St), le Confesseur, roi d'Angleterre (1003-1066). — nom de plusieurs rois et princes d'Angleterre.

ÉDREDON, sm. duvet très-léger; couvre-pieds d'édredon.

ÉDRIOPHTHALMAIRES ou ÉDRIOPHTHALMES, sm. pl. (gr. edraïos fixe, immobile ; ophthalmos œil), groupe de crustacés, comprenant ceux dont les yeux ne sont pas portés sur des pédoncules mobiles (zool.).

ÉDRIS, nom de plusieurs princes mahométans.

ÉDRISITES ou ÉDRISSITES, dynastie musulmane qui s'établit à Fez en 788.

ÉDUCATEUR, TRICE, s. celui, celle qui donne de l'éducation, qui élève des animaux.

ÉDUCATIF, IVE, adj. qui donne l'éducation.

ÉDUCATION, sf. art ou action d'élever et d'instruire les enfants; soins donnés à certains animaux; connaissance des usages du monde.

ÉDUENS, peuple gaulois entre la Loire et la Saône.

ÉDULCORATION, sf. action d'édulcorer.

ÉDULCORER, va. adoucir avec de l'eau et du sucre.

ÉDULE, adj. 2 g. (l. edulis : d'edere manger), bon à manger, qui peut servir d'aliment.

ÉDUQUER, va. élever des animaux.

ÉFAUFILER, va. tirer les fils d'un ruban, d'une étoffe.

EFFAÇABLE, adj. 2 g. que l'on peut effacer.

EFFACER, va. ôter l'empreinte, raturer. Fig. détruire, faire disparaître ; surpasser. — S'EFFACER, vpr. présenter moins de surface.

EFFAÇURE, sf. ce qui est effacé.

EFFANAGE, sm. action d'effaner.

EFFANER, va. ôter les fanes du blé, effeuiller.

EFFARÉ, ÉE, adj. troublé, effrayé.

EFFAREMENT, sm. trouble, effroi.

EFFARER, va. troubler l'esprit, effrayer.

EFFAROUCHER, va. épouvanter, faire fuir. Fig. rendre moins traitable. — S'EFFAROUCHER, vpr. s'effrayer, devenir moins traitable.

EFFECTIF, IVE, adj. réel. — sm. nombre réel : l'effectif d'un régiment.

EFFECTIVEMENT, adv. réellement, en effet.

EFFECTUER, va. mettre à effet, réaliser, exécuter.

EFFÉMINÉ, ÉE, adj. et s. faible comme une femme, amolli.

EFFÉMINER, va. rendre faible, amollir; ôter la vigueur, l'énergie.

EFFENDI, sm. mot turc qui signifie seigneur, maître, monsieur.

EFFERVESCENCE, sf. (l. effervescere bouillonner, s'échauffer), état de ce qui est effervescent ou légèrement en ébullition. Fig. émotion vive et passagère.

EFFERVESCENT, ENTE, adj. qui est en effervescence, c'est-à-dire dans un état de légère ébullition ou dans un état d'excitation.

EFFET, sm. ce qui est produit par une cause : exécution; apparence extérieure; papier de commerce. Au pl. pl. hardes, objets d'usage habituel. Effets publics, rentes sur l'État, actions de compagnies industrielles. — EN EFFET, loc. adv. effectivement, réellement.

EFFEUILLAISON, sf. (ll m.), action d'effeuiller.

EFFEUILLER, va. (ll m.), ôter les feuilles. — S'EFFEUILLER, vpr. perdre ses feuilles.

EFFIAT (marquis d'), maréchal de France, père de Cinq-Mars (1581-1632).

EFFICACE, adj. 2 g. qui produit son effet. — sf. efficacité.

EFFICACEMENT, adv. d'une manière efficace.

EFFICACITÉ, *sf.* qualité de ce qui est efficace, de ce qui a la force nécessaire pour produire son effet.

EFFICIENT, ENTE, *adj.* qui produit un effet.

EFFIGIE, *sf.* figure, représentation d'une personne.

EFFILÉ, *sm.* frange.

EFFILÉ, ÉE, *adj.* mince, allongé.

EFFILER, *va.* défaire fil à fil; dégarnir les cheveux en les coupant en pointe. — S'EFFILER, *vpr.* se défaire fil à fil; devenir mince.

EFFILOCHER, *va.* défaire des chiffons fil à fil pour en faire du papier.

EFFILOQUER, *va.* effiler une étoffe de soie pour en faire de la ouate.

EFFILURE, *sf.* fils défaits d'un tissu.

EFFLANQUÉ, ÉE, *adj.* et *s.* long et maigre.

EFFLANQUER, *va.* faire maigrir.

EFFLEURER, *va.* enlever la superficie. *Fig.* passer tout près, toucher légèrement, étudier superficiellement.

EFFLEURIR, *vn.* et EFFLEURIR (S'), *vpr.* tomber en efflorescence.

EFFLORESCENCE, *sf.* état de ce qui est efflorescent; matière pulvérulente et semblable à de la moisissure.

EFFLORESCENT, ENTE, *adj.* couvert d'efflorescences ou *fleurs.*

EFFLUENCE, *sf.* émanation d'un fluide ou de corpuscules invisibles.

EFFLUENT, ENTE, *adj.* qui découle ou émane d'un corps (*phys*).

EFFLUVE, *sf.* émanation. Au *pl.* corpuscules invisibles qui émanent d'un corps ou d'un fluide (*phys*).

EFFONDREMENT, *sm.* action d'effondrer.

EFFONDRER, *va.* fouiller une terre; enfoncer, rompre.

EFFONDRILLES, *sf. pl.* (*il m.*), résidu d'une ébullition ou d'une infusion.

EFFORCER (S'), *vpr.* employer toute sa force, faire tout son possible pour.

EFFORT, *sm.* (*t nul*), action de s'efforcer, tension violente, chose faite avec peine, mal qu'on se fait en s'efforçant.

EFFRACTION, *sf.* (on pron. *effraxion*), rupture faite pour commettre un vol.

EFFRAIE, *sf.* sorte de chouette.

EFFRAYANT, ANTE, *adj.* qui effraye.

EFFRAYER, *va.* causer de la frayeur. — S'EFFRAYER, *vpr.* être saisi de peur, s'étonner.

EFFRÉNÉ, ÉE, *adj.* qui est sans frein, sans retenue.

EFFRITER, *va.* user, épuiser une terre; s'emploie aussi comme *vpr.*

EFFROI, *sm.* grande frayeur, horreur.

EFFRONTÉ, ÉE, *adj.* et *s.* sans honte, impudent.

EFFRONTÉMENT, *adv.* avec effronterie.

EFFRONTERIE, *sf.* défaut de l'effronté, impudence.

EFFROYABLE, *adj.* 2 *g.* qui cause de l'effroi, affreux. *Fig.* excessif, prodigieux.

EFFROYABLEMENT, *adv.* excessivement, prodigieusement.

EFFRUITER, *va.* enlever les fruits.

EFFUSION, *sf.* épanchement. *Fig.* vive et sincère démonstration d'amitié, de confiance.

ÉGADES, îles sur la côte occidentale de la Sicile.

ÉGAGROPILE, V. *Ægagropile.*

ÉGAL, ALE, *adj.* et *s.* semblable, de même quantité, de même valeur, de même nature de même condition; uni; indifférent: cela m'est égal; qui ne varie pas: humeur égale. — 'A L'ÉGAL DE, *loc. prép.* autant que.

ÉGALEMENT, *adv.* d'une manière égale, pareillement, autant.

ÉGALER, *va.* rendre ou être égal, devenir pareil; comparer. — S'ÉGALER, *vpr.* se rendre ou se prétendre l'égal.

ÉGALISATION, *sf.* action d'égaliser.

ÉGALISER, *va.* rendre égales les quantités; unir, aplanir.

ÉGALITÉ, *sf.* rapport entre des choses égales, conformité, parité, uniformité; mêmes droits.

ÉGARD, *sm.* (*d nul*). considération, marque d'estime, respect, déférence; *avoir égard*, prendre en considération. — 'A L'ÉGARD DE, *loc. prép.* quant à.

ÉGARÉ, ÉE, *adj. part.* qui a été perdu ou qui s'est perdu, fourvoyé; *yeux égarés*, air égaré, qui annoncent quelque trouble d'esprit.

ÉGAREMENT, *sm.* écart de son chemin par méprise. *Fig.* erreur, aliénation d'esprit, désordre de conduite.

ÉGARER, *va.* mettre hors du droit chemin; perdre. *Fig.* jeter dans l'erreur. — S'ÉGARER, *vpr.* se perdre, se fourvoyer, tomber dans l'erreur, se troubler.

ÉGAYER, *va.* et S'ÉGAYER, *vpr.* réjouir, rendre gai, plaisanter.

EGBERT, premier roi d'Angleterre, m. 836.

ÉGÉE, roi d'Athènes, père de Thésée, 14e s. av. J. C. — (mer), ancien nom de la mer de l'Archipel.

EGER, riv. d'Allemagne affluent de l'Elbe. — EGER ou EGRA, ville de Bohème. — EGER ou ERLAU, ville de Hongrie.

ÉGÉRIE, nymphe que Numa Pompilius disait consulter pour rédiger ses lois.

ÉGIALÉE, premier roi de Sicyone, 18e s. av. J. C.

ÉGIDE, *sf.* bouclier de Pallas. *Fig.* ce qui protège ou défend.

ÉGIDIUS, V. *Ægidius.*

ÉGINARD ou EGINHARD, chroniqueur; secrétaire de Charlemagne, m. 844.

ÉGINE, île et ville de la mer Egée, auj. *Engia.*

ÉGISTHE, fils de Thyeste et assassin d'Agamemnon.

ÉGLANTIER, *sm.* rosier sauvage.

ÉGLANTINE, *sf.* fleur de l'églantier.

ÉGLISE, *sf.* (gr. *ekklêsia* réunion, assemblée), société des chrétiens en général; communion de foi, catholicisme, clergé, temple catholique.

ÉGLOGUE, *sf.* petit poëme pastoral.

ÉGLON, roi des Moabites, 15e s. av. J. C.

EGMONT (comte d'), l'un des fondateurs de l'indépendance des Pays-Bas (1522-1568).

EGOÏSME, sm. manière de sentir, de penser et d'agir de l'égoïste.

ÉGOÏSTE, s. et adj. 2 g. (l. ego moi), celui, celle qui ne voit que son moi, qui rapporte tout à soi-même.

ÉGORGER, va. couper la gorge. Fig. tuer, massacrer; ruiner. — S'ÉGORGER, vpr. se tuer réciproquement.

ÉGORGEUR, sm. celui qui égorge, qui massacre.

ÉGOSILLER (S'), vpr. (ll. m.), se faire mal au gosier à force de crier; chanter haut et beaucoup.

ÉGOTISME, sm. (l. ego moi), défaut ridicule de celui qui dit toujours moi, moi.

ÉGOUT, sm. (t nul), écoulement des eaux sales; cloaque, conduit.

ÉGOUTIER, sm. cureur d'égouts.

ÉGOUTTAGE, sm. action d'égoutter.

ÉGOUTTER, va. faire écouler par gouttes.— vn. couler goutte à goutte. — S'ÉGOUTTER, vpr. s'écouler lentement.

ÉGOUTTOIR, sm. ustensile pour faire égoutter.

ÉGOUTTURE, sf. dernières gouttes d'un liquide.

EGRA, V. Eger.

ÉGRAINER, V. Égrener.

ÉGRAPPAGE, sm. action d'égrapper.

ÉGRAPPER, va. détacher les grains d'une grappe.

ÉGRAPPOIR, sm. instrument pour égrapper.

ÉGRATIGNER, va. déchirer légèrement la peau.

ÉGRATIGNEUR, EUSE, s. celui, celle qui égratigne.

ÉGRATIGNURE, sf. blessure légère faite en égratignant. Fig. petite blessure.

ÉGRENER, va. faire sortir le grain de l'épi; détacher les grains de la grappe.

ÉGRILLARD, ARDE, adj. et s. (ll m.), vif, éveillé, gaillard.

ÉGRIPO ou NÉGREPONT, île et ville de la Grèce, ancienne Eubée.

ÉGRUGEOIR, sm. ustensile pour écraser du sel, du sucre, etc.

ÉGRUGER, va. casser, mettre en poudre dans l'égrugeoir.

ÉGRUGEURE, sf. (on pron. égrujure), parties séparées en égrugeant.

ÉGUEULEMENT, sm. altération à la bouche des pièces d'artillerie; résultat de l'action d'égueuler.

ÉGUEULER, va. casser le haut du goulot d'un vase.

ÉGYPTE, contrée d'Afrique.

ÉGYPTIEN, IENNE, adj. et s. d'Égypte. Fig. sorte de vagabond appelé aussi bohémien.

EGYPTUS, roi fabuleux de l'Égypte.

EH ! interj. marquant la surprise.

EHANCHÉ, EE, adj. privé de hanches ou dont les hanches sont très-étroites.

ÉHERBER, va. et n. enlever les herbes, sarcler.

ÉHONTÉ, ÉE, adj. qui est sans honte, sans pudeur.

EHRENBREITSTEIN, célèbre place forte de la Prusse rhénane.

EIDER, sm. oiseau du Nord qui fournit l'édredon.

ÉJACULATION, sf. action d'éjaculer. Fig. prière fervente et qui part du cœur.

ÉJACULER, va. se dit, en parlant de certains animaux, de l'action de lancer avec force un liquide.

ÉJECTION, sf. expulsion, évacuation (physiol.).

ÉJOUIR (S'), vpr. se réjouir (La Fontaine).

ÉLA, roi d'Israël, m. 918 av. J. C.

ÉLABORATION, sf. action d'élaborer, de s'élaborer.

ÉLABORER, va. préparer par un long travail.

ÉLÆAGNÉES ou ÉLÉAGNÉES, V. L'éléaginées.

ÉLÆOCARPÉES, sf. pl. (gr. élaion huile, karpos fruit), famille de plantes ayant pour type l'elæocarpus, dont le fruit fournit une sorte d'huile (bot.).

ÉLAGABALE, V. Héliogabale.

ÉLAGAGE, sm. action d'élaguer.

ÉLAGUER, va. ébrancher. Fig. retrancher, supprimer.

ÉLAGUEUR, sm. celui qui élague.

ÉLAM, fils de Sem.

ÉLAMITES, ancien peuple d'Asie, descendants d'Élam.

ÉLAN, sm. espèce de cerf.

ÉLAN, sm. mouvement subit avec effort. Fig. mouvement de l'âme, de l'esprit.

ÉLANCÉ, ÉE, adj. efflanqué, de taille svelte, mince.

ÉLANCEMENT, sm. action de s'élancer; douleur vive et courte.

ÉLANCER, vn. causer des élancements douloureux. — S'ÉLANCER, vpr. se lancer en avant.

ÉLARGIR, va. rendre plus large, donner plus d'extension. Fig. faire sortir de prison. — S'ÉLARGIR, vpr. devenir plus large.

ÉLARGISSEMENT, sm. action d'élargir. Fig. sortie de prison.

ÉLARGISSURE, sf. ce qu'on ajoute pour élargir.

EL-ARISCH, forteresse de la basse Égypte où fut signée en 1800 la capitulation en vertu de laquelle l'Égypte fut évacuée par les Français.

ÉLASTICITÉ, sf. propriété des corps qui, après avoir été comprimés, reviennent à leur premier état.

ÉLASTIQUE, adj. 2 g. qui a de l'élasticité, du ressort. Fig. que l'on peut étendre ou resserrer à volonté.

ÉLATÉE, anc. ville de la Phocide, auj. Elefta.

ÉLATÉROMÈTRE, sm. (gr. élater ressort, métron mesure), appareil pour mesurer l'élasticité de l'air raréfié ou condensé (phys.).

ÉLATINE, sf. (gr. élaté pin), petite plante qui croît dans l'eau des mares, des fossés, et dont les feuilles ressemblent à celles du pin.

ÉLATINÉES, sf. pl. famille de plantes ayant pour type l'élatine (bot.).

ELBE, fleuve d'Allemagne; se jette dans la mer du Nord. — (Ile d'), dans la Méditerranée; séjour de Napoléon Ier depuis le 4 mai 1814 jusqu'au 26 février 1815.

ELBÉE (d'), général vendéen (1752-1794).

ELBERFELD, ville de la Prusse rhénane.

ELBEUF, ville (Seine-Inférieure). — sm. drap fabriqué à Elbeuf.

ELBING, ville et port sur la Baltique (Prusse).

ELCHINGEN (on pr. Elkinguène), village de Bavière, près d'Ulm. Victoire du maréchal Ney sur les Autrichiens en 1805.

ELDORADO, riche pays imaginaire que l'on supposait situé en Amérique.

ÉLÉAGINÉES, ÉLÉAGNÉES ou ÉLÉAGNACÉES, sf. pl. (gr. elaiagnos, l. elaeagnus chalef), famille de plantes dont le chalef est le type (bot.).

ÉLÉATES ou ÉLÉATIQUES, secte de philosophes grecs dont le chef Xénophane s'établit à Élée.

ÉLÉAZAR, nom de plusieurs Juifs célèbres.

ÉLECTEUR, sm. celui qui a droit d'élire; prince de l'empire en Allemagne.

ÉLECTIF, IVE, adj. nommé, obtenu, institué par élection; qui élit; qui est fait par choix et à la suite d'une délibération intérieure; action élective.

ÉLECTION, sf. (on pron. éleсxion), action d'élire, nomination par voie de suffrages; choix.

ÉLECTIVITÉ, sf. qualité de la personne qui peut être élue.

ÉLECTORAL, ALE, adj. relatif aux électeurs, aux élections.

ÉLECTORAT, sm. dignité de prince électeur; domaine de ce prince.

ÉLECTRE, sœur d'Oreste.

ÉLECTRICE, sf. femme d'un prince électeur.

ÉLECTRICITÉ, sf. (gr. élektron ambre jaune), fluide impondérable qui se manifeste sur certains corps frottés, chauffés ou simplement mis en contact: ainsi nommé parce que les premières actions de ce fluide avaient été constatées en frottant de l'ambre jaune.

ÉLECTRIQUE, adj. 2 g. de l'électricité, qui a rapport à l'électricité.

ÉLECTRISABLE, adj. 2 g. qui peut être électrisé.

ÉLECTRISATION, sf. action d'électriser.

ÉLECTRISER, va. développer ou communiquer l'électricité ou la vertu électrique. Fig. exciter les esprits.

ÉLECTRODE, sm. ou f. (gr. élektron, et odos passage, route), conducteur d'électricité (phys.)

ÉLECTRO-DYNAMIQUE, sf. (gr. dynamis force), partie de la physique qui traite de l'électricité employée comme force motrice; se dit aussi comme adj. de cette force elle-même.

ÉLECTRO-MAGNÉTISME, sm. partie de la physique qui traite de l'action des courants électriques sur les aimants.

ÉLECTROMÈTRE, sm. (gr. élektron, et métron mesure), instrument qui sert à mesurer le degré d'électricité des corps (phys.).

ÉLECTROMOTEUR, TRICE, adj. qui développe l'électricité (phys.).

ÉLECTROPHORE, sm. (gr. élektron, et phérô porter), instrument chargé de fluide électrique (phys.).

ÉLECTROSCOPE, sm. (gr. élektron, et skopéô voir), instrument qui indique la présence ou la nature du fluide électrique (phys.).

ÉLECTROTYPIE, sf. clichage par l'action de l'électricité.

ÉLECTUAIRE, sm. sorte de préparation pharmaceutique.

ÉLÉE, anc. ville de l'Italie méridionale.

ÉLÉGAMMENT, adv. avec élégance.

ÉLÉGANCE, sf. agrément dans les formes; grâce dans les manières, dans le langage, dans l'exécution d'une œuvre.

ÉLÉGANT, ANTE, adj. et s. qui a de l'élégance.

ÉLÉGIAQUE, adj. 2 g. qui concerne l'élégie; plaintif.

ÉLÉGIE, sf. (gr. élégéia: d'éléges lamentation), poésie dont le sujet est triste et tendre.

ÉLÉMENT, sm. corps simple qui entre dans la composition d'autres corps. Fig. milieu dans lequel on vit; au pl. principes, premières connaissances.

ÉLÉMENTAIRE, adj. 2 g. qui appartient à l'élément, qui a rapport aux éléments d'une science ou d'un art.

ÉLÉOCARPÉES, V. Élaeocarpées.

ÉLÉONORE, nom de femme porté par plusieurs princesses.

ÉLÉPHANT, sm. mammifère le plus gros des quadrupèdes.

ÉLÉPHANTIASIS, sm. espèce de lèpre qui rend la peau rugueuse comme celle de l'éléphant.

ÉLÉPHANTINE (île), île du Nil (haute Égypte).

ÉLEUSIS, anc. bourg de l'Attique, auj. Lepsina.

ÉLEUTHÈRE (St), pape, m. 192. — évêque de Tournai, m. 532.

ÉLEUTHÉRIES, sf. pl. fêtes chez les anciens Grecs.

ÉLEUTHÉROGYNIE, sf. (gr. éleutheros libre, gyné femme ou femelle), classe des plantes qui portent des fleurs dont l'ovaire ou organe femelle est libre (bot.).

ÉLÉVATEUR, adj. et sm. se dit de certains muscles.

ÉLÉVATION, sf. action d'élever; hauteur, éminence; moment où le prêtre élève l'hostie. Fig. noblesse d'âme, de pensées, de style; dignité; élan de l'âme vers Dieu.

ÉLÈVE, s. 2 g. écolier, disciple.

ÉLÈVE, sf. action d'élever des animaux.

ÉLEVÉ, ÉE, adj. haut. Fig. éminent, supérieur, noble, grand.

ÉLEVER, va. hausser. Fig. mettre dans un haut rang; augmenter, construire, ériger, faire surgir; donner de l'éducation; nourrir.

ÉLEVEUR, sm. celui qui élève des animaux.

ÉLEVURE, sf. petit bubon sur la peau.

ELFE ou ALFE, sm. génie de la mythologie scandinave.

ÉLIACIM, V. *Joachim.*

ÉLIDE, contrée du Péloponèse.

ÉLIDER, *va.* faire une élision.

ÉLIE, célèbre prophète enlevé au ciel vers l'an 880 av. J. C.

ÉLIEN, écrivain grec du 3e s.

ÉLIÉZER, serviteur d'Abraham.

ÉLIGIBILITÉ, *sf.* qualité de la personne éligible.

ÉLIGIBLE, *adj.* 2 g. qui peut être élu.

ÉLIMER (S'), *vpr.* s'user à force d'être porté.

ÉLIMINATION, *sf.* action d'éliminer; résultat de cette action.

ÉLIMINER, *va.* expulser. *Fig.* retrancher, ôter de.

ÉLIRE, *va.* choisir, faire une élection.

ÉLIS, capit. de l'Élide (anc. Grèce).

ÉLISABETH (Ste), mère de saint Jean-Baptiste. — (Ste), reine de Hongrie (1207-1231).

ÉLISABETH, reine d'Angleterre (1533-1603). — impératrice de Russie (1709-1762). — (Mme), sœur de Louis XVI (1764-1794).

ÉLISÉE, célèbre prophète, m. 835 av. J. C. — (le Père), célèbre prédicateur français (1726-1788).

ÉLISION, *sf.* suppression d'une voyelle à la fin d'un mot devant un autre mot commençant par une voyelle ou une *h* muette.

ÉLITE, *sf.* ce qu'il y a de meilleur; choix.

ÉLIXIR, *sm.* liqueur spiritueuse extraite de diverses substances; substance la plus pure.

ELLE, *pron. personnel* f. 3e pers.

ELLÉBORE, *sm.* plante que l'on croyait propre à guérir la folie.

ELLÉBORINE, *sf.* plante dont les feuilles ressemblent à celles de l'ellébore.

ELLÉBORISÉ, ÉE, *adj.* préparé avec l'ellébore.

ELLIPSE, *sf.* suppression de mots (*gram.*); ligne courbe fermée, vulgairement *ovale.*

ELLIPSOÏDE, *sm.* solide formé par la révolution d'une ellipse autour d'un de ses axes (*géom.*).

ELLIPTICITÉ, *sf.* qualité d'une figure elliptique.

ELLIPTIQUE, *adj.* 2 g. qui renferme une ellipse; qui tient de l'ellipse, ovale.

ELLIPTIQUEMENT, *adv.* par ellipse.

ELME (feu SAINT-), *sm.* aigrettes lumineuses qui paraissent quelquefois la nuit ou pendant un orage au bout des mâts d'un navire.

ÉLOCUTION, *sf.* (l. *eloqui* parler, discourir), manière de s'exprimer; partie de la Rhétorique ayant pour objet le choix et la disposition des mots.

ÉLOGE, *sm.* louange; discours à la louange de quelqu'un.

ÉLOGIEUX, EUSE, *adj.* qui fait l'éloge, qui renferme l'éloge.

ÉLOI (St), évêque de Noyon et ministre du roi Dagobert (588-659).

ÉLOIGNÉ, ÉE, *adj.* qui est loin (au propre et au *fig.*), qui n'est point immédiat : *dans un temps éloigné.*

ÉLOIGNEMENT, *sm.* action d'éloigner ou de s'éloigner; grande distance. *Fig.* absence; répugnance, antipathie.

ÉLOIGNER, *va.* mettre ou faire aller plus loin; écarter. *Fig.* repousser, différer : *éloigner un payement.* — S'ÉLOIGNER, *vpr.* s'absenter, avoir de la répugnance; différer de : *leurs doctrines s'éloignent peu l'une de l'autre.*

ÉLONGATION, *sf.* distance entre le lieu d'une planète et celui du soleil, vus de la terre (*astr.*).

ÉLOQUEMMENT, *adv.* avec éloquence.

ÉLOQUENCE, *sf.* art d'émouvoir, de persuader.

ÉLOQUENT, ENTE, *adj.* qui a de l'éloquence, persuasif.

ELSENEUR ou HELSINGÖR, ville du Danemark.

ELSTER, riv. de Saxe, affluent de la Saale.

ÉLU, UE, *adj.* et *s.* choisi par élection; prédestiné à la vie éternelle.

ÉLUCIDATION, *sf.* action d'élucider, d'éclaircir; explication.

ÉLUCIDER, *va.* (l. *lux* lumière), éclaircir, rendre manifeste.

ÉLUCUBRATION, *sf.* ouvrage composé à force de veilles et de travail.

ÉLUCUBRER, *va.* (l. *elucubrare* faire à force de veilles), composer péniblement.

ÉLUDER, *va.* éviter adroitement; ne pas accomplir : *éluder les traités.*

ELVEN, p. ville près de Vannes (Morbihan).

ELYMAS ou BARJESU, faux prophète juif du temps de S. Paul.

ÉLYSÉE, *sm.* séjour où, suivant la Fable, étaient reçues les âmes vertueuses après la mort. — *adj. m. champs Élysées,* même signification. *Fig.* lieu agréable.

ÉLYSÉEN, ENNE, *adj.* de l'Élysée.

ÉLYSIENS, *adj. m. pl. champs Élysiens,* champs Élysées.

ÉLYTRE, *sm.* ou f. (gr. *élytron* enveloppe, étui), ailes coriaces qui recouvrent les ailes véritables des insectes coléoptères (zool.).

ELZEVIR ou ELZEVIER, famille célèbre d'imprimeurs hollandais des 16e et 17e s. — *sm.* livre édité par l'un de ces imprimeurs.

ELZEVIRIEN, IENNE, *adj.* des Elzevir, à la manière des Elzevir.

ÉMACIATION, *sf.* résultat de l'action de maigrir; maigreur.

ÉMACIÉ, ÉE, *adj.* déformé par la maigreur.

ÉMAIL, *sm.* (ll m.), matière vitrifiée appliquée sur des métaux ou des terres; chose émaillée (pl. *émaux*).

ÉMAILLÉ, ÉE, *adj. part.* (ll m.), orné d'émail. *Fig.* embelli; décoré de fleurs, de traits d'esprit.

ÉMAILLER, *va.* (ll m.), orner ou couvrir d'émail. *Fig.* embellir : *des fleurs émaillent la prairie.*

ÉMAILLEUR, *sm.* (ll m.), ouvrier qui travaille en émail.

ÉMAILLURE, *sf.* (ll m.), art d'émailler, ouvrage d'émail.

ÉMANATION, *sf.* action d'émaner; exhalaison.

ÉMANCIPATION, *sf.* action d'émanciper, résultat de cette action.

ÉMANCIPER, *va.* mettre hors de tutelle. — *Fig.* S'ÉMANCIPER, *vpr.* prendre trop de licence.

ÉMANER, *vn.* provenir, sortir, découler de : cet acte émane du pouvoir souverain.

ÉMARGEMENT, *sm.* action d'émarger ; ce qui est en marge.

ÉMARGER, *va.* signer ou écrire en marge ; enlever la marge.

ÉMARGINÉ, ÉE, *adj.* échancré, qui a des échancrures (bot. et zool.).

ÉMATHIE, anc. nom de la Macédoine.

EMBABEH, ville de la basse Égypte : lieu où se livra en 1798 la bataille des Pyramides.

EMBABOUINER, *va.* engager quelqu'un par des caresses, des flatteries, à faire ce que l'on désire (fam.).

EMBALLAGE, *sm.* action d'emballer, résultat de cette action.

EMBALLER, *va.* mettre dans une balle, dans une caisse. *Fig.* mettre en voiture (fam.).

EMBALLEUR, *sm.* celui qui emballe. *Fig.* hâbleur (pop.).

EMBARCADÈRE, *sm.* lieu où l'on s'embarque, où l'on prend le chemin de fer.

EMBARCATION, *sf.* petit bateau, chaloupe, canot.

EMBARGO, *sm.* défense aux navires de sortir d'un port.

EMBARQUEMENT, *sm.* action d'embarquer ou de s'embarquer.

EMBARQUER, *va.* mettre ou faire entrer dans une barque, dans un navire. *Fig.* engager dans une affaire. — S'EMBARQUER, *vpr.* même sens (au propre et au fig.).

EMBARRAS, *sm.* obstacle sur une voie. *Fig.* difficultés, confusion, perplexité, gêne, désordre.

EMBARRASSANT, ANTE, *adj.* qui cause de l'embarras, qui gêne.

EMBARRASSÉ, ÉE, *adj. part.* encombré, embrouillé ; qui annonce de l'embarras.

EMBARRASSER, *va.* causer de l'embarras. *Fig.* mettre en peine, gêner ; embrouiller. — S'EMBARRASSER, *vpr.* même sens ; se mêler de.

EMBASEMENT, *sm.* piédestal continu sous la masse d'un bâtiment (arch.).

EMBASTILLER, *va.* (ll m.) mettre à la Bastille, en prison ; entourer une ville de forts.

EMBÂTER, *va.* faire ou mettre un bât. *Fig.* charger quelqu'un d'une mauvaise affaire.

EMBÂTONNER, *va.* armer d'un bâton.

EMBAUCHAGE, *sm.* action d'embaucher.

EMBAUCHER, *va.* engager un ouvrier dans un atelier ; enrôler par adresse ; détourner des soldats de leur devoir.

EMBAUCHEUR, *sm.* celui qui embauche.

EMBAUCHOIR, *sm.* forme que l'on met dans les bottes.

EMBAUMEMENT, *sm.* action d'embaumer un corps mort.

EMBAUMER, *va.* remplir un cadavre d'aromates pour l'empêcher de se corrompre ;

parfumer. — *vn.* répandre une bonne odeur.

EMBAUMEUR, *sm.* celui qui embaume les corps.

EMBÉGUINER, *va.* coiffer d'un béguin, d'une coiffe. *Fig.* infatuer, entêter d'une chose. — S'EMBÉGUINER, *vpr.* mêmes significations.

EMBELLIE, *sf.* moment où le beau temps revient en mer.

EMBELLIR, *va.* rendre beau, orner. — *vn.* et S'EMBELLIR, *vpr.* devenir beau.

EMBELLISSANT, ANTE, *adj.* qui embellit.

EMBELLISSEMENT, *sm.* action d'embellir, tout ce qui sert à embellir.

EMBERLUCOQUER (S'), *vpr.* s'infatuer, se préoccuper de (fam.).

EMBESOGNÉ, ÉE, *adj.* occupé à une besogne (fam.).

EMBLAVER, *va.* ensemencer une terre en blé.

EMBLAVURE, *sf.* terre ensemencée de blé.

EMBLÉE (D'), *loc. adv.* du premier coup, sans peine.

EMBLÉMATIQUE, *adj. 2 g.* qui tient de l'emblème.

EMBLÉMATIQUEMENT, *adv.* par emblème.

EMBLÈME, *sm.* figure symbolique ; attribut : le sceptre est l'emblème de la royauté.

EMBOIRE (S'), *vpr.* s'imbiber, se ternir.

EMBOÎTEMENT, *sm.* état de choses qui s'emboîtent.

EMBOÎTER, *va.* enchâsser, assembler une chose dans une autre. *Emboîter le pas,* marcher en posant le pied à la place où était celui de la personne qui précède.

EMBOÎTURE, *sf.* lieu de l'emboîtement ; insertion.

EMBOLISME, *sm.* (gr. *embolismos :* d'*emballô* insérer, ajouter), intercalation d'un mois à l'année lunaire tous les deux ou trois ans, pour la rapprocher de l'année solaire (astr.).

EMBOLISMIQUE, *adj. 2 g.* intercalaire.

EMBONPOINT, *sm.* bon état du corps un peu engraissé.

EMBOSSAGE, *sm.* action d'embosser ; résultat de cette action.

EMBOSSER, *va.* amarrer un navire de l'avant et de l'arrière pour le fixer contre le vent et le courant.

EMBORDURER, *va.* mettre une bordure.

EMBOUCHÉ, ÉE, *adj. et part. Mal embouché,* qui parle grossièrement.

EMBOUCHER, *va.* mettre à la bouche un instrument à vent ; mettre un mors convenable. *Fig.* instruire quelqu'un de ce qu'il doit dire. — S'EMBOUCHER, *vpr.* se jeter dans (en parlant d'un cours d'eau).

EMBOUCHOIR, *sm.* bout de certains instruments à vent. Se dit à tort pour *embauchoir.*

EMBOUCHURE, *sf.* entrée d'un cours d'eau dans un autre ou dans la mer ; partie du mors ; partie de l'instrument à vent que l'on met à la bouche ; manière d'emboucher un instrument.

EMBOUER, *va.* salir de boue.

EMBOUQUEMENT, sm. action d'embouquer.

EMBOUQUER, vn. entrer dans une passe étroite (mar.).

EMBOURBER, va. mettre dans la bourbe. *Fig.* engager dans une affaire difficile ou fâcheuse. — S'EMBOURBER, vpr. mêmes sens.

EMBOURRER, va. garnir de bourre.

EMBOURRURE, sf. action d'embourrer; grosse toile pour embourrer.

EMBOURSER, va. mettre en bourse.

EMBRANCHEMENT, sm. jonction de tuyaux; bifurcation de chemins; ligne secondaire de chemin de fer se rattachant à une ligne principale; subdivision principale d'une classification.

EMBRANCHER, va. joindre, réunir par une soudure. — S'EMBRANCHER, vpr. former embranchement.

EMBRASEMENT, sm. grand incendie. *Fig.* trouble, désordre.

EMBRASER, va. mettre en feu. *Fig.* animer, exciter.

EMBRASSADE, sf. action de s'embrasser mutuellement.

EMBRASSANT, ANTE, adj. qui embrasse, qui entoure (bot.).

EMBRASSE, sf. bande ou ganse qui embrasse et retient les rideaux.

EMBRASSEMENT, sm. action d'embrasser, embrassade.

EMBRASSER, va. serrer avec les bras. *Fig.* environner, contenir; donner un baiser; choisir, adopter : *embrasser une profession;* entreprendre : *embrasser de nombreuses affaires.* — S'EMBRASSER, vpr. se presser mutuellement dans les bras.

EMBRASURE, sf. ouverture pratiquée pour recevoir un canon; ouverture d'une porte, d'une fenêtre.

EMBRENER, va. salir de matière fécale. — *Fig.* S'EMBRENER, vpr. s'engager dans une vilaine affaire (fam.).

EMBRIGADEMENT, sm. action d'embrigader.

EMBRIGADER, va. mettre dans une brigade, embancher.

EMBROCHER, va. mettre à la broche *Fig.* percer avec une arme pointue.

EMBROUILLÉ, ÉE, adj. (ll m.), obscur, confus, difficile à démêler.

EMBROUILLEMENT, sm. (ll m.), confusion, désordre, embarras.

EMBROUILLER, va. (ll m.), mettre de la confusion, du désordre, de l'obscurité. — S'EMBROUILLER, vpr. s'embarrasser, perdre le fil de ses idées.

EMBRUMÉ, ÉE, adj. chargé de brume.

EMBRUN, s.-préf. des Htes-Alpes.

EMBRYOLOGIE, sf. (gr. embryon germe; logos discours, traité), partie des sciences naturelles qui traite des germes ou embryons.

EMBRYON, sm. (gr. embryon : de en dans, et bryô pousser, produire), germe, animal à peine formé, plante qui commence à se développer.

EMBRYONNAIRE, adj. 2 g. de l'embryon (physiol. et bot.).

EMBU, UE, adj. part. de s'emboire : se dit d'un tableau dont les couleurs deviennent ternes, mates, et se confondent; s'emploie aussi comme sm.

EMBÛCHE, sf. entreprise secrète contre quelqu'un.

EMBUSCADE, sf. action de s'embusquer; gens cachés pour attaquer par surprise.

EMBUSQUER, va. et S'EMBUSQUER, vpr. cacher ou se cacher dans un bois, dans un lieu couvert pour attaquer par surprise.

EMDEN, ville et port du Hanovre.

ÉMENDER, va. et n. corriger, réformer (t. de Palais).

ÉMERAUDE, sf. pierre précieuse de couleur verte.

ÉMERGENCE, sf. état de ce qui est émergent.

ÉMERGENT, ENTE, adj. qui émerge, qui sort d'un milieu où il est plongé ou qu'il traverse.

ÉMERGER, vn. se dit dans les sciences de ce qui sort d'un milieu où il est plongé ou qu'il traverse.

ÉMERI, sm. sorte de poudre dont on se sert pour polir les métaux.

ÉMERILLON, sm. (ll m.), sorte de croc.

ÉMERILLON, sm. (ll m.), sorte d'oiseau de proie.

ÉMERILLONNÉ, ÉE, adj. (ll m.), gai, vif, éveillé.

ÉMÉRITE, adj. 2 g. qui n'exerce plus son emploi et a pris sa retraite.

ÉMERSION, sf. réapparition d'une planète après son éclipse (astr.).

ÉMERVEILLER, va. (ll m.), exciter l'admiration, l'étonnement. — S'ÉMERVEILLER, vpr. s'étonner.

EMERY (Particelli), surintendant des finances sous Louis XIV, m. 1650.

ÉMÈSE, anc. ville de Syrie, auj. Hems ou Homs.

ÉMÉTIQUE, sm. et adj. 2 g. vomitif; qui fait vomir.

ÉMÉTISER, va. mêler de l'émétique dans une boisson.

ÉMETTRE, va. mettre en circulation; exprimer : *émettre son opinion* (c. mettre).

ÉMEUTE, sf. sédition, tumulte populaire.

ÉMEUTIER, sm. agent d'émeute, de sédition.

ÉMIER, va. froisser entre les doigts pour réduire en petites parties.

ÉMIETTEMENT, sm. action d'émietter ou de diviser sous les doigts un corps friable.

ÉMIETTER, va. réduire du pain en miettes.

ÉMIGRANT, ANTE, adj. et s. qui émigre.

ÉMIGRATION, sf. action d'émigrer.

ÉMIGRÉ, ÉE, s. celui, celle qui a émigré.

ÉMIGRER, vn. se déplacer d'un lieu pour aller dans un autre; aller s'établir dans un pays étranger.

ÉMILE (St), martyr, m. 250.

ÉMILE (Paul), consul et général romain, périt à la bataille de Cannes en 216 av. J. C. — (Paul), fils du précédent, dit le Macédonique, m. 168 av. J. C.

ÉMILIE, nom de femme.

ÉMILIE, province de la Gaule Cispadane;

partie de l'Italie dont Bologne est la ville principale.

ÉMILIEN, empereur romain, m. 253. V. *Scipion*.

ÉMINCÉ, *sm.* tranche de viande coupée très-mince.

ÉMINCER, *va.* couper en tranches minces.

ÉMINEH-DAGH, V. *Balkan*.

ÉMINEMMENT, *adv.* au plus haut degré.

ÉMINENCE, *sf.* qualité de ce qui est eminent, élevé, supérieur; élévation de terrain; titre de dignité qui se donne aux cardinaux.

ÉMINENT, **ENTE**, *adj.* elevé. *Fig.* excellent, supérieur, très-grand.

ÉMINENTISSIME, *adj.* 2 g. très-éminent : titre donné aux cardinaux.

ÉMIR, *sm.* titre d'honneur que les musulmans donnent aux descendants de Mahomet.

ÉMISSAIRE, *sm.* envoye secret. *Fig. Bouc émissaire*, personne que l'on charge des torts des autres.

ÉMISSIF, **IVE**, *adj.* qui envoie, qui a la faculté d'emettre (*phys.*).

ÉMISSION, *sf.* action d'émettre, de produire au dehors, de mettre en circulation.

EMMAGASINAGE, *sm.* action d'emmagasiner

EMMAGASINER, *va.* mettre en magasin.

EMMAIGRIR, V. *Amaigrir*.

EMMAILLOTTEMENT, *sm.* (*ll m.*), action ou manière d'emmaillotter.

EMMAILLOTTER, *va.* (*ll m.*), envelopper d'un maillot.

EMMANCHEMENT, *sm.* manière dont les membres sont joints au tronc ou dont les parties d'un membre s'ajustent entre elles.

EMMANCHER, *va.* mettre un manche. *Fig.* ajuster; entreprendre une chose. — S'EMMANCHER, *vpr.* s'ajuster; débuter (*pop.*).

EMMANCHEUR, *sm.* celui qui emmanche.

EMMANCHURE, *sf.* ouverture d'un vêtement à laquelle s'adapte la manche.

EMMANNEQUINER, *va.* mettre dans un mannequin.

EMMANTELÉ, **ÉE**, *adj.* enveloppé d'un manteau.

EMMANUEL, nom hébreu signifiant *Dieu avec nous*.

EMMANUEL le FORTUNÉ, roi de Portugal (1469-1521).

EMMANUEL-PHILIBERT, duc de Savoie, général célebre (1528-1580).

EMMAÜS, bourg de Judée, près de Jérusalem.

EMMÊLÉ, **ÉE**, *adj. part.* brouillé, confus : *affaire emmêlée*.

EMMÊLER, *va.* brouiller.

EMMÉNAGEMENT, *sm.* action d'emmenager; compartiment d'un navire.

EMMÉNAGER, *vn.* ranger ses meubles dans un nouvel appartement. — S'EMMÉNAGER, *vpr.* acheter un mobilier.

EMMENER, *va.* mener ailleurs avec soi.

EMMENOTTER, *va.* mettre les menottes.

EMMIELLÉ, **ÉE**, *adj.* enduit de miel. *Fig. Paroles emmiellées*, flatteuses.

EMMIELLER, *va.* enduire de miel.

EMMITOUFLER, *va.* envelopper de vêtements chauds.

EMMORTAISER, *va.* faire entrer dans une mortaise.

EMMOTTÉ, **ÉE**, *adj.* dont la racine est entourée de mottes.

EMMUSELER, *va.* museler.

ÉMOI, *sm.* émotion, souci.

ÉMOLLIENT, **ENTE**, *adj. et sm.* qui amollit, qui adoucit (*méd.*).

ÉMOLUMENT, *sm.* profit; au *pl.* appointements, salaire.

ÉMOLUMENTER, *vn.* gagner, faire quelque profit (se prend en mauvaise part).

ÉMONCTOIRE, *sm.* orifice du corps par où sortent les humeurs nuisibles.

ÉMONDAGE, *sm.* action d'émonder.

ÉMONDER, *va.* retrancher les branches mortes ou inutiles. *Fig.* nettoyer.

ÉMONDES, *sf. pl.* branches retranchées.

ÉMONDEUR, *sm.* celui qui emonde.

ÉMOTION, *sf.* alteration, trouble, agitation.

ÉMOTIONNER, *va.* donner, causer des émotions. — S'ÉMOTIONNER, *vpr.* eprouver des émotions. (*fam.*).

ÉMOTTAGE, *sm.* action d'émotter.

ÉMOTTER, *va. et n.* briser les mottes.

ÉMOUCHER, *va.* chasser les mouches.

ÉMOUCHET, *sm.* oiseau de proie.

ÉMOUCHETTE, *sf.* reseau pour garantir des mouches.

ÉMOUCHEUR, *sm.* celui qui émouche.

ÉMOUCHOIR, *sm.* queue de cheval attachée à un manche ou autre instrument pour émoucher.

ÉMOUDRE, *va.* aiguiser sur une meule (c. *moudre*).

ÉMOULEUR, *sm.* celui qui aiguise sur une meule.

ÉMOULU, **UE**, *adj. part.* d'émoudre, aiguisé. *Fig. Frais émoulu*, sorti nouvellement de.

ÉMOUSSÉ, **ÉE**, *adj. part.* qui a perdu son tranchant ou sa pointe. *Fig.* affaibli, amorti.

ÉMOUSSER, *va.* ôter la mousse, le tranchant, la pointe. *Fig.* affaiblir.

ÉMOUSTILLER, *va.* (*ll m.*), egayer, donner de l'activité (*fam.*).

ÉMOUVOIR, *va.* mettre en mouvement, agiter, troubler. *Fig.* exciter, soulever (c. *mouvoir*).

EMPAILLAGE, *sm.* (*ll m.*), art ou action d'empailler.

EMPAILLER, *va.* (*ll m.*), garnir de paille; préparer des animaux morts.

EMPAILLEUR, **EUSE**, *s.* (*ll m.*), celui, celle qui empaille.

EMPALEMENT, *sm.* supplice du pal.

EMPALER, *va.* faire périr par un pal aigu qui entre dans le fondement et traverse le corps.

EMPAN, *sm.* mesure égale à l'espace compris entre les extrémités du pouce et du petit doigt écartés.

EMPANACHER, *va.* orner d'un panache.

EMPAQUETAGE, *sm.* action d'empaqueter; résultat de cette action.

EMPAQUETER, *va.* mettre en paquet. — S'EMPAQUETER, *vpr.* s'envelopper; s'entasser.

EMPARER (S'), *vpr.* se saisir de, se rendre maître de. *Fig.* maîtriser, envahir.

EMPATEMENT, *sm.* base en maçonnerie ou en bois.

EMPÂTEMENT, *sm.* état de ce qui est pâteux ou empâté; action d'empâter la volaille.

EMPÂTER, *va.* remplir de pâte, rendre pâteux; engraisser la volaille. *Fig. vn.* peindre en appliquant des couleurs épaisses.

EMPAUMER, *va.* recevoir ou prendre dans la paume de la main. *Fig.* se rendre maître de l'esprit de quelqu'un (*fam.*).

EMPAUMURE, *sf.* dessous d'un gant.

EMPÊCHÉ, ÉE, *adj.* embarrassé, gêné.

EMPÊCHEMENT, *sm.* obstacle, opposition.

EMPÊCHER, *va.* faire ou mettre obstacle; s'opposer à. — S'EMPÊCHER DE, *vpr.* s'abstenir de.

EMPÉDOCLE, célèbre philosophe grec, 5e s. av. J. C.

EMPEIGNE, *sf.* le dessus d'une chaussure.

EMPENNER, *va.* (l. *penna* plume), garnir de plumes une flèche.

EMPEREUR, *sm.* chef souverain d'un empire.

EMPESAGE, *sm.* action ou façon d'empeser.

EMPESÉ, ÉE, *adj.* apprêté à l'empois. *Fig.* roide, guindé, affecté.

EMPESER, *va.* apprêter du linge avec de l'empois.

EMPESEUR, EUSE, *s.* celui, celle qui empèse.

EMPESTER, *va.* et *n.* infecter de la peste, d'un mal contagieux. *Fig.* répandre une mauvaise odeur, une mauvaise doctrine.

EMPÉTRACÉES ou EMPÉTRÉES, *sf. pl.* (gr. *empetros* qui croît dans les endroits pierreux), famille de plantes dont le type est le genre *empetrum* (*bot.*).

EMPÉTRER, *va.* (l. *petra* pierre), être pris par les pieds ou les jambes dans les pierres, dans un embarras quelconque. *Fig.* embarrasser. — S'EMPÊTRER, *vpr.* s'embarrasser, s'engager dans.

EMPHASE, *sf.* brillant affecté dans l'expression de la pensée.

EMPHATIQUE, *adj.* 2 g. qui est plein d'emphase, où il y a de l'emphase.

EMPHATIQUEMENT, *adv.* avec emphase.

EMPHYTÉOSE, *sf.* bail à longues années.

EMPHYTÉOTE, *s.* 2 g. celui, celle qui a un bail emphytéotique.

EMPHYTÉOTIQUE, *adj.* 2 g. qui appartient à l'emphytéose, qui est fait par emphytéose.

EMPIERREMENT, *sm.* lit de pierres ou de cailloux sur une route, un chemin ou une rue.

EMPIERRER, *va.* ou *n.* faire un empierrement.

EMPIÉTEMENT, *sm.* action d'empiéter, résultat de cette action.

EMPIÉTER, *va.* usurper sur la propriété, sur les droits d'autrui. *Fig.* envahir.

EMPIFFRER, *va.* gorger de nourriture. — S'EMPIFFRER, *vpr.* manger avec excès.

EMPILEMENT, *sm.* action d'empiler.

EMPILER, *va.* mettre en pile.

EMPIRE, *sm.* puissance, autorité, domination; État régi par un empereur. *Fig.* pouvoir, influence, ascendant.

EMPIRER, *va.* rendre pire. — *vn.* devenir pire.

EMPIRIQUE, *adj.* 2 g. (gr. *empeïrikos*: d'*en* en et *peïra* expérience), se dit des médecins qui se dirigent d'après l'expérience seule. — *sm.* charlatan.

EMPIRIQUEMENT, *adv.* d'une manière empirique, par la seule expérience.

EMPIRISME, *sm.* méthode du médecin empirique.

EMPLACEMENT, *sm.* lieu; espace de terrain.

EMPLÂTRE, *sm.* médicament que l'on étend sur une toile ou sur de la peau. *Fig.* personne infirme ou sans vigueur d'esprit.

EMPLETTE, *sf.* achat; chose achetée.

EMPLIR, *va.* rendre plein. — S'EMPLIR, *vpr.* devenir plein.

EMPLOI, *sm.* usage que l'on fait de quelque chose; mention dans un compte; fonctions, charge.

EMPLOYABLE, *adj.* 2 g. qui peut être employé.

EMPLOYÉ, *sm.* charge d'un emploi; commis.

EMPLOYÉ, ÉE, *adj. part.* mis en usage, affecté à tel emploi.

EMPLOYER, *va.* mettre en usage, se servir de; donner une occupation, un emploi. — S'EMPLOYER, *vpr.* agir pour, s'appliquer à, être d'usage. — *Ind. pr.* j'emploie, tu emploies, il emploie, n. employons, v. employez, ils emploient; *imp.* j'employais; *p. déf.* j'employai; *fut.* j'emploierai; *cond.* j'emploierais; *impér.* emploie, employons, employez; *subj. pr.* que j'emploie, que tu emploies, qu'il emploie, que n. employions, que v. employiez, qu'ils emploient; *imp.* que j'employasse; *part. pr.* employant; *part. p.* employé, ée.

EMPLUMER, *va.* garnir de plumes. — *Fig.* S'EMPLUMER, *vpr.* réparer ses pertes, s'enrichir (*fam.*).

EMPOCHER, *va.* mettre dans sa poche.

EMPOIGNER, *va.* prendre et serrer avec le poing. *Fig.* arrêter (*pop.*). — S'EMPOIGNER, *vpr.* se battre (*pop.*).

EMPOIS, *sm.* (s nulle), colle d'amidon.

EMPOISONNEMENT, *sm.* action d'empoisonner, résultat de cette action.

EMPOISONNER, *va.* faire prendre du poison, tuer par le poison, infecter de poison. *Fig.* corrompre, troubler. — *vn.* exhaler une odeur infecte.

EMPOISONNEUR, EUSE, *s.* celui, celle qui a empoisonné. *Fig.* celui qui débite une doctrine dangereuse; mauvais cuisinier.

EMPOISSER, *va.* poisser.

EMPOISSONNEMENT, *sm.* action d'empoissonner; résultat de cette action.

EMPOISSONNER, *va.* peupler, garnir de poissons.

EMPORTÉ, ÉE, *adj.* et *s.* irritable, violent, colère.

EMPORTEMENT, *sm.* accès de colère; mouvement dérèglé cause par une passion.

EMPORTE-PIÈCE, *sm.* (inv.), instrument pour découper. *Fig.* satirique, mordant.

EMPORTER, *va.* enlever, ôter d'un lieu; entraîner, arracher. *Fig.* faire périr, faire disparaître; gagner. *L'emporter*, avoir une plus grande valeur, avoir le dessus. — S'EMPORTER, *vpr.* se livrer à sa colère, à sa fougue.

EMPOTAGE, *sm.* action d'empoter.

EMPOTER, *va.* mettre dans un pot.

EMPOURPRÉ, ÉE, *adj. part.* qui a la couleur du pourpre.

EMPOURPRER, *va.* colorer de pourpre.

EMPREINDRE, *va.* imprimer (c. craindre).

EMPREINTE, *sf.* impression, figure empreinte, marque.

EMPRESSÉ, ÉE, *adj. et s.* plein de zèle, d'ardeur; qui se hâte.

EMPRESSEMENT, *sm.* hâte d'agir; zèle, ardeur; au *pl.* soins empressés, civilités.

EMPRESSER (S'), *vpr.* se hâter; agir avec ardeur; se donner beaucoup de peine pour.

EMPRISONNEMENT, *sm.* action d'emprisonner; état de celui qui est en prison.

EMPRISONNER, *va.* mettre en prison. *Fig.* retenir, enfermer.

EMPRUNT, *sm.* (*t* nul), action d'emprunter; ce que l'on emprunte. *Fig.* ce qui n'est pas naturel, ce qui est faux.

EMPRUNTÉ, ÉE, *adj. part.* qui a été fait par emprunt. *Fig.* contraint, embarrassé; affecté, faux.

EMPRUNTER, *va.* demander et recevoir en prêt. *Fig.* tirer de, prendre de; se servir de; *emprunter le crédit de quelqu'un.*

EMPRUNTEUR, EUSE, *s.* celui, celle qui emprunte.

EMPUANTIR, *va.* répandre une odeur puante. — S'EMPUANTIR, *vpr.* devenir puant.

EMPUANTISSEMENT, *sm.* état de ce qui s'empuantit.

EMPYRÉE, *sm.* lieu le plus élevé du ciel (gr. *én* dans, *pyr* feu : pour marquer la splendeur de ce ciel). *Fig.* séjour des bienheureux.

EMPYREUMATIQUE, *adj.* 2 g. qui sent l'empyreume.

EMPYREUME, *sm.* (gr. *empyros* brûler : d'*en* en, et *pyr* feu), odeur de feu que contractent les produits volatils obtenus par la distillation.

EMS, fleuve d'Allemagne : se jette dans la mer du Nord.

ÉMULATEUR, *sm.* celui qui est animé d'un sentiment d'émulation.

ÉMULATION, *sf.* désir d'égaler ou de surpasser quelqu'un.

ÉMULE, *sm.* concurrent, rival.—*sf.* rivale.

ÉMULGENT, ENTE, *adj.* se dit des artères qui portent le sang dans les reins et des veines qui le reportent au cœur (*anat.*).

ÉMULSIF, IVE, *adj.* et *sm.* dont on peut extraire de l'huile; qui est propre à faire une émulsion.

ÉMULSION, *sf.* potion d'un blanc de lait.

ÉMULSIONNER, *va.* mêler une émulsion avec une boisson; fondre.

EMYDE ou **ÉMYS**, *sf.* genre de tortue (*zool.* et *géol.*).

EN, *prép.* dans; durant; avec; comme; selon, etc. — *adv.* de là.

EN, *pron. pers.* de lui, d'eux; d'elle, d'elles; de cela.

ÉNAMOURER, *va.* rendre amoureux. — S'ÉNAMOURER, *vpr.* devenir amoureux.

ENCÂBLURE, *sf.* distance de 120 brasses ou d'environ 200 mètres (*mar.*).

ENCADREMENT, *sm.* action d'encadrer; ce qui encadre.

ENCADRER, *va.* mettre dans un cadre. *Fig.* insérer, border.

ENCAGER, *va.* mettre en cage. *Fig.* mettre en prison (*pop.*).

ENCAISSE, *sf.* valeurs qui sont dans la caisse.

ENCAISSÉ, ÉE, *adj.* à rives escarpées; environné de hauteurs.

ENCAISSEMENT, *sm.* action d'encaisser; résultat de cette action.

ENCAISSER, *va.* mettre en caisse ou dans une caisse. *Fig.* entourer par des escarpements.

ENCAN, *sm.* vente publique à l'enchère.

ENCANAILLER, *va.* (*ll m.*), mêler avec la canaille.— S'ENCANAILLER, *vpr.* fréquenter la canaille, les gens de basse extraction.

ENCAPUCHONNER (S'), *vpr.* se couvrir d'un capuchon.

ENCAQUEMENT, *sm.* action d'encaquer.

ENCAQUER, *va.* mettre dans une caque. *Fig.* presser, entasser.

ENCAQUEUR, EUSE, *s.* celui, celle qui encaque.

ENCARTER, *va.* insérer un carton à la place d'un feuillet (*imprim.*).

ENCASTILLEMENT, *sm.* (*ll m.*), action d'encastiller.

ENCASTILLER, *va.* (*ll m.*), enchâsser.

ENCASTREMENT, *sm.* action d'encastrer; résultat de cette action.

ENCASTRER, *va.* enchâsser, unir par une entaille.

ENCAUSTIQUE, *sf.* peinture ou enduit fait avec de la cire. — *adj.* 2 g. à la cire.

ENCAVEMENT, *sm.* action d'encaver.

ENCAVER, *va.* mettre en cave.

ENCAVEUR, *sm.* celui qui met en cave.

ENCEINDRE, *va.* environner, entourer (c. peindre).

ENCEINTE, *sf.* circuit, clôture; salle. — *adj. f.* femme enceinte, femme grosse.

ENCELADE, l'un des géants qui firent la guerre aux dieux (*myth.*).

ENCENS, *sm.* (*s* nulle), sorte de résine aromatique. *Fig.* flatterie, louange.

ENCENSEMENT, *sm.* action d'encenser.

ENCENSER, *va.* envoyer de la fumée d'encens. *Fig.* louer, flatter.

ENCENSEUR, *sm.* flatteur.

ENCENSOIR, *sm.* cassolette dont on se sert pour encenser. *Fig.* pouvoir sacerdotal.

ENCÉPHALALGIE, *sf.* douleur dans le cerveau, dans la tête.

ENCÉPHALE, *sm.* (gr. *en* dans, *kephalè* tête), le cerveau et ses dépendances.

ENCÉPHALIQUE, *adj. 2 g.* de l'encéphale.

ENCHAÎNEMENT, *sm.* liaison, suite de plusieurs choses de même nature, de même qualité.

ENCHAÎNER, *va.* lier avec une chaîne. *Fig.* attacher, retenir, dompter, soumettre, captiver. — S'ENCHAÎNER, *vpr.* se lier, s'attacher à ; former un enchaînement.

ENCHAÎNURE, *sf.* enchaînement dans les ouvrages d'arts mécaniques.

ENCHANTÉ, ÉE, *adj.* fait par enchantement, soumis à un enchantement. *Fig.* merveilleux ; charmé, ravi de joie.

ENCHANTELER, *va.* mettre du bois dans le chantier, ou une pièce de vin sur un chantier de cave.

ENCHANTEMENT, *sm.* action d'enchanter, sorcellerie, état d'une personne enchantée. *Fig.* chose surprenante, grande satisfaction, joie vive.

ENCHANTER, *va.* ensorceler. *Fig.* charmer, ravir de joie.

ENCHANTEUR, ERESSE, *adj.* et *s.* qui enchante. *Fig.* séduisant, ravissant.

ENCHAPER, *va.* enchaper un baril dans un autre.

ENCHAPERONNER, *va.* couvrir la tête d'un chaperon.

ENCHÂSSER, *va.* mettre dans une châsse ; placer, fixer une chose dans une autre.

ENCHÂSSURE, *sf.* action d'enchâsser ; résultat de cette action.

ENCHAUSSER, *va.* couvrir les légumes de fumier ou de paille.

ENCHÈRE, *sf.* offre au dessus d'une autre dans une vente publique. *Folle enchère,* faite témérairement et que l'enchérisseur ne peut tenir.

ENCHÉRIR, *va.* donner un prix plus élevé. — *vn.* devenir plus cher. *Fig.* surpasser.

ENCHÉRISSEMENT, *sm.* augmentation de prix.

ENCHÉRISSEUR, *sm.* celui qui met une enchère, qui dans une vente publique enchérit sur un prix déjà offert.

ENCHEVALEMENT, *sm.* étai d'une maison pour la reprendre en sous-œuvre.

ENCHEVAUCHURE, *sf.* jonction par recouvrement, par feuillure.

ENCHEVÊTREMENT, *sm.* état de ce qui est enchevêtré.

ENCHEVÊTRER, *va.* mettre un chevêtre. — S'ENCHEVÊTRER, *vpr.* se dit d'un cheval qui engage le pied dans la longe de son chevêtre ou licou. *Fig.* se mettre dans l'embarras, s'engager dans quelque chose dont on a de la peine à se tirer.

ENCHEVÊTRURE, *sf.* assemblage de solives ; blessure au pied d'un cheval.

ENCHIFRÈNEMENT, *sm.* embarras dans le nez, coryza.

ENCHIFRENER, *va.* causer un enchifrènement.

ENCHYMOSE, *sf.* (on pron. *ankimose*), effusion soudaine du sang dans les vaisseaux cutanés.

ENCLAVE, *sf.* terrain, pays enfermé dans un autre.

ENCLAVEMENT, *sm.* action d'enclaver ; résultat de cette action.

ENCLAVER, *va.* enfermer une chose dans une autre.

ENCLIN, INE, *adj.* porté de son naturel à quelque chose.

ENCLITIQUE, *sf.* (gr. *en* sur ; *klinô* pencher, appuyer), se dit d'une particule qui s'unit au mot précédent et semble s'appuyer sur lui, comme la particule *ci* dans *celui-ci.*

ENCLOÎTRER, *va.* mettre dans un cloître.

ENCLORE, *va.* fermer dans ou enfermer ; entourer d'une clôture (c. *clore*).

ENCLOS, *sm.* (s. nulle), terrain clos.

ENCLOUAGE, *sm.* action d'enclouer.

ENCLOUER, *va.* enfoncer un clou dans la lumière d'un canon pour le mettre hors de service ; blesser le pied d'un cheval avec un clou en le ferrant.

ENCLOUURE, *sf.* blessure d'un cheval encloué. *Fig.* embarras, difficulté.

ENCLUME, *sf.* masse de fer sur laquelle on bat les métaux.

ENCLUMEAU ou ENCLUMOT, *sm.* petite enclume.

ENCOCHE, *sf.* entaille ; établi de sabotier.

ENCOCHER, *va.* mettre la corde de l'arc dans la coche de la flèche.

ENCOFFRER, *va.* enfermer dans un coffre (fam.).

ENCOIGNURE ou ENCOGNURE, *sf.* coin formé par deux murs ; petit meuble que l'on place dans le coin d'une chambre.

ENCOLLAGE, *sm.* couche de colle ; action d'encoller.

ENCOLLER, *va.* enduire d'un apprêt fait avec de la colle ou de la gomme.

ENCOLURE, *sf.* cou du cheval. *Fig.* air, apparence : *avoir l'encolure d'un sot.*

ENCOMBRANT, ANTE, *adj.* qui encombre.

ENCOMBRE, *sm.* embarras, obstacle, accident.

ENCOMBREMENT, *sm.* action d'encombrer, résultat de cette action.

ENCOMBRER, *va.* obstruer, embarrasser. *Fig.* surcharger.

ENCONTRE (À L'), *loc. adv.* ou *prép.* en opposition de ou à.

ENCORBELLEMENT, *sm.* construction en saillie.

ENCORE, *adv.* (en poésie on écrit aussi *encor*), de nouveau, plus, de plus, du moins, jusqu'à présent. — ENCORE QUE, *loc. conj.* quoique.

ENCORNÉ, ÉE, *adj.* qui a des cornes.

ENCOURAGEANT, ANTE, *adj.* qui encourage.

ENCOURAGEMENT, *sm.* ce qui encourage.

ENCOURAGER, *va.* donner du courage, exciter, favoriser.

ENCOURIR, *va.* s'exposer à, mériter (c. *courir*).

ENCRAGE, *sm.* action de placer l'encre d'imprimerie sur les tampons ou sur les rouleaux.

ENCRASSER, *va.* rendre crasseux. — S'ENCRASSER, *vpr.* devenir crasseux. *Fig.* s'avilir.

ENCRE, *sf.* liqueur dont on se sert pour écrire, pour imprimer, etc.

ENCRER, *va.* charger, enduire d'encre d'imprimerie.

ENCRIER, *sm.* petit vase où l'on met l'encre.

ENCRINE ou **ENCRINITE**, *sm.* ou *f.* (gr. *en* en, *krinon* lis), genre de polypiers, la plupart à l'état fossile, dont la forme a quelque analogie avec celle de la fleur d'un lis avant son épanouissement (*géol.*).

ENCROÛTÉ, *ÉE*, *adj.* couvert de croûte de mortier. *Fig.* Encroûté de préjugés, qui en a beaucoup; pédant encroûté, pédant extrême.

ENCROÛTER, *va.* enduire de mortier. — S'ENCROÛTER, *vpr.* se couvrir d'une espèce de croûte. *Fig.* perdre de ses facultés morales.

ENCUIRASSER (S'), *vpr.* mettre sa cuirasse. *Fig.* s'encrasser fortement.

ENCUVER, *va.* mettre dans une cuve.

ENCYCLIQUE, *adj.* et *sf.* circulaire ou lettre par laquelle on donne le même avis à plusieurs personnes.

ENCYCLOPÉDIE, *sf.* (gr. *en* en, *kyklos* cercle, *païdéia* enseignement). cercle de toutes les connaissances humaines, ouvrage qui traite de toutes les sciences.

ENCYCLOPÉDIQUE, *adj.* 2 g. qui concerne toutes les sciences.

ENCYCLOPÉDISTE, *sm.* auteur qui travaille à une encyclopédie.

ENDÉCAGONE, *sm.* et *adj.* (on pr. *énedécagône*; gr. *endéka* onze, *gônia* angle), figure qui a onze angles et onze côtes.

ENDÉCANDRIE, *sf.* (on pr. *énedecandri*; gr. *endéka* onze, *anêr* homme ou mâle), ordre de plantes dans le système de Linnée, comprenant celles dont les fleurs ont onze étamines ou organes mâles (*bot.*).

ENDÉMIQUE, *adj.* 2 g. (gr. *en* dans, en; *démos* peuple), qui est particulier à un peuple, à un pays.

ENDENTÉ, *ÉE*, *adj.* garni de dents.

ENDENTER, *va.* garnir de dents une roue.

ENDETTER, *va.* charger de dettes. — S'ENDETTER, *vpr.* faire des dettes.

ENDÊVÉ, *ÉE*, *adj.* et *s.* malin, impatient (*fam.*).

ENDÊVER, *vn.* avoir grand dépit de. *Faire endêver*, causer du dépit, de l'impatience.

ENDIABLÉ, *ÉE*, *adj.* et *s.* méchant, furieux, mauvais.

ENDIABLER, *vn.* enrager.

ENDIGUEMENT, *sm.* action d'endiguer; ouvrages qui en résultent.

ENDIGUER, *va.* garnir de digues.

ENDIMANCHER (S'), *vpr.* mettre ses beaux habits du dimanche (*fam.*).

ENDIVE, *sf.* chicorée des jardins.

ENDOCARPE, *sm.* (gr. *endon* en dedans, *karpos* fruit), membrane intérieure du carpelle, enveloppe de la graine (*bot.*).

ENDOCTRINER, *va.* instruire. *Fig.* donner des indications; se rendre maître de l'esprit de quelqu'un.

ENDOGÈNE, *adj.* 2 g. (gr. *endon* en dedans, *génos* naissance), se dit des végétaux dont les vaisseaux fibro-vasculaires sont disposés sans ordre, mais de manière cependant que les plus jeunes se produisent au centre (*bot.*).

ENDOLORI, *IE*, *adj.* qui ressent de la douleur.

ENDOMMAGEMENT, *sm.* détérioration.

ENDOMMAGER, *va.* causer du dommage. — S'ENDOMMAGER, *vpr.* être endommagé, se gâter.

ENDOPLÈVRE, *sf.* (gr. *endon* en dedans; *pleura* plèvre, tunique), tunique interne de la graine.

ENDOR, *anc.* ville de la Judée, près du mont Thabor.

ENDORMANT, *ANTE*, *adj.* qui endort, qui ennuie.

ENDORMEUR, *sm.* *Fig.* enjôleur, flatteur.

ENDORMI, *IE*, *adj.* *Fig.* lent, paresseux, sans énergie.

ENDORMIR, *va.* faire dormir. *Fig.* tromper en amusant, engourdir, apaiser, ennuyer. — S'ENDORMIR, *vpr.* commencer à dormir. *Fig.* manquer d'activité, de vigilance.

ENDOS, *sm.* (s nulle), endossement.

ENDOSMOSE, *sf.* (gr. *endon* en dedans, *ôsmos* impulsion), phénomène qui consiste dans un double courant en sens contraire de deux liquides à travers une cloison mince et perméable (*phys.* et *physiol.*).

ENDOSPERME, *sm.* (gr. *endon* en dedans, *sperma* graine), partie intérieure de la graine, qui entoure l'embryon ou qui est placée à côte (*bot.*).

ENDOSSE, *sf.* embarras d'une affaire, responsabilité (*fam.*).

ENDOSSEMENT, *sm.* ordre mis au dos d'un effet de commerce pour en céder la propriété à quelqu'un.

ENDOSSER, *va.* mettre sur son dos; mettre un endossement. *Fig.* charger de quelque chose de désagréable.

ENDOSSEUR, *sm.* celui qui a endossé un effet de commerce.

ENDOSTOME, *sm.* (gr. *endon* en dedans, *stoma* bouche), ouverture ou bouche interne du micropyle (*bot.*).

ENDROIT, *sm.* (t nul), lieu, place; partie d'un objet, d'un écrit, d'un discours; beau côte d'une étoffe.

ENDUIRE, *va.* couvrir d'un enduit.

ENDUIT, *sm.* (t nul), couche de chaux, de ciment, de cire, de couleur, etc.

ENDURANT, *ANTE*, *adj.* qui endure, qui supporte avec patience.

ENDURCI, *IE*, *adj. part.* qui est devenu dur. *Fig.* fort, robuste; impitoyable, insensible; habitué au mal. — *sm.* celui qui a perdu tout sentiment de pitié.

ENDURCIR, *va.* rendre dur ou fort. *Fig.* accoutumer à la fatigue, à la peine; rendre cruel, insensible. — S'ENDURCIR, *vpr.* devenir dur, cruel; s'accoutumer à: *s'endurcir à la fatigue*.

ENDURCISSEMENT, *sm.* dureté. *Fig.* absence de pitié, de vertu.

ENDURER, *va.* souffrir, supporter patiemment.

ENDYMION, berger de la Carie, aimé de Diane (*myth.*).

ÉNÉE, prince troyen dont les aventures forment le sujet de l'*Énéide*, poème épique de Virgile.

ÉNERGIE, *sf.* force d'âme; fermeté; vigueur, puissance.

ÉNERGIQUE, *adj. 2 g.* qui a de l'énergie.

ÉNERGIQUEMENT, *adv.* d'une manière énergique.

ÉNERGUMÈNE, *s. 2 g.* (gr. *énergéô* agir, exercer une influence), possédé du démon. *Fig.* personne enthousiaste ou colère à l'excès.

ÉNERVANT, ANTE, *adj.* qui énerve.

ÉNERVATION, *sf.* action de couper les nerfs du patient. *Fig.* affaiblissement, faiblesse.

ÉNERVER, *va.* affaiblir, amollir, efféminer; agacer les nerfs. — S'ÉNERVER, *vpr.* s'affaiblir.

ENFAÎTEAU, *sm.* tuile creuse que l'on met sur le faîte d'une maison.

ENFAÎTEMENT, *sm.* action d'enfaîter; table de plomb sur le faîte d'une maison.

ENFAÎTER, *va.* couvrir le faîte d'une maison.

ENFANCE, *sf.* première période de la vie humaine jusqu'à douze ans environ. *Fig.* les enfants; les commencements; faiblesse d'esprit.

ENFANÇON, *sm.* petit enfant.

ENFANT, *s. 2 g.* garçon ou fille dans l'enfance; fils ou fille. Au *pl.* les descendants; *nous sommes tous les enfants d'Adam. Fig.* créé, produit, natif; disciple, sectateur. *Enfants perdus*, soldats détachés qui commencent l'attaque. *Bon enfant*, homme de bon caractère, homme qui a de la simplicité.

ENFANTEMENT, *sm.* action d'enfanter.

ENFANTER, *va.* mettre au monde un enfant. *Fig.* produire.

ENFANTILLAGE, *sm.* (ll m.), action, parole d'enfant. *Fig.* puérilité.

ENFANTIN, INE, *adj.* de l'enfance.

ENFARINÉ, ÉE, *adj. part.* couvert de farine. *Fig.* prévenu en faveur de; sachant un peu. *La gueule enfarinée*, sottement (*fam.*).

ENFARINER, *va.* poudrer de farine.

ENFER, *sm.* le séjour des damnés. *Fig.* lieu de tourments, peine, remords; grand vacarme; les démons. Au *pl.* le séjour des âmes, suivant la Fable.

ENFERMÉ, *sm. Sentir l'enfermé*, sentir mauvais faute d'air.

ENFERMER, *va.* mettre dans un endroit fermé, environner. *Fig.* comprendre, contenir. — S'ENFERMER, *vpr.* se retirer dans un lieu clos.

ENFERRER, *va.* percer avec une arme en fer. — S'ENFERRER, *vpr.* se jeter sur le fer de son ennemi. *Fig.* se nuire à soi-même.

ENFILADE, *sf.* longue suite d'objets, de chambres à la file.

ENFILER, *va.* passer un fil dans; traverser en long. *Fig.* s'engager dans; entraîner; enfiler un discours, le commencer.

ENFIN, *adv.* à la fin, en un mot, après tout.

ENFLAMMÉ, ÉE, *adj. part.* qui est en flammes. *Fig.* excité, ardent, irrité.

ENFLAMMER, *va.* mettre en flamme, allumer, embraser. *Fig.* échauffer, exciter.

ENFLÉ, ÉE, *adj. part.* gonflé. *Fig.* fier, orgueilleux; style enflé, style ampoulé.

ENFLER, *va.* faire gonfler. *Fig.* augmenter, grossir; remplir d'orgueil. — *vn.* augmenter de volume : *la rivière enfle tous les jours*. — S'ENFLER, *vpr.* mêmes sens : *la rivière s'enfle; il ne faut pas s'enfler des bons succès.*

ENFLURE, *sf.* gonflement, bouffissure. *Fig.* orgueil; style ampoulé.

ENFONCÉ, ÉE, *adj. part.* qui se trouve dans un fond ou dans un creux. *Fig.* plongé dans; qui a le dessous (*pop.*).

ENFONCEMENT, *sm.* action d'enfoncer; endroit très-reculé; partie placée en arrière.

ENFONCER, *va.* pousser vers le fond; faire pénétrer; rompre en poussant. *Fig.* pénétrer dans; surpasser, l'emporter sur (*fam.*). — *vn.* et S'ENFONCER, *vpr.* aller au fond, s'affaisser, et *fig.* se tromper dans ses espérances (*fam.*).

ENFONCEUR, *sm. Enfonceur de portes ouvertes*, fanfaron (*pop.*).

ENFONÇURE, *sf.* creux; fond d'un tonneau, d'un lit.

ENFORCIR, *va.* et *n.* mettre ou devenir en forces; rendre ou devenir plus fort.

ENFOUIR, *va.* mettre dans la terre. *Fig.* cacher, laisser inutile. — S'ENFOUIR, *vpr.* se réfugier, se blottir dans.

ENFOUISSEMENT, *sm.* action d'enfouir.

ENFOUISSEUR, *sm.* celui qui enfouit.

ENFOURCHER, *va.* monter sur un cheval jambe deçà, jambe delà; percer avec la fourche.

ENFOURCHURE, *sf.* bifurcation.

ENFOURNÉE, *sf.* action d'enfourner le pain.

ENFOURNER, *va.* et *n.* mettre dans le four. — *Fig.* S'ENFOURNER, *vpr.* s'engager dans.

ENFOURNEUR, EUSE, *s.* celui, celle qui enfourne.

ENFREINDRE, *va.* transgresser, contrevenir à (c. teindre).

ENFROQUER, *va.* et S'ENFROQUER, *vpr.* donner ou prendre le froc (*fam.*).

ENFUIR (S'), *vpr.* fuir d'un lieu. *Fig.* s'écouler, passer rapidement, disparaître.

ENFUMER, *va.* noircir ou incommoder par la fumée.

ENFUTAILLER, *va.* (ll m.), mettre dans une futaille.

ENGADINE, vallée de Suisse dans le canton des Grisons.

ENGAGÉ, ÉE, *adj. part.* qui a été mis en gage; qui a été commencé. — *sm.* celui qui s'est fait volontairement soldat.

ENGAGEANT, ANTE, *adj.* attrayant, insinuant.

ENGAGEMENT, *sm.* action d'engager; obligation; enrôlement d'un soldat; commencement d'un combat.

ENGAGER, *va.* mettre en gage; déterminer par la persuasion; lier par obligation; enrôler. *Engager le combat*, le commencer. — S'ENGAGER, *vpr.* s'obliger à; s'enrôler; se mettre ou s'avancer dans : *s'engager dans de grandes difficultés.*

ENGAINANT, ANTE, *adj.* dont la base entoure la tige (*bot.*).

ENGAINER, *va.* mettre dans une gaine.

ENGARDER (S'), *vpr.* s'empêcher de faire (**vx. mot**).

ENGEANCE, *sf.* race : *mauvaise engeance.*

ENGEIGNER, *va.* (**vx. mot**), enlacer, tromper (*La Fontaine*).

ENGELMANN, artiste français qui importa la lithographie en France en 1815 (1788-1839).

ENGELURE, *sf.* enflure aux mains et aux pieds causée par le froid.

ENGENCEMENT, *sm.* manière dont les draperies et les ajustements sont disposés dans un dessin, un tableau ou une statue.

ENGENCER, *va.* disposer les accessoires avec art.

ENGENDRER, *va.* produire.

ENGEOLER, ENGEOLEUR, V. *Enjôler, Enjôleur.*

ENGERBAGE, *sm.* action ou manière d'engerber.

ENGERBER, *va.* mettre en gerbes ou en tas.

ENGHIEN, ville de Belgique. — **ENGHIEN-LES-BAINS,** village (Seine-et-Oise).

ENGHIEN (Louis-Antoine-Henri de BOURBON, duc d'), le dernier des princes de Condé (1772-1804).

ENGIN, *sm.* machine, instrument, piège, expédient.

ENGLOBER, *va.* réunir plusieurs choses en un tout.

ENGLOUTIR, *va.* avaler gloutonnement. *Fig.* absorber, faire disparaître; dissiper. — **S'ENGLOUTIR,** *vpr.* se perdre dans.

ENGLOUTISSEMENT, *sm.* action d'engloutir.

ENGLUEMENT, *sm.* composition pour recouvrir les plaies ou la tige d'un arbre; action d'engluer.

ENGLUER, *va.* enduire de glu. — **S'ENGLUER,** *vpr.* se prendre à la glu. *Fig.* se laisser prendre à un piège tendu par la fraude.

ENGONCEMENT, *sm.* gêne dans la taille; effet d'un vêtement qui engonce.

ENGONCER, *va. et n.* se dit d'un vêtement qui donne un air gauche.

ENGORGEMENT, *sm.* embarras dans un tuyau, dans un canal, dans un vaisseau du corps.

ENGORGER, *va.* obstruer un tuyau, un canal, un vaisseau du corps. — **S'ENGORGER,** *vpr.* se boucher.

ENGOUEMENT, *sm. Fig.* admiration exagérée; prévention favorable.

ENGOUER, *va.* obstruer le gosier. — *Fig.* **S'ENGOUER,** *vpr.* se passionner, s'enthousiasmer pour.

ENGOUFFRER (S'), *vpr.* se jeter dans un gouffre; pénétrer dans, en parlant du vent.

ENGOURDI, IE, *adj.* qui est dans l'état d'engourdissement. *Fig.* lourd, sans activité, insensible.

ENGOURDIR, *va. et n.* rendre comme perclus, ôter le mouvement et le sentiment au

corps ou à une de ses parties. *Fig.* enlever l'activité. — **S'ENGOURDIR,** *vpr.* devenir engourdi.

ENGOURDISSEMENT, *sm.* état de ce qui est engourdi.

ENGRAIS, *sm.* (*s* nulle). fumier, tout ce qui engraisse les terres; herbage, pâture propre à engraisser les animaux.

ENGRAISSEMENT, *sm.* action d'engraisser; effet de cette action.

ENGRAISSER, *va.* rendre gras; améliorer par l'engrais. — *vn. et* **S'ENGRAISSER,** *vpr.* devenir gras; au *fig.* faire un grand profit.

ENGRANGEMENT, *sm.* action d'engranger.

ENGRANGER, *va.* mettre en grange.

ENGRAVEMENT, *sm.* état d'un bateau, d'un train engravés.

ENGRAVER, *va.* engager dans le gravier, dans le sable.

ENGRÊLURE, *sf.* petit point très-étroit mis à une dentelle.

ENGRENAGE, *sm.* disposition de roues qui engrènent les unes dans les autres.

ENGRENER, *va.* mettre le blé dans la trémie du moulin; nourrir de bon grain.

ENGRENER, *vn. et* **S'ENGRENER,** *vpr.* se dit d'une roue dont les dents entrent dans celles d'une autre ou dans les ailes d'un pignon.

ENGRENURE, *sf.* position de deux roues qui s'engrènent.

ENGROSSIR, *va.* rendre gros. — *vn.* devenir gros.

ENGRUMELER (S'), *vpr.* se mettre en grumeaux.

ENGUERRAND, nom d'homme. V. *Marigny.*

ENGUIGNONNER, *va.* porter guignon, porter malheur.

ENHARDIR, *va.* (l'*h* s'aspire), rendre hardi: encourager. — **S'ENHARDIR,** *vpr.* prendre de la hardiesse.

ENHARMONIQUE, *adj. 2 g.* se dit d'un genre de musique procédant chez les anciens Grecs par deux quarts de ton et une tierce majeure, et de nos jours par quarts de ton.

ENHARNACHEMENT, *sm.* (l'*h* s'aspire), action d'enharnacher; harnais.

ENHARNACHER, *va.* (l'*h* s'aspire), mettre les harnais. *Fig.* habiller sans goût.

ENHERBER, *va.* mettre en herbe.

ÉNIGMATIQUE, *adj. 2 g.* qui tient de l'énigme. *Fig.* obscur.

ÉNIGMATIQUEMENT, *adv.* d'une manière énigmatique.

ÉNIGME, *sf.* sorte de définition obscure à dessein et dont on donne à deviner le mot défini. *Fig.* chose difficile à deviner.

ENIVRANT, ANTE, *adj.* (on pron. *annivran*), qui enivre.

ENIVREMENT, *sm.* (on pron. *annivreman*), ivresse. *Fig.* transport de joie, d'orgueil, etc.

ENIVRER, *va.* (on pron. *annivrer*), rendre ivre. *Fig.* transporter de joie, d'orgueil, etc.; aveugler, éblouir. — **S'ENIVRER,** *vpr.* mêmes sens.

ENJAMBÉE, *sf.* action ou pas fait pour enjamber; espace que l'on enjambe.

ENJAMBEMENT, sm. sens suspendu d'un vers au vers suivant.

ENJAMBER, va. et n. franchir d'un pas; faire de grands pas. *Fig.* empiéter, avancer sur : *enjamber sur le terrain d'autrui.*

ENJAVELER, va. mettre en javelle.

ENJEU, sm. mise au jeu.

ENJOINDRE, va. ordonner, prescrire (c. joindre).

ENJÔLER, va. surprendre, séduire, engager par de belles paroles.

ENJÔLEUR, EUSE, s. celui, celle qui enjôle.

ENJOLIVEMENT, sm. ornement, embellissement.

ENJOLIVER, va. rendre joli ou plus joli.

ENJOLIVEUR, sm. celui qui aime à enjoliver.

ENJOLIVURE, sf. enjolivement de peu de valeur.

ENJOUÉ, ÉE, adj. qui a de l'enjouement.

ENJOUEMENT, sm. gaîté, léger badinage.

ENKHUYSEN, ville et port de Hollande sur le Zuyderzee.

ENLACEMENT, sm. action d'enlacer; résultat de cette action.

ENLACER, va. passer des lacets, des cordons, etc., l'un dans l'autre. *Fig.* entremêler, étreindre.

ENLAIDIR, va. rendre plus laid. — vn devenir laid.

ENLAIDISSEMENT, sm. action d'enlaidir; résultat de cette action.

ENLÈVEMENT, sm. action d'enlever; rapt.

ENLEVER, va. lever en haut; emporter, ravir, emmener de force. *Fig.* ôter, faire disparaître; faire mourir : *cette maladie l'enleva en quelques heures*; exécuter promptement : *il faut enlever cette affaire*; ravir d'admiration : *cet orateur enlève son auditoire.* — S'ENLEVER, vpr. s'ôter, se détacher, s'élever.

ENLIER, va. joindre des pierres en bâtissant.

ENLIGNEMENT, sm. état de ce qui est en ligne.

ENLIGNER, va. mettre sur une même ligne.

ENLUMINER, va. colorier. *Fig.* rendre le teint rouge. — S'ENLUMINER, vpr. se farder, devenir rouge.

ENLUMINEUR, EUSE, s. celui, celle qui enlumine les estampes.

ENLUMINURE, sf. art, ouvrage de l'enlumineur, estampe coloriée. *Fig.* ornement de style un peu recherché.

ENNA, anc. ville de Sicile, auj. *Castro-Giovanni.*

ENNÉAGONE, sm. (on pr. *énnéagone*; gr. *ennéa* neuf, g***nia*** angle), figure qui a neuf angles et neuf côtes (*geom.*).

ENNÉANDRIE, sf. (on pr. *énnéandri*; gr. *ennéa* neuf; *aner*, gen. *andros* homme ou mâle), neuvième classe des plantes comprenant celles dont les fleurs ont neuf étamines ou organes mâles (*bot.*).

ENNEMI, IE, adj. et s. qui hait, qui cherche à nuire; qui a de l'aversion; contraire, opposé; armée ou peuple avec lequel on est en guerre.

ENNIUS (Quintus), poëte latin (239-169 av. J. C.).

ENNOBLIR, va. (on pron. *annoblir*), donner plus d'éclat, plus de valeur morale.

ENNUI, sm. langueur, dégoût, déplaisir, souci.

ENNUYANT, ANTE, adj. qui contrarie.

ENNUYER, va. causer de l'ennui. — S'ENNUYER, vpr. éprouver de l'ennui.

ENNUYEUSEMENT, adv. d'une manière ennuyeuse; avec ennui.

ENNUYEUX, EUSE, adj. et s. qui ennuie.

ÉNOCH ou HÉNOCH, fils de Caïn. — patriarche, père de Mathusalem; enlevé au ciel.

ÉNONCÉ, sm. chose énoncée.

ÉNONCER, va. exprimer sa pensée. — S'ÉNONCER, vpr. s'exprimer.

ÉNONCIATIF, IVE, adj. qui énonce.

ÉNONCIATION, sf. action ou manière de s'énoncer, expression.

ENORGUEILLIR, va. (on pron. *annorgueillir*, en mouillant les *ll*), rendre orgueilleux. — S'ENORGUEILLIR, vpr. prendre de l'orgueil.

ÉNORME, adj. 2 g. demesuré, excessif; très-gros, très-grand.

ÉNORMÉMENT, adv. excessivement.

ÉNORMITÉ, sf. excès de grandeur, de grosseur. *Fig.* gravité, atrocité.

ÉNOTRIE, V. Œnotrie.

ENQUÉRIR (S'), vpr. s'informer, rechercher (c. acquérir).

ENQUÊTE, sf. recherche judiciaire ou administrative; information.

ENQUÊTER (S'), vpr. s'enquérir, se mettre en peine de.

ENQUÊTEUR, adj. m. se disait d'un juge chargé de faire une enquête.

ENRACINEMENT, sm. action d'enraciner, de s'enraciner.

ENRACINER, vn. et S'ENRACINER, vpr. prendre racine. *Fig.* prendre de la force, de la vigueur; se maintenir fortement.

ENRAGÉ, ÉE, adj. et s. qui a la rage. *Fig.* violent, furieux, fou.

ENRAGEANT, ANTE, adj. qui cause un vif déplaisir (*fam.*).

ENRAGER, vn. être saisi de la rage. *Fig.* ressentir une vive douleur, un vif desir, un grand déplaisir, une violente colère.

ENRAYEMENT, sm. action d'enrayer.

ENRAYER, va. et n. retenir une roue par les rais; tracer le premier sillon. *Fig.* s'arrêter.

ENRAYURE, sf. ce qui sert à enrayer une roue.

ENRÉGIMENTER, va. faire entrer dans un régiment; former un régiment.

ENREGISTREMENT, sm. action d'enregistrer, acte par lequel on enregistre.

ENREGISTRER, va. écrire sur un registre. *Fig.* prendre note de.

ENREGISTREUR, sm. celui qui enregistre.

ENRHUMER, va. causer du rhume. — S'ENRHUMER, vpr. prendre un rhume.

ENRICHI, IE, adj. et s. nouveau riche. *Fig.* orné.

ÆNRICHIR, va. rendre riche. *Fig.* orner. — S'ENRICHIR, *vpr.* devenir riche.

ENRICHISSEMENT, *sm.* action d'enrichir ou de s'enrichir. *Fig.* ornement.

ENROCHEMENT, *sm.* fondations en roches sur un sol peu solide; consolidation d'une jetée.

ENRÔLEMENT, *sm.* action d'enrôler, de s'enrôler; acte par lequel on s'enrôle.

ENRÔLER, *va.* mettre dans ou sur le rôle ou liste des soldats: engager dans l'armée, dans un parti, etc. — S'ENRÔLER, *vpr.* s'engager; entrer dans une affiliation.

ENRÔLEUR, *sm.* celui qui enrôle.

ENROUEMENT, *sm.* état d'une personne enrouée.

ENROUER, *va.* rendre la voix rauque. — S'ENROUER, *vpr.* prendre un enrouement.

ENROUILLER, *va.* et S'ENROUILLER, *vpr.* (*ll m.*). rendre ou devenir rouille (au propre et au figuré).

ENROULEMENT, *sm.* action d'enrouler; résultat de cette action.

ENROULER, *va.* rouler autour, mettre en rouleau.

ENRUBANER, *va.* orner de rubans. — S'ENRUBANER, *vpr.* se décorer de rubans.

ENRUE, *sf.* large sillon.

ENSABLEMENT, *sm.* amas de sable dans l'eau.

ENSABLER, *va.* faire échouer sur le sable. — S'ENSABLER, *vpr.* échouer.

ENSABOTER, *va.* et S'ENSABOTER, *vpr.* mettre des sabots.

ENSACHEMENT, *sm.* action d'ensacher.

ENSACHER, *va.* serrer dans un sac.

ENSANGLANTER, *va.* couvrir ou tacher de sang.

ENSEIGNANT, ANTE, *adj.* qui est chargé de donner l'enseignement.

ENSEIGNE, *sf.* indice, marque; tableau à la porte d'un marchand; étendard; *à bonnes enseignes*, à bon titre, avec des garanties; *à telles enseignes que*, tellement que, la preuve en est que.

ENSEIGNE, *sm.* autrefois officier porte-drapeau; *auj.* officier de marine inférieur au lieutenant de vaisseau.

ENSEIGNEMENT, *sm.* action ou art d'enseigner; instruction, précepte.

ENSEIGNER, *va.* instruire sur un objet d'étude; faire connaître, indiquer.

ENSELLÉ, ÉE, *adj.* se dit d'une bête de somme qui a le dos un peu *enfoncé*.

ENSEMBLE, *adv.* l'un avec l'autre; en même temps; en totalité.

ENSEMBLE, *sm.* l'union, la totalité des parties. *Fig.* accord de choses concourant au même but. *Morceau d'ensemble*, morceau à diverses parties chanté par plusieurs voix (*mus.*).

ENSEMENCEMENT, *sm.* action d'ensemencer; résultat de cette action.

ENSEMENCER, *va.* jeter la semence dans la terre.

ENSERRER, *va.* mettre dans une serre; enfermer.

ENSEVELIR, *va.* envelopper un mort dans un linceul. *Fig.* cacher, plonger, engloutir. — S'ENSEVELIR, *vpr. dans la retraite*, se retirer du monde; *dans ou sous les ruines*, périr.

ENSEVELISSEMENT, *sm.* action d'ensevelir.

ENSEVELISSEUR, EUSE, *s.* celui, celle qui ensevelit.

ENSIFORME, *adj.* 2 g. (l. *ensis* glaive), qui est en forme de glaive (*bot.*).

ENSISHEIM, p. ville (Haut-Rhin).

ENSORCELER, *va.* agir par sortilèges. *Fig.* inspirer un grand attachement.

ENSORCELEUR, EUSE, *s.* celui, celle qui ensorcelle.

ENSORCELLEMENT, *sm.* action d'ensorceler; effet de cette action.

ENSOUFRER, *va.* enduire ou imprégner de soufre.

ENSOUFROIR, *sm.* lieu où l'on ensoufre.

ENSOUPLE ou ENSUBLE, *sf.* rouleau sur le devant du métier à tisser.

ENSUITE, *adv.* après, à la suite. ENSUITE DE, *loc. prépos.* à la suite de.

ENSUIVRE (S'), *vpr.* et *impers.* venir après; dériver, découler de.

ENTABLEMENT, *sm.* dernier rang de pierres soutenant le toit; ensemble de l'architrave, de la frise et de la corniche (*arch.*).

ENTABLER (S'), *vpr.* se dit d'un cheval dont les hanches devancent les épaules.

ENTACHER, *va.* infecter, gâter. *Fig.* déshonorer.

ENTAILLE, *sf.* (*ll m.*), coupure, incision, creux.

ENTAILLER, *va.* (*ll m.*), faire une entaille.

ENTAILLURE, *sf.* (*ll m.*), entaille.

ENTAME, *sf.* premier morceau que l'on coupe d'un pain.

ENTAMER, *va.* faire une petite incision; enlever ou prendre une petite partie d'une chose. *Fig.* commencer, attaquer; *entamer une discussion*; perdre une partie du tout; *entamer sa fortune*.

ENTAMURE, *sf.* petite déchirure; entame.

EN TANT QUE, *loc. conj.* en qualité de, comme, selon que.

ENTASSEMENT, *sm.* tas, amas.

ENTASSER, *va.* mettre en tas. *Fig.* accumuler, multiplier; placer plusieurs personnes en un lieu étroit où elles sont pressées.

ENTASSEUR, *sm.* celui qui entasse.

ENTE, *sf.* greffe, arbre greffé; manche de pinceau.

ENTÉ, ÉE, *adj. part.* greffé. *Fig.* réuni à, joint à, allié à.

ENTÉLÉCHIE, *sf.* (on pron. *antéléki*; gr. *entélécheïa* activité, force motrice), vertu effective d'une chose, forme essentielle ou perfection d'une chose.

ENTELLE, célèbre athlète troyen.

ENTENDEMENT, *sm.* faculté par laquelle l'esprit perçoit et conçoit; bon sens, jugement.

ENTENDEUR, *sm.* celui qui entend et conçoit facilement.

ENTENDRE, *va.* percevoir les sons; ouïr parler, écouter; comprendre; bien connaître; presumer; avoir dessein; exiger: *j'entends que vous obéissiez.* — S'ENTENDRE, *vpr.* être d'intelligence, se concerter; bien savoir, se connaître à; être entendu.

ENTENDU, UE, *adj.* intelligent, capable; bien ordonné. — BIEN ENTENDU, *loc. adv.* certainement; BIEN ENTENDU QUE, *loc. conj.* à condition que.

ENTENTE, *sf.* interprétation, connaissance de, intelligence, bon accord.

ENTER, *va.* greffer.

ENTÉRINEMENT, *sm.* action d'entériner.

ENTÉRINER, *va.* ratifier juridiquement un acte.

ENTÉRITE, *sf.* (gr. *entéron* intestin), inflammation des intestins (*méd.*).

ENTERRÉ, ÉE, *adj. part.* enfoui. *Fig.* retiré dans un fond; situé dans un lieu bas et d'où la vue est bornée.

ENTERREMENT, *sm.* inhumation; convoi funèbre.

ENTERRER, *va.* enfouir dans la terre; mettre un mort en terre. *Fig.* cacher sous, faire oublier. — S'ENTERRER, *vpr.* se retirer dans, se tenir dans.

ENTÊTE ou EN-TÊTE, *sf.* écrit ou imprimé au haut d'une lettre.

ENTÊTÉ, ÉE, *adj. et s.* opiniâtre, trop prévenu pour ou contre.

ENTÊTEMENT, *sm.* opiniâtreté; fort attachement à ses idées, à ses goûts.

ENTÊTER, *va.* faire mal à la tête. *Fig.* préoccuper; prévenir en faveur de. — S'ENTÊTER, *vpr.* s'opiniâtrer; se laisser prévenir en faveur de.

ENTHOUSIASME, *sm.* transport de l'esprit causé par une inspiration qui est ou paraît divine; mouvement impétueux de l'âme; admiration outrée.

ENTHOUSIASMER, *va.* exciter l'enthousiasme; charmer, ravir d'admiration. — S'ENTHOUSIASMER, *vpr.* s'engouer de.

ENTHOUSIASTE. *adj. et s. 2 g.* qui a ou qui exprime de l'enthousiasme; admirateur outré.

ENTHYMÈME, *sm.* (gr. *enthyméma* : d'*en* dans; *thymos* esprit, pensée), syllogisme réduit à deux propositions, l'une des prémisses restant dans la pensée, c'est-à-dire sous-entendue.

ENTICHÉ, ÉE, *adj. part.* opiniâtrément imbu d'une opinion dangereuse ou fausse.

ENTICHER, *va.* commencer à corrompre, à gâter (en parlant des fruits). *Fig.* gâter, corrompre l'esprit par de fausses doctrines ou des opinions dangereuses. — S'ENTICHER, *vpr.* s'opiniâtrer de.

ENTIER, IÈRE, *adj.* complet, qui a toutes ses parties; forme d'unités. *Fig.* entêté, opiniâtre. — *sm.* chose entière, unité, nombre entier. — EN ENTIER, *loc. adv.* en totalité.

ENTIÈREMENT, *adv.* tout à fait, complètement.

ENTITÉ, *sf.* (l. *entitas* : d'*ens*, gén. *entis*, part. d'*esse*, être), ce qui constitue l'être, essence de l'être.

ENTOILAGE, *sm.* action d'entoiler; toile sur laquelle on tire une dentelle.

ENTOILER, *va.* coller sur une toile; mettre un entoilage.

ENTOIR, *sm.* couteau pour greffer.

ENTOMOLITHE, *sf.* (gr. *entomon* insecte, *lithos* pierre), pierre sur laquelle on voit des empreintes d'insectes fossiles (*géol.*).

ENTOMOLOGIE, *sf.* (gr. *entomon* insecte; *logos* discours, traité), partie de l'histoire naturelle qui traite des insectes.

ENTOMOLOGIQUE, *adj. 2 g.* qui a rapport à l'entomologie.

ENTOMOLOGISTE, *sm.* celui qui s'occupe d'entomologie.

ENTOMOSTRACÉS, *sm. pl.* (gr. *entomos* coupé, divisé, partagé; *ostrakon* coquille ou test), groupe de crustacés, comprenant ceux qui sont revêtus de téguments cornés très-minces et dont le test en bouclier est formé d'une ou de deux pièces (*zool.*).

ENTOMOZOAIRES, *sm. pl.* (gr. *entomos* coupé, partagé; *zôon* animal), nom d'un embranchement du règne animal, comprenant tous les animaux dont le corps est articulé extérieurement. Synonyme d'*Articulés* ou *Annelés* (*zool.*).

ENTONNER, *va. et n.* verser dans une tonne; mettre un air sur le ton, commencer à chanter. — S'ENTONNER, *vpr.* s'engouffrer.

ENTONNOIR, *sm.* vase pour entonner les liquides.

ENTORSE, *sf.* extension violente des ligaments qui entourent une articulation. *Fig.* altération; diminution de crédit, de valeur.

ENTORTILLÉ, ÉE, *adj. part.* qui entoure en contournant. *Fig.* embarrasse.

ENTORTILLEMENT, *sm.* (*ll m.*), action d'entortiller; effet de cette action. *Fig.* embarras de langage, de style.

ENTORTILLER, *va.* (*ll m.*), envelopper en tortillant. *Fig.* embarrasser. — S'ENTORTILLER, *vpr.* se tortiller autour. *Fig.* s'embarrasser.

ENTOUR, *sm.* circuit, environ. Au pl. *fig.* entourage. — A L'ENTOUR, *loc. adv.* autour.

ENTOURAGE, *sm.* ornement qui entoure. *Fig.* société intime.

ENTOURER, *va.* environner, être autour de. — S'ENTOURER, *vpr.* faire sa société de.

ENTOURNURE, *sf.* échancrure d'une manche sous l'aisselle.

ENTOZOAIRES, *sm. pl.* (gr. *entos* en dedans, *zôon* animal), vers intestinaux (*zool.*).

ENTR'ACCORDER (S'), *vpr.* s'accorder l'un avec l'autre.

ENTR'ACCUSER (S'), *vpr.* s'accuser l'un l'autre.

ENTR'ACTE, *sm.* intervalle entre deux actes ou deux pièces de théâtre.

ENTR'ADMIRER (S'), *vpr.* s'admirer mutuellement.

ENTR'AIDER (S'), *vpr.* s'aider réciproquement.

ENTRAILLES, *sf. pl.* (*ll m.*), boyaux, viscères. *Fig.* tendresse, humanité : *c'est un homme sans entrailles* : lieux profonds : *les entrailles de la terre.*

ENTR'AIMER, (S') *vpr.* s'aimer mutuellement.

ENTRAIN, *sm.* vivacité, gaîté qui entraîne qui met en train.

ENTRAINABLE, *adj.* 2 g. qui se laisse facilement entraîner.

ENTRAINANT, ANTE, *adj.* qui entraîne.

ENTRAINEMENT, *sm.* action d'entraîner; état de ce qui est entraîné.

ENTRAINER, *va.* traîner, emmener avec soi. *Fig.* attirer, porter avec force vers; causer, produire : *la guerre entraîne bien des maux.*

ENTRAIT, *sm.* (*t* final nul), pièce principale de charpente.

ENTRANT, ANTE, *adj.* insinuant, engageant (*fam.*).

ENTRANTS, *sm. pl.* ceux qui entrent.

ENTR'APPELER (S'), *vpr.* s'appeler l'un l'autre.

ENTRAVER, *va.* mettre des entraves. *Fig.* arrêter le mouvement, embarrasser la marche.

ENTR'AVERTIR (S'), *vpr.* s'avertir mutuellement.

ENTRAVES, *sf. pl.* liens mis aux jambes des chevaux. *Fig.* empêchement (dans ce sens ce mot s'emploie au singulier).

ENTRE, *prép.* au milieu de, dans, en, parmi.

ENTRE-BAILLER, *va.* ouvrir à demi.

ENTRE-BATTRE (S'), *vpr.* se battre l'un l'autre.

ENTRECASTEAUX (D'), célèbre navigateur français (1739-1793).

ENTRECHAT, *sm.* (*t* nul), espèce de saut léger en dansant.

ENTRE-CHOQUER (S'), *vpr.* se choquer l'un l'autre. *Fig.* se contredire l'un l'autre avec une certaine aigreur.

ENTRE-COLONNE OU ENTRE-COLONNE-MENT, *sm.* espace entre deux colonnes (mieux *entre-colonnes*).

ENTRE-COMMUNIQUER (S'), *vpr.* se communiquer réciproquement.

ENTRE-CONNAITRE (S'), *vpr.* se connaître mutuellement.

ENTRE-CÔTE, *sm.* morceau de viande coupé entre deux côtes.

ENTRECOUPER, *va.* couper, interrompre en divers endroits.

ENTRE-CROISER (S'), *vpr.* se croiser l'un l'autre.

ENTRE-DÉCHIRER (S'), *vpr.* se déchirer l'un l'autre.

ENTRE-DÉTRUIRE (S'), *vpr.* se détruire l'un l'autre.

ENTRE-DEUX, *sm.* ce qui est entre deux choses.

ENTRE-DÉVORER (S'), *vpr.* se dévorer mutuellement.

ENTRE-DONNER (S'), *vpr.* se donner mutuellement.

ENTRE-DOURO-ET-MINHO, province de Portugal.

ENTRÉE, *sf.* action d'entrer; lieu par où l'on entre, ouverture; admission; réception solennelle; droit d'assister à; mets servis avec le bœuf; droit à payer pour ce qui entre. *Fig.* début, commencement.

ENTREFAITE, *sf. Sur* ou *dans cette entre-faite* ou *ces entrefaites*, à ce moment.

ENTRE-FRAPPER (S'), *vpr.* se frapper l'un l'autre.

ENTREGENT, *sm.* manière adroite de se conduire parmi les gens ou dans le monde, dans la société.

ENTR'ÉGORGER (S'), *vpr.* s'égorger l'un l'autre.

ENTRELACEMENT, *sm.* état de choses entrelacées.

ENTRELACER, *va.* enlacer l'un dans l'autre.

ENTRELACS, *sm.* (on pron. *entrela*), sorte d'ornements d'architecture, de dessin.

ENTRELARDÉ, ÉE, *adj.* où il y a du gras et du maigre.

ENTRELARDER, *va.* piquer de lard une viande. *Fig.* insérer, mêler.

ENTRE-LIGNE, *sm.* (mieux *entre-lignes*), espace entre deux lignes.

ENTRE-LOUER (S'), *vpr.* se louer réciproquement.

ENTRE-LUIRE, *vn.* luire à demi.

ENTRE-MANGER (S'), *vpr.* se manger l'un l'autre.

ENTREMÊLER, *va.* mêler une chose parmi d'autres. *Fig.* S'ENTREMÊLER, se mêler d'une affaire.

ENTREMETS, *sm.* mets que l'on sert après le rôti et avant le dessert.

ENTREMETTEUR, EUSE, *s.* celui, celle qui s'entremet dans une affaire.

ENTREMETTRE (S'), *vpr.* s'employer, s'interposer pour les intérêts d'autrui.

ENTREMISE, *sf.* action de s'entremettre; médiation.

ENTRE-NŒUD ou mieux ENTRE-NŒUDS, *sm.* espace entre les nœuds d'une tige.

ENTRE-NUIRE (S'), *vpr.* se nuire l'un à l'autre.

ENTRE-PERCER (S'), *vpr.* se percer l'un l'autre.

ENTRE-PERSÉCUTER (S'), *vpr.* se persécuter mutuellement.

ENTRE-PILASTRE ou mieux ENTRE-PILAS-TRES, *sm.* espace entre deux pilastres.

ENTRE-PONT ou ENTREPONT, *sm.* espace entre les deux ponts d'un navire.

ENTREPOSER, *va.* déposer dans un entrepôt.

ENTREPOSEUR, *sm.* celui qui est commis à la garde d'un entrepôt.

ENTREPOSITAIRE, *s.* 2 g. personne qui a déposé dans un entrepôt.

ENTREPÔT, *sm.* lieu de dépôt provisoire pour les marchandises.

ENTRE-POUSSER (S'), *vpr.* se pousser l'un l'autre.

ENTREPRENANT, ANTE, *adj.* hardi, téméraire.

ENTREPRENDRE, *va.* résoudre de faire; commencer, s'engager à faire. *Fig.* attaquer, attenter à; railler; embarrasser; *entreprendre sur*, empiéter (c. *prendre*). — S'ENTREPRENDRE, *vpr.* s'attaquer, se quereller (*pop.*).

ENTREPRENEUR, EUSE, *s.* celui, celle qui entreprend un travail à forfait.

ENTREPRIS, ISE, *adj.* embarrassé; perclus: *j'ai le bras entrepris.*

ENTREPRISE, *sf.* dessein, chose entreprise, attentat.

ENTRE-QUERELLER (S'), *vpr.* se quereller l'un l'autre.

ENTRER, *vn.* pénétrer dans, être admis dans. *Fig.* prendre part à, contribuer à, *j'entrerai dans la dépense*; commencer : *il entre dans sa dixième année.* — *Entrer en condition*, se faire domestique; *entrer au service*, commencer à servir l'État comme militaire. — *va.* faire entrer : *entrer des marchandises.*

ENTRE-REGARDER (S'), *vpr.* se regarder mutuellement.

ENTRE-RÉPONDRE (S'), *vpr.* se répondre l'un à l'autre.

ENTRE-SALUER (S'), *vpr.* se saluer mutuellement.

ENTRE-SECOURIR (S'), *vpr.* se secourir mutuellement.

ENTRE-SOL, *sm.* (*inv.*), logement entre le sol ou le rez-de-chaussée et le premier étage.

ENTRE-SUIVRE (S'), *vpr.* aller l'un après l'autre

ENTRE-TEMPS, *sm.* intervalle de temps entre deux actions.

ENTRETÈNEMENT, *sm.* subsistance et habillement d'une personne; entretien d'une chose.

ENTRETENIR, *va.* tenir ensemble les parties d'un tout; tenir en bon état; fournir la subsistance; parler à quelqu'un. — S'ENTRETENIR, *vpr.* converser avec quelqu'un, se fournir de, se conserver (c. *tenir*).

ENTRETIEN, *sm.* subsistance, soin, conservation, dépense; conversation.

ENTRETOILE, *sf.* dentelle entre deux bandes de toile.

ENTRE-TUER (S'), *vpr.* se tuer réciproquement.

ENTRE-VISITER (S'), *vpr.* se visiter l'un l'autre.

ENTREVOIR, *va.* voir imparfaitement. *Fig.* prévoir, deviner. — S'ENTREVOIR, *vpr.* avoir une entrevue; se rendre visite.

ENTREVUE, *sf.* visite, rencontre concertée.

ENTR'IMMOLER (S'), *vpr.* s'immoler réciproquement.

ENTR'OBLIGER (S'), *vpr.* s'obliger mutuellement.

ENTR'OUÏR, *va.* ouïr à demi, imparfaitement.

ENTR'OUVERT, *adj. part.* ouvert à demi. *Cheval entr'ouvert*, qui par un effort s'est écarté les jambes de derrière.

ENTR'OUVERTURE, *sf.* écart des jambes d'un cheval.

ENTR'OUVRIR, *va.* ouvrir à demi, ouvrir un peu.

ENTURE, *sf.* endroit où l'on place une greffe; échelons de côté et d'autre d'une pièce de bois.

ÉNUMÉRATEUR, *sm.* celui qui énumère.

ÉNUMÉRATIF, IVE, *adj.* qui contient une énumération.

ÉNUMÉRATION, *sf.* dénombrement.

ÉNUMÉRER, *va.* dénombrer.

ENVAHIR, *va.* se précipiter dans, sur ou vers; prendre par violence ou par fraude.

ENVAHISSANT, ANTE, *adj.* qui envahit.

ENVAHISSEMENT, *sm.* action d'envahir.

ENVAHISSEUR, *sm.* celui qui envahit.

ENVASEMENT, *sm.* amas de vase.

ENVASER (S'), *vpr.* se remplir de vase, de fange, de boue.

ENVELOPPE, *sf.* ce qui environne en couvrant. *Fig.* apparence, dehors.

ENVELOPPÉ, ÉE, *adj. part.* entouré de. *Fig.* compris dans.

ENVELOPPER, *va.* mettre une enveloppe; *Fig.* entourer, environner; comprendre dans : *on l'a enveloppé dans l'accusation*; cacher, déguiser : *il enveloppe à dessein sa pensée.* — S'ENVELOPPER, *vpr.* envelopper soi-même ou se mettre une enveloppe.

ENVENIMÉ, ÉE, *adj.* enflammé; irrité, méchant.

ENVENIMER, *va.* infecter de venin. *Fig.* enflammer, irriter, aigrir; interpréter odieusement.

ENVERGER, *va.* et *n.* garnir de petites branches d'osier; faire croiser les fils de soie.

ENVERGUER, *va.* attacher les voiles aux vergues.

ENVERGURE, *sf.* longueur des vergues; étendue des ailes déployées d'un oiseau.

ENVERS, *prép.* (s nulle), à l'égard de.

ENVERS, *sm.* (s nulle), le côté d'une étoffe opposé à l'endroit. — 'A L'ENVERS, *loc. adv.* du mauvais côté; mal, en mauvais état.

ENVI (A L'), *loc. adv.* et *prép.* avec émulation, à qui surpassera l'autre.

ENVIABLE, *adj.* 2 *g.* qui doit être envié.

ENVIE, *sf.* chagrin du bonheur d'autrui; jalousie; désir; marque naturelle sur la peau, petit filet de peau qui se détache.

ENVIEILLI, IE, *adj.* (*ll m.*), devenu vieux, invétéré.

ENVIEILLIR, *vn.* (*ll m.*), devenir vieux, s'invétérer. — *va.* faire paraître vieux.

ENVIER, *va.* éprouver de l'envie; jalouser, désirer.

ENVIEUX, EUSE, *adj.* et *s.* qui a de l'envie; désireux.

ENVINÉ, ÉE, *adj.* qui a pris l'odeur du vin.

ENVIRON, *adv.* à peu près.

ENVIRONNANT, ANTE, *adj.* qui environne, qui est aux environs.

ENVIRONNER, *va.* entourer.

ENVIRONS, *sm. pl.* lieux d'alentour.

ENVISAGER, *va.* regarder au visage. *Fig.* considérer, examiner.

ENVOI, *sm.* action d'envoyer; ce que l'on envoie.

ENVOISINÉ, ÉE, *adj.* qui a des voisins.

ENVOLER (S'), *vpr.* prendre son vol; être emporté par le vent. *Fig.* passer rapidement.

ENVOÛTEMENT, *sm.* action d'envoûter; effet de cette action.

ENVOÛTER, *va.* faire un prétendu maléfice qui consiste à piquer, déchirer, brûler l'image en cire d'une personne pour faire souffrir ou mourir cette personne.

ENVOYÉ, *sm.* ministre envoyé à l'étranger.

ENVOYER, *va.* diriger vers; faire porter, transmettre. — Se conjugue c. *employer*, excepté au futur et au conditionnel, qui font *j'enverrai, j'enverrais*.

ÉOCÈNE, *adj.* 2 *g.* (gr. *éôs* aurore, matin; *kainos* nouveau, récent), se dit du premier étage des terrains supercrétacés ou groupe le plus ancien du terrain tertiaire, qui est un des terrains récents (*géol.*).

ÉOLE, dieu des vents (*myth.*).

ÉOLIDE ou **ÉOLIE**, partie de l'Asie Mineure.

ÉOLIEN, IENNE, *adj.* et *s.* de l'Éolie; d'Éole; *harpe éolienne*, que le vent fait résonner.

ÉOLIENNES (îles), au nord de la Sicile, auj. îles de *Lipari*.

ÉOLIPYLE, *sm.* boule de métal creusé, qui, remplie d'eau et chauffée, produit un jet continu de vapeur par un bec recourbé adapté à un des points de sa surface (*phys.*). On se servait autrefois de cet appareil pour expliquer la nature et l'origine des vents: de là son nom qui signifie *porte d'Éole* (gr. *Aïolos* Éole, *pylê* porte).

ÉOLIQUE, *adj.* 2 *g.* éolien.

ÉOLUS, fils d'Hellen et père des Éoliens.

ÉPACRIDACÉES ou **ÉPACRIDÉES**, *sf. pl.* (gr. *épi* sur; *akron* sommet, hauteur), famille de végétaux dont le type est l'*epacris*, plante qui croît sur les hauteurs (*bot.*).

ÉPACTE, *sf.* (gr. *épactos* intercalé, surajouté), *nombre de jours qu'il faut ajouter à l'année lunaire pour l'égaler à l'année solaire; âge de la lune au 1ᵉʳ janvier.

ÉPAGNEUL, EULE, *s.* sorte de chien à longs poils.

ÉPAGOMÈNES, *adj. m. pl.* (gr. *épagô* ajouter), se dit des cinq jours que l'on ajoutait à l'année égyptienne pour qu'elle fût de 365 jours.

ÉPAIS, AISSE, *adj.* qui a de l'épaisseur; dense, touffu, resserré. *Fig.* lourd, grossier; *nuit épaisse, ténèbres épaisses*, très-obscures. — *adv.* avec épaisseur, en grande quantité.

ÉPAISSEUR, *sf.* qualité de ce qui est épais; l'une des trois dimensions de l'étendue.

ÉPAISSIR, *va.* rendre épais. — *vn.* et **S'É-PAISSIR**, *vpr.* devenir épais.

ÉPAISSISSEMENT, *sm.* action d'épaissir; état de ce qui est épaissi.

ÉPAMINONDAS, célèbre général thébain (411-363 av. J. C.).

ÉPAMPREMENT, *sm.* action d'épamprer la vigne.

ÉPAMPRER, *va.* et *n.* ôter les pampres ou feuilles de la vigne.

ÉPANCHEMENT, *sm.* écoulement, effusion d'humeur ou de sang. *Fig.* effusion de cœur.

ÉPANCHER, *va.* verser lentement. — **S'É-PANCHER**, *vpr.* couler doucement. *Fig. épancher son cœur*, l'ouvrir avec confiance; *épancher sa bile*, exhaler sa mauvaise humeur.

ÉPANDRE, *va.* jeter çà et là, disperser, répandre. — **S'ÉPANDRE**, *vpr.* s'étendre, se répandre.

ÉPANOUIR, *va. Épanouir la rate*, réjouir. — **S'ÉPANOUIR**, *vpr.* se déployer, sortir du bouton. *Fig.* se dérider, marquer la joie.

ÉPANOUISSEMENT, *sm.* action de s'épanouir.

ÉPANORTHOSE, *sf.*)gr. *épanorthôsis* correction), figure par laquelle l'orateur corrige sa pensée ou ses expressions (*rhét.*).

ÉPARCET, V. *Esparcette*.

ÉPARGNANT, ANTE, *adj.* qui épargne.

ÉPARGNE, *sf.* économie; chose économisée.

ÉPARGNER, *va.* ménager, économiser. *Fig.* dispenser de, faire grâce, traiter avec indulgence. — **S'ÉPARGNER**, *vpr.* ménager ses soins, son crédit, sa personne; user de ménagements; éviter: *s'épargner des regrets*.

ÉPARPILLEMENT, *sm.* (*ll m.*), action d'éparpiller; état de ce qui est éparpillé.

ÉPARPILLER, *va.* (*ll m.*), disperser çà et là; dissiper. — **S'ÉPARPILLER**, *vpr.* se disperser.

ÉPARS (*s* nulle), **ARSE**, *adj.* dispersé çà et là; en désordre.

ÉPARVIN ou **ÉPERVIN**, *sm.* tumeur dure au jarret d'un cheval.

ÉPATÉ, ÉE, *adj. Nez épaté*, large et court; *verre épaté*, dont le pied est cassé.

ÉPATER, *va.* briser le pied d'un verre; aplatir.

ÉPAULARD, *sm.* sorte de cétacé qui ressemble au dauphin.

ÉPAULE, *sf.* partie du corps près du cou; saillie d'un bastion.

ÉPAULÉE, *sf.* effort fait avec l'épaule pour pousser.

ÉPAULEMENT, *sm.* rempart de fascines et de terre.

ÉPAULER, *va.* démettre l'épaule; soutenir avec l'épaule; couvrir par un épaulement. *Fig.* aider, assister. — **S'ÉPAULER**, *vpr.* s'aider, s'appuyer mutuellement.

ÉPAULETTE, *sf.* insigne que les militaires portent sur l'épaule; partie de vêtement qui couvre le dessus de l'épaule.

ÉPAVE, *sf.* et *adj.* 2 *g.* chose égarée dont le propriétaire est inconnu; au *pl.* objets naufragés.

ÉPEAUTRE, *sm.* sorte de blé brun.

ÉPÉE, *sf.* sorte d'arme. *Fig.* l'état militaire.

ÉPÉE (l'abbé de L'), V. *L'Epée*.

ÉPÉENS, les habitants de l'Élide. — V. *Epeus*.

EPELER, *va.* nommer successivement les lettres d'un mot.

ÉPELLATION, *sf.* action ou art d'épeler.

ÉPENTHÈSE (gr. *épenthesis* insertion), addition ou reduplication d'une lettre au milieu d'un mot (*gram.*).

ÉPERDU, UE, *adj.* troublé, violemment agité.

ÉPERDUMENT, *adv.* violemment, passionnément.

ÉPÉRIÈS, ville de Hongrie.

ÉPERLAN, *sm.* sorte de poisson de mer.

ÉPERNAY, s.-pref. du dép. de la Marne.

ÉPERNON, bourg (Eure-et-Loir). — (duc d'), favori de Henri III et amiral de France (1554-1642).

ÉPERON, *sm.* fer que l'on adapte au talon pour piquer le cheval; ergot de certains animaux; pointe de la proue d'un navire; angle de fortification; pointe ou cornet à l'arrête de certaines fleurs.

ÉPERONNÉ, ÉE, adj. qui a un ou des éperons.

ÉPERONNER, va. piquer avec l'éperon. Fig. exciter.

ÉPERONNIER, sm. fabricant ou marchand d'éperons.

ÉPERVIER, sm. oiseau de proie; filet pour la pêche.

ÉPERVIÈRE, sf. sorte de plante.

EPERVIN, V. Éparvin.

ÉPÉUS, roi de l'Élide. — Grec qui construisit le cheval de bois introduit dans Troie.

ÉPHÈBE, sm. (gr. éphèbos: d'épi sur, dans; hèbé puberté, jeunesse), enfant parvenu à l'âge de puberté.

ÉPHÉLIDE, sf. (gr. éphélis: d'épi sur, par; hélios soleil), tache roussâtre causée sur la peau par l'ardeur du soleil ou par quelque inflammation.

ÉPHÉMÈRE, adj. 2 g. (gr. épi dans, héméra jour), qui ne dure qu'un jour. Fig. de peu de durée. — sm. sorte d'insecte.

ÉPHÉMÉRIDES, sf. pl. (gr. ephèmeris journal : d'épi sur, dans, et héméra jour), tables astronomiques donnant pour chaque jour la position d'une planète à midi : événements qui ont eu lieu le même jour à des années différentes.

ÉPHÈSE, anc. ville de l'Asie Mineure.

ÉPHESTION, V. Héphestion.

EPHOD, sm. espèce de tunique des prêtres hébreux.

EPHORE, sm. (gr. éphoros surveillant, inspecteur), l'un des cinq magistrats lacédémoniens chargés de surveiller l'exercice de l'autorité royale.

ÉPHRAÏM, fils de Joseph et père d'une des douze tribus d'Israël.

ÉPHRATA, premier nom de Bethléem.

ÉPHYRE, anc. nom de Corinthe.

ÈPI, sm. partie du blé qui contient les grains : ce qui en a la forme; poils ou cheveux qui poussent en sens contraire à celui des autres.

ÉPIATION, sf. formation de l'épi.

ÉPICARPE, sm. (gr. épi sur, karpos fruit), pellicule externe recouvrant le fruit (bot.).

ÉPICE, sf. drogue aromatique servant d'assaisonnement. Fig. au pl. ce qui autrefois était dû aux juges pour un jugement par écrit. Pain d'épice, fait avec de la farine, du miel et des épices.

ÉPICÈNE, adj. 2 g. (gr. épi en, koinos commun), se dit des noms qui sont communs aux mâles et aux femelles, comme écureuil, girafe, éléphant.

ÉPICER, va. assaisonner avec des épices.

ÉPICERIE, sf. commerce des épices; toutes sortes d'épices et d'autres denrées.

ÉPICHARIS, femme romaine qui conspira contre Néron.

ÉPICHÉRÈME, sm. (on pron. épikérème; gr. épicheireô entreprendre, chercher à prouver), syllogisme dont les prémisses sont accompagnées de leurs preuves.

ÉPICIER, IÈRE, s. celui, celle qui fait le commerce de l'épicerie.

ÉPICOROLLIE, sf. (gr. épi sur; l. corolla

corolle), nom de deux classes de végétaux, dans la méthode de Jussieu, comprenant ceux dont les fleurs ont une corolle staminifère insérée sur l'ovaire (bot.).

ÉPICRÂNE, sm. (gr. épi sur, kranion crâne), l'ensemble des parties qui environnent le crâne.

ÉPICRÉTACÉ, ÉE, adj. (gr. épi sur; l. creta craie), se dit du terrain qui est au-dessus du terrain crétacé (géol.).

ÉPICTÈTE, célèbre philosophe stoïcien, né en Phrygie; 1er s.

ÉPICURE, célèbre philosophe grec (341-270 av. J. C.).

ÉPICURIEN, sm. sectateur d'Épicure. Fig. homme qui ne cherche que le plaisir.

ÉPICURIEN, IENNE, adj. du système d'Épicure.

ÉPICURISME, sm. doctrine philosophique d'Épicure. Fig. vie de plaisir.

ÉPICYCLE, sm. (gr. épi sur, kyklos cercle), cercle placé sur un autre ou dont le centre est sur la circonférence d'un plus grand.

ÉPICYCLOÏDE, sm. (gr. épi sur; kyklos cercle; eidos forme, ressemblance), ligne courbe engendrée par la révolution d'un point de la circonférence d'un cercle qui roule sur celle d'un autre (géom.).

ÉPIDAMNE, anc. ville de l'Épire.

ÉPIDAURE, nom de plusieurs villes de l'anc. Grèce.

ÉPIDÉMIE, sf. (gr. épi sur ou parmi, dêmos peuple), maladie qui attaque presque en même temps un grand nombre de personnes dans le même lieu.

ÉPIDÉMIQUE, adj. 2 g. qui tient de l'épidémie.

ÉPIDÉMIQUEMENT, adv. en forme d'épidémie.

ÉPIDERME, sm. (gr. épi sur; derma peau), membrane qui recouvre la peau (anat.); pellicule qui recouvre la surface des feuilles et autres parties d'un végétal (bot.).

ÉPIER, va. observer secrètement, guetter. — vn. monter en épi.

ÉPIERRER, va. ôter les pierres d'un jardin, d'un champ.

ÉPIEU, sm. bâton armé d'un fer plat et pointu.

ÉPIGASTRE, sm. (gr. épi sur, gaster estomac), partie supérieure de l'abdomen recouvrant l'estomac.

ÉPIGASTRIQUE, adj. 2 g. de l'épigastre.

ÉPIGÉ, adj. m. (gr. épi sur, ye terre), se dit d'un cotyledon qui apparaît au-dessus du sol (bot.).

ÉPIGLOTTE, sf. (gr. épi sur, glottis glotte), petit cartilage qui recouvre la glotte.

ÉPIGONES, sm. pl. (gr. epigonoi : d'epigignomai naître ou venir après), descendants ou successeurs des sept chefs qui avaient assiégé vainement la ville de Thèbes pour rétablir Polynice sur le trône.

ÉPIGRAMMATIQUE, adj. 2 g. qui tient de l'épigramme, qui est mordant, piquant.

ÉPIGRAMMATISTE, sm. auteur d'épigrammes.

ÉPIGRAMME, sf. (gr. épi sur, gramma

écrit), inscription en vers chez les anciens Grecs ; petite pièce de vers terminée par une pensée fine, délicate, ou plus ordinairement par un trait mordant.

ÉPIGRAPHE, *sf.* (gr. *épigraphê* inscription : d'*épi* sur et *graphô* écrire), inscription ; titre ; passage d'un auteur mis en tête d'un livre ou d'un chapitre.

ÉPIGRAPHIE, *sf.* art de déchiffrer les inscriptions.

ÉPIGRAPHIQUE, *adj.* 2 g. qui a rapport à l'épigraphie.

ÉPIGYNE, *adj.* 2 g. (gr. *épi* sur ; *gyné* femme ou femelle), se dit de la corolle ou des étamines insérées sur l'ovaire ou organe femelle des fleurs (bot.).

ÉPIGYNIE, V. *Mono-épigynie.*

ÉPIGYNIQUE, *adj.* 2 g. se dit de l'insertion sur l'ovaire. V. *Épigyne.*

ÉPILATOIRE, *adj.* 2 g. qui sert à épiler.

ÉPILEPSIE, *sf.* mal caduc, haut mal.

ÉPILEPTIQUE, *adj.* et *s.* 2 g. qui tient de l'épilepsie, qui est sujet à l'épilepsie.

ÉPILER, *va.* (l. *pilus* poil), enlever ou faire tomber le poil, les cheveux.

ÉPILEUR, EUSE, *s.* celui, celle qui épile.

ÉPILLET, *sm.* (ll m.), petit épi ou partie de l'épi.

ÉPILOGUE, *sm.* (gr. *épilogos* : d'*épileg* ; ajouter à ce qu'on a dit, conclure), conclusion d'un ouvrage d'esprit.

ÉPILOGUER, *vn.* et *a.* censurer, critiquer.

ÉPILOGUEUR, *sm.* celui qui aime à critiquer sur des riens.

ÉPIMÉNIDE, poète et sage Crétois, 6e s. av. J. C.

ÉPIMÉTHÉE, fils de Japet et mari de Pandore (myth.).

ÉPINAC, ch.-l. de canton (Saône-et-Loire).

ÉPINAL, ch.-l. du dép des Vosges.

ÉPINARD, *sm.* sorte de plante potagère ; au *pl* feuilles de cette plante.

ÉPINAY (Mme d'), femme auteur française (1725-1783).

ÉPINE, *sf.* arbrisseau garni de piquants, les piquants eux-mêmes ; colonne vertébrale. *Fig.* chagrins, difficultés.

ÉPINETTE, *sf.* petit clavecin ; cage à volaille.

ÉPINEUX, EUSE, *adj.* garni d'épines. *Fig.* qui offre des difficultés.

ÉPINE-VINETTE, *sf.* sorte d'arbrisseau épineux (pl. épines-vinettes).

ÉPINGLE, *sf.* petite verge de métal pointue pour attacher ; bijou qui en a la forme. *Fig.* au *pl.* don fait à la femme ou à la fille du vendeur par l'acheteur. *Tirer son épingle du jeu,* se tirer adroitement d'une mauvaise affaire ; *être tiré à quatre épingles,* avoir une toilette que l'on craint de déranger ; se dit aussi d'un discours dont le style est recherché.

ÉPINGLETTE, *sf.* grosse épingle pour déboucher la lumière d'un fusil.

ÉPINGLIER, IÈRE, *s.* celui, celle qui fait ou vend des épingles.

ÉPINIÈRE, *adj. f.* de l'épine du dos.

ÉPINIERS, *sm. pl.* bois, bosquets, fourrés d'épines.

ÉPIPÉTALIE, *sf.* (gr. *épi* sur, *pétalon* pétale), nom de la 12e classe dans la méthode de Jussieu, comprenant les végétaux à fleurs polypétales ayant les étamines insérées sur l'ovaire ou épigynes (bot.).

ÉPIPHANE (St), docteur de l'Église grecque (310-403).

ÉPIPHANE, *adj. m.* (gr. *épiphanès* illustre), surnom d'Antiochus IV, roi de Syrie, et de Ptolémée V, roi d'Égypte.

ÉPIPHANIE, *sf.* (gr. *épiphanéia* manifestation), fête des Rois ou des trois mages, jour où le Messie s'est manifesté aux Gentils.

ÉPIPHONÈME, *sm.* (gr. *épiphônêma* exclamation), exclamation sentencieuse terminant un récit intéressant (rhét.).

ÉPIPHYLLE, *adj.* 2 g. (gr. *épi* sur, *phyllon* feuille), se dit d'une inflorescence dans laquelle les fleurs semblent naître sur les feuilles ou sur les bractées (bot.).

ÉPIPHYSE, *sf.* (gr. *épiphysis* excroissance), excroissance d'un os sur un autre.

ÉPIPLOÏQUE, *adj.* 2 g. de l'épiploon.

ÉPIPLOON, *sm.* (gr. *épiploon* : d'*épi* sur et *pleô* flotter), membrane qui couvre une partie des intestins sur lesquels elle flotte librement (anat.).

ÉPIQUE, *adj.* 2 g. qui appartient à l'épopée : se dit aussi du poète auteur d'une épopée.

ÉPIRE, contrée au nord de l'anc. Grèce ; auj. *Albanie.*

ÉPIROTE, *adj.* et *s.* 2 g. de l'Épire.

ÉPISCOPAL, ALE, *adj.* (gr. *épiskopos* surveillant, évêque), de l'évêque (pl. m. épiscopaux).

ÉPISCOPAT, *sm.* dignité d'évêque, fonction de l'évêque, corps de tous les évêques.

ÉPISCOPAUX, *sm. pl.* secte religieuse en Angleterre.

ÉPISODE, *sm.* (gr. *épeisodion* incident, digression), action incidente et secondaire liée à la principale.

ÉPISODIQUE, *adj.* 2 g. qui tient de l'épisode ; qui est accessoire.

ÉPISPASTIQUE, *adj.* 2 g. (gr. *épispad* attirer), attractif, qui attire les humeurs au dehors du corps.

ÉPISPERME, *sm.* (gr. *épi* sur, *sperma* graine), tégument de la graine (bot.).

ÉPISSER, *va.* entrelacer les fils de deux cordes.

ÉPISSOIR, *sm.* outil pour épisser.

ÉPISSURE, *sf.* jonction de cordes.

ÉPISTAMINIE, *sf.* (gr. *épi* sur, l. *stamina* étamine), nom de la 5e classe dans la méthode de Jussieu, comprenant les végétaux dont les fleurs apétales ont les étamines insérées sur l'ovaire (bot.).

ÉPISTAPHYLIN, *adj. m.* (gr. *épi* sur, *staphylé* luette), se dit de deux muscles de la luette (anat.).

ÉPISTOLAIRE, *adj.* 2 g. (gr. *épistolê,* l. *epistola* épître, lettre), qui a rapport aux lettres missives. — *sm.* auteur de lettres.

ÉPISTOLOGRAPHE, *sm* (gr. *épistolé* lettre,

graphô écrire), auteur d'epîtres ou lettres.

ÉPITAPHE, sf. (gr. epi sur, taphos tombeau), inscription sur le tombeau.

ÉPITHALAME, sm. (gr. epi sur, concernant; thalamos lit nuptial, mariage), chant sur un mariage à la louange des deux époux.

ÉPITHÈTE, sf. (gr. epithéson : d'epitithémi ajouter), adjectif ou mot ajoute au nom pour en modifier l'idée ; qualification.

ÉPITOGE, sf. (gr. epi sur; l. toga toge, robe), sorte de chaperon porte sur l'epaule au-dessus de la robe de professeur, d'avocat, etc.

ÉPITOMÉ, sm. (gr. epitomé retranchement, extrait), sommaire, abrége.

ÉPÎTRE, sf. lettre missive, pièce de vers adressée à quelqu'un ; leçon tirée de l'Ecriture sainte et qui se dit à la messe.

ÉPIZOOTIE, sf. (gr. epi sur, zôon animal), maladie contagieuse qui attaque les animaux.

ÉPIZOOTIQUE, adj. 2 g. qui tient de l'epizootie.

ÉPLORÉ, ÉE, adj. qui est tout en pleurs.

ÉPLOYÉ, ÉE, adj. dont les ailes sont étendues.

ÉPLUCHAGE ou ÉPLUCHEMENT, sm. action d'eplucher.

ÉPLUCHER, va. nettoyer des herbes, des graines, etc. Fig. rechercher avec soin le mauvais des choses.

ÉPLUCHEUR, EUSE, s. celui, celle qui épluche.

ÉPLUCHOIR, sm. couteau pour eplucher ou nettoyer des herbes, des graines, etc.

ÉPLUCHURE, sf. ce que l'on ôte en épluchant.

ÉPODE, sf. (gr. epôdos : d'epi au-dessus, après; ôdé chant, ode), troisième et dernière strophe d'un chant lyrique chez les Grecs.

ÉPOINTÉ, ÉE, adj. dont la pointe est émoussée; se dit aussi d'un cheval qui s'est demis les hanches.

ÉPOINTER, va. ôter ou émousser la pointe.

ÉPONGE, sf. production marine molle et poreuse. Fig. passer l'eponge, effacer, faire oublier; ne plus parler d'une chose; presser l'eponge, faire restituer, faire contribuer.

ÉPONGER, va. nettoyer, étancher avec une eponge.

ÉPONGIER, s. et adj. m. porteur d'eponges (La Fontaine).

ÉPONINE, femme de Sabinus qui au début du règne de Vespasien tenta d'affranchir les Gaules.

ÉPOPÉE, sf. (gr. epopoiia : d'epos récit, et poieô faire), récit en vers d'une action heroïque mêlée de merveilleux; genre épique.

ÉPOQUE, sf. point remarquable d'histoire; temps déterminé, date fixe.

ÉPOUDRER, va. ôter la poudre des hardes.

ÉPOUFFÉ, ÉE, adj. haletant pour s'être hâté (fam.).

ÉPOUFFER (S'), vpr. s'esquiver (pop.).

ÉPOUILLER, va. (ll m.), ôter les poux (bas et pop.).

ÉPOUMONER, va. fatiguer les poumons. — S'EPOUMONER, vpr. se fatiguer les poumons en parlant ou en criant.

ÉPOUSAILLES, sf. pl. (ll m.), célébration d'un mariage.

ÉPOUSE, sf. V. Époux.

ÉPOUSÉE, sf. celle qui se marie ou vient de se marier.

ÉPOUSER, va. prendre en mariage. Fig. s'attacher à, se déclarer pour : épouser la querelle de quelqu'un.

ÉPOUSEUR, sm. celui qui a dessein d'épouser.

ÉPOUSSETAGE, sm. action d'épousseter; résultat de cette action.

ÉPOUSSETER, va. enlever la poussière (c. acheter).

ÉPOUSSETTE, sf. instrument pour épousseter.

ÉPOUVANTABLE, adj. 2 g. qui épouvante, qui est excessif en mal.

ÉPOUVANTABLEMENT, adv. d'une manière épouvantable; excessivement.

ÉPOUVANTAIL, sm. (l m.), objet pour effrayer les oiseaux. Fig. ce qui fait peur.

ÉPOUVANTE, sf. peur soudaine, grande frayeur.

ÉPOUVANTER, va. causer de l'epouvante, effrayer fortement.

ÉPOUX, ÉPOUSE, s. homme et femme unis par mariage.

ÉPREINDRE, va. presser pour exprimer le suc (c. peindre).

ÉPREINTE, sf. vive douleur dans le ventre.

ÉPRÉMESNIL (D'), conseiller au parlement de Paris, député de la noblesse aux États généraux (1746-1794).

ÉPRENDRE (S'), vpr. se passionner vivement pour.

ÉPREUVE, sf. essai, expérience. Fig. malheurs, dangers : passer par de rudes épreuves ; feuille imprimée à corriger; exemplaire d'une estampe.

ÉPROUVER, va. essayer, mettre à l'épreuve; subir, ressentir : éprouver de la douleur.

ÉPROUVETTE, sf. instrument pour eprouver; petit récipient en verre (phys. et chim.).

EPSOM, ville d'Angleterre.

EPTACORDE, V. Heptacorde.

EPTAGONAL, EPTAGONE, V. Heptagonal, Heptagone.

EPTANDRIE, V. Heptandrie.

EPTE, riv. affluent de la Seine.

ÉPUCER, va. ôter les puces.

ÉPUISABLE, adj. 2 g. qui peut être épuisé.

ÉPUISEMENT, sm. action d'épuiser. Fig. perte de forces vitales.

ÉPUISER, va. enlever toute l'eau d'un puits, mettre à sec. Fig. ôter toutes les forces; réduire à néant. — S'EPUISER, vpr. être epuisé et fig. se fatiguer, s'affaiblir.

ÉPULONS, sm. prêtres de l'anc. Rome qui présidaient aux festins en l'honneur des dieux et surveillaient les sacrifices.

ÉPURATIF, IVE, adj. qui épure.

ÉPURATION, sf. action d'epurer.

ÉPURATOIRE, adj. 2 g. qui sert à épurer, à clarifier.

ÉPURE, sf. dessin de géométrie descriptive; dessin d'architecture.

ÉPURÉ, ÉE, adj. part. rendu plus pur. Fig. detaché de tout intérêt personnel.

ÉPURER, va. rendre plus pur. — S'ÉPURER. vpr. devenir plus pur.

ÉPYORNIS, sm. (gr. aipys grand, ornis oiseau), oiseau des temps anté-historiques, dont l'existence a été constatée par des œufs d'une grosseur énorme trouvés dans la terre.

ÉQUARRIR, va. tailler à angles droits ; tuer et dépecer un cheval.

ÉQUARRISSAGE, sm. état de ce qui est équarri ; action d'écorcher les bêtes de somme.

ÉQUARRISSEMENT, sm. action d'équarrir ; effet de cette action.

ÉQUARRISSEUR, sm. celui qui tue et écorche les chevaux.

ÉQUATEUR, sm. (on pron. écouateur ; l. œquator, d'œquus égal), grand cercle de la sphère, perpendiculaire à l'axe et à égale distance des deux pôles.

ÉQUATEUR (République de l'), État de l'Amérique méridionale.

ÉQUATION, sf. (on pron. écuacion ; l. œquatio égalité), expression de l'égalité entre deux quantités algébriques (math.) ; différence entre l'heure moyenne et l'heure vraie (astr.).

ÉQUATORIAL, ALE, adj. (on pron. écouatorial), qui a rapport à l'équateur. — sm. instrument pour suivre le mouvement diurne des astres (pl. équatoriaux).

ÉQUERRE, sf. instrument pour tracer des angles droits.

ÉQUES, anc. peuple de l'Italie.

ÉQUESTRE, adj. 2 g. (on pron. éeu-estre, l. equestris ; d'equus cheval) : statue ou figure équestre, représentée à cheval ; ordre équestre, ordre des chevaliers romains.

ÉQUIANGLE, adj. 2 g. (on pron. écuiangle, l. œquus égal, angulus angle), qui a les angles égaux (géom.).

ÉQUIDIFFÉRENCE, sf. (on pron. écuidifférence, l. œquus égal), rapport par différence entre deux nombres égal à celui de deux autres nombres, exemple : 8—5=9—6.

ÉQUIDISTANT, ANTE, adj. (on pron. écuidistan ; l. œquus égal), qui est à distance égale, également distant.

ÉQUILATÉRAL, ALE, adj. (on pron. écuilatéral ; l. œquus égal ; latus, gen. lateris côté), dont les côtés sont égaux (géom.).

ÉQUILATÈRE, adj. 2 g. (on pron. écuilatéré ; l. œquus égal ; latus, gen. lateris côté), se dit d'une figure dont les côtés sont égaux à ceux d'une autre (géom.).

ÉQUILIBRE, sm. état de poids égaux qui se contre-balancent ; repos d'un corps sollicité par des forces égales qui se détruisent l'une l'autre. Fig. égalité d'importance.

ÉQUILIBRER, va. mettre en équilibre, observer l'équilibre.

ÉQUILIBRISTE, sm. bateleur habile à se tenir en équilibre ou à tenir en équilibre.

ÉQUIMULTIPLE, adj. 2 g. (on pron. écuimultiple ; l. œquus égal), qui est multiple à un degré égal : se dit de nombres qui contiennent leurs sous-multiples le même nombre de fois (arith.).

ÉQUINOXE, sm. (l. œquinoxium ; d'œquus

égal et nox nuit), époque de l'année où la durée de la nuit est égale à celle du jour (astr.).

ÉQUINOXIAL, ALE, adj. de l'équinoxe, qui a rapport à l'équinoxe (pl. m. équinoxiaux).

ÉQUIPAGE, sm. train de chevaux, de valets, etc.; voiture de maître ; matelots d'un navire ; hardes, costumes.

ÉQUIPE, sf. convoi de bateaux, trains de wagons ; ce qui y a rapport.

ÉQUIPÉE, sf. entreprise téméraire ; action légère, irréfléchie.

ÉQUIPEMENT, sm. action d'équiper ; ce qui sert à équiper.

ÉQUIPER, va. pourvoir des choses nécessaires ; armer un soldat.

ÉQUIPOLLENCE, sf. (on pron. les deux l), propriété de ce qui est équipollent, de ce qui équivaut à.

ÉQUIPOLLENT, ENTE, adj. (on pron. les deux l ; l. œquipollens ; d'œque également et pollere pouvoir, avoir de la force), qui a une force, une puissance égale, qui vaut autant que.

ÉQUIPOLLER, va. et n. (on pron. les deux l), être équipollent, valoir autant que.

ÉQUISÉTACÉES, sf. pl. (on pron. écuisétacées ; l. equisetum prêle ; d'œquus cheval et seta crin), famille de plantes dont le type est la prêle ou queue-de-cheval (bot.).

ÉQUITABLE, adj. 2 g. qui est conforme à l'équité ; qui est juste.

ÉQUITABLEMENT, adv. d'une manière équitable.

ÉQUITATION, sf. (on pron. écuitacion : l. equitatio : d'equus cheval), art ou action de monter à cheval.

ÉQUITÉ, sf. (l. œquitas ; d'œquus égal, juste), qualité de ce qui est juste ; justice, droiture.

ÉQUIVALENT, ENTE, adj. et s. au m. qui équivaut, qui a la même valeur.

ÉQUIVALOIR, vn. (l. œque également), valoir également, être d'une valeur égale (c. valoir).

ÉQUIVOQUE, adj. 2 g. (l. œquivocus : d'œquus égal et vox, parole), qui a deux sens égaux, qui est à double entente. — sf. double sens d'un mot.

ÉQUIVOQUER, va. user d'équivoque.

ÉRABLE, sm. sorte d'arbre.

ÉRADICATION, sf. action d'arracher par la racine.

ÉRAFLER, va. écorcher un peu, effleurer la peau.

ÉRAFLURE, sf. petite écorchure.

ÉRAILLÉ, ÉE, adj. part. (ll m.), qui a une éraillure. Fig. œil éraillé, qui a des filets rouges ; paupières éraillées, renversées.

ÉRAILLER, va. (ll m.), séparer, relâcher les fils d'une étoffe.

ÉRAILLURE, sf. (ll m.), marque à l'endroit où une étoffe a été éraillée.

ÉRASISTRATE, célèbre médecin grec, 3e s. av. J. C.

ÉRASME, célèbre écrivain et érudit hollandais (1467-1536).

ÉRATER, va. ôter la rate.

ÉRATO, muse de la poesie lyrique et érotique (myth.).

ÉRATOSTHÈNE, astronome, philosophe et littérateur grec (276-194 av. J. C.).

ERBIUM, sm. (on pron. erbiome), métal, l'un des corps simples de la chimie.

ERCILLA (Alonzo de), poëte épique espagnol (1533-1596).

ERDRE, riv. affluent de la Loire.

ÈRE, sf. époque fixe d'où l'on compte les années.

ÉRÈBE, fils du Chaos et de la Nuit. — sm. partie des Enfers (myth.)

ÉRECHTHÉE, roi d'Athènes, 15e s. av, J. C.

ÉRECTION, sf. (on pron. érexion), action d'ériger, d'elever, de dresser.

EREINTER, va. briser, fouler les reins. Fig. fatiguer extrêmement.

ÉRÉMITIQUE, adj, 2 g. d'ermite.

ÉRÉSIPÉLATEUX, ÉRÉSIPÈLE, V. Érysipélateux, Erysipèle.

ÉRÉTHISME, sm. (gr. éréthisma irritation), irritation et tension violente des fibres du corps (méd.).

ÉRÉTRIE, anc. ville de l'Eubée.

ERFURT, ville de la Saxe prussienne, capitale de la Thuringe.

ERGASTULE, sf. cachot ou prison pour les esclaves.

ERGO, mot latin signifiant donc. — ERGO-GLU, expression pour se moquer des grands raisonnements qui ne concluent rien (fam.).

ERGOT, sm. ongle pointu derrière la patte de certains animaux; maladie du seigle.

ERGOTÉ, ÉE, adj. arme d'un ergot; malade de l'ergot.

ERGOTER, vn. (l. ergo donc, par consequent), contester, disputer sur toutes choses.

ERGOTEUR, EUSE, s. celui, celle qui a l'habitude d'ergoter.

ERGOTISME, sm. manière de discuter de l'ergoteur, chicane d'ergoteur.

ÉRIC, nom de plusieurs rois de Suède et de Danemark.

ÉRICACÉES ou ÉRICINÉES, sf. pl. (l. erica bruyère), famille de plantes dont la bruyère est le type (bot.).

ÉRIDAN, anc. nom du Pô; nom d'une constellation.

ÉRIÉ, grand lac de l'Amerique du Nord.

ÉRIGÈNE, V. Scot.

ÉRIGER, va. elever, dresser. Fig. instituer, établir. — S'ÉRIGER, vpr. s'instituer, se donner comme : s'ériger en savant.

ÉRIGONE, nymphe aimée de Bacchus (myth.).

ÉRIN, anc. nom de l'Irlande.

ÉRINNYS, l'une des Furies (myth.).

ÉRIVAN, ville de la Russie d'Asie dans l'Arménie.

ERLAU, V. Eger.

ERMINETTE ou HERMINETTE, sf. espèce de hache recourbée.

ERMITAGE ou HERMITAGE, sm. habitation d'un ermite. Fig. maison écartée.

ERMITE ou HERMITE, sm. celui qui vit dans la solitude.

ERNÉE, p. ville (Mayenne).

ERNEST, nom d'homme.

ERNESTINE, nom de femme.

ÉRODÉ, ÉE, adj. (l. erodere ronger), se dit des feuilles dont les bords sont denticulés comme s'ils avaient été rongés par un insecte (bot.).

ÉRODER, va. (l. erodere ronger), ronger.

ÉROSION, sf. (l. erosio : d'erodere ronger), action d'une substance qui ronge; résultat de cette action.

ÉROSTRATE, incendiaire du temple de Diane à Éphèse, l'an 356 av. J. C.

ÉROTIQUE, adj. 2 g. (gr. érôs amour), qui a rapport à l'amour : se dit des pièces de vers.

ERPÉTOLOGIE, V. Herpétologie.

ERRANT, ANTE, adj. qui erre çà et là. Fig. qui est sans frein.

ERRATA, sm. (inv.), liste de fautes d'impression.

ERRATICITÉ, sf. état errant.

ERRATIQUE, adj. 2 g. irrégulier (med.). Bloc erratique, grosse pierre, rocher qui a été entraîné par les eaux dans les révolutions du globe (géol.).

ERRATUM, sm. (on pron. erratome; l. erratum faute : d'errare errer), faute d'impression : quand il y en a plus d'une, on dit errata.

ERRE, sf. allure, train, sillage; au pl. traces du cerf.

ERREMENTS, sm. pl. voies. Fig. marche ou conduite d'une affaire.

ERRER, vn. aller çà et là, au hasard. Fig. se tromper, se méprendre.

ERREUR, sf. action d'errer. Fig. fausse opinion, méprise, faute.

ERRONÉ, ÉE, adj. faux, qui contient de l'erreur.

ERS, sm. vesce noire ou pois de pigeon.

ERSE, adj. 2 g. des anciens Scandinaves.

ERSTEIN, p. ville (Bas-Rhin).

ÉRUBESCENCE, sf. état de ce qui est erubescent; rougeur de la peau indiquant le commencement d'une maladie.

ÉRUBESCENT, ENTE, adj. (l. erubescere devenir rouge), qui commence à devenir rouge.

ÉRUCTATION, sf. (l. eructare rejeter, roter), action de rendre par la bouche, et avec bruit desagréable, les gaz contenus dans l'estomac; la sortie même de ces gaz.

ÉRUDIT, ITE, adj. qui a de l'érudition.

ÉRUDITION, sf. grand savoir; recherche savante.

ÉRUGINEUX, EUSE, adj. (l. œrugo rouille de cuivre), qui tient de la rouille de cuivre, qui y ressemble.

ÉRUPTIF, IVE, adj. qui se manifeste par une eruption.

ÉRUPTION, sf. (on pr. érupcion; l. eruptio : d'erumpere sortir impetueusement, éclater), action de sortir subitement et avec effort; sortie de boutons à la peau.

ÉRYMANTHE, montagne et riv. d'Arcadie (anc. Grece).

ÉRYSIPÉLATEUX ou ÉRÉSIPÉLATEUX, EUSE, adj. qui tient de l'érysipèle.

ÉRYSIPÈLE ou ÉRÉSIPÈLE, sm. tumeur inflammatoire sur la peau avec chaleur âcre et brûlante (méd.).

ÉRYTHRÉE (mer), nom ancien d'une partie de l'océan Indien.

ÉRYTHROXYLÉES, sf. pl. (gr. érythros rouge, xylon bois), famille de plantes (bot.).

ÉRYX, brigand tué par Hercule. — anc. ville et montagne de Sicile.

ERZEROUM, v. de la Turquie d'Asie.

ERZGEBIRGE, chaîne de montagnes entre la Saxe et la Bohême.

ÈS, prép. dans les : docteur ès sciences.

ESAÜ, fils d'Isaac.

ESCABEAU, sm. siège de bois sans bras ni dossier.

ESCABELLE, sf. escabeau.

ESCADRE, sf. certain nombre de navires de guerre sous un chef.

ESCADRILLE, sf. (ll m.), petite escadre.

ESCADRON, sm. section d'un régiment de cavalerie.

ESCADRONNER, vn. faire des évolutions de cavalerie.

ESCALADE, sf. action d'escalader.

ESCALADER, va. monter sur un mur à l'aide d'échelles ou autrement.

ESCALE, sf. Faire escale, relâcher dans un port (mar.).

ESCALIER, sm. suite de degrés pour monter et descendre.

ESCAMOTAGE, sm. action d'escamoter.

ESCAMOTER, va. changer ou faire disparaître adroitement. Fig. dérober subtilement.

ESCAMOTEUR, sm. celui qui escamote.

ESCAMPER, vn. s'enfuir (pop.).

ESCAMPETTE, sf. Prendre la poudre d'escampette, s'enfuir (fam.).

ESCAPADE, sf. action de s'échapper, de manquer à son devoir pour aller se divertir.

ESCAPE, sf. fût ou partie inférieure du fût d'une colonne.

ESCARBOT, sm. (t nul), insecte du genre des scarabées.

ESCARBOT, OTE, adj. de l'escarbot (La Fontaine).

ESCARBOUCLE, sf. pierre précieuse d'un rouge foncé.

ESCARCELLE, sf. grande bourse à l'antique.

ESCARMOUCHE, sf. combat entre de petits détachements.

ESCARMOUCHER, vn. combattre par escarmouches.

ESCARMOUCHEUR, sm. celui qui va à l'escarmouche.

ESCAROLE, sf. espèce de chicorée à larges feuilles.

ESCARPE, sf. muraille du fossé du côté d'une place forte.

ESCARPÉ, ÉE, adj. à pente très-rapide.

ESCARPEMENT, sm. pente roide.

ESCARPER, va. couper à pic.

ESCARPIN, sm. soulier à simple semelle.

ESCARPOLETTE, sf. balançoire.

ESCARRE, sf. croûte sur la peau résultant d'une blessure.

ESCAUT, fleuve de France et de Belgique : se jette dans la mer du Nord.

ESCHINE, philosophe grec disciple de Socrate. — célèbre orateur grec (389-314 av. J. C.).

ESCHYLE, célèbre poëte tragique grec (525-456 av. J. C.).

ESCIENT, sm. connaissance de ce que l'on dit ou l'on fait. — A BON ESCIENT, loc. adv. sciemment, sans feinte.

ESCLANDRE, sm. accident qui fait scandale ; bruit.

ESCLAVAGE, sm. servitude, état d'un esclave. Fig. assujettissement.

ESCLAVE, adj. et s. 2 g. qui est en servitude. Fig. qui est sous la dépendance de, attaché à.

ESCLAVON, ONNE, adj. et s. de l'Esclavonie ; slave.

ESCLAVONIE ou SLAVONIE, province des États autrichiens.

ESCOBAR, fameux casuiste espagnol (1589-1669).

ESCOBARDER, vn. tromper par des réticences, des subterfuges.

ESCOBARDERIE, sf. subterfuge, mensonge adroit.

ESCOGRIFFE, sm. celui qui prend sans demander. Fig. homme mal bâti.

ESCOMPTE, sm. (le p est nul), remise faite à celui qui paye avant l'échéance ; intérêts prélevés sur la valeur nominale d'un effet de commerce.

ESCOMPTER, va. (le p est nul), faire l'escompte.

ESCOMPTEUR, sm. (le p est nul), celui qui prend à l'escompte des effets de commerce.

ESCOPE, sf. sorte de pelle de bois, creuse et recourbée, qui sert à prendre et à lancer de l'eau (mar.).

ESCOPETTE, sf. sorte d'ancienne carabine.

ESCOPETTERIE, sf. décharge d'escopettes, de fusils, etc.

ESCORTE, sf. gens, troupes, vaisseaux qui escortent.

ESCORTER, va. accompagner pour protéger, surveiller ou faire honneur.

ESCOT, sm. (t nul), toile de coton ; morceau d'ardoise attaché à un banc.

ESCOUADE, sf. petit détachement de soldats sous les ordres d'un caporal.

ESCOURGÉE, sf. fouet de plusieurs courroies de cuir.

ESCOURGEON, sm. orge hâtive ; courroie de cuir.

ESCOUSSE, sf. course, élan pour mieux sauter (fam.).

ESCRIME, sf. art de faire des armes.

ESCRIMER, vn. faire des armes. Fig. disputer sur. — S'ESCRIMER, vpr. s'exercer à, faire tous ses efforts.

ESCRIMEUR, sm. celui qui sait l'art de l'escrime.

ESCROC, sm. (on pron. escro), filou, fripon, fourbe.

ESCROQUER, va. attraper, dérober par fourberie.

ESCROQUERIE, sf. action ou art d'escroquer.

ESCROQUEUR, EUSE, s. celui, celle qui escroque.

ESCULAPE, dieu de la médecine (myth.). Les disciples d'Esculape, les médecins.

ESCURIAL (L'), p. ville d'Espagne avec un château célèbre.

ESDRAS, fameux docteur juif, qui fit la révision de la Bible, 5e s. av. J. C.

ESMÉNARD, poète français (1770-1811).

ESNEH, ville de la Haute-Égypte, anc. Latopolis. Victoire de Davoust sur les Mamelouks en 1799.

ÉSOCES, sm. pl. (l. esox brochet), famille de poissons dont le brochet est le type (zool.).

ÉSON, père de Jason.

ÉSOPE, célèbre fabuliste grec; 6e s. av. J. C.

ÉSOTÉRIQUE, adj. (gr. ésôtéros intérieur), se dit de la doctrine secrète réservée aux initiés dans les écoles des anciens philosophes, par opposition à exotérique.

ESPACE, sm. étendue de lieu ou de temps; étendue indéfinie; intervalle. — sf. pièce de fonte pour séparer les lignes ou les mots (t. d'imprimerie).

ESPACEMENT, sm. distance entre deux objets; intervalle.

ESPACER, va. ranger en mettant les espaces nécessaires.

ESPADON, sm. grande et large épée; sorte de poisson.

ESPADONNER, vn. se servir de l'espadon.

ESPAGNE, royaume d'Europe; capitale Madrid.

ESPAGNOL, OLE, adj. et s. de l'Espagne.

ESPAGNOLET (Joseph RIBERA, dit L'), célèbre peintre espagnol (1588-1656).

ESPAGNOLETTE, sf. ferrure à poignée pour fermer les fenêtres.

ESPALIER, sm. arbre étalé contre un mur.

ESPALION, s.-préf. du dép. de l'Aveyron.

ESPARCETTE, sf. sainfoin.

ESPÈCE, sf. subdivision du genre; réunion d'êtres ayant entre eux de l'analogie; sorte; condition; cas particulier; apparence; au pl. argent monnayé.

ESPÉRANCE, sf. attente d'un bien désiré; ce que l'on espère. L'une des trois vertus théologales.

ESPÉRER, va. et n. avoir l'espérance ou de l'espérance.

ESPIÈGLE, adj. et s. 2 g. vif, éveillé, subtil, malin.

ESPIÈGLERIE, sf. petite malice d'espiègle.

ESPINGOLE, sf. gros fusil à canon évasé.

ESPION, ONNE, s. celui, celle qui espionne.

ESPIONNAGE, sm. action ou métier d'espion.

ESPIONNER, va. et n. épier les actions, les paroles d'autrui, pour en rendre compte.

ESPLANADE, sf. espace uni et découvert devant un édifice ou un rempart.

ESPOIR, sm. espérance.

ESPONTON, sm. demi-pique.

ESPRIT, sm. substance incorporelle; être spirituel; âme; facultés intellectuelles; facilité de conception; jugement; caractère; sens d'un texte; fluide subtil. BEL ESPRIT, homme qui a des prétentions à l'esprit (pl. beaux esprits); ESPRIT-DE-VIN, alcool.

ESQUIF, sm. petite barque.

ESQUILIN (mont), l'une des sept collines de Rome.

ESQUILLE, sf. (ll m.), petit fragment d'os carié ou fracturé.

ESQUIMAUX, peuple de l'Amérique septentrionale.

ESQUINANCIE, sf. angine.

ESQUIPOT, sm. (t nul), petite tirelire.

ESQUIROL, célèbre médecin français (1772-1840).

ESQUISSE, sf. premier trait d'un dessin; ébauche.

ESQUISSER, va. faire une esquisse.

ESQUIVER, va. éviter avec adresse. — S'ESQUIVER, vpr. se retirer sans être vu.

ESSAI, sm. épreuve, expérience, tentative; échantillon.

ESSAIM, sm. ensemble des abeilles d'une ruche; volée de jeunes abeilles. Fig. grande multitude.

ESSAIMER, vn. se dit d'un essaim qui sort d'une ruche.

ESSANGER, va. passer le linge à l'eau avant de le lessiver.

ESSARTEMENT, sm. action d'essarter.

ESSARTER, va. défricher.

ESSAYER, va. et n. faire l'essai de; tenter; examiner le titre de l'or, de l'argent (c. payer). — S'ESSAYER, vpr. faire l'épreuve de ses forces, de son talent, etc.

ESSAYEUR, sm. celui qui est préposé à l'essai de l'or et de l'argent.

ESSE, sf. cheville de fer en forme d'S.

ESSENCE, sf. ce qui constitue la nature d'un être : la raison est l'essence de l'homme; huile aromatique extraite des végétaux : essence de roses; espèce des arbres.

ESSÉNIEN, IENNE, adj. des Esséniens.

ESSÉNIENS, sm. pl. secte juive qui se forma au temps des Machabées.

ESSENTIEL, ELLE, adj. (on pr. essanciel), qui est de l'essence ou par essence. Fig. nécessaire, important. — sm. ce qui est essentiel.

ESSENTIELLEMENT, adv. (on pr. essancielleman), par essence; nécessairement; extrêmement.

ESSÉQUIBO, fleuve de la Guyane : se jette dans l'océan Atlantique.

ESSETTE, sf. sorte de marteau.

ESSEULÉ, ÉE, adj. délaissé.

ESSEX, comté d'Angleterre.

ESSEX (Robert DEVEREUX, comte d'), favori d'Élisabeth, reine d'Angleterre (1567-1601).

ESSIEU, sm. pièce qui passe dans le moyeu des roues.

ESSLING, village d'Autriche, sur le Danube, près de Vienne. Victoire des Français sur les Autrichiens, en 1809.

ESSONNE, riv. et p. ville (Seine-et-Oise).

ESSOR, sm. action de prendre son vol. Fig. début énergique, liberté, affranchissement : donner l'essor à son génie.

ESSORER, va. exposer à l'air pour faire sécher.

ESSORILLER, va. (ll m.), couper les oreilles; couper les cheveux très-courts.

ESSOUFFLEMENT, sm. état d'une personne essoufflée.

ESSOUFFLER, va. mettre hors d'haleine. — S'ESSOUFFLER, vpr. se mettre hors d'haleine.

ESSUI, sm. lieu où l'on étend pour faire sécher.

ESSUIE-MAIN ou mieux ESSUIE-MAINS, sm. (inv.), linge qui sert à essuyer les mains.

ESSUYER, va. ôter l'eau, la poussière, etc.; sécher. Fig. éprouver, subir, supporter, souffrir : essuyer de grandes pertes, de grands malheurs (c. employer).

EST, sm. le levant.

ESTACADE, sf. digue faite avec des pieux dans un cours d'eau.

ESTAFETTE, sf. porteur de dépêches; courrier.

ESTAFIER, sm. domestique armé, grand laquais.

ESTAFILADE, sf. balafre, déchirure.

ESTAFILADER, va. faire une estafilade.

ESTAING (comte d'), célèbre amiral français (1728-1794).

ESTAIRES, p. ville (Nord).

ESTAME, sf. tricot de laine.

ESTAMET, sm. étoffe de laine.

ESTAMINET, sm. tabagie.

ESTAMPE, sf. image imprimée; outil pour estamper.

ESTAMPER, va. faire sur une matière molle l'empreinte d'une matière dure et gravée.

ESTAMPEUR, sm. celui qui estampe.

ESTAMPILLE, sf. (ll m.), empreinte, timbre, instrument qui sert à estampiller.

ESTAMPILLER, va. (ll m.), marquer avec une estampille.

ESTANGLIE, l'un des royaumes de l'Heptarchie.

ESTE, p. ville d'Italie; titre d'une ancienne et célèbre famille italienne.

ESTER, vn. poursuivre une action en justice.

ESTEUBLE, V. Éteule.

ESTHER, nièce de Mardochée et femme du roi Assuérus.

ESTHÉTIQUE, sf. (gr. aisthêsis sensation, sentiment), sentiment du beau dans les arts; théorie ou science du beau fondée sur ce sentiment.

ESTHONIE, contrée de la Russie septle.

ESTIENNE (Robert), imprimeur et savant français, auteur du Thesaurus linguæ latinæ (1503-1559). — (Henri), fils du précédent, imprimeur et savant comme lui, auteur du Thesaurus græcæ linguæ et d'un grand nombre d'autres ouvrages érudits (1531-1598).

ESTIMABLE, adj. 2g. qui est digne d'estime.

ESTIMATEUR, sm. celui qui prise et fixe la valeur d'une chose.

ESTIMATIF, IVE, adj. qui indique l'estimation.

ESTIMATION, sf. évaluation, prisée.

ESTIME, sf. opinion favorable, considération. Fig. calcul du pilote.

ESTIMER, va. et n. évaluer; faire cas de; croire, présumer.

ESTIVAL, ALE, adj. d'été (sans pl. m.).

ESTIVATION, sf. préfloraison ou disposition des différentes parties de la fleur dans le bouton (bot.).

ESTOC, sm. tronc d'arbre, bâton; fer ou pointe d'une arme; ancienne épée. V. Brin d'estoc.

ESTOCADE, sf. coup de pointe. Fig. attaque ou demande imprévue.

ESTOILE (Pierre de l'), célèbre annaliste français (1540-1611).

ESTOMAC, sm. (c nul), organe qui digère les aliments. Fig. devant de la poitrine.

ESTOMAQUER (S'), vpr. s'offenser (fam.).

ESTOMPE, sf. rouleau de papier ou de peau pour étendre le crayon ou le pastel.

ESTOMPER, va. et n. étendre avec l'estompe.

ESTOUFFADE ou ÉTOUFFADE, sf. cuisson des viandes dans un vase bien fermé.

ESTRADE, sf. chemin; élévation sur un plancher.

ESTRADIOT, sm. (t final nul), soldat de cavalerie légère, tiré autrefois de la Grèce et de l'Albanie.

ESTRAGON, sm. sorte d'herbe potagère.

ESTRAMAÇON, sm. sorte d'épée ancienne à deux tranchants.

ESTRAMAÇONNER, va. et n. donner des coups d'estramaçon.

ESTRAMADURE ou ESTRAMADOURE, province d'Espagne et de Portugal.

ESTRAPADE, sf. sorte de supplice qui consistait à soulever le patient au moyen d'une corde attachée aux mains liées derrière le dos, et à le laisser retomber brusquement.

ESTRAPADER, va. faire subir l'estrapade.

ESTRAPASSER, V. Strapasser.

ESTRÉES (D'), nom d'une famille qui a fourni plusieurs maréchaux et amiraux de France, dont le plus célèbre est Victor-Marie, vice-amiral, maréchal et membre du conseil de Régence en 1715 (1660-1737).

ESTRELLA (Sierra d'), chaîne de montagnes du Portugal.

ESTROPIER, va. ôter l'usage d'un membre; mutiler. Fig. défigurer, altérer.

ESTUAIRE, sm. sorte de golfe à l'embouchure d'un grand fleuve.

ESTURGEON, sm. sorte de poisson de mer.

ESZEK, capitale de l'Esclavonie.

ET, conj. servant à lier les mots et les membres de phrase. — ET CETERA, locution latine signifiant et le reste.

ÉTABLAGE, sm. louage d'une étable.

ÉTABLE, sf. lieu couvert où l'on met les bestiaux.

ÉTABLER, va. mettre à l'étable.

ÉTABLES, port (Côtes-du-Nord).

ÉTABLI, sm. sorte de table de travail de certains ouvriers.

ÉTABLIR, va. fixer, installer, mettre. *Fig.* mettre en bon état; fonder; donner une profession; instituer; former; marier : *établir ses enfants*; prouver : *établir ses droits.* — S'ÉTABLIR, vpr. former un établissement; se fixer.

ÉTABLISSEMENT, sm. action d'établir ou de s'établir; ce qui est établi. *Fig.* commencement, état, institution, foundation; fonds de commerce.

ÉTAGE, sm. espace entre deux planchers d'une maison. *Fig.* degré d'élévation, rang.

ÉTAGER, va. disposer par étages.

ÉTAGÈRE, sf. petit meuble garni de tablettes disposées par étages.

ÉTAI, sm. pièce de bois pour étayer.

ÉTAIM, sm. partie la plus fine de la laine cardée.

ÉTAIN, sm. métal, l'un des corps simples de la chimie.

ÉTAIN, p. ville (Meuse).

ÉTAL, sm. table ou boutique de boucher (pl. *étaux*).

ÉTALAGE, sm. exposition de marchandises en vente, ces marchandises mêmes. *Fig.* ce dont on fait parade.

ÉTALAGISTE, sm. et adj. marchand qui étale dans les rues.

ÉTALER, va. faire un étalage; étendre, déployer. *Fig.* faire parade de; *étaler son savoir.* — S'ÉTALER, vpr. s'étendre de son long (fam.).

ÉTALIER, adj. et sm. garçon qui vend pour le maître boucher.

ÉTALON, sm. cheval entier; modèle de mesure, de poids.

ÉTALONNAGE ou ÉTALONNEMENT, sm. vérification d'une mesure ou d'un poids sur l'étalon.

ÉTALONNER, va. faire une vérification sur l'étalon; marquer un poids, une mesure.

ÉTALONNEUR, sm. celui qui étalonne.

ÉTAMAGE, sm. action d'étamer; résultat de cette action.

ÉTAMER, va. couvrir un métal d'une couche d'étain fondu; mettre le tain à une glace.

ÉTAMEUR, sm. celui qui étame.

ÉTAMINE, sf. étoffe mince et non croisée; tissu peu serré pour tamis. — *Fig.* examen sévère; épreuve fâcheuse.

ÉTAMINE, sf. (l. *stamina*, gr. *stêmon* fil, filament), organe mâle de la fleur, composé du filet et de l'anthère (bot.).

ÉTAMINIER, sm. celui qui fait de l'étamine.

ÉTAMPER, va. faire les trous du fer à cheval.

ÉTAMPES, s.-préf. de Seine-et-Oise.

ÉTAMURE, sf. matière pour étamer.

ÉTANCHEMENT, sm. action d'étancher.

ÉTANCHER, va. arrêter l'écoulement d'un liquide. *Fig.* apaiser : *étancher sa soif.*

ÉTANÇON, sm. étai en bois pour soutenir.

ÉTANÇONNER, va. soutenir par des étançons.

ÉTANG, sm. (g nul), amas d'eau retenu par une chaussée.

ÉTAPE, sf. provision de vivres pour les trou-

pes en marche, distribution de ces vivres; lieu où elle se fait, où les troupes s'arrêtent.

ÉTAPLES, p. ville (Pas-de-Calais).

ÉTAT, sm. disposition, situation d'une personne ou d'une chose; manière d'être ou de vivre; condition; liste, inventaire, mémoire; pays, ensemble des citoyens d'un pays, gouvernement. *État civil*, constatation de la naissance, du mariage, du décès d'une personne. Au pl. assemblée politique ; *États généraux*, assemblée des trois ordres, la noblesse, le clergé et le tiers-État.

ÉTAT-MAJOR, sm. corps des officiers d'un régiment ou d'officiers qui, n'étant point attachés à un régiment, remplissent des fonctions spéciales (pl. *états-majors*).

ÉTATS-UNIS ou UNION, confédération d'États dans l'Amérique septentrionale.

ÉTAU, sm. instrument pour serrer les pièces que l'on travaille (pl. *étaux*).

ÉTAYEMENT, sm. action d'étayer; résultat de cette action.

ÉTAYER, va. appuyer, soutenir avec des étais (c. *payer*).

ET CÆTERA, V. *Et.*

ÉTÉ, sm. saison qui commence le 21 juin, et finit le 22 septembre. *Fig.* âge viril.

ÉTEIGNOIR, sm. instrument pour éteindre une lumière.

ÉTEINDRE, va. faire cesser l'action du feu. *Fig.* amortir : *éteindre une dette*; adoucir : *éteindre une couleur trop éclatante* ; abolir : *on veut en éteindre la mémoire*; faire cesser : *éteindre la discorde.* — S'ÉTEINDRE, vpr. cesser de brûler. *Fig.* mourir, finir (c. *teindre*).

ÉTEINT, EINTE, adj. sans vivacité, faible.

ÉTENDAGE, sm. cordes tendues pour faire sécher.

ÉTENDARD, sm. (d final nul), enseigne de cavalerie, drapeau ; pétale supérieur de la corolle papilionacée (bot.).

ÉTENDOIR, sm. pelle pour étendre, lieu où l'on étend.

ÉTENDRE, va. déployer dans tous les sens, allonger, augmenter, agrandir. — S'ÉTENDRE, vpr. tenir un certain espace; durer; se coucher tout de son long. *Fig.* s'étendre sur, parler longtemps.

ÉTENDU, UE, adj. vaste.

ÉTENDUE, sf. dimension dans tous les sens; espace, superficie, grandeur.

ÉTÉOCLE, fils aîné d'OEdipe.

ÉTERNEL (l'), sm. Dieu.

ÉTERNEL, ELLE, adj. qui est sans commencement ni fin; immuable et nécessaire; qui est sans fin, de longue durée ou souvent répété.

ÉTERNELLEMENT, adv. d'une manière éternelle.

ÉTERNISER, va. rendre éternel, faire durer longtemps. — S'ÉTERNISER, vpr. se prolonger.

ÉTERNITÉ, sf. durée sans commencement ni fin. *Fig.* temps fort long.

ÉTERNUER, vn. faire un éternument.

ÉTERNUMENT, sm. mouvement subit et convulsif des muscles servant à l'expiration et qui chasse violemment l'air par le nez et par la bouche.

ÉTÉSIEN , *adj. m. se dit de certains vents périodiques dans la Méditerranée.*

ÉTÊTEMENT, *sm.* action d'étêter.

ÉTÊTER, *va.* couper la tête d'un arbre, d'une plante, d'un clou, etc.

ÉTEUF, *sm.* (*f* nulle), petite balle pour jouer à la paume.

ÉTEULE ou ESTEULE, *sf.* chaume.

ÉTHELBALD , ÉTHELBERT , ÉTHELRED , ÉTHELWOLF , noms de plusieurs rois d'Angleterre.

ÉTHER , *sm.* fluide subtil que l'on suppose remplir l'espace; liqueur très-volatile obtenue par la distillation d'un acide mêlé avec de l'alcool.

ÉTHÉRÉ , ÉE , *adj.* de la nature de l'éther. *La voûte éthérée,* le ciel.

ÉTHÉRISATION, *sf.* action d'éthériser.

ÉTHÉRISER , *va.* rendre insensible par l'inhalation de l'éther.

ÉTHIOPIE, anc. contrée d'Afrique au sud de l'Égypte.

ÉTHIOPIEN, IENNE, *adj.* et *s.* de l'Éthiopie.

ÉTHIOPIQUE, *adj.* 2 *g.* de l'Éthiopie.

ÉTHIQUE, *sf.* (gr. *éthikos* moral : d'*éthos* mœurs), partie de la philosophie qui traite de la morale.

ETHMOÏDAL, ALE, *adj.* de l'os ethmoïde.

ETHMOÏDE, *adj.* et *sm.* (gr. *éthmos* crible, *éidos* forme), os du crâne situe à la racine du nez et percé de trous comme un crible.

ETHNARCHIE, *sf.* (on pron. *etnarqui*), dignité ou gouvernement de l'ethnarque.

ETHNARQUE , *sm.* (gr. *ethnarchês* : d'*ethnos* nation, tribu; *arché* autorité , commandement), ancien gouverneur de province.

ETHNIQUE , *adj.* et *s.* 2 *g.* (gr. *ethnikos* : d'*ethnos* nation), qui est particulier à certaines nations; les Gentils, les païens. *Mot ethnique,* mot qui désigne l'habitant d'un pays, comme *Parisien.*

ETHNOGRAPHE , *sm.* celui qui s'occupe d'ethnographie.

ETHNOGRAPHIE , *sf.* (gr. *ethnos* nation, peuple, race ; *graphô* décrire), étude et description des diverses races d'hommes, des divers peuples.

ETHNOGRAPHIQUE , *adj.* 2 *g.* qui appartient à l'ethnographie.

ETHNOLOGIE, *sf.* (gr. *ethnos* nation, race ; *logos* traité), science qui traite des diverses races d'hommes.

ETHNOLOGIQUE, *adj.* de l'ethnologie.

ÉTHOLOGIE, *sf.* (gr. *éthos* mœurs; *logos* discours, traité), discours ou traité sur les mœurs.

ÉTHOPÉE, *sf.* (gr. *éthos* mœurs; *poiéô* faire, rendre), figure de rhétorique qui consiste à peindre ou à exprimer les mœurs et les passions.

ÉTIAGE, *sm.* la plus grande baisse des eaux d'une rivière.

ÉTIENNE (SAINT), premier martyr, m. 33. — (SAINT), pape et martyr, m. 257. — (SAINT), roi de Hongrie, m. 1038.

ÉTIENNE , auteur dramatique et publiciste français (1777-1845). V. *Estienne.*

ÉTIER, *sm.* canal qui conduit l'eau de mer dans les marais salants.

ÉTINCELANT, ANTE, *adj.* qui étincelle.

ÉTINCELER, *vn.* jeter des éclats de lumière ; briller.

ÉTINCELLE , *sf.* petit éclat de lumière , de feu. *Fig.* petite partie d'esprit , de génie, etc.

ÉTINCELLEMENT, *sm.* état de ce qui étincelle.

ÉTIOLEMENT , *sm.* altération des plantes privées de lumière et d'air.

ÉTIOLER , *va.* et S'ÉTIOLER, *vpr.* produire ou éprouver l'étiolement.

ÉTIOLOGIE, *sf.* (gr. *aitiologia* : d'*aitia* cause et *logos* discours, traité), partie de la medecine qui traite des causes des maladies.

ÉTIQUE, *adj.* et *s.* 2 *g.* attaqué d'étisie; desséché, maigre.

ÉTIQUETER, *va.* mettre une étiquette (c. *acheter*).

ÉTIQUETTE, *sf.* petit écriteau appliqué sur un sac, un paquet, une fiole, etc.; cérémonial, usages du monde.

ÉTIRAGE, *sm.* action d'étirer.

ÉTIRER, *va.* allonger en tirant.

ÉTISIE, *sf.* phthisie; fièvre qui dessèche et maigrit.

ETNA, volcan de Sicile.

ÉTOFFE, *sf.* tissu pour habiller ou meubler. *Fig.* nature, mérite : *homme de mince étoffe;* matière quelconque : *il n'y a pas assez d'étoffe dans ce chapeau;* dispositions heureuses : *il y a de l'étoffe dans ce garçon.*

ÉTOFFÉ, ÉE, *adj.* bien garni, où il y a assez d'étoffe.

ÉTOFFER , *va.* mettre suffisamment d'étoffe; bien garnir.

ÉTOILE, *sf.* astre. *Fig.* destinée; astérisque, signe en forme d'étoile; pièce d'artifice; fêlure en étoile; réunion d'allées, de routes.

ÉTOILE (Pierre de l'), V. *Estoile.*

ÉTOILÉ, ÉE, *adj.* semé d'étoiles; qui est fêlé en étoile.

ÉTOILER , *va.* et S'ÉTOILER, *vpr.* fêler ou se fêler en forme d'étoile.

ÉTOLE, *sf.* bande d'étoffe que revêt le prêtre officiant.

ÉTOLIE, contrée de l'anc. Grèce.

ÉTOLIEN, IENNE, *adj.* et *s.* de l'Étolie.

ÉTONNAMMENT, *adv.* d'une manière étonnante.

ÉTONNANT, ANTE, *adj.* qui étonne.

ÉTONNEMENT , *sm.* surprise ; admiration.

ÉTONNER, *va.* surprendre par quelque chose d'inattendu, d'extraordinaire. *Fig.* ébranler par une commotion. — S'ÉTONNER, *vpr.* trouver étrange, s'effrayer; être étonné.

ÉTOUFFADE, V. *Estouffade.*

ÉTOUFFANT, ANTE , *adj.* qui fait que l'on éprouve de l'étouffement.

ÉTOUFFEMENT, *sm.* difficulté de respirer.

ÉTOUFFER, *va.* et *n.* suffoquer, faire perdre la respiration, mourir par défaut d'air; respirer difficilement. *Fig.* surmonter, cacher, tenir secret; affaiblir; détruire : *étouffer une erreur*.

ÉTOUFFOIR, sm. ustensile pour étouffer le feu; appareil pour étouffer les sons du piano.

ÉTOUPE, sf. partie grossière de la filasse.

ÉTOUPER, va. boucher avec de l'étoupe.

ÉTOUPILLE, sf. (ll m.), petite mèche inflammable qui sert d'amorce à un canon.

ÉTOUPILLON, sm. (ll m.), petite mèche suivée que l'on place dans la lumière d'une pièce d'artillerie pour garantir la charge de l'humidité.

ÉTOURDERIE, sf. caractère ou action d'un étourdi.

ÉTOURDI, IE, adj. et s. qui agit et parle sans réflexion. *Fig.* engourdi.

ÉTOURDIMENT, adv. avec étourderie; en étourdi.

ÉTOURDIR, va. causer dans le cerveau un ébranlement qui trouble les fonctions des sens; fatiguer par le bruit. *Fig.* étonner; calmer la douleur; engourdir. — S'ÉTOURDIR, vpr. se distraire d'un mal, d'un chagrin.

ÉTOURDISSANT, ANTE, adj. qui étourdit. *Fig.* étonnant, extraordinaire.

ÉTOURDISSEMENT, sm. vertige. *Fig.* trouble.

ÉTOURNEAU, sm. sansonnet. *Fig.* étourdi.

ÉTRANGE, adj. 2 g. singulier, bizarre; contraire à l'ordre, à l'usage ordinaire.

ÉTRANGEMENT, adv. d'une manière étrange.

ÉTRANGER, ÈRE, adj. et s. qui est d'une autre nation ou d'une autre famille; qui n'a aucune part, aucun rapport à une chose: *un fait étranger à la cause*; qui est de nature différente : *argent combiné avec des matières étrangères*; qui n'a aucune notion de : *la chimie lui est tout à fait étrangère*.

ÉTRANGETÉ, sf. caractère de ce qui est étrange.

ÉTRANGLÉ, ÉE, adj. resserré, étroit.

ÉTRANGLEMENT, sm. action d'étrangler; resserrement.

ÉTRANGLER, va. et n. arrêter la respiration; tuer en serrant ou bouchant le gosier. *Fig.* resserrer.

ÉTRAPE, sf. petite faucille.

ÉTRAPER, va. couper avec l'étrape.

ÉTRAVE, sf. pièce courbe qui forme la proue du navire.

ÊTRE, v. substantif ou essentiel et auxiliaire : exister, faire partie de; appartenir : *ce livre est à moi*.

ÊTRE, sm. ce qui est, tout objet existant; existence; au *pl.* distribution d'une maison.

ÉTRÉCIR, va. rétrécir.

ÉTRÉCISSEMENT, sm. action d'étrécir; résultat de cette action.

ÉTRÉCISSURE, sf. état d'une chose étrécie.

ÉTREINDRE, va. serrer fortement en liant; embrasser (c. peindre).

ÉTREINTE, sf. serrement; action d'étreindre.

ÉTRENNE, sf. présent du jour de l'an; première recette de la journée; premier usage d'un objet.

ÉTRENNER, va. et n. donner des étrennes;

être le premier qui achète; se servir d'une chose ou vendre pour la première fois.

ÉTRÉSILLON, sm. (ll m.), pièce de bois mise en travers pour étayer un mur ou pour empêcher les terres de s'ébouler.

ÉTRÉSILLONNER, va. (ll m.), soutenir avec un ou des étrésillons.

ÉTRETAT, p. port (Seine-Inférieure).

ÉTRIER, sm. espèce d'anneau qui sert d'appui au pied d'une personne à cheval. *Fig.* avoir le pied à l'étrier, être sur le point de partir; commencer une carrière, être à portée d'avancer sa fortune.

ÉTRILLE, sf. (ll m.), instrument en fer pour frotter les chevaux.

ÉTRILLER, va. (ll m.), frotter avec l'étrille. *Fig.* maltraiter; faire payer trop cher : *cet aubergiste nous a étrillés*.

ÉTRIPER, va. ôter les tripes.

ÉTRIQUÉ, ÉE, adj. qui manque d'ampleur.

ÉTRIQUER, va. rétrécir.

ÉTRIVIÈRE, sf. courroie qui supporte l'étrier; au *pl.* coups d'étrivières. *Fig.* mauvais traitement.

ÉTROIT, OITE, adj. qui a peu de largeur. *Fig.* limité, borné : *esprit étroit*; intime : *étroite amitié*; rigoureux : *obligation étroite*. — `À L'ÉTROIT`, loc. adv. dans un espace étroit, dans la gêne.

ÉTROITEMENT, adv. à l'étroit; fortement, à la rigueur.

ÉTROITESSE, sf. qualité d'une chose étroite (se dit surtout de l'esprit et des idées).

ÉTRONÇONNER, va. couper entièrement la tête d'un arbre.

ÉTRURIE région de l'Italie ancienne; auj. Toscane.

ÉTRUSQUE, adj. et s. 2 g. de l'Étrurie.

ETTLINGEN, p. ville du gr.-duché de Bade, près de Carlsruhe. Victoire des Français sur les Autrichiens, en 1796.

ÉTUDE, sf. action d'étudier; application d'esprit; connaissance acquise; essai de peintre, de sculpteur; cabinet de notaire, d'avoué, etc.; salle de travail des élèves.

ÉTUDIANT, sm. celui qui étudie dans une école publique.

ÉTUDIÉ, ÉE, adj. fait avec soin. *Fig.* feint, affecté.

ÉTUDIER, va. et n. travailler pour apprendre; préparer, méditer, observer avec soin. — S'ÉTUDIER, vpr. s'observer soi-même; s'exercer à.

ÉTUI, sm. boîte appropriée à l'objet qu'elle doit contenir; petite boîte longue à aiguilles.

ÉTUVE, sf. lieu que l'on échauffe pour faire sécher ou transpirer; autrefois bains chauds.

ÉTUVÉE, sf. certaine manière de cuire les viandes.

ÉTUVEMENT, sm. action d'étuver.

ÉTUVER, va. laver en appuyant doucement.

ÉTUVISTE, sm. celui qui tient des bains chauds.

ÉTYMOLOGIE, sf. (gr. *étymologia* : d'*étymos* vrai et *logos* mot, expression), origine d'un mot, explication de sa signification vraie ou primitive.

ÉTYMOLOGIQUE, *adj. 2 g.* qui concerne les étymologies.

ÉTYMOLOGISTE, *sm.* celui qui s'occupe d'étymologies.

EU, p. ville (Seine-Inférieure).

EUBAGES, *sm. pl.* classe de druides qui s'occupaient de sciences physiques et d'astronomie.

EUBÉE, grande île de la Grèce ; auj. *Négre-pont.*

EUCHARISTIE, *sf.* (on pron. *eucaristi* ; gr. *eu* bien, *charis* grâce, reconnaissance), le saint sacrement du corps et du sang de Jésus-Christ, sacrement qui est le principal moyen de rendre grâces à Dieu par le sacrifice de la messe.

EUCHARISTIQUE, *adj. 2 g.* de l'eucharistie.

EUCHER (St), évêque de Lyon, vers l'an 434.

EUCLIDE de Mégare, philosophe grec, 400 ans av. J. C. — célèbre géomètre grec, vers l'an 320 av. J. C.

EUCOLOGE, *sm.* (gr. *euchê* prière, *logos* traité, livre), livre de prières pour l'office des dimanches et des fêtes principales.

EUDES, roi de France en 888, m. 898.

EUDIOMÈTRE, *sm.* (gr. *eudios* serein, *métron* mesure), instrument pour mesurer la pureté de l'air ou d'un gaz (*phys.*).

EUDIOMÉTRIE, *sf.* art d'analyser l'air.

EUDIOMÉTRIQUE, *adj. 2 g.* qui a rapport à l'eudiométrie.

EUDOXE, mathématicien, astronome et philosophe grec (409-356 av. J. C.). — navigateur grec, 2e s. av. J. C.

EUDOXIE, nom de plusieurs princesses du Bas-Empire.

EUGÈNE, deux saints et plusieurs papes de ce nom. — Eugène (le prince), de Savoie-Carignan, célèbre général des armées d'Allemagne (1663-1736). V. *Beauharnais.*

EUGÉNIE, nom de femme.

EULALIE (Ste), vierge et martyre (296-308).

EULER, célèbre mathématicien et physicien suisse (1707-1783).

EUMÉE, serviteur d'Ulysse.

EUMÈNE, l'un des généraux d'Alexandre, m. 315 av. J. C. — nom de plusieurs rois de Pergame.

EUMÉNIDES, *sf. pl.* (gr. *eumênidès* d'*eu* bien, bon, et *ménos* esprit, intention), les Furies, ainsi nommées par antiphrase.

EUNUQUE, *sm.* gardien d'un sérail dans l'Orient. *Fig.* qui est sans force, sans vigueur.

EUNUS, chef d'une révolte d'esclaves en Sicile, m. 136 av. J. C.

EUPATOIRE, *sf.* genre de plantes.

EUPATOR, surnom d'Antiochus V, roi de Syrie.

EUPATRIDES, *adj. et sm. pl.* (gr. *eupatridès* de bonne naissance ; formé d'*eu* bien, bon, et *patêr* père), nobles, patriciens de l'Attique.

EUPHÉMIE (Ste), vierge et martyre, m. 307.

EUPHÉMISME, *sm.* (gr. *euphêmismos* : d'*eu* bien, heureusement, et *phêmi* dire), adoucissement de paroles pour déguiser des idées tristes ou désagréables.

EUPHONIE, *sf.* (gr. *eu* bien ; *phônê* voix, son), son agréable, prononciation douce.

EUPHONIQUE, *adj. 2 g.* qui produit l'euphonie, où il y a de l'euphonie.

EUPHORBE, *sm.* genre de plantes à suc laiteux.

EUPHORBIACÉES, *sf. pl.* famille de plantes dont l'euphorbe est le type (*bot.*).

EUPHRAISE, *sf.* genre de plantes.

EUPHRASIE (Ste), solitaire de la Thébaïde, m. 413.

EUPHRATE, fleuve de la Turquie d'Asie.

EUPHROSYNE, l'une des Grâces (*myth.*).

EUPOLIS, poëte comique d'Athènes, 5e s. av. J. C.

EURE, riv. de France, affluent de la Seine. Elle donne son nom à un dép. dont le ch.-l. est *Evreux.*

EURE-ET-LOIR, dép. français, dont le ch.-l. est *Chartres.*

EURIC, nom de plusieurs rois visigoths.

EURIPE, détroit de l'île d'Eubée.

EURIPIDE, célèbre poëte tragique grec (480-402 av. J. C.).

EUROPE, l'une des cinq parties du monde — fille d'Agénor, roi de Phénicie (*myth.*).

EUROPÉEN, ENNE, *adj. et s.* d'Europe.

EUROTAS, riv. de la Grèce anc.

EURUS, dieu du vent d'est (*myth.*).

EURYALE, troyen. V. *Nisus.*

EURYBIADE, général spartiate, 5e s. av. J. C.

EURYDICE, femme d'Orphée. — nom de deux reines de Macédoine.

EURYMÉDON, riv. de la Pamphylie (Asie Mineure). Victoire de Cimon sur les Perses en 470 av. J. C.

EURYSTHÉE, roi d'Argos, imposa à Hercule ses douze travaux.

EURYSTHÈNE et Proclès, fils de l'Heraclide Aristodème et premiers rois de Sparte, 12e s. av. J. C.

EURYTHMIE, *sf.* bel ordre, belle proportion d'un édifice ; régularité du pouls.

EUSÈBE (St), pape, m. 310.

EUSÈBE, évêque de Césarée et historien ecclésiastique (267-338).

EUSTACHE, *sm.* sorte de couteau grossier.

EUSTACHE (St), martyr, m. 130. V. *Saint-Pierre* (de).

EUSTATHE (St), évêque d'Antioche, m. 337.

EUTERPE, l'une des Muses (*myth.*).

EUTROPE, historien latin du 4e s.

EUTYCHÉEN, ENNE, *adj.* (on pron. *eutikéen*), d'Eutychès ; au *pl.* partisans de l'hérésie d'Eutychès.

EUTYCHÈS (on pron. *Eutikès*), fameux hérésiarque du 5e s.

EUX, *pron. pers. m. pl.* de *lui.*

ÉVACUANT, ANTE, et **ÉVACUATIF**, IVE, *adj. et sm.* qui fait évacuer (*méd.*).

ÉVACUATION, *sf.* action d'évacuer ; matières évacuées.

ÉVACUER, *va.* vider au dehors ; faire sortir, faire quitter ; sortir de : *la garnison évacua la place.*

ÉVADER, vn. sortir, partir. — S'ÉVADER, vpr. s'en aller, s'échapper furtivement d'un lieu.

ÉVAGATION, sf. action de l'esprit qui se porte sur des objets divers sans pouvoir s'arrêter à l'un d'eux.

ÉVAGORAS, nom de deux rois de Chypre, 4e et 3e s. av. J. C.

ÉVALUATION, sf. estimation, appréciation.

ÉVALUER, va. estimer la valeur, fixer le prix.

ÉVANDRE, prince arcadien qui s'établit dans le Latium, 1300 av. J. C.

ÉVANGÉLIQUE, adj. 2 g. de l'Évangile, suivant l'Évangile.

ÉVANGÉLIQUEMENT, adv. d'une manière évangélique.

ÉVANGÉLISER, vn. et a. prêcher l'Évangile, convertir à l'Évangile.

ÉVANGÉLISTE, s. et adj. m. écrivain sacré d'un Évangile.

ÉVANGILE, sm. (l. evangelium, gr. euaggelion bonne nouvelle), loi chrétienne; livre contenant la vie et la doctrine de Jésus-Christ.

ÉVANOUIR (S'), vpr. tomber en faiblesse. Fig. disparaître subitement.

ÉVANOUISSEMENT, sm. défaillance.

ÉVANS (Olivier), mécanicien des États-Unis, inventeur des machines à vapeur à haute pression (1755-1811).

ÉVAPORATION, sf. action de s'évaporer. Fig. étourderie.

ÉVAPORÉ, ÉE, s. et adj. étourdi, inconsidéré, qui a l'esprit léger.

ÉVAPORER, va. et S'ÉVAPORER, vpr. se vaporiser, se résoudre en vapeur. Fig. se dissiper, se perdre. Évaporer sa douleur, la soulager.

ÉVASÉ, ÉE, adj. qui est à large ouverture.

ÉVASEMENT, sm. état de ce qui est évasé.

ÉVASER, va. élargir l'ouverture. — S'ÉVASER, vpr. s'élargir.

ÉVASIF, IVE, adj. qui sert à s'échapper d'un embarras, à éluder une difficulté.

ÉVASION, sf. action de s'évader.

ÉVASIVEMENT, adv. par un moyen évasif.

ÈVE, nom de la première femme.

ÉVÊCHÉ, sm. dignité, diocèse, demeure d'o-vêque.

ÉVECTION, sf. (on pr. évexion), seconde inégalité du mouvement de la lune, produite par l'action du soleil (astr.).

ÉVEIL, sm. (l m.), premier avis d'une chose à laquelle on ne pensait pas.

ÉVEILLÉ, ÉE, adj. et s. (ll m.), gai, vif, avisé, soigneux.

ÉVEILLER, va. (ll m.), tirer du sommeil. Fig. mettre en gaieté; exciter. — S'ÉVEILLER, vpr. cesser de dormir; sortir d'un état de torpeur.

ÉVÉNEMENT, sm. fait qui se produit, dénouement; fait remarquable; incident. — A TOUT ÉVÉNEMENT, loc. adv. à tout hasard, quoi qu'il advienne.

ÉVENT, sm. (on pr. évan), altération des aliments ou des liqueurs par l'action de l'air;

ouverture à la tête de certains cétacés; ouverture donnant passage à l'air. Tête à l'évent, étourdi, léger d'esprit.

ÉVENTAIL, sm. (l m.), petit instrument pour s'éventer (pl. éventails).

ÉVENTAILLISTE, sm. (ll m.), fabricant d'éventails.

ÉVENTAIRE, sm. plateau d'osier que portent devant elles les marchandes ambulantes.

ÉVENTÉ, ÉE, adj. altéré par l'action de l'air. Fig. évaporé, étourdi.

ÉVENTER, va. exposer au vent ou à l'air; donner de l'air avec l'éventail. Fig. dévoiler une chose secrète. — S'ÉVENTER, vpr. se donner de l'air avec l'éventail; se gâter à l'air.

ÉVENTOIR, sm. éventail grossier pour exciter le feu.

ÉVENTRER, va. fendre, percer le ventre. Fig. ouvrir en perçant ou en brisant.

ÉVENTUALITÉ, sf. caractère de ce qui est éventuel.

ÉVENTUEL, ELLE, adj. dépendant d'un événement incertain.

ÉVENTUELLEMENT, adv. d'une manière éventuelle.

ÉVÊQUE, sm. (gr. episkopos surveillant, inspecteur), prélat chargé de la conduite et de la surveillance d'un diocèse. Évêque in partibus (sous-entendu infidelium), dont le diocèse est au pouvoir des infidèles.

ÉVERGÈTE, adj. (gr. euergetès bienfaiteur ou bienfaisant), surnom de quelques princes de l'antiquité.

ÉVERSIF, IVE, adj. qui produit le renversement, la ruine, au fig.

ÉVERSION, sf. ruine, renversement.

ÉVERTUER (S'), vpr. s'exciter, faire ses efforts.

ÉVIAN, p. ville sur le lac de Genève (Haute-Savoie); eaux minérales.

ÉVICTION, sf. (on pr. évixion), action d'évincer.

ÉVIDAGE, sm. action d'évider.

ÉVIDEMMENT, adv. d'une manière évidente.

ÉVIDENCE, sf. qualité, manière d'être de ce qui se manifeste clairement.

ÉVIDENT, ENTE, adj. manifeste, certain.

ÉVIDER, va. faire une cannelure, une découpure, une échancrure.

ÉVIDOIR, sm. outil pour évider.

ÉVIER, sm. pierre creuse pour laver la vaisselle.

ÉVILMÉRODAC, roi de Babylone, m. 560 av. J. C.

ÉVINCER, va. déposséder juridiquement. Fig. renvoyer d'un emploi, exclure.

ÉVISCÉRATION, sf. action d'éviscérer.

ÉVISCÉRER, va. enlever les viscères. Fig. ôter les parties intérieures d'une chose.

ÉVITABLE, adj. 2 g. qui peut être évité.

ÉVITER, va. esquiver un objet nuisible ou désagréable. — S'ÉVITER, vpr. se fuir réciproquement.

ÉVOCABLE, adj. qui peut être évoqué.

ÉVOCATION, sf. action d'évoquer.

ÉVOCATOIRE, *adj.* 2 *g.* qui donne lieu à une évocation.

ÉVOLUTION, *sf.* mouvement fait par des troupes ou par une flotte.

ÉVOQUER, *va.* appeler, faire venir, faire apparaître; connaître d'une affaire judiciaire.

ÉVORA, ville de Portugal.

ÉVREUX, ch.-l. du dép. de l'Eure.

ÉVRON, p. ville (Mayenne).

ÉVULSION, *sf.* action d'arracher.

EX, *prép.* latine: ci-devant: *un ex-ministre.*

EX ABRUPTO, V. *Abrupto.*

EXACERBATION, *sf.* accès, redoublement d'un mal; paroxysme.

EXACORDE, V. *Hexacorde.*

EXACT, ACTE, *adj.* (on pr. le *c* et le *t*), régulier, ponctuel, fait avec soin, qui est sans erreur. *Sciences exactes,* sciences mathématiques.

EXACTEMENT, *adv.* d'une manière exacte.

EXACTEUR, *sm.* celui qui commet des exactions.

EXACTION, *sf.* (on pr. *exaxion*), action d'exiger ce qui n'est pas dû.

EXACTITUDE, *sf.* ponctualité, précision, justesse.

EXAÈDRE, V. *Hexaèdre.*

EX ÆQUO, *loc.* latine: également, à mérite égal.

EXAGÉRATEUR, TRICE, *s.* celui, celle qui exagère.

EXAGÉRATIF, IVE, *adj.* qui exprime l'exagération.

EXAGÉRATION, *sf.* action d'exagérer; expression qui exagère.

EXAGÉRÉ, ÉE, *adj.* où il y a de l'exagération. — *sm.* exagérateur.

EXAGÉRER, *va.* outrer; louer ou décrier à l'excès. — S'EXAGÉRER, *vpr.* se faire de quelque chose une idée amplifiée.

EXAGONAL, V. *Hexagonal.*

EXAGONE, V. *Hexagone.*

EXALTATION, *sf.* action d'élever en haut; élévation à la papauté. *Fig.* enthousiasme véhément, exagération d'idées.

EXALTÉ, ÉE, *adj.* et *s.* qui est sous l'empire de l'exaltation.

EXALTER, *va.* louer, vanter avec enthousiasme; échauffer, animer. — S'EXALTER, *vpr.* s'enthousiasmer.

EXAMEN, *sm.* (on pron. *egzamèn*), recherche, observation attentive; questions pour juger du savoir de quelqu'un.

EXAMINATEUR, *sm.* celui qui examine ou est chargé d'examiner.

EXAMINER, *va.* regarder attentivement; faire l'examen. — S'EXAMINER, *vpr.* s'observer; consulter sa conscience.

EXANDRIE, V. *Hexandrie.*

EXANTHÈME, *sm.* éruption à la peau (*méd.*).

EXAPOLE, *sf.* (gr. *hex* six, *polis* ville), contrée renfermant six villes principales.

EXARCHAT, *sm.* (on pr. *exarca*), dignité, gouvernement de l'exarque.

EXARQUE, *sm.* (gr. *exarchos* chef), chef qui commandait en Italie pour les empereurs d'Orient.

EXASPÉRATION, *sf.* irritation excessive.

EXASPÉRÉ, ÉE, *adj.* irrité.

EXASPÉRER, *va.* irriter à l'excès.

EXASTYLE, V. *Hexastyle.*

EXAUCEMENT, *sm.* action d'exaucer.

EXAUCER, *va.* écouter favorablement; accorder une demande.

EXCAVATION, *sf.* action de creuser; creux fait dans un terrain.

EXCAVER, *va.* faire une excavation.

EXCÉDANT, ANTE, *adj.* qui excède. — *sm.* ce qui est en plus.

EXCÉDER, *va.* outre-passer, surpasser. *Fig.* importuner, fatiguer, maltraiter. — S'EXCÉDER, *vpr.* se fatiguer à l'excès.

EXCELLEMMENT, *adv.* d'une manière excellente.

EXCELLENCE, *sf.* haute perfection, qualité de ce qui est excellent; titre d'honneur. *Prix d'excellence,* prix de supériorité générale. — PAR EXCELLENCE, *loc. adv.* d'une manière supérieure.

EXCELLENT, ENTE, *adj.* qui excelle; qui est très-bon.

EXCELLENTISSIME, *adj.* 2 *g.* très-excellent.

EXCELLER, *vn.* être supérieur par son mérite, par sa perfection.

EXCENTRICITÉ, *sf.* caractère de ce qui est excentrique. *Fig.* originalité, bizarrerie.

EXCENTRIQUE, *adj.* 2 *g.* se dit de cercles engagés l'un dans l'autre et qui ont des centres différents. *Fig.* original, bizarre. — *sm.* bielle dont le point d'attache n'est pas au centre de la roue.

EXCEPTÉ, *prép.* hors; à la réserve de.

EXCEPTER, *va.* ne pas comprendre dans un nombre, dans une règle.

EXCEPTION, *sf.* (on pron. *excepcion*), action d'excepter; ce que l'on doit excepter. — À L'EXCEPTION DE, *loc. prép.* hormis.

EXCEPTIONNEL, ELLE, *adj.* (on pron. *excepcionel*), qui fait exception; relatif à une exception.

EXCEPTIONNELLEMENT, *adv.* (on pron. *excepcionelleman*), par exception.

EXCÈS, *sm.* (*s* nulle), excédant; ce qui dépasse les bornes ordinaires. *Fig.* dérèglement; outrage. — À L'EXCÈS, JUSQU'À L'EXCÈS, *loc. adv.* outre mesure, à l'extrême.

EXCESSIF, IVE, *adj.* qui dépasse la mesure, le degré ordinaire ou convenable.

EXCESSIVEMENT, *adv.* à l'excès.

EXCIPER, *vn.* alléguer une exception en justice.

EXCIPIENT, *sm.* (on pron. *excipian*), liquide ou autre substance propre à dissoudre.

EXCISION, *sf.* opération de chirurgie par laquelle on coupe de petites parties.

EXCITANT, ANTE, *adj.* qui excite. — *sm.* tonique.

EXCITATEUR, *sm.* instrument pour exciter les décharges électriques (*phys.*).

EXCITATIF, IVE, *adj.* qui excite.

EXCITATION, *sf.* action d'exciter; état de ce qui est excité.

EXCITER, *va.* pousser hors; porter à; animer, encourager; provoquer; faire naître : *cela excita des troubles.* — S'EXCITER, *vpr.* s'animer, s'encourager.

EXCLAMATIF, IVE, *adj.* qui exprime l'exclamation.

EXCLAMATION, *sf.* cri de joie, de surprise, etc. *Point d'exclamation*, point de cette forme (!) qui se met après une exclamation.

EXCLURE, *va.* renvoyer de, écarter; empêcher d'entrer ou d'être admis (c. *conclure*).

EXCLUSIF, IVE, *adj.* qui exclut; dominant; qui repousse tout ce qui blesse ses goûts, ses idées, ses intérêts.

EXCLUSION, *sf.* action d'exclure; acte par lequel on exclut.

EXCLUSIVEMENT, *adv.* en excluant, en exceptant.

EXCOGITATION, *sf.* pensée, réflexion (vx. mot).

EXCOMMUNICATION, *sf.* action d'excommunier.

EXCOMMUNIÉ, ÉE, *adj.* et *s.* qui a encouru l'excommunication.

EXCOMMUNIER, *va.* mettre hors de la communion de l'Église.

EXCORIATION, *sf.* résultat de l'action d'écorcher; écorchure légère à la peau.

EXCORIER, *va.* ôter la peau, faire une écorchure.

EXCORTICATION, *sf.* (l. *cortex* écorce), action d'ôter l'écorce.

EXCORTIQUER, *va.* ôter l'écorce.

EXCRÉMENT, *sm.* tout ce qui est évacué du corps de l'homme ou de l'animal.

EXCRÉMENTEUX, EUSE, ou EXCRÉMENTIEL, IELLE, *adj.* de la nature de l'excrément.

EXCRÉTEUR, *adj. m.* qui sert aux excrétions.

EXCRÉTION, *sf.* matières évacuées; expulsion des humeurs.

EXCRÉTOIRE, *adj. m.* excréteur.

EXCROISSANCE, *sf.* corps qui croît sur la chair, sur le tronc ou les branches des arbres.

EXCURSION, *sf.* action de faire des courses au dehors d'un pays, de faire irruption à l'étranger. *Fig.* digression.

EXCUSABLE, *adj. 2 g.* qui peut être excusé, digne d'être excuse.

EXCUSE, *sf.* disculpation; regret d'avoir offensé; réparation d'une offense; prétexte pour se dispenser de faire quelque chose. *Faire excuse*, s'excuser; *demander excuse*, exiger une réparation.

EXCUSER, *va.* disculper; agréer les excuses; pardonner. — S'EXCUSER, *vpr.* se disculper; chercher à se dispenser de.

EXÉAT (pl. *exéats*) ou EXEAT (inv.), *sm.* mot latin signifiant *qu'il sorte*; permission de sortir, de s'absenter.

EXÉCRABLE, *adj. 2 g.* que l'on doit exécrer; détestable, horrible.

EXÉCRABLEMENT, *adv.* d'une manière exécrable.

EXÉCRATION, *sf.* horreur extrême; au *pl.* imprécations.

EXÉCRER, *va.* avoir en horreur.

EXÉCUTABLE, *adj. 2 g.* qui peut être exécuté; que l'on peut exécuter.

EXÉCUTANT, *sm.* musicien qui exécute sa partie.

EXÉCUTER, *va.* effectuer, mettre à effet; faire; supplicier, faire saisir et faire vendre les meubles d'un créancier; faire de la musique; représenter. — S'EXÉCUTER, *vpr.* se résoudre à faire ce qui doit être fait.

EXÉCUTEUR, TRICE, *s.* celui, celle qui exécute. — *sm.* le bourreau.

EXÉCUTIF, IVE, *adj.* qui fait exécuter les lois.

EXÉCUTION, *sf.* action d'exécuter; mise à mort d'un condamné.

EXÉCUTOIRE, *adj. 2 g. et sm.* qui peut être mis à exécution, qui donne pouvoir d'exécuter judiciairement.

EXÉGÈSE, *sf.* (gr. *exégésis* exposition), explication, interprétation.

EXÉGÈTE, *sm.* celui qui explique.

EXÉGÉTIQUE, *adj. 2 g.* qui sert à expliquer ou qui explique.

EXEMPLAIRE, *sm.* modèle; chacun des objets qui ont été multipliés d'après un type commun, tels que livres, gravures, médailles, etc. — *adj. 2 g.* qui peut servir d'exemple, de modèle.

EXEMPLAIREMENT, *adv.* d'une manière exemplaire.

EXEMPLE, *sm.* modèle; chose pareille à celle dont il s'agit. — PAR EXEMPLE ou simplement EXEMPLE, *loc. adv.* dont on se sert quand on va éclaircir, expliquer ou confirmer par un exemple (*par exemple* s'emploie aussi pour exprimer l'étonnement, l'incrédulité, etc.). — A L'EXEMPLE DE, *loc. prép.*

EXEMPT, EMPTE, *adj.* (on pron. *egzan*), qui n'est point assujetti à, qui est dispensé de.

EXEMPT, *sm.* (on pron. *egzan*), ancien officier de police.

EXEMPTER, *va.* (on pron. *egzanté*), rendre exempt, affranchir, dispenser de.

EXEMPTION, *sf.* (on pron. *egzanpcion*), dispense, privilège.

EXEQUATUR, *sm.* (mot latin; on pron. *egzécouatur*), ordre ou permission d'exécuter; autorisation donnée à un agent étranger d'exercer ses fonctions dans un pays.

EXERCER, *va.* dresser, former, instruire par des actes répétés; faire mouvoir, mettre en activité; pratiquer, se livrer à. — S'EXERCER, *vpr.* essayer de faire, s'appliquer à.

EXERCICE, *sm.* action d'exercer ou de s'exercer; pratique, fonctions; perception d'impôts. *Faire l'exercice*, apprendre le maniement des armes.

EXERCITATION, *sf.* exercice, dissertation.

EXERGUE, *sm.* espace réservé au bas ou autour d'une médaille, d'une monnaie, pour y placer une inscription; cette inscription même.

EXETER, ville d'Angleterre.

EXFOLIATION, *sf.* action de s'exfolier.

EXFOLIER, *va.* enlever les feuilles. — S'EXFOLIER, *vpr.* se détacher en feuilles, en lames, en écailles.

EXHALAISON, *sf.* ce qui s'exhale de quelque corps.

EXHALANT, ANTE, *adj. et sm.* se dit de très-petits vaisseaux qui servent à l'exhalation (*anat.*)

EXHALATION, *sf.* action d'exhaler.

EXHALER, *va.* envoyer hors de soi des vapeurs, des odeurs. *Fig.* exprimer vivement : *exhaler sa colère.* — S'EXHALER, *vpr.* se répandre au dehors ; s'évaporer.

EXHAM, V. *Hexham.*

EXHAUSSEMENT, *sm.* élévation.

EXHAUSSER, *va.* élever plus haut.

EXHÉRÉDATION, *sf.* action d'exhéréder.

EXHÉRÉDER, *va.* priver d'héritage.

EXHIBER, *va.* montrer ; produire en justice.

EXHIBITION, *sf.* action d'exhiber ; ce que l'on montre.

EXHORTATION, *sf.* action d'exhorter, discours par lequel on exhorte.

EXHORTER, *va.* engager ou exciter par le discours.

EXHUMATION, *sf.* action d'exhumer.

EXHUMER, *va.* (l. *ex* hors de, *humus* terre), sortir de terre, déterrer. *Fig.* tirer de l'oubli : *exhumer des souvenirs fâcheux.*

EXIGEANT, ANTE, *adj.* qui exige beaucoup.

EXIGENCE, *sf.* prétention ou caractère de celui qui exige. *Fig.* nécessité.

EXIGER, *va.* demander avec autorité. *Fig.* obliger à, astreindre, ordonner : *j'exige que vous obéissiez.*

EXIGIBILITÉ, *sf.* caractère de ce qui est exigible.

EXIGIBLE, *adj.* 2 g. que l'on a le droit d'exiger.

EXIGU, UË, *adj.* très-petit, modique.

EXIGUITÉ, *sf.* petitesse, modicité.

EXIL, *sm.* bannissement. *Fig.* éloignement forcé d'un lieu.

EXILÉ, ÉE, *adj. et s.* envoyé en exil.

EXILER, *va.* envoyer en exil. *Fig.* reléguer, éloigner. — S'EXILER, *vpr.* s'éloigner, se retirer.

EXILITÉ, *sf.* (l. *exilitas :* d'*exilis* menu, mince), état de ce qui est menu, mince, faible.

EXILLES, place forte dans le Piémont.

EXISTANT, ANTE, *adj.* qui existe.

EXISTENCE, *sf.* état de ce qui existe ; vie. *Fig.* position dans la société.

EXISTER, *vn.* être actuellement ; vivre ; se trouver ou avoir lieu actuellement.

EXMOUTH, p. ville et port d'Angleterre. — (Lord), amiral anglais (1787-1833).

EXOCET, *sm.* poisson volant.

EXODE, *sm.* (gr. *exodos* sortie), livre de l'Ancien Testament contenant l'histoire de la sortie d'Égypte.

EXOGÈNE, *adj.* 2 g. (gr. *ex* en dehors, *génos* naissance), se dit des végétaux offrant leurs vaisseaux fibro-vasculaires disposés par couches concentriques dont les plus jeunes sont en dehors (*bot.*).

EXONÉRATION, *sf.* action d'exonérer ; dispense d'une chose onéreuse.

EXONÉRÉ, ÉE, *adj.* déchargé d'une chose onéreuse.

EXONÉRER, *va.* (l. *exonerare* décharger), décharger d'un poids, d'une dette, d'une obligation ; dégrever.

EXORABLE, *adj.* 2 g. qui se laisse fléchir par des prières.

EXORBITAMMENT, *adv.* excessivement.

EXORBITANT, ANTE, *adj.* excessif, qui dépasse la mesure.

EXORCISER, *va.* chasser les démons.

EXORCISME, *sm.* paroles et cérémonies pour exorciser.

EXORCISTE, *sm.* celui qui exorcise.

EXORDE, *sm.* (l. *exordium* commencement), première partie d'un discours pour capter la bienveillance ou attirer l'attention de l'auditoire (*rhét.*).

EXOSTOME, *sm.* (gr. *exô* en dehors, *stoma* bouche), ouverture ou bouche externe du micropyle (*bot.*).

EXOSTOSE, *sf.* (gr. *ex* hors, *ostéon* os), tumeur contre nature qui s'élève sur les os ou sur le bois (*méd.* et *bot.*).

EXOTÉRIQUE, *adj.* 2 g. (gr. *exôterikos* du dehors, public), se dit de ceux des ouvrages des anciens philosophes qui étaient à la portée de tout le monde.

EXOTIQUE, *adj.* 2 g. (gr. *exôtikos* du dehors, étranger), étranger, qui vient du dehors.

EXPANSIBILITÉ, *sf.* faculté de s'étendre, de se dilater.

EXPANSIBLE, *adj.* 2 g. qui est capable d'expansion.

EXPANSIF, IVE, *adj.* qui dilate ou peut se dilater. *Fig.* qui aime à s'épancher.

EXPANSION, *sf.* action de s'étendre, de se dilater, de s'ouvrir. *Fig.* disposition à la confiance, épanchement.

EXPATRIATION, *sf.* action de s'expatrier ; état de la personne expatriée.

EXPATRIER, *va.* chasser hors de la patrie. — S'EXPATRIER, *vpr.* s'en aller hors de sa patrie.

EXPECTANT, ANTE, *adj.* (l. *expectare* attendre), qui attend, qui a droit d'attendre.

EXPECTATIF, IVE, *adj.* (l. *expectare* attendre), qui donne droit d'espérer, d'attendre.

EXPECTATIVE, *sf.* attente, espérance fondée sur quelque promesse ou sur des probabilités.

EXPECTORANT, ANTE, *adj. et sm.* qui fait expectorer, qui chasse hors de la poitrine.

EXPECTORATION, *sf.* action d'expectorer.

EXPECTORER, *va.* (l. *ex* hors de ; *pectus*, gen. *pectoris* poitrine), chasser hors de la poitrine, cracher les humeurs.

EXPÉDIENT, *sm.* (on pr. *expédian*), moyen de sortir d'affaire, de résoudre une difficulté. — *adj. m.* qui est à propos, convenable.

EXPÉDIER, *va.* hâter l'exécution ; terminer les affaires ; dépenser vite ; envoyer, faire partir ; faire mourir ; tirer copie.

EXPÉDITEUR, *sm.* celui qui expédie des marchandises.

EXPÉDITIF, IVE, *adj.* qui expédie, qui agit promptement.

EXPÉDITION, *sf.* action d'expédier; envoi de marchandises; entreprise de guerre; voyage en decouvertes; copie d'un acte.

EXPÉDITIONNAIRE, *s. et adj. 2 g.* celui qui fait des envois de marchandises; qui a l'emploi de copier; qui fait une expédition militaire.

EXPÉRIENCE, *sf.* épreuve, essai; connaissance des choses acquise par l'usage.

EXPÉRIMENTAL, **ALE**, *adj.* qui est fondé sur l'expérience (pas de pl. m.).

EXPÉRIMENTATION, *sf.* action d'expérimenter.

EXPÉRIMENTÉ, **ÉE**, *adj.* instruit par l'expérience.

EXPÉRIMENTER, *va.* vérifier, éprouver par l'expérience.

EXPERT, **ERTE**, *adj.* habile dans un art. — *sm.* celui qui est nommé pour examiner et estimer.

EXPERTEMENT, *adv.* habilement, adroitement.

EXPERTISE, *sf.* opération des experts, estimation; rapport des experts.

EXPERTISER, *va.* faire une expertise.

EXPIATION, *sf.* action par laquelle on expie.

EXPIATOIRE, *adj. 2 g.* qui expie; qui est propre à expier, à réparer un crime; une faute.

EXPIER, *va.* réparer un crime, une faute.

EXPIRANT, **ANTE**, *adj.* qui expire ou est près d'expirer.

EXPIRATEUR, *adj. m.* se dit des muscles qui servent à l'expiration.

EXPIRATION, *sf.* action de rendre l'air aspiré. *Fig.* fin d'un temps fixe, échéance.

EXPIRER, *va. et n.* rendre l'air que l'on a respiré. *Fig.* mourir, finir, s'évanouir, s'éteindre.

EXPLÉTIF, **IVE**, *adj.* (l. expleré remplir), se dit d'un mot qui n'est pas rigoureusement nécessaire au sens d'une phrase.

EXPLICABLE, *adj. 2 g.* qui peut être expliqué.

EXPLICATEUR, *sm.* celui qui explique.

EXPLICATIF, **IVE**, *adj.* qui sert à expliquer le sens.

EXPLICATION, *sf.* action d'expliquer; éclaircissement, raison; traduction orale.

EXPLICITE, *adj. 2 g.* qui est clair, manifeste, formel, distinct.

EXPLICITEMENT, *adv.* en termes clairs et formels.

EXPLIQUER, *va.* développer, exposer, faire comprendre, déclarer nettement, interpréter. — **S'EXPLIQUER**, *vpr.* avoir une explication, se rendre compte de, exposer nettement ses intentions.

EXPLOIT, *sm.* (t nul), action mémorable à la guerre, et ironiquement sotte action; acte d'huissier.

EXPLOITABLE, *adj. 2 g.* qui peut être exploité, cultivé, saisi.

EXPLOITANT, *adj. m.* se dit d'un huissier qui exploite.

EXPLOITATION, *sf.* action d'exploiter des biens, des terres, des mines, etc.

EXPLOITER, *va.* faire valoir, cultiver, extraire; au *fig.* tirer parti de. — *vn.* faire un exploit d'huissier.

EXPLOITEUR, *sm.* celui qui exploite, qui s'enrichit ou vit aux dépens d'autrui.

EXPLORATEUR, *sm.* celui qui fait une exploration, qui va à la découverte dans un pays.

EXPLORATION, *sf.* action d'explorer, d'aller à la découverte.

EXPLORER, *va.* examiner, aller à la découverte.

EXPLOSIF, **IVE**, *adj.* qui fait explosion.

EXPLOSION, *sf.* éclat subit, detonation. *Fig.* manifestation vive et éclatante : l'explosion de la haine, d'un complot.

EXPONENTIEL, **IELLE**, *adj.* (on pr. exponenciel), se dit d'une quantité qui a un exposant (*math.*).

EXPORTATEUR, *sm.* celui qui exporte des marchandises.

EXPORTATION, *sf.* action d'exporter.

EXPORTER, *va.* porter hors d'un pays.

EXPOSANT, **ANTE**, *adj. et s.* qui expose un fait ou ses droits en justice; qui expose en public des marchandises, des objets d'art. — *sm.* nombre exprimant le degré d'une puissance (*math.*).

EXPOSÉ, *sm.* récit d'un fait; explication; développement.

EXPOSER, *va.* mettre en vue, en présence de; tourner vers; mettre en péril; abandonner à; déduire, expliquer : exposer ses raisons. — **S'EXPOSER**, *vpr.* se mettre en butte à, se mettre en danger.

EXPOSITION, *sf.* action d'exposer; réunion de choses exposées; situation : ce palais est dans une belle exposition; interprétation, récit, explication : faire l'exposition d'une doctrine.

EXPRÈS, **ESSE**, *adj.* précis, formel. — *sm.* homme envoyé à dessein. — *adv.* à certaine fin, à dessein.

EXPRESS, *adj. et sm.* (on pron. fortement les ss), se dit d'un train de chemin de fer qui va à grande vitesse (mot anglais).

EXPRESSÉMENT, *adv.* en termes exprès.

EXPRESSIF, **IVE**, *adj.* qui a de l'expression; qui exprime bien l'idée; énergique.

EXPRESSION, *sf.* action d'exprimer le suc; manifestation du sentiment, énonciation de l'idée; parole, terme, mot.

EXPRIMABLE, *adj. 2 g.* qui peut être exprimé.

EXPRIMER, *va.* tirer le suc, le jus en pressant; énoncer sa pensée; manifester ses sentiments. — **S'EXPRIMER**, *vpr.* parler d'une certaine manière.

EXPROBRATION, *sf.* action de reprocher.

EX PROFESSO, V. *Professo.*

EXPROPRIATION, *sf.* action d'exproprier.

EXPROPRIER, *va.* mettre hors de propriété; priver légalement d'une propriété.

EXPULSER, *va.* pousser au dehors, chasser d'un lieu.

EXPULSIF, **IVE**, *adj.* qui expulse, qui pousse au dehors (*méd.*).

EXPULSION, *sf.* action d'expulser.

EXPURGER, *va.* enlever d'un livre les mots ou les passages contraires aux bonnes mœurs ou aux saines doctrines.

EXQUIS, ISE, *adj.* excellent; de la plus grande perfection.

EXSANGUE, *adj.* 2 g. privé de sang, qui n'a plus de sang.

EXSICCATION, *sf.* dessiccation.

EXSUCCION, *sf.* action de sucer, d'absorber par la succion.

EXSUDATION, *sf.* action de suer.

EXSUDER, *vn.* sortir en manière de sueur.

EXTASE, *sf.* ravissement d'esprit, suspension des sens causée par une forte contemplation. *Fig.* vive admiration.

EXTASIER (S'), *vpr.* tomber en extase. *Fig.* admirer fortement.

EXTATIQUE, *adj.* 2 g. qui est causé par l'extase. — *s.* 2 g. celui, celle qui tombe fréquemment en extase.

EXTENSEUR, *adj.* et *sm.* se dit d'un muscle qui sert à étendre (*anat.*).

EXTENSIBILITÉ, *sf.* qualité de ce qui est extensible.

EXTENSIBLE, *adj.* 2 g. qui peut s'étendre.

EXTENSIF, IVE, *adj.* qui étend.

EXTENSION, *sf.* étendue; action d'étendre ou de s'étendre; allongement, augmentation, sens étendu.

EXTENSO (IN) (on pr. *ine exténso*), *loc. adv.* (mots latins signifiant dans toute l'étendue), complètement, entièrement.

EXTÉNUATION, *sf.* grande diminution de forces.

EXTÉNUÉ, ÉE, *adj. part.* extrêmement affaibli, très-amaigri.

EXTÉNUER, *va.* affaiblir ou fatiguer extrêmement; diminuer.

EXTÉRIEUR, EURE, *adj.* qui est au dehors ou vient du dehors; étranger. — *sm.* ce qui paraît au dehors, le dehors; aspect.

EXTÉRIEUREMENT, *adv.* à l'extérieur, au dehors.

EXTÉRIORITÉ, *sf.* état ou qualité de ce qui est extérieur; superficie.

EXTERMINATEUR, TRICE, *adj.* et *s.* au *m.* qui extermine.

EXTERMINATION, *sf.* action d'exterminer; destruction complète.

EXTERMINER, *va.* détruire; faire périr entièrement.

EXTERNAT, *sm.* (on pron. *externa*), institution ou école qui ne reçoit que des externes.

EXTERNE, *adj.* 2 g. du dehors, qui est au dehors. — *sm.* élève non pensionnaire.

EXTINCTIF, IVE, *adj.* qui éteint.

EXTINCTION, *sf.* (on pr. *extinxion*), action d'éteindre, résultat de cette action.

EXTIRPATEUR, *sm.* celui qui extirpe.

EXTIRPATION, *sf.* action d'extirper. *Fig.* destruction totale.

EXTIRPER, *va.* déraciner. *Fig.* détruire complètement.

EXTORQUER, *va.* obtenir par force, par menaces, par importunité.

EXTORSION, *sf.* action d'extorquer; exaction violente, concussion.

EXTRA, *sm.* (inv.), mot latin signifiant *outre, par delà*, et qui se dit en français de suppléments à un repas en sus de l'ordinaire.

EXTRACTIF, IVE, *adj.* qui marque l'extraction (*gram.*).

EXTRACTION, *sf.* (on pr. *extraxion*), action d'extraire. *Fig.* origine : *une personne de basse extraction.*

EXTRADITION, *sf.* action de livrer un accusé au gouvernement étranger qui le réclame.

EXTRADOS, *sm.* (s nulle), surface extérieure et convexe d'une voûte.

EXTRADOSSÉ, ÉE, *adj.* se dit d'une voûte dont l'extrados est uni comme l'intrados.

EXTRAIRE, *va.* tirer hors de; retirer de; faire un extrait (*c. traire*).

EXTRAIT, *sm.* (t final nul), substance extraite d'une autre; ce que l'on tire d'un livre, d'un acte; abrégé.

EXTRAJUDICIAIRE, *adj.* 2 g. qui est hors des formes de la procédure ou qui ne fait pas partie du procès actuellement pendant en justice.

EXTRAJUDICIAIREMENT, *adv.* par acte extrajudiciaire.

EXTRA-MUROS, *loc. adv.* (on pr. l's), hors des murs, hors de l'enceinte d'une ville (mot latin).

EXTRANÉITÉ, *sf.* (l. *extraneus* qui est du dehors, étranger), qualité de ce qui vient d'un pays étranger; exil au loin.

EXTRAORDINAIRE, *adj.* 2 g. hors de l'ordinaire, et, par extension, singulier, rare. — *sm.* ce qui ne se fait pas ordinairement.

EXTRAORDINAIREMENT, *adv.* d'une manière extraordinaire; excessivement.

EXTRAPASSER, *v.* Strapasser.

EXTRAVAGAMMENT, *adv.* d'une manière extravagante.

EXTRAVAGANCE, *sf.* action ou paroles de celui qui extravague; bizarrerie.

EXTRAVAGANT, ANTE, *adj.* et *s.* qui extravague, qui sort des limites de la raison; qui est contraire au bon sens, à la raison.

EXTRAVAGUER, *vn.* penser, parler ou agir sans raison.

EXTRAVASATION ou EXTRAVASION, *sf.* action de s'extravaser.

EXTRAVASER (S'), *vpr.* se dit du sang, des humeurs, des sucs qui sortent hors des vaisseaux qui les contenaient.

EXTRÊME, *adj.* 2 g. et *sm.* ce qui est au bout, au plus haut degré; excessif; opposé.

EXTRÊMEMENT, *adv.* excessivement, au dernier point.

EXTRÊME-ONCTION, *sf.* sacrement conféré à un malade en danger de mort, à qui le prêtre fait une onction avec les huiles saintes.

EXTREMIS (IN) (on pr. *ine extrémis*), *loc. adv.* (mots latins signifiant à l'extrémité), à l'article de la mort.

EXTRÉMITÉ, *sf.* bout. *Fig.* dernier moment; dernier degré d'une chose mauvaise; état désespéré. Au *pl.* les pieds et les mains.

EXTRINSÈQUE, *adj.* 2 g. qui vient du dehors. *Valeur extrinsèque*, valeur fictive.

EXTRORSE, *adj.* 2 g. (l. *extrorsum* : d'*extra* en dehors), se dit de l'anthère dont les sutures sont tournées en dehors vers la circonférence de la fleur (bot.).

EXTUMESCENCE, *sf.* commencement d'enflure.

EXUBÉRANCE, *sf.* qualité de ce qui est exubérant, abondance inutile.

EXUBÉRANT, **ANTE**, *adj.* qui est surabondant, superflu.

EXULCÉRATIF, **IVE**, *adj.* qui forme des ulcères (méd.).

EXULCÉRATION, *sf.* commencement d'ulcère.

EXULCÉRER, *va.* causer un commencement d'ulcération.

EXULTATION, *sf.* action de sauter ou de tressaillir de joie.

EXUSTION, *sf.* action de brûler entièrement;

état de ce qui est consumé par le feu.

EXUTOIRE, *sm.* cautère, vésicatoire.

EX-VOTO, *sm.* (inv.), objet, tableau, figure placés dans une église ou dans une chapelle en mémoire d'un vœu (mots latins signifiant d'*après un vœu*).

EYCK (VAN-), V. *Van-Eyck*.

EYDER, fleuve du Danemark; se jette dans la mer du Nord.

EYGUIÈRES, p. ville (Bouches-du-Rhône).

EYLAU, p. ville de la Prusse orientale. Victoire de Napoléon Ier sur les Russes et les Prussiens, en 1807.

EYMOUTIERS, p. ville (Haute-Vienne).

EYRIÈS, érudit et géographe français (1767-1846).

ÉZÉCHIAS, roi de Juda, m. 694 av. J. C.

ÉZÉCHIEL, l'un des quatre grands prophètes, 6e s. av. J. C.

EZZELIN, V. *Eccelin*.

F

F, *sm.* et *f.* consonne, 6e lettre de l'alphabet.

FA, *sm.* 4me note de la gamme d'ut.

FABERT (Abraham), maréchal de France (1599-1662).

FABIEN (S^t), pape, m. 250.

FABIENS, nom des 306 guerriers romains de la famille *Fabia* ou des *Fabius*, qui soutinrent la guerre contre les Véiens.

FABIUS, nom romain. FABIUS MAXIMUS, dictateur et interroi, 3e s. av. J. C. — FABIUS MAXIMUS, surnommé *Cunctator* (temporiseur), célèbre général romain, m. 205 av. J. C.

FABIUS PICTOR, historien romain, 3e s. av. J. C.

FABLE, *sf.* apologue, récit renfermant une moralité; sujet d'un poème, d'un roman; mythologie. *Fig.* fausseté. *Être la fable de*, être le sujet des méchants propos.

FABLIAU, *sm.* ancien conte des premiers âges de la poésie française.

FABLIER, *sm.* recueil de fables choisies; celui qui a un grand talent de fabuliste.

FABRE, peintre français (1766-1837).

FABRE D'ÉGLANTINE, poète dramatique et membre du comité de Salut public (1755-1794).

FABRICANT, *sm.* celui qui fabrique, manufacturier.

FABRICATEUR, *sm.* celui qui fabrique des mensonges, de fausses nouvelles, des méchancetés.

FABRICATION, *sf.* action, art de fabriquer; résultat de cette action.

FABRICIEN ou **FABRICIER**, *sm.* marguillier.

FABRICIUS, général romain, 3e s. av. J. C. — célèbre entomologiste danois (1743-1807).

FABRIQUE, *sf.* construction; fabrication ou manufacture; administration des revenus

d'une église; ruines, édifices dessinés dans un tableau.

FABRIQUER, *va.* faire certains ouvrages, certains produits industriels. *Fig.* imaginer, inventer : *fabriquer une nouvelle*.

FABULEUSEMENT, *adv.* d'une manière fabuleuse.

FABULEUX, **EUSE**, *adj.* qui a rapport à la fable; qui est feint ou faux. *Fig.* surprenant, qui passe la croyance, quoique réel.

FABULISTE, *sm.* auteur de fables.

FAÇADE, *sf.* face principale d'un édifice.

FACCIOLATI, savant italien (1682-1769).

FACE, *sf.* visage; façade; côté, superficie des corps. *Fig.* aspect, état, situation. — EN FACE, *loc. adv.* vis-à-vis; FACE A FACE, *loc. adv.* l'un devant l'autre; A LA FACE DE, *loc. prép.* en présence de.

FACÉTIE, *sf.* (on pron. *facéci*), paroles plaisantes; bouffonnerie.

FACÉTIEUSEMENT, *adv.* (on pron. *facécieusement*), d'une manière facétieuse.

FACÉTIEUX, **EUSE**, *adj.* (on pron. *facécieux*), plaisant, bouffon.

FACETTE, *sf.* petite face d'un corps qui a plusieurs côtés.

FACETTER, *va.* tailler à facettes.

FÂCHÉ, **ÉE**, *adj. part.* irrité; qui éprouve du déplaisir : *je suis fâché de vous avoir fait attendre*.

FÂCHER, *va.* causer du déplaisir, du chagrin; irriter : *vous l'avez fâché*. — SE FÂCHER, *vpr.* se mettre en colère; éprouver du déplaisir.

FÂCHERIE, *sf.* mécontentement, déplaisir, brouillerie.

FÂCHEUSEMENT, *adv.* d'une manière fâcheuse.

FÂCHEUX, **EUSE**, *adj.* qui fait de la peine;

incommode, difficile. — *sm.* homme ennuyeux, importun.

FACIAL, ALE, *adj.* de la face (pl. m. *faciaux*).

FACIES, *sm.* (on pron. *faciés*), physionomie; visage.

FACILE, *adj.* 2 g. aisé; qui ne donne pas de peine; qui ne sent pas la gêne; habile; complaisant, faible : *père trop facile envers ses enfants.*

FACILEMENT, *adv.* avec facilité.

FACILITÉ, *sf.* qualité de ce qui est aisé, moyen facile, aptitude; condescendance, complaisance : *homme d'une grande facilité en affaires;* délai accordé : *accorder des facilités pour le payement.*

FACILITER, *va.* rendre facile.

FAÇON, *sf.* manière dont est faite une chose; travail de l'ouvrier; labour; main-d'œuvre; sorte, manière : *changer sa façon de faire;* manière de parler, de se tenir, d'agir : *avoir bonne façon; faire des façons; traiter quelqu'un sans façon.* Au *pl.* manières cérémonieuses. DE FAÇON QUE, *loc. conj.* de manière que.

FACONDE, *sf.* facilité à parler; grande abondance de paroles.

FAÇONNER, *va.* donner la façon; embellir la forme; labourer. *Fig.* former, accoutumer à.

FAÇONNIER, IÈRE, *adj.* qui fait trop de façons, trop de cérémonies.

FAC-SIMILAIRE, *adj.* 2 g. fait à l'imitation de.

FAC-SIMILE, *sm.* (on pron. *fac-simile*), imitation exacte d'une écriture, d'un dessin (mot latin inv.).

FACTAGE, *sm.* entremise d'un facteur; ce que l'on paye au facteur pour son entremise ou son travail.

FACTEUR, *sm.* fabricant d'instruments de musique; agent de commerce, commissionnaire qui porte les marchandises aux destinataires; distributeur des lettres de la poste. En *math.* nombre qui sert avec un autre à former un produit.

FACTICE, *adj.* 2 g. fait ou imité par l'art. *Fig.* feint, supposé.

FACTIEUX, EUSE, *adj.* et *s.* (on pron. *factieu*), séditieux; qui est d'une faction.

FACTION, *sf.* (on pron. *faxion*), guet d'une sentinelle; parti, cabale.

FACTIONNAIRE, *sm.* (on pron. *faxionnaire*), soldat en faction.

FACTORERIE ou **FACTORIE,** *sf.* établissement d'une compagnie de commerce dans les pays lointains à l'étranger.

FACTOTUM (on pron. *factotome*), ou **FACTOTON,** *sm.* (mot latin signifiant *fais tout*), celui qui fait tout, qui se mêle de tout dans une maison (pl. *factotums* ou *factotons*).

FACTUM, *sm.* (on pron. *factome*), exposé sommaire des faits d'un procès; écrit publié pour attaquer ou pour se défendre (pl. *factums*).

FACTURE, *sf.* note détaillée d'une vente; manière de composer en musique : *chant d'une belle facture.*

FACTURER, *va.* faire la facture d'une vente.

FACULE, *sf.* (l. *facula* : de *fax* flambeau),

point plus lumineux ou plus brillant sur le disque du soleil (*astr.*).

FACULTATIF, IVE. *adj.* qui donne la faculté; qui n'est pas obligatoire.

FACULTÉ, *sf.* puissance physique ou morale; aptitude, talent : *les facultés de l'esprit;* moyen de faire; propriété : *l'aimant a la faculté d'attirer le fer;* corps des professeurs du haut enseignement; le corps des médecins. Au *pl.* ressources, biens : *mes facultés ne me permettent point de faire une telle dépense.*

FADAISE, *sf.* bagatelle, niaiserie.

FADASSE, *adj.* 2 g. très-fade.

FADE, *adj.* 2 g. de peu de goût, sans saveur. *Fig.* qui n'a rien de piquant.

FADEUR, *sf.* qualité de ce qui est fade. *Fig.* compliments fades; manque de grâce, de vivacité.

FAENZA, ville d'Italie, près de Ravenne.

FAERNE, fabuliste latin (1500-1561).

FÆROÉ ou **FÆROER** (archipel de), dans l'océan Atlantique.

FAGON, botaniste, chimiste, directeur du Jardin du Roi et premier médecin de Louis XIV (1638-1718).

FAGOT, *sm.* (t nul), faisceau de petit bois. *Fig.* sornettes, choses fausses : *dire des fagots.*

FAGOTAGE, *sm.* travail du fagoteur; bois de fagot.

FAGOTER, *va.* mettre en fagots. *Fig.* mal arranger; habiller sans goût.

FAGOTEUR, *sm.* faiseur de fagots. *Fig.* mauvais faiseur.

FAGOTIN, *sm.* singe habillé; valet d'opérateur. *Fig.* mauvais plaisant.

FAGOUE, *sf.* glande dans la partie supérieure de la poitrine des animaux (c'est ce que dans le veau on appelle *ris*).

FAHRENHEIT, physicien prussien (1686-1740).

FAIBLE, *adj.* 2 g. qui manque de force, de vigueur; médiocre. *Fig.* trop indulgent; qui manque de ressources, de puissance, de valeur : *de faibles raisons.* — *sm.* partie faible d'une chose; principal défaut : *le jeu est son faible.*

FAIBLEMENT, *adv.* avec faiblesse, d'une manière faible.

FAIBLESSE, *sf.* manque de force. *Fig.* manque d'énergie, de puissance, de fermeté; médiocrité; défaillance.

FAIBLIR, *vn.* perdre de sa force, de son ardeur. *Fig.* céder : *l'ennemi commençait à faiblir.*

FAÏENCE, *sf.* poterie de terre vernissée.

FAÏENCERIE, *sf.* fabrique ou commerce de faïence.

FAÏENCIER, IÈRE, *s.* celui, celle qui fait ou vend de la faïence.

FAILLE, *sf.* (ll m.), fente dans les couches de terrain qui ont été brisées, redressées ou pliées par les réactions violentes de l'intérieur du globe à l'extérieur (*géol.*).

FAILLI, *sm.* (ll m.), commerçant qui a fait faillite.

FAILLIBILITÉ, *sf.* (*ll* m.), caractère de l'être faillible; possibilité de faillir.

FAILLIBLE, *adj.* 2 g. (*ll* m.), qui peut faillir, se tromper.

FAILLIR, *vn.* et *déf.* (*ll* m.), faire une faute; se tromper; manquer de, finir, faiblir; faire faillite. — *Ind. pr.* je faux, tu faux, il faut, n. faillons, v. faillez, ils faillent; *imp.* je faillais; *p. déf.* je faillis; *fut.* je faudrai; *cond.* je faudrais; point d'impér.; *subj. pr.* que je faille; *imp.* que je faillisse; *part. pr.* faillant; *part. p.* failli, ie.

FAILLITE, *sf.* (*ll* m.), état du commerçant qui a cessé ses payements.

FAIM, *sf.* besoin et désir de manger. *Fig.* désir ardent, avidité.

FAIM-VALLE, *sf.* spasme des chevaux cause par la faim.

FAINE, *sf.* fruit du hêtre.

FAINÉANT, **ANTE**, *adj.* et *s.* paresseux, qui ne veut rien faire.

FAINÉANTER, *vn.* être fainéant; ne vouloir rien faire.

FAINÉANTISE, *sf.* vie du fainéant; paresse lâche.

FAIRE, *va.* exécuter, former, effectuer, composer, créer, fabriquer, causer. — SE FAIRE, *vpr.* s'habituer, se perfectionner. — *Ind. pr.* je fais, tu fais, il fait, n. faisons (on pr. feson), v. faites, ils font; *imp.* je faisais (on pr. fesai); *p. déf.* je fis; *fut.* je ferai; *cond.* je ferais; *impér.* fais, faisons (on pr. feson), faites; *subj. pr.* que je fasse; *imp.* que je fisse; *part. pr.* faisant (on pr. fesan); *part. p.* fait, faite.

FAIRE, *sm.* manière de faire.

FAIRFAX (Thomas), général, l'un des chefs de la révolution d'Angleterre (1611-1671).

FAISABLE, *adj.* 2 g. qui peut être fait.

FAISAN, *sm.* oiseau de la famille des gallinacés; sa femelle s'appelle *faisane* ou *faisande*.

FAISANCES, *sf. pl.* tout ce à quoi s'oblige un fermier.

FAISANDEAU, *sm.* jeune faisan.

FAISANDER (SE), *vpr.* se dit du gibier qu'on laisse se mortifier et prendre du fumet.

FAISANDERIE, *sf.* lieu où l'on élève des faisans.

FAISANDIER, *sm.* celui qui élève des faisans.

FAISCEAU, *sm.* assemblage d'objets longs et minces réunis ensemble; cône de rayons lumineux. Au pl. hache entourée de verges; assemblage de fusils formant une espèce de pyramide.

FAISEUR, **EUSE**, *s.* celui, celle qui fait.

FAIT, *sm.* ce que l'on fait; ce qui est réellement; action, évènement. *Hauts faits*, grandes actions; *voies de fait*, violences. *Sur le fait*, au moment de. — DANS LE FAIT, PAR LE FAIT, *loc. adv.* réellement, au fond. DE FAIT, *loc. adv.* véritablement; AU FAIT, *loc. adv.* tout bien considéré; SI FAIT, *loc. adv.* certainement; EN FAIT DE, *loc. prép.* en matière de.

FAIT, **FAITE**, *adj. part.* confectionné. *Fig.* propre à, capable de, habitué à; arrangé;

disposé; *un homme fait*, qui est déjà dans un âge mûr.

FAÎTAGE, *sm.* comble; couverture d'un bâtiment.

FAÎTE, *sm.* sommet d'un édifice, d'un arbre. *Fig.* le point le plus élevé.

FAÎTIÈRE, *s.* et *adj. f.* tuile creuse; lucarne sur le faîte d'un toit.

FAIX, *sm.* (*x* nulle), charge, fardeau.

FAKIR, V. *Faquir*.

FALAISE, *sf.* terrain ou rochers escarpés le long de la mer.

FALAISE, s.-préf. du Calvados.

FALBALA, *sm.* bande d'étoffe plissée au bas d'une robe.

FALCIFORME ou **FALQUÉ**, **ÉE**, *adj.* (l. *falx* faux), qui a la forme d'une faux ou d'une faucille (*bot.*).

FALCIROSTRE, *adj.* 2 g. (l. *falx* faux ou faucille, *rostrum* bec), qui a le bec en forme de faucille. — *sm. pl.* famille d'oiseaux échassiers (*zool.*).

FALCONET, statuaire français (1716-1791).

FALÉRIES, anc. ville d'Étrurie.

FALERNE, anc. ville du Latium, célèbre par ses vins du temps des Romains.

FALIERO ou **FALIERI** (Marino), doge de Venise (1278-1355).

FALKLAND (îles) ou *Malouines*, archipel au sud de l'Amérique.

FALISQUES, *sm. pl.* habitants de Faléries.

FALLACE, *sf.* fraude, disposition à tromper.

FALLACIEUSEMENT, *adv.* d'une manière fallacieuse.

FALLACIEUX, **EUSE**, *adj.* trompeur, plein de tromperie.

FALLOIR, *v. imp.* être de nécessité, d'obligation, de bienséance; manquer: *il s'en faut de beaucoup que le nombre soit complet.* — *Ind. pr.* il faut; *imp.* il fallait; *p. déf.* il fallut; *fut.* il faudra; *cond.* il faudrait; pas d'imper.; *subj. pr.* qu'il faille; *imp.* qu'il fallût; pas de *part. pr.*; *part. p.* fallu (sans *fém.*).

FALLOPE, célèbre anatomiste italien (1523-1562).

FALMOUTH, ville et port d'Angleterre, sur la Manche.

FALOT, *sm.* (*t* nul), espèce de grande lanterne.

FALOT, **OTE**, *adj.* et *s.* ridicule, plaisant (*fam.*).

FALOTEMENT, *adv.* d'une manière falote.

FALOURDE, *sf.* fagot de quatre ou cinq bûches.

FALQUÉ, **ÉE**, *adj.* V. *Falciforme*.

FALSIFICATEUR, *sm.* celui qui falsifie.

FALSIFICATION, *sf.* action de falsifier; résultat de cette action.

FALSIFIER, *va.* rendre faux, contrefaire, altérer.

FALSTER, île du Danemark.

FALUN, *sm.* amas de coquilles brisées que l'on trouve dans la terre.

FALUN ou **FAHLUN**, ville de Suède.

FALUNER, *va.* répandre du falun dans un champ.

FALUNIÈRE, sf. mine de falun.

FAMAGOUSTE, ville de l'île de Chypre.

FAMARS, village (Nord), près de Valenciennes.

FAMÉ, ÉE, adj. qui a telle ou telle réputation.

FAMÉLIQUE, adj. 2 g. et sm. qui appartient à la faim, qui est affamé.

FAMEUX, EUSE, adj. qui a beaucoup de renommée. Fig. très-remarquable, considérable, important.

FAMILIARISER, va. rendre familier, habituer. — SE FAMILIARISER, vpr. devenir familier, s'habituer.

FAMILIARITÉ, sf. manière de vivre familièrement avec quelqu'un; action familière.

FAMILIER, IÈRE, adj. et s. (l. familia famille), de la famille : avec lequel on agit ou qui agit comme s'il était de la famille; libre de manières; qui est accoutumé; habituel : défaut familier à un auteur; officier de l'inquisition. Langage ou style familier, simple, sans ornements.

FAMILIÈREMENT, adv. d'une manière familière.

FAMILLE, sf. (ll m.), tous ceux du même sang; race; assemblage de genres : la famille des Labiées.

FAMINE, sf. disette de vivres.

FANAGE, sm. action de faner; salaire du faneur; feuillage d'une plante.

FANAISON, sf. temps de faner.

FANAL, sm. grosse lanterne; phare sur les côtes ou à l'entrée d'un port.

FANARIOTE, sm. Grec qui habite à Constantinople le quartier appelé Fanar (fanal).

FANATIQUE, adj. et s. 2 g. qui est agité d'une fureur divine, qui se croit inspiré. Fig. emporté par un zèle outré; passionné à l'excès.

FANATISER, va. rendre fanatique.

FANATISME, sm. illusion, zèle, passion du fanatique.

FANDANGO, sm. sorte de danse espagnole.

FANE, sf. feuilles des plantes; feuilles tombées des arbres.

FANER, va. retourner et faire sécher le foin. Fig. flétrir. — SE FANER, vpr. perdre la fraîcheur, l'éclat.

FANEUR, EUSE, s. celui, celle qui fane les foins. — sf. machine à retourner les foins.

FANFAN, sm. jeune enfant.

FANFARE, sf. sorte d'air exécuté par des cors de chasse, des trompettes, etc.

FANFARON, adj. et sm. qui fait le brave qui se vante beaucoup.

FANFARONNADE, sf. action de fanfaron; fausse bravoure, vanterie ridicule.

FANFARONNERIE, sf. caractère du fanfaron.

FANFRELUCHE, sf. ornement de peu de valeur.

FANGE, sf. boue, bourbe. Fig. basse condition, avilissement.

FANGEUX, EUSE, adj. plein de fange, boueux.

FANON, sm. peau pendante sous le cou du bœuf; lame de baleine; pendant d'une bannière, d'une mitre.

FANTAISIE, sf. imagination, pensée, désir, goût, caprice, bizarrerie.

FANTAISISTE, s. et adj. m. artiste ou écrivain qui se livre à sa fantaisie, sans égard aux règles de l'art.

FANTASIA, sf. sorte d'exercices à cheval des Arabes.

FANTASMAGORIE, sf. (gr. phantasma fantôme, agora assemblée), spectacle d'optique qui fait apparaître des images de fantômes.

FANTASMAGORIQUE, adj. 2 g. de fantasmagorie.

FANTASQUE, adj. 2 g. capricieux, bizarre.

FANTASQUEMENT, adv. d'une manière fantasque.

FANTASSIN, sm. soldat à pied.

FANTASTIQUE, adj. 2 g. qui n'est que dans l'imagination; chimérique, sans réalité.

FANTASTIQUEMENT, adv. d'une manière chimérique.

FANTOCCINI, sm. pl. (on pr. fantotchini), marionnettes (mot italien).

FANTÔME, sm. spectre. Fig. vaine image; chimère; apparence sans réalité.

FANUM, sm. (on pron. fanome), temple élevé dans l'ancienne Rome aux personnages déifiés.

FAON, sm. (on pron. fan), petit de la biche ou de la chevrette.

FAONNER, vn. (on pron. fanner), mettre bas (en parlant de la biche, etc.).

FAQUIN, sm. homme de rien, qui fait des actions basses.

FAQUINERIE, sf. action de faquin.

FAQUIR ou FAKIR, sm. sorte de moine mahométan vivant d'aumônes.

FARADAY, célèbre physicien anglais, né en 1794.

FARANDOLE, sf. sorte de danse provençale.

FARAUD, sm. (d nul), fat de mauvais ton; homme du peuple qui cherche à suivre la mode (pop.).

FARCE, sf. pièce de théâtre bouffonne; action plaisante ou ridicule; moquerie; mélange de viandes ou d'herbes hachées.

FARCEUR, sm. celui qui joue des farces de théâtre.

FARCEUR, EUSE, adj. et s. qui fait le plaisant, le bouffon; ami de la grosse gaîté.

FARCIN, sm. sorte de gale des chevaux et des mulets.

FARCINEUX, EUSE, adj. attaqué du farcin.

FARCIR, va. remplir de farce. Fig. remplir avec excès; assaisonner de.

FARD, sm. (d nul), composition pour donner plus d'éclat au teint du visage. Fig. faux ornement; feinte, dissimulation : parlez sans fard.

FARDÉ, ÉE, adj. part. qui a du fard. Fig. paré d'ornements faux ou affectés.

FARDEAU, sm. faix, charge. Fig. chose qui est à charge, qui incommode.

FARDER, va. couvrir de fard. Fig. donner un faux lustre; déguiser; parer d'ornements faux et affectés.

FARDIER, *sm.* chariot à roues très-basses.

FAREL (Guillaume), reformateur calviniste (1489-1565).

FARFADET, *sm.* (*t* nul), esprit follet, lutin. *Fig.* personne frivole.

FARFOUILLER, *va.* et *n.* (*ll* m.), fouiller avec désordre.

FARIBOLE, *sf.* chose frivole et vaine.

FARINACÉ, ÉE, *adj.* qui ressemble à de la farine.

FARINE, *sf.* grain moulu et réduit en poudre.

FARINER, *va.* saupoudrer de farine.

FARINEUX, EUSE, *adj.* qui est blanchi de farine, qui tient de la nature de la farine.

FARINIER, *sm.* marchand de farine.

FARNÈSE, célèbre famille italienne. — (Alexandre), duc de Parme, l'un des plus grands généraux du 16e s. (1555-1592).

FAR-NIENTE, *sm.* (on pron. *far-niénté*: mot italien signifiant *ne rien faire*), état de douce oisiveté.

FARO, *sm.* sorte de bière forte.

FARO, ville de Portugal, port sur l'océan Atlantique.

FAROUCHE, *adj.* 2 *g.* sauvage; insociable, intraitable; rude, sévère.

FARRAGO, *sm.* mélange de différentes espèces de grains. *Fig.* amas confus de choses disparates (mot latin).

FARSISTAN, province de Perse.

FASCICULE, *sm.* (l. *fasciculus* faisceau), paquet d'herbes médicinales; livraison d'un ouvrage de science. Se dit en bot. d'une inflorescence dans laquelle les fleurs sont très-rapprochées par suite du raccourcissement de l'axe, comme dans l'œillet de poète.

FASCICULÉ, ÉE, *adj.* en fascicule (*bot.*).

FASCIÉ, ÉE, *adj.* (l. *fascia* bande ou bandelette), aplati en forme de bandelette, chargé d'une bande ou large ligne colorée (*bot.* et *zool.*).

FASCINAGE, *sm.* ouvrage de fascines.

FASCINATEUR, TRICE, *adj.* qui produit la fascination.

FASCINATION, *sf.* action de fasciner; effet de cette action; illusion trompeuse.

FASCINE, *sf.* fagot de branchages.

FASCINER, *va.* ensorceler. *Fig.* charmer, éblouir, tromper.

FASÉOLE, *sf.* espèce de haricot, de fève.

FASHION, *sf.* (on pron. *fachione*), la mode; le monde élégant (mot anglais).

FASHIONABLE, *adj.* 2 *g.* et *s.* (on pron. *fachionable*), qui suit la fashion; élégant.

FASTE, *sm.* magnificence, luxe, ostentation.

FASTES, *sm. pl.* tables de l'ancien calendrier romain. *Fig.* registres, annales, histoire.

FASTIDIEUSEMENT, *adv.* d'une manière fastidieuse.

FASTIDIEUX, EUSE, *adj.* qui porte en soi et cause beaucoup d'ennui, de dégoût.

FASTIGIÉ, ÉE, *adj.* (l. *fastigium* sommet), dont les branches se rapprochent de la tige en sorte que leurs extrémités forment un sommet pointu (*bot.*).

FASTUEUSEMENT, *adv.* avec faste.

FASTUEUX, EUSE, *adj.* plein de faste, qui aime le faste.

FAT, *adj.* et *sm.* (on pr. le *t*), impertinent; homme sans jugement et à prétentions.

FATAL, ALE, *adj.* (l. *fatum* destin), du destin, fixé par le destin; inévitable; par extension malheureux, funeste (pl. m. *fatals*)

FATALEMENT, *adv.* d'une manière fatale.

FATALISME, *sm.* système du fataliste, doctrine qui attribue tout au destin.

FATALISTE, *sm.* (l. *fatum* destin), celui qui croit que tout ce qui arrive a été irrévocablement fixé par les arrêts du destin. — *adj.* 2 g. du fatalisme.

FATALITÉ, *sf.* caractère de ce qui est fatal; destinée inévitable; événement fâcheux et imprévu.

FATIDIQUE, *adj.* 2 g. qui déclare les arrêts du destin.

FATIDIQUEMENT, *adv.* d'une manière fatidique.

FATIGANT, ANTE, *adj.* qui fatigue. *Fig.* ennuyeux, importun.

FATIGUE, *sf.* travail ou exercice fatigant; lassitude.

FATIGUÉ, ÉE, *adj. part.* las, qui annonce la fatigue; en termes d'art, il signifie sans fraîcheur, sans netteté, sans légèreté, trop travaillé.

FATIGUER, *va.* causer de la fatigue. *Fig.* ennuyer, importuner. — *vn.* se donner de la fatigue; trop travailler.

FATIME, fille de Mahomet.

FATIMITES, dynastie arabe issue de Fatime.

FATRAS, *sm.* (s nulle), amas confus.

FATUITÉ, *sf.* impertinence, sottise du fat.

FAUBOURG, *sm.* partie d'une ville en dehors de son enceinte, actuellement ou autrefois.

FAUBOURIEN, IENNE, *s.* habitant d'un faubourg.

FAUCHAGE, *sm.* action de faucher.

FAUCHAISON, *sf.* temps du fauchage.

FAUCHE, *sf.* temps ou produit du fauchage.

FAUCHÉE, *sf.* quantité coupée par un faucheur.

FAUCHER, *va.* couper avec la faux. *Fig.* détruire, renverser. — *vn.* se dit d'un cheval qui traîne en demi-rond une des jambes de devant.

FAUCHET, *sm.* espèce de râteau à dents de bois.

FAUCHEUR, *sm.* celui qui fauche.

FAUCHEUSE, *sf.* machine à faucher.

FAUCHEUX ou FAUCHEUR, *sm.* sorte d'araignée à longues pattes.

FAUCIGNY, partie de la Savoie; ch.-l. *Bonneville*.

FAUCILLE, *sf.* (*ll* m.), lame d'acier en demi-cercle qui sert à couper les blés.

FAUCILLON, *sm.* (*ll* m.), petite faucille.

FAUCON, *sm.* sorte d'oiseau de proie.

FAUCONNEAU, *sm.* petite pièce d'artillerie.

FAUCONNERIE, *sf.* art de dresser les oiseaux de proie à la chasse; lieu où on les élève.

FAUCONNIER, *sm.* celui qui dresse à la chasse les oiseaux de proie.

FAUCONNIÈRE, sf. sorte de gibecière.

FAUFILER, va. faire provisoirement une couture à grands points. — Fig. SE FAUFILER, vpr. s'introduire, se glisser dans.

FAULX, V. Faux.

FAUNE, sm. dieu champêtre chez les Latins (myth.). — sf. description des animaux d'un pays.

FAUNUS, dieu des bergers (myth.).

FAURIEL, historien et critique français (1772-1844).

FAUSSAIRE, sm. celui qui altère des actes, qui se rend coupable de faux.

FAUSSE ALARME ou **FAUSSE ALERTE**, sf. alarme pour tromper l'ennemi. Fig. crainte vaine, frayeur sans sujet.

FAUSSE ATTAQUE, sf. attaque feinte pour donner le change.

FAUSSE-BRAIE, sf. avant-mur, seconde enceinte jointe à la première.

FAUSSE CLEF, sf. clef fabriquée pour en faire un mauvais usage.

FAUSSE CÔTE, sf. côte inférieure qui n'est pas jointe au sternum.

FAUSSE ÉQUERRE, sf. équerre à branches mobiles comme celles d'un compas; angle qui n'est pas droit.

FAUSSE MANŒUVRE, sf. manœuvre faite à contre-temps.

FAUSSE MARCHE, sf. marche déguisée.

FAUSSEMENT, adv. contre la vérité.

FAUSSE MESURE, sf. mesure inexacte; mauvaise précaution; moyens mal concertés.

FAUSSE MONNAIE, sf. monnaie contrefaite et altérée.

FAUSSE PORTE, sf. porte feinte; petite porte de dégagement; poterne.

FAUSSE POSITION, sf. position incommode. Règle de fausse position, règle d'arithmétique dans laquelle, pour arriver à connaître le nombre inconnu, on le remplace par un ou successivement par plusieurs nombres connus.

FAUSSER, va. faire courber à faux; bossuer; rendre faux. Fig. enfreindre, violer : fausser sa parole.— Fausser compagnie, quitter la compagnie ou ne pas s'y joindre. — SE FAUSSER, vpr. devenir faux.

FAUSSE ROUTE, sf. route différente de celle que l'on voulait ou l'on devait suivre. Fig. faire fausse route, se tromper dans les moyens que l'on emploie.

FAUSSET, sm. (t nul), voix de tête, voix grêle; petite broche pour boucher le trou fait à un tonneau.

FAUSSETÉ, sf. qualité de ce qui est faux; chose fausse; hypocrisie; duplicité.

FAUST (Jean), principal personnage d'une fameuse légende allemande, V. Fust.

FAUSTA, femme de l'empereur Constantin.

FAUSTINE, nom de deux impératrices romaines : l'une, femme de l'empereur Antonin, l'autre de Marc-Aurèle.

FAUTE, sf. manquement contre le devoir, contre les règles établies; erreur; imperfection; manque de, disette de. — FAUTE DE, loc. prép. à défaut de. SANS FAUTE, loc. adv. sans manquer, certainement.

FAUTEUIL, sm. (l m.), grand siège à dos et à bras. Fig. présidence; élection ou fonction d'académicien.

FAUTEUR, TRICE, s. celui, celle qui favorise une opinion, un parti, etc.

FAUTIF, IVE, adj. sujet à faillir, plein de fautes.

FAUVE, adj. 2 g. et sm. tirant sur le roux. Bêtes fauves : cerfs, chevreuils, daims.

FAUVETTE, sf. petit oiseau de l'ordre des passereaux.

FAUX, sf. instrument dont on se sert pour faucher.

FAUX, sm. ce qui est faux; altération d'actes : faire un faux.

FAUX, FAUSSE, adj. contraire à la vérité, à la raison, au droit; inexact, mal fondé; discordant; contrefait, altéré, trompeur. — adv. faussement. — À FAUX, loc. adv. à tort, injustement; porter à faux, ne pas être s'appuyer, manquer de solidité.

FAUX BOIS, sm. branche qui ne doit pas donner de fruit.

FAUX BOND, sm. mauvais bond. Fig. faire faux bond, manquer à l'engagement qu'on a pris

FAUX-BOURDON, sm. sorte de chant d'église

FAUX BRILLANTS, sm. pl. pensées brillantes mais fausses.

FAUX COL, sm. col de chemise rapporté qui s'attache autour du cou.

FAUX-ÉBÉNIER, sm. arbre du genre cytise.

FAUX FRAIS, sm. pl. dépenses accidentelles et accessoires.

FAUX FRÈRE, V. Frère.

FAUX-FUYANT, sm. endroit par où l'on peut s'échapper sans être vu. Fig. defaite, échappatoire (pl. faux-fuyants).

FAUX JOUR, sm. lumière qui fait mal voir les objets.

FAUX-MONNAYEUR, sm. celui qui fait de la fausse monnaie (pl. faux-monnayeurs).

FAUX OURLET, V. Ourlet.

FAUX PAS, sm. pas mal assuré. Fig. faute de conduite.

FAUX PLI, sm. mauvais pli fait par accident.

FAUX-SAUNAGE, sm. commerce de sel en fraude.

FAUX-SAUNIER, sm. celui qui vend du sel en fraude (pl. faux-sauniers).

FAUX SEMBLANT, sm. fausse apparence.

FAUX TÉMOIN, sm. celui qui assure comme témoin ce qu'il sait être contraire à la vérité.

FAUX TITRE, sm. premier titre abrégé d'un livre.

FAVART, auteur dramatique français (1710-1792).

FAVEUR, sf. bienfait, marque de bienveillance; bonnes grâces; crédit; ruban étroit. — A LA FAVEUR DE, loc. prép. par le moyen de; EN FAVEUR DE, loc. prép. en considération de.

FAVORABLE, adj. 2 g. propice, qui est à l'avantage de.

FAVORABLEMENT, adv. d'une manière favorable.

FAVORI, ITE, *adj. et s.* qui est en premier dans la faveur de; préféré : *La Fontaine est son auteur favori.*

FAVORI, *sm.* barbe de chaque côté du visage.

FAVORISER, *va.* être favorable à; appuyer de son crédit; seconder.

FAVORITISME, *sm.* régime des favoris d'un prince; abus de ce régime.

FAYENCE, ch.-l. de canton (Var).

FAYENCE, FAYENCERIE, FAYENCIER, V. *Faïence, Faïencerie, Faïencier.*

FÉAL, ALE, *adj.* (pl. *féaux*), fidèle (vx. mot).

FÉBRICITANT, ANTE, *adj.* qui a la fièvre.

FÉBRIFUGE, *adj. 2 g. et sm.* qui chasse la fièvre.

FÉBRILE, *adj. 2 g.* qui a rapport à la fièvre, qui est de la fièvre.

FÉCALE, *adj. f. Matière fécale*, excrements.

FÉCAMP, ville et port (Seine-Inférieure).

FÉCES, *sf. pl.* (l. *fæx*, gén. *fæcis*, lie), sédiment d'une liqueur fermentée.

FÉCIAL, *sm.* (pl. *féciaux*), prêtre de l'ancienne Rome.

FÉCOND, ONDE, *adj.* qui produit, qui fournit beaucoup; qui fertilise.

FÉCONDANT, ANTE, *adj.* qui féconde.

FÉCONDATEUR, TRICE, *adj.* qui féconde.

FÉCONDATION, *sf.* action de féconder; résultat de cette action.

FÉCONDER, *va.* rendre fécond, fertiliser.

FÉCONDITÉ, *sf.* qualité de ce qui est fécond; abondance.

FÉCULE, *sf.* poudre blanche extraite de certaines graines ou racines; lie.

FÉCULENCE, *sf.* état de ce qui est féculent; précipité d'un liquide.

FÉCULENT, ENTE, *adj.* chargé de fécule, de lie.

FÉCULERIE, *sf.* fabrique de fécule.

FÉDÉRAL, ALE, *adj.* qui a rapport à une confédération.

FÉDÉRALISER, *va.* former un lien fédéral, une alliance; organiser une fédération.

FÉDÉRALISME, *sm.* système du gouvernement fédéral.

FÉDÉRALISTE, *sm.* partisan d'un système de gouvernement fédéral.

FÉDÉRATIF, IVE, *adj.* se dit du gouvernement de plusieurs États unis par une confédération.

FÉDÉRATION, *sf.* alliance, union, confédération.

FÉDÉRÉ, ÉE, *adj. et sm.* qui fait partie d'une fédération.

FÉDOR, nom de plusieurs tsars de Russie.

FÉE, *sf.* créature imaginaire douée d'un pouvoir surhumain.

FÉERIE, *sf.* art des fées. *Fig.* chose merveilleuse; pièce de théâtre à spectacle merveilleux.

FÉERIQUE, *adj. 2 g.* de la féerie. *Fig.* merveilleux.

FEINDRE, *va.* simuler, faire semblant; imaginer : *ce poète a feint des héros qui n'ont jamais existé.* — *vn.* hésiter : *je n'ai pas feint de le lui dire* (c. *peindre*).

FEINTE, *sf.* déguisement, artifice, ruse.

FEINTISE, *sf.* feinte.

FELD-MARÉCHAL, *sm.* (pl. *feld-maréchaux*), le plus élevé des grades militaires en Allemagne et en d'autres pays.

FELDSPATH, *sm.* sorte de minéral composé d'un silicate d'alumine et d'un silicate à base alcaline (*min.*).

FELDSPATHIQUE, *adj. 2 g.* de feldspath.

FÊLÉ, ÉE, *adj.* légèrement fendu. *Fig.* tête fêlée, un peu folle.

FÊLER, *va.* fendre légèrement un objet sans en séparer les parties.

FÉLIBIEN (André), écrivain français, historiographe de Louis XIV (1619-1695). — (dom), fils du précédent, savant bénédictin (1666-1719).

FÉLICITATION, *sf.* action de féliciter; compliment.

FÉLICITÉ, *sf.* grand bonheur, béatitude.

FÉLICITÉ (Ste), martyre, 2e *s.*

FÉLICITER, *va.* complimenter sur une chose heureuse. — SE FÉLICITER, *vpr.* s'applaudir, se louer de.

FÉLIN, INE, *adj.* (l. *felis* chat), du chat, du genre chat.

FÉLIX (St), pape, m. 274.

FÉLIX, proconsul romain en Judée, 1er s.

FELLAH, *sm.* paysan de l'Égypte moderne.

FELLATAHS ou FOULAHS, peuple nègre de l'Afrique centrale.

FELLETIN, p. ville (Creuse).

FÉLON, ONNE, *adj.* traître, rebelle, faux, méchant.

FÉLONIE, *sf.* trahison, rébellion.

FELOUQUE, *sf.* sorte de petit navire.

FELTRE, p. ville d'Italie, dans la Vénétie.

FÊLURE, *sf.* fente d'une chose fêlée.

FEMELLE, *sf. et adj. 2 g.* l'animal qui met bas les petits ou qui pond les œufs; se dit aussi de la partie de la fleur qui renferme les graines.

FÉMININ, INE, *adj.* qui a rapport à la femme; *rime ou terminaison féminine*, dont la dernière lettre est un *e* muet ou dont la dernière syllabe s'articule sur un *e* muet. — *sm.* l'un des genres des noms et des adjectifs.

FÉMINISER, *va.* faire du genre féminin un mot qui était d'un autre genre.

FEMME, *sf.* compagne de l'homme; celle qui est mariée. *Femme de chambre*, celle qui sert une dame; *femme de charge*, celle qui a soin des objets du ménage.

FEMMELETTE, *sf.* (on pron. *famelette*), femme délicate, d'humeur légère. *Fig.* homme sans énergie.

FÉMORAL, ALE, *adj.* du fémur, de la cuisse (pl. m. *fémoraux*).

FÉMUR, *sm.* l'os de la cuisse.

FENAISON, *sf.* coupe des foins; temps où on le fait.

FENDANT, *sm.* coup du tranchant d'une arme blanche. *Faire le fendant*, faire le fanfaron.

FENDERIE, *sf.* art, action de fendre le fer; lieu où on le fend.

FENDEUR, EUSE, s. celui, celle qui fend du bois, des ardoises, etc.

FENDILLÉ, ÉE, adj. part. qui a beaucoup de petites fentes, de petites crevasses.

FENDILLER (SE), vpr. (ll m.), s'ouvrir en petites fentes.

FENDOIR, sm. outil pour fendre.

FENDRE, va. diviser, couper en long; séparer. Fig. fendre la tête, le cœur, y causer de la douleur. — SE FENDRE, vpr. s'entr'ouvrir.

FÊNE, V. Faîne.

FÉNELON (François de SALIGNAC de LA MOTHE), archevêque de Cambrai, l'un de nos meilleurs écrivains et des grands orateurs de la chaire, auteur de la Démonstration de l'existence de Dieu, du Télémaque, etc. (1651-1715).

FENESTRÉ, ÉE, adj. (l. fenestra fenêtre, trou), qui est percé de trous ou de crevasses (bot.).

FENESTRELLE, bourg et forteresse du Piémont.

FENÊTRAGE, sm. l'ensemble des fenêtres.

FENÊTRE, sf. ouverture pour donner du jour dans un bâtiment; ce qui ferme cette ouverture.

FENIL, sm. (l m.), lieu où l'on serre le foin.

FENOUIL, sm. (l m.), sorte de plante.

FENOUILLET, sm. ou FENOUILLETTE, sf. (ll m.), espèce de pomme; eau-de-vie distillée avec de la graine de fenouil.

FENTE, sf. petite ouverture en long; gerçure.

FENUGREC, sm. sorte de plante.

FÉODAL, ALE, adj. qui a rapport aux fiefs, à la féodalité (pl. m. féodaux).

FÉODALEMENT, adv. en vertu du droit de fief.

FÉODALITÉ, sf. système politique qui établissait des rapports entre les suzerains et les vassaux; foi, hommage, dus au seigneur d'un fief.

FER, sm. métal, l'un des corps simples; nom générique donné à plusieurs outils en fer. Fig. arme aiguë ou tranchante; fer à cheval, ouvrage en demi-cercle; au pl. chaînes, état d'esclavage.

FER (île de), l'une des Canaries.

FER-BLANC, sm. tôle recouverte d'étain.

FERBLANTIER, sm. celui qui fait ou qui vend du fer-blanc ou des ustensiles en fer-blanc.

FERDINAND (St), roi de Castille (1200-1252). — nom de plusieurs souverains d'Allemagne, d'Espagne, de Portugal, de Naples, etc.

FÈRE (LA), V. La Fère.

FÉRÉTRIEN, adj. m. surnom donné à Jupiter par les Romains.

FERGUSON ou FERGUSSON (Jacques), savant écossais (1710-1776). — (Adam), philosophe écossais (1724-1816).

FÉRIAL, ALE, adj. de férie.

FÉRIE, sf. les jours de la semaine hormis le dimanche et le samedi; jour de repos chez les anciens Romains.

FÉRIÉ, ÉE, adj. de fête, de repos.

FÉRIR, va. frapper (ne s'emploie qu'à l'infin. et au part. p. féru, ue).

FERLAGE, sm. action de ferler (mar.).

FERLER, va. plier une voile (mar.).

FERMAGE, sm. prix convenu pour une ferme.

FERMANT, ANTE, adj. qui ferme.

FERMAT, savant mathématicien français (1595-1665).

FERME, sf. convention pour un bien ou une chose donnée à loyer; la chose même; demeure du fermier; pièce de charpente.

FERME, adj. 2 g. qui tient bien, solide, assuré, fort, dur. Fig. constant, inébranlable, résolu. — adv. fortement; interj. courage!

FERMEMENT, adv. fortement, avec assurance.

FERMENT, sm. levain; substance qui excite la fermentation. Fig. ce qui excite ou entretient sourdement les haines, la discorde, etc.

FERMENTABLE, adj. 2 g. susceptible de fermentation.

FERMENTATIF, IVE, adj. qui produit la fermentation.

FERMENTATION, sf. mouvement, bouillonnement d'un liquide, d'un corps qui se décompose. Fig. agitation des esprits.

FERMENTER, vn. être en fermentation. Fig. être dans l'agitation.

FERMENTESCIBLE, adj. 2 g. disposé à fermenter (chim.).

FERMER, va. clore ce qui est ouvert; boucher; empêcher l'accès. Fig. terminer: fermer une discussion. Fermer les yeux, mourir. — vn. être ferme.

FERMETÉ, sf. état de ce qui est solide ou compacte. Fig. vigueur, énergie, assurance.

FERMETURE, sf. action de fermer; ce qui sert à fermer.

FERMIER, IÈRE, s. celui, celle qui prend à ferme. Fermier général, celui qui avant 1789 prenait à ferme les revenus de l'État.

FERMOIR, sm. petite attache ou agrafe de métal.

FERNAMBOUC, ville du Brésil.

FERNAND, abréviation de Ferdinand. V. Cortes.

FERNANDEZ, nom de plusieurs navigateurs portugais ou espagnols. — (île de Juan), dans le grand Océan.

FERNANDO-PO, île d'Afrique dans la mer de Guinée.

FERNEL (Jean), savant médecin et mathématicien français (1497-1558).

FERNEY ou FERNEX, ch.-l. de canton (Ain).

FÉROCE, adj. 2 g. farouche; cruel.

FÉROÉ, V. Færoë.

FÉROCITÉ, sf. caractère ou action féroce.

FERRAGE, sf. action de ferrer les pieds d'un cheval.

FERRAILLE, sf. (ll m.), amas de morceaux ou d'ustensiles de vieux fer.

FERRAILLER, vn. (ll m.), faire un cliquetis d'armes; se battre souvent à l'épée. Fig. disputer.

FERRAILLEUR, sm. (ll m.), marchand de

ferraille; celui qui aime à se battre à l'épée, à disputer.

FERRANT, *adj. m.* qui ferre les chevaux.

FERRARE, ville d'Italie, sur le Pô.

FERRÉ, **ÉE**. *adj. part.* garni de fer. *Eau ferrée*, dans laquelle on a mis en dissolution des matières ferrugineuses; *chemin ferré*, dont le fond est ferme et pierreux. *Fig.* se dit de quelqu'un qui a des connaissances solides.

FERREMENT, *sm.* outil de fer; garnitures de fer.

FERRÉOL (St), évêque de Besançon, martyrisé en 211.

FERRER, *va.* garnir de fer; mettre des fers aux pieds d'un cheval. *Fig. ferrer un chemin*, le garnir de cailloux.

FERRET, *sm.* (*t* nul), fer d'aiguillette ou de lacet.

FERRETTE, ch.-l. de canton (Haut-Rhin).

FERREUR, *sm.* ouvrier qui ferre, qui pose les ferrures.

FERRIÈRE, *sf.* sac en cuir de maréchal ferrant.

FERROL (Le), ville d'Espagne.

FERRONNERIE, *sf.* fabrique ou magasin de gros ouvrages de fer.

FERRONNIER, **IÈRE**, *s.* marchand de ferronnerie.

FERRONNIÈRE, *sf.* sorte de joyau que les femmes portent au front.

FERRUGINEUX, **EUSE**, *adj.* qui contient du fer, qui est de la nature du fer.

FERRUGO, *sm.* rouille du fer exposé à l'humidité.

FERRURE, *sf.* ensemble de pièces de fer formant une garniture; action ou manière de ferrer un cheval.

FERTÉ (LA), V. *La Ferté.*

FERTILE, *adj.* 2 g. qui produit, qui fournit beaucoup.

FERTILEMENT, *adv.* avec fertilité, abondamment.

FERTILISATION, *sf.* action de rendre fertile.

FERTILISER, *va.* rendre fertile.

FERTILITÉ, *sf.* qualité de ce qui est fertile.

FÉRU, **UE**, V. *Férir.*

FÉRULE, *sf.* sorte de plante; petite palette pour frapper dans les mains des écoliers. *Fig.* correction, autorité.

FÉRUSSAC, géologue et naturaliste français (1745-1815).

FERVEMMENT, *adv.* avec ferveur.

FERVENT, **ENTE**, *adj.* qui est plein de ferveur.

FERVEUR, *sf.* ardeur, zèle dans les actes religieux.

FESCELLE, *sf.* moule à fromage.

FESCH (Joseph), cardinal, oncle de Napoléon 1er (1763-1839).

FESSE, *sf.* partie charnue du derrière de l'homme et de quelques mammifères.

FESSÉE, *sf.* coups sur les fesses.

FESSE-MATHIEU, *sm.* usurier, avare (pl. *fesse-mathieux.* Acad.).

FESSER, *va.* fouetter, battre sur les fesses.

FESSEUR, **EUSE**, *s.* celui, celle qui fesse, qui aime à donner le fouet.

FESSIER, *sm.* les deux fesses (*fam.*).

FESSIER, **IÈRE**, *adj.* et *sm.* des fesses (*anat.*).

FESSU, **UE**, *adj.* qui a de grosses fesses (*fam.*).

FESTAL, **ALE**, *adj.* de fête.

FESTIN, *sm.* grand repas.

FESTINER, *va.* et *n.* faire festin.

FESTIVAL, *sm.* grande fête musicale (pl. *festivals*).

FESTON, *sm.* guirlande de branches et de fleurs; ornements sculptés; découpure de broderie en forme de feston.

FESTONNER, *va.* broder ou découper en festons.

FESTOYER, V. *Fêtoyer.*

FÉSULE, anc. ville d'Italie, auj. *Fiesole.*

FÊTE, *sf.* jour consacré au culte; réjouissance publique ou particulière. *Fig.* accueil empressé.

FÊTÉ, **ÉE**, *adj. part.* bien accueilli.

FÊTE-DIEU, *sf.* fête en l'honneur du saint sacrement (pl. *fêtes-Dieu*).

FÊTER, *va.* célébrer une fête; souhaiter la fête. *Fig.* bien accueillir.

FÉTICHE, *sm.* et *adj.* 2 g. idole de certaines peuplades de nègres.

FÉTICHISME, *sm.* culte des fétiches. *Fig.* adoration ou respect aveugle.

FÉTIDE, *adj.* 2 g. qui pue, qui infecte.

FÉTIDITÉ, *sf.* qualité de ce qui est fétide; odeur infecte.

FÊTOYER, *va.* bien accueillir, bien traiter (c. *employer*).

FÉTU, *sm.* brin de paille. *Fig.* chose de peu de valeur.

FEU, *sm.* (pl. *feux*), chaleur et lumière que donnent les corps en combustion; combustible allumé; foyer; coups tirés avec des armes à feu. *Fig.* famille dans une même maison; chaleur; éclat; ardeur; vivacité d'esprit. *Feu follet*, exhalaison enflammée; *feu Saint-Elme*, météore qui s'attache aux mâts des navires; *entre deux feux*, des deux côtés; *prendre feu*, se piquer, s'irriter; *n'avoir ni feu ni lieu*, n'avoir ni foyer ni domicile.

FEU, **FEUE**, *adj.* défunt (pas de *pl.*).

FEU (Terre de), île au sud de l'Amérique.

FEUDATAIRE, *sm.* et *adj.* 2 g. vassal qui possédait un fief.

FEUDISTE, *s.* et *adj. m.* celui qui est versé dans la matière des fiefs.

FEUILLAGE, *sm.* (ll m.), ensemble des feuilles d'un arbre; branchage; ornement en feuilles.

FEUILLAISON, *sf.* (ll m.), premier développement des feuilles.

FEUILLANT, **ANTINE**, *s.* (ll m.), religieux de l'ordre de Saint-Bernard.

FEUILLARD, *sm.* (ll m., *d* nul), branches fendues pour faire des cercles.

FEUILLE, *sf.* (ll m.), partie du végétal qui garnit les rameaux ou la tige. *Fig.* lame très-mince de métal; rectangle de papier; liste; journal; ornement en forme de feuille: *feuille d'acanthe.*

FEUILLÉ, ÉE, adj. (ll m.), garni de feuilles. — sm. arbres dans le dessin d'un paysage.

FEUILLÉE, sf. (ll m.), couvert formé de feuillage.

FEUILLE-MORTE, adj. 2 g. (ll m.) qui a la couleur d'une feuille sèche (inv.).

FEUILLER, vn. (ll m.), peindre ou dessiner le feuillage.

FEUILLET, sm. (ll m.), partie d'une feuille de papier ou d'autre chose pliée ou coupée; 3e estomac des ruminants.

FEUILLETAGE, sm. (ll m.), manière de feuilleter la pâtisserie; pâtisserie feuilletée.

FEUILLETER, va. (ll m.), parcourir les feuillets d'un registre ou d'un livre; préparer la pâte pour qu'elle se lève en feuilles.

FEUILLETON, sm. (ll m.), partie inférieure d'un journal; petit imprimé.

FEUILLETONISTE, sm. (ll m.), auteur de feuilletons.

FEUILLETTE, sf. (ll m.) sorte de futaille.

FEUILLU, UE, adj. (ll m.), qui a beaucoup de feuilles.

FEUILLURE, sf. (ll m.) entaillure pratiquée dans le bois d'une fenêtre ou d'une porte, pour qu'elle ferme juste.

FEUQUIÈRES (marquis de), général français (1590-1640). — petit-fils du précédent, général et auteur de Mémoires sur les guerres de Louis XIV (1648-1711).

FEURRE, sm. paille pour empailler les chaises.

FEURS, ch.-l. de canton (Loire).

FEUTRAGE, sm. action ou manière de feutrer.

FEUTRE, sm. étoffe de laine ou de poil foulé; bourre; chapeau.

FEUTRER, va. mettre en feutre; bourrer.

FEUTRIER, sm. ouvrier en feutre.

FEUTRIER (l'abbé), évêque de Beauvais, ministre des cultes sous Charles X (1785-1830).

FÈVE, sf. sorte de plante légumineuse; sa graine; ce qui en a la forme.

FÉVEROLE, sf. petite fève.

FÉVRIER, sm. le 2e mois de l'année.

FEZ, ville du Maroc.

FEZ, sm. bonnet ou calotte turque.

FEZENSAC et FEZENSAGUET, nom de deux comtés du midi de la France.

FEZZAN, pays de l'État de Tripoli.

FI, interj. exprimant le dégoût, le mépris.

FIACRE, sm. voiture de place.

FIACRE (St), patron des jardiniers (600-670).

FIANÇAILLES, sf. pl. (ll m.), promesse de mariage en présence d'un prêtre ou des parents.

FIANCÉ, ÉE, adj. et s. promis et promise en mariage.

FIANCER, va. promettre en mariage; faire les fiançailles.

FIASCO, sm. mot italien signifiant bouteille vide. Faire fiasco, ne pas réussir.

FIAT (on pr. le t), mot latin signifiant que cela soit. FIAT LUX, loc. latine, que la lumière soit.

FIBRE, sf. filament délié dans les chairs et dans les végétaux. Fig. avoir la fibre sensible, s'émouvoir facilement.

FIBREUX, EUSE, adj. qui a des fibres.

FIBRILLE, sf. (on pron. fibrile), petite fibre.

FIBRINE, sf. substance qui constitue la fibre musculaire.

FIC, sm. excroissance de chair insensible.

FICELER, va. lier avec de la ficelle.

FICELEUR, sm. celui qui ficelle.

FICELLE, sf. très-petite corde.

FICHE, sf. cheville de métal; morceau d'os ou d'ivoire servant au jeu.

FICHER, va. faire entrer par la pointe.

FICHOIR, sm. petit morceau de bois fendu pour fixer quelque chose sur une corde.

FICHTE, célèbre philosophe allemand (1762-1814).

FICHTELGEBIRGE, chaîne de montagnes en Bavière.

FICHU, sm. petite pièce d'étoffe que les femmes mettent sur les épaules.

FICHU, UE, adj. mal fait ou impertinent (pop.).

FICIN (Marsile), philosophe et érudit italien (1439-1499).

FICOÏDE, sm. (l. ficus figue, gr. eidos forme) végétal dont le fruit a quelque analogie avec celui du figuier (bot.).

FICTIF, IVE, adj. imaginaire, supposé.

FICTIL, ILE, adj. fait d'argile, de terre à potier.

FICTION, sf. (on pr. fixion), chose imaginée; fable, mensonge.

FICTIVEMENT, adv. par fiction.

FIDÉICOMMIS, sm. (s nulle) legs fait à quelqu'un avec la condition de l'abandonner à une autre personne.

FIDÉICOMMISSAIRE, adj. 2 g. et sm. chargé d'un fidéicommis.

FIDÉJUSSEUR, adj. et sm. qui contracte pour un autre.

FIDÉJUSSION, sf. contrat par lequel on cautionne quelqu'un.

FIDÈLE, adj. 2 g. qui garde sa foi, sa promesse; exact, constant, probe. — sm. celui qui professe la vraie religion, qui est dévoué à son supérieur.

FIDÈLEMENT, adv. avec fidélité.

FIDÉLITÉ, sf. vertu de celui, de celle qui est fidèle; attachement à ses devoirs, constance, exactitude, vérité, sincérité.

FIDÉNATE, adj. et s. 2 g. de Fidènes.

FIDÈNES, anc. ville d'Italie.

FIDUCIAIRE, adj. et sm. qui est chargé d'un fidéicommis.

FIDUCIAIREMENT, adv. d'une manière fiduciaire.

FIEF, sm. domaine noble relevant d'un autre.

FIEFFÉ, ÉE, adj. qui tenait en fief. Fig. qui a un vice, un défaut au suprême degré: fripon fieffé.

FIEL, sm. bile. Fig. haine, humeur satirique, animosité.

FIELDING, célèbre romancier anglais (1707-1754).

FIENTE, sf. excréments de quelques animaux.

FIENTER, *vn.* rendre de la fiente.

FIER, *va.* confier. — SE FIER, *vpr.* mettre sa confiance.

FIER, IÈRE, *adj.* altier, hautain, arrogant, audacieux, hardi, noble, élevé, excessif, grand : *un fier imbécile.*

FIER-À-BRAS, *sm.* (inv.), fanfaron.

FIÈREMENT, *adv.* avec fierté, fortement, extrêmement.

FIERTÉ, *sf.* châsse d'un saint.

FIERTÉ, *sf.* air hautain, arrogance, vanité, hardiesse ; noblesse de sentiments.

FIESQUE, célèbre famille génoise.

FIÈVRE, *sf.* mouvement déréglé du sang avec fréquence du pouls. *Fig.* inquiétude, émotion, forte agitation.

FIÉVREUX, EUSE, *adj.* qui cause ou qui accompagne la fièvre. — *adj.* et *sm.* qui a la fièvre.

FIÉVROTTE, *sf.* petite fièvre.

FIFRE, *sm.* sorte de petite flûte ; celui qui en joue.

FIGEAC, *s.-préf.* du dép. du Lot.

FIGEMENT, *sm.* action de se figer ; résultat de cette action.

FIGER, *va.* congeler ; épaissir par le froid. — SE FIGER, *vpr.* mêmes sens.

FIGNOLER, *vn.* raffiner ; chercher à faire ou à paraître mieux que les autres (*pop.*).

FIGUE, *sf.* sorte de fruit.

FIGUERIE, *sf.* plantation de figuiers.

FIGUIER, *sm.* arbre qui produit les figues.

FIGULINE, *adj. f.* se dit de la terre qui est propre à faire la poterie.

FIGURABILITÉ, *sf.* propriété qu'ont tous les corps d'avoir ou de recevoir une figure.

FIGURANT, ANTE, *s.* acteur, actrice qui ne fait que paraître sans parler.

FIGURATIF, IVE, *adj.* qui est la figure, le symbole de quelque chose.

FIGURATIVEMENT, *adv.* d'une manière figurative.

FIGURE, *sf.* forme extérieure ; visage humain ; représentation ; dessin ; symbole. *Fig.* apparence ; manières ; diverses situations des danseurs ; tour de mots ou de pensées.

FIGURÉ, ÉE, *adj.* représenté ; *style figuré*, plein de figures ; *expression figurée, sens figuré*, expression, sens métaphorique ou symbolique. — *sm.* le genre figuré.

FIGURÉMENT, *adv.* d'une manière figurée, dans le sens figuré.

FIGURER, *va.* représenter. — *vn.* paraître ; faire figure. — SE FIGURER, *vpr.* s'imaginer.

FIGURINE, *sf.* petite figure en sculpture ou en peinture.

FIGURISTE, *sm.* ouvrier qui moule des figures en plâtre.

FIL, *sm.* brin long et très-délié de chanvre, de lin, de coton, de métal ou d'une substance fournie par certains insectes. *Fig.* tranchant ; courant de l'eau ; suite, enchaînement.

FILAGE, *sm.* action ou manière de filer.

FILAGRAMME, V. *Filigrane* (Acad.).

FILAMENT, *sm.* petit fil, petit brin.

FILAMENTEUX, EUSE, *adj.* qui a des filaments.

FILANDIÈRE, *adj.* et *sf.* qui file.

FILANDRES, *sf. pl.* fils blancs qui volent dans l'air ; fibres coriaces de la viande ; filets blancs sur les plaies ; sorte de petits vers blancs.

FILANDREUX, EUSE, *adj.* plein de filandres. *Fig.* coriace, dur.

FILANGIERI, célèbre publiciste italien (1752-1788).

FILANT, ANTE, *adj.* qui file, qui coule doucement.

FILASSE, *sf.* amas de filaments du lin, du chanvre, etc.

FILASSIER, IÈRE, *s.* celui, celle qui façonne ou vend de la filasse.

FILATEUR, *sm.* chef d'une filature.

FILATURE, *sf.* atelier où l'on file le coton, la laine, la soie, etc.

FILE, *sf.* rangée de personnes ou de choses. *Chef de file*, le premier d'une file ; *au fig.* celui qui conduit.

FILÉ, *sm.* or ou argent tiré à la filière.

FILER, *va.* faire du fil. *Fig.* mener, conduire, prolonger, lâcher. — *vn.* couler lentement, aller l'un après l'autre, s'esquiver.

FILERIE, *sf.* lieu où l'on file le chanvre.

FILET, *sm.* (*t* nul), fil délié ; ligament sous la langue ; trait ; ornement ; tissu à mailles, rets ; partie charnue du dos. *Fig.* piège, séduction. *Filet de voix*, faible voix ; *filet d'eau*, petite quantité d'eau.

FILEUR, EUSE, *s.* celui, celle qui file.

FILICAIA, poète italien (1642-1707).

FILIAL, ALE, *adj.* du fils, de la fille (pl. m. *filials*).

FILIALEMENT, *adv.* d'une manière filiale.

FILIATION, *sf.* ligne directe des aïeux aux enfants. *Fig.* suite ; liaison, union.

FILICIFÈRE, *adj. 2 g.* (l. *filix* fougère, *ferre* porter), se dit d'un terrain qui renferme des fougères fossiles. (*géol.*).

FILICULE, *sf.* sorte de capillaire (*bot.*).

FILIÈRE, *sf.* plaque d'acier pour faire passer ou étirer le fil de métal. *Fig.* longue file ; longue épreuve.

FILIFORME, *adj. 2 g.* délié comme un fil ; mince, grêle (*bot.*).

FILIGRANE, *sm.* ouvrage d'orfèvrerie en forme de petits filets ; marque du papier (Acad.).

FILIN, *sm.* corde (*mar.*).

FILIPENDULE, *sf.* sorte de spirée (*bot.*).

FILLE, *sf.* (*ll* m.), personne du sexe féminin par rapport au père et à la mère ; celle qui n'est pas mariée. *Belle-fille*, fille d'un autre lit ; bru (pl. *belles-filles*) ; *petite-fille*, fille du fils ou de la fille (pl. *petites-filles*).

FILLETTE, *sf.* (*ll* m.), petite fille ; jeune fille.

FILLEUL, EULE, *s.* (*ll* m.), personne que l'on a tenue sur les fonts baptismaux.

FILOCHE, *sf.* espèce de tissu, de filet.

FILON, *sm.* veine d'une mine.

FILOSELLE, *sf.* grosse soie.

FILOU, *sm.* voleur adroit ; trompeur au jeu (pl. *filous*).

FILOUTER, *va.* voler adroitement; tromper au jeu.

FILOUTERIE, *sf.* vol de filou; escroquerie.

FILS, *sm.* (on pron. *fis*), enfant mâle par rapport au père et à la mère; terme d'amitié. *Fig.* descendant, élève de, originaire. *Les fils de Mars*, les guerriers; *les fils d'Apollon*, les poètes, *Beau-fils*, fils d'un autre lit, gendre (pl. *beaux-fils*); *petit-fils*, fils du fils ou de la fille (pl. *petits-fils*).

FILTRANT, ANTE, *adj.* qui sert à filtrer.

FILTRATION, *sf.* action de filtrer.

FILTRE, *sm.* tout objet qui sert à filtrer.

FILTRER, *va.* clarifier un liquide en le passant à travers un filtre. — *vn.* couler, passer à travers.

FILURE, *sf.* qualité de ce qui est filé.

FIN, *sf.* terme, extrémité; but, motif; mort. — A LA FIN, *loc. adv.* enfin.

FIN, FINE, *adj.* délié, menu, délicat; de premier choix. *Fig.* spirituel, subtil, habile, rusé. — *sm.* perfection, point décisif.

FINAGE, *sm.* étendue et bornes d'un territoire.

FINAL, ALE, *adj.* qui termine; qui sert de but; qui dure jusqu'à la fin de la vie (pl). m. *finals*).

FINALE, *sf.* dernière syllabe d'un mot.

FINALE, *sm.* morceau d'ensemble qui termine un acte d'opéra; morceau qui termine une symphonie.

FINALEMENT, *adv.* à la fin.

FINANCE, *sf.* argent comptant; art de percevoir les impôts; au *pl.* les revenus de l'État. *Fig.* les financiers, les banquiers.

FINANCER, *va.* et *n.* fournir ou débourser de l'argent.

FINANCIER, *sm.* celui qui s'occupe des finances; banquier.

FINANCIER, IÈRE, *adj.* relatif aux finances.

FINASSER, *vn.* user de finasserie.

FINASSERIE, *sf.* petite ou mauvaise finesse.

FINASSEUR, EUSE, *s.* celui, celle qui finasse (*fam.*)

FINASSIER, IÈRE, *s.* celui, celle qui veut paraître très-fin et qui n'use que de petites et mauvaises finesses (*pop.*).

FINAUD, AUDE, *adj.* et *s.* fin, rusé dans de petites choses (*fam.*).

FINEMENT, *adv.* avec finesse; délicatement.

FINESSE, *sf.* qualité de ce qui est fin et délié. *Fig.* délicatesse; sagacité, artifice, malice.

FINET, ETTE, *adj.* diminutif de fin.

FINETTE, *sf.* étoffe légère de laine ou de coton.

FINGAL, guerrier écossais, père d'Ossian.

FINI, IE, *adj.* terminé, limité; soigné. — *sm.* perfection; ce qui est limité.

FINIGUERRA, célèbre sculpteur florentin, inventeur de la gravure sur cuivre, 15e s.

FINIMENT, *sm.* qualité d'un ouvrage travaillé avec soin.

FINIR, *va.* achever, terminer; mettre la dernière main; cesser. — *vn.* prendre fin, mourir.

FINISTÈRE, dép. français dont le ch.-l. est *Quimper*. — (cap), en Espagne.

FINLANDAIS, AISE, *adj.* et *s.* de Finlande.

FINLANDE, prov. de Russie.

FINMARK, prov. de Norvège.

FINNOIS, sm. peuple du N.-E. de l'Europe.

FIOLE, *sf.* petite bouteille de verre.

FIONIE, île du Danemark.

FIORAVANTI, compositeur italien (1767-1837).

FIORD, *sm.* mot suédois et danois signifiant *bras de mer, détroit*.

FIORITURES, *sf. pl.* ornements arbitraires ajoutés à un morceau de chant ou mis dans un ouvrage d'esprit (mot d'origine italienne).

FIRMAMENT, *sm.* le ciel.

FIRMAN, *sm.* ordre ou édit d'un sultan.

FIRMIN (St), évêque d'Amiens, martyrisé en 287. — (St), évêque d'Uzès (509-553).

FISC, *sm.* le trésor de l'État; l'administration des finances.

FISCAL, ALE, *adj.* du fisc (pl. m. *fiscaux*).

FISCALEMENT, *adv.* d'une manière fiscale, avec fiscalité.

FISCALITÉ, *sf.* qualité de ce qui est fiscal, chose qui concerne le fisc.

FISMES, p. ville (Marne).

FISSILE, *adj. 2 g.* (l. *fissilis* facile à fendre), qui a une tendance à se diviser en feuillets (min.).

FISSIPÈDE, *adj.* (l. *fissipes*, de *fissus* fendu, et *pes* pied), qui a le pied fourchu (zool.).

FISSIROSTRES, *sm. pl.* (l. *fissus* fendu, *rostrum* bec), famille d'oiseaux dont le bec est extrêmement fendu (zool.).

FISSURE, *sf.* gerçure, crevasse.

FISTULE, *sf.* (l. *fistula* tube, tuyau), sorte d'ulcère.

FISTULEUX, EUSE, *adj.* qui tient de la fistule (méd.); qui est en forme de tube, de tuyau (bot. et zool.).

FITZ-JAMES (Charles, duc de), maréchal de France (1712-1787).

FIUME (on pr. *Fioumé*), port sur l'Adriatique (États autrichiens).

FIXATIF, IVE, *adj.* qui fixe, qui détermine.

FIXATION, *sf.* action de fixer.

FIXE, *adj. 2 g.* immobile; assuré qui ne change pas; certain; déterminé. *sm.* revenu ou appointements assurés; corps fixe (chim.). — *sf. pl.* étoiles fixes (astr.).

FIXE! *interj.* ou *adv.* exprimant le commandement de rester immobile.

FIXÉ, ÉE, *adj. part.* arrêté; déterminé; assuré. — *sm.* petit tableau à l'huile appliqué à une glace qui tient lieu de vernis.

FIXEMENT, *adv.* d'une manière fixe.

FIXER, *va.* rendre fixe, solide; attacher; établir, déterminer, rendre constant. — SE FIXER, *vpr.* établir sa résidence; s'arrêter à une idée, à un projet.

FIXITÉ, *sf.* qualité de ce qui est fixe.

FLABELLÉ, ÉE, *adj.* ou FLABELLIFORME, *adj. 2 g.* (l. *flabellum* éventail), qui imite plus ou moins la forme d'un éventail (bot.).

FLACCIDITÉ, *sf.* état d'une chose flasque.

FLACCUS, V. *Horace* et *Valérius.*

FLACON, *sm.* espèce de bouteille.

FLAGELLANT, *sm.* fanatique qui se fouettait en public.

FLAGELLATION, *sf.* action de flageller.

FLAGELLER, *va.* fouetter. *Fig.* maltraiter.

FLAGELLIFORME, *adj.* 2 g. (L. *flagellum* fouet), qui a la forme d'un fouet (*bot.* et *zool.*).

FLAGEOLER, *vn.* se dit des jambes qui tremblent.

FLAGEOLET, *sm.* (t nul), petite flûte à bec. — *adj.* et *sm. pl.* haricots blancs jeunes et tendres.

FLAGORNER, *va.* et *n.* flatter bassement et souvent.

FLAGORNERIE, *sf.* basse flatterie.

FLAGORNEUR, EUSE, *s.* celui, celle qui flagorne.

FLAGRANT, ANTE, *adj.* qui a lieu, qui se manifeste, qui se commet actuellement : *flagrant délit.*

FLAIR, *sm.* odorat du chien. *Fig.* faculté de prévoir *(fam.).*

FLAIRER, *va.* sentir par l'odorat. *Fig.* prévoir, pressentir.

FLAIREUR, *sm.* celui qui flaire.

FLAMAND, ANDE, *s.* et *adj.* de la Flandre.

FLAMANT, *sm.* oiseau de l'ordre des échassiers.

FLAMBANT, ANTE, *adj.* qui flambe.

FLAMBÉ, ÉE, *adj.* passé à la flamme. *Fig.* perdu, ruiné *(fam.).*

FLAMBEAU, *sm.* chandelle ou bougie, torche de cire, chandelier. *Fig.* lumière : *le flambeau de la raison* ; feu : *le flambeau de la guerre.*

FLAMBER, *va.* passer à la flamme. — *vn.* jeter des flammes.

FLAMBERGE, *sf.* épée.

FLAMBOYANT, ANTE, *adj.* qui flamboie.

FLAMBOYER, *vn.* briller comme une flamme vive.

FLAMEL (Nicolas), fameux écrivain-juré de l'Université de Paris, qui acquit une grande fortune et passa pour avoir trouvé la pierre philosophale ; m. 1413.

FLAMINE, *sm.* prêtre chez les anciens Romains.

FLAMININUS (Titus Quinctius), célèbre consul et général romain, 2e s. av. J. C.

FLAMINIUS NEPOS, consul et général romain, m. 217 av. J. C.

FLAMME, *sf.* la partie la plus lumineuse du feu. *Fig.* banderolle ; outil pour saigner les chevaux ; passion.

FLAMMÈCHE, *sf.* parcelle enflammée qui s'élève en l'air.

FLAMSTEED, célèbre astronome anglais (1646-1719).

FLAN, *sm.* sorte de tarte ; petit disque de métal.

FLANC, *sm.* (c nul), partie du corps entre les hanches et les côtes ; ventre. *Fig.* côté d'une chose. *Prêter le flanc*, donner prise sur soi ; *se battre les flancs*, faire de grands efforts.

FLANDRE, anc. province de France ; province de Belgique.

FLANDRIN, *sm.* homme grand, élancé et sans contenance.

FLANELLE, *sf.* étoffe légère de laine.

FLÂNER, *vn.* muser, perdre son temps *(fam.).*

FLÂNERIE, *sf.* promenade sans but ; oisiveté *(fam.).*

FLÂNEUR, EUSE, *s.* celui, celle qui flâne *(fam.).*

FLANQUANT, ANTE, *adj.* se dit de fortifications avancées pour défendre l'approche d'une place.

FLANQUER, *va.* garnir les flancs ; fortifier ; lancer, appliquer un coup. — SE FLANQUER, *vpr.* se mettre, se jeter dans.

FLAQUE, *sf.* petite mare.

FLAQUÉE, *sf.* portion d'eau, liquide que l'on jette vivement.

FLAQUER, *va.* lancer vivement un liquide *(fam.).*

FLASQUE, *adj.* 2 g. mou ; sans consistance, sans force.

FLATTER, *va.* adresser des louanges fausses ou exagérées ; représenter un objet mieux qu'il n'est ; caresser ; faire espérer. — SE FLATTER, *vpr.* se persuader, espérer, se faire illusion.

FLATTERIE, *sf.* louange fausse ou exagérée.

FLATTEUR, EUSE, *adj.* et *s.* qui flatte, qui approuve ; agréable.

FLATTEUSEMENT, *adv.* d'une manière flatteuse.

FLATUEUX, EUSE, *adj.* qui cause des vents dans le corps.

FLATUOSITÉ, *sf.* vents dans le corps.

FLAVESCENT, ENTE, *adj.* qui tire sur le jaune.

FLAVIEN (St), patriarche d'Antioche, m. 404. — patriarche de Constantinople, m. 449.

FLAVIUS, tribun du peuple, auteur du *droit Flavien*, 3e s. av. J. C.

FLAXMAN (John), célèbre sculpteur anglais (1755-1826).

FLÉAU, *sm.* instrument à battre le blé ; verge de fer d'une balance ; barre de fer. *Fig.* grande calamité ; personne ou chose funeste.

FLÈCHE, *sf.* trait qu'on lance avec un arc ou une arbalète ; ce qui en a la forme ; aiguille de clocher ; pièce de bois du train d'une voiture.

FLÉCHIER (Esprit), évêque de Nîmes, l'un des grands orateurs de la chaire (1632-1710).

FLÉCHIR, *va.* et *n.* ployer, courber. *Fig.* apaiser ; émouvoir ; se soumettre ; cesser de résister.

FLÉCHISSEMENT, *sm.* action de fléchir.

FLÉCHISSEUR, *adj.* et *sm.* se dit d'un muscle qui fait fléchir (*anat.*).

FLEGMASIE, V. *Phlegmasie.*

FLEGMATIQUE, *adj.* et *s.* 2 g. pituiteux, lymphatique. *Fig.* difficile à émouvoir.

FLEGME, *sm.* pituite, sérosité. *Fig.* calme, sang-froid.

FLEGMON, *sm.* tumeur inflammatoire (*méd.*).

FLEGMONEUX, EUSE, adj. de la nature du flegmon.

FLEIX, village (Dordogne), près de Bergerac. Traité de 1580 qui mit fin à la 7e guerre de religion.

FLENSBORG, ville du Danemark, capitale du duché de Sleswig.

FLERS, p. ville (Orne).

FLESSELLES (Jacques de), prévôt des marchands de Paris, l'une des premières victimes de la révolution (1721-1789).

FLESSINGUE, ville de Hollande, port militaire à l'embouchure de l'Escaut.

FLÉTRIR, va. faner, ternir, ôter la fraîcheur. Fig. altérer, diffamer, déshonorer. — SE FLÉTRIR, vpr. se faner, se ternir.

FLÉTRISSANT, ANTE, adj. qui flétrit, qui déshonore.

FLÉTRISSURE, sf. résultat de l'action de flétrir, état de ce qui est flétri. Fig. tache à la réputation, à l'honneur.

FLEUR, sf. partie des végétaux qui contient les organes de la reproduction; plante à fleurs; velouté de certains fruits. Fig. éclat, fraîcheur; élite; ornement. — A FLEUR DE, loc. prép. au niveau de.

FLEURAISON, sf. temps où les plantes fleurissent; épanouissement de la fleur.

FLEUR DE LIS, sf. figure des armoiries des rois de France.

FLEURDELISÉ, ÉE, adj. orné de fleurs de lis.

FLEURER, vn. répandre une odeur.

FLEURET, sm. (à npl) fil de soie, ruban; épée garnie d'un bouton à l'extrémité.

FLEURETTE, sf. petite fleur. Fig. cajolerie.

FLEURI, IE, adj. qui est en fleur. Fig. éclatant; orné: style fleuri.

FLEURIEU (comte de), ministre de la marine sous Louis XVI et ministre plénipotentiaire sous Napoléon 1er (1738-1810).

FLEURIR, vn. et va. pousser des fleurs, orner de fleurs. Fig. prospérer, être en vogue (dans le sens figuré, il fait florissant au part. prés. et florissait à l'imparf. de l'indic.). — SE FLEURIR, vpr. se garnir de fleurs.

FLEURISSANT, ANTE, adj. qui pousse des fleurs; fleuri.

FLEURISTE, adj. et s. 2 g. qui cultive des fleurs; qui fait ou vend des fleurs artificielles.

FLEURON, sm. petite fleur sur le réceptacle d'une fleur composée (bot.); ornement qui imite une petite fleur. Fig. prérogative, avantage.

FLEURONNÉ, ÉE, adj. composé de fleurons (bot.).

FLEURUS, p. ville de Belgique, près de Charleroy. Bataille en 1622 entre les Allemands et les Espagnols. Victoire du maréchal de Luxembourg sur le prince de Waldeck, en 1690; de Jourdan sur les Autrichiens, en 1794, et de Napoléon sur les Alliés, en 1815.

FLEURY (l'abbé), écrivain français, auteur de l'Histoire ecclésiastique, des Mœurs des Israélites, etc. (1640-1723). — (cardinal de), évêque de Fréjus, précepteur et ministre de Louis XV (1653-1743). — (Joseph-Abraham

BÉNARD, dit), célèbre comédien français (1750-1822).

FLEUVE, sm. grand cours d'eau qui garde son nom jusqu'à la mer.

FLEXIBILITÉ, sf. qualité de ce qui est flexible.

FLEXIBLE, adj. 2 g. qui peut être fléchi; qui plie, qui cède facilement.

FLEXION, sf. action de plier, de fléchir; état de ce qui est fléchi.

FLEXUEUX, EUSE, adj. fléchi, courbé plusieurs fois dans sa longueur (bot.).

FLEXUOSITÉ, sf. état de ce qui est flexueux (bot.).

FLIBUSTER, va. voler, filouter.

FLIBUSTIER, sm. sorte d'ancien pirate d'Amérique. Fig. voleur, filou.

FLICFLAC, sm. sorte de pas de danseur (pl. flicflacs, Acad.).

FLIC FLAC, sm. onomatopée exprimant le bruit de plusieurs coups de fouet ou de plusieurs soufflets donnés coup sur coup.

FLINT-GLASS, sm. sorte de cristal.

FLOCHE, adj. 2 g. velu, velouté: soie floche, qui n'est pas torse.

FLOCON, sm. petite touffe de laine, de soie, de coton, de neige, etc.

FLOCONNEUX, EUSE, adj. qui ressemble à des flocons, qui en porte (bot.).

FLODDEN, village d'Angleterre. Victoire des Anglais sur les Écossais en 1513.

FLODOARD, chroniqueur français (894-966).

FLONFLON, sm. se dit des refrains de chansons ou des couplets de vaudeville en général.

FLORAISON, sf. fleuraison.

FLORAL, ALE, adj. qui appartient à la fleur. Jeux floraux, jeux en l'honneur de Flore; académie à Toulouse.

FLORAC, s.-pref. de la Lozère.

FLORE, déesse des fleurs (myth.). — sf. l'une des petites planètes; traité des plantes.

FLORÉAL, sm. 8e mois du calendrier républicain.

FLORENCE, sm. taffetas léger.

FLORENCE, ville d'Italie; anc. capitale de la Toscane.

FLORENSAC, p. ville (Hérault).

FLORENT (St), abbé du monastère de Glonne, 5e s.

FLORENTIN, INE, adj. et s. de Florence.

FLORÈS, loc. adv. empruntée du latin (on pron. l's): faire florès, briller, faire grande dépense; avoir du succès.

FLORIAN, littérateur français, auteur d'un bon recueil de fables (1755-1794).

FLORIDE, État de l'Union (États-Unis).

FLORIN, sm. pièce de monnaie dans plusieurs États étrangers.

FLORISSANT, ANTE, adj. qui est dans un état brillant, prospère.

FLORUS, historien latin du 2e s.

FLOSCULEUX, EUSE, adj. (l. flosculus petite fleur), composé de fleurons ou petites fleurs. Au pl. féminin: tribu de plantes de la famille des composées (bot.).

FLOT, *sm.* (*t* nul), vague, lame d'eau agitée; marée; au pl. la mer. *Fig.* mouvement de la foule; grande quantité : *des flots de sang.*

FLOTTABLE, *adj.* 2 *g.* où le bois peut flotter.

FLOTTAGE, *sm.* transport du bois flottant.

FLOTTAISON, *sf.* partie du navire à fleur d'eau.

FLOTTANT, ANTE, *adj.* qui flotte. *Fig.* ample, mobile, ondoyant; indécis, incertain. *Dette flottante,* portion de la dette publique qui se compose d'engagements à terme.

FLOTTE, *sf.* grande réunion de navires.

FLOTTÉ, ÉE, *adj.* transporté par flottage.

FLOTTEMENT, *sm.* mouvement de ce qui flotte, ondulation.

FLOTTER, *vn.* être soutenu sur un liquide; s'agiter, voltiger. *Fig.* être irrésolu, hésiter.

FLOTTEUR, *sm.* celui qui fait ou dirige sur l'eau des trains de bois; objet qui flotte.

FLOTTILLE, *sf.* (ll m.), petite flotte.

FLOUR (S¹), évêque de Lodève et martyr en 389.

FLOURENS, savant physiologiste français, né en 1794.

FLUATE, *sm.* fluorure (*chim.*).

FLUATÉ, ÉE, *adj.* se dit d'une base convertie à l'état de fluate (*chim.* et *min.*); *roche fluatée* dans laquelle le fluor entre comme principe constituant (*min.*).

FLUCTUATION, *sf.* balancement d'un liquide. *Fig.* défaut de fixité, variation.

FLUCTUEUX, EUSE, *adj.* agité de mouvements contraires.

FLUER, *vn.* couler.

FLUET, ETTE, *adj.* mince, de faible complexion.

FLUIDE *adj.* 2 *g.* et *sm.* qui coule; dont les molécules tendent à se séparer l'une de l'autre.

FLUIDEMENT, *adv.* en coulant, en circulant à la manière des fluides.

FLUIDIQUE, *adj.* 2 *g.* de fluide, qui est propre à un fluide.

FLUIDITÉ, *sf.* qualité de ce qui est fluide.

FLUOR, *sm.* gaz, l'un des corps simples de la chimie.

FLUORHYDRIQUE, *adj.* se dit d'un acide formé par le fluor et l'hydrogène.

FLUORIQUE, *adj. m.* se dit de l'acide formé par le fluor et l'oxygène (*chim.*).

FLUORURE, *sm.* nom de composés binaires formés par le fluor (*chim.*).

FLÛTE, *sf.* sorte d'instrument à vent. *Fig.* petit pain long; sorte de navire.

FLÛTÉ, ÉE, *adj.* à sons doux comme ceux de la flûte.

FLÛTEAU, *sm.* flûte d'enfant.

FLÛTER, *vn.* jouer de la flûte. *Fig.* boire (*pop.*).

FLÛTEUR, EUSE, *s.* celui, celle qui joue de la flûte.

FLÛTISTE, *sm.* musicien qui joue de la flûte.

FLUVIAL, ALE, *adj.* (l. *fluvius* fleuve), qui appartient aux fleuves, aux rivières (pl. m. *fluviaux*).

FLUVIATILE, *adj.* 2 *g.* (l. *fluvius* fleuve), qui est des eaux de rivière ou des eaux douces.

FLUX, *sm.* (*x* nulle), mouvement régulier de la mer vers le rivage. *Fig.* écoulement, mouvement, vicissitudes.

FLUXION, *sf.* congestion d'humeurs; gonflement, inflammation.

FLUXIONNAIRE, *adj.* 2 *g.* sujet aux fluxions.

FOC, *sm.* voile triangulaire (*mar.*).

FOCAL, ALE, *adj.* du foyer (*phys.*).

FODÉRÉ, célèbre médecin piémontais (1764-1835).

FOË (De), V. *Defoë.*

FŒDOR, V. *Fédor.*

FŒTUS, *sm.* (on pron. l's), premier état de l'enfant ou de l'animal après la conception.

FOGGIA, ville de l'Italie méridionale.

FOI, *sf.* croyance aux vérités de la religion; confiance, croyance, fidélité; témoignage, preuve. — EN BONNE FOI, DE BONNE FOI, *loc. adv.* franchement, en conscience.

FOIBLE et ses dérivés, V. *Faible.*

FOIE, *sm.* gros viscère au-dessous du diaphragme.

FOIN, *sm.* herbe verte ou sèche dont on nourrit les bestiaux, barbes soyeuses qui garnissent le fond d'un artichaut.

FOIN! *interj.* marquant le mépris, le dépit, la colère.

FOIRE, *sf.* grand marché public à jour fixe. — diarrhée (*pop.*).

FOIS, *sf.* (*s* nulle), mot qui indique le nombre, le temps. — DE FOIS À AUTRE, *loc. adv.* de temps en temps; À LA FOIS, *loc. adv.* en même temps; UNE FOIS QUE, *loc. conj.* dès que.

FOISON, *sf.* abondance (ne s'emploie qu'au singulier et sans article). — A FOISON, *loc. adv.* abondamment.

FOISONNER, *vn.* abonder, multiplier.

FOIX, ch.-l. du dép. de l'Ariége. COMTÉ DE FOIX, anc. province de France. V. *Gaston.*

FOL, FOLLE, V. *Fou.*

FOLARD (le chevalier de), célèbre tacticien français (1669-1752).

FOLÂTRE, *adj.* 2 *g.* un peu fou; qui aime à jouer, à badiner.

FOLÂTREMENT, *adv.* d'une manière folâtre.

FOLÂTRER, *vn.* badiner; jouer avec gaîté.

FOLÂTRERIE, *sf.* action de folâtrer, paroles folâtres.

FOLIACÉ, ÉE, *adj.* (l. *folium* feuille), qui a la couleur et la consistance des feuilles, qui est de la nature des feuilles (*bot.*).

FOLIATION, *sf.* assemblage de feuilles, de pétales; action de se garnir de feuilles (*bot.*).

FOLICHON, ONNE, *adj.* et *s.* folâtre.

FOLICHONNER, *vn.* folâtrer.

FOLIE, *sf.* démence; extravagance, défaut de jugement; passion déréglée, inconduite, action folle. — A LA FOLIE, *loc. adv.* excessivement.

FOLIÉ, ÉE, adj. garni de feuilles (bot.); semblable à de petites feuilles (chim.).

FOLIGNO, ville de l'Italie centrale.

FOLIO, sm. feuillet; numéro d'une page. V. In-folio.

FOLIOLE, sf. petite feuille faisant partie d'une feuille composée (bot.).

FOLKESTONE ou FOLKSTONE, p. ville et port sur la Manche (Angleterre).

FOLLEMENT, adv. d'une manière folle.

FOLLET, ETTE, adj. un peu fou : Esprit follet, lutin. Feu follet, V. Feu.

FOLLICULAIRE, sm. journaliste (ne se prend qu'en mauvaise part).

FOLLICULE, sm. fruit sec, déhiscent, à une seule valve, et s'ouvrant par une suture longitudinale (bot.); crypte (anat.). — sf. gousse du séné.

FOMENTATIF, IVE, adj. qui fomente.

FOMENTATION, sf. remède chaud appliqué pour adoucir, fortifier ou résoudre. Fig. excitation, entretien.

FOMENTER, va. appliquer une fomentation. Fig. entretenir, exciter : fomenter la discorde.

FONCÉ, ÉE, adj. chargé en couleur. Fig. qui connaît à fond, qui est habile dans.

FONCER, va. mettre un fond à un tonneau; charger une couleur. — vn. se jeter sur : foncer sur l'ennemi.

FONCIER, IÈRE, adj. d'un bien-fonds, d'une terre. — sm. lit d'ardoise.

FONCIÈREMENT, adv. à fond; dans le fond.

FONCTION, sf. (on pr. fonxion), action régulière des organes; acte, exercice d'une charge, emploi.

FONCTIONNAIRE, s. (on pr. fonxionaire), celui, celle qui remplit une fonction.

FONCTIONNER, vn. (on pr. fonxioner), faire sa fonction; agir.

FOND, sm. (d nul), la partie la plus basse, la plus éloignée, la plus intérieure; terrain sur lequel on construit. Fig. ce qu'il y a de plus caché, de plus intérieur, de plus essentiel. Faire fond, compter sur. — A FOND, loc. adv. complètement. — AU FOND, loc. adv. en réalité.

FONDAMENTAL, ALE, adj. qui sert de fondement (pl. m. fondamentaux).

FONDAMENTALEMENT, adv. d'une manière fondamentale.

FONDANT, ANTE, adj. et sm. qui se fond; qui est propre à faire fondre.

FONDATEUR, TRICE, s. celui, celle qui a fondé.

FONDATION, sf. action de fonder; travaux pour fonder; fonds légués pour un usage louable; au pl. fondements.

FONDÉ, ÉE, adj. appuyé, motivé; légitime. — FONDÉ DE POUVOIR, sm. personne légalement chargée.

FONDEMENT, sm. creux fait pour construire, maçonnerie qu'on y établit. Fig. base, appui, motif, cause : c'est un bruit sans fondement. L'anus (anat.).

FONDER, va. poser les fondements. Fig. faire une fondation, instituer, établir, appuyer, motiver.

FONDERIE, sf. lieu où l'on fond les métaux; art de fondre.

FONDEUR, sm. ouvrier qui fond les métaux.

FONDRE, va. rendre liquide à l'aide du feu, dissoudre; mêler ensemble. — vn. devenir liquide; diminuer; s'écrouler. Fondre sur, s'élancer sur. — SE FONDRE, vpr. se dissoudre; se dissiper : sa fortune s'est fondue.

FONDRIÈRE, sf. ouverture accidentelle sur le sol; terrain marécageux.

FONDRILLES, sf. pl. (U m.), sédiment, dépôt, ordures.

FONDS, sm. (on pr. fon), sol d'une terre; capital, argent, établissement de commerce. Fig. richesse de savoir, de capacité, de vertus, etc.

FONDUE, sf. mets fait avec des œufs et du fromage de Gruyère.

FONFRÈDE (Jean-Baptiste BOYER), membre de la Convention et l'un des Girondins (1766-1793).

FONGIBLE, adj. 2 g. se dit des choses qui peuvent être remplacées par d'autres de même nature.

FONGIFORME, adj. 2 g. (L. fungus champignon), qui est en forme de champignon.

FONGIQUE, V. Fungique.

FONTAINE, sf. eau vive qui sort de terre; construction pour le jet des eaux; grand vase à eau.

FONTAINE (Pierre-François), célèbre architecte français (1762-1853).

FONTAINE-FRANÇAISE, village près de Dijon (Côte-d'Or). Victoire de Henri IV sur Mayenne en 1595.

FONTAINEBLEAU, s.-préf. du dép. de Seine-et-Marne.

FONTAINIER, V. Fontenier.

FONTANELLE, sf. endroit des sutures du crâne.

FONTANES (Louis de), grand maître de l'Université et poète français (1757-1821).

FONTANET, V. Fontenay.

FONTANGE, sf. nœud de rubans.

FONTARABIE, ville d'Espagne, sur le golfe de Gascogne.

FONTE, sf. action ou art de fondre; métal fondu, ouvrage en métal fondu; caractères d'imprimerie; fourreau de cuir attenant à la selle.

FONTENAY, village près d'Auxerre (Yonne). Victoire de Charles le Chauve et de Louis le Germanique sur leur frère Lothaire, en 841.

FONTENAY-LE-COMTE, s.-préf. du dép. de la Vendée.

FONTENELLE, célèbre écrivain et savant français (1657-1757).

FONTENIER ou FONTAINIER, sm. celui qui fait ou vend des fontaines.

FONTENOY, village de Belgique, près de Tournay. Victoire des Français sur les Anglais, les Autrichiens et les Hollandais, en 1745.

FONTEVRAULT, village près de Saumur (Maine-et-Loire), célèbre par une ancienne abbaye de Bénédictins.

FONTS, sm. pl. bassin, grand vase où l'on baptise.

FOR, *sm.* juridiction, tribunal. *Fig. for intérieur*, la conscience.

FORAGE, *sm.* action de forer; résultat de cette action.

FORAIN, AINE, *adj.* du dehors, qui n'est pas du lieu même ; *marchand forain*, qui parcourt les foires, les marchés ; *rade foraine*, rade mal fermée.

FORAMINIFÈRES, *sm. pl.* (l. *foramen* trou, *ferre* porter), très-petits mollusques, la plupart microscopiques, dont la coquille est multiloculaire et percée de trous pour le passage des filaments contractiles de l'animal (*zool.* et *géol.*).

FORBACH, p. ville (Moselle).

FORBAN, *sm.* voleur de mer.

FORBIN (comte de), célèbre chef d'escadre français (1656-1733). — (Louis-Nicolas), peintre, directeur général des musées de France (1779-1841).

FORBIN-JANSON, évêque de Nancy et zélé missionnaire (1785-1844).

FORCALQUIER, s.-préf. du dép. des Basses-Alpes.

FORÇAT, *sm.* (le *t* est nul), condamné aux travaux forcés.

FORCE, *sf.* puissance motrice ; vigueur du corps ; violence, contrainte. *Fig.* solidité, fermeté, énergie, capacité. — *adv.* beaucoup : *il a force argent.* — À TOUTE FORCE, *loc. adv.* par toutes sortes de moyens, à tout prendre, absolument ; À FORCE DE, *loc. prép.* par beaucoup d'efforts, de soins, de prières, etc. ; DE FORCE, PAR FORCE, *loc. adv.* en employant la force, la violence.

FORCÉ, ÉE, *adj. part.* contraint ; qui n'est pas naturel. *Avoir la main forcée*, être forcé de faire.

FORCÉMENT, *adv.* par force.

FORCENÉ, ÉE, *adj.* et *s.* qui est hors de sens ; furieux.

FORCEPS, *sm.* instrument de chirurgie.

FORCER, *va.* briser, rompre ; prendre par force ; contraindre, violenter. *Forcer le pas*, presser la marche ; *forcer la main*, contraindre.

FORCES, *sf. pl.* gros ciseaux.

FORCLORE, *va.* exclure (t. de droit).

FORCLOS, OSE, *adj. part.* exclu.

FORCLUSION, *sf.* exclusion (t. de droit).

FORER, *va.* percer.

FORESTIER, IÈRE, *adj.* qui concerne les forêts. — *adj.* et *sm.* employé dans les forêts.

FORET, *sm.* (*t* nul), petit outil pour percer un tonneau.

FORÊT, *sf.* (*t* nul), grande étendue de terrain couvert de bois. *Forêt vierge*, forêt d'Amérique presque impénétrable.

FORÊT NOIRE, montagnes boisées dans le gr.-duché de Bade et le Wurtemberg.

FOREZ (z nulle), partie du Lyonnais.

FORFAIRE, *vn.* faire quelque chose de contraire à son devoir, à l'honneur, etc. (n'est usité qu'à l'infinitif et aux temps composés : *j'ai forfait*).

FORFAIT, *sm.* (*t* nul), grand crime ; traité à prix fixe.

FORFAITURE, *sf.* action de forfaire ; prévarication.

FORFANTERIE, *sf.* hâblerie, fanfaronnade.

FORFICULE, *sf.* insecte, vulgairement nommé *perce-oreille*.

FORGE, *sf.* lieu où l'on forge ; boutique d'un forgeron.

FORGÉ, ÉE, *adj. part.* fait à la forge. *Fig.* inventé, fabriqué, faux, controuvé.

FORGEABLE, *adj.* 2 g. que l'on peut forger.

FORGER, *va.* travailler un métal à l'aide du feu et du marteau. *Fig.* inventer, fabriquer, controuver. — SE FORGER, *vpr.* se créer, imaginer : *vous vous forgez des chimères.*

FORGERON, *sm.* ouvrier qui travaille à la forge.

FORGEUR, *sm.* celui qui forge. *Fig.* celui qui imagine, qui suppose.

FORJETER, *vn.* se jeter en dehors, sortir de l'alignement ou de l'aplomb.

FORLANCER, *va.* (l. *fords* hors), lancer une bête hors de son gîte.

FORLI, ville d'Italie dans la province d'Émilie.

FORLIGNER, *vn.* (l. *fords* hors), sortir hors de sa lignée, de sa race ; faire quelque action indigne de la vertu de ses ancêtres.

FORMALISER (SE), *vpr.* s'offenser de, trouver à redire.

FORMALISTE, *adj.* et *s.* 2 g. trop attaché aux formes ; vétilleux.

FORMALITÉ, *sf.* formule prescrite, manière expresse de procéder. *Fig.* au *pl.* cérémonies.

FORMAT, *sm.* (*t* nul), hauteur et largeur d'un livre.

FORMATION, *sf.* action ou manière de former ou de se former.

FORME, *sf.* configuration d'un corps ; contour des objets ; apparence ; manière d'être, d'agir, de parler ; formalité ; modèle pour donner à la forme aux objets ; châssis d'imprimerie. — PAR FORME DE, EN FORME DE, *loc. prép.* en manière de ; POUR LA FORME, *loc. adv.* pour se conformer aux usages reçus et sauver les apparences.

FORMEL, ELLE, *adj.* exprès, précis, positif, clair.

FORMELLEMENT, *adv.* d'une manière formelle.

FORMENER, *va.* vexer, maltraiter, chasser.

FORMENTERA, l'une des îles Baléares.

FORMER, *va.* donner l'être et la forme ; produire, faire. *Fig.* façonner, instruire, organiser, concevoir dans son esprit. — SE FORMER, *vpr.* être produit, recevoir la forme ; prendre forme ; se façonner.

FORMICA-LEO, *sm.* (on pron. *formica-léo*), fourmilion.

FORMIDABLE, *adj.* 2 g. qui doit être redouté, que l'on doit craindre.

FORMIER, *sm.* fabricant ou marchand de formes.

FORMIGNY, village près de Bayeux (Calvados). Victoire de Richemont, connétable de France, sur les Anglais en 1450.

FORMIQUE, *adj.* 2 g. (l. *formica* fourmi), se dit d'un acide extrait des fourmis rouges (*chim.*).

FORMOSE, île sur la côte de la Chine.

FORMOSE, pape, m. 896.

FORMULAIRE, sm. recueil de formules.

FORMULE, sf. modèle d'acte; locution consacrée; expression algébrique ou chimique; recette pharmaceutique.

FORMULER, va. rédiger d'après la formule. Fig. énoncer.

FORNICE, sf. (l. fornix voûte), petite excavation (bot.).

FORNOUE, bourg du duché de Parme (Italie). Victoire de Charles VIII sur les Italiens en 1495.

FORS, prép. hormis, excepté (vx. mot).

FORSTER (Jean-Reinold), naturaliste et voyageur prussien (1729-1799).

FORT, FORTE, adj. vigoureux, énergique, puissant de corps, épais; considérable; violent; habile, capable; ferme. Fig. odeur forte, désagréable; esprit fort, incrédule; terre forte, difficile à labourer; ville ou place forte, fortifiée. — FORT, adv. avec force, beaucoup.

FORT, sm. ce qu'il y a de plus fort dans une chose; ce en quoi on excelle; forteresse; portefaix.

FORTE, adv. (on pron. forté), terme de musique indiquant qu'il faut renforcer les sons (mot italien).

FORTEMENT, adv. avec force, avec énergie

FORTE-PIANO, V. Piano.

FORTERESSE, sf. place fortifiée.

FORTH, fleuve et golfe d'Écosse.

FORTIA D'URBAN, érudit et historien français (1756-1843).

FORTIFIANT, ANTE, adj. et sm. qui augmente les forces.

FORTIFICATION, sf. action ou art de fortifier une place; ouvrage qui rend une place forte.

FORTIFIER, va. et n. rendre fort ou plus fort; affermir; entourer de fortifications. — SE FORTIFIER, vpr. devenir fort.

FORTIN, sm. petit fort.

FORTIORI ('A), loc. adv. (on pron. à forciori), à plus forte raison (mot latin).

FORTRAIT, AITE, adj. atteint de fortraiture.

FORTRAITURE, sf. fatigue outrée d'un cheval.

FORT-ROYAL, ch.-l. de l'île de la Martinique.

FORTUIT, ITE, adj. qui a lieu par hasard et d'une manière imprévue.

FORTUITEMENT, adv. par hasard.

FORTUNAT, évêque de Poitiers et poète latin (530-609).

FORTUNE, sf. chance, hasard, cas fortuit; bonheur; biens, richesse; condition, état. — DE FORTUNE, loc. adv. par hasard (La Fontaine).

FORTUNÉ, ÉE, adj. heureux; qui donne le bonheur.

FORTUNÉES (îles), les Canaries.

FORUM, sm. (on pron. forome), place publique de l'ancienne Rome; marché.

FORURE, sf. trou fait avec un foret.

FOSSE, sf. creux fait dans la terre; trou en terre pour la sépulture. V. Basse-fosse.

FOSSÉ, sm. longue fosse.

FOSSETTE, sf. petite fosse; petit creux au menton, aux joues.

FOSSILE, adj. 2 g. et sm. (l. fossilis, ce qu'on tire de la terre en la fouillant), se dit de substances, de débris de corps organiques enfouis dans les différentes couches de la terre aux diverses époques géologiques (min. et géol.).

FOSSOYAGE, sm. action de fossoyer, travail du fossoyeur.

FOSSOYER, va. fermer avec des fossés (c. employer).

FOSSOYEUR, sm. celui qui creuse des fosses pour les morts.

FOU ou FOL, m. FOLLE, f. adj. et s. qui a perdu la raison. Fig. étourdi, gai, trop crédule, fait sans raison. Gaîté folle, excessive; prix fou, succès fou, prix, succès excessif, inouï. — sm. bouffon; pièce du jeu d'échecs; sorte d'oiseau de mer.

FOUACE, sf. sorte de galette.

FOUAGE, sm. anc. droit seigneurial sur chaque feu ou famille.

FOUAILLER, va. (il m.), fouetter à plusieurs reprises.

FOUCHÉ (Joseph), conventionnel, puis ministre de la police, créé duc d'Otrante par Napoléon Ier (1764-1820).

FOUDRE, sf. et quelquefois m. en poésie, le feu du ciel cause par l'électricité. Fig. courroux de Dieu; colère. Foudres de l'Église, excommunication; coup de foudre, malheur imprévu. — sm. représentation de la foudre par une espèce de grand faisceau d'où sortent des dards en zigzag. Un foudre de guerre, un guerrier très-redoutable; un foudre d'éloquence, un grand orateur.

FOUDRE, sm. grande tonne.

FOUDROIEMENT, sm. action par laquelle une personne ou une chose est foudroyée.

FOUDROYANT, ANTE, adj. qui foudroie. Fig. terrible, effrayant.

FOUDROYER, va. frapper de la foudre. Fig. détruire à coups de canon; abattre, renverser, confondre (c. employer).

FOUÉE, sf. chasse de nuit aux oiseaux.

FOUET, sm. (on pron. foué), corde ou lanière attachée à une baguette pour frapper; coup de verges.

FOUETTER, va. frapper avec le fouet, avec les verges. Fig. battre de la crème, des œufs. — vn. frapper violemment (en parlant de la pluie, de la grêle, de la neige, etc.).

FOUETTEUR, EUSE, s. celui, celle qui fouette.

FOUGASSE, sf. petite mine ou fourneau de mine (t. de guerre).

FOUGERAIE, sf. lieu planté de fougère.

FOUGÈRE, sf. sorte de plante; au pl. famille de plantes (bot.).

FOUGÈRES, s.-préf. du dép. d'Ille-et-Vilaine.

FOUGEROLLES, p. ville (Haute-Saône).

FOUGUE, sf. mouvement violent et impétueux; ardeur, verve, enthousiasme.

FOUGUEUX, EUSE, adj. plein de fougue, ardent, emporté.

FOUILLE, *sf.* (*ll m.*), travail fait en fouillant le sol.

FOUILLE-AU-POT, *sm.* (inv.), marmiton.

FOUILLER, *va.* et *n.* (*ll m.*), creuser pour chercher. *Fig.* chercher avec soin, examiner, rechercher.

FOUILLIS, *sm.* (*ll m. s* nulle), mélange confus de choses diverses qui paraissent comme enfouies l'une sous l'autre.

FOUINE, *sf.* petit animal carnassier; sorte de fourche, de trident.

FOUIR, *va.* creuser.

FOUISSEUR, *adj.* et *s.* se dit de certains insectes qui creusent la terre.

FOULAGE, *sm.* action de fouler; résultat de cette action.

FOULAHS, V. *Fellatahs.*

FOULANT, **ANTE**, *adj.* qui foule.

FOULARD, *sm.* (*d nul*), étoffe de soie; mouchoir ou cravate de soie.

FOULE, *sf.* multitude de personnes qui s'entre-poussent; grande quantité; action de fouler. *Fig.* le vulgaire. — EN FOULE, *loc. adv.* en grand nombre.

FOULÉES, *sf. pl.* traces laissées sur l'herbe ou les feuilles par les pieds d'une bête.

FOULER, *va.* presser; marcher sur; blesser. *Fig.* opprimer, surcharger d'impôts. *Fouler aux pieds*, ne faire aucun cas de. — SE FOULER, *vpr.* être foulé, se blesser: se fouler le poignet.

FOULERIE, *sf.* atelier où l'on foule les draps, le cuir, etc.

FOULLON (Joseph-François), contrôleur général des finances, l'une des premières victimes de la révolution (1715-1789).

FOULOIR, *sm.* instrument avec lequel on foule.

FOULON, *sm.* ouvrier qui foule et apprête les étoffes de laine.

FOULQUE, *sf.* espèce de poule d'eau.

FOULQUES, archevêque de Reims et chancelier de Charles le Simple; m. 900. — curé de Neuilly-sur-Marne, prédicateur d'une croisade en 1198. — nom de plusieurs comtes d'Anjou, entre autres *Foulques Nerra*, m. 1040, et *Foulques le Réchin*, m. 1109.

FOULURE, *sf.* action de fouler; contusion. Au *pl.* marques du pied du cerf.

FOUQUET (Nicolas), surintendant des finances sous Louis XIV (1615-1680).

FOUQUIER-TINVILLE, accusateur public près le tribunal révolutionnaire (1747-1795).

FOUR, *sm.* lieu voûté où l'on fait cuire le pain, la pâtisserie, la chaux, etc. *Four de campagne*, four portatif; *petits fours*, toutes sortes de petites pâtisseries; *four banal*, *four seigneurial*, four public.

FOURBE, *adj.* et *s.* 2 *g.* trompeur, rusé. — *sf.* tromperie.

FOURBER, *va.* tromper d'une manière basse et odieuse.

FOURBERIE, *sf.* tromperie basse; caractère du fourbe.

FOURBIR, *va.* nettoyer, polir, rendre clair en frottant.

FOURBISSEUR, *sm.* celui qui fourbit des armes.

FOURBISSIME, *adj.* 2 *g.* extrêmement fourbe (*fam.*).

FOURBISSURE, *sf.* nettoiement, polissure.

FOURBU, **UE**, *adj.* se dit d'un cheval qui a perdu l'usage de ses jambes.

FOURBURE, *sf.* état de l'animal fourbu.

FOURCHAMBAULT, p. ville (Nièvre).

FOURCHE, *sf.* long bâton terminé par deux ou trois branches pointues. *Fig.* lieu où un chemin se divise. *Fourche patibulaire*, potence. V. *Caudines.*

FOURCHÉ, **ÉE**, *adj. part.* en fourche; partagé en branches, en deux ou plusieurs lignes.

FOURCHER, *vn.* et SE FOURCHER, *vpr.* se diviser en fourche. *Fig.* La langue lui a fourché, il a dit un mot pour un autre.

FOURCHETTE, *sf.* petite fourche; ustensile de table en forme de petite fourche; l'un des os de la volaille; partie du pied du cheval.

FOURCHON, *sm.* branche de fourche ou de fourchette; endroit d'où sortent les branches d'un arbre.

FOURCHU, **UE**, *adj.* divisé en forme de fourche.

FOURCHURE, *sf.* endroit où une chose ou un arbre se divise en fourche.

FOURCROY, célèbre chimiste français (1755-1809).

FOURGON, *sm.* sorte de chariot couvert; instrument pour remuer le feu d'un four.

FOURGONNER, *vn.* remuer avec le fourgon du four; déranger le feu. *Fig.* fouiller maladroitement.

FOURIER (Jean-Baptiste-Joseph), célèbre géomètre et physicien français (1768-1830). V. *Fourrier.*

FOURMI, *sf.* sorte d'insecte qui vit en société.

FOURMILIER, *sm.* petit quadrupède et oiseau d'Amérique qui vivent de fourmis.

FOURMILIÈRE, *sf.* (*l m.*), nid de fourmis. *Fig.* multitude.

FOURMI-LION ou FOURMILION, *sm.* insecte qui se nourrit de fourmis.

FOURMILLEMENT, *sm.* (*ll m.*), picotement comme si l'on sentait courir des fourmis sur la peau.

FOURMILLER, *vn.* (*ll m.*), être en grand nombre comme les fourmis. *Fig.* abonder, être rempli de; picoter.

FOURNAGE, *sm.* ce que l'on paye pour la cuisson du pain au four.

FOURNAISE, *sf.* sorte de grand four; creuset. *Fig.* lieu très-chaud.

FOURNEAU, *sm.* construction ou ustensile où l'on fait du feu pour cuire les aliments, pour faire des opérations de chimie, travailler les métaux, etc.; mine pour faire sauter.

FOURNÉE, *sf.* ce que contient un four. *Fig.* promotion en grand nombre.

FOURNI, **IE**, *adj. part.* épais, touffu; bien garni de.

FOURNIER, **IÈRE**, *s.* celui, celle qui tient un four à pain.

FOURNIL, *sm.* (on pron. *fourni*), lieu où est le four, où l'on pétrit.

FOURNIMENT, *sm.* étui à poudre; objets d'équipement.

FOURNIR, va. pourvoir de, donner, garnir, produire. — vn. contribuer, subvenir. — SE FOURNIR, vpr. s'approvisionner.

FOURNISSEMENT, sm. mise de fonds de chaque associé.

FOURNISSEUR, sm. entrepreneur de fournitures.

FOURNITURE, sf. provisions, choses fournies; action de fournir; petites herbes pour garnir la salade.

FOURRAGE, sm. paille, foin, etc., pour les chevaux et les bestiaux.

FOURRAGER, vn. couper et prendre le fourrage. — va. ravager.

FOURRAGÈRE, adj. f. propre à faire du fourrage.

FOURRAGEUR, sm. celui qui va fourrager; maraudeur.

FOURRÉ, ÉE, adj. garni de fourrure; rempli de bois. Fig. coup fourré, coup donné et reçu; mauvais offices; langue fourrée, langue d'animal apprêtée.

FOURRÉ, sm. endroit épais d'un bois.

FOURREAU, sm. gaîne, étui, enveloppe; robe d'enfant.

FOURRER, va. faire entrer dans, mettre parmi; insérer mal à propos; garnir de fourrure. — SE FOURRER, vpr. s'immiscer, s'introduire; se vêtir chaudement.

FOURREUR, sm. celui qui prépare ou vend des fourrures.

FOURRIER, sm. officier chargé de marquer le logement des personnes qui suivent le prince; sous-officier chargé de la comptabilité et du logement d'une compagnie de soldats.

FOURRIER (Charles), fameux économiste réformateur (1772-1837). V. Fourier.

FOURRIÈRE, sf. lieu où l'on retient les voitures, les animaux saisis; lieu où l'on garde le bois à brûler.

FOURRURE, sf. peau de certains animaux préparée avec son poil; vêtement fourré.

FOURVOIEMENT, sm. action de se fourvoyer; erreur de celui qui se fourvoie.

FOURVOYER, va. et SE FOURVOYER, vpr. se jeter hors de la voie, du bon chemin. Fig. s'égarer, se tromper (s'employer).

FOU-TCHÉOU, g. ville et port de la Chine.

FOX (Georges), fondateur de la secte des quakers (1624-1690).

FOX (Charles-Jacques), célèbre orateur et ministre anglais (1748-1806).

FOY (Maximilien-Sébastien), général et célèbre orateur français (1775-1825).

FOYER, sm. âtre, lieu où se fait le feu; dallé d'une cheminée; salle d'un théâtre; point où convergent des rayons, point d'où ils partent. Fig. siège principal d'une chose: le foyer de la rébellion; au pl. domicile, habitation, patrie: rentrer dans ses foyers.

FOYLE, lac et rivière d'Irlande.

FRAC, sm. sorte d'habit.

FRACAS, sm. (s nulle), fracture avec bruit; grand bruit, tumulte. Fig. éclat dans le monde.

FRACASSER, va. briser en plusieurs morceaux.

FRACTION, sf. (on pr. fraxion), action de rompre; partie de l'unité ou d'un tout.

FRACTIONNAIRE, adj. 2 g. (on pr. fraxionaire), qui est sous la forme d'une fraction (arith.).

FRACTIONNEMENT, sm. (on pr. fraxioneman), action de fractionner.

FRACTIONNER, va. (on pr. fraxioné), réduire en parties; partager, diviser.

FRACTURE, sf. rupture avec effort; bris.

FRACTURÉ, ÉE, adj. part. brisé.

FRACTURER, va. briser, casser.

FRAGA, ville d'Espagne. Victoire des Maures sur Alphonse Ier d'Aragon en 1134.

FRAGILE, adj. 2 g. qui peut facilement se briser. Fig. qui est peu solide, peu stable; sujet à tomber en faute.

FRAGILITÉ, sf. qualité ou défaut de ce qui est fragile; facilité à être brisé. Fig. instabilité; facilité à tomber en faute.

FRAGMENT, sm. morceau d'un objet brisé ou déchiré. Fig. partie d'un livre, d'une composition littéraire.

FRAGMENTÉ, ÉE, adj. mis en fragments.

FRAGONARD (Nicolas), peintre français (1732-1806). — (Alexandre), fils du précédent, peintre et sculpteur (1783-1850).

FRAGRANT, ANTE, adj. odorant, parfumé.

FRAI, sm. œufs de poisson; petit poisson; altération des monnaies par le frottement.

FRAÎCHEMENT, adv. avec fraîcheur. Fig. nouvellement.

FRAÎCHEUR, sf. qualité de ce qui est frais; froid doux et agréable; éclat des fleurs, du teint, etc.; douleur causée par un froid humide.

FRAÎCHIR, vn. se dit du vent qui devient plus fort.

FRAIRIE, sf. partie de divertissement et de bonne chère.

FRAIS, sm. pl. dépenses; dépens d'un procès. — SUR NOUVEAUX FRAIS, loc. adv. de nouveau, derechef.

FRAIS, FRAÎCHE, adj. agréablement froid. Fig. nouveau, récent; qui a de l'éclat: teint frais; délassé; non salé: hareng frais. — sm. air frais: prendre le frais. — adv. récemment: tout frais peint.

FRAISE, sf. fruit du fraisier; mésentère du veau ou de l'agneau; espèce de collet plissé; rang de pieux.

FRAISER, va. plisser en fraise; garnir de pieux.

FRAISETTE, sf. petite fraise de linge.

FRAISIER, sm. plante qui produit la fraise.

FRAISIÈRE, sf. terrain planté de fraisiers.

FRAISIL, sm. (on pron. fraisi), cendre de houille.

FRAMBOISE, sf. fruit du framboisier.

FRAMBOISER, va. accommoder avec du jus de framboise.

FRAMBOISIER, sm. arbrisseau qui produit la framboise.

FRAMÉE, sf. arme des Francs.

FRANC, sm. unité des monnaies françaises; pièce d'argent représentant cette unité.

FRANC, FRANCHE, adj. libre; exempt de;

sincère, vrai ; complet. — *adv.* franchement, clairement ; entièrement. V. *Francs.*

FRANC, FRANQUE, *s. et adj.* des Francs; se dit aussi des Européens dans le Levant. *Langue franque,* jargon mêlé d'italien, de français, etc., qui se parle dans le Levant.

FRANÇAIS, AISE, *adj. et s.* de France ou de la France. — *sm.* langue parlée en France.

FRANC-ALLEU, *sm.* fonds de terre exempt de droits seigneuriaux (pl. *francs-alleux*).

FRANC ARCHER, *sm.* soldat d'une milice créée par Charles VII (pl. *francs archers*).

FRANCATU, *sm.* espèce de pomme.

FRANC-BORD, *sm.* espace de terrain laissé libre sur le bord d'une rivière ou d'un canal ; bordage extérieur d'un navire (pl. *francs-bords*).

FRANC-COMTOIS, OISE, *adj. et s.* de la Franche-Comté.

FRANCE, État de l'Europe occidentale, capitale *Paris.*

FRANCE (île de) ou *Maurice,* dans l'océan Indien. V. *Ile-de-France.*

FRANCFORT-SUR-LE-MEIN , l'une des quatre villes libres de l'Allemagne.

FRANCFORT-SUR-L'ODER, ville de Prusse.

FRANCHE-COMTÉ, ancienne province de France.

FRANCHEMENT, *adv.* avec franchise, hardiment.

FRANCHIR, *va.* sauter par-dessus ; passer au delà ; traverser hardiment. *Fig.* surmonter.

FRANCHISE, *sf.* qualité de la personne ou de la chose qui est franche; sincérité ; immunité.

FRANCIA, dictateur du Paraguay (1758-1840).

FRANCISATION, *sf.* constatation de la nationalité d'un navire français.

FRANCISCAIN , *sm.* religieux de l'ordre de Saint-François.

FRANCISER, *va.* donner une forme française à un mot étranger. — SE FRANCISER, *vpr.* prendre les manières françaises.

FRANCISQUE, *sf.* hache d'arme des Francs.

FRANC-JUGE , *sm.* membre du tribunal secret de la Sainte-Vehme, (pl. *francs-juges*). V. *Vehme.*

FRANC-MAÇON , *sm.* initié à la franc-maçonnerie (pl. *francs-maçons*).

FRANC-MAÇONNERIE, *sf.* sorte d'association à laquelle on n'est admis qu'après certaines épreuves.

FRANCO, *adv.* sans frais.

FRANÇOIS, nom de plusieurs saints : SAINT FRANÇOIS D'ASSISE, fondateur de l'ordre des Franciscains (1182-1226) ; SAINT FRANÇOIS DE PAULE, fondateur de l'ordre des Minimes (1416-1507) ; SAINT FRANÇOIS XAVIER , l'apôtre des Indes (1506-1552) ; SAINT FRANÇOIS DE SALES, évêque de Genève (1567-1622).

FRANÇOIS, nom de plusieurs souverains, entre autres FRANÇOIS Ier, roi de France (1494-1547).

FRANÇOIS DE NEUFCHÂTEAU , littérateur français, ministre de l'Intérieur sous le Directoire (1750-1828).

FRANÇOISE (Ste), dame romaine (1384-1440).

FRANCOLIN , *sm.* sorte de perdrix.

FRANCONIE, pays d'Allemagne.

FRANC PARLER, *sm.* habitude de dire ce que l'on pense.

FRANC-RÉAL, *sm.* sorte de poire (pl. *francs-réals*).

FRANCS ou FRANKS , confédération de peuples Germains qui s'établirent dans la Gaule pendant le 5e siècle. On les divisait en *Francs saliens* et *Francs ripuaires.* V. *Franc, franque.*

FRANC-TAUPIN, V. *Taupin.*

FRANC TENANCIER, V. *Tenancier.*

FRANC-TILLAC, *sm.* pont ou tillac de plainpied, sans interruption, d'un navire de commerce (pl. *francs-tillacs*).

FRANGE, *sf.* bande d'étoffe garnie de filets qui pendent.

FRANGÉ, ÉE, *adj. part.* orné de franges, découpé en franges.

FRANGER, *va.* garnir de franges.

FRANGER ou FRANGIER, *sm.* celui qui fait de la frange.

FRANGIPANE, *sf.* pâtisserie à la crème et aux amandes.

FRANKLIN (Benjamin), homme d'État, moraliste et savant des États-Unis (1706-1790).— (John), navigateur anglais qui périt dans l'océan Glacial au N. de l'Amérique (1788-1845).

FRANQUE, V. *Franc, franque.*

FRANQUETTE, *sf.* À LA BONNE FRANQUETTE, *loc. adv.* franchement, ingénument.

FRA-PAOLO, V. *Sarpi.*

FRAPPANT, ANTE, *adj.* qui fait une vive impression. *Fig. portrait frappant,* très-ressemblant.

FRAPPE, *sf.* empreinte du balancier sur la monnaie ; assortiment de matrices pour la fonte des caractères d'imprimerie.

FRAPPÉ , ÉE, *adj. part.* marqué. *Fig.* atteint , attaqué , saisi , étonné ; *imagination frappée,* remplie de quelque appréhension, de quelque idée sinistre ; *vin frappé,* rafraîchi dans de la glace ; *bien frappé,* bien fait, où il y a de la force.

FRAPPEMENT, *sm.* ne se dit que de l'action de Moïse frappant le rocher.

FRAPPER, *va. et n.* donner un ou plusieurs coups ; marquer d'une empreinte. *Fig.* faire impression sur : *le son frappe l'oreille ;* tomber sur : *la lumière frappe sur la table ;* affliger : *Dieu le frappa dans ce qu'il avait de plus cher.* — SE FRAPPER, *vpr.* se cogner, se battre, se persuader, s'affecter.

FRAPPEUR, EUSE, *adj. et s.* qui frappe.

FRASCATI, ville d'Italie, près de Rome.

FRASIL (l nulle), ou FRASIN, *sm.* poussier et menue braise.

FRASQUE, *sf.* action extravagante et imprévue.

FRATER, *sm.* (on pron. l'r finale), garçon chirurgien ; mauvais chirurgien (mot latin signifiant *frère*).

FRATERNEL , ELLE, *adj.* qui est propre à des frères.

FRATERNELLEMENT , *adv.* d'une manière fraternelle.

FRATERNISER, vn. vivre ou agir fraternellement avec quelqu'un.

FRATERNITÉ, sf. relation de frères. Fig. étroite amitié.

FRATRICIDE, sm. et adj. 2 g. meurtrie ou meurtrier d'un frère ou d'une sœur.

FRAUDE, sf. tromperie, action faite de mauvaise foi; contrebande. — EN FRAUDE, loc. adv. frauduleusement.

FRAUDER, va. et n. tromper, frustrer; faire la contrebande.

FRAUDEUR, EUSE, adj. et s. celui qui fait la fraude ou contrebande.

FRAUDULEUSEMENT, adv. avec fraude.

FRAUDULEUX, EUSE, adj. plein de fraude, fait avec fraude; très-enclin à la fraude.

FRAUENFELD, ch.-l. du canton de Thurgovie (Suisse).

FRAXINELLE, sf. sorte de plante.

FRAXINET, V. Garde-Freinet.

FRAYANT, ANTE, adj. coûteux, qui cause de grands frais (La Fontaine).

FRAYÉ, ÉE, adj. part. tracé, marqué.

FRAYER, va. tracer, pratiquer un chemin, un passage; frôler. Fig. donner l'exemple. — SE FRAYER, vpr. s'ouvrir un passage, et au fig. se préparer les voies. — vn. avoir des relations, fréquenter, se convenir; féconder le frai (en parlant des poissons); s'user par le frottement (e. payer).

FRAYEUR, sf. crainte extrême; terreur.

FRAYSSINOUS (Denis), évêque d'Hermopolis, grand-maître de l'Université et ministre des cultes sous Charles X (1765-1842).

FREDAINE, sf. trait d'inconduite, folie de jeunesse.

FRÉDÉGAIRE, chroniqueur latin, né en Bourgogne; m. vers 660.

FRÉDÉGONDE, femme de Chilpéric Ier (543-597).

FRÉDÉRIC (St), évêque d'Utrecht; m. 838.

FRÉDÉRIC, nom de plusieurs souverains, entre autres: FRÉDÉRIC Ier, Barberousse (1121-1190), et FRÉDÉRIC II (1194-1250), tous deux empereurs d'Allemagne; FRÉDÉRIC II, le Grand, roi de Prusse (1712-1786).

FRÉDÉRICKSHALL ou FRÉDRIKSHALL, ville de Norwège.

FREDON, sm. tremblement de la voix en chantant.

FREDONNEMENT, sm. chant de celui qui fredonne.

FREDONNER, va. et n. chanter à demi-voix.

FREDONNEUR, EUSE, s. celui, celle qui fredonne.

FRÉGATE, sf. sorte de gros navire de guerre; oiseau de mer.

FREETOWN, ch.-l. de la colonie anglaise de Sierra-Leone.

FREIN, sm. mors. Fig. ce qui retient, ce qui arrête; ce qui retient dans le devoir, dans la raison.

FRÉJUS, p. ville et évêché (Var).

FRELATAGE, sm. altération des liqueurs, des boissons.

FRELATER, va. falsifier une liqueur, une boisson. Fig. déguiser.

FRELATERIE, sf. frelatage.

FRELATEUR, sm. celui qui frelate.

FRÊLE, adj. 2 g. fragile. Fig. faible.

FRELON, sm. grosse mouche-guêpe.

FRELUQUET, sm. homme frivole, léger.

FRÉMIR, vn. trembler d'émotion, d'horreur; vibrer, s'agiter, bruire.

FRÉMISSANT, ANTE, adj. qui frémit.

FRÉMISSEMENT, sm. émotion, tremblement, agitation, vibration, bruissement.

FRÉNAIE, sf. lieu planté de frênes.

FRÊNE, sm. sorte d'arbre.

FRÉNÉSIE, sf. égarement d'esprit, fureur, emportement, excès.

FRÉNÉTIQUE, adj. et s. 2 g. qui est atteint de frénésie; furieux; excessif.

FRÉQUEMMENT, adv. souvent.

FRÉQUENCE, sf. répétition fréquente; agitation du pouls.

FRÉQUENT, ENTE, adj. qui arrive souvent, réitéré. Pouls fréquent, agité.

FRÉQUENTATIF, IVE, adj. et s. se dit de mots qui expriment la répétition de l'action.

FRÉQUENTATION, sf. action de fréquenter, société habituelle; usage fréquent d'une chose.

FRÉQUENTER, va. hanter, voir souvent, aller souvent dans un lieu; faire un fréquent usage de. — SE FRÉQUENTER, vpr. se voir souvent mutuellement.

FRÈRE, sm. celui qui est né du même père et de la même mère que nous. Fig. celui qui est de la même origine; membre d'une congrégation, d'une association. Faux frère, associé qui trahit.

FRÉRET (Nicolas), célèbre érudit et critique français (1688-1749).

FRÉRON, critique et journaliste fameux (1719-1776). — fils du précédent, membre de la Convention (1766-1802).

FRESNAY, p. ville (Sarthe).

FRESNEL, savant physicien français (1788-1827).

FRESNOY-LE-GRAND, p. ville (Aisne).

FRESQUE, sf. peinture à l'eau de chaux sur une muraille fraîchement enduite.

FRESSURE, sf. ensemble des viscères de certains animaux, comme le foie, le cœur, la rate, etc.

FRET, sm. (on pron. le t), louage d'un navire en totalité ou en partie; prix du transport par mer.

FRÉTER, va. donner ou prendre un navire à loyer.

FRÉTEUR, sm. celui qui donne un navire à loyer.

FRÉTEVAL, village près de Vendôme (Loir-et-Cher). Combat entre Philippe-Auguste et Richard Cœur-de-Lion, en 1194.

FRÉTILLANT, ANTE, adj. (ll m.), qui frétille.

FRÉTILLEMENT, sm. (ll m.), action de frétiller.

FRÉTILLER, vn. (ll m.), s'agiter de mouvements vifs et courts.

FRETIN, sm. menu poisson. Fig. chose de nulle valeur.

FRETTE, sf. cercle de métal autour du moyeu d'une roue.

FRETTER, va. mettre une frette.

FREUX, sm. oiseau nommé aussi grolle.

FREYCINET (Louis-Henri), contre-amiral français (1777-1840). — (Charles-Louis), navigateur, frère du précédent (1779-1842).

FREYRE (don Manoël), général espagnol (1765-1834).

FRIABILITÉ, sf. qualité de ce qui est friable.

FRIABLE, adj. 2 g. que l'on peut facilement mettre en miettes, en petites parties, en poudre.

FRIAND, ANDE, adj. et s. qui aime les mets délicats; excellent au goût. Fig. avide de; fin, délicat, séduisant.

FRIANDISE, sf. goût pour la chère délicate, pâtisserie, sucrerie, mets délicat.

FRIANT (Louis), général français (1758-1829).

FRIBOURG, ch.-l. du canton de même nom (Suisse). FRIBOURG-EN-BRISGAU, ville du grand-duché de Bade. Victoire de Condé sur les Impériaux en 1644.

FRICANDEAU, sm. morceau de veau lardé.

FRICASSÉE, sf. viande fricassée.

FRICASSER, va. faire cuire quelque chose qui a été coupé en morceaux. Fig. dissiper follement.

FRICASSEUR, sm. mauvais cuisinier; au fém. fricasseuse.

FRICHE, sf. terrain non cultivé et improductif. — EN FRICHE, loc. adv. sans culture.

FRICOT, sm. (t nul), ragoût (pop.).

FRICOTER, vn. apprêter ou faire un repas (pop.).

FRICOTEUR, EUSE, s. celui, celle qui fricote; amateur de bonne chère. Fig. maraudeur, homme qui se procure des profits illicités (pop.).

FRICTION, sf. (on pron. frixion), action de frotter sur une partie malade du corps.

FRICTIONNER, va. (on pron. frixioné), faire des frictions.

FRIEDLAND, ville de Prusse. Victoire de Napoléon Ier sur les Russes et les Prussiens, en 1807.

FRIGIDITÉ, sf. état de ce qui est froid.

FRIGORIFIQUE, adj. 2 g. (l. frigus, gén. frigoris froid), qui cause, qui produit le froid.

FRILEUX, EUSE, adj. et s. qui est très-sensible au froid.

FRIMAIRE, sm. le 3e mois du calendrier républicain.

FRIMAS, sm. (l's est nulle), brouillard froid et épais qui se gèle en tombant. Fig. l'hiver.

FRIME, sf. semblant, feinte (pop.).

FRIMOUSSE, sf. visage (pop.).

FRINGALE, sf. faim subite (fam.).

FRINGANT, ANTE, adj. vif, alerte.

FRINGUER, vn. sautiller.

FRION, sm. petit fer au côté de la charrue.

FRIOUL, province de l'empire d'Autriche, sur l'Adriatique.

FRIPER, va. chiffonner, gâter, censurer.

FRIPERIE, sf. vieux habits, vieux meubles; commerce, boutique de fripier.

FRIPIER, IÈRE, s. celui, celle qui achète ou vend de vieux habits.

FRIPON, ONNE, s. fourbe, voleur adroit; homme de mauvaise foi. Fig. espiègle. — adj. Air fripon, air éveillé.

FRIPONNEAU, sm. petit fripon.

FRIPONNER, va. escroquer. — vn. faire des actions de fripon.

FRIPONNERIE, sf. action de fripon.

FRIQUET, sm. (t nul), moineau de petite espèce.

FRIRE, va. faire cuire dans la poêle. — vn. cuire dans la friture. (Il ne s'emploie qu'à l'infinitif prés., au partic. passé frit, frite; aux temps composés; au s. du prés. de l'ind. je fris, tu fris, il frit; au fut. je frirai, etc.; au condit. je frirais, etc., et à la 2e pers. du s. de l'impér. fris).

FRISE, sf. bande sous la corniche (arch.); bandeau, étoffe de laine; toile de Hollande. Cheval de frise, pièce de bois traversée de pieux pointus (fortif.).

FRISE, province de Hollande.

FRISÉ, ÉE, adj. part. bouclé, crépu. Chou frisé, dont la feuille est toute crêpée.

FRISER, va. anneler, boucler, crêper les cheveux, le poil des étoffes. Fig. effleurer, raser; approcher de. — vn. être frisé.

FRISON, sm. boucle de cheveux frisés; rebut de chiffon.

FRISON, ONNE, adj. et s. de la Frise; au pl. ancien peuple germain.

FRISOTTER, va. friser souvent et par petites boucles.

FRISSON, sm. tremblement causé par le froid. Fig. saisissement qui naît de la peur, d'une émotion violente.

FRISSONNEMENT, sm. léger frisson, frémissement.

FRISSONNER, vn. éprouver un frisson, un frémissement.

FRISURE, sf. manière de friser; état de ce qui est frisé.

FRIT, ITE, adj. part. cuit à la poêle. Fig. ruiné, perdu, dissipé.

FRITILLAIRE, sf. sorte de plante.

FRITTE, sf. cuisson de la matière du verre.

FRITTER, va. faire calciner.

FRITURE, sf. action ou manière de frire; substance qui sert à frire; chose frite.

FRITURIER, sm. marchand de friture.

FRIVOLE, adj. 2 g. léger, vain; qui est sans importance.

FRIVOLEMENT, adv. d'une manière frivole.

FRIVOLITÉ, sf. caractère de ce qui est frivole; chose frivole.

FROBEN ou FROBENIUS, célèbre imprimeur allemand; m. 1527.

FROC, sm. habit monacal.

FROCARD, sm. moine (ironique).

FRODOABT, V. Flodoard.

FROID, sm. (d nul), absence ou perte de chaleur, sensation que fait éprouver la privation ou la perte de chaleur. Fig. air sérieux, indifférence, manque d'intérêt; brouille.

FROID, OIDE, *adj.* privé de chaleur; qui ne garantit pas du froid; refroidi. *Fig.* sérieux, indifférent, calme, sans intérêt, languissant. — **A FROID,** *loc. adv.* sans mettre au feu, et au *fig.* sans verve, sans passion.

FROIDEMENT, *adv.* de manière que l'on est exposé au froid. *Fig.* avec froideur.

FROIDEUR, *sf.* qualité de ce qui est froid. *Fig.* indifférence, langueur, froid accueil, diminution d'amitié.

FROIDIR, *vn.* devenir froid.

FROIDURE, *sf.* froid répandu dans l'air. *Fig.* l'hiver.

FROIDUREUX, EUSE, *adj.* frileux.

FROISSART (Jean), célèbre chroniqueur français (1333-1410).

FROISSEMENT, *sm.* action de froisser; résultat de cette action.

FROISSER, *va.* meurtrir en pressant; frotter, chiffonner. *Fig.* heurter, choquer, blesser.

FROISSURE, *sf.* impression qui résulte du froissement.

FRÔLEMENT, *sm.* action de frôler; effet de ce qui frôle.

FRÔLER, *va.* toucher légèrement en passant.

FROMAGE, *sm.* sorte d'aliment fait de lait caillé.

FROMAGER, ÈRE, *s.* celui, celle qui fait ou vend des fromages. — *sm.* vase à faire des fromages.

FROMAGERIE, *sf.* lieu où se fait le fromage, où on le conserve.

FROMENT, *sm.* espèce de blé.

FROMENTACÉE, *adj. f.* qui est de la nature du froment.

FROMENTÉE, *sf.* farine de froment; bouillie faite avec du froment.

FRONCE, *sf.* pli du papier ou d'une étoffe froncée.

FRONCEMENT, *sm.* action de froncer; résultat de cette action.

FRONCER, *va.* rider en resserrant, plisser.

FRONCIS, *sm.* (s nulle), les plis que l'on fait à un vêtement en le fronçant.

FRONDAISON, *sf.* feuillage.

FRONDE, *sf.* corde pour lancer des pierres; nom d'un parti et d'une guerre pendant la minorité de Louis XIV.

FRONDER, *va. et n.* lancer avec une fronde. *Fig.* critiquer, blâmer.

FRONDES, *sf. pl.* rameaux d'arbre flottants autour de la tige.

FRONDEUR, *sm.* celui qui lance avec une fronde; partisan de la Fronde. *Fig.* celui qui critique, qui blâme.

FRONT, *sm.* (t nul), partie supérieure du visage. *Fig.* visage, tête, face; rangée, premier rang; impudence: *il eut le front de me répondre.* — **DE FRONT,** *loc. adv.* par devant, côte à côte, en même temps.

FRONTAL, ALE, *adj.* du front (pl. m. frontaux). — *sm.* bandeau que l'on applique sur le front.

FRONTEAU, *sm.* bandeau sur le front; partie de la têtière d'un cheval.

FRONTIÈRE, *sf.* limite d'un pays. — *adj. 2 g.* limitrophe.

FRONTIGNAN, p. ville (Hérault).

FRONTIN, écrivain latin; m. vers l'an 106.

FRONTISPICE, *sm.* face principale d'un grand bâtiment; titre orné d'un livre.

FRONTON, *sm.* ornement d'architecture au-dessus des portes, des croisées.

FROTTAGE, *sf.* action de frotter un parquet; travail du frotteur.

FROTTÉE, *sf.* pain frotté; coups (pop.).

FROTTEMENT, *sm.* action de frotter, de se frotter.

FROTTER, *va.* passer plusieurs fois une chose sur une autre en appuyant; oindre, enduire en frottant. *Fig.* battre. — **SE FROTTER À,** *vpr.* s'attaquer à, fréquenter. — *vn.* glisser en pressant.

FROTTEUR, *sm.* celui qui frotte les parquets.

FROTTOIR, *sm.* linge pour se frotter, pour essuyer un rasoir.

FROUER, *vn.* siffler pour attirer les oiseaux.

FROU-FROU, *sm.* frémissement des feuilles, des vêtements. *Fig.* faire du frou-frou, étaler du luxe, se pavaner (pop.).

FRUCTIDOR, *sm.* le 12e mois du calendrier républicain.

FRUCTIFÈRE, *adj. 2 g.* (l. fructus fruit, ferre porter), qui porte, qui produit du fruit.

FRUCTIFIANT, ANTE, *adj.* productif, fécond.

FRUCTIFICATION, *sf.* formation, production des fruits; résultat de cette formation.

FRUCTIFIER, *vn.* produire du fruit. *Fig.* donner un bon résultat.

FRUCTUEUSEMENT, *adv.* avec fruit, avec progrès; avantageusement.

FRUCTUEUX, EUSE, *adj.* qui donne beaucoup de fruit, de profit.

FRUGAL, ALE, *adj.* qui est composé ou qui se nourrit des produits de la terre; sobre, qui vit de peu (pl. m. frugals).

FRUGALEMENT, *adv.* avec frugalité.

FRUGALITÉ, *sf.* qualité de celui ou de ce qui est frugal.

FRUGIVORE, *adj. 2 g.* qui se nourrit de fruits, de végétaux.

FRUIT, *sm.* production des végétaux qui succède à la fleur; dessert. Au *pl.* tout ce que la terre produit pour la nourriture. *Fig.* revenus, produits; utilité, avantage, profit, résultat bon ou mauvais: *quel fruit retirez-vous de ce travail?*

FRUITERIE, *sf.* lieu où l'on garde les fruits; commerce de fruits.

FRUITIER, *sm.* lieu où l'on conserve les fruits.

FRUITIER, IÈRE, *s.* celui, celle qui vend des fruits, des légumes. — *adj.* qui rapporte du fruit.

FRUMENCE (St), apôtre de l'Éthiopie; m. 360.

FRUSQUIN, *sm.* tout ce que l'on a d'argent, de nippes; on dit aussi saint-frusquin (pop.).

FRUSTE, *adj. 2 g.* effacé, dépoli, usé.

FRUSTRANÉ, ÉE, *adj.* (l. frustra inutilement, natus né), polygamie frustranée, sous-division de la 19e classe dans la méthode de Linné, comprenant les fleurs composées dont les fleurons de la circonférence, simplement pistillés, sont stériles (bot.).

FRUSTRATOIRE, adj. 2 g. fait pour frustrer, pour tromper, pour éluder.

FRUSTRER, va. priver d'une chose due ou espérée.

FRUTESCENT, ENTE, adj. (l. frutex arbrisseau), à tige ligneuse formant arbrisseau (bot.).

FRUTICULEUX, EUSE, adj. (l frutex arbrisseau), dont la taille est au-dessous de celle de l'arbrisseau (bot.).

FUCACÉES, sf. pl. (l. fucus algue, varech), famille de plantes dont le type est l'algue ou varech (bot.).

FUCHSINE, sf. matière colorante rouge employée dans la teinture.

FUCIN (lac), adj. lac de Célano en Italie.

FUCUS, sm. (on pron. l's), varech.

FUENTÈS (comte de), célèbre général espagnol, tué à la bataille de Rocroi (1560-1643).

FUGACE, adj. 2 g. qui dure peu.

FUGITIF, IVE, adj. et s. qui fuit, qui est en fuite. Fig. passager, rapide. Poésie fugitive, poésie légère.

FUGUE, sf. morceau de musique dans lequel différentes parties se succèdent en répétant le même sujet. Fig. fuite.

FUIE, sf. petit pigeonnier.

FUIR, vn. se sauver. Fig. passer rapidement; éluder, esquiver; passer par une fente. — Ind. pr. je fuis, tu fuis, il fuit, n. fuyons, v. fuyez, ils fuient; imp. je fuyais; p. déf. je fuis; fut. je fuirai; cond. je fuirais; impér. fuis; subj. pr. que je fuie, que tu fuies, qu'il fuie, que n. fuyions, que v. fuyiez, qu'ils fuient; imp. que je fuisse; part. pr. fuyant; part. p. fui, fuie.

FUITE, sf. action de fuir, d'éviter. Fig. retardement, échappatoire.

FULBERT (St), évêque de Chartres; m. 1029.

FULDE, riv. d'Allemagne. Ville de la Hesse-Cassel.

FULGENCE (St), évêque (468-533).

FULGURATION, sf. éclair, éclat de lumière.

FULIGINEUX, EUSE, adj. (l. fuligo suie), qui est de la nature ou de la couleur de la suie.

FULIGINOSITÉ, sf. qualité de ce qui est fuligineux.

FULMINANT, ANTE, adj. (l. fulminare foudroyer), qui lance la foudre, qui éclate avec bruit. Fig. menaçant et colère : regards fulminants.

FULMINATE, sm. sel qui détone quand on le soumet à la percussion, à la chaleur, etc. (chim.).

FULMINATION, sf. détonation subite. Fig. publication avec éclat.

FULMINER, va. publier un acte avec certaines formalités. — vn. faire explosion. Fig. s'emporter en menaces, en invectives.

FULTON (Robert), célèbre ingénieur-mécanicien des États-Unis, inventeur des bateaux à vapeur (1765-1815).

FULVIE, FULVIUS, noms romains.

FUMAGE, sm. opération par laquelle on

donne la couleur de l'or à l'argent filé en l'exposant à la fumée de certaines compositions.

FUMANT, ANTE, adj. qui fume, qui est encore chaud. Fig. exhalant des vapeurs; transporté de courroux : fumant de colère.

FUMARIACÉES ou **FUMARIÉES**, sf. pl. (l. fumaria fumeterre), famille de plantes dont la fumeterre est le type (bot.).

FUMAY, p. ville (Ardennes).

FUMÉE, sf. vapeur qui s'exhale d'un corps en combustion ou exposé à la chaleur. Fig. chose vaine, périssable; au pl. vapeurs : les fumées du vin; entièrement, aveuglément : les fumées de l'orgueil, de l'ambition.

FUMER, va. exposer à la fumée; engraisser la terre avec du fumier. — vn. jeter ou donner de la fumée ou une vapeur. Fig. avoir de la colère, du dépit. — va. et n. prendre en fumée du tabac ou d'autres substances.

FUMEROLLES, sf. pl. vapeurs aqueuses, canaux d'où elles s'élèvent.

FUMERON, sm. morceau de charbon qui fume.

FUMET, sm. (t nul), vapeur agréable qui s'exhale des viandes ou du vin.

FUMETERRE, sf. sorte de plante.

FUMEUR, EUSE, s. celui, celle qui fume du tabac.

FUMEUX, EUSE, adj. qui envoie des vapeurs à la tête.

FUMIER, sm. vieille litière des chevaux, des bestiaux; engrais divers. Fig. chose méprisable, de peu de valeur.

FUMIGATION, sf. action de répandre la fumée d'un corps odorant ou une vapeur, d'exposer un objet à la fumée ou à la vapeur.

FUMIGATOIRE, adj. 2 g. qui a rapport aux fumigations, qui sert à en faire.

FUMIGER, va. exposer un corps à la fumée (chim.).

FUMISTE, sm. ouvrier qui arrange et répare les cheminées.

FUMIVORE, adj. 2 g. et sm. qui absorbe la fumée.

FUMOIR, sm. lieu où l'on fume.

FUMOSITÉ, sf. qualité de ce qui est fumeux; vapeur semblable à la fumée.

FUMURE, sf. engrais; action de fumer les terres.

FUNAMBULE, sm. danseur de corde.

FUNCHAL, ch.-l. de l'île de Madère.

FUNÈBRE, adj. 2 g. qui concerne les funérailles. Fig. triste, lugubre.

FUNÉRAILLES, sf. pl. (ll m.), cérémonies d'un enterrement.

FUNÉRAIRE, adj. 2 g. qui concerne les funérailles.

FUNESTE, adj. 2 g. malheureux, sinistre, désolant, nuisible.

FUNESTEMENT, adv. d'une manière funeste.

FUNGIQUE, adj. 2 g. (l. fungus champignon), se dit d'un acide extrait des champignons (chim.).

FUNICULAIRE, adj. 2 g. (l. funis corde), qui est composé de cordes (méc.); du funicule (bot.).

FUNICULE, sm. (l. *funiculus* ficelle, cordon), petit cordon qui unit la graine au placenta (*bot.*).

FUNILIFORME, *adj.* 2 g. (l. *funis* corde), se dit d'une racine formée de grosses fibres semblables à des cordes (*bot.*).

FUR, sm. employé seulement dans cette loc. adv. ou prép. *au fur et à mesure*, ou *à fur et à mesure*, à mesure que.

FURENS, riv. de France, affluent de la Loire, dans le Forez.

FURET, sm. (t nul), petit animal carnassier qui sert à prendre des lapins. *Fig.* curieux, personne qui furette.

FURETER, vn. et a. chasser au furet. *Fig.* chercher avec soin, s'enquérir de tout (c. *jeter*).

FURETEUR, sm. celui qui furette.

FURETIÈRE (Antoine), écrivain français, auteur d'un célèbre dictionnaire de la langue française (1620-1688).

FUREUR, sf. colère extrême, frénésie. *Fig.* violence, agitation violente, grande passion, mauvaise habitude, excès. *Faire fureur*, être en vogue.

FURFURACÉ, ÉE, adj. (l. *furfur* son), recouvert d'une poussière qui ressemble à du son.

FURIBOND, ONDE, adj. et s. furieux; qui exprime la fureur.

FURIE, sf. fureur qui éclate; ardeur, impétuosité, état violent; divinité infernale (*myth.*). *Fig.* femme méchante.

FURIEUSEMENT, adv. avec furie. *Fig.* extrêmement.

FURIEUX, EUSE, adj. et s. qui est en fureur; qui annonce la furie. *Fig.* violent, excessif, prodigieux.

FURIUS, nom romain.

FURNES, ville de Belgique. Victoire des Français sur les Flamands, en 1297.

FURONCLE, sm. tumeur douloureuse appelée aussi clou.

FURST (Walter), l'un des fondateurs de la liberté helvétique; m. 1317.

FURTH, ville de Bavière.

FURTIF, IVE, adj. qui se fait ou qui agit en cachette.

FURTIVEMENT, adv. à la dérobée, en cachette.

FUSAIN, sm. sorte d'arbrisseau; charbon qui en est fait et qui sert à esquisser.

FUSEAU, sm. petit instrument pour filer ou pour faire de la dentelle; partie de la surface d'une sphère comprise entre deux méridiens (*géom.*).

FUSÉE, sf. fil autour d'un fuseau; pièce de feu d'artifice; petit cône autour duquel s'enroule la chaîne d'une montre.

FUSELÉ, ÉE, adj. en forme de fuseau.

FUSER, vn. s'étendre, se répandre, se liquéfier.

FUSIBILITÉ, sf. qualité de ce qui est fusible.

FUSIBLE, adj. 2 g. qui peut être fondu ou liquéfié.

FUSIFORME, adj. 2 g. qui a la forme d'un fuseau (*bot.*).

FUSIL, sm. (on pron. *fusi*), briquet à pierre; batterie d'une arme à feu, longue arme à feu portative et munie d'une batterie.

FUSILIER, sm. (l m.), soldat fantassin armé d'un fusil.

FUSILLADE, sf. (ll m.), action de tirer plusieurs coups de fusil à la fois ou de suite.

FUSILLER, va. (ll m.), tuer à coups de fusil. — SE FUSILLER, vpr. se tirer mutuellement des coups de fusil.

FUSION, sf. fonte, liquéfaction. *Fig.* mélange, alliance, réunion.

FUST, orfèvre de Mayence, associé de Gutenberg pour les premiers essais d'imprimerie; m. vers 1448.

FUSTET, sm. (t final nul), espèce de sumac.

FUSTIGATION, sf. action de fustiger.

FUSTIGER, va. frapper à coups de verges ou de fouet.

FÛT, sm. autrefois tronc d'arbre, bâton; signifie auj. bois qui soutient le canon d'une arme à feu, tige d'une colonne entre la base et le chapiteau; tonneau.

FUTAIE, sf. bois ou forêt composée d'arbres déjà grands. *Haute futaie*, futaie parvenue à toute sa hauteur.

FUTAILLE, sf. (ll m.), tonneau.

FUTAINE, sf. sorte d'étoffe de fil et de coton.

FUTÉ, ÉE, adj. rusé, adroit (*fam.*).

FUTÉE, sf. sorte de mastic composé de colle-forte et de sciure de bois.

FUTILE, adj. 2 g. frivole, de peu de conséquence, de peu de valeur.

FUTILITÉ, sf. caractère de ce qui est futile; chose futile.

FUTUR, sm. l'avenir; l'un des temps du verbe.

FUTUR, URE, adj. qui est à venir. — adj. et s. celui, celle qui doit se marier.

FUTURITION, sf. qualité d'une chose future, en tant que future.

FUYANT, ANTE, adj. qui paraît s'enfoncer dans le tableau (t. de *peinture*). V. *Fauxfuyant*.

FUYARD, ARDE, adj. et s. qui a coutume de s'enfuir; qui s'enfuit toujours ou qui s'enfuit vivement.

G

G, sm. consonne, septième lettre de l'alphabet.

GABAA et GABAON, villes de la tribu de Benjamin, dans la Palestine.

GABAONITE, habitant de Gabaon; au pl. peuple du pays de Chanaan.

GABARE, sf. navire de transport; espèce de filet.

GABARIER, sm. patron d'une gabare; portefaix qui charge ou décharge une gabare.

GABEGIE, sf. fraude, tromperie (*pop.*).

GABELAGE, *sm.* séjour du sel dans le grenier avant sa mise en vente; marque au sel.

GABELEUR, *sm.* employé de la gabelle.

GABELLE, *sf.* autrefois impôt sur le sel.

GABELOU, *sm.* agent de la gabelle; commis de l'octroi, douanier (pop.).

GABELUS, Israélite auquel Tobie prêta dix talents.

GABIER, *sm.* matelot qui se tient dans la hune.

GABIES, ville de l'Italie ancienne (Latium).

GABINIUS (Quintus), tribun du peuple, l'an 140 av. J. C. — (Aulus), tribun du peuple et consul romain, m. 46 av. J. C.

GABION, *sm.* panier rempli de terre pour couvrir les assiégeants.

GABIONNER, *va.* couvrir avec des gabions.

GABON, fleuve de Guinée, à l'embouchure duquel la France possède un comptoir fortifié.

GABRIEL, archange; nom d'homme. — (Jacques), architecte français (1667-1742). — (Jacques-Ange), fils du précédent et architecte (1710-1782).

GABRIELLE, nom de femme.

GABRYAS, V. *Babrius.*

GÂCHE, *sf.* pièce de fer recevant le pêne d'une serrure.

GÂCHER, *va.* délayer du mortier, du plâtre. *Fig.* mal faire un ouvrage.

GÂCHETTE, *sf.* petite pièce de fer qui fait partir la *détente* d'un fusil; pièce sous le pêne d'une serrure.

GÂCHEUR, *sm.* ouvrier qui gâche. *Fig.* mauvais ouvrier, mauvais travailleur.

GÂCHEUX, EUSE, *adj.* détrempé d'eau, bourbeux.

GÂCHIS, *sm.* (s nulle), boue, saleté. *Fig.* affaire embrouillée.

GAD, l'un des fils de Jacob.

GADE, *sm.* genre de poissons.

GADÈS, ancien nom de Cadix.

GADOUARD, *sm.* (d final nul), vidangeur.

GADOUE, *sf.* matière des fosses d'aisances.

GAËLS ou GALLS, Celtes.

GAÉTAN (St), fondateur de l'ordre des Théatins (1480-1547).

GAÈTE, ville et port de l'Italie méridionale.

GAFFE, *sf.* perche munie d'un croc de fer à deux branches.

GAFFER, *va.* accrocher avec la gaffe.

GAGE, *sm.* ce qu'on livre pour garantie d'une dette; chose consignée, déposée. *Fig.* assurance, témoignage, preuve. Au *pl.* salaire des domestiques.

GAGER, *va.* donner des gages ou salaire; parier.

GAGERIE, V. *Saisie-gagerie.*

GAGEUR, EUSE, *s.* celui, celle qui parie, qui a l'habitude de parier.

GAGEURE, *sf.* (on pron. *gajure*), pari; chose pariée.

GAGISTE, *adj.* et *sm.* qui reçoit un salaire sans être domestique.

GAGNABLE, *adj.* 2 g. que l'on peut gagner.

GAGNAGE, *sm.* pâtis, pâturage.

GAGNANT, ANTE, *adj.* et *s.* qui gagne à un jeu, à une loterie.

GAGNE-DENIER, *sm.* homme de peine (pl. *gagne-deniers*, Acad.).

GAGNE-PAIN, *sm.* (inv.), ce avec quoi l'on gagne son pain, sa vie.

GAGNE-PETIT, *sm.* (inv.), rémouleur.

GAGNER, *va.* faire un gain, un profit. *Fig.* obtenir ce que l'on désire; mériter par son talent, par son travail; attirer à soi; corrompre; parvenir à, atteindre. *Gagner une maladie*, la prendre. — *vn.* faire des progrès, s'améliorer, paraître meilleur.

GAGUIN (Robert), religieux, homme d'État et historien français; m. 1501.

GAI, GAIE, *adj.* qui a ou qui inspire de la gaieté. — *adv.* et *interj.* gaiement.

GAÏAC, *sm.* sorte d'arbre d'Amérique.

GAIEMENT ou GAÎMENT, *adv.* avec gaieté.

GAIETÉ ou GAÎTÉ, *sf.* joie, allégresse, belle humeur. *Fig.* parole gaie. — DE GAIETÉ DE CŒUR, *loc. adv.* de propos délibéré et sans sujet.

GAIL (Jean-Baptiste), helléniste français (1755-1829).

GAILLAC, s.-préf. du dép. du Tarn.

GAILLARD, ARDE, *adj.* et *s.* (ll m.), joyeux, actif; sain et dispos; hardi; un peu libre; un peu froid (en parlant du vent).

GAILLARD, *sm.* (ll m.), élévation aux deux extrémités d'un navire.

GAILLARD (Gabriel-Henri), historien français (1726-1806).

GAILLARDEMENT, *adv.* (ll m.), joyeusement, hardiment.

GAILLARDISE, *sf.* (ll m.), gaieté; au *pl.* propos un peu libres.

GAILLET, *sm.* (ll m.), plante appelée aussi *caille-lait.*

GAILLON, p. ville (Eure).

GAÎMENT, V. *Gaiement.*

GAIN, *sm.* profit, bénéfice; avantage, succès; le *gain d'un procès.*

GAÎNE, *sf.* étui de couteau, de ciseaux; enveloppe.

GAÎNERIE, *sf.* fabrique de gaines; les gaines mêmes.

GAÎNIER, *sm.* fabricant ou marchand de gaines.

GAÎTÉ, V. *Gaieté.*

GALA, *sm.* fête, réjouissance, grand festin.

GALAAD, pays dans la Judée.

GALACTATE, *sm.* sel formé par la combinaison de l'acide galactique avec une base (chim.).

GALACTIQUE, *adj.* 2 g. (gr. *gala*, gén. *galaktos* lait), se dit d'un acide extrait du lait (chim.).

GALACTOMÈTRE, *sm.* (gr. *gala*, gén. *galaktos* lait; *métron* mesure), instrument pour mesurer le degré de pureté du lait.

GALACTOPHAGE, *adj.* 2 g. (gr. *gala* gén. *galaktos* lait; *phagein* manger), qui se nourrit de lait.

GALACTOPHORE, *adj.* 2 g. (gr. *gala*, gén. *galaktos* lait; *phéró* porter), se dit des conduits excréteurs du lait et des vaisseaux chylifères, à cause de la couleur blanche du chyle (*physiol.*).

GALAMMENT, *adv.* d'une manière galante ; de bonne grâce ; avec goût ; habilement.

GALANT, ANTE, *adj.* et *s.* qui a de la probité, des procédés nobles ; civil, sociable ; qui cherche à plaire aux dames.

GALANTERIE, *sf.* politesse ; agrément dans les manières, dans l'esprit ; soins empressés auprès des dames ; petits cadeaux.

GALANTIN, *sm.* homme qui fait ridiculement le jeune galant.

GALANTINE, *sf.* sorte de mets fait avec de la chair de dindon ou de veau.

GALAPAGOS ou GALLAPAGOS, îles dans le grand Océan.

GALATA, faubourg de Constantinople.

GALATE, *adj.* et *s.* 2 *g.* de la Galatie.

GALATÉE, l'une des Néréides (*myth.*).

GALATIE, anc. contrée de l'Asie Mineure.

GALATZ, ville de Moldavie sur le Danube.

GALBA (Sergius), préteur romain en Lusitanie, 2e *s.* av. J. C. — (Servius Sulpicius), empereur romain, m. 69.

GALBANUM, *sm.* (on pron. *galbanome*), sorte de gomme.

GALBE, *sm.* contour donné à une colonne, à un vase, etc., lignes sculpturales.

GALE, *sf.* maladie de la peau.

GALÉAS VISCONTI, V. *Visconti.*

GALÉASSE ou GALÉACE, *sf.* sorte d'ancien navire.

GALÈNE, *sf.* sulfure de plomb.

GALÉNIQUE, *adj.* 2 *g.* de Galien.

GALÉNISME, *sm.* doctrine médicale de Galien.

GALÉOPITHÈQUE, *sm.* (gr. *galè* belette ou chat, *pithèkos* singe), nom d'une espèce de chauve-souris, vulgairement *chat-volant* ; au *pl.* tribu de chéiroptères (*zool.*).

GALÈRE, *sf.* long navire à rames ; au *pl.* peine des galériens. *Fig.* lieu ou état où l'on a à souffrir.

GALÈRE ou GALÉRIUS, empereur romain, m. 311.

GALERIE, *sf.* longue pièce dans un édifice ; corridor ; balcon de théâtre ; chemin souterrain. *Fig.* collection de tableaux, d'objets d'art ; les spectateurs d'un jeu.

GALÉRIEN, *sm.* celui qui est condamné aux galères, aux travaux forcés.

GALERNE, *sf.* vent du nord-ouest.

GALET, *sm.* (t nul), caillou poli, rond ou plat, des bords de la mer ; sorte de jeu.

GALETAS, *sm.* (s nulle), logement pauvre ou sous les combles.

GALETTE, *sf.* sorte de gâteau.

GALEUX, EUSE, *adj.* et *s.* qui a la gale.

GALGACUS, chef des Calédoniens ; m. 84.

GALIANI (l'abbé), écrivain et économiste italien (1728-1787).

GALICE, province d'Espagne.

GALICIE, province polonaise de l'empire d'Autriche.

GALICIEN, IENNE, *adj.* et *s.* de la Galice.

GALIEN, célèbre médecin grec (131-201).

GALIGAÏ (Léonore), femme de Concini, maréchal d'Ancre ; m. 1617.

GALILÉE, partie de la Palestine.

GALILÉE, célèbre savant italien (1564-1642).

GALILÉEN, ENNE, *adj.* et *s.* de la Galilée ; au *pl.* nom donné par les anciens Juifs aux premiers chrétiens.

GALIMAFRÉE, *sf.* fricassée de restes de viande.

GALIMATIAS, *sm.* (s nulle), discours embrouillé, qui ne dit rien.

GALION, *sm.* bâtiment qui transportait en Espagne l'or et l'argent d'Amérique.

GALIOTE, *sf.* sorte de navire à rames et à voile.

GALIPOT, *sm.* (t nul), résine du pin.

GALITZIN (Wasili), ministre de Russie (1633-1713).

GALL (St), évêque de Clermont (489-554).

GALL (François-Joseph), célèbre médecin allemand, inventeur de la phrénologie (1758-1828).

GALLAND (Antoine), orientaliste français, traducteur des *Mille et une Nuits*, contes arabes (1646-1715).

GALLAPAGOS, V. *Galapagos.*

GALLAS, peuple nègre d'Afrique.

GALLATE, *sm.* sel formé par la combinaison de l'acide gallique avec une base (*chim.*).

GALLE (noix de), *sf.* excroissance sphérique que la piqûre d'un insecte fait venir sur certains végétaux.

GALLES (principauté de), en Angleterre. — NOUVELLE-GALLES DU SUD, colonie anglaise dans l'Australie.

GALLICAN, ANE, *adj.* se dit de l'Église de France — *sm.* partisan des libertés de l'Église gallicane.

GALLICIE, V. *Galicie.*

GALLICISME, *sm.* (l. *Gallia* Gaule, ancien nom de la France), locution particulière à la langue française.

GALLIEN, empereur romain ; m. 268.

GALLINACÉS, *sm. pl.* (l. *gallina* poule), ordre d'oiseaux dont la poule est le type (*zool.*).

GALLIPOLI, ville et port de la Turquie sur le détroit des Dardanelles.

GALLIQUE, *adj.* 2 *g.* des Gaulois ; qui est extrait de la noix de galle.

GALLON, *sm.* mesure anglaise qui vaut 4 litres, 54.

GALLS, V. *Gaëls.*

GALLUS (Cornélius), poète, ami d'Auguste et de Virgile ; m. 26 av. J. C. — (Caius-Vibius), empereur romain ; m. 253. — (Flavius-Constantius), neveu de Constantin ; m. 354.

GALOCHE, *sf.* espèce de chaussure à semelle très-forte. *Fig. menton de galoche*, menton long, pointu et recourbé.

GALON, *sm.* sorte de ruban tissu de soie et d'or ou d'argent, etc.

GALONNÉ, ÉE, *adj.* orné de galon.

GALONNER, *va.* orner, border de galon.

GALONNIER, *sm.* fabricant de galon.

GALOP, *sm.* (p nul), la plus rapide allure du cheval. *Fig.* sorte de danse.

GALOPADE, sf. action de galoper, espace que l'on parcourt au galop.

GALOPER, vn. aller au galop. Fig. courir de côté et d'autre. — va. mettre au galop, et au fig. poursuivre.

GALOPIN, sm. petit commissionnaire; marmiton; gamin.

GALOUBET, sm. (t nul), petite flûte à trois trous.

GALSUINTE ou GALSWINTE, sœur de Brunehaut et femme de Chilpéric 1er.

GALUCHAT, sm. (t nul), peau de chien de mer travaillée.

GALVANI (Louis), célèbre physicien et médecin italien, inventeur du magnétisme, ou phénomènes électriques manifestes au contact de substances hétérogènes (1737-1798).

GALVANIQUE, adj. 2 g. qui a rapport au galvanisme.

GALVANISER, va. soumettre à l'action électrique.

GALVANISME, sm. nom donné à une classe de phénomènes électriques découverts par Galvani.

GALVANOMÈTRE, sm. (de Galvani et gr. métron mesure), instrument pour mesurer l'intensité de l'action magnétique ou électrique (phys.).

GALVANOPLASTIE, sf. (gr. plasteon, action de façonner, de modeler, V. Galvanisme), art d'appliquer une couche métallique sur une surface par l'action d'un courant électrique.

GALVANOPLASTIQUE, adj. 2 g. de la galvanoplastie.

GALVAUDER, va. maltraiter; déranger; gâter.

GALWAY, ville et port d'Irlande.

GAMA (Vasco de), fameux navigateur portugais (1469-1524).

GAMBADE, sf. saut sans art et sans cadence. Fig. mauvaise défaite.

GAMBADER, vn. faire des gambades.

GAMBEY, célèbre mécanicien français, membre de l'Académie des sciences (1789-1847).

GAMBIE, fleuve d'Afrique; se jette dans l'océan Atlantique.

GAMBILLER, vn. (ll m.), remuer les jambes étant assis.

GAMELLE, sf. sorte de grande écuelle.

GAMIN, sm. petit garçon; polisson qui court les rues.

GAMINE, sf. petite fille (fam.).

GAMINERIE, sf. action de gamin (pop.).

GAMME, sf. suite des sept notes de la musique disposées suivant leur ordre naturel. Fig. gradation de couleur, de lumière, etc. Chanter sa gamme à quelqu'un, lui dire ses vérités; changer de gamme, changer de ton, de langage, de conduite.

GAMOPÉTALE, adj. 2 g. (gr. gamos mariage, union; pétalon pétale), se dit de la corolle dont les pétales sont soudés ensemble (bot.).

GAMOSÉPALE, adj. 2 g. (gr. gamos mariage, union; l. sepalum sépale), se dit du calice dont les sépales sont soudés ensemble (bot.).

GAMOSTYLE, adj. 2 g. (gr. gamos mariage, union; stylos style), se dit des fleurs dans lesquelles les styles partiels sont soudés entre eux de manière à figurer un style unique (bot.).

GANACHE, sf. mâchoire inférieure du cheval. Fig. personne incapable ou à idées étroites et arriérées; sorte de fauteuil.

GAND, ville et port de Belgique.

GANGANELLI, nom de famille du pape Clément XIV.

GANGE, fleuve de l'Hindoustan.

GANGES, p. ville (Hérault).

GANGLION, sm. organe en forme de glande, de nœud.

GANGLIONNAIRE, adj. 2 g. du ganglion.

GANGRÈNE, sf. (on pron. cangrène, Acad.), mortification totale de quelque partie du corps. Fig. mal moral qui se propage.

GANGRENÉ, ée, adj. part. attaqué de la gangrène. Fig. gâté, corrompu.

GANGRENER (SE), vpr. être attaqué par la gangrène. Fig. se corrompre.

GANGRÉNEUX, euse, adj. de la nature de la gangrène.

GANGUE, sf. enveloppe pierreuse des métaux.

GANNAT, s.-préf. du dép. de l'Allier.

GANSE, sf. cordonnet de soie, d'or ou d'argent.

GANT, sm. (t nul), partie de l'habillement qui a la forme de la main et qui la recouvre. Fig. souple comme un gant, d'humeur facile, traitable; se donner les gants d'une chose, s'en attribuer l'honneur, le mérite; jeter le gant, défier; ramasser, relever le gant, accepter le défi.

GANTEAUME, vice-amiral français (1755-1818).

GANTELÉE, sf. sorte de campanule.

GANTELET, sm. gant couvert de lames de fer; bandage.

GANTER, va. et SE GANTER, vpr. mettre des gants.

GANTERIE, sf. fabrique, magasin, commerce de gants.

GANTIER, ière, s. celui, celle qui fait ou vend des gants.

GANYMÈDE, échanson des dieux (myth.).

GAP, ch.-l. des Hautes-Alpes.

GARAGE, sm. action de garer des marchandises; frais qu'elle occasionne.

GARAMANTES, anc. peuple d'Afrique.

GARANÇAGE, sm. action de garancer.

GARANCE, sf. plante dont la racine fournit une couleur rouge; cette couleur même.

GARANCER, va. teindre en garance.

GARANCIÈRE, sf. champ semé de garance.

GARANT, ante, s. celui, celle qui répond de. Fig. sm. sûreté; auteur que l'on cite pour soutenir une assertion.

GARANTI, sm. celui que l'on est obligé de garantir.

GARANTIE, sf. engagement par lequel on garantit.

GARANTIR, va. se rendre garant; affirmer; mettre à l'abri, préserver. — SE GARANTIR, vpr. se préserver de.

GARAT (Dominique-Joseph), écrivain et homme d'État, ministre sous la Convention (1749-1833). — (Pierre-Jean), neveu du précédent, célèbre chanteur (1765-1823).

GARBURE, sf. potage de pain de seigle, de lard, etc.

GARCETTE, sf. tresse plate terminée en pointe (mar.).

GARCIAS ou **GARCIE**, nom de plusieurs comtes de Castille et rois de Navarre.

GARCILASO DE LA VÉGA, célèbre poète espagnol (1500-1536).

GARÇON, sm. enfant mâle; jeune homme; célibataire; ouvrier chez un maître; celui qui sert dans un établissement public.

GARÇONNET, sm. petit garçon.

GARÇONNIÈRE, sf. petite fille qui aime à jouer avec les garçons (fam.).

GARD ou **GARDON**, riv. affluent du Rhône; donne son nom à un dép. dont le ch.-l. est Nîmes.

GARDANNE, p. ville (Bouches-du-Rhône). — (comte de), général français (1765-1818).

GARDE, sf. action de garder, de surveiller, d'observer; troupe qui observe ou qui occupe un poste; partie de l'armée qui fait le service auprès du chef de l'État; partie de la poignée d'une épée qui couvre la main; femme qui soigne un malade. Fig. protection; chose qui garde, qui garantit. Prendre garde, observer attentivement, avoir attention à; se donner garde, se défier, éviter; n'avoir garde de faire, n'avoir pas la volonté ou le pouvoir de faire.

GARDE, sm. gardien; soldat qui monte la garde. Garde des sceaux, ministre à qui sont confiés les sceaux de l'État.

GARDE ou **GARDA** (lac de), en Italie.

GARDE-BOUTIQUE, sm. (inv.), marchandise qui ne se vend pas ou qui est d'une vente difficile.

GARDE CHAMPÊTRE (Acad.), sm. agent préposé à la garde des propriétés rurales (pl. gardes champêtres).

GARDE-CHASSE, sm. celui qui veille à la conservation du gibier (pl. gardes-chasse).

GARDE-CÔTE (Acad.), adj. qui garde la côte : vaisseau garde-côte; s'emploie au plur. comme substantif : Gardes-côtes, milice chargée particulièrement de la garde des côtes (Acad.).

GARDE-FEU, sm. (inv.), grille que l'on met devant le feu.

GARDE FORESTIER (Acad.), sm. officier chargé de la garde des forêts (pl. gardes forestiers).

GARDE-FOU (Acad.), ou mieux **GARDE-FOUS**, sm. parapet (pl. garde-fous).

GARDE-FREINET, bourg (Var), anc. Fraxinet.

GARDE-MAGASIN, sm. (inv.), préposé qui garde le magasin; marchandise de mauvaise vente.

GARDE-MAIN, sm. (inv.), objet qui garantit un travail du contact de la main.

GARDE-MALADE, sf. (inv.), femme qui garde un malade; s'emploie aussi quelquefois comme sm.

GARDE-MANCHE, sf. fausse manche mise sur la manche de l'habit ou de la chemise (pl. garde-manches).

GARDE-MANGER, sm. (inv.), lieu où l'on serre les mets.

GARDE-MEUBLE (Acad.) ou mieux **GARDE-MEUBLES**, sm. lieu où l'on garde les meubles (pl. garde-meubles).

GARDE NATIONAL (Acad.), sm. citoyen faisant partie de la garde nationale (pl. gardes nationaux).

GARDE NATIONALE (Acad.), sf. milice bourgeoise non soldée (pl. gardes nationales).

GARDE-NOTE (Acad.), ou mieux **GARDE-NOTES**, sm. notaire (pl. gardes-notes).

GARDE-PÊCHE, sm. celui qui veille à l'exécution des ordonnances sur la pêche (pl. gardes-pêche).

GARDER, va. conserver une chose; protéger, garantir; surveiller, observer; soigner un malade. — vn. prendre garde. — SE GARDER, vpr. se préserver.

GARDE-ROBE, sf. (inv.), vêtements, lieu où on les tient; lieux d'aisances.

GARDE-TEMPS, sm. (inv.), instrument d'horlogerie qui garde l'indication d'un temps précis.

GARDEUR, EUSE, s. celui, celle qui garde, qui fait paître des animaux.

GARDE-VUE, sm. (inv.), espèce de visière pour protéger les yeux.

GARDIEN, ENNE, s. celui, celle qui garde, qui surveille, qui protège.

GARDINER, évêque de Winchester et grand chancelier d'Angleterre (1483-1555).

GARDON, sm. sorte de petit poisson. V. Gard.

GARE! interj. pour avertir de se garer, de prendre garde à.

GARE, sf. lieu pour mettre les bateaux, les waggons en sûreté; embarcadère de chemin de fer.

GARENNE, sf. enclos où l'on élève des lapins.

GARENNIER, sm. celui qui a soin d'une garenne.

GARER, va. amarrer un bateau dans une gare; ranger des waggons ou mettre des marchandises en gare. — SE GARER, vpr. se préserver, éviter.

GARGARISER (SE), vpr. se laver l'intérieur de la gorge ou de la bouche.

GARGARISME, sm. action de se gargariser; liquide avec lequel on se gargarise.

GARGOTAGE, sm. repas malpropre, vivres mal apprêtés (pop.).

GARGOTE, sf. restaurant à bas prix et malpropre. Fig. mauvaise cuisine (pop.).

GARGOTIER, IÈRE, s. celui, celle qui tient une gargote.

GARGOUILLE, sf. (ll m.), endroit d'une gouttière, d'un tuyau par où l'eau tombe.

GARGOUILLEMENT, sm. (ll m.), bruit d'un liquide dans le corps.

GARGOUILLER, vn. (ll m.), produire un gargouillement; barboter.

GARGOUILLIS, sm. (ll m., s nulle), bruit de l'eau d'une gargouille.

GARGOUSSE, sf. charge de poudre pour un canon.

GARIGLIANO, riv. d'Italie, anc. *Liris*; se jette dans le golfe de Gaëte. Bataille perdue par les Français contre les Espagnols, en 1503.

GARNEMENT, sm. mauvais sujet.

GARNI, IE, adj. part. fourni de, orné de, plein de. — sm. maison ou logement loué garni de meubles.

GARNIER (Robert), poëte tragique français (1545-1601). — (Jean-Jacques), historien français (1729-1805). — (Étienne), peintre d'histoire (1759-1849).

GARNIMENT, sm. garniture.

GARNIR, va. pourvoir des choses nécessaires; orner; meubler; remplir; renforcer; doubler de. — SE GARNIR, vpr. se munir; se remplir.

GARNISAIRE, sm. celui que l'on place chez un contribuable en retard de payer ses contributions.

GARNISON, sf. troupe de soldats mis dans une ville pour la défendre; la ville même.

GARNISSAGE, sm. action de garnir.

GARNISSEUR, sm. celui qui garnit.

GARNITURE, sf. ce qui sert à garnir, à orner; assortiment.

GAROFALO (le), peintre italien, ami de Raphaël (1481-1559).

GARONNE, fleuve de France: se jette dans l'océan Atlantique. — HAUTE-GARONNE, dép. français dont le ch.-l. est *Toulouse*.

GAROU, sm. arbrisseau à écorce purgative. V. *Loup*.

GARRICK, célèbre acteur et auteur dramatique anglais (1716-1779).

GARRIGUES (monts), partie des Cévennes.

GARROT, sm. (*t* mil.), partie du cheval au-dessus des épaules; bâton que l'on passe dans une corde pour la tordre.

GARROTTER, va. lier avec de forts liens.

GARRULITÉ, sf. défaut du babillard; babillage.

GARS, sm. (on pron. généralement gâ), garçon (fam.).

GARTEMPE, riv. affluent de la Creuse.

GARUS, sm. sorte d'élixir.

GASCOGNE, anc. province de France.

GASCON, ONNE, adj. et s. de la Gascogne. Fig. hâbleur, fanfaron.

GASCONISME, sm. locution de Gascon.

GASCONNADE, sf. action ou vanterie de Gascon.

GASCONNER, vn. parler avec l'accent gascon. Fig. hâbler.

GASPARD, nom d'homme.

GASPARIN (Thomas-Augustin de), général français, membre du Comité de salut public (1750-1793). — (Adrien de), l'un des fondateurs de la science agronomique en France (1783-1862).

GASPILLAGE, sm. (*ll* m.), action de gaspiller.

GASPILLER, va. (*ll* m.), gâter, mettre en désordre; dissiper follement.

GASPILLEUR, EUSE, s. (*ll* m.), celui, celle qui gaspille.

GASSENDI (Pierre), célèbre philosophe français (1592-1655).

GASSENDISME, sm. doctrine philosophique de Gassendi.

GASSENDISTE, sm. partisan de la doctrine philosophique de Gassendi.

GASSION (Jean de), maréchal de France (1609-1647).

GASTER, sm. (on pron. l'r), l'estomac, le bas-ventre (*mot grec*).

GASTÉROPODES, sm. pl. (gr. *gastér* ventre; *pous*, gen. *podos* pied), classe de mollusques qui glissent sur leur ventre, comme l'escargot (*zool.*).

GASTON, nom d'homme. GASTON DE FOIX, duc de Nemours, général français, vainqueur de Ravenne (1489-1512).

GASTRALGIE, sf. (gr. *gastér* estomac, *algos* douleur), douleur d'estomac.

GASTRIQUE, adj. 2 g. (gr. *gastér* estomac), de l'estomac.

GASTRITE, sf. (gr. *gastér* estomac), inflammation de l'estomac.

GASTRO-ENTÉRITE, sf. (gr. *gastér* estomac, *entéron* intestin), inflammation de l'estomac et des intestins.

GASTROLÂTRE, sm. (gr. *gastér* ventre; *latréia* culte, adoration), celui qui est passionné pour la bonne chère, faisant comme un dieu de son ventre.

GASTRONOME, sm. celui qui aime la bonne chère.

GASTRONOMIE, sf. (gr. *gastér* estomac; *nomos* loi), traité sur les lois de la bonne chère; art de faire bonne chère.

GASTRONOMIQUE, adj. 2 g. qui a rapport à la gastronomie.

GÂTÉ, ÉE, adj. part. détérioré. Fig. que l'on gâte par trop d'indulgence.

GÂTEAU, sm. sorte de pâtisserie; gaufre de ruche; masse de cire ou de terre. Fig. profit, avantage.

GÂTE-MÉTIER, sm. (inv.), celui qui vend ou se fait payer à trop bas prix.

GÂTE-PÂTE, sm. mauvais boulanger, mauvais pâtissier. Fig. mauvais ouvrier (fam.).

GÂTER, va. détériorer, salir, endommager. Fig. corrompre; perdre, dépraver; avoir trop d'indulgence pour un enfant. — SE GÂTER, vpr. se corrompre, se dépraver, perdre de ses qualités.

GATES ou GHATTES, montagnes dans l'Hindoustan.

GÂTE-SAUCE, sm. (inv.), mauvais cuisinier.

GATIEN (St), évêque de Tours, 3e s.

GÂTINAIS, partie de l'Orléanais.

GATTILIER, sm. genre de plantes.

GAUCHE, adj. 2 g. opposé à droit. Fig. de travers, maladroit, sans grâce, mal fait. — sf. main gauche, côté gauche. — A GAUCHE, loc. adv. du côté gauche. Fig. donner à gauche, se tromper, se conduire mal.

GAUCHEMENT, adv. d'une manière gauche, maladroite, contrainte.

GAUCHER, ÈRE, adj. et s. qui se sert habituellement de la main gauche au lieu de la droite.

GAUCHERIE, *sf.* maladresse ; manque d'aisance ou de grâce.

GAUCHIR, *vn.* détourner le corps ; perdre sa forme, se contourner. *Fig.* ne pas agir franchement.

GAUCHISSEMENT, *sm.* action de gauchir ; résultat de cette action.

GAUDE, *sf.* plante tinctoriale, espèce de réséda ; au *pl.* bouillie de maïs.

GAUDIN, duc de Gaëte, ministre des finances de Napoléon Ier (1756-1841).

GAUDIR (SE), *vpr.* se réjouir ; se moquer (*fam.*).

GAUDISSEUR, *sm.* celui qui se gaudit (*fam.*).

GAUDRIOLE, *sf.* propos gai, plaisanterie libre (*fam.*).

GAUFRAGE, *sm.* action de gaufrer ; ouvrage gaufré.

GAUFRE, *sf.* gâteau de miel pris dans la ruche ; sorte de pâtisserie.

GAUFRER, *va.* imprimer des figures sur des étoffes ou du papier avec des fers chauds.

GAUFREUR, *sm.* ouvrier qui gaufre.

GAUFRIER, *sm.* moule à faire des gaufres.

GAUFRURE, *sf.* empreinte obtenue en gaufrant.

GAUGAMELA ou **GAUGAMÈLE**, plaine d'Assyrie près d'Arbelles. C'est dans ce lieu que se livra la bataille d'Arbèles entre Alexandre et Darius, l'an 331 av. J. C.

GAULE, *sf.* perche, houssine.

GAULE, région de l'Europe anc. qui comprenait la France actuelle, la Belgique, le nord de l'Italie et la majeure partie de la Suisse.

GAULER, *va.* abattre des fruits avec une gaule.

GAULOIS, OISE, *adj.* et *s.* de la Gaule. *Fig.* sincère, sévère, vieux, — *sm.* vieux langage.

GAULTIER (l'abbé), fameux instituteur français (1746-1818).

GAUPE, *sf.* femme malpropre et vilaine (*fam.*).

GAUSSER (SE), *vpr.* se moquer (*pop.*).

GAUSSERIE, *sf.* moquerie (*pop.*).

GAUSSEUR, EUSE, *s.* et *adj.* moqueur (*pop.*).

GAUTIER ou **GAUTHIER** (St), abbé de Saint-Martin de Pontoise ; m. 1099.

GAVE, *sm.* rivière, cours d'eau qui descend des Pyrénées.

GAVIAL, *sm.* crocodile des Indes orientales ; pl. *gavials*.

GAVION, *sm.* gosier (*pop.*).

GAVOTTE, *sf.* sorte de danse.

GAY (John), poète anglais (1688-1732).

GAY-LUSSAC, célèbre chimiste et physicien français (1778-1850).

GAYAC, V. *Gaïac*.

GAZ, *sm.* tout fluide aériforme ; carbure d'hydrogène employé pour l'éclairage.

GAZA, anc. ville de Phénicie ; auj. port sur la Méditerranée (Syrie).

GAZA (Théodore), célèbre grammairien grec ; m. 1478.

GAZE, *sf.* étoffe très-claire. *Fig.* voile léger.

GAZÉIFIABLE, *adj.* 2 g. qui peut être converti en gaz.

GAZÉIFIER, *va.* transformer en gaz. — SE GAZÉIFIER, *vpr.* même sens.

GAZÉIFORME, *adj.* 2 g. qui a la forme de gaz, qui est à l'état de gaz.

GAZELLE, *sf.* bête fauve du genre des antilopes.

GAZER, *va.* mettre une gaze. *Fig.* adoucir, voiler, déguiser.

GAZETIER, *sm.* celui qui publie ou qui rédige une gazette.

GAZETTE, *sf.* journal. *Fig.* récit ou poème dénué d'intérêt ; bavard qui rapporte tout ce qu'il entend dire.

GAZEUX, EUSE, *adj.* qui est de la nature du gaz.

GAZIER, *sm.* ouvrier du gaz.

GAZIFÈRE, *sm.* appareil pour dégager le gaz inflammable de l'air qu'il contient.

GAZNA, ville du Caboul, autrefois capitale de la dynastie des Gaznévides.

GAZNÉVIDES, dynastie musulmane en Asie, de 960 à 1189.

GAZOGÈNE, *s.* et *adj.* m. appareil pour produire le gaz et les boissons gazeuses.

GAZOMÈTRE, *sm.* instrument pour mesurer le volume des gaz ; réservoir qui reçoit le gaz.

GAZON, *sm.* herbe courte et menue ; terre qui en est couverte.

GAZONNANT, ANTE, et **GAZONNEUX**, EUSE, *adj.* qui imite le gazon.

GAZONNEMENT, *sm.* action de gazonner.

GAZONNER, *va.* revêtir ou orner de gazon.

GAZONNEUX, EUSE, V. *Gazonnant*.

GAZOUILLEMENT, *sm.* (ll m.), chant doux des oiseaux ; murmure des ruisseaux qui coulent.

GAZOUILLER, *vn.* (ll m.), faire entendre un gazouillement.

GAZOUILLIS, *sm.* (ll m., s nulle), gazouillement.

GEAI, *sm.* oiseau.

GÉANT, ANTE, *s.* personne ou animal d'une très-grande taille. *Fig.* aller à pas de géant, aller fort vite, faire de grands progrès.

GEBEL, V. *Djebel*.

GECKO, *sm.* sorte de lézard.

GECKOTIENS, *sm. pl.* tribu de reptiles dont le gecko est le type (*zool.*).

GÉDÉON, juge d'Israël, de 1349 à 1309 av. J. C.

GÉDROSIE, province de l'anc. Perse.

GÉFLEBORG, ville de Suède.

GÉHENNE, *sf.* tourment ; l'enfer (vx. mot).

GEINDRE, *vn.* gémir.

GEINDRE, *sm.* V. *Gindre*.

GÉLA, anc. ville de Sicile.

GÉLABLE, *adj.* 2 g. qui peut être gelé.

GÉLASE (St), pape, m. 496.

GÉLATINE, *sf.* gelée formée d'une substance animale.

GÉLATINEUX, EUSE, *sf.* de la nature de la gélatine.

GELBOÉ (mont), en Palestine.

GELÉE, *sf.* froid qui glace les liquides. *Fig.* suc de viande coagulé; jus coagulé de fruits cuits avec du sucre.

GELÉE (Claude), V. *Lorrain.*

GELER, *va.* et *n.* endurcir par le froid; glacer; causer du froid, en ressentir; endommager par le froid. — IL GÈLE, *v. impers.* (lorsque la lettre *l* est suivie d'un *e* muet, au lieu de la doubler, on met un accent grave sur l'*e* qui la précède: *je gèle, tu gèles,* etc.).

GELIMER ou GILIMEN, dernier roi des Vandales, détrône en 534.

GÉLINOTTE, *sf.* petite poule; sorte de perdrix.

GÉLIVURE, *sf.* fente ou gerçure des arbres causée par la gelée.

GÉLON, roi de Syracuse; m. 477 av. J. C.

GEMBLOUX, p. ville de Belgique, Victoire des Espagnols sur l'armée des Provinces-Unies, en 1578; et des Français sur les Autrichiens, en 1794.

GÉMEAUX, *sm. pl.* constellation et signe du zodiaque.

GÉMINÉ, ÉE, *adj.* (l. *geminus* double), se dit en botanique des parties qui naissent par paires du même point ou qui sont disposées deux à deux.

GÉMIR, *vn.* pousser des gémissements, se plaindre. *Fig.* être accablé ou affecté; bruire, résonner.

GÉMISSANT, ANTE, *adj.* qui gémit.

GÉMISSEMENT, *sm.* plainte douloureuse. *Fig.* bruit, murmure.

GEMMATION, *sf.* (l. *gemma* bourgeon), ensemble ou disposition générale des bourgeons, époque de leur épanouissement (*bot.*).

GEMME, *adj.* 2 g. se dit du *sel*, des pierres précieuses que l'on tire des mines. — *sf.* pierre précieuse.

GEMMIFÈRE, *adj.* 2 g. (l. *gemma* pierre précieuse, bourgeon; *ferre* porter), qui contient des pierres précieuses (*min.*), qui porte des bourgeons (*bot.*).

GEMMIPARE, *adj.* 2 g. (l. *gemma* bourgeon; *parere* engendrer, produire), qui produit des bourgeons (*bot.*), se dit aussi des zoophytes.

GEMMULE, *sf.* (l. *gemmula,* diminutif de *gemma* bourgeon), petit bourgeon (*bot.*).

GÉMONIES, *sf. pl.* lieu où l'on exposait les corps des suppliciés à anc. Rome.

GÉNAL, ALE, *adj.* des joues (*anat.*).

GÊNANT, ANTE, *adj.* qui gêne.

GENCIVE, *sf.* chair dans laquelle les dents sont enchâssées.

GENDARME, *sm.* autrefois homme d'armes; auj. soldat d'un corps chargé de veiller à l'ordre et à la sûreté publique.

GENDARMER (SE), *vpr.* s'emporter pour un rien.

GENDARMERIE, *sf.* corps des gendarmes.

GENDRE, *sm.* mari de notre fille.

GÊNE, *sf.* torture. *Fig.* ce qui met mal à l'aise; embarras, contrainte; peine d'esprit; pénurie d'argent.

GÉNÉALOGIE, *sf.* dénombrement des ancê-

tres d'une famille; tableau qui le représente.

GÉNÉALOGIQUE, *adj.* 2 g. de la généalogie, qui concerne la généalogie.

GÉNÉALOGISTE, *sm.* celui qui fait des généalogies.

GÊNER, *va.* incommoder, contraindre les mouvements, embarrasser. *Fig.* tenir en contrainte, réduire à une pénurie d'argent. — SE GÊNER, *vpr.* se contraindre, ne pas prendre ses aises.

GÉNÉRAL, ALE, *adj.* commun ou applicable à tous ou à un très-grand nombre; qui a rapport à beaucoup de choses; qui est universel. — EN GÉNÉRAL, *loc. adv.* généralement, ordinairement.

GÉNÉRAL, *sm.* celui qui commande en chef une armée ou un corps d'armée; supérieur d'un ordre religieux; fait ou principe général: *on ne doit point conclure du particulier au général.*

GÉNÉRALAT, *sm.* (t nul), dignité d'un général militaire ou religieux; durée de cette dignité.

GÉNÉRALE, *sf.* batterie de tambour pour donner l'alarme.

GÉNÉRALEMENT, *adv.* en général, communément.

GÉNÉRALISATION, *sf.* action de généraliser.

GÉNÉRALISER, *va.* rendre général; donner plus d'étendue à une proposition, à une formule, etc.

GÉNÉRALISSIME, *sm.* général supérieur aux autres ou général en chef.

GÉNÉRALITÉ, *sf.* qualité de ce qui est général. *Fig.* au *pl.* paroles vagues, termes généraux.

GÉNÉRATEUR, TRICE, *adj.* qui engendre, qui produit: *gaz générateur de l'eau.*

GÉNÉRATIF, IVE, *adj.* de la génération.

GÉNÉRATION, *sf.* action d'engendrer, de produire; filiation, descendants; ensemble des personnes qui vivent dans le même temps; espace de trente ans.

GÉNÉREUSEMENT, *adv.* avec générosité; noblement.

GÉNÉREUX, EUSE, *adj.* et s. magnanime, libéral, hardi. *Terre généreuse,* qui produit beaucoup; *vin généreux,* vin agréable, qui a du corps.

GÉNÉRIQUE, *adj.* 2 g. qui appartient au genre.

GÉNÉROSITÉ, *sf.* grandeur d'âme, libéralité.

GÊNES, ville et port d'Italie.

GÉNÉSARETH (lac de), en Palestine.

GENÈSE, *sf.* (gr. *génésis* naissance, origine), premier livre de la Bible contenant l'histoire de la création du monde.

GÉNÉSIAQUE, *adj.* 2 g. qui explique l'origine du monde. V. *Genèse.*

GENÊT, *sm.* (t nul), arbuste à fleurs jaunes.

GENET, *sm.* espèce de cheval d'Espagne.

GÉNÉTHLIAQUE, *adj.* 2 g. (gr. *genethlé* naissance), relatif à la naissance: se dit de poèmes, d'horoscopes.

GENETTE, *sf.* espèce de civette dont la peau s'emploie comme fourrure.

15.

GENÈVE, ville de Suisse, ch-l. d'un canton de même nom.

GENEVIÈVE (Ste), patronne de Paris (423-512).

GENEVOIS, OISE, adj. et s. de Genève.

GENÈVRE (mont), dans les Alpes.

GENÉVRIER, V. Genièvre.

GENGIS-KHAN, célèbre conquérant mongol (1162-1227).

GÉNICULÉ, ÉE, adj. (l. geniculus courbure : de genu genou), qui a forme comme un genou ; qui est ployé, coudé (bot.).

GÉNIE, sm. esprit bon ou mauvais, dans le paganisme ; démon, gnôme, sylphe, etc. ; figure emblématique. Fig. faculté de créer, d'inventer ; talent, aptitude ; homme qui a cette faculté, cette aptitude ; caractère particulier d'une nation, d'une langue ; art des fortifications ; corps militaire qui exerce cet art.

GENIÈVRE, sm. sorte d'arbuste ; son fruit ; liqueur qu'on en fait.

GÉNISSE, sf. jeune vache.

GÉNISTÉES ou GÉNISTOÏDES, sf. pl. (genista genêt), tribu de plantes, de la famille des Papilionacées, et dont le genêt est le type (bot.).

GÉNITIF, sm. deuxième cas dans la déclinaison des noms, des adjectifs et des pronoms.

GÉNITURE, sf. les enfants, les petits par rapport au père et à la mère.

GENLIS (Mme de), femme auteur française (1746-1830).

GÉNOIS, OISE, adj. et s. de Gênes.

GENOU, sm. partie du corps où la jambe se joint à la cuisse (pl. genoux).

GENOUILLÉ, ÉE, adj. (ll m.), articulé, fléchi en forme de genou.

GENOUILLÈRE, sf. (ll m.), armure ou cuir dont on couvre le genou.

GÉNOVÉFAIN, sm. chanoine de l'église Sainte-Geneviève à Paris.

GENRE, sm. ce qui comprend plusieurs espèces ayant entre elles des rapports ; l'espèce même. Sorte, manière : ce genre de mort est horrible ; division de la littérature, des beaux-arts : le genre lyrique, le genre comique, le genre du paysage ; unité, goût. En grammaire : le masculin, le féminin et le neutre.

GENS, sf. et m. pluriel de gent (on pr. jan), personnes ; domestiques. Jeunes gens, jeunes hommes.

GENSÉRIC, roi des Vandales (406-477).

GENSONNÉ, membre de la Convention et l'un des Girondins (1758-1793).

GENT, sf. (on pr. jan), race, nation : la gent qui porte le turban.

GENT, ENTE, adj. (on pr. jan), joli, gentil (vx. mot).

GENTIANE, sf. (on pr. janciane), sorte de plante.

GENTIANÉES, sf. pl. (on pr. janciane), famille de plantes dont la gentiane est le type (bot.).

GENTIL, ILLE, adj. (ll m.), joli, agréable, gracieux. Ironiquement : vilain.

GENTIL, adj. et sm. (on pr. janti), païen.

GENTIL-BERNARD, poëte français (1710-1775).

GENTILHOMME, sm. (l m.), homme de race noble (pl. gentilshommes).

GENTILHOMMERIE, sf. (l m.), qualité de gentilhomme.

GENTILITÉ, sf. la généralité des païens ; idolâtrie.

GENTILLÂTRE, sm. (ll m.), pauvre gentilhomme, celui qui est de petite noblesse.

GENTILLESSE, sf. (ll m.), qualité de la personne ou de la chose qui est gentille ; grâce, agrément. Au pl. saillies spirituelles ; tours de souplesse.

GENTIMENT, adv. d'une manière gentille.

GENTLEMAN, sm. (mot anglais qu'on pron. jentlemane), homme bien élevé, de bonnes manières (pl. gentlemen : on pr. gentlemenn).

GÉNUFLEXION, sf. action de plier le genou en s'inclinant.

GÉOBATRACIENS, sm. pl. (gr. gê terre, batrachos grenouille), famille de batraciens comprenant ceux qui vivent sur la terre (zool.).

GÉOCENTRIQUE, adj. 2 g. (gr. gê terre, kentron centre), se dit de la position d'une planète qui serait vue du centre de la terre (astr.).

GÉOCYCLIQUE, adj. 2 g. (gr. gê terre, kyklos cercle), se dit d'une machine qui représente la révolution annuelle de la terre autour du soleil.

GÉODE, sf. (gr. geôdes terrestre), pierre creuse renfermant ordinairement un noyau ou de l'eau, et que l'on trouve dans la terre (min.).

GÉODÉSIE, sf. (gr. gê terre, daizô partager), science qui a pour objet la mesure et le partage des terres.

GÉODÉSIQUE, adj. 2 g. qui a rapport à la géodésie.

GEOFFRIN (Mme), femme célèbre par son esprit, dont la maison était le rendez-vous des artistes, des gens de lettres et des grands seigneurs (1699-1777).

GEOFFROY, nom d'homme. — (l'abbé), fameux critique français (1743-1814).

GEOFFROY SAINT-HILAIRE (Étienne), célèbre naturaliste français (1772-1844). — (Isidore), fils du précédent et naturaliste (1805-1861).

GÉOGNOSIE, sf. (gr. gê terre, gnôsis connaissance), science qui a pour objet la connaissance des divers minéraux constituant les couches terrestres.

GÉOGNOSTIQUE, adj. 2 g. qui a rapport à la géognosie.

GÉOGONIE, sf. (gr. gê terre, gonéia origine), traite de la formation ou origine de la terre.

GÉOGRAPHE, sm. celui qui sait la géographie ou qui s'en occupe.

GÉOGRAPHIE, sf. (gr. gê terre, graphô décrire), description de la surface du globe terrestre.

GÉOGRAPHIQUE, adj. 2 g. qui appartient à la géographie.

GÉOGRAPHIQUEMENT, adv. par la géographie, d'après la géographie.

GEÔLAGE, sm. droit dû au geôlier.

GEÔLE, sf. prison.

GEÔLIER, IÈRE, s. gardien d'une prison.

GÉOLOGIE, sf. (gr. gê terre; logos discours, traité), science qui traite des différentes couches constituant l'écorce du globe terrestre, des époques relatives de leur formation, des fossiles qu'elles renferment, etc.

GÉOLOGIQUE, adj. 2 g. qui a rapport à la géologie.

GÉOLOGUE, sm. celui qui s'occupe de géologie.

GÉOMÉTRAL, ALE, adj. qui est tracé ou dessiné d'après les lois de la géométrie.

GÉOMÉTRALEMENT, adv. d'une manière géométrale.

GÉOMÈTRE, sm. celui qui sait la géométrie ou qui en fait des applications; mathématicien.

GÉOMÉTRIE, sf. (gr. gê terre, métron mesure), science qui a pour objet la mesure de l'étendue et qui n'a été d'abord que l'arpentage ou mesure des terres.

GÉOMÉTRIQUE, adj. 2 g. qui appartient à la géométrie, qui concerne la géométrie.

GÉOMÉTRIQUEMENT, adv. d'une manière géométrique.

GÉOPHAGE, adj. 2 g, et s. (gr. gê terre, phagein manger), qui mange de la terre, comme certains indigènes de l'Amérique méridle, de la Guinée, de l'Océanie, etc.

GÉOPHAGIE, sf. habitude de manger de la terre. V. Géophage.

GÉOPONIQUE, adj. 2 g. (gr. gê terre, ponos travail), qui a rapport au travail de la terre, à l'agriculture.

GÉORAMA, sm. (gr. gê terre, orama vue), immense globe dans lequel est placé le spectateur et qui représente intérieurement la surface de la terre.

GEORGE ou GEORGES (St), martyr; 3e s. — Nom de plusieurs rois d'Angleterre.

GEORGETOWN, ville des États-Unis près de Washington; nom de plus. villes dans les colonies anglaises.

GÉORGIE, province russe au sud du Caucase. — l'un des États de l'Union (États Unis).

GÉORGIEN, IENNE, adj. et s. de la Géorgie.

GÉORGIQUE, sf. et adj. 2 g. (gr. gê terre, ergon travail), livre ou poème sur l'agriculture.

GÉOSAURE, sm. (gr. gê terre, sauros ou sauré lézard), saurien trouvé à l'état fossile, sorte de crocodile ou grand lézard terrestre (géol.).

GÉOSCOPIE, sf. (gr. gê terre, skopéō observer), étude et connaissance des qualités d'une terre.

GÉPIDES, anc. peuple germanique de la nation des Goths.

GÉRANCE, sf. fonctions, qualité du gérant; machine à décharger les navires.

GÉRANDO (de), philosophe-moraliste et philanthrope français (1772-1842).

GÉRANIACÉES, sf. pl. famille de plantes dont le géranium est le type (bot.).

GÉRANIUM, sm. (on pr. géraniome), sorte de plante.

GÉRANT, sm. celui qui gère, qui administre.

GÉRARD (St), évêque de Toul, m. 994.

GÉRARD (François), célèbre peintre français (1770-1837). — (Étienne-Maurice), maréchal de France (1773-1852).

GÉRARD DOW, peintre hollandais (1613-1680).

GÉRARDMER ou GÉROMÉ, p. ville (Vosges), connue par ses fromages.

GERBE, sf. faisceau de blé coupé. Fig. réunion de jets d'eau, de fusées d'artifice disposées en gerbe.

GERBÉE, sf. botte de paille où il reste encore des grains.

GERBER, va. mettre en gerbes; ranger des pièces de vin les unes sur les autres.

GERBERT, V. Sylvestre II.

GERBILLON, sm. (ll m.), petite gerbe.

GERBOISE, sf. sorte de mammifère rongeur.

GERCER, va. et n. faire de petites fentes ou crevasses. — SE GERCER, vpr. se fendre, se crevasser.

GERÇURE, sf. petite crevasse.

GÉRER, va. administrer, diriger une affaire.

GERFAUT, sm. espèce de faucon.

GERGOVIE, anc. ville de la Gaule dans l'Auvergne.

GÉRICAULT, célèbre peintre français (1791-1824).

GERMAIN, AINE, adj. Frère germain, issu du même père et de la même mère; cousins germains, issus des deux frères, des deux sœurs ou de frère et sœur.

GERMAIN, AINE, de la Germanie.

GERMAIN (St), évêque d'Auxerre (380-448). — (St), évêque de Paris (496-576).

GERMANDRÉE, sf. sorte de plante.

GERMANICUS, fils adoptif de Tibère, célèbre général romain (16 av. J. C. — 19 après J. C.)

GERMANIE, contrée de l'Europe ancienne, auj. Allemagne.

GERMANIQUE, adj. 2 g. de la Germanie, des Allemands. — CONFÉDÉRATION GERMANIQUE ou ALLEMAGNE, confédération de divers États allemands.

GERMANISME, sm. façon de parler propre à la langue allemande.

GERME, sm. partie de la semence qui produit une nouvelle plante. Fig. principe, cause.

GERMER, vn. pousser le germe au dehors. Fig. se développer.

GERMINAL, sm. septième mois du calendrier républicain.

GERMINATION, sf. développement du germe de la plante.

GÉROFLE, V. Girofle.

GÉROMÉ, V. Gérardmer.

GÉRONDIF, sm. l'une des formes du verbe en latin.

GÉRONTE, sm. (gr. gérôn vieillard), sénateur de Lacédémone; vieillard. Fig. bonhomme simple et crédule.

GÉRONTOCRATIE, sf. (gr. gérôn, gên.

gérontos vieillard; kratos pouvoir, autorité), gouvernement des vieillards.

GERS, riv. affluent de la Garonne : donne son nom à un dep. dont le ch.-l. est Auch.

GERSEY, île anglaise dans la Manche, près des côtes de la France.

GERSON (Jean), philosophe et chancelier de l'Université, auteur présumé de l'*Imitation de J. C.* (1363-1429).

GERTRUDE (Ste), fille de Pépin de Landen, fondatrice du monastère de Nivelle (626-659). — (Ste), abbesse de l'ordre de Saint-Benoît ; m. 1334.

GERTRUIDENBERG, port et place forte de Hollande.

GERVAIS (St) et St PROTAIS, martyrs ; 1er s.

GÉRYON, monstre humain à trois têtes, tué par Hercule (*myth.*).

GERZEAU, sm. nielle du blé.

GÉSIER, sm. second ventricule des oiseaux qui se nourrissent de grains.

GÉSINE, sf. couches, enfantement (*La Fontaine*).

GÉSIR, vn. et *défectif*, être couché, être étendu. *Ind. pr.* il gît, n. gisons, v. gisez, ils gisent ; *imp.* je gisais, etc. ; *part. pr.* gisant.

GESLER ou GESSLER, bailli impérial dans les cantons d'Uri et de Schwytz, tué, suivant la tradition, par Guillaume Tell (1307).

GESNER (Conrad), savant naturaliste et érudit suisse (1516-1565). — (Salomon), poète et paysagiste suisse (1730-1788).

GESSE, sf. sorte de plante.

GESSEN (pays de), dans l'anc. Basse-Égypte.

GESSUR, anc. ville de la Palestine. — anc. ville de la Syrie.

GESTATION, sf. (l. *gestare* porter), action de porter ou de se faire porter en litière, chez les anciens ; état d'une femelle qui porte des petits.

GESTE, sm. mouvement du corps, surtout du bras et de la main ; au *pl.* actions mémorables, exploits.

GESTICULATEUR, sm. celui qui gesticule beaucoup.

GESTICULATION, sf. action de gesticuler.

GESTICULER, vn. faire des gestes.

GESTION, sf. action ou manière de gérer, d'administrer.

GÉTA, frère de Caracalla, m. 212.

GÈTES, anc. peuple scythe d'Europe.

GÉTULES, peuple de la Gétulie.

GÉTULIE, région de l'Afrique ancienne.

GÉVAUDAN, pays du Languedoc.

GEX, s.-préf. du dep. de l'Ain.

GHADAMÈS, oasis dans l'État de Tripoli.

GHATTES, V. *Gates*.

GHIRLANDAJO, célèbre peintre italien (1451-1495).

GIAC (Pierre de), ministre de Charles VII ; m. 1426.

GIAFAR, nom arabe.

GIANNONE, historien napolitain (1676-1748).

GIAOUR, sm. nom injurieux donné aux chrétiens par les Turcs.

GIBBEUX, EUSE, adj. (l. *gibba* bosse), de la nature de la bosse, qui ressemble à une bosse, élevé en bosse.

GIBBON, sm. sorte de singe.

GIBBON (Édouard), célèbre historien anglais (1737-1794).

GIBBOSITÉ, sf. état de celui ou de ce qui est bossu ; bosse.

GIBECIÈRE, sf. sac où le chasseur met ses munitions et le menu gibier. *Fig.* sac d'escamoteur.

GIBEL (mont), l'Etna.

GIBELET, sm. petit foret.

GIBELIN, INE, adj. et s. partisan des empereurs dans le moyen âge.

GIBELOTTE, sf. fricassée de lapin ou de lièvre.

GIBERNE, sf. boîte dans laquelle le soldat porte ses cartouches.

GIBET, sm. (t nul), potence.

GIBIER, sm. animaux bons à manger pris à la chasse.

GIBOULÉE, sf. grande pluie soudaine et de peu de durée.

GIBOYER, vn. chasser, prendre du gibier.

GIBOYEUR, sm. celui qui aime à giboyer.

GIBOYEUX, EUSE, adj. qui abonde en gibier.

GIBRALTAR, place forte en Espagne, sur le détroit de même nom ; elle appartient aux Anglais.

GIDDAH, V. *Djeddah*.

GIÉ (Pierre de), maréchal de France ; m. 1513.

GIEN, s.-préf. du dép. du Loiret.

GIFLE, sf. soufflet (*pop.*).

GIFLER, va. souffleter (*pop.*).

GIGANTESQUE, adj. 2 g. et s. (l. *gigas*, gén. *gigantis* géant), d'un géant, qui tient du géant. *Fig.* extrêmement grand ou élevé.

GIGANTOMACHIE, sf. (gr. *gigas*, gén. *gigantos* géant ; *maché* combat), combat des géants contre les dieux (*myth.*).

GIGELLI, V. *Djijelli*.

GIGOT, sm. (t nul), cuisse de mouton séparée du corps.

GIGOTTER, vn. remuer les jambes (*pop.*).

GIGUE, sf. jambe (*pop.*) ; air et sorte de danse.

GIJON, ville d'Espagne, port sur l'Atlantique.

GILBERT (St), noble d'Auvergne, compagnon de Louis VII à la 2e croisade ; m. 1152.

GILBERT (Nicolas-Joseph), poète français (1751-1780).

GILDAS (St), surnommé l'Albanien ou l'Écossais ; m. en 512. — (St), dit le Sage, religieux anglais ; m. vers 570 ou 580.

GILET, sm. veste courte qui se porte sous l'habit.

GILETIÈRE, sf. ouvrière en gilets.

GILIANEZ ou GILLIANEZ, navigateur portugais ; 15e s.

GILIMER, V. *Gélimer*.

GILLE, sm. niais.

GILLES (St), fondateur d'un monastère dans le Languedoc ; 6e s.

GILLES (Nicole), secrétaire de Louis XII et chroniqueur français ; m. 1503.

GILOLO, grande île des Moluques.

GIMBLETTE, sf. sorte de petite pâtisserie dure et sèche.

GINS, V. Djin.

GINDRE, sm. garçon boulanger qui pétrit.

GINGEMBRE, sm. plante dont la racine a le goût du poivre.

GINGUENÉ, littérateur français (1748-1816).

GIOCONDO, V. Joconde.

GIOIA (Flavio), d'Amalfi, pilote napolitain qui passe pour l'inventeur de la boussole ; 14e s.

GIORDANO, V. Bruno et Jordano.

GIORGION (le), peintre italien (1477-1511).

GIORNO (à), loc. adv. (on pron. à djiorno), mot italien signifiant à jour ; se dit d'un grand éclairage, d'une grande illumination.

GIOTTO, célèbre peintre italien (1276-1336).

GIRAFE, sf. grand quadrupède d'Afrique, de l'ordre des ruminants.

GIRANDOLE, sf. chandelier à plusieurs branches ; assemblage de diamants ; disposition de fleurs autour d'un axe commun.

GIRARD (l'abbé), grammairien français (1677-1748).

GIRARD (Philippe de), célèbre mécanicien français, inventeur de la machine à filer le lin (1775-1845). — (le Père), célèbre instituteur suisse (1765-1850).

GIRARDON, sculpteur français (1628-1715).

GIRATOIRE, adj. 2 g. (l. girare tourner), qui tourne circulairement : se dit d'un mouvement de rotation.

GIRAUMONT, sm. espèce de courge.

GIRGENTI, ville de la Sicile, anc. Agrigente.

GIRODET-TRIOSON, peintre français (1767-1824).

GIROFLE, sm. sorte d'épicerie ayant la forme d'un clou.

GIROFLÉE, sf. plante ; sa fleur.

GIROFLIER, sm. arbre qui produit le girofle.

GIRON, sm. espace de la ceinture aux genoux, quand on est assis. Fig. giron de l'Église, le sein de l'Église.

GIRONDE, sf. nom de la Garonne, après qu'elle a reçu la Dordogne ; département français dont le ch.-l. est Bordeaux.

GIRONDINS, sm. pl. parti célèbre qui avait pour chefs les députés de la Gironde à la Convention.

GIRONE, ville d'Espagne, dans la Catalogne.

GIROUETTE, sf. plaque mobile autour d'une tige et qui indique la direction du vent. Fig. homme changeant.

GISANT, ANTE, adj. couché, étendu.

GISCON, nom de deux généraux carthaginois.

GISEH, V. Gyseh.

GISÈLE, fille de Charles le Simple et femme de Rollon, duc de Normandie.

GISEMENT, sm. situation des côtes de la mer ; position des minéraux dans la terre.

GISORS, p. ville (Eure).

GÎT, 3e personne du s. du v. gésir, être couché, être étendu ; ci-gît, ici est couché, ici repose. Fig. c'est là que gît le lièvre, c'est là la difficulté ; tout gît en cela, tout consiste en cela.

GITANE ou GITANA, sf. bohémienne d'Espagne.

GITANO, sm. bohémien d'Espagne.

GÎTE, sm. lieu où l'on couche, lieu où l'on demeure ; retraite du lièvre. Fig. couche des minéraux.

GÎTER, vn. coucher, demeurer.

GIVET, p. ville (Ardennes).

GIVORS, p. ville (Rhône).

GIVRE, sm. frimas qui s'attache aux arbres.

GIZEH, V. Gyseh.

GLABER (Raoul), historien, né en Bourgogne ; m. 1050.

GLABRE, adj. 2 g. lisse, sans poils, sans duvet (hist.).

GLABRESCENT, ENTE, adj. se dit d'une plante qui perd ses poils avec le temps (bot.).

GLABRIO (Acilius), consul romain en 191 av. J. C., vainqueur d'Antiochus III, roi de Syrie.

GLAÇANT, ANTE, adj. qui glace.

GLACE, sf. eau congelée par le froid ; cristal ou verre dont on fait des vitrages, des miroirs ; liqueur ou fruit glacé. Fig. air de froideur, insensibilité.

GLACÉ, ÉE, adj. à la glace. Fig. ciré, lustré ; très-froid ; effrayé.

GLACER, va. durcir un liquide par le froid ; causer un grand froid. Fig. lustrer, couvrir d'un enduit luisant ; repousser par un froid accueil, déconcerter, effrayer. — SE GLACER, vpr. fig. mêmes sens.

GLACIAL, ALE, adj. glace, très-froid. Fig. qui glace, insensible (aupl. masculin glacials).

GLACIER, sm. amas de glace sur les montagnes ; limonadier qui fait des glaces.

GLACIÈRE, sf. lieu où l'on conserve la glace. Fig. lieu très-froid.

GLACIS, sm. (s nulle), talus, pente douce ; couleur transparente.

GLAÇON, sm. morceau de glace.

GLADIATEUR, sm. celui qui à Rome combattait sur l'arène.

GLADIÉ, ÉE, adj. (l. gladius glaive), qui est comprimé et offre des arêtes vives comme le tranchant d'un glaive (bot.).

GLAÏEUL, sm. plante à feuilles longues, étroites et pointues ; sa fleur.

GLAIRE, sf. humeur visqueuse ; blanc de l'œuf cru.

GLAIREUX, EUSE, adj. de la nature des glaires.

GLAISE, sf. et adj. sorte de terre grasse et compacte.

GLAISER, va. enduire de glaise ; engraisser des terres avec de la glaise.

GLAISEUX, EUSE, adj. de la nature de la glaise.

GLAISIÈRE, sf. endroit où l'on trouve la glaise.

GLAIVE, sm. épée tranchante. Fig. guerre, pouvoir, puissance.

GLANAGE, sm. action de glaner.

GLAND, *sm.* (â nul), fruit du chêne. *Fig.* ornement en forme de gland.

GLANDE, *sf.* partie spongieuse dans le corps; tumeur.

GLANDÉE, *sf.* récolte de glands; pâture de glands.

GLANDULAIRE, *adj. 2 g.* glanduleux.

GLANDULE, *sf,* petite glande.

GLANDULEUX, EUSE, ou GLANDULÉ, ÉE, *adj.* de la nature des glandes, qui a des glandes.

GLANE, *sf.* poignée d'épis.

GLANER, *va.* ramasser les épis qui restent après la moisson. *Fig.* profiter; dire ce qui reste d'un sujet déjà traité.

GLANEUR, EUSE, *s.* celui, celle qui glane.

GLANURE, *sf.* ce que l'on glane.

GLAPIR, *sf.* crier, se dit des renards et des petits chiens. *Fig.* crier, chanter d'une voix aigre.

GLAPISSANT, ANTE, *adj.* qui glapit.

GLAPISSEMENT, *sm.* cri ou chant aigre.

GLARIS, ch.-l. d'un canton suisse.

GLAS, *sm.* son d'une cloche annonçant la mort de quelqu'un.

GLASGOW, g ville d'Écosse.

GLAUBER, chimiste et médecin allemand, inventeur du sel qui porte son nom et qui est le sulfate de soude; m. 1668.

GLAUCESCENCE, *sf.* état de ce qui est glauque ou glaucescent.

GLAUCESCENT, ENTE, *adj.* qui tire sur le glauque.

GLAUCONIE, *sf.* (gr. *glaukos* vert de mer), calcaire chlorité ou craie verte (*géol.*).

GLAUCONIEN, IENNE, et GLAUCONIEUX, EUSE, *adj.* de la glauconie.

GLAUCONIFÈRE, *adj. 2 g.* qui renferme de la glauconie (*géol.*).

GLAUCUS, pêcheur changé en dieu marin (*myth.*).

GLAUQUE, *adj. 2 g.* qui est d'un vert ou d'un bleu blanchâtre.

GLÈBE, *sf.* fonds de terre; serfs qui y étaient attachés.

GLÉNANS (Les), groupe de neuf petites îles, vis-à-vis de Concarneau (Finistère).

GLISSADE, *sf.* action de glisser.

GLISSANT, ANTE, *adj.* sur quoi l'on glisse facilement. *Fig.* hasardeux.

GLISSÉ, *sm.* sorte de pas de danse.

GLISSEMENT, *sm.* action de glisser.

GLISSER, *va.* couler le long de, sur un corps gras ou uni; au *fig.* échapper, effleurer, passer légèrement sur. — *va.* couler adroitement, insinuer. — SE GLISSER, *vpr.* s'introduire, s'insinuer.

GLISSEUR, *sm.* celui qui glisse sur la glace.

GLISSOIRE, *sf.* chemin sur la glace pour y glisser.

GLOBE, *sm.* sphère, boule. *Fig.* la terre.

GLOBULAIRE, *sf.* sorte de plante.

GLOBULE, *sm.* petit globe, petit corps sphérique, petite pilule.

GLOBULEUX, EUSE *adj.* composé de globules; sphérique.

GLOCESTER, ville et comté d'Angleterre.

GLOGAU, ville de Prusse (Silésie).

GLOIRE, *sf.* honneur, estime; célébrité que donnent les belles et grandes actions, les grands ouvrages; éclat, splendeur; béatitude céleste.

GLOMÉRULE, *sm.* (l. *glomer* peloton), agrégation de fleurs sessiles formant une sorte de tête irrégulière ou de petit peloton (*bot.*).

GLOMMEN, fleuve de Norvège; se jette dans le Skager-Rak.

GLORIEUSEMENT, *adv.* avec gloire.

GLORIEUX, EUSE, *adj.* qui a ou qui donne de la gloire. — *s.* et *adj.* orgueilleux, qui se glorifie de.

GLORIFICATION, *sf.* élévation à la gloire éternelle; action de glorifier.

GLORIFIER, *va.* rendre honneur et gloire. — SE GLORIFIER, *vpr.* tirer vanité de, mettre sa gloire en.

GLORIOLE, *sf.* petite gloire, vanité à propos de petites choses.

GLOSE, *sf.* interprétation, commentaire sur des mots ou sur un sens obscur.

GLOSER, *va.* et *n.* commenter, critiquer, interpréter en mal.

GLOSEUR, EUSE, *s.* celui, celle qui glose sur tout, qui interprète tout en mal.

GLOSSAIRE, *sm.* dictionnaire des termes obscurs, anciens, difficiles ou barbares d'une langue.

GLOSSATEUR, *sm.* auteur d'une glose ou d'un glossaire; commentateur.

GLOSSOLOGIE, *sf.* (gr. *glôssa* langue, terme; *logos* discours, traité), traité ou exposition des termes techniques d'une science ou d'un art.

GLOSSOPÈTRE, *sm.* ou *f.* (gr. *glôssa* langue, *petros* pierre), dent fossile de poisson que l'on croyait être une langue de serpent (*géol.*).

GLOTTE, *sf.* (gr. *glôttis* languette), petite fente du larynx en forme de languette et servant à former la voix.

GLOUGLOTER ou GLOUGLOUTER, *vn.* se dit du cri du dindon.

GLOUGLOU, *sm.* bruit d'un liquide sortant d'un vase à goulot.

GLOUSSEMENT, *sm.* cri de la poule appelant ses poussins.

GLOUSSER, *vn.* faire entendre des gloussements.

GLOUTERON, *sm.* plante appelée aussi *bardane.*

GLOUTON, ONNE, *adj.* et *s.* qui mange avec avidité et excès.

GLOUTONNEMENT, *adv.* avec avidité.

GLOUTONNERIE, *sf.* vice de celui qui est glouton.

GLU, *sf.* matière visqueuse pour prendre les oiseaux.

GLUANT, ANTE, *adj.* de la nature de la glu; visqueux.

GLUAU, *sm.* petite verge enduite de glu.

GLUCINIUM ou GLUCIUM, *sm.* l'un des corps simples de la chimie.

GLUCK (on pron. *Glouk*), célèbre compositeur de musique allemand (1712-1787).

GLUCKSTADT, ville de Danemark, sur l'Elbe.

GLUCOSE, sf. (gr. gleukos liqueur douce), principe sucré dans les végétaux (chim.).

GLUER, va, frotter de glu ; poisser.

GLUI, sm. grosse paille de seigle dont on couvre les toits.

GLUMACÉ, ÉE, adj. dont la fleur est une glume (bot.).

GLUME, sf. balle de la fleur des graminées (bot.).

GLUMELLE ou GLUMELLULE, sf. petite glume (bot.).

GLUTEN, sm. (on pron. glutène), matière visqueuse et collante de la farine ; matière qui sert à lier ensemble les parties d'un corps solide.

GLUTINEUX, EUSE, adj. visqueux, gluant ; de la nature du gluten.

GLYCÈRE, nom de femme.

GLYCÉRINE, sf. (gr. glykys doux), principe doux des huiles ; produit général de la saponification des corps gras et ayant une saveur sucrée (chim.).

GLYCÉRIUS, empereur d'Occident ; m. 480.

GLYCINE, sf. sorte de plante grimpante de la famille des papilionacées.

GLYPHE, sm. (gr. glyphô entaille), canal creusé en rond ou en angle et servant d'ornement (arch.).

GLYPTIQUE, sf. (gr. glyptos grave), gravure sur pierres fines.

GMELIN (Jean-Georges), botaniste allemand (1709-1755). — (Samuel-Théophile), neveu du précédent et botaniste (1745-1774). — (Jean-Frédéric), naturaliste et médecin allemand (1748-1804).

GNEISS, sm. roche composée de quartz, de feldspath et de mica (géol.).

GNIDE, V. Cnide.

GNOME, sm. lutin fabuleux que l'on supposait habiter dans le sein de la terre.

GNOMIDE, sf. femelle d'un gnome.

GNOMIQUE, adj. 2 g. (gr. gnômê précepte, sentence), se dit des poésies qui contiennent des maximes ou sentences.

GNOMON, sm. (gr. gnômôn indicateur, style d'un cadran, horloge), style d'un cadran solaire.

GNOMONIQUE, sf. art de construire des cadrans solaires.

GNOSE, sf. (gr. gnôsis connaissance), science, érudition.

GNOSTIQUES, sm. pl. (gr. gnôstikos savant), hérétiques des premiers siècles de l'Église, qui se vantaient d'avoir des lumières surnaturelles.

GO (TOUT DE), loc. adv. sans peine, sans façon (pop.).

GOA, île et ville de l'Hindoustan, sur la côte de Malabar.

GOBELET, sm. (t nul), vase à boire ; ustensile d'escamoteur.

GOBELINS, sm. pl. célèbre manufacture de tapisseries à Paris.

GOBELOTTER, vn. boire à plusieurs petits coups.

GOBE-MOUCHES, sm. (inv.), sorte d'oiseau de plante. Fig. niais qui croit tout ou qui perd son temps.

GOBER, va. avaler avidement. Fig. croire légèrement.

GOBERGER (SE), vpr. se moquer ; prendre ses aises ; se divertir.

GOBERT (le baron), fondateur de deux prix pour les meilleurs ouvrages sur l'histoire de France ; m. 1833.

GOBET, sm. morceau que l'on gobe. — AU GOBET, loc. adv. à l'improviste.

GOBEUR, EUSE, s. celui, celle qui gobe.

GODAGE, sm. état de ce qui gode.

GODAILLE, sf. (ll m.), ivrognerie (t. bas).

GODAILLER, vn. (ll m.), boire avec excès et à plusieurs reprises.

GODAILLEUR, sm. (ll m.), homme qui godaille (pop.).

GODARD (St), évêque de Rouen ; 4e s.

GODAVÉRY, fleuve de l'Hindoustan.

GODEAU, évêque de Grasse et poète (1605-1672).

GODEFROY (St) ou GEOFFROY, évêque d'Amiens ; m. 1115. V. Bouillon.

GODEGISÈLE ou GODEGISILE, roi des Bourguignons, m. 507.

GODELUREAU, sm. jeune homme qui fait l'aimable (pop.).

GODER, vn. faire de faux plis.

GODET, sm. petit vase à boire, auget ; petit vase à couleurs.

GODICHE, s. et adj. benêt (pop.).

GODILLE, sf. aviron unique placé derrière une petite embarcation.

GODIN, astronome français (1704-1760).

GODIVEAU, sm. sorte de pâté chaud composé de hachis.

GODUNOW (Boris), tsar de Russie ; m. 1605.

GODWIN (comte), père de Harold ; m. 1053.

GODWIN (William), célèbre écrivain anglais (1756-1836).

GOÉLAND, sm. oiseau de mer.

GOÉLETTE, sf. sorte de navire.

GOÉMON, sm. varech.

GOERLITZ ou GÖRLITZ, ville de Prusse (Silésie).

GOERTZ (baron de), ministre de Charles XII, roi de Suède ; m. 1719.

GOETHE (Jean Wolfgang), le plus grand poète de l'Allemagne (1749-1832).

GOETHEBÖRG, V. Gothembourg.

GOETTINGUE, ville du Hanovre.

GOG et MAGOG, chefs des géants ennemis d'Israël ; précurseurs de l'Antechrist.

GOGAILLE, sf. (ll m.), repas joyeux (pop.).

GOGO (À), loc. adv. abondamment (fam.).

GOGUENARD, ARDE, adj. plaisant, railleur.

GOGUENARDER, vn. faire de mauvaises plaisanteries (fam.).

GOGUENARDERIE, sf. mauvaise plaisanterie (fam.).

GOGUETTES, sf. pl. propos joyeux. Être en goguettes, être en belle humeur.

GOHIER, ministre de la justice et membre du Directoire (1746-1830).

GOINFRE, sm. celui qui met tout son plaisir à manger (pop.).

GOINFRER, vn. manger beaucoup et avidement (pop.).

GOINFRERIE, sf. gourmandise sans goût (pop.).

GOÎTRE, sm. tumeur qui vient au-devant du larynx.

GOÎTREUX, EUSE, adj. et s. de la nature du goître ; atteint du goître.

GOLCONDE, ville de l'Hindoustan.

GOLDONI, célèbre auteur dramatique italien (1707-1793).

GOLDSMITH (Olivier), célèbre écrivain anglais, auteur du *Vicaire de Wakefield* (1728-1774).

GOLFE, sm. partie de mer qui s'avance dans les terres.

GOLGOTHA, sm. le Calvaire.

GOLIATH, géant philistin tué par David.

GOLO, riv. de Corse.

GOMARISTES, sm. pl. sectaires calvinistes en Hollande.

GOMBETTE, adj. f. se dit d'une loi des Bourguignons donnée par leur roi Gombaud ou Gondebaud.

GOMER, fils de Japhet.

GOMÉRITES, sm. pl. les descendants de Gomer.

GOMMAGE, sm. action de gommer.

GOMME, sf. substance visqueuse qui découle de certains arbres.

GOMMÉ, ÉE, adj. enduit ou mêlé de gomme.

GOMME-GUTTE, sf. gomme-résine purgative et qui s'emploie en peinture comme couleur jaune.

GOMME-RÉSINE, sf. (pl. gommes-résines). suc végétal composé de gomme et de résine.

GOMMER, va. enduire de gomme ; ajouter de la gomme.

GOMMEUX, EUSE, adj. qui donne de la gomme, qui est de la nature de la gomme.

GOMMIER, sm. arbre qui donne de la gomme.

GOMORRHE, anc. ville de la Palestine.

GOMPHOLITHE ou GOMPHOLITE, sm. (gr. gomphos clou ou cheville, lithos pierre). sorte de poudingue composé de cailloux calcaires quartzeux ou granitiques avec un ciment de molasse (géol.).

GOMPHOLITIQUE, adj. 2 g. qui contient du gompholite (géol.).

GOMPHOSE, sf. (gr. gomphos clou), articulation immobile des os (physiol.).

GONATAS, V. Antigone.

GOND, sm. (d nul), morceau de fer sur lequel tournent les pentures d'une porte, d'une fenêtre, etc.

GONDAR, capit. du royme d'Amhara dans l'Abyssinie.

GONDEBAUD, roi des Bourguignons ; m. 516.

GONDEMAR ou GODOMAR, nom de deux rois des Bourguignons.

GONDI, deux cardinaux de ce nom. V. Retz.

GONDICAIRE ou GONDIOC, premier roi des Bourguignons ; m. 436.

GONDOLE, sf. sorte de petit bateau plat ; sorte de voiture publique.

GONDOLIER, sm. batelier d'une gondole.

GONFALON ou GONFANON, sm. bannière d'église.

GONFALONIER, sm. celui qui porte le gonfalon ; ancien magistrat d'une république d'Italie.

GONFLÉ, ÉE, adj. part. enflé.

GONFLEMENT, sm. enflure.

GONFLER, va. rendre enflé. Fig. gonfler d'orgueil, enorgueillir. — vn. devenir enflé.

GONIOMÈTRE, sm. (gr. gônia angle, métron mesure), instrument pour mesurer les angles.

GONIOMÉTRIE, sf. mesure des angles.

GONSALVE DE CORDOUE, V. Cordoue.

GONTAUT, V. Biron.

GONTRAN, roi d'Orléans ; m. 593.

GONZAGUE, famille illustre d'Italie.

GORDIEN, adj. m. se dit d'un nœud qui attachait le joug au limon d'un char dans le temple de Gordium et qu'Alexandre le Grand trancha d'un coup d'épée. Fig. nœud gordien, très-grande difficulté.

GORDIEN, nom de trois empereurs romains : l'Ancien, m. 237 ; le Jeune, m. 237 ; et le Pieux, m. 244.

GORDIEN (St), martyr ; 3e s.

GORDIUM, anc. ville de Phrygie.

GORÉE, île française en Afrique, près du cap Vert.

GORET, sm. (t nul), petit cochon.

GORGE, sf. partie antérieure du cou ; gosier ; sein. Fig. orifice, passage étroit, moulure creuse. Gorge chaude, plaisanterie, moquerie ; rendre gorge, restituer par force ce qu'on a pris indûment ; prendre à la gorge, contraindre à faire quelque chose.

GORGE-DE-PIGEON, adj. (inv.), sorte de couleur changeante.

GORGÉE, sf. quantité de liqueur que l'on avale d'un seul coup.

GORGER, va. donner à manger avec excès. Fig. combler de biens, de richesses, etc.

GORGERETTE, sf. sorte de collerette.

GORGERIN, sm. pièce de l'armure pour garantir la gorge ; collier garni de pointes ; partie du chapiteau dorique.

GORGIAS, fameux rhéteur et sophiste grec ; m. 380 av. J. C.

GORGONE, sf. personnage de la Fable dont la vue changeait en pierre ; sorte d'acalèphe (zool.).

GORILLE, sm. (ll m.), singe dont la conformation se rapproche beaucoup de celle de l'homme.

GORITZ ou GORICE, ville d'Illyrie.

GORKUM, ville de Hollande, sur la Meuse.

GORTYNE, anc. ville de l'île de Crète.

GOSIER, sm. partie inférieure de la gorge qui sert de passage aux aliments ; canal de la respiration.

GOSLAR, ville du Hanovre.

GOSLIN, GOZLIN ou GOSSELIN, évêque de Paris, défenseur de cette ville contre les Normands ; m. 886.

GOSSE, auteur dramatique français (1773-1834).

GOSSEC, compositeur de musique français (1733-1829).

GOSSELIN, savant géographe français (1751-1830).

GOTHA, ville de Saxe. — riv. de Suède.

GOTHARD (St), évêque, m. 1038. V. Saint-Gothard (mont).

GOTHEMBOURG, ville de Suède.

GOTHIE, partie de la Suède.

GOTHIQUE, adj. 2 g. des Goths. Fig. ancien, hors de mode. — sf. sorte d'écriture.

GOTHS, anc. peuple germain.

GOTTLAND ou GOTHLAND, île de la mer Baltique.

GOUACHE, sf. genre de peinture à l'eau gommée.

GOUAILLER, va. et n. (ll m.), railler, plaisanter (pop.).

GOUAILLEUR, EUSE, s. celui, celle qui gouaille (pop.).

GOUDA, ville de Hollande.

GOUDRON, sm. matière noirâtre que l'on retire des arbres résineux.

GOUDRONNAGE, sm. action de goudronner; résultat de cette action.

GOUDRONNER, va. enduire ou imbiber de goudron.

GOUDRONNERIE, sf. lieu où l'on tient le goudron, où l'on goudronne.

GOUDRONNEUR, sm. ouvrier qui goudronne; calfat.

GOUET, sm. (t mil), nom vulgaire de l'arum.

GOUFFRE, sm. abime, trou profond; tourbillon d'eau dans une rivière. Fig. ce qui cause une grande perte; grands malheurs.

GOUGE, sf. ciseau de menuisier, de sculpteur, etc.

GOUJAT, sm. (t mil), valet d'armée. Fig. homme grossier.

GOUJON, sm. sorte de petit poisson blanc; cheville de fer.

GOUJON (Jean), célèbre sculpteur français (1520-1572).

GOULE, sf. espèce de stryge ou vampire.

GOULÉE, sf. grosse bouchée (La Fontaine).

GOULET, sm. entrée étroite d'un port, d'une rade.

GOULETTE, V. Goulotte.

GOULOT, sm. (t nul), col étroit d'un vase.

GOULOTTE ou GOULETTE, sf. petite rigole.

GOULU, UE, adj. et s. qui mange avidement.

GOULÛMENT, adv. avidement.

GOUM, sm. campement ou tribu arabe; contingent fourni par une tribu arabe.

GOUPILLE, sf. (ll m.), petite cheville de métal.

GOUPILLER, va. (ll m.), arrêter avec une goupille.

GOUPILLON, sm. (ll m.), aspersoir; sorte de brosse.

GOURBI, sm. tente, cabane de feuillages (mot arabe).

GOURD, GOURDE. adj. qui est engourdi par le froid.

GOURDE, sf. sorte de courge évidée; monnaie d'argent ou piastre.

GOURDIN, sm. gros bâton.

GOURDON, s.-préf. du dép. du Lot.

GOURER, va. tromper (pop.).

GOUREUR, sm. trompeur dans le commerce (pop.).

GOURGANE, sf. petite fève.

GOURGAUD, général français, accompagna Napoléon Ier à Sainte-Hélène (1783-1852).

GOURMADE, sf. coup de poing.

GOURMAND, ANDE, adj. et s. qui mange avec excès, qui aime la bonne chère. Fig. branche gourmande, trop vigoureuse.

GOURMANDER, va. réprimander durement. Fig. assujettir : gourmander ses passions.

GOURMANDISE, sf. vice du gourmand. Fig. mets friand.

GOURME, sf. humeur des jeunes chevaux. Fig. maladie cutanée des enfants. Jeter sa gourme, faire des folies de jeunesse.

GOURMÉ, ÉE, adj. à maintien composé, grave.

GOURMER, va. mettre la gourmette à un cheval; donner une gourmade.

GOURMET, sm. celui qui se connaît en vins, qui est friand.

GOURMETTE, sf. chaînette de fer qui s'attache au mors d'un cheval. Fig. rompre, lâcher la gourmette, prendre, donner la liberté.

GOURNAY, p. ville (Seine-Inférieure).

GOUSSE, sf. cosse des plantes légumineuses; petite tête d'ail; au pl. ornements d'architecture.

GOUSSET, sm. creux de l'aisselle; morceau de toile que l'on met à une chemise sous l'aisselle; petite poche.

GOÛT, sm. sens par lequel on discerne les saveurs; saveur, odeur; appétence. Fig. faculté de sentir et de discerner le beau; penchant, inclination, disposition; manière dont un ouvrage est fait, grâce, élégance; caractère distinctif; ornement dans le goût du seizième siècle.

GOÛTER, va. exercer le sens du goût, vérifier la saveur. Fig. essayer, éprouver; approuver, trouver bon; jouir de : goûter le repos. — vn. faire un goûter.

GOÛTER, sm. petit repas entre le dîner et le souper.

GOUTTE, sf. très petite partie d'un liquide; maladie des articulations; goutte sereine, amaurose. — GOUTTE A GOUTTE, loc. adv. goutte après goutte; ne voir goutte, ne point voir.

GOUTTELETTE, sf. petite goutte.

GOUTTEUX, EUSE, adj. et s. qui est sujet à la goutte.

GOUTTIÈRE, sf. conduit pour l'écoulement des eaux pluviales, toit.

GOUVERNABLE, adj. 2 g. que l'on peut gouverner.

GOUVERNAIL, sm. (l m.), pièce de bois à l'arrière d'un navire, d'un bateau, et servant à le gouverner. Fig. direction, gouvernement.

GOUVERNANTE, *sf.* femme d'un gouverneur; celle à qui l'on confie l'éducation d'un enfant, le soin d'une maison.

GOUVERNANTS, *sm. pl.* ceux qui gouvernent un État.

GOUVERNE, *sf.* règle de conduite.

GOUVERNEMENT, *sm.* charge de gouverner; action ou manière de gouverner; juridiction d'un gouverneur; réunion de ceux qui gouvernent l'État; constitution politique d'un pays. *Fig.* direction.

GOUVERNEMENTAL, **ALE**, *adj.* du gouvernement (pl. *gouvernementaux*).

GOUVERNER, *va.* diriger, conduire, administrer; avoir du crédit sur quelqu'un.

GOUVERNÉS, *sm. pl.* ceux qui sont gouvernés.

GOUVERNEUR, *sm.* commandant d'une province, d'une place forte, d'une colonie; directeur, précepteur.

GOUVION-SAINT-CYR, maréchal de France (1764-1830).

GOYAVE, *sf.* fruit du goyavier.

GOYAVIER, *sm.* arbrisseau des Antilles.

GOZON (Dieudonné de), grand maître des chevaliers de Rhodes; m. 1353.

GRABAT, *sm.* (*t* nul), méchant lit.

GRABEAU, *sm.* fragments, criblure de drogues sèches.

GRABUGE, *sm.* querelle.

GRACCHUS (Tibérius *et* Caïus Sempronius), ou les **GRACQUES**, célèbres tribuns romains; 2e s. av. J. C.

GRÂCE, *sf.* faveur; remise d'une peine; remerciment; manières agréables; secours divin pour faire son salut. Au *pl.* prière après le repas; divinités de la Fable. — DE GRÂCE, *loc. adv.* par pure bonté; DE BONNE GRÂCE, *loc. adv.* de bonne volonté; GRÂCE À DIEU, GRÂCE AU CIEL, par la bonté de Dieu.

GRACIABLE, *adj.* 2 g. qui est digne de pardon.

GRACIER, *va.* faire remise d'une peine.

GRACIEUSEMENT, *adv.* d'une manière gracieuse.

GRACIEUSER, *va.* faire des démonstrations d'amitié, de bienveillance (*fam.*).

GRACIEUSETÉ, *sf.* civilité, honnêteté; gratification.

GRACIEUX, **EUSE**, *adj.* agréable; plein de grâce, de civilité.

GRACILITÉ, *sf.* qualité de ce qui est grêle.

GRACQUES (les), V. *Gracchus.*

GRADATION, *sf.* augmentation par degrés; ordre successif.

GRADE, *sm.* dignité, degré d'honneur; d'avancement; degré dans une université.

GRADÉ, *adj. m.* qui a un grade.

GRADER, *va.* donner un grade.

GRADIN, *sm.* petit degré; au *pl.* amphithéâtre.

GRADUATION, *sf.* division en degrés.

GRADUÉ, **ÉE**, *adj.* divisé par degrés. — *sm.* celui qui a un grade dans l'Université.

GRADUEL, *sm.* livre d'église; au *pl.* versets entre l'épitre et l'évangile.

GRADUEL, **ELLE**, *adj.* qui va par degrés.

GRADUELLEMENT, *adv.* par degrés.

GRADUER, *va.* diviser ou augmenter par degrés; conférer un grade dans une faculté.

GRÆTZ ou **GRATZ**, ville de Styrie (Autriche).

GRAFFIGNY (Mme de), femme auteur (1694-1758).

GRAFIGNER, *va.* égratigner (*pop.*).

GRAIES ou **GRÉES** (Alpes), V. *Alpes.*

GRAILLEMENT, *sm.* (*ll* m.), son enroué ou cassé de la voix.

GRAILLON, *sm.* (*ll* m.), restes ramassés d'un repas. *Odeur, goût de graillon*, odeur, goût de graisse ou de viande brûlée.

GRAILLY (Jean de), dit le *Captal de Buch*; lieutenant de Charles le Mauvais, roi de Navarre; m. 1377.

GRAIN, *sm.* semence des blés, des avoines, etc; fruit de certains végétaux; petite parcelle; petites aspérités sur une étoffe, sur une surface; poids ancien; pluie soudaine; coup de vent (*mar.*).

GRAINE, *sf.* semence.

GRAINETIER, V. *Grènetier.*

GRAINIER, **IÈRE**, *s.* celui, celle qui vend toutes sortes de graines.

GRAISSAGE, *sm.* action de graisser.

GRAISSE, *sf.* substance animale onctueuse, facile à fondre. *Fig. graisse de la terre*, fertilité.

GRAISSER, *va.* frotter, souiller de graisse. *Fig. graisser la patte*, payer quelqu'un pour en obtenir un service.

GRAISSET, *sm.* petite grenouille verte.

GRAISSEUX, **EUSE**, *adj.* de la nature de la graisse; couvert de graisse.

GRAMAT, ch.-l. de canton (Lot).

GRAMEN, *sm.* (on pron. *gramène*), chiendent, graminée.

GRAMINÉE, *adj.* et *sf.* famille de plantes comprenant le blé, l'avoine, l'orge, etc.

GRAMMAIRE, *sf.* art qui enseigne à parler et à écrire correctement; livre de grammaire.

GRAMMAIRIEN, *sm.* celui qui sait, qui enseigne la grammaire.

GRAMMATICAL, **ALE**, *adj.* qui appartient à la grammaire, qui est conforme à ses règles (pl. m. *grammaticaux*).

GRAMMATICALEMENT, *adv.* selon les règles de la grammaire.

GRAMMATISTE, *sm.* mauvais grammairien.

GRAMME, *sm.* unité de poids dans le système métrique.

GRAMMONT, illustre famille française.

GRAMPIANS (monts), en Écosse.

GRANATÉES, *sf. pl.* (l. *granatum* grenade), famille de végétaux dont le grenadier est le type (*bot.*).

GRAND, **ANDE**, *adj.* qui a beaucoup de hauteur, de longueur, de largeur, de profondeur, de volume, de capacité. *Fig.* important, principal, considérable; illustre, magnanime, noble, puissant, excessif. — *sm.* le sublime; homme élevé en dignité. — EN GRAND, *loc. adv.* d'une manière noble, étendue; de grandeur naturelle.

GRAND'CHAMBRE, sf. première chambre d'un parlement.

GRAND'CHÈRE, pour grande chère.

GRAND'CHOSE, pour grande chose : n'avoir pas grand'chose, avoir peu.

GRAND-CROIX, sm. (inv.), officier principal d'un ordre de chevalerie.

GRAND-DUC, sm. titre : chef d'un grand-duché (pl. grands-ducs). Au f. Grande-duchesse.

GRAND-DUCAL, ALE, adj. d'un grand-duc ou d'un grand-duché.

GRAND-DUCHÉ, sm. État gouverné par un grand-duc (pl. grands-duchés).

GRANDE-BRETAGNE, V. Bretagne.

GRANDE-DUCHESSE, V. Grand-duc.

GRANDE-GRÈCE, ancien nom de l'Italie méridionale.

GRANDELET, ETTE, adj. un peu grand.

GRANDEMENT, adv. avec grandeur ; extrêmement.

GRANDE-SÉQUANAISE (on pron. sécouanaise), anc. province de la Gaule.

GRANDESSE, sf. dignité de grand d'Espagne.

GRANDEUR, sf. étendue, capacité, volume, élévation d'une chose ; quantité. Fig. élévation d'âme ; importance ; puissance, dignité, supériorité ; titre d'honneur ; noblesse.

GRAND'GARDE, sf. corps de cavalerie chargé de veiller à ce que l'armée ne soit pas surprise par l'ennemi.

GRANDIFLORE, adj. 2 g. à grandes fleurs.

GRANDIOSE, adj. 2 g. et s. imposant, noble, sublime.

GRANDIR, vn. devenir plus grand.

GRANDISSIME, adj. 2 g. extrêmement grand (fam.).

GRANDJOUAN, école régionale d'agriculture, près de Nozay (Loire-Inférieure).

GRAND-LIVRE, sm. livre de commerce renfermant les comptes par doit et avoir (pl. grands-livres).

GRAND MAÎTRE (Acad.), sm. chef d'un ordre ; chef de l'Université.

GRAND'MAMAN, sf. grand'mère.

GRAND MERCI, loc. adv. exprimant un remerciement ; il s'emploie aussi comme substantif.

GRAND'MÈRE, sf. mère du père ou de la mère.

GRAND'MESSE ou GRANDE MESSE, sf. messe chantée.

GRAND-OCÉAN, sm. l'Océan compris entre l'Amérique à l'est et l'Asie à l'ouest.

GRAND-ONCLE, sm. frère du grand-père ou de la grand'mère (pl. grands-oncles).

GRAND'PEINE (A), loc. adv. difficilement, malaisément.

GRAND-PÈRE, sm. père du père ou de la mère (pl. grands-pères).

GRAND'PEUR, pour grande peur.

GRAND'PITIÉ, pour grande pitié.

GRAND'ROUTE, pour grande route.

GRAND'RUE, pour grande rue.

GRAND'SALLE, pour grande salle.

GRAND SEIGNEUR (Acad.), sm. seigneur d'un rang élevé ; titre du sultan des Turcs (pl. grands seigneurs).

GRAND'TANTE, sf. sœur du grand-père ou de la grand'mère.

GRAND TURC (Acad.), sm. le sultan des Turcs.

GRANET (François-Marius), peintre français (1775-1849).

GRANGE, sf. lieu où l'on serre les blés en gerbes.

GRANGÉE, sf. le contenu d'une grange.

GRANGENEUVE, l'un des députés girondins à la Convention (1750-1793).

GRANIQUE, p. riv. de l'Asie Mineure, affluent de la Propontide. Victoire d'Alexandre sur les Perses, 334 av. J. C.

GRANIT, sm. (on pron. le t et quelques minéralogistes écrivent granite), sorte de roche très-dure, composée de feldspath, de quartz et de mica.

GRANITELLE, adj. 2 g. ressemblant au granit.

GRANITIQUE, adj. 2 g. formé de granit.

GRANIVORE, adj. 2 g. (l. granum grain, vorare manger), qui se nourrit de grains.

GRANSON, ville du canton de Vaud (Suisse. Victoire des Suisses sur Charles le Téméraire, en 1476.

GRANULATION, sf. action de granuler ; petites tumeurs.

GRANULER, va. mettre un métal en petits grains.

GRANULEUX, EUSE, adj. divisé en petits grains ; qui a des granulations.

GRANVELLE (Antoine), cardinal, ministre de Charles-Quint et de Philippe II (1517-1586).

GRANVILLE, p. ville (Manche).

GRAPHIQUE, adj. 2 g. (gr. graphô décrire, tracer), exprimé par le dessin ou par des caractères, par des signes.

GRAPHIQUEMENT, adv. par un procédé graphique.

GRAPHITE, sm. plombagine dont on fait des crayons dits à la mine de plomb.

GRAPHOMÈTRE, sm. (gr. graphô dessin, métron mesure), instrument qui sert à mesurer les angles sur un terrain dont on lève le plan (géom.).

GRAPPE, sf. assemblage de grains, de fleurs, de fruits sur un pédoncule commun.

GRAPPILLAGE, sm. (ll m.), action de grappiller.

GRAPPILLER, vn. et a. (ll m.), cueillir le raisin qui reste après la vendange. Fig. faire de petits gains.

GRAPPILLEUR, EUSE, s. (ll m.), celui, celle qui grappille.

GRAPPILLON, sm. (ll m.), petite grappe de raisin.

GRAPPIN, sm. fer à pointes recourbées ; petite ancre.

GRAS, ASSE, adj. chargé de graisse, replet ; sali ou imbu de graisse. Fig. Jours gras, les trois derniers jours du carnaval ; terre grasse, terre forte et fertile. — sm. graisse,

viande. *Faire gras*, manger de la viande.
— *adv* *Parler gras*, grasseyer.

GRAS-DOUBLE, *sm.* la membrane de l'estomac du bœuf.

GRAS-FONDU, *sm.* ou GRAS-FONDURE, *sf.* inflammation du bas-ventre chez les chevaux.

GRASSE, *s.* pref. du dép. des Alpes-Maritimes.

GRASSE (comte de), chef d'escadre français (1723-1788).

GRASSEMENT, *adv.* généreusement; commodément et à son aise.

GRASSET, ETTE, *adj.* un peu gras.

GRASSEYEMENT, *sm.* prononciation de celui qui grasseye.

GRASSEYER, *vn.* parler gras, prononcer l'r de la gorge (*c. payer*).

GRASSEYEUR, EUSE, *s.* celui, celle qui grasseye en parlant.

GRASSOUILLET, ETTE, *adj.* (*il m.*), potelé, un peu gras.

GRATERON, *sm.* sorte de plante.

GRATIEN, empereur d'Occident; m. 383.

GRATZ, V. *Grœtz.*

GRATIFICATION, *sf.* don, libéralité, récompense.

GRATIFIER, *va.* favoriser d'un don, d'une libéralité. *Fig.* attribuer à tort.

GRATIN, *sm.* partie des mets qui s'attache au fond des vases; chapelure.

GRATIOLE, *sf.* (on pron. *graciole*), sorte de plante purgative.

GRATIS, *adv.* (on pron. l'*s*), sans qu'il en coûte rien.

GRATITUDE, *sf.* sentiment de la personne reconnaissante.

GRATTE-CUL, *sm.* fruit de l'églantier ou rosier sauvage.

GRATTELER, *va.* gratter légèrement.

GRATTELEUX, EUSE, *adj.* et *s.* qui a la grattelle.

GRATTELLE, *sf.* menue gale.

GRATTE-PAPIER, *sm.* (inv.), copiste.

GRATTER, *va.* racler, ratisser; frotter avec les ongles.

GRATTOIR, *sm.* instrument pour gratter.

GRATUIT, ITE, *adj.* fait ou donné pour rien; qui est sans fondement, sans motif.

GRATUITÉ, *sf.* caractère de ce qui est gratuit.

GRATUITEMENT, *adv.* gratis; sans motif, sans fondement.

GRAULHET, ch.-l. de canton (Tarn).

GRAUWACKE, *sf.* sorte de grès quartzeux (min. et géol.).

GRAVATIER, *sm.* charretier payé pour enlever les gravats.

GRAVATS, *sm. pl.* (*ts* nul), gravois.

GRAVE, *adj.* 2 g. et *sm.* pesant. *Fig.* sérieux, important, qui offre du danger. *Son grave*, son pris dans le bas (*mus.*); *accent grave*, ayant cette forme (`).

GRAVÉ, EE, *adj.* creusé avec le burin. *Fig.* fortement imprimé dans l'esprit; marqué de petite vérole.

GRAVELÉE, *adj. f.* se dit de la cendre de la lie calcinée.

GRAVELEUX, EUSE, *adj.* et *s.* qui est sujet ou qui est relatif à la gravelle; mêlé de gravier. *Fig.* trop libre.

GRAVELINES, p. ville et port (Nord).

GRAVELLE, *sf.* maladie de la vessie.

GRAVELURE, *sf.* propos trop libre.

GRAVEMENT, *adv.* d'une manière grave.

GRAVER, *va.* tracer une figure avec le burin sur le cuivre, l'acier, la pierre, etc. *Fig.* imprimer fortement dans l'esprit.

GRAVESANDE (Jacob S'), savant géomètre, physicien et philosophe hollandais (1688-1742).

GRAVESEND, p. ville et port sur la Tamise (Angleterre).

GRAVEUR, *sm.* celui dont la profession est de graver.

GRAVIER, *sm.* sable mêlé de petits cailloux; sable dans le sédiment des urines.

GRAVINA (Jean-Vincent), jurisconsulte et littérateur italien (1664-1718). — (Charles), amiral espagnol (1747-1806).

GRAVIR, *vn.* monter avec effort une pente roide. *Fig.* surmonter; arriver à.

GRAVITATION, *sf.* tendance des corps les uns vers les autres (phys.).

GRAVITÉ, *sf.* pesanteur de la matière. *Fig.* air et ton, manières graves; importance d'une chose.

GRAVITER, *vn.* tendre et peser vers un point.

GRAVOIS, *sm. pl.* (*s* nulle), gros plâtre; débris de démolition.

GRAVURE, *sf.* art de graver, ouvrage du graveur, empreinte gravée, estampe.

GRAY, *s.* pref. (Haute-Saône).

GRAY (Thomas), poète anglais (1716-1771). V. *Grey.*

GRÉ, *sm.* volonté, caprice; bonne volonté; goût, sentiment, opinion : *à mon gre cela est bien. Avoir en gre*, agréer, trouver bon; *savoir gré*, être satisfait; *bon gré, mal gré, de gre ou de force.* — DE GRE À GRE, loc. adv. à l'amiable, d'un commun accord.

GREC, GRECQUE, *adj.* et *s.* de la Grèce; de l'Église d'Orient. *Fig.* habile; escroc.

GRÈCE, célèbre contrée d'Europe, formant aujourd'hui un royaume dont *Athènes* est la capitale.

GRÉCISER, *va.* donner une forme grecque à un mot d'une autre langue.

GRECQUE, *sf.* ornement composé de lignes droites revenant sur elles-mêmes en formant des angles droits.

GREDIN, INE, *s.* personne qui n'a ni biens, ni qualités, ni considération; coquin (fam.).

GREDINERIE, *sf.* gueuserie, coquinerie (fam.).

GRÉEMENT ou GRÉMENT, *sm.* action de gréer, ce qui sert à gréer.

GREENOCK, ville d'Écosse.

GREENWICH, ville d'Angleterre sur la Tamise, près de Londres.

GRÉER, *va.* équiper un navire.

GRÉES (Alpes), V. *Alpes.*

GRÉEUR, *sm.* celui qui grée.

GREFFE, *sm.* lieu où sont déposés les actes judiciaires, les pièces d'une procédure, etc.

GREFFE, *sf.* œil de branche que l'on ente; action de greffer.

GREFFER, *va.* faire une greffe, enter.

GREFFEUR, *sm.* celui qui greffe.

GREFFIER, *sm.* celui qui tient le greffe, qui écrit les arrêts; secrétaire de mairie.

GREFFOIR, *sm.* couteau pour greffer.

GRÉGE, *adj. f.* Soie grége, tirée de dessus le cocon et non preparée.

GRÉGEOIS, *adj. m.* grec; *feu grégeois,* sorte d'artifice inventé par les Grecs et qui brûlait dans l'eau.

GRÉGOIRE (S¹) DE NAZIANZE, l'un des Pères de l'Eglise grecque (328-389). — (S¹) DE NYSSE, évêque (322-400). — (S¹) DE TOURS, évêque et historien (539-595). — (S¹) LE GRAND, pape (532-604). — GRÉGOIRE VII (Hildebrand), pape célèbre (1013-1085). Nom de plusieurs autres papes.

GRÉGOIRE (l'abbé), célèbre conventionnel et évêque de Blois (1750-1831).

GRÉGORIEN, ENNE, *adj.* Chant grégorien, ordonné par le pape Grégoire 1er; calendrier grégorien, réformé par le pape Grégoire XIII.

GRÉGORY (Jacques), savant mathématicien écossais, inventeur du telescope à reflexion (1636-1675). — (David), neveu du precedent, mathématicien et astronome (1661-1708).

GRÉGUE, *sf.* espèce de haut-de-chausse, de culotte (vx. mot). *Fig. tirer ses grègues,* s'enfuir; *laisser ses grègues,* périr en un lieu.

GRÊLE, *adj. 2 g.* long et menu; faible; aigu: *voix grêle.*

GRÊLE, *sf.* eau congelée qui tombe par grains. *Fig.* grand nombre.

GRÊLÉ, ÉE, *adj.* gâté, ravagé par la grêle. *Fig.* marqué de la petite vérole.

GRÊLER, *v. impers.* tomber (en parlant de la grêle). — *va.* gâter, détruire par la grêle.

GRELIN, *sm.* cordage, très-petit câble.

GRÊLON, *sm.* grain de grêle.

GRELOT, *sm.* (t nul), petite sonnette en forme de boule. *Fig. attacher le grelot,* faire les premières demarches dans une affaire difficile et hasardeuse.

GRELOTTER, *vn.* trembler de froid.

GRÉMENT, V. Gréement.

GRENADE, *sf.* fruit rempli de petits grains rouges; petite bombe qui se jetait à la main; ornement militaire qui en a la forme.

GRENADE, ville d'Espagne. — île des Antilles. NOUVELLE-GRENADE, republique de l'Amérique du Sud.

GRENADIER, *sm.* arbre qui produit la grenade; soldat d'élite qui lançait autrefois la petite bombe appelée *grenade.*

GRENADILLE, *sf.* (ll m.), sorte de plante, vulgairement *fleur de la passion.*

GRENADILLES (ll m.), groupe d'îles dans les Antilles.

GRENADINE, *sf.* soie pour faire la dentelle noire.

GRENAGE, *sm.* action de former le grain de la poudre.

GRENAILLE, *sf.* (ll m.), métal réduit en menus grains; graines pour la volaille.

GRENAILLER, *va.* (ll m.), réduire en grenailles.

GRENAISON, *sf.* récolte de graines.

GRENAT, *sm.* (t nul), pierre précieuse ordinairement rouge. — *adj. 2 g.* qui est de la couleur du grenat.

GRENÉ, *sm.* multitude de petits points dans un dessin.

GRENELER, *va.* marquer de points une peau, un papier, etc.

GRENER, *vn.* produire de la graine. — *va.* réduire en grains.

GRÊNETERIE, *sf.* commerce de grènetier.

GRÈNETIER, IÈRE, *adj. et s.* qui vend des graines.

GRENIER, *sm.* lieu où l'on garde les grains, le foin; etage sous les combles. *Fig.* pays riche en grains.

GRENOBLE, ch.-l. du dép. de l'Isère.

GRENOUILLE, *sf.* (ll m.), genre de reptile à quatre pattes.

GRENOUILLÈRE, *sf.* (ll m.), retraite de grenouilles. *Fig.* lieu humide.

GRENOUILLET, *sm.* (ll m.), espèce de muguet.

GRENOUILLETTE, *sf.* (ll m.), espèce de renoncule; tumeur sous la langue.

GRENU, UE, *adj.* plein de grains, composé de nombreux petits grains.

GRENURE, *sf.* action de grener; son effet.

GRÈS, *sm.* (s nulle), pierre formée de grains de sable; poterie de glaise mêlée de sable fin.

GRÉSIL, *sm.* (on pron. grézi), petite grêle.

GRÉSILLEMENT, *sm.* (ll m.), action de grésiller; effet de cette action.

GRÉSILLER, *v. impers.* (ll m.), tomber (en parlant du grésil). — *va.* racornir, retrecir.

GRÉSIVAUDAN, partie du Dauphiné.

GRÉSOIR, *sm.* outil de vitrier.

GRESSERIE, *sf.* carrière ou pierres de grès; vases de grès.

GRESSET, poète français (1709-1777).

GRÉTRY, célèbre compositeur de musique, né à Liége (1741-1813).

GREUZE, peintre français (1726-1805).

GRÈVE, *sf.* lieu plat le long de la mer ou d'une rivière. *Fig. faire grève,* ne pas travailler.

GREVER, *va.* faire tort; charger d'impôts, d'hypothèques, etc.

GREY (Jane ou Jeanne), arrière-petite-fille du roi d'Angleterre Henri VIII (1537-1554).

GRIBEAUVAL, célèbre général d'artillerie et ingénieur français (1715-1789).

GRIBLETTE, *sf.* morceau de veau, de porc grillé.

GRIBOUILLAGE, *sm.* (ll m), écriture ou peinture mauvaise.

GRIBOUILLE, *sm.* (ll m.), nigaud.

GRIBOUILLER, *vn.* (ll m.), faire du gribouillage.

GRIBOUILLEUR, EUSE, *s.* (ll m.), celui, celle qui fait du gribouillage.

GRIBOUILLIS, *sm.* (*ll m.*), gribouillage confus, peinture détestable, écriture très-mal formée.

GRIÈCHE, *adj.* 2 *g.* rude, sauvage : ne se dit que dans *ortie-grièche* et *pie-grièche*. V. ces mots.

GRIEF, *sm.* dommage; plainte pour dommage reçu.

GRIEF, **IÈVE**, *adj.* grand, considérable, grave.

GRIÈVEMENT, *adv.* excessivement.

GRIÈVETÉ, *sf.* énormité.

GRIFFADE, *sf.* coup de griffe.

GRIFFE, *sf.* ongle crochu de certains animaux; fac-similé d'une signature; caieux de certaines plantes. *Fig.* dépendance ; *être sous la griffe d'un fripon.*

GRIFFER, *va.* prendre ou frapper avec la griffe ; égratigner.

GRIFFET (le Père), jésuite, historien et écrivain ascétique (1698-1771).

GRIFFON, *sm.* sorte de vautour; sorte de petit chien ; animal fabuleux, moitié aigle, moitié lion.

GRIFFONNAGE, *sm.* mauvaise écriture; écriture illisible.

GRIFFONNER, *va.* faire du griffonnage. *Fig.* rédiger à la hâte.

GRIFFONNEUR, *sm.* celui qui griffonne. *Fig.* auteur sans talent.

GRIFON ou **GRIPPON**, frère de Pépin le Bref, m. 752.

GRIGNAN, p. ville (Drôme). — (Comtesse de). fille de Mme de Sevigné (1648-1705).

GRIGNON, *sm.* morceau de pain du côté le plus cuit; noyau concassé de l'olive.

GRIGNON, école d'agriculture (Seine-et-Oise).

GRIGNOTER, *vn.* ronger doucement. *Fig.* faire de petits profits.

GRIGOU, *sm.* avare qui vit d'une manière sordide.

GRIL, *sm.* (*l* nulle), ustensile de cuisine.

GRILLADE, *sf.* (*ll m.*), viande grillée, action de faire griller.

GRILLAGE, *sm.* (*ll m.*), garniture de fils de métal en treillis.

GRILLAGEUR, *sm.* ouvrier qui fait des grillages.

GRILLE, *sf.* (*ll m.*), barreaux de métal ou de bois à claire-voie.

GRILLÉ, **ÉE**, *adj. part.* cuit sur le gril. *Fig.* brûlé, desséché.

GRILLER, *va. et n.* (*ll m.*), rôtir sur le gril; clore avec une grille. *Fig.* brûler, avoir extrêmement chaud; désirer ardemment.

GRILLON, *sm.* (*ll m.*), sorte d'insecte.

GRIMAÇANT, **ANTE**, *adj.* qui grimace.

GRIMACE, *sf.* contorsion du visage ; boîte dont le dessus est une pelote. *Fig.* feinte, dissimulation ; mauvais pli.

GRIMACER, *vn.* faire une grimace. *Fig.* faire un mauvais pli.

GRIMACIER, **IÈRE**, *adj. et s.* qui fait des grimaces. *Fig.* minaudier, hypocrite.

GRIMALDI, famille illustre originaire de Gênes. — (Renier ou Raimond), amiral de France sous Philippe le Bel. — (Dominique), cardinal, archevêque et vice-légat d'Avignon ; 16e s.

GRIMAUD, *sm.* petit écolier. *Fig.* mauvais auteur.

GRIME, *sm.* acteur qui joue les vieillards ridicules.

GRIMER (SE), *vpr.* se changer le visage à l'aide de rides factices ou de couleur pour jouer certains rôles.

GRIMM, critique célèbre, né à Ratisbonne (1723-1807).

GRIMOALD, fils de Pépin de Landen et maire d'Austrasie ; m. 656. — Nom d'un roi lombard et de plusieurs princes.

GRIMOIRE, *sm.* livre de magicien. *Fig.* écriture difficile à lire, discours obscur.

GRIMPANT, **ANTE**, *adj.* qui grimpe.

GRIMPER, *vn.* gravir à l'aide des pieds et des mains; monter.

GRIMPEREAU, *sm.* sorte d'oiseau.

GRIMPEUR, *adj. m.* qui grimpe. Au *pl. sm.* ordre d'oiseaux (zool.).

GRINCEMENT, *sm.* action de grincer les dents.

GRINCER, *va. et n. Grincer les dents* ou *des dents*, les serrer de douleur ou de colère avec quelque frissonnement.

GRINGALET, *adj. m.* (*t* nul), petit, chétif (vx. mot). — *sm.* homme petit et de chétive apparence (pop.).

GRINGOIRE ou **GRINGORE** (Pierre), poëte français (1480-1547).

GRINGOTTER, *vn. et a.* fredonner.

GRIOTTE, *sf.* sorte de cerise ; marbre tacheté de rouge et de brun.

GRIOTTIER, *sm.* cerisier qui produit la griotte.

GRIPPE, *sf.* fantaisie ; prévention défavorable, aversion ; sorte de catarrhe.

GRIPPÉ, **ÉE**, *adj.* atteint de la grippe.

GRIPPER, *va.* saisir subitement. *Fig.* dérober, arrêter. — SE GRIPPER, *vpr.* se froncer.

GRIPPE-SOU, *sm.* (inv.), celui qui fait de petits gains sordides (fam.).

GRIPPON, V. Grifon.

GRIS, **ISE**, *adj.* qui est de couleur mêlée de blanc et de noir. *Fig.* à demi ivre. *Temps gris*, temps couvert et froid; *patrouille grise*, patrouille secrète pendant la nuit. — *sm.* la couleur grise. V. *Petit-gris, Vert-gris* et *Ponimelé*.

GRISAILLE, *sf.* (*ll m.*), peinture à deux couleurs, brune et claire.

GRISAILLER, *va.* (*ll m.*), barbouiller de gris, peindre en grisaille.

GRISÂTRE, *adj.* 2 *g.* un peu gris, tirant sur le gris.

GRISER, *va.* rendre à demi ivre; étourdir, porter à la tête. — SE GRISER, *vpr.* s'enivrer.

GRISET, *sm.* (*t* nul), jeune chardonneret.

GRISETTE, *sf.* jeune femme de médiocre condition (se prend en mauvaise part).

GRISON, **ONNE**, *adj. et s.* qui grisonne. — *sm.* âne (pop.).

GRISONNER, *vn.* avoir les cheveux gris.

GRISONS (canton des), en Suisse.

GRISOU, *s. et adj. m.* gaz inflammable de la houille.

GRIVE, sf. sorte d'oiseau.

GRIVELÉ, ÉE, adj. tacheté de gris et de blanc.

GRIVELÉE, sf. petit profit illicite et secret (fam.).

GRIVELER, va. et n. faire de petits profits illicites (fam.).

GRIVÈLERIE, sf. action de griveler (fam.).

GRIVELEUR, sm. celui qui fait des grivelées (fam.).

GRIVOIS, OISE, adj. et s. vif, éveillé, alerte; trop libre.

GROAIS ou GROIX, île française sur la côte du Morbihan.

GRODNO, ville de Russie, sur le Niémen.

GROENLAND ou GRŒNLAND, région de l'Amérique septentrionale.

GROENLANDAIS, AISE, adj. et s. du Groenland.

GROG, sm. boisson d'eau-de-vie et d'eau.

GROGNARD, ARDE, adj. et s. qui a l'habitude de grogner ou de murmurer sourdement, qui est toujours disposé à grogner. Fig. vieux soldat.

GROGNEMENT, sm. cri du pourceau. Fig. murmure sourd.

GROGNER, vn. crier (se dit du pourceau). Fig. murmurer sourdement.

GROGNEUR, EUSE, adj. et s. qui grogne.

GROGNON, adj. et s. 2 g. grogneur, qui est de mauvaise humeur (fam.).

GROIN, sm. museau du cochon.

GROIX, V. Groais.

GROLLE, sf. oiseau nommé aussi Freux.

GROMMELER, vn. murmurer, se plaindre entre ses dents.

GRONDELER, vn. murmurer, faire un bruit sourd.

GRONDEMENT, sm. bruit sourd.

GRONDER, vn. murmurer entre ses dents; faire un bruit sourd. — va. réprimander.

GRONDERIE, sf. réprimande avec humeur.

GRONDEUR, EUSE, adj. et s. qui aime à gronder, qui en a l'habitude.

GRONINGUE, ville et prov. de Hollande.

GRONOVIUS (Jean-Frédéric), célèbre critique allemand (1611-1671). — (Jacques), fils du précédent, célèbre érudit (1645-1716).

GROOM, sm. (on pron. groume), petit laquais (mot anglais).

GROS, GROSSE, adj. qui a beaucoup de volume; considérable; épais; grossier; opulent, nombreux. Fig. avoir le cœur gros, être fâché de, être attristé de; femme grosse, femme enceinte; gros mot, jurement, parole offensante; gros bonnet, personnage important; yeux gros, yeux bouffis; mer grosse, mer agitée; grosse cavalerie, pésamment armée.

GROS, sm. ce qu'il y a de plus gros, de principal; sommaire; écriture en grands caractères; ancien poids. Gros de Naples, sorte de soierie. — adv. beaucoup; EN GROS, loc. adv. sommairement, non en détail, par fortes parties.

GROS (Antoine-Jean), célèbre peintre français (1771-1835).

GROS-BEC, sm. sorte d'oiseau (pl. gros-becs).

GROS-GLOGAU, ville de Prusse.

GROSEILLE, sf. (ll m.), sorte de fruit.

GROSEILLIER, sm. (ll m.), arbrisseau qui produit la groseille.

GROSLEY, érudit et littérateur français (1718-1785).

GROSSE, sf. collection de douze douzaines; expédition d'un acte; écriture en gros.

GROSSESSE, sf. état d'une femme enceinte.

GROSSEUR, sf. état de ce qui est gros; enflure, tumeur; volume.

GROSSIER, IÈRE, adj. épais; mal travaillé; peu délicat; brut, commun; peu civilisé, impoli; qui suppose beaucoup d'ignorance, de maladresse.

GROSSIÈREMENT, adv. d'une manière grossière; sommairement.

GROSSIÈRETÉ, sf. défaut de ce qui est grossier; manque de finesse, de délicatesse; impolitesse, parole malhonnête.

GROSSIR, va. rendre ou faire paraître gros. Fig. amplifier, exagérer. — vn. devenir gros, croître.

GROSSISSANT, ANTE, adj. qui fait paraître plus gros les objets.

GROSSISSEMENT, sm. action de grossir; résultat de cette action.

GROSSO MODO, loc. adv. (mots italiens signifiant d'une grosse manière), sommairement, en gros.

GROSSOYER, va. faire la grosse d'un acte (c. employer).

GROSSULARIÉES, sf. pl. (l. grossularia groseillier), famille de végétaux dont le groseillier est le type (bot.).

GROTESQUE, adj. 2 g. et sm. bizarre, ridicule, extravagant.

GROTESQUEMENT, adv. d'une manière grotesque.

GROTIUS, célèbre publiciste et historien hollandais (1583-1646).

GROTTE, sf. petite caverne.

GROUCHY, maréchal de France (1768-1847).

GROUILLANT, ANTE, adj. (ll m.), qui remue beaucoup.

GROUILLEMENT, sm. (ll m.), mouvement, bruit de ce qui grouille.

GROUILLER, vn. (ll m.), remuer, s'agiter; fourmiller.

GROUP, sm. sac d'argent.

GROUPE, sm. assemblage d'objets rapprochés dont l'œil saisit l'ensemble; réunion de personnes ou d'objets.

GROUPEMENT, sm. action de grouper; assimilation ou réunion d'objets propres à être groupés.

GROUPER, va. mettre en groupe; assembler. — vn. former un groupe.

GRUAU, sm. grain mondé et moulu grossièrement. Pain de gruau, pain de qualité supérieure fait avec la fleur de farine.

GRUE, sf. sorte de gros oiseau; machine à élever les fardeaux. Fig. niais.

GRUERIE, sf. juridiction sur les forêts; officiers qui l'exercent, lieu où elle s'exerce.

GRUGER, va. briser avec les dents, manger. Fig. gruger quelqu'un, lui manger son bien.

GRUGERIE, *sf.* action de gruger.

GRUGEUR, EUSE, *s.* celui, celle qui gruge (*fam.*).

GRUME, *sf.* bois coupé auquel on a laissé son écorce.

GRUMEAU, *sm.* petite partie de sang, de lait caillé, etc.

GRUMELER (SE), *vpr.* se mettre en grumeaux.

GRUMELEUX, EUSE, *adj.* plein de grumeaux, de petites inégalités.

GRUNSTEIN, *sm.* roche granulaire de couleur verte; roche composée de feldspath et de pyroxène (*géol.*).

GRUTLI, prairie sur un golfe du lac des Quatre-Cantons (Suisse), célèbre par le serment qu'y prêtèrent les fondateurs de la liberté helvétique.

GRUYÈRE, *sm.* sorte de fromage.

GRUYÈRES, village près de Fribourg (Suisse).

GRYPHÉE, *sf.* coquille fossile à forme recourbée (*géol.*).

GRYPHITE, *sf.* coquille fossile en forme de bateau (*géol.*).

GUADALAVIAR (on pron. *goua*), riv. d'Espagne; se jette dans la Méditerranée.

GUADALAXARA (on pron. *goua*), ville d'Espagne (Nouvelle-Castille). — ville du Mexique.

GUADALÈTE (on pron. *goua*), riv. d'Espagne; se jette dans l'océan Atlantique.

GUADALQUIVIR (on pron. *goua*), fleuve d'Espagne; se jette dans l'océan Atlantique.

GUADELOUPE (on pron. *goua*), île française dans les Antilles.

GUADET, l'un des députés de la Gironde à la Convention (1758-1794).

GUADIANA (on pron. *goua*), fleuve d'Espagne; se jette dans l'océan Atlantique.

GUAIS, *adj. m.* (s nulle). *Hareng guais,* qui n'a ni laite ni œufs.

GUANAHANI ou GUANAHINI (on pron. *goua*), auj. *San-Salvador,* île des Lucayes à laquelle aborda Christophe Colomb lorsqu'il découvrit l'Amérique.

GUANAXATO (on pron. *goua*), ville du Mexique.

GUANCHES (on pron. *Gouanches*), indigènes des îles Canaries.

GUANO, *sm.* (on pron. *gouano*), sorte d'engrais formé de fiente d'oiseaux de mer.

GUARDAFUI (on pron. *Gouardafoui*), cap à l'extrémité orientale de l'Afrique.

GUARINI (on pron. *Gouarini*), célèbre poète italien (1537-1612).

GUASTALLA (on pron. *Gouastala*), ville d'Italie, sur le Pô.

GUATÉMALA ou GUATIMALA (on pron. *Gouatémala*), capit. de la république du même nom en Amérique.

GUATIMOZIN (on pron. *Gouatimozin*), dernier empereur indien du Mexique; m. 1522.

GUAYAQUIL (on pron. *Gouayaquil*), ville de la république de l'Équateur (Amérique méridionale).

GUÉ, *sm.* endroit d'une rivière où l'on peut passer à pied.

GUÉABLE, *adj.* 2 g. que l'on peut passer à gué.

GUÈBRES, *sm. pl.* sectateurs de Zoroastre, adorateurs du feu.

GUÉBRIANT, maréchal de France (1602-1643).

GUEBWILLER, p. ville (Haut-Rhin).

GUÈDE, *sf.* plante appelée aussi *pastel.*

GUÉER, *va.* baigner, laver dans l'eau.

GUELDRE, province de Hollande. — ville de la Prusse rhénane.

GUELFE, *sm.* et *adj.* 2 g. partisan des papes et de l'indépendance italienne au moyen âge.

GUELMA, ville d'Algérie.

GUÉNEAU DE MONTBEILLARD, naturaliste français, collaborateur de Buffon (1720-1785).

GUÉNÉE (l'abbé), littérateur français (1717-1803).

GUENILLE, *sf.* (*ll m.*), haillon, chiffon. *Fig.* chose sans valeur.

GUENILLON, *sm.* (*ll m.*), petite guenille.

GUENON, *sf.* genre de singes; femelle du singe.

GUENUCHE, *sf.* petite guenon.

GUÉPARD, *sm.* (*d* nul), animal du genre chat.

GUÊPE, *sf.* insecte armé d'un dard et semblable à l'abeille.

GUÊPIER, *sm.* nid de guêpes. *Fig.* mauvaise affaire.

GUÉRANDE, p. ville (Loire-Inférieure).

GUERCHE (LA), p. ville (Ille-et-Vilaine). — p. ville (Cher).

GUERCHIN (le), peintre italien (1590-1666).

GUERDON, *sm.* récompense, salaire (vx. mot).

GUERDONNER, *va.* récompenser (vx. mot).

GUÈRE ou GUÈRES, *adv.* dont le vrai sens est *beaucoup,* et qui avec le secours de la négation *ne* a le sens de *peu* ou de *presque point.*

GUÉRET, *sm.* terre labourée et non ensemencée.

GUÉRET, ch.-l. du dép. de la Creuse.

GUERICKE (Otto de), physicien allemand (1602-1686).

GUÉRIDON, *sm.* petite table.

GUÉRILLA, *sf.* (*ll m.*; au pl. on pron. l's), bande d'Espagnols armés.

GUÉRIN (Pierre), peintre français (1774-1833).

GUÉRIR, *va.* délivrer d'une maladie, d'un mal. — *vn.* recouvrer la santé. *Fig.* délivrer des peines, des passions, des erreurs, etc. — SE GUÉRIR, *vpr.* mêmes sens.

GUÉRISON, *sf.* retour à la santé; action de guérir.

GUÉRISSABLE, *adj.* 2 g. que l'on peut guérir.

GUÉRISSEUR, *sm.* celui qui guérit; charlatan.

GUÉRITE, *sf.* petite loge où se tient une sentinelle.

GUERNESEY, île anglaise dans la Manche.

GUERRE, *sf.* lutte par les armes entre des

nations ou des partis opposés. *Fig.* debat, demêlé, lutte quelconque; art militaire. *Nom de guerre*, nom supposé, sobriquet.

GUERRIER, IÈRE, *adj.* qui appartient à la guerre; propre à la guerre; belliqueux. — *sm.* homme qui fait ou qui aime la guerre; soldat.

GUERROYANT, ANTE, *adj.* porté à guerroyer.

GUERROYER, *vn.* faire la guerre (c. em*ployer*).

GUERROYEUR, *sm.* celui qui se plait à guerroyer.

GUET, *sm.* (*t* nul). action de guetter, de faire sentinelle; autrefois troupe faisant le guet pendant la nuit.

GUET-APENS, *sm.* embûche. *Fig.* dessein prémedité de nuire (pl. *guets-apens*).

GUÊTRE, *sf.* sorte de chaussure qui couvre le bas de la jambe et le dessus du soulier.

GUÊTRER, *va.* mettre des guêtres.

GUETTARD, savant minéralogiste français (1715-1786).

GUETTER, *va.* epier, surveiller; attendre pour surprendre.

GUETTEUR, *sm.* homme qui guette.

GUEULARD, ARDE, *s.* celui, celle qui crie ou qui parle fort haut (*pop.*).

GUEULE, *sf.* bouche de certains animaux. *Fig.* large ouverture. *Gueule de loup*, sorte de plante.

GUEULÉE, *sf.* grosse bouchée; paroles sales (*pop.*).

GUEULER, *vn.* parler haut, se plaindre en criant (*pop.*).

GUEULES, *sm.* la couleur rouge dans le blason.

GUEULETON, *sm.* petite debauche de table (*pop.*).

GUEUSAILLE, *sf.* (*ll* m.), collection ou multitude de gueux (*pop.*).

GUEUSAILLER, *vn.* (*ll* m.), gueuser.

GUEUSANT, ANTE, *adj.* qui gueuse.

GUEUSARD, *sm.* (*d* nul), grand gueux, coquin (*fam.*).

GUEUSE, *sf.* pièce de fer fondu, mais non purifié.

GUEUSER, *vn.* mendier.

GUEUSERIE, *sf.* mendicité, indigence, friponnerie. *Fig.* chose vile.

GUEUX, GUEUSE, *s.* et *adj.* indigent, mendiant; fripon.

GUGLIELMI, célèbre compositeur de musique italien (1727-1804).

GUI, *sm.* plante parasite.

GUI du GUY (St), martyr; 4e s.

GUIBRAY, faubourg de Falaise où se tient une foire jadis très-importante.

GUICHARDIN, célèbre historien italien (1482-1540).

GUICHET, *sm.* (*t* nul), petite porte, petite ouverture.

GUICHETIER, *sm.* celui qui ouvre et ferme les guichets d'une prison.

GUI D'AREZZO ou GUI L'ARÉTIN, inventeur de la gamme, m. 1050.

GUIDE — *sm.* personne qui accompagne pour montrer le chemin. *Fig.* celui qui dirige, qui instruit; modèle; titre de certains livres qui contiennent des renseignements; soldat sur lequel les autres doivent régler leurs mouvements dans leurs évolutions; au *pl.* certains gardes à cheval.

GUIDE, *sf.* lanière de cuir pour conduire un cheval attelé.

GUIDE (GUIDO RENI, dit le), célèbre peintre italien (1575-1642).

GUIDE-ÂNE, *sm.* (inv.), livret contenant l'ordre des fêtes. *Fig.* instructions, renseignements.

GUIDER, *va.* conduire. *Fig.* diriger, gouverner.

GUIDON, *sm.* petit drapeau; celui qui le porte.

GUIENNE, V. *Guyenne.*

GUIERS, p. riv. de France, affluent du Rhône.

GUIGNE, *sf.* espèce de cerise.

GUIGNER, *vn.* et *va.* regarder en fermant à demi les yeux. *Fig.* aspirer à : *guigner un emploi* (*fam.*).

GUIGNES (Joseph de), célèbre orientaliste français (1721-1800). — (Charles-Louis), fils du précédent, et orientaliste (1759-1845).

GUIGNIER, *sm.* sorte de cerisier.

GUIGNON, *sm.* malheur, mauvaise chance.

GUIGUES, nom de plusieurs dauphins du Viennois.

GUILDFORD, ville d'Angleterre.

GUILÉE, *sf.* giboulée.

GUILLAGE, *sm.* (*ll* m.), fermentation de la bière.

GUILLAUME, *sm.* (*ll* m.), sorte de rabot.

GUILLAUME, nom de plusieurs saints et de plusieurs rois ou princes, entre autres : GUILLAUME LE CONQUÉRANT, duc de Normandie et roi d'Angleterre (1027-1087), et GUILLAUME III, stathouder de Hollande, puis roi d'Angleterre (1650-1702).

GUILLAUME DE CHAMPEAUX, philosophe scolastique; m. 1121.

GUILLAUME DE LORRIS, poète français, premier auteur du *Roman de la Rose*; m. vers 1260.

GUILLAUME DE NANGIS, chroniqueur français du 13e s.

GUILLAUME DE TYR, archevêque et historien (1138-1193).

GUILLAUME TELL, V. *Tell.*

GUILLEMET, *sm.* (*ll* m.), signe ressemblant à une double virgule (»).

GUILLEMETER, *va.* (*ll* m.), distinguer par des guillemets.

GUILLERET, ETTE, *adj.* (*ll* m.), éveillé, leger, libre.

GUILLERI, *sm.* (*ll* m.), chant du moineau.

GUILLOCHER, *va.* (*ll* m.), faire un guillochis.

GUILLOCHIS, *sm.* (*ll* m., *s* nulle), ornement composé de lignes qui s'entrelacent.

GUILLOTINE, *sf.* (*ll* m.), instrument pour trancher la tête aux condamnés à mort.

GUILLOTINÉ, *sm.* (*ll* m.), supplicié par la guillotine.

GUILLOTINER, va. (ll m.), trancher la tête au moyen de la guillotine.

GUIMAUVE, sf. sorte de plante.

GUIMBARDE, sf. long chariot couvert; petit instrument en metal.

GUIMPE, sf. linge dont les femmes couvrent leur cou.

GUINDAGE, sm. action de guinder.

GUINDÉ, ÉE, adj. affecté, gêné.

GUINDER, va. lever au moyen d'une machine. Fig. elever; affecter de l'elevation, de la gravité.

GUINÉE, sf. pièce d'or d'Angleterre valant 26 fr. 47; sorte de toile de coton.

GUINÉE, vaste région de l'Afrique occidentale. — (Nouvelle-), V. Papouasie.

GUINEGATTE, village près de Saint-Omer (Pas-de-Calais). Défaite des Français par Maximilien d'Autriche, en 1479, et par les Anglais à la journée dite des Éperons, en 1513.

GUINES ou GUIGNES, p. ville (Pas-de-Calais).

GUINGAMP, s.-pref. des Côtes-du-Nord.

GUINGAN, sm. toilé de coton.

GUINGOIS, sm. travers; ce qui n'est pas droit. — DE GUINGOIS, loc. adv. de travers.

GUINGUETTE, sf. cabaret hors de la ville.

GUIPURE, sf. sorte de dentelle.

GUIPUSCOA, prov. d'Espagne : la capitale est Saint-Sébastien.

GUIRAUD (Alexandre), poète dramatique et élégiaque français (1788-1847).

GUIRLANDE, sf. festons de fleurs ou de feuilles; ce qui en a la forme.

GUISCARD (Robert), duc de Pouille, de Calabre et de Sicile (1015-1085).

GUISE, sf. façon, manière.

GUISE (on pr. Gu-ise), p. ville (Aisne), sur l'Oise.

GUISE (ducs de), (on pr. Gu-ise): 1º Claude, comte d'Aumale; m. 1550. — 2º François, fils du précédent, célèbre general en 1519, tué à Orléans en 1563. — 3º Henri, dit le Balafré, fils de François, chef de la Ligue, né en 1550, assassiné à Blois en 1588.

GUITARE, sf. instrument de musique à cordes.

GUITARISTE, sm. celui qui joue de la guitare.

GUIVRE, sf. serpent (t. de blason).

GUIZOT (François), historien français, ministre du roi Louis-Philippe, né en 1787.

GULF-STREAM, sm. (on pron. GUEULF-strime), grand courant de l'océan Atlantique.

GUNDIOC, roi des Bourguignons; m. 463.

GUNDOWALD, fils de Clotaire Ier; m. 585.

GUSTATIF, IVE, adj. du goût, qui a rapport au goût.

GUSTATION, sf. sensation du goût; action de goûter.

GUSTAVE-ADOLPHE, roi de Suède et célèbre general (1594-1632).

GUSTAVE-VASA ou WASA, roi de Suède (1490-1560).

GUTENBERG ou GUTTENBERG (Jean), inventeur de l'imprimerie; m. 1468.

GUTTA-PERCHA, sf. (on pron. guta perca), sorte de gomme.

GUTTE, V. Gomme-gutte.

GUTTEMBERG, V. Gutenberg.

GUTTURAL, ALE, adj. du gosier; qui vient ou qui se prononce du gosier.

GUTTURALE, sf. lettre qui se prononce du gosier.

GUY, V. Gui.

GUYANE, région de l'Amérique méridionale.

GUYENNE, anc. province de France.

GUYON (Mme), célèbre mystique (1648-1717).

GUYOT DE PROVINS, poète français du 13e s.

GUYTON DE MORVEAU, célèbre chimiste français (1737-1816).

GUZERATE ou GOUDJERATE, province de l'Hindoustan.

GUZMAN, nom espagnol.

GYGÈS, roi de Lydie, 7e s. av. J. C.

GYLIPPE, général lacedémonien, delivra Syracuse assiégée par les Atheniens, 414 av. J.-C.

GYMNASE, sm. lieu où l'on se livre aux exercices du corps.

GYMNASIARQUE, sm. chef du gymnase chez les anciens.

GYMNASTE, sm. officier du gymnase chargé de l'éducation des athlètes.

GYMNASTIQUE, sf. art ou action d'exercer le corps; lieu où l'on fait ces exercices. — adj. 2 g. qui appartient aux exercices du corps.

GYMNIQUE, adj. 2 g. se dit des jeux publics où les athlètes combattaient nus. — sf. science relative aux exercices des athlètes.

GYMNOCARPE, adj. 2 g. (gr. gymnos nu, karpos fruit), qui a les fruits nus. Au pl. tribu de champignons dont les capsules, seminifères sont placées à la surface extérieure (bot.).

GYMNODONTES, sm. pl. (gr. gymnos nu, odous, gén. odontos dent), famille de poissons à dents non recouvertes (zool.).

GYMNOSOPHISTE, sm. (gr. gymnos nu, sophistès philosophe), nom d'anciens philosophes qui allaient presque nus.

GYMNOSPERME, adj. 2 g. (gr. gymnos nu, sperma graine), se dit des plantes dont les graines sont nues, c'est-à-dire à decouvert et sans enveloppe (bot.).

GYMNOSPERMIE, sf. sous-division de la 14e classe des plantes dans le système de Linné, comprenant celles dont les graines sont gymnospermes (bot.).

GYMNOSPORE, adj. 2 g. (gr. gymnos nu, spora semence, spore), se dit d'un cryptogame dont les spores sont à nu (bot.).

GYMNOTE, sm. sorte de poisson qui ressemble à l'anguille.

GYNANDRIE, sf. (gr. gyné femme et, par extension, femelle; aner, gén. andros homme ou mâle), classe de plantes comprenant celles dont les fleurs ont des étamines, ou organes mâles, faisant corps avec le pistil ou organe femelle (bot.).

GYNANDRIQUE, adj. 2 g. de la gynandrie.

se dit d'une plante dont les etamines sont corps avec le pistil (bot.).

GYNÉCÉE, sm. (gr. gynaikéion : de gyné femme), appartement des femmes, chez les anciens. En botanique, synonyme de pistil ou organe femelle.

GYNOBASE, sm. (gr. gyné femme, et, par extension, style et ovaire, organes femelles de la fleur ; basis support, base), nom donné aux bases dilatées d'un style composé, qui se trouvent placées au-dessous de l'ovaire, dont le sommet s'est retourné (bot.).

GYNOBASIQUE, adj. 2 g. se dit d'un style composé dont le pied est un gynobase (bot.).

GYNOPHORE, sm. (gr. gyné femme et, par extension, femelle; phéro porter), sorte de

support du pistil ou organe femelle de la fleur (bot.).

GYPAÈTE, sm. oiseau de proie.

GYPSE, sm. plâtre; pierre à plâtre.

GYPSEUX, EUSE, adj. qui est de la nature du gypse ou qui en contient.

GYPSIFÈRE, adj. 2 g. (l. gypsum plâtre, ferre porter), qui contient du plâtre (min.).

GYRATOIRE, V. Giratoire.

GYROMANCIE, sf. (gr. gyros cercle, rond; mantéia divination), divination qui se pratiquait en marchant en rond.

GYROMANCIEN, IENNE, adj. de la gyromancie.

GYZEH ou DJIZEH, ville d'Égypte sur le Nil, près du Caire et non loin des Pyramides.

H

NOTA. — Les mots qui commencent par une H aspirée sont précédés du signe *.

H, sf. et m. 8e lettre de l'alphabet.

*HA! interj. exprimant la surprise.

HABACUC, l'un des douze petits prophètes; m. 588 av. J. C.

HABILE, adj. 2 g. capable, intelligent, adroit; savant.

HABILEMENT, adv. avec habileté, avec diligence, avec soin.

HABILETÉ, sf. qualité de celui, de celle qui est habile.

HABILISSIME, adj. 2 g. extrêmement habile (fam.).

HABILITÉ, sf. aptitude (jurisp.).

HABILLAGE, sm. (ll m.), apprêt des volailles ou du gibier pour les mettre en broche.

HABILLEMENT, sm. (ll m.), tout ce qui sert à vêtir.

HABILLER, va. (ll m.), vêtir; mettre un habit; fournir des vêtements. Fig. couvrir; présenter sous une certaine forme : habiller une pensée en vers ; apprêter de la volaille, du gibier. — vn. aller bien ou mal (en parlant d'un vêtement).

HABILLEUR, EUSE, s. celui, celle qui habille.

HABIT, sm. (t nul), vêtement; sorte de vêtement d'homme.

HABITABLE, adj. 2 g. que l'on peut habiter.

HABITACLE, sm. demeure; armoire à boussole (mar.).

HABITANT, ANTE, adj. et s. qui habite en un lieu.

HABITATION, sf. demeure, maison. Fig. site.

HABITER, va. et n. faire sa demeure, son séjour en un lieu.

HABITUDE, sf. coutume; disposition acquise par des actes répétés; fréquentation habituelle. Habitude du corps, air, tempérament. — D'HABITUDE, loc. adv. d'ordinaire.

HABITUÉ, EE, s. celui, celle qui fréquente un lieu. — adj. accoutumé.

HABITUEL, ELLE, adj. tourné ou passé en habitude.

HABITUELLEMENT, adv. par habitude; ordinairement.

HABITUER, va. faire prendre l'habitude, accoutumer.

*HÂBLER, vn. parler avec vanterie, avec exagération.

*HÂBLERIE, sf. vanterie exagérée; mensonge.

*HÂBLEUR, EUSE, s. celui, celle qui hâble, qui aime à débiter des mensonges.

*HABSBOURG, illustre famille d'Allemagne dont un membre, Rodolphe, fut élu empereur en 1273.

*HAÇAN, V. Hassan.

HACELDAMA, champ près de Jerusalem qui fut acheté avec l'argent de Judas.

*HACHE, sf. instrument tranchant pour couper ou fendre du bois; arme ancienne.

*HACHÉ, ÉE, adj. part. coupé, taillé en petits morceaux.

*HACHE-PAILLE, sm. (inv.), instrument pour couper la paille.

*HACHER, va. couper en petits morceaux; faire des hachures.

*HACHEREAU, sm. petite cognée.

*HACHETTE, sf. petite hache; marteau tranchant d'un côté.

*HACHETTE (Jeanne), femme de Beauvais, célèbre par son courage à la défense de cette ville assiégée par les Bourguignons en 1472. — (Jean-Nicolas), géomètre français (1769-1834).

*HACHICH, sm. électuaire extrait du chanvre indien.

*HACHIS, sm. (s nulle), mets fait avec de la viande ou du poisson haché très-menu et divers condiments qu'on y mêle.

*HACHOIR, sm. couteau pour hacher les viandes; table sur laquelle on les hache.

*HACHURE, sf. trait qui en croise d'autres dans le dessin ou la gravure.

HADRAMAUT ou HADRAMAAUT, contrée de l'Arabie.

*HÆNDEL (Georges-Frédéric), célèbre compositeur de musique allemand (1684-1759).

*HAFIZ (Mohammed), célèbre poète lyrique persan ; m. 1391.

*HAGARD, ARDE, adj. farouche, rude.

*HAGEDORN, poète allemand (1708-1754).

HAGIOGRAPHE, sm. (gr. hagios saint, graphô écrire), auteur de la vie des saints ou qui a écrit sur des sujets sacrés. — adj. 2 g. se dit de certains livres de la Bible.

HAGIOGRAPHIE, sf. traité des choses saintes.

HAGIOLOGIQUE, adj. 2 g. (gr. hagios saint; logos discours, traité), qui traite des saints, des choses saintes, ou qui les concerne.

*HAGUE ou HOGUE (cap de la), dans le dép. de la Manche.

HAGUENAU, ville (Bas-Rhin). Victoire des Français sur les Autrichiens et les Prussiens, en 1793.

*HAHA, sm. ouverture au mur d'un jardin défendu par un fossé.

*HAHNEMANN (Samuel), célèbre médecin allemand, inventeur de l'homœopathie (1755-1843).

HAÏDERABAD ou HYDERABAD, ville de l'Hindoustan.

*HAIE, sf. clôture d'épines, d'arbustes, etc. Fig. rangée de personnes; pièce de bois le long de la charrue.

*HAIE, interj. cri pour exciter les chevaux.

*HAILLON, sm. (ll m.), vieux lambeau d'étoffe ; guenillon.

HAI-NAN ou HAÏNAN, grande île dans la mer de Chine.

*HAINAUT (le), province de Belgique. HAINAUT FRANÇAIS, anc. pays dont le ch.-l. était Valenciennes.

*HAINE, sf. action de haïr, inimitié, aversion. — EN HAINE DE, loc. prép. par aversion, par ressentiment.

*HAINEUSEMENT, adv. d'une manière haineuse.

*HAINEUX, EUSE, adj. plein de haine, naturellement porté à la haine.

*HAÏR, va. détester; avoir de la répugnance, de l'aversion pour. — Ind. pr. je hais, tu hais, il hait, n. haïssons, v. haïssez, ils haïssent; imp. je haïssais; pas. déf. je hais; fut. je haïrai; cond. je haïrais; imper. hais, haïssons, haïssez; subj. pr. que je haïsse; imp. que je haïsse; part. pr. haïssant; part. p. haï, haïe.

*HAIRE, sf. chemise de crin que l'on met par pénitence.

*HAÏSSABLE, adj. 2 g. qui mérite ou qui inspire la haine.

HAÏTI, grande île dans les Antilles, appelée aussi Saint-Domingue.

HAÏTIEN, IENNE, adj. et s. d'Haïti.

*HALAGE, sm. action de haler un bateau. Chemin de halage, chemin que l'on suit en halant les bateaux.

HALBERSTADT, ville de la Saxe prussienne.

*HALBRAN, sm. jeune canard sauvage.

*HÂLE, sm. impression du soleil ou de l'air qui brunit le teint ou flétrit les plantes.

HALEINE, sf. souffle de la respiration; faculté de respirer. Fig. souffle d'un vent léger.

HALENÉE, sf. souffle puant de la respiration.

*HÂLER, va. tirer un cordage ou un bateau; exciter un chien.

*HÂLER, va. noircir le teint par le hâle; flétrir.

HALES (Étienne), physicien et naturaliste anglais (1677-1761).

*HALETANT, ANTE, adj. qui souffle comme étant hors d'haleine.

*HALETER, vn. respirer avec peine par manque d'haleine.

*HALEUR, sm. celui qui hale un bateau.

HALIARTE, anc. ville de Béotie. Défaite de Lysandre et des Spartiates par les autres Grecs, 394 av. J. C.

HALICARNASSE, anc. ville de Carie, auj. Boudroun.

HALIFAX, ville d'Angleterre. — ville de l'Amérique anglaise.

*HALLAGE, sm. droit sur les marchandises des halles, des foires.

HALLALI, sm. cri de chasse qui annonce que le cerf est aux abois.

*HALLE, sf. lieu où se tient un marché.

*HALLE, ville de la Saxe prussienne. — ville de Belgique, près de Bruxelles.

*HALLEBARDE, sf. sorte de pique avec une hache en forme de croissant.

*HALLEBARDIER, sm. garde armé d'une hallebarde.

*HALLER (Albert de), savant et poète suisse (1708-1777).

*HALLEY (Edmond), célèbre astronome anglais (1656-1742).

*HALLIER, sm. buisson épais; surveillant ou marchand de halle.

HALLUCINATION, sf. illusion d'une personne qui croit avoir des perceptions qu'elle n'a point réellement.

HALLUCINÉ, ÉE, adj. et s. qui est sous l'empire d'une hallucination.

*HALO, sm. cercle lumineux autour d'un astre.

HALOGÈNE, adj. 2 g. (gr. hals, gén. halos sel; gennaô produire), qui donne naissance à un sel ou à des sels (chim.).

*HÂLOIR, sm. endroit où l'on fait sécher le chanvre.

HALORAGÉES, sf. pl. Famille de plantes dont le type est l'haloragis (bot.).

*HALOT, sm. (t nul), trou de lapins dans la garenne.

*HALOTECHNIE, sf. (gr. hals, gen. halos sel; technê art), partie de la chimie qui traite des sels.

*HALTE, sf. pause dans une marche; lieu où

l'on s'arrête, repas qu'on y prend. — *interj.* ordre de s'arrêter.

HALYS, fleuve de l'Asie Mineure, auj. *Kizil-Irmak*. Bataille entre Alyatte et Cyaxare, 601 av. J. C.

*HAM, p. ville et château fort (Somme).

*HAMAC, *sm.* sorte de lit suspendu.

HAMADRYADE,*sf.* nymphe des bois (*myth.*).

*HAMBOURG, ville libre d'Allemagne, sur l'Elbe.

*HAMBOURGEOIS, OISE, *adj.* et *s.* de Hambourg.

*HAMEAU, *sm.* réunion d'un petit nombre de maisons faisant partie d'une commune.

HAMEÇON , *sm.* petit crochet de fer pour prendre le poisson. *Fig.* artifice, appât.

HAMEÇONNÉ, ÉE , *adj.* aigu et recourbé en hameçon,

HAMILTON , ville d'Écosse. — (Antoine, comte d') écrivain français, originaire d'Écosse (1646-1720).

HAMITE, *sf.* (l. *hamus* hameçon) , genre de coquille fossile longue et recourbée en forme d'hameçon (*géol.*).

*HAMPE, *sf.* bois d'une hallebarde, d'un épieu, etc.; tige (*bot.*).

*HAMPSHIRE, (on pr. *hampchire*), comté d'Angleterre. — NEW HAMPSHIRE (on pron. *Niou-hampchire*), l'un des États de l'Union (États-Unis).

HAMSTER , *sm.* sorte de rat du Nord.

*HAN (interj. cri sourd et guttural d'un homme qui frappe avec effort.

*HANAP, *sm.* sorte de vase à boire.

*HANAU, ville de Hesse. Victoire de Napoléon 1er sur l'armée austro-bavaroise, en 1813.

*HANCHE, *sf.* partie du corps dans laquelle s'emboîte le haut de la cuisse.

*HANEMANN, V. *Hahnemann*.

*HANGAR, *sm.* toit élevé sur des piliers.

*HANG-TCHÉOU, g. ville et port de la Chine, sur la mer Bleue.

*HANNETON, *sm.* insecte coléoptère. *Fig.* étourdi.

HANNON, nom d'un amiral , d'un général et d'un navigateur carthaginois.

HANOVRE, capitale d'un royaume de même nom en Allemagne.

*HANOVRIEN, IENNE, *adj.* et *s.* du Hanovre.

*HANSCRIT, V. *Sanscrit*.

*HANSE, *sf.* confédération de villes pour le commerce.

*HANSÉATIQUE ou ANSÉATIQUE, *adj.* 2 g. se dit des villes de la Hanse.

*HANTER, *va.* et *n.* fréquenter; souvent visiter.

*HANTISE, *sf.* fréquentation.

HAPENRADE, V. *Apenrade*.

*HAPPE, *sf.* demi-cercle de fer mis à un essieu; crampon.

*HAPPELOURDE, *sf.* pierre fausse qui a l'apparence d'une pierre précieuse. *Fig.* personne d'une belle apparence et sans esprit.

*HAPPEMENT, *sm.* action de happer.

*HAPPER, *va.* saisir avec la gueule. *Fig.* surprendre.

*HAPSBOURG, V. *Habsbourg*.

*HAQUENÉE, *sf.* petit cheval ou petite jument.

*HAQUET, *sm.* (*t* nul) , espèce de charrette longue et étroite.

*HAQUETIER, *sm.* conducteur d'un haquet.

HAQUIN, nom de plusieurs rois de Norvége.

HARALD, nom de plusieurs rois de Danemark, de Norvége et d'Angleterre.

*HARANGUE, *sf.* discours à une assemblée, à un prince, etc.

*HARANGUER, *va.* et *n.* faire une harangue.

*HARANGUEUR, *sm.* celui qui harangue. *Fig.* grand parleur.

*HARAS, *sm.* (*s* nulle), lieu destiné à la propagation des chevaux.

*HARASSEMENT, *sm.* état d'une personne harassée.

*HARASSER, *va.* fatiguer à l'excès.

*HARCELER, *va.* agacer, fatiguer, tourmenter (*se gèle*).

HARCOURT (Henri de *Lorraine*, comte d'), général français (1601-1666). — (Henri, duc d'), maréchal de France (1634-1718).

*HARDE, *sf.* troupe de bêtes fauves. V. *Hardes*.

*HARDELÉE, *sf.* paquet au bout d'une corde.

*HARDENBERG (prince de) , ministre prussien (1750-1822).

*HARDES, *sf. pl.* tout ce qui sert à l'habillement.

*HARDI, IE, *adj.* qui ose beaucoup ; courageux; effronté; franc ; assuré ; hasardé : *opération hardie*; large et facile : *peinture d'une exécution hardie*.

HARDI-CANUT ou HARDE-CANUT, dernier roi de la dynastie danoise en Angleterre m. 1042.

*HARDIESSE, *sf.* qualité de la personne hardie, d'une action ou d'une parole hardie : courage, assurance, effronterie, etc.

*HARDIMENT, *adv.* avec hardiesse.

HARDY (Alexandre) , poëte dramatique français (1560-1632).

*HAREM, *sm.* (on pron. *harême*), appartement des femmes chez les musulmans.

*HARENG, *sm.* (on pr. *haran*), sorte de poisson de mer.

*HARENGEAISON, *sf.* pêche du hareng; temps où elle se fait.

*HARENGÈRE, *sf.* marchande de poissons. *Fig.* femme grossière.

HARFLEUR, p. port (Seine-Inférieure), près de l'embouchure de la Seine.

*HARGNEUX, EUSE, *adj.* qui a l'esprit chagrin; querelleur, insociable.

HARIADAN, V. *Barberousse*.

*HARICOT, *sm.* (*t* nul), plante légumineuse ; sa semence; ragoût de mouton.

*HARIDELLE, *sf.* mauvais cheval très-maigre.

*HARLAY (Achille de), célèbre magistrat français (1536-1616). — (Achille de), petit-neveu du précédent et premier président du parlement de Paris (1639-1712).

*HARLE, *sm.* sorte d'oiseau palmipède.

*HARLEM ou HAARLEM, ville de Hollande.

HARMODIUS, V. *Aristogiton*.

HARMONICA, *sm.* instrument de musique formé de verres ou de petites lames de verre.

HARMONIE, *sf.* concours et accord de sons; succession d'accords; nombre et cadence du langage. *Fig.* accord de personnes ou de choses; concorde.

HARMONIER, *va.* faire concorder.—S'HAR-MONIER, *vpr.* s'accorder.

HARMONIEUSEMENT, *adv.* avec harmonie.

HARMONIEUX, EUSE, *adj.* qui a de l'harmonie.

HARMONIQUE, *adj.* 2 *g.* qui appartient à l'harmonie. — *sm.* son complémentaire d'un autre.

HARMONIQUEMENT, *adv.* selon les lois de l'harmonie.

HARMONISER, *va.* mettre en harmonie, faire accorder. — S'HARMONISER, *vpr.* s'accorder, être en harmonie.

HARMONISTE, *sm.* celui qui connaît les règles de l'harmonie, des accords.

HARMONIUM, *adj. et sm.* (on pr. *armoniome*), se dit d'une sorte d'orgue.

*HARNACHEMENT, *sm.* harnais; action de harnacher.

*HARNACHER, *va.* mettre les harnais.

*HARNACHEUR, *sm.* fabricant ou marchand de harnais.

*HARNOIS ou HARNAIS, *sm.* équipage complet d'un cheval; armure complète. *Fig.* blanchir sous le harnois, vieillir dans une profession.

*HARO, *sm.* clameur pour arrêter quelqu'un ou pour le blâmer.

*HARO (Louis de), ministre du roi d'Espagne Philippe IV (1598-1661).

HAROLD, nom de deux rois d'Angleterre; le premier mort en 1039, le second tué à la bataille de Hastings en 1066.

HAROUN-AL-RASCHID, célèbre calife d'Orient (765-809).

HARPAGON, *sm.* machine de guerre chez les anciens pour harponner les navires. *Fig.* nom de l'avare de Molière, servant à désigner un homme avare ou rapace.

*HARPAILLER (SE), *vpr.* se quereller avec aigreur, d'une manière indécente.

*HARPE, *sf.* instrument de musique; pierre d'attente sortant d'un mur.

*HARPER, *va.* prendre, serrer avec les mains. — SE HARPER, *vpr.* se battre.

*HARPIE, *sf.* monstre fabuleux à visage de femme. *Fig.* personne avide; femme acariâtre.

*HARPISTE, s. 2 *g.* celui, celle qui joue de la harpe.

HARPOCRATE, dieu du silence (myth.).

*HARPON, *sm.* espèce de dard avec deux crocs recourbés.

*HARPONNER, *va.* darder ou accrocher avec le harpon.

*HARPONNEUR, *sm.* celui qui lance le harpon.

*HART, *sf.* (t nul), lien d'osier pour des fagots; corde pour pendre les condamnés.

HARVEY (William), célèbre médecin anglais, qui découvrit les lois de la circulation du sang (1578-1658).

*HARZ ou HARTZ, *sm.* chaîne de montagnes en Allemagne.

*HASARD, *sm.* (d nul), sort; cas fortuit, concours de circonstances imprévues; risque, péril. — AU HASARD, *loc. adv.* sans réfléchir, à l'aventure; À TOUT HASARD, *loc. adv.* quoi qu'il puisse arriver; PAR HASARD, *loc. adv.* fortuitement.

*HASARDÉ, EE, *adj.* émis au hasard, incertain, douteux.

*HASARDER, *va.* exposer au hasard, au péril; risquer, essayer. — SE HASARDER, *vpr.* s'exposer, courir le risque.

*HASARDEUSEMENT; *adv.* avec risque, avec péril.

*HASARDEUX, EUSE, *adj.* hardi, entreprenant, périlleux.

*HASCHEM, V. *Hescham*.

*HASCHICH, V. *Hachich*.

*HASE, *sf.* femelle d'un lapin ou d'un lièvre.

HASPARREN, p. ville (Basses-Pyrénées).

*HASSAN, nom mahométan.

*HASSE (Jean-Adolphe), célèbre compositeur allemand (1699-1783).

*HASSENFRATZ (Jean-Henri), ingénieur et métallurgiste français (1755-1827).

HAST, *sm.* arme d'hast; se dit de toute arme au bout d'un long bâton.

HASTAIRE, *sm.* soldat armé d'une lance, d'un javelot.

*HASTE, *sf.* longue lance, javelot.

*HASTÉ, ÉE, *adj.* (l. hasta javelot), se dit de feuilles ayant deux lobes à leur base, de manière à figurer le fer d'un javelot (bot.).

*HASTENBECK, village du Hanovre. Victoire des Français sur les Anglais et les Hanovriens, en 1757.

HASTING, chef de pirates normands; m. 890.

HASTINGS, p. ville d'Angleterre, sur le détroit du Pas-de-Calais. Victoire de Guillaume le Conquérant sur Harold, en 1066.

*HÂTE, *sf.* précipitation, promptitude. — 'À LA HÂTE, *loc. adv.* précipitamment. — EN HÂTE, *loc. adv.* promptement.

*HÂTÉ, ÉE, *adj. part.* prématuré, qui a hâte.

*HÂTER, *va.* presser; faire dépêcher. — SE HÂTER, *vpr.* se dépêcher.

*HÂTIER, *sm.* grand chenet de cuisine.

*HÂTIF, IVE, *adj.* précoce.

*HÂTIVEAU, *sm.* sorte de poire ou de pois hâtifs.

*HÂTIVEMENT, *adv.* avant le temps ordinaire.

*HÂTIVETÉ, *sf.* croissance hâtive des plantes ou des fruits.

*HAUBANS, *sm. pl.* cordages en forme d'échelles pour tenir les mâts d'un navire.

*HAUBERGEON, *sm.* petit haubert.

*HAUBERT, *sm.* sorte de cotte de mailles.

HAUDRIETTES, *sf. pl.* religieuses hospitalières.

*HAUSSE, *sf.* ce qui sert à hausser; augmentation de prix.

*HAUSSE-COL, *sm.* (pl *hausse-cols*, Acad.), petite plaque de métal que porte au-dessous du col un officier de service.

*HAUSSEMENT, sm. action de hausser.

*HAUSSER, va. lever en haut; rendre plus haut; augmenter. — vn. devenir plus haut; s'élever.

*HAUT, HAUTE, adj. élevé, grand; supérieur, excellent; excessif; fier, éclatant (en parlant des sons). — sm. hauteur; la partie haute, le sommet. — adv. hautement. Parler haut, à voix haute. — EN HAUT, LÀ HAUT, loc. adv. dans le lieu le plus haut, le plus au-dessus.

*HAUTAIN, AINE, adj. fier, orgueilleux.

*HAUTAINEMENT, adv. d'une manière hautaine.

*HAUTBOIS, sm. (on pr. hautoi), sorte d'instrument à vent; celui qui en joue.

*HAUT BORD, sm. (on pr. haut bor), se dit des grands navires de guerre.

*HAUT-DE-CHAUSSE ou HAUT-DE-CHAUSSES, sm. culotte.

*HAUT-DESSUS, sm. (inv.), partie supérieure des dessus chantants (mus.).

*HAUTE-CONTRE, sf. (inv.), voix entre le ténor et le dessus (mus.).

*HAUTE FUTAIE, V. Futaie.

*HAUTE-GARONNE, HAUTE-LOIRE, etc. V. le mot qui suit Haute, c'est-à-dire Garonne, Loire, etc.

*HAUTE LISSE ou HAUTE LICE, sf. tapisserie à chaîne tendue de haut en bas.

*HAUTEMENT, adv. avec hauteur; hardiment; librement.

*HAUTE PAYE, V. Paye.

*HAUTESSE, sf. titre que l'on donne au sultan des Turcs.

*HAUTE-TAILLE, sf. voix moyenne entre la taille et la haute-contre.

*HAUTEUR, sf. dimension, distance en élévation; profondeur. Fig. colline, élévation; fermeté, fierté, arrogance.

*HAUT-FOND, sm. (pl. hauts-fonds), place où la mer est peu profonde.

*HAUT-FOURNEAU, sm. (pl. hauts-fourneaux), fourneau très-élevé pour la fonte du minerai de fer.

*HAUT-LE-CORPS, sm. (inv.), bond d'un cheval. Fig. mouvement d'indignation, de surprise.

*HAUT MAL, sm. épilepsie.

HAUTPOUL (d'), général français (1754-1807).

*HAUTURIER, IÈRE, adj. de la haute mer, de la navigation au long cours.

HAÜY (l'abbé), célèbre minéralogiste français (1743-1822). — (Valentin), son frère, fondateur de l'institution des Jeunes Aveugles (1745-1822).

*HAVANE (LA), capitale de l'île de Cuba.

*HÂVE, adj. 2 g. pâle et maigre.

*HAVEL, riv. d'Allemagne, affluent de l'Elbe.

*HÂVIR, va. dessécher la viande à grand feu, sans qu'elle soit cuite en dedans.

*HAVRE, sm. port de mer.

*HAVRE (LE), ville et port (Seine-Inférieure).

*HAVRE-SAC, sm. (pl. havre-sacs), sac de peau des soldats, des ouvriers.

HAWAII, V. Owhyée.

HAXO, général français, célèbre ingénieur militaire (1774-1838).

HAYDN (François-Joseph), célèbre compositeur de musique allemand (1732-1809).

*HAYE (LA), V. La Haye.

HAZAËL, roi de Syrie; m. 833 av. J. C.

HAZEBROUCK, s.-préf. du dép. du Nord.

*HÉ! interj. pour appeler, avertir, etc.

*HEAUME, sm. sorte de casque.

HEBDOMADAIRE, adj. 2 g. (gr. hebdomas semaine), qui appartient à la semaine, qui se renouvelle chaque semaine.

HEBDOMADIER, sm. celui qui est de semaine.

HÉBÉ, déesse de la jeunesse (myth.); l'une des petites planètes.

HÉBER, patriarche, l'un des ancêtres d'Abraham.

HÉBERGEMENT, sm. logement.

HÉBERGER, va. recevoir chez soi, loger.

HÉBERT, fameux démagogue (1755-1794).

HÉBÉTÉ, ÉE, adj. et s. stupide.

HÉBÉTER, va. rendre stupide.

HÉBÉTUDE, sf. pesanteur d'esprit.

HEBRAÏQUE, adj. 2 g. des Hébreux, qui appartient aux Hébreux.

HÉBRAÏSANT, sm. celui qui sait l'hébreu.

HÉBRAÏSER, vn. étudier l'hébreu, participer à la croyance des Hébreux.

HEBRAÏSME, sm. façon de parler propre à la langue hébraïque.

HÈBRE, fleuve de Thrace, auj. Maritza.

HÉBREU, s. et adj. m. (pl. Hébreux), juif; langue hébraïque. Fig. chose inintelligible.

HÉBRIDES, groupe d'îles à l'ouest de l'Écosse. Nouvelles-Hébrides, îles de l'Océanie.

HÉBRON, anc. ville de la Palestine.

HÉCATE, Diane (myth.).

HÉCATOMBE, sf. (gr. hékaton cent, bous bœuf), sacrifice de cent bœufs ou de cent victimes.

HÉCATOMPYLOS, capitale des Parthes. — ville d'Égypte, la même que Thèbes.

HÉCLA, volcan d'Islande.

HECTARE, sm. (gr. hékaton cent; are unité de mesure agraire: d'aroû labourer), cent ares.

HECTOGRAMME, sm. (gr. hékaton cent) cent grammes.

HECTOLITRE, sm. (gr. hékaton cent), cent litres.

HECTOMÈTRE, sm. (gr. hékaton cent), cent mètres.

HECTOR, héros troyen, fils de Priam; fut tué par Achille.

HÉCUBE, femme de Priam.

HÉDÉRACÉES, sf. pl. (l. hedera lierre), famille de plantes dont le lierre est le type (bot.).

HEDJAZ, contrée de l'Arabie.

HEDVIGE (Ste) ou Ste Avoie, duchesse de Silésie; m. 1243.

*HEEREN, savant historien allemand (1760-1842).

*HEGEL, célèbre philosophe allemand (1770-1831).

*HÉGÉLIEN, IENNE, adj. de Hegel.

HÉGÉMONIE, sf. (gr. hégémonia action de conduire, d'administrer), se dit dans une confédération d'États de la prééminence de l'un d'entre eux, qui dirige la politique générale de tous.

HÉGÉSIPPE, le plus ancien historien ecclésiastique; m. 180.

HÉGIRE, sf. ère des mahométans, commençant en 622.

*HEIDELBERG, ville du grand-duché de Bade, sur le Necker.

HEIDUQUE, sm. fantassin hongrois; domestique en costume hongrois.

*HEIN! interj. pour interroger.

*HEINE (Henri), poëte et littérateur allemand (1800-1856).

*HEINSIUS (Daniel), célèbre philologue hollandais (1580-1665).— (Nicolas), fils du précédent, érudit et poëte latin (1620-1681). — (Antoine), grand pensionnaire de Hollande (1640-1720.)

HÉLAS! interj. de plainte.

*HELDER (LE), p. ville de Hollande.

HÉLÈNE, femme de Ménélas.

HÉLÈNE (Ste), mère de l'empereur Constantin; m. 328.

HÉLÉNUS, habile devin, fils de Priam.

*HÉLER, va. appeler (mar.).

HELGOLAND, île anglaise dans la mer du Nord, près de l'embouchure de l'Elbe.

HÉLI, juge d'Israël et grand prêtre; m. 1112 av. J.C.

HÉLIADES, filles d'Apollon et sœurs de Phaëthon (myth.).

HÉLIANTHE, sm. (gr. hélios soleil, anthos fleur), plante vulgairement appelée soleil.

HÉLIANTHÈME, sm. (gr. hélios soleil, anthēma fleur), plante dont la fleur est d'un jaune d'or.

HÉLIAQUE, adj. 2 g. (gr. héliakos solaire: de hélios soleil), se dit du lever et du coucher d'un astre place très-près du soleil (astr.).

HÉLIASTES, sm. pl. membres d'un ancien tribunal d'Athènes.

HÉLICE, sf. ligne tracée en forme de vis autour d'un cylindre; tout ce qui y ressemble; volute, vis; coquille ayant cette forme, comme celle du limaçon.

HÉLICOÏDE, adj. 2 g. (gr. helix hélice, éidos forme), qui a la forme ou figure d'une hélice.

HÉLICON, sm. montagne de la Phocide qui était consacrée aux Muses.

HÉLIOCENTRIQUE, adj. 2 g. (gr. hélios soleil, kèntron centre,) se dit de la position d'une planète qui serait vue du centre du soleil (astr.).

HÉLIOCHROMIE, sf. (gr. hélios soleil, chrôma couleur), procédé photographique au moyen duquel on obtient des épreuves avec la couleur naturelle des objets photographiés.

HÉLIODORE, général du roi de Syrie, Séleucus Philopator, 2e s. av. J.C.

HÉLIOGABALE, ou ÉLAGABALE, empereur romain (205-222).

HÉLIOGRAPHIE, sf. (gr. hélios soleil; graphô écrire, graver), partie de la photographie qui consiste à obtenir des gravures exécutées directement sur la planche par l'action de la lumière solaire.

HÉLIOGRAPHIQUE, adj. 2 g. de l'héliographie.

HÉLIOMÈTRE, sm. (gr. hélios soleil, metron mesure), instrument qui sert à mesurer le diamètre apparent du soleil (astr.).

HÉLIOPOLIS, anc. ville d'Égypte; anc. ville de Syrie.

HÉLIOSCOPE, sm. (gr. hélios soleil, skoped observer), instrument qui sert à observer le soleil (astr.).

HÉLIOSTAT, sm. (gr. hélios soleil; statos arrêté, stationnaire), instrument pour introduire et fixer un jet de lumière dans un lieu obscur; se dit aussi pour hélioscope.

HÉLIOTROPE, sm. sorte de plante, de pierre précieuse.

HÉLIX, sm. le grand bord, le tour de l'oreille externe; nom scientifique de l'escargot.

HELLADA, riv. de Grèce, anc. Sperchius.

HELLADE, la Grèce.

HELLÉ, fille d'Athamas, roi de Thèbes; enlevée avec son frère Phryxus par le bélier à la toison d'or, elle tomba dans la mer qui de son nom fut appelée Hellespont (myth.).

HELLÉBORE et HELLÉBORINE, V. Ellébore, Elléborine.

HELLEN, fils de Deucalion; a donné son nom aux Hellènes.

HELLÈNES, les descendants d'Hellen ou les Grecs.

HELLÉNIQUE, adj. 2 g. de la Grèce.

HELLÉNISME, sm. (gr. hellèn hellène ou grec), façon de parler propre à la langue grecque.

HELLÉNISTE, sm. (gr. hellèn hellène ou grec), celui qui s'occupe spécialement de l'étude du grec ancien.

HELLESPONT, sm. anc. nom du détroit des Dardanelles.

HELMINTHES, sm. pl. (gr. helmins ver), classe d'animaux annelés comprenant les vers intestinaux (zool.).

HELMINTHOÏDES, sm. pl. (gr. helmins, gen. helminthos ver; éidos ressemblance), ordre de poissons comprenant ceux qui se rapprochent des vers par leur mode de respiration, l'eau arrivant à leur bouche par des ouvertures latérales et non par des branchies (zool.).

HELMINTHOLOGIE, sf. (gr. helmins, gén. helminthos ver; logos discours, traité), partie de la zoologie qui traite des vers.

HÉLCÏSE, femme d'Abélard; m. abbesse du Paraclet en 1164.

HÉLOS, anc. ville de la Laconie, dont les habitants furent réduits en esclavage par les Spartiates sous le nom d'hilotes.

HELSINBORG, ville de Suède.

HELSINGOR, V. *Elseneur*.

HELVÉTIE, la Suisse.

HELVÉTIENS, *sm. pl.* anc. peuple de la Gaule.

HELVÉTIQUE, *adj.* 2 *g.* et *s.* de la Suisse.

HELVÉTIUS, philosophe et écrivain français (1715-1771).

*HEM ! *interj.* pour appeler.

HÉMAGOGUE, *adj.* 2 *g.* et *sm.* (gr. *haima* sang, *agô* chasser), se dit des remèdes propres à provoquer la sortie du sang (*méd.*).

HÉMATITE, *s.* et *adj.* *f.* (gr. *haima* sang), oxyde de fer appelé aussi *sanguine* à cause de sa couleur rouge de sang.

HÉMATOSE, *sf.* (gr. *haima* sang), conversion du chyle en sang.

HÉMÉROCALLE, *sf.* (gr. *hêmera* jour, *kallos* beauté), plante de la famille des liliacées, ainsi nommée parce que sa beauté ne dure qu'un jour.

HÉMÉROCALLIDÉES, *sf. pl.* tribu de plantes dont l'hémérocalle est le type (*bot.*).

HÉMI, syncope du grec *hêmisys* demi : employé dans la composition des mots pour signifier *demi*.

HÉMICYCLE, *sm.* (gr. *kyklos* cercle), demi-cercle, amphithéâtre.

HÉMICYLINDRIQUE, *adj.* 2 *g.* demi-cylindrique.

HÉMILYSIEN, IENNE, *adj.* (gr. *lyô* dissoudre), se dit des terrains qui ont été formés en partie par voie de sédiment et en partie par voie de dissolution chimique (*géol.*).

HÉMINE, *sf.* mesure de capacité chez les Romains.

HÉMIONE, *sm.* (gr. *hêmionos* mulet : de *hêmi* demi et *onos* âne), quadrupède tenant de l'âne et du mulet, mais formant une espèce particulière.

HÉMIPLÉGIE, *sf.* paralysie qui n'affecte que la moitié du corps (*méd.*).

HÉMIPTÈRES, *sm. pl.* (gr. *hêmi* demi, *ptéron* aile), ordre d'insectes dont les ailes, moitié membraneuses moitié coriaces, ne sont en quelque sorte que des demi-ailes (*zool.*).

HÉMISPHÈRE, *sm.* (gr. *hêmi* demi, *sphaira* sphère), moitié d'une sphère.

HÉMISPHÉRIQUE, *adj.* 2 *g.* qui a la forme d'un hémisphère ou d'une demi-sphère.

HÉMISPHÉROÏDE, *sm.* et *adj.* 2 *g.* demi-sphéroïde.

HÉMISTICHE, *sm.* (gr. *hêmi* demi, *stichos* vers), moitié d'un vers de douze ou de dix syllabes.

HÉMONIE, anc. nom de la Thessalie.

HÉMOPTYSIE, *sf.* (gr. *haima* sang, *ptysis* crachement), crachement de sang (*méd.*).

HÉMOPTYSIQUE, *adj.* et *s.* 2 *g.* qui est atteint d'hémoptysie (*méd.*).

HÉMORRAGIE, *sf.* (gr. *haima* sang, *erragên :* de *rêgnymi* rompre), perte de sang causée par la rupture des vaisseaux sanguins (*méd.*).

HÉMORROÏDAL, ALE, *adj.* qui a rapport aux hémorroïdes.

HÉMORROÏDES, *sf. pl.* (gr. *haima* sang, *rheô* couler), écoulement de sang par les vaisseaux de l'anus, ou dilatation de ces vaisseaux par afflux de sang.

HÉMOSTASE, *sf.* (gr. *haima* sang, *stasis* repos), stagnation du sang (*méd.*).

HÉMOSTATIQUE, *adj.* 2 *g.* et *sm.* se dit des remèdes propres à arrêter le sang.

HÉMUS (mont), au nord de la Thrace, auj. *Balkan*.

HÉNAULT (le président), littérateur français, connu surtout par son *Abrégé chronologique de l'histoire de France* (1685-1770).

HENDÉCAGONE, V. *Endécagone*.

*HENGIST et *HORSA*, chefs saxons qui s'établirent dans la Grande-Bretagne en 442.

HENNEBON, p. ville (Morbihan).

*HENNIR, *vn.* (on pron. *hanir*), se dit du cri du cheval.

*HENNISSEMENT, *sm.* (on pron. *hanissement*), cri du cheval.

HÉNOCH, V. *Énoch*.

*HENRI (dans le langage familier on n'aspire pas l'*h*). Nom de plusieurs rois et empereurs ; entre autres, ROIS DE FRANCE : HENRI II (1518-1559) ; HENRI III (1552-1589) ; HENRI IV le *Grand* (1553-1610). — EMPEREURS : HENRI 1er *l'Oiseleur* (876-936) ; St HENRI (972-1024) ; HENRI IV (1050-1106) ; HENRI V (1081-1125). — ROIS D'ANGLETERRE : HENRI Ier *Beauclerc* (1068-1135) ; HENRI II PLANTAGENET (1133-1189) ; HENRI V (1388-1422) ; HENRI VI (1421-1471) ; HENRI VII DE RICHEMONT (1458-1509) ; HENRI VIII (1491-1547).

HENRICHEMONT, p. ville (Cher).

HENRIETTE, fille du roi de France Henri IV et femme de Charles Ier, roi d'Angleterre (1609-1669). — duchesse d'Orléans, ou *Madame*, fille de la précédente (1644-1670).

HENRION DE PANSEY, ministre de la justice en 1814, puis président de la Cour de cassation (1742-1829).

HENRIOT, fougueux démagogue, commandant de la garde nationale de Paris en 1793 (1761-1794).

HÉPATIQUE, *adj.* 2 *g.* (gr. *hêpar* foie), qui appartient au foie ou qui est propre aux maladies du foie (*méd.*).

HÉPATIQUE, *sf.* (gr. *hêpar* foie), nom de certaines plantes auxquelles on a attribué beaucoup de vertus contre les maladies du foie.

HÉPATITE, *sf.* (gr. *hêpar* foie), inflammation du foie (*méd.*) ; pierre précieuse ayant la couleur du foie.

HÉPHESTION, favori d'Alexandre le Grand ; m. 324 av. J. C.

HEPTACORDE, *sm.* (gr. *hepta* sept, *chordê* corde), lyre à sept cordes.

HEPTAÈDRE, *sm.* (gr. *hepta* sept ; *hedra* siège, base), solide à sept faces ou bases (*géom.*).

HEPTAGONAL, ALE ou EPTAGONAL, ALE, *adj.* de l'heptagone.

HEPTAGONE ou EPTAGONE, *sm.* (gr. *hepta* sept, *gônia* angle), figure de sept angles et de sept côtés (*géom.*)

HEPTAGYNIE, *sf.* (gr. *hepta* sept, *gynê* femme et, par extension, femelle), sous-division des classes de plantes dont les fleurs ont sept pistils ou organes femelles (*bot.*).

HEPTAMÉRON, sm. (gr. hepta sept, hémé a jour), ouvrage composé de sept parties appelées journées.

HEPTANDRIE ou EPTANDRIE, sf. (gr. hepta sept ; anêr, gén. andros homme et, par extension, mâle), 7e classe des plantes, comprenant celles dont les fleurs ont sept étamines ou organes mâles (bot.).

HEPTANOMIDE, sf. partie centrale de l'ancienne Egypte.

HEPTAPHYLLE, adj. 2 g. (gr. hepta sept, phyllon feuille), se dit d'une feuille composée de sept folioles (bot.).

HEPTARCHIE, sf. (gr. hepta sept ; arché pouvoir, gouvernement), les sept royaumes saxons en Angleterre; gouvernement exercé par sept personnes.

HÉRACLÉE, anc. ville de la Bithynie sur le Pont-Euxin. — anc. ville de l'Italie meridionale, auj. Policoro.

HÉRACLIDE DE PONT, philosophe grec; 4e s. av. J. C.

HÉRACLIDES, les descendants d'Hercule.

HÉRACLITE, célèbre philosophe grec; vers 504 av. J. C.

HÉRACLIUS, empereur d'Orient ; m. 641.

HÉRALDIQUE, adj. 2 g. qui appartient au blason.

HÉRAT, capitale d'un État de même nom dans l'Afghanistan.

HÉRAULT, riv. de France ; se jette dans la Méditerranée et donne son nom à un dép. dont le ch.-l. est Montpellier.

HÉRAULT DE SÉCHELLES, membre de la Convention et du Comité de salut public (1760 1794).

*HÉRAUT, sm. officier d'un prince, d'un État, chargé de faire des publications, des messages, etc.

HERBACÉ, EE, adj. de la nature de l'herbe.

HERBAGE, sm. toutes sortes d'herbes; prairie.

HERBE, sf. plante non ligneuse qui perd sa tige en hiver; gazon. Fig. en herbe, futur, à venir; manger son blé en herbe, dépenser son revenu d'avance ; couper l'herbe sous le pied, supplanter.

HERBELOT (d'), savant orientaliste français (1625 1695).

HERBER, va. exposer sur l'herbe.

HERBETTE, sf. herbe fine.

HERBEUX, EUSE, adj. couvert d'herbe, où il en croît beaucoup.

HERBIER, sm. collection de plantes desséchées.

HERBIÈRE, sf. vendeuse d'herbes.

HERBIVORE, adj. 2 g. qui se nourrit d'herbes. Au pl. sm. famille de cétacés (zool.).

HERBORISATION, sf. action d'herboriser.

HERBORISÉ, EE, adj. qui offre des figures de plantes.

HERBORISER, vn. recueillir des plantes pour l'étude de la botanique.

HERBORISEUR, sm. celui qui herborise.

HERBORISTE, sm. celui qui vend des plantes médicinales.

HERBORISTERIE, sf. commerce ou boutique de l'herboriste.

HERBU, UE, adj. couvert d'herbe.

HERCULANUM, anc. ville de la Campanie, ensevelie l'an 74 par la première éruption du Vésuve.

HERCULE, demi-dieu de la Fable, célèbre par sa force. Fig. homme très-fort.

HERCULÉEN, ÉENNE, adj. d'Hercule.

*HERCYNIENNE (forêt), dans la Germanie : elle s'étendait du Rhin à la Vistule.

*HERDER, célèbre philosophe et littérateur allemand (1744-1803).

*HÈRE, sm. homme sans mérite ou dénué de tout ; jeu de cartes.

HÉRÉDITAIRE, adj. 2 g. qui est d'héritage, qui se transmet par succession ou qui vient des parents.

HÉRÉDITAIREMENT, adv. par droit d'hérédité.

HÉRÉDITÉ, sf. droit par lequel on hérite; héritage.

HÉRÉMITIQUE, V. Érémitique.

HÉRÉSIARQUE, sm. auteur d'une hérésie; chef d'hérétiques.

HÉRÉSIE, sf. doctrine contraire à la foi. Fig. opinion fausse.

HÉRÉTICITÉ, sf. qualité d'une proposition hérétique.

HÉRÉTIQUE, adj. 2 g. qui appartient à une hérésie, qui renferme une hérésie. — s. 2 g. celui, celle qui professe une hérésie.

HÉRICOURT, p. ville (Haute-Saône).

*HÉRISSÉ, EE, adj. couvert de piquants ; dont le poil est droit et rude. Fig. rempli de : travail hérissé de difficultés.

*HÉRISSER, va. dresser le poil, les cheveux ; garnir de piquants. — SE HÉRISSER, vpr. se dresser.

*HÉRISSON, sm. petit quadrupède couvert de piquants ; sorte de roue dentée ; poutre garnie de pointes.

HÉRISTAL, ou HERSTAL, p. ville de Belgique, sur la Meuse et près de Liége.

HÉRITAGE, sm. ce qui vient par succession; immeubles dont on a hérité.

HÉRITER, vn. et a. recueillir une succession. Fig. recevoir de : hériter des vertus de son père.

HÉRITIER, IÈRE, s. celui, celle qui hérite.

HERMANDAD (la sainte), anc. confrérie ou association d'officiers de police en Espagne; milice chargée d'exécuter les ordres de l'inquisition.

HERMANGARDE, femme de Charlemagne.— première femme de Louis le Débonnaire.

HERMANN, célèbre philologue allemand (1772-1848). V. Arminius.

HERMANSTADT, capitale de la Transylvanie.

HERMAPHRODISME, sm. état des fleurs hermaphrodites (bot.).

HERMAPHRODITE, adj. 2 g. se dit des fleurs qui renferment les étamines et le pistil.

HERMAS (St), disciple de saint Paul.

HERMÉNEUTIQUE, adj. 2 g. (gr. herméneuô expliquer), se dit des règles qui servent à expliquer l'Écriture sainte.

HERMÈS, nom grec de Mercure; le Mercure égyptien.

HERMÈS, sm. gaine portant une tête de Mercure; statuette de Mercure.

HERMÉTIQUE, adj. 2 g. (gr. Hermès Mercure), se dit de l'alchimie, qui recherchait la transmutation des métaux par le moyen du mercure.

HERMÉTIQUEMENT, adv. Fermé hermétiquement, bien fermé.

HERMINE, sf. petit quadrupède du genre des martres; sa fourrure.

HERMINETTE, V. Erminette.

HERMIONE, fille de Ménélas et d'Hélène.

HERMITAGE, V. Ermitage.

HERMITE, V. Ermite.

HERMOPOLIS, nom de deux villes de l'Égypte ancienne.

HERMUNDURES, anc. peuple germain.

HERNIAIRE, adj. 2 g. qui a rapport aux hernies.

HERNIE, sf. sorte de tumeur molle formée par la sortie d'un viscère.

HERNIQUES, peuple de l'Italie anc.

HERNUTES, sm. pl. sectaires chrétiens appelés aussi Frères moraves.

HÉRO, prêtresse de Vénus à Sestos.

HÉRODE LE GRAND, roi des Juifs; m. l'an 1 de J. C.

HÉRODE-AGRIPPA, roi de Judée; m. 44.

HÉRODE-ANTIPAS, fils d'Hérode le Grand et tétrarque de Galilée.

HÉRODIADE, fille d'Aristobule, roi des Juifs, et femme d'Hérode-Antipas.

HÉRODIEN, historien grec (170-240). — célèbre grammairien grec; 2e s.

HÉRODIENS, sm. pl. sectaires juifs.

HÉRODOTE, célèbre historien grec, surnommé le Père de l'histoire (484-406 av. J. C.).

HÉROÏ-COMIQUE, adj. 2 g. où le comique est mêlé à l'héroïque (pl. héroï-comiques).

HÉROÏDE, sf. épître en vers sous le nom d'une personne célèbre.

HÉROÏNE, sf. femme d'une grande élévation d'âme; femme qui est le principal personnage d'un roman, d'un drame, etc.

HÉROÏQUE, adj. 2 g. qui appartient an héros. Fig. grand, noble. Poème héroïque, poème épique; temps héroïques, époque des anciens héros.

HÉROÏQUEMENT, adv. d'une manière héroïque.

HÉROÏSME, sm. ce qui est propre au héros et qui en fait le caractère.

HÉROLD, célèbre compositeur français (1791-1833).

HÉRON, sm. oiseau de l'ordre des échassiers.

HÉRON, célèbre mécanicien et mathématicien d'Alexandrie, 1er s. av. J. C.

HÉRONNEAU, sm. jeune héron.

HÉRONNIÈRE, sf. lieu où les hérons se retirent et font leur nid.

HÉROS, sm. demi-dieu de la Fable; homme qui se distingue par une valeur extraordinaire, par une grande noblesse d'âme; principal personnage d'un ouvrage d'imagination.

HERPES, sf. pl. certaines matières que la mer jette sur ses bords.

HERPÉTOLOGIE ou ERPÉTOLOGIE, sf. (gr. herpétos reptile; logos discours, traité), partie de la zoologie qui traite des reptiles.

*HERRERA (Antonio), historien espagnol (1559-1625). — Nom de trois peintres espagnols: le Vieux (1576-1656); le Jeune (1622-1685); et Sébastien (1619-1671).

*HERSAGE, sm. action de herser.

HERSCHELL (William), célèbre astronome anglais (1738-1822).

*HERSE, sf. instrument de labourage; grille à grosses pointes qui se lève et s'abaisse.

HERSENT (Louis), peintre français (1777-1860).

*HERSER, va. passer la herse dans un champ.

*HERSEUR, sm. celui qui herse.

HÉRULES, sm. pl. peuple germain, originaire de la Sarmatie.

HERVEY (Jacques), écrivain anglais (1714-1758).

HERZÉGOVINE, contrée de la Turquie d'Europe.

*HESCHAM, nom de plusieurs califes de Cordoue.

*HESDIN, p. ville (Pas-de-Calais).

HÉSIODE, célèbre poète grec; 9e s. av. J. C.

HÉSIONE, fille de Laomédon; délivrée par Hercule d'un monstre marin envoyé par Neptune pour la dévorer (myth.).

HÉSITANT, ANTE, adj. qui hésite.

HÉSITATION, sf. action d'hésiter; incertitude, doute, indécision.

HÉSITER, vn. trouver avec peine les mots; être indécis.

HESPER ou HESPÉRUS, fils de Japet et frère d'Atlas (myth.); — sm. l'étoile du soir.

HESPÉRIDES ou ATLANTIDES, filles d'Atlas, célèbres par le jardin aux pommes d'or qu'elles possédaient. — îles de l'océan Atlantique, que l'on suppose être les Canaries.

HESPÉRIDÉES, sf. pl. famille de plantes dont le type est l'oranger ou arbre à pommes d'or du jardin des Hespérides (bot.).

HESPÉRIDIE, sf. nom de tout fruit en baie pluriloculaire semblable à l'orange (bot.).

HESPÉRIE, sf. (gr. hespéra le soir), l'occident), ancien nom d'abord de l'Italie, puis de l'Espagne, toutes deux à l'occident de la Grèce.

*HESSE, partie de l'Allemagne: 1o Hesse-Cassel ou Hesse électorale; 2o Hesse-Darmstadt; 3o Hesse-Hombourg.

*HÉSUS, dieu des combats chez les Gaulois.

HÉTÉROCLITE, adj. 2 g. dont la déclinaison est irrégulière. Fig. bizarre, singulier.

HÉTÉRODOXE, adj. 2 g. (gr. hétéros différent; doxa opinion, sentiment), qui est d'une doctrine différente de la bonne.

HÉTÉRODOXIE, sf. doctrine ou opinion hétérodoxe.

HÉTÉROGAME, adj. 2 g. (gr. hétéros différent, gamos mariage), se dit des plantes qui ont en même temps des fleurs monoïques, dioïques et polygames (bot.).

HÉTÉROGÈNE, adj. 2 g. (gr. hétéros différent; génos, genre, espèce, nature), qui est d'une nature ou d'une espèce différente.

HÉTÉROGÉNÉITÉ, sf. qualité de ce qui est hétérogène.

HÉTÉROMÈRES, sm. pl. (gr. héteros différent, méris partie). section de l'ordre des coléoptères comprenant ceux dont les tarses antérieurs sont divisés en un nombre de parties ou articles différent de celui des tarses postérieurs (zool.).

HÉTÉROMORPHE, adj. 2 g. (gr. héteros différent, irrégulier; morphe forme), qui est de forme différente. — sm. pl. section de la classe des vers comprenant ceux dont le corps est souvent de forme irrégulière (zool.).

HÉTÉROPHYLLE, adj. 2 g. (gr. héteros différent, phyllon feuille), se dit d'une plante qui a des feuilles de formes différentes (bot.).

HÉTÉROPODES, sm. pl. (gr. héteros différent; pous gen. podos pied), ordre de mollusques gasteropodes ayant des pieds de formes différentes ou de forme particulière (zool.).

HÉTÉROSCIENS, sm. pl. (gr. héteros différent, skia ombre), habitants des zones tempérées ayant à midi leurs ombres tournées dans des directions différentes.

HÉTÉROTOME, adj. 2 g. (gr. héteros autre, tomé section), se dit d'une corolle ou d'un calice dont les divisions alternes ne se ressemblent pas (bot.).

HETMAN, sm. chef des Cosaques.

*HÊTRE, sm. sorte d'arbre.

*HEU! interj. exprime l'admiration. Heu! heu! exprime le doute, une pensée secrète.

HEUR, sm. chance heureuse, bonheur : il n'y a qu'heur et malheur en ce monde.

HEURE, sf. la 24e partie du jour; temps, époque, moment. Dernière heure, la mort. — À CETTE HEURE, loc. adv. maintenant; DE BONNE HEURE, loc. adv. tôt; D'HEURE EN HEURE, loc. adv. de moment en moment; SUR L'HEURE, loc. adv. au moment même; TOUT À L'HEURE, loc. adv. bientôt, il n'y a qu'un moment; À LA BONNE HEURE, loc. adv. soit, bien.

HEURES, sf. pl. livre de prières.

HEUREUSEMENT, adv. d'une manière heureuse; par bonheur.

HEUREUX, EUSE, adj. et s. au m. qui a du bonheur; content de son sort; qui contribue au bonheur; avantageux, bon, favorable, prospère : une heureuse situation.

*HEURT, sm. (on pr. le t), choc.

*HEURTER, va. et n. choquer, toucher rudement, cogner. Fig. blesser, contrarier.— SE HEURTER, vpr. se cogner.

*HEURTOIR, sm. marteau pour frapper à une porte.

HÉVÉ, sm. arbre qui produit le caoutchouc.

HÉVÉLIUS, célèbre astronome allemand (1611-1687).

HEXACORDE, sm. (gr. hex six, chordé corde), instrument de musique à six cordes.

HEXAÈDRE ou EXAÈDRE, sm. (gr. hex six; hédra siège, base), solide terminé par six faces ou bases (géom.).

HEXAGONAL, ALE, adj. de l'hexagone ou qui en a la forme.

HEXAGONE ou EXAGONE, sm. (gr. hex six,

génia angle), figure de six angles et six côtés (géom.).

HEXAGYNIE, sf. (gr. hex six; gyné femme et, par extension, femelle), sous-division des classes des plantes dont les fleurs ont six pistils ou organes femelles (bot.).

HEXAMÈTRE, adj. 2 g. et sm. (gr. hex six, métron mesure), vers grec ou latin de six pieds ou mesures.

HEXANDRIE ou EXANDRIE, sf. (gr. hex six; anér, gen. andros homme ou mâle), sixième classe des plantes comprenant celles dont les fleurs ont six étamines ou organes mâles.

HEXAPHYLLE, adj. 2 g. (gr. hex six, phyllon feuille), se dit d'une feuille composée de six folioles (bot.).

HEXAPLES, sm. pl. (gr. hex six, aploô expliquer), ouvrage contenant six versions de la Bible.

HEXAPOLE, V. Exapole.

HEXASTYLE, sm. (gr. hex six, stylos colonne), édifice ou portique ayant six colonnes de front (arch.).

HEXHAM ou EXHAM, p. ville d'Angleterre sur la Tyne. Victoire des partisans de la Rose blanche sur ceux de la Rose rouge en 1464.

HEYNE (Christian), célèbre archéologue et érudit allemand (1729-1812).

HIATUS, sm. (on pr. l's), rencontre de deux voyelles.

HIBERNANT, ANTE, ou HIVERNANT, ANTE, adj. qui passe l'hiver dans un état d'engourdissement; qui le passe dans un lieu fixe.

HIBERNATION ou HIVERNATION, sf. état de torpeur pendant l'hiver; durée de l'hiver; séjour pendant l'hiver.

HIBERNIE, anc. nom de l'Irlande.

*HIBOU, sm. oiseau nocturne. Fig. homme qui fuit la société, qui se tient à l'écart (pl. hiboux).

*HIC, sm. principale difficulté d'une affaire (mot latin). — HIC ET NUNC, mots latins signifiant ici et à l'instant.

HIDALGO, sm. noble espagnol.

*HIDEUR, sf. qualité de ce qui est hideux.

*HIDEUSEMENT, adv. d'une manière hideuse.

*HIDEUX, EUSE, adj. très-laid, affreux, repoussant.

*HIE, sf. instrument pour enfoncer les pavés.

HIÈBLE, sf. espèce de sureau.

HIEMPSAL, roi de Numidie; m. 116 av. J. C.

HIER, adv. se dit du jour qui précède celui où l'on est. Fig. passé peu éloigné.

*HIÉRARCHIE, sf. ordre et subordination des rangs, des fonctions, des pouvoirs.

*HIÉRARCHIQUE, adj. 2 g. qui est suivant la hiérarchie.

*HIÉRARCHIQUEMENT, adv. d'une manière hiérarchique.

HIÉRATIQUE, adj. 2 g. (gr. hiéros sacre), qui concerne les choses sacrées.

HIÉROGLYPHE, sm. (gr. hiéros sacré, glyphé gravure), écriture sacrée des Egyptiens, consistant en figures symboliques le plus souvent gravées sur des pierres. Fig. signes inintelligibles.

HIÉROGLYPHIQUE, *adj.* 2 g. qui appartient aux hiéroglyphes, qui y a rapport.

HIÉROGRAMME, *sm.* (gr. *hiéros* sacré; *gramma* lettre, caractère), sorte de caractère sacré dont était composée l'écriture des prêtres égyptiens.

HIÉROGRAPHE, *sm.* celui qui s'occupe d'hiérographie.

HIÉROGRAPHIE, *sf.* (gr. *hiéros* sacré, *graphô* décrire), description des choses sacrées.

HIÉROLOGIE, *sf.* (gr. *hiéros* saint, sacré; *logos* discours, traité), discours ou traité sur les choses saintes.

HIÉRON, nom de deux tyrans de Syracuse: le 1er m. 467, le 2e m. 215 av. J. C.

HIÉRONYME, roi de Syracuse; m. 214 av. J. C.

HIÉRONYMITE, *sm.* religieux de l'ordre de Saint-Jérôme.

HIÉROPHANTE, *sm.* (gr. *hiéros* sacré; *phainô* déclarer, manifester), prêtre qui présidait aux mystères et enseignait les choses sacrées aux initiés.

HIEROSOLYMA, Jérusalem.

HIGHLANDERS, *sm. pl.* habitants des Highlands.

HIGHLANDS, partie montagneuse de l'Écosse.

HILAIRE (St), évêque de Poitiers, m. 367. — évêque d'Arles, m. 449. — pape, m. 467.

HILARANT, ANTE, *adj.* qui inspire de la gaieté. *Gaz hilarant*, azote oxydule.

HILARION (St), solitaire, m. 372.

HILARITÉ, *sf.* joie douce et calme, gaieté subite et inattendue.

*HILDBURGHAUSEN, ville de Saxe.

*HILDEBRAND, roi des Lombards, de 736 à 744. V. *Grégoire* VII.

*HILDEGARDE, femme de Charlemagne. — (Ste), abbesse, m. 1178.

*HILDEGONDE (Ste), religieuse, m. 1188.

*HILDESHEIM, ville du Hanovre.

*HILE, *sm.* point d'attache qui unit la graine au funicule et par lequel pénètrent les sucs nourriciers (*bot.*).

*HILIFÈRE, *adj.* 2 g. (l. *hilum* hile, *ferre* porter), qui porte le hile: se dit de la radicule et du périsperme (*bot.*).

HILOTE, V. *Ilote*.

HIMALAYA, chaîne de montagnes en Asie.

HIMÈRE, ville et riv. de la Sicile anc. Défaite des Carthaginois par Gelon, en 480 av. J. C.

HIMILCON, nom de deux généraux et d'un navigateur carthaginois.

HINCMAR, archevêque de Reims (806-882). — évêque de Laon, m. 878.

HINDOU-KOH ou HINDOU-KHO, chaîne de montagnes en Asie.

HINDOUS, Indiens de l'Hindoustan.

HINDOUSTAN ou INDOUSTAN, l'Inde en deçà du Gange.

HIPPARQUE, tyran d'Athènes; m. 514 av. J. C. — célèbre astronome grec, 2e s. av. J. C.

HIPPIAS, tyran d'Athènes, frère d'Hipparque; m. 490 av. J. C.

HIPPIATRIQUE, *sf.* (gr. *hippos* cheval, *iatriké* médecine), médecine des chevaux, art vétérinaire.

HIPPIQUE, *adj.* 2 g. (gr. *hippos* cheval), qui a rapport aux chevaux ou à l'équitation.

HIPPOBOSQUE, *sm.* (gr. *hippos* cheval, *boskô* manger), sorte de taon qui s'attache aux chevaux et suce leur sang.

HIPPOCAMPE ou HIPPOCAMPTE, *sm.* (gr. *hippos* cheval, *kamptô* courber), poisson vulgairement appelé *cheval marin*, qui par la forme de sa tête et la courbure de son cou offre l'apparence d'un petit cheval.

HIPPOCASTANÉES, *sf. pl.* famille de plantes ayant pour type le marronnier d'Inde, dont le nom botanique est *œsculus hippocastanum*.

HIPPOCENTAURE, *sm.* (gr. *hippos* cheval, *kentauros* centaure), cheval centaure ou simplement centaure.

HIPPOCRATE, célèbre médecin grec; 5e s. av. J. C.

HIPPOCRATIQUE, *adj.* 2 g. d'Hippocrate.

HIPPOCRATISME, *sm.* système médical d'Hippocrate.

HIPPOCRÈNE, *sf.* (gr. *hippos* cheval, *krêné* fontaine), fontaine du mont Hélicon, consacrée aux Muses et que le cheval Pégase fit jaillir d'un coup de pied.

HIPPODROME, *sm.* (gr. *hippos* cheval, *dromos* course), lieu destiné aux courses de chevaux.

HIPPOGRIFFE, *sm.* (gr. *hippos* cheval, *gryps* griffon), animal fabuleux moitié cheval, moitié griffon.

HIPPOLYTE, fils de Thésée. — (St), évêque et martyr, 3e s.

HIPPOMÈNE, vainqueur d'Atalante à la course (*myth.*).

HIPPONE, ville d'Afrique, auj. *Bone*.

HIPPOPHAGE, *adj.* et *s.* 2 g. (gr. *hippos* cheval, *phagein* manger), mangeur de chair de cheval.

HIPPOPOTAME, *sm.* (gr. *hippos* cheval, *potamos* fleuve), gros quadrupède amphibie habitant les grands fleuves de l'Afrique.

HIPPURIDÉES, *sf. pl.* tribu ou famille de plantes dont le type est l'hippuris (*bot.*).

HIPPURIS, *sm.* (gr. *hippos* cheval, *oura* queue), genre de plantes ainsi nommées à cause de leur aspect.

HIPPURITE, *sf.* (gr. *hippos* cheval, *oura* queue), sorte de corail fossile ayant assez la forme d'une queue de cheval (*géol.*).

HIPPURITIQUE, *adj.* 2 g. se dit de l'étage à hippurites de la période crétacée (*géol.*).

HIRAM, roi de Tyr; m. 985 av. J. C. — architecte tyrien, constructeur du temple de Salomon.

HIRCAN, V. *Hyrcan*.

HIRONDELLE, *sf.* sorte d'oiseau.

HIRPINS, anc. peuple du Samnium.

HIRSON, p. ville (Aisne).

HIRSUTE, ES, *adj.* garni de poils longs et nombreux (*bot.*).

HIRTIUS, général et consul romain; m. 43 av. J. C.

HIRUDICULTURE, *sf.* (l. *hirudo* sangsue), art d'élever les sangsues.

HIRUDIFORMES, sm. pl. (l. *hirudo* sangsue), ordre d'entozoaires comprenant ceux dont le corps ressemble à celui d'une sangsue (zool.).

HIRUDINÉES, sf. pl. (l. *hirudo* sangsue), classe d'annélides dont la sangsue est le type (zool.).

HISPALIS, ville d'Espagne, auj. *Séville*.

HISPANIE, anc. nom de l'Espagne.

HISPANIOLA, l'île d'Haïti.

HISPANIQUE, adj. 2 g. d'Espagne, de l'Espagne.

HISPANISME, sm. locution propre à la langue espagnole.

HISPIDE, adj. 2 g. qui est garni de longs poils, droits et roides comme des piquants (bot.).

HISPIDITÉ sf. état de ce qui est hispide.

*HISSER, va. faire monter, hausser. — SE HISSER, vpr. se hausser, s'élever.

HISTIÉE, de Milet, nommé gouverneur de l'Ionie par Darius 1er; m. 494 av. J. C.

HISTOIRE, sf. récit des événements passés, de faits ou d'aventures; ouvrage qui les contient; description. *Fig.* faussetés, embarras, difficulté.

HISTORIAL, ALE, adj. qui a rapport à l'histoire.

HISTORIEN, sm. celui qui a écrit l'histoire.

HISTORIER, va. enjoliver de petits ornements.

HISTORIETTE, sf. petite histoire.

HISTORIOGRAPHE, sm. celui qui est chargé par un prince d'écrire l'histoire du temps.

HISTORIQUE, adj. 2 g. qui appartient à l'histoire. — sm. narration circonstanciée.

HISTORIQUEMENT, adv. d'un style historique; suivant l'histoire.

HISTRION, sm. bateleur, bouffon, mauvais comédien.

HIVER, sm. la quatrième saison de l'année. *Fig.* dernier âge de la vie.

HIVERNAGE, sm. action d'hiverner; relâche d'un navire pendant l'hiver.

HIVERNAL, ALE, adj. de l'hiver (pl. m. *hivernaux*).

HIVERNANT, ANTE, V. *Hibernant*.

HIVERNATION, V. *Hibernation*.

HIVERNER, vn. passer l'hiver. — va. donner un dernier labour avant l'hiver.

*HO! interj. de surprise, d'indignation, ou pour appeler.

HOANG-HO, ou *Fleuve Jaune*, grand fleuve de Chine.

HOBART-TOWN, capit. de la Tasmanie.

HOBBEMA, célèbre paysagiste hollandais du 17e s.

HOBBES (Thomas), célèbre philosophe anglais (1588-1679).

*HOBEREAU, sm. sorte de petit oiseau de proie. *Fig.* petit noble campagnard.

HOC, mot latin signifiant *cela*. V. *Ab hoc* et *Ad hoc*.

*HOC, sm. sorte de jeu de cartes. *Être hoc*, être pris.

*HOCHE, sf. entaille.

HOCHE (Lazare), célèbre général français (1768-1797).

*HOCHEMENT, sm. action de hocher.

*HOCHEPOT sm. sorte de ragoût.

*HOCHEQUEUE, sm. sorte d'oiseau.

*HOCHER, va. secouer, remuer.

*HOCHET, sm. (t nul), jouet d'enfant. *Fig.* chose futile; illusion.

HOCHSTÆDT ou HOCHSTETT, p. ville de Bavière, sur le Danube. Victoire du maréchal de Villars sur les Impériaux, en 1703, de Marlborough et du prince Eugène sur le maréchal de Tallart, en 1704, et de Moreau sur les Autrichiens, en 1800.

HOCQUINCOURT (d'), maréchal de France (1599-1658).

HODOMÈTRE, V. *Odomètre*.

HOFFMANN (Frédéric), célèbre chimiste et médecin allemand (1660-1742). — (François), auteur dramatique français (1760-1828). — (Ernest-Wilhelm), célèbre romancier allemand (1776-1822).

HOGARTH (William), célèbre peintre et graveur anglais (1697-1764).

*HOGUE (La), ou LA *HOUGUE, fort et rade dans le dép. de la Manche. Bataille navale perdue par Tourville, en 1692. V. *Hague* (La).

*HOHENLINDEN, village de Bavière. Victoire de Moreau sur les Autrichiens, en 1800.

*HOHENLOHE, anc. principauté de l'empire d'Allemagne.

*HOHENSTAUFEN, bourg de Souabe; illustre famille impériale d'Allemagne.

*HOHENZOLLERN, nom de deux États de la confédération germanique: *Hohenzollern-Hechingen* et *Hohenzollern-Sigmaringen*.

HOIR, sm. héritier.

HOIRIE, sf. héritage.

*HOLÀ, interj. pour appeler. — adv. tout beau. — sm. *Mettre le holà*, faire cesser une querelle.

HOLBEIN, célèbre peintre suisse (1498-1554).

*HOLLANDAIS, AISE, adj. et s. de Hollande.

*HOLLANDE, royaume d'Europe. — NOUVELLE-HOLLANDE, l'Australie ou continent austral, dans l'Océanie.

HOLOCAUSTE, sm. sacrifice; victime.

HOLOPHERNE, général de Nabuchodonosor 1er; m. 659 av. J. C.

HOLOTHURIE, sf. (gr. *holos* tout, *thyrion* petite ouverture), échinoderme dont la peau est parsemée de trachées ou trous respiratoires (zool.).

*HOLSTEIN, duché du royaume de Danemark, *Holstein-Gottorp*, branche de la maison de Holstein. V. *Oldenbourg*.

HOLYROOD, anc. abbaye à Édimbourg.

*HOM, interj. de doute, de défiance.

*HOMARD, sm. grosse écrevisse de mer.

*HOMBOURG, capit. du landgraviat de Hesse-Hombourg. — p. ville de la Bavière rhénane.

HOMBRE, sm. sorte de jeu de cartes.

HOMÉLIE, sf. instruction religieuse faite en public; leçon du bréviaire.

HOMÉOPATHE, et dérivés. V. *Homœopathe*.

HOMÈRE. célèbre poëte épique grec, auteur de l'*Iliade* et de l'*Odyssée*; 9e ou 10e s. av. J. C.

HOMÉRIDES, *sm. pl.* poëtes ou rhapsodes de l'école d'Homère.

HOMÉRIQUE, *adj.* 2 g. d'Homère. *Rire homérique,* grand et long comme celui des dieux d'Homère.

HOMICIDE, *sm.* meurtre d'un homme; le meurtrier lui-même. — *adj.* 2 g. qui tue, qui est meurtrier.

HOMMAGE, *sm.* devoir qu'un vassal rendait à son seigneur. *Fig.* respects, veneration; offrande.

HOMMAGER, *sm.* vassal qui devait l'hommage.

HOMMASSE, *adj.* 2 g. se dit d'une grosse femme qui ressemble à un homme.

HOMME, *sm.* animal raisonnable, formé d'un corps et d'une âme; nom générique de l'espèce humaine; l'individu mâle de cette espèce. *Être homme à,* être capable de. *Homme d'affaires,* qui se charge des affaires des autres; *homme d'armes,* anc. cavalier armé de toutes pièces; *homme de bien,* honnête homme; *homme d'État,* qui prend part au gouvernement de l'État; *homme de couleur,* mulâtre; *homme de lettres,* auteur de livres, écrivain; *homme de loi,* jurisconsulte; *homme de peine,* portefaix, manœuvre; *homme de pied,* fantassin; *homme de plume,* qui vit de sa plume, qui fait des écritures; *homme de sac et de corde,* vaurien, coquin; *homme du monde,* qui vit dans le grand monde. — *Fig. homme de paille,* prête-nom; *homme des bois,* orang-outang.

HOMMEAU, *sm.* petit homme (*La Fontaine*).

HOMOCENTRIQUE, *adj.* 2 g. (gr. *homos* pareil, le même; *kentron* centre), qui a le même centre, qui est concentrique.

HOMŒOPATHE, *s.* et *adj. m.* médecin qui traite par l'homœopathie.

HOMŒOPATHIE, *sf.* (gr. *homoïos* semblable, le même; *pathé* affection, maladie), doctrine médicale consistant à traiter une maladie par des substances qui provoqueraient les symptômes de cette maladie sur une personne en bonne santé; ou, comme on dit, traitement par les semblables.

HOMŒOPATHIQUE, *adj.* 2 g. de l'homœopathie.

HOMOGÈNE, *adj.* 2 g. (gr. *homos* même; *genos* genre, espèce, nature), qui est de même espèce, de même nature.

HOMOGÉNÉITÉ, *sf.* qualité de ce qui est homogène.

HOMOGRAPHE, *adj.* 2 g. (gr. *homos* pareil, *graphô* écrire), se dit des mots qui s'écrivent de même et se prononcent différemment, comme *fier* adj. et *fier* verbe.

HOMOLOGATION, *sf.* action d'homologuer.

HOMOLOGIE, *sf.* état de ce qui est homologue.

HOMOLOGUE, *adj.* 2 g. (gr. *homos* égal, le même; *logos* raison, rapport, proportion), qui est en rapport égal, en même proportion.

HOMOLOGUER, *va.* (gr. *homologeô* dire de même : de *homos* pareillement et *legô* dire), approuver, ratifier par autorité de justice.

HOMOMORPHE, *adj.* 2 g. (gr. *homos* pareil, même; *morphé* forme), de même forme, de forme semblable.

HOMONCULE, *sm.* petit homme.

HOMONYME, *sm.* et *adj.* 2 g. (gr. *homos* le même, semblable; *onyma* nom), se dit des personnes qui ont le même nom, des choses de même nom quoique différentes, et des mots ayant même son, mais de sens différents.

HOMONYMIE, *sf.* qualité des mots qui sont homonymes.

HOMOPÉTALE, *adj.* 2 g. (gr. *homos* pareil, *pétalon* pétale), dont les pétales sont semblables (*bot.*).

HOMOPHAGE, *s.* et *adj.* 2 g. (gr. *homos* cru, *phagein* manger), mangeur de chair crue.

HOMOPHONIE, *sf.* (gr. *homos* pareil, le même; *phoné* son, voix), concert de voix à l'unisson.

HOMOPHYLLE, *adj.* 2 g. (gr. *homos* pareil, semblable; *phyllon* feuille), dont les folioles sont semblables (*bot.*).

HOMOTYPE, *adj.* 2 g. (gr. *homos* même, *typos* type), qui est formé sur le même type.

HOMOTYPIE *sf.* état de ce qui est homotype.

*HONCHETS, *sm.* jonchets.

*HONDSCHOOTE, *p.* ville de France, près de Dunkerque (Nord). Victoire des Français commandés par Houchard, sur les Anglais, en 1793.

*HONDURAS, pays et baie ou golfe dans le Guatemala.

*HONFLEUR, *p.* ville et port à l'embouchure de la Seine (Calvados).

*HONGRIE, royaume faisant partie de l'empire d'Autriche.

*HONGROIS, OISE, *adj.* et *s.* de la Hongrie.

*HONGROYEUR, *sm.* celui qui façonne le cuir dit de Hongrie.

HONNÊTE, *adj.* 2 g. vertueux, conforme à l'honneur, à la probité, bienséant, convenable, poli. — *sm.* ce qui est moral ou selon la vertu : *il faut préférer l'honnête à l'utile.*

HONNÊTEMENT, *adv.* d'une manière honnête. *Fig.* suffisamment.

HONNÊTETÉ, *sf.* caractère de ce qui est honnête, qualité de la personne honnête; conformité à l'honneur, à la probité; bienséance, pudeur.

HONNEUR, *sm.* gloire, estime qui suit la vertu, le courage; réputation; probité; pudicité; respect, faveur; au *pl.* dignités, titres. *Champ d'honneur,* champ de bataille.

*HONNIR, *va.* couvrir de honte; déshonorer.

*HONNISSEMENT, *sm.* action de honnir; ignominie.

HONOLOULOU ou **HONOLULU,** capit. des îles Sandwich.

HONORABILITÉ, *sf.* qualité de la personne honorable.

HONORABLE, *adj.* 2 g. qui fait honneur; digne d'être honoré; conforme à l'honneur; respectable : *une famille honorable.*

HONORABLEMENT, *adv.* d'une manière honorable.

HONORAIRE, *adj.* 2 g. qui a les honneurs

d'une charge en ne l'exerçant plus. — sm. pl. rétribution donnée pour des professions honorables.

HONORAT (St), fondateur du célèbre monastère de Lérins et archevêque d'Arles ; m. 429.

HONORÉ (St), évêque d'Amiens ; 7e s.

HONORER, va. rendre ou faire honneur ; respecter. — S'HONORER, vpr. acquérir de l'honneur, tirer de la vanité de.

HONORES (AD), loc. adv. (on pron. l's), mots latins signifiant pour les honneurs: se dit d'un titre purement honorifique, de quelque chose que l'on fait seulement à titre d'honneur.

HONORIFIQUE, adj. 2 g. qui procure des honneurs, de la considération.

HONORINE (Ste), vierge et martyre; 4e s.

HONORIUS, empereur d'Occident (384-423). — Nom de plus. papes.

***HONTE**, sf. confusion de l'âme après une mauvaise action ou après un affront; deshonneur, ignominie. Fig. pudeur.

***HONTEUSEMENT**, adv. avec honte et ignominie.

***HONTEUX**, EUSE, adj. qui a ou qui cause de la honte ; timide et embarrassé.

HOOD (on pron. Oude), amiral anglais (1724-1816).

HOOKE (on pron. Ouke), célèbre physicien et mathématicien anglais (1635-1703).

HÔPITAL, sm. maison où l'on reçoit et traite gratuitement les malades.

HÔPITAL (L'), V. l'Hôpital.

HOPLITE, sm. (gr. hoplon arme, grand bouclier), fantassin pesamment armé. — sf. pierre revêtue d'une couche métallique brillante, qui lui donne l'aspect d'une armure polie (min.).

HOPLOPHORE, sm. (gr. hoplon bouclier, phérô porter), animal fossile de l'ordre des édentés cuirassés (géol.).

***HOQUET**, sm. (t nul), mouvement convulsif de l'estomac ; choc, cahot (La Fontaine).

***HOQUETON**, sm. sorte de casaque.

HORACE, très-célèbre poète latin, auteur d'odes, de satires, d'épitres et d'un Art poétique (65—7 av. J. C.).

HORACES (les), nom des trois frères romains qui combattirent les Curiaces; 667 av. J. C.

HORAIRE, adj. 2 g. qui a rapport aux heures, qui se fait par heure, qui est mesuré par une heure.

HORATIUS COCLÈS, célèbre guerrier romain ; 507 av. J. C.

***HORDE**, sf. peuplade errante. Fig. troupe indisciplinée.

HORDÉINE, sf. (l. hordeum orge), substance tirée de l'orge (chim.).

HOREB (mt) dans l'Arabie anc.

***HORION**, sm. coup.

HORIZON, sm. (gr. horizô borner, limiter), grand cercle perpendiculaire à la verticale et limitant notre vue dans la sphère céleste; plan qui borne notre vue sur la terre. Fig. état, situation : l'horizon politique se couvre de nuages (Acad.).

HORIZONTAL, ALE, adj. parallèle à l'horizon (pl. m. horizontaux).

HORIZONTALEMENT, adv. parallèlement à l'horizon.

HORLOGE, sf. machine marquant et sonnant les heures.

HORLOGER, sm. celui qui fait et vend des horloges, des pendules, des montres.

HORLOGÈRE, sf. femme d'un horloger.

HORLOGERIE, sf. art, commerce, fabrique de l'horloger.

HORMIS, prep. (s nulle), excepté.

HORMISDAS, nom de quatre rois de Perse — pape, m. 523.

HORMOUZ, V. Ormus.

***HORN**, ville de Hollande. — (cap.), au sud de la Terre-de-Feu.

***HORN** (comte de), connétable de Suède et l'un des meilleurs généraux de Gustave-Adolphe (1592-1657). — sénateur suédois, chef du parti des Bonnets (1664-1742). — (Frédéric), général suédois (1725-1796).

***HORNES** (comte de), seigneur des Pays-Bas, décapité avec le comte d'Egmont en 1568.

HOROGRAPHIE, sf. (gr. hôra heure; graphô tracer, décrire), art de tracer des cadrans solaires.

HOROMÉTRIE, sf. (gr. hôra heure, métron mesure), art de mesurer et de diviser le temps.

HOROSCOPE, sm. (gr. hôra heure; skopéô voir, observer), prédiction prétendue d'après l'observation des astres à l'heure de la naissance de quelqu'un.

HORREUR, sf. vive impression que nous cause quelque chose d'affreux; haine profonde, aversion; saisissement de crainte. Au pl. choses déshonorantes, atroces, infâmes : dire des horreurs.

HORRIBLE, adj. 2 g. qui fait horreur; très-mauvais; excessif.

HORRIBLEMENT, adv. d'une manière horrible; extrèmement.

HORRIFIQUE, adj. 2 g. qui produit l'horreur; effrayant, hideux.

HORRIPILATION, sf. (l. horripilare, se couvrir de poils rudes et hérissés), frissonnement qui fait hérisser les poils, les cheveux.

***HORS**, prep. (s nulle), excepté, en dehors de, à l'exclusion de.

***HORSA**, V. Hengist.

***HORS-D'ŒUVRE**, sm. (inv.), petits plats que l'on sert après le potage. Fig. digression, ce qui sort du sujet principal; pièce détachée.

HORTENSE (la reine), fille du vicomte de Beauharnais et de Joséphine, femme de Louis Bonaparte, roi de Hollande, et mère de l'empereur Napoléon III (1783-1837).

HORTENSIA, sm. plante; sa fleur.

HORTENSIUS, fameux orateur romain (110-49 av. J. C.).

HORTICOLE, adj. 2 g. (l. hortus jardin, colo cultiver), qui a rapport à la culture des jardins.

HORTICULTEUR, sm. celui qui cultive un jardin.

HORTICULTURE, sf. (l. *hortus* jardin, *cultura* culture), art et action de cultiver les jardins.

HORUS, dieu égyptien (myth.).

HOSPICE, sm. maison de charité pour les voyageurs, de retraite pour les vieillards, les enfants ou les pauvres.

HOSPITALIER, IÈRE, adj. qui exerce l'hospitalité; où on la reçoit; où l'on est à l'abri, en repos.

HOSPITALITÉ, sf. charité, libéralité qu'on exerce en recevant et logeant gratuitement les étrangers, les passants.

HOSPODAR, sm. titre des princes souverains de la Moldavie et de la Valachie.

HOSTIE, sf. victime; petit disque de pain sans levain que le prêtre consacre dans le sacrifice de la messe.

HOSTILE, adj. 2 g. ennemi, contraire.

HOSTILEMENT, adv. en ennemi.

HOSTILIEN, empereur romain; m. 252.

HOSTILITÉ, sf. caractère de ce qui est hostile, acte d'ennemi. Au pl. guerre.

HOSTILIUS, V. Tullus.

HÔTE, sm. HÔTESSE, sf. celui, celle qui tient une hôtellerie, qui donne à manger pour de l'argent, qui donne ou reçoit l'hospitalité.

HÔTEL, sm. grande maison habitée par une seule famille; édifice destiné à un établissement public; maison garnie. Hôtel de ville, maison où siège l'autorité municipale.

HÔTEL-DIEU, sm. hôpital (pl. hôtels-Dieu).

HÔTELIER, IÈRE, s. celui, celle qui tient une hôtellerie.

HÔTELLERIE, sf. auberge.

*HOTTE, sf. sorte de panier que l'on porte sur le dos.

*HOTTÉE, sf. tout ce que peut contenir une hotte.

*HOTTENTOT, OTE, adj. et s. de la Hottentotie.

*HOTTENTOTIE, région de l'Afrique méridionale.

*HOTTEUR, EUSE, s. celui, celle qui porte une hotte.

*HOUBLON, sm. sorte de plante.

*HOUBLONNER, va. mettre du houblon dans une boisson.

*HOUBLONNIÈRE, sf. champ planté de houblon.

*HOUCHARD, général français (1740-1793).

*HOUDON, célèbre sculpteur français (1741-1828).

*HOUE, sf. instrument pour remuer la terre.

*HOUER, va. et n. remuer la terre avec la houe.

*HOUGLY, l'un des bras du Gange. — ville de l'Hindoustan.

*HOUGUE (LA), V. Hogue (la).

*HOUILLE, sf. (ll m.), charbon de terre.

*HOUILLER, ÈRE, adj. (ll m.), qui renferme de la houille.

*HOUILLÈRE, sf. (ll m.), mine de houille.

*HOUILLEUR, sm. (ll m.), ouvrier qui extrait la houille.

*HOUILLEUX, EUSE, adj. (ll m.), qui contient de la houille.

*HOULAN. V. Uhlan.

*HOULE, sf. ondulation de la mer après une tempête.

*HOULETTE, sf. bâton avec plaque de fer à l'usage des bergers.

*HOULEUX, EUSE, adj. agité par la houle.

*HOUPPE, sf. touffe, bouquet de fils de laine, de soie ou de coton.

*HOUPPELANDE, sf. sorte de large vêtement.

*HOUPPER, va. faire des houppes.

*HOURDAGE, sm. maçonnage grossier.

*HOURDER, va. maçonner grossièrement.

*HOURDIS, sm. (s nulle), hourdage.

*HOURET, sm. mauvais petit chien de chasse.

*HOURI, sf. femme dans le paradis de Mahomet.

*HOURQUE, sf. sorte de navire hollandais.

*HOURRA, sm. cri de joie; attaque imprévue d'une cavalerie.

*HOURVARI, sm. cri des chasseurs pour rappeler les chiens. Fig. grand bruit, tumulte.

*HOUSARD, sm. hussard.

*HOUSÉ, EE, adj. crotté, mouillé.

*HOUSEAUX, sm. pl. sortes de grandes guêtres.

*HOUSPILLER, va. (ll m.), secouer, maltraiter. Fig. critiquer.

*HOUSSAGE, sm. action de housser.

*HOUSSAIE, sf. lieu où il croît des houx.

*HOUSSARD, V. Hussard.

*HOUSSE, sf. couverture de cheval ou de meuble.

*HOUSSER, va. nettoyer avec un houssoir.

*HOUSSINE, sf. baguette, verge mince et flexible.

*HOUSSINER, va. battre avec une houssine. Fig. frapper.

*HOUSSOIR, sm. balai de houx, de branches, de plumes.

*HOUX, sm. (x nulle), arbrisseau toujours vert à feuilles armées de piquants.

HOWARD, célèbre famille d'Angleterre. — (Catherine), femme du roi Henri VIII; m. 1542.

*HOYAU, sm. espèce de houe à deux fourchons.

HOZIER (D'), V. D'Hozier.

*HUANCABELICA, ville du Pérou.

HUARD, sm. orfraie; aigle de mer.

HUBER (François), célèbre naturaliste suisse (1750-1831).

HUBERT (St), évêque de Liège (656-730).

HUBERTSBOURG, village de Saxe; traité de 1763 qui mit fin à la guerre de Sept ans.

*HUCHE, sf. grand coffre pour pétrir et serrer le pain.

*HUCHET, sm. (t nul), cornet avec lequel on avertit ou on appelle de loin.

HUDDERSFIELD, ville d'Angleterre.

HUDSON, navigateur anglais; m. 1611. — Baie ou mer d'Hudson, dans le nord de l'Amérique septentrionale. V. Lowe.

*HUE, interj. cri du charretier pour faire tourner les chevaux à droite.

HUE (François), valet de chambre du dauphin, fils de Louis XVI (1787-1819).

*HUÉ, capitale de la Cochinchine.

*HUÉE, sf. cri pour chasser le loup. Fig. cri de dérision.

*HUER, va. poursuivre ou accabler de huées.

*HUESCA, ville d'Espagne (Aragon).

*HUET (Daniel), savant français, évêque d'Avranches (1630-1721).

*HUETTE, sf. hulotte.

HUGO (Victor), poète et auteur dramatique français, né en 1802.

*HUGUENOT, OTE, s. et adj. sobriquet des Calvinistes.

*HUGUENOTE, sf. sorte de marmite, de fourneau.

*HUGUENOTISME, sm. doctrine des Huguenots.

HUGUES (St), abbé de Cluny (1024-1109). — (St), évêque de Grenoble (1053-1132).

HUGUES LE GRAND ou LE BLANC, fils du roi Robert et duc de France; m. 956. — HUGUES CAPET, fils du précédent et roi de France en 987; m. 996. — HUGUES DE PROVENCE, roi d'Italie en 926; m. 947.

*HUHAU! interj. V. Hue!

HUI, adv. le jour où l'on est (vx. mot).

HUILE, sf. liquide gras, onctueux. Huile essentielle, essence; saintes huiles, huile consacrée pour l'extrême-onction.

HUILER, va. oindre ou frotter avec de l'huile.

HUILERIE, sf. moulin ou magasin à huile.

HUILEUX, EUSE, adj. de la nature de l'huile; couvert d'huile.

HUILIER, sm. ustensile qui contient l'huile et le vinaigre.

HUIS, sm. porte (vx. mot). — A HUIS CLOS, loc. adv. les portes fermées au public.

HUISNE, riv. affluent de la Sarthe.

HUISSERIE, sf. assemblage des pièces de bois qui forment l'ouverture d'une porte.

HUISSIER, sm. gardien de la porte; personne préposée pour introduire chez un haut fonctionnaire ou pour faire le service des assemblées délibérantes; officier public qui signifie les actes de justice.

*HUIT, adj. et sm. sept plus un; huitième, le chiffre 8.

*HUITAIN, sm. pièce de huit vers.

*HUITAINE, sf. huit jours; collection de huit unités.

*HUITIÈME, adj. 2 g. nombre ordinal de huit. — sm. huitième partie. — sf. basse classe dans les collèges.

*HUITIÈMEMENT, adv. en huitième lieu.

HUÎTRE, sf. sorte de mollusque à coquille bivalve. Fig. personne stupide.

HUÎTRIER, sm. marchand d'huîtres; sorte d'oiseau échassier.

*HULAN, V. Uhlan.

HULIN, général français (1758-1841).

HULL ou KINGSTON, ville et port d'Angleterre.

*HULOTTE ou *HUETTE, sf. espèce de hibou.

*HULULER, vn. hurler à la manière des oiseaux nocturnes.

HUMAIN, AINE, adj. de l'homme, qui a rapport à l'homme. Fig. sensible à la pitié, bienfaisant. — sm. pl. les hommes.

HUMAINEMENT, adv. avec humanité; suivant le pouvoir de l'homme.

HUMANISER, va. rendre humain, bon, traitable; civiliser. — S'HUMANISER, vpr. devenir plus traitable, et fig. se mettre à la portée d'autrui.

HUMANISTE, sm. celui qui étudie ou qui enseigne les humanités.

HUMANITAIRE, adj. 2 g. et sm. qui a pour but les intérêts matériels et moraux de tous les humains.

HUMANITÉ, sf. la nature humaine; le genre humain. Fig. bonté, sensibilité. — sf. pl. études classiques jusqu'à la philosophie.

HUMBER, riv. d'Angleterre; se jette dans la mer du Nord.

HUMBERT, nom de plusieurs dauphins du Viennois.

HUMBLE, adj. 2 g. qui a de l'humilité; modeste, soumis; respectueux; qui a peu d'éclat; médiocre: une humble fortune.

HUMBLEMENT, adv. avec humilité, avec déférence, avec soumission.

*HUMBOLDT (Guillaume, baron de), ministre de Prusse et savant philologue (1767-1835). — (Alexandre), frère du précédent et savant illustre (1769-1859).

*HUME (David), philosophe et historien anglais (1711-1776).

HUMECTANT, ANTE, adj. et s. qui humecte, qui rafraîchit.

HUMECTATION, sf. action d'humecter.

HUMECTER, va. mouiller, rendre humide; rafraîchir.

*HUMER, va. avaler en aspirant. Fig. flairer.

HUMÉRAL, ALE, adj. qui a rapport à l'humerus (pl. m. huméraux).

HUMÉRUS, sm. (on pron l'i), os du bras depuis l'épaule jusqu'au coude.

HUMEUR, sf. tout fluide des corps organisés. Fig. disposition de l'esprit; caprice; chagrin: avoir de l'humeur. — Humeurs froides, écrouelles.

HUMFROI, V. Onfroi.

HUMIDE, adj. 2 g. de la nature de l'eau; imprégné d'eau. — sm. ce qui est humide.

HUMIDEMENT, adv. dans un endroit humide.

HUMIDITÉ, sf. qualité ou état de ce qui est humide.

HUMIÈRES (d'), maréchal de France; m. 1694.

HUMIFUSE, adj. 2 g. (l. humus terre, fusus étendu), qui est couché, étalé sur la terre (bot.).

HUMILIANT, ANTE, adj. qui humilie, honteux.

HUMILIATION, sf. action d'humilier ou d'être humilié; ce qui humilie.

HUMILIER, va. abaisser, mortifier; couvrir de confusion. — S'HUMILIER, vpr. s'abaisser.

HUMILITÉ, sf. vertu qui nous donne le sentiment de notre faiblesse ; abaissement ; déférence.

*HUMMEL, compositeur de musique allemand (1778-1837).

HUMORAL, ALE, adj. qui a rapport aux humeurs (pl. m. humoraux).

HUMORISTE, adj. 2 g. et s. qui est souvent de mauvaise humeur ; difficile à vivre, se dit aussi des médecins qui attribuent tout aux humeurs du corps.

HUMORISTIQUE, adj. 2 g. qui a rapport aux humeurs.

HUMOUR, sm. singularité d'esprit, gaieté fine et satirique, plaisanteries piquantes (mot anglais).

HUMUS, sm. (on pron. l's), terre végétale.

*HUNALD, duc d'Aquitaine ; m. 774.

*HUNE, sf. plate-forme élevée autour d'un mât ; pièce de bois à laquelle une cloche est suspendue.

*HUNIADE ou HUNYADE (Jean-Corvin), célèbre vaivode de Transylvanie (1400-1456).

*HUNIER, sm. voile du mât de hune.

HUNINGUE, p. ville (Haut-Rhin), sur la gauche du Rhin.

*HUNS, peuple barbare venu d'Asie.

*HUNSE, fleuve de Hollande.

*HUNTINGDON, ville et comté d'Angleterre.

*HUNYADE, V. Huniade.

*HUPPE, sf. sorte d'oiseau ; touffe de plumes.

*HUPPÉ, ÉE, adj. qui a une huppe. Fig. riche, notable.

*HURE, sf. tête coupée de sanglier, de saumon, de brochet, etc.

*HUREPOIX, petit pays de la province d'Ile-de-France, dont le ch.-l. était Dourdan.

*HURHAU ! interj. V. Hue !

*HURLEMENT, sm. cri prolongé du loup et du chien. Fig. cri de douleur, de colère.

*HURLER, vn. pousser des hurlements. Fig. parler en criant.

*HURLEUR, s. et adj. m. celui qui hurle ; singe à voix très-forte.

HURLUBERLU, sm. homme étourdi, brusque.

*HURON, nom d'un lac, de deux rivières et d'un peuple indigène de l'Amérique du Nord.

*HUSS (Jean), célèbre hérésiarque de Bohème (1373-1415).

*HUSSARD, sm. soldat d'un des corps de cavalerie légère.

*HUSSEIN, nom mahométan.

*HUSSITES, sectateurs de Jean Huss.

*HUTIN, adj. et sm. mutin, vif (vx. mot).

*HUTTE, sf. loge, baraque.

*HUTTEN (Ulrich de), fameux novateur allemand ; m. 1523.

*HUTTER (SE), vpr. faire une hutte et s'y loger.

*HUTTON (James), savant écossais (1726-1797). — (Charles), célèbre mathématicien anglais (1737-1823).

HUXELLES (marquis d'), V. Uxelles.

*HUYGHENS (Christian), célèbre mathéma-

ticien, astronome et physicien hollandais (1629-1695).

HYACINTHE, sf. jacinthe ; sorte de pierre précieuse.

HYACINTHE, jeune homme métamorphosé en fleur par Apollon (myth.).

HYACINTHE (St), martyr, m. 257. — (St), religieux de l'ordre des Frères prêcheurs (1185-1257).

HYADES, sf. pl. groupe d'étoiles dans la constellation du Taureau.

HYALIN, adj. m. (gr. hyalos verre). qui ressemble à du verre, qui en a l'apparence.

HYALOÏDE, adj. 2 g. (gr. hyalos verre, éidos forme), qui ressemble à du verre ; se dit de l'humeur vitrée de l'œil et d'une sorte de pierre transparente.

HYALURGIE, sf. (gr. hyalos verre, ergon travail), fabrication du verre.

HYBLA, nom de trois villes de la Sicile ancienne.

HYBRIDE, adj. 2 g. et s. qui proviennent de deux espèces différentes ; qui est tiré de deux langues différentes.

HYCSOS ou rois pasteurs, envahisseurs de l'Égypte vers le 23e s. av. J. C.

HYDASPE, fleuve de l'Inde anc.

HYDATIFORME, adj. 2 g. (gr. hydatis ampoule), se dit d'un corps qui a la forme d'une ampoule, d'une vessie, d'une poche.

HYDERABAD, V. Haïderabad.

HYDRA, île de l'archipel grec.

HYDRACIDE, sm. acide formé par la combinaison de l'hydrogène avec un corps simple (chim.).

HYDRAOTE, riv. de l'Inde anc.

HYDRARGYRE, sm. (gr. hydôr eau, argyros argent), le mercure, vif-argent ou argent liquide.

HYDRARGYRÉ, ÉE, adj. qui contient du mercure.

HYDRATATION, sf. action d'hydrater ; résultat de cette action (chim.).

HYDRATE, sm. (gr. hydôr eau), corps composé dans lequel il entre de l'eau (chim.).

HYDRATÉ, ÉE, adj. combiné avec l'eau, qui contient de l'eau (chim.).

HYDRATER, va. convertir en hydrate (chim.).

HYDRAULIQUE, sf. science ou art de conduire et d'élever les eaux. — adj. 2 g. qui a rapport à la direction des eaux.

HYDRAULICO-PNEUMATIQUE, adj. 2 g. (gr. hydôr eau, aulos tuyau, pneuma air), se dit des machines qui élèvent l'eau par le moyen du ressort de l'air.

HYDRE, sf. serpent fabuleux à plusieurs têtes ; sorte de serpent d'eau ; se dit aussi en zoologie d'un ordre de polypes ou corallaires.

HYDRIODIQUE, adj. 2 g. se dit d'un acide formé par l'hydrogène et l'iode (chim.).

HYDRO ou HYDR, initialif de plusieurs termes de chimie, nommant des corps composés dans lesquels entre l'hydrogène.

HYDROBATE, adj. et sm. (gr. hydôr eau, baino marcher), se dit d'animaux terrestres nageurs, comme le cygne, le canard.

HYDROBATRACIENS, sm. pl. (gr. hydôr

eau, *batrachos* grenouille), famille de batraciens comprenant ceux qui vivent habituellement dans l'eau (*zool.*).

HYDROCARBURE, *sm.* combinaison de l'hydrogène et du carbone avec un autre corps (*chim.*).

HYDROCÈLE, *sf.* tumeur du scrotum causée par des sérosités (*méd.*).

HYDROCÉPHALE, *sf.* (gr. *hydôr* eau, *képhalê* tête), hydropisie de la tête (*méd.*).

HYDROCHARIDÉES, *sf. pl.* (on pron. *hydrocaridées*), famille de plantes ayant pour type l'*hydrocharis*, plante à fleurs blanches qui flottent sur l'eau.

HYDROCHLORATE, *sm.* sel formé par la combinaison de l'acide hydrochlorique avec une base (*chim.*).

HYDROCHLORIQUE, *adj. m.* se dit d'un acide formé par la combinaison de l'hydrogène et du chlore (*chim.*).

HYDROCYANIQUE, V. *Cyanhydrique*.

HYDRODYNAMIQUE, *sf.* (gr. *hydôr* eau, *dynamis* force), science du mouvement et de l'équilibre des fluides ou de l'action des forces sur les fluides.

HYDROFUGE, *adj.* 2 g. (gr. *hydôr* eau; *pheugô* fuir, éviter), qui préserve de l'eau ou de l'humidité.

HYDROGÈNE, *s.* et *adj. m.* (gr. *hydôr* eau; *génos* génération, production), gaz générateur de l'eau par sa combinaison avec une quantité déterminée d'oxygène (*chim.*).

HYDROGÉNÉ, **ÉE**, *adj.* qui contient de l'hydrogène (*chim.*).

HYDROGRAPHE, *s.* et *adj. m.* celui qui s'occupe d'hydrographie.

HYDROGRAPHIE, *sf.* (gr. *hydôr* eau, *graphô* décrire), connaissance et description des différentes mers, des cours des fleuves, etc.

HYDROGRAPHIQUE, *adj.* 2 g. qui appartient à l'hydrographie.

HYDROLOGIE, *sf.* (gr. *hydôr* eau; *logos* discours, traité), traite des eaux et de leurs différentes espèces.

HYDROMEL, *sm.* (gr. *hydôr* eau, *méli* miel), boisson faite avec de l'eau et du miel.

HYDROMÈTRE, *sm.* (gr. *hyd'r* eau, liquide, fluide; *métron* mesure), instrument qui sert à mesurer la densité, la vitesse et autres propriétés des fluides (*phys.*).

HYDROMÉTRIE, *sf.* art de faire usage de l'hydromètre.

HYDRONTE, ville de l'Italie ancienne, auj. *Otrante*.

HYDROPATHE, *adj.* et *sm.* se dit du médecin qui traite par l'hydropathie.

HYDROPATHIE, *sf.* (gr. *hydôr* eau; *pathê* affection, maladie), traitement des maladies par l'eau.

HYDROPHOBE, *adj.* et *s.* 2 g. atteint d'hydrophobie, enragé.

HYDROPHOBIE, *sf.* (gr. *hydôr* eau; *phobos* crainte, aversion), rage, maladie dont un des symptômes est l'horreur de l'eau.

HYDROPHOSPHURE, *sm.* combinaison de l'hydrogène phosphoré avec une base (*chim.*).

HYDROPHYLLACÉES, ou **HYDROPHYLLÉES**,

sf. pl. (gr. *hydôr* eau, *phyllon* plante), famille de plantes à suc aqueux (*bot.*).

HYDROPIQUE, *adj.* et *s.* 2 g. atteint d'hydropisie.

HYDROPISIE, *sf.* (gr. *hydôr* eau; *ops* aspect, apparence), maladie causée par un amas de sérosités ayant l'apparence de l'eau.

HYDROPNEUMATIQUE, *adj. m.* (gr. *hydôr* eau; *pneuma* air, gaz), se dit d'un appareil qui sert à recueillir les gaz et dont la pièce principale est une cuve remplie d'eau (*chim.*).

HYDROPOTE, *s.* et *adj.* 2 g. (gr. *hydôr* eau, *potês* buveur), buveur d'eau.

HYDROSCOPE, *sm.* (gr. *hydôr* eau, *skopéô* voir), celui qui reconnaît à certains caractères la présence de l'eau souterraine.

HYDROSCOPIE, *sf.* art ou faculté de l'hydroscope.

HYDROSTATIQUE, *sf.* (gr. *hydôr* eau, liquide; *statikê* statique), science qui a pour objet la pesanteur spécifique des liquides et celle des solides posés sur ou dans des liquides. — *adj.* 2 g. qui a rapport à cette science.

HYDROSULFATE, *sm.* sel formé par la combinaison de l'acide hydrosulfurique avec une base (*chim.*); combinaison d'un sulfate avec l'eau (*min.*).

HYDROSULFURE, *sm.* combinaison d'hydrogène sulfuré avec un corps (*chim.*).

HYDROSULFUREUX et **HYDROSULFURIQUE**, *adj.* se disent d'acides formés par la combinaison de l'hydrogène et du soufre (*chim.*).

HYDROTHÉRAPIE, *sf.* (gr. *hydôr* eau, *thérapéia* traitement), traitement des maladies par l'eau (*méd.*).

HYDROTHÉRAPIQUE, *adj.* 2 g. de l'hydrothérapie.

HYDRURE, *sm.* corps composé d'hydrogène et d'un autre corps simple, et qui n'est ni acide ni gazeux (*chim.*).

HYÉMAL, **ALE**, *adj.* (l. *hyems* hiver), de l'hiver (pl. m. *hyémaux*).

HYÈNE, *sf.* quadrupède carnassier.

HYÈRES, p. ville (Var). — *Iles d'Hyères*, en face de la ville d'Hyères.

HYGIE, déesse de la santé (*myth.*).

HYGIÈNE, *sf.* (gr. *hygiéia* santé), science ou art de conserver la santé.

HYGIÉNIQUE, *adj.* 2 g. qui a rapport à l'hygiène, à la santé.

HYGIÉNIQUEMENT, *adv.* d'après les lois de l'hygiène.

HYGROMÈTRE, *sm.* (gr. *hygron* humidité, *métron* mesuré), instrument pour apprécier le degré d'humidité de l'air (*phys.*).

HYGROMÉTRICITÉ, *sf.* état hygrométrique.

HYGROMÉTRIE, *sf.* partie de la physique qui traite des moyens de déterminer le degré d'humidité de l'air, la quantité de vapeur d'eau qui est contenue dans l'air ou dans les gaz.

HYGROMÉTRIQUE, *adj.* 2 g. de l'hygrométrie; qui est sensible aux changements d'humidité.

HYGROSCOPE, *sm.* (gr. *hygron* humidité, *skopéô* observer), instrument pour reconnaître la présence de la vapeur d'eau dans l'air ou dans les gaz (*phys.*).

HYKSOS, V. *Hycsos*.

HYLAS, favori d'Hercule (*myth.*).

HYLLUS, fils d'Hercule (*myth.*).

HYMEN (on prononce *imène*), ou **HYMÉNÉE**, *sm.* divinité de la Fable qui présidait au mariage. *Fig.* mariage.

HYMÉNOPTÈRES, *sm. pl.* (gr. *hymén* membrane, *ptéron* aile), ordre d'insectes pourvus d'ailes membraneuses, tels que l'abeille et la guêpe (*zool.*).

HYMETTE, montagne de l'Attique.

HYMNE, *sm.* chant; poëme en l'honneur de. — *sf.* chant d'église en latin.

HYOÏDE, *adj.* et *sm.* se dit d'un os qui est à la racine de la langue.

HYPALLAGE, *sf.* figure qui consiste dans un renversement ou changement de construction des mots (*rhét.*).

HYPANIS, nom de deux rivières de la Scythie: l'une est le *Boug* d'aujourd'hui et l'autre le *Kouban*.

HYPERBATE, *sf.* inversion, figure de grammaire.

HYPERBOLE, *sf.* exagération (*rhét.*); sorte de courbe (*math.*).

HYPERBOLIQUE, *adj. 2 g.* qui renferme une hyperbole, qui exagère; de l'hyperbole.

HYPERBOLIQUEMENT, *adv.* avec exagération.

HYPERBORÉE, *adj. 2 g.* ou **HYPERBORÉEN, ENNE**, *adj.* (gr. *hyper* au delà, *Boreas* Borée, vent du Nord), se dit des peuples et des régions qui sont fort avant dans le Nord.

HYPERCRITIQUE, *sm.* critique outré, censeur exagéré.

HYPERDULIE, *sf.* (gr. *hyper* au-dessus, *douléia* culte), culte que l'on rend à la sainte Vierge.

HYPÉRICACÉES ou **HYPÉRICINÉES**, *sf. pl.* (gr. *hypéricon* millepertuis), famille de plantes ayant pour type le millepertuis (*bot.*).

HYPÉRIDE, orateur et homme d'État athénien; m. 322 av. J. C.

HYPERMNESTRE, l'une des Danaïdes.

HYPERTROPHIE, *sf.* (gr. *hyper* par-dessus, *trophé* nourriture), accroissement excessif du tissu d'un organe (*méd.*).

HYPHASE, riv. de l'Inde anc.

HYPNOTISME, *sm.* (gr. *hypnos* sommeil), sorte de somnambulisme, de sommeil extraordinaire provoqué par des moyens artificiels (*méd.*).

HYPO, mot grec signifiant *sous*, *au-dessous*, et qui sert d'initiatif à plusieurs termes de chimie, tels que *hypoazotique*, *hypochloreux*, etc., indiquant des composés d'un degré au-dessous des composés désignés par le reste du mot.

HYPOAZOTIQUE, *adj. m.* se dit d'un acide moins oxygéné que l'acide azotique.

HYPOCAUSTE, *sm.* (gr. *hypocauston*: de *hypo* et *kaïô* brûler), fourneau souterrain qui servait à chauffer les bains chez les anciens.

HYPOCHLOREUX, *adj. m.* se dit d'un acide moins oxygéné que l'acide chloreux.

HYPOCHLORITE, *sm.* sel formé par l'acide hypochloreux (*chim.*).

HYPOCONDRE, *sm.* (gr. *hypo* sous, *chondros* cartilage), chacune des parties latérales de la région supérieure du bas-ventre sous les fausses côtes qui sont presque toutes cartilagineuses; hypocondriaque.

HYPOCONDRIAQUE, *adj.* et *s. 2 g.* qui est atteint d'hypocondrie, et, par extension, triste, morose, bizarre.

HYPOCONDRIE, *sf.* maladie des hypocondres; mélancolie, tristesse causée par cette maladie.

HYPOCOROLLIE, *sf.* (gr. *hypo* dessous, l. *corolla* corolle), huitième classe des végétaux dans la méthode de Jussieu, comprenant ceux dont la fleur a une corolle monopétale staminifère, insérée sur le réceptacle au-dessous de l'ovaire (*bot.*).

HYPOCRAS, *sm.* (on pron. l's), liqueur faite avec du vin, du sucre et de la cannelle.

HYPOCRATÉRIFORME, *adj. 2 g.* (gr. *hypo* sous, *kratér* cratère, coupe), se dit d'une corolle monopétale en tube droit, terminée brusquement par un limbe étalé, de manière à figurer une coupe antique ou soucoupe à pied (*bot.*).

HYPOCRISIE, *sf.* vice de l'hypocrite; fausse apparence de piété, de probité, de bonnes mœurs.

HYPOCRITE, *s.* et *adj. 2 g.* (gr. *hypokritès* interprète, comédien), personne qui joue un rôle en affectant des vertus qu'elle n'a pas: fourbe, trompeur.

HYPOGASTRE, *sm.* (gr. *hypo* sous, *gaster* ventre), partie inférieure du ventre, le bas-ventre.

HYPOGASTRIQUE, *adj. 2 g.* de l'hypogastre.

HYPOGÉ, ÉE, *adj.* (gr. *hypo* sous, *gê* terre), se dit des cotylédons qui restent cachés sous la terre (*bot.*).

HYPOGÉE, *sm.* (gr. *hypo* sous, *gê* terre), construction souterraine où l'on déposait les morts; souterrain.

HYPOGLOSSE, *adj. 2 g.* (gr. *hypo* sous, *glôssa* langue), se dit des nerfs qui sont placés sous la langue (*anat.*); s'emploie aussi en bot. pour qualifier certaines plantes dont les feuilles portent une sorte de languette ou ont la forme d'une langue.

HYPOGYNE, *adj. 2 g.* (gr. *hypo* sous; *gyné* femme et, par extension, femelle), se dit de la corolle et des étamines qui sont insérées sous l'ovaire ou organe femelle (*bot.*).

HYPOGYNIE, *sf.* classe des plantes dont les fleurs sont à étamines hypogynes.

HYPOPÉTALIE, *sf.* (gr. *hypo* sous, *pétalon* pétale), treizième classe des végétaux dans la méthode de Jussieu, comprenant ceux dont la fleur polypétale a ses étamines insérées sur le réceptacle au-dessous de l'ovaire (*bot.*).

HYPOPHOSPHOREUX et **HYPOPHOSPHORIQUE**, *adj. m.* se disent d'acides moins oxygénés que les acides phosphoreux ou phosphorique.

HYPOSTAMINIE, *sf.* (gr. *hypo* sous; l. *stamina* étamine), septième classe des végétaux dans la méthode de Jussieu, comprenant ceux dont la fleur apétale a ses étamines insérées sur le réceptacle au-dessous de l'ovaire (*bot.*).

HYPOSTASE, *sf.* substance; personne réelle (gr. *hypostasis*; de *hypo* sous et *histêmi* être, exister ; c'est-à-dire ce qui existe sous les qualités, ce qui leur sert de support.

HYPOSTATIQUE, *adj.* 2 *g.* *Union hypostatique*, union du Verbe avec la nature humaine (t. de *théologie*).

HYPOSTATIQUEMENT, *adv.* d'une manière hypostatique (t. de *théologie*).

HYPOSULFATE et HYPOSULFITE, *sm.* sels dans lesquels il entre moins d'acide sulfurique ou d'acide sulfureux que dans un sulfate ou un sulfite (*chim.*).

HYPOSULFUREUX, *adj. m.* se dit d'un acide moins fort que l'acide sulfureux (*chim.*).

HYPOSULFURIQUE, *adj. m.* se dit d'un acide moins fort que l'acide sulfurique (*chim.*).

HYPOTÉNUSE, *sm.* côté opposé à l'angle droit dans un triangle rectangle (*geom.*).

HYPOTHÉCAIRE, *adj.* 2 *g.* qui a droit ou qui donne droit à une hypothèque; qui a rapport à l'hypothèque.

HYPOTHÉCAIREMENT, *adv.* avec hypothèque, par rapport à l'hypothèque.

HYPOTHÈQUE, *sf.* droit acquis sur les biens immeubles d'un débiteur comme gage ou garantie d'une créance.

HYPOTHÉQUER, *va.* soumettre à l'hypothèque.

HYPOTHÈSE, *sf.* supposition d'où l'on tire une conséquence (gr. *hypothésis* : de *hypo* sous et *tithêmi* poser, c'est-à-dire *supposer*).

HYPOTHÉTIQUE, *adj.* 2 *g.* qui est fondé sur une hypothèse.

HYPOTHÉTIQUEMENT, *adv.* par hypothèse.

HYPOTYPOSE, *sf.* (gr. *hypotyposis* image, representation), description animée, peinture vive et frappante (*rhet.*).

HYPOXYLÉES, *sf. pl.* (gr. *hypo* sous, *xylon* bois), famille d'une sorte de mousse ou moisissure qui croît principalement sur du bois mort ou dans un état de putréfaction (*bot.*).

HYPOZOÏQUE, *adj.* 2 *g.* (gr. *hypo* sous; *zôê* vie ou *zôon* animal), se dit d'un terrain de cristallisation inférieur à tous ceux dans lesquels on trouve des débris de corps organisés (*géol.*).

HYPSOMÉTRIE, *sf.* (gr. *hypsos* hauteur, *métron* mesure), art de mesurer les hauteurs.

HYPSOMÉTRIQUE, *adj.* 2 *g.* de l'hypsométrie.

HYRCAN Ier (Jean), souverain pontife des Juifs; m. 107 av. J. C. — HYRCAN II, souverain pontife et roi des Juifs; m. 30 av. J. C.

HYRCANIE, région de l'Asie anc.

HYRCANIEN, IENNE, *adj.* de l'Hyrcanie. *Mer Hyrcanienne*, ancien nom de la mer Caspienne.

HYSOPE, *sf.* plante aromatique de la famille des labiées.

HYSTASPE, père de Darius Ier.

HYSTÉRIE, *sf.* maladie nerveuse particulière aux femmes.

HYSTÉRIQUE, *adj.* 2 *g.* de l'hystérie; qui a cette maladie.

I

I, *sm.* 9e lettre de l'alphabet , la 3e des voyelles; en chiffres romains vaut 1.

IABLONOI, montagnes d'Asie.

IACOUB, nom arabe (Jacob).

IAKOUTSK, ville de Sibérie , sur la Lena.

IAMBE, *sm.* pied de vers grec ou latin formé d'une syllabe brève et d'une longue. *Fig.* au *pl.* pièce de vers satirique.

IAMBIQUE, *adj.* 2 *g.* composé d'iambes.

IAPYGIE, anc. partie de l'Italie méridionale.

IARBAS, roi de Gétulie, 9e s. av. J. C.

IAROSLAV ou JAROSLAV, grand-duc de Russie, m. 1054. — ville de Russie.

IASSY ou JASSY, capit. de la Moldavie.

IATRIQUE, *adj.* 2 *g.* médical, qui appartient à la médecine.

IAXARTE, riv. d'Asie, auj. *Si-Houn*.

IBÈRE, anc. nom de l'Èbre.

IBÉRIE, anc. nom de l'Espagne.

IBÉRIEN, IENNE, *adj.* habitant de l'Ibérie, qui est de l'Ibérie.

IBÉRIQUE, *adj.* 2 *g.* de l'Ibérie ou de l'Espagne.

IBIDEM, *adv.* (mot latin), à l'endroit déjà indiqué. On écrit aussi par abréviation *ibid.*

IBIS, *sm.* sorte d'oiseau.

IBRAHIM, nom arabe (Abraham).

IBYCUS, poëte lyrique grec; 6e s. av. J. C.

ICARE, fils de Dédale (*myth.*).

ICARIENNE (mer), dans l'archipel grec.

ICELUI, ICELLE, *adj.* et *pron.* *démonst.* celui, celle ; celui-ci, celle-ci (vx. mot).

ICHNEUMON, *sm.* (on pron. *ik*), sorte de gros rat d'Égypte; sorte de guêpe.

ICHNOZOAIRES, *sm. pl.* (gr. *ichnos* vestige, trace ; *zôon* animal) , êtres dépourvus d'organes spéciaux doués de contractilité dans toutes leurs parties, et qui ne sont pour ainsi dire que des sortes d'animaux rudimentaires (*zool.*).

ICHOREUX, EUSE, *adj.* (on pron. *ikoreux*), qui contient de la sanie.

ICHTHYOCOLE ou ICHTHYOCOLLE, *sf.* ou *m.* (on pron. *ik* ; gr. *ichthys* poisson, *kolla* colle), colle de poisson.

ICHTHYOLITHE, *sm.* (on pron. *ik*; gr. *ichthys* poisson, *lithos* pierre), poisson pétrifié ou pierre portant l'empreinte d'un poisson (*geol.*).

ICHTHYOLOGIE, *sf.* (on pron. *ik*; gr. *ichthys* poisson; *logos* discours, traité), partie de l'histoire naturelle qui traite des poissons.

ICHTHYOLOGIQUE, *adj.* 2 *g.* (on pron. *ik*), de l'ichthyologie.

ICHTHYOLOGISTE ou ICHTHYOLOGUE, *sm.* (on pron. *ik*), celui qui est versé dans l'ichthyologie.

ICHTHYOPHAGE, *adj.* et *s.* 2 *g.* (on pron. *ik*; gr. *ichthys* poisson, *phagein* manger), qui se nourrit de poisson.

ICHTHYOSAURE, *sm.* (on pron. *ik*; gr. *ichthys* poisson, *sauros* lézard ou crocodile), nom d'un animal trouvé à l'état fossile et qui tient à la fois du poisson et du crocodile (*géol.*).

ICI, *adv.* lieu où l'on est; en cet endroit. — Jusqu'ici, *loc. adv.* jusqu'à présent.

ICI-BAS, *loc. adv.* dans ce bas monde, sur la terre.

ICOGLAN, *sm.* page du grand sultan.

ICONIUM (on pr. *Iconiome*), anc. ville de l'Asie Mineure, auj. *Konieh.*

ICONOCLASTE, *sm.* (gr. *eikôn* image, *klaô* briser), hérétique briseur d'images.

ICONOGRAPHE, *sm.* celui qui s'occupe d'iconographie.

ICONOGRAPHIE, *sf.* (gr. *eikôn* image, *graphô* décrire), description des images, médailles, bustes, etc., antiques.

ICONOGRAPHIQUE, *adj.* 2 *g.* qui concerne l'iconographie.

ICONOLÂTRE, *sm.* (gr. *eikôn* image, *latris* adorateur), adorateur d'images.

ICONOLOGIE, *sf.* (gr. *eikôn* image, figure; *logos* discours, traité), explication des figures et des monuments antiques.

ICONOLOGIQUE, *adj.* 2 *g.* qui concerne l'iconologie.

ICONOMAQUE, *sm.* (gr. *eikôn* image, *machomai* combattre), celui qui combat le culte des images.

ICOSAÈDRE, *sm.* (gr. *eikosi* vingt, *hedra* base), solide à vingt faces ou bases (*géom.*).

ICOSANDRIE, *sf.* (gr. *eikosi* vingt; *anêr*, *gen. andros* homme ou mâle), 12e classe des plantes dans la méthode de Linné, comprenant celles qui ont vingt étamines ou plus insérées sur le calice (*bot.*).

ICTÉRIQUE, *adj.* et *s.* 2 *g.* (gr. *ikteros* jaunisse), qui a la jaunisse (*méd.*).

IDA, mont de l'Asie Mineure; un autre dans l'île de Crète.

IDACE, évêque espagnol du 5e s. et chroniqueur.

IDALIE, anc. ville de l'île de Chypre.

IDÉAL, ALE, *adj.* qui n'existe qu'en idée; qui réunit toutes les perfections (pl. m. *idéaux* : Buffon). — *sm.* le beau idéal.

IDÉALISME, *sm.* système de ceux qui voient en Dieu l'idée de tout, ou de ceux qui pensent que les choses n'existent que dans nos idées; philosophie opposée au matérialisme.

IDÉALISTE, *adj.* 2 *g.* et *sm.* de l'idéalisme, qui professe l'idéalisme.

IDÉALITÉ, *sf.* qualité de ce qui est idéal.

IDÉE, *sf.* notion que l'esprit se forme d'une chose; pensée, souvenir, opinion, invention; ébauche d'un ouvrage; chimère.

IDEM, (on pron. *idème* et l'on abrège ainsi ce mot ID.), *pron.* le même.—*adv.* de même (*mot latin*).

IDENTIFIER, *va.* comprendre deux choses sous la même idée. — S'IDENTIFIER, *vpr.* se rendre le même qu'un autre, lui devenir pareil; se pénétrer des sentiments d'un autre.

IDENTIQUE, *adj.* 2 *g.* qui est le même qu'un autre, qui est compris sous une même idée, qui ne fait qu'un avec un autre.

IDENTIQUEMENT, *adv.* d'une manière identique.

IDENTITÉ, *sf.* manière d'être de celui ou de ce qui est identique à lui-même ou à un autre; constatation de l'individualité d'une personne.

IDÉOGRAPHIQUE, *adj.* 2 *g.* (gr. *idéa* idée, *graphô* décrire, figurer), se dit de tout signe représentant l'idée ou l'objet lui-même par image ou par symbole.

IDÉOLOGIE, *sf.* (gr. *idéa* idée, *logos* discours, traité), partie de la métaphysique qui traite des idées.

IDÉOLOGIQUE, *adj.* 2 *g.* de l'idéologie, qui concerne l'idéologie.

IDÉOLOGUE ou IDÉOLOGISTE, *sm.* celui qui s'occupe d'idéologie.

IDES, *sf. pl.* le 15e jour des mois de mars, mai, juillet, octobre, et le 13e des autres mois, chez les anciens Romains.

IDIOME, *sm.* langue propre à une nation, langage particulier à une province.

IDIOPATHIE, *sf.* (gr. *idios* propre; *path* affection, maladie), maladie propre ou particulière qui n'est point le symptôme d'une autre ou qui n'en dépend point; inclination particulière que l'on a pour une chose.

IDIOPATHIQUE, *adj.* 2 *g.* de l'idiopathie.

IDIOSYNCRASIE, *sf.* (gr. *idios* propre, *syn* avec, *krasis* tempérament), disposition particulière du tempérament, par laquelle on a du penchant ou de l'aversion pour certaines choses.

IDIOT, OTE, *adj.* et *s.* ignorant, insensé, stupide.

IDIOTISME, *sm.* (gr. *idiôtismos* : d'*idios* propre, particulier), locution particulière à une langue et contraire aux règles générales; maladie mentale, état de l'idiot.

IDOINE, *adj.* 2 *g.* convenable, propre à quelque chose (vx; mot).

IDOLÂTRE, *s.* et *adj.* 2 *g.* adorateur d'idoles. *Fig.* qui aime avec excès, qui raffole de : mère idolâtre de son enfant.

IDOLÂTRER, *vn.* adorer les idoles. — *Fig. va.* faire de quelqu'un son idole, c.-à-d. l'aimer avec excès.

IDOLÂTRIE, *sf.* (gr. *eidôlon* idole, *latreia* adoration), adoration des idoles. *Fig.* amour extrême.

IDOLÂTRIQUE, *adj.* 2 *g.* de l'idolâtrie, qui tient de l'idolâtrie.

IDOLE, *sf.* figure d'une fausse divinité. *Fig.* objet d'une vive passion, d'un engouement extrême.

IDOMÉNÉE, roi de Crète, l'un des héros du siège de Troie.

IDRIA, ville d'Illyrie.

IDUMÉE, anc. contrée au S. et à l'E. de la Palestine.

IDUMÉEN, ENNE, adj. et s. de l'Idumée.

IDYLLE, sf. petit poème sur un sujet pastoral.

IEDO, V. Yeddo.

IÉNA, ville du grand-duché de Saxe-Weimar. Victoire de Napoléon 1er sur les Prussiens en 1806.

IÉNIKALEH, ville et détroit à l'entrée de la mer d'Azov.

IÉNISSÉI, g. fleuve de Sibérie.

IÉNISSÉISK, ville de Sibérie.

IF, sm. sorte d'arbre ; appareil de forme triangulaire qui sert à faire des illuminations.

IFFLAND, auteur dramatique allemand (1759-1814).

IGLAU, ville de Moravie.

IGNACE (St), évêque d'Antioche et martyr, m. 116. — (St), patriarche de Constantinople (799-877). — (St) DE LOYOLA, fondateur de l'ordre des Jésuites (1491-1556).

IGNAME, sf. sorte de plante à racine farineuse.

IGNARE, adj. et s. 2 g. ignorant.

IGNÉ, ÉE, adj. (on pr. ig-né ; l. igneus, d'ignis feu), de feu, produit par le feu.

IGNICOLE, s. et adj. 2 g. (on pr. ig-nicole; l. ignis feu, colere adorer), adorateur du feu.

IGNITION, sf. (on pr. ig-nicion; l. ignis feu), état d'un corps qui brûle ou qui est rougi par l'action du feu.

IGNIVOME, adj. 2 g. (on pr. ig-nivome ; l. ignis feu, vomere vomir), qui vomit le feu, volcanique.

IGNOBLE, adj. 2 g. vil, bas.

IGNOBLEMENT, adv. d'une manière ignoble.

IGNOMINIE, sf. infamie.

IGNOMINIEUSEMENT, adv. avec ignominie.

IGNOMINIEUX, EUSE, adj. plein d'ignominie, infamant.

IGNORAMMENT, adv. avec ignorance (peu usité).

IGNORANCE, sf. état, défaut de celui qui ne sait pas, qui manque de savoir.

IGNORANT, ANTE, adj. et s. qui ne sait rien ; qui ignore une chose.

IGNORANTIFIANT, ANTE, adj. qui rend ignorant.

IGNORANTIFIÉ, ÉE, adj. rendu ignorant.

IGNORANTIN, adj. et sm. membre d'une congrégation qui donne l'enseignement primaire.

IGNORANTISME, sm. opinion de ceux qui veulent maintenir le peuple dans l'ignorance.

IGNORANTISSIME, adj. 2 g. très-ignorant.

IGNORÉ, ÉE, adj. inconnu, caché.

IGNORER, va. ne pas savoir, ne pas pratiquer. — S'IGNORER, vpr. ne pas se connaître soi-même.

IGOR, grand-duc de Russie (879-945).

IGUANE, sm. (on pr. iyouane), sorte de lézard.

IGUANIENS, sm. pl. (on pr. iouaniens), famille de reptiles sauriens (zool.).

IGUANODON, sm. (on pr. igouanodon ; gr. odôn dent), sorte d'iguane fossile dont la mâchoire était armée de fortes dents (géol.).

IL, pron. pers. m. désignant la 3e personne.

ÎLE, sf. terre entourée d'eau.

ÎLE-DE-FRANCE, anc. province de France, capit. Paris.

ÎLE D'YEU, ou ÎLE DIEU, île sur la côte du dép. de la Vendée.

ÎLE-JOURDAIN (L'), p. ville (Gers).

ILÉON, ou ILEUM, sm. le plus gros des intestins grêles (anat.).

ILES, sm. pl. les flancs, les parties latérales du bas-ventre (anat.).

ILIADE, sf. poème épique d'Homère sur le siége de Troie.

ILIAQUE, adj. 2 g. qui a rapport à l'iléon ou aux iles (anat.).

ILICINÉES, sf. pl. (l. ilex yeuse), famille de végétaux dont l'yeuse est le type (bot.).

ILION, sm. l'un des trois os iliaques ou des hanches (anat.).

ILION, ou ILIUM, citadelle de Troie ; l'un des noms de Troie.

ILISSUS, anc. cours d'eau près d'Athènes.

ILL, riv. de France, affluent du Rhin.

ILLE, riv. de France, affluent de la Vilaine. — p. ville (Pyrénées-Orientales).

ILLE-ET-VILAINE, dép. français dont le ch.-l. est Rennes.

ILLÉGAL, ALE, adj. 2 g. non légal, contraire à la loi (pl. m. illégaux).

ILLÉGALEMENT, adv. d'une manière illégale.

ILLÉGALITÉ, sf. caractère, vice de ce qui est illégal.

ILLÉGITIME, adj. 2 g. non légitime, qui n'est pas selon la loi; et, par extension, injuste, déraisonnable.

ILLÉGITIMEMENT, adv. injustement, sans raison.

ILLÉGITIMITÉ, sf. défaut de légitimité.

ILLER, riv. d'Allemagne, affluent du Danube.

ILLETTRÉ, ÉE, adj. qui n'a pas de littérature; ignorant.

ILLICITE, adj. 2 g. qui n'est pas permis.

ILLICITEMENT, adv. contre le droit et la justice.

ILLICO, adv. aussitôt, sur-le-champ (mot latin).

ILLIERS, p. ville (Eure-et-Loir).

ILLIMITABLE, adj. 2 g. qui ne peut être limité.

ILLIMITÉ, ÉE, adj. non limité; qui est sans bornes, sans terme.

ILLINOIS, riv. et État de l'Union (États-Unis).

ILLISIBLE adj. 2 g. qu'onne peut lire. Fig. dont la lecture est insupportable.

ILLOGIQUE, adj. 2 g. contraire à la logique.

ILLUMINATEUR, sm. celui qui illumine.

ILLUMINATION, sf. action d'illuminer; lumières qui servent à illuminer. Fig. lumière soudaine qui éclaire l'âme, l'esprit.

ILLUMINÉ, ÉE, adj. éclairé.— s. visionnaire en matière religieuse.

ILLUMINER, va. et n. éclairer; faire des illuminations. Fig. éclairer l'âme, l'esprit.

ILLUMINISME, sm. opinions chimériques des illuminés.

ILLUSION, sf. apparence trompeuse, erreur des sens ou de l'esprit; pensée chimérique.

ILLUSIONNER, va. causer de l'illusion, tromper par des illusions. S'ILLUSIONNER, vpr. se faire illusion.

ILLUSOIRE, adj. 2 g. qui fait illusion, qui tend à tromper, qui est sans résultat.

ILLUSOIREMENT, adv. d'une façon illusoire.

ILLUSTRATION, sf. action d'illustrer; célébrité, marque d'honneur. Fig. au pl. explications, gravures qui accompagnent un livre.

ILLUSTRE, adj. 2 g. célèbre par le mérite; éclatant, très-remarquable.

ILLUSTRER, va. rendre illustre. Fig. orner de gravures le texte d'un livre. — S'ILLUSTRER, vpr. se rendre illustre.

ILLUSTRISSIME, adj. 2 g. très-illustre.

ILLYRIE, partie de l'empire d'Autriche.

ILLYRIEN, IENNE, adj. et s. de l'Illyrie.

ILMEN, lac de Russie.

ILMÉNIUM, sm. (on pr. ilméniome), l'un des corps simples de la chimie.

ÎLOT, sm. (t nul), très-petite île.

ILOTE, sm. esclave à Sparte; ainsi nommé de la ville d'Helos dont les habitants furent réduits en servitude par les Lacédémoniens.

ILOTIE, sf. ou ILOTISME, sm. état de l'ilote. Fig. esclavage, servitude.

ILUS, fils de Tros, fondateur d'Ilion; 14e s. av. J. C.

IMAGE, sf. représentation d'un objet dans l'esprit ou par les arts du dessin; estampe; souvenir; ressemblance; description; métaphore qui rend une idée plus vive et plus sensible.

IMAGÉ, ÉE, adj. se dit d'une composition littéraire ou d'un langage plein d'images.

IMAGER, ÈRE, s. celui, celle qui vend des images.

IMAGERIE, sf. fabrique ou commerce d'images.

IMAGIER, ou IMAGISTE, sm. et adj. fabricant ou marchand d'images.

IMAGINABLE, adj. 2 g. que l'on peut imaginer.

IMAGINAIRE, adj. 2 g. qui n'est que dans l'imagination.

IMAGINATIF, IVE, adj. qui imagine facilement.

IMAGINATION, sf. faculté d'imaginer; idée peu fondée ou chimérique.

IMAGINATIVE, sf. faculté d'imaginer.

IMAGINER, va. se représenter une chose dans l'esprit; inventer. — S'IMAGINER, vpr. se figurer, croire, se persuader.

IMAGISTE, V. Imagier.

IMAN, sm. ministre de la religion musulmane.

IMANAT, sm. (t nul), dignité d'iman.

IMAÜS, montagnes d'Asie, auj. monts Bélour.

IMBÉCILE, adj. et s. 2 g. faible d'esprit; stupide, idiot.

IMBÉCILEMENT, adv. avec imbécillité.

IMBÉCILLITÉ, sf. faiblesse d'esprit; sottise, niaiserie.

IMBERBE, adj. 2 g. qui n'a pas encore de barbe.

IMBERT, poète français (1747-1790).

IMBIBER, va. pénétrer d'un liquide.— S'IMBIBER, vpr. être pénétré par un liquide.

IMBIBITION, sf. action d'imbiber ou de s'imbiber.

IMBOIRE (S'), vpr. s'imbiber, se pénétrer.

IMBRICATION, sf. superposition de tuiles, d'écailles, de feuilles imbriquées.

IMBRIQUÉ, ÉE, adj. se dit en histoire naturelle des parties qui se recouvrent les unes les autres comme les tuiles d'un toit.

IMBROGLIO, sm. (on pron. gl mouillé), embrouillement, petite pièce de théâtre très-embrouillée : pl. imbroglios (mot tiré de l'italien).

IMBROS, île de la mer Égée.

IMBU, UE, adj. rempli, pénétré.

IMÉRÉTHIE ou IMÉRÉTIE, province russe au S. du Caucase.

IMITABLE, adj. 2 g. qui peut ou qui doit être imité.

IMITATEUR, TRICE, adj. et s. qui imite (se dit des personnes).

IMITATIF, IVE, adj. qui imite (se dit des choses).

IMITATION, sf. action d'imiter, résultat de cette action; ouvrage imité. Imitation de Jésus-Christ, titre d'un livre de piété. — A L'IMITATION DE, loc. prep. à l'exemple de.

IMITER, va. faire de même qu'un autre; contrefaire, copier, prendre pour modèle; ressembler à.

IMMACULATION, sf. qualité de l'être ou de l'objet immaculé.

IMMACULÉ, ÉE, adj. qui est sans tache, sans souillure de péché.

IMMANENT, ENTE, adj. qui est continu, constant; qui est, qui existe dans.

IMMANGEABLE, adj. 2 g. qu'on ne peut pas manger.

IMMANQUABLE, adj. 2 g. qui ne peut manquer d'avoir lieu.

IMMANQUABLEMENT, adv. infailliblement, sans manquer.

IMMARCESCIBLE, adj. 2 g. qui ne peut se flétrir.

IMMATÉRIALISER, va. rendre ou supposer immatériel.

IMMATÉRIALITÉ, sf. état ou qualité de ce qui est immatériel.

IMMATÉRIEL, ELLE, adj. qui est sans aucun mélange de matière.

IMMATÉRIELLEMENT, adv. d'une manière immatérielle.

IMMATRICULATION, sf. action d'immatriculer; résultat de cette action.

IMMATRICULE, sf. enregistrement.

IMMATRICULER, *va.* enregistrer sur la matricule.

IMMÉDIAT, ATE, *adj.* qui agit ou qui est après ou avant sans intermédiaire.

IMMÉDIATEMENT, *adv.* d'une manière immédiate; aussitôt.

IMMÉMORIAL, ALE, *adj.* dont l'origine est si ancienne qu'il n'en reste aucune mémoire; très-ancien.

IMMENSE, *adj.* 2 g. sans bornes, de grandeur infinie; très-considérable.

IMMENSÉMENT, *adv.* d'une manière immense.

IMMENSITÉ, *sf.* grandeur infinie, étendue immense.

IMMERGER, *va.* plonger dans.

IMMÉRITÉ, ÉE, *adj.* non mérité.

IMMERSIF, IVE, *adj.* qui est fait par immersion.

IMMERSION, *sf.* action de plonger dans un liquide; entrée d'une planète dans l'ombre d'une autre, commencement d'une éclipse de soleil.

IMMEUBLE, *sm.* et *adj.* bien non meuble, comme terre, maison, etc.

IMMIGRATION, *sf.* établissement d'étrangers dans le pays où ils sont venus.

IMMINEMMENT, *adv.* d'une manière imminente.

IMMINENCE, *sf.* qualité de ce qui est imminent.

IMMINENT, ENTE, *adj.* qui est près de tomber sur, qui est sur le point d'arriver.

IMMISCER (S'), *vpr.* se mêler dans une affaire, s'entremettre mal à propos.

IMMISCIBLE, *adj.* 2 g. qui ne peut se mêler avec autre chose.

IMMIXTION, *sf.* action de s'immiscer.

IMMOBILE, *adj.* 2 g. qui ne se meut pas, qui est fixe. *Fig.* inébranlable.

IMMOBILIER, IÈRE, *adj.* qui concerne les immeubles.

IMMOBILISATION, *sf.* action d'immobiliser, effet de cette action.

IMMOBILISER, *va.* donner qualité d'immeuble.

IMMOBILITÉ, *sf.* état d'une personne ou d'une chose immobile.

IMMODÉRATION, *sf.* défaut de modération.

IMMODÉRÉ, ÉE, *adj.* sans mesure, excessif.

IMMODÉRÉMENT, *adv.* sans modération, avec excès.

IMMODESTE, *adj.* 2 g. qui manque à la modestie, aux bienséances; contraire à la pudeur.

IMMODESTEMENT, *adv.* d'une manière immodeste.

IMMODESTIE, *sf.* manque de modestie, de pudeur.

IMMOLATION, *sf.* action d'immoler.

IMMOLER, *va.* offrir en sacrifice. *Fig.* mettre à mort, perdre, sacrifier, soumettre. — S'IMMOLER, *vpr.* se dévouer.

IMMONDE, *adj.* 2 g. sale, impur.

IMMONDICE, *sf.* boue, ordures.

IMMONDICITÉ, *sf.* qualité de ce qui est immonde; immondice.

IMMORAL, ALE, *adj.* sans mœurs, contraire à la morale.

IMMORALITÉ, *sf.* absence des principes de la morale; défaut de moralité.

IMMORTALISER, *va.* rendre immortel dans la mémoire des hommes.

IMMORTALITÉ, *sf.* qualité de ce qui est immortel; souvenir impérissable.

IMMORTEL, ELLE, *adj.* et *s.* qui n'est pas sujet à la mort. *Fig.* qui est d'une très-longue durée, dont le souvenir ne s'efface pas. — *Les immortels*, les dieux des païens.

IMMORTELLE, *sf.* sorte de plante; sa fleur.

IMMUABLE, *adj.* 2 g. qui ne peut changer, qui n'est pas sujet au changement.

IMMUABLEMENT, *adv.* d'une manière immuable.

IMMUNITÉ, *sf.* exemption d'impôts, de devoirs, etc.

IMMUTABILITÉ, *sf.* état, qualité de ce qui est immuable.

IMOLA, ville d'Italie dans la Romagne.

IMPAIR, AIRE, *adj.* non pair; qui ne peut pas se diviser exactement par 2.

IMPALPABILITÉ, *sf.* qualité de ce qui est impalpable.

IMPALPABLE, *adj.* 2 g. qui ne peut être palpé ou se faire sentir au toucher.

IMPARDONNABLE, *adj.* 2 g. qui ne peut être pardonné.

IMPARFAIT, AITE, *adj.* non achevé, non parfait, incomplet, qui a des défauts. — *sm.* l'un des temps du verbe.

IMPARFAITEMENT, *adv.* d'une manière imparfaite.

IMPARISYLLABIQUE, *adj.* 2 g. se dit des noms grecs ou latins qui ont au génitif une syllabe de plus qu'au nominatif.

IMPARTABLE, *adj.* qui ne peut être partagé (t. de palais).

IMPARTAGEABLE, *adj.* 2 g. qui ne peut se partager.

IMPARTIAL, ALE, *adj.* 2 g. (on pr. *inparcial*), non partial, qui n'est pas du parti de tel ou tel; juste, équitable (pl. m. *impartiaux*).

IMPARTIALEMENT, *adv.* (on pr. *inparcialeman*), d'une manière impartiale, équitablement.

IMPARTIALITÉ, *sf.* (on pr. *inparcialité*), qualité de ce qui est impartial.

IMPARTIBLE, *adj.* 2 g. qui ne saurait être partagé.

IMPASSE, *sf.* rue sans issue.

IMPASSIBILITÉ, *sf.* état, qualité de celui qui est impassible.

IMPASSIBLE, *adj.* 2 g. qui n'éprouve aucune sensation; qui ne s'émeut pas; qui reste calme, insensible.

IMPASSIBLEMENT, *adv.* d'une manière impassible, sans trouble.

IMPATIEMMENT, *adv.* avec impatience.

IMPATIENCE, *sf.* état de la personne impatiente, défaut de patience, sentiment d'inquiétude.

IMPATIENT, ENTE, *adj.* qui n'a pas de patience, qui supporte difficilement.

IMPATIENTANT, ANTE, adj. qui impatiente.

IMPATIENTER, va. faire perdre patience. — **S'IMPATIENTER,** vpr. perdre patience.

IMPATRONISER (S'), vpr. s'introduire dans une famille et y gouverner.

IMPAYABLE, adj. 2 g. qu'on ne peut trop payer. Fig. très-bizarre.

IMPECCABILITÉ, sf. état de l'être impeccable.

IMPECCABLE, adj. 2 g. qui ne peut pécher, qui ne peut faire le mal.

IMPÉNÉTRABILITÉ, sf. qualité de ce qui est impénétrable.

IMPÉNÉTRABLE, adj. 2 g. qu'on ne peut pénétrer, qui ne peut être pénétré. Fig. inexplicable, dont le sens ne peut être saisi.

IMPÉNÉTRABLEMENT, adv. d'une manière impénétrable.

IMPÉNITENCE, sf. endurcissement dans le péché.

IMPÉNITENT, ENTE, adj. et s. endurci dans le péché.

IMPÉRATIF, IVE, adj. impérieux, qui marque le commandement. — sm. l'un des temps du verbe.

IMPÉRATIVEMENT, adv. d'une manière impérative.

IMPÉRATOIRE, sf. sorte de plante.

IMPÉRATOR, sm. mot latin signifiant commandant, titre que les soldats romains donnaient à leur général après une grande victoire.

IMPÉRATRICE, sf. femme d'un empereur, souveraine d'un empire.

IMPERCEPTIBLE, adj. 2 g. qui ne peut être perçu ou aperçu. Fig. qui échappe aux sens, à l'attention.

IMPERCEPTIBLEMENT, adv. d'une manière imperceptible; insensiblement.

IMPERDABLE, adj. 2 g. que l'on ne peut perdre.

IMPERFECTIBILITÉ, sf. état de l'être imperfectible.

IMPERFECTIBLE, adj. 2 g. qui ne peut devenir parfait.

IMPERFECTION, sf. (on pr. imperfexion), état de ce qui n'est point parfait; défaut.

IMPERFORÉ, ÉE, adj. non percé.

IMPÉRIAL, ALE, adj. qui appartient à l'empereur ou à l'empire.

IMPÉRIALE, sf. dessus d'une voiture; espèce de fleur; jeu de cartes; bouquet de poils sous la lèvre inférieure.

IMPÉRIALISTE, sm. partisan d'un gouvernement impérial.

IMPÉRIAUX, sm. pl. les troupes de l'empereur d'Allemagne.

IMPÉRIEUSEMENT, adv. avec hauteur, avec orgueil.

IMPÉRIEUX, EUSE, adj. hautain, absolu. Fig. pressant, auquel on ne peut résister.

IMPÉRISSABLE, adj. 2 g. qui ne peut périr. Fig. de très-longue durée.

IMPÉRISSABLEMENT, adv. d'une manière impérissable.

IMPÉRITIE, sf. (on pr. impérici), défaut d'habileté, incapacité, maladresse.

IMPERMÉABILITÉ, sf. qualité de ce qui est imperméable.

IMPERMÉABLE, adj. 2 g. qui ne se laisse pas traverser ou pénétrer par un fluide.

IMPERMUTABILITÉ, sf. qualité de la chose impermutable.

IMPERMUTABLE, adj. 2 g. qui ne peut être changé.

IMPERSONNEL, ELLE, adj. se dit des verbes qui ne s'emploient qu'à la 3e personne du sing., à l'infinitif prés. et au participe.

IMPERSONNELLEMENT, adv. d'une manière impersonnelle.

IMPERTINEMMENT, adv. avec impertinence.

IMPERTINENCE, sf. caractère d'une personne ou d'une chose impertinente; action ou parole offensante.

IMPERTINENT, ENTE, adj. et s. qui agit contre la bienséance ou le bon sens; contraire à la raison, insolent, offensant.

IMPERTURBABILITÉ, sf. état de celui ou de ce qui est imperturbable.

IMPERTURBABLE, adj. 2 g. qui ne peut être troublé, que rien ne peut émouvoir.

IMPERTURBABLEMENT, adv. d'une manière imperturbable.

IMPÉTRABLE, adj. 2 g. que l'on peut obtenir.

IMPÉTRANT, ANTE, s. et adj. celui, celle qui a obtenu.

IMPÉTRATION, sf. action d'obtenir.

IMPÉTRER, va. obtenir par une supplique.

IMPÉTUEUSEMENT, adv. avec impétuosité.

IMPÉTUEUX, EUSE, adj. violent, rapide, plein de fougue; qui pousse avec violence. vent impétueux.

IMPÉTUOSITÉ, sf. qualité de ce qui est impétueux. Fig. fougue.

IMPIE, adj. et s. 2 g. non pieux : qui n'a pas de religion; qui est contre la religion : paroles impies.

IMPIÉTÉ, sf. mépris pour les choses de la religion; action ou parole contre la religion.

IMPITOYABLE, adj. 2 g. insensible à la pitié; dur, inhumain.

IMPITOYABLEMENT, adv. sans pitié.

IMPLACABILITÉ, sf. état ou caractère de la personne implacable.

IMPLACABLE, adj. 2 g. qui ne peut être apaisé.

IMPLACABLEMENT, adv. avec une persévérance implacable.

IMPLANTATION, sf. action d'implanter, de s'implanter.

IMPLANTER, va. planter dans, insérer dans ou sur. — **S'IMPLANTER,** vpr. adhérer spontanément : le gui s'implante sur le chêne.

IMPLICATION, sf. action d'impliquer; état d'une personne impliquée dans une accusation.

IMPLICITE, adj. 2 g. qui est renfermé dans une clause, dans une proposition, et peut s'en tirer.

IMPLICITEMENT, *adv.* d'une manière implicite.

IMPLIQUER, *va.* envelopper, renfermer, contenir : *l'idée d'homme implique celles d'intelligence et de volonté*; comprendre dans une accusation.

IMPLORER, *va.* supplier, demander avec instance.

IMPOLI, IE, *adj.* et *s.* qui est sans politesse; peu honnête.

IMPOLIMENT, *adv.* avec impolitesse.

IMPOLITESSE, *sf.* manque de politesse; action ou parole impolie.

IMPOLITIQUE, *adj.* 2 g. contraire à une bonne politique.

IMPOLITIQUEMENT, *adv.* d'une manière impolitique.

IMPONDÉRABLE, *adj.* 2 g. qui n'a pas de poids que l'on puisse apprécier.

IMPOPULAIRE, *adj.* 2 g. qui déplaît au peuple, qui n'est pas aimé du peuple.

IMPOPULAIREMENT, *adv.* d'une manière impopulaire.

IMPOPULARITÉ, *sf.* défaut de popularité, état de ce qui est impopulaire.

IMPORTANCE, *sf.* ce qui fait qu'une personne ou une chose est considérable; crédit, autorité. *Fig.* arrogance. — D'IMPORTANCE, *loc. adv.* très-fort, extrêmement; *affaire d'importance*, affaire importante, sérieuse.

IMPORTANT, ANTE, *adj.* qui a de l'importance. — *sm.* l'essentiel. *Fig.* homme qui a de la suffisance, qui affecte de l'importance.

IMPORTATEUR, *s.* et *adj. m.* celui qui importe ou a importé.

IMPORTATION, *sf.* action d'importer.

IMPORTER, *va.* apporter dans un pays des marchandises étrangères, introduire des choses nouvelles venant du dehors.

IMPORTER, *v. imp.* être d'importance : *cela importe beaucoup.*

IMPORTUN, UNE, *adj.* et *s.* qui importune, qui incommode, qui fatigue.

IMPORTUNÉMENT, *adv.* d'une manière importune.

IMPORTUNER, *va.* fatiguer par des demandes, des assiduités; incommoder, ennuyer.

IMPORTUNITÉ, *sf.* action d'importuner; au pl. assiduités, demandes fatigantes.

IMPOSABLE, *adj.* 2 g. sujet à l'impôt, aux droits.

IMPOSANT, ANTE, *adj.* propre à attirer le respect, la considération; grave, sérieux.

IMPOSER, *va.* mettre dessus, mettre un impôt; disposer les pages dans un châssis (*imprim.*). *Fig.* prescrire, commander, assujettir, inspirer le respect. — EN IMPOSER, *vn.* abuser, tromper, mentir.

IMPOSEUR, *sm.* ouvrier imprimeur qui impose.

IMPOSITEUR, *sm.* celui qui met, qui assoit des impôts.

IMPOSITION, *sf.* action d'imposer les mains, d'imposer les pages; impôts.

IMPOSSIBILITÉ, *sf.* défaut de possibilité; obstacle invincible.

IMPOSSIBLE, *adj.* 2 g. et *sm.* qui ne peut être, qui ne peut se faire. *Fig.* très-difficile; *gagner l'impossible*, gagner beaucoup. — PAR IMPOSSIBLE, *loc. adv.* en supposant possible ce que l'on sait ne pas l'être.

IMPOSTE, *sf.* partie d'un pied-droit sur laquelle commence un arc; dessus ou dormant d'une porte ou d'une fenêtre.

IMPOSTEUR, *s.* et *adj. m.* trompeur, menteur, calomniateur, hypocrite.

IMPOSTURE, *sf.* action de tromper; mensonge, calomnie, hypocrisie.

IMPÔT, *sm.* charge publique, taxe.

IMPOTABLE, *adj.* 2 g. non potable.

IMPOTENCE, *sf.* état de la personne impotente.

IMPOTENT, ENTE, *adj.* et *s.* estropié, privé de l'usage d'un membre.

IMPRATICABLE, *adj.* 2 g. qui ne peut se faire; où l'on ne peut passer; que l'on ne peut habiter; insociable : *caractère impraticable.*

IMPRÉCATION, *sf.* souhaits contre quelqu'un, malédiction.

IMPRÉGNABLE, *adj.* 2 g. qui peut être imprégné.

IMPRÉGNATION, *sf.* action d'imprégner; résultat de cette action.

IMPRÉGNER, *va.* imbiber; charger un liquide de matières étrangères. *Fig.* faire pénétrer dans le cœur, dans l'esprit.

IMPRENABLE, *adj.* 2 g. qui ne peut être pris.

IMPRESCRIPTIBILITÉ, *sf.* qualité de ce qui est imprescriptible.

IMPRESCRIPTIBLE, *adj.* 2 g. non susceptible de prescription.

IMPRESSIF, IVE, *adj.* qui fait impression, qui pénètre.

IMPRESSION, *sf.* action d'un corps s'appliquant sur un autre; empreinte; action d'imprimer un livre, résultat de cette action. *Fig.* effet produit sur le cœur ou sur l'esprit.

IMPRESSIONNABLE, *adj.* 2 g. facile à impressionner.

IMPRESSIONNER, *va.* faire impression sur le cœur, sur l'esprit; émouvoir.

IMPRÉVOYANCE, *sf.* défaut de prévoyance.

IMPRÉVOYANT, ANTE, *adj.* qui n'a pas de prévoyance.

IMPRÉVU, UE, *adj.* qui n'a pas été prévu. — *sm.* ce qui ne peut être prévu.

IMPRIMABLE, *adj.* 2 g. que l'on peut imprimer, graver dans l'esprit, dans le cœur.

IMPRIMÉ, ÉE, *adj.* qui a été imprimé. — *sm.* petite brochure, feuille volante.

IMPRIMER, *va.* faire ou laisser une empreinte; empreindre des lettres sur du papier, des dessins sur du papier ou sur une étoffe; publier par l'imprimerie. *Fig.* produire une impression, graver dans l'esprit; communiquer : *le mouvement qu'un corps imprime à un autre.*

IMPRIMERIE, *sf.* art d'imprimer les livres, les dessins, etc.; établissement et matériel d'imprimeur.

IMPRIMEUR, *sm.* celui qui exerce l'art de l'imprimerie.

IMPROBABILITÉ, *sf.* invraisemblance.

IMPROBABLE, *adj.* 2 g. qui n'est pas probable ; invraisemblable.

IMPROBATEUR, TRICE, *adj.* et *s.* qui désapprouve.

IMPROBATION, *sf.* action de désapprouver ; blâme.

IMPROBITÉ, *sf.* manque de probité.

IMPRODUCTIBILITÉ, *sf.* qualité de ce qui est improductible.

IMPRODUCTIBLE, *adj.* 2 g. qui ne peut être produit.

IMPRODUCTIF, IVE, *adj.* non productif ; qui ne produit rien.

IMPROMPTU, *sm.* ce que l'on fait, ce que l'on dit sur-le-champ, sans préparation (pl. *impromptus*). — *adj.* qui a lieu sans préparation : *un concert impromptu.*

IMPROPRE, *adj.* 2 g. qui ne convient pas ; qui n'est pas exact.

IMPROPREMENT, *adv.* d'une manière impropre.

IMPROPRIÉTÉ, *sf.* manque de propriété dans les expressions.

IMPROUVER, *va.* désapprouver.

IMPROVISATEUR, TRICE, *s.* celui, celle qui improvise.

IMPROVISATION, *sf.* action d'improviser ; vers, discours, etc. improvisés.

IMPROVISER, *va.* et *n.* composer sur-le-champ des vers, un discours, etc.; faire subitement une chose.

IMPROVISTE (A L'), *loc. adv.* d'une manière non prévue, subitement, lorsqu'on y pense le moins.

IMPRUDEMMENT, *adv.* avec imprudence.

IMPRUDENCE, *sf.* manque de prudence ; action imprudente.

IMPRUDENT, ENTE, *adj.* et *s.* qui manque de prudence.

IMPUBÈRE, *adj.* et *s.* 2 g. qui n'a pas atteint l'âge de puberté.

IMPUDEMMENT, *adv.* avec impudence.

IMPUDENCE, *sf.* manière d'agir de l'impudent, effronterie.

IMPUDENT, ENTE, *adj.* et *s.* qui est sans pudeur, effronté.

IMPUDEUR, *sf.* manque de pudeur, de retenue.

IMPUDICITÉ, *sf.* vice, action contraire à la chasteté.

IMPUDIQUE, *adj.* et *s.* 2 g. qui blesse la chasteté.

IMPUDIQUEMENT, *adv.* d'une manière impudique.

IMPUGNER, *va.* attaquer, combattre une proposition, une doctrine, un droit (vx. mot).

IMPUISSANCE, *sf.* manque de pouvoir, de moyens pour faire une chose.

IMPUISSANT, ANTE, *adj.* qui n'a pas le pouvoir, la force d'agir, qui ne produit pas d'effet.

IMPULSIF, IVE, *adj.* qui pousse en avant, qui agit par impulsion.

IMPULSION, *sf.* action de pousser ; mouvement produit par un choc. *Fig.* excitation, encouragement.

IMPUNÉMENT, *adv.* avec impunité.

IMPUNI, IE, *adj.* non puni.

IMPUNITÉ, *sf.* manque de punition ; exemption de peine.

IMPUR, URE, *adj.* qui n'est pas pur ; qui est corrompu par un mélange. *Fig.* déshonnête.

IMPURETÉ, *sf.* ce qu'il y a d'impur, état de ce qui n'est pas pur. *Fig.* impudicité ; au *pl.* obscénités.

IMPUTABILITÉ, *sf.* qualité d'une action imputable, des actes de la volonté ; état d'une valeur reçue qui peut entrer en déduction d'une dette.

IMPUTABLE, *adj.* 2 g. que l'on peut ou que l'on doit imputer.

IMPUTATION, *sf.* action d'imputer ; accusation sans preuve.

IMPUTER, *va.* attribuer à quelqu'un une faute, un crime, etc.; appliquer une somme à un payement.

IMPUTRESCIBLE, *adj.* 2 g. qui ne peut se pourrir.

INABORDABLE, *adj.* 2 g. qui ne peut être abordé.

INABORDÉ, ÉE, *adj.* qui n'a pas été abordé.

INACCEPTABLE, *adj.* 2 g. qu'on ne peut accepter.

INACCESSIBLE, *adj.* 2 g. qui ne peut être abordé, dont on ne peut s'approcher. *Fig.* qui n'est pas sensible à, qui ne se laisse pas émouvoir par.

INACCOMMODABLE, *adj.* 2 g. qui ne se peut accommoder.

INACCORDABLE, *adj.* 2 g. que l'on ne peut accorder.

INACCOSTABLE, *adj.* 2 g. que l'on ne peut accoster (*fam.*).

INACCOUTUMANCE, *sf.* manque d'habitude (vx. mot).

INACCOUTUMÉ, ÉE, *adj.* qui n'a pas coutume de se faire, d'avoir lieu.

INACHEVÉ ÉE, *adj.* non achevé.

INACHUS (on pr. *Inacus*), fondateur du royaume d'Argos ; 19e s. av. J. C.

INACTIF, IVE, *adj.* qui n'a pas d'activité, qui n'agit pas.

INACTION, *sf.* (on pr. *inaxion*), cessation d'action ; repos.

INACTIVITÉ, *sf.* manque d'activité ; indolence.

INADMISSIBILITÉ, *sf.* qualité de ce qui est inadmissible.

INADMISSIBLE, *adj.* 2 g. qui ne peut être admis.

INADMISSION, *sf.* refus d'admettre.

INADVERTANCE, *sf.* défaut d'attention, étourderie.

INALIÉNABILITÉ, *sf.* qualité de ce qui est inaliénable.

INALIÉNABLE, *adj.* 2 g. qui ne peut être aliéné.

INALLIABLE, *adj.* 2 g. qui ne peut s'allier.

INALTÉRABLE, *adj.* 2 g. qui ne peut être altéré. *Fig.* que rien ne peut troubler.

INAMISSIBILITÉ, *sf.* qualité de ce qui est inamissible.

INAMISSIBLE, *adj.* 2 g. qui ne se peut perdre (t. de *théologie*).

INAMOVIBILITÉ, *sf.* qualité de ce qui est inamovible.

INAMOVIBLE, *adj.* 2 *g.* qui ne peut être déplacé, qui ne peut être privé de son emploi.

INAMUSABLE, *adj.* 2 *g.* qui ne peut être amusé.

INANIMÉ, ÉE, *adj.* qui n'est pas animé. *Fig.* qui est sans expression, sans vivacité ; *une figure inanimée.*

INANITÉ, *sf.* qualité de ce qui est vain, sans valeur réelle.

INANITION, *sf.* faiblesse par défaut de nourriture.

INAPERCEVABLE, *adj.* 2 *g.* qu'on ne peut apercevoir.

INAPERÇU, UE, *adj.* qui n'est point aperçu.

INAPPÉTENCE, *sf.* défaut d'appétit, de goût pour les aliments.

INAPPLICABLE, *adj.* 2 *g.* qui ne peut être appliqué.

INAPPLICATION, *sf.* manque d'application ; inattention.

INAPPLIQUÉ, ÉE, *adj.* dépourvu d'application ; inattentif.

INAPPRÉCIABLE, *adj.* 2 *g.* qu'on ne peut apprécier ; qui est d'un grand prix.

INAPTE, *adj.* 2 *g.* non apte, qui n'a pas les qualités requises pour.

INAPTITUDE, *sf.* défaut d'aptitude.

INARTICULÉ, ÉE, *adj.* peu ou point articulé.

INASSORTI, IE, *adj.* non assorti.

INATTAQUABLE, *adj.* 2 *g.* qu'on ne peut attaquer.

INATTENDU, UE, *adj.* qu'on n'attendait pas ; imprévu.

INATTENTIF, IVE, *adj.* qui ne fait pas attention.

INATTENTION, *sf.* manque d'attention.

INAUGURAL, ALE, *adj.* qui a rapport à l'inauguration.

INAUGURATION, *sf.* consécration, dédicace ; cérémonie religieuse au sacre d'un souverain ; entrée solennelle dans un emploi.

INAUGURER, *va.* faire l'inauguration.

INCA, *sm.* titre des anciens rois du Pérou.

INCALCULABLE, *adj.* 2 *g.* qu'on ne peut calculer. *Fig.* très-grand, très-grave.

INCALCULABLEMENT, *adv.* considérablement, extrêmement.

INCANDESCENCE, *sf.* état d'un corps incandescent.

INCANDESCENT, ENTE, *adj.* qui est chauffé et pénétré de feu jusqu'au blanc. *Fig.* ardent, plein de feu.

INCANTATION, *sf.* enchantement, sortilége.

INCAPABLE, *adj.* 2 *g.* non capable, qui n'a pas les qualités requises pour ; qui ne peut pas : *incapable de nuire.*

INCAPACITÉ, *sf.* manque de capacité ; privation de droits.

INCARCÉRATION, *sf.* action d'emprisonner ; état de celui qui est en prison.

INCARCÉRER, *va.* mettre en prison.

INCARNADIN, INE, *adj.* d'une couleur plus faible que l'incarnat.

INCARNAT, ATE, *adj.* d'une couleur entre le rouge cerise et le rose. — *sm.* cette couleur même.

INCARNATION, *sf.* action de s'incarner ; résultat de cette action.

INCARNÉ, ÉE, *adj.* revêtu d'un corps humain ; qui s'est fait homme. *Fig. diable incarné,* personne très-méchante.

INCARNER (S'), *vpr.* se dit de la Divinité qui prend un corps humain, d'une âme, d'un esprit qui se revêt d'un corps de chair.

INCARTADE, *sf.* insulte inconsidérée ; extravagance déplacée.

INCENDIAIRE, *s.* et *adj.* 2 *g.* auteur d'un incendie. *Fig.* qui peut allumer un incendie, ou enflammer les esprits ; séditieux : *discours incendiaire.*

INCENDIE, *sm.* grand embrasement. *Fig.* troubles, factions, grandes guerres.

INCENDIÉ, IÉE, *adj.* et *s.* qui a été détruit ou ravagé par un incendie ; victime d'un incendie.

INCENDIER, *va.* brûler. *Fig.* exciter des troubles, ravager.

INCERTAIN, AINE, *adj.* non certain ; irrésolu, variable. — *sm.* ce qui est douteux, non assuré.

INCERTAINEMENT, *adv.* avec doute et incertitude.

INCERTITUDE, *sf.* manque de certitude, état de celui qui n'est pas certain de quelque chose, doute, irrésolution.

INCESSAMMENT, *adv.* sans délai, sans cesse.

INCESSANT, ANTE, *adj.* qui ne cesse pas, qui est sans fin.

INCESSIBLE, *adj.* 2 *g.* qui ne peut être cédé.

INCESTE, *sm.* commerce criminel entre des parents au degré prohibé par la loi.

INCESTUEUSEMENT, *adv.* avec inceste, dans l'inceste.

INCESTUEUX, EUSE, *adj.* et *s.* coupable d'inceste ; où il y a inceste.

INCHOATIF, IVE, *adj.* (on pr. *incoatif),* qui exprime le commencement d'une action, qui commence.

INCIDEMMENT, *adv.* par incident, par occasion.

INCIDENCE, *sf.* action de tomber sur ; rencontre de lignes, de surfaces, etc. (t. de science).

INCIDENT, *sm.* cas qui survient dans une affaire ; contestation.

INCIDENT, ENTE, *adj.* qui tombe sur, qui survient ; qui est inséré dans une proposition principale ou s'y rattache.

INCIDENTER, *vn.* faire naître un incident ou des incidents dans une affaire ; chicaner.

INCINÉRATION, *sf.* action de réduire en cendres.

INCINÉRER, *va.* réduire en cendres.

INCIRCONCIS, ISE, *adj.* et *s.* non circoncis. *Fig.* immortifié.

INCISE, *sf.* phrase incidente.

INCISER, *va.* couper ou tailler dans, faire une fente dans.

INCISIF, IVE, *adj.* qui coupe ; *dent incisive,* ou substantivement *incisive,* dent de devant. *Fig.* tranchant, mordant, pénétrant.

INCISION, *sf.* action d'inciser; fente, coupure, taillade.

INCITABILITÉ, *sf.* propriété que les parties du corps ont d'exercer leurs fonctions; faculté d'éprouver l'action d'un stimulant.

INCITABLE, *adj. 2 g.* qui est propre à recevoir l'action d'un stimulant (*méd.*).

INCITANT, ANTE, *adj.* et *sm.* qui donne du ton, stimulant.

INCITATIF, IVE, *adj.* incitant.

INCITATION, *sf.* instigation, impulsion.

INCITER, *va.* pousser vers ou contre; déterminer quelqu'un à faire quelque chose.

INCIVIL, ILE, *adj.* qui n'a pas de civilité; impoli.

INCIVILEMENT, *adv.* d'une manière incivile.

INCIVILISÉ, ÉE, *adj.* non civilisé.

INCIVILITÉ, *sf.* impolitesse.

INCIVIQUE, *adj. 2 g.* qui n'est point civique.

INCIVISME, *sm.* défaut de civisme.

INCLAIRVOYANT, ANTE, *adj.* qui n'est pas clairvoyant.

INCLÉMENCE, *sf.* état de ce qui est inclément.

INCLÉMENT, ENTE, *adj.* rigoureux.

INCLINAISON, *sf.* état de ce qui est incliné, de ce qui penche; obliquité.

INCLINANT, *adj. m.* se dit d'un cadran solaire dont le plan est incliné vers le midi.

INCLINATION, *sf.* action de pencher la tête ou le corps. *Fig.* penchant, disposition à, affection pour.

INCLINER, *va.* pencher, courber. — *vn.* être penché; *Fig.* avoir du penchant pour, être porté à: *incliner à la paix.* — S'INCLINER, *vpr.* se pencher, se prosterner.

INCLUS (s nulle), USE, *adj.* renfermé dans. — INCLUSE, *sf.* lettre missive enfermée dans une autre.

INCLUSIVEMENT, *adv.* y compris.

INCOERCIBLE, *adj. 2 g.* qui ne peut être resserré dans de certaines limites.

INCOGNITO, *adv.* (on mouille gn), sans être connu. — *sm.* Garder l'incognito, ne pas se faire connaître (mot italien).

INCOHÉRENCE, *sf.* état de ce qui est incohérent; défaut de cohérence, de liaison.

INCOHÉRENT, ENTE, *adj.* non cohérent.

INCOLORE, *adj. 2 g.* sans couleur, qui n'a pas de couleur.

INCOMBANT, ANTE, *adj.* (l. *incumbere* s'appliquer, s'appuyer sur), qui est appliqué contre ou appuyé sur (*bot.*).

INCOMBER, *vn.* peser sur; venir à l'appui de, s'appliquer à, être dans les attributions de.

INCOMBUSTIBILITÉ, *sf.* qualité de ce qui est incombustible.

INCOMBUSTIBLE, *adj. 2 g.* qui n'a pas la propriété de brûler, qui ne peut prendre feu.

INCOMMENSURABILITÉ, *sf.* état de ce qui est incommensurable.

INCOMMENSURABLE, *adj. 2 g.* qui n'a pas de mesure commune avec une autre quantité, qui ne peut se mesurer.

INCOMMODANT, ANTE, *adj.* qui incommode.

INCOMMODE, *adj. 2 g.* qui n'est pas commode; fâcheux, embarrassant, gênant.

INCOMMODÉ, ÉE, *adj.* un peu indisposé, un peu souffrant.

INCOMMODÉMENT, *adv.* avec incommodité.

INCOMMODER, *va.* causer de l'incommodité.

INCOMMODITÉ, *sf.* embarras, gêne; indisposition légère.

INCOMMUNICABILITÉ, *sf.* qualité de ce qui est incommunicable.

INCOMMUNICABLE, *adj. 2 g.* que l'on ne peut communiquer.

INCOMMUTABILITÉ, *sf.* qualité de ce qui est incommutable.

INCOMMUTABLE, *adj. 2 g.* qui ne peut être légitimement dépossédé.

INCOMMUTABLEMENT, *adv.* de telle sorte qu'on ne puisse être dépossédé.

INCOMPARABLE, *adj. 2 g.* à quoi l'on ne peut rien comparer.

INCOMPARABLEMENT, *adv.* sans comparaison.

INCOMPATIBILITÉ, *sf.* qualité de choses incompatibles, défaut d'accord, antipathie; ce qui empêche une personne de remplir deux emplois en même temps.

INCOMPATIBLE, *adj. 2 g.* qui ne peut exister avec; qui ne s'accorde pas avec.

INCOMPATIBLEMENT, *adv.* d'une manière incompatible.

INCOMPÉTEMMENT, *adv.* sans compétence.

INCOMPÉTENCE, *sf.* manque de compétence; défaut de connaissances suffisantes pour juger d'une chose.

INCOMPÉTENT, ENTE, *adj.* qui n'est pas compétent.

INCOMPLET, ÈTE, *adj.* qui n'est pas complet.

INCOMPLEXE, *adj. 2 g.* simple, qui n'est pas complexe.

INCOMPRÉHENSIBILITÉ, *sf.* qualité de ce qui est incompréhensible.

INCOMPRÉHENSIBLE, *adj. 2 g.* qui ne peut être compris, qui n'est pas concevable.

INCOMPRESSIBILITÉ, *sf.* qualité de ce qui est incompressible.

INCOMPRESSIBLE, *adj. 2 g.* qui ne peut être comprimé.

INCONCEVABLE, *adj. 2 g.* non concevable, surprenant.

INCONCEVABLEMENT, *adv.* d'une manière inconcevable.

INCONCILIABLE, *adj. 2 g.* qui ne peut se concilier.

INCONDUITE, *sf.* mauvaise conduite.

INCONGRU, UE, *adj.* contraire aux convenances, à la raison, aux règles de la grammaire.

INCONGRUITÉ, *sf.* défaut de ce qui n'est pas convenable; faute contre la bienséance.

INCONGRÛMENT, *adv.* d'une manière incongrue.

INCONNU, UE, *adj.* et *s.* qui n'est point connu; que l'on n'a point éprouvé.

INCONSÉQUENCE, *sf.* défaut de suite dans les idées, dans les paroles, dans les actions.

INCONSÉQUENT, ENTE, *adj.* et *s.* qui agit ou qui parle contrairement à ses propres principes ; léger dans sa conduite.

INCONSIDÉRATION , *sf.* légère imprudence.

INCONSIDÉRÉ, ÉE, *adj.* et *s.* étourdi, imprudent.

INCONSIDÉRÉMENT, *adv.* étourdiment.

INCONSISTANCE, *sf.* défaut de consistance.

INCONSISTANT, ANTE, *adj.* se dit d'une chose qui ne s'accorde pas ou n'est pas moralement liée avec une autre.

INCONSOLABLE, *adj.* 2 *g.* qui ne peut être consolé ou qui ne peut se consoler.

INCONSOLABLEMENT, *adv.* de manière à être inconsolable.

INCONSOLÉ, ÉE, *adj.* qui n'est pas consolé.

INCONSTAMMENT, *adv.* avec inconstance et légèreté.

INCONSTANCE, *sf.* facilité à changer d'opinion, de conduite, etc. ; changement, variabilité.

INCONSTANT, ANTE, *adj.* sujet à changer, variable.

INCONSTITUTIONNALITÉ, *sf.* caractère de ce qui est inconstitutionnel.

INCONSTITUTIONNEL, ELLE, *adj.* qui n'est pas constitutionnel.

INCONSTITUTIONNELLEMENT, *adv.* d'une manière inconstitutionnelle.

INCONTESTABILITÉ, *sf.* qualité de ce qui est incontestable.

INCONTESTABLE, *adj.* 2 *g.* qui ne peut être contesté, qui est certain.

INCONTESTABLEMENT, *adv.* d'une manière incontestable.

INCONTESTÉ, ÉE, *adj.* qui n'est point contesté.

INCONTINENCE, *sf.* défaut de continence, de chasteté ; impossibilité de se retenir ou de retenir.

INCONTINENT, ENTE, *adj.* qui n'est pas chaste.

INCONTINENT, *adv.* aussitôt.

INCONVENANCE, *sf.* action ou parole inconvenante.

INCONVENANT, ANTE, *adj.* contraire aux convenances, à la bienséance.

INCONVÉNIENT, *sm.* embarras, incident fâcheux, conséquence fâcheuse.

INCONVERTIBLE, *adj.* 2 *g.* qu'on ne peut convertir (se dit des choses).

INCONVERTISSABLE, *adj.* 2 *g.* qu'on ne peut convertir (se dit des personnes).

INCORPORALITÉ, *sf.* qualité des êtres incorporels.

INCORPORATION, *sf.* action d'incorporer ; résultat de cette action.

INCORPOREL, ELLE, *adj.* qui n'a point de corps.

INCORPORER, *va.* faire un seul corps de plusieurs choses ; mêler à ; réunir ; faire entrer dans un corps militaire.

INCORRECT, ECTE, *adj.* non correct.

INCORRECTEMENT, *adv.* d'une manière incorrecte.

INCORRECTION, *sf.* (on pr. *incorrexion*), défaut de correction ; faute de langage.

INCORRIGIBILITÉ, *sf.* défaut de la personne incorrigible.

INCORRIGIBLE, *adj.* 2 *g.* que l'on ne peut corriger.

INCORRUPTIBILITÉ, *sf.* qualité de ce qui est incorruptible ; intégrité.

INCORRUPTIBLE, *adj.* 2 *g.* qui ne peut se corrompre ou être corrompu.

INCRASSANT, ANTE, *adj.* qui épaissit le sang ou les humeurs.

INCRASSER, *va.* épaissir.

INCRÉDIBILITÉ, *sf.* ce qui fait qu'on ne peut croire une chose, ce qui la rend incroyable.

INCRÉDULE, *adj.* et *s.* 2 *g.* qui ne croit pas.

INCRÉDULITÉ, *sf.* opposition ou répugnance à croire.

INCRÉÉ, ÉE, *adj.* qui existe sans avoir été créé.

INCRIMINATION, *sf.* action d'incriminer.

INCRIMINER, *va.* porter une accusation contre quelqu'un ; imputer à crime : *incriminer les paroles de quelqu'un.*

INCROYABLE, *adj.* 2 *g.* qui ne peut être cru, difficile à croire. *Fig.* extraordinaire, excessif. — *sm.* élégant de l'époque du Directoire.

INCROYABLEMENT, *adv.* d'une manière incroyable ; extrêmement.

INCRUSTATION , *sf.* action d'incruster ; chose incrustée.

INCRUSTER, *va.* appliquer sur la surface d'un objet des lames ou plaques de métal, de marbre, etc. comme ornement. — S'INCRUSTER, *vpr.* s'attacher, adhérer à.

INCUBATION, *sf.* action de couver des œufs, se dit aussi d'un mal qui couve.

INCULPABILITÉ, *sf.* qualité ou état de la personne ou de la chose inculpable (t. de droit).

INCULPABLE, *adj.* 2 *g.* qui peut être inculpé.

INCULPATION, *sf.* accusation.

INCULPÉ, ÉE, *adj.* et *s.* accusé.

INCULPER, *va.* accuser quelqu'un d'une faute.

INCULQUER, *va.* graver dans l'esprit ou dans le cœur.

INCULTE, *adj.* 2 *g.* non cultivé. *Fig.* grossier : *un esprit inculte.*

INCULTURE, *sf.* état de ce qui est inculte.

INCUNABLE, *adj.* 2 *g.* se dit des livres, des éditions qui datent de l'enfance de l'imprimerie.

INCURABILITÉ, *sf.* état de ce qui est incurable.

INCURABLE, *adj.* 2 *g.* et *s.* qui ne peut être guéri.

INCURABLEMENT, *adv.* d'une manière incurable.

INCURIE, *sf.* défaut de soin.

INCURIEUX, EUSE, *adj.* qui n'a point de curiosité, de soin ; insoucieux.

INCURIOSITÉ, *sf.* négligence de s'instruire, insouciance.

INCURSION, *sf.* course en pays ennemi. *Fig.* voyage, investigation, digression.

INCURVATION, *sf.* action de courber, de plier en arc ; effet de cette action.

INCUSE, *adj.* et *sf.* se dit d'une médaille dont la fabrication a été manquée et qui est gravée en creux au lieu de l'être en relief.

INDE, *sm.* couleur bleue tirée de l'indigo.

INDE, ou INDES ORIENTALES, vaste contrée d'Asie.

INDÉBROUILLABLE, *adj.* 2 g. (*ll m.*), que l'on ne peut débrouiller.

INDÉCEMMENT, *adv.* d'une manière indécente.

INDÉCENCE, *sf.* manque de decence ; chose indecente.

INDÉCENT, ENTE, *adj.* qui est contraire à la décence.

INDÉCHIFFRABLE, *adj.* 2 g. que l'on ne peut dechiffrer ou lire. *Fig.* obscur.

INDÉCIS, ISE, *adj.* non décidé ; incertain, irrésolu, vague.

INDÉCISION, *sf.* irrésolution, incertitude.

INDÉCLINABILITÉ, *sf.* qualité des mots indeclinables.

INDÉCLINABLE, *adj.* 2 g. qui ne se decline pas.

INDÉCOMPOSABLE, *adj.* 2 g. qui ne peut pas être decomposé.

INDÉCROTTABLE, *adj.* 2 g. qu'on ne peut décrotter. *Fig.* incorrigible, intraitable (*fam.*).

INDÉFECTIBILITÉ, *sf.* qualité de ce qui est indéfectible.

INDÉFECTIBLE, *adj.* 2 g. qui ne peut défaillir ou cesser d'être.

INDÉFENDABLE, *adj.* 2 g. qui n'est pas susceptible d'être défendu.

INDÉFINI, IE, *adj.* illimité, indéterminé, qui exprime une idée vague. *Prétérit ou passé indéfini*, l'un des temps du verbe.

INDÉFINIMENT, *adv.* d'une manière indéfinie.

INDÉFINISSABLE, *adj.* 2 g. qu'on ne peut définir ni expliquer.

INDÉHISCENCE, *sf.* propriété de ce qui est indéhiscent.

INDÉHISCENT, ENTE, *adj.* (l. *dehiscere* s'ouvrir, se fendre), qui ne s'ouvre pas, qui ne se fend pas (*bot.*).

INDÉLÉBILE, *adj.* 2 g. qui ne peut être effacé.

INDÉLÉBILITÉ, *sf.* caractère ou qualité de ce qui est indélébile.

INDÉLIBÉRÉ, ÉE, *adj.* irréfléchi.

INDÉLICAT, ATE, *adj.* qui manque de delicatesse.

INDÉLICATESSE, *sf.* manque de délicatesse, procédé indélicat.

INDEMNE, *adj.* 2 g. (on pron. *dem* comme dans *idem*), indemnisé.

INDEMNISATION, *sf.* (on pr. *indamnisation*), action d'indemniser, fixation d'indemnité.

INDEMNISER, *va.* (on pron. *indamniser*), dédommager.

INDEMNITÉ, *sf.* (on pr. *indamnité*), droit de celui qui doit être indemne ; dédommagement.

INDÉMONTRABLE, *adj.* 2 g. qui ne peut être demontré.

INDÉNIABLE, *adj.* 2 g. que l'on ne peut dénier ou refuser.

INDÉPENDAMMENT, *adv.* sans dépendance ; outre, en plus de.

INDÉPENDANCE, *sf.* absence de dépendance ; liberté.

INDÉPENDANT, ANTE, *adj.* qui n'est pas dependant, qui est libre.

INDESCRIPTIBLE, *adj.* 2 g. qui ne peut être décrit.

INDESTRUCTIBILITÉ, *sf.* qualité de ce qui est indestructible.

INDESTRUCTIBLE, *adj.* 2 g. qui ne peut pas être detruit.

INDÉTERMINATION, *sf.* irrésolution ; caractère de ce qui est indéterminé.

INDÉTERMINÉ, ÉE, *adj.* non determiné ; irrésolu.

INDÉTERMINÉMENT, *adv.* d'une manière indéterminée.

INDÉVOT, OTE, *adj.* et *s.* qui est sans dévotion.

INDÉVOTEMENT, *adv.* avec indevotion.

INDÉVOTION, *sf.* manque de dévotion.

INDEX, *sm.* table d'un livre ; catalogue de livres defendus ; le doigt qui est après le pouce, le doigt indicateur.

INDIANA, l'un des États de l'Union (États-Unis).

INDIBILIS, anc. ville d'Espagne. — chef des Ilergètes en Espagne, m. 205 av. J. C.

INDICATEUR, *adj.* et *sm.* qui indique, qui montre ; le doigt index. Au f. *indicatrice.*

INDICATIF, IVE, *adj.* qui indique. — *sm.* mode du verbe indiquant simplement l'action ou l'état.

INDICATION, *sf.* action d'indiquer ; ce qui indique ; renseignement.

INDICE, *sm.* signe apparent et probable d'une chose.

INDICIBLE, *adj.* 2 g. qui ne saurait être dit, qu'on ne peut exprimer.

INDICTION, *sf.* (on pr. *indixion*), convocation d'un concile ; période de 15 ans.

INDICULE, *sm.* petit indice, petite marque.

INDIEN, IENNE, *adj.* et *s.* de l'Inde. Ce nom désigne aussi les naturels de l'Amérique.

INDIENNE, *sf.* étoffe de coton peinte.

INDIFFÉREMMENT, *adv.* avec indifférence ; sans faire de difference.

INDIFFÉRENCE, *sf.* état d'une personne indifférente ; insensibilité.

INDIFFÉRENT, ENTE, *adj.* qui ne présente aucun motif de préférence ; qui touche peu, qui est sans importance ; qui n'est pas touché de, qui n'a d'attachement pour rien. — *s.* personne sans affection.

INDIGENCE, *sf.* état d'une personne qui est dans le besoin, qui manque du nécessaire ; manque d'une chose.

INDIGÈNE, *s.* et *adj.* 2 g. se dit des personnes ou des choses qui ont pris naissance dans le pays même.

INDIGENT, ENTE, adj. et s. qui est dans l'indigence ; très-pauvre.

INDIGESTE, adj. 2 g. difficile à digérer. Fig. mal ordonné, confus.

INDIGESTEMENT, adv. d'une manière indigeste.

INDIGESTION, sf. mauvaise digestion.

INDIGÈTE, adj. 2 g. nom que les anciens donnaient aux demi-dieux particuliers à un pays.

INDIGNATION, sf. sentiment de colère excité par un outrage, une injustice, une mauvaise action.

INDIGNE, adj. 2 g. qui n'est pas digne de; odieux, condamnable : conduite indigne. — s. 2 g. personne méprisable.

INDIGNÉ, ÉE, adj. part. qui éprouve de l'indignation; irrité.

INDIGNEMENT, adv. d'une manière indigne.

INDIGNER, va. exciter l'indignation. — S'INDIGNER, vpr. s'irriter.

INDIGNITÉ, sf. ce qui rend indigne ; action indigne ; outrage.

INDIGO, sm. matière tirée de l'indigotier et qui teint en bleu; toute couleur bleue.

INDIGOTERIE, sf. lieu où se prépare l'indigo.

INDIGOTIER, sm. plante qui produit l'indigo.

INDIQUER, va. montrer, faire connaître ; marquer, être l'indice de.

INDIRECT, ECTE, adj. qui n'est pas direct ; complément ou régime indirect, sur lequel l'action ne tombe pas directement (gram.). Contributions indirectes, impôts sur les objets de consommation ou sur certaines choses dont le besoin est éventuel.

INDIRECTEMENT, adv. d'une manière indirecte.

INDISCERNABLE, adj. 2 g. que l'on ne peut discerner.

INDISCIPLINABLE, adj. 2 g. qui ne peut être discipliné.

INDISCIPLINE, sf. manque de discipline.

INDISCIPLINÉ, ÉE, adj. qui n'est pas discipliné.

INDISCIPLINER, va. rendre indiscipliné. — S'INDISCIPLINER, vpr. se livrer à l'indiscipline.

INDISCRET, ÈTE, adj. qui manque de discrétion, de prudence ; qui ne sait pas garder un secret ; contraire aux bienséances.

INDISCRÈTEMENT, adv. d'une manière indiscrète.

INDISCRÉTION, sf. manque de discrétion; action ou chose indiscrète.

INDISPENSABLE, adj. 2 g. dont on ne peut se dispenser.

INDISPENSABLEMENT, adv. nécessairement.

INDISPONIBILITÉ, sf. qualité ou état de ce qui est indisponible.

INDISPONIBLE, adj. 2 g. dont on ne peut disposer à titre gratuit.

INDISPOSÉ, ÉE, adj. légèrement malade.

INDISPOSER, va. fâcher, mal disposer envers quelqu'un; produire une indisposition.

INDISPOSITION, sf. courte et légère maladie; disposition défavorable.

INDISSOLUBILITÉ, sf. qualité de ce qui est indissoluble.

INDISSOLUBLE, adj. 2 g. qui ne peut être dissous.

INDISSOLUBLEMENT, adv. d'une manière indissoluble.

INDISTINCT, INCTE, adj. qui n'est pas bien distinct.

INDISTINCTEMENT, adv. d'une manière indistincte; sans faire de distinction.

INDIVIDU, sm. chaque être distinct de tout autre ; personne; homme que l'on ne désigne pas par son nom.

INDIVIDUALISER, va. considérer individuellement.

INDIVIDUALISME, sm. système d'isolement dans les travaux, dans les efforts, dans les besoins de la vie.

INDIVIDUALITÉ, sf. ce qui constitue l'individu.

INDIVIDUEL, ELLE, adj. qui appartient à l'individu.

INDIVIDUELLEMENT, adv. d'une manière individuelle, chacun en particulier.

INDIVIS (s nulle), ISE, adj. non partagé, possédé en commun. — PAR INDIVIS, loc. adv. sans être divisé ou partagé.

INDIVISIBILITÉ, sf. qualité de ce qui est indivisible.

INDIVISIBLE, adj. 2 g. qui ne peut être divisé.

INDIVISIBLEMENT, adv. d'une manière indivisible.

INDIVISION, sf. état de ce qui est indivis.

IN-DIX-HUIT, adj. et sm. format où la feuille est pliée en 18 feuillets; livre qui a ce format.

INDO-CHINE, l'Inde transgangétique ou au delà du Gange.

INDOCILE, adj. 2 g. qui ne se laisse pas facilement instruire, éclairer ou conduire.

INDOCILITÉ, sf. caractère de celui qui est indocile.

INDOLEMMENT, adv. avec indolence.

INDOLENCE, sf. défaut de la personne indolente.

INDOLENT, ENTE, adj. et s. qui ne s'affecte de rien, qui ne s'émeut pas ; nonchalant, paresseux.

INDOMPTABLE, adj. 2 g. qu'on ne peut dompter ou réprimer.

INDOMPTABLEMENT, adv. d'une manière indomptable.

INDOMPTÉ, ÉE, adj. non dompté; furieux; sans retenue.

INDOSTAN ou INDOUSTAN, V. Hindoustan.

IN-DOUZE, adj. et sm. format où la feuille est pliée en 12 feuillets; livre de ce format.

INDRE, riv. de France, affluent de la Loire; elle donne son nom à un dép. dont le ch.-l. est Châteauroux.

INDRE-ET-LOIRE, dép. français ; ch.-l. Tours.

INDU, UE, adj. littéralement non dû, c'est-à-dire qui est contre l'usage, contre les convenances.

INDUBITABLE, adj. 2 g. dont on ne peut douter; qui est certain.

NDUBITABLEMENT, adv. certainement.

NDUCTEUR, adj. m. se dit d'un courant qui amène le fluide électrique (phys.).

NDUCTION, sf. (on pr. induxion), instigation; manière de raisonner; conséquence. Action d'amener, de provoquer un courant électrique (phys.).

NDUIRE, va. porter ou pousser à faire quelque chose; arriver à une conséquence tirée d'un principe.

NDULGEMMENT, adv. avec indulgence.

NDULGENCE, sf. bonté, facilité à pardonner, à excuser les torts de quelqu'un. Remission des peines du péché accordée par l'Église.

NDULGENT, ENTE, adj. qui a de l'indulgence.

NDULT, sm. droit de nommer à certains bénéfices ecclésiastiques.

NDÛMENT, adv. d'une manière indue.

NDUPLICATIVE, adj. f. se dit de la préfloraison lorsque les parties contiguës s'appliquent l'une contre l'autre par une portion de leur face externe (bot.).

NDUS, fleuve d'Asie, anj. le Sind.

NDUSIE, sf. (l. indusia chemise), prolongement de l'épiderme recouvrant les sporanges dans certaines fougères (bot.).

NDUSTRIALISME, sm. influence, envahissement de l'industrie.

NDUSTRIE, sf. adresse à faire une chose; métier; fabrication, arts mécaniques; ensemble des travaux producteurs de richesses. Fig. savoir-faire, expedients; chevalier d'industrie, homme qui vit d'adresse, d'expedients.

NDUSTRIEL, ELLE, adj. de l'industrie. — sm. celui qui exerce une industrie.

NDUSTRIEUSEMENT, adv. avec industrie.

NDUSTRIEUX, EUSE, adj. qui a de l'industrie, de l'adresse.

NDUVIES, sf. pl. (l. induviæ vêtements), débris du calice ou autres parties de la fleur qui persistent autour du fruit mais sans adhérence (bot).

NÉBRANLABLE, adj. 2 g. qui ne peut être ébranlé; ferme, constant, resolu.

NÉBRANLABLEMENT, adv. d'une manière inébranlable.

NÉDIT, ITE, adj. qui n'a pas été publié.

NEFFABILITÉ, sf. qualité de ce qui est ineffable.

NEFFABLE, adj. 2 g. qu'on ne peut exprimer par la parole.

NEFFAÇABLE, adj. 2 g. qui ne peut être efface.

NEFFECTIF, IVE, adj. qui est sans effet, qui n'est pas suivi d'effet.

NEFFICACE, adj. 2 g. sans efficacité.

NEFFICACITÉ, sf. manque d'efficacité.

NÉGAL, ALE, adj. qui n'est pas égal. Fig. changeant; raboteux: terrain inégal; qui n'est pas uniforme: style inégal.

NÉGALEMENT, adv. d'une manière inégale.

NÉGALITÉ sf. défaut d'égalité; irrégularité.

NÉLÉGANCE, sf. manque d'élégance.

INÉLÉGANT, ANTE, adj. qui manque d'élégance.

INÉLIGIBLE, adj. 2 g. qui n'a pas qualité pour être élu.

INÉLUCTABLE, adj. 2 g. qu'on ne peut repousser, détourner ou éviter.

INÉNARRABLE, adj. 2 g. qui ne peut être raconté.

INEPTE, adj. 2 g. qui n'a point d'aptitude; sot, absurde.

INEPTIE, sf. (on pr. inepci), action, idée, paroles d'une personne inepte; caractère de ce qui est sot ou absurde.

INÉPUISABLE, adj. 2 g. que l'on ne peut epuiser.

INÉPUISABLEMENT, adv. d'une manière inepuisable.

INERME, adj. 2 g. sans armes, c.-à-d. sans aiguillons, sans épines (bot.).

INERTE, adj. 2 g. sans puissance, sans action, sans mouvement, sans énergie.

INERTIE, sf. (on pr. inerci), état de ce qui est inerte, sans action propre; manque d'activité. Propriété que les corps ont de persister dans l'état de repos ou de mouvement (phys.).

INÈS DE CASTRO, femme de don Pèdre, fils d'Alphonse IV, roi de Portugal; m. 1335.

INESPÉRÉ, EE, adj. non espéré, imprévu.

INESPÉRÉMENT, adv. contre tout espoir.

INESTIMABLE, adj. 2 g. qu'on ne peut trop estimer.

INÉVITABLE, adj. 2 g. que l'on ne saurait éviter.

INÉVITABLEMENT, adv. nécessairement.

INEXACT, ACTE, adj. qui n'est pas exact.

INEXACTEMENT, adv. d'une manière inexacte.

INEXACTITUDE, sf. manque d'exactitude; fausseté, erreur.

INEXCUSABLE, adj. 2 g. qui ne peut être excusé.

INEXÉCUTABLE, adj. 2 g. que l'on ne peut exécuter.

INEXÉCUTÉ, ÉE, adj. part. non exécuté.

INEXÉCUTER, va. ne point exécuter.

INEXÉCUTION, sf. manque d'exécution.

INEXERCÉ, ÉE, adj. non exercé.

INEXIGIBLE, adj. 2 g. non exigible.

INEXISTENCE, sf. défaut d'existence.

INEXORABLE, adj. 2 g. qui ne peut être fléchi par des prières. Fig. très-sévère.

INEXORABLEMENT, adv. d'une manière inexorable.

INEXPÉRIENCE, sf. manque d'expérience.

INEXPÉRIMENTÉ, ÉE, adj. qui n'a pas d'expérience.

INEXPIABLE, adj. 2 g. qui ne peut être expié.

INEXPLICABLE, adj. 2 g. qu'on ne peut expliquer; bizarre.

INEXPLIQUÉ, ÉE, adj. qui n'a pas été expliqué ou éclairci.

INEXPLORÉ, ÉE, adj. qui n'a pas été exploré.

INEXPLOSIBLE, adj. 2 g. qui ne peut faire explosion, qui ne peut éclater.

INEXPRIMABLE, *adj.* 2 g. qu'on ne peut exprimer par le langage.

INEXPUGNABLE, *adj.* 2 g. (on pr. *inexpugnable*), qui ne peut être pris par force.

IN EXTENSO, V. *Extenso* (in).

INEXTINGUIBLE, *adj.* 2 g. (on pr. *inextingu-ible*), qui ne peut s'éteindre *Fig.* qu'on ne peut apaiser.

INEXTINSILINGUE, *adj.* 2 g. (l. *in* privatif, *extendere* étendre, *lingua* langue), qui ne peut allonger sa langue hors de sa bouche (*zool.*).

IN EXTREMIS, V. *Extremis* (in).

INEXTRICABLE, *adj.* 2 g. qui ne peut être démêlé. *Fig.* dont on ne peut sortir, se dégager.

INEXTRICABLEMENT, *adv.* d'une manière inextricable.

INFAILLIBILITÉ, *sf.* (ll m.), caractère de ce qui est infaillible; impossibilité de faillir, de se tromper.

INFAILLIBLE, *adj.* 2 g. (ll m.), certain, immanquable; qui ne peut se tromper.

INFAILLIBLEMENT, *adv.* (ll m.), immanquablement.

INFAISABLE, *adj.* 2 g. (on pr. *infesable*), qui ne peut être fait.

INFAMANT, ANTE, *adj.* qui porte infamie, qui rend infâme.

INFAMATION, *sf.* note d'infamie.

INFÂME, *adj.* et *s.* 2 g. flétri par les lois, diffamé; honteux, sale, malséant, vil, indigne.

INFAMIE, *sf.* caractère de ce qui est vil, déshonorant; flétrissure, action honteuse, chose déshonorante, parole injurieuse.

INFANT, ANTE. *s.* enfant puîné des rois d'Espagne ou de Portugal.

INFANTERIE, *sf.* troupes de soldats à pied.

INFANTICIDE, *sm.* meurtre d'un enfant. — *s.* et *adj.* 2 g. celui, celle qui a commis ce meurtre.

INFATIGABLE, *adj.* 2 g. qui ne se fatigue pas, qui ne se ralentit pas.

INFATIGABLEMENT, *adv.* sans se fatiguer.

INFATUATION, *sf.* prévention excessive en faveur de.

INFATUER, *va.* inspirer une prévention excessive en faveur de. — S'INFATUER, *vpr.* s'enticher de.

INFÉCOND, ONDE, *adj.* stérile.

INFÉCONDITÉ, *sf.* stérilité.

INFECT, ECTE, *adj.* puant, infecté.

INFECTER, *va.* gâter, corrompre; incommoder par l'odeur.

INFECTION, *sf.* (on pr. *infextion*), puanteur, corruption.

INFÉLICITÉ, *sf.* malheur, disgrâce.

INFÉODATION, *sf.* action d'inféoder.

INFÉODER, *va.* donner une terre en fief. *Fig.* mettre sous la dépendance de. — S'INFÉODER, *vpr.* soumettre à son influence ou se mettre dans la dépendance de quelqu'un.

INFÈRE, *adj.* 2 g. se dit d'un organe placé au-dessous d'un autre (*bot.*).

INFÉRER, *va.* conclure de.

INFÉRIEUR, EURE, *adj.* placé au-dessous,

en bas. *Fig.* moins élevé en rang, en mérite, en qualité, en valeur. — *s.* subordonné.

INFÉRIEUREMENT, *adv.* au-dessous.

INFÉRIORITÉ, *sf.* qualité ou état de ce qui est inférieur.

INFERNAL, ALE, *adj.* des enfers ou de l'enfer. *Fig.* très-méchant, excessif: *tapage infernal. Pierre infernale*, nitrate d'argent (pl. m. *infernaux*).

INFERNALEMENT, *adv.* d'une manière infernale.

INFÉROBRANCHES, *sm.pl.* (l. *inferus* qui est en bas, *branchiæ* branchies), ordre de mollusques gastéropodes qui ont des branchies à la partie inférieure du corps (*zool.*).

INFERTILE, *adj.* 2 g. qui n'est pas fertile, qui ne produit pas.

INFERTILITÉ, *sf.* stérilité.

INFESTATION, *sf.* action d'infester; effet de cette action.

INFESTER, *va.* ravager, dévaster.

INFIDÈLE, *adj.* et *s.* 2 g. qui manque de fidélité, de parole, d'exactitude; inconstant, peu sûr; qui n'a pas la vraie foi.

INFIDÈLEMENT, *adv.* d'une manière infidèle.

INFIDÉLITÉ, *sf.* manque de fidélité, de probité, de vérité, d'exactitude.

INFILTRATION, *sf.* action de s'infiltrer.

INFILTRER (S'), *vpr.* passer dans les pores d'un corps solide.

INFIME, *adj.* 2 g. qui est placé très-bas ou le plus bas; qui est le dernier, le plus petit.

INFINI, IE, *adj.* qui est sans commencement ni fin, sans limites. *Fig.* très-considérable, innombrable. — *sm.* ce qui est infini. — A L'INFINI, *loc. adv.* sans fin, sans mesure.

INFINIMENT, *adv.* à l'infini, extrêmement.

INFINITÉ, *sf.* qualité de ce qui est infini. *Fig.* très-grand nombre.

INFINITÉSIMAL, ALE, *adj.* qui a rapport aux infiniment petits (*math.*).

INFINITIF, *sm.* mode impersonnel du verbe.

INFIRMATIF, IVE, *adj.* qui infirme; qui rend sans force, sans valeur; qui rend nul.

INFIRMATION, *sf.* action d'infirmer.

INFIRME, *adj.* et *s.* 2 g. faible, fragile. *Fig.* qui a une ou des infirmités.

INFIRMER, *va.* affaiblir, détruire, annuler.

INFIRMERIE, *sf.* logement des malades.

INFIRMIER, IÈRE, *s.* celui, celle qui soigne les malades dans une infirmerie, dans un hôpital.

INFIRMITÉ, *sf.* faiblesse. *Fig.* imperfection, maladie habituelle, vice de constitution.

INFLAMMABILITÉ, *sf.* qualité ou caractère de ce qui est inflammable. *Fig.* facilité à prendre feu.

INFLAMMABLE, *adj.* 2 g. qui s'enflamme facilement.

INFLAMMATION, *sf.* action de s'enflammer, résultat de cette action. *Fig.* ardeur aux parties du corps échauffées.

INFLAMMATOIRE, *adj.* 2 g. qui a ou qui cause de l'inflammation.

INFLÉCHI, IE, *adj. part.* dévié; fléchi en dedans (*bot.*).

INFLÉCHIR, *va.* dévier. — **S'INFLÉCHIR**, *vpr.* se dévier.

INFLEXIBILITÉ, *sf.* qualité de ce qui est inflexible.

INFLEXIBLE, *adj.* 2 *g.* qui ne peut être fléchi ou plié. *Fig.* qui ne se laisse point émouvoir ni ébranler.

INFLEXIBLEMENT, *adv.* d'une manière inflexible.

INFLEXION, *sf.* action de fléchir ; changement de ton, d'accent dans la voix.

INFLICTIF, **IVE**, *adj.* à infliger.

INFLICTION, *sf.* (on pr. *inflixion*), action d'infliger.

INFLIGER, *va.* frapper quelqu'un d'une peine, d'un châtiment.

INFLORESCENCE, *sf.* disposition des fleurs sur la tige (*bot.*).

INFLUENCE, *sf.* action d'une personne ou d'une chose qui influe sur une autre. *Fig.* credit, ascendant.

INFLUENCER, *va.* exercer une influence, un ascendant : *influencer les esprits.*

INFLUENT, **ENTE**, *adj.* qui influe.

INFLUER, *vn.* exercer sur une personne ou une chose une action qui la modifie : *la lune influe sur les marées.*

IN-FOLIO, *sm.* (inv.), format où la feuille est pliée en deux ; livre qui a ce format.

INFORMATION, *sf.* action de s'informer : *aller aux informations* ; résultat de cette action : enquête judiciaire en matière criminelle.

INFORME, *adj.* 2 *g.* dont la forme est altérée ou n'est pas déterminée. *Fig.* imparfait, qui n'est pas dans les formes voulues.

INFORMÉ, *sm.* information, avertissement.

INFORMER, *va.* avertir, instruire. — *vn.* faire une enquête.— **S'INFORMER**, *vpr.* chercher à savoir.

INFORTUNE, *sf.* adversité, malheur, disgrâce.

INFORTUNÉ, **ÉE**, *adj. et s.* malheureux.

INFRACTEUR, *sm.* transgresseur.

INFRACTION, *sf.* (on pr. *infraxion*), action d'enfreindre une loi, un traité, etc.

INFRANCHISSABLE, *adj.* 2 *g.* qui ne peut être franchi.

INFRANGIBLE, *adj.* 2 *g.* qui ne peut être brisé.

INFRUCTUEUSEMENT, *adv.* sans profit, sans utilité.

INFRUCTUEUX, **EUSE**, *adj.* qui rapporte peu ou point.

INFUNDIBULÉ, **ÉE** ou **INFUNDIBULIFORME**, *adj.* 2 *g.* (on pr. *fon*, l. *infundibulum* entonnoir), qui est en forme d'entonnoir (*bot.*).

INFUS (*s* nulle), **USE**, *adj.* non acquis, mais versé en nous par la nature.

INFUSER, *va.* verser, jeter une substance dans un liquide et l'y laisser tremper.

INFUSIBLE, *adj.* 2 *g.* qui ne peut être fondu ou se fondre.

INFUSION, *sf.* action d'infuser ; liquide où l'on a fait infuser.

INFUSOIRES, *sm. pl.* classe de zoophytes, comprenant les animalcules qui se développent dans les infusions végétales ou animales (*zool.*).

INGAMBE, *adj.* 2 *g.* léger, dispos, alerte.

INGELBURGE ou **ISEMBURGE**, femme de Philippe-Auguste ; m. 1237.

INGÉNIER (S'), *vpr.* chercher ou trouver dans son esprit un moyen de réussite.

INGÉNIEUR, *sm.* celui qui trace et conduit les travaux de fortification, d'attaque, de défense ou les travaux civils tels que routes, ponts, chemins de fer, etc.

INGÉNIEUSEMENT, *adv.* d'une manière ingénieuse.

INGÉNIEUX, **EUSE**, *adj.* plein d'esprit, d'adresse ; qui dénote ces facultés.

INGÉNIOSITÉ, *sf.* qualité de ce qui est ingénieux ou de l'homme ingénieux.

INGÉNU, **UE**, *adj. et s.* simple, franc, naïf. Homme né libre, par opposition à affranchi.

INGÉNUITÉ, *sf.* caractère de la personne ingénue ; naïveté, simplicité, franchise.

INGÉNUMENT, *adv.* naïvement, franchement.

INGÉRER (S'), *vpr.* se mêler de quelque chose sans en avoir le droit.

INGESTION, *sf.* action d'absorber un aliment ou un breuvage soumis à l'acte de la digestion.

IN GLOBO, *loc. adv. latine*, en masse, en totalité.

INGLORIEUX, **EUSE**, *adj.* sans gloire.

INGOLSTADT, ville de Bavière, sur le Danube.

INGOUVERNABLE, *adj.* 2 *g.* que l'on ne peut gouverner.

INGOUVILLE, ville près du Havre.

INGRAT, **ATE**, *adj.* non reconnaissant, qui n'a pas de reconnaissance. *Fig.* qui ne donne aucun bon résultat, stérile, pénible.

INGRATITUDE, *sf.* manque de gratitude, de reconnaissance.

INGRÉDIENT, *sm.* (on pr. *ingrédian*), ce qui entre dans un médicament, un mélange, un ragoût, etc.

INGRES, célèbre peintre français, né en 1781.

INGRIE, anc. province de Russie.

INGUÉRISSABLE, *adj.* 2 *g.* qui ne peut être guéri.

INGUINAL, **ALE**, *adj.* (on pr. *ingu-inal*), de l'aine (*anat.*).

INHABILE, *adj.* 2 *g.* qui manque d'habileté, incapable.

INHABILEMENT, *adv.* d'une manière inhabile.

INHABILETÉ, *sf.* manque d'habileté.

INHABILITÉ, *sf.* incapacité (*jurisp.*) : *inhabilité à recueillir une succession.*

INHABITABLE, *adj.* 2 *g.* qui ne peut être habité.

INHABITATION, *sf.* cessation ou absence d'habitation.

INHABITÉ, **ÉE**, *adj.* qui n'est pas habité.

INHABITUDE, *sf.* défaut d'habitude.

INHABITUÉ, **ÉE**, *adj.* non habitué.

INHALATION, *sf.* action d'inspirer l'air ou tout autre fluide.

INHÉRENCE, *sf.* qualité de ce qui est inhérent.

INHÉRENT, ENTE, adj. qui par sa nature est joint inséparablement à une chose.

INHIBER, va. défendre, prohiber (jurispr.).

INHIBITION, sf. prohibition (jurispr.).

INHOSPITALIER, IÈRE, adj. qui n'est pas hospitalier; qui n'offre pas un refuge assuré.

INHOSPITALITÉ, sf. refus d'hospitalité; inhumanité.

INHUMAIN, AINE, adj. sans humanité, sans pitié, cruel.

INHUMAINEMENT, adv. cruellement.

INHUMANITÉ, sf. manque d'humanité; cruauté, action cruelle.

INHUMATION, sf. enterrement.

INHUMER, va. mettre un mort dans la terre.

INIGO, nom espagnol.

INIMAGINABLE, adj. 2 g. que l'on ne peut imaginer.

INIMITABLE, adj. 2 g. qui ne peut être imité.

INIMITIÉ, sf. haine, aversion.

ININTELLIGEMMENT, adv. d'une manière inintelligente.

ININTELLIGENCE, sf. défaut d'intelligence.

ININTELLIGENT, ENTE, adj. qui est sans intelligence.

ININTELLIGIBLE, adj. 2 g. qui ne peut être compris.

ININTELLIGIBLEMENT, adv. d'une manière inintelligible.

INIQUE, adj. 2 g. très-injuste.

INIQUEMENT, adv. injustement.

INIQUITÉ, sf. défaut d'équité, injustice. Fig. péché, corruption de mœurs.

INITIABLE, adj. 2 g. (on pr. iniciable), qui est digne d'être initié.

INITIAL, ALE, adj. (on pr. inicial), qui commence (pl. initials). — sf. lettre qui commence un mot.

INITIATEUR, TRICE, adj. et s. (on pr. iniciateur), qui initie.

INITIATIF, IVE, adj. (on pr. iniciatif), qui donne ou qui laisse l'initiative, qui commence. — sm. première partie d'un mot composé, placé devant le radical.

INITIATION, sf. (on pr. iniciacion), action d'initier.

INITIATIVE, sf. (on pr. iniciative), droit de commencer, de proposer; faculté intellectuelle qui aperçoit promptement les moyens d'agir, de sortir d'affaire, de réussir.

INITIÉ, IÉE, s. (on pr. inicié), personne qui est initiée aux mystères ou admise dans une société secrète.

INITIER, va. (on pr. inicier), admettre à la participation de mystères, à une société, à la connaissance d'un art, etc.

INJECTER, va. lancer dans; introduire un liquide dans une cavité.

INJECTION, sf. (on pr. injexion), action d'injecter, liquide injecté.

INJONCTION, sf. (on pr. injonxion), commandement exprès.

INJOUABLE, adj. 2 g. se dit d'un morceau de musique ou d'une pièce de théâtre qu'on ne peut jouer.

INJURE, sf. insulte, outrage. Fig. injustice. Injures du temps, intempérie, ravage des siècles; injures du sort, malheurs.

INJURIER, va. offenser par des injures.

INJURIEUSEMENT, adv. d'une manière injurieuse, avec outrage.

INJURIEUX, EUSE, adj. outrageux. Fig. injuste, nuisible.

INJUSTE, adj. 2 g. qui n'a point de justice, qui est contraire à la justice. — sm. ce qui n'est pas juste.

INJUSTEMENT, adv. d'une manière injuste.

INJUSTICE, sf. défaut de justice; action injuste.

INKERMANN, port de Crimée (Russie). Victoire de l'armée anglo-française sur les Russes, en 1854.

INLISIBLE, adj. 2 g. illisible.

IN MANUS, V. Manus (in).

INN, riv. d'Allemagne, affluent du Danube.

IN NATURALIBUS, V. Naturalibus (in).

INNAVIGABILITÉ, sf. mauvais état d'un navire qui ne peut naviguer; état d'une mer, d'un cours d'eau innavigable.

INNAVIGABLE, adj. 2 g. où l'on ne peut naviguer.

INNÉ, ÉE, adj. né en nous, que nous apportons en naissant: les idées innées.

INNERVÉ, ÉE, adj. qui n'a pas de nervures (bot.).

INNOCEMMENT, adv. avec innocence; sottement.

INNOCENCE, sf. qualité ou état de la personne innocente; simplicité.

INNOCENT, ENTE, adj. non coupable; sans malice, pur; qui ne fait pas de mal. — sm. celui qui est innocent.

INNOCENT, nom de plusieurs papes, entre autres: St INNOCENT, m. 417; INNOCENT II, m. 1143; INNOCENT III, m. 1216; INNOCENT IV, m. 1254; INNOCENT X (1574-1655); INNOCENT XI (1611-1689); INNOCENT XII (1615-1700).

INNOCENTER, va. déclarer innocent.

INNOCUITÉ, sf. qualité de ce qui n'est pas nuisible.

INNOMBRABLE, adj. 2 g. qui ne peut se nombrer, qui est en très-grand nombre.

INNOMBRABLEMENT, adv. d'une manière innombrable; en très-grand nombre.

INNOMÉ, ÉE, adj. qui n'a pas reçu de nom (t. de droit).

INNOMINÉ, ÉE, adj. qui n'a pas de nom particulier.

INNOVATEUR, sm. celui qui innove.

INNOVATION, sf. action d'innover, chose innovée.

INNOVER, va. et n. introduire quelque nouveauté.

INNTHAL, vallée de l'Inn dans le Tyrol.

INO, fille de Cadmus (myth.).

INOBSERVATION, sf. infraction à une loi, à un engagement, à une promesse.

INOCCUPÉ, ÉE, adj. qui n'a pas d'occupation; non occupé.

IN-OCTAVO, sm. (inv.), format où la feuille est pliée en 8 feuillets; livre de ce format.

INOCULATEUR, TRICE, s. celui, celle qui fait l'inoculation.

INOCULATION, sf. action d'inoculer.

INOCULER, va. communiquer artificiellement une maladie contagieuse. *Fig.* faire entrer dans les esprits.

INODORE, adj. 2 g. sans odeur.

INOFFENSIF, IVE, adj. qui n'offense ou ne nuit pas.

INONDATION, sf. débordement d'eaux. *Fig.* invasion.

INONDER, va. submerger. *Fig.* mouiller beaucoup; remplir; envahir.

INOPINÉ, ÉE, adj. à quoi l'on ne pensait pas, imprévu.

INOPINÉMENT, adv. d'une manière inopinée.

INOPPORTUN, UNE, adj. non opportun, non à propos.

INOPPORTUNITÉ, sf. qualité de ce qui est inopportun.

INORGANIQUE, adj. 2 g. qui n'est pas organisé.

INOUÏ, ÏE, adj. dont on n'a jamais ouï parler. *Fig.* étrange, singulier.

INOXYDABLE, adj. 2 g. qui ne peut s'oxyder.

IN PACE, V. *Pace (in)*.

IN PARTIBUS, V. *Partibus (in)*.

IN PETTO, V. *Petto (in)*.

IN-PLANO, sm. (inv.), format où la feuille imprimée ne contient qu'une page de chaque côté.

IN-PROMPTU, V. *Impromptu*.

IN-QUARTO, sm. (inv.), format où la feuille est pliée en 4 feuillets; livre de ce format.

INQUIET, IÈTE, adj. non tranquille; qui est dans le trouble, dans quelque peine d'esprit. *Fig.* agité, remuant.

INQUIÉTANT, ANTE, adj. de nature à inquiéter.

INQUIÉTER, va. donner de l'inquiétude, troubler, tourmenter. — **S'INQUIÉTER,** vpr. être inquiet, se tourmenter.

INQUIÉTUDE, sf. état d'une personne inquiète; défaut de tranquillité, trouble, souci, agitation.

INQUISITEUR, sm. juge de l'inquisition. — adj. m. qui cherche à connaître, scrutateur.

INQUISITION, sf. action de rechercher, enquête; tribunal ecclésiastique pour rechercher et juger les hérétiques.

INQUISITORIAL, ALE, adj. ombrageux et arbitraire.

INSAISISSABLE, adj. 2 g. qui ne peut être saisi; incompréhensible.

INSALUBRE, adj. 2 g. non salubre, malsain, nuisible à la santé.

INSALUBRITÉ, sf. qualité de ce qui est insalubre.

INSANITÉ, sf. absence ou privation de bon sens.

INSATIABILITÉ, sf. (on pr. *insaciabilité*), avidité qui ne peut être rassasiée.

INSATIABLE, adj. 2 g. (on pr. *insaciable*), qui ne peut être rassasié. *Fig.* très-avide.

INSATIABLEMENT, adv. (on pr. *insaciablement*), d'une manière insatiable.

INSATURABLE, adj. 2 g. qui ne peut être saturé.

INSCRIPTION, sf. action d'inscrire; ce qui est inscrit; titre de rente; enregistrement.

INSCRIRE, va. (c. *écrire*), écrire sur; tracer une figure dans une autre. — **S'INSCRIRE,** vpr. mettre ou faire mettre son nom sur un registre; s'inscrire en faux, arguer de faux, nier.

INSCRUTABLE, adj. 2 g. qu'on ne peut sonder (au fig.), qu'on ne peut pénétrer; qui ne peut être compris ou connu par l'esprit humain.

INSCU (A L'), V. *Insu (à l')*.

INSÉCABLE, adj. 2 g. qui ne peut être coupé, partagé ou divisé.

INSÉCOUABLE, adj. 2 g. qui ne peut être secoué.

INSECTE, sm. petit animal sans vertèbres et dont le corps et les membres sont articulés. Au pl. classe d'animaux articulés (zool.).

INSECTICIDE, adj. 2 g. qui tue, qui fait périr les insectes.

INSECTIVORE, adj. 2 g. et sm. qui se nourrit d'insectes. Au pl. ordre de mammifères comprenant ceux qui se nourrissent d'insectes (zool.).

IN-SEIZE, sm. (inv.), format où la feuille est pliée en 16 feuillets; livre de ce format.

INSENSÉ, ÉE, adj. et s. fou, qui n'a pas de bon sens; qui est contraire au bon sens.

INSENSIBILITÉ, sf. manque de sensibilité.

INSENSIBLE, adj. et s. 2 g. qui ne sent pas, qui ne s'émeut pas; qui ne se fait pas sentir, imperceptible.

INSENSIBLEMENT, adv. d'une manière insensible; peu à peu.

INSÉPARABLE, adj. 2 g. que l'on ne peut séparer.

INSÉPARABLEMENT, adv. d'une manière inséparable.

INSÉRER, va. mettre dans ou parmi, faire entrer dans, ajouter.

INSERMENTÉ, ÉE, adj. qui n'a pas fait le serment prescrit par la loi.

INSERTION, sf. (on pr. *insercion*), action d'insérer; ce qui est inséré; lieu où la corolle et les étamines d'une fleur sont insérées (bot.).

INSIDIATEUR, TRICE, adj. qui tend des pièges (au fig.); qui porte au mal, à l'erreur.

INSIDIEUSEMENT, adv. d'une manière insidieuse.

INSIDIEUX, EUSE, adj. qui cherche ou tend à surprendre, à tromper.

INSIGNE, adj. 2 g. signalé, remarquable.

INSIGNES, sm. pl. marques distinctives et d'honneur.

INSIGNIFIANCE, sf. qualité ou caractère de ce qui est insignifiant.

INSIGNIFIANT, ANTE, adj. qui ne signifie rien. *Fig.* sans importance, insipide.

INSINUANT, ANTE, adj. qui insinue, qui sait insinuer ou s'insinuer.

INSINUATIF, IVE, adj. propre à insinuer.

INSINUATION, *sf.* action d'insinuer; adresse dans le langage ou le style pour insinuer; conseils perfides.

INSINUER, *va.* introduire doucement, dire ou exposer adroitement. — S'INSINUER, *vpr.* s'introduire, pénétrer.

INSIPIDE, *adj.* 2 g. sans saveur, qui n'a pas de saveur. *Fig.* qui est sans agrément; ennuyeux.

INSIPIDEMENT, *adv.* d'une manière insipide.

INSIPIDITÉ, *sf.* qualité de ce qui est insipide.

INSISTANCE, *sf.* action d'insister.

INSISTER, *vn.* persévérer à demander, à vouloir; appuyer fortement sur un point.

INSOCIABILITÉ, *sf.* caractère de la personne qui est insociable.

INSOCIABLE, *adj.* 2 g. non sociable, avec qui l'on ne peut vivre.

INSOLATION, *sf.* action d'exposer au soleil; effet des rayons solaires.

INSOLEMMENT, *adv.* avec insolence.

INSOLENCE, *sf.* effronterie, hardiesse extrême; offense, parole insolente.

INSOLENT, ENTE, *adj. et s.* qui perd le respect; effronté, orgueilleux. *Fig. bonheur insolent,* bonheur singulier, extraordinaire.

INSOLITE, *adj.* 2 g. qui est contraire à l'usage, aux règles.

INSOLUBILITÉ, *sf.* qualité de ce qui est insoluble.

INSOLUBLE, *adj.* 2 g. qui ne peut être dissous ou résolu.

INSOLVABILITÉ, *sf.* état de la personne insolvable, impuissance de payer.

INSOLVABLE, *adj.* 2 g. qui ne peut payer.

INSOMNIE, *sf.* manque de sommeil, privation de sommeil.

INSONDABLE, *adj.* 2 g. que l'on ne peut sonder.

INSOUCIANCE, *sf.* caractère de la personne insouciante.

INSOUCIANT, ANTE, *adj.* qui ne s'affecte ou ne s'inquiète de rien.

INSOUCIEUSEMENT, *adv.* d'une manière insoucieuse, sans se soucier.

INSOUCIEUX, EUSE, *adj.* qui n'est pas soucieux.

INSOUMIS, ISE, *adj.* non soumis.

INSOUMISSION, *sf.* non-soumission.

INSOUTENABLE, *adj.* 2 g. que l'on ne peut soutenir ou défendre; insupportable.

INSPECTER, *va.* examiner avec autorité, avec droit de le faire.

INSPECTEUR, TRICE, *s.* celui, celle qui inspecte, qui surveille.

INSPECTION, *sf.* (on pr. *inspexion*), action d'examiner; charge, fonction d'inspecteur.

INSPIRATEUR, TRICE, *adj.* qui inspire, qui sert à l'inspiration.

INSPIRATION, *sf.* introduction de l'air dans les poumons. *Fig.* conseil, suggestion; idée ou sentiment inspiré, influence; *inspiration divine.*

INSPIRER, *va.* introduire l'air dans les poumons. *Fig.* conseiller, suggérer, exercer une influence.

INSPRUCK, capitale du Tyrol.

INSTABILITÉ, *sf.* défaut de stabilité, de solidité.

INSTABLE, *adj.* 2 g. qui ne se tient pas ferme; non assuré.

INSTALLATION, *sf.* action d'installer, d'être installé.

INSTALLER, *va.* mettre en possession d'un emploi, de quelque fonction. *Fig.* établir. — S'INSTALLER, *vpr.* s'établir.

INSTAMMENT, *adv.* avec instance.

INSTANCE, *sf.* sollicitation pressante; demande en justice.

INSTANT, *sm.* moment très-court. — 'A L'INSTANT, *loc. adv.* aussitôt; À CHAQUE INSTANT, *loc. adv.* à tout moment.

INSTANT, ANTE, *adj.* pressant, urgent.

INSTANTANÉ, ÉE, *adj.* qui ne dure qu'un instant.

INSTANTANÉITÉ, *sf.* caractère de ce qui est instantané; existence instantanée.

INSTANTANÉMENT, *adv.* d'une manière instantanée.

INSTAR (À L'), *loc. prép.* à la manière, à l'exemple de.

INSTAURATION, *sf.* action de rétablir, établissement solennel.

INSTAURER, *va.* renouveler, réparer, rééditier.

INSTIGATEUR, TRICE, *s.* celui, celle qui instigue, qui excite à faire une chose.

INSTIGATION, *sf.* incitation, suggestion.

INSTIGUER, *va.* exciter, pousser à.

INSTILLATION, *sf.* action d'instiller.

INSTILLER, *va.* verser goutte à goutte.

INSTINCT, *sm.* (on pr. *instin*), sentiment, mouvement naturel aux animaux, qui les fait agir sans le secours de la réflexion.

INSTINCTIF, IVE, *adj.* qui tient à l'instinct.

INSTINCTIVEMENT, *adv.* par instinct.

INSTIPULÉ, ÉE, *adj.* qui est sans stipules (bot.).

INSTITUER, *va.* établir.

INSTITUT, *sm.* (t final nul), constitution d'un ordre religieux; établissement scientifique ou littéraire.

INSTITUTES, *sf. pl.* ouvrage contenant les principes du droit romain.

INSTITUTEUR, TRICE, *s.* celui, celle qui établit une chose, qui est chargé d'une éducation, qui tient une pension, une école.

INSTITUTION, *sf.* action d'instituer; chose instituée; éducation, maison d'éducation.

INSTRUCTEUR, *sm.* celui qui instruit. — *adj. Juge instructeur,* qui instruit un procès, une affaire.

INSTRUCTIF, IVE, *adj.* qui instruit (ne se dit que des choses).

INSTRUCTION, *sf.* éducation; connaissances acquises; explications, indications, injonctions; examen d'une affaire à juger.

INSTRUIRE, *va.* (c. *construire*), enseigner, donner connaissance de. *Instruire un procès,* le mettre en état d'être jugé. — S'INSTRUIRE, *vpr.* acquérir du savoir, la connaissance de.

INSTRUIT, ITE, *adj.* qui a de l'instruction.

STRUMENT, sm. outil, ce qui sert à faire quelque chose : *instrument de musique, de mathématiques, de chirurgie.* Fig. personne ou chose qui sert à produire quelque effet : *ses amis ont été l'instrument de sa fortune ; ses propres lettres ont servi d'instrument pour le perdre.*

STRUMENTAIRE, adj. 2 g. qui assiste officier public qui instrumente.

STRUMENTAL, ALE, adj. (sans pl. m.), qui sert d'instrument. *Musique instrumentale,* composée pour les instruments.

STRUMENTATION, sf. arrangement de la musique instrumentale.

STRUMENTER, va. faire les parties musicales des divers instruments. — vn. faire des contrats, des exploits, des significations, etc.

STRUMENTISTE, sm. musicien qui joue d'un instrument.

SU, sm. ignorance d'une chose. — 'A 'INSU DE, loc. prep. sans que la chose ait le sue de.

SUBMERSIBLE, adj. 2 g. qui ne peut être submerge.

SUBORDINATION, sf. defaut de subordination, d'obeissance.

SUBORDONNÉ, ÉE, adj. qui a l'esprit d'insubordination.

SUBRES ou INSUBRIENS, peuple de la Gaule cisalpine.

SUCCÈS, sm. non-succès.

SUFFISAMMENT, adv. non suffisamment.

SUFFISANCE, sf. manque de suffisance ; incapacite.

SUFFISANT, ANTE, adj. qui ne suffit pas.

SUFFLATION, sf. action d'insuffler.

SUFFLER, va. souffler dans : *insuffler de l'air dans les poumons.*

SULAIRE, adj. et s. 2 g. qui habite une île.

SULTANT, ANTE, adj. injurieux.

SULTE, sf. offense ; outrage de fait ou de paroles.

SULTER, va. offenser, outrager par une insulte. — vn. manquer aux convenances, au respect, à la raison, etc.

SUPPORTABLE, adj. 2 g. que l'on ne peut supporter.

SUPPORTABLEMENT, adv. d'une manière insupportable.

SURGÉ, ÉE, adj. et s. rebelle, séditieux.

SURGENTS, sm. pl. colons anglais de l'Amérique du Nord qui s'insurgèrent contre la métropole et fondèrent les États-Unis.

SURGER, va. faire révolter — S'INSURGER, vpr. se soulever contre, se révolter.

SURMONTABLE, adj. 2 g. que l'on ne peut surmonter.

SURMONTABLEMENT, adv. d'une manière insurmontable.

SURRECTION, sf. (on pr. *insurrexion*), soulèvement contre l'autorite, contre le gouvernement.

SURRECTIONNEL, ELLE, adj. (on pr. *insurrexionel*), qui tient de l'insurrection.

TACT (on pr. le *c* et le *t*), ACTE, adj. à

quoi l'on n'a pas touché. Fig. entier ; pur : *reputation intacte.*

INTACTILE, adj. 2 g. que l'on ne peut toucher.

INTANGIBILITÉ, sf. qualité de ce qui est intangible.

INTANGIBLE, adj. 2 g. qui ne peut être touché, qui échappe au sens du toucher.

INTARISSABLE, adj. 2 g. qui ne peut se tarir, s'epuiser.

INTARISSABLEMENT, adv. sans tarir, sans cesser.

INTÉGRAL, ALE, adj. qui a rapport à la chose entière ; total, complet. *Calcul intégral,* par lequel on remonte des infiniment petits aux quantites finies.

INTÉGRALE, sf. quantité finie à laquelle on remonte par le calcul intégral (math.).

INTÉGRALEMENT, adv. en totalité.

INTÉGRALITÉ, sf. etat d'une chose entière, complète.

INTÉGRANT, ANTE, adj. qui contribue à la formation d'un tout.

INTÉGRATION, sf. action d'integrer.

INTÈGRE, adj. 2 g. qui est d'une probité incorruptible.

INTÉGRER, va. trouver l'intégrale (math.).

INTÉGRITÉ, sf. état d'une chose entière ou intacte. Fig. qualité de la personne intègre.

INTELLECT, sm. (on pr. le *c* et le *t*), intelligence, entendement.

INTELLECTIF, IVE, adj. qui appartient à l'intellect.

INTELLECTUEL, ELLE, adj. de l'intelligence ; spirituel : *l'âme est une substance intellectuelle.*

INTELLECTUELLEMENT, adv. d'une manière purement intellectuelle.

INTELLIGENCE, sf. faculté de comprendre, d'acquerir et de combiner des idées, faculté de compréhension. Fig. habileté, adresse ; bon accord ; complicite secrète : *ils sont d'intelligence ;* être purement spirituel : *Dieu est la souveraine Intelligence.*

INTELLIGENT, ENTE, adj. qui a de l'intelligence.

INTELLIGIBLE, adj. 2 g. qui peut être compris ou entendu.

INTELLIGIBLEMENT, adv. d'une manière intelligible.

INTEMPÉRANCE, sf. manque de tempérance ; excès.

INTEMPÉRANT, ANTE, adj. qui a de l'intempérance.

INTEMPÉRÉ, ÉE, adj. dereglé.

INTEMPÉRIE, sf. etat dérégle de l'atmosphère ; mauvais temps.

INTEMPESTIF, IVE, adj. qui n'est pas à propos.

INTEMPESTIVEMENT, adv. d'une manière intempestive.

INTENDANCE, sf. administration d'une grande maison ou d'une partie des affaires publiques ; administration militaire ; charge de l'intendant.

INTENDANT, sm. celui qui exerce une intendance.

INTENDANTE, *sf.* femme d'un intendant; celle qui exerce une intendance.

INTENSE, *adj. 2 g.* grand, fort, vif : *froid intense.*

INTENSITÉ, *sf.* état de ce qui est intense ; degré de force, de puissance, d'activité.

INTENTER, *va.* faire un procès, former une accusation.

INTENTION, *sf.* (on pr. *intancion*), tendance de l'âme vers un but; volonté, dessein, motif.

INTENTIONNÉ, ÉE, *adj.* (on pr. *intancioné*), qui a certaines intentions.

INTENTIONNEL, ELLE, *adj.* (on pr. *intancionel*), qui appartient à l'intention.

INTERCALAIRE, *adj. 2 g.* qui est ajouté et inséré.

INTERCALATION, *sf.* action d'intercaler; addition d'un jour au mois de février.

INTERCALER, *va.* insérer ; ajouter un mot, une ligne, un article, etc.

INTERCÉDER, *va.* prier, solliciter en faveur de quelqu'un.

INTERCEPTATION, *sf.* action d'intercepter.

INTERCEPTER, *va.* arrêter; interrompre le cours, la communication; s'emparer par surprise.

INTERCEPTION, *sf.* (on pr. *intercepcion*), interruption du cours direct d'une chose.

INTERCESSEUR, *sm.* celui qui intercède.

INTERCESSION, *sf.* action d'intercéder; prière.

INTERCOSTAL, ALE, *adj.* qui est entre les côtes (*anat*).

INTERCUTANÉ, ÉE, *adj.* (l. *inter* entre, *cutis* peau), qui est entre la peau et la chair (*anat*.).

INTERDICTION, *sf.* (on pr. *interdixion*), action d'interdire ; effet de cette action.

INTERDIRE, *va.* défendre, prohiber ; suspendre de ses fonctions un officier de justice, un ecclésiastique, etc.; ôter à quelqu'un la libre disposition de ses biens; troubler, décontenancer (c. *dire*, excepté à la 2e p. du pl. du prés. de l'indic. et de l'impér. *interdisez*).

INTERDIT, *sm.* (t final nul), sentence ecclésiastique qui enlève à un prêtre l'exercice de ses fonctions.

INTERDIT, ITE (on pr. *interdi*), *adj. et s.* que l'on a interdit ; qui est décontenance, troublé.

INTÉRESSANT, ANTE, *adj.* qui intéresse.

INTÉRESSÉ, ÉE, *adj. et s.* qui a intérêt ou est obligé à; qui est trop attaché à ses intérêts, à son argent; qui a pour but l'intérêt.

INTÉRESSER, *va.* donner un intérêt dans une affaire; être important pour; émouvoir, toucher, captiver l'esprit — *vn.* inspirer de l'intérêt. — S'INTÉRESSER, *vpr.* prendre intérêt à.

INTÉRÊT, *sm.* ce qui importe à quelqu'un ; égoïsme, amour de l'argent ; ce que rapporte un capital prêté ; sentiment de bienveillance, ce qui émeut dans un écrit, ce qui fixe l'attention ou captive l'esprit.

INTERFÉRENCE, *sf.* intermittence dans la transmission des rayons lumineux (*phys*.).

INTERFOLIACÉ, ÉE, *adj.* se dit des fleurs qui naissent alternativement entre chaque couple de feuilles opposées (*bot*.).

INTERFOLIER, *va.* insérer des feuillets blancs entre les feuillets écrits ou imprimés.

INTÉRIEUR, EURE, *adj.* qui est au dedans ou qui a rapport au dedans. — *sm.* la partie de dedans, le dedans ; et par extension ce qu'il y a de plus caché ou de plus secret. *Fig.* la vie domestique.

INTÉRIEUREMENT, *adv.* dans l'intérieur. *Fig.* au fond de l'âme, dans la conscience.

INTÉRIM, *sm.* (on pr. *intérime*), intervalle entre deux époques; remplacement de fonctions. — PAR INTÉRIM, *loc. adv.* comme intérimaire.

INTÉRIMAIRE, *adj. 2 g.* de l'intérim, qui exerce des fonctions en remplacement du titulaire, qui n'est que par intérim.

INTÉRIORITÉ, *sf.* qualité, état de ce qui est intérieur.

INTERJECTIF, IVE, *adj.* qui exprime ou exige l'interjection.

INTERJECTION, *sf.* (on pr. *interjecxion*), mot qui exprime les vifs mouvements de l'âme.

INTERJETER, *va. Interjeter appel*, appeler d'un jugement.

INTERLAKEN ou INTERLACHEN, village et anc. abbaye de Suisse, entre les lacs de Thun et de Brienz.

INTERLIGNE, *sm.* espace entre deux lignes. — *sf.* lame qui forme espace entre deux lignes (*impr*.).

INTERLIGNER, *va.* séparer par des interlignes.

INTERLINÉAIRE, *adj. 2 g.* placé entre les lignes.

INTERLOCUTEUR, TRICE, *s.* chacune des personnes qui parlent entre elles; personne avec laquelle on parle.

INTERLOCUTION, *sf.* jugement par lequel on prononce un interlocutoire.

INTERLOCUTOIRE, *adj. 2 g.* et *sm.* se dit d'un jugement provisoire qui ordonne une preuve, une instruction préalable.

INTERLOPE, *sm.* navire qui trafique en fraude. — *adj. 2 g.* fraudeur.

INTERLOQUER, *va.* ordonner un interlocutoire. *Fig.* embarrasser.

INTERMÈDE, *sm.* divertissement entre deux actes d'une pièce de théâtre.

INTERMÉDIAIRE, *adj. 2 g.* qui est entre deux. — *sm.* celui qui s'entremet; entremise, moyen : *par l'intermédiaire d'un ami.*

INTERMINABLE, *adj. 2 g.* qui ne peut se terminer. *Fig.* très-long.

INTERMISSION, *sf.* interruption.

INTERMITTENCE, *sf.* caractère de ce qui est intermittent.

INTERMITTENT, ENTE, *adj.* qui s'interrompt, qui agit par intervalles.

INTERMUSCULAIRE, *adj. 2 g.* qui est entre les muscles (*anat*.).

INTERNAT, *sm.* (t final nul), institution ou école d'élèves internes.

INTERNATIONAL, ALE, *adj.* qui se fait entre deux ou plusieurs nations, qui les met en rapport.

INTERNE, *adj.* 2 g. intérieur. — *adj. et s.* 2 g. élève à demeure.

INTERNER, *va.* placer, assigner la résidence dans l'intérieur d'un pays. — *vn.* se rendre dans l'intérieur du pays.

INTERNONCE, *sm.* ministre qui remplace le nonce.

INTERNONCIATURE, *sf.* charge d'internonce.

INTEROSSEUX, EUSE, *adj.* qui est placé entre les os (*anat.*).

INTERPELLATEUR, TRICE, *adj. et s.* qui interpelle.

INTERPELLATION, *sf.* action d'interpeller; demande, sommation.

INTERPELLER, *va.* sommer de répondre, de s'expliquer; requérir.

INTERPOLATEUR, *sm.* celui qui interpole.

INTERPOLATION, *sf.* action d'interpoler; résultat de cette action.

INTERPOLER, *va.* falsifier un texte en y insérant un mot ou une phrase.

INTERPOSER, *va.* mettre entre deux. *Fig.* agir comme intermédiaire; faire intervenir. — S'INTERPOSER, *vpr.* intervenir.

INTERPOSITION, *sf.* situation d'un corps entre deux autres. *Fig.* intervention.

INTERPRÉTATEUR, TRICE, *adj. et s.* qui interprète.

INTERPRÉTATIF, IVE, *adj.* qui interprète, qui explique.

INTERPRÉTATION, *sf.* action d'interpréter; résultat de cette action.

INTERPRÈTE, *sm.* traducteur, truchement. *Fig.* celui qui explique la volonté d'un autre, ou ce qui est obscur ou caché.

INTERPRÉTER, *va.* traduire, expliquer. *Fig.* deviner par induction; prendre en bonne ou en mauvaise part.

INTERRÈGNE, *sm.* espace de temps entre deux règnes.

INTERREX, V. *Interroi.*

INTERROGANT, ANTE, *adj. Point interrogant,* point d'interrogation.

INTERROGATEUR, TRICE, *adj. et s.* qui interroge.

INTERROGATIF, IVE, *adj.* qui sert à interroger, qui marque l'interrogation.

INTERROGATION, *sf.* question, demande.

INTERROGATIVEMENT, *adv.* en interrogeant.

INTERROGATOIRE, *sm.* questions d'un juge et réponses de l'accusé; procès-verbal qui les rapporte.

INTERROGER, *va.* questionner. *Fig.* consulter, examiner. — S'INTERROGER, *vpr.* s'examiner soi-même; se faire réciproquement des questions.

INTERROI, *sm.* magistrat qui gouvernait en l'absence ou à défaut du roi, du dictateur ou des consuls romains.

INTERROMPRE, *va.* rompre ou arrêter la continuation d'une chose; couper la parole à quelqu'un. — S'INTERROMPRE, *vpr.* cesser de parler, d'agir (*c. rompre*).

INTERROMPU, UE, *adj.* arrête, sans suite, sans liaison.

INTERRUPTEUR, TRICE, *s.* celui, celle qui interrompt.

INTERRUPTION, *sf.* (on pr. *interrupcion*), action d'interrompre, état de ce qui est interrompu.

INTERSECTION, *sf.* (on pr. *intersexion*), se dit du point où des lignes, des plans, etc., s'entrecoupent.

INTERSTICE, *sm.* espace situé entre deux temps ou entre deux parties d'un corps; intervalle.

INTERSTICIEL, ou INTERSTITIEL, ELLE, *adj.* des interstices.

INTERVALLE, *sm.* distance d'un lieu, d'un temps, d'un objet, d'un son, etc. à un autre.

INTERVENANT, ANTE, *adj. et s.* qui intervient.

INTERVENIR, *va.* (c. *venir*), venir au milieu de ou parmi; prendre part à une chose, entrer dans une affaire, se rendre médiateur; interposer son autorité.

INTERVENTION, *sf.* (on pr. *intervancion*), action d'intervenir.

INTERVERSION, *sf.* action d'intervertir, renversement, dérangement d'ordre.

INTERVERTIR, *va.* renverser, déranger la disposition des choses; détourner.

INTERVERTISSEMENT, *sm.* action d'intervertir; renversement.

INTESTAT, *adj.* 2 g. (on pr. le *t* final); qui n'a pas testé. — AB INTESTAT, *loc. adv. latine,* en l'absence de testament.

INTESTIN, *sm.* viscère qui est dans le ventre, boyau.

INTESTIN, INE, *adj.* qui est dans le corps; qui est en dedans du pays, de la famille. *Guerre intestine,* guerre civile.

INTESTINAL, ALE, *adj.* des intestins.

INTIMATION, *sf.* action d'intimer.

INTIME, *adj.* 2 g. très-intérieur et profond, ce qui fait l'essence d'une chose, ce qui lie étroitement des choses entre elles: *connaître la nature intime d'une substance; la liaison intime des parties. Fig.* qui est au fond du cœur, au fond de l'âme; qui a ou marque un grand attachement. — *s.* 2 g. très-grand ami.

INTIMÉ, ÉE, *s.* celui, celle qui se défend en cause d'appel (*jurisp.*).

INTIMEMENT, *adv.* profondément, étroitement, fortement.

INTIMER, *va.* déclarer, faire savoir; appeler en justice.

INTIMIDATION, *sf.* action d'intimider; menace dans le but d'intimider.

INTIMIDER, *va.* inspirer de la crainte. — S'INTIMIDER, *vpr.* éprouver de la crainte, se troubler.

INTIMITÉ, *sf.* qualité de ce qui est intime, liaison intime.

INTITULÉ, *sm.* titre d'un acte, d'un jugement, etc.

INTITULER, *va.* donner un titre à un livre, etc. — S'INTITULER, *vpr.* se donner un titre, une attribution.

INTOLÉRABLE, *adj.* 2 g. qu'on ne peut tolérer.

INTOLÉRABLEMENT, *adv.* d'une manière intolérable.

INTOLÉRANCE, *sf.* caractère de la personne intolérante ; défaut de tolérance, d'indulgence.

INTOLÉRANT, ANTE, *adj.* et *s.* qui n'a pas de tolérance, d'indulgence.

INTOLÉRANTISME, *sm.* sentiment ou doctrine de ceux qui sont intolérants.

INTONATION, *sf.* manière d'entonner un chant ; ton de la voix en parlant.

INTORSION, *sf.* flexion, état de ce qui est contourné (*bot.*).

INTOXICATION, *sf.* introduction du venin ou du poison dans l'organisme.

INTRADOS, *sm.* surface intérieure et concave d'une voûte.

INTRADUISIBLE, *adj.* 2 g. que l'on ne peut traduire.

INTRAITABLE, *adj.* 2 g. difficile à vivre, à qui l'on ne peut faire entendre raison.

INTRA-MUROS, *loc. adv. latine* (on pr. l's), en dedans des murs, dans l'intérieur de la ville.

INTRANSITIF, *adj. m. Verbe intransitif* ou *verbe neutre,* exprimant une action qui ne passe pas hors du sujet.

IN-TRENTE-DEUX, *sm.* (inv.), format où la feuille est pliée en 32 feuillets ; livre de ce format.

IN-TRENTE-SIX, *sm.* (inv.), format où la feuille est pliée en 36 feuillets ; livre de ce format.

INTRÉPIDE, *adj.* 2 g. qui ne tremble pas, qui brave le danger. *Fig.* obstiné, qui ne se rebute pas : *solliciteur intrépide.*

INTRÉPIDEMENT, *adv.* avec intrépidité.

INTRÉPIDITÉ, *sf.* caractère de celui qui est intrépide ; grand courage, fermeté dans le péril.

INTRIGAILLER, *vn.* (ll m.), s'occuper de petites intrigues (*fam.*).

INTRIGANT, ANTE, *adj.* et *s.* qui intrigue, qui agit par intrigues.

INTRIGUE, *sf.* pratique secrète pour le succès ou le non-succès d'une affaire ; embarras. *Fig.* incidents d'une pièce de théâtre.

INTRIGUÉ, ÉE, *adj. part.* embarrassé. *Fig.* rempli d'incidents.

INTRIGUER, *va.* embarrasser, inquiéter. — *vn.* faire des intrigues. — S'INTRIGUER, *vpr.* se donner de la peine pour la réussite d'une affaire.

INTRINSÈQUE, *adj.* 2 g. qui est au dedans de la chose elle-même, qui lui est propre, essentiel.

INTRINSÈQUEMENT, *adv.* d'une manière intrinsèque.

INTRODUCTEUR, TRICE, *s.* celui, celle qui introduit.

INTRODUCTIF, IVE, *adj.* qui forme introduction.

INTRODUCTION, *sf.* (on pr. *introduxion*), action d'introduire, préparation, entrée. *Fig.* discours ou exposition préliminaire.

INTRODUIRE, *va.* faire entrer dans, faire intervenir. *Fig.* faire adopter une chose, donner cours à une chose ; donner accès

auprès. — S'INTRODUIRE, *vpr.* entrer dans, pénétrer (c. *construire*).

INTROÏT, *sm.* (on pr. le *t* final), prières au commencement de la messe.

INTROMISSION, *sf.* introduction d'un corps dans un autre (*phys.*).

INTRONISATION, *sf.* action d'introniser.

INTRONISER, *va.* installer un évêque sur son siège épiscopal.

INTRORSE, *adj.* 2 g. (l. *introrsum* en dedans), se dit de l'anthère dont les sutures sont tournées en dedans, vers le centre de la fleur (*bot.*).

INTROUVABLE, *adj.* 2 g. que l'on ne peut trouver.

INTRUS (s nulle), USE, *adj.* qui s'est introduit contre le droit, par ruse, ou sans titre, dans un emploi ou en quelque lieu.

INTRUSION, *sf.* installation ou possession frauduleuse ou sans droit.

INTUITIF, IVE, *adj.* qui a lieu par intuition, qui donne une connaissance claire et certaine.

INTUITION, *sf.* action de voir par les yeux de l'esprit ; perception interne.

INTUITIVEMENT, *adv.* d'une vision intuitive.

INTUMESCENCE, *sf.* état de ce qui est gonflé.

INTUSSUSCEPTION, *sf.* (on pr. *intussuception* ; l. *intus* au dedans ; *suscipere* prendre, recevoir), introduction d'un suc, d'une substance dans un corps organisé.

INUSITÉ, ÉE, *adj.* qui n'est pas usité.

INUTILE, *adj.* 2 g. qui ne sert à rien ou dont on ne peut se servir ; qui n'est d'aucune utilité.

INUTILEMENT, *adv.* sans utilité, en vain.

INUTILITÉ, *sf.* manque d'utilité, défaut d'emploi ; chose, parole inutile.

INVAINCU, UE, *adj.* qui n'a jamais été vaincu.

INVALIDE, *adj.* 2 g. qui n'est pas fort, qui n'est pas vigoureux. *Fig.* nul, sans validité. — *sm.* soldat mis hors de service.

INVALIDEMENT, *adv.* sans force, sans effet.

INVALIDER, *va.* rendre nul, sans valeur.

INVALIDITÉ, *sf.* manque de validité ; caractère de ce qui est nul, sans effet.

INVARIABILITÉ, *sf.* qualité de ce qui est invariable.

INVARIABLE, *adj.* 2 g. qui n'est pas sujet à varier, qui ne varie pas.

INVARIABLEMENT, *adv.* d'une manière invariable.

INVASION, *sf.* action d'envahir, de se précipiter dans ou sur ; irruption.

INVECTIVE, *sf.* parole, discours véhément et injurieux.

INVECTIVER, *vn.* dire des invectives, s'emporter contre quelqu'un.

INVENDABLE, *adj.* 2 g. qui ne peut être vendu.

INVENDU, UE, *adj.* non vendu.

INVENTAIRE, *sm.* état par écrit des divers objets que l'on trouve en un lieu, des biens, des meubles, des papiers, etc.

INVENTER, *va.* trouver quelque chose de nouveau. *Fig.* imaginer, supposer.

INVENTEUR, TRICE, s. celui, celle qui a inventé.

INVENTIF, IVE, adj. qui a le talent de l'invention.

INVENTION, sf. (on pr. invancion), faculté ou action d'inventer; chose inventée.

INVENTORIER, va. faire un inventaire; mettre dans un inventaire.

INVERNESS, ville d'Écosse, sur la Ness.

INVERSABLE, adj. 2 g. qui ne peut verser.

INVERSE, adj. 2 g. renversé, dans un sens contraire. — sm. le contraire. — A L'INVERSE DE, loc. prép. à l'opposé de.

INVERSEMENT, adv. en sens inverse, à l'inverse de.

INVERSION, sf. changement dans l'ordre ordinaire, transposition.

INVERTÉBRÉ, ÉE, adj. et sm. qui est sans vertèbres.

INVESTIGATEUR, TRICE, s. et adj. celui, celle qui fait des investigations.

INVESTIGATION, sf. recherche suivie sur quelque objet.

INVESTIR, va. mettre en possession de : investir d'un pouvoir illimité; entourer une place, une armée.

INVESTISSEMENT, sm. action d'investir une place forte.

INVESTITURE, sf. acte par lequel on met en possession.

INVÉTÉRÉ, ÉE, adj. vieilli, enraciné par le temps.

INVÉTÉRER (S'), vpr. devenir ancien (ne se dit que de choses mauvaises qui durent longtemps).

INVINCIBILITÉ, sf. qualité de l'être ou de la chose invincible.

INVINCIBLE, adj. 2 g. qu'on ne peut vaincre ou détruire.

INVINCIBLEMENT, adv. d'une manière invincible.

IN-VINGT-QUATRE, sm. (inv.), format où la feuille est pliée en 24 feuillets; livre de ce format.

INVIOLABILITÉ, sf. qualité de ce qui est inviolable.

INVIOLABLE, adj. 2 g. que l'on ne doit pas enfreindre, auquel on ne doit pas attenter.

INVIOLABLEMENT, adv. d'une manière inviolable.

INVISIBILITÉ, sf. état de ce qui est invisible.

INVISIBLE, adj. 2 g. qui ne peut être vu. Fig. qui se cache.

INVISIBLEMENT, adv. d'une manière invisible.

INVITATION, sf. action d'inviter.

INVITÉ, ÉE, s. et adj. celui, celle qui a reçu une invitation.

INVITER, va. convier à, prier d'assister; engager à, exhorter. — S'INVITER, vpr. participer à quelque chose sans y avoir été convié.

INVOCATION, sf. acte ou paroles par lesquels on invoque.

INVOLONTAIRE, adj. 2 g. qui a lieu sans le concours de la volonté.

INVOLONTAIREMENT, adv. sans le vouloir; contre la volonté.

INVOLUCELLE, sm. petit involucre ou collerette partielle de l'ombellule (bot.).

INVOLUCRE, sm. ensemble des bractées qui garnissent la base d'une ombelle (bot.).

INVOLUCRÉ, ÉE, adj. qui est pourvu d'un involucre (bot.).

INVOLUTÉ, ÉE, adj. qui est roulé en dedans (bot.).

INVOQUER, va. appeler à son aide. Fig. citer en sa faveur, en appeler à.

INVRAISEMBLABLE, adj. 2 g. (on pr. s dure), qui n'est pas vraisemblable.

INVRAISEMBLABLEMENT, adv. (on pr. s dure), sans vraisemblance.

INVRAISEMBLANCE, sf. (on pr. s dure), manque de vraisemblance.

INVULNÉRABILITÉ, sf. qualité ou état de l'être invulnérable.

INVULNÉRABLE, adj. 2 g. qui ne peut être blessé.

INVULNÉRABLEMENT, adv. d'une manière invulnérable.

IO, fille d'Inachus, fut changée en vache par Jupiter (myth.).

IODATE, sm. nom générique des sels formés par l'acide iodique (chim.).

IODE, sm. l'un des corps simples de la chimie.

IODHYDRIQUE, adj. m. se dit de l'acide formé par l'iode et l'hydrogène (chim.).

IODIQUE, adj. m. se dit de l'acide formé par l'iode et l'oxygène (chim.).

IODURE, sm. nom de certains composés formés par l'iode (chim.).

IODURÉ, ÉE, adj. qui contient un iodure (chim.).

IOLCOS, anc. ville de Thessalie.

IOLOFS, peuple de la Nigritie.

IONIE, littoral de l'Asie Mineure depuis Phocée jusqu'à Milet.

IONIEN, ENNE, adj. et s. de l'Ionie. Dialecte ionien, dialecte d'Ionie. — MER IONIENNE, partie de la Méditerranée à l'ouest de la Grèce; ILES IONIENNES, iles de cette mer ayant formé un État républicain dont Corfou était la capitale.

IONIQUE, adj. 2 g. des anciens Ioniens, unité des Ioniens. Ordre ionique, ordre d'architecture.

IOTA, sm. la 9e lettre de l'alphabet grec. Fig. la plus petite chose : pas un iota, pas la moindre chose.

IOTACISME, sm. difficulté de prononcer certaines lettres.

IPÉCACUANA, sm. racine d'Amérique employée comme vomitif.

IPHIANASSE, V. Iphigénie.

IPHICRATE, célèbre général athénien; 4e s. av. J. C.

IPHIGÉNIE ou IPHIANASSE, fille d'Agamemnon.

IPSARA, ile de l'Archipel grec, anc. Psyra.

IPSO FACTO, loc. adv. latine, par le fait même.

IPSUS, bourg. de l'anc. Phrygie. Victoire

de Séleucus, Lysimaque, Cassandre et Ptolémee , sur Antigone et Démetrius Poliorcete, 301 av. J. C.

IPSWICH, ville et port d'Angleterre.

IRA, anc. forteresse et montagne de la Messénie.

IRAK-ADJÉMI, prov. de la Perse.

IRAK-ARABI , prov. de la Turquie d'Asie.

IRAM ou **IRAN**, la Perse.

IRAOUADDY, gr. fleuve d'Asie; se jette dans l'océan Indien.

IRASCIBILITÉ, *sf.* caractère de la personne irascible ; disposition à la colère.

IRASCIBLE, *adj.* 2 *g.* qui est prompt à s'irriter, qui s'emporte facilement.

IRATO (AB). V. *Ab irato.*

IRE, *sf.* (l. *ira* colère), colère (vx. mot).

IRÈNE, imperatrice d'Orient; m. 803.

IRÉNÉE (St), évêque de Lyon; m. 202.

IRETON , général anglais, gendre de Cromwell; m. 1651.

IRIARTE, V. *Yriarte.*

IRIDÉES, *sf. pl.* famille de plantes dont l'iris est le type (*bot.*).

IRIDIUM , *sm.* (on pr. *iridiome*), l'un des corps simples de la chimie.

IRIS, *sm.* arc-en-ciel; couleurs irisées; cercle coloré autour de la prunelle de l'œil; sorte de plante; l'une des petites planètes.

IRIS, messagère des dieux (*myth.*).

IRISÉ, *ÉE*, *adj.* qui presente les couleurs de l'arc-en-ciel.

IRISER (S'), *vpr.* offrir les couleurs de l'arc-en-ciel.

IRKOUTSK, ville de Sibérie.

IRLANDAIS, *AISE*, *adj.* et *s.* de l'Irlande.

IRLANDE, la seconde des îles Britanniques. — **NOUVELLE-IRLANDE**, île de l'Océanie.

IRMINSUL, ou **IRMENSUL** , idole des anciens Saxons.

IRNÉRIUS, **WERNER** ou **WARNIER**, réformateur de la jurisprudence au moyen âge (1065-1145).

IRONIE, *sf.* raillerie ; le contraire de ce que l'on veut faire entendre.

IRONIQUE. *adj.* 2 *g.* où il y a de l'ironie.

IRONIQUEMENT, *adv.* par ironie.

IROQUOIS. *OISE*, *s.* sauvage de l'Amérique du Nord. *Fig.* homme bizarre.

IRRACHETABLE, *adj.* 2 *g.* que l'on ne peut racheter.

IRRADIATION , *sf.* émission des rayons lumineux ; mouvement de l'intérieur à l'extérieur.

IRRADIER, *vn.* rayonner, diverger.

IRRAISONNABLE, *adj.* 2 *g.* qui n'est pas doué de raison.

IRRAISONNABLEMENT, *adv.* d'une manière irraisonnable ; sans raison.

IRRATIONNEL, *ELLE*, *adj.* non rationnel ; qui n'a pas de commune mesure avec l'unité (*math.*).

IRRÉALISABLE, *adj.* 2 *g.* qui ne peut être réalisé.

IRRÉCONCILIABLE, *adj.* 2 *g.* que l'on ne peut réconcilier.

IRRÉCONCILIABLEMENT, *adv.* d'une manière irréconciliable.

IRRÉCONCILIÉ, *ÉE*, *adj.* se dit de personnes qui n'ont pu être réconciliées.

IRRECOUVRABLE, *adj.* 2 *g.* que l'on ne peut recouvrer.

IRRÉCUSABLE, *adj.* 2 *g.* qui ne peut être recusé.

IRRÉCUSABLEMENT, *adv.* d'une manière irrécusable.

IRRÉDUCTIBILITÉ, *sf.* qualité de ce qui est irréductible.

IRRÉDUCTIBLE, *adj.* 2 *g.* qui ne peut être réduit.

IRRÉFLÉCHI, *IE*, *adj.* non reflechi; qui est dit ou fait sans reflexion.

IRRÉFLEXION, *sf.* manque de réflexion.

IRRÉFORMABLE, *adj.* 2 *g.* qui ne peut être reformé.

IRRÉFRAGABILITÉ, *sf.* qualité de ce qui est irréfragable.

IRRÉFRAGABLE, *adj.* 2 *g.* qu'on ne peut contredire ou récuser.

IRRÉFRAGABLEMENT, *adv.* d'une manière irréfragable.

IRRÉFUTABLE, *adj.* 2 *g.* que l'on ne peut réfuter.

IRRÉGULARITÉ, *sf.* défaut de régularité, caractère de ce qui est irregulier.

IRRÉGULIER, *IÈRE*, *adj.* qui n'est pas régulier, qui est sans règles ou n'est pas selon les règles.

IRRÉGULIÈREMENT , *adv.* d'une façon irrégulière.

IRRÉLIGIEUSEMENT, *adv.* avec irréligion.

IRRÉLIGIEUX, *EUSE*, *adj.* qui a peu ou point de religion ; qui offense la religion.

IRRÉLIGION, *sf.* manque de religion.

IRRÉMÉDIABLE, *adj.* 2 *g.* auquel on ne peut remédier.

IRRÉMÉDIABLEMENT, *adv.* de sorte qu'on ne peut y remédier.

IRRÉMISSIBLE, *adj.* 2 *g.* qui ne peut être remis, qui ne peut être pardonné.

IRRÉMISSIBLEMENT , *adv.* sans miséricorde, sans rémission.

IRRÉPARABLE, *adj.* 2 *g.* que l'on ne peut réparer.

IRRÉPARABLEMENT, *adv.* d'une manière irréparable.

IRRÉPARÉ, *ÉE*, *adj.* non réparé.

IRRÉPRÉHENSIBILITÉ, *sf.* qualité de ce qui est irrepréhensible.

IRRÉPRÉHENSIBLE, *adj.* 2 *g.* irréprochable.

IRRÉPRÉHENSIBLEMENT, *adv.* d'une manière irrépréhensible.

IRRÉPRIMABLE, *adj.* 2 *g.* que l'on ne peut réprimer.

IRRÉPROCHABLE, *adj.* 2 *g.* qui ne merite aucun reproche, aucun blâme.

IRRÉPROCHABLEMENT, *adv.* d'une manière irréprochable.

IRRÉSISTIBLE. *adj.* 2 *g.* à qui ou à quoi l'on ne peut résister.

IRRÉSISTIBLEMENT, *adv.* d'une manière irrésistible.

IRRÉSOLU, UE, *adj.* indécis, qui manque de résolution.

IRRÉSOLUMENT, *adv.* d'une manière irrésolue, incertaine.

IRRÉSOLUTION, *sf.* défaut de résolution, hésitation.

IRRESPECTUEUX, EUSE, *adj.* non respectueux.

IRRESPONSABILITÉ, *sf.* absence de responsabilité.

IRRESPONSABLE, *adj.* 2 g. qui n'est pas responsable.

IRRÉVÉREMMENT, *adv.* d'une façon irrévérente.

IRRÉVÉRENCE, *sf.* caractère de ce qui est irrévérent, action irrévérente, manque de respect.

IRRÉVÉRENT, ENTE, *adj.* qui est contre le respect.

IRRÉVOCABILITÉ, *sf.* qualité de ce qui est irrévocable.

IRRÉVOCABLE, *adj.* 2 g. qui ne peut être révoqué, rappelé.

IRRÉVOCABLEMENT, *adv.* d'une manière irrévocable.

IRRIGATEUR, *sm.* sorte d'arrosoir ou de seringue.

IRRIGATION, *sf.* action d'arroser par le moyen de rigoles.

IRRITABILITÉ, *sf.* qualité de ce qui est irritable.

IRRITABLE, *adj.* 2 g, qui s'irrite facilement : qui peut être irrité; qui peut se contracter (en parlant de certaines choses).

IRRITANT, ANTE, *adj.* qui irrite; qui détermine une irritation (*méd*). — *sm.* médicament ou aliment irritant.

IRRITATION, *sf.* action d'irriter, effet de cette action. *Fig.* agitation, ardeur.

IRRITÉ, EE, *adj.* courroucé. *Fig.* dont la sensibilité est vivement excitée.

IRRITER, *va.* mettre en colère. *Fig.* produire de l'ardeur, de l'âcreté; augmenter, exciter : *irriter les passions.* — S'IRRITER, *vpr.* Se mettre en colère, et *fig.* devenir plus vif, plus ardent.

IRRORATION, *sf.* exposition à la rosée; arrosement.

IRRUPTION, *sf.* (on pr. *irrupcion*), invasion soudaine; débordement.

IRTISCH, ou IRTICHS, gr. rivière de Sibérie, affluent de l'Obi.

IRUN, ville d'Espagne, près de la rive gauche de la Bidassoa.

IRUS, mendiant d'Ithaque, tué par Ulysse.

ISAAC, fils d'Abraham.

ISAAC COMNÈNE, emper. d'Orient de 1057 à 1059; m. 1061. — ISAAC L'ANGE, emper. d'Orient (1154-1204).

ISABEAU, ou ISABELLE DE BAVIÈRE, femme du roi de France Charles VI (1371-1435).

ISABELLE (Ste), sœur de saint Louis (1224-1270). — Nom de plusieurs princesses, entre autres, ISABELLE DE CASTILLE, reine d'Espagne (1451-1504).

ISABELLE, *adj.* 2 g. de couleur moyenne entre le jaune et le blanc.

ISABEY (Jean-Baptiste), peintre et dessinateur français (1767-1855).

ISAGORAS, chef du parti aristocratique à Athènes; 6e s. av. J. C.

ISAÏE, l'un des quatre grands prophètes; m. 694 av. J. C.

ISANTHÈRE, *adj.* 2 g. (g. *isos* égal), se dit d'une plante dont la fleur a des anthères égales ou semblables (*bot.*).

ISAR, riv. d'Allemagne, affluent du Danube.

ISARD, *sm.* (*d* nul), sorte de chamois.

ISATIS, *sm.* sorte d'animal qui tient du renard et du chien.

ISAURE (Clémence), dame de Toulouse, qui institua les jeux Floraux en 1490.

ISAURIE, pays de l'Asie Mineure.

ISAURIEN, IENNE, d'Isaurie. V. *Léon.*

ISBOSETH, fils de Saül, régna pendant 7 ans sur 11 tribus.

ISCARIOTE, surnom de Judas.

ISCHIA (on pr. *Iskia*), île dans le golfe de Naples.

ISCHION, *sm.* (on pr. *iskion*), l'os du bassin dans lequel s'emboîte la tête du fémur (*anat.*).

ISCHURIE, *sf.* (on pr. *iscurie*), suppression ou rétention d'urine (*méd.*).

ISEO (lac d'), dans la Lombardie.

ISÈRE, riv. de France, affluent du Rhône; elle donne son nom à un dep. dont le ch.-l. est *Grenoble.*

ISIAQUE, *adj.* 2 g. d'Isis.

ISIDORE DE SÉVILLE (St), évêque (570 636).

ISIGNY, p. ville (Calvados).

ISIS, divinité égyptienne (*myth.*).

ISLAM ou ISLAMISME, *sm.* religion de Mahomet.

ISLANDAIS, AISE, *adj.* et *s.* de l'Islande.

ISLANDE, gr. île dans l'océan Atlantique, près du cercle polaire.

ISLE, riv. de France, affluent de la Dordogne. — L'ISLE, p. ville (Vaucluse).

ISLY, riv. du Maroc; victoire des Français sur les Marocains en 1844.

ISMAËL, fils d'Abraham et d'Agar. — nom de plusieurs rois persans.

ISMAÉLITES, descendants d'Ismaël.

ISMAÏL, ville de la Bessarabie (Russie), sur le Danube.

ISMÈNE, fille d'Œdipe et de Jocaste.

ISNARD, célèbre conventionnel, membre du Comité de salut public (1755-1830).

ISOCÈLE ou ISOSCÈLE, *adj. m.* se dit d'un triangle qui a deux côtés égaux (*géom.*).

ISOCHRONE, *adj.* 2 g. (gr. *isos* égal, *chronos* temps), qui se fait en des temps égaux.

ISOCHRONISME, *sm.* égalité de durée dans les mouvements.

ISOCRATE, célèbre orateur athénien (436-338 av. J. C.).

ISODACTYLE, *adj.* 2 g. (gr. *isos* égal, *daktylos* doigt), qui a les doigts égaux. — *sm. pl.* classe d'oiseaux comprenant ceux qui ont quatre doigts bien fendus, deux en avant et deux en arrière (zool.).

ISOGONE, adj. 2 g. (gr. *isos* égal, *gônia* angle), à angles égaux (géom.).

ISOGYNE, adj. 2 g. (gr. *isos* égal; *gyné* femme ou femelle), se dit des fleurs dans lesquelles les carpelles du pistil ou organe femelle sont en nombre égal à celui des sepales (bot.).

ISOLANT, ANTE, adj. qui ne conduit pas l'électricité (phys.).

ISOLATION, sf. action d'isoler un corps que l'on veut electriser (phys.).

ISOLÉ, ÉE, adj. séparé, solitaire, abandonné, écarté.

ISOLEMENT, sm. état de la personne ou de la chose isolée.

ISOLÉMENT, adv. séparément.

ISOLER, va. détacher de, séparer de, mettre seul ou sans communication avec, tenir dans l'isolement. — S'ISOLER, vpr. se séparer de la société des hommes, rester dans l'isolement.

ISOLOIR, sm. appareil formé de corps non conducteurs de l'électricité (phys.).

ISOMÉRE, adj. 2 g. (gr. *isos* égal, *méros* partie), qui est composé de parties égales.

ISOMÉRIE, sf. état de ce qui est composé de parties égales.

ISOMORPHE, adj. 2 g. (gr. *isos* égal, *morphé* formé), se dit des cristaux de forme semblable ou analogue (min.).

ISOMORPHISME, sm. qualité des corps isomorphes.

ISONZO, fleuve d'Illyrie : se jette dans le golfe de Trieste.

ISOPÉRIMÈTRE, adj. 2 g. (gr. *isos* égal), dont les périmètres sont égaux (géom.).

ISOPODES, sm pl. (gr. *isos* egal ; *pous*, gén. *podos* pied), ordre de crustacés qui ont les pieds égaux (zool.).

ISOSCÈLE, V. *Isocèle*.

ISOSTÉMONE, adj. 2 g. (gr. *isos* égal ; *stêmon* fil, étamine), se dit des fleurs dont les étamines sont en nombre égal à celui des pétales (bot.).

ISOTHERME, adj. 2 g. (gr. *isos* egal, *thermé* chaleur), d'égale température.

ISPAHAN, gr. ville de la Perse.

ISRAËL, surnom de Jacob; désigne aussi le peuple hébreu. *Royaume d'Israël*, forme de dix tribus après le schisme.

ISRAÉLITE, adj. et s. 2 g. juif.

ISSACHAR, fils de Jacob.

ISSENGEAUX ou **YSSINGEAUX**, s.-préf. de la Haute-Loire.

ISSOIRE, s.-préf. du Puy-de-Dôme.

ISSOUDUN, s.-préf. de l'Indre.

ISSU, UE, adj. né, descendu de.

ISSUE, sf. sortie, passage. *Fig.* dénoûment; moyen, expédient; reste d'animal de boucherie, restes de mouture. — *À L'ISSUE DE*, loc. prép. à la sortie, à la fin de.

ISSUS, anc. ville de Cilicie ; victoire d'Alexandre sur Darius Codoman, 333 av. J. C. et de Septime Sévère sur Pescennius Niger, 193 après J. C.

ISTAMBOUL, ou **STAMBOUL**, nom turc de Constantinople.

ISTER, anc. nom du Danube.

ISTHME, sm. bande de terre resserrée entre deux mers.

ISTHMIEN, ou **ISTHMIQUE**, adj. m. se dit des jeux qui chez les anc. Grecs se célebraient à l'isthme de Corinthe.

ISTRES, p. ville (Bouches-du-Rhône).

ISTRIE, prov. de l'empire d'Autriche.

ITALIANISME, sm. façon de parler propre à la langue italienne.

ITALICUS (Silius), V. *Silius*.

ITALIE, région et royaume de l'Europe méridionale.

ITALIEN, IENNE, adj. et s. de l'Italie.

ITALIQUE, adj. 2 g. et s. d'Italie ; sorte de caractère d'imprimerie.

ITALUS, roi des Œnotriens en Italie.

ITEM, adv. (on pr. *itème*), de plus (mot latin).

ITÉRATIF, IVE, adj. qui est répété deux ou plusieurs fois, qui est fait de nouveau.

ITÉRATIVEMENT, adv. pour la 2e, 3e ou 4e fois; de nouveau.

ITHAQUE, p. île de la Grèce, auj. *Théaki*.

ITHÔME, montagne et forteresse dans l'anc. Messénie.

ITINÉRAIRE, sm. état indiquant la route à suivre; livre servant de guide au voyageur. — adj. 2 g. qui a rapport aux routes.

ITON, riv. de France, affluent de l'Eure.

ITURBIDE, empereur du Mexique (1784-1824).

ITURÉE, région de l'anc. Syrie.

IULE, fils d'Ascagne ou Ascagne lui-même.

IULE, sm. sorte d'insecte, type d'une famille de myriapodes.

IVAN, nom de plusieurs tzars de Russie, entre autres : IVAN III *le Grand* (1440-1505), et IVAN IV *le Terrible* (1529-1584).

IVE ou **IVETTE**, sf. sorte de plante.

IVERDUN, V. *Yverdun*.

IVETOT, V. *Yvetot*.

IVIÇA, l'une des îles Baléares.

IVOIRE, sm. dent d'éléphant. *Fig.* cou d'ivoire, cou très-blanc.

IVRAIE, sf. mauvaise herbe qui croît dans les blés. *Fig.* mauvaise doctrine ; les méchants.

IVRE, adj. 2 g. dont l'esprit est troublé par les vapeurs du vin, d'un liquide spiritueux. *Fig.* agité, excité, aveuglé par la joie, l'orgueil, les passions.

IVRÉE, ville du Piémont, sur la Doire-Baltée.

IVRESSE, sf. état d'une personne ivre. *Fig.* aveuglement : *ivresse des passions* ; enthousiasme : *ivresse poétique*, transport : *ivresse de la joie*.

IVROGNE, adj. et sm. qui s'enivre d'habitude.

IVROGNER, vn. boire avec excès et souvent (pop.).

IVROGNERIE, sf. habitude ou action de s'enivrer.

IVROGNESSE, sf. femme qui s'enivre (pop.).

IVRY, bourg (Eure), célèbre par la victoire de Henri IV sur les Ligueurs en 1590. — Commune aux portes de Paris.

IXIA, *sf.* sorte de plante.

IXION, roi des Lapithes, fut précipité par Jupiter dans le Tartare et attaché sur une roue toujours en mouvement (*myth.*).

IZARD, V. *Isard.*

IZÉMIEN, IENNE, *adj.* (gr. *izéma* siége, sédiment), se dit d'un terrain qui s'est formé par voie de sédiment (*géol.*).

J

J, *sm.* 10e lettre de l'alphabet.

JÀ, *adv.* déjà (vx. mot).

JABÈS ou JABÈS-GALAAD, anc. ville de Palestine.

JABIN, nom de deux rois d'Aser; 16e et 14e s. av. J. C.

JABLE, *sm.* rainure pratiquée dans les douves des tonneaux.

JABLER, *va.* faire des jables.

JABOT, *sm.* (t nul), poche sous la gorge des oiseaux; mousseline ou dentelle attachée à la chemise devant l'estomac.

JABOTER, *vn.* babiller.

JACA ou JACCA, ville d'Espagne (Aragon).

JACASSER, *vn.* crier (se dit de la pie). *Fig.* babiller, bavarder (*fam.*).

JACASSERIE, *sf.* babillage, bavardage.

JACENT, ENTE, *adj.* qui n'a pas de propriétaire : se dit des biens ou d'un héritage.

JACHÈRE, *sf.* état d'une terre qu'on laisse reposer; cette terre même.

JACHÉRER, *va.* labourer des jachères.

JACINTHE, *sf.* sorte de plante, sa fleur.

JACOB, fils d'Isaac.

JACOBI (Jean-George), poète allemand (1740-1814). — (Frédéric-Henri), philosophe, frère du précédent (1743-1819). — (Charles-Gustave), célèbre mathématicien prussien (1804-1851).

JACOBIN, INE, *s.* religieux, religieuse de l'ordre de Saint-Dominique. Parti politique pendant la première révolution, ainsi nommé parce qu'il tenait ses séances au couvent des Jacobins à Paris.

JACOBINISME, *sm.* système politique du parti révolutionnaire des jacobins.

JACOBITES, sectaires chrétiens de l'Orient dans le 6e s. — partisans de Jacques II et de Jacques III en Angleterre.

JACONAS, *sm.* (s nulle), sorte de mousseline.

JACOTOT, célèbre instituteur français (1770-1840).

JACQUARD, célèbre mécanicien français, inventeur d'un métier pour la fabrication des soieries (1752-1834).

JACQUELINE, nom de femme.

JACQUEMONT (Victor), voyageur naturaliste français (1801-1832).

JACQUERIE ou JAQUERIE, *sf.* insurrection des paysans contre les seigneurs en France, dans l'année 1358.

JACQUES (St) LE MAJEUR, l'un des douze apôtres; m. 44. — (St) LE MINEUR, apôtre et 1er évêque de Jérusalem; m. 62.

JACQUES, nom porté par plusieurs rois, entre autres, *rois d'Écosse* : JACQUES Ier (1391-1437); JACQUES II (1430-1460); JACQUES V, père de Marie Stuart (1512-1542). — *Rois d'Angleterre* : JACQUES Ier, fils de Marie Stuart (1566-1625); JACQUES II, détrôné par son gendre Guillaume d'Orange (1633-1701).

JACQUES CŒUR, V. *Cœur.*

JACTANCE, *sf.* action de se vanter; défaut du vantard.

JACULATOIRE, *adj.* 2 g. Oraison *jaculatoire*, courte et fervente.

JADE, *sm.* sorte de pierre fort dure d'une couleur verdâtre ou olivâtre.

JADDUS, grand prêtre juif; 4e s. av. J. C.

JADIS, *adv.* (on pr. l's), autrefois.

JAEN, ville d'Espagne (Andalousie).

JAFFA, ville et port de Syrie, anc. *Joppé.*

JAGELLONS, nom d'une dynastie de Pologne.

JAGUAR, *sm.* animal du genre chat.

JAHEL, femme juive qui tua Sisara, général de Jabin.

JAÏET, V. *Jais.*

JAILLIR, *vn.* (ll m.), saillir, sortir impétueusement.

JAILLISSANT, ANTE, *adj.* (ll m.), qui jaillit.

JAILLISSEMENT, *sm.* (ll m.), action de jaillir.

JAÏR, juge des Hébreux; 13e s. av. J. C.

JAÏRE, juif dont Jésus-Christ ressuscita la fille.

JAIS, *sm.* (s nulle), sorte de pierre d'un noir brillant; c'est une variété de lignite, on l'appelle aussi *jayet.*

JALAP, plante d'Amérique dont la racine est purgative.

JALE, *sf.* grande jatte, baquet.

JALLEZ, bourg (Ardèche). Une réunion s'y forma en 1790, sous le nom de *camp de Jallez*, comme centre d'opposition à l'Assemblée constituante.

JALON, *sm.* bâton planté en terre pour aligner. *Fig.* point de direction; ce qui sert à se diriger dans un travail d'esprit.

JALONNER, *vn.* et *va.* planter des jalons. *Fig.* tracer la voie.

JALONNEUR, *sm.* homme qui place des jalons ou qui se place comme un jalon.

JALOUSER, *va.* envier.

JALOUSIE, *sf.* chagrin du bonheur d'autrui, envie; soupçon, inquiétude; sorte de volet.

JALOUX, OUSE, *adj.* et *s.* qui éprouve de la jalousie, envieux; qui est fort attaché à, désireux de.

JAMAÏQUE (LA), île, l'une des grandes Antilles; appartient aux Anglais.

JAMAIS, *adv.* en aucun temps.— 'A JAMAIS, POUR JAMAIS, *loc. adv.* toujours, pour toujours ; À TOUT JAMAIS, AU GRAND JAMAIS, *loc. adv.* dans un temps sans fin.

JAMBAGE, *sm.* assise de pierres ou de maçonnerie ; ligne droite de certaines lettres.

JAMBE, *sf.* partie du corps depuis l'aîne ou le genou jusqu'au pied. *Fig.* branche d'un compas.

JAMBÉ, ÉE, *adj. Bien jambé*, qui a la jambe bien faite.

JAMBETTE, *sf.* petit couteau.

JAMBIER, IÈRE, *adj. et s.* de la jambe : *muscle jambier.*

JAMBLIQUE, philosophe grec d'Alexandrie ; m. 333.

JAMBON, *sm.* cuisse ou épaule de porc salé.

JAMBONNEAU, *sm.* petit jambon.

JAMES, nom anglais, le même que *Jacques.*

JANICULE, l'une des sept collines de Rome, sur la rive droite du Tibre.

JANINA, ville de Turquie (Albanie).

JANNÉE, V. *Alexandre.*

JANISSAIRE, *sm.* ancien soldat de la garde du Grand Seigneur.

JANOT, *adj. et sm.* (*t* nul), nigaud.

JANSÉNISME, *sm.* doctrine religieuse de Jansénius.

JANSÉNISTE, *adj. et sm.* partisan de la doctrine de Jansénius.

JANSÉNIUS, célèbre théologien, évêque d'Ypres (1585-1638).

JANTE, *sf.* partie en bois du cercle d'une roue.

JANUS, anc. roi du Latium ; 15e s. av. J. C.

JANVIER, *sm.* premier mois de l'année.

JANVIER (St), évêque et martyr, m. 305.

JAPET, fils d'Uranus et père de Prométhée (*myth.*).

JAPHET, l'un des fils de Noé.

JAPON, empire de l'Asie orientale.

JAPONAIS, AISE, *adj. et s.* du Japon.

JAPPEMENT, *sm.* aboiement.

JAPPER, *vn.* aboyer.

JAQUE, *sf.* ancienne casaque à l'usage des gens de guerre.

JAQUEMART, *sm.* figure de métal représentant un homme armé qui frappe les heures sur une cloche.

JAQUERIE, V. *Jacquerie.*

JAQUETTE, *sf.* petite jaque ou casaque ; robe très-courte.

JARDIN, *sm.* terrain où l'on cultive des fleurs, des légumes, etc.

JARDINAGE, *sm.* art ou action de cultiver les jardins.

JARDINER, *vn.* travailler au jardin.

JARDINET, *sm.* (*t* nul), petit jardin.

JARDINIER, IÈRE, *s.* celui, celle qui cultive un jardin. — *sf.* caisse, corbeille pour mettre des fleurs.

JARDONS, *sm. pl.* tumeurs aux jambes d'un cheval.

JARGEAU, p. ville (Loiret), sur la Loire.

JARGON, *sm.* langage corrompu. *Fig.* langage prétentieux ou de convention.

JARGONNER, *vn. et a.* parler le jargon.

JARGONNEUR, EUSE, *s.* celui, celle qui jargonne.

JARNAC, p. ville (Charente). Victoire du duc d'Anjou (depuis Henri III), sur les protestants, en 1569.

JAROSLAV, V. *Iaroslav.*

JARRE, *sf.* grand vase de terre.

JARRET, *sm.* (*t* nul), la partie qui est derrière le genou ; saillie.

JARRETÉ, ÉE, *adj.* qui a les jambes de derrière tournées en dedans.

JARRETIÈRE, *sf.* lien pour maintenir le bas le long de la jambe.

JARS, *sm.* (*s* nulle), mâle de l'oie.

JASER, *vn.* causer, babiller ; révéler un secret.

JASERIE, *sf.* babil, caquet.

JASERON, *sm.* chaîne d'or très-fine ; sorte de broderie.

JASEUR, EUSE, *s. et adj.* celui, celle qui aime à jaser ; bavard.

JASMIN, *sm.* arbuste ; sa fleur.

JASMINÉES, *sf. pl.* famille de plantes dont le jasmin est le type (*bot.*).

JASON, chef des Argonautes (*myth.*). — tyran de Phères ; m. 370 av. J. C. — grand prêtre juif ; m. 175 av. J. C.

JASPE, *sm.* pierre dure de la nature de l'agate.

JASPÉ, ÉE, *adj.* bigarré.

JASPER, *va.* bigarrer de plusieurs couleurs comme le jaspe.

JASPURE, *sf.* action de jasper ; ce qui est jaspé.

JASSY, capitale de la Moldavie.

JATTE, *sf.* grand vase rond sans rebords.

JATTÉE, *sf.* capacité d'une jatte.

JAUBERT, savant orientaliste français (1779-1847).

JAUCOURT (le chevalier de), littérateur et savant français (1704-1779).

JAUFFRET (Louis-François), fabuliste français (1770-1840).

JAUGE, *sf.* juste mesure d'un vaisseau à liquides ; instrument pour jauger.

JAUGEAGE, *sm.* action de jauger ; droit de jauge.

JAUGER, *va.* mesurer la capacité.

JAUGEUR, *sm.* celui qui jauge.

JAUNÂTRE, *adj. 2 g.* un peu jaune, tirant sur le jaune.

JAUNE, *adj. 2 g.* de couleur d'or, de citron. — *sm.* la couleur jaune. *Jaune d'œuf*, la partie jaune dans l'œuf.

JAUNIR, *va.* rendre jaune. — *vn.* devenir jaune.

JAUNISSANT, ANTE, *adj.* qui commence à jaunir : *les épis jaunissants.*

JAUNISSE, *sf.* maladie qui jaunit la peau.

JAVA, l'une des îles de la Sonde.

JAVAN, fils de Japhet.

JAVANAIS, AISE, *adj. et s.* de Java.

JAVART, *sm.* (*t* nul), tumeur au bas de la jambe d'un cheval.

JAVELAGE, *sm.* action de javeler; salaire de ce travail.

JAVELER, *va.* et *n.* mettre les blés par petites poignées.

JAVELEUR, EUSE, *s.* celui, celle qui javelle.

JAVELINE, *sf.* dard long et menu.

JAVELLE, *sf.* poignée de blé scié qui reste couchée sur le sillon; petit faisceau de sarment. —EAU DE JAVELLE, V. *Eau.*

JAVELOT, *sm.* (*t* nul), espèce de dard.

JAXARTE, V. *Iaxarte.*

JAYET, V. *Jais.*

JAYME ou JACQUES, nom de plus. rois d'Aragon et de Majorque.

JAZER, anc. ville de Palestine.

JE, *pron. pers.* de la 1re personne du *s.* — JE NE SAIS QUOI, *sm.* chose que l'on ne peut exprimer.

JEAN, nom de plus. saints : SAINT JEAN-BAPTISTE, précurseur de Jesus-Christ; m. 32. — SAINT JEAN L'ÉVANGELISTE, l'un des douze apôtres; m. 101. — SAINT JEAN CHRYSOSTOME, Père de l'Église grecque; m. 407. — SAINT JEAN L'AUMONIER, célèbre patriarche de Jerusalem; m. 616. — SAINT JEAN DAMASCÈNE, m. 760. — SAINT JEAN DE MATHA, fondateur de l'ordre de la Rédemption des captifs (1161-1213). — SAINT JEAN DE DIEU, instituteur des frères de la Charité (1495-1550). — SAINT JEAN DE LA CROIX, fondateur des carmes déchaussés (1542-1591).

JEAN, nom de plus. papes, empereurs et rois, entre autres ; *Papes* · JEAN XXII, second pape d'Avignon et jurisconsulte habile, m. 1334; Jean XXIII, qui convoqua le concile de Constance, où il fut deposé en 1415. — *Empereurs de Constantinople* : JEAN Ier ZIMISCÈS, m. 976; JEAN II COMNÈNE, m. 1143; JEAN V PALÉOLOGUE, m. 1391 ; JEAN VI CANTACUZÈNE, abdiqua en 1355. — *Roi de France* : JEAN II LE BON (1319-1364). — *Roi d'Angleterre* : JEAN SANS TERRE, frère de Richard Cœur de lion (1166-1216). — *Rois de Portugal* : JEAN Ier LE GRAND (1357-1433) ; JEAN II (1445-1495); JEAN III (1502-1557) ; JEAN IV DE BRAGANCE (1604-1656). — *Duc de Bourgogne* : JEAN SANS PEUR (1373-1419).

JEAN BART, V. *Bart.*

JEAN BON SAINT-ANDRÉ, conventionnel (1749-1813).

JEAN DE BOLOGNE, célèbre sculpteur français (1524-1608).

JEAN DE BRUGES, V. *Van-Eyck.*

JEAN DE LEYDE ou JEAN BOCKOLD, chef des anabaptistes de Munster, m. 1536.

JEAN DE MEUNG, poète français, continuateur du *Roman de la Rose* ; m. vers 1318.

JEAN SCOT ÉRIGÈNE, V. *Scot.*

JEAN D'UDINE, peintre italien (1489-1564).

JEANNE, nom de plus. princesses, entre autres : JEANNE DE NAVARRE, femme du roi Philippe le Bel (1272-1305) ; JEANNE DE FLANDRE, comtesse de Montfort, et JEANNE DE PENTHIÈVRE, toutes deux célèbres dans

la guerre de Bretagne ; JEANNE D'ALBRET, mère de Henri IV (1531-1572) ; JEANNE LA FOLLE, reine de Castille, mère de Charles-Quint (1482-1555) ; JEANNE Ire (1326-1382) et JEANNE II (1368-1435), toutes deux reines de Naples.

JEANNE D'ARC, V. *Arc.*

JEANNE HACHETTE, V. *Hachette.*

JEANNETTE, *sf.* petite croix que l'on suspend au cou.

JEANNIN (le président), ministre de Henri IV (1540-1623).

JÉBUSÉENS, peuple de la terre de Chanaan.

JÉCHONIAS ou JOACHIM II, roi de Juda, emmené captif à Babylone par Nabuchodonosor, l'an 597 av. J. C.

JECTISSES, *adj. f. pl.* se dit des terres remuées ou rapportées.

JEDDO, V. *Yeddo.*

JEFFERSON (Thomas), 3e président des États-Unis (1743-1826).

JEFFREYS ou JEFFRIS, grand chancelier d'Angleterre sous Charles II et Jacques II ; m. 1689.

JEHAN, Jean.

JEHOVAH, *sm.* nom du Seigneur en hébreu.

JÉHU, roi d'Israël; m. 848 av. J. C.

JÉJUNUM, *sm.* (on pr. *jéjunome*), le second intestin grêle (*anat.*).

JEMMAPES, village de Belgique près de Mons, Victoire des Français sur les Autrichiens, en 1792.

JENNER, médecin anglais, découvrit la vaccine (1749-1823).

JENNY, nom de femme. — *sf.* machine à filer le coton, etc.

JEPHTÉ, juge d'Israël; 13e s. av. J. C.

JÉRÉMIE, l'un des quatre grands prophètes (629-586 av. J. C.).

JÉRÉMIADE, *sf.* plainte fréquente à la manière des *Lamentations* du prophète Jérémie.

JÉRICHO, anc. ville de la Palestine.

JÉROBOAM, officier de Salomon, auteur du schisme des 10 tribus d'Israël; m. 943 av. J. C. — JÉROBOAM II, roi d'Israël; m. 776 av. J. C.

JÉROME (St), Père de l'Église latine (331-420).

JÉROME DE PRAGUE, disciple de Jean Huss; m. 1416.

JERSEY, île anglaise dans la Manche. — NEW-JERSEY, l'un des États de l'Union (États-Unis).

JÉRUSALEM, ville célèbre de la Palestine.

JÉSUITE, *sm.* membre de la compagnie de Jesus.

JÉSUITIQUE, *adj.* 2 g. de jesuite.

JÉSUITIQUEMENT, *adv.* à la manière des jesuites.

JÉSUITISME, *sm.* doctrine des jésuites.

JÉSUS ou JÉSUS-CHRIST (on pr. *Jésu-Cri*), le divin Sauveur.

JÉSUS, *sm.* et *adj.* (*s* finale nulle), se dit d'une sorte de papier.

JET, *sm.* (on pr. *jè*) action de jeter, de jaillir; mouvement qui en résulte; bourgeon. *Jet de* lumière, rayon subit; *jet d'eau*, eau qui jaillit d'un tuyau. *Fig. premier jet*, ébauche; *du premier jet*, par inspiration subite.

JETÉ, *sm.* sorte de pas de danse.

JETÉE, *sf.* amas de matériaux pour rompre les vagues; chaussée de cailloux.

JETER, *va.* (on double le *t* devant un *e* muet : *je jette, tu jettes, il jette, n. jetons, v. jetez, ils jettent*), lancer, envoyer, pousser; produire, répandre; mettre; faire tomber. *Fig. jeter son bien par les fenêtres*, dissiper sa fortune; *jeter la pierre à quelqu'un*, l'accuser, le blâmer; *jeter le manche après la cognée*, désespérer d'une entreprise; *jeter de l'huile sur le feu*, exciter les esprits, les passions. — SE JETER, *vpr.* se précipiter, s'élancer, entrer.

JÉTHRO, prince ou prêtre madianite, beau-père de Moïse.

JETON, *sm.* petit disque de métal, d'os ou d'ivoire.

JEU, *sm.* divertissement, sorte de récréation, ce que l'on joue, manière de jouer, lieu où l'on joue; manière dont joue un musicien ou un comédien. *Fig.* bagatelle, plaisanterie; aisance, facilité de mouvements. Au *pl.* spectacles publics. V. *Floral.*

JEUDI, *sm.* le 5e jour de la semaine. *Jeudi gras*, le jeudi avant les jours gras; *jeudi saint*, jeudi de la semaine sainte.

JEUN (A), *loc. adv.* sans avoir mangé de la journée.

JEUNE, *adj.* 2 g. d'un âge peu avancé, cadet. *Fig.* propre à la jeunesse, qui a encore l'ardeur de la jeunesse.

JEÛNE, *sm.* abstinence.

JEÛNER, *vn.* s'abstenir d'aliments. *Fig.* manger peu, se priver de.

JEUNESSE, *sf.* âge entre l'enfance et l'âge viril; les jeunes gens.

JEUNET, ETTE, *adj.* très-jeune.

JEÛNEUR, EUSE, *s.* celui, celle qui jeûne.

JÉZABEL, femme d'Achab, roi d'Israël; m. 876 av. J. C.

JEZRAEL, anc. ville de Palestine (Galilée).

JOAB, général de David; m. 1014 av. J. C.

JOACHAZ, roi d'Israël; m. 832 av. J. C. — roi de Juda; m. 608 av. J. C.

JOACHIM ou ELIACIM, roi de Juda; m. 597 av. J. C. V. *Jéchonias.*

JOACHIM (St), père de la sainte Vierge.

JOAD ou JOIADA, grand prêtre des Juifs; 9e s. av. J. C.

JOAILLERIE, *sf.* (*ll m.*) art, commerce de joaillier; pierreries.

JOAILLIER, IÈRE, *s.* (*ll m.*), celui, celle qui fait ou vend des joyaux.

JOAS, roi de Juda; m. 831 av. J. C. — roi d'Israël; m. 817 av. J. C.

JOATHAM, roi de Juda; m. 737 av. J. C.

JOB, personnage biblique, célèbre par sa piété et sa résignation dans la pauvreté et le malheur; 18e s. av. J. C.

JOBARD, *sm.* (*d* nul), niais, crédule, qui se laisse aisément tromper (pop.).

JOBELIN, *sm.* jobard; homme très-patient (vx. mot).

JOCASTE, femme de Laïus, roi de Thèbes.

JOCKEY, *sm.* petit domestique. (mot anglais).

JOCKO, *sm.* espèce de singe.

JOCONDE, antiquaire et architecte italien (1435-1520).

JOCRISSE, *sm.* benêt, valet maladroit.

JODELLE, poëte français (1532-1578).

JOEL, l'un des petits prophètes; 6e s. av. J. C.

JOHANNISBERG, village du duché de Nassau, célèbre par ses vins.

JOHANNOT, nom de deux frères peintres, dessinateurs et graveurs français : *Alfred* (1800-1837), et *Tony* (1803-1852).

JOHN, nom anglais (Jean). — JOHN BULL (Jean Taureau), sobriquet du peuple anglais.

JOHNSON (Samuel), célèbre littérateur anglais (1709-1784).

JOIADA, V. *Joad.*

JOIE, *sf.* vive satisfaction; gaieté, bonheur, plaisirs.

JOIGNANT, ANTE, *adj.* contigu. — *prep.* tout proche, tout contre.

JOIGNY, s.-préf. du dép. de l'Yonne.

JOINDRE, *va.* approcher deux objets en sorte qu'ils se touchent; approcher, unir, allier, atteindre. — *Ind. pr.* je joins, tu joins, il joint, n. joignons, v. joignez, ils joignent; *imp.* je joignais; *p. déf.* je joignis; *fut.* je joindrai; *cond.* je joindrais; *impér.* joins, joignons, joignez; *subj. pr.* que je joigne; *imp.* que je joignisse; *part. pr.* joignant; *part. p.* joint, jointe. — SE JOINDRE, *vpr.* s'unir, se rencontrer.

JOINT, *sm.* (*t* nul), articulation, point de jonction. *Fig.* nœud d'une difficulté.

JOINT, JOINTE, *adj. part.* uni, réuni, ajouté. — JOINT QUE, *loc. conj.* outre que.

JOINTÉ, V. *Court-jointé* et *Long-jointé.*

JOINTÉE, *sf.* autant que les deux mains rapprochées peuvent contenir.

JOINTIF, IVE, *adj.* qui est joint.

JOINTOYER, *va.* remplir les joints des pierres avec du mortier ou du plâtre.

JOINTURE, *sf.* joint.

JOINVILLE, p. ville (Haute-Marne). — LE SIRE DE JOINVILLE, ami du roi St Louis, et auteur de Mémoires estimés (1224-1318).

JOLI, IE, *adj.* gentil, agréable; avantageux, remarquable. *Ironiquement* : vilain, ridicule, blâmable.

JOLIET (*t* nul), ETTE, *adj.* un peu joli, assez joli.

JOLIMENT, *adv.* d'une jolie manière. *Ironiquement* : singulièrement.

JOLIVETÉ, *sf.* jolie babiole; gentillesses d'un enfant (vx. mot).

JOMARD, géographe et archéologue français (1777-1862).

JOMELLI ou mieux JOMMELLI, célèbre compositeur de musique italien (1714-1774).

JONAS, l'un des petits prophètes; 800 ans av. J. C.

JONATHAN, nom juif. — FRÈRE JONATHAN, nom familier du peuple des États-Unis.

JONATHAS, fils de Saül. V. *Macchabée.*

JONC, *sm.* (*c* nul), sorte de plante aquatique; canne; sorte de bague.

JONCÉES ou JONCACÉES, *sf. pl.* famille de plantes dont le jonc est le type (*bot.*).

JONCHAIE, *sf.* lieu rempli de joncs.

JONCHÉE, *sf.* herbes, fleurs, feuillages dont on jonche les rues; petit fromage. *Fig.* morts couvrant la terre après un combat (*La Fontaine*).

JONCHER, *va.* parsemer de fleurs, d'herbes, etc. *Fig.* couvrir la terre de morts, de divers objets.

JONCHETS, *sm. pl.* sorte de jeu avec des bâtons très-menus.

JONCTION, *sf.* (on pr. *jonxion*), action de joindre; réunion.

JONES (Paul), célèbre marin anglo-américain (1747-1792).

JONGLER, *vn.* faire des tours de jongleur.

JONGLERIE, *sf.* action de jongleur, de charlatan; tour de passe-passe.

JONGLEUR, *sm.* autrefois espèce de ménétrier qui allait chantant des chansons dans les cours des princes et dans les châteaux; auj. bateleur, charlatan, et au *fig.* trompeur.

JONQUE, *sf.* navire chinois.

JONQUILLE, *sf.* (*ll* m.), sorte de plante, sa fleur. — *sm.* couleur de cette fleur.

JONSON (Bén ou Benjamin), poète dramatique anglais (1574-1637).

JONZAC, s.-préf. de la Charente-Inférieure.

JOPPÉ, anc. ville de Palestine, auj. *Jaffa*.

JORAM, roi de Juda; m. 877 av. J. C. — roi d'Israël; m. 876 av. J. C.

JORAT (*t* nul), montagne de Suisse.

JORDAENS, peintre flamand (1594-1678).

JORDAN (Camille), publiciste français, membre du conseil des Cinq-Cents et de la Chambre des députés (1771-1821).

JORDANO ou GIORDANO (Luc), peintre italien (1632-1705).

JORNANDÈS, historien latin, goth d'origine; 6e s.

JOSABETH, femme du grand-prêtre Joad.

JOSAPHAT, roi de Juda; m. 889 av. J. C.

JOSEPH, *adj. m.* se dit d'une sorte de papier très-mince.

JOSEPH, fils de Jacob. — SAINT JOSEPH, époux de la sainte Vierge. — JOSEPH D'ARIMATHIE, disciple de Jésus-Christ. — JOSEPH Ier (1678-1711) et JOSEPH II (1741-1790), empereurs d'Allemagne. — JOSEPH-EMMANUEL, roi de Portugal; m. 1777. — Le PÈRE JOSEPH DU TREMBLAY, capucin, confident du cardinal de Richelieu (1577-1638). V. *Bonaparte*.

JOSÈPHE (Flavius), historien juif (37-95).

JOSÉPHINE TASCHER DE LA PAGERIE, femme du vicomte de Beauharnais, puis de l'empereur Napoléon Ier (1763-1814).

JOSEPPIN (Le), célèbre peintre italien (1560-1640).

JOSIAS, roi de Juda; m. 608 av. J. C.

JOSSE (St), ermite, frère de Judicaël, duc de Bretagne; m. 668.

JOSSE DE MORAVIE, empereur d'Allemagne, m. 1410.

JOSSELIN DE COURTENAY, l'un des chefs de la 1re croisade; m. 1131.

JOSSELIN, p. ville (Morbihan).

JOSUÉ, chef du peuple hébreu, successeur de Moïse; m. 1580 av. J. C.

JOUAILLER, *vn.* (*ll* m.), jouer petit jeu; mal jouer (*fam.*).

JOUAN (golfe), entre Cannes et Antibes: débarquement de Napoléon, le 1er mars 1815, à son retour de l'île d'Elbe.

JOUBARBE, *sf.* sorte de plante.

JOUBERT, général français (1769-1799). — (Joseph), moraliste français (1754-1824).

JOUE, *sf.* partie latérale du visage. *Coucher* ou *mettre en joue*, viser avec une arme à feu, et au *fig.* observer.

JOUER, *vn.* se récréer, s'amuser à un jeu; folâtrer; tirer des sons d'un instrument de musique; se mouvoir facilement. *Fig. jouer au plus fin*, employer le plus d'adresse; *jouer de bonheur, de malheur*, réussir, ne pas réussir; *jouer des jambes*, s'enfuir. — *va.* faire une partie au jeu; représenter une pièce de théâtre, remplir un rôle, faire entendre un morceau de musique; feindre: *jouer la surprise*; tromper: *jouer quelqu'un*. *Fig. jouer sa vie*, l'exposer. — SE JOUER, *vpr.* se moquer, s'amuser de.

JOUEREAU, *sm.* (on pr. *jou̇reau*), mauvais joueur.

JOUET, *sm.* (on pr. *joué*), joujou. *Fig.* personne dont on se moque, victime.

JOUEUR, EUSE, *s.* celui, celle qui joue, qui aime le jeu.

JOUFFLU, UE, *adj.* et *s.* qui a de grosses joues, des joues pleines.

JOUFFROY (marquis de), inventeur des bateaux à vapeur (1751-1832). — (Simon-Théodore), célèbre professeur de philosophie (1796-1842).

JOUG, *sm.* pièce de bois pour atteler les bœufs. *Fig.* sujétion, esclavage.

JOUIR, *vn.* avoir la possession, l'usage de; être satisfait, éprouver du plaisir.

JOUISSANCE, *sf.* usage, possession d'une chose; plaisir.

JOUISSANT, ANTE, *adj.* qui jouit de. (*jurispr.*).

JOUJOU, *sm.* jouet d'enfant (pl. *joujoux*).

JOUR, *sm.* espace de 24 heures; temps que le soleil est sur l'horizon; lumière, clarté. *Fig.* ouverture; passage: *se faire jour a travers l'ennemi*; facilité, moyen de faire: *je vois jour à cette affaire. Mettre une chose dans son jour*, la placer de manière qu'on puisse la bien voir, et au *fig.* la présenter sous un aspect favorable. V. *Faux jour*. Au pl. *les jours*, époque de la vie.

JOURDAIN, riv. de Palestine.

JOURDAN, maréchal de France (1762-1833).

JOURNAL, *sm.* relation jour par jour; écrit périodique; livre de commerce.

JOURNALIER, IÈRE, *adj.* qui a lieu chaque jour; sujet à changer. — *sm.* ouvrier à la journée.

JOURNALISME, *sm.* fonctions, système ou influence des journalistes.

JOURNALISTE, *sm.* rédacteur d'un journal, celui qui écrit dans un journal.

JOURNÉE, *sf.* espace de temps entre le lever et le coucher; travail ou salaire d'un jour. *Fig.* jour mémorable.

JOURNELLEMENT, *adv.* chaque jour.

JOUSSOUF, V. *Yousouf.*

JOUTE, *sf.* combat simulé à cheval et d'homme à homme; lutte sur l'eau. *Fig.* dispute, discussion.

JOUTER, *vn.* prendre part à une joute. *Fig.* discuter, lutter.

JOUTEUR, EUSE, *s.* celui, celle qui joute. *Fig.* adversaire.

JOUVENCE, *sf.* jeunesse.

JOUVENCEAU où JOUVENCEL, *sm.* jeune homme.

JOUVENCELLE, *sf.* jeune fille.

JOUVENCY (le Père), savant jésuite (1643-1719).

JOUVENET, célèbre peintre français (1647-1717).

JOUX (fort de), dans le dép. du Doubs.

JOUY (de), auteur dramatique français (1769-1846).

JOVE (Paul), historien latin moderne (1483-1552).

JOVIAL, ALE, *adj.* gai, joyeux (*pl. m.* joviaux; point de pl. m. suivant l'Acad.).

JOVIALEMENT, *adv.* d'une manière joviale.

JOVIALITÉ, *sf.* qualité ou caractère de la personne joviale.

JOVIEN, empereur romain; m. 363.

JOVIEN, IENNE. *adj.* (l. *Jovis*, de Jupiter), se dit de la période géologique qui commence après le diluvium, dans les premiers temps de l'humanité, lorsque régnaient Jupiter et les autres dieux mythologiques (*géol.*).

JOVIN, gaulois, général de l'emper. Julien; m. 379. — noble gaulois, proclamé empereur à Mayence; m. 412.

JOVINIEN, hérésiarque; m. 412.

JOYAU, *sm.* bijou.

JOYEUSE (Anne de), favori de Henri III (1561-1587). — (François de), cardinal, frère du précédent (1562-1615). — (Henri de), frère des précédents, chef des Ligueurs (1567-1608).

JOYEUSE, p. ville (Ardèche).

JOYEUSEMENT, *adv.* avec joie.

JOYEUSETÉ, *sf.* plaisanterie, mot pour rire.

JOYEUX, EUSE, *adj.* qui a, qui donne ou qui exprime de la joie.

JUAN, nom espagnol et portugais (Jean). V. *Jouan.*

JUAN D'AUTRICHE (don), fils de Charles-Quint (1545-1578). — général espagnol, fils naturel de Philippe IV (1629-1679).

JUAN-FERNANDEZ (îles de), dans le grand Océan.

JUBA, nom de deux rois de Numidie; 1er s. av. J. C.

JUBÉ, *sm.* espèce de tribune au-devant du chœur d'une église.

JUBILAIRE, *adj.* 2 g. du jubilé.

JUBILATION, *sf.* réjouissance, grande joie.

JUBILÉ, *sm.* grande fête de 50 à 50 ans chez les Juifs; époque d'indulgences accordées tous les 25 ans par le pape.

JUBILER (SE), *vpr.* se réjouir (*fam.*).

JUCHER, *vn.* et SE JUCHER, *vpr.* se percher. *Fig.* se loger très-haut.

JUCHOIR ou JUC, *sm.* lieu où juchent les poules.

JUDA, fils de Jacob. — ROYAUME DE JUDA, formé des deux tribus de Juda et de Benjamin, à l'époque du schisme; 962 av. J. C.

JUDAÏQUE, *adj.* 2 g. qui appartient aux Juifs.

JUDAÏSER, *vn.* observer la loi juive sur quelques points.

JUDAÏSME, *sm.* religion des Juifs.

JUDAS, *sm.* (a nulle) traître; ouverture faite à un plancher pour voir dans la chambre au-dessous.

JUDAS ISCARIOTE, celui des douze apôtres qui trahit le Christ.

JUDAS MACCHABÉE, V. *Macchabée.*

JUDE (St), l'un des douze apôtres; m. 80.

JUDÉE, région de la Syrie; la Palestine.

JUDICAËL, roi de la Bretagne Armorique; m. 658.

JUDICATURE, *sf.* condition ou fonctions de juge.

JUDICIAIRE, *sf.* faculté de juger.

JUDICIAIRE, *adj.* 2 g. de la justice; fait par autorité de justice. Genre *judiciaire*, éloquence du barreau; *astrologie judiciaire*, art prétendu de deviner par l'inspection des astres.

JUDICIAIREMENT, *adv.* en forme judiciaire.

JUDICIEUSEMENT, *adv.* d'une manière judicieuse.

JUDICIEUX, EUSE, *adj.* qui a beaucoup de jugement, un bon jugement; qui marque du jugement.

JUDITH, héroïne juive; 659 av. J. C. — JUDITH DE BAVIÈRE, femme de Louis le Débonnaire; m. 843.

JUGAL, *adj. m.* se dit de l'os qui forme la pommette de la joue (*anat.*).

JUGE, *sm.* magistrat ou juge; arbitre; magistrat suprême chez les Hébreux. *Fig.* celui qui a droit ou qui est capable de juger, d'apprécier, de décider.

JUGÉ, *sm.* le bien *jugé*, le mal *jugé*, se disent d'un jugement en justice.

JUGEABLE, *adj.* 2 g. qui peut être mis en jugement.

JUGEMENT, *sm.* décision en justice; faculté de l'âme qui examine et décide; intelligence, bon sens; opinion. *Jugement de Dieu*, décret de la justice divine; épreuves extraordinaires auxquelles on recourait autrefois pour décider certaines contestations.

JUGER, *va.* et *n.* rendre la justice; décider une question, donner son avis sur; exprimer un jugement; croire que; se figurer: *il est aisé de juger d'où part le coup*; conjecturer: *je juge bien de l'avenir de cet enfant*; apprécier: *l'oreille juge des sons.*

JUGEUR, *sm.* celui qui juge, qui décide de tout sans connaissance de cause.

JUGLANDÉES, *sf. pl.* (L. *juglans* noyer), famille de végétaux dont le noyer est le type (*bot.*).

JUGULAIRE, *adj. 2 g.* qui appartient à la gorge. — *sf.* veine jugulaire ; mentonnière d'un casque, d'un shako, etc.

JUGULER, *va.* égorger, étrangler. *Fig.* pressurer ; enlever tout l'argent (*fam.*).

JUGURTHA, roi de Numidie, de 119 à 106 av. J. C.

JUIF, JUIVE, *adj.* et *s.* qui suit la religion de Moïse, qui appartient à cette religion. *Fig.* usurier ; qui fait payer cher.

JUILLET, *sm.* (*ll m.*), le 7e mois de l'année.

JUILLY (*ll m.*), village de Seine-et-Marne, près de Meaux ; collège célèbre.

JUIN, *sm.* le 6e mois de l'année.

JUIVERIE, *sf.* quartier des Juifs. *Fig.* marché usuraire ; acte d'usurier.

JUJUBE, *sf.* fruit du jujubier, pâte que l'on en tire.

JUJUBIER, *sm.* arbre.

JULE, V. *Iule*.

JULEP, *sm.* potion adoucissante.

JULES (St), martyr ; m. 302. — (St), pape ; m. 352. — JULES II, pape (1441-1513).

JULES CÉSAR, V. *César* (Jules).

JULES ROMAIN, peintre et architecte italien (1492-1546).

JULIA DOMNA, femme de l'empereur Septime Sévère.

JULIANUS, V. *Didius*.

JULIE, nom de plus. Romaines. —Ste JULIE, vierge et martyre ; m. 489.

JULIEN (St), 1er évêque du Mans ; m. 286.— (St), martyr ; 3e s. — (St), moine ; m. 370.

JULIEN (Pierre), statuaire français (1731-1804).

JULIEN L'APOSTAT, empereur romain (331-363).

JULIEN, IENNE, *adj.* suivant la réforme du calendrier par Jules César.

JULIENNE, *sf.* espèce de giroflée ; potage de légumes.

JULIENNE (Ste), vierge et martyre ; m. 308.

JULIENNES (Alpes), en Illyrie.

JULIERS, ville de la Prusse rhénane, près d'Aix-la-Chapelle.

JUMEAU, ELLE, *adj.* et *s.* se dit de deux enfants nés ensemble, de deux objets joints ensemble ou parallèles.

JUMELLES, *sf. pl.* pièces de bois ou de métal parallèles ; double lorgnette.

JUMENT, *sf.* femelle du cheval.

JUMIÉGES, village (Seine-Inférieure) ; anc. abbaye de bénédictins.

JUNCACÉES ou **JONCÉES**, *sf. pl.* (L. *juncus* jonc), famille de végétaux dont le jonc est le type (*bot.*).

JUNG-FRAU, montagne dans les Alpes bernoises.

JUNIUS, nom romain.

JUNON, femme de Jupiter (*myth.*) ; l'une des petites planètes.

JUNOT, duc d'Abrantès, maréchal de France (1771-1813).

JUNTE, *sf.* conseil d'administration ou assemblée politique en Espagne.

JUPE, *sf.* partie de l'habillement des femmes depuis la ceinture jusqu'aux pieds.

JUPIN, Jupiter.

JUPITER, le souverain des Dieux (*myth.*) ; la plus grande des planètes connues.

JUPON, *sm.* petite jupe, courte jupe de dessous.

JURA, chaîne de montagnes en France ; nom d'un département.

JURANDE, *sf.* fonctions du juré d'un métier ; corps des jurés marchands.

JURASSIQUE, *adj. 2 g.* du Jura : se dit en géologie des roches ou des terrains dont la composition est analogue à celle du Jura.

JURÉ, *sm.* membre d'un jury, d'une corporation de métier. *Juré crieur*, crieur des ventes publiques.

JURÉ, ÉE, *adj.* qui a prêté le serment requis par la loi ou les règlements. *Ennemi juré*, irréconciliable.

JUREMENT, *sm.* serment vain ou fait sans nécessité ; blasphème.

JURER, *va.* et *n.* affirmer par serment ; promettre, assurer, confirmer, décider ; blasphémer. *Fig.* contraster désagréablement, produire un son aigre. — SE JURER, *vpr.* se promettre réciproquement.

JUREUR, *sm.* celui qui profère des juréments, des blasphèmes.

JURI, V. *Jury*.

JURIDICTION, *sf.* (on pr. *juridixion*), pouvoir d'un juge ; étendue ou ressort de ce pouvoir ; compétence.

JURIDICTIONNEL, ELLE, *adj.* (on pr. *juridixionel*), relatif à la juridiction.

JURIDIQUE, *adj. 2 g.* de la justice ; selon les formes de la justice.

JURIDIQUEMENT, *adv.* d'une manière juridique.

JURIEU (Pierre), célèbre théologien protestant (1639-1713).

JURISCONSULTE, *sm.* celui qui connaît le droit, qui donne son avis sur des questions de droit.

JURISPRUDENCE, *sf.* science du droit et des lois ; décision d'un tribunal.

JURISTE, *sm.* celui qui a écrit sur les matières de droit.

JURJURA, chaîne de montagnes (Algérie).

JURON, *sm.* jurement.

JURY ou **JURI**, *sm.* assemblée de citoyens appelés à prononcer sur l'existence d'un délit, d'un crime, sur la culpabilité d'un accusé, sur une affaire, sur un concours, etc.

JUS, *sm.* (s nulle), suc, liqueur.

JUSANT, *sm.* reflux de la marée.

JUSQUE et **JUSQUES**, *prép.* marquant le terme que l'on ne doit pas dépasser.

JUSQUIAME, *sf.* sorte de plante.

JUSSIEU (de), nom de cinq célèbres botanistes français : Antoine (1686-1758) ; Bernard, son frère (1699-1777) ; Joseph, autre frère (1704-1779) ; Antoine-Laurent, neveu des précédents (1748-1836), et Adrien, fils de Laurent (1797-1853).

JUSSION, *sf.* commandement.

JUST, ou JUSTE, ou JUSTIN (St), martyr; m. 114.

JUSTAUCORPS, *sm.* vêtement qui serre le corps.

JUSTE, *adj. 2 g.* conforme à la justice; qui agit d'après les lois de la justice; qui est mérité; qui a la justesse nécessaire. — *sm.* ce qui est juste; homme de bien. — *adv.* exactement, précisément.

JUSTE (St), archevêque de Lyon; 4e s.

JUSTE-LIPSE, savant philologue hollandais (1547-1606).

JUSTEMENT, *adv.* avec justice; précisément.

JUSTESSE, *sf.* qualité de ce qui est juste, c'est-à-dire exact, convenable, tel qu'il doit être.

JUSTICE, *sf.* vertu morale qui nous fait agir comme nous le devons à l'égard de tous; bon droit; pouvoir de faire droit à chacun; probité; bonne exécution de la loi; juridiction. *Fig.* exécution d'un arrêt; corps des magistrats.

JUSTICIABLE, *adj. et s. 2 g.* qui relève de certains juges, qui est soumis à la juridiction de.

JUSTICIER, *sm.* celui qui a droit de rendre justice. — *adj. m.* qui fait justice.

JUSTICIER, *va.* (on pr. *justici-er*), punir en vertu d'une sentence.

JUSTIFIABLE, *adj. 2 g.* qui peut être justifié.

JUSTIFIANT, ANTE, *adj.* qui rend juste intérieurement.

JUSTIFICATIF, IVE, *adj.* qui sert à justifier, à prouver.

JUSTIFICATION, *sf.* action de justifier ou de se justifier; preuve; effet de la grâce divine; longueur des lignes (*imprim.*).

JUSTIFIER, *va.* prouver ou déclarer l'innocence de quelqu'un, la vérité d'une chose; mettre en évidence; légitimer; donner à une ligne la longueur qu'elle doit avoir (*imprim.*).

JUSTIN, historien latin; 2e s. — JUSTIN 1er et JUSTIN II, empereurs d'Orient; m. le premier en 527, le second en 578. V. *Just* (St).

JUSTINE (Ste), martyre; m. 304.

JUSTINIEN 1er, empereur d'Orient (484-565). — JUSTINIEN II, empereur grec; m. 711.

JUTEUX, EUSE, *adj.* qui a beaucoup de jus.

JUTLAND, presqu'île du Danemark.

JUVÉNAL, fameux poète satirique latin (42-123).

JUVÉNAL DES URSINS (Jean), prévôt des marchands de Paris, puis chancelier de France (1360-1431). — (Jean), fils du précédent et archevêque de Reims (1388-1473). — (Guillaume), frère du précédent et chancelier de France (1400-1472).

JUVÉNILE, *adj. 2 g.* qui est d'un jeune homme, qui est de la jeunesse.

JUXTAPOSER (Se), *vpr.* se dit des molecules matérielles qui se réunissent en se plaçant l'une contre l'autre (*chim.*).

JUXTAPOSITION, *sf.* action de se juxtaposer; état qui en résulte.

K

K, *sm.* 11e lettre de l'alphabet.

KABILES ou KABYLES, peuple de l'Atlas.

KABILIE ou KABYLIE, pays des Kabyles (Algérie).

KABOUL, capitale du royaume de ce nom (Asie).

KACHEMYR, V. *Cachemire.*

KACHAN, V. *Kaschan.*

KACHGAR, ville du Turkestan chinois.

KAFFA, V. *Caffa.*

KAINOZOÏQUE, *adj. 2 g.* (gr. *kainos* récent, *zôon* animal), se dit de la série des terrains au-dessus des terrains crétacés, et qui comprend ceux qui sont de formation plus récente (*géol.*).

KAIROUAN ou KAIRWAN, ville de l'État de Tunis.

KAISARIEH, ville de la Turquie d'Asie, anc. *Césarée.*

KAISERSLAUTERN, ville de la Bavière rhénane, près de la Lauter. Défaite du général Hoche par le duc de Brunswick, en 1793; victoire des Français sur les Prussiens, en 1794.

KAKATOÈS, *sm.* sorte de perroquet.

KALED, V. *Khaled.*

KALÉIDOSCOPE, *sm.* (gr. *kalos* beau; *éidos* aspect, figure; *skopéô* voir), tube dans lequel des verres disposés en forme de prisme produisent des dessins d'ornement très-variés.

KALGOUEF, île russe de l'océan Glacial.

KALICH ou KALISZ, ville de Pologne.

KALMOUKS, peuple mongol de l'Asie.

KALOUGA, ville de Russie, sur l'Oka.

KAMENETZ ou KAMINIEC, ville de Russie, dans la Podolie.

KAMTCHADALE, indigène du Kamtchatka.

KAMTCHATKA, gr. presqu'île de Sibérie.

KAN ou KHAN, *sm.* chef, commandant tartare; lieu de repos des caravanes; marché dans l'Orient.

KANDAHAR, capitale de l'État de ce nom (Afghanistan).

KANDJAR ou KANGIAR, *sm.* poignard d'Asie et d'Afrique.

KANGURO ou KANGUROO, *sm.* quadrupède de la Nouvelle-Hollande.

KANSAS, riv. affluent du Missouri. — État de l'Union (États-Unis).

KANT (Emmanuel), célèbre philosophe prussien (1724-1804).

KAOLIN, *sm.* terre à porcelaine.

KAPTCHAK, empire mongol dans le sud de la Russie, pendant le moyen âge.

KARA, fleuve et mer de Russie.

KARA-HISSAR, ville de la Turquie d'Asie, anc. *Tyane*.

KARAKORUM ou KARAKHORIN, capit. de l'empire de Gengis-Khan.

KARA-MOUSTAPHA, grand visir de Mahomet IV; m. 1683.

KARAT, V. *Carat*.

KARIKAL, ville française dans l'Hindoustan, sur la côte de Coromandel.

KARNAK, village d'Égypte, au milieu des ruines de l'ancienne Thèbes.

KARNATIC, V. *Carnatic*.

KARPATHES, V. *Carpathes*.

KASAN, V. *Kazan*.

KASBIN ou KAZBIN, ville de Perse (Irak-Adjémi).

KASCHAN, ville de Perse (Irak-Adjémi).

KAUNITZ (prince de), célèbre homme d'État autrichien (1711-1794).

KAVERY, fleuve de l'Hindoustan.

KAZAN, ville de Russie.

KAZBIN, V. *Kasbin*.

KEAN, célèbre acteur anglais (1773-1833).

KÉCHO ou KESCHO, ville et port de l'empire d'Annam.

KEEPSAKE, sm. (on pr. *kipsek*), album, recueil de gravures, de morceaux de littérature (mot anglais).

KEHL, ville du grand-duché de Bade, sur la rive droite du Rhin.

KEITH (Georges), général écossais, plus connu sous le nom de *milord Maréchal* (1685-1778). — (George *Elphinstone*, lord), amiral anglais (1747-1823).

KÉLAT, capitale du Beloutchistan.

KELLERMANN, duc de Valmy, maréchal de France (1735-1820).

KEMBLE, célèbre acteur anglais (1757-1823).

KENNETH, nom de trois rois d'Écosse.

KENT, royaume, puis comté, en Angleterre.

KENTUCKY, rivière et État de l'Union (États-Unis).

KÉPI, sm. sorte de coiffure à l'usage des militaires et des collégiens.

KEPLER ou KEPPLER, célèbre astronome allemand (1571-1630).

KÉRALIO, littérateur français (1731-1793).

KÉRATRY (de), homme politique et littérateur français (1769-1859).

KERGUELEN (de), navigateur français (1734-1797). — (Terre de), île au sud de l'Afrique.

KERMÈS, sm. sorte de cochenille qui vit sur le chêne vert; sulfure d'antimoine.

KERMESSE, sf. fête ou foire annuelle en Flandre et en Hollande.

KEUPER, sm. (mot allemand), marnes irisées (géol.).

KEUPRIQUE, adj. 2 g. du keuper (géol.)

KHALED, général de Mahomet, conquit la Syrie; m. 642.

KHALIFAT, KHALIFE, V. *Califat, Calife*.

KHAN, V. *Kan*.

KHANAT, sm. état gouverné par un khan

KHARKOW, ville de Russie (Petite-Russie).

KHARTOUM, villa de la Nubie, à la jonction du Nil Blanc et du Nil Bleu.

KHAZARES, peuple turc de l'Europe orientale, dans le 5e s.

KHERSON, ville de Russie sur le Dniéper, près de son embouchure.

KHIVA, ville du Turkestan, capitale du khanat de même nom.

KHOKAND, ville du Turkestan, capitale du khanat de même nom.

KHORAÇAN ou KHORASSAN, contrée de la Perse.

KHORSABAD, village de la Turquie d'Asie, sur l'emplacement de l'anc. Ninive.

KHOU-KHOU-NOOR, lac de la Chine.

KIAKTHA ou KHIAKTHA, ville de Sibérie sur la frontière de la Chine.

KIEL, ville et port du Danemark (Holstein).

KIELCE, ville de Pologne.

KIEV, ville de Russie, sur le Dniéper.

KIERSY, V. *Quierzy*.

KILIAN (St), martyr; m. 689.

KILKENNY, ville d'Irlande, dans le Leinster.

KILMAINE, général irlandais au service de la France (1754-1799).

KILMARNOCK, ville d'Écosse.

KILO, sm. abréviation du mot *kilogramme*.

KILOGRAMME, sm. poids de mille grammes.

KILOGRAMMÈTRE, sm. instrument pour mesurer l'intensité d'une force par le poids sur lequel elle agit; unité de travail mécanique.

KILOLITRE, sm. mesure de mille litres.

KILOMÈTRE, sm. mesure itinéraire de mille mètres.

KINGSTON, capitale de la Jamaïque, V. *Hull*.

KING-TE-TCHING, gr. ville de Chine, dans la province de Kiang-si; fabrication considérable de porcelaine.

KININE, V. *Quinine*.

KINSALE, ville d'Irlande (Munster).

KIOSQUE, sm. pavillon oriental élevé dans un jardin.

KIRCHER (le Père), savant jésuite allemand (1602-1680).

KIRGHIS, peuple du Turkestan.

KIRSCH ou KIRSCH-WASSER, sm. eau-de-vie de merises ou cerises sauvages (mot allemand).

KISTNAH, fleuve de l'Hindoustan.

KIZIL-IRMAK ou KIZIL-ERMAK, fleuve de la Turquie d'Asie; anc. *Halys*.

KLAGENFURTH, ville d'Illyrie.

KLAPROTH (Martin-Henri), célèbre chimiste prussien (1743-1817). — (Henri-Jules), fils du précédent, orientaliste (1783-1835).

KLAUSEMBOURG, capitale de la Transylvanie.

KLAUSTHAL, ville du Hanovre; siège de la direction des mines du Harz.

KLÉBER, illustre général français (1753-1800).

KLEPHTE ou KLEPTE, V. *Clephte*.

KLINGENTHAL, bourg (Bas-Rhin); manufacture impériale d'armes blanches.

KLODWIG, Clovis.

KLOPSTOCK, célèbre poëte allemand auteur de la *Messiade* (1724-1813).

KLOSTERCAMP, V. *Clostercamp*.

KLOSTERSEVEN, V. *Closterseven*.

KNIPHAUSEN, seigneurie de la confédération germanique.

KNOLLES (Robert), général du roi d'Angleterre Edouard III (1317-1408).

KNOUT, sm. supplice du fouet en Russie.

KNOX (John), l'un des principaux chefs de la Réforme en Écosse (1505-1572).

KOBI ou GOBI, desert de l'Asie centrale.

KODIAK (îles), dans l'Amérique russe.

KŒCHLIN, célèbre manufacturier français (1770-1834).

KŒNIGSBERG, ville de Prusse sur le Prégel.

KŒNIGSMARK (Jean), célèbre general prussien (1600-1663). — (Othon), fils du precedent, feld-maréchal (1639-1688).

KOLIMA, gr. fleuve de Sibérie; se jette dans l'océan Glacial.

KOMORN, ville forte de Hongrie, sur le Danube.

KONG, montagnes d'Afrique.

KONIEH, ville de la Turquie d'Asie, anc. *Iconium*.

KOPECK, sm. monnaie russe, centième partie du rouble.

KOPROLI, KOUPROLI ou KIOPERLI, nom de trois célèbres grands vizirs turcs.

KORAÏCHITES ou KORÉICHITES, tribu arabe du temps de Mahomet.

KORAN, V. *Coran*.

KORASSAN, V. *Khoraçan*.

KORDOFAN, contrée de l'Afrique orientale.

KORIBUTH (Michel), roi de Pologne; m. 1673.

KOSCIUSKO ou KOSCIUZKO, célèbre général polonais (1746-1817).

KOSTROMA, ville et riv. de Russie.

KOTZEBUE, littérateur allemand (1761-1819).

KOUBAN, fleuve de Russie, affluent de la mer Noire.

KOUFA, ville de la Turquie d'Asie (Irak-Arabi).

KOULOUGLIS, sm. pl. descendants des Turcs en Algérie, milice turque.

KOUMA, fleuve de la Russie méridionale, affluent de la mer Caspienne.

KOUR, fleuve d'Asie, affluent de la mer Caspienne.

KOURAKIN (Boris-Alexandre), homme d'Etat

russe (1677-1727). — (le prince), ministre russe (1752-1818).

KOURDES ou KURDES, peuple de l'Asie occidentale.

KOURDISTAN, pays des Kourdes; contrée de la Turquie d'Asie; province de Perse.

KOURILES, archipel d'Asie.

KOURSK, ville de Russie.

KOUTAÏEH, V. *Kutaïeh*.

KOUTOUSOFF ou KUTUSOFF, feld-maréchal russe (1745-1813).

KOVNO ou KOWNO, ville de Russie, sur le Niemen.

KRAPACKS, V. *Carpathes*.

KRASICKI (Ignace), célèbre poëte polonais (1735-1801).

KRASNOÏ, p. ville de Russie, près de Smolensk.

KRAUSE, philosophe allemand (1781-1832).

KREIG, général allemand au service de la France (1730-1803).

KREMLIN, citadelle de Moscou.

KREMNITZ, ville de Hongrie.

KREUTZER, sm. monnaie allemande, 60e partie du florin.

KREUTZER (Rodolphe), célèbre violoniste et compositeur français (1766-1831).

KRICHNA, divinité de l'Hindoustan (*myth.*).

KRISS, V. *Crid*.

KRONSTADT, V. *Gronstadt*.

KRUDNER (Mme de), femme russe, célèbre par son mysticisme (1766-1825).

KRUSENSTERN, navigateur russe (1770-1846).

KRYLOFF, fabuliste russe (1768-1844).

KUPROLI, V. *Koproli*.

KURDES, V. *Kourdes*.

KURDISTAN, V. *Kourdistan*.

KURISCHE-HAFF, lagune de la Baltique dans la Prusse orientale.

KUTAÏEH ou KOUTAÏEH, ville de la Turquie d'Asie.

KYMRIS, peuple de l'Europe anc. d'origine scythique et qui s'établit dans la Gaule.

KYRIE ou' KYRIE ELEISON, sm. (mots grecs signifiant *seigneur, ayez pitié*), prière ou chant au commencement de la messe.

KYRIELLE, sf. longue suite de choses ou de paroles ennuyeuses.

KYSTE, sm. sorte de tumeur.

KYSTEUX, EUSE, adj. de la nature du kyste.

KYSTIQUE, adj. 2 g. du kyste, qui a rapport au kyste.

L

L, sf. ou m. douzième lettre de l'alphabet; vaut 50 en chiffres romains.

LA, sm. note de musique.

LA, article fs. ou pron. pers. 3e pers. fs.

LÀ, adv. dans cet endroit. Joint à diverses prépositions il forme plusieurs loc. adv. telles

que *ÇÀ là*, de ce lieu-là; *jusque-là*, jusqu'à cet endroit ou jusqu'à ce moment; *par là*, par cet endroit, par ce moyen. — LÀ LÀ, adv. médiocrement; interj. doucement.

LAALAND, île du Danemark.

LA BALUE, V. *Balue*.

LABAN, beau-père de Jacob.

LABARUM, sm. (on pr. *labarome*), étendard impérial institué par Constantin.

LABAT (le Père), savant missionnaire français (1663-1738).

LABBÉ (le Père), érudit et historien français (1607-1667).

LABÉ (Louise), femme poète française (1526-1566).

LABELLE, sm. (l. *labellum* petite lèvre), lobe inférieur d'un périanthe pétaloïde qui s'étale en forme de lèvre (*bot.*).

LABÉON (Quintus), général romain ; 2e s. av. J. C. — (Caius), jurisconsulte, servit sous César dans les Gaules ; m. 42 av. J. C.

LABEUR, sm. travail pénible.

LABIAL, **ALE**, adj. qui a rapport aux lèvres, qui se prononce avec les lèvres (pl. m. *labiaux*).

LABIATIFLORES, sf. pl. (l. *labiæ* lèvres; *flos*, gén. *floris* fleur), groupe de la famille des synanthérées comprenant celles de ces plantes qui ont les corolles divisées en deux lèvres inégales (*bot.*).

LABIÉ, **ÉE**, adj. (l. *labia* lèvres), se dit d'une corolle monopétale dont le limbe offre deux divisions principales en forme de lèvres. — sf. pl. famille de plantes (*bot.*).

LABIÉNUS (Quintus), lieutenant de César dans les Gaules ; m. 45 av. J. C.

LABLACHE, célèbre chanteur et acteur italien (1794-1858).

LA BOÉTIE (Étienne de), écrivain français, ami de Montaigne (1530-1563).

LABORATOIRE, sm. littér. lieu où l'on travaille ; se dit du lieu garni de fourneaux où le chimiste, la pharmacien, le distillateur, le confiseur, etc. font leurs manipulations ou préparations.

LABORDE (comte de), général français (1764-1833). — (Alexandre, comte de), écrivain et député (1774-1842).

LABORIEUSEMENT, adv. avec peine et travail.

LABORIEUX, **EUSE**, adj. qui travaille beaucoup, qui exige beaucoup de travail.

LABOROSOARCHOD (on pr. *Laborosoarcod*), roi de Babylone ; m. 554 av. J. C.

LABOUR, sm. action de labourer ; résultat de cette action.

LABOUR (Terre de), prov. de l'anc. royaume de Naples.

LABOURABLE, adj. 2 g. que l'on peut labourer.

LABOURAGE, sm. art, travail du laboureur.

LA BOURDONNAIS (MAHÉ de), gouverneur de l'île de France (1699-1753).

LA BOURDONNAYE (comte de), ministre du roi Charles X (1767-1839).

LABOURER, va. et n. travailler la terre avec la charrue. Fig. fatiguer, souffrir ; sillonner : le canon a labouré ce champ.

LABOUREUR, sm. celui qui laboure, dont la profession est de labourer.

LABRADOR, région de l'Amérique du Nord.

LABROSSE (Pierre de), barbier du roi saint Louis et ministre de Philippe le Hardi ;

m. 1276. — (Guy de), premier médecin de Louis XIV et célèbre botaniste ; m. 1641.

LA BRUYÈRE (Jean de), célèbre moraliste français, auteur de l'ouvrage intitulé : *les Caractères et mœurs de ce siècle* (1646-1696).

LABYNIT, V. *Balthazar*.

LABYRINTHE, sm. édifice plein de détours et dont il était difficile de trouver l'issue. Fig. enlacement de chemins, d'allées où il est difficile de se retrouver ; embarras, complication d'affaires.

LABYRINTHIFORME, adj. 2 g. formant de nombreux détours comme un labyrinthe (*zool.*).

LAC, sm. grande étendue d'eau environnée par les terres.

LACAILLE, célèbre astronome et mathématicien français (1713-1762).

LA CALLE, V. *Calle (La)*.

LA CALPRENÈDE, romancier et auteur dramatique français (1610-1663).

LA CANÉE, V. *Canée (La)*.

LACÉDÉMON, roi de Sparte, 16e s. av. J. C.

LACÉDÉMONE, V. *Sparte*.

LACÉDÉMONIEN, **IENNE**, adj. et s. de Lacédémone ou Sparte.

LACÉPÈDE (comte de), naturaliste français, ministre d'État sous Napoléon 1er (1756-1825).

LACER, va. attacher, serrer avec un lacet.

LACÉRATION, sf. action de lacérer.

LA CERDA (Ferdinand de), fils d'Alphonse X, roi de Castille (1254-1275). — (Alphonse), fils du précédent ; m. 1327. — (Louis et Charles), fils d'Alphonse, le 1er amiral de France en 1341, le 2e connétable de France ; m. 1354. — Nom de plus. écrivains espagnols.

LACÉRER, va. déchirer.

LACERET, sm. petite tarière.

LACERON, sm. laiteron.

LACERTIENS, sm. pl. (l. *lacerta* lézard), famille de reptiles sauriens dont le lézard est le type (*zool.*).

LACERTIFORMES, sm. pl. (l. *lacerta* lézard), subdivision de l'ordre des sauriens comprenant ceux qui ressemblent au lézard (*zool.*).

LACET, sm. (t nul), cordon ; filet ou nœud coulant pour prendre les oiseaux ou le petit gibier. Fig. embûche.

LACEUR, sm. ouvrier qui fait les filets.

LA CHAISE (le Père), jésuite, confesseur de Louis XIV (1624-1709).

LA CHARITÉ, V. *Charité (La)*.

LA CHÂTRE, V. *Châtre (La)*.

LA CHAUSSÉE (NIVELLE de), auteur dramatique français (1692-1754).

LÂCHE, adj. 2 g. qui n'est pas tendu, pas serré. Fig. mou, sans vigueur ; poltron. — sm. homme sans courage, sans honneur.

LÂCHEMENT, adv. avec lâcheté, avec mollesse ; honteusement.

LÂCHER, va. desserrer ; laisser échapper, ne plus retenir, abandonner. Fig. dire inconsidérément ; lâcher pied, fuir, reculer.

LACHÉSIS (on pr. *Lakésis*), l'une des 3 Parques (*myth.*).

LÂCHETÉ, sf. caractère ou action d'un lâche, d'un grand poltron ; action basse ou indigne.

LACINIÉ, ÉE, adj. (l. *lucinia* frange, lanière), découpé en lanières, terminé en franges (*bot.*).

LA CIOTAT, V. *Ciotat* (*La*).

LACIS, sm. (s nulle), réseau.

LACLOS (de), écrivain et général français (1741-1803).

LA CONDAMINE, savant français (1701-1774).

LACONIE, pays du Péloponèse.

LACONIEN, IENNE, adj. et s. de la Laconie.

LACONIQUE, adj. 2 g. se dit d'un langage ou d'un style concis à la manière des Lacédémoniens ou habitants de la Laconie.

LACONIQUEMENT, adv. en peu de mots, brièvement.

LACONISME, sm. langage concis, serré, en peu de mots, à la manière des Laconiens.

LACORDAIRE (le Père), moine dominicain et célèbre prédicateur français (1802-1861).

LA COROGNE, V. *Corogne* (*La*).

LACRETELLE (Pierre-Louis), écrivain et publiciste français (1751-1824). — (Jean-Charles), historien français (1766-1855).

LACROIX, célèbre mathématicien français (1765-1843).

LACRYMAL, ALE, adj. (l. *lacryma* larme), qui a rapport aux larmes (pl. m. *lacrymaux*).

LACRYMATOIRE, adj. 2 g. et sm. se dit de petits vases renfermés dans les tombeaux des anciens Romains et que l'on supposait avoir contenu des larmes.

LACS, sm. (on pron. *la*), cordon délié, nœud coulant pour prendre des animaux. *Fig.* piège, embarras.

LACTANCE, écrivain chrétien ; m. 325.

LACTATE, sm. nom générique des sels formés par l'acide lactique (*chim.*).

LACTATION, sf. action d'allaiter.

LACTÉ, ÉE, adj. qui a rapport au lait. *Voie lactée*, zone blanche dans le ciel, dite *chemin de saint Jacques*, et qui est formée par un nombre prodigieux d'étoiles invisibles à l'œil nu.

LACTESCENT, ENTE, adj. (l. *lac*, gén. *lactis* lait), laiteux (*bot.*), qui blanchit l'eau.

LACTIFÈRE, adj. 2 g. (l. *lac*, gén. *lactis* lait ; *ferre* porter), qui porte le lait (*anat.*).

LACTIQUE, adj. 2 g. (l. *lac*, gén. *lactis* lait), qui provient du lait.

LACTOMÈTRE, sm. (l. *lac*, gén. *lactis* lait ; gr. *métron* mesure), instrument indiquant le degré de pureté du lait.

LACUNE, sf. interruption, vide dans un texte ; défaut de suite.

LACURNE DE SAINTE-PALAYE, érudit et archéologue français (1697-1781).

LACUSTRE, adj. 2 g. (l. *lacus* lac), qui vient dans l'eau, qui a été formé par les eaux des lacs ou des marais.

LADISLAS, nom de plusieurs rois de Hongrie et de Pologne. V. *Vladislas*.

LADOGA, lac de Russie.

LADRE, adj. 2 g. et s. au fém. *ladresse* : lépreux. *Fig.* insensible, très-avare.

LADRERIE, sf. lèpre ; hôpital de lépreux. *Fig.* avarice.

LADY, sf. (on pron. *lédi*), femme ou fille de lord (mot anglais).

LÆLIUS, nom romain.

LÆMODIPODES, sm. pl. (gr. *laimos* gorge ; *pous*, gén. *podos* pied), ordre de crustacés qui ont leurs pattes attachées près de la gorge (*zool.*).

LAENNEC, célèbre médecin français (1781-1826).

LAERCE ou LAERTE, V. *Diogène*.

LAERTE, père d'Ulysse.

LÆVINUS, nom de deux consuls romains. 3e s. av. J. C.

LA FARE (marquis de), poète français (1624-1712). — (Cardinal de), évêque de Nancy, puis archevêque de Sens (1752-1829).

LA FAYETTE, maréchal de France sous Charles VII ; m. 1464. — (marquis de), général français, célèbre dans les événements des révolutions de 1789 et de 1830 (1757-1834). — (Mme de), femme auteur, amie de Mme de Sévigné (1632-1693).

LA FÈRE, p. ville (Aisne). *La Fère-Champenoise*, p. ville (Marne).

LA FERTÉ (duc de), maréchal de France (1600-1681).

LA FERTÉ-BERNARD, p. ville (Sarthe).

LA FERTÉ-GAUCHER, bourg (Seine-et-Marne).

LA FERTÉ-MACÉ, p. ville (Orne).

LA FERTÉ-MILON, p. ville (Aisne).

LA FERTÉ-SOUS-JOUARRE, p. ville (Seine-et-Marne).

LA FEUILLADE (duc de), maréchal de France (1675-1691).

LAFFITE (Jacques), célèbre banquier, ministre de Louis-Philippe (1767-1844).

LAFITAU (le Père), jésuite, évêque de Sisteron (1685-1764).

LA FLÈCHE, s.-préf. de la Sarthe.

LA FONTAINE (Jean de), le premier des fabulistes français (1621-1695).

LA FORCE (CAUMONT, duc de), maréchal de France (1559-1652). — (Armand, duc de), fils du précédent, maréchal de France ; m. 1675.

LAFOSSE (Charles de), peintre français (1640-1716). — (Antoine de), auteur dramatique français (1653-1708).

LA GALISSONNIÈRE, lieutenant général des armées navales de France (1693-1756).

LAGIDES, dynastie fondée en Égypte par Ptolémée, fils de Lagus.

LAGNY, p. ville (Seine-et-Marne).

LAGRANGE, célèbre mathématicien français (1736-1813).

LAGRANGE-CHANCEL, poète dramatique français (1676-1758).

LAGRENÉE, peintre français (1724-1805).

LAGUE, sf. sillage.

LA GUICHE (de), maréchal de France ; m. 1632.

LAGUNE, sf. flaque d'eau, petit lac ; étendue d'eaux basses.

LA HAGUE, V. *Hague* (*La*).

LA HARPE, littérateur et critique français (1739-1803).

LA HAVANE, V. *Havane* (*La*).

LA HAYE, capitale de la Hollande.

LA HAYE-DESCARTES, bourg (Indre-et-Loire).

LA HIRE, général du roi Charles VII ; m 1443.

LAHIRE, peintre français (1606-1656). — mathématicien, fils du précédent (1640-1718).

LA HOGUE, V. *Hogue* (*La*).

LAHORE, capit. de la province de ce nom dans l'Hindoustan.

LAI, *sm.* anc. poésie plaintive.

LAI, **LAIE**, *adj.* laïque.

LAÏC, V. *Laïque.*

LAÎCHE, *sf.* genre de plante.

LAID, **LAIDE**, *adj.* et *s.* qui a quelque grand défaut dans les proportions, les formes ou la couleur ; désagréable à voir. *Fig.* honteux, déshonnête.

LAIDEMENT, *adv.* d'une manière difforme. *Fig.* honteusement, mal.

LAIDERON, *sf.* jeune fille ou jeune femme laide.

LAIDEUR, *sf.* défaut de ce qui est laid ; difformité.

LAIE, *sf.* femelle du sanglier ; route étroite dans un bois.

LAIGLE, p. ville (Orne).

LAINAGE, *sm.* nom générique de toutes sortes d'étoffes de laine ; ensemble de la laine d'un mouton ; façon donnée au drap.

LAINE, *sf.* poil des moutons ; cheveux crépus des nègres.

LAINÉ (vicomte), ministre de Louis XVIII (1767-1835).

LAINER, *va.* faire le lainage du drap.

LAINERIE, *sf.* toute sorte de marchandises en laine.

LAINEUX, **EUSE**, *adj.* bien garni de laine ; couvert de poils imitant la laine (*bot.*).

LAINEZ, célèbre jésuite, compagnon de saint Ignace de Loyola (1512-1565).

LAINIER, *sm.* marchand de laine ; ouvrier en laine.

LAÏQUE, *adj.* et *s.* 2 g. qui n'est pas ecclésiastique, ni religieux.

LAIRD, *sm.* (d nul), titre donné au propriétaire d'une terre en Écosse.

LAIRESSE (Gérard de), peintre flamand (1640-1711).

LAIS, *sm.* jeune baliveau ; atterrissement formé par les eaux.

LAÏS, Grecque célèbre par sa beauté ; 4e s. av. J. C.

LAISSE, *sf.* corde pour mener les chiens attachés ; cordon de chapeau. *Fig. mener quelqu'un en laisse*, le faire aller à sa guise. Au *pl.* terres laissées par la mer sur le rivage.

LAISSER, *va.* quitter, ne pas emmener ni emporter ; abandonner, écarter ; oublier ; confier, remettre, céder, léguer ; permettre, passer sous silence. *Laisser voir*, montrer ;

ne pas laisser de ou que de, ne pas cesser d'être, ne pas discontinuer de. — **SE LAISSER**, *vpr.* exprimant que l'on fait l'action marquée par le verbe suivant : *se laisser tomber*. *Se laisser aller à*, s'abandonner à.

LAISSER-ALLER, *sm.* (inv.), négligence, abandon.

LAISSER-PASSER ou **LAISSEZ-PASSER**, *sm.* (inv.), permission par écrit de laisser passer ou circuler.

LAIT, *sm.* (t nul), liquide blanc que sécrètent les mamelles. *Fig.* liqueur blanche de certaines plantes ; liqueur blanche des œufs à la coque ; liqueur artificielle imitant le lait.

LAITAGE, *sm.* nom collectif désignant le lait et tout ce qui vient du lait ou se fait avec le lait, comme beurre, crème, fromage.

LAITANCE ou **LAITE**, *sf.* substance blanche et molle qui se trouve dans les poissons mâles.

LAITÉ, **ÉE**, *adj.* qui a la laite.

LAITERIE, *sf.* lieu où l'on fait le laitage, où l'on conserve le lait.

LAITERON, *sm.* sorte de plante.

LAITEUX, **EUSE**, *adj.* de la nature du lait ; qui a un suc blanc comme le lait.

LAITIER, **IÈRE**, *s.* celui, celle qui vend du lait. — *adj.* et *sf. Vache laitière*, qui donne beaucoup de lait.

LAITIER, *sm.* matière vitreuse qui surnage dans la fusion d'un métal.

LAITON, *sm.* cuivre rendu jaune par un alliage de zinc.

LAITUE, *sf.* sorte d'herbe potagère.

LAÏUS, père d'Œdipe.

LAIZE, *sf.* largeur d'une étoffe.

LAKANAL, conventionnel, président du comité de l'Instruction publique (1762-1845).

LALANDE, célèbre astronome français (1732-1807).

LALLY-TOLLENDAL, gouverneur des provinces françaises dans l'Inde (1702-1766). — (marquis de), fils du précédent (1751-1830).

LA LUZERNE (cardinal de), évêque de Langres (1738-1821).

LAMA, *sm.* prêtre de Bouddha ; quadrupède du Pérou.

LAMACHUS, général athénien ; m. 415 av. J. C.

LAMANAGE, *sm.* travail, profession des lamaneurs.

LAMANEUR, *s.* et *adj. m.* piloté pour l'entrée ou la sortie d'un port.

LAMANTIN, V. *Lamentin.*

LA MARCHE, V. *Marche.*

LA MARCK, V. *Marck.*

LAMARCK, célèbre naturaliste français (1744-1829).

LA MARFÉE, V. *Marfée* (*La*).

LAMARQUE, célèbre général français (1770-1832).

LAMARTINE (Alphonse de), célèbre poète français ; né en 1790.

LA MARTINIÈRE, géographe et historien français (1662-1746).

LAMBALLE, p. ville (Côtes-du-Nord). — (princesse de), amie et compagne de captivité de la reine Marie-Antoinette (1749-1792).

LAMBEAU, sm. morceau déchiré d'une étoffe. *Fig.* morceau de chair, fragment, débris.

LAMBEL, sm. sorte de brisure dans les armoiries (t. de blason).

LAMBERT (St), évêque de Maëstricht ; m. 708.

LAMBERT (John), général anglais pendant la révolution de 1648. — (Marquise de), femme auteur (1647-1733).

LAMBESC, p. ville (Bouches-du-Rhône).

LAMBIN, INE, adj. et s. indolent.

LAMBINER, vn. agir avec lenteur.

LAMBOURDE, sf. pièce de bois qui soutient un parquet ou des solives; sorte de pierre tendre.

LAMBREQUINS, sm. pl. bande de bois, de toile ou d'étoffe, avec découpures, formant couronnement.

LAMBRIS, sm. (s nulle), revêtement de bois, de marbre, etc. sur les murs.

LAMBRISSAGE, sm. ouvrage en lambris.

LAMBRISSÉ, EE, adj. part. revêtu de lambris.

LAMBRISSER, va. revêtir de lambris.

LAME, sf. feuille de métal; fer d'une arme ou d'un outil tranchant ; vague de la mer.

LAMÉ, EE, adj. orné de lames.

LAMECH, nom de deux patriarches, l'un père de Noé, l'autre de Jubal et de Tubalcaïn.

LA MECQUE, V. *Mecque* (La).

LAMEGO, ville de Portugal, dans la province de Beira.

LAMELLÉ, ÉE, ou **LAMELLEUX**, EUSE, adj. divisé en lames.

LAMELLIBRANCHES, sm. pl. ordre de mollusques acéphales, comprenant ceux qui ont des branchies lamelleuses (zool.).

LAMELLIROSTRES, sm. pl. (l. *lamella* petite lame, *rostrum* bec), famille d'oiseaux palmipèdes dont le bec est garni de petites lames (zool.).

LAMENNAIS (l'abbé de), célèbre écrivain catholique et philosophe réformateur (1782-1854).

LAMENTABLE, adj. 2 g. déplorable, qui excite la pitié; qui exprime la plainte.

LAMENTABLEMENT, adv. d'une manière ou d'un ton lamentable.

LAMENTATION, sf. plainte avec gémissements; regrets.

LAMENTER, va. et n. déplorer, regretter. — SE LAMENTER, vpr. gémir.

LAMETH (de), nom de deux fières députés aux différentes assemblées législatives de France : *Charles* (1757-1832), *Alexandre* (1760-1829).

LAMIA, anc. ville de Thessalie.

LAMIAQUE (guerre), entre la Macédoine et la Grèce, 323 av. J. C.

LAMIE, sf. être fabuleux ayant une tête de femme et un corps de serpent; espèce de grand requin.

LAMINAGE, sm. action de laminer.

LAMINER, va. réduire un métal en lame.

LAMINEUR, sm. celui qui lamine.

LAMINOIR, sm. machine composée de deux cylindres pour laminer.

LAMOIGNON, nom. de plus. magistrats célèbres, entre autres : *Guillaume*, 1er président du parlement de Paris (1617-1677), et *Lamoignon de Malesherbes*, V. *Malesherbes.*

LA MONNOYE (de), littérateur français (1641-1728).

LA MOTHE-HOUDANCOURT, maréchal de France (1605-1657).

LA MOTHE-LE-VAYER, historiographe de France et polygraphe ; m. 1672.

LA MOTTE (HOUDARD de), auteur dramatique et fabuliste français (1672-1731).

LA MOTTE (Jeanne de VALOIS, comtesse de), fameuse intrigante (1756-1791).

LA MOTTE-PIQUET, amiral français (1720-1791).

LAMOURETTE (Adrien), député à l'Assemblée législative, et évêque constitutionnel de Lyon (1742-1794).

LAMOUROUX, naturaliste français (1779-1825).

LAMPADAIRE, sm. sorte de candélabre; officier porte-flambeau.

LAMPADOPHORE, sm. celui qui portait les flambeaux dans les lampadophories.

LAMPADOPHORIES, sf. pl. (gr. *lampas* flambeau, *phérô* porter), fêtes nocturnes chez les anciens Grecs, où l'on sacrifiait aux flambeaux.

LAMPANTE, adj. f. se dit de l'huile lorsqu'elle est claire, purifiée.

LAMPAS, sm. (s nulle), étoffe de soie; maladie de la bouche des chevaux.

LAMPE, sf. ustensile à huile et à mèche pour éclairer.

LAMPÉE, sf. grand verre de vin (pop.).

LAMPER, va. et n. boire à grands traits.

LAMPERON, sm. languette qui tient la mèche d'une lampe.

LAMPION, sm. godet qui sert à faire des illuminations.

LAMPISTE, sm. fabricant ou marchand de lampes.

LAMPROIE, sf. sorte de poisson qui ressemble à l'anguille.

LAMPRIDE, historien latin du 4e s.

LAMPROYON ou **LAMPRILLON**, sm. (ll m.), espèce de petite lamproie.

LAMPSAQUE, anc. ville de Mysie, à l'entrée de l'Hellespont.

LANARK, ville d'Écosse.

LANCASTRE, ville et port d'Angleterre, sur la mer d'Irlande.

LANCE, sf. long bâton armé d'un fer pointu ou d'un tampon; fusée; météore igné; instrument de chirurgie. *Fig. Rompre une lance en faveur de quelqu'un*, prendre sa défense.

LANCELOT, célèbre grammairien, solitaire de Port-Royal (1615-1695).

LANCÉOLÉ, EE, adj. qui a la forme d'un fer de lance (bot.).

LANCER, va. darder, jeter avec force. *Fig.* envoyer, détacher; *lancer un navire*, le mettre à l'eau. — SE LANCER, vpr. se jeter sur ou dans; entrer dans : *se lancer dans les affaires.*

LANCETTE, *sf.* instrument de chirurgie en forme de petite lance.

LANCEUR, *sm.* celui qui lance la navette (t. de métier).

LANCIER, *sm.* cavalier armé d'une lance.

LANCINANT, ANTE, *adj.* qui se fait sentir par élancements.

LANCRET (Nicolas), peintre français (1690-1743).

LANDAMMAN (on pron. *Landamane*), *sm.* magistrat suisse.

LANDAU ou LANDAW, *sm.* sorte de voiture à quatre roues.

LANDAU, ville de la Bavière rhénane.

LANDE, *sf.* grande étendue de terre inculte et stérile.

LANDEN, ville de Belgique, dans la province de Liége.

LANDERNEAU, p. ville (Finistère).

LANDES, dép. de la France; ch.-l. Mont-de-Marsan.

LANDGRAVE, *sm.* titre de dignité en Allemagne, signifiant *comte du pays.*

LANDGRAVIAT, *sm.* dignité de landgrave.

LANDIER, *sm.* gros chenet.

LANDIVISIAU, p. ville (Finistère).

LANDMANN, V. *Landamman.*

LANDRECIES ou LANDRECY, p. ville (Nord).

LANDRI ou LANDRY, maire du palais de Neustrie pendant la minorité de Clotaire II. —SAINT LANDRY, évêque de Paris, vers 650.

LANDRIANO, bourg près de Pavie. Bataille perdue par les Français en 1529.

LANDSTURM, *sf.* (on pr. *landstourm*), mot allemand signifiant *ouragan* ou *assaut du pays:* c'est la levée en masse de tous les hommes en état de porter les armes.

LANDWEHR, *sf.* (allem. *land* pays; *wehr* guerre, défense), nom donné en Prusse et en Allemagne à une sorte de garde nationale mobile.

LANERET, *sm.* sorte d'oiseau de proie.

LANFRANC, archevêque de Cantorbery et théologien (1005-1089). — peintre italien (1581-1647).

LANGAGE, *sm.* expression de la pensée ou des sentiments; faculté de la parole; idiome; manière dont on s'exprime; style; cri, chant des animaux.

LANGE, *sm.* linge dont on enveloppe les enfants au berceau.

LANGEAIS, p. ville (Indre-et-Loire).

LANGON, p. ville (Gironde).

LANGOUREUSEMENT, *adv.* d'une manière langoureuse.

LANGOUREUX, EUSE, *adj.* qui ne fait que languir, qui affecte beaucoup de langueur; qui marque beaucoup de langueur.

LANGOUSTE, *sf.* sorte de crustacé de mer.

LANGRES, s.-préf. de la Haute-Marne.

LANGUE, *sf.* partie charnue et mobile de la bouche qui est le principal organe du goût et de la parole. *Fig.* langage; ce qui a la forme d'une langue. *Langue maternelle,* du pays où l'on est né; *langue morte,* qui ne se parle plus.

LANGUEDOC, ancienne province de France. — LANGUE D'OC, langue romane du Midi.

LANGUEDOCIEN, IENNE, *adj.* et s. du Languedoc.

LANGUE D'OIL, c'est-à-dire *d'oui,* langue romane au nord de la Loire.

LANGUETTE, *sf.* ce qui est fait en forme de petite langue; tenon; petite saillie mobile de certains instruments à vent.

LANGUEUR, *sf.* état de celui ou de ce qui est langoureux; abattement, grande faiblesse; abattement d'esprit; manque de chaleur, d'intérêt, de vigueur.

LANGUEYER, *va.* examiner la langue d'un porc pour voir s'il est ladre.

LANGUEYEUR, *sm.* celui qui langueye.

LANGUIER, *sm.* langue et gorge fumées d'un porc.

LANGUIR, *vn.* être en langueur; souffrir d'un mal, d'un besoin. *Fig.* traîner en langueur, manquer de vivacité; dépérir.

LANGUISSAMMENT, *adv.* d'une manière languissante.

LANGUISSANT, ANTE, *adj.* qui languit.

LANICE, *adj. f. Bourre lanice,* de la laine.

LANIÈRE, *sf.* sorte de courroie longue et étroite.

LANIFÈRE, *adj. 2 g.* (l. *lana* laine, *ferre* porter), qui porte de la laine.

LANIGÈRE, *adj. 2 g.* (l. *lana* laine, *gerere* porter), qui porte laine, laineux (*bot.*).

LANJUINAIS (comte), membre des différentes assemblées législatives depuis 1789 (1753-1827).

LANNES, duc de Montebello, maréchal de France (1769-1809).

LANNION, s.-préf. des Côtes-du-Nord.

LANNOY (Charles de), célèbre général de Charles-Quint (1470-1527).

LA NOUE (de), fameux capitaine calviniste (1531-1591).

LANOUE (Jean SAUVÉ), auteur dramatique français (1701-1761).

LA NOUVELLE, p. port sur la Méditerranée (Aude).

LANSQUENET, *sm.* ancien fantassin allemand; sorte de jeu de cartes.

LANTANE ou LANTHANE, *sm.* l'un des corps simples de la chimie.

LANTARA, peintre paysagiste français (1729-1768).

LANTERNE, *sf.* boîte transparente qui renferme une lumière; sorte de tourelle ou de petite coupole; roue de plusieurs fuseaux; au *pl.* balivernes. *Lanterne magique,* instrument d'optique.

LANTERNER, *vn.* être indécis; perdre son temps. — *va.* amuser par de vaines paroles (*fam.*).

LANTERNERIE, *sf.* irrésolution, fadaise (*fam.*).

LANTERNIER, *sm.* fabricant ou allumeur de lanternes. *Fig.* diseur de fadaises, homme irrésolu (*fam.*).

LANUGINEUX, EUSE, *adj.* couvert de duvet ayant l'apparence de la laine (*bot.*).

LANUVIUM, anc. ville du Latium.

LANZI (l'abbé), savant archéologue italien (1732-1810).

LAOCOON, grand prêtre d'Apollon pendant le siège de Troie; fut étouffé avec ses deux fils par deux serpents monstrueux.

LAODICE, nom grec de femme.

LAODICÉE, nom de plusieurs anc. villes de l'Asie Mineure.

LAOMÉDON, roi de Troie, père de Priam.

LAON (on pron. Lan), ch.-l. du dép. de l'Aisne.

LAONNAIS (on pron. Lannais), le pays de Laon.

LAO-TSEU ou LAO-TSÉE, célèbre philosophe chinois, fondateur d'une doctrine religieuse très-répandue dans la Chine; 6e s. av. J. C.

LA PALISSE, s.-préf. de l'Allier.

LA PALISSE ou LA PALICE (Jacques de), maréchal de France, l'un des meilleurs généraux de Louis XII et de François Ier; m. 1525.

LAPER, va. et n. boire en tirant avec la langue.

LAPEREAU, sm. jeune lapin.

LA PÉROUSE, célèbre navigateur français (1741-1788).

LAPIDAIRE, sm. ouvrier qui taille les pierres précieuses. — adj. 2 g. style lapidaire, style des inscriptions sur monuments.

LAPIDATION, sf. action de lapider.

LAPIDER, va. tuer ou attaquer à coups de pierres.

LAPIDESCENT, ENTE, adj. (l. lapis pierre), qui a la dureté de la pierre (zool. et bot.).

LAPIDIFICATION, sf. action de lapidifier, formation des pierres.

LAPIDIFIER, va. (l. lapis pierre, fieri devenir), convertir en pierre, donner la dureté de la pierre. — SE LAPIDIFIER, vpr. acquérir la dureté de la pierre.

LAPIDIFIQUE, adj. 2 g. qui est propre à former les pierres.

LAPIE (Pierre), ingénieur-géographe français (1777-1851).

LAPIN, sm. LAPINE, sf. petit quadrupède rongeur.

LAPIS (on pron. l's) ou LAPIS-LAZULI, sm. sorte de pierre bleue appelée aussi outremer ou lazulite.

LAPITHES, anc. peuple de Thessalie.

LAPLACE (marquis de), célèbre mathématicien et astronome français (1749-1827).

LA PLATA, V. Plata.

LAPON, ONNE, adj. et s. de la Laponie.

LAPONIE, contrée au nord de la Suède.

LAPS, sm. espace de temps.

LAPS, LAPSE, adj. qui a quitté la religion catholique.

LAPSUS, sm. (mot latin), faute, erreur, méprise: lapsus linguæ, faute de langue, erreur de langage: lapsus calami, faute de plume, erreur d'écriture.

LAQUAIS, sm. valet de livrée.

LAQUE, sf. gomme-résine, couleur. — sm. vernis de Chine; meubles qui en sont revêtus.

LAQUEDIVES, archipel de la mer des Indes.

LAQUELLE, V. Lequel.

LAQUEUX, EUSE, adj. de la nature ou de la couleur de la laque.

LA QUINTINIE, célèbre agronome français (1626-1688).

LARA (de), famille illustre de Castille.

LARACHE, port du Maroc sur l'Atlantique.

LARAIRE, sm. chapelle où l'on plaçait les dieux lares.

LARCHER, helléniste et érudit français (1726-1812).

LARCIN, sm. vol, chose volée. Fig. plagiat.

LARD, sm. (d nul), graisse ferme du cochon, de la baleine, etc.

LARDER, va. garnir de lardons. Fig. piquer, percer: larder de coups d'épée; garnir abondamment: larder un discours de citations.

LARDOIRE, sf. petite broche pour larder.

LARDON, sm. petit morceau de lard. Fig. raillerie, sarcasme.

LARE, s. et adj. m. nom des dieux domestiques, chez les anciens Romains; au pl. demeure.

LA RENAUDIE, chef de la conjuration d'Amboise; m. 1560.

LA RÉOLE, s.-préf. de la Gironde.

LA RÉVEILLÈRE-LEPEAUX, membre du Directoire (1753-1824).

LARGE, sm. largeur; la haute mer. — AU LARGE, loc. adv. au loin, largement, spacieusement.

LARGE, adj. 2 g. qui a de la largeur. Fig. généreux, qui donne facilement; hardi; conscience large, peu scrupuleuse.

LARGEMENT, adv. abondamment, d'une manière large.

LARGENTIÈRE, V. Argentière.

LARGESSE, sf. libéralité; action de distribuer de l'argent ou d'autres choses.

LARGEUR, sf. étendue dans le sens opposé à la longueur; état de ce qui est large.

LARGHETTO, adv. (mot italien; on pron. larguéto), moins lentement que largo (mus.).

LARGILLIÈRE, excellent peintre de portraits, surnommé le Van-Dyck français (1656-1746).

LARGO, adv. (mot italien), très-lentement (mus.).

LARGUE, sm. la haute mer. — adj. Vent largue, vent de côte (mar.).

LARGUER, va. lâcher le cordage qui retient (mar.).

LARIGOT, sm. (t nul), espèce de petite flûte qui n'est plus en usage. Fig. boire à tire-larigot, boire excessivement (pop.).

LARISSE, ville de Thessalie.

LARIVEY (Pierre de), auteur dramatique français (1550-1612).

LARIX, sm. mélèze.

LARME, sf. goutte d'humeur qui sort de l'œil; ce qui en a la forme; suc; petite quantité d'un liquide.

LARMIER, sm. saillie pour éloigner l'eau de pluie. Au pl. tempes du cheval; larmiers.

LARMIÈRES, *sf. pl.* fentes au-dessous des yeux *du cerf.*

LARMOIEMENT, *sm.* écoulement involontaire de larmes.

LARMOYANT, **ANTE**, *adj. et s.* qui pleure, qui fait pleurer.

LARMOYER, *vn.* pleurer.

LA ROCHE-AYMON, archevêque de Toulouse, de Reims et cardinal (1692-1777).

LA ROCHEFOUCAULD, p. ville (Charente).

LA ROCHEFOUCAULD, cardinal et évêque de Senlis (1558-1645). — (duc de), auteur du livre des *Maximes* (1613-1680).

LA ROCHEFOUCAULD-LIANCOURT (duc de), célèbre philanthrope (1747-1827).

LA ROCHEFOUCAULD-DOUDEAUVILLE, ministre de Charles X et philanthrope (1765-1841).

LA ROCHEJACQUELEIN ou **LA ROCHEJAQUELIN** (Henri de), fameux chef vendéen (1773-1794).

LA ROCHELLE, ch.-l. de la Charente-Inférieure.

LA ROCHE-SUR-YON, ville de France, auj. *Napoléon-Vendée.*

LA ROMANA, général espagnol (1761-1811).

LAROMIGUIÈRE (Pierre), célèbre professeur de philosophie (1756-1837).

LARREY, célèbre chirurgien français (1766-1842).

LARRON, **ONNESSE**, *sm.* celui, celle qui dérobe furtivement.

LARRONNEAU, *sm.* petit larron.

LARRONNER, *va. et n.* voler, faire le métier de larron.

LARS, *sm.* mot étrusque signifiant *roi* ou *chef.*

LARTIUS (Titus), premier dictateur romain, 498 av. J. C.

LA RUE (le Père), savant jésuite, poëte latin et orateur de la chaire (1643-1725).

LARVE, *sf.* l'insecte dans l'état où il sort de l'œuf. Au pl. *larves* ou *lemures*, génies esprits malfaisants.

LARYNGÉ, **ÉE**, et **LARYNGIEN**, **IENNE**, *adj.* du larynx (*anat*).

LARYNGITE, *sf.* inflammation du larynx (*méd*.).

LARYNGOTOMIE, *sf.* (gr. *larynx* larynx; *tome* coupe, taille), incision du larynx (*méd*.).

LARYNX, *sm.* partie supérieure de la trachée-artère.

LAS, *interj.* hélas.

LAS, **LASSE**, *adj.* fatigué. *Fig.* dégoûté, ennuyé.

LA SABLIÈRE (Mme de), femme célèbre par son esprit et son savoir, protectrice de la Fontaine (1636-1693).

LASAGNE ou **LAZAGNE**, *sf.* pâte d'Italie en forme de ruban.

LA SALLE (Antoine de), célèbre romancier français (1398-1462). — (Jean-Baptiste de), chanoine de Reims, fondateur de l'institution des *Frères des écoles chrétiennes* (1651-1719).

LASALLE, célèbre général de cavalerie français (1775-1809).

LASCARIS, illustre maison grecque du Bas-Empire. Nom de deux savants grecs: *Constantin*, m. 1493, et *Jean*, m. 1535.

LAS CASAS (Barthélemy de), célèbre prélat espagnol, évêque de Chiapa (1474-1566).

LAS CASES (comte de), compagnon de captivité de Napoléon à Ste-Hélène et auteur des tableaux historiques publiés sous le nom de Lesage (1766-1842).

LASCIF, **IVE**, *adj.* porté ou qui porte au péché de luxure.

LASCIVEMENT, *adv.* d'une manière lascive.

LASCIVETÉ, *sf.* luxure.

LASSA, V. *Lhassa.*

LASSANT, **ANTE**, *adj.* qui lasse.

LASSER, *va. et n.* fatiguer. *Fig.* ennuyer, importuner; dégoûter. — **SE LASSER**, *vpr.* se fatiguer; se dégoûter de.

LASSITUDE, *sf.* état de la personne lasse; fatigue. *Fig.* accablement, ennui; dégoût.

L'ASSOMPTION, capitale du Paraguay.

LASSO, *sm.* longue lanière, long lacet (mot espagnol).

LASTEYRIE (comte de), agronome et philanthrope français (1756-1849).

LASTING, *sm.* sorte d'étoffe de laine.

LATANIER, *sm.* sorte de palmier à feuilles en éventail.

LATENT, **ANTE**, *adj.* caché, qui ne se manifeste pas au dehors.

LATÉRAL, **ALE**, *adj.* du côté (pl. m. *latéraux*).

LATÉRALEMENT, *adv.* sur le côté.

LATERE (A), V. *Légat.*

LATEX, *sm.* (l. *latex* liquide, suc), suc particulier contenu dans certains vaisseaux des plantes (*bot*.).

LATICIFÈRE, *adj. 2 g.* se dit des vaisseaux qui contiennent le latex (*bot*.).

LATICLAVE, *sm.* tunique des sénateurs romains.

LATIN, **INE**, *adj. et s.* du Latium. *Langue latine* ou *le latin*, langue des anciens Romains; *l'Église latine*, l'Église d'Occident; *voile latine*, voile triangulaire. *Fig. y perdre son latin*, travailler inutilement à quelque chose, y perdre sa peine.

LATINISER, *va.* donner à un mot une terminaison latine.

LATINISME, *sm.* façon de parler propre à la langue latine.

LATINISTE, *sm.* celui qui connaît le latin.

LATINITÉ, *sf.* langage latin.

LATINUS, roi du Latium, 13e s. av. J. C.

LATITUDE, *sf.* distance angulaire d'un lieu à l'équateur, mesurée sur un méridien. *Fig.* étendue, extension, répit: *donner de la latitude pour le payement.*

LATIUM (on pr. *Laciome*), pays de l'Italie ancienne.

LATOFAO, V. *Leucofao.*

LATOMIES, *sf. pl.* carrières qui servaient de prisons à Syracuse.

LATONE, mère d'Apollon (*myth*.).

LATOPOLIS, nom de plusieurs villes anciennes de l'Égypte.

LATOUCHE-TRÉVILLE, vice-amiral français (1745-1804).

LATOUR, célèbre peintre de portraits au pastel (1704-1788).

LA TOUR-D'AUVERGNE, famille noble de France. — (Théophile *Corret* de), surnommé *le premier grenadier de France*, célèbre soldat français (1743-1800).

LA TOUR-DU-PIN, s.-préf. de l'Isère.

LA TOUR-DU-PIN-GOUVERNET, ministre de la guerre sous Louis XVI (1727-1794).

LA TOUR-MAUBOURG, général français, ministre de la guerre sous Louis XVIII (1756-1851).

LATRAN, palais des papes à Rome jusqu'en 1308.

LATREILLE, célèbre entomologiste français (1762-1833).

LA TRÉMOILLE ou LA TRÉMOUILLE (Gui de), dit *le Vaillant*, général de Charles VI; m. 1398. — (Louis de), général de Charles VIII, de Louis XII et de François Ier (1460-1525).

LATRIE, sf. adoration; culte que l'on rend à Dieu seul.

LATRINES, sf. pl. lieux d'aisances.

LATTE, sf. morceau de bois long, étroit et plat.

LATTER, va. et n. garnir de lattes.

LATTIS, sm. (s nulle), ouvrage de lattes.

LAUBARDEMONT, juge inique, agent du cardinal de Richelieu.

LAUDANUM, sm. (on pron. *laudanome*), extrait d'opium.

LAUDATIF, IVE, adj. qui loue.

LAUDES, sf. pl. partie de l'office après matines.

LAUDON (baron de), célèbre général autrichien (1716-1790).

LAUENBOURG, ville et duché du Danemark.

LAUFELD, V. *Lawfeld*.

LAUGIER (André), chimiste français (1770-1832).

LAURAGUAIS, petit pays du Languedoc. — (comte de), savant et littérateur français (1733-1833).

LAURE, nom de femme.

LAURÉAT, adj. et sm. (t nul), qui a reçu une couronne en public, qui a obtenu un prix à un concours.

LAURENT (St), martyr; m. 258.

LAURIER, sm. arbuste. *Fig.* succès, victoire, gloire. *Laurier-rose, laurier-cerise, laurier-tin*, arbustes.

LAURINÉES, sf. pl. (l. *laurus* laurier), famille de plantes dont le type est le genre *laurus* (bot.).

LAURISTON (LAW'de), maréchal de France (1768-1828).

LAUSANNE, ch.-l. du canton de Vaud (Suisse).

LAUTER, riv. affluent du Rhin.

LAUTERBOURG, p. ville (Bas-Rhin).

LAUTREC, général de Louis XII et de François Ier; m. 1528.

LAUZUN (duc de), maréchal de France (1633-

1723). — (Gontaut BIRON, duc de), général français (1747-1793).

LAVABO, sm. prière que le prêtre dit à la messe au moment où il se lave les mains; linge dont il s'essuie les mains. *Fig.* meuble avec le pot à l'eau et sa cuvette (pl. *lavabos*).

LAVAGE, sm. action de laver; excès d'eau dans une boisson ou dans les aliments.

LAVAL, ch.-l. du dép. de la Mayenne.

LA VALETTE, grand maître de l'ordre de Malte (1494-1568). — (Louis NOGARET de), cardinal français (1593-1639). — (comte de), aide-de-camp de Napoléon et directeur des postes (1768-1830).

LA VALLIÈRE (Mlle de), femme célèbre du siècle de Louis XIV (1644-1710).

LAVANCHE ou LAVANGE, sf. avalanche.

LAVANDE, sf. sorte de plante.

LAVANDIÈRE, sf. femme qui lave le linge.

LAVARDIN (Jean BEAUMANOIR de), maréchal de France (1551-1614).

LAVARET, sm. sorte de truite.

LAVASSE, sf. grande pluie subite. *Fig.* boisson où il y a trop d'eau.

LAVATER, écrivain suisse, célèbre par un ouvrage sur la physiognomonie (1741-1801).

LAVAUR, s.-préf. du dép. du Tarn.

LAVE, sf. matière enflammée vomie par les volcans.

LAVÉ, ÉE, adj. part. se dit de couleurs peu vives et peu chargées, et d'un dessin fait avec des couleurs à l'eau.

LAVEAUX, écrivain et lexicographe français (1749-1827).

LAVEMENT, sm. action de laver. *Fig.* clystère.

LAVER, va. nettoyer avec de l'eau ou avec un autre liquide; faire un lavis. *Fig.* justifier, enlever. *Laver une injure*, se venger; *laver la tête à quelqu'un*, lui faire une vive réprimande.

LAVETTE, sf. petit linge pour laver la vaisselle.

LAVEUR, EUSE, s. celui, celle qui lave.

LAVINIE, fille de Latinus, roi des Latins.

LAVINIUM, ville du Latium.

LAVIS, sm. (s nulle), manière de colorier un dessin; dessin lavé.

LAVOIR, sm. lieu où on lave.

LAVOISIER, célèbre chimiste français (1743-1794).

LA VOULTE, ch.-l. de canton (Ardèche).

LA VRILLIÈRE (marquis de), ministre de Louis XIV (1572-1718).

LAVURE, sf. eau qui a servi à laver; action de laver; produit du lavage des métaux.

LAW, fameux financier écossais (1671-1729). V. *Lauriston*.

LAWFELD, village près de Maëstricht. Victoire du maréchal de Saxe sur les Anglais en 1747.

LAWRENCE, célèbre peintre anglais (1769-1830).

LAXATIF, IVE, adj. qui a la propriété de relâcher le ventre.

LAY, riv. de France, dép. de la Vendée.

LAYA (Jean-Louis), auteur dramatique français (1761-1833).

LAYBACH, ville d'Illyrie.

LAYETIER, sm. fabricant de caisses, emballeur.

LAYETTE, sf. coffret de bois; linge et vêtements d'un nouveau-né.

LAZARE (St), frère de Ste Marthe et de Ste Marie-Magdelène.

LAZARET, sm. lieu où l'on fait faire quarantaine aux navires, aux personnes et aux marchandises.

LAZARISTE, sm. prêtre missionnaire d'un ordre fondé par St Vincent de Paul.

LAZULI, V. Lapis.

LAZULITE, sm. ou f. V. Lapis.

LAZZARONE, sm. (mot ital. on pron. ladzarone), homme du bas peuple à Naples (pl. lazzaroni).

LAZZI, sm. (mot ital. devenu français : on pron. lazi), jeu muet et plaisant d'un comédien. Fig. bouffonnerie (pl. lazzis).

LE, LA, LES, article ou pron. pers.

LÉ, sm. largeur d'une étoffe.

LÉANDRE, jeune Grec d'Abydos. — St LÉANDRE, archevêque de Séville, s'illustra en combattant l'arianisme (540-596).

LÉANS, adv. là-dedans (vx. mot).

LE BAILLY ou LE BAILLI, fabuliste français (1756-1832).

LE BAS (Philippe), conventionnel, ami de Robespierre (1765-1794).

LE BATTEUX (Charles), ou BATTEUX, littérateur français (1713-1780).

LE BEAU ou LEBEAU, historien français et poète latin moderne (1701-1778).

LEBEUF ou LEBŒUF (l'abbé), érudit et historien français (1687-1760).

LE BLANC, s.-préf. de l'Indre.

LEBON (Joseph), conventionnel, célèbre terroriste (1769-1795).

LE BRIGANT (Jacques), érudit français (1720-1804).

LEBRUN (Charles), peintre français (1619-1690). — (Écouchard), poète lyrique français (1759-1807). — (Charles-François), duc de Plaisance, 3e consul de la république française; traducteur d'Homère et du Tasse. (1739-1824). V. Vigée.

LE CAIRE, V. Caire.

LECCE, ville de l'Italie méridionale.

LECH, riv. d'Allemagne, affluent du Danube.

LE CHAPELIER, député aux États généraux de 1789 (1754-1794).

LÈCHE, sf. tranche mince.

LÈCHÉ, ÉE, adj. part. fini avec trop de soin. Fig. Ours mal léché, homme mal fait ou grossier.

LÈCHEFRITE, sf. ustensile de cuisine.

LÉCHER, va. passer la langue sur. Fig. faire un ouvrage avec un soin minutieux.

LECK, bras du Rhin en Hollande.

LECLERC (Sébastien), dessinateur et graveur français (1637-1714). — (Jean), célèbre critique (1657-1736). — (Victor-Emmanuel), gé-

néral français, mari de Pauline Bonaparte (1772-1802).

LECOQ (Robert), évêque de Laon, chef du parti démocratique aux États généraux de 1357.

LECOINTE (Mathieu), membre de la Convention, du conseil des Cinq-Cents et de celui des Anciens; m. 1827.

LEÇON, sf. instruction donnée ou reçue; texte à lire ou à apprendre par cœur. Fig. avis, conseil; partie de l'office qui est lue aux assistants; une des différentes manières dont un texte est écrit.

LECOURBE, célèbre général français (1759-1815).

LECOUVREUR (Adrienne), fameuse tragédienne (1690-1730).

LECTEUR, TRICE, s. celui, celle qui lit.

LECTISTERNE, sm. festin que les Romains servaient devant les statues des dieux étendues sur des lits.

LECTOURE, s.-préf. du dép. du Gers.

LECTURE, sf. action de lire; la chose qui est lue. Fig. instruction acquise en lisant de bons ouvrages.

LECZINSKI, V. Stanislas.

LÉDA, mère de Castor et de Pollux (myth).

LE DAIN (Olivier), barbier et confident de Louis XI; m. 1484.

LE DUCHAT, sav. philologue français (1658-1735).

LEEDS (on pron. Lids), ville manufacturière d'Angleterre.

LEFEBVRE, duc de Dantzick, maréchal de France (1756-1820).

LE FERROL, ville d'Espagne.

LEFÈVRE-GINEAU, physicien français (1754-1829).

LEFORT (François), général genevois au service de Pierre le Grand, dont il fut le favori et le conseiller (1656-1699).

LEFRANC DE POMPIGNAN, poète français (1709-1784).

LÉGAL, ALE, adj. qui est suivant la loi, d'après la loi, conforme à la loi (pl. m. légaux).

LÉGALEMENT, adv. d'une manière légale.

LÉGALISATION, sf. action de légaliser.

LÉGALISER, va. rendre légal, donner un caractère authentique.

LÉGALITÉ, sf. qualité de ce qui est légal.

LÉGAT, sm. (t nul), envoyé du pape. Légat a latere (on pron. a latéré), cardinal envoyé par le pape avec des pouvoirs extraordinaires.

LÉGATAIRE, s. 2 g. celui, celle à qui l'on a fait un legs.

LÉGATION, sf. charge d'un légat, d'un ambassadeur, ceux qui font partie de l'ambassade; hôtel du légat, de l'ambassadeur.

LÈGE, adj. m. se dit d'un navire qui est sans lest ou non chargé.

LÉGENDAIRE, sm. auteur de légendes; livre de légendes. — adj. 2 g. de la légende, qui a le caractère d'une légende.

LÉGENDE, sf. livre de la vie des saints; longue liste; inscription d'une médaille. Fig. vieux conte, récit fabuleux.

LEGENDRE (Louis), historien français (1655-1784). — (Louis), fameux conventionnel (1756-1797). — (Adrien-Marie), célèbre mathématicien français (1752-1833).

LÉGER, ÈRE, *adj.* qui a peu de poids; agile, dispos. *Fig.* mince, délicat, facile, aisé à supporter, peu important; étourdi, volage. — A LA LÉGÈRE, *loc. adv.* légèrement, inconsidérément.

LÉGER (St), évêque d'Autun (616-678).

LÉGÈREMENT, *adv.* avec légèreté, peu, inconsidérément.

LÉGÈRETÉ, *sf.* qualité de ce qui est léger. *Fig.* étourderie, inconstance, action légère, facilité.

LÉGIFÉRER, *vn.* faire des lois.

LÉGION, *sf.* corps militaire, troupe armée. *Fig.* grand nombre. *Légion d'honneur*, ordre de chevalerie militaire et civil, en France.

LÉGIONNAIRE, *sm.* soldat d'une légion romaine; membre de la Légion d'honneur.

LÉGISLATEUR, TRICE, *adj.* et *s.* qui donne ou qui fait des lois.

LÉGISLATIF, IVE, *adj.* qui fait les lois, qui a le caractère de loi.

LÉGISLATION, *sf.* action ou droit de faire des lois; ensemble des lois.

LÉGISLATIVEMENT, *adv.* par une loi, en faisant des lois, en donnant le caractère de loi.

LÉGISLATURE, *sf.* les pouvoirs qui concourent à faire les lois; durée d'une session de législateurs.

LÉGISTE, *sm.* celui qui s'occupe spécialement de l'étude des lois.

LÉGITIMAIRE, *adj. 2 g.* qui appartient à la légitime.

LÉGITIMATION, *sf.* action de légitimer, résultat de cette action; reconnaissance des pouvoirs d'un envoyé.

LÉGITIME, *adj. 2 g.* qui est selon la loi, équitable, juste; qui est par droit héréditaire; qui est né dans le mariage. — *sf.* portion d'héritage assurée par la loi.

LÉGITIMEMENT, *adv.* conformément à la loi, à la raison.

LÉGITIMER, *va.* rendre légitime, rendre excusable.

LÉGITIMISTE, *s. 2 g.* partisan du souverain par droit d'hérédité.

LÉGITIMITÉ, *sf.* qualité de ce qui est légitimé; droit héréditaire au trône.

LEGNAGO, ville d'Italie sur l'Adige.

LEGNANO, ville de la Lombardie. Victoire des Italiens sur Frédéric Barberousse en 1176.

LEGOUVÉ, poëte français (1764-1811).

LEGRAND D'AUSSY, érudit et historien français (1737-1800).

LEGRAS (Mme), fondatrice des Sœurs de la Charité (1591-1662).

LEGS, *sm.* (on pr. lé), don fait par testament.

LÉGUER, *va.* donner par testament. *Fig.* transmettre: *léguer ses vertus.*

LÉGUME, *sm.* herbes potagères, graines qui viennent dans une gousse, racines.

LÉGUMIER, ÈRE, *adj.* qui est planté de légumes, qui appartient aux légumes.

LÉGUMINEUX, EUSE, *adj.* et *s.* se dit des végétaux qui ont une gousse pour fruit. Au *pl. f.* famille de plantes (*bot.*).

LE HAVRE, V. *Havre.*

LEIBNITZ ou LEIBNIZ, célèbre philosophe allemand (1646-1716).

LEICESTER, ville et comté d'Angleterre.

LEINE, riv. d'Allemagne, arrose Gœttingue et Hanovre.

LEINSTER, prov. d'Irlande.

LEIPSICK ou LEIPZIG, ville de Saxe.

LEITH, port d'Édimbourg (Écosse).

LEKAIN, célèbre acteur tragique français (1728-1768).

LELEX, premier roi de Sparte.

LELONG (le Père), savant oratorien français (1665-1721).

LE LUC, V. *Luc (Le).*

LEMAIRE (Jean), historien et poëte français (1473-1520). — (Jacques), navigateur hollandais; m. 1617.

LEMAISTRE, célèbre avocat, solitaire de Port-Royal (1608-1658). V. *Sacy.*

LÉMAN (lac), le lac de Genève.

LE MANS, V. *Mans (Le).*

LEMARE, habile grammairien français (1766-1835).

LEMBERG ou LÉOPOL, capitale de la Galicie.

LEMERCIER (Népomucène), poëte et auteur dramatique (1771-1840).

LÉMERY, célèbre chimiste français (1645-1715).

LEMIERRE, poëte et auteur dramatique français (1721-1793).

LEMME, *sm.* (on pr. lèm-me), proposition que l'on démontre pour préparer à une démonstration suivante (*math.*).

LEMMING, *sm.* sorte de souris.

LEMNACÉES ou LEMNÉES, *sf. pl.* (gr. *lemna* lentille d'eau), famille de plantes dont la lentille d'eau est le type (*bot.*).

LEMNOS, île de la mer Égée.

LEMOINE (Jean), cardinal franç.; m. 1313. — (François), peintre (1688-1737).

LEMONNIER (Pierre-Charles), astronome franç. (1715-1799). — (Guillaume), littérateur (1721-1797).

LEMONTEY, historien franç. (1762-1826).

LEMOT, sculpteur franç. (1771-1827).

LÉMODIPODES, V. *Lœmodipodes.*

LÉMURES, *sf. pl.* V. *Larves.*

LÉMURIENS, *sm. pl.* (l. *lemures* spectres, lutins), famille de singes (*zool.*).

LÉNA, fleuve de Sibérie; se jette dans l'océan Glacial.

LENCLOS (Ninon de), femme célèbre du siècle de Louis XIV (1616-1706).

LENDEMAIN, *sm.* jour qui suit celui dont on parle.

LENDORE, *s. 2 g.* personne lente, paresseuse et qui semble toujours assoupie (*pop.*).

LENFANT (le Père), célèbre prédicateur de l'ordre des jésuites (1726-1792).

LENGLET-DUFRESNOY, littérateur et historien franç. (1674-1755).

LÉNIFIER, va. rendre doux ou adoucir (méd.).

LÉNITIF, IVE, adj. et sm. qui adoucit, qui calme, qui soulage.

LE NÔTRE (André), fameux architecte, dessinateur de jardins (1613-1700).

LENS, p. ville (Pas-de-Calais). Victoire de Condé sur les Espagnols, en 1648.

LENT, LENTE, adj. qui n'est pas prompt à agir; tardif.

LENTAGIO, bourg près de Ravenne. Victoire de Narsès sur Totila, en 552.

LENTE, sf. œuf de pou.

LENTEMENT, adv. avec lenteur.

LENTEUR, sf. défaut de vitesse, d'activité.

LENTICELLE, sf. littér. petite lentille : se dit en bot. de petites taches saillantes en forme de lentilles qui se trouvent à la surface d'une tige.

LENTICULAIRE, adj. 2 g, ou **LENTICULÉ, ÉE**, adj. lentiforme.

LENTIFORME, adj. 2 g. (l. lens, gen. lentis lentille) , qui a la forme d'une lentille, c'est-à-dire qui est convexe des deux côtés.

LENTILLE, sf. (ll m.), sorte de légume, ce qui en a la forme; verre convexe; tache de rousseur.

LENTISQUE, sm. sorte d'arbuste.

LENTULUS, nom romain.

LÉO (Léonard), célèbre compositeur de musique italien (1694-1756).

LÉOBEN, p. ville de Styrie.

LÉON, ville et prov. d'Espagne.

LÉON (St) LE GRAND, pape, m. 461. Nom de plus. autres papes, entre autres : LÉON III, m. 816; LÉON IX, m. 1054; LÉON X (1475-1521). — Nom de plus. emper. d'Orient : LÉON Ier LE GRAND, m. 474; LÉON III L'ISAURIEN, m. 741 ; et LÉON VI LE PHILOSOPHE, m. 911.

LÉONARD (St), l'un des compagnons de Clovis, se fit ermite.

LÉONARD, dit le Limousin, célèbre peintre émailleur (1480-1550).

LÉONARD (Nicolas-Germain), poète français (1744-1793).

LÉONARD DE VINCI, V. Vinci.

LÉONAT, général d'Alexandre; m. 322 av. J. C.

LÉONCE, emper. grec; m. 705.

LÉONIDAS, roi de Sparte ; m. aux Thermopyles 480 av. J. C.—LEONIDAS II, aussi roi de Sparte ; m. 236 av. J. C.

LÉONIN, INE, adj. de lion ; sorte de vers latins. Fig. Part léonine, part du lion, la meilleure part.

LÉOPARD, sm. (d nul), animal carnassier du genre chat.

LÉOPOL, V. Lemberg.

LÉOPOLD (St), margrave d'Autriche; m. 1136.

LÉOPOLD Ier, emper. d'Allemagne (1640-1705). — LÉOPOLD II, emper. d'Allemagne (1747-1792).

LÉOSTHÈNES, général athénien; m. 325 av. J. C.

LÉOVIGILDE, roi des Visigoths ; m. 586.

LÉPANTE, ville et golfe de la Grèce. Victoire navale remportée par don Juan d'Autriche sur les Turcs, en 1571.

LÉPAS, sm. sorte de coquillage appelé aussi patelle.

LÉPAUTRE (Antoine), architecte français (1614-1691).— (Pierre), sculpteur (1659-1744).

L'ÉPÉE (l'abbé de), fondateur de l'institution des sourds-muets (1712-1789).

LEPELLETIER DE SAINT-FARGEAU, député aux États généraux de 1789 et membre de la Convention (1760-1793).

LEPÈRE, célèbre architecte français (1762-1844).

LÉPIDE ou **LÉPIDUS**, triumvir romain ; m. 13 av. J. C.

LÉPIDODENDRON, sm. (gr. lépis, gén. lépidos écaille ; déndron arbre), nom de divers végétaux recouverts de sortes d'écailles et trouvés à l'état fossile dans les terrains houillers (géol.).

LÉPIDOPTÈRES, sm. pl. (gr. lépis, gén. lépidos écaille ; ptéron aile), papillons : ordre d'insectes à ailes recouvertes de petites écailles (zool.).

LÉPONTIENNES, V. Alpes.

LÉPORIDE, sm. animal provenant du croisement du lièvre et du lapin.

LÈPRE, sf. sorte de maladie de la peau. Fig. mal, chose mauvaise.

LÉPREUX, EUSE, adj. et s. qui est atteint de la lèpre, qui y a rapport.

LEPRÉVOST D'IRAY, historien et poète français (1768-1849).

LÉPROSERIE, sf. hôpital de lepreux.

LEPTIS, anc. ville d'Afrique.

LE PUY, V. Puy (Le).

LEQUEL, LAQUELLE, LESQUELS, LESQUELLES, pron. relatifs ou conjonctifs.

LE QUESNOY, V. Quesnoy.

LÉRIDA, ville d'Espagne.

LÉRINS (îles de), sur la côte du dép. des Alpes-Maritimes.

LERME (Sandoval , duc de) , ministre du roi d'Espagne Philippe III ; m. 1625.

LERNE (lac de), lac ou marais de l'anc. Argolide.

LERNÉES, sf. pl. ordre de crustacés ou de mollusques (zool.).

LÉROT ou **LIRON**, sm. espèce de petit loir gris.

LEROY (Louis), helléniste et littérateur franç. (1510-1577). — (Pierre), l'un des auteurs de la satire Ménippée. — (Julien-David), architecte (1728-1803).

LES, pluriel de Le, V. Lez.

LESAGE (Alain-René), célèbre écrivain franç. auteur de Gil Blas, de la comédie de Turcaret, etc. (1668-1747).

LES ANDELYS, V. Andelys (Les).

LESBOS, île de la mer Égée.

LESBIEN, IENNE, adj. et s. de Lesbos.

LESCOT (Pierre), célèbre architecte français (1510-1571).

LESCUN (Thomas), dit le maréchal de Foix, maréchal de France ; m. 1525.

LESCURE (marquis de), célèbre chef vendéen (1766-1793).

LESDIGUIÈRES, connétable de France (1543-1626).

LÈSE, adj. 2 g. qui blesse, qui attente à (il ne s'emploie que joint à un nom : lèse-majesté, lèse-humanité).

LÉSER, va. blesser, faire tort à.

LÉSINE, sf. épargne sordide.

LÉSINER, vn. user de lésine.

LÉSINERIE, sf. acte de lésine.

LÉSINEUR, EUSE, adj. qui lésine.

LÉSION, sf. action de blesser ou d'altérer les organes ; résultat de cette action. Fig. dommage, tort souffert.

LESLIE (John), célèbre physicien écossais (1766-1832).

LESPARRE, s.-préf. de la Gironde.

LES SABLES D'OLONNE, V. Sables (Les).

LESSART (de), ministre de Louis XVI (1742-1792).

LESSING, littérateur allemand (1729-1781).

LESSIVAGE, sm. lessive, lotions, lavage.

LESSIVE, sf. blanchissage de linge au moyen de l'eau chaude, des cendres ou de la potasse ; l'eau elle-même ; lotions.

LESSIVER, va. faire la lessive. Fig. laver, nettoyer.

LEST, sm. (on pr. le t), corps pesants placés au fond d'un navire pour lui donner de la stabilité.

LESTAGE, sm. action de lester un navire.

LESTE, adj. 2 g. qui se meut avec de l'agilité. Fig. adroit, peu scrupuleux, inconvenant, inconsidéré, un peu indécent.

LESTEMENT, adv. d'une manière leste ; avec promptitude ou dextérité.

LESTER, va. charger de lest. — Fig. SE LESTER, vpr. manger, se munir de, faire ses provisions avant de partir.

LESTEUR, s. et adj. m. bateau qui sert à transporter le lest.

LESTOCQ, médecin et conseiller d'Élisabeth, impératrice de Russie (1692-1767).

LESTRYGONS, peuple fabuleux de la Sicile.

LESUEUR (Eustache), célèbre peintre français (1617-1655). — (Jean-François), compositeur de musique français (1763-1837).

LETELLIER ou LE TELLIER (Michel), ministre de Louis XIV (1603-1685).

LETELLIER ou TELLIER (Michel), jésuite, confesseur de Louis XIV (1643-1709).

LÉTHARGIE, sf. sommeil profond qui ôte l'usage des sens. Fig. extrême nonchalance.

LÉTHARGIQUE, adj. 2 g. qui tient de la léthargie. Fig. indolent.

LÉTHÉ, sm. fleuve des enfers (myth.). Nom de plus. fleuves de l'anc. Grèce.

LETHIÈRE, peintre français (1760-1832).

LÉTHIFÈRE, adj. 2 g. (L. lethum mort, trépas ; ferre porter), qui porte la mort, qui donne la mort.

LETOURNEUR (Pierre), littérateur français (1736-1788). — (Charles), conventionnel et membre du Directoire (1751-1817).

LETRONNE (Jean-Antoine), célèbre érudit et critique franç. (1787-1848).

LETTONS, peuple de la Lithuanie, de l'Esthonie, etc.

LETTRE, sf. caractère de l'alphabet, caractère d'imprimerie ; épître missive, écrit envoyé à quelqu'un. Lettre de change, effet de commerce par lequel on ordonne de payer à jour fixe ; lettre de voiture, écrit contenant l'indication des objets dont un voiturier est chargé ; lettre de crédit, lettre qui autorise le porteur à toucher de l'argent chez un correspondant ; lettre de marque, commission dont tout capitaine d'un navire armé en course doit être pourvu. — Fig. au pl. sciences, connaissances (belles-lettres, littérature. Lettres closes, secret qu'on ne peut ou que l'on ne doit pas pénétrer. — A LA LETTRE, loc. adv. littéralement.

LETTRÉ, ÉE, adj. et s. qui a de la littérature, de l'érudition.

LETTRINE, sf. petite lettre.

LEU (St), ou St LOUP, archevêque de Sens ; m. 623. — évêque de Bayeux.

LEUCA, anc. ville d'Italie ; cap au sud de l'Italie.

LEUCADE, île de la mer Ionienne, auj. Sainte-Maure.

LEUCATE, bourg et étang dans le dép. de l'Aude.

LEUCHTENBERG, duché dans la Bavière, érigé en 1817 pour le prince Eugène de Beauharnais.

LEUCIPPE, philosophe grec, 5e s. av. J. C.

LEUCOFAO ou LATOFAO, lieu dans la Champagne, auj. Laffaux, où Frédégonde défit les Austrasiens en 596, et où fut livrée en 680, une bataille entre Ebroïn et Pepin d'Héristal.

LEUCOPÉTRA, lieu près de l'isthme de Corinthe, où le consul Mummius défit les Achéens, 146 av. J. C.

LEUCO-SYRIE, pays au N. de la Syrie.

LEUCTRES, bourg de la Béotie. Victoire d'Épaminondas sur les Spartiates, 371 av. J. C.

LEUDE, sm. guerrier germain qui s'attachait à un chef ; officier de la couronne, grand vassal, sous les rois mérovingiens.

LEUR, pron. pers. (inv.) à eux, à elles. — adj. poss. des 2 g. (au pl. leurs), d'eux, d'elles ; il est pron. poss. lorsqu'il est précédé de le, la, les.

LEURRE, sm. appât pour attirer les oiseaux. Fig. attrait, tromperie.

LEURRER, va. dresser un oiseau au leurre. Fig. attirer en trompant, abuser.

LEUWARDEN, ville de Hollande, capitale de la Frise.

LEUWENHOECK, célèbre naturaliste hollandais (1632-1723).

LEVAILLANT, voyageur et naturaliste français (1753-1824).

LEVAIN, sm. pâte aigrie pour faire lever celle avec laquelle on fait le pain ; tout ce qui fait fermenter. Fig. mauvais principe ; germe.

LEVANT, sm. côté de l'horizon où le soleil semble se lever, orient ; les pays de l'Orient. — adj. m. Soleil levant, qui se lève.

LEVANTIN, INE, adj. et s. qui est d'un pays du Levant.

LEVANTINE, sf. étoffe de soie unie.

LEVAU (Louis), architecte français (1612-1670).

LEVAYER, V. La Mothe.

LÈVE (Antoine de), ou de LEYVA, général de Charles-Quint (1480-1536).

LEVÉ ou **LEVER,** sm. Levé des plans, action de lever des plans.

LEVÉE, sf. action de lever, de recueillir; collecte; enrôlement; digue, chaussée. Fig. Levée de boucliers, opposition, attaque faite avec éclat et sans succès.

LEVENS, p. ville (Alpes-Maritimes).

LEVER, sm. moment où l'on se lève, où les astres se lèvent.

LEVER, va. mettre plus haut, mettre droit, soulever; percevoir, recueillir; enrôler, faire un appel de troupes. — vn. commencer à sortir de terre. Fig. lever le masque, ne plus dissimuler; ne plus cacher ses sentiments, son caractère; lever le pied, s'enfuir. — SE LEVER, vpr. se dresser, se mettre debout, sortir de son lit. Fig. commencer à paraître sur l'horizon, en parlant des astres.

LEVER-DIEU, sm. (inv.), élévation de l'hostie à la messe.

LÉVESQUE (Pierre-Charles), historien et traducteur français (1736-1812). — (Jean), de Burigny, historien et érudit (1692-1785).

LÉVI, fils de Jacob.

LÉVIATHAN, sm. animal mystérieux dont il est parlé dans la Bible; monstre marin; le démon.

LEVIER, sm. barre pour soulever des fardeaux; tige de métal ou de bois. Fig. moyen.

LE VIGAN, V. Vigan (Le).

LÉVIGATION, sf. action de léviger; résultat de cette action.

LÉVIGER, va. réduire en poudre impalpable.

LEVIS, adj. m. (s nulle). Pont-levis, pont qui se lève et se baisse (pl. ponts-levis).

LÉVITE, sm. Israélite de la tribu de Lévi destiné au service du temple. Fig. jeune ecclésiastique qui a reçu les ordres mineurs.

LÉVITE, sf. sorte de redingote.

LÉVITIQUE, sm. le troisième livre du Pentateuque.

LEVIZAC (l'abbé de), littérateur et grammairien français; m. 1813.

LEVRAUDER, va. harceler, poursuivre (au figuré).

LEVRAUT, sm. (t nul), jeune lièvre.

LÈVRE, sf. l'un des bords extérieurs de la bouche; bord d'une plaie.

LEVRETTE, sf. femelle du lévrier.

LÉVRIER, sm. sorte de chien. Fig. agent qui poursuit quelqu'un.

LEVRON, sm. jeune lévrier.

LEVROUX, p. ville (Indre).

LEVÛRE, sf. écume de la bière en fermentation.

LEWENHAUPT (Adam-Louis), général de Charles XII (1659-1719). — (Charles-Émile), fils du précédent, général suédois (1692-1743).

LEXICOGRAPHE, sm. auteur d'un lexique ou recueil de mots; celui qui s'occupe de lexicographie.

LEXICOGRAPHIE, sf. (gr. lexis mot, graphô écrire), science ou étude des mots considérés surtout quant à leur forme et à leur nature.

LEXICOGRAPHIQUE, adj. 2 g. qui a rapport à la lexicographie.

LEXICOLOGIE, sf. (gr. lexis mot; logos étude, science, traité), science ou étude des mots, considérés surtout quant à leur étymologie et à leur sens précis.

LEXICOLOGIQUE, adj. 2 g. qui a rapport à la lexicologie.

LEXIQUE, sm. recueil de mots, dictionnaire.

LEYDE, ville de Hollande. — JEAN DE LEYDE, V. Jean.

LEZ ou **LÈS,** prép. près de (usité dans quelques noms de lieu: Plessis-lez-Tours).

LÉZARD, sm. reptile de l'ordre des sauriens.

LÉZARDE, sf. crevasse dans un mur, dans un plafond, etc.

LÉZARDÉ, ÉE, adj. qui a des lézardes.

LÉZARDER (SE), vpr. se fendre, avoir des lézardes.

LHASSA, capitale du Thibet.

LHOMOND, professeur et grammairien français (1727-1794).

L'HÔPITAL (Michel de), chancelier de France (1506-1573). — (marquis de), sav. mathématicien français (1661-1704).

LIA, femme de Jacob.

LIAIS, sm. (s nulle), pierre calcaire dure, d'un grain très-fin.

LIAISON, sf. union; trait qui lie les lettres; ingrédient pour épaissir une sauce; ce qui sert à lier. Fig. ce qui lie les parties d'un discours; connexion, attachement, amitié, société, fréquentation.

LIAMONE, riv. de Corse.

LIANE, sf. plante grimpante d'Amérique.

LIANT, ANTE, adj. souple. Fig. doux, complaisant, affable. — sm. facilité de caractère.

LIARD, sm. (d nul), ancienne monnaie valant le quart d'un sou.

LIARDER, vn. lésiner, boursiller.

LIARDEUR sm. celui qui tient à un liard; avare (pop.).

LIAS, sm. (mot anglais; on pron. léias), partie inférieure du terrain jurassique (géol.).

LIASIEN, IENNE, adj. ou **LIASIQUE,** adj. 2 g. du lias.

LIASSE, sf. masse de papiers liés ensemble.

LIBAN, montagnes de Syrie.

LIBANIUS, célèbre sophiste ou rhéteur grec (314-390).

LIBATION, sf. action de répandre une liqueur en l'honneur d'une divinité. Fig. action de boire largement du vin.

LIBELLE, sm. écrit injurieux publié contre quelqu'un.

LIBELLÉ, sm. rédaction.

LIBELLER, va. rédiger; motiver convenablement.

LIBELLISTE, sm. faiseur de libelles.

LIBER, sm. (on pr. l'r), pellicule entre l'écorce et le bois.

LIBERA, sm. (inv. on pr. libéra), prière pour les morts (mot latin).

LIBÉRAL, ALE, adj. qui aime à donner; partisan des libertés publiques, qui est favorable à ces libertés. Arts libéraux, arts qui demandent surtout l'exercice de l'intelligence; éducation libérale, qui forme l'esprit et le cœur.

LIBÉRALEMENT, adv. d'une manière libérale.

LIBÉRALISME, sm. système ou pratique des idées libérales.

LIBÉRALITÉ, sf. caractère ou qualité de l'homme libéral; générosité, don fait généreusement.

LIBÉRATEUR, TRICE, adj. et s. qui a délivré d'un grand péril, de la servitude, etc.

LIBÉRATIF, IVE, adj. qui opère la libération, c'est-à-dire qui décharge d'une dette, d'une obligation, d'une servitude.

LIBÉRATION, sf. décharge d'une obligation, d'une peine, etc.

LIBÈRE (St), pape; m. 366.

LIBÉRÉ, ÉE, adj. part. qui s'est acquitté d'un service ou d'une peine infligée.

LIBÉRER, va. délivrer; décharger d'une obligation. — SE LIBÉRER, vpr. s'acquitter.

LIBÉRIA, colonie américaine dans la Guinée septentrionale.

LIBERTÉ, sf. pouvoir de faire ou de ne pas faire, libre arbitre; état d'une personne libre; franchise; permission, droit; facilité dans les mouvements. Au pl. immunités; familiarités, hardiesse : prendre des libertés.

LIBERTICIDE, adj. 2 g. qui détruit la liberté.

LIBERTIN, INE, adj. et s. déréglé dans ses mœurs; licencieux, sans frein, dissipé; autrefois esprit fort.

LIBERTINAGE. sm. conduite déréglée, irréligion; grande légèreté d'esprit.

LIBERTINER, vn. et SE LIBERTINER, vpr. faire le libertin, se livrer à la dissipation (fam.).

LIBES (Antoine), savant physicien français (1760-1832).

LIBIDINEUX, EUSE, adj. plein de désirs violents et déréglés; qui entraîne ou est enclin à la débauche.

LIBOURNE, s.-préf. de la Gironde.

LIBRAIRE, sm. celui qui vend des livres.

LIBRAIRIE, sf. magasin ou commerce de livres; profession de libraire.

LIBRATION, sf. balancement apparent de l'axe d'un astre (astr.).

LIBRE, adj. 2 g. qui a le pouvoir de faire ou de ne pas faire; indépendant; exempt de; aisé, dégagé; trop familier; licencieux. Fig. champ libre, permission, faculté d'agir; temps libre, où l'on n'a pas d'occupation; vers libres, de différentes mesures; traduction libre, non littérale.

LIBRE-ÉCHANGE, sm. commerce sans droits protecteurs, sans douanes.

LIBRE-ÉCHANGISTE, sm. partisan du libre-échange.

LIBREMENT, adv. avec liberté, sans gêne, sans opposition.

LIBURNIE, partie de l'anc. Illyrie, auj. Croatie maritime.

LIBYE, l'Afrique ancienne; auj. région à l'O. de l'Égypte.

LIBYQUE, adj. 2 g. de la Libye; mer Libyque, sur les côtes de la Libye.

LICE, sf. lieu préparé pour des combats, des courses, etc. Fig. discussion, lutte.

LICE, sf. femelle de chien de chasse.

LICENCE, sf. permission; trop grande liberté, abus de la liberté, désordre; familiarité irrespectueuse; deuxième degré dans une faculté universitaire. Licence poétique, légère incorrection permise en poésie.

LICENCIÉ, sm. celui qui a pris le degré de licence dans une faculté.

LICENCIÉ, ÉE, adj. congédié.

LICENCIEMENT, sm. action de licencier des troupes.

LICENCIER, va. congédier des troupes.

LICENCIEUSEMENT, adv. d'une manière licencieuse.

LICENCIEUX, EUSE, adj. déréglé, contraire à la pudeur.

LICET, sm. (on pr. le t), permission (mot latin inv.).

LICHEN, sm. (on pr. likène), espèce de plante, sorte de mousse.

LICHTENSTEIN ou LIECHTENSTEIN (principauté de), l'un des États de la Confédération germanique.

LICHTWER, fabuliste allemand (1719-1783).

LICINIUS, emper. romain (263-324).

LICINIUS STOLON, tribun romain en 376 av. J. C.

LICITATION, sf. vente à l'enchère d'un bien indivis.

LICITE, adj. 2 g. permis par la loi.

LICITEMENT, adv. d'une manière licite.

LICITER, va. vendre par licitation.

LICOL, V. Licou.

LICORNE, sf. cheval fabuleux portant une corne au milieu du front.

LICOU ou LICOL, sm. lien autour du cou d'une bête de somme.

LICTEUR, sm. officier portant une hache entourée de faisceaux, qui précédait les premiers magistrats à Rome.

LIE, sf. dépôt d'une liqueur. Fig. lie du peuple, la plus vile populace; boire le calice jusqu'à la lie, souffrir une humiliation complète, une longue douleur.

LIE, sf. 2 g. joyeux; chère lie, bonne et joyeuse chère (vx. mot).

LIECHTENSTEIN, V. Lichtenstein.

LIÈGE, sm. sorte de chêne vert à écorce spongieuse; l'écorce même.

LIÉGE, ville de Belgique, sur la Meuse.

LIÉGEOIS, OISE, adj. et s. de Liége.

LIEGNITZ, ville de Prusse (Silésie). Victoire de Frédéric II le Grand sur les Autrichiens, en 1760.

LIÉOU-KHIÉOU, îles de la mer de Chine.

LIEN, sm. ce qui sert à lier; au pl. chaînes.

Fig. esclavage, dépendance, engagement; ce qui unit des personnes.

LIENTERIE, *sf.* sorte de dévoiement.

LIER, *va.* serrer, attacher avec un lien; joindre. *Fig.* astreindre, engager, unir; *lier la langue*, empêcher de parler. — **Se Lier**, *vpr.* s'unir, contracter amitié; s'engager, s'obliger à. — *Ind. pr.* je lie, tu lies, il lie, n. lions, v. liez, ils lient; *imp.* je liais; *p. déf.* je liai; *fut.* je lierai; *cond.* je lierais; *impér.* lie, lions, liez; *subj. pr.* que je lie, que tu lies, qu'il lie, que n. lions, que v. liez, qu'ils lient; *imp.* que je liasse; *p. pr.* liant; *p. p.* lie, liée.

LIER ou **Lierre**, ville de Belgique.

LIERRE, *sm.* sorte de plante.

LIESSE, *sf.* joie, allégresse (vx. mot).

LIESTALL, ch.-l. du canton de Bâle-campagne (Suisse).

LIEU, *sm.* espace, endroit désigné; pays, site, place, rang; origine; temps convenable; moyen, sujet : *vous n'avez pas lieu de vous plaindre.* Au *pl.* pièces d'une maison; latrines. — **Au Lieu de**, *loc. prép.* en place de; **Au Lieu Que**, *loc. conj.* tandis que.

LIEUE, *sf.* ancienne mesure itinéraire; *heue métrique*, lieue de 4 kilomètres.

LIEUR, **Euse**, *s.* celui, celle qui lie des bottes de foin ou des gerbes.

LIEUTAUD, célèbre médecin français (1703-1780).

LIEUTENANCE, *sf.* charge, grade de lieutenant.

LIEUTENANT, *sm.* celui qui tient lieu d'un chef absent, qui le remplace; officier au-dessous du capitaine.

LIÈVRE, *sm.* animal de l'ordre des rongeurs.

LIGAMENT, *sm.* partie fibreuse qui attache ou soutient certaines parties du corps.

LIGAMENTEUX, **Euse**, *adj.* de la nature des ligaments.

LIGARIUS, général romain, 1er s. av. J. C.

LIGATURE, *sf.* bande qu'on emploie pour la saignée; nœud qui serre une artère ou une veine pour arrêter le sang.

LIGE, *adj.* 2 g. tout à fait dépendant d'un seigneur.

LIGNAGE, *sm.* race, famille.

LIGNAGER, *adj.* et *sm.* du même lignage.

LIGNE, *sf.* trait simple en longueur sans largeur ni profondeur; suite de mots écrits ou imprimés; cordeau; direction; rang de troupes ou de navires; retranchements; fil avec un hameçon pour pêcher; ancienne mesure, douzième du pouce. *Fig.* descendance, lignage. *Ligne équinoxiale* ou *la Ligne*, l'équateur.

LIGNE (prince de), général au service de l'Autriche et littérateur français (1735-1814).

LIGNÉE, *sf.* race, descendance.

LIGNEUL, *sm.* fil enduit de poix à l'usage des cordonniers.

LIGNEUX, **Euse**, *adj.* (l. *lignum* bois; on pr. généralement *lig-neu*), de la nature ou de la consistance du bois.

LIGNICOLE, *adj.* 2 g. (l. *lignum* bois, *colo* j'habite; on pr. *lig-nicole*) se dit de cer-

tains mollusques divalves qui établissent leur séjour dans le bois (*zool.*).

LIGNIFÈRE, *adj.* 2 g. (l. *lignum* bois, *ferre* porter; on pr. *lig-nifère*), se dit des branches qui ne donnent ni fleurs ni fruits, mais seulement du bois (*bot.*).

LIGNIFIER (Se), *vpr.* (on pr. *lig-nifier*), se convertir en bois.

LIGNITE, *sm.* (on pr. *lig-nite*), sorte de houille, combustible minéral ayant conservé sa forme ligneuse (*géol.*).

LIGNIVORE, *adj.* 2 g. (l. *lignum* bois; *vorare* manger, dévorer; on pr. *lig-nivore*), qui ronge le bois. — *sm. pl.* famille d'insectes (*zool.*).

LIGNON, riv. affluent de la Loire.

LIGNY, p. ville (Meuse). — Village de Belgique : victoire de Napoléon sur les Prussiens en 1815.

LIGUE, *sf.* confédération de plusieurs États; complot, cabale. Union des catholiques, et parti politique sous Henri III et Henri IV.

LIGUER, *va.* unir dans une même ligue. — **Se Liguer**, *vpr.* faire une ligue.

LIGUEUR, **Euse**, *s.* partisan de la Ligue sous Henri III et Henri IV.

LIGULE, *sf.* (l. *ligula* languette), stipule axillaire située à la limite qui, dans les graminées, sépare le limbe de la feuille du pétiole roulé en gaîne (*bot.*).

LIGULÉ, **Ée**, *adj.* (l. *ligula* languette), en forme de languette (*bot.*).

LIGULIFÈRE, *adj.* 2 g. (l. *ligula* languette, *ferre* porter), se dit des fleurs composées qui sont devenues doubles par le changement de leurs corolles en languettes allongées (*bot.*).

LIGUORI (St Alphonse de), évêque, fondateur de l'institut du Très-saint Rédempteur, dont les membres sont appelés *Liguoristes* (1696-1787).

LIGURIE, contrée de l'Italie ancienne.

LIGURIEN, **Ienne**, *adj.* et *s.* de la Ligurie. *République ligurienne*, créée en 1797 de l'ancien duché de Gênes.

LIGUSTIQUE, *adj.* 2 g. (golfe ou mer), golfe de Gênes.

LILAS, *sm.* (s nulle), arbrisseau, sa fleur; couleur de cette fleur.

L'ILE-ADAM ou **L'Isle-Adam** (Villiers de). V. *Villiers.*

LILIACÉES, *sf. pl.* (l. *lilium* lis), famille de plantes dont le lis est le type (*bot.*).

LILLE, ch.-l. du dép. du Nord.

LILLEBONNE, p. ville (Seine-Inférieure).

LILLERS, p. ville (Pas-de-Calais).

LILLO, place forte en Belgique, sur l'Escaut.

LILYBÉE, ville de la Sicile ancienne; auj. *Marsala.*

LIMA, capitale du Pérou.

LIMACE, *sf.* ou **Limas**, *sm.* sorte de mollusque sans coquille.

LIMAÇON, *sm.* sorte de mollusque à une coquille; partie de l'oreille. *Fig. Escalier en limaçon*, escalier tournant.

LIMAGNE, partie de l'Auvergne, dans la partie N. du dép. du Puy-de-Dôme.

LIMAILLE, *sf.* (*ll* m.), parties de métal enlevées par la lime.

LIMANDE, *sf.* sorte de poisson plat.

LIMBE, *sm.* bord. Au *pl.* lieu où avant la venue du Christ étaient placées les âmes des justes et où vont celles des enfants qui sont morts sans avoir reçu le baptême.

LIMBOURG, contrée des Pays-Bas. — Ville de Belgique.

LIME, *sf.* outil de fer pour limer. *Fig.* correction, poli d'un ouvrage.

LIME, *sf.* sorte de citron.

LIMER, *va.* polir, user avec la lime. *Fig.* corriger, perfectionner.

LIMERICK, ville d'Irlande.

LIMIER, *sm.* gros chien de chasse. *Fig.* espion; personne envoyée à la poursuite d'une autre.

LIMITATIF, **IVE**, *adj.* qui limite.

LIMITATION, *sf.* action de limiter; détermination, fixation, restriction.

LIMITE, *sf.* borne, ce qui sépare.

LIMITÉ, **ÉE**, *adj. part.* borné, fixe, déterminé.

LIMITER, *va.* borner, fixer.

LIMITROPHE, *adj.* 2 g. qui est sur les limites; contigu.

LIMMAT, riv. de Suisse, affluent de l'Aar.

LIMOGES, ch.-l. de la Haute-Vienne.

LIMON, *sm.* terre détrempée, bourbe; espèce de citron; l'une des branches de la limonière; pièce de bois qui soutient les marches d'un escalier. *Fig.* origine, extraction, nature.

LIMONADE, *sf.* boisson faite avec du jus de limon ou citron, de l'eau et du sucre.

LIMONADIER, **IÈRE**, *s.* marchand de limonade; celui, celle qui tient un café.

LIMONEUX, **EUSE**, *adj.* bourbeux.

LIMONIER, *sm.* arbre qui produit le limon; cheval de limon.

LIMONIÈRE, *sf.* brancard d'une charrette.

LIMOSINAGE, *sm.* gros ouvrage de maçonnerie.

LIMOUSIN, anc. province de France.

LIMOUSIN, **INE**, *adj.* et *s.* du Limousin ou de Limoges.

LIMOUSINE, *sf.* manteau de charretier.

LIMOUX, s.-préf. du dép. de l'Aude.

LIMPIDE, *adj.* 2 g. clair, net, transparent.

LIMPIDITÉ, *sf.* qualité de ce qui est limpide.

LIMURE, *sf.* action de limer; résultat de cette action; limaille.

LIN, *sm.* plante dont l'écorce sert à faire du fil; ce fil lui-même; étoffe faite avec ce fil.

LIN (St), pape, m. 78.

LINACÉES ou **LINÉES**, *sf. pl.* famille de plantes dont le lin est le type (*bot.*).

LINAIRE, *sf.* sorte de plante.

LINCEUL, *sm.* drap de toile pour ensevelir les morts.

LINCOLN, ville et comté d'Angleterre.

LINDAU, ville de Bavière, sur le lac de Constance.

LINDET (Robert), conventionnel, membre du Directoire; m. 1825.

LINÉAIRE, *adj.* 2 g. qui a rapport aux lignes, qui se fait par des lignes.

LINÉAL, **ALE**, *adj.* qui est dans l'ordre d'une ligne de parenté (p. de *pl. m.*).

LINÉAMENT, *sm.* trait, ligne délicate; premier tracé.

LINGARD, historien anglais; m. 1751.

LINGE, *sm.* toile mise en œuvre pour différents usages; morceau de cette toile.

LINGENDES (Jean de), poète français (1580-1616). — (Jean de), cousin du précédent, évêque de Mâcon, orateur de la chaire (1595-1665). — (Claude), jésuite, l'un des plus célèbres prédicateurs du 17e s. (1591-1660).

LINGER, **ÈRE**, *s.* marchand ou fabricant de linge. — *sf.* femme qui a soin du linge.

LINGERIE, *sf.* commerce de linger; lieu où l'on serre le linge.

LINGOT, *sm.* (t nul), morceau de métal fondu; petit cylindre de plomb ou de fer dont on charge un fusil.

LINGOTIÈRE, *sf.* moule à lingots.

LINGUAL, **ALE**, *adj.* (on pr *lingoual*), qui a rapport à la langue, qui appartient à la langue (p. de *pl. m.*).

LINGUET, avocat et littérateur français (1736-1794).

LINGUISTE, *sm.* (on pr. *lingu-iste*), homme versé dans la linguistique.

LINGUISTIQUE, *sf.* (on pr. *lingu-istique*), science des langues, étude des rapports qu'il y a entre les langues.

LINIÈRE, *sf.* terre semée en lin.

LINIÈRE ou **LINIÈRES**, poète français (1628-1704).

LINIMENT, *sm.* médicament avec lequel on fait des frictions.

LINNÉ ou **LINNÉE** (Charles), célèbre botaniste suédois (1707-1778).

LINOIS (de), contre-amiral français (1761-1848).

LINON, *sm.* sorte de toile de lin très-claire et très-fine.

LINOT, *sm.* **LINOTTE**, *sf.* sorte d'oiseau. *Fig.* tête de linotte, tête légère; étourdi.

LINTEAU, *sm.* pièce de bois, de pierre, etc. au-dessus de l'ouverture d'une porte ou d'une fenêtre.

LINTH, riv. de Suisse, affluent du lac de Zurich.

LINTZ ou **LINZ**, ville d'Autriche, sur le Danube.

LINUS, poète des premiers temps de la Grèce ancienne.

LION, *sm.* quadrupède carnassier du genre chat. *Fig.* homme très-brave; constellation et signe du zodiaque.

LIONCEAU, *sm.* petit lion, jeune lion.

LION D'ANGERS (Le), p. ville (Maine-et-Loire).

LIONNE, *sf.* la femelle du lion.

LIONNE (de), ministre de Louis XIV (1611-1671).

LIPARI (îles de), au N. de la Sicile.

LIPPE, *sf.* lèvre inférieure très-grosse et très-avancée.

LIPPE, riv. d'Allemagne, affluent du Danube. Elle a donné son nom aux deux principautés de *Lippe-Detmold* et de *Lippe-Schauenbourg*.

LIPPÉE, sf. bouchée; *franche lippée*, repas qui ne coûte rien.

LIPPU, UE, adj. et s. qui a de grosses lèvres.

LIPSE, V. *Juste-Lipse*.

LIQUATION, sf. (on pr. *licoucêion*), fusion d'un alliage métallique; action de séparer un métal d'un autre par une douce chaleur.

LIQUÉFACTION, sf. (on pr. *licu-éfaxion*), action de liquéfier.

LIQUÉFIER, va. (on pr. *likéfié*), rendre liquide, fondre. — SE LIQUÉFIER, vpr. se fondre.

LIQUEUR, sf. substance liquide; boisson spiritueuse.

LIQUIDATEUR s. et adj. m. celui qui est chargé de faire une liquidation.

LIQUIDATION, sf. action d'arrêter un ou plusieurs comptes; acte par lequel on arrête un compte; cessation de commerce.

LIQUIDE, adj. 2 g. fluide, coulant. *Fig.* net, clair, non sujet à contestation. — sm. ce qui est liquide; liqueur.

LIQUIDER, va. et n. faire une liquidation; *liquider son bien*, l'affranchir de dettes. — SE LIQUIDER, vpr. payer ses dettes.

LIQUIDITÉ, sf. qualité de ce qui est liquide.

LIQUOREUX, EUSE, adj. qui est comme de la liqueur.

LIQUORISTE, s. 2 g. celui, celle qui fabrique ou vend des liqueurs.

LIRE, va. parcourir des yeux ce qui est écrit, le proférer tout bas ou à haute voix; prendre connaissance d'un écrit ou d'un livre, d'un imprimé quelconque. *Fig.* comprendre, pénétrer quelque chose d'obscur. — Ind. pr. je lis, tu lis, il lit, n. lisons, v. lisez, ils lisent; *imp.* je lisais; *pas. déf.* je lus; *fut.* je lirai; *cond.* je lirais; *impér.* lis, lisons, lisez; *subj. pr.* que je lise, que tu lises, qu'il lise, que n. lisions, que v. lisiez, qu'ils lisent; *imp.* que je lusse; *part. p.* lisant; *part. p.* lu, lue.

LIRIS, riv. d'Italie, auj. *Garigliano*.

LIRON, V. *Lerot*.

LIRON (dom), sav. bénédictin français (1665-1748).

LIS, sm. (on pr. l's), sorte de plante; sa fleur. *Fig.* grande blancheur. *Fleur de lis* (on ne pr. pas l's), figure des anciennes armoiries de France.

LISBONNE, capitale du Portugal.

LISBONINE, sf. monnaie d'or de Portugal, valant 33 f. 96.

LISÉRÉ, sm. ruban étroit ou raie étroite qui borde un vêtement, une étoffe, un ruban, etc.

LISERON ou LISET, sm. sorte de plante grimpante.

LISEUR, EUSE, adj. et s. qui aime à lire, qui a l'habitude de lire.

LISFRANC (Jacques), célèbre chirurgien français (1790-1847).

LISIBLE, adj. 2 g. qui peut se lire.

LISIBLEMENT, adv. d'une manière lisible.

LISIÈRE, sf. ce qui borde une étoffe dans sa largeur; espèce de bretelles pour soutenir les petits enfants. *Fig.* bords d'un pays, d'un bois; etc. *Mener quelqu'un à la lisière*, le gouverner à sa guise.

LISIEUX, s.-préf. du Calvados.

L'ISLE-ADAM (Villiers de), V. *Villiers*.

LISSAGE, sm. action de lisser; effet de cette action; ce qui sert à lisser.

LISSE, adj. 2 g. uni, poli.

LISSE, sf. se dit de l'ensemble des fils verticaux à mailles d'un métier à tisser.

LISSER, va. rendre lisse.

LISSEUR, EUSE, s. celui, celle qui lisse.

LISSOIR, sm. instrument avec lequel on lisse.

LISTE, sf. catalogue, suite de noms de personnes ou de choses. *Liste civile*, revenus accordés à un souverain, à un prince.

LISTEL, sm. petite moulure (pl. *listeaux*).

LIT, sm. meuble où l'on couche, tout lieu où l'on peut coucher. *Fig.* couche d'une chose étendue sur une autre; canal naturel d'une rivière. *Mariage. Lit de camp*, petit lit dont le bois se démonte et qui se transporte facilement; planches inclinées servant de lit dans un corps de garde; *lit de justice*, séance solennelle que le roi tenait dans un parlement.

LITANIE, sf. longue énumération. Au pl. sorte de prière.

LITEAU, sm. raie colorée qui borde une nappe, une serviette.

LITERIE, sf. objets qui composent un lit; commerce de ces objets.

LITHARGE, sf. oxyde de plomb cristallisé.

LITHARGÉ, ÉE, ou LITHARGYRÉ, ÉE, adj. altéré avec de la litharge.

LITHIUM, sm. (on pr. *litiom*), l'un des corps simples de la chimie.

LITHOCHROME, sm. celui qui fait de la lithochromie. — adj. 2 g. obtenu par la lithochromie.

LITHOCHROMIE, sf. (gr. *lithos* pierre, *chrôma* couleur), dessin en couleur sur pierre; lithographie en couleurs.

LITHOGRAPHE, sm. dessinateur ou imprimeur en lithographie.

LITHOGRAPHIE, sf. (gr. *lithos* pierre, *graphô* écrire, dessiner), art de dessiner ou d'écrire sur pierre et d'en tirer des épreuves; l'épreuve elle-même.

LITHOGRAPHIER, va. et n. reproduire ou imprimer par la lithographie.

LITHOGRAPHIQUE, adj. 2 g. de la lithographie.

LITHOPHAGE, adj. 2 g. (gr. *lithos* pierre, *phagein* manger), qui ronge la pierre; se dit de certains coquillages qui percent les rochers calcaires pour y établir leur demeure. — sm. pl. famille de mollusques (zool.).

LITHOPHANIE, sf. (gr. *lithos* pierre, *phanos* clair, lumineux), composition semblable à une pierre blanche et qui est transparente lorsqu'elle a peu d'épaisseur; on en fait des plaques qui, traversées par la lumière, représentent des dessins ou des paysages.

LITHOTOME, sm. instrument de chirurgie avec lequel on extrait la pierre de la vessie.

LITHOTOMIE, *sf.* (gr. *lithos* pierre; *tomé* incision, taille), taille ou opération par la quelle on extrait la pierre de la vessie.

LITHOTOMISTE, *sm.* chirurgien qui pratique la lithotomie.

LITHROTRITEUR, *sm.* instrument de chirurgie avec lequel on broie la pierre dans la vessie.

LITHOTRITIE, *sf.* (gr. *lithos* pierre, *tribo* broyer), art de broyer la pierre dans la vessie.

LITHOZOAIRES, *sm. pl.* (gr. *lithos* pierre, *zôon* animal), classe d'animaux rudimentaires, à formes indéterminées, recouvrant des supports pierreux construits par ces animaux mêmes (*zool.*).

LITHUANIE, grand-duché faisant aujourd'hui partie de la Russie.

LITHUANIEN, IENNE, *adj.* et s. de la Lithuanie.

LITIÈRE, *sf.* paille que l'on répand dans les écuries et les étables; chaise couverte à brancards.

LITIGANT, ANTE, *adj.* qui plaide.

LITIGE, *sm.* contestation, procès.

LITIGIEUX, EUSE, *adj.* qui peut de sa nature être l'objet d'un procès, qui est en litige; qui aime les contestations.

LITORNE, *sf.* espèce de grive à tête cendrée.

LITOTE, *sf.* (gr. *litotès* simplicité, diminution), figure qui consiste à dire le moins pour faire entendre le plus (*rhét.*).

LITRE, *sm.* mesure d'un décimètre cube, servant d'unité aux mesures de capacité.

LITRON, *sm.* anc. mesure de capacité.

LITTÉRAIRE, *adj.* 2 g. qui appartient aux belles-lettres; qui a de la littérature.

LITTÉRAIREMENT, *adv.* sous le rapport littéraire.

LITTÉRAL, ALE, *adj.* qui est conforme à la lettre, mot à mot (pl. m. *littéraux*). *Grandeur littérale*, exprimée par des lettres (*math.*).

LITTÉRALEMENT, *adv.* à la lettre.

LITTÉRALITÉ, *sf.* attachement scrupuleux à la lettre, au texte.

LITTÉRATEUR, *sm.* celui qui connaît la littérature, qui en fait profession, qui écrit des ouvrages de littérature.

LITTÉRATURE, *sf.* connaissance des ouvrages et des règles littéraires; belles-lettres; ensemble des productions littéraires d'un peuple, d'un siècle.

LITTORAL, *sm.* rivage de la mer (pas de pl.).

LITTORAL, ALE, *adj.* du rivage de la mer. (pl. m. *littoraux*).

LITUITE, *sm.* (l. *lituus* bâton d'augure), coquille fossile de forme recourbée comme le bâton des anciens augures (*géol.*).

LITURGIE, *sf.* ordre établi dans les prières et les cérémonies du culte.

LITURGIQUE, *adj.* 2 g. qui a rapport à la liturgie.

LITURGISTE, *sm.* celui qui a écrit sur la liturgie ou qui en a fait une étude spéciale.

LIURE, *sf.* câble d'une charrette; tours de corde qui lient un objet.

LIUVA Ier, roi des Visigoths; m. 572.

LIVADIE, ville de la Grèce, ch.-l. de la Béotie.

LIVAROT, p. ville (Calvados).

LIVERPOOL (on pr. *Liverpoul*), gr. ville d'Angleterre, sur la Mersey.

LIVIDE, *adj.* 2 g. de couleur plombée et tirant sur le noir.

LIVIDITÉ, *sf.* état de ce qui est livide.

LIVIE, femme de l'emp. Auguste.— femme de Drusus, fils de Tibère.

LIVIUS, nom romain.

LIVONIE, pays de la Russie septentrionale.

LIVONIEN, IENNE, *adj.* et s. de la Livonie.

LIVOURNE, ville et port d'Italie (Toscane).

LIVRAISON, *sf.* action de livrer ce qu'on a vendu; partie d'un livre publiée séparément.

LIVRE, *sm.* feuilles imprimées réunies ensemble; ouvrage d'esprit; division d'un ouvrage; registre.— À LIVRE OUVERT, *loc. adv.* sans préparation.

LIVRE, *sf.* ancien poids; ancienne monnaie d'argent; unité monétaire de divers pays. V. *Sterling*.

LIVRÉE, *sf.* espèce d'uniforme que l'on donne aux domestiques; les domestiques eux-mêmes. *Fig.* marques extérieures.

LIVRER, *va.* mettre en possession d'une chose; abandonner, exposer à, confier; remettre par trahison. *Livrer bataille*, engager la bataille. — SE LIVRER, *vpr.* s'abandonner à; se consacrer à; se confier; se trahir.

LIVRET, *sm.* petit livre; petit registre.

LIXIVIATION, *sf.* (l. *lixivia* lessive), lavage des cendres ou d'autres matières pour en tirer les parties solubles qu'elles contiennent (*chim.*).

LIXIVIEL, ELLE, *adj.* obtenu par la lixiviation.

LLOYD, *sm.* sorte de club de négociants ou de compagnie ayant pour but les assurances ou la navigation.

LO (St), évêque de Coutances; m. 566.

LOANGO, ville et État de la Guinée méridionale.

LOANO, ville d'Italie, sur le golfe de Gênes. Victoire de Scherer sur les Austro-Sardes, en 1795.

LOBAU, île du Danube près de Vienne.

LOBAU (MOUTON, comte de), maréchal de France (1770-1838).

LOBE, *sm.* division formée par des sillons ou des échancrures; bout inférieur de l'oreille; division large et arrondie de certaines feuilles. *Lobes séminaux*, les cotylédons (*bot.*).

LOBÉ, ÉE, *adj.* partagé en lobes.

LOBEL, botaniste français (1538-1616).

LOBINEAU (dom), sav. bénédictin français (1766-1827).

LOBULAIRE, *adj.* 2 g. du lobe.

LOBULE, *sm.* petit lobe.

LOCAL, *sm.* lieu, emplacement (pl. *locaux*).

LOCAL, ALE, *adj.* qui a rapport, qui est spécial à un lieu (pl. m. *locaux*).

LOCALEMENT, *adv.* d'une manière locale; par rapport au lieu.

LOCALISATION, *sf.* action de localiser.

LOCALISER, *va.* rendre local, adapter à la localité.

LOCALITÉ, *sf.* particularité ou circonstance locale ; lieu.

LOCATAIRE, *s.* 2 *g.* celui, celle qui tient à loyer un logement.

LOCATIF, **IVE**, *adj.* du loyer ; qui concerne un locataire.

LOCATION, *sf.* action de prendre ou de donner à loyer ; action de louer des places au spectacle.

LOCATIS, *sm.* (on pr. l's), mauvais cheval de louage (*fam.*)

LOCH, *sm.* (on pr. *loc*), pièce de bois qui sert à mesurer la marche d'un navire.

LOCHE, *sf.* petit poisson de rivière.

LOCHER, *vn.* être près de tomber (ne se dit que d'un fer de cheval).

LOCHES, *p.* ville (Indre-et-Loire).

LOCHET ou **LOUCHET**, *sm.* sorte de bêche étroite.

LOCKE (John), célèbre philosophe et publiciste anglais (1632-1704).

LOCLE (Le), *p.* ville de Suisse, canton de Neufchâtel.

LOCMAN, *sm.* lamaneur.

LOCMAN ou **LOKMAN**, fabuliste arabe que l'on croit avoir été contemporain de Salomon ou n'être que Salomon lui-même.

LOCOMOBILE, *sf.* machine à vapeur qui, étant fixe, met en mouvement des wagons, un bateau, etc. — *adj.* 2 *g.* qui a la propriété dite *locomobilité*.

LOCOMOBILITÉ, *sf.* (l. *locus* lieu, *mobilis* mobile), propriété de se mouvoir d'un lieu, d'être mobile, de se déplacer.

LOCOMOTEUR, **TRICE**, *adj.* qui opère la locomotion.

LOCOMOTIF, **IVE**, *adj.* qui a rapport à la locomotion.

LOCOMOTION, *sf.* (l. *locus* lieu, *motio* mouvement), faculté ou action de se mouvoir d'un lieu, de se déplacer.

LOCOMOTIVE, *sf.* machine à vapeur qui traîne les wagons sur les chemins de fer.

LOCRES, ville de l'Italie ancienne, dans le Bruttium.

LOCRIDE, nom de deux pays de l'ancienne Grèce.

LOCRIEN, **IENNE**, *adj.* et *s.* de la Locride.

LOCULAIRE, *adj.* 2 *g.* ou **LOCULEUX**, **EUSE** (l. *loculus* loge), qui est divisé en plusieurs loges ou cavités (*bot.*).

LOCULICIDE, *adj.* 2 *g.* (l. *loculus* loge ; *scidi*, parfait de *scindo* couper, fendre), se dit d'une sorte de déhiscence dans les fruits syncarpés, lorsque les loges qui renferment les graines s'ouvrent par leur milieu, leur suture dorsale ayant cédé, tandis que les cloisons qui les séparent ont résisté (*bot.*).

LOCUSTE, fameuse empoisonneuse de Rome, qui fit périr Claude par l'ordre d'Agrippine, et Britannicus par l'ordre de Néron.

LOCUTION, *sf.* manière de parler, de s'exprimer ; expression, ensemble de mots.

LODÈVE, *s.-préf.* du dép. de l'Hérault.

LODI, ville de la Lombardie sur l'Adda. Victoire de Bonaparte sur les Autrichiens, en 1796.

LODS, *sm. pl.* droits du seigneur sur les ventes des héritages dans son fief.

LOF, *sm.* le côté que le navire présente au vent (*mar.*).

LOFER, *vn.* aller, venir, au plus près du vent (*mar.*).

LOFFODEN (îles), sur la côte de Norwége.

LOGARITHME, *sm.* (gr. *logos* rapport, raison ; *arithmos* nombre), nombre qui, dans une progression arithmétique commençant par 0, répond à un autre nombre pris dans une progression géométrique commençant par 1.

LOGARITHMIQUE, *adj.* 2 *g.* qui appartient aux logarithmes, qui y a rapport.

LOGE, *sf.* petite hutte ; logement d'un portier ; sorte de cabinet dans un théâtre ; cellule où l'on renferme un aliéné ; cage pour les bêtes féroces ; lieu où se rassemblent des francs-maçons ; cavités renfermant les pépins de certains fruits.

LOGEABLE, *adj.* 2 *g.* où l'on peut loger commodément.

LOGEMENT, *sm.* domicile habituel ; lieu où on loge.

LOGER, *vn.* habiter dans. — *va.* donner à loger. *Fig.* placer ; *loger à la belle étoile*, n'avoir pas de logement, coucher en plein air. — **SE LOGER**, *vpr.* prendre un logement ; se placer en un lieu.

LOGETTE, *sf.* petite loge.

LOGEUR, **EUSE**, *s.* celui, celle qui tient des logements garnis.

LOGICIEN, *sm.* celui qui possède l'art de raisonner, qui a de la logique.

LOGIQUE, *sf.* art de raisonner ; raisonnement ; méthode ; sens droit. — *adj.* 2 *g.* conforme aux règles de la logique.

LOGIQUEMENT, *adv.* d'une manière conforme à la logique.

LOGIS, *sm.* (s nulle), habitation, maison, hôtellerie. *Corps de logis*, partie d'une habitation.

LOGOGRIPHE, *sm.* sorte d'énigme.

LOGOMACHIE, *sf.* (l. *logos* mot, *machomai* combattre), dispute de mots.

LOGROÑO, ville d'Espagne sur l'Èbre.

LOI, *sf.* acte de l'autorité souveraine qui ordonne ou règle ; puissance, autorité ; règle qui fixe ; force qui règle l'ordre du monde physique et du monde moral.

LOIN, *adv.* à une grande distance. — **LOIN DE**, *loc. prep.* à une grande distance de. — **AU LOIN**, *loc. adv.* dans l'éloignement, dans le lointain.

LOING, *riv.* affluent de la Seine, alimente le canal de même nom.

LOINTAIN, **AINE**, *adj.* qui est fort loin, fort éloigné. — *sm.* éloignement, lieu ou point éloigné.

LOIR, *sm.* petit quadrupède de l'ordre des rongeurs.

LOIR, *riv.* de France, affluent de la Sarthe.

LOIR-ET-CHER, dép. français ; ch.-l. *Blois*.

LOIRE, fleuve de France qui se jette dans l'Océan ; elle donne son nom aux dép. suivante : LOIRE, ch.-l. *Saint-Étienne*; — HAUTE-LOIRE, ch.-l. *Le Puy*, LOIRE-INFÉRIEURE, ch.-l. *Nantes*. V. *Saône-et-Loire*, etc.

LOIRET, riv. affluent de la Loire; donne son nom à un département dont le ch.-l. est *Orléans*.

LOISEL, célèbre jurisconsulte français (1536-1617).

LOISELEUR-DESLONGCHAMPS, orientaliste français (1805-1840).

LOISIBLE, *adj.* 2 *g.* qui est permis.

LOISIR, *sm.* temps dont on peut disposer; temps suffisant pour faire une chose. — A LOISIR, *loc. adv.* à son aise, sans se presser.

LOK, V. *Looch*.

LOKEREN, ville de Belgique.

LOKMAN, V. *Locman*.

LOLIACÉES, *sf. pl.* (l. *lolium* ivraie), tribu de la famille des graminées, dont l'ivraie est le type (*bot.*).

LOLLARD (Walter), hérésiarque anglais, brûlé à Cologne en 1322.

LOMAGNE, partie de la Gascogne.

LOMBAIRE, *adj.* 2 *g.* qui appartient aux lombes.

LOMBARD, *sm.* établissement autorisé pour faire des prêts sur gages.

LOMBARD (Pierre), célèbre théologien scolastique (1100-1164).

LOMBARD, ARDE, *adj.* et *s.* de la Lombardie.

LOMBARDIE, partie de l'Italie septentrionale.

LOMBARDS, peuple d'origine germanique qui s'établit dans le nord de l'Italie en 568.

LOMBARD-VÉNITIEN (royaume), formé en 1815 de la Lombardie et de l'État vénitien au profit de l'Autriche (la Lombardie en a été détachée en 1860 et réunie aux États sardes).

LOMBES, *sm. pl.* partie inférieure du dos composée de cinq vertèbres.

LOMBEZ, s.-préf. du dép. du Gers.

LOMBRIC, *sm.* (c nul), ver de terre.

LOMÉNIE DE BRIENNE, cardinal, ministre de Louis XVI (1727-1794).

LOMOND (lac), en Écosse.

LOMONOSOF, célèbre poète russe (1711-1765).

LONATO, p. ville de la Lombardie. Victoire de Bonaparte sur les Autrichiens, en 1796.

LONDINOIS, OISE ou LONDONNIEN, IENNE, *adj.* et *s.* de Londres.

LONDONDERRY, ville d'Angleterre.

LONDRES, capitale de l'Angleterre (en anglais *London*).

LONG, LONGUE, *adj.* étendu en longueur; qui dure longtemps; lent, tardif. — DE LONGUE MAIN, *loc. adv.* depuis longtemps, V. *Longue*.

LONG, *sm.* longueur. — *adv.* beaucoup. *En dire long*, en dire beaucoup ; *en savoir long*, en savoir beaucoup, être fin, rusé. — AU LONG, TOUT AU LONG, *loc. adv.* amplement; LE LONG, TOUT LE LONG, TOUT DU LONG, AU LONG DE, *loc. prép.* en côtoyant, pendant toute la durée de.

LONGANIME, *adj.* 2 *g.* patient, qui a de la longanimité.

LONGANIMITÉ, *sf.* qualité d'un être puissant et bon, qui endure patiemment les fautes, les injures qu'il pourrait punir.

LONGE, *sf.* partie de l'échine du veau, du chevreuil ; courroie ou corde pour attacher les bêtes de somme.

LONGEPIERRE, poëte français (1659-1721).

LONGER, *va.* aller le long de; border, s'étendre le long de.

LONGÉVITÉ, *sf.* longue durée de la vie.

LONGIMÉTRIE, *sf.* (l. *longus* long; *metrum* mesure), art de mesurer les longueurs accessibles ou inaccessibles (*géom.*).

LONGIN, célèbre rhéteur et critique grec; m. 273. — (Flavius), exarque de Ravenne sous l'emp. Justin II ; 6e s.

LONGIPENNES, *sm. pl.* (l. *longa* longue, *penna* aile), famille d'oiseaux palmipèdes remarquables par leurs longues ailes (*zool.*).

LONGIROSTRES, *sm. pl.* (l. *longum* long, *rostrum* bec), famille d'oiseaux échassiers remarquables par leur bec allongé (*zool.*).

LONGITUDE, *sf.* distance angulaire d'un lieu au premier méridien, mesurée sur un parallèle.

LONGITUDINAL, ALE, *adj.* qui est dans le sens de la longueur, qui est étendu en long.

LONGITUDINALEMENT, *adv.* en longueur, dans le sens de la longueur.

LONG-JOINTÉ, ÉE, *adj.* se dit d'un cheval, d'une jument dont les articulations inférieures sont trop longues.

LONGJUMEAU, bourg (Seine-et-Oise). Paix de 1568 entre les catholiques et les protestants.

LONGOMONTANUS, astronome danois (1562-1647).

LONGTEMPS, *adv.* pendant un long espace de temps.

LONGUE, *sf.* syllabe longue ; note de plain-chant. — A LA LONGUE, *loc. adv.* avec le temps.

LONGUÉ, p. ville (Maine-et-Loire).

LONGUEIL (de), cardinal français; m. 1470.

LONGUEMENT, *adv.* durant un long temps; lentement.

LONGUERUE (l'abbé de), historien français (1652-1733).

LONGUET, ETTE, *adj.* un peu long.

LONGUEUR, *sf.* étendue d'une chose d'un bout à l'autre; durée de temps. *Fig.* diffusion de paroles, lenteur.

LONGUEVILLE (Henri, duc de), membre du conseil de régence pendant la minorité de Louis XIV et l'un des chefs de la Fronde (1595-1663). — (duchesse de), sa femme, était sœur du grand Condé et prit une part très-active à la Fronde (1619-1679).

LONGUE-VUE, *sf.* (inv.) lunette d'approche.

LONGUS, écrivain grec du 4e ou du 5e s.

LONGWOOD, habitation de Napoléon Ier à Sainte-Hélène.

LONGWY, p. ville forte (Moselle).

LONS-LE-SAULNIER, ch.-l. du dép. du Jura.

LOOCH ou LOK, *sm.* potion adoucissante.

LOPE ou LOPEZ DE VEGA, célèbre poëte dramatique espagnol (1.62-1635).

LOPHOBRANCHES, *sm. pl.* (gr. *lophos* huppe, touffe ; *brachia* branchies), ordre de poissons qui ont les branchies en forme de huppe ou de touffe (*zool.*).

LOPIN, *sm.* morceau (*pop.*).

LOQUACE, *adj.* 2 g. (on pr. *locouace*), qui parle beaucoup.

LOQUACITÉ, *sf.* (on pr. *locouacité*), défaut de la personne loquace ; habitude de parler beaucoup.

LOQUE, *sf.* lambeau d'étoffe usée.

LOQUÈLE, *sf.* (on pr. *locuèle*), facilité à parler de choses communes.

LOQUET, *sm.* (t nul), sorte de fermeture de porte très-simple.

LOQUETEAU, *sm.* petit loquet.

LOQUETEUX, EUSE, *adj.* en loques, déchiré.

LOQUETTE, *sf.* petite loque.

LORANTHACÉES ou LORANTHÉES, *sf. pl.* (l. *loranthus* gui), famille de plantes dont le gui est le type (*bot.*).

LORCA, ville d'Espagne (Murcie).

LORD, *sm.* (d nul), titre de noblesse en Angleterre.

LORENZO-MARQUEZ, gr. fleuve de l'Afrique orientale.

LORETTE, ville d'Italie sur l'Adriatique.

LORGES (Jacques de), général de François Ier ; m. 1560. — (duc de), maréchal de France (1630-1702).

LORGNADE, *sf.* action de lorgner ; coup d'œil (*fam.*).

LORGNER, *va.* regarder avec une lorgnette ; regarder à la dérobée. *Fig.* chercher à obtenir.

LORGNERIE, *sf.* action de lorgner (*fam.*).

LORGNETTE, *sf.* petite lunette d'approche.

LORGNEUR, EUSE, *s.* celui, celle qui lorgne (*fam.*).

LORGNON, *sm.* petite lunette à un seul verre.

LORGUES, p. ville (Var).

LORIENT, port, s.-préf. du Morbihan.

LORIOL, p. ville (Drôme).

LORIOT, *sm.* (t nul), sorte d'oiseau.

LORIQUET (le Père), célèbre jésuite français, auteur d'ouvrages élémentaires (1767-1845).

LORRAIN (Claude GELÉE, dit LE), célèbre peintre paysagiste franç. (1600-1682).

LORRAIN, AINE, *adj.* et *s.* de la Lorraine.

LORRAINE, anc. province de France.

LORRAINE (Charles, cardinal de), frère de François, duc de Guise (1525-1574).

LORRIS, bourg, ch.-l. de canton (Loiret). V. *Guillaume de Lorris.*

LORS, *adv.* alors.— DÈS LORS, *loc. adv.* dès ce temps-là ; en conséquence ; POUR LORS, *loc. adv.* en ce temps-là ; alors ; en ce cas. Lors DE, *loc. prép.* dans le temps de.

LORSQUE, *conj.* quand.

LOS, *sm.* louange (vx. mot).

LOSANGE, *sm.* (d'après les géomètres et l'usage commun ; *f.* suivant l'Académie), figure à 4 côtes égaux, ayant 2 angles obtus et 2 angles aigus.

LOSSE ou LOUSSE, *sf.* espèce de vrille de tonnelier.

LOT, *sm.* (t nul), portion, part d'une chose ; gain à une loterie. *Fig.* destinée, partage.

LOT (on pr. le t), riv. affluent de la Garonne ; donne son nom à un départ. français dont le ch.-l. est *Cahors.*

LOT-ET-GARONNE, dép. de la France : ch.-l. *Agen.*

LOTERIE, *sf.* jeu où des lots sont tirés au sort. *Fig.* chose de hasard.

LOTH, neveu d'Abraham.

LOTHAIRE Ier, emper., fils de Louis le Débonnaire (795-855). — LOTHAIRE II, son fils, roi de Lorraine ; m. 869. — LOTHAIRE II, emper. d'Allemagne (1075-1137). — LOTHAIRE, roi de France (941-986).

LOTI, IE, *adj.* bien ou mal traité en partage.

LOTIER, *sm.* sorte de plante odorante.

LOTION, *sf.* (on pr. *locion*), action de laver, de nettoyer.

LOTIR, *va.* partager par lots.

LOTISSEMENT, *sm.* action de faire des lots.

LOTISSEUR, *adj.* et *sm.* qui fait des lots.

LOTO et LOTO-DAUPHIN, *sm.* sortes de jeux de hasard.

LOTOPHAGE, *adj.* et *sm.* (gr. *lôtos* lotus, *phagein* manger), se dit d'anciens peuples d'Afrique qui se nourrissaient du fruit du lotus.

LOTTE, *sf.* poisson de rivière.

LOTUS ou LOTOS, *sm.* (on pr. l's), plante aquatique d'Égypte.

LOUABLE, *adj.* 2 g. que l'on doit louer, qui est digne de louanges.

LOUABLEMENT, *adv.* d'une manière louable.

LOUAGE, *sm.* cession temporaire de l'usage d'une chose moyennant un prix convenu.

LOUANGE, *sf.* éloge.

LOUANGER, *va.* donner des louanges, faire l'éloge.

LOUANGEUR, EUSE, *adj.* et *s.* qui a l'habitude de louer sans discernement, qui a le caractère de louange.

LOUCHE, *adj.* 2 g. dont les yeux ont une direction différente. *Fig.* dont les rapports ne sont pas bien marqués ; qui est équivoque ou fait équivoque ; qui n'est pas clair ; qui est douteux, peu assuré. — *sm.* ce qui est louche.

LOUCHER, *va.* avoir des yeux qui n'ont pas la même direction.

LOUCHERIE, *sf.* défaut, habitude, action du loucheur.

LOUCHET, *sm.* (t nul), sorte de bêche.

LOUCHEUR, EUSE, *s.* celui, celle qui louche.

LOUDÉAC, s.-préf. des Côtes-du-Nord.

LOUDUN, s. préf. du dép. de la Vienne.

LOUER, *va.* donner ou prendre à loyer ; donner des louanges. — SE LOUER, *vpr.*

offrir ses services pour de l'argent; se donner des louanges; se féliciter de; être satisfait de : *je me loue de sa conduite.*

LOUEUR, EUSE, s. celui, celle qui donne à louage; louangeur.

LOUGRE, sm. sorte de navire marchand.

LOUHANS, s.-pref. de Saône-et-Loire.

LOUIS, sm. (s nullé), ancienne monnaie d'or qui valait 24 livres.

LOUIS (s nullé), nom de plusieurs princes, entre autres : *Rois de France :* LOUIS Iᵉʳ LE DÉBONNAIRE, empereur d'Occident (778-840); LOUIS IV D'OUTRE-MER, fils de Charles le Simple (918-954); LOUIS VI LE GROS, fils de Philippe Iᵉʳ (1078-1137); LOUIS VII LE JEUNE, fils du précédent (1120-1180); LOUIS VIII LE LION, fils de Philippe-Auguste (1187-1226); LOUIS IX (saint Louis), fils de Louis VIII (1215-1270); LOUIS X LE HUTIN, fils de Philippe le Bel (1289-1316); LOUIS XI, fils de Charles VII (1423-1483); LOUIS XII, fils de Charles d'Orléans (1462-1515); LOUIS XIII, fils de Henri IV (1601-1643); LOUIS XIV LE GRAND, fils de Louis XIII (1638-1715); LOUIS XV, fils du duc de Bourgogne et arrière-petit fils de Louis XIV (1710-1775); LOUIS XVI, petit-fils de Louis XV (1754-1793); LOUIS XVII, fils de Louis XVI (1785-1795); LOUIS XVIII, frère de Louis XVI (1755-1824). — *Rois de Hongrie :* LOUIS Iᵉʳ LE GRAND (1326-1382); LOUIS II (1506-1526). V. *Bonaparte.*

LOUIS (le baron), ministre des finances sous Louis XVIII (1755-1837).

LOUIS DE GONZAGUE (St), jésuite (1568-1591).

LOUISE, nom de femme. *Louise de Savoie,* mère de François Iᵉʳ (1476-1532).

LOUISIADE, archipel de l'Océanie.

LOUISIANE (LA), l'un des États de l'Union (États-Unis).

LOUIS-PHILIPPE, roi des Français de 1830 à 1848, fils de Louis-Philippe-Joseph duc d'Orléans (1773-1850).

LOUP, sm. animal carnassier du genre chien; espèce de masque de velours ou de soie.

LOUP (St), évêque de Troyes; m. 478. V. *Leu* (St).

LOUP-CERVIER, sm. (pl. *loups-cerviers*), animal carnassier du genre chat. *Fig.* homme rapace.

LOUPE, sf. tumeur, excroissance; verre qui grossit les objets.

LOUPEUX, EUSE, adj. qui a des loupes.

LOUP-GAROU, sm. (pl. *loups-garous*), prétendu sorcier ou esprit malin qui courait la nuit. *Fig.* homme insociable, d'humeur bourrue.

LOUQSOR ou **LUXOR,** village de la haute Égypte sur le Nil et au milieu des ruines de Thèbes.

LOURD, LOURDE, adj. pesant, qui est difficile à mouvoir, qui se meut avec peine. *Fig.* onéreux, fatigant, difficile à supporter; grossier, sans grâce.

LOURDAUD (d final nul), AUDE, s. grossier et maladroit.

LOURDAUDERIE, sf. maladresse, action d'un lourdaud.

LOURDEMENT, adv. pesamment, gauchement, grossièrement.

LOURDERIE, sf. grossièreté, maladresse.

LOURDES, p. ville (Hautes-Pyrénées).

LOURDEUR, sf. état de ce qui est lourd : ne se dit guère qu'au *fig.* dans les arts du dessin et en littérature.

LOURDISE, sf. lourderie.

LOUSTIC, sm. bouffon de caserne.

LOUTRE, sf. petit quadrupède carnassier digitigrade.

LOUVAIN, ville de Belgique, sur la Dyle.

LOUVAT, sm. (t nul), jeune loup (*La Fontaine*).

LOUVE, sf. femelle du loup; outil de fer pour lever des pierres.

LOUVER, va. faire un trou dans une pierre, pour y mettre la louve.

LOUVERTURE (Toussaint), chef des nègres révoltés de l'île de Saint-Domingue; m. 1803.

LOUVET (Jean-Baptiste), conventionnel (1760-1797).

LOUVET, ETTE, adj. de la couleur du poil du loup.

LOUVETEAU, sm. petit de la louve, jeune loup.

LOUVETER, vn. se dit de la louve qui a fait des petits.

LOUVETERIE, sf. équipage pour la chasse au loup; tout ce qui concerne cette chasse.

LOUVETIER, sm. officier qui commande la louveterie.

LOUVIERS, s.-préf. du dép. de l'Eure. — sm. drap fabriqué à Louviers.

LOUVOIS (marquis de), ministre de la guerre sous Louis XIV (1641-1691).

LOUVOYER, vn. naviguer contre le vent. *Fig.* prendre des détours pour arriver à un but (s. employer).

LOUVRE, sm. palais à Paris. *Fig.* habitation magnifique.

LOVELACE, sm. séducteur.

LOWE (Hudson), gouverneur de l'île Sainte-Hélène pendant la captivité de Napoléon Iᵉʳ (1770-1844).

LOWENDAHL (comte de), Hambourgeois, successivement au service du Danemark, de l'Autriche, de la Russie et de la France où il reçut le grade de maréchal (1700-1755).

LOXODROMIE, sf. (gr. *loxos* oblique, *dromos* course), route oblique d'un navire ou courbe qu'il décrit en suivant le même rumb de vent.

LOXODROMIQUE, adj. 2 g. de la loxodromie.

LOYAL, ALE, adj. qui est sans fraude, de bonne qualité. *Fig.* fidèle; plein de droiture, d'honneur, de probité.

LOYALEMENT, adv. avec loyauté.

LOYAUTÉ, sf. caractère ou qualité de la personne loyale, qui est probe, fidèle, de bonne foi.

LOYER, sm. prix de louage d'un objet, d'un appartement, d'une maison; salaire. *Fig.* récompense.

LOZANGE, V. *Losange.*

LOZÈRE, montagne dans les Cévennes, a

donné son nom à un département français dont le ch.-l. est *Mende.*

LUBECK, ville libre de la Confédération germanique sur la Trave.

LUBERSAC, p. ville (Corrèze).

LUBIE, *sf.* caprice extravagant.

LUBIN (St), évêque de Chartres ; m. 556.

LUBLIN, ville de Pologne.

LUBRICITÉ, *sf.* lasciveté.

LUBRIFIER, *va.* oindre, rendre glissant.

LUBRIQUE, *adj.* 2 g. lascif.

LUBRIQUEMENT, *adv.* d'une manière lubrique.

LUC (Le), p. ville (Var).

LUC (St), évangéliste ; 1er s.

LUCAIN, poète épique latin, auteur de *la Pharsale* (39-65).

LUCANIE, partie de l'anc. Italie méridionale.

LUCANIEN, IENNE, *adj.* et *s.* de la Lucanie.

LUCARNE, *sf.* ouverture pratiquée dans un toit.

LUCAS (Paul), célèbre voyageur français (1664-1737).

LUCAS DE LEYDE, peintre et graveur hollandais (1494-1533).

LUCAYES, îles d'Amérique dans l'océan Atlantique.

LUCE, nom de plusieurs papes, entre autres : SAINT LUCE ou LUCIUS Ier, m. 253; LUCE ou LUCIUS II, m. 1145. — SAINTE LUCE, V. *Lucie.*

LUCE DE LANCIVAL, poète tragique français (1766-1810).

LUCERA, ville de l'Italie méridionale.

LUCERNE, ch.-l. du canton de ce nom (Suisse).

LUCIDE, *adj.* 2 g. qui est lumineux, qui est clair, où la lumière se montre. *Intervalle lucide,* où la raison revient.

LUCIDITÉ, *sf.* qualité de ce qui est lucide.

LUCIE (Ste), vierge et martyre; m. 304.

LUCIEN, célèbre auteur grec, satirique et moraliste; 2e s.

LUCIEN (St), martyr, apôtre de Beauvais; m. 290. — (St), prêtre de Nicomédie et martyr; m. 312.

LUCIEN BONAPARTE, V. *Bonaparte.*

LUCIFER, *sm.* (on pr. l'r : l. *lux,* gén. *lucis* lumière; *ferre* porter), littér. qui apporte la lumière, qui annonce le jour ; nom de la planète Vénus quand, précédant le soleil, elle se lève avant cet astre. C'est aussi le nom que l'Écriture sainte donne au prince des démons.

LUCILIUS, poète satirique latin (148-103 av. J. C.).

LUCIMÈTRE, *sm.* instrument pour mesurer l'intensité de la lumière *(phys.).*

LUCINE, déesse qui présidait aux accouchements *(myth.).*

LUCIOLE, *sf.* sorte de mouche qui vole le soir en brillant comme le ver luisant.

LUCIUS, prénom romain, V. *Luce.*

LUCKNER, Bavarois d'abord au service de la Prusse, puis de la France, où il obtint le grade de maréchal (1722-1794).

LUCKNOW ou **LAKNAU,** gr. ville de l'Hindoustan.

LUÇON, p. ville (Vendée). — la plus grande des îles Philippines.

LUCQUES, ville d'Italie.

LUCQUOIS, OISE, *adj.* et *s.* de Lucques.

LUCRATIF, IVE, *adj.* qui apporte du gain, du profit.

LUCRATIVEMENT, *adv.* avec lucre, avec profit.

LUCRE, *sm.* gain, profit.

LUCRÈCE, femme de Tarquin Collatin; m. 569 av. J. C.

LUCRÈCE, célèbre poète latin, auteur d'un poème intitulé *de Naturâ rerum* (de la nature des choses); 1er s. av. J. C.

LUCRIN (lac), petit lac dans la Campanie, auj. *lago di Licola.*

LUCTUEUX, EUSE, *adj.* plaintif.

LUCULLUS, consul romain et habile général, célèbre par son luxe (115-49 av. J. C.).

LUCUMON, *sm.* mot étrusque signifiant *chef, prince* ou *roi.*

LUCUMONIE, *sf.* contrée gouvernée par un lucumon, dignité de lucumon.

LUDE (Le), ch.-l. de canton (Sarthe).

LUDGER (St), évêque de Munster; m. 809.

LUDION, *sm.* boule de verre pleine d'air et surmontée d'une figure d'émail, qui descend au fond de l'eau quand on appuie la main sur la peau qui bouche le vase *(phys.).*

LUDLOW, l'un des principaux chefs de la révolution d'Angleterre et l'un des juges du roi Charles Ier (1620-1693).

LUDOVIC, nom d'homme, le même que Louis. V. *Sforce.*

LUETTE, *sf.* partie charnue à l'entrée du gosier.

LUEUR, *sf.* faible lumière; éclat de ce qui brille. *Fig.* légère apparence.

LUGANO, ville et lac de Suisse.

LUGUBRE, *adj.* 2 g. funèbre, triste.

LUGUBREMENT, *adv.* d'une manière lugubre.

LUI, *pron. pers.* de la 3e pers. du s.

LUIRE, *vn.* éclairer, jeter ou réfléchir la lumière. *Fig.* paraître, briller. — *Ind. pr.* je luis, tu luis, il luit, n. luisons, v. luisez, ils luisent; *imp.* je luisais (point de p. déf.); *fut.* je luirai; *cond.* je luirais (point d'impér.); *subj.* pr. que je luise (point d'imp. du *subj.); part. pr.* luisant; *part. p.* lui (point de f.).

LUISANT, ANTE, *adj.* qui luit. — *sm.* éclat. — *sf.* étoile brillante.

LUITPRAND, roi des Lombards; m. 741.

LUKNOW, V. *Lucknow.*

LULÉA, riv. de Suède, affluent de la mer Baltique.

LULLE (Raymond), célèbre théologien scolastique espagnol (1235-1315).

LULLI (Jean-Baptiste), célèbre compositeur de musique (1633-1687).

LUMACHELLE, *sf.* espèce de marbre renfermant des débris de coquilles.

LUMBAGO, *sm.* (on pr. *lombago*), rhumatisme dans les reins.

LUMIÈRE, *sf.* ce qui éclaire et rend les objets visibles; jour, clarté, bougie ou lampe allumée; petit trou à la culasse d'une arme à feu. *Fig.* la vie, l'intelligence; connaissances; publicité; indications, éclaircissements.

LUMIGNON, *sm.* bout d'une mèche.

LUMINAIRE, *sm.* corps naturel qui éclaire: *le soleil et la lune sont les deux grands luminaires du ciel;* cierges d'église pour le service divin.

LUMINEUSEMENT, *adv.* d'une manière lumineuse.

LUMINEUX, EUSE, *adj.* qui donne de la lumière. *Fig.* brillant, clair, net.

LUNAIRE, *adj.* 2 *g.* de la lune. — *sf.* sorte de plante astringente.

LUNAISON, *sf.* espace de temps d'une nouvelle lune à une autre.

LUNATIQUE, *adj.* et *s.* 2 *g.* qui est soumis aux influences de la lune. *Fig.* capricieux, fantasque.

LUNDI, *sm.* second jour de la semaine.

LUNE, *sf.* satellite de la terre (se dit aussi des satellites d'autres planètes); *lune rousse,* lune d'avril. *Fig.* caprice (*pop.*); *lune de miel,* premier mois de mariage; *faire un trou à la lune,* s'en aller furtivement sans payer ses dettes; *aboyer à la lune,* crier vainement contre quelqu'un. V. *Demi-lune.*

LUNEBOURG, ville du Hanovre.

LUNEL, p. ville (Hérault).

LUNETTE, *sf.* instrument composé d'un ou de plusieurs verres pour rendre la vision plus distincte, pour soulager la vue, pour grossir les objets; orifice du siége des latrines.

LUNETTIER, *sm.* fabricant ou marchand de lunettes.

LUNÉVILLE, s.-préf. du dép. de la Meurthe.

LUNI-SOLAIRE, *adj.* 2 *g.* se dit de ce qui est composé de la révolution du soleil et de celle de la lune (*astr.*).

LUNULE, *sf.* figure ayant la forme d'un croissant.

LUNULÉ, ÉE, *adj.* qui est en forme de croissant (*bot.* et *zool.*).

LUPATA (monts), en Afrique.

LUPERCALES, *sf. pl.* fêtes chez les anciens Romains en l'honneur de Pan.

LUPIN, *sm.* sorte de plante légumineuse.

LUPULINE, *sf.* trèfle noir.

LURE, s.-préf. de la Haute-Saône.

LURIDE, *adj.* 2 *g.* jaunâtre, pâle, de couleur de cadavre.

LURON, ONNE, *s.* joyeux, bon vivant; vigoureux, déterminé (*pop.*).

LUSACE, contrée de l'Allemagne septentrionale.

LUSIGNAN, p. ville (Vienne). — GUI DE LOSIGNAN, dernier roi de Jérusalem; m. 1194.

LUSITANIE, ancien nom du Portugal.

LUSITANIEN, IENNE, *adj.* et *s.* de la Lusitanie.

LUSTRAGE, *sm.* action de lustrer; effet de cette action.

LUSTRAL, ALE, *adj.* qui concerne les purifications, qui sert aux purifications (pl. m. *lustraux*).

LUSTRATION, *sf.* action de purifier.

LUSTRE, *sm.* éclat, poli, brillant; chandelier à plusieurs branches que l'on suspend au plafond; espace de cinq ans.

LUSTRER, *va.* donner du lustre.

LUSTREUR, *sm.* ouvrier qui lustre une étoffe.

LUSTRINE, *sf.* sorte d'étoffe de soie ou de coton.

LUSTROIR, *sm.* instrument pour lustrer, pour polir; molette.

LUT, *sm.* (on pr. le *t*), enduit pour boucher des vases, des tubes, etc.

LUTATIUS CATULUS, nom de plusieurs consuls romains.

LUTÈCE, anc. nom de Paris.

LUTER, *va.* enduire de lut.

LUTH, *sm.* (on pr. le *t*), sorte d'instrument de musique à cordes.

LUTHER (Martin), moine augustin, chef de la réformation religieuse en Allemagne (1483-1546).

LUTHÉRANISME, *sm.* doctrine religieuse de Luther.

LUTHERIE, *sf.* profession, commerce, ouvrage de luthier.

LUTHÉRIEN, IENNE, *adj.* et *s.* qui suit la doctrine de Luther, conforme à la doctrine de Luther.

LUTHIER, *sm.* fabricant d'instruments de musique.

LUTIN, *sm.* esprit follet. *Fig.* enfant espiègle.

LUTIN, INE, *adj.* éveillé, piquant.

LUTINER, *va.* tourmenter. — *vn.* faire le lutin.

LUTRIN, *sm.* pupitre d'église.

LUTTE, *sf.* sorte d'exercice, de combat corps à corps. *Fig.* guerre, conflit, dispute.

LUTTER, *vn.* jouter à la lutte. *Fig.* combattre, résister, disputer.

LUTTEUR, *sm.* celui qui lutte.

LUTZEN, ville de la Saxe prussienne. Bataille où fut tué Gustave-Adolphe, vainqueur des Impériaux, 1632; victoire de Napoléon 1er sur les Russes et les Prussiens, 1813.

LUXATION, *sf.* déplacement d'un os hors de sa cavité.

LUXE, *sm.* somptuosité. *Fig.* grande abondance, superfétation, superfluité; parure, ornement.

LUXEMBOURG, capitale du duché de ce nom.

LUXEMBOURG (Henri de MONTMORENCY-BOUTEVILLE, duc de), célèbre maréchal de France (1628-1695).

LUXEMBOURGEOIS, OISE, *adj.* et *s.* du Luxembourg ou de la ville de ce nom.

LUXER, *va.* produire une luxation.

LUXEUIL, p. ville (Haute-Saône).

LUXOR, V. *Lougsor.*

LUXUEUSEMENT, *adv.* avec luxe.

LUXUEUX, EUSE, *adj.* qui a du luxe, où il y a du luxe.

LUXURE, *sf.* l'un des sept péchés capitaux.

LUXURIANT, ANTE, adj. abondant, fertile à l'excès.

LUXURIEUSEMENT, adv. avec luxure.

LUXURIEUX, EUSE, adj. adonné à la luxure; qui excite à la luxure.

LUYNES (Charles d'Albert, duc de), connétable de France et favori de Louis XIII (1577-1621).

LUZERNE, sf. plante fourragère de la famille des légumineuses.

LUZERNIÈRE, sf. champ semé de luzerne.

LUZZARA, p. ville du duché de Parme. Bataille entre les Français et les Impériaux, en 1702.

LYCANTHROPE, sm. homme atteint de lycanthropie.

LYCANTHROPIE, sf. (gr. *lykos* loup, *anthropos* homme), espèce de délire dans lequel le malade se croit changé en loup ou en tout autre animal.

LYCAON, roi d'Arcadie, métamorphosé en loup (myth.).

LYCAONIE, région de l'Asie Mineure.

LYCÉE, sm. portique d'Athènes qui a donné son nom à la secte philosophique d'Aristote; collège de premier ordre.

LYCÉE (mont), dans l'Arcadie.

LYCÉEN, sm. élève d'un lycée.

LYCIE, région de l'Asie Mineure.

LYCOMÈDE, roi de Scyros, reçut à sa cour Achille, caché sous les vêtements de femme.

LYCOPHRON, poëte grec du 2e s. av. J. C.

LYCOPERDON, sm. (gr. *lykos* loup, *perdô* peter), espèce de champignon à poussière puante, vulgairement *vesse-de-loup* (bot.).

LYCOPODE, sm. (gr. *lykos* loup; *pous,* gen. *podos* pied), plante vulgairement appelée *pied-de-loup* (bot.).

LYCOPODIACÉES, sf. famille de plantes dont le type est le lycopode (bot.).

LYCURGUE, législateur de Sparte, 9e s. av. J. C. — orateur athénien (408-326 av. J. C.).

LYDIE, région de l'Asie Mineure.

LYDIEN, IENNE, adj. et s. de la Lydie.

LYMPHATIQUE, adj. 2 g. qui a rapport à la lymphe: se dit en anatomie des vaisseaux qui transportent la lymphe, et en botanique des vaisseaux qui renferment des sucs aqueux.

LYMPHE, sf. humeur transparente qui circule dans certains vaisseaux du corps.

LYNCÉE, mari d'Hypermnestre, l'une des Danaïdes. — l'un des Argonautes.

LYNCH (Loi de), justice sommaire exercée par le peuple aux États-Unis.

LYNX, sm. quadrupède carnassier du genre chat, auquel les anciens attribuaient une vue très-perçante.

LYON, ch.-l. du dép. du Rhône.

LYONNAIS, sm. anc. province de France.

LYONNAIS, AISE, adj. et s. de Lyon. — LYONNAISE, sf. nom de plusieurs provinces de la Gaule sous la domination romaine.

LYRE, sf. ancien instrument à cordes. *Fig.* talent du poëte, verve poétique, action de faire des vers, constellation.

LYRIQUE, adj. 2 g. qui se chante sur la lyre; propre à être mis en musique; qui concerne la musique. — sm. genre lyrique ou de l'ode; poëte qui écrit dans ce genre.

LYRISME, sm. caractère du style lyrique ou de l'ode.

LYS, riv. de France et de Belgique, affluent de l'Escaut.

LYSANDRE, général lacédémonien; m. 394 av. J. C.

LYSIAS, orateur athénien; m. 380 av. J. C. — général d'Antiochus Epiphane; m. 162 av. J. C.

LYSIEN, IENNE, adj. (gr. *lyô* dissoudre), se dit des terrains qui ont été formés par voie de dissolution chimique (geol.).

LYSIMACHIE (on pr. Lisimaki), ville de la Thrace ancienne.

LYSIMAQUE, l'un des généraux d'Alexandre; m. 282 av. J. C.

LYSIPPE, fameux statuaire grec; 4e s. av. J. C.

LYSTRA ou LYSTRE, ville de la Lycaonie.

LYTHRARIÉES, sf. pl. famille de plantes, qui a pour type la salicaire, plante aquatique à fleurs rouges et dont le nom botanique est *lythrum:* du grec *lythron* ou, sang, couleur de sang ou de pourpre (bot.).

M

M, sf. ou *m.* treizième lettre de l'alphabet; vaut 1000 en chiffres romains.

M'A, adj. possessif f. V. Mon.

MABILLON, savant bénédictin français (1632-1707).

MABLY (de), littérateur français (1709-1785).

MACADAM, sm. se dit d'une route, d'une voie ferrée en cailloux, d'après le système de l'Anglais Mac-Adam.

MACADAMISAGE, sm. action de macadamiser; résultat de cette action.

MACADAMISER, va. ferrer une route, une voie en macadam.

MACAIRE (St), solitaire de la Thébaïde (300-390). — (St), solitaire de Nitrie dans la basse Égypte; m. 394.

MACAO, ville appartenant aux Portugais, dans la baie de Canton.

MACAQUE, sm. genre de singe.

MACARON, sm. sorte de petite pâtisserie.

MACARONÉE, sf. vers burlesques dont la plupart des mots ont une terminaison latine.

MACARONI, sm. pâte en forme de petits cylindres creux (mot italien).

MACARONIQUE, adj. 2 g. qui est en style de macaronée.

MACAULAY (Thomas, baron), historien anglais (1800-1859).

MACASSAR, ville de l'île Célèbes.

MACBETH, roi d'Écosse ; m. 1056.

MAC-CARTY (Jacques), géographe français d'origine irlandaise (1785-1835).

MACCHABÉE ou MACHABÉE (Malathias), chef des Hébreux; m. 166 av. J. C. Il eut pour fils Judas, m. 161 av. J. C. Jonathas, m. 143; Simon, m. 133.—LES MACCHABÉES, nom de sept frères hébreux qui souffrirent le martyre sous Antiochus Épiphane.

MACCLESFIELD, ville manufacturière d'Angleterre.

MACDONALD, duc de Tarente, maréchal de France (1765-1840).

MACÉDOINE, sf. ragoût composé de mélanges ; sorte de jeu de cartes. Fig. ouvrage sans unité, formé de morceaux de différents genres.

MACÉDOINE, royaume de l'ancienne Grèce.

MACÉDONIEN, IENNE, adj. et s. de la Macédoine.—MACÉDONIENS, partisans de l'hérésie de Macedonius.

MACÉDONIUS, patriarche de Constantinople, hérésiarque du 4e s.

MACER (Clodius), préteur en Afrique sous Néron ; m. 68.

MACERATA, ville d'Italie dans les anciens États de l'Église.

MACÉRATION, sf. action de macérer ou de se macérer.

MACÉRER, va. faire séjourner dans un liquide pour extraire les principes solubles. Fig. mortifier le corps par des austérités. — SE MACÉRER, vpr. même signification.

MACHABÉE, V. Macchabées.

MACHANIDAS (on pr. Macanidas), tyran de Sparte; m. 206 av. J. C.

MACHAON (on pr. Macaon) et PODALIRE, célèbres médecins, fils d'Esculape (myth.).

MACHAULT D'ARNOUVILLE, garde des sceaux et contrôleur général des finances sous Louis XV (1701-1794).

MÂCHE, sf. herbe potagère que l'on mange en salade.

MÂCHÉ, ÉE, adj. part. qui a été soumis à la mastication. Fig. préparé, à moitié fait (fam.).

MACHECOUL, p. ville (Loire-Inférieure).

MÂCHECOULIS ou MÂCHICOULIS, sm. ouvertures pratiquées dans les galeries supérieures des anciennes fortifications.

MÂCHEFER, sm. scorie du fer rouge battu.

MÂCHELIÈRE, adj. et sf. se dit d'une dent molaire.

MÂCHER, va. broyer avec les dents. Fig. Mâcher la besogne, la faciliter; mâcher à vide, se repaître de vaines espérances. Je ne le lui ai point mâché, je le lui ai dit sans ménagements (fam.).

MÂCHEUR, EUSE, s. celui, celle qui mâche. Fig. gourmand (fam.).

MACHIAVEL (on pr. Makiavel), célèbre historien et publiciste italien (1469-1530).

MACHIAVÉLIQUE, adj. 2 g. qui tient du machiavélisme. Fig. astucieux.

MACHIAVÉLISME, sm. politique astucieuse d'après les principes consignés dans le livre du Prince de Machiavel. Fig. astuce, conduite perfide.

MACHIAVÉLISTE, sm. celui qui pratique le machiavélisme.

MÂCHICATOIRE, sm. drogue que l'on mâche sans l'avaler.

MÂCHICOULIS, V. Mâchecoulis.

MACHINAL, ALE, adj. semblable au jeu d'une machine; involontaire (pl. m. machinaux).

MACHINALEMENT, adv. d'une manière machinale.

MACHINATEUR, sm. celui qui fait quelque machination.

MACHINATION, sf. intrigue, complot, mauvais desseins.

MACHINE, sf. instrument propre à faire mouvoir, à traîner, lever, lancer, tirer quelque chose; combinaison de ressorts. Fig. intrigue, ruse; personne sans énergie, sans volonté, que l'on fait mouvoir comme on veut.

MACHINER, va. former de mauvais desseins, pratiquer des menées sourdes.

MACHINISTE, sm. celui qui invente, construit ou conduit des machines.

MÂCHOIRE, sf. partie de la bouche dans laquelle les dents sont enchâssées. Fig. personne inhabile et bornée.

MÂCHONNER, va. mâcher avec difficulté, négligence. Fig. mâchonner ses paroles, n'articuler les mots qu'à moitié (fam.).

MÂCHURE, sf. partie du drap sans poil.

MÂCHURER, va. barbouiller de noir ; pas tirer sa feuille nette (imprim.).

MACIGNO, sm. mot italien, se disant d'un terrain épicretacé qui se trouve principalement sur les versants des Apennins (géol.).

MACIS, sm. écorce intérieure de la muscade.

MACK (baron de), général autrichien (1752-1828).

MACKAU (de), amiral français (1788-1855).

MACKENSIE, fl. de l'Amérique du Nord; jette dans l'océan Glacial.

MACKINTOSH, historien anglais (1765-1832).

MACLOU ou MALO (St), évêque; m. 565.

MAÇON, sm. ouvrier en maçonnerie. Fig. ouvrier qui travaille grossièrement.

MÂCON, ch.-l. de Saône-et-Loire.

MAÇONNAGE, sm. travail du maçon.

MÂCONNAIS, sm. pays de Mâcon.

MÂCONNAIS, AISE, adj. et s. de Mâcon.

MAÇONNER, va. travailler en maçonnerie; fermer une ouverture avec du plâtre. Fig. travailler grossièrement.

MAÇONNERIE, sf. toute construction pour laquelle on emploie de la pierre, de la brique, du mortier, etc.

MAÇONNIQUE, adj. 2 g. qui appartient à la franc-maçonnerie.

MACOUBA, sm. sorte de tabac.

MACPHERSON (Jacques), célèbre écrivain anglais (1738-1796).

MACQUE, sf. instrument pour briser le chanvre.

MACQUER, *va.* briser avec la macque.

MACRA, riv. de l'Italie ancienne, affluent du golfe de Gênes.

MACREUSE, *sf.* oiseau aquatique semblable au canard.

MACRIEN, l'un des trente tyrans qui se firent proclamer empereurs pendant la captivité de Valérien, l'an 260.

MACRIN, emper. romain; m. 218.

MACROBE, écrivain latin du 5e s.

MACROCÉPHALE, *adj.* 2 g. (gr. *makros* grand, *képhalé* tête), qui a une grande tête.

MACROCOSME, *sm.* (gr. *kosmos* grand; *kosmos* monde, univers), littéral. le *grand monde* ou l'Univers, par opposition au *microcosme*, V. ce mot.

MACRODACTYLES, *sm. pl.* (gr. *makros* grand, *daclylos* doigt), famille d'oiseaux échassiers ayant des doigts très-longs (*zool.*).

MACRON, préfet du prétoire, assassin de Tibère; m. 38.

MACROPODE, *adj.* 2 g. (gr. *makros* grand; *pous*, gen. *podos* pied), qui a de grands pieds ou de longues pattes (*zool.*).

MACROPTÈRE, *adj.* 2 g. (gr. *makros* grand, *ptéron* aile), qui a les ailes très-longues (*zool.*).

MACROTHÉRIUM, *sm.* (gr. *makros* grand, *thér* animal), grand mammifère de l'ordre des édentés, trouvé à l'état de fossile (*géol.*).

MACROURES, *sm. pl.* (gr. *makros* grand, *oura* queue), famille de crustacés décapodes à longue queue (*zool.*).

MACTA, riv. de l'Algérie, dans la province d'Oran.

MACULATION, *sf.* action de maculer (t. d'imprimerie).

MACULATURE, *sf.* feuille d'imprimerie barbouillée ou tachée d'encre.

MACULE, *sf.* tache, souillure; tache obscure sur le disque du soleil.

MACULER, *va.* et *n.* tacher, barbouiller.

MADAGASCAR, grande île de l'océan Indien sur la côte d'Afrique.

MADAME, *sf.* titre des femmes mariées ou des religieuses. Au pl. *mesdames*.

MADAPOLAM, *sm.* sorte de percale.

MADAPOLLAM, gr. ville de l'Hindoustan.

MADÉCASSE, *adj.* et *s.* 2 g. de Madagascar; indigène de Madagascar.

MADÉFACTION, *sf.* (on pr. *madéfaxion*), action d'humecter.

MADÉFIER, *va.* rendre humide une substance, l'humecter.

MADELEINE (Ste Marie), sœur de sainte Marthe.

MADELEINE, *sf.* sorte de gâteau.

MADELONNETTES, *sf. pl.* maison religieuse fondée à Paris en 1618 et qui servit de prison politique pendant la révolution; c'est auj. une prison de femmes.

MADEMOISELLE, *sf.* titre des petites filles et des femmes non mariées. Au pl. *mesdemoiselles*.

MADÈRE, île et archipel appartenant aux Portugais, dans l'océan Atlantique. — *sm.* vin qu'on y récolte.

MADERNO (Charles), architecte italien (1556-1629).

MADGIAR ou MADGYAR, Hongrois.

MADIAN, anc. ville et contrée de l'Arabie Pétrée.

MADIANITE, *adj.* 2 g. de la contrée de Madian.

MADONE, *sf.* image de la sainte Vierge.

MADRAGUE, *sf.* enceinte de filets pour prendre le thon.

MADRAS, ville de l'Hindoustan.

MADRAS, *sm.* étoffe de soie et de coton, primitivement fabriquée à Madras.

MADRÉ, ÉE, *adj.* tacheté; marqué de diverses couleurs (peu usité). *Fig.* rusé.

MADRÉPORE, *sm.* genre de polypier pierreux dont les cellules ont une forme étoilée ou rayonnée (*zool.*).

MADRID, capitale de l'Espagne.

MADRIER, *sm.* planche de chêne fort épaisse.

MADRIGAL, *sm.* sorte de petite pièce de vers.

MADRILÈNE, *adj.* et *s.* 2 g. de Madrid.

MADRURE, *sf.* tache sur la peau ou sur le bois.

MÆLAR (lac), en Suède.

MAELSTROM, *sm.* gouffre sur une des îles Loffoden (côte de Norwège).

MAESTRICHT, ville de Hollande sur la Meuse.

MAESTRO, *sm.* (mot italien signifiant *maître*), se dit d'un habile compositeur de musique.

MAFFEI, poëte et littérateur italien (1675-1755).

MAFFLÉ, ÉE, ou MAFFLU, UE, *adj.* qui a de grosses joues.

MAFUMO, fl. de l'Afrique australe.

MAGADOXO, capitale d'un royaume de même nom sur la côte orientale de l'Afrique.

MAGASIN, *sm.* lieu où sont amassées des marchandises, des provisions ou des munitions de guerre. *Fig.* recueil de productions de l'esprit : *magasin pittoresque*.

MAGASINAGE, *sm.* séjour de marchandises dans un magasin.

MAGASINIER, *sm.* celui qui garde le magasin; registre du magasin.

MAGDALENA, fl. de l'Amérique méridionale, affluent de la mer des Antilles.

MAGDEBOURG, ville de Prusse sur l'Elbe.

MAGDELEINE, V. *Madeleine*.

MAGE, *sm.* prêtre chez les anciens Perses. *Les trois mages*, les trois personnages qui vinrent de l'Orient, adorer l'enfant Jésus dans la crèche.

MAGEDDO, anc. ville de la Palestine. Victoire de Néchao, roi d'Égypte, sur Josias, roi de Juda. 609 av. J. C.

MAGELLAN, navigateur portugais, qui le premier fit le tour du monde; m. 1521. — *Détroit de Magellan*, au S. de l'Amérique.

MAGENDIE, célèbre médecin et physiologiste français (1783-1855).

MAGENTA, p. ville de la Lombardie, près de la rive gauche du Tésin. Victoire des Français sur les Autrichiens en 1859.

MAGHREB (le), les États barbaresques.

MAGICIEN, IENNE, s. celui, celle qui fait profession de magie.

MAGIE, sf. art prétendu de produire des effets surnaturels. *Fig.* illusion produite dans les arts, les lettres, etc.

MAGIQUE, adj. 3 g. qui appartient à la magie. *Fig.* qui étonne, qui enchante, qui fait illusion.

MAGISME, sm. ancienne religion des mages.

MAGISTER, sm. (on pr. l'r), maître d'école de village.

MAGISTÈRE, sm. dignité du grand maître de l'ordre de Malte ; durée de cette dignité. — *sm.* préparation médicale d'une grande vertu.

MAGISTRAL, ALE, adj. qui tient du maître. *Fig.* principal.

MAGISTRALEMENT, adv. d'un ton, d'un air, magistral.

MAGISTRAT, sm. (t final nul), officier de justice ou d'administration.

MAGISTRATURE, sf. dignité du magistrat ; temps durant lequel cette dignité est exercée ; le corps des magistrats.

MAGLOIRE (St), évêque ; m. 575.

MAGMA, sm. onguent épais.

MAGNAC-LAVAL, ch.-l. de canton (Haute-Vienne).

MAGNANERIE, sf. lieu où l'on élève des vers à soie.

MAGNANIME, adj. 2 g. qui a l'âme grande, noble, généreuse.

MAGNANIMEMENT, adv. avec magnanimité.

MAGNANIMITÉ, sf. grandeur d'âme.

MAGNAT, sm. (on pr. mag-na), grand de Hongrie ou de Pologne.

MAGNENCE (on pr. Mag-nance), Franc qui se fit proclamer empereur à Autun en 350 ; m. 353.

MAGNÉSIE, sf. oxyde de magnésium, sorte de terre.

MAGNÉSIE, nom de deux villes de l'ancienne Lydie, l'une dite du *Méandre*, auj. *Ghuzel-Hissar* ; l'autre du *Sipyle*, auj. *Manica* ou *Mansa*.

MAGNÉSIUM, sm. l'un des corps simples de la chimie.

MAGNÉTIQUE, adj. 2 g. qui appartient au magnétisme, qui tient du magnétisme. *Fig.* attractif, entraînant.

MAGNÉTISER, va. communiquer ou développer le magnétisme animal.

MAGNÉTISEUR, EUSE, s. celui, celle qui magnétise.

MAGNÉTISME, sm. (gr. *magnès* aimant), partie de la physique qui traite des propriétés de l'aimant ; se dit aussi par analogie des propriétés d'un fluide que l'on croit exister dans le corps de l'homme, et qui aurait une action sur l'organisation des personnes et même des animaux.

MAGNIFICAT, sm. (on pr. mag-nificate), cantique de la sainte Vierge.

MAGNIFICENCE, sf. qualité de celui ou de ce qui est magnifique. *Fig.* éclat, richesse.

MAGNIFIER, va. exalter, élever la grandeur de (vx. mot).

MAGNIFIQUE, adj. 2 g. splendide, généreux, qui aime la somptuosité. *Fig.* pompeux, brillant.

MAGNIFIQUEMENT, adv. avec magnificence.

MAGNOL, célèbre botaniste français (1638-1715).

MAGNOLIER ou **MAGNOLIA, sm.** sorte d'arbre à très-grandes fleurs.

MAGNUS (on pr. mag-nus), nom de plusieurs rois de Suède, de Norwège et de Danemark.

MAGON, nom de plusieurs généraux carthaginois.

MAGOPHONIE, sf. (gr. *magos* mage, *phonos* meurtre), fête en mémoire du massacre des mages (t. d'histoire).

MAGOT, sm. (t nul), sorte de singe ; figure grotesque de porcelaine. *Fig.* homme laid ; amas d'argent caché (fam.).

MAGUELONNE, p. ville (Hérault).

MAHAUT, nom de femme (Mathilde).

MAHÉ, ville de l'Hindoustan, possession française. —(îles), dans l'archipel des Seychelles.

MAHERBAL, général carthaginois, lieutenant d'Annibal.

MAHMOUD, nom de plus. princes mahométans, entre autres **MAHMOUD II,** sultan des Ottomans (1785-1839).

MAHOMET ou **MOHAMMED,** fondateur de la religion musulmane (569-632). Nom de plus. sultans ottomans, entre autres **MAHOMET II,** conquérant de Constantinople, m. 1481 ; **MAHOMET III,** m. 1603 ; et **MAHOMET IV,** déposé en 1688, m. 1693.

MAHOMÉTAN, ANE, adj. qui professe la religion de Mahomet, qui est de cette religion.

MAHOMÉTISME, sm. religion de Mahomet.

MAHRATTES, peuple de l'Hindoustan.

MAI, sm. cinquième mois de l'année. *Fig.* arbre planté devant une porte en signe d'honneur.

MAÏA, mère de Mercure (myth.).

MAIDSTONE, ville d'Angleterre dans le comté de Kent. Victoire de Fairfax sur les troupes de Charles Ier en 1648.

MAIE ou **MÉE, sf.** pétrin.

MAÏEUR, sm. maire (vx. mot).

MAIGRE, sm. chair sans graisse. *Faire maigre,* ne pas manger de viande. — *adj. 2 g.* sans graisse ; qui est décharné, qui n'a pas d'embonpoint. *Fig.* stérile, sans ornement, grêle, faible : *de maigres appointements.*

MAIGRE, sm. sorte de poisson.

MAIGRELET, ETTE, adj. un peu maigre (fam.).

MAIGREMENT, adv. petitement ; chétivement.

MAIGRET, ETTE, adj. un peu maigre (fam.).

MAIGREUR, sf. état du corps maigre. *Fig.* exiguïté, sécheresse, aridité.

MAIGRIR, vn. devenir maigre.

MAÏ-KONG, V. *Ménam-Kong.*

MAIL, sm. (on pr. mai), masse de bois pour jouer aux boules ; ce jeu lui-même ; lieu où on le joue.

MAILLARD (Jean), bourgeois de Paris, qui

tua le prévôt Étienne Marcel, en 1358. — (Olivier), théologien, prédicateur de Louis XI, m. 1502.

MAILLE, *sf.* (*ll* m.), le nœud et les anneaux d'un tissu; taches sur les plumes d'un perdreau, sur la prunelle de l'œil. Ancienne petite monnaie de cuivre: *n'avoir ni sou ni maille*, être sans argent; *avoir maille à partir*, avoir un différend avec quelqu'un.

MAILLÉ, ÉE, *adj. part.* (*ll* m.), en treillis.

MAILLEBOIS (de), maréchal de France (1682-1762).

MAILLÉ-BRÉZÉ (Urbain de), maréchal de France; m. 1650. — (Armand de), duc de Fronsac, fils du précédent, chef d'escadre (1619-1646).

MAILLECHORT, *sm.* (*ll* m.), alliage de zinc, de cuivre et de nickel.

MAILLER, *va.* et *n.* (*ll* m.), armer de mailles, faire ou tracer des mailles. — **SE MAILLER,** *vpr.* se dit des perdreaux à qui les mailles viennent et du raisin dont le nœud se forme.

MAILLEUR, *sm.* (*ll* m.), ouvrier laceur, qui fait les mailles.

MAILLET, *sm.* (*ll* m.), marteau de bois à deux têtes.

MAILLOCHE, *sf.* (*ll* m.), gros maillet.

MAILLON, *sm.* (*ll* m.), petit anneau d'émail; chaîne du tissu de gaze.

MAILLOT, *sm.* (*ll* m.), langes dont on enveloppe un petit enfant; sorte de caleçon ou de gilet de danseur et d'acteur.

MAILLOTINS, *sm. pl.* (*ll* m.), nom donné aux insurgés de Paris en 1381, parce qu'ils étaient armés de maillets garnis de plomb.

MAIMBOURG (le Père), historien ecclésiastique (1620-1686).

MAIMONIDE ou **MAYMONIDE,** célèbre rabbin et philosophe (1135-1204).

MAIN, *sf.* partie du corps humain qui termine le bras; assemblage de 25 feuilles de papier. *Fig.* écriture, exécution musicale; pouvoir; terme de jeu; anneau d'une corde à puits, sorte de pelle. *Main de justice*, sceptre terminé par une main; *main chaude*, sorte de jeu; *coup de main*, attaque hardie et subite; *en venir aux mains*, combattre; *tenir la main à*, s'occuper de, avoir soin de, veiller à; *faire main basse*, piller, s'emparer de. — **DE LONGUE MAIN,** *loc. adv.* depuis longtemps; **DE MAIN EN MAIN,** *loc. adv.* d'une personne à l'autre; **SOUS MAIN,** *loc. adv.* secrètement, en cachette.

MAINA, pays dans la partie sud de la Morée.

MAIN-COURANTE, *sf.* livre brouillard d'un commerçant. Au *pl. mains-courantes.*

MAIN-D'ŒUVRE, *sf.* travail de l'ouvrier. Au *pl. mains-d'œuvre.*

MAINE (le), anc. province de France. — l'un des États de l'Union (États-Unis).

MAINE (duc du), fils légitimé de Louis XIV (1670-1736).

MAINE (la), rivière de France, affluent de la Loire.

MAINE-ET-LOIRE, département français, ch.-l. Angers.

MAINE DE BIRAN, philosophe métaphysicien français (1766-1824).

MAIN-FORTE, *sf.* assistance donnée à la justice, à celui qui crie au secours.

MAINFROI ou **MANFRED,** roi des Deux-Siciles, fils naturel de l'empereur Frédéric II (1231-1266).

MAINLEVÉE, *sf.* permission judiciaire de disposer de ce qui avait été saisi.

MAINMISE, *sf.* saisie (*jurispr.*).

MAINMORTABLE, *adj.* 2 g. sujet à la mainmorte.

MAINMORTE, *sf.* sorte de sujétion féodale qui privait les vassaux de la faculté de disposer de leurs biens.

MAÏNOTE, *sm.* Grec du Maïna.

MAINT, MAINTE, *adj. indéfini,* plusieurs.

MAINTENANT, *adv.* à présent.

MAINTENEUR, *sm.* celui qui maintient.

MAINTENIR, *va.* tenir ferme, dans le même état. *Fig.* conserver, soutenir, affirmer. — **SE MAINTENIR,** *vpr.* se soutenir, demeurer dans le même état.

MAINTENON, p. ville (Eure-et-Loir).

MAINTENON (Françoise d'Aubigné, marquise de), femme du poète Scarron, puis épouse du roi Louis XIV (1635-1719).

MAINTENUE, *sf.* acte qui confirme la possession.

MAINTIEN, *sm.* conservation; contenance.

MAIORQUE, V. Majorque.

MAIRAIN, V. Merrain.

MAIRAN (de), physicien, mathématicien et littérateur français (1678-1771).

MAIRE, *sm.* premier officier municipal d'une ville, d'une commune. *Maire du palais,* principal officier qui avait l'administration des affaires de l'État sous les rois mérovingiens.

MAIRET (Jean), poète tragique français (1604-1686).

MAIRIE, *sf.* dignité du maire, durée de sa charge; siège de l'administration municipale.

MAIS, *conf.* marquant opposition, différence, restriction, augmentation, diminution. Employé substantivement, elle signifie objection. — *adv.* **JE N'EN PUIS MAIS,** je n'en puis davantage, ce n'est pas ma faute.

MAÏS, *sm.* (on pr. l'*s*), blé de Turquie.

MAISON, *sf.* bâtiment servant d'habitation, logis. *Fig.* ceux qui habitent ce bâtiment, famille, race; domestiques; établissement religieux, établissement de commerce. *Maison commune* ou *maison de ville,* mairie; *maison d'arrêt,* prison; *petites-maisons,* hôpital de fous.

MAISON (Nicolas-Joseph), maréchal de France (1770-1840).

MAISONNÉE, *sf.* nombre indéterminé des personnes de la même famille qui habitent la même maison.

MAISONNETTE, *sf.* petite maison.

MAÏSSOUR ou **MYSORE,** ville et royaume de l'Hindoustan.

MAISTRANCE, *sf.* classe des officiers mariniers.

MAISTRE (Joseph de), écrivain français, né à Chambéry (1754-1821). — (Xavier de), frère du précédent, littérateur (1764-1852).

MAÎTRE, **ESSE**. *s*. celui, celle qui a des sujets, des domestiques, des esclaves; qui est propriétaire, qui commande, dirige ou enseigne. *Fig.* savant, expert; titre de magistrature, de métier, d'ordres militaires, de marine. *Maître-autel*, autel principal; *maître-d'hôtel*, chef des cuisiniers, majordome; *maître de chapelle*, directeur du chant d'une église; *maître de cavalerie*, chef de la cavalerie dans les armées romaines. V. *Petit-maître*.

MAÎTRISE, *sf*. qualité de maître dans les métiers, de maître de chapelle dans une église; lieu où l'on instruit les enfants de chœur.

MAÎTRISER, *va*. gouverner en maître. *Fig.* dompter, vaincre.

MAJESTÉ, *sf*. grandeur suprême; titre des rois et des empereurs. *Fig.* grandeur imposante; *un air de majesté.*

MAJESTUEUSEMENT, *adv*. avec majesté.

MAJESTUEUX, **EUSE**, *adj*. qui a de la majesté, une grandeur imposante.

MAJEUR, **EURE**, *adj* plus grand, supérieur, important; qui a atteint l'âge de majorité. S'emploie aussi comme terme de musique et de jeu.

MAJEUR (lac), dans la haute Italie.

MAJEURE, *sf*. première proposition d'un syllogisme.

MAJOR, *sm*. officier chargé de la comptabilité et de l'administration d'un régiment. — *adj. m. État-major*, corps d'officiers supérieurs; *chirurgien major*, premier chirurgien d'un régiment.

MAJORAT, *sm*. (*t* nul), droit d'aînesse en Espagne; biens-fonds affectés à l'aîné d'une famille noble; immeuble inaliénable attaché à un titre de noblesse.

MAJORDOME, *sm*. le premier des domestiques, le maître-d'hôtel.

MAJORIEN, empereur d'Occident; m. 461.

MAJORITÉ, *sf*. âge légal où l'on jouit des droits civils; le plus grand nombre des votants, pluralité des suffrages.

MAJORQUE ou **MAIORQUE**, la plus grande des îles Baléares.

MAJUSCULE, *s*. et *adj. f.* grande lettre.

MAKI, *sm*. sorte de singe.

MAL, *sm*. le contraire du bien; ce qui est nuisible; douleurs, maladie, dommage, calamité, peine, travail. *adj.* qui n'est pas bien, qui n'est pas convenable. — *adv.* de mauvaise manière, de mauvaise façon. — MAL À PROPOS, V. *Propos.*

MALABAR (côte de), côte occidentale de l'Hindoustan.

MALACCA, ville, presqu'île et détroit de l'Indo-Chine.

MALACENTOMOZOAIRES ou **MALENTOZOAIRES**, *sm. pl.* (gr. *malakos* mou; *entomon* insecte, animal articulé; *zôon* animal), groupe d'animaux intermédiaires entre les mollusques et les articulés (zool.).

MALACHIE, l'un des douze petits prophètes, 408 av. J. C. — (St), archevêque d'Armagh (1094-1148).

MALACHITE, *sf*. (on pr. *malakite*), pierre opaque d'un beau vert, qui est susceptible de poli : c'est un minerai de cuivre.

MALACODERME, *adj.* **2 g.** (gr. *malakos* mou, *derma* peau), se dit des animaux qui ont la peau molle (zool.).

MALACOLOGIE, *sf*. (gr. *malakos* mou, et, par extension, mollusque; *logos* discours, traité), partie de la zoologie qui traite des mollusques.

MALACOPTÉRYGIENS, *sm. pl.* (gr. *malakos* mou; *ptérygion* aile, nageoire), se dit des différents ordres de poissons qui ont les nageoires molles (zool.).

MALACOSTRACÉS, *sm. pl.* (gr. *malakos* mou, *ostrakon* coquille), section de la classe des crustacés, comprenant ceux qui sont revêtus d'une croûte de faible consistance (zool.).

MALACOZOAIRES, *sm. pl.* (gr. *malakos* mou, *zôon* animal), mot synonyme de mollusques (zool.).

MALADE, *adj.* **2 g.** et *s.* qui a une maladie. *Fig.* qui n'est pas en bon état, qui dépérit.

MALADIE, *sf*. altération de la santé. *Fig.* altération du bon état primitif; goût excessif, manie.

MALADIF, **IVE**, *adj.* qui est sujet aux maladies; qui est d'une très-faible santé.

MALADRERIE, *sf*. hôpital de lépreux.

MALADRESSE, *sf*. littéral. mauvaise adresse : défaut d'adresse, inhabileté.

MALADROIT, **OITE**, *adj.* et *s.* qui manque d'adresse. *Fig.* inhabile, inintelligent.

MALADROITEMENT, *adv.* avec maladresse.

MALAGA, ville et port d'Espagne. — *sm.* vin et raisin provenant du territoire de cette ville.

MALAI, **AIE** ou **MALAIS**, **AISE**, *sm.* l'une des races de l'espèce humaine, répandue dans l'Asie orientale et dans l'Océanie; langue parlée par une partie de cette race. — *adj.* des Malais.

MALAISE, *sm.* état incommode, gêne.

MALAISÉ, **EE**, *adj.* peu aisé, difficile.

MALAISÉMENT, *adv.* difficilement.

MALAISIE, *sf*. partie de l'Océanie.

MALANDRE, *sf*. plaie au genou d'un cheval; nœuds pourris dans le bois.

MALANDREUX, **EUSE**, *adj.* qui a des malandres.

MALANDRIN, *sm.* bandit du temps des rois Jean et Charles V.

MAL-APPRIS, **ISE**, *adj.* et *s.* mal élevé, grossier, insolent.

MAL À PROPOS, V. *Propos.*

MALART, *sm.* mâle des canes sauvages.

MALATE, *sm.* sel formé par la combinaison de l'acide malique avec une base (chim.).

MALAVISÉ, **EE**, *adj.* imprudent, indiscret.

MALAXATION, *sf*. action de malaxer; effet de cette action.

MALAXER, *va*. pétrir des substances pour les rendre plus molles, plus ductiles.

MALBÂTI, **IE**, *adj.* mal fait, mal tourné.

MALCHUS (on pr. *Malcusse*), serviteur du grand prêtre Caïphe, qui eut l'oreille droite coupée par saint Pierre.

MALCOLM, nom de plus. rois d'Ecosse.

MALCONTENT, ENTE, adj. mécontent. Au pl. nom d'un parti, appelé aussi des *Politiques*, qui se forma en France pendant les guerres de la Ligue.

MALDISANT, ANTE, adj. et s. médisant (peu usité).

MALDIVES (îles), archipel dans la mer des Indes.

MÂLE, adj. 2 g. et sm. qui est du sexe masculin. *Fig.* vigoureux, fort, énergique.

MALEBÊTE, sf. littéral. mauvaise bête : personne dangereuse (fam.).

MALEBRANCHE, grand métaphysicien et l'un de nos meilleurs écrivains, auteur d'un fameux traité intitulé *Recherche de la vérité*, et de div rs autres ouvrages (1637-1715).

MALÉDICTION, sf. action de maudire, paroles par lesquelles on maudit ; imprécations.

MALÉE, général carthaginois qui soumit la Sicile, 536 av. J. C.

MALÉE (cap), auj. cap *Malio* (Grèce).

MALEFAIM, sf. faim cruelle.

MALÉFICE, sm. moyen surnaturel de faire du mal, enchantement pratiqué pour nuire à quelqu'un.

MALÉFICIÉ, ÉE, adj. qui est sous l'influence d'un maléfice.

MALEK-CHAH, ou **MÉLIX-CHAH,** sultan Seldjoucide de la Perse, surnommé le *Grand Sultan* ; m. 1093. — **MALEK-ADEL** ou **MÉLIK-EL-ÂDEL,** sultan d'Égypte et de Damas ; m. 1278.

MALEMORT, sf. mauvaise mort, mort funeste.

MALENCONTRE, sf. mauvaise rencontre, accident contraire, événement fâcheux.

MALENCONTREUSEMENT, adv. par malencontre.

MALENCONTREUX, EUSE, adj. malheureux, sujet à des accidents, qui amène des revers.

MAL-EN-POINT, adv. en mauvais état.

MALENTENDU, sm. mauvaise interprétation des paroles ou d'une action.

MALENTOZOAIRES, V. *Malacentomozoaires.*

MALEPESTE, interj. qui exprime la surprise (fam.).

MALESHERBES (LAMOIGNON de), magistrat, ministre et défenseur de Louis XVI (1721-1794).

MALET, général français, chef d'une conspiration contre Napoléon 1er (1754-1812).

MAL-ÊTRE, sm. langueur, indisposition vague et sourde.

MALÉVOLE, adj. 2 g. malveillant.

MALFAÇON, sf. mauvaise façon, ce qu'il y a de mal fait dans un ouvrage. *Fig.* supercherie, mauvaise façon d'agir.

MALFAIRE, vn. (usité seulement à l'infinitif), faire de mauvaises actions.

MALFAISANCE, sf. disposition à nuire.

MALFAISANT, ANTE, adj. qui fait du mal, nuisible à la santé ; qui se plaît à nuire.

MALFAITEUR, sm. celui qui fait le mal, qui commet de mauvaises actions.

MALFAMÉ, ÉE, adj. qui a mauvaise réputation.

MALFILÂTRE ou **MALFILLATRE,** poète français (1732-1767).

MALGACHE, adj. et s. 2 g. habitant de l'île de Madagascar.

MALGRACIEUSEMENT, adv. d'une façon malgracieuse.

MALGRACIEUX, EUSE, adj. incivil, impoli, rude.

MALGRÉ, prép. contre le gré de ; nonobstant: *malgré la pluie.*

MALHABILE, adj. 2 g. peu ou point habile, qui manque d'adresse ou d'intelligence.

MALHABILEMENT, adv. d'une manière malhabile.

MALHABILETÉ, sf. manque d'habileté, d'adresse, de capacité.

MALHERBE (François de), célèbre poète lyrique français (1556-1628).

MALHEUR, sm. mauvaise fortune, revers, accident fâcheux. *Malheur à,* sorte d'imprécation. — **PAR MALHEUR,** loc. adv. par l'effet d'un accident, d'un hasard malheureux.

MALHEURE (À LA), loc. adv. malheureusement, sous de mauvais auspices.

MALHEUREUSEMENT, adv. d'une manière malheureuse.

MALHEUREUX, EUSE, adj. et s. qui a du malheur, qui n'est pas heureux ; misérable ; fâcheux, funeste, qui est de mauvais augure ; mauvais, méchant, méprisable.

MALHONNÊTE, adj. 2 g. peu ou point honnête ; contraire à la politesse, à la probité.

MALHONNÊTEMENT, adv. d'une manière malhonnête.

MALHONNÊTETÉ, sf. manque de politesse ; manque de probité.

MALIAQUE (golfe), sur les côtes de la Thessalie, auj. de *Zeitoun.*

MALIBRAN (Mme), célèbre cantatrice (1808-1836).

MALICE, sf. inclination à mal faire, à nuire ; plaisanterie sans intention de blesser.

MALICIEUSEMENT, adv. avec malice.

MALICIEUX, EUSE, adj. qui a de la malice, où il y a de la malice.

MALIGNEMENT, adv. avec malignité.

MALIGNITÉ, sf. inclination à faire, à penser, à dire du mal ; qualité nuisible, dangereuse.

MALIN, MALIGNE, adj. qui aime à nuire, nuisible, mauvais, méchant. *Fig.* ruse.

MALINES, ville de Belgique, sur la Dendre et la Dyle.

MALINES, sf. dentelle de Flandre.

MALINGRE, adj. 2 g. qui est d'une complexion faible, maladive.

MALINTENTIONNÉ, ÉE, adj. qui a de mauvaises intentions.

MALIQUE, adj. m. (l. *malum* pomme et, en général, fruit), se dit d'un acide tiré des fruits (chim.).

MALITORNE, adj. 2 g. mal tourné, lourdaud, grossier (fam.).

MAL-JUGÉ, sm. jugement défectueux mais sans prévarication.

MALLE, sf. coffre propre à renfermer les effels de voyage. *Malle-poste*, ou simplement *malle*, voiture du courrier qui porte les lettres.

MALLÉABILITÉ, *sf.* qualité de ce qui est malléable.

MALLÉABLE, *adj.* 2 g. qui, étant dur et ductile, peut s'étendre sous le marteau.

MALLÉOLE, *sf.* (l. *malleolus* petit marteau) saillie que font les os du bas de la jambe de chaque côté du pied (*anat.*).

MALLET (Paul-Henri), historien genevois (1730-1807).

MALLET-DU-PAN, publiciste genevois et diplomate (1749-1800).

MALLETTE, *sf.* petite malle.

MALLIUS (Caïus), l'un des complices de Catilina ; m. 61 av. J. C.

MALMAISON (la), château célèbre près de Rueil (Seine-et-Oise).

MALMENER, *va.* maltraiter.

MALON, *sm.* carreau de brique.

MALONNER, *va.* paver de malons.

MALOTRU, UE, *adj.* et *s.* homme mal fait, grossier personnage.

MALOUET (Pierre-Victor), homme d'État, ministre de la marine en 1814 (1740-1814).

MALOUINES (îles), à l'extrémité méridionale de l'Amérique.

MALPEIGNÉ, ÉE, *adj.* dont les cheveux sont en désordre ; malpropre.

MALPIGHI, célèbre anatomiste et physiologiste italien (1628-1694).

MALPLAISANT, ANTE, *adj.* désagréable.

MALPLAQUET, village près d'Avesnes (Nord). Bataille perdue par les Français le 11 septembre 1709.

MALPROPRE, *adj.* 2 g. sale, qui manque de propreté.

MALPROPREMENT, *adv.* avec malpropreté.

MALPROPRETÉ, *sf.* manque de propreté, saleté.

MALSAIN, AINE, *adj.* qui n'est pas sain ; qui nuit à la santé.

MALSÉANT, ANTE, *adj.* qui sied mal, contraire à la bienséance.

MALSONNANT, ANTE, *adj.* littéral. qui sonne mal ; contraire à la véritable doctrine, à la bienséance ; qui choque, qui répugne.

MALSTROM, V. *Maelstrom*.

MALT, *sm.* (on pr. le *t*), orge préparée pour faire la bière.

MALTAIS, AISE, *adj.* et *s.* de Malte.

MALTE, île de la Méditerranée au sud de la Sicile.

MALTE-BRUN (Conrad), géographe et littérateur français né en Danemark (1775-1826).

MALTHUS, célèbre économiste anglais (1766-1834).

MALTÔTE, *sf.* perception d'un droit, d'un impôt qui n'est pas dû, qui n'est pas légal ; le corps des maltôtiers.

MALTÔTIER, *sm.* celui qui exerce une maltôte, qui perçoit illégalement un droit.

MALTRAITER, *va.* traiter durement, injustement.

MALUS (Étienne-Louis), célèbre physicien français (1775-1812).

MALVACÉES, *sf. pl.* (l. *malva* mauve), famille de plantes dont la mauve est le type (*bot.*).

MALVEILLANCE, *sf.* (*ll m.*), mauvais vouloir, mauvaise disposition envers quelqu'un.

MALVEILLANT, ANTE, *adj.* (*ll m.*), qui a ou qui marque de la malveillance.

MALVERSATION, *sf.* action de malverser ; délit grave d'un fonctionnaire public.

MALVERSER, *vn.* mal agir, mal faire (en parlant d'un fonctionnaire public qui a commis un grave délit) ; détourner les fonds de l'État.

MALVOISIE, *sf.* ou *m.* vin grec, qui est fort doux ; vin muscat cuit. V. *Nauplie*.

MALVOULU, UE, *adj.* à qui l'on veut du mal.

MAMAN, *sf.* mère (t. enfantin).

MAMELLE, *sf.* partie charnue du sein qui renferme le lait chez les femmes et les femelles des animaux. *Fig.* Âge de l'allaitement.

MAMELON, *sm.* extrémité de la mamelle. *Fig.* éminence de forme arrondie.

MAMELONNÉ, ÉE, *adj.* couvert de petites éminences (*hist. nat.*).

MAMELOUK ou **MAMELUK**, *sm.* soldat d'une milice à cheval formée en Égypte d'esclaves turcs, circassiens, etc.

MAMELU, UE, *adj.* qui a de grosses mamelles.

MAMERCUS, nom de *deux* consuls *romains*; 5e s. av. J. C.

MAMERS, s.-préf. de la Sarthe.

MAMERT (St), archevêque de Vienne ; m. 477.

MAMERTE, anc. ville du Brutium, auj. *Oppido*.

MAMERTINS, *sm. pl.* brigands partis de Mamerte, qui servirent en Sicile comme mercenaires sous Agathocle ; 3e s. av. J. C.

MAMILLAIRE, *adj.* 2 g. qui a la forme d'un mamelon (*anat.*).

MAMMAIRE, *adj.* 2 g. qui a rapport aux mamelles (*anat.*).

MAMMALOGIE, *sf.* (gr. *mamma* mamelle ; *logos* discours, traité), partie de la zoologie qui traite des mammifères.

MAMMALOGISTE, *sm.* celui qui s'occupe de mammalogie.

MAMMIFÈRE, *adj.* et *s.* (gr. et l. *mamma* mamelle ; gr. *pherô* l. *fero* porter), qui porte, qui a des mamelles. Au *pl.* première classe des animaux vertébrés, comprenant ceux dont les femelles ont des mamelles (*zool.*).

MAMMON, dieu des richesses chez les anciens Syriens.

MAMMOUTH, *sm.* sorte d'éléphant trouvé à l'état fossile.

M'AMOUR, *sm.* terme de tendresse (vieille forme de la locution mon *amour*).

MAN (île de), dans la mer d'Irlande.

MANAHEM, roi d'Israël ; m. 754 av. J. C.

MANANT, *sm.* autrefois, villageois qui demeurait attaché à la terre seigneuriale ; auj. paysan, et par extension, homme grossier, mal élevé.

MANASSÉ, fils aîné de Joseph et chef d'une des douze tribus.

MANASSÈS, roi de Juda; m. 640 av. J. C.

MANÇANARÈS ou MANZANARÈS, riv. d'Espagne, arrose Madrid.

MANCEAU, CELLE, adj. et s. du Maine ou du Mans.

MANCENILLIER, sm. arbre d'Amérique dont le suc et les fruits sont de violents poisons.

MANCHE, sm. poignée d'un outil, d'un instrument. — sf. partie du vêtement qui couvre les bras; canal, mer resserrée entre deux terres; tuyau des pompes.

MANCHE, mer entre la France et l'Angleterre; département français tirant son nom de cette mer et dont le ch.-l. est Saint-Lô. — contrée d'Espagne dans la Nouvelle-Castille.

MANCHESTER, gr. ville manufacturière d'Angleterre.

MANCHETTE, sf. ornement en fin tissu qui s'attache aux poignets de la chemise.

MANCHON, sm. fourrure en forme de cylindre pour garantir les mains du froid.

MANCHOT, OTE, adj. et s. qui est privé de la main ou du bras. Fig. n'être pas manchot, être adroit, habile. — sm. sorte d'oiseau.

MANCINI, nom de cinq nièces du cardinal Mazarin : l'une d'elles, Marie, fut sur le point d'être l'épouse de Louis XIV; une autre, Marie-Anne, fut la protectrice de la Fontaine.

MANCO-CAPAC, fondateur de l'empire du Pérou, vers l'an 1025.

MANDANE, fille d'Astyage, roi des Mèdes, et mère de Cyrus.

MANDANT, sm. celui qui donne un mandat, un pouvoir d'agir.

MANDARIN, sm. titre de dignité en Chine; celui qui porte ce titre.

MANDARINE, sf. sorte de petite orange.

MANDAT, sm. (t nul), procuration; rescrit du pape; ordre de payer une somme, de comparaître en justice, d'arrêter un accusé.

MANDAT (GALIOT de), commandant en chef de la garde nationale de Paris en 1792 (1731-1792).

MANDATAIRE, sm. celui qui est chargé d'un mandat, d'une procuration; celui en faveur de qui est le mandat du pape.

MANDATER, va. délivrer un mandat de payement.

MANDCHOURIE, contrée de l'empire chinois, au N.-E.

MANDCHOUX, peuple de la Mandchourie.

MANDEMENT, sm. ordre écrit et public d'une personne qui a autorité et juridiction : se dit particulièrement d'un écrit qu'un évêque fait publier dans l'étendue de son diocèse.

MANDER, va. faire savoir, donner avis; faire venir quelqu'un.

MANDIBULE, sf. mâchoire; chacune des deux parties qui forment le bec d'un oiseau.

MANDILLE, sf. (ll m.), casaque de valet.

MANDINGUES, nègres d'Afrique.

MANDOLINE, sf. sorte de luth dont on fait résonner les cordes avec une plume.

MANDORE, sf. sorte d'instrument de musique à cordes et à manche.

MANDOU ou MENDÈS, dieu égyptien (myth.).

MANDRAGORE, sf. plante de la famille des Solanées.

MANDRILL, sm. grand babouin.

MANDRIN, sm. poinçon pour percer le fer à chaud; pièce sur laquelle on assujettit un ouvrage qui ne peut être tourné entre les pointes; moule, plateau, etc.

MANDRIN (Louis), fameux brigand (1725-1755).

MANDUBIENS, peuple de la Gaule qui occupait le centre et l'ouest du département actuel de la Côte-d'Or.

MANDUCATION, sf. action de manger.

MANÉGE, sm. exercices des chevaux que l'on dresse; lieu où se font ces exercices, où l'on apprend l'équitation; machine que fait tourner un cheval. Fig. manières adroites ou artificieuses d'agir : défiez-vous du manège de ces gens-là.

MÀNES, sm. pl. âmes des morts. — adj. m. dieux mânes, dieux infernaux chez les anciens.

MANÈS ou MANICHÉE, hérésiarque, chef de la secte des Manichéens (240-274).

MANÉTHON, historien égyptien du 3e s. av. J. C.

MANFRED, V. Mainfroi.

MANFREDI (Eustache), savant astronome italien (1674-1739).

MANFREDONIA, ville et port sur l'Adriatique dans l'anc. royaume de Naples.

MANGANÈSE, sm. métal, l'un des corps simples de la chimie.

MANGANIQUE, adj. m. se dit d'un acide formé par le manganèse (chim.).

MANGEABLE, adj. 2 g. que l'on peut manger.

MANGEAILLE, sf. (ll m.), amas de choses à manger; nourriture de certains animaux domestiques.

MANGEANT, ANTE, adj. qui mange.

MANGEOIRE, sf. auge où mangent les chevaux, les bêtes de somme, les oiseaux en cage, etc.

MANGER, va. et n. mâcher et avaler; prendre des aliments, prendre ses repas. Fig. ronger, détruire, dissiper, ruiner. Manger des yeux, regarder avidement; manger ses mots, prononcer peu distinctement; manger son blé en herbe, dépenser d'avance son revenu ou une succession; manger de la vache enragée, éprouver beaucoup de privations, de peines; manger dans la main, avoir des manières trop familières.

MANGER, sm. ce que l'on mange; nourriture.

MANGERIE, sf. action de manger beaucoup. Fig. frais de chicane, exactions (pop.).

MANGE-TOUT, sm. (inv.), dissipateur.

MANGEUR, EUSE, s. celui, celle qui mange beaucoup. Fig. prodigue.

MANGEURE, sf. (on pr. manjure), endroit mangé d'un pain ou d'une étoffe.

MANGONNEAU, sm. machine de guerre pour lancer des pierres.

MANGOUSTE, sf. ichneumon.

MANGUE, sf. fruit du manguier.

MANGUIER, sm. grand arbre des Indes et du Brésil qui porte un excellent fruit.

MANHEIM, ville du gr.-duché de Bade, au confluent du Necker et du Rhin.

MANIABLE, adj. 2 g. facile à manier. Fig. traitable.

MANIAQUE, adj. et s. 2 g. possédé d'une manie.

MANICHÉEN, ÉENNE, adj. de l'hérésie de Manès. — s. personne imbue de cette hérésie, qui admet deux premiers principes.

MANICHÉISME, sm. doctrine des manichéens.

MANICLE, V. Manique.

MANIE, sf. sorte de folie, habitude bizarre; goût excessif.

MANIEMENT, sm. action de manier. Fig. action de gérer, de conduire des affaires; administration, gestion.

MANIER, va. tâter, toucher avec la main, tenir avec la main; se servir de. Fig. diriger, conduire, administrer.

MANIÈRE, sf. façon, sorte, espèce; affectation, façon d'agir, usage. Au pl. gestes, contenance. — DE MANIÈRE QUE, loc. conj. de sorte que; DE MANIÈRE A, loc. prép. de façon à.

MANIÉRÉ, ÉE, adj. affecté, plein de recherche.

MANIÉRISTE, adj. 2 g. du genre maniéré. — sm. artiste maniéré.

MANIEUR, sm. celui qui manie beaucoup d'argent, de deniers publics, etc.

MANIFESTATION, sf. action de manifester ou de se manifester.

MANIFESTE, adj. 2 g. évident. — sm. compte rendu par écrit d'actes publics; exposition de principes, de conduite tenue ou à tenir.

MANIFESTEMENT, adv. évidemment.

MANIFESTER, va. rendre manifeste, mettre au grand jour. — SE MANIFESTER, vpr. se montrer, apparaître.

MANIGANCE, sf. petite intrigue. (fam.)

MANIGANCER, va. tramer quelque intrigue (fam.).

MANILIUS (Caius), tribun romain, 1er s. av J. C. — (Marcus), poète latin du siecle d'Auguste, auteur d'un poème sur l'astronomie.

MANILLE (Ilm.), capitale des îles Philippines.

MANIOC, sm. plante d'Amérique dont la racine donne la cassave, fécule propre à faire une sorte de pain.

MANIOTE, V. Mainote.

MANIPULAIRE, sm. chef d'un manipule ou compagnie de la cohorte romaine. — adj. 2 g. qui appartient au manipule.

MANIPULATEUR, sm. celui qui manipule.

MANIPULATION, sf. action de manipuler.

MANIPULE, sm. compagnie d'une cohorte romaine; ornement que le prêtre disant la messe porte au bras gauche; ustensile de pharmacie; poignée d'herbes, de fleurs, etc.

MANIPULER, va. opérer sur des plantes médicinales; se dit aujourd'hui de toute opération chimique.

MANIQUE, sf. sorte de gant de certains ouvriers.

MANITOU, sm. le Grand-Esprit, l'Être-suprême chez les Indiens de l'Amérique du Nord.

MANIVEAU, sm. petit plateau ou panier plat d'osier.

MANIVELLE, sf. pièce de fer ou de bois qui, placée à l'extrémité d'un essieu ou d'un arbre, sert à le faire tourner.

MANLIUS CAPITOLINUS, consul romain ; m. 384 av. J. C. — MANLIUS TORQUATUS, nom de deux autres Romains célèbres; 4e et 3 s. av. J. C.

MANNE, sf. (on pr. mâne), suc concret de certains végétaux; nourriture des Hébreux dans le désert. Fig. aliment abondant et très-utile pour nourrir le peuple; manne céleste, la parole de Dieu.

MANNE, sf. (on pron. l'a bref), sorte de panier d'osier à deux anses.

MANNEQUIN, sm. panier long et étroit, figure d'homme ou de femme en bois, en osier, etc. Fig. homme sans caractère.

MANNEQUINÉ, ÉE, adj. qui est fait d'après un mannequin; disposé avec affectation (t. de peinture).

MANNETTE, sf. petite manne.

MANŒUVRE, sm. celui qui travaille de ses mains; ouvrier qui sert les maçons. Fig. personne qui travaille mal.

MANŒUVRE, sf. action ou opération de la main; se dit principalement de l'action de gouverner ou conduire un navire, des mouvements que l'on fait exécuter à des troupes, et fig. des moyens que l'on emploie pour arriver à ses fins. Au pl. cordages d'un navire.

MANŒUVRER, va. et n. faire faire la manœuvre, les évolutions; travailler aux manœuvres. Fig. prendre des mesures pour faire réussir une affaire.

MANŒUVRIER, sm. celui qui entend la manœuvre.

MANOIR, sm. demeure, maison.

MANOMÈTRE ou MANOSCOPE, sm. (gr. manos raré, dilaté; metron mesure; skopeô voir, observer), instrument qui sert à mesurer le plus ou moins de dilatation de l'air, des gaz et des vapeurs.

MANOSQUE, p. ville (Basses-Alpes).

MANOU ou MENOU, nom donné dans l'Inde à des personnages héroïques dont chacun commence une révolution de temps au bout de laquelle le monde est momentanément détruit. Le 1er Manou a été le père du genre humain; on lui attribue un code en langue sanscrite (myth.).

MANOUVRIER, sm. ouvrier qui travaille de ses mains et à la journée.

MANQUE, sm. défaut de, privation de, absence de. — MANQUE DE, loc. prép. faute de.

MANQUANT, ANTE, adj. qui manque, qui n'est pas présent.

MANQUÉ, ÉE, adj. part. défectueux, avorté; qui manque de talent, d'habileté.

MANQUEMENT, sm. faute d'omission, manque, défaut.

MANQUER, vn. faillir, tomber en faute; tomber, périr : cette maison manque par les fondements; se dérober, s'affaisser : la terre *manqua sous ses pas*; avoir faute de : *manquer d'argent*; omettre, oublier : *ne manques pas de venir.* — *Fig.* faillir, faire banqueroute; défaillir; faire faute; *les vivres manquèrent*; avorter : *l'affaire manqua.* — *va.* ne pas réussir, ne pas rencontrer, laisser échapper: *manquer quelqu'un,manquer une occasion, manquer un lièvre.* — *Fig.* la *manquer belle*, échapper à un danger.

MANS (LE), ch.-l. du dép. de la Sarthe.

MANSARD ou MANSART, nom de deux fameux architectes français: *François* (1598-1666), et *Jules-Hardouin*, neveu du précédent (1645-1708).

MANSARDE, *sf.* fenêtre pratiquée dans la partie presque verticale d'un comble brisé; chambre sous un comble brisé.

MANSE, V. *Mense.*

MANSFELD (Pierre-Ernest), général de Charles-Quint (1517-1604). — (Ernest de), fils du précédent, s'illustra dans la guerre de Trente ans (1585-1636).

MANSOURAH ou LA MASSOURE, ville de la basse Égypte, sur la principale branche orientale du Nil Bataille où le roi St Louis fut fait prisonnier, en 1250.

MANSUÉTUDE, *sf.* douceur d'âme, bénignité, patience.

MANTAILLE, château près de St-Vallier (Drôme), où Boson se fit proclamer roi en 879.

MANTE, *sf.* vêtement de femme ample et sans manches; sorte d'insecte.

MANTEAU, *sm.* vêtement ample que l'on met par-dessus les habits. *Fig.* prétexte; *sous le manteau*, en secret, en cachette. *Manteau de cheminée*, saillie de la cheminée.

MANTEGNA (André), célèbre peintre italien (1430-1506).

MANTELET, *sm.* petit manteau, petite mante. *Fig.* ancienne machine de guerre; tablier de cuir des carrosses.

MANTES, s.-préf. de Seine-et-Oise.

MANTILLE, *sf.* (*ll* m.), sorte de mantelet, petite mante.

MANTINÉE, anc. ville d'Arcadie. Victoire d'Épaminondas sur les Lacédémoniens, 363 av. J. C., et de Philopœmen sur Machanidas, 208 av. J. C.

MANTOUAN, le pays de Mantoue. — Le MANTOUAN (Ghisi, dit), peintre, sculpteur, architecte et graveur italien, 16e s. — (Georges), son fils, dit aussi le *Mantouan*, s'illustra comme graveur.

MANTOUE, place forte d'Italie au milieu de lacs et de marais formés par le Mincio.

MANUCE, famille de célèbres imprimeurs vénitiens: *Alde* l'Ancien (1449-1515), *Paul*, son fils (1512-1574); *Alde* le Jeune, fils de Paul (1547-1597).

MANUEL, *sm.* petit livre que l'on peut toujours avoir à la main, ou que l'on doit toujours avoir sous la main.

MANUEL, ELLE, *adj.* qui se fait avec la main.

MANUEL (Pierre-Louis), procureur général de la commune de Paris et député à la Con-

vention (1751-1793). — (Jacques-Antoine), éloquent orateur, membre de la Chambre des députés en 1818 (1775-1827).

MANUEL COMNÈNE, empereur grec; m. 1180.

MANUEL PALÉOLOGUE, empereur grec; m. 1425.

MANUELLEMENT, *adv.* avec la main; de la main à la main.

MANUFACTURE, *sf.* fabrication de certains produits; lieu où on les fabrique : ne se dit que d'une fabrication en grand.

MANUFACTURER, *va.* fabriquer dans une manufacture.

MANUFACTURIER, *sm.* propriétaire ou ouvrier d'une manufacture.

MANUFACTURIER, IÈRE, *adj.* de manufacture, qui a rapport à la fabrication.

MANUMISSION, *sf.* affranchissement.

MANUS (IN), locution latine signifiant *dans les mains* (on pr. *ine manuce*) *Dire son in manus*, recommander son âme à Dieu au moment de la mort.

MANUSCRIT, ITE, *adj.* écrit à la main. — *sm.* livre écrit à la main.

MANUTENTION, *sf.* (on pr. *manutancion*), administration, maintien, conservation. Se dit aussi et surtout de l'établissement ou l'on fait le pain pour la troupe.

MANUTENTIONNEL, ELLE, *adj.* (on pr. *manutancionel*), de la manutention.

MANZANARÈS, V. *Mançanares.*

MAPPEMONDE, *sf.* carte des deux hémisphères du globe.

MAQUEREAU, *sm.* sorte de poisson de mer.

MAQUETTE, *sf.* petit modèle informe d'un ouvrage de ronde-bosse (t. de sculpture).

MAQUIGNON, *sm.* marchand de chevaux. *Fig.* intrigant, intermédiaire.

MAQUIGNONNAGE, *sm.* métier de maquignon. *Fig.* intrigue.

MAQUIGNONNER, *va.* cacher les défauts d'un cheval. *Fig.* s'intriguer.

MAQUIS, *sm. pl.* terrains incultes dans la Corse.

MARABOUT, *sm.* (*t* nul), religieux mahométan; sorte de cafetière; sorte d'oiseau, ses plumes.

MARACAYBO ou MARACAÏBO, ville, golfe et lac du Venezuela.

MARAGNAN ou MARANHAO (Saint-Louis de), ville du Brésil.

MARAÎCHER, *sm.* jardinier qui cultive un de ces terrains bas que l'on appelle à Paris des *marais*.

MARAIS, *sm.* (*s* nulle), terrain abreuvé par des eaux sans écoulement; terrain bas planté de légumes. *Marais salant*, formé par l'eau de mer, qui, en s'évaporant, dépose le sel.

MARANS, p. ville (Charente-Inférieure).

MARASME, *sm.* maigreur, consomption. *Fig.* affaiblissement extrême.

MARASQUIN, *sm.* sorte de liqueur.

MARAT (Jean-Paul), fameux démagogue, né en Suisse; exerçait la médecine à Paris avant la révolution (1744-1793).

21.

MARATHON, bourg de l'Attique. Victoire de Miltiade sur les Perses, 490 av. J. C.

MARÂTRE, sf. belle-mère (t. de dénigrement). Fig. mère dénaturée.

MARATTE (Carlo), célèbre peintre italien (1625-1713).

MARAUD, AUDE, s. coquin, vaurien.

MARAUDAGE, sm. action de marauder.

MARAUDE, sf. vol commis par des soldats écartés de l'armée. Se dit aussi des écoliers qui vont à la picorée.

MARAUDER, vn. aller en maraude.

MARAUDEUR, sm. celui qui maraude.

MARAVÉDIS, sm. (on pr. l's), petite monnaie d'Espagne.

MARBEUF (marquis de), général français, gouverneur de la Corse et protecteur de la famille Bonaparte (1736-1788).

MARBRE, sm. pierre calcaire qui reçoit un beau poli.

MARBRÉ, ÉE, adj. marqueté ou veiné comme le marbre.

MARBRER, va. imiter le marbre. — SE MARBRER, vpr. devenir marbré.

MARBRERIE, sf. art, métier, commerce de marbrier.

MARBREUR, sm. celui qui marbre du papier, les tranches d'un livre, les parois d'un mur, le bois, etc.

MARBRIER, sm. celui qui travaille le marbre; marchand de marbre, d'ornements de marbre.

MARBRIÈRE, sf. carrière de marbre.

MARBRURE, sf. imitation du marbre.

MARC, sm. (on pr. mar), reste d'une substance dont on a extrait le suc par expression, filtration ou ébullition; ancien poids qui valait huit onces; ancienne monnaie. Au marc le franc, manière de répartir ce qui est dû à chacun proportionnellement à sa créance ou à ses droits.

MARC (St), évangéliste, disciple de St Pierre; m. 68. — (St), pape, 336.

MARC-ANTOINE, orateur romain; m. 87 av. J. C. — triumvir, petit-fils du précédent; m. 30 av. J. C. V. Raimondi.

MARCASSIN, sm. petit d'un sanglier.

MARCASSINE, adj. f. des sangliers (La Fontaine).

MARCASSITE, sf. fer sulfuré, pierre minérale à facettes brillantes.

MARC-AURÈLE, empereur romain, surnommé le Philosophe (121-180).

MARCEAU (François-Severin), célèbre général français (1769-1796).

MARCEL (St), pape; m. 309. — (St), évêque de Paris; m. 430.

MARCEL (Étienne), prévôt des marchands de Paris, chef du parti démocratique pendant la captivité du roi Jean; m. 1358.

MARCELLIN (St), pape; m. 304.

MARCELLO, célèbre compositeur de musique religieuse, né à Venise (1686-1739).

MARCELLUS, célèbre général et consul romain, vainqueur d'Annibal à Nole, se rendit maître de Syracuse; m. 208 av. J. C. — con-

sul romain, 1er s. av. J. C. — neveu de l'emp. Auguste, m. à l'âge de 18 ans.

MARCESCENCE, sf. état de ce qui est marcescent.

MARCESCENT, ENTE, adj. (l. marcescere se flétrir), qui commence à sécher sur sa tige (bot.), qui commence à se gâter.

MARCH ou MORAVA, riv. de Moravie, affluent du Danube.

MARCHAND, ANDE, s. celui, celle qui fait profession d'acheter pour revendre. — adj. Marine marchande, bâtiment marchand, marine, bâtiment du commerce.

MARCHANDER, va. et n. demander ou discuter un prix. Fig. hésiter.

MARCHANDISE, sf. ce qui se vend, ce dont on trafique.

MARCHANGY, magistrat et littérateur français, auteur de la Gaule poétique (1782-1826).

MARCHE, sf. autrefois frontière. Action, mouvement de celui qui marche. Fig. conduite; progrès, vitesse; degré d'un escalier. Ouvrir la marche, marcher en tête.

MARCHE, anc. province de France.

MARCHE (Jacques, comte de la), tué à Brignais en 1361). — (Jacques II), mari de Jeanne II, reine de Naples; m. 1438.

MARCHE (Olivier de la), poète et chroniqueur français (1426-1501).

MARCHÉ, sm. lieu public où l'on vend des denrées, des marchandises diverses; vente; prix, conditions de la vente. Fig. Marché d'or, marché très-avantageux; avoir bon marché de quelqu'un, avoir facilement l'avantage sur lui; faire bon marché d'une chose, la prodiguer, ne pas l'épargner; mettre le marché à la main, donner le choix de conclure ou non un engagement. — A BON MARCHÉ, loc. adv. à peu de frais, sans beaucoup de peine, sans grand dommage. PAR-DESSUS LE MARCHÉ, loc. adv. en outre, de surplus.

MARCHEPIED, sm. degré, escalier, banquette, escabeau. Fig. moyen de parvenir à un poste plus élevé.

MARCHER, vn. s'avancer par le mouvement des pieds. Fig. se mouvoir, s'avancer de quelque manière que ce soit; faire des progrès. Marcher droit, agir franchement; marcher sur les traces, imiter; marcher sur les talons de quelqu'un, le suivre de près.

MARCHER, sm. manière dont on marche; lieu où l'on marche.

MARCHEUR, EUSE, s. celui, celle qui marche beaucoup sans se fatiguer.

MARCHIENNES, p. ville (Nord).

MARCIEN, emper. d'Orient; m. 457.

MARCIUS, prénom romain.

MARCK (Robert de La), maréchal de France (1491-1537). — (Robert), dit le maréchal de Bouillon, fils du précédent et maréchal de France (1520-1556).

MARCOMANS, ancien peuple de la Germanie.

MARCOMIR, nom de plusieurs chefs de Francs.

MARCO-POLO, célèbre voyageur vénitien (1252-1323).

MARCOTTE, *sf.* branche que l'on couche en terre pour lui faire prendre racine.

MARCOTTER, *va.* faire des marcottes.

MARCOUL ou **MARCULFE** (St), religieux; m. 558.

MARCUS, prénom romain.

MARDELLE, V. *Margelle*.

MARDI, *sm.* le 3e jour de la semaine. *Mardi gras*, le dernier jour du carnaval.

MARDICK, village près de Dunkerque, autrefois port important. →

MARDOCHÉE, oncle d'Esther, femme du roi Assuérus.

MARDONIUS, général des Perses et gendre de Darius ; m. 479.

MARE, *sf.* petit amas d'eau dormante.

MARÉCAGE, *sm.* ensemble de terrains humides et bourbeux comme les marais.

MARÉCAGEUX, **EUSE**, *adj.* qui est de la nature du marécage.

MARÉCHAL, *sm.* artisan qui ferre et soigne les chevaux. — *Maréchal de France*, officier général occupant le plus haut grade militaire ; *maréchal de camp*, général de brigade ; *maréchal des logis*, sous-officier de cavalerie.

MARÉCHALERIE, *sf.* art du maréchal ferrant.

MARÉCHAUSSÉE, *sf.* cavalerie qui faisait la police et qui a été remplacée par la gendarmerie.

MARÉE, *sf.* flux et reflux de la mer; poisson de mer qui n'est pas salé.

MARELLE, *sf.* sorte de jeu.

MAREMME, *sf.* région marécageuse sur le littoral de la mer entre Livourne et Piombino.

MARENGO, village près d'Alexandrie (Piémont). Victoire du 1er consul Bonaparte sur les Autrichiens, en 1800.

MARENNES, s.-préf. de la Charente-Inférieure.

MARÉOTIS (lac), en Égypte ; auj. *Mariout*.

MARESCOT, général du génie et pair de France (1758-1832).

MARET, duc de Bassano, ministre de Napoléon Ier (1763-1839).

MAREYEUR, *sm.* marchand de marée.

MARFÉE (LA), bois près de Sédan. Bataille où le comte de Soissons révolté perdit la vie, 1641.

MARGARATE, *sm.* sel résultant de la combinaison de l'acide margarique avec une base (*chim.*).

MARGARINE, *sf.* margarate de potasse ou de soude (*chim.*).

MARGARIQUE, *adj. m.* se dit d'un acide qui se produit par la saponification de l'huile.

MARGATE, port d'Angleterre à l'embouchure de la Tamise.

MARGE, *sf.* blanc autour d'une page imprimée ou écrite. *Fig. Avoir de la marge*, avoir plus de temps ou de moyens qu'il n'en faut pour faire une chose.

MARGELLE, *sf.* pierre ou maçonnerie qui forme le rebord d'un puits.

MARGER, *va.* compasser les marges d'une feuille à imprimer ; marquer les marges.

MARGERIDE (monts de la), ramification des Cévennes.

MARGINAL, **ALE**, *adj.* qui est à la marge.

MARGINÉ, **ÉE**, *adj.* qui a un rebord saillant, distinct du corps de l'organe (*bot.*).

MARGINER, *va.* écrire sur la marge d'un livre ou d'un manuscrit.

MARGOT, *sf.* pie. *Fig.* femme bavarde ou trop libre.

MARGOUILLIS, *sm.* (*ll m. s nulle*), gâchis plein d'ordures. *Fig.* embarras dans une mauvaise affaire.

MARGRAVE, *sm.* titre de certains princes allemands.

MARGRAVIAT, *sm.* dignité, principauté d'un margrave.

MARGUERITE, *sf.* sorte de plante à petites fleurs blanches ; la fleur elle-même. *Reine-marguerite*, fleur (pl. *reines-marguerites*).

MARGUERITE (Ste), vierge et martyre ; m. 275. — (Ste), reine d'Écosse (1046-1093).

MARGUERITE, nom de plusieurs princesses, entre autres : MARGUERITE DE PROVENCE, femme du roi St Louis (1219-1295) ; MARGUERITE D'ÉCOSSE, femme de Louis XI (1425-1444) ; MARGUERITE DE VALOIS, sœur de François Ier et reine de Navarre (1492-1549) ; MARGUERITE DE FRANCE, fille de Henri II et première femme de Henri IV (1553-1615) ; MARGUERITE D'ANJOU, fille du roi René et femme de Henri VI, roi d'Angleterre (1429-1482) ; MARGUERITE D'AUTRICHE, fille de l'emp. Maximilien Ier et de Marie de Bourgogne (1480-1530) ; MARGUERITE DE WALDEMAR, reine de Danemark, de Suède et de Norwège, m. 1412.

MARGUILLERIE, *sf.* (*ll m.*), charge de marguillier.

MARGUILLIER, *sm.* (*ll m.*), celui qui prend soin de la fabrique et de l'œuvre d'une paroisse.

MARI, *sm.* époux, celui qui est uni à une femme par le mariage.

MARIABLE, *adj. 2 g.* qui est en état d'être marié (*fam.*).

MARIAGE, *sm.* union légale d'un homme et d'une femme ; sacrement qui sanctifie cette union ; célébration des noces.

MARIAMNE, femme d'Hérode le Grand ; m. 28 av. J. C.

MARIANA (Juan de), jésuite et historien espagnol (1537-1624).

MARIANNES (îles), ou *des Larrons*, dans la Polynésie.

MARIE (Ste), la sainte Vierge. V. *Madeleine*.

MARIE, nom de plus. princesses, entre autres : MARIE DE BOURGOGNE, fille de Charles le Téméraire et femme de l'empereur Maximilien Ier (1457-1482) ; MARIE TUDOR, fille de Henri VIII et reine d'Angleterre (1515-1558) ; MARIE DE LORRAINE, fille du duc de Guise, femme du roi d'Écosse Jacques V et mère de Marie Stuart (1515-1560) ; MARIE STUART, femme du roi de France François II, puis reine d'Écosse (1542-1587) ; MARIE DE MÉDICIS, femme du roi de France Henri IV (1573-1642) ; MARIE II, reine d'Angleterre, fille de Jacques II et femme du prince d'Orange, qui depuis fut roi d'Angleterre sous le nom de Guillaume III (1662-1695); MARIE LECZINSKA, fille du roi de Pologne Stanislas Leczinski et femme du roi LOUIS XV (170)-1768); MARIE-THÉRÈSE, d'Autriche, impératrice d'Allemagne (1717-1780); MARIE-ANTOINETTE d'Autriche, fille de Marie-Thérèse et femme de Louis XVI (1755-1793); MARIE-CAROLINE, sœur de Marie-Antoinette et femme de Ferdinand IV, roi de Naples (1752-1814); MARIE-LOUISE, fille de l'empereur d'Autriche François 1er et femme de l'empereur Napoléon 1er (1791-1847).

MARIE DE FRANCE, femme poëte du 13e s.

MARIÉ, ÉE, *adj.* et *s.* qui a contracté le mariage ou qui va le contracter.

MARIE-GALANTE (île), l'une des Antilles françaises.

MARIENBOURG, ville de Prusse. — p. place forte de Belgique.

MARIER, *va.* unir par le mariage. *Fig.* allier, joindre, assortir.

MARIEUR, EUSE, *s.* celui, celle qui aime à faire des mariages.

MARIGNAN, en italien *Marignano* ou *Melegnano*, p. ville à 15 kilomètres S.-E. de Milan. Victoire de François 1er sur les Suisses en 1515, et des Français sur les Autrichiens en 1859.

MARIGNY (Enguerrand de), ministre du roi de France Philippe le Bel, né 1315.

MARILHAT (Prosper), peintre paysagiste français (1811-1847).

MARILLAC (Michel de), surintendant des finances et garde des sceaux (1563-1632). — (Louis de), frère du precedent, marechal de France (1572-1632).

MARIN, INE, *adj.* qui est de mer ou destiné à la marine, qui sert à la navigation sur mer. — *sm.* homme de mer.

MARIN (St), ermite 4e s.

MARIN ou **MARINI** (le cavalier), poëte italien (1569-1625).

MARIN DE TYR, geographe grec; 1er s.

MARINADE, *sf.* mets de viande marinée.

MARINE, *sf.* ce qui concerne la navigation sur mer ; service de mer ; personnel du service maritime ; puissance navale ; navires de guerre ou de commerce. *Fig.* tableau ou dessin qui représente une vue de mer ou une scène marine.

MARINER, *va.* assaisonner du poisson pour le conserver ou des viandes pour les attendrir, pour les rendre mangeables plus promptement.

MARINGOUIN, *sm.* sorte d'insecte du genre cousin.

MARINIER, *sm.* celui qui navigue sur les rivières.

MARINO FALIERO, V. *Faliero*.

MARIONNETTE, *sf.* petite figure de bois ou de carton que l'on fait mouvoir. *Fig.* personnage sans caractère.

MARIOTTE (l'abbé Edme), célèbre physicien français (1620-1684).

MARITAL, ALE, *adj.* du mari (pl. m. *maritaux*).

MARITALEMENT, *adv.* en mari ; comme on vit en mariage.

MARITIME, *adj.* 2 g. qui concerne la mer ; qui touche à la mer ; qui navigue sur mer.

MARITORNE, *sf.* grosse fille malpropre.

MARITZA, fleuve de la Turquie d'Europe, anc. *Hèbre*.

MARIUS (Caïus), fameux général et consul romain (153 86 av. J. C.).

MARIVAUDAGE, *sm.* style raffiné et prétentieux à la manière de Marivaux.

MARIVAUX, auteur dramatique et romancier français (1688-1763).

MARJOLAINE, *sf.* plante de la famille des Labiées.

MARJOLIN, célèbre chirurgien français (1780-1850).

MARLBOROUGH (John CHURCHILL, duc de), célèbre général anglais (1650-1722).

MARLI, *sm.* sorte de gaze.

MARLY, ch.-l. de canton près de la rive gauche de la Seine (Seine-et-Oise).

MARMAILLE, *sf.* (Il m.), reunion de marmots, grand nombre de petits enfants (fam.).

MARMANDE, s.-pref. du Lot-et-Garonne.

MARMARA (mer de), entre la mer de l'Archipel et la mer Noire, anc. *Propontide*.

MARMELADE, *sf.* sorte de confiture de fruits réduits en bouillie. *Fig.* ce qui est brisé en un grand nombre de petits morceaux.

MARMITE, *sf.* sorte de vase de cuisine où l'on fait bouillir les aliments.

MARMITEUX, EUSE, *adj.* piteux, malingre et plaintif (fam.).

MARMITON, *sm.* petit valet de cuisine.

MARMONNER, *va.* et *n.* murmurer sourdement (pop.).

MARMONT, duc de Raguse, maréchal de France (1774-1852).

MARMONTEL (Jean-François), litterateur et auteur dramatique (1728-1799).

MARMOT, *sm.* (t nul), sorte de singe, de figure grotesque. *Fig.* petit garçon. *Croquer le marmot*, attendre longtemps (fam.).

MARMOTTE, *sf.* animal de l'ordre des rongeurs, qui dort tout l'hiver ; sorte de coiffure de femme.

MARMOTTER, *va.* dire confusément entre ses dents.

MARMOTTEUR, EUSE, *s.* celui, celle qui marmotte quelque chose.

MARMOUSET, *sm.* (t nul), figure grotesque ; sorte de chenet. *Fig.* petit garçon, petit homme mal fait.

MARMOUTIER, ch.-l. de canton (Bas-Rhin). — anc. et célèbre abbaye de bénédictins, près de Tours.

MARNAGE, *sm.* action de marner.

MARNE, *sf.* sorte de terre calcaire mêlée d'argile.

MARNE, rivière, affluent de la Seine. Elle donne son nom à trois départements, savoir: de la MARNE, ch.-l. Châlons; de la HAUTE-MARNE, ch.-l. Chaumont, et de SEINE-ET-MARNE, ch.-l. Melun.

MARNER, *va.* répandre de la marne sur un champ.

MARNEUX, EUSE, *adj.* qui est de la nature de la marne.

MARNIÈRE, *sf.* lieu d'où l'on tire de la marne.

MAROC, capitale de l'empire de même nom en Afrique.

MAROLLES, village près d'Avesnes (Nord), connu par ses fromages.

MARONITES, peuple chrétien dans la Syrie, dont le chef prend le titre de patriarche d'Antioche.

MAROQUIN, *sm.* peau apprêtée de bouc ou de chèvre.

MAROQUINER, *va.* donner à certaines peaux la façon du maroquin.

MAROQUINERIE, *sf.* art de faire le maroquin.

MAROQUINIER, *sm.* ouvrier qui maroquine les peaux.

MAROSIE, dame romaine du 10e s. qui, par ses richesses, devint propriétaire d'une grande partie de Rome, épousa d'abord Guido, duc de Toscane, puis Hugues de Provence, roi d'Italie.

MAROT (Jean), poëte historiographe (1457-1521). — (Clément), fils du précédent, célèbre poëte français (1495-1544).

MAROTIQUE, *adj.* 2 g. imité du langage de Clément Marot.

MAROTTE, *sf.* sceptre de la Folie. *Fig.* objet d'une folle affection.

MAROUFLE, *sm.* malhonnête homme; homme grossier. — *sf.* sorte de colle très-forte à l'usage des peintres.

MAROUFLER, *va.* coller une toile avec de la maroufle (t. de peinture).

MARQUANT, ANTE, *adj.* qui se fait remarquer. *Cartes marquantes,* cartes qui valent des points.

MARQUE, *sf.* empreinte, chiffre, caractère, signe qui sert à reconnaître, instrument dont fait l'empreinte; trace, impression; tache. *Fig.* témoignage, preuve; présage; signe de dignité.

MARQUÉ, ÉE, *adj. part.* qui a une ou plusieurs marques, une ou plusieurs empreintes, *Fig.* évident, déterminé, remarquable.

MARQUER, *va.* mettre une marque; assigner, indiquer; mander, ordonner; fixer, déterminer. — *vn.* se faire remarquer, être remarquable. *Cheval qui marque encore,* dont les creux des dents paraissent encore; *cadran solaire qui marque encore,* où le soleil donne encore.

MARQUETER, *va.* marquer de plusieurs taches.

MARQUETERIE, *sf.* ouvrage de pièces rapportées et de couleurs différentes.

MARQUETTE, *sf.* pain de cire vierge.

MARQUEUR, EUSE, *s.* celui, celle qui marque.

MARQUIS, *sm.* (s nulle), titre de noblesse.

MARQUISAT, *sm.* (t nul), titre ou domaine de marquis.

MARQUISE, *sf.* femme d'un marquis; espèce de tente ou d'auvent; sorte d'ombrelle.

MARQUISES (îles) ou de *Nouka-Hiva,* dans la Polynésie (Océanie).

MARQUOIR, *sm.* instrument de tailleur; treillis sur lequel on fait des lettres à marquer le linge.

MARRAINE, *sf.* celle qui tient ou a tenu un enfant sur les fonts de baptême.

MARRAST (Armand), publiciste; maire de Paris et membre du gouvernement provisoire en 1848, puis président de l'Assemblée constituante (1-02-1-52).

MARRI, IE, *adj.* fâché (vi. mot).

MARRON, *sm.* fruit du marronnier ou du châtaignier; sorte de pétard. — *adj. m.* d'une couleur approchant de celle du marron.

MARRON, ONNE, *adj.* se dit d'un esclave nègre qui s'est enfui et d'un courtier qui exerce sans titre.

MARRONNAGE, *sm.* état d'un esclave fugitif.

MARRONNIER, *sm.* arbre dont le fruit ressemble à la châtaigne.

MARRUBE, *sm.* plante de la famille des Labiées.

MARS, *sm.* (s nulle), le 3e mois de l'année. Au *pl.* menus grains semés au mois de mars.

MARS (on pr. l's), dieu de la guerre (*myth.*), l'une des planètes.

MARS (Mlle), célèbre comédienne française (1778-1847).

MARSAILLE (LA), village du Piémont près de Mondovi. Victoire de Catinat sur le duc de Savoie Victor-Amédée, 1693.

MARSAL, petite place forte près de Château-Salins (Meurthe).

MARSALA, ville de Sicile, anc. *Lilybée.*

MARSEILLAIS, AISE, *adj.* et *s.* de Marseille. LA MARSEILLAISE, *sf.* chant guerrier composé en 1792 par Rouget de l'Isle pour l'armée du Rhin.

MARSEILLAN, p. ville (Hérault).

MARSEILLE, gr. ville et port sur la Méditerranée; ch.-l. du dép. des Bouches-du-Rhône.

MARSES, peuple de l'anc. Italie centrale (Samnium).

MARSH (James), chimiste anglais, inventeur d'un appareil au moyen duquel on reconnaît l'existence des plus petites quantités d'arsenic dans une substance (1789-1816).

MARSIGLI, géographe et naturaliste italien (1658-1730).

MARSILE FICIN, V. *Ficin.*

MARSILLARGUES, p. ville (Hérault).

MARSIN (comte de), maréchal de France (1656-1706).

MARSOLLIER (Benoît-Joseph), poëte dramatique français, auteur d'un grand nombre d'opéras-comiques (1750-1817).

MARSOUIN, *sm.* sorte de cétacé. *Fig.* homme laid, malpropre.

MARSUPIAUX, *sm. pl.* (l. *marsupium* bourse), ordre d'animaux mammifères dont les femelles ont sous le ventre une espèce de poche ou de bourse renfermant les mamelles (zool.).

MARSY, nom de deux frères sculpteurs français: Balthasar (1624-1674) et Gaspard (1628-1681). — (François-Marie de), littérateur français (1714-1763).

MARSYAS, joueur de flûte qui osa défier Apollon et que ce dieu fit écorcher vif (*myth.*).

MARTABAN, ville de l'empire des Birmans sur le Saluen (Indo-Chine).

MARTAINVILLE (Alphonse), publiciste et littérateur français (1777-1830).

MARTE, V. Martre.

MARTEAU, sm. outil de fer à manche pour battre, forger, frapper sur différents objets.

MARTEL, sm. marteau (vx. mot). Avoir, mettre martel en tête, avoir, donner de l'inquiétude.

MARTELAGE, sm. action de marquer les arbres avec un marteau.

MARTELER, va. battre à coups de marteau; frapper. Fig. faire péniblement un travail d'esprit; donner de l'inquiétude, du souci (c. geler).

MARTELET, sm. petit marteau.

MARTELEUR, sm. ouvrier qui dans une forge fait travailler le marteau.

MARTÈNE (Dom), savant bénédictin français (1654-1739).

MARTHE (Ste), sœur de Lazare et de Marie-Madeleine; 1er s.

MARTIAL, ALE (on pr. marcial), adj. de la guerre, guerrier. Cour martiale, sorte de tribunal militaire; loi martiale, loi qui autorise l'emploi de la force armée dans certains cas (pl. m. martiaux).

MARTIAL, poète épigrammatique latin (40-103).

MARTIAL (St), 1er évêque de Limoges; 2e s.

MARTIAL D'AUVERGNE, poète et littérateur français (1440-1508).

MARTIGNAC (de), homme d'État, ministre de Charles X (1773-1832).

MARTIGNY, p. ville de Suisse (Valais).

MARTIGUES (LES), p. ville (Bouches-du-Rhône).

MARTIN (St), évêque de Tours (316-397).—(St), pape, m. 655.—MARTIN V, élu pape au concile de Constance (1368-1431).

MARTIN (Aimé), littérateur français (1786-1847).

MARTINET, sm. (t nul), espèce d'hirondelle; chandelier plat à manche; marteau mû par un moulin; fouet de cordes.

MARTINEZ (Sébastien), célèbre peintre espagnol (1602-1667). — (Don Joseph LUXAN), autre peintre espagnol (1710-1785).

MARTINEZ DE LA ROSA, homme d'État et auteur dramatique espagnol (1789-1862).

MARTINGALE, sf. courroie du harnachement d'un cheval; manière de jouer en doublant à chaque coup.

MARTINIQUE (LA), l'une des Antilles françaises.

MARTIN-PÊCHEUR, sm. sorte d'oiseau (pl. martins-pêcheurs).

MARTIN-SEC, sm. sorte de poire.

MARTIUS, prénom romain.

MARTRE, sf. sorte de fouine dont la peau sert de fourrure.

MARTROI ou MARTROY, sm. anciennement supplice et lieu du supplice.

MARTYR, YRE, s. celui, celle qui a souffert la mort pour la foi chrétienne, qui souffre pour une doctrine ou une croyance quelconque. Fig. celui, celle qui souffre beaucoup.

MARTYRE, sm. tourment de celui qui est martyr. Fig. chose qui fait souffrir, qui fatigue, qui émeut ou inquiète beaucoup.

MARTYRISER, va. faire souffrir le martyre. Fig. tourmenter cruellement.

MARTYROLOGE, sm. catalogue des martyrs et des saints.

MARVEJOLS, s.-préf. du dép. de la Lozère.

MARYLAND, l'un des États de l'Union (États-Unis); tabac qui en vient.

MASACCIO (on pr. Mazatchio), célèbre peintre italien (1417-1443).

MASANIELLO (par corruption de Thomas Aniello), pêcheur napolitain chef d'une révolte contre les Espagnols qui étaient maîtres de Naples (1622-1647).

MASCARA, ville forte d'Algérie.

MASCARADE, sf. suite de gens qui courent masqués; déguisement de gens masqués.

MASCAREIGNES (îles), les îles de France, de la Réunion, Rodriguez, etc.

MASCARON, sm. masque ou tête qui sert d'ornement (arch.).

MASCARON (Jules), oratorien, célèbre prédicateur, fut évêque d'Agen (1634-1703).

MASCATE, ville d'Arabie sur une baie du golfe Persique.

MASCULIN, INE, adj. qui a rapport au mâle. Rime ou terminaison masculine, dont la dernière lettre n'est pas un e muet ou dont la dernière syllabe ne s'articule pas sur un e muet. — sm. l'un des genres des noms et des adjectifs.

MASCULINITÉ, sf. caractère ou qualité de mâle.

MASINISSA ou MASSINISSA, roi de Numidie, m. 149 av. J. C.

MASQUE, sm. faux visage dont on se couvre la figure, personne masquée, terre ou plâtre moulé sur le visage de quelqu'un. Fig. apparence trompeuse sous laquelle on se cache. Arracher, ôter le masque à quelqu'un, faire connaître sa perfidie, sa fausseté. Quitter le masque, paraître tel que l'on est moralement.

MASQUER, va. mettre un masque. Fig. cacher un objet; recouvrir de faux dehors, d'apparences trompeuses.

MASSA-CARRARA (duché), anc. État d'Italie, dont la capitale était Massa-di-Carrara.

MASSACHUSETS, l'un des États de l'Union (États-Unis).

MASSACRANTE, adj. f. Humeur massacrante, humeur bourrue, grondeuse (Acad.).

MASSACRE, sm. tuerie, carnage. Fig. action de gâter quelque chose de précieux; mauvais ouvrier.

MASSACRER, va. égorger des personnes sans défense. Fig. gâter, travailler mal.

MASSACREUR, sm. celui qui massacre.

MASSAGE, sm. frictions avec pression des différentes parties du corps d'une personne sortant du bain.

MASSAGÈTES, peuple scythe qui habitait le littoral N.-E. de la mer Caspienne.

MASSE, sf. amas de parties qui font corps

ensemble ; corps solide, corps informe ; totalité, ensemble d'un ouvrage ; quantité de molécules matérielles ; fonds d'argent ; bâton de cérémonie; massue. Au pl. le peuple, le public. — EN MASSE, loc. adv. tous ensemble, en totalité.

MASSE, sf. ce que l'on met au jeu.

MASSÉNA, prince d'Essling, maréchal de France (1758-1817).

MASSEPAIN, sm. sorte de pâtisserie faite avec des amandes pilées et du sucre.

MASSER, va. et n. disposer les masses d'un tableau, faire le massage.

MASSER, va. faire une masse.

MASSETTE, sf. sorte de plante aquatique.

MASSICOT, sm. (t nul), oxyde de plomb plus ou moins jaune.

MASSIER, sm. officier qui porte une masse dans certaines cérémonies.

MASSIF, sm. plein bois, bosquet épais; ouvrage de maçonnerie destiné à supporter quelque chose.

MASSIF, IVE, adj. épais, pesant, grossier, lourd, qui n'est pas creux; qui est employé plein et non en placage : acajou massif.

MASSILLON (Jn m.), évêque de Clermont, célèbre prédicateur français : son Petit-Carême est un des chefs-d'œuvre de notre littérature (1663-1742).

MASSINISSA, V. Masinissa.

MASSIQUE (mont), dans la Campanie.

MASSIVEMENT, adv. d'une manière massive.

MASSON (Papire), historien et critique français (1544-1611).

MASSORAH ou MASSORE, sf. examen critique du texte de l'Écriture sainte fait par des docteurs juifs.

MASSORÉTIQUE, adj. 2 g. qui a rapport à la Massore.

MASSORÈTES, sm. pl. docteurs juifs qui ont travaillé à la Massore.

MASSOURE (LA), V. Mansourah.

MASSUE, sf. bâton noueux plus gros par un bout que par l'autre.

MASTIC, sm. résine du lentisque; composition qui sert à enduire, à coller, etc.

MASTICATION, sf. action de mâcher.

MASTICATOIRE, sm. médicament que l'on mâche, pour exciter l'excrétion de la salive.

MASTIQUER, va. enduire de mastic; joindre, coller avec du mastic.

MASTODONTE, sm. (gr. mastos mamelon ; odous, gén. odontos dent), nom d'un énorme pachyderme antédiluvien, à dents hérissées de mamelons (géol.).

MASTOZOAIRE, adj. et sm. (gr. mastos mamelle, zôon animal), mot synonyme de mammifère (zool.).

MASULIPATAM, ville de l'Hindoustan, renommée par ses belles toiles peintes. — sm. toile qui tire son nom de cette ville.

MASURE, sf. maison en ruine. Fig. méchante habitation.

MAT, sm. (on pr. le t), coup du jeu d'échecs.

MAT, ATE, adj. (on pr. le t), qui est sans éclat, lourd, compacte.

MÂT, sm. (t nul), longue pièce de bois qui porte les voiles d'un navire. Mât de Cocagne, mât très-élevé au haut duquel on suspend des prix.

MATADOR, sm. (mot espagnol), celui qui dans les combats de taureaux doit tuer l'animal. Fig. homme considérable dans son état (fam.).

MATAMORE, sm. faux brave.

MATANZAS, ville et port dans l'île de Cuba.

MATAPAN (cap), au S. de la Grèce, anc. Ténare.

MATASSIN, sm. ancien danseur bouffon.

MATATHIAS, père des Macchabées.

MATELAS, sm. (s nulle), grand coussin rempli de laine ou d'une autre substance élastique, qui couvre toute l'étendue du lit; coussin des carrosses.

MATELASSER, va. garnir de coussins.

MATELASSIER, IÈRE, s. celui, celle qui fait et rebat les matelas.

MATELOT, sm. (t final nul), marin qui manœuvre sur un navire.

MATELOTE, sf. mets de poissons cuits au vin. — A LA MATELOTE, loc. adv. à la façon des matelots.

MATER, va. faire mat aux échecs. Fig. mortifier, humilier, abattre.

MÂTER, va. garnir de mâts un navire.

MÂTEREAU, sm. petit mât.

MATÉRIALISER, va. rendre ou supposer matériel.

MATÉRIALISME, sm. système du matérialiste.

MATÉRIALISTE, s. et adj. 2 g. celui qui n'admet que l'existence des corps matériels et nie celle de l'âme ou esprit.

MATÉRIALITÉ, sf. qualité de ce qui est matériel.

MATÉRIAUX, sm. pl. différentes matières qui entrent dans une construction. Fig. faits, idées, pensées, etc. qui doivent servir à la composition d'un ouvrage d'esprit.

MATÉRIEL, ELLE, adj. formé de matière, qui a rapport à la matière ou tient de la matière. Fig. grossier, lourd, pesant. Faux matériel, faux commis innocemment et sans intention coupable (jurisp.). — sm. objets divers employés à un service public; bagages, munitions; ustensiles, agencement d'un établissement industriel.

MATÉRIELLEMENT, adv. d'une manière matérielle.

MATERNEL, ELLE, adj. de la mère; qui est propre à la mère; naturel à la mère. Ligne maternelle, ligne de parenté du côté de la mère; langue maternelle, langue du pays où l'on est né.

MATERNELLEMENT, adv. d'une manière maternelle; en mère.

MATERNITÉ, sf. état, qualité de mère.

MATHAN, prêtre de Baal et ministre d'Athalie; m. 876 av. J. C.

MATHÉMATICIEN, sm. celui qui sait les mathématiques, qui s'en occupe.

MATHÉMATIQUE, sf. (plus usité au pl. qu'au sing.), science des propriétés de la grandeur en tant que calculable et mesurable. — *adj* 2 *g.* qui a rapport aux mathématiques. *Fig.* exact.

MATHÉMATIQUEMENT, *adv.* selon les règles des mathématiques.

MATHIAS ou **MATTHIAS (S¹),** disciple de J. C., remplaça Judas comme apôtre.

MATHIAS ou **MATTHIAS,** empereur d'Allemagne (1557-1619). V. *Corvin.*

MATHIEU ou **MATTHIEU (S¹),** évangéliste, 1er.

MATHIEU ou **MATTHIEU (Pierre),** historien et poëte français (1563-1621). — **MATHIEU DE DOMBASLE,** célèbre agronome français (1777-1843).

MATHIEU PARIS, bénédictin anglais, auteur d'une grande chronique (1197-1259).

MATHILDE (S¹⁰), femme de l'emper. Henri l'Oiseleur; m 968. — (S¹⁰), reine d'Angleterre, femme du roi Henri Ier; m. 1118.

MATHILDE (la comtesse), souveraine de la Toscane, des com¹es de Modène, de Reggio, etc. soutint le pape Grégoire VII contre l'emper. Henri IV (1046-1115). — reine d'Angleterre, femme de l'emper. Henri V, puis de Geoffroy Plantagenet, comte d'Anjou; m. 1119.

MATHURIN (S¹), prêtre; 4e ou 5e siècle.

MATHURINS, *sm. pl.,* nom d'un ordre religieux.

MATHUSALEM, patriarche, père de Lamech et grand-père de Noé: il vécut 969 ans.

MATIÈRE, *sf.* substance susceptible de forme et de mouvement et qui affecte nos sens; ce dont une chose est faite; déjections du corps. *Fig.* sujet d'un discours, d'un écrit; occasion, cause. — **EN MATIÈRE DE,** *loc. prép.* en fait de, quand il s'agit de.

MATIGNON, maréchal de France (1525-1597).

MÂTIN, *sm.* gros chien.

MATIN, *sm.* et *adv.* première partie de la journée, de minuit à midi.

MATINAL, ALE, *adj.* qui s'est levé matin (pl. m. *matinals*).

MATINALEMENT, *adv.* du matin, de bon matin.

MÂTINEAU, *sm.* petit mâtin.

MATINÉE, *sf.* tout le temps depuis le point du jour jusqu'à midi.

MATINES, *sf. pl.* partie de l'office divin qui se dit ordinairement après minuit.

MATINEUX, EUSE, *adj.* qui a l'habitude de se lever matin.

MATINIER, IÈRE, *adj.* du matin.

MATIR, *va.* rendre mat.

MATOIS (s nulle), OISE, *adj.* rusé *(fam.).*

MATOISERIE, *sf.* ruse, fourberie.

MATOU, *sm.* chat mâle.

MATRAS, *sm.* (s nulle), vase à long col.

MATRICAIRE, *sf.* sorte de plante, fausse camomille.

MATRICE, *sf.* viscère dans lequel se nourrit et se développe le fœtus; moule gravé en creux; étalon des poids et mesures; registre des rôles des contributions.

MATRICULAIRE, *adj.* 2 *g.* inscrit sur la matricule.

MATRICULE, *sf.* registre des noms des sociétaires, des enrôlés, etc.

MATRIMONIAL, ALE, *adj.* du mariage, qui appartient au mariage (pl. m. *matrimoniaux*).

MATRONE, *sf.* sage-femme; dame de l'anc. Rome. *Fig.* dame âgée.

MATTE, *sf.* substance métallique qui n'a subi qu'une première fonte.

MATTHIEU, V. *Mathieu.*

MATURATIF, IVE, *adj.* qui hâte la maturité.

MATURATION, *sf.* action de mûrir.

MÂTURE, *sf.* ensemble des mâts; art de mâter; bois propre à faire des mâts.

MATURITÉ, *sf.* état de ce qui est mûr. *Fig.* solidité d'esprit, jugement; justesse d'expression. — **AVEC MATURITÉ,** *loc. adv.* avec circonspection et jugement.

MATUTINAL, ALE, *adj.* du matin, qui appartient au matin (peu usité).

MAUBEUGE, place forte (Nord).

MAUCROIX (François), poëte et littérateur, ami de La Fontaine (1619-1708).

MAUDIRE, *va.* faire des imprécations contre quelqu'un ou quelque chose; détester. — *Ind. pr.* je maudis, tu maudis, il maudit, n. maudissons, v. maudissez, ils maudissent; *imp.* je maudissais; *pas. déf.* je maudis; *fut.* je maudirai; *cond.* je maudirais; *impér.* maudis, maudissons, maudissez; *subj. pr.* que je maudisse; *imp.* que je maudisse; *part. pr.* maudissant; *part. p.* maudit, ite.

MAUDISSON, *sm.* malédiction (vx. mot).

MAUDIT, ITE, *adj. part.* très-mauvais. — *sm.* damné, reprouvé.

MAUGRABIN ou **MOGRABIN, INE,** *s.* et *adj.* habitant du Maghreb ou États barbaresques.

MAUGRÉER, *vn.* pester, jurer.

MAUGUIO, p. ville (Hérault).

MAULÉON, *s.-préf.* des Basses-Pyrénées.

MAUPEOU (de), chancelier de France sous Louis XV (1714-1792).

MAUPERTUIS (de), géomètre et astronome français (1698-1759).

MAUPITEUX, EUSE, *adj.* et *s.* malheureux qui se plaint sans sujet, sans raison *(fam.).*

MAUR (S¹), disciple de saint Benoît, 6e s.

MAURE, MAURESQUE, MAURICAUD, V. *More, Moresque, Moricaud.*

MAUREPAS (PHELIPPEAUX, comte de), ministre de Louis XV (1701-1781).

MAURIAC, *s.-préf.* du Cantal.

MAURICE (S¹), chef de la légion thébaine, martyr; m. 286.

MAURICE, emper. d'Orient (539-602). V. *Nassau* et *Saxe.*

MAURICE (île) ou **ILE DE FRANCE,** dans l'océan Indien.

MAURIENNE (vallée de), en Savoie.

MAURITANIE, contrée de l'Afrique ancienne; auj. royaume de Fez et partie de l'Algérie.

MAURITANIEN, IENNE, *adj.* et *s.* de la Mauritanie.

MAURY (le cardinal), orateur de la chaire et de la tribune, député du clergé aux États généraux de 1789 (1746-1817).

MAUSOLE, roi de Carie, 4e s. av. J. C. Sa

femme Artémise lui fit ériger un magnifique tombeau qui fut appelé *Mausolée*.

AUSOLÉE, *sm.* grand et riche tombeau.

AUSSADE, *adj.* 2 g. sans saveur. *Fig.* insipide, désagréable, ennuyeux ; de mauvaise humeur.

AUSSADEMENT, *adv.* d'une manière maussade.

AUSSADERIE, *sf.* mauvaise humeur, mauvaise grâce, manières désagréables.

AUVAIS, **AISE**, *adj.* le contraire de bon : dangereux, nuisible, fâcheux, méchant, sinistre ; qui n'a pas de valeur, de talent ; qui n'a pas les qualités requises. — *Mauvais ange*, le démon ; *mauvaise bête*, personne méchante ; *mauvais sujet*, qui est de mauvaise conduite, déréglé dans ses mœurs ; *trouver mauvais*, desapprouver. — *sm.* ce qu'il y a de mauvais : *voilà le mauvais de l'affaire*. — *adv.* *Sentir mauvais*, rendre, exhaler une mauvaise odeur. *Il fait mauvais*, il est dangereux de, ou il fait vilain temps.

AUVAISETÉ, *sf.* méchanceté (vx. mot).

AUVE, *sf.* sorte de plante.

AUVIETTE, *sf.* espèce d'alouette grasse. *Fig.* personne de faible complexion.

AUVIS, *sm.* (*s* nulle), petite espèce de grive.

AXENCE, fils de Maximien Hercule, proclamé Auguste à Rome par les Prétoriens (306), vaincu par Constantin ; m. 311.

AXILLAIRE, *adj.* 2 g. (*ll* non m.), qui appartient aux mâchoires.

AXIME, *sf.* proposition générale qui sert de règle, de principe.

AXIME (St), évêque de Turin, 5e s. — (St), abbé de Lérins, puis évêque de Riez ; m. 460. — (St), abbé de Constantinople, m. 662.

AXIME, général romain, usurpateur dans les Gaules sous Gratien et Valentinien II, m. 388.

AXIME (Pétrone), V. *Pétrone*. — **MAXIME** (Valère), V. *Valère*.

AXIME DE TYR, philosophe grec ; 2e s.

AXIME PUPPIEN ou **PUPIEN**, emper. romain avec Balbin ; m. 238.

AXIMIEN HERCULE, emper. romain, collègue de Dioclétien ; m. 310.

AXIMILIEN (St), martyr ; m. 295.

AXIMILIEN Ier, empur. d'Allemagne (1459-1519). — **MAXIMILIEN II**, empereur, fils de Ferdinand Ier (1527-1576). — **MAXIMILIEN** Ier **LE GRAND**, électeur de Bavière, chef de la Ligue catholique d'Allemagne contre l'Union protestante (1573-1651).

AXIMIN, emper. romain, Goth d'origine et ancien pâtre (173-238).

AXIMIN (St), évêque de Trèves ; m. 350.

AXIMUM, *sm.* (on pr. *maximome*), le degré le plus élevé ; le plus haut prix (mot latin).

AYENCE, ville du gr.-duché de Hesse-Darmstadt, sur le Rhin, à l'embouchure du Main.

AYENNE, riv. affluent de la Sarthe. — Département français, dont le ch.-l. est Laval

AYENNE, s.-préf. du dép. de la Mayenne.

AYENNE (Charles de **LORRAINE**, duc de),

fils du duc de Guise, chef de la Ligue et lieutenant général du royaume (1554-1611).

MAYER (Tobie), célèbre astronome allemand (1723-1762).

MAYNARD ou **MAINARD**, poète français (1582-1646).

MAYOTTE, l'une des îles Comores.

MAZAFRAN ou **CHIFFA**, riv. d'Algérie.

MAZAGRAN, village fortifié dans la province d'Oran (Algérie) ; siège glorieux soutenu par 123 Français contre 12,000 Arabes.

MAZAMET, p. ville (Tarn).

MAZANIELLO, V. *Masaniello*.

MAZARIN (le cardinal), célèbre ministre pendant la jeunesse de Louis XIV (1602-1661).

MAZARINADE, *sf.* libelle publié contre le cardinal Mazarin.

MAZENDÉRAN ou **MAZANDÉRAN**, province de la Perse.

MAZEPPA, hetman ou chef des Cosaques de l'Ukraine (1630-1709).

MAZETTE, *sf.* méchant petit cheval. — *Fig.* joueur inhabile, personne maladroite ou incapable.

MAZOIS (François), architecte et archéologue français (1783-1827).

MAZOVIE ou **MASOVIE**, l'un des anc. palatinats de la Pologne.

ME, *pron. pers.* 2 g. je, moi.

MEA CULPA, *sm.* aveu (mots latins signifiant *par ma faute*).

MÉANDRE, fl. de l'Asie Mineure, auj. *Meinder*, remarquable par les nombreuses sinuosités de son cours. — *sm.* sinuosité.

MÉAT, *sm.* (on pr. le *t*), conduit, canal, passage (*anat.* et *hist. nat.*).

MEAUX, s.-préf. de Seine-et-Marne.

MÉCANICIEN, *sm.* celui qui sait la mécanique, qui s'en occupe ; celui qui fabrique des machines, qui dirige une machine.

MÉCANIQUE, *sf.* science des lois du mouvement, des forces, etc.; machine, structure. — *adj.* 2 g. qui concerne la mécanique ou le travail manuel. *Fig.* spontané, involontaire.

MÉCANIQUEMENT, *adv.* d'une façon mécanique.

MÉCANISME, *sm.* structure, action combinée des parties d'un corps. *Fig.* structure matérielle du langage, des parties du vers ou de la phrase ; partie mécanique et pratique des arts du dessin.

MÉCÈNE, favori de l'emp. Auguste, protecteur des lettres et des arts ; m. 9 av. J.-C. — *sm.* protecteur des littérateurs, des poètes, des savants, des artistes.

MÉCHAIN, célèbre astronome français (1744-1805).

MÉCHAMMENT, *adv.* avec méchanceté.

MÉCHANCETÉ, *sf.* caractère du méchant, action ou parole méchante.

MÉCHANT, **ANTE**, *adj.* et *s.* mauvais, enclin à faire le mal, deshonnête ; vicieux ; contraire à la justice, à la probité ; chétif, sans mérite.

MÈCHE, *sf.* coton tressé ou roulé pour les lampes, les bougies, les chandelles, etc.; matière préparée très-inflammable ; ficelle

au bout d'un fouet, bouquet de cheveux.
Fig. spirale d'un tire-bouchon ; pointe d'une
vrille, d'un vilebrequin. *Eventer la mèche*,
découvrir un complot, un dessein.

MÉCHEF, *sm.* malheur, fâcheuse aventure.

MÉCHER, *va.* faire brûler dans un tonneau
une mèche soufrée pour y introduire la vapeur du soufre.

MECKLEMBOURG, nom de deux gr.-duchés
de la Confédération germanique : *Mecklembourg-Schwérin* et *Mecklembourg-Strélitz*.

MÉCOMPTE, *sm.* (p nul), erreur de compte.
Fig. espérance déçue.

MÉCOMPTER (SE), *vpr.* (p nul), se tromper
dans son calcul, dans ses espérances.

MÉCONNAISSABLE, *adj.* 2 g. qui n'est
pas connaissable, qu'on ne peut reconnaître.

MÉCONNAISSANCE, *sf.* manque de reconnaissance.

MÉCONNAISSANT, **ANTE**, *adj.* qui n'est
pas reconnaissant, qui oublie les bienfaits.

MÉCONNAÎTRE, *va.* ne pas connaître, ne
pas reconnaître. *Fig.* désavouer, ne pas
apprécier. — **SE MÉCONNAÎTRE**, *vpr.* oublier
ce que l'on est, ce que l'on a été, ou ce que
l'on doit aux autres.

MÉCONTENT, **ENTE**, *adj.* et *s.* qui n'est pas
content.

MÉCONTENTEMENT, *sm.* déplaisir.

MÉCONTENTER, *va.* rendre mécontent,
donner du déplaisir.

MECQUE (LA), ville d'Arabie. C'est la ville
sainte des Mahométans.

MÉCRÉANT, *sm.* celui qui ne croit point
les dogmes de sa religion.

MÉCROIRE, *vn.* ne pas croire, refuser de
croire.

MÉDAILLE, *sf.* (ll m.), pièce de métal frappée
à l'occasion d'un grand événement ou en
l'honneur d'un personnage ; médaille antique ;
disque de métal donné en récompense, comme
signe d'honneur, ou donné comme signe distinctif de fonctions, de profession, de métier.

MÉDAILLÉ, **ÉE**, *s.* (ll m.), celui, celle qui a
obtenu une médaille.

MÉDAILLIER, *sm.* (ll m.), meuble ou cabinet
renfermant une collection de médailles.

MÉDAILLISTE, *sm.* (ll m.), amateur de médailles, connaisseur en médailles.

MÉDAILLON, *sm.* (ll m.), grande médaille ;
sorte de bijou renfermant un petit portrait,
des cheveux, etc.

MÉDARD (St), évêque de Vermand (St-Quen-
tin), puis de Noyon (457-545).

MÈDE, *adj.* et *s.* 2 g. de la Médie.

MÉDÉAH, ville forte d'Algérie.

MÉDECIN, *sm.* celui qui exerce la médecine.
Fig. ce qui remédie à un mal.

MÉDECINE, *sf.* art de traiter les maladies ;
remède, purgatif.

MÉDECINER, *va.* donner des médecines. —
SE MÉDECINER, *vpr.* prendre des médecines.

MÉDÉE, fameuse magicienne, fille d'Aeétès,
roi de Colchide (*myth.*).

MÉDÉRIC (St), V. *Merry* (St).

MÉDIAIRE, *adj.* 2 g. qui occupe le milieu
(*bot.*).

MÉDIAL, **ALE**, *adj.* se dit de lettres qui occupent le milieu d'un mot ; Beauzée et Dumarsais ont dit au pl. m. *des sons médials*.

MÉDIAN, **ANE**, *adj.* qui est placé au milieu
(*anat.* et *physiol.*).

MÉDIANOCHE, *sm.* (mot espagnol signifiant
milieu de la nuit), repas en gras qui se fait
après minuit sonné.

MÉDIANTE, *sf.* tierce au-dessus de la tonique
(*mus.*).

MÉDIASTIN, *sm.* cloison membraneuse
formée par les deux plèvres et qui sépare la
poitrine en deux parties latérales (*anat.*).

MÉDIAT, **ATE**, *adj.* qui n'a de rapport, qui
ne touche à une chose que par un intermédiaire.

MÉDIATEMENT, *adv.* d'une façon médiate.

MÉDIATEUR, **TRICE**, *s.* celui, celle qui agit
comme intermédiaire, pour rapprocher, accorder, concilier.

MÉDIATION, *sf.* entremise, intervention.

MÉDIATISER, *va.* faire qu'un prince, un
État ne relève plus d'un suzerain.

MÉDICAL, **ALE**, *adj.* qui appartient à la
médecine ; propre à guérir (pl. m. *médi-
caux*).

MÉDICAMENT, *sm.* remède.

MÉDICAMENTAIRE, *adj.* 2 g. qui traite
des médicaments.

MÉDICAMENTER, *va.* donner des médicaments. — **SE MÉDICAMENTER**, *vpr.* prendre
un médicament.

MÉDICAMENTEUX, **EUSE**, *adj.* qui a la
vertu d'un médicament.

MÉDICASTRE, *sm.* mauvais médecin.

MÉDICATION, *sf.* mode de traitement d'une
maladie.

MÉDICINAL, **ALE**, *adj.* qui est employé
comme remède (pl. m. *médicinaux*).

MÉDICIS, illustre famille de Florence :
COSME DE MÉDICIS, dit *l'Ancien* et surnommé
le *Père de la patrie*, gonfalonier de Florence
(1389-1464) ; **PIERRE I**er fils de Cosme (1414-
1469) ; **LAURENT**, dit le *Magnifique*, fils de
Pierre, exerça l'autorité à Florence avec son
frère **JULIEN** (1448-1492) ; **COSME II**, premier
grand-duc de Toscane (1519-1574). V. *Catherine* et *Marie*.

MÉDIE, contrée de l'Asie ancienne, auj.
partie de la Perse.

MÉDIMNE, *sm.* ancienne mesure grecque
pour les matières sèches.

MÉDINE, ville d'Arabie, dans l'Hedjaz.

MÉDINET-EL-FAYOUM, ville d'Égypte près
de l'ancien lac Mœris.

MÉDIOCRE, *adj.* 2 g. et *sm.* qui est entre
grand et petit, entre bon et mauvais ; de peu
d'esprit ou de talent.

MÉDIOCREMENT, *adv.* d'une façon médiocre ; entre peu et assez.

MÉDIOCRITÉ, *sf.* état de ce qui est médiocre ; état de fortune entre l'opulence et la
pauvreté ; insuffisance d'esprit, de mérite ;
modération.

MÉDIQUE, *adj.* 2 g. de la Médie, des Mèdes,
des anciens Perses.

MÉDIRE, *vn.* dire du mal de. (Il se conjugue

comme *dire*, excepté la 2ᵉ pers. du plur. de l'ind. prés. vous *médisez*, et celle de l'impér. *médisez*.

MÉDISANCE, *sf.* action de médire ; propos méchants et nuisibles.

MÉDISANT, **ANTE**, *adj.* et *s.* qui médit.

MÉDITATIF, **IVE**, *adj.* et *s.* qui est porté ou livré à la méditation.

MÉDITATION, *sf.* action de méditer ; application à la recherche d'une vérité ; écrit sur un sujet philosophique ou religieux ; oraison mentale.

MÉDITER, *va.* et *n.* réfléchir profondément sur une chose, l'examiner mûrement ; projeter une chose, réfléchir aux moyens de l'exécuter.

MÉDITERRANÉ, **ÉE**, *adj.* qui est au milieu des terres.

MÉDITERRANÉE (la mer), la mer comprise entre l'Europe, l'Afrique et l'Asie.

MÉDITERRANÉEN, **ENNE**, *adj.* de la mer Méditerranée.

MÉDIUM, *sm.* (on pr. *médiome*), moyen d'accommodement ; voix entre le grave et l'aigu (*mus.*) ; personne qui, suivant les spirites, agit sous l'influence des esprits. Au pl. *médiums*.

MÉDIUS, *sm.* (on pr. l's), le doigt du milieu.

MEDJERDAH, fl. d'Algérie, affluent du golfe de Tunis.

MÉDOC, partie du dép. de la Gironde.— *sm.* vin qu'on y récolte.

MÉDON, fils de Codrus et 1ᵉʳ archonte d'Athènes en 1132 av. J. C.

MÉDULLAIRE, *adj.* 2 g. (l. *medulla* moelle), qui appartient à la moelle ou qui est de la nature de la moelle (*bot.*).

MÉDULLEUX, **EUSE**, *adj.* (l. *medulla* moelle), se dit d'une tige remplie de moelle (*bot.*).

MÉDUSE, l'une des Gorgones (*myth.*). — *sf.* animal rayonné du genre acalèphe. *Fig. tête de Méduse*, chose qui épouvante et rend stupéfait.

MEDWAY, riv. d'Angleterre, affluent de la Tamise.

MÉE, V. *Maïe*.

MEETING, *sm.* (mot anglais : on pr. *miting*), assemblée populaire où l'on discute sur une question importante.

MÉFAIRE, *vn.* faire le mal, agir mal.

MÉFAIT, *sm.* (*t* nul), mauvais fait, mauvaise action.

MÉFIANCE, *sf.* défaut de confiance, crainte d'être trompé.

MÉFIANT, **ANTE**, *adj.* et *s.* qui se méfie, qui est naturellement soupçonneux.

MÉFIER (SE), *vpr.* ne pas se fier à ; soupçonner le peu de fidélité, le peu de sincérité, le mal, la nocuité.

MÉGABYZE, l'un des satrapes perses qui renversèrent le faux Smerdis, en 521 av. J. C., et général de Darius Iᵉʳ. — petit-fils du précédent et l'un des meilleurs généraux d'Artaxercès.

MÉGACÉPHALE, *adj.* 2 g. (gr. *mégas* grand, *képhalé* tête), qui a une grande tête.

MÉGACLÈS, archonte d'Athènes ; 598 av.

J. C. — chef du parti des paraliens, chassa Pisistrate d'Athènes, 560 av. J. C.

MÉGALICHTHYS, *sm.* (gr. *mégas*, gén. *mégalou* grand ; *ichthys* poisson), énorme poisson sauroïde dont on a trouvé des débris à l'état fossile (*géol.*).

MÉGALONYX, *sm.* (gr. *mégas*, gén. *mégalou* grand ; *onyx* ongle), mammifère fossile qui était armé d'ongles très-grands (*géol.*).

MÉGALOPOLIS, anc. ville d'Arcadie.

MÉGALOSAURE, *sm.* (gr. *mégas*, gén. *mégalou* grand ; *saura* lézard), énorme saurien trouvé à l'état fossile (*géol.*).

MÉGARDE (PAR), *loc. adv.* par défaut d'attention.

MÉGARE, ville de la Grèce ancienne. — fille de Créon, roi de Thèbes.

MÉGARIDE, contrée de la Grèce ancienne ; à l'E. de l'isthme de Corinthe.

MÉGARIEN, **IENNE**, *adj.* et *s.* de Mégare.

MÉGASCOPE, *sm.* (gr. *mégas* grand, *skopéô* observer), instrument d'optique qui fait voir les objets plus grands qu'ils ne sont.

MÉGATHÉRIUM, *sm.* (on pr. *mégatériome* ; gr. *mégas* grand, *thêr* animal), très-grand mammifère trouvé à l'état fossile (*géol.*).

MÉGÈRE, l'une des Furies (*myth.*). — *Fig. sf.* femme méchante, emportée.

MÉGIE, *sf.* art de préparer en blanc les peaux de mouton.

MÉGISSERIE, *sf.* métier, travail, commerce du mégissier.

MÉGISSIER, *sm.* ouvrier en mégie ; marchand de peaux de mouton préparées.

MÉHÉMET ou **MEHÉMED**, nom mahométan. — **MEHEMET-ALI**, célèbre pacha ou vice-roi d'Égypte (1768-1849).

MÉHUL, célèbre compositeur de musique français (1763-1817).

MEHUN-SUR-YÈVRE, p. ville (Cher). V. *Meung*.

MEILLERAIE ou **MELLERAY** (LA), village près de Chateaubriant (Loire-Inférieure), célèbre abbaye de la Trappe.

MEILLERAIE (duc de la), maréchal de France (1602-1664).

MEILLEUR, **EURE**, *adj.* (ll m.), comparatif de *bon* ; qui vaut mieux. — *sm.* ce qu'il y a de mieux ; le *meilleur*, la meilleure, celui, celle, ce qui vaut mieux, qui surpasse en bonté.

MEIN, riv. d'Allemagne, affluent du Danube.

MEINAM, V. *Ménam*.

MEININGEN, capitale d'un duché de Saxe.

MÉJUGER, *va.* et *n.* mal juger.

MÉLA (Pomponius), géographe romain, du 1ᵉʳ s.

MÉLANCHTHON, fameux réformateur, ami de Luther (1497-1560).

MÉLANCOLIE, *sf.* bile noire. *Fig.* tristesse causée par la bile noire ; disposition à la rêverie triste.

MÉLANCOLIQUE, *adj.* et *s.* 2 g. qui a rapport à la mélancolie, qui a de la mélancolie.

MÉLANCOLIQUEMENT, *adv.* d'une manière mélancolique.

MÉLANÉSIE, *sf.* (gr. *mélas* noir, *nêsos* île), l'une des parties de l'Océanie, formée d'îles habitées par des Noirs.

MÉLANÉSIEN, **IENNE**, *adj. et s.* de la Mélanésie.

MÉLANGE, *sm.* union de choses diverses ; mixtion. *Fig.* recueil.

MÉLANGER, *va.* faire un mélange.

MÉLANIE (Ste), dame romaine, religieuse (345-410).

MÉLAR (lac), V. *Mœlar.*

MÉLAS (baron de), feld-maréchal autrichien (1730-1807).

MÉLASSE, *sf.* sirop, résidu du sucre cristallisé.

MELBOURNE (vicomte), ministre anglais (1779-1848). — ville d'Australie, capitale de la colonie anglaise de Victoria.

MELCHISÉDECH (on pr. *Melkissédec*), roi de Salem, grand prêtre du Très-Haut et ami d'Abraham.

MELCHISTES ou **MELCHITES**, *sm. pl.* chrétiens schismatiques d'Orient.

MELCHTHAL (Arnold de), l'un des fondateurs de la liberté helvétique, en 1307.

MÉLÉAGRE, fils d'Œnée, roi de Calydon, tua le sanglier de Calydon (*myth.*). — l'un des généraux d'Alexandre ; m. 323 av. J. C. — poète grec, 1er ou 2e s. av. J. C.

MÊLÉE, *sf.* combat de plusieurs personnes corps à corps. *Fig.* contestation, débat animé.

MELEGNANO, V. *Marignan.*

MÊLER, *va.* mettre, brouiller ensemble plusieurs choses. *Fig.* unir, joindre. *Mêler les cartes*, les battre, et au *fig.* s'embrouiller ; *mêler une serrure*, la fausser. — SE MÊLER, *vpr.* se réunir, se joindre à ; se mêler de : s'occuper de : *se mêler des affaires d'autrui.*

MÉLÈZE, *sm.* arbre résineux.

MÉLIACÉES, *sf. pl.* famille de plantes dont le *Mélia* est le type (*bot.*).

MÉLICERTE, fille d'Athamas et d'Ino (*myth.*).

MÉLILOT, *sm.* (*t* nul), sorte de plante.

MÉLINDE, ville d'Afrique, sur la côte de Zanguebar.

MÉLISSE, *sf.* plante de la famille des Labiées.

MÉLISSUS, philosophe et commandant de la flotte des Samiens, 5e s. av. J. C.

MÉLITE, anc. nom de Malte.

MÉLITÈNE, partie de l'anc. Cappadoce.

MÉLITUS, l'un des accusateurs de Socrate.

MELLE, s.-préf. des Deux-Sèvres.

MELLIFÈRE, *adj. 2 g.* (l. *mel* miel, *ferre* porter), qui produit du miel ou une liqueur sucrée (*bot.* et *zool.*).

MELLIFICATION, *sf.* formation du miel.

MELLIFLUE, *adj. 2 g.* qui abonde en miel (au *fig.*) ; c'est-à-dire plein de douceur.

MÉLODIE, *sf.* suite de sons formant un chant ou un concours agréable à l'oreille.

MÉLODIEUSEMENT, *adv.* avec mélodie.

MÉLODIEUX, **EUSE**, *adj.* plein de mélodie.

MÉLODRAMATIQUE, *adj. 2 g.* qui appartient au mélodrame.

MÉLODRAMATURGE, *sm.* auteur de mélodrames.

MÉLODRAME, *sm.* drame où le dialogue est coupé par une musique instrumentale ou en est accompagné.

MÉLOMANE, *s. 2 g.* celui, celle qui aime passionnément la musique.

MÉLOMANIE, *sf.* amour excessif de la musique.

MELON, *sm.* plante et fruit de la famille des Cucurbitacées.

MÉLONGÈNE ou **MELONGÈNE**, *sf.* aubergine.

MÉLONIDE, *sf.* (gr. *mêlon* pomme ; *éidos* forme, ressemblance), nom de tout fruit charnu provenant de plusieurs ovaires pariétaux réunis et soudés avec le tube du calice, comme dans la pomme (*bot.*).

MELONNIÈRE, *sf.* endroit où l'on cultive les melons.

MÉLOPÉE, *sf.* chez les anciens, art ou règles de la composition du chant, déclamation notée.

MÉLOPLASTE, *sm.* tableau pour l'enseignement de la musique.

MELORIA, île sur la côte de Toscane. Batailles navales entre les Génois et les Pisans, en 1241 et 1284.

MÉLOS, île de la mer Égée, auj. *Milo.*

MELPOMÈNE, muse de la tragédie (*myth.*).

MELUN, ch.-l. du dép. de Seine-et-Marne.

MÉLUSINE, fée célèbre dans les romans de chevalerie.

MÉMACHURE, *sf.* entorse d'un cheval qui a fait un faux pas.

MEMBRANE, *sf.* tissu mince qui sert à former, à envelopper ou à tapisser les organes.

MEMBRANÉ, **ÉE**, *adj.* garni de membranes (*hist. nat.*).

MEMBRANEUX, **EUSE**, *adj.* qui tient de la membrane.

MEMBRE, *sm.* partie extérieure du corps qui a des fonctions particulières, excepté la tête, tels que les bras, les jambes. *Fig.* partie d'un corps politique ; chaque personne d'une famille, d'une société ; partie d'une phrase, d'une période.

MEMBRÉ, **ÉE**, *adj.* Bien *membré*, qui a les membres bien faits, bien proportionnés.

MEMBRU, **UE**, *adj.* qui a de gros membres.

MEMBRURE, *sf.* pièce de bois épaisse dans laquelle sont enchâssés les panneaux ; totalité des membres d'un navire ; mesure pour le bois.

MÊME, *adj. 2 g.* qui n'est pas autre ; qui est pareil. — *adv.* de plus, encore, aussi. — ÊTRE A MÊME, être en état de... — DE MÊME QUE, *loc. conj.* ainsi que, aussi bien que. — DE MÊME, TOUT DE MÊME, *loc. adv.* de même sorte, de la même manière.

MEMEL, ville de Prusse, sur la Baltique.

MÊMEMENT, *adv.* même, de même.

MÉMENTO, *sm.* (mot latin signifiant *souviens-toi* : la syllabe *men* se prononce comme dans *examen*), marque destinée à rappeler quelque chose ; carnet à prendre des notes ; prière du canon de la messe. Au pl. *mémentos*.

MEMMIUS, tribun romain; 113 av. J. C. —
(Caïus Gemellus), tribun du peuple, préteur
et ami du poëte Lucrèce ; 1er s. av. J. C.

MEMNON, personnage fabuleux, fils de
l'Aurore. Les Égyptiens lui érigèrent à Thèbes
une statue colossale qui existe encore. —
MEMNON, dit le Rhodien, célèbre général
des Perses ; m. 333 av. J. C. — MEMNON
d'Héraclée, historien grec ; 1er ou 2e s.

MÉMOIRE, sf. faculté de se souvenir ; action,
effet de cette faculté ; reputation après la
mort ; commémoration d'un saint ou d'une
personne morte.

MÉMOIRE, sm. écrit qui a pour but de rappeler une chose, de donner des instructions,
etc. ; dissertation ; état des sommes dues.
Au pl. documents historiques, relations
écrites par ceux qui ont été témoins oculaires
des faits ou qui y ont pris part ; recueil de
dissertations.

MÉMORABLE, adj. 2 g. digne de memoire,
remarquable.

MÉMORABLEMENT, adv. d'une manière
mémorable.

MÉMORANDUM, sm. (mot latin ; on pr.
mémarandome), instruction écrite envoyée
par le ministre d'un gouvernement à ses
agents à l'étranger, ou au ministre d'un
autre gouvernement.

MÉMORATIF, IVE, adj. qui se souvient.

MÉMORIAL, sm. ouvrage où sont consignés
les souvenirs d'une personne ; livre de commerce appelé aussi Brouillard ; placet.
(pas de pl. m.).

MEMPHIS, ville de l'Égypte anc. sur la rive
gauche du Nil.

MENAÇANT, ANTE, adj. qui menace. Fig. qui
pronostique quelque malheur, quelque mal

MENACE, sf. parole ou geste annonçant le mal
qu'on veut faire à quelqu'un, ou la crainte
qu'on veut lui inspirer.

MENACER, va fa re des menaces. Fig. pronostiquer quelque malheur, quelque mal.

MÉNADE, sf. surnom des bacchantes.

MÉNAGE, sm. gouvernement domestique ;
tout ce qui concerne l'entretien d'une famille
et ses dépenses ; matériel et personnel de la
famille ; economie.

MÉNAGE (Gilles), littérateur, philologue et
bel esprit français (1613-1692)

MÉNAGEMENT, adv. circonspection, soin,
précaution.

MÉNAGER, va. économiser, depenser avec
prudence. Fig. employer moderement, traiter
avec menagement ; diriger, conduire avec
précaution ; preparer adroitement. — SE
MÉNAGER, vpr. se soigner, se conduire habilement, se reserver pour.

MÉNAGER, ÈRE, adj. et s. économe, qui entend le menage. Fig. qui fait un sage emploi
des choses ou qui les maintient dans un bon
état. — sf. femme qui a le soin du ménage.

MÉNAGERIE, sf. lieu où l'on élève des bestiaux, de la volaille ; lieu où l'on rassemble
des animaux étrangers ou rares.

MÉNALE (mont), en Arcadie.

MÉNAM ou MEINAM, fl. d'Asie nommé aussi
Rivière de Siam.

MÉNAM-KONG ou MAI-KONG ou CAMBODJE,
fl. de l'Inde-Transgangétique.

MÉNANDRE, célèbre poëte comique grec
(342-290 av. J. C.).

MENDANA, navigateur espagnol (1541-1595).
— (archipel), ou îles Marquises, dans l'O-
céanie.

MENDE, ch.-l. du dép. de la Lozère.

MENDELSSOHN-BARTHOLDY, célèbre
compositeur de musique prussien (1809-1847).

MENDÈS, divinité égyptienne (myth.). — anc.
ville d'Egypte.

MENDIANT, ANTE, adj. et s. qui mendie.
Quatre mendiants, fruits secs (raisin,
amandes, figues et noisettes) ; ordre mendiant, ordre de religieux qui ont fait vœu
de pauvreté.

MENDICITÉ, sf. état du mendiant ; action de
mendier.

MENDIER, va. et n. demander l'aumône. Fig.
rechercher avec bassesse.

MENDOCE, nom espagnol.

MENDOLE, sf. sorte de poisson de mer.

MENDOZA (Diego de), diplomate, guerrier,
historien et poëte espagnol (1503-1575).

MENEAU, sm. montant et traverse qui parta-
gént l'ouverture d'une croisée (arch.).

MÉNECHME, sm. (on pr. ménekme), se dit
de deux individus parfaitement ressemblants
comme les deux frères jumeaux appelés
Ménechmes dans une comédie de Plaute.

MÉNÉDÈME, philosophe grec ; 3e s. av. J. C.

MENÉE, sf. intrigue, pratique secrète.

MÉNÉLAS, roi de Sparte, frère d'Agamemnon.

MÉNÉNIUS AGRIPPA, consul romain ; 5e s.
av. J. C.

MENER, va. conduire, guider ; voiturer ;
traîner à la suite. Fig. gouverner, diriger.
Mener à la baguette, traiter avec hauteur
ou durement ; mener de front, conduire à
la fois ; mener bien sa barque, bien diriger
ses affaires ; mener à la lisière, gouverner
quelqu'un comme un enfant ; mener quelqu'un par le nez, lui faire faire tout ce
qu'on veut.

MENÈS, premier roi d'Égypte, fondateur de
Memphis ; 2550 av. J. C.

MÉNESTREL, sm. poëte et musicien ambulant, dans le moyen âge.

MÉNÉTRIER, sm. joueur de violon dans les
campagnes.

MENEUR, EUSE, s. celui, celle qui mène,
qui est à la tête d'un parti, d'une brigue,
d'une intrigue.

MENGS (Raphaël), célèbre peintre allemand
(1728-1779).

MENHIR, sm. pierre druidique plantée en
terre.

MENIN, sm. gentilhomme attaché particulièrement à la personne du Dauphin.

MENIN, ville de Belgique, sur la Lys.

MÉNINGE, sf. membrane qui enveloppe le
cerveau (anat.).

MÉNINGITE, sf. inflammation des méninges
(méd.).

MÉNIPPE, philosophe et satirique grec
(époque incertaine).

MÉNIPPÉE (satire), célèbre pamphlet du temps de la Ligue.

MÉNISPERMÉES, *sf. pl.* (gr. *ménis* croissant, *sperma* graine), famille de plantes dont le type est le *ménispermum*, ainsi nommé parce que ses graines sont en forme de croissant (*bot.*).

MÉNISQUE, *sm.* verre d'optique concave d'un côté, convexe de l'autre.

MENOTTE, *sf.* main d'un enfant (*fam.*). Au *pl.* liens qui se mettent aux poignets d'un prisonnier.

MENOU (baron de), général français, successeur de Kléber en Égypte (1750-1810). V. *Manou.*

MENSE, *sf.* (on pr. *manse*), revenu d'une abbaye.

MENSONGE, *sm.* discours faux tenu dans l'intention de tromper, de cacher la vérité. *Fig.* fiction, fable, illusion, vanité.

MENSONGER, ÈRE, *adj.* faux, trompeur, décevant, illusoire.

MENSONGÈREMENT, *adv.* d'une manière mensongère.

MENSUEL, ELLE, *adj.* qui a lieu tous les mois.

MENSUELLEMENT, *adv.* tous les mois.

MENTAL, ALE, *adj.* qui se fait dans l'esprit, qui a rapport à l'esprit. *Restriction mentale*, restriction tout intérieure; *aliénation mentale*, folie, imbécillité (pas de *pl. m.*).

MENTALEMENT, *adv.* d'une manière mentale, par la pensée.

MENTELLE (Edme), géographe français (1730-1815).

MENTERIE, *sf.* petit mensonge fait par légèreté (*fam.*).

MENTEUR, EUSE, *adj.* et *s.* qui ment, qui a l'habitude de mentir. *Fig.* dont l'apparence est trompeuse.

MENTHE, *sf.* plante de la famille des Labiées.

MENTION, *sf.* (on pr. *mancion*), commémoration; rapport, témoignage; distinction honorifique.

MENTIONNER, *va.* (on pr. *mancioné*), faire mention, dire, rapporter.

MENTIR, *vn.* dire un mensonge, une chose contraire à la vérité. — *Ind. pr.* je mens, tu mens, il ment, n. mentons, v. mentez, ils mentent; *imp.* je mentais; *p. déf.* je mentis; *fut.* je mentirai; *cond.* je mentirais; *impér.* mens, mentons, mentez; *subj. pr.* que je mente; *imp.* que je mentisse; *part. pr.* mentant; *part. p.* menti (sans *fém.*).

MENTON, *sm.* partie du visage au-dessous de la bouche; mâchoire inférieure de certains animaux.

MENTON, p. ville (Alpes-Maritimes).

MENTONNIÈRE, *sf.* étoffe attachée au bas d'un masque; bandage dont on entoure le menton; bande qui passe sous le menton pour assujettir une coiffure.

MENTOR, ami d'Ulysse qui lui confia l'éducation de son fils Télémaque. Au *fig. sm.* gouverneur, guide.

MENU, UE, *adj.* mince, délié, de petit volume, de peu de valeur; *menus plaisirs*, pe-

tites dépenses. — *sm.* détail; *menu d'un repas*, note des mets.— *adv.* en petits morceaux.

MENUAILLE, *sf.* (ll m.), quantité de petites monnaies, de petites choses de rebut, de petits poissons.

MENUET, *sm.* (t nul), sorte de danse, air de cette danse.

MENUISER, *vn.* travailler en menuiserie.

MENUISERIE, *sf.* art, métier, ouvrage de menuisier.

MENUISIER, *sm.* artisan qui travaille en bois et fait des portes, des fenêtres, etc.

MENZIKOFF, MENZIKOV, MENTZIKOF ou MENSCHIKOFF (Alexandre), général, favori et ministre du tzar Pierre le Grand (1674-1729).

MÉONIE (la), la Lydie.

MÉOTIDES (PALUS), V. *Palus.*

MÉPHITIQUE, *adj.* 2 g. se dit d'exhalaisons puantes et nuisibles.

MÉPHITISME, *sm.* exhalaison puante et nuisible à la santé.

MÉPLAT, *sm.* (t nul), indication des différents plans d'un objet.

MÉPLAT, ATE, *adj.* plus large qu'épais; très-peu courbé. *Lignes méplates*, lignes qui établissent le passage d'un plan à un autre (peinture).

MÉPRENDRE (SE), *vpr.* se tromper, prendre une personne ou une chose pour une autre (v. *prendre*).

MÉPRIS, *sm.* (s nulle), sentiment par lequel nous jugeons indigne de prix, de valeur, d'estime, d'égard, d'attention; paroles ou actions qui expriment ce sentiment. — AU MÉPRIS DE, *loc. prép.* sans avoir égard à.

MÉPRISABLE, *adj.* 2 g. digne de mépris.

MÉPRISABLEMENT, *adv.* avec mépris.

MÉPRISANT, ANTE, *adj.* qui marque du mépris.

MÉPRISE, *sf.* erreur, inadvertance, faute de celui qui se méprend.

MÉPRISER, *va.* mal priser, ne donner aucun prix, aucune valeur. *Fig.* ne point faire cas de la personne ou de la chose; voir une chose sans crainte, sans désir.

MÉQUINEZ, gr. ville du Maroc.

MER, *sf.* l'ensemble des eaux salées qui baignent les cinq parties du globe terrestre; chaque partie de cette masse d'eau. *Fig.* grande abondance. *Tenir la mer*, naviguer; *mer à boire*, chose très-difficile.

MER, ch.-l. de canton (Loire-et-Cher).

MÉRANIE (duché de), anc. État d'Allemagne, composé d'une grande partie du Tyrol et de l'Istrie. — (Agnès de), femme du roi Philippe-Auguste.

MERCANTILE, *adj.* 2 g. du commerce, qui concerne le commerce; marchand. *Esprit mercantile*, esprit intéressé, à idées étroites.

MERCANTILISME, *sm.* caractère d'un esprit mercantile; prédominance des intérêts mercantiles.

MERCATOR, géomètre et physicien danois; m. 1687.—(Gérard), célèbre géographe belge (1512-1594).

MERCENAIRE, *adj.* 2 g. qui se fait pour le

gain. *Fig.* qui n'a pour but que l'intérêt, qui est facile à corrompre. — *sm.* ouvrier qui travaille pour de l'argent, soldat qui combat pour de l'argent.

MERCENAIREMENT, *adv.* d'une manière mercenaire.

MERCERIE, *sf.* commerce de mercier; marchandises qu'il vend.

MERCI, *sm.* remerciement; je vous rends grâces. — DIEU MERCI, *loc. adv.* grâce à Dieu. — *sf.* miséricorde; A LA MERCI DE, *loc. prep.* à la discrétion de.

MERCIE, l'un des sept royaumes de l'Heptarchie anglo-saxonne.

MERCIER, IÈRE, *s.* marchand, marchande de fil, d'aiguilles, de rubans, etc.

MERCIER (Louis-Sebastien), littérateur français (1740-1814).

MERCŒUR (duc de), chef de la Ligue en Bretagne (1558-1602).

MERCŒUR (Élisa), jeune fille poète, française (1809-1835).

MERCREDI, *sm.* le quatrième jour de la semaine.

MERCURE, dieu de l'éloquence et du commerce, et messager des dieux (*myth.*); l'une des planètes.

MERCURE, *sm.* métal blanc et fluide appelé aussi *vif-argent*, et qui est l'un des corps simples de la chimie.

MERCUREY, village près de Châlon (Saône-et-Loire). Vins estimés.

MERCURIALE, *sf.* plante de la famille des Euphorbiacées; assemblée du parlement où l'on délibérait sur les abus; réprimande; prix des grains au marché.

MERCURIEL, IELLE, *adj.* qui contient du mercure.

MERCY (François, baron de), fameux général au service de la Bavière et de l'emp. d'Allemagne; né à Longwy (Moselle), m. en 1645. — (Claude-Florimond, comte de), feld-maréchal allemand (1666-1734).

MÈRE, *sf.* femme qui a un ou des enfants; femelle qui a des petits. *Fig.* titre de religieuse professe; cause qui produit un effet: lieu *l'oisiveté est la mère de tous les vices*; la *Grèce a été la mère des beaux-arts*. — *adj.* principal: *idée mère*.

MÈRE, *adj. f.* (l. *mera* pure), pure, fine: *mère goutte*, vin très-pur, *mère laine*, laine très-fine.

MÉRÉ (le chevalier de), bel esprit et littérateur français (1610-1685). V. *Poltrot*.

MÉRELLE, V. *Marelle*.

MÉRICARPE, *sm.* (gr. *méris* portion, *karpos* fruit), chacune des deux portions du fruit des Ombellifères (*bot.*).

MÉRIDIEN, *sm.* grand cercle de la sphère qui passe par les pôles et par le zénith du lieu.

MÉRIDIEN, IENNE, *adj.* du méridien, qui a rapport au méridien.

MÉRIDIENNE, *sf.* ligne dans le plan du méridien, tirée du nord au sud; intersection d'un plan avec celui d'un méridien; sommeil après l'heure de midi.

MÉRIDIONAL, ALE, *adj.* et *s.* du midi (pl. m. *méridionaux*).

MÉRINDOL, village au S.-O. d'Apt (Vaucluse).

MERINGUE, *sf.* sorte de pâtisserie garnie de crème.

MÉRINO (don Geronimo), fameux chef de guerillas espagnoles (1770-1840).

MÉRINOS, *sm.* (on pr. l's), mouton d'origine espagnole à laine très-fine; cette laine même.

MERISE, *sf.* fruit du merisier.

MÉRISIER, *sm.* cerisier sauvage.

MÉRITANT, ANTE, *adj.* qui mérite, qui a du mérite.

MÉRITE, *sm.* ce qui rend digne d'estime, de considération, de récompense ou de punition; ce qu'une chose a de bon.

MÉRITER, *va.* être digne de, encourir; *mériter confirmation*, avoir besoin d'être confirmé; — *vn. Bien mériter de*, rendre des services à.

MÉRITHALLE, *sm.* (gr. *méris* partie, *thallos* rameau ou tige), entre-nœud ou partie d'une tige comprise entre les nœuds d'où naissent les feuilles (*bot.*).

MÉRITOIRE, *adj.* 2 g. qui mérite d'être récompensé; louable.

MÉRITOIREMENT, *adv.* d'une manière méritoire.

MERLAN, *sm.* sorte de poisson de mer.

MERLE, *sm.* oiseau de l'ordre des Passereaux. *Fig. fin merle*, homme rusé (*fam.*).

MERLIN, *sm.* gros marteau des bouchers pour assommer les bœufs, hache pour fendre le bois.

MERLIN de Douai, célèbre jurisconsulte, membre de la Convention et ministre d'État sous le premier Empire (1754-1838).

MERLIN de Thionville, fougueux démocrate, membre de la Convention et l'un des principaux thermidoriens (1762-1833).

MERLUCHE, *sf.* morue sèche.

MERMNADES, la troisième dynastie de Lydie, fondée par Gygès.

MÉROÉ, contrée de l'anc. Éthiopie.

MÉROPE, femme de Cresphonte, roi de Messénie; 12e s. av. J. C.

MÉROVÉE, roi des Francs (411-458). — fils de Chilpéric Ier; 6e siècle.

MÉROVINGIEN, IENNE, *adj.* et *s.* de la race de Merovée, de la première dynastie des rois de France.

MERRAIN, *sm.* bois de chêne fendu en planches.

MERRY ou MÉDÉRIC (St), abbé de Saint-Martin de Tours; 7e s.

MERSEBOURG, ville de la Saxe prussienne.

MERS-EL-KEBIR, ville et port dans la province d'Oran (Algérie).

MERSEN, lieu de l'anc. Austrasie, près d'Aix-la-Chapelle. Traité entre Charles le Chauve et Louis le Germanique.

MERSENNE (le Père), religieux minime, savant mathématicien français (1588-1648).

MERSEY (la), fl. d'Angleterre; se jette dans la mer d'Irlande.

MÉRU, ch.-l. de canton (Oise).

MERVEILLE, *sf.* (ll m.), chose qui cause de l'admiration. — A MERVEILLE, *loc. adv.* très bien.

MERVEILLEUSEMENT, *adv.* (*ll m.*), d'une façon merveilleuse.

MERVEILLEUX, *sm.* (*ll m.*), ce qui cause de l'admiration ; ce qui est admirable ou excellent ; personne prétentieuse ; intervention d'êtres surnaturels.

MERVEILLEUX, EUSE, *adj.* (*ll m.*), admirable, surprenant ; excellent.

MERVILLE, p. ville (Nord).

MERVILLE (Pierre CAMUS, dit), auteur dramatique français (1783-1853).

MERWAN, nom de deux califes d'Orient.

MÉRY-SUR-SEINE, p. ville (Aube). Combat entre les Français et les Prussiens en 1814.

MES, *adj. poss.* 2 g. pluriel de *mon, ma*.

MÉSAISE, *sm.* malaise.

MÉSALLIANCE, *sf.* action de se mésallier, c'est-à-dire de s'allier avec des personnes d'un rang inférieur.

MÉSALLIER, *va.* allier avec des personnes d'un rang inférieur. — SE MÉSALLIER, *vpr.* s'allier mal ; déroger, s'abaisser par une mauvaise alliance.

MÉSANGE, *sf.* petit oiseau de l'ordre des Passereaux.

MÉSARRIVER, *vn. impers.* arriver quelque mal : se dit d'un accident fâcheux qui peut se produire.

MÉSAVENANT, ANTE, *adj.* non avenant, qui choque.

MÉSAVENIR, *vn. impers.* mésarriver.

MÉSAVENTURE, *sf.* mauvaise aventure, accident fâcheux.

MÉSEMBRIANTHÈME, *sm.* (gr. *mésembria* midi, *anthèma* fleur), plante appelée aussi *ficoïde*, dont les fleurs ne s'ouvrent qu'à midi ou après midi.

MÉSEMBRIANTHÉMÉES, *sf. pl.* famille ou tribu de plantes dont le type est le mésembrianthème (bot.).

MÉSENTÈRE, *sm.* membrane située au milieu des intestins et les unissant entre eux (anat.).

MÉSENTÉRIQUE, *adj.* 2 g. qui appartient au mésentère.

MÉSESTIMER, *va.* ne pas estimer, avoir mauvaise opinion de, cesser d'avoir de l'estime pour.

MÉSIE ou MŒSIE, prov. de l'empire romain ; auj. Bosnie, Servie et Bulgarie.

MÉSINTELLIGENCE, *sf.* défaut d'accord ou de bonne intelligence entre gens qui devraient être unis.

MÉSINTERPRÉTER, *va.* mal interpréter ; donner un sens défavorable à des paroles, à des intentions.

MESMER, médecin allemand, fondateur de la théorie du magnétisme animal (1734-1815).

MESMÉRISME, *sm.* doctrine de Mesmer sur le magnétisme animal.

MESMÉRIQUE, *adj.* 2 g. du mesmérisme, de Mesmer.

MESMES (de), nom de plus. magistrats français : *Henri*, seigneur de Malassis, garde du trésor des chartes sous Charles IX (1532-1596) ; *Jean-Antoine*, président du parlement de Paris (1661-1723).

MESMIN (St), abbé de Mici, près d'Orléans.

MÉSOFFRIR, *vn.* offrir d'une chose moins qu'elle ne vaut.

MÉSOCARPE, *sm.* (gr. *mésos* qui est au milieu, *karpos* fruit), tissu intermédiaire entre l'épicarpe et l'endocarpe, et formant la partie plus ou moins succulente du fruit (bot.).

MÉSOPOTAMIE, contrée de l'Asie ancienne entre l'Euphrate et le Tigre, auj. *Aldjézireh*.

MÉSOTHORAX, *sm.* (gr. *mésos* qui est au milieu, *thōrax* tronc, buste, thorax), anneau moyen du thorax des insectes hexapodes (zool.).

MÉSOZOÏQUE, *adj.* 2 g. (gr. *mésos* qui est au milieu, *zôon* animal), se dit de la série des terrains secondaires renfermant des débris d'animaux fossiles et qui est placée entre la série paléozoïque et la série kainozoïque (géol.).

MESQUIN, INE, *adj.* chiche, qui fait une dépense au-dessous de ses moyens, qui marque de la parcimonie. *Fig.* pauvre, maigre, qui est de mauvais goût, qui manque d'élévation, de noblesse.

MESQUINEMENT, *adv.* d'une façon mesquine.

MESQUINERIE, *sf.* parcimonie ; pauvreté d'une chose.

MESSAGE, *sm.* charge, commission, ce qui fait l'objet de cette commission ; communication officielle.

MESSAGER, ÈRE, *s.* celui, celle qui fait un message, qui porte les paquets d'une ville à l'autre. *Fig.* avant-coureur. — *sm.* oiseau ; au *pl.* tribu d'animaux rapaces diurnes.

MESSAGERIE, *sf.* établissement de voitures publiques se rendant d'une ville à une autre ; bureau, voiture de cet établissement.

MESSALA, nom d'une famille romaine.

MESSALINE, femme de l'empereur Claude, fameuse par ses débauches ; m. l'an 48 après J. C.

MESSANE, ville de la Sicile ancienne, auj. *Messine*.

MESSAPIE, contrée de l'Italie ancienne, auj. *Terre d'Otrante*.

MESSE, *sf.* sacrifice du corps et du sang de Jésus-Christ par le ministère du prêtre à l'autel ; cérémonie, chant, musique de l'office de la messe.

MESSÉANCE, *sf.* qualité de ce qui sied mal ; manque de bienséance.

MESSÉANT, ANTE, *adj.* malséant.

MESSÈNE, capitale de la Messénie.

MESSÉNIE, contrée de l'anc. Grèce dans le Péloponèse.

MESSÉNIEN, IENNE, *adj.* et s. de la Messénie. — *sf.* composition poétique sur les malheurs de la patrie.

MESSÉOIR, *vn. impers.* n'être pas convenable. Ce verbe, inusité à l'infinitif, ne s'emploie qu'aux temps et aux personnes suivantes : *ind. pr.* il messied, ils messient ; *imp.* il messeyait, ils messeyaient ; *fut.* il messiéra, ils messiéront ; *cond.* il messiérait, ils messiéraient ; *part. pr.* messeyant.

MESSER, *sm.* (on pr. l'r), messire.

MESSIDOR, *sm.* le dixième mois du calendrier républicain.

MESSIANIQUE, *adj. 2 g.* du Messie.

MESSIE *sm.* le Christ promis dans l'Ancien Testament.

MESSIER, *sm.* gardien des fruits de la terre avant leur récolte.

MESSIER (Charles), astronome français (1730-1817).

MESSIEURS, pluriel de *monsieur.*

MESSIN (pays), de Metz.

MESSINE, ville et port de Sicile, sur un détroit de même nom.

MESSIRE, *sm.* ancien titre d'honneur, monseigneur. *Poire de messire Jean*, sorte de poire rousse et sucrée.

MESTRE DE CAMP, *sm.* (on pr. l's), autrefois colonel d'un régiment d'infanterie ou de cavalerie. *Mestre de camp général de la cavalerie*, général de cavalerie.

MESURABLE, *adj. 2 g.* qui peut être mesuré.

MESURAGE, *sm.* action de mesurer.

MESURE, *sf.* règle pour déterminer l'étendue, la durée, la quantité; instrument qui sert à cet effet; dimension; capacité. *Fig.* division musicale ou poétique établie sur la durée des sons ou des syllabes; précautions, moyens employés pour atteindre un but; bornes, modération. — 'A MESURE QUE, *loc. conj.* selon que; À FUR ET À MESURE ou AU FUR ET À MESURE, *loc. adv. et conj.* successivement, à mesure que; OUTRE MESURE, SANS MESURE, *loc. adv.* avec excès.

MESURÉ, EE, *adj.* dont on a pris la mesure. *Fig.* calme, convenable, prudent; réglé avec sagesse, avec circonspection.

MESURÉMENT, *adv.* avec mesure, avec prudence.

MESURER, *va.* déterminer une quantité au moyen d'une mesure. *Fig.* proportionner, régler avec sagesse. — SE MESURER AVEC QUELQU'UN, *vpr.* lutter, se battre avec lui.

MESUREUR, EUSE, *s.* celui, celle qui mesure.

MÉSUSER, *vn.* mal user, faire un mauvais usage de; abuser de.

MÉTACARPE, *sm.* (gr. *méta* après, *karpos* le carpe ou poignet), partie de la main au delà du poignet, entre le poignet et les doigts (*anat.*).

MÉTACARPIEN, IENNE, *adj.* du métacarpe.

MÉTACHRONISME, *sm.* (gr. *méta* après, *chronos* temps), anachronisme qui consiste à donner une date postérieure à la date exacte.

MÉTAIRIE, *sf.* bien-fonds affermé; petite ferme.

MÉTAL, *sm.* corps simple, opaque, brillant, ductile ou cassant.

MÉTALEPSE, *sf.* (gr. *métalepsis* permutation), figure de rhétorique qui consiste à prendre l'antécédent pour le conséquent, ou réciproquement.

MÉTALLIFÈRE, *adj. 2 g.* (l. *metallum* métal, *ferre* porter), qui contient du métal, qui produit des métaux.

MÉTALLIQUE, *adj. 2 g.* qui concerne le métal, qui est de la nature du métal.

MÉTALLISATION, *sf.* action de métalliser.

MÉTALLISER, *va.* faire prendre l'état métallique à un oxyde.

MÉTALLOGRAPHIE, *sf.* (gr. *métallon* métal, *graphô* décrire), connaissance et description des métaux.

MÉTALLOÏDE, *sm.* (gr. *métallon* métal, *eidos* ressemblance), corps simple qui n'est pas un métal, mais qui à certains égards ressemble à un métal (*chim.*). — *adj. 2 g.* se dit de l'éclat d'une substance pierreuse ayant le brillant propre aux métaux.

MÉTALLURGIE, *sf.* (gr. *métallon* métal, *ergon* travail), art de tirer les métaux des mines et de les travailler.

MÉTALLURGIQUE, *adj. 2 g.* qui concerne la métallurgie.

MÉTALLURGISTE, *sm.* celui qui s'occupe de métallurgie.

MÉTAMORPHISME, *sm.* (gr. *méta* prép. marquant le changement, *morphé* forme), changement de forme dans les roches de sédiment sous l'influence de l'eau et de la chaleur (*géol.*).

MÉTAMORPHIQUE, *adj. 2 g.* qui a subi un métamorphisme (*géol.*).

MÉTAMORPHOSE, *sf.* (gr. *métamorphôsis* changement de forme), changement de forme, de figure.

MÉTAMORPHOSER, *va.* opérer une métamorphose.

MÉTAPHORE, *sf.* (gr. *métaphora* : de *méta* au delà, *pherô* porter), figure par laquelle on transporte, pour ainsi dire, la signification propre d'un mot à une autre signification, en vertu d'une comparaison qui se fait dans l'esprit (*rhét.*).

MÉTAPHORIQUE, *adj. 2 g.* qui tient de la métaphore.

MÉTAPHORIQUEMENT, *adv.* d'une façon métaphorique.

MÉTAPHYSICIEN, *sm.* celui qui s'occupe de métaphysique.

MÉTAPHYSIQUE, *sf.* (gr. *méta* après, *physika* la phy-ique : parce que le traité d'Aristote sur ces matières venait après son traité sur la physique), étude des facultés de l'entendement; science des choses abstraites et purement intellectuelles. — *adj. 2 g.* qui appartient à la métaphysique; abstrait, subtil.

MÉTAPHYSIQUEMENT, *adv.* d'une manière métaphysique.

MÉTAPLASME, *sm.* (gr. *métaplasmos* : de *méta* indiquant changement, et *plassô* former), changement dans un mot par le retranchement d'une lettre ou d'une syllabe.

MÉTAPONTE, ville de l'Italie anc. auj. *Torre di Mare.*

MÉTASTASE, *sf.* changement d'une maladie en une autre; déplacement d'un mal.

MÉTASTASE (Pierre), célèbre poëte italien (1698-1782).

MÉTATARSE, *sm.* (gr. *méta* après, *tarsos* le tarse), partie du pied comprise entre le tarse et les orteils (*anat.*).

MÉTATARSIEN, IENNE, *adj. 2 g.* du métatarse.

MÉTATHÈSE, *sf.* (gr. *métathésis* transposition), figure de grammaire qui consiste dans la transposition d'une lettre.

MÉTATHORAX, *sm.* (gr. *méta* après ; *thorax*

trone, buste, thorax), anneau postérieur du thorax des insectes hexapodes (zool.).

MÉTAURE, riv. d'Italie ; se jette dans l'Adriatique. Défaite d'Asdrubal par les Romains, 207 av. J. C.

MÉTAYER, ÈRE, s. celui, celle qui fait valoir une métairie.

MÉTAZOÏQUE, adj. 2 g. (gr. méta après, zoé vie), se dit d'un terrain formé après l'apparition des êtres organisés sur la surface du globe (géol.).

MÉTEIL, sm. froment et seigle mêlés.

MÉTELIN, île de la Turquie d'Asie, anc. Lesbos.

MÉTELLUS nom d'une famille romaine Quintus Cæcilius METELLUS consul, réduisit la Macédoine en province romaine, 148 av. J. C. d'où son surnom de Macédonique.— Quintus Cæcilius, fils du précédent, dit le Numidique, à cause de ses victoires sur Jugurtha ; consul l'an 109 av. J. C. — Quintus Cæcilius, surnomme Pius, fils du Numidique, consul, 81 av. J. C.

MÉTEMPSYCOSE, sf. (gr. méta, prép. marquant changement, en dans, psyché âme), passage de l'âme d'un corps dans un autre.

MÉTÉORE, sm. (gr. météôros qui est élevé, en haut, en l'air), phénomène qui se produit dans l'atmosphère. Fig. personne ou chose qui a brillé un moment.

MÉTÉORIQUE, adj. 2 g. qui appartient à un météore, qui a rapport aux météores.

MÉTÉORISME, sm. élévation ou tension considérable du bas-ventre, causée par des flatuosités (méd.).

MÉTÉORISÉ, ÉE, adj. tendu, gonflé (méd.).

MÉTÉOROGRAPHIE, sf. (gr. météôros, météore, graphô décrire), description ou traité des météores.

MÉTÉOROGRAPHIQUE, adj. 2 g. de la météorographie, qui appartient à la météorographie.

MÉTÉOROLOGIE, sf. (gr. météôros météore ; logos discours, traité), partie de la physique qui traite des météores.

MÉTÉOROLOGIQUE, adj. 2 g. qui concerne les météores ou la météorologie.

MÉTHODE, sf. (gr. méthodos recherche, poursuite, voie), voie pour arriver à un but ; disposition ; ordre ou arrangement dans les idées ou dans les actes ; usage, manière d'être habituelle ; livre élémentaire.

MÉTHODIQUE, adj. 2 g. qui tient à la méthode, qui est fait avec méthode, où il y a de la méthode.

MÉTHODIQUEMENT, adv. avec méthode.

MÉTHODISME, sm. secte religieuse protestante très-rigide.

MÉTHODISTE, s. 2 g. sectaire du méthodisme ; personne qui agit avec beaucoup de méthode.

MÉTHONE, anc. ville de Macédoine sur le golfe Thermaïque. — ville de la Messénie, auj. Modon.

MÉTHYMNE, anc. ville de l'île de Lesbos, auj. Molivo.

MÉTICULEUX, EUSE, adj. qui est susceptible de petites craintes, de petits scrupules.

MÉTIER, sm. profession d'un art mécanique ; par extension se dit d'une profession quelconque ; machines de fabrication : métier à tisser. Fig. ce que l'on a coutume de faire.

MÉTIS (on pr. îs), ISSE, adj. et s. né d'un blanc et d'une Indienne, et vice versâ ; qui provient d'espèces différentes.

MÉTIUS (Jacques), savant hollandais, inventeur du télescope à réfraction en 1609. — (Adrien), frère du précédent, géomètre et astronome (1571-1635).

MÉTIUS FUFFETIUS ou **SUFFETIUS,** dictateur d'Albe ; m. 663 av. J. C.

MÉTON, astronome athénien, 432 av. J. C.

MÉTONOMASE ou **MÉTONOMASIE,** sf. (gr. méta, préposition exprimant le changement ; onoma nom), changement de nom propre.

MÉTONYMIE, sf. (gr. métonymia ; de meta exprimant le changement, et onyma nom), figure par laquelle on emploie un nom pour un autre (rhét.).

MÉTOPE, sf. intervalle carré entre les opes (arch.).

MÉTOPOSCOPIE, sf. (gr. métôpon front, face ; skopeô examiner), art de connaître le caractère d'une personne par l'inspection des traits de son visage.

MÉTOPOSCOPIQUE, adj. 2 g. de la métoposcopie.

MÉTRAGE, sm. mesurage au mètre.

MÈTRE, sm. unité de mesure de longueur, formée de la dix-millionième partie du quart du méridien terrestre. En versification, pied déterminé par la quantité ou durée syllabique.

MÉTRIQUE, adj. 2 g. qui a rapport au mètre, qui a pour base le mètre. Vers métriques, vers composés de mètres, comme dans la poésie grecque et la poésie latine.

MÉTROLOGIE, sf. (gr. métron mesure ; logos discours, traité), traité des mesures ; recueil de mesures.

MÉTROMANE, s. et adj. 2 g. celui, celle qui a la passion de faire des vers.

MÉTROMANIE, sf. (gr. métron mesure, pied de vers ; mania manie, passion), passion, manie de faire des vers.

MÉTRONOME, sm. (gr. métron mesure ; nomos loi, règle), instrument qui indique et marque la mesure musicale.

MÉTROPOLE, sf. (gr. métropolis : de mêtêr mère, et polis ville), ville mère des colonies ; État considéré relativement aux colonies qu'il possède ; ville capitale, et par extension église archiépiscopale.

MÉTROPOLITAIN, AINE, adj. archiépiscopal. — sm. archevêque.

METS, sm. (on pr. mè), aliment apprêté et servi sur la table.

METTABLE, adj. 2 g. que l'on peut mettre, emettre ou produire.

METTERNICH (prince de), célèbre ministre autrichien (1773-1859).

METTRAY, village (Indre-et-Loire) : colonie agricole de jeunes détenus.

METTEUR, sm. celui qui met en œuvre ; celui qui met en pages dans une imprimerie.

METTRE, v.a. placer ou un lieu, dans une

position, dans une situation; établir, employer, ajouter, accommoder, apprêter; revêtir; montrer, manifester. — SE METTRE, v. pr. se placer, commencer à, s'occuper de, s'habiller de certaine façon. — *Ind. pr.* je mets, tu mets, il met; n. mettons, v. mettez, ils mettent; *imp.* je mettais; *pas. déf.* je mis; *fut.* je mettrai; *cond.* je mettrais; *impér.* mets, mettons, mettez; *subj. pr.* que je mette; *imp.* que je misse; *part. pr.* mettant; *part. p.* mis, mise.

METZ, ch.-l. du dép. de la Moselle.

METZU (Gabriel), célèbre peintre hollandais (1615-1659).

MEUBLANT, ANTE, *adj.* propre à meubler; qui meuble.

MEUBLE, *sm.* ce qui est mobile, ce qui peut être déplacé; objet qui garnit, qui orne une chambre, un appartement. — *adj.* 2 g. aise à remuer; *terre meuble,* ameublie.

MEUBLER, *va.* garnir de meubles. *Fig.* garnir, orner.

MEUDON, bourg (Seine-et-Oise).

MEUGLEMENT, *sm.* beuglement.

MEUGLER, *vn.* beugler.

MEULAN, ch.-l. de canton, sur la Seine (Seine-et-Oise).

MEULE, *sf.* corps solide, rond et plat pour broyer; pierre de grès pour aiguiser; pile conique de foin, de gerbes, etc.

MEULIÈRE, *s.* et *adj. f.* pierre dont on fait des meules; carrière de ces pierres.

MEUNERIE, *sf.* art, état de meunier.

MEUNG ou **MEHUN-SUR-LOIRE,** p. ville (Loiret).

MEUNG (Jean de), poëte français continuateur du fameux *Roman de la Rose;* m. 1318.

MEUNIER, IÈRE, *s.* celui, celle qui conduit un moulin.

MEURSAULT, village renommé pour ses vins blancs (Côte-d'Or).

MEURSIUS (Jean), célèbre antiquaire et philologue hollandais (1579-1639).

MEURTHE, riv. affluent de la Moselle, donnant son nom à un département dont le ch.-l. est Nancy.

MEURTRE, *sm.* action de tuer une personne avec violence. *Fig.* grand dommage.

MEURTRIER, *sm.* celui qui a commis un meurtre.

MEURTRIER, IÈRE, *adj.* qui cause ou a causé la mort de beaucoup de personnes.

MEURTRIÈRE, *sf.* ouverture pratiquée dans un mur pour tirer à couvert.

MEURTRIR, *va.* faire une meurtrissure.

MEURTRISSURE, *sf.* contusion avec tache livide; tache sur les fruits causée par leur chute ou par leur froissement.

MEUSE, fleuve qui a sa source en France et se jette dans la mer du Nord; département français dont le ch.-l. est Bar-le-Duc.

MEUTE, *sf.* troupe de chiens de chasse. *Fig.* troupe de limiers, d'espions.

MÉVENDRE, *va.* et *n.* littéral. mal vendre; vendre au-dessous de sa valeur.

MÉVENTE, *sf.* mauvaise vente, vente à bas prix, non-vente, cessation de vente.

MEXICAIN, AINE, *adj.* et *s.* du Mexique.

MEXICO, capitale du Mexique.

MEXIQUE, État de l'Amérique du Nord.

MEYERBEER (Giacomo ou Jacques), célèbre compositeur de musique prussien (1794-1864).

MEZEN, fl. et golfe de la mer Blanche (Russie).

MÉZENCE, roi d'Étrurie, célèbre par ses cruautés; 13e s, av. J. C.

MÉZERAY (François Eudes de), célèbre historien français (1610-1683).

MÉZIÈRES, ch.-l. du dép. des Ardennes, sur la Meuse.

MEZZO-TERMINE, *sm.* (mot ital. on pr. *medzo-terminé*), moyen terme, parti moyen (inv. au *pl.*).

MEZZO-TINTO, *sm.* (mot ital. on pr. *medzo-tinto*), se dit de la gravure à la manière noire ou du lavis: pas de *pl. m.*

MI, mot invariable servant à marquer le partage, la moitié d'une chose: *mi-parti, mi-corps.*

MI, *sm.* troisième note de la gamme d'*ut* (*mus.*).

MI-AOÛT, *sf.* (on pr. *mi-oû*), le milieu du mois d'août.

MIASMATIQUE, *adj.* 2 g. qui contient des miasmes, qui en produit.

MIASME, *sm.* exhalaison fétide, émanation contagieuse.

MIAULEMENT, *sm.* cri du chat.

MIAULER, *vn.* pousser des miaulements.

MICA, *sm.* (l. *micare* briller), minéral en forme de lames ou de paillettes brillantes (*géol.*).

MICACÉ, ÉE, *adj.* qui contient du mica, qui est de la nature du mica.

MICACITE ou **MICASCHISTE,** *sm.* schiste micacé, roche composée de mica et de quartz (*géol.*).

MI-CARÊME, *sf.* le milieu du carême.

MICHALLON (Claude), sculpteur français (1751-1799). — (Achille), peintre paysagiste, fils du précédent (1795-1822).

MICHAUD (Joseph-François), littérateur français, auteur d'une excellente *Histoire des Croisades* (1767-1839).

MICHE, *sf.* pain de grosseur médiocre; pain rond et pesant.

MICHÉE, nom de deux prophètes juifs du 9e et du 7e s. av. J. C.

MICHEL (St), archange.

MICHEL, nom de plus. empereurs grecs, entre autres: MICHEL Ier CUROPALATE, de 811 à 813, déposé et relégué dans un monastère. — MICHEL VIII PALÉOLOGUE, chef de la dynastie de ce nom; m. 1282. V. *Romanov.*

MICHEL-ANGE BUONAROTTI, célèbre peintre, sculpteur et architecte italien (1474-1564).

MICHELET, littérateur et historien français, né en 1801.

MICHIGAN, lac et État de l'Union (États-Unis).

MICIPSA, roi des Numides, oncle de Jugurtha; m. 119 av. J. C.

MICMAC, sm. intrigue, pratique secrète dont le but est blâmable (fam.).

MICOCOULIER, sm. arbre dont le nom botanique est celtis et qui est le type de la famille ou tribu des Celtidées.

MI-CORPS (A), loc. adv. à moitié du corps, de la tête jusqu'à l'abdomen.

MICROCARPE, adj. 2 g. (gr. mikros petit, karpos fruit), qui a de petits fruits (bot.).

MICROCÉPHALE, adj. 2 g. (gr. mikros petit, képhalé tête), qui a une petite tête.

MICROCOSME, sm. (gr. mikros petit, kosmos monde), le petit monde, c'est-à-dire l'homme par opposition au macrocosme ou Univers.

MICROGRAPHE, sm. celui qui s'occupe de micrographie.

MICROGRAPHIE, sf. (gr. mikros petit, graphô décrire), description des petits objets vus à l'aide du microscope.

MICROMÈTRE, sm. (gr. mikros petit, métron mesure), instrument pour mesurer et apprécier les très-petites quantités linéaires dans les observations astronomiques et autres opérations de mesure.

MICROMÉTRIQUE, adj. du micromètre, fait au moyen du micromètre.

MICRONÉSIE, sf. (gr. mikros petit, nêsos île), l'une des divisions de l'Océanie, celle qui renferme divers archipels de petites îles (géog.).

MICROPHYLLE, adj. 2 g. (gr. mikros petit, phyllon feuille), qui a de petites feuilles (bot.).

MICROPYLAIRE, adj. 2 g. du micropyle (bot.).

MICROPYLE, sm. (gr. mikros petit, pylê porte, ouverture), petite ouverture par laquelle la graine reçoit l'action du pollen (bot.).

MICROSCOPE, sm. (gr. mikros petit, skópéó observer), instrument d'optique qui, en grossissant les très-petits objets, permet d'en observer les moindres parties.

MICROSCOPIQUE, adj. 2 g. qui a rapport au microscope, qu'on ne voit qu'avec le secours du microscope.

MICROZOAIRES, sm. pl. (gr. mikros petit, zôon animal), classe d'animaux extrêmement petits (zool.).

MIDAS, roi de Phrygie (myth.).

MIDDELBOURG, ville de Hollande, dans l'île de Walcheren.

MIDDLESEX, comté d'Angleterre.

MIDI, sm. milieu du jour; moment où le soleil est au méridien du lieu; l'un des quatre points cardinaux; les pays méridionaux.

MIDOUZE, riv. de France, affluent de l'Adour.

MIDSHIPMAN, sm. (mot anglais : on pr. midchipmane), aspirant de marine.

MIE, sf. partie du pain entre les croûtes. — adv. pas, point . je n'en veux mie.

MIE, sf. abréviation d'amie : ma mie, mon amie (fam.).

MIÉCISLAS Ier, premier prince chrétien de la Pologne; m. 991.

MIEL, sm. substance liquide et sucrée composée par les abeilles avec le suc des fleurs.

MIEL ou **MEEL (Jean)**, peintre flamand (1619-1664).

MIELLEUSEMENT, adv. d'une manière mielleuse, doucereuse.

MIELLEUX, EUSE, adj. qui tient du miel. Fig. doucereux.

MIEN, MIENNE, adj. poss. et LE MIEN, LA MIENNE, pron. poss. qui est à moi, de moi. — sm. mon bien, ce qui est de moi ; les miens, mes proches, mes alliés.

MIÉRIS, nom de quatre peintres hollandais : François, dit l'Ancien (1635-1681) ; Jean, fils du précédent (1660-1690) ; Guillaume, frère de Jean (1662-1747); François, dit le Jeune, fils de Guillaume (1689-1763).

MIETTE, sf. petite mie; petite partie.

MIEUX, adv. comparatif de bien : d'une manière meilleure. — sm. le meilleur. — adj. 2 g. plus avantageux, préférable. — LE MIEUX DU MONDE, AU MIEUX, TOUT AU MIEUX, loc. adv. très-bien. DU MIEUX QUE, LE MIEUX QUE, loc. adv. aussi bien qu'il est possible.

MIÈVRE, adj. 2 g. et s. vif ; rémuant et un peu malicieux (fam.).

MIÈVRERIE ou **MIÈVRETÉ**, sf. caractère d'une personne mièvre; action légèrement malicieuse.

MIGNARD, ARDE, adj. extrêmement mignon : c'est-à-dire fin, délicat, joli, gentil.

MIGNARD (Nicolas), peintre français (1608-1668). — (Pierre), frère du précédent, peintre célèbre (1610-1695).

MIGNARDEMENT, adv. avec mignardise.

MIGNARDER, va. traiter délicatement ; affecter de la délicatesse, de la grâce.

MIGNARDISE, sf. état ou qualité de ce qui est mignard ; délicatesse, manières caressantes, affectation de gentillesse; espèce de petits œillets.

MIGNET, historien français, né en 1796.

MIGNON, ONNE, adj. délicat, joli, gentil. — sm. favori, chéri, préféré.

MIGNON (Abraham), célèbre peintre de fleurs, allemand (1639-1679).

MIGNONNE, sf. petit caractère d'imprimerie; sorte de poire.

MIGNONNEMENT, adv. d'une façon mignonne.

MIGNONNETTE, sf. sorte de dentelle ; espèce d'œillets ; poire concassée.

MIGNOT, OTE, adj. petit, gentil, mignon (vx. mot). — sm. Mon mignot, mon petit chéri.

MIGNOTER, va. traiter délicatement , dorloter, caresser (fam.).

MIGNOTISE, sf. flatterie, caresse (fam.).

MIGRAINE, sf. douleur qui occupe la moitié ou une partie de la tête.

MIGRATION, sf. passage d'un pays, d'un lieu dans un autre.

MI-JAMBE (À), loc. adv. à la moitié de la jambe.

MIJAURÉE, sf. femme prétentieuse et ridicule.

MIJOTER, va. faire cuire lentement. Fig. mignoter, dorloter.

MIKADO, sm. chef spirituel du Japon.

MIL, *adj. num.* V. *Mille.*

MIL ou **MILLET**, *sm.* (*ll* m.), sorte de graminée à petits grains.

MILADY, *sf.* (mot anglais), titre dont on se sert en parlant à une lady ou en parlant d'elle, pour la désigner.

MILAN, *sm.* oiseau de proie.

MILAN, *gr.* ville d'Italie, capitale de la Lombardie.

MILANAIS ou **MILANEZ**, *sm.* le pays de Milan.

MILANAIS, **AISE**, *adj.* et *s.* de Milan.

MILÉSIEN, **IENNE**, *adj.* et *s.* de Milet.

MILET, anc. ville de la Carie (Asie Mineure).

MILHAU, s.-pr. du dép. de l'Aveyron.

MILIAIRE, *adj.* 2 g. qui ressemble à des grains de mil.

MILIANA ou **MILIANAH**, ville d'Algérie.

MILICE, *sf.* art de la guerre ; corps de troupes ; levée extraordinaire de bourgeois et de paysans. *Fig. milice céleste*, les anges.

MILICIEN, *sm.* soldat de milice.

MILIEU, *sm.* centre ; point également éloigné de deux termes, de deux extrémités ; fluide environnant, lieu de situation ou de passage (*phys.*) *Fig.* entourage de personnes, compagnie que l'on fréquente ; moyen terme, tempérament. *Juste milieu*, ce qui est également éloigné de deux extrêmes vicieux. — AU MILIEU DE, *loc. prép.*, parmi.

MILITAIRE, *adj.* 2 g. de la guerre ; qui est propre à la guerre, aux soldats ; *heure militaire*, heure précise. — *sm.* homme de guerre, soldat ; état militaire.

MILITAIREMENT, *adv.* d'une façon militaire.

MILITANT, **ANTE**, *adj.* qui combat. *Fig. Église militante*, assemblée des fidèles sur la terre, par opposition à l'*Église triomphante*, dans le ciel.

MILITER, *vn.* combattre (inusité au propre). *Fig.* être en faveur de, à l'avantage de : *cette raison milite pour moi.*

MILLE, *adj. num.* 2 g. dix fois cent (inv.). *Fig.* un nombre considérable et indéterminé. (Dans les dates de l'ère chrétienne, on écrit ordinairement mil : *l'an mil huit cent soixante.*)

MILLE, *sm.* mesure itinéraire.

MILLE-FEUILLE (Acad.), ou **MILLE-FEUILLES**, *sf.* plante de la famille des Radiées, vulgairement *herbe au charpentier.*

MILLE-FLEURS, *sf. Rossolis de mille-fleurs*, rossolis de quantité de fleurs distillées ; *eau de mille-fleurs*, urine de vache reçue dans un vase pour être employée comme remède ; *eau ou huile de mille-fleurs*, distillée de la bouse de vache.

MILLÉNAIRE, *adj.* 2 g. qui contient mille. — *sm.* espace de mille ans ; hérétique qui croyait qu'après le jugement dernier les élus vivraient encore mille ans sur la terre.

MILLE-PERTUIS, ou **MILLEPERTUIS**, *sm.* plante dont les feuilles sont marquées de points transparents.

MILLE-PIEDS, *sm.* insecte à pieds nombreux.

MILLÉPORE, *sm.* genre de polypier pierreux

dont la surface est creusée d'une multitude de pores.

MILLÉSIME, *sm.* chiffre qui indique le mille dans la date des années ; la date entière sur les monnaies, les médailles, etc.

MILLET, *sm.* (*ll* m.), V. *Mil.*

MILLEVOYE, poëte élégiaque français (1782-1816).

MILLIAIRE, *adj.* 2 g. et *sm.* se dit des bornes qui indiquent sur les chemins les milles, les lieues, etc.

MILLIARD, *sm.* mille millions.

MILLIASSE, *sf.* un fort grand nombre (*fam.*).

MILLIÈME, *sm.* l'une des mille parties d'un tout. — *adj.* 2 g. nombre ordinal qui complète un mille.

MILLIER, *sm. coll.* mille ; mille livres ou mille kilogrammes pesant. *Fig.* grand nombre indéterminé.

MILLIGRAMME, *sm.* millième du gramme.

MILLILITRE, *sm.* millième du litre.

MILLIME, *sm.* millième partie du franc.

MILLIMÈTRE, *sm.* millième du mètre.

MILLIN, naturaliste et archéologue français (1759-1818).

MILLION, *sm.* mille fois mille. *Fig.* grand nombre indéterminé.

MILLIONIÈME, *adj. num.* 2 g. nombre ordinal qui complète un million. — *sm.* partie d'un tout divisé en un million de parties.

MILLIONNAIRE, *s.* et *adj.* 2 g. qui a un ou des millions ; extrêmement riche.

MILLOT (l'abbé), historien français (1726-1785).

MILO, île de l'archipel grec, anc. *Mélos.*

MILON, de Crotone, célèbre athlète ; m. 500 av. J. C. — (Titus Annius), tribun romain ; m. 48 av. J. C.

MILORD, *sm.* (mot anglais), titre donné à un lord quand on lui adresse la parole ou qu'on parle de lui. *Fig.* homme très-riche.

MILTIADE (on pr. *Miltiade*), célèbre général athénien, vainqueur des Perses à la bataille de Marathon, l'an 490 av. J. C. ; m. l'année suivante.

MILTON, célèbre poëte épique anglais, auteur du *Paradis perdu* (1608-1674).

MILVIUS (pont), sur le Tibre, à 2 kilomètres de Rome. Victoire de Constantin sur Maxence.

MIME, *sm.* (gr. *mimos* celui qui imite ou contrefait), sorte de comédie des anciens Romains ; bouffon, imitateur comique.

MIMEUSES ou **MIMOSÉES**, *sf. pl.* tribu de plantes de la famille des Légumineuses, dont le type est la sensitive ou *mimosa* (*bot.*).

MIMIQUE, *adj.* 2 g. qui concerne les mimes ; qui imite, qui exprime par gestes.

MIMIQUE, *sf.* art d'imiter, d'exprimer par le geste.

MIMOLOGIE, *sf.* (gr. *mimeomai* imiter, *logos* parole), imitation de la voix, de la prononciation et des gestes d'une personne.

MIMOLOGIQUE, *adj.* 2 g. de la mimologie ; qui est fait à l'imitation du geste, de la voix, du ton, etc.

MIMOLOGISME, *sm.* figure par laquelle on fait l'imitation dite *mimologie.*

MIMOSA, *sf.* sensilive.

MIMOSÉES, V. *Mimeuses.*

MINA, fameux chef de partisans et général espagnol (1784-1836).

MINABLE, *adj.* 2 g. piloyable, qui fait pitié (*pop.*).

MINAGE, *sm.* droit perçu sur les grains.

MINARET, *sm.* (t nul), tour élancée des mosquées.

MINAUDER, *vn.* faire de petites mines agréables; affecter certaines manières pour plaire.

MINAUDERIE, *sf.* action de minauder; manières affectées.

MINAUDIER, **IÈRE**, *adj.* et *s.* qui a l'habitude de minauder.

MINCE, *adj.* 2 g. qui a fort peu d'épaisseur. *Fig.* faible, peu considerable, mediocre.

MINCIO, riv. d'Italie, affluent du Pô. Victoire du prince Eugène Beauharnais sur les Autrichiens en 1814.

MINDANAO, l'une des îles Philippines.

MINDEN, ville de Prusse (Westphalie).

MINE, *sf.* air de visage, extérieur, apparence; contenance, air que l'on se donne. Au pl. grimaces affectees. *Faire la mine*, bouder; *faire bonne mine, mauvaise mine à quelqu'un*, lui faire un bon, un mauvais accueil.

MINE, *sf.* lieu où gisent les métaux, les pierres précieuses, la houille, etc.; métal encore mêlé à des substances étrangères; cavité souterraine pratiquée pour extraire les métaux et certains minéraux, pour faire sauter au moyen de la poudre. *Mine de plomb*, plombagine. *Fig.* grand fonds de savoir, d'idees, etc. *Eventer la mine*, decouvrir le lieu où elle est pratiquée, et au *fig.* penetrer un dessein secret.

MINE, *sf.* ancienne mesure; monnaie antique.

MINÉE, Thébain dont les filles furent changees en chauves-souris (*myth.*).

MINER, *va.* pratiquer une mine; creuser. *Fig.* détruire peu à peu.

MINERAI, *sm.* métal tel qu'on l'extrait de la mine.

MINÉRAL, *sm.* corps solide qui n'est ni vivant ni organisé (pl. *minéraux*).

MINÉRAL, **ALE**, *adj.* qui appartient aux minéraux, qui tient des minéraux. *Eau minérale*, dans laquelle un ou plusieurs minéraux sont en dissolution; *règne minéral*, l'ensemble des minéraux.

MINÉRALISATEUR, *adj.* et *sm.* se dit des substances qui, en se combinant avec des matières métalliques, en changent beaucoup les caractères extérieurs (*chim.*).

MINÉRALISATION, *sf.* action de minéraliser, de se minéraliser.

MINÉRALISER, *va.* se dit des substances qui, combinées avec des matières métalliques, modifient leurs caracteres extérieurs.

MINÉRALISTE, *sm.* celui qui se livre à l'étude des minéraux, qui connaît la minéralogie.

MINÉRALOGIE, *sf.* (l. *minera* mine, minière; gr. *logos* discours, traité), science qui traite des minéraux.

MINÉRALOGIQUE, *adj.* 2 g. qui concerne la mineralogie.

MINÉRALOGISTE, *sm.* celui qui connaît la minéralogie, qui s'en occupe.

MINERVE, déesse de la sagesse (*myth.*). — *Fig. sf.* tête, jugement.

MINET, **ETTE**, *s.* petit chat, petite chatte (*fam.*).

MINEUR, *sm.* ouvrier qui travaille aux mines; homme employé aux travaux des mines pour l'attaque ou la défense des places.

MINEUR, **EURE**, *adj. comparatif :* plus petit, moindre. — *adj.* et *s.* qui n'a pas atteint l'âge prescrit par les lois pour disposer de sa personne ou de son bien.

MINEURE, *sf.* seconde proposition d'un syllogisme.

MINGRÉLIE, région de la Russie d'Asie au S. du Caucase; anc. *Colchide.*

MINHO, fleuve d'Espagne et de Portugal.

MINIATURE, *sf.* sorte de peinture delicate à l'eau gommée. *Fig.* petit objet d'art delicatement travaillé; personne petite et delicate.

MINIATURISTE, *sm.* peintre en miniature.

MINIÈRE, *sf.* terre, sable, pierre d'où l'on extrait un mineral.

MINIMA (à), *loc. adv. latine. Appel à minima*, fait par le ministère public pour cause d'application d'une peine trop faible.

MINIME, *adj.* 2 g. très-petit; religieux de l'ordre de Saint-François.

MINIMUM, *sm.* (on pr. *minimome*), le plus petit degré, la plus petite quantité, la plus petite somme.

MINISTÈRE, *sm.* emploi, entremise; fonctions d'un ministre, durée de sa charge, son hôtel et ses bureaux; corps des ministres. *Ministère public*, magistrature etablie auprès de chaque tribunal pour requérir l'application et l'execution des lois.

MINISTÉRIEL, **ELLE**, *adj.* qui a rapport au ministère, qui est propre au ministre. — *adj.* et *s.* partisan du ministère. *Officier ministériel*, officier public, tel que notaire, avoué, huissier, ayant qualité pour faire certains actes.

MINISTÉRIELLEMENT, *adv.* dans la forme ministérielle.

MINISTRE, *sm.* celui dont on se sert pour executer un ordre; celui qui est chargé des principales affaires de l'État ou d'une mission diplomatique; pasteur protestant. *Ministre de Dieu, des autels*, prêtre.

MINIUM, *sm.* (on pr. *miniome*), oxyde rouge de plomb.

MINNESINGER, *sm.* (on pr. *minecingre*), trouvère d'Allemagne dans le moyen âge.

MINNESOTA, l'un des États de l'Union (Etats-Unis).

MINOIS, *sm.* (s nulle), visage jeune (*fam.*).

MINON, *sm.* nom d'appel du chat.

MINORATIF, *s.* et *adj. m.* remède qui purge doucement (*méd.*).

MINORITÉ, *sf.* le petit nombre; l'état d'une personne mineure.

MINORQUE, l'une des îles Baléares.

MINOS, roi de Crète, fils de Jupiter et d'Europe, et l'un des trois juges des Enfers (*myth.*).

MINOT, sm. (*t* nul), anc. mesure de capacité, moitié de la mine.

MINOTAURE, sm. monstre fabuleux, moitié homme, moitié taureau, qui était renfermé dans le labyrinthe de Crète et fut tué par Thésée (*myth.*).

MINOTERIE, sf. commerce de farine ou de blé.

MINOTIER, sm. celui qui fait le commerce de minoterie.

MINSK, ville de la Russie d'Europe.

MINTURNES, anc. ville du Latium, près de l'embouchure du Liris.

MINUIT, sm. (*t* nul), moitié ou milieu de la nuit.

MINUSCULE, sf. et *adj.* petite lettre.

MINUTE, sf. la soixantième partie de l'heure ou de chaque degré d'un cercle. *Fig.* court espace de temps.

MINUTE, sf. lettre ou écriture très-petite; original, brouillon d'un écrit; original d'un acte notarié, d'une sentence, d'un procès-verbal, etc.

MINUTER, va. faire la minute d'un écrit, d'un acte.

MINUTIE, sf. (on pr. *minuci*), chose peu importante, bagatelle.

MINUTIEUSEMENT, adv. (on pr. *minucieusement*), avec minutie.

MINUTIEUX, EUSE, adj. (on pr. *minucieux*), qui s'attache aux minuties.

MINUTIUS FÉLIX, apologiste chrétien du 3e s.

MIOCÈNE, adj. (gr. *méion* moins; *kainos* nouveau, récent), se dit du second étage des terrains supercrétacés ou groupe moyen du terrain tertiaire, qui est un des terrains relativement récents (*géol.*).

MIOCHE, s. 2 g. petit garçon, petite fille (*pop.*).

MIOESEN (lac), en Norwège.

MIOLLIS, général français, gouverneur des États romains sous le 1er empire (1759-1828).

MI-PARTI, IE, adj. composé moitié d'une chose, moitié d'une autre différente de la première.

MIQUELET, sm. (*t* nul), habitant des Pyrénées faisant partie autrefois de bandes armées pour défendre le pays; auj. guide dans les Pyrénées.

MIQUELON, petite île près de Terre-Neuve, appartenant à la France.

MIRABEAU (Victor RIQUETTI, marquis de), économiste français (1715-1789). — (Gabriel Honoré, comte de), fils du précédent, très-célèbre orateur politique, prit une part active à la Révolution de 1789 (1749-1791).

MIRABELLE, sf. sorte de petite prune jaune.

MIRACLE, sm. acte de la puissance divine qui arrête ou détruit l'action des lois naturelles. *Fig.* chose admirable ou extraordinaire.

MIRACULEUSEMENT, adv. d'une manière miraculeuse.

MIRACULEUX, EUSE, adj. qui tient du miracle. *Fig.* étonnant, merveilleux.

MIRAGE, sm. phénomène produit par la réfraction de la lumière et qui fait paraître au-dessus de l'horizon les objets qui n'y sont pas, ou en fait voir l'image comme s'ils étaient réfléchis par l'eau.

MIRAMION (Mme de), fondatrice de la communauté religieuse des *Miramiones* (1626-1696).

MIRAMOLIN, sm. corruption du mot arabe *émir-el-muslemin*, qui signifie *prince des croyants*.

MIRANDA, ville de Portugal. — (François), général péruvien, servit d'abord en Espagne, puis en France sous Dumouriez (1750-1816).

MIRANDE, s.-préf. du dép. du Gers.

MIRANDOLE, p. ville d'Italie, près de Modène. V. *Pic*.

MIRBANE, V. *Nitrobenzine*.

MIRBEL (Charles de), célèbre botaniste français (1776-1854).

MIRE, sf. bouton placé à l'extrémité d'une arme à feu pour mirer. *Point de mire*, endroit où l'on veut que le coup porte. *Fig.* but auquel on tend.

MIRECOURT, s.-préf. du dép. des Vosges.

MIREPOIX, p. ville (Ariège). — (duc de), maréchal de France; m. 1757.

MIRER, va. viser, regarder. *Fig.* mirer un emploi, y aspirer. — SE MIRER, vpr. se regarder dans quelque objet qui reproduit les traits du visage.

MIRIFIQUE, adj. 2 g. merveilleux, surprenant (*fam.*).

MIRLIFLORE, sm. jeune fat (*fam.*).

MIRLITON, sm. sorte de flûte er roseau garnie de baudruche aux deux bou..3.

MIRMIDON ou **MYRMIDON**, sm. homme de très-petite taille ou qui a des prétentions exagérées ou ridicules. C'est un nom de peuple devenu appellatif. V. *Myrmidons*.

MIRMILLON, sm. (*ll* m.), gladiateur dont le casque était surmonté de la figure d'un poisson de mer.

MIROBOLANT, ANTE, adj. merveilleux, étonnant (*fam.*).

MIROIR, sm. glace de verre qui, enduite d'une feuille d'étain et de mercure, réfléchit l'image des objets; métal poli pour le même usage. *Fig.* ce qui représente une chose et la met en quelque sorte devant nos yeux.

MIROITANT, ANTE, adj. qui offre des reflets brillants, comme les métaux.

MIROITEMENT, sm. effet de ce qui miroite.

MIROITER, vn. avoir des reflets brillants.

MIROITERIE, sf. commerce du miroitier.

MIROITIER, sm. celui qui fait ou vend des miroirs.

MIROMÉNIL (Hue de), garde des sceaux et premier ministre de Louis XVI (1723-1796).

MIRON, nom de deux prévôts des marchands de Paris: *François*, m. 1609, et *Robert*, son frère, m. 1641.

MIROTON, sm. mets composé de viandes déjà cuites.

MIRZAPOUR, gr. ville de l'Hindoustan.

MISAINE, *sf.* se dit du mât de l'avant d'un navire et des objets qui en dépendent.

MISANTHROPE, *sm.* et *adj.* (gr. *misos* haine, *anthrôpos* homme), celui qui hait les hommes, qui les fuit; homme bourru.

MISANTHROPIE, *sf.* haine des hommes.

MISANTHROPIQUE, *adj.* 2 *g.* qui a le caractère de la misanthropie.

MISCELLANÉES, *sf. pl.* recueil d'ouvrages de littérature ou de science, sans aucun rapport entre eux.

MISCIBILITÉ, *sf.* qualité de ce qui est miscible.

MISCIBLE, *adj.* 2 *g.* qui peut se mêler, s'allier avec autre chose.

MISE, *sf.* ce que l'on met dans un commerce ou au jeu; enchère; manière de se mettre, de se vêtir; action de mettre; *mise en scène,* préparatifs, soins qu'exige la représentation d'une pièce de théâtre. *Fig. raison qui n'est pas de mise,* qui n'est pas valable.

MISÈNE (cap), près et au S.-O. de Naples.

MISÉRABLE, *adj.* et *s.* 2 *g.* malheureux, qui est dans la misère; pitoyable, funeste, très-mauvais; méchant, malhonnête homme.

MISÉRABLEMENT, *adv.* d'une manière misérable, malheureuse.

MISÈRE, *sf.* grande pauvreté; faiblesse et néant de l'homme; peine, difficulté; mauvais état des affaires; bagatelle, chose de peu d'importance ou de valeur.

MISÉRÉRÉ, *sm.* le 50e psaume, qui commence par ces mots latins *Miserere mei, Domine,* ayez pitié de moi, Seigneur; sorte de colique très-violente et dangereuse.

MISÉRICORDE, *sf.* compassion, grâce, pardon. — *interj.* marquant la surprise ou pour appeler au secours.

MISÉRICORDIEUSEMENT, *adv.* avec miséricorde.

MISÉRICORDIEUX, EUSE, *adj.* et *s.* qui est rempli de miséricorde, de pitié.

MISISTRA, MISITRA ou MISTRA, ville de la Grèce, sur les ruines de Sparte.

MISITHÉE, préfet du prétoire, gouverneur de l'empire pendant la jeunesse de l'emper. Gordien III; m. 243.

MISNIE, partie de la Saxe.

MISOGAME, *s.* (gr. *misos* haine, aversion; *gamos* mariage), celui, celle qui a de l'aversion pour le mariage.

MISRAÏM ou MESRAÏM, fils de Cham; anc. nom de l'Égypte.

MISS, *sf.* mademoiselle ou madame (mot anglais).

MISSEL, *sm.* livre de messe.

MISSI DOMINICI, *sm. pl.* mots latins signifiant *envoyés du maître,* désignant des commissaires institués par Charlemagne, et qui à certaines époques de l'année visitaient les provinces.

MISSIESSY (de), contre-amiral français (1754-1832).

MISSINIPI ou CHURCHILL, fl. de l'Amérique du Nord.

MISSION, *sf.* charge, pouvoir de faire une chose; prédication de l'Évangile; société de religieux envoyés dans les pays étrangers pour convertir les infidèles.

MISSIONNAIRE, *sm.* ecclésiastique envoyé pour convertir les peuples ou les instruire dans la religion.

MISSISSIPI, gr. fleuve de l'Amérique du Nord, affluent du golfe du Mexique. — l'un des États de l'Union (États-Unis).

MISSIVE, *s.* et *adj. f.* lettre envoyée à quelqu'un.

MISSOLONGHI, ville de la Grèce, à l'entrée du golfe de Patras.

MISSOURI, riv. affluent du Mississipi. — l'un des États de l'Union (États-Unis).

MISTIC, *sm.* petit navire grec.

MISTRAL, *sm.* vent du N.-O. dans la vallée du Rhône et en Provence.

MITAINE, *sf.* gant sans séparation pour les doigts, excepté pour le pouce; petit gant qui ne couvre que le dessus des doigts. *Fig.* précautions, soins, ménagements. *Onguent miton mitaine,* remède qui ne fait ni bien ni mal.

MITE, *sf.* très-petit insecte.

MITHRAS ou MITHRA, divinité des anciens Perses (*myth.*).

MITHRIAQUE, *adj.* 2 *g.* de Mithra.

MITHRIDATE, nom de plusieurs rois de Pont, dont le plus célèbre est MITHRIDATE VII le Grand, qui résista longtemps aux Romains; m. 63 av. J. C. — MITHRIDATE 1er ou ARSACE VI, dit le Grand, roi des Parthes; m. 139 av J. C.

MITHRIDATE, *sm.* drogue composée que l'on emploie comme contre-poison et dont l'invention est attribuée à Mithridate VII, roi de Pont. *Fig. Vendeur de mithridate,* charlatan, homme qui promet plus qu'il ne tient.

MITIDJA, plaine au sud d'Alger.

MITIGATION, *sf.* action d'adoucir, adoucissement.

MITIGÉ, ÉE, *adj. part.* adouci, rendu moindre.

MITIGER, *va.* adoucir, rendre plus aisé à subir ou à pratiquer.

MITIS, *sm.* (on pr. l's), chat, nom d'un chat (La Fontaine).

MITON, *sm.* gant qui ne couvre que l'avant-bras. V. *Mitaine.*

MITONNER, *vn.* se dit du pain que l'on laisse tremper longtemps dans le bouillon sur le feu; cuire à petit feu. — *va.* au *fig.* dorloter; ménager, préparer doucement et habilement: *mitonner une affaire* (*fam.*).

MITOYEN, ENNE, *adj.* qui est au milieu, qui est entre deux choses, qui appartient à deux propriétés contiguës.

MITOYENNETÉ, *sf.* qualité de ce qui est mitoyen.

MITRAILLADE, *sf.* (ll m.), décharge de plusieurs canons chargés à mitraille.

MITRAILLE, *sf.* (ll m.), vieille quincaillerie, vieux morceaux de cuivre, basse monnaie; vieux clous, morceaux de fer, balles, etc. dont on charge quelquefois les canons.

MITRAILLER, *va.* et *n.* (ll m.), tirer à mitraille.

MITRE, *sf.* ancienne coiffure des Perses et

des prêtres de Cybèle ; coiffure d'un évêque en habits pontificaux ; tuiles, planches de plâtre au-dessus d'une cheminée.

MITRÉ, ÉE, *adj.* qui porte mitre.

MITRON, *sm.* garçon boulanger.

MITTAU, ville de Russie, ch.-l. de la Courlande.

MITYLÈNE, capitale de l'île de Lesbos, auj. *Métélin.*

MIXTE, *adj. 2 g.* mélangé, composé de choses de nature différente ; qui participe de la nature de chacune de ces choses. — *sm.* corps mixte.

MIXTILIGNE, *adj. 2 g.* se dit de figures terminées par des lignes droites et par des lignes courbes (*géom.*).

MIXTION, *sf.* action de mêler, résultat de cette action ; melange.

MIXTIONNER, *va.* faire une mixtion.

MIXTURE, *sf.* médicament liquide résultant d'un melange de substances.

MIYAKO, gr. ville du Japon.

MIZAËL, l'un des trois jeunes Israélites qui furent jetés dans la fournaise ardente.

MNÉMONIQUE, *sf.* (gr. *mnemonikos* relatif à la mémoire ; de *mnéma* mémoire), art d'aider à la mémoire. — *adj. 2 g.* qui aide à la mémoire.

MNÉMOSYNE, déesse de la mémoire et mère des Muses (*myth.*).

MNÉMOTECHNIE, *sf.* (gr. *mnéma* mémoire, *techné* art), art d'aider à la mémoire.

MNÉMOTECHNIQUE, *adj. 2 g.* de la mnémotechnie.

MOAB, fils de Loth.

MOABITES, Arabes descendants de Moab, habitaient un pays au S.-E. de la Palestine.

MOAVIAH ou **MOAWIAH,** premier calife de la dynastie des Ommiades ; m. 680.

MOBILE, *adj. 2 g.* qui se meut ou qui peut être mû, déplacé. *fête mobile,* dont la célébration n'est pas tous les ans à jour fixe. *Fig.* changeant, inconstant. — *sm.* corps qui est mû, force mouvante. *Fig.* cause, motif.

MOBILE, ville et riv. des États-Unis, sur le golfe du Mexique.

MOBILIAIRE, *adj. 2 g.* qui consiste en meubles, qui a rapport au mobilier.

MOBILIER, IÈRE, *adj.* de la nature du meuble. — *sm.* l'ensemble des meubles.

MOBILISATION, *sf.* action de mobiliser.

MOBILISER, *va.* convenir de considérer comme meuble un immeuble réel ; envoyer en expédition ou mettre en campagne des troupes sedentaires.

MOBILITÉ, *sf.* qualité de ce qui est mobile ; facilité à être mû, à passer d'une idée à une autre.

MODAL, ALE, *adj.* du mode (pas de *pl. m.*).

MODALITÉ, *sf.* mode, manière d'être.

MODANE, p. ville (Savoie).

MODE, *sf.* usage passager ; manière de se vêtir ou d'agir, fantaisie, guise. Au *pl.* ajustement des femmes. *Bœuf à la mode,* bœuf piqué de lard. *Être à la mode,* être recherché, fêté, prôné.

MODE, *sm.* manière d'être, forme, méthode ; manière dont le verbe exprime l'affirmation ; caractère affecté au ton musical.

MODELAGE, *sm.* action de modeler.

MODÈLE, *sm.* toute personne ou chose que l'on copie. *Fig.* exemple ; personne ou œuvre que l'on imite.

MODELER, *va.* faire en petit avec de la cire, de la terre, etc. un objet que l'on veut exécuter en grand ; faire un moule pour exécuter en plâtre. *Fig.* conformer. — **SE MODELER,** *vpr.* prendre pour modèle, se régler sur (c. *geler*).

MODELEUR, *sm.* celui qui modèle, qui fait des figures en plâtre.

MODÉNATURE, *sf.* proportion et galbe des moulures d'une corniche (*arch.*).

MODÈNE, ville d'Italie, capitale d'un duché de même nom.

MODÉNOIS, OISE, *adj.* et *s.* de Modène ou du duché de ce nom. — *sm.* le pays de Modène.

MODÉRANTISME, *sm.* système politique, opinion des moderes.

MODÉRATEUR, TRICE, *adj.* et *s.* qui modère, qui dirige, qui règle. — *sm.* celui qui cherche à rapprocher des sentiments extrêmes, à tempérer des opinions exaltées ; régulateur d'un mecanisme.

MODÉRATION, *sf.* retenue, mesure en toutes choses ; retranchement, diminution d'un prix, d'une taxe ; adoucissement.

MODÉRÉ, ÉE, *adj.* tempéré, retenu, éloigné de l'excès. — *sm.* celui qui a des opinions moderees en politique.

MODÉRÉMENT, *adv.* avec modération.

MODÉRER, *va.* diminuer, temperer, adoucir, rendre moins violent. — **SE MODÉRER,** *vpr.* devenir moins fort, s'adoucir ; se posséder, se contenir.

MODERNE, *adj. 2 g.* nouveau, récent. — *sm.* auteur, artiste, etc. depuis l'époque de la renaissance. Au *pl.* les hommes des temps modernes.

MODESTE, *adj. 2 g.* qui a de la modestie, de la moderation ; mediocre, simple ; qui n'a pas d'éclat.

MODESTE (St), martyr ; 3e s.

MODESTEMENT, *adv.* avec modestie.

MODESTIE, *sf.* retenue, moderation, pudeur, décence.

MODICA, ville de Sicile.

MODICITÉ, *sf.* qualité ou état de ce qui est modique.

MODIFICATIF, IVE, *adj.* et *sm.* qui modifie.

MODIFICATION, *sf.* action de modifier ; restriction, adoucissement.

MODIFIER, *va.* moderer, restreindre ; changer la manière, la forme, le sens, etc.

MODILLON, *sm.* (*ll m.*), ornement sous la corniche figurant l'extremité des chevrons du comble (*arch.*).

MODIQUE, *adj. 2 g.* peu considérable, de peu de valeur.

MODIQUEMENT, *adv.* avec modicité.

MODISTE, *s. 2 g.* celui, celle qui travaille en modes, qui fait le commerce des articles de mode.

MODLIN, ville de Pologne, sur la Vistule.

MODON, ville et port de la Grèce (Morée), anc. *Méthone.*

MODULATION, *sf.* action de moduler, effet qui en résulte.

MODULE, *sm.* mesure arbitraire servant à établir les rapports de proportion en architecture; ce qui sert à mesurer; diamètre d'une médaille.

MODULER, *vn.* et *a.* faire passer le chant ou l'harmonie dans des tons ou des modes différents (mus.).

MOELLE, *sf.* substance grasse et molle dans la cavité des os, dans les tiges ou les branches de certains végétaux. *Fig.* ce qu'il y a de plus essentiel, de plus instructif dans un ouvrage d'esprit.

MOELLEUSEMENT, *adv.* d'une manière moelleuse (au *fig.*), délicatement.

MOELLEUX, EUSE, *adj.* 2 g. rempli de moelle. *Fig.* souple, gracieux, doux. — *sm.* douceur et souplesse dans le dessin, dans la couleur.

MOELLON, *sm.* pierre à bâtir de petite dimension.

MOEN, île du Danemark.

MOERDYK, ville de Hollande.

MOERIS, roi d'Égypte, 18e s. av. J. C. — Lac que ce roi fit creuser et qui était destiné à recevoir le trop-plein des eaux du Nil.

MOESIE, V. *Mésie.*

MOEURS, *sf. pl.* habitudes pour le bien ou pour le mal dans tout ce qui regarde la conduite de la vie; manière de vivre, inclinations; caractères particuliers; habitudes des animaux; partie morale de l'éloquence ayant pour objet de gagner la confiance des auditeurs.

MOFETTE, *sf.* exhalaison dangereuse.

MOGADOR, ville et port du Maroc sur l'océan Atlantique.

MOGOL (le grand), chef de l'ancien empire des Mongols.

MOGRABIN, V. *Maugrabin.*

MOHACZ ou MOATZ, ville de Hongrie, sur la droite du Danube. Victoire de Soliman II sur Louis II, roi de Hongrie, 1526; victoire de l'emper. Charles IV sur les Turcs, en 1687.

MOHAMMED, même nom que Mahomet. V. *Mahomet.*

MOHICANS, Indiens de l'Amérique du Nord.

MOHILEW ou MOHILEV, ville de Russie sur le Dnieper.

MOI, *pron. pers.* 1re personne des 2 g. je, me, *pl.* nous. — *sm.* individualité métaphysique (t. de *philosophie*).

MOIGNON, *sm.* reste d'un membre qui a été coupé.

MOINDRE, *adj. comparatif des 2 g.* plus petit, moins considérable, moins bon.

MOINAILLE, *sf.* (ll m.), monacaille.

MOINE, *sm.* religieux soumis à une règle et séparé du monde. *Fig.* réchaud pour chauffer le lit.

MOINEAU, *sm.* passereau.

MOINERIE, *sf.* les moines; leur humeur et leur esprit.

MOINETON ou MOINILLON, *sm.* (ll m.), petit moine.

MOINS, *adv.* de comparaison; en plus petite quantité, à un degré moindre. — `A MOINS DE, *loc. prép.* à un prix au-dessous de, sans une certaine condition, pour une moindre cause; à MOINS QUE, *loc. conj.* si ce n'est que; AU MOINS, DU MOINS, *loc. conf.* marquant restriction ou signifiant *sur toutes choses* et servant à avertir; DE MOINS, *loc. adv.* de manque; EN MOINS DE, DANS MOINS DE, dans moins de temps; EN MOINS DE RIEN, *loc. adv.* en fort peu de temps.

MOINS, *sm.* la moindre chose : *le moins qu'on puisse faire*; signe de la soustraction ainsi figuré (—).

MOIRAGE, *sm.* action de moirer.

MOIRE, *sf.* sorte d'apprêt qui donne aux étoffes, au fer-blanc une apparence ondée et chatoyante; étoffe qui a reçu cet apprêt.

MOIRÉ, ÉE, *adj. part.* qui a reçu l'apprêt appelé *moire.* — *sm.* plaque de fer-blanc moirée ou chatoyante; étoffe moirée.

MOIRER, *va.* donner l'apprêt appelé *moire.*

MOIREUR, *sm.* celui qui moire.

MOIS, *sm.* (s nulle), l'une des douze parties de l'année; prix convenu pour le travail ou le service d'un mois.

MOÏSE, chef et législateur des Hébreux; m. 1605 ou 1586 av. J. C.

MOISI, *sm.* moisissure.

MOISI, IE, *adj.* qui est couvert de moisissure.

MOISIR, *va.* couvrir de moisissure. — SE MOISIR, *vpr.* devenir moisi.

MOISISSURE, *sf.* sorte de végétation qui se développe sur les corps humides, surtout quand ils entrent en putréfaction.

MOISSAC, s.-préf. du dép. de Tarn-et-Garonne.

MOISSINE, *sf.* branche de vigne où les grappes sont encore attachées.

MOISSON, *sf.* récolte des grains, durée de cette récolte. *Fig.* grande quantité.

MOISSONNER *va.* faire la moisson. *Fig.* recueillir abondamment; détruire, faire périr : *la peste moissonna un grand nombre d'habitants.*

MOISSONNEUR, EUSE, s. celui, celle qui moissonne.

MOITE, *adj.* 2 g. un peu humide.

MOITEUR, *sf.* état de ce qui est moite.

MOITIÉ, *sf.* l'une des deux parties égales d'un tout. *Fig.* femme à l'égard de son mari. — `A MOITIÉ, *loc. adv.* à demi, en partie.

MOITTE (Jean-Guillaume), sculpteur français (1747-1810).

MOIVRE (Abraham), célèbre mathématicien français (1667-1754).

MOJAÏSK, ville de Russie, sur un affluent de la Moskowa.

MOKA, ville d'Arabie. — *sm.* café qui vient de cette ville.

MOL, MOLLE, V. *Mou.*

MOLAIRE, *adj. et sf.* se dit des grosses dents qui servent à broyer.

MOLASSE, *sf.* grès fin, plus ou moins argileux et calcaire, que l'on trouve dans les terrains de sédiment modernes (géol.).

MOLAY (Jacques), grand maître des Templiers ; m. 1314.

MOLDAU, riv. de Bohême, affluent de l'Elbe.

MOLDAVA, riv. d'Allemagne, affluent du Sereth.

MOLDAVE, adj. et s. 2 g. de la Moldavie.

MOLDAVIE, l'une des principautés danubiennes au N. de la Turquie.

MÔLE, sm. jetée de pierres à l'entrée d'un port.

MOLÉ (Édouard), illustre magistrat français (1558-1614). — (Mathieu), fils du précédent, premier président du parlement de Paris et garde des sceaux (1584-1656). — (le comte Louis-Mathieu), ministre sous Louis XVIII et sous Louis-Philippe (1781-1855).

MOLÉ (François-René), fameux acteur français (1734-1802).

MOLÉCULAIRE, adj. 2 g. qui appartient aux molécules.

MOLÉCULE, sf. très-petite partie d'un corps (phys. et chim.).

MOLÊMES ou **MOLESMES**, village près de Châtillon-sur-Seine (Côte-d'Or) ; célèbre abbaye de Bénédictins.

MOLÈNE, sf. plante appelée vulgairement Bouillon-blanc.

MOLESTER, va. vexer, maltraiter, chagriner, tourmenter.

MOLETTE, sf. partie de l'éperon qui sert à piquer le cheval ; maladie aux jambes des chevaux ; cône de marbre, de verre pour broyer les couleurs.

MOLIÈRE (Jean-Baptiste POQUELIN, dit), le plus parfait poète comique de tous les temps, né à Paris en 1622 ; m. en 1673. Ses principaux chefs-d'œuvre sont les *Précieuses ridicules*, l'*École des maris*, l'*École des femmes*, le *Tartuffe*, le *Misanthrope*, l'*Avare* et les *Femmes savantes*.

MOLINA (Louis), célèbre théologien espagnol (1535-1601).

MOLINISME, sm. doctrine de Molina sur la grâce.

MOLINISTE, s. et adj. 2 g. partisan de la doctrine de Molina.

MOLITOR (comte), maréchal de France (1770 1849).

MOLLAH, sm. (on fait sentir les deux l), docteur ou prêtre musulman.

MOLLASSE, adj. 2 g. très-mou (fam.).

MOLLEMENT, adv. d'une manière molle, faiblement, avec mollesse.

MOLLESSE, sf. qualité de ce qui est mou, faible ; se dit aussi d'une température douce et molle. Fig. manque de vigueur et de fermeté ; excès d'indulgence ; délicatesse d'une vie efféminée ; douceur de pensées et de style.

MOLLET, sm. gras de la jambe.

MOLLET, **ETTE**, adj. un peu mou, agréablement mou. *Pain mollet*, petit pain léger et délicat ; *œufs mollets*, œufs à la coque.

MOLLETON, sm. sorte d'étoffe douce et molle.

MOLLIEN, ministre du trésor sous Napoléon 1er (1758-1850).

MOLLIFIER, va. rendre mou et fluide (méd.).

MOLLIR, vn. devenir mou. Fig. fléchir, faiblir, manquer de fermeté.

MOLLUSCOÏDES, sm. pl. (gr. *eidos* ressemblance), sous-embranchement de Malacozoaires ou Mollusques (zool.).

MOLLUSQUE, sm. (l. *mollis*, gr. *molys* mou), animal sans vertèbres ni articulations et dont le corps est mou. Au pl. grande division d'animaux invertébrés (zool.).

MOLOCH, dieu des Phéniciens, des Carthaginois, des Ammonites et des Moabites (myth.).

MOLOSSE, sm. sorte de gros chien.

MOLOSSES, anc. peuple d'Épire.

MOLSHEIM, p. ville (Bas-Rhin).

MOLUQUES, archipel de la Malaisie.

MOLWITZ, village de Prusse au S.-E. de Breslau. Victoire du grand Frédéric sur les troupes de l'impératrice Marie-Thérèse en 1741.

MOLYBDATE, sm. sel formé par la combinaison de l'acide molybdique avec une base (chim.).

MOLYBDÈNE, sm. (gr. *molybdaina* masse de plomb), métal semblable au plomb, avec lequel les anciens le confondaient, et qui est l'un des corps simples de la chimie.

MOLYBDIQUE, adj. m. se dit d'un acide formé par le molybdène (chim.).

MOMENT, sm. temps fort court, instant. En t. de mécanique : produit d'une puissance par le bras du levier suivant lequel elle agit. — AU MOMENT DE, loc. prép sur le point de ; AU MOMENT OÙ, AU MOMENT QUE, loc. conj. lorsque ; DU MOMENT QUE, loc. conj. dès que, depuis que ; À TOUT MOMENT, loc. adv. sans cesse, à toute heure ; DANS LE MOMENT, loc. adv. bientôt, dans très-peu de temps ; EN CE MOMENT, loc. adv. présentement.

MOMENTANÉ, ÉE, adj. qui ne dure qu'un moment.

MOMENTANÉMENT, adv. pour un moment, pendant un moment.

MOMERIE, sf. mascarade ; affectation ridicule d'un sentiment que l'on n'a pas ; cérémonie bizarre ; tromperie plaisante.

MOMIE, sf. corps embaumé par les anciens Égyptiens ; couleur brune tirée de ces corps. Fig. personne sèche et noire ; personne qui n'a pas d'activité.

MOMIFICATION, sf. action de momifier ; procédés au moyen desquels on momifie un corps.

MOMIFIER, va. convertir en momie. — SE MOMIFIER, vpr. passer à l'état de momie. Fig. maigrir.

MOMUS (on pr. l's), dieu de la raillerie et des bons mots (myth.).

MON, adj. poss. m. le mien ; pl. mes.

MONA, ancien nom de l'île d'Anglesey.

MONACAILLE, sf. (ll m.), réunion de mauvais moines.

MONACAL, **ALE**, adj. de moine (pl. monacaux).

MONACALEMENT, adv. d'une manière monacale ; en moine.

MONACHISME, sm. (on pr. monakisme), institutions monastiques, esprit monacal.

MONACO, p. ville et port dans la dép. des Alpes-Maritimes ; capitale de la principauté de même nom.

MONADE, sf. (gr. monas unité), être simple et indivisible dont Leibnitz suppose que tous les autres êtres sont composés. En zoologie, infusoire qui au microscope ne paraît que comme un point.

MONADELPHE, adj. 2 g. (gr. monos seul, adelphos frère), se dit des étamines dont les filets sont soudés en un seul corps (bot.).

MONADELPHIE, sf. nom de la 16e classe des plantes dans la méthode de Linné, ainsi nommée parce que les fleurs de ces plantes sont monadelphes (bot.).

MONALDESCHI (on pr. Monaldeski), favori de Christine, reine de Suède, tué par son ordre au palais de Fontainebleau en 1657.

MONANDRE, adj. 2 g. (gr. monos un seul; anêr, gen. andros homme et, par extension, mâle), se dit d'une fleur qui n'a qu'une seule étamine ou organe mâle (bot.).

MONANDRIE, sf. nom de la 1re classe des plantes dans la méthode de Linné, ainsi nommée parce que les fleurs de ces plantes sont monandres (bot.).

MONARCHIE, sf. (gr. monarchia: de monos un seul; archê pouvoir, autorité), gouvernement d'un seul; État gouverné par un empereur, un roi, un prince.

MONARCHIQUE, adj. 2 g. qui tient à la monarchie, qui y a rapport.

MONARCHIQUEMENT, adv. d'une manière monarchique.

MONARCHISTE, sm. partisan de la monarchie.

MONARQUE, sm. chef d'une monarchie.

MONASTÈRE, sm. habitation de moines, couvent.

MONASTIQUE, adj. 2 g. des moines, qui concerne les moines.

MONAUT, adj. m. (t nul), qui n'a qu'une seule oreille.

MONCADE (Hugues de), fameux capitaine espagnol, vice-roi de Naples; m. 1528.

MONCEAU, sm. littéral. petit mont ; tas, amas.

MONCEY, duc de Conegliano, maréchal de France (1754-1842).

MONCONTOUR, ch.-l. de canton (Vienne). Victoire du duc d'Anjou (Henri III), sur les Calvinistes commandés par Coligny, en 1569.

MONCRIF (de), littérateur français (1687-1770).

MONDAIN, AINE, adj. qui aime les vanités du monde; qui se ressent de ces vanités — sm. celui qui est attaché aux choses vaines et passagères de ce monde.

MONDAINEMENT, adv. d'une manière mondaine.

MONDANITÉ, sf. vanité mondaine.

MONDE, sm. l'univers; le globe terrestre; planète, système solaire; les hommes en général : le monde est bien méchant; la société humaine, certain nombre de personnes ; entourage de gens : il est arrivé avec tout

son monde. L'ancien monde, l'ancien continent ; le nouveau monde, l'Amérique ; l'autre monde, la vie future, l'existence après la mort.

MONDE, adj. 2 g. pur, net.

MONDÉ, ÉE, adj. part. nettoyé, pur; dégagé de sa pellicule ou de son enveloppe.

MONDÉGO, riv. du Portugal.

MONDER, va. nettoyer.

MONDIFIER, va. monder.

MONDOVI, ville d'Italie (Piémont). Victoire du général Bonaparte sur les Piémontais, en 1796.

MONEIN, p. ville (Basses-Pyrénées).

MONEMBASIE, V. Napoli de Malvoisie.

MONÉTAIRE, adj. 2 g. des monnaies, qui a rapport aux monnaies.

MONÉTISER, va. donner la valeur, le cours des monnaies à des effets de papier.

MONGE (Gaspard), l'un des plus célèbres mathématiciens français (1746-1818).

MONGOL, OLE, adj. et s. de la Mongolie.

MONGOLIE, région de l'empire chinois au N. de la Chine propre.

MONILIFORME, adj. 2 g. (L. monile collier, forma forme), en forme de collier ou de chapelet (bot. et zool.).

MONIQUE (Ste), mère de St Augustin (332-384).

MONISTROL, p. ville (Haute-Loire).

MONITEUR, sm. celui qui avertit, qui conseille ; élève qui en instruit d'autres dans les écoles d'enseignement mutuel ; titre de journaux.

MONITION, sf. avertissement juridique avant l'excommunication.

MONITOIRE, sm. et adj. 2 g. lettre d'un official pour obliger, sous des peines ecclésiastiques, à faire des révélations.

MONITORIAL, ALE, adj. en forme de monitoire (pas de pl. m.).

MONK (George), général anglais qui rétablit Charles II sur le trône d'Angleterre (1608-1670).

MONMOUTH, ville et comté d'Angleterre. — (Jacques, duc de), fils naturel du roi Charles II ; né en 1649, décapité en 1685.

MONNAIE, sf. pièce de métal frappée et marquée au coin de l'État ; lieu où l'on frappe ces pièces.

MONNAYAGE, sm. fabrication de la monnaie.

MONNAYER, va. convertir un métal en monnaie.

MONNAYEUR, sm. celui qui fait de la monnaie.

MONOCARPELLÉ, ÉE, adj. (gr. monos un seul; V. Carpelle), se dit d'un pistil formé d'un seul carpelle (bot.).

MONOCARPIEN, IENNE, adj. (gr. monos seul, karpos fruit), se dit des végétaux qui ne portent qu'une seule fois du fruit dans le cours de leur existence.

MONOCÉPHALE, adj. 2 g. (gr. monos seul, képhalê tête), se dit des fruits qui n'ont qu'un seul sommet organique, ou des plantes dont les fleurs sont disposées en capitules, ombelles ou calathides (bot.).

MONOCÈRE ou MONOCÉROS, *sm.* et *adj.* (on pr. l's; gr. *monos* seul, *kéras* corne), se dit de divers animaux armés d'une seule corne.

MONOCHLAMYDÈS, *sm. pl.* ou MONO-CHLAMYDÉES, *sf. pl.* (gr. *monos* un seul; *chlamys* chlamyde, manteau), nom de la 4e classe des plantes dans la méthode de Candolle, comprenant celles dont les fleurs n'ont qu'une seule enveloppe florale (*bot.*).

MONOCHROME, *adj.* 2 g. et *sm.* (gr. *monos* seul, *chrôma* couleur), qui est d'une seule couleur.

MONOCLE, *sm.* (gr. *monos* un seul; l. *oculus* œil), petite lunette ou verre de lunette qui ne sert que pour un œil.

MONOCLINE, *adj.* 2 g. (gr. *monos* un seul; *kliné* lit, réceptacle), se dit des plantes dont les fleurs ont à la fois des étamines et un pistil sur le même réceptacle (*bot.*).

MONOCLINIE, *sf.* l'ensemble des plantes dont les fleurs sont monoclines (*bot.*).

MONOCORDE, *sm.* (gr. *monos* un seul, *chordé* corde), instrument de musique à une seule corde.

MONOCOTYLÉDONE ou MONOCOTYLÉ-DONE, ÉE, *adj.* (gr. *monos* un seul; V. *Cotylédon*), se dit des plantes qui à leur naissance ne sont pourvues que d'un seul cotylédon —*sf. pl.* l'une des grandes divisions du règne végétal (*bot.*).

MONODELPHES, ou MONODELPHIENS, *sm. pl.* groupe de mammifères. V. *Didelphes* (*zool.*).

MONOECIE, *sf.* (gr. *monos* seul; *oikia* maison, habitation), nom donné par Linné à la 21e classe de plantes, comprenant celles qui ont des fleurs mâles et des fleurs femelles sur le même pied (*bot.*).

MONO-ÉPIGYNIE, *sf.* (gr. *monos* un seul; *épi* sur; *gyné* femme et, par extension, femelle), nom de la 4e classe des végétaux dans la méthode de Jussieu, comprenant les plantes monocotylédones dont les fleurs ont les étamines insérées sur l'ovaire ou organe femelle (*bot.*).

MONOGAME, *adj.* et *s.* 2 g. qui n'a été marié qu'une seule fois.

MONOGAMIE, *sf.* (gr. *monos* un seul, *gamos* mariage), mariage unique.

MONOGRAMME, *sm.* (gr. *monos* un seul; *gramma* lettre, signe, caractère), caractère factice, composé d'une ou de plusieurs lettres réunies en un seul signe.

MONOGRAPHIE, *sf.* (gr. *monos* un seul, *graphô* décrire), description d'un seul objet, d'une seule sorte de choses.

MONOGYNIE, *sf.* (gr. *monos* un seul; *gyné* femme et, par extension, femelle), nom donné par Linné à la sous-division des classes des plantes dont la fleur n'a qu'un pistil ou organe femelle (*bot.*).

MONOGYNIQUE, *adj.* 2 g. se dit d'une plante faisant partie de la monogynie (*bot.*).

MONO-HYPOGYNIE ou MONOHYPOGYNIE, *sf.* (gr. *monos* un seul; *hypo* sous; *gyné* femme et, par extension, femelle), nom de la 2e classe des végétaux dans la méthode de Jussieu, comprenant les plantes monocotylé-

donés dont les fleurs ont les étamines insérées sur le réceptacle au-dessous de l'ovaire ou organe femelle (*bot.*).

MONOIQUE, *adj.* 2 g. se dit des fleurs et des plantes qui appartiennent à la monœcie (*bot.*).

MONOLITHE, *adj.* 2 g. et *sm.* (gr. *monos* un seul, *lithos* pierre), qui est d'une seule pierre.

MONOLOGUE, *sm.* (gr. *monos* un seul, *logos* discours), discours d'un personnage qui est seul.

MONOMANE, *adj.* et *s.* 2 g. qui est atteint de monomanie.

MONOMANIE, *sf.* (gr. *monos* un seul; *mania* manie, folie), sorte de folie où une seule idée préoccupe l'esprit.

MONÔME, *sm.* (gr. *monos* un seul, *nomé* part ou partie), quantité algébrique qui n'a qu'un seul terme ou partie (*math.*).

MONOMOTAPA, anc. empire d'Afrique sur les côtes de l'océan Indien.

MONOPÉRIANTHÉ, ÉE, *adj.* (gr. *monos* un seul; V. *Périanthe*), qui n'a qu'un seul périanthe (*bot.*).

MONOPÉRIGYNIE, *sf.* (gr. *monos* un seul; *péri* autour; *gyné* femme et, par extension, femelle), nom de la 3e classe des végétaux dans la méthode de Jussieu, comprenant les plantes monocotylédones dont les fleurs ont les étamines insérées sur le calice autour de l'ovaire ou organe femelle (*bot.*).

MONOPÉTALE, *adj.* 2 g. (gr. *monos* un seul, *pétalon* pétale), qui n'a qu'un seul pétale (*bot.*).

MONOPHYLLE, *adj.* 2 g. (gr. *monos* un seul, *phyllon* feuille), qui n'a qu'une seule feuille ou un seul sépale (*bot.*).

MONOPHYSITES, *sm. pl.* (gr. *monos* seul, unique; *physis* nature), hérétiques qui ne reconnaissaient en Jésus-Christ qu'une seule nature.

MONOPHYTE, *adj.* 2 g. (gr. *monos* un seul, *phyton* plante), se dit d'un genre de plantes qui ne comprend qu'une seule espèce (*bot.*).

MONOPOLE, *sm.* (gr. *monos* seul, *pôleô* vendre), droit ou faculté de vendre seul une marchandise. Fig. chose que l'on paraît s'être réservée à l'exclusion d'autres personnes ou plus particulièrement.

MONOPOLEUR, *sm.* celui qui exerce un monopole.

MONOPOLISER, *va.* et *n.* exercer un monopole, faire d'une chose un monopole.

MONOPTÈRE, *adj.* 2 g. (gr. *monos* un seul, *ptéron* aile), se dit d'un édifice à une seule rangée de colonnes, ou bien rond et formé d'une simple colonnade, sans mur; et d'un poisson qui n'a qu'une seule nageoire.

MONORIME, *adj.* 2 g. et *sm.* se dit d'un morceau de poésie dont tous les vers sont sur une seule rime.

MONOSÉPALE, *adj.* 2 g. (gr. *monos* un seul; l. *sepalum* sépale), se dit d'un calice qui n'a qu'un seul sépale (*bot.*).

MONOSPERME ou MONOSPERMATIQUE, *adj.* 2 g. (gr. *monos* un seul; *sperma* graine ou semence), qui n'a qu'une seule graine ou semence (*bot.*).

MONOSPORE. adj. 2 g. (gr. monos seul, spora semence), se dit de l'ovaire, de la loge ou du carpelle libre qui n'a qu'une seule semence ou graine (bot.).

MONOSTYLE, adj. 2 g. (gr. monos un seul, stylos style), se dit d'un ovaire qui ne porte qu'un seul style (bot.).

MONOSYLLABE, sm. (gr. monos un seul), mot d'une seule syllabe.

MONOSYLLABIQUE, adj. 2 g. qui est d'une seule syllabe.

MONOTHALAME, adj. 2 g. (gr. monos seul, thalamos lit), se dit d'une coquille univalve qui ne renferme qu'une seule cavité. Au pl. sm. section de l'ordre des mollusques céphalopodes, comprenant ceux qui ont une coquille monothalame (zool.).

MONOTHÉISME, sm. (gr. monos un seul, théos dieu), doctrine religieuse qui n'admet qu'un seul Dieu.

MONOTHÉISTE, s. et adj. 2 g. celui qui n'admet qu'un seul Dieu.

MONOTHÉLISME, sm. hérésie des monothélites.

MONOTHÉLITE, s. et adj. 2 g. (gr. monos seul, unique; thélô vouloir), hérétique qui ne reconnaissait en Jésus-Christ qu'une seule volonté.

MONOTONE, adj. 2 g. qui est toujours sur le même ton, qui manque de variété.

MONOTONIE, sf. uniformité de ton, défaut de ce qui est monotone.

MONOTRÈME, adj. (gr. monos un seul, tréma orifice), se dit des animaux qui n'ont qu'un seul orifice pour l'expulsion de l'urine et des excréments.— sm. pl. ordre de Mammifères didelphiens (zool.).

MONREALE, ville de Sicile, près de Palerme.

MONROÉ (James), président des États-Unis (1758-1831).

MONROVIA, capitale de la colonie américaine de Liberia, sur la côte de la Guinée septentrionale.

MONS, sm. abréviation de monsieur.

MONS, ville de Belgique, ch.-l. du Hainaut.

MONS-EN-PUELLE, bourg près de Lille (Nord). Victoire de Philippe le Bel sur les Flamands en 1304.

MONSEIGNEUR, sm. titre d'honneur donné aux princes, aux évêques, aux maréchaux. Au pl. messeigneurs, nosseigneurs.

MONSEIGNEURISER, va. donner le titre de monseigneur (fam.).

MONSIEUR, sm. (on pr. meucieu), titre que l'on donne aux hommes par politesse; titre du frère puîné du roi de France. Au pl. messieurs.

MONSIGNY, compositeur de musique français (1729-1817).

MONSTRE, sm. animal qui a une conformation contre nature. Fig. personne très-laide ou très-cruelle, dépourvue de tout sentiment d'humanité.

MONSTRELET (Enguerrand de), chroniqueur français, continuateur de Froissart (1390-1453).

MONSTRUEUSEMENT, adv. excessivement, prodigieusement.

MONSTRUEUX, EUSE, adj. qui a une conformation contre nature, qui est contraire aux lois de la nature. Fig. prodigieux, excessif dans son genre.

MONSTRUOSITÉ, sf. caractère, vice de ce qui est monstrueux; chose monstrueuse.

MONT, sm. (t nul), grande élévation de terre ou de rocher. En poésie le double mont, le Parnasse. Fig. promettre des monts d'or, promettre monts et merveilles, faire de magnifiques promesses. — PAR MONTS ET PAR VAUX, loc. adv. en toutes sortes d'endroits, de tous côtés.

MONTAGE, sm. action de monter, de porter en haut.

MONTAGNAC, p. ville (Hérault).

MONTAGNARD, ARDE, adj. et s. qui habite la montagne, qui y vit constamment. Fig. républicain exalté.

MONTAGNE, sf. mont. Fig. amas considérable; les plus hauts bancs de la salle de la Convention, à gauche du président, sous la première République française.

MONTAGNEUX, EUSE, adj. plein de montagnes, couvert de montagnes.

MONTAGUE ou MONTAGU (Édouard de), général et amiral anglais (1625-1672). — (Lady), femme auteur anglaise (1690-1762).

MONTAIGNE (Michel), philosophe et moraliste français, qui s'est illustré par son ouvrage intitulé Essais (1533-1592).

MONTAIGU, ch.-l. de canton (Vendée).

MONTAIGU (Gilles de), chancelier de France et archevêque de Rouen, fondateur du collège de Montaigu à Paris; m. 1313. — (Gilles de), arrière-petit-neveu du précédent, cardinal; m. 1378. — (Jean de), surintendant des finances sous Charles VI; m. 1409.

MONTALEMBERT (Marie-René de), célèbre ingénieur militaire français (1714-1800).

MONTALIVET (comte de), ministre de l'emp. Napoléon 1er (1766-1823).

MONTANT, sm. pièce de bois, de pierre ou de fer posés verticalement; total d'un compte; goût relevé d'un mets.

MONTANT, ANTE, adj. se dit de tout ce qui monte. Garde montante, celle qui remplace dans un poste la garde descendante.

MONTANUS, hérésiarque du 2e s.

MONTARGIS, s.-préf. du dép. du Loiret.

MONTAUBAN, ch.-l. du dép. de Tarn-et-Garonne.

MONTAUSIER (duc de), gouverneur du Dauphin, fils de Louis XIV (1610-1690).

MONTBARD, p. ville (Côte-d'Or).

MONTBAZON, ch.-l. de canton (Indre-et-Loire).

MONTBÉLIARD, s.-préf. du dép. du Doubs.

MONT BLANC, la plus haute montagne des Alpes.

MONTBRISON, s.-préf. du dép. de la Loire.

MONTBRUN, fameux chef protestant (1530-1575).

MONTCALM (marquis de), général français; s'illustra dans la guerre du Canada contre les Anglais (1712-1759).

MONTCENIS, ch.-l. de canton (Saône-et-Loire).

MONT CENIS, montagne des Alpes dans la Savoie.

MONT-DE-MARSAN, ch.-l. du dép. des Landes.

MONT-DE-PIÉTÉ, sm. établissement public où l'on prête sur nantissement et à intérêts (pl. monts-de-piété).

MONTDIDIER, s.-préf. du dép. de la Somme.

MONTÉ, ÉE, adj. pourvu de : vaisseau monté de soixante canons. Être bien ou mal monté, être sur un bon ou sur un mauvais cheval; monté sur un ton plaisant, ayant le caractère de la plaisanterie.

MONTÉE, sf. endroit où l'on monte; rampe douce; petit escalier; hauteur d'une voûte.

MONTEBELLO, village du Piémont près d'Alexandrie. Victoire des Français sur les Autrichiens en 1800 et en 1859. V. Lannes.

MONTECUCULLI, célèbre général italien au service de l'Autriche (1608-1681).

MONTEIL (Alexis de), historien français (1769-1850).

MONTÉLIMART, s.-préf. du dép. de la Drôme.

MONTÉNÉGRIN, INE, adj. et s. du Monténégro.

MONTÉNÉGRO, petite principauté enclavée dans la Turquie d'Europe.

MONTENOTTE, village d'Italie près de Savone. Victoire du général Bonaparte sur les Autrichiens en 1796.

MONTER, vn. se transporter en haut; s'élever; croître; hausser de prix; s'élever à un total. — va. porter en haut; gravir, accroître, s'accroître; tendre des ressorts; fournir des objets nécessaires; établir dans l'état voulu. — SE MONTER, vpr. s'exalter.

MONTEREAU, p. ville au confluent de l'Yonne et de la Seine (Seine-et-Marne). Victoire de Napoléon sur les Alliés en 1814.

MONTEREY, ville du Mexique.

MONTESPAN (Mme de), dame de la cour de Louis XIV (1641-1707).

MONTESQUIEU (Charles de SECONDAT, baron de), président au parlement de Bordeaux, écrivain philosophe et publiciste, s'est illustré par deux ouvrages, l'Esprit des lois et les Considérations sur les causes de la grandeur et de la décadence des Romains (1689-1755).

MONTESQUIEU-VOLVESTRE, ch.-l. de canton (Hte-Garonne).

MONTESQUIOU, p. ville (Gers).—(baron de), capitaine des gardes du duc d'Anjou (Henri III). — (l'abbé de), ministre de Louis XVIII (1757-1832).

MONTESQUIOU D'ARTAGNAN, maréchal de France (1645-1725).

MONTESQUIOU-FEZENSAC, général français (1751-1798).

MONTEUR, sm. ouvrier qui monte les pierres fines, les pièces d'orfèvrerie, etc.

MONTEVIDEO, capitale de la république de l'Uruguay, dans l'Amérique méridionale.

MONTEZUMA, roi du Mexique; m. 1520.

MONTFAUCON, ch.-l. de canton (Meuse). Victoire du roi Eudes sur les Normands en 888. — ancien gibet près du vieux Paris entre les faubourgs St-Martin et du Temple.

MONTFAUCON (Bernard de), savant bénédictin français (1655-1741).

MONTFERRAT, pays italien entre le Piémont, le Milanais et le duché de Gênes; capitale Casal.

MONTFORT (Simon de), chef de la croisade contre les Albigeois; m. 1218. — (Jean de), frère du duc de Bretagne Jean III, disputa le duché de Bretagne à Charles de Blois; m. 1345; son fils, appelé aussi Jean, gagna la bataille d'Auray sur Charles de Blois, et fut duc de Bretagne (1359-1399).

MONTFORT-L'AMAURY, ch.-l. de canton (Seine-et-Oise).

MONTFORT-SUR-MEU, s.-préf. du dép. d'Ille-et-Vilaine.

MONTGOLFIER, nom de deux frères célèbres par l'invention des aérostats. Joseph (1740-1810); Jacques-Étienne (1745-1799).

MONTGOLFIÈRE, sf. sorte d'aérostat inventé par les frères Montgolfier.

MONTGOMERY ou **MONTGOMMERY** (Gabriel de), capitaine de la garde écossaise du roi de France Henri II, blessa mortellement ce prince dans un tournoi, et devint l'un des chefs du parti calviniste; m. 1574.

MONTHOLON (François de), garde des sceaux sous François 1er; m. 1543. — (François de), fils du précédent, garde des sceaux sous Henri III, en 1588. — (Charles, comte de), général, aide de camp de Napoléon et l'un de ses compagnons de captivité à Sainte-Hélène (1783-1853).

MONTHYON ou **MONTYON** (baron de), célèbre philanthrope français, fondateur d'un prix de vertu et de divers autres prix (1733-1820).

MONTI, poète italien (1754-1828).

MONTICULE, sm. petit mont.

MONTIEL, bourg d'Espagne, dans la province de la Manche. Victoire de Duguesclin sur Pierre le Cruel, roi de Castille, en 1369.

MONTIVILLIERS, p. ville (Seine-Inférieure).

MONT-JOIE, sf. (vieux mot), monceau de pierres; titre affecté au premier roi d'armes de France. Mont-joie-saint-Denis, ancien cri de guerre des Français.

MONTLHÉRY, bourg (Seine-et-Oise). Bataille en 1465 entre Louis XI et les seigneurs de la ligue du Bien public.

MONTLUC (Blaise de), maréchal de France, célèbre par ses cruautés dans les guerres de religion (1502-1577).

MONTLUÇON, s.-préf. du dép. de l'Allier.

MONTMÉDY, s.-préf. du dép. de la Meuse.

MONTMEILLAN ou **MONTMÉLIAN**, p. ville (Savoie).

MONTMIRAIL, ch.-l. de canton (Marne). Victoire de Napoléon sur les Alliés en 1814.

MONTMORENCY, bourg (Seine-et-Oise); titre d'une célèbre maison dont les personnages les plus remarquables sont: Mathieu II, grand connétable, m. 1230; Charles, maréchal de France, m. 1381; Anne, connétable (1493-1567); François, grand maître de France et maréchal, fils du précédent (1530-1579); Henri Ier, fils d'Anne, connétable (1544-1614); Henri II, maréchal de France, fils du précédent (1595-1632).

MONTMORILLON, s.-préf. du dép. de la Vienne.

MONTMORIN SAINT-HÉREM (comte de), ministre de Louis XVI; m. 1792.

MONTOIR, sm. pierre ou gros billot de bois dont on se sert pour monter à cheval. *Côté du montoir*, côté gauche du cheval.

MONTPELLIER, ch.-l. du dép. de l'Hérault.

MONTPENSIER, village (Puy-de-Dôme), ancienne seigneurie.

MONTPENSIER (duchesse de), fille du duc François de Guise (1552-1596). — (Marie-Louise d'ORLÉANS), dite *Mademoiselle*, fille de Gaston d'Orléans (1627-1693).

MONTRE, sf. petite horloge de poche; échantillon; marchandises exposées dans les boutiques et magasins; sorte d'armoire vitrée. *Fig.* parade, apparence.

MONTRÉAL, ville du Canada sur le fleuve Saint-Laurent. — ch.-l. de canton (Aude).

MONTREDON, ch.-l. de canton (Tarn).

MONTREJEAU, ch.-l. de canton (Haute-Garonne).

MONTRICHARD, ch.-l. de canton sur le Cher (Loir-et-Cher).

MONTROSE (duc de), célèbre général anglais (1613-1650).

MONTRER, va. faire voir; indiquer; donner des marques de; enseigner. — SE MONTRER, vpr. paraître, se faire voir.

MONTREUIL, s.-préf. (Pas-de-Calais). — bourg près de Paris.

MONT-SAINT-JEAN, village de Belgique, près de Waterloo.

MONT-SAINT-MICHEL, village sur un rocher isolé dans la baie de Cancale (Manche). Anc. abbaye et prison d'État.

MONTUCLA, savant mathématicien français (1725-1799).

MONTUEUX, EUSE, adj. se dit d'un terrain coupé par des montagnes.

MONTURE, sf. bête de charge qui porte une personne; ce qui sert à fixer, à supporter un instrument, un objet quelconque; métal dans lequel sont encadrés des bijoux, etc. travail de l'ouvrier monteur.

MONTYON, V. *Monthyon*.

MONUMENT, sm. ouvrage d'architecture destiné à perpétuer le souvenir d'un fait, d'un personnage illustre; édifice imposant; tombeau. *Fig.* ouvrage durable de science, de lettres ou d'art.

MONUMENTAL, ALE, adj. qui a rapport aux monuments, qui y ressemble, qui est de la nature des monuments. *Pl. m. monumentaux* (peu usité).

MONVEL, auteur dramatique et acteur français (1745-1811).

MONZA, ville d'Italie près et au N. de Milan.

MOORE (Thomas), célèbre poète anglais (1780-1852).

MOQUER (SE), vpr. railler; parler ou agir en plaisantant; mépriser; faire peu de cas de; braver.

MOQUERIE, sf. actions ou paroles par lesquelles on se moque; chose impertinente.

MOQUETTE, sf. sorte d'étoffe de laine pour tapis et couverture de siège.

MOQUEUR, EUSE, adj. et s. qui a l'habitude de se moquer, qui exprime la moquerie.

MORAILLES, sf. pl. (ll m.), tenailles pour pincer le nez des chevaux.

MORAILLON, sm. (ll m.), pièce de fer portant un anneau qui entre dans la serrure d'un coffre, etc. et dans lequel passe le pêne.

MORAINE, sf. laine détachée par la chaux; débris de gravier au pied des glaciers; cordon de mortier au bas d'un mur de pisé. Au pl. maladie des chevaux.

MORAL, ALE, adj. qui concerne les mœurs, qui a des mœurs; conforme à la morale; qui ne tombe point sous les sens (pl. m. moraux). — sm. ensemble des facultés de l'âme; esprit, intelligence.

MORALE, sf. doctrine relative aux mœurs, aux devoirs; leçon morale. *Fig.* réprimande.

MORALEMENT, adv. conformément à la morale; d'après la certitude morale.

MORALES (Louis), célèbre peintre espagnol (1509-1586).

MORALISATEUR, TRICE, adj. qui rend moral, qui moralise.

MORALISATION, sf. action de moraliser.

MORALISER, va. rendre moral, parler morale à quelqu'un. — vn. faire des réflexions, des leçons morales.

MORALISEUR, EUSE, s. celui, celle qui affecte de parler morale.

MORALISTE, sm. écrivain qui traite des mœurs et de la morale.

MORALITÉ, sf. qualité de ce qui est moral; réflexion morale; sens moral d'un écrit, d'un récit; valeur morale de nos actions.

MORAND (le comté), général français, aide de camp de Napoléon Ier (1771-1835).

MORAT, p. ville du canton de Fribourg (Suisse). Victoire des Suisses sur Charles le Téméraire en 1476.

MORATIN (Léandre-Fernand), poète comique espagnol (1760-1828).

MORAVE, adj. 2 g. de Moravie. *Frères Moraves*, association religieuse formée des débris des Hussites.

MORAVIE, province de la monarchie autrichienne.

MORBIDE, adj. 2 g. de maladie, qui a rapport à la maladie. Se dit en peinture et en sculpture des chairs mollement et délicatement exprimées.

MORBIDESSE sf. mollesse ou délicatesse des chairs (t. de peinture et de sculpture).

MORBIFIQUE, adj. 2 g. qui cause la maladie.

MORBIHAN, p. golfe formé par l'océan Atlantique sur les côtes de la Bretagne. Département français dont le ch.-l. est *Vannes*.

MORBLEU, interj. sorte de juron exprimant le dépit, l'impatience.

MORCEAU, sm. partie séparée d'un corps solide; portion d'un aliment; pièce, partie. Se dit dans les arts d'un objet entier ne faisant point partie d'un tout: *cette statue est un beau morceau de sculpture*.

MORCELER, va. diviser par morceaux.

MORCELLEMENT, *sm.* action de morceler.

MORDACITÉ, *sf.* qualité de ce qui est corrosif et dissolvant. *Fig.* médisance aigre et piquante.

MORDANT, ANTE, *adj.* qui mord. *Fig.* qui a une qualité corrosive, qui critique ou censure avec malignité: *esprit mordant.*

MORDANT, *sm.* vernis qui sert à fixer l'or en feuilles dans la dorure ou les couleurs dans la teinture. *Fig.* timbre sonore et pénétrant de la voix; force, piquant, originalité de l'esprit.

MORDICANT, ANTE, *adj.* corrosif. *Fig.* médisant.

MORDICUS, *adv.* (on pr. l's), avec ténacité, opiniâtrement (mot latin).

MORDIENNE ou **MORDIEU!** *interj.* sorte de juron exprimant l'impatience, le dépit. — 'A LA GROSSE MORDIENNE, *loc. adv.* sans façon, avec sincérité (*pop.*).

MORDILLER, *va.* (*ll m.*), mordre fréquemment et légèrement.

MORDORÉ, EE, *adj.* et *sm.* qui est d'une couleur brune mêlée de rouge.

MORDRE, *va.* serrer avec les dents. *Fig.* ronger, creuser; médire, critiquer. — *Ind. pr.* je mords, tu mords, il mord, n. mordons, v. mordez, ils mordent; *imp.* je mordais; *p. déf.* je mordis; *fut.* je mordrai; *cond.* je mordrais; *impér.* mords, mordons, mordez; *subj. pr.* que je morde; *imp.* que je mordisse; *part. pr.* mordant; *part. p.* mordu, ue.

MORE ou **MAURE,** *s.* et *adj.* 2 g. des États barbaresques. *Fig. Traiter de Turc à More,* traiter avec dureté. V. *Morus.*

MOREAU (Jean-Michel), dessinateur et graveur français (1741-1814). — (Jean-Victor), célèbre général français (1763-1813). — (Hégésippe), poète français (1810 1838).

MORÉE, presqu'île grecque, anc. *Péloponèse.*

MORÉES, *sf. pl.* (1. *morus* mûrier), famille de plantes dont le mûrier est le type (*bot*.).

MOREL DE VINDÉ, agronome et littérateur français, membre de l'Académie des sciences (1759-1842).

MORELLE, *sf.* sorte de plante.

MORELLET (l'abbé), littérateur français (1727-1819).

MORÉRI, savant compilateur français, auteur d'un *Grand Dictionnaire historique* (1643-1680).

MORESQUE ou **MAURESQUE,** *adj.* 2 g. qui a rapport aux usages des Mores. *Peinture moresque,* faite de caprice, à feuillages et branchages qui n'ont rien de naturel; *style moresque,* architecture, ornementation à la manière des Mores.

MORESQUE ou **MAURESQUE,** *sf.* sorte de danse imitée des Mores.

MORET, ch.-l. de canton (Seine-et-Marne).

MOREZ ou **MOREY,** p. ville (Jura).

MORFIL, *sm.* parties d'acier qui restent au tranchant d'un couteau, d'un rasoir, etc, que l'on a repassé; ivoire brut.

MORFONDRE, *va.* causer un froid pénétrant. — SE MORFONDRE, *vpr.* se refroidir; au *fig.* perdre son temps et sa peine.

MORFONDURE, *sf.* maladie des chevaux causée par un saisissement de froid.

MORGAN (Lady), femme auteur anglaise (1783-1859).

MORGANATIQUE, *adj.* 2 g. mystérieux, caché. *Mariage morganatique,* mariage secret d'un prince d'Allemagne avec une personne d'un rang inférieur.

MORGANATIQUEMENT, *adv.* d'une manière morganatique.

MORGANE, fée célèbre dans les romans de chevalerie.

MORGARTEN, montagne et défilé entre les cantons de Schwitz et de Zug (Suisse). Défaite de 20,000 Autrichiens par 1,300 Suisses en 1315; victoire des Français sur les Suisses en 1798, et sur les Autrichiens en 1799.

MORGELINE, *sf.* genre de plantes dont le mouron fait partie.

MORGHEN (Raphaël), célèbre graveur italien (1761-1833).

MORGUE, *sf.* contenance orgueilleuse; excès de suffisance; endroit où l'on expose les cadavres des personnes inconnues mortes hors de leur domicile.

MORGUÉ! *interj.* sorte de juron villageois exprimant l'impatience.

MORGUER, *va.* braver avec fierté.

MORGUIENNE! *interj.* morgué!

MORIBOND, ONDE, *adj.* et *s.* qui va mourir.

MORICAUD, AUDE, *adj.* et *s.* qui a le visage de couleur brune.

MORIGÉNER, *va.* former aux bonnes mœurs; corriger (*fam.*).

MORILLE, *sf.* (*ll m.*), sorte de champignon.

MORILLO, général espagnol (1777-1832).

MORILLON, *sm.* (*ll m.*), sorte de raisin noir; émeraude brute.

MORIN (grand et petit), rivières, affluents de la Marne.

MORION, *sm.* sorte de casque léger des anciens chevaliers.

MORISQUE, *s.* 2 g. More resté en Espagne après la destruction des royaumes arabes de la péninsule hispanique.

MORLAIX, s.-préf. du Finistère.

MORLAQUES, peuple habitant un pays situé sur la côte orientale du golfe Adriatique.

MORMANT, ch.-l. de canton (Seine-et-Marne).

MORMONS, sectaires d'une nouvelle religion fondée vers 1830 dans les États-Unis d'Amérique par un certain Joseph Smith.

MORNAY DU PLESSIS, l'un des principaux chefs des protestants français (1549-1623).

MORNE, *adj.* 2 g. triste, sombre.

MORNE, *sm.* petite montagne dans les colonies.

MORNIFLE, *sf.* coup de la main sur le visage (*pop.*).

MOROSE, *adj.* 2 g. chagrin, bizarre.

MOROSINI (André), historien vénitien (1553-1618). — (François), doge de Venise, l'un des plus habiles guerriers de son siècle (1618-1694).

MOROSITÉ, *sf.* caractère morose.

MORPHÉE, dieu du sommeil (*myth.*).

MORPHINE, *sf.* (l. *Morpheus* dieu du sommeil), substance narcotique extraite de l'opium (*chim.*).

MORPHOZOAIRES, *sm. pl.* (gr. *morphé* forme, *zôon* animal), nom donné à un type du règne animal, comprenant les animaux qui ont une forme bien déterminée (*zool.*).

MORS, *sm.* (*s* nulle), partie de la bride qui se place dans la bouche du cheval. *Prendre le mors aux dents*, se dit d'un cheval qui s'emporte sans que l'on puisse le retenir, et au *fig.* de quelqu'un qui s'emporte ou qui se livre à ses passions sans écouter les avis de personne.

MORSE, *sm.* mammifère amphibie marin, de l'ordre des cétacés.

MORSURE, *sf.* action de mordre, plaie qui résulte de cette action.

MORT, *sf.* cessation de la vie; peine capitale. *Fig.* grande peine, grande douleur, destruction. *Mort civile*, privation des droits civils; *mort éternelle*, condamnation aux peines de l'enfer. — A MORT, *loc. adv.* de manière qu'on en meure; À LA MORT, *loc. adv.* extrêmement; À LA VIE, À LA MORT, *loc. adv.* pour toujours.

MORT, **MORTE**, *adj. part.* qui est mort. *Fig.* qui est en grand danger ; qui est sans vigueur, sans expression : *chair morte*, insensible ; *balle morte*, qui a beaucoup perdu de sa force ; *eau morte*, qui ne coule point ; *morte eau*, les plus faibles marées ; *langue morte*, qui ne se parle plus ; *argent mort*, que l'on ne fait pas valoir ; *nature morte* (l. de peinture), animaux morts, objets inanimés ; *pays mort*, où il n'y a pas de commerce. — MER MORTE, V. *Asphaltite*. *N'y pas aller de main morte*, frapper rudement. — *s*, personne morte.

MORTADELLE, *sf.* sorte de gros saucisson d'Italie.

MORTAGNE, *s.-préf. du dép.* de l'Orne.

MORTAILLABLE, *adj. 2 g.* se disait d'un serf dont le seigneur héritait.

MORTAIN, *s.-préf. du dép.* de la Manche.

MORTAISE, *sf.* entaille faite dans le bois pour y mettre le tenon.

MORTALITÉ, *sf.* condition de tout être soumis à la mort ; mort d'une quantité de personnes ou de bêtes enlevées par la même maladie; nombre total des personnes qui meurent annuellement.

MORT-BOIS, *sm.* toute espèce de bois de peu de valeur.

MORTE-EAU, *sf.* les plus faibles marées.

MORTEL, **ELLE**, *adj.* qui cause la mort, qui est sujet à la mort. *Fig.* périssable; excessif, très-fatigant, très-ennuyeux. — *sm.* individu de l'espèce humaine : *les mortels*, les hommes.

MORTELLEMENT, *adv.* à mort. *Fig.* extrêmement, excessivement.

MORTE-PAYE, *sf.* personne entretenue dans une maison sans qu'elle y fasse aucun service; contribuable qui ne peut payer l'impôt (pl. *mortes-payes*).

MORTE-SAISON, *sf.* temps où certaines professions ont moins de travail qu'à l'ordinaire, où le commerce languit (pl. *mortes-saisons*).

MORTIER, *sm.* mélange de chaux, de sable, etc. qui sert à la construction; sorte de vase pour piler; espèce de bonnet rond de velours noir que portent les présidents de cours de justice; bouche à feu pour lancer des bombes.

MORTIER, duc de Trévise, maréchal de France (1768-1835).

MORTIFÈRE, *adj. 2 g.* qui cause la mort.

MORTIFIANT, **ANTE**, *adj.* qui mortifie, qui humilie.

MORTIFICATION, *sf.* action de mortifier; altération, corruption des tissus. *Fig.* chagrin, humiliation, accident fâcheux qui arrive dans la vie.

MORTIFIÉ, **ÉE**, *adj. part.* qui a subi la mortification. *Fig. être mortifié d'une chose*, en éprouver du chagrin.

MORTIFIER, *va.* faire que la viande devienne plus tendre. *Fig.* affliger son corps par des austérités; humilier, chagriner.

MORTIMER (Roger, comte de), puissant baron anglais, exerça le pouvoir pendant la minorité d'Edouard III (1287-1330).

MORT-IVRE, *adj. m.* ivre au point de perdre tout sentiment (pl. *morts-ivres*).

MORT-NÉ, **NÉE**, *adj.* mort avant que de naître. Au pl. *mort-nés*, *mort-nées* (Acad.).

MORTON (Jean), premier ministre du roi d'Angleterre Henri VIII (1410-1500). — (Jacques), ministre de la reine Élisabeth (1530-1581).

MORTUAIRE, *adj. 2 g.* qui a rapport au service funèbre, aux décès.

MORUE, *sf.* poisson de mer du genre des gades.

MORUS ou **MORE** (Thomas), chancelier d'Angleterre et écrivain publiciste (1480-1535). V. *Moore*.

MORVAN, pays dans la Bourgogne et le Nivernais.

MORVANDAIS, **AISE**, *adj. et s.* du Morvan.

MORVE, *sf.* humeur qui sort des narines; maladie des chevaux.

MORVEAU, *sm.* morve épaisse.

MORVEUX, **EUSE**, *adj.* qui a de la morve au bout du nez; qui est malade de la morve. — *s.* petit garçon, petite fille, jeune homme sans raison (t. de mépris).

MOSAÏQUE, *sf.* ouvrage composé de petites pierres en couleur et formant des figures, des ornements.

MOSAÏQUE, *adj. 2 g.* qui vient de Moïse.

MOSARABE, V. *Mozarabe*.

MOSASAURE, *sm.* (l. *Mosa* la Meuse; gr. *saura* lézard), nom d'un grand saurien dont on a trouvé quelques débris fossiles près de Maestricht sur la Meuse (*géol.*).

MOSCHUS (on pr. *Moscus*), poète bucolique grec; 3e s. av. J. C.

MOSCOU, *gr.* ville, ancienne capitale de la Russie.

MOSCOVA, V. *Moskova*.

MOSCOVIE, la Russie.

MOSCOVITE, *adj. et s. 2 g.* Russe.

MOSCOUADE, *sf.* sucre brut.

MOSELLE, *riv.* de France, affluent du Rhin.

Département français dont le ch.-l. est *Metz.*

MOSKOVA, riv. de Russie, V. *Ney.*

MOSQUÉE, sf. temple des mahométans.

MOSQUITOS (baie des), dans le golfe du Mexique ; peuple du Guatémala oriental.

MOSSOUL, ville de la Turquie d'Asie sur le Tigre.

MOSTAGANEM, ville et port de l'Algérie, dans la province d'Oran.

MOT, sm. (*t* nul), une ou plusieurs syllabes réunies qui expriment une idée. *Fig.* sentence, parole mémorable ; ce que l'on dit ou l'on écrit brièvement. *Bon mot*, repartie fine, apophthegme | *mot d'ordre*, mot de reconnaissance; *gros mot*, jurement, menace, parole offensante. — EN UN MOT, *loc. adv.* bref; MOT À MOT, *loc. adv.* littéralement.

MOTACILLE, sf. sorte d'oiseau.

MOTET, sm. (*t* final nul), psaume ou paroles latines mises en musique et qui ne font point partie de l'office divin.

MOTEUR, sm. celui qui donne le mouvement; mobile qui imprime le mouvement.

MOTEUR, TRICE, adj. qui fait mouvoir, qui donne le mouvement.

MOTIF, sm. ce qui ment et porte à agir ; en t. de musique, phrase d'un chant.

MOTILITÉ, sf. faculté de mouvement; tendance à se contracter.

MOTION, sf. (on pr. *mocion*), mouvement, action de mouvoir; proposition faite dans une assemblée délibérante.

MOTIVER, va. alléguer ou rapporter les motifs; servir de motif à.

MOTTE, sf. petit morceau de terre détaché; butte, éminence du sol; l'on prépare pour être brûlé.

MOTTER (SE), vpr. se dit des perdrix qui se cachent derrière des mottes de terre.

MOTUS! interj. (on pr. l's), paix ! silence !

MOU, sm. nom vulgaire du poumon de certains animaux.

MOU, MOL, devant une voyelle ou une *h* muette (*m.*), MOLLE (*f.*), adj. qui cède au toucher, qui prend facilement l'empreinte. *Fig.* sans vigueur, indolent, efféminé.

MOUCHARD, sm. (*d* nul), espion de police. *Fig.* personne qui épie pour rapporter ; au fém. *moucharde.*

MOUCHARDER, va. et n. espionner, faire le métier de mouchard (pop.).

MOUCHE, sf. insecte à deux ailes ; se dit aussi de certains coléoptères; petit morceau de taffetas que les femmes se mettaient au visage; espion; sorte de jeu. *Prendre la mouche*, se fâcher mal à propos; *quelle mouche vous pique?* pourquoi vous fâchez-vous, vous emportez-vous? *faire la mouche du coche*, faire l'empressé, s'attribuer un succès auquel on n'a pas contribué.

MOUCHER, va. presser les narines pour en extraire les humeurs. *Fig.* ôter le lumignon d'une lampe, d'une bougie, d'une chandelle.

MOUCHEROLLE, sm. sorte d'oiseau à bec plat qui se nourrit de mouches.

MOUCHERON, sm. petite mouche; bout de la mèche d'une bougie, ou d'une chandelle qui brûle.

MOUCHET, sm. sorte de petit oiseau.

MOUCHETÉ, ÉE, adj. part. tacheté. *Épée, fleuret, sabre moucheté*, dont la pointe est garnie de manière à pouvoir les employer sans danger.

MOUCHETER, va. marquer de petites taches rondes.

MOUCHETTES, sf. pl. instrument pour moucher les chandelles, les bougies, etc.

MOUCHETURE, sf. petite tache naturelle sur la peau de certains animaux, sur le plumage des oiseaux; ornement donné à une étoffe en la mouchetant; petits morceaux de fourrure noire sur de l'hermine.

MOUCHEUR, sm. celui qui mouche les chandelles.

MOUCHOIR, sm. linge pour se moucher ; *mouchoir de cou*, morceau d'étoffe dont les femmes se couvrent les épaules et la gorge.

MOUCHURE, sf. lumignon coupé d'une chandelle.

MOUCHY (duc de), maréchal de France (1715-1794).

MOUÇON, V. *Mousson.*

MOUDRE, va. broyer, mettre en poudre. — *Ind. pr.* je mouds, tu mouds, il moud, n. moulons, v. moulez, ils moulent; *imp.* je moulais; *p. déf.* je moulus; *fut.* je moudrai; *cond.* je moudrais; *impér.* mouds, moulons, moulez; *subj. pr.* que je moule; *imp.* que je moulusse; *part. pr.* moulant; *part. p.* moulu, ue.

MOUE, sf. grimace faite en rapprochant et en allongeant les lèvres. *Fig. faire la moue*, bouder, témoigner de la mauvaise humeur.

MOUETTE, sf. oiseau de mer.

MOUFETTE, V. *Mofette.*

MOUFLARD, ARDE, s. celui, celle qui a le visage gros et rebondi (pop.).

MOUFLE, sf. machine formée d'un assemblage de poulies pour élever ou descendre de lourds fardeaux; sorte de mitaine.

MOUFLE, sm. sorte de vaisseau de terre (chim.).

MOUFLÉ, ÉE, adj. Poulie mouflée, qui agit concurremment avec d'autres.

MOUFLON, sm. sorte de bélier.

MOUILLAGE, sm. (ll m.), lieu propre à jeter l'ancre.

MOUILLE-BOUCHE, sf. (inv.), sorte de poire.

MOUILLER, va. (ll m.), tremper, humecter; jeter l'ancre dans la mer. *Mouiller les l*, les prononcer avec une certaine mollesse, comme dans *famille.*

MOUILLETTE, sf. (ll m.), morceau de pain long et mince pour tremper dans les œufs à la coque.

MOUILLOIR, sm. (ll m.) vase où la fileuse mouille le bout de ses doigts.

MOUILLURE, sf. (ll m.), action de mouiller; état de ce qui est mouillé.

MOULAGE, sm. action de mouler.

MOULE, sf. sorte de coquillage.

MOULE, sm. tout objet creux dans lequel on

verse une matière en fusion pour lui donner une forme déterminée.

MOULÉ, ÉE, *adj. part.* qui est fait au moule. *Lettre moulée*, imprimée. — *sm.* caractère imprimé.

MOULER, *va.* jeter en moule.

MOULEUR, *sm.* ouvrier qui moule.

MOULIN, *sm.* machine à moudre. *Fig. moulin à paroles*, personne babillarde ; *faire venir l'eau au moulin*, procurer du profit à soi ou aux siens ; *se battre contre des moulins à vent*, se créer des fantômes pour les combattre.

MOULIN, général, membre du Directoire (1751-1810).

MOULINAGE, *sm.* action d'apprêter la soie avec une sorte de moulin.

MOULINER, *va.* faire subir le moulinage à la soie. Se dit aussi des vers qui rongent le bois et le mettent en poussière.

MOULINET, *sm.* (*t* nul), espèce de tourniquet pour enlever les fardeaux ; machine pour travailler la monnaie ; manière d'agiter rapidement un bâton, une arme, etc.

MOULINEUR, EUSE, ou MOULINIER, IÈRE, *s.* ouvrier, ouvrière en moulinage.

MOULINS, ch.-l. du dép. de l'Allier. — LES MOULINS, p. ville. près de Lille (Nord).

MOULINS-ENGILBERT, ch.-l. de canton (Nièvre).

MOULT, *adv.* beaucoup (vx. mot).

MOULU, UE, *adj.* broyé. *Fig.* brisé de fatigue.

MOULURE, *sf.* parties saillantes qui servent d'ornement dans les ouvrages d'architecture ou de menuiserie.

MOUNIER (Jean-Joseph), publiciste français, député aux États-généraux de 1789 (1758-1806).

MOURAD BEY, célèbre chef des mamelouks d'Égypte ; m. 1801.

MOURANT, ANTE, *adj.* et *s.* qui se meurt. *Fig.* languissant, qui s'affaiblit, qui décroît.

MOURCHID-ABAD, gr. ville de l'Hindoustan, sur le Gange.

MOURIR, *vn.* cesser de vivre. *Fig.* finir, s'éteindre, décroître ; souffrir beaucoup. — SE MOURIR, *vpr.* être vivement affecté de. *Ind. pr.* je meurs, tu meurs, il meurt, n. mourons, v. mourez, ils meurent ; *imp.* je mourais ; *p. déf.* je mourus ; *fut.* je mourrai ; *cond.* je mourrais ; *impér.* meurs, mourons, mourez ; *subj. pr.* que je meure, que tu meures, qu'il meure, que n. mourions, que v. mouriez, qu'ils meurent ; *imp.* que je mourusse ; *part. pr.* mourant ; *part. p.* mort, morte (les temps composés prennent l'auxiliaire *être*).

MOURON, *sm.* sorte de petite plante.

MOURRE, *sf.* sorte de jeu avec les doigts.

MOURZOUK, capitale du Fezzan.

MOUSA ou MOUZA, général du calife Walid Ier, acheva la conquête de l'Espagne, commencée par Tarik ; m. 718.

MOUSQUET, *sm.* (*t* nul), ancienne arme à feu en usage avant le fusil, et que l'on faisait partir au moyen d'une mèche.

MOUSQUETADE, *sf.* coups de mousquet.

MOUSQUETAIRE, *sm.* ancien soldat ou cavalier armé d'un mousquet.

MOUSQUETERIE, *sf.* décharge de mousquets ou de fusils.

MOUSQUETON, *sm.* fusil court.

MOUSSE, *sm.* jeune apprenti matelot.

MOUSSE, *sf.* sorte de plante cryptogame qui naît sur les pierres, sur l'écorce des arbres, dans les lieux humides, etc.; écume qui se forme sur les liqueurs, sur l'eau, etc.

MOUSSELINE, *sf.* toile de coton claire et très-fine.

MOUSSER, *vn.* se dit des liquides sur lesquels se forme de la mousse. *Fig. faire mousser*, prôner, faire valoir.

MOUSSERON, *sm.* petit champignon.

MOUSSEUX, EUSE, *adj.* plein de mousse de liquide ou écume ; qui en fournit beaucoup.

MOUSSOIR, *sm.* ustensile pour faire mousser, pour délayer.

MOUSSON, *sf.* se dit de certains vents réglés et périodiques de la mer des Indes.

MOUSSU, UE, *adj.* couvert de mousse végétale : *rose moussue.*

MOUSTACHE, *sf.* barbe au-dessus de la lèvre supérieure. *Fig.* longs poils autour de la gueule de certains animaux.

MOUSTAPHA. V. *Mustapha.*

MOUSTIERS, ch.-l. de canton (Basses-Alpes).

MOUSTIQUAIRE, *sf.* ou MOUSTIQUIER, *sm.* sorte de rideau pour se préserver des moustiques ou des cousins.

MOUSTIQUE, *sm.* sorte d'insecte dont la piqûre est douloureuse.

MOÛT, *sm.* vin qui n'a pas encore fermenté.

MOUTARD, *sm.* (*d* nul), petit garçon (pop.).

MOUTARDE, *sf.* graine de sénevé broyée avec du vinaigre, du moût, etc.

MOUTARDIER, *sm.* vase à moutarde ; fabricant ou marchand de moutarde.

MOUTIER, *sm.* monastère (vx. mot).

MOUTIERS en *Tarantaise*, s.-préf. du dép. de la Savoie.

MOUTON, *sm.* bélier qu'on engraisse ; brebis, agneaux, béliers en troupes ; leur viande. *Fig.* personne douce ; masse de fer ou de bois pour enfoncer des pieux ou faire des découpures, des empreintes ; au *pl.* vagues écumantes. *Mouton de Panurge*, personne qui fait ce qu'elle voit faire, qui se laisse entraîner par l'exemple.

MOUTON. V. *Lobau.*

MOUTON-DUVERNET, général français (1779-1816).

MOUTONNAILLE, *sf.* (*ll m.*), se dit collectivement de personnes qui suivent trop l'exemple des autres.

MOUTONNER, *va.* rendre frisé comme la laine d'un mouton. — *vn.* se dit des eaux qui commencent à écumer.

MOUTONNIER, IÈRE, *adj.* qui, comme les moutons, fait ce qu'il voit faire. *Créature moutonnière*, le mouton (*La Fontaine*).

MOUTURE, *sf.* action de moudre le blé ; salaire du meunier ; mélange de froment, d'orge et de seigle par tiers.

MOUVANCE, sf. dépendance d'un fief.

MOUVANT, ANTE, adj. qui peut mouvoir, qui se meut, dont le fond n'est pas solide; qui est de la mouvance de.

MOUVEMENT, sm. transport d'un corps ou d'une de ses parties d'un lieu à un autre; agitation, marche, évolution, impulsion; fonction animale qui change la situation, la figure, la grandeur de quelque partie intérieure ou extérieure du corps; changement, variation; diversité des plans d'un terrain; degré de vitesse en musique; animation dans le style; fermentation dans les esprits; assemblage des parties qui font aller une horloge, une pendule, etc.

MOUVEMENTÉ, ÉE, adj. où il y a du mouvement; se dit aussi d'un terrain accidenté.

MOUVER, va. remuer la terre d'un pot à fleurs, d'une caisse, etc.

MOUVOIR, va. remuer, agiter, exciter. — Ind. pr. je meus, tu meus, il meut, n. mouvons, v. mouvez, ils meuvent; imp. je mouvais; p. déf. je mus; fut. je mouvrai; cond. je mouvrais; impér. meus, mouvons, mouvez; subj. pr. que je meuve, que tu meuves, qu'il meuve, que n. mouvions, que v. mouviez, qu'ils meuvent; imp. que je musse; part. pr. mouvant; part. p. mû, mue.

MOUY, ch.-l. de canton (Oise).

MOUZAÏA, montagne d'Algérie entre Blidah et Medeah; au pied est un col dangereux forcé par les Français en 1840.

MOUZON, ch.-l. de canton, sur la Meuse (Ardennes).

MOXA, sm. sorte de cautérisation au moyen d'un cône de coton, d'étoupe, etc. auquel on met le feu.

MOYEN, sm. ce qui sert pour parvenir à un but, à une fin; pouvoir, faculté de faire; aide, entremise. Au pl. facultés naturelles; richesses. — AU MOYEN DE, loc. prép. par, avec.

MOYEN, ENNE, adj. qui tient le milieu entre deux extrémités; être de moyen âge, n'être ni jeune ni vieux. Le moyen âge, période historique depuis la chute de l'empire romain, en 476, jusqu'à la prise de Constantinople par les Turcs, en 1453. Temps moyen, temps calculé dans la supposition où le soleil reviendrait au méridien exactement en 24 heures.

MOYENNANT, prép. au moyen de.

MOYENNEMENT, adv. médiocrement.

MOYENNER, va. procurer par son entremise.

MOYENVIC, bourg (Meurthe): salines.

MOYEU, sm. morceau de bois au centre de la roue, où s'emboîtent les rais et l'essieu; jaune de l'œuf; sorte de prune confite.

MOZAMBIQUE, ville et possession portugaise sur la côte orientale de l'Afrique; Canal de Mozambique, entre cette côte et l'île de Madagascar.

MOZARABE, s. 2 g. et adj. se dit de chrétiens d'Espagne sous la domination des Arabes.

MOZART, très-célèbre compositeur de musique, né à Salzbourg en Autriche (1756-1791).

MUABLE, adj. 2 g. qui peut changer, inconstant, sujet au changement.

MUANCE, changement d'une note en un autre (mus.).

MUCÉDINÉES, sf. pl. (l. mucedo moisissure), famille de plantes voisine des champignons et comprenant les moisissures (bot.).

MUCHE-POT (À), V. Musser.

MUCILAGE, sm. substance visqueuse et nourrissante des végétaux.

MUCILAGINEUX, EUSE, adj. qui contient du mucilage.

MUCIUS, nom romain. V. Scævola.

MUCOSITÉ, sf. fluide visqueux des membranes ou de certaines plantes.

MUCRONÉ, ÉE (l. mucro pointe), qui se prolonge en une petite pointe droite et raide (bot.).

MUCUS, sm. (on pr. l's; l. mucus humeur), humeur, sérosité semblable au blanc d'œuf; mucosité.

MUE, sf. changement de plumes, de poils, de peau, de cornes, etc. chez les animaux; époque de ce changement; la dépouille elle-même; lieu étroit où l'on garde la volaille que l'on veut engraisser.

MUÉ, ÉE, adj. qui a mué.

MUER, vn. être en mue; changer. Se dit aussi de la voix des jeunes gens quand elle devient plus grave.

MUET, ETTE, adj. et s. qui est privé de la parole. Fig. qui se tait, qui est empêché momentanément de parler; qui s'exprime autrement que par la parole; qui reste intérieur et ne se manifeste pas au dehors: douleur muette; qui ne se prononce point (gram.).

MUETTE, sf. petite maison où l'on garde des mues de cerfs, des oiseaux de fauconnerie; bâtiment servant de rendez-vous de chasse.

MUFLE, sm. extrémité du museau de certains animaux.

MUFLIER, sm. genre de plantes.

MUFTI ou MUPHTI, sm. chef de la religion mahométane.

MUGE, sm. sorte de poisson de mer.

MUGIR, vn. se dit du cri des taureaux, des bœufs, etc. et au fig. du bruit des flots, des vents, etc. ainsi que de la voix humaine.

MUGISSANT, ANTE, adj. qui mugit.

MUGISSEMENT, sm. cri de l'animal qui mugit. Fig. bruit des flots, des vents, etc.

MUGUET, sm. petite plante, sa fleur. Fig. jeune homme fat, coquet (fam.).

MUGUETER, vn. faire le muguet.

MUHLBERG, ville de la Saxe prussienne, sur l'Elbe. Défaite des protestants par Charles-Quint en 1547.

MUHLDORF, p. ville de Bavière sur l'Inn. Victoire de Louis V de Bavière sur Frédéric le Beau en 1322.

MUID, sm. (d nul), ancienne mesure de capacité; fût ou ustensile ayant cette capacité.

MULÂTRE, adj. et s. 2 g. (on dit aussi mulâtresse au f.), né d'un blanc et d'une négresse ou d'un nègre et d'une blanche.

MULCTER, va. punir; maltraiter, vexer (vx. mot).

MULE, sf. femelle du mulet; pantoufle, sorte

de chaussure du pape. Au *pl.* engelures aux talons.

MULET, *sm.* quadrupède né d'un âne et d'une jument ou d'un cheval et d'une ânesse; sorte de poisson de mer.

MULETIER, *sm.* conducteur de mulets.

MULGRAVE (lord), navigateur anglais (1734-1794).

MULGRAVES (îles), groupe de petites îles dans la Polynésie.

MULHAUSEN ou **MULHOUSE**, s.-pref. (Haut-Rhin).

MULLER (Othon-Frédéric), naturaliste danois (1730-1784). — (Jean de), célèbre historien suisse (1752-1812). — (Charles Ottfried), illustre philologue et archéologue prussien (1797-1840).

MULOT, *sm.* (*t* nul), souris rousse des champs.

MULTICAPSULAIRE, *adj.* 2 *g.* qui a plusieurs capsules (*bot.*).

MULTICAULE, *adj.* 2 *g.* (l. *multi* plusieurs, *caulis* tige), qui a de nombreuses tiges (*bot.*).

MULTICOLOR ou **MULTICOLORE**, *adj.* 2 *g.* à plusieurs couleurs.

MULTIDIGITÉ, ÉE, *adj.* (l. *multi* nombreux, *digita* doigts), se dit d'une feuille dont le pétiole commun se termine par plus de neuf folioles (*bot.*).

MULTIFARIÉ, ÉE, *adj.* (l. *multifarius* divers, varie), se dit des parties disposées sur des rangées en très-grand nombre (*bot.*).

MULTIFIDE, *adj.* 2 *g.* (l. *multifidus* : de de *multum* beaucoup, *findere* fendre), divise en plusieurs segments (*bot.*).

MULTIFLORE, *adj.* 2 *g.* (l. *multi* nombreux, *flos, gén. floris* fleur), qui a beaucoup de fleurs (*bot.*).

MULTIFOLIÉ, ÉE, *adj.* (l. *multi* nombreux, *folium* feuille), qui a un grand nombre de feuilles (*bot.*).

MULTIFOLIOLÉ, ÉE, *adj.* (l. *multi* nombreux, *folium* feuille ou foliole), se dit d'une feuille digitée dont le pétiole commun se termine par plus de neuf folioles (*bot.*).

MULTIFORME, *adj.* 2 *g.* qui a plusieurs formes.

MULTIGEMMÉ, ÉE, *adj.* (l. *multi* nombreux, *gemma* bourgeon), se dit d'un tubercule qui porte plusieurs bourgeons (*bot.*).

MULTILOBÉ, ÉE, *adj.* (l. *multi* nombreux, *lobus* lobe), qui a plusieurs lobes (*bot.*).

MULTILOCULAIRE, *adj.* 2 *g.* (l. *multi* plusieurs, *loculus* cavité, compartiment), qui a plusieurs loges ou compartiments (*bot.*).

MULTINERVÉ, ÉE, *adj.* (l. *multi* nombreux, *nervus* nerf ou nervure), qui a de nombreuses nervures (*bot.*).

MULTIPARTIT, ITE, *adj.* (l. *multum* beaucoup; *partitus* partage, divise), divisé en de nombreuses parties (*bot.*).

MULTIPÉTALÉ, ÉE, *adj.* (l. *multi* nombreux; gr. *petalon* petale), dont la corolle est composée d'un très-grand nombre de pétales (*bot.*).

MULTIPLE, *adj.* 2 *g.* qui n'est pas simple ou unique. — *sm.* nombre qui en contient un autre un nombre exact de fois.

MULTIPLIABLE, *adj.* 2 *g.* qui peut être multiplie.

MULTIPLICANDE, *sm.* nombre qui doit être multiplie (*arith.*).

MULTIPLICATEUR, *sm.* nombre qui multiplie, par lequel on en multiplie un autre (*arith.*).

MULTIPLICATION, *sf.* action de multiplier, augmentation en nombre; operation d'arithmétique qui consiste à multiplier un nombre par un autre.

MULTIPLICITÉ, *sf.* nombre considérable et indéfini.

MULTIPLIER, *va.* augmenter en nombre, en quantité; faire une multiplication. — *vn.* augmenter par voie de génération. — Se **MULTIPLIER**, *vpr.* augmenter en nombre. *Fig.* être en même temps de côté et d'autre, avoir une grande activité.

MULTISILIQUÉES, *sf. pl.* famille de plantes comprenant celles qui portent de nombreuses capsules en forme de siliques (*bot.*).

MULTITUDE, *sf.* très-grand nombre, foule. *Fig.* le vulgaire.

MULTIVALVE, *adj.* 2 *g.* à plusieurs valves (*bot.* et *zool.*).

MUMMIUS (Lucius), général romain qui prit Corinthe et réduisit la Grèce en province romaine; 2e s. av. J. C.

MUNATIUS PLANCUS, général romain, proconsul, dans les Gaules, puis consul à Rome; 1er s. av. J. C.

MUNDA, anc. ville d'Espagne, auj. *Ciudad-Ronda.* Victoire de César sur les fils de Pompee, 45 av. J. C.

MUNGO-PARK, célèbre voyageur ecossais (1771-1805).

MUNICH, capitale de la Bavière.

MUNICH ou **MUNNICH** (comte de), célèbre général allemand au service de la Russie (1683-1767).

MUNICIPAL, ALE, *adj.* qui a rapport à la municipalité; se dit aussi des magistrats et des fonctionnaires de la commune (pl. m. *municipaux*).

MUNICIPALITÉ, *sf.* commune administrée par ses magistrats; corps des officiers municipaux; lieu de leurs seances.

MUNICIPE, *sm.* ville qui avait le droit de bourgeoisie romaine.

MUNIFICENCE, *sf.* libéralité; vertu qui porte à faire de grandes largesses.

MUNIR, *va.* garnir; pourvoir des choses nécessaires, de vivres, de moyens de défense. — Se **MUNIR**, *vpr.* mêmes sens.

MUNITION, *sf.* provision. Au *pl.* vivres, provisions de guerre. *Pain de munition*, pain des soldats.

MUNITIONNAIRE, *sm.* celui qui fournit les munitions.

MUNITIONNER, *va.* fournir des munitions, des approvisionnements.

MUNSTER (on pr. l'r), capitale de la Westphalie. — p. ville (Haut-Rhin). — l'une des grandes divisions ecclesiastiques de l'Irlande.

MUNYCHIÉ, l'un des trois ports d'Athènes.

MUNZER ou **MUNTZER**, l'un des chefs de la secte des Anabaptistes; m. 1525.

MUPHTI, V. *Mufti.*

MUQUEUX, EUSE, *adj.* qui a ou qui produit

de la mucosité. *Membrane muqueuse* ou subst. *la muqueuse*, l'une des membranes qui tapissent certaines cavités du corps (*anat.*); *fièvre muqueuse*, causée par l'irritation de la muqueuse.

MUR, *sm.* ouvrage de maçonnerie pour entourer, séparer, etc.; masse qui supporte et constitue le bâtiment. *Fig.* mettre *au pied du mur*, forcer à prendre un parti; mettre dans l'impossibilité de répliquer.

MÛR, MÛRE, *adj.* parvenu à l'état de maturité. *Fig.* sage, réfléchi : *esprit mûr*; vieux, usé : *habit mûr*. *Age mûr*, âge qui suit la jeunesse; *affaire mûre*, dont il est temps de s'occuper, qu'il faut terminer.

MÛRAGE, *sm.* action de murer; état de ce qui est mûr; droit pour l'entretien des murs.

MURAILLE, *sf.* (*ll m.*), mur épais et élevé; mur d'enceinte fortifiée.

MURAL, ALE, *adj.* des murs. *Couronne murale*, donnée chez les Romains au premier qui montait à l'assaut; *cercle mural*, instrument d'astronomie fixe à un mur; *plante murale*, qui croît sur les murs. Au pl. m. *muraux*.

MURAT, s.-préf. du Cantal.

MURAT (Joachim), célèbre général français, roi de Naples en 1808 (1771-1815).

MURATORI, savant historien et compilateur italien (1672-1750).

MURBACH, célèbre abbaye de bénédictins (Haut-Rhin).

MURCIE, ville et anc. royaume d'Espagne.

MÛRE, *sf.* fruit du mûrier.

MURE (LA), p. ville (Isère).

MÛREMENT, *adv.* avec réflexion, avec grande attention.

MURÉNA (Lucius Licinius), général romain, lieutenant de Sylla. Son fils, consul romain, fut accusé de brigue et défendu par Cicéron.

MURÈNE, *sf.* poisson de mer qui ressemble à l'anguille.

MURER, *va.* entourer d'un mur; boucher une ouverture avec de la maçonnerie.

MURET, s.-préf. du dép. de la Haute-Garonne.

MURET (Marc-Antoine), savant érudit français (1526-1585).

MUREX, *sm.* sorte de coquillage univalve.

MURIATE, *sm.* ancien nom du chlorhydrate (*chim.*).

MURIATIQUE, *adj.* 2 g. ancien nom de l'acide chlorhydrique (*chim.*).

MÛRIER, *sm.* arbre à fruits blancs ou noirs appelés *mûres*.

MURIFORME, *adj.* 2 g. en forme de mur ou de cloison, se dit en bot. du tissu qui forme les rayons médullaires.

MURILLO, célèbre peintre espagnol (1618-1682).

MÛRIR, *vn.* devenir mûr. *Fig.* acquérir du jugement, de la raison, de l'expérience. — *va.* rendre mûr.

MURMURANT, ANTE, *adj.* qui murmure.

MURMURATEUR, TRICE, *adj.* qui murmure contre ses chefs.

MURMURE, *sm.* bruit de paroles sourd et confus; marque d'improbation ou d'approbation. *Fig.* mécontentement; bruit du vent, des eaux, etc.

MURMURER, *vn.* se plaindre sourdement, faire entendre un murmure; se dit au *fig.* du vent, des eaux, etc.

MURRAY (Jacques, comte de), frère de Marie Stuart et le plus cruel ennemi de cette princesse (1531-1569).

MURRHIN, INE, *adj.* se dit de la matière de certains vases fort estimés des anciens, et de ces vases eux-mêmes.

MURVIEDRO, ville d'Espagne. anc. *Sagonte*.

MUSAGÈTE, *adj. m.* surnom d'Apollon, signifiant *conducteur des Muses*.

MUSARAIGNE, *sf.* petit animal sauvage à museau pointu, assez semblable à la souris.

MUSARD, ARDE, *adj.* et s. qui ne fait que *muser*, qui s'amuse à des riens, qui perd son temps à des bagatelles.

MUSARDER, *vn.* faire le musard (*fam.*).

MUSC, *sm.* quadrupède ruminant ayant près du nombril une poche pleine d'une matière odorante; cette matière même.

MUSCADE, *sf.* sorte de graine odorante ayant la forme d'une noisette; boule d'escamoteur. — *adj.* 2 g. qui a l'odeur de la muscade : *rose muscade*.

MUSCADELLE, *sf.* sorte de poire qui sent le musc.

MUSCADET, *sm.* sorte de vin muscat.

MUSCADIER, *sm.* arbre qui produit la muscade.

MUSCADIN, *sm.* pastille où il entre du musc; petit-maître, sous le Directoire.

MUSCARDINE, *sf.* moisissure des vers à soie.

MUSCAT, AM, (*t nul*), s. et *adj. m.* sorte de raisin; vin qu'on en tire; espèce de poire.

MUSCHELKALK, *sm.* (mot allemand), calcaire coquillier (*géol.*).

MUSCLE, *sm.* organe charnu et fibreux dont les contractions produisent les mouvements du corps ou des parties du corps de l'homme ou de l'animal.

MUSCLÉ, ÉE, *adj.* qui a des muscles bien marqués.

MUSCOLOGIE, *sf.* (gr. *muscus* mousse; *logos* discours, traité), partie de la botanique qui traite des mousses.

MUSCOSITÉ, *sf.* sorte de mousse qui se trouve au ventricule des ruminants.

MUSCULAIRE, *adj.* 2 g. des muscles, qui a rapport aux muscles.

MUSCULEUX, EUSE, *adj.* où il y a beaucoup de muscles; qui a les muscles très-forts.

MUSE, *sf.* chacune des neuf déesses qui, suivant la Fable, présidaient aux arts libéraux. *Fig.* inspiration, génie poétique; au *pl.* la poésie, les belles-lettres : *cultiver les muses*.

MUSEAU, *sm.* partie de la tête du chien et de certains animaux, qui comprend la gueule et le nez.

MUSÉE, *sm.* lieu destiné à l'étude des lettres, des arts, des sciences, ou à rassembler les productions, les monuments des arts ou des sciences.

MUSÉE, ancien et célèbre poëte grec, contemporain d'Orphée ; 13e s. av. J. C.

MUSELER, va. mettre une muselière à un animal. Fig. empêcher de parler.

MUSELIÈRE, sf. sorte de lien que l'on met au museau de certains animaux pour les empêcher de mordre ou de manger.

MUSER, vn. s'amuser à des riens, perdre son temps à des bagatelles.

MUSEROLLE, sf. partie de la bride au-dessus du nez du cheval.

MUSETTE, sf. instrument de musique champêtre.

MUSÉUM, sm. (on pr. muséome), musée (pl. muséums).

MUSICAL, ALE, adj. de la musique, qui a rapport à la musique (pl. m. musicaux).

MUSICALEMENT, adv. conformément aux règles de la musique.

MUSICIEN, IENNE, s. et adj. celui, celle qui sait la musique, qui l'enseigne, qui compose de la musique, qui joue d'un instrument.

MUSIQUE, sf. art de combiner agréablement les sons ; productions de cet art ; exécution de ces productions ; compagnie de musiciens.

MUSQUÉ, ÉE, adj. parfumé de musc, qui a l'odeur du musc. Fig. affecté, recherché ; paroles musquées, paroles flatteuses.

MUSQUER, va. parfumer avec du musc.

MUSSER (SE), vpr. se cacher (vx. mot).—A MUSSE-POT, et ; par corruption, A MUCHE-POT, loc. adv. en cachette.

MUSSCHENBROEK (Pierre VAN), célèbre physicien hollandais (1692-1761).

MUSSET (Alfred de), poëte et auteur dramatique français (1810-1857).

MUSSIF, adj m. or mussif, deuto-sulfure d'étain.

MUSTAPHA, nom de plusieurs sultans.

MUSULMAN, ANE, adj. et s. mahométan.

MUTABILITÉ, sf. qualité de ce qui est muable ou sujet au changement.

MUTACISME, sm. difficulté à prononcer les lettres b, m, p.

MUTATION, sf. (on pr. mutacion), action de changer, résultat de cette action, changement.

MUTILATEUR, sm. celui qui mutile ou a mutilé.

MUTILATION, sf. (on pr. mutilacion), retranchement d'un membre, d'une partie extérieure du corps. Fig. se dit des objets d'art qui ont été maltraités, abîmés.

MUTILER, va. retrancher, couper un membre, une partie extérieure du corps. Fig. briser, défigurer.

MUTIN, INE, adj. et s. obstiné, querelleur, séditieux ; vif, éveillé.

MUTINER (SE), vpr. se révolter, se dépiter, faire le mutin.

MUTINERIE, sf. obstination, sédition, révolte.

MUTISME, sm. manière d'être du muet ou de celui qui ne veut pas parler.

MUTIUS ou MUCIUS, nom romain.

MUTUALITÉ, sf. état de ce qui est mutuel ; système des compagnies d'assurance mutuelle.

MUTUEL, ELLE, adj. réciproque entre deux ou plusieurs personnes ou entre des objets. Assurance mutuelle, société où les assurés sont en même temps assureurs ; enseignement mutuel, par lequel les enfants s'instruisent mutuellement.

MUTUELLEMENT, adv. réciproquement.

MUTULE, sf. modillon dans la corniche de l'ordre dorique (arch.).

MUTZIG, p. ville (Bas-Rhin) ; manufacture d'armes à feu.

MUY (comte du), maréchal de France, ministre de la guerre sous Louis XVI (1711-1775).

MYCALE (mont), dans l'Ionie, vis-à-vis de l'île de Samos. Victoire de la flotte grecque sur celle des Perses, 479 av. J. C.

MYCÈNES, anc. ville de l'Argolide.

MYCÉRINUS, roi d'Égypte, bâtit la 3e des grandes pyramides ; 14e ou 15e s. av. J. C.

MYCODERME, sm. (gr. mykès champignon, derma peau), fleurs du vin, du vinaigre, etc.

MYCOLOGIE, sf. (gr. mykès champignon ; logos discours, traité), traité des champignons (bot.).

MYGALE, sf. sorte d'araignée.

MYGDONIE, contrée de la Macédoine.

MYLES, anc. ville de Sicile, auj. Melazzo. Victoire du consul romain Duilius sur les Carthaginois ; 260 av. J. C.

MYLODON, sm. (gr. mylos meule, odous, dent), mammifère fossile qui avait des dents molaires très-propres à broyer les racines (géol.).

MYOGRAPHIE, sf. (gr. mys, gén. myos muscle ; graphô décrire), description des muscles.

MYOLOGIE, sf. (gr. mys, gén. myos muscle ; logos discours, traité), partie de l'anatomie qui traite des muscles.

MYOPE, adj. et s. (gr. myôps : de myô fermer, cligner, et ops œil), qui a la vue basse et ne voit les objets qu'en clignant les yeux.

MYOPIE, sf. vue basse du myope.

MYOSOTIS, sm. (gr. mys, gén. myos souris ; ous, gen. otos oreille), plante à petites fleurs bleues et dont les feuilles ressemblent aux oreilles des souris.

MYOSURE, sf. (gr. mys, gén. myos rat ; oura queue), plante dont le calice porte un prolongement cylindrique en forme de queue de rat (bot.).

MYOTOMIE, sf. (gr. mys, gén. myos muscle ; tomé incision), partie de l'anatomie qui a pour objet la dissection des muscles.

MYRIADE, sf. (gr. myrias : de myrioi dix mille), nombre de dix mille, quantité innombrable.

MYRIAGRAMME, sm. (gr. myrias nombre de dix mille), dix mille grammes.

MYRIAMÈTRE, sm. (gr. myrias nombre de dix mille), dix mille mètres.

MYRIAPODES, sm. pl. (gr. myrias nombre de dix mille ; pous gén. podos pied), classe d'entomozoaires ayant un très-grand nombre de pieds (zool.).

MYRICACÉES ou MYRICÉES, sf. pl. (l. *myrica gale*, piment royal) , famille de plantes dont le type est le piment royal ou myrte bâtard (bot.)

MYRISTICÉES, sf. pl. (l. *myristica aromatica* muscadier), famille de plantes dont le type est le muscadier (bot.).

MYRMIDONS, anc. peuple de la Grèce.

MYROBOLAN, sm. (gr. *myron* huile aromatique, *balanos* gland), fruit desséché de diverses espèces de badamier, ayant la forme d'un gland et employé jadis en médecine comme purgatif.

MYROBOLANÉES, sf. pl. famille ou tribu de plantes dont le badamier est le type (bot.).

MYRON, célèbre sculpteur grec, 432 av. J. C.

MYRRHE, sf. gomme odorante médicinale, dont on se servait anciennement pour embaumer les morts.

MYRTACÉES ou MYRTOÏDES, sf. pl. famille de plantes dont le myrte est le type (bot.).

MYRTE, sm. arbrisseau toujours vert, à feuilles menues et à fleurs blanches.

MYRTOS, île de la mer Égée au S.-E. de l'Eubée ; donnait son nom à la mer qui en était voisine.

MYSIE, contrée de l'Asie Mineure.

MYSON, l'un des sept sages de la Grèce, contemporain de Solon.

MYSORE, V. *Maïssour*.

MYSTAGOGUE, sm. (gr. *mystès* initié, et *agōgos* conducteur), prêtre qui initiait aux mystères chez les païens.

MYSTÈRE, sm. doctrine secrète; dogme religieux supérieur à l'intelligence humaine. *Fig.* opérations secrètes de la nature; chose secrète; précautions pour cacher une chose; ancien drame pieux.

MYSTÉRIEUSEMENT, adv. avec mystère, secrètement.

MYSTÉRIEUX, EUSE, adj. qui contient quelque mystère; qui est secret, caché. — s. et adj. personne qui fait mystère d'une chose peu importante.

MYSTICISME, sm. système de la mysticité; état de ce qui est mystique.

MYSTICITÉ, sf. recherche profonde en fait de spiritualité; raffinement de dévotion.

MYSTIFICATEUR, sm. celui qui aime à mystifier, qui en a l'habitude.

MYSTIFICATION, sf. action de mystifier; ce qui mystifie.

MYSTIFIER, va. s'amuser de la crédulité de quelqu'un, abuser de la crédulité des gens.

MYSTIQUE, adj. et s. 2 g. des mystères; caché, obscur en fait de religion; qui tient de la mysticité, qui s'y livre.

MYSTIQUEMENT, adv. selon le sens mystique.

MYTHE, sm. (gr. *mythos* fable), récit mythologique; être ou chose imaginaire.

MYTHIQUE, adj. 2 g. qui a rapport aux mythes.

MYTHOGRAPHE, sm. (gr. *mythos* fable, *graphō* écrire), celui qui a écrit sur la Fable ou mythologie.

MYTHOLOGIE, sf. (gr. *mythos* fable; *logos* discours, traité), traité de la Fable ou religion païenne; histoire des divinités fabuleuses; science des fables du paganisme.

MYTHOLOGIQUE, adj. 2 g. qui tient de la mythologie, qui y a rapport.

MYTHOLOGUE ou MYTHOLOGISTE, sm. celui qui traite de la mythologie.

MYTILITE, sf. moule fossile.

N

N, sf. ou m, consonne, 14e lettre de l'alphabet.

NABAB, sm. prince de l'Inde musulmane. *Fig.* Anglais qui s'est enrichi dans l'Inde.

NABABIE, sf. dignité de nabab; province gouvernée par un nabab.

NABIS, tyran de Sparte, allié de Philippe, roi de Macédoine, contre les Romains; m. 192 av. J. C.

NABONASSAR, roi de Babylone, célèbre par l'ère qui porte son nom et qui commença l'an 747 av. J. C. époque de son avènement.

NABONID, V. *Labynit*.

NABOPOLASSAR, fondateur du 2e empire de Babylone; 625 av. J. C.

NABOT, OTE, s. personne très-petite.

NABOTH, Juif que Jézabel fit lapider injustement pour lui ravir sa vigne.

NABUCHODONOSOR Ier ou SAOSDUCHÉE, roi de Ninive; m. 647 av. J. C. — NABUCHODONOSOR II, le Grand, roi de Babylone et de Ninive; m. 562 av. J. C.

NACARAT, adj. (inv.) et sm. (t nul), couleur d'un rouge clair entre le cerise et le rose.

NACELLE, sf. petit bateau.

NACRE, sf. matière blanche et brillante qui forme l'intérieur de la plupart des coquilles.

NACRÉ, EE, adj. qui a l'éclat ou l'apparence de la nacre; qui est garni ou orné de nacre.

NADAB, roi d'Israël; m. 944 av. J. C.

NADIR, sm. point du ciel opposé au zénith et situé au-dessous de l'horizon (astr.).

NADIR-CHAH, V. *Thamas-Kouli-Khan*.

NÆNIES, V. *Nénies*.

NÆVIUS, poète épique et dramatique latin; m. 203 av. J. C.

NAFÉ, sm. fruit d'un arbuste exotique nommé Ketmie comestible, *hibiscus esculentus* des botanistes.

NAFFE, sf. se dit d'une eau de senteur dont la fleur d'orange est la base.

NAGE, sf. employé seulement dans les locutions suivantes : *à la nage*, en nageant; *se jeter à la nage*, se jeter à l'eau pour nager; et fig. *être en nage*, être trempé de sueur.

NAGEANT, ANTE, adj. étendu sur l'eau (bot.).

NAGÉE, sf. espace parcouru à chaque impulsion du nageur.

NAGEOIRE, sf. organe des poissons qui leur sert à se mouvoir dans l'eau. Fig. ce que l'on met sous les bras pour pouvoir nager.

NAGER, vn. se soutenir et se mouvoir sur ou dans l'eau par les mouvements du corps; flotter. Fig. ramer pour faire glisser sur l'eau une embarcation; être dans un liquide; être dans une abondance de. Nager entre deux eaux, se tenir entre deux partis et les ménager l'un et l'autre.

NAGEUR, EUSE, s. celui, celle qui nage, qui sait nager.

NAGPOUR, ville de l'Hindoustan.

NAGUÈRE ou NAGUÈRES, adv. il y a peu de temps.

NAHUM, l'un des petits prophètes.

NAÏADE, sf. nymphe des fontaines et des rivières (myth.).

NAÏADÉES, sf. pl. famille ou genre de plantes qui a pour type le naïas, planté aquatique (bot.).

NAÏF, IVE, adj. naturel, ingénu, sans fard, sans artifice; qui dit sa pensée sans détour, ingénument; qui la dit trop par simplicité. — sm. le genre naïf en littérature et dans les arts.

NAÏM, anc. ville de Galilée.

NAIN, NAINE, adj. et s. qui est d'une taille bien au-dessous de l'ordinaire.

NAISSANCE, sf. moment où l'enfant, où le petit animal, viennent au monde; premier développement du végétal. Fig. extraction, origine; noblesse; commencement.

NAISSANT, ANTE, adj. qui naît, qui commence à paraître.

NAÎTRE, vn. venir au monde; commencer à pousser (en parlant des végétaux et de leurs parties). Fig. commencer, se produire, tirer origine. — Ind. pr. je nais, tu nais, il naît, n. naissons, v. naissez, ils naissent; imp. je naissais; p. déf. je naquis; fut. je naîtrai; cond. je naîtrais; impér. nais, naissons, naissez; subj. pr. que je naisse; imp. que je naquisse; part. pr. naissant; part. p. né, née (les temps composés prennent l'auxiliaire être).

NAÏVEMENT, adv. avec naïveté.

NAÏVETÉ, sf. caractère de la personne naïve, simple, ingénue; simplicité naturelle et gracieuse avec laquelle une chose est exprimée ou représentée; simplicité niaise; propos, expressions qui échappent par ignorance.

NAMUR, ville de Belgique, au confluent de la Sambre et de la Meuse.

NANAN, sm. bonbon, friandise (t. enfantin).

NANCY, ch.-l. du dép. de la Meurthe. Bataille où fut tué Charles le Téméraire, en 1477.

NANDOU, sm. sorte d'autruche d'Amérique.

NANEK, fondateur de la religion des Seikhs (1469-1539).

NANÉKISME, sm. religion de Nanek.

NANGASAKI, ville et port du Japon, capitale de l'île Kiou-siou.

NANGIS, p. ville (Seine-et-Marne). Victoire des Français sur les Russes en 1814. V. Guillaume.

NANKIN, sm. sorte de toile de coton fabriquée en Chine, imitation de cette toile.

NANKIN ou NAN-KING, gr. ville de Chine, sur le Yang-tsé-kiang.

NANSOUTY, excellent général de cavalerie français (1784-1815).

NANTAIS, AISE, adj. et s. de Nantes.

NANTERRE, bourg (Seine), patrie de sainte Geneviève.

NANTES, ch.-l. du dép. de la Loire-Inférieure, port maritime sur la Loire.

NANTEUIL (Robert), peintre et graveur français (1630-1678).

NANTIR, va. donner des gages pour assurance d'une dette. — Se NANTIR, vpr. prendre des gages; se garnir, se pourvoir de.

NANTISSEMENT, sm. gage donné en garantie.

NANTUA, s.-préf. du dép. de l'Ain.

NAPÉE, sf. nymphe des collines et vallées couvertes de bois (myth.).

NAPHTE, sm. bitume transparent et très-inflammable.

NAPIER ou NÉPER, mathématicien écossais, inventeur des logarithmes (1550-1617).

NAPIFORME, adj. 2 g. (l. napus navet), se dit d'une racine simple qui, comme celle du navet, a la forme d'une toupie (bot.).

NAPLES, gr. ville d'Italie, capitale de l'anc. royaume des Deux-Siciles.

NAPLOUSE ou NABLOUS, ville de Syrie, anc. Sichem.

NAPOLÉON (St), martyr sous Dioclétien.

NAPOLÉON Ier Bonaparte, le plus grand homme de guerre des temps modernes, fils de Charles Bonaparte, gentilhomme corse (V. Bonaparte). Né en 1769; lieutenant au régiment d'artillerie de la Fère en 1785, capitaine au 4e d'artillerie en 1792; chef de bataillon au 2e d'artillerie en 1793, au siège de Toulon; général de brigade la même année; général en chef de l'armée d'Italie en 1796; premier consul de la République en 1799; empereur des Français en 1804; forcé d'abdiquer en 1814; quitta l'île d'Elbe, qui lui avait été laissée en toute souveraineté, rentré en France le 1er mars 1815, ressaisit le pouvoir, perd la bataille de Waterloo (18 juin 1815), et demande l'hospitalité aux Anglais, qui le reçoivent sur le Bellérophon, un de leurs vaisseaux, le déclarent, contre le droit des gens, leur prisonnier, et le transportent à l'île Sainte-Hélène, où il meurt le 5 mai 1821.

NAPOLÉON, sm. pièce d'or de 20 ou de 40 francs, à l'effigie de l'empereur des Français.

NAPOLÉON-VENDÉE, ch.-l. du dép. de la Vendée; autrefois Bourbon-Vendée.

NAPOLÉONVILLE, s.-préf. du dép. du Morbihan; anc. Pontivy.

NAPOLI ou NAUPLIE DE MALVASIE ou MONEMBASIE, ville et port de la Grèce (Morée).

NAPOLI DE ROMANIE ou NAUPLIE, ville et port de la Grèce (Morée).

NAPOLITAIN, AINE, *adj.* et *s.* de Naples.

NAPPE, *sf.* linge dont on couvre la table à manger ou un autel. *Nappe d'eau*, cascade ou grande étendue d'eau.

NAPPERON, *sm.* petite nappe.

NARBONNAISE, anc. province romaine au S.-E. de la Gaule.

NARBONNE, s.-préf. du dép. de l'Aude.

NARBONNE (comte de), ministre de la guerre sous Louis XVI en 1791, ministre plénipotentiaire sous l'Empire et aide de camp particulier de Napoléon 1er (1755-1813).

NARCISSE, *sm.* sorte de plante, sa fleur.

NARCISSE, fils du fleuve Cephise, était d'une grande beauté et fut métamorphosé en une fleur qui porte son nom (*myth.*). *Fig.* homme charmé de sa propre beauté. — affranchi et favori de l'empereur Claude ; m. 54.

NARCISSE (St), apôtre d'Augsbourg.

NARCISSÉES, *sf. pl.* famille ou tribu de plantes dont le narcisse est le type (*bot.*).

NARCOTINE, *sf.* substance extraite de l'opium (*chim.*).

NARCOTIQUE, *adj.* 2 g. et *sm.* (gr. *narkôtikos*; de *narkaô* engourdir), qui a la vertu d'engourdir, d'assoupir.

NARCOTISME, *sm.* assoupissement par l'effet d'un narcotique.

NARD, *sm.* (d nul), nom de diverses plantes odoriférantes ; parfum des anciens.

NAREW, riv. de Russie, affluent du Boug. Victoire des Français sur les Russes en 1807.

NARGUE, *sf.* et *interj.* exprimant l'action de narguer.

NARGUER, *va.* braver avec mépris (*fam.*).

NARGHILÉ, NARGUILEH ou NARGUILLE, *sm.* sorte de pipe en usage dans l'Orient.

NARINE, *sf.* ouverture du nez.

NARNI, p. ville d'Italie près de Spolète.

NARQUOIS, OISE, *adj.* moqueur, railleur.— *s.* personne fine, rusée, qui se plaît à se moquer des autres, à les tromper.

NARRATEUR, *sm.* celui qui narre, qui raconte. Fem. *narratrice*.

NARRATIF, IVE, *adj.* qui appartient à la narration.

NARRATION, *sf.* action de narrer; récit.

NARRÉ, *sm.* discours par lequel on narre, on raconte.

NARRER, *va.* raconter.

NARSÉS, général de l'emp. Justinien; m. 568.

NARTHEX, *sm.* vestibule d'une église, d'un temple.

NARVA, ville de Russie, sur un fleuve de ce nom, affluent du golfe de Finlande. Victoire de Charles XII sur Pierre le Grand, en 1700.

NARVAL, *sm.* sorte de cétacé armé d'une longue dent (pl. *narvals*).

NASAL, ALE, *adj.* du nez, qui appartient au nez (pl. m. *nasaux*). En t. de gram. il signifie dont la prononciation est modifiée par le nez; et dans ce sens le pl. m. est *nasals* : des sons *nasals*.

NASALE, *sf.* voyelle dont le son est modifié par le nez, comme *an*, *in* (*gramm.*).

NASALEMENT, *adv.* avec un son nasal.

NASALITÉ, *sf.* qualité d'une voyelle ou d'une consonne nasale.

NASARD, *sm.* (d nul), l'un des jeux de l'orgue.

NASARDE, *sf.* chiquenaude sur le nez. *Fig.* moquerie.

NASARDER, *va.* donner des nasardes. *Fig.* se moquer.

NASEAU, *sm.* ouverture du nez des animaux.

NASILLARD, ARDE, *adj.* et *s.* (*ll* m.), se dit du son de voix de la personne qui nasille et de cette personne elle-même.

NASILLER, *vn.* (*ll* m.), parler du nez.

NASILLEUR, EUSE, *s.* (*ll* m.), celui, celle qui parle du nez.

NASILLONNER, *vn.* (*ll* m.), parler un peu du nez.

NASILLOQUE, *adj.* 2 g. qui parle du nez, nasillard.

NASSAU, ville et duché d'Allemagne.

NASSAU (Guillaume de), dit le *Taciturne*, stathouder de Hollande (1533-1584). — (Maurice de), fils du précédent, capitaine général et amiral, puis stathouder de Hollande (1567-1625). — (Frédéric-Henri de), frère de Maurice, prince d'Orange et stathouder de Hollande (1584-1647). — (Guillaume II), prince d'Orange, fils de Frédéric-Henri, auquel il succéda (1626-1650).

NASSE, *sf.* instrument d'osier avec lequel on prend du poisson. *Fig.* Être dans la *nasse*, être dans une position fâcheuse.

NATAL, ALE, *adj.* de la naissance, où l'on est né : se dit de l'époque et du lieu. Point de pl. m. suivant l'Académie : des écrivains et des grammairiens admettent le pl. m. *natals*.

NATAL (Terre ou côte de), région sur la côte orientale de l'Afrique, dans la Cafrerie.

NATATION, *sf.* action de nager, art de nager.

NATATOIRE, *adj.* 2 g. qui aide à nager, propre à la natation : se dit surtout de la vessie des poissons.

NATCHEZ, tribu d'indigènes de l'Amérique du Nord, presque entièrement détruite en 1730. — ville des États-Unis sur le Mississipi.

NATHAN, prophète juif, contemporain de David.

NATIF, IVE, *adj.* se dit des personnes en parlant du lieu de leur naissance, et d'un métal trouvé dans la terre sous forme métallique : *argent natif. Fig.* naturel : *candeur native*.

NATION, *sf.* ensemble des citoyens d'un même État, des habitants d'un même pays; peuple sous un même gouvernement. *Fig.* race : *La nation des belettes* (La Fontaine).

NATIONAL, ALE, *adj.* de la nation, qui concerne toute la nation. — *sm. pl. Les nationaux*, la totalité de ceux qui composent la nation, par opposition à *étrangers*. V. *Garde national* et *Garde nationale*.

NATIONALEMENT, *adv.* d'une manière nationale.

NATIONALISER, va. rendre national, faire adopter dans un pays. — **SE NATIONALISER**, vpr. se fixer chez une nation, en prendre les mœurs.

NATIONALITÉ, sf. état, condition des personnes formant une nation ou de celui qui fait partie d'une nation ; caractère national.

NATIVITÉ, sf. naissance, en parlant de J. C., de la Vierge et de quelques saints.

NATRON ou **NATRUM** (un pr. *nutrome*), sm. substance composée de carbonate et de sulfate de soude avec du sel marin).

NATTE, sf. tissu de paille, de joncs, etc. tresse de fil, de soie, de cheveux.

NATTER, va. couvrir de nattes ; tresser, faire des nattes.

NATTIER, sm. celui qui fait et vend des nattes.

NATURALIBUS (IN), loc. adv. (mots latins : on pr. l's), dans l'état de nature, c'est-à-dire de nudité (fam.).

NATURALISATION, sf. action de naturaliser.

NATURALISER, va. donner à un étranger les droits d'un naturel du pays. *Fig.* importer, faire admettre dans l'usage ; acclimater : *naturaliser un animal, une plante en France.*

NATURALISME, sm. qualité de ce qui est produit par une cause naturelle ; système qui attribue tout à la nature comme premier principe.

NATURALISTE, sm. celui qui s'occupe d'histoire naturelle.

NATURALITÉ, sf. état, qualité de celui qui est naturel d'un pays.

NATURE, sf. l'universalité des choses créées ; ordre de l'univers, lois qui le régissent ; force active qui se manifeste dans l'organisation des êtres ; essence d'un être ; constitution, tempérament, inclination ; espèce, sorte ; productions naturelles du sol : *payer en nature.*

NATUREL, ELLE adj. de la nature, qui est conforme à la nature, qui vient de la nature. *Fig.* qui est simple, sans fard, sans affectation ; qui n'est pas falsifié. — sm. habitant originaire d'un pays ; propriété inhérente à l'être ; inclination ; compassion ; aisance naturelle ; simplicité ; vérité ; forme extérieure. **AU NATUREL**, loc. adv. d'après nature, selon la nature ; d'une manière simple, sans apprêts.

NATURELLEMENT, adv. d'une manière naturelle, sans affectation ; par un principe naturel.

NAUDÉ (Gabriel), savant bibliographe français et médecin de Louis XIII (1600-1653).

NAUDET (Aimé), général français, auteur d'un bon recueil de fables (1785-1847). — (Joseph), historien français, né en 1786.

NAUFRAGE, sm. perte d'un navire. *Fig.* ruine, malheur, perte. *Faire naufrage au port,* voir tous ses projets renversés au moment de la réussite.

NAUFRAGÉ, ÉE adj. qui a péri ou a été submergé dans un naufrage. — sm. personne qui a fait naufrage.

NAUFRAGER, vn. faire naufrage.

NAULAGE, sm. V. *Nolis.*

NAUMACHIE, sf. (gr. *naus* navire, *machê* combat), spectacle d'un combat naval chez les anciens Romains.

NAUPACTE, ancienne ville de la Grèce, auj. *Lépante.*

NAUPLIE, V. *Napoli.*

NAUSÉABOND, ONDE, adj. littéral. qui abonde en nausées ; qui cause beaucoup de nausées ou de dégoût.

NAUSÉE, sf. tout mal de cœur ou envie de vomir qui vient du dégoût.

NAUSICAA, fille d'Alcinoüs, roi des Phéaciens, accueillit Ulysse naufragé.

NAUTILE, sm. coquillage marin univalve, qui se sert de sa coquille comme d'une nacelle pour naviguer.

NAUTIQUE, adj. 2 g. qui a rapport à la navigation.

NAUTIQUEMENT, adv. d'une manière qui a rapport à l'art nautique.

NAUTONIER, IÈRE, s. celui, celle qui conduit une barque, un navire.

NAVAILLES (duc de), maréchal de France (1619-1684).

NAVAL, ALE, adj. qui concerne les navires ; de vaisseaux de guerre : *combat naval.* Point de pl. m. suivant l'Académie ; quelques grammairiens admettent le pl. *navals.*

NAVARETTE, bourg d'Espagne dans la province de Burgos. Victoire de Pierre le Cruel et du prince Noir sur Henri de Transtamare, en 1367.

NAVARIN, ville et port de la Morée. Victoire des flottes combinées de France, d'Angleterre et de Russie sur la flotte turco-égyptienne, en 1827.

NAVARRAIS, AISE, ou **NAVARROIS, OISE**, adj. de la Navarre. — sm. *Le Navarrois,* nom donné par les Ligueurs à Henri IV.

NAVARRE, anc. royaume sur les deux versants des Pyrénées. — province d'Espagne, ch.-l. *Pampelune.*

NAVARRE (Pierre de), célèbre capitaine espagnol ; m. 1528.

NAVÉE, sf. charge d'un bateau.

NAVET, sm. (t nul), plante de la famille des Crucifères ; sa racine.

NAVETTE, sf. navet dont la graine fournit de l'huile.

NAVETTE, sf. vase à encens en forme de nacelle ; outil de tisserand. *Fig. Faire la navette,* faire beaucoup d'allées et de venues.

NAVICULAIRE, adj. 2 g. qui est en forme de nacelle (anat. et bot.).

NAVIGABILITÉ, sf. état d'une rivière, d'un fleuve, d'un lac, d'une mer qui est navigable.

NAVIGABLE, adj. 2 g. où l'on peut naviguer.

NAVIGATEUR, sm. celui qui a fait de longs voyages sur mer. — adj. m. qui est adonné à la navigation.

NAVIGATION, sf. voyage sur mer, sur les grandes rivières ; art du navigateur.

NAVIGUER, vn. aller sur mer, sur les fleuves, sur les grandes rivières ; manœuvre d'un pilote ; manière dont marche un navire.

NAVILLE, *sf.* petit canal d'irrigation.

NAVIRE, *sm.* tout bâtiment pour aller sur mer. *Navire marchand,* bâtiment de commerce.

NAVRANT, ANTE, *adj.* qui navre, c'est-à-dire qui cause un grand chagrin.

NAVRER, *va.* blesser. *Fig.* affliger extrêmement.

NAXOS, île de l'archipel grec, auj. *Naxie.*

NAZARÉENS, nom que les Juifs donnaient aux premiers chrétiens.

NAZARETH, p. ville de la Galilée, résidence de la sainte Vierge, de saint Joseph et de Jésus-Christ. — p. ville de Belgique près de Gand.

NAZIANZE, anc. ville de Cappadoce.

NE, *adv.* de négation.

NÉ, NÉE. *adj.* qui a reçu la naissance; qui provient de. *Nouveau-né, nouveau-née (nouveau* est inv. au pl.), qui vient de naître; *premier-né,* l'aîné.

NEAGH (lac), en Irlande.

NÉANMOINS, *adv.* toutefois, cependant.

NÉANT, *sm.* ce qui n'existe pas; aucune chose, rien; le peu de valeur. — *adv.* non.

NÉARQUE, *sm.* (gr. *naus* navire, *archos* chef), chef d'une flotte chez les anc. Grecs.

NÉARQUE, amiral d'Alexandre le Grand.

NÉBO (mont), dans la Palestine à l'E. du Jourdain. Moïse y mourut.

NÉBULEUX, EUSE, *adj.* plein de brouillard, de brume, de nuées; obscur, terne.

NÉBULEUSE, *sf.* étoile ou masse d'étoiles dont la lumière nous apparaît faible et terne.

NÉBULOSITÉ, *sf.* état de ce qui est nébuleux; obscurité, nuages légers.

NÉCESSAIRE, *adj.* 2 g. dont on ne peut se passer, dont on a absolument besoin; qui doit forcément exister ou avoir lieu. — *sm.* ce qui est indispensable, essentiel; sorte d'étui portatif renfermant des ustensiles utiles en voyage.

NÉCESSAIREMENT, *adv.* infailliblement, par un besoin absolu, de toute nécessité.

NÉCESSITANTE, *adj. f. Grâce nécessitante,* qui contraint, qui ôte la liberté morale, le libre arbitre.

NÉCESSITÉ, *sf.* tout ce qui est nécessaire, indispensable, inévitable; contrainte; indigence, dénûment. — Au pl. besoins de la vie, besoin naturel. — DE NÉCESSITÉ, *loc. adv.* nécessairement; PAR NÉCESSITÉ, *loc. adv.* à cause d'un besoin pressant.

NÉCESSITER, *va.* rendre nécessaire; contraindre, réduire à la nécessité de faire quelque chose.

NÉCESSITEUX, EUSE, *adj.* et *s.* qui manque des choses nécessaires à la vie; indigent.

NÉCHAO Ier (on pr. *Nécao*), roi d'Égypte; m. 633 av. J. C. — NÉCHAO II, autre roi d'Égypte; m. 601 av. J. C.

NECKER ou NECKAR, riv. d'Allemagne, affluent du Rhin.

NECKER (Jacques), Genevois, ministre de Louis XVI (1732-1804).

NEC-PLUS-ULTRA ou NON-PLUS-ULTRA,

sm. (mots latins signifiant *non au delà, rien plus au delà*), le terme qu'on ne saurait outre-passer.

NÉCROLOGE, *sm.* livre ou registre qui contient les noms des morts.

NÉCROLOGIE, *sf.* (gr. *nékros* mort; *logos* discours, traité), notice historique sur un mort; ensemble des notices de ce genre.

NÉCROLOGIQUE, *adj.* 2 g. de nécrologie.

NÉCROMANCE ou NÉCROMANCIE, *sf.* (gr. *nékros* mort, *manteia* divination), art prétendu d'évoquer les morts pour avoir la connaissance de l'avenir; magie.

NÉCROMANCIEN, IENNE, *s.* et NÉCROMANT, *sm.* celui qui exerce la nécromancie.

NÉCROPOLE, *sf.* (gr. *nékros* mort, *polis* ville), cimetière; littéral. ville des morts.

NÉCROSE, *sf.* mortification des os ou de la chair (*méd.*).

NECTAIRE, *sm.* glande qui se trouve sur le thorus ou réceptacle de certaines fleurs et qui distille une liqueur sucrée (*bot.*).

NECTANÉBO ou NECTANÉBUS, nom de deux rois d'Égypte, m. l'un 363, l'autre 350 av. J.C.

NECTAR, *sm.* breuvage des dieux de la Fable. *Fig.* boisson délicieuse.

NECTARIFÈRE, *adj.* 2 g. (l. *nectar* liqueur douce, *ferre* porter), se dit des glandes appelées *nectaires* (*bot.*).

NECTIPODE ou NECTOPODE, *adj.* 2 g. (gr. *nektis* nageur; *pous*, gén. *podos* pied), se dit de divers animaux dont les pieds sont conformés pour la natation. Au pl. *sm.* classe de coléoptères comprenant ceux qui ont les tarses aplatis en forme de nageoires (*zool.*).

NÉERLANDAIS, AISE, *adj.* et *s.* Hollandais.

NÉERLANDE, la Hollande.

NEF, *sf.* vaisseau, navire. *Fig.* partie d'une église entre les bas-côtés, depuis la grande porte jusqu'au chœur.

NÉFASTE, *adj.* 2 g. défendu; se disait chez les anc. Romains des jours où il était défendu de vaquer aux affaires publiques, ainsi que des jours de deuil, regardés comme funestes. *Fig.* malheureux, funeste.

NÉFLE, *sf.* sorte de fruit bon à manger quand il a été amolli par le temps.

NÉFLIER, *sm.* arbre à nèfles.

NEFTÉ ou NEPHTÉ, déesse égyptienne (*mythol.*).

NÉGAPATAM ou NÉGAPATNAM, ville et port de l'Hindoustan sur le golfe de Bengale.

NÉGATIF, IVE, *adj.* qui nie, qui exprime une négation.

NÉGATION, *sf.* action de nier; mot qui sert à nier.

NÉGATIVE, *sf.* proposition qui nie; mot qui sert à nier; refus.

NÉGATIVEMENT, *adv.* d'une manière négative.

NÉGLIGÉ, *sm.* état d'une personne qui n'est point parée.

NÉGLIGÉ, EE, *adj.* non soigné.

NÉGLIGEMENT, *sm.* action de négliger avec dessein (t. d'art).

NÉGLIGEMMENT, *adv.* (on pr. *néglijaman*), avec négligence.

NÉGLIGENCE, *sf.* manque de soin, d'application, d'exactitude. *Fig.* faute légère.

NÉGLIGENT, **ENTE**, *adj.* et *s.* qui est sans soin, sans application; qui néglige ses affaires.

NÉGLIGER, *va.* ne pas s'occuper de, n'avoir pas les soins que l'on devrait avoir; cesser de fréquenter, ne pas mettre en usage; ne pas avoir les attentions, l'affection pour; omettre. *Négliger l'occasion*, ne pas en profiter. — SE NÉGLIGER, *vpr.* ne pas soigner sa personne, son travail; se relâcher de son devoir.

NÉGOCE, *sm.* trafic, commerce. *Fig.* industrie honteuse, mésséante.

NÉGOCIABLE, *adj.* 2 *g.* que l'on peut négocier.

NÉGOCIANT, *sm.* celui qui fait le commerce en grand.

NÉGOCIATEUR, *sm.* celui qui négocie une affaire d'État ou une affaire particulière. Au fém. *négociatrice.*

NÉGOCIATION, *sf.* art, action de négocier une affaire importante; l'affaire elle-même; trafic d'un effet de commerce.

NÉGOCIER, *vn.* faire négoce, trafiquer. — *va.* traiter une affaire; vendre, faire escompter un effet de commerce.

NÈGRE, **NÉGRESSE**, *s.* se dit des noirs en général, des esclaves ou des ouvriers noirs des colonies, V. *Marron. Traiter comme un nègre*, traiter avec dureté; *travailler comme un nègre*, travailler sans relâche, faire un travail pénible.

NÉGREPELISSE, p. ville (Tarn-et-Garonne).

NÉGREPONT, ville et île de la Grèce.

NÉGRERIE, *sf.* lieu où l'on renferme les nègres.

NÉGRIER, *adj.* et *sm.* qui fait la traite des nègres.

NÉGRIER (Casimir), général français (1788-1848).

NÉGRILLON, **ONNE**, *s.* (*ll* m.), petit nègre, petite négresse.

NÉGROPHILE, *s.* 2 *g.* ami des nègres; partisan de leur émancipation.

NÉGUS, *sm.* titre du roi d'Abyssinie.

NÉHÉMIE, juif qui releva les murs de Jérusalem et rebâtit le temple; m. 424 av. J. C.

NEIGE, *sf.* eau congelée qui tombe de l'atmosphère en petits flocons blancs.

NEIGER, *v. impers.* se dit de la neige qui tombe.

NEIGEUX, **EUSE**, *adj.* chargé, couvert de neige; *temps neigeux*, qui est à la neige, qui annonce la neige.

NELSON, célèbre amiral anglais (1758-1805).

NEMBROD, V. *Nemrod.*

NÉMÉE, ville de l'anc. Grèce, dans l'Argolide.

NÉMÉENS, *adj. m. pl.* se dit d'anciens jeux des Grecs, qui avaient lieu près de Némée.

NÉMÉSIEN, poëte didactique latin du 3e s.

NÉMÉSIS, déesse de la vengeance (*myth.*).

NEMOURS, p. ville (Seine-et-Marne).

NEMOURS (ducs de) : Jacques d'Armagnac,

l'un des chefs de la ligue du Bien public, condamné à mort et exécuté sous Louis XI, en 1477. — *Louis*, fils du précédent, vice-roi de Naples sous Louis XII, périt à la bataille de Cérignoles, en 1503. — *Gaston de Foix*, V. *Gaston; Jacques de Savoie*, général au service de Henri II et de Charles IX (1531-1585). — *Charles-Emmanuel*, petit-fils du précédent, l'un des chefs de l'armée des Princes pendant la Fronde, tué en duel en 1652.

NEMROD, petit-fils de Cham, fondateur de Babylone et grand chasseur, 2230 av. J. C. — *sm.* au *fig.* grand chasseur.

NÉNIES, *sf. pl.* chants funèbres chez les anciens Romains.

NENNI, *adv.* (on pr. *nanni*), non : s'emploie aussi comme *sm.*

NÉNUFAR ou **NÉNUPHAR**, *sm.* sorte de plante aquatique à larges feuilles.

NÉOCOMIEN, **IENNE**, *adj.* (gr. *néos* nouveau; *kômê* bourg; château fort), se dit d'un terrain ou dépôt faisant partie du terrain crétacé et qui se développe principalement à Neufchâtel en Suisse (*géol.*).

NÉOGRAPHE, *sm.* (gr. *néos* nouveau, *graphê* écriture), celui qui veut introduire l'usage d'une nouvelle orthographe.

NÉOGRAPHIE, *sf.* ou **NÉOGRAPHISME**, *sm.* nouvelle manière d'écrire les mots ou nouvelle orthographe. V. *Néographe.*

NÉOLOGIE, *sf.* (gr. *néos* nouveau; *logos* mot, langage), nouvelle manière de parler; invention de termes nécessaires; bonne alliance de mots.

NÉOLOGIQUE, *adj.* 2 *g.* qui a rapport à la néologie ou au néologisme.

NÉOLOGISME, *sm.* (gr. *néos* nouveau; *logos* mot, langage), emploi de mots qui sont mal faits ou inutiles, ou de termes ridiculement détournés de leur sens ordinaire; mauvaise alliance de mots.

NÉOLOGUE, *sm.* celui qui fait du néologisme.

NÉOMÉNIE, *sf.* (gr. *néomênia* : de *néos* nouveau et *mênê* lune), nouvelle lune (*astr.*).

NÉOPHYTE, *s.* 2 *g.* (gr. *néophytos* : de *néos* nouveau, et *phyton* planté, rejeton), personne nouvellement convertie ou baptisée, nouvellement initiée.

NÉOPLATONICIEN, **IENNE**, *adj.* et *s.* du néoplatonisme.

NÉOPLATONISME, *sm.* (gr. *néos* nouveau et *platonisme*), école philosophique d'Alexandrie, qui mêlait aux idées de Platon certaines doctrines mystiques.

NÉOPTOLÈME, fils d'Achille. — nom de deux rois d'Épire; 4e et 3e s. av. J. C.

NÉOTÉRIQUE, *adj.* 2 *g.* (gr. *néôterikos* de la jeunesse), nouveau, moderne.

NÉPAL ou **NÉPAUL**, royaume d'Asie au nord de l'Hindoustan.

NÉPENTHACÉES ou **NÉPENTHÉES**, *sf. pl.* famille de plantes dont le type est le népenthès (*bot.*).

NÉPENTHÈS, *sm.* (gr. *népenthès* qui dissipe le chagrin, la peine), plante dont la nervure médiane des feuilles porte une urne qui s'emplit d'eau pendant la nuit, ce qui est d'un grand secours, dans l'Afrique méridionale, aux voyageurs tourmentés par la soif.

NÉPER, V. *Napier*.

NÉPHRÉTIQUE, *adj. 2 g.* (gr. *néphros* reins), des reins. — *sf.* maladie des reins. — *s. 2 g.* celui, celle qui a cette maladie.

NÉPHRITE, *sf.* (gr. *néphros* reins), colique des reins (*méd.*); pierre appelée aussi *jade*, que l'on a crue longtemps propre à guérir cette colique (*min.*).

NEPHTALI, fils de Jacob.

NEPHTÉ, V. *Nefté*.

NÉPOMUCÈNE (St Jean), patron de la Bohême; m. 1383.

NÉPOS (Julius), empereur d'Occident, m. 480. V. *Cornélius*.

NÉPOTIEN, neveu de Constantin le Grand, prit la pourpre à Rome, en 350, mais fut renversé et mis à mort 28 jours après.

NÉPOTISME, *sm.* (l. *nepos* neveu), autorité que les neveux d'un pape ont eue quelquefois dans l'administration des affaires durant le pontificat de leur oncle; par extension, faiblesse qu'un homme en place a d'avancer ses parents.

NEPTUNE, frère de Jupiter et dieu des mers (*myth.*); l'une des planètes.

NEPTUNIEN, IENNE, *adj.* se dit des terrains, des dépôts formés par les eaux (*géol.*).

NÉRAC, s.-pref. du dép. de Lot-et-Garonne.

NERBUDDAH, fleuve de l'Hindoustan, affluent du golfe de Cambaye.

NÉRÉE, dieu marin (*myth.*).

NÉRÉIDE, *sf.* divinité marine, fille de Nérée (*myth.*); sorte d'annélide ou de mollusque (*zool.*).

NERF, *sm.* (on pr. l'*f*, mais seulement au s.), filament qui transmet au cerveau les sensations occasionnées par les objets extérieurs. Se dit abusivement des tendons des muscles. *Fig.* force, vigueur; ce qui soutient: *l'argent est le nerf de la guerre*; cordelettes attachées au dos d'un livre.

NERF-FÉRURE *sf.* ou **Nerf-Féru**, *sm.* coup sur le tendon de la jambe.

NÉRI (St Philippe de), fondateur de la congrégation de l'Oratoire en Italie (1515-1595).

NÉRIGLISSOR, roi de Babylone; m. 556 av. J. C.

NÉRIS, bourg (Allier), eaux thermales.

NÉRITE, *sf.* sorte de coquillage.

NÉROLI, *sm.* essence de fleur d'oranger.

NÉRON (Caïus-Claudius), consul romain, vainqueur d'Asdrubal à la bataille du Métaure. 207 av. J. C. — (Tibérius-Claudius), père de l'emp. Tibère. — (Lucius Domitius), empereur romain (37-68).

NERPRUN, *sm.* arbrisseau dont le fruit est employé en médecine et dans la teinture.

NERVA, empereur romain (34-98).

NERVAL, ALE, *adj.* bon pour les nerfs; qui affecte les nerfs. Au pl. m. *nervals*.

NERVÉ, ÉE, *adj.* qui a des nervures (*bot.*).

NERVER, *va.* garnir de bois avec des nerfs collés dessus; dresser les nerfs ou cordelettes d'un livre.

NERVEUX, EUSE, *adj.* qui appartient aux nerfs, qui est plein de nerfs. *Fig.* fort, vigoureux, énergique.

NERVIN, *adj. et sm.* propre à fortifier les nerfs (*méd.*).

NERVURE, *sf.* parties saillantes du dos d'un livre; moulures (*arch.*); filets saillants qui parcourent la surface des feuilles (*bot.*).

NERWINDE, village de Belgique entre Louvain et Liège. Victoire du maréchal de Luxembourg sur le prince d'Orange, en 1693, et du prince de Saxe-Cobourg sur Dumouriez, en 1793.

NESCIO VOS, mots latins signifiant *je ne vous connais pas*: formule familière de refus.

NESSELRODE, ministre russe (1780-1862).

NESSUS, centaure tué par Hercule, qui revêtit sa tunique imprégnée de sang empoisonné et ne put la déposer ensuite sans s'arracher lui-même sa propre peau.

NESTOR, roi de Pylos, vieillard d'une grande sagesse et l'un des héros grecs du siège de Troie. *Fig. sm.* vieillard expérimenté, le plus âgé et le plus respectable.

NESTORIANISME, *sm.* hérésie de Nestorius.

NESTORIEN, IENNE, *adj.* du nestorianisme. *s* partisan du nestorianisme.

NESTORIUS, hérésiarque, évêque de Constantinople en 428, prétendait qu'il y avait deux personnes distinctes en Jésus-Christ.

NET, NETTE, *adj.* propre, pur, clair. *Fig.* clair, précis, distinct, aisé, sans embarras, franc, exempt de. *Conscience nette*, qui ne reproche rien; *avoir les mains nettes*, ne faire aucun profit illégitime, n'avoir pris aucune part à une affaire; *vouloir en avoir le cœur net*, vouloir savoir ce qui est; *maison nette*, vide; *poids net*, poids de la marchandise déduction faite du poids de l'enveloppe. — *sm. mettre au net*, faire la copie d'un original qui a des ratures. — *adv.* tout d'un coup, franchement, nettement.

NÈTHE, riv. de Belgique, affluent du Rupel, et formée de la Grande et de la Petite-Nèthe.

NETTEMENT, *adv.* avec netteté, franchement.

NETTETÉ, *sf.* qualité de ce qui est net, clair.

NETTOIEMENT ou **Nettoyage**, *sm.* action de nettoyer.

NETTOYER, *va.* rendre net (c. *employer*). *Fig.* rendre libre, exempt; débarrasser, enlever ce qui meuble. *Nettoyer des contours*, les rendre plus purs, plus corrects (t. de peinture).

NEUBOURG, ville de la Bavière sur le Danube.

NEUCHÂTEL, V. *Neufchâtel*.

NEUF, *adj. num. et sm.* le nombre qui suit huit; neuvième; le chiffre 9.

NEUF, NEUVE, *adj.* nouveau, fait depuis peu; qui n'a pas ou qui a peu servi; novice, qui n'a pas d'expérience en quelque chose; qui n'a pas encore été dit, traité, produit, employé. — *sm.* ce qui est nouveau. — *A neuf*, *loc. adv.* comme neuf, comme renouvelé; *de neuf*, *loc. adv.* de vêtements neufs.

NEUF-BRISACH (*f* nulle), p. ville (Haut-Rhin).

NEUFCHÂTEAU (*f* nulle), s.-préf. du dép. des Vosges. V. *François*.

NEUFCHÂTEL (*f* nulle), ville et canton suisse. — s.-préf. de la Seine-Inférieure.

NEUHOF (Théodore, baron de), aventurier français qui se fit proclamer roi de la Corse en 1736 (1690-1755).

NEUILLY, p. ville (Seine).

NEUSIEDEL (lac de), en Hongrie.

NEUSTRIE, partie de la France sous les Mérovingiens, entre la Loire, la Manche et la Meuse.

NEUSTRIEN, IENNE, adj. et s. de la Neustrie.

NEUTRALEMENT, adv. comme neutre (gram.).

NEUTRALISANT, ANTE, adj. qui neutralise, qui a la propriété de neutraliser.

NEUTRALISATION, sf. action de neutraliser.

NEUTRALISER, va. rendre neutre un sel (chim.). Fig. diminuer, réduire à rien, détruire l'effet.

NEUTRALITÉ, sf. état d'une puissance qui reste neutre, d'une personne qui ne prend aucun parti dans la dispute ou dans un différend.

NEUTRE, adj. 2 g. et sm. qui n'est ni du genre masculin ni du féminin (gram.); qui ne prend pas parti entre deux puissances belligérantes ou entre deux antagonistes. Verbe neutre, qui n'a pas de complément direct.

NEUVAINE, sf. espace de neuf jours pendant lesquels on fait un acte de dévotion.

NEUVIÈME, adj. num. et s. 2 g. qui suit le huitième. — sm. la neuvième partie d'un tout.

NEUVIÈMEMENT, adv. en neuvième lieu.

NEUVILLE (le Père de), célèbre prédicateur français (1693-1774).

NÉVA, fl. de Russie; sort du lac Ladoga et se jette dans le golfe de Finlande.

NEVADA (SIERRA), chaîne de montagnes au S. de l'Espagne.

NE VARIETUR, V. *Varietur*.

NEVERS, ch.-l. du dép. de la Nièvre.

NEVEU, sm. fils du frère ou de la sœur.

NÉVRALGIE, sf. (gr. *neuron* nerf, *algos* douleur), douleur ou maladie des nerfs.

NÉVRALGIQUE, adj. 2 g. de la névralgie.

NÉVRILEMME, sm. (gr. *neuron* nerf, *lemma* écorce, pelure), membrane qui enveloppe la pulpe des nerfs (anat.).

NÉVRITIQUE, adj. 2 g. qui est propre aux maladies des nerfs.

NÉVROGRAPHIE, sf. (gr. *neuron* nerf, *graphè* décrire), description des nerfs (anat.).

NÉVROLOGIE, sf. (gr. *neuron* nerf; *logos* discours, traité), partie de l'anatomie qui traite des nerfs.

NÉVROPTÈRES, sm. pl. (gr. *neuron* nerf, nervure; *ptéron* aile), ordre d'insectes à ailes fibreuses ou garnies de nervures (zool.).

NÉVROSE, sf. (gr. *neuron* nerf), affection nerveuse (méd.).

NÉVROTOMIE, sf. (gr. *neuron* nerf; *tomè* incision, dissection), dissection des nerfs; opération qui consiste à couper les nerfs.

NEWBURY (on pr. *Nieuburi*), p. ville d'Angleterre : bataille entre les armées de Cromwell et de Charles Ier, en 1643 et 1644.

NEWCASTLE (on pr. *Nieucastle*), nom de deux villes d'Angleterre, l'une sur la Tyne, l'autre sur la Lyme.

NEWCOMMEN (on pr. *Neucommène*), mécanicien anglais, constructeur en 1705 de la première machine à vapeur qui ait rendu de véritables services à l'industrie.

NEW-HAMPSHIRE, V. *Hampshire*.

NEWHAVEN (on pr. *Nieuhavène*), ville et port du Connecticut (États-Unis).

NEW-JERSEY, V. *Jersey*.

NEWMARKET (on pr. *Nieumarkette*), p. ville d'Angleterre près de Cambridge.

NEWPORT (on pr. *Nieupor*), ville et port d'Angleterre, dans le comté de Monmouth. — ville capitale de l'île de Wight. — capitale de l'État de Rhode-Island (États-Unis).

NEWTON (on pr. *Neutôn*), illustre savant anglais, célèbre surtout par sa théorie de la *gravitation universelle* (1642-1727).

NEWTONIANISME, V. *Newtonisme*.

NEWTONIEN, IENNE, adj. (on pr. *neutonien*), de Newton, du newtonisme. — sm. partisan du système scientifique de Newton.

NEWTONISME ou **NEWTONIANISME**, sm. (on pr. *neutonisme*), système ou doctrine scientifique de Newton.

NEW-YORK (on pr. *Neu-York*), gr. ville et port, capitale d'un État de même nom (États-Unis).

NEY (Michel), prince de la Moskowa, maréchal de France (1769-1815).

NEZ, sm. partie saillante du visage entre le front et la bouche, organe de l'odorat. Fig. sens de l'odorat; le visage entier : *mettre le nez à la fenêtre*. Avoir bon nez, avoir de la sagacité, prévoir les choses; *avoir un pied de nez*, éprouver la honte de ne pas avoir réussi; *jeter une chose au nez de quelqu'un*, la lui reprocher; *mener quelqu'un par le nez*, lui faire faire tout ce qu'on veut; *mettre son nez*, se mêler de quelque chose, examiner une affaire, se livrer à une étude; *rire au nez de quelqu'un*, se moquer de lui en face; *saigner du nez*, manquer de résolution, de courage; *se casser le nez*, échouer dans une entreprise, ne pas réussir; *tirer les vers du nez*, tirer un secret par des questions adroites, faire avouer (fam.).

NI, conj. négative.

NIABLE, adj. 2 g. qui peut être nié.

NIAGARA, riv. de l'Amérique du Nord, qui unit les lacs Érié et Ontario.

NIAIS, AISE, adj. et s. simple, sot.

NIAISEMENT, adv. d'une façon niaise.

NIAISER, vn. faire le niais, s'amuser à des niaiseries.

NIAISERIE, sf. bagatelle, chose frivole; action ou paroles de niais.

NIBELUNGEN, V. *Nibelungen*.

NICAISE (St), premier archevêque de Rouen. 3e s. — (St), évêque de Reims, martyrisé par les Vandales, 406.

NICARAGUA, ville, État et lac dans le Guatemala.

NICATOR, surnom de plusieurs rois de Syrie.

NICE, adj. 2 g. simple, niais (vx. mot).

NICE, ch.-l. du dép. des Alpes-Maritimes.

NICÉE, anc. ville de la Bithynie, auj. *Isnik*.

NICÉPHORE (St), patriarche de Constantinople; m. 828.

NICÉPHORE, nom de plusieurs empereurs grecs.

NICHE, sf. enfoncement pratiqué dans un mur pour recevoir une statue ou tout autre objet; cabane d'un chien. Malice, espièglerie (fam.).

NICHÉE, sf. oiseaux d'une même couvée qui sont encore dans le nid. *Fig.* plusieurs personnes peu honorables rassemblées dans le même lieu.

NICHER, vn. se dit d'un oiseau qui fait son nid. — va. placer en quelque lieu (fam.). — Se NICHER, vpr. se loger (fam.).

NICHET, sm. (t nul), œuf mis dans un nid préparé pour la ponte des poules.

NICHOLSON (on pr. *Nicolsone*), chimiste et physicien anglais (1753-1815).

NICHOIR, sm. cage pour faire couver des serins.

NICIAS, général athénien, chef de l'expédition contre la Sicile; m. 413 av. J. C.

NICKEL, sm. métal, l'un des corps simples de la chimie.

NICOBAR (Iles), archipel dans le golfe de Bengale.

NICODÈME, disciple de J. C.

NICODÈME, sm. employé *fig.* pour désigner un niais, un imbécile (pop.).

NIÇOIS, OISE, adj. et s. de Nice.

NICOLAÏ, nom d'une famille de magistrats français.

NICOLAÏEF, ville de Russie, sur le Boug.

NICOLAS (St), évêque de Myre; m. 342.

NICOLAS Ier le *Grand*, pape; m. 867. Nom de plus. autres papes.

NICOLAS Ier *Paulovitsch*, empereur de Russie (1796-1855).

NICOLE (Pierre), célèbre moraliste et théologien français (1625-1695).

NICOLO (ISOARD, dit), compositeur de musique, né à Malte (1777-1818).

NICOMÈDE, nom de trois rois de Bithynie.

NICOMÉDIE, anc. ville de Bithynie, auj. *Ismid*.

NICOPOLIS, anc. ville de laMésie inférieure, auj. *Nicopoli*, sur le Danube, dans la Bulgarie. Victoires de Bajazet Ier en 1393 et en 1396, la première sur Sigismond, roi de Hongrie, la seconde sur Jean-sans-Peur et les barons français. — Nom de plus. autres villes anciennes.

NICOSIE, capitale de l'île de Chypre.

NICOT (Jean), ambassadeur de François II en Portugal, auteur du *Trésor de la langue française* et connu surtout pour avoir introduit en France le tabac (1530-1600).

NICOTIANE, sf. (on pr. *nicociane*), nom donné au tabac, qui fut apporté en France pour la première fois par Jean Nicot.

NICOTINE, sf. substance extraite du tabac et qui est un poison violent.

NID, sm. (d nul), sorte de berceau où les oiseaux déposent leurs œufs et élèvent leurs petits. *Fig.* gîte, demeure.

NIDOREUX, EUSE, adj. qui exhale une odeur de brûlé ou de pourri.

NIEBELUNGEN, sm. pl. (on pr. *Nibéloung-ghène*), célèbre poëme épique germain d'une ancienne tribu des Burgondes.

NIEBUHR (Georges), ministre des finances de Danemark et célèbre historien (1776-1831).

NIÈCE, sf. fille du frère ou de la sœur.

NIEDERBRONN, p. ville (Bas-Rhin); eaux minérales.

NIELLE, sf. plante à semence noire qui croît dans les blés; maladie des grains qui convertit la substance farineuse en une poussière noire.

NIELLE, sm. ornements creux d'orfevrerie remplis d'une sorte d'émail noir.

NIELLER, va. orner de nielles; gâter par la nielle.

NIELLURE, sf. art de nieller; travail, produits de cet art.

NIÉMEN, fleuve de Russie, affluent de la mer Baltique.

NIEPCE (Joseph), l'un des inventeurs de la photographie (1770-1833).

NIER, va. et n. dire qu'une chose n'est pas vraie, soutenir qu'une chose n'est pas; ne pas demeurer d'accord d'une proposition.

NIEUPORT ou NIEWPORT, ville forte de Belgique (Flandre occidentale).

NIÈVRE, rivière, affluent de la Loire. Elle donne son nom à un dép. français dont le ch.-l. est *Nevers*.

NIFON ou NIPHON, la plus grande des îles du Japon.

NIGAUD, AUDE, adj. et s. sot et niais.

NIGAUDER, vn. faire des actions de nigaud.

NIGAUDERIE, sf. action de nigaud.

NIGER (on pr. l'r), gr. fleuve d'Afrique. V. *Pescennius*.

NIGRITIE, grande région de l'Afrique.

NIJNI-NOVOGOROD ou NOVOGOROD LA PETITE, ville de Russie.

NIKOLAÏEV, V. *Nicolaïef*.

NIL, gr. et célèbre fleuve d'Afrique; arrose l'Abyssinie, la Nubie, l'Égypte, et se jette dans la Méditerranée.

NIL-GAUT, NILGAU ou NILGHAUT, sm. espèce d'antilope.

NILOMÈTRE, sm. colonne graduée qui sert à mesurer les hauteurs des eaux du Nil.

NIMBE, sm. auréole autour de la tête des images des saints.

NIMÈGUE, ville de Hollande sur le Wahal.

NIMES, ch.-l. du dép. du Gard.

NING-PO, gr. ville et port de Chine.

NINIVE, anc. ville capitale de l'Assyrie, sur le Tigre, auj. en ruines.

NINIVITE, adj. et s. 2 g. de Ninive.

NINON DE LENCLOS, V. *Lenclos*.

NINOVE, ville de Belgique (Flandre orientale).

NINUS, roi d'Assyrie; m. 1916 av. J. C.

NINYAS ou NINUS II, roi d'Assyrie, fils de Ninus.

NIOBÉ, fille de Tantale et sœur de Pélops (myth.).

NIOBIUM, sm. (on pr. niobiome), l'un des corps simples de la chimie.

NIORT, ch.-l. du dép. des Deux-Sèvres.

NIPHATES (monts), dans l'Arménie, auj. monts Nimrod.

NIPHON, V. Nifon.

NIPPE, sf. vêtements, meubles; ce qui sert à l'ajustement.

NIPPER, va. fournir de nippes.

NIQUE, sf. signe de mépris. Faire la nique, se moquer.

NISUS, roi de Mégare métamorphosé en épervier (myth.). — personnage de l'Énéide, ami d'Euryale.

NITÉE, sf. nichée (La Fontaine).

NITOCRIS, reine de Babylone, femme de Nabuchodonosor II.

NITOUCHE (SAINTE), sf. se dit d'une personne qui affecte la sagesse et l'innocence.

NITRATE, sm. anc. nom de l'azotate: sel formé par la combinaison de l'acide nitrique avec une base.

NITRATÉ, ÉE, adj. combiné avec l'acide nitrique (chim.).

NITRE, sm. sel formé par la combinaison de l'acide nitrique avec la potasse.

NITREUX, EUSE, adj. qui tient du nitre.

NITRIÈRE, sf. lieu où se forme le nitre et d'où on le tire.

NITRIQUE, adj. 2 g. du nitre, formé par le nitre, qui a rapport au nitre.

NITRITE, sm. sel formé par la combinaison de l'acide nitreux avec une base.

NITROBENZINE, sf. mélange d'acide azotique et de benzine, ayant une odeur mixte de cannelle et d'amande amère; on l'appelle aussi dans le commerce essence de Mirbane.

NITROGÈNE, adj. m. qui forme le nitre: gaz nitrogène, anc. nom de l'azote.

NIVE, riv. de France, affluent de l'Adour.

NIVEAU, sm. instrument pour reconnaître si un terrain ou un plan est horizontal; état de ce qui est horizontal. — DE NIVEAU. AU NIVEAU, loc. adv. selon le niveau, à surface unie ou horizontale, et au fig. de pair, à la hauteur de.

NIVELER, va. mesurer avec le niveau; rendre uni. Fig. rendre égal.

NIVELEUR, sm. celui qui nivelle. Fig. partisan de l'égalité des fortunes et des conditions.

NIVELLE ou NIVELLES, ville de Belgique, anc. capitale du Brabant wallon.

NIVELLE (Jean de), de la famille de Montmorency; ayant donné un soufflet à son père, il refusa de comparaître devant la justice de Louis XI et s'enfuit dans la Flandre. Son infâme action lui valut le surnom de chien.

NIVELLEMENT, sm. action de niveler; résultat de cette action.

NIVERNAIS, anc. province de France, capit.

Nevers. — (duc de), ministre de Louis XVI et fabuliste (1716-1798).

NIVERNAIS, AISE, adj. de Nevers ou du Nivernais.

NIVÔSE, sm. quatrième mois du calendrier républicain.

NOACHIDES, les fils de Noé.

NOAILLES (Antoine de), amiral de France (1504-1562). — (Louis-Antoine), cardinal et archevêque de Paris (1651-1729). — (Anne-Jules), frère du précédent, maréchal de France (1650-1708). — (Maurice), fils du précédent, maréchal et ministre (1678-1766).

NOBILIAIRE, sm. catalogue des familles nobles. — adj. 2 g. qui appartient à la noblesse.

NOBILISSIME, adj. et s. très-noble. Titre d'honneur et dignité dans le Bas-Empire.

NOBLE, adj. et s. 2 g. qui fait partie d'une classe privilégiée par droit de naissance ou par lettres du prince. Fig. qui a ou qui annonce de la grandeur, de l'élévation, de la magnanimité.

NOBLEMENT, adv. avec noblesse, avec honneur.

NOBLESSE, sf. qualité d'une personne noble, d'une chose noble ou qui annonce de la grandeur, de l'élévation, de la dignité; le corps des hommes qualifiés nobles.

NOCE, sf. mariage; festin, réjouissance, qui accompagnent le mariage; l'assemblée des invités. Fig. faire la noce, passer son temps à s'amuser au lieu de travailler; n'être pas à la noce, être dans une mauvaise situation (pop.).

NOCEUR, EUSE, s. celui, celle qui dissipe son temps en plaisirs au lieu de travailler, (pop.).

NOCHER, sm. (on pr. noché), conducteur d'une barque ou d'un petit navire.

NOCTAMBULE, adj. et s. 2 g. (l. nocte de nuit, ambulare marcher), qui marche tout endormi pendant la nuit.

NOCTAMBULISME, sm. état du noctambule.

NOCTURNE, adj. 2 g. qui arrive ou qui paraît la nuit, qui agit pendant la nuit. — sm. partie de l'office de la nuit; sorte de composition musicale.

NOCUITÉ, sf. qualité de ce qui est nuisible.

NODEUX, EUSE, adj. qui a des nœuds (bot.).

NODIER (Charles), littérateur français (1780-1844).

NODOSITÉ, sf. état de ce qui a des nœuds; ces nœuds eux-mêmes.

NODULE, sm. sorte de noyau, de concrétion pierreuse qui s'est formée surtout dans les terrains crétacés (géol.).

NOÉ, patriarche, fut sauvé du déluge avec sa famille et mourut à l'âge de 950 ans, 1998 av. J. C.

NOËL, sm. fête de la nativité de N.-S. Jésus-Christ; cantique sur cette fête. — interj. ancien cri de joie.

NOÉMI, femme juive, belle-mère de Ruth.

NŒUD, sm. (d nul), enlacement de quelque objet flexible. Fig. difficulté, point essentiel; liaison, attachement; renflement sur la tige de certains végétaux, partie dure et serree dans l'intérieur du bois ; jointure des doigts ; point où l'écliptique est coupée par l'orbite d'un corps céleste (*astr.*). *Nœud gordien,* difficulté que l'on ne peut résoudre.

NOGARET (Guillaume de), chancelier de Philippe le Bel ; m. 1313.

NOGENT-LE-ROTROU, s.-préf. du dep. d'Eure-et-Loir.

NOGENT-SUR-SEINE, s.-préf. du dép. de l'Aube.

NOIR, NOIRE, *adj.* qui est de la couleur la plus obscure, qui approche de cette couleur ; livide, meurtri ; obscur ; sale. *Fig.* triste, morne ; affreux, odieux : *une noire action. Viandes noires,* qui tirent un peu sur le noir, comme celle du lièvre ; *chambre noire,* sorte d'instrument d'optique ; *être la bête noire,* être un objet d'aversion ; *l'onde noire,* le Styx ; *rendre noir,* diffamer ; *voir tout en noir,* prendre les choses du côté fâcheux.

NOIR, *sm.* la couleur noire ; nègre. *Fig.* faire du noir, broyer du noir, se livrer à la mélancolie, à des réflexions tristes.

NOIR (le prince), Édouard, prince de Galles, fils du roi d'Angleterre Édouard III (1330-1376).

NOIRÂTRE, *adj.* 2 g. un peu noir, tirant sur le noir.

NOIRAUD, AUDE, *adj.* un peu noir, c.-à-d. brun ; qui a les cheveux et le teint bruns.

NOIRCEUR, *sf.* qualité de ce qui est noir ; tache noire. *Fig.* atrocité d'une action ; action ou parole nuisible.

NOIRCIR, *va.* et *n.* rendre noir ; devenir noir. *Fig.* diffamer. — SE NOIRCIR, *vpr.* rendre noir quelque chose que l'on a : se noircir le visage ; au *fig.* se rendre odieux.

NOIRCISSURE, *sf.* tache de noir.

NOIRE, *sf.* note de musique qui vaut la moitié d'une blanche.

NOIRE (Mer), au S. de la Russie, anc. *Pont-Euxin.*

NOIRMOUTIERS (Île de), dans l'océan Atlantique, dep. de la Vendée.

NOISE, *sf.* querelle, dispute.

NOISERAIE, *sf.* lieu planté de noyers.

NOISETIER, *sm.* arbrisseau qui porte les noisettes.

NOISETTE, *sf.* espèce de petite noix, fruit du noisetier. *Couleur noisette,* qui approche de celle de la noisette.

NOIX, *sf.* (*x* nulle), sorte d'amande à écorce ligneuse, fruit du noyer. Se dit aussi de quelques autres fruits : *noix de coco. Fig.* glande, rotule de certains animaux ; roue dentelée d'un moulin à café, etc. *Noix de galle,* V. *Galle.*

NOLASQUE (St Pierre), fondateur de l'ordre de la Merci (1189-1256).

NOLE ou **NOLA,** ville d'Italie, près du Vésuve.

NOLI ME TANGERE, *sm.* (mots latins signifiant *ne veuillez pas me toucher ;* on pr. *mé tangère*), nom de certaines plantes armées de fortes épines ou qui se flétrissent au moindre attouchement ; sorte d'ulcère incurable.

NOLIS (on pr. l's), ou **NAULAGE,** *sm.* fret d'un navire.

NOLISER, *va.* affréter.

NOLISSEMENT, *sm.* action de noliser.

NOLLET (l'abbé), physicien français (1700-1770).

NOM, *sm.* mot qui désigne une personne ou une chose. *Fig.* réputation, titre, qualité due à la naissance ; qualification morale, épithète : *digne du nom d'ami. Nom de guerre,* nom supposé. — AU NOM DE, *loc. prép.* de la part de, en considération de. DE NOM, *loc. adv.* se dit par opposition à réellement et de fait.

NOMADE, *adj.* 2 g. (gr. *nomades ;* de *nomé* pâturage), se dit d'un peuple errant, qui change continuellement de demeure pour chercher de nouveaux pâturages. *Fig.* qui n'a pas de demeure fixe.

NOMARQUE, *sm.* (gr. *nomos* nome, *archos* chef), gouverneur d'un nome chez les anciens Égyptiens.

NOMBRABLE, *adj.* 2 g. que l'on peut nombrer.

NOMBRANT, *adj. m.* qui nombre.

NOMBRE, *sm.* unité, collection d'unités, partie d'unité ; quantité ; se dit en grammaire de la propriété qu'ont les noms, les adjectifs, les pronoms et les verbes de désigner la quantité ; harmonie qui résulte d'un certain arrangement des mots. *Nombre entier,* qui contient l'unité un certain nombre de fois exactement ; *nombre premier* qui n'est divisible que par lui-même et par l'unité ; *nombre rond,* qui n'est pas accompagné de quantités fractionnaires ; *nombre d'or,* qui indique chaque année du cycle lunaire. *Les Nombres,* le 4e des livres de Moïse. — NOMBRE DE, *loc. adv.* beaucoup de ; AU NOMBRE, DU NOMBRE, *loc. prép.* parmi, au rang de ; DANS LE NOMBRE, *loc. adv.* parmi plusieurs ; SANS NOMBRE, *loc. adv.* en grand nombre, en grande quantité ; NOMBRE DE FOIS, *loc. adv.* souvent.

NOMBRER, *va.* supputer, compter.

NOMBREUX, EUSE, *adj.* qui est en grand nombre. Harmonieux, en parlant du style.

NOMBRIL, *sm.* (*l* nulle), petite cavité au milieu du ventre ; cavité des fruits à la partie qui est opposée à la queue.

NOME, *sm.* province ou gouvernement de l'ancienne Égypte ; sorte de poème ou de chant ancien.

NOMENCLATEUR, *sm.* esclave dont le Romain qui briguait une magistrature se faisait accompagner pour savoir de lui les noms des citoyens ; celui qui est auteur d'une nomenclature.

NOMENCLATURE, *sf.* collection des mots employés pour désigner les différents objets d'une science ou d'un art ; ensemble des mots qui composent un dictionnaire ; longue liste.

NOMÉNOÉ, duc, puis roi de Bretagne ; m. 851.

NOMINAL, ALE, *adj.* qui dénomme ou est dénommé. *Appel nominal,* appel des personnes chacune par son nom ; *valeur nominale,* valeur exprimée sur un effet de commerce ou sur un papier-monnaie et différente de la valeur réelle. Au pl. m. *nominaux.*

NOMINALEMENT, *adv.* en valeur nominale, et non réellement.

NOMINATEUR, sm. celui qui nomme ou a droit de nommer à un bénéfice.

NOMINATIF, sm. la première forme du mot dans les langues qui ont des cas; le sujet du verbe (gram.).

NOMINATIF, IVE, adj. qui dénomme, qui contient des noms.

NOMINATION, sf. action de nommer à un emploi, à une charge.

NOMINATIVEMENT, adv. par son nom.

NOMINAUX, sm. pl. philosophes scolastiques qui étaient opposés aux réalistes.

NOMMÉ, ÉE, adj. part. qui a un nom, qui a été choisi pour occuper un emploi. — s. qui se nomme : le nommé Pierre. — À POINT NOMMÉ, loc. adv. précisément; À JOUR NOMMÉ, loc. adv. au jour convenu.

NOMMÉMENT, adv. avec désignation particulière par le nom.

NOMMER, va. donner ou imposer un nom; dire le nom; désigner; choisir pour occuper un emploi, élever à une dignité. — SE NOMMER, vpr. dire son nom; être nommé : comment vous nommez-vous ?

NOMOTHÈTE, sm. (gr. nomos loi, tithêmi établir), magistrat athénien qui était chargé de rédiger les lois.

NON, adv. négatif, directement opposé à oui. — NON PLUS, loc. adv. pas plus; NON-SEULEMENT, loc. adv. qui est ordinairement suivie de la conjonction adversative mais.

NON-ACTIVITÉ, sf. état de la personne qui n'est pas en activité, qui n'exerce pas son emploi, ses fonctions.

NONAGÉNAIRE, s. 2 g. âgé de 90 ans.

NONAGÉSIME, adj. et sm. se dit du 90e degré, ou d'un point éloigné d'un autre de 90 degrés (astr.).

NONANTE, adj. num. (l. nonaginta), quatre-vingt-dix.

NONANTIÈME, adj. num. ordinal, quatre-vingt-dixième.

NON AVENU, V. Avenu.

NONCE, sm. prélat ambassadeur du pape.

NONCHALAMMENT, adv. avec nonchalance.

NONCHALANCE, sf. défaut de la personne nonchalante; négligence, mollesse.

NONCHALANT, ANTE, adj. et s. qui n'a pas d'ardeur, qui agit avec mollesse; insouciant, négligent.

NONCHALOIR, sm. nonchalance (vx. mot).

NONCIATURE, sf. emploi, charge, fonctions du nonce.

NON-CONFORMISTE, s. et adj. 2 g. qui en Angleterre s'écarte de la religion anglicane.

NONE, sf. heure canoniale après sexte.

NONES, sf. pl. le huitième jour avant les ides chez les Romains.

NON-ÊTRE, sm. et NON-EXISTENCE, sf. défaut d'existence.

NONIDI, sm. (l. nonus neuvième, dies jour), neuvième jour de la décade républicaine.

NON-INTERVENTION, sf. absence d'intervention.

NON-JOUISSANCE, sf. privation de jouissance.

NON-LIEU, sm. Ordonnance de non-lieu, décision du pouvoir judiciaire prononçant qu'il n'y a pas lieu de donner suite à une affaire.

NONNE ou NONNAIN, sf. religieuse (fam.).

NONNETTE, sf. jeune nonne (fam.); petit pain d'épice rond.

NONNUS, poète grec du 5e s.

NONOBSTANT, prép. malgré.

NONPAREIL, EILLE, adj. (l. m.), sans égal.

NONPAREILLE, sf. (ll m.), ruban très-étroit; menue dragée; petits caractères d'imprimerie.

NON-PAYEMENT, sm. défaut de payement.

NON PLUS, V. Non.

NON-PLUS-ULTRA, V. Nec-plus ultra.

NON-RÉSIDENCE, sf. défaut de résidence.

NON-RÉUSSITE, sf. défaut de réussite.

NON-SENS, sm. défaut de sens, de signification.

NON SEULEMENT, V. Non.

NON-SUCCÈS, sm. défaut de succès.

NONTRON, s.-préf. du dép. de la Dordogne.

NONUPLE, adj. 2 g. qui contient neuf fois (peu usité).

NONUPLER, va. répéter neuf fois (peu usité).

NON-USAGE, sm. cessation d'usage.

NON-VALEUR, sf. manque de produit dans un immeuble; créance que l'on ne peut recouvrer.

NOPAL, sm. sorte de cactier (pl. nopals).

NORA, anc. ville de la Cappadoce, au pied du Taurus; célèbre par le siège qu'Eumène y soutint contre Antigone, 320 av. J. C.

NORBERT (St.), fondateur de l'ordre des Prémontrés (1092-1134).

NORD, sm. (d nul), septentrion; point de l'horizon opposé au midi; les pays septentrionaux. Nord-est, nord-ouest, points compris entre le nord et l'est, entre le nord et l'ouest.

NORD, département français dont le ch.-l. est Lille.

NORD (Mer du), ou Mer d'Allemagne, entre l'Angleterre, la Hollande et l'Allemagne.

NORDENFIELD, partie de la Norwége.

NORDGAU, anc. pays de la Bavière; partie de l'Alsace.

NORDHAUSEN, ville de la Saxe prussienne; École polytechnique supérieure.

NORDKŒPING, ville de Suède.

NORDLAND, partie de la Norwège et partie de la Suède.

NORDLINGEN ou NORDLINGUE, p. ville de Bavière. Défaite des Suédois par les Impériaux en 1634; victoire de Condé et de Turenne sur Mercy en 1645; combats entre les Français et les Autrichiens en 1796 et 1800.

NORFOLK, comté d'Angleterre. — ville de la Virginie (États-Unis).

NORIA, sf. machine formée d'un chapelet de vases et qui sert à puiser l'eau.

NORIQUE, sm. anc. province de l'empire romain, auj. archiduché d'Autriche. — adj. Alpes Noriques, dans l'ancien Norique.

NORMAL, ALE, adj. (l. *norma* règle, modèle), qui sert de règle, de modèle (pl. m *normaux*). *École normale*, où l'on forme des professeurs.

NORMALE, sf. verticale ou perpendiculaire (géom.).

NORMAND, ANDE, adj. et s. de la Normandie. NORMANDS ou NORTHMANS (hommes du Nord), pirates danois et scandinaves qui s'établirent en 912 dans une partie de la Neustrie à laquelle ils donnèrent le nom de Normandie.

NORMANDIE, anc. province de France, capitale *Rouen*.

NORT, ch.-l. de canton (Loire-Inférieure).

NORTE (RIO-DEL-) ou RIO-BRAVO, fleuve du Mexique.

NORTH (lord), ministre d'Angleterre (1733-1792).

NORTHAMPTON, ville et comté d'Angleterre.

NORTHUMBERLAND, comté d'Angleterre; comté des États-Unis.

NORTHUMBRIE, l'un des sept royaumes de l'heptarchie anglo-saxonne.

NORWÉGE ou NORVÉGE, royaume de l'Europe septentrionale, uni au royaume de Suède.

NORWÉGIEN ou NORVÉGIEN, IENNE, adj. et s. de la Norwége.

NORWICH, ville d'Angleterre; capitale du comté de Norfolk.

NOS. adj. poss. pl. de *notre*.

NOSOCOME, sm. (gr. *nosokoméion* : de *nosos* maladie et *koméô* soigner), hôpital.

NOSOGRAPHIE, sf. (gr. *nosos* maladie, *graphô* décrire), description et classification des maladies.

NOSOLOGIE, sf. (gr. *nosos* maladie; *logos* discours, traité), traité des maladies.

NOSS-BÉ ou Nossi-Bé, île française sur la côte N.-O. de Madagascar.

NOSTALGIE, sf. (gr. *nostos* retour; *algos* douleur, mal), mal du pays ou désir violent de retourner dans son pays.

NOSTALGIQUE, adj. 2 g. de la nostalgie, qui a rapport à la nostalgie.

NOSTOC, sm. plante de la famille des algues.

NOSTRADAMUS (Michel), célèbre astrologue et médecin français (1503-1566).

NOTA, mot latin signifiant *remarque*, à l'impératif; on dit aussi *nota bene*, remarque ou remarquez bien. — sm. (sans pluriel suivant l'Acad.), remarque, note.

NOTA (Albert), auteur dramatique italien (1775-1847).

NOTABILITÉ, sf. qualité de ce qui est notable. Au pl. les notables d'un pays.

NOTABLE, adj. 2 g. remarquable. — sm. pl. les principaux habitants d'un pays.

NOTABLEMENT, adv. grandement, considérablement, beaucoup.

NOTAIRE, sm. officier public qui reçoit et passe les contrats, les actes volontaires.

NOTAMMENT, adv. spécialement.

NOTARIAL, E ad. du notaire ou du notariat (pl. m. *notariaux*).

NOTARIAT, sm. (t final nul), charge, fonctions du notaire.

NOTARIÉ, ÉE, adj. passé devant notaire.

NOTASIE, sf. (l. *notus* sud ou sud-est, *Asia* Asie), la Malaisie, partie de l'Océanie située au S.-E. de l'Asie.

NOTATION, sf. action ou manière d'indiquer par des signes convenus.

NOTE, sf. marque; commentaire, observation; extrait; sommaire; mémoire de fournitures, de frais, de dépenses; communication diplomatique; caractère de musique, son qu'il représente.

NOTER, va. faire une note; remarquer; écrire en notes de musique.

NOTEUR, sm. copiste de musique.

NOTICE, sf. traité descriptif; extrait raisonné; compte rendu; écrit succinct; liste de livres.

NOTIFICATION, sf. action de notifier; acte par lequel on notifie.

NOTIFIER, va. faire savoir dans les formes légales ou dans les formes usitées.

NOTION, sf. (on pr. *nocion*), connaissance, idée que l'on a d'une chose.

NOTOBRANCHES, sm. pl. (gr. *notos* dos, *bragchia* branchies), ordre de Gastéropodes et d'Annelides qui ont leurs branchies sur le dos ou dans la longueur du corps (zool.).

NOTOIRE, adj. 2 g. qui est généralement connu.

NOTOIREMENT, adv. manifestement, évidemment.

NOTORIÉTÉ, sf. connaissance publique d'un fait. *Acte de notoriété*, acte par lequel des témoins suppléent à des preuves par écrit.

NOTRE, adj. poss. 2 g. qui est à nous, qui est relatif à nous.

NÔTRE, pron. poss. 2 g. il est ordinairement précédé de l'article et se dit dans le même sens que l'adj. *notre*, en parlant d'une personne ou d'une chose déjà nommée. — sm. ce qui est à nous, ce qui nous appartient, ce qui vient de nous, au pl. m. nos parents, ceux qui sont de notre famille, de notre parti, de notre compagnie.

NOTRE-DAME, sf. fête ou image de la sainte Vierge; église qui lui est consacrée.

NOTRE-DAME DE LIESSE, village près de Laon (Aisne); église du 12e s. où se trouve une image très-renommée de la sainte Vierge.

NOTTINGHAM, ville d'Angleterre, capitale d'un comté de même nom.

NOTULE, sf. petite note.

NOTUS, sm. (on pr. l's), le vent du midi.

NOUE, sf. rencontre de deux combles inclinés, lame de plomb qui y est placée; tuile creuse par où s'écoule l'eau; sorte de terre grasse dans un pré.

NOUÉ, ÉE, adj. qui a des nœuds dans les articulations; rachitique.

NOUEMENT, sm. action de nouer (peu usité).

NOUER, va. lier, envelopper en faisant un nœud. *Fig.* organiser; former un lien, un nœud. — vn. et SE NOUER, vpr. se dit des fleurs qui passent à l'état de fruits.

NOUET, sm. (t xul), linge noué renfermant une substance que l'on veut faire infuser.

NOUEUX, EUSE, adj. qui a beaucoup de nœuds.

NOUGAT, sm. (t nul), gâteau d'amandes ou de noix au caramel.

NOUILLES (ll m.) ou NOULES, sf. pl. sorte de pâte d'Allemagne faite avec de la farine et des œufs.

NOUKAHIVA, la plus grande des îles Marquises. Elle donne son nom à tout l'archipel.

NOULET, sm. (t nul), canal pour l'écoulement des eaux fait avec des noues.

NOUN (cap), dans le Maroc, sur l'océan Atlantique.

NOURADIN ou NOUR-EDDYN, célèbre sultan de Syrie et d'Égypte (1118-1173).

NOURRAIN, sm. fretin pour repeupler un étang.

NOURRI, IE, adj. part. qui a été élevé. Fig. qui est plein, bien rempli, abondant, riche : un style nourri, un ouvrage nourri de pensées.

NOURRICE, sf. femme qui allaite un enfant, qui l'a élevé.

NOURRICIER, adj. et sm. mari de la nourrice.

NOURRICIER, IÈRE, adj. qui opère la nutrition, qui nourrit.

NOURRIR, va. et n. sustenter, servir d'aliment, allaiter, entretenir d'aliments. Fig. instruire, élever; repaître : nourrir son imagination de chimères; entretenir, faire durer : nourrir l'espoir; produire, renfermer : cette mer nourrit des poissons voraces. — SE NOURRIR, vpr. s'alimenter : nourrir de pain. Fig. entretenir son esprit : se nourrir de saines doctrines.

NOURRISSAGE, sm. manière d'élever les bestiaux.

NOURRISSANT, ANTE, adj. qui nourrit beaucoup.

NOURRISSEUR, sm. celui qui nourrit des vaches, des bestiaux.

NOURRISSON, sm. enfant en nourrice.

NOURRIT (Adolphe), célèbre chanteur et habile artiste dramatique français (1802-1849).

NOURRITURE, sf. aliment, subsistance. Fig. aliment de l'esprit, éducation.

NOUS, pron. pers. 1re p. des 2 g. pl. de je ou moi.

NOUURE, sf. état d'un enfant qui est noué; état des fruits qui commencent à se former.

NOUVEAU ou NOUVEL, ELLE, adj. qui commence d'être ou de paraître, qui est neuf; novice, inexpérimenté : un homme nouveau dans son métier; qui ressemble à un autre : un nouveau César. — sm. chose nouvelle : voici du nouveau. — DE NOUVEAU, loc. adv. de rechef.

NOUVEAU MONDE, l'Amérique.

NOUVEAU-NÉ, V. NÉ.

NOUVEAUTÉ, sf. qualité de ce qui est nouveau; chose nouvelle; innovation; étoffe nouvelle.

NOUVEL, V. Nouveau.

NOUVELLE, sf. premier avis d'une chose récente; récit, roman très-court.

NOUVELLE-CALÉDONIE, contrée de l'Amérique du Nord. — grande île de l'Océanie (Australie), possession française.

NOUVELLE-GRENADE, république de l'Amérique méridionale.

NOUVELLEMENT, adv. depuis peu.

NOUVELLISTE, sm. celui qui est curieux de nouvelles.

NOUVION (LE), ch.-l. de canton (Aisne).

NOVALE, sf. et adj. terre nouvellement défrichée. Au pl. dîme.

NOVARE, ville du Piémont. Défaite des Français par les Suisses en 1513 et du roi de Sardaigne Charles-Albert par les Autrichiens en 1849.

NOVATEUR, sm. celui qui fait des innovations. Au f. novatrice.

NOVATIEN, antipape du 3e s.

NOVATION, sf. changement d'une obligation en une autre (jurisp.).

NOVELLES, sf. pl. constitutions de l'emp. Justinien, formant la dernière partie du droit romain.

NOVEMBRE, sm. onzième mois de l'année.

NOVEMDIGITÉ ou NOVENFOLIÉ, ÉE, adj. (L. novem neuf, digitus doigt), se dit d'une feuille composée dont le pétiole commun porte neuf folioles (bot.).

NOVEMPOPULANIE, anc. partie de l'Aquitaine.

NOVÉNAIRE, adj. 2 g. qui se fait par neuf, de neuf en neuf.

NOVI, ville d'Italie au N. de Gênes. Bataille entre les Français et les Austro-Russes, en 1799.

NOVICE, adj. et s. 2 g. qui a pris nouvellement l'habit de religion pour faire le temps d'épreuve; jeune matelot, apprenti. Fig. qui est nouveau dans une profession; peu exercé.

NOVICIAT, sm. (t nul), état des novices. Fig. apprentissage.

NOVISSIMÉ, adv. tout récemment (mot latin).

NOVOGOROD LA GRANDE, ville de Russie. V. Nijni-Novogorod.

NOYADE, sf. action de noyer plusieurs personnes à la fois.

NOYALE, sf. toile de chanvre écru.

NOYAU, sm. substance ligneuse au milieu du fruit et qui contient une amande; partie la plus dure du centre de certains cailloux; partie centrale d'un cristal; masse de terre, de plâtre, de maçonnerie. Fig. origine, premier élément d'une réunion, d'une société. Noyau d'une comète, partie la plus lumineuse de cette comète.

NOYÉ, ÉE, adj. part. Yeux noyés de larmes, qui en sont pleins; homme noyé de dettes, qui en a beaucoup; homme noyé, dont les affaires sont en mauvais état. — sm. personne asphyxiée par l'eau.

NOYER, sm. arbre à noix.

NOYER, va. faire périr en suffoquant dans l'eau, dans un liquide. Fig. inonder; exprimer avec diffusion (c. employer).

NOYERS, ch.-l. de canton (Yonne).

NOYON, p. ville (Oise).

NOZAY, ch.-l. de canton (Loire-Inférieure) : ferme modèle de Grand-Jouan.

NU, **NUE**, *adj.* qui n'est point vêlu. *Fig.* dépouillé de, dénué ; qui est aride, sans ornement, sans ce qui accompagne ordinairement l'objet, sans déguisement. — *sm.* figure non drapée. Au *pl.* les *nus*, les pauvres. — **A NU**, *loc. adv.* à découvert. *Nue propriété*, V. *Propriété.*

NUAGE, *sm.* amas de vapeurs dans l'atmosphère. *Fig.* ce qui offusque la vue ; doute, incertitude, tristesse ; soupçons, brouille : *il s'est élevé entre eux quelques nuages.*

NUAGEUX, **EUSE**, *adj.* où il y a des nuages.

NUAISON, *sf.* tout le temps que dure un vent soutenu (*mar.*).

NUANCE, *sf.* degrés différents par lesquels peut passer une couleur. *Fig.* différence délicate et presque insensible.

NUANCER, *va.* assortir, disposer des couleurs par nuances. *Fig.* faire sentir ou observer les différences délicates : *nuancer les caractères.*

NUBIE, contrée d'Afrique au S. de l'Égypte.

NUBIEN, **IENNE**, *adj.* et *s.* de la Nubie.

NUBILE, *adj.* 2 *g.* qui est en âge d'être marié.

NUBILITÉ, *sf.* état d'une personne nubile

NUCELLE, *sf.* (l. *nucella* petite noix), masse cellulaire constituant l'ovule à sa naissance (*bot.*).

NUCLÉUS, *sm.* (l. *nucleus* amande, noyau, germe), amas granuleux en forme de boule ou de lentille, contenu dans les cellules des organes élémentaires des végétaux, et que l'on considère comme un germe qui, par son développement, doit produire de nouvelles cellules (*bot.*).

NUCULAINE, *sf.* (l. *nuculeus* noyau), fruit à mésocarpe charnu renfermant plusieurs noyaux (*bot.*).

NUCULE, *sf.* (l. *nucula* petite noix), fruit syncarpé à péricarpe coriace et à capsules indéhiscentes, réduites par avortement à une seule loge et à une graine unique (*bot.*).

NUDIBRANCHES, *sm. pl.* (l. *nudus* nu, *branchiæ* branches), ordre de Gastéropodes, comprenant ceux qui ont les branchies à nu sur quelque partie du dos (*zool.*).

NUDITÉ, *sf.* état d'une personne nue ; en t. d'art, figure nue. *Fig.* état d'une chose dépouillée de ce qui l'accompagne ou de ce qui l'orne.

NUE, *sf.* nuage. *Fig. porter aux nues*, vanter fortement ; *faire sauter aux nues*, impatienter, mettre en colère ; *tomber des nues*, être extrêmement surpris, embarrassé, décontenancé.

NUÉE, *sf.* nuage étendu et sombre. *Fig.* grande foule, multitude.

NUEMENT, V. *Nûment.*

NUER, *va.* nuancer.

NUGNEZ, nom espagnol.

NUIRE, *vn.* faire tort, porter dommage, faire obstacle, incommoder. *Ne pas nuire*, aider, servir. — *Ind. pr.* je nuis, tu nuis, il nuit, n. nuisons, v. nuisez, ils nuisent ; *imp.* je nuisais ; *p. déf.* je nuisis ; *fut.* je nuirai ; *cond.* je nuirais ; *impér.* nuis, nuisons, nuisez ; *subj. pr.* que je nuise ; *imp.* que je nui-

sisse ; *part. pr.* nuisant ; *part. p.* nui (sans *fém.*). — **SE NUIRE**, *vpr.* se faire du tort.

NUISANCE, *sf.* qualité de ce qui est nuisible ; dommage (**vx.** mot).

NUISIBLE, *adj.* 2 *g.* qui nuit.

NUIT, *sf.* (t nul). espace de temps pendant lequel le soleil est sous notre horizon. *Fig.* obscurité. *Nuit blanche*, nuit passée sans dormir ; *la nuit des temps*, les temps reculés dont les traditions sont effacées. — **DE NUIT**, *loc. adv.* pendant la nuit ; **NUIT ET JOUR**, *loc. adv.* sans cesse.

NUITAMMENT, *adv.* pendant la nuit.

NUITÉE, *sf.* l'espace d'une nuit.

NUITS, p. ville (Côte-d'Or).

NUL, **NULLE**, *adj.* aucun ; sans effet, sans valeur, sans mérite : *résultat nul*, *homme nul*. — *sf.* caractère qui ne signifie rien dans une lettre écrite en chiffres.

NULLEMENT, *adv.* en aucune manière.

NULLITÉ, *sf.* défaut qui rend nul (*jurisp.*) ; état de ce qui est nul.

NUMANCE, anc. ville d'Espagne, dans la Tarraconaise.

NUMANTIN, **INE**, *adj.* de Numance.

NUMA POMPILIUS, second roi de Rome, de 715 à 671 av. J. C.

NÛMENT, *adv.* sans déguisement.

NUMÉRAIRE, *adj.* 2 *g.* se dit de la valeur légale des espèces ayant cours. — *sm.* argent monnaye.

NUMÉRAL, **ALE**, *adj.* qui désigne un nombre (pl. m. *numéraux*).

NUMÉRATEUR, *sm.* nombre qui indique combien une fraction contient de parties de l'unité (*arith.*).

NUMÉRATION, *sf.* art de nombrer, de compter.

NUMÉRIEN, empereur romain ; m. 284.

NUMÉRIQUE, *adj.* 2 *g.* qui appartient aux nombres, qui se fait par des nombres.

NUMÉRIQUEMENT, *adv.* en nombre exact.

NUMÉRO, *sm.* chiffre désignant un nombre ; cote que l'on met sur quelque chose et qui sert à la reconnaître ; marque particulière.

NUMÉROTAGE, *sm.* action de numéroter.

NUMÉROTER, *va.* mettre un numéro ; distinguer par des numéros.

NUMIDE, *adj.* et *s.* 2 *g.* de la Numidie.

NUMIDIE, anc. contrée d'Afrique, auj. Algérie.

NUMISMATE, *sm.* celui qui s'occupe de numismatique.

NUMISMATIQUE, *sf.* (l. *numisma* pièce de monnaie, médaille), science qui a pour objet les monnaies ou médailles antiques. — *adj.* 2 *g.* qui a rapport à cette science.

NUMITOR, roi d'Albe, grand-père de Romulus et de Rémus.

NUMMULAIRE, *sf.* (on pr. *nommulaire*), sorte de plante ; petite coquille fossile.

NUMMULITE, *sf.* (on pr. *nommulite* ; l. *nummus* pièce de monnaie), petite coquille fossile dont l'empreinte présente une spirale formant extérieurement une circonférence de cercle qui la fait ressembler à une pièce de monnaie (*géol.*).

NUMMULITIQUE, adj. 2 g. (on pr. nommulitique), qui renferme des nummulites (géol.).

NUNCUPATIF, adj. m. se dit d'un testament dicté par le testateur (jurisp.).

NUNDINAL, ALE, adj. (on pr. nondinal), du marché ; indiquait les jours de marche dans l'anc. Rome. Au f. pl., les huit premières lettres de l'alphabet romain.

NUNEZ, V. Nugnes.

NU PROPRIÉTAIRE, NUE PROPRIÉTÉ, V. Propriétaire, Propriété.

NUPTIAL, ALE, adj. (on pr. nupcial), qui concerne le mariage. Au pl. m. nuptiaux.

NUQUE, sf. derrière du cou sous l'occiput.

NUREMBERG, ville de Bavière.

NUTATION, sf. (l. nutatio balancement, vacillement), balancement de l'axe de la terre dû à l'attraction de la lune et du soleil (astr.); propriété qu'ont certaines fleurs de suivre le mouvement du soleil, depuis son lever jusqu'à son coucher (bot.).

NUTRITIF, IVE, adj. qui nourrit.

NUTRITION, sf. action de nourrir ou de se nourrir: fonction naturelle par laquelle un corps organisé s'approprie les substances étrangères.

NYCTAGE ou NYCTAGO, sf. (gr. nyx, gén. nyktos nuit; agô pousser), plante appelée vulgairement Belle-de-nuit.

NYCTAGINÉES, sf. pl. famille de plantes dont le type est la nyctage (bot.).

NYCTALOPE, adj. et s. 2 g. (gr. nyx, gén. nyktos nuit; ops, œil ou vue), qui voit mieux la nuit que le jour.

NYCTALOPIE, sf. maladie du nyctalope.

NYKŒPING, ville de Suède.

NYMPHE, sf. divinité subalterne de la Fable, qui présidait aux fleuves, aux fontaines, etc.; insecte au premier degré de sa transformation. Fig. jeune fille bien faite.

NYMPHÉA ou NYMPHOEA, sm. plante aquatique, vulgairement nénufar.

NYMPHÉACÉES, sf. pl. famille de plantes dont le type est le nymphéa (bot.).

NYMPHÉE, sf. lieu où il y a de l'eau et qui est orné de statues, de vases, etc.

NYMPHÉEN, ENNE, adj. (gr. nymphé nymphe), divinité des eaux douces), se dit d'un groupe de terrains tertiaires résultant de dépôts formés par l'eau douce (géol.).

NYON, ville de Suisse sur le lac de Genève (Vaud).

NYONS, s.-préf. du dép. de la Drôme.

NYSSE, anc. ville de Cappadoce, auj. Nous.

NYSTAD ou NYSTADT, p. ville de Russie sur le golfe de Bothnie; traité de paix de 1721 entre la Russie et la Suède.

O

O, sm. 15e lettre de l'alphabet et 4e des voyelles.

Ô, interj. apostrophe: O mon fils ! marque aussi la joie, l'étonnement, etc.

O (François d'), surintendant des finances sous Henri III et Henri IV (1535-1594).

OANNÈS, dieu chaldéen (myth.).

OASIS, sf. (on pr. l's finale), espace qui dans un désert de sable offre de la végétation.

OAXACA, ville du Mexique.

OBCORDÉ, ÉE, adj. se dit des feuilles en forme de cœur renversé (bot.).

OBÉDIENCE, sf. obéissance; ordre ou permis on donne à un religieux par son supérieur. Pays d'obédience où le pape nomme aux bénéfices vacants dans certains mois de l'année.

OBÉDIENCIER, sm. religieux qui dessert un bénéfice sans en être titulaire.

OBÉID-ALLAH, fondateur de la dynastie des Fatimites ; m. 934.

OBÉIR, vn. se soumettre à une volonté, exécuter les ordres de quelqu'un. Fig. agir par contrainte, par l'effet d'une force; céder, plier, se laisser conduire.

OBÉISSANCE, sf. action d'obéir; habitude d'obéir, qualité de la personne obéissante.

OBÉISSANT, ANTE, adj. qui a naturellement la propriété d'obéir et qui obéit toujours sans peine; qui est soumis, souple, pliant.

OBÉLISQUE, sm. (gr. obéliskos ; d'obélos broche, épieu), espèce de pyramide monolithe longue et étroite.

OBÉRER, va. endetter. — S'OBÉRER, vpr. s'endetter.

OBERKAMPF, célèbre manufacturier français (1738-1815).

OBERLAND, c.-à-d. haut pays : contrée de la Suisse, de la Prusse, de l'Allemagne.

OBERLIN (Jérémie-Jacques), savant antiquaire et philologue français (1735-1806). — (Jean-Frédéric), frère du précédent, pasteur au Ban-de-la-Roche (Vosges), et l'un des bienfaiteurs de l'humanité (1740-1826).

OBERNAI ou OBERERNHEIM, p. ville (Bas-Rhin).

OBÉRON, roi des génies de l'air (myth.).

OBÈSE, adj. 2 g. chargé d'embonpoint.

OBÉSITÉ, sf. état de la personne qui est obèse, excès d'embonpoint.

OBI, gr. fleuve de Sibérie, qui se jette dans l'océan Glacial.

OBIER ou AUBIER, sm. sorte d'arbrisseau qui ressemble un peu au cornouiller.

OBIT, sm. (on pr. le t : l. obitus mort), service pour le repos de l'âme d'un mort.

OBITUAIRE, adj. m. se dit du registre d'église où sont inscrits les obits. — sm. celui qui est pourvu d'un bénéfice vacant par mort.

OBJECTER, va. faire une objection ; reprocher quelque chose.

OBJECTIF, *sm.* verre d'une lunette tourné du côté de l'objet que l'on examine.

OBJECTIF, IVE. *adj.* se dit du verre d'une lunette. En t. de philosophie : qui a rapport à l'objet, qui doit être l'objet principal.

OBJECTION, *sf.* (on pr. *objexion*), difficulté que l'on oppose à une proposition, à une demande.

OBJECTIVITÉ, *sf.* qualité de ce qui est objectif, c.-à-d. de ce qui a rapport à l'objet, de ce qui lui appartient (*phil.*).

OBJET, *sm.* (t mul), tout ce qui s'offre à la vue, à l'esprit, qui affecte les sens ou l'âme ; ce qui sert de matière à un art, à une science ; motif, but ; chose indéterminée : *vendre toutes sortes d'objets.*

OBJURGATION, *sf.* violent reproche.

OBLAT, *sm.* laïque qui sert dans un monastère ; invalide logé et nourri dans une abbaye. Au *pl.* congrégation de religieux.

OBLATION, *sf.* offrande, action d'offrir à Dieu.

OBLIGATION, *sf.* lien, engagement qui impose un devoir ; acte par lequel on s'oblige à payer une certaine somme, lien de reconnaissance.

OBLIGATOIRE, *adj.* 2 g. qui a la force d'obliger à quelque chose suivant la loi.

OBLIGÉ, ÉE, *adj.* qui est d'usage, dont on ne peut se dispenser. — *adj.* et *s.* qui est redevable d'un service rendu.

OBLIGEAMMENT, *adv.* d'une façon obligeante.

OBLIGEANCE, *sf.* disposition à obliger, à rendre service.

OBLIGEANT, ANTE, *adj.* qui aime à obliger, à rendre service.

OBLIGER, *va.* lier quelqu'un par un acte ; engager à, forcer à ; rendre service. — S'OBLIGER, *vpr.* se lier par une promesse ; se rendre mutuellement service.

OBLIQUANGLE, *adj.* 2 g. à angles aigus ou obtus (*géom.*).

OBLIQUE, *adj.* 2 g. qui est incliné, de biais. *Fig.* qui est sans franchise ni droiture.

OBLIQUEMENT, *adv.* d'une manière oblique. *Fig.* d'une manière contraire à la droiture.

OBLIQUER, *vn.* se diriger en ligne oblique.

OBLIQUITÉ, *sf.* état de ce qui est oblique, position oblique. *Fig.* caractère de ce qui est contraire à la droiture, à la franchise.

OBLITÉRATION, *sf.* action d'oblitérer.

OBLITÉRÉ, ÉE, *adj. part.* effacé, fermé (*anat.*).

OBLITÉRER, *va.* effacer insensiblement et de manière à laisser des traces. — S'OBLITÉRER, *vpr.* s'effacer.

OBLONG, ONGUE, *adj.* beaucoup plus long que large.

OBOLE, *sf.* ancienne monnaie de cuivre ; ancien poids de douze grains.

OBOMBRER, *va.* couvrir de son ombre.

OBOTRITES, anc. tribu slave de la Germanie.

OBOVAL, ALE, *adj.* en ovale renversé (pas de pl. m.).

OBOVÉ, ÉE, *adj.* en forme d'œuf dont le petit bout est tourné en bas (*bot.*).

OBOVOÏDE, *adj.* 2 g. qui est presque obové (*bot.*).

OBREPTICE, *adj.* 2 g. obtenu en taisant une une vérité que l'on aurait dû exprimer.

OBREPTICEMENT, *adv.* d'une manière obreptice.

OBREPTION, *sf.* (on pr. *obrepcion*), réticence d'un fait vrai, ce qui rend la chose obreptice.

OBSCÈNE, *adj.* 2 g. qui blesse la pudeur.

OBSCÉNITÉ, *sf.* tout ce qui blesse la pudeur.

OBSCUR, URE, *adj.* sombre, qui n'est pas éclairé. *Fig.* qui n'est pas bien intelligible ou bien connu ; caché : *vie obscure*. V. *clair-obscur.*

OBSCURCIR, *va.* rendre obscur. — S'OBSCURCIR, *vpr.* devenir obscur.

OBSCURCISSEMENT, *sm.* affaiblissement de la lumière. *Fig.* défaut de clarté.

OBSCURÉMENT, *adv.* avec obscurité.

OBSCURITÉ, *sf.* privation ou absence de la lumière. *Fig.* défaut de clarté ; privation d'éclat, de célébrité.

OBSÉCRATION, *sf.* (l. *obsecratio* d'*obsecrare* supplier), figure de rhétorique par laquelle on supplie, on implore. Au *pl.* prières publiques chez les anciens.

OBSÉDER, *va.* être assidûment auprès de quelqu'un pour le dominer et l'isoler ; importuner par ses assiduités.

OBSEQUENS (Julius), auteur latin du 4e s.

OBSÈQUES, *sf. pl.* funérailles pompeuses.

OBSÉQUIEUSEMENT, *adv.* (on pr. l'u en le séparant de l'e), d'une manière obséquieuse.

OBSÉQUIEUX, EUSE, *adj.* (on pr. l'u en le séparant de l'e), qui porte à l'excès le respect, les soins, les attentions.

OBSÉQUIOSITÉ, *sf.* (on pr. l'u en le séparant de l'i), caractère ou acte de la personne obséquieuse.

OBSERVABLE, *adj.* 2 g. qui peut être observé.

OBSERVANCE, *sf.* pratique d'une règle religieuse ; la règle elle-même.

OBSERVANTIN, *sm.* religieux de l'observance de Saint-François.

OBSERVATEUR, TRICE, *s.* celui, celle qui observe, qui examine, qui accomplit des prescriptions. — *adj. génie observateur.*

OBSERVATION, *sf.* action d'observer, de considérer avec attention, d'obéir aux prescriptions d'une loi, d'une règle ; remarque, réflexion.

OBSERVATOIRE, *sm.* lieu destiné aux observations astronomiques.

OBSERVER, *va.* regarder avec attention quelque chose qui est au-devant de nous ; remarquer, épier, suivre avec soin ; obéir à une règle, à une loi. — S'OBSERVER, *vpr.* s'examiner ; agir avec circonspection.

OBSESSION, *sf.* action d'obséder.

OBSIDIENNE, *sf.* sorte de roche vitreuse due à des éruptions volcaniques (*min.*).

OBSIDIONAL, ALE, *adj.* (l. *obsidium* siège), qui concerne le siège d'une place (pas de pl. m.).

OBSTACLE, *sm.* empêchement, opposition ;

ce qui empêche d'atteindre un but, de réussir.

OBSTÉTRIQUE, sf. et adj. 2 g. (l. obstetrix sage-femme), art des accouchements.

OBSTINATION, sf. opiniâtreté, entêtement.

OBSTINÉ, ÉE, adj. et s. qui s'obstine, qui persiste.

OBSTINÉMENT, adv. avec obstination.

OBSTINER, va. rendre opiniâtre. — S'OBSTINER, vpr. s'opiniâtrer.

OBSTRUCTIF, IVE, adj. qui obstrue, qui cause une obstruction.

OBSTRUCTION, sf. (on pr. obstruxion), engorgement; embarras dans la circulation.

OBSTRUER, va. interposer un obstacle, faire obstruction; fermer, boucher; empêcher la circulation.—S'OBSTRUER, vpr. se boucher, se fermer.

OBTEMPÉRER, vn. obéir.

OBTENIR, va. parvenir à se faire donner ce que l'on demandait; arriver à un résultat (c. tenir).

OBTENTION, sf. (on pr. obtancion), action d'obtenir.

OBTURATEUR, sm. plaque qui sert à boucher; clapet.

OBTURATEUR, TRICE, adj. se dit de certaines parties destinées à boucher le trou ovale de l'os des îles (chir.).

OBTURATION, sf. action de boucher un trou dans une partie du corps; effet de cette action (chir.).

OBTUS, USE, adj. (s nulle au m.), se dit d'un angle plus grand qu'un angle droit (géom.). Fig. qui manque de pénétration; esprit obtus, intelligence obtuse.

OBTUSANGLE, adj. 2 g. qui a un angle obtus (géom.).

OBUS, sm. (on pr. obuze), sorte de petite bombe.

OBUSIER, sm. espèce de mortier qui sert à lancer des obus.

OBVIER, vn. prendre les précautions nécessaires pour prévenir quelque chose de fâcheux ou pour remédier à un mal inévitable.

OBVOLUTÉ, ÉE, adj. (l. obvolutus enveloppé), se dit des feuilles ou des pétales qui, avant l'évolution, s'enroulent les uns sur les autres (bot.).

OC (Langue d'), V. Languedoc.

OCCAM (Guillaume d'), célèbre philosophe scolastique (1280-1347).

OCCASE, adj. f. (l. occasus le couchant). Amplitude occase, arc de l'horizon entre le vrai point de l'occident et le centre d'un astre à son coucher (astr.).

OCCASION, sf. ce qui s'offre à nous, rencontre, conjoncture favorable; sujet, cause: ce fut l'occasion de sa perte. — D'OCCASION, loc. adv. par occasion; À L'OCCASION DE, loc. prép. au sujet de.

OCCASIONNEL, ELLE, adj. qui occasionne, qui sert d'occasion.

OCCASIONNELLEMENT, adv. par occasion.

OCCASIONNER, va. causer, donner lieu à.

OCCIDENT, sm. ouest, point de l'horizon où le soleil se couche; partie de la surface du globe qui est au couchant par rapport aux peuples orientaux.

OCCIDENTAL, ALE, adj. qui est à l'occident. — sm. pl. Les Occidentaux, les Européens.

OCCIPITAL, ALE, adj. de l'occiput (pl. m. occipitaux).

OCCIPUT, sm. (on pr. le t), le derrière de la tête.

OCCIRE, va. (l. occidere tuer), tuer (xx. mot). Il n'est usité qu'au présent de l'inf., au part. passé et aux temps composés.

OCCIS, ISE, adj. part. tué.

OCCISEUR, sm. tueur (fam.).

OCCISION, sf. tuerie (fam.).

OCCITANIE, anc. nom du Languedoc et de la Provence.

OCCLUSION, sf. action de fermer les paupières.

OCCULTATION, sf. (l. occultatio: d'occultare cacher), éclipse d'une étoile ou d'une planète par la lune (astr.).

OCCULTÉ, ÉE, adj. caché par la lune (astr.).

OCCULTE, adj. 2 g. caché, secret; science occulte, la magie, l'alchimie, etc.

OCCULTEMENT, adv. d'une manière occulte.

OCCULTER, va. cacher (astr.).

OCCUPANT, ANTE, adj. qui occupe, qui possède la chose. — sm. Premier occupant, celui qui s'empare le premier de la chose.

OCCUPATION, sf. emploi, affaire qui occupe; travail; action de s'emparer de, de prendre possession.

OCCUPÉ, ÉE, adj. qui a de l'occupation: c'est un homme fort occupé; qui est habile, qui est possédé par.

OCCUPER, va. tenir, remplir une place, un lieu; habiter; s'emparer de, posséder; remplir: cette affaire occupe toute ma pensée, donner de l'occupation, employer: il occupe plusieurs ouvriers. — S'OCCUPER, vpr. travailler, penser à.

OCCURRENCE, sf. rencontre, occasion, évènement fortuit.

OCCURRENT, ENTE, adj. qui survient.

OCÉAN, sm. grande masse d'eau salée qui couvre les deux tiers de la surface du globe terrestre. — dieu de la mer (myth.).

OCÉANE, adj. f. Mer océane, l'Océan.

OCÉANIDES, divinités marines, filles de l'Océan (myth.).

OCÉANIE, sf. cinquième partie du monde, formée de la Mélanésie, de la Malaisie, de la Polynésie et de la Micronésie.

OCÉANIEN, IENNE, adj. et s. de l'Océanie.

OCÉANIQUE, adj. 2 g. de l'Océan.

OCELLE, sm. (l. ocellus petit œil), tache ronde dont le centre est d'une couleur différente, ce qui lui donne l'apparence d'un petit œil (bot.); œil lisse des insectes (zool.).

OCELLÉ, ÉE, adj. qui est marqué d'ocelles.

OCELLUS DE LUCANIE, philosophe, 5e av. J.-C.

OCELOT, sm. (t nul), espèce de chat tigre d'Amérique.

OCHLOCRATIE, *sf.* (on pr. *oclocraci* : gr. *ochlos* populace ; *kratos* autorité , domination) , gouvernement exercé par la populace.

OCHOSIAS (on pr. *Ocoziasse*), roi d'Israël ; m. 887 av. J. C. — appelé aussi *Joachas* et *Azarias*, roi de Juda, fils de Joram et d'Athalie ; m. 876 av. J. C.

OCHOTSK, V. *Okhotsk*.

OCHUS (on pr. *Ocusse*), anc. rivière d'Asie, auj. *Tedjend*. — surnom d'Artaxerce III.

O'CONNELL (Daniel), célèbre orateur politique, surnommé le *grand agitateur* irlandais (1775-1845).

OCRE, *sf.* sorte de terre ferrugineuse dont on fait de la couleur.

OCREUX, **EUSE**, *adj.* qui tient de la nature de l'ocre.

OCTAÈDRE, *sm.* (gr. *oktô* huit, *hédra* base), solide à huit faces ou bases (*géom.*).

OCTANDRIE, *sf.* (gr *oktô* huit : *anêr*, gén. *andrôs* homme ou mâle), huitième classe des plantes dans la méthode de Linné, comprenant celles dont les fleurs ont huit étamines ou organes mâles (*bot.*).

OCTANT, *sm.* (l. *octans* la huitième partie), instrument d'astronomie formé d'un arc de cercle de 45 degrés ou huitième partie de la circonférence ; distance de 45 degrés entre deux astres.

OCTANTE, *adj. num.* 2 g. quatre-vingts.

OCTANTIÈME, *adj. num. ordinal* 2 g. quatre-vingtieme.

OCTAVE, *sf.* (l. *octavus* huitième), espace de huit jours consacré à la célébration d'une fête ; en t. de musique, ton éloigné d'un autre de huit degrés, ces huit degrés.

OCTAVE ou **OCTAVIEN**, V. *Auguste*.

OCTAVIE, sœur d'Auguste et femme d'Antoine ; m. 11 av. J. C. — fille de l'empereur Claude, sœur de Britannicus et femme de Néron, m. 62.

OCTAVIN, *sm.* petite flûte.

OCTAVO, V. *In-octavo*.

OCTIDI, *sm.* (l. *octo* huit, *dies* jour), huitième jour de la décade républicaine.

OCTOBRE, *sm.* le huitième mois de l'année romaine, qui commençait en mars ; le dixième de notre année.

OCTOGÉNAIRE, *adj.* et *s.* 2 g. qui a quatre-vingts ans.

OCTOGONE, *adj.* 2 g. et *sm.* (gr. *oktô* huit, *gônia* angle), figure de huit angles et de huit côtés (*géom.*).

OCTOGYNIE, *sf.* (gr. *oktô* huit ; *gyné* femme et, par extension, femelle), nom donné par Linné à la sous-division des classes des plantes dont les fleurs ont huit pistils ou organes femelles (*bot.*).

OCTOSTYLE, *sm.* (gr. *oktô* huit, *stylos* colonne), édifice qui a huit colonnes de front (*arch.*).

OCTROI, *sm.* action d'octroyer, concession ; droit sur certaines denrées qui entrent dans une ville.

OCTROYER, *va.* concéder, accorder (c. *employer*).

OCTUPLE, *adj.* 2 g. et *sm.* (l. *octo* huit), qui vaut huit fois autant.

OCTUPLER, *va.* répéter huit fois.

OCULAIRE, *adj.* 2 g. (l. *oculus* œil), qui concerne l'œil, qui appartient à l'œil. *Témoin oculaire*, témoin qui a vu de ses propres yeux. *Verre oculaire* ou *sm. l'oculaire*, verre d'une lunette placé du côté de l'œil.

OCULAIREMENT, *adv.* par le secours des yeux.

OCULISTE, *sm.* (l. *oculus* œil), médecin qui traite spécialement les maladies des yeux.

OCYPODE, *sm.* (gr. *okys* prompt, agile ; *pous*, gén. *podos* pied), se dit d'un genre de crustacés qui courent avec une grande vitesse.

ODALISQUE, *sf.* femme du sérail.

ODE, *sf.* poème lyrique divisé en strophes.

ODELETTE, *sf.* petite ode.

ODÉNAT, prince arabe , collègue de l'empereur Galhen ; m. 267.

ODENSÉE, ville de Danemark, capit. de l'île de Fionie.

ODÉON, *sm.* théâtre de musique chez les anciens ; nom d'un théâtre de Paris.

ODER, fl. d'Allemagne, affluent de la Baltique.

ODESSA, ville et port de Russie sur la mer Noire.

ODEUR, *sf.* sensation produite sur l'odorat par les émanations des corps. *Fig.* réputation : *être en bonne odeur*. Au pl. parfums.

ODIEUSEMENT, *adv.* d'une manière odieuse.

ODIEUX, **EUSE**, *adj.* haïssable ; qui excite l'aversion, l'indignation. — *sm* ce qu'il y a d'odieux dans une chose : *l'odieux de cette action*.

ODILON (St), abbé de Cluny ; m. 1048.

ODIN, dieu scandinave (*myth.*).

ODOACRE, chef des Hérules ; mit fin à l'empire romain d'Occident en 476, et gouverna l'Italie avec le titre de patrice ; m. 490.

ODOMÈTRE, *sm.* (gr. *odos* chemin, route ; *metron* mesure), instrument pour mesurer le chemin que l'on fait.

ODON (St), archevêque de Cantorbéry ; m. 961. — abbé de Cluny ; m. 942.

ODONTALGIE, *sf.* (gr. *odous*, gén. *odontos* dent ; *algos* douleur), douleur ou mal de dents.

ODONTALGIQUE, *adj.* 2 g. et *sm.* propre à calmer le mal de dents.

ODONTOÏDE, *adj.* 2 g. (gr. *odous*, gén. *odontos* dent ; *eidos* forme), qui a la forme d'une dent.

ODONTOLOGIE, *sf.* (gr. *odous*, gén. *odontos* dent ; *logos* discours, traité), partie de l'anatomie qui traite des dents.

ODORABILITÉ, *sf.* qualité de ce qui est odorant.

ODORANT, **ANTE**, *adj.* qui exhale une bonne odeur.

ODORAT, *sm.* (l. nul), sens qui perçoit les odeurs.

ODORIFÉRANT, **ANTE**, *adj.* (l. *odor* odeur, *ferre* porter), qui porte, qui répand de l'odeur.

ODYSSÉE, *sf.* poème épique d'Homère sur les aventures d'Ulysse. *Fig.* suite d'aventures ; voyage plein d'incidents.

ŒCOLAMPADE, l'un des auteurs de la Réforme (1482-1531).

ŒCUMÉNICITÉ, *sf.* qualité de ce qui est œcuménique.

ŒCUMÉNIQUE, *adj. 2 g.* (gr. *oïkouménikos* de la terre habitée, universel), se dit d'un concile général.

ŒCUMÉNIQUEMENT, *adv.* d'une manière œcuménique.

ŒDÉMATEUX, EUSE, *adj.* qui est de la nature de l'œdème (*méd.*).

ŒDÈME, *sm.* (gr. *oïdéma* tumeur), tumeur molle et blanchâtre (*méd.*).

ŒDIPE, fils de Laïus, roi de Thèbes, et de Jocaste; tua son père sans le connaître, devina l'énigme proposée par le sphinx et fut lui-même roi de Thèbes; 14e s. av. J. C. — *sm.* homme habile à deviner les énigmes, à résoudre les questions obscures.

ŒIL, *sm.* (on pr. *euil*; au pl. *yeux*), organe de la vue; action de la vue; regard; *coup d'œil*, regard prompt et de peu de durée; aspect. *Fig.* certaines ouvertures d'un instrument ou d'un outil: *l'œil d'un marteau*; bourgeon: *tailler à deux yeux*; trou dans le pain, dans le fromage; marque de graisse sur le bouillon (fait au pl. *yeux* dans tous ces différents sens). *Avoir des yeux*, ne pas être dupe, s'apercevoir de ce qui se passe; *avoir l'œil à quelque chose*, en avoir soin, y veiller; *avoir l'œil sur quelqu'un*, l'observer attentivement; *avoir l'œil au guet*, prendre garde; *avoir le coup d'œil excellent*, voir promptement le parti qu'il faut prendre, discerner rapidement le point important d'une affaire; *avoir bon pied, bon œil*, se bien porter; *dessiller les yeux*, désabuser, détromper. — *A VUE D'ŒIL, loc. adv.* autant qu'on en peut juger par la vue seule, visiblement; AUX YEUX, SOUS LES YEUX, *loc. prép.* sous les regards, en présence; suivant la manière de voir; ENTRE DEUX YEUX, *loc. adv.* fixement; ENTRE QUATRE YEUX, *loc. adv.* en tête-à-tête; PAR-DESSUS LES YEUX, *loc. adv.* plus qu'on ne peut faire ou supporter.

ŒIL-DE-BŒUF, *sm.* sorte de petite fenêtre ronde ou ovale (pl. *œils-de-bœuf*).

ŒILLADE, *sf.* (ll m.), regard, coup d'œil.

ŒILLÈRE, *adj. et sf.* (ll m.), se dit des dents de la mâchoire supérieure qui sont placées entre les incisives et les molaires. — *sf.* pièce de cuir à la têtière d'un cheval; vase pour baigner les yeux.

ŒILLET, *sm.* (ll m. t pl.), fleur, plante qui porte cette fleur; petit trou fait à un vêtement pour y passer un lacet, un cordon, etc.

ŒILLETON, *sm.* (ll m.), rejeton d'œillet; bourgeon de certaines racines.

ŒILLETTE, *sf.* (ll m.), pavot cultivé dont la graine fournit de l'huile.

ŒLAND, île suédoise dans la Baltique.

ŒNANTHE, *sf.* plante de la famille des Ombellifères.

ŒNÉE, roi de Calydon, père de Méléagre, de Déjanire et de Tydée.

ŒNOLOGIE, *sf.* (gr. *oïnos* vin; *logos* discours, traité), art de faire le vin, traité sur cette matière.

ŒNOMÈTRE, *sm.* (gr. *oïnos* vin, *métron*

mesure), instrument pour mesurer le degré de force du vin.

ŒNOPHILE, *adj. 2 g.* (gr. *oïnos* vin, *philos* ami), qui aime le vin.

ŒNOPHORE, *sm.* (gr. *oïnos* vin, *phérô* porter), grand vase où les anciens mettaient le vin; échanson.

ŒNOTHÉRACÉES ou ŒNOTHÉRÉES, *sf. pl.* (gr. *oïnothéras* œnothère), famille de plantes dont l'œnothère ou onagre est le type (*bot.*).

ŒNOTRIE, anc. nom de l'Italie méridionale.

ŒNOTRUS, fils de Lycaon et roi de l'Italie méridionale; 18e s. av. J. C.

ŒREBRO, ville de Suède.

ŒRSTED, physicien danois: découvrit l'électro-magnétisme (1777-1851).

ŒSEL, île russe dans la mer Baltique.

ŒSOPHAGE, *sm.* (gr. *oïsô*, futur de *phérô* porter; *phagein* manger), canal qui conduit les aliments dans l'estomac (*anat.*).

ŒSOPHAGIEN, IENNE, *adj.* de l'œsophage.

ŒSTRE, *sm.* sorte de taon.

ŒTA (mont), entre la Thessalie et la Phocide.

ŒTTINGEN, p. ville de Bavière. Victoire des Français sur les Anglais en 1743.

ŒUF, *sm.* (l'f ne se pron. pas au pl.), corps qui se forme dans la femelle de plusieurs animaux et qui renferme le germe d'un animal de la même espèce.

ŒUVÉ, ÉE, *adj.* se dit des poissons qui ont des œufs.

ŒUVRE, *sf.* ce qui est fait par quelque agent et qui subsiste après l'action, travail; production de l'esprit ou de l'art: *œuvre antique*; toute action morale: *œuvre de charité*; fabrique d'une paroisse, banc des marguilliers. *Mettre en œuvre*, employer à quelque chose. — *sm.* grande entreprise, grand ouvrage; recueil d'estampes, de compositions musicales du même auteur: *Le grand œuvre*, la pierre philosophale. — DANS ŒUVRE, HORS D'ŒUVRE, *loc. adv.* dans le corps du bâtiment, hors du corps du bâtiment (V. *Hors d'œuvre*, *sm.*); SOUS-ŒUVRE, *loc. adv.* se dit d'une construction dont on répare les fondations sans l'abattre, et au fig. d'un travail d'esprit que l'on revoit à fond.

OFANTO, fl. de l'Italie méridionale, ancien *Aufidus*.

OFEN, V. *Bude*.

OFFENBACH, ville de la Hesse-Darmstadt, sur le Mein.

OFFENSANT, ANTE, *adj.* qui offense, injurieux.

OFFENSE, *sf.* injure de fait ou de parole; faute, péché.

OFFENSÉ, ÉE, *s.* celui, celle qui a reçu une offense.

OFFENSER, *va.* faire une offense; blesser: *la trop grande lumière offense les yeux*. *Fig.* choquer. *Offenser Dieu*, pécher. — S'OFFENSER, *vpr.* se piquer, se fâcher.

OFFENSEUR, *sm.* celui qui a fait l'offense.

OFFENSIF, IVE, *adj.* qui attaque, qui sert à l'attaque.

OFFENSIVE, *sf.* attaque; prendre l'offensive, attaquer.

OFFENSIVEMENT, *adv.* d'une manière offensive.

OFFERTE, *sf.* ou OFFERTOIRE, *sm.* partie de la messe où le prêtre offre à Dieu le pain et le vin avant de les consacrer ; prière qui précède l'oblation du pain et du vin.

OFFICE, *sm.* devoir de la vie humaine, de la société civile ; protection, assistance : accordez-moi *vos bons offices*; service de l'église : *l'office divin* ; fonctions, emploi : *faire l'office de secrétaire* ; les domestiques d'une maison. *Le saint office*, l'inquisition. —D'OFFICE, *loc. adv.* de sa propre volonté, et sans en être requis : *avocat d'office*, nommé par le juge.

OFFICE, *sf.* lieu où l'on prépare le dessert, où l'on serre la vaisselle, le linge de table, etc.

OFFICIAL, *sm.* juge ecclésiastique.

OFFICIALITÉ, *sf.* juridiction de l'official.

OFFICIANT, *adj.* et *sm.* qui officie à l'église.

OFFICIEL, ELLE, *adj.* qui est déclaré, dit, proposé en vertu d'une autorité reconnue ; qui émane du gouvernement.

OFFICIELLEMENT, *adv.* d'une manière officielle.

OFFICIER, *vn.* faire l'office divin à l'église.

OFFICIER, *sm.* celui qui a un office, une charge, un emploi ; celui qui est à la tête d'une compagnie ; militaire ayant un commandement ; domestique d'une grande maison qui a soin de l'office ou qui travaille pour la table.

OFFICIEUSEMENT, *adv.* d'une manière officieuse.

OFFICIEUX, EUSE, *adj.* et *s.* obligeant, serviable, empressé à se rendre utile. *Mensonge officieux*, que l'on fait pour rendre service à quelqu'un.

OFFICINAL, ALE, *adj.* se dit des préparations de pharmacie qui sont apprêtées d'avance et des plantes employées en médecine.

OFFICINE, *sf.* laboratoire de pharmacie. *Fig.* lieu où a été apprêté quelque chose de mauvais, de blâmable.

OFFRANDE, *sf.* don offert à Dieu, cérémonie de la messe lorsque le prêtre présente la patène à baiser ; tout ce que l'on offre comme témoignage de respect ou d'amitié.

OFFRANT, *adj.* et *sm.* celui qui offre.

OFFRE, *sf.* action d'offrir ou chose offerte.

OFFRIR, *va.* présenter, proposer, montrer quelque chose. — *Ind. pr.* j'offre, tu offres, il offre, n. offrons, v. offrez, ils offrent ; *imp.* j'offrais ; *p. déf.* j'offris ; *fut.* j'offrirai ; *cond.* j'offrirais ; *impér.* offre, offrons, offrez ; *subj. pr.* que j'offre, que tu offres, qu'il offre, que n. offrions, que v. offriez, qu'ils offrent ; *imp.* que j'offrisse ; *part. pr.* offrant ; *part. p.* offert, offerte. — S'OFFRIR, *vpr.* se proposer, se présenter.

OFFUSQUER, *va.* empêcher d'être vu ou de voir ; éblouir : *le soleil m'offusque les yeux.* *Fig.* troubler : *les passions offusquent la raison* ; choquer, déplaire, donner de l'ombrage : *votre talent l'offusque et le chagrine.*

OG, roi de Basan, exterminé avec tout son peuple par Moïse.

OGER ou OGIER LE DANOIS, guerrier célèbre d'Austrasie, sous le règne de Charlemagne.

OGIVAL, ALE, *adj.* en ogive, de l'ogive (pl. m. ogivaux).

OGIVE, *sf.* et *adj.* 2 g. nervures ou arêtes saillantes qui, en se croisant diagonalement, forment un angle au sommet d'une voûte ; arcade plus élevée que le plein cintre et qui se termine en pointe (arch.).

OGLIO (on pr. *Ollo* en mouillant les *ll*), riv. de la Lombardie, affluent du Pô.

OGMIUS ou OGHAM, dieu de l'éloquence chez les Gaulois.

OGNON, V. *Oignon.*

OGRE, *sm.* anthropophage des contes de fées. *Fig.* grand mangeur. Au f. *Ogresse.*

OGYGÈS, roi de l'Attique et de la Béotie, 18e ou 19e s. av. J. C. De son temps un déluge inonda la Béotie et l'Attique.

OGYGIE, île de Calypso (myth.). — *sf.* genre d'échinide fossile (géol.).

OH ! *interj.* qui marque la surprise, la résolution, etc.

OHÉ ! *interj.* servant à appeler.

OHIO, riv. affluent du Mississipi ; État de l'Union (États-Unis).

OÏDIUM (on pr. *oïdionte*), maladie du raisin causée par une sorte de très-petit champignon.

OIE, *sf.* oiseau aquatique plus gros que le canard. *Fig.* personne fort sotte et fort niaise. *Contes de ma mère l'oie*, contes dont on amuse les enfants, contes absurdes. V. *Patte-d'oie* et *Petite-oie.*

OIGNON, *sm.* (on pr. *ognon* en mouillant le *g*), nom générique des racines de certaines plantes ; plante potagère à racine bulbeuse, à saveur et odeur très fortes. *Fig.* calotte aux pieds. — EN RANG D'OIGNONS, *loc. adv.* sur une même ligne (fam.).

OIGNONET, *sm.* sorte de poire d'été.

OIGNONIÈRE, *sf.* terre semée d'oignons.

OÏL, V. *Langue d'Oïl.*

OÏLÉE, roi des Locriens, l'un des Argonautes.

OINDRE, *va.* enduire, frotter d'une matière grasse (c. *joindre*).

OING, *sm.* (*g* nul), vieille graisse de porc fondue.

OINT, *sm.* celui qui a reçu une onction sainte : *l'Oint du Seigneur.*

OISE, riv. de France, affluent de la Seine. Département dont le ch.-l. est *Beauvais.*

OISEAU, *sm.* animal à deux pieds ayant des plumes et des ailes. *Oiseau de Jupiter*, l'aigle ; *de Junon*, le paon ; *de Minerve*, la chouette ; *de Vénus*, le pigeon ou la colombe. *Fig. oiseau de saint Luc*, le bœuf ; *oiseau de bon augure, de mauvais augure*, personne dont l'arrivée présage quelque chose de bon ou de mauvais. —À VOL D'OISEAU, *loc. adv.* en ligne droite ; À VUE D'OISEAU, *loc. adv.* comme un oiseau verrait les objets s'il planait au-dessus.

OISEAU, *sm.* instrument pour porter le mortier sur les épaules.

OISEAU-MOUCHE, *sm.* très-petit oiseau d'Amérique (pl. *oiseaux-mouches*).

OISELER, vn. tendre des filets pour prendre des oiseaux.

OISELET, sm. (t nul), petit oiseau (vx. mot).

OISELEUR, sm. celui qui fait le métier de prendre des oiseaux.

OISELIER, IÈRE, s. celui, celle qui élève et vend des oiseaux.

OISELLERIE, sf. art de prendre et d'élever des oiseaux.

OISEUSEMENT, adv. dans un état oiseux, d'une manière oiseuse.

OISEUX, EUSE, adj. qui a beaucoup de loisirs; qui par habitude ne fait rien ou ne fait que des riens. En parlant des choses : vain, inutile, qui ne sert à rien.

OISIF, IVE., adj. et s. qui n'a point d'occupation. En parlant des choses : dont on ne fait point usage.

OISILLON, sm. (ll m.), petit oiseau.

OISIVEMENT, adv. d'une manière oisive.

OISIVETÉ, sf. état d'une personne oisive, habitude de rester oisif.

OISON, sm. petit de l'oie. Fig. imbécile, esprit borné.

OISSEL, p. ville (Seine-Inférieure), sur la Seine.

OJEDA (Alphonse d'), compagnon de Christophe Colomb dans son second voyage.

OKA, riv. de Russie, affluent du Volga.

OKHOTSK, ville et mer (Sibérie).

OKTAÏ, fils de Gengis-Khan; m. 1241.

OLAÜS ou OLOF, premier roi chrétien de Suède (984-1026). Nom de plusieurs rois de Norwége et de Danemark.

OLBERS, astronome allemand (1758-1840).

OLDENBOURG, capitale du duché de Holstein Oldenbourg, en Allemagne.

OLÉAGINEUX, EUSE, adj. (l. oleum huile, gignere produire), qui produit de l'huile, dont on tire de l'huile; qui est de la nature de l'huile.

OLÉIFIANT ou OLÉIFIANT, ANTE, adj. (l. oleum huile, fieri devenir), se dit d'un gaz qui produit un liquide d'apparence huileuse, quand on le mêle avec un egal volume de chlore (chim.).

OLÉINE, sf. (l. oleum huile), principe de l'huile; portion des huiles grasses qui reste liquide au-dessous de la température ordinaire (chim.).

OLÉINÉES, sf. pl. (l. olea olivier), famille ou tribu de plantes dont l'olivier est le type (bot.).

OLÉIQUE, adj. 2 g. se dit d'un acide qui se produit par la saponification de l'huile (chim.).

OLÉRON (île d'), sur la côte du dép. de la Charente-Inférieure.

OLÉRON ou OLORON, s.-préf. du dep. des Basses-Pyrénées.

OLÉOGÈNE, adj. 2 g. (l. oleum huile, generare produire), oléifiant. — sm. gaz hydrogène carburé (chim.).

OLÉRACÉES, sf. pl. (l. olus, gén. oleris herbe potagère), classe de plantes comprenant diverses familles qui fournissent des herbes potagères (bot.).

OLFACTIF, IVE, adj. (l. olfactus odorat), qui est relatif à l'odorat.

OLIBAN, sm. le premier encens qui découle de l'arbre.

OLIBRIUS, sm. (on pr. l's), celui qui fait le brave, l'entendu, qui se donne des airs avantageux. V. Olybrius.

OLIGARCHIE, sf. (gr. oligos peu nombreux; arché pouvoir, autorité), gouvernement exercé par un petit nombre de personnes.

OLIGARCHIQUE, adj. 2 g. de l'oligarchie.

OLIGARQUE, sm. partisan ou membre d'une oligarchie.

OLIGISTE, adj. 2 g. (gr. oligistos très-peu), se dit d'une variété de fer qui anciennement se trouvait rarement et en petite quantité (minér.).

OLIGOSPERME, adj. 2 g. (gr. oligos peu, sperma graine), qui a ou contient peu de graines (bot.).

OLIGOSPORE, adj. 2 g. (gr. oligos peu, spora semence), se dit de l'ovaire, de la loge ou du carpelle libre qui ne contient qu'un petit nombre de graines (bot.).

OLIM, sm. et adj. mot latin signifiant autrefois : se dit des anciens registres du parlement. (pl. olim.)

OLIVA, village de Prusse, près de Dantzick; traité de 1660 entre la Pologne et la Suede. — nom de deux villes d'Espagne.

OLIVAIRE, adj. 2 g. qui a la forme d'une olive.

OLIVAISON, sf. saison de la récolte des olives.

OLIVARÈS (comte-duc d'), ministre du roi d'Espagne Philippe IV (1587-1643).

OLIVÂTRE, adj. 2 g. qui a un peu de couleur de l'olive.

OLIVE, sf. sorte de fruit à noyau et dont on tire de l'huile; ce qui en a la forme.

OLIVENÇA ou OLIVENZA, ville d'Espagne (Estramadure).

OLIVET (l'abbé d'), traducteur et grammairien français (1682-1768).

OLIVÈTE, sf. plante dont la graine fournit de l'huile.

OLIVETTES, sf. pl. sorte de danse en Provence.

OLIVIER, sm. arbre qui produit des olives.

OLIVIER (François), chancelier de France sous Henri II (1497-1560). — (Guillaume), entomologiste (1756-1814). V. Leclain, Marche (La).

OLLAIRE, adj. f. se dit d'une pierre facile à tailler et qui sert à faire des pots.

OLLIOULES, p. ville (Var).

OLMUTZ, ville de la Moravie autrichienne.

OLOGRAPHE, adj. 2 g. (gr. olos entier, graphô écrire), se dit d'un testament écrit tout entier de la main du testateur.

OLONA, riv. de la Lombardie, affluent du Pô.

OLONETZ, ville et montagnes de la Russie d'Europe.

OLOPÉTALAIRE, adj. 2 g. (gr. olos tout, petalon petale), se dit des fleurs doubles, dans lesquelles les teguments, les étamines, les pistils ont tous été convertis en pétales (bot.).

OLORON, V. Oléron.

OLYBRIUS, empereur d'Occident; m. 472.

OLYMPE, sm. chaîne de montagnes entre la Thessalie et la Macédoine, passait pour être le séjour des divinités païennes. — Autre chaîne de montagnes dans la Bithynie.

OLYMPE ou OLYMPIADE (ste), veuve (368-410).

OLYMPIADE, sf. espace de quatre ans chez les anciens Grecs.

OLYMPIAS, mère d'Alexandre le Grand; m. 317 av. J. C.

OLYMPIE, anc. ville de l'Élide (Péloponèse), célèbre par les jeux qu'on y donnait.

OLYMPIEN, IENNE, adj. se dit des douze principaux dieux de la Fable; surnom de Jupiter et de Junon.

OLYMPIODORE, nom de deux philosophes grecs d'Alexandrie; 6e s.

OLYMPIQUE, adj. 2 g. se dit des jeux et des couronnes qui se donnaient à Olympie.

OLYNTHE, anc. ville de Macédoine.

OLYNTHIEN, IENNE, adj. et s. d'Olynthe. Les Olynthiennes, discours de Démosthène aux Athéniens pour les engager à secourir Olynthe assiégée par Philippe, roi de Macédoine.

OMAN, région de l'Arabie. Mer d'Oman, partie de l'océan Indien.

OMAR, deuxième calife d'Orient; m. 644.

OMBELLE, sf. (l. umbella ombrelle, parasol), inflorescence dont les axes secondaires, égaux entre eux, s'élèvent à la même hauteur, comme les rayons d'une ombrelle (bot.).

OMBELLÉ, ÉE, adj. en ombelle, qui porte une ombelle (bot.).

OMBELLIFÈRE, adj. 2 g. qui porte des ombelles. — sf. pl. famille de plantes dont les fleurs sont en ombelle (bot.).

OMBELLIFORME, adj. 2 g. en forme d'ombelle (bot.).

OMBELLULE, sf. petite ombelle.

OMBILIC, sm. nombril; petite cavité à l'une ou à l'autre extrémité de certains fruits.

OMBILICAL, ALE, adj. qui appartient à l'ombilic (pl. m. ombilicaux).

OMBILIQUÉ, ÉE, adj. pourvu d'un ombilic (bot.).

OMBRAGE, sm. étendue de l'ombre formée par le branchage et le feuillage des arbres. Fig. défiance, soupçon. Porter ombrage, exciter le soupçon, la crainte.

OMBRAGER, va. faire ou donner de l'ombre. Fig. couvrir, surmonter : un panache ombrageait sa tête.

OMBRAGEUX, EUSE, adj. se dit des chevaux, mulets, etc. peureux, qui s'effrayent de leur ombre. Fig. soupçonneux.

OMBRE, sf. obscurité causée par un corps opaque qui intercepte la lumière; couleur ou teinte obscure. Fig. légère apparence, chose passagère, figure d'une chose à venir, apparition d'un mort. Courir après une ombre, se livrer à un espoir chimérique; prendre l'ombre pour le corps, prendre l'apparence pour la réalité; n'être plus que l'ombre de soi-même, n'avoir plus la santé, la force, les

qualités que l'on avait; passer sa vie dans l'ombre, dans l'obscurité; mettre un homme à l'ombre, l'emprisonner (pop.). — SOUS L'OMBRE, SOUS OMBRE DE, loc. prép. sous prétexte; À L'OMBRE DE, loc. prép. sous la protection, à la faveur de.

OMBRELLE, sf. petit parasol.

OMBRER, va. mettre des ombres à un tableau, à un dessin.

OMBRES, V. Ombrons.

OMBREUX, EUSE, adj. qui fait de l'ombre, qui est couvert d'ombre.

OMBRIE, anc. contrée de l'Italie centrale.

OMBROMÈTRE, sm. (gr. ombros pluie, métron mesure), pluviomètre, appareil servant à mesurer la quantité de pluie qui tombe dans un temps déterminé.

OMBRONE, riv. de Toscane, anc. Umbro.

OMBRONS ou OMBRES, sm. pl. Gaulois qui s'établirent en Italie.

O'MÉARA, chirurgien irlandais, attaché à Napoléon dans son exil à Sainte-Hélène (1770-1836).

OMÉGA, sm. nom de la dernière lettre de l'alphabet grec, répondant à notre ô long, s'emploie au fig. pour signifier la fin, le terme de toute chose : l'alpha et l'oméga. V. Alpha.

OMELETTE, sf. œufs battus et cuits dans la poêle.

OMER (St), évêque de Thérouanne; m. 670.

OMETTRE, va. manquer à faire, passer sous silence, oublier (c. mettre).

OMISSION, sf. action d'omettre, oubli; chose omise.

OMMIADES, dynastie de califes arabes, fondée à Damas par Moawiah en 661.

OMMIAH, bisaïeul de Moawiah, qui fonda la dynastie des Ommiades.

OMNIBUS, sm. (on pr. l's; mot latin signifiant pour tous), sorte de voiture publique. — adj. m. train omnibus, train de chemin de fer à toutes places.

OMNICOLORE, adj. 2 g. (l. omnis tout, color couleur), nuancé de toutes couleurs.

OMNIPOTENCE, sf. (l. omnis toute, potentia puissance), toute-puissance.

OMNIPOTENT, adj. (l. omnis tout, potens puissant), tout-puissant, qui peut tout. — L'OMNIPOTENT, sm. Dieu.

OMNISCIENCE, sf. (l. omnis toute, scientia science), faculté de savoir tout; science infinie de Dieu.

OMNIVORE, adj. 2 g. (l. omnis tout, vorare manger), qui mange de tout : se dit des animaux qui se nourrissent également de chair et de végétaux.

OMOPLATE, sf. (gr. ômos épaule, platys plat), os plat et triangulaire qui forme la partie postérieure des épaules (anat.).

OMPHALE, reine de Lydie, dont Hercule fut esclave (myth.).

OMSK, ville de Sibérie, sur l'Irtisch.

ON, pron. indéf. 2 g. qui indique une ou plusieurs personnes.

ONAGRARIÉES ou ONAGRAIRES, sf. pl. (gr. onagra onagre), famille de plantes autrement dites *Œnothérées*, dont l'onagre est le type (*bot.*).

ONAGRE, *sf.* sorte de plante appelée aussi *œnothère* ou *épilobe*.

ONAGRE, *sm.* (gr. *onos* âne, *agrios* sauvage), âne sauvage; ancienne machine de guerre servant à lancer des pierres.

ONC ou **ONQUES**, *adv.* jamais (vx. mot).

ONCE, *sf.* ancien poids, qui était la 8e partie du marc.

ONCE, *sf.* sorte de petite panthère.

ONCIALE, *adj. f.* se dit des grandes lettres dans les anciennes inscriptions et les vieux manuscrits.

ONCLE, *sm.* frère du père ou de la mère.

ONCQUES ou **ONQUES**, V. *Onc.*

ONCTION, *sf.* (on pr. *onxion*), action d'oindre. *Fig.* ce qui touche le cœur et porte à la dévotion.

ONCTUEUSEMENT, *adv.* avec onction.

ONCTUEUX, **EUSE**, *adj.* gras, huileux. *Fig.* qui a de l'onction.

ONCTUOSITÉ, *sf.* qualité de ce qui est onctueux.

ONDE, *sf.* flot, soulèvement de l'eau agitée; l'eau, la mer. *Fig.* ce qui ressemble à des ondes. *L'onde noire*, le Styx; *passer l'onde noire*, mourir.

ONDÉ, **ÉE**, *adj.* qui offre des dessins en forme d'ondes.

ONDÉE, *sf.* pluie subite, abondante et qui dure peu.

ONDIN, **INE**, *s.* prétendus génies habitant les eaux.

ONDOIEMENT, *sm.* baptême où l'on n'observe que l'essentiel du sacrement.

ONDOYANT, **ANTE**, *adj.* qui ondoie, qui a un mouvement par ondes.

ONDOYER, *vn.* flotter par ondes, avoir un mouvement semblable à celui des ondes. — *va.* baptiser par ondoiement (c. *employer*).

ONDULATION, *sf.* alternative d'élévation et d'abaissement d'un fluide. *Fig.* mouvement semblable à celui des ondes.

ONDULATOIRE, *adj. 2 g.* qui ondule, qui se fait par ondulations.

ONDULÉ, **ÉE**, *adj.* dont la surface présente des ondulations.

ONDULER, *vn.* avoir un mouvement d'ondulation.

ONDULEUX, **EUSE**, *adj.* qui forme des ondulations.

ONÉGA, riv. et lac de Russie.

ONEILLE, ville d'Italie sur le golfe de Gênes.

ONÉRAIRE, *adj. 2 g.* qui a le soin et la charge d'une chose.

ONÉREUSEMENT, *adv.* d'une manière onéreuse.

ONÉREUX, **EUSE**, *adj.* (l. *onus*, gén. *onéris* fardeau), qui est fort à charge; qui est incommode.

ONÉSIME (St), disciple de saint Paul et martyr; m. 95.

ONFROI ou **HUMFROI**, l'un des fils de Tancrède de Hauteville qui s'établirent dans le sud de l'Italie; m. 1057.

ONGLE, *sm.* partie ferme et cornée qui couvre le dessus du bout des doigts; sabot du cheval; griffe de certains animaux. *Fig. Avoir bec et ongles*, avoir de l'esprit et du cœur pour se bien défendre. *Avoir de l'esprit jusqu'au bout des ongles*, en avoir beaucoup.

ONGLÉE, *sf.* engourdissement au bout des doigts causé par le froid.

ONGLET, *sm.* (t nul), bande de papier cousue au dos d'un livre pour y coller des cartes, des gravures, etc.; extrémité d'une planche, d'une moulure formant un angle de 45 degrés; échancrure sur le plat d'une règle; sorte de petit burin plat; partie inférieure du pétale (*bot.*).

ONGLETTE, *sf.* burin plat de serrurier et de graveur.

ONGUENT, *sm.* médicament gras et mou qui s'applique extérieurement; anciennement, drogues aromatiques et essences, V. *Miton.*

ONGUICULÉ, **ÉE**, *adj.* (on pr. *ongu-iculé*), qui a un ongle à chaque doigt (*zool.*); qui est pourvu d'onglets très-apparents (*bot.*).

ONGULÉ, **ÉE**, *adj.* dont le pied se termine par un sabot (*zool.*).

ONIAS, nom de quatre grands prêtres des Hébreux.

ONIROCRITIE, *sf.* (on pr. *onirocrici*; gr. *oneirós* songe, *krinô* juger), art d'interpréter les songes.

ONIROMANCIE ou **ONIROMANCE**, *sf.* (gr. *oneiros* songe, *manteïa* divination), divination par l'interprétation des songes.

ONOCROTALE, *sm.* (gr. *onokrotalos*: d'*onos* âne et *krotos* bruit), le pélican, dont le cri ressemble au braiment de l'âne.

ONOMARQUE, général des Phocidiens pendant la guerre sacrée; m. 353 av. J. C.

ONOMATOPÉE, *sf.* (gr. *onoma*, gén. *onomatos* nom; *poieô* faire), formation d'un mot dont le son est imitatif, comme *glouglou*, *cliquetis*; ce mot lui-même.

ONTARIO (lac), dans l'Amérique du Nord.

ONTOLOGIE, *sf.* (gr. *on*, gén. *ontos* un être; *logos*, discours, science), science de l'être en général (*phil.*).

ONTOLOGIQUE, *adj. 2 g.* qui a rapport à l'ontologie.

ONYX, *sm.* sorte d'agate.

ONZE, *adj. num. 2 g.* et *sm.* nombre qui contient une dizaine plus une unité. On dit *le onze*, *de onze*, comme si l'o était aspiré.

ONZIÈME, *adj. num. ordinal*, 2 g. (l'o est comme aspiré), qui suit immédiatement le dixième. — *sm.* la onzième partie.

ONZIÈMEMENT, *adv.* en onzième lieu.

OOLITHE ou **OOLITE** (gr. *ôon* œuf, *lithos* pierre), calcaire compacte à petits grains ronds, semblables à des œufs de poisson (*min.* et *géol.*).

OOLITHIQUE et **OOLITIQUE**, *adj. 2 g.* qui contient de l'oolithe.

OPACITÉ, *sf.* qualité de ce qui est opaque.

OPALE, *sf.* pierre précieuse de couleur laiteuse, à reflets variés.

OPAQUE, *adj. 2 g.* qui ne laisse point passer la lumière.

OPÉRA, *sm.* sorte de poëme dramatique fait pour être mis en musique; cette musique elle-même; théâtre où l'on joue les opéras.

OPÉRATEUR, *sm.* celui qui fait certaines opérations de chirurgie ou des manipulations chimiques; débitant de drogues en public.

OPÉRATION, *sf.* action d'une puissance, d'une faculté produisant un effet; cet effet lui-même; travail chirurgical sur le corps; calcul; desseins qui sont ou doivent être mis à exécution : *opérations de commerce*; travail, manipulations chimiques. Au *pl.* mouvements des troupes en campagne.

OPÉRATOIRE, *adj.* 2 g. qui consiste dans les opérations.

OPERCULE, *sm.* petit couvercle ; se dit en histoire naturelle de tout appareil qui recouvre et protège un orifice, un organe, une partie quelconque.

OPERCULÉ, ÉE, *adj.* qui est muni d'un opercule.

OPÉRER, *va. et n.* faire, produire un effet; faire une opération. — S'OPÉRER, *vpr.* se produire, être fait.

OPÉRETTE, *sf.* petit opéra.

OPES, *sm. pl.* (gr. *opê* trou), trous qui reçoivent les poutres, les solives (arch.).

OPHICLÉIDE, *sm.* (gr. *ophis* serpent, *kleis* clef), serpent à clefs (instrument de musique).

OPHIDIENS, *sm. pl.* (gr. *ophis* serpent), ordre de reptiles comprenant les serpents (zool.).

OPHIODONTE, *sf.* (gr. *ophis* serpent; *odous*, gén. *odontos* dent), dent fossile que l'on croyait autrefois être une dent de serpent (géol.).

OPHIDIDE, *adj.* 2 g. (gr. *ophis* serpent; *eidos* ressemblance), qui ressemble à un serpent. Au *pl. sm.* famille de poissons qui par la forme de leur corps ressemblent à des serpents (zool.).

OPHIR, pays d'Orient où la flotte de Salomon allait chercher de l'or. — Montagne de l'île de Sumátra et de la presqu'île de Malacca.

OPHITE, *sm.* (gr. *ophis* serpent), sorte de porphyre vert tacheté comme la peau d'un serpent.

OPHIUCUS, *sm.* (gr. *ophiouchos* : d'*ophis* serpent et *echô* ai, je tiens), constellation appelée aussi le *Serpentaire*.

OPHTHALMIE, *sf.* (gr. *ophthalmia* : d'*ophthalmos* œil), inflammation des yeux.

OPHTHALMIQUE, *adj.* 2 g. des yeux ou qui a rapport à l'ophthalmie.

OPHTHALMOLOGIE, *sf.* (gr. *ophthalmos* œil ; *logos* discours, traité), partie de l'anatomie qui traite de l'œil.

OPIACÉ, ÉE, *adj.* qui contient de l'opium.

OPIAT, *sm.* (on pr. le *t*), pâte pour nettoyer les dents.

OPILATIF, IVE, *adj.* qui obstrue (méd.).

OPILATION, *sf.* obstruction (méd.).

OPILER, *va.* (l. *opilare* boucher), obstruer, boucher (méd.).

OPIMES, *adj. f. pl.* (l. *opimus* riche, opulent), se dit des dépouilles que remportait celui des Romains qui avait tué le général de l'armée ennemie.

OPIMIUS (Lucius), consul romain qui fit abolir la loi des Gracques, l'an 121 av. J. C.

OPINANT, *sm.* celui qui opine.

OPINER, *vn.* dire son opinion, son avis dans une assemblée, sur l'objet mis en délibération.

OPINIÂTRE, *adj.* 2 g. et *s.* qui tient à son opinion, à sa manière de voir; qui s'obstine. *Fig.* où l'on met de la persévérance, de l'acharnement : *résistance opiniâtre ; qui résiste, qui persiste* : *mal opiniâtre*.

OPINIÂTREMENT, *adv.* avec opiniâtreté.

OPINIÂTRER, *va.* contredire, contrarier de manière à rendre opiniâtre; soutenir avec obstination. — S'OPINIÂTRER, *vpr.* s'obstiner fortement.

OPINIÂTRETÉ, *sf.* caractère ou défaut de la personne opiniâtre; fermeté, constance : *nos troupes lassèrent l'ennemi par l'opiniâtreté de leur défense*.

OPINION, *sf.* avis, sentiment de quelqu'un qui opine; sentiment particulier que l'on se forme d'une chose; jugement que l'on porte d'une personne ou d'une chose.

OPIQUES ou **OSQUES**, peuple de l'Italie ancienne.

OPIUM, *sm.* (on pr. *opiome*), suc épaissi tiré des capsules du pavot blanc.

OPLITE, *sm.* soldat pesamment armé, chez les anc. Grecs.

OPODELDOCH, *sm.* baume employé en frictions contre les rhumatismes.

OPONTE, ville de la Grèce anc. (Locride).

OPOPANAX ou **OPOPONAX**, *sm.* sorte de gomme jaune; plante qui fournit cette gomme.

OPORTO, V. *Porto*.

OPPORTUN, UNE, *adj.* qui est à propos; qui est convenable, favorable.

OPPORTUNE (Ste), abbesse ; m. 770.

OPPORTUNÉMENT, *adv.* d'une manière opportune.

OPPORTUNITÉ, *sf.* qualité de ce qui est opportun; occasion favorable.

OPPOSANT, ANTE, *adj. et s.* qui s'oppose.

OPPOSÉ, ÉE, *adj.* contraire, en face de. — *sm.* le contraire. — 'A L'OPPOSÉ DE, *loc. prép.* au contraire de; vis-à-vis de.

OPPOSER, *va.* poser une personne ou une chose au-devant d'une autre, contre une autre, pour lui faire obstacle; mettre en parallèle, en comparaison; objecter une raison, un motif. — S'OPPOSER, *vpr.* être contraire à ; mettre empêchement à.

OPPOSITE, *s.* 2 g. l'opposé, le contraire. — 'A L'OPPOSITE, *loc. adv. et prép.* vis-à-vis.

OPPOSITIF, IVE, *adj.* qui oppose.

OPPOSITION, *sf.* empêchement, obstacle; action de se rendre opposant; contrariété dans la manière d'être, de penser, d'agir : *il y a de l'opposition entre ces deux savants*; partie d'une assemblée délibérante contraire à l'opinion de la partie dominante; aspect d'un corps céleste qui est à 180 degrés d'un autre : *les éclipses de lune ont lieu lorsque ce satellite est en opposition avec le soleil*.

OPPRESSER, *va.* presser fortement; gêner la respiration; accabler : *le poids d'une mauvaise conscience oppresse.*

OPPRESSEUR, *sm.* celui qui opprime.

OPPRESSIF, IVE, *adj.* qui tend à opprimer, qui sert à opprimer.

OPPRESSION, *sf.* état de ce qui est oppressé. *Fig.* action d'opprimer; état de ce qui est opprimé.

OPPRESSIVEMENT, *adv.* d'une manière oppressive.

OPPRIMÉ, ÉE, *adj. part.* que l'on opprime. — *sm.* personne opprimée.

OPPRIMER, *va.* presser, fouler sur ou contre; accabler par violence, par excès de pouvoir.

OPPROBRE, *sm.* ignominie, honte, affront.

OPS, la même que Cybèle (*myth.*).

OPTAT (St), savant évêque de Numidie, m. 384.

OPTATIF, IVE, *adj.* (l. *optare* désirer), qui exprime le désir. — *sm.* l'un des modes du verbe dans quelques langues.

OPTER, *vn.* choisir entre deux ou plusieurs choses pour l'une desquelles il faut se déterminer.

OPTICIEN, *sm.* celui qui s'occupe d'optique; celui qui fabrique ou vend des instruments d'optique.

OPTIMÉ, *adv.* très-bien (mot latin).

OPTIMISME, *sm.* opinion ou système philosophique de l'optimiste.

OPTIMISTE, *s.* 2 *g.* (l. *optimè* très-bien), celui qui par système prétend que tout est très-bien et va le mieux possible.

OPTION, *sf.* (on pr. *opcion*), action d'opter ou choisir; pouvoir, faculté d'opter; choix.

OPTIQUE, *sf.* (gr. *optikos* visuel : d'*optomai* voir), partie de la physique qui traite de la lumière et des lois de la vision; perspective; sorte de boîte avec une grosse lentille par laquelle on examine des estampes enluminées.

OPTIQUE, *adj.* 2 *g.* qui a rapport à la vision, qui sert à la vue.

OPULEMMENT, *adv.* avec opulence.

OPULENCE, *sf.* état de la personne opulente; grande richesse, abondance de biens.

OPULENT, ENTE, *adj.* très-riche.

OPUNTIA, *sf.* (on pr. *oponcia*), plante de la famille des Cactiers.

OPUSCULE, *sm.* petit ouvrage littéraire.

OR, *conj.* servant à lier deux propositions; s'emploie aussi pour exhorter, pour inviter : *or, dites-nous; or çà, monsieur.*

OR, *sm.* métal précieux, l'un des corps simples de la chimie et dont on fait des monnaies et des ouvrages de bijouterie. *Fig.* richesse. *Cœur d'or*, excellent cœur; *marché d'or*, marché très-avantageux; *l'âge d'or*, les premiers temps du monde; *adorer le veau d'or*, faire sa cour à un homme riche, n'avoir que l'intérêt en vue; *faire un pont d'or*, faire de grands avantages; *parler d'or*, dire ce qu'il y a de mieux, de plus satisfaisant dans le cas actuel.

ORACLE, *sm.* réponse que les païens s'imaginaient recevoir de leurs dieux; divinité qui rendait ces oracles. *Fig.* vérités énon-

cées dans l'Écriture sainte ou par l'Église; arrêt, sentence, décision d'une personne d'autorité; cette personne elle-même.

ORADOUR-SUR-VAYRES, p. ville (Haute-Vienne).

ORAGE, *sm.* tempête, gros vent, pluie abondante accompagnée de tonnerre et parfois de grêle. *Fig.* malheurs, tumulte, agitation, trouble; colère, emportements, reproches.

ORAGEUX, EUSE, *adj.* qui cause de l'orage ou menace d'orage, sujet aux orages. *Fig.* tumultueux.

ORAISON, *sf.* discours, ouvrage d'éloquence; prière à Dieu.

ORAL, ALE, *adj.* (l. *os*, gén. *oris* bouche). littér. de la bouche, c'est-à-dire de la voix : qui se dit de vive voix, qui passe de bouche en bouche (pl. m. *oraux*).

ORAN, ville et port d'Algérie.

ORANGE, *sf.* fruit à pépins et de couleur jaune; cette couleur même.

ORANGE, *s.-préf.* du dép. de Vaucluse. — Princes d'Orange : *Philibert*, célèbre capitaine au service de Charles-Quint (1502-1530). *Guillaume*, *Maurice*, etc. V. *Nassau* et *Guillaume III*, roi d'Angleterre.

ORANGE, fleuve de l'Afrique méridionale, affluent de l'océan Atlantique.

ORANGÉ, ÉE, *adj.* et *sm.* de la couleur de l'orange.

ORANGEADE, *sf.* boisson composée de jus d'orange, d'eau et de sucre.

ORANGEAT, *sm.* (t nul), confiture sèche d'écorce d'orange.

ORANGER, *sm.* arbre qui produit des oranges.

ORANGER, ÈRE, *s.* celui, celle qui vend des oranges.

ORANGERIE, *sf.* lieu où l'on serre pendant l'hiver les orangers et autres arbustes qui craignent le froid.

ORANGISTE, *sm.* nom que les catholiques d'Angleterre, fidèles à Jacques II, donnaient aux protestants qui avaient reconnu Guillaume III, d'abord prince d'Orange. En Belgique, partisan de la maison d'Orange.

ORANG-OUTANG, *sm.* sorte de singe (pl. *orangs-outangs*).

ORATEUR, *sm.* celui qui compose, qui prononce un ou des discours.

ORATOIRE, *adj.* 2 *g.* qui est propre au discours ou à l'orateur. — *sm.* chambre ou petit édifice où l'on prie; nom d'une congrégation religieuse.

ORATOIREMENT, *adv.* d'une manière oratoire.

ORATORIEN, *sm.* religieux de la congrégation de l'Oratoire.

ORATORIO, *sm.* sorte de drame en musique sur un sujet religieux (pl. *oratorios*).

ORBE, *sm.* cercle; orbite d'une planète; globe.

ORBE, *adj.* 2 *g. Coup orbe*, qui meurtrit sans entamer la chair; *mur orbe*, sans porte ni fenêtres.

ORBEC, p. ville (Calvados).

ORBICULAIRE, *adj.* 2 *g.* qui est arrondi en cercle.

ORBICULAIREMENT, adv. en rond.

ORBICULÉ, ÉE, adj. qui est plat et rond. Au pl. sm. famille de crustacés décapodes brachyures qui ont le test arrondi (bot. et zool.).

ORBIGNY (Alcide d'), voyageur naturaliste français (1802-1857).

ORBITAIRE, adj. 2 g. qui a rapport à l'orbite de l'œil.

ORBITE, sf. ou m. (Acad.), chemin que décrit une planète par son mouvement propre; cavité dans laquelle est placé l'œil.

ORCADES, îles au N. de l'Écosse.

ORCANÈTE, sf. plante dont la racine sert à teindre en rouge.

ORCHESTRATION, sf. (on pr. orkestration), action d'orchestrer, résultat de cette action.

ORCHESTRE, sm. (on pr. orkestre), partie du théâtre grec où l'on dansait; lieu occupé par les musiciens dans nos théâtres; ensemble des musiciens; places au théâtre en arrière des musiciens.

ORCHESTRER, va. (on pr. orkestrer), faire pour l'orchestre les différentes parties d'une composition musicale.

ORCHIDÉES, sf. pl. (on pr. orkidé), famille de plantes dont l'orchis est le type (bot.).

ORCHIES, p. ville (Nord).

ORCHIS, sm. (on pr. orkisse), sorte de plante.

ORCHOMÈNE (on pr. Orkomène), anc. ville d'Arcadie. — anc. ville de Béotie; victoire de Sylla sur Archélaüs, général de Mithridate le Grand.

ORD, ORDE, adj. sale, vilain (vx. mot).

ORDALIE, sf. épreuve usitée dans le moyen âge, appelée aussi jugement de Dieu.

ORDÉAL, sm. épreuve par un fer chaud usitée au moyen âge.

ORDERIC VITAL, historien ecclésiastique anglais (1075-1150).

ORDINAIRE, adj. 2 g. qui est dans l'ordre commun, habituel; qui a coutume de se faire; dont on se sert communément. — sm. ce que l'on a coutume de servir pour le repas; habitude, usage; ce qui a coutume d'être; évêque ou autorité diocésaine. — A L'ORDINAIRE, loc. adv. suivant la manière accoutumée; D'ORDINAIRE, POUR L'ORDINAIRE, loc. adv. le plus souvent.

ORDINAIREMENT, adv. habituellement, le plus souvent.

ORDINAL, adj. m. qui indique ou marque l'ordre, le rang (pl. ordinaux).

ORDINAND, sm. celui qui se présente à l'évêque pour être promu aux ordres sacrés.

ORDINANT, sm. évêque qui confère les ordres sacrés.

ORDINATION, sf. action de conférer les ordres sacrés.

ORDONNANCE, sf. disposition, arrangement; règlement fait par l'autorité; loi des rois de France; prescription d'un médecin; militaire placé près d'un officier pour porter ses ordres.

ORDONNANCER, va. écrire au bas d'un mémoire l'ordre d'en payer le montant.

ORDONNATEUR, sm. celui qui ordonne,

qui dispose; celui qui ordonnance les dépenses.

ORDONNÉ, ÉE, adj. bien disposé, en bon ordre, où il y a de l'ordre.

ORDONNÉE, sf. perpendiculaire abaissée d'un point d'une courbe sur l'axe de cette courbe (géom.).

ORDONNER, va. ranger, mettre en ordre; commander, prescrire; conférer les ordres de l'Église. — vn. disposer d'une chose.

ORDRE, sm. arrangement, disposition des choses mises en leur rang; régularité, exactitude; tranquillité, police, discipline, subordination; loi, règle établie par la nature ou la société; rang, classe ou subdivision d'une classe; institution religieuse ou de chevalerie; style ou genre d'architecture. Commandement, prescription; mot des gens de guerre pour se reconnaître. Sacrement qui confère le caractère ecclésiastique.

ORDURE, sf. excrément, impureté du corps, saleté, tout ce qui rend mal propre. Fig. corruption, obscénité, chose déshonnête ou sale.

ORDURIER, IÈRE, adj. qui se plaît aux ordures, qui en contient.

ORÉADE, sf. (gr. oros montagne), nymphe des montagnes (myth.).

ORÉE, sf. bord, lisière d'un bois.

ORÉGON ou COLUMBIA, fleuve des États-Unis qui se jette dans le grand Océan.

OREILLARD, ARDE, adj. (ll m.), qui a de longues oreilles.

OREILLE, sf. (ll m.), organe de l'ouïe; partie cartilagineuse autour de l'orifice de cet organe. Fig. ce qui en a la forme; partie saillante de certains objets; oreille d'une charrue; pli fait à un feuillet; appendice à la base des feuilles. Avoir l'oreille basse, être humilié; avoir la puce à l'oreille, être inquiet; donner sur les oreilles de quelqu'un, le frapper, le maltraiter; échauffer les oreilles, mettre en colère; se faire tirer l'oreille, avoir de la peine à consentir. — JUSQU'AUX OREILLES, loc. adv. des pieds à la tête; PAR-DESSUS LES OREILLES, loc. adv. plus qu'on ne peut endurer.

OREILLE-D'OURS, sf. sorte de primevère.

OREILLÉ, ÉE, adj. (ll m.), garni à sa base d'appendices en forme d'oreilles (bot.).

OREILLER, sm. (ll m.), coussin carré pour soutenir la tête.

OREILLETTE, sf. (ll m.), cavité du cœur au-dessus du ventricule.

OREILLONS ou ORILLONS, sm. pl. (ll m.), tumeurs des parotides près de l'oreille.

OREL, ville de Russie, sur l'Oka.

ORELLI, célèbre philologue suisse (1787-1849).

ORÉMUS, sm. (on pr. l'o), prière (mot latin).

ORENBOURG, ville de Russie, sur l'Oural.

ORÉNOQUE, fl. de l'Amérique méridionale; se jette dans l'océan Atlantique.

ORÉOGRAPHIE, V. Orographie.

ORES (D'), adv. de cette heure, de ce moment (vx. mot).

ORESTE, fils d'Agamemnon et de Clytemnestre.

ORESTE, officier d'Attila et père de l'emp. Romulus Augustule; m. 476.

ORFA, ville de la Turquie d'Asie, ancienne *Edesse.*

ORFÉVRE, *sm.* fabricant ou marchand d'objets d'or ou d'argent.

ORFÉVRERIE, *sf.* art de l'orfévre ; commerce d'ouvrages d'or et d'argent, ces ouvrages mêmes.

ORFÉVRI, IE, *adj.* se dit de l'or et de l'argent travaillés par l'orfévre,

ORFILA (Mathieu-Joseph), médecin célèbre par ses travaux sur la toxicologie (1787-1853).

ORFRAIE, *sf.* oiseau de proie.

ORGANDI, *sm.* sorte de mousseline très-claire.

ORGANE, *sm.* partie d'un corps organisé qui remplit quelque fonction ; la voix. *Fig.* personne par l'entremise de laquelle on agit ou l'on déclare ses volontés.

ORGANIQUE, *adj.* 2 g. formé d'organes, qui tient aux organes, qui traite des organes ou y a rapport.

ORGANISATEUR, TRICE, *adj.* qui organise, qui sait organiser.

ORGANISATION, *sf.* manière dont un corps est organisé. *Fig.* arrangement, disposition ; manière dont une chose est organisée.

ORGANISER, *va.* donner aux parties d'un corps la disposition nécessaire pour qu'il remplisse ses fonctions. *Fig.* régler, donner une forme fixe et déterminée.

ORGANISME, *sm.* ensemble des fonctions des organes.

ORGANISTE, *s.* 2 g. musicien qui touche de l'orgue.

ORGANOGRAPHIE, *sf.* (gr. *organon* organe; *graphô* décrire), description des organes des animaux et des végétaux.

ORGANOLOGIE, *sf.* (gr. *organon* organe ; *logos* discours, traité), traité de l'organisme ou de l'organisation des animaux et des plantes.

ORGANSIN, *sm.* fil de soie très-fin, composé de brins de soie grége tordus une seconde fois sur le moulin à organsiner.

ORGANSINAGE, *sm.* action d'organsiner.

ORGANSINER, *va.* tordre des brins de soie pour en faire de l'organsin.

ORGASME, *sm.* (gr. *orgasmos* surexcitation), état de gonflement et d'excitation des organes (*méd.*).

ORGE, *sf.* sorte de grain, plante qui le produit. — *sm.* dans orge perlé, orge monde.

ORGEAT, *sm.* (*t* nul), sorte de boisson faite avec de l'eau, du sucre et des amandes.

ORGELET, *sm.* (*t* nul), petite tumeur à la paupière.

ORGIE, *sf.* débauche de table. Au pl. fêtes de Bacchus dans l'antiquité.

ORGON, p. ville (Bouches-du-Rhône).

ORGUE, *sm.* (*féminin au pl.*), instrument de musique à vent, composé de tuyaux et avec clavier ; lieu de l'église où on le place. *Orgue de Barbarie,* espèce d'orgue portatif à cylindre ; *point d'orgue,* trait exécuté *ad libitum* par la partie chantante (*mus.*).

ORGUEIL, *sm.* (la finale se pron. comme le mot *œil*), opinion trop avantageuse de soi-même ; le premier des sept péchés capitaux.

ORGUEILLEUSEMENT, *adv.* (on pr. orgué-illeusement, en mouillant les *ll*), avec orgueil.

ORGUEILLEUX, EUSE, *adj.* (on pr. orgué-illeux, en mouillant les *ll*), qui a de l'orgueil.

ORICHALQUE, *sm.* (on pr. oricalque), cuivre de Corinthe; alliage de cuivre, d'or et d'argent.

ORIENT, *sm.* partie du ciel où le soleil se lève sur l'horizon, point cardinal où le soleil se lève à l'équinoxe. — États de l'Asie et de l'Afrique orientale.

ORIENTAL, ALE, *adj.* de l'Orient; qui vient de l'Orient. — ORIENTAUX, *sm. pl.* les peuples de l'Orient.

ORIENTALISTE, *sm.* celui qui connaît les langues orientales.

ORIENTATION, *sf.* action d'orienter ou de s'orienter.

ORIENTER, *va.* disposer une chose suivant la situation qu'elle doit avoir par rapport à l'orient. — S'ORIENTER, *vpr.* reconnaître l'orient et les autres points cardinaux du lieu où l'on est. *Fig.* reconnaître de quoi il s'agit, ce qu'il y a à faire, comment il faut se comporter.

ORIFICE, *sm.* ouverture qui sert comme d'entrée et de sortie à de certaines parties du corps; ouverture de certains objets.

ORIFLAMME, *sf.* étendard des anciens rois de France.

ORIGAN, *sm.* genre de plantes de la famille des Labiées.

ORIGÈNE, célèbre docteur de l'Église (185-254).

ORIGINAIRE, *adj.* 2 g. qui tire son origine de.

ORIGINAIREMENT, *adv.* dans l'origine, primitivement.

ORIGINAL, ALE, *adj.* qui n'a pas été fait d'après un modèle, qui sert de modèle, qui est neuf, qui n'est pas une imitation, qui n'imite pas. — *sm.* manuscrit primitif d'un écrit quelconque, texte, objet d'art de la main même de l'artiste ; personne dont on fait le portrait. *Fig.* auteur qui n'imite pas; homme bizarre et à manies. Au pl. m. *originaux.*

ORIGINALEMENT, *adv.* d'une manière originale.

ORIGINALITÉ, *sf.* qualité de ce ou de celui qui est original.

ORIGINE, *sf.* principe ou commencement d'une chose; extraction d'une personne, d'une race, d'une nation; étymologie. — DANS L'ORIGINE, *loc. adv.* originairement ; DÈS L'ORIGINE, *loc. adv.* dès le commencement.

ORIGINEL, ELLE, *adj.* qui vient de l'origine, qui remonte jusqu'à l'origine.

ORIGINELLEMENT, *adv.* dès l'origine.

ORIGNAL, *sm.* nom de l'élan, dans le Canada (pl. *orignals*).

ORIHUELA, ville d'Espagne dans la province d'Alicante.

ORILLARD, ARDE, V. *Oreillard.*

ORILLON, *sm.* (*ll* m.), petite oreille, au fig : *Orillons d'une charrue,* pièces de bois, au soc de la charrue, qui servent à verser la terre hors du sillon. Partie saillante du flanc d'un bastion. V. *Oreillons*.

ORION, *sm*. célèbre chasseur (*myth*.) ; nom d'une constellation.

ORIPEAU, *sm*. lame de cuivre très-mince qui a l'éclat de l'or ; étoffe, ornements brillants et sans valeur ; vêtements usés. *Fig*. faux brillants.

ORIZABA, ville du Mexique.

ORKHAN, 2e sultan ottoman ; m. 1360.

ORLE, *sm*. filet sous l'ove d'un chapiteau ; terme de blason.

ORLÉANAIS, *sm*. ancienne province de France.

ORLÉANAIS, **AISE**, *adj*. d'Orléans.

ORLÉANS, ch.-l. du dép. du Loiret. — NOU-VELLE-ORLÉANS, capitale de la Louisiane (États-Unis).

ORLÉANS (ducs d') : *Louis*, fils du roi Charles V, assassiné rue Barbette à Paris, en 1407. — *Charles*, fils du précédent, père du roi Louis XII et poëte de talent, resta longtemps prisonnier des Anglais (1391-1465). — *Gaston*, frère de Louis XIII (1608-1660). — *Philippe*, frère de Louis XIV et tige de la branche d'Orléans (1640-1701). — *Philippe II*, fils du précédent, régent pendant la minorité de Louis XV (1674-1723). — *Louis-Philippe-Joseph*, dit *Égalité*, arrière-petit-fils du Régent et père du roi *Louis-Philippe* (1747-1793). — *Ferdinand-Philippe*, fils du roi Louis-Philippe (1810-1842).

ORLÉANSVILLE, ville d'Algérie, sur le Chélif, dans la province d'Alger.

ORLOF ou **ORLOFF** (Grégoire), ministre de Catherine II, impératrice de Russie (1734-1783). — (Alexis), frère du précédent, l'un des assassins du tzar Pierre III ; m. 1808.

ORMAIE ou **ORMOIE**, *sf*. lieu planté d'ormes.

ORME, *sm*. sorte d'arbre. *Fig. Attendez-moi sous l'orme*, ne comptez pas sur moi, sur ma promesse.

ORMEAU, *sm*. petit orme, jeune orme.

ORMESSON (Lefebvre d'), nom de plus. magistrats français, entre autres *Olivier*, contrôleur général des finances sous Charles IX (1525-1600), et *Louis-François*, premier président du parlement (1718-1789).

ORMILLE, *sf*. (*ll m*.), plant de petits ormes.

ORMUS, **ORMUZ** ou **HORMOUZ**, ville et détroit à l'entrée du golfe Persique.

ORMUZD, V. *Oromaze*.

ORNAIN, riv. de France, affluent de la Marne.

ORNANO (Alphonse d'), maréchal de France ; m. 1610. — (Jean-Baptiste), fils du précédent, gouverneur de Gaston, frère de Louis XIII, et maréchal de France (1581-1626).

ORNANS, p. ville (Doubs).

ORNE, *sm*. arbre qui ressemble au frêne.

ORNE, rivière de France ; se jette dans la Manche. — Département auquel elle donne son nom et dont le ch.-l. est *Alençon*.

ORNEMANISTE, *sm*. artiste, ouvrier en ornements.

ORNEMENT, *sm*. ce qui orne ou sert à orner ; parure, embellissement ; ce qui donne du lustre, du brillant ; habits sacerdotaux.

ORNEMENTAL, **ALE**, *adj*. d'ornement (pl. m. *ornementaux*).

ORNEMENTATION, *sf*. manière d'exécuter ou de disposer les ornements.

ORNER, *va*. parer, embellir.

ORNIÈRE, *sf*. trace profonde que les roues font dans les chemins. *Fig*. coutume, usage habituel.

ORNITHICHNITES, *sf. pl*. (gr. *ornis*, gén. *ornithos* oiseau ; *ichnos* trace, vestige), empreintes de pas d'oiseaux (*géol*.).

ORNITHOGALE, *sm*. genre de plantes de la famille des Liliacées.

ORNITHOGRAPHIE, *sf*. (gr. *ornis*, gén. *ornithos* oiseau ; *graphô* décrire), description des diverses espèces d'oiseaux.

ORNITHOLOGIE, *sf*. (gr. *ornis*, gén. *ornithos* oiseau ; *logos* discours, traité), partie de l'histoire naturelle qui traite des oiseaux.

ORNITHOLOGIQUE, *adj*. 2 g. de l'ornithologie.

ORNITHOLOGISTE ou **ORNITHOLOGUE**, *sm*. celui qui s'occupe d'ornithologie.

ORNITHOMANCE ou **ORNITHOMANCIE**, *sf*. (gr. *ornis*, gén. *ornithos* oiseau ; *manteia* divination), divination par le vol des oiseaux.

ORNITHORHYNQUE, *sm*. (gr. *ornis*, gén. *ornithos* oiseau ; *rygchos* bec), quadrupède de la Nouvelle-Hollande, qui, au lieu d'une bouche, a un bec semblable à celui du canard.

ORNITHOTROPHIE, *sf*. (gr. *ornis*, gén. *ornithos* oiseau ; *trephô* nourrir), art d'élever les oiseaux domestiques.

OROBANCHE, *sf*. (gr. *orobos* orobe ; *agchô* serrer, suffoquer), plante parasite qui s'attache à l'orobe et autres légumineuses et les fait périr.

OROBANCHÉES, *sf. pl*. famille de plantes dont le type est l'orobanche (*bot*.).

OROBE, *sf*. plante de la famille des Légumineuses.

OROGRAPHIE ou **ORÉOGRAPHIE**, *sf*. (gr. *oros* montagne, *graphô* décrire), description des montagnes.

OROMAZE ou **ORMUZD**, le bon principe dans la religion de Zoroastre.

ORONGE, *sf*. sorte de champignon.

ORONTE ou **AXIUS**, fl. de Syrie.

OROSE (Paul), historien latin du 4e s.

ORPAILLEUR, *sm*. (*ll m*.), homme qui retire des paillettes d'or du sable des rivières.

ORPHÉE, célèbre poëte grec de la Thrace ; 13e s. av. J. C.

ORPHELIN, **INE**, *s*. jeune enfant qui a perdu son père ou sa mère ou tous les deux.

ORPHELINAT, *sm*. (*t* nul), hospice d'orphelins.

ORPHÉON, *sm*. école de chant, société de personnes qui exécutent de la musique vocale.

ORPHÉONISTE, *s*. 2 g. membre de la société de l'orphéon.

ORPHIQUE, *adj*. 2 g. d'Orphée ; se dit aussi d'une secte de philosophes pythagoriciens. — *sf. pl*. fêtes de Bacchus.

ORPIMENT, *sm*. sulfure d'arsenic de couleur jaune.

ORPIN, *sm*. sorte de plante ; orpiment.

ORQUE, *sf.* V. *Épaulard.*

ORSEILLE, *sf.* sorte de lichen qui sert à teindre en bleu.

ORT, *adj. inv.* brut : *Peser ort*, peser avec l'emballage.

ORTÉGAL (cap), en Espagne.

ORTEIL, *sm.* doigt du pied.

ORTHEZ ou ORTHÈS, s.-préf. des Hautes-Pyrénées.

ORTHEZ (vicomte d'), gouverneur de Bayonne sous Charles IX.

ORTHOCÉRAS ou ORTHOCÉRATITE, *sf.* (gr. *orthos* droit, *keras* corne), coquille droite sans spirale et semblable à une corne de forme conique (*zool.* et *géol.*).

ORTHODOXE, *adj.* 2 g. qui est selon l'orthodoxie.

ORTHODOXIE, *sf.* (gr. *orthodoxia : d'orthos* droit, juste, vrai, et *doxa* opinion, sentiment), droite et saine doctrine, principalement en matière de religion.

ORTHODROMIE, *sf.* (gr. *orthos* droit, *dromos* course), route en ligne droite que fait un navire poussé par le vent.

ORTHOGONAL, ALE, *adj.* ou ORTHOGONE (gr. *orthos* droit, *gônia* angle), perpendiculaire ou formant des angles droits (pl. m. *orthogonaux*).

ORTHOGONALEMENT, *adv.* perpendiculairement.

ORTHOGRAPHE, *sf.* (gr. *orthos* droit, *graphê* écriture), écriture correcte.

ORTHOGRAPHIE, *sf.* (gr. *orthos* droit, *graphô* décrire, dessiner), élévation perpendiculaire ou dessin vertical représentant la façade d'un bâtiment ; profil ou coupe perpendiculaire.

ORTHOGRAPHIER, *va.* écrire les mots suivant l'orthographe.

ORTHOGRAPHIQUE, *adj.* 2 g. qui appartient à l'orthographe ou à l'orthographie.

ORTHOPÉDIE, *sf.* (gr. *orthos* droit, régulier ; *pais*, gén. *paidos* enfant), art de corriger ou de prévenir chez les enfants les difformités du corps (*méd.*).

ORTHOPÉDIQUE, *adj.* 2 g. qui appartient à l'orthopédie.

ORTHOPÉDISTE, *sm.* médecin qui exerce spécialement l'orthopédie.

ORTHOPTÈRES, *sm. pl.* (gr. *orthos* droit, *ptéron* aile), ordre d'insectes ayant les ailes pliées en longueur ou en ligne droite sur le corps (*zool.*).

ORTIE, *sf.* plante dont la tige et les feuilles sont garnies de poils piquants ; mèche que l'on insinue dans le cuir d'un cheval malade.

ORTIE-GRIÈCHE, *sf.* ortie dont la piqûre est douloureuse (pl. *orties-grièches*).

ORTIVE, *adj. f.* (l. *ortivus* qui se lève). *Amplitude ortive*, arc de l'horizon entre le vrai point d'Est et le centre d'un astre à son lever (*astr.*).

ORTOLAN, *sm.* sorte de petit oiseau.

ORTYGIE, ancien nom de Délos ; îlot de la rade de Syracuse, sur lequel était la fontaine Aréthuse.

ORVALE, *sf.* espèce de sauge nommée aussi *toute-bonne.*

ORVET, *sm.* (*t* nul), sorte de petit serpent.

ORVIÉTAN, *sm.* sorte de drogue.

ORVIETO, p. ville d'Italie (États-Romains).

ORVILLIERS (comte d'), amiral français sous Louis XVI.

ORYCTOGNOSIE ou ORYCTOLOGIE, *sf.* (gr. *oryktos* enfoui ou fossile ; *gnôsis* connaissance ; *logos* discours, traité), partie de la minéralogie et de la géologie qui traite des fossiles.

ORYCTOGRAPHIE, *sf.* (gr. *oryktos* enfoui ou fossile, *graphô* décrire), description des fossiles (*géol.*).

ORYCTOLOGIE. V. *Oryctognosie.*

ORYCTOLOGIQUE, *adj.* 2 g. de l'oryctologie.

ORYCTOZOOLOGIE, *sf.* (gr. *oryktos* enfoui ou fossile ; *zôon* animal ; *logos* discours, traité), traité sur les animaux fossiles.

ORYZÉES, *sf. pl.* (gr. *oryza* riz), tribu de la famille des Graminées dont le riz est le type (*bot.*).

OS, *sm.* partie du corps de l'animal, dure et solide, qui soutient et attache les autres parties.

OSAGES, Indiens de l'Amérique du Nord.

OSACA ou OSAKA, gr. ville du Japon.

OSCAR, nom scandinave.

OSCILLAIRES, *sm.* ou OSCILLARIÉES, *sf.* classe d'animalcules qui, nus et sans organes musculaires, ont la propriété d'exercer des mouvements oscillatoires. On les considère comme établissant un passage du règne végétal au règne animal (*zool.*).

OSCILLATION, *sf.* mouvement d'un corps qui oscille. *Fig.* fluctuation.

OSCILLATOIRE, *adj.* 2 g. de la nature de l'oscillation.

OSCILLER, *vn.* se mouvoir alternativement en deux sens contraires.

OSCITATION, *sf.* bâillement.

OSÉ, ÉE, *adj.* hardi, audacieux.

OSÉE, l'un des petits prophètes, 8e s. av. J. C. — dernier roi d'Israël, m. 718 av. J. C.

OSEILLE, *sf.* (*ll* m.), plante potagère d'un goût acide.

OSER, *va.* et *n.* avoir la hardiesse de dire, de faire une chose ; entreprendre hardiment.

OSERAIE, *sf.* lieu planté d'osiers.

OSEUR, *sm.* celui qui ose, qui est hardi dans une entreprise.

OSIAS ou AZARIAS, V. *Azarias.*

OSIER, *sm.* espèce de petit saule dont les jets sont très-flexibles ; ces jets eux-mêmes.

OSIRIS, dieu égyptien (*myth.*).

OSMAN, V. *Othman.*

OSMANLIS, *sm. pl.* (on pr. l's finale), les Ottomans.

OSMAZÔME, *sm.* (gr. *osmê* odeur, *zômos* bouillon), principe qui se trouve surtout dans la chair du bœuf et donne son parfum au bouillon (*chim.*).

OSMIUM, *sm.* (on pr. *osmiome*), l'un des corps simples de la chimie.

OSMOND (St), évêque de Salisbury ; m. 1099.

OSNABRUCK, ville du Hanovre.

OSQUES ou OPIQUES, V. *Opiques.*

OSSA, montagne de la Thessalie.

OSSAT (cardinal d'), homme d'État sous Henri III et Henri IV (1536-1604).

OSSATURE, *sf.* l'ensemble des os. *Fig.* parties qui lient un édifice (*arch.*).

OSSELET, *sm.* (*t* nul), petit os.

OSSEMENTS, *sm. pl.* os décharnés des corps morts.

OSSEUX, EUSE, *adj.* qui est de la nature de l'os; qui a des os saillants.

OSSIAN, célèbre barde écossais du 3e s.

OSSIANIQUE, *adj. 2 g.* d'Ossian; qui est d'un sublime sauvage, pittoresque et vague.

OSSIFICATION, *sf.* formation des os; changement des parties membraneuses et cartilagineuses en os.

OSSIFIER, *va.* changer en os. — S'OSSIFIER, *vpr.* se changer en os.

OSSONE ou OSSUNA (duc d'), homme d'État espagnol, vice-roi de Naples sous le roi d'Espagne Philippe III (1579-1624).

OSSU, UE, *adj.* qui a des os très-gros.

OSSUAIRE, *sm.* amas d'os; monument formé d'os.

OSSUN, ch.-l. de canton (Hautes-Pyrénées).

OSSUNA, V. Ossone.

OST, *sm.* armée, camp (vx. mot).

OSTENDE, ville et port de Belgique.

OSTENSIBLE, *adj. 2 g.* (l. *ostendere* montrer), qui peut être montré.

OSTENSIBLEMENT, *adv.* d'une manière ostensible.

OSTENSIF, IVE, *adj.* (l. *ostendere* montrer), qui montre ou sert à montrer.

OSTENSOIR ou OSTENSOIRE, *sm.* pièce d'orfèvrerie dans laquelle on expose la sainte hostie ou des reliques.

OSTENTATEUR, TRICE, *adj.* qui a de l'ostentation.

OSTENTATION, *sf.* action de montrer avec affectation, de faire parade d'une chose.

OSTÉOGRAPHIE, *sf.* (gr. *ostéon* os, *graphô* décrire), description des os (*anat.*).

OSTÉOLITHE, *sm.* (gr. *ostéon* os, *lithos* pierre), os fossile.

OSTÉOLOGIE, *sf.* (gr. *ostéon* os; *logos* discours, traité), partie de l'anatomie qui traite des os.

OSTÉOPTÉRYGIENS, *sm. pl.* (gr. *ostéon* os; *ptérygion* nageoire), se dit d'une série de poissons à nageoires osseuses (*zool.*).

OSTÉOTOMIE, *sf.* (gr. *ostéon* os; *tomé* incision, dissection), dissection des os (*anat.*).

OSTÉOZOAIRES, *sm. pl.* (gr. *ostéon* os, *zôon* animal), animaux qui ont un squelette intérieur : synonyme de Vertébrés (*zool.*).

OSTIAKS, peuple idolâtre de la Sibérie.

OSTIE, bourg des États-Romains à l'embouchure du Tibre.

OSTPHALIE, partie de la Saxe à l'est du Weser.

OSTRACÉ, ÉS, *adj.* (gr. *ostrakon*, coquille, huître), se dit des mollusques qui ont deux coquilles comme l'huître. — *sm. pl.* famille de mollusques dont l'huître est le type (*zool.*).

OSTRACISME, *sm.* (gr. *ostrakismós*: d'*ostrakon* coquille), bannissement de dix ans usité chez les Athéniens, qui dans ce cas exprimaient leur suffrage ou vote au moyen d'une coquille.

OSTRACITE, *sf.* (gr. *ostrakon* coquille), coquille d'huître fossile (*géol.*).

OSTRACODERME, *adj. 2 g.* (gr. *ostrakon* écaille, *derma* peau), dont la peau est couverte d'écailles (*zool.*).

OSTRASIE, V. Austrasie.

OSTROGOT (Acad.), ou OSTROGOTH, OTHE, *s.* et *adj.* habitant de la Gothie orientale. Au *pl.* partie du peuple goth qui était à l'orient des autres. *Fig.* homme sans usage, grossier, mal élevé.

OSTROLENKA, p. ville de Pologne, sur la Narew. Victoire des Français sur les Russes en 1807, et des Polonais aussi sur les Russes en 1831.

OSTROWSKI (Constantin), célèbre général polonais, 18e s. — (Thomas-Adam), ministre du roi Stanislas Poniatowski (1739-1817).

OSYMANDIAS, roi d'Égypte, antérieur au 16e s. av. J. C. fonda la première bibliothèque publique.

OTAGE, *sm.* personne ou chose gardée comme garantie d'un traité.

OTAÏTI ou TAHITI, la plus grande des îles de la Société (Océanie).

OTALGIE, *sf.* (gr. *ous*, gén. *ôtos* oreille; *algos* douleur), douleur d'oreille (*méd.*).

OTALGIQUE, *adj. 2 g.* qui est propre pour l'otalgie ou douleur d'oreille.

ÔTER, *va.* tirer une chose de la place où elle est; enlever, retrancher; quitter, déposer, faire cesser. — S'ÔTER, *vpr.* se retirer d'un lieu, s'enlever.

OTHMAN ou OSMAN, troisième calife d'Orient, m. 656. — OTHMAN ou OSMAN Ier, fondateur de l'empire des Turcs-Ottomans (1259-1326).

OTHON, empereur romain; m. 69.

OTHON ou OTTON, nom de plusieurs empereurs d'Allemagne : OTHON Ier, le Grand (912-973); OTHON II, son fils (955-983); OTHON III, fils d'Othon II (980-1002); OTHON IV de Brunswick (1175-1218).

OTHONIEL, juge d'Israël après Josué, en 1554 av. J. C.

OTIEUX, EUSE, *adj.* (on pr. ocieu), oisif, qui a beaucoup de loisirs.

OTRANTE, ville de l'Italie méridionale; port sur le détroit de même nom.

OTRÉPIEF ou OTREPIEV (Grégoire), moine russe qui se fit passer pour Dimitri, fils d'Ivan IV, et régna quelque temps comme tzar; m. 1605.

OTTO DE GUÉRICKE, V. Guéricke.

OTTOCAR Ier, duc, puis roi de Bohême en 1198; OTTOCAR II, le Victorieux, roi de Bohême; m. 1278.

OTTOMAN, ANE, *adj.* et *s.* de la tribu turque qui prit pour chef Othman Ier. Empire ottoman ou Porte ottomane, la Turquie.

OTTOMANE, *sf.* sorte de grand siège sans dossier.

OTWAY (Thomas), poëte dramatique anglais (1651-1685).

OU, *conj.* marquant l'alternative : *l'un ou*

l'autre; signifie aussi *autrement*, d'une autre façon : *Byzance ou Constantinople*.

OÙ, *adv.* de lieu; en quel lieu, en quel endroit, à quoi ? dans lequel, dans laquelle.

OUAD-EL-KEBIR, rivière d'Algérie.

OUAILLE, *sf.* (*ll* m.), brebis, troupeau de brebis. *Fig.* se dit des chrétiens par rapport à leur pasteur.

OUAIS *interj.* (a nulle), qui marque la surprise.

OUATE, *sf.* (on pr. *ouète* en aspirant l'o seulement après l'article : *de la ouate* : Acad.), sorte de coton fin qui sert à garnir un vêtement, une couverture, etc.

OUATER, *va.* (on pr. *ouéter* : Acad.), garnir d'ouate.

OUATEUX, **EUSE**, *adj.* de la nature de la ouate.

OUBLI, *sm.* manque de souvenir.

OUBLIANCE, *sf.* oubli (vx. mot).

OUBLIE, *sf.* sorte de pâtisserie très-mince que l'on cuit entre deux fers.

OUBLIER, *va.* perdre le souvenir de, omettre, laisser par inadvertance, négliger, manquer à une obligation, ne point conserver de reconnaissance, ne point garder de ressentiment. — S'OUBLIER, *vpr.* manquer à ce que l'on doit aux autres et à soi-même ; devenir orgueilleux dans la prospérité; négliger ses intérêts, ses avantages.

OUBLIETTES, *sf. pl.* cachot où l'on jetait ceux qui étaient condamnés à une prison perpétuelle.

OUBLIEUR, *sm.* (on pr. *oublieux* : Acad.), marchand d'oublies ambulant.

OUBLIEUX, **EUSE**, *adj.* qui est sujet à oublier.

OUCHE, riv. de France, affluent de la Saône.

OUDE ou **AOUDE**, V. *Aoude*.

OUDENARDE, ville de Belgique, sur l'Escaut.

OUDINOT, duc de Reggio, maréchal de France (1767-1847).

OUDRY, peintre français, a excellé dans la peinture des animaux (1686-1755).

OUEN (St), évêque de Rouen et ministre de Dagobert Ier (609-685).

OUENSERIS, partie de l'Atlas dans l'Algérie.

OUESSANT, île qui dépend du dép. du Finistère.

OUEST, *sm.* occident, point de l'horizon opposé à l'est.

OUESTANIEH, la moyenne Égypte.

OUF! *interj.* qui exprime une douleur subite, le saisissement, l'oppression, etc.

OUI, *particule adverbiale* opposée à *non*. S'emploie comme *sm.*; se fâcher pour un *oui* ou un *non*, c'est-à-dire pour peu de chose. — OUI-DA, *loc. adv.* volontiers ; vraiment!

OUÏ-DIRE, *sm.* (inv.), se dit de ce que l'on ne connaît que pour l'avoir entendu dire.

OUÏE, *sf.* sens par lequel on perçoit les sons.

OUÏES, *sf. pl.* branchies ou organes respiratoires des poissons; ouvertures à la table supérieure des violons et autres instruments à cordes.

OUINIPEG ou **WINIPEG** (lac), dans l'Amérique du Nord.

OUÏR, *va.* entendre, écouter. — *Ind. pr.* j'ois, tu ois, il oit, n. oyons, v. oyez, ils oient ; *imp.* j'oyais; *p. déf.* j'ouïs; *fut.* j'oirai; *cond.* j'oirais; *imper.* ois, oyons, oyez ; *subj. pr.* que j'oie ou que j'oye ; *imp.* que j'ouïsse ; *part. pr.* oyant ; *part. p.* ouï, ïe. — On n'emploie aujourd'hui ce verbe qu'à l'infinitif et aux temps composés du participe passé *ouï* et du verbe *avoir*.

OUISTITI, *sm.* petit singe d'Amérique.

OULÉMA, V. *Uléma*.

OULOUK-TAG, chaîne de montagnes dans la Sibérie.

OURAGAN, *sm.* tempête violente.

OURALIEN, **IENNE**, *adj.* des monts Ourals.

OURAL ou **JAÏK**, fleuve de Russie, affluent de la mer Caspienne.

OURALS (monts), entre l'Europe et l'Asie.

OURCQ, riv. de France, affluent de la Marne.

OURDIR, *va.* disposer sur une machine les fils d'un tissu. *Fig.* machiner, former, tramer : *ourdir une intrigue*.

OURDISSAGE, *sm.* action de l'ouvrier qui ourdit.

OURDISSEUR, **EUSE**, *s.* celui, celle qui ourdit.

OURDISSOIR, *sm.* pièce de bois sur laquelle les ouvriers ourdissent.

OURDISSURE, *sf.* action d'ourdir ; résultat de cette action.

OURIQUE, p. ville du Portugal. Victoire du roi Alphonse Henriquez sur cinq rois maures, en 1139.

OURLER, *va.* faire un ourlet.

OURLET, *sm.* repli sur le bord d'une étoffe. *Faux ourlet*, repli simple qui est arrêté à l'aiguille.

OURMIAH, ville et lac dans la Perse.

OURS, *sm.* (on pr. l's), quadrupède carnassier très-velu. *Fig.* homme qui fuit la société. *Ours mal léché*, homme difforme ou grossier, mal élevé.

OURSE, *sf.* femelle de l'ours. *Grande Ourse*, *Petite Ourse*, constellations près du pôle nord.

OURSIN, *sm.* zoophyte marin à test dur, de forme sphérique et garni de piquants. Au *pl.* groupe d'Échinodermes (zool.).

OURSON, *sm.* petit ours, petit de l'ourse.

OURTHE, riv. de Belgique, affluent de la Meuse.

OURVARI, V. *Hourvari*.

OUSE, nom de 3 rivières d'Angleterre.

OÛT, V. *Août*.

OUTARDE, *sf.* gros oiseau à jambes hautes.

OUTARDEAU, *sm.* petit d'une outarde.

OUTIL, *sm.* (on pr. *outi*), tout instrument dont se servent les artisans.

OUTILLAGE, *sm.* (*ll* m.), ensemble des outils.

OUTILLÉ, **ÉE**, *adj.* (*ll* m.), muni d'outils. *Fig.* muni de tout ce qui est nécessaire.

OUTILLER, *va.* (*ll* m.), garnir d'outils.

OUTRAGE, *sm.* injure grave de fait ou de parole. *Fig.* faire outrage au bon sens, à la raison : faire, dire quelque chose qui est contraire au bon sens, à la raison ; *l'outrage des ans*, le dommage causé par la longue durée des temps.

OUTRAGEANT, EANTE, *adj.* qui outrage.

OUTRAGER, *va.* offenser grièvement ; faire - outrage : *outrager la raison.*

OUTRAGEUSEMENT, *adv.* avec outrage ; à outrance.

OUTRAGEUX, EUSE, *adj.* qui fait outrage.

OUTRANCE, *sf.* excès. — 'À OUTRANCE, *loc. adv.* à l'excès. *Combat à outrance,* combat jusqu'à la mort d'un adversaire.

OUTRE, *sf.* peau de bouc préparée en forme de sac pour contenir des liquides.

OUTRE, *prép. et adv.* au delà, par-dessus, en plus. — OUTRE MESURE, *loc. adv.* avec excès ; EN OUTRE, *loc. adv.* de plus ; D'OUTRE EN OUTRE, *loc. adv.* de part en part.

OUTRÉ, ÉE, *adj. part.* exagéré, excessif : *louanges outrées ;* irrité, transporté de : *outré de dépit, de douleur.*

OUTRECUIDANCE, *sf.* défaut de celui qui présume trop de lui-même, qui a une trop haute opinion de lui.

OUTRECUIDANT, ANTE, *adj.* présomptueux, téméraire.

OUTRECUIDÉ, ÉE, *adj.* outrecuidant.

OUTRÉMENT, *adv.* d'une manière outrée.

OUTREMER, *sm.* couleur bleue extraite du lapis pulvérisé.

OUTRE-PASSE, *sf.* abatis que l'adjudicataire d'une coupe de bois fait au delà des limites marquées (pl. *outre-passes*).

OUTRE-PASSER, *va.* aller au delà de , dépasser les limites.

OUTRER, *va.* et *n.* porter les choses au delà de la saine raison, exagérer ; accabler de travail ; offenser, pousser à bout.

OUVERT, ERTE, *adj. part.* qui n'est pas fermé. *Fig.* franc, sincère : *caractère ouvert. Guerre ouverte,* guerre déclarée.— 'A FORCE OUVERTE, *loc. adv.* les armes à la main ; À CŒUR OUVERT, *loc. adv.* sans déguisement ; À LIVRE OUVERT, *loc. adv.* sans préparation, couramment.

OUVERTEMENT, *adv.* franchement, hautement.

OUVERTURE, *sf.* fente, trou ; action d'ouvrir. *Fig.* l'entrée, le commencement de certaines choses ; premières propositions relatives à une affaire ; expédient ; aveu ; symphonie par laquelle commence la représentation d'une pièce de théâtre.

OUVRABLE, *adj.* 2 *g.* consacré au travail : *jour ouvrable,* où il est permis de travailler.

OUVRAGE, *sm.* œuvre ; travail, façon ; ce qui résulte d'un travail ; production de l'esprit ; travaux de fortification au dehors d'une place.

OUVRAGÉ, ÉE, *adj.* où l'on a employé beaucoup de travail manuel.

OUVRANT, ANTE, *adj. A porte ouvrante,* à l'ouverture de la porte ; *à jour ouvrant,* à la pointe du jour.

OUVRÉ, ÉE, *adj.* façonné en ouvrage. *Linge ouvré,* façonné de manière à représenter des figures, des fleurs, des compartiments.

OUVRER, *vn.* travailler. — *va.* ouvrer la monnaie, la fabriquer, la façonner.

OUVREUR, EUSE, *s.* celui, celle qui ouvre.

OUVRIER, IÈRE, *s.* celui, celle qui travaille habituellement de ses mains pour gagner sa vie. — *adj.* 2 *g.* qui travaille : *la classe ouvrière,* où l'on travaille ; *jour ouvrier. Cheville ouvrière,* principal agent.

OUVRIR, *va.* faire que ce qui était clos ne le soit plus ; pratiquer une ouverture ; fendre, séparer, entamer. *Fig.* rendre facile l'accès, l'abord, le passage : *ouvrir les ports, les mers ;* commencer : *ouvrir la campagne. Ouvrir un avis,* le proposer. — *Ind. pr.* j'ouvre, tu ouvres, il ouvre, n. ouvrons, v. ouvrez, ils ouvrent ; *imp.* j'ouvrais ; *p. déf.* j'ouvris, *fut.* j'ouvrirai ; *cond.* j'ouvrirais ; *imper.* ouvre, ouvrons, ouvrez ; *subj. pr.* que j'ouvre ; *imp.* que j'ouvrisse ; *part. pr.* ouvrant ; *part. p.* ouvert, erte. — S'ouvrir à quelqu'un, *vpr.* lui déclarer sa pensée, ses sentiments.

OUVROIR, *sm.* lieu où plusieurs personnes travaillent ensemble.

OVAIRE, *sm.* (l. *ovum* œuf), organe où sont renfermés les œufs dans les animaux femelles (*zool.*) ; partie du pistil où sont renfermées les graines (*bot.*).

OVALAIRE, *adj.* 2 *g.* de forme ovale.

OVALE, *adj.* 2 *g.* de figure ronde et oblongue comme celle de l'œuf.— *sm.* cette figure même ; ellipse (*géom.*).

OVAS, *sm. pl.* peuple de Madagascar.

OVATION, *sf.* petit triomphe chez les anc. Romains. *Fig.* honneurs rendus par des personnes assemblées.

OVE, *sm.* (l. *ovum* œuf), ornement en forme d'œuf (*arch.*).

OVÉ, ÉE, *adj.* qui a la forme d'un œuf.

OVER-YSSEL, province de Hollande.

OVICULE, *sm.* petit ove, astragale.

OVIDE, célèbre poëte latin (43 av. J. C. - 18 après).

OVIÉDO, ville d'Espagne (Asturies).

OVIFORME, *adj.* 2 *g.* qui a la forme d'un œuf.

OVILE et **OVINE,** *adj.* 2 *g.* (l. *ovis* brebis), des brebis, des moutons.

OVIPARE, *adj.* 2 *g.* et *sm.* (l. *ovum* œuf ; *parere* engendrer, produire), se dit des animaux qui se reproduisent par des œufs (*physiol.*).

OVO (AB), V. *Ab ovo.*

OVOÏDE, *adj.* 2 *g.* (gr. *òon* œuf, *éidos* forme), qui a la forme d'un œuf.

OVOVIVIPARE, *adj.* 2 *g.* et *sm.* (l. *ovum* œuf ; *vivus* vivant, *parere* produire), se dit des animaux ovipares dont les œufs éclosent dans le ventre de la mère, comme par exemple la vipère (*physiol.*).

OVULAIRE, *adj.* 2 *g.* qui se rapporte à l'ovule ; qui a la forme d'un œuf ou à peu près.

OVULE, *sf.* ou *m.* (diminutif du l. *ovum* œuf ou graine), jeune graine, graine à l'état rudimentaire (*bot.*).

OWHYHÉE, la plus grande des îles Sandwich.

OXACIDE, sm. acide formé par la combinaison de l'oxygène avec un corps simple (*chim.*).

OXALATE, sm. sel formé par la combinaison de l'acide oxalique avec une base (chim.).

OXALIDÉES, sf. pl. (l. oxalis oseille), famille de plantes dont le type est l'oxalis, vulgairement surelle ou oseille-de-bûcheron (bot.).

OXALIQUE, adj. 2 g. (l. oxalis oseille), se dit d'un acide que l'on retire du suc de l'oseille (chim.).

OXENSTIERN, principal ministre du roi de Suède Gustave-Adolphe (1593-1654).

OXFORD, ville d'Angleterre.

OXFORDIEN, IENNE, adj. se dit d'un terrain géologique dont le type est celui des environs d'Oxford (géol.).

OXUS, fl. de l'Asie ancienne, auj. Amou-Daria ou Djihoun.

OXYACANTHE, adj. 2 g. (gr. oxys aigu, akantha épine), qui est garni de nombreux aiguillons. — sm. épinette-vinette ou berbéris (bot.).

OXYCRAT, sm. (t nul: gr. oxys acide, kerannymi mêler), boisson formée d'un mélange d'eau et de vinaigre.

OXYDABILITÉ, sf. propriété qu'a un corps de s'oxyder (chim.).

OXYDABLE, adj. 2 g. qui peut s'oxyder (chim.).

OXYDATION, sf. action d'oxyder; état de ce qui est oxydé (chim.).

OXYDE, sm. se dit de tout composé binaire d'un corps avec l'oxygène et qui n'est point un composé acide (chim.).

OXYDÉ, ÉE, adj. qui est à l'état d'oxyde (chim.).

OXYDER, va. réduire à l'état d'oxyde (chim.).

OXYDRAQUES, peuple de l'Inde anc.

OXYDULÉ, ÉE, adj. légèrement oxydé (chim.).

OXYGÉNATION, sf. action d'oxygéner (chim.).

OXYGÈNE, sm. (gr. oxys acide; génos naissance, production), gaz, l'un des corps simples de la chimie, et qui autrefois était considéré comme pouvant seul produire des acides par sa combinaison avec d'autres corps.

OXYGÉNÉ, ÉE, adj. qui renferme de l'oxygène (chim.).

OXYGÉNER, va. combiner avec l'oxygène (chim.).

OXYGONE, adj. 2 g. (gr. oxys aigu, gôniu angle), qui a les angles aigus.

OXYMEL, sm. (gr. oxys acide, méli miel), mélange de vinaigre et de miel.

OYAPOK, rivière de la Guyane.

OYONNAX, p. ville (Ain).

OZANAM (Jacques), mathématicien français (1640-1717).

OZIAS ou AZARIAS, V. Azarias.

OZOLES (LOCRIENS), tribu de Locriens.

OZONE, sm. (gr. ozô sentir, exhaler de l'odeur), gaz oxygène électrisé, qui exhale de l'odeur (chim.).

OZONÉ, ÉE, adj. qui contient de l'ozone.

P

P, sm. consonne, 16e lettre de l'alphabet.

PACAGE, sm. pâturage.

PACAGER, vn. faire paître.

PACANT, sm. manant (v. et pop.).

PACCA (cardinal), ministre du pape Pie VII (1756-1844).

PACE (IN) (on pr. ine paré), locution latine signifiant en paix, dans la paix, et qui désignait le cachot d'un couvent.

PACHA, sm. titre des gouverneurs de province et des principaux dignitaires de l'empire turc.

PACHALIK, sm. charge, gouvernement d'un pacha.

PACHE, ministre de la guerre en 1792, pendant la Révolution (1740-1823).

PACHECO (François), peintre espagnol (1571-1654). — (Dona Maria), femme de don Juan de Padilla, s'illustra en défendant Tolède contre Charles-Quint, en 1522.

PACHYDERMES, sm. pl. (on pr. pakidermes: gr. pachys épais, dérma peau), ordre d'animaux mammifères à peau épaisse, comme l'éléphant (zool.).

PACIFICATEUR, sm. celui qui pacifie. — adj. propre à pacifier.

PACIFICATION, sf. action de pacifier; rétablissement de la paix.

PACIFIER, va. rétablir la paix; apaiser, calmer.

PACIFIQUE, adj. 2 g. littéral. qui fait ou produit la paix, qui la maintient; qui aime la paix; qui est calme, tranquille. Océan Pacifique, le grand Océan, à l'ouest de l'Amérique.

PACIFIQUEMENT, adv. d'une manière pacifique; avec calme et tranquillité.

PACOME (St), solitaire de la Thébaïde; m. 348.

PACOTILLE, sf. (ll m.), bagage, paquet de marchandises; quantité d'objets quelconques; marchandises de peu de valeur.

PACTA CONVENTA, sm. pl. (on pr. conventa), expression latine employée pour signifier les conventions que les diètes de Pologne présentaient au roi nouvellement élu, et que celui-ci s'obligeait d'observer.

PACTE, sm. convention.

PACTISER, vn. faire un pacte. Fig. composer, transiger.

PACTOLE, anc. riv. de Lydie qui roulait des paillettes d'or.

PACUVIUS (Marcus), poète tragique romain; m. 130 av. J. C.

PADERBORN, ville de la Prusse rhénane (Westphalie).

PADICHA, sm. titre du sultan des Turcs.

PADILLA (don Juan de), chef du parti national espagnol contre Charles-Quint; m. 1522.

PADOU, *sm.* ruban moitié fil, moitié soie.

PADOUAN, *sm.* le pays dont Padoue est le chef-lieu. — PADOUAN, ANE, *adj. et s.* de Padoue.

PADOUE, ville d'Italie, dans l'État vénitien.

PÆAN, *sm.* hymne en l'honneur des dieux du paganisme.

PÆONIACÉES ou PÆONIÉES, *sf. pl.* (l. *pæonia* pivoine), tribu de plantes dont la pivoine est le type (*bot.*).

PAER, compositeur de musique italien (1771-1839).

PAESIELLO ou PAISIELLO, célèbre compositeur de musique italien (1741-1816).

PÆSTUM (on pr. *Pestome*), ville de l'Italie ancienne (Lucanie).

PÆTUS (Cecina), célèbre par sa conspiration contre l'empereur Claude.

PAGAIE, *sf.* rame des Indiens et des sauvages.

PAGAN (Cte de), ingénieur et astronome français (1604-1685).

PAGANINI (Nicolo), célèbre violoniste italien (1784-1810).

PAGANISME, *sm.* religion des païens; idolâtrie.

PAGE, *sf.* un des côtés d'un feuillet de papier; écriture ou imprimé contenu dans ce côté.

PAGE, *sm.* jeune homme servant auprès d'un souverain, d'un prince, d'un grand seigneur. *Fig. Hors de page*, hors de la dépendance d'autrui.

PAGERIE (LA), V. *Joséphine*.

PAGINATION, *sf.* série des numéros des pages d'un livre, d'un registre.

PAGINER, *va.* numéroter les pages d'un livre, d'un cahier, d'un registre.

PAGNE, *sm.* morceau de toile de coton dont les Indiens se couvrent de la ceinture aux genoux.

PAGNON, *sm.* drap noir de Sédan.

PAGNOTE, *sm.* poltron.

PAGNOTERIE, *sf.* action de pagnote.

PAGODE, *sf.* temple de certains peuples asiatiques; idole de ces temples; figure de porcelaine; monnaie d'or indienne.

PAGURIENS, *sm. pl.* (l. *pagurus* homard), tribu ou famille de Crustacés décapodes macroures (*zool.*).

PAHLEN (Cte de), chef de la conspiration contre le tzar Paul 1er (1744-1826).

PAIE, PAIEMENT, V. *Paye, Payement.*

PAÏEN, ENNE, *adj. et s.* adorateur des faux dieux; idolâtre; qui est relatif au culte des faux dieux: *temple païen.*

PAILLARD, *adj. et sm.* (*ll m.*), qui couche sur la paille (La Fontaine). *Fig.* débauché, luxurieux.

PAILLARDISE, *sf.* (*ll m.*), luxure; action de paillard.

PAILLASSE, *sf.* (*ll m.*), grand sac de toile rempli de paille que l'on place sur le bois de lit. — *sm.* bateleur, bouffon.

PAILLASSON, *sm.* (*ll m.*), petite paillasse; sorte de claie de paille; natte de paille ou de jonc.

PAILLE, *sf.* (*ll m.*), tuyau et épi du blé, du seigle, etc. quand le grain en a été séparé: *Fig.* défaut dans la fusion des métaux, dans une pierre, un diamant, etc. *Homme de paille*, homme de néant, prête-nom. *Feu de paille*, chose de peu de durée. *Rompre la paille*, annuler un marché, briser avec quelqu'un.

PAILLE-EN-QUEUE, *sm.* (*ll m.*), oiseau de mer dont la queue a deux longues plumes étroites (*inv.*).

PAILLER, *sm.* (*ll m.*), cour d'une ferme où il y a de la paille, des grains.

PAILLET, *adj. m.* (*ll m.*), se dit du vin rouge peu chargé de couleur.

PAILLET (Alphonse), célèbre avocat et jurisconsulte français (1796-1855).

PAILLETÉ, ÉE, *adj.* (*ll m.*), garni, couvert de paillettes.

PAILLETTE, *sf.* (*ll m.*), petit morceau de lame d'or, d'argent, de cuivre, etc. appliqué sur une étoffe; parcelle d'or dans le sable de quelques rivières.

PAILLEUR, EUSE, *s.* (*ll m.*), celui, celle qui vend ou voiture de la paille.

PAILLEUX, *adj. m.* (*ll m.*), se dit des métaux qui ont des pailles.

PAILLIER, *sm.* (*ll m.*), lieu où l'on serre la paille.

PAILLIS, *sm.* (*ll m. s* nulle), revêtement en paille; natte de paille.

PAILLON, *sm.* (*ll m.*), grosse paillette.

PAIMBŒUF, *s.-pr.* du dép. de la Loire-Inférieure.

PAIMPOL, p. ville et port (Côtes-du-Nord).

PAIMPONT, p. ville (Ille-et-Vilaine).

PAIN, *sm.* aliment fait de farine pétrie et cuite. *Fig.* nourriture, subsistance: *gagner son pain*; substances en masse; *pain de sucre, pain de savon. Pain bénit*, celui que l'on distribue à la grand'messe; *pain à chanter*, hostie; *pain à cacheter*, pain très-mince pour cacheter les lettres. V. *Épice.*

PAINE (Thomas), célèbre publiciste anglais, membre de la Convention en France (1737-1809).

PAIR, *adj. m.* égal, semblable. Se dit aussi d'un nombre divisible exactement par 2. — *sm.* l'égal: vivre *avec ses pairs*; égalité entre la valeur nominale et la valeur réelle ou prix: *change, rente au pair. Fig.* être *au pair*, n'avoir point de travail arriéré. — DE PAIR, *loc. adv.* d'égal à égal.

PAIR, *sm.* titre de dignité: se disait autrefois des grands vassaux du roi; aujourd'hui membre d'une haute chambre législative.

PAIRE, *sf.* couple d'animaux de la même espèce; deux choses de même espèce qui vont ensemble: *une paire de gants*; chose composée de deux pièces: *une paire de pincettes.*

PAIRESSE, *sf.* femme d'un pair ou qui possède une pairie.

PAIRIE, *sf.* dignité de pair; fief, domaine auquel cette dignité était autrefois attachée.

PAISIELLO, V. *Paesiello.*

PAISIBLE, *adj. 2 g.* qui est dans l'état de paix, de calme, de tranquillité; qui est doux et pacifique; qui n'est pas troublé, inquiété.

PAISIBLEMENT , *adv.* d'une manière paisible, sans trouble.

PAISLEY, gr. ville manufacturière d'Écosse.

PAISSEAU, *sm.* échalas.

PAISSON, *sf.* nom collectif de ce que les animaux paissent et broutent.

PAÎTRE, *vn.* se dit des animaux qui broutent l'herbe. — *va.* faire paître. *Fig.* envoyer paître, renvoyer avec mépris. — *Ind. pr.* je pais, tu pais, il pait, n. paissons, v. paissez, ils paissent; *imp.* je paissais; point de *p. déf. fut.* je paîtrai; *cond.* je paîtrais; *imper.* pais, paissons, paissez; *sub. pr.* que je paisse; point *d'imp. du subj.*; *part. pr.* paissant; *part. p.* pu (sans *f*), usité seulement en termes de fauconnerie. — SE PAÎTRE, *vpr.* se repaître, se nourrir. *Fig.* Se paître de vent, aimer les louanges; se paître de chimères, se livrer à de vaines imaginations.

PAIX, *sf.* état d'un peuple qui n'est point en guerre; traité de paix; situation tranquille, repos, calme, concorde; patène que l'on fait baiser à l'offrande. Paix des nonnes, sorte de beignet soufflé.

PAIX, *interj.* silence.

PAJOL (C*te*), général et pair de France (1772-1844).

PAJOU (Augustin) , statuaire français (1730-1809).

PAL, *sm.* long pieu aiguisé; terme de blason. Au pl. *paux* ou *pals* (Acad.).

PALADIN, *sm.* principal seigneur qui suivait Charlemagne à la guerre; chevalier errant.

PALÆONTOGRAPHIE, et autres mots commençant par PALÆO, V. à *Paléo.*

PALAFOX (don José de), célèbre général espagnol (1780-1847).

PALAIS, *sm.* (s nulle), maison vaste et somptueuse d'un souverain, d'un prince, d'un grand seigneur; hôtel magnifique; édifice où siègent les tribunaux, les assemblées législatives, le sénat. *Fig.* le barreau, la profession de juge, d'avocat.

PALAIS, *sm.* (s nulle), partie supérieure de l'intérieur de la bouche. *Fig.* sens du goût.

PALAISEAU, ch.-l. de canton (Seine-et-Oise).

PALAMÈDE, guerrier grec au siège de Troie et auquel on attribue l'invention de l'arithmétique, de la balance et du jeu d'échecs.

PALAN, *sm.* assemblage de poulies et de cordages pour mouvoir des fardeaux.

PALANÇONS, *sm. pl.* morceaux de bois qui relient les torchis.

PALANQUIN, *sm.* sorte de litière en usage dans l'Inde.

PALAPRAT , auteur dramatique français (1650-1721).

PALASTRE, *sm.* boîte de fer d'une serrure.

PALATALE, *adj.* et *sf.* se dit d'une consonne qui se prononce la langue touchant au palais, comme *d, t, l, n.*

PALATIN, *adj. m.* titre de dignité de ceux qui avaient une charge dans le palais d'un prince; seigneur qui avait un palais où se rendait la justice. *sm.* vice-roi de Hongrie; gouverneur de province en Pologne.

PALATIN, INE, *adj.* qui a rapport au palais (anat.); de l'électeur palatin.

PALATIN (mont), l'une des sept collines de Rome.

PALATINAT, *sm.* (t final nul), dignité de palatin; pays gouverné par un palatin. Nom de deux États de l'anc. empire germanique, le *haut Palatinat* ou *Palatinat de Bavière*, et le *Palatinat du Rhin*, ch.-l. Spire.

PALATINE, *sf.* fourrure que l'on porte autour du cou et sur les épaules; femme d'un palatin.

PALE, *sf.* sorte de vanne qui sert à retenir les eaux d'un étang; partie plate d'une rame; couvercle carré du calice.

PÂLE, *adj.* 2 g. blême, terne, blafard, peu coloré. *Fig.* sans éclat.

PALÉACÉ, ÉE, *adj.* (l. *palea* paille ou paillette), qui est de la nature de la paille, qui en a la consistance, qui est formé de petites paillettes (bot.).

PALÉE, *sf.* rang de pieux pour former une digue.

PALEFRENIER, *sm.* valet qui panse les chevaux.

PALEFROI, *sm.* cheval de parade; cheval des dames avant l'usage des carrosses.

PALÉMON, dieu marin (myth.).

PALENCIA, ville d'Espagne.

PALENQUE, anc. ville du Mexique; ruines magnifiques.

PALÉOGRAPHE, *sm.* celui qui s'occupe de paléographie.

PALÉOGRAPHIE, *sf.* (gr. *palaios* ancien, *graphé* écriture), art de déchiffrer les écritures anciennes.

PALÉOLOGUE, illustre famille de l'empire grec, remarquable par les généraux, les ministres, les empereurs qu'elle a donnés à Constantinople.

PALÉONTOGRAPHIE, *sf.* (gr. *palaios* ancien; on, gen. *ontos* être; *graphô* décrire), histoire ou description des animaux et des végétaux qui ont existé anciennement et dont les débris se retrouvent à l'état fossile.

PALÉONTOLOGIE, *sf.* (gr. *palaios* ancien; on, gen. *ontos* être; *logos* discours, traité), science qui traite des animaux et des végétaux anciens dont on retrouve les débris à l'état fossile.

PALÉONTOLOGIQUE, *adj.* 2 g. de la paléontologie.

PALÉOPSAMMÉRYTHRIQUE, *adj.* 2 g. (gr. *palaios* ancien, *psammos* sable, *erythros* rouge), se dit de la formation des anciens grès rouges (géol.).

PALÉORNIS, *sm.* (gr. *palaios* ancien, *ornis* oiseau), ancien oiseau fossile (géol.).

PALÉOSAURE, *sm.* (gr. *palaios* ancien, *saura* lézard), ancien saurien fossile de l'époque permienne (géol.).

PALÉOTHÉRIEN, IENNE, et PALÉOTHÉRIQUE, *adj.* 2 g. (gr. *palaios* ancien, *ther* animal), des anciens quadrupèdes à l'état fossile (géol.).

PALÉOTHÉRIUM, *sm.* (on pr. paléotériome: gr. *palaios* ancien, *ther* animal), nom d'un grand quadrupède retrouvé à l'état fossile dans le terrain parisien (géol.).

PALÉOZOÏQUE, *adj.* 2 g. (gr. *palaios* ancien, z'*on* animal), des anciens animaux fossiles (*géol.*).

PALÉOZOOLOGIE, *sf.* (gr. *palaios* ancien ; *zôon* animal ; *logos* discours, traité), partie de l'histoire naturelle qui traite des anciens animaux que l'on trouve à l'état fossile.

PALERME, capitale de la Sicile.

PALERMITAIN, AINE, *adj.* et *s.* de Palerme.

PALERON, *sm.* partie plate et charnue de l'épaule de certains animaux.

PALÈS, déesse des bergers (*myth.*).

PALESTINE, la Judée ou Terre sainte. — *sf.* nom d'un caractère d'imprimerie.

PALESTRE, *sf.* lieu où l'on formait la jeunesse aux exercices du corps chez les anciens ; ces exercices mêmes.

PALESTRINA, célèbre compositeur de musique italien (1529-1594). — ville d'Italie près de Rome.

PALESTRIQUE, *adj.* 2 g. de la palestre. — *sf.* les jeux de la palestre.

PALESTRO, p. ville du Piémont. Victoire des Français et des Piémontais sur les Autrichiens en 1859.

PALET, *sm.* (*t* nul), pierre plate et ronde ou morceau de métal de même forme avec lequel on joue en le jetant le plus près du but.

PALETOT, *sm.* (*t* final nul), sorte de vêtement ample.

PALETTE, *sf.* sorte de raquette en bois pour jouer au volant ; planchette où les peintres étalent leurs couleurs ; écuelle de capacité déterminée pour recevoir le sang d'une saignée, chacune des plaques d'une roue qui tourne dans l'eau.

PALÉTUVIER, *sm.* sorte d'arbre des Indes.

PÂLEUR, *sf.* état de ce qui est pâle.

PALI, *sm.* et *adj.* 2 g. langue sacrée de l'Hindoustan.

PALICARE ou **PALIKARE,** V. *Pallikare.*

PALICE (LA), V. *La Palisse.*

PALIER, *sm.* plate-forme dans un escalier, dans un perron, etc.

PALIFICATION, *sf.* action d'affermir, de fortifier un sol par des pilotis ou des pals.

PALIMPSESTE, *sm.* et *adj.* (gr. *palimpsestos* : de *palin* une seconde fois, de nouveau, et *psechô* frotter, racler), manuscrit dont on a effacé l'écriture pour y écrire autre chose.

PALINGÉNÉSIE, *sf.* (gr. *palin* de nouveau, *génésis* naissance), littéral. création de nouveau, génération nouvelle : régénération, résurrection.

PALINODIE, *sf.* désaveu, rétractation de ce que l'on en avant dit. *Chanter la palinodie,* se rétracter.

PALINURE (cap), dans l'Italie méridionale.

PÂLIR, *vn.* devenir pâle. *Fig.* s'affaiblir. — *va.* rendre pâle.

PALIS, *sm.* (*s* nulle), petit pieu pointu employé dans les clôtures ; lieu clos de palis.

PALISSADE, *sf.* clôture de palis ; mur de verdure ; haie d'arbustes.

PALISSADER, *va.* entourer de palissades ; établir des palissades.

PALISSAGE, *sm.* action de palisser.

PALISSANDRE ou **PALIXANDRE,** *sm.* sorte de bois violet.

PÂLISSANT, ANTE, *adj.* qui pâlit.

PALISSE (LA), V. *La Palisse.*

PALISSER, *va.* étendre les branches d'un arbre en forme d'espalier.

PALISSOT, poëte et littérateur français (1730-1814).

PALISSY (Bernard de), grand savant et grand artiste émailleur français (1510-1589).

PALK (détroit de), entre l'île de Ceylan et l'Hindoustan.

PALLADIO, célèbre architecte italien (1518-1580).

PALLADIUM, *sm.* (on pr. *palladiome*), l'un des corps simples de la chimie. Statue de Pallas qui était considérée comme le gage de la conservation de Troie. *Fig.* objet auquel on attribue une influence protectrice.

PALLAS, Minerve (*myth.*). — fils d'Évandre, roi du Latium (13e s. av. J.-C.). — favori de l'emper. Claude ; m. 60. — (Pierre-Simon), célèbre voyageur et naturaliste prussien (1741-1811).

PALLAVICINO (Oberto), capitaine italien du 13e s. chef du parti gibelin. — (Sforza), jésuite, historien du concile de Trente (1607-1667).

PALLIATIF, IVE, *adj.* qui pallie ; se dit comme *sm.* d'un remède qui soulage.

PALLIATION, *sf.* action de pallier.

PALLIER, *va.* excuser, atténuer, déguiser ; soulager, ne guérir qu'en apparence.

PALLIKARE, *sm.* soldat de la milice grecque.

PALLIUM, *sm.* (on pr. *palliome*), ornement en laine blanche qui est la marque de dignité d'un archevêque et que le pape lui envoie.

PALMA, ch.-l. de l'île de Majorque.

PALMA-CHRISTI, *sm.* ricin.

PALMAIRE, *adj.* 2 g. qui a rapport à la paume de la main. — *sm.* muscle de la paume de la main (*anat.*).

PALMATIFIDE, *adj.* 2 g. (l. *palmatus* palmé, *findo* fendre), se dit des feuilles qui ont les nervures palmées et dont les lobes sont divisés jusqu'à la moitié de leur limbe (*bot.*).

PALMATIFOLIÉ, ÉE, *adj.* (l. *palmatus* palmé, *folium* feuille), qui a des feuilles palmées (*bot.*).

PALMATILOBÉ, ÉE, *adj.* (l. *palmatus* palmé, *lobatus* lobe), se dit des feuilles à nervures palmées et dont les lobes sont incises à une profondeur indéterminée (*bot.*).

PALME, *sf.* branche de palmier. *Fig.* victoire ; gloire du martyre.

PALME, *sf.* mesure de longueur en Italie et chez les anciens.

PALMÉ, ÉE, *adj.* se dit des oiseaux dont les doigts sont unis par une membrane (*zool.*), et des feuilles profondément divisées (*bot.*).

PALMELLA (duc de), ministre et régent de Portugal (1786-1850).

PALMETTE, *sf.* ornement en forme de feuilles de palmier.

PALMIER, *sm.* arbre qui produit les dattes. Au *pl.* famille de plantes (*bot.*).

PALMIFIDE, PALMIFOLIÉ, PALMILOBÉ (l. palma palme). V. Palmatifide, Palmatifolié, Palmatilobé.

PALMIPARTIT, ITE, adj. (l. palma palme, partitus partagé), se dit d'une feuille profondément découpée dans laquelle les découpures ou partitions ont les nervures palmées (bot.).

PALMIPÈDE, adj. 2 g. et sm. (l. palma palme; pes, gén. pedis pied), qui a les pieds palmés. — sm. pl. ordre d'oiseaux qui ont les pieds palmés (zool.).

PALMISÉQUÉ, ÉE, adj. (l. palma palme, secare couper), se dit des feuilles découpées en segments dont les nervures sont palmées (bot.).

PALMISTE, sm. nom générique de certains palmiers.

PALMITE, sm. moelle du palmier.

PALMURE, sf. largeur de la paume de la main, de l'extrémité de la patte d'un animal

PALMYRE ou TADMOR, anc. ville de Syrie dans une oasis au milieu du désert, entre Damas et l'Euphrate.

PALMYRÈNE (la), territoire de Palmyre.

PALOMBE, sf. espèce de pigeon ramier.

PALONNIER, sm. pièce du train d'une voiture, où l'on attache les traits des chevaux.

PALOS, ville et port de l'Andalousie.

PÂLOT, OTTE, adj. un peu pâle.

PALPABLE, adj. 2 g. qui se fait sentir au toucher. Fig. clair, évident.

PALPABLEMENT, adv. d'une manière palpable.

PALPE, sf. antenne à la partie inférieure de la bouche d'un insecte.

PALPÉBRAL, ALE, adj. (l. palpebra paupière), qui appartient aux paupières (pl. m. palpebraux).

PALPER, va. toucher avec la main à diverses reprises, manier. Fig. recevoir : palper de l'argent.

PALPITANT, ANTE, adj. qui palpite.

PALPITATION, sf. agitation convulsive des muscles; forts battements du cœur.

PALPITER, vn. avoir des palpitations.

PALSAMBLEU, PALSANGUIENNE, interj. sorte de juron.

PALTOQUET, sm. (t final nul), homme épais et grossier (pop.).

PALUDÉEN, ENNE, adj. (l. palus, gén. paludis marais), qui vit dans les marais, qui habite les marais.

PALUDIER, sm. (l. palus marais), ouvrier des marais salants.

PALUDINE, sf. (l. palus, gén. paludis marais), nom d'un coquillage d'eau douce. Au pl. famille de tortues (zool.).

PALUS, sm. (on pr. l's), marais (mot latin). — PALUS MÉOTIDES ou MÉOTIDE, anc. nom de la mer d'Azof.

PÂMER, vn. ou SE PÂMER, vpr. tomber en pâmoison. Fig. se pâmer de rire, rire bien fort.

PAMIERS, s.-préf. du dép. de l'Ariège.

PÂMOISON, sf. défaillance, évanouissement.

PAMPAS, sm. pl. (on pr. l'a), vastes plaines incultes au Brésil.

PAMPE, sf. feuille du blé, de l'orge, etc.

PAMPELUNE, capitale de la Navarre espagnole.

PAMPHLET, sm. (t nul), brochure (se prend surtout en mauvaise part).

PAMPHLÉTAIRE, sm. auteur de pamphlets.

PAMPHYLE ou PAMPHILE, peintre grec, maître d'Apelle, 3e s. av. J. C. — (St); prêtre et martyr; m. 309.

PAMPHYLIE, anc. pays au S. de l'Asie Mineure, le long de la Méditerranée.

PAMPINIFORME, adj. 2 g. (l. pampinus pampre), qui a la forme de pampre (bot.).

PAMPLEMOUSSE, sf. sorte d'oranger; son fruit.

PAMPRE, sm. branche de vigne avec ses feuilles.

PAN, sm. partie considérable d'un vêtement; d'un mur; face ou côté d'un ouvrage de maçonnerie, de menuiserie, etc.

PAN, dieu des troupeaux et des pâturages (myth.).

PANACÉE, sf. remède universel.

PANACHE, sm. assemblage de plumes flottantes; partie supérieure d'une lampe d'église.

PANACHÉ, ÉE, adj. part. rayé ou bigarré de diverses couleurs.

PANACHER, vn. et SE PANACHER, vpr. se dit des plantes dont les tiges, les feuilles, les fleurs sont rayées ou bigarrées de diverses couleurs.

PANACHURE, sf. veine, tache, bigarrure d'une chose panachée.

PANADE, sf. soupe mitonnée de pain, d'eau et de beurre.

PANADER (SE), vpr. se pavaner.

PANÆTIUS, célèbre philosophe grec, stoïcien; 2e s. av. J. C.

PANAGE, sm. droit payé pour mettre dans une forêt des porcs qui se nourrissent de glands.

PANAIS, sm. (s nulle), sorte de plante potagère dont on mange la racine.

PANAMA, ville et port de la Nouvelle-Grenade, sur un golfe de même nom. Isthme de Panama, joignant l'Amérique du Sud à l'Amérique du Nord.

PANARD, adj. m. se dit d'un cheval dont les deux pieds de devant sont tournés en dehors.

PANARD (Charles-François), vaudevilliste et chansonnier français (1694-1765).

PANARIS, sm. (s nulle), inflammation flegmoneuse au bout des doigts.

PANATHÉNÉES, sf. pl. (gr. pan tout, Athéné Minerve), fêtes en l'honneur de Minerve chez les anciens Athéniens.

PANCALIERS, s. et adj. m. pl. variété du chou frisé.

PANCARTE, sf. placard affiché pour donner un avis; toute sorte de papiers et d'écrits.

PANCKOUCKE (Charles-Joseph), imprimeur français, traducteur du Tasse, de l'Arioste et de Lucrèce (1736-1798). — (Charles-Louis), imprimeur-libraire, traducteur de Tacite (1780-1844).

PANCRACE, *sm.* (gr. *pan* tout et *kratos* force), exercice chez les anciens, consistant dans la lutte et le pugilat.

PANCRATIASTE, *sm.* athlète qui s'adonnait au pancrace ou qui avait remporté le prix à la lutte et au pugilat.

PANCRÉAS, *sm.* (on pr. l's), corps glanduleux placé entre le foie et la rate, et qui sécrète un suc dans les intestins (*anat.*).

PANCRÉATIQUE, *adj.* 2 g. du pancréas.

PANDECTES, *sf. pl.* (gr. *pan* tout, *déchomai* contenir), recueil de lois romaines compilées sous Justinien et contenant les décisions sur toutes les questions controversées jusqu'alors.

PANDÉMONIUM, *sm.* (on pron. *pandemoniome*; gr. *pan* tout; *daimon* génie, démon), réunion de tous les démons; chef-lieu de l'enfer.

PANDION, nom de deux rois d'Athènes, 18e et 15e s. av. J. C.

PANDJAB, V. *Pendjab.*

PANDORE, nom de la 1re femme suivant la Mythologie. Jupiter lui donna une boîte où tous les maux étaient enfermés; Épiméthée, mari de Pandore, ouvrit cette boîte, et tous les maux se répandirent sur la terre.

PANDOUR ou **PANDOURE**, *sm.* soldat hongrois. *Fig.* soldat brutal; homme grossier.

PANDURE, **ÉE** ou **PANDURIFORME**, *adj.* (l. *pandura* sorte de violon), se dit d'une feuille oblongue, arrondie à sa base et à son sommet, et offrant à son milieu un sinus arrondi, ce qui fait qu'elle ressemble à un violon (*bot.*).

PANÉ, **ÉE**, *adj.* couvert de pain émietté. *Eau panée*, dans laquelle on a fait tremper du pain grillé.

PANÉGYRIQUE, *sm.* éloge public; louanges.

PANÉGYRISTE, *sm.* auteur d'un panegyrique.

PANER, *va.* couvrir la viande de pain emietté.

PANERÉE, *sf.* le contenu d'un panier.

PANETERIE, *sf.* lieu où se fait la distribution du pain dans les grandes maisons, les communautés, les collèges, etc.

PANETIER, *sm.* officier des grandes maisons qui est commis à la distribution du pain.

PANETIÈRE, *sf.* sac où les bergers mettent leur pain.

PANGÉE, chaîne de montagnes dans la Thrace et la Macédoine.

PANGOLIN, *sm.* quadrupède de l'ordre des Édentés, dont le corps est couvert d'écailles.

PANICULE, *sf.* (l. *paniculus* panache formé par les fleurs du millet), sorte d'inflorescence formant, comme dans le millet, une grappe composée dans laquelle les pédoncules s'élèvent inégalement (*bot.*).

PANICULÉ, **ÉE**, *adj.* qui a les fleurs disposées en panicules (*bot.*).

PANIER, *sm.* ustensile d'osier, de jonc, etc. qui sert à porter des provisions, des denrées, des objets divers; sorte d'ancien jupon; ruche d'abeille. *Fig. Panier percé*, personne qui ne saurait garder son argent; dissipateur.

PANIFIABLE, *adj.* 2 g. dont on peut faire du pain.

PANIFICATION, *sf.* conversion des matières farineuses en pain.

PANIFIER, *vn.* et *a.* devenir pain, convertir en pain.

PANIQUE, *adj.* 2 g. et *sf.* (gr. *panikos* qui vient de Pan), frayeur subite et sans fondement, que les Grecs croyaient inspirée par le dieu Pan.

PANNE, *sf.* sorte d'étoffe de soie, de fil, etc. à longs poils; graisse du ventre des porcs et autres animaux; pièce de bois qui porte les chevrons. *Mettre en panne un navire*, en suspendre ou arrêter la marche par un équilibre de forces contraires.

PANNEAU, *sm.* toute partie d'un ouvrage d'architecture, de menuiserie, etc. qui offre une surface encadrée; face d'une pierre taillée; coussinet de chaque côté d'une selle; filet à prendre des lièvres, des lapins. *Fig.* piege, tromperie.

PANNEAUTER, *vn.* tendre des panneaux pour prendre des lièvres, etc.

PANNETON, *sm.* partie d'une clef qui entre dans la serrure; partie saillante de l'espagnolette qui sert à fermer les volets.

PANNONIE, région de l'Europe anc. qui comprenait ce qui forme auj. l'Autriche propre, la Carinthie, la Styrie, l'Esclavonie, etc.

PANNONIEN, **IENNE**, *adj.* et *s.* de la Pannonie.

PANONCEAU, *sm.* écusson d'armoiries; écusson placé à la porte des notaires, des huissiers, etc.

PANOPLIE, *sf.* (gr. *pan* tout, *oplon* arme), collection d'armes, trophée.

PANORAMA, *sm.* (gr. *pan* tout, *orama* vue), grand tableau circulaire du centre duquel on peut voir la totalité de l'objet ou du paysage représenté.

PANORAMIQUE, *adj.* 2 g. de panorama, en panorama.

PANORME, anc. nom de Palerme.

PANSAGE, *sm.* action de panser un animal.

PANSARD, **ARDE**, *s.* celui, celle qui a une grosse panse (*pop.*).

PANSE, *sf.* ventre (*fam.*); premier estomac des ruminants, partie arrondie d'un petit *a*.

PANSEMENT, *sm.* action de panser une plaie; action d'étriller, de brosser, etc. un cheval.

PANSER, *va.* appliquer un remède sur une plaie; lever l'appareil, etc.; faire le pansement d'un cheval.

PANSU, **UE**, *adj.* et *s.* qui a une grosse panse (*fam.*).

PANTAGRUÉLIQUE, *adj.* 2 g. du pantagruélisme, qui y a rapport.

PANTAGRUÉLISME, *sm.* philosophie insouciante des amis de Pantagruel (héros gigantesque d'un roman de Rabelais, grand mangeur et grand buveur).

PANTAGRUÉLISTE, *sm.* partisan du pantagruélisme, joyeux buveur.

PANTALÉON (S^t), martyr; m. 305.

PANTALON, *sm.* culotte longue descendant jusqu'aux pieds; personnage comique de l'anc. comédie italienne.

PANTALONNADE, *sf.* bouffonnerie à la manière du personnage comique appelé Pantalon. *Fig.* subterfuge ridicule.

PANTELANT, ANTE, *adj.* haletant, qui respire avec peine; palpitant.

PANTELER, *vn.* haleter.

PANTELLARIA, île entre la Sicile et l'Afrique.

PANTHÉISME, *sm.* (gr. *pan* tout, *théos* dieu), système erroné de ceux qui n'admettent d'autre dieu que l'universalité des êtres.

PANTHÉISTE, *s.* 2 g. partisan du panthéisme. — *adj.* 2 g. qui appartient au panthéisme.

PANTHÉON, *sm.* (gr. *pan* tout, *théos* dieu), temple consacré à tous les dieux chez les anciens; église de Rome; église de Paris.

PANTHÈRE, *sf.* animal féroce du genre chat.

PANTIÈRE, *sf.* sorte de filet pour prendre les oiseaux.

PANTIN, *sm.* figure de carton dont on fait mouvoir les membres au moyen d'un fil. *Fig.* homme aux gestes ridicules.

PANTIN, ch.-l. de canton (Seine).

PANTOGRAPHE, *sm.* (gr. *pan*, gén. *pantos* tout; *graphô* tracer, dessiner), instrument qui sert à copier toutes sortes de dessins.

PANTOIS, *adj. m.* (s nulle), haletant. *Fig.* stupéfait, interdit.

PANTOMÈTRE, *sm.* (gr. *pas*, gén. *pantos* tout; *métron* mesuré), instrument pour prendre toutes sortes de mesures.

PANTOMIME, *sf.* (gr. *pas*, gén. *pantos* tout; *miméomai* imiter), pièce de théâtre à personnages qui ne s'expriment que par gestes. — *sm.* acteur muet.

PANTOPHAGE, *adj.* (gr. *pas*, gén *pantos* tout; *phagéin* manger), qui mange de tout.

PANTOUFLE, *sf.* chaussure de chambre.

PANURGE, personnage du roman de Rabelais. V. *Mouton.*

PAOLI (Pascal), célèbre général corse (1726-1807).

PAON, *sm.* (on pr. *pan*), gros oiseau domestique portant une grande queue à plumes brillantes; espèce de papillon.

PAONNE, *sf.* (on pr. *pane*), femelle du paon.

PAONNEAU, *sm.* (on pr. *paneau*), jeune paon.

PAPA, *sm.* père (t. enfantin).

PAPAL, ALE, *adj.* du pape, qui appartient au pape (pl. m. *papals*).

PAPALIN, *sm.* soldat du pape.

PAPAS, *sm.* prêtre des chrétiens du Levant.

PAPAUTÉ, *sf.* dignité de pape; temps pendant lequel a régné un pape.

PAPAVÉRACÉES, *sf. pl.* (L. *papaver* pavot). famille de plantes dont le pavot est le type (*bot.*).

PAPAYER, *sm.* (on pr. *papaié*), sorte d'arbre fruitier des Indes.

PAPE, *sm.* le chef de l'Église catholique romaine.

PAPEGAI, *sm.* figure d'oiseau de carton ou de bois pour tirer à l'arc.

PAPELARD, ARDE, *adj. et s.* hypocrite (*fam.*).

PAPELARDISE, *sf.* hypocrisie.

PAPERASSE, *sf.* papier écrit qui ne sert plus; quantité inutile d'écrits.

PAPERASSER, *vn.* feuilleter, arranger ou faire des paperasses.

PAPERASSIER, *sm.* celui qui aime à paperasser, à conserver des paperasses.

PAPETERIE, *sf.* manufacture ou commerce de papier; art de le fabriquer.

PAPETIER, *sm.* fabricant ou marchand de papier.

PAPHLAGONIE, anc. région de l'Asie Mineure.

PAPHOS (on pr. l's), anc. ville de l'île de Chypre.

PAPIAS (St), disciple de saint Jean l'Evangéliste; m. 156.

PAPIER, *sm.* pâte de vieux linge détrempe ou d'autre substance, étendue par feuilles et séchée pour servir à écrire, à imprimer, etc. *Fig.* titres, documents, effets de commerce, effets publics. *Être bien ou mal dans les papiers de quelqu'un*, être bien ou mal dans son esprit.

PAPIER-MONNAIE, *sm.* papier créé par le gouvernement et ayant cours comme la monnaie.

PAPILIONACÉ ou PAPILLONACÉ, ÉE, *adj.* (ll m.), se dit d'une corolle à cinq pétales inégaux, qui par leur disposition offrent quelque ressemblance avec un papillon. — *sf. pl.* classe ou famille de plantes, qui ont une corolle papilionacée (*bot.*).

PAPILLAIRE, *adj.* 2 g. (on pr. les 2 ll), qui a des papilles.

PAPILLE, *sf.* (on pr. les 2 l), petite éminence ou excroissance sur la surface du corps, sur la langue; petite protubérance.

PAPILLIFÈRE, *adj.* 2 g. (on pr. les 2 l, l. *ferre* porter), qui porte des papilles ou petites protubérances (*bot.*).

PAPILLIFORME, *adj.* 2 g. (on pr. les 2 l), qui a la forme d'une papille (*bot.* et *zool.*).

PAPILLON, *sm.* (ll m.), insecte à quatre ailes de l'ordre des Lépidoptères. — *Fig.* esprit léger et changeant.

PAPILLONACÉ, V. *Papilionacé.*

PAPILLONNAGE, *sm.* (ll m.), action de papillonner.

PAPILLONNER, *vn.* (ll m.), voltiger d'objets en objets.

PAPILLOTAGE, *sm.* (ll m.), mouvement involontaire des yeux qui les empêche de se fixer sur les objets. *Fig.* effet produit par quelque chose qui a de l'éclat, du brillant: maculage des parties saillantes sur les parties vides (*imprim.*).

PAPILLOTE, *sf.* (ll m.), morceau de papier dont on enveloppe les cheveux pour les friser; enveloppe de papier; bonbon enveloppé de papier.

PAPILLOTER, *vn.* (ll m.), se dit des yeux agités par le papillotage, et au *fig.* d'un style trop brillant, d'un tableau qui fatigue les yeux.

PAPIN (Denis), célèbre physicien français, qui le premier employa la vapeur comme force motrice (1647-1710).

PAPINIEN, fameux jurisconsulte latin (142-212).

PAPIRE, V. *Masson.*

PAPIRIUS CURSOR, dictateur romain, 4ᵉ s. av. J. C. — fils du précédent consul, 3ᵉ s. av. J. C.

PAPISME, sm. terme dont quelques communions dissidentes se servent pour désigner le catholicisme romain.

PAPISTE, s. et adj. à g. terme dont quelques communions dissidentes se servent pour désigner les catholiques romains.

PAPOUASIE ou TERRE DES PAPOUS, île de l'Océanie appelée aussi Nouvelle-Guinée.

PAPPENHEIM, p. ville de Bavière. — (Comte de), général allemand dans la guerre de Trente ans (1594-1632).

PAPYRACÉ, ÉE, adj. mince et sec comme du papier.

PAPYRUS, sm. (on pr. l's), plante qui croît sur les bords du Nil et qui servait autrefois de papier; manuscrit égyptien.

PÂQUE, sf. fête annuelle des Juifs en mémoire de leur sortie d'Egypte. V. Pâques.

PAQUEBOT, sm. (t nul), navire qui transporte les dépêches et les voyageurs.

PÂQUERETTE, sf. petite marguerite blanche qui fleurit vers l'époque de Pâques.

PÂQUES, sm. fête des chrétiens en mémoire de la résurrection de J. C. — sf. pl. communion pascale; pâques fleuries, le dimanche des Rameaux.

PAQUET, sm. (t nul), assemblage d'objets attachés ou enveloppés ensemble. Fig. dépêches que porte un courrier; personne très-grasse; personne gênante. Faire des paquets, tenir des propos désobligeants; faire son paquet, déloger, partir; risquer le paquet, s'engager dans une affaire douteuse, courir la chance.

PAR, prép. marque le mouvement, le passage, signifie aussi en, dans, ou désigne la cause; le moyen, etc. — DE PAR, loc. prép. par l'ordre ou le commandement; PAR APRÈS, loc. adv. depuis; PAR CONSÉQUENT, loc. adv. en conséquence; PAR TROP, loc. adv. beaucoup trop; PAR-CI, PAR-LÀ, loc. adv. en divers endroits. Par se joint encore à plusieurs prépositions ou adverbes pour former diverses locutions, telles que par ici, par-dessus, par delà, par-devers, etc.

PARA, sm. petite monnaie turque.

PARA, V. Belem.

PARABOLE, sf. récit allégorique renfermant une grande vérité morale: la parabole de l'Enfant prodigue. En géom. ligne courbe, résultant de la section d'un cône parallèlement à l'un de ses côtés.

PARABOLIQUE, adj. 2 g. de la parabole, courbé en parabole (géom.).

PARABOLIQUEMENT, adv. en parabole.

PARACELSE, fameux médecin et alchimiste suisse (1493-1541).

PARACENTRIQUE, adj. (gr. para auprès ou au delà, kentron centre), qui s'approche ou s'éloigne d'un centre donné (géom.).

PARACHÈVEMENT, sm. action de parachever; perfection d'une chose.

PARACHEVER, va. achever entièrement.

PARACHRONISME, sm. (gr. para au delà, chronos temps), erreur de chronologie par

laquelle on place un fait à une date plus récente.

PARACHUTE, sm. appareil qui, en se déployant, retarde dans l'air la chute d'un corps.

PARACLET, sm. (gr. paraklêtos consolateur), le Saint-Esprit. — hameau près de Nogent-sur-Seine (Aube), où Abélard fonda un monastère de femmes.

PARADE, sf. montre, étalage, ostentation, ce qui est d'ornement; sorte de revue des troupes; action de parer un coup; scène burlesque à la porte du théâtre d'un bateleur.

PARADER, vn. faire manœuvrer un cheval; faire mine d'attaquer (mar.).

PARADIGME, sm. (gr. paradeigma modèle), exemple, modèle de conjugaison: aimer est le paradigme de la 1ʳᵉ conjugaison.

PARADIS, sm. (s nulle), jardin délicieux: le paradis terrestre. Le séjour des bienheureux après la mort. Fig. état très-heureux, sorte d'amphithéâtre au haut d'une salle de spectacle.

PARADISIER, sm. oiseau de paradis.

PARADOXAL, ALE, adj. qui tient du paradoxe; qui aime le paradoxe (pl. m. paradoxaux).

PARADOXALEMENT, adv. d'une manière paradoxale; en forme de paradoxe.

PARADOXE, sm. (gr. paradoxon: de para contre, et doxa opinion), proposition contraire à l'opinion commune.

PARADOXISME, sm. réunion sur un même sujet d'attributs inconciliables.

PARAFE ou PARAPHE, sm. trait de plume qui accompagne la signature ou en tient lieu.

PARAFER ou PARAPHER, va. apposer son parafe.

PARAFFINE, sf. (l. parum affinis qui a peu d'affinité), substance composée de carbone et d'hydrogène, extraite des houilles, des schistes bitumineux, etc. (chim.).

PARAGE, sm. extraction, qualité, rang: dame de haut parage.

PARAGE, sm. espace de mer, lieu ou partie de côtes accessible à la navigation. Au pl. contrée.

PARAGOGE, sf. (gr. paragôgê prolongement), addition d'une lettre ou d'une syllabe à la fin d'un mot (gram.).

PARAGOGIQUE, adj. 2 g. qui s'ajoute par paragoge.

PARAGRAPHE, sm. petite section d'un discours, d'un chapitre, etc.; signe (§) qui indique cette section.

PARAGRÊLE, sm. appareil pour préserver de la grêle.

PARAGUAY, riv. de l'Amérique du Sud, affluent du Parana. — république dans l'Amérique du Sud; capit. l'Assomption.

PARAÎTRE, vn. être exposé à la vue; se montrer, éclater, briller; sembler, avoir l'apparence de; être mis en vente. Impersonnellement: il paraît que, il semble que; il y paraît, on le voit bien, il y en a des marques. — Ind. pr. je parais, tu parais, il paraît, n. paraissons, v. paraissez, ils paraissent; imp. je paraissais; p. déf. je parus; fut. je paraîtrai; cond. je paraîtrais; impér. parais, paraissons, paraissez; subj. pr. que je paraisse; *imp.* que je parusse; *part. pr.* paraissant; *part. p.* paru, ue.

PARALIENS, *sm.* (gr. *para* le long de, *als* mer), habitants des côtes maritimes.

PARALIPOMÈNES, *sm. pl.* (gr. *paraléipoména choses omises*), nom de deux livres de l'Ancien Testament, qui contiennent ce qui a été omis dans les autres.

PARALLACTIQUE, *adj. 2 g.* de la parallaxe, qui a rapport à la parallaxe, qui sert à observer la parallaxe.

PARALLAXE, *sf.* (gr. *parallaxis* différence, variation), différence entre la position d'un astre vu d'un lieu d'observation et celle qu'il aurait étant vu du centre de la terre; angle qui mesure cette différence de position.

PARALLÈLE, *adj. 2 g.* se dit de lignes, de surfaces également distantes d'autres lignes ou surfaces dans toute leur étendue. — *sf.* ligne parallèle; tranchée menée parallèlement à un ouvrage de fortification. — *sm.* cercle parallèle à l'équateur. *Fig.* comparaison.

PARALLÈLEMENT, *adv.* d'une manière parallèle.

PARALLÉLIPIPÈDE ou **PARALLÉLÉPIPÈDE,** *sm.* (gr. *parallélos* parallèle, *épi* sur, *pédion* surface plane : c.-à-d. formé de plans parallèles), solide terminé par six parallélogrammes dont les opposés sont égaux et parallèles (*géom.*).

PARALLÉLISME, *sm.* situation de deux lignes, de deux surfaces parallèles.

PARALLÉLOGRAMME, *sm.* (gr. *parallélos* parallèle; *gramma* trait, ligne), figure quadrangulaire dont les côtés sont égaux et parallèles et dont les angles ne sont pas droits (*géom.*).

PARALLÉLOGRAMMIQUE, *adj. 2 g.* de parallélogramme.

PARALOGISME, *sm.* (gr. *paralogismos :* de *para* à côté ou mal, et *logizomai* raisonner), faux raisonnement fait par ignorance ou par erreur.

PARALYSER, *va.* frapper de paralysie. *Fig.* neutraliser, rendre nul.

PARALYSIE, *sf.* (gr. *paralysis* relâchement, affaiblissement), privation du sentiment ou du mouvement dans quelque partie du corps, causée par un relâchement des fibres ou par un affaiblissement.

PARALYTIQUE, *adj. et s. 2 g.* qui est atteint de paralysie.

PARAMARIBO, capitale de la Guyane hollandaise.

PARAMÈTRE, *sm.* (gr. *para* à côté, *métron* mesure), ligne constante qui entre dans l'équation d'une courbe et qui sert de mesure invariable pour la comparaison des abscisses et des ordonnées (*math.*).

PARANA, gr. riv. de l'Amérique du Sud qui forme, par sa jonction avec l'Uruguay, le Rio de la Plata.

PARANGON, *sm.* modèle, comparaison (vx. mot); sorte de caractère d'imprimerie.

PARANGONNAGE, *sm.* action de parangonner (*imprim*).

PARANGONNER, *va.* comparer, égaler (vx.

mot); faire que des caractères de corps différents s'alignent bien (*imprim.*).

PARANT, ANTE, *adj.* qui orne, qui pare.

PARAPET, *sm.* (t nul), massif de terre ou de maçonnerie qui borde un ouvrage de fortification; muraille à hauteur d'appui sur les côtés d'un pont, le long d'une voie, etc.

PARAPHE, PARAPHER, V. *Parafe, Parafer*.

PARAPHERNAL, *adj. et sm.* (gr. *para* outre, *pherné* dot), se dit d'un bien de la femme qui n'a pas été constitué en dot (pl. *paraphernaux*).

PARAPHRASE, *sf.* (gr. *paraphrasis* interprétation), explication plus étendue que le texte, et, par extension, discours verbeux, diffus.

PARAPHRASER, *va. et n.* faire une paraphrase, amplifier.

PARAPHRASEUR, EUSE, *s.* celui, celle qui fait des paraphrases, qui amplifie.

PARAPHRASTE, *sm.* auteur de paraphrases; interprète.

PARAPLUIE, *sm.* petit pavillon portatif qui protège contre la pluie.

PARASANGE, *sf.* mesure itinéraire chez les anciens Perses.

PARASÉLÈNE, *sf.* (gr. *para* auprès, *sélèné* lune), image de la lune réfléchie dans un nuage qui l'environne.

PARASITE, *sm.* celui qui fait métier d'aller manger à la table d'autrui. — *adj. 2 g.* qui vit de la substance d'autrui : *insecte parasite, plante parasite. Fig.* inutile. Au *pl.* ordre d'insectes (*zool.*).

PARASITISME, *sm.* manière de vivre du parasite.

PARASOL, *sm.* (on pr. *parassol*), petit pavillon portatif qui protège contre l'ardeur du soleil.

PARATITLES, *sm. pl.* (gr. *para* proche, auprès; *tillos* titre), explication de quelques livres d'un code en rapprochant des matières dispersées sous différents titres.

PARATONNERRE, *sm.* verge de fer et chaîne métallique destinées à garantir du tonnerre en neutralisant l'électricité des nuages.

PARAVENT, *sm.* (on pr. *parvan*), châssis couverts de papier peint ou d'étoffe qui s'étendent et se replient sur eux-mêmes et garantissent du vent, des courants d'air.

PARAY-LE-MONIAL, ch.-l. de canton (Saône-et-Loire); ancien prieuré de Bénédictins.

PARBLEU, *interj.* sorte de jurement ayant un sens affirmatif.

PARC, *sm.* (on pr. le *c*), toute étendue de terre entourée de murs, de fossés, etc.; bois clos et rempli de gibier; pâtis où l'on engraisse les bœufs; clôture de claies où l'on enferme les moutons; lieu où l'on garde des huîtres dans l'eau; endroit où l'on place l'artillerie, les munitions, etc.

PARCAGE, *sm.* séjour des moutons, des huîtres dans un parc.

PARCELLAIRE, *adj. et sm.* fait par parcelles : se dit du cadastre fait par pièces de terre, d'un plan qui ne comprend point le tout.

PARCELLE, *sf.* petite partie d'une chose.

PARCE QUE, *loc. conj.* à cause que, par la raison que.

PARCHEMIN, *sm.* peau de brebis ou de mouton préparée pour écrire ou pour d'autres usages. *Fig. au pl.* titres de noblesse.

PARCHEMINERIE, *sf.* lieu où l'on prépare le parchemin, art de le préparer.

PARCHEMINIER, *sm.* celui qui prépare ou vend le parchemin.

PARCIMONIE, *sf.* épargne minutieuse ; caractère d'une personne trop économe.

PARCIMONIEUX, EUSE, *adj.* qui a beaucoup de parcimonie, qui fait des épargnes minutieuses.

PARCOURIR, *va.* courir d'un bout à l'autre ; aller çà et là dans tous les sens. *Fig.* examiner rapidement (c. *courir*).

PARCOURS, *sm.* (s nulle), route, chemin parcouru ; droit de mener paître les troupeaux sur le terrain d'autrui ou sur un terrain commun.

PARDESSUS, *sm.* (s finale nulle), vêtement que l'on met par-dessus un autre.

PARDI ou PARDIENNE, *interj.* parbleu.

PARDON, *sm.* rémission d'une faute, d'une offense. *Je vous demande pardon,* ou simplement *pardon,* formule de civilité.

PARDONNABLE, *adj.* 2 *g.* qui peut ou doit être pardonné.

PARDONNER, *va.* et *n.* accorder le pardon d'une faute ; faire grâce ; excuser, tolérer : *pardonnez mes soupçons ;* voir sans dépit, sans jalousie : *on lui pardonne ses succès en faveur de sa modestie ;* épargner : *le temps ne pardonne à aucune chose.*

PARÉ, EE, *adj.* orné, bien mis.

PARÉ (Ambroise), célèbre chirurgien français (1517-1590).

PAREIL, EILLE, *adj.* (ll m.), égal, semblable, tel. — *sm.* l'égal, personne de la même condition. — *sf.* la même chose : *rendre la pareille,* traiter de la même manière.

PAREILLEMENT, *adv.* (ll m.), de la même manière, également.

PARÉLIE, V. *Parhélie.*

PARELLE, *sf.* plante appelée aussi *patience.*

PAREMENT, *sm.* ce qui pare, ce qui orne ; retroussis à l'extrémité de la manche d'un vêtement ; surface apparente d'un ouvrage de maçonnerie, de menuiserie, etc.

PARENCHYMATEUX, EUSE, *adj.* de la nature du parenchyme. — *sm. pl.* ordre d'helminthes (*zool.*).

PARENCHYME, *sm.* (gr. *paregchyma* épanchement), substance propre de chaque viscère, formée, à ce que l'on croyait jadis, par du sang épanché et coagulé (*physiol.*) ; tissu spongieux des feuilles et autres parties de la plante (*bot.*).

PARÉNÉTIQUE, *adj.* 2 *g.* qui a rapport à la morale, qui exhorte à la vertu.

PARENT, ENTE, *adj.* et *s.* qui est de la même famille, du même sang, de même origine. Au *pl.* le père et la mère.

PARENTAGE, *sm.* l'ensemble des parents.

PARENTÉ, *sf.* consanguinité ; les parents et les alliés.

PARENTÈLE, *sf.* les parents.

PARENTHÈSE, *sf.* (gr. *parenthesis* intercalation), mot ou courte phrase insérée dans le discours et formant un sens à part ; marques ( ) pour enfermer les mots d'une parenthèse. — PAR PARENTHÈSE, *loc. adv.* dont on se sert pour introduire dans le discours quelque chose qui n'y a pas un rapport direct.

PARER, *va.* et *n.* orner, embellir ; préparer ; empêcher, éviter, détourner : *parer un coup ;* garantir, mettre à couvert : *parer du soleil.* — SE PARER, *vpr.* mettre de la parure, s'orner. *Fig.* faire parade : *il se pare d'un vain titre.*

PARÈRE, *sm.* avis, sentiment sur une question de commerce.

PARESSE, *sf.* fainéantise, nonchalance.

PARESSER, *vn.* faire le paresseux.

PARESSEUSEMENT, *adv.* avec paresse.

PARESSEUX, EUSE, *adj.* et *s.* qui se plaît dans la paresse, qui évite le travail. *Fig.* lent à agir, à remplir ses fonctions : *estomac paresseux ;* nom d'un quadrupède d'Amérique.

PARFAIRE, *va.* achever, compléter.

PARFAIT, AITE, *adj.* entièrement terminé ; qui réunit toutes les qualités ; qui est accompli, complet. — *sm.* temps du verbe, se rapportant à une époque passée.

PARFAIT (St), martyr ; m. 850.

PARFAITEMENT, *adv.* d'une manière parfaite.

PARFILAGE, *sm.* action de parfiler.

PARFILER, *va.* et *n.* défaire un tissu fil à fil.

PARFILURE, *sf.* produit du parfilage ; or ou argent séparé de la soie.

PARFOIS, *adv.* (s nulle), quelquefois.

PARFUM, *sm.* (on pr. *parfeun*), odeur aromatique, agréable ; ce qui exhale une bonne odeur. *Fig.* ce qui plaît, ce qui flatte dans une chose : *le parfum des louanges ;* ce qui caractérise une chose : *un parfum d'antiquité.*

PARFUMER, *va.* exhaler, donner une bonne odeur ; répandre des parfums, remplir de parfums. — SE PARFUMER, *vpr.* se couvrir de bonnes odeurs.

PARFUMERIE, *sf.* fabrication, commerce de parfums.

PARFUMEUR, EUSE, *s.* celui, celle qui fait ou vend des parfums.

PARHÉLIE, *sm.* (gr. *para* auprès, *hélios* soleil), image du soleil réfléchie dans un nuage, apparence d'un ou de plusieurs soleils autour du véritable.

PARI, *sm.* gageure, somme pariée.

PARIA, *sm.* Indien de la dernière caste, réputé infâme. *Fig.* homme que l'on prive de tout droit, pour lequel on n'a aucun égard.

PARIA (golfe), dans la mer des Antilles.

PARIER, *va.* faire un pari.

PARIÉTAIRE, *sf.* plante qui croît sur les murs ou au pied des murs.

PARIÉTAL, ALE, *adj.* (l. *parietalis* : de *paries* mur, paroi), qui forme les parois du crâne (*anat.*) ; qui est attaché à la paroi du fruit ou de toute autre partie (*bot.*).

PARLEUR, EUSE, s. celui, celle qui parle.

PARIMA, riv. du Brésil, affluent du Rio-Negro.

PARIPENNÉ, ÉE, adj. (on pr. paripèn-né), se dit d'une feuille pennée dont les folioles sont toutes disposées par paires latérales (bot.).

PARIS (s nulle), capitale de la France.

PÂRIS (on pr. l's), fils de Priam et d'Hécube. — (Mathieu), chroniqueur anglais (1197-1259).

PÂRIS-DUVERNAY, fameux financier français; m. 1770.

PARISIEN, IENNE, adj. et s. de Paris.

PARISIS, sm. (on pr. l's finale), pays de l'anc. province d'Ile-de-France. — adj. 2 g. se disait d'une monnaie frappée à Paris.

PARISYLLABIQUE, adj. 2 g. (on pr. l'x en rement), qui a le même nombre de syllabes.

PARITÉ, sf. égalité, similitude.

PARJURE, sm. faux serment, violation de serment. — adj. et s. 2 g. celui, celle qui a fait un parjure.

PARJURER (SE), vpr. faire un parjure.

PARLAGE, sm. verbiage (fam.).

PARLANT, ANTE, adj. qui parle. Fig. fort ressemblant; expressif.

PARLEMENT, sm. assemblée des grands sous nos premiers rois; cour souveraine de justice avant la Révolution; chambres législatives en Angleterre.

PARLEMENTAIRE, adj. 2 g. du parlement, des assemblées législatives. — sm. celui qui, dans la guerre, est chargé de faire des propositions ou d'y répondre.

PARLEMENTER, vn. faire et écouter des propositions pour rendre une place de guerre. Fig. entrer en voie d'accommodement.

PARLER, vn. proférer des paroles, discourir, prononcer. Fig. manifester ses pensées, ses sentiments par gestes ou par écrit. — va. s'exprimer en une langue : parler italien; raisonner d'une chose, en discourir : parler affaires. Parler en l'air, sans aucun dessein ou sans être bien instruit de la chose; parler au hasard, sans réflexion : parler au cœur, toucher, émouvoir; parler d'abondance, improviser; faire parler de soi, faire des choses dont le monde parle en bien ou en mal; parler d'or. V. Or. — SE PARLER, vpr. avoir un entretien avec autrui ou avec soi-même; être parlé : le français se parle partout.

PARLER, sm. langage, manière de parler. Avoir son franc parler, dire franchement son sentiment.

PARLERIE, sf. babil (fam.).

PARLEUR, EUSE, s. celui, celle qui a l'habitude de parler beaucoup. Beau parleur, qui parle avec facilité et agréablement.

PARLIER, IÈRE, adj. qui n'est qu'en paroles.

PARLOIR, sm. chambre dans les couvents, les collèges, etc. destinée à parler avec les personnes qui viennent du dehors.

PARME, ville d'Italie, capitale d'un anc. duché de même nom.

PARMÉNIDE, philosophe grec, 5e s. av. J. C.

PARMÉNION, général macédonien sous Philippe et Alexandre; m. 329 av. J. C.

PARMENTIER, célèbre agronome français, propagateur de la culture de la pomme de terre (1737-1813).

PARMENTIÈRE, sf. pomme de terre.

PARMESAN, ANE, adj. et s. de Parme. — sm. sorte de fromage des environs de Parme.

PARMESAN (François Mazzuoli, dit le), célèbre peintre italien (1509-1540).

PARMI, prép. entre, au milieu de.

PARNASSE, mont de la Phocide qui était consacré à Apollon et aux Muses. Fig. la poésie.

PARNASSIÉES, sf. pl. famille ou tribu de plantes dont le type est la parnassie ou foin du Parnasse (bot.).

PARNY, poète français (1753-1814).

PARODIE, sf. imitation bouffonne d'un ouvrage sérieux.

PARODIER, va. faire une parodie; contrefaire, imiter drôlement.

PARODISTE, sm. auteur d'une parodie.

PAROI, sf. muraille; face intérieure d'un vase, des cavités du corps, d'un objet creux.

PAROISSE, sf. arrondissement dans lequel le curé exerce sa direction spirituelle; habitants, église de la paroisse.

PAROISSIAL, ALE, adj. appartenant à la paroisse (pl. m. paroissiaux).

PAROISSIEN, IENNE, s. habitant de la paroisse. — sm. livre de prières.

PAROLE, sf. faculté naturelle de parler; mot prononcé, ton de la voix. Fig. sentence, éloquence, promesse verbale. Au pl. propositions, discours piquants, offensants, etc. Avoir la parole, avoir le droit de parler; avoir la parole haute, parler avec autorité, avec arrogance; demander la parole, demander à parler; porter la parole, parler au nom de plusieurs personnes; couper la parole, interrompre; tenir parole, être homme de parole, tenir ce que l'on promet. La parole de Dieu, l'Écriture sainte et les sermons qui l'exposent ou l'expliquent.

PAROLI, sm. double de l'enjeu.

PARONOMASE, sf. (gr. para proche, onoma nom), figure qui consiste à réunir dans la même phrase des mots dont le son est à peu près le même; exemple : qui terre a guerre a.

PARONOMASIE, sf. ressemblance entre des mots de différentes langues.

PARONYCHIÉES, sf. pl. (gr. parônychia panaris), famille de plantes dont le type est la paronyque, plante bonne, dit-on, contre le panaris (bot.).

PARONYME, sm. (gr. para proche, onyma nom), se dit des mots qui ont un son approchant, mais dont le sens diffère, comme éminent et imminent.

PAROPAMISES (monts), anj. Hindou-Koh, en Asie.

PAROS (on pr. l's), île de l'Archipel grec.

PAROTIDE, sf. glande salivaire située derrière l'oreille (anat.).

PAROXYSME, sm. (gr. paroxysmos irritation), redoublement ou accès violent de la maladie, de la douleur, de la colère, etc.

PARPAILLOT (ll m.), ou PARPAYOT, sm.

terme injurieux donné aux protestants ; hérétique (pop.).

PARPAING, sm. pierre tenant toute l'épaisseur du mur ou placée sous un pan de bois.

PARQUE, sf. chacune des trois déesses de la Fable qui filaient la vie des hommes et coupaient le fil de cette vie, ce qui amenait la mort. *Fig.* la mort.

PARQUER, va. mettre dans un parc. — vn. être dans un parc.

PARQUET, sm. (t nul), espace où sont les sièges des juges et le barreau des avocats ; cabinet du ministère public ; pièces de bois assemblées qui forment le plancher d'une salle ; ce plancher même.

PARQUETAGE, sm. ouvrage de parquet.

PARQUETER, va. mettre du parquet.

PARQUETERIE, sf. art de faire du parquet.

PARQUETEUR, sm. ouvrier qui fait du parquet.

PARR (Catherine), femme du roi d'Angleterre Henri VIII ; m. 1548.

PARRAIN, sm. celui qui tient un enfant sur les fonts de baptême ; celui qui donne un nom à une cloche que l'on bénit ; celui qui présente un novice, qui le patronne.

PARRAINAGE, sm. qualité de parrain.

PARRHASIUS, célèbre peintre grec, né vers 420 av. J. C.

PARRICIDE, sm. meurtre ou meurtrier d'un père, d'une mère, d'un aïeul, d'un souverain. — adj. 2 g. d'un parricide ; très-criminel.

PARROCEL, nom de plus. peintres français, entre autres : *Joseph* (1648-1704) ; *Charles*, fils du précédent (1688-1752) ; *Pierre*, neveu de Joseph (1664-1739).

PARSEMER, va. semer, jeter çà et là.

PARSEVAL-GRANDMAISON, poète français (1759-1834).

PARSI, V. *Guèbres*.

PART, sf. (t nul), portion d'une chose divisée ; participation : *avoir part à la dépense, prendre part à une entreprise* ; intérêt : *je prends part à ce qui vous touche* ; lieu, endroit : *je vais quelque part* ; se dit aussi de la personne d'où vient quelque chose ou au nom de qui l'on vient : *il vint de la part du roi*. — *Fig. La part du lion*, la plus forte part. — A PART, *loc. adv.* séparément ; excepté ; en particulier ; tacitement : *à part moi, à part soi*, en moi-même, en soi-même. — DE PART ET D'AUTRE, DE TOUTE PART ou DE TOUTES PARTS, *loc. adv.* de côté et d'autre, de tout côté. — DE PART EN PART, *loc. adv.* d'un côté à l'autre, au travers.

PARTAGE, sm. division d'une chose, portion partagée ; acte qui contient la division de la chose ; division égale des suffrages. *Fig.* lot : *la témérité est le partage de la jeunesse.*

PARTAGEABLE, adj. 2 g. qui peut être aisément partagé.

PARTAGEANT, sm. celui qui a droit à un partage.

PARTAGER, va. diviser en portions. *Fig.* donner, prendre ou avoir part égale ; séparer en parties opposées ; s'intéresser à, participer à : *partager la joie de quelqu'un ;*

partager l'avis de quelqu'un, être de son avis. — vn. avoir part à : *il est appelé à partager.* — SE PARTAGER, vpr. se diviser.

PARTAGEUR, sm. celui qui voudrait que toutes les fortunes fussent également partagées entre tous.

PARTANCE, sf. départ de navires (*mar.*).

PARTANT, adv. par conséquent.

PARTENAIRE, s. 2 g. associé au jeu.

PARTERRE, sm. jardin orné de plates-bandes, de gazon, etc. *Fig.* partie du théâtre en arrière de l'orchestre ; spectateurs du parterre.

PARTHENAY s.-préf. du dép. des Deux-Sèvres.

PARTHÉNON, sm. temple de Minerve à Athènes.

PARTHÉNOPE, anc. nom de la ville de *Naples*. — sf. l'une des petites planètes.

PARTHÉNOPÉE, l'un des sept chefs grecs qui assiégèrent Thèbes.

PARTHÉNOPÉENNE (République), formée de l'anc. royaume de Naples en 1799, et qui ne dura que quelques mois.

PARTHES, peuple de l'Asie ancienne, scythe d'origine, et qui s'établit au S.-E. de la mer Caspienne.

PARTHIE ou **PARTHYÈNE**, pays des Parthes.

PARTHIQUE, adj. 2 g. des Parthes.

PARTI, sm. union de plusieurs personnes d'une opinion, d'un intérêt commun ; résolution, expédient, traitement ; avantage ; profession. Se dit aussi d'une personne à marier.

PARTIAIRE, adj. m. (on pr. *parciaire*), colon partiaire, fermier qui rend au propriétaire une partie des récoltes.

PARTIAL, ALE, adj. (on pr. *parcial*), qui prend le parti de ; qui favorise une personne, une opinion, un parti, au détriment de la justice, de la raison (pl. m. *partiaux*).

PARTIALEMENT, adv. (on pr. *parcialeman*), avec partialité.

PARTIALITÉ, sf. (on pr. *parcialité*), caractère de celui qui est partial ; sentiment partial.

PARTIBLE, adj. 2 g. susceptible de se diviser spontanément (*bot.*).

PARTIBUS (IN), sous-entendu *infidelium* (on pr. *ine partibus infidéliome*), locution latine qui signifie : dans un pays habité par des infidèles.

PARTICIPANT, ANTE, adj. qui participe à, qui prend part à.

PARTICIPATION, sf. action de participer ; connaissance que l'on a d'une affaire et part qu'on y a prise.

PARTICIPE, sm. mot qui participe de la nature du verbe et de celle de l'adjectif (*gram.*).

PARTICIPER, vn. avoir part à ; prendre part à, s'intéresser à : *je participe à votre douleur* ; tenir de la nature de : *l'enthousiasme de cet homme participe de la folie.*

PARTICULARISER, va. faire connaître les particularités ; rendre particulier.

PARTICULARITÉ, sf. circonstance particulière.

PARTICULE, *sf.* petite partie; petit mot (*gram.*).

PARTICULIER, IÈRE, *adj.* qui appartient en propre à une chose à l'exclusion des autres; qui est circonstancié, distinct; bizarre, extraordinaire; opposé à général; personnel. — *sm.* une personne privée : *un simple particulier; ce qui est particulier : il ne faut jamais conclure du particulier au général.* — EN PARTICULIER, *loc. adv.* à part, séparément. — DANS LE PARTICULIER, *loc. adv.* dans la société particulière.

PARTICULIÈREMENT, *adv.* singulièrement, spécialement, en détail.

PARTIE, *sf.* portion d'un tout; articles d'un registre, d'un mémoire; chacune des mélodies dont l'ensemble forme l'harmonie ou le concert; projet, divertissement; ensemble des opérations d'un jeu; celui qui plaide contre quelqu'un. Au *pl.* les personnes qui contractent ou qui ont affaire ensemble. Les *parties nobles*, les organes nécessaires à la vie. *Fig. Prendre à partie*, imputer à mal, s'en prendre à quelqu'un.—EN PARTIE, *loc. adv.* non entièrement.

PARTIEL, ELLE, *adj.* (on pr. *parciel*), qui fait partie d'un tout, qui n'a lieu qu'en partie.

PARTIELLEMENT, *adv.* (on pr. *parciellement*), par parties.

PARTIR, *va.* partager, diviser. *Fig. Avoir maille à partir*, V. *Maille.*

PARTIR, *vn.* se mettre en chemin, en voyage; prendre sa course, son vol; sortir avec impétuosité. *Fig.* émaner, tirer son origine; prendre son point de départ. — *Ind. pr.* je pars, tu pars, il part, n. partons, v. partez, ils partent; *imp.* je partais; *p. déf.* je partis; *fut.* je partirai; *cond.* je partirais; *impér.* pars, partons, partez; *subj. pr.* que je parte; *imp.* que je partisse; *part. pr.* partant; *part. p.* parti, ie (les temps composés prennent l'auxiliaire *être*). — 'A PARTIR DE, *loc. prép.* à dater de, en commençant à, en supposant telle chose.

PARTISAN, *sm.* celui qui embrasse le parti de quelqu'un ou soutient un système; troupes irrégulières qui font une guerre de surprises; autrefois financier qui avait pris à ferme les revenus de l'État.

PARTIT, ITE, *adj.* (l. *partitus* partagé), partagé, divisé (*bot.*).

PARTITIF, IVE, *adj.* qui désigne une partie d'un tout.

PARTITION, *sf.* (on pr. *particion*), partage, division; ensemble de toutes les parties d'une composition musicale.

PARTNER, V. *Partenaire.*

PARTOUT, *adv.* en tous lieux.

PARTURITION, *sf.* (on pr. *parturicion*), accouchement.

PARURE, *sf.* ornement, ajustement; ressemblance, convenance entre des choses : *meubles de même parure;* rognures.

PARVENIR, *vn.* arriver à un but en surmontant les difficultés. *Fig.* faire fortune, s'élever en dignité; arriver à (*v. venir*).

PARVENU, UE, *s.* personne très-obscure qui a fait fortune, qui s'est élevée aux honneurs, aux dignités.

PARVIFLORE, *adj.* 2 g. (l. *parvus* petit, *flos* fleur), qui a de petites fleurs (*bot.*).

PARVIS, *sm.* (*s* nulle), place devant une église; enceinte, vestibule.

PARVULISSIME, *adj.* 2 g. (l. *parvulus* petit), très-petit (*fam.*).

PAS, *sm.* (*s* nulle), mouvement du pied pour marcher ou pour danser; espace parcouru à chaque pas; marques des pieds. *Fig.* démarches; passage étroit; seuil d'une porte; espace entre deux filets d'une vis. *Pas de clerc*, imprudence, fausse démarche; *faux pas*, pas mal assuré, faute; *mauvais pas*, endroit dangereux, situation fâcheuse. *Avoir le pas*, avoir la préséance; *mettre au pas*, mettre à la raison. — 'A PAS COMPTÉS, *loc. adv.* avec lenteur; À PAS DE LOUP, *loc. adv.* sans bruit et dans le dessein de surprendre; DE CE PAS, *loc. adv.* à l'instant même; PAS À PAS, *loc. adv.* doucement.

PAS, *adv.* de négation qui se joint toujours avec *ne* ou *non.* — PAS UN, PAS UNE, *adj. indéf.* aucun.

PASARGADE ou **PASAGARDE**, ville de l'anc. Perse.

PASCAL, ALE, *adj.* qui appartient à la Pâque ou à la fête de Pâques. Au *pl. m. pascals.*

PASCAL Ier (St), pape, de 817 à 824.

PASCAL (Blaise), illustre savant et écrivain français, auteur des *Lettres provinciales* et d'un recueil de *Pensées* extrêmement remarquables (1623-1662).

PAS-D'ÂNE, *sm.* plante appelée aussi *tussilage;* outil de maréchal.

PAS-DE-CALAIS, *sm.* détroit entre la France et l'Angleterre. — département français dont le ch.-l. est *Arras.*

PASIGRAPHIE, *sf.* (gr. *pasi*, datif pl. de *pas*, à tous, pour tous; *graphô* écrire), système d'écriture universelle.

PASIPHAÉ, fille d'Apollon et femme de Minos (*myth.*).

PASITHÉE, l'une des trois Grâces (*myth.*).

PASITIGRIS, nom anc. des deux bouches orientales de l'Euphrate.

PASKEVITCH, célèbre général russe (1782-1856).

PASQUIER (Étienne), célèbre jurisconsulte et érudit français (1529-1615). — (le duc), garde des sceaux et président de la chambre des Pairs (1767-1862).

PASQUIN, *sm.* torse d'une statue antique adossée au palais Braschi à Rome, et à laquelle on a coutume d'attacher secrètement de petits écrits satiriques. *Fig.* bouffon, mauvais railleur.

PASQUINADE, *sf.* placard satirique; raillerie bouffonne et mordante à la manière de Pasquin.

PASSABLE, *adj.* 2 g. qui peut être admis comme non mauvais.

PASSABLEMENT, *adv.* d'une manière supportable.

PASSADE, *sf.* très-court séjour; allées et venues d'un cheval; aumône demandée par un mendiant qui ne fait que passer dans un lieu.

PASSAGE, *sm.* action de passer; lieu par où l'on passe, sorte de voie couverte, traversée.

Fig. transition, changement d'une situation, d'une disposition ; endroit d'un auteur que l'on cite ; partie d'une phrase musicale, fioritures.

PASSAGER, ÈRE, *adj.* qui ne fait que passer, qui ne s'arrête point, qui est de peu de durée. — *s.* personne qui s'embarque pour passer en quelque lieu ou qui ne fait que passer.

PASSAGÈREMENT, *adv.* en passant, pour peu de temps.

PASSANT, *sm.* celui qui passe.

PASSANT, ANTE, *adj.* où il passe beaucoup de monde.

PASSAROWITZ, ville de Servie : traité de 1718 entre l'Autriche et la Turquie.

PASSATION, *sf.* action de passer un contrat.

PASSAU, ville de Bavière : traité de 1552 qui accorda aux luthériens le libre exercice de leur culte.

PASSAVANT, *sm.* billet qui autorise le transport de certaines marchandises ; passage de communication entre les deux gaillards d'un navire.

PASSE, *sf.* petite somme formant l'appoint d'un compte ; sorte de mouvement d'escrime, de danse ou de jeu ; mouvement des mains d'un magnétiseur sur la personne du magnétisé ; sorte de canal de mer entre deux bancs. *Fig. Être en passe de,* être dans une position favorable pour arriver à un but. *Main de passe,* main de papier en sus de chaque rame (*imprim.*).

PASSÉ, *sm.* le temps écoulé, ce qui est dans le temps écoulé ; temps du verbe. — *prép.* après : *passé dix heures.*

PASSÉ, ÉE, *adj.* que l'on a passé ; qui a été ou qui n'est plus ; qui est flétri, fané. — *sf.* action de passer.

PASSE-CARREAU, *sm.* (inv.). morceau de bois long sur lequel les tailleurs passent les coutures au fer.

PASSE-CORDON, *sm.* (inv.), grosse aiguille à enfiler.

PASSE-DEBOUT, *sm.* (inv.), permission de faire entrer, sans payer l'octroi, des denrées qui ne doivent pas séjourner dans la ville.

PASSE-DROIT, *sm.* (pl. *passe-droits* suiv. l'Acad.), faveur, grâce contre le droit ou l'usage ; injustice faite à quelqu'un en lui préférant une personne qui a moins de droits que lui.

PASSE-LACET, *sm.* (inv.), sorte de grosse aiguille qui sert à passer un lacet.

PASSEMENT, *sm.* tissu plat et un peu large qui sert d'ornement aux meubles ou aux vêtements.

PASSEMENTER, *va.* chamarrer de passements.

PASSEMENTERIE, *sf.* art et commerce du passementier.

PASSEMENTIER, IÈRE, *s.* celui, celle qui fait et vend des passements, des ornements et accessoires de meubles.

PASSE-PARTOUT, *sm.* (inv.), clef qui peut ouvrir plusieurs serrures différentes dans une même maison ; cadre dont le fond s'ouvre à volonté.

PASSE-PASSE, *sm.* (inv.), tours d'adresse, de subtilité. *Fig.* adroite fourberie.

PASSE-POIL, *sm.* (pl. *passe-poils* suiv. l'Acad.), liséré qui borde certaines parties des vêtements.

PASSE-PORT (pl. *passe-ports,* Acad.), ou **PASSEPORT,** *sm.* ordre écrit de laisser passer et voyager librement. *Fig.* chose qui en fait passer ou supporter d'autres : *l'allégorie sert de passe-port aux vérités les plus hardies.*

PASSER, vn. aller d'un lieu à un autre ; circuler, se glisser ; s'écouler : *le temps passe vite ;* changer d'état : *passer de la vie à la mort ;* finir, cesser : *cette mode passera ;* disparaître, s'effacer : *la beauté passe vite ;* être admis, être reçu : *cette monnaie ne passe plus ;* être supportable : *ce vin est bon, il peut passer. Passer pour,* être réputé.

PASSER, va. traverser ; transmettre, transporter : *le batelier nous passera ;* faire passer : *passer son doigt dans une bague ;* aller au delà : *passer les bornes ;* devancer ; surpasser, être au-dessus de : *cela passe mes forces ;* préparer, apprêter : *passer une étoffe en couleur ;* omettre : *vous avez passé deux mots ;* faire, rédiger : *passer un contrat ;* accorder, approuver, pardonner : *il ne faut rien lui passer ;* consumer, employer : *passer le temps. Fig. Passer le temps,* se divertir ; *passer l'éponge sur,* vouloir oublier une mauvaise chose. — **SE PASSER,** *vpr.* s'écouler, se perdre ; se priver de, s'abstenir : *se passer de vin ;* avoir lieu : *cela s'est passé il y a deux jours.*

PASSERAGE, *sf.* sorte de plante.

PASSERAT, poëte et savant français, l'un des auteurs de la *Satire Ménippée* (1534-1602).

PASSEREAU, *sm.* moineau. Au pl. ordre d'oiseaux (zool.).

PASSERELLE, *sf.* sorte de pont étroit pour les piétons.

PASSE-ROSE, *sf.* rose trémière.

PASSE-TEMPS, *sm.* (inv.), divertissement, occupation légère et agréable.

PASSEUR, EUSE, *s.* batelier, batelière qui fait traverser l'eau.

PASSE-VELOURS, *sm.* (inv.), nom vulgaire de l'amarante.

PASSE-VOLANT, *sm.* (pl. *passe-volants,* Acad.), intrus, homme qui n'est dans une société que passagèrement et sans y avoir été invité.

PASSIBILITÉ, *sf.* qualité des corps passibles.

PASSIBLE, *adj.* 2 g. qui peut éprouver des sensations ; qui doit subir une peine.

PASSIF, IVE, *adj.* qui souffre l'action, se dit en gram. des verbes et des participes qui présentent le sujet comme supportant l'action ; signifie aussi, par extension, qui n'agit point : *votre rôle est tout passif.* En comptabilité, *dette passive,* celle que l'on est tenu d'acquitter. — *sm.* verbe à signification passive ; dette passive.

PASSIFLORE, *sf.* sorte de plante dont la fleur s'appelle vulgairement *fleur de la passion.* Au pl. famille ou tribu de plantes (bot.).

PASSIM, *adv.* (on pr. *passime*), çà et là, de tout côté (mot latin).

PASSION, *sf.* mouvement de l'âme ; sentiment qu'elle éprouve, comme l'amour, la haine, la crainte, etc. ; vif désir, affection très-vive pour une chose ; forte prévention pour ou contre ; expression vive et énergique des sentiments.

PASSION, *sf.* souffrance et mort - ne se dit guère en ce sens que de Jesus-Christ, que de la partie de l'Évangile où sa passion est raconté et d'un sermon prêché à ce sujet.

PASSIONNÉ, ÉE, *adj.* rempli de passion, d'affection, d'ardeur.

PASSIONNEL, ELLE, *adj.* qui agit par le moyen des passions, qui tient aux passions.

PASSIONNÉMENT, *adv.* avec beaucoup de passion.

PASSIONNER, *va.* donner un caractère animé et qui marque de la passion ; émouvoir fortement. — SE PASSIONNER, *vpr.* se laisser aller à la passion, prendre un extrême intérêt à, éprouver une vive affection pour.

PASSIVEMENT, *adv.* d'une manière passive.

PASSIVETÉ ou **PASSIVITÉ,** *sf.* état de l'âme qui reçoit, qui éprouve la sensation.

PASSOIRE, *sf.* ustensile percé de trous servant à passer la purée des legumes ou le jus des fruits.

PASTEL, *sm.* sorte de plante appelée aussi *guède* ; sorte de crayon fait de couleurs pulvérisées ; dessin ou peinture faite avec ce crayon.

PASTENADE, *sf.* panais.

PASTÈQUE, *sf.* mélon d'eau.

PASTEUR, *sm.* celui qui fait paître un troupeau. *Fig.* celui qui exerce une autorité sur les hommes ; se dit surtout en ce sens des ministres de la religion.

PASTICHE, *sm.* tableau ou écrit dans lequel on a imité la manière, le style d'un autre ; opéra composé de morceaux de différents maîtres.

PASTILLE, *sf.* (*ll* m.), petit pain de substance odorante ou bonne à manger.

PASTORAL, ALE, *adj.* qui appartient aux pasteurs ; champêtre. Au pl. m. *pastoraux*, peu usité.

PASTORALE, *sf.* pièce de théâtre où les personnages sont des bergers.

PASTORALEMENT, *adv.* en bon pasteur.

PASTORET (marquis de), ministre de Louis XVI et de Charles X, littérateur et historien (1756-1840). — (Amédée-David, marquis de), homme d'État et littérateur (1791-1857).

PASTOUREAU ou **PASTOUREL,** *sm.* petit berger. *Pastoureaux*, troupe de bergers et de vagabonds qui, sous prétexte d'une croisade, ravagèrent la France en 1250.

PASTOURELLE, *sf.* jeune bergère ; figure de contredanse.

PAT, *sm.* (inv. on pr. le t), coup du jeu d'échecs qui rend la partie nulle.

PATACHE, *sf.* sorte de bâtiment léger, de bateau, de voiture publique non suspendue.

PATAGON, ONNE, *adj.* et *s.* de la Patagonie. Sorte de monnaie espagnole.

PATAGONIE, *sf.* région à l'extrémité méridionale de l'Amérique.

PATALA, anc. ville de l'Inde, à l'embouchure de l'Indus.

PATAQUÈS, *sm.* faute grossière de prononciation consistant en une liaison vicieuse : *ce n'est point-z-à moi, je ne sais pas-t-il qu'est-ce.*

PATARAFFE, *sf.* traits informes, lettres confuses et mal formées.

PATARD, *sm.* (*d* nul), petit monnaie ancienne.

PATARINS, *sm. pl.* sectaire vaudois ; Albigeois.

PATATE, *sf.* plante qui a des tubercules semblables à la pomme de terre ; ces tubercules mêmes.

PATATRAS, *interj.* (*s* nulle), mot familier pour exprimer le bruit d'un corps qui tombe.

PATAUD, *sm.* (*d* nul), petit chien à grosses pattes. — *Fig.* PATAUD, AUDE, *adj.* et *s.* personne mal faite, ou grossière.

PATAUGER, *vn.* marcher dans la bourbe, dans la boue. *Fig.* s'embarrasser, s'embrouiller en parlant.

PATAY, ch.-l. de canton (Loiret). Victoire de Jeanne d'Arc et de Dunois sur les Anglais, en 1429.

PÂTE, *sf.* farine détrempée et pétrie ; masse de choses pétries ensemble ; matière broyée ; substance mise en masse ou solidifiée. *Fig.* caractère, complexion. *Être comme un coq en pâte*, être dans une situation très-heureuse ; *mettre la main à la pâte*, entreprendre soi-même un travail, une affaire.

PÂTÉ, *sm.* sorte de pâtisserie qui renferme de la chair ou du poisson ; *Fig.* goutte d'encre sur du papier ; assemblage de maisons ; mélange de caractères d'imprimerie.

PÂTÉE, *sf.* sorte de pâte de divers aliments pour les animaux.

PATELIN, *sm.* homme souple et artificieux.

PATELIN, INE, *adj.* de patelin, artificieux, insinuant.

PATELINAGE, *sm.* manière insinuante et artificieuse d'un patelin.

PATELINER, *vn.* agir en patelin. — *va.* agir adroitement sur l'esprit de quelqu'un ; manier une affaire avec adresse.

PATELINEUR, EUSE, *s.* celui, celle qui pateline.

PATELLE, *sf.* V. *Lépas.*

PATÈNE, *sf.* vase sacré en forme de petite assiette qui sert à couvrir le calice et à recevoir l'hostie.

PATENÔTRE, *sf.* oraison dominicale ; prière. Au pl. chapelet.

PATENT, ENTE, *adj.* évident manifeste. *Lettres patentes*, lettres du roi scellées du grand sceau ; se dit aussi de certains actes de l'autorité souveraine. —PATENTE, *sf.* commission, diplôme ; contribution annuelle payée par les commerçants ; certificat de santé délivré à un navire qui part.

PATENTABLE, *adj.* 2 g. qui doit payer patente.

PATENTE, *sf.* V. *Patent.*

PATENTÉ, ÉE, *adj.* qui a une patente, qui paye patente.

PATENTER, *va.* soumettre à la patente.

PATER, *sm.* (on pr. l'r), oraison dominicale. Au pl. *pater.*

PATÈRE, *sf.* sorte de soucoupe antique; ornement de métal ou de bois pour ténir les rideaux écartés; ornement d'architecture.

PATERNE, *adj.* 2 *g.* paternel.

PATERNE (St), évêque de Vannes; m. 555. — (St), moine et martyr; m. 726.

PATERNEL, ELLE, *adj.* du père, tel qu'il convient à un père.

PATERNELLEMENT, *adv.* en père.

PATERNITÉ, *sf.* état, qualité de père.

PÂTEUX, EUSE, *adj.* qui est de la nature de la pâte, qui fait dans la bouche le même effet que la pâte; qui est empâté : *avoir la langue pâteuse.*

PATHÉTIQUE, *adj.* 2 *g.* et *sm.* (gr. *pathétikos :* de *pathos* passion, émotion), qui affecte, qui touche, qui émeut.

PATHÉTIQUEMENT, *adv.* d'une façon pathétique.

PATHMOS ou **PATMOS,** île de l'archipel des Sporades sur la côte d'Asie, auj. *Palmosa.*

PATHOGNOMONIQUE, *adj.* 2 *g.* (gr. *pathos* disposition du corps, maladie; *gnômonikos* qui indique), qui dénote l'état de santé ou le caractère de la maladie (*méd.*).

PATHOLOGIE, *sf.* (gr. *pathos* maladie; *logos* discours, traité), partie de la médecine qui traite de la nature et des causes des maladies.

PATHOLOGIQUE, *adj.* 2 *g.* de la pathologie, qui appartient à la pathologie.

PATHOS, *sm.* (on pr. l's; gr. *pathos* émotion, passion), mouvement, passion dans le discours : ne se dit qu'en mauvaise part et pour signifier une chaleur affectée, un style emphatique.

PATIBULAIRE, *adj.* 2 *g.* (l. *patibulum* gibet), qui appartient au gibet; qui forme gibet; qui est digne du gibet.

PATIEMMENT, *adv.* avec patience.

PATIENCE, *sf.* qualité de la personne patiente; vertu qui fait supporter avec modération la douleur, l'adversité, etc.; calme, constance.

PATIENCE, *sf.* sorte de plante appelée aussi *parelle.*

PATIENT, ENTE, *adj.* qui souffre, qui supporte avec modération la douleur, l'adversité, etc. — *s.* celui qui subit une operation; personne condamnée à mort et livrée à l'executeur.

PATIENTER, *vn.* prendre patience.

PATIN, *sm.* sorte de soulier à semelle épaisse; chaussure garnie de fer pour glisser sur la glace; pièce de bois qui sert de base à la charpente d'un escalier.

PATIN (Gui ou Guy), célèbre et savant médecin français (1601-1672).

PATINE, *sf.* oxyde vert de bronze sur les statues et les médailles antiques; couleur propre aux fossiles, aux objets qui ont longtemps séjourné dans la terre.

PATINER, *va.* manier indiscrètement : *patiner des fruits.* — *vn.* glisser sur la glace avec des patins.

PATINEUR, EUSE, *s.* celui, celle qui patine.

PÂTIR, *vn.* souffrir.

PÂTIS, *sm.* (s nulle), espèce de lande, de friche où paissent les bestiaux.

PÂTISSAGE, *sm.* droit de pâture; action de pétrir.

PÂTISSER, *vn.* faire de la pâtisserie.

PÂTISSERIE, *sf.* pâte préparée et cuite au four; art ou commerce du pâtissier.

PÂTISSIER, IÈRE, *s.* celui, celle qui fait ou vend de la pâtisserie.

PÂTISSOIRE, *sf.* table à rebords où l'on pâtisse.

PATNA, ville de l'Hindoustan.

PATOIS, *sm.* (s nulle), langage populaire particulier à chaque province.

PATOISER, *vn.* parler patois. *Fig.* parler d'une manière incorrecte.

PÂTON, *sm.* morceau de pâte pour engraisser la volaille.

PATQUILLET, *sm.* (ll m.), machine hydraulique pour separer la terre de la mine.

PATRAQUE, *sf.* machine usée. *Fig. sf.* et *adj.* 2 *g.* personne faible et usée.

PATRAS, ville et golfe de la Grèce.

PÂTRE, *sm.* celui qui garde et fait paître des troupeaux de bœufs, etc.

PATRES (AD), V. *Ad patres.*

PATRIARCAL, ALE, *adj.* de patriarche (pl. m. *patriarcaux*).

PATRIARCAT, *sm.* (t final nul), dignité de patriarche.

PATRIARCHE, *sm.* saint personnage de l'Ancien Testament avant Moïse; dignité de l'Église des premiers siècles et auj. de l'Église d'Orient. *Fig.* vieillard au milieu de sa famille.

PATRICE, *sm.* grand officier créé par Constantin et qui avait le premier rang après les Césars.

PATRICE ou **PATRICK** (St), apôtre de l'Irlande; m. 464.

PATRICIAT, *sm.* (t final nul), dignité de patrice; ordre des patriciens.

PATRICIEN, *sm.* noble romain, issu des premiers sénateurs.

PATRICIEN, IENNE, *adj.* de patricien, qui appartient aux patriciens.

PATRIE, *sf.* pays où l'on est né. *Fig.* nation dont on fait partie; contrée propre à certaines choses : *l'Afrique est la patrie de la girafe; la Grèce fut la patrie des beaux-arts.*

PATRIMOINE, *sm.* bien qui vient du père ou de la mère. *Fig.* revénu ordinaire et naturel : *l'industrie est son patrimoine.*

PATRIMONIAL, ALE, *adj.* de patrimoine (pl. m. *patrimoniaux*).

PATRIOTE, *s.* et *adj.* 2 *g.* celui, celle qui aime sa patrie.

PATRIOTIQUE, *adj.* 2 *g.* qui appartient au patriote. *Don patriotique,* qui est fait à la patrie.

PATRIOTIQUEMENT, *adv.* en patriote.

PATRIOTISME, *sm.* amour de la patrie.

PATROCINER, *va.* parler longuement pour; persuader (vx. mot).

PATROCLE, ami d'Achille.

PATRON, ONNE, *s.* protecteur; saint dont on porte le nom ou qui est le protecteur; maître d'une maison.

PATRON, sm. chef d'une barque; modèle pour certains ouvrages; morceau de papier dont on suit les contours pour decouper.

PATRONAGE, sm. protection.

PATRONAL, ALE, adj. qui appartient au patron, au saint du lieu (Le pl. m. patronaux est peu usité.)

PATRONNÉ, ÉE, adj. fait sur un modèle; protégé, soutenu, recommande par quelqu'un.

PATRONNER, va. protéger, recommander, présenter dans une société.

PATRONNESSE, adj. et sf. se dit d'une dame qui prend une part directe à l'organisation et à l'exécution d'une œuvre de bienfaisance.

PATRONYMIQUE, adj. 2 g. (gr. patêr, gén. patros père; onyma nom), se dit du nom de famille qui est le même que celui de l'ancêtre ou père de toute la race.

PATROUILLAGE, sm. (ll m.), saleté, malpropreté (pop.).

PATROUILLE, sf. (ll m.), marche, pendant la nuit, de soldats, d'hommes armés pour la sûreté des habitants, pour le maintien de l'ordre, etc. détachement qui fait la patrouille.

PATROUILLER, vn. (ll m.), faire la patrouille; remuer de l'eau sale. — va. manier salement les choses.

PATROUILLIS, sm. (ll m. s nulle), patrouillage, bourbier (pop.).

PATRU (Olivier), célèbre avocat et littérateur français (1604-1681).

PATTE, sf. pied des quadrupèdes qui ont des ongles, des doigts ou des griffes; pied des oiseaux et des insectes. Fig. main; pied d'un verre; bande d'étoffe ou d'un tissu quelconque; morceau de fer pointu d'un bout, plat de l'autre, etc. Pattes de mouche, écriture fine et mal formée; donner un coup de patte, lâcher quelque trait vif et malin contre quelqu'un; graisser la patte à quelqu'un, le corrompre; le gagner par argent; tomber sous la patte de quelqu'un, courir le risque d'en être maltraité.

PATTE-D'OIE, sf. (pl. pattes-d'oie), point de réunion de plusieurs routes; rides divergentes à l'angle extérieur de l'œil.

PATTE-PELU, sm. ou PATTE-PELUE, sf. se dit d'une personne qui va adroitement à ses fins sous des apparences de douceur et d'honnêteté.

PATTU, UE, adj. qui a de grosses pattes; qui a des plumes sur les pieds.

PATURAGE, sm. lieu où les bestiaux pâturent.

PATURE, sf. nourriture des animaux; pâturage. Fig. nourriture: il faut donner de la pâture à l'esprit. Vaine pâture, terre dont la pâture est libre et commune.

PATURER, vn. prendre la pâture; paître.

PATUREUR, sm. celui qui conduit à la pâture.

PATURIN, sm. plante fourragère de la famille des Graminées.

PATURON, sm. partie du bas de la jambe du cheval.

PAU, ch.-l. du dép. des Basses-Pyrénées.

PAUCITÉ, sf. (l. paucitas: de pauci peu nombreux), état de ce qui est en petite quantité, en petit nombre.

PAUILLAC, ch.-l. de canton (Gironde).

PAUL (St), apôtre et martyr; m. 66. — (St), ermite, fondateur de la vie monastique en Orient; m. 342. — (St), pape; m. 767.

PAUL, nom de plusieurs papes, entre autres: Paul III (1468-1549); Paul IV (1476-1559), et Paul V, m. 1621.

PAUL Ier Pétrovitch, empereur de Russie (1754-1801).

PAUL DE SAMOSATE, évêque, puis patriarche d'Antioche, chef de l'hérésie des paulianistes, 3e s.

PAUL-DIACRE, historien latin, secrétaire de Didier, roi des Lombards (740-801).

PAUL-ÉMILE, V. Émile.

PAUL JOVE, V. Jove.

PAUL VÉRONÈSE, V. Véronèse.

PAULE (Ste), abbesse du couvent de Bethléem (347-404).

PAULIANISTES, sm. pl. sectateurs de Paul de Samosate.

PAULICIENS, sm. pl. secte de manichéens aux 10e et 11e siècles.

PAULIN (St), évêque de Nole et poète (353-431).

PAULINE, nom de femme. V. Bonaparte.

PAUME, sf. dedans de la main, entre le poignet et les doigts; sorte de jeu de balle.

PAUMELLE, sf. espèce d'orge; penture de porte; lisière de drap.

PAUMER, va. donner un coup de poing (pop.).

PAUMIER, sm. maître d'un jeu de paume.

PAUPÉRISME, sm. (l. pauper pauvre), état du pauvre à la charge du public; ensemble des pauvres d'un pays.

PAUPIÈRE, sf. peau mobile qui couvre le globe de l'œil. Fig. fermer la paupière, dormir.

PAUSANIAS, célèbre général lacédémonien; m. 477 av. J. C. — géographe-historien grec du 2e s. après J. C.

PAUSE, sf. suspension d'une action; silence d'une mesure en musique.

PAUSILIPPE, sm. montagne et grotte près de Naples.

PAUVRE, adj. 2 g. qui n'a pas le nécessaire ou qui ne l'a que strictement. Fig. stérile; dénué d'ornement; chétif: une pauvre santé; inhabile: un pauvre musicien; malheureux, misérable: un pauvre sire, un pauvre diable; t. de compassion: le pauvre enfant. — sm. mendiant.

PAUVREMENT, adv. dans la pauvreté; d'une pauvre manière.

PAUVRESSE, sf. femme pauvre qui mendie.

PAUVRET, ETTE, adj. diminutif de pauvre employé comme terme de compassion: le pauvret, le pauvre petit.

PAUVRETÉ, sf. état de la personne pauvre. Fig. chose basse, méprisable ou de peu de valeur.

PAVAGE, sm. action de paver, ouvrage fait avec du pavé.

PAVANE, *sf.* ancienne danse grave; air de cette danse.

PAVANER (SE), *vpr.* marcher ou se poser fièrement comme un paon qui fait la roue.

PAVÉ, *sm.* morceau de grès, de pierre qui sert à paver; assemblage de ces morceaux. *Fig.* rue : *se promener sur le pavé de Paris. Être sur le pavé*, n'avoir pas de domicile ou être sans place; *battre le pavé*, aller par les rues en perdant son temps; *brûler le pavé*, aller très-vite à cheval ou en voiture; *tenir le haut du pavé*, être au premier rang.

PAVEMENT, *sm.* action de paver; matériaux pour paver.

PAVER, *va.* couvrir le sol avec des pavés.

PAVEUR, *sm.* ouvrier qui fait le métier de paver.

PAVIE, *sm.* sorte de pêche dont la chair adhère au noyau.

PAVIE, ville de la Lombardie sur le Testin. Bataille où le roi de France François Ier fut fait prisonnier, en 1525.

PAVILLON, *sm.* (*ll* m.), sorte de tente autrefois à l'usage des gens de guerre; corps de bâtiment ordinairement de forme carrée; extrémité evasée d'un cor, d'une trompette, etc.; bannière ou drapeau des navires. *Fig. Baisser pavillon, amener pavillon*, se reconnaître vaincu, se rendre.

PAVOIS, *sm.* (*s* nulle), sorte de grand bouclier; tenture qu'on étend sur le bord d'un navire les jours de réjouissance.

PAVOISER, *va.* orner un navire de pavois et de pavillons (*mar.*).

PAVOT, *sm.* (*t* nul), sorte de plante dont la graine fournit l'opium; sa fleur. *Fig.* le sommeil.

PAYABLE, *adj.* 2 *g.* qui doit être payé.

PAYANT, **ANTE**, *adj.* et *s.* qui paye.

PAYE ou **PAIE**, *sf.* salaire, payement; *haute paye*, solde plus forte que la solde ordinaire. *Fig. mauvaise paye*, mauvais payeur.

PAYEMENT, **PAIEMENT** ou **PAÎMENT**, *sm.* action de payer; ce que l'on donne pour acquitter une dette.

PAYEN (Anselme), chimiste français, né en 1795.

PAYEN, **ENNE**, V. *Païen.*

PAYENS (Hugue des), fondateur de l'ordre des Templiers; m. 1136.

PAYER, *va.* acquitter une dette, un impôt. *Fig.* récompenser, dédommager, expier, punir, obtenir par un sacrifice. — *Ind. pr.* je paye, tu payes, il paye ou il paie, n. payons, v. payez, ils payent ou ils paient; *imp.* je payais, tu payais, il payait, n. payions, v. payiez, ils payaient; *p. déf.* je payai; *fut.* je payerai ou paierai ou pairai; *cond.* je payerais ou paierais ou pairais; *impér.* paye, payons, payez; *subj. pr.* que je paye, que tu payes, qu'il paye, que n. payions, que v. payiez, qu'ils payent; *imp.* que je payasse; *part. pr.* payant, *part. p.* paye, ee.

PAYEUR, **EUSE**, *s.* celui, celle qui paye.

PAYS, *sm.* (*s* nulle), région, contrée, lieu de naissance, patrie; les gens du pays.

PAYS, **PAYSE**, *s.* compatriote, de la même ville, du même pays (*pop.*).

PAYSAGE, *sm.* ensemble des choses diverses qui constituent l'aspect d'un pays, d'un lieu, d'un site; tableau qui représente cet ensemble.

PAYSAGISTE, *sm.* peintre de paysages.

PAYSAN, **ANNE**, *s.* habitant du pays, et, par extension, habitant de la campagne travaillant à la terre.

PAYSANNERIE, *sf.* condition des paysans; manières de paysan.

PAYS-BAS, *sm. pl.* la Hollande.

PAZZI (on pr. *Patzi*), famille de Florence, rivale des Médicis.

PÉAGE, *sm.* droit de passage, lieu où l'on paye ce droit.

PÉAGER, *sm.* celui qui reçoit le péage.

PÉAN ou **PÆAN**, V. *Pæan.*

PEAU, *sf.* membrane qui enveloppe et couvre le corps de l'homme et de certains animaux; épiderme; enveloppe des fruits, des branches, des tiges; croûte légère au-dessus des substances liquides ou onctueuses.

PEAUSSERIE, *sf.* commerce de peaux; travail des peaux.

PEAUSSIER, *sm.* ouvrier qui prépare les peaux; celui qui vend des peaux.

PEC, *adj. m.* se dit du hareng en caque et fraîchement salé.

PECCABLE, *adj.* 2 *g.* (*l. peccare* pécher), qui est capable de pécher, de faire le mal.

PECCADILLE, *sf.* (*ll* m.), petit péché, faute légère.

PECCANT, **ANTE**, *adj.* qui pèche en quantité ou en qualité (*méd.*).

PECCAVI, *sm.* mot latin signifiant *j'ai péché; un bon peccavi*, un véritable repentir de ses péchés (*fam.*).

PÊCHE, *sf.* gros fruit à noyau.

PÊCHE, *sf.* art, exercice, action de pêcher; droit de pêcher; poisson ou objet pêché.

PÉCHÉ, *sm.* transgression volontaire de la loi divine ou religieuse. *Péché mignon*, mauvaise habitude (*fam.*).

PÉCHER, *vn.* commettre un péché, faillir à la morale. *Fig.* avoir un défaut, manquer, faillir.

PÊCHER, *va.* prendre du poisson; tirer hors de l'eau. *Fig.* tirer de, puiser, prendre. *Pêcher en eau trouble*, tirer son profit, son avantage d'un désordre.

PÊCHER, *sm.* arbre qui produit la pêche.

PÊCHERIE, *sf.* lieu où l'on pêche.

PÉCHEUR, **PÉCHERESSE**, *s.* celui, celle qui a commis un péché ou des péchés.

PÊCHEUR, **EUSE**, *s.* celui, celle qui pêche du poisson, qui aime à pêcher. — *adj. m.* qui se livre à la pêche : *peuple pêcheur, bateau pêcheur.*

PÉCLET (Léon-Charles-Eugène), physicien français (1793-1857).

PÉCORE, *sf.* animal. *Fig.* personne bête, sotte, stupide (*fam.*).

PECQUE, *sf.* femme sotte et impertinente.

PECQUET, fameux anatomiste français (1610-1674).

PECQUIGNY ou **PICQUIGNY**, *ch.-l.* de canton (Somme). Traité de 1475 entre Louis XI et Édouard IV d'Angleterre.

PECTINÉ, ÉE, *adj.* (l. pecten, gén. pectinis peigne), qui a la forme d'un peigne ou des dents d'un peigne (*bot.* et *zool.*).

PECTINIBRANCHES, *sm. pl.* (l. pecten, gén. pectinis peigne; *branchiæ* branchies), ordre de mollusques gastéropodes ayant des branchies en forme de peigne (*zool.*).

PECTORAL, ALE, *adj.* de la poitrine, qui concerne la poitrine (pl. m. *pectoraux*). — *sm.* ornement que le grand prêtre des Hébreux portait sur la poitrine.

PÉCULAT, *sm.* (*t* mui.), vol des deniers publics fait par celui qui en a le maniement et l'administration.

PÉCULE, *sm.* ce que l'on amasse par le travail et l'épargne.

PÉCUNE, *sf.* argent comptant (vx. mot).

PÉCUNIAIRE, *adj. 2 g.* (l. pecunia argent monnayé), qui a rapport à l'argent, qui consiste en argent monnayé.

PÉCUNIEUX, EUSE, *adj.* (l. pecunia argent monnayé), qui a beaucoup d'argent.

PÉDAGOGIE, *sf.* (gr. pais, gén. paidos enfant; agô conduire), direction, éducation des enfants.

PÉDAGOGIQUE, *adj. 2 g.* qui a rapport à la pédagogie.

PÉDAGOGUE, *sm.* celui qui enseigne les enfants. *Fig.* censeur, pédant.

PÉDALE, *sf.* gros tuyau d'orgue que l'on fait jouer avec le pied; touche au bas ou au-dessous d'un instrument et que l'on fait mouvoir avec le pied.

PÉDANT, ANTE, *adj.* et *s.* qui affecte d'être savant, rigide; qui parle d'un ton tranchant; qui annonce le pédantisme.

PÉDANTAILLE, *sf.* (*ll* m.), collection de pédants (*fam.*).

PÉDANTER, *vn.* faire mal le métier de régent, de professeur.

PÉDANTERIE, *sf.* air pédant, érudition pédante.

PÉDANTESQUE, *adj. 2 g.* qui est tout à fait d'un pédant.

PÉDANTESQUEMENT, *adv.* d'un air pédant, d'une façon pédante.

PÉDANTISER, *vn.* faire le pédant (*fam.*).

PÉDANTISME, *sm.* manière de parler ou d'agir du pédant.

PÉDESTRE, *adj. 2 g.* (l. pes, gén. pedis pied). *Statue pédestre*, qui représente une personne à pied; *voyage pédestre*, qui se fait à pied.

PÉDESTREMENT, *adv.* à pied.

PÉDICELLE, *sm.* (l. pedicellus petit pied), pied de la fleur par lequel elle tient à la plante (*bot.*).

PÉDICELLÉ, ÉE, *adj.* qui a un pédicelle (*bot.*). — *sm. pl.* groupe d'échinodermes (*sool.*).

PÉDICULAIRE, *adj. 1.* (l. pediculus pou). *Maladie pédiculaire*, dans laquelle il s'engendre beaucoup de poux. — *sf.* sorte de plante, vulgairement *herbe aux poux*.

PÉDICULE, *sm.* (l. pediculus petit pied),

support plus ou moins grêle et allongé d'un organe quelconque (*bot.* et *zool.*).

PÉDICULÉ, ÉE, *adj.* qui est porté sur un pédicule.

PÉDICURE, *adj. et sm.* qui soigne les pieds.

PÉDILUVE, *sm.* bain de pieds.

PÉDIMANE, *adj. 2 g.* (l. pes, gén. pedis pied; *manus* main), qui a les pieds de derrière en forme de main. — *sm. pl.* famille de marsupiaux (*zool.*).

PÉDONCULAIRE, *adj. 2 g.* qui appartient au pédoncule (*bot.*).

PÉDONCULE, *sm.* (l. pedunculus petit pied), support commun de plusieurs fleurs, queue du fruit (*bot.*).

PÉDONCULÉ, ÉE, *adj.* qui est porté sur un pédoncule (*bot.*).

PÈDRE ou PEDRO (Pierre), nom espagnol ou portugais.

PÉDRO (dom), empereur du Brésil (1798-1834).

PÉDUM, *sm.* (on pr. *pédôme*), bâton pastoral.

PEEL (Robert) (on pr. *Pil*), célèbre ministre d'Angleterre (1788-1850).

PÉGASE, *sm.* cheval ailé des Muses (*myth.*). *Fig.* génie poétique.

PEGNITZ, riv. de Bavière.

PÉGU ou PÉGOU, capitale de l'anc. royaume de même nom dans l'Indo-Chine.

PEIGNAGE, *sm.* action de peigner la laine, le chanvre, etc.

PEIGNE, *sm.* instrument à dents pour démêler, retrousser ou nettoyer les cheveux, pour apprêter la laine, le chanvre, etc.

PEIGNÉ, ÉE, *adj.* démêlé, nettoyé, ajusté. *Fig.* soigné, poli.

PEIGNER, *va.* démêler ou nettoyer avec un peigne. — **SE PEIGNER**, *vpr.* se démêler les cheveux avec un peigne.

PEIGNEUR, EUSE, *s.* celui, celle qui peigne la laine, le chanvre, etc.

PEIGNIER, *sm.* celui qui fait et vend des peignes.

PEIGNOIR, *sm.* sorte de manteau que l'on met quand on se peigne, quand on sort du bain.

PEIGNURES, *sf. pl.* cheveux qui sont enlevés par le peigne.

PEINDRE, *va.* représenter par des lignes et des couleurs; couvrir de couleur. *Fig.* décrire vivement; représenter à l'esprit; former les lettres. — *Ind. pr.* je peins, tu peins, il peint, n. peignons, v. peignez, ils peignent; *imp.* je peignais; *p. déf.* je peignis; *fut.* je peindrai; *cond.* je peindrais; *impér.* peins, peignons, peignez; *subj. pr.* que je peigne; *imp.* que je peignisse; *part. pr.* peignant; *part. p.* peint, peinte.

PEINE, *sf.* châtiment, punition; chagrin, inquiétude d'esprit, douleur, travail, fatigue, difficulté, embarras, répugnance à faire une chose. *Homme de peine*, qui gagne sa vie par un travail pénible. — **A PEINE**, *loc. adv.* aussitôt que, depuis peu, presque pas, difficilement; **A GRAND'PEINE**, *loc. adv.* malaisément, difficilement.

PEINÉ, ÉE, *adj.* affligé.

PEINER, *va.* faire de la peine, causer du chagrin. — *vn.* répugner à, faire des efforts pour, se fatiguer à. — **SE PEINER**, *vpr.* se donner de la peine.

PEINTRE, *sm.* celui qui exerce l'art de peindre; ouvrier qui met en couleur. *Fig.* celui qui décrit vivement par le discours.

PEINTURAGE, *sm.* action de peinturer.

PEINTURE, *sf.* art de peindre; ouvrage de peintre. *Fig.* description vive et naturelle.

PEINTURER, *va.* enduire d'une seule couleur (peu usité).

PEINTUREUR, *sm.* barbouilleur.

PEIPUS ou **PEYPOUS** (lac), en Russie.

PEIRESC, célèbre antiquaire et savant français (1580-1637).

PÉJORATIF, IVE, *adj.* (l. *pejorare* rendre pire), qui rend pire, qui exprime l'augmentation dans le mauvais.

PÉKIN ou **PE-KING**, capitale de la Chine.

PELADE, *sf.* maladie qui fait tomber les poils et les cheveux.

PELAGE, *sm.* couleur principale du poil de certains animaux.

PÉLAGE, hérésiarque anglais; m. 432. — nom de deux papes. — premier roi des Asturies ou d'Oviedo; m. 737.

PÉLAGES, V. *Pélasges.*

PÉLAGIANISME, *sm.* hérésie de Pélage.

PÉLAGIE (Ste), comédienne à Antioche, finit ses jours dans la pénitence, 5e s. — (Ste), martyre, m. 311.

PÉLAGIEN, IENNE, *adj.* de l'hérétique Pélage. — *s.* partisan du pélagianisme. — *sm. pl.* famille d'oiseaux qui volent sur la mer (zool.).

PÉLAGIQUE, *adj.* 2 g. (gr. *pélagos*, l. *pelagus* mer), de la mer, qui est propre à la mer ou à son rivage. Se dit en géologie des terrains formés par la mer.

PÉLARD, *adj. m.* se dit du bois dont on a ôté l'écorce pour faire du tan.

PÉLASGES, *sm. pl.* habitants primitifs de la Grèce et de l'Italie.

PÉLASGIEN, IENNE, ou **PÉLASGIQUE**, *adj.* des Pélasges. *Golfe Pélasgique*, auj. golfe de Volo, dans la mer de l'Archipel grec.

PELE, ÉE, *adj.* qui n'a plus de poil, de cheveux; à quoi on a ôté la peau, l'écorce: *roc pelé, montagne pelée*, sans végétation. *sm.* chauve: *un vieux pelé.* V. *Tondu.*

PÉLÉE, père d'Achille.

PÊLE-MÊLE, *adv.* confusément. — *sm.* désordre, mélange confus.

PELER, *va.* ôter le poil, la peau, l'écorce, etc. — *vn.* perdre la peau: *ma main a pelé à la suite de ce mal* (c. geler).

PÈLERIN, INE, *s.* celui, celle qui par piété fait un voyage à un lieu de dévotion; voyageur. *Fig.* personne fine, dissimulée.

PÈLERINAGE, *sm.* le voyage d'un pèlerin; le lieu qu'il visite.

PÈLERINE, *sf.* ajustement de femme en forme de grand collet rabattu sur les épaules et la poitrine.

PELEW (îles), archipel de l'Océanie.

PÉLIAS, roi d'Iolcos et oncle de Jason (myth.).

PÉLICAN, *sm.* oiseau palmipède à large bec pourvu d'une espèce de sac; sorte d'alambic; instrument pour arracher les dents.

PÉLION, montagne de Thessalie.

PELISSE, *sf.* manteau ou mantelet doublé ou garni de fourrure.

PELISSON, V. *Pellisson.*

PELLA, ville de Macédoine.

PELLE, *sf.* instrument de fer ou de bois, large et plat, à long manche.

PELLÉE ou **PELLERÉE**, *sf.* autant que peut en tenir une pelle.

PELLERON, *sm.* petite pelle.

PELLETAN, célèbre chirurgien français (1747-1829).

PELLETÉE, *sf.* autant qu'il en peut tenir sur une pelle.

PELLETERIE, *sf.* art d'apprêter les fourrures; les fourrures elles-mêmes; commerce de fourrures.

PELLETIER, IÈRE, *s.* celui, celle qui prépare ou vend des fourrures.

PELLETIER, savant chimiste et pharmacien français (1761-1797).

PELLICULE, *sf.* petite peau, peau fine et délicate.

PELLICULEUX, EUSE, *adj.* couvert de pellicules.

PELLICO (Silvio), poète et littérateur italien (1788-1854).

PELLISSON, littérateur, auteur d'une histoire de l'Académie française (1624-1693).

PÉLOPIDAS, célèbre général thébain; m. 365 av. J. C.

PÉLOPIDES, *sm. pl.* les fils, les descendants de Pélops.

PÉLOPIUM, *sm.* (on pr. *pélopiôme*), l'un des corps simples de la chimie.

PÉLOPONÈSE, presqu'île de la Grèce, auj. la Morée.

PÉLOPONÉSIEN, IENNE, *adj.* et *s.* du Péloponèse.

PÉLOPS, fils de Tantale, roi de Lydie, père d'Atrée et de Thyeste.

PELOTE, *sf.* espèce de boule de fil, de laine, etc.; coussinet pour ficher les épingles et les aiguilles.

PELOTER, *vn.* jouer à la paume. — *va.* mettre en pelote. *Fig.* battre, maltraiter.

PELOTON, *sm.* petite pelote. *Fig.* petit groupe, petit corps de troupes.

PELOTONNER, *va.* mettre en peloton. — **SE PELOTONNER**, *vpr.* se ramasser en forme de peloton.

PELOUSE, *sf.* terrain couvert d'une herbe épaisse et courte.

PELOUZE, chimiste français, né en 1807.

PELTASTE, *sm.* soldat qui était armé du pelte.

PELTE, *sm.* ancien petit bouclier.

PELTÉ, ÉE, *adj.* (gr. *pelté*, l. *pelta* petit bouclier), en forme de petit bouclier; ombiliqué (bot.).

PELU, UE, *adj.* garni de poils. N'est guère usité que dans *Patte-pelu.* V. ce mot.

PELUCHE, *sf.* étoffe dont le poil est très-long d'un côté.

PELUCHÉ, ÉE, adj. velu : se dit des étoffes et de quelques plantes.

PELUCHER, vn. se dit d'une étoffe qui se couvre de poils détachés par l'usure.

PELUCHEUX, EUSE, adj. qui se peluche, qui s'effile.

PELURE, sf. peau d'un fruit pelé, raclure d'un fromage.

PÉLUSE, anc. ville de la basse Égypte près de la Méditerranée.

PÉLUSIAQUE, adj. m. bras du Nil qui passe à Péluse.

PELVIEN, IENNE, adj. qui appartient ou qui a rapport au bassin (anat.).

PENAILLON, sm. (ll m.), haillon.

PÉNAL, ALE, adj. qui assujettit à quelque peine (pas de pl. m.). Code pénal, code qui prescrit les peines.

PÉNALITÉ, sf. qualité de ce qui est pénal ; système des peines légales.

PÉNATES, adj. et sm. pl. dieux domestiques chez les païens. Fig. habitation.

PENAUD, AUDE, adj. un peu peiné ; honteux, embarrassé, interdit.

PENCE, V. Penny.

PENCHANT, sm. pente. Fig. inclination naturelle ; déclin : penchant de l'âge.

PENCHANT, ANTE, adj. qui penche. Fig. qui est dans ou sur son déclin.

PENCHÉ, ÉE, adj. incliné : tête penchée. Fig. airs penchés, mouvements affectés de la tête ou du corps que l'on prend pour plaire.

PENCHEMENT, sm. action de pencher.

PENCHER, va. incliner d'un côté. — vn. être hors de son aplomb, être incliné vers. Fig. être porté à quelque chose.

PENDABLE, adj. 2 g. qui mérite d'être pendu ; digne de la potence. Tour pendable, méchanceté insigne, action très-blâmable.

PENDAISON, sf. action de pendre.

PENDANT, prép. qui marque la durée. — PENDANT QUE, loc. adv. tandis que.

PENDANT, ANTE, adj. qui pend. Fig. qui est soumis à un tribunal : la cause est pendante. — sm. partie du baudrier ou du ceinturon qui porte l'épée ; bijou qui pend aux boucles d'oreilles. Fig. chose pareille à une autre, objet d'art qui correspond à un autre.

PENDARD, ARDE, s. qui mérite beaucoup d'être pendu ; vaurien (fam.).

PENDELOQUE, sf. pierre précieuse suspendue à des boucles d'oreilles ; cristaux, verres taillés attachés aux lustres. Fig. loques (pop.).

PENDENTIF, sm. (on pr. pandantif), portion de voûte placée entre les quatre grands arcs d'une coupole (arch.).

PENDILLER, vn. (ll m.), être suspendu en l'air et agité par le vent.

PENDJAB ou PANDJAB, partie méridionale de la province de Lahore.

PENDRE, va. attacher un objet en haut de manière à ce qu'il ne touche pas en bas ; attacher à la potence. — vn. être suspendu ; tomber trop bas. — SE PENDRE, vpr. s'étrangler en se suspendant ; se suspendre.

Fig. se pendre au cou de quelqu'un, jeter les bras à son cou et l'embrasser.

PENDU, UE, adj. part. et s. attaché à la potence ; suspendu. Avoir la langue bien pendue, avoir une grande facilité de parler ; être sec comme un pendu, être très-maigre.

PENDULE, sm. poids suspendu dont les oscillations sont régulières. — sf. horloge à pendule.

PÊNE, sm. pièce de fer de la serrure qui entre dans la gâche.

PÉNÉE, anc. fleuve de Thessalie, auj. Salambria.

PÉNÉEN, ENNE, adj. (gr. penês pauvre), se dit d'un groupe de terrains pauvres en métaux et en fossiles (géol.).

PÉNÉLOPE, femme d'Ulysse.

PÉNÉTRABILITÉ, sf. qualité d'être pénétrable.

PÉNÉTRABLE, adj. 2 g. que l'on peut pénétrer, où l'on peut pénétrer.

PÉNÉTRANT, ANTE, adj. qui pénètre. Fig. qui impressionne ; qui approfondit ; scrutateur : un regard pénétrant.

PÉNÉTRATIF, IVE, adj. qui pénètre aisément.

PÉNÉTRATION, sf. propriété ou action de pénétrer. Fig. facilité à pénétrer dans la connaissance des choses.

PÉNÉTRÉ, ÉE, adj. part. percé. Fig. vivement touché de, très-affligé.

PÉNÉTRER, va. et n. percer, entrer bien avant, passer à travers. Fig. découvrir, parvenir à connaître : pénétrer les secrets de la nature ; toucher profondément ; sa douleur me pénètre le cœur. — SE PÉNÉTRER, vpr. remplir son esprit, son âme, son cœur : se pénétrer du sentiment de ses devoirs.

PÉNIBLE, adj. 2 g. qui se fait avec peine ; qui fait de la peine.

PÉNIBLEMENT, adv. avec peine.

PÉNICHE, sf. petite embarcation de guerre.

PÉNICILLÉ, ÉE, ou PÉNICILLIFORME, adj. (l. penicillum pinceau), en forme de pinceau (bot.).

PÉNINSULE, sf. (l. pene presque, insula île), presqu'île.

PÉNINSULAIRE, adj. 2 g. d'une péninsule.

PÉNITENCE, sf. état moral de la personne qui se repent ; peine imposée pour l'expiation des péchés ou d'une faute.

PÉNITENCERIE, sf. charge, fonction de pénitencier.

PÉNITENCIER, sm. prêtre commis par l'évêque pour absoudre les cas réservés ; prison pour les condamnés correctionnellement.

PÉNITENT, ENTE, adj. et s. qui a regret d'avoir offensé Dieu ; celui, celle qui se confesse, qui fait pénitence ; membre de certaines confréries religieuses et laïques.

PÉNITENTIAIRE, adj. 2 g. (on pr. pénitanciaire), se dit des moyens employés pour l'amélioration morale des condamnés.

PÉNITENTIAUX, ELLES, adj. pl. (on pr. pénitanciaux), qui a rapport à la pénitence.

PÉNITENTIEL, sm. rituel de la pénitence.

PÉNITENTIER, V. *Pénitencier*.

PENN (William *ou* Guillaume), legislateur de la Pensylvanie (1644-1718).

PENNAGE, *sm.* (on pr. *pèn-nage*; l. *penna* plume), ensemble des plumes d'un oiseau de proie.

PENNATIFIDE ou PENNIFIDE, *adj.* 2 g. (on pr. *pen* comme dans *penne*; l. *pennatus* penné, *findo* fendre), se dit des feuilles à nervures pennées et à lobes divisés jusqu'au milieu de leur largeur (*bot.*).

PENNATIFOLIÉ, ÉE, *adj.* (*pen* se pr. comme dans *penne*), qui a les feuilles pennatifides (*bot.*).

PENNATILOBÉ ou PENNILOBÉ, ÉE, *adj.* (*pen* se pr. c. dans *penne*; l. *pennatus* penné, *lobus* lobe), se dit des feuilles à nervures pennées et à lobes incises à une profondeur indeterminée (*bot.*).

PENNATIPARTIT ou PENNIPARTIT, ITE, *adj.* (*pen* se pr. c. dans *penne*; l. *pennatus* penné, *partitus* partagé, divisé), se dit des feuilles découpées lateralement jusqu'à la nervure moyenne (*bot.*).

PENNATISÉQUÉ ou PENNISÉQUÉ, ÉE, *adj.* (*pen* se pr. c. dans *penne*; l. *pennatus* penné, *secare* couper), se dit des feuilles à nervures pennées, qui ont leurs lobes divisés jusqu'à la nervure médiane et le parenchyme interrompu (*bot.*).

PENNE, *sf.* (on pr. *pèn-né*; l. *penna* plume), longue plume de l'aile et de la queue des oiseaux.

PENNÉ, ÉE, *adj.* (on pr. *pèn-né*; l. *pennatus* empenné : de *penna* grande plume), dont les parties sont disposees de chaque côte de l'axe comme les barbes d'une plume (*bot.*).

PENNIFIDE, V. *Pennatifide*.

PENNIFORME, *adj.* 2. g. (*pen* se pr. c. dans *penne*; l. *penna* plume), à nervures disposées comme les barbes d'une plume (*bot.*).

PENNILOBÉ, V. *Pennatilobé*.

PENNINES (Alpes) (on pr. *pèn-nines*), chaine des Alpes, du petit St-Bernard au St-Gothard.

PENNIPARTIT, PENNISÉQUÉ, V. *Pennatipartit, Pennatisequé*.

PENNON, *sm.* (on pr. *pèn-non*), sorte d'ancienne banniere ou d'etendard.

PENNY, *sm.* (mot anglais : on pr. *pèn-ni*), sou anglais qui vaut environ 10 centimes. Le pl. est *pence* (on pr. *pence*.)

PÉNOMBRE, *sf.* (l. *pené* presque), ce qui est presque l'ombre; demi-ombre, demi-obscurité.

PENSANT, ANTE, *adj.* qui pense, qui est capable de penser.

PENSÉE, *sf.* opération de l'intelligence qui combine les idees; faculté de penser, méditation; opinion, dessein; ce que l'on pense ou l'on a pensé; sens d'une phrase; première idée d'une chose; réflexion, maxime.

PENSÉE, *sf.* plante du genre de la violette; sa fleur.

PENSEMENT, *sm.* pensée, souci (vx. mot).

PENSER, *sm.* pensée (poétique).

PENSER, *vn.* former dans son esprit l'idée, l'image de quelque chose; reflechir, mediter, raisonner; songer à, avoir le dessein de, être sur le point de faire quelque chose; imaginer, croire, juger; prendre garde.

PENSEUR, *sm.* celui qui a l'habitude de penser, de réflechir profondement.

PENSIF, IVE, *adj.* occupé d'une pensée qui attache fortement.

PENSION, *sf.* somme d'argent que l'on donne pour être logé, nourri; lieu où l'on prend sa nourriture pour un certain prix; maison d'éducation où les élèves sont loges et nourris; ensemble de ces élèves; revenu annuel assuré à quelqu'un pour des services rendus.

PENSIONNAIRE, *s.* 2 g. celui, celle qui paye pension, qui reçoit une pension annuelle, qui est dans une pension. Autrefois, en Hollande, titre donne au 1er ministre des Etats.

PENSIONNAT, *sm.* (t nul), maison d'éducation qui reçoit des élèves pensionnaires.

PENSIONNER, *va.* donner une pension.

PENSUM, *sm.* (on pr. *pinsome*), surcroît de travail donné à un écolier comme punition (pl. *pensums*).

PENSYLVANIE, *sf.* (on pr. *Pènsilvani*), l'un des Etats de l'Union (Etats-Unis).

PENTACORDE, *sm.* (on pr. *pèntacorde*; gr. *penté* cinq, *chordé* corde), instrument de musique à cinq cordes.

PENTADACTYLE, *adj.* 2 g. (on pr. *pèntadactile*; gr. *penté* cinq, *daktylos* doigt), qui a cinq doigts (*zool.*) ou cinq divisions (*bot.*).

PENTADÉCAGONE, *sm.* (on pr. *pèntadécagone*; gr. *penté* cinq, *déka* dix, *gônia* angle), figure qui a 15 angles et 15 côtes (*géom.*).

PENTAÈDRE, *sm.* (on pr. *pèntaèdre*; gr. *penté* cinq, *hédra* base), solide terminé par cinq bases ou faces (*géom.*).

PENTAGONAL, ALE, *adj.* (on pr. *pèntagonal*), qui a la forme d'un pentagone, qui a cinq angles et cinq côtes. Au pl. m. *pentagonaux*.

PENTAGONE, *sm.* (on pr. *pèntagone*; gr. *penté* cinq, *gônia* angle), figure qui a cinq angles et cinq côtes (*géom.*).

PENTAGONIQUE, *adj.* 2 g. (on pr. *pentagonique*), de pentagone, en pentagone.

PENTAGYNIE, *sf.* (on pr. *pèntagini*; gr. *penté* cinq, *gyné* femme, et, par extension, femelle), nom donne par Linné à la sous-division des classes de plantes comprenant celles dont les fleurs ont cinq pistils ou organes femelles (*bot.*).

PENTAMÈRE, *adj.* 2 g. (on pr. *pèntamère*; gr. *penté* cinq, *meris* partie), se dit d'insectes qui ont cinq articles ou parties au tarse (*zool.*).

PENTAMÈTRE, *sm.* (on pr. *pèntamètre*; gr. *penté* cinq, *métron* mesure), vers grec ou latin composé de cinq pieds ou mesures.

PENTANDRIE, *sf.* (on pr. *pèntandri*; gr. *penté* cinq, *anér*, gén. *andros* homme, et, par extension, mâle), cinquième classe des plantes dans le système de Linné, comprenant celles dont les fleurs ont cinq étamines ou organes mâles.

PENTAPÉTALÉ, ÉE, *adj.* (on pr. *pèntapétalé*; gr. *penté* cinq, *pétalon* petale), qui a cinq pétales (*bot.*).

PENTAPHYLLE, *adj.* 2 g. (on pr. *péntafile* ; gr. *penté* cinq, *phyllon* feuille), qui a cinq feuilles (bot.).

PENTAPOLE, *sf.* (on pr. *péntapolé* ; gr. *penté* cinq, *polis* ville), contrée qui renferme cinq villes principales.

PENTAPTÈRE, *adj.* 2 g. (on pr. *péntaptère* ; gr. *penté* cinq, *ptéron* aile), qui a cinq ailes (bot.).

PENTARCHIE, *sf.* (on pr. *péntarki* ; gr. *penté* cinq ; *arché* pouvoir, gouvernement), gouvernement de cinq chefs.

PENTARQUE, *sm.* (on pr. *péntarque*), l'un des chefs dans la pentarchie.

PENTASPERME, *adj.* 2 g. (on pr. *péntasperme* ; gr. *penté* cinq, *sperma* graine), qui a cinq graines (bot.).

PENTASTYLE, *sm.* et *adj.* 2 g. (on pr. *péntastyle* ; gr. *penté* cinq, *stylos* colonne), édifice qui a cinq colonnes par devant (arch.).

PENTATEUQUE, *sm.* (on pr. *péntateuque* ; gr. *penté* cinq, *teuchos* livre), les cinq premiers livres de la Bible.

PENTATHLE, *sm.* (on pr. *péntatle*) gr. *penté* cinq, *athlos* lutte ou combat), exercice chez les anciens, qui comprenait cinq jeux ou combats ; athlète qui s'y livrait.

PENTE, *sf.* penchant, inclinaison d'un terrain, d'une surface. *Fig.* inclination, propension, penchant naturel.

PENTECÔTE, *sf.* (gr. *pentekostos* cinquantième), fête chrétienne qui a lieu le cinquantième jour après Pâques.

PENTHÉLIQUE ou **PENTÉLIQUE** (mont), dans l'Attique, célèbre par son marbre.

PENTHÉSILÉE, reine des Amazones, tuée par Achille au siège de Troie.

PENTHIÈVRE, anc. comte en Bretagne. — fort dans le dép. du Morbihan.

PENTURE, *sf.* bande de fer transversale sur une porte, sur une fenêtre.

PÉNULTIÈME, *adj.* 2 g. (l. *pene* presque, *ultimus* dernier), avant-dernier. — *sf.* avant-dernière syllabe d'un mot.

PÉNURIE, *sf.* disette extrême, manque d'argent, pauvreté.

PÉON, *sm.* soldat indien.

PÉONIE, région de la Grèce anc. au N. de la Macédoine.

PÉONIÉES, V. *Pæoniacées*.

PÉOTTE, *sf.* grande gondole.

PEPIE, *sf.* petite peau blanche qui vient au bout de la langue des oiseaux et les empêche de boire. *Fig. avoir la pepie*, avoir une grande soif ; *ne pas avoir la pepie*, parler beaucoup.

PÉPIER, *vn.* se dit du cri des moineaux.

PEPIN, *sm.* semence au centre de certains fruits.

PÉPIN, fils de Charlemagne et roi d'Italie ; m. 810. — *Pépin* 1er, roi d'Aquitaine et fils de Louis le Debonnaire ; m. 838. — *Pépin* II, fils du précédent ; m. 864.

PÉPIN DE LANDEN, maire du palais sous Dagobert 1er ; m. 648.

PÉPIN D'HÉRISTAL, petit-fils de Pépin de Landen, duc d'Austrasie et maire du palais en Neustrie ; m. 714.

PÉPIN LE BREF, fils de Charles-Martel et roi de France en 752 ; m. 768.

PÉPINIÈRE, *sf.* plant de petits arbres à replanter. *Fig.* collection, réunion de personnes destinées à une certaine profession.

PÉPINIÉRISTE, *sm.* jardinier qui cultive une pépinière.

PÉPITE, *sf.* morceau de métal dans les mines ; masse plus ou moins grande d'or massif.

PÉPLUM (on pr. *péplome*), ou **PÉPLOS**, *sm.* sorte de vêtement de femme chez les anciens.

PEPONIDE, *sf.* (l. *pepo*, gén. *peponis* melon), fruit charnu à une seule loge, contenant un très-grand nombre de graines, comme le melon (bot.).

PEPSINE, *sf.* (gr. *pepsis* coction, digestion), matière particulière renfermée dans le suc gastrique et à l'action de laquelle est due la digestion des aliments (physiol.).

PER, particule latine ayant un sens augmentatif et qui dans la nomenclature chimique indique un composé du degré supérieur, comme dans *perchlorate*, *peroxyde*, etc.

PÉRA, faubourg de Constantinople.

PÉRAGRATION, *sf.* course, action de parcourir (astr.).

PERCALE, *sf.* tissu de coton fin et serré.

PERCALINE, *sf.* toile de coton légère et lustrée.

PERÇANT, ANTE, *adj.* qui perce, qui pénètre. *Fig.* piquant : *froid perçant* ; aigu, clair : *cri perçant, voix perçante* ; qui a de la pénétration : *esprit perçant*.

PERCE (EN), *loc. adv.* se dit des tonneaux auxquels on fait une ouverture pour tirer le liquide qu'ils contiennent.

PERCÉ, EE, *adj.* troué, où il y a des ouvertures, des routes, des rues. *Fig. homme bas percé*, dont les affaires sont en mauvais état ; *panier percé*, personne qui dépense tout ce qu'elle a.

PERCE-BOIS, *sm.* (inv.), se dit de divers insectes qui attaquent le bois.

PERCÉE, *sf.* ouverture dans un bois.

PERCE-FEUILLE, *sf.* plante appelée aussi *buplevre*.

PERCEMENT, *sm.* action de percer.

PERCE-NEIGE, *sf.* (phy.), petite plante qui fleurit en hiver.

PERCE-OREILLE, *sm.* (inv.), nom vulgaire de l'insecte appelé *forficule*.

PERCE-PIERRE, *sf.* (inv.), fenouil marin.

PERCEPTEUR, *sm.* celui qui est commis à la perception des impôts.

PERCEPTIBILITÉ, *sf.* qualité de ce qui est perceptible, de ce qui peut être perçu.

PERCEPTIBLE, *adj.* 2 g. qui peut être perçu ou aperçu.

PERCEPTIF, IVE, *adj.* qui perçoit par l'esprit, par l'intelligence.

PERCEPTION, *sf.* (on pr. *perception*), action de percevoir, de recouvrer des sommes d'argent ; emploi de percepteur. *Fig.* acte par lequel l'âme perçoit les objets.

PERCER, *va.* faire une ouverture. *Fig.* pénétrer, approfondir : *percer un mystère* ; causer de l'affliction : *sa douleur me perce le cœur*. — *vn.* se faire ou avoir une issue ;

l'abcès a percé. *Fig.* apparaître, se déceler, se manifester : *son caractère perce dans tous ses discours* ; acquérir de la réputation : *cet homme a percé par son mérite.*

PERCEVOIR, *va.* recevoir, recueillir les impôts ou des revenus. *Fig.* recevoir par les sens l'impression des objets.

PERCHE, *sf.* poisson d'eau douce; ancienne mesure agraire ; long morceau de bois.

PERCHE (le), anc. pays de France (Eure-et-Loir et Orne).

PERCHER, *vn.* et SE PERCHER, *vpr.* se mettre sur une perche, sur une branche d'arbre. *Fig.* se placer sur un lieu élevé. — *sm.* moment où les oiseaux se perchent.

PERCHERON, ONNE, *adj.* et *s.* du Perche.

PERCHLORATE, *sm.* nom générique des sels formés par l'acide perchlorique (*chim.*).

PERCHLORIQUE, *adj.* 2 *g.* se dit d'un acide formé par la combinaison du chlore avec la plus grande quantité possible d'oxygène (*chim.*).

PERCHLORURE, *sm.* composé binaire d'un corps simple avec la plus grande proportion possible de chlore (*chim.*).

PERCHOIR, *sm.* lieu où perchent les volailles ; bâton sur lequel perchent les oiseaux.

PERCIER (Charles), architecte français (1764-1838).

PERCLUS, USE, *adj.* paralytique, impotent de tout le corps ou seulement d'une de ses parties.

PERÇOIR, *sm.* sorte de foret pour percer les tonneaux.

PERCUSSION, *sf.* action de frapper; coup frappé.

PERDABLE, *adj.* 2 *g.* qui peut se perdre.

PERDANT, *sm.* celui qui perd, — *adj.* qui n'a pas gagné un lot : *billet perdant.*

PERDICAS ou PERDICCAS, nom de 3 rois de Macédoine. — l'un des généraux d'Alexandre le Grand; m. 321 av. J. C.

PERDITION, *sf.* dégât, dissipation, ruine ; en t. de dévotion, état de la personne qui s'écarte de la voie du salut.

PERDRE, *va.* être privé de ce que l'on possédait, d'une faculté, d'un avantage physique ou moral; être privé de quelqu'un par la mort ou autrement, cesser d'avoir ; égarer ; cesser de suivre : *perdre son chemin* ; faire un mauvais emploi : *perdre son temps* ; être vaincu au jeu ; avoir du désavantage : *perdre son procès. Fig.* gâter, endommager : *la nielle a perdu les blés* ; ruiner, deshonorer ; corrompre. *Perdre la tête* , perdre l'esprit , devenir fou; *perdre la carte* , se troubler, se brouiller dans ses idées ; *perdre de vue* , cesser de voir , cesser de s'occuper d'une chose. — *vn.* ne pas faire de gain, de profit ; diminuer de valeur, déchoir dans l'opinion : *sa réputation perd chaque jour.* — SE PERDRE, *vpr.* s'égarer, disparaître, faire naufrage. *Fig.* cesser d'être : *cet usage se perd* ; se ruiner , se deshonorer : *se perdre en voyant mauvaise compagnie.*

PERDREAU , *sm.* petit de la perdrix , jeune perdrix.

PERDRIGON, *sm.* sorte de prune.

PERDRIX, *sf.* (*x* nulle), oiseau de l'ordre des gallinacés.

PERDU, UE, *adj. part.* égaré. *Fig. pays perdu* , écarté , désert ; *peine perdue*, inutile ; *reprise perdue*, faite de manière qu'on ne l'aperçoive pas ; *temps perdu*, mal employé; *sentinelle perdue*, postée dans un lieu très-avancé. *Placer de l'argent à fonds perdu*, le capital ne devant jamais être remboursé. — A CORPS PERDU, *loc. adv.* impétueusement et sans réflexion.

PERDURABLE, *adj.* 2 *g.* qui doit durer entièrement, toujours.

PERDURABLEMENT , *adv.* à jamais, toujours.

PÈRE , *sm.* celui qui a un ou plusieurs enfants. *Fig.* bienfaiteur, protecteur, fondateur, créateur ; titre de religieux. *Le Père éternel*, Dieu ; *le saint-père*, le pape ; *nos pères, nos ancêtres.* — DE PÈRE EN FILS, *loc. adv.* par transmission successive du père au fils.

PÉRÉCOP ou PÉRÉKOP, ville et isthme à l'entrée de la Crimée.

PÉRÉE, partie de la Palestine à l'E. du Jourdain.

PÉRÉFIXE (Hardouin de), archevêque de Paris , auteur d'une *Vie de Henri IV* (1605-1670).

PÉRÉGRINATION, *sf.* voyage dans des pays éloignés.

PÉRÉGRINITÉ, *sf.* état d'une personne étrangère dans un pays.

PÉREMPTION, *sf.* (on pr. *péranpcion*), sorte de prescription qui annule une procédure après discontinuation de poursuites.

PÉREMPTOIRE, *adj.* 2 *g.* de péremption ; décisif, contre quoi il n'y a rien à répliquer.

PÉREMPTOIREMENT, *adv.* d'une façon péremptoire.

PÉRENNIBRANCHES, *sm. pl.* (l. *perennis* qui dure toujours, *branchiæ* branchies), ordre ou famille de Batraciens à branchies persistantes (*zool.*).

PÉRENNITÉ, *sf.* longue durée.

PÉRÉQUATION, *sf.* (on pr. *pérécouacion*), égalité complète ou parfaite ; juste répartition.

PERFECTIBILITÉ, *sf.* qualité de l'être perfectible.

PERFECTIBLE, *adj.* 2 *g.* qui peut se perfectionner, qui est susceptible de perfection.

PERFECTION, *sf.* (on pr. *perfexion*), action de parfaire, d'achever; qualité de ce qui est parfait. — EN PERFECTION, *loc. adv.* parfaitement.

PERFECTIONNEMENT, *sm.* (on pr. *perfexioneman*), action de perfectionner, de tendre vers la perfection, ou effet de cette action.

PERFECTIONNER, *va.* (on pr. *perfexioné*), donner ou acquérir la perfection ; rendre meilleur ou parfait. — SE PERFECTIONNER, *vpr.* s'améliorer, faire du progrès.

PERFIDE, *adj.* et *s.* 2 *g.* déloyal, trompeur ; qui manque à sa foi, à sa parole.

PERFIDEMENT, *adv.* avec perfidie.

PERFIDIE, *sf.* caractère ou action de la personne perfide : déloyauté, trahison.

PERFOLIÉ, ÉE, adj. (l. per à travers, folium feuille), se dit d'une feuille dont la base s'étale et enveloppe entièrement le pédoncule ou la tige, de sorte qu'elle paraît traversée; se dit aussi de la tige elle-même (bot.).

PERFORATION, sf. action de perforer, résultat de cette action.

PERFORER, va. percer d'outre en outre.

PERGAME, capitale d'un anc. royaume de ce nom dans l'Asie-Mineure. — Citadelle ou ville de Troie.

PERGOLÈSE, célèbre compositeur de musique italien (1710-1736).

PÉRI, s. 2 g. génie, fée dans les contes persans.

PÉRIANDRE, tyran de Corinthe et l'un des sept sages; m. 584 av. J. C.

PÉRIANTHE, sm. (gr. péri autour, anthos fleur), enveloppe florale autour de l'ovaire, formée du calice et de la corolle ou du calice seul (bot.).

PÉRICARDE, sm. (gr. péri autour, kardia cœur), capsule membraneuse qui enveloppe le cœur (anat.).

PÉRICARPE, sm. (gr. péri autour; karpos fruit, graine), ovaire mûr constituant l'enveloppe de la graine (bot.).

PÉRICHÈSE ou **PÉRICHÈZE, sm.** (gr. péri autour; chaité chevelure, crinière), involucre qui entoure la base du pédicelle de l'urne des mousses, et qui est formé de bractéoles (bot.).

PÉRICLÈS, Athénien célèbre comme orateur, général et administrateur; m. 429 av. J. C.

PÉRICLINE, adj. 2 g. (gr. péri autour; klinê lit, réceptacle), se dit d'un involucre placé autour du réceptacle commun des fleurs composées (bot.).

PÉRICLITANT, ANTE, adj. qui périclite.

PÉRICLITER, vn. être en péril.

PÉRICOROLLIE, sf. (gr. péri autour; l. corolla corolle), nom de la 2e classe des végétaux dans la méthode de Jussieu, comprenant ceux dont la fleur à une corolle monopétale staminifère, insérée sur le calice autour de l'ovaire (bot.).

PÉRICRÂNE, sm. (gr. péri autour, kranion crâne), membrane qui entoure le crâne (anat.).

PÉRIDOT, sm. (t nul), sorte de pierre précieuse d'un vert jaunâtre.

PÉRIÉCIENS, V. Périœciens.

PÉRIER (Casimir), homme d'État, ministre de Louis-Philippe (1777-1832).

PÉRIGÉE, sm. (gr. péri autour, auprès; gê terre), point de l'orbite d'une planète où elle se trouve le plus près de la terre (astr.).

PÉRIGONE, sm. (gr. péri autour, goné semence), enveloppe florale autour de l'ovaire, lequel renferme les graines (bot.).

PÉRIGNON, maréchal de France (1754-1818).

PÉRIGORD, anc. pays de France dans la Guienne.

PÉRIGOURDIN, INE, adj. et s. du Périgord.

PÉRIGUEUX, ch.-l. du dép. de la Dordogne.

PÉRIGYNE, adj. 2 g. (gr. péri autour; gyné femme), et, par extension, femelle), se dit

des étamines attachées autour de l'ovaire ou organe femelle (bot.).

PÉRIGYNIE, sf. ensemble des plantes dont les étamines sont périgynes (bot.).

PÉRIGYNIQUE, adj. 2 g. se dit de l'insertion des étamines périgynes (bot.).

PÉRIHÉLIE, sm. (gr. péri autour, hélios soleil), point de l'orbite d'une planète où elle se trouve le plus près du soleil (astr.).

PÉRIL, sm. (l m.), danger, risque.

PÉRILLEUSEMENT, adv. (ll m.), avec péril, dangereusement.

PÉRILLEUX, EUSE, adj. (ll m.), dangereux.

PÉRIM, île occupée par les Anglais, dans le détroit de Bab-el-Mandeb.

PÉRIMER, vn. se dit d'une instance qui périt par défaut de poursuites dans le temps fixe par la loi (jurispr.).

PÉRIMÈTRE, sm. (gr. péri autour, métron mesure), contour, ligne qui mesure le tour d'une figure de géométrie.

PÉRINE (Ste), V. Pétronille.

PÉRINTHE ou **HÉRACLÉE,** anc. ville de Thrace.

PÉRIODE, sf. révolution qui se renouvelle régulièrement; temps de la révolution d'une planète; espace de temps d'une date fixe à une autre; révolution d'une fièvre, d'une maladie; phrase composée de plusieurs membres.

PÉRIODE, sm. le plus haut degré; espace de temps indéterminé.

PÉRIODICITÉ, sf. qualité de ce qui est périodique.

PÉRIODIQUE, adj. 2 g. qui a des périodes, qui se fait par périodes; qui paraît régulièrement à des jours fixes; ouvrage périodique.

PÉRIODIQUEMENT, adv. d'une manière périodique.

PÉRIŒCIENS, sm. pl. (gr. péri autour, oikéô habiter), ceux qui habitent sous le même parallèle autour de la terre (géog.).

PÉRIOSTE, sm. (gr. péri autour, osteon os), membrane qui recouvre les os (anat.).

PÉRIPATÉTICIEN, IENNE, adj. et s. (gr. péri autour, patéô se promener), se dit de la doctrine et des sectateurs d'Aristote, qui donnait ses leçons dans le Lycée en se promenant.

PÉRIPATÉTISME, sm. doctrine philosophique des péripatéticiens.

PÉRIPÉTALIE, sf. (gr. péri autour, pétalon pétale), nom de la 14e classe des végétaux dans la méthode de Jussieu, comprenant ceux dont la fleur polypétale a ses étamines insérées sur le calice autour de l'ovaire (bot.).

PÉRIPÉTIE, sf. (on pr. péripéci), incident imprévu qui forme le dénouement d'une pièce de théâtre; changement subit d'une situation.

PÉRIPHÉRIE, sf. (gr. périphéreia: de péri autour, et phérô porter), contour d'une figure; surface enveloppante.

PÉRIPHRASE, sf. (gr. périphrasis: de péri autour, et phrasô parler), circonlocution no emploi de plusieurs paroles pour exprimer ce que l'on aurait pu dire en moins de mots.

PÉRIPHRASER, *vn.* parler par périphrases.

PÉRIPLE, *sm.* (gr. *péri* autour, *pléo* naviguer), navigation autour ou le long d'une mer, d'une côte.

PÉRIPNEUMONIE, *sf.* (gr. *péri* autour, *pneumôn* poumon), inflammation du poumon (*méd.*).

PÉRIPTÈRE, *sm.* (gr. *péri* autour; *ptéron* aile, c.-à-d. ensemble des colonnes isolées sur les côtés d'un édifice), édifice entouré extérieurement de colonnes isolées.

PÉRIR, *vn.* prendre fin; finir d'une manière violente, dépérir, être détruit. *Fig.* tomber en ruines, en décadence; être excédé.

PÉRISCIENS, *sm. pl.* (gr. *péri* autour, *skia* ombre), habitants des zones glaciales, ainsi nommés parce que leur ombre tourne autour d'eux pendant tout le temps que le soleil est sur leur horizon (*géog.*).

PÉRISCOPIQUE, *adj.* 2 g. (gr. *péri* autour, *skopéo* voir), se dit des verres de lunette dont tout le champ transmet les objets.

PÉRISPERME, *sm.* (gr. *péri* autour, *sperma* graine), tégument de la graine, entourant l'embryon ou placé à côté (*bot.*).

PÉRISSABLE, *adj.* 2 g. qui est sujet à périr, qui est peu durable.

PÉRISSOLOGIE, *sf.* (gr. *périssos* superflu, *logos* discours), discours superflu, répétition en d'autres termes.

PÉRISTALTIQUE, *adj.* 2 g. (gr. *péristellô* se contracter), se dit du mouvement par lequel les intestins se retirent et se contractent (*physiol.*).

PÉRISTAMINIE, *sf.* (gr. *péri* autour, *stamina* étamine), nom de la 8e classe dans la méthode de Jussieu, comprenant les végétaux dont les fleurs apétales ont les étamines insérées sur le calice autour de l'ovaire (*bot.*).

PÉRISTOME, *sm.* (gr. *péri* autour; *stoma* bouche, orifice), rebord de l'orifice de l'urne dans les Mousses (*bot.*).

PÉRISTYLE, *sm.* (gr. *péri* autour, *stylos* colonne), édifice environné de colonnes isolées, et en général rang de colonnes.

PÉRITHÈQUE, *sm.* (gr. *péri* autour; *thêkê* bourse, gaîne), membrane qui recouvre l'apothèque des lichens (*bot.*).

PÉRITOINE, *sm.* (gr. *péri* autour, *teinô* tendre), membrane tendue autour des viscères du bas-ventre et les enveloppant (*anat.*).

PÉRITONITE, *sf.* inflammation du péritoine.

PERKIN-WARBECK, imposteur qui prétendait être le duc d'York, fils du roi Édouard IV; m. 1499.

PERLASSE, *sf.* potasse d'Amérique.

PERLE, *sf.* concrétion sphérique de la nacre dans certaines coquilles. *Fig.* ce qui a la forme d'une perle; ce qu'il y a de mieux dans son genre.

PERLÉ, ÉE, *adj.* orné de perles. *Fig.* bien fait, net, brillant. *Orge perlé,* dépouillé de son enveloppe et arrondi par la meule.

PERM, ville et gouvernement de Russie.

PERMANENCE, *sf.* état ou qualité de ce qui est permanent; durée constante d'une chose;

état d'une assemblée constamment en séance.

PERMANENT, ENTE, *adj.* stable, qui dure constamment; qui continue à siéger; *assemblée permanente.*

PERMÉABILITÉ, *sf.* qualité de ce qui est perméable.

PERMÉABLE, *adj.* 2 g. qui se laisse traverser ou pénétrer par un fluide.

PERMESSE, *sm.* nom d'une anc. rivière de Béotie, lequel indique figurément la poésie.

PERMETTRE, *va.* donner liberté ou pouvoir de dire ou de faire; autoriser, tolérer; donner le loisir, le moyen. — **SE PERMETTRE,** *vpr.* se donner la licence, s'arroger le droit (se *mettre*).

PERMIEN, IENNE, *adj.* se dit d'un terrain géologique dont le type est aux environs de Perm en Russie (*géol.*).

PERMIS, *sm.* (s nulle), permission écrite.

PERMIS, ISE, *adj. part.* non défendu, autorisé, juste.

PERMISSION, *sf.* autorisation de dire, de faire, etc.

PERMUTABLE, *adj.* 2 g. qui peut être échangé.

PERMUTANT, *adj. et sm.* qui permute.

PERMUTATION, *sf.* action de permuter, transposition, échange.

PERMUTER, *va.* échanger un emploi, des fonctions; transposer.

PERNAMBOUC, V. *Fernambouc.*

PERNES, p. ville (Vaucluse).

PERNICIEUSEMENT, *adv.* d'une manière pernicieuse.

PERNICIEUX, EUSE, *adj.* mauvais, dangereux, nuisible.

PÉRON (François), naturaliste et voyageur français (1775-1810).

PÉRONÉ, *sm.* (gr. *péronê* agrafe), le plus menu des deux os de la jambe, lequel semble réunir les muscles du tibia avec lequel il est articulé (*anat.*).

PÉRONIER, *adj. et sm.* du péroné (*anat.*).

PÉRONNE, s.-préf. du dép. de la Somme.

PÉRONNELLE, *sf.* femme sotte et fière (*fam.*).

PÉRORAISON, *sf.* conclusion d'un discours, d'un plaidoyer, etc.

PÉRORER, *vn.* discourir avec emphase.

PÉROREUR, *sm.* celui qui a la manie de pérorer.

PÉROU, république de l'Amérique du Sud, riche en mines d'or et d'argent au. moins productives qu'autrefois. *Fig.* lieu abondant en richesses; affaire très-lucrative.

PÉROUSE, ville et lac d'Italie (États-Romains).

PEROXYDE, *sm.* oxyde du degré le plus élevé (*chim.*).

PERPENDICULAIRE, *adj.* 2 g. qui tombe de manière à former un angle droit; qui se dirige à angles droits; qui est vertical. — *sf.* ligne perpendiculaire.

PERPENDICULAIREMENT, *adv.* en situation perpendiculaire, en formant un angle droit.

PERPENDICULARITÉ, *sf.* état de ce qui est perpendiculaire.

PERPENNA, consul romain; m. 130 av. J. C. — général romain, assassin de Sertorius; m. 74 av. J. C.

PERPÉTRATION, *sf.* action de commettre un crime, un méfait.

PERPÉTRER, *va.* faire, commettre (se dit d'un crime, d'un méfait).

PERPÉTUATION, *sf.* action qui perpétue; effet de cette action.

PERPÉTUE (Ste), vierge et martyre; m. 203.

PERPÉTUEL, ELLE, *adj.* qui ne cesse point, continual; qui dure toute la vie; fréquent, habituel.

PERPÉTUELLEMENT, *adv.* sans cesse, fréquemment.

PERPÉTUER, *va.* rendre perpétuel, faire durer sans cesse ou longtemps. — SE PERPÉTUER, *vpr.* se maintenir, ne pas cesser d'être.

PERPÉTUITÉ, *sf.* durée perpétuelle. — 'A PERPÉTUITÉ, *loc. adv.* pour toujours.

PERPIGNAN, ch.-l. du dép. des Pyrénées-Orientales.

PERPLEXE, *adj.* 2 g. qui est dans la perplexité; qui jette dans la perplexité.

PERPLEXITÉ, *sf.* embarras, incertitude, irrésolution inquiète, anxiété.

PERQUISITEUR, *sm.* celui qui fait une perquisition, une recherche.

PERQUISITION, *sf.* recherche exacte, sévère.

PERRAULT (Claude), médecin, puis architecte, auteur de la colonnade du Louvre (1613-1688). — (Charles), littérateur, frère du précédent et auteur des *Contes de fées* (1628-1703).

PERRON, *sm.* escalier extérieur avec plate-forme.

PERRONET, célèbre ingénieur français (1708-1794).

PERROQUET, *sm.* oiseau de l'ordre des grimpeurs qui apprend facilement à imiter la parole humaine. *Fig.* personne qui répète ou récite sans comprendre. En t. de marine, mât, vergue et voile au-dessus d'un mât de hune.

PERRUCHE, *sf.* sorte de petit perroquet; femelle du perroquet.

PERRUQUE, *sf.* coiffure de faux cheveux. *Fig.* vieux bonhomme.

PERRUQUIER, *sm.* celui qui fait des perruques, qui coiffe et rase.

PERRUQUIÈRE, *sf.* femme d'un perruquier.

PERS, PERSE, *adj.* de couleur entre le vert et le bleu.

PERSAN, ANE, *adj.* et *s.* de la Perse moderne.

PERSCRUTATION, *sf.* action de perscruter, recherche profonde.

PERSCRUTER, *va.* examiner jusqu'au fond, profondément; rechercher avec beaucoup d'attention.

PERSE, *ané.* empire et royaume moderne en Asie.

PERSE, *sf.* sorte de toile peinte.

PERSE, fameux poëte satirique latin (34-63).

PERSÉCUTANT, ANTE, *adj.* qui se rend incommode par ses importunités.

PERSÉCUTER, *va.* poursuivre ardemment quelqu'un, s'acharner contre lui, le tourmenter, l'importuner; poursuivre comme dangereuses des doctrines, des opinions, etc.

PERSÉCUTEUR, TRICE, *adj.* et *s.* qui persécute; qui est pressant, importun.

PERSÉCUTION, *sf.* action de persécuter, poursuite injuste et violente, vexation, importunité.

PERSÉE, héros grec, fils de Jupiter et de Diane (*myth.*); nom d'une constellation. — roi de Macédoine, m. 167 av. J. C.

PERSÉPHONE, Proserpine.

PERSÉPOLIS, capitale de la Perse ancienne, sur l'Araxe.

PERSÉVÉRAMMENT, *adv.* avec persévérance.

PERSÉVÉRANCE, *sf.* qualité ou action d'une personne qui persévère.

PERSÉVÉRANT, ANTE, *adj.* qui persévère.

PERSÉVÉRER, *vn.* persister, continuer, demeurer ferme et constant.

PERSICAIRE, *sf.* sorte de plante.

PERSICOT, *sm.* (*t* nul), sorte de liqueur faite avec des noyaux de pêche.

PERSIDE, région de l'Asie ancienne, auj. *Farsistan*.

PERSIENNE, *sf.* sorte de jalousie à tringles de bois plates disposées en abat-jour.

PERSIFLAGE, *sm.* action de persifler; raillerie.

PERSIFLER, *va.* tourner quelqu'un en ridicule. — *vn.* parler avec ironie, avec moquerie.

PERSIFLEUR, *sm.* celui qui persifle.

PERSIL, *sm.* (*l* nulle), sorte de plante potagère.

PERSILLADE, *sf.* (*ll* m.), ragoût de bœuf froid assaisonné de persil.

PERSILLÉ, ÉE, *adj.* (*ll* m.), parsemé de taches verdâtres.

PERSIQUE, *adj. m.* se dit d'un ordre d'architecture. — GOLFE PERSIQUE, formé par l'océan Indien sur les côtes de la Perse.

PERSISTANCE, *sf.* qualité de ce qui est persistant; action de persister.

PERSISTANT, ANTE, *adj.* qui persiste. Se dit en botanique du calice qui subsiste quand la fleur est flétrie, des feuilles qui ne tombent pas en automne, etc.

PERSISTER, *vn.* s'arrêter, se tenir fortement à une résolution, à un sentiment, etc.; se tenir ferme, rester constamment dans tel ou tel état.

PERSONNAGE, *sm.* personne d'importance, homme mise en remarquable; personne mise en action dans un ouvrage dramatique. *Fig.* rôle, figure que l'on fait dans le monde.

PERSONNALISER, *vn.* et *va.* dire des personnalités; personnifier; appliquer des généralités ou une allégorie à quelqu'un.

PERSONNALITÉ, *sf.* ce qui appartient essentiellement à la personne, ce qui lui est propre, ce qui constitue son caractère; égoïsme; trait piquant ou injurieux contre quelqu'un.

PERSONNE, *sf.* un homme ou une femme; en t. de grammaire, rôle dans le discours. *Payer de sa personne*, s'exposer au péril, s'acquitter de son devoir. — *pron. indéf.* aucun être, quelqu'un.

PERSONNÉE, *adj. et sf.* se dit des fleurs qui ressemblent au mufle d'un animal (*bot.*).

PERSONNEL, ELLE, *adj.* qui est propre à chaque personne; qui tient à la personne et ne peut se transmettre; qui est d'un égoïste. — *sm.* ensemble des personnes attachées à un service d'administration.

PERSONNELLEMENT, *adv.* en la personne de; en sa propre personne.

PERSONNIFICATION, *sf.* action de personnifier.

PERSONNIFIER, *va.* attribuer à une chose inanimée ou métaphysique la figure, le caractère, les paroles, les sentiments d'une personne réelle.

PERSPECTIF, IVE, *adj.* qui représente un objet en perspective.

PERSPECTIVE, *sf.* partie de l'optique qui enseigne à représenter les objets suivant les différents plans et leurs différentes positions; aspect de divers objets vus de loin. *Fig.* événement que l'on entrevoit dans l'avenir. — **EN PERSPECTIVE**, *loc. adv.* dans l'avenir.

PERSPICACE, *adj.* 2 *g.* qui a de la perspicacité, qui est doué d'une pénétration d'esprit juste et profonde.

PERSPICACITÉ, *sf.* qualité de l'être perspicace; pénétration d'esprit juste et profonde.

PERSPICUITÉ, *sf.* qualité d'un discours, d'un écrit, d'un style clair, net.

PERSUADER, *va.* porter quelqu'un à faire ou à croire quelque chose. — **SE PERSUADER**, *vpr.* croire, s'imaginer, se figurer.

PERSUASIF, IVE, *adj.* qui a la force de persuader.

PERSUASION, *sf.* action de persuader; ferme croyance.

PERSULFURE, *sm.* se dit de composés binaires dans lesquels il entre le plus de soufre possible (*chim.*).

PERTE, *sf.* privation d'une chose utile ou agréable; mort; ruine; damnation; dommage; insuccès; mauvais emploi: *perte du temps. Perte sèche*, manque d'un gain que l'on était en droit d'espérer. — **A PERTE**, *loc. adv.* avec perte; **A PERTE DE VUE**, *loc. adv.* au delà de la portée de la vue; **A PERTE D'HALEINE**, *loc. adv.* jusqu'à perdre la respiration; **EN PURE PERTE**, *loc. adv.* sans utilité, sans effet, sans motif.

PERTH, ville d'Écosse.

PERTHARITE ou **PERTHARIT**, roi des Lombards; m. 688.

PERTHOIS, petit pays de la Champagne.

PERTINAX, emper. romain; m. 193.

PERTINEMMENT, *adv.* ainsi qu'il convient, avec jugement.

PERTINENCE, *sf.* qualité de ce qui est pertinent.

PERTINENT, ENTE, *adj.* qui est convenable. En t. de procédure, qui appartient au fond de la cause et doit influer sur sa décision.

PERTUIS, *sm.* (s nulle), trou, ouverture, passage pratiqué à travers une digue, détroit marin très-resserré : le *pertuis Breton*, entre l'île de Ré et la France; le *pertuis d'Antioche*, entre les îles de Ré et d'Oléron.

PERTUIS, ch.-l. de canton (Vaucluse).

PERTUISANE, *sf.* sorte de hallebarde à fer large et tranchant.

PERTURBATEUR, TRICE, *adj. et s.* qui trouble, qui cause du désordre, de la perturbation.

PERTURBATION, *sf.* action de troubler fortement; trouble, émotion de l'âme, du corps; dérangement dans le mouvement des corps célestes.

PERTUSE, *adj. f.* se dit d'une feuille semée de points transparents (*bot.*).

PÉRUGIN (Pierre VANUCCI, dit le), célèbre peintre italien (1446-1524).

PÉRUGIN ou **PÉROUSIN** (le), territoire de Pérouse.

PÉRUVIEN, IENNE, *adj. et s.* du Pérou.

PÉRUWELZ, ville de Belgique.

PERUZZI (Balthazar), peintre, architecte et ingénieur italien (1481-1536).

PERVENCHE, *sf.* sorte de plante.

PERVERS, ERSE, *adj. et s.* méchant, dépravé, corrompu.

PERVERSION, *sf.* changement de bien en mal dans les mœurs.

PERVERSITÉ, *sf.* méchanceté, dépravation.

PERVERTIR, *va.* changer de bien en mal, bouleverser, corrompre. *Fig.* altérer, mal interpréter. — **SE PERVERTIR**, *vpr.* devenir pervers.

PERVERTISSEMENT, *sm.* action de pervertir.

PESAGE, *sm.* action de peser avec une balance.

PESAMMENT, *adv.* d'une manière pesante, lourdement, péniblement.

PESANT, ANTE, *adj.* qui pèse, lourd, lent. *Fig.* sans grâce, sans légèreté; onéreux, fâcheux, incommode. — *sm.* poids: *cela vaut son pesant d'or.* — *adv.* de poids: *deux kilogrammes pesant.*

PESANTEUR, *sf.* qualité de ce qui est pesant; tendance des corps vers le centre de la terre. *Fig.* lenteur d'esprit, défaut de pénétration; indisposition dans quelque partie du corps où l'on sent comme un poids: *pesanteur d'estomac.*

PESARO, ville et port sur l'Adriatique (États-Romains).

PESCAIRE (marquis de), célèbre général de Charles-Quint (1490-1525).

PESCARA, riv. d'Italie (anc. royaume de Naples). — *p.* ville sur cette rivière.

PESCENNIUS-NIGER, empereur romain; m. 195.

PESCHIERA (on pr. *Peskiéra*), place forte à l'extrémité S. du lac de Garde.

PESÉE, *sf.* action de peser; quantité pesée en une seule fois.

PÈSE-LIQUEUR, *sm.* (inv.), instrument pour déterminer le poids spécifique des liquides.

PESER, *va.* examiner et constater le poids d'une chose. *Fig.* examiner attentivement une chose: *peser des raisons, des motifs;*

peser ses paroles, parler avec lenteur et circonspection. — vn. avoir un certain poids : ce ballot pèse beaucoup ; appuyer fortement sur : peser sur un levier ; insister : peser sur une circonstance ; causer de la peine, de l'embarras, du chagrin : cela lui pèse sur le cœur.

PESEUR, sm. celui qui pèse.

PESON, sm. instrument pour peser.

PESSIMISME, sm. opinion ou système philosophique du pessimiste.

PESSIMISTE, sm. (l. pessimé très-mal), celui qui par système prétend que tout va très-mal.

PESSINONTE, anc. ville de Galatie.

PESTALOZZI, célèbre instituteur suisse (1746-1827).

PESTE, sf. maladie contagieuse qui cause une grande mortalité. Fig. personne ou chose qui corrompt l'esprit ou le cœur — interj. oh ! oh ! peste, qu'il fait froid ! imprecation : peste de l'ignorant !

PESTER, vn. exprimer son mécontentement par des paroles aigres.

PESTH, ville de Hongrie, sur le Danube, en face de Bude.

PESTIFÈRE, adj. 2 g. qui porte, qui répand, qui communique la peste.

PESTIFÉRÉ, EE, adj. et s. infecté de la peste, atteint de la peste.

PESTILENCE, sf. état de ce qui est pestilent ; corruption de l'air. Fig. mauvaise doctrine.

PESTILENT, ENTE, adj. qui sent fortement la peste, qui l'annonce, qui tient de la peste.

PESTILENTIEL, ELLE, adj. (on pr. pestianciel), infecte de peste, contagieux.

PESTUM, V. Pæstum.

PET, sm. vent qui sort du corps par en bas avec bruit (terme à éviter).

PÉTALE, sm. (gr. pétalon feuille), feuille de la corolle d'une fleur (bot.).

PÉTALÉ, ÉE, adj. composé de pétales, qui a des pétales (bot.).

PÉTALOÏDE, adj. 2 g. (gr. pétalon pétale, éidos forme), qui a la forme d'un pétale (bot.).

PÉTARADE, sf. plusieurs pets faits de suite par un cheval, un âne, etc. en ruant. Fig. dédain (terme bas).

PÉTARD, sm. (d nul), sorte de canon en forme conique et que l'on remplit de poudre ; petite pièce d'artifice.

PÉTARDER, va. faire jouer le pétard.

PÉTARDIER, sm. celui qui fait les petards ou qui les applique.

PÉTASE, sm. sorte de chapeau rond en usage chez les anciens.

PÉTAU (Denis), savant jesuite français (1583-1652).

PÉTAUD ou **PÉTAUT**, sm. (d nul). Cour du roi Pétaud, lieu de confusion où tout le monde est maître.

PÉTAUDIÈRE ou **PETAUDIÈRE**, sf. assemblée bruyante et sans ordre.

PETCHENÉGUES, peuple du Turkestan qui fonda un empire au N. et à l'O. de la mer Noire dans le 9e s.

PETCHORA, fleuve de Russie, qui affine dans l'océan Glacial arctique.

PET-EN-L'AIR, sm. (inv.), espèce de robe de chambre très-courte.

PÉTER, vn. faire un pet (terme à éviter). Fig. faire un bruit subit et éclatant : le bois de chêne pète dans le feu.

PETERBOROUGH, ville d'Angleterre. — (comte de), général anglais (1662-1735).

PETERWARDEIN ou **PETERWARDIN**, ville de Hongrie, ch.-l. des confins militaires de Slavonie. Victoire du prince Eugène de Savoie, général des Autrichiens, sur les Turcs, en 1716.

PÉTEUR, EUSE, s. celui, celle qui pète (terme bas).

PÉTHION, maire de Paris en 1791 (1753-1793).

PÉTILLANT, ANTE, adj. (ll m.), qui pétille.

PÉTILLEMENT, sm. (ll m.), action de pétiller.

PÉTILLER, vn. (ll m.), éclater avec un petit bruit reitéré. Fig. étinceler, briller, montrer de l'éclat : pétiller d'esprit : être fortement agité : pétiller d'ardeur, de joie, d'indignation.

PÉTIOLAIRE, adj. 2 g. du pétiole ; qui consiste en un pétiole prolongé, qui a des feuilles pétiolées (bot.).

PÉTIOLE, sm. (l. petiolus petit pied). pied ou support de la feuille, vulgairement queue (bot.).

PÉTIOLÉ, ÉE, adj. qui a un pétiole (bot.).

PÉTIOLULE, sm. petit pétiole : se dit du pétiole de chaque foliole dans une feuille composée (bot.).

PÉTION, président de la république d'Haïti (1770-1818).

PETIT, ITE, adj. de peu d'étendue ou de volume ; exigu, peu nombreux. Fig. faible, médiocre, bas, qui a peu de valeur. Le petit peuple, le bas peuple ; un petit esprit, homme qui s'attache aux petites choses, qui a des sentiments peu élevés ou qui est d'une intelligence bornée ; se faire petit, occuper le moins de place possible, éviter l'éclat, s'abaisser. — sm. animal nouvellement né ; personne de condition ordinaire par opposition aux grands ; chose petite. du petit au grand. — EN PETIT, loc. adv. en raccourci ; UN PETIT, loc. adv. un peu ; PETIT À PETIT, loc. adv. peu à peu.

PETIT (Jean), docteur en théologie ; m. 1411. — (Jean-Louis), célèbre chirurgien français (1674-1750). — (Alexis), physicien français (1791-1820).

PETITE-FILLE, sf. fille du fils ou de la fille (pl. petites-filles).

PETITE GUERRE, sf. guerre par détachements, par partis ; simulacre de guerre.

PETITE-MAITRESSE, sf. femme d'une élégance recherchée (pl. petites-maitresses).

PETITEMENT, adv. en petite quantité, mesquinement, bassement.

PETITE-NIÈCE, sf. fille du neveu ou de la nièce (pl. petites-nièces).

PETITE-OIE, *sf.* le cou, les ailerons et ce que l'on retranche d'une oie ou d'une volaille préparée pour la cuisson. *Fig.* les bas, le chapeau, les gants et autres ajustements.

PETITES-MAISONS, *sf. pl.* hôpital des fous.

PETITESSE, *sf.* le peu d'étendue, de volume, de hauteur, etc. *Fig.* modicité, faiblesse, bassesse; action qui dénote la petitesse du cœur, de l'âme, de l'esprit.

PETITE VÉROLE, *sf.* maladie qui se manifeste par une éruption de boutons pustuleux.

PETIT-FILS, *sm.* fils du fils ou de la fille (pl. *petits-fils*).

PETIT-GRIS, *sm.* sorte de fourrure.

PÉTITION, *sf.* (on pr. *péticion*), action d'adresser à l'autorité supérieure une demande; cette demande même. *Pétition de principe*, raisonnement vicieux qui pose en fait acquis la chose même qui est en question.

PÉTITIONNAIRE, *s. 2 g.* (on pr. *péticionnaire*), celui, celle qui fait une pétition.

PÉTITIONNER, *vn.* (on pr. *péticioné*), adresser une pétition.

PETIT-LAIT, *sm.* sérosité qui se sépare du lait caillé.

PETIT-MAÎTRE, *sm.* jeune homme d'une élégance et d'une mise recherchées, jeune fat (pl. *petits-maîtres*).

PETIT-NEVEU, *sm.* fils du neveu ou de la nièce (pl. *petits-neveux*).

PÉTITOIRE, *sm.* demande en justice pour être maintenu ou rétabli dans la propriété d'un immeuble.

PETITOT (Jean), célèbre peintre sur émail (1607-1691).

PETON, *sm.* petit pied d'enfant (*fam.*).

PÉTONCLE, *sf.* nom de plusieurs espèces de coquillages bivalves.

PÉTRARQUE, célèbre poëte italien (1304-1374).

PÉTRÉE, *adj. f. Arabie pétrée*, partie de l'Arabie anc. couverte de pierres.

PETREIUS (Marcus), général romain qui défit Catilina; m. 46 av. J. C.

PÉTREL, *sm.* sorte d'oiseau de mer.

PÉTRI, IE, *adj. Fig.* composé de, rempli de : *âme pétrie de fange; homme pétri de bonté*.

PÉTRIFIANT, ANTE, *adj.* qui pétrifie.

PÉTRIFICATION, *sf.* action de pétrifier ou de se pétrifier; objet pétrifié.

PÉTRIFIÉ, ÉE, *adj. part.* changé en pierre. *Fig.* stupéfait.

PÉTRIFIER, *va.* changer en pierre. *Fig.* rendre immobile d'étonnement. — SE PÉTRIFIER, *vpr.* se convertir en pierre.

PÉTRIN, *sm.* coffre dans lequel on pétrit et on serre le pain. *Fig. Être dans le pétrin*, être dans l'embarras (pop.).

PÉTRIR, *va.* détremper de la farine et en faire de la pâte; presser fortement des matières pour en faire une sorte de pâte. *Fig.* composer, former de.

PÉTRISSAGE, *sm.* action de pétrir.

PÉTRISSEUR, *sm.* celui qui pétrit; machine à pétrir.

PÉTROLE, *sm.* (*petra* pierre, *oleum* huile), sorte de bitume liquide qui découle des fentes de certains rochers; huile minérale.

PÉTRONE, écrivain latin; m. 66.

PÉTRONE-MAXIME, empereur d'Occident; m. 455.

PÉTRONILLE ou PERINE (Ste), vierge et martyre, 1er s.

PÉTROPAWLOSK, capit. du Kamtchatka.

PÉTROSILEX, *sm.* (l. *petra* pierre, *silex* caillou), caillou de roche, pierre siliceuse de la nature du feld-spath (*min.*).

PÉTROSILICEUX, EUSE, *adj.* de la nature du pétrosilex.

PETTO (IN), *loc. adv.* italienne signifiant *dans la poitrine, dans l'intérieur*, c.-à-d. secrètement, dans son cœur.

PÉTULAMMENT, *adv.* avec pétulance.

PÉTULANCE, *sf.* défaut de la personne pétulante; vivacité impétueuse et brusque.

PÉTULANT, ANTE, *adj.* vif, impétueux et brusque; qui a peine à se contenir.

PÉTUN, *sm.* anc. nom du tabac.

PÉTUNSÉ, *sm.* pierre que les Chinois emploient avec le kaolin pour fabriquer la porcelaine.

PEU, *adv.* de quantité opposé à *beaucoup*: en petite quantité. — *sm.* peu de chose, la petite quantité, l'insuffisance. — PEU À PEU, *loc. adv.* insensiblement; PEU APRÈS, *loc. adv.* peu de temps après; DANS PEU, SOUS PEU, *loc. adv.* dans peu de temps; QUELQUE PEU, *loc. adv.* un peu; TANT SOIT PEU, *loc. adv.* très-peu; A PEU PRÈS, *loc. adv.* presque.

PEUCÉTIE, anc. contrée de l'Italie méridionale.

PEUPLADE, *sf.* rassemblement de personnes fixes ou errantes; peuple qui émigre; horde.

PEUPLE, *sm.* nation; multitude d'hommes d'un même pays, qui vivent sous les mêmes lois, qui sont d'une même origine; partie la plus nombreuse et la moins notable des habitants d'une ville ou d'un État. *Fig.* grand nombre, foule.

PEUPLE, *sm.* peuplier.

PEUPLÉ, ÉE, *adj.* qui a des habitants.

PEUPLER, *va.* remplir d'habitants ou en augmenter le nombre. *Fig.* propager des espèces animales ou végétales. — SE PEUPLER, *vpr.* devenir habité.

PEUPLIER, *sm.* sorte d'arbre.

PEUR, *sf.* crainte, frayeur. — DE PEUR, *loc. adv.* par un sentiment de peur; DE PEUR QUE, *loc. conj.* dans la crainte que; DE PEUR DE, *loc. prép.* par crainte de.

PEUREUX, EUSE, *adj.* et *s.* sujet à la peur, craintif, timide.

PEUT-ÊTRE, *adv.* il peut se faire que: probablement. S'emploie aussi comme *sm.* un *peut-être*.

PEUTINGER, savant antiquaire bavarois (1465-1547).

PEYPOUS, V. *Petpus*.

PEYRONNET (comte de), ministre du roi Charles X (1775-1853).

PEZAY (marquis de), littérateur français (1741-1777).

PÉZÉNAS, p. ville (Hérault).

PFORZHEIM, ville du grand-duché de Bade. Victoire du maréchal de Lorges sur le duc de Wurtemberg, en 1692.

PHACÉE, roi d'Israël; m. 728 av. J. C.

PHACÉIA, roi d'Israël; m. 753 av. J. C.

PHACOÏDE, adj. 2 g. (gr. phakos lentille, éidos forme), qui a la forme d'une lentille.

PHAÉTON, fils d'Apollon, voulut conduire le char du soleil et faillit incendier la terre (myth.).

PHAÉTON, sm. sorte de voiture légère à quatre roues.

PHALANGE, sf. ancien corps de troupes pesamment armées; corps d'armée; os des doigts de la main ou du pied.

PHALANGER, sm. quadrupède de l'Amérique du Sud.

PHALANSTÈRE, sm. association modèle de travailleurs imaginée par Charles Fourier; bâtiment habité par les membres de cette association.

PHALANSTÉRIEN, IENNE. adj. et s. du phalanstère; disciple de Charles Fourier.

PHALANTE, Lacédémonien fondateur de Tarente, 8e s. av. J. C.

PHALARIS, tyran d'Agrigente, 6e s. av. J. C.

PHALÈNE, sf. papillon nocturne.

PHALÈRE, l'un des ports d'Athènes.

PHALSBOURG, p. ville (Meurthe).

PHANARIOTE, V. Fanariote.

PHANÉROGAME, adj. 2 g. et sf. (gr. phanéros apparent, visible; gamos mariage. V. Agame), se dit des végétaux dont les organes (étamines et pistils) sont apparents (bot.).

PHANÉROGAMIE, sf. classe des plantes phanérogames.

PHANTASMAGORIE, PHANTASMAGORIQUE, V. Fantasmagorie, etc.

PHARAMOND, chef et premier roi des Francs, que l'on place vers 420, mais dont l'existence est douteuse.

PHARAON, sm. titre d'anciens roi d'Égypte; sorte de jeu de cartes.

PHARASMANE, nom de plusieurs rois d'Ibérie (Asie-Mineure).

PHARE, sm. grand fanal placé sur une tour au bord de la mer ou à l'entrée d'un port, pour guider les navires pendant la nuit.

PHARISAÏQUE, adj. 2 g. des pharisiens.

PHARISAÏSME, sm. caractère des pharisiens. Fig. hypocrisie.

PHARISIEN, sm. nom d'une secte chez les anc. Juifs. Fig. personne qui n'a que l'ostentation de la piété.

PHARMACEUTIQUE, adj. 2 g. qui appartient à la pharmacie. — sf. traité des médicaments.

PHARMACIE, sf. art de préparer et de composer les médicaments; lieu où on les prepare.

PHARMACIEN, sm. celui qui exerce la pharmacie.

PHARMACOLOGIE et **PHARMACOPÉE**, sf. (gr. pharmakon médicament; logos discours, traité; poiéô faire), traité sur la composition des médicaments, art du pharmacien.

PHARMACOPOLE, sm. (gr. pharmakon remède, pôléô vendre), vendeur de remèdes, de drogues.

PHARNABAZE, nom de plusieurs satrapes perses et de deux rois d'Iberia.

PHARNACE, roi de Pont; m. 157 av. J. C. — fils de Mithridate le Grand; m. 47 av. J. C.

PHAROS, île en face d'Alexandrie, en Egypte.

PHARSALE, anc. ville de Thessalie. Victoire de Cesar sur Pompée, 48 av. J. C. — titre d'un poême de Lucain.

PHARYNGÉ, ÉE, ou **PHARYNGIEN**, IENNE, adj. du pharynx.

PHARYNGIENS LABYRINTHIFORMES, sm. pl. famille de poissons dont le pharynx est labyrinthiforme (zool.).

PHARYNGOTOMIE, sf. (gr. pharynx pharynx, tomé section), section du pharynx.

PHARYNX, sm. (gr. pharynx), orifice supérieur du gosier; arrière-bouche.

PHASE, sf. (gr. phasis apparence), chacune des différentes formes sous lesquelles se montre la lune ou une autre planète. Fig. changements successifs.

PHASE, fleuve de la Colchide qui afflue dans le Pont-Euxin.

PHÉACIENS, habitants de l'île de Corcyre, suivant l'Odyssée.

PHÉBÉ ou **PHOEBÉ**, Diane (myth.).

PHÉBUS ou **PHOEBUS**, Apollon (myth.). En poésie : le soleil.

PHÉBUS, sm. (on pr. l's), style ampoulé et obscur.

PHÉDON, disciple de Socrate; titre d'un dialogue de Platon.

PHÈDRE, femme de Thesée. — philosophe grec, l'un des maîtres de Cicéron. — fabuliste latin, affranchi d'Auguste.

PHÉLIPPEAUX, officier d'artillerie français, défenseur de Saint-Jean-d'Acre contre le général Bonaparte; m. 1799.

PHÉNAKISTISCOPE, sm. instrument d'optique qui fait voir en mouvement des figures dessinées dans des attitudes différentes.

PHÉNICIE, sf. contrée de la Syrie anc. sur la côte de la Méditerranée.

PHÉNICIEN, IENNE, adj. et s. de la Phénicie.

PHÉNICOPTÈRE, sm. (gr. phoinix, gén. phoinikos rouge; ptéron aile), grand oiseau qui a les ailes d'une couleur rose tirant sur le rouge et que l'on nomme aussi flamant.

PHÉNIX, sm. oiseau fabuleux que l'on croyait renaître de sa cendre. Fig. personne unique ou rare dans son espèce.

PHÉNOMÉNAL, ALE, adj. extraordinaire, qui tient du phénomène (pl. m. phénoménaux).

PHÉNOMÈNE, sm. (gr. phainomai apparaître), effet qui apparaît et que l'on observe dans la nature; tout ce qui surprend par sa nouveauté ou sa rareté; personne d'un mérite extraordinaire, d'une singularité surprenante.

PHÉRÉCRATE, poête comique grec, 5e s. av. J. C.

PHÉRÉCYDE, philosophe grec, maître de

Pythagore, 6e s. av. J. C. — historien grec, 5e s. av. J. C.

PHÈRES, anc. ville de Thessalie.

PHIDIAS, célèbre statuaire grec (498-431 av. J. C.).

PHILADELPHACÉES ou PHILADELPHÉES, sf. pl. (gr. philos ami, adelphos frère), famille de plantes ayant pour type le seringat, dont le nom botanique est philadelphus, par allusion aux fleurs, qui sont souvent disposées deux à deux (bot.).

PHILADELPHE, adj. 2 g. (gr. philos ami, adelphos frère), ami de son frère : surnom donné par antiphrase à Ptolémée II, roi d'Égypte, qui avait fait périr deux de ses frères.

PHILADELPHIE, ville des États-Unis.

PHILÆ, île du Nil dans la haute Égypte, célèbre par de belles ruines.

PHILANTHROPE, sm. (gr. philos ami, anthropos homme), celui qui est naturellement disposé à aimer les autres hommes.

PHILANTHROPIE, sf. amour de l'humanité.

PHILANTHROPIQUE, adj. 2 g. de philanthrope, de la philanthropie.

PHILAUTIE, sf. (on pr. le t dur; gr. philos ami, autos soi-même), amour de soi-même, égoïsme.

PHILÉMON, mari de Baucis (myth.). — poëte comique grec, 3e s. av. J. C.

PHILÈNES, nom de deux frères carthaginois, célèbres par leur dévouement patriotique.

PHILÉTÈRE, fondateur du royaume de Pergame, 283 av. J. C.

PHILHARMONIQUE, adj. 2 g. (gr. philos ami, harmonia musique), qui aime la musique.

PHILHELLÈNE, adj. et s. 2 g. (gr. philos ami, Hellèn Hellène), ami des Hellènes ou Grecs.

PHILIBERT, nom d'homme, V. Emmanuel-Philibert.

PHILIDOR, compositeur de musique, célèbre joueur d'échecs (1727-1795).

PHILIPPE (St), apôtre; m. 80. — diacre, m. 70. V. Néri.

PHILIPPE, nom de plus. rois, empereurs ou princes, entre autres : 1o dans l'antiquité : PHILIPPE II, roi de Macédoine, père d'Alexandre le Grand (362-336 av. J. C.); PHILIPPE III ou V, roi de Macédoine, illustré par ses luttes contre les Romains (234-178 av. J. C.); PHILIPPE l'Arabe, empereur romain (204-249); 2o dans les temps modernes : Rois de France : PHILIPPE Ier (1053-1108); PHILIPPE II, Auguste (1165-1223); PHILIPPE III, le Hardi (1245-1285); PHILIPPE IV, le Bel (1268-1314); PHILIPPE V, le Long (1294-1322); PHILIPPE VI DE VALOIS (1293-1350); — Ducs de Bourgogne : PHILIPPE Ier DE ROUVRE (1345-1361); PHILIPPE II, le Hardi, fils du roi Jean le Bon (1342-1404); PHILIPPE III, le Bon, fils de Jean-sans-Peur et père de Charles le Téméraire (1396-1467). — Empereur d'Allemagne : PHILIPPE DE SOUABE, fils de Frédéric Barberousse (1178-1208). — Rois d'Espagne : PHILIPPE Ier, le Beau, père de Charles-Quint (1478-1506); PHILIPPE II, fils de Char-

les-Quint (1527-1598); PHILIPPE III (1578-1621); PHILIPPE IV (1605-1665); PHILIPPE V, duc d'Anjou, petit-fils de Louis XIV (1683-1746).

PHILIPPES, anc. ville de Macédoine, adj. Philippi. Victoire d'Octave et d'Antoine sur Brutus et Cassius, 42 av. J. C.

PHILIPPEVILLE, place forte de Belgique.— ville et port d'Algérie sur la rade de Stora.

PHILIPPINES (îles), dans la Malaisie.

PHILIPPIQUE, sf. discours violent contre quelqu'un, à l'imitation de ceux que Démosthène prononça contre Philippe, roi de Macédoine.

PHILIPPOPOLI, ville de la Turquie d'Europe, anc. Philippopolis.

PHILIPSBOURG, p. ville du gr.-duché de Bade, à 2 kilomètres du Rhin.

PHILISTINS, peuple de la Syrie anc.

PHILOCTÈTE, héros grec, ami d'Hercule.

PHILOLAÜS, philosophe grec de la secte de Pythagore, 5e s. av. J. C.

PHILOLOGIE, sf. (gr. philos ami; logos discours, et au pl. littérature), science de l'érudit qui aime à s'occuper de l'étude des langues et de la littérature, principalement au point de vue de la grammaire et de la critique.

PHILOLOGIQUE, adj. 2 g. qui concerne la philologie.

PHILOLOGUE, sm. celui qui s'occupe de philologie.

PHILOMATIQUE, adj. 2 g. (gr. philos ami; mathésis connaissance, savoir), qui aime le savoir, qui est désireux de s'instruire.

PHILOMÈLE, fille de Pandion, sœur d'Athènes; elle fut, suivant la Fable, métamorphosée en rossignol. Fig. et poétique : le rossignol.

PHILOMÈLE, général phocidien qui fit éclater la guerre sacrée; m. 353 av. J. C.

PHILOMÉTOR (gr. philos ami, méter mère', ami de sa mère : surnom donné par antiphrase à Ptolémée VI, roi d'Égypte, qui détestait sa mère.

PHILON de Byzance, ingénieur grec, 2e s. av. J. C. — de Larisse, philosophe grec, maître de Cicéron, 1er s. av. J. C. — le Juif ou d'Alexandrie, célèbre philosophe néoplatonicien du 1er s.

PHILOPATOR (gr. philos ami, pater père), ami de son père : surnom donné par antiphrase à Ptolémée IV, roi d'Égypte, qui empoisonna son père.

PHILOPŒMEN, célèbre général, surnommé le dernier Grec; m. 183 av. J. C.

PHILOSOPHALE, adj. f. Pierre philosophale, la transmutation des métaux en or. Fig. chose impossible à trouver.

PHILOSOPHE, sm. celui qui s'occupe de philosophie. Fig. personne qui vit sagement en dehors des affaires du monde; personne qui a de la résignation, qui supporte patiemment l'adversité.

PHILOSOPHER, vn. traiter de la philosophie, discuter sur diverses matières philosophiques; argumenter.

PHILOSOPHIE, sf. (gr. philos ami, sophia

sagesse), connaissance des causes et des effets; étude de la nature et de la morale (celle science fut appelée d'abord *sagesse* par les Grecs; Pythagore lui donna par modestie le nom de *philosophia* qui signifie *amour de la sagesse*). Par extension : système particulier d'un philosophe; sagesse, résignation, grandeur d'âme; classe de philosophie dans les lycées et les collèges.

PHILOSOPHIQUE, *adj.* 2 g. de la philosophie, qui appartient à la philosophie.

PHILOSOPHIQUEMENT, *adv.* d'une manière philosophique; avec résignation.

PHILOSOPHISME, *sm.* fausse philosophie, abus de la philosophie.

PHILOSTRATE, célèbre rhéteur grec du 3e s.

PHILOTAS, fils de Parménion, fut lapidé comme complice d'une conjuration contre Alexandre le Grand.

PHILOTECHNIQUE, *adj.* 2 g. (on pr. *philotéknique* ; gr. *philos* ami ; *technê* art, science), qui aime les arts et les sciences.

PHILOXENE, poète grec; m. 380 av. J. C.

PHILTRE, *sm.* breuvage que l'on suppose propre à provoquer quelque passion.

PHINÉE, roi de Thrace (*myth.*). — frère de Céphée et oncle d'Andromède (*myth.*).

PHINÉES, petit-fils d'Aaron et 3e grand prêtre des Juifs.

PHINTIAS ou **PYTHIAS**, célèbre par son amitié pour Damon ; 4e s. av. J. C.

PHLÉBOTOMIE, *sf.* (gr. *phlébos* veine, *tomê* incision), saignée, art de saigner.

PHLÉBOTOMISER, *va.* saigner.

PHLÉGÉTHON, *sm.* (gr. *phlégêthô* brûler), l'un des fleuves des enfers (*myth.*).

PHLEGMASIE ou **FLEGMASIE**, *sf.* (gr. *phlegmasis* : de *phlégô* enflammer), inflammation (*méd.*).

PHLEGMON, **PHLEGMONEUX**, V. *Flegmon, Flegmoneux.*

PHLÉGRÉENS (champs), autour de l'anc. ville de Cumes (Italie), auj. la *Solfatara*.

PHLÉGYAS, roi de Béotie, tué par Apollon (*myth.*).

PHLOGISTIQUE, *adj.* 2 g. (gr. *phlogistos* enflammé), enflammé. — *sm.* fluide admis par l'ancienne chimie pour expliquer la combustion des corps.

PHLOGOSE, *sf.* (gr. *phlogôsis* : de *phlég* brûler), inflammation ou chaleur sans tumeur (*méd.*).

PHLOX, *sm.* genre de plante de la famille des Polémoniacées.

PHOCAS (St), martyr; m. 303.

PHOCAS, empereur grec; m. 610.

PHOCÉE, anc. ville de l'Asie-Mineure; auj. *Fokia.*

PHOCÉEN, **ENNE**, *adj.* et *s.* de Phocée.

PHOCIDE, région de la Grèce ancienne.

PHOCIDIEN, **IENNE**, *adj.* et *s.* de la Phocide.

PHOCION, célèbre général et homme d'État athénien (400-317 av. J. C.).

PHŒBÉ, V. *Phébé.*

PHŒBIDAS, général lacédémonien; m. 377 av. J. C.

PHŒBUS, V. *Phébus.*

PHOLADE, *sf.* (gr. *phôlas* caché, qui se tapit dans), mollusque bivalve qui se tient caché dans les trous des rochers (*zool.*).

PHONÉTIQUE, *adj.* 2 g. (gr. *phônê* voix, son), se dit des signes ou caractères qui représentent un son, une voix, une articulation et non une idée.

PHONIQUE, *adj.* 2 g. (gr. *phônê* voix), qui a rapport à la voix.

PHONOCAMPTIQUE, *adj.* 2 g. (gr. *phônê* son, *kamptô* réfléchir), qui réfléchit les sons (*phys.*).

PHONOMÈTRE, *sm.* (gr. *phônê* son, *métron* mesure), instrument qui sert à mesurer les sons (*phys.*).

PHOQUE, *sm.* mammifère amphibie et marin.

PHORMION TENAX, *sm.* lin de la Nouvelle-Zélande.

PHOSPHATE, *sm.* sel formé par la combinaison de l'acide phosphorique avec une base (*chim.*).

PHOSPHATÉ, **ÉE**, *adj.* qui renferme du phosphate (*chim.*).

PHOSPHITE, *sm.* sel formé par la combinaison de l'acide phosphoreux avec une base (*chim.*).

PHOSPHORE, *sm.* (gr. *phôsphoros* lumineux), substance qui paraît lumineuse dans l'obscurité et qui est l'un des corps simples de la chimie.

PHOSPHORÉ, **ÉE**, *adj.* où il y a du phosphore.

PHOSPHORESCENCE, *sf.* lumière qui dégage le phosphore dans l'obscurité.

PHOSPHORESCENT, **ENTE**, *adj.* qui a de la phosphorescence.

PHOSPHOREUX, *adj.* m. se dit d'un acide formé par le phosphore (*chim.*).

PHOSPHORIQUE, *adj.* 2 g. de phosphore, qui est formé par le phosphore ou par le moyen du phosphore. Se dit d'un acide, de briquets, de bougies fabriqués avec du phosphore.

PHOSPHORISATION, *sf.* influence du phosphate calcaire dans l'économie animale.

PHOSPHURE, *sm.* corps résultant de la combinaison du phosphore avec un métal (*chim.*).

PHOTIUS (on pr. *Phocius*), patriarche de Constantinople, promoteur du grand schisme des Grecs en 857; m. 891.

PHOTOCHROMIE, *sf.* (gr. *phôs*, gén. *phôtos* lumière; *chrôma* couleur), héliochromie ou art d'obtenir des épreuves photographiques avec la couleur naturelle des objets.

PHOTOGRAPHE, *sm.* celui qui s'occupe de photographie.

PHOTOGRAPHIE, *sf.* (gr. *phôs*, gén. *phôtos* lumière; *graphô* tracer, dessiner), art d'obtenir des dessins par l'action de la lumière solaire; l'un de ces dessins mêmes.

PHOTOGRAPHIQUE, *adj.* 2 g. de la photographie, obtenu par la photographie.

PHOTOMÈTRE, *sm.* (gr. *phôs*, gén. *phôtos* lumière; *métron* mesure), instrument pour mesurer l'intensité de la lumière (*phys.*).

PHOTOMÉTRIE, *sf.* partie de la physique qui traite des moyens de mesurer l'intensité de la lumière, V. *Photomètre*.

PHOTOMÉTRIQUE, *adj.* 2 *g.* de la photométrie.

PHOTOSPHÈRE, *sf.* (gr. *phôs*, gén. *phôtos* lumière ; *sphaïra* sphère), atmosphère lumineuse qui entoure le globe du soleil (*astr.*).

PHRAATE, nom de plus. rois des Parthes.

PHRAORTE, roi des Mèdes, 7e s. av. J. C.

PHRASE, *sf.* assemblage de mots formant un sens ; suite non interrompue de sons musicaux.

PHRASÉOLOGIE, *sf.* construction de phrases particulière à une langue, ou propre à un écrivain ; amas de mots vides de sens.

PHRASER, *vn.* et *va.* faire des phrases musicales.

PHRASIER, *sm.* faiseur de phrases.

PHRÉNIQUE, *adj.* 2 *g.* qui a rapport au diaphragme (*anat.*); qui appartient à l'intelligence, à la pensée (*physiol.*).

PHRÉNOLOGIE, *sf.* (gr. *phrén* esprit, intelligence ; *logos* discours, étude), étude des facultés de l'intelligence d'après l'organisation du cerveau.

PHRÉNOLOGIQUE, *adj.* 2 *g.* qui a rapport à la phrénologie.

PHRÉNOLOGISTE ou **PHRÉNOLOGUE**, *sm.* celui qui s'occupe de phrénologie.

PHRYGIE, anc. contrée de l'Asie-Mineure.

PHRYGIEN, **IENNE**, *adj.* et *s.* de la Phrygie.

PHRYXUS, frère d'Hellé. V. *Hellé*.

PHTHA ou **PTA**, dieu de l'anc. Égypte.

PHTHIE, anc. ville de Thessalie.

PHTHIOTIDE, contrée de la Thessalie.

PHTHISIE, *sf.* consomption du corps; dépérissement (*méd.*).

PHTHISIQUE, *adj.* et *s.* 2 *g.* atteint de phthisie.

PHUL ou **SARDANAPALE II**, roi d'Assyrie ; m. 742 av. J. C.

PHYLACTÈRE, *sm.* amulette, talisman; mots hebreux inscrits sur un morceau de peau.

PHYLLADE, *sm.* (gr. *phyllas* lit de feuilles), ardoise, schiste argileux se detachant par feuilles (*géol.*).

PHYLLADIEN, **IENNE**, *adj.* se dit d'une roche qui passe au phyllade (*géol.*).

PHYLLADIFÈRE ou **PHYLLADIQUE**, *adj.* 2 *g.* qui contient des phyllades (*géol.*).

PHYLLADIFORME, *adj.* 2 *g.* qui a la forme ou apparence de phyllade (*géol.*).

PHYLLODE, *sm.* (gr. *phyllon* feuille, *eidos* forme), pétiole dilaté d'une feuille (*bot.*).

PHYLLOTAXIE, *sf.* (gr. *phyllon* feuille; *taxis* ordre, arrangement), disposition regulière des feuilles sur leur axe (*bot.*).

PHYSCON (gr. *physkôn* ventru), surnom de Ptolémée VII, roi d'Égypte.

PHYSICIEN, *sm.* celui qui connaît la physique, qui s'en occupe.

PHYSICO-MATHÉMATIQUE, *adj.* 2 *g.* se dit des parties des sciences qui reunissent les expériences de la physique au calcul mathématique.

PHYSIOCRATES, *sm. pl.* économistes du 18e s.

PHYSIOGNOMONIE, *sf.* (gr. *physis* nature, caractère ; *gnômon* indice), connaissance du caractère des hommes par l'inspection des traits de leur visage.

PHYSIOGNOMONIQUE, *adj.* 2 *g.* qui a rapport à la physiognomonie.

PHYSIOLOGIE, *sf.* (gr. *physis* nature ; *logos* discours, traité), science qui traite de la nature des organes et de leurs fonctions dans le corps des animaux ou dans les végétaux.

PHYSIOLOGIQUE, *adj.* 2 *g.* qui appartient ou qui a rapport à la physiologie.

PHYSIOLOGISTE, *sm.* celui qui est versé dans la physiologie.

PHYSIONOMIE, *sf.* (gr. *physis* nature, caractère ; *gnômon* indice, ou *nomos* loi), ensemble des traits du visage ; naturel d'une personne marqué par ces traits. *Fig.* caractère distinctif de certaines choses; aspect.

PHYSIONOMISTE, *sm.* celui qui juge du naturel des gens d'après leur physionomie.

PHYSIQUE, *sf.* (gr. *physis* nature), science ayant pour objet l'étude des lois naturelles qui régissent les corps matériels sans altération de leur forme ; livre, classe où l'on traite de cette science. — *sm.* constitution naturelle de l'homme, physionomie. — *adj.* 2 *g.* naturel ; qui appartient à la physique ; qui est acquis par les sens, opposé à *moral*.

PHYSIQUEMENT, *adv.* d'une manière réelle et physique.

PHYTIVORE, *adj.* 2 *g.* (gr. *phyton* plante, herbe), herbivore.

PHYTOGRAPHIE, *sf.* (gr. *phyton* plante, *graphô* décrire), description des plantes.

PHYTOLITHE ou **PHYTOLITE**, *sm.* (gr. *phyton* plante, *lithos* pierre), pierre qui porte la figure ou l'empreinte de quelque plante (*géol.*).

PHYTOLOGIE, *sf.* (gr. *phyton* plante ; *logos* discours, traité), traité sur les plantes.

PIACULAIRE, *adj.* 2 *g.* expiatoire.

PIAFFE, *sf.* ostentation, faste (*pop.*).

PIAFFER, *vn.* se dit d'un cheval qui piétine avec force de ses pieds de devant ; faire piaffe.

PIAFFEUR, *adj. m.* qui piaffe.

PIAILLER, *vn.* (ll m.), criailler.

PIAILLERIE, *sf.* (ll m.), criaillerie.

PIAILLEUR, **EUSE**, *adj.* (ll m.), celui, celle qui piaille.

PIANISSIMO, *adv.* très-doucement (mot italien).

PIANISTE, *s.* 2 *g.* celui, celle qui fait profession de jouer du piano ou qui en joue avec talent.

PIANO, *adv.* doux, doucement. **PIANO-FORTE**, **FORTE-PIANO** (on pr. *forté*), ou simplement **PIANO**, *sm.* instrument de musique à clavier (mots *italiens*).

PIAST, paysan qui devint duc de Pologne et fonda une dynastie en 842; m. 861.

PIASTRE, *sf.* monnaie en usage dans divers pays étrangers.

PIAULER, *vn.* se dit du cri des petits poulets,

et au *fig.* des enfants qui se plaignent en pleurant.

PIAVE, riv. de la province vénitienne; se jette dans l'Adriatique.

PIAZZI, astronome italien (1746-1826).

PIBRAC (Gui de), magistrat français, auteur de quatrains moraux (1529-1584).

PIBROC, *sm.* cornemuse écossaise.

PIC, *sm.* instrument de fer courbé et pointu dont on se sert pour casser des morceaux de roche ou pour ouvrir la terre; haute montagne à sommet escarpé; sorte d'oiseau grimpeur; coup du jeu de piquet. — 'A PIC, *loc. adv.* verticalement.

PIC DE LA MIRANDOLE, célèbre savant italien (1463-1494).

PICADOR, *sm.* cavalier qui dans les combats de taureaux en Espagne attaque l'animal avec une pique.

PICARD (Jean), célèbre astronome français (1620-1684). — (Louis-Benoît), auteur dramatique français (1769-1828).

PICARD, ARDE, *adj.* et *s.* de la Picardie.

PICARDIE, anc. province de France, dont la capit. était *Amiens.*

PICCINI ou **PICCINNI**, célèbre compositeur de musique italien (1728-1800).

PICCOLOMINI, fameux général des Impériaux pendant la guerre de Trente ans (1599-1656).

PICENTIN (le), petit État de l'Italie ancienne.

PICENUM (on pr. *Picénome*), anc. contrée de l'Italie centrale.

PICHEGRU, célèbre général français sous la République (1761-1804).

PICHOLINE, *s.* et *adj. f.* olive d'une petite espèce.

PICORÉE,-*sf.* action de butiner; maraude.

PICORER, *vn.* butiner, marauder. *Fig.* se dit des abeilles qui vont recueillir le suc des fleurs.

PICOREUR, *sm.* maraudeur. *Fig.* plagiaire.

PICOT, *sm.* (t mil), petite pointe sur le bois mal coupé; petite engrûlure à l'un des bords des dentelles et des passements.

PICOTEMENT, *sm.* impression douloureuse sur la peau, sur les membranes.

PICOTER, *va.* causer des picotements; piquer, becqueter. *Fig.* attaquer avec malignité. — SE PICOTER, *vpr.* s'attaquer mutuellement.

PICOTERIE, *sf.* parole maligne (*fam.*).

PICOTIN, *sm.* petite mesure d'avoine pour un cheval.

PICPUS, *sm.* (on pr. l's), religieux du tiers-ordre de Saint-François.

PICQUIGNY, V. *Pecquigny.*

PICTES, anc. habitants de la Calédonie (Ecosse).

PICTURAL, ALE, *adj.* de la peinture, qui a rapport à la peinture.

PIC-VERT, V. *Pivert.*

PIE, *sf.* oiseau à plumage blanc et noir. *Fromage à la pie*, espèce de fromage blanc écrémé. *Fam. trouver la pie au nid*, faire une découverte importante.

PIE, *adj. 2 g.* blanc et noir: *cheval pie*; pieux: *œuvre pie.*

PIE, nom de plus. papes, entre autres: SAINT PIE Ier, m. 157; PIE II (Æneas-Sylvius), m. 1464; PIE IV, m. 1565; SAINT PIE V (1504-1572); PIE VI (1717-1799); PIE VII (1742-1823).

PIÈCE, *sf.* partie, morceau d'un tout; chambre, partie d'un appartement; morceau d'étoffe, de bois, de métal; monnaie; chose formant un tout complet: *pièce de drap*; gibier, volaille, morceau de viande; barrique; bouche à feu; ouvrage d'esprit, ouvrage dramatique; figures du jeu d'échecs. *Fig. Faire pièce à quelqu'un*, lui jouer un mauvais tour, se moquer de lui; *emporter la pièce*, railler, médire d'une manière cruelle. — PIÈCE À PIÈCE, *loc. adv.* un objet après l'autre.

PIÉCETTE, *sf.* petite pièce; petite monnaie d'argent.

PIED, *sm.* partie du corps de l'homme et de certains animaux à l'extrémité inférieure de la jambe; partie inférieure d'un arbre, d'une plante, d'un monument, d'une montagne, etc. support d'un meuble, d'un ustensile; anc. mesure de 12 pouces; division des vers métriques. *Fig. Être sur pied*, être levé; *couper l'herbe sous les pieds à quelqu'un*, le supplanter; *faire le pied de grue*, demeurer longtemps debout à la même place; *lâcher pied*, s'enfuir. — A PIED, *loc. adv.* pédestrement; PIED À PIED, *loc. adv.* pas à pas; DE PIED FERME, *loc. adv.* sans quitter son poste, en faisant bonne contenance; D'ARRACHE-PIED, *loc. adv.* sans interruption.

PIED-À-TERRE, *sm.* (inv.), petit logement que l'on n'habite pas d'ordinaire.

PIED BOT (*Acad.*), *sm.* pied rond et contrefait; celui qui a un pied ainsi fait.

PIED-D'ALOUETTE, *sm.* sorte de plante (pl. *pieds-d'alouette*).

PIED-DE-BICHE, *sm.* instrument de dentiste; objet dont l'extrémité ressemble au pied d'une biche (pl. *pieds-de-biche*).

PIED-DE-CHÈVRE, *sm.* levier en fer dont une extrémité est en forme de pied de chèvre (pl. *pieds-de-chèvre*).

PIED-DROIT, *sm.* partie du jambage d'une porte, d'une fenêtre.

PIÉDESTAL, *sm.* support qui soutient une statue, une colonne, etc. (pl. *piédestaux*).

PIÉDOUCHE, *sm.* petit piédestal.

PIED PLAT, *sm.* homme qui ne mérite aucune considération (pl. *pieds plats*).

PIÉGE, *sm.* instrument pour prendre les animaux. *Fig.* artifice, embûches.

PIE-GRIÈCHE, *sf.* sorte d'oiseau. *Fig.* femme d'humeur aigre et querelleuse (pl. *pies-grièches*).

PIE-MÈRE, *sf.* membrane qui enveloppe l'encéphale (anat.).

PIÉMONT, partie de l'Italie septentrionale au S. et à l'E. des Alpes.

PIÉMONTAIS, AISE, *adj.* et *s.* du Piémont.

PIÉRIDES, *sf. pl.* filles de Pierus, roi de Macédoine, qui furent métamorphosées en pies par les Muses; les Muses elles-mêmes (*myth.*).

PIÉRIE, partie de la Macédoine.

PIERRAILLE, *sf.* (*ll m.*), amas de petites pierres.

PIERRE, *sf.* sorte de corps dur et solide formé dans la terre, fragment de rocher, caillou; amas de gravier dans la vessie; dureté qui se trouve dans certains fruits. *Pierre précieuse*, diamant, rubis, émeraude, etc. *Pierre infernale*, V. *Infernal. Pierre ponce*, V. *Ponce. Pierre philosophale*, V. *Philosophale.* — *Fig. Pierre fondamentale*, ce qui sert de fondement, de base à un système, à une doctrine, etc. *Pierre d'attente*, chose qui n'est regardée que comme un commencement. *Jeter la pierre à quelqu'un*, lui adresser des reproches, l'accuser.

PIERRE (St), prince des apôtres; m. 66. — **SAINT PIERRE**, évêque d'Alexandrie et martyr; m. 391. — **SAINT PIERRE** *Chrysologue*, archevêque de Ravenne; m. 452. — **SAINT PIERRE** d'*Alcantara*, religieux; m. 1562, V. *Nolasque.*

PIERRE, nom de plus. princes et rois, entr'autres: **PIERRE III** et **PIERRE IV**, rois d'Aragon; m. le 1er en 1285, le 2e en 1387. — **PIERRE** le *Cruel*, roi de Castille (1334-1369). — **PIERRE** Ier, le *Justicier* ou le *Cruel*, roi de Portugal (1320-1367). — **PIERRE** Ier, le *Grand*, czar de Russie (1672-1725). — **PIERRE III**, czar de Russie (1728-1772).

PIERRE, peintre français (1714-1789).

PIERRE de *Courtenay*, empereur français de Constantinople en 1216; m. 1219.

PIERRE DE TOUCHE, *sf.* pierre noire pour essayer l'or et l'argent *Fig.* ce qui éprouve; ce qui fait connaître la nature, la qualité d'une chose; *le malheur est la pierre de touche de l'amitié.*

PIERRE LE VÉNÉRABLE, abbé de Cluny (1092-1156).

PIERRE L'HERMITE ou L'ERMITE, prédicateur de la 1re croisade; m. 1115.

PIERRE LOMBARD, V. *Lombard.*

PIERRE MAUCLERC, duc de Bretagne en 1213; m. 1250.

PIERRÉE, *sf.* conduit fait à pierres sèches pour l'écoulement des eaux.

PIERRERIES, *sf. pl.* pierres précieuses.

PIERRETTE, *sf.* petite pierre, jeu d'enfants; femme costumée en pierrot.

PIERREUX, EUSE, *adj.* plein de pierres ou de parties dures. — *s.* qui a la maladie de la pierre.

PIERRIER, *sm.* sorte de petit canon.

PIERROT, *sm.* (*t nul*), moineau franc; personnage de l'anc. comédie italienne dont la figure est enfarinée et le vêtement blanc.

PIÉRUS, montagne de la Macédoine, consacrée aux Muses.

PIÉTÉ, *sf.* caractère ou qualité de la personne pieuse; dévotion, sentiment de vénération.

PIÉTER, *vn.* tenir le pied à l'endroit marqué au jeu de boules ou de quilles. — *va.* disposer à la résistance. — SE PIÉTER, *vpr.* se roidir contre, résister.

PIÉTINAGE, *sf.* action de fouler avec les pieds.

PIÉTINEMENT, *sm.* action de piétiner.

PIÉTINER, *vn.* remuer vivement les pieds.

PIÉTISME, *sm.* piété excessive.

PIÉTISTE, *s.* 2 g. membre d'une secte luthérienne qui affecte une grande piété et s'attache à la lettre de l'Évangile.

PIÉTON, *sm.* homme qui va à pied; facteur de la poste dans les campagnes. Au f. *piétonne.*

PIÈTRE, *adj.* 2 g. mesquin, chétif (*fam.*).

PIÈTREMENT, *adv.* d'une manière piètre (*fam.*).

PIÈTRERIE, *sf.* chose vile, méprisable.

PIEU, *sm.* pièce de bois pointue.

PIEUSEMENT, *adv.* d'une manière pieuse, avec piété.

PIEUX, EUSE, *adj.* qui a de la piété, qui concerne la religion.

PIFFRE, **PIFFRESSE**, *s.* gros et replet; goulu (t. bas et injurieux).

PIGALLE, sculpteur français (1714-1785).

PIGANIOL DE LA FORCE, historien et géographe français (1673-1753).

PIGEON, *sm.* oiseau domestique que l'on élève dans un colombier. *Fig.* homme que l'on attire adroitement pour le duper.

PIGEONNEAU, *sm.* jeune pigeon.

PIGEONNIER, *sm.* lieu où l'on tient des pigeons, où on les élève.

PIGNEROL, ville forte du Piémont; elle a appartenu à la France dans le 16e et le 17e s.

PIGNOCHER, *vn.* manger négligemment de très-petits morceaux (*fam.*).

PIGNON, *sm.* partie du mur qui se termine en pointe et supporte le bout du faîtage d'un comble; amande de la pomme de pin; petite roue dentée.

PIGNORATIF, *adj. m.* (on pr. *pig-noratif*), se dit d'un contrat qui engage un héritage avec faculté de rachat perpétuel.

PILASTRE, *sm.* pilier carré engagé dans le mur et ayant les mêmes ornements que la colonne.

PILATE (Ponce), gouverneur romain de la Judée en l'an 27; eut la coupable faiblesse de céder aux instances des Juifs en ordonnant de crucifier Jésus-Christ.

PILATE (mont), dans la Suisse; un autre en France dans les Cévennes.

PILÂTRE DE ROZIER, physicien, naturaliste et aéronaute français (1756-1785).

PILAU, *sm.* riz cuit avec du beurre ou de la graisse et de la viande.

PILE, *sf.* amas de choses entassées les unes sur les autres; massif de maçonnerie qui soutient un pont; appareil de physique pour dégager l'électricité; côté d'une pièce de monnaie où sont les armoiries du prince ou de l'État.

PILER, *va.* broyer, écraser avec un pilon.

PILEUR, *sm.* celui qui pile.

PILIER, *sm.* sorte de grosse colonne ronde ou carrée qui soutient un édifice; poteau. *Fig.* homme qui fréquente un lieu: *pilier de café.*

PILLAGE, *sm.* (*ll m.*), action de piller.

PILLARD, ARDE, *adj. et s.* (*ll m.*), qui est

naturellement porté à piller, qui montre de l'ardeur au pillage.

PILLER, *va.* (*ll* m.), emporter violemment les biens d'une ville, d'une habitation ; commettre des exactions ; prendre les compositions d'autrui. Se dit aussi des chiens qui se jettent sur les animaux ou sur les personnes.

PILLERIE, *sf.* (*ll* m.), volerie, extorsion.

PILLEUR, *sm.* (*ll* m.), celui qui pille, qui fait des pilleries.

PILNITZ, village et château royal près de Dresde. L'empereur Léopold II et le roi de Prusse Frédéric-Guillaume y eurent en 1791 une entrevue où furent posées les bases d'une coalition contre la France.

PILON, *sm.* instrument pour piler.

PILON (Germain), célèbre sculpteur français (1515-1590).

PILORI, *sm.* ancienne machine à pivot où l'on exposait les coupables.

PILORIER, *va.* mettre au pilori. *Fig.* diffamer.

PILOTAGE, *sm.* art de conduire un navire ; ouvrage de pilotis.

PILOTE, *sm.* celui qui dirige la marche d'un navire.

PILOTER, *vn.* et *va.* enfoncer des pilotis ; garnir de pilotis pour bâtir dessus. — *va.* diriger la marche d'un navire. *Fig.* servir de guide à quelqu'un.

PILOTIN, *sm.* jeune marin qui étudie le pilotage.

PILOTIS, *sm.* (*s* nulle), gros pieu pour soutenir les fondements d'un édifice bâti dans l'eau ou sur un fond qui n'est pas solide.

PILPAY ou **BIDPAY**, brahmine indien et fameux fabuliste qui vivait à une époque inconnue, mais antérieure à l'ère chrétienne.

PILULE, *sf.* petite boule ; composition médicale en forme de petite boule. *Fig. Dorer la pilule*, employer des paroles flatteuses pour vaincre la répugnance de quelqu'un, pour le consoler d'une disgrâce ; *avaler la pilule*, se déterminer à faire une chose pénible ou désagréable.

PIMBÊCHE, *sf.* femme impertinente qui se donne des airs de hauteur.

PIMENT, *sm.* plante de la famille des Solanées dont le fruit est très-piquant.

PIMPANT, ANTE, *adj.* élégant et recherché dans sa toilette.

PIMPRENELLE, *sf.* plante de la famille ou tribu des Sanguisorbées.

PIN, *sm.* arbre résineux et toujours vert, de la famille des Conifères.

PINACLE, *sm.* la partie la plus élevée d'un édifice. *Fig.* grande élévation, grande faveur.

PINACOTHÈQUE, *sf.* (gr. *pinakothêkê* galerie de tableaux), musée de peintures, galerie de tableaux.

PINASSE, *sf.* navire de charge.

PINASTRE, *sm.* sorte de pin sauvage.

PINÇAGE, *sm.* action de pincer des bourgeons.

PINÇARD, *s.* et *adj. m.* cheval qui, en marchant, s'appuie sur la pince.

PINCE, *sf.* extrémité antérieure du pied des animaux ongulés ; devant d'un fer de cheval ; dents antérieures de la mâchoire de certains animaux ; grosses pattes de l'écrevisse, du homard, etc. sorte de longues tenailles ; barre de fer aplatie qui sert de levier ; action de pincer ; pli fait à une étoffe.

PINCÉ, ÉE, *adj.* qui a un air d'affèterie.

PINCEAU, *sm.* instrument pour appliquer et étendre les couleurs. *Fig.* manière de peindre, d'exprimer ses idées, ses sentiments.

PINCÉE, *sf.* ce que l'on peut prendre d'une chose en la pinçant avec deux doigts.

PINCELIER, *sm.* petit vase où les peintres prennent de l'huile et nettoient leurs pinceaux.

PINCE-MAILLE, *sm.* (inv.), avare.

PINCEMENT, *sm.* action de pincer le bout des bourgeons, les fruits, etc.

PINCER, *va.* presser avec deux doigts la superficie de la peau ; serrer avec une pince ; faire vibrer des cordes d'instruments en les saisissant avec les doigts ; causer de la douleur ; couper les bourgeons avec le bout des doigts. *Fig.* et *fam.* surprendre quelqu'un en faute ; *se faire pincer*, être pincé, être puni d'une imprudence que l'on a faite.

PINCE-SANS-RIRE, *sm.* (inv.), homme malin et sournois.

PINCETER ou **PINCETTER**, *va.* arracher le poil avec des pincettes.

PINCETTE, *sf.* et **PINCETTES**, *sf. pl.* petite pince ; ustensile de fer à deux branches pour arranger le feu.

PINCHINA, *sm.* sorte de gros drap.

PINÇON, *sm.* marque sur la peau qui a été pincée.

PINÇON ou **PINZON**, nom de deux frères, compagnons de Christophe Colomb.

PINDARE, célèbre poëte lyrique grec (520-456 av. J. C.).

PINDARIQUE, *adj.* 2 g. à la manière de Pindare.

PINDARISER, *vn.* parler ou écrire avec emphase, comme dans une ode pindarique.

PINDARISEUR, *sm.* celui qui pindarise.

PINDARISME, *sm.* tour poétique de la pensée, style sublime à la manière de Pindare.

PINDE, *sm.* chaîne de montagnes dans la Grèce ; elle était consacrée à Apollon et aux Muses. *Fig. Les nourrissons du Pinde*, les poëtes.

PINÉALE, *adj. f. glande pinéale*, petit corps ovale qui se trouve à peu près au milieu du cerveau (anat.).

PINEAU, *sm.* sorte de petit raisin noir.

PINEL, célèbre médecin français (1745-1826).

PINGOUIN, *sm.* oiseau de mer.

PINGRE, *sm.* et *adj.* 2 g. de méchante figure, effronté ; ladre.

PINGRÉ, astronome français (1711-1796).

PINKERTON, érudit et historien écossais (1758-1826).

PINNATIFIDE, **PINNATIFOLIÉ**, **PINNATILOBÉ**, **PINNATIPARTIT**, **PINNATISÉQUÉ**, V. *Pennatifide*, etc.

PINNÉ, ÉE, *adj.* composé de plusieurs folioles (*bot.*).

PINNE MARINE, *sf.* coquillage muni d'une touffe de filets soyeux (pl. *pinnes marines*).

PINNULE, *sf.* petite plaque de cuivre percée d'un trou et placée verticalement à l'extrémité d'une alidade.

PINQUE, *sf.* sorte de petit navire.

PINSON, *sm.* sorte de petit oiseau.

PINTADE, *sf.* oiseau de l'ordre des Gallinacées.

PINTE, *sf.* anc. mesure de capacité.

PINTER, *vn.* boire du vin (pop.).

PINTO RIBEIRO, secrétaire du duc de Bragance (Jean IV, roi de Portugal), et chef de la conspiration qui donna la couronne à ce prince ; m. 1649.

PINTURICCHIO (on pr. *Pintourikio*), célèbre peintre italien (1454-1513).

PINZON, V. *Pinçon*.

PIOCHAGE, *sm.* travail à la pioche.

PIOCHE, *sf.* outil pour creuser, pour démolir, etc.

PIOCHER, *va.* creuser, remuer avec la pioche. *Fig. vn.* travailler avec ardeur.

PIOCHEUR, *sm.* et *adj.* qui travaille, qui étudie beaucoup (t. d'écolier).

PIOLER, V. *Piauler*.

PIOMBINO, p. ville de Toscane.

PION, *sm.* petite pièce du jeu d'échecs, du jeu de dames ; serviteur ou fantassin des Indes. *Fig. Damer le pion*, avoir la supériorité.

PIONNER, *vn.* prendre beaucoup de pions au jeu d'échecs ou de dames.

PIONNIER, *sm.* travailleur qui aplanit les chemins, qui creuse les tranchées, etc.

PIOT, *sm.* (t nul), vin (pop.).

PIPE, *sf.* grande futaille pour le vin et les liqueurs ; petit tuyau muni d'un fourneau pour fumer le tabac.

PIPEAU, *sm.* flûte champêtre ; instrument pour imiter le cri des oiseaux ; au pl. gluaux pour prendre des oiseaux.

PIPÉE, *sf.* chasse avec des pipeaux dans lesquels on attire les oiseaux en imitant le cri de la chouette.

PIPER, *va.* prendre à la pipée. *Fig.* tromper. *Piper des dés*, les préparer pour tromper au jeu.

PIPER (comte), ministre de Charles XII, roi de Suède (1660-1716).

PIPÉRACÉES ou **PIPÉRITÉES**, *sf. pl.* (L. *piper* poivre), famille de plantes dont le poivrier est le type (bot.).

PIPERIE, *sf.* tromperie au jeu ; fourberie.

PIPEUR, *sm.* celui qui trompe au jeu.

PIQUANT, *sm.* pointe de certains végétaux. *Fig.* goût relevé ; ce qu'il y a de plaisant, de singulier, d'intéressant.

PIQUANT, **ANTE**, *adj.* qui pique ; qui fait une impression vive sur l'organe du goût, qui se fait sentir fortement. *Fig.* offensant ; qui fait une impression vive et agréable sur l'esprit ; qui plaît.

PIQUE, *sf.* arme formée d'un long bois terminé par un fer plat et pointu ; brouillerie.

PIQUE, *sm.* l'une des quatre couleurs du jeu de cartes.

PIQUÉ, *sm.* étoffe de coton formée de deux tissus unis par des points.

PIQUE-ASSIETTE, *sm.* (inv.), parasite.

PIQUE-NIQUE, *sm.* repas où chacun paye son écot (au pl. *pique-niques*, suiv. l'Acad. et mieux *pique-nique*).

PIQUER, *va.* percer ou entamer légèrement avec un objet fort pointu ; mordre, en parlant des serpents et des insectes ; faire du piqué, faire des points et arrière-points sur une étoffe ; frapper avec la pointe d'un marteau une pierre, une meule ; marquer : *piquer les absents* ; larder : *piquer un rôti* ; affecter le goût de manière que la langue en semble piquée : *du fromage qui pique*. — *Fig.* faire une vive impression sur le corps ou sur l'esprit ; fâcher, irriter ; exciter : *piquer la curiosité*. — **SE PIQUER**, *vpr.* s'offenser, prendre en mauvaise part ; se glorifier, tirer vanité de. *Se piquer d'honneur*, montrer plus de courage, faire plus d'efforts ; *se piquer au jeu*, s'opiniâtrer à jouer ; chercher à surmonter les obstacles ; *bois qui se pique*, où les vers se mettent ; *vin qui se pique*, qui commence à s'aigrir.

PIQUET, *sm.* (t nul), petit pieu, jalon ; certain nombre de soldats prêts à marcher au premier ordre ; punition qui consiste à se tenir debout et immobile ; sorte de jeu de cartes.

PIQUETTE, *sf.* boisson faite d'eau et de marc de raisin. *Fig.* mauvais vin.

PIQUEUR, *sm.* homme à cheval qui conduit les meutes ou qui précède une voiture ; employé dans les travaux de construction ; celui qui larde les viandes.

PIQUEUR, **EUSE**, *s.* ouvrier, ouvrière qui pique des ouvrages à l'aiguille.

PIQUIER, *sm.* soldat armé d'une pique.

PIQÛRE, *sf.* blessure faite par un objet piquant, par un animal ; trou fait par un insecte ; rangs de points à une étoffe piquée.

PIRANESI (Jean-Baptiste), dessinateur et graveur italien (1707-1778). — (François), fils du précédent, graveur et auteur des *Antiquités* romaines (1748-1810).

PIRATE, *sm.* voleur de mer, corsaire barbaresque. *Fig.* exacteur ; homme qui s'enrichit aux dépens d'autrui.

PIRATER, *vn.* faire le métier de pirate.

PIRATERIE, *sf.* action de pirate, métier de pirate.

PIRE, *adj. au comparatif 2 g.* plus mauvais, plus nuisible. — *sm.* le plus mauvais.

PIRÉE (le), port d'Athènes.

PIRIFORME, *adj. 2 g.* ayant la forme d'une poire.

PIRITHOÜS, roi des Lapithes, ami de Thésée.

PIRNA, p. ville de Saxe, sur l'Elbe. Victoire du roi de Prusse Frédéric le Grand sur les Autrichiens et les Saxons en 1745, et sur les Saxons en 1756.

PIROGUE, *sf.* bateau des sauvages fait d'un tronc d'arbre ou d'écorces.

PIRON (Alexis), poëte dramatique français, auteur de la *Métromanie* (1689-1773).

PIROUETTE, *sf.* sorte de jouet à pivot ; tour entier fait sur le corps en se tenant sur un seul pied.

PIROUETTER, *vn.* faire une ou plusieurs pirouettes.

PIS, *sm.* (s nulle), mamelle d'une vache, d'une chèvre, d'une brebis, etc.

PIS, *adv.* et *adj. au comparatif* (s nulle), plus mal. **DE MAL EN PIS**, *loc. adv.* de mal en plus mal; **AU PIS ALLER**, *loc. adv.* en supposant les choses au pire état. — *sm.* ce qu'il y a de pire.

PISAN, **ANE**, *adj.* et *s.* de Pise.

PISANI (Victor), célèbre amiral vénitien; m. 1380.

PISANO (Giunta), célèbre peintre italien; m. 1236. — (Nicolas), sculpteur et architecte italien; m. 1270. — (Jean), fils du précédent, sculpteur et architecte; m. 1320.

PISCATOIRE, *adj.* 2 g. (l. *piscatorius* de la pêche), qui a rapport à la pêche.

PISCEPTOLOGIE, *sf.* (l. *piscis* poisson, *capere* prendre; gr. *logos* discours, traité), traité de l'art de prendre du poisson ou de pêcher.

PISCICULTURE, *sf.* (l. *piscis* poisson; *cultura* culture, action d'élever, de soigner), art d'élever et de propager les poissons.

PISCIFORME, *adj.* 2 g. (l. *piscis* poisson), qui a la forme d'un poisson (*zool.*).

PISCINE, *sf.* (l. *piscina* vivier : de *piscis* poisson), vivier, réservoir à mettre du poisson; et, par extension, réservoir où l'on peut se baigner ou dans lequel on lave.

PISCIVORE, *adj.* 2 g. (l. *piscis* poisson, *vorare* manger), qui se nourrit de poisson.

PISE, anc. ville de l'Élide (Grèce). — ville de Toscane.

PISÉ, *sm.* sorte de terre pétrie dont on fait des constructions.

PISIDIE, anc. contrée de l'Asie-Mineure.

PISIFORME, *adj.* 2 g. (l. *pisum* pois), qui a la forme et le volume d'un pois (*bot.*).

PISISTRATE, tyran d'Athènes; m. 528 av. J. C.

PISON, nom de plusieurs consuls romains, d'un personnage consulaire chef d'un complot contre Néron, et d'un César collègue de Galba.

PISOLITHE ou **PISOLITE**, *sf.* (gr. *pisos* pois, *lithos* pierre), pierre composée de petits globules de la grosseur d'un pois (*géol.*).

PISOLITHIQUE ou **PISOLITIQUE**, *adj.* 2 g. qui contient de la pisolithe.

PISSAT, *sm.* (t nul), urine, surtout celle des animaux.

PISSEMENT, *sm.* écoulement involontaire d'urine, de sang, etc.

PISSENLIT, *sm.* (t nul), plante de la famille des Composées, tribu des demi-flosculeuses; enfant qui pisse au lit.

PISSER, *vn.* uriner. *Fig.* jaillir.

PISSEUR, **EUSE**, *s.* celui, celle qui urine souvent.

PISSOIR, *sm.* lieu où l'on pisse.

PISSOTER, *vn.* uriner en petite quantité.

PISSOTIÈRE, *sf.* pissoir; fontaine ou jet d'eau peu abondant.

PISTACHE, *sf.* petite noix à amande verte.

PISTACHIER, *sm.* arbre qui produit des pistaches.

PISTE, *sf.* vestige, trace.

PISTIL, *sm.* organe femelle de la fleur, composé de l'ovaire, du stigmate, et le plus souvent d'un tube appelé style, placé entre les deux (*bot.*).

PISTILLÉ, **ÉE**, qui a un pistil (*bot.*).

PISTOIE, ville de Toscane.

PISTOLE, *sf.* anc. monnaie valant 10 francs; nom de diverses monnaies étrangères; restaurant d'une prison.

PISTOLET, *sm.* (t final nul), arme à feu très-courte. *Pistolet de Volta*, petite bouteille de métal qui sert à une expérience sur l'action de l'électricité (*phys.*).

PISTON, *sm.* cylindre qui joue dans un corps de pompe ou dans un tube quelconque.

PISUERGA, riv. d'Espagne affluent du Douro.

PITANCE, *sf.* portion que l'on donne à chaque repas dans une communauté; subsistance journalière.

PITANCIER, *sm.* pourvoyeur chargé de la pitance dans une communauté.

PITAUD, **AUDE**, *s.* paysan lourd et grossier (*pop.*).

PITÉA, riv. et port de Suède.

PITEUSEMENT, *adv.* d'une manière piteuse.

PITEUX, **EUSE**, *adj.* digne de pitié, propre à exciter la pitié.

PITHIVIERS, s.-préf. du dep. du Loiret.

PITHON, nom de deux généraux d'Alexandre le Grand.

PITHOU (Pierre), savant magistrat français, l'un des auteurs de la *Satire Ménippée* (1539-1596). — (François), frère du précédent, savant magistrat (1543-1621).

PITIÉ, *sf.* compassion, miséricorde; sentiment de mépris. *C'est grand'pitié* ou *grande pitié*, c'est une chose très-digne de pitié: *raisonner à faire pitié*, raisonner mal, de travers.

PITON, *sm.* clou dont la tête est en forme d'anneau ou de crochet; sommet pointu d'une montagne.

PITOYABLE, *adj.* 2 g. enclin à la pitié; qui excite la pitié; méprisable.

PITOYABLEMENT, *adv.* d'une manière pitoyable; très-mal.

PITT (William), lord *Chatam*, célèbre ministre anglais (1708-1778). — (William), fils du précédent et chef du ministère anglais; fut toujours comme son père très-hostile à la France (1759-1806).

PITTACUS, l'un des sept sages de la Grèce; m. 579 av. J. C.

PITTORESQUE, *adj.* 2 g. *sm.* (ital. *pittoresco*: de *pittore* peintre), littéral. qui est d'un peintre, à la manière d'un peintre; propre à être peint, qui peut fournir un sujet de tableau; qui est d'un effet imposant; qui est orné de tableaux, de dessins. *Fig.* qui peint à l'esprit: *récit pittoresque*.

PITTORESQUEMENT, *adv.* d'une manière pittoresque.

PITTSBOURG, ville des États-Unis, dans la Pensylvanie.

PITUITAIRE, *adj.* 2 g. qui a rapport à la pituite

PITUITE, *sf.* humeur aqueuse et filante sécrétée par divers organes du corps.

PITUITEUX, **EUSE**, *adj.* qui abonde en pituite, en qui la pituite domine.

PIVERT, *sm.* sorte d'oiseau.

PIVOINE, *sf.* sorte de plante; sa fleur. — *sm.* sorte d'oiseau.

PIVOT, *sm.* (t nul), morceau de métal ou de bois sur lequel repose et tourne un autre corps. *Fig.* ce qui sert d'appui, de soutien.

PIVOTANT, **ANTE**, *adj.* qui s'enfonce perpendiculairement dans la terre (*bot.*).

PIVOTER, *vn.* tourner sur un pivot; en t. de bot. s'enfoncer perpendiculairement.

PIZARRE, Espagnol, conquérant du Pérou (1475-1541).

PIZZICATO, *adv.* et *sm.* (mot italien; on pr. *pitsicato*), en pinçant avec les doigts (*mus.*).

PIZZIGHITTONE (on pr. *Pitsiguittône*), p. ville du Milanais sur l'Adda.

PIZZO (on pr. *Pitso*), p. port de l'Italie méridionale (Calabre). Joachim Murat y débarqua le 8 octobre 1815, espérant reconquérir son royaume de Naples; mais, arrêté immédiatement, il fut fusillé le 13.

PLACAGE, *sm.* ouvrage de menuiserie fait de feuilles de bois précieux appliquées sur d'autre bois.

PLACARD, *sm.* (d nul), armoire dans un mur; boiserie au-dessus d'une porte; écrit ou imprimé affiché dans les rues.

PLACARDER, *va.* afficher un écrit, un imprimé.

PLACE, *sf.* lieu; espace occupé par une personne ou un objet; emploi dignité; rang d'un écolier dans ses classes; espace découvert et entouré de maisons dans une ville ou un village; ville de guerre; ville de commerce ou de banque. *Place d'armes*, lieu destiné aux revues, aux exercices militaires.

PLACEMENT, *sm.* action de placer de l'argent, des domestiques, etc.

PLACENTA ou **PLACENTAIRE**, *sm.* cordon intérieur du fruit auquel sont attachées les graines (*bot.*).

PLACENTIFÈRE, *adj.* 2 g. qui porte le placenta, qui a un placenta (*bot.*).

PLACER, *va.* mettre en un lieu, situer; donner un emploi; disposer d'un capital en argent pour qu'il porte intérêt; vendre des marchandises.

PLACER, *sm.* (on pr. l'r), lieu où l'on trouve de l'or (mot espagnol).

PLACET, *sm.* demande par écrit pour obtenir grâce, justice, faveur, etc.

PLACEUR, *sm.* homme qui place des domestiques ou des employés, qui procure la vente des marchandises.

PLACIDE, *adj.* 2 g. calme, pacifique, doux, traitable.

PLACIDEMENT, *adv.* d'une manière placide, avec placidité.

PLACIDIE, fille de l'empereur Théodose et mère de Valentinien III; m. 450.

PLACIDITÉ, *sf.* douceur, humeur tranquille; naturel doux et calme.

PLACIER, *sm.* employé du commerce qui fait la place, courtier.

PLAFOND, *sm.* (d nul), surface plane qui forme dans une construction la partie supérieure d'un lieu couvert; surface de plâtre au haut d'une salle. *Fig.* peinture à un plafond.

PLAFONNAGE, *sm.* action de plafonner, ouvrage du plafonneur.

PLAFONNER, *va.* faire un plafond, garnir de plâtre ou de bois le dessus d'un plancher. Se dit aussi comme *vn.* d'une peinture faite à un plafond.

PLAFONNEUR, *sm.* celui qui plafonne.

PLAGAL, *adj. m.* se dit en plain-chant du mode où la quinte est à l'aigu et la quarte au grave.

PLAGE, *sf.* rivage de mer plat et découvert. *Fig.* contrée, climat.

PLAGIAIRE, *adj.* 2 g. et *sm.* qui s'approprie ce qu'il a pillé dans les ouvrages d'autrui.

PLAGIAT, *sm.* (t nul), action du plagiaire.

PLAGIOSTOME, *sm.* (gr. *plagios* transversal, *stoma* bouche), poisson cartilagineux à bouche transversale; coquille fossile (*zool.*).

PLAID, *sm.* (d nul), plaidoirie, audience de justice; manteau écossais.

PLAIDABLE, *adj.* 2 g. qui peut être plaidé; *jour plaidable*, où l'on peut plaider.

PLAIDANT, **ANTE**, *adj.* qui plaide.

PLAIDER, *vn.* et *va.* contester par-devant la justice; soutenir une cause de vive voix. *Fig.* prendre la défense de; démontrer.

PLAIDEUR, **EUSE**, *s.* celui, celle qui plaide, qui aime à plaider.

PLAIDOIRIE, *sf.* art de plaider, action de plaider.

PLAIDOYER, *sm.* discours prononcé pour défendre la cause de quelqu'un.

PLAIE, *sf.* solution de continuité dans les parties molles d'un corps organisé; cicatrice. *Fig.* chose préjudiciable, mal, peine, calamité.

PLAIGNANT, **ANTE**, *adj.* et *s.* qui se plaint en justice.

PLAIN, **AINE**, *adj.* uni, plat, sans inégalités: *la bataille se donna en pleine campagne.* — **PLAIN-PIED**, *sm.* ce qui est au même niveau, au même étage. — **DE PLAIN-PIED**, *loc. adv.* au même niveau.

PLAIN-CHANT, *sm.* chant ordinaire de l'église (ne s'emploie qu'au sing.).

PLAINDRE, *va.* témoigner de la pitié, compatir aux peines d'autrui; employer ou donner à regret ou d'une manière insuffisante. — **SE PLAINDRE**, *vpr.* se lamenter, témoigner son mécontentement; porter plainte, se pourvoir en justice (c. *craindre*).

PLAINE, *sf.* plate campagne. *Fig.* vaste étendue; *la plaine liquide*, la mer.

PLAIN-PIED, V. *Plain*.

PLAINTE, *sf.* action de se plaindre; gémissement, mécontentement.

PLAINTIF, **IVE**, *adj.* qui exprime la plainte, qui a l'accent de la plainte.

PLAINTIVEMENT, *adv.* d'un ton plaintif.

PLAIRE, *vn.* agréer, faire plaisir, causer du plaisir, gagner l'affection. — **SE PLAIRE**, *vpr.* aimer à être dans un lieu, être agréable l'un à l'autre; *se plaire à*, trouver du plaisir à, être content de soi. **IL PLAIT, IL A PLU**, etc. v. imp. vouloir, avoir pour agréable: *je ferai ce qu'il vous plaira.* — *Ind. pr.* je plais, tu plais, il plaît, n. plaisons, v. plaisez, ils plaisent; *imp.* je plaisais; *p. déf.* je plus; *fut.* je plairai; *cond.* je plairais; *impér.* plais, plaisons, plaisez; *subj. pr.* que je plaise; *imp.* que je plusse; *part. pr.* plaisant; *part. p.* plu (pas de fem.).

PLAISAMMENT, *adv.* d'une manière plaisante, ridicule.

PLAISANCE, *sf. Lieu de plaisance*, maison de plaisance, d'agrément.

PLAISANCE, ville d'Italie, près de la rive droite du Pô, capit. d'un anc. duché de même nom.

PLAISANT, ANTE, *adj.* agréable, qui divertit; ridicule, impertinent. — *sm.* celui qui fait rire, ce qui fait rire, le côté ridicule d'une chose.

PLAISANTER, *vn.* railler, badiner, dire ou faire quelque chose pour amuser les autres, ne pas parler sérieusement. — *va.* railler quelqu'un.

PLAISANTERIE, *sf.* raillerie, badinage; dérision insultante. — **PLAISANTERIE À PART, SANS PLAISANTERIE**, *loc. adv.* sérieusement.

PLAISIR, *sm.* joie, contentement, divertissement; volonté : *sous votre bon plaisir;* faveur, grâce : *faites-moi le plaisir d'accepter;* espèce d'oublie roulée en cornet. *Menus plaisirs*, petites dépenses que l'on fait pour son divertissement.

PLAN, *sm.* surface plane; dessin représentant la surface plane d'une ville, d'un terrain, d'un édifice, etc. *Fig.* dessein, projet, disposition des parties principales d'un ouvrage d'esprit.

PLAN, ANE, *adj.* plat et uni.

PLANASIE, île entre la Corse et l'Italie, auj. *Pianosa.*

PLANCHE, *sf.* ais, morceau de bois mince et plus long que large; feuille de métal gravée, estampe tirée sur cette feuille; petit terrain plus long que large mis en culture. *Fig. Faire la planche*, nager étendu sur le dos; *faire la planche à quelqu'un*, lui préparer la voie pour le faire arriver, en s'exposant soi-même aux dangers; *monter sur les planches*, jouer publiquement sur un théâtre.

PLANCHÉIER, *va.* garnir de planches.

PLANCHER, *sm.* ouvrage de charpente formé de solives et qui recouvre le sol ou sépare deux étages.

PLANCHETTE, *sf.* petite planche; petite planche qui sert à lever des plans.

PLANCINE, femme du consul Pison et sa complice dans l'empoisonnement de Germanicus; m. 33.

PLANÇON ou **PLANTARD**, *sm.* branche que l'on sépare du tronc pour faire des boutures.

PLANE, *sm.* platane.

PLANE, *sf.* outil tranchant et à deux poignées qui sert à aplanir le bois.

PLANER, *va.* unir, aplanir avec la plane ou avec le marteau. — *vn.* se soutenir en l'air sur les ailes étendues. *Fig.* considérer, regarder de haut.

PLANÉTAIRE, *adj.* 2 g. des planètes, qu'concerne les planètes. — *sm.* machine représentant l'ensemble des corps célestes.

PLANÈTE, *sf.* (gr. *planètès* errant), corps céleste et opaque qui fait sa révolution autour du soleil et change continuellement de position par rapport aux étoiles fixes (astr.).

PLANEUR, *sm.* ouvrier qui plane des métaux.

PLANIMÉTRIE, *sf.* art de mesurer les surfaces planes (géom.).

PLANISPHÈRE, *sm.* (l. *planus* plan, *sphœra* sphère), projection de la sphère céleste ou terrestre sur une surface plane; carte des deux hémisphères du globe.

PLANOIR, *sm.* outil, instrument pour planer.

PLANT, *sm.* (t nul), jeune tige à planter ou nouvellement plantée; quantité de jeunes arbres plantés dans un même sol.

PLANTAGE, *sm.* plants de cannes à sucre, de tabac, etc.

PLANTAGENET, surnom de Geoffroi V, comte d'Anjou, qui fut la tige d'une dynastie de rois d'Angleterre.

PLANTAGINÉES, *sf. pl.* (l. *plantago* plantain), famille de plantes dont le plantain est le type (bot.).

PLANTAIN, *sm.* sorte de plante.

PLANTARD, V. *Plançon.*

PLANTATION, *sf.* action de planter; quantité d'arbres plantés dans un même lieu; établissements de colons en Amérique.

PLANTE, *sf.* nom général des végétaux; végétal à tige tendre, herbe. *Plante des pieds*, le dessous des pieds.

PLANTÉ, ÉE, *adj. part.* garni d'arbres ou de plantes. *Fig.* posé sur ses pieds; *cheveux bien plantés*, bien placés sur le front; *maison bien plantée*, bien située.

PLANTER, *va.* mettre une plante en terre; enfoncer en terre. *Fig. Planter un étendard*, l'arborer; *planter là quelqu'un*, le quitter, l'abandonner; *planter un soufflet*, l'appliquer; *planter au nez*, faire un reproche en face. *Se planter devant*, se mettre devant, en face.

PLANTEUR, *sm.* celui qui plante; colon qui cultive des plantations.

PLANTIGRADE, *s.* et *adj. m.* (l. *planta* plante des pieds, *gradi* marcher), se dit d'animaux mammifères qui appuient la plante entière des pieds en marchant, comme l'ours (zool.).

PLANTOIR, *sm.* outil de bois pour planter.

PLANTULE, *sf.* jeune plante; rudiment de la tige qui, lors de la germination, sort des lobes séminaux (bot.).

PLANTUREUSEMENT, *adv.* copieusement, en abondance (vx. mot).

PLANTUREUX, EUSE, *adj.* copieux, abondant (vx. mot).

PLANUDE, moine grec, auteur d'un recueil de fables d'Ésope; m. 1370.

PLANURE, *sf.* bois retranché des pièces que l'on plane.

PLAQUE, *sf.* table ou feuille de métal; espèce de chandelier qui s'applique à une muraille; sorte de large décoration.

PLAQUÉ, *sm.* métal recouvert d'une feuille mince d'or ou d'argent.

PLAQUEMINIER, *sm.* arbre.

PLAQUER, *va.* appliquer une chose mince et plate sur une autre.

PLAQUETTE, *sf.* petite monnaie; petit volume relié de peu d'épaisseur. *Fig.* objet de faible valeur.

PLAQUEUR, *sm.* ouvrier qui fait du placage.

PLASTIQUE, *sf.* (gr. *plastikê*; de *plassô* la çonner, modeler), art de modeler des figures, des ornements. — *adj.* 2 g. qui a rapport à cet art, qui a le pouvoir de former.

PLASTRON, *sm.* pièce de devant de la cuirasse; pièce de cuir pour protéger l'estomac des maîtres d'armes. *Fig.* personne en butte aux railleries des autres.

PLASTRONNER, *va.* garnir d'un plastron.

PLAT, *sm.* (t nul), vaisselle destinée à contenir les mets que l'on sert sur la table; mets qu'elle contient. La partie plate d'une chose.

PLAT, ATE, *adj.* qui a la superficie plane et unie. *Fig.* dénué de saveur, de vivacité, d'animation, qui est sans mérite. *Cheveux plats*, dont les côtes sont plates et pendantes; *calme plat*, état très-calme de la mer ou des affaires; *rimes plates*, qui se suivent deux à deux sans être entremêlées. V. *Vaisselle.*

PLATA (LA) ou **CHUQUISACA**, capitale de la Bolivie. — **LA PLATA** ou **RÉPUBLIQUE ARGENTINE**, dans l'Amérique méridionale. — **RIO DE LA PLATA**, fleuve de l'Amérique du Sud.

PLATANE, *sm.* arbre.

PLATANÉES, *sf. pl.* famille ou tribu de plantes dont le platane est le type (bot.).

PLATANISTE, *sm.* lieu ombragé de platanes.

PLAT-BORD, *sm.* (pl. *plats-bords*), garde-fous, dessus des bordages (mar.).

PLATEAU, *sm.* fond de bois ou bassin en métal des balances; sorte de plat très-large; verre de la machine électrique; disque sur lequel repose un récipient; terrain élevé, plat et uni.

PLATE-BANDE, *sf.* bordure des jardins garnie de fleurs; moulure plate et unie; pierre plate formant une bande (pl. *plates-bandes*).

PLATÉE, *sf.* plat de nourriture bien rempli (pop.); massif de toutes les fondations d'un bâtiment.

PLATÉE, anc. ville de Béotie, célèbre par la victoire des Grecs sur les Perses, en 479 av. J. C.

PLATE-FORME, *sf.* couverture d'un bâtiment sans comble faite en terrasse; ouvrage de terre pour y placer une batterie de canons (pl. *plates-formes*).

PLATE-LONGE, *sf.* longe plate pour maintenir les chevaux difficiles (pl. *plates-longes*).

PLATEMENT, *adv.* d'une manière plate.

PLATINE, *sm.* métal, l'un des corps simples de la chimie.

PLATINE, *sf.* ustensile pour repasser le linge; pièce à laquelle sont attachées celles qui servent au ressort d'une arme à feu; plaque de métal.

PLATITUDE, *sf.* qualité de ce qui est plat au figuré, c'est-à-dire dénué de saveur, de vivacité, de force, de piquant.

PLATON, illustre philosophe grec, disciple de Socrate (430-347 av. J. C.).

PLATONICIEN, IENNE, *adj.* et *s.* qui suit la philosophie de Platon, qui appartient à cette philosophie.

PLATONIQUE, *adj.* 2 g. qui a rapport à la philosophie de Platon. *Amour platonique*, affection, attachement de pure amitié.

PLATONISME, *sm.* doctrine ou système philosophique de Platon.

PLATOV, PLATOW ou **PLATOFF**, hetman des Cosaques (1765-1818).

PLÂTRAGE, *sm.* ouvrage fait en plâtre; action de plâtrer une prairie, un terrain.

PLÂTRAS, *sm.* (s nulle), débris de plâtre; mauvais matériaux.

PLÂTRE, *sm.* sorte de pierre calcaire cuite au fourneau, mise en poudre et servant principalement à la bâtisse; ornement moulé en plâtre.

PLÂTRÉ, ÉE, *adj. part.* couvert de plâtre, garni de plâtre. *Fig.* caché, dissimulé, peu sincère: *paix plâtrée*, réconciliation plâtrée.

PLÂTRER, *va.* couvrir de plâtre, en répandre sur un sol. *Fig.* couvrir, déguiser par de faux dehors.

PLÂTREUX, EUSE, *adj.* se dit d'un sol mêlé d'une sorte de craie.

PLÂTRIER, *sm.* celui qui prépare ou qui vend le plâtre.

PLÂTRIÈRE, *sf.* carrière d'où l'on extrait la pierre à plâtre; lieu où l'on prépare le plâtre.

PLATTENSÉE ou **BALATON**, lac de Hongrie.

PLAUSIBILITÉ, *sf.* qualité ou caractère de ce qui est plausible.

PLAUSIBLE, *adj.* 2 g. qui peut être agréé, admis, approuvé.

PLAUSIBLEMENT, *adv.* d'une manière plausible.

PLAUTE, célèbre poète comique latin (227-183 av. J. C.).

PLÈBE, *sf.* (l. *plebs* peuple), le bas peuple.

PLÉBÉIEN, IENNE, *adj.* et *s.* (l. *plebs* peuple), qui était de l'ordre du peuple chez les Romains; qui est de la classe du peuple; roturier.

PLÉBISCITE, *sm.* (l. *plebiscitum*; de *plebs* peuple), décret du peuple romain; auj. décision du peuple sur une question qui lui est soumise.

PLECTOGNATHES, *sm. pl.* (gr. *plektos* soudé; *gnathos* mâchoire, bouche), ordre de poissons qui ont les mâchoires soudées (zool.).

PLECTRUDE, femme de Pepin d'Héristal.

PLÉIADE, *sf.* réunion de sept poètes grecs renommés du temps de Ptolémée Philadelphe; réunion de poètes français sous Henri III et dont Ronsard était le chef.

PLÉIADES, les sept filles d'Atlas métamorphosées en étoiles; groupe d'étoiles dans la constellation du Taureau, vulgairement la *Poussinière*.

PLEIN, sm. l'espace rempli de matière; le massif d'une chose; gros et large trait d'écriture. *Le plein de la lune*, son disque entier éclairé.

PLEIN, EINE, adj. rempli, qui contient tout ce qu'il peut contenir; qui abonde; qui est complet, entier; gras. *Pleine lune*, dont tout le disque est lumineux; *voix pleine*, dont le son a de la rondeur et du volume; *arbre en plein vent*, qui n'est pas en espalier; *la pleine mer*, la haute mer, loin des côtes. — prép. autant qu'il est possible d'en contenir; EN PLEIN, loc. adv. complètement; TOUT PLEIN, loc. adv. beaucoup.

PLEINEMENT, adv. entièrement.

PLÉNIÈRE, adj. f. *Cour plénière*, assemblée solennelle tenue autrefois par le roi; *indulgence plénière*, rémission entière des peines imposées aux pécheurs.

PLÉNIPOTENTIAIRE, s. et adj. (on pr. plénipotanciaire), ministre ou envoyé muni de pleins pouvoirs par son gouvernement.

PLÉNITUDE, sf. abondance excessive.

PLÉONASME, sm. surabondance de mots inutiles au sens de la phrase, mais qui y ajoutent quelquefois de la grâce ou de l'énergie.

PLÉSIOSAURE, sm. (gr. *plésios* voisin, *saura* lézard), grand animal fossile dont la forme approchait de celle du lézard ou du crocodile (géol.).

PLESSIS-LEZ-TOURS, village près de Tours, célèbre par les ruines du château où résidait Louis XI.

PLESSIS-MORNAY (DU), V. *Mornay*.

PLÉTHORE, sf. (gr. *pléthôra* replétion), surabondance de sang ou d'humeurs.

PLÉTHORIQUE, adj. 2 g. abondant en humeurs; replet, sanguin (méd.).

PLEUR, sm. affliction, gémissement; *pleur éternel*. Au pl. larmes *répandre des pleurs*, Fig. eau qui découle de la vigne taillée. *Les pleurs de l'aurore*, la rosée.

PLEURANT, ANTE, adj. qui pleure.

PLEURARD, sm. (d nul), enfant qui pleure souvent. Au fem. *pleurarde*.

PLEURER, vn. répandre des larmes. Fig. laisser découler de l'eau. — va. regretter vivement: *pleurer son ami*, *pleurer ses péchés*.

PLEURÉSIE, sf. (gr. *pleura* plèvre), inflammation de la plèvre (méd.).

PLEURÉTIQUE, adj. et s. 2 g. qui est attaqué de la pleurésie.

PLEUREUR, EUSE, s. celui, celle qui a l'habitude de pleurer. *Pleureuse*, femme que chez les Grecs et les Romains on louait pour assister aux funérailles. Fig. saule *pleureur*, frêne *pleureur*, à branches pendantes.

PLEUREUSES, sf. pl. manchettes de deuil.

PLEUREUX, EUSE, adj. qui annonce une personne affligée ou qui a pleuré.

PLEURNICHER, vn. faire semblant de pleurer (fam.).

PLEURNICHERIE, sf. action de pleurnicher (fam.).

PLEURNICHEUR, EUSE, s. celui, celle qui pleurniche.

PLEURONECTES, sm. pl. (gr. *pleuron* côté, flanc; *nêktês* nageur), famille de poissons qui nagent sur le flanc, comme la sole (zool.).

PLEUROPNEUMONIE, sf. (gr. *pleura* plèvre, *pneumôn* poumon), inflammation de la plèvre et des poumons (méd.).

PLEURS, V. *Pleur*.

PLEUTRE, sm. homme sans courage; de nulle considération (fam.).

PLEUVOIR, v. imp. et vn. se dit de l'eau qui tombe des nuages, et au fig. de ce qui arrive en grande quantité. — Ind. pr. il pleut; imp. il pleuvait; p. déf. il plut; fut. il pleuvra; cond. il pleuvrait; subj. pr. qu'il pleuve; imp. qu'il plût; part. pr. pleuvant; part. p. plu.

PLÈVRE, sf. membrane qui tapisse l'intérieur de la poitrine (anat.).

PLEXUS, sm. (on pr. l's), réseau formé par des filets de nerfs ou de petits vaisseaux entrelacés (anat.).

PLEYON, sm. petit brin d'osier pour lier la vigne, attacher des branches, etc.

PLI, sm. ce que l'on fait à une étoffe, à un papier, etc., lorsqu'on les met en un ou plusieurs doubles; marque qui en résulte; sinuosité d'une étoffe tombante; enveloppe de lettre, la lettre elle-même. Fig. habitude acquise; disposition donnée à une chose; endroit où le bras, où le jarret plie.

PLIABLE, adj. 2 g. facile à plier, flexible. Fig. docile.

PLIAGE, sm. action de plier; résultat de cette action.

PLIANT, ANTE, adj. souple, flexible. Fig. docile, accommodant. — sm. siège qui se plie en deux.

PLICA, V. *Plique*.

PLICATILE, adj. 2 g. (l. *plicatilis*; de *plicare* plier), qui peut se plier, qui a une tendance à se plier (bot. et zool.).

PLIE, sf. sorte de poisson plat.

PLIÉ, sm. mouvement des genoux quand on les plie (t. de danse).

PLIEMENT, sm. action de plier.

PLIER, va. mettre en plusieurs doubles; courber, fléchir. Fig. assujettir, soumettre. — *Plier bagage*, s'en aller furtivement; mourir. — vn. devenir courbe. Fig. céder, se soumettre; reculer: *l'infanterie plia*. — SE PLIER, vpr. se courber; se soumettre.

PLIEUR, EUSE, s. celui, celle qui plie des feuilles imprimées, des journaux.

PLINE *l'Ancien* ou *le Naturaliste*, littérateur et savant latin (23-79). — PLINE *le Jeune*, neveu du précédent, célèbre écrivain latin (62-115).

PLINTHE, sf. membre d'architecture en forme de tablette carrée; bande rectangulaire qui règne dans les ouvrages de maçonnerie ou de menuiserie.

PLIOCÈNE, adj. m. (gr. *pléiôn* plus, *kainos* récent), se dit de l'étage le plus récent des terrains tertiaires (géol.).

PLIOIR, sm. petit instrument plat pour plier et couper le papier.

PLIQUE, sf. ou PLICA, sm. maladie dans laquelle les cheveux sont entrelacés et collés ensemble (*méd.*).

PLISSAGE, *sm.* plissement.

PLISSÉ, ÉE, *adj. part.* qui forme un pli ou des plis; où il y a des plis.

PLISSEMENT, *sm.* action de plisser.

PLISSER, *va.* faire des plis. — *vn.* se marquer de plis, former des plis.

PLISSURE, *sf.* manière de faire des plis; ensemble de plis.

PLISTHÈNE, fils d'Atrée et père d'Agamemnon.

PLOCK ou **PLOTSK**, ville de Pologne, sur la Vistule.

PLOËRMEL, s.-préf. du Morbihan.

PLOMB, *sm.* (*b* nul), métal, l'un des corps simples de la chimie; petits grains ou différents objets faits de ce métal; instrument pour déterminer la verticale; cuvette pour l'écoulement des eaux sales. *Mine de plomb,* plombagine. — **A PLOMB**, *loc. adv.* perpendiculairement.

PLOMBAGE, *sm.* action de plomber.

PLOMBAGINE, *sf.* carbone ferrugineux dont on fait des crayons.

PLOMBAGINÉES ou **PLUMBAGINÉES**, *sf. pl.* (l. *plumbago* dentelaire), famille de plantes dont le type est la dentelaire (*bot.*).

PLOMBÉ, ÉE, *adj.* garni de plomb; couleur de plomb, livide.

PLOMBER, *va.* mettre, attacher, appliquer du plomb; mettre un petit sceau en plomb à un ballot, à une caisse; presser, battre des terres pour les affermir.

PLOMBERIE, *sf.* art de fondre le plomb, lieu où on le fond.

PLOMBEUR, *sm.* celui qui plombe.

PLOMBIER, *sm.* ouvrier qui travaille le plomb; marchand de plomb.

PLOMBIÈRES, ch.-l. de canton (Vosges): eaux thermales très-fréquentées.

PLONGEANT, EANTE, *adj.* dont la direction est de haut en bas.

PLONGÉE, *sf.* glacis extérieur.

PLONGEON, *sm.* oiseau aquatique; action de plonger, et au *fig.* de faiblir, de céder par crainte.

PLONGER, *va.* enfoncer quelque chose dans l'eau. *Fig.* enfoncer: *plonger un poignard dans le sein*, jeter dans: *plonger dans un abîme de maux.* — *vn.* s'enfoncer dans l'eau. *Fig.* avoir une direction de haut en bas: *la vue plonge sur la vallée.* — **SE PLONGER**, *vpr.* se livrer, s'abandonner entièrement à: *se plonger dans la douleur, dans les plaisirs.*

PLONGEUR, *sm.* celui qui a coutume de plonger, qui en fait son métier. — *adj.* et *sm.* se dit d'oiseaux palmipèdes qui plongent.

PLOTIN, philosophe de l'école d'Alexandrie (205-270).

PLOTINE, femme de Trajan.

PLOUTOCRATIE, *sf.* (on pr. *ploutocraci*; gr. *ploutos* riche; *kratos* pouvoir, autorité), pouvoir, domination des riches.

PLOYABLE, *adj. 2 g.* aisé à ployer.

PLOYER, *va.* et *vn.* courber, fléchir; arran-

ger une chose en la pliant, en la mettant en rouleau, en paquet, etc. — *Ind. pr.* je ploie, tu ploies, il ploie, n. ployons, v. ployez, ils ploient; *imp.* je ployais, tu ployais, il ployait, n. ployions, v. ployiez, ils ployaient; *p. déf.* je ployai; *fut.* je ploierai; *cond.* je ploierais; *impér.* ploie, ployons, ployez; *subj. pr.* que je ploie, que tu ploies, qu'il ploie, que n. ployions, que v. ployiez, qu'ils ploient; *imp.* que je ployasse; *part. pr.* ployant; *part. p.* ployé, ée.

PLUCHE, *sf.* V. *Peluche.*

PLUCHE (l'abbé), écrivain français, auteur du *Spectacle de la nature* (1688-1761).

PLUIE, *sf.* eau qui tombe de l'atmosphère. *Fig.* ce qui tombe ou afflue en grande quantité.

PLUMAGE, *sm.* l'ensemble des plumes d'un oiseau.

PLUMAIL, *sm.* (*l* m.), houssoir de plumes, sorte de balai de plumes.

PLUMASSEAU, *sm.* petit bout de plume; balai de plumes; tampon de charpie.

PLUMASSERIE, *sf.* métier et commerce de plumassier.

PLUMASSIER, *sm.* marchand qui prépare et vend des plumes de parure.

PLUMBAGINÉES, V. *Plombaginées.*

PLUME, *sf.* tuyau garni de barbes et de duvet qui couvre le corps des oiseaux; plume préparée comme ornement ou pour écrire. *Fig.* instrument en métal taillé comme une plume et qui sert à écrire; manière d'écrire, style; l'écrivain lui-même. *Homme de plume, gens de plume,* gens d'affaires, de bureau; *laisser des plumes,* faire une perte.

PLUMEAU, *sm.* balai de plumes.

PLUMÉE, *sf.* ce que l'on peut prendre d'encre avec la plume.

PLUMER, *va.* arracher les plumes d'un oiseau. *Fig.* tirer malhonnêtement de l'argent de quelqu'un.

PLUMET, *sm.* (*t* nul), plume autour du chapeau; bouquet de plumes.

PLUMETIS, *sm.* (*s* nulle), sorte de broderie faite avec du coton.

PLUMEUX, EUSE, *adj.* garni de deux rangs opposés de poils longs (*bot.*).

PLUMITIF, *sm.* papier original et primitif des arrêts ou des délibérations.

PLUMULE, *sf.* partie de l'embryon végétal qui doit former la tige et s'élever au-dessus du sol (*bot.*).

PLUPART (LA), *sf. collectif:* le plus grand nombre. — **LA PLUPART DU TEMPS**, *loc. adv.* le plus souvent; **POUR LA PLUPART**, *loc. adv.* quant à la plus grande partie.

PLUQUET, savant théologien français (1716-1790).

PLURALITÉ, *sf.* plus grande quantité, multiplicité.

PLURIEL, IELLE, *adj.* qui marque la pluralité. — *sm.* nombre pluriel, mot au pluriel (*gram.*).

PLURIFLORE, *adj. 2 g.* (l. *plures* plusieurs, *flores* fleurs), qui a plusieurs fleurs (*bot.*).

PLURILOCULAIRE, *adj. 2 g.* (l. *plures* plusieurs; *loculus* loge, compartiment), se dit d'un ovaire qui se compose de plusieurs loges (bot.).

PLURIOVULÉ, ÉE, adj. qui contient plusieurs ovules (bot.).

PLUS, adv. davantage, outre cela; exprime aussi la supériorité dans une comparaison. — LE PLUS, adv. formant un superlatif relatif: c'est le plus heureux des hommes. — sm. l'opposé de le moins; signe de l'addition ayant cette forme +; PLUS OU MOINS, loc. adv. à peu près, à différents degrés; DE PLUS EN PLUS, loc. adv. progressivement; NI PLUS NI MOINS, loc. adv. tout de même que, tout autant; TANT ET PLUS, loc. adv. abondamment.

PLUSIAQUE, adj. 2 g. (gr. plousiakos opulent, riche), se dit d'un groupe de terrains clysmiens d'où l'on retire les métaux précieux, les diamants ou les pierreries (géol.).

PLUSIEURS, adj. indéf. pl. 2 g. un certain nombre de personnes ou de choses.

PLUS-QUE-PARFAIT, sm. temps du verbe qui indique une action antérieure à une autre déjà passée.

PLUS TARD, PLUS TÔT, loc. adv. indiquant la première un temps postérieur, la seconde un temps antérieur. AU PLUS TÔT, loc. adv. au plus vite, dans le plus court délai.

PLUS-VALUE, sf. valeur excédante.

PLUTARQUE, célèbre biographe et moraliste grec, auteur des Vies parallèles des hommes illustres grecs et romains (50-140).

PLUTON, dieu des enfers (myth.).

PLUTONIEN, IENNE, ou **PLUTONIQUE**, adj. (l. Pluto Pluton), se dit de terrains produits par l'action du feu intérieur (géol.).

PLUTÔT, adv. marquant la préférence.

PLUTUS (on pr. l's), dieu des richesses et des métaux précieux (myth.).

PLUVIAL, sm. grande chape.

PLUVIALE, adj. f. (l. pluvia pluie), eau pluviale, eau de pluie.

PLUVIATILE, adj. 2 g. (l. pluvia pluie), de pluie ou de la pluie; produit ou modifié par l'action des pluies (en parlant d'un terrain).

PLUVIER, sm. oiseau de rivage.

PLUVIEUX, EUSE, adj. abondant en pluie; qui amène la pluie.

PLUVINER, v. imp. (l. pluvia pluie), pleuvoir légèrement.

PLUVIOMÈTRE, sm. (l. pluvia pluie, metrum mesure), appareil qui sert à mesurer la quantité de pluie qui tombe dans un temps déterminé.

PLUVIÔSE, sm. le 5e mois du calendrier républicain.

PLYMOUTH, ville et port d'Angleterre, sur la Manche.

PNEUMATIQUE, sf. (gr. pneuma air), science qui traite des propriétés physiques de l'air. — adj. 2 g. relatif à l'air; se dit surtout de la machine avec laquelle on fait le vide en pompant l'air contenu dans un récipient (phys.).

PNEUMATOLOGIE, sf. (gr. pneuma, gén. pneumatos esprit; logos discours, traité), traité des substances spirituelles ou esprits.

PNEUMONIE, sf. (gr. pneumon poumon), inflammation des poumons (méd.).

PNEUMONIQUE, adj. et s. 2 g. se dit des remèdes propres à la pneumonie et des personnes atteintes de cette maladie.

PNYX, sm. place demi-circulaire à Athènes.

PÔ, fleuve de l'Italie septentrionale; se jette dans l'Adriatique.

POCHADE, sf. croquis fait à la hâte.

POCHE, sf. sorte de petit sac attaché à un vêtement; espèce de filet pour prendre des lapins; grande cuiller demi-sphérique; jabot des oiseaux; petit violon des maîtres à danser. Fig. Acheter chat en poche, conclure un marché sans connaître l'objet que l'on achète.

POCHÉ, ÉE, adj. part. meurtri; cuit dans l'eau chaude; macéré: olives pochées. Écriture pochée, mal formée et pleine de taches d'encre.

POCHER, va. faire une meurtrissure; pocher les yeux. Pocher des œufs, les faire cuire dans l'eau chaude sans les mêler.

POCHETER, va. garder dans sa poche.

POCHETTE, sf. petite poche; filet; petit violon de maître à danser.

PODAGRE, sf. (gr. pous, gén. podos pied; agra prise, capture), goutte qui attaque les pieds. — adj. et s. 2 g. qui a la goutte aux pieds.

PODALIRE, V. Machaon.

PODESTAT, sm. (t final nul), titre de magistrat dans plus. villes d'Italie.

PODIÉBRAD (Georges), roi de Bohème (1420-1471).

PODIUM, sm. (on pr. podiome), petit mur autour de l'arène dans les amphithéâtres; lieu où se plaçaient les sénateurs et les magistrats romains dans les amphithéâtres et les cirques.

PODOLIE, partie de la Russie dans l'ancienne Pologne.

PODOPHTHALMAIRES ou **PODOPHTHALMES**, sm. pl. (gr. pous, gén. podos pied; ophthalmos œil), groupe de Crustacea, comprenant ceux qui ont les yeux à l'extrémité d'un pédoncule mobile (zool.).

PODOR, établissement français sur le Sénégal.

POÉ (Edgar), poète et romancier américain (1813-1849).

PŒCILE, sm. portique public orné de peintures chez les anciens Grecs.

PŒCILIEN, IENNE, adj. (gr. poikilos varié en couleur, bigarré), se dit d'une formation appartenant au terrain triasique et comprenant le grès bigarré (géol.).

POÊLE, sm. drap mortuaire; dais d'église; voile que l'on tient sur la tête des mariés pendant l'office. — sf. ustensile de cuisine pour frire.

POÊLE ou **POILE**, sm. fourneau à tuyau pour chauffer les chambres; salle commune où est ce fourneau.

POÊLÉE, sf. plein une poêle.

POÊLIER, sm. fabricant et marchand de poêles.

POÊLON, sm. petite poêle, casserole.

POÊLONNÉE, *sf.* le contenu d'un poêlon.

POÊME, *sm.* ouvrage en vers d'une certaine étendue.

POÉSIE, *sf.* sentiment du beau idéal ; art de faire des ouvrages en vers ; hardiesse ou richesse poétique ; genre de poëme. Au *pl.* ouvrage en vers.

POÉTE, *sm.* celui qui cultive la poésie, qui fait des vers.

POÉTEREAU, *sm.* mauvais poëte.

POÉTESSE, *sf.* femme poëte.

POÉTIQUE, *adj.* 2 g. qui concerne la poésie, où il y a de la poesie. — *sf.* traité de l'art poétique.

POÉTIQUEMENT, *adv.* d'une manière poétique.

POÉTISER, *va.* rendre poétique. — *vn.* versifier.

POGGE (LE) ou POGGIO, érudit et littérateur italien ; on lui doit la découverte de divers écrits d'auteurs latins (1380-1459).

POIDS, *sm.* (*ds* nuls); ce que pèse un corps; pièces en métal qui servent à constater ce que pèse un corps. *Fig.* tout ce qui oppresse, fatigue ou chagrine : *le poids de la guerre; importance, considération, force : une affaire de poids ; une autorité d'un grand poids; gravité, sagesse, circonspection : agir avec poids et mesure. Vendre au poids de l'or,* vendre très-cher ; *avoir deux poids et deux mesures,* juger, agir avec partialité.

POIGNANT, ANTE, *adj.* piquant, pénétrant.

POIGNARD, *sm.* (*d* nul), arme courte pour frapper de la pointe. *Fig.* douleur morale, grand déplaisir. *Tenir a quelqu'un le poignard sur la gorge,* vouloir le forcer à faire quelque chose.

POIGNARDER, *va.* frapper avec un poignard.

POIGNÉE, *sf.* quantité de choses que l'on peut prendre ou serrer avec la main fermée, ce que l'on empoigne avec la main ; partie d'un objet destiné à être tenue avec la main : *poignée d'une épée. Fig.* petit nombre : *une poignée d'hommes.*

POIGNET, *sm.* (*t* nul), endroit où le bras se joint à la main ; bord d'une manche.

POIL, *sm.* filet délié qui croît sur la peau, sur les plantes, barbe, chevelure. *Fig.* partie velue des étoffes.

POILU, UE, *adj.* garni de beaucoup de poils.

POINÇON, *sm.* instrument de fer avec une pointe pour percer ou graver; morceau d'acier gravé en relief pour faire une empreinte; cette empreinte même ; sorte de tonneau.

POINÇONNEMENT, *sm.* action de marquer avec un poinçon.

POINÇONNER, *va.* marquer avec un poinçon.

POINDRE, *va.* piquer. — *vn.* se dit du jour qui commence à luire (ne s'emploie guère qu'à l'infinitif et à la 3e p. du futur : *il poindra*).

POING, *sm.* (*g* nul), main fermée. *Fig.* montrer le poing à quelqu'un, le menacer.

POINSINET, poëte comique français (1735-1769). — POINSINET DE SIVRY, auteur dramatique et traducteur (1733-1804).

POINSOT (Louis), célèbre mathématicien français (1777-1859).

POINT, *sm.* piqûre faite dans une étoffe avec une aiguille enfilée de fil, de soie, etc.; certains ouvrages de broderie, de tapisserie ou de dentelle ; intersection de deux lignes droites; signe de ponctuation. *Fig.* division d'un discours; question particulière : *c'est un point à examiner ;* partie importante d'une chose; état, période, degré : *le plus haut point ;* moment : *être sur le point d'arriver; douleur de côté.* — *Point du jour,* le commencement du jour ; *point d'honneur,* ce que l'on regarde comme touchant à l'honneur ; *point de vue,* point sur lequel la vue se dirige et s'arrête, assemblage d'objets sur lesquels se porte la vue ; au *fig.* manière de considérer les choses. — DE POINT EN POINT, *loc. adv.* exactement ; AU DERNIER POINT, *loc. adv.* extrêmement ; À POINT, *loc. adv.* à propos ; À POINT NOMMÉ, *loc. adv.* au moment fixe ou opportun.

POINT, mot qui se joint toujours avec *ne* ou *non* pour former une locution adverbiale : *je ne vois point.*

POINTAGE, *sm.* action de pointer une pièce d'artillerie, de faire des relèvements sur une carte marine.

POINTAL, *sm.* pièce de bois servant d'étai.

POINTE, *sf.* bout piquant et aigu ; outil aigu ; sorte de petits clous ; extrémité. *Fig.* jeu de mots, trait d'esprit où il y a de la recherche ; goût piquant.

POINTE-À-PITRE (LA), ville de la Guadeloupe.

POINTEMENT, *sm.* pointage.

POINTER, *va.* porter un coup avec la pointe; diriger vers un point en mirant ; faire des points; porter des relèvements sur une carte marine. — *vn.* s'élever vers le ciel (en parlant des oiseaux) ; commencer à paraître, à pousser (en parlant des herbes, des bourgeons).

POINTEUR, *sm.* artilleur qui pointe le canon.

POINTILLAGE, *sm.* (*ll* m.), petits points.

POINTILLÉ, *sm.* (*ll* m.), manière de dessiner, de graver en pointillant.

POINTILLER, *vn.* et *a.* (*ll* m.), faire de petits points. *Fig.* contrarier, contester sur des riens.

POINTILLERIE, *sf.* (*ll* m.), petite contestation (*fam.*).

POINTILLEUX, EUSE, *adj.* (*ll* m.), qui aime à contrarier, à reprendre pour des riens; susceptible, exigeant.

POINTIS (de), célèbre marin français (1635-1707).

POINTU, UE, *adj.* qui a une pointe aiguë; qui est terminé en pointe.

POINTURE, *sf.* lame garnie d'une pointe pour retenir le papier; trou qu'elle y fait (*imprim.*).

POIRE, *sf.* sorte de fruit; ce qui en a la forme.

POIRÉ, *sm.* boisson faite avec des poires.

POIREAU ou PORREAU, *sm.* plante potagère; excroissance sur la peau.

POIRÉE, *sf.* plante potagère à larges feuilles.

POIRSON, savant géographe français (1761-1831).

POIS, *sm.* (*s* nulle), sorte de légume, plante qui le produit.

POISON, *sm.* toute substance capable de détruire ou d'altérer les fonctions vitales. *Fig.* ce qui corrompt l'esprit ou les mœurs, trouble la paix, etc.

POISSARD, ARDE, *adj.* qui imite le langage, les mœurs du bas peuple. — *sf.* marchande de poissons, et *fig.* femme à manières et expressions libres et de mauvais ton.

POISSER, *va.* enduire ou frotter de poix; salir avec quelque chose de gluant.

POISSEUX, EUSE, *adj.* qui s'attache ou qui salit comme la poix.

POISSON, *sm.* animal à sang froid, qui respire par des branchies et vit dans l'eau, où il se meut à l'aide de nageoires; sorte d'une petite mesure.

POISSON (Denis-Simon), célèbre mathematicien français (1781-1840).

POISSONNAILLE, *sf.* (*ll* m.), tas de petits poissons.

POISSONNERIE, *sf.* lieu où l'on vend le poisson.

POISSONNEUX, EUSE, *adj.* abondant en poisson.

POISSONNIER, IÈRE, *s.* celui, celle qui vend du poisson.

POISSONNIÈRE, *sf.* ustensile pour faire cuire le poisson.

POISSY, *p.* ville (Seine-et-Oise).

POITEVIN, INE, *adj.* et *s.* du Poitou.

POITIERS, *ch.-l.* du dép. de la Vienne.

POITOU, anc. province de France.

POITRAIL, *sm.* (*l* m.), partie de devant du corps d'un cheval; partie du harnais qui se met sur le poitrail du cheval; pièce de charpente (pl. *poitrails*).

POITRINAIRE, *adj.* et *s.* 2 g. phthisique, attaqué de la poitrine.

POITRINE, *sf.* partie du corps depuis le bas du cou jusqu'au diaphragme, contenant les poumons et le cœur; partie des côtes des animaux.

POIVRADE, *sf.* sauce composée de poivre, de sel et de vinaigre.

POIVRE, *sm.* sorte d'épice piquante. *Poivre long*, sorte de poivre, de piment.

POIVRE (Pierre), célèbre voyageur français, gouverneur des îles de France et de Bourbon (1719-1786).

POIVRER, *va.* assaisonner de poivre.

POIVRIER, *sm.* arbrisseau qui produit le poivre.

POIVRIER, *sm.* ou **POIVRIÈRE**, *sf.* petite boîte ou ustensile dans lequel on met le poivre.

POIVRON, *sm.* piment.

POIX, *sf.* (*x* nulle), matière résineuse qui provient des pins et autres conifères.

POIX, *ch.-l.* de canton (Somme).

POIX-RÉSINE, *sf.* résine ordinaire ou qui n'a subi qu'une opération très-simple.

POLACRE ou **POLAQUE**, *sf.* sorte de navire. — *sm.* cavalier polonais.

POLAIRE, *adj.* 2 g. du pôle, qui est près du pôle.

POLARISATION, *sf.* modification particu-

lière des rayons lumineux en vertu de laquelle, une fois réfléchis ou réfractés, ils deviennent incapables de se réfléchir ou de se réfracter de nouveau dans certaines directions (l. *polaris* polaire, *polus* pôle; gr. *polos*; parce que, pour expliquer ce phénomène, on admet que les molécules lumineuses ont des pôles et des axes qui se tournent tous dans le même sens).

POLARISCOPE, *sm.* instrument qui sert à reconnaître quand la lumière est polarisée (*phys.*).

POLARISER, *va.* faire subir aux rayons lumineux la polarisation.

POLARITÉ, *sf.* propriété de se diriger vers les pôles ou d'avoir des pôles (*phys.*).

POLDER, *sm.* plaine dans les Pays-Bas protégée par des digues.

PÔLE, *sm.* extrémité de l'axe de la sphère, de l'axe d'un globe, d'un axe quelconque.

POLÉMARQUE, *sm.* (gr. *polemos* guerre, *arché* commandement), chef de la guerre, général en chef.

POLÉMIQUE, *sf.* (gr. *polemos* combat), dispute, querelle de plume. — *adj.* qui appartient à la dispute.

POLÉMOINE, *sf.* sorte de plante.

POLÉMON, philosophe grec; m. 273 av. J.-C. — sophiste grec du 2e s. — nom de deux rois de Pont.

POLÉMONIACÉES ou **POLÉMONIDÉES**, *sf. pl.* famille de plantes dont la polémoine est le type (*bot.*).

POLENTA, *sf.* bouillie de farine de maïs, etc. (mot ital.).

POLI, IE, *adj.* uni et luisant. *Fig.* civil, honnête. — *sm.* le lustre, le brillant.

POLICE, *sf.* ordre, règlement établi dans un État, dans une ville, pour ce qui regarde la sûreté, la tranquillité, l'aisance des habitants. *Fig.* contrat d'assurance. *Salle de police*, salle où l'on enferme un militaire qui a commis une faute légère.

POLICER, *va.* civiliser, adoucir les mœurs.

POLICHINELLE, *sm.* personnage de farces; marionnette à deux bosses. *Fig.* bouffon ridicule.

POLICIER, IÈRE, *adj.* de la police.

POLIGNAC, bourg (Hte-Loire), — (cardinal de), auteur du poème latin l'*Anti-Lucrèce* (1661-1741). — (Jules, prince de), ministre de Charles X (1780-1847).

POLIGNY, *s.-préf.* du dép. du Jura.

POLIMENT, *sm.* action de polir; état de ce qui est poli.

POLIMENT, *adv.* avec politesse.

POLIORCÈTE, surnom de Démétrius, fils d'Antigone.

POLIR, *va.* rendre uni et luisant. *Fig.* cultiver, orner le style, l'esprit, etc., adoucir les mœurs.

POLISSAGE, *sm.* polissure.

POLISSEUR, EUSE, *s.* ouvrier, ouvrière qui donne le poli.

POLISSOIR, *sm.* instrument pour polir.

POLISSOIRE, *sf.* sorte de décrottoire.

POLISSON, *sm.* petit garçon malpropre ou

vagabond; libertin; homme sans considéra-tion.

POLISSON, ONNE, *adj.* licencieux, très-libre.

POLISSONNER, *vn.* dire ou faire des po-lissonneries; faire le polisson.

POLISSONNERIE, *sf.* action de polisson; parole licencieuse.

POLISSURE, *sf.* action de polir; effet de cette action.

POLITESSE, *sf.* manière civile et honnête de vivre, d'agir, de parler; action d'une per-sonne polie.

POLITIEN (Ange), littérateur et poëte italien (1454-1494).

POLITIQUE, *adj.* 2 *g.* qui a rapport au gou-vernement d'un État (V. *Économie*). *Fig.* fin, adroit. — *sm.* homme qui s'occupe du gouvernement, des affaires de l'État. — *sf.* art de gouverner un État; connaissance du droit public; événements politiques. *Fig.* conduite adroite.

POLITIQUEMENT, *adv.* selon les règles de la politique. *Fig.* d'une manière adroite.

POLITIQUER, *vn.* raisonner sur les affaires publiques.

POLK (James-Knox), président des États-Unis (1795-1849).

POLLEN, *sm.* (on pr. *pol-lène*; l. *pollen* poudre fine), poussière fécondante renfermée dans les anthères des fleurs (*bot.*).

POLLENTIA, ville de l'anc. Ligurie, auj. *Po-lenza*. Défaite d'Alaric par Stilicon, en 403.

POLLINIE, *sf.* pollen réuni en masses (*bot.*).

POLLINIQUE, *adj.* 2 *g.* se dit d'un tube qui donne passage au pollen (*bot.*).

POLLION, orateur, poëte et consul romain, protecteur de Virgile et d'Horace; m. l'an 3 de J. C.

POLLUER, *va.* souiller, profaner.

POLLUTION, *sf.* profanation, souillure.

POLLUX, frère de Castor (*myth.*). — histo-rien grec, 4e s.

POLO, V. *Marco-Polo*.

POLOGNE, anc. royaume d'Europe; auj. par-tie de la Russie.

POLONAIS, AISE, *adj.* et *s.* de la Pologne.

POLONAISE, *sf.* sorte de danse; espèce de robe ou de redingote.

POLTAVA, V. *Pultava*.

POLTRON, ONNE, *adj.* et *s.* lâche, sans cou-rage.

POLTRONNERIE, *sf.* action de poltron, ca-ractère du poltron.

POLTROT DE MÉRÉ, assassin du duc de Guise au siège d'Orléans, en 1563.

POLYADELPHE, *adj.* 2 *g.* (gr. *polys* plu-sieurs, *adelphos* frère), se dit des étamines dont les filets sont réunis en plusieurs fais-ceaux (*bot.*).

POLYADELPHIE, *sf.* nom de la 18e classe des végétaux, dans la méthode de Linné, comprenant les plantes dont les fleurs ont les étamines polyadelphes (*bot.*).

POLYANDRIE, *sf.* (gr. *poly* beaucoup; *ander*, gen. *andros* homme ou mâle), 13e classe des plantes (méthode de Linné), comprenant cel-les dont les fleurs ont plus de vingt étamines, et par conséquent un grand nombre (*bot.*).

POLYANTHÉ, ÉE, *adj.* (gr. *poly* beaucoup, *anthos* fleur), qui a beaucoup de fleurs (*bot.*).

POLYBE, roi de Corinthe, père adoptif d'OE-dipe. — célèbre historien grec; m. 122 av. J. C.

POLYCAMARE, *adj.* (gr. *poly* beaucoup; V. *Camare*), se dit d'un fruit formé par la réunion d'un grand nombre de camares (*bot.*).

POLYCARPE (St), évêque et martyr; m. 167.

POLYCARPÉ, *adj. m.* (gr. *poly* beaucoup, *karpos* fruit), se dit d'un fruit multiple, comme par exemple celui de la fraise (*bot.*).

POLYCARPELLÉ, ÉE, *adj.* (gr. *poly* beau-coup; V. *Carpelle*), se dit d'un pistil formé de plusieurs carpelles (*bot.*).

POLYCÉPHALE, *adj.* 2 *g.* (gr. *poly* beau-coup, *képhalé* tête), qui a plusieurs têtes: se dit d'une statue, d'un ver intestinal, et, en botanique, de plantes qui ont un grand nom-bre de capitules.

POLYCHROME, *adj.* 2 *g.* (gr. *polys* plu-sieurs, *chrôma* couleur), qui est de plusieurs couleurs.

POLYCLÈS, sculpteur grec, 2e s. av. J. C.

POLYCLÈTE, célèbre statuaire grec, 5e s. av. J. C.

POLYCOTYLÉDONE, *adj.* 2 *g.* (gr. *polys* plusieurs; V. *Cotylédon*), qui a plusieurs cotylédons (*bot.*).

POLYCRATE, tyran de Samos; m. 524 av. J. C.

POLYDORE, fils de Priam.

POLYDORE VIRGILE, historien latin, né en Italie (1470-1555).

POLYÈDRE, *sm.* (gr. *polys* plusieurs, *hédra* siège ou base), solide terminé par plusieurs faces ou bases (*géom.*).

POLYÉDRIQUE, *adj.* 2 *g.* de polyèdre.

POLYEUCTE (St), martyr; m. 250.

POLYGALA, *sm.* sorte de plante, vulgaire-ment *herbe à lait*.

POLYGALÉES, *sf. pl.* famille de plantes dont le polygala est le type (*bot.*).

POLYGAME, *s.* et *adj.* 2 *g.* celui qui est dans l'état de polygamie. Se dit en botanique des plantes qui portent en même temps des fleurs mâles, des fleurs femelles et des fleurs à la fois mâles et femelles.

POLYGAMIE, *sf.* (gr. *polys* plusieurs, *gamos* mariage), état du mari qui est en même temps l'époux de plusieurs femmes. En bot. nom donné par Linné à la 23e classe des plantes, comprenant celles qui sont polyga-mes.

POLYGARCHIE, *sf.* (gr. *polys* plusieurs, *ar-chos* chef), forme de gouvernement où l'au-torité est entre les mains de plusieurs chefs.

POLYGÉNIQUE, *adj.* 2 *g.* (gr. *polys* plu-sieurs, *génésis* origine), se dit d'une roche formée de fragments de roches diverses réunis par un ciment calcaire (*min.* et *géol.*).

POLYGLOTTE, *adj.* 2 *g.* (gr. *polys* plusieurs, *glôtta* langue), qui est écrit en plusieurs lan-gues. — *sm.* celui qui connaît plusieurs lan-gues.

POLYGNOTE, célèbre peintre grec du 4e s. av. J. C.

POLYGONAL, ALE, adj. de polygone, qui en a la forme.

POLYGONE, sm. (gr. polys plusieurs, gônia angle), toute figure qui a plusieurs angles et plusieurs côtés (géom.).

POLYGONÉES, sf. pl. (gr. polys plusieurs; gony articulation, nœud), famille de plantes dont le type est le polygonum, vulgairement renouée, ainsi nommé parce que la tige a plusieurs nœuds (bot.).

POLYGRAPHE, sm. (gr. polys plusieurs, divers; graphô écrire), auteur qui a écrit sur un grand nombre de sujets différents.

POLYGYNIE, sf. (gr. polys plusieurs, gyné femme ou femelle), nom donné par Linné à la sous-division des classes de plantes, qui comprend celles dont la fleur a plusieurs pistils ou organes femelles (bot.).

POLYMATHIQUE, adj. 2 g. (gr. polys plusieurs; mathésis connaissance, étude), qui a rapport à plusieurs études.

POLYMNIE, muse de la poésie lyrique (myth.).

POLYNÉSIE, sf. (gr. polys plusieurs, nésos île), partie de l'Océanie comprenant un grand nombre d'îles.

POLYNICE, fils d'Œdipe et frère d'Étéocle; 14e s. av. J. C.

POLYNÔME, sm. (gr. polys plusieurs, nomé part ou partie), quantité algébrique composée de plusieurs termes ou parties (math.).

POLYPE, sm. (gr. polys plusieurs, pous pied), zoophyte ou radiaire dont le corps membraneux est terminé par plusieurs filaments qui lui servent de pieds ou de tentacules (zool.). Excroissance, tumeur sur les membranes muqueuses.

POLYPÉTALE ou POLYPÉTALÉ, ÉE, adj. (gr. polys plusieurs, pétalon pétale), qui a plusieurs pétales (bot.).

POLYPEUX, EUSE, adj. qui a rapport au polype, qui est de la nature du polype (méd.).

POLYPHÈME, fameux cyclope (myth.).

POLYPHONTE, assassin de Cresphonte, roi de Messénie et usurpateur de son trône.

POLYPHYLLE, adj. 2 g. (gr. polys plusieurs, phyllon feuille), se dit d'un calice à plusieurs feuilles ou sépales (bot.).

POLYPIER, sm. habitation commune des polypes.

POLYPODE, sm. (gr. polys plusieurs, pous, gén. podos pied), insecte à pieds nombreux; sorte de plante qui a un grand nombre de racines.

POLYSÉPALE, adj. 2 g. (gr. polys plusieurs; l. sepala sépale), qui a plusieurs sépales (bot.).

POLYSPERCHON (on pr. Polyspercon), l'un des généraux d'Alexandre le Grand.

POLYSPERMATIQUE ou POLYSPERME, adj. 2 g. (gr. polys plusieurs, sperma graine), qui a plusieurs graines (bot.).

POLYSPORE, adj. 2 g. (gr. polys plusieurs, spora semence), qui contient un grand nombre de semences (bot.).

POLYSTÉMONE, adj. 2 g. (gr. polys plusieurs; stémon fil, étamine), se dit des fleurs

dont les étamines sont en nombre plus que double de celui des pétales (bot.).

POLYSTYLE, adj. 2 g. (gr. polys plusieurs, stylos style), à plusieurs styles (bot.).

POLYSYLLABE ou POLYSYLLABIQUE, adj. 2 g. (gr. polys plusieurs, syllabé syllabe), qui est composé de plusieurs syllabes.

POLYSYNODIE, sf. (gr. polys plusieurs, synodos assemblée), multiplicité des conseils ou assemblées.

POLYTECHNIQUE, adj. 2 g. (on pr. politéchnique; gr. polys plusieurs, téchné art, science), qui concerne ou qui embrasse plusieurs arts ou sciences.

POLYTHÉISME, sm. (gr. polys plusieurs, théos dieu), doctrine religieuse qui admet plusieurs dieux.

POLYTHÉISTE, s. 2 g. celui, celle qui professe le polythéisme.

POLYXÈNE, fille de Priam.

POMACÉES, sf. pl. tribu de la famille des Rosacées, dont le pommier est le type (bot.).

POMARD, village près de Beaune (Côte-d'Or); vins estimés.

POMBAL, ville de Portugal. — (marquis de), fameux ministre portugais (1699-1782).

POMÉRANIE, province de Prusse.

POMÉRELLIE, partie de la Poméranie.

POMEY (le Père), jésuite français, latiniste célèbre (1618-1673).

POMMADE, sf. composition molle qui sert à différents usages.

POMMADER, va. enduire de pommade.

POMME, sf. fruit à pepins, de forme ronde; ornement en forme de pomme. Pomme de terre, plante à tubercules bons à manger. Fig. Pomme de discorde, sujet ou cause de dissension, pomme de pin, cône du pin renfermant les graines.

POMMÉ, ÉE, adj. arrondi en forme de pomme. Fig. achevé, complet : fou pommé, sottise pommée (fam.).

POMMEAU, sm. sorte de petite pomme au bout de la poignée d'une épée; éminence sur le devant de la selle.

POMMELÉ, ÉE, adj. part. tacheté de gris et de blanc : cheval pommelé, ciel pommelé.

POMMELER (SE), vpr. se dit de petits nuages gris et blancs, de marques semblables sur le corps des chevaux.

POMMELLE, sf. plaque percée de petits trous, placée à l'ouverture d'un tuyau pour arrêter les ordures.

POMMER, vn. se former en pomme.

POMMERAIE, sf. lieu planté de pommiers.

POMMETTE, sf. ornement en forme de petite pomme, partie saillante de la joue audessous de l'œil.

POMMIER, sm. arbre qui produit les pommes.

POMOLOGIE, sf. (l. pomum fruit; gr. logos discours, traité), traité des fruits.

POMONE, déesse des fruits (myth.). — sf. l'ensemble des fruits cultivés dans un pays.

POMPADOUR (Mme de), femme célèbre qui dirigea les affaires du gouvernement sous Louis XV (1721-1764).

POMPE, *sf.* appareil somptueux; machine pour élever l'eau. *Fig.* manière de s'exprimer en termes magnifiques; au pl. vanités mondaines.

POMPÉE, célèbre général romain, membre du 1er triumvirat; m 49 av. J. C. — *l'Aîné*, fils du précédent; m. après la bataille de Munda, 45 av. J. C. — *le Jeune ou Sextus Pompée*, frère du précédent; m. 35 av. J. C. V. *Troque-Pompée*.

POMPEÏA, POMPÉÏS ou POMPÉÏ, ville de la Campanie, près de Naples, engloutie par une éruption du Vésuve, l'an 79.

POMPEIUS STRABO, général romain, père du grand Pompée; m. 89 av. J. C.

POMPER, *va.* élever, attirer l'eau avec une pompe; attirer un liquide par un moyen quelconque. — *vn.* faire agir la pompe.

POMPEUSEMENT, *adv.* avec pompe.

POMPEUX, EUSE, *adj.* où il y a beaucoup de pompe; grand, magnifique.

POMPIER, *sm.* celui qui fait des pompes; celui qui fait agir les pompes dans les incendies.

POMPON, *sm.* ornement de mince valeur; nœud de rubans; houppe de laine que les soldats portent à leur coiffure.

POMPONACE, philosophe et médecin italien (1462-1526).

POMPONIUS, nom d'une famille romaine. V. *Atticus* et *Méla*.

POMPONNE (marquis de), ministre de Louis XIV (1618-1699).

POMPONNER, *va.* orner de pompons, parer. — **SE POMPONNER**, *vpr.* se parer.

PONANT ou **POVENT**, *sm.* Occident.

PONÇAGE, *sm.* action de poncer, de polir.

PONCE, *sf.* pierre sèche et poreuse d'origine volcanique; sachet rempli de charbon pilé qui sert à poncer.

PONCEAU, *sm.* espèce de pavot d'un rouge vif, cette couleur même; petit pont.

PONCE DE LÉON, capitaine espagnol qui découvrit la Floride en 1512.

PONCE-PILATE, V. *Pilate*.

PONCER, *va.* polir, rendre uni; passer la ponce sur un dessin dont on a piqué le trait avec une aiguille.

PONCEUX, EUSE, *adj.* mêlé avec de la pierre ponce.

PONCIRE, *sm.* sorte de citron.

PONCIS, *sm.* (s nulle) dessin piqué sur lequel on passe la ponce.

PONCTION, *sf.* (on pr. *ponxion*), opération par laquelle on fait évacuer par une ouverture les eaux épanchées dans le corps.

PONCTUALITÉ, *sf.* qualité de la personne ponctuelle; exactitude à faire une chose à temps.

PONCTUATION, *sf.* art de ponctuer.

PONCTUÉ, ÉE, *adj.* formé d'une suite de points; parsemé de taches en forme de points.

PONCTUEL, ELLE, *adj.* exact, qui fait au moment voulu ce qu'il doit faire.

PONCTUELLEMENT, *adv.* avec ponctualité, avec exactitude.

PONCTUER, *va.* mettre des points, des virgules, etc. dans un discours écrit.

PONDAGE, *sm.* droit à l'entrée et à la sortie des marchandises.

PONDÉRABLE, *adj.* 2 g. qui a un poids appréciable.

PONDÉRABILITÉ, *sf.* qualité de ce qui est pondérable.

PONDÉRATION, *sf.* équilibre entre des poids, des forces, des pouvoirs.

PONDÉRER, *va.* équilibrer.

PONDEUSE, *sf.* femelle d'oiseau qui donne des œufs.

PONDICHÉRY, ville de l'Hindoustan, appartenant à la France.

PONDRE, *va.* et *n.* faire ses œufs (en parlant des oiseaux et des reptiles).

PONENT, V. *Ponant*.

PONEY, *sm.* petit cheval à poils longs.

PONGO, *sm.* grand orang-outang.

PONIATOWSKI, noble polonais, compagnon d'armes de Charles XII (1678-1762). — (Stanislas), fils du précédent (1732-1798). — (Joseph), neveu de Stanislas, maréchal de France (1763-1813).

PONS DE VERDUN, membre de la Convention et poète français (1747-1844).

PONSIF, *sm.* ponce, poncis.

PONT, *sm.* construction sur un cours d'eau, un canal, etc. pour les traverser; tillac, étage d'un navire.

PONT, anc. royaume de l'Asie-Mineure.

PONT-À-MOUSSON, p. ville (Meurthe).

PONTARLIER, s.-préf. du dép. du Doubs.

PONTAUDEMER ou **PONT-AUDEMER**, s.-préf. du dép. de l'Eure.

PONTCHARTRAIN (PHÉLYPEAUX, comte de), ministre et chancelier de France (1643-1727).

PONT-DE-BEAUVOISIN, p. ville (Isère).

PONT-DE-L'ARCHE, ch.-l. de canton (Eure).

PONT-DE-VAUX, p. ville (Ain).

PONT-DU-CHÂTEAU, p. ville (Puy-de-Dôme).

PONTE, *sf.* action de pondre. — *sm.* celui qui met sur une carte contre le banquier du jeu.

PONTÉ, ÉE, *adj.* se dit d'un navire, d'une barque qui a un pont.

PONTECORVO ou **PONTE-CORVO** (on pr. *Ponté*), p. ville capitale d'une principauté dans l'anc. royaume de Naples.

PONTER, *vn.* jouer contre le banquier.

PONTET, *sm.* demi-cercle de métal formant la sous-garde d'un fusil ou d'un pistolet.

PONT-EUXIN, anc. nom de la mer Noire.

PONTHIEU, anc. pays de la Basse-Picardie, capitale *Abbeville*.

PONTIFE, *sm.* titre des principaux ministres de la religion. *Le souverain pontife*, le pape.

PONTIFICAL, ALE, *adj.* du pontife (pl. m. *pontificaux*).

PONTIFICALEMENT, *adv.* avec les cérémonies et les vêtements pontificaux.

PONTIFICAT, *sm.* (t nul), dignité du grand pontife, du pape; durée de cette dignité.

PONTIGNY, village et anc. abbaye près d'Auxerre.

PONTINS (*Marais*), près de Terracine, au sud de Rome.

PONTIUS HERENNIUS, général des Samnites; m. 292 av. J. C.

PONTIVY, V. *Napoléonville.*

PONT-L'ABBÉ, p. port (Finistère).

PONT-L'ÉVÊQUE, s.-préf. du Calvados.

PONT-LEVIS, V. *Levis.*

PONT-LEVOY, village (Loir-et-Cher), anc. abbaye de Bénédictins.

PONT-NEUF, *sm.* chanson populaire (pl. *ponts-neufs*).

PONTOISE, s.-préf. (Seine-et-Oise).

PONTON, *sm.* pont flottant; vieux vaisseau rasé qui sert à divers usages dans les ports.

PONTONNAGE, *sm.* droit perçu pour passer un pont, une rivière.

PONTONNIER, *sm.* celui qui perçoit le pontonnage; soldat employé à la construction des ponts flottants.

PONTORSON, p. port (Manche).

PONT-SAINTE-MAXENCE, ch.-l. de canton (Oise).

PONT-SAINT-ESPRIT, p. ville (Gard).

PONTS-DE-CÉ (LES), p. ville (Maine-et-Loire).

POPE, *sm.* prêtre russe.

POPE, célèbre poëte anglais (1688-1744).

POPELINE, *sf.* sorte d'étoffe de soie.

POPILIUS LÉNAS, consul romain, député par le sénat auprès d'Antiochus Épiphane, roi de Syrie (170 ans av. J. C.).

POPULACE, *sf.* le bas peuple.

POPULACERIE, *sf.* mœurs de la populace, viles manières.

POPULACIER, IÈRE, *adj.* propre à la populace. — *s.* celui, celle qui a les manières, les goûts de la populace.

POPULAIRE, *adj.* 2 g. qui est du peuple, qui se concilie l'affection du peuple, qui est répandu en tous lieux.

POPULAIREMENT, *adv.* d'une façon populaire.

POPULARISER, *va.* rendre populaire. — SE POPULARISER, *vpr.* s'attirer l'affection du peuple, devenir populaire.

POPULARITÉ, *sf.* caractère d'un homme populaire, crédit parmi le peuple, faveur publique.

POPULATION, *sf.* nombre des habitants d'un pays, d'un lieu, etc.

POPULÉUM, *adj. m.* (on pr. *populéome*), se dit d'un onguent calmant.

POPULEUX, EUSE, *adj.* où il y a une nombreuse population.

POPULO, *sm.* petit enfant gras et potelé (*fam.*).

PORBUS, nom de deux peintres français : le père m. 1580, et le fils 1622.

PORC, *sm.* (on ne pr. point le c devant une consonne), cochon. *Fig.* personne sale.

PORCELAINE, *sf.* terre fine dont on fait des vases et des ustensiles.

PORC-ÉPIC (Acad.), *sm.* animal dont le corps est armé de piquants (pl. *porcs-épics*).

PORCHE, *sm.* lieu couvert à l'entrée d'une église, d'un temple, etc.

PORCHER, ÈRE, *s.* celui, celle qui garde les pourceaux.

PORCHERIE, *sf.* toit à porcs.

PORCINE, *adj. f. Race porcine,* les porcs.

PORDENONE, nom de deux peintres italiens, l'un m. 1540, l'autre 1561.

PORE, *sm.* intervalle entre les molécules des corps (*phys.*); ouverture imperceptible dans la peau de l'animal, par où se fait la transpiration; petits orifices dans les végétaux.

PORÉE (le Père), jésuite français et poëte latin moderne (1675-1741).

PORENTRUY, ville de Suisse (canton de Berne).

POREUX, EUSE, *adj.* qui a des pores.

PORNIC, p. port (Loire-Infre).

POROSITÉ, *sf.* qualité des corps poreux.

PORPHYRE, *sm.* sorte de roche dure à fond rouge tacheté de blanc.

PORPHYRE, philosophe de l'école d'Alexandrie (233-305).

PORPHYRISATION, *sf.* action de porphyriser.

PORPHYRISER, *va.* broyer sur du porphyre avec une molette.

PORPHYROGÉNÈTE, *adj.* 2 g. (gr. *porphyra* pourpre; *gennaos* engendré, né), titre des enfants des empereurs grecs de Constantinople.

PORPHYROÏDE, *adj.* 2 g. qui ressemble à du porphyre.

PORPORA, célèbre compositeur de musique italien (1687-1767).

PORQUEROLLES, l'une des îles d'Hyères.

PORREAU, V. *Poireau.*

PORSENNA, lars ou roi de Clusium, assiégea Rome l'an 508 av. J. C.

PORT, *sm.* (*t* nul), lieu sur la côte de la mer, qui sert d'abri aux navires; lieu sur les cours d'eau où les bateaux abordent et déchargent leurs marchandises; ville qui a un port. *Fig.* lieu de repos, de tranquillité; passage dans les Pyrénées.

PORT, *sm.* (*t* nul), charge d'un bâtiment, action de porter, prix de transport; maintien, manière de se tenir droit.

PORTA (Jean-Baptiste), célèbre physicien napolitain (1540-1615).

PORTABLE, *adj.* 2 g. qui peut être porté.

PORTAGE, *sm.* action de porter.

PORTAIL, *sm.* (*l* m.), façade d'une église, d'un édifice où est la porte principale (pl. *portails*).

PORTALIS, jurisconsulte, ministre des cultes sous Napoléon Ier et écrivain (1746-1807).

PORTANT, ANTE, *adj. Bien portant, mal portant,* en bonne ou en mauvaise santé; *à bout portant,* de très-près.

PORTATIF, IVE, *adj.* que l'on peut aisément porter.

PORT-AU-PRINCE, capitale de la république d'Haïti.

PORT-CROZ, l'une des îles d'Hyères.

PORT D'ARMES (Acad.), *sm.* droit de porter des armes; attitude du soldat qui porte les armes.

PORTE, sf. ouverture pour entrer dans un lieu fermé ou pour en sortir; ce qui ferme certains meubles. *Fig.* accès, entrée : *ouvrir la porte aux abus; être aux portes du tombeau*, être à la mort; *porte de derrière*, faux-fuyant; *la Porte* ou *la Sublime-Porte*, la cour du sultan des Turcs.

PORTE, adj. f. *veine porte*, grosse veine qui distribue le sang dans le foie.

PORTE-ALLUMETTES, sm. ustensile dans lequel on place les allumettes.

PORTE-BAGUETTE, sm. (inv.), anneau placé le long du fût d'un fusil, d'un pistolet.

PORTE-BALLE (Acad.), sm. petit mercier portant des marchandises sur son dos.

PORTE-CARABINE, sm. porte-mousqueton.

PORTE-CHAPE (Acad.), sm. celui qui porte ordinairement la chape à l'église.

PORTE-CHOUX, sm. (x nulle), petit cheval de jardinier.

PORTE-CLEFS, sm. (inv.), valet de prison, guichetier; clavier.

PORTE-COLLET (Acad.), sm. pièce qui porte le rabat.

PORTE-CRAYON (Acad.), sm. instrument dans lequel on met le crayon.

PORTE-CROIX, sm. (inv.), celui qui porte la croix devant le pape ou un prélat.

PORTE-CROSSE, sm. (inv.), celui qui porte la crosse.

PORTE-DIEU, sm. (inv.), prêtre qui porte le viatique à un malade.

PORTE-DRAPEAU, s. et adj. m. (inv.), celui qui porte le drapeau.

PORTÉE, sf. totalité des petits que mettent bas en une fois les femelles des animaux; distance à laquelle les instruments à feu ou de trait peuvent atteindre; distance où l'on peut atteindre. *Fig.* étendue, capacité de l'esprit; force, valeur d'un raisonnement; lignes sur lesquelles on note la musique.

PORTE-ENSEIGNE, sm. (inv.), celui qui porte l'enseigne.

PORTE-ÉPÉE, sm. (inv.), morceau de cuir où d'étoffe où porte l'épée.

PORTE-ÉTENDARD, sm. (inv.), celui qui porte l'étendard.

PORTE-ÉTRIERS, sm. pl. courroies servant à relever les étriers.

PORTE-ÉTRIVIÈRES, sm. anneaux carrés aux deux côtés de la selle.

PORTEFAIX, sm. porteur de fardeaux, crocheteur.

PORTEFEUILLE, sm. carton plié en deux ou sorte de petit sac en peau pour renfermer des papiers, des dessins, etc. *Fig.* fonctions d'un ministre.

PORTE-GLAIVES (*chevaliers*), ordre militaire et religieux, fondé en 1202 dans la Livonie.

PORTE-MALHEUR, sm. (inv.), mauvais présage; homme dont la présence est funeste.

PORTEMANTEAU (Acad.), sm. crochet fixé à la muraille et où l'on suspend les vêtements; sorte de valise.

PORTEMENT, sm. image du Christ portant sa croix.

PORTE-MONNAIE, sm. (inv.), petit sachet ou portefeuille où l'on met son argent de poche.

PORTE-MONTRE, sm. (inv.), coussinet ou petit meuble pour y placer une montre.

PORTE-MORS, sm. (inv.), partie de la bride qui soutient le mors.

PORTE-MOUCHETTES, sm. (inv.), plateau où l'on place les mouchettes.

PORTE-MOUSQUETON, sm. (inv.), sorte d'agrafe pour soutenir le mousqueton.

PORTE-MUSC, sm. (inv.), animal ruminant qui fournit le musc.

PORTE-PLUME, ou mieux **PORTEPLUME,** sm. ente d'une plume métallique.

PORTER, va. soutenir quelque chose, être chargé d'un poids; transporter; avoir sur soi; tenir : *porter la tête haute*; pousser, faire aller : *porter sa main à sa bouche*; produire : *un arbre qui porte de beaux fruits*; endurer : *il porte patiemment sa disgrâce*; induire : *les bons exemples portent à la vertu*; montrer, manifester : *on porte partout son caractère*; avoir : *porter les marques d'un coup*; déclarer, exprimer : *arrêt portant condamnation*; causer : *porter bonheur.* — vn. poser sur, être soutenu : *poutre qui porte sur le mur*; atteindre : *une arme qui porte loin*; agir sur : *porter sur les nerfs.* —SE PORTER, vpr. aller, se transporter : *la foule s'y porte. Fig.* avoir de l'inclination pour : *jeune homme qui se porte au bien*; être en bonne ou en mauvaise santé : *se bien porter, se mal porter.*

PORTER, sm. (on pr. l'r finale), sorte de bière forte.

PORTE-RESPECT, sm. (inv.), arme défensive qui impose (*fam.*).

PORTES-DE-FER, défilé dans l'Atlas, en Algérie; défilé dans le Balkan entre la Turquie et la Hongrie.

PORTE-TAPISSERIE, sm. (inv.), châssis sur lequel on étend la tapisserie.

PORTE-TRAIT, sm. (Acad.), courroie qui soutient les traits d'attelage.

PORTEUR, EUSE, s. celui, celle qui porte un fardeau, une lettre, etc.

PORTE-VOIX, sm. (inv.), instrument pour porter la voix au loin.

PORTICI, p. ville au pied du Vésuve.

PORTIER, IÈRE, s. celui, celle qui garde la porte de la maison.

PORTIÈRE, sf. ouverture, porte d'un carrosse; rideau devant une porte.

PORTION, sf. (on pr. *porcion*), partie d'un tout divisé; partie d'un mets.

PORTIONCULE, sf. (on pr. *porcioncule*), petite portion, petite partie.

PORTIQUE, sm. galerie ouverte à colonnes. *Fig.* école et doctrine de Zénon.

PORT-JACKSON, ville et baie de la Nouvelle-Hollande.

PORTLAND, ville des États-Unis. — petite île anglaise dans la Manche.

PORTLANDIEN, IENNE, adj. se dit d'un cal-

28

caire dont le type est dans l'île de Portland (géol.).

PORT-LOUIS, ville et port (Morbihan).

PORT-MAHON, ch.-l. de l'île Minorque.

PORT-MAURICE, p. ville et port d'Italie, entre Nice et Gênes.

PORT-NATAL, colonie anglaise dans l'Afrique méridionale.

PORTO ou **OPORTO**, ville de Portugal, à l'embouchure du Douro.

PORTO-FERRAJO (on pr. *Porto-Ferralo*), ch.-l. de l'île d'Elbe.

PORTOR, sm. sorte de marbre noir tacheté de veines jaunes.

PORTO-RICO, l'une des grandes Antilles.

PORTRAIRE, va. faire le portrait.

PORTRAIT, sm. image, ressemblance d'une personne. *Fig.* description de l'extérieur, du caractère, etc.

PORTRAITURE, sf. portrait (vx. mot).

PORTRAITISTE, sm. peintre de portraits.

PORT-ROYAL DES CHAMPS, anc. abbaye près de Chevreuse (Seine-et-Oise).

PORTSMOUTH, ville et port d'Angleterre, sur la Manche.

PORTUGAIS, AISE, adj. et s. du Portugal.

PORTUGAL, royaume d'Europe, entre l'Espagne et l'océan Atlantique.

PORTULACÉES, sf. pl. (l. *portulaca* pourpier), famille de plantes dont le pourpier est le type (bot.).

PORTULAN, sm. livre qui contient la description des ports et des côtes de la mer.

PORT-VENDRES, p. ville et port (Pyrénées-Orientales).

PORUS, roi indien vaincu par Alexandre.

POSAGE, sm. travail et dépense pour mettre en place certains ouvrages.

POSE, sf. action de poser une pierre dans une construction, de placer des soldats en faction, une statue, etc.; attitude.

POSÉ, ÉE, adj. rassis, grave : *air posé* ; établi : *question bien posée*.

POSÉMENT, adv. doucement, modérément.

POSEN, ville de Prusse.

POSER, va. placer, mettre sur. *Fig.* établir : *poser un principe* ; fixer, préciser : *poser une question* ; supposer : *posons que cela soit.* — vn. être posé sur : *poutre qui pose sur le mur* ; prendre une attitude. — SE POSER, vpr. se placer ; prendre une position.

POSEUR, sm. celui qui pose. *Fig.* celui qui prend certains airs avantageux.

POSIDONIUS, philosophe grec stoïcien (133-49 av. J.-C.).

POSITIF, IVE, adj. certain, assuré ; contraire de négatif ; se dit par opposition à naturel avec les mots *droit* et *loi*, et aussi d'une personne qui n'a en vue que les intérêts matériels.

POSITIF, sm. premier degré d'un adjectif qui admet comparaison ; intérêts matériels : *s'attacher au positif.*

POSITION, sf. lieu, point où une chose est placée ; situation, attitude.

POSITIVEMENT, adv. d'une manière positive.

POSITIVISME, sm. système philosophique qui n'admet que ce qui est positivement démontré.

POSITIVISTE, sm. partisan du positivisme.

POSNANIE, partie de l'anc. Pologne, auj. duché de Posen, à la Prusse.

POSSÉDÉ, ÉE, adj. épris de, au pouvoir de. — s. démoniaque, personne dont le démon s'est emparé. *Fig.* inquiet, tourmenté, qui s'agite beaucoup.

POSSÉDER, va. avoir entre ses mains, être maître de. *Fig.* savoir parfaitement : *posséder les sciences.* — SE POSSÉDER, vpr. être maître de soi, se contenir.

POSSESSEUR, sm. celui qui possède.

POSSESSIF, adj. m. qui marque la possession : *pronom possessif.*

POSSESSION, sf. action de posséder ; jouissance d'une chose avec liberté d'en disposer ; terre possédée par une personne, par un État.

POSSESSOIRE, sm. possession d'un immeuble. — adj. f. qui tend à accorder le droit de posséder (jurisp.).

POSSESSOIREMENT, adv. d'une manière possessoire (jurisp.).

POSSIBILITÉ, sf. qualité de ce qui est possible.

POSSIBLE, adj. 2 g. qui peut être, que l'on peut faire. — adv. peut-être.

POSTAL, ALE, adj. de la poste aux lettres, qui y a rapport.

POSTCOMMUNION, sf. oraison que le prêtre dit à la messe après la communion.

POSTDAM ou **POTSDAM**, v. de Prusse.

POSTDATE, sf. date fausse et postérieure à la vraie date.

POSTDATER, va. dater d'un jour qui vient après celui où l'écrit a été fait.

POST-DILUVIEN, IENNE, adj. qui a été après le déluge ou le diluvium.

POSTE, sf. établissement de chevaux placés de distance en distance pour le service des voyageurs ; administration pour le transport des lettres ; bureau de cette administration.

POSTE, sm. lieu où l'on poste des troupes ; soldats postés, corps de garde. *Fig.* emploi, fonctions ; lieu où l'on est retenu par le devoir.

POSTER, va. placer dans un poste, dans un endroit. — SE POSTER, vpr. se placer.

POSTÉRIEUR, EURE, adj. qui vient après, qui est à la suite. — sm. le derrière.

POSTÉRIEUREMENT, adv. après.

POSTERIORI (À), loc. adv. latine, signifiant de ce qui vient après, de ce qui suit. *Raisonner à posteriori*, prouver la vérité ou la fausseté d'une proposition d'après les conséquences qui en résulteraient.

POSTÉRIORITÉ, sf. état d'une chose postérieure à une autre, qui vient après une autre.

POSTÉRITÉ, sf. ceux qui viendront après nous, les descendants de quelqu'un.

POSTES, sf. pl. ornements d'architecture.

POSTFACE, sf. sorte d'avertissement à la fin d'un livre, d'un écrit.

POSTHUME, adj. 2 g. qui est né après la

mort de son père. *Ouvrage posthume*, qui est publié après la mort de l'auteur.

POSTHUMIUS ou **POSTUMIUS** (Aulus), dictateur romain; m. 496 av. J. C. — (Spurius), consul; m. 321 av. J. C. — deux autres consuls, 8e et 2e s. av. J. C.

POSTICHE, *adj.* 2 *g.* fait et ajouté après coup; faux; mal placé.

POSTILLON, *sm.* (*ll m.*), homme attaché au service de la poste aux chevaux, et qui conduit les voyageurs.

POST-SCRIPTUM, *sm.* (on pr. *post-scriptome*; l. *post* après, *scriptum* écrit), ce qu'on ajoute à une lettre déjà écrite et après la signature (inv.).

POSTULANT, **ANTE**, s. celui, celle qui demande avec instance.

POSTULAT ou **POSTULATUM**, *sm.* (on pr. *postulatome*). demande d'un premier principe pour établir une démonstration (*géom.*).

POSTULATION, *sf.* action de postuler.

POSTULER, *va.* demander avec instance.

POSTURE, *sf.* situation, attitude du corps. *Fig.* position dans le monde.

POT, *sm.* (*t* nul), vase de terre ou de métal; marmite. *Pot de chambre*, vase de nuit. *Fig. découvrir le pot aux roses*, pénétrer un secret, une intrigue; *payer les pots cassés*, supporter la perte, le dommage; *tourner autour du pot*, user de détours au lieu d'aller au fait.

POTABLE, *adj.* 2 *g.* (l. *potare* boire), qui peut être bu, qui se peut boire.

POTAGE, *sm.* soupe. *Fig.* POUR TOUT POTAGE, *loc. adv.* pour toute chose.

POTAGER, *sm.* jardin planté de légumes.

POTAGER, **ÈRE**, *adj.* du potager, cultivé dans le potager.

POTAMÉES, *sf. pl.* (gr. *potamos* rivière), famille de plantes qui croissent dans les eaux de rivière (*bot.*).

POTAMON, philosophe de l'École d'Alexandrie; 2e s.

POTAMOPHILES, *sf. pl.* (gr. *potamos* fleuve, *philéô* aimer), famille ou tribu de plantes fluviales (*bot.*).

POTASSE, *sf.* oxyde de potassium extrait des cendres de bois.

POTASSIUM, *sm.* (on pr. *potassiôme*), l'un des corps simples de la chimie.

POTATION, *sf.* action de boire (vx. mot).

POT-AU-FEU, *sm.* (inv.), viande qui cuit dans le pot.

POT-DE-VIN, *sm.* présent en sus du prix convenu (pl. *pots-de-vin*).

POTE, *adj. f. Main pote*, main grosse ou enflée.

POTEAU, *sm.* pièce de bois de charpente posée debout.

POTÉE, *sf.* le contenu d'un pot; oxyde d'étain. *Potée d'émeri*, poudre qui sert à tailler les pierreries.

POTELÉ, **ÉE**, *adj.* gras et plein.

POTELET, *sm.* petit poteau.

POTEMKIN, ministre et favori de la tzarine Catherine II (1736-1791).

POTENCE, *sf.* gibet, supplice du gibet; sorte de charpente, de béquille.

POTENTAT, *sm.* (*t* final nul) souverain d'un grand État.

POTENTIEL, **ELLE**, *adj.* (on pr. *potanciel*), qui a ou exprime la puissance : se dit de certains remèdes, et en grammaire de certaines particules.

POTENTIELLEMENT, *adv.* (on pr. *potanciellemant*), en puissance.

POTERIE, *sf.* vaisselle de terre ou d'étain; industrie du potier.

POTERNE, *sf.* fausse porte des fortifications.

POTHIER, célèbre jurisconsulte français (1699-1772).

POTHIN (St), évêque de Lyon et martyr (87-177).

POTHIN ou **PHOTIN**, ministre du roi d'Égypte Ptolémée XII.

POTICHE, *sf.* sorte de vase en porcelaine ou en verre.

POTIDÉE, anc. ville de Macédoine.

POTIER, *sm.* celui qui fait ou vend de la poterie.

POTIER, nom de plusieurs magistrats français : (Nicolas), président au parlement de Paris pendant la Ligue (1544-1635). — *de Gesvres*, frère du précédent; m. 1630. — *de Novion*, premier président au parlement (1618-1697).

POTIER (Charles), fameux acteur comique, descendant de Potier de Gesvres (1775-1838).

POTIN, *sm.* mélange de cuivre jaune et de cuivre rouge, ou de cuivre et d'étain.

POTION, *sf.* (on pr. *pocion*), médicament liquide.

POTIRON, *sm.* sorte de citrouille.

POTOMAC, riv. des États-Unis.

POTOSI, ville de la Bolivie.

POT-POURRI ou **POT POURRI** (Acad.), *sm.* mélange de viandes; composition littéraire ou musicale formée de divers morceaux assemblés.

POTTER (Paul), célèbre peintre hollandais (1625-1654).

POU, *sm.* insecte parasite (pl. *poux*).

POUACRE, *adj.* et s. 2 *g.* malpropre (pop.).

POUAH ! *interj.* exprimant le dégoût.

POUCE, *sm.* le plus gros doigt de la main ou du pied; anc. mesure. *Fig. Manger sur le pouce*, manger à la hâte; *mettre les pouces*, se soumettre; *se mordre les pouces*, éprouver du regret.

POUCETTES, *sf. pl.* instrument qui sert à lier ensemble les pouces d'un prisonnier.

POUCIER, *sm.* morceau de métal, de corne, etc. dont certains ouvriers couvrent leur pouce pour travailler.

POU-DE-SOIE, **POULT-DE-SOIE** ou **POULT-DE-SOIE**, *sm.* sorte d'étoffe de soie.

POUDING, *sm.* mets composé de mie de pain, de moelle de bœuf, de raisin, etc.

POUDINGUE, *sm.* concrétion de petits cailloux unis par un ciment très-dur (*min.*).

POUDRE, *sf.* poussière; substance broyée ou pilée; amidon pulvérisé pour blanchir les cheveux; mélange de salpêtre, de soufre et de charbon pour charger les armes à feu. *Fig. Jeter de la poudre aux yeux*, éblouir par ses discours et ses manières; *mettre le* *feu aux poudres*, exciter la discorde, la sédition; *mettre en poudre*, renverser, détruire; *prendre la poudre d'escampette*, s'enfuir.

POUDRER, *va.* couvrir légèrement de poudre.

POUDRETTE, *sf.* matière fécale desséchée qui sert d'engrais.

POUDREUX, EUSE, *adj.* plein de poudre ou poussière.

POUDRIER, *sm.* fabricant de poudre à canon; boîte où l'on met la poudre à sécher l'écriture.

POUDRIÈRE, *sf.* fabrique ou magasin de poudre à canon; poire à poudre; poudrier.

POUF! *sm.* sorte de coiffure de femme; sorte de fauteuil; marbre qui s'égrène.

POUF, *interj.* exprimant le bruit sourd d'un corps qui tombe.

POUFFER, *vn.* *Pouffer de rire*, éclater de rire involontairement.

POUGENS (Charles), littérateur et philologue français (1755-1833).

POUGUES, ch.-l. de canton (Nièvre).

POUILLE (*ll m.*), province de l'Italie méridionale.

POUILLÉ, *sm.* (*ll m.*), catalogue de tous les bénéfices ecclésiastiques d'un pays.

POUILLER, *va.* (*ll m.*), dire des pouilles (pop.).

POUILLES, *sf. pl.* (*ll m.*), injures (pop.).

POUILLEUX, EUSE, *adj.* et *s.* (*ll m.*), qui a des poux (pop.).

POUILLY, p. ville (Nièvre). — POUILLY EN AUXOIS, ch.-l. de canton (Côte-d'Or).

POULAILLE, *sf.* (*ll m.*), volaille (*La Fontaine*).

POULAILLER, *sm.* (*ll m.*), abri pour les poules; vendeur de volaille; voiture de coquetier.

POULAIN, *sm.* cheval au-dessous de trois ans.

POULAINE, *sf.* pièces de bois terminées en pointe à l'avant d'un navire (*mar.*); chaussure à longue pointe.

POULARDE, *sf.* jeune poule engraissée.

POULE, *sf.* femelle du coq, du faisan, etc.; terme de jeu. *Fig. poule mouillée*, personne qui manque de résolution et de courage; *avoir la chair de poule*, frissonner.

POULET, *sm.* petit de la poule.

POULETTE, *sf.* jeune poule.

POULICHE, *sf.* jeune cavale jusqu'à trois ans.

POULIE, *sf.* roue sur laquelle passe une corde pour élever ou descendre des fardeaux.

POULINER, *vn.* mettre bas (en parlant d'une jument).

POULINIÈRE, *adj. f. Jument poulinière*, destinée à faire des poulains.

POULLE (l'abbé), prédicateur français (1702-1781).

POULPE, *sm.* sorte de mollusque.

POULS, *sm.* (on pr. pou), pulsation du sang artériel, principalement aux poignets. *Fig. se tâter le pouls*, consulter ses forces, ses moyens avant de se résoudre.

POULT-DE-SOIE, V. *Pou-de-soie*.

POUMON, *sm.* viscère qui est le principal organe de la respiration.

POUPARD, *sm.* (*d* nul), enfant au maillot. *Fig.* sorte de poupée.

POUPE, *sf.* arrière d'un navire.

POUPÉE, *sf.* petite figure humaine de bois, de carton etc., pour servir de jouet aux enfants; figure qui sert de but dans les tirs; tête en carton à l'usage des lingères, des modistes.

POUPIN, INE, *adj.* et *s.* qui a une toilette affectée.

POUPON, ONNE, *s.* petit enfant gros et gras.

POUQUEVILLE, historien français (1770-1838).

POUR, *prép.* marque le motif, la cause; signifie aussi en considération de, moyennant, eu égard à, à la place de, afin de, etc. — *sm. Soutenir le pour et le contre*. — POUR QUE, *loc. conj.* afin que; POUR PEU QUE, *loc. conj.* si peu que; POUR LORS, *loc. adv.* alors.

POURBOIRE (Acad.), *sm.* petite libéralité en signe de satisfaction.

POURCEAU, *sm.* cochon, porc.

POURCHASSER, *va.* poursuivre avec ardeur.

POURFENDEUR, *sm.* celui qui pourfend. *Fig. grand pourfendeur*, fanfaron.

POURFENDRE, *va.* fendre un homme de haut en bas.

POURPARLER, *sm.* conférence.

POURPENSER, *vn.* penser longtemps, profondément (vx. mot).

POURPIER, *sm.* sorte de plante potagère.

POURPOINT, *sm.* (*t* nul), ancien vêtement qui couvrait depuis le cou jusqu'à la ceinture.

POURPRE, *sm.* rouge foncé; maladie. — *sf.* teinture rouge que les anciens tiraient d'un coquillage; étoffe teinte de cette couleur. *Fig.* dignité souveraine; cardinalat.

POURPRÉ, ÉE, *adj.* de couleur de pourpre. *Fièvre pourprée*, accompagnée de pourpre.

POURPRIS, *sm.* (*s* nul), enceinte, enclos, séjour. *Fig. Les célestes pourpris*, les cieux.

POURQUOI, *conj.* et *adv.* pour quelle cause. — *sm.* la raison de : *demander le pourquoi*.

POURRI, IE, *adj.* gâté, corrompu. — *sm.* ce qui est en putréfaction.

POURRIR, *vn.* s'altérer, se gâter. *Fig.* demeurer longtemps : *pourrir dans les prisons*. — *vn.* gâter, corrompre : *l'eau pourrit le bois*.

POURRISSAGE, *sm.* macération des chiffons à papier dans l'eau.

POURRISSOIR, *sm.* lieu où l'on fait macérer les chiffons à papier.

POURRITURE, *sf.* état de ce qui est pourri; corruption.

POURSUITE, *sf.* action de poursuivre. *Fig.* soin que l'on prend pour obtenir quelque chose : *être acharné à la poursuite d'une place*; démarches, procédure.

POURSUIVANT, *sm.* celui qui brigue une chose, qui poursuit en justice, qui recherche une femme en mariage.

POURSUIVRE, *va.* suivre avec vitesse, avec acharnement. *Fig.* persécuter; agir contre quelqu'un; continuer : *poursuivre son récit*; chercher à obtenir (c. *suivre*).

POURTANT, *adp.* néanmoins.

POURTOUR, *sm.* tour, circuit de certains objets.

POURVOI, *sm.* recours à un autre tribunal; recours en grâce.

POURVOIR, *vn.* et *a.* voir d'avance ce qui est nécessaire et y donner ordre; fournir, munir, accorder : *pourvoir d'un emploi;* établir. — SE POURVOIR, *vpr.* se munir; recourir à un tribunal. — Il se conjugue c. *voir,* excepté aux temps suivants : *p. défini* je pourvus; *fut.* je pourvoirai; *cond.* je pourvoirais; *imp. du subj.* que je pourvusse.

POURVOIRIE, *sf.* lieu où sont les provisions des pourvoyeurs.

POURVOYEUR, *sm.* celui qui est chargé de pourvoir aux provisions de bouche.

POURVU QUE, *loc. conj.* en cas que, à condition que.

POUSCHKINE, célèbre poëte russe (1799-1837).

POUSSE, *sf.* jet, petites branches qui poussent au printemps; maladie des chevaux caractérisée par la gêne de la respiration.

POUSSÉE, *sf.* action de pousser.

POUSSER, *va.* faire effort pour faire avancer, imprimer un mouvement. *Fig.* étendre, reculer, prolonger : *pousser loin ses conquêtes, pousser un mur plus loin* ; attaquer, presser : *il l'a poussé vivement dans la dispute;* induire, inciter : *pousser quelqu'un à la colère. Pousser quelqu'un à bout,* le mettre en colère; produire : *cet arbre pousse ses racines entre deux terres.* — *vn.* s'accroître, fournir des pousses : *les arbres commencent à pousser. Fig. Pousser à la roue,* aider. — SE POUSSER, *vpr.* se soutenir mutuellement pour faire sa fortune; améliorer sa position dans le monde.

POUSSETTE, *sf.* jeu d'enfants.

POUSSIER, *sm.* poussière de charbon, de pierre, de poudre, etc.

POUSSIÈRE, *sf.* terre réduite en poudre fine; tout ce qui y ressemble. *Fig.* basse condition. *Mordre la poussière,* être tué dans un combat.

POUSSIÉREUX, EUSE, *adj.* plein de poussière.

POUSSIF, IVE, *adj.* se dit d'un cheval qui a la pousse. — *s.* grosse personne qui a de la peine à respirer.

POUSSIN, *sm.* petit poulet nouvellement éclos.

POUSSIN (Nicolas), célèbre peintre français (1594-1665).

POUSSINIÈRE, *sf.* la constellation des Pléiades.

POUT-DE-SOIE, V. *Pou-de-soie.*

POUTRE, *sf.* grosse pierre de bois équarrie qui soutient les solives.

POUTRELLE, *sf.* petite poutre.

POUVOIR, *va.* et *n.* avoir la faculté, la puissance de ; être en état de. *N'en pouvoir plus,* être accablé. *N'en pouvoir mais,* v. *Mais.* IL SE PEUT, *v. impers.* il est possible que. — *Ind. pr.* je peux ou je puis, tu peux, il peut, *n.* pouvons, v. pouvez, ils peuvent; *imp.* je pouvais; *p. déf.* je pus; *fut.* je pourrai; *cond.* je pourrais; *impér.* peux, pou-

vons, pouvez (inusité) ; *subj. pr.* que je puisse; *imp.* que je pusse; *part. pr.* pouvant; *part. p.* pu (sans fém.).

POUVOIR, *sm.* faculté, droit, autorité, ascendant, crédit.

POUZZOLANE, *sf.* (on pr. *poutsolane*), sorte de terre volcanique servant à faire du mortier.

POUZZOLES (on pr. *Poutsole*), ville près de Naples.

POYAS (monts), partie des Ourals.

POYET (Guillaume), chancelier de France (1474-1548).

POZZO DI BORGO (on pr. *Potso*), Corse, ami de Paoli, agent diplomatique au service de diverses puissances et enfin ambassadeur russe à Paris (1764-1842).

PRADES, *s.*—préf. des Pyrénées-Orientales.

PRADIER, célèbre sculpteur français (1786-1852).

PRADON, poëte tragique français; m. 1698.

PRADT (abbé de), archevêque de Malines, aumônier de Napoléon Ier (1759-1837).

PRAGA, faubourg de Varsovie.

PRAGMATIQUE, *s.* et *adj. f.* règlement. *Pragmatique sanction,* règlement fait en matière ecclésiastique.

PRAGUE, capitale de la Bohême.

PRAGUERIE, révolte des seigneurs et du Dauphin contre Charles VII, en 1440.

PRAIRIAL, *sm.* neuvième mois du calendrier républicain.

PRAIRIE, *sf.* étendue de terre qui produit de l'herbe, du foin.

PRALINE, *sf.* amande rissolée dans du sucre.

PRALINER, *va.* faire rissoler dans du sucre.

PRATENSE, *adj. 2 g.* (on pr. *pratensse*), des prés.

PRATICABLE, *adj. 2 g.* qui peut être pratiqué.

PRATICIEN, *s.* et *adj. m.* celui qui a l'expérience et la pratique d'un art; celui qui entend bien la procédure.

PRATIQUE, *sf.* application de la théorie, des règles d'un art; exécution d'un dessein; exercice, méthode, usage, expérience, routine; chaland, acheteur. — *adj. 2 g.* qui met à exécution, qui applique, qui agit : *morale pratique.*

PRATIQUEMENT, *adv.* dans la pratique.

PRATIQUER, *va.* et *n.* mettre en pratique, exercer; établir, faire : *pratiquer une porte dans un mur* ; fréquenter : *pratiquer les honnêtes gens.*

PRAXITÈLE, célèbre sculpteur grec (360-280 av. J. C.).

PRÉ, *sm.* terre où l'on recueille du foin ou qui sert au pâturage.

PRÉACHAT, *sm.* (t nul), payement avant l'achat.

PRÉADAMITES, *sm. pl.* hérétiques qui prétendaient qu'avant Adam il avait existé d'autres hommes.

PRÉALABLE, *adj. 2 g.* et *sm.* qui doit être dit, fait ou examiné avant autre chose. —Au PRÉALABLE, *loc. adv.* auparavant.

PRÉALABLEMENT, *adp.* d'abord.

28.

PRÉAMBULE, sm. discours qui en annonce un autre ; avant-propos.

PRÉAU, sm. petit pré ; cour d'une prison, d'une école, d'un cloître.

PRÉBENDE, sf. revenu ecclésiastique.

PRÉBENDÉ, ÉE, adj. qui jouit d'une prebende.

PRÉBENDIER, sm. ecclésiastique inférieur au chanoine et qui sert au chœur.

PRÉCAIRE, adj. 2 g. peu assuré ; que l'on ne possède que par tolérance.

PRÉCAIREMENT, adv. d'une façon précaire.

PRÉCAUTION, sf. caution, mesure prise d'avance pour éviter quelque inconvénient, quelque mal ; circonspection, prudence.

PRÉCAUTIONNÉ, ÉE, adj. prudent.

PRÉCAUTIONNER, va. prémunir contre.— SE PRÉCAUTIONNER, vpr. prendre ses précautions.

PRÉCÉDEMMENT, adv. auparavant.

PRÉCÉDENT, ENTE, adj. qui précède, antérieur. — sm. fait antérieur.

PRÉCÉDER, va. aller devant. Fig. tenir le premier rang.

PRÉCEINTE, sf. (m. suiv. l'Acad.), bordage peu élevé autour d'un navire (mar.).

PRÉCEPTE, sm. règle, leçon, maxime, commandement : les préceptes de l'Église.

PRÉCEPTEUR, sm. celui qui est chargé de l'éducation d'un jeune homme.

PRÉCEPTORAL, ALE, adj. de précepteur.

PRÉCEPTORAT, sm. (t final nul), état ou fonctions du précepteur.

PRÉCESSION, sf. Précession des équinoxes, mouvement rétrograde des points équinoxiaux vers l'ouest (astr.).

PRÉCHANTRE, sm. premier chantre.

PRÊCHE, sm. sermon des ministres protestants ; lieu où ce sermon est prononcé.

PRÊCHER, va. et n. annoncer la parole de Dieu. Fig. publier, recommander, vanter, faire des remontrances. Prêcher dans le désert, n'être pas écouté ou obéi ; prêcher d'exemple, pratiquer ce que l'on conseille aux autres de faire.

PRÊCHEUR, s. et adj. m. prédicateur. Fig. faiseur de réprimandes (au f. prêcheuse).

PRÉCIEUSE, sf. femme affectée dans son air, ses manières, son langage.

PRÉCIEUSEMENT, adv. avec grand soin.

PRÉCIEUX, EUSE, adj. de beaucoup de prix. Fig. cher, affecté. — sm. style affecté.

PRÉCIOSITÉ, sf. affectation de manières, de langage.

PRÉCIPICE, sm. abîme, lieu très-profond. Fig. grand malheur, grand danger.

PRÉCIPITAMMENT, adv. avec précipitation ; à la hâte.

PRÉCIPITANT, sm. ce qui opère la précipitation (chim.).

PRÉCIPITATION, sf. extrême vitesse, empressement ; action d'une substance qui se sépare de son dissolvant et se réunit au fond du vase.

PRÉCIPITÉ, sm. matière dissoute qui se dépose au fond du vase.

PRÉCIPITER, va. jeter d'un lieu élevé, lancer. Fig. hâter, faire tomber dans le malheur ; opérer une précipitation chimique. — SE PRÉCIPITER, vpr. se jeter d'un lieu elevé, s'élancer ; se déposer au fond du vase (chim.).

PRÉCIPUT, sm. (on pr. le t), avantage fait par un testateur à un cohéritier avant le partage, ou stipulé par contrat de mariage en faveur de l'époux survivant.

PRÉCIS, (s nulle), ISE, adj. fixe, arrêté, formel ; qui a de la précision : style précis. — sm. sommaire.

PRÉCISÉMENT, adv. exactement ; tout juste ; cela même.

PRÉCISER, va. fixer, déterminer.

PRÉCISION, sf. exactitude dans le discours qui exclut toute superfluité ; justesse, régularité dans le mouvement.

PRÉCITÉ, ÉE, adj. cité auparavant.

PRÉCOCE, adj. 2 g. mûr avant la saison. Fig. qui produit avant l'époque ordinaire, qui s'est développé de bonne heure.

PRÉCOCITÉ, sf. qualité de ce qui est précoce.

PRÉCOMPTER, va. compter d'abord pour déduire ensuite.

PRÉCONCEPTION, sf. (on pr. préconcepcion), première conception antérieure à toute observation.

PRÉCONCEVOIR, va. concevoir d'abord, sans examen.

PRÉCONÇU, UE, adj. part. conçu d'abord, sans examen.

PRÉCONISATION, sf. action par laquelle un prélat nommé à un évêché est déclaré officiellement avoir les qualités requises.

PRÉCONISER, va. louer extrêmement ; faire une préconisation.

PRÉCONISEUR, sm. celui qui préconise.

PRÉCURSEUR, adj. et sm. qui vient avant pour annoncer l'arrivée d'une personne ou d'une chose : signes precurseurs de l'orage.

PRÉDÉCÉDÉ, sm. et adj. celui qui est mort avant un autre.

PRÉDÉCÉDER, vn. décéder avant un autre.

PRÉDÉCÈS, sm. (s nulle), décès d'une personne avant celui d'une autre.

PRÉDÉCESSEUR, sm. celui qui a précédé, qui a vécu avant nous.

PRÉDESTINATION, sf. décret de Dieu par lequel certains hommes seraient élus d'avance ; fatalisme.

PRÉDESTINÉ ÉE, adj. et s. destiné à la gloire éternelle ; destiné d'avance à.

PRÉDESTINER, va. destiner d'avance.

PRÉDÉTERMINANT, ANTE, adj. qui prédétermine.

PRÉDÉTERMINATION, sf. action de prédéterminer.

PRÉDÉTERMINER, va. déterminer la volonté humaine (en parlant de Dieu).

PRÉDICANT, sm. prédicateur protestant.

PRÉDICATEUR, sm. celui qui prêche. Fig. celui qui publie des doctrines.

PRÉDICATION, *sf.* action de prêcher; sermon.

PRÉDICTION, *sf.* (on pr. *prédixion*), action de prédire, chose prédite.

PRÉDILECTION, *sf.* (on pr. *prédilexion*), action ou acte d'aimer un objet plus que tout autre, de le préférer à un autre.

PRÉDIRE, *va.* dire ou annoncer d'avance (*c. médire*).

PRÉDISPOSANTE, *adj. f.* Cause prédisposante, qui prédispose.

PRÉDISPOSER, *va.* disposer d'avance.

PRÉDISPOSITION, *sf.* disposition à contracter une maladie, un vice.

PRÉDOMINANCE, *sf.* action ou qualité de ce qui prédomine, de ce qui l'emporte sur.

PRÉDOMINANT, ANTE, *adj.* qui prédomine, qui l'emporte sur.

PRÉDOMINER, *vn.* prévaloir, exceller, s'élever au-dessus.

PRÉÉMINENCE, *sf.* qualité de ce qui est prééminent; supériorité.

PRÉÉMINENT, ENTE, *adj.* qui a de la prééminence, de la supériorité.

PRÉÉTABLI, IE, *adj. part.* établi d'avance.

PRÉÉTABLIR, *va.* établir d'avance.

PRÉEXCELLENCE, *sf.* qualité de ce qui préexcelle; excellence au plus haut degré, grande supériorité.

PRÉEXCELLER, *vn.* exceller avant tout autre, au-dessus de tout autre.

PRÉEXISTANT, ANTE, *adj.* qui préexiste.

PRÉEXISTENCE, *sf.* état de ce qui préexiste à autre chose, existence antérieure.

PRÉEXISTER, *vn.* exister avant.

PRÉFACE, *sf.* avant-propos, préambule; partie de la messe avant le canon.

PRÉFECTORAL, ALE, *adj.* du préfet, qui appartient au préfet.

PRÉFECTURE, *sf.* emploi du préfet, durée de ses fonctions; hôtel et bureaux du préfet.

PRÉFÉRABLE, *adj.* 2 g. digne d'être préféré.

PRÉFÉRABLEMENT, *adv.* par préférence.

PRÉFÉRENCE, *sf.* acte par lequel on préfère; au pl. marques d'affection particulière.

PRÉFÉRER, *va.* se déterminer en faveur d'une personne ou d'une chose plutôt qu'en faveur d'une autre; estimer davantage.

PRÉFET, *sm.* magistrat chargé de l'administration générale d'un département.

PRÉFIX, IXE, *adj.* fixé d'avance.

PRÉFIXE, *sf.* ou *m.* particule qui entre dans la composition d'un mot et qui le commence.

PRÉFIXION, *sf.* détermination.

PRÉFLORAISON ou PRÉFLEURAISON, *sf.* état de la fleur avant sa floraison ou épanouissement.

PRÉHENSION, *sf.* action de prendre des aliments; action du gouvernement qui met une chose à sa disposition.

PRÉJUDICE, *sm.* tort, dommage.

PRÉJUDICIABLE, *adj.* 2 g. qui porte préjudice; nuisible.

PRÉJUDICIEL, ELLE, *adj.* se dit d'une question qui doit être jugée ou décidée avant une autre qui en dépend.

PRÉJUDICIER, *vn.* nuire, faire tort.

PRÉJUGÉ, *sm.* ce qui a été jugé auparavant dans un cas semblable (*jurisp.*); opinion adoptée avant tout examen; prévention.

PRÉJUGER, *va.* décider avant d'avoir approfondi; prévoir par conjecture; rendre un jugement qui tire à conséquence pour une question subséquente.

PRÉLASSER (SE), *vpr.* affecter un air de gravité, de dignité, de morgue.

PRÉLAT, *sm.* (t nul) ecclésiastique revêtu d'une haute dignité.

PRÉLATURE, *sf.* dignité de prélat.

PRÊLE, *sf.* sorte de plante.

PRÉLEGS, *sm.* legs particulier qui doit être pris sur la masse de l'héritage avant le partage.

PRÉLÉGUER, *va.* léguer quelque chose qui doit être pris sur la masse de l'héritage avant le partage.

PRÉLÈVEMENT, *sm.* action de prélever.

PRÉLEVER, *va.* lever préalablement, c'est-à-dire d'avance, une portion d'un total.

PRÉLIMINAIRE, *adj.* 2 g. et *sm.* qui précède la matière principale.

PRÉLIMINAIREMENT, *adv.* préalablement, avant d'entrer en matière.

PRÉLUDE, *sm.* ce que l'on joue ou l'on chante pour essayer son instrument ou sa voix. *Fig.* ce qui précède quelque chose et lui sert de préparation.

PRÉLUDER, *vn.* essayer sa voix, son instrument. *Fig.* se préparer à.

PRÉMATURÉ, ÉE, *adj.* mûr avant le temps ordinaire. *Fig.* qui arrive avant le temps ordinaire, qu'il n'est pas encore temps d'exécuter.

PRÉMATURÉMENT, *adv.* avant le temps convenable.

PRÉMATURITÉ, *sf.* état de ce qui est prématuré, maturité avant le temps ordinaire.

PRÉMÉDITATION, *sf.* délibération en soi-même; dessein réfléchi qui précède une mauvaise action.

PRÉMÉDITÉ, ÉE, *adj. part.* médité, conçu d'avance.

PRÉMÉDITER, *va.* méditer quelque temps sur une chose avant de l'exécuter.

PRÉMICES, *sf. pl.* les premiers produits de la terre ou du bétail. *Fig.* premières productions de l'esprit; commencements.

PREMIER, IÈRE, *adj. num. ordinal* : qui précède tous les autres. *Fig.* le plus excellent. — *sm.* celui qui l'emporte sur tous; le premier étage.

PREMIÈREMENT, *adv.* en premier lieu.

PREMIER-NÉ, V. NÉ.

PRÉMISSES, *sf. pl.* les deux premières propositions d'un syllogisme.

PRÉMONTRÉS, *sm. pl.* ordre de chanoines réguliers dont la principale abbaye était à Prémontré près de Laon.

PRÉMUNIR, *va.* munir ou garantir d'avance et par précaution. — SE PRÉMUNIR, *vpr.* se munir, se précautionner.

PRÉMUNISSEMENT, *sm.* action de se prémunir; ce qui prémunit.

PRENABLE, *adj.* 2 g. qui peut être pris.

PRENANT, ANTE, *adj.* et *s.* qui prend.

PRENDRE, *va.* saisir, enlever, s'emparer de, emporter; mettre sur soi; recevoir, emprunter; choisir; surprendre. *Fig.* entendre, comprendre. *Prendre parti pour quelqu'un,* se déclarer pour lui; *prendre son temps,* ne pas se hâter; *prendre ses mesures,* employer des moyens pour réussir; *prendre au mot,* se hâter d'accepter. — *vn.* s'attacher, prendre racine, se coaguler, faire effet, réussir. — SE PRENDRE, *vpr.* s'accrocher, s'épaissir. *Fig. Se prendre de pétroles, se* quereller; *s'en prendre à quelqu'un,* lui attribuer quelque faute, vouloir l'en rendre responsable; *se prendre d'amitié,* concevoir de l'amitié; *se prendre à rire,* commencer à rire. — 'A TOUT PRENDRE, *loc. adv.* en considérant le bien et le mal. — *Ind. pr.* je prends, tu prends, il prend, n. prenons, v. prenez, ils prennent; *imp.* je prenais; *p. défini* je pris; *fut.* je prendrai; *cond.* je prendrais; *impér.* prends, prenons, prenez; *subj. pr.* que je prenne, que tu prennes, qu'il prenne, que n. prenions, que v. preniez, qu'ils prennent; *imp.* que je prisse; *part. pr.* prenant; *part. p.* pris, prise.

PRÉNESTE, anc. ville du Latium.

PRENEUR, EUSE, *adj.* et *s.* qui prend à loyer; qui prend habituellement.

PRÉNOM, *sm.* nom qui est avant le nom de famille.

PRÉNOTION, *sf.* première notion d'une chose.

PRÉOCCUPATION, *sf.* prévention; disposition d'un esprit trop occupé d'un objet pour faire attention à un autre.

PRÉOCCUPER, *va.* occuper toute l'attention; prévenir l'esprit de quelqu'un. — SE PRÉOCCUPER, *vpr.* avoir l'esprit préoccupé de.

PRÉOPINANT, *sm.* celui qui opine ou dit son avis avant un autre.

PRÉOPINER, *vn.* opiner avant un autre.

PRÉORDONNER, *va.* ordonner ou disposer d'avance.

PRÉPARATEUR, *sm.* celui qui prépare.

PRÉPARATIF, *sm.* apprêt.

PRÉPARATION, *sf.* action de préparer; composition de médicaments.

PRÉPARATOIRE, *adj.* 2 g. qui prépare.

PRÉPARER, *va.* apprêter, disposer d'avance. — SE PRÉPARER, *vpr.* s'apprêter.

PRÉPONDÉRANCE, *sf.* qualité de ce qui est prépondérant; supériorité d'autorité, de crédit.

PRÉPONDÉRANT, ANTE, *adj.* qui a plus de poids, plus de force; influent.

PRÉPOSÉ, ÉE, *adj.* et *s.* employé à.

PRÉPOSER, *va.* établir quelqu'un avec pouvoir de faire quelque chose.

PRÉPOSITIF, IVE, *adj.* qui a rapport à la préposition, qui est en tête d'un mot. — *sm.* première partie d'un mot composé.

PRÉPOSITION, *sf.* particule qui exprime un rapport entre deux mots (*gram.*).

PRÉPOTENCE, *sf.* pouvoir dominant.

PRÉROGATIVE, *sf.* privilège, avantage particulier.

PRÈS, *prép.* qui marque proximité; signifie aussi sur le point de, environ, presque, etc. — 'A CELA PRÈS, *loc. adv.* excepté cela; À PEU PRÈS, *loc. adv.* presque; A BEAUCOUP PRÈS, *loc. adv.* il s'en faut beaucoup.

PRÉSAGE, *sm.* ce qui annonce d'avance une chose, conjecture.

PRÉSAGER, *va.* indiquer, annoncer une chose à venir; conjecturer.

PRESBOURG, anc. capit. de la Hongrie.

PRESBYOPIE, *sf.* (gr. *presbytés* presbyte, *ops* vue), vue du presbyte.

PRESBYTE, *adj.* et *s.* 2 g. (gr. *presbytés* vieillard), qui voit mieux de loin que de près, comme les vieillards.

PRESBYTÉRAL, ALE, *adj.* du presbytère; qui appartient à la prêtrise.

PRESBYTÈRE, *sm.* (gr. *presbytés* vieillard, prêtre), logement du curé.

PRESBYTÉRIANISME, *sm.* doctrine des presbytériens.

PRESBYTÉRIEN, IENNE, *s.* et *adj.* protestant d'Angleterre qui ne reconnaît pas l'autorité épiscopale.

PRESBYTIE, *sf.* (on pr. *presbici*) ou PRESBYTISME, *sm.* V. *Presbyopie.*

PRESCIENCE, *sf.* connaissance que Dieu a de l'avenir; faculté de connaître d'avance, de prévoir.

PRESCRIPTIBLE, *adj.* 2 g. qui peut être prescrit.

PRESCRIPTION, *sf.* (on pr. *prescripcion*), manière d'acquérir une propriété ou de se libérer par une possession non interrompue, pendant un temps fixe par la loi. Ordonnance, précepte.

PRESCRIRE, *va.* et *n.* acquérir par prescription; ordonner, enjoindre. — SE PRESCRIRE, *vpr.* se perdre par prescription; s'enjoindre, s'imposer une obligation.

PRÉSÉANCE, *sf.* droit de prendre place avant quelqu'un ou de le précéder.

PRÉSENCE, *sf.* existence dans un lieu marqué. *Fig. Présence d'esprit,* vivacité, promptitude d'esprit. — EN PRÉSENCE, *loc. adv.* en face; EN PRÉSENCE DE, *loc. prép.* en vue de, devant.

PRÉSENT, *sm.* don; le temps actuel; temps du verbe qui marque une action actuelle.

PRÉSENT, ENTE, *adj.* qui est dans un lieu marqué; qui existe actuellement. *Fig.* qui est très-net dans la mémoire. — 'A PRÉSENT, *loc. adv.* maintenant.

PRÉSENTABLE, *adj.* qui peut être présenté.

PRÉSENTATEUR, TRICE, *adj.* et *s.* qui a le droit de présenter.

PRÉSENTATION, *sf.* action de présenter.

PRÉSENTEMENT, *adv.* maintenant.

PRÉSENTER, *va.* offrir; mettre sous les yeux; tourner vers. *Fig.* mettre en avant: *présenter des objections;* exposer: *présenter les faits.* — SE PRÉSENTER, *vpr.* s'offrir, se montrer, paraître, survenir: *des difficultés se présentèrent.*

PRÉSERVATEUR, TRICE, *adj.* qui préserve.

PRÉSERVATIF, IVE, *adj.* et *s.* qui a la vertu de préserver.

PRÉSERVER, *va.* garantir.

PRÉSIDENCE, *sf.* fonctions d'un président; durée de ces fonctions.

PRÉSIDENT, *sm.* celui qui préside.

PRÉSIDENTE, *sf.* celle qui préside; femme d'un président.

PRÉSIDER, *va.* et *n.* occuper la première place dans une assemblée et en diriger les travaux; avoir la direction de.

PRÉSIDES, *sf. pl.* bagne espagnol; forteresses espagnoles dans le Maroc.

PRÉSIDIAL, *sm.* ancienne cour de justice. — **PRÉSIDIAL, ALE,** *adj.* de présidial (pl. m. *présidiaux*).

PRÉSOMPTIF, IVE, *adj.* présumé devoir être; *héritier présomptif*, prince que sa naissance appelle à régner.

PRÉSOMPTION, *sf.* (on pr. *presompcion*), conjecture, opinion fondée sur des apparences; opinion trop avantageuse de soi.

PRÉSOMPTIVEMENT, *adv.* par simple présomption.

PRÉSOMPTUEUSEMENT, *adv.* avec présomption.

PRÉSOMPTUEUX, EUSE, *adj.* et *s.* rempli de présomption; qui marque de la présomption.

PRESQUE, *adv.* à peu près, peu s'en faut.

PRESQU'ÎLE, *sf.* partie de terre presque entièrement entourée d'eau.

PRESSAGE, *sm.* action de presser.

PRESSAMMENT, *adv.* d'une manière pressante (peu usité).

PRESSANT, ANTE, *adj.* qui presse vivement; urgent : *affaire pressante.*

PRESSE, *sf.* foule de gens qui se pressent; machine pour presser, pour imprimer; enrôlement forcé. *Fig.* l'imprimerie, les livres, les journaux.

PRESSÉ, ÉE, *adj.* empressé, désireux, qui a hâte, qui ne peut attendre; serré de près, tourmenté : *pressé par la faim.*

PRESSENTIMENT, *sm.* action de pressentir, mouvement instinctif qui fait craindre ou espérer.

PRESSENTIR, *va.* sentir d'avance; chercher à découvrir les sentiments de quelqu'un avant d'agir.

PRESSER, *va.* et *n.* serrer avec force. *Fig.* poursuivre sans relâche; insister; hâter, précipiter : *presser le pas*; resserrer : *presser les rangs*; être urgent : *l'affaire presse*, n'admettre aucun délai : *le temps presse.* — **SE PRESSER,** *vpr.* se serrer; se hâter.

PRESSEUR, *sm.* ouvrier qui presse les étoffes.

PRESSIER, *sm.* ouvrier qui travaille à la presse d'imprimerie.

PRESSION, *sf.* action de presser. *Fig.* influence, ascendant.

PRESSIROSTRES, *sm. pl.* (l. *pressus* resserré, comprimé; *rostrum* bec), famille d'oiseaux échassiers qui ont le bec comprimé (*zool.*).

PRESSIS, *sm.* (*s* finale nulle), jus ou suc exprimé.

PRESSOIR, *sm.* machine à presser le raisin, les pommes, etc.

PRESSURAGE, *sm.* action de pressurer; liqueur obtenue en pressurant.

PRESSURER, *va.* presser des fruits, exprimer le jus; serrer fortement. *Fig.* épuiser par des impôts; tirer de l'argent de quelqu'un.

PRESSUREUR, *sm.* ouvrier qui travaille à faire mouvoir un pressoir.

PRESTANCE, *sf.* maintien imposant; attitude grave.

PRESTATAIRE, *sm.* celui qui est soumis à une prestation ou redevance.

PRESTATION, *sf.* action de prêter un serment; redevance en nature, en argent.

PRESTE, *adj. 2 g.* prompt, agile. — *adv.* et *interj.* vite.

PRESTEMENT, *adv.* d'une manière prompte, rapide.

PRESTESSE, *sf.* manière d'agir promptement; agilité.

PRESTIDIGITATEUR, *sm.* escamoteur.

PRESTIDIGITATION, *sf.* art de l'escamoteur.

PRESTIGE, *sm.* fascination, illusion; effet puissant opéré par la littérature ou les arts : *les prestiges de l'éloquence.*

PRESTIGIEUX, EUSE, *adj.* qui opère des prestiges; surprenant.

PRESTO, PRESTISSIMO, *adv.* mots italiens signifiant vite, très-vite (*mus.*).

PRESTOLET, *sm.* (*t* final nul), ecclésiastique de peu de mérite.

PRESTON, ville d'Angleterre.

PRÉSUMABLE, *adj. 2 g.* qui peut être présumé.

PRÉSUMÉ, ÉE, *adj. part.* censé, réputé, supposé : *chose présumée vraie.*

PRÉSUMER, *va.* conjecturer, juger d'avance et par induction; avoir bonne opinion : *il présume trop de son crédit.*

PRÉSUPPOSER, *va.* (on pr. *presupposé*), supposer d'avance.

PRÉSUPPOSITION, *sf.* (on pr. *presupposicion*), supposition préalable.

PRÉSURE, *sf.* certain acide animal ou végétal qui sert à faire cailler le lait.

PRÊT, *sm.* (*t* nul), action de prêter; somme prêtée; solde des militaires.

PRÊT (*t* nul)**, ÊTE,** *adj.* qui est en état de; qui est préparé, disposé à faire, à dire, etc.

PRÉTANTAINE ou **PRETENTAINE,** *sf. Courir la pretentaine,* aller, venir çà et là sans sujet (*fam.*).

PRÊTÉ, *sm.* se dit dans cette phrase : *c'est un prêté pour un rendu,* c'est-à-dire c'est une juste représaille.

PRÉTENDANT, ANTE, *s.* celui, celle qui prétend à, qui aspire à.

PRÉTENDRE, *va.* et *n.* demander, réclamer comme un droit; aspirer à : *prétendre à la renommée*; affirmer, soutenir : *je prétends que c'est une erreur*; vouloir, avoir dessein de : *je prétends qu'il parte.*

PRÉTENDU, UE, *adj.* soi-disant, supposé. — *s.* celui, celle qui doivent s'épouser.

PRÊTE-NOM, sm. celui qui prête son nom pour un acte, une affaire, etc. (pl. prête-noms. Acad.).

PRÉTENTIEUX, EUSE, adj. (on pr. prétan-cieux, qui a de la prétention, où il y a de l'affectation : manières prétentieuses.

PRÉTENTION, sf. (on pr. prétancion), droit que l'on a ou que l'on croit avoir de pré-tendre à, d'aspirer à; dessein, espérances; désir de briller, affectation, fatuité.

PRÊTER, va. donner à condition que l'on ren-dra. Fig. fournir : prêter son crédit; aider, secourir : prêter secours, prêter la main à quelqu'un. — vn. se dit de cuir, d'étof-fes, etc. qui s'étendent, qui cèdent quand on les tire. — SE PRÊTER, vpr. s'adonner, se livrer à : se prêter à l'illusion; consentir par complaisance : se prêter à un accom-modement.

PRÉTÉRIT, sm. temps passé du verbe.

PRÉTÉRITION ou PRÉTERMISSION, sf. figu-re de rhétorique par laquelle on feint de vouloir passer sous silence une chose que l'on dit cependant.

PRÉTEUR, sm. magistrat chargé de la justice chez les Romains.

PRÊTEUR, EUSE, adj. et s. qui prête.

PRÉTEXTAT (St), évêque de Rouen; m. 588, assassiné par ordre de Frédegonde.

PRÉTEXTE, sm. cause simulée, raison appa-rente dont on se sert pour cacher le vrai motif. — SOUS PRÉTEXTE DE, loc. prép.

PRÉTEXTE, sf. robe blanche bordée de pour-pre chez les Romains.

PRÉTEXTER, va. prendre pour prétexte; cou-vrir d'un prétexte.

PRETINTAILLE, sf. ornement de robe en découpure. Fig. légers accessoires.

PRETINTAILLER, va. mettre des pretin-tailles.

PRÉTOIRE, sm. lieu où le préteur et d'au-tres magistrats rendaient la justice.

PRÉTORIEN, IENNE, adj. et s. qui est pro-pre ou qui appartient au préteur; soldat de la garde des empereurs romains.

PRÊTRE, sm. ministre de la religion.

PRÊTRESSE, sf. femme attachée au service des divinités païennes.

PRÊTRISE, sf. ordre sacré par lequel un homme est prêtre; sacerdoce.

PRÉTURE, sf. charge de préteur.

PREUVE, sf. ce qui établit la vérité d'un fait; marque, témoignage : donner des preu-ves d'amitié; vérification d'un calcul. Fig. Faire ses preuves, montrer ce dont on est capable.

PREUX, adj. et sm. (x nulle), brave, vail-lant.

PRÉVALOIR, vn. (se conjugue c. valoir, excepté au subj. pr. où il fait que je prévau-le), valoir plus que tout autre, avoir l'avan-tage, l'emporter sur. — SE PRÉVALOIR, vpr. tirer avantage de.

PRÉVARICATEUR, s. et adj. m. celui qui prévarique.

PRÉVARICATION, sf. action de trahir la cause, les intérêts de celui que l'on devait

soutenir, de manquer aux devoirs de sa charge.

PRÉVARIQUER, vn. être ou se rendre cou-pable de prévarication.

PRÉVENANCE, sf. manière obligeante d'être prévenant.

PRÉVENANT, ANTE, adj. obligeant; agréa-ble, qui prévient en faveur de : figure pré-venante.

PRÉVENIR, va. devancer, venir le premier; être le premier à faire ce qu'une autre per-sonne voulait faire; rendre de bons offices à quelqu'un en allant au-devant de ses désirs; anticiper; aller au-devant d'une chose fâ-cheuse : prévenir le mal; préoccuper l'es-prit de quelqu'un : je le préviendrai en votre faveur; instruire d'avance : il m'a prévenu de son arrivée. — SE PRÉVENIR, vpr. s'a-vertir réciproquement; concevoir des pré-ventions favorables ou défavorables (c. venir).

PRÉVENTIF, IVE, adj. qui prévient.

PRÉVENTIVEMENT, adv. d'une façon pré-ventive, avec prévention.

PRÉVENTION, sf. (on pr. prévancion), opi-nion sans examen préalable; état d'une per-sonne accusée d'un délit, d'un crime.

PRÉVENU, UE, adj. qui a été prévenu, qui a conçu des préventions. — adj. et s. qui est supposé coupable : un homme prévenu de vol; circonstance favorable au prévenu.

PRÉVÉSA, ville de la Turquie (Albanie).

PRÉVILLE, célèbre acteur comique français (1721-1799).

PRÉVISION, sf. vue des choses futures. Au pl. conjectures.

PRÉVOIR, va (se conjugue c. voir, excepté au fut. et au cond. où il fait je prévoirai, je prévoirais), voir d'avance, juger d'avance qu'une chose arrivera.

PRÉVOST (l'abbé), littérateur français (1697-1769). — (Constant), célèbre géologue fran-çais (1787-1856).

PRÉVÔT, sm. ancien titre de divers officiers militaires ou civils chargés d'une juridiction : officier préposé pour avoir l'inspection des délits dans l'armée. Prévôt de salle, sup-pléant du maître d'armes.

PRÉVÔTAL, ALE, adj. du prévôt (pl. m. pré-vôtaux). — Cour prévôtale, tribunal tem-poraire et jugeant sans appel.

PRÉVÔTALEMENT, adv. par le prévôt, du prévôt; sans appel.

PRÉVÔTÉ, sf. charge, fonctions, demeure du prévôt; territoire sur lequel s'exerçait sa ju-ridiction.

PRÉVOYANCE, sf. faculté de prévoir, action de prévoir.

PRÉVOYANT, ANTE, adj. qui prévoit bien ce qui doit arriver et prend des mesures en conséquence.

PRIAM, roi de Troie, 13e s. av. J. C.

PRIAPE, dieu des jardins (myth.).

PRIÉ, sm. convié, invité.

PRIE-DIEU, sm. (inv.), sorte de pupitre de-vant lequel on s'agenouille pour prier Dieu.

PRIÈNE, anc. ville d'Ionie, en face de Samos.

PRIER, va. demander par grâce, implorer; demander des grâces à Dieu; intercéder; inviter. — *Ind. pr.* je prie, tu pries, il prie, n. prions, v. priez, ils prient; *imp.* je priais, au pl. n. priions, v. priez, ils priaient; *p. déf.* je priai; *fut.* je prierai; *cond.* je prierais; *imper.* prie, prions, priez; *subj. pr.* que je prie, que tu pries, qu'il prie, que n. priions, que vous priiez, qu'ils prient; *imp.* que je priasse; *part. pr.* priant; *part. p.* prié, ee.

PRIÈRE, *sf.* demande à titre de grâce; acte par lequel on prie Dieu.

PRIESTLEY, *sav.* physicien et théologien anglais (1733-1804).

PRIEUR, **EURE**, *s.* religieux, religieuse ayant la supériorité dans un monastère; titre de dignité dans certains ordres ou sociétés.

PRIEUR de la Marne, conventionnel, membre des Comités de défense générale et de salut public (1760-1827). — *de la Côte-d'Or*, conventionnel, membre du Comité de salut public et l'un des fondateurs de l'École polytechnique (1763-1832).

PRIEURÉ, *sm.* communauté religieuse sous la direction d'un prieur; demeure du prieur.

PRIMAIRE, *adj. 2 g.* qui est au premier degré en commençant; qui concerne le premier degré d'enseignement.

PRIMAT, *sm.* et *adj.* (t nul), le premier par le rang d'entre les archevêques.

PRIMATES, *sm. pl.* (l. *primates:* de *primus* premier), ordre de mammifères comprenant ceux d'une organisation supérieure (zool.).

PRIMATIAL, **ALE**, *adj.* (oh pr. *primacial*), qui appartient au primat (pl. m. *primatiaux*).

PRIMATICE (Le), célèbre peintre, sculpteur et architecte italien (1504-1570).

PRIMATIE, *sf.* (on pr. *primaci*), dignité de primat.

PRIMAUTÉ, *sf.* premier rang, prééminence.

PRIME, *sf.* la première des heures canoniales.

PRIME, *sf.* sorte de jeu de cartes; prix d'assurance ou d'encouragement.

PRIME ABORD (DE), *loc. adv.* du premier abord, au premier abord.

PRIMER, *vn.* tenir la première place. *Fig. va.* et *n.* devancer, surpasser: *il prime tous ses camarades d'étude.*

PRIME SAUT (DE), *loc. adv.* subitement, tout d'un coup.

PRIME-SAUTIER, **IÈRE**, *adj.* qui agit, qui parle, qui écrit de premier mouvement, sans réflexion préalable (pl. *prime-sautiers*).

PRIMEUR, *sf.* première saison des fruits, des légumes, du vin. Au *pl.* fruits, légumes précoces.

PRIMEVÈRE, *sf.* plante qui fleurit au commencement du printemps.

PRIMEVÈRE, *sm.* le printemps (vx. mot).

PRIMICÉRIAT, *sm.* (t nul), dignité ou fonctions de primicier.

PRIMICIER, *sm.* celui qui a la première dignité dans certaines églises, dans certains chapitres.

PRIMIDI, *sm.* premier jour de la décade républicaine.

PRIMIPILAIRE ou **PRIMIPILE**, *sm.* centu-

rion de la première compagnie dans la cohorte romaine.

PRIMITIF, **IVE**, *adj.* qui est le premier, le plus ancien; *couleurs primitives*, les sept couleurs du spectre solaire (phys.); *mot, temps primitif*, qui est le radical d'un autre (gram.).

PRIMITIVEMENT, *adv.* originairement.

PRIMO, *adv.* premièrement.

PRIMOGÉNITURE, *sf.* aînesse.

PRIMORDIAL, **ALE**, *adj.* le premier en ordre, primitif, le plus ancien (pl. m. *primordiaux*).

PRIMORDIALEMENT, *adv.* primitivement, originairement.

PRIMULACÉES, *sf. pl.* (l. *primula* primevère), famille de plantes dont la primevère est le type (bot.).

PRINCE, *sm.* celui qui possède une souveraineté ou qui est d'une maison souveraine; titre de noblesse le plus élevé. *Fig.* le premier: *saint Pierre est le prince des apôtres.* — *Le prince des ténèbres*, le démon, Satan.

PRINCE NOIR (LE), V. *Édouard*.

PRINCEPS, *adj.* (mot latin inv.), se dit de la première édition d'un ouvrage.

PRINCESSE, *sf.* fille ou femme d'un prince.

PRINCIER, **IÈRE**, *adj.* de prince.

PRINCIPAL, **ALE**, le premier, le plus considérable. — *sm.* ce qu'il y a de plus important: *voilà le principal de l'affaire*; somme d'argent portant intérêt; directeur d'un collège.

PRINCIPALAT, *sm.* (t nul), emploi, fonctions d'un principal de collège.

PRINCIPALEMENT, *adv.* particulièrement, surtout.

PRINCIPALITÉ, *sf.* principalat.

PRINCIPAUTÉ, *sf.* dignité de prince; domaine ou souveraineté d'un prince. Au *pl.* l'un des neuf chœurs des anges.

PRINCIPE, *sm.* commencement, première cause, source, origine: *Dieu est le principe de tout bien*; ce qui compose les corps matériels; précepte fondamental, maxime: *principe de morale*; première vérité: *d'un principe vrai tirer de fausses conséquences.* Au *pl.* premières règles d'un art, d'une science: *les principes de la géométrie.*

PRINCIPICULE, *sm.* petit prince.

PRINCIPION, *sm.* petit prince (t. de dérision).

PRINTANIER, **IÈRE**, *adj.* du printemps.

PRINTEMPS, *sm.* la première saison de l'année. *Fig.* la jeunesse; l'année (poétique).

PRIOR (Mathieu), poète et diplomate anglais (1664-1721).

PRIORI (À), *loc. adv.* latine signifiant: de ce qui est en premier, de ce qui précède. *Raisonner à priori*, c'est raisonner d'après un principe antérieur reconnu ou supposé vrai.

PRIORITÉ, *sf.* antériorité, primauté, qualité de ce qui passe ou doit passer avant autre chose.

PRIPET, riv. de Russie, affluent du Dniéper.

PRIS, **ISE**, *adj. part.* dont on s'est emparé;

ville prise ; tiré de : *locution prise du latin* ; trompé : *tout le monde y fut pris.* — *Être pris par les yeux*, être séduit par la vue. *Avoir la taille bien prise*, bien proportionnée.

PRISABLE, *adj.* 2 g. digne de prix, appréciable.

PRISCIEN, grammairien latin des 5e et 6e s.

PRISCILLIANISME, *sm.* hérésie de Priscillien.

PRISCILLIEN, chef d'une secte hérétique en Espagne ; m. 384.

PRISE, *sf.* action de prendre, de s'emparer ; moyen ou facilité de saisir ; querelle : *avoir une prise avec quelqu'un* ; pincée : *une prise de tabac. Prise de corps*, action d'arrêter un débiteur en vertu d'un jugement. *Être aux prises*, combattre ; *lâcher prise*, céder.

PRISÉE, *sf.* prix que met le commissaire-priseur ou l'huissier aux objets vendus à l'enchère.

PRISER, *va.* faire une estimation. *Fig.* tenir à estime, faire cas de. — *vn.* et *a.* prendre par le nez du tabac ou autres substances.

PRISEUR, EUSE, *sm.* celui, celle qui prise du tabac. — *adj. m. commissaire-priseur*, celui qui met le prix à ce qui se vend en public.

PRISMATIQUE, *adj.* 2 g. qui a la forme d'un prisme ; que l'on voit à travers un prisme.

PRISME, *sm.* solide dont les deux bases sont des polygones égaux et parallèles, et dont les faces latérales sont des parallélogrammes (*géom.*).

PRISON, *sf.* lieu où l'on enferme les accusés, les débiteurs, les coupables, etc., emprisonnement. *Fig.* lieu sombre et profond.

PRISONNIER, IÈRE, *s.* et *adj.* détenu dans une prison.

PRIVABLE, *adj.* 2 g. qui mérite d'être privé.

PRIVAS, ch.-l. du dép. de l'Ardèche.

PRIVATIF, IVE, *adj.* qui marque la privation comme *in.* dans *incolore* (*gram.*). — *sm.* particule privative.

PRIVATION, *sf.* perte, absence ou manque d'un bien, d'une qualité, etc., action de se priver.

PRIVATIVEMENT, *adv.* exclusivement.

PRIVAUTÉ, *sf.* familiarité extrême.

PRIVÉ, ÉE, *adj.* qui est simple particulier, qui n'est pas public, qui est particulier à : *les affaires privées* ; qui est apprivoisé : *un oiseau privé.*

PRIVÉ, *sm.* lieux d'aisance.

PRIVÉMENT, *adv.* familièrement.

PRIVER, *va.* ôter à quelqu'un ce qu'il possède ; apprivoiser. — **SE PRIVER** *vpr.* se dépouiller, se défaire de ; s'abstenir de.

PRIVILÉGE, *sm.* faculté de faire quelque chose ou de jouir d'un avantage, acte qui accorde cette faculté ; droits, prérogatives, avantages attachés aux emplois, aux conditions ; droit qu'un créancier a préférablement à d'autres. *Fig.* don naturel : *la raison est un privilège qui distingue l'homme des animaux.*

PRIVILÉGIÉ, ÉE, *adj.* et *s.* qui a un privilège

ou qui y donne droit. *Fig.* qui a reçu de la nature quelque avantage particulier.

PRIX, *sm.* (*x* nulle), estimation d'une chose, ce qu'elle vaut, ce qu'elle coûte. *Fig.* tout ce que coûte un avantage ; excellence d'une chose : *le prix du silence* ; mérite, récompense : *le prix de la vertu* ; châtiment : *il a reçu le prix de ses crimes* ; objet qui sert à récompenser. 'A TOUT PRIX, *loc. adv.* malgré tout ; AU PRIX DE, *loc. prép.* pour le prix de ; en comparaison de.

PROBABILISME, *sm.* doctrine de la probabilité, des opinions probables.

PROBABILITÉ, *sf.* vraisemblance, apparence de vérité, caractère d'une opinion probable ; ce qui induit à pressentir l'issue d'une affaire.

PROBABLE, *adj.* 2 g. vraisemblable, qui paraît fondé en raison, qu'il est raisonnable de conjecturer.

PROBABLEMENT, *adv.* vraisemblablement.

PROBANTE, *adj. f.* qui prouve, convaincante : *pièce probante* ; *raison probante.*

PROBATIF, IVE, *adj.* qui prouve.

PROBATION, *sf.* épreuve, noviciat.

PROBATIQUE, *adj. f. Piscine probatique*, où on lavait les victimes.

PROBATOIRE, *adj.* 2 g. qui constate la capacité d'un candidat.

PROBE, *adj.* 2 g. qui a de la probité.

PROBITÉ, *sf.* droiture du cœur qui porte à observer les devoirs de la justice, de la morale.

PROBLÉMATIQUE, *adj.* 2 g. qu'il est difficile de déterminer ; qui est douteux, incertain.

PROBLÉMATIQUEMENT, *adv.* d'une manière problématique.

PROBLÈME, *sm.* question proposée dont on demande la solution. *Fig.* chose difficile à concevoir, à expliquer ; résultat douteux, incertain.

PROBOSCIDÉ, ÉE, *adj.* (gr. *proboskis* trompe), qui est pourvu d'une trompe ou d'un organe en forme de trompe (*zool.*).

PROBOSCIDIENS, *sm. pl.* (gr. *proboskis* trompe), tribu de Mammifères pachydermes pourvus d'une trompe, comme l'éléphant (*zool.*).

PROBUS, empereur romain (232-282).

PROCAS, roi d'Albe, 8e s. av. J. C.

PROCÉDÉ, *sm.* manière d'agir envers quelqu'un ; manière d'opérer : *procédé chimique.*

PROCÉDER, *vn.* provenir, tirer son origine de : *maladie qui procède de l'âcreté des humeurs* ; agir judiciairement : *procéder à un partage* ; agir en une affaire quelconque : *procédons à l'examen de ces papiers* ; se comporter envers autrui : *il procède étrangement avec ses amis.*

PROCÉDURE, *sf.* forme, manière de procéder en justice ; actes d'une instruction judiciaire.

PROCÉDURIER, IÈRE, *adj.* qui allonge les procédures ; qui entend la procédure.

PROCÈS, *sm.* (*s* nulle), instance devant un tribunal sur un différend ; les pièces qui accompagnent cette instance. *Fig.* querelle, accusation. V. *Procès-verbal.*

PROCESSIF, IVE, *adj.* qui aime les procès, qui se plaît à les prolonger.

PROCESSION, *sf.* cérémonie religieuse où l'on marche en ordre et en récitant des prières. *Fig.* longue file de personnes.

PROCESSION, *sf.* action de procéder de : *la procession du Saint-Esprit*, le Saint-Esprit procédant du Père et du Fils.

PROCESSIONNAIRE, *adj. f.* se dit de certaines chenilles qui marchent à la suite les unes des autres et en rangs.

PROCESSIONNAL, *sm.* livre de chant et de prières pour les processions.

PROCESSIONNELLEMENT, *adv.* en procession.

PROCÈS-VERBAL, *sm.* narré par écrit et officiel de ce qui a été fait, dit, vu, entendu (pl. *procès-verbaux*).

PROCHAIN, AINE, *adj.* qui est proche; qui est à venir immédiatement ou bientôt : *le mois prochain; dans un temps prochain.* — *sm.* chaque personne en particulier : *il faut aimer son prochain comme soi-même.*

PROCHAINEMENT, *adv.* bientôt.

PROCHE, *adj.* 2 g. qui est près de, voisin; qui est près d'arriver : *sa dernière heure est proche.* — *sm.* parents : *ses amis et ses proches.* — *prép.* près de : *proche de la ville.* — *adv.* c'est ici proche. DE PROCHE EN PROCHE, *loc. adv.* à peu d'intervalle; peu à peu et par degrés.

PROCHRONISME, *sm.* (gr. *pro* avant, *chronos* temps), erreur de chronologie qui consiste à avancer la date d'un fait.

PROCIDA (île), dans le golfe de Naples.

PROCIDA (Jean de), chef de la conspiration des Vêpres siciliennes (1225-1299).

PROCILLON, *sm.* (ll m.), petit procès.

PROCLAMATEUR, *sm.* celui qui proclame.

PROCLAMATION, *sf.* action de proclamer; publication solennelle, écrit où elle est consignée.

PROCLAMER, *va.* publier à haute voix; divulguer. *Fig.* révéler, manifester.

PROCLÈS, chef des Héraclides et roi de Sparte, 12e s. av. J. C.

PROCLIDES, les descendants de Proclès.

PROCLUS, philosophe de l'école d'Alexandrie (412-485). — (saint), patriarche de Constantinople; m. 446.

PROCOMBANT, ANTE, *adj.* (l. *procumbere* pencher, se coucher), qui penche, tombant; se dit aussi de la tige qui reste étendue sur le sol sans y jeter de racines (bot.).

PROCONSUL, *sm.* magistrat romain qui gouvernait certaines provinces avec l'autorité du consul. *Fig.* administrateur exerçant arbitrairement des pouvoirs qui lui ont été délégués.

PROCONSULAIRE, *adj.* 2 g. propre ou appartenant au proconsul.

PROCONSULAT, *sm.* (t nul), charge ou dignité de proconsul.

PROCOPE, historien grec; m. 565. — parent de Julien l'Apostat, qui se révolta contre Valens et prit le titre d'empereur; m. 366. — chef des Hussites; m. 1434.

PROCRÉATION, *sf.* génération.

PROCRÉER, *va.* engendrer.

PROCRIS, épouse de Céphale (*myth.*).

PROCURATEUR, *sm.* anc. titre d'une des principales dignités de Venise et de Gênes.

PROCURATION, *sf.* pouvoir donné par une personne d'agir en son nom et à sa place.

PROCURER, *va.* faire obtenir; être la cause de : *cette victoire procura la paix.*

PROCUREUR, PROCURATRICE, *s.* celui, celle qui agit pour autrui. — *sm.* autrefois officier qui agissait en justice au nom des plaideurs, comme auj. l'avoué.

PROCUREUSE, *sf.* femme d'un procureur.

PROCUSTE ou **PROCRUSTE,** brigand de l'Attique, qui étendait ses victimes sur un lit de fer, leur coupait les jambes quand elles dépassaient ce lit, ou les tirait avec des cordes lorsqu'elles étaient plus courtes. Il fut tué par Thésée.

PROCYON, *sm.* constellation du Petit Chien (*astr.*).

PRODICTATEUR, *sm.* celui qui tient lieu de dictateur.

PRODIGALEMENT, *adv.* avec prodigalité.

PRODIGALITÉ, *sf.* caractère, habitude du prodigue; dépense folle; profusion.

PRODIGE, *sm.* effet surprenant et opposé au cours ordinaire des choses. *Fig.* personne ou chose qui excelle en son genre.

PRODIGIEUSEMENT, *adv.* d'une manière excessive, étonnante.

PRODIGIEUX, EUSE, *adj.* qui tient du prodige. *Fig.* excessif, étonnant.

PRODIGUE, *adj. et s.* 2 g. qui dissipe son bien en folles dépenses. *Fig.* qui fait largement des sacrifices dans une intention louable : *être prodigue de son sang pour son pays.*

PRODIGUER, *va.* donner avec profusion, au propre et au figuré : *prodiguer sa richesse; prodiguer des louanges.*

PRODROME, *sm.* avant-coureur; chose qui en précède une autre.

PRODUCTEUR, TRICE, *adj. et s.* qui produit, qui crée.

PRODUCTIF, IVE, *adj.* qui fournit un bon produit, qui rapporte de bons revenus.

PRODUCTION, *sf.* (on pr. *produxion*), action de produire; ce qui est produit; ouvrage de l'intelligence; actes, titres produits en justice. Prolongement (anat.).

PRODUIRE, *va.* engendrer, donner naissance; porter : *cet arbre produit de beaux fruits;* rapporter : *somme qui produit des intérêts;* composer, faire, créer : *l'art produit rarement des chefs-d'œuvre;* causer, procurer : *la guerre produit bien des maux;* exposer : *produire des pièces dans un procès;* introduire : *un de ses amis l'a produit à la cour.* — SE PRODUIRE, *vpr.* s'introduire, se faire connaître : *son talent s'est produit avec éclat.*

PRODUIT, *sm.* (t nul), revenu, rapport d'une terre, d'une maison, d'un emploi, etc.; productions de l'agriculture et de l'industrie; résultat de la multiplication, d'une opération chimique, etc.

PROÉMINENCE, *sf.* état de ce qui est proéminent.

PROÉMINENT, ENTE, *adj.* qui est plus en relief, plus saillant que ce qui l'environne.

PROÉMINER, *vn.* s'élever au-dessus de, être proéminent.

PROFANATEUR, TRICE, *adj. et s.* qui profane.

PROFANATION, *sf.* action de profaner les choses saintes; irrévérence à l'égard des choses de la religion. *Fig.* abus des choses rares et précieuses.

PROFANE, *adj. 2 g.* qui est contraire au respect dû aux choses sacrées, aux choses rares et précieuses; qui n'appartient pas à la religion : *les histoires profanes.* — *sm.* celui qui commet une profanation; personne qui n'est pas initiée à des mystères; homme ignorant et étranger aux belles choses; personne qu'on ne veut pas admettre dans une société; chose profane : *mêler le profane au sacré.*

PROFANER, *va.* abuser des choses de la religion, les traiter avec irrévérence. *Fig.* faire un mauvais usage de ce qui est rare et précieux.

PROFÉRER, *va.* prononcer, articuler.

PROFÈS (*s* nulle), ESSE, *adj. et s.* qui a prononcé des vœux dans un ordre religieux.

PROFESSER, *va.* avouer publiquement, reconnaître hautement : *professer la religion chrétienne*; exercer : *professer la médecine*; enseigner publiquement : *professer les mathématiques.*

PROFESSEUR, *sm.* celui qui enseigne une science, un art.

PROFESSION, *sf.* déclaration publique de ses sentiments, de sa foi; état, métier, fonctions. — *Faire profession*, prononcer des vœux en entrant dans un ordre religieux; *faire profession de*, se piquer de, se donner comme habile.

PROFESSIONNEL, ELLE, *adj.* qui a rapport à une profession : *enseignement professionnel.*

PROFESSO (EX), *loc. adv. latine* : avec soin, en connaissance de cause, en homme qui a étudié son sujet.

PROFESSORAL, ALE, *adj.* de professeur.

PROFESSORAT, *sm.* (*t* nul), emploi de professeur.

PROFIL, *sm.* trait; délinéation du visage vu par un de ses côtés, où d'un bâtiment représenté dans son élévation comme coupé par un plan vertical.

PROFILER, *va.* représenter en profil.

PROFIT, *sm.* (*t* nul), gain, bénéfice, utilité, avantage. Au *pl.* gratifications aux domestiques en sus de leurs gages.

PROFITABLE, *adj. 2 g.* utile, avantageux.

PROFITABLEMENT, *adv.* d'une manière profitable.

PROFITER, *vn.* faire un gain, tirer un avantage, rapporter du profit, être utile, servir : *les biens mal acquis ne profitent jamais*; faire des progrès : *profiter en sagesse*; prendre de l'accroissement, se fortifier : *cet enfant profitait à vue d'œil.*

PROFOND, ONDE, *adj.* qui a une cavité considérable. *Fig.* difficile à pénétrer : *un profond mystère*; grand, extrême : *un profond chagrin*, *une profonde solitude*; qui a de grandes connaissances; habile dans : *un profond mathématicien.*

PROFONDÉMENT, *adv.* bien avant. *Fig.* d'une manière profonde.

PROFONDEUR, *sf.* étendue d'une chose considérée depuis sa superficie ou son ouverture jusqu'au fond; état de ce qui est profond; étendue en longueur. *Fig.* chose difficile à pénétrer, à comprendre : *la profondeur des jugements de Dieu*; grande étendue, grande pénétration : *profondeur du génie.*

PROFUSÉMENT, *adv.* avec profusion.

PROFUSION, *sf.* excès de libéralité, de dépense, grande abondance.

PROGÉNITURE, *sf.* enfant, race; petit d'un animal.

PROGNÉ (on pr. *Prog-né*), sœur de Philomèle et femme de Térée, fut métamorphosée en hirondelle (*myth.*).

PROGRAMME, *sm.* écrit par lequel on annonce quelque chose, qui donne des détails, des renseignements sur un spectacle, un exercice public, un concours, etc.

PROGRÈS, *sm.* marche en avant; accroissement, avancement; suite d'avantages.

PROGRESSER, *vn.* faire des progrès.

PROGRESSEUR, *adj. m.* qui progresse, qui va vers le mieux.

PROGRESSIBILITÉ, *sf.* qualité de ce qui est progressible; aptitude à se perfectionner.

PROGRESSIBLE, *adj. 2 g.* qui est capable de progresser.

PROGRESSIF, IVE, *adj.* qui va en avant, qui progresse.

PROGRESSION, *sf.* marche en avant; suite : *progression logique des idées.* Suite de nombres qui sont entre eux dans un rapport constant (*math*.).

PROGRESSISTE, *adj. et s 2 g.* qui croit au progrès, qui tient pour le progrès.

PROGRESSIVEMENT, *adv.* d'une manière progressive; en augmentant.

PROHIBÉ, ÉE, *adj.* défendu par la loi. *Marchandises prohibées*, qu'il est défendu d'importer ou d'exporter.

PROHIBER, *va.* défendre, interdire.

PROHIBITIF, IVE, *adj.* qui défend, qui interdit.

PROHIBITION, *sf.* action de prohiber, de défendre.

PROIE, *sf.* ce que l'animal carnassier ravit pour le manger. *Fig.* butin. *Être en proie à*, être victime ou esclave de; être livré à; subir, souffrir : *être en proie à la douleur.*

PROJECTILE, *sm.* tout corps lancé par une force quelconque. — *adj. 2 g.* de projection.

PROJECTION, *sf.* (on pr. *projexion*), action de jeter, de lancer; représentation d'un corps sur une surface plane.

PROJECTURE, *sf.* saillie horizontale (*arch.*).

PROJET, *sm.* (*t* nul), dessein, entreprise; première pensée d'un écrit, ébauche.

PROJETER, *va.* faire un projet, former le dessein de; tracer une projection; jeter, diriger en avant : *un corps qui projette son* ombre sur un autre. — Se projeter, *vpr.* paraître en avant : *corps de logis qui se projette sur la façade.*

PROLÉGOMÈNES, *sm. pl.* (gr. *prolēgómena* : de *pro* auparavant, et *legō* dire), préambule, discours préliminaire.

PROLEPSE, *sf.* (gr. *prolēpsis* anticipation), figure par laquelle on prévient une objection pour la réfuter (*rhét.*).

PROLÉTAIRE, *sm.* dernière classe des citoyens à Rome ; citoyen pauvre et sans profession lucrative.

PROLÉTARIAT, *sm.* (*t* final nul), condition du prolétaire.

PROLIFÈRE, *adj. 2 g.* (l. *proles* race, rejeton ; *ferre* porter), se dit des fleurs dont le pédicelle se prolonge en axe supplémentaire au-dessus de la fleur et reproduit un bourgeon ou une seconde fleur (*bot.*).

PROLIFIQUE, *adj. 2 g.* qui a la vertu d'engendrer, de produire.

PROLIXE, *adj. 2 g.* trop étendu, diffus, trop long (en parlant du discours).

PROLIXEMENT, *adv.* avec prolixité.

PROLIXITÉ, *sf.* défaut, caractère de ce qui est prolixe.

PROLOGUE, *sm.* avant-propos ; ce qui sert de prélude à une pièce de théâtre.

PROLONGATION, *sf.* le temps ajouté à la durée fixe d'une chose.

PROLONGE, *sf.* corde pour atteler, pour la manœuvre des canons.

PROLONGEMENT, *sm.* action de prolonger ; extension.

PROLONGER, *va.* rendre plus long, faire durer plus longtemps, augmenter l'étendue. — Se prolonger, *vpr.* augmenter de durée, s'étendre.

PROMENADE, *sf.* action de se promener ; lieu où l'on se promène.

PROMENER, *va.* mener çà et là ou en avant pour donner de l'exercice, pour distraire. — Se promener, *vpr.* marcher pour se divertir ou pour faire de l'exercice.

PROMENEUR, EUSE, *s.* celui, celle qui se promène ou qui promène.

PROMENOIR, *sm.* lieu particulièrement destiné à la promenade.

PROMESSE, *sf.* assurance verbale ou par écrit ; engagement.

PROMÉTHÉE, fils de Japet ; il déroba le feu du ciel ; Jupiter le punit en le faisant attacher au sommet du Caucase où un vautour lui dévorait le foie sans cesse renaissant (*myth.*).

PROMETTEUR, EUSE, *s.* celui, celle qui promet légèrement.

PROMETTRE, *va.* et *n.* faire une promesse ; faire concevoir de soi de grandes espérances. *Fig.* annoncer, prédire : *un ciel qui promet du beau temps.* — Se promettre, *vpr.* promettre l'un à l'autre ; espérer : *je me promets du plaisir* ; prendre une ferme résolution : *il s'est promis de bien travailler* (c. *mettre*).

PROMIS, ISE, *adj. part.* qui a été l'objet d'une promesse. *La terre promise*, la terre de Chanaan, et au *fig.* pays riche et fertile. — *s.* fiancé, fiancée.

PROMISCUITÉ, *sf.* mélange confus et désordonné.

PROMISSION, *sf. Terre de promission*, la terre promise.

PROMONTOIRE, *sm.* cap.

PROMOTEUR, TRICE, *s.* celui, celle qui donne la première impulsion, qui est la première cause, qui prend le principal soin d'une affaire.

PROMOTION, *sf.* action de promouvoir, d'élever à un grade, à une dignité.

PROMOUVOIR, *va.* faire avancer en grade, en dignité. Il se conjugue c. *mouvoir* ; mais il ne s'emploie guère qu'à l'infinitif et au partic. passé promu, ue.

PROMPT (*pt* nuls), PROMPTE, *adj.* soudain, rapide, qui ne tarde pas ; actif, diligent ; qui s'emporte aisément : *homme prompt.*

PROMPTEMENT, *adv.* (*pt* nuls), d'une manière prompte ; en peu de temps.

PROMPTITUDE, *sf.* (*pt* nuls), qualité ou état de celui ou de ce qui agit promptement ; diligence, vivacité.

PROMU, UE, V. *Promouvoir.*

PROMULGATION, *sf.* action de publier des lois.

PROMULGUER, *va.* publier une loi avec les formes requises.

PRONAOS, *sm.* (gr. *pro* devant, *naos* temple), partie antérieure d'un temple.

PRÔNE, *sm.* instruction chrétienne faite à l'église le dimanche. *Fig.* remontrance importune.

PRÔNER, *va.* et *n.* faire le prône. *Fig.* louer d'une façon exagérée ; faire des remontrances.

PRÔNEUR, EUSE, *s.* celui, celle qui prône, qui loue, qui fait des remontrances.

PRONOM, *sm.* mot qui tient la place du nom (*gram.*).

PRONOMINAL, ALE, *adj.* qui appartient au pronom (pl. m. *pronominaux*). — *Verbe pronominal*, verbe qui prend *se* à l'infinitif (*gram.*).

PRONOMINALEMENT, *adv.* comme verbe pronominal.

PRONONCÉ, ÉE, *adj.* bien marqué, bien décidé : *des traits prononcés ; un caractère prononcé.* — *sm.* énoncé d'un jugement.

PRONONCER, *va.* proférer des lettres, des mots, etc. ; réciter ; décider ; marquer. — *vn.* déclarer : *la loi a prononcé* ; ordonner : *prononcez, et l'on obéira.* — Se prononcer, *vpr.* manifester son intention, son caractère ; être prononcé.

PRONONCIATION, *sf.* action ou manière de prononcer, d'articuler.

PRONOSTIC, *sm.* jugement sur des choses futures ; signes par lesquels on conjecture ce qui doit arriver.

PRONOSTICATION, *sf.* action de pronostiquer.

PRONOSTIQUER, *va.* faire un pronostic.

PRONOSTIQUEUR, *sm.* celui qui pronostique.

PRONY (de), savant mathématicien et ingénieur français (1755-1849).

PROPAGANDE, *sf.* congrégation religieuse pour la propagation de la foi. *Fig.* propagation d'opinions, de doctrines.

PROPAGANDISTE, s. 2 g. celui, celle qui fait de la propagande.

PROPAGATEUR, sm. celui qui propage.

PROPAGATION, sf. action de propager; reproduction, extension, accroissement, diffusion.

PROPAGER, va. multiplier par la reproduction. Fig. répandre, étendre : propager la religion chrétienne. — SE PROPAGER, vpr. se répandre, se multiplier.

PROPAGULE, sf. (l. propagula petite bouture), touffe ou rosette de feuilles, produite sur le jet latéral des plantes grasses, comme dans la joubarbe (bot.).

PROPENSION, sf. tendance des corps vers un point. Fig. penchant, inclination; propension au bien.

PROPERCE, poëte latin; m. 16 av. J. C.

PROPHÈTE, sm. celui qui fait une ou plusieurs prophéties.

PROPHÉTESSE, sf. celle qui fait des prophéties.

PROPHÉTIE, sf. (on pr. profèci), prédiction de l'avenir par inspiration divine. Fig. simple prédiction.

PROPHÉTIQUE, adj. 2 g. qui tient du prophète, qui est du prophète, qui contient une prophétie.

PROPHÉTIQUEMENT, adv. en prophète.

PROPHÉTISER, va. prédire l'avenir. Fig. prévoir.

PROPHYLACTIQUE, adj. 2 g. (gr. pro d'avance; phylassô garder, défendre), qui sert à préserver, à prévenir. — sf. prophylaxie (méd.).

PROPHYLAXIE, sf. préservatif, conservation de la santé (méd.).

PROPICE, adj. 2 g. favorable.

PROPITIATION, sf. (on pr. propiciacion), chose offerte à Dieu pour le rendre propice.

PROPITIATOIRE, adj. 2 g. (on pr. propiciatoire), qui a la vertu de rendre propice. — sm. table d'or qui était placée au-dessus de l'arche d'alliance.

PROPOLIS, sf. (on pr. l's), substance résineuse dont les abeilles se servent pour souder leur ruche au tablier et calfeutrer les plus petites ouvertures.

PROPORTION, sf. (on pr. proporcion), convenance et rapport des parties entre elles et avec leur tout; dimension convenable, rapport juste. Égalité de deux rapports (math.). — A PROPORTION, EN PROPORTION DE, loc. prép. par rapport à, eu égard à.

PROPORTIONNALITÉ, sf. (on pr. proporcionalité), condition des quantités qui sont proportionnelles entre elles.

PROPORTIONNEL, ELLE, adj. (on pr. proporcionel), qui a rapport à une proportion; qui est en proportion. Moyenne proportionnelle, quantité moyenne entre deux autres (math.).

PROPORTIONNELLEMENT, adv. (on pr. proporcionellemen), d'une manière proportionnelle.

PROPORTIONNEMENT, adv. (on pr. proporcionèmen), en proportion.

PROPORTIONNER, va. (on pr. proporcio-

né). garder la juste proportion. — SE PROPORTIONNER A, vpr. se mettre à la portée de.

PROPOS, sm. (s nulle), discours que l'on tient dans la conversation. Au pl. discours vain ou médisant. — A PROPOS, loc. adv. convenablement; À PROPOS DE, loc. prép. à l'occasion de; HORS DE PROPOS, MAL À PROPOS, loc. adv. sans raison, sans sujet; À TOUT PROPOS, loc. adv. à tout moment, à chaque occasion; DE PROPOS DÉLIBÉRÉ, loc. adv. de dessein formé.

PROPOSABLE, adj. 2 g. que l'on peut proposer.

PROPOSER, va. poser, mettre quelque chose en avant, de vive voix ou par écrit, pour qu'on l'examine, pour qu'on en délibère; par extension, offrir, désigner, etc. — SE PROPOSER, vpr. s'offrir; avoir dessein de : je me propose de partir ce soir.

PROPOSITION, sf. discours qui affirme ou qui nie; chose proposée; question à résoudre (math.).

PROPRE, adj. 2 g. qui appartient exclusivement à quelqu'un : la propre substance d'une chose; convenable, qui a l'aptitude, les qualités requises : cet homme est propre à l'étude; qui peut servir à : bois propre à bâtir; net : linge propre; bien arrangé : ameublement fort propre. — Nom propre, nom individuel; sens propre, sens naturel et primitif d'un mot. — EN MAIN PROPRE, loc. adv. dans les mains de la personne intéressée.

PROPRE, sm. qualité ou caractère particulier qui distingue un objet d'un autre : le propre du singe est de contrefaire; biens particuliers du mari ou de la femme (jurispr.). Mot employé au propre, dans son sens propre; avoir ou posséder en propre, en propriété.

PROPREMENT, adv. avec propreté; d'une manière convenable, précisément; dans un sens propre, précis : l'Afrique proprement dite. — A PROPREMENT PARLER, loc. adv. pour parler en termes exacts et précis.

PROPRET, ETTE, adj. et s. qui se met proprement et avec une certaine recherche.

PROPRETÉ, sf. qualité de la personne ou de la chose qui est propre.

PROPRÉTEUR, sm. magistrat romain qui administrait à la place du préteur.

PROPRIÉTAIRE, s. 2 g. qui possède en toute propriété. — Nu propriétaire, propriétaire du fonds sans posséder l'usufruit (pl. nus propriétaires).

PROPRIÉTÉ, sf. droit par lequel une chose appartient en propre à quelqu'un; meubles, immeubles, etc. appartenant à une personne; ce qui appartient essentiellement à une chose : l'étendue est une des propriétés de la matière; vertu particulière : les propriétés d'une plante; emploi du mot, de l'expression propre. — La nue propriété, la propriété du fonds sans l'usufruit (jurispr.).

PROPRIO MOTU, loc. adv. latine, qui signifie de son propre mouvement, de sa propre volonté.

PROPULSEUR, adj. et sm. qui pousse en avant.

PROPULSION, *sf.* action de pousser en avant ; mouvement vers.

PROPYLÉES, *sm. pl.* (gr. *pro* devant, *pylé* porte), édifice qui formait l'entrée principale d'un édifice ou d'un temple.

PRORATA, *sm.* (terme emprunté du latin). *Au prorata*, *loc. adv.* à proportion.

PROROGATIF, IVE, *adj.* qui proroge.

PROROGATION, *sf.* action de proroger ; prolongation de temps , délai.

PROROGER, *va.* prolonger un temps fixé d'abord ; ajourner.

PROSAÏQUE, *adj.* 2 *g.* qui tient de la prose, qui appartient à la prose.

PROSAÏSER ou **PROSER**, *vn.* écrire en prose.

PROSAÏSME, *sm.* défaut des vers prosaïques.

PROSATEUR, *sm.* écrivain en prose.

PROSCÉNIUM, *sm.* (on pr. *proscénioma*). avant-scène des théâtres romains.

PROSCRIPTEUR , *s.* et *adj. m.* celui qui proscrit.

PROSCRIPTION, *sf.* (on pr. *proscripcion*), condamnation à mort ou au bannissement sans forme judiciaire. *Fig.* destruction, abolition : *proscription d'un usage.*

PROSCRIRE, *va.* condamner à mort sans forme judiciaire en publiant simplement par une affiche le nom du condamné ; bannir. *Fig.* détruire, abolir : *proscrire un usage.*

PROSCRIT , ITE , *adj. part.* et *s.* qui est proscrit, banni. *Fig.* aboli, rejeté.

PROSE, *sf.* discours qui n'est pas assujetti à une certaine mesure comme le sont les vers ; sorte d'hymne latine rimée que l'on chante à l'église.

PROSECTEUR, *sm.* (on pr. *prossecteur*), celui qui prépare ou fait les dissections pour les professeurs (*anat.*).

PROSÉLYTE, *s.* 2 *g.* nouveau converti à une religion, à une secte ; nouvel adhérent à une opinion, à un parti, etc.

PROSÉLYTIQUE, *adj.* du prosélytisme, qui favorise le prosélytisme.

PROSÉLYTISME, *sm.* zèle ou manie de faire des prosélytes.

PROSENCHYME, *sm.* (gr. *prosegcheô* répandre , injecter en sus), tissu formé dans les végétaux par des fibres qui, amincies à leurs extrémités, laissent des intervalles dans lesquels viennent s'intercaler les extrémités d'autres fibres (*bot.*).

PROSER, *va.* écrire en prose.

PROSERPINE , fille de Cérès et femme de Pluton, dieu des enfers (*myth.*).

PROSODIE, *sf.* prononciation des mots conformément à l'accent et à la quantité ou durée des syllabes.

PROSODIQUE, *adj.* 2 *g.* qui appartient à la prosodie.

PROSOPOPÉE , *sf.* (gr. *prosôpopoia* : de *prosôpon* personne et *poieô* faire, supposer), figure qui consiste à faire agir ou parler une personne morte ou absente, ou un objet inanimé (*rhét.*).

PROSPECTUS, *sm.* (on pr. l's finale), espèce de programme annonçant la publication d'un livre , la formation d'une entreprise industrielle, etc.

PROSPER (St), poëte latin et chroniqueur (403 465).

PROSPÈRE, *adj.* 2 *g.* favorable, heureux.

PROSPÉRER, *vn.* être dans un état prospère ; réussir.

PROSPÉRITÉ, *sf.* état de ce qui est prospère, état heureux. Au pl. événements heureux.

PROSTERNATION, *sf.* action ou état de la personne qui se prosterne.

PROSTERNEMENT, *sm.* action de se prosterner.

PROSTERNER (Se), *vpr.* s'abaisser en posture de suppliant ; se jeter aux pieds de quelqu'un. *Fig.* reconnaître la supériorité de quelqu'un.

PROSTHÈSE, *sf.* (gr. *prosthésis* adjonction), addition d'une lettre au commencement d'un mot.

PROSTITUER, *va.* ravaler, avilir, déshonorer ; faire un mauvais usage de.

PROSTITUTION, *sf.* action de prostituer, de se prostituer.

PROSTRATION, *sf.* abattement, affaiblissement extrême ; prosternation.

PROSTYLE, *sm.* (gr. *pro* devant , *stylos* colonne), édifice qui n'a des colonnes que par devant (*arch.*).

PROTADE (St), évêque de Besançon ; m. 624.

PROTAGONISTE, *sm.* le principal personnage d'une pièce de théâtre.

PROTAGORAS, sophiste grec, disciple de Démocrite ; 5e s. av. J. C.

PROTAIS (St), frère de St Gervais , martyr ; 1er s.

PROTASE, *sf.* exposition d'un poëme dramatique.

PROTATIQUE, *adj.* 2 *g.* de la protase.

PROTE, *sm.* celui qui dirige les travaux d'une imprimerie ou qui corrige les épreuves.

PROTECTEUR, TRICE, *adj.* et *s.* qui protège ; défenseur, patron ; titre de dignité.

PROTECTION, *sf.* (on pr. *protexion*), action de protéger ; appui ; personne qui protège : *vous avez en lui une puissante protection.*

PROTECTIONNISTE , *s.* et *adj.* 2 *g.* (on pr. *protexioniste*), partisan de la protection de l'industrie par des lois de douane ; qui protège l'industrie par ce moyen.

PROTECTORAT, *sm.* (*t* final nul), dignité ou fonctions de protecteur.

PROTÉE, dieu marin qui changeait de forme à volonté (*myth.*). — *sm.* celui qui change facilement d'opinion, de manières, etc.

PROTÉGÉ, ÉE, *s.* celui qu'un autre protège.

PROTÉGER, *va.* prêter secours et appui, prendre les intérêts ou la défense de , garantir.

PROTÉSILAS , roi de Thessalie et oncle de Jason.

PROTESTANT, ANTE, *s.* et *adj.* réformé luthérien, calviniste ou anglican.

PROTESTANTISME, *sm.* croyance, doctrine des protestants.

PROTESTATION, *sf.* action de protester ; déclaration publique de ses volontés ; promesse ou assurance positive.

PROTESTER, *va.* et *n.* promettre, assurer fortement; assurer positivement et publiquement ; déclarer nul, illegal ; faire un protèt.

PROTÊT, sm. (t final nul), acte en cas de nonpayement d'un effet de commerce.

PROTHÈSE, sf. (gr. prathêsis application), addition d'une partie sur le corps humain, à la place de celle qui manque (chir.).

PROTHORAX, sm. corselet des insectes formant le segment antérieur du thorax (zool.).

PROTOCANONIQUE, adj. 2 g. (gr. prôtos premier, kanôn règle.), se dit des livres sacrés qui etaient reconnus pour tels avant qu'on eût fait les canons de l'Eglise.

PROTOCOLE, sm. (gr. prôtos premier. kolon parchemin), formulaire pour dresser des actes publics; registre où l'on inscrit les délibérations ou les actes d'un congrès , d'une diète, etc. ; ces actes mêmes, écrits autrefois sur parchemin.

PROTOGÈNE, peintre grec; 4e s. av. J. C.

PROTOGÈNES, sm. pl. (gr. prôtos premier, gennaô produire). nom donné aux infusoires et aux polypes mous, que l'on considère comme les animaux formés les premiers (zool.).

PROTOGINE, sf. (gr. prôtos premier, ginomai se former), sorte de granit que l'on a considéré comme s'etant formé le premier (min.).

PROTOMARTYR, adj. m. (gr. prôtos premier, martyr temoin ou martyr), premier martyr.

PROTONOTAIRE, sm. (gr. prôtos premier; l. notarius secrétaire). premier notaire ou secrétaire du pape et autrefois du souverain.

PROTOTYPE, sm. (gr. prôtos premier ; typos type , modèle), premier modèle ; original sur lequel on forme quelque chose.

PROTOXYDE, sm. (gr. prôtos premier; V. Oxyde), oxyde du premier degré (chim.).

PROTOZOAIRES, sm. pl. (gr. prôtos premier, zôarion petit animal), animaux qui, par la simplicité de leur organisation, peuvent être considérés comme ayant été les premiers formés (zool.).

PROTUBÉRANCE, sf. bosse, éminence, saillie du crâne.

PROTUTEUR, sm. celui qui remplit l'office de tuteur.

PROU, adv. assez, beaucoup : peu ou prou ; ni peu ni prou (fam.).

PROUE, sf. avant d'un navire.

PROUESSE, sf. acte de valeur. Fig. action blâmable ou ridicule.

PROUST, chimiste français (1755-1826).

PROUTH, V. Pruth.

PROUVABLE, adj. 2 g. qui peut être prouvé.

PROUVER, va. etablir la verité d'un fait par le raisonnement ou par des temoignages; montrer, être l'indice de.

PROVÉDITEUR, sm. officier public ou gouverneur de province dans l'anc. république de Venise.

PROVENANGE, sf. action de provenir; denrée qui provient d'un pays.

PROVENANT, ANTE, adj. qui provient.

PROVENÇAL, ALE, adj. et s. de la Provence (pl. m. provençaux).

PROVENCE, anc. province de France.

PROVENDE , sf. provision de vivres. Fig. mélange de grains pour les bestiaux.

PROVENIR, vn. venir de, procéder de , résulter (c. venir).

PROVERBE, sm. sentence vulgaire; sorte de petite comédie.

PROVERBIAL, ALE, adj. qui tient du proverbe (pl. m. proverbiaux).

PROVERBIALEMENT, adv. d'une manière proverbiale.

PROVIDENCE , sf. suprême sagesse par laquelle Dieu pourvoit à toutes choses. Fig. protecteur, soutien.

PROVIDENCE, ville des États-Unis (RhodeIsland).

PROVIDENTIEL, ELLE, adj. (on pr. providancièl), de la Providence.

PROVIDENTIELLEMENT, adv. (on pr. providancièlleman), d'une manière providentielle.

PROVIGNEMENT, sm. action de provigner.

PROVIGNER, va. et n. coucher en terre les jeunes pousses d'une vigne ou d'un autre végétal pour leur faire prendre racine.

PROVIN, sm. rejeton d'une vigne provignée.

PROVINCE , sf. division d'un État; les departements français par opposition à Paris; reunion de monastères sous la direction d'un supérieur.

PROVINCES-UNIES, État fédératif formé en 1579 dans les Pays-Bas.

PROVINCIAL, ALE, adj. et s. de la province, qui appartient à une province (pl. m. provinciaux). — sm. supérieur d'une province religieuse.

PROVINCIALAT, sm. (t nul), dignité de supérieur d'une province religieuse.

PROVINCIALEMENT, adv. d'une manière provinciale, en provincial.

PROVINCIALISME, sm. terme ou locution usitée en province.

PROVINS, s.-préf. du dép. de Seine-et-Marne.

PROVISEUR, sm. chef d'un lycée.

PROVISION, sf. amas de choses nécessaires pour la subsistance ou de choses utiles , ou bien pour la défense d'une place. Fig. quantité : il faut avoir une grande provision de patience. — PAR PROVISION , loc. adv. provisoirement, en attendant.

PROVISIONNEL, ELLE, adj. qui se fait par provision.

PROVISIONNELLEMENT, adv. par provision.

PROVISOIRE, adj. 2 g. et sm. qui se fait par provision, par prévoyance, en attendant une autre chose. Se dit d'un jugement rendu en justice par provision.

PROVISOIREMENT, adv. par provision ; en attendant.

PROVISORAT, sm. (t nul), dignité de proviseur, durée de ses fonctions.

PROVISORERIE, sf. autrefois provisorat.

PROVOCATEUR, TRICE, adj. et s. qui provoque.

PROVOCATION, sf. action de provoquer.

PROVOQUER, va. inciter, appeler à : provoquer au combat; causer : l'opium provoque le sommeil. — vn. exciter à : cela provoque au sommeil. — SE PROVOQUER, vpr. s'adresser réciproquement des provocations.

PROXÉNÈTE, sm. entremetteur qui négocie un marché honteux,

PROXIMITÉ, sf. qualité de ce qui est très-proche, voisinage ; parenté. — A PROXIMITÉ DE, loc. prép. près de.

PRUDE, adj. 2 g. qui affecte un air de sagesse. — sf. femme prude.

PRUDEMMENT, adv. avec prudence.

PRUDENCE, sf. vertu qui fait apercevoir et éviter les dangers, les fautes, les maladresses, les inconvenances.

PRUDENCE, poëte latin chrétien du 4e s. — (St), évêque de Troyes; m. 861.

PRUDENT, ENTE, adj. qui a de la prudence; où il y a de la prudence.

PRUDERIE, sf. affectation de sagesse, d'honnêteté.

PRUD'HOMIE, sf. probité, sagesse (vx. mot).

PRUD'HOMME, sm. homme probe, sage (vx. mot); expert; délégué d'une corporation pour veiller aux intérêts communs, pour juger les différends entre maîtres et ouvriers.

PRUDHOMME (Louis-Marie), journaliste et littérateur français (1752-1830).

PRUDHON (Pierre-Paul), célèbre peintre français (1760-1823).

PRUNE, sf. sorte de fruit à noyau.

PRUNEAU, sm. prune sèche.

PRUNELAIE, sf. lieu planté de pruniers.

PRUNELLE, sf. sorte de petite prune sauvage; partie de l'œil par laquelle entrent les rayons lumineux ; sorte d'étoffe de laine.

PRUNELLIER, sm. espèce de prunier sauvage.

PRUNIER, sm. arbre à prunes.

PRURIGINEUX, EUSE, adj. qui cause des démangeaisons.

PRURIT, sm. (on pr. le t), vive démangeaison ; chatouillement agréable.

PRUSA, anc. ville de Bithynie, auj. Brousse.

PRUSIAS, nom de deux rois de Bithynie, 3e et 2e s. av. J. C.

PRUSSE, royaume d'Europe.

PRUSSE (BLEU DE), sm. bleu très-foncé.

PRUSSIATE, sm. sel formé par l'acide prussique combiné avec une base; on l'appelle aussi cyanure (chim.).

PRUSSIEN, IENNE, adj. et s. de la Prusse. Cheminée à la prussienne, sorte de petite cheminée en tôle.

PRUSSIQUE, adj. 2 g. se dit de l'acide appelé aussi cyanhydrique, V. ce mot.

PRUTH ou PROUTH, riv. de Russie, affluent du Danube.

PRUYM, ville de la Prusse rhénane : anc. ab baye de bénédictins.

PRYTANE, sm. magistrat dans l'anc. Grèce; l'un des 50 sénateurs qui avaient la présidence à Athènes.

PRYTANÉE, sm. habitation des prytanes; édifice employé à certains usages civils ou religieux; sorte de collège.

PSALMISTE, sm. le roi David, auteur des psaumes.

PSALMODIE, sf. manière de chanter les psaumes. Fig. débit oratoire monotone.

PSALMODIER, vn. réciter des psaumes. Fig. déclamer, débiter d'une manière monotone.

PSALTÉRION, sm. sorte d'anc. instrument de musique à cordes.

PSAMMÉNIT, roi d'Égypte; m. 525 av. J. C.

PSAMMÉRYTHRIQUE, adj. 2 g. (gr. psammos sable, érythros rouge), se dit en géologie de la formation des grès rouges.

PSAMMÉTIQUE ou PSAMMÉTICUS 1er, roi d'Égypte ; m. 656 av. J. C.—II, roi d'Égypte; m. 589 av. J. C.

PSAMMIS, roi d'Égypte; m. 595 av. J. C.

PSAMMITE, sm. (gr. psammos sable), sorte de grès micacé (min. et géol.).

PSAMMITIQUE, adj. 2 g. composé de psammite, qui en contient (géol.).

PSARA ou IPSARA, île de l'archipel grec.

PSAUME, sm. cantique sacré.

PSAUTIER, sm. recueil des psaumes.

PSÉPHITE, sm. (gr. psephos galet), sorte de grès renfermant divers fragments de schiste ou de phyllade unis par un ciment argileux (min. et géol.).

PSEUDO, mot grec qui se joint à certains noms pour exprimer l'idée de faux, comme pseudo-prophète, faux prophète.

PSEUDOMORPHOSE, sf. (gr. pseudos faux, morphê forme), forme ou apparence trompeuse.

PSEUDONYME, adj. 2 g. et sm. (gr. pseudos faux, onoma ou onyma nom), ouvrage publié sous un nom supposé; auteur qui prend un nom supposé.

PSKOV, ville de Russie.

PSORIQUE, adj. 2 g. (gr. psôra gale), qui est de la nature de la gale ou qui est propre à la guérir.

PSYCHAGOGUE, sm. (on pr. psicagogue), (gr. psyché âme, agô j'amène), évocateur d'esprit. — sf. évocation d'esprit.

PSYCHÉ, épouse de Cupidon (myth.). — sf. grand miroir que l'on peut incliner à volonté.

PSYCHIQUE, adj. 2 g. (gr. psyché âme), de l'âme, qui a rapport à l'âme.

PSYCHOLOGIE, sf. (on pr. psicologi ; gr. psyché âme; logos discours, traité), partie de la philosophie qui traite de l'âme et de ses facultés.

PSYCHOLOGIQUE, adj. 2 g. (on pr. psicologique), qui a rapport à la psychologie.

PSYCHOLOGISTE ou PSYCHOLOGUE, sm. (on pr. psico), celui qui s'occupe de psychologie.

PSYLLE, sm. homme qui apprivoise les serpents et joue avec eux.

PTÉRIDIE, sf. (gr. ptéron aile), fruit plus ordinairement nommé samare (bot.).

PTÉRODACTYLE, sm. (gr. ptéron aile, daktylos doigt), énorme reptile fossile qui avait les doigts garnis d'une grande membrane en forme d'aile comme les chauves-souris (géol.). Au pl. famille d'oiseaux échassiers (zool.).

PTÉROPODES, sm. pl. (gr. ptéron aile, pous pied), classe de mollusques à pieds ou tentacules déployés en ailes (zool.).

PTOLÉMAIS, anc. ville de Syrie, auj. *Saint-Jean d'Acre*. Nom de plus. autres villes de l'Égypte, de la Cyrénaïque, etc.

PTOLÉMÉE, nom des rois d'Égypte de la dynastie des Lagides, dont les plus célèbres sont : PTOLÉMÉE Ier *Soter* ou *Lagus*, m. 283 av. J. C. PTOLÉMÉE II *Philadelphe*, m. 247 av. J. C. PTOLÉMÉE III *Evergète*, m. 222 av. J. C.

PTOLÉMÉE, surnommé *Céraunus* (le foudre), fils de Ptolémée Ier, Soter et roi de Macédoine ; m. 279 av. J. C.

PTOLÉMÉE (Claude), célèbre astronome grec d'Alexandrie, 2e s.

PTYALINE, *sf.* (gr. *ptyalon* salive), substance particulière qui est le principe constitutif de la salive (*physiol.*).

PTYALISME, *sm.* (gr. *ptyalon* salive), forte salivation.

PUAMMENT, *adv.* avec puanteur. *Fig.* impudemment.

PUANT, ANTE, *adj.* qui pue. — *s.* vaniteux, impudent (*fam.*).

PUANTEUR, *sf.* mauvaise odeur.

PUBÈRE, *adj.* et *s.* 2 g. qui a atteint l'âge de puberté.

PUBERTÉ, *sf.* état des personnes nubiles.

PUBESCENCE, *sf.* état de ce qui est pubescent.

PUBESCENT, ENTE, *adj.* (l. *pubes* poil follet, duvet), légèrement garni de poils fins (*bot.*).

PUBIEN, ENNE, *adj.* du pubis (*anat.*).

PUBIS, *sm.* l'un des trois os du bassin (*anat.*).

PUBLIC, IQUE, *adj.* qui appartient à tout un peuple, qui est commun : *la voie publique*; manifeste, connu de chacun : *le bruit public*; qui a lieu en présence de chacun : *séance publique*. — *sm.* le peuple en général ; le nombre des spectateurs. — EN PUBLIC, *loc. adv.* en présence de tout le monde.

PUBLICAIN, *sm.* fermier des deniers publics chez les Romains. *Fig.* financier (en mauvaise part).

PUBLICATION, *sf.* action de publier, de mettre en vente un livre, etc.

PUBLICISTE, *sm.* celui qui a écrit sur le droit public ou qui en fait son étude.

PUBLICITÉ, *sf.* notoriété publique, divulgation.

PUBLICOLA. V. *Valérius*.

PUBLIER, *va.* rendre public et notoire. *Publier un livre*, le faire paraître.

PUBLIQUEMENT, *adv.* en public.

PUBLIUS PHILO, dictateur romain, l'an 339 av. J. C.

PUBLIUS SYRUS, poète latin du temps de César.

PUCE, *sf.* insecte qui se nourrit du sang de l'homme et des animaux. *Fig. Avoir la puce à l'oreille*, être inquiet touchant quelque affaire.

PUCE, *adj.* 2 g. de la couleur de la puce.

PUCELLE D'ORLÉANS (la), Jeanne d'Arc.

PUCERON, *sm.* petit insecte qui s'attache aux plantes.

PUDEUR, *sf.* honte honnête ; chasteté ; modestie, discrétion.

PUDIBOND, ONDE, *adj.* qui a ou annonce une certaine pudeur naturelle.

PUDICITÉ, *sf.* qualité de celui ou de ce qui est pudique ; chasteté.

PUDIQUE, *adj.* 2 g. chaste, modeste.

PUDIQUEMENT, *adv.* d'une manière pudique.

PUEBLA (LA), ville du Mexique.

PUER, *vn.* sentir mauvais. — *va.* exhaler une odeur désagréable : *puer le vin*. — (N'est usité qu'à l'*inf.*; à l'*indic. pr.* je pue, tu pues, il pue, n. puons, v. puez, ils puent ; à l'*imp.* je puais ; au *fut.* je puerai ; au *condit.* je puerais ; au *subj. pr.* que je pue, et au *part. pr.* puant).

PUÉRIL, ILE, *adj.* d'un enfant, qui appartient à l'enfance ; par extension, frivole.

PUÉRILEMENT, *adv.* d'une manière puérile.

PUÉRILITÉ, *sf.* caractère de ce qui est puéril ; chose frivole, de peu d'importance.

PUERPÉRALE, *adj. f. Fièvre puerpérale*, qui attaque les femmes en couche.

PUFFENDORF, célèbre publiciste et historien allemand (1632-1694).

PUGET (Pierre), célèbre statuaire, architecte et peintre français (1622-1694).

PUGET-THÉNIERS, s.-préf. du dép. des Alpes-Maritimes.

PUGILAT, *sm.* (t nul), combat à coups de poing chez les anciens.

PUÎNÉ, ÉE, *adj.* et *s.* né depuis un de ses frères ou une de ses sœurs.

PUIS, *adv.* (s nulle), ensuite, après.

PUISAGE, *sm.* action de puiser.

PUISARD, *sm.* (d nul), espèce de puits creusé pour recevoir les eaux inutiles.

PUISATIER, *sm.* ouvrier qui creuse ou qui cure les puits.

PUISAYE (comte de), général vendéen (1755-1827).

PUISER, *va.* et *n.* prendre de l'eau avec un vase. *Fig.* consulter les auteurs ; emprunter : *puiser dans la bourse d'un ami*.

PUISQUE, *conj.* qui marque une cause, un motif, une raison.

PUISSAMMENT, *adv.* d'une manière puissante ; fortement, extrêmement.

PUISSANCE, *sf.* pouvoir, autorité, domination ; État souverain : *les puissances de l'Europe*; faculté, force : *la puissance créatrice, la puissance des paroles ; puissance motrice*. Degré auquel s'élève une quantité multipliée par elle-même (*math.*). Au pl. l'une des hiérarchies des anges.

PUISSANT, ANTE, *adj.* qui a de la puissance, riche, qui a du crédit ; qui a de l'embonpoint. — *sm. pl.* les grands. Le *Tout-Puissant*, Dieu.

PUISSANT (Louis), savant mathématicien français (1769-1843).

PUITS, *sm.* (ts nuls), trou profond creusé pour en tirer de l'eau ; trou pratiqué dans les mines, les carrières, les tunnels. *Fig. Puits de science*, homme très-savant.

PULCHÉRIE, impératrice d'Orient (399-453).

PULCI, (on pr. *Poultchi*), poète italien (1432-1487).

PULLULATION, *sf.* multiplication abondante et rapide.

PULLULER, *vn.* se multiplier abondamment.

PULMONAIRE, *adj. 2 g.* qui appartient aux poumons. — *sf.* sorte de plante. — *sf. pl.* ordre d'Arachnides qui respirent par des poumons (zool.).

PULMONÉS, *sm. pl.* (l. *pulmo* poumon), ordre de Mollusques gasteropodes qui ont des poumons (zool.).

PULMONIE, *sf.* maladie du poumon.

PULMONIQUE, *adj. et s. 2 g.* maladie du poumon.

PULPE, *sf.* substance charnue des fruits et des légumes. *Pulpe cérébrale*, la partie molle du cerveau.

PULPEUX, EUSE, *adj.* forme de pulpe; qui est de la pulpe.

PULSATIF, IVE, *adj.* qui pousse fortement; se dit d'un battement douloureux du poul-.

PULSATION, *sf.* littéral. action de pousser; ne se dit que du battement du pouls et du mouvement de vibration des fluides élastiques.

PULSION, *sf.* propagation du mouvement dans un fluide (phys.).

PULTACÉ, ÉE, *adj.* (l. *puls*, gén. *pultis* bouillie), qui ressemble à de la bouillie.

PULTAVA, PULTAWA ou POLTAVA, ville de la Russie méridionale. Défaite de Charles XII par le tsar Pierre le Grand, en 1709.

PULTUSK, ville de Pologne. Victoire de Charles XII sur les Saxons en 1703, et du maréchal Lannes sur les Russes en 1807.

PULVÉRIN, *sm.* poudre à canon tamisée; poire à poudre.

PULVÉRISATION, *sf.* action de pulvériser; résultat de cette action.

PULVÉRISER, *va.* réduire en poussière ou en poudre. *Fig.* détruire entièrement.

PULVÉRULENCE, *sf.* état de ce qui est pulvérulent.

PULVÉRULENT, ENTE, *adj.* qui se réduit facilement en poudre; qui est couvert d'une sorte de poussière.

PULVINÉ, ÉE, *adj.* (l. *pulvinus* coussin, sillon) qui a la forme d'un coussin (zool.); qui est divisé par sillons (bot.).

PUMICIN, *sm.* huile de palme.

PUNAIS, AISE, *adj. et s.* qui rend par le nez une odeur infecte; qui n'a point d'odorat.

PUNAISE, *sf.* insecte qui sent très-mauvais.

PUNAISIE, *sf.* maladie du punais.

PUNCH, *sm.* (on pr. *ponche*), boisson composée d'eau-de-vie ou de rhum, de sucre, de citron et de thé.

PUNGITIF, IVE, *adj.* (l. *pungere* piquer), qui pique, qui point, qui pousse.

PUNIQUE, *adj. 2 g.* des Carthaginois. *Guerre punique*, guerre entre Rome et Carthage. *Fig.* foi punique, mauvaise foi.

PUNIR, *va.* infliger une peine.

PUNISSABLE, *adj. 2 g.* qui mérite une punition.

PUNISSEUR, *adj. et sm.* qui punit.

PUNITION, *sf.* action de punir; châtiment, peine infligée.

PUPILLAIRE, *adj. 2 g.* qui appartient à un pupille; qui a rapport à la pupille de l'œil.

PUPILLE, *s. 2 g.* mineur en tutelle. *Fig.* enfant sous la direction d'un gouverneur. — *sf.* ouverture de la prunelle de l'œil.

PUPIPARE, *adj. 2 g.* (l. *pupa* nymphe d'insecte; *parere* produire, mettre au monde), se dit d'un insecte qui produit ses petits à l'état de nymphes. — *sm. pl.* famille d'insectes de l'ordre des Diptères (zool.).

PUPITRE, *sm.* meuble dont on se sert pour écrire ou pour lire commodément des livres, de la musique, etc.

PUPPIEN, V. *Maxime*.

PUR, PURE, *adj.* qui est sans mélange, qui n'est pas altéré ou corrompu; chaste, probe; véritable, réel: *c'est une pure trahison*; correct: *langage pur*. — EN PURE PERTE, *loc. adv.* inutilement; EN PUR DON, *loc. adv.* sans condition.

PURÉE, *sf.* bouillie tirée des pois et autres légumes de cette espèce cuits dans l'eau.

PUREMENT, *adv.* d'une manière pure.

PURETÉ, *sf.* qualité de ce qui est pur. *Fig.* droiture, innocence; exemption d'altération, de souillure; correction: *pureté du style*.

PURGATIF, IVE, *adj.* qui a la faculté de purger. — *sm.* remède qui purge.

PURGATION, *sf.* évacuation au moyen d'un purgatif.

PURGATOIRE, *sm.* lieu où les âmes des morts en état de grâce vont se purifier des péchés qui n'ont pas été expiés sur la terre.

PURGE, *sf.* potion pour se purger; action de purifier les marchandises infectées de la peste; levée d'une hypothèque.

PURGER, *va.* purifier, nettoyer. *Fig.* lever une hypothèque. — SE PURGER, *vpr.* prendre un purgatif. *Fig.* se disculper.

PURIFICATION, *sf.* action de purifier; fête en l'honneur de la sainte Vierge; action du prêtre qui, à la messe, prend du vin dans le calice avant l'ablution.

PURIFICATOIRE, *sm.* linge dont le prêtre essuie le calice.

PURIFIER, *va.* rendre pur. — SE PURIFIER, *vpr.* devenir pur.

PURIFORME, *adj. 2 g.* qui ressemble à du pus.

PURIN, *sm.* liquide qui découle du fumier.

PURISME, *sm.* manière de s'exprimer du puriste; affectation de pureté dans le langage.

PURISTE, *sm.* celui qui affecte la pureté du langage.

PURITAIN, AINE, s. presbytérien rigide d'Angleterre et d'Écosse. — *Fig.* personne qui a des principes sévères.

PURITANISME, *sm.* doctrine religieuse des puritains.

PURPURACÉ, ÉE, *adj.* légèrement pourpré.

PURPURIN, INE, *adj.* qui approche de la couleur de pourpre.

PURPURINE, *sf.* bronze moulu qui s'applique à l'huile et au vernis.

PURULENCE, *sf.* qualité ou état de ce qui est purulent.

PURULENT, ENTE, *adj.* plein de pus.

PUS, sm. (s nulle), matière liquide qui se forme dans les plaies, les abcès, etc.

PUSILLANIME, adj. 2 g. qui a l'âme faible; qui manque de cœur; lâche : craintes pusillanimes.

PUSILLANIMITÉ, sf. caractère du pusillanime; lâcheté.

PUSTULE, sf. petite tumeur inflammatoire se terminant par suppuration.

PUSTULEUX, EUSE, adj. accompagné de pustules; qui en a l'apparence.

PUTATIF, IVE, adj. qui passe pour ce qu'il n'est pas; que l'on croit être.

PUTÉAL, ALE, adj. de puits, d'un puits. — sm. couvercle d'un puits sacré creusé dans un lieu frappé de la foudre.

PUTÉOLES, anc. ville de la Campanie, auj. Pouzzoles.

PUTIDE, adj. 2 g. infect, malsain.

PUTIPHAR, ministre du pharaon d'Égypte à l'époque de Joseph.

PUTOIS, sm. (s nulle), sorte de fouine; sa fourrure.

PUTRÉFACTION, sf. (on pr. putréfaxion), action de se putréfier; état d'un corps putréfié.

PUTRÉFAIT, AITE, OU PUTRÉFIÉ, ÉE, adj. corrompu, infect.

PUTRÉFIER, va. faire pourrir. — SE PUTRÉFIER, vpr. se pourrir.

PUTRESCIBLE, adj. 2 g. qui peut facilement se pourrir.

PUTRIDE, adj. 2 g. qui est corrompu et fétide. Fièvre putride, attribuée à la corruption des humeurs.

PUTRIDITÉ, sf. état de ce qui est putride; corruption.

PUY, sm. lieu élevé; montagne.

PUY (LE), ch.-l. du dép. de la Haute-Loire.

PUYCERDA, ville d'Espagne dans la Catalogne, sur la frontière de France.

PUY-DE-DÔME, chaîne de montagnes dans le système des Cévennes. Département français dont le ch.-l. est Clermont-Ferrand.

PUYLAURENS, p. ville (Tarn).

PUYSÉGUR (marquis de), maréchal de France (1655-1743). — (comte de), ministre de la guerre sous Louis XVI (1727-1807). — (marquis de), général français, propagateur du somnambulisme magnétique (1752-1825).

PYDNA, anc. ville de la Macédoine.

PYGARGUE, sm. oiseau de proie, espèce d'aigle à queue blanche.

PYGMALION, fameux sculpteur et roi de l'île de Chypre (myth.). — roi de Tyr, frère de Didon, 9e s. av. J. C.

PYGMÉE, sm. très-petit homme. Fig. homme sans talent qui veut se grandir. Les anciens appelaient Pygmées des peuples fabuleux dont la taille n'était que d'une coudée.

PYLADE, ami d'Oreste.

PYLÔNE, sm. (gr. pylé porte), massif à quatre faces formant l'entrée d'un édifice égyptien.

PYLORE, sm. orifice inférieur de l'estomac par où les aliments digérés passent dans les intestins (anat.).

PYLORIQUE, adj. 2 g. qui appartient au pylore.

PYLOS, nom de trois anc. villes du Péloponèse : Pylos d'Élide, Pylos de Triphylie et Pylos de Messenie, auj. Navarin.

PYRALE, sf. insecte lépidoptère.

PYRAME et THISBÉ, célèbres par leur mort tragique (myth.).

PYRAMIDAL, ALE, adj. qui est en forme de pyramide. — Fig. et fam. énorme.

PYRAMIDALE, sf. sorte de campanule.

PYRAMIDE, sf. solide dont les faces sont des triangles ayant les côtés d'un même polygone pour base, et dont les sommets se réunissent en un même point, qui est le sommet (math.); tout ce qui affecte cette forme. — Pyramides d'Égypte, à Gyzeh près du Caire. Victoire de Bonaparte sur les Mamelouks en 1798.

PYRAMIDER, vn. former la pyramide.

PYRÉNÉEN, ENNE, adj. des Pyrénées.

PYRÉNÉES, sf. pl. chaîne de montagnes entre la France et l'Espagne. Elles donnent leur nom à trois dép. français : BAS ES-PYRÉNÉES, ch.-l. Pau; HAUTES-PYRÉNÉES, ch.-l. Tarbes; et PYRÉNÉES-ORIENTALES, ch.-l. Perpignan.

PYRÉNOÏDE, adj. (gr. pyren noyau, éidos forme), qui ressemble à un noyau : se dit de l'apophyse de la seconde vertèbre du cou (anat.).

PYRÈTHRE, sm. plante dont la racine est d'un goût âcre et brûlant.

PYRIQUE, adj. 2 g. (gr. pyr feu), qui concerne le feu : se dit des feux d'artifice.

PYRITE, sf. (gr. pyrités : de pyr feu), se dit de certains sulfures métalliques que l'on croit avoir été produits par l'action du feu (min. et géol.).

PYRITEUX, EUSE, adj. de la nature de la pyrite.

PYRMONT, ville de la principauté de Waldeck. Eaux minérales.

PYROGÈNE ou PYROGÉNÉ, ÉE adj. (gr. pyr feu, genôt origine), qui a été produit par l'action du feu (min. et géol.).

PYROGNOSTIQUE, adj. 2 g. (on pr. pirognostique) (gr. pyr feu, gnôsis connaissance), se dit d'essais faits par le moyen du feu pour reconnaître la nature d'une substance.

PYROLÂTRIE, sf. (gr. pyr feu, latréia culte), culte du feu.

PYROLIGNEUX, EUSE, OU PYROLIGNIQUE, adj. (gr. pyr feu; l. lignum bois), se dit de l'acide que l'on retire du bois par la distillation.

PYROLIGNITE, sm. sel formé par la combinaison de l'acide pyroligneux avec une base (chim.).

PYROMÈTRE, sm. (gr. pyr feu, chaleur; métron mesure), instrument pour mesurer la dilatation des solides par la chaleur (phys.).

PYROPHORE, sm. (gr. pyr feu, phérô porter), préparation chimique qui s'enflamme au contact de l'air.

PYROSCAPHE, sm. (gr. pyr feu, skaphé bateau), bateau à vapeur.

PYROSCOPE, sm. (gr. pyr feu, skopéin observer), instrument pour mesurer ou reconnaître l'intensité de la chaleur (phys.).

PYROTECHNIE, *sf.* (on pr. *pirotecni*) (gr. *pyr* feu, *techné* art), art de faire des feux d'artifice, de se servir du feu.

PYROTECHNIQUE, *adj.* 2 g. (on pr. *pirotecnique*), qui appartient à la pyrotechnie.

PYROXÈNE, *sm.* (gr. *pyr* feu, *xénos* hôte), silicate que l'on a cru d'abord n'appartenir qu'aux terrains volcaniques (*min.*).

PYROXYLE, *sm.* (gr. *pyr* feu, *xylon* coton), coton-poudre.

PYRRHA, femme de Deucalion.

PYRRHIQUE, *adj.* et *sf.* se dit d'une danse militaire des anciens Grecs.

PYRRHON, célèbre philosophe grec, qui faisait profession de douter de tout ; il florissait vers 340 av. J. C.

PYRRHONIEN, IENNE, *adj.* et *s.* de la secte philosophique de Pyrrhon.

PYRRHONISME, *sm.* doctrine philosophique de Pyrrhon ; affectation de douter de tout.

PYRRHUS, fils d'Achille. — roi d'Épire, célèbre par sa guerre contre les Romains ; m. 272 av. J. C.

PYTHAGORE, illustre philosophe grec ; m. 505 av. J. C.

PYTHAGORICIEN, IENNE, *adj.* et *s.* de la secte philosophique de Pythagore.

PYTHAGORIQUE, *adj.* 2 g. de Pythagore.

PYTHAGORISME, *sm.* doctrine philosophique de Pythagore.

PYTHÉAS, astronome et navigateur, né à Marseille, 4e s. av. J. C.

PYTHIAS, V. *Phintias.*

PYTHIE, *sf.* prêtresse de l'oracle d'Apollon à Delphes.

PYTHIEN, *adj. m.* surnom d'Apollon ; pythique.

PYTHIQUE, *adj. m.* se dit des jeux qui se célébraient à Delphes en l'honneur d'Apollon.

PYTHON, serpent monstrueux tué par Apollon (*myth.*).

PYTHONISSE, *sf.* pythie de Delphes. *Fig.* femme qui prédit l'avenir.

PYXIDE, *sf.* (l. *pyxis* boîte), se dit d'un fruit à capsule qui s'ouvre transversalement comme le couvercle d'une boîte (*bot.*).

PYXIDULE, *sf.* petite pyxide, petite capsule des mousses ; anthère de l'étamine (*bot.*).

Q

NOTA. La prononciation *coua, cui*, etc., des syllabes *qua, qui*, etc., est indiquée entre parenthèses.

Q, *sm.* consonne, 17e lettre de l'alphabet.

QUADES (*coua*), anc. peuple de la Germanie.

QUADRAGÉNAIRE, *adj.* 2 g. (*coua*), qui contient 40 mille; qui est âgé de 40 ans.

QUADRAGÉSIMAL, ALE, *adj.* (*coua*), qui appartient au carême (pl. m. *quadragésimaux*).

QUADRAGÉSIME, *sf.* (*coua*), se dit du 1er dimanche de carême.

QUADRANGULAIRE, *adj.* 2 g. (*coua*), qui a quatre angles.

QUADRANGULÉ, EE, *adj.* (*coua*), à quatre angles (*bot.*).

QUADRATURE, *sf.* (*coua*), réduction géométrique d'une figure curviligne à un carré équivalent en surface (*géom.*). Aspect de deux astres éloignés l'un de l'autre d'un quart de cercle (*astr.*).

QUADRATURE, *sf.* (on pr. *cadrature*), assemblage de pièces qui font marcher les aiguilles d'un cadran.

QUADRICAPSULAIRE, *adj.* 2 g. (*coua*), qui a 4 capsules ou loges (*bot.*).

QUADRIDENTÉ, ÉE, *adj.* (*coua*), qui est à 4 dents (*bot.*).

QUADRIDIGITÉ, ÉE, *adj.* (*coua*), se dit d'une feuille dont le pétiole est terminé par 4 folioles qui forment comme des doigts (*bot.*). — l. *quatuor* quatre, *digitus* doigt).

QUADRIENNAL, ALE, *adj.* (*coua*). V. Quatriennal.

QUADRIFIDE, *adj.* 2 g. (*coua*), à 4 divisions (*bot.* — l. *quatuor* quatre; *findo* fendre, partager).

QUADRIFLORE, *adj.* 2 g. (*coua*), à 4 fleurs, à fleurs disposées quatre à quatre (*bot.*).

QUADRIGE, *sm.* (*coua*), char antique à deux roues et attelé de quatre chevaux de front.

QUADRIJUGUÉ, ÉE, *adj.* (*coua*), se dit d'une feuille composée de quatre paires de folioles sur un pétiole commun (*bot.*).

QUADRIJUMEAU, *adj. m.* (*coua*), qui est au nombre de quatre et formant deux paires (*anat.*).

QUADRILATÈRE, *sm.* (*coua*), figure qui a 4 côtés (*géom.* — l. *quatuor* quatre ; *latus*, gen. *lateris* côté).

QUADRILLE, *sm.* (ll m.), troupe de 4 danseurs et 4 danseuses; sorte de jeu d'hombre. — *sf.* troupe de chevaliers d'un même parti dans un carrousel.

QUADRILOBÉ, ÉE, *adj.* (*coua*), qui a quatre lobes (*bot.*).

QUADRILOCULAIRE, *adj.* 2 g. (*coua*), qui a 4 loges ou compartiments (*bot.*).

QUADRINÔME, *sm.* (*coua*), quantité algébrique composée de 4 termes.

QUADRIPARTIT, ITE, *adj.* (*coua*), partagé, divisé en quatre (*bot.*).

QUADRIPHYLLE, *adj.* 2 g. (*coua*), qui a quatre feuilles (*bot.* — l. *quatuor* quatre; gr. *phyllon* feuille).

QUADRIRÈME, *sf.* (*coua*), galère à quatre rangs de rames.

QUADRISULCE, *adj.* 2 g. (*coua*), dont le pied est divisé en quatre parties par des sillons (l. — l. *quatuor* quatre, *sulcus* sillon).

QUADRISYLLABE, *sm.* (*coua* et *s* dure), mot composé de 4 syllabes.

QUADRISYLLABIQUE, *adj.* 2 g. (*coua* et *s* dure), de quatre syllabes.

QUADRIVALVE, adj. 2 g. (coua), qui a quatre valves (bot. et zool.).

QUADRUMANE, sm. et adj. 2 g. (coua), animal qui a quatre mains. Au pl. ordre de Mammifères dont les pieds ont la forme de mains (zool. — l. quatuor quatre, manus main).

QUADRUPÈDE, sm. et adj. 2 g. (coua), animal qui a quatre pieds (l. quatuor quatre; pes, gén. pedis pied).

QUADRUPLE, sm. (coua), quatre fois autant; pièce d'or d'Espagne. — adj. 2 g. qui vaut quatre fois autant. Quadruple croche, note qui vaut le quart d'une croche (mus.).

QUADRUPLER, va. (coua), prendre quatre fois le même nombre. — vn. être augmenté au quadruple.

QUAI, sm. levée le long d'une rivière, pour empêcher les débordements; rivage d'un port; trottoir à un débarcadère de chemin de fer.

QUAIAGE, V. Quayage.

QUAICHE, sf. petite embarcation.

QUAKER ou **QUACRE,** sm. et adj. (on pr. couacre), secte religieuse d'Angleterre et des États-Unis. Au f. Quakeresse.

QUAKÉRISME, sm. (coua), doctrine religieuse des quakers.

QUALIFICATEUR, sm. inquisiteur chargé d'examiner les crimes déférés à un tribunal ecclésiastique et les livres mis à l'index.

QUALIFICATIF, IVE, adj. qui qualifie. — sm. mot qui exprime la qualité.

QUALIFICATION, sf. attribution d'une qualité, d'un titre.

QUALIFIER, va. marquer la qualité d'une personne, d'une chose; attribuer un titre.

QUALITÉ, sf. ce qui fait qu'une personne ou une chose est telle ou telle; faculté, propriété; inclination naturelle: avoir d'heureuses qualités; noblesse distinguée: un homme de qualité; titre, dignité, fonctions: la qualité de maire, d'huissier.

QUAND (d nul), conj. lorsque, quoique. — adv. dans le temps que; dans quel temps: quand viendrez-vous?

QUANT À, loc. prép. pour ce qui est de.

QUANTES, adj. f. pl. Toutes et quantes fois, toutes les fois que (vx. mot).

QUANTIÈME, adj. 2 g. terme qui désigne le rang, l'ordre numérique. — sm. le quantième jour, le jour du mois.

QUANTITÉ, sf. tout ce qui est susceptible d'augmentation ou de diminution: comparer deux quantités. Grand nombre, multitude, abondance: une grande quantité de fruits; mesure des syllabes longues ou brèves: il y a une faute de quantité dans ce vers.

QUARANTAINE, sf. nombre de quarante; âge de quarante ans; séjour dans un lieu séparé du port que font les personnes et les marchandises qui pourraient amener la peste.

QUARANTE, adj. num. 2 g. quatre fois dix. — sm. le nombre 40. Les quarante, les membres de l'Académie française.

QUARANTIE, sf. anc. tribunal de 40 membres, à Venise.

QUARANTIÈME, adj. 2 g. nombre ordinal de quarante. — sm. chaque partie d'un tout qui en a quarante.

QUARDERONNER, va. faire un quart de rond sur l'angle d'une pierre, d'une pièce de bois (arch.).

QUARRÉ, QUARRÉMENT, QUARRER, QUARRURE, V. Carré, Carrément, etc.

QUART, sm. (t nul), quatrième partie d'un tout; temps pendant lequel chaque partie de l'équipage d'un navire fait son service tour à tour. Fig. Quart d'heure de Rabelais, moment où il faut payer son écot; moment fâcheux, désagréable. Passer un mauvais quart d'heure, éprouver quelque chose de fâcheux.

QUART, QUARTE, adj. quatrième. Fièvre quarte, fièvre qui laisse au malade deux jours de répit.

QUARTAINE, adj. f. Fièvre quartaine, fièvre quarte.

QUARTAUT, sm. (t final nul), vaisseau tenant la quatrième partie d'un muid.

QUARTE, sf. 60e partie de la tierce, qui est la 60e partie de la seconde; ancienne mesure; intervalle de deux tons et demi (mus.); quatre cartes de la même couleur qui se suivent; manière de porter un coup de fleuret ou d'épée.

QUARTENIER, sm. anc. officier de police d'un quartier.

QUARTERON, sm. anc. poids, quatrième partie de la livre; le quart de cent.

QUARTERON, ONNE, s. né d'un blanc et d'une mulâtresse ou d'un mulâtre et d'une blanche.

QUARTIDI, sm. (couar), le 4e jour de la décade républicaine.

QUARTIER, sm. la 4e partie de certains objets; portion d'un tout; partie d'une ville, d'un territoire; habitants d'une partie de la ville: tout le quartier est en rumeur; habitation ou campement de troupes; partie d'un collège; première et quatrième phase de la lune; payements par quarts; chaque degré généalogique: noblesse à seize quartiers. Quartier général, résidence de celui qui commande en chef et de son état-major. Demander, faire quartier, implorer, accorder la vie sauve. — À QUARTIER, loc. adv. à l'écart.

QUARTIER-MAÎTRE, sm. officier chargé de la comptabilité d'un corps; sous-officier de marine (pl. quartiers-maîtres).

QUARTINIER, V. Quartenier.

QUARTO, adv. (on pr. couarto) quatrièmement (4o). — (IN-) V. In-quarto.

QUARTZ, sm. (on pr. couartz), pierre très-dure qui raye le verre et qui est une sous-espèce de silice (min.).

QUARTZEUX, EUSE, adj. (on pr. couartzeu), de la nature du quartz.

QUARTZITE, sm. (on pr. couartzite), sorte de quartz.

QUASI, adv. presque. — sm. morceau de la cuisse d'un veau.

QUASI-CONTRAT, sm. fait volontaire par lequel plusieurs personnes se trouvent engagées sans qu'il y ait eu convention (pl. *quasi-contrats*).

QUASI-DÉLIT, *sm.* dommage involontaire ou commis par imprudence (pl. *quasi-délits*).

QUASIMODO, *sf.* le dimanche après Pâques.

QUATERNAIRE, *adj.* 2 g. (*coua*), qui vaut quatre, qui est divisible par quatre, qui est composé de quatre; qui a été formé en 4e lieu (*géol.*).

QUATERNE, *sm.* groupe de quatre numéros à un jeu de hasard.

QUATERNÉ, ÉE, *adj.* (*coua*), disposé quatre par quatre: se dit de quatre feuilles formant un verticille (*bot.*).

QUATORZE, *adj. num.* 2 g. dix plus quatre; quatorzième: *Louis XIV.* — *sm.* le nombre de quatorze.

QUATORZIÈME, *adj. num.* 2 g. nombre ordinal de quatorze.—*sm.* la quatorzième partie d'un tout.

QUATORZIÈMEMENT, *adv.* en quatorzième lieu.

QUATRAIN, *sm.* petite pièce de poésie composée de quatre vers.

QUATRE, *adj. num.* et *sm.* deux fois deux; quatrième: *Charles IV*, le chiffre 4.

QUATRE-BRAS (LES), hameau de Belgique, près de Genappe. Victoire des Français sur les Prussiens en 1815.

QUATRE-CANTONS (lac des), lac de Lucerne (Suisse).

QUATREMÈRE DE QUINCY, savant archéologue français (1755-1849).

QUATRE-TEMPS, *sm. pl.* jour de jeûne en chacune des quatre saisons.

QUATRE-VINGTIÈME, *adj. num.* 2 g. nombre ordinal de 80. — *sm.* partie d'un tout divisé en 80 parties.

QUATRE-VINGTS, *adj. num.* 2 g. quatre fois vingt (s'écrit *quatre-vingt* devant un autre nombre: *quatre-vingt-un*).

QUATRIÈME, *adj.* 2 g. nombre ordinal de quatre. — *sm.* la partie d'un tout divisé en quatre parties; le quatrième étage. — *sf.* la quatrième classe.

QUATRIÈMEMENT, *adv.* en quatrième lieu.

QUATRIENNAL, ALE, *adj.* se dit d'un office, d'une charge qui s'exerce de quatre années l'une. — *sm.* officier investi de cette charge.

QUATUOR, *sm.* (*coua*), morceau de musique à 4 parties (pl. *quatuors*).

QUAYAGE, *sm.* droit payé pour avoir l'usage d'un quai.

QUE, *pron. relatif* 2 g. et 2 n. lequel, laquelle, lesquels, lesquelles. — *pron. interrogatif*, quelle chose: *que cherchez-vous?*

QUE, *adv.* combien: *que de peine il se donne!* pourquoi: *que n'attendez-vous?* — *conj.* servant à joindre deux propositions: *je crois que vous vous trompez.*

QUÉBEC, ville du Canada.

QUEL, QUELLE, *adj. indéfini* dont on se sert pour demander ce qu'est une personne ou une chose, pour marquer le choix: *je ne sais quel parti prendre;* ou par exclamation: *quel malheur!*

QUELCONQUE, *adj. indéf.* 2 g. quel qu'il soit, quelle qu'elle soit.

QUÉLEN (de), archevêque de Paris (1778-1839).

QUELLEMENT, *adv.* Tellement quellement, ni fort bien ni fort mal.

QUELQUE, *adj. indéf.* 2 g. un ou plusieurs: *c'est le travail de quelque artiste; quelques historiens en ont parlé;* quel que soit: *quelque effort que vous fassiez;* petite quantité, un peu: *affaire qui présente quelque difficulté.* — *adv.* à quelque degré, quoique: *quelque riches qu'ils soient;* environ, à peu près: *il y a quelque soixante ans.*

QUELQUEFOIS, *adv.* parfois.

QUELQU'UN, UNE, *pron. indéf.* un, un entre plusieurs; une personne. Au pl. *quelques-uns, quelques-unes.*

QUÉLUS (comte de), favori de Henri III, tué en duel, 1578.

QUÉMANDER, *vn.* mendier par fainéantise ou clandestinement (*vx. mot*).

QUÉMANDEUR, EUSE, *s.* celui, celle qui quémande (*vx. mot*).

QU'EN-DIRA-T-ON, *sm.* (*inv.*), propos que pourra tenir le public (*fam.*).

QUENELLE, *sf.* espèce de boulette de viande hachée; ragoût de viande et de pâte.

QUENOTTE, *sf.* dent de petit enfant (*fam.*).

QUENOUILLE, *sf.* (*ll m.*), sorte de petit bâton entouré, vers le haut, de chanvre, de lin, etc. pour filer; chanvre, lin, etc. dont la quenouille est chargée; arbre fruitier taillé en forme de quenouille.

QUENOUILLÉE, *sf.* (*ll m.*), ce qui garnit une quenouille.

QUENTIN (St), martyr, 287.

QUERCITRON, *sm.* sorte de chêne vert dont l'écorce teint en jaune.

QUERCY, anc. pays de la Guyenne, dont *Cahors* était la capitale.

QUERELLE, *sf.* contestation, démêlé. *Figquerelle d'Allemand*, sans sujet.

QUERELLER, *va.* et *n.* faire querelle à quelqu'un; gronder, réprimander. —SE QUERELLER, *vpr.* disputer avec aigreur l'un contre l'autre.

QUERELLEUR, EUSE, *adj.* et *s.* qui fait ou cherche souvent querelle.

QUERETARO, ville du Mexique.

QUÉRIR ou **QUERIR** (Acad.), *va.* chercher avec charge d'amener ou d'apporter. (Il ne s'emploie qu'à l'infinitif près.)

QUESNAY, célèbre économiste français, chef de l'école des physiocrates (1694-1774).

QUESNEL, théologien et fameux controversiste français (1634-1719).

QUESNOY (LE), ch.-l. de canton (Nord).

QUESTEUR, *sm.* (*cuès*), magistrat romain qui administrait les finances, etc.; membre d'une assemblée législative investi des mêmes fonctions.

QUESTION, *sf.* interrogation, demande; proposition à discuter; autrefois torture pour arracher des aveux.

QUESTIONNAIRE, *sm.* celui qui donnait la question aux accusés; série de questions.

QUESTIONNER, *va.* faire des questions.

QUESTIONNEUR, EUSE, *s.* celui, celle qui fait souvent des questions.

QUESTURE, *sf.* (*cués*), dignité, charge, fonctions de questeur.

QUÊTE, *sf.* action de chercher, de quêter; résultat de cette action; *se mettre en quête*, chercher, faire des recherches.

QUÊTER, *va.* et *n.* demander et recueillir des aumônes; chercher, rechercher des louanges, des suffrages, etc.

QUÊTEUR, EUSE, *s.* celui, celle qui quête.

QUEUE, *sf.* la partie qui termine le corps de plusieurs animaux par derrière; partie par laquelle les fruits, les feuilles, les fleurs tiennent aux arbres ou aux plantes; partie traînante d'une robe; cheveux entourés d'un ruban derrière la tête; extrémité postérieure d'une file; espèce de bâton qui sert à pousser la bille, au billard; sorte de futaille.

QUEUE-D'ARONDE, *sf.* espèce de tenon.

QUEUE-DE-RAT, *sf.* sorte de lime ronde; dartre aux jambes des chevaux.

QUEUSSI-QUEUMI, *loc. adv.* absolument de même (*fam.*).

QUEUX, *sm.* (*x nulla*), cuisinier.

QUI, *pron. relatif* 2 *g.* et 2 *n.* lequel, laquelle, lesquels, lesquelles. — *pron. interrogatif*, quel homme? quelle personne?

QUIA (à), *loc. adv. latine* (*cuia*). *Être à quia*, être réduit à ne pouvoir répondre.

QUIBERON, ch.-l. de canton dans une presqu'île de même nom (Morbihan).

QUIBUS, *sm.* (on pr. *cuibusse*). *Avoir du quibus*, être riche (*pop.*).

QUICONQUE, *pron. indéf. m.* toute personne qui (pas de pl.).

QUIDAM (on pr. *kidan*), QUIDANE, *s.* personne inconnue, quelqu'un.

QUIDDITÉ, *sf.* (*cui*), ce qu'une chose est en elle-même.

QUIET, ÈTE, *adj.* (*cui*, le *t* se prononce), tranquille, calme (vx. mot).

QUIÈTEMENT, *adv.* (*cui*), paisiblement (vx. mot).

QUIÉTISME, *sm.* (cui), doctrine religieuse des quiétistes.

QUIÉTISTE, *s.* et *adj.* 2 *g.* (*cui*), partisan de la doctrine religieuse qui fait consister la perfection dans l'inaction de l'âme en négligeant les œuvres extérieures.

QUIÉTUDE, *sf.* état de calme, de tranquillité.

QUIÉVRAIN, bourg du Hainaut (Belgique).

QUIGNON, *sm.* gros morceau de pain.

QUILIMANE, bras du Zambèze. — ville du Mozambique.

QUILLAGE, *sm.* (*ll m.*). *Droit de quillage*, que payent les navires marchands la 1re fois qu'ils entrent dans un port.

QUILLE, *sf.* (*ll m.*), morceau de bois long qui sert à un jeu; longue pièce de bois allant de la poupe à la proue d'un navire et qui en est comme le fondement.

QUILLEBŒUF (*ll m.*), ch.-l. de canton (Eure).

QUILLER, *vn.* (*ll m.*), lancer la quille près de la boule pour savoir qui jouera le premier.

QUILLETTE, *sf.* (*ll m.*), brin d'osier que l'on plante.

QUILLIER, *sm.* (*ll m.*), espace carré dans lequel on range les quilles; ensemble des quilles.

QUILOA, île et ville d'Afrique sur la côte de Zanguebar.

QUIMPER ou QUIMPER-CORENTIN, ch.-l. du dép. du Finistère.

QUIMPERLÉ, s.-préf. du Finistère.

QUINA, V. *Quinquina*.

QUINAIRE, *adj.* 2 *g.* (*cui*), qui est divisible par cinq.

QUINAIRE, *sm.* anc. pièce de monnaie de troisième grandeur.

QUINAUD (*d* nul), AUDE, *adj.* confus, honteux d'avoir eu le dessous.

QUINAULT (*lt* nuls), poëte dramatique français (1635-1688).

QUINCAILLE, *sf.* (*ll m.*), toute sorte d'ustensiles en métal; monnaie de cuivre.

QUINCAILLERIE, *sf.* (*ll m.*), marchandise de quincaille.

QUINCAILLIER, *sm.* (*ll m.*), marchand de quincaillerie.

QUINCONCE, *sm.* plantation disposée de cette manière : un arbre à chacun des quatre angles d'un carré et un cinquième au centre de ce carré.

QUINCONCIAL, ALE, *adj.* (*cuin*), se dit de la préfloraison dans laquelle les 5 pièces de l'anneau floral roulées en volute sont disposées en quinconce, deux de ces pièces étant extérieures, deux intérieures et une intermédiaire (*bot.*).

QUINCTIUS, V. *Quintius*.

QUINDÉCAGONE, *sm.* (*cuin*) (*géom.* — l. *quindecim* quinze; gr. *gônia* angle), polygone de 15 angles et 15 côtes.

QUINDÉCEMVIR, *sm.* (*cuin*) (l. *quindecim* quinze, *vir* homme), titre d'anciens magistrats romains au nombre de quinze.

QUINE, *sm.* coup de dés qui amène deux cinq au jeu de trictrac; cinq numéros pris à la loterie ou gagnant au loto.

QUINÉ, ÉE, *adj.* (*cui*) (*bot.* — l. *quini* par cinq), disposé par cinq.

QUINETTE, membre de diverses assemblées législatives et du gouvernement provisoire après les Cent-jours (1762-1821).

QUININE, *sf.* substance extraite du quinquina.

QUINQUAGÉNAIRE, *adj.* et *s.* 2 *g.* (*cuincoua*), âgé de 50 ans.

QUINQUAGÉSIME, *sf.* (*cuincoua*), dimanche qui précède le mardi gras.

QUINQUANGULÉ, ÉE, *adj.* (*cuincouan*), à cinq angles (*bot.* — l. *quinque* cinq, *angulus* angle).

QUINQUE, *sm.* (on pr. *cuincué*), morceau de musique à cinq parties.

QUINQUÉDENTÉ, ÉE, *adj.* (*cuincué*), à cinq dents (*bot.* — l. *quinque* cinq, *dens* dent).

QUINQUÉFIDE, *adj.* 2 *g.* (*cuincué*), divisé

en cinq parties (*bot.* — l. *quinque* cinq; *findo* fendre, partager).

QUINQUÉJUGUÉ, ÉE, *adj.* (*cuincué*), se dit d'une feuille pennée dont le pétiole porte cinq paires de folioles (*bot.* — l. *quinque* cinq; *jugare* réunir par couples, par paires).

QUINQUÉLOBÉ, ÉE, *adj.* (*cuincue*), qui a cinq lobes (*bot.* — l. *quinque* cinq, *lobus* lobe).

QUINQUENNAL, ALE, *adj.* (on pr. *cuincuén-nal*), qui dure cinq ans ou qui se fait de cinq ans en cinq ans (l. *quinque* cinq, *annus* an).

QUINQUÉPARTIT, ITE, *adj.* (*cuincué*), partagé ou divisé en cinq (*bot.* — l. *quinque* cinq; *partitus* partagé, divisé).

QUINQUERCE, *sm.* (on pr. *cuincusrce*), réunion des cinq combats d'athlète.

QUINQUÉRÈME, *sf.* (*cuincue*), galère à cinq rangs de rames (l. *quinque* cinq, *remus* rame).

QUINQUET, *sm.* (*t* nul), sorte de lampe à double courant d'air.

QUINQUÉVIR, *sm.* (*cuincué*), titre d'anciens magistrats ou officiers romains au nombre de cinq (l. *quinque* cinq, *vir* homme).

QUINQUINA, *sm.* écorce fébrifuge d'un arbre du Pérou.

QUINT, *sm.* (*t* nul), cinquième partie d'une chose. — *adj.* m. cinquième.

QUINTAL, *sm.* poids de cent livres. *Quintal métrique*, cent kilogrammes.

QUINTE, *sf.* intervalle de cinq notes consécutives (*mus.*); suite de cinq cartes de la même couleur au piquet; accès de toux violent et prolongé. *Fig.* caprice, mauvaise humeur; terme d'escrime. — *adj.* *Fièvre quinte*, qui revient tous les cinq jours.

QUINTE-CURCE (on pr. *Cuinte-Curce*), historien latin, auteur d'une histoire d'Alexandre le Grand (époque incertaine).

QUINTEFEUILLE, *sf.* sorte de plante.

QUINTESSENCE, *sf.* partie la plus subtile extraite d'un corps. *Fig.* ce qu'il y a de principal, de fin, de caché dans une chose; profit que l'on tire d'une chose.

QUINTESSENCIER, *va.* raffiner, subtiliser.

QUINTETTO, *sm.* (*cuin*), morceau de musique à 5 parties (mot italien; pl. *quintetti*).

QUINTEUX, EUSE, *adj.* capricieux, fantasque.

QUINTIDI, *sm.* (*cuin*), cinquième jour de la décade républicaine.

QUINTILIEN (*cuin*), célèbre rhéteur latin (42-120).

QUINTIN. p. ville (Côtes-du-Nord).

QUINTIUS ou **QUINCTIUS CAPITOLINUS** (*cuin*), consul et général romain, 468 av. J.-C. V. *Cincinnatus*.

QUINTO, *adv.* (*cuin*), cinquièmement (5º).

QUINTUPLE, *adj.* 2 g. et sm. (*cuin*), qui vaut cinq fois autant.

QUINTUPLER, *va.* (*cuin*), rendre cinq fois plus grand.

QUINTUS DE SMYRNE, ou **QUINTUS CALABER** (*cuin*), poète épique grec, qui vivait entre le 1er et le 5e s.

QUINZAINE, *sf.* quinze unités, quinze jours.

QUINZE, *adj. num.* 2 g. dix plus cinq; quinzième : *Louis XV.* — *sm.* le quinzième jour du mois.

QUINZE-VINGTS, *sm. pl.* hôpital fondé par saint Louis pour 300 aveugles. *Un quinze-vingt* (*Acad.*), un aveugle de cet hôpital.

QUINZIÈME, *adj. num.* 2 g. nombre ordinal de quinze. — *sm.* la quinzième partie d'un tout.

QUINZIÈMEMENT, *adv.* en quinzième lieu.

QUIPOS, *sm. pl.* (on pr. l's), cordons noués servant d'écriture aux anciens Péruviens.

QUIPROQUO, *sm.* méprise. Au pl. *quiproquos* (*quiproquo* suiv. l'Acad.).

QUIRINAL, *sm.* (*cui*), l'une des sept collines de Rome; palais à Rome.

QUIRINUS (*cui*; on pr. l's), nom de Romulus mis au rang des dieux; surnom de Mars, de Jupiter, etc.

QUIRITES, *sm. pl.* (*cui*), nom des Sabins, puis des Romains.

QUIROGA, général espagnol (1784-1841).

QUIROS, navigateur espagnol; m. 1614. — (archipel de), les Nouvelles-Hébrides dans l'Océanie.

QUITO, capitale de la république de l'Équateur.

QUITTANCE, *sf.* écrit par lequel on déclare acquittée une dette.

QUITTANCER, *va.* décharger une obligation par quittance; donner un reçu.

QUITTE, *adj.* 2 g. libéré de ce qu'il devait. *Fig.* acquitté de, dispensé de, débarrassé de quelque chose.

QUITTER, *va.* laisser, abandonner; ôter de dessus soi : *quitter ses vêtements*; céder, délaisser: *quitter tous ses droits*; exempter, dispenser : *je vous quitte de tous vos remerciements*. *Fig. quitter la vie*, mourir; *quitter prise*, lâcher, abandonner un dessein.

QUITUS, *sm.* (on pr. *cuitusse*), arrêté d'un compte qui déclare que le comptable est quitte.

QUI-VA-LÀ ou **QUI VA LÀ?** *interj.* cri d'une personne qui entend du bruit.

QUI-VIVE, *interj.* cri d'une sentinelle, d'une patrouille qui aperçoit quelqu'un ou qui entend du bruit. — *sm. Être sur le qui-vive*, être très-attentif, être inquiet.

QUOI, *pron. relatif*, lequel, laquelle, etc. : *ce sont choses à quoi vous ne pensez pas*; quelque chose que : *quoi que vous en disiez*. *Avoir de quoi*, être dans l'aisance (*pop.*). — *pron. interrogatif*, quelle chose : *à quoi pensez-vous?* — *interj.* marquant l'étonnement, l'indignation : *quoi! vous avez fait cela!*

QUOIQUE, *conj.* bien que, encore que.

QUOLIBET, *sm.* (*t* nul), plaisanterie triviale, calembour (pl. *quolibets*).

QUOLIBÉTIER, *sm.* diseur de quolibets.

QUOTE, *adj. f.* usité seulement dans *Quote-part*, *sf.* la part que chacun doit donner ou recevoir.

QUOTIDIEN, ienne, *adj.* de chaque jour.

QUOTIDIENNEMENT, *adv.* chaque jour.

QUOTIENT, *sm.* (on pr. *cocian*), résultat d'une division (*math.*).

QUOTITÉ, *sf.* somme fixe à laquelle s'élève chaque quote-part.

QUOTTER, *vn.* se dit de la dent de la roue qui pointe sur l'engrenage.

R

R, *sf.* ou *m.* consonne, 18e lettre de l'alphabet.

RAAB, riv. affluent du Danube et ville de Hongrie.

RABÂCHAGE, *sm.* défaut de celui qui rabâche, discours d'un rabâcheur.

RABÂCHER, *vn.* et *a.* revenir souvent et inutilement sur ce qu'on a dit (*fam.*).

RABÂCHERIE, *sf.* discours plein d'inutilités et de répétitions fatigantes (*fam.*).

RABÂCHEUR, euse, *s.* celui, celle qui rabâche.

RABAIS, *sm.* (*s* nulle), diminution de prix, de valeur.

RABAISSEMENT, *sm.* action de rabaisser; diminution de valeur.

RABAISSER, *va.* mettre plus bas; diminuer. *Fig.* déprecier: *rabaisser le mérite*; réprimer: *rabaisser l'orgueil. Rabaisser le caquet de quelqu'un*, le confondre.

RABASTENS, p. ville (Tarn).

RABAT, *sm.* (*t* nul), morceau d'étoffe que les écclésiastiques et les gens de robe portent au cou et qui se rabat sur la poitrine; action de rabattre le gibier.

RABATAGE, *sm.* déduction.

RABAT-JOIE, *sm.* (*t* nul), personne ou chose qui trouble la joie (inv.).

RABATTRE, *va.* (o. *batire*), rabaisser, faire descendre: diminuer: *rabattre beaucoup du prix demandé*; aplatir: *rabattre les coutures. Rabattre le gibier*, l'amener où sont les chasseurs. *Fig.* abaisser, réprimer: *rabattre l'orgueil.* — *vn.* changer subitement de route: *à tel endroit vous rabattrez à droite.* — SE RABATTRE, *vpr.* retomber: *un col qui se rabat sur les épaules*; changer brusquement de route. *Fig.* changer de propos: *se rabattre sur la politique*; se borner, se restreindre: *se rabattre à ne demander que.*

RABATTU, ue, *adj. part.* rabaissé, diminué. *Tout bien compté et rabattu*, tout bien examiné.

RABAUT-SAINT-ÉTIENNE, membre de la Constituante et de la Convention (1743-1793).

RABBANISTE, V. *Rabbiniste.*

RABBATH-AMMON, cap. des Ammonites.

RABBATH-MOAB, cap. des Moabites.

RABBI, *sm.* titre donné à un rabbin.

RABBIN, *sm.* docteur juif.

RABBINAGE, *sm.* étude des livres des rabbins.

RABBINIQUE, *adj.* 2 g. des rabbins, qui est propre aux rabbins.

RABBINISME, *sm.* doctrine des rabbins.

RABBINISTE, *sm.* celui qui suit la doctrine des rabbins ou étudie leurs livres.

RABDOLOGIE, *sf.* (gr. *rabdos* baguette; *logos* discours, calcul), calcul au moyen de baguettes marquées de nombres, ou avec la règle à calcul.

RABDOMANCIE ou RABDOMANCE, *sf.* (gr. *rabdos* baguette, *manteia* divination), prétendue divination au moyen d'une baguette.

RABELAIS (François), célèbre écrivain français, auteur des romans satiriques de *Gargantua* et de *Pantagruel* (1483-1553).

RABELAISIEN, ienne, *adj.* à la manière de Rabelais.

RABÊTIR, *va.* rendre bête.

RABETTE, *sf.* plante appelée aussi *navette.*

RABIQUE, *adj.* 2 g. (l. *rabies* rage), de la rage.

RÂBLE, *sm.* partie du corps de certains quadrupèdes depuis le bas des épaules jusqu'à la queue; instrument pour remuer la braise.

RÂBLÉ, ée ou RÂBLU, ue, *adj.* qui a le râble épais. *Fig.* fort, robuste.

RABONNIR, *va.* rendre meilleur. — *vn.* devenir meilleur.

RABOT, *sm.* (*t* nul), outil pour unir le bois; se dit de divers autres instruments.

RABOTER, *va.* aplanir avec le rabot. *Fig.* polir.

RABOTEUR, *sm.* ouvrier qui rabote.

RABOTEUX, euse, *adj.* noueux, inégal: *chemin raboteux. Fig.* grossier, rude, mal poli: *style raboteux.*

RABOUGRI, ie, *adj.* de mauvaise conformation: *enfant rabougri.*

RABOUGRIR, *vn.* se dit des arbres qui ne profitent pas, et au *fig.* des personnes chétives, mal conformées.

RABOUILLÈRE, *sf.* (ll m.), terrier peu profond des lapins, où ils font leurs petits.

RABOUTIR, *va.* mettre des étoffes bout à bout (*pop.*).

RABROUER, *va.* rebuter avec rudesse (*fam.*).

RABROUEUR, euse, *s.* celui, celle qui reprend avec dureté.

RACAHOUT, *sm.* sorte de fécule analeptique.

RACAILLE, *sf.* (ll m.), rebut du peuple; objet de rebut (*fam.*).

RACAN, poète français (1589-1670).

RACCOMMODAGE, *sm.* travail de celui qui a raccommodé.

RACCOMMODEMENT, *sm.* réconciliation après une brouille.

RACCOMMODER, *va.* réparer, remettre en meilleur état. *Fig.* réconcilier. — SE RACCOMMODER, *vpr.* se réconcilier.

RACCOMMODEUR, euse, *s.* celui, celle qui raccommode.

RACCORD, sm. (d nul), liaison, accord établi entre les parties disparates d'un objet ou d'un ouvrage.

RACCORDEMENT, sm. action de raccorder; jonction.

RACCORDER, va. faire des raccords; réunir, joindre. — SE RACCORDER, vpr. se joindre.

RACCOUPLEMENT, sm. action de raccoupler.

RACCOUPLER, va. accoupler de nouveau.

RACCOURCI, IE, adj. trop court; abrégé. — dessin d'un objet vu en perspective par un de ses bouts. — EN RACCOURCI, loc. adv. en abrégé.

RACCOURCIR, va. rendre plus court. — vn. devenir plus court.

RACCOURCISSEMENT, sm. action de raccourcir.

RACCOUTREMENT, sm. action de raccoutrer.

RACCOUTRER, va. raccommoder, recoudre.

RACCOUTUMER (SE), vpr. reprendre une coutume, une habitude.

RACCROC, sm. (c final nul), coup au jeu plus heureux qu'adroit; coup inattendu.

RACCROCHER, va. accrocher de nouveau. — SE RACCROCHER, vpr. se saisir. Fig. s'aider d'une chose pour se tirer d'embarras, pour reprendre son avantage.

RACE, sf. lignée, suite des descendants; ensemble des hommes originaires du même pays et semblables par leur conformation extérieure: la race blanche ou caucasienne; classe d'hommes, d'animaux.

RACHAT, sm. achat de ce que l'on avait déjà vendu; délivrance: le rachat des captifs.

RACHEL, fille de Laban et femme de Jacob. — célèbre tragédienne française (1821-1858).

RACHETABLE, adj. 2 g. qu'on a le droit de racheter.

RACHETER, va. faire un rachat ou acheter de nouveau; par extension délivrer d'un état fâcheux. Fig. compenser, balancer, faire pardonner, faire supporter (v. acheter).

RACHIDIEN, IENNE, adj. de la colonne vertébrale (anat.).

RACHIMBOURG, sm. homme libre qui chez les Francs avait le droit de délibérer sur les affaires générales.

RACHIS, sm. axe central de l'épi des graminées, des chatons, etc. (bot.).

RACHITIQUE, adj. 2 g. malade de rachitisme.

RACHITIS ou RACHITISME, sm. courbure de la colonne vertébrale et de la plupart des os longs avec gonflement aux articulations (méd.).

RACINAGE, sm. décoction d'écorces propre à la teinture.

RACINAL, sm. grosse pièce de charpente.

RACINE, sf. partie par laquelle les plantes tiennent à la terre et y puisent leur nourriture; plante dont la partie bonne à manger est enfoncée dans la terre; partie des ongles, des cheveux, etc., qui tient à la chair. Fig. principe, origine; mot primitif. Racine carrée d'un nombre, le nombre qui, multiplié par lui-même, produit le nombre donné;

racine cubique, le nombre qui, multiplié par son carré, produit le nombre proposé (math.).

RACINE (Jean), illustre poète tragique français (1639-1699). Ses principaux chefs-d'œuvre sont Andromaque, Britannicus, Iphigénie en Aulide, Phèdre et Athalie. — (Louis), fils du précédent et auteur de deux poèmes: la Grâce et la Religion (1692-1763).

RACINIEN, IENNE, adj. à la manière de Racine.

RACK ou ARACK, sm. liqueur spiritueuse de riz fermenté; tafia.

RÂCLE, sf. outil pour racler, pour nettoyer.

RACLÉE, sf. décharge de coups (pop.).

RACLER, va. ratisser, raboter. — vn. et fig. mal jouer du violon.

RACLEUR, sm. mauvais joueur de violon.

RACLOIR, sm. instrument avec lequel on racle.

RACLOIRE, sf. planchette ou cylindre pour racler le dessus d'une mesure de grains.

RACLURE, sf. les petites parties enlevées en raclant.

RACOLAGE, sm. métier de racoleur.

RACOLER, va. engager de gré ou par astuce des hommes pour le service militaire, et au fig. pour un objet quelconque.

RACOLEUR, sm. celui qui racole.

RACONTAGE, sm. malins propos; bavardage (fam.).

RACONTER, va. conter, narrer.

RACONTEUR, EUSE, s. celui, celle qui a la manie de raconter.

RACORNIR, va. rendre dur, dessécher comme de la corne. — SE RACORNIR, vpr. devenir dur et coriace; se ratatiner.

RACORNISSEMENT, sm. état de ce qui est racorni.

RACQUITTER (SE), vpr. regagner ce que l'on avait perdu. Fig. se dédommager d'une perte.

RADAGAISE, chef des Suèves; m. 405.

RADCLIFFE (Anne), femme auteur anglaise (1764-1823).

RADE, sf. étendue de mer enfoncée dans les terres où les gros navires peuvent jeter l'ancre.

RADEAU, sm. assemblage de pièces de bois liées ensemble pour porter sur l'eau; train de bois.

RADEGONDE (Ste), femme de Clotaire 1er (519-589).

RADER, va. mettre un navire en rade; égaliser la surface d'une mesure de grains, etc.

RADET (Étienne), général français (1762-1825).

RADETZKY, général autrichien (1766-1858).

RADEUR, sm. mesureur qui rade.

RADIAIRES ou RAYONNÉS, sm. pl. (l. radius rayon), 4e embranchement de la zoologie, comprenant les animaux dont l'organisation a pour type un centre auquel toutes les parties aboutissent comme autant de rayons (zool.).

RADIAL, ALE, adj. qui a rapport au radius (anat.).

RADIANT, ANTE, adj. rayonnant; qui forme des rayons, qui en envoie.

RADIATION, sf. action d'envoyer des rayons de lumière; action de rayer, de biffer.

RADICAL, ALE, adj. de la racine; *feuille radicale,* qui naît du collet de la racine. *Fig.* qui est le principe, l'essence de quelque chose; *lettres radicales,* lettres qui sont dans le mot primitif et se conservent dans les dérivés (gram.); *signe radical,* que l'on met devant les quantités dont on veut extraire la racine (math.). — sm. ce signe même ainsi figuré √; mot qui forme le dérivé (gram.); partisan d'une réforme radicale ou complète.

RADICALEMENT, adv. essentiellement, dans le principe.

RADICALISME, sm. système ou opinion de ceux qui veulent une réforme radicale.

RADICANT, ANTE, adj. (l. *radix* racine), qui produit des racines distinctes de la racine principale (bot.).

RADICATION, sf. action de pousser des racines.

RADICELLE ou **RADICULE,** sf. (l. *radix* racine), petite racine, rudiment de la racine (bot.).

RADICIFORME, adj. 2 g. (l. *radix* racine), qui a la forme d'une racine (bot.).

RADICIVORE, adj. 2 g. (l. *radix* racine, vorare manger), qui se nourrit de racines.

RADICULE, V. Radicelle.

RADIÉ, ÉE, adj. se dit des fleurs dont le disque est composé de fleurons, et la circonférence de demi-fleurons qui forment des rayons. — sf. pl. famille ou tribu de plantes à fleurs radiées (bot.).

RADIER, sm. grille de charpente, assemblage de madriers.

RADIER, vn. rayonner. — va. rayer.

RADIEUX, EUSE, adj. rayonnant, brillant. *Fig.* plein de joie, de santé.

RADIS, sm. (s nulle), sorte de raifort cultivé.

RADIUS, sm. (on pr. l's), le plus petit des deux os de l'avant-bras (anat.).

RADOIRE, sf. règle qui sert à rader.

RADJAH, V. Rajah.

RADOTAGE, sm. radoterie; discours sans suite.

RADOTER, vn. dire des choses sans suite, sans raison.

RADOTERIE, sf. extravagance d'un radoteur.

RADOTEUR, EUSE, s. celui, celle qui radote.

RADOUB, sm. (on pr. le b), réparation au corps d'un navire (mar.).

RADOUBER, va. faire des réparations à un navire. — SE RADOUBER, vpr. réparer une perte; reprendre de la santé.

RADOUBEUR, sm. celui qui radoube.

RADOUCIR, va. rendre plus doux. *Fig.* apaiser; rendre moins rude : on a radouci son caractère. — SE RADOUCIR, vpr. devenir plus doux.

RADOUCISSEMENT, sm. diminution dans la violence de la température ou d'un mal.

RADSTADT, p. ville d'Autriche. Victoire de Moreau sur les Autrichiens en 1806. V. Rastadt.

RADZIWIL, célèbre famille polonaise.

RAFALE, sf. coup de vent sur mer à l'approche de la terre (mar.).

RAFFAISSER (SE), vpr. s'affaisser de nouveau.

RAFFERMIR, va. rendre plus ferme; remettre dans un état plus assuré. — SE RAFFERMIR, vpr. devenir plus ferme, plus solide.

RAFFERMISSEMENT, sm. affermissement; ce qui remet une chose dans un état plus assuré.

RAFFINAGE, sm. action de raffiner.

RAFFINÉ, ÉE, adj. et s. fin, rusé, adroit, délicat, subtil.

RAFFINEMENT, sm. extrême subtilité; excès de recherche dans certaines choses.

RAFFINER, va. rendre plus fin, plus pur. — vn. subtiliser : il raffine sur tout. — SE RAFFINER, vpr. devenir plus fin.

RAFFINERIE, sf. lieu où l'on raffine, où l'on rend plus pures certaines substances, telles que le sucre, le salpêtre, etc.

RAFFINEUR, sm. celui qui raffine.

RAFFOLER, vn. se passionner follement pour quelqu'un ou quelque chose.

RAFFOLIR, vn. devenir fou.

RAFISTOLER, va. raccommoder du mieux que l'on peut une chose qui est en mauvais état (fam.).

RAFLE, sf. grappe de raisin qui n'a plus de grains. *Fig.* Faire rafle, rafler.

RAFLER, va. emporter tout (fam.).

RAFRAÎCHIR, va. rendre frais. *Fig.* réparer; rogner l'extrémité d'une chose; ravitailler. — vn. devenir frais. — SE RAFRAÎCHIR, vpr. boire un coup; devenir frais.

RAFRAÎCHISSANT, ANTE, adj. et s. au m. propre à rafraîchir le corps.

RAFRAÎCHISSEMENT, sm. ce qui rafraîchit; effet de ce qui rafraîchit. Au pl. boissons, fruits que l'on sert à une compagnie; vivres frais pour un navire.

RAFRAÎCHISSOIR, sm. vaisseau dans lequel s'opère la réfrigération.

RAGAILLARDIR, va. (ll m.), redonner de la gaieté (fam.).

RAGE, sf. maladie, hydrophobie. *Fig.* délire furieux, douleur violente; transport de colère, de cruauté; violente passion. Faire rage, faire un grand désordre ou de grands efforts.

RAGER, vn. s'irriter (fam.).

RAGÈS, anc. ville de Médie.

RAGEUR, EUSE, adj. et s. qui s'irrite facilement (fam.).

RAGLAN (lord), général anglais (1788-1855).

RAGLAN, sm. sorte de vêtement.

RAGOT, OTE, adj. et s. court et gros.

RAGOTIN, sm. homme contrefait, ridicule; enfant rabougri, de mauvaise mine.

RAGOÛT, sm. mets préparé pour exciter l'appétit ou satisfaire le goût. *Fig.* ce qui excite les désirs.

RAGOÛTANT, ANTE, adj. qui ragoûte. *Fig.* qui flatte, qui plaît.

RAGOÛTER, va. redonner du goût. *Fig.* réveiller le désir.

RAGRAFER, va. agrafer de nouveau.

RAGRANDIR, va. rendre plus grand.

RAGRÉER, va. unir, aplanir, rajuster. — SE RAGRÉER, vpr. se pourvoir de ce qui manque (mar.).

RAGRÉMENT, sm. action de ragréer.

RAGUSE, ville de Dalmatie sur l'Adriatique. Victoire des Français sur les Russes, en 1806. V. *Marmont*.

RAÏA, sm. sujet de l'empire turc soumis à la capitation.

RAIDE, RAIDEUR, RAIDIR, V. *Roide, Roideur, Roidir*.

RAIE, sf. trait tiré de long avec une plume, avec un instrument tranchant, etc.; lignes longues sur la peau des animaux, sur les étoffes; séparation des cheveux.

RAIE, sf. poisson de mer plat et cartilagineux.

RAIFORT, sm. sorte de radis, de rave.

RAIL, sm. (on pr. raï), barre de fer sur laquelle roulent les roues des wagons.

RAILLER, va. (ll m.), plaisanter, tourner en ridicule. — vn. badiner. — SE RAILLER, vpr. se moquer.

RAILLERIE, sf. (ll m.), action de railler; plaisanterie.

RAILLEUR, EUSE, adj. et s. (ll m.), qui se plaît à railler; qui exprime la raillerie.

RAILWAY, sm. (on pr. rel-ouè), chemin de fer (mot anglais).

RAIMOND, V. *Raymond*.

RAIMONDI (Marc-Antoine), célèbre graveur italien (1488-1546).

RAINCEAU, V. *Rinceau*.

RAINE, sf. grenouille.

RAINETTE, sf. sorte de petite grenouille; sorte de pomme.

RAINURE, sf. longue entaillure sur l'épaisseur d'une planche.

RAIPONCE, sf. plante dont les racines se mangent en salade.

RAIRE ou RÉER, vn. se dit du cri du cerf.

RAIS, sm. (s nulle), rayon de la roue.

RAISIN, sm. le fruit de la vigne. *Fig.* sorte du papier.

RAISINÉ, sm. confiture de raisin doux et de poires ou de coings.

RAISON, sf. faculté intellectuelle par laquelle l'homme juge, connaît et se conduit; bon sens, sagesse; ce qui est de devoir, de justice; motif, cause, sujet; considération d'utilité; réparation d'un outrage. Rapport (math.). Nom d'une maison de commerce.— A RAISON DE, loc. prép. sur le pied de, au prix de; EN RAISON DE, loc. prép. en considération de; À TELLE FIN QUE DE RAISON, loc. adv. à tout événement.

RAISONNABLE, adj. 2 g. qui est doué de raison, qui a la faculté de raisonner, qui est conforme à la raison; suffisant, convenable.

RAISONNABLEMENT, adv. conformément à la raison, convenablement.

RAISONNÉ, ÉE, adj. appuyé de raisons, de preuves; accompagné de réflexions.

RAISONNEMENT, sm. faculté ou manière de raisonner; argument.

RAISONNER, vn. se servir de sa raison; répliquer, alléguer des raisons. — va. appliquer le raisonnement: raisonner ses actions.

RAISONNEUR, EUSE, adj. et s. qui raisonne, qui importune par ses répliques.

RAJAH, RAJA ou HADJAH, sm. prince de l'Hindoustan.

RAJEUNIR, va. rendre jeune. — vn. redevenir jeune. — SE RAJEUNIR, vpr. se donner l'air jeune; se prétendre moins vieux.

RAJEUNISSANT, ANTE, adj. qui rajeunit.

RAJEUNISSEMENT, sm. action de rajeunir; état de la personne rajeunie.

RAJUSTEMENT, sm. action de rajuster.

RAJUSTER, va. ajuster de nouveau; raccommoder. — SE RAJUSTER, vpr. raccommoder son ajustement.

RÂLE, sm. sorte d'oiseau de rivage.

RÂLE, sm. action de râler; le bruit que l'on fait en râlant.

RALEIGH (Walter), célèbre général et homme d'État anglais (1552-1618).

RÂLEMENT, sm. râle.

RALENTIR. va. rendre plus lent. — SE RALENTIR, vpr. devenir plus lent.

RALENTISSEMENT, sm. diminution de vitesse, d'activité.

RÂLER, vn. rendre un son entoué causé par la difficulté de respirer.

RALINGUE, sf. cordage cousu autour des voiles (mar.).

RALINGUER, va. garnir une voile de ses ralingues (mar.).

RALLIEMENT, sm. action de troupes, de personnes dispersées qui se rassemblent en un lieu.

RALLIER, va. rassembler; rallier un navire, le rejoindre. *Fig.* réunir, mettre d'accord: rallier les esprits. — SE RALLIER, vpr. se réunir; se rallier à terre, s'approcher de la côte (mar.).

RALLONGE, sf. ce qui sert à rallonger.

RALLONGEMENT, sm. action de rallonger.

RALLONGER, va. rendre plus long en ajoutant une pièce, un morceau.

RAMA ou ARIMATHIE, anc. ville de Palestine.

RAMADAN ou RAMAZAN, sm. mois de jeûne chez les Musulmans.

RAMADOUER, va. radoucir par des caresses.

RAMAGE, sm. rameau; feuillage. Chant des petits oiseaux. *Fig.* babil des enfants; discours dénué de sens.

RAMAGER, vn. se dit des oiseaux qui chantent (peu usité).

RAMAIGRIR, va. rendre maigre de nouveau. — vn. redevenir maigre.

RAMAS, sm. (s nulle), assemblage d'objets de peu de valeur.

RAMASSE, sf. traîneau pour descendre les monts couverts de neige.

RAMASSÉ, ÉE, adj. épais, trapu, vigoureux.

RAMASSER, va. faire un amas, réunir ce qui était épars; prendre ce qui est à terre; traîner dans une ramasse. — SE RAMASSER, vpr. se replier sur soi-même.

RAMASSEUR, sm. celui qui conduit une ramasse. Collectionneur (ironique).

RAMASSIS, sm. (s finale nulle), assemblage d'objets ramassés sans choix.

RAMAZAN, V. *Ramadan*.

RAMBERVILLERS, p. ville (Vosges).

RAMBOUILLET, s.-préf. du dép. de Seine-et-Oise.

RAMBOUR, sm. nom d'une pomme fort grosse.

RAME, sf. aviron ; petit branchage que l'on plante en terre pour soutenir des pois, etc. Vingt mains de papier.

RAMÉ, ÉE, adj. se dit de balles ou de boulets joints ensemble.

RAMEAU, sm. petite branche d'arbre. Fig. division ; branche d'une science, d'une secte, d'une famille, etc.

RAMEAU, fameux compositeur de musique, français (1683-1764).

RAMÉE, sf. assemblage de branches entrelacées ; branches coupées avec leurs feuilles vertes.

RAMEL (Jean-Pierre), général français (1770-1815). — (Jacques) de Nogaret, conventionnel, ministre des finances sous le Directoire (1760-1819).

RAMENDER, vn. et a. baisser de prix (pop.).

RAMENER, va. amener de nouveau ; remettre quelqu'un dans le lieu d'où il était parti. Fig. faire revenir, rétablir : la paix ramena l'abondance.

RAMENTEVOIR, va. remettre en mémoire (vx. mot).

RAMER, va. soutenir des pois ou quelque autre plante avec des rames. — vn. tirer à la rame. Fig. avoir de la peine à faire.

RAMEREAU, sm. jeune ramier.

RAMETTE, sf. petite rame de papier ; châssis de fer des imprimeurs.

RAMEUR, sm. celui qui rame.

RAMEUX, EUSE, adj. qui a de nombreux rameaux.

RAMEY (Claude), statuaire français (1754-1838). — (Étienne), sculpteur, fils du précédent (1796-1852).

RAMIER, sm. gros pigeon sauvage.

RAMIFICATION, sf. production ou disposition des rameaux. Fig. subdivision.

RAMIFIER (Se), vpr. se partager en rameaux. Fig. se subdiviser, s'étendre.

RAMILLES, sf. pl. (ll m.), petits rameaux, petites branches.

RAMILLIES (ll m.), village de Belgique près de Louvain. Défaite de Villeroi par Marlborough, en 1706.

RAMIRE, nom de plusieurs rois de Léon et d'Aragon.

RAMOINDRIR, va. rendre moindre.

RAMOITIR, va. rendre moite.

RAMOLLIR, va. amollir, rendre mou. — SE RAMOLLIR, vpr. devenir mou.

RAMOLLISSANT, ANTE, adj. qui ramollit, qui relâche.

RAMOLLISSEMENT, sm. action de se ramollir ; état de ce qui est ramolli.

RAMONAGE, sm. action de ramoner.

RAMONER, va. nettoyer le tuyau d'une cheminée.

RAMONEUR, sm. celui qui ramone.

RAMPANT, ANTE, adj. qui rampe. Fig. qui s'abaisse, flatteur, bas, vil.

RAMPE, sf. partie d'un escalier par laquelle on monte d'un palier à un autre ; balustrade le long de l'escalier ; plan incliné, pente d'une colline ; rangée de lumières au bord de la scène d'un théâtre.

RAMPEMENT, sm. action de ramper.

RAMPER, vn. se traîner sur le ventre ; se dit aussi des plantes qui s'étendent à terre ou s'attachent aux arbres. Fig. s'avilir par des bassesses.

RAMPON, général français (1759-1842).

RAMSAY, littérateur et savant français (1686-1751).

RAMSÈS ou **RHAMSÈS**, nom de plusieurs rois d'Égypte, entre autres RHAMSÈS III le Grand, le même que Sésostris.

RAMSGATE, ville et port d'Angleterre.

RAMURE, sf. bois d'un cerf, d'un daim ; branches d'un arbre.

RAMUS, célèbre philosophe et professeur français (1502-1572).

RAMUSCULE, sm. petit rameau.

RANCE, adj. 2 g. et sm. qui avec le temps a contracté une odeur forte et un goût désagréable.

RANCE, rivière de France ; se jette dans la Manche.

RANCÉ (l'abbé de), réformateur de la Trappe (1626-1700).

RANCHER, sm. sorte d'échelle.

RANCIDITÉ, sf. rancissure.

RANCIR, vn. devenir rance.

RANCISSURE, sf. état de ce qui est rance.

RANÇON, sf. prix que l'on donne pour le rachat d'un captif.

RANÇONNEMENT, sm. action de rançonner.

RANÇONNER, va. mettre à rançon. Fig. exiger de force ou plus qu'il ne faut.

RANÇONNEUR, EUSE, s. celui, celle qui rançonne.

RANCUNE, sf. ressentiment d'une offense.

RANCUNIER, IÈRE, adj. et s. qui garde rancune (fam.).

RANDON, V. Châteauneuf.

RANG, sm. (g nul), ordre, disposition sur une ligne ; suite de personnes sur une même ligne. Fig. place, degré d'honneur qui appartient à chacun ; place qu'une personne ou une chose occupe dans l'estime des hommes ; différentes classes de la société. Être sur les rangs, être en concurrence pour obtenir quelque chose ; mettre au rang, mettre au nombre.

RANGÉ, ÉE, adj. part. qui a été mis en rang, à son rang ; bien disposé ; qui a de l'ordre dans sa conduite, dans ses affaires. Bataille rangée, qui a lieu entre deux armées rangées en bataille.

RANGÉE, sf. suite de choses sur un même rang.

RANGER, va. mettre en rang, dans un certain ordre ; mettre de côté ou à sa place. Fig. mettre au nombre de. — SE RANGER, vpr. se placer, se disposer. Fig. vivre plus régulièrement qu'auparavant ; se ranger à l'avis de quelqu'un, l'adopter.

RANGOUN, port dans l'empire des Birmans.

RANIMER, va. rendre la vie. *Fig.* exciter ; rendre la vigueur, l'éclat.

RANTZAU (Jean, comte de), célèbre général danois (1492-1565). — (Josias, comte de), général danois, puis maréchal de France ; m. 1650.

RANZ, sm. *Ranz-des vaches*, air célèbre chez les Suisses.

RAON-L'ÉTAPE, ch.-l. de canton (Vosges).

RAOUL ou RODOLPHE (St) archevêque de Bourges ; m. 866. — duc de Bourgogne et roi de France en 923 ; m. 936.

RAOUT ou ROUT, sm. (on pr. le *t*), assemblée nombreuse de personnes du grand monde (mot anglais).

RAPACE, adj. 2 g. avide, ardent à la proie. *Fig.* enclin à la rapine. — sm. pl. ordre de la classe des oiseaux (*zool.*).

RAPACITÉ, sf. caractère de l'être rapace ; avidité à saisir sa proie, à s'emparer du bien d'autrui.

RAPATELLE, sf. toile de crin.

RAPATRIAGE, sm. réconciliation.

RAPATRIEMENT, sm. action de rapatrier ou de se rapatrier.

RAPATRIER, va. réconcilier ; faire rentrer dans sa patrie. — SE RAPATRIER, vpr. se réconcilier ; rentrer dans sa patrie.

RÂPE, sf. ustensile pour râper ; sorte de lime ; grappe de raisin dont les grains sont enlevés.

RÂPÉ, sm. raisin nouveau que l'on met dans un tonneau pour améliorer le vin ; ce vin même.

RÂPÉ, ÉE, adj. part. qui a été râpé. *Fig.* use : *un habit râpé.*

RÂPER, va. mettre en poudre avec la râpe ; user avec la râpe.

RAPETASSER, va. raccommoder grossièrement de vieilles hardes, de vieux meubles (*fam.*).

RAPETASSEUR, EUSE, s. celui, celle qui rapetasse.

RAPETISSER, va. et n. rendre ou devenir plus petit. — SE RAPETISSER, vpr. se faire petit ; devenir petit.

RAPHAËL, archange.

RAPHAËL SANZIO, illustre peintre italien (1483-1520).

RAPHÉ, sm. (gr. *raphê* couture, suture), sorte de cordon qui unit la chalaze au hile dans la graine (*bot.*).

RAPHIA, anc. ville de Palestine, auj. *Réfah.* Victoire de Ptolémée IV sur Antiochus le Grand, 216 av. J. C.

RAPHIDES, sf. pl. (gr. *raphis* aiguille), faisceaux de cristallisations en forme d'aiguilles dans certaines cellules élémentaires des végétaux (*bot.*).

RAPIDE, adj. 2 g. qui va avec vitesse. *Fig.* vif, animé, prompt ; très-incliné : *pente rapide.* — sm. courant d'eau très-rapide.

RAPIDEMENT, adv. avec rapidité.

RAPIDITÉ, sf. qualité de ce qui est rapide ; grande vitesse.

RAPIÈCEMENT, sm. action de rapiécer ; résultat de cette action.

RAPIÉCER, va. mettre des pièces à des hardes, à des meubles.

RAPIÉCETAGE, sm. action de rapiéceter.

RAPIÉCETER, va. mettre beaucoup de pièces à des hardes, à des meubles.

RAPIÈRE, sf. vieille et longue épée.

RAPIN, sm. jeune élève peintre qui fait les commissions. *Fig.* mauvais peintre.

RAPIN (Nicolas), magistrat français, l'un des auteurs de la *Satire Ménippée* (1540-1608). — (le Père), jésuite, poète latin moderne (1621-1687).

RAPINE, sf. action de ravir, pillage, concussion.

RAPINER, vn. et a. prendre injustement, ravir, piller.

RAPINERIE, sf. rapine.

RAPINEUR, sm. faiseur de rapines.

RAPIN-THOYRAS, historien français (1661-1725).

RAPP (Jean), général français, aide de camp de Napoléon Ier (1772-1821).

RAPPAREILLER, va. (*ll* m.), rejoindre ou assortir avec son pareil ou son pendant.

RAPPARIER, va. rejoindre pour refaire la paire.

RAPPEL, sm. action de rappeler ; manière de battre le tambour pour assembler des troupes.

RAPPELER, va. appeler de nouveau ; faire revenir ; révoquer ; battre le rappel. *Fig.* éveiller le souvenir. — SE RAPPELER, vpr. avoir le souvenir.

RAPPOINTIS, sm. (s nulle), ouvrage léger de serrurerie.

RAPPORT, sm. revenu, ce que rapporte une propriété ; récit, exposé par lequel on rend compte d'une affaire ; témoignage ; convenance, analogie, liaison : *ces deux choses ont du rapport entre elles* ; relation de deux grandeurs (*math.*) ; vapeur, gaz qui s'échappent de l'estomac ; action de rapporter à l'hérédité les sommes, les biens pour en faire le partage. — PAR RAPPORT à, *loc. prép.* à l'égard de, pour ce qui regarde, en proportion de, par comparaison de.

RAPPORTABLE, adj. 2 g. qui doit être rapporté à la succession.

RAPPORTER, va. apporter une chose au lieu où elle était d'abord ; apporter d'un lieu à un autre ; ajouter à une chose incomplète ; faire un rapport de succession ; révoquer une loi ; faire le récit de ce qu'on a vu ou entendu ; redire, alléguer ; produire ; diriger vers un point. — SE RAPPORTER, vpr. avoir de la conformité, avoir rapport à.

RAPPORTEUR, EUSE, s. celui, celle qui redit ce qu'elle a vu ou entendu, qui fait le rapport d'une affaire. — sm. demi-cercle gradué pour rapporter sur le papier ou mesurer les angles (*géom.*).

RAPPRENDRE, va. apprendre de nouveau.

RAPPROCHEMENT, sm. action de rapprocher. *Fig.* réconciliation.

RAPPROCHER, va. approcher de nouveau ou de plus près. *Fig.* réconcilier ; disposer à la confiance, à la bienveillance : *l'infortune rapproche les hommes* ; comparer, mettre en rapport : *rapprocher des idées.*

RAPSODE, sm. celui qui chez les Grecs chantait des rapsodies.

RAPSODIE, sf. morceau détaché des poésies d'Homère que chantaient les rapsodes. Fig. mauvais ramas de vers ou de prose.

RAPSODISTE, sm. celui qui ne fait que de mauvaises compilations, des ramas de vers ou de prose.

RAPT, sm. (on pr. le p et le t), enlèvement d'une personne par violence ou par séduction.

RÂPURE, sf. ce qui a été enlevé avec la râpe.

RAQUETTE, sf. instrument pour jouer à la paume ou au volant.

RAQUETTIER, sm. ouvrier qui fait des raquettes.

RARE, adj. 2 g. qui n'est pas commun ni ordinaire; qui se rencontre difficilement, qui a lieu rarement; clair-semé.

RARÉFACTIF, IVE, adj. qui a la propriété de raréfier.

RARÉFACTION, sf. (on pr. raréfaxion), action de raréfier; état de ce qui est raréfié.

RARÉFIANT, ANTE, adj. qui raréfie, qui dilate.

RARÉFIER, va. rendre rare ou moins dense : augmenter le volume d'un corps sans augmenter sa matière propre ni son poids.

RAREMENT, adv. peu souvent.

RARETÉ, sf. état ou qualité de ce qui est rare, peu abondant, ou de ce qui arrive rarement; objet rare, curieux.

RARISSIME, adj. 2 g. très-rare.

RAS (s nulle), adj. qui a le poil coupé très-court, plat et uni : rasé campagne; à surface plane : mesure rase. Fig. faire table rase, rejeter toute opinion, toute notion déjà acquise. — sm. étoffe croisée dont le poil ne paraît pas. Ras de marée, bouillonnement de l'eau à la rencontre de deux marées ou de deux courants.

RASADE, sf. verre plein jusqu'aux bords.

RASANT, ANTE, adj. qui rase.

RASCASSE, sf. sorte de poisson de mer.

RASEMENT, sm. action de raser.

RASER, va. couper le poil près de la peau. Fig. couper ou abattre au niveau de la surface ou du sol : raser une maison; passer tout auprès avec rapidité.

RASIBUS, prép. (on pr. l's finale), tout contre, tout près (pop.).

RASOIR, sm. instrument qui sert à se raser ou à raser.

RASSASIANT, ANTE, adj. qui rassasie.

RASSASIEMENT, sm. état d'une personne rassasiée. Fig. satiété.

RASSASIER, va. donner suffisamment à manger. Fig. apaiser ses passions en les satisfaisant; satisfaire toute satiété : rassasier de musique. — SE RASSASIER, vpr. apaiser sa faim. Fig. satisfaire ses goûts, ses passions, etc.

RASSEMBLEMENT, sm. action de rassembler ce qui est épars; attroupement de personnes.

RASSEMBLER, va. assembler de nouveau; mettre ensemble, réunir. — SE RASSEMBLER, vpr. se réunir.

RASSEOIR, va. asseoir de nouveau, replacer. Fig. calmer. — SE RASSEOIR, vpr. s'asseoir de nouveau, et fig. s'apaiser (c. asseoir).

RASSÉRÉNER, va. rendre serein. — SE RASSÉRÉNER, vpr. devenir serein.

RASSIS (s finale nulle), ISE, adj. Pain rassis, qui n'est plus tendre. Fig. calme, mûri par la réflexion : esprit rassis.

RASSOTER, va. faire devenir sot; infatuer (fam.).

RASSURANT, ANTE, adj. qui rassure.

RASSURER, va. raffermir, redonner l'assurance, rendre la tranquillité. — SE RASSURER, vpr. se remettre de quelque crainte; se remettre au beau (en parlant du temps).

RASTADT ou RADSTADT, ville du grand-duché de Bade.

RAT, sm. (t nul), petit quadrupède rongeur. Fig. caprice, fantaisie. Rat de cave, sorte de bougie longue et mince roulée sur elle-même.

RATAFIA, sm. liqueur composée de fruits, d'eau-de-vie et de sucre.

RATATINÉ, ÉE, adj. raccourci, rapetissé par l'âge ou la maladie; ridé, flétri.

RATATINER (SE), vpr. se raccourcir, se resserrer.

RATATOUILLE, sf. (ll m.), ragoût mal apprêté (pop.).

RATE, sf. viscère mou situé dans l'hypocondre gauche. Fig. désopiler la rate, réjouir, faire rire.

RATE, sf. femelle du rat (La Fontaine).

RÂTEAU, sm. instrument d'agriculture, de jardinage, etc.

RÂTELÉE, sf. ce qu'on peut ramasser d'un seul coup de râteau.

RÂTELER, va. amasser avec le râteau, nettoyer avec le râteau.

RÂTELEUR, sm. ouvrier qui râtelle.

RÂTELIER, sm. sorte d'échelle placée au-dessus d'une mangeoire pour contenir le fourrage des chevaux, des bœufs, etc.; montant pour poser les fusils. Fig. les deux rangées de dents.

RATER, vn. et a. se dit d'une arme à feu qui manque à tirer. Fig. ne pas réussir dans une entreprise; rater une affaire, la manquer.

RATIER, IÈRE, adj. et s. sujet à des caprices, à des fantaisies (pop.).

RATIÈRE, sf. petite machine à prendre les rats.

RATIFICATIF, IVE, adj. qui ratifie.

RATIFICATION, sf. action de ratifier; acte qui ratifie.

RATIFIER, va. approuver, confirmer ce qui a été fait ou promis.

RATINE, sf. étoffe croisée dont le poil est tiré en dehors.

RATINER, va. faire de la ratine.

RATIOCINATION, sf. (on pr. raciocina-cion), dialectique; action d'exercer la faculté de raisonner.

RATIOCINER, vn. (on pr. raciociné), user de la faculté de raisonner.

RATION, sf. (on pr. racion), portion journalière de vivres.

RATIONAL, sm. (on pr. racional), étoffe carrée que le grand prêtre des Juifs portait sur la poitrine.

RATIONALISME, sm. (on pr. racionalisme), système philosophique qui considère les notions générales comme des produits de la raison pure.

RATIONALISTE, s. 2 g. (on pr. racionaliste), partisan du rationalisme. — adj. 2 g. qui appartient au rationalisme.

RATIONALITÉ, sf. (on pr. racionalité), qualité de ce qui est rationnel.

RATIONNEL, ELLE, adj. (on pr. racionèl), que l'on ne conçoit que par l'entendement; raisonné, fondé sur le raisonnement. Horizon rationnel, que l'on conçoit passer par le centre de la terre; quantité rationnelle, dont le rapport avec l'unité peut s'exprimer par un nombre (math.).

RATISBONNE, ville de Bavière, sur le Danube. Victoire de Napoléon Ier en 1809.

RATISSAGE, sm. action de ratisser.

RATISSER, va. ôter en raclant la superficie d'une chose ou l'ordure qui la couvre.

RATISSOIRE, sf. instrument de fer pour ratisser.

RATISSURE, sf. ce que l'on ôte en ratissant.

RATON, sm. petit rat.

RATTACHER, va. attacher de nouveau; attacher. Fig. joindre. — SE RATTACHER, vpr. s'attacher, et fig. dépendre de.

RATTEINDRE, va. rattraper, rejoindre.

RATTRAPER, va. rejoindre; reprendre, ressaisir, regagner.

RATURE, sf. trait de plume pour effacer.

RATURER, va. effacer ce qui est écrit.

RAUCITÉ, sf. rudesse, âpreté de la voix.

RAUCOUX, V. Rocoux.

RAUQUE, adj. 2 g. se dit d'une voix rude, âpre et comme enrouée.

RAVAGE, sm. dommage, dégât. Fig. désordre causé par les passions, les maladies, etc.

RAVAGER, va. faire du ravage.

RAVAGEUR, sm. celui qui ravage.

RAVAILLAC, assassin de Henri IV (1578-1610).

RAVALEMENT, sm. crépi fait à un mur, action de crépir. Fig. avilissement.

RAVALER, va. avaler de nouveau; faire un ravalement. Fig. rabaisser, avilir.

RAVAUDAGE, sm. raccommodage de mauvaises hardes fait à l'aiguille. Fig. besogne mal faite.

RAVAUDER, va. et n. faire des ravaudages. Fig. s'occuper à ranger des meubles, des effets; importuner; maltraiter de paroles.

RAVAUDERIE, sf. discours plein de bagatelles.

RAVAUDEUR, EUSE, s. celui, celle qui ravaude. Fig. homme importun.

RAVE, sf. sorte de plante dont on mange la racine.

RAVELIN, sm. demi-lune de fortification.

RAVENNE, ville d'Italie près de l'Adriatique. Victoire des Français sur les Espagnols, en 1512.

RAVI, IE, adj. charmé, enchanté.

BAVIÈRE, sf. champ de raves.

RAVIGNAN (l'abbé de), célèbre prédicateur français (1795-1858).

RAVIGOTE, sf. sauce piquante.

RAVIGOTER, va. remettre en force, en vigueur (fam.).

RAVILIR, va. rabaisser, rendre méprisable. — SE RAVILIR, vpr. même sens.

RAVILISSEMENT, sm. action de ravilir; résultat de cette action.

RAVIN, sm. excavation causée par les eaux pluviales, par une ravine; partie creuse d'un terrain.

RAVINE, sf. torrent grossi par la pluie ou la fonte des neiges; excavation qu'il produit.

RAVIR, va. enlever de force, emporter. Fig. charmer. — A RAVIR, loc. adv. admirablement bien.

RAVISER (SE), vpr. changer d'avis.

RAVISSANT, ANTE, adj. qui enlève de force. Fig. merveilleux, qui charme.

RAVISSEMENT, sm. enlèvement fait avec violence. Fig. transport de joie, d'admiration, etc.

RAVISSEUR, sm. celui qui enlève avec violence.

RAVITAILLEMENT, sm. (ll m.), action de ravitailler.

RAVITAILLER, va. (ll m.), remettre des vivres et des munitions dans une place de guerre, etc.

RAVIVER, va. rendre plus vif. Fig. ranimer.

RAVOIR, va. avoir de nouveau; recouvrer (ne s'emploie qu'à l'infin. pr.).

RAYÉ, ÉE, adj. qui a des raies.

RAYEMENT, sm. action de rayer.

RAYER, va. faire des raies; effacer, raturer (c. payer).

RAY-GRASS, sm. plante fourragère de la famille des Graminées.

RAYMOND (St), général des dominicains (1175-1275).

RAYMOND, nom de plus. comtes de Toulouse, entre autres. RAYMOND IV, l'un des chefs de la Ire croisade (1042-1105); RAYMOND VI, défenseur des Albigeois (1156-1222); RAYMOND VII, son fils, dernier comte de Toulouse (1197-1249).

RAYMOND LULLE, V. Lulle.

RAYNAL (l'abbé), littérateur français (1713-1796).

RAYNOUARD, poète et philologue français (1761-1836).

RAYON, sm. trait de lumière pris isolément; demi-diamètre d'un cercle; planche, tablette; gâteau de cire fait par les abeilles. Fig. lueur apparente; ce qui diverge d'un centre commun.

RAYONNANT, ANTE, adj. qui rayonne.

RAYONNÉ, ÉE, adj. disposé en rayons. — sm. pl. radiaires (zool.).

RAYONNEMENT, sm. action de rayonner.

RAYONNER, vn. jeter ou envoyer des rayons; briller.

RAYURE, sf. manière dont une étoffe ou une chose est rayée.

RAZZIA, sf. pillage (mot arabe).

RÉ, *sm.* 2e note de la gamme naturelle (*mus.*).

RÉ ou REZ (île de), sur la côte de la Charente-Inférieure.

RÉACQUÉRIR, *va.* acquérir de nouveau.

RÉACTEUR, *adj.* et *sm.* qui réagit, qui cause une réaction.

RÉACTIF, IVE, *adj.* qui réagit. — *sm.* substance qui agit sur les corps composés en séparant leurs éléments (*chim.*).

RÉACTION, *sf.* (on pr. *réaxion*), action d'un corps sur un autre qui vient d'agir sur lui (*phys.*); action en sens contraire. *Fig.* mouvement ou action contraire à un parti.

RÉACTIONNAIRE, *adj.* et *s.* 2 g. qui agit contre. *Fig.* partisan de la réaction.

RÉADMETTRE, *va.* admettre de nouveau.

RÉADMISSION, *sf.* action de réadmettre.

RÉADOPTER, *va.* adopter de nouveau.

RÉADOPTION, *sf.* nouvelle adoption.

RÉAGGRAVER, *va.* déclarer que quelqu'un a encouru la censure ecclésiastique.

RÉAGIR, *vn.* se dit d'un corps qui agit sur un autre dont il a éprouvé l'action. *Fig.* agir sur ou en sens contraire.

RÉAJOURNEMENT, *sm.* ajournement réitéré.

RÉAJOURNER, *va.* ajourner une seconde fois.

RÉAL, *sm.* monnaie espagnole (pl. *réaux*).

RÉAL (André), conventionnel (1752-1832). — (comte), préfet de police sous le 1er empire (1765-1834).

RÉALE, *adj.* et *sf.* se disait de la galère principale.

RÉALGAR, *sm.* sulfure d'arsenic rouge.

RÉALISABLE, *adj.* 2 g. qui peut être réalisé.

RÉALISATION, *sf.* action de réaliser.

RÉALISER, *va.* rendre réel; convertir ses biens en espèces. — SE RÉALISER, *vpr.* s'effectuer.

RÉALISME, *sm.* système des réalistes; matérialisme.

RÉALISTE, *sm.* philosophe du moyen âge qui regardait les idées abstraites comme des êtres réels; auj. littérateur ou artiste qui ne voit la nature que sous son aspect matériel, et n'admet pas de beau idéal.

RÉALITÉ, *sf.* qualité de ce qui est réel; existence effective; chose réelle. — EN RÉALITÉ, *loc. adv.* réellement.

RÉAPPARITION, *sf.* action de reparaître.

RÉAPPEL, *sm.* appel réitéré.

RÉAPPELER, *va.* appeler de nouveau.

RÉAPPOSER, *va.* apposer de nouveau.

RÉAPPOSITION, *sf.* action de réapposer.

RÉASSIGNATION, *sf.* nouvelle assignation.

RÉASSIGNER, *va.* assigner de nouveau.

RÉATE, anc. ville de l'Ombrie, auj. *Rieti*.

RÉATTELER, *va.* atteler de nouveau.

RÉATTIRER, *va.* attirer de nouveau.

RÉATTRACTION, *sf.* action de réattirer.

RÉAUMUR, célèbre physicien français (1683-1757).

REBAISSER, *va.* baisser de nouveau.

REBANDER, *va.* bander de nouveau une blessure.

REBAPTISER, *va.* (*p nul*), baptiser une seconde fois.

REBARBATIF, IVE, *adj.* rude et rebutant (*fam.*).

REBÂTER, *va.* remettre le bât. *Fig.* replacer sous le joug.

REBÂTIR, *va.* bâtir de nouveau.

REBATTAGE, *sm.* action de rebattre.

REBATTRE, *va.* battre de nouveau. *Fig.* répéter inutilement et d'une manière ennuyeuse (c. *battre*).

REBATTU, UE, *adj.* souvent répété; vulgaire.

REBEC, *sm.* sorte de violon à trois cordes.

RÉBECCA, femme d'Isaac.

REBELLE, *adj.* et *s.* 2 g. qui se révolte, qui refuse d'obéir à une autorité légitime.

REBELLER (SE), *vpr.* devenir rebelle, se révolter; ne pas obéir.

RÉBELLION, *sf.* révolte, soulèvement, résistance à l'autorité.

REBÉNIR, *va.* bénir une seconde fois.

REBÉQUER (SE), *vpr.* répondre avec arrogance (*fam.*).

REBIFFER (SE), *vpr.* regimber (*fam.*).

REBINAGE, *sm.* second binage.

REBINER, *va.* biner de nouveau.

REBLANCHIR, *va.* blanchir de nouveau.

REBOIRE, *va.* et *n.* boire de nouveau.

REBOISEMENT, *sm.* action de reboiser; résultat de cette action.

REBOISER, *va.* replanter de bois un terrain.

REBONDI, IE, *adj.* à forme arrondie par la graisse : joues rebondies.

REBONDIR, *vn.* faire un ou plusieurs bonds.

REBONDISSEMENT, *sm.* action de rebondir.

REBORD, *sm.* (*d nul*), bord élevé ou replié, renversé, ajouté.

REBORDER, *va.* mettre un nouveau bord.

REBOTTER, *va.* botter de nouveau. — SE REBOTTER, *vpr.* remettre ses bottes.

REBOUCHEMENT, *sm.* action de se reboucher.

REBOUCHER, *va.* boucher de nouveau. — SE REBOUCHER, *vpr.* se boucher encore.

REBOUILLIR, *vn.* (*ll m.*), bouillir de nouveau.

REBOURS, *sm.* (*s nulle*), sens contraire de ce qui est ou de ce qui doit être. *Fig.* le contre-pied, le contre-sens. — A ou AU REBOURS, *loc. adv.* en sens contraire.

REBOURS (*s nulle*), OURSE, *adj.* revêche (*fam.*).

REBOUTEUR, V. *Renoueur*.

REBOUTONNER, *va.* boutonner de nouveau.

REBRIDER, *va.* brider de nouveau.

REBROCHER, *va.* brocher de nouveau.

REBRODER, *va.* broder de nouveau ou par-dessus ce qui est brodé.

REBROUSSEMENT, *sm.* état de ce qui rebrousse; inflexion d'une courbe qui retourne en arrière (*géom.*).

REBROUSSER, *va.* relever des cheveux ou du poil en sens contraire. *Fig.* se diriger en sens contraire: *rebrousser chemin*. — 'A **REBROUSSE-POIL**, *loc. adv.* à contre-poil. *Fig.* à contre-sens.

REBROYER, *va.* broyer une seconde fois.

REBUFFADE, *sf.* mauvais accueil; refus avec mépris.

RÉBUS, *sm.* (on pr. l's), jeu d'esprit qui consiste à exprimer des mots par des figures. *Fig.* équivoque, mauvaise plaisanterie.

REBUT, *sm.* (t nul), action de rebuter; chose rebutée ou de mauvaise qualité.

REBUTANT, **ANTE**, *adj.* qui rebute. *Fig.* choquant, déplaisant.

REBUTER, *va.* rejeter avec dureté, refuser. *Fig.* décourager, choquer. — **SE REBUTER**, *vpr.* se décourager, se dégoûter.

RECACHER, *va.* cacher de nouveau.

RECACHETER, *va.* cacheter de nouveau.

RÉCALCITRANT, **ANTE**, *adj. et s.* qui résiste avec opiniâtreté.

RÉCALCITRER, *vn.* résister contre et opiniâtrement.

RÉCAMIER (Mme), femme célèbre par son esprit, sa bonté et sa beauté (1777-1849).

RÉCAPITULATION, *sf.* répétition sommaire; résumé.

RÉCAPITULATEUR, **TRICE**, *adj. et s.* qui récapitule.

RÉCAPITULER, *va.* redire sommairement, résumer.

RECARDER, *va.* carder de nouveau.

RÉCARÈDE LE CATHOLIQUE, roi des Wisigoths d'Espagne; m. 601.

RECARRELER, *va.* carreler de nouveau.

RECASSER, *va.* casser de nouveau; donner un premier labour.

RÉCÉDER, *va.* rendre à quelqu'un ce qu'il avait cédé auparavant; céder une chose achetée.

RECEL, *sm.* recèlement.

RECELÉ, *sm.* recèlement des effets d'une société, d'une succession, etc.

RECÉLEMENT, *sm.* action de receler.

RECÉLER, *va.* garder et cacher ce qu'on sait avoir été dérobé; cacher chez soi des personnes que la loi défend de recevoir. *Fig.* contenir, renfermer: *la terre recèle les métaux*.

RECÉLEUR, **EUSE**, *s.* celui, celle qui recèle.

RÉCEMMENT, *adv.* nouvellement.

RECENSEMENT, *sm.* dénombrement de personnes, d'effets; vérification.

RECENSER, *va.* faire un recensement.

RÉCENT, **ENTE**, *adj.* nouveau, fait depuis peu.

RECEPAGE, *sm.* action de recéper.

RECEPÉE, *sf.* partie d'un bois recepé.

RECEPER, *va.* couper des arbres par le pied; tailler une vigne jusqu'au pied.

RÉCÉPISSÉ, *sm.* reçu de papiers, de pièces, etc. (pl. récépissés).

RÉCEPTACLE, *sm.* ce qui reçoit ou renferme; lieu où l'on rassemble des choses immondes ou sans valeur, où se réunissent des gens méprisables ou dangereux. Partie de la fleur qui supporte les organes floraux (bot.).

RÉCEPTION, *sf.* (on pr. récepcion), action ou manière de recevoir; cérémonie pour recevoir dans une corporation, etc.

RÉCEPTIVITÉ, *sf.* faculté de recevoir une impression.

RECERCLER, *va.* cercler de nouveau.

RECETTE, *sf.* ce qui est reçu en argent ou en d'autres valeurs; action de recevoir; composition de médicaments ou de certaines préparations; écrit qui l'indique. *Fig.* méthode, procédé.

RECEVABLE, *adj.* 2 g. admissible.

RECEVEUR, **EUSE**, *s.* celui, celle qui est chargé de faire recette d'argent.

RECEVOIR, *va.* accepter, prendre ce qui est donné ou transmis; toucher ce qui est dû; emprunter, tirer de, recueillir; agréer, accueillir, admettre.

RECEZ, *sm.* acte des délibérations de la diète allemande ou de la diète polonaise.

RÉCHABITES, *sm. pl.* secte juive sous le roi Jéhu.

RÉCHAMPIR, *va.* faire ressortir du fond les objets représentés par la peinture.

RECHANGE, *sm.* se dit d'objets que l'on tient en réserve pour en remplacer de semblables: *vêtement de rechange*.

RECHANTER, *va. et n.* chanter de nouveau. *Fig.* redire.

RÉCHAPPER, *vn.* être délivré d'un grand danger, d'une maladie grave.

RECHARGEMENT, *sm.* action de recharger.

RECHARGER, *va.* charger de nouveau.

RECHASSER, *va.* chasser de nouveau, expulser une seconde fois.

RÉCHAUD, *sm.* (d nul), ustensile de ménage pour tenir chauds les mets, etc.

RÉCHAUFFAGE, *sm.* action de rechauffer. *Fig.* chose vieille donnée pour neuve.

RÉCHAUFFÉ, *sm.* mets réchauffé. *Fig.* ce qui a été pris, copié, imité d'un autre.

RÉCHAUFFEMENT, *sm.* se dit du fumier neuf dont on se sert pour réchauffer les couches refroidies.

RÉCHAUFFER, *va.* chauffer ce qui était refroid. *Fig.* ranimer.

RÉCHAUFFOIR, *sm.* fourneau pour réchauffer.

RECHAUSSER, *va.* chausser de nouveau. *Fig. Rechausser un arbre*, remettre de la terre à son pied.

RÊCHE, *adj.* 2 g. rude au toucher.

RECHERCHABLE, *adj.* 2 g. digne d'être recherché.

RECHERCHE, *sf.* action de rechercher; perquisition; affectation, raffinement dans le langage, les manières, etc.; réparation dans la toiture ou le pavage. Au pl. travaux d'érudition: *livre plein de savantes recherches*.

RECHERCHÉ, **ÉE**, *adj.* affecté; qui manque de naturel, de simplicité.

RECHERCHER, *va.* chercher de nouveau ou avec soin. *Fig.* tâcher d'obtenir; désirer voir ou connaître; réparer les défauts des objets d'art.

RECHERCHEUR, *sm.* celui qui fait des recherches.

RECHIGNÉ, ÉE, *adj.* chagrin et maussade.

RECHIGNER, *vn.* témoigner, par l'air du visage, de la mauvaise humeur, du chagrin, de la répugnance.

RECHOIR, *vn.* tomber de nouveau (vx. mot).

RECHUTE, *sf.* nouvelle chute. *Fig.* retour au péché, à la même faute ; retour d'une maladie récente.

RÉCIDIVE, *sf.* rechute dans une faute ; action de commettre de nouveau le même délit.

RÉCIDIVER, *vn.* faire une récidive.

RÉCIDIVISTE, *s.* 2 *g.* celui, celle qui est coupable de récidive.

RÉCIF, RESCIF ou RESSIF, *sm.* chaîne de rochers à fleur d'eau.

RÉCIPÉ, *sm.* ordonnance de médecin, recette (pl. *récipés*).

RÉCIPIENDAIRE, *sm.* celui que l'on reçoit dans une corporation, dans une académie, etc.

RÉCIPIENT, *sm.* (on pr. *récipian*), vase destiné à recevoir les produits d'une distillation ou de toute autre opération chimique. Cloche de verre sur le plateau de la machine pneumatique.

RÉCIPROCITÉ, *sf.* état, qualité de ce qui est réciproque.

RÉCIPROQUE, *adj.* 2 *g.* mutuel ; qui exprime l'action mutuelle ; inverse. — *sm.* la pareille : *rendre le réciproque.* — *sf.* proposition inverse d'une autre : *la réciproque est vraie.*

RÉCIPROQUEMENT, *adv.* mutuellement ; inversement.

RECIRER, *va.* cirer de nouveau.

RÉCIT, *sm.* (t nul), narration, relation. Chant d'une seule voix ou d'un seul instrument.

RÉCITANT, ANTE, *adj.* voix, instrument qui exécute la partie principale (*mus.*).

RÉCITATEUR, *sm.* celui qui récite.

RÉCITATIF, *sm.* sorte de chant qui n'est pas assujetti à la mesure (*mus.*).

RÉCITATION, *sf.* action de réciter.

RÉCITER, *va.* dire par cœur ; raconter.

RÉCLAMANT, ANTE, *adj.* et *s.* qui réclame, qui revendique.

RÉCLAMATION, *sf.* action de réclamer.

RÉCLAME, *sf.* mot au bas de la page qui est le premier de la page suivante ; partie du répons que l'on reprend après le verset ; annonce dans un journal.

RÉCLAMER, *va.* implorer ; revendiquer. — *vn.* contredire, protester.

RÉCLINAISON, *sf.* état d'un plan incliné à l'horizon (*math.*).

RÉCLINANT, *adj. m.* se dit d'un cadran qui est incliné à l'horizon.

RÉCLINÉ, ÉE, *adj.* se dit des feuilles ou des rameaux dont l'extrémité penche vers la terre (*bot.*).

RECLOUER, *va.* clouer de nouveau.

RECLURE, *va.* enfermer dans une clôture étroite et rigoureuse, cloîtrer. (Usité seulement à l'inf. pr. et aux temps formés du part. p. *reclus, use.*)

RECLUS, USE, *adj.* et *s.* renfermé, cloîtré.

RÉCLUSION ou RÉCLUSION, *sf.* action d'enfermer, d'emprisonner une personne ; état de la personne emprisonnée.

RECOGNER, *va.* et *n.* cogner de nouveau. *Fig.* repousser (pop.).

RECOGNITIF, IVE, *adj.* (on pr. *recog-nitif*). Acte recognitif, par lequel on reconnaît une obligation.

RECOGNITION, *sf.* (on pr. *recog-nicion*), examen d'un objet ; exercice de la mémoire qui reconnaît une idée qu'elle avait perdue.

RECOIFFER, *va.* coiffer de nouveau.

RECOIN, *sm.* coin plus caché. *Fig.* ce qu'il y a de plus caché dans le cœur, dans la conscience.

RÉCOLEMENT, *sm.* action de récoler ; vérification.

RÉCOLER, *va.* lire aux témoins leurs dépositions, pour voir s'ils y persistent ; vérifier.

RECOLLER, *va.* coller de nouveau.

RÉCOLLET, *sm.* religieux de l'ordre réformé de Saint-François.

RÉCOLTE, *sf.* action de recueillir les biens de la terre ; productions de la terre. *Fig.* se dit de choses que l'on rassemble, que l'on reçoit : *faire une bonne récolte de faits.*

RÉCOLTER, *va.* faire une récolte.

RECOMMANDABLE, *adj.* 2 *g.* estimable, qui mérite d'être considéré.

RECOMMANDATION, *sf.* action de recommander.

RECOMMANDER, *va.* charger quelqu'un de faire une chose, l'y exhorter, le lui conseiller fortement ; prier d'être favorable à, d'avoir soin de ; d'avoir attention à ; rendre recommandable. — SE RECOMMANDER, *vpr.* implorer le secours, la protection ; se rendre recommandable : *le vrai mérite se recommande de lui-même.*

RECOMMENCER, *va.* et *n.* commencer de nouveau ce qu'on a déjà fait.

RECOMMENCEMENT, *sm.* action de recommencer.

RÉCOMPENSE, *sf.* prix d'un service rendu, d'une action méritoire ; dédommagement, compensation. *Fig.* peine due à une mauvaise action. EN RÉCOMPENSE DE, *loc. prép.* en revanche, en retour de.

RÉCOMPENSER, *va.* donner, accorder une récompense.

RECOMPOSER, *va.* composer une seconde fois ; réunir les parties d'un corps décomposé (*chim.*).

RECOMPOSITION, *sf.* action de recomposer un corps, résultat de cette action.

RECOMPTER, *va.* (p nul), compter de nouveau.

RÉCONCILIABLE, *adj.* 2 *g.* qui peut être réconcilié.

RÉCONCILIATEUR, TRICE, *s.* celui, celle qui réconcilie.

RÉCONCILIATION, *sf.* raccommodement de personnes fâchées entre elles.

RÉCONCILIER, *va.* remettre bien ensemble des personnes brouillées. — SE RÉCONCILIER, *vpr.* se raccommoder avec ou ensemble.

RECONDUIRE, *va.* accompagner quelqu'un qui s'en retourne ou une personne dont on a reçu la visite.

RECONDUITE, sf. action de reconduire.

RECONFESSER, va. confesser de nouveau. — SE RECONFESSER, vpr. se confesser de nouveau.

RÉCONFORT, sm. consolation ; secours, soutien dans l'affliction.

RÉCONFORTATION, sf. action de réconforter.

RÉCONFORTER, va. conforter, fortifier, consoler.

RECONFRONTATION, sf. action de reconfronter.

RECONFRONTER, va. confronter de nouveau.

RECONNAISSABLE, adj. 2 g. facile à reconnaître.

RECONNAISSANCE, sf. action de reconnaître ; action d'examiner des dispositions militaires ; acte par écrit pour reconnaître que l'on a reçu une chose, que l'on a contracté une obligation ; gratitude.

RECONNAISSANT, ANTE, adj. qui a de la gratitude.

RECONNAÎTRE, va. se remettre dans l'esprit, l'idée, l'image d'une chose, d'une personne que l'on revoit ; distinguer à quelque caractère ; considérer, observer ; avouer : *reconnaître ses torts* ; avoir de la gratitude pour : *reconnaître un bienfait*. — SE RECONNAÎTRE, vpr. trouver sa ressemblance ; reprendre ses sens ; se remettre dans l'esprit l'idée d'un lieu déjà vu, etc.

RECONQUÉRIR, va. conquérir de nouveau.

RECONSOLIDER, va. consolider de nouveau.

RECONSTITUTION, sf. action de reconstituer ; remplacement d'une rente par une autre.

RECONSTITUER, va. constituer de nouveau.

RECONSTRUCTION, sf. action de reconstruire.

RECONSTRUIRE, va. construire de nouveau.

RECONSULTER, va. consulter de nouveau.

RECONTER, va. conter de nouveau.

RECONVENTION, sf. action contre le demandeur et devant le même juge (jurisp.).

RECONVENTIONNEL, ELLE, adj. qui est de la nature d'une reconvention (jurisp.).

RECONVENTIONNELLEMENT, adv. par reconvention.

RECONVOQUER, va. convoquer de nouveau.

RECOPIER, va. copier de nouveau.

RECOQUILLEMENT, sm. (ll m.), action de se recoquiller.

RECOQUILLER, va. (ll m.), retrousser en forme de coquille. — SE RECOQUILLER, vpr. prendre cette forme.

RECORDER, va. répéter une chose pour l'apprendre par cœur ; faire signer par des témoins. — SE RECORDER, vpr. se consulter sur ce qu'on a à dire ou à faire ; se concerter.

RECORRIGER, va. corriger de nouveau.

RECORS, sm. (s. nulle), celui qui aide les huissiers dans leurs exécutions.

RECOUCHER, va. coucher de nouveau. — SE RECOUCHER, vpr. se remettre au lit.

RECOUDRE, va. coudre ce qui était décousu ou déchiré (c. *coudre*).

RECOULER, va. et n. couler de nouveau.

RECOUPE, sf. éclats des pierres que l'on taille ; farine que l'on tire du son remis au moulin.

RECOUPER, va. couper de nouveau.

RECOUPETTE, sf. troisième farine tirée des recoupes.

RECOURBER, va. courber en rond par l'extrémité.

RECOURIR, vn. courir de nouveau ; demander du secours à quelqu'un ; avoir recours à.

RECOURS, sm. (s nulle), action par laquelle on recherche l'assistance, le secours de ; refuge ; pourvoi, droit de reprise.

RECOUVRABLE, adj. 2 g. qui peut se recouvrer.

RECOUVRANCE, sf. recouvrement (vx mot).

RECOUVREMENT, sm. action de recouvrer ; perception de deniers ; partie d'une pierre qui couvre un joint (arch.).

RECOUVRER, va. retrouver ; rentrer en possession de ; recevoir le payement d'une somme due.

RECOUVRIR, va. couvrir de nouveau. Fig. cacher, masquer (c. *couvrir*).

RECRACHER, va. rejeter de la bouche une chose qui excite le dégoût ; cracher de nouveau.

RÉCRÉATIF, IVE, adj. qui récrée.

RÉCRÉATION, sf. exercice qui délasse du travail ; temps accordé aux élèves pour se récréer.

RECRÉER, va. créer de nouveau ; donner une nouvelle existence.

RÉCRÉER, va. réjouir, divertir. Fig. ranimer. — SE RÉCRÉER, vpr. se divertir.

RECRÉPIMENT, sm. action de recrépir.

RECRÉPIR, va. crépir de nouveau.

RECREUSER, va. creuser de nouveau.

RÉCRIER (SE), vpr. faire une exclamation d'étonnement, de surprise.

RÉCRIMINATION, sf. action de récriminer.

RÉCRIMINATOIRE, adj. 2 g. qui contient une récrimination.

RÉCRIMINER, vn. répondre à des accusations ou à des reproches par d'autres accusations ou d'autres reproches.

RÉCRIRE, va. écrire de nouveau, répondre par écrit.

RECROÎTRE, vn. prendre une nouvelle croissance.

RECROQUEVILLER (SE), vpr. (ll m.), se dit de certaines choses qui se retirent et se replient par l'effet de la chaleur.

RECROTTER, va. crotter de nouveau.

RÉCROUER, va. écrouer de nouveau.

RECRU, UE, adj. harassé, très-las.

RECRUDESCENCE, sf. renouvellement ou augmentation d'intensité.

RECRUE, sf. nouvelle levée de gens de guerre ; soldat de cette levée. Fig. personne que l'on n'attendait pas, nouvel arrivant.

RECRUTEMENT, sm. action de recruter.

RECRUTER, va. faire des recrues. Fig. attirer dans un parti, dans une société.

RECRUTEUR, *sm.* celui qui fait des recrues.

RECTA, *adv.* ponctuellement, exactement (mot latin).

RECTANGLE, *adj.* 2 g. (l. *rectus* droit, *angulus* angle), qui a un angle droit. — *sm.* quadrilatère à angles droits et à côtés parallèles égaux (*géom.*).

RECTANGULAIRE, *adj.* 2 g. se dit d'une figure qui a quatre angles droits, ou d'un triangle rectangle.

RECTEUR, *sm.* celui qui administre une université, une académie universitaire; cure d'une paroisse.

RECTEUR, TRICE, *adj.* qui dirige. *Esprit recteur*, arome.

RECTIFICATEUR, *sm.* appareil pour rectifier les liqueurs déjà distillées.

RECTIFICATIF, IVE, *adj.* qui rectifie.

RECTIFICATION, *sf.* action de rectifier. *Rectification d'une courbe*, opération par laquelle on trouve une droite égale en longueur à une ligne courbe (*géom.*).

RECTIFIER, *va.* rendre droit, juste, convenable ou exact ce qui ne l'était pas. Distiller de nouveau une liqueur.

RECTILIGNE, *adj.* 2 g. (l. *rectus* droit, *linea* ligne), se dit des figures terminées par des lignes droites (*géom.*).

RECTITUDE, *sf.* conformité à la règle droite, aux vrais principes, à la saine raison.

RECTO, *sm.* première page d'un feuillet. Au pl. *rectos*.

RECTORAL, ALE, *adj.* qui appartient au recteur.

RECTORAT, *sm.* (*t* final nul), charge ou dignité de recteur.

RECTRICE, *adj.* et *sf.* se dit des longues plumes de la queue d'un oiseau (*zool.*).

RECTUM, *sm.* (on pr. *rectome*), le dernier des trois gros intestins (*anat.*).

REÇU, *sm.* écrit par lequel on reconnaît avoir reçu de l'argent ou autre chose.

RECUEIL, *sm.* (l m.), assemblage, réunion de divers écrits, de pièces de musique, de dessins, etc.

RECUEILLEMENT, *sm.* (ll m.), action de se recueillir; état d'une personne recueillie.

RECUEILLIR, *va.* (ll m.), amasser, récolter les fruits de la terre; rassembler diverses choses; recevoir ce qui tombe : *recueillir les eaux pluviales*. Fig. donner l'hospitalité: *recueillir les pèlerins*; compiler : *recueillir des observations*; recevoir, tirer profit. — SE RECUEILLIR, *vpr.* concentrer ses pensées sur un objet.

RECUIRE, *va.* cuire de nouveau.

RECUISSON, *sf.* action de recuire, de réchauffer à un plus grand feu.

RECUIT, UITE, *adj. part.* extrêmement cuit; se dit aussi des humeurs ou des matières épaissies, échauffées dans le corps (*méd.*).

RECUIT, *sm.* ou RECUITE, *sf.* action de remettre au feu les métaux.

RECUITE, *sf.* parties caséeuses ôtées du petit-lait.

RECUL, *sm.* mouvement d'une chose qui recule.

RECULADE, *sf.* action de ce qui recule. Fig.

action de revenir en arrière lorsqu'on s'est trop avancé dans une affaire.

RECULÉ, ÉE, *adj.* eloigné, lointain.

RECULÉE, *sf.* Feu de *reculée*, qui oblige à se reculer.

RECULEMENT, *sm.* action de reculer.

RECULER, *va.* tirer ou pousser en arrière. Fig. eloigner du but; porter plus loin : *reculer les limites de l'intelligence*; différer, remettre à un temps plus eloigné : *reculer l'époque du payement*. — *vn.* se mouvoir en arrière : *reculer de deux pas*. — SE RECULER, *vpr.* se porter en arrière.

RECULONS (À), *loc. adv.* en reculant.

RÉCUPÉRABLE, *adj.* 2 g. qui peut être récupéré.

RÉCUPÉRER, *va.* recouvrer. — SE RÉCUPÉRER, *vpr.* rentrer en possession de ce que l'on avait perdu.

RÉCURAGE, *sm.* action de recurer; résultat de cette action.

RÉCURER, *va.* écurer.

RÉCURRENT, ENTE, *adj.* se dit d'un nerf qui jette des rameaux (*anat.*), et de series dont un terme se forme de l'addition de termes précédents (*math.*).

RÉCUSABLE, *adj.* 2 g. qui peut être récusé.

RÉCUSATION, *sf.* action de recuser.

RÉCUSER, *va.* refuser de soumettre sa cause à la connaissance et à la décision d'un juge; rejeter le témoignage, l'autorité de. — SE RÉCUSER, *vpr.* refuser de juger.

RÉDACTEUR, *sm.* celui qui redige.

RÉDACTION, *sf.* (on pr. *rédaxion*), action de rédiger, chose redigee; ensemble des rédacteurs.

RÉDACTRICE, *sf.* celle qui redige.

REDAN, *sm.* ressaut dans une construction; fortification à angles saillants et rentrants.

REDANSER, *vn.* danser de nouveau.

RÉDARGUER, *va.* (on pr. *rédargu-é*), reprendre, blâmer.

REDDITION, *sf.* (on pr. les deux *d*), action de rendre.

REDDITIONNAIRE, *adj.* et *s.* charge, obligé de rendre compte.

RÉDÉFAIRE, *va.* défaire de nouveau.

REDEMANDER, *va.* demander de nouveau; demander ce que l'on a prêté ou donné.

REDÉMOLIR, *va.* démolir de nouveau.

RÉDEMPTEUR, *sm.* celui qui rachète (terme consacre à désigner Jesus-Christ).

RÉDEMPTION, *sf.* (on pr. *rédanpcion*), action de racheter des captifs; rachat du genre humain par N. S. Jésus-Christ.

REDESCENDRE, *vn.* et *va.* descendre de nouveau.

REDEVABLE, *adj.* et *s.* 2 g. qui redoit, qui n'a pas tout payé. Fig. qui a une obligation à l'egard de quelqu'un.

REDEVANCE, *sf.* rente fonciere que l'on doit payer à des termes fixes.

REDEVANCIER, IÈRE, *s.* celui, celle qui paye redevance.

REDEVENIR, *vn.* devenir de nouveau.

REDEVOIR, va. devoir après compte fait ; devoir encore quelque chose.

RÉDHIBITION, sf. action attribuée à l'acheteur pour faire annuler la vente.

RÉDHIBITOIRE, adj. 2 g. qui peut opérer ou entraîner la rédhibition.

RÉDIGER, va. mettre par écrit un fait, des actes, des décisions, etc.

RÉDIMER (SE), vpr. se racheter.

REDINGOTE, sf. sorte de vêtement.

REDIRE, va. répéter ; dire une même chose plusieurs fois ; dire contre, censurer : que trouvez-vous à redire ? (c. dire).

REDISEUR, EUSE, s. celui, celle qui redit les mêmes choses ou qui va répéter indiscrètement ce que l'on a dit.

REDITE, sf. chose dite de nouveau, répétition inutile de ce qui a été dit.

RÉDIVIVE, adj. 2 g. qui renaît.

REDNITZ, rivière de Bavière, affluent du Mein.

REDON, s.-préf. du dép. d'Ille-et-Vilaine.

REDONDANCE, sf. superfluité de paroles dans un discours, dans un écrit.

REDONDANT, ANTE, adj. superflu dans un discours, dans un écrit.

REDONDER, vn. surabonder dans un discours, dans un écrit.

REDONNER, va. donner de nouveau. — vn. s'abandonner, se livrer de nouveau à : redonner dans de folles dépenses ; revenir à la charge : l'infanterie redonna avec un nouveau courage.

REDORER, va. dorer de nouveau.

REDORMIR, vn. dormir de nouveau.

REDOUBLÉ, EE, adj. Pas redoublé, plus pressé que le pas ordinaire ; rimes redoublées, se dit d'un certain nombre de rimes qui se suivent.

REDOUBLEMENT, sm. accroissement ; augmentation périodique des symptômes d'une maladie (méd.).

REDOUBLER, va. réitérer ; augmenter beaucoup ; remettre une doublure. — vn. augmenter d'intensité : la fièvre redouble.

REDOUTABLE, adj. 2 g. qui est fort à craindre.

REDOUTE, sf. pièce de fortification détachée ; petit fort ; endroit public où l'on joue, où l'on danse.

REDOUTÉ (P.-Joseph), célèbre peintre de fleurs, né près de Liège (1759-1840).

REDOUTER, va. craindre fort.

REDRESSEMENT, sm. action de redresser ; effet de cette action.

REDRESSER, va. rendre droit ; ériger de nouveau : redresser un monument. Fig. remettre dans la bonne voie ; mortifier. — SE REDRESSER, vpr. se tenir droit.

REDRESSEUR, EUSE, s. celui, celle qui redresse.

REDRESSOIR, sm. instrument pour redresser.

RÉDUCTIBLE, adj. 2 g. qui peut être réduit.

RÉDUCTIF, IVE, adj. qui réduit.

RÉDUCTION, sf. (on pr. réduxion), action de réduire, de diminuer ; résultat de cette action ; opération géométrique par laquelle on change une figure en une autre semblable, mais plus petite ; action de subjuguer ; opération par laquelle on détermine les rapports entre différents nombres, différentes mesures, etc. ; action de ramener un métal à l'état pur (chim.).

RÉDUIRE, va. restreindre, diminuer ; résoudre une chose en une autre ; contraindre, subjuguer, soumettre : réduire à la servitude ; conduire à : réduire à la misère ; faire des réductions (math. et chim.) ; arranger, disposer : réduire en méthode ; remettre à leur place les os luxés, etc. (chir.). — SE RÉDUIRE, vpr. diminuer de volume ; se restreindre à : se réduire à la plus stricte économie ; avoir pour résultat : projets qui se réduisent à rien.

RÉDUIT, sm. (t nul), retraite, petit logement.

RÉDUPLICATIF, IVE, adj. et sm. se dit des mots qui expriment la réitération d'une action.

RÉDUPLICATION, sf. répétition d'une syllabe ou d'une lettre.

RÉÉDIFICATION, sf. action de réédifier.

RÉÉDIFIER, va. reconstruire, rebâtir.

RÉÉDITER, va. éditer de nouveau.

RÉEL, ELLE, adj. qui existe véritablement, effectivement ; non imaginaire.

RÉÉLECTION, sf. (on pr. rééléxion), action d'élire ou d'être élu de nouveau.

RÉÉLIRE, va. élire de nouveau.

RÉELLEMENT, adv. en effet, véritablement.

RÉER, V. Raire.

RÉEXPORTATION, sf. action de réexporter.

RÉEXPORTER, va. porter de nouveau au dehors d'un État des marchandises qui y avaient été importées.

RÉFACTION, sf. (on pr. réfaxion), réduction sur le prix des marchandises.

REFAIRE, va. faire de nouveau ; réparer ; recommencer ; remettre en vigueur, en bon état : mettre des chevaux au vert pour les refaire ; redonner les cartes au jeu.

REFAIT, adj. m. se dit d'un animal qui a repris de la vigueur. — sm. action de recommencer une partie de jeu.

REFAUCHER, va. faucher de nouveau.

RÉFECTION, sf. (on pr. réféxion), réparation, rétablissement ; repas : prendre sa réfection.

RÉFECTOIRE, sm. lieu où l'on prend les repas en commun dans un collège, une maison d'éducation, etc.

REFEND, sm. (on pr. refan), se dit d'un mur qui partage l'intérieur d'un bâtiment, du bois qui a été refendu, d'une ligne tracée sur un bâtiment pour marquer les assises de pierre et les joints verticaux.

REFENDRE, va. fendre de nouveau, scier en long, diviser.

RÉFÉRÉ, sm. recours au juge en cas d'urgence.

RÉFÉRENDAIRE, sm. officier rapporteur des chancelleries ; titre de divers hauts fonctionnaires.

RÉFÉRER, *va.* rapporter une chose à une autre; attribuer. — *vn.* faire rapport : *il faut en référer au tribunal.* — SE REFÉRER, *vpr.* avoir rapport; s'en rapporter à.

REFERMER, *va.* fermer de nouveau.

REFERRER, *va.* remettre à un cheval le fer qui manque.

REFEUILLETER, *va.* (*ll. m.*), feuilleter de nouveau.

REFIGER (SE), *vpr.* se figer de nouveau.

RÉFLÉCHI, IE, *adj.* dit où fait avec réflexion; renvoyé par réflexion: *lumière réfléchie.* En gram. *verbe réfléchi,* verbe qui exprime une action retombant sur le sujet.

RÉFLÉCHIR, *va.* renvoyer : *les corps réfléchissent la lumière.* — *vn.* rejaillir : *chaleur qui réfléchit de la plaque au foyer.* *Fig.* penser mûrement : *réfléchir à une affaire.* — SE RÉFLÉCHIR, *vpr.* être réfléchi.

RÉFLÉCHISSANT, ANTE, *adj.* qui réfléchit la lumière ou la chaleur (*phys.*).

RÉFLÉCHISSEMENT, *sm.* réverbération, rejaillissement.

RÉFLECTEUR, *sm.* appareil qui réfléchit la lumière. — *adj. m.* qui réfléchit.

RÉFLECTIF, IVE, *adj.* résultant de la réflexion.

REFLET, *sm.* (*t* nul), réflexion de la lumière, de la couleur d'un corps sur un autre; se dit au fig. *sa reputation est un reflet de la gloire de son père.*

REFLÉTER, *va.* et *n.* renvoyer la lumière ou la couleur sur un corps voisin par une flexion en sens contraire. *Fig.* rejaillir sur : *sa gloire reflète sur toute sa famille.*

REFLEURIR, *vn.* fleurir de nouveau. *Fig.* reprendre de l'éclat.

RÉFLEXIBILITÉ, *sf.* propriété de se réfléchir ou d'être réfléchi (*phys.*).

RÉFLEXIBLE, *adj.* 2 g. propre à être réfléchi (*phys.*).

RÉFLEXION, *sf.* rejaillissement, réverbération : *la réflexion de la lumière.* *Fig.* action de l'esprit qui réfléchit; pensée qui en résulte.

REFLUER, *vn.* fluer en arrière, dans une direction contraire ou différente.

REFLUX, *sm.* (*x* nulle), mouvement de la mer qui se retire après le flux. *Fig.* se dit des vicissitudes humaines : *la fortune a son flux et reflux.*

REFONDRE, *va.* fondre de nouveau. *Fig.* refaire; changer la disposition, le caractère, les habitudes, etc.

REFONTE, *sf.* action de refondre. *Fig.* action de changer l'ordre ou la forme dans les œuvres de l'esprit.

REFORER, *va.* forer une seconde fois.

REFORGER, *va.* forger de nouveau.

RÉFORMABLE, *adj.* 2 g. qui peut ou doit être réformé.

RÉFORMATEUR, TRICE, *s.* celui, celle qui réforme.

RÉFORMATION, *sf.* rétablissement dans une forme meilleure; suppression : *réformation des désordres.* Changement que le protestantisme a fait dans les doctrines et la discipline de l'Eglise.

RÉFORME, *sf.* rétablissement dans l'ordre, dans l'ancienne forme; réformation religieuse; changement introduit par les protestants dans l'Eglise chrétienne; licenciement de troupes; congé donné à des officiers, à des fonctionnaires avec un traitement; retranchement d'abus, de dépenses; reduction dans le nombre des employés. Se dit aussi d'objets mis hors de service : *chevaux de réforme.*

RÉFORMÉ, ÉE, *adj.* qui a subi une réforme; mis à la réforme; qui n'est plus en état de servir : *chevaux réformés.* — *adj.* et *s.* protestant.

RÉFORMER, *va.* rétablir dans un ordre plus ancien ou meilleur; faire une réforme, une reformation; corriger. — SE RÉFORMER, *vpr.* prendre une conduite plus régulière.

REFORMER, *va.* former de nouveau.

RÉFORMISTE, *sm.* partisan d'une réforme des abus politiques.

REFORTIFIER, *va.* fortifier de nouveau.

REFOUILLEMENT, *sm.* (*ll m.*), action de refouiller.

REFOUILLER, *va.* (*ll m.*), fouiller de nouveau; creuser, évider des ornements dans le marbre, la pierre, etc.

REFOULEMENT, *sm.* action de refouler; effet de cette action.

REFOULER, *va.* fouler de nouveau; bourrer une pièce de canon; faire refluer, repousser : *refouler les eaux.* — *vn.* refluer; retourner en arrière : *la marée refoule; la multitude des barbares refoula vers le Nord.*

REFOULOIR, *sm.* sorte de bâton servant à bourrer les pièces de canon.

RÉFRACTAIRE, *adj.* 2 g. rebelle, désobéissant; qui fond difficilement, qui résiste à l'action du feu. — *sm.* celui qui se soustrait à la loi du recrutement.

RÉFRACTER, *va.* produire la réfraction. — SE RÉFRACTER, *vpr.* subir la réfraction.

RÉFRACTIF, IVE, *adj.* qui cause, qui produit la refraction.

RÉFRACTION, *sf.* (on pr. réfraxion), changement de direction d'un rayon de lumière qui passe d'un milieu dans un autre de densité différente (*phys.*).

REFRAIN, *sm.* mots qui se répètent à la fin de chaque couplet d'une chanson. *Fig.* ce qu'une personne ramène souvent dans ses discours.

RÉFRANGIBILITÉ, *sf.* propriété qu'ont les rayons lumineux d'être réfrangibles.

RÉFRANGIBLE, *adj.* 2 g. susceptible de réfraction.

REFRAPPER, *va.* frapper de nouveau.

REFRÉNER, *va.* réprimer.

RÉFRIGÉRANT, ANTE, *adj.* qui refroidit considérablement (*chim.*). — *sm.* vase plein d'eau froide pour condenser la vapeur.

RÉFRIGÉRATIF, IVE, *adj.* et *sm.* qui a la propriété de rafraîchir (*méd.*).

RÉFRIGÉRATION, *sf.* refroidissement (*chim.*).

RÉFRINGENT, ENTE, *adj.* qui a la propriété de briser les rayons de lumière et d'en changer la direction (*phys.*).

REFRISER, *va.* friser de nouveau.

REFROGNEMENT ou **RENFROGNEMENT**, *sm.* action de se refrogner.

REFROGNER (SE) ou **SE RENFROGNER**, *vpr.* contracter la peau de son visage en signe de chagrin, de mécontentement.

REFROIDIR, *va.* rendre froid. *Fig.* diminuer l'ardeur, la vivacité. — *vn.* et **SE REFROIDIR**, *vpr.* devenir froid.

REFROIDISSEMENT. *sm.* diminution de chaleur; indisposition causée par un froid subit. *Fig.* diminution d'amitié, d'affection, etc.

REFROTTER, *va.* frotter de nouveau.

REFUGE, *sm.* asile, retraite, lieu de sûreté. *Fig.* protection, secours; prétexte, raisons sous lesquelles on cherche à se mettre à couvert.

RÉFUGIÉ, **ÉE**, *s.* celui, celle qui s'est réfugié dans un lieu.

RÉFUGIER (SE), *vpr.* se retirer dans un refuge, dans un lieu de sûreté.

REFUITE, *sf.* endroit où une bête a coutume de passer quand on la chasse, rase qu'elle emploie. *Fig.* retardements à dessein de ne pas terminer une affaire.

REFUS, *sm.* (*s nulle*), action de refuser; objet qu'un autre a refusé.

REFUSABLE, *adj.* 2 g. que l'on doit refuser. *Non refusable*, qui ne peut se refuser.

REFUSER, *va.* rejeter une offre, une demande. *Fig.* ne pas donner, ne pas accorder : *refuser son estime*. — **SE REFUSER**, *vpr.* se priver de : *se refuser le nécessaire; ne pas vouloir : se refuser au travail; ne pas permettre : ma fortune se refuse à de telles dépenses; résister à : se refuser à l'évidence*.

REFUSEUR, *sm.* celui qui refuse.

RÉFUTABLE, *adj.* 2 g. qui peut être réfuté.

RÉFUTATION, *sf.* discours ou écrit par lequel on réfute; partie du discours par laquelle on répond aux objections (*rhet.*).

RÉFUTER, *va.* combattre, détruire par de bonnes raisons ce qu'un autre a avancé.

REGAGNER, *va.* gagner ce qu'on avait perdu; retourner dans un lieu.

REGAILLARDIR, *va.* (*ll m.*), ragaillardir.

REGAIN, *sm.* herbe qui repousse dans les prés déjà fauchés.

RÉGAL, *sm.* festin, bon repas. *Fig.* grand plaisir (pl. *régals*).

RÉGALADE, *sf.* manière de boire en versant dans la bouche sans que le vase touche les lèvres; feu vif et clair.

RÉGALANT, **ANTE**, *adj.* amusant, divertissant.

RÉGALE, *sm.* un des jeux de l'orgue. — *sf.* droit que le roi avait de percevoir les fruits des évêchés vacants. — *adj. f. Eau régale*, liqueur composée d'acide azotique et d'acide chlorhydrique et qui dissout certains métaux.

RÉGALEMENT, *sm.* aplanissement d'un terrain.

RÉGALER, *va.* donner un régal; aplanir un terrain. *Fig.* divertir; *ironiq.* maltraiter.

RÉGALIEN, *adj. m. Droit régalien*, droit attaché à la souveraineté.

REGARD, *sm.* (*d nul*), action de la vue. *Fig.* ouverture pour faciliter la visite d'une conduite, etc. au pl. attention : *concentrer ses regards sur un objet*. — **EN REGARD**, *loc. adv.* vis-à-vis.

REGARDANT, *sm.* celui qui regarde.

REGARDANT, **ANTE**, *adj.* qui regarde de trop près à la dépense; trop minutieux.

REGARDER, *va.* jeter la vue sur; voir, considérer. *Fig.* prendre garde; réfléchir; être vis-à-vis, à l'opposite : *façade qui regarde la rivière*; concerner : *cela vous regarde*.

REGARNIR, *va.* garnir de nouveau.

RÉGATE, *sf.* course de barques, de canots.

REGELER, *v. imp.* geler de nouveau.

RÉGENCE, *sf.* action de régir, de diriger; fonctions du régent. Dignité qui donne pouvoir de gouverner pendant la minorité ou l'absence d'un souverain; gouvernement de certains États : *la régence de Tunis*.

RÉGÉNÉRATEUR, **TRICE**, *adj.* et *s.* qui régénère.

RÉGÉNÉRATION, *sf.* reproduction. *Fig.* réformation, amélioration.

RÉGÉNÉRER, *va.* faire renaître. *Fig.* réformer, améliorer; renouveler.

RÉGENT, **ENTE**, *adj.* et *s.* qui a la régence d'un État. — *sm.* professeur de collège communal.

RÉGENTER, *vn.* et *a.* enseigner en qualité de régent de collège. *Fig.* aimer à dominer, à faire prévaloir son avis.

REGGIO, nom de deux villes d'Italie, l'une près de Modène, l'autre dans la Calabre sur le détroit de Messine. V. *Oudinot*.

RÉGICIDE, *sm.* assassinat ou assassin d'un roi. — *adj.* 2 g. qui provoque au régicide.

RÉGIE, *sf.* administration de biens à charge d'en rendre compte; administration chargée de la perception des impôts. Se dit aussi de certains services publics.

RÉGILLE, petit lac du Latium où le dictateur Posthumius défit les Latins en 496 av. J. C.

REGIMBEMENT, *sm.* action de regimber.

REGIMBER, *vn.* se dit des animaux qui ruent au lieu d'avancer quand on les frappe. *Fig.* résister à un supérieur.

RÉGIME, *sm.* ordre, règle dans la manière de vivre; réforme des repas pour raison de santé; manière de gouverner, d'administrer. En gram. complément d'un verbe, d'une préposition.

RÉGIMENT, *sm.* corps de troupes composé de plusieurs bataillons. *Fig.* grand nombre.

RÉGIMENTAIRE, *adj. f.* se dit de l'école où l'on donne l'instruction primaire aux soldats du régiment.

RÉGINGLETTE, *sf.* piège à oiseaux.

RÉGIOMONTANUS, célèbre astronome allemand (1426-1476).

RÉGION, *sf.* grande étendue de pays; espace dans le ciel; hauteur dans l'atmosphère. *Fig.* degré où l'on s'élève dans les sciences; partie du corps ou des organes : *la région du foie*.

RÉGIONAL, **ALE**, *adj.* de la région, du pays : *concours régional*.

RÉGIONNAIRE, *adj.* 2 g. d'une région.

RÉGIR, va. gouverner, administrer; avoir pour régime (gram.).

RÉGIS (Pierre-Sylvain Leroy dit), savant et philosophe français (1632-1707). — (J.-B.) célèbre missionnaire en Chine; m. 1738. V. François (St).

RÉGISSEUR, sm. celui qui régit, qui gère par commission.

REGISTRE, ou RÉGITRE, sm. livre où l'on écrit les actes, les affaires de chaque jour; bâton que l'on tire pour obtenir les différents jeux de l'orgue.

REGISTRER, va. enregistrer.

RÈGLE, sf. instrument qui sert à tracer des lignes droites. Fig. principe, loi, tout ce qui sert à diriger l'esprit et le cœur; précepte, modèle, règlement, statut, usage; opération d'arithmétique.

RÉGLÉ, ÉE, adj. sage, régulier; conforme à l'ordre, à la règle; déterminé, décidé; fait à époques fixes : des repas réglés; portant des lignes tirées à la règle : papier réglé.

RÈGLEMENT, sm. ordonnance, statut; ordre; action de déterminer, de régler des comptes.

RÉGLÉMENT, adv. avec règle; d'une manière réglée, précise.

RÉGLEMENTAIRE, adj. 2 g. qui appartient au règlement.

RÉGLEMENTER, vn. faire des règlements; soumettre à un règlement.

RÉGLER, va. tirer des lignes avec la règle. Fig. diriger, conduire suivant certaines règles; déterminer : régler l'ordre des séances; vérifier et arrêter : régler un compte, un mémoire; mettre à l'heure juste : régler sa montre; terminer : régler une affaire, un différend; mettre dans un bon ordre : régler ses affaires. — SE RÉGLER, vpr. devenir régulier; se régler sur quelqu'un, le prendre pour modèle; se régler sur quelque chose, agir en raison de cette chose.

RÉGLET, sm. (t nul), filet, petite moulure.

RÉGLETTE, sf. petite règle.

RÉGLEUR, EUSE, s. celui, celle qui règle du papier, des registres.

RÉGLISSE, sf. plante dont la racine est employée en médecine et fournit un suc appelé jus de réglisse.

RÉGLOIR, sm. instrument pour régler.

RÉGLURE, sf. manière dont le papier est réglé; travail du régleur.

RÉGNANT, ANTE, adj. qui règne. Fig. qui domine.

REGNARD, excellent poëte comique français. Le Joueur, le Distrait, le Légataire universel sont ses meilleures comédies (1655-1709).

REGNAUD DE St-JEAN D'ANGÉLY, magistrat sou. Napoléon Ier (1760-1819).

RÈGNE, sm. gouvernement d'un souverain, d'une souveraine; durée de ce gouvernement. Fig. autorité, influence; vogue : le règne de la mode. Se dit des trois grandes divisions des êtres : règne minéral, règne végétal, règne animal.

RÉGNER, vn. gouverner un État. Fig. avoir de l'autorité, de l'influence, de la vogue, de la durée; prédominer; exister; s'étendre : un corridor règne le long de l'appartement.

REGNICOLE, s. et adj. 2 g. habitant du royaume (on pr. reg-nicole).

RÉGNIER (Mathurin), poëte satirique français (1573-1613). — (Claude-Antoine), duc de Massa, ministre de la justice sous Napoléon Ier (1746-1814).

RÉGNIER-DESMARAIS ou DESMARETS, littérateur français (1632-1713).

REGONFLEMENT, sm. action ou état de ce qui regonfle.

REGONFLER, va. gonfler de nouveau. — vn. se dit des eaux qui refluent et s'élèvent quand un obstacle les arrête.

REGORGEMENT, sm. action de ce qui regorge.

REGORGER, vn. s'épancher hors de ses limites. Fig. avoir en grande abondance; être en abondance.

REGOULER, va. rabrouer, repousser rudement; rassasier (pop.).

REGOÛTER, va. goûter de nouveau.

REGRAT, sm. (t nul), petit négoce de grains, de charbon, etc.

REGRATTAGE, sm. action de regratter.

REGRATTER, va. gratter de nouveau; racler. — vn. faire de petites réductions sur un compte de dépenses.

REGRATTERIE, sf. commerce de regrattier.

REGRATTIER, IÈRE, s. celui, celle qui fait un commerce de regrat.

REGREFFER, va. greffer de nouveau.

RÉGRESSION, sf. figure qui reprend les mots dans l'ordre inverse et avec un sens différent (rhét.).

REGRET, sm. (t nul), déplaisir d'avoir perdu ce que l'on possédait ou de ne pas avoir ce que l'on désirait; chagrin causé par la mort d'une personne; repentir. Au pl. doléances, lamentations; cendres d'orfèvre. — À REGRET, loc. adv. avec répugnance.

REGRETTABLE, adj. 2 g. qui mérite d'être regretté.

REGRETTER, va. éprouver du regret; déplorer.

REGUINDER, va. guinder une seconde fois, remonter (La Fontaine).

RÉGULARISATION, sf. action de régulariser.

RÉGULARISER, va. rendre régulier ce qui n'était pas selon les règles.

RÉGULARITÉ, sf. qualité de ce qui est régulier. Conformité à un ordre, à une règle; juste proportion : régularité des traits du visage; égalité des angles et de tous les côtés d'une figure de géométrie.

RÉGULATEUR, sm. appareil qui s'applique à une machine pour en régulariser le mouvement.

RÉGULATEUR, TRICE, adj. qui règle.

RÉGULE, sm. partie métallique pure des corps que les anciens chimistes appelaient demi-métaux.

RÉGULIER, IÈRE, adj. qui a de la régularité, qui est conforme aux règles; exact, ponctuel : être régulier à tenir sa parole; qui est propre ou appartient aux ordres religieux, par opposition à *séculier*; qui a tous ses angles et ses côtés égaux entre eux : *polygone régulier* (géom.). — sm. religieux.

RÉGULIÈREMENT, adv. d'une façon régulière, uniformément, exactement.

RÉGULUS (Atilius), célèbre général et consul romain; m. 250 av. J. C. — (Serranus), consul romain de la même époque.

RÉGURGITATION, sf. action de régurgiter.

RÉGURGITER, va. et n. ruminer des aliments.

RÉHABILITATION, sf. action de réhabiliter.

RÉHABILITER, va. rétablir dans ses droits, dans ses prérogatives. *Fig.* rétablir dans l'estime des autres. — SE RÉHABILITER, vpr. mêmes sens.

RÉHABITUER, va. faire reprendre une habitude. — SE RÉHABITUER, vpr. reprendre une habitude.

REHAUSSEMENT, sm. action de rehausser; résultat de cette action.

REHAUSSER, va. hausser davantage : *Fig.* augmenter : *rehausser l'ardeur*; vanter beaucoup, faire valoir : *rehausser le mérite d'une action*; relever la beauté d'une chose : *rehausser d'or le fond d'une etoffe.* — vn. augmenter de valeur, de prix : *le blé a rehaussé.*

REICHA, compositeur de musique allemand (1770-1836).

REICHENAU, île du lac de Constance, célèbre abbaye où mourut Charles le Gros, — hameau de Suisse, canton des Grisons, où le roi Louis-Philippe, pendant sa jeunesse, remplit les fonctions de professeur.

REICHENBACH, ville de la Silésie prussienne. Victoire des Prussiens sur les Autrichiens, en 1762; traité de paix de 1790.

REICHSTADT, p. ville de Bohême. — (duc de), fils de Napoléon Ier (1811-1832).

REID (Thomas), célèbre philosophe écossais (1710-1796).

REIKIAVIG ou REIKIAVIK, capitale de l'Islande.

REILLE (comte), maréchal de France (1775-1860).

RÉIMPORTATION, sf. action de réimporter. Au *pl.* marchandises réimportées.

RÉIMPORTER, va. importer de nouveau.

RÉIMPOSER, va. faire une nouvelle imposition ; imposer de nouveau.

RÉIMPOSITION, sf. action de réimposer; nouvelle imposition.

RÉIMPRESSION, sf. action de réimprimer; résultat de cette action.

RÉIMPRIMER, va. imprimer de nouveau.

REIMS, s.-pref. du dép. de la Marne.

REIN, sm. viscère double où se forme l'urine. Au *pl.* lombes, bas de l'épine dorsale. *Fig. Avoir les reins forts*, avoir les moyens de faire face à une grande dépense, de mener à bien une entreprise difficile.

RÉINCORPORER, va. incorporer de nouveau.

REINE, sf. femme d'un roi; princesse qui de son chef possède un royaume. *Fig.* la première en son genre.

REINE-CLAUDE, sf. (on pr. *reine-glaude*) (pl. *reines-Claude*), sorte de prune très-estimée.

REINE-MARGUERITE, sf. (pl. *reines-marguerites*), plante, sa fleur.

REINETTE, sf. sorte de pomme.

RÉINSTALLATION, sf. action de réinstaller.

RÉINSTALLER, va. installer de nouveau.

REINTÉ, EE, adj. large des reins.

RÉINTÉGRATION, sf. action de réintégrer; résultat de cette action.

RÉINTÉGRER, va. rétablir dans l'entière possession d'une propriété, d'un droit, d'un emploi.

RÉINVITER, va. inviter de nouveau.

REIS, sm. titre de plusieurs officiers ou dignitaires turcs; petite monnaie de compte en Portugal.

REIS-EFFENDI, sm. ministre des affaires étrangères ou chancelier en Turquie.

RÉITÉRATIF, IVE, adj. réitéré, qui réitère.

RÉITÉRATION, sf. action de réitérer.

RÉITÉRATIVEMENT, adv. pour réitérer, en réitérant.

RÉITÉRER, va. et n. faire de nouveau ce que l'on avait déjà fait.

REÎTRE, sm. ancien cavalier allemand. *Fig. vieux reître*, homme qui a de l'expérience et de l'astuce.

REJAILLIR, vn. (Il m.), jaillir; se dit aussi d'un corps solide qui frappant sur un corps est renvoyé sur un autre. *Fig.* retomber sur.

REJAILLISSEMENT, sm. (Il m.), action ou mouvement de ce qui rejaillit.

REJET, sm. (t nul), action de rebuter une chose; renvoi; nouvelle pousse d'un arbre, d'une plante.

REJETABLE, adj. 2 g. qui doit être rejeté.

REJETER, va. jeter une seconde fois; jeter dehors ou à l'écart; reporter ailleurs; repousser (en parlant des arbres qui ont été coupés). *Fig.* ne pas admettre, dédaigner : *rejeter un conseil*; reporter sur : *rejeter sa faute sur une personne innocente.*

REJETON, sm. nouveau jet d'une plante, d'un arbre. *Fig.* enfant, descendant.

REJOINDRE, va. réunir des parties qui avaient été séparées; ratteindre, aller retrouver (c. *joindre*).

REJOINTOIEMENT, sm. action de rejointoyer.

REJOINTOYER, va. remplir de mortier les joints des pierres (c. *employer*).

REJOUER, vn. et a. jouer de nouveau.

RÉJOUI, IE, adj. gai. — s. personne de physionomie gaie et de bonne humeur.

RÉJOUIR, va. donner de la joie, du divertissement; réconforter. — SE RÉJOUIR, vpr. se divertir, se féliciter, être content de.

RÉJOUISSANCE, sf. démonstration de joie. *Fig.* basse viande que l'acheteur est obligé de prendre à la boucherie avec la bonne.

RÉJOUISSANT, ANTE, adj. qui réjouit.

RELÂCHANT, ANTE, adj. qui relâche (méd.).

RELÂCHE, sm. interruption, discontinuation

d'un travail ; repos; suspension de représen-
tations à un théâtre. — sf. lieu où les navires peuvent relâcher (mar.).

RELÂCHÉ, ÉE, adj. qui n'est plus si tendu,
si ferme, etc. et au fig. si sévère.

RELÂCHEMENT, sm. état d'une chose
moins tendue qu'elle ne l'était. Fig. état de
celui où de ce qui se relâche; délassement.

RELÂCHER, va. faire qu'une chose soit
moins tendue ; laisser aller en liberté. Fig.
céder, abandonner ses droits; distendre,
amollir les parties du corps. — vn. diminuer
de son ardeur, de son exactitude; relâcher
de l'ancienne discipline; s'arrêter en un
endroit (mar.). — SE RELÂCHER, vpr. se
distendre. Fig. perdre de son ardeur, de son
exactitude.

RELAIS, sm. (s nulle), chevaux frais, placés
de distance en distance pour les voyageurs;
lieu où ils sont placés; terrain laissé à découvert par une eau courante qui se retire
d'une de ses rives.

RELANCER, va. lancer de nouveau. Fig. aller chercher quelqu'un pour le contraindre
à faire une chose, lui répondre durement.

RELAPS, APSE, adj. qui est retombé dans
l'hérésie.

RÉLARGIR, va. rendre plus large.

RÉLARGISSEMENT, sm. action de rélargir; résultat de cette action.

RELATER, va. rapporter, mentionner.

RELATEUR, sm. celui qui raconte, auteur
d'une relation.

RELATIF, IVE, adj. qui a une relation; qui
a rapport à.

RELATION, sf. rapport d'une chose à une
autre; rapport des personnes entre elles,
commerce, liaison ; narration, récit.

RELATIVEMENT, adv. par rapport à.

RELATIVITÉ, sf. qualité de ce qui est relatif.

RELAVER, va. laver de nouveau.

RELAXATION, sf. relâchement; action de
remettre en liberté.

RELAXÉ, ÉE, adj. part. mis en liberté ; distendu (méd.).

RELAXER, va. mettre en liberté.

RELAYER, va. se dit des travailleurs que l'on
remplace dans un ouvrage. — vn. prendre
des relais de poste (c. payer).

RELÉGATION, sf. exil, bannissement dans
un lieu déterminé.

RELÉGUER, va. envoyer en exil dans un lieu
déterminé. Fig. écarter, éloigner.

RELENT, sm. (on pr. relan), mauvais goût
contracté par des aliments renfermés dans
un lieu humide.

RELEVAILLES, sf. pl. (ll m.), cérémonie qui
se fait à l'église la première fois qu'une femme y va après ses couches.

RELEVÉ, ÉE, adj. élevé, noble : piquant :
sauce d'un goût relevé. — sm. extrait d'un
compte, d'un article; liste, état : le relevé
des naissances; mets qui en remplacent d'autres : relevé de potage.

RELEVÉE, sf. temps de l'après-midi.

RELÈVEMENT, sm. action par laquelle on
relève; liste, état : relèvement des frais.

RELEVER, va. remettre debout ce qui était
tombé; remettre dans sa situation ou son
attitude naturelle; rétablir; hausser, exhausser; retrousser : relever sa robe; donner un
goût plus piquant : le vinaigre relève une
sauce. Fig. donner plus d'éclat : cette alliance releva sa famille; la modestie relève
le mérite; exalter, faire valoir : relever une
bonne action · faire remarquer : relever les
beautés d'un ouvrage; exciter, faire renaître : relever le courage; remplacer : relever la sentinelle; libérer d'un engagement :
se faire relever de ses vœux; faire un levé
de plan; déterminer la position : relever un
cap, une côte (mar.). Relever la tête, reprendre de l'audace. — vn. être sous la dépendance de : prince qui ne relève que de
Dieu. Relever d'une maladie, entrer en convalescence. — SE RELEVER, vpr. se remettre sur ses pieds, dans sa situation ; se lever
de nouveau. Fig. sortir d'un état d'abaissement. Se relever d'une perte, se remettre
de cette perte.

RELEVEUR, adj. et sm. se dit de certains
muscles (anat.).

RELIAGE, sm. action de relier des cuves, des
tonneaux, etc.

RELIEF, sm. ouvrage de sculpture plus ou
moins relevé en bosse; saillie apparente des
objets. Fig. éclat, distinction, considération.
Au pl. restes de mets.

RELIER, va. lier de nouveau; unir, rattacher; coudre ensemble les feuilles d'un livre
et y mettre une couverture solide; mettre
des cercles à une cuve, à un tonneau, etc.

RELIEUR, sm. ouvrier qui relie les livres.

RELIGIEUSEMENT, adv. avec religion. Fig.
exactement, ponctuellement.

RELIGIEUX, EUSE, adj. qui appartient à la
religion ; qui y est conforme; pieux. Fig.
exact, ponctuel. — s. personne engagée par
des vœux monastiques.

RELIGION, sf. culte rendu à la Divinité; foi,
croyance, piété, dévotion ; doctrine religieuse. Fig. scrupule, obligation indispensable.

RELIGIONNAIRE, s. 2 g. celui, celle qui
professe la religion réformée.

RELIGIOSITÉ, sf. notion de la nécessité
d'une religion ; sentiment religieux.

RELIMER, va. limer de nouveau. Fig. polir
encore, retoucher.

RELIQUAIRE, sm. sorte de boîte où l'on
garde des reliques.

RELIQUAT, sm. (t nul), ce qui reste dû après
l'arrêté d'un compte; ce qui reste d'une
maladie.

RELIQUATAIRE, s. 2 g. celui, celle qui doit
un reliquat de compte.

RELIQUE, sf. corps ou partie du corps d'un
saint; ce qui lui a appartenu. Fig. restes
précieux.

RELIRE, va. lire de nouveau.

RELIURE, sf. ouvrage de relieur ; manière
dont un livre est relié.

RELOUER, va. louer de nouveau; sous-
louer.

RELUCTER, vn. résister, s'opposer fortement.

RELUIRE, *vn.* briller, luire en réfléchissant la lumière. *Fig.* paraître avec éclat.

RELUISANT, ANTE, *adj.* qui reluit.

RELUQUER, *va.* lorgner curieusement du coin de l'œil (*fam.*).

RELUSTRER, *va.* lustrer de nouveau.

REMÂCHER, *va.* mâcher une seconde fois. *Fig.* repasser plusieurs fois dans son esprit.

REMANGER, *va.* et *n.* manger de nouveau.

REMANIEMENT, *sm.* (on pr. *remanîmau*), action de remanier; résultat de cette action.

REMANIER, *va.* manier de nouveau. *Fig.* retoucher, refaire.

REMARIER, *va.* marier de nouveau. — SE REMARIER, *vpr.* se marier de nouveau.

REMARQUABLE, *adj.* 2 g. qui se fait remarquer; digne d'être remarqué.

REMARQUABLEMENT, *adv.* d'une manière remarquable.

REMARQUE, *sf.* action de remarquer; observation, note.

REMARQUER, *va.* marquer de nouveau; observer; donner son attention à; distinguer.

REMASTICAGE, *sm.* action de remastiquer; résultat de cette action.

REMASTIQUER, *va.* mastiquer de nouveau.

REMBALLAGE, *sm.* action de remballer.

REMBALLER, *va.* remettre ses marchandises en balle, en ballot.

REMBARQUEMENT, *sm.* action de rembarquer, de se rembarquer.

REMBARQUER, *va.* embarquer de nouveau. — SE REMBARQUER, *vpr.* se remettre sur mer. *Fig.* se hasarder de nouveau.

REMBARRER, *va.* repousser. *Fig.* contredire vigoureusement.

REMBLAI, *sm.* terre rapportée pour élever un terrain ou combler un creux; action de remblayer.

REMBLAVER, *va.* ressemer une terre en blé.

REMBLAVURE, *sf.* terre deux fois ensemencée de blé.

REMBLAYER, *va.* faire un ou des remblais (c. *payer*).

REMBOÎTEMENT, *sm.* action de remboîter; résultat de cette action.

REMBOÎTER, *va.* remettre en sa place un os, un tenon, etc.

REMBOURRAGE, *sm.* apprêt donné aux laines teintes; rembourrement.

REMBOURREMENT, *sm.* action de rembourrer; résultat de cette action.

REMBOURRER, *va.* garnir de bourre, de laine, de crin, etc.

REMBOURSABLE, *adj.* 2 g. qui doit ou qui peut être remboursé.

REMBOURSEMENT, *sm.* action de rembourser; payement d'une dette.

REMBOURSER, *va.* rendre l'argent qui a été déboursé. *Rembourser une rente*, en acquitter le principal. — SE REMBOURSER, *vpr.* rentrer dans ses fonds.

REMBRANDT, célèbre peintre hollandais (1606-1674).

REMBRUNI, IE, *adj.* part. sombre, attristé; air *rembruni*.

REMBRUNIR, *va.* rendre brun ou plus brun. *Fig.* rendre sombre et triste. — SE REMBRUNIR, *vpr.* devenir sombre, triste.

REMBRUNISSEMENT, *sm.* état de ce qui est rembruni.

REMÈDE, *sm.* ce qui sert à guérir quelque mal; lavement. *Fig.* ce qui guérit les maladies de l'âme; ce qui prévient un malheur ou le répare.

REMÉDIABLE, *adj.* 2 g. à quoi l'on peut remédier.

REMÉDIER, *vn.* apporter un remède à. *Fig.* atténuer, réparer, parer à: *remédier à un inconvénient*.

REMÊLER, *va.* mêler de nouveau.

REMEMBRANCE, *sf.* souvenir (vx. mot).

REMÉMORATIF, IVE, *adj.* qui sert à rappeler le souvenir.

REMÉMORER, *va.* remettre en mémoire. — SE REMÉMORER, *vpr.* se souvenir.

REMENER, *va.* mener, conduire une personne, un animal où il était auparavant.

REMERCIER, *va.* rendre grâces; refuser honnêtement: *je vous remercie de vos offres*; congédier, révoquer: *il a remercié son secrétaire*.

REMERCÎMENT ou REMERCIEMENT, *sm.* action de grâces, discours par lequel on remercie.

RÉMÉRÉ, *sm.* rachat, recouvrement d'un immeuble vendu (*jurisp.*).

REMESURER, *va.* mesurer de nouveau.

REMETTEUR, *sm.* celui qui remet.

REMETTRE, *va.* mettre une chose où elle était d'abord; mettre de nouveau. *Fig.* rétablir dans un premier état: *remettre quelqu'un dans ses droits*; redonner des forces ou la santé: *le séjour de la campagne vous remettra*; redonner l'assurance; rendre à quelqu'un une chose qui lui appartient, qui lui est destinée: *remettre un paquet*; différer: *remettre une affaire à huitaine*; pardonner, faire grâce: *remettre les péchés*; confier: *remettre le soin d'une affaire*; réconcilier: *remettre le soin d'une affaire; réconcilier. Remettre sous les yeux*, exposer de nouveau, représenter à quelqu'un. — SE REMETTRE, *vpr.* recouvrer la santé, se rassurer, rétablir ses affaires, se réconcilier, etc. (c. *mettre*).

REMEUBLER, *va.* regarnir de meubles.

RÉMI ou REMY (St), archevêque de Reims (438-533). — archevêque de Rouen; m. 771. — archevêque de Lyon; m. 875.

RÉMIGE, *sf.* grande plume de l'aile d'un oiseau.

RÉMINISCENCE, *sf.* action de se ressouvenir; renouvellement d'une idée presque effacée.

REMIREMONT, s.-préf. du dép. des Vosges.

REMISE, *sf.* action de remettre, de rendre, de livrer; délai, renvoi; rabais, droit de commission; envoi de fonds; effet de commerce cédé par un commerçant à un autre; lieu où l'on met les voitures à couvert. — *sm.* voiture de louage qui stationne dans une remise.

REMISER, *va.* et *n.* placer dans la remise.

RÉMISSIBLE, *adj.* 2 g. digne de pardon.

RÉMISSION, sf. action de remettre ou pardonner une faute, d'adoucir une peine. *Fig.* indulgence; adoucissement; relâchement d'une fièvre, d'un mal.

RÉMITTENT, ENTE, adj. se dit des maladies qui éprouvent des remissions.

REMMAILLAGE, sm. (ll m.), action de remmailler.

REMMAILLER, va. (ll m.), refaire, reprendre les mailles d'un tissu.

REMMAILLOTTER, va. (ll m.), emmaillotter de nouveau.

REMMANCHER, va. emmancher de nouveau.

REMMENER, va. (on pr. *rammené*), emmener ce ou celui qu'on avait amené.

RÉMOIS, OISE, adj. et s. de Reims. — sm. pays de Reims.

RÉMOLADE ou RÉMOULADE, sf. sorte de sauce piquante.

REMONTAGE, sm. action de remonter des bottes, les pièces d'une arme à feu, d'une machine, etc.

REMONTE, sf. se dit des chevaux qui servent à remonter la cavalerie.

REMONTER, vn. retourner où l'on était avant de descendre; revenir à un point plus élevé *le baromètre remonte*; aller vers le point de départ; *remonter vers la source*. *Fig.* reprendre les choses de plus haut: *remonter au déluge*; considérer une chose dans son principe; avoir son origine: *famille qui remonte aux croisades*. Remonter sur le trône, ressaisir le pouvoir souverain. — va. monter une seconde fois: *remonter l'escalier*. Remonter une rivière: aller vers sa source. *Fig.* raccommoder, remettre en état: *remonter des bottes; remonter une machine*; équiper de nouveau, regarnir: *remonter une fabrique*. Remonter la cavalerie, la fournir de nouveaux chevaux; *remonter le courage*, le ranimer. — SE REMONTER, vpr. s'équiper, se fournir de nouveau des choses nécessaires.

REMONTRANCE, sf. paroles de blâme, d'avertissement; réprimande.

REMONTRANTS, sm. pl. disciples d'Arminius.

REMONTRER, va. montrer de nouveau; faire des remontrances.

RÉMORA, sm. sorte de petit poisson auquel les anciens attribuaient le pouvoir d'arrêter les navires. *Fig.* retardement, obstacle.

REMORDRE, va. et n. mordre de nouveau. *Fig.* attaquer de nouveau; reprocher une faute, un crime.

REMORDS, sm. (on pr. *remor*), reproche violent que fait la conscience.

REMORQUAGE, sm. remorque.

REMORQUE, sf. action de remorquer.

REMORQUER, va. se dit d'un navire ou d'un wagon qui en traîne un autre à sa suite.

REMORQUEUR, sm. navire qui remorque; marin qui le gouverne.

REMOTIS (À), loc. adv. (on pr. l's), à l'écart (fam.).

REMOUCHER, va. moucher de nouveau. *Fig.* répondre durement.

REMOUDRE, va. moudre de nouveau.

RÉMOUDRE, va. émoudre de nouveau.

REMOUILLER, va. (ll m.), mouiller de nouveau.

RÉMOULADE, V. *Rémolade*.

REMOULAGE, sm. son de la seconde mouture; son de gruau.

RÉMOULEUR, sm. celui qui émoud ou repasse les couteaux, les canifs, etc.

REMOUS, sm. (s nulle), tournoiement de l'eau causé par le mouvement d'un navire ou par un obstacle.

REMPAILLAGE, sm. (ll m.), ouvrage du rempailleur.

REMPAILLER, va. (ll m.), empailler de nouveau.

REMPAILLEUR, EUSE, s. (ll m.), celui, celle qui rempaille.

REMPAQUETER, va. empaqueter de nouveau.

REMPARER (SE), vpr. se faire une défense contre quelque attaque.

REMPART, sm. (t nul), levée de terre ou construction qui environne et défend une place. *Fig.* ce qui sert de défense.

REMPLAÇANT, sm. celui qui en remplace un autre au service militaire ou dans des fonctions.

REMPLACEMENT, sm. action de remplacer; résultat de cette action.

REMPLACER, va. succéder à quelqu'un dans un emploi, dans des fonctions; tenir lieu d'une personne, d'une chose; mettre à la place de.

REMPLAGE, sm. action de remplir une pièce de vin qui n'est pas tout à fait pleine; blocage de moellons ou de briques.

REMPLI, sm. pli fait à une étoffe pour la raccourcir.

REMPLIER, va. faire un rempli.

REMPLIR, va. emplir de nouveau; rendre plein, combler; *remplir une fondrière*. *Fig.* abonder, être en grande quantité: la fumée *remplit la chambre*; occuper: *remplir de hauts emplois*; inspirer un sentiment: *remplir de crainte, de joie*; exécuter, accomplir, réaliser: *remplir ses devoirs, ses obligations*. — SE REMPLIR, vpr. devenir plein.

REMPLISSAGE, sm. action de remplir; travail de remplisseuse. *Fig.* choses inutiles dans un ouvrage d'esprit.

REMPLISSEUSE, sf. ouvrière qui raccommode des points, des dentelles, etc.

REMPLOI, sm. remplacement, nouvel emploi (jurisp.).

REMPLOYER, va. employer de nouveau.

REMPLUMER, va. regarnir de plumes. — SE REMPLUMER, vpr. se regarnir de plumes. *Fig.* rétablir ses affaires; reprendre de l'embonpoint.

REMPOCHER, va. remettre dans sa poche.

REMPOISSONNEMENT, sm. action de rempoissonner.

REMPOISSONNER, va. empoissonner de nouveau.

REMPORTER, va. emporter d'un lieu ce qu'on y avait apporté; gagner, obtenir: *remporter le prix d'honneur*.

REMPOTAGE, sm. action de rempoter.

REMPOTER, va. remettre une plante dans un pot; la changer de pot.

REMPRISONNEMENT, sm. action de remprisonner.

REMPRISONNER, va. emprisonner de nouveau.

REMPRUNTER, va. emprunter de nouveau.

REMUABLE, adj. 2 g. que l'on peut remuer ou émouvoir.

REMUAGE, sm. action de remuer une chose.

REMUANT, ANTE, adj. qui est sans cesse en mouvement. Fig. actif, inquiet, brouillon, ennemi du repos : esprit remuant.

REMUE-MÉNAGE, sm. dérangement de meubles, de choses transportées d'un lieu à un autre. Fig. trouble, désordre dans une famille, dans un État.

REMUEMENT, ou RÉMÛMENT, sm. action de ce qui remue. Fig. trouble, mouvement.

REMUER, va. mouvoir un objet, le changer de place. Fig. émouvoir, exciter les sentiments : ses paroles remuèrent l'auditoire. Remuer ciel et terre, employer toutes sortes de moyens. — vn. faire un mouvement, changer de place. Fig. tenter : si vous remuez, vous êtes perdu. — SE REMUER, vpr. se mouvoir. Fig. faire des démarches, des efforts pour réussir.

REMUEUR, sm. ouvrier qui remue le blé ou autre chose.

REMUGLE, sm. mauvaise odeur exhalée par une chose longtemps enfermée.

RÉMUNÉRATEUR, TRICE, adj. et s. qui récompense : Dieu rémunérateur.

RÉMUNÉRATIF, IVE, adj. qui récompense.

RÉMUNÉRATION, sf. action de rémunérer; récompense.

RÉMUNÉRATOIRE, adj. 2 g. qui tient lieu de récompense.

RÉMUNÉRER, va. récompenser.

RÉMUS, frère de Romulus.

RÉMUSAT (Jean-Pierre-Abel), orientaliste et sinologue français (1788-1832).

REMUSELER, va. museler de nouveau.

REMY, V. Rémi.

RENÂCLER, vn. renifler fortement par l'effet de la colère. Fig. montrer de la répugnance (pop.).

RENAISSANCE, sf. action de renaître, seconde naissance, renouvellement.

RENAISSANT, ANTE, adj. qui renaît.

RENAÎTRE, vn. naître de nouveau. Fig. repousser : l'herbe renaît dans la prairie; reparaître : le jour renaît. Renaître au bonheur, redevenir heureux.

RÉNAL, ALE, adj. des reins (pl. m. rénaux).

RENARD, sm. (d nul), animal du genre chien et qui est fort rusé. Fig. homme fin et rusé.

RENARDE, sf. femelle du renard.

RENARDEAU, sm. petit renard.

RENARDER, vn. agir avec ruse comme le renard (pop.).

RENARDIÈRE, sf. tanière de renard.

RENAU D'ÉLICAGARAY, célèbre ingénieur français (1652-1719).

RENAUD, nom d'homme.

RENAUDIE (LA), V. La Renaudie.

RENAUDOT, médecin, fondateur du journalisme en France (1586-1653).

RENCAISSAGE, sm. action de rencaisser.

RENCAISSER, va. remettre en caisse.

RENCHAÎNER, va. enchaîner de nouveau.

RENCHÉRI, IE, adj. Faire le renchéri, faire le difficile (fam.).

RENCHÉRIR, va. et n. enchérir.

RENCHÉRISSEMENT, sm. enchérissement.

RENCLOÎTRER, va. remettre dans un cloître.

RENCOGNER, va. pousser, serrer dans un coin (fam.).

RENCONTRE, sf. hasard par lequel on trouve une personne ou une chose; choc de deux corps; concours de choses en présence l'une de l'autre : rencontre des voyelles; combat, duel non prémédité; occasion, conjoncture : je vous servirai en toute rencontre. Aller à la rencontre, aller au devant; marchandise de rencontre, achetée d'occasion et à bon marché.

RENCONTRER, va. trouver une personne, une chose, cherchée ou non. Fig. deviner juste dans ses conjectures; être bien ou mal servi par le hasard. — SE RENCONTRER, vpr. se trouver face à face. Fig. avoir la même pensée qu'un autre; exister, paraître, être trouvé : cela ne se rencontre pas tous les jours; se battre en combat singulier.

RENCORSER, va. mettre un corsage neuf à une robe.

RENDANT, sm. Rendant compte, celui qui rend un compte.

RENDEMENT, sm. ce que rend une matière première travaillée.

RENDETTER (SE), vpr. s'endetter de nouveau.

RENDEUR, EUSE, s. celui, celle qui rend.

RENDEZ-VOUS, sm. convention de se trouver en un lieu à une certaine heure; lieu fixe; lieu où l'on se réunit d'habitude.

RENDORMIR, va. faire dormir de nouveau. — SE RENDORMIR, vpr. s'endormir de nouveau.

RENDOUBLER, va. remplier au vêtement pour le raccourcir.

RENDRE, va. restituer, redonner; porter à sa destination. Fig. faire recouvrer : rendre la santé; faire devenir : cette injure le rendit furieux; livrer : rendre la place; produire : terre qui rend beaucoup; reproduire : cet écho rend distinctement les paroles; exprimer, prononcer : rendre sa pensée; traduire : rendre le sens vrai d'un auteur; exhaler : rendre une bonne odeur; accorder : rendre justice au mérite; rejeter par les voies naturelles : rendre de la bile. — Rendre l'âme ou l'esprit, mourir; rendre compte d'une chose, en donner le détail, l'explication; rendre gorge, restituer par force; rendre grâces, remercier; rendre la pareille, payer de retour; rendre raison, dire le pourquoi d'une chose; se battre en duel. — vn. conduire : ce chemin rend à la ferme. — SE RENDRE, vpr. se transporter, aller : se rendre en Amérique; devenir : se rendre illustre; se soumettre; céder : l'ennemi se rendit; aboutir : *le sang se rend au cœur.*

RENDU, *sm.* V. *Prêté.*

RENDU, UE, *adj. part.* arrivé à : *nous voici rendus à la ville. Fig.* las, fatigué : *je suis rendu. — Compte rendu,* récit, exposé d'une affaire.

RENDUIRE, *va.* enduire de nouveau.

RENDURCIR, *va.* durcir davantage. — SE RENDURCIR, *vpr.* devenir plus dur.

RÊNE, *sf.* courroie de la bride d'un cheval. *Fig. Rênes de l'État,* administration, gouvernement.

RENÉ (St), évêque d'Angers ; 5e s.

RENÉ D'ANJOU, dit *le Bon roi René,* duc d'Anjou, comte de Provence et roi titulaire de Naples (1408-1480).

RENÉE de France, fille de Louis XII, protectrice des sciences et des lettres (1510-1575).

RENÉGAT (*t* nul), ATE, *s.* celui, celle qui a renié sa religion, qui a trahi son parti.

RENETTE, *sf.* outil de maréchal.

RENETTER, *va.* couper le sabot du cheval avec la renette.

RENETTOYER, *va.* nettoyer de nouveau.

RENFAÎTAGE, *sm.* action de renfaîter ; résultat de cette action.

RENFAÎTER, *va.* raccommoder le faîte d'un toit.

RENFERMÉ, *sm.* odeur qu'exhalent les choses qui ont été longtemps renfermées dans un lieu où l'air n'a pas été renouvelé.

RENFERMER, *va.* enfermer de nouveau ou simplement enfermer. *Fig.* contenir ; restreindre. — SE RENFERMER, *vpr.* s'enfermer. *Fig.* se restreindre à : *se renfermer dans son sujet. — Se renfermer en soi-même,* se recueillir pour mieux penser à une chose.

RENFILER, *va.* enfiler de nouveau.

RENFLAMMER, *va.* enflammer de nouveau.

RENFLEMENT, *sm.* état de ce qui est renflé.

RENFLER, *vn.* et *a.* augmenter de grosseur ; faire augmenter la grosseur.

RENFONCEMENT, *sm.* effet de perspective qui fait paraître une chose enfoncée ; creux ; action de renfoncer.

RENFONCER, *va.* enfoncer de nouveau ; enfoncer plus avant.

RENFORCÉ, ÉE, *adj. part.* plus fort : *taffetas renforcé. Fig.* qui est à un très-haut degré : *ignorant renforcé.*

RENFORCEMENT, *sm.* action de renforcer ; résultat de cette action.

RENFORCER, *va.* rendre plus fort, fortifier ; augmenter. — SE RENFORCER, *vpr.* devenir plus fort, plus habile.

RENFORT, *sm.* (*t* nul), augmentation de force.

RENFROGNEMENT, RENFROGNER (SE). V. *Refrognement, Refrogner.*

RENGAGEMENT, *sm.* action de se rengager.

RENGAGER, *va.* engager de nouveau. — SE RENGAGER, *vpr.* s'engager de nouveau.

RENGAÎNE, *sf.* action de repousser ; mauvaise défaite, raisons absurdes (*pop.*).

RENGAINER, *va.* remettre dans la gaine. *Fig. Rengainer son compliment,* ne pas l'achever, le supprimer.

RENGORGEMENT, *sm.* action de se rengorger.

RENGORGER (SE), *vpr.* se donner un air de fierté. *Fig.* faire l'important.

RENGRAISSER, *va.* faire redevenir gras. — *vn.* redevenir gras.

RENGRÉGEMENT, *sm.* augmentation, accroissement (vx. mot).

RENGRÉGER, *va.* augmenter, accroître (vx. mot).

RENHARDIR, *va.* (*h* aspirée), redonner de la hardiesse, du courage.

RENIABLE, *adj.* 2 g. que l'on peut ou que l'on doit renier.

RENIEMENT ou RENÎMENT, *sm.* action de renier.

RENIER, *va.* désavouer, ne pas vouloir reconnaître ; renoncer à une chose. — *vn.* apostasier.

RENIEUR, EUSE, *s.* celui, celle qui renie.

RENIFLEMENT, *sm.* action de renifler.

RENIFLER, *vn.* retirer par aspiration l'humeur et l'air qui sont dans les narines. *Fig.* marquer de la répugnance pour.

RENIFLERIE, *sf.* action de renifler (*pop.*).

RENIFLEUR, EUSE, *s.* celui, celle qui renifle.

RÉNIFORME, *adj.* 2 g. se dit des feuilles et des graines qui ont la forme d'un rein (*bot.*).

RÉNITENT, ENTE, *adj.* qui fait effort contre, qui résiste fortement.

RENIVELER, *va.* niveler de nouveau.

RENMAILLER, V. *Remmailler.*

RENNE, *sm.* mammifère du genre cerf qui vit dans les régions du Nord.

RENNES, ch.-l. du dép. d'Ille-et-Vilaine.

RENO, riv. d'Italie, affluent du Pô.

RENOIRCIR, *va.* noircir de nouveau.

RENOM, *sm.* réputation ; opinion que le public a d'une personne ou d'une chose.

RENOMMÉ, ÉE, *adj.* fameux, qui a du renom.

RENOMMÉE, *sf.* réputation, grand renom. Divinité païenne qui avait cent bouches et cent yeux, représentée ordinairement par une femme ailée sonnant de la trompette (*myth.*).

RENOMMER, *va.* nommer ou élire de nouveau ; nommer avec éloge, vanter.

RENONCE, *sf.* manque d'une certaine couleur aux jeux de cartes.

RENONCEMENT, *sm.* action de renoncer : *renoncement aux vanités.*

RENONCER, *vn.* se désister ; quitter, abandonner la possession, le droit à, le désir de faire une renonce. — *va.* renier, désavouer : *si vous faites cela, je vous renonce pour mon ami.*

RENONCIATEUR, TRICE, *s.* celui, celle qui renonce.

RENONCIATION, *sf.* acte par lequel on renonce.

RENONCULACÉES, *sf. pl.* famille de plantes dont la renoncule est le type (*bot.*).

RENONCULE, *sf.* sorte de plante ; sa fleur.

RENOUÉE, *sf.* sorte de plante à tige noueuse.

RENOUEMENT ou RENOÛMENT, *sm.* rétablissement, renouvellement.

RENOUER, *va.* nouer une chose qui a été dénoués. *Fig.* renouveler un traité, des négociations, une amitié, une partie, etc.

RENOUEUR, EUSE, *s.* celui, celle qui remet les membres disloqués.

RENOUVEAU, *sm.* le printemps.

RENOUVELABLE, *adj.* 2 g. susceptible d'être renouvelé.

RENOUVELER, *va.* rendre nouveau par substitution; recommencer, faire de nouveau : *renouveler un procès* ; faire sentir de nouveau : *renouveler les maux de quelqu'un* ; changer : *la révolution a renouvelé la face de l'Europe* ; faire renaître : *renouveler le souvenir.* — *vn.* Renouveler d'appétit, reprendre de l'appétit. — SE RENOUVELER, *vpr.* être renouvelé : *la nature se renouvelle au printemps.*

RENOUVELLEMENT, *sm.* rénovation, rétablissement d'une chose dans son premier état, réitération; accroissement.

RÉNOVATEUR, TRICE, *s. et adj.* 2 g. celui, celle qui renouvelle une chose.

RÉNOVATION, *sf.* action de renouveler, de rétablir.

RENSEIGNEMENT, *sm.* indice, instruction qui met sur la voie d'une chose, qui sert à la faire connaître.

RENSEIGNER, *va.* enseigner de nouveau; fournir un renseignement.

RENSEMENCER, *va.* ensemencer de nouveau.

RENTAMER, *va.* entamer de nouveau.

RENTASSER, *va.* remettre en tas.

RENTE, *sf.* revenu annuel : ce qui est dû tous les ans pour un fonds aliéné ou afferme; intérêts des emprunts faits par un État.

RENTÉ, ÉE, *adj.* qui a des rentes.

RENTER, *va.* assigner des revenus annuels : *renter un hospice.*

RENTIER, IÈRE, *adj. et s.* qui a des rentes, qui vit de ses revenus.

RENTOILAGE, *sm.* action de rentoiler.

RENTOILER, *va.* remettre de la toile neuve à la place de la vieille; transporter une vieille peinture sur une toile neuve.

RENTORTILLER, *va.* (Il m.), entortiller de nouveau. — SE RENTORTILLER, *vpr.* s'entortiller encore.

RENTRAIRE, *va.* unir ensemble deux morceaux de manière que la couture ne paraisse point (c. traire).

RENTRAITURE, *sf.* couture de ce qui est rentrait.

RENTRANT, *adj. m.* se dit d'un angle dont l'ouverture est en dehors (géom.). — *sm.* celui qui remplace un joueur.

RENTRAYEUR, EUSE, *s.* celui, celle qui sait rentraire.

RENTRÉE, *sf.* action de rentrer, de reprendre ses fonctions, ses études après des vacances ou une absence; action de rentrer des récoltes; perception de revenus, recouvrement d'une somme; cartes prises au talon pour remplacer celles que l'on a écartées.

RENTRER, *vn.* entrer de nouveau, entrer après être sorti. *Fig.* recommencer certaines choses, s'y remettre : *rentrer en fonctions* ; recouvrer, obtenir de nouveau : *rentrer dans ses droits* ; être perçu, touché, reçu (en parlant d'argent) : *des fonds lui rentreront bientôt.* — *Rentrer dans son bon sens,* y revenir; *rentrer en soi-même,* faire réflexion sur soi-même. — *va.* porter ou reporter dedans ce qui était dehors : *rentrer des marchandises.*

RENTY, village près de St-Omer (Pas-de-Calais). Défaite de Charles-Quint par les Français, en 1554.

RENVAHIR, *va.* envahir de nouveau.

RENVELOPPER, *va.* envelopper de nouveau.

RENVERSE (A LA), *loc. adv.* étendu sur le dos.

RENVERSÉ, ÉE, *adj.* jeté, étendu par terre, répandu; placé dans la situation contraire à la situation ordinaire. *Fig.* contraire à l'ordre, à la raison : *c'est le monde renversé* ; défait, troublé par l'émotion : *physionomie renversée.*

RENVERSEMENT, *sm.* action de renverser. *Fig.* désordre, ruine, destruction.

RENVERSER, *va.* jeter par terre. *Fig.* abattre, défaire : *renverser un corps de troupes*; détruire : *renverser un État* ; transposer : *renverser les termes d'une proposition.*

RENVERSEUR, *sm.* celui qui renverse.

RENVOI, *sm.* envoi d'une chose à celui qui la déjà envoyée; action de donner congé : *renvoi des troupes* ; ajournement · *renvoi d'une affaire* ; marque dans un livre pour renvoyer d'une place à une autre.

RENVOYER, *va.* envoyer de nouveau; faire reporter; congédier : *renvoyer un domestique* ; remettre à un autre temps : *renvoyer une affaire à huitaine* ; repousser, répercuter : *l'écho renvoie les paroles. Fig.* Renvoyer la balle, répliquer vivement (c. envoyer).

RÉOCCUPATION, *sf.* action de réoccuper.

RÉOCCUPER, *va.* occuper de nouveau.

RÉOLE (LA), V. *La Réole.*

RÉOPINER, *vn.* opiner de nouveau.

RÉORDINATION, *sf.* action de réordonner.

RÉORDONNER, *va.* conférer les ordres sacrés pour la seconde fois.

RÉORGANISATEUR, TRICE, *adj. et s.* qui réorganise.

RÉORGANISATION, *sf.* action de réorganiser.

RÉORGANISER, *va.* organiser de nouveau.

RÉOUVERTURE, *sf.* action de rouvrir un théâtre, un établissement de commerce, etc.

REPAIRE, *sm.* retraite des bêtes malfaisantes. *Fig.* retraite de malfaiteurs.

RÉPAISSIR, *va.* épaissir de nouveau; rendre plus épais. — *vn. et* SE RÉPAISSIR, *vpr.* devenir plus épais.

REPAÎTRE, *vn.* manger, prendre sa réfection. — *va.* nourrir, donner à manger à. *Fig.* nourrir d'espérances, de chimères, etc. *Repaître ses yeux d'un spectacle,* le regarder avec avidité. — SE REPAÎTRE, *vpr.* se nourrir. *Fig.* se nourrir de vaines espérances, de chimères, etc. (Il se conjugue c. paître; mais il a de plus le passé déf. *je repus* et le partic. passé *repu, ue*).

RÉPANDRE, *va.* épancher, verser, laisser tomber; départir, distribuer : *répandre des bienfaits*; étendre au loin, disperser : *le fleuve répand ses eaux*. *Fig. Répandre une nouvelle*, la propager; *répandre du sang*, blesser ou tuer. — SE RÉPANDRE, *vpr.* s'épancher, se propager, s'étendre : *se répandre en longs discours. Se répandre dans le monde*, le fréquenter.

RÉPANDU, UE, *adj. part.* versé, épanché, distribué. *Fig.* propagé. *Être fort répandu dans le monde*, le fréquenter beaucoup.

RÉPARABLE, *adj.* 2 g. qui peut être réparé.

RÉPARAÎTRE, *vn.* paraître de nouveau.

RÉPARATEUR, TRICE, *adj. et s.* qui répare.

RÉPARATION, *sf.* action de réparer, ouvrage pour réparer. *Fig.* satisfaction d'une offense, d'une injure.

RÉPARATOIRE, *adj.* 2 g. propre à réparer.

RÉPARER, *va.* refaire quelque chose à une construction, à un ouvrage; raccommoder. *Fig.* rétablir : *réparer ses forces*; effacer, faire disparaître : *réparer ses torts*; dédommager : *réparer une perte*. — *Réparer le temps perdu*, faire un meilleur usage du temps, en regagner; *réparer une offense*, donner des satisfactions proportionnées à cette offense.

REPARLER, *vn.* parler de nouveau.

REPARTAGER, *va.* partager de nouveau.

REPARTIE, *sf.* réplique, réponse prompte.

REPARTIR, *va.* répliquer vivement. — *vn.* partir de nouveau, s'en retourner (c. *partir*).

RÉPARTIR, *va.* partager, distribuer (c. *finir*).

RÉPARTITEUR, *s. et adj. m.* celui qui fait une répartition.

RÉPARTITION, *sf.* partage, division, distribution.

REPAS, *sm.* (s nulle), nourriture prise à des heures réglées.

REPASSAGE, *sm.* action de repasser du linge, des vêtements, un couteau, un canif, etc.

REPASSE, *sf.* farine qui contient encore du son; seconde distillation.

REPASSER, *vn.* passer de nouveau : *repasser par le même chemin*. — *va.* transporter; traverser de nouveau; *repasser la mer*; aiguiser : *repasser des couteaux*; passer au fer chaud pour rendre plus uni : *repasser du linge*. — *Fig. Repasser un discours, un rôle, sa leçon*, etc., les mieux apprendre par cœur.

REPASSEUR, *sm.* rémouleur.

REPASSEUSE, *sf.* celle qui repasse du linge.

REPAVER, *va.* paver de nouveau.

REPÊCHER, *va.* retirer de l'eau ce qui y était tombé.

REPEINDRE, *va.* peindre de nouveau.

REPEINT, *sm.* endroit retouché dans un tableau.

REPENDRE, *va.* pendre de nouveau.

REPENSER, *vn.* penser de nouveau.

REPENTANCE, *sf.* regret, douleur que l'on ressent de ses péchés.

REPENTANT, ANTE, *adj.* qui se repent de ses péchés, de ses fautes, de ses torts.

REPENTIES, *s. et adj. f. pl.* se dit de maisons religieuses où l'on reçoit les femmes qui veulent faire pénitence de leurs fautes.

REPENTIR (SE), *vpr.* avoir un véritable regret d'un péché, d'une faute, d'une mauvaise action.

REPENTIR, *sm.* regret d'une faute; regret d'avoir fait ou de n'avoir pas fait une chose, action.

REPERCER, *va.* percer de nouveau.

RÉPERCUSSIF, IVE, *adj. et sm.* qui a la propriété de répercuter (*méd.*).

RÉPERCUSSION, *sf.* action des médicaments répercussifs; action des humeurs qui refluent au dedans du corps (*méd.*); renvoi, réflexion (*phys.*).

RÉPERCUTER, *va.* faire rentrer les humeurs (*méd.*); réfléchir, renvoyer (*phys.*). — SE RÉPERCUTER, *vpr.* rentrer dans; être réfléchi, renvoyé.

REPERDRE, *va.* perdre de nouveau.

REPÈRE, *sm.* trait ou marque pour indiquer où retrouver un alignement, un niveau, etc.; pour rajuster facilement des pièces d'assemblage, des instruments, etc.

REPÉRER, *va.* marquer des repères; ajuster à des repères.

RÉPERTOIRE, *sm.* inventaire, recueil, table où les matières sont rangées par ordre; liste des pièces restées au théâtre. *Fig.* personne qui se souvient de beaucoup de choses.

REPESER, *va.* peser de nouveau.

RÉPÉTAILLER, *va. et n.* (ll m.), répéter toujours la même chose (*fam.*).

RÉPÉTER, *va.* redire; recommencer : *répéter une expérience*; rapporter ce que l'on a entendu; réfléchir : *l'eau répétait son image*; reproduire : *répéter des signaux*; dire ou faire en particulier ce qui devra être dit ou fait en public : *répéter un sermon*; exercer des élèves en particulier; redemander : *répéter son propre bien*. — SE RÉPÉTER, *vpr.* redire ce que l'on a déjà dit; être répété : *le même vers se répète a la fin du couplet*; se renouveler : *ces querelles se répètent tous les jours*.

RÉPÉTITEUR, *sm.* celui qui répète des élèves.

RÉPÉTITION, *sf.* redite; retour d'une même idée, d'un même mot; réitération; exercice des élèves que l'on répète; action d'essayer en particulier une pièce de théâtre; action de redemander en justice ce que l'on a payé de trop, ce que l'on a avancé, etc. *Montre à répétition*, qui sonne l'heure quand on pousse un petit ressort.

REPÉTRIR, *va.* pétrir de nouveau. *Fig.* recomposer, réformer.

REPEUPLEMENT, *sm.* action de repeupler.

REPEUPLER, *va.* peupler de nouveau.

REPIC, *sm.* se dit au jeu de piquet lorsque l'un des joueurs a compté jusqu'à trente sans que l'adversaire ait pu rien compter.

REPILER, piler de nouveau.

REPIQUAGE, *sm.* action de repiquer; résultat de cette action.

REPIQUER, *va.* piquer une seconde fois; transplanter.

RÉPIT, sm. (t nul), relâche, délai.

REPLACEMENT, sm. action de replacer.

REPLACER, va. remettre en place; procurer une autre place.

REPLANCHÉIER, va. planchéier de nouveau.

REPLANIR, va. finir au rabot ou au racloir.

REPLANTER, va. planter de nouveau.

REPLÂTRAGE, sm. action de replâtrer; résultat de cette action. *Fig.* mauvais moyen pour cacher une faute, un défaut; réconciliation peu durable.

REPLÂTRER, va. rendure de plâtre. *Fig.* réparer maladroitement une faute, une sottise, etc.

REPLET, ÈTE, adj. trop gras, qui a beaucoup d'embonpoint.

RÉPLÉTIF, IVE, adj. qui a la propriété de marquer la plénitude, l'abondance, la grande quantité.

RÉPLÉTION, sf. abondance de sang et d'humeurs; excès d'embonpoint; surcharge d'aliments.

REPLEUVOIR, v. impers. pleuvoir de nouveau.

REPLI, sm. pli doublé; sinuosité. *Fig.* ce qu'il y a de plus caché, de plus secret dans l'âme.

REPLIER, va. plier une chose qui avait été dépliée; courber, plier une ou plusieurs fois. — **SE REPLIER**, vpr. se plier, se courber une ou plusieurs fois. *Fig.* prendre des biais nombreux pour réussir; reculer en bon ordre (en parlant de troupes). *Se replier en soi-même*, réfléchir sur soi-même.

RÉPLIQUE, sf. réponse à ce qui a été répondu, dit ou écrit; dernier mot que dit un acteur avant que son interlocuteur prenne la parole.

RÉPLIQUER, va. et n. faire une réplique; répondre avec humeur.

REPLISSER, va. plisser de nouveau.

REPLONGER, va. plonger de nouveau. — **SE REPLONGER**, vpr. se plonger de nouveau.

REPNIN (Nicolas), feld-maréchal russe (1734-1801).

REPOLIR, va. polir de nouveau.

REPOMPER, va. et n. pomper de nouveau.

RÉPONDANT, sm. celui qui subit un examen, qui soutient une thèse, qui répond à la messe; celui qui se rend garant d'un autre.

RÉPONDRE, va. faire une réponse : *répondre quatre mots*. — vn. répliquer, repartir; raisonner; écrire en réponse à une lettre; donner des indications. *Fig.* aboutir à un endroit : *allées qui répondent au grand bassin*; avoir une liaison, un rapport avec; être en correspondance, en symétrie : *corps de logis qui répond à un autre*; suffire, satisfaire à : *expression qui répond à la pensée*; réaliser les espérances : *répondre à l'attente publique*; payer de retour : *répondre à l'affection de quelqu'un*; être garant : *je réponds de lui*; se faire sentir par communication : *la douleur lui répond à la tête*. — **SE RÉPONDRE**, vpr. répondre à soi-même. *Fig.* se correspondre.

RÉPONS, sm. (s nulle), paroles qui se disent à l'office de l'église après les leçons et les chapitres.

RÉPONSE, sf. ce que l'on dit à celui qui a fait une demande, une question; réfutation, réplique; lettre qui répond à une autre.

REPONTE, sf. nouvelle ponte.

REPORT, sm. (t nul), action de reporter une somme, un total; somme, total que l'on reporte.

REPORTER, va. porter un objet où il était d'abord; transporter. — *Fig.* **SE REPORTER**, vpr. se transporter en idée à un temps antérieur.

REPOS, sm. (s nulle), cessation de travail, de mouvement; tranquillité d'esprit, calme; sommeil; césure, pause dans les vers, dans un discours; sorte de palier; attitude des figures représentées sans mouvement.

REPOSÉ, EE, adj. délassé; qu'on a laissé se rasseoir. — *A TÊTE REPOSÉE*, loc. adv. avec réflexion, avec calme.

REPOSÉE, sf. lieu où une bête fauve se repose.

REPOSER, va. mettre dans une situation tranquille. *Fig.* calmer, procurer du calme : *cet espoir me repose l'âme. Reposer ses yeux sur un objet*, les y arrêter avec plaisir. — vn. dormir, être dans un état de repos; être déposé en un lieu : *son corps repose sous cette pierre*; être établi ou appuyé sur : *construction qui repose sur le roc; raisonnement qui repose sur un faux principe*; se dit des liquides qu'on laisse rasseoir : *il faut laisser reposer ce vin*. — **SE REPOSER**, vpr. cesser de travailler, d'agir; se reposer sur quelqu'un, avoir confiance en lui, compter sur son concours ou son secours.

REPOSOIR, sm. autel que l'on dresse dans les lieux où passe la procession le jour de la Fête-Dieu.

REPOSSÉDER, va. posséder de nouveau.

REPOUSSABLE, adj. 2 g. qui doit être repoussé.

REPOUSSANT, ANTE, adj. qui inspire de l'aversion, du dégoût.

REPOUSSEMENT, sm. action d'une arme à feu qui, étant trop chargée, repousse celui qui la tire.

REPOUSSER, va. rejeter, renvoyer; faire reculer avec quelque effort : *repousser les ennemis. Fig. repousser une injure*, s'en défendre vivement; *repousser la calomnie*, la réfuter. — vn. faire un mouvement de récul : *fusil qui repousse*; inspirer de l'éloignement : *avoir des manières qui repoussent*; pousser, croître de nouveau : *arbre qui repousse*.

REPOUSSOIR, sm. cheville de fer qui sert à faire sortir une autre cheville; objet vigoureux de couleur placé dans un tableau pour faire paraître les autres objets plus éloignés.

REPRÉCIPITER, va. et **SE REPRÉCIPITER**, vpr. précipiter, se précipiter de nouveau.

RÉPRÉHENSIBLE, adj. 2 g. qui doit être réprimandé, qui est digne de blâme.

RÉPRÉHENSIF, IVE, adj. qui réprimande, qui reprend.

RÉPRÉHENSION, sf. action de réprimander, de blâmer.

REPRENDRE, *va.* prendre de nouveau; continuer ce que l'on avait interrompu; rejoindre des parties rompues : *reprendre les mailles d'un bas*; recommencer à parler : *il reprit ainsi*. *Fig.* recouvrer : *reprendre des forces*; blâmer, censurer : *reprendre les vices*. — *Reprendre haleine*, se reposer : *reprendre un chemin*, y rentrer; *reprendre le dessus*, regagner l'avantage; se rétablir d'une maladie : *reprendre en sous-œuvre*, reconstruire les parties inférieures d'un édifice; refaire un travail en le modifiant; — *vn.* prendre de nouveau racine : *cet arbre a bien repris*; recommencer : *le froid a repris*. — SE REPRENDRE, *vpr.* se rétracter de ce qu'on avait dit mal à propos.

REPRÉSAILLE, *sf.* (*ll m.*), traitement fâcheux que l'on fait à un ennemi pour se venger d'un mal qu'il nous a fait (s'emploie surtout au pluriel).

REPRÉSENTANT, *sm.* celui qui en représente un autre, qui tient sa place; mandataire du peuple, du pays.

REPRÉSENTATIF, IVE, *adj.* qui représente. *Gouvernement représentatif*, avec le concours de députés élus par le pays.

REPRÉSENTATION, *sf.* exhibition, exposition devant les yeux; action de représenter des pièces de théâtre; reproduction d'un fait par la peinture, la sculpture, le dessin; état que tient une personne distinguée par son rang; état de la personne qui en représente une ou plusieurs autres; objections, remontrances. *Représentation nationale*, assemblée des députés de la nation.

REPRÉSENTER, *va.* présenter de nouveau; exhiber, montrer; remettre à ceux qui ont confié : *représenter les effets déposés en nos mains*; mettre dans l'esprit un souvenir : *cette petite fille me représente sa mère*; rendre l'image d'un objet, figurer cette image; exprimer, peindre par le récit; imiter par l'action et la parole, jouer une pièce de théâtre; être le type de quelque chose; tenir la place d'une ou de plusieurs personnes; remontrer, faire observer : *représenter les suites fâcheuses d'une démarche*. — *vn.* tenir un rang digne de sa position dans le monde; imposer du respect par son extérieur : *c'est un homme qui représente bien*. — SE REPRÉSENTER, *vpr.* se présenter de nouveau; se rappeler le souvenir, se figurer.

RÉPRESSIBLE, *adj.* 2 *g.* que l'on doit ou que l'on peut réprimer.

RÉPRESSIF, IVE, *adj.* qui réprime.

RÉPRESSION, *sf.* action de réprimer.

REPRÊTER, *va.* prêter de nouveau.

RÉPRIMABLE, *adj.* 2 *g.* qui doit ou qui peut être réprimé.

RÉPRIMANDE, *sf.* réprehension, blâme.

RÉPRIMANDER, *va.* blâmer avec autorité; reprocher une faute.

RÉPRIMANT, ANTE, *adj.* qui réprime.

RÉPRIMER, *va.* arrêter l'action ou le progrès d'une chose. *Fig.* calmer, amortir : *réprimer ses passions*; abattre : *réprimer l'orgueil*; empêcher : *réprimer les progrès du mal*; s'opposer à : *réprimer les séditieux*.

REPRIS, *adj.* et *sm.* (*s nulle*). *Repris de justice*, qui a déjà subi une condamnation.

REPRISE, *sf.* action de reprendre; continuation de ce qui a été interrompu; refrain; partie d'air que l'on doit reprendre dans l'exécution musicale; réparation d'une étoffe, d'un mur, d'un pilier, etc. Au *pl.* ce que chacun des époux a droit de prélever, avant partage, à la dissolution de la communauté (*jurispr.*).

RÉPROBATEUR, TRICE, *adj.* qui annonce, qui exprime la réprobation.

RÉPROBATION, *sf.* action de réprouver, de blâmer.

REPROCHABLE, *adj.* 2 *g.* qui mérite reproche; qui peut être récusé : *témoin reprochable*.

REPROCHE, *sm.* ce que l'on dit à quelqu'un pour lui faire honte; blâme. Au *pl.* raisons pour récuser un témoin. — SANS REPROCHE. *loc. adv.* sans prétendre reprocher, sans mériter des reproches.

REPROCHER, *va.* faire des reproches; blâmer. *Fig. Reprocher un bienfait à quelqu'un*, le lui rappeler en l'accusant de l'avoir oublié; *reprocher les morceaux*, faire sentir à quelqu'un qu'il mange trop, qu'on a regret à le voir manger. *Reprocher un témoin*, alléguer des raisons pour le récuser. — SE REPROCHER, *vpr.* se faire des reproches, se blâmer. *Fig.* se refuser : *il se reproche le nécessaire*.

REPRODUCTEUR, TRICE, *adj.* qui reproduit.

REPRODUCTIBILITÉ, *sf.* faculté d'être reproduit.

REPRODUCTIBLE, *adj.* 2 *g.* susceptible de reproduction.

REPRODUCTIF, IVE, *adj.* qui peut donner lieu à une nouvelle production ou qui est propre à aider la reproduction.

REPRODUCTION, *sf.* (on pr. *reproduxion*), action de reproduire; renouvellement.

REPRODUIRE, *va.* produire de nouveau; présenter, montrer de nouveau : *reproduire ses moyens de défense*. — SE REPRODUIRE, *vpr.* renaître, pousser de nouveau : *cette mauvaise herbe se reproduit toujours*; se perpétuer : *les végétaux se reproduisent par des graines*; avoir lieu de nouveau : *les mêmes fautes se reproduisent*.

REPROMETTRE, *va.* promettre de nouveau.

REPROMISSION, *sf.* promesses de Dieu.

RÉPROUVABLE, *adj.* 2 *g.* digne de réprobation.

RÉPROUVÉ, ÉE, *s.* maudit et rejeté de Dieu.

RÉPROUVER, *va.* rejeter, condamner.

REPROUVER, *va.* prouver de nouveau.

REPS, *sm.* sorte d'étoffe de soie très-forte.

REPTATION, *sf.* action de ramper.

REPTILE, *adj.* 2 *g.* qui rampe. — *sm.* animal vertébré à sang froid qui respire par des poumons et se meut en rampant. Au *pl.* classe d'animaux vertébrés (*zool.*). *Fig.* homme bas et méchant.

RÉPUBLICAIN, AINE, *adj.* qui appartient à la république. — *sm.* partisan de la république, citoyen d'une république.

RÉPUBLICANISER, va. constituer en république ; propager les opinions républicaines.

RÉPUBLICANISME, sm. opinion du républicain ; affectation de vertus républicaines.

RÉPUBLIQUE, sf. État qui n'est point gouverné par un prince souverain. Fig. toute
sorte d'État, de gouvernement en général.
République des lettres, les gens de lettres
considérés comme faisant corps de nation.

RÉPUDIATION, sf. action de répudier.

RÉPUDIER, va. renvoyer sa femme suivant
les formes légales. Fig. repousser, rejeter :
répudier ses principes. Répudier une succession, y renoncer.

REPUE, sf. action de repaître ; temps du repas. Franche repue, repas qui ne coûte rien.

RÉPUGNANCE, sf. opposition ; sorte d'aversion pour quelqu'un ou pour quelque
chose.

RÉPUGNANT, ANTE, adj. qui répugne ; qui
est opposé, contraire à.

RÉPUGNER, vn. être plus ou moins opposé
ou contraire : choses qui répugnent entre
elles ; éprouver de la répugnance pour ; inspirer du dégoût.

REPULLULER, vn. renaître en grande quantité.

RÉPULSIF, IVE, adj. qui repousse.

RÉPULSION, sf. action de repousser ; état
de ce qui est repoussé. Fig. aversion, répugnance.

REPURGER, va. et SE REPURGER, vpr. purger, se purger de nouveau.

RÉPUTATION, sf. renom, estime ; opinion
que le public a de quelqu'un.

RÉPUTÉ, ÉE, adj. part. censé.

RÉPUTER, va. estimer, présumer, croire, juger ou considérer comme : on le répute homme d'honneur.

REQUÉRABLE, adj. 2 g. qui doit être demandé par le créancier.

REQUÉRANT, ANTE, adj. et s. qui requiert,
qui demande en justice.

REQUÉRIR, va. demander avec instance, réclamer avec autorité ; sommer ; demander en
justice. Fig. exiger : cette affaire requiert
diligence (c. acquérir).

REQUESENS (don Louis), gouverneur des
Pays-Bas pendant la domination espagnole,
m. 1576.

REQUÊTE, sf. demande par écrit présentée à
qui de droit et suivant certaines formes établies ; par extension, demande verbale, simple prière. — MAÎTRE DES REQUÊTES, sm.
magistrat qui rapporte les affaires au conseil
d'État.

REQUÊTER, va. quêter de nouveau.

REQUIEM, sm. (on pr. récuième), mot latin
signifiant repos, qui commence et désigne
une prière pour les morts (inv.).

REQUIN, sm. gros poisson vorace du genre
des squales.

REQUINQUER (SE), vpr. se parer d'une
manière affectée (pop.).

REQUIS, ISE, adj. nécessaire, convenable :
avoir l'âge requis.

RÉQUISITION, sf. action de requérir en
justice ; demande que fait l'autorité de mettre à sa disposition des personnes ou des
choses.

RÉQUISITIONNAIRE, adj. 2 g. et sm. de
la réquisition, sujet à la réquisition.

RÉQUISITOIRE, sm. acte de réquisition que
fait par écrit celui qui remplit dans un tribunal les fonctions du ministère public.

RESALUER, va. saluer de nouveau ou rendre le salut.

RESARCIR, va. raccommoder en refaisant le
tissu avec l'aiguille.

RESAUCER, va. saucer de nouveau (fam.).

RESCIF, V. Récif.

RESCINDANT, ANTE, adj. qui opère rescis-
sion.

RESCINDER, va. casser, annuler un acte, un
partage (jurisp.).

RESCISION, sf. annulation d'un acte, d'un
partage.

RESCOUSSE, sf. résistance ; délivrance d'un
prisonnier (vx. mot).

RESCRIPTION, sf. (on pr. rescripcion), ordre par écrit pour toucher certaine somme.

RESCRIT, sm. (t nul), réponse des empereurs
romains aux gouverneurs des provinces ; réponse du pape sur une question de théologie.

RÉSEAU, sm. petit rets ; ouvrage de soie,
de fil, en forme de rets. Fig. entrelacement
de vaisseaux sanguins (anat.) ; ensemble de
lignes de chemin de fer, de choses qui se
croisent.

RÉSÉDA, sm. sorte de plante, sa fleur.

RÉSÉDACÉES, sf. pl. famille de plantes
dont le réséda est le type (bot.).

RESEMER, V. Ressemer.

RÉSERVATION, sf. action de réserver des
droits (jurisp.).

RÉSERVE, sf. action de réserver ; chose réservée ; bois qu'on laisse croître en futaie ;
partie d'une armée que l'on réserve. Fig.
discrétion, retenue : ne parler qu'avec réserve. — A LA RÉSERVE DE, loc. prép. à
l'exception de ; SANS RÉSERVE, loc. adv.
sans exception ; EN RÉSERVE, loc. adv. à
part, de côté.

RÉSERVÉ, ÉE, adj. part. conservé, laissé ou
mis à part : tout droit réservé. Cas réservés, péchés dont le pape ou l'évêque se sont
réservé l'absolution. — adj. et s. circonspect,
discret : soyez fort réservé avec ces gens-là.

RÉSERVER, va. retenir quelque chose d'un
tout ; garder pour un autre temps ou pour
un autre usage. — SE RÉSERVER, vpr. attendre, remettre à agir quand on le trouvera
à propos : je me réserve pour une meilleure
occasion ; prendre, garder par-devers soi : je
me réserve ce logement.

RÉSERVOIR, sm. lieu où l'on amasse des
eaux pour les distribuer. Fig. cavité du corps
où des fluides s'amassent.

RÉSIDANT, ANTE, adj. qui réside.

RÉSIDENCE, sf. action de résider, lieu où
l'on réside, demeure ; lieu où un prince réside.

RÉSIDENT, sm. envoyé d'un souverain à un
autre et qui est moins qu'un ambassadeur.

RÉSIDENTE, *sf.* femme d'un résident.

RÉSIDER, *vn.* faire sa demeure en un lieu. *Fig.* se trouver, exister : *la réside la paix*; consister : *là réside la difficulté.*

RÉSIDU, *sm.* ce qui reste de substances pressées ou soumises à des actions chimiques; reliquat de compte.

RÉSIGNANT, *sm.* celui qui résigne un office à quelqu'un.

RÉSIGNATAIRE, *sm.* celui à qui l'on résigne un office.

RÉSIGNATION, *sf.* abandon en faveur de quelqu'un; démission d'une charge. *Fig.* soumission à la volonté de Dieu, à son sort, à son malheur.

RÉSIGNÉ, ÉE, *adj. part.* qui a de la résignation; soumis.

RÉSIGNER, *va.* se démettre d'un office, d'un emploi en faveur de quelqu'un. *Fig. Résigner son âme à Dieu*, la remettre entre les mains de Dieu. — SE RÉSIGNER, *vpr.* s'abandonner, se soumettre.

RÉSILIATION, *sf.* annulation d'un acte, d'une convention.

RÉSILIER, *va.* casser, annuler un acte, une convention.

RÉSILÎMENT ou **RÉSILIEMENT**, *sm.* résiliation.

RÉSILLE, *sf.* sorte de coiffure espagnole; filet ou réseau pour les cheveux.

RÉSINE, *sf.* matière grasse et inflammable qui découle de certains arbres.

RÉSINEUX, EUSE, *adj.* qui produit de la résine; qui est de la nature de la résine. *Fluide résineux*, fluide électrique négatif (*phys.*).

RÉSIPISCENCE, *sf.* reconnaissance de sa faute avec regret de l'avoir commise et désir de la réparer.

RÉSISTANCE, *sf.* qualité par laquelle un corps résiste à l'action d'un autre; action de résister, obstacle, défense. *Fig.* opposition aux desseins, aux sentiments d'un autre.

RÉSISTANT, ANTE, *adj.* qui résiste.

RÉSISTER, *vn.* ne pas céder, se défendre; ne pas céder au choc ou à l'action d'un corps. *Fig.* supporter facilement la peine, le travail, etc., s'opposer aux desseins, aux volontés d'un autre; tenir ferme contre : *résister à ses passions.*

RÉSOLU, UE, *adj.* fixé, arrêté, décidé : *entreprise résolue*; qui a reçu une solution : *problème résolu* — *adj.* s. hardi, déterminé : *c'est un homme très-résolu.*

RÉSOLUBLE, *adj.* 2 g. qui peut être résolu : *question résoluble.*

RÉSOLUMENT, *adv.* avec résolution, hardiment.

RÉSOLUTIF, IVE, *adj.* et *s.* au *m.* se dit des remèdes propres à déterminer la résolution des humeurs (*méd.*).

RÉSOLUTION, *sf.* cessation de consistance : *résolution de l'eau en vapeur*; cassation d'un contrat; solution d'une question, décision d'une difficulté; dessein que l'on prend : *prendre la résolution de voyager*; fermeté, courage : *montrer de la résolution*; action par laquelle une tumeur, un engorgement se fond peu à peu (*méd.*).

RÉSOLUTOIRE, *adj.* 2 g. qui a pour effet de résoudre quelque acte.

RÉSOLVANT, ANTE, *adj.* et *s.* qui résout (*méd.*).

RÉSONNANCE, *sf.* prolongation de la durée du son.

RÉSONNANT, ANTE, *adj.* retentissant, qui renvoie le son, qui rend un grand son.

RÉSONNEMENT, *sm.* retentissement et renvoi du son.

RÉSONNER, *vn.* retentir, renvoyer le son, rendre beaucoup de son.

RÉSONNER, *vn.* et *a.* (s dure), sonner une seconde fois.

RÉSORBER, *va.* (s dure), absorber une seconde fois.

RÉSORPTION, *sf.* (on pr. *résorp-cion*), action d'absorber une seconde fois.

RÉSOUDRE, *va.* faire cesser la consistance, détruire l'union des parties d'un tout : *résoudre un corps en poussière*; décider une question : *résoudre un problème*; déterminer, décider : *résoudre la perte de quelqu'un*; casser, annuler : *résoudre un marché.* — SE RÉSOUDRE, *vpr.* se déterminer à; être changé en : *la vapeur se résout en eau.* — *Ind. pr.* je résous, tu résous, il résout, n. résolvons, v. résolvez, ils résolvent; *imp.* je résolvais; *p. déf.* je résolus; *fut.* je résoudrai; *cond.* je résoudrais; *impér.* résous, résolvons, résolvez; *subj. pr.* que je résolve; *imp.* que je résolusse; *part. pr.* résolvant; *part. p.* résolu, ue (dans le sens de *décidé, déterminé*), et résous, sans fém. (dans le sens de *changé, converti en*).

RÉSOUS, *adj.* et *part. m.* converti en.

RESPECT, *sm.* (t nul), égard, relation; vénération, déférence. *Respect humain*, crainte des jugements et discours du monde; *se faire porter respect*, se faire craindre; *tenir quelqu'un en respect*, le contenir, lui imposer.

RESPECTABLE, *adj.* 2 g. qui mérite du respect, de la considération.

RESPECTABLEMENT, *adv.* d'une manière respectable ou propre à se faire respecter.

RESPECTER, *va.* honorer, révérer. *Fig.* épargner, ne point attaquer : *l'envie a respecté son mérite.* — SE RESPECTER, *vpr.* garder avec soin la bienséance convenable à son rang, à son âge, etc.

RESPECTIF, IVE, *adj.* qui concerne chacun en particulier.

RESPECTIVEMENT, *adv.* d'une manière respective.

RESPECTUEUSEMENT, *adv.* avec respect.

RESPECTUEUX, EUSE, *adj.* qui témoigne ou marque du respect.

RESPIRABLE, *adj.* 2 g. que l'on peut respirer.

RESPIRATION, *sf.* action de respirer.

RESPIRATOIRE, *adj.* 2 g. qui a rapport à la respiration.

RESPIRER, *va.* et *n.* attirer l'air dans sa poitrine et le repousser dehors. *Fig.* vivre : *cesser de respirer*; prendre quelque relâche : *respirer de ses fatigues*; annoncer, exprimer : *tout ici respire la joie*; désirer ardemment : *respirer les plaisirs.*

RESPLENDIR, *vn.* briller avec grand éclat.

RESPLENDISSANT, ANTE, *adj.* qui resplendit.

RESPLENDISSEMENT, *sm.* grand éclat formé par l'expansion ou la réflexion de la lumière.

RESPONSABILITÉ, *sf.* obligation d'être garant, de répondre de ses actions ou de celles des autres.

RESPONSABLE, *adj.* **2 g.** qui répond d'une chose, qui est garant.

RESSAC, *sm.* retour violent des vagues après avoir frappé le rivage.

RESSAIGNER, *va.* saigner de nouveau. — *vn.* se dit du sang qui coule de nouveau : ma plaie ressaigne.

RESSAISIR, *va.* reprendre, saisir de nouveau. — **SE RESSAISIR,** *vpr.* se remettre en possession de.

RESSASSER, *va.* sasser de nouveau. *Fig.* examiner, discuter de nouveau ; répéter sans cesse.

RESSASSEUR, *sm.* celui qui répète sans cesse les mêmes choses.

RESSAUT, *sm.* (t nul), saillie ; passage brusque d'un plan horizontal à un autre (*arch.*).

RESSAUTER, *vn.* sauter de nouveau ; faire ressaut.

RESSELLER, *va.* seller de nouveau.

RESSEMBLANCE, *sf.* conformité entre des personnes ou des choses ; conformité entre l'objet et son imitation.

RESSEMBLANT, ANTE, *adj.* qui ressemble.

RESSEMBLER, *vn.* avoir de la ressemblance.

RESSEMELAGE, *sm.* action de ressemeler ; résultat de cette action.

RESSEMELER, *va.* mettre de nouvelles semelles à de vieilles chaussures.

RESSEMER, *va.* semer de nouveau.

RESSENTI, IE, *adj. part.* senti profondément ou par contre-coup ; vivement rendu par l'art : muscles bien ressentis.

RESSENTIMENT, *sm.* faible renouvellement d'un mal déjà ressenti. *Fig.* souvenir des injures (se disait aussi autrefois du souvenir des bienfaits, des services rendus).

RESSENTIR, *va.* sentir, éprouver vivement. — **SE RESSENTIR,** *vpr.* sentir les restes d'un mal que l'on a déjà eu ; éprouver les suites ou l'influence d'une chose : se ressentir de la mauvaise éducation qu'on a reçue ; se souvenir : se ressentir d'une injure.

RESSERREMENT, *sm.* action par laquelle une chose est resserrée.

RESSERRER, *va.* serrer de nouveau ; serrer davantage. *Fig.* rendre plus solide : resserrer les liens de famille ; renfermer dans des bornes plus étroites : resserrer le fleuve dans son lit ; abréger : resserrer un discours ; rendre moins relâché, moins ouvert : le froid resserre les pores. — **SE RESSERRER,** *vpr.* devenir moins étendu, moins ouvert, se rétrécir. *Fig.* faire moins de dépense.

RESSORT, *sm.* (t nul), élasticité : le ressort de l'air ; morceau de métal façonné de telle sorte qu'il se rétablit dans sa première situation quand il cesse d'être comprimé. *Fig.* activité, énergie, moyens : les ressorts de l'intrigue ; étendue de juridiction : le ressort

de la cour d'appel. — Cela n'est pas de mon ressort, il ne m'appartient pas d'en juger.

RESSORTIR, *vn.* sortir de nouveau. *Fig.* être plus saillant : broderie qui ressort sur le fond ; rendre plus frappant, plus évident : faire ressortir les défauts d'un poème (c. sortir).

RESSORTIR, *vn.* être du ressort, de la dépendance, de la compétence d'une juridiction : affaire qui ressortit à la justice de paix. — *Ind. pr.* je ressortis, tu ressortis, il ressortit, n. ressortissons, etc. ; *imp.* je ressortissais ; *part. pr.* ressortissant.

RESSORTISSANT, ANTE, *adj.* qui ressortit à, qui est de la juridiction de.

RESSOUDER, *va.* souder de nouveau.

RESSOURCE, *sf.* ce qu'on emploie pour se tirer d'embarras, pour vaincre des difficultés. Au pl. produits, richesses d'un pays. — Ville de ressource, où l'on trouve facilement tout ce dont on a besoin ; homme de ressource, plein de ressources, fertile en expédients.

RESSOUVENIR (SE), *vpr.* se souvenir après avoir oublié ; considérer, faire attention : ressouvenez-vous que c'est le fils de votre sœur.

RESSOUVENIR, *sm.* idée que l'on garde ou que l'on se rappelle d'une chose passée ; sentiment d'une douleur qui se renouvelle.

RESSUAGE, *sm.* action ou état d'un corps qui ressue.

RESSUER, *vn.* se dit des corps qui laissent sortir leur humidité intérieure.

RESSUSCITER, *va.* ramener de la mort à la vie. *Fig.* renouveler, faire revivre : ressusciter une querelle. — *vn.* revenir à la vie.

RESSUYER, *va.* sécher. — **SE RESSUYER,** *vpr.* se sécher.

RESTANT, ANTE, *adj.* qui reste. — *sm.* ce qui reste.

RESTAURANT, ANTE, *adj.* qui restaure les forces. — *sm.* mets qui restaure ; établissement de restaurateur.

RESTAURATEUR, TRICE, *s.* celui, celle qui répare, qui rétablit : prince restaurateur des arts. — *sm.* traiteur chez lequel on prend ses repas à toute heure.

RESTAURATION, *sf.* réparation, rétablissement ; restauration des belles-lettres. Rétablissement d'une ancienne dynastie.

RESTAURER, *va.* réparer, rétablir. *Fig.* rétablir les arts, les sciences, etc. ; redonner des forces : ce bouillon m'a bien restauré. — **SE RESTAURER,** *vpr.* prendre un repas.

RESTAUT, grammairien français (1696-1764).

RESTE, *sm.* ce qui demeure d'un tout, d'une quantité ; ce qu'un autre a abandonné ; résultat d'une soustraction. *Fig.* au pl. les cendres, les ossements d'une personne morte. Jouer de son reste, hasarder tout ce qu'on a de reste, faire ses derniers efforts. — Du RESTE, AU RESTE, *loc. adv.* au surplus, d'ailleurs ; DE RESTE, *loc. adv.* plus qu'il n'est nécessaire.

RESTER, *vn.* être de reste ; demeurer. En rester à, s'en tenir à, se borner à.

RESTIF ou RÉTIF DE LA BRETONNE, écrivain français (1734-1806).

RESTITUABLE, *adj.* **2 g.** que l'on doit restituer, rendre; qui peut être rétabli dans son premier état (*jurisp.*).

RESTITUER, *va.* et *n.* rendre ce qui a été pris; rétablir dans son premier état.

RESTITUTION, *sf.* action de restituer.

RESTOUT, peintre français (1692-1768).

RESTREINDRE, *va.* resserrer. *Fig.* réduire, diminuer, limiter. — SE RESTREINDRE, *vpr.* se limiter, se borner.

RESTRICTIF, IVE, *adj.* qui restreint, qui limite.

RESTRICTION, *sf.* (on pr. *restrizion*), condition qui restreint, qui modifie. *Restriction mentale*, réserve d'une partie de ce que l'on pense afin de tromper celui à qui l'on parle.

RESTRINGENT, ENTE, *adj.* et *s.* au *m.* qui resserre une partie relâchée (*méd.*).

RÉSULTANT, ANTE, *adj.* qui résulte.

RÉSULTANTE, *sf.* force qui résulte de la composition de plusieurs autres (*méc.*).

RÉSULTAT, *sm.* (*t* final nul), ce qui résulte; effet, conséquence.

RÉSULTER, *vn.* s'ensuivre (ne s'emploie qu'à l'infinitif et à la 3e pers. des autres temps).

RÉSUMÉ, *sm.* précis, abrégé. — AU RÉSUMÉ, EN RÉSUMÉ, *loc. adv.* en résumant tout.

RÉSUMER, *va.* rendre en peu de mots, récapituler. — SE RÉSUMER, *vpr.* reprendre en peu de mots ce que l'on a dit et conclure.

RÉSUPINATION, *sf.* (l. *resupinare* renverser), état d'une fleur dont le pétale supérieur ou toute la corolle a pris une position renversée (*bot.*).

RÉSUPINÉ, ÉE, *adj.* qui est dans l'état de résupination (*bot.*).

RÉSURRECTION, *sf.* retour de la mort à la vie. *Fig.* guérison surprenante, inopinée; rétablissement : *résurrection d'un parti*.

RÉTABLE ou RÉTABLE (Acad.), *sm.* ornement d'architecture contre lequel est appuyé l'autel.

RÉTABLIR, *va.* établir de nouveau, remettre une personne ou une chose en son premier état ou en meilleur état. — SE RÉTABLIR, *vpr.* revenir à la santé ou en meilleur état.

RÉTABLISSEMENT, *sm.* action de rétablir, de se rétablir.

RETAILLE, *sf.* (*ll m.*), partie, morceau retranché en façonnant.

RETAILLER, *va.* (*ll m.*), tailler de nouveau.

RETAPER, *va.* remettre un chapeau à neuf; peigner à rebours et faire renfler les cheveux.

RETARD, *sm.* (*d* nul), retardement.

RETARDATAIRE, *adj.* et *s.* 2 g. qui est en retard; se dit aussi des contribuables et des conscrits en retard.

RETARDATION, *sf.* ralentissement du mouvement d'un corps.

RETARDATRICE, *adj. f.* se dit de la force qui retarde le mouvement (*phys.*).

RETARDEMENT, *sm.* action de retarder; délai, remise.

RETARDER, *va.* différer : *retarder son départ*; empêcher d'aller ou d'agir rapidement : *retarder la marche, les progrès*. — *vn.* être en retard : *l'horloge retarde*.

RETÂTER, *va.* tâter de nouveau.

RETEINDRE, *va.* teindre de nouveau.

RETENDRE, *va.* tendre de nouveau.

RETENIR, *va.* ravoir, tenir de nouveau; garder par devers soi : *il ne faut pas retenir le bien d'autrui*; conserver : *retenir l'accent de son pays*; se réserver : *vendre sa récolte et en retenir une partie*; prélever, déduire d'une somme : *retenir dix francs sur la paye d'un ouvrier*; s'assurer d'avance : *retenir une place*; arrêter : *retenir son haleine*; faire rester : *retenir une personne à dîner*; réprimer, modérer : *retenir sa colère*; imprimer dans sa mémoire : *retenir sa leçon*. En arithm. *retenir un chiffre*, le réserver pour l'ajouter à ceux de la colonne suivante. — SE RETENIR, *vpr.* s'arrêter avec effort, s'accrocher à : *se retenir aux branches*; se modérer, s'empêcher de s'emporter.

RÉTENTION, *sf.* (on pr. *rétancion*), réserve : *rétention des fruits*. — *Rétention d'urine*, empêchement d'uriner.

RÉTENTIONNAIRE, *sm.* celui qui retient ce qui appartient à d'autres (*jurisp.*).

RETENTIR, *vn.* rendre, faire ou produire un son éclatant. *Fig.* être proclamé avec bruit : *ses louanges retentissent partout*.

RETENTISSANT, ANTE, *adj.* qui retentit.

RETENTISSEMENT, *sm.* bruit ou son rendu ou renvoyé avec éclat.

RETENTUM, *sm.* (mot latin; on pr. *rétintome*), article sous-entendu dans les arrêts que rendaient les anciens tribunaux. *Fig.* ce que l'on réserve en soi-même par duplicité en traitant une affaire (*fam.*).

RETENU, UE, *adj. part.* arrêté : *retenu par la crainte*. *Fig.* circonspect, sage, modéré : *homme fort retenu dans ses discours*.

RETENUE, *sf.* modération, discrétion, modestie; ce qu'on retient d'un traitement, d'un payement; privation de récréation ou de sortie.

RETERSAGE, *sm.* action de reterser; résultat de cette action.

RETERSER, *va.* donner un second labour à la vigne.

RÉTHEL, s.-préf. du dép. des Ardennes.

RÉTHELOIS, le pays de Réthel.

RÉTIAIRE, *sm.* (on pr. *réciaire*), espèce de gladiateur armé d'un filet.

RÉTICENCE, *sf.* suppression volontaire d'une chose que l'on devrait dire; cette chose même.

RÉTICULAIRE, *adj.* 2 g. qui ressemble à un réseau.

RÉTICULE, *sm.* (l. *reticulum* filet), instrument composé de fils croisés servant à mesurer le diamètre apparent des astres (*astr.*); gaine fibreuse qui entoure la base de certaines feuilles (*bot.*).

RÉTICULÉ, ÉE, *adj.* qui a la forme d'un réseau; garni de réticules, marqué de nervures en réseau (*bot.*).

RÉTIF, IVE, *adj.* qui s'arrête ou recule au lieu d'avancer (en parlant des bêtes de somme). *Fig. adj.* et *s.* difficile à conduire, à persuader.

RÉTIF DE LA BRETONNE, V. *Restif.*

RÉTIFORME, *adj.* 2 g. qui a la forme d'un rets (*anat.* et *bot.*).

RÉTINE, *sf.* membrane rétiforme qui tapisse le fond de l'œil et qui est formée par l'expansion du nerf optique (*anat.*).

RETIRATION, *sf.* impression du verso d'une feuille (*imprim.*).

RETIRÉ, ÉE, *adj.* solitaire, peu fréquenté, loin du monde.

RETIREMENT, *sm.* contraction, raccourcissement (*méd.*).

RETIRER, *va.* tirer de nouveau; tirer à soi; tirer d'un lieu: *retirer son fils du college;* reprendre: *retirer son enjeu;* percevoir, recueillir: *retirer de grands profits; retirer de la gloire;* donner retraite: *retirer chez soi un proscrit.* — *Fig. retirer sa protection,* cesser de l'accorder; *retirer sa parole,* se dégager de la promesse qu'on avait faite; *retirer son épingle du jeu,* se dégager d'une mauvaise affaire. — SE RETIRER, *vpr.* s'en aller; rentrer chez soi; quitter: *se retirer du commerce; se réfugier: se retirer dans les bois; s'accoupler:* les fibres se retirent. — *La rivière se retire,* elle rentre dans son lit.

RETIRURE, *sf.* creux dans une pièce coulée.

RETOMBÉE, *sf.* naissance d'une voûte (*arch.*).

RETOMBER, *vn.* tomber encore; tomber après s'être élevé. *Fig.* commettre la même faute, la même erreur; se dit aussi d'une perte, d'un dommage, etc., qui atteint quelqu'un, d'une maladie dont on est atteint de nouveau.

RETONDRE, *va.* tondre de nouveau.

RETORDEMENT, *sm.* action de retordre les soies.

RETORDRE, *va.* tordre de nouveau. *Fig. donner du fil à retordre,* causer de la peine, des embarras.

RÉTORQUABLE, *adj.* 2 g. qui peut être rétorqué.

RÉTORQUER, *va.* tourner contre son adversaire les arguments dont il s'est servi.

RETORS, ORSE, *adj.* retordu plusieurs fois, *Fig.* rusé, artificieux.

RÉTORSIF, IVE, *adj.* fait en rétorquant.

RÉTORSION, *sf.* action de rétorquer.

RETORTE, *sf.* cornue à bec recourbé.

RETOUCHE, *sf.* partie d'un tableau, d'une gravure qui a été retouchée, corrigée.

RETOUCHER, *va.* et *n.* toucher de nouveau. *Fig.* corriger, perfectionner: *retoucher un tableau, des vers,* etc.

RETOUR, *sm.* action de revenir; tour contraire, tour multiplié: *les tours et les retours de la rivière.* — *Fig.* changement, vicissitude: *les retours de la fortune;* reconnaissance, réciprocité de sentiments: *payez-le de retour;* ce que l'on donne de plus dans un échange: *donner cent francs de retour;* ruse, artifice: *homme qui a des retours adroits;* encoignure de bâtiment (*arch.*). — *Être sur le retour,* commencer à vieillir, à perdre de sa vigueur. *Faire un retour à Dieu,* se convertir. *Faire un retour sur soi-même,* réfléchir sur sa conduite. — SANS RETOUR, *loc. adv.* irrévocablement.

RETOURNE, *sf.* carte que l'on retourne au jeu et qui détermine l'atout.

RETOURNER, *vn.* aller de nouveau, revenir; recommencer à faire la même chose: *retourner au combat.* — *va.* tourner d'un autre sens, *retourner une carte.* — SE RETOURNER, *vpr.* faire volte-face, se placer dans un autre sens. *Fig.* employer d'autres moyens. — S'EN RETOURNER, *vpr.* s'en aller.

RETRACER, *va.* tracer de nouveau. *Fig.* raconter des choses passées, y penser. — SE RETRACER, *vpr.* se rappeler; revenir à la mémoire.

RÉTRACTATION, *sf.* action de se rétracter.

RÉTRACTER, *va.* et SE RÉTRACTER, *vpr.* dire le contraire de ce qu'on avait dit; désavouer une opinion qu'on avait avancée.

RÉTRACTILE, *adj.* 2 g. qui a la propriété de se retirer, de rentrer en dedans.

RÉTRACTILITÉ, *sf.* qualité de ce qui est rétractile.

RÉTRACTION, *sf.* (on pr. *rétraxion*), raccourcissement, contraction.

RETRAIRE, *va.* exercer un retrait (*jurisp.*).

RETRAIT, *sm.* action en justice par laquelle on retire un héritage qui avait été vendu (*jurisp.*); action de retirer un projet de loi; diminution de volume.

RETRAIT, AITE, *adj.* se dit des grains qui mûrissent sans être pleins.

RETRAITE, *sf.* action de se retirer; marche de troupes qui reculent, après un échec; batterie de tambours ou sonnerie pour rappeler les soldats à leur caserne; action de se retirer du monde; état d'une personne retirée; lieu où l'on se retire; pension d'un officier, d'un fonctionnaire, etc., retiré du service; diminution d'épaisseur, de volume; traite pour se rembourser d'une autre que l'on a payée (*com.*).

RETRAITÉ, *adj.* et *sm.* qui a pris sa retraite.

RETRAITER, *va.* traiter de nouveau.

RETRANCHEMENT, *sm.* suppression du tout ou d'une partie; travaux militaires pour se garantir d'une attaque. *Fig. forcer quelqu'un dans ses retranchements,* détruire ses raisons, ses prétextes.

RETRANCHER, *va.* séparer une partie d'un tout; supprimer, ôter entièrement: *retrancher à quelqu'un sa pension;* faire des retranchements: *retrancher le camp.* — SE RETRANCHER, *vpr.* se mettre à couvert par des retranchements; et *fig.* par des raisons, des prétextes, etc.; se restreindre: *se retrancher aux trois quarts de sa dépense.*

RETRAVAILLER, *va.* (ll m.), travailler de nouveau: *retravailler un discours.*

RÉTRÉCI, IE, *adj.* étroit, borné: *esprit rétréci; rues rétrécies.*

RÉTRÉCIR, *va.* rendre plus étroit. — *vn.* et SE RÉTRÉCIR, *vpr.* devenir plus étroit.

RÉTRÉCISSEMENT, *sm.* action par laquelle une chose est rétréci; état de ce qui est rétréci.

RETREMPER, *va.* tremper de nouveau. *Fig.* redonner de la force, de l'énergie: *retremper les esprits.* — SE RETREMPER, *vpr.* reprendre de l'énergie.

RETRESSER, *va.* tresser de nouveau.

RÉTRIBUÉ, ÉE, *adj. part.* qui donne droit à une rétribution : *emploi rétribué.*

RÉTRIBUER, *va.* donner un salaire, la récompense d'un service.

RÉTRIBUTION, *sf.* salaire; récompense d'un travail, d'un service.

RÉTROACTIF, IVE, *adj.* qui agit en arrière, dans le passé.

RÉTROACTION, *sf.* (on pr. *rétroaxion*), effet de ce qui est rétroactif.

RÉTROACTIVEMENT, *adv.* d'une manière rétroactive.

RÉTROACTIVITÉ, *sf.* qualité de ce qui est rétroactif.

RÉTROAGIR, *vn.* avoir un effet rétroactif.

RÉTROCÉDER, *va.* remettre à quelqu'un le droit qu'il nous avait cédé.

RÉTROCESSIF, IVE, *adj.* qui fait rétrocession.

RÉTROCESSION, *sf.* acte par lequel on rétrocède.

RÉTROCESSIONNAIRE, *sm.* celui à qui l'on rétrocède.

RÉTROGRADATION, *sf.* action de rétrograder : se dit en astronomie d'un mouvement par lequel les corps célestes vont ou paraissent aller contre l'ordre des signes.

RÉTROGRADE, *adj. 2 g.* qui se fait en arrière, qui se meut en arrière.

RÉTROGRADER, *vn.* aller en arrière, retourner en arrière.

RÉTROSPECTIF, IVE, *adj.* qui regarde en arrière, qui a trait au passé.

RÉTROSPECTIVEMENT, *adv.* d'une manière rétrospective.

RETROUSSEMENT, *sm.* action de retrousser.

RETROUSSÉ, ÉE, *adj. part.* relevé : *robe retroussée; nez retroussé.*

RETROUSSER, *va.* relever en haut. — SE RETROUSSER, *vpr.* relever par le bas sa robe, son manteau, etc.

RETROUSSIS, *sm.* (s finale nulle), partie d'un chapeau, des basques d'un vêtement, des bottes, qui est ou qui semble retroussée.

RETROUVER, *va.* trouver de nouveau; trouver ce que l'on avait perdu ou bien oublié. *Fig.* aller revoir; reconnaître : *retrouver dans un ouvrage les qualités de l'auteur.* — SE RETROUVER, *vpr.* se trouver de nouveau; être trouvé ; se reconnaître, etc.

RETS, *sm.* (on pr rè), filet. *Fig.* piège.

RETZ, (on pr. le *z*), petit pays de la Bretagne. — (LAVAL , maréchal de) , général de Charles VII, m. 1440. — (Albert de GONDI, maréchal de) , Italien qui suivit en France Catherine de Médicis, m. 1602. — (Pierre de GONDI , cardinal de), frère du précédent, évêque de Paris, m. 1616. — (Paul de GONDI, cardinal de), le célèbre coadjuteur (1614-1679).

RÉTUS, USE, *adj.* refoulé, comprimé : se dit d'une feuille terminée par un sinus peu profond (*bot.*).

REUCHLIN, célèbre philologue allemand (1455-1522).

RÉUNION, *sf.* action de réunir; résultat de cette action. *Fig.* réconciliation ; assemblée de personnes.

REUNION (île de la), île Bourbon.

RÉUNIR, *va.* rejoindre ce qui est séparé; ajouter, joindre. *Fig.* réconcilier , rassembler. — SE RÉUNIR, *vpr.* s'assembler, se joindre. *Fig.* concourir au même effet : *tout se réunissait pour le perdre.*

REUS, ville de Catalogne (Espagne).

REUSS, riv. de Suisse, affluent de l'Aar. — Principauté de Saxe, divisée en *Reuss-Schleiz* et *Reuss-Lobenstein-Ebersdorf.*

RÉUSSI, IE, *adj.* dont l'exécution est bonne : *tableau réussi*; qui est bien ce qu'il doit être : *portrait réussi.*

RÉUSSIR, *vn.* avoir du succès; avoir une bonne ou une mauvaise issue : *il faut voir comment ce projet réussira;* venir bien : *la vendange a réussi.* — *va.* bien exécuter : *réussir un tableau.*

RÉUSSITE, *sf.* bon succès; issue bonne ou mauvaise.

REUTLINGEN, ville de Wurtemberg.

REVALOIR, *va.* rendre la pareille (c. *valoir*).

REVANCHE, *sf.* action par laquelle on se revanche du mal ; seconde partie que joue le perdant pour se racquitter de la première. — EN REVANCHE, *loc. adv.* pour rendre la pareille, en récompense.

REVANCHER, *va.* défendre quelqu'un. — SE REVANCHER, *vpr.* se défendre; rendre la pareille (*fam.*).

REVANCHEUR, *sm.* celui qui revanche (peu usité).

RÉVASSER, *vn.* avoir divers rêves pendant un sommeil inquiet. *Fig.* penser vaguement (*fam.*).

RÉVASSERIE, *sf.* action de rêvasser. *Fig.* idée chimérique (*fam.*).

RÊVASSEUR, *sm.* celui qui rêvasse. Au fém. *rêvasseuse* (*fam.*).

RÊVE, *sm.* songe. *Fig.* projet ou idée chimérique; bonheur fort court : *ce ne fut qu'un beau rêve.*

REVÊCHE, *adj. 2 g.* rude, âpre. *Fig.* intraitable : *esprit revêche.*

RÉVEIL, *sm.* (l m.), cessation de sommeil; réveille-matin. *Fig.* retour : *le réveil du printemps;* renaissance, *le réveil de la nature.*

RÉVEILLE-MATIN, *sm.* (ll m.), sorte d'horloge dont le timbre réveille à l'heure voulue. *Fig.* bruit, nouvelle du matin (*inv.*).

RÉVEILLER, *va.* (ll m.), faire cesser le sommeil de quelqu'un. *Fig.* exciter; animer : *réveiller l'ardeur;* renouveler : *réveiller la douleur.* — SE RÉVEILLER, *vpr.* s'éveiller. *Fig.* se ranimer, se renouveler.

RÉVEILLON, *sm.* (ll m.), repas extraordinaire vers minuit.

REVEL, p. ville (Haute-Garonne). — ville et port de Russie, sur le golfe de Finlande.

RÉVÉLATEUR, TRICE, *s.* celui, celle qui fait une révélation.

RÉVÉLATION, *sf.* action de révéler; chose révélée; inspiration par laquelle Dieu a fait connaître des mystères, sa volonté, etc.; la religion révélée.

RÉVÉLER, *va.* découvrir, déclarer une chose qui était inconnue ou secrète. — SE RÉVÉ-

LER, *vpr.* se manifester : *sa méchanceté se révèle.*

REVENANT, *sm.* esprit que l'on suppose revenir de l'autre monde.

REVENANT, ANTE, *adj.* qui plaît : *air revenant.*

REVENANT-BON, *sm.* profit casuel et éventuel. *Fig.* avantage (pl. *revenants-bons*).

REVENDEUR, EUSE, *s.* celui, celle qui revend.

REVENDICABLE, *adj.* 2 *g.* que l'on a le droit de revendiquer.

REVENDICATION, *sf.* action de revendiquer.

REVENDIQUER, *va.* réclamer ce qui nous appartient.

REVENDRE, *va.* vendre ce qu'on avait acheté ; vendre de nouveau *Fig. avoir d'une chose à revendre,* en avoir abondamment ; *en revendre à quelqu'un,* être plus fin, plus rusé que lui.

REVENIR, *vn.* venir une autre fois ou de nouveau ; retourner en un lieu. *Fig.* reparaître, se faire encore sentir ' *la fièvre reviendra ;* croître de nouveau, repousser : *mes ongles reviennent ;* recommencer à faire : *revenir à son travail ;* se rétablir, se remettre au même état : *les forces lui reviennent ;* apparaître : *des esprits reviennent en ce lieu ;* causer des rapports d'estomac : *aliments qui reviennent ;* être conforme, semblable : *son humeur revient à la mienne ;* plaire : *son air me revient ;* coûter : *ce vêtement revient à cent francs ;* résulter : *le profit qui m'en revient n'est pas grand. Revenir de ses erreurs,* en être désabusé ; *revenir à la charge,* insister ; *revenir à soi,* reprendre ses esprits ; *ne pas en revenir,* demeurer tout étonné ; *revenir sur ce qu'on a dit,* changer de manière de voir, de penser.

REVENTE, *sf.* seconde vente.

REVENU, *sm.* ce que l'on retire annuellement d'un domaine, d'un emploi, etc.

REVENUE, *sf.* jeune bois qui repousse sur une coupe.

RÊVER, *vn.* faire un ou des rêves. *Fig.* être en délire, dire des choses extravagantes ; être distrait ; penser, méditer : *rêver à une affaire.* — *va.* désirer vivement : *rêver des dignités.*

RÉVERBÉRANT, ANTE, *adj.* qui réverbère.

RÉVERBÉRATION, *sf.* reflexion de la lumière, de la chaleur.

RÉVERBÈRE, *sm.* miroir réflecteur adapté à une lampe ; lampe à réflecteur qui éclaire les rues.

RÉVERBÉRER, *va.* et *n.* réfléchir, renvoyer la chaleur ou la lumière.

REVERDIR, *va.* repeindre en vert. — *vn.* redevenir vert. *Fig.* rajeunir.

REVERDISSEMENT, *sm.* action de reverdir.

RÉVÉREMMENT, *adv.* avec respect.

RÉVÉRENCE, *sf.* respect ; titre d'honneur de certains religieux ; sorte de salut que l'on fait en pliant les genoux.

RÉVÉRENCIELLE, *adj. f. Crainte révérencielle,* mêlée de respect.

RÉVÉRENCIEUSEMENT, *adv.* avec respect, d'une manière humble.

RÉVÉRENCIEUX, EUSE, *adj.* qui affecte de faire beaucoup de révérences. *Fig.* humble et cérémonieux.

RÉVÉREND (*d* nul), ENDE, *adj.* et *s.* digne d'être révéré (titre que l'on donne aux prélats, aux religieux et aux religieuses).

RÉVÉRENDISSIME, *adj.* 2 *g.* très-vénérable (titre d'honneur des hauts dignitaires de l'Église).

RÉVÉRER, *va.* honorer, respecter.

RÊVERIE, *sf.* état de l'esprit occupé d'idées vagues, gaies ou tristes ; idée extravagante, chimère ; délire.

REVERNIR, *va.* vernir de nouveau.

REVERS, *sm.* (*s* nulle), côté d'une chose opposé à celui que l'on regarde ou qui se présente d'abord ; parties repliées d'un habit, d'un vêtement ; côté d'une médaille opposé à l'effigie. *Fig.* disgrâce, accident subit et malheureux. *Revers de la médaille,* mauvais côté d'une affaire, d'un caractère ; *coup de revers,* coup de gauche à droite, d'arrière-main.

REVERSEMENT, *sm.* transbordement (*mar.*).

REVERSER, *va.* verser de nouveau ; transborder.

REVERSI ou REVERSIS, *sm.* sorte de jeu de cartes.

RÉVERSIBILITÉ, *sf.* qualité de ce qui est réversible.

RÉVERSIBLE, *adj.* 2 *g.* qui peut faire retour à telle personne désignée : *pension réversible sur le fils.*

RÉVERSION, *sf.* retour d'un bien à son premier propriétaire ou à quelqu'un qui, dans certains cas, y a droit.

REVÊTEMENT, *sm.* sorte de placage de mortier, de bois, etc. (*arch.*) ; ouvrage pour retenir les terres d'un fossé.

REVÊTIR, *va.* donner des vêtements ; mettre un vêtement ; enduire, couvrir d'un vêtement. *Fig.* donner un titre, un emploi, des dignités, etc. donner une forme, une apparence : *revêtir l'erreur des apparences de la vérité.* — SE REVÊTIR, *vpr.* s'habiller. *Fig.* se donner une qualité.

REVÊTU, UE, *adj. part.* habillé, recouvert. *Fig.* orné, décoré.

RÊVEUR, EUSE, *adj.* et *s.* qui rêve. *Fig.* extravagant.

REVIENT, *sm.* (on pr. *reviên*), se dit du prix auquel revient une chose.

REVIREMENT, *sm.* action de revirer (*mar.*) ; transport de créance (*com.*).

REVIRER, *vn.* tourner d'un autre côté (*mar.*) *Fig. revirer de bord,* changer de parti.

REVISER, *va.* examiner de nouveau.

RÉVISEUR, *sm.* celui qui revoit après un autre.

RÉVISION, *sf.* action par laquelle on examine de nouveau. *Conseil de révision,* tribunal qui révise les jugements des conseils de guerre ; conseil qui s'assure que les conscrits sont propres au service.

REVISITER, *va.* visiter de nouveau.

RÉVIVIFICATION, *sf.* action de revivifier.

RÉVIVIFIER, *va.* vivifier de nouveau. *Fig.*

donner une nouvelle vie spirituelle; remettre un métal en son état naturel.

REVIVRE, *vn.* vivre do nouveau. *Fig.* renaître; renouveler, se renouveler. *Faire revivre*, donner plus d'éclat, de force, etc.

RÉVOCABLE, *adj.* 2 *g.* qui peut être révoqué.

RÉVOCABILITÉ, *sf.* état ou qualité de ce qui est révocable.

RÉVOCATIF, IVE, *adj.* qui révoque.

RÉVOCATION, *sf.* action de révoquer.

RÉVOCATOIRE, *adj.* 2 *g.* qui révoque.

REVOICI, REVOILÀ, *prép.* voici, voilà de nouveau.

REVOIR, *va.* voir de nouveau, examiner derechef (c. *voir*). — 'À REVOIR, *loc. adv.*, pour indiquer un nouvel examen; AU REVOIR, *loc. adv.* formule de politesse que l'on emploie en se quittant.

REVOLER, *vn.* voler de nouveau avec des ailes. *Fig.* retourner rapidement vers : *revoler au combat.*

RÉVOLTANT, ANTE, *adj.* qui révolte, qui indigne, qui choque.

RÉVOLTE, *sf.* rébellion, soulèvement contre l'autorité supérieure.

RÉVOLTÉ, *adj.* et *sm.* qui s'est révolté contre l'autorité.

RÉVOLTER, *va.* soulever, porter à la révolte. *Fig.* choquer, indigner. — SE RÉVOLTER, *vpr.* se soulever, s'indigner contre.

RÉVOLU, UE, *adj.* achevé, complet.

RÉVOLUTÉ, ÉE, *adj.* roulé en dehors (*bot*).

RÉVOLUTION, *sf.* retour d'un astre au point d'où il était parti (*astr.*); tour accompli autour d'un axe. *Fig.* changement violent dans un gouvernement, dans les choses, dans une situation, etc.; forte émotion.

RÉVOLUTIONNAIRE, *adj.* 2 *g.* qui a rapport à la révolution. — *sm.* partisan de la révolution.

RÉVOLUTIONNAIREMENT, *adv.* d'une façon révolutionnaire.

RÉVOLUTIONNER, *va.* mettre en révolution. *Fig.* émouvoir fortement.

REVOLVER, *sm.* (on pr. l'r finale), pistolet à plusieurs canons tournants (m. anglais).

REVOMIR, *va.* vomir de nouveau; vomir ce qu'on a avalé.

RÉVOQUER, *va.* rappeler, destituer, annuler.

REVOULOIR, *va.* vouloir de nouveau, vouloir encore.

REVUE, *sf.* recherche, inspection exacte; évolutions et défilé de troupes; sorte de brochure périodique.

RÉVULSIF, IVE, *adj.* et *s.* qui opère une révulsion, c.-à-dire qui détourne d'un organe la maladie qui semble s'y fixer (*méd.*).

RÉVULSION, *sf.* action des révulsifs (*méd.*).

REWBELL, membre du Comité de salut public et du Directoire (1746-1810).

REYNIER, général français, né à Lausanne (1771-1814).

REYNOLDS, célèbre peintre anglais (1723-1792).

REYSSOUSSE, rivière de France, affluent de la Saône.

REZ, *prép.* tout contre.

REZ-DE-CHAUSSÉE, *sm.* (inv.), niveau de terrain, partie de la maison qui est au niveau du sol.

RHABDOLOGIE, V. *Rabdologie*.

RHABDOMANCIE, V. *Rabdomancie*.

RHABILLAGE, *sm.* (*ll m.*), raccommodage.

RHABILLER, *va.* (*ll m.*), habiller de nouveau. *Fig.* rectifier, pallier une faute.

RHADAMANTHE, juge des enfers (*myth.*).

RHADAMISTE, roi d'Arménie; m. 54.

RHAMNACÉES ou **RHAMNÉES**, *sf. pl.* famille de plantes dont le nerprun ou *rhamnus* est le type (*bot.*).

RHAMSÈS, V. *Ramsès*.

RHAPONTIC, *sm.* espèce de rhubarbe.

RHAPSODE, **RHAPSODIE**, **RHAPSODISTE**, V. *Rapsode*, etc.

RHÉ (île de), V. *Ré*.

RHÉA SYLVIA, mère de Romulus et de Remus.

RHÉE ou **RHÉA**, Cybèle (*myth.*).

RHEIMS, V. *Reims*.

RHÉNAN, ANE, *adj.* du Rhin.

RHÉOMÈTRE, *sm.* (gr. *rheô* couler, *métron* mesure), instrument qui sert à mesurer les courants électriques (*phys.*).

RHÉOPHORE, *sm.* (gr. *rheô* couler, *phérô* porter), appareil conducteur d'un courant électrique (*phys.*).

RHÉOSTAT, *sm.* (gr. *rheô* couler; *stad* établir, réprimer), appareil qui sert à modifier la longueur du circuit que parcourt un courant électrique (*phys.*).

RHÉSUS, roi de Thrace, tué par Diomède au siège de Troie.

RHÉTEUR, *sm.* celui qui enseigne l'art de bien dire. *Fig.* orateur emphatique et affecté.

RHÉTIE, partie de la Gaule cisalpine, auj. canton des Grisons.

RHÉTIQUES (ALPES), V. *Alpes*.

RHÉTORICIEN, *sm.* celui qui sait la rhétorique ou qui l'étudie.

RHÉTORIQUE, *sf.* art de bien dire, traité de cet art, classe où on l'enseigne. *Fig.* affectation de langage; discours pour persuader.

RHIN, fleuve. Il donne son nom à deux départements : le *Haut-Rhin*, ch.-l. *Colmar*; et le *Bas-Rhin*, ch.-l. *Strasbourg*.

RHINANTHACÉES ou **RHINANTHÉES**, *sf. pl.* famille de plantes dont le type est le rhinanthe (*bot.*).

RHINGRAVE, *sm.* titre de certains nobles allemands. — *sf.* sorte de haut-de-chausses.

RHINOCÉROS, *sm.* (on pr. l's), grand quadrupède portant une ou deux cornes sur le nez.

RHIPIPTÈRES, *sm.* (gr. *rhipis* éventail, *ptéron* aile), ordre d'insectes qui ont les ailes pliées en forme d'éventail (*zool.*).

RHIZOCARPÉES, *sf. pl.* (gr. *rhiza* racine; *karpos* graine, semence), famille de plantes qui ont leurs semences dans un involucre placé à la base des feuilles sur la racine ou rhizome (*bot.*).

RHIZOLITHE, *sf.* (gr. *rhiza* racine, *lithos* pierre), racine ou plante pétrifiée.

RHIZÔME, sm. (gr. *rhizôma* souche), tige qui rampe au-dessous du sol, émettant dans sa partie antérieure des racines fibreuses, des bourgeons, etc., tandis que la partie postérieure se détruit peu à peu (bot.).

RHIZOPHAGE, adj. 2 g. (gr. *rhiza* racine, *phagéin* manger), qui vit de racines.

RHODE-ISLAND, l'un des États de l'Union (États-Unis).

RHODES, île sur la côte de l'Asie Mineure ; sa capitale.

RHODEZ ou RODEZ, ch.-l. du dép. de l'Aveyron.

RHODIUM, sm. (on pr. *rodiome*), métal, l'un des corps simples de la chimie.

RHODODENDRACÉES ou RHODERACÉES, sf. pl. famille de plantes dont le type est le rhododendron (bot.).

RHODODENDRON, sm. (gr. *rhodon* rose, *dendron* arbre), arbuste ; sa fleur.

RHODOPE (mont), dans l'anc. Thrace, auj. *Despoto-Dagh*.

RHOMBE, sm. losange (géom.) ; genre de coquille ou de poisson.

RHOMBOÏDAL, ALE, adj. qui a la forme d'un rhombe ou d'un rhomboïde.

RHOMBOÏDE, sm. (gr. *rhombos* rhombe, *éidos* forme), quadrilatère qui ressemble a un rhombe ; solide a six faces parallèles deux à deux et dont chacune est un rhombe (géom.).

RHÔNE, fleuve de France. Il donne son nom à deux départements : du *Rhône*, ch.-l. *Lyon* ; et des *Bouches-du-Rhône*, ch.-l. *Marseille*.

RHUBARBE, sf. plante médicinale dont la racine est tonique et purgative.

RHUM, sm. (on pr. *rome*), eau-de-vie de sucre.

RHUMATISÉ, ÉE, adj. qui a un rhumatisme.

RHUMATISMAL, ALE, ou RHUMATIQUE, adj. qui appartient au rhumatisme.

RHUMATISME, sm. maladie inflammatoire des muscles et des articulations.

RHUME, sm. irritation de la gorge accompagnée de toux, d'enrouement et d'expectoration.

RHYTHME, sm. (gr. *rhythmos* mesure), mouvement successif et soumis à certaines proportions ; cadence, mesure.

RHYTHMIQUE, adj. 2 g. qui appartient au rhythme.

RHYTON, sm. vase antique en forme de corne (arch.).

RIAILLERIE, sf. (Il m.), ris fréquents.

RIANS, ch.-l. de canton (Var).

RIANT, ANTE, adj. qui annonce de la gaieté. *Fig.* gracieux, agréable à la vue.

RIBAMBELLE, sf. longue suite (fam.).

RIBAUD, AUDE, adj. et s. impudique, débauché.

RIBAUDERIE, sf. action de ribaud.

RIBEAUVILLÉ, ch.-l. de canton (H.-Rhin).

RIBEIRA ou RIBÉRA, V. Espagnolet.

RIBÉRAC, s.-préf. du dép. de la Dordogne.

RIBÉSIACÉES ou RIBÉSIÉES, sf. pl. (l. *ribesium* groseiller), famille ou tribu de plantes dont le groseiller est le type (bot.).

RIBOTE, sf. débauche, excès de table (pop.).

RIBOTER, vn. faire ribote (pop.).

RIBOTEUR, EUSE, adj. qui aime à riboter (pop.).

RICANEMENT, sm. action de ricaner.

RICANER, vn. rire à demi par sottise ou par malice.

RICANERIE, sf. ris moqueur.

RICANEUR, EUSE, s. celui, celle qui ricane.

RICARD, traducteur français de Plutarque (1741-1803).

RICARDO, célèbre économiste anglais (1772-1823).

RIC-A-RIC, loc. adv. avec une exactitude rigoureuse (fam.).

RICCOBONI (Mme), femme auteur française (1713-1792).

RICEYS (LES), ch.-l. de canton (Aube).

RICHARD, sm. homme extrêmement riche (fam.).

RICHARD (St), évêque anglais, m. 1253.

RICHARD, nom de trois rois d'Angleterre : RICHARD Ier *Cœur-de-lion* (1157-1199) ; RICHARD II, fils du *Prince Noir* (1377-1399) ; et RICHARD III *Glocester* (1452-1485).

RICHARD (Louis-Claude), botaniste français (1754-1821). — (Achille), fils du précédent et botaniste (1794-1852).

RICHARD-LENOIR, célèbre manufacturier français (1765-1840).

RICHARDSON (Samuel), célèbre romancier anglais (1689-1761).

RICHE, adj. 2 g. et sm. qui a beaucoup de biens. *Fig.* abondant, fertile : *pays riche ; magnifique*, très-orné : *style riche*.

RICHELET, grammairien et lexicographe français (1631-1698).

RICHELIEU, ch.-l. de canton (Indre-et-Loire).

RICHELIEU (Armand DU PLESSIS, cardinal de), célèbre ministre de Louis XIII (1585-1642). — (duc de), maréchal de France (1696-1788). — (duc de), petit-fils du précédent et ministre de Louis XVIII (1766-1822).

RICHEMENT, adv. d'une manière riche.

RICHEMOND (Henri TUDOR, comte de), roi d'Angleterre sous le nom de *Henri VII*.

RICHEMONT (duc de), connétable de France, puis duc de Bretagne (1393-1458).

RICHEPANSE, général français (1770-1802).

RICHERAND, célèbre chirurgien français (1779-1840).

RICHESSE, sf. abondance de biens. *Fig.* fécondité, magnificence.

RICHISSIME, adj. 2 g. extrêmement riche (fam.).

RICHTER (Jean-Paul), célèbre littérateur allemand (1763-1825).

RICIMER, général romain, Suève d'origine, m. 472.

RICIN, sm. plante qui fournit une huile purgative.

RICOCHER, vn. faire des ricochets.

RICOCHET, sm. (t nul), bond que fait une pierre jetée obliquement sur la surface de l'eau ; bonds répétés des projectiles. *Fig.*

suite d'événements amenés les uns par les autres; moyens indirects.

RICTUS, sm. large ouverture de la bouche.

RIDE, sf. pli sur le visage, sur les mains, etc., sur la peau des fruits. *Fig.* se dit de l'eau qui cesse d'être unie.

RIDÉ, ÉE, adj. qui a des rides.

RIDEAU, sm. morceau d'étoffe suspendu et mobile qui sert à couvrir ou à cacher: toile de théâtre. *Fig.* arbres ou arbrisseaux plantés en haie. *Se tenir derrière le rideau*, diriger secrètement une affaire.

RIDELLE, sf. côté d'une charrette en forme de râtelier.

RIDER, va. faire des rides.

RIDICULE, adj. 2 g. digne de moquerie. — sm. ce qui est ridicule. ce qui prête à rire; sorte de sac.

RIDICULEMENT, adv. d'une façon ridicule.

RIDICULISER, va. rendre ridicule; tourner en ridicule.

RIDICULITÉ, sf. qualité de ce qui est ridicule; action, parole ridicule.

RIEGO, général espagnol (1785-1823).

RIEN, sm. néant, nulle chose; peu de chose: *un rien le fâche*. Au *pl.* bagatelles.

RIENZI (Nicolas), tribun qui essaya de rétablir la république à Rome en 1347; m. 1354.

RIEUR, EUSE, s. celui, celle qui rit, qui aime à rire.

RIEZ, ch.-l. de canton (B.-Alpes).

RIFLARD, sm. (d nul) sorte de grand rabot, de ciseau; parapluie (pop.).

RIFLER, va. enlever avec un riflard; polir avec le rifloir. *Fig.* enlever (pop.).

RIFLOIR, sm. lime recourbée.

RIGA, ville et port de Russie.

RIGAUD (Hyacinthe), peintre français (1659-1743).

RIGAUDON, V. *Rigodon*.

RIGIDE, adj. 2 g. qui est roide, inflexible. *Fig.* austère, dur, sévère, exact.

RIGIDEMENT, adv. avec rigidité.

RIGIDITÉ, sf. qualité de ce qui est rigide. *Fig.* grande sévérité, grande exactitude, austérité.

RIGNY (de), contre-amiral, ministre de la marine sous Louis-Philippe (1783-1835).

RIGODON, sm. air très-animé; danse sur cet air.

RIGOLE, sf. petit canal pour faire couler l'eau dans un jardin, dans un pré.

RIGOLER, vn. et SE RIGOLER, vpr. se réjouir (pop.).

RIGORISME, sm. manière de juger du rigoriste; morale trop sévère.

RIGORISTE, s. et adj. 2 g. celui, celle qui s'est fait un système de porter sur les actes moraux des jugements rigoureux.

RIGOUREUSEMENT, adv. avec rigueur.

RIGOUREUX, EUSE, adj. plein de rigueur, sévère à l'égard des autres; dur, âpre, difficile à supporter: *froid rigoureux*.

RIGUEUR, sf. qualité de ce qui est rigoureux; sévérité, dureté, âpreté; grande exactitude. — A LA RIGUEUR, loc. adv. sans adoucissement, à la lettre, avec une extrême sévérité.

RILLE, riv. de France, affluent de la Seine.

RIMAILLER, vn. (ll m.), faire de mauvais vers (fam.).

RIMAILLEUR, sm. (ll m.), celui qui fait de mauvais vers (fam.).

RIME, sf. uniformité de son dans la terminaison des vers. Au *pl.* vers.

RIMER, vn. se dit des mots qui ont la même terminaison et de l'action de faire des vers. — va. mettre en vers.

RIMEUR, sm. mauvais poète.

RIMEUX, EUSE, adj. plein de fentes, crevasse, fendillé.

RIMINI, p. ville d'Italie, près de l'Adriatique.

RIMULE, sf. petite fente sur certaines coquilles.

RINCEAU, sm. ornement composé de branches et de fruits entrelacés.

RINCÉE, sf. pluie. *Fig.* grêle de coups (pop.).

RINCER, va. nettoyer en lavant et en frottant. *Fig.* mouiller; battre ou gronder (pop.).

RINÇURE, sf. l'eau qui a servi à rincer. *Fig.* vin trop chargé d'eau.

RINGARD, sm. (d nul), bâton ferré; barre pour remuer le charbon, pour manier les pièces à forger.

RINGRAVE, V. *Rhingrave*.

RIO-COLORADO, nom de trois rivières d'Amérique.

RIO DE LA PLATA, V. *Plata*.

RIO-JANEIRO, capitale du Brésil.

RIOM, s.-préf. du Puy-de-Dôme.

RIO-NEGRO, nom de plusieurs fleuves d'Amérique.

RIOTER, vn. rire à demi (pop.).

RIOTEUR, EUSE, s. celui, celle qui riote (pop.).

RIPAILLE (ll m.), château en Savoie, sur le lac de Genève. — sf. grande chère: *faire ripaille* (fam.).

RIPE, sf. outil pour gratter.

RIPER, va. ratisser avec la ripe.

RIPHÉES (monts), placés par les anciens au N. de la Scythie.

RIPOPÉE, sf. mélange de différents restes de vin. *Fig.* écrit composé d'idées incohérentes et vulgaires.

RIPOSTE, sf. repartie prompte; coup porté en parant.

RIPOSTER, vn. répliquer vivement; repousser un coup, une injure; parer.

RIPUAIRE, adj. 2 g. se dit des anciens peuples germains des bords du Rhin et de la Meuse. V. *Francs*.

RIQUET, ingénieur français, auteur du canal du Languedoc (1604-1680).

RIQUIER (St), abbé; m. 645.

RIRE, vn. faire un certain mouvement de la bouche, souvent avec éclats de voix, et qui exprime la gaieté. *Fig.* plaire, être agréable: *cela rit à l'imagination*; plaisanter, se divertir, railler; ne pas se soucier de se moquer: *il rit de vos menaces*. — SE RIRE, vpr. se moquer. — *Ind. pr.* je ris, tu ris, il rit, n. rions, v. riez, ils rient; *imp.* je riais, tu riais, il riait, n. riions, v. riiez, ils riaient; *p. déf.* je ris; *fut.* je rirai; *cond.* je rirais; *impér.* ris, rions, riez; *subj. pr.* que je rie, que tu ries, qu'il rie, que n. riions, que v. riiez, qu'ils rient; *imp.* que je risse; *part. pr.* riant; *part. p.* ri (pas de *f.*).

RIRE ou **RIS,** *sm.* action de rire.

RIS, *sm.* (*s* nulle), rire; corps glanduleux de la gorge du veau. — *m. pl.* œillets qui sont à la toile d'un navire et qui servent à la resserrer à volonté.

RISBAN, *sm.* terre-plein garni de canons pour la défense d'un port.

RISÉE, *sf.* grand éclat de rire de plusieurs personnes; moquerie; objet de la moquerie : *être la risée du public.*

RISETTE, *sf.* petit ris.

RISIBILITÉ, *sf.* faculté de rire.

RISIBLE, *adj.* 2 g. qui est propre à faire rire, qui est digne de moquerie.

RISQUABLE, *adj.* 2 g. où il y a du risque; que l'on peut risquer avec quelque chance de succès.

RISQUE, *sm.* péril, danger. — 'A TOUT RIS-QUE, *loc. adv.* à tout hasard.

RISQUER, *va.* hasarder; courir le risque, le hasard de : *risquer le passage.* — SE RIS-QUER, *vpr.* se hasarder, tenter le succès.

RISSOLE, *sf.* sorte de pâtisserie frite.

RISSOLER, *va.* cuire de manière à donner au mets une couleur dorée.

RISWIC ou **RISWIK,** V. *Ryswyck.*

RIT (on pr. le t), ou **RITE,** *sm.* ordre prescrit dans les cérémonies religieuses. Le *pl.* est toujours *rites* et désigne les cérémonies mêmes.

RITOURNELLE, *sf.* petit morceau de musique qui précède ou suit un chant. *Fig.* retour fréquent des mêmes idées.

RITUEL, *sm.* livre des cérémonies, des prières relatives aux fonctions curiales et à l'administration des sacrements.

RIVAGE, *sm.* ensemble des choses qui constituent la rive, les bords.

RIVAL, ALE, *adj.* et *s.* concurrent.

RIVALISER, *vn.* disputer de talent, de mérite; égaler.

RIVALITÉ, *sf.* concurrence, émulation.

RIVAROL, littérateur français (1754-1801).

RIVE, *sf.* bord d'un fleuve, d'une rivière, d'un lac, etc.

RIVE-DE-GIER, p. ville (Loire).

RIVER, *va.* abattre et aplatir la pointe d'un clou de l'autre côté de l'objet qu'il perce. *Fig. river à quelqu'un son clou,* lui répondre vertement; *river les fers, les chaînes,* rendre l'esclavage plus assuré.

RIVERAIN, AINE, *adj.* qui est le long de la rive. — *sm.* qui habite, qui possède un bien le long d'une rivière, d'une forêt, d'un chemin, etc.

RIVESALTES, p. ville (Pyrénées-Orles).

RIVET, *sm.* (*t* nul), clou rivé.

RIVIÈRE, *sf.* cours d'eau qui coule dans un lit assez large. *Fig. rivière de diamants,* collier.

RIVOLI, village d'Italie près du lac de Garde. Victoire du général Bonaparte sur les Autrichiens en 1797.

RIVULAIRE, *adj.* 2 g. qui croît dans les ruisseaux (*bot.*).

RIVURE, *sf.* broche de fer qui entre dans les charnières des fiches.

RIXDALE, *sf.* monnaie de plusieurs États du Nord.

RIXE, *sf.* querelle accompagnée d'injures et quelquefois de coups.

RIXHEIM, p. ville (H.-Rhin).

RIZ, *sm.* (*z* nulle), plante céréale à grains blancs; ces grains mêmes.

RIZIÈRE, *sf.* terre semée de riz.

RIZZIO (David), secrétaire de Marie Stuart, m. 1566.

ROANNE, s.-préf. du dép. de la Loire.

ROB, *sm.* suc depuré de fruits cuits.

ROB ou **ROBRE,** *sm.* partie liée au jeu de whist.

ROBBIA (Luc *della*), sculpteur florentin, inventeur des bas-reliefs en terre cuite émaillée, 15e s.

ROBE, *sf.* sorte de vêtement long avec des manches. *Fig.* profession des gens de loi, des ecclésiastiques; couleur du poil des animaux.

ROBERT (St), fondateur de l'ordre de Cîteaux (1024-1110).

ROBERT, nom de plus. rois et princes; entre autres : ROBERT LE FORT, duc de France et tige des Capétiens, m. 866; ROBERT Ier, roi de France, fils du précédent, m. 923; RO-BERT II *le Pieux,* roi de France (970-1031); ROBERT Ier *le Magnifique* ou *le Diable,* duc de Normandie, m. 1035; ROBERT II *Courte Heuse,* fils de Guillaume le Conquérant et duc de Normandie, m. 1134; ROBERT GUISCARD, fils de Tancrède de Hauteville et duc de Pouille, m. 1085; ROBERT DE COURTENAY, empereur de Constantinople, m. 1228; RO-BERT BRUCE, roi d'Écosse, m. 1329.

ROBERT (Hubert), peintre paysagiste français (1733-1808). — (Léopold), célèbre peintre français (1794-1835).

ROBERT-D'ARBRISSEL (St), fondateur de l'abbaye de Fontevrault (1047-1117).

ROBERT DE VAUGONDY, nom de deux géographes français : le père, m. 1766; le fils, m. 1786.

ROBERTSON (William), historien anglais (1721-1793). — (Étienne), physicien et aéronaute belge (1763-1837).

ROBERT WACE (on pr. *Ouace*), poète et chroniqueur anglo-normand; m. 1184.

ROBERVAL, savant géomètre et mécanicien français (1602-1675).

ROBESPIERRE (Maximilien), célèbre révolutionnaire, membre du Comité de salut public (1759-1794).

ROBIN, *sm.* homme de robe (se prend en mauvaise part). *Fig.* homme dont on fait peu de cas.

ROBINET, *sm.* (*t* nul), tuyau avec clé pour arrêter ou faire couler un liquide à volonté.

ROBINIER, *sm.* vrai nom de l'arbre appelé vulgairement *acacia.*

ROBIQUET, chimiste français (1780-1840).

ROBOAM, fils de Salomon et roi de Juda, m. 946 av. J. C.

ROBORATIF, IVE, *adj.* qui fortifie (*méd.*).

ROBRE, V. *Rob*.

ROBUSTE, *adj.* 2 g. fort, vigoureux. *Fig.* ferme, énergique.

ROBUSTEMENT, *adv.* d'une manière robuste.

ROBUSTICITÉ, *sf.* état d'une personne robuste.

ROC, *sm.* masse de pierre très-dure qui tient à la terre.

ROCAILLE, *sf.* (*ll m.*), ensemble de cailloux et de coquilles figurant un roc.

ROCAILLEUR, *sm.* (*ll m.*), ouvrier qui fait des rocailles.

ROCAILLEUX, EUSE, *adj.* (*ll m.*), plein de petits cailloux. *Fig. style rocailleux*, dur, désagréable à l'oreille.

ROCAMBOLE, *sf.* sorte d'ail doux. *Fig.* chose piquante (*fam.*).

ROCH (St), né à Montpellier vers 1295, m. 1327.

ROCHAMBEAU (comte de), maréchal de France (1725-1807). — (vicomte de), fils du précédent et général français (1750-1813).

ROCHE, *sf.* roc ; substances minérales en masse (*min.*).

ROCHECHOUART, s.-préf. du dép. de la Haute-Vienne.

ROCHEFORT, port militaire et s.-préf. (Charente-Inférieure).

ROCHEFORT (de), littérateur français (1731-1788).

ROCHEFOUCAULD (LA), V. *La Rochefoucauld*.

ROCHEJAQUELEIN (LA), V. *La Rochejaquelein*.

ROCHELLE (LA), V. *La Rochelle*.

ROCHER, *sm.* roc escarpé, élevé et terminé en pointe. *Fig. cœur de rocher*, cœur dur et insensible.

ROCHESTER, ville d'Angleterre. — (*Wilmot*, comte de), poète anglais (1648-1680).

ROCHET, *sm.* (*t nul*), sorte de surplis des ecclésiastiques.

ROCHETTE, archéologue et antiquaire français (1789-1854).

ROCHEUX, EUSE, *adj.* couvert de rochers ou de roches. MONTS ROCHEUX ou MONTAGNES ROCHEUSES, dans l'Amérique du Nord.

ROCOCO, *sm. et adj.* genre vieilli, mauvais goût de l'art.

ROCOU, V. *Roucou*.

ROCOUX ou RAUCOUX, village de Belgique. Victoire du maréchal de Saxe sur les alliés, en 1746.

ROCROI ou ROCROY, s.-préf. (Ardennes). Victoire de Condé sur les Espagnols, en 1643.

RÔDER, *vn.* errer, fureter, aller çà et là.

RODERIC ou RODRIGUE, dernier roi des Wisigoths d'Espagne ; m. 711.

RÔDEUR, *sm.* celui qui rôde.

RODEZ, V. *Rhodez*.

RODNEY, amiral anglais (1717-1792).

RODOGUNE, femme de Démétrius Nicator, roi de Syrie ; 140 av. J. C.

RODOLPHE Ier *de Habsbourg*, empereur d'Allemagne (1218-1291). — RODOLPHE II, empereur d'Allemagne (1552-1611). — Nom de trois rois de la Bourgogne transjurane. V. *Raoul*.

RODOMONT, *m.* (*t nul*), fanfaron.

RODOMONTADE, *sf.* fanfaronnade.

RODOSTO, ville et port de la Turquie d'Europe, sur la mer de Marmara.

RODRIGUE, V. *Roderic et Cid*.

ROEDERER (comte), sénateur, ministre du roi Joseph Bonaparte à Naples (1754-1835).

ROEMER, célèbre astronome danois (1644-1710).

ROER, riv. de la Prusse rhénane, affluent de la Meuse.

ROGATIONS, *sf. pl.* prières publiques pour les biens de la terre.

ROGATOIRE, *adj.* 2 g. *Commission rogatoire*, adressée par un juge à un autre juge pour l'inviter à faire quelque acte de procédure.

ROGATON, *sm.* restes de viande. *Fig.* ouvrage littéraire de rebut.

ROGER (St), évêque, 10e s.

ROGER Ier, fils de Tancrède de Hauteville et grand-comte de Sicile (1031-1101). — ROGER II, son fils, roi de Sicile (1098-1154).

ROGER (François), auteur dramatique français (1776-1842).

ROGER-BONTEMPS, *sm.* homme qui ne songe qu'au plaisir (*fam.*).

ROGGEWEEN, navigateur hollandais, né en 1669, m. (date inconnue). — archipel de la Polynésie.

ROGNE, *sf.* gale invétérée.

ROGNEMENT, *sm.* action de rogner.

ROGNE-PIED, *sm.* (*inv.*), outil pour rogner la corne du pied du cheval.

ROGNER, *va.* retrancher l'extrémité, la longueur, la largeur, l'épaisseur d'une chose. *Fig.* ôter à quelqu'un une partie de ce qui lui appartient.

ROGNEUR, EUSE, *s.* celui, celle qui rogne.

ROGNEUX, EUSE, *adj.* qui a la rogne.

ROGNOIR, *sm.* outil ou table pour rogner.

ROGNON, *sm.* le rein d'un animal.

ROGNONNER, *vn.* gronder, grommeler.

ROGNURE, *sf.* ce qu'on a retranché en rognant.

ROGOMME, *sm.* eau-de-vie, liqueur forte (*pop.*).

ROGUE, *adj.* 2 g. fier, arrogant (*fam.*).

ROHAN, bourg (Morbihan) ; titre d'une famille noble de France dont les principaux membres furent : *Henri, duc de Rohan*, chef des calvinistes (1579-1638) ; *Armand-Gaston*, cardinal et évêque de Strasbourg (1674-1749) ; et *Louis-René, cardinal de Rohan*, célèbre dans l'affaire du collier de la reine Marie-Antoinette (1734-1803).

ROHAULT, physicien français (1620-1675).

ROI, *sm.* souverain d'un royaume ; principale pièce du jeu d'échecs ; première figure du jeu de cartes. *Fig.* qui est supérieur dans son genre : *l'aigle est le roi des oiseaux*.

ROIDE, *adj.* (on pr. et l'on écrit aussi *raide*), tendu, difficile à plier. *Fig.* qui manque de souplesse, dur, intraitable : *caractère roide*. — *adv.* vite, vitement.

ROIDEMENT, *adv.* (on pr. et l'on écrit aussi *raidement*), avec roideur, avec rigueur.

ROIDEUR, *sf.* (on pr. et l'on écrit aussi *raideur*), qualité de ce qui est roide. *Fig.* rapidité, fermeté excessive, sévérité.

ROIDILLON, *sm.* (*ll* m.), petite élévation de terrain.

ROIDIR, *va.* (on pr. et l'on écrit aussi *raidir*), tendre avec force. — *vn.* devenir roide. — **Se roidir**, *vpr.* devenir roide. *Fig.* se tenir ferme.

ROITELET, *sm.* (*t* final nul), fort petit oiseau. *Fig.* petit roi.

ROLAND, neveu de Charlemagne; m. 778.

ROLAND, ministre de Louis XVI pendant la Révolution (1732-1793). — (Mme), sa femme, célèbre par son caractère énergique et sa grande intelligence (1754-1793).

RÔLE, *sm.* liste, catalogue; ce que doit réciter un acteur; personnage de théâtre; écriture de justice. *Fig.* manière dont on agit dans le monde, personnage que l'on y fait : *à tour de rôle*, chacun à son tour.

RÔLET, *sm.* petit rôle. *Fig.* *être à bout de son rôlet*, ne savoir plus que dire.

ROLLIN, célèbre professeur, recteur de l'Université de Paris (1661-1741).

ROLLON ou **Raoul**, premier duc de Normandie, m. 931.

ROMAGNE, pays d'Italie, ch.-l. *Ravenne*.

ROMAGNOL, OLE, *adj.* et *s.* de la Romagne.

ROMAIN (St), martyr, m. 258. — (St), solitaire, 460. — (St), évêque de Rouen, m. 639.

ROMAIN (Jules), V. *Jules*.

ROMAIN, AINE, *adj.* et *s.* de Rome. Se dit aussi de certaines lettres employées comme chiffres et d'une sorte de caractère d'imprimerie.

ROMAINE, *sf.* sorte de balance pour peser avec un seul poids; sorte de laitue.

ROMAN, *sm.* histoire feinte dans laquelle on peint les mœurs, les passions, les caractères. *Fig.* récit invraisemblable.

ROMAN, ANE, *adj.* se dit de la langue formée de la corruption du latin, vers le 10e siècle, et d'un style d'architecture. — *sm.* la langue romane.

ROMANCE, *sf.* chanson tendre et plaintive.

ROMANCIER, *sm.* auteur de romans.

ROMANESQUE, *adj.* 2 g. étrange ou merveilleux comme les aventures de roman; exalté comme les personnages de romans.

ROMANESQUEMENT, *adv.* d'une façon romanesque.

ROMANOV (Michel), tsar de Russie, fondateur d'une dynastie qui s'éteignit en 1762 (1596-1645).

ROMANS, p. ville (Drôme).

ROMANTIQUE, *adj.* 2 g. qui rappelle le roman : se dit d'un certain style et d'un genre littéraire opposé à celui des auteurs classiques. — *sm.* genre ou écrivain romantique.

ROMANTISME, *sm.* amour du romantique; doctrines littéraires des romantiques.

ROMARIN, *sm.* arbuste aromatique de la famille des Labiées.

ROME, ville célèbre d'Italie, ancienne capitale de l'empire romain et siège du catholicisme.

ROMÉ DE LISLE, physicien et minéralogiste français (1736-1790).

ROMILLY-SUR-SEINE, ch.-l. de canton (Aube).

ROMORANTIN, s.-préf. (Loir-et-Cher).

ROMPEMENT, *sm.* *Rompement de tête*, fatigue de tête, causée par du bruit, par du bavardage.

ROMPRE, *va.* briser, casser. *Fig.* annuler : *rompre un marché*; détruire, faire cesser : *rompre la paix*; arrêter, détourner le mouvement : *rompre le vent*, *rompre le cours de l'eau*; gâter : *la pluie a rompu les chemins*; enfoncer : *rompre un bataillon*; dresser, exercer, accoutumer : *rompre aux affaires*. — *Rompre en visière à quelqu'un*, lui dire brusquement quelque chose de désagréable; *rompre la glace*, faire les premières démarches, surmonter les premières difficultés; *rompre la paille*, annuler un marché, cesser d'être amis; *rompre la tête, les oreilles*, fatiguer, importuner; *rompre une lance pour quelqu'un*, prendre sa défense. — **Se rompre**, *vpr.* se briser. *Fig.* s'habituer à : *se rompre à la fatigue.* Ind. pr. je romps, tu romps, il rompt, n. rompons, v. rompez, ils rompent; *imp.* je rompais; *p. déf.* je rompis; *fut.* je romprai; *cond.* je romprais; *impér.* romps; *subj. p.* que je rompe; *imp.* que je rompisse; *part. p.* rompant; *part. p.* rompu, ue.

ROMPU, UE, *adj. part.* brisé. *Fig.* très-fatigué; très-exercé : *homme rompu aux calculs.* — À BÂTONS ROMPUS, *loc. adv.* sans suite, à plusieurs reprises.

ROMUALD (St), fondateur de l'ordre des Camaldules (956-1027).

ROMULUS, fondateur de Rome en 753 av. J. C.; m. 715. V. *Augustule*.

RONCE, *sf.* arbuste épineux et rampant. *Fig.* difficultés, désagréments.

RONCEVAUX, village d'Espagne dans les Pyrénées.

RONCINÉ, ÉE, V. *Runciné*.

ROND, ONDE, *adj.* de forme circulaire, sphérique ou cylindrique. *Fig.* franc, sans façon, sincère : *homme rond en affaires*; gros et court : *homme rond comme une boule.* — *Compte rond*, qui est sans fractions. — *sm.* cercle, disque : *le rond de la lune.*

RONDACHE, *sf.* grand bouclier.

RONDE, *sf.* visite militaire et nocturne; troupe qui fait cette visite; action d'observer, d'épier; sorte d'écriture; chanson que l'on chante en dansant en rond; celle des notes de musique qui a le plus de valeur. *Ronde bosse*, figure dont toutes les parties ont leur contour (*sculpture*). — A LA RONDE, *loc. adv.* alentour, chacun son tour.

RONDEAU, *sm.* sorte de poésie; air à deux ou plusieurs reprises.

RONDELET, ETTE, *adj.* un peu rond; qui a un peu trop d'embonpoint.

RONDELET (Guillaume), naturaliste français, créateur de l'ichthyologie (1507-1566). — (Jean), architecte français (1734-1829).

RONDELLE, *sf.* petit bouclier rond; pièce de cuir ou de métal ronde et percée par le milieu.

RONDEMENT, *adv.* unîment, également, promptement. *Fig.* franchement.

RONDEUR, *sf.* état de ce qui est rond. *Fig.* franchise, naturel (en parlant du caractère). Harmonie; *rondeur du style.*

RONDIN, *sm.* bûche ronde, gros bâton.

RONDINER, *va.* frapper à coups de rondin (pop.).

ROND-POINT, *sm.* place circulaire où aboutissent diverses avenues; fond demi-circulaire d'une église. Au pl. *ronds-points.*

RONFLANT, ANTE, *adj.* qui ronfle; bruyant. *Fig.* sonore et vain.

RONFLEMENT, *sm.* bruit fait en ronflant.

RONFLER, *vn.* faire un certain bruit de la gorge et des narines en respirant pendant le sommeil. Se dit aussi des choses qui font un bruit prolongé et de la déclamation emphatique.

RONFLEUR, EUSE, *s.* celui, celle qui ronfle d'habitude.

RONGEMENT, *sm.* action de ronger.

RONGER, *va.* couper peu à peu avec les dents incisives; mâcher. *Fig.* miner, corroder, consumer; tourmenter: *les remords rongent cet homme. — Ronger son frein,* retenir son dépit, son ressentiment.

RONGEUR, *adj. m.* qui ronge. *Fig. ver rongeur,* remords, peine secrète. — *sm. pl.* ordre de Mammifères (zool.).

RONSARD (Pierre), fameux poète français (1524-1585).

ROQUEFORT, village près de Sainte-Affrique (Aveyron). — *sm.* fromage fait dans ce village.

ROQUEFORT, littérateur français, auteur du *Glossaire de la langue romane* (1777-1834).

ROQUELAURE (Antoine de), maréchal de France (1560-1625). — (Gaston, duc de), fils du précédent, gouverneur de la Guyenne, célèbre par son esprit et ses saillies (1617-1683). — (Antoine-Gaston, duc de), fils du précédent et maréchal de France (1656-1738).

ROQUEMAURE, *p.* ville (Gard).

ROQUEPLAN (Camille), peintre français (1803-1855).

ROQUER, *vn.* mettre sa tour près du roi et faire passer le roi de l'autre côté (t. du jeu d'échecs).

ROQUET, *sm.* (*t* nul), vilain petit chien. *Fig.* homme méprisable.

ROQUETTE, *sf.* plante de la famille des Crucifères.

ROQUEVAIRE, ch.-l. de canton (Bouches-du-Rhône).

RORIFÈRE, *adj. 2 g.* qui apporte la rosée, qui la retient.

RORQUAL, *sm.* sorte de baleine.

ROSA (Salvator), célèbre peintre italien (1615-1673).

ROSACE, *sf.* ornement d'architecture en forme de grande rose.

ROSACÉES, *sf. pl.* famille de plantes dont la rose est le type (bot.).

ROSALIE (Ste), patronne de Palerme; m. 1160.

ROSAGE, *sm.* rhododendron.

ROSAIRE, *sm.* grand chapelet que l'on dit à l'honneur de la Ste Vierge.

ROSAMEL, vice-amiral français et ministre de la marine sous Louis-Philippe (1774-1848).

ROSAT, *adj. 2 g.* (*t* nul), se dit de compositions où il entre des roses.

ROSBACH, village de la Saxe prussienne. Victoire du grand Frédéric sur les Français, en 1757.

ROSBECQUE, *p.* ville de Belgique, près de Courtrai. Victoire du roi de France Charles VI sur les Flamands, en 1382.

ROSBIF, *sm.* morceau de bœuf rôti.

ROSCELIN, philosophe scolastique français, 11e s.

ROSCIUS, célèbre acteur romain, m. 62 av. J. C.

ROSCOFF, *p.* port (Finistère).

ROSE, *sf.* fleur du rosier. *Fig.* chose qui a la forme de cette fleur; teint frais et vermeil. *Rose des vents,* cercle où sont marqués les 32 vents (mar.). — *sm.* couleur de la rose. — *adj. 2 g.* qui est de cette couleur.

ROSE (Ste), religieuse (1586-1617).

ROSE (Guillaume), évêque de Senlis et l'un des principaux ligueurs (1542-1602).

ROSE ou **ROSA** (mont), dans les Alpes Pennines.

ROSÉ, ÉE, *adj.* qui est d'une couleur approchant de celle de la rose.

ROSEAU, *sm.* plante aquatique à tige fort lisse et droite. *Fig.* homme sans force, sans fermeté.

ROSEBECQUE, V. *Rosbecque.*

ROSE-CROIX, *sm.* (inv.), nom d'une secte d'anciens empiriques qui prétendaient avoir la pierre philosophale; dignitaire chez les francs-maçons.

ROSÉE, *sf.* vapeur d'eau qui se condense dans l'air le matin ou le soir et forme de petites gouttes. *Fig. salade tendre comme la rosée,* très-tendre.

ROSEMONDE, femme d'Alboin, roi des Lombards; m. 573.

ROSERAIE, *sf.* lieu planté de rosiers.

ROSES, ville et port d'Espagne (Catalogne).

ROSETTE, *sf.* nœud de ruban en forme de rose; ornement qui affecte cette forme; petit cadran pour avancer ou retarder le mouvement d'une montre; sorte d'encre rouge.

ROSETTE, ville d'Égypte, sur la branche occidentale du Nil.

ROSHEIM, ch.-l. de canton (Bas-Rhin).

ROSIER, *sm.* arbuste qui porte des roses.

ROSIÈRE, *sf.* jeune fille qui a obtenu la rose, prix de la sagesse.

ROSNY, village près de Mantes (Seine-et-Oise). Château où naquit Sully.

ROSSE, *sf.* mauvais cheval.

ROSSER, *va.* battre violemment (fam.).

ROSSI (le comte), économiste, diplomate et ministre du pape Pie IX (1787-1848).

ROSSIGNOL, *sm.* petit oiseau dont le chant est très-agréable; crochet pour ouvrir les serrures. *Fig. rossignol d'Arcadie,* l'âne.

ROSSIGNOLER, vn. imiter le chant du rossignol (fam.).

ROSSIGNOLET, sm. petit rossignol (vx. mot).

ROSSINANTE, sf. nom du cheval de Don Quichotte ; mauvaise rosse.

ROSSINI (Joachim), célèbre compositeur de musique italien, né en 1792.

ROSSO (Le), célèbre peintre italien (1496-1541).

ROSSOLIS, sm. sorte de liqueur.

ROSTOCK, ville et port du duché de Mecklembourg-Schwérin.

ROSTOPCHIN, général russe, gouverneur de Moscou en 1812 (1765-1826).

ROSTRAL, ALE, adj. (l. rostrum bec, proue de navire). Couronne rostrale, ornée de proues de navire.

ROSTRÉ, ÉE, adj. (l. rostrum bec), ayant la forme d'un bec (bot.).

ROSTRES, sm. pl. tribune aux harangues chez les anciens Romains.

ROT, sm. vent qui sort avec bruit de l'estomac (t. bas).

RÔT, sm. viande rôtie à la broche.

ROTACÉ, ÉE, adj. (l. rota roue), se dit d'une corolle dont les pétales sont étalés et divergents comme les rais d'une roue (bot.).

ROTANG, V. Rotin.

ROTATEUR, adj. m. qui fait tourner : se dit d'un muscle qui fait tourner les parties auxquelles il est attaché (anat.).

ROTATEURS ou ROTATOIRES (l. rota roue), sm. pl. classe d'entomozoaires comprenant des animaux infusoires dont la bouche est entourée de cils vibratoires figurant une espèce de roue (zool.).

ROTATION, sf. mouvement circulaire d'un corps qui tourne sur lui-même.

ROTATIF, IVE, adj. qui tourne, qui se meut circulairement.

ROTATOIRE, adj. 2 g. qui fait des rotations. V. Rotateurs.

ROTE, sf. juridiction ecclésiastique à Rome.

ROTER, vn. faire un rot (pop.).

ROTHARIS, roi des Lombards ; m. 652.

ROTHIÈRE (La), village près de Bar-sur-Aube. Combat sanglant entre Napoléon 1er et les Alliés en 1814.

RÔTI, sm. viande rôtie.

RÔTIE, sf. tranche de pain rôtie.

ROTIFÈRES, sm. pl. ordre d'infusoires ou d'annélides (zool.).

ROTIN ou ROTANG, sm. genre de plantes des Indes à tige articulée.

RÔTIR, va. et n. faire cuire la viande à la broche ou sur le gril ; éprouver une grande chaleur. — SE RÔTIR, vpr. se chauffer trop.

RÔTISSAGE, sm. action de rôtir de la viande ; résultat de cette action.

RÔTISSERIE, sf. lieu où les rôtisseurs vendent leur viande rôtie.

RÔTISSEUR, EUSE, s. celui, celle qui vend des viandes rôties.

RÔTISSOIRE, sf. ustensile pour faire rôtir de la viande.

ROTONDE, sf. édifice de forme circulaire ; compartiment de derrière d'une voiture.

ROTONDITÉ, sf. qualité de ce qui est rond ; corpulence.

ROTROU (Jean de), poète tragique français (1609-1650).

ROTTERDAM, ville de Hollande, sur la Meuse.

ROTULE, sf. os de forme ronde en avant du genou (anat.).

ROTURE, sf. état d'une personne ou d'un héritage qui n'est pas noble ; les roturiers.

ROTURIER, IÈRE, adj. et s. qui n'est pas du corps de la noblesse ; qui est grossier : façons roturières.

ROTURIÈREMENT, adv. à la manière des roturiers.

ROUAGE, sm. la réunion, l'ensemble des roues d'une machine. Fig. organisation d'une administration.

ROUAN, adj. et sm. se dit d'un cheval bai, blanc et gris.

ROUANNE, sf. instrument pour marquer les tonneaux.

ROUANNER, va. marquer avec la rouanne.

ROUANNETTE, sf. outil pour marquer les bois.

ROUBAIX, ville (Nord).

ROUBAUD, économiste et grammairien français (1730-1792).

ROUBLE, sm. monnaie d'argent de Russie, qui vaut 4 francs.

ROUGHE, sf. carcasse de navire sur le chantier.

ROUCHER, poète didactique français (1745-1794).

ROUCOU, sm. pellicule des semences du roucouyer, servant à la teinture.

ROUCOULEMENT, sm. bruit que fait le pigeon en roucoulant.

ROUCOULER, vn. se dit en parlant du bruit que les pigeons et les tourterelles font avec le gosier. — va. et n. chanter d'une manière tendre et plaintive.

ROUCOUYER, sm. arbre qui produit le roucou.

ROUE, sf. machine de forme circulaire qui, en tournant sur son essieu, sert au mouvement de quelque chose ; sorte de supplice. Fig. pousser à la roue, aider à la réussite d'une affaire ; faire la roue, se dit de certains oiseaux qui étalent en forme de roue les plumes de leur queue, et au fig. d'une personne qui se pavane ; jeter des bâtons dans les roues, susciter des obstacles ; la roue de la fortune, les vicissitudes dans les choses humaines.

ROUÉ, ÉE, s. personne sans principes, dont la conduite est désordonnée.

ROUELLE, sf. tranche de certaines choses coupées en rond ; partie de la cuisse de veau coupée en travers.

ROUELLE (Guillaume-François), chimiste français (1703-1770).

ROUEN, ch.-l. du dép. de la Seine-Inférieure.

ROUENNERIE, sf. toile de coton peinte.

ROUER, va. punir du supplice de la roue. Fig. battre excessivement.

ROUERGUE, anc. pays de la Guyenne ; capit. Rodez.

ROUERIE, *sf.* action de roué.

ROUET, *sm. (t nul),* machine à roue pour filer, petite roue d'acier qui garnissait l'arquebuse; plate-forme circulaire en bois de chêne.

ROUFFACH, p. ville (H.-Rhin).

ROUGE, *sm.* l'une des couleurs primitives; fard; substance de cette couleur. — *adj.* 2 g. qui est de cette couleur. *Fig.* tirer à *toutes rouges sur quelqu'un,* l'accabler de reproches, d'injures. *Rouge bord,* verre de vin plein jusqu'aux bords.

ROUGE (MER), ou *Golfe Arabique,* entre l'Afrique et l'Asie.

ROUGEÂTRE, *adj.* 2 g. un peu rouge; qui approche du rouge.

ROUGEAUD, AUDE, *adj.* et *s.* qui a naturellement le visage rouge.

ROUGE-GORGE, *sm.* petit oiseau qui a la gorge rouge (pl. *rouges-gorges*).

ROUGEOLE, *sf.* maladie qui se manifeste par une éruption de petites taches rouges.

ROUGET, *sm. (t nul),* sorte de poisson.

ROUGET DE L'ISLE, officier du génie, auteur de la *Marseillaise* (1760-1836).

ROUGEUR, *sf.* couleur rouge. *Fig.* honte, pudeur; *la rougeur de l'innocence.* Au pl. taches rouges sur la peau.

ROUGI, IE, *adj.* part. devenu rouge. *Eau rougie,* eau dans laquelle il y a peu de vin.

ROUGIR, *va.* rendre rouge. — *vn.* devenir rouge. *Fig.* avoir honte, confusion; *rougir de sa faiblesse.*

ROUGISSURE, *sf.* couleur de cuivre rouge, couleur rouge.

ROUI, *sm.* action de rouir, mauvais goût contracté par un mets qui a cuit dans un vase malpropre.

ROUILLE, *sf. (ll m.),* oxyde rougeâtre qui se forme sur le fer ou l'acier exposé à l'air. *Fig.* ignorance, grossièreté; maladie qui attaque certaines plantes.

ROUILLÉ, ÉE, *adj.* part. (*ll m.*), où il y a de la rouille: *épée rouillée;* attaqué de la rouille: *avoine rouillée.* — *Fig.* affaibli, altéré, vicié: *esprit rouillé.*

ROUILLER, *va. (ll m.),* produire de la rouille sur la surface d'un corps. *Fig.* altérer, affaiblir faute d'exercice: *l'oisiveté rouille l'esprit.* — SE ROUILLER, *vpr.* devenir rouillé (au propre et au figuré).

ROUILLEUX, EUSE, *adj.* (*ll m.*), couvert de rouille, qui a la couleur de la rouille.

ROUILLURE, *sf.* (*ll m.*), effet de la rouille.

ROUIR, *va.* faire tremper dans l'eau le chanvre ou le lin.

ROUISSAGE, *sm.* action de faire rouir.

ROULADE, *sf.* action de rouler de haut en bas; inflexions de voix prolongées sur une même syllabe (mus.).

ROULAGE, *sm.* facilité de rouler; transport des marchandises sur des voitures; établissement où l'on se charge de ce transport.

ROULANT, ANTE, *adj.* qui roule aisément; commode pour les voitures: *chemin roulant.* — *Chaise roulante,* sorte de voiture à deux roues. *Feu roulant,* feu continu de mousqueterie. *Fig. feu roulant d'épigrammes,* épigrammes lancées coup sur coup.

ROULEAU, *sm.* paquet de quelque chose qui est roulé; cylindre.

ROULÉE, *sf.* coups nombreux (pop.).

ROULEMENT, *sm.* mouvement de ce qui roule; bruit du tambour battu à coups égaux et pressés; bruit prolongé du tonnerre.

ROULER, *va.* faire avancer une chose qui tourne en même temps sur elle-même; plier en rouleau; faire mouvoir rapidement ses yeux. *Rouler carrosse,* avoir une voiture à soi (pop.). *Fig. rouler sa vie,* passer sa vie; *rouler de grands projets dans sa tête,* méditer de grands desseins. — *vn.* avancer en tournant sur soi-même. *Fig.* errer sans s'arrêter: *rouler dans toute l'Europe;* alterner avec: *un tel roule avec un tel. Rouler sur l'or,* être fort riche. *Tout roule là-dessus,* c'est le point principal.

ROULETTE, *sf.* petite roue servant à faire rouler l'objet auquel elle est attachée; espèce de jeu de hasard. *Fig. aller sur des roulettes,* marcher facilement (en parlant d'une affaire).

ROULEUR, *sm.* charançon de la vigne.

ROULEUSE, *sf.* chenille qui roule des feuilles où elle subit sa métamorphose.

ROULIER, *sm.* voiturier de roulage.

ROULIS, *sm.* (s nulle), agitation d'un navire qui penche alternativement à droite et à gauche.

ROULOIR, *sm.* outil qui sert à rouler.

ROUMÉLIE, province de la Turquie.

ROUPIE, *sf.* goutte d'humeur qui pend au nez; monnaie des Indes.

ROUPIEUX, EUSE, *adj.* et *s.* qui a souvent la roupie (fam.).

ROUPILLER, *vn. (ll m.),* sommeiller à demi (fam.).

ROUPILLEUR, EUSE, *s. (ll m.),* celui, celle qui roupille fréquemment (fam.).

ROURE, V. *Rouvre.*

ROUSSÂTRE, *adj.* 2 g. un peu roux, tirant sur le roux.

ROUSSEAU, *s.* et *adj. m.* homme qui a les cheveux et le poil roux (fam.).

ROUSSEAU (Jean-Baptiste), poète lyrique français (1671-1751).

ROUSSEAU (Jean-Jacques), célèbre écrivain français, né à Genève. Ses ouvrages les plus remarquables sont le roman de la *Nouvelle Héloïse,* le *Contrat social* et *Émile ou de l'Éducation* (1712-1778).

ROUSSELET, *sm. (t nul),* sorte de poire qui a la peau rougeâtre.

ROUSSEROLE, *sf.* oiseau du genre de la grive.

ROUSSETTE, *sf.* sorte de squale, de chauve-souris et d'oiseau.

ROUSSEUR, *sf.* qualité de ce qui est roux. *Taches de rousseur,* taches rousses sur la peau.

ROUSSI, *sm.* cuir de Russie à odeur forte; odeur de ce qui roussit au feu.

ROUSSILLER, *va. (ll m.),* brûler légèrement la surface ou les extrémités.

ROUSSILLON (*ll m.*), anc. province de France: capit. *Perpignan.*

ROUSSIN, *sm.* cheval entier et de taille

moyenne. *Fig. roussin d'Arcadie*, l'âne (*fam.*).

ROUSSIN, amiral français (1781-1854).

ROUSSIR, *va.* faire devenir roux. — *vn.* devenir roux par l'action du feu ou autrement.

ROUT, V. *Raout.*

ROUTE, *sf.* grande voie pratiquée pour aller d'un lieu à un autre; direction que l'on peut suivre pour aller en quelque lieu; parcours: *route d'un astre.* — *Fig.* direction, conduite.

ROUTIER, *sm.* livre qui enseigne les chemins, les côtes, les caps, les mouillages, etc.; celui qui sait bien les routes et les chemins. *Fig. vieux routier*, homme fin, qui a de l'expérience.

ROUTIÈRE, *adj. f. Carte routière*, qui indique les routes.

ROUTIERS ou BRABANÇONS, bandes de pillards qui ravagèrent la France dans le 12e s.

ROUTINE, *sf.* capacité acquise par l'habitude; usage invétéré de faire une chose toujours de la même manière.

ROUTINER, *va.* habituer par routine.

ROUTINIER, IÈRE, *adj. et s.* qui agit par routine, qui suit la routine.

ROUTOIR, *sm.* lieu où l'on fait rouir.

ROUVIEUX ou ROUX-VIEUX, *sm.* maladie cutanée du cheval.

ROUVRE, ou ROURE, *sm.* sorte de chêne qui monte peu.

ROUVRIR, *va.* ouvrir de nouveau.

ROUX, ROUSSE, *adj.* qui est d'une couleur entre le jaune et le rouge. *Fig. lune rousse*, la lune d'avril. — *sm.* la couleur rousse, sauce faite avec de la graisse ou du beurre roussi.

ROVÉRÉDO, ville du Tyrol.

ROVIGO, ville d'Italie (Vénétie).

ROVILLE, village près de Nancy; école d'agriculture.

ROWE (Nicolas), poète dramatique anglais (1673-1718).

ROXOLANS, anc. peuple de la Sarmatie.

ROY (comte), ministre de Louis XVIII et de Charles X (1765-1847).

ROYAL, ALE, *adj.* qui appartient ou qui convient à un roi; qui émane ou relève du roi. *Maison royale*, princes et princesses du sang royal; *altesse royale*, titre des princes et princesses de la famille royale. *Fig.* magnifique: *festin royal.*

ROYALE, *sf.* bouquet de barbe sous la lèvre inférieure.

ROYALEMENT, *adv.* d'une manière royale.

ROYALISME, *sm.* parti du roi, attachement au parti du roi.

ROYALISTE, *adj. et s. 2 g.* qui soutient les droits et les intérêts du roi.

ROYAN, p. port (Charente-Infre).

ROYAUME, *sm.* État régi par un roi.

ROYAUMONT, village près de Pontoise; anc. abbaye.

ROYAUTÉ, *sf.* dignité de roi.

ROYE, ch.-l. de canton (Somme).

ROYER-COLLARD (Pierre-Paul), philosophe et homme d'État français (1763-1845).

ROZE (le chevalier), célèbre par son dévoue-

ment pendant la peste de Marseille en 1720; m. 1733.

RU, *sm.* canal fourni par un petit ruisseau ou par une saignée à une rivière.

RUADE, *sf.* action d'un animal qui rue. *Fig.* brutalité inattendue.

RUBAN, *sm.* tissu de soie, de fil, etc. plat, mince et peu large.

RUBANERIE, *sf.* profession de rubanier; commerce de rubans.

RUBANIER, IÈRE, *s.* celui, celle qui fait ou qui vend des rubans.

RUBANNÉ, ÉE, ou RUDANÉ, ÉE, *adj.* qui forme le ruban. Se dit aussi d'un canon d'arme à feu qui est rayé de bandes longitudinales.

RUBANNER ou RUBANER, *va.* garnir de rubans; partager la cire en rubans.

RUBÉFACTION, *sf.* (on pr. *rubéfaxion*), rougeur de la peau causée par des remèdes irritants (*méd.*).

RUBÉFIANT, ANTE, *adj.* qui cause une rubéfaction (*méd.*).

RUBÉFIER, *va.* causer une rubéfaction (*méd.*).

RUBEN, fils aîné de Jacob.

RUBENS (Pierre-Paul), célèbre peintre flamand (1577-1640).

RUBIACÉES, *sf. pl.* (l. *rubia* garance), famille de plantes dont la garance est le type (*bot.*).

RUBICON, p. rivière d'Italie, affluent de l'Adriatique; auj. *Pisatello.*

RUBICOND, ONDE, *adj.* très-rouge (en parlant du visage).

RUBIFICATION, *sf.* action de rendre rouge.

RUBIGINEUX, EUSE, *adj.* (l. *rubigo* rouille), chargé de rouille.

RUBIS, *sm.* (s nullé), pierre précieuse d'un rouge vif. *Fig.* bouton au visage, au nez (*pop.*). *Payer rubis sur l'ongle*, payer avec exactitude.

RUBRIQUE, *sf.* sorte de terre ou de craie rouge; titres de livres jadis écrits en rouge; titre, date qui indique d'où est venue une lettre, un renseignement. *Fig.* méthode, règle, pratiques, ruse, détour, etc.

RUBRUQUIS, cordelier envoyé par le roi St Louis en mission dans la Tartarie.

RUCHE, *sf.* sorte de panier ou de boîte où l'on met les abeilles; étoffe plissée servant de garniture à un vêtement de femme.

RUCHÉE, *sf.* ce que contient une ruche.

RUCHER, *sm.* endroit où sont les ruches.

RUCHER, *va.* mettre une garniture en ruche.

RUDANIER, IÈRE, *adj.* rude envers quelqu'un (*pop.*).

RUDE, *adj. 2 g.* âpre au toucher; raboteux: *chemin fort rude. Fig.* fatigant: *travail rude*; choquant, désagréable: *manières rudes*; violent, impétueux: *rude choc*; dur, rigoureux: *temps rude*; très-sévère: *traitement rude*; redoutable: *rude adversaire.*

RUDE (François), sculpteur français (1784-1855).

RUDEMENT, *adv.* d'une façon rude.

RUDENTÉ, ÉE, *adj.* se dit de colonnes ou de pilastres dont les cannelures sont remplies jusqu'au tiers (*arch.*).

RUDENTURE, *sf.* espèce de bâton dans les cannelures (*arch.*).

RUDÉRAL, ALE, *adj.* se dit de plantes qui croissent sur les masures ou auprès (*bot.*).

RUDESSE, *sf.* qualité de ce qui est rude, dur, choquant, désagréable. *Fig.* rigidité, dureté dans le caractère, dans l'esprit, etc.

RUDIMENT, *sm.* livre contenant les principes de la langue latine; organe rudiment. Au *pl.* principes, premières notions; premiers linéaments de la structure des organes.

RUDOLSTADT, V. *Schwarzbourg.*

RUDOIEMENT ou RUDOYEMENT, *sm.* action de rudoyer.

RUDOYER, *va.* traiter rudement.

RUE, *sf.* voie publique bordée de maisons; sorte de plante.

RUEIL ou RUEL, bourg (Seine-et-Oise).

RUELLE, *sf.* petite rue. *Ruelle du lit*, espace entre le lit et la muraille.

RUELLER, *va. Rueller la vigne*, y faire un petit chemin.

RUER, *va.* jeter avec impétuosité. — *vn* frapper de tous côtés; jeter les pieds de derrière en l'air (en parlant du cheval, de l'âne, etc.). — SE RUER, *vpr.* se jeter impétueusement sur.

RUEUR, EUSE, *adj.* qui rue.

RUFESCENT, ENTE, *adj.* roussâtre.

RUFFEC, s.-préf. de la Charente.

RUFFO (Denis), cardinal, ministre du pape Pie VI (1744-1827). — (Louis), cardinal et archevêque de Naples (1750-1832).

RUFIN, ministre de Théodose Ier et d'Arcadius (350-395).

RUGGIERI (Cosme), astrologue de Catherine de Médicis; m. 1615.

RUGIENS ou RUGES, anc. tribu germanique des bords de l'Oder.

RUGIR, *vn.* se dit du cri du lion, du tigre, etc. *Fig.* pousser des cris de fureur: *rugir de colère.*

RUGISSANT, ANTE, *adj.* qui rugit.

RUGISSEMENT, *sm.* cri de l'animal qui rugit. *Fig.* cri de fureur.

RUGLES, ch.-l. de canton (Eure).

RUGOSITÉ, *sf.* état de ce qui est rugueux; espèce de ride sur une surface raboteuse.

RUGUEUX, EUSE, *adj.* couvert de rugosités ou espèce de rides.

RUINART (Dom), savant bénédictin français (1657-1709).

RUINE, *sf.* dépérissement d'un édifice; restes d'une construction, d'une ville. *Fig.* perte des biens, de la fortune; débris d'une fortune, etc.

RUINER, *va.* abattre, détruire, ravager. *Fig.* causer la perte des biens, de l'honneur, de la santé, etc. — SE RUINER, *vpr.* perdre sa fortune.

RUINEUX, EUSE, *adj.* qui menace ruine: *édifice ruineux;* qui cause des dépenses excessives: *luxe ruineux.*

RUINURE, *sf.* entaille dans la charpente.

RUISDAEL, célèbre peintre paysagiste hollandais (1638-1681).

RUISSEAU, *sm.* courant d'eau très-peu considérable; eau qui court dans les rues. *Fig.* liquide qui coule abondamment: *ruisseau de larmes.*

RUISSELANT, ANTE, *adj.* qui ruisselle.

RUISSELER, *vn.* couler en manière de ruisseau (s. appeler).

RUISSELET, *sm.* (t nul), petit ruisseau.

RULHIÈRE, historien et poëte français (1735-1791).

RUMB, *sm.* (on pr. *rombe*), chacun des 32 points de l'horizon.

RUMEUR, *sf.* bruit sourd excité par le mécontentement, par la surprise; bruit confus de voix; opinion ou soupçons du public contre quelqu'un.

RUMFORD (comte), célèbre physicien des États-Unis (1753-1814).

RUMINANT, ANTE, *adj.* qui rumine: *animal ruminant.* — *sm. pl.* ordre de Mammifères, comprenant ceux qui ont quatre estomacs disposés de manière à leur permettre de ruminer (*zool.*).

RUMINATION, *sf.* action de ruminer.

RUMINER, *va.* et *n.* remâcher (se dit de certains animaux à plusieurs estomacs, qui ramènent dans leur bouche les aliments déjà avalés pour les mâcher de nouveau). *Fig.* penser et repenser à une chose.

RUMMEL, riv. d'Algérie, arrose Constantine.

RUNCINÉ ou RONCINÉ, ÉE, *adj.* (l. *runcina* rabot), se dit des feuilles, telles que celles du pissenlit, dont les lobes latéraux sont aigus et recourbés en bas (*bot.*).

RUNIQUE, *adj.* 2 g. se dit de la langue, des monuments, etc. d'anciens peuples du Nord.

RUPEL, riv. de Belgique affluent de l'Escaut.

RUPERT (Robert, prince), général et amiral anglais (1619-1682).

RUPTILE, *adj.* 2 g. (l. *ruptio* rupture), qui se rompt, qui s'ouvre spontanément par une rupture (*bot.*).

RUPTION, *sf.* (on pr. *rupcion*), solution de continuité.

RUPTURE, *sf.* fracture, état d'une chose rompue. *Fig.* division entre des personnes qui étaient amies; annulation d'un projet, d'un acte, d'un traité, etc.

RURAL, ALE, *adj.* (l. *rus*, gén. *ruris* campagne), de la campagne, qui appartient aux champs, qui concerne les champs.

RUREMONDE, ville de Hollande, sur la Meuse.

RURIC ou RURIK, fondateur de la monarchie russe en 862; m. 879.

RUSE, *sf.* finesse, artifice, moyens pour tromper.

RUSÉ, ÉE, *adj.* et *s.* qui a de la ruse, qui annonce de la ruse.

RUSER, *vn.* se servir de ruses.

RUSEUR, EUSE, *adj.* et *s.* qui emploie la ruse.

RUSSE, *adj.* et *s.* 2 g. de la Russie.

RUSSEL (Edward), amiral anglais (1651-1727).

RUSSIE, vaste empire, divisé en *Russie d'Europe* et *Russie d'Asie*, capitale: St. Pétersbourg.

RUSTAUD (d nul), AUDE, adj. et s. un peu rustre, grossier, impoli.

RUSTAUDERIE, sf. défaut du rustaud.

RUSTAUDEMENT, adv. à la manière rustique.

RUSTICITÉ, sf. qualité de ce qui est rustique. Fig. grossièreté, rudesse.

RUSTIQUE, adj. 2 g. de la campagne, des champs. Fig. grossier.

RUSTIQUE (St), martyr, compagnon de St Denis, 3e s.

RUSTIQUEMENT, adv. d'une manière grossière.

RUSTIQUER, va. travailler une construction dans le genre rustique.

RUSTRE, adj. 2 g. et sm. fort rustique, très-grossier.

RUTACÉES, sf. pl. (l. ruta rue), famille de plantes dont la rue est le type (bot.).

RUTEBEUF, célèbre trouvère du temps de St Louis.

RUTENOIS, OISE, adj. et s. du Rouergue.

RUTH, femme moabite, épouse de Booz, bisaïeul du roi David.

RUTHÉNIUM, sm. (on pr. ruténiome), l'un des corps simples de la chimie.

RUTILANT, ANTE, adj. qui a l'éclat de l'or, qui est brillant, éclatant.

RUTILIUS (Publius), consul et général romain, 1er s. av. J.-C. — RUTILIUS NUMANTIANUS (Claudius), poète latin du 5e s.

RUTOIR, V. Routoir.

RUTULES, anc. peuple du Latium.

RUYSCH, célèbre anatomiste hollandais (1638-1731).

RUYSDAEL, V. Ruisdael.

RUYTER, célèbre amiral hollandais (1607-1676).

RYSWICK, village de Hollande, près de la Haye. Traité de paix de 1697.

RYTHME, V. Rhythme.

S

S, sf. ou m. consonne, 19e lettre de l'alphabet.

SA, adj. poss. f. de son.

SAADI ou SADI, célèbre poète persan (1193-1291).

SAALE, nom de trois riv. d'Allemagne, l'une affluent de l'Elbe, l'autre du Mein, et la 3e de la Salza.

SAARDAM ou SARDAM, ville de Hollande près d'Amsterdam.

SAAR-UNION, V. Sarre-Union.

SABA, anc. ville d'Arabie. — (Île de), dans les Antilles.

SABACON, roi d'Égypte; m. 726 av. J. C.

SABAOTH, mot hébreu signifiant des armées.

SABAS (St), abbé (439-532).

SABBAT, sm. dernier jour de la semaine chez les Juifs; assemblée nocturne de sorciers. Fig. bruit, fracas.

SABBATIQUE, adj. f. Année sabbatique, chaque septième année chez les Juifs.

SABÉEN, ENNE, adj. et s. qui professe le sabéisme, qui y a rapport.

SABÉISME ou SABISME, sm. culte du feu, du soleil, des astres.

SABELLIANISME, sm. hérésie de Sabellius.

SABELLIENS, anc. peuple d'Italie.

SABELLIUS, hérésiarque du 3e s.

SABINE, sf. sorte de genévrier.

SABINE, pays des Sabins; anc. province des États de l'Église. — fleuve du Texas.

SABINE (Ste), martyre; m. 125.

SABINS, anc. peuple d'Italie.

SABINUS (Aulus), poète latin du temps d'Auguste. — (Julius), chef gaulois qui tenta d'affranchir les Gaules au début du règne de Vespasien, en 78.

SABISME, V. Sabéisme.

SABLE, sm. gravier en très-petits grains; gravelle. Fig. bâtir sur le sable, fonder des projets sur quelque chose de peu solide.

SABLÉ, ch.-l. de canton (Sarthe).

SABLER, va. couvrir de sable. Fig. boire tout d'un trait.

SABLES-D'OLONNE (LES), s.-préf. du dép. de la Vendée.

SABLEUX, EUSE, adj. mêlé de sable.

SABLIER, sm. instrument qui mesure le temps par l'écoulement du sable; vase contenant du sable propre à sécher l'écriture.

SABLIÈRE, sf. lieu d'où l'on tire le sable; pièce de bois qui supporte l'extrémité d'autres charpentes. V. La Sablière (Mme de).

SABLON, sm. sable très-fin.

SABLONNER, va. écurer avec du sable.

SABLONNEUX, EUSE, adj. où il y a beaucoup de sable.

SABLONNIER, sm. celui qui vend du sablon.

SABLONNIÈRE, sf. lieu d'où l'on tire du sablon.

SABORD, sm. (d nul), ouverture d'un vaisseau par laquelle tire le canon.

SABOT, sm. chaussure de bois; corne du pied du cheval et de certains animaux; ornement aux pieds des meubles; plaque de fer qui empêche une roue de tourner; sorte de toupie. Fig. mauvais violon.

SABOTER, vn. jouer au sabot.

SABOTIER, sm. ouvrier qui fait des sabots.

SABOTIÈRE, sf. danse en sabots.

SABOULER, va. tourmenter, houspiller. Fig. réprimander (pop.).

SABRE, sm. sorte d'arme blanche.

SABRER, va. donner des coups de sabre. Fig. faire vite et mal; expédier précipitamment; sabrer une affaire.

SABRETACHE, sf. sac plat qui pend à côté du sabre d'un hussard, etc.

SABREUR, sm. militaire qui ne sait que sabrer, que se battre.

SABULEUX, EUSE, *adj.* qui roule du sable; qui est chargé de graviers.

SABURRAL, ALE, *adj.* qui appartient à la saburre (*méd.*).

SABURRE, *sf.* sucs altérés qui chargent les premières voies de la digestion.

SAC, *sm.* sorte de grande poche; havre-sac; habit de pénitence. *Fig. sac à vin,* ivrogne; *vider son sac,* dire tout ce que l'on avait à dire sur un sujet; *voir le fond du sac,* pénétrer le fond d'une chose.

SAC, *sm.* pillage entier d'une ville.

SACCADE, *sf.* brusque secousse; mouvement brusque et irrégulier. *Fig.* rude réprimande.

SACCADÉ, ÉE, *adj.* qui se fait par saccades. *Fig. style saccadé,* à phrases courtes et dures à l'oreille.

SACCADER, *va.* donner des saccades à un cheval.

SACCAGE, *sm.* bouleversement, confusion; amas confus.

SACCAGEMENT, *sm.* sac, pillage.

SACCAGER, *va.* mettre au pillage. *Fig.* bouleverser, abîmer.

SACCAGEUR, *sm.* celui qui saccage.

SACCHAREUX, EUSE (on pr. *sacareu*), *adj.* de la nature du sucre, qui a l'aspect du sucre.

SACCHARIFÈRE, *adj.* 2 g. (on pr. *sacarifère*), qui produit du sucre.

SACCHARIFICATION, *sf.* (on pr. *sacarificacion*), action de saccharifier.

SACCHARIFIER, *va.* (on pr. *sacarifié*), convertir en sucre.

SACCHARIMÈTRE, *sm.* (on pr. *sacarimètre*), instrument pour mesurer le degré de pureté ou de cristallisation du sucre.

SACCHARIN, INE, *adj.* (on pr. *sacarin*), qui contient du sucre, qui a rapport au sucre.

SACCHAROÏDE, *adj.* 2 g. (on pr. *sacaroïde*), qui ressemble à du sucre (gr. *sakcharòn* sucre, *éidos* forme).

SACCHINI (on pr. *Sakini*), célèbre compositeur de musique italien (1734-1786).

SACERDOCE, *sm.* prêtrise; le corps des ecclésiastiques.

SACERDOTAL, ALE, *adj.* 2 g. du prêtre; qui appartient au sacerdoce.

SACHÉE, *sf.* le contenu d'un sac.

SACHET, *sm.* (*t* nul), petit sac; petit coussin à parfums.

SACKEN, général russe (1750-1837).

SACOCHE, *sf.* grosses bourses de cuir jointes ensemble; sac de toile ou de peau.

SACRAMENTAIRES, *sm. pl.* réformés qui se séparèrent de Luther sur la question de la présence réelle dans l'Eucharistie.

SACRAMENTAL, ALE, ou **SACRAMENTEL, ELLE,** *adj.* qui appartient à un sacrement. *Fig.* se dit de mots essentiels pour la conclusion d'une affaire.

SACRAMENTALEMENT, ou **SACRAMENTELLEMENT,** *adv.* d'une manière sacramentelle.

SACRAMENTO, fleuve de Californie.

SACRE, *sm.* action de sacrer un souverain, un évêque.

SACRÉ, ÉE, *adj.* saint, qui concerne la religion : *les vases sacrés. Ordres sacrés,* la prêtrise, le diaconat, etc.; *les livres sacrés,* l'Ancien et le Nouveau Testament; *le sacré collège,* l'assemblée des cardinaux. *Fig.* respectable, inviolable. — *sm.* ce qui est sacré, saint, par opposition au profane.

SACREMENT, *sm.* signe visible d'une chose invisible, institué de Dieu pour la sanctification des âmes. *Le saint sacrement,* l'Eucharistie.

SACRER, *va.* conférer un caractère de sainteté ou d'inviolabilité par le moyen de certaines cérémonies religieuses. *Fig. en.* jurer, blasphémer.

SACRIFIABLE, *adj.* 2 g. qui doit ou qui peut être sacrifié.

SACRIFICATEUR, *sm.* celui qui fait des sacrifices de victimes.

SACRIFICATOIRE, *adj.* 2 g. du sacrifice.

SACRIFICATURE, *sf.* dignité, fonctions du sacrificateur.

SACRIFICE, *sm.* oblation faite à Dieu avec certaines cérémonies; action d'immoler des victimes aux dieux du paganisme. *Fig.* abandon d'une chose de prix ou d'une chose agréable; privation que l'on s'impose.

SACRIFIER, *va.* faire un sacrifice, au propre et au figuré. — *Fig.* employer : *sacrifier tout son temps à une affaire*; perdre, rendre victime : *sacrifier quelqu'un à son ressentiment.* — *Sacrifier aux préjugés, à la mode,* s'y conformer. — **SE SACRIFIER,** *vpr.* se dévouer.

SACRILÈGE, *sm.* action impie par laquelle on profane les choses sacrées. *Fig.* action d'outrager une personne vénérable, de gâter une chose précieuse.

SACRILÈGE, *adj.* et *s.* 2 g. qui commet un sacrilège; impie : *pensée sacrilège.*

SACRILÈGEMENT, *adv.* avec sacrilège.

SACRIPANT, *sm.* (*t* nul), rodomont, faux brave, tapageur (*fam.*).

SACRISTAIN, *sm.* celui qui a soin d'une sacristie.

SACRISTIE, *sf.* lieu où l'on serre les vases sacrés, où les prêtres revêtent les habits sacerdotaux.

SACRISTINE, *sf.* religieuse qui a soin de la sacristie.

SACRO-SAINT, SAINTE, *adj.* très-saint.

SACROVIR (Julius), chef d'une révolte des Gaulois sous Tibère.

SACRUM, *sm.* (on pr. *sacrome*), os qui termine l'épine dorsale.

SACY, ou **SACI** (LEMAISTRE de), solitaire de Port-Royal, traducteur de la Bible (1613-1684). → (Sylvestre de), savant orientaliste français (1758-1838).

SADI, V. *Saadi.*

SADOC, juif, fondateur de la secte des Saducéens, 3e s. av. J. C.

SADOLET, cardinal italien, littérateur et poète latin (1477-1547).

SADUCÉENS, *sm. pl.* secte juive.

SADUCÉISME, *sm.* doctrine des Saducéens.

SAETE, V. *Sagette.*

SAFRAN, *sm.* plante qui fournit une couleur jaune.

SAFRANÉ, ÉE, *adj.* où il y a du safran ; qui a la couleur du safran.

SAFRANER, *va.* apprêter avec du safran ; jaunir avec du safran.

SAFRANUM, (on pr. *safranome*) ou SAFRANON, *sm.* fleurs du carthame des teinturiers.

SAFRE, *sm.* oxyde de cobalt mêlé à du sable. — *adj.* 2 g. goulu, glouton (*pop.*).

SAGACE, *adj.* 2 g. qui a de la sagacité.

SAGACITÉ, *sf.* pénétration d'esprit, perspicacité.

SAGAIE, *sf.* javelot des Nègres.

SAGAS, *sm. pl.* récits poétiques des bardes scandinaves.

SAGE, *adj.* 2 g. prudent, circonspect; modéré; qui se conduit bien. — *sm.* homme juste, maître de ses passions, réglé dans sa conduite.

SAGE-FEMME, *sf.* celle qui fait profession d'accoucher les femmes (pl. *sages-femmes*).

SAGEMENT, *adv.* avec sagesse.

SAGESSE, *sf.* prudence, circonspection, modération; bonne conduite, docilité; lumières de l'esprit, savoir.

SAGETTE, *sf.* flèche.

SAGITTAIRE, *sm.* constellation et signe du zodiaque. — *sf.* plante.

SAGITTÉ, ÉE, *adj.* (l. *sagitta* flèche), qui a la forme d'une pointe de flèche (*bot.*).

SAGONTE, ancienne ville d'Espagne, près de la ville actuelle de Murviedro.

SAGONTIN, INE, *adj.* et *s.* de Sagonte.

SAGOU, *sm.* fécule de palmier.

SAGOUIN, *sm.* petit singe. *Fig.* homme malpropre (*fam.*); au fém. *sagouine.*

SAGOUTIER, *sm.* palmier qui donne le sagou.

SAGRA, riv. du Brutium, affluent de la mer Ionienne.

SAGUM (on pr. *sagome*), *sm.* ou SAIE, *sf.* court vêtement de guerre des Perses, des Romains et des Gaulois.

SAHARA, vaste désert d'Afrique.

SAHEL, *sm.* rivage de l'Algérie.

SAÏD, la haute Égypte.

SAIE, V. *Sagum.*

SAIGNANT, ANTE, *adj.* qui dégoutte de sang. *Fig.* plaie encore saignante; injure, malheur récent.

SAIGNÉE, *sf.* ouverture d'une veine pour tirer du sang; pli du bras où se fait la saignée. *Fig.* rigole pour tirer de l'eau.

SAIGNEMENT, *sm.* écoulement de sang, surtout par le nez.

SAIGNER, *va.* faire une saignée; tuer : *saigner un mouton. Fig.* tirer de quelqu'un une forte somme. — *vn.* perdre du sang. *Fig.* se dit d'une douleur récente. — SE SAIGNER, *vpr.* se tirer du sang. *Fig.* donner jusqu'à se mettre dans la gêne.

SAIGNEUX, EUSE, *adj.* taché de sang.

SAIGONG ou SAIGOUN, ville de Cochinchine.

SAILLANT, ANTE, *adj.* (*ll m.*), qui avance, qui sort en dehors. *Fig.* vif, brillant, frappant : *pensée saillante.*

SAILLIE, *sf.* (*ll m.*), avance en dehors;

bosse, éminence; relief; mouvement; sortie impétueuse et avec interruption : *jet d'eau qui ne va que par saillies. Fig.* emportement, boutade, trait d'esprit.

SAILLIR, *vn.* (*ll m.*), jaillir; sortir avec impétuosité et par secousses; être en saillie, avoir du relief. (Ne s'emploie guère qu'à l'inf. prés. et à la 3e p. de quelques temps.)

SAIN, SAINE, *adj.* de bonne constitution; qui n'est point gâté; salubre. *Fig.* conforme à la raison : *saine doctrine*; judicieux : *vues saines.*

SAINDOUX, *sm.* (*x* nulle), graisse de porc fondue.

SAINEMENT, *adv.* d'une manière saine; selon la droite raison.

SAINETÉ, *sf.* qualité de ce qui est sain.

SAINFOIN, *sm.* sorte de plante fourragère.

SAINT, SAINTE, *adj.* essentiellement pur et parfait; conforme à la loi divine; qui appartient à la religion, qui est sacré. *Fig.* vénérable. *La terre sainte, les saints lieux,* la Palestine.

SAINT, SAINTE, *s.* créature parfaite, esprit bienheureux. *Fig.* personne qui vit selon la loi divine, qui est très-vertueuse.

SAINT-ACHEUL, anc. abbaye près d'Amiens.

SAINT-AIGNAN, p. ville (Loir-et-Cher).

SAINT-AMAND, s.-préf. du dép. du Cher. — p. ville (Nord).

SAINT-AMAND ou SAINT-AMANT, poète français (1594-1660).

SAINT-ANDRÉ, maréchal de France; m. 1563. — (Jean Bon), conventionnel (1749-1813).

SAINT-ANGE, poète français, traducteur d'Ovide (1747-1810).

SAINT-ARNAULD (LEROY de), maréchal de France (1798-1854).

SAINT-ANTONIN, p. ville (Tarn-et-Garonne).

SAINT-AUBIN-DU-CORMIER, ch.-l. de canton (Ille-et-Vilaine). Bataille de 1488.

SAINT-AULAIRE (marquis de), poète et général français (1643-1742).

SAINT-AVOLD, p. ville (Moselle).

SAINT-BERNARD (grand et petit), monts dans les Alpes.

SAINT-BERTRAND-DE-COMINGES, p. bourg (Hte-Garonne).

SAINT-BRIEUC, ch.-l. du dép. des Côtes-du-Nord.

SAINT-CALAIS, s.-préf. du dép. de la Sarthe.

SAINT-CHAMOND, p. ville (Loire).

SAINT-CHINIAN, p. ville (Hérault).

SAINT-CLAIR-SUR-EPTE, p. bourg (Seine-et-Oise). Traité de 912 entre Charles le Simple et Rollon.

SAINT-CLAUDE, s.-préf. du Jura.

SAINT-CLOUD, bourg (Seine-et-Oise). Château impérial.

SAINT-CYR, village près de Versailles. École militaire.

SAINT-CYRAN, anc. abbaye (Loiret). — (Jean DUVERGIER DE HAURANNE, abbé de), fameux théologien janséniste (1581-1643).

SAINT-DENIS, s.-préf. du dép. de la Seine. — ch.-l. de l'île de la Réunion ou Bourbon.

SAINT-DIÉ, s.-préf. des Vosges.

SAINT-DIZIER, p. ville (Hte-Marne).

SAINT-DOMINGUE ou HAÏTI, l'une des grandes Antilles. — ville dans cette île.

SAINT-ÉMILION , bourg (Gironde).

SAINT-EMPIRE (le), l'empire d'Allemagne.

SAINT-ESPRIT, p. ville (Landes), en face de Bayonne.

SAINT-ESPRIT, sm. l'une des trois personnes de la sainte Trinité.

SAINT-ÉTIENNE, ch.-l. du dép. de la Loire.

SAINT-EUSTACHE (île), l'une des Antilles.

SAINT-ÉVREMOND, écrivain français (1613-1703).

SAINT-FLORENTIN, p. ville (Yonne).

SAINT-FLORENTIN (Louis PHÉLYPEAUX, comte de), ministre de Louis XV (1705-1777).

SAINT-FLOUR, s.-préf. du Cantal.

SAINT-FRUSQUIN, V. FRUSQUIN.

SAINT-GALL, ville et canton suisse.

SAINT-GALMIER, ch.-l. de canton (Loire). Eaux minérales.

SAINT-GAUDENS, s.-préf. du dép. de la Haute-Garonne.

SAINT-GELAIS (Octavien de), poëte français (1468-1502). — (Mellin de), poëte français (1491-1558).

SAINT-GENIEZ, p. ville (Aveyron).

SAINT-GERMAIN, sm. sorte de poire.

SAINT-GERMAIN (comte de), ministre de la guerre sous Louis XVI (1707-1778). — fameux aventurier dont le vrai nom est resté inconnu; m. 1784.

SAINT-GERMAIN-EN-LAYE, ville et château (Seine-et-Oise).

SAINT-GILLES, p. ville (Gard).

SAINT-GIRONS, s.-préf. de l'Ariége.

SAINT-GOBAIN, p. ville (Aisne).

SAINT-GOTHARD (mont), dans les Alpes. — bourg de Hongrie sur la Raab : victoire de Montecuculli sur les Turcs, en 1664.

SAINT-HÉLIER, ch.-l. de l'île de Jersey.

SAINT-HIPPOLYTE, p. ville (Gard).

SAINT-HONORAT (île), l'une des îles de Lérins; ancien et célèbre monastère.

SAINT-ILDEFONSE, ville d'Espagne, près de Segovie.

SAINT-JACQUES-DE-COMPOSTELLE ou SANTIAGO, capitale de la Galice (Espagne).

SAINT-JEAN-D'ACRE, V. ACRE.

SAINT-JEAN-D'ANGÉLY, s.-préf. de la Charente-Inférieure.

SAINT-JEAN-DE-LOSNE, ch.-l. de canton (Côte-d'Or).

SAINT-JEAN-DE-LUZ, ch.-l. de canton (Basses-Pyrénées).

SAINT-JEAN-DE-MAURIENNE, s.-préf. du dép. de la Savoie.

SAINT-JEAN-DU-GARD, p. ville (Gard).

SAINT-JEAN D'ULLOA, île et fort près de la Vera-Cruz (Mexique).

SAINT-JEAN-PIED-DE-PORT, ch.-l. de canton (Basses-Pyrénées).

SAINT-JOHN, ch.-l. de l'île de Terre-Neuve.

SAINT-JULIEN, s.-préf. du dép. de la Haute-Savoie.

SAINT-JUST, monastère dans l'Estramadure (Espagne), où se retira Charles-Quint.

SAINT-JUST, conventionnel, membre du Comité de salut public (1768-1794).

SAINT-LAMBERT (marquis de), poëte français (1717-1803).

SAINT-LAURENT, gr. fleuve et golfe de l'Amérique du Nord.

SAINT-LÉONARD, p. ville (Haute-Vienne).

SAINT-LÔ, ch.-l. du dép. de la Manche.

SAINT-LOUIS, ch.-l. des établissements français dans le Sénégal. — ville et rivière des États-Unis.

SAINT-LUC (d'ESPINAY de), grand-maître de l'artillerie sous Henri IV; m. 1597. — fils du précédent, vice-amiral et maréchal de France (1580-1644).

SAINT-MAIXENT, p. ville (Deux-Sèvres).

SAINT-MALO, s.-préf. et port (Ille-et-Vilaine).

SAINT-MARCELLIN, s.-préf. (Isère).

SAINT-MARIN , petite république d'Italie, près d'Urbin.

SAINT-MARTIN, l'une des petites Antilles. — ch.-l. de canton dans l'île de Ré.

SAINT-MARTIN (Louis-Claude de), philosophe français (1743-1803).—(Jean-Antoine), savant orientaliste français (1771-1832).

SAINT-MARTIN-D'AUXIGNY, ch.-l. de canton (Cher).

SAINT-MAUR, village (Seine). Anc. et célèbre abbaye.

SAINT-MAURICE, p. ville de la Savoie près de Moutiers. — p. ville du Valais (Suisse).

SAINT-MAXIMIN, p. ville (Var).

SAINT-MIHIEL, p. ville (Meuse).

SAINT-NAZAIRE, p. ville et port (Loire-Inférieure).

SAINT-NICOLAS, ville de Belgique (Flandre-Orientale). — ch.-l. de canton (Meurthe).

SAINT-OFFICE , sm. tribunal de l'inquisition.

SAINT-OMER, s.-préf. (Pas-de-Calais).

SAINT-OUEN, village près de Saint-Denis (Seine); anc. château royal.

SAINT-PAUL, ville du Brésil. — ville de l'île Bourbon ou de la Réunion.

SAINT-PÉRAY, ch.-l. de canton (Ardèche). Vins blancs très-estimés.

SAINT-PÈRE, sm. titre du pape.

SAINT-PÉTERSBOURG, capitale de la Russie.

SAINT-PIERRE , p. ville touchant à Calais. — ville de la Martinique. — ville de l'île de la Réunion. — île française, près de Terre-Neuve.

SAINT-PIERRE (Eustache de), bourgeois de Calais, célèbre par son dévouement; m. 1371. — (l'abbé de), publiciste et philanthrope français (1658-1743). — (Bernardin de), célèbre écrivain français, auteur de *Paul et Virginie*, des *Études* et des *Harmonies de la nature* (1737-1814).

SAINT-PIERRE-LE-MOUTIERS ch.-l. de canton (Nièvre).

SAINT-POL, s.-préf. (Pas-de-Calais).

SAINT-POL (comte de), connétable de France sous Charles VI; m. 1415. — (comte de), connétable sous Louis XI; exécuté en 1475.

SAINT-POL-DE-LÉON, p. ville et port (Finistère).

SAINT-PONS-DE-THOMIÈRES, s.-préf. (Hérault).

SAINT-POURÇAIN, p. ville (Allier).

SAINT-PRIEST (comte de), ministre de Louis XVI (1735-1821).

SAINT-QUENTIN, s.-préf. du dép. de l'Aisne.

SAINT-QUIRIN, village (Meurthe). Manufacture de glaces.

SAINT-RÉAL, historien français (1639-1692).

SAINT-REMY ou REMI, p. ville (Bouches-du-Rhône).

SAINT-RIQUIER, village près d'Abbeville. Anc. et célèbre abbaye.

SAINT-SÉBASTIEN, ville et port d'Espagne dans le Guipuscoa.

SAINT-SERVAN, p. ville et port (Ille-et-Vilaine).

SAINT-SEVER, s.-préf. (Landes).

SAINT-SIÉGE, sm. la papauté, la cour de Rome.

SAINT-SIMON (duc de), seigneur de la cour de Louis XIV, célèbre par ses Mémoires (1675-1755). — (Henri, comte de), célèbre économiste, chef de la secte des Saint-simoniens. (1760-1825).

SAINT-SIMONIEN, IENNE, adj. du saint simonisme. — s. partisan de cette doctrine.

SAINT-SIMONISME, sm. doctrine sociale du comte de Saint-Simon.

SAINT-SORLIN, V. Desmarets.

SAINT-THOMAS, l'une des Antilles. — Île dans le golfe de Guinée.

SAINT-TROND, ville de Belgique.

SAINT-TROPEZ, p. ville et port (Var).

SAINT-VAAST, p. ville et port (Manche).

SAINT-VALERY-EN-CAUX, p. ville et port (Seine-Inférieure).

SAINT-VALERY-SUR-SOMME, p. ville et port (Somme).

SAINT-VALLIER, p. ville (Drôme).

SAINT-VINCENT, l'une des Antilles.

SAINT-YRIEIX, s.-préf. (Haute-Vienne).

SAINTE-AFFRIQUE ou SAINT-AFFRIQUE, s.-préf. (Aveyron).

SAINTE-BARBE, sf. endroit d'un navire où l'on serre les poudres.

SAINTE-CROIX, l'une des Antilles. — ville de l'île de Ténériffe.

SAINTE-FOIX (de), écrivain français (1698-1776).

SAINTE-HÉLÈNE, île d'Afrique dans l'océan Atlantique, célèbre par la captivité de Napoléon Ier.

SAINTE-HERMANDAD, V. Hermandad.

SAINTE-LUCIE, l'une des Antilles.

SAINTE-MARGUERITE, l'une des îles de Lérins; célèbre par la captivité du Masque de fer.

SAINTE-MARIE, île française sur la côte de Madagascar.

SAINTE-MARIE-AUX-MINES, p. ville (Haut-Rhin).

SAINTE-MARTHE (Scévole et Louis de), frères jumeaux, historiographes de France et auteurs de la Gallia christiana; nés en 1571, m. le 1er en 1650, le 2e en 1656. — (Denis de), général de l'ordre des Bénédictins et continuateur de la Gallia christiana (1650-1725).

SAINTE-MAURE, l'une des îles Ioniennes.

SAINTE-MENEHOULD, s.-préf. (Marne).

SAINTEMENT, adv. d'une manière sainte.

SAINTE-NITOUCHE, V. Nitouche.

SAINTES, s.-préf. du dép. de la Charente-Inférieure.

SAINTES (les), groupe d'îles dans les Antilles.

SAINTETÉ, sf. qualité de la personne ou de la chose sainte.

SAINTONGE, anc. province de France.

SAINTRAILLES, V. Xaintrailles.

SAÏS, anc. ville d'Égypte.

SAISI, IE, adj. part. dont on a fait saisie. Fig. pénétré de, frappé de : saisi de terreur. — sm. débiteur dont on a saisi les biens.

SAISIE, sf. acte d'un créancier qui met sous la main de la justice les meubles ou immeubles du débiteur; action de s'emparer des choses qui sont l'objet d'une contravention, etc.

SAISIE-ARRÊT, sf. opposition au payement de ce qui est dû par un tiers (jurisp.).

SAISIE-BRANDON, sf. saisie des récoltes sur pied (jurisp.).

SAISIE-EXÉCUTION, sf. saisie des meubles (jurisp.).

SAISIE-GAGERIE, sf. saisie d'objets servant de gages pour le payement d'un loyer, d'un fermage (jurisp.).

SAISIE-REVENDICATION, sf. saisie d'objets dont on revendique la propriété (jurisp.).

SAISINE, sf. possession qui appartient de plein droit à un héritier (jurisp.).

SAISIR, va. prendre avec vigueur et rapidité; prendre pour tenir et porter; faire une saisie. Fig. s'emparer vivement de : la fièvre l'a saisi; profiter de : saisir l'occasion; discerner, comprendre : saisir le vrai sens des paroles. Saisir d'une affaire un tribunal, la porter devant lui. — SE SAISIR, vpr. s'emparer.

SAISISSABLE, adj. 2 g. qui peut être saisi.

SAISISSANT, ANTE, adj. qui saisit, qui surprend tout d'un coup. — sm. celui pour qui se fait une saisie.

SAISISSEMENT, sm. impression subite causée par le froid. Fig. vive impression sur l'esprit; vive émotion.

SAISON, sf. l'une des 4 parties de l'année; temps de certains changements dans l'état de l'atmosphère; temps de certaines semailles, de certaines récoltes, etc. Fig. âge de la vie; temps propre à faire une chose.

SAJOU, sm. sorte de sapajou.

SALADE, sf. mets composé d'herbes ou de légumes assaisonnés avec du sel, de l'huile, du vinaigre, etc.; herbe dont on fait ce mets; certains assaisonnements; sorte d'ancien casque.

SALADIER, sm. plat où l'on sert la salade; panier pour secouer la salade.

SALADIN, célèbre sultan d'Égypte (1137-1193).

SALADINE, adj. f. se dit d'une dîme qui fut imposée pour la guerre contre le sultan Saladin.

SALAGE, sm. action de saler.

SALAIRE, sm. payement, récompense. Fig. châtiment : il a reçu le salaire de sa mauvaise action.

SALAISON, sf. action de saler la viande, les légumes, les poissons, pour les conserver; mets salés.

SALAMALEC, sm. (l. arabe), révérence profonde (fam.).

SALAMANDRE, sf. reptile amphibie, à quatre pieds, que l'on croyait jadis pouvoir vivre dans le feu.

SALAMANQUE, ville d'Espagne.

SALAMINE, île près d'Athènes, auj. Colouri. Victoire navale de Thémistocle sur la flotte de Xerxès, 480 av. J.-C.

SALANGANE, sf. sorte d'hirondelle de mer.

SALANT, adj. m. se dit de marais, de puits d'où l'on tire du sel.

SALARIÉ, ÉE, adj. et s. qui reçoit un salaire.

SALARIER, va. donner un salaire, recompenser.

SALAUD, AUDE, s. salé, malpropre (fam.).

SALE, adj. 2 g. malpropre. Fig. déshonnête, obscène; sale.

SALÉ, sm. chair de porc salée.

SALÉ, ÉE, adj. part. dans quoi l'on a mis du sel, ou dont on retire du sel. Fig. vif, piquant, offensant : raillerie salée.

SALÉ, port du Maroc sur l'Atlantique.

SALEM, Jérusalem; nom de plusieurs villes des États-Unis.

SALEMENT, adv. d'une manière sale.

SALENTE, anc capitale des Salentins.

SALENTINS, anc. peuple de l'Italie méridionale.

SALEP, sm. substance alimentaire extraite de certaines racines.

SALER, va. assaisonner avec du sel; couvrir de sel pour conserver. Fig. demander un prix élevé.

SALERNE, ville de l'Italie méridionale.

SALERNES, ch.-l. de canton (Var).

SALERON, sm. partie d'une salière où l'on met le sel.

SALETÉ, sf. état de ce qui est sale; ordure. Fig. obscénité, vilenie.

SALEUR, sm. celui qui prépare des salaisons. Au fem. saleuse.

SALICACÉES ou **SALICINÉES**, sf. pl. (l. salix saule), famille ou tribu de végétaux dont le saule est le type (bot.).

SALICAIRE, sf. plante aquatique à belles fleurs rouges.

SALICETTI, conventionnel, puis ministre de Joseph Bonaparte et de Murat à Naples (1757-1809).

SALICOQUE, sf. sorte d'écrevisse de mer.

SALIENS, adj. et sm. pl. flamines de Mars à Rome. V. Francs.

SALIÈRE, sf. ustensile pour mettre le sel.

SALIERI, compositeur de musique italien (1750-1825).

SALIES, ch.-l. de canton (B.-Pyrénées).

SALIFIABLE, adj. 2 g. qui peut former un sel par sa combinaison avec un acide (chim.).

SALIFICATION, sf. formation du sel.

SALIFIER, va. faire passer à l'état de sel. — SE SALIFIER, vpr. devenir sel.

SALIGAUD, AUDE, s. sale, malpropre (pop.).

SALIGNON, sm. pain de sel fait d'eau de fontaine salée.

SALIN, INE, adj. qui contient du sel ou qui est de la nature du sel. — sm. saline.

SALINAGE, sm. temps employé à faire le sel.

SALINE, sf. lieu où l'on fabrique le sel; mine de sel gemme; chair salée.

SALINS, p. ville (Jura).

SALINIER, sm. ouvrier qui extrait l'alcali de la soude.

SALIQUE, adj. 2 g. des Francs saliens. Loi salique, qui excluait les femmes de la succession au trône; terres saliques, distribuées aux guerriers francs.

SALIR, va. rendre sale. Fig. salir la réputation de quelqu'un, y porter atteinte. — SE SALIR, vpr. se rendre sale. Fig. faire une vilaine action.

SALISSANT, ANTE, adj. qui salit; qui se salit facilement.

SALISSON, sf. petite fille malpropre (pop.).

SALISSURE, sf. ordure, souillure.

SALIVAIRE, adj. 2 g. qui a rapport à la salive.

SALIVANT, ANTE, adj. qui excite la salivation.

SALIVATION, sf. formation ou écoulement de la salive.

SALIVE, sf. humeur aqueuse qui est sécrétée dans la bouche.

SALIVER, vn. rendre beaucoup de salive.

SALLE, sf. grande pièce d'appartement, vaste pièce où siègent des corps constitués, où se font des réunions, etc.; lieu planté d'arbres formant un couvert dans un jardin.

SALLUSTE, célèbre historien latin (85-35 av. J. C.).

SALMANASAR, roi de Ninive; m. 712 av. J. C.

SALMIGONDIS, sm. (s finale nulle), ragoût de viandes réchauffées. Fig. conversation ou écrit rempli de choses disparates.

SALMIS, sm. (s finale nulle), ragoût de gibier déjà cuit à la broche.

SALMONÉE, roi de Thessalie et du Peloponèse, foudroyé par Jupiter à cause de son orgueil (myth.).

SALMONES ou **SALMONIDES**, sm. pl. (l. salmo saumon), famille de poissons dont le saumon est le type (zool.).

SALOIR, sm. vaisseau de bois où l'on tient le sel, où l'on met les viandes pour les saler.

SALOMON, roi des Juifs, m. 976 av. J. C. V. Caus (de).

SALOMON (Iles), archipel dans l'Océanie.

SALON, sm. pièce plus ornée que les autres pour recevoir compagnie. *Fig.* le beau monde ; exposition périodique de tableaux.

SALON, p. ville (Bouches-du-Rhône).

SALONE, anc. ville de Dalmatie.

SALONIQUE, ville et port de la Turquie d'Europe ; ancienne Thessalonique.

SALOP (p nul), OPE, *adj.* et *s.* qui est sale et malpropre *(fam.)*.

SALOPEMENT, *adv.* d'une manière salope *(fam.)*.

SALOPERIE, *sf.* saleté *(fam.)*.

SALOUEN, fleuve de l'Indo-Chine.

SALPÊTRE, sm. azotate de potasse qui entre dans la composition de la poudre à tirer. *Fig.* vivacité extrême.

SALPÊTRER, *va.* mêler du salpêtre avec de la terre et en faire un enduit impénétrable à l'eau ; produire du salpêtre.

SALPÊTREUX, EUSE, *adj.* qui renferme du salpêtre, qui en est couvert.

SALPÊTRIER, *va.* ouvrier qui travaille le salpêtre.

SALPÊTRIÈRE, *sf.* lieu où l'on travaille le salpêtre ; hôpital à Paris.

SALPICON, sm. sorte de ragoût.

SALSE ou SAUZE, *sf.* petit volcan qui vomit du gaz hydrogène, de la boue et des pierres.

SALSEPAREILLE, *sf.* (*ll* m.), plante employée en médecine.

SALSIFIS, sm. (s finale nulle), sorte de racine bonne à manger.

SALSUGINEUX, EUSE, *adj.* (l. *salsugo* eau ou liqueur salée), qui croît dans un terrain imprégné de sel *(bot.)*.

SALTATION, *sf.* art de la danse, de la pantomime chez les anciens.

SALTIMBANQUE, sm. jongleur, charlatan. *Fig.* mauvais plaisant, homme sans parole.

SALUADE, *sf.* salut avec révérence (vx. mot).

SALUBRE, *adj.* 2 g. bon pour la santé.

SALUBRITÉ, *sf.* qualité de ce qui est salubre ; santé publique : *conseil de salubrité*.

SALUCES, ville du Piémont.

SALUER, *va.* donner des marques de civilité, de respect, etc. ; faire ses compliments par lettres, etc. ; proclamer : *ses troupes le saluèrent empereur*.

SALURE, *sf.* qualité que le sel communique : *la salure des eaux marines*.

SALUT, sm. (*t* nul), conservation ou rétablissement dans un état heureux ; cessation de danger ; félicité éternelle des âmes. Action de saluer ; sorte de prière le soir à l'église.

SALUTAIRE, *adj.* 2 g. utile, avantageux pour la santé, l'honneur, etc.

SALUTAIREMENT, *adv.* utilement, avantageusement.

SALUTATION, *sf.* action de saluer ; formule pour saluer ; paroles de l'ange à la sainte Vierge.

SALVANDY (de), ministre de l'instruction publique sous Louis-Philippe (1796-1857).

SALVATOR ROSA, V. *Rosa*.

SALVE, *sf.* décharge de canons ou de fusils

tirés à la fois en signe d'honneur. *Fig.* applaudissement général.

SALZBACH, village du g.-duché de Bade où Turenne fut tué.

SALZBOURG, ville d'Autriche.

SALZE, V. *Salse*.

SAMARCANDE ou SAMARKAND, ville du Turkestan.

SAMARE, *sf.* (l. *samarum* fruit de l'orme), fruit dont le péricarpe est aminci en une lame membraneuse qui forme une sorte d'aile, comme les fruits de l'orme, de l'érable, etc. *(bot.)*.

SAMARIE, anc. ville de Palestine, capitale du royaume d'Israël.

SAMARITAIN, AINE, *adj.* et *s.* de Samarie.

SAMBLANÇAY (de), surintendant des finances sous Louis XII et François 1er (1445-1527).

SAMBRE, rivière de France et de Belgique, affluent de la Meuse.

SAMBUCÉES ou SAMBUCINÉES, *sf. pl.* (l. *sambucus* sureau), tribu de plantes de la famille des Caprifoliacées, dont le sureau est le type *(bot.)*.

SAMEDI, sm. dernier jour de la semaine.

SAMNITE, *adj.* et *s.* 2 g. du Samnium.

SAMNIUM (on pr. *Samniome*), région de l'Italie ancienne.

SAMOGITIE, anc. province de la Lithuanie.

SAMOÏEDES, V. *Samoyèdes*.

SAMOS, île de la mer Égée, sur la côte de l'Asie Mineure.

SAMOSATE, anc. ville sur l'Euphrate ; auj. *Samisat*.

SAMOTHRACE, île de la mer Égée, sur les côtes de la Thrace ; auj. *Samotraki*.

SAMOYÈDES, peuple au nord de la Russie et de la Sibérie.

SAMSON, juge d'Israël, célèbre par sa force ; 12e s. av. J.-C.

SAMUEL, grand prêtre et dernier juge d'Israël ; m. 1048 av. J.-C.

SANA, ville d'Arabie (Yémen).

SAN-BENITO, sm. (on pr. *san-bénito*), casaque jaune que revêtaient les condamnés de l'Inquisition *(inv.)*.

SANCERRE, p. ville (Cher).

SANCERRE (Louis de), connétable de France (1342-1402).

SANCHE, nom de plus. rois de Navarre, de Léon et de Castille, entre autres SANCHE III le Grand, roi de Navarre (1000-1035).

SANCHONIATHON (on pr. *Sanconiaton*), anc. historien de la Phénicie ; vivait vers 14e s. av. J.-C.

SANCTIFIANT, ANTE, *adj.* qui sanctifie.

SANCTIFICATION, *sf.* action de la grâce qui sanctifie ; célébration du dimanche et des fêtes.

SANCTIFIER, *va.* rendre saint ; célébrer religieusement le dimanche, un jour de fête.

SANCTION, *sf.* (on pr. *sanxion*), acte par lequel un souverain approuve ou confirme ; peine ou récompense qu'une loi décerne pour assurer son exécution ; constitution, ordonnance sur des matières ecclésiastiques. *Fig.* approbation.

SANCTIONNER, *va.* (on pr. *sanxioné*), donner la sanction; approuver.

SANCTUAIRE, *sm.* le lieu le plus saint du temple chez les Juifs; lieu où est le maître-autel dans l'église. *Fig.* lieu sacré; lieu où résident l'honneur, la vertu, etc.

SANCY (Nicolas *Harlay* de), surintendant des finances sous Henri III et Henri IV (1546-1629).

SANDAL ou **SANTAL**, *sm.* bois odorant des Indes.

SANDALE, *sf.* sorte de chaussure qui couvre peu le dessus des pieds.

SANDARAQUE, *sf.* résine qui empêche le papier gratté de boire.

SANDJIAK ou **SANDJAK**, *sm.* subdivision d'une province turque.

SANDJIAKAT, *sm.* (*t* nul), titre, dignité du gouverneur d'un sandjiak.

SANDOMIR, ville de Pologne.

SANDWICH (îles), archipel de la Polynésie.

SAN-FRANCISCO, capitale de la Californie. — fleuve du Brésil.

SANG, *sm.* (*g* nul), liqueur qui circule dans les artères et les veines des animaux. *Fig.* race, famille, extraction. *Prince du sang*, de la famille régnante; *homme de sang*, homme cruel.

SANG-DE-DRAGON, *sm.* sorte de plante. — ou *sang-dragon*, sorte de gomme-résine d'un rouge foncé.

SANG-FROID, *sm.* tranquillité d'âme. — De SANG-FROID, *loc. adv.* avec calme, sans émotion.

SANGIAC, **SANGIACAT**, V. *Sandjiak*.

SANGLADE, *sf.* grand coup de sangle ou de fouet.

SANGLANT, **ANTE**, *adj.* taché ou couvert de sang; où beaucoup de sang a été répandu: *combat sanglant*. *Fig.* outrageux, très-offensant: *injure sanglante*.

SANGLE, *sf.* bande plate qui sert à ceindre, à serrer, etc.

SANGLER, *va.* ceindre, serrer avec une sangle; garnir de sangles. *Fig.* appliquer un coup avec force. Au passif, éprouver un mauvais traitement, une grande perte.

SANGLIER, *sm.* sorte de porc sauvage, de poisson de mer.

SANGLOT, *sm.* (*t* nul), soupir redoublé, poussé d'une voix entrecoupée.

SANGLOTER, *vn.* pousser des sanglots.

SANGSUE, *sf.* (on pr. *sansu*), sorte de ver aquatique qui suce le sang. *Fig.* usurier, exacteur.

SANGUIFICATION, *sf.* (on pr. *gu-i*), changement du chyle en sang.

SANGUIFIER, *vg.* (on pr. *gu-i*) convertir en sang. — SE SANGUIFIER, *vpr.* se convertir en sang.

SANGUIN, **INE**, *adj.* qui appartient au sang; qui a la couleur du sang; en qui le sang prédomine: *tempérament sanguin*.

SANGUINAIRE, *adj.* 2 g. qui aime à répandre le sang; cruel.

SANGUINE, *sf.* sesquioxyde de fer d'un rouge foncé, qui sert à polir certains métaux et dont on fait des crayons.

SANGUINOLENT, **ENTE**, *adj.* fortement teint de sang.

SANGUISORBE, *sf.* (on pr. *sangu-issorbe*), sorte de plante.

SANGUISORBÉES, *sf. pl.* (on pr. *sangu-issorbé*), tribu de plantes de la famille des Rosacées, dont le type est la sanguisorbe (bot.).

SANHÉDRIN, *sm.* (gr. *synedrion* assemblée), grand conseil ou tribunal des Juifs.

SANICLE, *sf.* sorte de plante.

SANIE, *sf.* pus séreux des ulcères.

SANIEUX, **EUSE**, *adj.* chargé de sanie.

SANITAIRE, *adj.* 2 g. qui a rapport à la santé.

SAN-JUAN, capitale de l'île de Porto-Rico.

SANLECQUE (Louis de), poëte satirique français (1652-1714).

SAN-LUIS DE MARANHAO, V. *Maragnan.*

SANNAZAR, poëte italien, surnommé le *Virgile chrétien* (1458-1530).

SANS, *prép.* (*s* finale nulle), marque la privation, l'exclusion.

SAN-SALVADOR, ville du Guatémala. — capit. du Congo. — ou BAHIA, ville du Brésil. — (île de), l'une des Lucayes, à laquelle aborda Christophe Colomb.

SANS-CŒUR, *sm.* (inv.), personne qui n'a pas de cœur, de sentiments d'honneur, etc.; fainéant.

SANSCRIT, *sm.* ancienne langue des brahmanes. — ITE, *adj.* qui a rapport au sanscrit: *langue sanscrite*, le sanscrit.

SANS-CULOTTE, *sm.* révolutionnaire du bas peuple en 1792 (pl. *sans-culottes*).

SANS-CULOTTIDE, *sf.* fête républicaine, l'un des jours complémentaires du calendrier républicain (pl. *sans-culottides*).

SANS-DENT, *sf.* (pl. *sans-dents* suiv. l'Acad.), vieille femme qui n'a plus de dents (pop.).

SANSON (Nicolas), géographe français (1600-1667).

SANSONNET, *sm.* (*t* nul), sorte d'oiseau; petit maquereau de mer.

SANS-SOUCI, *s.* 2 g. (inv.), personne que rien n'inquiète. — château royal près de Postdam (Prusse).

SANTA-CRUZ, archipel de l'Océanie.

SANTA-CRUZ (marquis de), amiral de Charles-Quint et de Philippe II; m. 1587.

SANTA-FÉ DE BOGOTA, capit. de la république de la Nouvelle-Grenade.

SANTAL, V. *Sandal.*

SANTALINE, *sf.* matière colorante du santal rouge.

SANTANDER, ville et port d'Espagne.

SANTAREM, ville de Portugal.

SANTÉ, *sf.* état de celui qui est sain, qui se porte bien. *A votre santé*, formule pour boire à la santé de quelqu'un. *Maison de santé*, où l'on soigne les malades. *Officier de santé*, médecin attaché à l'armée; médecin d'un ordre inférieur.

SANTERRE, anc. pays de Picardie.

SANTERRE (Jean-B.), peintre français (1651-1717). — (Claude), général de la garde nationale de Paris pendant la Révolution (1752-1808).

SANTEUIL ou SANTEUL, fameux poète latin moderne (1630-1697).

SANTIAGO, capitale du Chili. — de Cuba, ville de l'île de Cuba. V. Saint-Jacques de Compostelle.

SANTOLINE, sf. plante; grains d'armoise employés comme vermifuge.

SANTON, sm. moine mahométan.

SANTORIN, île de l'archipel grec.

SANZIO (Raphaël), V. Raphaël.

SAÔNE (on pr. Sône), riv. de France, affluent du Rhône. Elle donne son nom à deux dép. HAUTE-SAÔNE, ch.-l. Vesoul, et SAÔNE-ET-LOIRE, ch.-l. Mâcon.

SAORGIO, p. ville (Alpes-Maritimes).

SAOSDUCHÉE, Nabuchodonosor Ier.

SAOUL, SAOULER, V. Soûl, Soûler.

SAPAJOU, sm. petit singe. Fig. petit homme laid.

SAPAN, sm. bois de teinture qui vient du Japon.

SAPE, sf. action de saper, travail de tranchée; outil de moissonneur.

SAPER, va. travailler à détruire les fondements d'une construction; creuser. Fig. ébranler les bases de la morale, etc.; chercher à renverser.

SAPEUR, sm. celui qui est employé à la sape; soldat armé d'une hache et qui marche en tête du régiment.

SAPEUR-POMPIER, sm. soldat ou garde d'un corps chargé de combattre l'incendie (pl. sapeurs-pompiers).

SAPHIQUE, adj. et sm. vers de onze syllabes que l'on croit avoir été inventé par Sapho.

SAPHIR, sm. pierre précieuse bleue et brillante.

SAPHIRINE, sf. variété de calcédoine.

SAPHO, célèbre femme poète grecque, 6e s. av. J.-C.

SAPIDE, adj. 2 g. qui a de la saveur.

SAPIDITÉ, sf. qualité de ce qui est sapide; saveur des aliments.

SAPIENCE, sf. sagesse (vx. mot).

SAPIENTIAUX, adj. m. pl. se dit de certains livres de la Bible.

SAPIN, sm. arbre résineux. Fig. voiture de place, fiacre (pop.).

SAPINE, sf. solive, planche de sapin.

SAPINIÈRE, sf. lieu planté de sapins.

SAPONACÉ, ÉE, adj. (l. sapo savon), qui est de la nature du savon, qui en a les propriétés. — sf. pl. famille de plantes (bot.).

SAPONAIRE, sf. plante de la famille des Caryophyllées.

SAPONIFIABLE, adj. 2 g. qui peut être saponifié.

SAPONIFICATION, sf. action de saponifier ou de se saponifier.

SAPONIFIER, va. (l. sapo, gén. saponis savon; fieri devenir) convertir en savon. — SE SAPONIFIER, vpr. devenir savon.

SAPONINE, sf. suc extrait de la saponaire.

SAPOR, nom de trois rois de Perse de la dynastie des Sassanides.

SAPORIFIQUE, adj. 2 g. qui produit la saveur.

SAPOTE ou SAPOTILLE, sf. fruit du sapotier.

SAPOTIER ou SAPOTILLIER, sm. arbre à fruits des Antilles.

SARA, femme d'Abraham.

SARABANDE, sf. sorte de danse, air de cette danse.

SARACÈNES, sm. pl. les Sarrasins.

SARAGOSSE, ville d'Espagne.

SARATOGA, bourg de l'État de New-York (États-Unis). Capitulation du général anglais Burgoyne, en 1777.

SARATOV, ville de Russie. -

SARAZIN, sculpteur français (1590-1660).

SARBACANE, sf. long tube qui sert à lancer un projectile en soufflant.

SARBOTIÈRE, sf. vase qui sert à faire les sorbets, les glaces.

SARCASME, sm. raillerie amère et insultante.

SARCASTIQUE, adj. 2 g. qui tient du sarcasme.

SARCELLE, sf. oiseau aquatique.

SARCLAGE, sm. action de sarcler, résultat de cette action.

SARCLER, va. arracher ou couper les mauvaises herbes.

SARCLEUR, EUSE, s. celui, celle qui sarcle.

SARCLOIR, sm. outil pour sarcler.

SARCLURE, sf. herbes arrachées en sarclant.

SARCOBASE, sm. (gr. sarx, gén. sarkos chair; basis base, support), gynobase charnu très-développé (bot.).

SARCOCARPE, sm. (gr. sarx, gén. sarkos chair; karpos fruit) mésocarpe charnu, comme dans la pomme (bot.).

SARCODAIRES, sm. pl. (gr. sarkôdès charnu), sous-embranchement de zoophytes ayant l'apparence d'une masse charnue de forme sphérique (zool.).

SARCOLOGIE, sf. (gr. sarx, gén. sarkos chair; logos discours, traité), partie de l'anatomie qui traite des chairs et des parties molles du corps.

SARCOPHAGE, sm. (gr. sarx, gén. sarkos chair; phagein dévorer, consumer), tombeau dans lequel les anciens mettaient les corps qu'ils ne voulaient pas brûler; cercueil ou sa représentation dans les cérémonies funèbres.

SARDAIGNE, gr. île de la Méditerranée.

SARDANAPALE Ier, dernier chef du premier empire d'Assyrie; m. 759 ou 817 av. J.-C. — II ou PHUL, V. Phul. — Fig. sm. celui qui mène une vie efféminée, dissolue.

SARDE, adj. et s. 2 g. de la Sardaigne. — ÉTATS-SARDES, royaume au N. de l'Italie, cap. Turin.

SARDES, anc. capitale de la Lydie.

SARDIQUE, anc. ville de la Dacie, auj. Sophia.

SARDINE, sf. poisson de mer.

SARDOINE, sf. sorte d'agate.

SARDONIEN ou SARDONIQUE, *adj. m.* se dit d'un rire convulsif, malin et ironique.

SAREPTA, anc. ville de Phénicie.

SARIGUE, *sm.* mammifère de l'ordre des Marsupiaux. — *sf.* femelle du sarigue.

SARISSE, *sf.* longue lance des Macédoniens.

SARLAT, s.-préf. du dép. de la Dordogne.

SARMATE, *adj.* et *s.* 2 *g.* de la Sarmatie.

SARMATIE, région de l'Europe ancienne qui s'étendait de la mer Baltique jusqu'au Pont-Euxin.

SARMENT, *sm.* bois que pousse annuellement un cep de vigne.

SARMENTACÉ, ÉE, *adj.* qui a la forme d'un sarment. — *sf. pl.* tribu ou famille des vignes (*bot.*).

SARMENTEUX, EUSE, *adj.* dont la tige est flexible et rampante (*bot.*) ; qui pousse de nombreux sarments.

SARNEN, ch.-l. du haut Unterwald (Suisse).

SARNO, ville de l'Italie méridle.

SARONIQUE (golfe), auj. golfe d'Athènes ou d'Égine.

SARPÉDON, roi de Lycie, l'un des défenseurs de Troie.

SARPI, dit *Fra-Paolo*, célèbre historien et savant vénitien (1552-1623).

SARRALBE, p. ville (Moselle).

SARRASIN, s. et *adj. m.* plante de la famille des Polygonées, vulgairement *blé noir*.

SARRASIN, poëte français (1604-1654).

SARRASIN, INE, *adj.* des Sarrasins. — *sm. pl.* nom d'une tribu de l'Arabie Déserte. Ce nom s'étendit à tous les Arabes, Maures et Turcs musulmans.

SARRASINE, *sf.* herse suspendue entre le pont-levis et la porte d'une ville, d'un château fort.

SARRAU, *sm.* espèce de blouse.

SARRE, riv. de France, affluent de la Moselle.

SARREBOURG, s.-préf. (Meurthe).

SARREBRUCK (on pr. *Sarrebrouk*), p. ville de la Prusse rhénane.

SARREGUEMINES, s.-préf. (Moselle).

SARRELOUIS, p. ville de la Prusse rhénane.

SARRE-UNION, p. ville (Bas-Rhin).

SARRIETTE, *sf.* plante de la famille des Labiées.

SARTÈNE, s.-préf. de la Corse.

SARTHÉ, riv. de France. Elle donne son nom à un dép. dont le ch.-l. est le Mans.

SARTINE (de), célèbre lieutenant-général de police sous Louis XV et ministre de la marine sous Louis XVI (1729-1801).

SARTO (André del), V. *André*.

SARZEAU, p. port (Morbihan).

SAS, *sm.* (s finale nulle), sorte de tamis ; bassin d'un canal pour retenir les eaux.

SASSAFRAS, *sm.* (s finale nulle), sorte de laurier d'Amérique.

SASSANIDES, dynastie persane fondée l'an 226 par Ardschyr ou Artaxerxès, descendant de Sassan.

SASSARI, ville de l'île de Sardaigne.

SASSE, *sf.* pelle pour rejeter l'eau qui entre dans les bateaux.

SASSENAGE, ch.-l. de canton (Isère). — *sm.* fromage qu'on y fabrique.

SASSER, *va.* passer au sas. *Fig.* examiner, discuter avec soin.

SATALIEH, ville et port près de Smyrne.

SATAN, *sm.* nom donné au démon par l'Écriture sainte.

SATANÉ, ÉE, *adj.* satanique (*fam.*).

SATANIQUE, *adj.* 2 *g.* de Satan, diabolique.

SATELLITE, *sm.* homme armé qui est aux gages d'un autre comme exécuteur de ses violences ; petite planète qui tourne autour d'une autre.

SATIÉTÉ, *sf.* (on pr. *saciété*), réplétion d'aliments qui va jusqu'au dégoût. *Fig.* rassasiement de plaisirs, d'honneurs, etc.

SATIN, *sm.* sorte d'étoffe de soie douce et moelleuse.

SATINADE, *sf.* étoffe qui imite le satin.

SATINAGE, *sm.* action de satiner ; résultat de cette action.

SATINÉ, ÉE, *adj.* qui a l'apparence du satin : *papier satiné*.

SATINER, *va.* donner à une étoffe, à du papier, etc. l'apparence du satin.

SATINEUR, *sm.* ouvrier qui satine.

SATIRE, *sf.* écrit en vers ou en prose qui censure les vices, les défauts, les sottises des hommes. *Fig.* discours piquant, médisant.

SATIRIQUE, *adj.* 2 *g.* qui appartient à la satire ; qui est porté à la satire : *esprit satirique*. — *sm.* auteur de satires.

SATIRIQUEMENT, *adv.* d'une manière satirique.

SATIRISER, *va.* railler quelqu'un d'une manière piquante et satirique.

SATISFACTION, *sf.* (on pr. *satisfuxion*), contentement ; réparation d'une offense, d'une faute, d'un péché.

SATISFACTOIRE, *adj.* 2 *g.* propre à expier, à réparer.

SATISFAIRE, *va.* contenter. *Fig.* faire réparation ; payer : *satisfaire ses créanciers* ; plaire : *spectacle qui satisfait la vue. Satisfaire l'attente*, remplir cette attente. — *vn.* faire ce qu'on doit : *satisfaire à son devoir*. — *vpr.* contenter son désir ; tirer raison d'une offense (*s. faire*).

SATISFAISANT, ANTE, *adj.* qui contente, qui satisfait.

SATISFAIT, AITE, *adj.* content ; qui a obtenu ce qu'il désirait.

SATRAPE, *sm.* gouverneur de province chez les anciens Perses. *Fig.* homme voluptueux et despote.

SATRAPIE, *sf.* gouvernement d'un satrape.

SATURATION, *sf.* état d'un liquide ou d'un milieu saturé.

SATURER, *va.* dissoudre dans un liquide le plus de matière qu'il en peut tenir en dissolution ; remplir entièrement un réceptacle, un milieu (*chim.* et *phys.*). *Fig.* au passif, avoir à satiété.

SATURNALES, *sf. pl.* fêtes en l'honneur de Saturne. *Fig.* licence, désordre.

SATURNE, dieu de la Fable, le Temps, père de Jupiter. L'une des grandes planètes. — *sm.* plomb (*anc. chim.*) : *extrait de saturne*, acétate de plomb à l'état liquide.

SATURNIEN, IENNE, *adj.* se dit en *géol* de la période qui a précédé celle du diluvium ou période jovienne (de Saturne, père de Jupiter. V. *Jovien*).

SATURNIN (St), 1er évêque de Toulouse; m. 250. — prêtre d'Afrique et martyr; m. 304.

SATURNINUS (Apuleius), fameux démagogue romain; m. 99 av. J. C. — Nom de plusieurs généraux romains proclamés empereurs, puis massacrés par leurs troupes.

SATYRE, *sm.* demi-dieu de la Fable, qui habitait les bois et avait des jambes et des pieds de bouc. — *sf.* pastorales grecques très-mordantes dont les personnages étaient des satyres.

SATYRIQUE, *adj.* 2 g. qui appartient aux satyres.

SAUCE, *sf.* assaisonnement liquide; sorte de crayon noir et mou.

SAUCER, *va.* tremper dans la sauce. *Fig.* réprimander fortement. Au *passif*, être mouillé, couvert de boue, etc.

SAUCIÈRE, *sf.* vase creux dans lequel on sert les sauces sur la table.

SAUCISSE, *sf.* boyau de porc rempli de viande crue et hachée.

SAUCISSON, *sm.* sorte de grosse saucisse : grosse fusée; rouleau de toile rempli de poudre pour mettre le feu à un fourneau de mine.

SAUDRE, riv. de France, affluent du Cher.

SAUF, AUVE, *adj.* qui n'est pas endommagé, qui est hors de péril. — *prép.* sans blesser, sans porter atteinte à; hormis.

SAUF-CONDUIT, *sm.* sorte de passe-port qui permet d'aller et de venir pendant un temps sans être inquiété; sauvegarde (pl. *sauf-conduits*).

SAUGE, *sf.* plante de la famille des Labiées.

SAUGRENU, UE, *adj.* absurde, ridicule, impertinent.

SAÜL, premier roi des Juifs; m. 1040 av. J. C.

SAULE, *sm.* arbre.

SAULIEU, p. ville (Côte-d'Or).

SAULX-TAVANNES, V. *Tavannes.*

SAUMAISE, fameux érudit et critique français (1588-1658).

SAUMÂTRE, *adj.* 2 g. dont le goût approche de celui de l'eau de mer.

SAUMON, *sm.* poisson de mer; masse de plomb, d'étain, telle qu'elle est sortie de la fonte.

SAUMONÉ, ÉE, *adj.* se dit de certains poissons quand la chair en est rouge comme celle des saumons.

SAUMONEAU, *sm.* petit saumon.

SAUMUR, s.-préf. du dép. de Maine-et-Loire.

SAUMURE, *sf.* liqueur faite avec du sel et du suc de la chose salée.

SAUNAGE, *sm.* débit, trafic de sel.

SAUNDERSON, célèbre mathématicien anglais, aveugle de naissance (1682-1739).

SAUNER, *in.* faire du sel.

SAUNERIE, *sf.* bâtiments et ustensiles propres à la fabrication du sel.

SAUNIER, *sm.* ouvrier qui fait le sel, marchand de sel.

SAUNIÈRE, *sf.* coffre à sel.

SAUPIQUET, *sm.* sorte de sauce.

SAUPOUDRER, *va.* poudrer de sel ou de farine, de sucre, etc. *Fig.* mêler de : *saupoudrer une critique de quelques éloges.*

SAUR ou SAURE, *adj.* 2 g. de couleur jaune tirant sur le brun. *Hareng saur,* salé et séché à la fumée; on dit aussi *hareng sauret.*

SAURER, *va.* faire sécher à la fumée.

SAURET, V. *Saur.*

SAURIENS, *sm. pl.* (gr. *sauros* lézard), ordre de reptiles dont le lézard est le type (zool.).

SAURIN (Jacques), célèbre prédicateur protestant (1677-1730). — (Joseph), mathématicien français (1659-1737). — (Bernard-Joseph), fils du précédent, poète dramatique (1706-1781).

SAUROÏDE, *sm.* (gr. *sauros* lézard, *éidos* forme), reptile dont la forme approchait de celle du lézard (géol.).

SAUSSAIE, *sf.* lieu planté de saules.

SAUSSURE (Horace de), célèbre naturaliste et physicien génevois (1740-1799). — (Nicolas-Théodore de), fils du précédent, fameux chimiste (1767-1845).

SAUT, *sm.* (t nul), action de sauter, bond; chute d'eau. *Saut périlleux,* saut des baladins, le corps faisant un tour en l'air; au *fig.* action violente et hasardée. *Saut de loup,* fossé à l'extrémité d'un parc, d'un jardin.

SAUTE, *sf. Saute de vent,* changement subit dans la direction du vent.

SAUTÉ, *sm.* sorte de ragoût. — **ÉE,** *adj.* apprêté en sauté.

SAUTELLE, *sf.* sarment que l'on transplante avec sa racine.

SAUTER, *in.* s'élever de terre avec effort; s'élancer d'un lieu à un autre; se précipiter sur un objet pour le saisir : *sauter sur ses armes;* faire explosion : *le navire sauta. Fig.* parvenir d'un seul coup d'un degré inférieur à un degré beaucoup plus élevé : *sauter du grade de capitaine à celui de général;* passer brusquement : *sauter d'une matière à une autre. Sauter aux nues,* s'impatienter, s'irriter; *sauter aux yeux,* être évident, se faire voir sans peine. — *va.* franchir : *sauter un fossé;* omettre : *sauter une page. Fig. sauter le pas,* se hasarder après avoir hésité; *faire sauter quelqu'un,* lui faire perdre son emploi.

SAUTEREAU, *sm.* petite pièce de bois qui fait sonner une corde de piano.

SAUTERELLE, *sf.* insecte ailé; fausse équerre mobile des charpentiers.

SAUTERNE, village près de Bazas (Gironde). Vins renommés.

SAUTEUR, EUSE, s. celui, celle qui saute, qui fait des tours de force; insecte qui saute. *Fig.* homme d'un caractère équivoque et qui a peu de fixité dans l'esprit. — *sf.* sorte de danse.

SAUTILLANT, ANTE, *adj.* (*ll* m.), qui sautille.

SAUTILLEMENT, *sm.* (*ll* m.), action de sautiller.

SAUTILLER, *vn.* (*ll* m.), sauter à petits sauts.

SAUTOIR, *sm.* figure que présentent deux objets se croisant en forme d'X; fichu ou ornement croisé sur la poitrine; ruban porté en collier.

SAUVAGE, *adj.* 2 g. se dit des animaux qui vivent dans les bois, des hommes non civilisés, des végétaux non cultivés. *Fig.* farouche, rude, inculte; qui fuit la société des hommes. — *sm.* homme vivant à l'état sauvage. *Fig.* misanthrope.

SAUVAGEON, *sm.* jeune arbre venu sans culture ou non greffé.

SAUVAGERIE, *sf.* manières, humeur, habitudes sauvages.

SAUVAGIN, INE, *adj.* se dit d'un certain goût des oiseaux de mer, d'étang, de marais.

SAUVAGINE, *sf.* oiseau de mer, d'étang ou de marais, qui a un goût sauvagin.

• **SAUVAL,** historien français (1620-1670).

SAUVE, ch.-l. de canton (Gard).

SAUVEGARDE, *sf.* protection d'une autorité supérieure; garde pour garantir de pillage et d'insulte. *Fig.* personne ou chose qui sert de garantie.

SAUVEGARDER, *va.* garantir, protéger, maintenir.

SAUVE QUI PEUT, *interj.* et *sm.* cri d'alarme du lâche qui fuit.

SAUVER, *vn.* garantir, tirer du péril; conserver : *sauver l'honneur*; épargner, exempter de : *sauver quelqu'un d'une grande peine*; excuser, justifier; cacher, déguiser : *sauver un défaut*; donner la béatitude éternelle. — **SE SAUVER,** *vpr.* s'échapper; se retirer promptement; se dédommager; faire son salut éternel.

SAUVETAGE, *sm.* action de retirer des flots des personnes ou des choses.

SAUVETÉ, *sf.* état d'une personne, d'une chose hors de péril.

SAUVEUR, *sm.* celui qui sauve, libérateur. *Le Sauveur,* le Christ.

SAVAMMENT, *adv.* d'une manière savante.

SAVANNAH, ville et riv. des États-Unis (Géorgie).

SAVANE, *sf.* vaste prairie ou forêts d'arbres résineux en Amérique.

SAVANT, ANTE, *adj.* qui sait beaucoup; docte, bien instruit, habile. — *sm.* homme qui s'adonne à la science.

SAVANTASSE ou **SAVANTAS,** *sm.* homme qui affecte de paraître savant.

SAVANTISSIME, *adj.* 2 g. très-savant.

SAVART, célèbre physicien français (1791-1841).

SAVARY (René), duc de Rovigo, général et ministre de la police sous Napoléon 1er (1771-1833).

SAVATE, *sf.* vieux soulier fort usé.

SAVATERIE, *sf.* lieu où l'on vend de vieux souliers.

SAVENAY, s.-préf. du dép. de la Loire-Inférieure.

SAVERDUN, p. ville (Ariège).

SAVERNE, s.-préf. (Bas-Rhin).

SAVETER, *va.* très-mal faire un ouvrage (*pop.*).

SAVETIER, *sm.* ouvrier qui raccommode les vieux souliers. *Fig.* mauvais ouvrier.

SAVIGLIANO (*gli* m.), ville du Piémont.

SAVEUR, *sf.* qualité qui se fait sentir au goût. *Fig.* piquant.

SAVOIE, anc. duché au nord de l'Italie. Il forme auj. deux départements français : de la *Savoie,* ch.-l. *Chambéry,* et de la *Haute-Savoie,* ch.-l. *Annecy.*

SAVOIR, *va.* et *n.* connaître; être instruit, posséder quelque science; être exercé à une chose, la bien faire; avoir le pouvoir de, l'habileté de. — *Ind. pr.* je sais, tu sais, il sait, n. savons, v. savez, ils savent; *imp.* je savais; *p. déf.* je sus; *fut.* je saurai; *cond.* je saurais; *imper.* sache, sachons, sachez; *subj. pr.* que je sache; *imp.* que je susse; *part. p.* sachant; *part. p.* su, sue.

SAVOIR, *sm.* érudition, connaissance.

SAVOIR-FAIRE, *sm.* habileté, industrie pour réussir.

SAVOIR-VIVRE, *sm.* connaissance des usages du monde et des égards de politesse.

SAVOISIEN, IENNE, *adj.* et *s.* de la Savoie.

SAVON, *sm.* pâte ou composition qui sert à dégraisser, à nettoyer. *Fig.* réprimande (*pop.*).

SAVONAROLE, célèbre prédicateur dominicain italien (1452-1498).

SAVONATE, *sm.* combinaison d'une huile volatile avec une base (*chim.*).

SAVONE, ville et port d'Italie, près de Gênes.

SAVONNAGE, *sm.* nettoiement par le savon.

SAVONNER, *va.* nettoyer, dégraisser avec le savon.

SAVONNERIE, *sf.* lieu où l'on fabrique le savon.

SAVONNETTE, *sf.* petite boule de savon parfumé.

SAVONNEUX, EUSE, *adj.* qui tient de la qualité du savon.

SAVONNIER, *sm.* fabricant de savon; arbre d'Amérique.

SAVOUREMENT, *sm.* action de savourer.

SAVOURER, *va.* goûter avec attention et plaisir. *Fig.* jouir d'une chose en prolongeant le plaisir qu'on éprouve.

SAVOURET, *sm.* gros os de trumeau de bœuf ou os de porc salé que l'on met dans le pot au feu.

SAVOUREUSEMENT, *adv.* en savourant.

SAVOUREUX, EUSE, *adj.* plein d'une bonne saveur.

SAVOUREUSE, riv. de France, affluent du Doubs.

SAVOYARD, ARDE, *adj.* et *s.* de la Savoie.

SAXATILE, *adj.* 2 g. (l. *saxatilis : de saxum* rocher), qui croît sur des rochers ou dans des terrains pierreux (*bot.*).

SAXE, royme faisant partie de la Confédération germanique. *Duchés de Saxe,* aussi dans cette confédération, savoir : *Saxe-Alten-bourg, Saxe-Cobourg-Gotha, Saxe-Meiningen-Hildburghausen* et *Saxe-Weimar*. V. *Bernard*.

SAXE (Maurice, électeur de), général de Charles-Quint, puis des protestants dans la guerre de 30 ans (1521-1553). — (Maurice, comte de), maréchal de France (1696-1750).

SAXIFRAGE, sf. genre de plantes.

SAXIFRAGÉES, sf. pl. famille de plantes dont le type est la saxifrage (bot.).

SAXON, ONNE, adj. et s. de la Saxe.

SAXONS, anc. peuple de la Germanie.

SAY (J.-Baptiste), économiste français (1767-1832).

SAYNETTE, sf. farce du théâtre espagnol.

SAYON, sm. sorte de casaque.

SBIRE, sm. archer; homme armé qui protège l'exécution des mesures judiciaires et de police.

SCABELLON, sm. sorte de piédestal ou de socle.

SCABIEUSE, sf. plante, sa fleur.

SCABIEUX, EUSE, adj. (l. scabies gale), attaqué de la gale, qui ressemble à la gale (méd.).

SCABRE, adj. 2 g. (l. scaber, âpre au toucher), se dit des feuilles dont la surface est raboteuse ou âpre au toucher (bot.).

SCABREUX, EUSE, adj. rude, raboteux. Fig. dangereux, difficile : affaire scabreuse.

SCÆVOLA (Mucius), jeune Romain qui tenta d'assassiner Porsenna, en 507 av. J.-C. — Nom de plus. autres Romains.

SCALA-NOVA, ville et port de la Turquie d'Asie.

SCALARIFORME, adj. 2 g. (l. scalaris d'échelle), qui est en forme d'échelle (bot.).

SCALDE, sm. ancien poète scandinave.

SCALÈNE, adj. m. (gr. skalénos oblique, inégal), se dit d'un triangle dont les trois côtés sont inégaux (géom.).

SCALIGER, nom de deux célèbres érudits : *Jules-César*, né à Vérone (1484-1558); *Joseph-Juste*, fils du précédent, né à Agen (1540-1609).

SCALME, sm. petit morceau de bois qui soutient la rame.

SCALPEL, sm. couteau pour disséquer.

SCALPER, va. arracher la peau du crâne après l'avoir coupée circulairement.

SCAMANDRE, riv. de la Troade.

SCAMMONÉE, sf. plante; gomme-résine qu'on en tire.

SCANDALE, sm. occasion d'erreur, de péché, donnée par l'exemple ou les mauvais conseils; indignation causée par le mauvais exemple; éclat d'une action honteuse.

SCANDALEUSEMENT, adv. d'une façon scandaleuse.

SCANDALEUX, EUSE, adj. qui cause du scandale.

SCANDALISER, va. causer du scandale; indigner. — SE SCANDALISER, Opr. s'offenser, s'indigner.

SCANDER, va. mesurer les vers par le nombre ou la durée des syllabes.

SCANDERBEG ou SCANDERBERG (George-Castriot, dit), célèbre chef des Albanais contre les Turcs (1404-1467).

SCANDINAVE, adj. 2 g. et s. de la Scandinavie. Alpes scandinaves, les Dofrines.

SCANDINAVIE, anc. nom de la Suède et de la Norwège.

SCANIE, partie de la Suède.

SCAPHANDRE, sm. appareil pour se soutenir sur l'eau ou pour séjourner dans l'eau.

SCAPHOÏDE, adj. 2 g. (gr. skaphê nacelle, eidos forme), se dit d'un des os du pied, qui ressemble à une nacelle (anat.).

SCAPIFORME, adj. 2 g. (l. scapus hampe), se dit d'une tige dépourvue de feuilles et qui a la forme d'une hampe (bot.).

SCAPULAIRE, sm. partie du vêtement de certains religieux; morceau d'étoffe bénite suspendu au cou. — adj. 2 g. qui a rapport à l'épaule.

SCARABÉE, sm. insecte coléoptère.

SCARAMOUCHE, sm. bouffon de l'ancienne comédie italienne.

SCARE, sm. sorte de poisson.

SCARIEUX, EUSE, adj. sec, mince et demi-transparent (bot.).

SCARIFICATEUR, sm. instrument pour faire des scarifications.

SCARIFICATION, sf. incision faite à la peau (chir.).

SCARIFIER, va. faire des scarifications (chir.).

SCARLATINE, sf. maladie qui donne à la peau une teinte écarlate. — adj. fièvre scarlatine, qui accompagne cette maladie.

SCARPA, célèbre anatomiste et chirurgien italien (1747-1832).

SCARPE, riv. de France, affluent de l'Escaut.

SCARRON, poète burlesque français (1610-1660).

SCAURUS (Marcus Æmilius), consul et général romain (163-87 av. J.-C.).

SCEAU, sm. cachet d'un État, d'un prince, d'une communauté, etc.; empreinte faite par ce cachet. Fig. marque caractéristique : le sceau du génie. Mettre le sceau à une chose, la terminer.

SCEAUX, s.-préf. du dép. de la Seine.

SCEL, sm. sceau (vx. mot).

SCÉLÉRAT, ATE, adj. et s. coupable ou capable de grands crimes; atroce, perfide : projet scélérat.

SCÉLÉRATESSE, sf. crime odieux, méchanceté insigne, atroce.

SCELLÉ, sm. cire empreinte d'un cachet apposé à une porte, à un meuble, etc., pour empêcher qu'on ne les ouvre.

SCELLEMENT, sm. action de sceller (t. de maçon).

SCELLER, va. appliquer un sceau; apposer les scellés; fixer dans un mur un objet en bois, en métal, etc. — Fig. confirmer, affermir : sceller une réconciliation.

SCELLEUR, sm. celui qui scelle.

SCÉNARIO, sm. canevas d'une pièce de théâtre, livret de la mise en scène.

SCÈNE, sf. partie du théâtre où les acteurs

jouent devant le public; décors du théâtre; action dramatique; subdivision d'un acte. *Fig.* ensemble d'objets qui s'offrent à la vue; action vive, intéressante, frappante : *être témoin d'une scène plaisante. Faire une scène à quelqu'un*, l'attaquer vivement en paroles.

SCÉNIQUE, *adj.* 2 g. qui a rapport à la scène, au théâtre.

SCÉNOGRAPHIE, *sf.* art de représenter les objets en perspective, de peindre des décors.

SCÉNOGRAPHIQUE, *adj.* 2 g. de la scénographie.

SCEPTICISME, *sm.* doctrine philosophique qui consiste à douter de tout.

SCEPTIQUE, *adj. et s.* 2 g. qui pratique le scepticisme.

SCEPTRE, *sm.* bâton de commandement, insigne de la royauté. *Fig.* pouvoir souverain, prééminence, supériorité : *tenir le sceptre de la poésie.*

SCHABRAQUE, *sf.* sorte de housse que l'on étend sur la selle.

SCHAFFOUSE, ville et canton suisse.

SCHAH ou CHAH, *sm.* titre des rois de la Perse moderne.

SCHAKO, V. *Shako.*

SCHALL, V. *Châle.*

SCHAPSKA, *sm.* shako polonais.

SCHAUENBOURG, V. *Lippe.*

SCHEIK, V. *Cheik.*

SCHEELE, célèbre chimiste suédois (1742-1786).

SCHEFFER (Ary), peintre français, né à Dordrecht (1795-1858).

SCHELESTADT, s.-préf. (Bas-Rhin).

SCHELLING, *sm.* (on pr. *chelin*), monnaie d'Angleterre qui vaut à peu près 1 fr. 20; monnaie de cuivre d'autres États du Nord.

SCHELLING (Frédéric-Guillaume), célèbre philosophe allemand (1775-1854).

SCHEMNITZ, ville de Hongrie.

SCHÈNE, *sm.* (on pr. *skène*), mesure itinéraire de l'anc. Égypte.

SCHÉRER, général français, ministre de la guerre en 1797 (1747-1804).

SCHÉRIF. V. *Chérif et Shérif.*

SCHERZO, *adv.* (m. italien : on pr. *skertso*), légèrement, en folâtrant (*mus.*).

SCHIAVONE (on pr. *Skiavonè*), peintre et graveur italien (1522-1582).

SCHIEDAM, ville de Hollande près de Rotterdam.

SCHILLER, célèbre poëte et historien allemand (1759-1805).

SCHISMATIQUE, *adj. et s.* 2 g. qui fait schisme, qui est dans le schisme.

SCHISME, *sm.* séparation d'une communion religieuse, philosophique, politique, etc.

SCHISTE, *sm.* pierre qui se divise facilement en lames très-minces, comme l'ardoise.

SCHISTEUX, EUSE, *adj.* de la nature du schiste.

SCHISTOÏDE, *adj.* 2 g. qui ressemble à du schiste.

SCHLAGUE, *sf.* coups de baguette donnés comme punition aux soldats de certains pays.

SCHLEGEL (on pr. *Chéléguel*), nom de deux frères, poëtes et critiques allemands : *Auguste-Guillaume* (1767-1845); *Charles-Frédéric* (1772-1829).

SCHLESTADT, V. *Schelestadt.*

SCHLESWIG, V. *Sleswig.*

SCHŒFFER, l'un des inventeurs de l'imprimerie; m. 1502.

SCHŒNBRUNN, village et château impérial, près de Vienne (Autriche).

SCHOLAIRE, SCHOLIE, et leurs dérivés. V. *Scolaire, Scolie,* etc.

SCHOLASTIQUE (Ste), vierge, sœur de saint Benoît; m. 543.

SCHOMBERG (comte de), maréchal de France (1583-1632). — (Charles, duc de), maréchal de France, fils du précédent (1601-1656). — (Armand-Frédéric de), maréchal de France (1619-1690).

SCHOONER (on pr. *chouner*), ou SCHONER, *sm.* sorte de navire.

SCHUBART (on pr. *Choubar*), poëte et musicien allemand (1739-1791).

SCHUBERT (on pr. *Chouber*), célèbre compositeur de musique allemand (1797-1828).

SCHULEMBERG, maréchal de France; m. 1671.

SCHULEMBOURG (comte de), célèbre général allemand (1661-1747).

SCHWARTZ (Berthold), moine allemand auquel on attribue l'invention de la poudre à canon; m. 1392.

SCHWARZBOURG, nom de deux principautés de la Confédération germanique : *Schwarzbourg-Rudolstadt* et *Schwarzbourg-Sondershausen.*

SCHWARZENBERG (prince de), feld-maréchal autrichien (1771-1820).

SCHWARZWALD ou FORÊT NOIRE, chaîne de montagnes dans le grand-duché de Bade.

SCHWÉRIN, capitale du gr.-duché de Mecklembourg-Schwérin.

SCHWITZ, ville et canton suisse.

SCHYITES, V. *Chyites.*

SCIAGE, *sm.* action de scier.

SCIATIQUE, *adj.* 2 g. qui a rapport à la hanche (*anat.*). — *sf.* espèce de goutte qui se fixe principalement à la hanche.

SCIE, *sf.* lame de fer dentée pour couper le bois, la pierre, etc.; sorte de poisson dont le museau est armé d'une espèce de scie.

SCIEMMENT, *adv.* (on pr. *ciaman*), avec connaissance de cause.

SCIENCE, *sf.* connaissance que l'on a de quelque chose; système de connaissances sur quelque matière; savoir acquis par l'étude.

SCIENTIFIQUE, *adj.* 2 g. qui concerne les sciences.

SCIENTIFIQUEMENT, *adv.* d'une manière scientifique; par la science.

SCIER, *va.* couper avec une scie, avec une faucille; ramer à rebours.

SCIERIE, *sf.* usine où l'on scie le bois, la pierre, etc.

SCIEUR, *sm.* ouvrier qui scie.

SCILLE, *sf.* sorte de plante.

SCILLY, V. *Sorlingues.*

SCINCOÏDIENS ou SCINCOÏDES, sm. pl. famille de Sauriens dont le scinque est le type (zool.).

SCINDER, va. couper, diviser (ne s'emploie qu'au fig.)

SCINQUE, sm. sorte de lézard.

SCINTILLANT, ANTE, adj. (ll non m.), qui scintille.

SCINTILLATION, sf. (ll non m.), action de scintiller.

SCINTILLE, sf. (ll non m.), étincelle.

SCINTILLER, vn. (ll non m.), étinceler.

SCIO, île de l'archipel grec, anc. *Chios.*

SCION, sm. rejeton tendre d'un arbre.

SCIPION, illustre famille romaine dont les principaux membres furent: *Publius Cornélius l'Africain,* vainqueur d'Annibal à Zama; m. 184 av. J. C. — *Lucius Cornelius Scipion l'Asiatique,* frère du précédent, vainqueur d'Antiochus le Grand. — *Publius Cornélius Scipion Nasica,* l'ennemi des Gracques; av. 131 av. J. C. — *Publius Cornélius Scipion Émilien,* le destructeur de Carthage, fils de Paul-Émile et adopté par un fils de Scipion l'Africain (185-129 av. J. C.)

SCIRPE, sm. plante de la famille des Cypéracées.

SCISSILE, adj. 2 g. qui peut être fendu (minér.).

SCISSION, sf. séparation, division dans un parti, dans une assemblée; partage des voix.

SCISSIONNAIRE, adj. et s. 2 g. qui fait scission.

SCISSURE, sf. sorte de fente dans les os ou les divers organes.

SCIURE, sf. poussière qui tombe du bois ou d'une autre matière que l'on scie.

SCIURIENS, sm. pl. (l. *sciurus* écureuil), famille de Mammifères dont l'écureuil est le type (zool.).

SCLÉRODERMES, sm. pl. (gr. *skléros* dur, *derma* peau), famille de poissons plectognathes à écailles dures (zool.).

SCLÉROTIQUE, s. et adj. f. (gr. *skléros* dur, forme), membrane d'un tissu ferme, compacte et serré qui enveloppe le globe de l'œil.

SCOBIFORME, adj. 2 g. (l. *scobs* limaille), se dit de graines faites comme de la limaille ou de la sciure de bois (bot.).

SCOLAIRE, adj. 2 g. qui a rapport aux écoles.

SCOLASTIQUE, adj. 2 g. qui appartient à l'école. — sf. théologie scolastique. — sm. celui qui traite de cette théologie.

SCOLASTIQUEMENT, adv. d'une manière scolastique.

SCOLIASTE, sm. celui qui a fait des scolies sur un auteur ancien.

SCOLIE, sf. note pour servir à l'explication des auteurs classiques. — sm. remarque sur une proposition de géométrie.

SCOLOPENDRE, sf. sorte de capillaire (bot.); insecte, type d'une famille de Myriapodes (zool.).

SCOMBRE, sm. genre de poissons de mer.

SCOPAS, célèbre sculpteur grec, 3e s. av. J. C.

SCORBUT, sm. (t nul), maladie qui fait enfler et saigner les gencives.

SCORBUTIQUE, adj. 2 g. qui tient du scorbut. — s. malade du scorbut.

SCORIE, sf. substance terreuse ou vitrifiée qui nage à la surface des métaux en fusion; produit des volcans semblable aux scories des métaux.

SCORIFICATION, sf. action de réduire en scories; résultat de cette action.

SCORIFICATOIRE, sm. écuelle à scorifier.

SCORIFIER, va. séparer les scories d'un métal en fusion.

SCORPIOÏDE, adj. 2 g. (gr. *skorpios* scorpion, *eidos* forme), qui ressemble à la queue retroussée du scorpion (bot.).

SCORPION, sm. animal venimeux de la classe des Arachnides; constellation et l'un des 12 signes du zodiaque.

SCORSONÈRE, sf. plante.

SCOT (Jean), dit *Érigène,* sav. moine irlandais; m. 886. V. *Duns.*

SCOTIE, sf. sorte de moulure.

SCOTIE, anc. nom de l'Irlande et de l'Écosse.

SCOTS, anciens habitants de la Scotie.

SCOTT (Walter), célèbre romancier écossais (1771-1832).

SCOUFFIN, sm. sac de jonc dans lequel se met la pâte des olives.

SCRIBE, sm. docteur de la loi chez les anc. Juifs; copiste à gages.

SCRIBE (Eugène), auteur dramatique français (1791-1861).

SCRIPTURAL, ALE, adj. des saintes Écritures.

SCROBICULÉ, ÉE ou SCROBICULEUX, EUSE, adj. (l. *scrobiculus* fossette), dont la surface est creusée de fossettes (bot.).

SCROFULAIRE, sf. plante.

SCROFULARIÉES ou SCROFULARINÉES, sf. pl. famille de plantes dont la scrofulaire est le type (bot.).

SCROFULES, sf. pl. écrouelles.

SCROFULEUX, EUSE, adj. qui cause ou qui accompagne les scrofules. — s. celui qui a les écrouelles.

SCROPHULARIÉES, V. *Scrofulariées.*

SCRUPULE, sm. inquiétude d'une conscience timorée; exactitude minutieuse à observer les règles; grande délicatesse; dernier doute après l'éclaircissement d'une affaire. Ancien poids de 24 grains.

SCRUPULEUSEMENT, adv. d'une manière scrupuleuse.

SCRUPULEUX, EUSE, adj. et s. qui est sujet à avoir des scrupules; minutieux, extrême: *exactitude scrupuleuse.*

SCRUTATEUR, sm. celui qui scrute, qui fait le dépouillement d'un scrutin. — adj. m. qui sonde, qui pénètre: *regards scrutateurs.*

SCRUTER, va. sonder, examiner à fond, chercher à pénétrer: *scruter les mystères de la nature.*

SCRUTIN, sm. vote par suffrages secrets.

SCUBAC, sm. liqueur spiritueuse au safran.

SCUDÉRI (Georges de), littérateur français (1601-1667). — (Mlle de), sœur du précédent, se rendit célèbre par son esprit et ses romans (1607-1701).

SCULPTÉ, EE, adj. (p nul), orné de sculptures.

SCULPTER, va. (p nul), tailler quelque figure dans le bois, la pierre, le marbre, etc.

SCULPTEUR, sm. (p nul), celui qui sculpte.

SCULPTURAL, ALE, adj. (p nul), de la sculpture.

SCULPTURE, sf. (p nul), art de sculpter; ouvrage du sculpteur.

SCURRILITÉ, sf. bouffonnerie.

SCUTARI, ville de la Turquie d'Asie en face de Constantinople. — ville de l'Albanie (Turquie d'Europe).

SCUTELLAIRE, sf. plante.

SCUTELLIFORME, adj. 2 g. (l. scutellum petit bouclier), qui a la forme d'un petit bouclier (bot.).

SCUTIBRANCHES, sm. pl. (l. scutum bouclier, écusson; branchiæ branchies), ordre de Gastéropodes comprenant ceux dont les branchies sont couvertes par une coquille en forme de bouclier ou d'écusson (zool.).

SCUTIFORME, adj. 2 g. (l. scutum bouclier, écusson), qui a la forme d'un écusson ou bouclier. — sm. pl. famille de mollusques (zool.).

SCILLA, anc. écueil célèbre dans le détroit de Messine.

SCYROS, île de l'archipel grec.

SCYTALE, sf. procédé des Lacédémoniens pour écrire des lettres mystérieuses.

SCYTHE, adj. et s. 2 g. de la Scythie.

SCYTHIE, vaste région qui était située au N.-E. de l'Europe et au N.-O. de l'Asie.

SCYTHIQUE, adj. 2 g. des Scythes, de la Scythie.

SE, pron. pers. soi.

SÉANCE, sf. action ou faculté de prendre place dans une assemblée; temps pendant lequel siège une assemblée; temps que l'on passe à une occupation, pendant lequel on pose pour un portrait, etc.

SÉANT, sm. posture d'un homme assis sur son lit.

SÉANT, ANTE, adj. dérivé de seoir, qui siège.

SÉANT, ANTE, adj. décent, convenable.

SEAU, sm. vase pour puiser, porter ou conserver de l'eau; son contenu.

SÉBACÉ, EE, adj. (l. sebum suif), qui est de la nature du suif.

SÉBACIQUE, adj. 2 g. (l. sebum suif). Acide sébacique, du suif, de la graisse.

SÉBASTIANI, maréchal de France et ministre de Louis-Philippe (1775-1851).

SÉBASTIEN (St), martyr (250-288).

SÉBASTIEN (Dom), roi de Portugal (1554-1578).

SÉBASTIEN DEL PIOMBO, peintre italien (1485-1547).

SÉBASTOPOL, ville et port en Crimée (Russie).

SÉBILE, sf. petit vase en bois, rond et évasé.

SÉBONDE (Raymond de), philos. et théologien français; m. 1432.

SEC, SÈCHE, adj. aride, dépourvu d'humidité; desséché; très-maigre, décharné. Fig. sans ornements, sans grâce; dur, désobligeant: accueil sec. — sm. le contraire de l'humidité; fourrage sec. — adv. sèchement. Boire sec, sans eau; à sec, dépourvu d'eau. Être à sec, être sans argent (fam.).

SÉCABLE, adj. 2 g. qui peut être coupé.

SÉCANTE, sf. (l. secare couper), ligne qui en coupe une autre; droite menée du centre d'un cercle à l'extrémité d'un arc et terminée à la tangente de cet arc (géom.).

SÉCATEUR, sm. outil du jardinier pour couper, tailler.

SÉCESSION, sf. action de se retirer à part, de se séparer de ceux avec lesquels on était allié ou uni.

SECCHIA (on pr. Sékia), riv. d'Italie, affluent du Pô.

SÉCHAGE, sm. opération pour faire sécher.

SÈCHE ou SEICHE, sf. sorte de mollusque de mer.

SÉCHELLES, V. Hérault et Seychelles.

SÈCHEMENT, adv. d'une manière sèche. Fig. d'une manière froide, sans agrément.

SÉCHER, va. rendre sec, mettre à sec. Fig. sécher les larmes, consoler. — vn. devenir sec. Fig. se consumer d'ennui, de langueur, etc. Sécher sur pied, se consumer d'ennui, de tristesse, d'inquiétude.

SÉCHERESSE, sf. état de ce qui est sec; disposition de l'air ou du temps sec. Fig. froideur; manque d'ornements dans le style, de moelleux dans la peinture.

SÉCHOIR, sm. lieu où l'on fait sécher des produits fabriqués.

SECLIN, ch.-l. de canton (Nord).

SECOND, ONDE, adj. num. (on pr. segon), deuxième; sans second, sans pareil. — sm. deuxième étage d'une maison; suppléant du capitaine d'un navire marchand; celui qui en aide auqui en accompagne un autre dans une affaire. — EN SECOND, loc. adv. d'un rang au-dessous.

SECONDAIRE, adj. 2 g. (on pr. segondaire), accessoire, qui ne vient qu'en second.

SECONDAIREMENT, adv. (on pr. segondaireman), d'une façon secondaire.

SECONDE, sf. (on pr. segonde), classe qui précède la rhétorique; 60e partie d'une minute; intervalle musical entre deux notes qui se suivent.

SECONDEMENT, adv. (on pr. segondeman), en second lieu.

SECONDER, va. (on pr. segonde), aider, favoriser, servir de second.

SECOUEMENT ou SECOUÉMENT, sm. action de secouer.

SECOUER, va. remuer et ébranler fortement; agiter; se débarrasser par un mouvement violent. Fig. s'affranchir de: secouer le joug; secouer les préjugés. Secouer quelqu'un, lui faire de vifs reproches. — SE SECOUER, upr. se remuer, s'agiter fortement.

SECOURABLE, *adj.* 2 *g*; qui aime à secourir, à soulager ; qui peut être secouru.

SECOURIR, *va.* aider, assister (c. *courir*).

SECOURS, *sm.* (s finale nulle), aide, assistance. Au *pl.* choses données par charité ; troupes que l'on envoie pour secourir.

SECOUSSE, *sf.* ébranlement de ce qui est secoué. *Fig.* forte atteinte à la santé, au crédit, etc.

SECRET, *sm.* ce qui doit être tenu caché ; discrétion ; silence : *promettez-moi le secret ;* moyen mis en usage pour réussir : *le secret de parvenir ;* ressort caché : *serrure à secret ;* lieu séparé où l'on séquestre un prisonnier. — EN SECRET, *loc. adv.* en particulier, sans témoin.

SECRET, ÈTE, *adj.* que l'on tient caché, qui n'est connu que de fort peu de personnes ; qui garde bien les secrets ; mystérieux, impénétrable.

SECRÉTAIRE, *sm.* celui qui écrit pour un autre ; celui qui rédige les délibérations d'une assemblée ; bureau où l'on écrit, où l'on enferme des papiers. *Secrétaire d'État,* ministre.

SECRÉTAIRERIE, *sf.* bureaux des secrétaires d'un vice-roi, d'un gouverneur, etc.

SECRÉTARIAT, *sm.* (t final nul), fonction de secrétaire, durée de sa charge, son bureau.

SECRÈTE, *sf.* oraison dite tout bas par le prêtre avant la préface.

SECRÈTEMENT, *adv.* en particulier, en secret, sans être vu.

SÉCRÉTER, *va.* opérer la sécrétion.

SÉCRÉTEUR, *adj. m.* où s'opère la sécrétion : *organe sécréteur.*

SÉCRÉTION, *sf.* filtration et séparation des humeurs du corps.

SÉCRÉTOIRE, *adj.* 2 *g.* où s'opère la sécrétion ; de la sécrétion : *travail sécrétoire.*

SECTAIRE, *sm.* celui qui professe les doctrines, les opinions d'une secte.

SECTATEUR, *sm.* celui qui fait profession de suivre l'opinion d'un philosophe, d'un hérésiarque.

SECTE, *sf.* ensemble des personnes qui font profession d'une même doctrine philosophique ou hérétique.

SECTEUR, *sm.* partie d'un cercle comprise entre deux rayons et l'arc qu'ils renferment (*géom.*).

SECTILE, *adj.* 2 *g.* que l'on peut couper, fendre, scier.

SECTION, *sf.* (on pr. *scxion*), coupe, endroit où une chose est coupée ; point où des lignes, des plans, des surfaces se coupent. *Fig.* l'une des divisions ou subdivisions d'un ouvrage, d'une ville, d'un conseil, d'une compagnie militaire, etc.

SÉCULAIRE, *adj.* 2 *g.* qui se fait de siècle en siècle ; qui est âgé d'un siècle ; qui existe depuis longtemps.

SÉCULARISATION, *sf.* action de séculariser.

SÉCULARISER, *va.* rendre séculier.

SÉCULARITÉ, *sf.* juridiction séculière d'une église pour le temporel.

SÉCULIER, IÈRE, *adj.* qui vit dans le siècle,

c.-à-d. dans le monde (par opposition aux *réguliers* qui sont engagés par des vœux) ; mondain. *Bras séculier,* la justice temporelle. — *sm.* laïque.

SÉCULIÈREMENT, *adv.* d'une manière séculière.

SECUNDO, *adv.* (on pr. *ségondo*), en second lieu.

SÉCURITÉ, *sf.* absence de crainte, tranquillité d'esprit.

SEDAINE, auteur dramatique français (1719-1797).

SÉDAN, s.-préf. du dép. des Ardennes. — *sm.* drap fabriqué à Sédan.

SÉDATIF, IVE, *adj.* qui calme, qui apaise la douleur.

SÉDÉCIAS, dernier roi de Juda ; m. 587 av. J. C.

SÉDENTAIRE, *adj.* 2 *g.* qui se tient presque toujours chez soi ; qui est fixe, attaché à un même lieu.

SÉDENTAIREMENT, *adv.* d'une manière sédentaire.

SÉDIMENT, *sm.* ce qui, tenu en dissolution dans un liquide, se dépose au fond. *Terrain de sédiment,* formé par les matières que les eaux ont déposées (*géol.*).

SÉDIMENTAIRE, *adj.* 2 *g.* de sédiment.

SÉDITIEUSEMENT, *adv.* d'une manière séditieuse.

SÉDITIEUX, EUSE, *adj.* et *s.* qui fait une sédition ; mutin, enclin aux séditions ; qui provoque à la sédition.

SÉDITION, *sf.* révolte, soulèvement contre l'autorité.

SEDLITZ, village de Bohême. Eaux salines purgatives.

SÉDUCTEUR, TRICE, *s.* et *adj.* celui, celle qui séduit, qui fait tomber en faute.

SÉDUCTION, *sf.* (on pr. *seduxion*), action de séduire ; attrait de ce qui séduit.

SÉDUIRE, *va.* tromper, abuser, faire tomber en faute ; suborner. *Fig.* plaire, toucher, persuader : *son éloquence me séduisit.*

SÉDUISANT, ANTE, *adj.* qui séduit ; propre à séduire, charmant.

SÉELAND, île du Danemark.

SÉEZ, p. ville (Orne).

SÉGESTE, anc. ville de Sicile.

SÉGÉTAL, ALE (l. *seges* blé sur pied), des moissons, des champs cultivés.

SEGMENT, *sm.* partie d'un cercle comprise entre un arc et sa corde (*géom.*).

SÉGOVIE, ville d'Espagne.

SÉGRAIRIE, *sf.* bois possédé en commun.

SÉGRAIS, *sm.* bois séparé et exploité à part.

SÉGRAIS, poète français (1625-1701).

SEGRÉ, s.-préf. (Maine-et-Loire).

SÉGRÉGATION, *sf.* action de mettre à part, de séparer.

SÉGRÉGATIVEMENT, *adv.* séparément, l'un après l'autre.

SÉGUEDILLE, *sf.* (ll m.), chanson espagnole.

SÉGUIER, nom de plus. magistrats français, entre autres : *Pierre,* chancelier (1588-1672), et *Antoine-Louis,* avocat général (1726-1792).

SÉGUR (marquis de), maréchal de France et ministre de la guerre (1724-1801). — (comte de), fils du précédent, général et littérateur (1753-1833).

SEIBOUSE, riv. d'Algérie.

SEICHE, V. *Sèche*.

SEÏDE, esclave de Mahomet dévoué aveuglément à son maître — *sm.* sectateur fanatique, agent dévoué des crimes d'un autre.

SEIGLE, *sm.* sorte de blé.

SEIGNELAY, ch.-l. de canton (Yonne). — (marquis de), fils de Colbert et ministre de la marine (1651-1690).

SEIGNEUR, *sm.* maître; possesseur d'un État, d'une terre; titre de haut rang. *Le Seigneur*, Dieu; *Notre-Seigneur*, Jésus-Christ; *le Grand-Seigneur*, l'empereur de Turquie.

SEIGNEURIAGE, *sm.* droit du seigneur.

SEIGNEURIAL, ALE, *adj.* qui appartient au seigneur, qui donne des droits de seigneur (pl. m. *seigneuriaux*).

SEIGNEURIALEMENT, *adv.* en seigneur.

SEIGNEURIE, *sf.* droit, puissance d'un seigneur; titre d'honneur.

SEIKS, SEYKS ou **SYKHS**, peuple de l'Hindoustan septentrional.

SEILLE (*ll m.*), *sf.* seau (vx. mot).

SEILLE (*ll m.*), nom de 2 riv. de France, l'une affluent de la Moselle, l'autre de la Saône.

SEIN, *sm.* extérieur de la poitrine. *Fig.* mamelles, centre, milieu, intérieur : *le sein de la terre*; esprit, cœur : *verser sa douleur dans le sein d'un ami. Le sein de l'Église*, la communion de l'Église catholique.

SEIN (île de), sur la côte du dép. du Finistère.

SEINE, *sf.* sorte de filet de pêche.

SEINE, fl. de France. Donne son nom à 4 départ. *Seine*, ch.-l. *Paris*; *Seine-et-Marne*, ch.-l. *Melun*; *Seine-et-Oise*, ch.-l. *Versailles*; *Seine-Inférieure*, ch.-l. *Rouen*.

SEING, *sm.* (g nul), signature. *Blanc seing*, papier signé que l'on peut remplir à volonté (pl. *blancs seings*); *seing privé*, signature d'un acte qui n'a pas été rédigé par un officier public.

SEIZE, *adj. num.* 2 g. et *sm.* nombre formé de dix et de six; seizième. — **LES SEIZE**, comité de ligueurs composé de seize membres, sous le règne de Henri III.

SEIZIÈME, *adj. num.* 2 g. qui suit immédiatement le quinzième. — *sm.* la seizième partie d'un tout.

SEIZIÈMEMENT, *adv.* en seizième lieu.

SÉJAN, ministre de Tibère; m. 31.

SÉJOUR, *sm.* demeure en un lieu; lieu dans lequel on demeure.

SÉJOURNER, *vn.* demeurer, s'arrêter un certain temps en un lieu.

SEL, *sm.* corps composé par la combinaison d'un acide et d'une base (chim.); chlorhydrate de soude qui sert à l'assaisonnement. *Fig.* ce qui est vif, piquant dans un discours, dans un écrit. *Sel attique*, manière fine et délicate de penser et de s'exprimer des anciens Athéniens.

SÉLACIENS, *sm. pl.* (gr. *sélas* lumière,

clarté), ordre de poissons cartilagineux sans écailles et dont la peau est phosphorescente ou luisante, comme le requin ou la raie (zool.).

SELDJOUCIDES, dynastie turque fondée dans le 11e s. par Togrulbeg, petit-fils de Seldjouck.

SÉLENGA, gr. rivière d'Asie, affluent du lac Baïkal.

SÉLÉNIATE, *sm.* **SÉLÉNIEUX** et **SÉLÉNIQUE**, *adj.* **SÉLÉNITE** et **SÉLÉNIURE**, *sm.* se disent en chimie de diverses combinaisons du sélenium avec d'autres corps.

SÉLÉNITE, *sf.* variété cristalline du gypse ou pierre spéculaire.

SÉLÉNITEUX, EUSE, *adj.* qui a rapport à la selenite, qui en contient.

SÉLÉNIUM, *sm.* (on pr. *sélèniome*), métal, l'un des corps simples de la chimie.

SÉLÉNOGRAPHIE, *sf.* (gr. *séléné* lune, *graphô* décrire), description ou carte de la lune.

SÉLÉNOGRAPHIQUE, *adj.* 2 g. qui a rapport à la sélénographie.

SÉLEUCIDE, anc. province de la Syrie.

SÉLEUCIDES, dynastie des rois de Syrie, fondée par *Séleucus* Ier.

SÉLEUCUS, nom de plus. rois de Syrie, entre autres : **SÉLEUCUS** Ier *Nicator*, l'un des généraux d'Alexandre; m. 281 av. J. C. — **SÉLEUCUS** II *Callinique*, m. 225 av. J. C. — **SÉLEUCUS** IV *Philopator*, m. 174 av. J. C. — **SÉLEUCUS** VI *Épiphane*, m. 93 av. J. C.

SÉLIM, nom de trois sultans ottomans : **SÉLIM** Ier *le Féroce*, m. 1520. — **SÉLIM** II *l'Ivrogne*, m. 1574. — **SÉLIM** III, sultan en 1789; m. 1808.

SÉLINONTE, anc. ville de Sicile. — anc. ville de la Cilicie.

SELLASIE, anc. ville de la Laconie. Victoire d'Antigone Doson sur les Spartiates, 222 av. J. C.

SELLE, *sf.* petit siége en bois sans dossier; siége pour se tenir à cheval; évacuation des matières fécales.

SELLER, *va.* mettre la selle à un cheval. — **SE SELLER**, *vpr.* se dit de la terre qui se tasse et s'endurcit.

SELLERIE, *sf.* lieu où l'on serre les selles, les harnais; ouvrage, commerce de harnachement.

SELLES-SUR-CHER, ch.-l. de canton (Loir-et-Cher).

SELLETTE, *sf.* petit siége de bois où s'asseyaient autrefois les accusés; boîte de décrotteur. *Fig. tenir quelqu'un sur la sellette*, le questionner pour obtenir son secret.

SELLIER, *sm.* ouvrier qui fait des selles et des harnais.

SELLUM, roi d'Israël, m. 766 av. J. C.

SELON, *prép.* suivant, en égard à, conformément à, à proportion de.

SELTZ ou **SELTERS**, p. ville du duché de Nassau. Eaux minérales gazeuses.

SEM, fils de Noé.

SEMAILLE, *sf.* (*ll m.*), action de semer les grains; ces grains mêmes; saison où on les sème.

SEMAINE, sf. suite de 7 jours depuis le dimanche jusqu'au samedi inclusivement ou depuis un jour quelconque. *Fig.* travail d'une semaine, salaire de ce travail. *Prêter à la petite semaine*, prêter à gros intérêts et à courte échéance.

SEMAINIER, IÈRE, s. celui, celle qui est chargé d'un service durant la semaine.

SÉMAPHORE, sm. (gr. *séma* signal, *phéro* porter), sorte de télégraphe placé sur les côtes pour signaler l'arrivée des navires.

SÉMATOLOGIE, sf. (gr. *séma*, gén. *sématos* signe; *logos* discours, traité), traité des signes ou signaux.

SEMBLABLE, adj. 2 g. pareil, qui ressemble; de même nature, de même qualité. — sm. le prochain, le pareil.

SEMBLABLEMENT, adv. pareillement.

SEMBLANÇAY, V. *Samblançay*.

SEMBLANT, sm. apparence. *Faire semblant*, feindre; *ne faire semblant de rien*, prendre un air indifférent pour cacher son dessein.

SEMBLER, vn. paraître, avoir une certaine manière d'être. — v. impers. y avoir apparence de. *Si bon me semble*, si cela me plaît; *ce me semble*, à mon avis.

SÉMÉIOLOGIE, ou **SÉMÉIOTIQUE** sf. (gr. *séméion* signe; *logos* discours, traité), partie de la médecine qui traite des signes indicatifs de la santé ou de la maladie.

SÉMÉLÉ, mère de Bacchus (*myth.*).

SEMELLE, sf. pièce de cuir qui fait le dessous d'une chaussure; morceau d'étoffe mis à un bas; sorte de pièce de charpente, etc.

SEMENCE, sf. grain ou graine que l'on sème ou qui se sème. *Fig.* cause, origine.

SEMEN-CONTRA (on pr. *sémène-contra*), graine vermifuge.

SÉMENDRIA, capitale de la Servie.

SEMER, va. répandre la graine sur la terre. *Fig.* couvrir, disséminer: *semer de fleurs son chemin*; répandre: *semer des erreurs*.

SEMESTRE, sm. espace de six mois consécutifs; payements chaque six mois; emploi, congé de six mois.

SEMESTRIEL, ELLE, adj. de six mois; qui se fait par semestre.

SEMESTRIER, sm. militaire en congé de semestre.

SEMEUR, sm. celui qui sème. *Fig.* celui qui répand de faux bruits, qui sème la discorde.

SEMI (on pr. *sémi*) (mot latin). Ne s'emploie que dans certains mots composés comme *semi-ton*, *semi-périodique*.

SEMI-CIRCULAIRE, adj. 2 g. demi-circulaire.

SEMI-DOUBLE, adj. 2 g. demi-double.

SEMI-FLOSCULEUX, EUSE, adj. qui est composé de demi-fleurons (*bot.*).

SÉMILLANT, ANTE, adj. (Il m.), remuant, très-vif.

SEMI-LUNAIRE, adj. 2 g. en forme de demi-lune.

SÉMINAIRE, sm. collége de jeunes ecclésiastiques; l'ensemble des élèves de ce collége.

SÉMINAL, ALE, adj. qui a rapport à la semence (pl. m. *séminaux*).

SEMINARA, p. ville d'Italie (Calabre). Les Français y livrèrent trois batailles, en 1495, 1503 et 1807.

SÉMINARISTE, sm. élève d'un séminaire.

SÉMINATION, sf. action de semer, dispersion des graines qui se sèment d'elles-mêmes (*bot.*).

SÉMINIFÈRE, adj. 2 g. (l. *semen*, gén. *seminis* semence, graine; *ferre* porter), qui porte des graines (*bot.*).

SÉMINULE, sf. petite semence; corpuscule reproducteur des cryptogames (*bot.*).

SEMI-PÉRIODIQUE, adj. 2 g. demi-périodique.

SÉMIRAMIS, célèbre reine d'Assyrie (1936-1874 av. J. C.).

SEMIS, sm. (s finale nulle) plant d'arbrisseaux ou de plantes dont on a semé la graine; travail du semeur.

SÉMITIQUE, adj. 2 g. se dit des peuples qui descendent de Sem et des langues parlées par ces peuples.

SEMI-TON, sm. demi-ton.

SEMLIN, ville de l'Esclavonie, sur le Danube.

SEMOIR, sm. machine à semer; sac du semeur.

SEMONCE, sf. invitation; avertissement mêlé de reproches.

SEMONCER, va. faire une semonce, une réprimande (*fam.*).

SEMONDRE, va. inviter (vx. mot).

SEMOULE, sf. (on pr. *semoulle*), pâte de farine très-fine réduite en petits grains.

SEMOY, riv. du duché de Luxembourg, affluent de la Meuse.

SEMPACH, village près de Lucerne. — Victoire des Suisses sur Léopold, archiduc d'Autriche, en 1386.

SEMPITERNEL, ELLE, adj. qui dure toujours, continuel (*fam.*).

SEMPITERNITÉ, sf. très-longue durée de la vie (*fam.*).

SEMPRONIUS, nom de deux familles romaines. V. *Gracchus*.

SEMUR, s.-préf. (Côte-d'Or).

SÉNAIRE, adj. 2 g. de six, disposé six par six.

SÉNANCOUR (DE), écrivain philosophe français (1770-1846).

SÉNAT, sm. (t nul), assemblée de patriciens à Rome; assemblée de législateurs en divers pays; lieu où elle siège.

SÉNATEUR, sm. membre d'un sénat.

SÉNATORERIE, sf. terre dont l'usufruit est affecté à un sénateur.

SÉNATORIAL, ALE, adj. qui appartient au sénateur.

SÉNATORIEN, IENNE, adj. de sénateur.

SÉNATRICE, sf. femme de sénateur.

SÉNATUS-CONSULTE, sm. (on pr. *sénatusse*), décision du sénat.

SENAU, sm. sorte de navire à deux mâts.

SÉNÉ, sm. sorte d'arbrisseau dont les feuilles sont purgatives.

SÉNECÉ (de), poète français (1643-1737).

SÉNÉCHAL, sm. ancien officier royal qui avait de hautes fonctions judiciaires.

SÉNÉCHALE, *sf.* femme d'un sénéchal.

SÉNÉCHAUSSÉE, *sf.* étendue de la juridiction d'un sénéchal; son tribunal.

SÉNEÇON, *sm.* plante.

SENEF, p. ville de Belgique (Hainaut). Victoire de Condé sur le prince d'Orange. en 1674, et de Marceau sur les Autrichiens en 1794.

SENEFELDER, inventeur de la lithographie, né à Prague (1771-1834).

SÉNÉGAL, fleuve d'Afrique. Colonie française à l'embouchure de ce fleuve.

SÉNÉGAMBIE, région de l'Afrique occidentale.

SÉNÈQUE (Marcus-Annæus), rhéteur romain; m. 32. — (Lucius-Annæus), fils du précédent, philosophe célèbre (3-65).

SÉNESTRE, *adj.* 2 g. gauche. — *sf.* la main gauche (vx. mot).

SÉNEVÉ, *sm.* plante et graine dont on fait la moutarde.

SÉNILE, *adj.* 2 g. (l. *senex* vieillard), de vieillard, qui tient à la vieillesse.

SÉNILITÉ, *sf.* qualité de ce qui est sénile.

SENLIS, s.-préf. du dep. de l'Oise.

SENNAAR, ville et région de la Nubie. — (plaine de), près du confluent du Tigre et de l'Euphrate.

SENNACHÉRIB (on pr. *Sén-naké-ribe*), roi d'Assyrie; m. 707 av. J. C.

SENNE, V. *Seine.*

SENNE, rivière de Belgique affluent de la Dyle.

SÉNONAIS, *adj.* et *s.* de Sens; le pays de Sens.

SÉNONES, anc. peuple de la Gaule dans le Senonais. — anc. peuple d'Italie.

SÉNONES, ch.-l. de canton (Vosges). Anc. abbaye de bénédictins.

SENS, *sm.* (on pr. *sanse*), faculté qu'a l'être animé de recevoir l'impression des objets extérieurs : *le sens de l'ouïe;* faculté de comprendre, de juger : *homme de sens;* sensualité : *l'ivresse des sens;* signification d'un discours, d'une phrase, d'un mot; opinion, avis : *j'abonde dans votre sens;* l'un des côtés d'une chose. *Bon sens, sens commun,* la raison. — SENS DESSUS DESSOUS, *loc. adv.* de façon que ce qui devrait être en haut se trouve en bas; sans ordre. SENS DEVANT DERRIÈRE, *loc. adv.* le sens de devant se trouvant derrière.

SENS, s.-préf. du dép. de l'Yonne.

SENSATION, *sf.* impression que l'âme reçoit des objets par le moyen des sens. *Faire sensation,* produire une grande impression dans une assemblée, dans le public.

SENSÉ, ÉE, *adj.* qui a du bon sens, du jugement; conforme à la raison.

SENSÉMENT, *adv.* d'une manière sensée: *parler sensément.*

SENSIBILITÉ, *sf.* qualité de celui ou de ce qui est sensible.

SENSIBLE, *adj.* 2 g. qui se fait sentir au corps ou à l'âme; qui reçoit facilement les impressions physiques ou morales; qui se ment facilement; qui se fait remarquer aisément: *progrès sensibles.*

SENSIBLEMENT, *adv.* d'une manière sensible.

SENSIBLERIE, *sf.* sensibilité fausse et outrée.

SENSITIF, IVE, *adj.* qui a la faculté de sentir.

SENSITIVE, *sf.* plante légumineuse très sensible au toucher.

SENSORIUM, *sm.* (on pr. *sénsoriome*), partie du cerveau que l'on croit être le siège des sensations.

SENSUALISME, *sm.* système philosophique du sensualiste; amour des plaisirs.

SENSUALISTE, *s.* celui qui prétend que toutes les idées nous viennent des sens. — *adj.* 2 g. du sensualisme.

SENSUALITÉ, *sf.* attachement aux plaisirs des sens. Au *pl.* plaisirs sensuels.

SENSUEL, ELLE, *adj.* voluptueux, qui flatte les sens.

SENSUELLEMENT, *adv.* d'une manière sensuelle.

SENTE, *sf.* sentier.

SENTENCE, *sf.* maxime, parole qui renferme une grande moralité; jugement rendu par un tribunal.

SENTENCIEUSEMENT, *adv.* d'une manière sentencieuse.

SENTENCIEUX, EUSE, *adj.* qui contient des maximes; qui s'exprime par sentences : *écrivain sentencieux. Ton sentencieux,* qui annonce une affectation de gravité.

SENTÈNE ou **CENTAINE**, *sf.* brin de fil, de soie, etc. qui lie un écheveau.

SENTEUR, *sf.* odeur, parfum.

SENTIER, *sm.* chemin étroit. *Fig.* voie: *sentier de l'honneur.*

SENTIMENT, *sm.* perception que l'âme a des objets au moyen des sens. Sorte d'instinct qui nous fait comprendre, connaître, ou apprécier certaines choses; sensibilité morale ou physique; affection, mouvement de l'âme : *sentiment de colère;* opinion, manière de juger : *J'adopte votre sentiment.*

SENTIMENTAL, ALE, *adj.* qui annonce le sentiment; qui affecte une grande sensibilité (pas de *pl. m.*).

SENTIMENTALEMENT, *adv.* avec affectation de sentiment.

SENTIMENTALISME, *sm.* affectation du genre sentimental.

SENTIMENTALITÉ, *sf.* caractère de l'être sentimental.

SENTINE, *sf.* partie basse d'un navire où les eaux s'amassent et croupissent. *Fig.* réceptacle de mauvaises gens, de vices.

SENTINELLE, *sf.* soldat qui veille; fonction de la sentinelle. *Fig. faire sentinelle,* attendre, guetter.

SENTIR, *va.* recevoir une impression par le moyen des sens; flairer; éprouver un sentiment; être ému, touché, affecté : *sentir son bonheur;* s'apercevoir, connaître : *sentir son ignorance. Fig.* avoir l'air, l'apparence : *proposition qui sent l'hérésie. Ne pouvoir sentir une personne,* la détester. — *va.* et *n.* exhaler, répandre une certaine odeur, avoir une saveur. — SE SENTIR, *vpr.* avoir conscience de son état, savoir ce que l'on rant; avoir un reste de quelque mal, de quelque bien. — Ind. pr. je sens; imp. je sentais; pas. déf. je sentis; fut. je sentirai; cond. je sentirais; impér. sens, sentons, sentez; subj. pr. que je sente; imp. que je sentisse; part. pr. sentant; part. p. senti, ie.

SEOIR, vn. être assis. Ne s'emploie qu'aux participes séant et sis (V. ces mots), et à l'impér. sieds-toi.

SEOIR, vn. être convenable. N'est plus d'usage à l'infinitif, et ne s'emploie qu'aux 3es pers. des temps suivants. Ind. pr. il sied, ils siéent; imp. il seyait; ils seyaient; fut. il siera, ils siéront; cond. il siérait, ils sié-raient (pas de temps composés); part. pr. seyant. — v. impers il sied bien, il convient.

SÉPALE, sm. foliole du calice de la fleur (bot.).

SÉPARABLE, adj. 2 g. qui peut se séparer.

SÉPARATIF, IVE, adj. qui fait séparation.

SÉPARATION, sf. action de séparer, de se séparer; résultat de cette action.

SÉPARÉ, ÉE, adj. différent, distinct : droits séparés.

SÉPARÉMENT, adv. à part l'un de l'autre.

SÉPARER, va. désunir les parties d'un tout ou ce qui est mêlé; disjoindre; mettre à part; diviser un espace; partager : séparer les cheveux sur le front; éloigner l'un de l'autre : la tempête sépara nos vaisseaux; servir de limites communes : les Pyrénées séparent la France de l'Espagne. — Fig. considérer à part; rendre distinct : la raison sépare l'homme de tous les animaux. — SE SÉPARER, vpr. cesser d'être ensemble, d'être réuni; se diviser : la rivière se sépare en plusieurs endroits.

SÉPIA, sf. nom latin de la sèche; matière colorante qui fournit cet aliment et qui est employée dans le dessin.

SEPS, sm. sorte de lézard.

SEPT, adj. et sm. (le p est nul), six plus un, le chiffre 7; septième.

SEPTANTE, adj. num. soixante et dix. Les Septante, les 72 traducteurs de la Bible de l'hébreu en grec, au temps de Ptolémée Philadelphe.

SEPTANTIÈME, adj. num. 2 g. soixante et dixième.

SEPTEMBRE, sm. le neuvième mois de l'année.

SEPTEMBRISADE, sf. massacre dans les prisons de Paris, les 2, 3, 4 et 5 septembre 1792

SEPTEMBRISEUR, sm. assassin qui participa aux septembrisades.

SEPTEMVIR, sm. (on pr. septèmvir), titre d'anc. magistrats romains au nombre de sept.

SEPTÉNAIRE, adj. 2 g. qui vaut ou qui contient sept. — sm. espace de sept ans.

SEPTENNAL, ALE, adj. (on pr. septèn-nal) qui dure ou qui se fait tous les sept ans.

SEPTENNALITÉ, sf. (on pr. septèn-nalité), durée pendant sept ans.

SEPTENTRION, sm. le nord.

SEPTENTRIONAL, ALE, adj. du côté du septentrion.

SEPTICIDE, adj. 2 g. (l. septum, gen. septi cloison; scindo fendre), se dit d'une sorte

de déhiscence dans les fruits syncarpés, lorsque les cloisons des loges où sont les graines se décollent en deux lames (bot.).

SEPTIDI, sm. 7e jour de la décade républicaine.

SEPTIÈME, adj. num. 2 g. (p nul), nombre ordinal qui suit immédiatement le sixième. — sm. septième partie d'un tout; classe d'un collège; suite de 7 cartes de la même couleur; intervalle de deux tons différents à la distance de sept degrés (mus.).

SEPTIÈMEMENT, adv. (p nul), en septième lieu.

SEPTIER, V. Setier.

SEPTIFÈRE, adj. 2 g. (l. septum, gén. septi cloison; ferre porter), qui porte cloison (bot.).

SEPTIFORME, adj. 2 g. (l. septum, gén. septi cloison), en forme de cloison (bot.).

SEPTIFRAGE, adj. 2 g. (l. septum, gén. septi cloison; frango briser, rompre), dont les cloisons des carpelles se sont séparées de deux-ci et sont restées attachées aux placentaires (bot.).

SEPTIMANIE, partie S.-O. de la Gaule méridionale.

SEPTIME-SÉVÈRE, empereur romain (146-211).

SEPTIMO, adv. septièmement (7o).

SEPTIMULEIUS, partisan, puis assassin de Caius Gracchus.

SEPTIQUE, adj. (gr. séptikos : de sèpô pourrir), se dit de remèdes qui rongent et font pourrir les chairs (méd.).

SEPTMONCEL, village (Jura). Excellents fromages.

SEPTUAGÉNAIRE, adj. et s. 2 g. âge de septante (70) ans.

SEPTUAGÉSIME, sf. troisième dimanche avant le carême.

SEPTUOR, sm. morceau de chant ou de musique à sept parties.

SEPTUPLE, adj. 2 g. et sm. qui vaut sept fois autant.

SEPTUPLER, va. rendre sept fois plus grand.

SÉPULCRAL, ALE, adj. qui appartient au sepulcre; destiné à un ou plusieurs tombeaux. Fig. triste, sombre (pl. m. sépulcraux).

SÉPULCRE, sm. tombeau.

SÉPULTURE, sf. inhumation; lieu où l'on enterre.

SÉQUANAIS, SÉQUANES ou SÉQUANIENS (on pr. Sécoua), anc. peuple de la Gaule. — SÉQUANAISE (GRANDE), ancienne province de la Gaule.

SÉQUELLE, sf. ensemble de gens attachés au parti, aux intérêts d'un autre (t. de mépris); suite de choses insignifiantes ou ridicules (fam.)

SÉQUENCE, sf. suite de cartes de la même couleur.

SÉQUESTRATION, sf. action de séquestrer; état de ce qui est séquestré.

SÉQUESTRE, sm. état d'une chose en litige remise en main tierce jusqu'à décision de la justice; chose séquestrée; celui à qui elle a été donnée en garde.

33.

SÉQUESTRER, va. mettre en séquestre;
renfermer illégalement une personne. Fig.
ecarter, séparer, mettre à part. — SE SÉ-
QUESTRER, vpr. fuir la société.

SEQUIN, sm. monnaie d'or qui a cours dans
le Levant.

SÉRAIL, sm. (l m.), palais des empereurs turcs;
partie de ce palais habitée par leurs femmes
(pl. sérails).

SÉRAPÉON ou SÉRAPEUM, V. Sérapion.

SÉRAPHIN, sm. esprit celeste de la première
hiérarchie des anges.

SÉRAPHIQUE, adj. 2 g. qui appartient aux
séraphins.

SÉRAPION, sm. temple de Serapis.

SÉRAPIS, dieu égyptien (myth.).

SÉRASKIER ou SÉBASQUIER, sm. général en
chef, général d'une province en Turquie.

SERBELLONI, général de Charles-Quint et
de Philippe II (1508-1580).

SERBE, adj. et s. 2 g. de la Servie.

SERCHIO (on pr. Serkio), riv. d'Italie, affluent
de la Mediterranée.

SEREIN, sm. vapeur humide et froide qui se
fait sentir après le coucher du soleil.

SEREIN, EINE, adj. clair, doux et calme (en
parlant de l'air). Fig. qui est tranquille,
exempt de trouble, d'agitation : voir le péril d'un visage serein.

SÉRÉNADE, sf. concert de voix et d'instruments le soir ou la nuit sous les fenêtres de
quelqu'un.

SÉRÉNISSIME, adj. 2 g. très-éclatant : titre
de certains princes.

SERÉNITÉ, sf. état du temps, de l'air qui
est serein. Fig. état de calme, de tranquillité d'esprit; titre d'honneur de certains
princes.

SÈRES, sm. pl. nom donné par l'antiquité
aux peuples les plus orientaux de l'Asie.

SERETH, riv. de Moldavie, affluent du Danube.

SÉREUX, EUSE, adj. aqueux; charge de sérosité.

SERF, SERVE, adj. et s. (on pr. l'f), dont la
personne et les biens sont assujetis à des
droits contraires à la liberté naturelle.

SERFOUETTE, sf. outil de jardinage pour
labourer les plants de légumes.

SERFOUIR, va. remuer la terre avec la serfouette.

SERFOUISSAGE, sm. action de serfouir.

SERGE, sf. étoffe légère de laine.

SERGE (St), martyr, 3e s.

SERGENT, sm. autrefois officier de justice,
huissier; auj. sous-officier d'infanterie; sergent de ville, agent de police qui porte l'épée.

SERGENT-MAJOR, sm. premier sous-officier
d'infanterie (pl. sergents-majors).

SERGER ou SERGIER, sm. ouvrier qui fabrique la serge.

SERGERIE, sf. fabrique ou commerce de
serges.

SERGIUS, nom d'une famille romaine. — nom
de plusieurs papes.

SÉRICICOLE, adj. 2 g. qui a rapport à l'é-
lève des vers à soie.

SÉRICICULTURE, sf. art d'elever des vers
à soie; culture du mûrier.

SÉRIE, sf. suite, succession; divisions dans
lesquelles on classe des objets nombreux;
suite de grandeurs croissant ou decroissant
suivant certaines lois (math.).

SÉRIEUSEMENT, adv. d'une manière sérieuse.

SÉRIEUX, EUSE, adj. grave : maintien sérieux; solide; important : affaire sérieuse;
vrai : attachement sérieux. — sm. gravité :
garder son sérieux.

SERIN, INE, s. oiseau.

SERINER, va. instruire un serin au moyen
de la serinette; jouer de la serinette. Fig. enseigner par des redites continuelles (fam.).

SERINETTE, sf. instrument de musique pour
instruire les serins. Fig. personne qui répète toujours les mêmes airs sans expression.

SERINGAPATAM ou SERINGAPATNAM, ville
de l'Hindoustan.

SERINGAT ou SYRINGA, sm. arbrisseau; sa
fleur.

SERINGUE, sf. petite pompe pour attirer et
repousser l'air ou les liquides, pour les lavements, etc.

SERINGUER, va. pousser une liqueur avec
la seringue.

SÉRIQUE, sf. pays des Sères.

SERMENT, sm. affirmation solennelle dans
laquelle on prend Dieu à temoin; promesse
solennelle; jurement.

SERMENTÉ, ÉE, adj. assermenté.

SERMON, sm. prédication faite en chaire
dans une eglise. Fig. remontrances (fam.).

SERMONNAIRE, sm. recueil ou auteur de
sermons. — adj. 2 g. qui convient aux sermons.

SERMONNER, va. faire des remontrances
ennuyeuses et hors de propos (fam.).

SERMONNEUR, EUSE, s. celui, celle qui
sermonne.

SÉROSITÉ, sf. partie aqueuse des humeurs
animales.

SERPE, sf. outil pour émonder ou tailler les
arbres.

SERPENT, sm. reptile de forme cylindrique et
sans pieds; instrument à vent qui a la forme
d'un gros serpent; celui qui en joue. Fig.
mechant; serpent réchauffé dans le sein,
ingrat qui se sert du bienfait pour nuire à
son bienfaiteur.

SERPENTAIRE, sm. constellation. — sf.
sorte de cactier, d'aristoloche.

SERPENTE, sf. et adj. papier très-fin et
très-transparent.

SERPENTEAU, sm. jeune serpent; petite
fusée.

SERPENTER, vn. se dit des choses qui ont
un cours sinueux, une direction tortueuse.

SERPENTIN, sm. pièce de la platine d'une
arme à feu; tuyau en spirale d'un alambic.
— adj. et sm. se dit d'une espèce de marbre.

SERPENTINE, sf. sorte de pierre fine ta-
chetée; sorte de plante; ancien canon.

SERPETTE, sf. petite serpe.

SERPILLIÈRE, sf. grosse toile d'emballage;
toile grossière.

SERPOLET, sm. (t nul), plante odoriferante de la famille des Labiées.

SERPULE, sf. espèce d'annélide qui se loge dans un fourreau (zool.).

SERRE, sf. lieu clos où l'on enferme les plantes pendant l'hiver; griffe des oiseaux de proie; action de presser des fruits.

SERRÉ, ÉE, adj. part. qui est pressé, comprimé, resserré. Fig. cœur serré, saisi de douleur; homme serré, avare; jeu serré, jeu prudent. — adv. bien fort, habilement, avec circonspection.

SERRE-FILE, sm. officiers et sous-officiers placés derrière une troupe en bataille et parallèlement au front de cette troupe; vaisseau qui marche le dernier de tous. Au pl. serre-files (Acad.).

SERRÉMENT, adv. avec trop d'économie.

SERREMENT, sm. action de serrer. — Fig. serrement de cœur, effet que produit une grande tristesse.

SERRE-PAPIERS, sm. arrière-cabinet, tablette où l'on range les papiers; objet pesant que l'on place sur les papiers pour les empêcher de se disperser.

SERRER, va. étrendre, presser; joindre près à près; serrer les rangs; mettre à couvert ou en lieu de sûreté: serrer l'argenterie. Fig. serrer son style, le rendre plus concis; serrer le cœur, causer une grande peine; serrer de près, presser, poursuivre vivement. — SE SERRER, vpr. se presser; serrer sa taille.

SERRES (Olivier de), célèbre agronome français (1539-1819).

SERRE-TÊTE, sm. (inv.), ruban ou coiffe de nuit, qui serre la tête.

SERRETÉ, ÉE, adj. (l. serratus: de serra scie), se dit d'une feuille dentée dont les dents ressemblent à celles d'une scie (bot.).

SERRURE, sf. machine mue par une clef et qui sert à fermer une porte, un tiroir, etc.

SERRURERIE, sf. art et ouvrage du serrurier.

SERRURIER, sm. ouvrier qui fait des serrures et divers ouvrages en fer.

SERTIR, va. enchâsser une pierre précieuse dans un chaton.

SERTISSURE, sf. manière de sertir.

SERTORIUS, célèbre général romain (121-73 av. J. C.).

SERTULE, sf. (l. sertula petit bouquet), ombelle simple dans laquelle les axes secondaires forment les pédicelles des fleurs (bot.).

SÉRUM, sm. (on pr. sérome), sérosité.

SERURIER (comte), maréchal de France (1742-1819).

SERVAGE, sm. condition du serf.

SERVAIS (St), évêque de Tongres; m. 384.

SERVAL, sm. animal du genre chat (pl. servals).

SERVAN (Joseph), ministre de la guerre en 1792 (1741-1808).

SERVANDONI, peintre et architecte italien (1695-1766).

SERVANT, adj. et sm. qui sert; artilleur qui sert la pièce.

SERVANTE, sf. femme ou fille à gages qui sert dans une maison; terme de civilité de la part des femmes. Fig. petite table où l'on place divers objets qui servent dans un repas.

SERVET (Michel), médecin et hérésiarque espagnol (1509-1553).

SERVIABLE, adj. 2 g. qui est prompt ou qui aime à rendre service.

SERVICE, sm. état et fonctions d'un domestique; emploi de ceux qui servent l'État, qui sont dans l'armée; ensemble de travaux, d'opérations réglées dans une administration; usage d'une chose ou d'un animal; bon office, assistance; nombre de plats servis ensemble sur la table; assortiment de vaisselle ou de linge de table. Service divin, la messe.

SERVIE, État tributaire de la Turquie; capit. Belgrade.

SERVIETTE, sf. pièce de linge dont on se sert à table, pour la toilette, etc.; sorte de portefeuille.

SERVILE, adj. 2 g. qui est d'un esclave, qui appartient à l'état de domestique. Fig. bas, rampant; qui s'attache trop à l'imitation d'un modèle: traducteur servile.

SERVILEMENT, adv. d'une manière servile. Fig. trop exactement.

SERVILISME, sm. esprit de servilité.

SERVILITÉ, sf. caractère de celui ou de ce qui est servile; esprit de servitude. Fig. bassesse, exactitude trop scrupuleuse.

SERVIR, va. faire le service comme domestique; mettre les plats sur la table; être dans un emploi de guerre, d'administration, etc.; rendre de bons offices, seconder; flatter, satisfaire; fournir: servir une rente. Servir Dieu, vivre très-religieusement. — vn. être en service ou dans le service militaire; tenir lieu de; être destiné à, propre à; être d'usage. — SE SERVIR, vpr. servir soi-même; employer, faire usage de — Ind. pr. je sers; imp. je servais; p. déf. je servis; fut. je servirai; cond. je servirais; imper. sers, servons, servez; subj. pr. que je serve; imp. que je servisse; part. pr. servant; part. p. servi, ie.

SERVITES, sm. pl. ordre de religieux appelés aussi Blancs-Manteaux.

SERVITEUR, sm. celui qui est au service de quelqu'un; celui qui sert l'État, le roi, etc.; terme de civilité.

SERVITUDE, sf. état d'esclavage. Fig. contrainte, assujettissement.

SERVIUS TULLIUS, 6e roi de Rome; m. 534 av. J. C.

SES, pl. de l'adj. poss. son, sa.

SÉSAC, roi d'Égypte, 10e s. av. J. C.

SÉSAME, sm. plante dont la graine sert à faire de l'huile.

SÉSELI, sm. espèce de fenouil.

SÉSIA, riv. d'Italie, affluent du Pô.

SÉSOSTRIS ou RAMSÈS III, célèbre roi d'Égypte; vivait entre le 17e et le 14e s. av. J. C.

SESQUI (on pr. sescu-i), mot latin signifiant une fois et demie, et qui entre dans la composition de plusieurs termes scientifiques.

SESQUIALTÈRE, adj. 2 g. (on pr. sescuialtère), se dit de deux quantités dont l'une contient l'autre une fois et demie (*math.*).

SESQUIBASIQUE. *adj.* 2 g. (on pr. *sesqui-basique*), se dit d'un sous-sel qui, pour une même quantité d'acide, contient une fois et demie autant de base que le sel neutre correspondant (*chim.*).

SESQUIOXYDE, *sm.* (on pr. *sesqui-ioxide*), composé résultant de la combinaison d'un corps avec une proportion et demie d'oxygène (*chim.*).

SESSILE, *adj.* 2 g. se dit des parties d'une plante qui sont immédiatement attachées à une autre, sans pédoncule, pétiole ou filet (*bot.*).

SESSILIFLORE, *adj.* 2 g. dont les fleurs sont sessiles (*bot.*).

SESSION, *sf.* temps pendant lequel est assemblé un corps délibérant.

SESTERCE, *sm.* monnaie d'argent des anciens Romains.

SESTOS, anc. ville de Thrace sur l'Hellespont.

SÉTACÉ, ÉE, *adj.* (l. *seta* soie), qui est comme un fil de soie (*bot.*).

SÉTEUX, EUSE, *adj.* (l. *setosus* de *séta* soie), garni de poils soyeux; terminé par des soies (*bot.*).

SETH, troisième fils d'Adam.

SÉTHOS, roi d'Égypte, 713 av. J. C.

SETIER, *sm.* ancienne mesure de capacité.

SÉTIF, ville d'Algérie.

SÉTIFÈRE, *adj.* 2 g. (l. *seta* soie, *ferre* porter), garni de poils soyeux (*bot.*), qui produit ou qui concerne la soie.

SÉTIFORME, *adj.* 2 g. (l. *seta* soie), qui ressemble à de la soie.

SÉTON, *sm.* petit cordon que l'on fait passer à travers les chairs pour faire écouler les humeurs.

SÉTUBAL, ville et port du Portugal.

SEUDRE, riv. de France, affluent de l'Atlantique.

SEUIL, *sm.* (ll m.), pierre ou pièce de bois au bas de l'ouverture de la porte. *Fig.* entrée, début.

SEUL, SEULE, *adj.* qui est sans compagnie, sans une autre personne; unique : *un seul Dieu*; simple : *il étonne de son seul regard.* — *sm.* une seule personne : *l'autorité d'un seul.*

SEULEMENT, *adv.* rien de plus, pas davantage. *Pas seulement,* pas même.

SEULET, ETTE, *adj.* diminutif de seul.

SEURRE, ch.-l. de canton (Côte-d'Or).

SÉVASTOPOL, V. *Sébastopol.*

SÈVE, *sf.* humeur nutritive qui se répand dans les végétaux. *Fig.* force, vigueur.

SÉVÈRE, *adj.* 2 g. rigide, rigoureux, austère : *vertu sévère;* noble et sans affectation : *ornements sévères.*

SÉVÈRE, Illyrien nommé César par Dioclétien; m. 307. — empereur d'Occident; m. 465. Voir *Alexandre, Septime* et *Sulpice.*

SÉVÈREMENT, *adv.* d'une manière sévère.

SÉVERIN (St). abbé; m. 507. — solitaire; m. à Paris 555.

SÉVÉRITÉ, *sf.* caractère de ce qui est sévère.

SEVERN, fleuve d'Angleterre.

SÉVICES, *sm. pl.* mauvais traitements.

SÉVIGNÉ (Mme de), dame française qui s'est illustrée dans le genre épistolaire (1626-1696).

SÉVILLE, ville d'Espagne.

SÉVIR, *vn.* traiter avec rigueur, punir. *Fig.* agir ou se faire sentir rigoureusement.

SEVRAGE, *sm.* action de sevrer; temps nécessaire pour être sevré.

SÈVRE, nom de 2 riv. de France qui donnent leur nom au dép. des *Deux-Sèvres*, ch.-l. *Niort.*

SEVRER, *va.* ôter à un enfant ou à un jeune animal l'usage du lait pour y substituer une nourriture plus solide. *Fig.* priver, frustrer. — SE SEVRER, *vpr.* se priver.

SÈVRES, p. ville (Seine-et-Oise), près de Paris.

SEVREUSE, *sf.* femme qui sèvre un enfant.

SEXAGÉNAIRE, *adj.* et s. 2 g. âgé de soixante ans.

SEXAGÉSIME, *sf.* 2e dimanche avant le 1er dimanche de carême.

SEXE, *sm.* différence constitutive du mâle et de la femelle. *Fig.* les hommes ou les femmes considérés collectivement : *le sexe fort; le beau sexe.*

SEXTANT, *sm.* (t final nul), instrument d'astronomie qui contient la sixième partie d'un cercle.

SEXTE, *sf.* l'une des heures canoniales. — *sm.* le sixième livre des Décrétales du pape Boniface VIII.

SEXTIDI, *sm.* le sixième jour de la décade républicaine.

SEXTIUS, nom romain.

SEXTIL, ILE, *adj.* se dit de la distance de deux planètes à 60 degrés l'une de l'autre.

SEXTO, *adv.* sixièmement (6o).

SEXTUPLE, *adj.* 2 g. et *sm.* qui vaut six fois autant.

SEXTUPLER, *va.* rendre six fois aussi grand.

SEXTUS, nom romain. — SEXTUS EMPIRICUS, célèbre philosophe et médecin grec du 3e s.

SEXUEL, ELLE, *adj.* qui caractérise le sexe; qui tient au sexe.

SEYBOUSE, V. *Seibouse.*

SEYCHELLES ou SÉCHELLES, îles de l'océan Indien, sur la côte d'Afrique.

SEYMOUN ou SIMOUN, *sm.* vent du désert, extrêmement chaud.

SEYMOUR (Jeanne), femme du roi d'Angleterre Henri VIII; m. 1537. — (Thomas), lord Dudley, grand-amiral, frère de la précédente; m. 1549.

SEYNE (LA), ville et port près de Toulon (Var).

SEYSSEL, ch.-l. de canton (Ain). — (Claude de), historien français (1450-1520).

SÉZANNE, p. ville (Marne).

SFORCE ou SFORZA, célèbre famille italienne fondée par *Jacques*, fils d'un laboureur et m. connétable de Naples en 1424. *François-Alexandre*, fils de Jacques et duc de Milan (1401-1466). *Galéas Marie*, duc de Milan (1444-1476) *Jean-Galéas*, duc de Milan (1476-1494). — *Ludovic* ou *Louis*, dit le *More*, oncle du précédent ; m. 1310. *Maximilien*, fils de Ludovic ; m. à Paris, 1530.

S'GRAVESANDE, V. *Gravesande*.

SHAH, V. *Schah*.

SHAKESPEARE ou **SHAKSPEARE** (on pr. *Chekspire*), célèbre poète dramatique anglais (1564-1616).

SHAKSPEARIEN, IENNE, *adj.* (on pr. *chèks-pirièn*), de Shakspeare.

SHAKO, *sm.* (on pr. *chako*), sorte de coiffure militaire.

SHALL, V. *Châle*.

SHANG-HAÏ, ville et port de Chine, à l'embouchure du fleuve Bleu.

SHANNON (on pr. *Chanone*), fl. d'Irlande.

SHEERNESS (on pr. *Chirnesse*), port militaire sur la Tamise.

SHEFFIELD (on pr. *Cheffilde*), ville d'Angleterre.

SHELING, V. *Schelling*.

SHELLEY (on pr. *Chelley*), poète anglais (1792-1822).

SHERIDAN (on pr. *Cheridane*), célèbre orateur politique et auteur dramatique anglais (1751-1816).

SHÉRIF, *sm.* (on pr. *chérif*), officier municipal, ou principal juge d'un comté en Angleterre.

SHETLAND (on pr. *Chetlande*), îles au N. de l'Écosse.

SHILLING, V. *Schelling*.

SHREWSBURY (on pr. *Chreusburi*), ville d'Angleterre, sur la Severn.

SI, *sm.* septième note de la gamme (*mus.*).

SI, *conj.* en cas que, pourvu que, à moins que, supposé que. — *adv.* tellement, autant que. — SI BIEN QUE, *loc. conj.* en sorte que ; SI CE N'EST QUE, *loc. conj.* hormis que.

SIALISME, *sm.* évacuation abondante de salive.

SIAM, *sm.* sorte de jeu de quilles.

SIAM, anc. capit. du royaume de ce nom dans l'Indo-Chine.

SIAMOIS, OISE, *adj.* et *s.* de Siam.

SIAMOISE, *sf.* étoffe de coton.

SIBARITE, V. *Sybarite*.

SIBÉRIE, vaste région au N. de l'Asie.

SIBÉRIEN, IENNE, *adj.* et *s.* de la Sibérie.

SIBILATION, *sf.* action de siffler.

SIBYLLE, *sf.* prophétesse dans l'antiquité.

SIBYLLIN, *adj. m.* de la sibylle.

SIC, *adv. latin*, ainsi.

SICAIRE, *sm.* assassin gagé.

SICAMBRES, ancien peuple de la Germanie.

SICANES, V. *Sicules*.

SICARD (l'abbé), célèbre instituteur des sourd-muets (1742-1822).

SICCATIF, IVE, *adj.* qui fait promptement sécher les couleurs. — *sm.* substance siccative.

SICCITÉ, *sf.* état de ce qui est sec.

SICELEG, anc. ville de Palestine où se réfugia David persécuté par Saül.

SICHEM, anc. ville de Palestine.

SICILE, gr. île de la Méditerranée.

SICILIEN, IENNE, *adj.* et *s.* de la Sicile. — *sf.* sorte d'air et de danse.

SICLE, *sm.* poids et monnaie des Hébreux.

SICOMORE, V. *Sycomore*.

SICULES ou **SICANES**, anc. peuple d'Italie.

SICYONE, anc. ville du Péloponèse.

SIDÉRAL, ALE, *adj.* (l. *sidus*, gén. *sideris* astre). *Année sidérale*, temps que la terre emploie pour revenir à la même étoile ou au même point de son orbite. *Jour sidéral*, temps que met une étoile pour revenir au méridien (*astr.*).

SIDÉROTECHNIE, *sf.* (gr. *sidéros* fer, *technê* art), art de travailler le fer.

SIDÉROTECHNIQUE, *adj.* 2 g. de la sidérotechnie.

SIDI, mot arabe le même que *Cid*.

SIDI-FERRUCH, baie près d'Alger, où l'armée française débarqua en 1830 et remporta son premier succès en Algérie.

SIDNEY (Philippe), homme d'État, général et littérateur anglais (1554-1586). V. *Sydney*.

SIDNEY-SMITH, célèbre amiral anglais (1764-1840).

SIDOINE-APOLLINAIRE, évêque de Clermont et poète latin (430-489).

SIDON, anc. ville de Phénicie.

SIDRE (golfe de la), sur la côte de Tripoli, anc. *Syrie*.

SIÈCLE, *sm.* espace de cent années ; chacun des quatre âges du monde supposés par les poètes ; long espace de temps indéterminé ; époque ; la postérité ; la vie mondaine par opposition à la vie religieuse.

SIÉGE, *sm.* meuble pour s'asseoir ; lieu où l'on s'assied. *Fig.* ville où réside un gouvernement, un tribunal, un évêque, etc. ; lieu où se trouvent principalement certaines choses : *Rome était le siège de l'idolâtrie ;* partie du corps sur laquelle on s'assied ; opérations d'une armée devant une place qu'elle attaque. *État de siège*, état d'une ville, d'un pays où l'autorité supérieure est déférée à un chef militaire ; *lever le siège*, s'en aller. V. *Saint-Siège*.

SIÉGER, *vn.* tenir le siège pontifical ou épiscopal ; tenir séance ; être établi : *la siège le mal*.

SIEN, SIENNE, *adj. poss.* qui est à lui, à elle. — *sm.* son bien : *fournir du sien*. — LES SIENS, *sm. pl.* ses parents, ses gens, tous ceux qui l'entourent. *Fig. faire des siennes*, faire des sottises, des folies, des fredaines.

SIÉNITE, *sf.* sorte de roche semblable au granit (*géol.*).

SIENNE, ville de Toscane.

SIERCK, ch.-l. de canton (Moselle).

SIERRA, *sf.* mot espagnol signifiant *chaîne de montagnes*.

SIERRA-LEONE, côte de la Guinée ; établissement anglais sur cette côte.

SIERRA-MORENA, montagnes de la Manche (Espagne).

SIESTE, *sf.* sommeil pendant la grande chaleur du jour.

SIEUR, *sm.* titre équivalent à *monsieur*, employé dans les actes publics et dans les plaidoyers.

SIEYÈS (l'abbé), célèbre homme d'État français, membre du Directoire et du Consulat (1748-1836).

SIFFLABLE, adj. 2 g. qui mérite d'être sifflé.

SIFFLANT, ANTE, adj. qui siffle, qui est accompagné d'un sifflement.

SIFFLEMENT, sm. bruit fait en sifflant; bruit aigu d'un objet lancé avec force ou vivement frappé par l'air.

SIFFLER, vn. former un son aigu en serrant les lèvres et en poussant son haleine, ou en soufflant dans un objet creux; produire un son aigu (se dit de certains animaux et de certains objets traversant l'air ou frappés par lui). — va. chanter un air en sifflant; désapprouver par des coups de sifflet.

SIFFLET, sm. (t nul), petit instrument pour siffler. Fig. improbation manifestée par des coups de sifflet; conduit par lequel on respire (pop.). Couper le sifflet, rendre muet et confus (fam.).

SIFFLEUR, EUSE, s. celui, celle qui siffle.

SIGALON, peintre français (1790-1837).

SIGEAN ou SIGEAN, ch.-l. de canton (Aude).

SIGEBERT, nom de deux rois d'Austrasie : SIGEBERT Ier, fils de Clotaire Ier; m. 575. — SIGEBERT II, fils de DAGOBERT Ier; m. 656.

SIGÉE, cap célèbre de la Troade, à l'entrée de l'Hellespont.

SIGILLAIRE, sf. sorte de terre grasse; plante fossile (géol.).

SIGILLÉ, ÉE, adj. (l. sigillum cachet), marqué d'empreintes semblables à celles d'un cachet (bot.).

SIGISBÉE, sm. cavalier servant d'une dame.

SIGISMOND (St), roi de Bourgogne; m. 524.

SIGISMOND, emp. d'Allemagne (1366-1437). — Ier le Grand, roi de Pologne (1466-1548). — II Auguste, fils du précédent (1520-1572. — III, neveu du précédent (1566-1637).

SIGLE, sm. (l. sigla abréviation), signe abréviatif d'un ou de plusieurs mots.

SIGMOÏDE, adj. 2 g. qui a la forme d'un sigma ou s grecque (anat.).

SIGNAL, sm. signe convenu pour avertir. Fig. ce qui annonce ou provoque.

SIGNALÉ, ÉE, adj. part. marqué par, décrit; remarquable : victoire signalée.

SIGNALEMENT, sm. description de l'extérieur d'une personne.

SIGNALER, va. donner le signalement de quelqu'un; appeler l'attention sur telle ou telle chose; donner avis que l'on aperçoit quelque chose : signaler une flotte; rendre remarquable : signaler son zèle. — SE SIGNALER, vpr. se distinguer.

SIGNALÉTIQUE, adj. 2 g. du signalement.

SIGNATAIRE, s. 2 g. celui, celle qui a signé.

SIGNATURE, sf. nom d'une personne écrit de sa main au bas d'une lettre, d'un acte, etc.; action de signer; signe au bas des feuilles d'imprimerie pour en reconnaître l'ordre.

SIGNE, sm. indice, marque, démonstration extérieure; ce qui sert à représenter une chose : les mots sont les signes de nos idées; tache naturelle sur la peau; douzième partie de l'écliptique; annonce, présage : les signes du beau temps; miracle. Signe de la croix, signe en forme de croix que les chrétiens font avec la main droite.

SIGNER, va. et n. apposer sa signature. — SE SIGNER, vpr. faire le signe de la croix.

SIGNET, sm. (on pr. siné), petit ruban servant à marquer dans un livre.

SIGNIFIANT, ANTE, adj. qui signifie.

SIGNIFICATIF, IVE, adj. qui signifie, qui exprime bien ce qu'il doit exprimer; qui contient un grand sens.

SIGNIFICATION, sf. ce que signifie une chose; notification d'un arrêt, d'un jugement, etc.

SIGNIFIER, va. dénoter, marquer, être le signe de; exprimer; déclarer, notifier.

SIGOVÈSE, chef gaulois, 6e s. av. J. C.

SIHOUN, ou SIR-DARIA, fl. d'Asie, affluent du lac Aral, anc. Iaxarte.

SI-KIANG, ou TIGRE, fl. de Chine, affluent du golfe de Canton.

SIKKAH, riv. d'Algérie. Victoire des Français sur les Arabes en 1836.

SILARUS, riv. d'Italie, auj. Sélé. Défaite de Spartacus par Crassus en 71 av. J. C.

SILENCE, sm. état d'une personne qui se tait; cessation de bruit; signe de musique qui représente une pause.

SILENCIEUSEMENT, adv. en gardant le silence.

SILENCIEUX, EUSE, adj. qui garde habituellement le silence; où l'on n'entend pas de bruit.

SILÈNE, sm. plante de la famille des Caryophyllées.

SILÈNE, père nourricier de Bacchus (myth.).

SILÉSIE, province de Prusse, ch.-l. Breslau. — province d'Autriche, ch.-l. Troppau.

SILEX, sm. pierre à feu, caillou.

SILHOUETTE, sf. dessin d'un profil d'après l'ombre que projette la figure.

SILICATE, sm. sel formé par la combinaison de l'acide silicique avec une base (chim.); minéral composé de silice et d'une ou de plusieurs bases (min.).

SILICATISATION, sf. action de silicatiser.

SILICATISER, va. enduire un objet d'une couche de silicate.

SILICE, sf. minéral, appelé aussi quartz, qui est un oxyde de silicium (min.).

SILICEUX, EUSE, adj. de la nature du silex, qui contient de la silice.

SILICIQUE, adj. 2 g. se dit d'un acide formé par le silicium et l'oxygène (chim.).

SILICIUM, sm. (on pr. siliciome), corps simple de la chimie.

SILICULE, sf. petite silique (bot.).

SILICULEUX, EUSE, adj. dont le fruit est une silicule (bot.).

SILIQUE, sf. sorte de cosse à deux valves divisées par une cloison, comme dans la giroflée, le chou, etc. (bot.).

SILIQUEUX, EUSE, adj. dont le fruit est une silique (bot.).

SILISTRIE, ville de Bulgarie, sur le Danube.

SILIUS ITALICUS, poète épique latin (25-100).

SILLAGE, sm. (ll m.), trace d'un bâtiment qui navigue.

SILLE, sm. (on pr. sile), poème mordant chez les anc. Grecs.

SILLÉ-LE-GUILLAUME, p. ville (Sarthe).

SILLER, vn. (ll m.), se dit d'un navire qui fend les flots.

SILLERY, village (Marne). Vins mousseux.

SILLERY (BRULART de), chancelier de France sous Henri IV (1544-1624). — (marquis de), mari de Mme de Genlis, député aux États généraux et à la Convention (1737-1793).

SILLET, sm. (t nul), petit morceau d'ivoire au bas du manche d'un instrument à cordes et sur lequel portent les cordes.

SILLON, sm. (ll m.), longue trace que fait le soc dans la terre qu'on laboure. Fig. champs cultivés; traces que laissent certaines choses en passant.

SILLONNÉ, ÉE, adj. (ll m.), creusé en sillons.

SILLONNER, va. (ll m.), faire des sillons. Fig. faire des traces en passant: la foudre a sillonné la nue, marquer de rides: l'âge m'a sillonné le front. Sillonner les mers, les parcourir.

SILO, sm. cavité pratiquée dans la terre pour y conserver des grains.

SILO, anc. ville de Judée, capit. des Hébreux jusqu'au règne de David.

SILOÉ, fontaine de Jérusalem.

SILOUETTE, V. Silhouette.

SILURE, sm. sorte de poisson.

SILURIEN, IENNE, adj. se dit d'un terrain moyen de transition reconnu d'abord dans la partie du pays de Galles habitée anciennement par une peuplade appelée Silures (géol.).

SILVATIQUE, V. Sylvatique.

SILVESTRE, V. Sylvestre.

SILVES, sf. pl. recueil de pièces détachées des anciens auteurs.

SIMAGRÉE, sf. minauderies, manières affectées (fam.).

SIMAISE, V. Cymaise.

SIMARRE, sf. habillement long et traînant; sorte de soutane.

SIMART, sculpteur français (1807-1857).

SIMBLEAU, sm. cordeau des charpentiers pour tracer de grands cercles.

SIMÉON, l'un des fils de Jacob. — vieillard juif qui reçut l'enfant Jésus lorsqu'il fut présenté au temple. — (St), évêque de Jérusalem et martyr; m. 107. — (St) Stylite, anachorète (390-459).

SIMÉON (comte), ministre de l'intérieur sous Louis XVIII (1749-1842).

SIMIANE (marquise de), petite fille de Mme de Sévigné (1674-1737).

SIMILAIRE, adj. 2 g. se dit d'un tout qui est de la même nature que chacune de ses parties, et réciproquement.

SIMILARITÉ, sf. qualité de ce qui est similaire.

SIMILITUDE, sf. rapport exact entre deux choses; ressemblance.

SIMILOR, sm. composition métallique qui a l'aspect de l'or.

SIMNEL (Lambert), imposteur qui se fit passer, en 1487, pour le duc d'York, fils d'Édouard IV.

SIMOÏS, riv. de la Troade.

SIMON (St), apôtre et martyr, 1er s.

SIMON MACCHABÉE, V. Macchabée.

SIMON LE MAGICIEN, thaumaturge et hérétique, 1er s.

SIMONIAQUE, adj. 2 g. où il y a simonie. — sm. celui qui commet une simonie.

SIMONIDE, célèbre poète lyrique grec (566-446 av. J. C.).

SIMONIE, sf. trafic des choses saintes.

SIMOUN, V. Seymoun.

SIMPLE, adj. 2 g. qui n'est pas composé; seul, unique; non en double; qui n'est pas compliqué; qui est sans ornements, sans recherche, sans affectation; qui est sans malice, facile à tromper. Simple particulier, qui n'a point de rang dans la société; simple soldat, qui n'a pas de grade.

SIMPLE, sm. le contraire de composé; nom générique des plantes médicinales.

SIMPLEMENT, adv. d'une manière simple; naïvement; uniquement.

SIMPLESSE, sf. ingénuité, simplicité naturelle.

SIMPLICE (St), pape, m. 483. — (St), évêque d'Autun, 4e s.

SIMPLICITÉ, sf. qualité de ce qui est simple; niaiserie, grande facilité à croire, à se laisser tromper.

SIMPLIFICATION, sf. action de simplifier, résultat de cette action.

SIMPLIFIER, va. rendre simple ou plus simple.

SIMPLON, montagne dans les Alpes Lepontiennes.

SIMULACRE, sm. image, statue; spectre, représentation d'une chose, apparence: simulacre du pouvoir royal.

SIMULATION, sf. déguisement, fiction.

SIMULÉ, ÉE, adj. déguisé, feint.

SIMULER, va. feindre; faire paraître comme réel ce qui ne l'est pas.

SIMULTANÉ, ÉE, adj. se dit d'actions qui se font en même temps.

SIMULTANÉITÉ, sf. état ou caractère de ce qui est simultané, existence de deux ou de plusieurs choses au même instant.

SIMULTANÉMENT, adv. en même temps.

SINAÏ, célèbre montagne d'Arabie.

SINAPISÉ, ÉE, adj. se dit des médicaments où il entre de la moutarde.

SINAPISER, va. mettre des sinapismes; saupoudrer de farine de moutarde un cataplasme.

SINAPISME, sm. médicament dont la farine de moutarde est la base.

SINCÈRE, adj. 2 g. vrai, franc, sans déguisement, sans artifice.

SINCÈREMENT, adv. d'une manière sincère.

SINCÉRITÉ, sf. qualité de ce qui est sincère; candeur, franchise.

SINCIPITAL, ALE, adj. qui a rapport au sinciput.

SINCIPUT, sm. sommet de la tête.

SIND ou SINDE, g. fleuve de l'Hindoustan, anc. Indus.

SINDHYAH, royaume dans l'Hindoustan.

SINDON, sm. petit morceau de toile, petit plumasseau (chir.). Le suaire de N.-S. Jésus-Christ.

SINÉCURE, sf. place qui donne des émoluments sans exiger de travail.

SINÉCURISTE, sm. celui qui occupe une sinécure.

SINES ou SÈRES, V. Sères.

SINGALAIS ou CINGALAIS, AISE, adj. et s. de l'île de Ceylan.

SINGAPOUR, ville anglaise et détroit au S de la presqu'île de Malacca.

SINGE, sm. animal quadrumane. Fig. personne très-laide; celui qui contrefait facilement. Payer en monnaie de singe, se moquer de son créancier.

SINGER, va. imiter.

SINGERIE, sf. littér. action de singe; grimaces, imitation ridicule.

SINGEUR, GEREUSE, adj. qui imite.

SINGULARISER, va. rendre singulier. — Se SINGULARISER, vpr. se distinguer par des façons singulières, bizarres.

SINGULARITÉ, sf. ce qui rend une chose singulière; manière extraordinaire d'agir, de penser, de parler, etc.

SINGULIER, IÈRE, adj. particulier, qui ne ressemble point aux autres; extraordinaire; rare, excellent: vertu singulière; bizarre, capricieux: humeur singulière. Combat singulier, combat d'homme à homme. — adj. et sm. qui ne marque qu'une seule personne ou une seule chose (gram.).

SINGULIÈREMENT, adv. particulièrement, principalement, beaucoup: être singulièrement attaché à ses devoirs; d'une manière extraordinaire ou bizarre: être singulièrement habillé.

SINGULTUEUX, EUSE, adj. (L. singultus sanglot), qui appartient ou qui provoque aux sanglots.

SINIGAGLIA (on pr. Sinigallia en mouillant les ll), ville et port d'Italie sur l'Adriatique.

SINISTRE, adj. 2 g. malheureux, funeste, qui fait craindre des malheurs; méchant, pernicieux. — sm. perte et dommages qui arrivent aux objets assurés.

SINISTREMENT, adv. d'une manière sinistre.

SINNAMARI, riv. de la Guyane franç.

SINOLOGUE, s. et adj. 2 g. (gr. Sina la Chine; logos parole, langage), qui sait le chinois, qui appartient à la langue chinoise.

SINON, conj. autrement, sans quoi, si ce n'est.

SINOPE, ville et port de l'Asie Mineure, sur la mer Noire.

SINOPLE, sm. la couleur verte du blason.

SINTOÏSME, sm. ou religion de Sinto, religion primitive du Japon.

SINUÉ, ÉE, adj. qui a des sinuosités (bot.).

SINUESSE, anc. ville de la Campanie.

SINUEUX, EUSE, adj. tortueux.

SINUOSITÉ, sf. tours et détours; état de ce qui est sinueux.

SINUS, sm. (on pr. l's finale), perpendiculaire abaissée d'une des extrémités d'un arc sur le rayon qui passe par l'autre extrémité (géom.); diverses cavités du corps (anat.).

SION, colline de Jérusalem; cette ville elle-même. — ch.-l. du canton de Valais (Suisse).

SIPAHI, V. Spahi.

SIPHOÏDE, adj. 2 g. à forme de siphon.

SIPHON, sm. tuyau recourbé à branches inégales et qui sert à transvaser un liquide; trombe de mer.

SIPHONAPTÈRES, sm. pl. (gr. siphôn tube ou siphon, a privatif, pteron aile), ordre d'insectes aptères qui s'alimentent en suçant au moyen d'une sorte de tube ou siphon, comme la puce (zool.).

SIPHONOBRANCHES, sm. pl. (gr. siphôn siphon, canal; brachia branchies), ordre de Mollusques dont le corps est pourvu d'un canal qui se termine à une cavité renfermant les branchies (zool.).

SIPHONOSTOMES, sm. pl. (gr. siphôn siphon, tube; stoma bouche), ordre de Crustacés entomostracés comprenant ceux dont la bouche consiste en une espèce de siphon ou suçoir; famille de poissons ayant un long museau terminé par la bouche (zool.).

SIPONTE, anc. ville d'Apulie, auj. Manfredonia.

SIR-DARIA, V. Sihoun.

SIRE, sm. titre que l'on donne aux empereurs et aux rois; seigneur. Fig. pauvre sire, homme sans capacité.

SIRÈNE, sf. personnage, moitié femme, moitié poisson, qui, par la douceur de son chant, attirait, suivant la Fable, les navigateurs sur des écueils.

SIRERIE, sf. seigneurie; anc. titre de certaines terres.

SIREY, juris-consulte français (1762-1845).

SIRICE (St), pape; m. 398.

SIRIUS, sm. étoile très-brillante dans la constellation du Grand Chien.

SIRMIUM, anc. ville de Pannonie, sur la Save.

SIROC ou SIROCO, sm. vent du sud-est.

SIROP, sm. (p nul), liqueur formée d'une dissolution de sucre que l'on fait cuire avec le jus de certains fruits ou de certaines fleurs.

SIROTER, vn. boire avec plaisir et à petits coups (fam.).

SIRTES, sf. pl. sables mouvants.

SIRUPEUX, EUSE, adj. de la nature et de la consistance du sirop.

SIRVENTE, sm. sorte de poésie satirique des trouvères et troubadours.

SIS, SISE, adj. part. de seoir; situé.

SISEBUT, roi des Wisigoths d'Espagne; m. 621.

SISMONDI (Simonde de), historien français, né à Genève (1773-1842).

SISTERON, s.-préf. (Basses Alpes).

SISTRE, sm. instrument de musique des anciens Égyptiens.

SISYGAMBIS, mère de Darius Codoman.

SISYMBRE, sm. plante de la famille des Crucifères.

SISYPHE, fils d'Éolus et fondateur d'Éphyre ou Corinthe. Il fut condamné dans les enfers à rouler un gros rocher jusqu'au sommet d'une montagne d'où il retombait aussitôt.

SITE, sm. partie de paysage considérée relativement à l'aspect qu'elle présente ; situation.

SITÔT, adv. aussitôt. — SITÔT QUE, loc. conj. dès que.

SITUATION, sf. position d'une ville, d'une maison, etc. ; posture. Fig. état ou disposition de l'âme, des affaires : situation tranquille, situation fâcheuse ; état où se trouve une caisse de commerçant, etc. ; partie de l'action d'un drame, qui excite un vif intérêt.

SITUÉ, EE, adj. part. placé, sis.

SITUER, va. placer, poser en un lieu.

SIVA, 3e personne de la Trinité indienne (myth.)

SIX, adj. num. 2 g. et sm. le nombre qui suit cinq ; sixième ; le chiffre 6. En musique. mesure six-quatre, composée de quatre noires ; mesure six-huit, composée de huit croches ; mesure six-seize, composée de seize doubles croches.

SIXAIN, sm. (on pr. sizain), pièce de poésie composée de six vers ; paquet de six jeux de cartes.

SIXIÈME, adj. 2 g. (on pr. sizième), nombre ordinal de six. — sm. sixième partie d'un tout. — sf. 6e classe d'un collège.

SIXIÈMEMENT, adv. (on pr. sizièmement), en sixième lieu.

SIXTE, sf. intervalle de six degrés (mus.).

SIXTE, nom de plus. papes dont les deux premiers ont été béatifiés ; 2e et 3e s.

SIXTE-QUINT, c.-à-d. SIXTE V, pape célèbre (1521-1590).

SKAGEN (cap), pointe nord du Jutland.

SKAGER-RACK, détroit qui forme l'entrée de la mer Baltique.

SKIRA, île grecque, anc. Scyros.

SLAVE, adj. 2 g. des Slaves.

SLAVES, famille de peuples dans la partie orientale de l'Europe et comprenant les Russes, les Polonais, les Serbes, etc.

SLAVON, ONNE, adj. et s. de la Slavonie ; Slave.

SLAVONIE, anc. royaume sur les bords de la Baltique. V. Esclavonie.

SLESWIG, ou SCHLESWIG, ville et duché du Danemark.

SLOOP, sm. (on pr. sloupe), petit navire à un seul mât.

SMALA ou SMALAH, sf. (mot arabe), troupe d'hommes au service d'un chef arabe ; famille et richesses de ce chef.

SMALKALDE, p. ville (Hesse-Électorale). ligue des protestants contre Charles Quint en 1530.

SMALT, sm. silicate bleu de cobalt servant à colorer le verre, le papier, etc.

SMARAGDIN, INE, adj. de couleur d'émeraude.

SMARAGDITE, sf. variété d'émeraude ; minéral à reflets satinés et nacrés.

SMERDIS, frère de Cambyse, roi de Perse. — mage qui se fit passer pour ce prince, 522 av. J. C.

SMILACÉES, sf. pl. famille de plantes dont le smilax est le type (bot.).

SMILAX, sm. sorte de plante.

SMITH (Adam), célèbre économiste écossais (1723-1790). — V. Sidney.

SMOLENSK, ville de Russie, sur le Dnieper. Victoire des Français sur les Russes, en 1812.

SMOLLETT (Tobie), historien et romancier anglais (1720-1771).

SMYRNE, ville et port (Turquie d'Asie).

SOBIESKI (Jean), roi de Pologne, célèbre par ses succès contre les Turcs (1624-1696).

SOBRE, adj. 2 g. tempérant dans le boire et le manger. Fig. qui use de certaines choses avec retenue ou modération.

SOBREMENT, adv. d'une manière sobre. Fig. avec retenue ou discrétion.

SOBRIÉTÉ, sf. qualité de celui qui est sobre. Fig. retenue, modération.

SOBRIQUET, sm. (t nul), surnom fondé sur quelque défaut ou quelque singularité.

SOC, sm. fer de la charrue qui fend et renverse la terre.

SOCIABILITÉ, sf. aptitude à vivre en société.

SOCIABLE, adj. 2 g. qui est né propre à vivre en société ; aisé à vivre, d'un bon caractère.

SOCIABLEMENT, adv. d'une manière sociable.

SOCIAL, ALE, adj. qui concerne la société, les alliés, les associés.

SOCIALEMENT, adv. dans l'ordre social.

SOCIALISME, sm. doctrine qui abolit la propriété personnelle et en fait la propriété collective de la société politique.

SOCIALISTE, adj. et s. 2 g. qui a rapport au socialisme ; partisan de cette doctrine.

SOCIALITÉ, sf. état de l'homme civilisé qui vit en société.

SOCIÉTAIRE, adj. et s. 2 g. qui fait partie d'une société littéraire, artistique, etc.

SOCIÉTÉ, sf. assemblage d'hommes unis par la nature ou par des lois ; relations qu'ils ont entre eux ; compagnie de personnes ; troupe, réunion d'animaux ; association commerciale.

SOCIÉTÉ (archipel de la), ou de Taïti dans la Polynésie.

SOCIN, hérésiarque italien, qui niait la Trinité (1525-1562).

SOCINIANISME, sm. hérésie de Socin.

SOCINIEN, IENNE, adj. et s. du socinianisme ; partisan de cette hérésie.

SOCLE, sm. base carrée et très-large ; petit piédestal (arch.).

SOCOTORA (île), dans l'océan Indien, à la pointe orientale de l'Afrique.

SOCQUE, *sm.* chaussure des acteurs comiques dans l'antiquité; chaussure qui s'adapte aux souliers ordinaires.

SOCRATE, célèbre philosophe grec (470-400 av. J.C.).

SOCRATIQUE, *adj.* 2 g. de Socrate; à la manière de Socrate.

SODA, *sm.* boisson composée de sirop de groseille et d'eau gazeuse.

SODIUM, *sm.* (on pr. *sodiome*), l'un des corps simples de la chimie.

SODOME, anc. ville de Palestine.

SŒUR, *sf.* fille du même père et de la même mère qu'une autre personne, ou seulement de l'un des deux; titre donné aux religieuses. *Fig.* se dit de choses qui ont ensemble beaucoup de rapport : *la peinture et la poésie sont sœurs. Les neuf Sœurs,* les Muses.

SŒURETTE, *sf.* petite sœur.

SOFA ou **SOPHA**, *sm.* sorte d'estrade couverte d'un tapis; lit de repos à trois dossiers.

SOFALA, côte, ville et riv. de l'Afrique méridionale.

SOFFITE, *sm.* plafond, dessous d'un larmier, etc. orné de caissons, de rosaces, etc. (*arch.*).

SOFI ou **SOPHI**, *sm.* ancien titre des rois de Perse.

SOGDIANE, région de la Perse ancienne.

SOGDIEN, roi de Perse; m. 423 av. J. C.

SOI, *pron. pers.* 2 g. se.

SOI-DISANT, *adj.* et s. (inv.), disant qu'il est, se prétendant.

SOIE, *sf.* fil produit par le ver à soie, tissu qu'on en fait; poil long et rude de certains animaux; filaments de certaines plantes; partie du fer d'une épée, d'un couteau, etc., qui entre dans la poignée, dans le manche.

SOIERIE, *sf.* toute marchandise de soie.

SOIF, *sf.* altération, désir de boire. *Fig.* désir immodéré : *la soif des richesses.*

SOIGNER, *va.* et *n.* avoir soin de quelqu'un ou de quelque chose; faire une chose avec soin. — SE SOIGNER, *vpr.* soigner soi-même.

SOIGNEUSEMENT, *adv.* avec soin.

SOIGNEUX, EUSE, *adj.* qui met beaucoup de soin à ce qu'il fait; qui prend bien soin de tout.

SOIN, *sm.* attention, application à bien faire une chose, à bien traiter une personne; inquiétude d'esprit : *libre de soin.* Au *pl.* attentions, assiduités, assistance.

SOIR, *sm.* dernière partie du jour. *Fig. le soir de la vie,* la vieillesse.

SOIRÉE, *sf.* espace de temps compris entre le déclin du jour et le moment où l'on se couche; réunion, assemblée le soir.

SOISSONNAIS, le pays de Soissons.

SOISSONS, s.-préf. (Aisne).

SOISSONS (Ch. de Bourbon, comte de), fils de Louis Iᵉʳ, prince de Condé (1566-1612). — (Louis), fils du précédent, tué à la bataille de la Marfée (1604-1641). — (Eugène-Maurice de Savoie, comte de), père du célèbre prince Eugène de Savoie (1633-1673).

SOIT, *adv.* que cela soit, je le veux bien. — *conj.* Soit l'un, soit l'autre, ou l'un ou l'au-

tre. — TANT SOIT PEU, *loc. adv.* si peu que ce soit, très-peu.

SOIXANTAINE, *sf.* (on pr. *soixantaine*), nombre de 60 ou environ; 60 ans accomplis.

SOIXANTE, *adj. num.* 2 g. (on pr. *soisante*), nombre de six dizaines; soixantième.

SOIXANTER, *vn.* (on pr. *soissanté*), faire soixante points au jeu.

SOIXANTIÈME, *adj.* 2 g. (on pr. *soissantième*), nombre ordinal de soixante. — *sm.* soixantième partie d'un tout.

SOL, *sm.* sou.

SOL, *sm.* terrain considéré quant à sa nature; superficie de terrain : *sol inégal.* Cinquième note de la gamme d'ut (*mus.*).

SOLACIER, *va.* consoler (vx. mot).

SOLAIRE, *adj.* 2 g. qui a rapport au soleil : *système solaire,* ensemble des planètes qui tournent autour du soleil; *fleur solaire,* qui s'épanouit ou se ferme pendant que le soleil est sur l'horizon.

SOLANDRE, *sf.* maladie qui survient au pli du genou du cheval).

SOLANÉES, *sf. pl.* (l. *solanum* morelle), famille de plantes dont le type est la morelle (*bot.*).

SOLDANELLE, *sf.* plante; sorte de liseron.

SOLDAT, *sm.* (f nul), homme de guerre à la solde d'un prince, d'un État; militaire qui n'a pas de grade.

SOLDATESQUE, *adj.* 2 g. à la manière du soldat, qui sent le soldat. — *sf.* les simples soldats, troupe de soldats indisciplinés.

SOLDE, *sf.* paye des militaires. — *sm.* payement d'un reste de compte; différence entre le *doit* et l'*avoir* d'un compte; reste de marchandises (*com.*).

SOLDER, *va.* donner une solde à des troupes; acquitter une dette, régler un compte.

SOLDURIER, *sm.* sorte de client gaulois dans l'Aquitaine; cavalier soldé sous Philippe Auguste.

SOLE, *sf.* étendue de champ dont on alterne la culture, qu'on laisse en jachère la 3ᵉ année; dessous du pied d'un cheval, d'un âne, etc.; poisson de mer.

SOLÉCISME, *sm.* faute contre la syntaxe.

SOLEIL, *sm.* astre autour duquel tournent les planètes et qui leur envoie sa lumière. *Fig.* sorte de pièce d'artifice; cercle d'or dans lequel on renferme l'hostie consacrée; plante à fleurs jaunes radiées ou *tournesol.* — *Adorer le soleil levant,* s'attacher au pouvoir ou au crédit naissant.

SOLEN, *sm.* (on pr. *solène*), sorte de coquillage.

SOLENNEL, ELLE, *adj.* (pron. *solanel*), accompagné de cérémonies publiques et extraordinaires de religion; pompeux : *entrée solennelle;* emphatique : *ton solennel;* authentique : *acte solennel.*

SOLENNELLEMENT, *adv.* (on pr. *solanellemen*), d'une manière solennelle.

SOLENNISATION, *sf.* (on pr. *solanisacion*), action par laquelle on solennise.

SOLENNISER, *va.* (on pr. *solanisé*), rendre solennel, célébrer avec cérémonies.

SOLENNITÉ, *sf.* (on pr. *solanité*), caractère

de ce qui est solennel; cérémonie publique qui rend une chose solennelle.

SOLÉNOÏDE, sm. (gr. sôlên tuyau, éidos forme), appareil de physique formé d'un fil métallique roulé en spires, ce qui lui donne l'apparence d'un tuyau.

SOLESMES, p. ville (Nord). — village près de la Flèche (Sarthe) ; anc. abbaye.

SOLEURE, ville et canton suisse.

SOLFATARE, sf. soufrière, ancien cratère

SOLFÉGE, sm. recueil de leçons de musique vocale.

SOLFERINO, village de la Lombardie, près du Mincio. Victoire des Français sur les Autrichiens, en 1859.

SOLFIER, va. et n. chanter les notes d'un air en les nommant.

SOLIDAIRE, adj. 2 g. qui fait que, de plusieurs personnes, chacune est obligée au payement de la somme totale; qui est obligé solidairement. Fig. qui répond d'un autre.

SOLIDAIREMENT, adv. d'une manière solidaire; tous ensemble et chacun pour tous.

SOLIDARITÉ, sf. engagement qui rend solidaire; responsabilité mutuelle.

SOLIDE, adj. 2 g. qui a de la consistance et peut résister au choc des corps Fig. réel, ferme, durable. — sm. corps ayant les trois dimensions de l'étendue.

SOLIDEMENT, adv. d'une manière solide.

SOLIDIFICATION, sf. action de solidifier ou de se solidifier.

SOLIDIFIER, va. faire passer à l'état solide. — SE SOLIDIFIER, vpr. passer à l'état solide, devenir solide.

SOLIDITÉ, sf. qualité de ce qui est solide. Mesures de solidité, qui servent pour mesurer les solides.

SOLILOQUE, sm. entretien d'un homme avec lui-même, monologue.

SOLIMAN, nom de plus. sultans ottomans, entre autres, Soliman le Grand ou le Magnifique (1494-1566).

SOLIMÈNE, peintre napolitain (1657-1747).

SOLINGEN, ville de la Prusse rhénane. Armes blanches.

SOLINS, sm. pl. intervalles entre les solives; enduit de plâtre le long d'un pignon (arch.).

SOLIPÈDE, adj. et sm. (l. solus seul; pes, gen. pedis pied), se dit des animaux qui n'ont qu'une corne ou sabot à chaque pied, comme le cheval. Au pl. famille de Pachydermes (zool.).

SOLIS (Diaz de), navigateur espagnol, m. 1515. — (Antonio de), historien et poëte espagnol (1610-1686). — (François de), peintre espagnol (1629 1684).

SOLITAIRE, sm. homme qui vit seul, loin du monde. Fig. sorte de bijou formé d'un seul diamant. — adj. 2 g. désert, isolé.

SOLITAIREMENT, adv. d'une manière solitaire.

SOLITUDE, sf. état de celui qui est seul; lieu désert et retiré où l'on se trouve seul.

SOLIVAGE, sm. évaluation des solives dans une pièce de bois.

SOLIVE, sf. pièce de charpente qui soutient le plancher.

SOLIVEAU, sm. petite solive. Fig. chef sans volonté, sans action.

SOLLICITABLE, adj. 2 g. que l'on peut solliciter.

SOLLICITATION, sf. action de solliciter; soins, démarches pour le succès d'une affaire.

SOLLICITER, va. exciter à faire une chose; demander avec instance ; attirer, provoquer un mouvement. — vn. faire des démarches pour une affaire.

SOLLICITEUR, EUSE, s. celui, celle qui sollicite, qui postule une place.

SOLLICITUDE, sf. souci; soins inquiets et affectueux.

SOLLIERS-PONT, ch.-l. de canton (Var).

SOLMISER, va. et n. solfier sans nommer les notes.

SOLO, sm. passage de musique qu'un instrument joue seul ou que chante une seule voix (pl. solos).

SOLOGNE, partie de l'Orléanais.

SOLON, célèbre législateur d'Athènes et l'un des sept sages (640-559 av. J. C.).

SOLSTICE, sm. point auquel le soleil, arrivé à son plus grand éloignement de l'équateur céleste, paraît pendant quelque temps y être stationnaire.

SOLSTICIAL, ALE, adj. qui a rapport aux solstices (pl. m. solsticiaux).

SOLUBILITÉ, sf. qualité de ce qui est soluble.

SOLUBLE, adj. 2 g. qui peut être dissous ou résolu.

SOLUTION, sf. action de résoudre un problème, une difficulté; résultat de cette action; action de se dissoudre dans un liquide. Division, séparation des parties : solution de continuité.

SOLVABILITÉ, sf. qualité de la personne solvable; moyens que l'on a de payer.

SOLVABLE, adj. 2 g. qui a de quoi payer.

SOLYME, Jérusalem.

SOMATOLOGIE, sf. (gr. sôma, gén. sômatos corps; logos discours, traité), traité des parties solides du corps humain.

SOMBRE, adj. 2 g. peu éclairé, obscur; ténébreux. Fig. morne, mélancolique, chagrin : humeur sombre.

SOMBRER, vn. se dit d'un navire qui coule bas (mar.).

SOMERSET (Édouard Seymour, duc de), comte-maréchal d'Angleterre; m. 1552. — (Robert, comte de), favori de Jacques Ier, m 1638.

SOMMAIRE, adj. 2 g. succinct, court. — sm. abrégé, extrait.

SOMMAIREMENT, adv. d'une manière sommaire; brièvement.

SOMMARIVA (de), directeur de la république cisalpine en 1799, et grand amateur des beaux-arts (1760-1826).

SOMMATION, sf. action de sommer; acte par lequel on somme. Opération par laquelle on trouve la somme ou la réduction des termes (math.).

SOMME, sf. total; quantité d'argent; charge d'un âne, d'un cheval, etc. Fig. ensemble, totalité : *la somme des maux.* — **SOMME TOUTE, EN SOMME,** *loc. adv.* enfin, en resumé.

SOMME, *sm.* sommeil.

SOMME, riv. de France, affluent de la Manche. Elle donne son nom à un dép dont le ch.-l. est *Amiens.*

SOMMEIL, *sm.* (*l m.*), repos causé par l'assoupissement des sens ; envie de dormir. *Fig.* inactivité, mort.

SOMMEILLER, *vn.* (*ll m.*), dormir d'un sommeil léger. *Fig.* être dans un état d'inactivité, d'inertie : *sa raison sommeille.*

SOMMELIER, IÈRE, *s.* celui, celle qui a soin du vin, de la vaisselle, etc.

SOMMELLERIE, *sf.* charge du sommelier ; lieu où il serre la vaisselle, le linge, etc.

SOMMER, *va.* signifier un ordre à quelqu'un avec menace de contrainte. Trouver la somme de plusieurs quantités (*math.*).

SOMMET, *sm.* partie la plus élevée d'une montagne, d'un rocher, d'une tour, etc. *Fig.* degré le plus élevé : *le sommet des grandeurs. Sommet d'un angle,* pointe de cet angle (*math.*).

SOMMIER, *sm.* cheval de somme ; sorte de matelas de crin ou formé de ressorts ; coffre où les soufflets des orgues font entrer le vent ; pierre qui reçoit la retombée d'une voûte, linteau (*archi.*) ; pièces qui soutiennent l'effort d'une presse d'imprimerie, etc.

SOMMITÉ, *sf.* partie la plus élevée de certaines choses. *Fig.* points importants d'un sujet ; personne qui se distingue par-dessus d'autres.

SOMNAMBULE, *s.* et *adj.* 2 g. celui, celle qui, se levant tout endormi, marche et agit sans s'éveiller ; personne qui dort du sommeil magnétique.

SOMNAMBULISME, *sm.* état du somnambule.

SOMNIFÈRE, *adj.* 2 g. et *sm.* qui porte avec soi ou en soi le sommeil, qui cause le sommeil.

SOMNILOQUE, *adj.* 2 g. et *sm.* (*l. somnus* sommeil, *loqus* parler), qui parle en dormant.

SOMNO, *sm.* table de nuit.

SOMNOLENCE, *sf.* disposition habituelle à dormir ; sorte d'état entre le sommeil et la veille.

SOMNOLENT, ENTE, *adj.* qui a rapport à la somnolence.

SOMOSIERRA, chaîne de montagnes dans la Vieille-Castille, et défilé où les Espagnols furent défaits par les Français, en 1809.

SOMPTUAIRE, *adj.* 2 g. se dit des lois qui restreignent le luxe, qui règlent les dépenses.

SOMPTUEUSEMENT, *adv.* d'une façon somptueuse.

SOMPTUEUX, EUSE, *adj.* qui cause ou a causé une grande dépense ; et, par extension, magnifique, splendide.

SOMPTUOSITÉ, *sf.* caractère de ce qui est somptueux ; grande et magnifique dépense.

SON, *sm.* bruit, ce qui frappe l'ouïe. Partie la plus grossière du blé moulu.

SON, SA, SES, *adj. pess.* le sien, la sienne, les siens, les siennes.

SONATE, *sf.* pièce de musique instrumentale.

SONDAGE, *sm.* action de sonder.

SONDE, *sf.* instrument pour sonder.

SONDE (îles de la), dans la Malaisie.

SONDER, *va.* reconnaître la profondeur au moyen d'une sonde ; observer l'intérieur d'une plaie en y introduisant une sonde (*chir.*). *Fig.* tenter, examiner, scruter.

SONDERSHAUSEN, V. *Schwarzbourg.*

SONDEUR, *sm.* celui qui sonde.

SONGE, *sm.* rêve, imagination de celui qui dort. *Fig.* illusion, chimère.

SONGE-CREUX, *sm.* (*inv.*), celui qui déraisonne en affectant des pensées profondes ou qui rêve à des projets chimériques.

SONGE-MALICE, *sm.* (*inv.*), celui qui fait souvent des malices (*fam.*).

SONGER, *vn.* et *a.* faire un songe ; penser : *songer à son salut ;* prendre garde : *songez à ce que vous dites ;* avoir dessein de : *je songe à partir.*

SONGEUR, EUSE, *s.* celui, celle qui raconte ses songes, qui y ajoute foi ; rêveur profond.

SONNAILLE, *sf.* (*ll m.*), clochette attachée au cou des bêtes.

SONNAILLER (*ll m.*), l'animal qui marche le premier avec la clochette au cou.

SONNAILLER, *vn.* (*ll m*), sonner souvent et sans besoin.

SONNANT, ANTE, *adj.* qui sonne les heures : *horloge sonnante ;* qui rend un son clair. *A l'heure sonnante,* à l'heure précise ; *espèces sonnantes,* monnaies d'or ou d'argent.

SONNER, *vn.* et *a.* rendre un son ; être indiqué par quelque son ; tirer des sons d'une cloche, d'une sonnette, etc. ; marquer l'heure par le son d'une cloche ou d'un timbre ; appeler au moyen de la cloche, de la sonnette, etc.

SONNERAT (Pierre), célèbre voyageur français (1745-1814).

SONNERIE, *sf.* son de plusieurs cloches ensemble ; toutes les pièces qui servent à faire sonner une montre, une pendule ; air que sonnent les trompettes, les clairons de l'armée.

SONNET, *sm.* (*t nul*), sorte de petit poème.

SONNETTE, *sf.* petite clochette, grelot, machine pour enfoncer les pieux.

SONNEUR, *sm.* celui qui sonne les cloches.

SONNEZ, *sm.* (on pr. *soné*), deux six à la fois (t. de jeu de trictrac).

SONNINI, voyageur et naturaliste français (1751-1812).

SONNITES ou **SUNNITES,** *sm. pl.* nom d'une secta musulmane.

SONORE, *adj.* 2 g. qui a un beau son, qui rend le son, qui le renvoie bien.

SONORITÉ, *sf.* qualité de ce qui est sonore.

SONSONATE, ville et port du Guatemala.

SONTAG (Henriette), célèbre cantatrice allemande (1805-1854).

SOPEUR, V. *Sopor.*

SOPHA, V. *Sofa.*

SOPHI, V. *Sofi.*

SOPHIA, ville de la Turquie d'Europe.

SOPHIE (S^{te}), veuve et martyre, 2e s.

SOPHISME, sm. raisonnement faux et insidieux.

SOPHISTE, sm. nom de certains philosophes anciens; faiseur de sophismes.

SOPHISTICATION, sf. frelatage.

SOPHISTIQUE, adj. 2 g. captieux; qui fait usage du sophisme.

SOPHISTIQUÉ, ÉE, adj. frelaté, falsifié.

SOPHISTIQUER, va. et n. subtiliser avec excès; frelater la marchandise.

SOPHISTIQUERIE, sf. excessive subtilité dans le discours; frelaterie.

SOPHISTIQUEUR, sm. celui qui sophistique.

SOPHOCLE, célèbre poëte tragique grec (498-405 av. J. C.).

SOPHONIE, l'un des petits prophètes.

SOPHRONISTE, sm. anc. censeur à Athènes.

SOPOR, sm. sommeil lourd et pesant (méd.).

SOPORATIF, IVE, adj. et sm. qui a la vertu d'endormir; qui provoque au sommeil.

SOPOREUX, EUSE, adj. qui cause un assoupissement.

SOPORIFÈRE et SOPORIFIQUE, adj. 2 g. qui produit le sommeil; qui endort.

SOPRANO, sm. (pl. soprani), voix de dessus; personne qui a cette voix (mus.).

SORABE, adj. et s. 2 g. serbe.

SORBE, sf. fruit du sorbier.

SORBET, sm. (t nul), composition de citron, de sucre, d'ambre, etc.; liqueur à demi glacée.

SORBETIÈRE, V. Sarbotière.

SORBIER, sm. arbre.

SORBON (Robert de), sav. docteur français, fondateur de la Sorbonne (1201-1274).

SORBONISTE, sm. bachelier ou docteur en théologie de l'ancienne Sorbonne.

SORBONNE, sf. anc. maison de la faculté de théologie à Paris; auj. ch.-l. de l'Académie de cette ville.

SORCELLERIE, sf. opération de sorcier. Fig. habile tour d'adresse.

SORCIER, IÈRE, s. celui, celle qui passe pour avoir fait un pacte avec le diable afin d'opérer des maléfices, et fig. qui devine facilement.

SORDIDE, adj. 2 g. sale, vilain (en parlant de l'avarice).

SORDIDEMENT, adv. d'une manière sordide.

SORDIDITÉ, sf. mesquinerie, avarice.

SORE, sm. (gr. sôros amas), groupe de sporanges dans les fougères (bot.).

SOREL (Agnès), V. Agnès.

SORET ou SAURET, V. Saure.

SORÈZE, bourg près de Castres (Tarn).

SORGHO, sm. sorte de plante de la famille des Graminées.

SORGUES, riv. et p. ville (Vaucluse).

SORITE, sm. (gr. sôrites : de sôros amas, tas), argument composé de propositions entassées, pour ainsi dire, les unes sur les autres.

SORLINGUES ou SCILLY (îles), à la pointe S.-O. de l'Angleterre.

SORNETTE, sf. discours frivole, bagatelle.

SORORIAL, ALE, adj. qui concerne la sœur. Pl. m. sororiaux.

SORORICIDE, s. 2 g. celui, celle qui a tué sa sœur. — sm. son crime.

SOROSE, sf. (gr. sôros amas), fruit formé de la réunion de plusieurs autres et semblable à une baie mamelonnée, comme la mûre, l'ananas, etc. (bot.).

SORRENTO, ville près de Naples.

SORT, sm. destinée, rencontre fortuite des événements; condition, état de fortune; manière de décider par le hasard; tirer au sort; sortilège.

SORTABLE, adj. 2 g. convenable.

SORTANT, adj. et sm. qui sort.

SORTE, sf. espèce, genre : sorte de plante; façon, manière de dire ou de faire. — DE LA SORTE, loc. adv. ainsi; EN QUELQUE SORTE, loc. adv. presque; DE SORTE QUE, EN SORTE QUE, loc. conj. tellement que, si bien que.

SORTIE, sf. action de sortir; issue par où l'on sort; attaque des assiégés qui sortent pour détruire les travaux de siège. Fig. rude réprimande. — À LA SORTIE DE, loc. prép. au moment où l'on sort de.

SORTILÈGE, sm. maléfice dont se servent les prétendus sorciers.

SORTIR, vn. (c. sentir), passer du dedans au dehors. Fig. pousser au dehors, commencer à paraître : les blés sortent de terre; s'exhaler : l'odeur qui sort de ce lieu; être issu ou produit : sortir de parents illustres; cesser d'être dans : sortir de l'hiver; se tirer de, se délivrer de : sortir d'un grand danger; ressortir : cette figure sort bien. — Sortir de son caractère, ne pas agir comme d'habitude; sortir de son devoir, y manquer; sortir des gonds, être dans une grande colère; sortir de la mémoire, être oublié. — va. faire sortir, tirer de : sortir les orangers de la serre. — AU SORTIR DE, loc. prép. au moment où l'on sort de.

SORTIR, va. (c. finir), obtenir, avoir (jurisp.). Sortir son plein effet, avoir tout son effet.

SOSIE, sm. homme qui ressemble parfaitement à un autre.

SOSIGÈNE, philosophe et astronome d'Alexandrie, 1er s. av. J. C.

SOSPELLO, ch.-l. de canton (Alpes-Maritimes). Victoire des Français sur les Piémontais en 1793.

SOT, SOTTE, adj. et s. qui est sans jugement, sans esprit. Fig. confus, embarrassé; fâcheux, ridicule : une sotte aventure.

SOTER, adj. m. (gr. sôter sauveur), surnom de divers princes de l'antiquité.

SOTHIAQUE, adj. f. se dit d'une période de 1460 ans.

SOTIE ou SOTTIE, sf. sorte d'anc. pièce bouffonne chez nos aïeux.

SOT-L'Y-LAISSE, sm. (inv.), morceau très-délicat au-dessus du croupion d'une volaille.

SOTTEMENT, adv. de sotte façon.

SOTTISE, sf. défaut du sot; action ou discours qui annonce le manque d'esprit; injure.

SOTTISIER, sm. homme qui débite des sottises; recueil de sottises (fam.).

SOU, sm. 20e partie de la livre monnaie; auj. pièce de 5 centimes. *N'avoir pas le sou*, être sans argent. — **Sou à Sou**, *loc. adv.* par petites sommes.

SOUABE, anc. pays d'Allemagne entre le Rhin, la forêt Noire, la Bavière et la Suisse.

SOUBASSEMENT, sm. partie inférieure d'une construction; pente au bas d'un lit.

SOUBISE (ROHAN de), général des protestants français (1589-1641). — (Charles de ROHAN, prince de), maréchal de France (1715-1787).

SOUBRESAUT, sm. (on pr. *soubreço*), saut subit et à contre-temps. *Fig.* émotion subite; tressaillement.

SOUBRETTE, sf. suivante de comédie. *Fig.* femme subalterne et intrigante.

SOUBREVESTE, sf. ancien vêtement sans manches.

SOUCHE, sf. bas d'un tronc d'arbre ou d'arbrisseau, avec ses racines et séparé du reste. *Fig.* celui de qui sort une suite de descendants; partie qui reste d'un registre et qui sert à vérifier les feuilles qu'on en a détachées; corps de la cheminée qui s'élève au-dessus du comble; personne stupide et sans énergie.

SOUCHET, sm. (t nul), plante de la famille des Cypéracées; pierre qui se tire au-dessous du dernier banc des carrières.

SOUCHETAGE, sm. visite dans un bois pour compter les souches après la coupe des arbres.

SOUCHETEUR, sm. expert qui assiste au souchetage.

SOUCI, sm. soin inquiet, crainte. V. *Sans-souci*.

SOUCI, sm. plante, sa fleur.

SOUCIER (SE), vpr. s'inquiéter de; faire cas de.

SOUCIEUX, EUSE, adj. inquiet, pensif, chagrin, qui marque du souci.

SOUCOUPE, sf. petite assiette qui se place sous une tasse, etc.

SOUDAIN, AINE, adj. subit, prompt. — adv. dans le même instant.

SOUDAINEMENT, adv. subitement.

SOUDAINETÉ, sf. qualité de ce qui est soudain.

SOUDAN, sm. ancien titre des sultans d'Égypte et de certains chefs mahométans.

SOUDAN (le), la Nigritie septle.

SOUDARD ou SOUDART, sm. vieux soldat (fam.).

SOUDE, sf. plante marine dont les cendres fournissent un sel alcali; ce sel lui-même.

SOUDER, va. réunir des pièces de métal par une soudure ou autrement. — SE SOUDER, vpr. se réunir et ne former qu'un.

SOUDIVISER ou SOUS-DIVISER, V. *Subdiviser*.

SOUDOIR, sm. instrument pour souder.

SOUDOYER, va. s'assurer l'aide de quelqu'un à prix d'argent; entretenir des gens de guerre.

SOUDRE, va. résoudre (usité seulement à l'inf. présent).

SOUDURE, sf. mélange de métaux et de miné-raux qui sert à souder; travail de celui qui soude; partie où le métal est soudé.

SOUE, sf. étable à porcs.

SOUFFLAGE, sm. art ou action de souffler le verre.

SOUFFLE, sm. vent produit en poussant l'air par la bouche; respiration; agitation de l'air. *Fig.* inspiration, influence : *le souffle de l'envie*.

SOUFFLÉ, sm. mets léger composé de farineux et fait au four de campagne. —, ÉE, adj. *beignets soufflés*, dont la pâte renfle beaucoup; *omelette soufflée*, faite avec des blancs d'œufs, de la crème et du sucre.

SOUFFLEMENT, sm. action de souffler.

SOUFFLER, vn. faire du vent en poussant de l'air par la bouche; respirer avec efforts; reprendre haleine; agiter l'air (en parlant du vent). — va. *souffler le feu*, l'allumer en lui donnant du vent; *souffler l'orgue*, donner du vent à ses tuyaux; *souffler une chandelle*, l'éteindre; *souffler le verre*, le façonner en soufflant dans le tube, au bout duquel est la matière en fusion. *Fig. souffler quelqu'un*, aider sa mémoire en lui disant quelques mots tout bas; *souffler la discorde*, l'exciter; *souffler le froid et le chaud*, parler pour et contre, louer et blâmer une même chose.

SOUFFLERIE, sf. ensemble des soufflets de l'orgue.

SOUFFLET, sm. (t nul), instrument pour faire du vent; dessus d'une voiture qui se replie en manière de soufflet; coup du plat ou du revers de la main sur la joue. *Fig.* mortification, affront. *Donner un soufflet à la raison*, dire ou faire une chose contraire à la raison.

SOUFFLETADE, sf. action de donner plusieurs soufflets coup sur coup.

SOUFFLETER, va. donner un ou plusieurs soufflets.

SOUFFLETEUR, EUSE, s. celui, celle qui soufflette.

SOUFFLEUR, EUSE, s. celui, celle qui respire avec peine, qui souffle les acteurs au théâtre ou toute autre personne; autrefois alchimiste. — sm. pl. famille de Cétacés (zool.).

SOUFFLOT, architecte franç. qui construisit le Panthéon de Paris (1713-1781).

SOUFFLURE, sf. cavité pleine d'air dans l'épaisseur d'un ouvrage de fonte ou de verre.

SOUFFRANCE, sf. douleur, état de celui qui souffre; tolérance pour des choses que l'on pourrait empêcher : *jour de souffrance* (jurisp.). — EN SOUFFRANCE, loc. adv. en suspens.

SOUFFRANT, ANTE, adj. qui souffre, qui indique la souffrance; malade; patient, endurant : *être d'humeur souffrante*.

SOUFFRE-DOULEUR, sm. (inv.), celui qui subit toutes sortes de fatigues, de malices, de plaisanteries; chose sacrifiée à toutes sortes d'usages.

SOUFFRETEUX, EUSE, adj. qui souffre de la misère ou d'un malaise.

SOUFFRIR, vn. sentir de la douleur; éprouver du dommage, de la peine. — va. endurer, supporter : *souffrir la faim*, tolérer, permettre : *elle souffre tout à ses enfants* ; admettre : *règle qui souffre des exceptions* (c. *offrir*).

SOUFRAGE, *sm.* action de soufrer.

SOUFRE, *sm.* minéral, l'un des corps simples de la chimie.

SOUFRER, *va.* enduire ou pénétrer de soufre ; soumettre à la vapeur du soufre.

SOUFRIÈRE, *sf.* minière de soufre ; cratère de volcan éteint.

SOUFROIR, *sm.* étuve à soufrer ; instrument pour soufrer.

SOUGARDE, V. *Sous-garde*.

SOUGORGE, V. *Sous-gorge*.

SOUHAIT, *sm.* (*t nul*), désir, vœu. — A' SOUHAIT, *loc. adv.* selon ses désirs.

SOUHAITABLE, *adj.* 2 g. désirable.

SOUHAITER, *va.* désirer.

SOUHAITEUR, *sm.* celui qui souhaite.

SOUILLAC, ch.-l. de canton (Lot).

SOUILLARD, *sm.* (*ll m.*), pièce qui unit les pieux des ponts ; châssis scellé pour contenir des piliers.

SOUILLE, *sf.* (*ll m.*), lieu bourbeux où se vautre le sanglier.

SOUILLER, *va.* (*ll m.*), gâter, salir. *Fig. souiller sa gloire*, la flétrir.

SOUILLON, *s.* 2 g. (*ll m.*), celui ou celle qui tache ou salit ses vêtements ; servante qui lave la vaisselle (*fam.*).

SOUILLURE, *sf.* (*ll m.*), tache, saleté. *Fig.* flétrissure.

SOÛL (*l nulle*), SOÛLE, *adj.* pleinement repu, ivre (*pop.*). *Fig.* rassasié, ennuyé, fatigué. *je suis soûl de musique.* — *sm.* autant qu'il suffit ou que l'on veut : *boire et manger tout son soûl.*

SOULAGEMENT, *sm.* action de soulager ; effet de cette action ; diminution de mal, de douleur.

SOULAGER, *va.* délivrer d'un fardeau, d'une fatigue. *Fig.* adoucir ou diminuer la peine, le mal, la douleur. — SE SOULAGER, *vpr.* soulager soi-même ; être adouci, diminué.

SOULAS, *sm.* (*s finale nulle*), soulagement (vx. mot).

SOÛLER, *va.* rassasier avec excès ; enivrer (*pop.*).

SOULEUR, *sf.* saisissement, frayeur subite (*fam.*).

SOULÈVEMENT, *sm.* action de soulever ou de se soulever. *Fig.* révolte, indignation. *Soulèvement de cœur*, mal d'estomac causé par le dégoût ou l'aversion pour quelque chose.

SOULEVER, *va.* élever un objet lourd à peu de hauteur. *Fig.* agiter : *la tempête soulève les flots* ; exciter à la révolte ; exciter : *son insolence souleva tout le monde contre lui* ; enlever : *soulever le voile de l'avenir.* — *Soulever une question*, la faire naître, la proposer. — SE SOULEVER, *vpr.* s'élever à une petite hauteur. *Fig.* s'agiter fortement, se révolter.

SOULIÉ (Frédéric), auteur dramatique et romancier français (1800-1847).

SOULIER, *sm.* sorte de chaussure.

SOULIGNER, *va.* tirer une ligne sous un mot. *Fig. souligner ses paroles*, les articuler de manière à les faire remarquer.

SOULOIR, *vn.* avoir coutume (vx. mot : ne s'employait guère qu'à l'imparfait *soulait*).

SOULT, duc de Dalmatie, maréchal de France (1769-1852).

SOULTE, *sf.* payement supplémentaire pour compenser une différence.

SOULTZ, ch.-l. de canton (Ht- Rhin).

SOUMET (Alexandre), poëte français (1788-1845).

SOUMETTRE, *va.* mettre sous la dépendance, sous l'autorité ; subordonner ; *soumettre ses idées à celles d'un autre* ; déférer : *soumettre ses écrits au jugement du public* ; appeler l'attention sur : *soumettre une observation.* — SE SOUMETTRE, *vpr.* se mettre sous la dépendance, se conformer à, consentir à, etc. (c. *mettre*).

SOUMIS, ISE, *adj.* disposé à l'obéissance : *un fils soumis et respectueux.*

SOUMISSION, *sf.* disposition à obéir ; action d'obéir, de se soumettre, de se rendre ; marche avec concurrence proposée par une administration. Au pl. respects.

SOUMISSIONNAIRE, *s.* 2 g. celui, celle qui s'engage à tenir un marché, à fournir, à exécuter des travaux, etc.

SOUMISSIONNER, *va.* faire sa soumission pour quelque marché.

SOUPAPE, *sf.* sorte de languette qui, dans une pompe, un tuyau d'orgue, etc., se lève pour donner passage à l'eau ou à l'air, et qui se referme ensuite.

SOUPATOIRE, *adj.* 2 g. du souper, qui tient lieu du souper (*fam.*).

SOUPÇON, *sm.* opinion désavantageuse accompagnée de doute ; simple conjecture ; apparence légère ; très-petite quantité.

SOUPÇONNABLE, *adj.* 2 g. que l'on peut soupçonner.

SOUPÇONNER, *va.* avoir un soupçon ; former une simple conjecture.

SOUPÇONNEUX, EUSE, *adj.* défiant, qui soupçonne aisément.

SOUPE, *sf.* potage, mets composé de bouillon et de tranches de pain ; ces tranches mêmes.

SOUPEAU, *sm.* bois qui fixe le soc de la charrue avec l'oreille.

SOUPENTE, *sf.* assemblage de larges courroies qui soutiennent le corps d'une voiture ; sorte de chambre, de réduit dans la partie haute d'une salle ou d'un autre lieu.

SOUPER, *vn.* prendre le repas du soir.

SOUPER ou SOUPÉ, *sm.* repas du soir ; mets dont il se compose.

SOUPESER, *va.* lever un fardeau pour juger de son poids.

SOUPEUR, *sm.* celui qui a l'habitude de souper.

SOUPIED, V. *Sous-pied*.

SOUPIÈRE, *sf.* vase dans lequel on sert la soupe.

SOUPIR, *sm.* respiration plus forte et plus longue qu'à l'ordinaire, causée par quelque vive émotion ; *dernier soupir*, dernier moment de la vie. *Fig.* désir, pause en musique

SOUPIRAIL, *sm.* (l.m.), ouverture pratiquée à la partie inférieure d'un édifice pour donner de l'air à un lieu souterrain (pl. *soupiraux*).

SOUPIRANT, *sm.* amant (*fam.*).

SOUPIRER, *vn.* pousser des soupirs. *Fig.* désirer ardemment.

SOUPLE, *adj.* 2 g. flexible, maniable; qui se plie, qui se meut aisement. *Fig.* docile, complaisant, soumis.

SOUPLEMENT, *adv.* avec souplesse.

SOUPLESSE, *sf.* flexibilité; facilité à se plier, à se mouvoir. *Fig.* docilite, complaisance; *tours de souplesse*, moyens subtils, adroits.

SOUQUENILLE, *sf.* (ll m.), espèce de long surtout en grosse toile.

SOUR, ville de Syrie, anc. *Tyr.*

SOURCE, *sf.* eau qui sort de terre; lieu d'où sort un cours d'eau. *Fig.* lieu d'où provient quelque chose, origine, cause, principe.

SOURCIER, *sm.* celui qui pretend découvrir les sources d'eau.

SOURCIL, *sm.* (l nulle), poils en forme d'arc au-dessus de l'œil. *Fig. froncer le sourcil*, montrer du mecontentement.

SOURCILIER, IÈRE, *adj.* qui a rapport aux sourcils.

SOURCILLER, *vn.* (ll m.), remuer les sourcils en signe de mecontentement. *Fig. ne pas sourciller*, demeurer impassible.

SOURCILLEUX, EUSE, *adj.* haut, eleve: *monts sourcilleux.* — *Un front sourcilleux* sur lequel se peint l'orgueil ou qui est empreint de tristesse.

SOURD, SOURDE, *adj.* et *s.* qui n'entend pas. *Fig.* inflexible, inexorable: *sourd a nos prières;* qui n'est pas sonore. *Bruit sourd,* qui n'est pas éclatant; *intrigue sourde,* secrète: *douleur sourde,* douleur interne.

SOURDAUD, AUDE, *adj.* un peu sourd, qui n'entend qu'avec peine.

SOURDEMENT, *adv.* d'une manière sourde. *Fig.* secrètement.

SOURDINE, *sf.* ce que l'on met à un instrument pour en affaiblir le son. — *'A LA SOURDINE, loc. adv.* avec peu de bruit, secrètement.

SOURDIS (de), cardinal et archevêque de Bordeaux (1550-1628). — frère du précédent, aussi archevêque de Bordeaux et chef d'escadre; m. 1645.

SOURD-MUET, ETTE, *adj.* et *s.* qui est sourd et muet. Pl. *sourds-muets.*

SOURDRE, *vn.* sortir de terre. *Fig.* sortir, résulter. (Ne s'emploie qu'à l'inf. et à la 3e pers. du prés. de l'ind.)

SOURICEAU, *sm.* petit de la souris.

SOURICIÈRE, *sf.* piege pour prendre les souris.

SOURIQUOIS, OISE, *adj.* des souris (*La Fontaine*).

SOURIRE, *va.* rire sans éclater et par un simple mouvement des lèvres. *Fig.* temoigner de la complaisance, se montrer favorable: *la fortune lui sourit;* présenter un aspect agréable, plaire: *ce lieu me sourit* (c. *rire*).

SOURIRE ou **SOURIS** (s finale nulle), *sm.* action de sourire.

SOURIS, *sf.* (s finale nulle), petit quadrupede rongeur. *Cheval souris,* qui est de la couleur de la souris.

SOURNOIS, OISE, *adj.* et *s.* qui dissimule ses pensees, ses sentiments.

SOURNOISEMENT, *adv.* en sournois.

SOURNOISERIE, *sf.* caractere du sournois, dissimulation.

SOUS, *prép.* qui marque la situation d'une chose à l'egard d'une autre qui est par-dessus, ainsi que la subordination, l'inferiorité, etc.

SOUS-AFFERMER ou **SOUS-FERMER**, *va.* donner ou prendre à sous-ferme.

SOUS-AIDE, *s.* 2 g. aide inferieur.

SOUS-AMENDEMENT, *sm.* amendement à un amendement.

SOUS-AMENDER, *va.* amender un amendement.

SOUS-ARBRISSEAU, *sm.* plante ligneuse dont les branches ne naissent pas de boutons formes l'année precedente.

SOUS-BAIL, *sm.* bail que le preneur fait à une autre personne d'une partie de ce qui lui a été loue. Pl. *sous-baux.*

SOUS-BARBE, *sf.* partie de la machoire du cheval qui porte la gourmette.

SOUS-BIBLIOTHÉCAIRE, *sm.* bibliothécaire en second.

SOUS-CARBONATE, *sm.* carbonate avec excès de base (*chim.*).

SOUS-CHANTRE, *sm.* chantre en second.

SOUS-CHEF, *sm.* fonctionnaire immédiatement au-dessous du chef.

SOUS-CLAVIER, IÈRE, *adj.* qui est sous la clavicule (*anat.*).

SOUS-COSTAL, ALE, *adj.* qui est sous les côtes.

SOUSCRIPTEUR, *sm.* celui qui prend part à une souscription.

SOUSCRIPTION, *sf.* (on pr. *souscripcion*), signature mise au bas d'un acte pour en approuver la teneur; engagement de fournir une certaine somme pour quelque entreprise, de prendre un livre pour un prix convenu.

SOUSCRIRE, *va.* et *n.* écrire son nom au bas d'un acte pour l'approuver; s'engager à une souscription. *Fig.* approuver, consentir: *souscrire à une proposition* (c. *écrire*).

SOUS-CUTANÉ, ÉE, *adj.* (l. cutis peau), qui est sous la peau (*anat.*).

SOUS-DÉLÉGUÉ et **SOUS-DÉLÉGUER**, V. *Subdélégué,* etc.

SOUS-DIACONAT, *sm.* (t nul), ordre audessous du diaconat.

SOUS-DIACRE, *sm.* ecclésiastique placé hiérarchiquement au-dessous du diacre.

SOUS-DIRECTEUR, TRICE, *s.* suppleant du directeur.

SOUS-DIVISER, V. *Subdiviser.*

SOUS-DOMINANTE, *sf.* 4e note du ton qui est au-dessous de la dominante.

SOUS-DOUBLE, *adj.* 2 g. qui est la moitié.

SOUS-DOYEN, sm. doyen en second.

SOUS-DOYENNÉ, sm. charge, qualité du sous-doyen.

SOUS-ÉCONOME, sm. économe en second.

SOUS-ENTENDRE, va. ne point exprimer dans le discours une chose qui est dans la pensée.

SOUS-ENTENDU, UE, adj. part. et sm. que l'on sous-entend.

SOUS-ENTENTE, sf. ce qui est sous-entendu artificieusement.

SOUS-FAITE, sm. pièce de la charpente du comble sous le faîte.

SOUS-FERME, sf. sous-bail, cession de chose affermée.

SOUS-FERMER, V. Sous-affermer.

SOUS-FERMIER, IÈRE, s. celui, celle qui prend à sous-ferme.

SOUS-FRÉTER, va. sous-louer un navire qui avait été frété.

SOUS-GARDE, sf. demi-cercle au-dessous de la détente d'une arme à feu.

SOUS-GORGE, sf. morceau de cuir attaché aux deux côtés de la bride d'un cheval.

SOUS-GOUVERNANTE, sf. gouvernante en second.

SOUS-GOUVERNEUR, sm. gouverneur en second.

SOUS-LIEUTENANCE, sf. grade du sous-lieutenant.

SOUS-LIEUTENANT, sm. officier immédiatement au-dessous du lieutenant.

SOUS-LOCATAIRE, s. celui ou celle qui a pris à loyer d'un autre locataire.

SOUS-LOCATION, sf. action de sous-louer.

SOUS-LOUER, va. donner ou prendre à loyer une partie de maison ou d'appartement déjà pris à loyer par un principal locataire.

SOUS-MAÎTRE, SOUS-MAITRESSE, s. celui celle qui remplace le maître, la maîtresse.

SOUS-MARIN, INE, adj. qui est au fond de la mer, sous les flots.

SOUS-MAXILLAIRE, adj. 2 g. qui est placé au-dessous de la mâchoire (anat.).

SOUS-MÉDIANTE, sf. deuxième note du ton (mus.).

SOUS-MULTIPLE, sm. et adj. 2 g. quantité ou nombre contenu exactement un certain nombre de fois dans un autre.

SOUS-NORMALE, sf. certaine partie de l'axe d'une courbe (géom.).

SOUS-OFFICIER, sm. militaire gradé au-dessous de l'officier.

SOUS-ORBICULAIRE, adj. f. se dit d'une feuille presque ronde (bot.).

SOUS-ORDRE, sm. celui qui est soumis aux ordres d'un autre; rang subordonné. EN SOUS-ORDRE, loc. adv. en rang subordonné.

SOUS-PERPENDICULAIRE, sf. sous-normale (géom.).

SOUS-PIED, sm. bande qui passe sous le pied et s'attache des deux côtés au pantalon ou aux guêtres.

SOUS-PRÉCEPTEUR, sm. précepteur en second.

SOUS-PRÉFECTURE, sf. fonction et demeure du sous-préfet; portion de département administrée par lui.

SOUS-PRÉFET, sm. fonctionnaire public qui administre un arrondissement sous les ordres du préfet.

SOUS-PRIEUR, sm. prieur en second.

SOUS-PRIEURÉ, sm. charge, demeure du sous-prieur.

SOUS-SACRISTAIN, sm. sacristain en second.

SOUS-SECRÉTAIRE, sm. secrétaire en second.

SOUS-SEL, sm. sel avec excès de base (chim.).

SOUSSIGNÉ, ÉE, adj. et s. terme de formule signifiant dont la signature est ci-dessous.

SOUS-SOL, sm. (inv.), couche, sol au-dessous de l'humus; magasins, cuisines, etc., au-dessous du rez-de-chaussée.

SOUS-TANGENTE, sf. partie de l'axe d'une courbe comprise entre l'ordonnée et la tangente correspondante (géom.).

SOUS-TENDANTE, sf. ligne droite menée d'un point d'une courbe à une autre; corde d'un arc de cercle (géom.).

SOUSTRACTION, sf. (on pr. soustraxion), action de soustraire; opération par laquelle on retranche un nombre d'un autre nombre (arith.).

SOUSTRAIRE, va. (c. traire), enlever par adresse ou par fraude; retrancher; préserver de : soustraire à la fureur des flots. Faire une soustraction (arith.). — SE SOUSTRAIRE, vpr. se dérober à, s'affranchir de.

SOUS-TRAITANT, sm. sous-fermier; celui qui a sous-traité.

SOUS-TRAITÉ, sm. sous-ferme; engagement du sous-traitant.

SOUS-TRAITER, vn. prendre une sous-ferme; se charger de quelque partie d'une fourniture, d'une entreprise, d'un travail concédé à un premier traitant.

SOUS-VENTRIÈRE, sf. courroie attachée aux limons d'une charrette et passant sous le ventre du limonier.

SOUTANE, sf. vêtement long à manches étroites que portent les ecclésiastiques. Fig. l'état ecclésiastique.

SOUTANELLE, sf. petite soutane.

SOUTE, sf. magasin de provisions à bord d'un navire (mar.).

SOUTENABLE, adj. 2 g. que l'on peut soutenir par de bonnes raisons; que l'on peut endurer, supporter, défendre.

SOUTENANT, sm. celui qui soutient une thèse.

SOUTÈNEMENT ou **SOUTÉNEMENT,** sm. appui, soutien; raisons par écrit pour soutenir les articles d'un compte.

SOUTENIR, va. (c. tenir), porter, appuyer, supporter, maintenir. Fig. endurer, résister à : soutenir un siège; défendre : soutenir son opinion; affirmer : soutenir qu'une chose est vraie; aider, assister : soutenir les malheureux; sustenter; donner des forces : la bonne nourriture soutient. — SE SOUTENIR, vpr. se tenir debout, se tenir ferme; se maintenir; s'appuyer mutuellement.

SOUTENU, UE, adj. part. constant, qui se maintient dans le même état. Style soutenu, constamment noble et élevé.

SOUTERRAIN, AINE, *adj.* qui est sous terre, qui vient de dessous terre. — *sm.* lieu voûté au-dessous du niveau du sol. *Fig.* pratique secrète.

SOUTERRAINE (la), ch.-l. de canton (Creuse).

SOUTHAMPTON, ville et port d'Angleterre sur la Manche.

SOUTHEY (Robert), poëte et historien anglais (1774-1843).

SOUTIEN, *sm.* ce qui soutient. *Fig.* appui, protection.

SOUTIRAGE, *sm.* action de soutirer.

SOUTIRER, *va.* transvaser du vin ou tout autre liquide. *Fig.* se faire donner, obtenir par adresse ou importunité : *soutirer de l'argent à quelqu'un.*

SOUVAROV ou SOUWAROW, célèbre général russe (1730-1800).

SOUVENANCE, *sf.* action de se souvenir, mémoire.

SOUVENIR (SE), *vpr.* (c. venir), avoir mémoire de quelque chose. *Fig.* avoir soin de, s'occuper de : *souvenez-vous de mon affaire.*

SOUVENIR, *sm.* impression que conserve la mémoire. *Fig.* ce qui rappelle quelqu'un ou quelque chose; tablettes, petit portefeuille.

SOUVENT, *adv.* fréquemment.

SOUVENTEFOIS, ou SOUVENTES FOIS, *adv.* souvent (vx. mot).

SOUVERAIN, AINE, *adj.* suprême; très-excellent : *remède souverain*, qui a rapport à l'autorité suprême. — *sm.* celui qui possède l'autorité souveraine.

SOUVERAINEMENT, *adv.* parfaitement; d'une manière souveraine.

SOUVERAINETÉ, *sf.* qualité de souverain, autorité suprême. *Fig.* étendue d'un pays que gouverne un prince souverain.

SOUVESTRE (Émile), littérateur français (1806-1854).

SOUZA (Mme de), femme auteur, Française (1750-1836).

SOYEUX, EUSE, *adj.* plein de soie, bien garni de soie; fin et doux au toucher; couvert de poils doux et luisants.

SOZOMÈNE, historien grec, 5e s.

SPA, ville de Belgique, près de Liége. Eaux minérales.

SPACIEUSEMENT, *adv.* au large, en grand espace.

SPACIEUX, EUSE, *adj.* qui est de grande étendue.

SPADASSIN, *sm.* bretteur, ferrailleur.

SPADICÉ, ÉE, *adj.* qui a un ou des spadices (bot.).

SPADICE, *sm.* sorte d'épi de certaines plantes monocotylédones, dont les fleurs sont en quelque sorte incrustées dans un axe épais (bot.).

SPAHI, *sm.* cavalier turc; cavalier de l'armée française en Algérie.

SPALATRO, ville et port (Dalmatie).

SPALLANZANI, célèbre physiologiste italien (1729-1799).

SPALME, *sm.* enduit propre à spalmer.

SPALMER, *va.* enduire de goudron, de brai, etc. (mar.).

SPANDAU, place forte près de Berlin.

SPALT, *sm.* pierre luisante qui sert à mettre les métaux en fusion.

SPARADRAP, *sm.* (p final nul), emplâtre agglutinatif.

SPARE, *sm.* sorte de poisson.

SPARIES, *sf.* pl. (gr. *speirô* semer), tout ce que la mer rejette sur ses bords.

SPARTACUS, célèbre esclave, chef d'une révolte contre Rome; m. 71 av. J. C.

SPARTE ou LACÉDÉMONE, anc. et célèbre ville du Péloponèse.

SPARTE, *sm.* plante de la famille des Papilionacées, vulgairement *jonc d'Espagne*, et dont on fait des cordages, des nattes, etc.

SPARTERIE, *sf.* fabrique de tissus de sparte; ouvrages en sparte.

SPARTIATE, *adj.* et *s.* 2 g. (on pr. *spar-ciate*), de Sparte.

SPARTIVENTO (cap), au sud de l'Italie.

SPASME, *sm.* contraction convulsive des nerfs ou des muscles.

SPASMODIQUE, *adj.* 2 g. qui a rapport au spasme (méd.).

SPATH, *sm.* nom de différentes substances pierreuses (mot allemand).

SPATHACÉ ou SPATHE, ÉE, *adj.* garni d'une spathe (bot.).

SPATHE, *sf.* involucre membraneux et en forme de cornet, qui enveloppe une ou plusieurs fleurs ou bien un spadice (bot.).

SPATHELLE ou SPATHILLE, *sf.* petite spathe partielle; pièce de la glumée des Graminées, écailles qui constituent la glumelle (bot.).

SPATHIQUE, *adj.* 2 g. de la nature du spath.

SPATULE, *sf.* instrument de chirurgie et de pharmacie, rond par un bout et plat de l'autre; sorte d'oiseau dont le bec a la forme d'une spatule.

SPATULÉ ou SPATHULÉ, ÉE, *adj.* qui est rétréci à la base, large et arrondi au sommet en manière de spatule (bot.).

SPÉCIAL, ALE, *adj.* exclusivement déterminé à quelque objet particulier; de telle forme, de qualité déterminée.

SPÉCIALEMENT, *adv.* d'une manière spéciale.

SPÉCIALISER, *va.* désigner spécialement. — SE SPÉCIALISER, *vpr.* devenir spécial.

SPÉCIALISTE, *adj.* et *s.* 2 g. qui s'adonne à une spécialité.

SPÉCIALITÉ, *sf.* caractère de ce qui est spécial; désignation d'une chose spéciale.

SPÉCIEUSEMENT, *adv.* d'une manière spécieuse, avec apparence de vérité.

SPÉCIEUX, EUSE, *adj.* qui a une apparence de vérité et de justice.

SPÉCIFICATION, *sf.* action de spécifier, de faire connaître l'espèce, la nature de la chose.

SPÉCIFIER, *va.* déterminer en particulier, en détail.

SPÉCIFIQUE, *adj.* 2 g. propre spécialement à quelque chose; de l'espèce. — *sm.* remède propre à une maladie.

SPÉCIFIQUEMENT, *adv.* d'une manière spécifique.

SPÉCIMEN, *sm.* (on pr. *spécimène*), modèle, échantillon. Pl. *spécimens.*

SPECTACLE, sm. objet ou ensemble d'objets qui attire les regards, l'attention; représentation théâtrale.

SPECTATEUR, TRICE, s. celui, celle qui est le témoin oculaire d'un fait, d'une action, etc., qui assiste à une représentation théâtrale.

SPECTHAL, ALE, adj. de spectre; du spectre solaire.

SPECTRE, sm. fantôme. Fig. personne grande et maigre. Spectre solaire, image colorée produite par la réfraction des rayons solaires qui traversent un prisme de verre.

SPÉCULAIRE, adj. 2 g. (l. speculum miroir), se dit en physique des effets produits par les miroirs, et en minéralogie de divers minéraux à lames brillantes.

SPÉCULATEUR, sm. celui qui fait des spéculations, qui observe les phénomènes célestes.

SPÉCULATIF, IVE, adj. qui a coutume d'observer avec attention, qui est porté à la contemplation, qui ne s'attache qu'à la spéculation ou théorie.

SPÉCULATION, sf. action de spéculer; observation attentive, théorie, raisonnement; calcul en matière de commerce.

SPÉCULER, va. observer curieusement : spéculer les astres (vx. sens). — vn. méditer attentivement : faire des projets, des calculs en matière de commerce, de banque, etc.

SPÉCULUM, sm. (on pr. spéculome), instrument de chirurgie propre à l'observation de certaines cavités du corps.

SPENCER, sm. (on pr. spainçair), sorte de veste, de corsage (m. anglais).

SPENSER (Hugues), nom de deux favoris (le père et le fils) d'Édouard II, roi d'Angleterre; pendus en 1327. — (Edmond), poète anglais (1550-1599).

SPÉRANSKI (comte), célèbre homme d'État et savant russe (1772-1839).

SPERCHIUS (on pr. Sperkiusse), riv. de la Thessalie : auj. Hellada.

SPERGULE, sf. sorte de plante, appelée vulgairement spargoute.

SPERMACÉTI, sm. blanc de baleine.

SPERMATOGRAPHIE, sf. (gr. sperma, gén. spermatos graine; graphô décrire), partie de la botanique qui traite des graines.

SPERMODERME, sm. (gr. sperma graine, derma peau), ensemble des téguments de la graine, synonyme d'épisperme (bot.).

SPEUSIPPE, philosophe athénien, neveu de Platon; m. 339 av. J. C.

SPHACTÉRIE ou SPHAGIE, île de la mer Ionienne, près de la côte de la Messénie.

SPHÉNOÏDAL, ALE, adj. qui a rapport au sphénoïde.

SPHÉNOÏDE, adj. et sm. (gr. sphên coin à fendre le bois, éidos forme), se dit d'un os du crâne qui est inséré comme un coin dans les autres os (anat.).

SPHÈRE, sf. (gr. sphaira globe, boule), corps solide dans lequel toutes les lignes tirées du centre à la surface sont égales (géom.). Globe terrestre ou céleste (géog. et astr.). Fig. étendue de pouvoir, d'occupations, de relations, etc.

SPHÉRICITÉ, sf. état de ce qui est sphérique.

SPHÉRIQUE, adj. 2 g. rond comme un globe; qui appartient à la sphère.

SPHÉRIQUEMENT, adv. d'une manière sphérique, en forme de sphère.

SPHÉRITE, sf. nodule arrondi de calcaire ferrugineux (géol.).

SPHÉROÏDAL, ALE, adj. dont la forme se rapproche de celle de la sphère.

SPHÉROÏDE, sm. (gr. sphaira sphère, éidos forme), solide dont la forme se rapproche de celle de la sphère.

SPHÉROMÈTRE, sm. (gr. sphaira sphère, métron mesure), instrument pour mesurer la courbure des surfaces sphériques.

SPHINX, sm. monstre de la Fable, à tête de femme et corps de lion, qui proposait des énigmes aux passants et jetait à la mer ceux qui ne pouvaient les deviner. Genre de papillons.

SPIC, sm. grande lavande.

SPICIFORME, adj. 2 g. (l. spica épi, forma forme), en forme d'épi (bot.).

SPICILÈGE, sm. recueil d'actes, de pièces, etc.

SPICULÉ, ÉE, adj. se dit d'un épi composé de plusieurs autres épis sessiles (bot.).

SPIELBERG, citadelle et prison d'État près de Brünn (Moravie).

SPINAL, ALE, adj. qui appartient à l'épine du dos (anat.).

SPINELLE, s. et adj. m. rubis d'un rouge pâle.

SPINIFÈRE, adj. (l. spina épine, ferre porter), qui porte des épines (bot. et zool.).

SPINOLA (marquis de), célèbre général au service de l'Espagne; né à Gènes 1571, m. 1630.

SPINOSA ou SPINOZA, célèbre philosophe hollandais (1632-1677).

SPINOSISME, sm. doctrine philosophique de Spinosa.

SPINOSISTE, s. 2 g. partisan du spinosisme.

SPINTHÉROMÈTRE, sm. (gr. spinther étincelle, métron mesure), instrument pour mesurer la force des étincelles électriques (phys.).

SPIRAL, ALE, adj. qui a la forme d'une spirale.

SPIRALE, sf. courbe qui fait une ou plusieurs évolutions autour d'un point d'où elle part en s'écartant de plus en plus.

SPIRATION, sf. se dit pour exprimer comment le Saint-Esprit procède du Père et du Fils.

SPIRE, sf. chaque tour de la spirale.

SPIRE, ville et riv. de la Bavière rhénane.

SPIRÉE, sf. genre de plantes.

SPIRIDION (St), évêque, m. 848.

SPIRIFÈRE, adj. 2 g. se dit des coquilles qui offrent à l'intérieur une double spirale (zool.).

SPIRIFORME, adj. 2 g. qui est en forme de spirale (zool.).

SPIRITE, adj. 2 g. du spiritisme. — s. 2 g. partisan du spiritisme.

SPIRITISME, sm. croyance aux manifestations des esprits; doctrine que l'on croit dictée par les esprits ou âmes des morts.

SPIRITISTE, *adj.* 2 g. du spiritisme.

SPIRITUALISATION, *sf.* extraction des liqueurs spiritueuses.

SPIRITUALISER, *va.* convertir le sens littéral d'un passage en sens spirituel ou allégorique. Extraire les esprits des corps mixtes (anc. *chim.*).

SPIRITUALISME, *sm.* système du spiritualiste; abus de la spiritualité.

SPIRITUALISTE, *s.* et *adj.* 2 g. celui qui, outre l'existence de la matière, admet aussi celle de l'âme ou esprit.

SPIRITUALITÉ, *sf.* qualité ou caractère de ce qui est spirituel, c.-à-d. non matériel; essence spirituelle.

SPIRITUEL, **ELLE**, *adj.* incorporel, qui est esprit, qui concerne l'âme. *Fig.* qui a de l'esprit, qui est ingénieux; qui a rapport à l'Église, à la religion, à la vie future; allégorique : sens *spirituel*. — *sm.* ce qui est spirituel ou opposé au temporel.

SPIRITUELLEMENT, *adv.* avec esprit, en esprit, d'intention.

SPIRITUEUX, **EUSE**, *adj.* et *sm.* qui contient de l'alcool ou esprit-de-vin.

SPITHEAD, belle rade entre Portsmouth et l'île de Wight.

SPITZBERG, archipel dans l'océan Glacial arctique.

SPLANCHNIQUE, *adj.* 2 g. qui appartient aux viscères (*anat.*).

SPLANCHNOLOGIE, *sf.* (gr. *splagchnon* viscère; *logos* discours, traité), partie de l'anatomie qui traite des viscères.

SPLEEN, *sm.* (on pr. *spline*), dégoût de la vie, maladie mentale (m. anglais).

SPLENDEUR, *sf.* grand éclat de lumière. *Fig.* magnificence, grand éclat d'honneur, de gloire, etc.

SPLENDIDE, *adj.* 2 g. qui a de la splendeur, de l'éclat; magnifique.

SPLENDIDEMENT, *adv.* d'une manière splendide.

SPLÉNIQUE, *adj.* 2 g. (gr. *splén* rate), qui a rapport à la rate (*méd.*).

SPOHR, compositeur de musique allemand (1784-1859).

SPOLÈTE, ville de l'Italie centrale.

SPOLIATEUR, **TRICE**, *s.* et *adj.* celui, celle qui spolie.

SPOLIATION, *sf.* action de spolier.

SPOLIER, *va.* dépouiller par force ou par fraude.

SPON, célèbre antiquaire français (1647-1685).

SPONDAÏQUE, *adj.* et *sm.* se dit d'un vers hexamètre dont le 5e pied est un spondée.

SPONDÉE, *sm.* sorte de pied, dans les vers grecs ou latins, composé de deux syllabes longues.

SPONDYLE, *sm.* vertèbre du cou; sorte de coquillage.

SPONGIAIRES ou **SPONGITES** (l. *spongia* éponge), classe de zoophytes ou de polypes dont l'éponge est le type (*zool.*).

SPONGIEUX, **EUSE**, *adj.* poreux, de la nature de l'éponge. — *sm. pl.* spongiaires.

SPONGIOLE, *sf.* (l. *spongiola* petite éponge), extrémité des fibrilles de la racine, semblable au tissu lâche et mou d'une éponge (*bot.*).

SPONGIOSITÉ, *sf.* état de ce qui est spongieux.

SPONGITE, *sf.* pierre poreuse qui unite l'éponge. V. *Spongiaires.*

SPONTANÉ, **ÉE**, *adj.* que l'on fait volontairement ou par une impulsion naturelle.

SPONTANÉITÉ, *sf.* qualité de ce qui est spontané.

SPONTANÉMENT, *adv.* d'une manière spontanée.

SPONTINI, célèbre compositeur italien (1774-1851).

SPORADES, *sf. pl.* (gr. *sporas* semé, épars), îles éparses dans l'archipel grec, par opposition aux *Cyclades*.

SPORADIQUE, *adj.* 2 g. (gr. *sporadikos* semé, épars), se dit de certaines maladies non épidémiques, qui se montrent en tout temps et en différents lieux. Se dit aussi en bot. des plantes dont les espèces sont éparses dans diverses parties du globe.

SPORANGE, *sf.* (gr. *spora* semence, *aggos* urne), urne ou cavité renfermant les spores des plantes cryptogames (*bot.*).

SPORE, *sf.* (gr. *spora* semence), petit sac membraneux plein d'une matière liquide qui germe et qui reproduit la plante cryptogame (*bot.*).

SPOROCARPE, *sm.* (gr. *spora* semence, *karpos* fruit), involucre cupuliforme renfermant les organes reproducteurs des plantes de la famille des Rhizocarpes (*bot.*).

SPORT, *sm.* divertissement en courses de chevaux, à la chasse, etc. (m. anglais).

SPORTULE, *sf.* aumône, don fait par les patriciens romains à leurs clients.

SPORULE, *sf.* petite spore (*bot.*).

SPORULIFÈRE, *adj.* 2 g. qui enveloppe les sporules (*bot.*).

SPRÉE, riv. de Prusse, arrose Berlin.

SPUMEUX, **EUSE**, *adj.* chargé d'écume, qui donne beaucoup d'écume.

SPUMOSITÉ, *sf.* état de ce qui est spumeux.

SPURZHEIM, célèbre médecin et phrénologue allemand (1776-1834).

SPUTATION, *sf.* (l. *sputare* cracher), action de cracher (*méd.*).

SQUALE, *sm.* (on pr. *scouale*), genre de poissons de l'ordre des Sélaciens, tels que le requin, la scie, etc.

SQUAMMEUX, **EUSE**, *adj.* (on pr. *scouammeu*), couvert d'écailles (l. *squama* écaille).

SQUAMMIFÈRE, *adj.* 2 g. (on pr. *scouammifère*), qui porte des écailles (l. *squama* écaille, *ferre* porter).

SQUAMMIPENNES, *sm. pl.* (on pr. *scouammipén-ne*), famille de poissons dont les ailes ou nageoires sont écailleuses (l. *squama* écaille, *penna* aile).

SQUAMMULE, *sf.* (on pr. *scouammule*), petite écaille (l. *squama* écaille).

SQUARE, *sm.* (on pr. *scouère*), place publique close et ornée de jardins (mot anglais).

SQUARREUX, EUSE, *adj.* (on pr. *scoua'rieu*), raboteux, rude au toucher (*bot.*).

SQUELETTE, *sm.* ensemble des os dans les animaux vertébrés ; parties dures formant l'enveloppe des animaux articulés ; partie solide d'un organe végétal. *Fig.* personne très-maigre ; ouvrage d'esprit sec et aride.

SQUINE, *sf.* plante sudorifique.

SQUIRRE ou SQUIRRHE, *sm.* tumeur dure et non douloureuse.

SQUIRREUX ou SQUIRRHEUX, EUSE, *adj.* de la nature du squirre.

ST, STI *interj.* pour appeler.

STAAL (Mlle DE LAUNAY, baronne de), femme d'esprit, auteur de lettres et de mémoires curieux (1693-1750).

STABIES, anc. ville de la Campanie au pied du Vésuve.

STABILITÉ, *sf.* qualité de ce qui est stable ; état de permanence dans un lieu.

STABLE, *adj.* 2 *g.* qui se tient ferme. *Fig.* assuré, durable, permanent.

STABULATION, *sf.* (l. *stabulum* étable), action d'élever des animaux dans un lieu clos, état des animaux ainsi élevés.

STACE, poète épique latin, auteur de la *Thébaïde* (61-96).

STADE, *sm.* carrière où les Grecs s'exerçaient à la course ; anc. mesure itinéraire.

STADION (comte de), célèbre diplomate et ministre autrichien (1763-1824).

STAEL (Mme de), célèbre femme auteur, Française (1766-1817).

STAFFA (île de), l'une des Hébrides.

STAFFARDE, village près de Saluces (Piémont). Victoire de Catinat sur le duc de Savoie en 1690.

STAGE, *sm.* temps pendant lequel les avocats fréquentent le barreau avant d'être inscrits sur le tableau ; temps d'épreuve pour certaines fonctions, pour certains emplois.

STAGIAIRE, *adj.* 2 *g.* qui fait son stage, qui a rapport au stage.

STAGIRE, anc. ville de Macédoine.

STAGNANT, ANTE, *adj.* (on pr. *stag-nan*), qui ne coule pas. *Fig.* qui reste stationnaire.

STAGNATION, *sf.* (on pr. *stag-nacion*), état de ce qui est stagnant.

STAHL, célèbre chimiste et médecin allemand (1660-1734).

STALACTITE, *sf.* concrétion pierreuse qui se forme aux voûtes des grottes, des cavernes.

STALAGMITE, *sf.* sorte de stalactite sur le sol des cavernes, etc.

STALIMÈNE, île de l'Archipel, anc. *Lesbos.*

STALLE, *sf.* siège de bois dans le chœur d'une église ; siège dans un théâtre.

STAMBOUL ou ISTAMBOUL, Constantinople.

STAMINAL, ALE, *adj.* de l'étamine, qui a rapport à l'étamine (*bot.*).

STAMINÉ, ÉE, *adj.* se dit des fleurs mâles, c.-à-d. qui n'ont que des étamines (*bot.*).

STAMINEUX, EUSE, *adj.* dont les étamines sont saillies hors de la fleur (*bot.*).

STAMINIFÈRE, *adj.* qui porte les étamines ; synonyme de fleur mâle (*bot.*).

STAMINODE, *sf.* étamine avortée (*bot.*).

STAMINO-PISTILLÉ, ÉE, *adj.* se dit des fleurs qui ont à la fois des étamines et un pistil (*bot.*).

STANCE, *sf.* nombre déterminé de vers formant un sens complet.

STANHOPE, diplomate et général anglais (1673-1721). — (lord), petit-fils du précédent, savant anglais (1753-1816).

STANISLAS (St), évêque de Cracovie (1030-1079). — KOTSKA (St), jésuite polonais (1550-1568).

STANISLAS Ier *Leczinski*, roi de Pologne (1682-1766). — II *Poniatowski*, dernier roi de Pologne (1732-1798).

STANZ, chef-l. du Bas-Unterwald (Suisse).

STAPHISAIGRE, *sf.* plante, vulgairement *herbe aux poux.*

STAPHYLIN, *sm.* insecte coléoptère. — *adj.* et *s. m.* qui a rapport à la luette (*anat.*).

STAREMBERG, feld-maréchal autrichien (1637-1737).

STAROSTE, *sm.* noble polonais possesseur d'une starostie.

STAROSTIE, *sf.* fief de l'ancien domaine royal de Pologne.

STATÈRE, *sm.* poids et monnaie des anc. Grecs ; peson des Romains.

STATHOUDER, *sm.* titre du chef de la république des Provinces-Unies.

STATHOUDÉRAT, *sm.* dignité, fonctions du stathouder.

STATICE, *sf.* sorte de plante, vulgairement *gazon d'Olympe.*

STATION, *sf.* action de s'arrêter, pause, demeure de peu de durée ; lieu où l'on s'arrête un peu de temps ; endroit où stationnent les voitures publiques ; lieu d'une église où l'on fait des prières pour gagner des indulgences.

STATIONNAIRE, *adj.* 2 *g.* qui semble rester au même point, sans avancer ni reculer.

STATIONNEMENT, *sm.* action de stationner.

STATIONNER, *vn.* faire une station.

STATIQUE, *sf.* partie de la mécanique qui a pour objet les lois de l'équilibre des corps solides.

STATIRA, femme de Darius Codoman.

STATISTIQUE, *sf.* science qui fait connaître la population, l'industrie, le commerce, les revenus, etc., d'un pays ; description d'un pays envisagé sous ces différents points de vue. — *adj.* 2 *g.* qui concerne la statistique.

STATUAIRE, *sm.* sculpteur qui fait des statues. — *sf.* art de faire des statues. — *adj.* 2 *g.* qui a rapport aux statues.

STATUE, *sf.* figure de plein relief représentant une personne en entier. *Fig.* personne froide et sans physionomie.

STATUER, *va.* ordonner, régler.

STATUETTE, *sf.* très-petite statue.

STATU QUO, *sm.* (mots latins), état où sont actuellement les choses. — IN STATU QUO, *loc. adv.* dans l'état actuel.

STATURE, *sf.* hauteur de la taille d'une personne, d'un animal.

STATUT, *sm.* (t final nul), loi, règlement, ordonnance.

STAUFFACHER (on pr. *Stauffaker*), l'un des fondateurs de la liberté helvétique, en 1307.

STAVANGER, ville et port de Norwége.

STEAM-BOAT (on pr. *stimbôht*), ou STEAMER (on pr. *stimeur*), *sm.* bateau à vapeur (m. anglais).

STÉARINE, *sf.* (gr. *stéar* suif), partie des corps gras qui reste solide à la température ordinaire de l'air (*chim.*).

STÉARIQUE, *adj. 2 g.* se dit d'un acide formé par la stéarine ainsi que des bougies fabriquées avec cet acide.

STÉATITE, *sf.* sorte de pierre d'une substance molle et onctueuse.

STEEPLE-CHASE, *sm.* (on pr. *stiple-tchéze*), course à cheval à travers champs (m. anglais).

STÉGANOGRAPHIE, *sf.* (gr. *stéganos* caché, *graphô* écrire), art d'écrire en chiffres et d'expliquer cette écriture.

STÉGANOGRAPHIQUE, *adj. 2 g.* de la stéganographie.

STEIBELT, compositeur de musique, Prussien (1765–1823).

STEINKERQUE, village de Belgique, près de Mons. Victoire du maréchal de Luxembourg sur Guillaume III, roi d'Angleterre et stathouder de Hollande (1692).

STÈLE, *sf.* monument monolithe ayant la forme d'un fût de colonne, d'un cippe, etc.

STELLAIRE, *adj. 2 g.* qui a rapport aux étoiles.

STELLION, *sm.* sorte de lézard.

STELLIONAT, *sm.* (t final nul), fraude dans la vente d'un immeuble (*jurisp.*).

STELLIONATAIRE, *sm.* celui qui est coupable de stellionat.

STEMMATE, *sm.* (gr. *stemma* couronne), yeux lisses placés sur la tête chez certains insectes (*zool.*).

STENAY, ch.-l. de canton (Meuse).

STÉNOGRAPHE, *sm.* celui qui sait la sténographie.

STÉNOGRAPHIE, *sf.* (gr. *sténos* étroit, serré, *graphô* écrire), écriture serrée ou réduite; art d'écrire aussi vite que la parole.

STÉNOGRAPHIER, *va.* écrire en signes sténographiques.

STÉNOGRAPHIQUE, *adj. 2 g.* de la sténographie, qui y a rapport.

STENON, V. *Sture*.

STENTOR, guerrier grec qui se rendit célèbre au siège de Troie par la force et l'éclat de sa voix. *Fig. voix de Stentor*, voix forte et retentissante.

STÉPHANE, STÉPHANIE, Étienne, Étiennette.

STÉPHENSON (George), célèbre mécanicien anglais, inventeur de la locomotive (1781–1848). — (Robert), fils du précédent, célèbre ingénieur (1803–1859).

STEPPE, *sm.* ou *f.* plaine vaste et stérile.

STÈRE, *sm.* (gr. *stéreos* solide), mètre cube pour mesurer le bois de chauffage.

STÉRÉOBATE, *sm.* sorte de soubassement sans moulure (*arch.*).

STÉRÉOGRAPHIE, *sf.* (gr. *stéréos* solide; *graphô* décrire, tracer), art de tracer les figures des solides sur une surface plane.

STÉRÉOGRAPHIQUE, *adj. 2 g.* qui a rapport à la stéréographie.

STÉRÉOMÉTRIE, *sf.* (gr. *stéréos* solide, *métron* mesure), science de la mesure des solides.

STÉRÉOMÉTRIQUE, *adj. 2 g.* de la stéréométrie.

STÉRÉOSCOPE, *sm.* (gr. *stéréos* solide, *skopeô* voir), instrument d'optique qui fait voir en relief les objets figurés par un double dessin sur une surface plane.

STÉRÉOSCOPIQUE, *adj. 2 g.* qui a rapport au stéréoscope.

STÉRÉOTOMIE, *sf.* (gr. *stéréos* solide; *tomê* coupé, taille), science de la coupe des solides.

STÉRÉOTYPAGE, *sm.* action de stéréotyper; ouvrage qui en résulte.

STÉRÉOTYPE, *adj. 2 g.* imprimé avec des planches formées de caractères soudés ensemble.

STÉRÉOTYPER, *va.* (gr. *stéréos* solide; *typos* modèle, caractère d'imprimerie), imprimer avec des planches formées de caractères soudés ensemble.

STÉRÉOTYPEUR, *sm.* celui qui stéréotype.

STÉRÉOTYPIE, *sf.* art de stéréotyper.

STÉRILE, *adj. 2 g.* qui ne donne pas de fruits, de récoltes. *Fig.* qui ne produit pas; qui est sans avantage, sans résultat.

STÉRILISER, *va.* rendre stérile.

STÉRILITÉ, *sf.* état de ce qui est stérile.

STERLING, *adj. 2 g.* (g nul). *Livre sterling*, monnaie d'or d'Angleterre valant 25 francs.

STERNE, célèbre écrivain anglais (1713–1768).

STERNUM, *sm.* (on pr. *sternome*), partie osseuse qui forme le devant de la poitrine et à laquelle aboutissent les côtes (*anat.*).

STERNUTATIF, IVE, *adj.* qui fait éternuer.

STERNUTATION, *sf.* éternument.

STERNUTATOIRE, *adj. 2 g.* et *sm.* qui excite l'éternument.

STÉSICHORE (on pr. *Stésicore*), poète lyrique grec (636–566 av. J. C.).

STÉTHOSCOPE, *sm.* (gr. *stéthos* poitrine, *skopeô* observer), sorte de cornet acoustique qui sert à reconnaître l'état intérieur de la poitrine par la manière dont les poumons fonctionnent.

STETTIN, ville et port sur la Baltique (Prusse).

STEUBEN, peintre français, né dans le gr.-duché de Bade (1788–1856).

STEWART (Dugald), célèbre philosophe écossais (1753–1828).

STHÉNÉLUS, fils de Capanée et l'un des Épigones.

STIBIÉ, ÉE, *adj.* se dit des remèdes où il entre de l'antimoine (*méd.*).

STIGMATE, *sm.* marque que laisse une plaie; partie supérieure du pistil (*bot.*); ouverture à côté du ventre de certains insectes et qui sert à la respiration de l'animal. *Fig.* note d'infamie, flétrissure.

STIGMATISER, va. marquer avec un fer rouge ou autrement. *Fig.* imprimer une flétrissure; blâmer publiquement et avec dureté.

STIL DE GRAIN, sm. sorte de couleur jaune.

STILICON, ministre et général de l'emp. Honorius; m. 408.

STILLATION, sf. (*ll* non m.), action d'un liquide qui tombe goutte à goutte.

STILLATOIRE, adj. 2 g. (*ll* non m.) qui tombe goutte à goutte, qui distille.

STIMULANT, ANTE, adj. propre à exciter, à éveiller. — sm. ce qui stimule. *Fig.* ce qui excite l'esprit.

STIMULATEUR, TRICE, adj. qui stimule.

STIMULATION, sf. action de ce qui stimule.

STIMULE, sm. (l. *stimulus* aiguillon, piquant), poil dont la piqûre cause des démangeaisons, comme celui de l'ortie (*bot.*).

STIMULER, va. aiguillonner, exciter.

STIMULEUX, EUSE, adj. garni de stimules (*bot.*).

STIMULUS, sm. ce qui produit une excitation dans l'économie animale (m. latin).

STIPE, sm. tige des palmiers, des grandes fougères, etc.

STIPENDIAIRE, adj. 2 g. qui est à la solde de quelqu'un.

STIPENDIÉ, ÉE, adj. part. et sm. qui est gagé par quelqu'un.

STIPENDIER, va. avoir à sa solde.

STIPITÉ, EE, adj. exhaussé sur un support en forme de petite tige (*bot.*).

STIPULACÉ, ÉE, adj. ou STIPULAIRE, adj. 2 g. qui a de larges et grandes stipules, qui est recouvert de stipules (*bot.*).

STIPULANT, ANTE, adj. qui stipule.

STIPULATION, sf. condition, convention, clause d'un contrat.

STIPULE, sf. appendice membraneux à la base du pétiole ou de la feuille (*bot.*).

STIPULÉ, ÉE, adj. exprimé dans un contrat. Garni de stipules (*bot.*).

STIPULER, va. convenir de quelque chose dans un contrat; exiger telle ou telle promesse.

STIPULEUX, EUSE, adj. garni de longues stipules (*bot.*).

STIPULIFÈRE, adj. 2 g. qui porte des stipules (*bot.*).

STOBÉE, célèbre compilateur grec du 5e s.

STOCK, sm. approvisionnement en marchandises, en valeurs de commerce (mot anglais).

STOCKFISCH, sm. morue ou toute espèce de poisson salé et séché à l'air.

STOCKHOLM, capit. de la Suède.

STŒCHADES (on pr. *Stéćade*), anc. nom des îles d'Hyères.

STOFFLET, général vendéen (1751-1796).

STOÏCIEN, IENNE, adj. et s. qui suit la doctrine philosophique de Zénon, qui appartient à cette doctrine. *Fig.* homme sévère, ferme, inébranlable.

STOÏCISME, sm. doctrine philosophique des stoïciens. *Fig.* fermeté de caractère, austérité.

STOÏQUE, adj. 2 g. qui tient de la fermeté, de la rigidité des stoïciens.

STOÏQUEMENT, adv. en stoïcien.

STOLIDITÉ, sf. grande stupidité, sottise naturelle.

STOLON, sm. bourgeon qui naît d'une tige latérale et rampante (*bot.*).

STOLONIFÈRE, adj. 2 g. qui porte des stolons.

STOMACAL, ALE, adj. qui fortifie l'estomac.

STOMACHIQUE, adj. 2 g. et sm. qui appartient à l'estomac; qui est bon pour l'estomac.

STOMAPODES, sm. pl. (gr. *stoma* bouche; *pous*, gén. *podos* pied), ordre de Crustacés dont les pattes sont attachées près de la bouche (*zool.*).

STOMATE, sm. petit corps sur l'épiderme des végétaux, percé au centre d'une fente oblongue entourée d'un bourrelet en forme de lèvres (*bot.*).

STORA, p. ville et port près de Philippeville (Algérie).

STORAX ou STYRAX, sm. sorte de résine.

STORCH ou STORCK, célèbre chef d'anabaptistes; m. 1530.

STORE, sm. sorte de rideau qui sert à garantir du soleil.

STORTING ou STORTHING, sm. diète des États de Norvège.

STRABISME, sm. (gr. *strabismos*, de *strabos* louche), disposition vicieuse des yeux qui fait loucher.

STRABON, célèbre géographe grec, né 50 av. J. C., m. sous le règne de Tibère.

STRADIOT, V. *Estradiot*.

STRADIVARIUS, célèbre facteur d'instruments à cordes (1664-1716). — sm. instrument fabriqué par ce facteur.

STRAFFORD, ville et comté d'Angleterre. — (comte de), ministre du roi d'Angleterre Charles Ier (1593-1641).

STRALSUND, ville et port sur la Baltique (Prusse).

STRAMONIUM, sm. (on pr. *stramoniome*), plante de la famille des Solanées.

STRANGULATION, sf. action d'étrangler.

STRANGURIE, sf. difficulté d'uriner (*méd.*).

STRAPASSER, va. maltraiter de coups; fatiguer un cheval; peindre à la hâte et sans correction.

STRAPONTIN, sm. siège qui peut s'abaisser et se lever à volonté.

STRAS, sm. composition qui imite le diamant.

STRASBOURG, ch.-l. du dép. du Bas-Rhin.

STRASSE, sf. bourre ou rebut de la soie.

STRATAGÉMATIQUE, adj. 2 g. plein de stratagèmes.

STRATAGÈME, sm. ruse de guerre. *Fig.* finesse, ruse adroite.

STRATE, sf. ou m. (l. *stratum* couche, assise), chacune des couches ou assises d'une roche, d'un terrain géologique.

STRATÉGE, sm. général d'armée chez les Grecs.

STRATÉGIE, sf. (gr. *strategia*: de *stratos*

armée, *agô* conduire), partie de l'art militaire qui s'applique aux grandes opérations de la guerre.

STRATÉGIQUE, *adj. 2 g.* qui a rapport à la stratégie.

STRATÉGISTE, *sm.* celui qui connaît la stratégie.

STRATÈGUE, V. *Stratège.*

STRATIFICATION, *sf.* arrangement de substances, de terrains par couches (*géol.*).

STRATIFIÉ, **ÉE**, *adj. part.* formé, disposé par strates (*géol.*).

STRATIFIER, *va.* arranger, disposer par strates ou couches (*géol.*).

STRATOCRATIE, *sf.* (gr. *stratos* armée, *kratos* pouvoir), gouvernement militaire.

STRATOGRAPHIE, *sf.* (gr. *stratos* armée, *graphô* décrire), description d'une armée et de tout ce qui la compose.

STRATON, philosophe grec; m. 270 av. J. C.

STRÉLITZ, *sm. pl.* anc. corps d'infanterie moscovite, détruit par Pierre le Grand. V. *Mecklembourg.*

STRIBORD, V. *Tribord.*

STRICHNINE, V. *Strychnine.*

STRICT, **ICTE**, *adj.* (on pr. le *c* et le *t*), étroit. *Fig.* rigoureux, sévère (inusité au propre).

STRICTEMENT, *adv.* d'une manière stricte.

STRIDENT, **ANTE**, *adj.* qui fait un bruit aigre et perçant.

STRIÉ, **ÉE**, *adj.* dont la surface présente des stries, des cannelures.

STRIES, *sf. pl.* cannelures; petits sillons parallèles; petits filets séparés par des cavités.

STRIGILIFORME, *adj. 2 g.* (l. *strigilis* étrille, brosse), qui est en forme de brosse; dont la surface est rude au toucher comme celle d'une étrille (*bot.*).

STRIURES, V. *Stries.*

STROBILE, *sm.* (gr. *strobilos* pomme de pin), chaton à écailles épaisses comme celles de la pomme de pin et de forme conique (*bot.*).

STROBILIFORME, *adj. 2 g.* qui a la forme d'un strobile (*bot.*).

STROMBOLI, l'une des îles de Lipari.

STRONTIANE, *sf.* (on pr. *stronciané*), sorte de terre, oxyde de strontium.

STRONTIUM, *sm.* (on pr. *stronciome*), l'un des corps simples de la chimie.

STROPHE, *sf.* stance d'une ode.

STROPHIOLE, *sf.* excroissance qui s'élève au dessus du testa de certaines graines, comme sur celles de la pensée (*bot.*).

STROZZI, célèbre famille de Florence dont les principaux membres furent : *Pallas*, savant et homme d'État (1372-1462); *Pierre*, maréchal de France, m. 1558; *Léon*, frère du précédent et grand amiral des galères de France (1515-1554).

STRUCTURE, *sf.* manière dont un édifice est bâti; conformation d'un corps organisé. *Fig.* ordre, disposition.

STRUENSÉE, ministre du roi de Danemark Christian VII (1737-1772).

STRYCHNINE, *sf.* (gr. *strychnos* solanum ou morelle), substance extraite de diverses espèces de solanées (*chim.*).

STRYGE, *sm.* vampire.

STRYMON, anc. fl. de la Thrace; auj. *Strouma.*

STUART, dynastie de rois d'Écosse et d'Angleterre; *Jacques* et *Marie.* — (Jacques-Édouard), dit le *Chevalier de Saint-Georges*, fils du roi d'Angleterre Jacques II (1688-1766). — (Charles-Édouard), le *Prétendant*, fils du précédent (1720-1788).

STUC, *sm.* enduit composé de chaux et de marbre pulvérisé.

STUCATEUR, *sm.* ouvrier qui travaille en stuc.

STUDIEUSEMENT, *adv.* avec soin, avec application.

STUDIEUX, **EUSE**, *adj.* qui aime l'étude.

STUPÉFACTIF, **IVE**, *adj.* qui stupéfie (*méd.*).

STUPÉFACTION, *sf.* (on pr. *stupéfaxion*), engourdissement d'une partie du corps. *Fig.* étonnement extrême.

STUPÉFAIT, **AITE**, *adj.* immobile et interdit de surprise.

STUPÉFIANT, **ANTE**, *adj.* qui stupéfie.

STUPÉFIER, *va.* engourdir (*méd.*). *Fig.* causer une grande surprise.

STUPEUR, *sf.* engourdissement des facultés intellectuelles. *Fig.* sorte d'immobilité causée par une grande surprise.

STUPIDE, *adj. et s. 2 g.* qui est dans la stupeur, dans l'hébétude; qui est d'un esprit lourd et pesant, qui est sot.

STUPIDEMENT, *adv.* d'une manière stupide.

STUPIDITÉ, *sf.* pesanteur d'esprit; privation de jugement; parole ou action stupide.

STURA, nom de 2 riv. du Piémont, l'une affluent du Pô, l'autre du Tanaro.

STURE, nom de trois administrateurs du royme de Suède : *Sténon Sture*, m. 1503; *Suante Sture*, m. 1512; *Sténon Sture le jeune*, m. 1520.

STURIONIENS, *sm. pl.* (l. *sturio* esturgeon), ordre de poissons cartilagineux dont l'esturgeon est le type (*zool.*).

STUTTGARD, capitale du royaume de Wurtemberg.

STYGMATE et **STYGMATISER**, V. *Stigmate, Stigmatiser.*

STYLE, *sm.* poinçon avec lequel les anciens écrivaient sur la cire de leurs tablettes; aiguille d'un cadran solaire. *Fig.* manière d'exprimer par écrit ses pensées; manière d'exécuter dans les arts, genre artistique. En *bot.* partie du pistil entre l'ovaire et le stigmate.

STYLER, *va.* former, dresser (*fam.*).

STYLET, *sm.* sorte de poignard.

STYLITE, *adj. 2 g.* (gr. *stylos* colonne), qui se tient sur une colonne, qui y vit.

STYLISTE, *sm.* écrivain qui soigne son style.

STYLOBATE, *sm.* piédestal, soutien d'une colonne.

STYMPHALE, anc. ville et lac d'Arcadie.

STYPTIQUE, *adj.* astringent, qui a la vertu d'arrêter ce qui coule (*méd.*).

STYRAX, V. *Storax.*

STYRIE, partie de l'empire d'Autriche; ch.-l. *Graëtz.*

STYX, *sm.* fleuve des enfers (*myth.*), riv. d'Arcadie.

SU, *sm.* connaissance d'une chose : *au su et au vu de tous.*

SUAGE, *sm.* outil de serrurier ; humidité du bois.

SUAIRE, *sm.* linceul dans lequel on ensevelit un mort.

SUANT, ANTE, *adj.* qui sue.

SUARD, littérateur et critique français (1734-1817).

SUARÈS, savant théologien espagnol (1548-1617).

SUAVE, *adj.* 2 g. qui est d'une douceur agréable aux sens et surtout à l'odorat. *Fig.* très-doux, très-agréable.

SUAVITÉ, *sf.* qualité de ce qui est suave.

SUBALTERNE, *adj.* et *s.* 2 g. subordonné, secondaire, inférieur.

SUBALTERNEMENT, *adv.* en subalterne.

SUBALTERNITÉ, *sf.* état de l'être subalterne.

SUBAPENNIN, INE, *adj.* au-dessous, au pied de l'Apennin. Se dit en géologie d'une partie du terrain tertiaire supérieur.

SUBAPICULAIRE, *adj.* 2 g. (l. *sub* sous, *apiculus* petit sommet), se dit de l'épi ou de la panicule surmontés d'un prolongement de la tige (*bot.*).

SUBBRACHIEN, *adj. m.* (on pr. *subbrakien*), ou SOUBBRANCHIEN, (l. *sub* sous, *brachium* bras ou *branchiæ* branchies), se dit d'un ordre de poissons malacoptérygiens, comprenant ceux dont les nageoires ventrales sont attachées au-dessous des nageoires pectorales, ou des branchies (*zool.*).

SUBDÉLÉGATION, *sf.* action de subdéléguer, commission qui autorise le subdélégué.

SUBDÉLÉGUÉ, *sm.* celui qui a reçu une subdélégation.

SUBDÉLÉGUER, *va.* commettre avec pouvoir d'agir ; investir de sa propre autorité.

SUBDIVISER, *va.* diviser les parties d'un tout déjà divisé.

SUBDIVISION, *sf.* division d'une des parties d'un tout déjà divisé.

SUBER, *sm.* (on pr. l'*r* ; l. *suber* liège), enveloppe qui couvre extérieurement la moelle corticale des végétaux et forme la substance appelée liège (*bot.*).

SUBÉREUX, EUSE, *adj.* (l. *suber* liège), qui est de la nature ou de la consistance du liège (*bot.*).

SUBÉRINE, *sf.* substance constitutive du liège (*chim.*).

SUBÉRIQUE, *adj.* 2 g. se dit d'un acide extrait du liège (*chim.*).

SUBIR, *va.* souffrir, éprouver, supporter. *Subir un examen*, le passer.

SUBIT, ITE, *adj.* soudain.

SUBITEMENT, *adv.* soudainement.

SUBITO, *adv.* tout à coup (*fam.*).

SUBJACENT, ENTE, *adj.* situé au-dessous.

SUBJECTIF, IVE, *adj.* qui appartient au sujet pensant, à l'âme. — *sm.* ce sujet lui-même.

SUBJECTION, *sf.* (on pr. *subjexion*), figure de rhétorique par laquelle on répond à sa propre question

SUBJECTIVITÉ, *sf.* qualité de ce qui est subjectif.

SUBJONCTIF, *sm.* l'un des modes du verbe.

SUBJUGUER, *va.* réduire en sujétion par la force des armes. *Fig.* prendre de l'ascendant, de l'autorité.

SUBLIMATION, *sf.* opération chimique pour séparer les parties volatiles d'un corps.

SUBLIME, *adj.* 2 g. haut, relevé (dans le sens moral). *La Sublime Porte*, l'empire ottoman. — *sm.* ce qui est sublime.

SUBLIMÉ, *sm.* produit de la sublimation ; sorte de préparation de mercure.

SUBLIMEMENT, *adv.* d'une manière sublime.

SUBLIMER, *va.* opérer la sublimation.

SUBLIMITÉ, *sf.* qualité de ce qui est sublime.

SUBLINGUAL, ALE, *adj.* (on pr. *sublingoual*), qui est placé sous la langue.

SUBLUNAIRE, *adj.* 2 g. qui est au-dessous de la lune, c.-à-d. entre la terre et l'orbite de la lune.

SUBMERGER, *va.* couvrir d'eau, inonder, enfoncer dans l'eau.

SUBMERSIBLE, *adj.* 2 g. qui peut être submergé.

SUBMERSION, *sf.* état d'un corps plongé tout à fait dans un liquide ; grande inondation qui couvre entièrement un pays.

SUBODORER, *va.* sentir de loin. *Fig.* prévoir.

SUBORDINATION, *sf.* état des personnes ou des choses subordonnées ; dépendance.

SUBORDONNÉ, ÉE, *adj.* et *s.* qui est sous les ordres, sous la dépendance de.

SUBORDONNÉMENT, *adv.* en sous-ordre.

SUBORDONNER, *va.* établir un ordre de dépendance de l'inférieur au supérieur.

SUBORNATION, *sf.* action de suborner.

SUBORNER, *va.* séduire, porter à faire une mauvaise action.

SUBORNEUR, EUSE, *adj.* et *s.* qui suborne.

SUBRÉCARGUE, *sm.* celui qui gère une cargaison pour en faire la vente.

SUBRÉCOT, *sm.* (*t* nul), surplus d'un écot. *Fig.* nouvelle demande inattendue (*fam.*).

SUBREPTICE, *adj.* 2 g. obtenu sur un faux exposé ; fait furtivement et illicitement : *édition subreptice.*

SUBREPTICEMENT, *adv.* d'une manière subreptice.

SUBREPTION, *sf.* (on pr. *subrépcion*), surprise faite à un supérieur en obtenant de lui une grâce sur un faux exposé.

SUBROGATION, *sf.* acte par lequel on subroge.

SUBROGER, *va.* substituer, mettre à la place d'un autre.

SUBROGÉ TUTEUR, *sm.* celui qui est nommé pour veiller à la bonne gestion du tuteur.

SUBSÉQUEMMENT, *adv.* ensuite.

SUBSÉQUENT, ENTE, *adj.* qui suit, qui vient après.

SUBSIDE, sm. impôt; secours d'argent à un souverain, à un allié.

SUBSIDIAIRE, adj. 2 g. qui vient secondairement appuyer une raison principale.

SUBSIDIAIREMENT, adv. d'une manière subsidiaire; en second lieu.

SUBSISTANCE, sf. nourriture et entretien.

SUBSISTER, vn. exister encore; demeurer en vigueur : cette loi subsiste encore; vivre et s'entretenir : subsister d'aumônes.

SUBSTANCE, sf. ce qui existe sous la qualité, ce à quoi la qualité est attachée; être spirituel ou matériel; matière quelconque; partie succulente et nourrissante d'un aliment. Fig. ce qu'il y a de plus essentiel; ce qui est indispensable pour la subsistance. — EN SUBSTANCE, loc. adv. sommairement.

SUBSTANTIEL, ELLE, adj. (on pr. substanciel), succulent, rempli de substance. Fig. essentiel, important.

SUBSTANTIELLEMENT, adv. (on pr. substancielleman), quant à la substance.

SUBSTANTIF, adj. et sm. nom qui sans le secours d'un autre désigne tout être, toute chose qui est l'objet de notre pensée. Verbe substantif, le verbe être.

SUBSTANTIVEMENT, adv. en manière de substantif.

SUBSTITUER, va. mettre à la place de.

SUBSTITUT, sm. (t final nul), celui qui tient la place d'un autre; suppléant du procureur impérial.

SUBSTITUTION, sf. action de substituer.

SUBSTRATUM, sm. (on pr. substratome), terme de philosophie désignant, comme le mot substance, ce qui est essentiellement dans l'être, ce qui est le support des qualités (mot latin).

SUBSTRUCTION, sf. (on pr. substruxion), construction souterraine, fondements d'un édifice.

SUBTERFUGE, sm. moyen artificieux pour se tirer d'embarras.

SUBTERRANÉ, ÉE, adj. qui est sous la surface de la terre.

SUBTIL, ILE, adj. délié, fin, menu : matière subtile; qui s'insinue promptement : venin subtil. Fig. adroit, habile; trop raffiné : pensée subtile.

SUBTILEMENT, adv. d'une manière subtile, très-adroite.

SUBTILISATION, sf. distillation de certains liquides (vieux).

SUBTILISER, va. rendre subtil, pénétrant; attraper, tromper adroitement (fam.). — vn. raffiner, chercher de la finesse dans une question.

SUBTILITÉ, sf. qualité de ce qui est subtil. Fig. adresse, ruse. Au pl. distinctions subtiles : de vaines subtilités.

SUBULÉ, ÉE, adj. (l. subula alène), en forme d'alène (bot.).

SUBURBICAIRE, adj. 2 g. des environs ou du diocèse de Rome.

SUBURBAIN, AINE, adj. (l. sub sous, urbs ville), sous la ville, près de la ville.

SUBVENIR, vn. secourir, soulager; suffire, pourvoir à (c. venir).

SUBVENTION, sf. (on pr. subvancion), secours d'argent, subside.

SUBVENTIONNER, va. (on pr. subvancioné), accorder une subvention.

SUBVERSIF, IVE, adj. qui renverse, qui bouleverse, qui détruit.

SUBVERSION, sf. action de subvertir; renversement.

SUBVERTIR, va. renverser.

SUC, sm. liqueur qui contient ce qu'une chose a de plus substantiel. Fig. ce qu'il y a de plus substantiel dans un écrit, un discours, etc.

SUCCÉDANÉ, ÉE, adj. et sm. se dit de médicaments, de substances qui peuvent en remplacer d'autres.

SUCCÉDER, vn. venir après; prendre la place de; recueillir l'héritage de; réussir : tout succède à ses vœux. — SE SUCCÉDER, vpr. se suivre.

SUCCÈS, sm. (s finale nulle), résultat bon ou mauvais. Employé absolument, ce mot signifie toujours bon résultat, réussite.

SUCCESSEUR, sm. celui qui succède.

SUCCESSIBILITÉ, sf. droit de succéder (jurisp.).

SUCCESSIBLE, adj. 2 g. qui est ou qui rend habile à succéder (jurisp.).

SUCCESSIF, IVE, adj. se dit de certaines choses qui se suivent de près et sans intervalle.

SUCCESSION, sf. suite de personnes, de choses qui se succèdent sans interruption : la succession des jours et des nuits; biens, effets composant l'héritage; hérédité.

SUCCESSIVEMENT, adv. l'un après l'autre.

SUCCIN, sm. ambre jaune.

SUCCINCT, INCTE, adj. (on pr. succin), court, bref.

SUCCINCTEMENT, adv. (on pr. succincteman), d'une manière succincte.

SUCCION, sf. action de sucer.

SUCCOMBER, vn. être accablé sous un fardeau, céder à quelque chose qui pèse, qui entraîne. Fig. ne pas réussir, avoir du désavantage dans une lutte; mourir.

SUCCULEMMENT, adv. avec des aliments succulents.

SUCCULENT, ENTE, adj. qui a beaucoup de suc; nourrissant.

SUCCURSALE, s. et adj. f. se dit d'une église qui supplée à l'insuffisance d'une autre, d'un établissement subordonné à un autre de même nature.

SUCCURSALISTE, sm. desservant d'une succursale.

SUCEMENT, sm. action de sucer.

SUCER, va. tirer un suc, une liqueur avec les lèvres et en aspirant. Fig. tirer peu à peu le bien d'un autre.

SUCEUR, sm. celui qui suce; insecte muni d'un suçoir.

SUCHET, duc d'Albufera, maréchal de France (1772-1826).

SUÇOIR, sm. organe qui sert à sucer.

SUÇON, sm. élevure que l'on fait à la peau en la suçant fortement.

SUÇOTER, va. sucer à petits coups et à plusieurs reprises.

SUCRE, sm. suc cristallisé de la canne à sucre, de la betterave ou de divers fruits.

SUCRÉ, ÉE, adj. qui a le goût du sucre ; doux. Fig. s. et adj. à g. qui affecte la douceur, la modestie.

SUCRER, va. mettre du sucre.

SUCRERIE, sf. lieu où l'on fait le sucre, où on le raffine. Au pl. friandises en sucre, bonbons, dragées, etc.

SUCRIER, sm. petit vase où l'on met le sucre.

SUCRIN, adj. et sm. se dit d'une espèce de melon.

SUD, sm. le midi.

SUDATION, sf. action de suer.

SUD-EST, sm. point de l'horizon entre le sud et l'est.

SUDERMANIE, anc. province de Suède.

SUDÈTES (monts), dans la Moravie.

SUDORIFÈRE et **SUDORIFIQUE**, adj. 2 g. qui provoque la sueur.

SUD-OUEST, sm. point de l'horizon entre le sud et l'ouest.

SUÈDE, royaume de l'Europe septentrionale ; capit. Stockholm.

SUÉDOIS, OISE, adj. et s. de la Suède.

SUÉE, sf. inquiétude subite avec crainte (pop.).

SUÉNON, nom de trois rois de Danemark. Suénon 1er envahit l'Angleterre et se fit couronner roi à Londres ; m. 1014.

SUER, vn. rendre par les pores une humeur aqueuse ; rendre de l'humidité. Fig. se donner beaucoup de peine pour réussir à une chose. — va. Suer sang et eau, faire de grands efforts, Faire suer, ennuyer, importuner (pop.).

SUÉTONE, historien latin du 2e s.

SUETTE, sf. maladie accompagnée d'une sueur abondante.

SUEUR, sf. humeur aqueuse qui sort par les pores de la peau ; sortie de cette humeur. Fig. travail, peine, efforts.

SUÈVES, anc. peuple de la Germanie.

SUEZ, ville sur un golfe à l'extrémité de la mer Rouge ; isthme entre cette mer et la Méditerranée.

SUFFÈTE, sm. premier magistrat de Carthage.

SUFFIRE, vn. pouvoir fournir ou subvenir à ; satisfaire à (se conjugue c. confire ; mais le part. p. suffi n'a pas de fém.). — SE SUFFIRE, vpr. pourvoir à tous ses besoins. — v. imp. il suffit, c'est assez de. — SUFFIT, loc. adv. assez.

SUFFISAMMENT, adv. assez.

SUFFISANCE, sf. ce qui suffit : avoir suffisance de blé ; capacité ; vanité, sotte présomption : homme plein de suffisance. — 'A SUFFISANCE, EN SUFFISANCE, loc. adv. suffisamment.

SUFFISANT, ANTE, adj. qui suffit. — adj. et s. présomptueux.

SUFFIXE, adj. 2 g. et sm. se dit d'une particule ou syllabe ajoutée à un radical et qui forme la désinence d'un mot.

SUFFOCANT, ANTE, adj. qui suffoque.

SUFFOCATION, sf. étouffement, difficulté de respirer.

SUFFOLK, comté d'Angleterre. — (duc de) général anglais que Jeanne d'Arc força de lever le siége d'Orléans ; m. 1451.

SUFFOQUER, va. étouffer, faire perdre la respiration. — vn. perdre la respiration.

SUFFRAGANT, s. et adj. m. l'évêque à l'égard de son métropolitain.

SUFFRAGE, sm. déclaration de son sentiment ou de sa volonté dans une délibération ou une élection ; approbation : cette pièce a obtenu tous les suffrages.

SUFFREN (le bailli de), célèbre vice-amiral français (1726-1788).

SUFFUSION, sf. épanchement.

SUGER, abbé de Saint-Denis et ministre des rois Louis VI et Louis VII (1083-1152).

SUGGÉRER, va. (on pr. sug-jéré), insinuer dans l'esprit de quelqu'un.

SUGGESTION, sf. (on pr. sug-jestion), instigation.

SUICIDE, sm. (l. sui de soi, cædes meurtre), action de celui qui se tue lui-même ; celui qui se tue.

SUICIDER (SE), vpr. se donner la mort (mauvaise locution).

SUIDAS, lexicographe grec du 10e s.

SUIE, sf. matière noire et épaisse que dépose la fumée.

SUIF, sm. graisse de mouton et de certains animaux.

SUIFFER, V. Suiver.

SUINT, sm. humeur épaisse qui suinte du corps des bêtes à laine.

SUINTEMENT, sm. action de suinter.

SUINTER, vn. se dit d'une liqueur, d'une humeur qui sort et s'écoule lentement, ainsi que du vase, de la pluie d'où se fait l'écoulement.

SUISSE, confédération de 22 républiques en cantons à l'E. de la France.

SUISSE, adj. 2 g. de la Suisse. — SUISSE, SUISSESSE, s. citoyen, citoyenne d'un des cantons suisses.

SUISSE, sm. domestique qui garde la porte d'une maison ou l'intérieur d'une église.

SUITE, sf. ceux qui suivent, qui accompagnent par honneur ; ce qui suit ; continuation, série ; choses de même espèce rangées dans un certain ordre ; événement qui résulte d'une chose précédente, conséquence ; liaison, ordre. — 'A LA SUITE, loc. adv. après, derrière ; DE SUITE, loc. adv. l'un après l'autre ; TOUT DE SUITE, loc. adv. sur-le-champ, sans interruption ; PAR SUITE, loc. adv. et prép. en conséquence, par un résultat nécessaire.

SUIVANT, ANTE, adj. qui vient après : le chapitre suivant. — s. celui, celle qui accompagne. — sf. demoiselle au service d'une grande dame.

SUIVANT, prép. selon. — SUIVANT QUE, loc. conj. selon que.

SUIVER ou **SUIFFER**, va. enduire de suif.

SUIVI, IE, adj. continu ; dont les parties sont

bien liées : *discours suivi* ; qui a des auditeurs nombreux, qui est fréquenté.

SUIVRE, *va.* aller ou venir après, aller après pour atteindre ; continuer d'aller dans une direction : *suivre son chemin* ; accompagner : *suivre son ami dans l'exil* ; observer : *suivre les progrès du mal* ; assister à, être assidu : *suivre les leçons du collège* ; pratiquer, exercer : *suivre le métier des armes* ; s'abandonner à : *suivre son inclination.* — *Suivre une affaire*, y donner son attention, ses soins, *Fig.* résulter de : *la satiété suit la jouissance.* — **SE SUIVRE**, *vpr.* se succéder. — *Ind. pr.* je suis, tu suis, il suit, n. suivons, v. suivez, ils suivent ; *imp.* je suivais ; *p. déf.* je suivis ; *fut.* je suivrai ; *cond.* je suivrais ; *impér.* suis, suivons, suivez ; *subj. pr.* que je suive ; *imp.* que je suivisse ; *part. pr.* suivant ; *part. p.* suivi, ie.

SUJET, *sm.* cause, motif : *sujet de larmes* ; matière que l'on traite : *sujet fertile* ; une personne par rapport à ses qualités : *cet enfant est un excellent sujet* ; celui qui dépend d'une autorité souveraine ; objet d'une science. Personne ou chose dont on affirme la manière d'être (*gram.*).

SUJET, ETTE, *adj.* soumis à, obligé à, accoutumé à, exposé à : *sujet à se tromper* ; astreint à : *nous sommes tous sujets à la mort.*

SUJÉTION, *sf.* (on pr. *sujécion*), dépendance, obligation ; assiduité qu'exige une charge, un emploi.

SULFATE, *sm.* nom générique des sels formés par la combinaison de l'acide sulfurique avec une base (*chim.*).

SULFATÉ, ÉE, *adj.* dans lequel il entre un sulfate (*chim.*).

SULFHYDRIQUE, *adj. m.* se dit d'un acide formé par la combinaison de l'hydrogène avec le soufre (*chim.*).

SULFITE, *sm.* nom générique des sels formés par la combinaison de l'acide sulfureux avec une base (*chim.*).

SULFURE, *sm.* nom générique des combinaisons du soufre avec les métaux, les sels, etc. (*chim.*).

SULFURÉ, ÉE, ou **SULFUREUX, EUSE**, *adj.* qui tient de la nature du soufre ; où il entre du soufre. *Acide sulfureux*, formé par la combinaison du soufre avec l'oxygène de l'air.

SULFURIQUE, *adj. 2 g.* du soufre, qui est formé par le soufre. Se dit de l'acide de soufre le plus oxygéné (*chim.*).

SULLY (Maurice de), évêque de Paris, commença la construction de l'église Notre-Dame (1160-1196). — (duc de), célèbre ministre de Henri IV (1559-1641).

SULPICE (St), nom de 2 évêques de Bourges ; m. le 1er en 591, le 2e en 644.

SULPICE-SÉVÈRE, historien ecclésiastique latin (363-410).

SULPICIEN, *sm.* séminariste de Saint-Sulpice de Paris.

SULPITIA, femme-poète de l'anc. Rome, 1er s.

SULTAN, *sm.* titre de l'empereur des Turcs et de divers princes mahométans. *Fig.* homme absolu, tyrannique.

SULTANE, *sf.* femme du sultan ; sorte de vaisseau de guerre turc.

SULTANIN, *sm.* monnaie d'or en Turquie.

SULZBACH, p. ville de Bavière. Victoire des Français sur les Autrichiens en 1796.

SUMAC, *sm.* arbre.

SUMATRA, g. île de la Malaisie.

SUMBAVA, l'une des îles de la Sonde.

SUMBAVA-TIMOR (archipel de), dans la Malaisie.

SUND (on pr. *Sonde*), détroit entre le Danemark et la Suède.

SUNDERLAND, ville et port d'Angleterre.

SUNDGAU, pays de l'Alsace ; ch.-l. *Béfort*.

SUNIUM (on pr. *Suniome*), cap de l'anc. Grèce ; auj. *cap Colonne*.

SUNNITES, V. *Sonnites*.

SUPER, *va.* se boucher (*mar.*).

SUPERAXILLAIRE, *adj. 2 g.* (l. *super* sur, *axilla* aisselle), se dit des parties de la plante qui naissent au-dessus de l'aisselle des feuilles (*bot.*).

SUPERBE, *sf.* orgueil, arrogance.

SUPERBE, *adj. 2 g.* et *sm.* orgueilleux, arrogant. — *adj. 2 g.* très-beau, grand, imposant, riche, somptueux.

SUPERBEMENT, *adv.* orgueilleusement ; avec magnificence.

SUPERCHERIE, *sf.* tromperie, fraude avec finesse.

SUPERCRÉTACÉ, ÉE, *adj.* (l. *super* sur, au-dessus ; *creta* craie), se dit des terrains qui sont au-dessus de la craie (*géol.*).

SUPÈRE, *adj. 2 g.* (l. *super* au-dessus), placé au-dessus (*bot.*).

SUPERFÉTATION, *sf.* redondance.

SUPERFICIALITÉ, *sf.* qualité de ce qui est superficiel au fig.

SUPERFICIE, *sf.* étendue d'un solide considéré quant à sa longueur et à sa largeur ; surface. *Fig.* extérieur ; connaissance légère des choses.

SUPERFICIEL, ELLE, *adj.* qui n'est qu'à la superficie. *Fig.* qui s'arrête à l'extérieur, qui n'approfondit pas ; connaissance superficielle ; homme superficiel.

SUPERFICIELLEMENT, *adv.* d'une manière superficielle.

SUPERFIN, INE, *adj.* et *sm.* d'un degré supérieur de finesse.

SUPERFLU, UE, *adj.* qui est de trop, inutile. — *sm.* ce qui est de trop.

SUPERFLUITÉ, *sf.* état de ce qui est superflu, abondance vicieuse ; chose superflue.

SUPÉRIEUR, EURE, *adj.* et *s.* qui est situé au-dessus ; qui a de l'autorité ou qui l'emporte sur un autre.

SUPÉRIEUREMENT, *adv.* d'une manière supérieure ; parfaitement.

SUPÉRIORITÉ, *sf.* qualité de la personne ou de la chose qui est supérieure à une autre.

SUPERLATIF, IVE, *adj.* et *sm.* qui est porté au plus haut degré ; qui exprime la qualité au plus haut degré (*gram.*).

SUPERLATIVEMENT, *adv.* au plus haut degré.

SUPERPOSER, *va.* poser une ligne, une surface, un corps sur un autre.

SUPERPOSITION, *sf.* action de superposer.

SUPERSATURÉ, ÉE, *adj.* saturé au plus haut degré.

SUPERSTITIEUSEMENT, *adv.* d'une manière superstitieuse. *Fig.* avec une exactitude trop scrupuleuse.

SUPERSTITIEUX, EUSE, *adj.* et *s.* qui a de la superstition, où il y a de la superstition. *Fig.* trop exact.

SUPERSTITION, *sf.* fausses idées de certaines pratiques religieuses; vains présages tirés de certains accidents. *Fig.* excès d'exactitude.

SUPERSTRUCTURE, *sf.* addition inutile à un édifice, à un ouvrage.

SUPIN, *sm.* sorte de substantif verbal de la langue latine.

SUPINATEUR, *adj.* et *sm.* se dit de deux muscles qui font tourner en haut la paume de la main (*anat.*).

SUPINATION, *sf.* mouvement produit par les muscles supinateurs; position d'un malade couché à la renverse.

SUPPLANTATION, *sf.* action de supplanter.

SUPPLANTATEUR, *sm.* celui qui supplante.

SUPPLANTER, *va.* faire perdre à quelqu'un son poste, son crédit, et se mettre à sa place.

SUPPLÉANCE, *sf.* action ou droit de suppléer, de remplacer.

SUPPLÉANT, ANTE, *s.* celui qui supplée quelqu'un.

SUPPLÉER, *va.* ajouter ce qui manque; tenir la place de quelqu'un. — *vn.* réparer le manque de quelque chose : *la valeur suppléa au nombre.*

SUPPLÉMENT, *sm.* ce que l'on donne pour suppléer; ce qui est donné en sus, ce qui est ajouté.

SUPPLÉMENTAIRE, *adj. 2 g.* qui sert de supplément.

SUPPLÉTIF, IVE, *adj.* qui complète, qui est de supplément.

SUPPLIANT, ANTE, *adj.* et *s.* qui supplie.

SUPPLICATION, *sf.* action de supplier, prière avec soumission.

SUPPLICE, *sm.* punition corporelle; mort ordonnée par la justice. *Fig.* tout ce qui cause une vive douleur, une grande affliction.

SUPPLICIÉ, ÉE, *adj.* et *s.* qui a subi le supplice de mort.

SUPPLICIER, *va.* faire subir le supplice de mort.

SUPPLIER, *va.* prier avec instance et soumission.

SUPPLIQUE, *sf.* requête pour obtenir une grâce.

SUPPORT, *sm.* ce qui soutient une chose. *Fig.* aide, appui, secours.

SUPPORTABLE, *adj. 2 g.* que l'on peut supporter; excusable.

SUPPORTABLEMENT, *adv.* d'une manière supportable.

SUPPORTER, *va. littér.* porter en dessous : soutenir. *Fig.* subir, endurer, être à l'épreuve de : *ce navire ne supporterait pas la mer.*

SUPPOSABLE, *adj. 2 g.* que l'on peut supposer.

SUPPOSÉ, ÉE, *adj.* faux et donné pour vrai; feint. *Cela supposé*, dans cette supposition. — SUPPOSÉ QUE, *loc. conj.* dans la supposition que.

SUPPOSER, *va.* poser une chose pour établie, pour réelle; faire une hypothèse. *Fig.* former une conjecture : *je suppose qu'il est honnête homme;* alléguer pour vrai quelque chose de faux : *supposer un complot;* exiger qu'une chose soit ou ait été : *le savoir suppose l'étude.*

SUPPOSITIF, IVE, *adj.* de la supposition.

SUPPOSITION, *sf.* proposition que l'on suppose comme vraie; conjecture; production d'une fausse pièce; allégation d'un fait faux ou controuvé.

SUPPOSITOIRE, *sm.* sorte de médicament pour lâcher le ventre (*méd.*).

SUPPÔT, *sm.* (*l'nul*) agent de certains corps : *suppôt de la justice;* fauteur et partisan de quelqu'un qui fait le mal : *les suppôts d'un tyran.*

SUPPRESSION, *sf.* action de supprimer.

SUPPRIMER, *va.* empêcher ou faire cesser de paraître : *supprimer un libelle;* taire, retrancher : *supprimer un mot essentiel;* abolir : *supprimer un impôt.*

SUPPURATIF, IVE, *adj.* et *sm.* qui facilite la suppuration.

SUPPURATION, *sf.* écoulement du pus.

SUPPURER, *vn.* rendre du pus.

SUPPUTATION, *sf.* calcul.

SUPPUTER, *va.* calculer.

SUPRÉMATIE, *sf.* supériorité, excellence au-dessus de tous.

SUPRÊME, *adj. 2 g.* qui est au-dessus de tout en son genre, en son espèce; extrême, dernier : *l'instant suprême.* — AU SUPRÊME DEGRÉ, *loc. adv.* extrêmement.

SUR, *prép.* qui marque la situation d'une chose à l'égard d'une autre qui la soutient ou qui est au-dessous d'elle; à la surface de, tout près de, du côté de, touchant, d'après, etc.

SUR, SURE, *adj.* qui a un goût acide.

SÛR, SÛRE, *adj.* certain, indubitable, infaillible, assuré, qui produit ordinairement son effet; qui sait bien et d'une manière certaine : *j'en suis sûr;* en qui l'on peut se fixer : *ami sûr;* où l'on est en sûreté : *un lieu sûr.* — À COUP SÛR, *loc. adv.* infailliblement, certainement; POUR SÛR, *loc. adv.* certainement, assurément.

SURABONDAMMENT, *adv.* plus que suffisamment.

SURABONDANCE, *sf.* état de ce qui surabonde; très-grande abondance.

SURABONDANT, ANTE, *adj.* qui surabonde.

SURABONDER, *vn.* être très-abondant.

SURACHAT, *sm.* action de suracheter.

SURACHETER, *va.* acheter une chose plus qu'elle ne vaut.

SURAIGU, UË, *adj.* qui est au-dessus de l'aigu, qui est fort aigu.

SURAJOUTER, *va.* ajouter en sus, de plus.

SURANNÉ, ÉE, *adj.* vieux; qui n'a plus d'effet ou devient nul après un délai expiré. *Fig.* qui n'est plus d'usage; qui a vieilli.

SURANNER, vn. avoir plus d'un an de date.

SUR-ARBITRE ou SURARBITRE, sm. arbitre qui juge d'une contestation entre arbitres déjà choisis.

SURARD, adj. m. (d nul), se dit d'un vinaigre préparé avec des fleurs de sureau.

SURATE, ville de l'Hindoustan.

SURATTRIBUT, sm. addition à l'attribut; adverbe (gram.)

SURBAISSÉ, ÉE, adj. qui n'est pas en plein cintre (arch.)

SURBAISSEMENT, sm. quantité dont un arc est surbaissé (arch.).

SURBAISSER, va. donner une courbure moindre que le plein cintre.

SURCENS, sm. rente seigneuriale en sus du cens.

SURCHARGE, sf. charge en sus, nouvelle charge ajoutée à une autre; surcroît de peine; mots écrits sur d'autres.

SURCHARGER, va. imposer une charge excessive; faire une surcharge dans l'écriture.

SURCOMPOSÉ, ÉE, adj. se dit des temps des verbes dans la conjugaison desquels on redouble l'auxiliaire (gram.). — sm. corps qui résulte de la combinaison des corps composés (chim.).

SURCOT, sm. (t nul), vêtement sur la cotte.

SURCOUPER, vn. couper les cartes en second.

SURCROÎT, sm. augmentation; ce qui est ajouté en sus.

SURCROÎTRE, va. augmenter sans mesure: surcroître le prix du blé. — vn. se dit des chairs qui se forment dans les plaies.

SURCULEUX, EUSE, adj. garni de nouvelles branches, de rejets.

SURDÂTRE, adj. 2 g. un peu sourd.

SURDENT, sf. dent qui vient hors du rang, sur une autre ou entre deux autres.

SURDI-MUTITÉ, sf. état de la personne sourd-muette.

SURDITÉ, sf. perte ou grande diminution du sens de l'ouïe.

SURDORER, va. dorer doublement, solidement.

SURDOS, sm. (s finale nulle), bande de cuir sur le dos d'un cheval attelé.

SUREAU, sm. arbuste.

SÛREMENT, adv. avec sûreté, en sûreté; certainement.

SURÉMINENT, ENTE, adj. éminent au suprême degré.

SURÈNE ou SURESNES, bourg près de Paris.

SURENCHÈRE, sf. enchère faite au-dessus d'une autre.

SURENCHÉRIR, vn. faire une surenchère.

SURENCHÉRISSEUR, sm. celui qui surenchérit.

SURÉROGATION, sf. ce que l'on fait au delà de ses obligations ou de ses promesses.

SURÉROGATOIRE, adj. 2 g. qui est fait par surérogation.

SURESNES, V. Surènes.

SURET, ETTE, adj. un peu sur, un peu acide.

SÛRETÉ, sf. éloignement de tout péril; état

de celui qui n'a rien à craindre. Fig. caution, garantie; fermeté du pied, de la main, etc. Place de sûreté, ville de guerre donnée ou retenue pour la sûreté de l'exécution d'un traité.

SUREXCITATION, sf. augmentation de l'énergie vitale dans un organe; excitation extrême.

SUREXCITER, va. exciter au plus haut degré.

SURFACE, sf. superficie, extérieur d'un corps. Fig. dehors, apparence.

SURFAIRE, va. et n. demander plus qu'il ne faut d'une marchandise (c. faire).

SURFAIX, sm. (x nulle), grosse sangle de cheval qui se met sur les autres.

SURGE, adj. f. Laine en surge, en suint.

SURGEON, sm. rejeton qui sort du tronc ou du pied de l'arbre.

SURGÈRES, ch.-l. de canton (Charente-Inférieure).

SURGIR, vn. arriver, aborder. Fig. sortir de, s'élever au-dessus de.

SURHAUSSEMENT, sm. action de surhausser; état de ce qui est surhaussé.

SURHAUSSER, va. élever plus haut; mettre à plus haut prix.

SURHUMAIN, AINE, adj. qui est au-dessus de la nature humaine.

SURINAM, riv. de la Guyane.

SURINTENDANCE, sf. charge du surintendant; sa demeure.

SURINTENDANT, sm. celui qui a l'intendance générale; anc. administrateur des finances de l'État.

SURINTENDANTE, sf. femme du surintendant; dame qui avait la première charge dans la maison de la reine.

SURJET, sm. (t nul), sorte de couture.

SURJETER, va. coudre en surjet.

SURLENDEMAIN, sm. jour qui suit le lendemain.

SURLONGE, sf. partie du bœuf qui fournit les aloyaux.

SURMENER, va. excéder de fatigue les chevaux ou les bêtes de somme. Fig. maltraiter.

SURMONTABLE, adj. 2 g. que l'on peut surmonter.

SURMONTÉ, ÉE, adj. qui supporte; placé au-dessous de.

SURMONTER, va. et n. monter au-dessus; être placé au-dessus. Fig. vaincre, dompter: surmonter sa colère; surpasser: surmonter quelqu'un en générosité. — SE SURMONTER, vpr. dompter ses penchants, ses passions.

SURMOULER, va. mouler sur une figure déjà moulée.

SURMOÛT, sm. (t nul), vin tiré de la cuve avant d'être cuvé.

SURMULET, sm. poisson de mer.

SURMULOT, sm. sorte de mulot roux.

SURNAGEANT, ANTE, adj. qui surnage.

SURNAGER, vn. litter. nager au-dessus; se soutenir sur la surface d'un liquide. Fig. subsister seul de plusieurs.

SURNAÎTRE, vn. naître par-dessus.

SURNATUREL, ELLE, adj. et sm. qui est au-dessus des forces de la nature ou en dehors des lois naturelles. Fig. extraordinaire, singulier.

SURNATURELLEMENT, adv. d'une manière surnaturelle.

SURNOM, sm. nom en sus du nom propre; sobriquet.

SURNOMMÉ, ÉE, adj. part. qui a le surnom de.

SURNOMMER, va. donner un surnom.

SURNUMÉRAIRE, adj. 2 g. qui est au-dessus du nombre déterminé. — sm. employé sans appointements.

SURNUMÉRARIAT, sm. (t nul), temps pendant lequel on est surnuméraire.

SURON, sm. boîte ou ballot couvert d'une peau de bœuf.

SUROS, sm. tumeur dure sur la jambe du cheval.

SURPASSER, va. littér. passer au-dessus ou par-dessus: excéder, être plus haut. Fig. l'emporter sur, dépasser; causer un grand étonnement. — SE SURPASSER, vpr. faire encore mieux qu'à son ordinaire.

SURPAYE, sf. gratification en sus de la paye; action de surpayer.

SURPAYER, va. payer au delà de la juste valeur, de ce qui est dû.

SURPEAU, sf. épiderme.

SURPLIS, sm. (s finale nulle), vêtement d'église qui va à mi-jambes.

SURPLOMB, sm. (b nul), défaut de ce qui n'est pas à plomb, de ce dont le haut avance plus que la base.

SURPLOMBER, vn. être hors de l'aplomb, être en surplomb.

SURPLUS, sm. (s finale nulle), ce qui reste, excédant. — AU SURPLUS, loc. adv. au reste.

SURPOUSSE, sf. pousse surajoutée à une autre.

SURPRENANT, ANTE, adj. étonnant.

SURPRENDRE, va. prendre sur le fait, à l'improviste: surprendre l'ennemi; arriver subitement: la mort le surprit; tromper, abuser; obtenir frauduleusement, par artifice: surprendre un consentement, un secret; découvrir: surprendre les secrets de la nature; étonner: sa conduite me surprend. — SE SURPRENDRE, vpr. se mettre à: je me surpris à pleurer.

SURPRIS, ISE, adj. part. pris à l'improviste, étonné.

SURPRISE, sf. action par laquelle on surprend; étonnement.

SURREY, comté d'Angleterre.

SURSAUT, sm. (t nul), mouvement brusque. S'éveiller en sursaut, être éveillé subitement et avec agitation.

SURSÉANCE, sf. délai, suspension.

SURSEMER, va. semer de nouveau dans une terre déjà ensemencée.

SURSEOIR, ou SURSOIR, va. suspendre, différer une affaire (il s'emploie surtout comme vn. avec la prép. à). — Ind. pr. je sursois, n. sursoyons, v. sursoyez, ils sursoient; imp. je sursoyais; p. déf. je sursis; fut. je surseoirai; cond. je surseoirais; impér. sur-

sois; subj. pr. que je sursoie; imp. que je sursisse; part. pr. sursoyant; part. p. sursis, ise.

SURSIS, sm. (on pr. sursi), délai.

SURTAUX, sm. imposition excessive.

SURTAXE, sf. taxe en sus, nouvelle taxe; taxe excessive.

SURTAXER, va. taxer trop haut.

SURTOUT, adv. principalement.

SURTOUT, sm. sorte de large vêtement que l'on met sur les autres habits; grande pièce de vaisselle d'argent qui sert à orner une table.

SURVEILLANCE, sf. (ll m.), action de surveiller.

SURVEILLANT, ANTE, s. (ll m.), celui, celle qui surveille.

SURVEILLE, sf. (ll m.), avant-veille.

SURVEILLER, vn. et a. (ll m.), veiller particulièrement et avec autorité sur quelque chose ou sur quelqu'un.

SURVENANCE, sf. action de survenir, arrivée que l'on n'avait pas prévue.

SURVENANT, ANTE, adj. et s. qui survient.

SURVENDRE, va. et n. vendre trop cher.

SURVENIR, vn. arriver inopinément ou de surcroît (v. venir).

SURVENTE, sf. vente à un prix excessif.

SURVÊTIR, va. mettre un vêtement par-dessus un autre.

SURVIDER, va. ôter le trop-plein.

SURVIE, sf. état de celui qui survit à un autre.

SURVIVANCE, sf. faculté de succéder à une personne dans sa charge lorsqu'elle sera morte.

SURVIVANCIER, sm. celui qui a la survivance d'une charge.

SURVIVANT, ANTE, adj. et s. qui survit à un autre.

SURVIVRE, vn. demeurer en vie après une autre personne. Fig. vivre après la perte de son honneur, de sa fortune, etc.

SUS, prep. (on pr. l's finale), sur. — interj. pour exhorter. EN SUS, loc. adv. au delà, en surplus.

SUSANNE, femme juive, surnommée la Chaste, 6e s. av. J. C. — (Ste), vierge et martyre, m. 295.

SUSCEPTIBILITÉ, sf. disposition à s'offenser aisément.

SUSCEPTIBLE, adj. 2 g. capable de recevoir telle ou telle qualité, telle modification; qui s'offense aisément: esprit susceptible.

SUSCEPTION, sf. (on pr. suscepcion), action de prendre les ordres sacrés; nom de deux fêtes de l'Église catholique.

SUSCITATION, sf. suggestion.

SUSCITER, va. faire lever, faire naître; causer, procurer.

SUSCRIPTION, sf. (on pr. suscripcion), adresse écrite sur une lettre.

SUSDIT, ITE, adj. et s. nommé ci-dessus.

SUS-DOMINANTE, sf. 6e note du ton au-dessus de la dominante (mus.).

SUSE, anc. ville de Perse. — ville du Piémont.

SUSIANE, contrée de l'anc. Perse.

SUSNOMMÉ, EE, adj. et s. nommé ci-dessus, précédemment.

SUSPECT (on pr. le c et le t), ECTE, adj. et s. qui est soupçonné ou qui mérite de l'être.

SUSPECTER, va. soupçonner.

SUSPENDRE, va. élever un objet en l'air, l'y soutenir au moyen d'un lien. Fig. surseoir, différer, discontinuer : suspendre la séance, enlever les fonctions : suspendre un maire. — SE SUSPENDRE, vpr. se tenir suspendu.

SUSPENS (EN), loc. adv. (on pr. suspan), dans l'incertitude, dans l'indécision.

SUSPENS, adj. (on pr. suspan), interdit (en parlant d'un ecclésiastique).

SUSPENSE, sf. (on pr. suspanse), interdiction d'un ecclésiastique.

SUSPENSEUR, adj. m. qui soutient, qui tient suspendu (anat.).

SUSPENSIF, IVE, adj. qui suspend, qui arrête (jurisp.).

SUSPENSION, sf. action de suspendre, état de ce qui est suspendu. Fig. surséance, cessation ; interdiction d'un fonctionnaire ; figure de rhétorique qui consiste à tenir l'auditeur en suspens.

SUSPENSOIR ou **SUSPENSOIRE**, sm. sorte de bandage (chir.).

SUSPICION, sf. soupçon, défiance.

SUSQUEHANNAH, fl. des États-Unis.

SUSSEX, anc. royaume de l'Heptarchie. — comté d'Angleterre.

SUSTENTATION, sf. soutien ; action de sustenter ; nourriture suffisante.

SUSTENTER, va. entretenir la vie par le moyen des aliments.

SUSURRATION, sf. SUSURRE et SUSURREMENT, sm. bruit faible, doux murmure.

SUSURRER, vn. faire un bruit faible, un doux murmure ; se plaindre doucement.

SUTURAL, ALE, adj. qui provient ou dépend d'une suture.

SUTURE, sf. jointure de deux parties du crâne ; endroit où adhèrent les enveloppes de certains fruits ; réunion des lèvres d'une plaie. Fig. raccord dans un ouvrage d'esprit.

SUZANNE, V. Susanne.

SUZERAIN, AINE, s. et adj. prince, seigneur ; état qui relève un feudataire.

SUZERAINETÉ, sf. qualité de suzerain.

SVEDENBORG, savant et philosophe illuminé suédois (1688-1772).

SVELTE, adj. 2 g. léger, dégagé.

SWAMMERDAM, célèbre anatomiste et naturaliste hollandais (1637-1680).

SWIFT (Jonathan), littérateur anglais, auteur de Gulliver (1667-1745).

SYAGRIUS, patrice romain dans la Gaule, vaincu par Clovis ; m. 486.

SYBARIS, anc. ville de l'Italie méridionale.

SYBARISME, V. Sybaritisme.

SYBARITE, adj. et s. 2 g. de Sybaris. Fig. mou, efféminé, voluptueux comme étaient les Sybarites.

SYBARITISME, sm. mœurs du Sybarite ; vie molle et efféminée.

SYCOMORE, sm. arbre de la famille des Acérinées.

SYCONE, sm. (gr. sykon figue), fruit du figuier ou fruit semblable à la figue (bot.).

SYCOPHANTE, sm. délateur, calomniateur, fourbe, menteur.

SYCOSE, sf. (gr. sykon figue), tumeur à l'anus semblable à une figue (méd.) ; inflorescence comme celle de la figue (bot.).

SYDENHAM, célèbre médecin anglais (1624-1689).

SYDNEY, ville de l'Australie. V. Sidney.

SYÈNE, anc. ville de la Haute-Égypte, auj. Assouan.

SYKS, V. Seïks.

SYLLA, célèbre dictateur romain (136-78 av. J. C.)

SYLLABAIRE, sm. petit livre pour apprendre à lire.

SYLLABE, sf. voyelle seule ou jointe à d'autres lettres qui se prononcent par une seule émission de voix.

SYLLABER, va. et n. assembler par syllabes.

SYLLABIQUE, adj. 2 g. qui a rapport aux syllabes.

SYLLEPSE, sf. figure par laquelle un mot est pris dans deux acceptions différentes, au propre et au figuré ; figure de gram. qui consiste à établir un rapport entre les idées et non entre les mots.

SYLLEPTIQUE, adj. 2 g. qui a lieu par syllepse ; où il y a syllepse.

SYLLOGISME, sm. argument formé de trois propositions dont la dernière est ce que l'on conclut des deux autres.

SYLLOGISTIQUE, adj. 2 g. qui appartient au syllogisme.

SYLPHE, sm. SYLPHIDE, sf. prétendu génie aérien.

SYLVAIN, sm. (l. sylva forêt), dieu des forêts (myth.) ; ordre d'oiseaux. — adj. des forêts.

SYLVATIQUE, adj. 2 g. (l. sylva forêt), des bois.

SYLVESTRE, adj. 2 g. (l. sylva forêt), se dit d'une plante qui croît dans les bois (bot.).

SYLVESTRE (S¹), pape, m. 336. — SYLVESTRE II, Gerbert, pape et savant célèbre (930-1003).

SYLVIA, V. Rhéa.

SYLVICULTURE, sf. entretien ou culture des forêts.

SYMBOLE, sm. figure, signe, caractère qui sert à désigner une chose ; emblème ; formulaire qui contient les principaux articles de la foi : le symbole de Nicée.

SYMBOLIQUE, adj. 2 g. qui sert de symbole, qui a le caractère de symbole.

SYMBOLISER, va. représenter par un symbole. — vn. avoir du rapport, de la conformité.

SYMÉTRIE, sf. rapport de grandeur et de position que les parties ont entre elles et avec leur tout ; ordre, disposition.

SYMÉTRIQUE, adj. 2 g. qui a de la symétrie.

SYMÉTRIQUEMENT, adv. avec symétrie.

SYMÉTRISER, vn. faire symétrie.

SYMMAQUE, orateur et homme d'État, Romain; m. 410. — consul, beau-père de Boëce; m. 526. — pape, m. 514.

SYMPATHIE, *sf.* correspondance entre les qualités de certains corps, aptitude qu'ils ont à s'unir; rapport d'inclination, penchant naturel qui attire deux personnes l'une vers l'autre.

SYMPATHIQUE, *adj. 2 g.* qui cause de la sympathie, qui tient de la sympathie, qui en résulte.

SYMPATHIQUEMENT, *adv.* avec sympathie.

SYMPATHISER, *vn.* avoir de la sympathie.

SYMPÉTALIQUE, *adj. 2 g.* (gr. *syn* ensemble, *pétalon* pétale), dont les pétales sont réunis (*bot.*).

SYMPHONIE, *sf.* (gr. *symphônia* : de *syn* ensemble; *phônê* voix, son), concert d'instruments de musique; musique composée pour ce concert.

SYMPHONISTE, *sm.* compositeur ou exécutant de symphonies.

SYMPHORIEN (St), martyr; m. 179.

SYMPHYSE, *sf.* union ou liaison naturelle des os (*anat.*).

SYMPTOMATIQUE, *adj. 2 g.* (on pr. le *p*), qui est le symptôme d'une autre affection.

SYMPTOMATOLOGIE, *sf.* (gr. *symptôma* symptôme, *logos* traité), traité des symptômes.

SYMPTÔME, *sm.* signe ou ensemble de signes qui indiquent la nature d'une maladie. *Fig.* indice, présage.

SYNAGOGUE, *sf.* assemblée de fidèles sous l'ancienne loi de Moïse; lieu où se réunissent les Juifs pour pratiquer leur culte.

SYNALÈPHE, *sf.* (gr. *synaloiphê* fusion), élision d'une voyelle, réunion de deux mots dans la prononciation.

SYNALLAGMATIQUE, *adj. 2 g.* (gr. *synallagma* échange, traité), se dit d'un contrat qui contient obligation réciproque des deux parts.

SYNANTHÉRÉE, *adj. et sf.* (gr. *syn* ensemble; V. *anthère*), se dit des fleurs composées dont les étamines sont soudées par leurs anthères. Au *pl.* famille de plantes (*bot.*).

SYNANTHÉRIE, *sf.* surnom de l'épicorolle formant la 10e classe de la méthode de Jussieu (*bot.*).

SYNANTHÉRIQUE, *adj. 2 g.* se dit des étamines dont les anthères sont réunies entre elles.

SYNANTHOCARPÉ, *adj. m.* (gr. *syn* ensemble; *anthos* fleur; *karpos* fruit, graine), se dit de fruits agrégés, tels que la figue, le cône du pin, qui se composent à la fois des parties de plusieurs fleurs et de celles de plusieurs graines ou fruits (*bot.*).

SYNCARPE, *sm.* et **SYNCARPÉ**, **ÉE**, *adj.* (gr. *syn* ensemble; *karpos* fruit, carpelle), se dit d'un fruit dont les carpelles sont soudées en un corps unique (*bot.*).

SYNCHRONE, *adj. 2 g.* (gr. *syn* avec, ensemble; *chronos* temps), qui se fait dans le même temps.

SYNCHRONIQUE, *adj. 2 g.* se dit d'un tableau où l'on rapproche les évènements arrivés à la même époque en différents lieux.

SYNCHRONISME, *sm.* (gr. *syn* ensemble, *chronos* temps), rapport de choses qui se font dans le même temps, d'évènements qui ont eu lieu à la même époque.

SYNCOPE, *sf.* retranchement d'une lettre ou d'une syllabe au milieu d'un mot (*gramm.*); note qui appartient à la fin d'un temps et au commencement d'un autre (*mus.*); défaillance avec interruption de la circulation du sang.

SYNCOPÉ, **ÉE**, *adj.* se dit d'un mot qui a subi une syncope et de la note qui fait une syncope.

SYNCOPER, *va. et n.* faire une syncope (*mus.*).

SYNCRÉTISME, *sm.* conciliation, rapprochement de diverses sectes, de différentes communions.

SYNCRÉTISTE, *sm.* partisan du syncrétisme.

SYNDACTYLES, *sm. pl.* (gr. *syn* ensemble, *daktylos* doigt), famille d'oiseaux de l'ordre des Passereaux, dont les doigts ont réunis (*zool.*).

SYNDIC, *sm.* celui qui est chargé des affaires d'une communauté, des intérêts des créanciers d'un failli, etc.

SYNDICAL, **ALE**, *adj.* qui appartient au syndicat.

SYNDICAT, *sm.* (*t* nul), charge, fonctions de syndic; durée de ces fonctions.

SYNECDOCHE ou **SYNECDOQUE**, *sf.* (gr. *synekdochê* compréhension), figure par laquelle on prend le plus pour le moins ou le moins pour le plus, le genre pour l'espèce, etc. (*rhét.*).

SYNÉRÈSE, *sf.* (gr. *synairésis* resserrement), contraction, réunion de deux syllabes en une dans le même mot, comme dans les mots *paon*, *août* (*gramm.*).

SYNÉSIUS, écrivain grec et évêque de Ptolemaïs (350-430).

SYNGÉNÈSES, *adj. f. pl.* se dit des étamines dont les anthères sont soudées ensemble (*bot.*).

SYNGÉNÉSIE, *sf.* (gr. *syn* ensemble, *génésis* naissance), nom que donne Linné à la 19e classe des plantes, comprenant celles dont les fleurs ont les étamines réunies par leurs anthères en forme de cylindre (*bot.*).

SYNODAL, **ALE**, *adj.* du synode (pl. m. *synodaux*).

SYNODALEMENT, *adv.* en synode.

SYNODE, *sm.* assemblée des ecclésiastiques d'un diocèse ou des ministres protestants.

SYNODIQUE, *adj. 2 g.* qui est émané du synode ou du concile. En astronomie, se dit de la révolution de la lune revenue en conjonction avec le soleil.

SYNONYME, *adj. 2 g. et sm.* (gr. *synônymos*: de *syn* ensemble et *onyma* nom), se dit des mots ayant un sens général commun et néanmoins chacun une signification propre, qui permet d'exprimer des nuances d'idées lorsque la pensée l'exige.

SYNONYMIE, *sf.* qualité des mots qui sont synonymes.

TAB 618 TAB

SYNONYMIQUE, *adj.* 2 *g.* qui appartient à la synonymie.

SYNONYMISTE, *sm.* celui qui a fait un travail sur les synonymes.

SYNOPTIQUE, *adj.* 2 *g.* (gr. *syn* ensemble, *optomai* voir), qui fait voir, qui montre différentes parties ensemble ou dans leur ensemble.

SYNOVIAL, ALE, *adj.* qui a rapport à la synovie.

SYNOVIE, *sf.* liqueur visqueuse qui se trouve dans les articulations mobiles (*physiol.*).

SYNTAXE, *sf.* (gr. *syntaxis* ordre, arrangement), construction des mots et des phrases; ensemble des règles grammaticales, livre qui les contient.

SYNTAXIQUE, *adj.* 2 *g.* qui appartient à la syntaxe.

SYNTHÈSE, *sf.* (gr. *synthésis* composition), méthode qui va du simple au composé, des principes aux conséquences; action de récomposer un corps avec ses éléments séparés (c'est le contraire de l'analyse).

SYNTHÉTIQUE, *adj.* 2 *g.* qui appartient à la synthèse, par voie de synthèse.

SYNTHÉTIQUEMENT, *adv.* d'une manière synthétique.

SYOUT, capit. de la Haute-Égypte.

SYPHAX, roi de Numidie, m. 203 av. J. C.

SYPHON, V. *Siphon*.

SYRA, île de l'archipel grec, anc. *Syros*.

SYRACUSAIN, AINE, *adj.* et *s.* de Syracuse.

SYRACUSE, ville et port de Sicile.

SYRIAQUE, *adj.* 2 *g.* et *sm.* se dit de la langue des anciens Syriens.

SYRIE, anc. royaume d'Asie; auj. partie de la Turquie d'Asie.

SYRIEN, IENNE, *adj.* et *s.* de la Syrie.

SYRINGA, V. *Seringat*.

SYRINX, nymphe d'Arcadie, compagne de Diane (*myth.*). — *sm.* flûte du dieu Pan.

SYROP, V. *Sirop*.

SYRTES, V. *Sirtes*.

SYRUS (Publius), V. *Publius*.

SYSTALTIQUE, *adj.* 2 *g.* (gr. *systaltikos*: de *systellô* resserrer, contracter), se dit du mouvement du cœur, des artères et de toutes les parties qui se contractent et se dilatent alternativement (*physiol.*).

SYSTÉMATIQUE, *adj.* 2 *g.* qui appartient à un système, qui s'appuie sur un système, qui fait des systèmes.

SYSTÉMATIQUEMENT, *adv.* d'une manière systématique.

SYSTÉMATISER, *va.* réduire en système. — *vn.* former un système, se livrer à l'esprit de système.

SYSTÈME, *sm.* ensemble de propositions, de principes vrais ou faux dont l'enchaînement constitue une opinion, une doctrine, une science; distribution méthodique et artificielle pour faciliter l'étude: *le système de Jussieu*; ensemble des parties d'un tout: *le système nerveux*; plan qu'on se fait et moyens d'agir pour réussir en quelque chose: *système de conduite*.

SYSTOLE, *sf.* (gr. *systolé* contraction), mouvement du cœur lorsqu'il se resserre (*physiol.*).

SYZYGIE, *sf.* (gr. *syzygia* conjonction), conjonction de la lune ou d'une autre planète avec le soleil; se dit aussi de l'opposition (*astr.*).

SZEGEDIN ou SEGEDIN, ville forte de Hongrie.

T

T, *sm.* 16e consonne et 20e lettre de l'alphabet.

TA, *adj. poss.* f. 2e pers. V. *Ton*.

TABAC, *sm.* (c nul), plante originaire d'Amérique, que l'on réduit en poudre pour l'aspirer par le nez, et dont on fume les feuilles.

TABAGIE, *sf.* lieu public où l'on fume le tabac; boîte à serrer le tabac.

TABAGO, l'une des Antilles.

TABARIN, célèbre bateleur du temps de Louis XIII. — *sm.* farceur qui joue sur des tréteaux.

TABARINAGE, *sm.* bouffonnerie.

TABASCO, ville et État du Mexique.

TABATIÈRE, *sf.* petite boîte où l'on met du tabac en poudre.

TABELLION, *sm.* ancien notaire de village.

TABELLIONNAGE, *sm.* fonction de tabellion.

TABERNACLE, *sm.* tente, pavillon des Hébreux; tente où reposait l'arche d'alliance; ouvrage d'orfèvrerie, de menuiserie, etc., où l'on renferme le saint ciboire.

TABESCENT, ENTE, *adj.* (l. *tabescere* se dissoudre, se corrompre), qui se dissout, qui se corrompt, qui languit, qui se dessèche.

TABIDE, *adj.* 2 *g.* (l. *tabes* corruption, consomption), corrompu, languissant, qui est d'une grande maigreur.

TABIFIQUE, *adj.* 2 *g.* (l. *tabes*, pus, langueur, consomption), qui produit la langueur, la consomption.

TABIS, *sm.* sorte de gros taffetas ondé.

TABISER, *va.* rendre une étoffe ondée comme du tabis.

TABLATURE, *sf.* signes ou lettres disposées sur des lignes pour marquer le chant aux musiciens. *Fig. donner de la tablature*, causer de l'embarras (*fam.*).

TABLE, *sf.* meuble ordinairement de bois, dont le dessus est une surface plane et qui a un ou plusieurs pieds; plaque de métal, de marbre, etc., sur laquelle on peint, on grave, on écrit, etc.; partie supérieure des instruments sur laquelle les cordes sont tendues; index des matières contenues dans un livre; tableau synoptique de diverses matières scientifiques, historiques, etc. *Fig.* mets, repas, bonne chère. *La sainte table*, l'autel où l'on communie, la communion.

TABLEAU, *sm.* ouvrage de peinture sur une toile, sur une table de bois, etc., table de bois noirci sur laquelle on écrit avec de la craie. *Fig.* ensemble de matières scientifiques ou autres, rangées méthodiquement sur une feuille; liste; ensemble d'objets qui frappent la vue; représentation d'une chose, de vive voix ou par écrit; subdivision d'une pièce de théâtre.

TABLEAUTIN, *sm.* petit tableau.

TABLÉE, *sf.* l'ensemble de ceux qui sont à une même table.

TABLER, *vn.* t. de jeu de trictrac : arranger les dames suivant les points amenés.

TABLETIER, **IÈRE**, *s.* celui, celle qui vend des échiquiers, des trictracs, et divers objets d'ivoire, d'ébène, de buis, etc.

TABLETTE, *sf.* planche posée pour mettre quelque chose dessus; pière de marbre, de bois, etc., posée à plat sur une cheminée, une fenêtre, etc.; nom de diverses compositions ou médicaments solides et de forme aplatie. Au pl. sorte de portefeuille qui sert à prendre des notes.

TABLETTERIE, *sf.* ouvrage, commerce de tabletier.

TABLIER, *sm.* pièce d'étoffe ou de cuir que l'on met devant soi pour préserver ses vêtements; peau attachée sur le devant d'un cabriolet; ornement sculpté sur la face d'un piédestal; partie d'un pont-levis qui s'abaisse.

TABLOIN, *sm.* plate-forme de madriers pour placer des canons.

TABOR, ville de Bohème. V. *Thabor.*

TABORITES, *sm. pl.* secte de hussites.

TABOURET, *sm.* petit siége bas, à quatre pieds et sans bras ni dossier; sorte de plante.

TABOURIN, *sm.* calotte tournante sur le haut d'une cheminée pour l'empêcher de fumer.

TABULAIRE, *adj.* 2 g. qui est en tables ou en tableaux.

TAC, *sm.* maladie des moutons.

TACET, *sm.* (on pr. le *t* final), silence (mot latin).

TACHE, *sf.* souillure; marque naturelle sur la peau, sur le poil des animaux. *Fig.* ce qui blesse l'honneur, la réputation; parties obscures sur le disque du soleil, de la lune, etc., défaut, imperfection.

TÂCHE, *sf.* travail prescrit. *Fig.* obligation, devoir.

TACHER, *va.* salir, souiller.

TÂCHER, *vn.* faire ses efforts pour venir à bout d'une chose; viser à : *il tâche à me nuire.*

TACHETÉ, **ÉE**, *adj. part.* marqué de tâches nombreuses.

TACHETER, *va.* marquer de diverses tâches.

TACHYGRAPHE, *sm.* celui qui connaît et exerce la tachygraphie.

TACHYGRAPHIE, *sf.* (gr. *tachys* vite, *graphô* écrire), art d'écrire aussi vite que l'on parle.

TACHYGRAPHIQUE, *adj.* 2 g. qui appartient à la tachygraphie.

TACITE, *adj.* 2 g. sous-entendu, secret.

TACITE, célèbre historien latin (55-134). — empereur romain, m. 276.

TACITEMENT, *adv.* d'une manière tacite.

TACITURNE, *adj.* 2 g. qui est d'humeur à parler peu.

TACITURNITÉ, *sf.* caractère, humeur, état d'une personne taciturne.

TACT, *sm.* (on pr. *tacte*), sens du toucher. *Fig.* sentiment des convenances, jugement, finesse, goût.

TAC TAC, *sm.* onomatopée pour exprimer un bruit relevé à temps égaux.

TACTICIEN, *sm.* celui qui suit la tactique.

TACTILE, *adj.* 2 g. qui peut être touché, qui a rapport au toucher.

TACTILITÉ, *sf.* faculté du toucher.

TACTION, *sf.* (on pr. *taxion*), action de toucher.

TACTIQUE, *sf.* art de ranger les troupes en bataille et de faire des évolutions militaires. *Fig.* moyens pour réussir.

TACTUEL, **ELLE**, *adj.* qui appartient au tact.

TADMOR, la ville de Palmyre.

TADORNE, *sm.* sorte de canard.

TAËL, *sm.* monnaie de compte de la Chine.

TÆNIOÏDES, *sm. pl.* (gr. *tainia* ruban, *éidos* forme), le même que *cestoïdes* : famille de poissons et classe d'entomozoaires (zool.).

TAFFETAS, *sm.* (s nulle), sorte d'étoffe de soie. *Taffetas d'Angleterre*, taffetas gommé que l'on applique sur les coupures.

TAFIA, *sm.* eau-de-vie de sucre.

TAFILET, ville du Maroc.

TAFNA, riv. d'Algérie. Traité de 1837 entre le général Bugeaud et Abd-el-Kader.

TAGANROG, port russe sur la mer d'Azov.

TAGE, fl. d'Espagne et de Portugal.

TAGLIACOZZO (on pr. *Taillacotzo*), p. ville de l'Italie méridle. Victoire de Charles Ier d'Anjou sur Conradin en 1268.

TAGLIAMENTO (on pr. *Taillameinto*), riv. de la Vénétie.

TAÏAUT, *interj.* cri du chasseur pour exciter ses chiens.

TAÏCOUN ou **TAÏKOUN**, *sm.* souverain temporel du Japon.

TAIE, *sf.* linge qui sert d'enveloppe à un oreiller; tache blanche et opaque sur l'œil.

TAÏGÈTE, V. *Taygète.*

TAILLABLE, *adj.* 2 g. (ll m.), sujet à la taille.

TAILLADE, *sf.* (ll m.), coupure dans la chair, dans une étoffe.

TAILLADER, *va.* (ll m.), faire des taillades.

TAILLANDERIE, *sf.* (ll m.), métier, commerce de taillandier; outils qu'il fabrique.

TAILLANDIER, *sm.* (ll m.), artisan qui fait toutes sortes d'outils pour les charpentiers, les laboureurs, etc.

TAILLANT, *sm.* (ll m.), tranchant d'un couteau, d'un sabre, d'une hache, etc.

TAILLE, *sf.* (ll m.), coupe, manière dont on coupe; incision faite avec le burin; opération de chirurgie; morceau de bois sur lequel on marque par des entailles; bois coupé qui repousse. Stature du corps; ancien impôt; partie de musique, téuor. *Basse taille*, voix de basse. *Frapper d'estoc et de taille*, frapper de la pointe et du tranchant.

TAILLÉ, ÉE, *adj. part.* (ll m.), coupé. *Besogne toute taillée*, ouvrage dont les matériaux sont bien préparés; *homme bien taillé*, bien conformé; *côte mal taillée*, arrêté de compte en gros sans égard à ce qui est dû exactement à chacun.

TAILLEBOURG (ll m.), bourg (Charente-Infre). Victoire du roi saint Louis sur les Anglais en 1242.

TAILLE-DOUCE, *sf.* (ll m.), gravure faite au burin seul; estampe tirée sur cette gravure (pl. *tailles-douces*).

TAILLE-MÈCHE, *sm.* (ll m.), instrument pour couper la mèche.

TAILLE-MER, *sm.* partie inférieure de l'éperon d'un navire.

TAILLE-PLUME, *sm.* (ll m.), espèce de canif pour tailler promptement une plume à écrire.

TAILLER, *va.* (ll m.), couper, retrancher, diviser en coupant; faire l'opération de la pierre. *Tailler en pièces une armée*, la défaire entièrement; *tailler des croupières*, poursuivre, susciter des embarras; *tailler de la besogne*, donner beaucoup à faire, susciter des tracas; *tailler et rogner*, disposer des choses à sa fantaisie.

TAILLEUR, *sm.* (ll m.), celui qui taille : *tailleur de pierres*; artisan qui fait des habillements d'homme.

TAILLIS, E, et *adj. m.* (ll m., s nulle), bois que l'on coupe de temps en temps.

TAILLOIR, *sm.* (ll m.), plateau sur lequel on coupe la viande; tablette carrée qui surmonte un chapiteau (arch.).

TAILLON, *sm.* (ll m.), ancien impôt supplémentaire de la taille.

TAIN, *sm.* amalgame d'étain et de mercure que l'on applique derrière les glaces pour en faire des miroirs.

TAIN, ch.-l. de canton (Drôme).

TAIRE, *va.* ne pas dire. — SE TAIRE, *vpr.* garder le silence; ne pas faire de bruit (c. *plaire*; le part. p. a un féminin).

TAISSON, *sm.* blaireau.

TAÏTI ou **TAHITI,** V. *Otaïti*.

TALAPOIN, *sm.* sorte de moine ou de prêtre idolâtre dans l'Inde.

TALAVERA-DE-LA-REINA, p. ville d'Espagne. Sanglante bataille entre les Français et les Anglais en 1809.

TALBOT (Jean), célèbre général anglais (1373-1453). — (Charles), ministre du roi d'Angleterre Guillaume III (1660-1717).

TALC, *sm.* (on pr. le c), pierre qui se divise en feuillets transparents et dont on fait un plâtre très-fin.

TALCITE, *sf.* talc écailleux ou granulaire (minér.).

TALCSCHISTE, *sm.* schiste talqueux; roche schistoïde à deux éléments, l'un talqueux, l'autre quartzeux (minér.).

TALED, *sm.* voile dont les Juifs se couvrent la tête dans la synagogue.

TALENT, *sm.* poids d'or ou d'argent chez les anciens. *Fig.* don de la nature, aptitude naturelle, capacité, habileté; personne qui possède un talent.

TALER, *va.* et SE TALER, *vpr.* froisser, meurtrir, contur.

TALION, *sm.* punition semblable au crime, au délit, à l'offense.

TALISMAN, *sm.* pièce de métal, pierre, figure, etc. à laquelle on attribue des vertus extraordinaires.

TALISMANIQUE, *adj.* 2 g. qui appartient au talisman.

TALLARD (comte de), maréchal de France (1652-1728).

TALLE, *sf.* branche qui pousse au pied d'un arbre; rejeton au pied d'une plante.

TALLÉMANT DES RÉAUX (l'abbé), littérateur français (1620-1693). — (Gédéon), frère du précédent, auteur de mémoires intitulés *Historiettes*; m. vers la fin du 17e s.

TALLER, *vn.* pousser des talles.

TALLEYRAND, nom d'une branche cadette des comtes de Périgord, qui a fourni deux cardinaux, m. l'un en 1364, l'autre en 1821. — (Henri de), comte de Chalais, favori de Louis XIII (1598-1626). — (Charles-Maurice de), prince de Bénévent, célèbre ministre et diplomate français (1754-1838).

TALLIEN, célèbre conventionnel (1769-1820).

TALLIPOT, *sm.* espèce de palmier.

TALMA, célèbre tragédien français (1766-1826).

TALMOUSE, *sf.* sorte de pâtisserie où il entre du fromage.

TALMUD, *sm.* livre qui contient la loi orale, la doctrine et les traditions des Juifs.

TALMUDIQUE, *adj.* 2 g. qui appartient au Talmud.

TALMUDISTE, *sm.* celui qui est attaché à la doctrine du Talmud.

TALOCHE, *sf.* coup donné sur la tête avec la main (pop.).

TALON, *sm.* partie postérieure du pied. *Fig.* partie de la chaussure sur laquelle s'appuie le talon; éperon; ce qui reste de cartes après qu'on en a donné à chacun des joueurs; sorte de moulure; extrémité de la quille d'un navire; partie qui reste de divers objets, etc. *être sur les talons de quelqu'un*, le suivre de près; *montrer les talons, tourner les talons*, se retirer, s'enfuir.

TALON (Omer), illustre magistrat français (1595-1652).

TALONNER, *va.* poursuivre de près. *Fig.* presser jusqu'à l'importunité. — *vn.* se dit d'un navire qui touche le fond de la mer avec son talon.

TALONNIÈRE, *sf.* aile au talon de Mercure.

TALQUEUX, EUSE, *adj.* de la nature du talc.

TALUS, *sm.* (s nulle), inclinaison d'un terrain, d'un mur.

TALUTAGE, *sm.* action de taluter, ouvrage de talus.

TALUTER, *va.* construire ou mettre en talus.

TALWEG, V. *Thalweg*.

TAMANOIR, *sm.* quadrupède, espèce de fourmilier.

TAMARIN, *sm.* fruit du tamarinier, le tamarinier même; sorte de petit singe.

TAMARINIER, *sm.* arbre de la famille des Légumineuses.

TAMARIS, **TAMARISC** ou **TAMARIX**, *sm.* arbrisseau.

TAMARISCINÉES, *sf. pl.* famille de plantes dont le tamarix est le type (*bot.*).

TAMBOUR, *sm.* caisse cylindrique dont les deux fonds sont des peaux tendues, sur l'une desquelles on frappe avec des baguettes; celui qui bat du tambour; petit meuble pour broder à l'aiguille; tympan de l'oreille; petite enceinte en menuiserie à l'entrée des grandes salles et des édifices; saillie de maçonnerie; sorte de cylindre employé en mécanique et en horlogerie. *Tambour de basque,* petit tambour qui n'a qu'un fond de peau et qui est garni de grelots; *tambour-major,* chef des tambours; *mener quelqu'un tambour battant,* avoir sur lui l'avantage, le mener rudement.

TAMBOURIN, *sm.* sorte de long tambour; air gai et vif.

TAMBOURINAGE, *sm.* action de tambouriner.

TAMBOURINER, *vn.* battre le tambour ou le tambourin. — *va.* réclamer au son du tambour un objet perdu.

TAMBOURINEUR, *sm.* celui qui tambourine.

TAMERLAN ou **TIMOUR-LENG**, célèbre conquérant mongol (1336-1405).

TAMIS, *sm.* (s nulle), sorte de sas pour passer les matières pulvérisées ou les liqueurs épaisses. *Fig.* examen sévère.

TAMISAGE, *sm.* action de tamiser.

TAMISE, fl. d'Angleterre.

TAMISER, *va.* passer par le tamis.

TAMISEUR, *sm.* celui qui tamise.

TAMISIER, *sm.* fabricant de tamis.

TAMPICO, ville et port du Mexique.

TAMPON, *sm.* morceau de bois, de linge, de papier, etc., qui sert à boucher; petit bouchon de charpie, d'amadou; ustensile pour appliquer l'encre à imprimer; petit paquet de feutre ou de linge pour frotter.

TAMPONNER, *va.* boucher avec un tampon; frotter avec un tampon.

TAM-TAM, *sm.* (on pr. l'm), instrument formé d'un large disque de métal et qui rend un son fort retentissant lorsqu'on le frappe.

TAN, *sm.* écorce de chêne moulue avec laquelle on tanne le cuir.

TANA, riv. de Norwège, affluent de l'océan Glacial.

TANAGRE, anc. ville de Béotie. Victoire des Spartiates sur les Athéniens, 457 av. J. C.

TANAIS, anc. nom du *Don.*

TANAISIE, *sf.* plante à fleurs jaunes.

TANANARIVE, ville de Madagascar.

TANAQUIL, femme de Tarquin l'Ancien.

TANARO, riv. d'Italie, affluent du Pô. Défaite des Austro-Piémontais par une armée franco-espagnole en 1745.

TANCARVILLE (Jean, comte de), généra du roi Jean le Bon; m. 1382.

TANCER, *va.* réprimander.

TANCHE, *sf.* poisson d'eau douce.

TANCRÈDE, neveu de Robert Guiscard et l'un des chefs de la 1re croisade; m. 1112. *V. Hauteville.*

TANDIS QUE, *loc. conj.* tant que, pendant le temps que.

TANGAGE, *sm.* balancement d'un navire de l'avant à l'arrière et de l'arrière à l'avant.

TANGARA, *sm.* oiseau de la famille des passereaux, qui a de belles couleurs.

TANGENCE, *sf.* contact (*géom.*).

TANGENT, **ENTE**, *adj.* (l. *tangere* toucher), qui touche une courbe, un cercle, un plan, un solide en un seul point.

TANGENTE, *sf.* ligne tangente (*géom.*). *Fig. s'échapper par la tangente,* s'esquiver, se tirer d'affaire adroitement.

TANGER, ville et port du Maroc.

TANGIBILITÉ, *sf.* qualité de ce qui est tangible.

TANGIBLE, *adj.* 2 g. qui peut être touché.

TANGUER, *vn.* se dit d'un navire qui éprouve le mouvement du tangage, ou qui s'enfonce trop dans l'eau par son avant.

TANIÈRE, *sf.* cavité dans laquelle se retirent les bêtes sauvages.

TANIN, *sm.* substance extraite de l'écorce de chêne ou d'autres matières propres à tanner les peaux (*chim.*).

TANNAGE, *sm.* action de tanner; résultat de cette action.

TANNANT, **ANTE**, *adj.* ennuyeux, fatigant (*pop.*).

TANNE, *sf.* petit bulbe durci qui se forme dans les pores de la peau.

TANNÉ, **ÉE**, *adj.* préparé par le tan; de la couleur du tan.

TANNÉE, *sf.* tan usé que l'on retire des fosses.

TANNEGUY-DUCHÂTEL, l'un des chefs du parti des Armagnacs (1369-1449).

TANNER, *va.* préparer les cuirs avec le tan. *Fig.* ennuyer, fatiguer (*pop.*).

TANNERIE, *sf.* lieu où l'on tanne le cuir, métier du tanneur.

TANNEUR, *sm.* celui qui tanne des cuirs ou qui en vend.

TANT, *adv.* exprime une quantité indéfinie; signifie au point de, à tel point, tellement, autant. — TANT QUE, autant que, aussi longtemps que, puisque; EN TANT QUE, *loc. conj.* par cela que, puisque; TANT PLUS QUE MOINS, *loc. adv.* à peu près; TANT MIEUX, TANT PIS, *loc. adv.* marquant la 1re qu'une chose est avantageuse, qu'on en est bien aise, et l'autre le contraire. TANT S'EN FAUT QUE, bien loin que; TANT Y A QUE, quoi qu'il en soit; SI TANT EST, suppose que.

TANTALE, *sm.* l'un des corps simples de la chimie.

TANTALE, roi de Sipyle en Phrygie, condamné au supplice d'une faim et d'une soif éternelles dans les enfers (*myth.*).

TANTE, *sf.* sœur du père ou de la mère; femme de l'oncle. *Grand'tante,* sœur de l'aïeul ou de l'aïeule.

TANTET ou **TANTINET**, *sm.* (t final nul), une très-petite quantité (*fam.*).

TANTÔT, *adv.* (*t* final nul), dans peu de temps, il y a peu de temps; *tantôt* répété marque l'alternative, la diversité, un changement consécutif: *tantôt* il pleure, *tantôt* il rit. — **A TANTÔT**, *loc. adv.* pour exprimer que l'on se reverra dans la journée. — *sm.* l'après-midi, le soir: *je viendrai sur le tantôt*.

TAON, *sm.* (on pr. *ton*), sorte de grosse mouche.

TAPAGE, *sm.* désordre avec grand bruit; criailleries.

TAPAGEUR, *sm.* celui qui fait du tapage, qui a l'habitude d'en faire.

TAPE, *sf.* coup de la main ouverte ou fermée (*fam.*).

TAPÉ, ÉE, *adj.* se dit des fruits aplatis et séchés au four. *Fig. mot bien tapé*, piquant et dit à propos (*pop.*).

TAPECU, *sm.* sorte de bascule pour fermer une barrière; voiture cahotante et rude.

TAPER, *va.* frapper.

TAPETTE, *sf.* petit tampon pour étendre le vernis sur le cuivre; outil pour taper, pour enfoncer les bouchons.

TAPINOIS (EN), *loc. adv.* en cachette, sourdement.

TAPIOCA, ou **TAPIOKA**, *sm.* fécule de la racine du manioc.

TAPIR, *sm.* gros quadrupède dont le museau est en forme de trompe.

TAPIR (SE), *vpr.* se cacher en se tenant dans une posture raccourcie ou resserrée.

TAPIS, *sm.* (*s* nulle), pièce d'étoffe dont on couvre une table, un parquet, etc. *Fig.* ce qui couvre la terre à la manière d'un tapis. *tapis de verdure. Tapis vert*, table de jeu; pelouse.

TAPISSER, *va.* revêtir de tapisserie ou de papier peint. *Fig.* se dit de tout ce qui couvre, orne ou revêt une surface.

TAPISSERIE, *sf.* ouvrage fait à l'aiguille sur du canevas avec de la laine, de la soie, etc.; grandes pièces d'ouvrage faites au métier; tissu, étoffe servant à recouvrir les murs d'une salle. *Fig. faire tapisserie*, assister à un bal et rester assis le long du mur de la salle.

TAPISSIER, IÈRE, *s.* celui, celle qui travaille en toutes sortes de meubles de tapisserie et d'étoffe.

TAPISSIÈRE, *sf.* sorte de voiture légère ouverte de tous côtés.

TAPON, *sm.* étoffe, linge, etc., bouchonnés et mis en tas.

TAPOTER, *va.* donner de petits coups à diverses reprises.

TAPROBANE, anc. nom de l'île de Ceylan.

TAQUER, *va.* passer le taquoir sur une forme (*imprim.*).

TAQUET, *sm.* (*t* nul), crochet de bois (*mar.*); petit morceau de bois pour maintenir l'encoignure d'un meuble.

TAQUIN, INE, *adj. et s.* querelleur, contrariant, mutin.

TAQUINEMENT, *adv.* d'une manière taquine.

TAQUINER, *va. et n.* contrarier et impatienter pour de minces sujets.

TAQUINERIE, *sf.* caractère ou action de celui qui taquine.

TAQUOIR, *sm.* morceau de bois dont on se sert pour faire entrer également dans le châssis tous les caractères d'une forme (*imprim.*).

TARABUSTER, *va.* importuner par du bruit, par des discours à contre-temps (*fam.*).

TARANTAISE, partie de la Savoie; ch.-l. Moutiers.

TARARE, *interj.* qui marque qu'on se moque de ce que l'on entend dire ou qu'on ne le croit pas.

TARARE, *sm.* ventilateur à ailes pour nettoyer les grains.

TARARE, p. ville (Rhône).

TARASCON, p. ville (Bouches-du-Rhône).

TARAUD, *sm.* (*d* nul), pièce d'acier taillée en vis et servant à tarauder.

TARAUDER, *va.* creuser en spirale les parois d'un trou pour y recevoir une vis; faire les cannelures d'une vis.

TARBE, ministre des finances sous Louis XVI en 1791 (1753-1806).

TARBES, ch.-l. des Hautes-Pyrénées.

TARD, *adv.* (*d* nul), après le temps nécessaire ou convenable; vers la fin de la journée. Il s'emploie aussi comme *sm.* et *adj.*

TARDENOIS, anc. pays dans le Soissonnais.

TARDER, *vn.* différer à faire quelque chose, à arriver; aller lentement. — *v. imp.* exprime l'impatience: *il me tarde de le voir*.

TARDIEU, famille de graveurs français du 18e et du 19e s.; les plus célèbres sont *Nicolas-Henri* (1674-1749), et *Alexandre* (1756-1844).

TARDIF, IVE, *adj.* qui tarde, qui croît ou qui mûrit tard; lent: *un pas tardif*.

TARDIFLORE, *adj. 2 g.* qui fleurit tard.

TARDIGRADES, *sm. pl.* (l. *tardus* lent; *gradus* pas, marche), famille ou tribu de Mammifères comprenant ceux qui marchent lentement (*zool.*).

TARDIVEMENT, *adv.* d'une manière tardive.

TARDIVETÉ, *sf.* croissance tardive des plantes ou des fruits.

TARD-VENUS (les), bandes de gens de guerre qui ravagèrent la France après le traité de Brétigny, en 1360.

TARE, *sf.* déchet, diminution, avarie; poids de l'enveloppe de la marchandise. *Fig.* vice, défaut.

TARÉ, ÉE, *adj.* avarié. *Fig.* qui a mauvaise réputation.

TARENTE, ville et golfe de l'Italie méridionale.

TARENTELLE, *sf.* sorte de danse italienne.

TARENTIN, INE, *adj. et s.* de Tarente.

TARENTISME, *sm.* maladie que l'on croyait causée par la piqûre de l'araignée tarentule.

TARENTULE, *sf.* sorte de grosse araignée; petit lézard.

TARER, *va.* causer de la tare, gâter; peser le poids d'une caisse, d'un baril, etc., avant de les remplir.

TARGE, *sf.* sorte de bouclier.

TARGET, célèbre avocat français (1733-1807).

TARGETTE, sf. plaque de metal qui porte un verrou et que l'on met aux portes, aux fenêtres, etc.

TARGUER (SE), vpr. se prévaloir, s'enorgueillir.

TARIÈRE, sf. outil de fer pour percer des trous ronds dans une pièce de bois ; sonde ; instrument dont certains insectes sont pourvus pour percer.

TARIF, sm. tableau qui marque le prix des denrées, le coût de certains droits, les frais, les émoluments, etc.

TARIFA, ville d'Espagne, sur le detroit de Gibraltar.

TARIFER, va. appliquer un tarif, fixer la somme d'après un tarif.

TARIK, général arabe qui envahit l'Espagne en 710.

TARIN, sm. sorte d'oiseau.

TARIR, va. mettre à sec. Fig. faire cesser, arrêter. — vn. et SE TARIR, vpr. cesser de couler, être à sec. Fig. cesser, s'arrêter. Ne point tarir sur un sujet, en parler sans cesse, y revenir souvent.

TARISSABLE, adj. 2 g. qui peut se tarir.

TARISSANT, ANTE, adj. qui est sur le point de se tarir.

TARISSEMENT, sm. dessèchement ; état de ce qui est tari.

TARLATANE, sf. espèce de mousseline très-claire.

TARN, riv. de France, affluent de la Garonne. Donne son nom à deux départ. Tarn, ch.-l. Alby, et Tarn et-Garonne, ch.-l. Montauban.

TARO, riv. d'Italie, affluent du Pô.

TAROTÉ, ÉE, adj. Cartes tarotées, dont le dos est marqué de grisailles en compartiments.

TAROTS, sm. pl. sorte de cartes à jouer qui sont tarotées.

TARPÉIA, jeune Romaine qui livra la citadelle de Rome aux Sabins, 8e s. av. J. C.

TARPÉIEN, ENNE, adj. se dit de la roche d'où à Rome l'on précipitait les criminels.

TARQUIN 1er l'Ancien, roi de Rome ; m. 578 av. J. C. — Il le Superbe, dernier roi de Rome ; detrone l'an 509 av. J. C. — (Sextus), fils de Tarquin le Superbe ; m. 496 av. J. C.

TARQUINIES, anc. ville d'Etrurie.

TARRACONAISE, anc. province d'Espagne.

TARRAGONE, ville et port d'Espagne.

TARSE, anc. capit. de la Cilicie, auj. Tarsous.

TARSE, sm. le cou-de-pied ; extrémité du pied des oiseaux et de la patte des insectes.

TARSIEN, IENNE, adj. qui a rapport au tarse.

TARSIER, sm. genre de quadrumanes dont les tarses de derrière sont extrêmement longs.

TARTAN, sm. etoffe de laine à carreaux de diverses couleurs.

TARTANE, sf. sorte de petit navire à voile triangulaire.

TARTARE, sm. partie de l'enfer mythologique où étaient punis les coupables.

TARTARE ou TATAR, adj. et s. 2 g. de la Tartarie ou Tatarie.

TARTAREUX, EUSE, adj. qui a la qualité du tartre.

TARTARIE ou TATARIE, partie centrale de l'Asie.

TARTARIQUE, V. Tartrique.

TARTAS, ch.-l. de canton (Landes).

TARTE, sf. pâtisserie à la crème, aux fruits ou aux confitures.

TARTELETTE, sf. petite tarte.

TARTESSE, anc. ville de la Bétique dans une île de même nom.

TARTINE, sf. tranche de pain recouverte de beurre, de confiture, etc.

TARTINI, célèbre violoniste italien (1692-1770).

TARTRATE, sm. nom générique des sels formés par l'acide tartrique (chim.).

TARTRE, sm. croûte terreuse et saline déposée par le vin sur la paroi du tonneau ; sédiment crayeux qui s'attache aux dents.

TARTREUX, adj. m. se dit d'un acide dont le tartre est la base (chim.).

TARTRIQUE, adj. m. se dit d'un acide dont le tartre est la base et qui est plus oxygéné que l'acide tartreux (chim.).

TARTRITE, sm. nom générique des sels formés par l'acide tartreux (chim.).

TARTUFE, sm. faux dévot, hypocrite.

TARTUFERIE, sf. caractère ou action de tartufe.

TARTUFIER, vn. agir en tartufe.

TARVIS, bourg de l'Illyrie ; passage des Alpes Juliennes entre l'Italie et l'Autriche.

TAS, sm. (s nulle) monceau. Fig. réunion de mauvaises gens ; quantité de vilaines choses.

TASMAN, navigateur hollandais qui découvrit la Tasmanie et la Nouvelle-Zélande en 1642.

TASMANIE ou DIÉMÉNIE, grande île au sud de l'Australie.

TASSE, sf. vase de porcelaine, de faïence, etc. qui sert à boire le café, le thé, etc. ; ce que peut contenir une tasse.

TASSE ou TASSO (Bernard), poële italien (1493-1569). — (Torquato), fils du précédent et célèbre poète épique, auteur de la Jérusalem délivrée (1544-1595).

TASSEAU, sm. petit morceau de bois qui sert à soutenir l'extrémité d'une tablette.

TASSEMENT, sm. effet des constructions, des terres qui se tassent.

TASSER, va. mettre en tas. — vn. croître, multiplier, s'élargir : cette greffée a bien tassé. — SE TASSER, vpr. s'affaisser par son propre poids.

TASSILLON, duc de Bavière, chef d'une ligue contre Charlemagne.

TASSIN, savant bénédictin, auteur du célèbre Traité de diplomatique et de l'Histoire littéraire de la congrégation de Saint-Maur (1697-1777).

TASSONI, poète italien, auteur de la Secchia rapita (1565-1635).

TATAR, TATARIE, V. Tartare, Tartarie.

TÂTEMENT, sm. action de tâter ; essai.

TÂTER, *va.* toucher, manier doucement. *Fig. va. et n.* essayer, chercher à connaître : *tâter le courage de quelqu'un*; goûter : *tâter d'une perdrix*. — *Tâter le pouls*, presser légèrement l'artère pour en apprécier les pulsations, et *fig.* essayer de connaître les dispositions, les sentiments de quelqu'un ; *tâter le terrain*, agir avec précaution. — **SE TÂTER**, *vpr.* s'examiner, se sonder sur quelque chose.

TÂTEUR, EUSE, *s.* celui, celle qui tâte, qui est irrésolu *(fam.)*.

TÂTE-VIN, *sm.* (inv.), tuyau qui sert à tirer par le bondon du tonneau le vin que l'on veut goûter.

TATILLON, *s. 2 g. (ll m.),* celui, celle qui tatillonne.

TATILLONNAGE, *sm. (ll m.),* action de tatillonner *(pop.)*.

TATILLONNER, *vn. (ll m.),* entrer inutilement dans toutes sortes de petits détails *(fam.)*.

TATIUS (on pr. *Tacïusse*), roi de Cures, chez les Sabins : partagea le pouvoir à Rome avec Romulus, en 744 av. J.-C. V. *Achille Tatius.*

TÂTONNEMENT, *sm.* action de tâtonner. *Méthode de tâtonnement,* qui consiste à résoudre une question par différentes suppositions.

TÂTONNER, *vn.* chercher dans l'obscurité en tâtant ; tâter avec les pieds et les mains. *Fig.* agir avec timidité, avec incertitude.

TÂTONNEUR, EUSE, *s.* celui, celle qui tâtonne.

TÂTONS (À), *loc. adv.* en tâtonnant. *Fig.* avec incertitude et sans les lumières nécessaires.

TATOU, *sm.* sorte de mammifère édenté, à corps recouvert d'écailles.

TATOUAGE, *sm.* action de tatouer ; effet de cette action.

TATOUER, *va.* peindre le corps de diverses couleurs en le piquant.

TAUDION, *sm.* petit taudis *(pop.)*.

TAUDIS, *sm.* (s nulle), petit logement en mauvais état.

TAUNUS (monts), dans la Hesse.

TAUPE, *sf.* petit mammifère qui a de très-petits yeux et qui vit sous terre. *Fig.* personne qui agit sournoisement.

TAUPE-GRILLON, *sm. (ll m.),* courtilière (pl. *taupes-grillons*).

TAUPIER, *sm.* preneur de taupes.

TAUPIÈRE, *sf.* piège à taupes.

TAUPIN, *sm.* insecte sauteur ; coquille du genre cône. *Francs taupins,* milice sous Charles VII.

TAUPINIÈRE ou **TAUPINÉE,** *sf.* petit monceau de terre qu'une taupe élève en fouillant. *Fig.* petit monticule, petite maison.

TAURE, *sf.* jeune vache.

TAURÉADOR, V. *Toréador.*

TAUREAU, *sm.* mâle de la vache. *Fig.* signe et constellation du zodiaque ; homme très-robuste.

TAURIDE ou **CHERSONÈSE TAURIQUE,** anc. nom de la Crimée.

TAURIS ou **TEBRIS,** ville de Perse.

TAUROBOLE, *sm.* sacrifice expiatoire d'un taureau, chez les anciens ; autel où se faisait ce sacrifice.

TAURUS, chaîne de montagnes de l'Asie Mineure.

TAUTOCHRONE, *adj. 2 g.* (gr. *tautos* le même, *chronos* temps), qui se fait dans le même temps ou dans des temps égaux.

TAUTOCHRONISME, *sm.* propriété de ce qui est tautochrone.

TAUTOLOGIE, *sf.* (gr. *tautos* le même, *logos* discours), répétition d'une même chose en termes différents.

TAUTOLOGIQUE, *adj. 2 g.* qui appartient à la tautologie, qui concerne la tautologie.

TAUX, *sm.* (x nulle), prix établi pour la vente des denrées, pour divers frais légaux ; intérêt de l'argent ; taxe.

TAVAÏOLLE, *sf.* dentelle ou linge garni de dentelle, qui sert à l'église.

TAVANNES (SAULX de), anc. famille noble de France, dont les membres les plus remarquables furent : *Gaspard,* maréchal de France (1509-1573) ; *Guillaume,* auteur de Mémoires historiques (1553-1633) ; *Jean,* frère du précédent, maréchal de France et l'un des chefs de la Ligue (1555-1630).

TAVEL, village (Gard). Vins renommés.

TAVELER, *va.* moucheter, tacheter.

TAVELURE, *sf.* bigarrure d'une peau tavelée.

TAVERNE, *sf.* cabaret ; restaurant anglais.

TAVERNIER, IÈRE, *s.* celui, celle qui tient taverne.

TAVERNIER, célèbre voyageur français (1605-1689).

TAXATEUR, *sm.* celui qui taxe.

TAXATION, *sf.* action de taxer. Au *pl.* avantages pécuniaires.

TAXE, *sf.* règlement pour le prix des denrées ou des frais de justice ; prix établi ; impositions sur les personnes.

TAXER, *va.* établir une taxe ; fixer une somme, un prix. *Fig.* accuser : *taxer quelqu'un de perfidie.*

TAXIDERMIE, *sf.* (gr. *taxis* arrangement, *derma* peau), art d'empailler les animaux, de préparer leur peau de manière à conserver leurs formes et leurs couleurs.

TAXONOMIE, *sf.* (gr. *taxis* arrangement, ordre ; *nomos* loi), partie des sciences naturelles qui traite des classifications.

TAY, riv. d'Écosse, affluent de la mer du Nord.

TAYGÈTE ou **TAÏGÈTE,** chaîne de montagnes du Péloponèse.

TAYLOR, mathématicien anglais (1685-1731). — général et président des États-Unis (1786-1850).

TCHAD (lac), dans l'intérieur de la Nigritie.

TCHÈQUES, peuple slave de la Bohème.

TCHESMÉ ou **TCHESSMÈS,** ville et baie en face de l'île de Chio. Victoire navale des Anglais et des Russes sur les Turcs en 1770.

TE, *pron. pers.* toi. V. *Tu.*

TEBRIS, V. *Tauris.*

TECH, riv. de France, affluent de la Méditerranée.

TECHNIQUE, adj. 2 g. (on pr. teknique), qui appartient à un art, à un métier, à une science (gr. technikos : de techné art, métier, science).

TECHNOLOGIE, sf. (on pr. teknologie), traité des arts industriels et des métiers (gr. techné art, métier ; logos discours, traité).

TECHNOLOGIQUE, adj. 2 g. (on pr. teknologique), de la technologie.

TECTIBRANCHES, sm. pl. (l. tectus couvert, branchiæ branchies), ordre de mollusques gastéropodes à branchies recouvertes (zool.).

TECTOSAGES, anc. peuple du S. O. de la Gaule.

TECTRICE, adj. et sf. se dit des plumes qui recouvrent les pennes de l'aile et de la queue (zool.).

TE DEUM, sm. (on pr. Té déome), cantique latin d'actions de grâces. Au pl. comme au singulier.

TÉDIEUX, adj. m. (l. tœdium ennui), plein d'ennui, très-ennuyeux.

TEGDEMPT ou **TAGDEMPT**, v. d'Algérie, anc. capitale d'Abd-el-Kader.

TÉGÉE, anc. ville d'Arcadie.

TÉGLATH-PHALASAR, roi de Ninive; m. 724 av. J. C.

TEGMEN, sm. mot latin (on pr. tegmène), enveloppe immédiate de la graine; enveloppe de la fleur des Graminées (bot.) ; ailes supérieures des insectes (zool.).

TEGMINÉ, ÉE, adj. recouvert d'un tegmen.

TÉGUMENT, sm. enveloppe, opercule, partie qui en recouvre une autre (bot. et zool.).

TÉGUMENTAIRE, adj. 2 g. qui forme tégument.

TÉHÉRAN, capitale de la Perse.

TÉIA ou **TÉIAS**, dernier roi des Ostrogoths en Italie; m. 553.

TEIGNASSE, V. Tignasse.

TEIGNE, sf. éruption chronique au cuir chevelu, écailles ou croûtes qu'elle forme à la tête; sorte de gale des arbres; insecte qui ronge les livres, les étoffes; maladie à la fourchette du pied des chevaux.

TEIGNEUX, EUSE, adj. et s. qui a la teigne.

TEILLAGE, **TEILLE**, **TEILLER**, **TEILLEUR**, V. Tillage, Tille, Tiller, Tilleur.

TEINDRE, va. faire prendre à une chose une couleur différente de celle qu'elle avait (c. peindre).

TEINT, sm. manière de teindre ; coloris du visage : teint hâlé.

TEINT, **TEINTE**, adj. part. que l'on a teint, qui a reçu la couleur de... Fig. couvert de : teint du sang de ses victimes.

TEINTE, sf. nuance qui résulte du mélange des couleurs; degré de force d'une couleur : teinte faible. Demi-teinte, teinte faible, ombre légère ; teinte plate, teinte uniforme. Fig. légère apparence : une teinte de malice.

TEINTER, va. colorier d'une manière plate, plus ou moins foncée.

TEINTURE, sf. liqueur préparée pour teindre, impression de couleur qu'elle laisse ; dissolution d'une substance colorée dans de l'esprit de vin. Fig. connaissance superficielle.

TEINTURERIE, sf. art ou atelier de teinturier.

TEINTURIER, IÈRE, s. celui, celle qui fait profession de teindre.

TÉKÉLI, magnat hongrois, chef d'une insurrection contre l'Autriche (1658-1705).

TEL, **TELLE**, adj. et pron. indéf. pareil, semblable : tel père, tel fils; personne ou chose indéterminée : tel est pris qui croyait prendre. — Tel que exprime la comparaison, le rapport : tel quel, de peu de valeur; dans le même état, de telle sorte que, à ce point que.

TÉLAMON, fils d'Éaque, roi d'Égine, et l'un des Argonautes.

TÉLAMONS, sm. pl. statues qui portent des corniches, des entablements.

TÉLÉGRAMME, sm. (gr. télé loin, au loin; gramma lettre, écrit), dépêche télégraphique.

TÉLÉGRAPHE, sm. (gr. télé loin, au loin; graphô écrire), appareil qui transmet rapidement des dépêches au loin ou de loin.

TÉLÉGRAPHIE, sf. art de correspondre par le télégraphe.

TÉLÉGRAPHIER, va. et n. envoyer une dépêche télégraphique.

TÉLÉGRAPHIQUE, adj. 2 g. qui a rapport au télégraphe; transmis par le télégraphe : dépêche télégraphique.

TÉLÉGRAPHIQUEMENT, adv. par le moyen du télégraphe.

TÉLÉMAQUE, fils d'Ulysse.

TÉLÉOSAURE, sm. (gr. téléos tout à fait, sauros lézard), reptile fossile dont l'organisation était tout à fait celle des sauriens actuels (géol.).

TÉLÉPHONIE, sf. (gr. télé au loin, phôné son), art de correspondre au loin par le moyen des sons.

TÉLESCOPE, sm. (gr. télé au loin; skopéô voir, observer), sorte de lunette astronomique.

TÉLESCOPIQUE, adj. 2 g. qui se fait avec le télescope; qui ne s'aperçoit qu'au moyen du télescope.

TÉLÉSILLE, femme d'Argos, célèbre par son courage et son talent pour la poésie, sauva sa patrie attaquée par les Spartiates, 514 av. J. C.

TELL (Guillaume), l'un des fondateurs de la liberté helvétique en 1307; m. 1354.

TELLEMENT, adv. de telle sorte, de sorte que. Tellement quellement, passablement, plutôt mal que bien.

TELLIÈRE, adj. et sm. se dit d'une sorte de beau papier.

TELLURE, sm. métal, l'un des corps simples de la chimie.

TÉMÉRAIRE, adj. et s. 2 g. hardi avec imprudence. Jugement téméraire, trop prompt et sans fondement.

TÉMÉRAIREMENT, adv. avec témérité.

TÉMÉRITÉ, sf. hardiesse imprudente et présomptueuse.

TÉMESVAR, ville de Hongrie.

TÉMOIGNAGE, *sm.* action de témoigner, rapport de témoins : preuve, marque, indice, enseignement : *le témoignage des sens.*

TÉMOIGNER, *vn.* et *a.* faire son rapport sur un fait que l'on connaît; prouver, marquer, montrer : *témoigner du mépris.*

TÉMOIN, *sm.* personne qui témoigne d'un fait qu'elle a vu ou entendu; personne dont on se fait assister pour certains actes; celui, celle qui voit ou entend une chose. *Fig.* marque, monument, ce qui sert à faire connaître. — *adv.* comme preuve : *témoin ses blessures.*

TEMPE, *sf.* partie de la tête entre l'oreille et le front.

TEMPÉ, célèbre vallée de la Thessalie.

TEMPÉRAMENT, *sm.* complexion, constitution du corps; caractère. *Fig.* accommodement, conciliation, adoucissement.

TEMPÉRANCE, *sf.* vertu qui modère la passion et le désir sensuel; sobriété.

TEMPÉRANT, **ANTE**, *adj.* qui a de la tempérance. — *sm.* remède calmant.

TEMPÉRATURE, *sf.* état sensible de l'air; degré de chaleur.

TEMPÉRÉ, **ÉE**, *adj.* qui n'est ni trop froid ni trop chaud. *Fig.* modéré, qui tient le milieu entre deux genres très-différents.

TEMPÉRER, *va.* modérer, diminuer l'excès d'une qualité. *Fig.* calmer, adoucir : *tempérer la douleur.*

TEMPÊTE, *sf.* orage violent, principalement sur mer. *Fig.* troubles, persécutions.

TEMPÊTER, *vn.* faire un grand bruit par mécontentement (*fam.*).

TEMPÉTUEUX, **EUSE**, *adj.* sujet aux tempêtes, qui cause les tempêtes.

TEMPLE, *sm.* édifice public consacré à Dieu ou aux fausses divinités; église protestante.

TEMPLE (le chevalier), diplomate et ministre anglais (1628-1700).

TEMPLIER, *sm.* chevalier d'un ancien ordre militaire et religieux, supprimé en 1312 par le pape Clément V.

TEMPORAIRE, *adj.* 2 g. qui est pour un temps : *pouvoir temporaire.*

TEMPORAIREMENT, *adv.* pour un temps.

TEMPORAL, **ALE**, *adj.* qui a rapport aux tempes : *os temporaux.*

TEMPORALITÉ, *sf.* pouvoir temporel : juridiction du domaine temporel du Saint-Siège, d'un évêché, etc.

TEMPOREL, **ELLE**, *adj.* périssable, qui passe avec le temps; séculier, l'opposé de spirituel. — *sm.* revenu d'un bénéfice ecclésiastique; puissance temporelle d'un souverain.

TEMPORELLEMENT, *adv.* durant un temps; non éternellement.

TEMPORISATION, *sf.* action de temporiser.

TEMPORISEMENT, *sm.* retardement, action de temporiser.

TEMPORISER, *vn.* différer, retarder pour une meilleure occasion.

TEMPORISEUR, *sm.* celui qui temporise.

TEMPS, *sm.* mesure de la durée des choses; succession des jours, des heures, etc., époque, siècles : *les temps anciens*; saison propre à une chose : *le temps des vendanges*; délai : *demander du temps*; loisir : *je n'ai pas le temps de vous parler*; moment, occasion propre : *ce n'est pas le temps de parler de cela*; état des choses : *les temps sont durs*; disposition de l'air, état de l'atmosphère : *temps orageux*; division de la mesure musicale; inflexions qui marquent dans le verbe l'époque à laquelle se rapporte l'état ou l'action. — *Temps vrai*, le temps mesuré par le mouvement réel et inégal de la terre; *temps moyen*, temps mesuré sur la moyenne de ce mouvement. — *Fig. gagner du temps*, temporiser; *passer le temps*, l'employer à; *perdre le temps*, l'employer mal ou ne rien faire; *prendre son temps*, saisir le moment favorable; faire une chose à loisir; *tuer le temps*, faire des riens pour se désennuyer; *se donner du bon temps*, se divertir. — À TEMPS, *loc. adv.* assez tôt, pour un temps fixe; DE TEMPS EN TEMPS, *loc. adv.* quelquefois; EN MÊME TEMPS, *loc. adv.* au même instant; ensemble; DE TOUT TEMPS, *loc. adv.* toujours; EN TEMPS ET LIEU, *loc. adv.* dans le temps et le lieu convenables.

TÉMULENCE, *sf.* état d'une personne ivre; délire de l'ivresse.

TENABLE, *adj.* 2 g. se dit surtout avec la négation pour exprimer l'état d'un poste où l'on ne peut se défendre, et *fig.* d'un lieu où l'on ne peut demeurer.

TENACE, *adj.* 2 g. qui tient beaucoup, qui a une forte adhérence et résiste à la séparation. *Fig.* qui tient fortement à son argent, à ses idées, à sa manière de voir.

TÉNACITÉ, *sf.* qualité de ce qui est tenace. *Fig.* attachement à une idée, à ce que l'on possède.

TENAILLE, *sf.* (*il m.*), instrument de fer à deux branches pour saisir ou arracher quelque chose (s'emploie plutôt au pluriel).

TENAILLER, *va.* (*il m.*), tourmenter un criminel avec des tenailles.

TENAILLON, *sm.* (*il m.*), ouvrage de fortification construit vis-à-vis l'une des faces de la demi-lune.

TENANCIER, **IÈRE**, *s.* celui, celle qui possède une terre, une métairie dépendante d'une autre. *Franc tenancier*, possesseur d'une terre en roture affranchie de tous droits.

TENANT, **ANTE**, *adj.* qui tient. — *sm.* celui qui dans un tournoi défiait tout assaillant. *Fig.* celui qui soutient seul une opinion ou une personne contre tous. *Les tenants et les aboutissants*, terres adjacentes à une autre, détails d'une affaire.

TÉNARE, ville et cap de la Laconie. — *sm.* enfer des païens (*poét.*).

TENCIN (cardinal de), ministre de Louis XV (1680-1758). — (Mme de), sœur du cardinal et femme auteur (1681-1749).

TENCTÈRES, anc. peuple de la Germanie.

TENDANCE, *sf.* action de tendre vers. *Fig.* direction sensible vers un but.

TENDANT, **ANTE**, *adj.* qui tend à quelque fin.

TENDE (René, comte de), fils naturel du duc

de Savoie Philippe II, et général de François Ier; m. 1525. — (Honorat, comte de), fils du précedent, maréchal de France et amiral (1509-1580).

TENDELET, *sm.* (*t* nul), petite tente.

TENDER, *sm.* (on pr. *ténderre*), wagon qui suit la locomotive et porte le charbon et l'eau (mot anglais).

TENDEUR, *sm.* celui qui tend: *tendeur de tapisseries*.

TENDINEUX, EUSE, *adj.* qui est de la nature du tendon, qui y a rapport.

TENDOIR, *sm.* perche ou corde sur laquelle on tend du linge, des étoffes; pièce d'un métier à tisser.

TENDON, *sm.* partie fibreuse qui termine les muscles et les attache aux os ou à d'autres parties (anat.).

TENDRE, *adj.* 2 g. facile à couper, qui n'est pas dur; nouvellement cuit (en parlant du pain). *Fig.* qui a de la tendresse, de la sensibilité; touchant, qui émeut. *Age tendre*, enfance: *tendre jeunesse*, première jeunesse; *couleur tendre*, couleur délicate, peu éclatante.

TENDRE, *va.* tirer et bander une chose, comme une corde, un arc, etc.; disposer un piège; présenter en avançant: *tendre la main*; tapisser: *tendre un appartement.* — *Fig. tendre la main*, mendier. — *vn.* aboutir, aller à un but: *à quoi tendent vos desseins?*

TENDRELET, ETTE, *adj.* un peu tendre.

TENDREMENT, *adv.* avec tendresse.

TENDRESSE, *sf.* qualité de la personne sensible à l'amitié, aux affections de la nature, à un attachement de cœur. Au *pl.* caresses.

TENDRETÉ, *sf.* qualité de ce qui est tendre (en parlant des viandes, des légumes, etc.).

TENDRON, *sm.* bourgeon; cartilage à l'extrémité de la poitrine de quelques animaux: *tendrons de veau.* — *Jeune tendron*, jeune fille.

TENDU, UE, *adj. part.* tiré des deux bouts; tapissé. *Fig. esprit tendu*, fortement appliqué à une chose; *style tendu*, qui laisse voir l'effort, qui manque d'aisance.

TENDUE, *sf.* piège pour les oiseaux; lieu où sont placés ces pièges.

TÉNÈBRES, *sf. pl.* obscurité, privation de lumière. *Fig.* idées fausses, obscures; office de l'après midi pendant la semaine sainte. *L'ange ou l'esprit des ténèbres*, le démon.

TÉNÉBREUSEMENT, *adv.* d'une manière ténébreuse.

TÉNÉBREUX, EUSE, *adj.* sombre, obscur. *Fig.* qui cache de mauvais desseins.

TÉNÉBROSITÉ, *sf.* qualité de ce qui est ténébreux.

TÉNÉDOS, île de la mer de l'Archipel, sur la côte d'Asie.

TÈNEMENT, *sm.* métairie dépendante d'une seigneurie.

TÉNÉRIFFE (île de), la principale des Canaries.

TENEUR, *sf.* texte littéral: *la teneur d'un acte.*

TENEUR DE LIVRES, *sm.* celui qui tient les livres d'une maison de commerce.

TÉNIA, *sm.* ver intestinal fort long, vulgairement ver solitaire.

TÉNIERS (David), nom de deux peintres flamands: *le Vieux* (1582-1649); *le Jeune*, son fils (1610-1694).

TÉNIOÏDES, V. *Tænioïdes.*

TENIR, *va.* avoir à la main; posséder; occuper; conserver, entretenir; mettre et garder en un lieu; contenir; maintenir; fixer; réprimer: *tenir sa langue*; exécuter, effectuer: *tenir sa promesse*; croire, réputer: *tenir pour vrai*; avoir reçu ou appris de: *je le tiens d'un tel* — *Fig. Tenir compte de*, ne pas oublier, faire cas de: *tenir la main à*, veiller à; soigner: *tenir tête*, résister: *tenir lieu*, remplacer: *tenir le bec dans l'eau*, laisser toujours dans l'attente; *tenir rigueur*, se refuser à la réconciliation; *tenir quelqu'un à la gorge*, le réduire à ne pouvoir résister; *tenir quelqu'un dans sa manche*, disposer entièrement de lui, en obtenir ce qu'on veut; *tenir quelqu'un par les lisières*, le mener à son gré; *se tenir à quatre*, faire un grand effort pour ne pas éclater. — *vn.* demeurer fixe; être en séance; durer, persister. *Tenir à*, être contigu; résulter, dépendre, provenir: *cet événement tient à une singulière cause.* — *Tenir de*, ressembler à, participer: *pierre qui tient de la nature du marbre.* — *Tenir bon*, résister; *tenir pour quelqu'un*, le défendre, être de son parti. — *v. imp. il tient à*, il dépend de; *qu'à cela ne tienne*, soit. — SE TENIR, *vpr.* être, demeurer en un certain lieu; prendre certaine position; *se tenir couché*; se prendre, s'attacher à: *se tenir à une branche*; avoir lieu: *le marché se tient tous les jeudis.* S'en tenir à une chose, s'y fixer et ne vouloir rien de plus; *se tenir les bras croisés*, rester oisif ou inactif. — *Ind. pr.* je tiens, tu tiens, il tient, n. tenons, v. tenez, ils tiennent; *imp.* je tenais; *p. déf.* je tins; *fut.* je tiendrai; *cond.* je tiendrais; *impér.* tiens, tenons, tenez; *subj. pr.* que je tienne; *imp.* que je tinsse; *part. p.* tenant; *part. p.* tenu, ue.

TENNANT (Smithson), chimiste anglais (1761-1815).

TENNESSÉE, riv. et État de l'Union (États-Unis).

TENON, *sm.* extrémité d'une pièce de bois qui entre dans une mortaise; partie de la grande capucine d'un fusil.

TÉNOR, *sm.* voix entre la haute-contre et la basse-taille; celui qui a cette voix.

TENSIF, IVE, *adj.* qui est accompagné de tension.

TENSION, *sf.* état de ce qui est tendu. *Fig.* action de tendre son esprit par une grande application à une étude.

TENSON, *sm.* ancien genre de poésie.

TENTACULE, *sm.* sorte de filament mobile dont certains animaux ont la tête pourvue et qui leur sert à tâter le terrain, éviter les obstacles ou saisir leur proie.

TENTANT, ANTE, *adj.* qui tente, qui excite un désir, qui séduit.

TENTATEUR, TRICE, s. celui, celle qui tente. *Le tentateur*, le démon.

TENTATION, sf. mouvement intérieur par lequel on est porté à quelque chose de mal ou qui offre des inconvénients; simple désir.

TENTATIVE, sf. action de tenter l'exécution d'une chose : *tentative de vol.*

TENTE, sf. sorte de pavillon de toile, de peaux, etc.; petit rouleau de charpie.

TENTER, va. essayer, mettre un moyen en usage pour faire réussir quelque chose : *tenter une entreprise;* éprouver : *Dieu tenta Abraham;* donner envie, solliciter au mal : *le serpent tenta Ève.*

TENTURE, sf. pièces de tapisserie; étoffe, papier pour tapisser.

TENTYRA ou TENTYRIS, ville de l'Égypte ancienne; auj. *Denderah.*

TENU, UE, adj. part. disposé, arrangé, soigné : *bien tenu, mal tenu;* obligé à : *être tenu de restituer.*

TÉNU, UE, adj. mince, délié.

TENUE, sf. temps pendant lequel siège une assemblée; assiette ferme d'un homme à cheval; manière de se tenir, maintien, mise. *Tenue de livres* ou *des livres,* action ou art de tenir les écritures de commerce.

TÉNUIROSTRES, sm. pl. (l. *tenuis* mince, délié; *rostrum* bec), famille d'oiseaux de l'ordre des Passereaux, comprenant ceux qui ont le bec grêle et effilé (zool.).

TÉNUITÉ, sf. qualité de ce qui est ténu.

TENURE, sf. mouvance, dépendance et étendue d'un fief.

TÉORBE, THÉORBE ou TUORBE, sm. sorte de luth à long manche.

TÉPIDE, adj. 2 g. tiède, moite.

TÉPIDITÉ, sf. état des corps tepides.

TÉPLITZ, V. *Tœplitz.*

TÉRATOLOGIE, sf. (gr. *téras,* gén. *tératos* monstre, prodige; *logos* discours, traité), traité des monstres, des fantômes, des prodiges; étude des anomalies organiques.

TERBURG, célèbre peintre hollandais (1608-1681).

TERCER ou TENSER, va. donner un troisième labour, une troisième façon à la vigne.

TERCEIRE, l'une des îles Açores.

TERCET, sm. (t final nul), couplet, stance de trois vers.

TÉRÉBENTHINE, sf. résine qui coule du térébinthe et d'autres arbres résineux.

TÉRÉBINTHACÉES, sf. pl. famille de plantes dont le térébinthe est le type (bot.).

TÉRÉBINTHE, sm. arbre résineux.

TÉRÉBRATION, sf. (l. *terebrare* percer), action de percer un arbre.

TÉRÉBRATULE, sf. coquille bivalve dans laquelle une des valves est recourbée sur l'autre en forme de bec percé d'un trou à son extrémité (zool. et géol.).

TÉRÉE, roi de Thrace, mari de Progné (myth.).

TÉREK, riv. de la Russie mérid., affluent de la mer Caspienne.

TÉRENCE, célèbre poète comique latin (192-159 av. J. C.).

TERENTIUS VARRO, V. *Varron.*

TÉRET, ETTE, adj. (l. *teres* long et cylindrique), qui a la forme d'un cylindre mince et allongé (bot.).

TERGÉMINÉ, ÉE, adj. (l. *tergeminus* trois fois double), se dit d'une feuille composée d'un pétiole principal, garni de deux folioles à la naissance de deux pétioles secondaires terminés aussi par deux folioles (bot.).

TERGIVERSATEUR, sm. celui qui tergiverse.

TERGIVERSATION, sf. action de tergiverser.

TERGIVERSER, vn. prendre des détours, des faux-fuyants; ne pas donner de réponse positive.

TERME, sm. fin, borne par rapport au temps ou au lieu; temps préfix d'un payement; somme due pour trois mois de loyer; temps ordinaire de l'accouchement. Mot, diction, façon de parler; quantité algébrique; membre d'un rapport, d'une comparaison. Au pl. rapport de personnes entre elles : *être en bons termes avec ses voisins;* état d'une affaire.

TERME, dieu des limites (myth.); borne à tête humaine représentant ce dieu. *Fig.* personne debout et immobile.

TERMÈS, V. *Termite.*

TERMINAISON, sf. état d'une chose qui se termine, qui cesse; désinence d'un mot.

TERMINAL, ALE, adj. ce qui termine une partie (bot. et zool.).

TERMINATIF, IVE, adj. qui termine (gram.).

TERMINER, va. borner, limiter, finir, achever. — SE TERMINER, vpr. avoir un terme, une fin; s'achever; avoir une désinence.

TERMINOLOGIE, sf. (l. *terminus* terme; gr. *logos* discours), nomenclature (mot hybride).

TERMITE, sm. sorte de grosse fourmi blanche.

TERMONDE ou DENDERMONDE, ville de Belgique.

TERNAIRE, adj. 2 g. qui est composé de trois unités ou de trois corps simples.

TERNATE, l'une des îles Moluques.

TERNAUX. célèbre manufacturier français (1765-1833).

TERNE, sm. groupe de trois nombres à un jeu de hasard.

TERNE, adj. 2 g. qui n'a point d'éclat ou qui en a peu.

TERNÉ, ÉE, adj. au nombre de trois sur un même support (bot.).

TERNI, ville de l'Italie centrale (États de l'Église). Victoire des Français sur les Napolitains en 1799.

TERNI, IE, adj. part. qui a perdu son lustre, son éclat.

TERNIR, va. rendre terne. *Fig.* obscurcir la réputation, la gloire, etc.

TERNISSURE, sf. état de ce qui est terni.

TÉROUANNE, V. *Thérouanne.*

TERPANDRE, poëte et musicien grec, 7e s. av. J. C.

TERPSICHORE (on pr. *Terpsicore*), muse de la danse (myth.).

TERRACINE, ville d'Italie (États de l'Église).

TERRAGE, sm. action de terrer le sucre; ancien droit des seigneurs.

TERRAILLE, *sf.* (ll m.), poterie en terre.

TERRAIN, *sm.* espace de terre; terre considérée par rapport à certaines qualités. Se dit en *géol.* des différentes couches formant la croûte du globe terrestre. *Fig. disputer le terrain*, se défendre pied à pied, soutenir fortement son opinion; *gagner du terrain, perdre du terrain*, avancer, reculer peu à peu dans une affaire; *être sur son terrain*, parler de choses que l'on connaît bien; *ménager le terrain*, agir prudemment.

TERRAQUÉ, ÉE, *adj.* composé de terre et d'eau.

TERRASSE, *sf.* levée de terre ordinairement soutenue par de la maçonnerie; plate-forme, galerie découverte.

TERRASSEMENT, *sm.* action de transporter et d'amasser de la terre.

TERRASSER, *va.* mettre un amas de terre derrière une muraille. Jeter de force par terre. *Fig.* abattre, consterner.

TERRASSIER, *sm.* ouvrier qui fait des terrassements.

TERRASSON (l'abbé), littérateur français (1670-1750).

TERRAY (l'abbé), contrôleur général des finances sous Louis XV (1715-1778).

TERRE, *sf.* globe que nous habitons et qui est l'une des planètes, portion de ce globe; pays, domaine, sol qui nourrit les végétaux; chaque couche particulière du sol, humus; cimetière. *Fig.* les habitants de la terre: *ce prince est respecté de toute la terre. — Terre ferme*, le continent; *terre sainte, terre de promission*, la Palestine; *aller terre à terre*, avoir des vues peu élevées, des idées communes; *chasser sur les terres d'autrui*, empiéter sur les droits d'autrui; *prendre terre*, aborder; *perdre terre*, perdre la terre de vue, n'avoir plus pied dans l'eau, et *fig.* être réduit à ne savoir que dire; *remuer ciel et terre*, employer tous les moyens pour réussir. — À TERRE, PAR TERRE, *loc. adv.* sur le sol, sur le plancher, sur le carreau, etc.

TERREAU, *sm.* terre mêlée de fumier pourri.

TERREIN, V. *Terrain.*

TERRE-NEUVE (île de), dans l'océan Atlantique, sur les côtes de l'Amérique septentrionale. — *sm.* gros chien originaire de cette île.

TERRE-NEUVIER, *sm.* pêcheur ou navire qui pêche de la morue sur les bancs de l'île de Terre-Neuve. Pl. *terre-neuviers.*

TERRE-PLEIN, *sm.* surface plate et unie d'un amas de terre élevé. Pl. *terre-pleins.*

TERRER, *va.* mettre de la nouvelle terre au pied d'une plante. *Terrer du sucre*, couvrir d'une terre grasse le fond des formes où l'on fait purger le sucre. — *vn.* creuser un trou dans la terre: *le lapin terre.* — SE TERRER, *vpr.* se cacher sous terre (en parlant des animaux); se mettre à couvert de l'ennemi derrière des travaux de terre.

TERRESTRE, *adj.* 2 g. qui appartient à la terre, qui y a rapport. Se dit aussi par opposition à spirituel et à éternel: *sentiments terrestres. — Paradis terrestre*, lieu où Dieu plaça Adam et Ève après les avoir créés. *Fig.* lieu délicieux.

TERREUR, *sf.* grande frayeur, crainte violente; personne qui la cause. *Fig.* régime qui pesa sur la France, pendant la Révolution, depuis le 31 mai 1793 jusqu'au 9 thermidor (27 juillet 1794).

TERREUX, EUSE, *adj.* mêlé de terre, sali de terre; terne, de la couleur de la terre. *Visage terreux*, visage pâle comme celui d'un mort.

TERRIBLE, *adj.* 2 g. qui cause de la terreur, redoutable. *Fig.* étonnant, étrange: *homme d'une humeur terrible*; extraordinaire: *terrible dépense*; importun, fatigant: *c'est un terrible homme.*

TERRIBLEMENT, *adv.* d'une façon terrible. *Fig.* extrêmement (*fam.*).

TERRIEN, IENNE, *adj.* possesseur de nombreuses terres.

TERRIER, *sm.* trou dans la terre où se retirent les animaux. — *adj.* et *sm.* registre contenant le détail des droits, des rentes d'une terre seigneuriale.

TERRIFICATION, *sf.* assemblage des parties terreuses dans la fermentation.

TERRIFIER, *va.* frapper de terreur.

TERRINE, *sf.* sorte de vase de terre.

TERRINÉE, *sf.* le contenu d'une terrine.

TERRIR, *vn.* se dit des navires qui arrivent en vue de la terre, et des tortues marines qui viennent pondre sur le rivage.

TERRITOIRE, *sm.* étendue de terre dépendant d'un empire, d'un royaume, d'une province, d'une ville, etc.

TERRITORIAL, ALE, *adj.* qui concerne le territoire.

TERROIR, *sm.* terre considérée par rapport à la culture. *Sentir le terroir* se dit d'un vin qui a un goût provenant de la qualité du terroir, et *fig.* d'une personne, d'une chose qui a les défauts du pays d'où elle est.

TERRORISER, *va.* et *n.* établir le régime de la Terreur.

TERRORISME, *sm.* régime de la Terreur pendant la Révolution.

TERRORISTE, *sm.* agent ou partisan du terrorisme.

TERSER, V. *Tercer.*

TERTIAIRE, *adj.* 2 g. (on pr. *terciaire*), qui a été formé en troisième lieu (*géol.*), qui est de la troisième grandeur.

TERTIO, *adv.* (on pr. *tercio*), en troisième lieu, troisièmement (3o).

TERTRE, *sm.* monticule, petite éminence dans une plaine.

TERTULLIEN, docteur de l'Église (160-245).

TES, pl. de l'*adj. poss.* ton, ta.

TÉSIN, V. *Tessin.*

TESSÉ (comte de), maréchal de France (1650-1725).

TESSÈRE, *sf.* dé, jeton, petite tablette chez les anciens Romains.

TESSIN ou TÉSIN, riv. de Suisse et d'Italie, traverse le lac Majeur et se jette dans le Pô. — canton suisse, ch.-l. Lugano.

TESSON, ou TÉT, *sm.* débris de pot, de bouteille cassée.

TEST, ou TÊT, *sm.* enveloppe des tortues,

des crustacés, de certains mollusques, etc.; écuelle qui sert en chimie et en métallurgie.

TESTA, *sm.* (l. *testa* coquille, écaille), enveloppe extérieure de la graine (*bot.*).

TESTACÉ, ÉE, *adj.* et *sm.* (l. *testa* coquille), qui a une ou plusieurs coquilles (*zool.*).

TESTAMENT, *sm.* acte authentique par lequel on déclare ses dernières volontés. *Ancien Testament*, la Bible; *Nouveau Testament*, les livres saints postérieurs à la naissance de Jésus-Christ.

TESTAMENTAIRE, *adj.* 2 *g.* du testament; institué par testament.

TESTATEUR, TRICE, *s.* celui, celle qui fait ou a fait un testament.

TESTE-DE-BUCH (LA), p. ville et port (Gironde).

TESTER, *vn.* faire son testament.

TESTIF, *sm.* poil de chameau.

TESTIMONIAL, ALE, *adj.* de témoignage, qui rend témoignage, qui est fait par témoins.

TESTON, *sm.* anc. monnaie d'argent frappée d'abord sous Louis XII.

TESTONNER, *va.* peigner, friser les cheveux avec soin (vx. mot).

TESTRY, village près de Péronne (Somme). Victoire de Pépin d'Héristal sur Thierry III, en 687.

TESTUDINÉS, *sm. pl.* (l. *testudo* tortue), ordre ou famille de reptiles dont la tortue est le type (*zool.*).

TÊT, *sm.* le crâne (vx. mot). V. *Tesson* et *Tét*.

TET, riv. de France, affluent de la Méditerranée.

TÉTANIQUE, *adj.* 2 *g.* propre au tétanos, de la nature du tétanos.

TÉTANOS, *sm.* (on pr. l's). convulsion permanente des muscles qui restent roides et tendus.

TÉTARD, *sm.* (d nul), petit de la grenouille; saule étêté.

TÊTE, *sf.* partie supérieure du corps renfermant le cerveau et les principaux organes des sens. *Fig.* esprit, intelligence, raison : *avoir toute sa tête*; personne, individu : *dîner à tant par tête*; sommet, extrémité supérieure : *tête d'un sapin*; partie arrondie ressemblant à une tête : *tête d'épingle*; commencement, *tête d'un canal*; partie qui va en avant : *tête d'armée*. — *Homme de tête*, capable, ferme et résolu; *être à la tête de*, diriger, être au premier rang; *faire tête*, *tenir tête*, résister, tenir ferme; *laver la tête à quelqu'un*, lui faire une vive réprimande; *lever la tête*, se montrer avec plus de hardiesse; *n'en faire qu'à sa tête*, suivre aucun avis, repousser tout conseil; *ne savoir où donner de la tête*, être dans un grand embarras; *perdre la tête*, être fort troublé; *risquer sa tête*, sa vie. — TÊTE À TÊTE, *loc. adv.* seul à seul.

TÊTE-À-TÊTE, *sm.* (inv.) conversation ou entrevue seul à seul.

TÊTE-BLEUE, *interj.* sorte de juron marquant l'impatience, le dépit.

TETER ou **TÉTER,** *va.* et *n.* sucer le lait de la mamelle.

TÊTES-RONDES, *sm. pl.* les partisans du parlement anglais pendant la guerre civile sous Charles Ier.

TÉTHYS, déesse de la mer, femme de l'Océan (*myth.*).

TÉTIÈRE, *sf.* petite coiffe de toile que l'on met aux enfants nouveau-nés; partie supérieure de la bride du cheval.

TÉTIN, *sm.* bout de la mamelle.

TÉTINE, *sf.* pis de la vache ou de la truie; enfoncement qu'une balle fait dans la cuirasse.

TÉTON, *sm.* mamelle.

TÉTOUAN, ville et port du Maroc.

TÉTRABRANCHIAUX, *sm. pl.* (on pr. *tétrabrankiau*), ordre de mollusques céphalopodes à quatre branchies (gr. *tétra* quatre, *bragchia* branchies).

TÉTRACHOTOME, *adj.* 2 *g.* (on pr. *tétracotome*), se dit d'une cyme dont chaque fleur terminale donne naissance à quatre rameaux (gr. *tétrachôs* de quatre manières, *tomé* division).

TÉTRACORDE, *sm.* (gr. *tétra* quatre, *chordé* corde), lyre à quatre cordes; système musical des anciens, n'embrassant que quatre tons.

TÉTRADACTYLE, *adj.* 2 *g.* (gr. *tétra* quatre, *daktylos* doigt), qui a quatre doigts (*zool.*).

TÉTRADRACHME, *sf.* (gr. *tétra* quatre), monnaie grecque qui valait quatre drachmes.

TÉTRADYNAME, *adj.* 2 *g.* (gr. *tétra* quatre, *dynamis* force, vigueur), se dit des étamines lorsque, étant au nombre de six, quatre d'entre elles sont plus grandes que les autres (*bot.*).

TÉTRADYNAMIE, *sf.* nom de la 15e classe dans le système de Linné, comprenant les plantes à fleurs tétradynames (*bot.*).

TÉTRADYNAMIQUE, *adj.* 2 *g.* qui a les étamines tétradynames (*bot.*).

TÉTRAÈDRE, *sm.* (gr. *tétra* quatre, *hédra* base), solide terminé par quatre faces ou bases triangulaires (*géom.*).

TÉTRAGONE, *adj.* 2 *g.* (gr. *tétra* quatre, *gônia* angle) qui a quatre angles.

TÉTRAGYNE, *adj.* 2 *g.* (gr. *tétra* quatre; *gyné* femme et, par extension, femelle), se dit des fleurs qui ont quatre pistils ou organes femelles (*bot.*).

TÉTRAGYNIE, *sf.* sous-division des classes des plantes dont la fleur est tétragyne (*bot.*).

TÉTRAMÈRE, *adj.* et *sm.* (gr. *tétra* quatre, *méris* partie), se dit d'insectes qui ont quatre articles ou parties au tarse (*zool.*).

TÉTRAMÈTRE, *sm.* (gr. *tétra* quatre, *métron* mesure), vers grec ou latin composé de quatre pieds ou mesures.

TÉTRANDRIE, *sf.* (gr. *tétra* quatre; *anér* gén. *andros* homme ou mâle), quatrième classe des plantes, dans le système de Linné, comprenant celles dont les fleurs ont quatre étamines ou organes mâles (*bot.*).

TÉTRAPÉTALE ou **TÉTRAPÉTALÉ, ÉE,** *adj.* (gr. *tétra* quatre, *pétalon* pétale), qui a quatre pétales (*bot.*).

TÉTRAPHYLLE, *adj.* 2 *g.* (gr. *tétra* quatre, *phyllon* feuille), se dit du calice qui a quatre sépales ou feuilles (*bot.*).

TÉTRAPLES. *sm. pl.* (gr. *tétra* quatre, *aploô* expliquer), ouvrage contenant quatre versions de la Bible.

TÉTRAPODE, *adj.* 2 g. (gr. *tétra* quatre; *pous,* gén. *podos* pied), qui a quatre pieds ou quatre pattes (*zool.*).

TÉTRAPOLE, *sf.* (gr. *tétra* quatre, *polis* ville), contrée qui a quatre villes principales. Territoire de la Syrie ancienne, de la Locride, etc.

TÉTRAPTÈRE, *adj.* 2 g. (gr. *tétra* quatre, *ptéron* aile), qui a quatre ailes (*zool.*).

TÉTRARCHAT, *sm.* (on pr. *tétrarca*), principauté ou dignité d'un tétrarque.

TÉTRARCHIE, *sf.* (on pr. *tétrarki*), contrée gouvernée par un tétrarque.

TÉTRARQUE. *sm.* (gr. *tétras* le quart; *arché* pouvoir, gouvernement), gouverneur de la quatrième partie d'une région, d'un État.

TÉTRASÉPALE, *adj.* 2 g. (gr. *tétra* quatre; V. *sépale*), se dit d'un calice à quatre sépales (*bot.*).

TÉTRASPERME, *adj.* 2 g. (gr. *tétra* quatre, *sperma* graine), qui renferme quatre graines (*bot.*).

TÉTRASTÉMONE, *adj.* 2 g. (gr. *tétra* quatre; *stémon* filament, étamine), qui a quatre etamines (*bot.*).

TÉTRASTYLE, *adj.* 2 g. et *sm.* (gr. *tétra* quatre; *stylos* colonne, style), qui a quatre colonnes de front (*arch.*); qui a quatre styles (*bot.*).

TÉTRICUS, général romain qui prit la pourpre à Bordeaux en 268, et étendit son autorité dans toute la Gaule.

TETTE, *sf.* bout de la mamelle de certains animaux.

TÊTU, UE, *adj.* opiniâtre, obstiné.

TEUCER, roi de la Troade (*myth.*). — fils de Télamon et frère d'Ajax.

TEUCRIE, la Troade.

TEUTATÈS, dieu des Germains et des Gaulois.

TEUTONIQUE, *adj.* 2 g. des Teutons. *Chevaliers teutoniques,* ordre religieux et militaire chez les Allemands, fondé en Palestine l'an 1190.

TEUTONS, anc. peuple de Germanie; les Germains.

TEVERONE (on pr. *Tévérone*), riv. des États de l'Église, affluent du Tibre; anc. *Anio.*

TEWKESBURY, p. ville d'Angleterre près de Gloucester. Défaite de Marguerite d'Anjou par Édouard IV, en 1471.

TEXAS, l'un des États de l'Union (États-Unis).

TEXEL, île de la mer du Nord, à l'entrée du Zuyderzée.

TEXTE, *sm.* les propres paroles d'un écrit, d'un auteur; passage de l'Écriture sainte; nom de deux caractères d'imprimerie.

TEXTILE, *adj.* 2 g. qui peut être divisé en filets propres à faire un tissu.

TEXTILITÉ, *sf.* qualité des corps textiles; propriété des substances qui peuvent être filées et former un tissu.

TEXTUAIRE, *sm.* livre où il n'y a que le texte sans commentaire.

TEXTUEL, ELLE, *adj.* qui est dans le texte; qui est conforme au texte.

TEXTUELLEMENT, *adv.* d'une manière conforme au texte.

TEXTURE, *sf.* état d'une chose tissue, action de tisser. *Fig.* disposition et liaison des parties.

TEZCUCO, ville et lac du Mexique, près de Mexico.

THABOR ou **TABOR** (mont), en Syrie, dans l'anc. Galilée.

THALAME, *sm.* (l. *thalamus* lit), évasement du pédoncule qui porte les fleurs des synanthérees; fond de la fleur, sommet du pédoncule soutenant l'ovaire (*bot.*).

THALAMIFLORES, *sf. pl.* (l. *thalamus* lit, réceptacle; *flos* fleur), nom de la première classe des plantes dans la méthode de Candolle, comprenant celles qui ont des fleurs dont les étamines sont insérées sur le réceptacle (*bot.*).

THALASSIQUE, *adj.* 2 g. (gr. *thalassa* mer), se dit de terrains supérieurs formés par les dépôts de la mer (*géol.*).

THALER, *sm.* (on pr. l'r), monnaie d'Allemagne.

THALÈS, célèbre philosophe grec, né à Milet vers 640 av. J. C.

THALIE, muse de la comédie (*myth.*).

THALLE ou **THALLUS,** *sm.* (l. *thallus* pousse, branche; gr. *thallô* croître, pousser), corps végétant ou expansion des lichens sous des formes diverses (*bot.*).

THALWEG, *sm.* (mot allem.), ligne formée par les points les plus bas d'une vallée (*géog.*).

THAMAS ou **THAHMAPS,** nom de plus. chahs de la Perse, de la dynastie des Sophis.

THAMAS-KOULI-KHAN ou **NADIR-CHAH,** célèbre roi de Perse (1688-1747).

THANE, *sm.* anc. possesseur d'un fief et chef de tribu chez les Anglo-Saxons et en Écosse.

THANET, île à l'embouchure de la Tamise.

THANN, p. ville (Haut-Rhin).

THAPSAQUE, anc. ville d'Asie sur l'Euphrate.

THAPSE, anc. ville d'Afrique. Victoire de Jules César sur Metellus Scipion et Juba, 46 av. J. C.

THAUMATURGE, *sm.* et *adj.* (gr. *thauma,* gén. *thaumatos* prodige, miracle; *ergon* œuvre, action), faiseur de miracles ou de prodiges.

THÉ, *sm.* arbrisseau de la Chine dont la feuille sert à faire une infusion; cette infusion même; réunion où l'on prend du thé.

THÉAKI, l'une des îles Ioniennes; anc. *Ithaque.*

THÉATIN, *sm.* religieux d'un ordre institué en 1526.

THÉÂTRAL, ALE, *adj.* qui appartient au théâtre, qui est propre au théâtre; *effets théâtrals* (La Harpe).

THÉÂTRALEMENT, *adv.* d'une manière théâtrale.

THÉÂTRE, *sm.* lieu de représentation des

ouvrages dramatiques; la scène où paraissent les acteurs. *Fig.* art et genre dramatique; œuvres dramatiques; lieu où se passe une action remarquable : *théâtre de la guerre.* — *Coup de théâtre,* événement imprévu.

THÉAULON, auteur dramatique français (1787-1841).

THÉBAÏDE, région de la haute Egypte, auj. *Saïd.* — *Fig. sf.* solitude profonde.

THÉBAIN, AINE, *adj.* et *s.* de Thèbes.

THÈBES, anc. ville d'Égypte. — anc. capit. de la Béotie, auj. *Thiva.*

THÉCAPHORE, *sm.* (gr. *thêkê* boîte, gaîne; *phéro* porter), petit support qui naît du réceptacle de l'ovaire et soutient une carpelle (*bot.*).

THÈCLE, (Ste) vierge, 1er s.

THÉIÈRE, *sf.* vase pour faire infuser le thé.

THÉIFORME, *adj. f.* se dit d'une infusion préparée à la manière du thé.

THÉISME, *sm.* (gr. *théos* dieu), croyance à l'existence de Dieu : c'est l'opposé d'a*théisme.*

THEISS, riv. de Hongrie, affluent du Danube.

THÉISTE, *s. 2 g.* celui, qui reconnaît l'existence d'un Dieu.

THÈME, *sm.* sujet, proposition que l'on veut prouver ou éclaircir; ce que l'on donne à traduire à un élève dans la langue qu'il étudie, ce devoir même; air sur lequel on fait des variations.

THÉMIS, *sf.* déesse de la justice (*myth.*). *Fig.* la justice.

THÉMISTOCLE, célèbre général athénien (533-470 av. J. C.).

THENARD, chimiste français (1777-1857).

THÉOBROME, *sm.* (gr. *théos* dieu, *brôma* aliment), substance alimentaire analeptique, espèce de chocolat.

THÉOCRATIE, *sf.* (gr. *théos* dieu; *kratos* pouvoir, autorité) gouvernement où les chefs de l'État sont les ministres de Dieu ou ceux que l'on regarde comme tels.

THÉOCRATIQUE, *adj. 2 g.* qui appartient à la théocratie.

THÉOCRITE, célèbre poète bucolique grec, 3e s. av. J. C.

THÉODAT, roi des Ostrogoths en Italie, m. 536.

THÉODEBERT Ier, roi frank de l'Austrasie, m. 548. — II, petit-fils de Brunehaut et roi d'Austrasie, m. 612.

THÉODICÉE, *sf.* (gr. *théos* dieu, *diké* justice), partie de la philosophie qui traite de la justice divine et des autres attributs de Dieu.

THÉODOLITE, *sm.* instrument de géodésie et d'astronomie qui sert à calculer les angles réduits à l'horizon, ou à prendre l'azimut d'un astre et sa hauteur apparente au-dessus de l'horizon.

THÉODORA, femme de l'emp. Justinien, m. 548; nom de trois autres impératrices d'Orient.

THÉODORE (Ste), soldat et martyr, m. 307. — (Ste), archevêque de Cantorbéry, m. 690. — (Ste), abbé du monastère de Stude, m. 826.

THÉODORE (Ste), vierge et martyre, 4e s.

THÉODORE DE MOPSUESTE, véritable auteur de l'hérésie du nestorianisme (350-428).

THÉODORET, historien ecclésiastique (387-458).

THÉODORIC Ier, roi des Wisigoths d'Espagne, vainqueur d'Attila à la bataille de Châlons où il périt, 451. — II, roi des Wisigoths, fils du précédent, m. 466.

THÉODORIC LE GRAND, roi des Ostrogoths d'Italie (455-526).

THÉODOSE (le comte), habile général de Valentinien Ier, m. 376.

THÉODOSE Ier *le Grand,* empereur romain. fils du comte Théodose (346-395). — II, empereur d'Orient, fils d'Arcadius (400-450).

THÉODOSIE, ville de la Chersonèse Cimbrique, auj. *Caffa.*

THÉODOSIEN, *adj.* se dit d'un code de lois romaines promulgué par l'emp. Théodose II.

THÉOGONIE, *sf.* (gr. *théos* dieu; *goneia* génération, origine), génération des dieux dans tout système religieux imaginé par le paganisme.

THÉOGONIQUE, *adj. 2 g.* qui a rapport à la théogonie.

THÉOLOGAL, *sm.* chanoine institué pour enseigner la théologie.

THÉOLOGALE, *adj. f.* se dit des vertus qui ont principalement Dieu pour objet. — *sf.* dignité du théologal.

THÉOLOGIE, *sf.* (gr. *théos* dieu; *logos* discours, traité) science qui traite de Dieu et des choses divines: dogmes d'une religion; recueil des ouvrages théologiques d'un auteur.

THÉOLOGIEN, *sm.* celui qui sait la théologie.

THÉOLOGIQUE, *adj. 2 g.* qui a rapport à la théologie.

THÉOLOGIQUEMENT, *adv.* selon les principes de la théologie; en théologien.

THÉON, fameux mathématicien d'Alexandrie, 4e s.

THÉOPHILANTHROPE, *s. 2 g.* membre de la secte religieuse qui s'appelait *théophilanthropie.*

THÉOPHILANTHROPIE, *sf.* ou **THÉOPHILANTHROPISME**, *sm.* (gr. *théos* Dieu, *philos* ami, *anthropos* homme), nouvelle religion que l'on essaya d'établir en France sous le Directoire, et qui était fondée sur l'amour de Dieu et de l'humanité.

THÉOPHILE (St), évêque d'Antioche et Père de l'Église; m. 190.

THÉOPHILE, empereur d'Orient; m. 842.

THÉOPHILE DE VIAU, poète français (1590-1626).

THÉOPHRASTE, célèbre philosophe grec (371-286 av. J. C.).

THÉOPOMPE, roi de Sparte; m. 723 av. J. C. — orateur et historien grec, 4e s. av. J. C.

THÉORBE, V. *Téorbe.*

THÉORÈME, *sm.* proposition d'une vérité spéculative que l'on peut démontrer (*math.*).

THÉORICIEN, *sm.* celui qui connaît la théorie d'un art, d'une science.

THÉORIE, sf. (gr. théória contemplation, méditation, et, dans un autre sens, pompe, procession), connaissance qui s'arrête aux principes de l'art ou de la science sans passer à la pratique; principes de la manœuvre militaire. Chez les Grecs, députation solennelle que l'on envoyait tous les ans à Delphes et à Délos; procession.

THÉORIQUE, adj. 2 g. qui appartient à la théorie.

THÉORIQUEMENT, adv. d'une manière théorique.

THÉOSOPHE, sm. illuminé qui se croit en communication directe avec Dieu. V. Théosophie.

THÉOSOPHIE, sf. ou **THÉOSOPHISME**, sm. (gr. théos Dieu, sophia sagesse), littér. sagesse de Dieu ou sagesse en Dieu: croyance, doctrine du théosophe.

THÉOT (Catherine), visionnaire française (1725-1794).

THÈQUE, sf. (gr. thékè bourse, gaîne), sorte de gaîne ou de petit sac renfermant les spores des lichens et des champignons (bot.).

THÉRA, l'une des îles Cyclades, auj. Santorin.

THÉRAMÈNE, orateur et général athénien et l'un des 30 tyrans; m. 403.

THÉRAPEUTES, sm. pl. moines du judaïsme qui se livraient à la contemplation et à la prière.

THÉRAPEUTIQUE, sf. (gr. thérapeuô soigner, traiter une maladie), partie de la médecine qui a pour objet le traitement des maladies. — adj. 2 g. qui a rapport aux thérapeutes; de la thérapeutique.

THERBIUM, sm. (on pr. terbiome), l'un des corps simples de la chimie.

THÉRÈSE (Ste), reformatrice des carmélites (1515-1582).

THÉRÉSIANOPOL, ou **THÉRÉSIENSTADT**, ville de Hongrie.

THÉRIACAL, ALE, adj. qui contient de la thériaque ou en a les propriétés.

THÉRIAQUE, sf. médicament stomachique employé comme antidote du venin des animaux.

THERMAL, ALE, adj. (gr. thermos chaud), se dit des eaux minérales chaudes.

THERMES, sm. pl. (gr. thermé chaleur), bains d'eaux chaudes chez les anciens Romains.

THERMES (de), maréchal de France (1482-1562).

THERMIDOR, sm. onzième mois du calendrier républicain.

THERMIDORIEN, ENNE, adj. du coup d'État fait le 9 thermidor (27 juillet 1794). — sm. auteur ou partisan de ce coup d'État.

THERMO-ÉLECTRICITÉ, sf. (gr. thermé chaleur), développement de l'électricité par l'action de la chaleur (phys.).

THERMO-ÉLECTRIQUE, adj. 2 g. se dit des phénomènes électriques développés par l'action de la chaleur (phys.).

THERMOMÈTRE, sm. (gr. thermé chaleur, métron mesure), instrument de physique, qui marque les différents degrés de chaleur.

THERMOMÉTRIQUE, adj. 2 g. du thermomètre, fait au moyen du thermomètre.

THERMOPYLES (gr. thermos chaud, pylé porte), fameux défilé dans la Locride, où se trouvaient des sources d'eau chaude. Combat de Léonidas et des Spartiates contre l'armée de Xerxès, 480 av. J. C.; défaite d'Antiochus le Grand par les Romains, 191 av. J. C.

THERMOSCOPE, sm. (gr. thermé chaleur, skopeô observer), instrument au moyen duquel on observe les différences de température par la dilatation de l'air (phys.).

THÉROUANNE, village près de Saint-Omer (Pas-de-Calais), autrefois ville importante, détruite par Charles-Quint en 1583.

THÉRSANDRE, l'un des Épigones, fils de Polynice et roi de Thèbes.

THERSITE, soldat grec au siège de Troie, fameux par sa laideur et sa lâcheté.

THÉSAURISER, vn. amasser de l'argent.

THÉSAURISEUR, EUSE, s. et adj. celui, celle qui thésaurise.

THÈSE, sf. proposition que l'on pose comme le sujet d'une discussion, d'une argumentation, d'un discours; propositions développées pour divers examens; cahiers où sont imprimées ces propositions.

THÉSÉE, célèbre héros grec, roi d'Athènes, 12e s. av. J. C.

THESMOPHORIES, sf. pl. fêtes en l'honneur de Cérès.

THESMOTHÈTE, sm. (gr. thesmothétès législateur: de thesmos loi), titre que l'on donnait à Athènes aux magistrats gardiens des lois.

THESPIEN, ENNE, adj. et s. de Thespies.

THESPIES, anc. ville de Béotie.

THESPIS, créateur de la tragédie grecque, 6e s. av. J. C.

THESPROTIE, anc. contrée de la Grèce, à l'O. de l'Épire.

THESSALIE, contrée de la Grèce septentrionale.

THESSALIEN, IENNE, adj. et s. de la Thessalie.

THESSALONIQUE, anc. ville de la Macédoine, auj. Salonique.

THÉTIS, l'une des Néréides, mère d'Achille (myth.).

THEUDIS, roi des Wisigoths d'Espagne; m. 548.

THÉURGIE, sf. (gr. théos dieu, ergon œuvre, opération), espèce de magie par laquelle on croyait être en rapport avec des divinités bienfaisantes.

THÉURGIQUE, adj. 2 g. de la théurgie, qui concerne la théurgie.

THÉVENOT (Jean de), voyageur français (1633-1667).

THIARD (Pontus de), poète de la pléiade française et évêque de Châlon-sur-Saône (1521-1605).

THIBAUDE, sf. tissu grossier de poil de vache.

THIBAUT VI, comte de Champagne, puis roi de Navarre, se distingua comme poète (1201-1253).

THIBET ou **TIBET**, région de l'Asie centrale dépendante de l'empire Chinois.

THIÉRACHE, pays de la Picardie, ch.-l. Guise.

THIERRI ou THIERRY (St), abbé, m. 533. — évêque d'Orléans, m. 1016.

THIERRI ou THIERRY, nom de plusieurs rois francs.

THIERRY (Augustin), célèbre historien français (1795-1856).

THIERS, s.-préf. du Puy-de-Dôme.

THIERS (Adolphe), célèbre historien et homme d'État, ministre sous Louis-Philippe, né en 1797.

THIONVILLE, s.-préf. du dép. de la Moselle.

THISBÉ, V. Pyrame.

THLASPI, sm. plante de la famille des Crucifères, dont le fruit est aplati et comme comprimé.

THOMAS (St), apôtre et martyr, 1er s. — (St), d'Aquin, célèbre théologien, de l'ordre des dominicains (1227-1274). V. Becket.

THOMAS (Antoine-Léonard), littérateur français (1732-1785).

THOMISME, sm. doctrine de St Thomas d'Aquin sur la grâce et la prédestination.

THOMISTE, s. 2 g. partisan du thomisme.

THOMSON, poète anglais (1700-1748).

THOMYRIS, reine des Massagètes, vainquit Cyrus, 6e s. av. J. C.

THON, sm. gros poisson de mer.

THONON, s.-préf. du dép. de la Haute-Savoie.

THORACIQUE ou THORACHIQUE, adj. 2 g. qui a rapport au thorax. — sm. pl. section de la classe des poissons, comprenant ceux qui ont les nageoires ventrales attachées au thorax sous les pectorales (zool.).

THORAX, sm. poitrine des animaux vertébrés; tronc des animaux articulés (zool.).

THORINIUM ou THORIUM, sm. l'un des corps simples de la chimie.

THORN, ville de Prusse, sur la Vistule.

THORWALDSEN, célèbre sculpteur danois (1770-1844).

THOTH, dieu égyptien, le même que Hermès (myth.).

THOU (Jacques de), magistrat français, auteur d'une Histoire de son temps, écrite en latin (1553-1617). — (François-Auguste de), fils du précédent, et ami de Cinq-Mars, dont il partagea le sort tragique (1607-1642).

THOUARS, ch.-l. de canton (Deux-Sèvres).

THOUET, riv. de France, affluent de la Loire.

THOUIN (André), célèbre horticulteur français (1747-1823).

THOURET, membre de l'Assemblée constituante et historien français (1746-1794).

THOUTMOSIS, nom de trois rois d'Égypte.

THRACE, grande région de l'Europe ancienne au N. de la Grèce. — adj. et s. 2 g. de la Thrace.

THRASÉAS (Lucius Paetus), célèbre sénateur romain et philosophe stoïcien, m. 66.

THRASYBULE, célèbre général athénien; m. 390 av. J. C.

THRIDACE, sf. (gr. thridax laitue), se dit d'un sirop calmant fait avec le suc de la laitue.

THSOUNG-LING, hautes montagnes du Thibet.

THUCYDIDE, célèbre historien grec (471-395 av. J. C.).

THUG, sm. sectaire d'une religion de l'Hindoustan, qui ordonne l'assassinat des non-initiés.

THUIA ou THUYA, sm. sorte de cyprès.

THULÉ, île que les anciens plaçaient dans la partie la plus septentrionale de l'océan Atlantique. C'est probablement l'une des îles Shetland.

THUN ou THOUN, ville et lac de Suisse (canton de Berne).

THUR, riv. de Suisse, affluent du Rhin. — riv. de Hongrie, affluent de la Theiss.

THURGOVIE, canton suisse; ch.-l. Frauenfeld.

THURIFÉRAIRE, sm. (l. thus, gén. thuris encens; ferre porter), celui qui dans les cérémonies religieuses porte l'encens ou l'encensoir.

THURINGE, anc. contrée de l'Allemagne, entre l'Elbe, la Saale, les monts de Bohême, le Danube et la Lippe.

THURINGERWALD, chaîne de montagnes dans la Thuringe.

THYESTE, fils de Pélops et frère d'Atrée.

THYM, sm. plante odoriférante de la famille des Labiées.

THYMBRÉE, lieu de Phrygie, célèbre par une victoire de Cyrus sur Crésus, en 548 av. J. C. — anc. ville de la Troade.

THYMÉLACÉES ou THYMÉLÉES, sf. pl. famille de plantes dont le type est le Daphné thymélée (bot.).

THYROÏDE, adj. et sm. se dit du cartilage du larynx vulgairement appelé pomme d'Adam (anat.).

THYROÏDIEN, ENNE, adj. du thyroïde (anat.).

THYRSE, sm. javelot ou bâton entouré de pampre et de lierre, dont Bacchus était armé ainsi que les bacchantes. Sorte d'inflorescence en panicule (bot.).

THYRSIFÈRE, adj. 2 g. qui porte des fleurs en thyrse (bot.).

THYRSIFLORE, adj. f. fleur en thyrse (bot.).

THYRSOÏDE, adj. 2 g. en forme de thyrse (bot.).

THYSANOURES, sm. pl. (gr. thysanos houppe, oura queue), ordre d'insectes dont la queue est en forme de houppe ou de frange (zool.).

TIARE, sf. ornement de tête des anciens Perses; bonnet orné de trois couronnes que porte le pape dans certaines cérémonies. Fig. dignité papale.

TIBÈRE, empereur romain, de l'an 14 à l'an 37 après J. C. — II, emper. d'Orient, m. 582. — III, emper. grec, m. 705.

TIBÉRIADE, ville et lac de Galilée.

TIBET, V. Thibet.

TIBIA, sm. l'os le plus gros de la jambe (anat.).

TIBIAL, ALE, adj. qui a rapport au tibia (anat.).

TIBRE, fleuve d'Italie (États-Romains).

TIBULLE, célèbre poële latin du siècle d'Auguste.

TIBUR, anc. nom de Tivoli.

TIBURCE (St), martyr, 3e s.

TIC, sm. habitude vicieuse que contractent les animaux et aussi les hommes ; sorte de mouvement convulsif de la bouche, des yeux, etc.

TIC TAC, sm. (inv.), onomatopée pour exprimer un mouvement réglé accompagné d'un petit bruit : *le tic tac du moulin*.

TIECK (Louis), littérateur et poète allemand (1773-1853).

TIÈDE, adj. 2 g. qui est entre le chaud et le froid. *Fig.* nonchalant, sans ferveur, sans ardeur : *un ami tiède*.

TIÈDEMENT, adv. avec tiédeur. *Fig.* avec nonchalance.

TIÉDEUR, sf. qualité de ce qui est tiède. *Fig.* froideur, manque de ferveur.

TIÉDIR, vn. devenir tiède.

TIEN, TIENNE, pron. poss. relatif à la 2e pers. du sing. : *ce livre est le tien.* — sm. le tien, ton bien ; *les tiens*, tes proches, les alliés, tous ceux qui te sont attachés.

TIERCE, sf. intervalle de deux tons ou d'un ton et d'un demi-ton (*mus.*) ; trois cartes de la même couleur qui se suivent ; position du poignet à l'escrime ; heure canoniale ; 60e partie de la seconde ; dernière épreuve d'imprimerie.

TIERCELET, sm. (t final nul), mâle de certains oiseaux de proie.

TIERCEMENT, sm. surenchère ou augmentation du tiers d'un prix.

TIERCER, va. et n. hausser d'un tiers le prix d'une chose ; donner aux terres un troisième labour.

TIERCERON, sm. arc qui naît des angles dans une voûte gothique (*arch.*).

TIERÇON, sm. anc. mesure liquide ; le tiers de la mesure entière.

TIERS, TIERCE, adj. troisième : *la tierce partie d'un tout.* — *Fièvre tierce*, qui revient de deux jours l'un ; *le tiers état*, partie de la nation française qui autrefois n'était ni dans le clergé ni dans la noblesse. — adj. f. d'une troisième personne ou d'une autre personne ; *tierce opposition*, opposition faite par un tiers ; *la main tierce*, dans la main d'une autre personne.

TIERS, sm. partie d'un tout divisé en trois parties égales ; une troisième personne : *il survint un tiers.*

TIERS-POINT, sm. nom que les ouvriers donnent au sommet d'un triangle équilatéral, à la courbure des voûtes en ogive.

TIFLIS, ville de la Géorgie russe.

TIGE, sf. partie du végétal qui sort de terre et qui pousse des branches, des feuilles, etc. *Fig.* premier ancêtre d'une famille ; objet en métal, en pierre, en bois, etc. long et cylindrique : *tige d'une clef ; tige d'une colonne* ; partie de la botte qui entoure la jambe.

TIGELLE, sf. première tige de la plante (*bot.*).

TIGELLÉ, EE, adj. qui a une petite tige (*bot.*).

TIGELLIN, ministre et favori de Néron, m. 69.

TIGNASSE, sf. mauvaise perruque (*fam.*).

TIGNON, sm. partie des cheveux qui est derrière la tête des femmes.

TIGNONNER, va. mettre en boucles les cheveux du chignon. — SE TIGNONNER, vpr. se prendre par le tignon (*pop.*).

TIGRANE, nom de plusieurs rois d'Arménie.

TIGRANOCERTE, ville de l'Arménie ancienne.

TIGRE, TIGRESSE, s. bête féroce du genre chat. *Fig.* homme cruel, sorte d'insecte. — adj. tigré : *cheval tigre.*

TIGRE, riv. de l'Asie Mineure, affluent de l'Euphrate. — ou *Si-kiang*, fleuve de Chine.

TIGRÉ, ÉE, adj. moucheté comme un tigre, imitant les couleurs du tigre.

TIGRÉ, royaume dans l'Abyssinie.

TIGRER, va. rayer comme la peau du tigre, moucheter comme celle du léopard.

TILBURY, sm. cabriolet découvert et fort léger (mot anglais).

TILIACÉES, sf. pl. (l. *tilia* tilleul), famille de plantes dont le tilleul est le type (*bot.*).

TILLAC, sm. (*ll m.*), pont d'un navire.

TILLAGE ou **TEILLAGE**, sm. (*ll m.*), action de tiller.

TILLE ou **TEILLE**, sf. (*ll m.*), petite peau entre l'écorce et le bois du tilleul ; écorce du chanvre ; instrument qui sert de hache et de marteau.

TILLEMONT (*Le Nain* de), historien français (1637-1698).

TILLER ou **TEILLER**, va. (*ll m.*), détacher avec la main le filament du chanvre.

TILLEUR ou **TEILLEUR, EUSE**, s. (*ll m.*), celui, celle qui tille le chanvre.

TILLEUL, sm. (*ll m.*), arbre ; sa fleur.

TILLY (comte de), célèbre général allemand (1559-1632).

TILSITT ou **TILSIT**, ville de Prusse sur le Niémen. Traité de 1807 entre Napoléon 1er et Alexandre 1er, emper. de Russie.

TIMANTHE, célèbre peintre grec, 4e s. av. J. C.

TIMBALE, sf. sorte de tambour dont la caisse est en cuivre et demi-sphérique, gobelet en métal ; sorte de petite raquette.

TIMBALIER, sm. celui qui bat des timbales.

TIMBOCTOU, V. *Tombouctou.*

TIMBRE, sm. sorte de cloche immobile que frappe un marteau ; son de cette cloche, son de la voix ; empreinte légale à laquelle sont soumis certains papiers, certaines écritures ; lieu où l'on timbre ; marque particulière d'un bureau de poste appliquée sur les lettres. *Fig. avoir le timbre fêlé*, être un peu fou.

TIMBRÉ, ÉE, adj. part. marqué d'un timbre. *Fig.* un peu fou.

TIMBRE-POSTE, sm. petit rectangle de papier à l'effigie du souverain ou aux armes de l'État et que l'on colle sur une lettre pour l'affranchir. Pl. *timbres-poste.*

TIMBRER, va. marquer d'un timbre, appliquer un timbre ; écrire en tête d'un acte sa nature, sa date et le sommaire de ce qu'il contient.

TIMBREUR, sm. celui qui timbre.

TIMÉE, de Locres, philosophe pythagoricien, 4e s. av. J. C. — historien grec, m. 256 av. J. C.

TIMIDE, adj. 2 g. craintif ; qui manque de hardiesse, d'assurance.

TIMIDEMENT, adv. avec timidité.

TIMIDITÉ, sf. qualité de celui ou de ce qui est timide : on blâme la timidité de ses conseils.

TIMOLÉON, célèbre général corinthien (410-337 av. J. C.).

TIMON, sm. longue pièce de bois du train de devant des voitures, à laquelle sont attachés les chevaux; pièce de bois qui sert à mouvoir un gouvernail. Fig. gouvernement, direction.

TIMON, célèbre philosophe athénien, surnommé le Misanthrope, 5e s. av. J. C. — philosophe grec et poète, 3e s. av. J. C.

TIMONERIE, sf. ce qui a rapport au gouvernail, art de diriger un navire.

TIMONIER, sm. celui qui gouverne le timon d'un navire ; cheval que l'on met au timon d'une voiture.

TIMOR, l'une des îles de la Sonde.

TIMORÉ, ÉE, adj. qui est pénétré de la crainte de pécher, très-scrupuleux.

TIMOTHÉE, poète et musicien grec (446-358 av. J. C.). — général athénien, 4e s. av. J. C.

TIMOTHÉE (St), disciple de St Paul et martyr; m. 97.

TIMOUR-LENG ou TIMOUR-LENK, V. Tamerlan.

TINCHEBRAY, ch.-l. de canton (Orne). Victoire de Henri Ier roi d'Angleterre sur son frère Robert Courte-heuse, en 1106.

TINCTORIAL, ALE, adj. qui sert à teindre.

TINE, sf. espèce de tonneau pour le transport de l'eau, ou de matières liquides.

TINETTE, sf. petite tine.

TINGIS, anc. ville de la Mauritanie, auj. Tanger.

TINGITANE, partie occidentale de la Mauritanie.

TINTAMARRE, sm. toute sorte de bruit éclatant.

TINTAMARRER, vn. faire du tintamarre (pop.).

TINTEMENT, sm. action de tinter, son d'une cloche qui tinte; sensation dans l'oreille semblable au son d'une cloche.

TINTER, va. faire sonner une cloche en sorte que le battant ne frappe que d'un côté. — vn. sonner lentement : la cloche tinte; éprouver des tintements : l'oreille lui tinte.

TINTINGUE, ville de l'île de Madagascar.

TINTORET (le), célèbre peintre vénitien (1512-1594).

TINTOUIN, sm. bourdonnement dans l'oreille. Fig. inquiétude, embarras que cause une affaire.

TIPPOO-SAËB ou TIPPOU-SAÏB, célèbre prince indien, sultan de Mysore (1749-1799).

TIQUE, sf. insecte qui s'attache aux oreilles des chiens, des bœufs, etc.

TIQUER, vn. avoir un tic.

TIQUETÉ, ÉE, adj. tacheté.

TIQUETURE, sf. état de la chose tiquetée.

TIQUEUR, EUSE, adj. qui tique.

TIR, sm. action ou art de tirer une arme à feu ; lieu où l'on s'exerce à tirer.

TIRABOSCHI (on pr. Tirasboski), érudit et littérateur italien (1731-1794).

TIRADE, sf. morceau d'une certaine étendue et roulant sur une même idée, dans un ouvrage de littérature; long discours de lieux communs; passage brillant d'une note à une autre (mus.). — TOUT D'UNE TIRADE, loc. adv. sans intervalle (fam.).

TIRAGE, sm. action de tirer; action d'allonger les métaux, de dévider la soie, d'imprimer les feuilles de papier ; chemin de halage.

TIRAILLEMENT, sm. (ll m.), action de tirailler ; effet de cette action ; sorte de malaise, de sensation importune dans un viscère. Fig. mésintelligence, désaccord.

TIRAILLER, va. (ll m.), tirer une personne à diverses reprises. Fig. accabler d'instances. — vn. tirer mal et souvent; attaquer l'ennemi par un feu à volonté et en se dispersant.

TIRAILLERIE, sf. (ll m.), action de tirailler.

TIRAILLEUR, sm. (ll m.), celui qui tiraille; soldat qui commence l'attaque en tiraillant.

TIRANT, sm. cordon servant à ouvrir et à fermer une bourse ; anses d'étoffe attachées aux deux côtés d'une botte ; pièce de bois ou barre de fer qui empêche l'écartement d'une charpente, d'une voûte, etc.; profondeur de l'eau où descend un navire.

TIRASSE, sf. filet pour prendre des cailles, des perdrix, etc.

TIRASSER, va. et n. chasser à la tirasse.

TIRÉ, sm. chasse au fusil, lieu où se fait cette chasse. Celui sur qui a été tirée une lettre de change (comm.).

TIRÉ, ÉE, adj. visage tiré, abattu, maigri; tiré à quatre épingles, habillé, ajusté avec un grand soin. Fig. être à couteaux tirés, être ennemis déclarés.

TIRE, sf. action de dérober en tirant : vol à la tire (pop.). — TOUT D'UNE TIRE, loc. adv. sans discontinuation, tout de suite. V. Tire-d'aile.

TIRE-BALLE, sm. instrument pour extraire une balle d'une arme à feu ou d'une blessure. Pl. tire-balles (Acad.).

TIRE-BOTTE (Acad.), et mieux TIRE-BOTTES, sm. planche avec une entaille qui sert à ôter les bottes; crochet pour mettre les bottes.

TIRE-BOUCHON, sm. (inv.), outil pour déboucher les bouteilles. Fig. cheveux roulés en spirale.

TIRE-BOURRE, sm. (inv.), instrument pour débourrer une arme à feu.

TIRE-BOUTON, sm. (inv.), crochet pour faire entrer le bouton dans la boutonnière.

TIRE-CLOU ou mieux TIRE-CLOUS (inv.), sm. outil pour arracher les clous.

TIRE-D'AILE, sm. (inv.), battement d'aile fort et rapide d'un oiseau qui vole. — A TIRE-D'AILE, loc. adv. très-rapidement.

TIRE-FOND, sm. (inv.), anneau de fer terminé en vis, qui sert à divers usages et surtout à suspendre.

TIRE-LAINE, sm. (inv.), voleur de manteaux, filou de nuit; crochet pour tirer la laine des moules (t. de fondeur).

TIRE-LARIGOT ('A), loc. adv. (t final nul). *Boire à tire-larigot*, boire excessivement (pop.).

TIRE-LIGNE (Acad.), et mieux TIRE-LIGNES, sm. petit instrument pour tirer des lignes sur le papier.

TIRELIRE, sf. petit vase de terre ou petite boîte dans laquelle on introduit par une fente l'argent que l'on veut mettre en réserve.

TIRE-MOELLE, sm. (inv.), ustensile pour tirer la moelle des os.

TIRE-PIED, sm. (inv.), courroie dont les cordonniers se servent pour maintenir l'ouvrage sur leurs genoux.

TIRER, va. mouvoir vers soi ou après soi; ôter, extraire : *tirer du vin d'un tonneau*; dégager, délivrer : *tirer son ami d'un péril*; étendre, allonger : *tirer une courroie*. Fig. recueillir, percevoir, obtenir : *tirer un profit, un avantage*; faire venir de : *Rome tirait du blé de l'Afrique*; extraire, emprunter : *tirer une sentence d'un auteur ancien*; inférer : *tirer une conséquence*; tracer : *tirer une ligne*; imprimer : *tirer une épreuve*. — *Tirer une lettre de change sur quelqu'un*, charger cette personne de la payer; *tirer les cartes*, prédire l'avenir par l'inspection des cartes à jouer; *tirer parti d'une chose*, l'utiliser, la mettre à profit; *tirer vengeance*, se venger; *tirer vanité d'une chose*, en être vain; *tirer son origine, sa source*, être issu, provenir de; *tirer quelqu'un de la boue*, le faire sortir d'un état misérable; *tirer raison d'une offense*, en obtenir la réparation; *tirer son épingle du jeu*, sortir adroitement d'un embarras; *tirer une épine du pied*, délivrer d'un embarras; *se faire tirer l'oreille*, avoir de la peine à consentir. — vn. faire usage d'une arme à feu ou de trait : *tirer à poudre, tirer de l'arc*; aller, s'acheminer : *tirons de ce côté*. — *Tirer au large*, s'enfuir; *tirer au sort*, faire décider par le sort; *tirer à sa fin*, être près d'être fini ou de mourir; *chose qui tire à conséquence*, qui peut avoir des conséquences graves; *fromage qui tire sur le noir*, qui est un peu noir. — SE TIRER, vpr. se retirer, se dégager de : *se tirer du danger*. Fig. *se tirer d'affaire*, sortir heureusement d'un embarras ou d'un danger.

TIRET, sm. (t final nul), trait d'union; ligne droite; petit morceau de parchemin pour réunir des papiers.

TIRETAINE, sf. sorte de gros drap.

TIREUR, sm. celui qui tire, tout homme qui tire d'une arme à feu ou de trait; celui qui fait une lettre de change sur quelqu'un (comm.). *Tireur de laine*, autrefois voleur de manteaux la nuit.

TIREUSE, sf. *tireuse de cartes*, femme qui prétend prédire l'avenir en tirant les cartes.

TIRIDATE, nom de deux rois d'Arménie.

TIRLEMONT, ville de Belgique (Brabant).

TIROIR, sm. sorte de boîte qui s'adapte à un meuble et qui se tire. *Pièce à tiroir*, pièce de théâtre dont les scènes sont décousues et ne forment guère une action.

TISANE, sf. infusion ou décoction d'une plante médicinale.

TISIPHONE, l'une des Furies (myth.).

TISON, sm. reste d'un morceau de bois dont une partie a été brûlée.

TISONNÉ, adj. m. *cheval gris tisonné*, dont le poil est irrégulièrement semé de taches brunes.

TISONNER, vn. remuer les tisons sans nécessité.

TISONNEUR, EUSE, s. celui, celle qui aime à tisonner.

TISONNIER, sm. instrument de fer pour attiser le feu de la forge.

TISSAGE, sm. action de tisser; ouvrage de celui qui tisse.

TISSER, va. faire une étoffe en entrecroisant les fils.

TISSERAND, sm. (d nul), ouvrier qui tisse de la toile, du drap, des étoffes.

TISSERANDERIE, sf. profession du tisserand, de celui qui vend des ouvrages de tisserand.

TISSOT (Simon-André), célèbre médecin suisse (1728-1797). — (Pierre-François), littérateur français (1768-1854).

TISSU, sm. ouvrage tissu; tissure, texture. Fig. entrelacement des fibres, des parties élémentaires qui forment les différents organes d'un corps organisé; ordre, suite, enchaînement : *le tissu d'un discours*; *un tissu de faussetés*.

TISSU, UE, adj. part. de *tistre* (tisser), qui a été tissé : *une étoffe bien tissue*.

TISSURE, sf. liaison de ce qui est tissu. Fig. disposition, ordre dans un ouvrage d'esprit.

TISSUTIER, sm. ouvrier qui fait des tissus de rubans, de ganses, etc.

TISTRE, va. tisser. (Il ne s'emploie plus qu'au part. p. *tissu, ue*.)

TITAN, fils d'Uranus et frère aîné de Saturne ou Uranus lui-même (myth.). — LES TITANS ou TITANIDES, géants, fils de Titan, qui voulurent escalader le ciel.

TITANE, sm. l'un des corps simples de la chimie.

TITANIQUE, adj. 2 g. des Titans. — du titane (chim.).

TITANITE, sm. oxyde de titane.

TITE-LIVE, célèbre historien latin (59 av. J. C. — 19 après).

TITHON, fils de Laomédon et époux de l'Aurore (myth.).

TITHYMALE, sm. euphorbe indigène.

TITICACA (lac), dans la Bolivie.

TITIEN (Le), célèbre peintre vénitien (1477-1576).

TITILLANT, ANTE, adj. (Il non m.), qui éprouve ou qui produit de la titillation.

TITILLATION, sf. (Il non m.), légère agitation dans un tissu organique; chatouillement.

TITILLER, vn. (Il non m.), causer une légère agitation, chatouiller.

TITRE, sm. inscription en tête d'un livre ou d'un chapitre; nom de dignité, qualification d'honneur ou de parenté; ce qui donne droit à une chose; degré de fin de l'or ou de l'argent. — *A TITRE DE*, loc. prép. en qualité de, sous prétexte de ; à JUSTE TITRE, *loc. adv.* à bon droit, avec raison.

TITRÉ, ÉE, *adj.* qui a titre de noblesse ou d'honneur.

TITRER, *va.* donner un titre d'honneur, de noblesse.

TITTERY, anc. province de l'Algérie.

TITUBANT, ANTE, *adj.* chancelant.

TITUBATION, *sf.* action de chanceler.

TITUBER, *vn.* chanceler.

TITULAIRE, *adj.* et *s. 2 g.* qui a le titre et le droit d'une dignité ou d'une fonction, soit qu'il l'exerce ou non.

TITUS, empereur romain, fils de Vespasien (40-81).

TIVOLI, ville près de Rome, anc. *Tibur.*

TLASCALA, anc. capitale d'un royaume dans le Mexique.

TLEMCEN ou TRÉMECEN (cen se pron. cène), ville de l'Algérie, dans la province d'Oran.

TMÈSE, *sf.* figure de grammaire qui consiste à couper un mot en deux parties.

TOAST, *sm.* (on pr. et l'on écrit aussi *toste*), proposition de boire à la santé de quelqu'un, à la réussite d'une affaire (mot anglais).

TOASTER (on pr. *toster*). V. *Toster.*

TOBIE, nom de deux Juifs, le père et le fils, captifs à Babylone, et dont l'histoire est dans la Bible.

TOBOL, riv. de Sibérie, affluent de l'Irtisch.

TOBOLSK, capitale de la Sibérie.

TOCADE, *sf.* monomanie, caprice de toqué (fam.).

TOCANE, *sf.* vin nouveau fait de la mère goutte.

TOCANTINS, fleuve du Brésil.

TOCQUEVILLE (de), publiciste et homme d'État, ministre de la République française en 1849 (1805-1859).

TOCSIN, *sm.* tintements pressés d'une cloche qui donne l'alarme.

TŒPLITZ ou TÉPLITZ, p. ville de Bohême. Eaux thermales.

TOGE, *sf.* robe des anciens Romains par-dessus la tunique ; robe d'avocat.

TOGRUL-BEG, fondateur de la dynastie des Turcs Seldjoucides (998-1063).

TOHU BOHU, *sm.* chaos primitif. *Fig.* confusion, désordre.

TOI, *pron. pers.* 2 g. V. *Tu.*

TOILE, *sf.* tissu de fil de chanvre, de lin, de coton, etc. ; rideau qui cache la scène d'un théâtre ; tente ; tissu de l'araignée ; toile préparée pour peindre. *Fig.* tableau peint.

TOILERIE, *sf.* marchandise de toile.

TOILETTE, *sf.* meuble et objets qui servent à la parure, à l'ajustement ; action de se nettoyer, s'habiller et se parer ; ensemble de l'habillement et de la parure ; morceau de toile qui enveloppe des étoffes, des vêtements.

TOILIER, IÈRE, *s.* celui, celle qui vend ou fabrique de la toile.

TOIRAS (de), maréchal de France (1585-1636).

TOISE, *sf.* anc. mesure longue de six pieds (environ 2 mètres).

TOISÉ, *sm.* mesurage à la toise (se dit aussi du mesurage au mètre).

TOISER, *va.* mesurer à la toise et auj. au mètre. *Fig.* examiner quelqu'un avec une attention dédaigneuse.

TOISEUR, *sm.* celui qui toise.

TOISON, *sf.* laine des brebis, des moutons. — *Toison d'or,* toison suspendue à un arbre de la Colchide et qui fut conquise par les Argonautes (*myth.*). *Ordre de la Toison d'or,* ordre de chevalerie institué en 1429 par Philippe le Bon, duc de Bourgogne.

TOIT, *sm.* (t final nul), couverture d'un édifice. *Fig.* maison. *Prêcher, publier sur les toits,* annoncer hautement, divulguer.

TOITURE, *sf.* ce qui compose le toit.

TOKAT, ville de la Turquie d'Asie.

TOKAY ou TOKAI, bourg de Hongrie, célèbre par son vin. — *sm.* ce vin même.

TOLBIAC, anc. ville auj. *Zulpich* près de Cologne. Victoire de Clovis sur les Alémans, en 495, et de Thierry II sur Theodebert II, en 612.

TÔLE, *sf.* fer battu et réduit en plaques minces.

TOLÈDE, ville d'Espagne, sur le Tage. — (Pierre de), général de Charles-Quint et vice-roi de Naples (1484-1553).

TOLENTINO, p. ville d'Italie près de Macerata. Traité de paix entre le général Bonaparte et le pape Pie VI, en 1797.

TOLÉRABLE, *adj.* 2 g. que l'on peut tolérer.

TOLÉRABLEMENT, *adv.* d'une manière tolérable.

TOLÉRANCE, *sf.* qualité de la personne tolérante ; condescendance, indulgence, différence que la loi tolère dans la fabrication des monnaies quant à la quantité d'alliage et au poids.

TOLÉRANT, ANTE, *adj.* qui tolère, qui supporte avec indulgence.

TOLÉRANTISME, *sm.* opinion de ceux qui portent trop loin la tolérance.

TOLÉRER, *va.* supporter avec indulgence, permettre ce qui n'est pas bien ou que l'on croit ne pas être bien.

TOLLÉ (Acad.), ou **TOLLE,** *sm.* (mot latin tiré de l'Évangile et signifiant *ôte, enlève*). *Crier tollé sur ou contre quelqu'un,* exciter l'indignation contre lui.

TOMAHAWK, *sm.* (on pr. *tomaoc*), casse-tête de sauvage.

TOMAISON, *sf.* indication du tome auquel appartient chaque feuille imprimée.

TOMAN, *sm.* somme de compte en Perse, valant environ 80 francs.

TOMATE, *sf.* plante, vulgairement *pomme d'amour* ; son fruit.

TOMBAC, *sm.* métal composé de cuivre et de zinc.

TOMBANT, ANTE, *adj.* qui tombe. *La nuit tombante,* commencement de la nuit.

TOMBE, *sf.* grande pierre dont on couvre une sépulture ; sépulcre.

TOMBEAU, *sm.* sépulcre, monument élevé à la mémoire d'un mort. *Fig.* mort, fin, destruction : *la défiance est le tombeau de l'amitié.* — *Tirer du tombeau,* sauver la vie, rendre à la vie ; *descendre au tombeau,* mourir.

TOMBÉE, *sf.* action de tomber. — *A LA TOMBÉE DE LA NUIT,* loc. adv. à l'approche de la nuit.

TOMBELIER, *sm.* charretier qui conduit un tombereau.

TOMBER, *vn.* être entraîné du haut en bas par son propre poids ; descendre : *ses cheveux tombent sur ses épaules ;* se jeter, s'élancer : *tomber aux pieds de son bienfaiteur. Fig.* dégénérer, descendre : *tomber dans le burlesque ;* déchoir, perdre de sa vogue : *cette mode tombe ;* succomber, périr : *ces empires tombèrent l'un après l'autre ;* cesser : *le vent est tombé ;* faillir : *la conversation tomba ;* être frappé de, saisi de : *tomber en démence ;* devenir : *tomber malade ;* être réduit à : *tomber en poussière ;* être jeté dans une position fâcheuse : *tomber dans la misère ;* rencontrer : *tomber sur un passage ;* échoir : *cette maison m'est tombée en partage ;* se réunir : *la Saône tombe dans le Rhône ;* ne pas réussir : *la pièce tomba ;* arriver : *cette fête tombe au mardi.* — *Tomber en faute,* commettre une faute ; *tomber en désuétude,* cesser d'être en usage ; *tomber des nues, tomber de son haut,* être extrêmement surpris ; *tomber d'accord,* s'accorder, convenir de, avouer ; *tomber sur quelqu'un,* se jeter sur lui, l'attaquer vigoureusement de fait ou en paroles ; *tomber sur les mets,* en manger beaucoup ; *tomber sur les bras,* se trouver à la charge de ; *tomber sous la main,* se présenter fortuitement sans avoir été cherché ; *tomber sous le sens,* être évident ou conforme à la raison. — *v. imp.* se dit de la pluie, de la grêle, etc.

TOMBEREAU, *sm.* charrette entourée de planches ; son contenu.

TOMBOLA, *sf.* sorte de loterie tirée dans une assemblée de personnes.

TOMBOUCTOU, ville de la Nigritie, sur le Niger.

TOME, *sm.* volume qui fait partie d'un même ouvrage.

TOMENTEUX, EUSE, *adj.* (l. *tomentum* laine à matelas), couvert de poils entrelacés imitant un tissu de laine très-lâche (bot.).

TOMSK, ville de Sibérie.

TON, *adj. poss.* qui répond à la 2e pers. du s. Au f. *ta,* au pl. *tes.*

TON, *sm.* certain degré d'élévation ou d'abaissement de la voix ou des instruments de musique ; 1re note d'une gamme ; intervalle entre deux notes consécutives ; teinte en peinture. *Fig.* manière de parler, style, genre, manières : *bon ton, mauvais ton.* — *Donner le ton,* servir d'exemple pour les manières ; *changer de ton,* changer de langage, de façons, etc.

TONALITÉ, *sf.* notes qui constituent le ton ou le mode musical.

TONDAGE, *sm.* action de tondre le drap.

TONDAILLE, *sf.* (il m.), laine tondue ; tonte.

TONDAISON, *sf.* tonte.

TONDEUR, EUSE, *s.* celui, celle qui tond.

TONDRE, *va.* couper la laine ou le poil ; couper les cheveux, l'extrémité de l'herbe, des plantes, etc.

TONDU, UE, *adj. part.* à qui l'on a coupé la laine ou le poil. — *Fig. sm.* homme de peu de considération : *trois tondus et un pelé.*

TONGA (archipel de), dans la Polynésie.

TONGRES, anc. peuple de la Gaule Belgique. — ville de Belgique.

TONICITÉ, *sf.* force vive des organes du corps (méd.).

TONIQUE, *adj. 2 g.* et *sm.* qui donne aux organes du corps certain degré de tension, d'activité. — *sf.* note fondamentale d'un ton (mus.).

TONKA, *sf.* se dit d'une sorte de fève que l'on met dans le tabac.

TONKIN, V. *Tonquin.*

TONNAGE, *sm.* capacité d'un navire, d'un bateau. *Droit de tonnage,* droit payé par un navire en raison de sa capacité.

TONNANT, ANTE, *adj.* qui tonne. *Fig.* fort et éclatant : *voix tonnante.*

TONNAY-CHARENTE, p. ville et port sur la Charente.

TONNE, *sf.* vaisseau de bois à deux fonds et à peu près cylindrique ; poids de 1000 kilogrammes.

TONNEAU, *sm.* petite tonne ; son contenu ; espace équivalant à un mètre cube dans un navire (mar.) ; sorte de jeu.

TONNEINS, p. ville (Lot-et-Garonne).

TONNELER, *va.* prendre des perdrix à la tonnelle.

TONNELET, *sm.* petit tonneau.

TONNELEUR, *sm.* chasseur à la tonnelle.

TONNELIER, *sm.* ouvrier qui fait et raccommode des tonneaux.

TONNELLE, *sf.* sorte de berceau de verdure ; voûte en plein cintre ; filet à prendre des perdrix.

TONNELLERIE, *sf.* profession de tonnelier ; lieu où l'on fabrique des tonneaux.

TONNER, *vn.* et *imp.* se dit du bruit que fait le tonnerre. *Fig.* faire un grand bruit imitant celui du tonnerre : *le canon tonne ;* parler avec véhémence : *tonner contre le luxe.*

TONNERRE, *sm.* bruit éclatant de la foudre ; la foudre elle-même. *Fig.* endroit d'une arme à feu où se met la charge. *Coup de tonnerre,* événement imprévu et fatal.

TONNERRE, s.-préf. du dép. de l'Yonne.

TONQUIN ou **TONKIN,** contrée de l'empire d'Annam.

TONSURE, *sf.* cérémonie par laquelle l'évêque donne à un ecclésiastique le premier degré de cléricature en lui coupant une partie de ses cheveux ; endroit de la tête où sont coupés ces cheveux.

TONSURÉ, *sm.* ecclésiastique qui a reçu la tonsure.

TONSURER, *va.* donner la tonsure.

TONTE, *sf.* action de tondre ; laine tondue ; temps où l'on tond les troupeaux.

TONTINE, *sf.* rente viagère avec droit d'accroissement pour les survivants.

TONTINIER, ÈRE, s. celui, celle qui a des rentes de tontine.

TONTISSE, adj. f. se dit de la bourre qui tombe des draps tondus. — sf. tenture sur laquelle on figure des dessins en y appliquant des tontures de drap.

TONTURE, sf. poil tondu sur le drap; branches et feuilles taillées aux palissades, aux bordures de buis, etc.

TOPARCHIE, sf. (on pr. toparki : gr. topos lieu, 'arché commandement), gouvernement d'un lieu, d'un canton.

TOPAZE, sf. pierre précieuse jaune et transparente.

TOPER, vn. consentir à mettre un enjeu aussi fort que celui de l'adversaire; consentir à une offre, adhérer à une proposition : j'y tope, ou absolument tope (fam.).

TOPETTE, sf. petite bouteille en verre mince et blanc.

TOPINAMBOUR, sm. plante dont la racine est garnie de tubercules bons à manger; ces tubercules mêmes.

TOPINAMBOUS, peuple indigène du Brésil.

TOPINO-LEBRUN, peintre français, complice d'Arena dans la conspiration contre le premier consul (1769-1801).

TOPIQUE, sm. et adj. 2 g. (gr. topikos local), remède qui s'applique extérieurement sur le lieu même où est le mal.

TOPIQUES, sm. pl. (gr. topika : de topos lieu), traité sur les lieux communs d'où l'on tire les arguments (rhét.).

TOPOGRAPHIE, sf. (gr. topos lieu, graphô décrire), description détaillée d'un lieu, d'un canton particulier.

TOPOGRAPHIQUE, adj. 2 g. de la topographie, qui représente la topographie.

TOQUE, sf. sorte de coiffure, de bonnet.

TOQUÉ, EE, adj. qui a une toque sur la tête — Fig. adj. et s. dont l'esprit est un peu dérangé (fam.).

TOQUER, va. toucher, frapper (vx. mot).

TOQUET, sm. bonnet d'enfant, de paysanne.

TORBAY, baie et port d'Angleterre sur la Manche.

TORCHE, sf. flambeau fait de bois résineux ou de cire.

TORCHE-NEZ, sm. instrument qui sert à serrer la lèvre antérieure d'un cheval.

TORCHER, va. essuyer pour ôter l'ordure. Fig. travailler grossièrement.

TORCHÈRE, sf. espèce de gros flambeau de fer; grand candélabre.

TORCHIS, sm. (s nulle), mortier de terre grasse et de foin ou de paille.

TORCHON, sm. serviette de grosse toile pour essuyer ou nettoyer.

TORCY (marquis de), neveu de Colbert et ministre de Louis XIV (1665-1746).

TORDAGE, sm. action de tordre; façon que l'on donne à la soie en doublant les fils sur les moulinets.

TORDEUR, sm. ouvrier qui tord la laine, etc.

TORDEUSE, sf. chenille qui tord les feuilles des arbres.

TORDRE, va. (c. mordre), tourner un corps flexible en sens contraire et en serrant; tordre le cou, faire mourir en tordant le cou; tordre la bouche, la tourner de travers; ne faire que tordre et avaler, manger trop avidement. Fig. tordre une loi, un passage, leur donner une interprétation fausse et forcée.

TORE, sm. gros anneau ou moulure ronde des colonnes (arch.).

TORÉADOR, sm. cavalier qui combat les taureaux (m. espagnol).

TORGAU, ville forte de la Saxe prussienne. Victoire de Frédéric II sur les Autrichiens, en 1760.

TORGNIOLE, sf. coup sec, bien appliqué (pop.).

TORIBIO (St), archevêque de Lima (1538-1606).

TORIES, V. Tory.

TORMENTILLE, sf. (ll m.), plante.

TORNEA, fl. de Suède, affluent du golfe de Bothnia. — ville de Finlande à l'embouchure de la Tornéa.

TORO, ville d'Espagne (Vieille-Castille). Victoire de Ferdinand le Catholique sur Alphonse V de Portugal, en 1476.

TORON, sm. assemblage de fils de caret tournés ensemble; tore.

TORPEUR, sf. engourdissement, cessation du mouvement et de la sensation. Fig. inaction de l'esprit.

TORPIDE, adj. 2 g. qui est dans l'état de torpeur.

TORPILLE, sf. (ll m.), poisson de mer qui a la propriété de donner une commotion électrique.

TORQUEMADA (on pr. Torcuémada), premier inquisiteur général en Espagne (1420-1498). — (Jean de), savant théologien et cardinal (1388-1468).

TORQUETTE, sf. marée arrangée dans de la paille; panier à poisson.

TORRE-DEL-GRECO, TORRE-DELL'ANNUNZIATA, villes et ports près de Naples.

TORRÉFACTION, sf. (on pr. torréfaxion), action de torréfier.

TORRÉFIER, va. griller, rôtir.

TORRENT, sm. courant d'eau rapide et de peu de durée. Fig. se dit de choses impétueuses, qui entraînent, de choses abondantes : un torrent de paroles.

TORRENTIEL, ELLE, adj. (on pr. torrenciel), qui tombe comme un torrent : pluie torrentielle.

TORRENTUEUX, EUSE, adj. qui a l'impétuosité d'un torrent.

TORRES, amiral portugais (1769-1822). — Détroit de Torrès, entre l'Australie et la Papouasie.

TORRES-VEDRAS, p. ville de Portugal.

TORRICELLI, célèbre physicien italien (1608-1647).

TORRIDE, adj. 2 g. qui est brûlant, très-chaud. — Zone torride, portion de la surface de la terre entre les deux tropiques.

TORS (s nulle), TORSE, adj. tordu ou affectant cette forme.

TORSADE, sf. frange tordue en spirale; ornements tordus.

TORSE, sm. corps sans tête, bras, ni jambes; tronc, buste.

TORSER, va. contourner une colonne pour la rendre torse.

TORSION, sf. action de tordre, état de ce qui est tordu.

TORSTENSON, général suédois (1595-1654).

TORT, sm. (t final mul), ce qui est opposé à la justice, à la raison, au bon droit; lésion, dommage, préjudice. — À TORT, loc. adv. sans raison, injustement; À TORT ET À TRAVERS, loc. adv. sans discernement, au hasard.

TORTE, adj. f. contournée, difforme : jambe torte (pop.).

TORTICOLIS, sm. (s nulle), sorte de rhumatisme au cou. — adj. 2 g. qui porte le cou de travers.

TORTILE, adj. 2 g. qui est susceptible de se tordre (bot.).

TORTILLAGE, sm. (ll m.), façon de s'exprimer embarrassée (fam.).

TORTILLART, sm. (ll m.), bois noueux et tortu.

TORTILLE ou **TORTILLÈRE,** sf. (ll m.), petite allée tortueuse dans un bois, dans un jardin.

TORTILLÉ, ÉE, adj. part. (ll m.), tordu, roulé.

TORTILLEMENT, sm. (ll m.), action de tortiller, état de ce qui est tortillé. Fig. petits détours, petite finesse.

TORTILLER, va. (ll m.), tordre à plusieurs tours. — vn. chercher des détours, des subterfuges.

TORTILLÈRE, V. Tortille.

TORTILLON, sf. (ll m.), torchon tortillé en rond, bourrelet mis sur la tête pour porter des fardeaux; coiffure de paysanne. Fig. servante prise au village.

TORTIONNAIRE, adj. 2 g. (on pr. torcionnaire), qui est de torture, qui appartient à la torture; par extension, violent, inique.

TORTIS, sm. (s nulle), fils de soie, de laine, etc. tordus ensemble; couronne de fleurs.

TORTONE, ville du Piémont.

TORTOSE, ville d'Espagne sur l'Èbre.

TORTU, UE, adj. qui n'est pas droit, qui est de travers. Fig. qui manque de justesse : raisonnements tortus.

TORTUE, sf. reptile couvert d'une carapace; sorte d'ancienne machine de guerre, abri formé par des boucliers. Fig. À PAS DE TORTUE, loc. adv. très-lentement.

TORTUER, va. rendre tortu. — SE TORTUER, vpr. devenir tortu.

TORTUEUSEMENT, adv. d'une manière tortueuse.

TORTUEUX, EUSE, adj. qui fait plusieurs tours et détours. Fig. insidieux, qui manque de franchise : voies tortueuses.

TORTUOSITÉ, sf. état de ce qui est tortueux.

TORTURE, sf. tourment que l'on fait souffrir à un accusé ou à un coupable. Fig. trouble, anxiété, vive impatience; contention d'esprit.

TORTURER, va. faire éprouver la torture. Fig. torturer un sens, un texte, lui faire

signifier, comme par violence, ce qu'il ne dit pas.

TORUS, sm. (l. torus coussin, matelas), partie du réceptacle entre le calice et le pistil, servant de base commune à la corolle et à l'androcée (bot.).

TORY, sm. et adj. nom donné en Angleterre aux partisans de l'autorité royale, opposés aux whigs. — Pl. torys ou tories.

TORYSME, sm. opinion politique ou parti des torys.

TOSCAN, ANE, adj. et s. de la Toscane. Se dit aussi d'un des cinq ordres d'architecture.

TOSCANE, contrée de l'Italie, anc. grand-duché; capit. Florence.

TOSCANELLI, astronome florentin (1397-1482).

TOSTE, V. Toast.

TOSTER, va. porter un toast.

TÔT, adv. vite, promptement. — PLUS TÔT, loc. adv. de meilleure heure.

TOTAL, ALE, adj. entier, complet (pl. totaux). — sm. le tout, la somme. — AU TOTAL, loc. adv. en somme, tout compense.

TOTALEMENT, adv. entièrement.

TOTALISER, va. et n. former le total.

TOTALITÉ, sf. le total, le tout.

TOTILA, roi des Ostrogoths, m. 552.

TOTIPALMES, sm. pl. (l. totus tout entier, palma palme ou paume), famille d'oiseaux palmipèdes dont les pieds sont entièrement palmés (zool.).

TOTON, sm. sorte de dé traversé d'une petite cheville sur la pointe de laquelle on le fait tourner.

TOUAGE, sm. action de touer.

TOUAILLE, sf. (ll m.), essuie-mains suspendu à un rouleau.

TOUC, V. Toug.

TOUCAN, sm. oiseau d'Amérique à très-gros bec.

TOUCHANT, ANTE, adj. qui touche le cœur, qui émeut.

TOUCHANT, prép. concernant, au sujet de : touchant cette affaire.

TOUCHE, sf. chacune des petites pièces qui composent un clavier, petits filets saillants sur le manche de certains instruments à cordes; épreuve de l'or par la pierre de touche. Fig. disgrâce, accident fâcheux; manière dont le peintre fait sentir le caractère des objets; style particulier. Pierre de touche, sorte de pierre qui sert à éprouver l'or, et au fig. épreuve, indice.

TOUCHER, va. et n. mettre la main sur, se mettre en contact avec un objet; être contigu ou auprès : ma maison touche la sienne; atteindre à : toucher au plafond; frapper pour faire aller : toucher les bœufs devant soi; jouer de certains instruments : toucher du piano; recevoir : toucher une somme; prendre, ôter : toucher à une somme. — Fig. changer, modifier : toucher à une loi; traiter, exprimer : toucher un point important; émouvoir : toucher le cœur; concerner, intéresser : cette affaire vous touche; être uni par la parenté : il vous touche de près; aborder : le navire toucha à une île;

donner contre un obstacle : *le navire a touché.*— *Fig. Faire toucher au doigt,* démontrer, faire voir clairement le vrai d'une chose. — SE TOUCHER, *vpr.* être contigu ou très-voisin.

TOUCHER, *sm.* le tact, le sens par lequel on touche, on palpe ; manière de peindre, de toucher un instrument de musique.

TOUCQUES, riv. de France, affluent de la Manche.

TOUE, *sf.* sorte de bateau plat.

TOUÉE, *sf.* action de touer.

TOUER, *va.* faire avancer un navire, un bateau en le tirant.

TOUFFE, *sf.* assemblage de certaines choses très-rapprochées, telles que fleurs, arbres, cheveux, plumes, rubans, etc.

TOUFFEUR, *sf.* exhalaison désagréable qui saisit en entrant dans un lieu très-chaud (*fam.*).

TOUFFU, UE, *adj.* qui est en touffe, épais, bien garni.

TOUG ou **TOUC,** *sm.* sorte d'étendard turc formé d'une queue de cheval attachée au bout d'une demi-pique.

TOUJOURS, *adv.* sans cesse, sans fin ; en toute occasion, le plus souvent, ordinairement : *il est toujours occupé ;* en attendant, cependant : *prenez toujours cela à compte ;* au moins : *toujours faudrait-il prévenir.* — POUR TOUJOURS, *loc. adv.* pour l'existence entière.

TOUL, s.-préf. du dep. de la Meurthe.

TOULA, ville de Russie.

TOULON, s.-préf. du dép. du Var ; port militaire.

TOULLIER, célèbre jurisconsulte français (1752-1835).

TOULOUSE, ch.-l. du dep. de la Haute-Garonne.

TOUPET, *sm.* (*t* final nul), touffe de cheveux au haut du front ; touffe de crins, de laine, etc. *Fig.* hardiesse, effronterie.

TOUPIE, *sf.* sorte de jouet de bois que l'on fait tourner.

TOUPILLER, *vn.* (*ll* m.), tourner comme une toupie. *Fig.* ne faire qu'aller et venir dans un appartement (*fam.*).

TOUPILLON, *sm.* (*ll* m.), petit toupet, branches inutiles et confuses.

TOUR, *sf.* bâtiment élevé qui autrefois formait fortification ; clocher, phare, etc. ; pièce du jeu d'echecs. *Tour de Babel,* lieu où tout le monde parle sans s'entendre.

TOUR, *sm.* mouvement en rond ; circonférence, circuit : *ville de deux lieues de tour ;* promenade : *allons faire un tour ;* ajustement de forme ronde : *un tour de bonnet ;* action qui exige la souplesse, l'agilité du corps, l'adresse de la main : *tour de bateleur, tour de gobelets ;* manière d'exprimer sa pensée : *donner un tour agréable à ce que l'on dit ;* manière dont se présente ou marche une affaire : *cela prend un mauvais tour ;* rang successif et alternatif : *c'est votre tour, c'est un tour de faveur ;* machine à façonner le bois, l'ivoire, etc. ; sorte d'armoire à pivot dans l'épaisseur d'un mur. — *Tour de force,* action qui exige beaucoup de force, et au *fig.* trait d'habileté, de finesse, etc. ; *tour du bâton,* profit secret ; *jouer un mauvais tour,* causer du mal, du préjudice. — 'A TOUR DE BRAS, *loc. adv.* de toute la force du bras ; EN UN TOUR DE MAIN, *loc. adv.* très-promptement ; TOUR À TOUR, *loc. adv.* alternativement.

TOURAILLE, *sf.* (*ll* m.), étuve de brasseur pour sécher le grain.

TOURAILLON, *sm.* (*ll* m.), germe séché.

TOURAINE, anc. province de France ; capit. *Tours.*

TOURAN, anc. nom du Turkestan.

TOURANE, ville et port de la Cochinchine.

TOURANGEAU, *adj.* et *sm.* de la Touraine, de Tours. Au f. *tourangelle.*

TOURANIEN, ENNE, *adj.* du Touran.

TOURBE, *sf.* substance combustible formée par l'accumulation de débris de végétaux ; multitude confuse de bas peuple.

TOURBEUX, EUSE, *adj.* qui contient de la tourbe.

TOURBIER, *sm.* ouvrier qui extrait de la tourbe.

TOURBIÈRE, *sf.* lieu d'où l'on tire la tourbe.

TOURBILLON, *sm.* (*ll* m.), vent impétueux ou eau qui tournoie avec violence ; quantité de matière que l'on suppose tourner autour d'un astre. *Fig.* tout ce qui entraîne les hommes : *le tourbillon des plaisirs.*

TOURBILLONNANT, ANTE, *adj.* (*ll* m.), qui tourbillonne.

TOURBILLONNEMENT, *sm.* (*ll* m.), mouvement en tourbillon.

TOURBILLONNER, *vn.* (*ll* m.), se mouvoir en tournoyant.

TOURCOING ou **TURCOING,** ville près de Lille (Nord).

TOURD, *sm.* poisson de mer ; sorte de grive.

TOURDELLE, *sf.* sorte de grive.

TOURELLE, *sf.* petite tour.

TOURET, *sm.* (*t* final nul), petite roue mue par une plus grande ; diverses pièces de machines.

TOURIÈRE, *sf.* domestique qui chez les religieuses fait passer au tour ce qu'on y apporte. *Mère tourière,* religieuse qui est préposée au tour.

TOURILLON, *sm.* (*ll* m.), axe de métal sur lequel se fait un mouvement ; gros pivot d'une grille, d'une porte, etc.

TOURISTE, *s. 2 g.* personne qui voyage pour son plaisir ou par curiosité.

TOURMALINE, *sf.* sorte de pierre qui s'électrise par la chaleur.

TOURMENT, *sm.* violente douleur physique ; torture, supplice. *Fig.* grande peine d'esprit.

TOURMENTANT, ANTE, *adj.* qui tourmente.

TOURMENTE, *sf.* ouragan, tempête. *Fig.* troubles politiques.

TOURMENTER, *va.* faire souffrir un tourment. *Fig.* faire subir une peine d'esprit ; importuner, harceler : *ses créanciers le tourmentent ;* agiter fortement : *la vague tourmentait le navire.* — SE TOURMENTER, *vpr.* s'agiter, s'inquiéter. *Fig.* se jeter : *ce bois se tourmente.*

TOURMENTEUX, EUSE, adj. se dit des pa-
rages fort-sujets aux tempêtes.

TOURNAGE, sm. taquet pour tourner les manœuvres (mar.); travail de tourneur.

TOURNAILLER, vn. (ll m.), faire beaucoup
de tours et de détours sans s'éloigner d'un
lieu, rôder autour (fam.).

TOURNANT, sm. coin des rues, des chemins,
des cours d'eau; espace où l'on fait tourner
une voiture, un bateau; endroit où l'eau
tournoie.

TOURNANT, ANTE, adj. qui tourne : pont
tournant.

TOURNAI ou **TOURNAY,** ville de Belgique,
sur l'Escaut.

TOURNÉ, ÉE, adj. part. fait au tour. Bien
tourné, mal tourné, bien ou mal fait; vin
tourné, vin altéré, gâté.

TOURNEBRIDE, sm. sorte de petit cabaret
de campagne.

TOURNEBROCHE, sm. machine pour tourner la broche; petit garçon qui tourne la
broche; chien mis dans une roue pour faire
tourner la broche.

TOURNÉE, sf. voyage, courses en divers endroits; voyage périodique pour inspecter,
pour affaires, etc.

TOURNEFEUILLET, sm. ruban pour tourner les feuillets d'un livre.

TOURNEFORT (PITTON de), célèbre botaniste français (1636-1708).

TOURNELLE, sf. petite tour (vx. mot); ancienne chambre du parlement, qui jugeait
les affaires criminelles.

TOURNEMAIN, sm. En un tournemain, en
aussi peu de temps qu'il en faut pour tourner la main (vieux).

TOURNEMINE (le Père), savant jésuite français (1661-1739).

TOURNER, va. mouvoir en rond; changer de
sens, de direction; façonner au tour. Fig. diriger : tourner ses pensées vers Dieu; arranger les paroles, les pensées dans un certain ordre : tourner une lettre, un compliment. — Tourner casaque, changer de parti;
tourner tout en bien, tout en mal, interpréter tout en bonne ou en mauvaise part;
tourner la tête à quelqu'un, le faire changer de résolution, l'égarer; tourner le dos
à quelqu'un, quitter avec mépris, avec indignation, abandonner ses intérêts; tourner
quelqu'un à son gré, lui faire faire tout ce
qu'on veut; tourner en plaisanterie, plaisanter, rendre plaisant; tourner en ridicule, rendre ridicule. — vn. se mouvoir en
rond, à droite ou à gauche. Fig. prendre une
direction dans sa conduite : ce jeune homme
tourne bien, tourne mal; se gâter, s'altérer : ce vin commence à tourner; avoir
pour effet : cela tournera à sa gloire. —
Tourner à tout vent, changer souvent d'o-
pinion; tourner autour du pot, ne pas aller
droit au fait; tourner bien, tourner mal,
avoir une bonne, une mauvaise issue; la
chance a tourné, les choses ont changé de
face; la tête lui tourne, il a des étourdis-
sements; la tête lui a tourné, il est devenu
fou. — SE TOURNER, vpr. changer de position. — Fig. passer d'un état à un autre.

Ne savoir de quel côté se tourner, être dans
un grand embarras.

TOURNESOL, sm. (on pr. tourneçol), plante
à grandes fleurs jaunes radiées; sorte de teinture bleue faite avec la graine de cette plante.

TOURNETTE, sf. sorte de dévidoir; plateau
qui porte le vase que l'on peint; cage tournante d'un écureuil.

TOURNEUR, sm. artisan qui travaille au tour.

TOURNEVENT, sm. tuyau qui tourne au vent
à l'extrémité d'une cheminée.

TOURNEVIS, sm. (on pr. l's), outil pour serrer ou desserrer les vis.

TOURNILLE, sf. (ll m.), outil pour relever
les mailles de tricot qui sont tombées.

TOURNIQUET, sm. (t final nul), croix de bois
ou de fer qui tourne sur un pivot, pour ne
laisser passer que les personnes à pied;
morceau de bois tournant pour soutenir un
châssis.

TOURNIS, sm. (s nulle), maladie des moutons
qui les fait tourner convulsivement.

TOURNISSES, sf. pl. poteaux de remplissage
dans les cloisons.

TOURNOI, sm. fête publique et militaire où
l'on s'exerçait à des combats divers.

TOURNOIEMENT ou **TOURNOIMENT,** sm.
action de ce qui tournoie; fournis.

TOURNOIS, adj. 2 g. (s nulle), se dit des
anciennes monnaies frappées à Tours.

TOURNON, s.-préf. du dép. de l'Ardèche.

TOURNON (François de), cardinal français
et homme d'État (1489-1562). — (MAILLARD
de), cardinal français, légat en Chine (1668-
1710).

TOURNOYANT, ANTE, adj. qui tournoie.

TOURNOYER, vn. tourner en faisant plusieurs tours. Fig. agir timidement; biaiser
(g. employer).

TOURNURE, sf. taille ou habitude du corps;
tour de phrase; direction que prend une affaire.

TOURNUS, ch.-l. de canton (Saône-et-Loire).

TOURS, ch.-l. du dép. d'Indre-et-Loire.

TOURTE, sf. sorte de pâtisserie.

TOURTEAU, sm. sorte de gâteau; masse du
résidu de certaines graines, de certains fruits.

TOURTEREAU, sm. jeune tourterelle.

TOURTERELLE, sf. oiseau semblable au pigeon, mais plus petit.

TOURTIÈRE, sf. ustensile pour faire cuire
des tourtes.

TOURVILLE, célèbre amiral et maréchal de
France (1642-1701).

TOUSELLE, sf. froment dont l'épi est sans
barbes.

TOUSSAINT, sf. fête de tous les saints.

TOUSSAINT, nom d'homme. V. Louverture.

TOUSSER, vn. faire l'effort et le bruit que
cause la toux; imiter ce bruit à dessein.

TOUSSERIE, sf. action de tousser.

TOUSSEUR, EUSE, s. celui, celle qui tousse
souvent.

TOUT, TOUTE, adj. (pl. tous, toutes), exprime l'intégrité, la totalité d'une chose,
d'une action, etc. : toute la terre; toute sa
personne; chaque : tout homme est mortel.

— SOMME TOUTE, loc. adv. à tout prendre; À TOUT HASARD, loc. adv. en courant tout risque; À TOUTE FORCE, loc. adv. par toutes sortes de moyens; à la rigueur.

TOUT, sm. chose considérée dans son entier; la totalité. Le tout, ce qu'il y a de plus important : le tout est de bien finir. — APRÈS TOUT, loc. adv. tout bien considéré; À TOUT PRENDRE, loc. adv. à considérer tout; DU TOUT, loc. adv. en aucune façon; EN TOUT, loc. adv. tout compris.

TOUT, adv. entièrement, complètement : il m'est tout dévoué; quoique : tout sage qu'il est. — TOUT À FAIT, loc. adv. entièrement; TOUT À COUP, loc. adv. subitement; TOUT D'UN COUP, loc. adv. tout en une fois; TOUT DE BON, loc. adv. sérieusement, réellement; TOUT AU PLUS, loc. adv. à peine.

TOUTE-BONNE, sf. espèce de sauge appelée aussi orvale.

TOUTE-ÉPICE, sf. sorte de nielle.

TOUTEFOIS, adv. cependant, néanmoins, mais, pourtant.

TOUTE-PUISSANCE, sf. puissance entière, infinie.

TOUTE-SAINE, sf. arbrisseau employé comme vulnéraire.

TOUTE-SCIENCE, sf. science infinie, qui embrasse tout.

TOUTHMOSIS, V. Thoutmosis.

TOU-TOU (Acad.), ou TOUTOU, sm. nom que les enfants donnent au chien.

TOUT-PUISSANT, TOUTE-PUISSANTE, adj. qui a la toute-puissance, le pouvoir absolu. — sm. Dieu.

TOUX, sf. (x nulle), expiration bruyante de l'air causée par une titillation et un mouvement convulsif du larynx.

TOWTON, village d'Angleterre, près d'York. Victoire d'Édouard IV sur Henri VI de Lancastre, en 1461.

TOXANDRIE, anc. nom du Brabant.

TOXICITÉ, sf. qualité des toxiques.

TOXICOLOGIE, sf. (gr. toxikon poison; logos discours, traité), science qui traite des poisons.

TOXIQUE, sm. (gr. toxikon poison), nom générique de toutes sortes de poisons.

TRABAN, sm. garde armé d'une hallebarde (m. allemand).

TRABÉE, sf. robe de cérémonie chez les anciens Romains.

TRAC, sm. allure des chevaux, piste (vx. mot).

TRAÇANT, ANTE, adj. qui s'étend entre deux terres : racine traçante.

TRACAS, sm. (x nulle), mouvement accompagné d'embarras. Fig. fatigue, ennui, souci.

TRACASSER, vn. s'agiter, se tourmenter pour peu de chose. — va. inquiéter, tourmenter.

TRACASSERIE, sf. chicane, mauvaise difficulté; propos qui tendent à brouiller les gens.

TRACASSIER, IÈRE, s. et adj. celui, celle qui fait des tracasseries.

TRACE, sf. vestige; marque que laisse une chose; ligne tracée. Fig. impression morale.

TRACÉ, sm. ensemble des traits d'un plan, d'un dessin.

TRACEMENT, sm. action de tracer.

TRACER, va. tirer les lignes d'un plan, d'un dessin; indiquer un contour par des lignes. Fig. indiquer à quelqu'un la conduite qu'il doit tenir; lui donner l'exemple; représenter par le discours, décrire : il nous traça le tableau de ses infortunes. — vn. se dit des racines qui s'étendent horizontalement.

TRACERET (t final nul), sm. outil de fer pour marquer le bois.

TRACEUR, sm. celui qui trace des lignes.

TRACHÉE, sf. se dit de certains petits vaisseaux ayant de l'analogie avec la trachée-artère, et que l'on observe dans les plantes et les insectes, dont ils constituent les organes respiratoires (bot. et zool.).

TRACHÉE-ARTÈRE, sf. canal qui sert de passage à l'air pendant l'aspiration et l'expiration (anat.).

TRACHÉENNE, adj. f. se dit d'un ordre d'arachnides qui respirent par des trachées (zool.).

TRACHÉLIDES, sm. pl. (on pr. trakélide; gr. trachélos cou), famille de Coléoptères, comprenant ceux dont la tête est à l'extrémité d'une espèce de pédicule ou cou (zool.).

TRACHÉOTOMIE, sf. (on pr. trakéotomi), incision faite à la trachée-artère (chir.).

TRACHINIE (on pr. Trakini), partie de la Thessalie ancienne.

TRACHONITIDE (on pr. Trakonitidé), partie de l'anc. Syrie; auj. le Hauran.

TRACHYTE, sm. (gr. trachys rude, raboteux), roche des terrains plutoniens à texture compacte, grenue et rude au toucher (géol. et min.).

TRACHYTIQUE, adj. 2 g. du trachyte, qui a le caractère du trachyte.

TRAÇOIR, sm. instrument pour tracer.

TRACTABILITÉ, sf. qualité de ce qui est facile à mettre en œuvre.

TRACTION, sf. (on pr. traxion), action d'une force qui tire un mobile.

TRACTOIRE, sm. ou TRACTRICE, sf. ligne courbe que décrit la corde d'un bateau (géom.).

TRACY (DESTUTT de), philosophe français (1754-1832).

TRADITEUR, sm. celui qui, dans la persécution, avait livré les livres sacrés aux païens.

TRADITION, sf. action par laquelle on livre une chose à quelqu'un (jurisp.); voie par laquelle la connaissance du passé se transmet d'âge en âge; faits, opinion, procédés transmis de la sorte.

TRADITIONNEL, ELLE, adj. fondé sur la tradition.

TRADITIONNELLEMENT, adv. suivant la tradition.

TRADUCTEUR, sm. celui qui traduit d'une langue en une autre.

TRADUCTION, sf. (on pr. traduxion), action de traduire; résultat de cette action.

TRADUIRE, va. transférer une personne d'un lieu dans un autre; citer ou envoyer devant un tribunal. Faire passer d'une langue dans une autre; interpréter.

TRADUISIBLE, *adj. 2 g.* qui peut se traduire.

TRAFALGAR, cap près de Cadix. Bataille navale perdue par la flotte franco-espagnole contre la flotte anglaise, en 1805.

TRAFIC, *sm.* négoce, commerce. *Fig.* vilain profit.

TRAFIQUANT, *sm.* commerçant.

TRAFIQUER, *vn.* faire trafic. *Fig.* tirer un profit illicite ou honteux.

TRAFIQUEUR, *sm.* celui qui fait un trafic honteux ou illicite.

TRAGACANTHE, *sf.* arbrisseau qui donne la gomme adragant.

TRAGÉDIE, *sf.* poëme dramatique dont l'action est propre à inspirer la terreur ou la pitié. *Fig.* événement funeste.

TRAGÉDIEN, ENNE, *s.* acteur, actrice tragique.

TRAGI-COMÉDIE, *sf.* pièce de théâtre qui réunit les caractères de la tragédie et de la comédie. Pl. *tragi-comédies*.

TRAGI-COMIQUE, *adj. 2 g.* de la tragi-comédie. Se dit d'un accident fâcheux qui tient du comique. Pl. *tragi-comiques*.

TRAGIQUE, *adj. 2 g.* qui appartient à la tragédie ; *Fig.* funeste. — *sm.* le genre tragique ; auteur de tragédies.

TRAGIQUEMENT, *adv.* d'une manière tragique.

TRAHIR, *va.* faire une perfidie à quelqu'un, lui manquer de foi. *Fig.* manquer à la vérité, à sa promesse, à sa foi, etc. ; *trahir un secret*, le révéler ; ne pas seconder, rendre vain : *la fortune a trahi mes efforts*. — SE TRAHIR, *vpr.* se faire connaître involontairement ; découvrir imprudemment ce que l'on tenait caché.

TRAHISON, *sf.* action de celui qui trahit. *Haute trahison*, se dit des crimes contre la sûreté de l'État.

TRAILLE, *sf.* (ll m.), sorte de bac, de bateau.

TRAIN, *sm.* allure des bêtes de trait ; partie de devant et de derrière du corps des animaux ; partie d'une voiture qui en porte le corps ; suite de valets, d'équipages, etc ; attirail d'artillerie ; convoi de chemin de fer (V. *express* et *omnibus*); *train de bois*, long assemblage de pièces de bois que l'on met à flot sur une rivière ou un canal. *Mener bon train*, faire aller très-vite, et *fig.* ne pas ménager quelqu'un dans une affaire ; *aller bon train*, aller très-vite. — *Fig.* bruit, tapage ; *faire du train* ; marche des affaires, genre de vie : *mener un train de vie réglé.* — *Aller son train*, continuer ; être en *train*, être en action, en mouvement ; *mettre en train* une affaire, la commencer ; *mettre les autres en train*, les exciter à la joie, au plaisir, etc.

TRAÎNAGE, *sm.* action de traîner.

TRAÎNANT, ANTE, *adj.* qui traîne à terre. *Fig.* languissant.

TRAÎNARD, *sm.* (d nul), soldat qui a l'habitude de traîner, de rester en arrière des autres. *Fig.* homme lent, négligent (*fam.*).

TRAÎNASSE, *sf.* nom vulgaire de la renouée commune ; long filet d'oiseleur.

TRAÎNASSER, *vn.* et *a.* traîner beaucoup en longueur (*pop.*).

TRAÎNE, *sf. Perdreaux en traîne*, qui ne peuvent encore se séparer de leur mère ; *bateau à la traîne*, remorqué par un autre.

TRAÎNEAU, *sm.* sorte de voiture sans roues pour aller sur la neige ou sur la glace ; sorte de grand filet que l'on traîne.

TRAÎNÉE, *sf.* petite quantité de choses répandues en longueur : *traînée de poudre.*

TRAÎNER, *va.* tirer après soi. *Fig.* différer, faire attendre : *il m'a traîné longtemps avant de me payer*; attirer, causer : *cette action a traîné après elle de grands malheurs*. — *Traîner la jambe*, la mouvoir avec peine, aller lentement ; *traîner ses paroles*, parler lentement ; *traîner dans la boue*, diffamer. — *vn.* pendre jusqu'à terre : *sa robe traîne* ; n'être pas rangé ou en lieu convenable : *tout traîne dans sa chambre* ; ne point avancer : *cette affaire traîne* ; être en langueur ou languissant : *ce discours traîne* ; rester en arrière : *soldat qui traîne*. — SE TRAÎNER, *vpr.* se glisser en rampant ; marcher avec peine.

TRAÎNERIE, *sf.* lenteur fatigante des paroles ou de la musique.

TRAÎNEUR, *sm.* celui qui traîne.

TRAIRE, *va.* tirer le lait des femelles de certains animaux. — *Ind. pr.* je trais, tu trais, il trait, n. trayons, v. trayez, ils traient ; *imp.* je trayais (pas de pas. déf.); *fut.* je trairai ; *cond.* je trairais ; *impér.* trais, trayons, trayez ; *subj. pr.* que je traie, que tu traies, qu'il traie, que n. trayions, que v. trayiez, qu'ils traient (pas d'*imp.*); *part. pr.* trayant ; *part. p.* trait, traite.

TRAIT, *sm.* (t final nul), flèche, dard, javelot ; longe avec laquelle les chevaux tirent ; ce qu'on avale de liqueur tout d'une haleine : *vider son verre d'un seul trait* ; ligne, et au pl. linéaments du visage ; action, fait remarquable : *voici un beau trait de ce héros* ; passage d'un discours, d'un morceau de musique ; pensée vive et piquante : *trait d'esprit* ; rapport : *ceci a trait à votre affaire.* — *Trait d'union*, tiret ; *copier trait pour trait*, copier exactement. *Fig.* attaque de la raillerie, de la médisance, de la calomnie, etc.

TRAITABLE, *adj. 2 g.* doux, maniable, avec qui l'on peut facilement traiter.

TRAITANT, *sm.* celui qui par traité avec l'État se chargeait du recouvrement des impôts.

TRAITE, *sf.* étendue de chemin parcourue sans s'arrêter ; transport de certaines denrées au dehors ; trafic sur les côtes d'Afrique : *traite des nègres* ; lettre de change : *faire traite sur Lyon* (*comm.*).

TRAITÉ, *sm.* ouvrage où l'on traite d'une matière particulière ; convention entre des États, des princes, de simples particuliers, etc.

TRAITÉ, ÉE, *adj. part.* exposé, développé : *sujet bien traité* ; arrangé, soigné : *comme vous voilà traité* ; soumis à une action chimique.

TRAITEMENT, *sm.* accueil, réception ; manière d'agir envers quelqu'un, de soigner une maladie; appointements : *on a augmenté son traitement.*

TRAITER, *va. et n.* discuter, raisonner sur : *traiter une matière scientifique;* exécuter un travail d'art : *ce peintre a bien traité son sujet;* négocier : *traiter de la paix;* agir envers quelqu'un : *traiter un enfant trop rudement;* régaler, donner à manger : *traiter ses amis le jour de sa fête;* qualifier : *traiter d'impertinent;* soigner, médicamenter : *son médecin le traite bien;* soumettre une substance à une action chimique. — *Traiter quelqu'un du haut en bas ou de Turc à More,* le traiter avec toute la rigueur possible.

TRAITEUR, *sm.* celui qui donne à manger pour de l'argent.

TRAÎTRE, TRAÎTRESSE, *adj.* qui trahit, dont il faut se défier, dangereux; où il y a de la trahison. — *s.* celui, celle qui fait une trahison. — EN TRAÎTRE, *loc. adv.* traîtreusement.

TRAÎTREUSEMENT, *adv.* en trahison.

TRAJAN, empereur romain (52-117).

TRAJECTILE, *sm.* ce qui sert à faire une traversée, un trajet.

TRAJECTOIRE, *sf.* ligne droite ou courbe que parcourt un corps soumis à une force motrice.

TRAJET, *sm.* (*t* final nul), espace à traverser d'un lieu à un autre; action de traverser cet espace.

TRAMAIL, *sm.* (*l* m.), sorte de filet de pêche. Pl. *tramails.*

TRAME, *sf.* fil conduit par la navette entre ceux de la chaîne. *Fig.* complot. *La trame de la vie,* le cours de la vie.

TRAMER, *va.* passer la trame entre les fils de la chaîne. *Fig.* faire un complot, machiner; *tramer la perte de l'État.*

TRAMEUR, *sm.* celui qui dispose les fils des trames.

TRAMONTANE, *sf.* le côté du nord, le vent du nord, l'étoile polaire. *Fig. perdre la tramontane,* se troubler, perdre la tête.

TRANCHANT, ANTE, *adj.* qui tranche. *Fig.* décisif, qui décide hardiment : *raisons tranchantes, ton tranchant;* vif : *couleurs tranchantes.*

TRANCHANT, *sm.* côté tranchant d'un sabre, d'un couteau, etc.

TRANCHE, *sf.* morceau coupé un peu mince : *tranche de pain;* morceau de la cuisse du bœuf; surface unie que présente l'épaisseur d'un livre dont les feuillets ont été rognés.

TRANCHÉE, *sf.* fosse creusée pour asseoir des fondations, pour planter des arbres, pour se protéger contre le feu de l'ennemi dans le siège d'une ville, etc. Au pl. douleurs très-aiguës dans le ventre.

TRANCHEFILE, *sm.* petit rouleau que les relieurs mettent aux deux extrémités du dos d'un livre.

TRANCHELARD, *sm.* (*d* nul), couteau de cuisine à lame fort mince.

TRANCHE-MONTAGNE, *sm.* (inv.), fanfaron (*fam.*).

TRANCHER, *va.* séparer en coupant. *Fig.*

résoudre : *trancher une difficulté;* exprimer nettement : *trancher le mot.* — *vn.* décider hardiment : *trancher sur tout;* se donner le ton, les apparences de : *trancher du grand seigneur;* être fort différent, faire contraste : *ces couleurs tranchent trop.*

TRANCHET, *sm.* (*t* final nul), outil de cordonnier servant à couper le cuir.

TRANCHOIR, *sm.* plateau de bois sur lequel on tranche la viande.

TRANQUILLE, *adj.* 2 g. paisible, calme, sans agitation; qui ne trouble le repos de personne : *homme tranquille et rangé.*

TRANQUILLEMENT, *adv.* d'une manière tranquille.

TRANQUILLISANT, ANTE, *adj.* qui tranquillise.

TRANQUILLISER, *va.* rendre tranquille, calmer. — SE TRANQUILLISER, *vpr.* se tenir tranquille; n'être pas inquiet.

TRANQUILLITÉ, *sf.* état de ce qui est tranquille; calme.

TRANS, *prép.* latine qui entre dans la composition de plusieurs mots et signifie *au delà, à travers, d'un point à un autre.*

TRANSACTION, *sf.* (on pr. *transaxion*), action de transiger, acte par lequel on transige, convention.

TRANSACTIONNEL, ELLE, *adj.* (on pr. *transaxionel*), qui contient une transaction.

TRANSALPIN, INE, *adj.* qui est au delà des Alpes.

TRANSATLANTIQUE, *adj.* 2 g. qui est au delà de l'océan Atlantique, qui le traverse.

TRANSBORDEMENT, *sm.* action de transborder.

TRANSBORDER, *va.* transporter d'un navire sur un autre.

TRANSCENDANCE, *sf.* qualité de ce qui est transcendant; supériorité marquée d'une personne ou d'une chose sur une autre.

TRANSCENDANTAL, ALE, *adj.* qui l'emporte par-dessus tout. *Philosophie transcendantale,* étude du sujet ou de l'âme en tant qu'elle observe.

TRANSCENDANTALISME, *sm.* système de la philosophie transcendantale.

TRANSCISION, *sf.* coupure en travers, horizontalement.

TRANSCRIPTION, *sf.* (on pr. *t anscription*), action de transcrire; résultat de cette action.

TRANSCRIRE, *va.* copier un écrit.

TRANSE, *sf.* frayeur, grande appréhension d'un mal imminent.

TRANSEPT, *sm.* partie de l'église qui traverse la nef principale en formant les bras d'une croix.

TRANSFÉRABLE, *adj.* 2 g. que l'on peut transférer.

TRANSFÈREMENT, *sm.* action de transférer; effet de cette action.

TRANSFÉRER, *va.* transporter. *Fig.* céder une chose à quelqu'un : *transférer un droit.*

TRANSFERT, *sm.* (*t* final nul). cession; transfert de la propriété d'une rente, d'une valeur, d'une marchandise.

TRANSFIGURATION, *sf.* changement d'une

figure en une autre (ne se dit que du Christ); tableau qui represente ce fait.

TRANSFIGURER (SE), *vpr.* changer d'une figure ou d'une forme en une autre.

TRANSFORMATION, *sf.* changement d'une forme en une autre.

TRANSFORMER, *va.* donner une nouvelle forme, une forme différente. *Fig.* changer moralement. — SE TRANSFORMER, *vpr.* changer de forme. *Fig.* deguiser son caractère suivant ses vues ou ses intérêts.

TRANSFUGE, *sm.* celui qui, à la guerre, passe à l'ennemi. *Fig.* celui qui passe dans un parti contraire.

TRANSFUSER, *va.* faire passer un liquide d'un récipient dans un autre; faire la transfusion du sang.

TRANSFUSION, *sf.* action de transfuser. Ce mot ne se dit guère que de l'action de faire passer le sang du corps d'un animal dans celui d'un autre.

TRANSGANGÉTIQUE, *adj.* 2 g. au delà du Gange.

TRANSGRESSER, *va.* enfreindre un ordre, une loi, une règle; violer les préceptes divins.

TRANSGRESSEUR, *sm.* celui qui transgresse un ordre, une loi, etc.

TRANSGRESSION, *sf.* action de transgresser.

TRANSHUMANT, ANTE, *adj.* qui transhume; qui passe d'une terre, d'un pays dans un autre.

TRANSHUMER, *vn.* se dit des troupeaux qui sont conduits habituellement d'une région dans une autre pour y pâturer.

TRANSI, IE, *adj.* gèle. *Fig.* tremblant, interdit.

TRANSIGER, *vn.* passer outre; terminer un différend, un procès par accommodement *Fig. transiger avec son devoir, avec sa conscience,* se payer de mauvaises raisons pour mal faire, pour mal agir.

TRANSIGIBLE, *adj.* 2 g. qui peut être l'objet d'une transaction.

TRANSIR, *va.* et *n.* pénétrer et engourdir de froid. *Fig.* glacer d'effroi, de douleur.

TRANSISSEMENT, *sm.* etat d'une personne qui est transie.

TRANSIT, *sm.* (on pr. *transite*), faculté de faire passer des marchandises à travers une ville ou un État sans payer les droits.

TRANSITIF, *adj. m.* se dit des verbes exprimant une action qui passe du sujet sur le complément direct (*gram.*).

TRANSITION, *sf.* (on pr. *tranzicion*), manière de passer d'un raisonnement à un autre, de lier les parties d'un discours. *Fig.* passage d'un état à un autre.

TRANSITOIRE, *adj.* 2 g. passager; qui remplit l'intervalle d'un état de choses à un autre : *régime transitoire.*

TRANSITOIREMENT, *adv.* d'une façon transitoire.

TRANSJURAN, ANE, *adj.* qui est situé au delà du Jura.

TRANSLATER, *va.* traduire d'une langue en une autre (vx. mot).

TRANSLATEUR, *sm.* traducteur.

TRANSLATIF, IVE, *adj.* par lequel on transporte, on cède une chose à quelqu'un.

TRANSLATION, *sf.* transport; action de faire passer d'un lieu à un autre.

TRANSLUCIDE, *adj.* 2 g. qui est un peu transparent.

TRANSLUCIDITÉ, *sf.* qualité de ce qui est translucide.

TRANSMETTRE, *va.* céder, mettre en la possession d'un autre: *transmettre ses droits;* faire passer : *transmettre ses ordres; transmettre son nom à la postérité.*

TRANSMIGRATION, *sf.* action d'abandonner son pays pour passer dans un autre et s'y établir. *Fig. transmigration des âmes,* metempsycose.

TRANSMISSIBILITÉ, *sf.* qualité de ce qui est transmissible.

TRANSMISSIBLE, *adj.* 2 g. qui peut être transmis.

TRANSMISSION, *sf.* action de transmettre.

TRANSMUABLE, *adj.* 2 g. qui peut être transmué.

TRANSMUER, *va.* transformer un métal, en changer la nature.

TRANSMUTABILITÉ, *sf.* propriété de ce qui est transmuable.

TRANSMUTATION, *sf.* changement d'une chose en une autre.

TRANSOXIANE, region de l'Asie anc. au delà de l'Oxus.

TRANSPADAN, ANE, *adj.* (l. *trans* au delà, *Padus* le Pô), situe au delà du Pô.

TRANSPARENCE, *sf.* qualité de ce qui est transparent.

TRANSPARENT, ENTE, *adj.* qui laisse paraître à travers; à travers de quoi l'on peut voir les objets. *Fig.* facile à comprendre : *allégorie transparente.* — *sm.* papier reglé que l'on met sous un autre papier afin d'écrire droit; toile, gaze ou papier derrière lequel on place des lumières.

TRANSPERCER, *va.* percer à travers, de part en part.

TRANSPIRABLE, *adj.* 2 g. qui peut sortir par la transpiration.

TRANSPIRATION, *sf.* sécretion des humeurs par les pores de la peau; exhalation semblable à la surface des végétaux.

TRANSPIRER, *vn.* s'exhaler, sortir des pores de la peau, suer. *Fig.* commencer à être divulgué, connu : *la nouvelle transpire déjà.*

TRANSPLANTATION, *sf.* action de transplanter.

TRANSPLANTER, *va.* ôter une plante ou un arbre d'un lieu et le planter dans un autre. *Fig.* deplacer des choses, des personnes et les établir ailleurs.

TRANSPORT, *sm.* action par laquelle on transporte; action d'une personne qui se transporte en un lieu. *Fig.* cession d'un droit, d'une propriété; effet produit par une vive passion; enthousiasme; égarement d'esprit, delire.

TRANSPORTABLE, *adj.* 2 g. qui peut être transporté.

TRANSPORTATION, *sf.* action de transporter dans des possessions lointaines une ou plusieurs personnes que l'on croit dangereuses pour la société.

TRANSPORTÉ, *sm.* celui qui a été soumis à la transportation. — *SE adj.* excité, fortement ému ; *transporté de joie.*

TRANSPORTER, *va.* porter d'un lieu à un autre. *Fig.* céder un droit, une propriété ; émouvoir, exciter fortement : *la fureur le transporte.* — SE TRANSPORTER, *vpr.* se rendre dans un lieu. *Fig.* se reporter en idée dans un temps ou dans un lieu.

TRANSPOSABLE, *adj. 2 g.* qui peut être transposé.

TRANSPOSER, *va.* changer de place une chose ; chanter ou jouer sur un ton différent de celui qui est noté (*mus.*).

TRANSPOSITEUR, *adj. m.* se dit d'un piano au moyen duquel on transpose les tons à volonté.

TRANSPOSITIF, IVE, *adj.* se dit d'une langue, comme le latin, où les rapports des mots sont indiqués par leur terminaison.

TRANSPOSITION, *sf.* action de transposer ; résultat de cette action.

TRANSPYRÉNÉEN, ENNE, *adj.* situé au delà des Pyrénées.

TRANSRHÉNAN, ANE, *adj.* situé au delà du Rhin.

TRANSSUBSTANTIATION, *sf.* (on pr. *transsubstanciacion*), changement de la substance du pain et du vin en celle du corps et du sang de Jésus-Christ dans l'eucharistie.

TRANSSUBSTANTIER, *va.* (on pr. *transsubstancié*), opérer la transsubstantiation.

TRANSSUDATION, *sf.* action de transsuder.

TRANSSUDER, *vn.* passer à travers les pores d'un corps par une espèce de sueur.

TRANSTAMARE (Henri II de), roi de Castille (1333-1379).

TRANSTÉVÉRIN, INE, *adj.* qui est situé au delà du Tibre. — *s.* habitant du *Transtévère*, quartier de Rome sur la droite du Tibre.

TRANSVASER, *va.* verser une liqueur d'un vase dans un autre.

TRANSVASION, *sf.* action de transvaser.

TRANSVERSAL, ALE, *adj.* qui coupe en travers, qui se dirige obliquement.

TRANSVERSALEMENT, *adv.* en travers, obliquement.

TRANSVERSE, *adj. 2 g.* oblique, transversal.

TRANSVIDER, *va.* vider d'un vase dans un autre.

TRANSYLVAIN, AINE, OU TRANSYLVANIEN, IENNE, *adj.* et *s.* de la Transylvanie.

TRANSYLVANIE, partie de l'empire d'Autriche à l'E. de la Hongrie.

TRANTRAN, *sm.* cours de certaines affaires ; routine (*fam.*).

TRA-OS-MONTES (on pr. *Tra-os-montèsse*), province du Portugal.

TRAPAN, *sm.* le haut d'un escalier.

TRAPANI, ville de Sicile, anc. *Drepanum.*

TRAPÈZE, *sm.* (gr. *trapéza* table), quadrilatère dont deux côtés seulement sont parallèles (*géom.*) ; os et muscle qui ont à peu près la forme d'un trapèze (*anat.*).

TRAPÉZOÏDAL, ALE, *adj.* qui a la forme d'un trapèze.

TRAPÉZOÏDE, *sm.* (gr. *trapéza* table, trapèze ; *eidos* forme), figure semblable au trapèze, mais qui n'a aucun côté parallèle à un autre. — *adj. 2 g.* trapézoïdal (*géom.*).

TRAPEZONTE, anc. ville du Pont, auj. *Trébizonde.*

TRAPP, *sm.* nom générique de diverses roches plutoniennes de couleur noire ou d'un vert plus ou moins foncé (*géol.*).

TRAPPE, *sf.* sorte de porte placée horizontalement sur un plancher ou au niveau du sol ; fenêtre ou porte à coulisses ; sorte de piège ; ordre religieux qui tire son nom de l'abbaye de *Notre-Dame de la Trappe*, dans le dép. de l'Orne.

TRAPPÉEN, ENNE, *adj.* de trapp, de la nature du trapp (*géol.*).

TRAPPISTE, *sm.* religieux de l'ordre de la Trappe.

TRAPU, UE, *adj.* gros et court.

TRAQUE, *sf.* action de traquer.

TRAQUENARD, *sm.* (*d* nul), espèce d'amble du cheval ; piège.

TRAQUER, *va.* entourer un bois d'une enceinte de plus en plus resserrée pour saisir les animaux. *Fig.* resserrer quelqu'un dans une enceinte pour l'arrêter.

TRAQUET, *sm.* (*t* final nul), piège pour les bêtes puantes ; claquet qui fait tomber le blé sous la meule ; petit oiseau.

TRAQUEUR, *sm.* celui qui traque.

TRASIMÈNE (lac de), auj. *lac de Pérouse.* Victoire d'Annibal sur les Romains, 217 av. J.-C.

TRAUMATIQUE, *adj. 2 g.* (gr. *trauma* blessure, brisure, fragment), qui a rapport aux blessures (*méd.*). Se dit, en géognosie et en géologie, comme synonyme de *fragmentaire*, de terrains formés de *traumate*, roche composée de fragments.

TRAUN (comte de), feld-maréchal autrichien (1677-1748).

TRAVAIL, *sm.* (pl. *travaux*), labeur, occupation, peine que l'on prend pour faire une chose ; ouvrage que l'on fait, manière dont cet ouvrage est fait ; au pl. entreprises remarquables. *Travaux publics*, faits pour l'utilité générale ; *travaux forcés*, peine qui remplace celle des galères.

TRAVAIL, *sm.* (pl. *travails*), compte que chaque ministre rend au chef de l'État ; rapport d'un commis à son supérieur ; machine de bois servant à maintenir les chevaux vicieux que l'on ferre ou que l'on panse.

TRAVAILLÉ, ÉE (ll m.), *adj.* soigné, fait avec peine ; fatigué, tourmenté ; *travaillé de la fièvre.*

TRAVAILLER (ll m.), *vn.* faire un ouvrage, avoir de l'occupation ; *Fig.* se déjeter : *ce bois travaille* ; fermenter : *du vin qui travaille* ; *sa tête travaille*. Travailler à, s'efforcer de. — *va.* soigner : *travailler son style* ; tourmenter : *la fièvre le travaille* ; façonner : *travailler le fer.* — SE TRAVAILLER, *vpr.* s'inquiéter, s'efforcer de.

TRAVAILLEUR, EUSE (ll m.), *s.* personne qui travaille, qui est adonnée au travail.

TRAVAISON, *sf.* haut du mur qui porte la charpente.

TRAVANCORE, ville et royaume de l'Hindoustan.

TRAVAT, ATE, adj. se dit d'une bête de somme qui a des balzanes aux pieds.

TRAVE, riv. du Holstein, se jette dans la mer Baltique.

TRAVÉE, sf. espace entre deux poutres rempli par des solives; galerie supérieure d'une église; partie d'une construction.

TRAVEMUNDE, port de Lubeck, sur la Baltique.

TRAVERS, sm. (s nulle), étendue d'un corps considéré dans sa largeur; biais, irrégularité d'un lieu. Fig. bizarrerie, caprice : travers d'esprit. Donner dans le travers, se mal conduire, prendre de mauvaises habitudes. — À TRAVERS, AU TRAVERS, loc. prép. par le milieu, de part en part; À TORT ET À TRAVERS, loc. adv. sans discernement; DE TRAVERS, loc. adv. obliquement, à contresens; EN TRAVERS, loc. adv. d'un côté à l'autre.

TRAVERSABLE, adj. 2 g. que l'on peut traverser.

TRAVERSE, sf. pièce de bois en travers d'autres; route qui abrége. Fig. obstacle, affliction, revers : essuyer bien des traverses. — À LA TRAVERSE, loc. adv. en faisant obstacle.

TRAVERSÉE, sf. trajet par mer.

TRAVERSER, va. passer à travers, être au travers de; percer de part en part. Fig. susciter des obstacles : traverser un dessein.

TRAVERSIER, IÈRE, adj. qui traverse, qui est en travers; barque traversière, qui sert à faire une courte traversée; vent traversier, qui permet de naviguer alternativement d'un lieu à un autre.

TRAVERSIN, sm. long oreiller de forme cylindrique; longue broche; pièce du fond d'une futaille.

TRAVERTIN, sm. pierre calcaire des environs de Tivoli.

TRAVESTIR, va. déguiser. Fig. changer le caractère d'un écrit, le sens d'une pensée; parodier. — SE TRAVESTIR, vpr. prendre un déguisement, et fig. déguiser son caractère.

TRAVESTISSEMENT, sm. action de travestir ou de se travestir.

TRAVOT, général français, pacificateur des dép. de l'Ouest en 1815 (1767-1836).

TRAVOUIL, sm. (l m.), dévidoir pour mettre le fil en écheveau.

TRAVURE, sf. levée à l'arrière d'un bateau.

TRAYON, sm. bout du pis d'une vache, d'une chèvre, etc.

TRÉBELLIEN, anc. chef de pirates. usurpateur de la pourpre romaine; m. 265.

TRÉBIE, riv. d'Italie, affluent du Pô. Victoire d'Annibal sur les Romains, 218 av J.-C.; bataille indécise entre les Français et les Russes, en 1799.

TRÉBIZONDE, ville de la Turquie d'Asie, sur la mer Noire.

TRÉBONIUS (CAÏUS), tribun du peuple, lieutenant de César et l'un de ses meurtriers; m. 46 av. J.-C.

TRÉBUCHANT, ANTE, adj. qui trébuche.

TRÉBUCHEMENT, sm. action de trébucher.

TRÉBUCHER, vn. faire un faux pas, tomber; l'emporter en pesanteur sur ce qui fait contre-poids.

TRÉBUCHET, sm. (t final nul), petit piége; sorte de petite balance.

TRÉFILER, va. passer un métal par la filière.

TRÉFILERIE, sf. fabrique où l'on tréfile.

TRÉFILEUR, sm. ouvrier qui tréfile.

TRÈFLE, sm. plante fourragère dont la feuille est composée de trois folioles; ornement qui a la forme de cette feuille; une des quatre couleurs des cartes.

TRÉFONCIER, sm. propriétaire du fonds et du tréfonds.

TRÉFONDS, sm. (on pr. tréfon), fonds qui est sous le sol et que l'on possède comme le sol même. Fig. ce qu'il y a de plus profond, de plus caché dans une affaire.

TRÉGUIER, p. ville et port (Côtes-du-Nord).

TREILHARD (comte), membre de la Convention, puis du Directoire (1742-1810).

TREILLAGE, sm. (ll m.) assemblage de lattes, d'échalas, etc., liés ensemble et formant des clôtures, des berceaux, etc.

TREILLAGER, va. et n. faire des treillages, garnir de treillages.

TREILLAGEUR, sm. (ll m.), ouvrier qui fait des treillages ou des treillis.

TREILLE, sf. (ll m.) berceau de ceps de vigne entrelacés et soutenus par un treillage; cep de vigne grimpant contre un mur. Fig. jus de la treille, le vin.

TREILLIS, sm. (ll m. s nulle), barreaux de bois ou de métal qui se croisent; sorte de grosse toile, de toile gommée et luisante.

TREILLISSER, va. (ll m.), garnir de treillis.

TREIZE, adj. num. 2 g. et sm. dix et trois; le treizième.

TREIZIÈME, adj. num. 2 g. nombre ordinal de treize. — sm. chaque partie d'un tout divisé en treize parties égales.

TREIZIÈMEMENT, adv. en treizième lieu.

TRÉMA, adj. 2 g. (inv.), se dit d'une voyelle accentuée de deux points indiquant qu'elle doit être prononcée à part. — sm. ces deux points eux-mêmes.

TREMBLADE (LA), p. ville et port (Charente-Inférieure).

TREMBLAIE, sf. lieu planté de trembles.

TREMBLANT, ANTE, adj. qui tremble, qui chancelle.

TREMBLAY (le Père Joseph du ou de). V. Joseph.

TREMBLE, sm. espèce de peuplier.

TREMBLÉ, ÉE, adj. qui est tracé d'une main tremblante : écriture tremblée.

TREMBLEMENT, sm. agitation de ce qui tremble; sorte de cadence précipitée (mus.). Fig. grande peur. Tremblement de terre, secousse intérieure qui ébranle le sol.

TREMBLER, vn. être agité par de fréquentes secousses; chanceler, vaciller. Fig. craindre : je tremble pour vous.

TREMBLEUR, EUSE, s. celui, celle qui tremble. Fig. personne qui est dans des craintes continuelles. Au pl. quakers.

TREMBLAY (Abraham), célèbre naturaliste genevois (1700-1784).

TREMBLOTANT, ANTE, adj. qui tremblote.

TREMBLOTER, vn. trembler legèrement.

TRÉMECEN, V. Tlemcen.

TRÉMÉFACTION, sf. (on pr. tréméfaxion) tremblement, action de faire trembler d'effroi.

TREMELLE, sf. substance végétale en très-petits filets verts et gelatineux, qui flotte sur les eaux stagnantes.

TRÉMIE, sf. grande auge en forme d'entonnoir où l'on met le blé, qui de là tombe entre les meules; mesure de sel.

TRÉMIÈRE, adj. f. Rose trémière ou rose à bâton, plante de la famille des mauves.

TRÉMOILLE (LA), V. la Trémouille.

TRÉMOLO, sm. (mot italien), tremblement, vibration des cordes (mus.).

TRÉMOLITE ou TRÉMOLITHE, sf. substance minérale blanche ou grisâtre à texture lamello-fibreuse, comme l'amante (min.).

TRÉMOUSSEMENT, sm. action de se trémousser.

TRÉMOUSSER (SE), vpr. se remuer, s'agiter vivement. Fig. se donner beaucoup de mouvement pour faire réussir une affaire. — vn. remuer; ces oiseaux trémoussent de l'aile.

TRÉMOUSSOIR, sm. machine propre à se donner du mouvement sans sortir de la chambre.

TREMPE, sf. action ou manière de tremper le fer; qualité du fer trempé; action de tremper le papier avant d'imprimer. Fig. constitution du corps, caractère, qualité morale : âme d'une forte trempe.

TREMPÉ, ÉE, adj. mouillé, imbibé. Vin trempé. mélangé avec beaucoup d'eau.

TREMPER, va. mouiller une chose en la mettant dans un liquide; tremper la soupe, verser le bouillon sur les tranches de pain; tremper le fer, le plonger tout rouge dans l'eau froide; tremper son vin, y mettre beaucoup d'eau. Fig. tremper ses mains dans le sang, commettre un meurtre, y participer. — vn. demeurer quelque temps dans un liquide. Fig. tremper dans un crime, en être complice.

TREMPERIE, sf. endroit d'une imprimerie où l'on trempe le papier.

TREMPLIN, sm. planche inclinée et elastique sur laquelle les sauteurs courent pour faire des sauts périlleux.

TRENT, riv. d'Angleterre, affluent de l'Ouse.

TRENTAINE, sf. nombre de trente ou environ; âge de 30 ans.

TRENTE, adj. num. 2 g. trois fois dix; trentième. — sm. le nombre trente.

TRENTE, ville du Tyrol autrichien. Concile de 1545 à 1563.

TRENTIÈME, adj. num. 2 g. nombre ordinal de trente. — sm. chaque partie d'un tout divisé en trente parties égales.

TRÉPAN, sm. sorte de vilebrequin pour percer les os et spécialement ceux du crâne; opération faite avec cet instrument.

TRÉPANER, va. faire l'opération du trépan.

TRÉPAS, sm. (s nulle), mort de l'homme.

TRÉPASSÉ, sm. personne morte.

TRÉPASSEMENT, sm. trépas (vx. mot).

TRÉPASSER, vn. mourir de mort naturelle.

TRÉPIDATION, sf. tremblement des membres, des fibres, des nerfs, etc.

TRÉPIED, sm. (d nul). ustensile de cuisine à trois pieds; sorte de siège à trois pieds.

TRÉPIGNEMENT, sm. action de trépigner.

TRÉPIGNER, vn. frapper des pieds contre terre par un mouvement prompt et frequent.

TRÉPOINT, sm. bande sur laquelle on coud la semelle.

TRÉPOINTE, sf. bande de cuir mince qui sert à fortifier deux cuirs cousus ensemble.

TRÉPORT (LE), p. ville et port (Seine-Inférieure).

TRÈS, adv. qui marque le superlatif absolu : très-grand.

TRÉSEILLE ou TRÉSAILLE, sf. (ll m.), pièce de bois sur le brancard pour maintenir le tombereau.

TRÈS-HAUT, sm. Dieu.

TRÉSOR, sm. amas d'or, d'argent ou d'objets précieux; lieu où l'on enferme cet amas; le trésor public, le trésor de l'État, les revenus de l'État; le Trésor, le lieu où ces revenus sont déposés et administrés. Au pl. grandes richesses. Fig. ce qui excelle, ce qui est precieux, très-utile : la vraie science est un trésor. Les trésors de Cerès, les moissons.

TRÉSORERIE, sf. lieu où l'on garde le trésor public; administration des finances de l'État.

TRÉSORIER, sm. officier qui reçoit et distribue les deniers d'un prince, d'une communauté, d'une association, etc.

TRÉSORIÈRE, sf. celle qui remplit les fonctions de trésorier.

TRESSAILLEMENT, sm. (ll m.), agitation soudaine et convulsive, émotion subite.

TRESSAILLIR, vn. (ll m.), eprouver un tressaillement (c. assaillir).

TRESSAN (comte de), général et littérateur français (1705-1783).

TRESSAUT, sm. tressaillement de joie; inégalité dans les essais de la monnaie.

TRESSE, sf. tissu plat de fils, de cheveux, etc. entrelacés.

TRESSER, va. arranger en tresses.

TRESSEUR, EUSE, s. celui, celle qui tresse.

TRESSOIR, sm. instrument pour tresser.

TRÉTEAU, sm. pièce de bois longue et étroite, portée sur 4 pieds et qui sert à soutenir des tables, des échafauds, etc. Fig. au pl. théâtre de farceurs, de saltimbanques.

TREUIL, sm. cylindre de bois qui tourne au moyen de leviers et autour duquel s'enroule une corde qui tire ou lève des fardeaux.

TRÊVE, sf. suspension d'armes, cessation d'hostilités pour un certain temps. Fig. relâche : ce mal ne me donne aucune trêve. — Trêve de compliments, de raillerie, cessons les compliments, la raillerie (fam.).

TRÈVES, ville de la Prusse rhénane.

TRÉVIRES ou TRÉVÈRES, peuple de la Gaule Belgique, dont la capitale était Trèves.

TREVISANI, peintre italien (1656-1746).

TRÉVISE, ville d'Italie (Vénétie).

TRÉVOUX, s.-pref. du dep. de l'Ain.

TRÉZÈNE, anc. ville de l'Argolide.

TRI, sm. triage ; le tri des lettres.

TRIADELPHE, adj. 2 g. (gr. tréis trois, adelphos frère), se dit des étamines dont les filets sont soudés en trois faisceaux (bot.).

TRIADELPHIE, sf. se dit de l'ensemble des plantes dont les fleurs ont des étamines triadelphes (bot.).

TRIAGE, sm. action de trier, choix; choses qui ont été choisies.

TRIAIRE, sm. soldat de grosse infanterie dans la légion romaine.

TRIANDRIE, sf. (gr. tréis trois; V. diandrie), 3e classe des plantes dans la méthode de Linné, comprenant celles dont les fleurs ont trois étamines (bot.).

TRIANGLE, sm. polygone qui a trois angles et trois côtés (géom.); instrument de musique ayant cette forme.

TRIANGULAIRE, adj. 2 g. qui a trois angles; qui a pour base un triangle : pyramide triangulaire (géom.).

TRIANGULAIREMENT, adv. en triangle.

TRIANGULATION, sf. action de lever un plan par des opérations trigonométriques; résultat de cette action.

TRIANGULÉ, ÉE, adj. à trois angles (bot.).

TRIAS, sm. terrain secondaire au-dessous du terrain jurassique et comprenant trois couches : grès bigarrés, muschelkalk et marnes irisées (géol.).

TRIBONIEN, célèbre jurisconsulte qui par ordre de Justinien fit les collections du droit romain intitulées le Code, les Pandectes et les Institutes ; m. 547.

TRIBORD, sm. (d nul), côté droit du navire en partant de la poupe.

TRIBOULET, fou des rois Louis XII et François Ier ; m. 1536.

TRIBRAQUE, sm. (gr. tréis trois, brachys bref), pied de vers composé de trois brèves.

TRIBU, sf. division du peuple chez quelques nations anciennes; peuplade.

TRIBULATION, sf. adversité, affliction.

TRIBUN, sm. magistrat romain chargé de défendre les droits et les intérêts du peuple. Fig. démagogue.

TRIBUNAL, sm. siège du juge, du magistrat; leur juridiction. Fig. les juges siégeant ensemble. Le tribunal de la pénitence, le confessionnal; le tribunal de Dieu, la justice divine.

TRIBUNAT, sm. (t final nul), charge de tribun; durée de cette charge. Assemblée législative créée en France par la constitution de l'an VIII.

TRIBUNE, sf. lieu élevé d'où parlent les orateurs, d'où l'on peut assister à une séance, à une cérémonie, etc. Fig. éloquence politique.

TRIBUNITIEN, ENNE, adj. (on pr. tribunicien), du tribun, qui appartient au tribunal.

TRIBUR, anc. ville d'Allemagne, auj. village près de Darmstadt.

TRIBUT, sm. (t final nul), ce qu'un État paye à un autre en signe de dépendance; impôt. Fig. devoir, chose qu'il faut souffrir. Payer le tribut à la nature, mourir.

TRIBUTAIRE, adj. 2 g. qui paye tribut. Fig. qui doit se soumettre à une chose, qui doit la supporter.

TRIBUTIF, IVE, adj. d'un tribut.

TRICAMÉRON, anc. ville d'Afrique près de Carthage. Victoire de Bélisaire sur les Vandales en 534.

TRICAPSULAIRE, adj. 2 g. à trois capsules ou loges (bot.).

TRICÉPHALE, adj. 2 g. (gr. tréis trois, kephalé tête), qui a trois têtes.

TRICEPS, adj. et sm. se dit de certains muscles qui ont trois faisceaux charnus à une extrémité (anat.).

TRICHER, va. tromper au jeu. Fig. tromper par de petits moyens.

TRICHERIE, sf. action de tricher.

TRICHEUR, EUSE, s. celui, celle qui triche.

TRICHOTOME, adj. 2 g. (on pr. tricotome; gr. tricha en trois, tomé coupure), divisé en trois (bot.).

TRICLINIUM, sm. (on pr. tricliniome; gr. treis trois, kliné lit), salle à manger des anciens où il y avait trois lits.

TRICOISES, sf. pl. tenailles des maréchaux ferrants.

TRICOLOR, sm. plante, sorte d'amarante.

TRICOLORE, adj. 2 g. de trois couleurs, à trois couleurs.

TRICORNE, adj. 2 g. qui a trois cornes (zool.). — sm. chapeau à trois cornes ou pointes.

TRICOT, sm. (t final nul), tissu tricoté; bâton gros et court.

TRICOTAGE, sm. travail, ouvrage de la personne qui tricote.

TRICOTER, va. former des mailles avec un fil à l'aide de longues aiguilles.

TRICOTEUR, EUSE, s. celui, celle qui tricote.

TRICTRAC, sm. sorte de jeu; sorte de boîte dans laquelle on le joue.

TRICUSPIDAL, ALE, ou TRICUSPIDÉ, ÉE, adj. (l. tres trois; cuspis, gén. cuspidis, pointe), divisé à son extrémité en trois pointes ou dents (bot.); muni de trois appendices en forme de pointes ou de dents (zool.).

TRICYCLE, adj. 2 g. et sm. (gr. tréis trois; kyklos cercle, roue), qui a trois roues ou trois cercles.

TRIDACTYLE, adj. 2 g. (gr. tréis trois, daktylos doigt), qui a trois doigts à chaque pied (zool.).

TRIDENT, sm. fourche à trois dents ou pointes; sceptre de Neptune, dieu de la mer.

TRIDENTÉ, ÉE, adj. qui a trois dents (bot.).

TRIDI, sm. (l. tres trois, dies jours), 3e jour de la décade républicaine.

TRIDIGITÉ, ÉE, adj. (l. tres trois, digitus doigt), se dit d'une feuille dont le pétiole commun se termine par trois folioles, qui sont comme trois doigts (bot.).

TRIÈDRE, adj. 2 g. (gr. tréis trois; edra base, face), se dit d'un angle solide formé par l'intersection de trois plans, et présentant par conséquent trois faces (géom.).

TRIENNAL, ALE, *adj.* (on pr. *trièn-nal*), qui dure trois ans; qui est élu pour trois ans. Pl. m. *triennaux.*

TRIENNALITÉ, *sf.* (on pr. *trièn-nalité*), se dit d'un emploi, d'une fonction dont l'exercice dure trois ans.

TRIENNAT, *sm.* (on pr. *trièn-na*), espace de trois ans; triennalité.

TRIER, *va.* choisir; séparer le bon du mauvais.

TRIÉBARQUE, *sm.* (gr. *triérès* trirème, *archos* chef), commandant d'une trirème, citoyen qui armait une trirème.

TRIESTE, ville des États autrichiens (Illyrie), et port sur l'Adriatique.

TRIÉTÉRIDE, *sf.* (gr. *tréis* trois, *étos* année), espace ou révolution de trois ans.

TRIÉTÉRIQUE, *adj.* 2 g. qui a lieu tous les trois ans.

TRIEUR, EUSE, *adj.* celui, celle qui fait le triage.

TRIFACIAL, ALE, *adj.* se dit d'un nerf de la face qui est divisé en trois.

TRIFARIÉ, ÉE, *adj.* (l. *trifarius* divisé en trois), disposé sur trois rangs (bot. et zool.).

TRIFIDE, *adj.* 2 g. (l. *trifidus*: de *findere* fendre, et *tres* trois), partagé ou divisé en trois (bot.).

TRIFOLIÉ, ÉE, *adj.* qui a trois feuilles (bot.).

TRIFOLIOLÉ, EE, *adj.* qui a trois folioles (bot.).

TRIFURQUÉ, ÉE, *adj.* (l. *trifurcatus* qui a trois pointes), divisé au sommet en trois pointes ou parties très-délices (bot.).

TRIGAUD (à nul), AUDE, *adj.* et s. qui n'agit pas franchement.

TRIGAUDER, *vn.* agir en trigaud (fam.).

TRIGAUDERIE, *sf.* action de trigaud.

TRIGLE, *sm.* poisson de mer.

TRIGLYPHE, *sm.* (gr. *tréis* trois; *glyphis* gravure, cannelure), ornement de la frise dorique, formé de deux cannelures entières et de deux demies sur les côtés (arch.).

TRIGONE, *sm.* (gr. *tréis* trois, *gônia* angle), prisme; instrument pour tracer les arcs sur les cadrans; sorte de sistre triangulaire des anciens. — *adj.* 2 g. qui a trois angles (bot.).

TRIGONOCÉPHALE, *adj.* 2 g. (gr. *trigônos* triangulaire, *képhalé* tête), qui a la tête triangulaire (zool.).

TRIGONOMÉTRIE, *sf.* (gr. *trigônon* triangle, *métron* mesure), partie des mathématiques qui enseigne à déterminer la mesure des parties inconnues d'un triangle d'après celles que l'on connaît.

TRIGONOMÉTRIQUE, *adj.* 2 g. qui appartient à la trigonométrie.

TRIGONOMÉTRIQUEMENT, *adv.* suivant les règles de la trigonométrie.

TRIGYNIE, *sf.* (gr. *tréis* trois, *gyné* femme ou femelle), nom donné par Linné à la subdivision des classes des plantes dont la fleur a trois pistils ou organes femelles (bot.).

TRIJUGUÉ, ÉE, *adj.* (l. *tres*, *jugare* unir par paires), se dit d'une feuille composée de trois paires de folioles sur un pétiole commun (bot.).

TRILATÉRAL, ALE, *adj.* (l. *tres* trois; *latus*, gén. *lateris* côté), qui a trois côtés.

TRILATÈRE, *sm.* triangle. — *adj.* 2 g. trilatéral.

TRILINGUE, *adj.* 2 g. (l. *tres* trois, *lingua* langue), qui est en trois langues.

TRILLE, *sm.* (ll m.), tremblement, cadence (mus.).

TRILLION, *sm.* mille billions.

TRILOBÉ, ÉE, *adj.* à trois lobes (bot.).

TRILOBITE, *sm.* crustacé fossile dont le corps est divisé longitudinalement en trois parties ou lobes (géol.).

TRILOCULAIRE, *adj.* 2 g. (l. *tres* trois, *loculus* compartiment), qui a trois loges ou compartiments (bot.).

TRILOGIE, *sf.* (gr. *tréis* trois; *logos* récit, composition), ensemble de trois pièces de théâtre, de trois œuvres littéraires dont l'une est la suite de l'autre.

TRIMBALER, *va.* traîner ou mener partout (pop.).

TRIMER, *vn.* marcher vite et avec fatigue (pop.).

TRIMÈRE, *adj.* et *sm.* (gr. *tréis* trois, *méris* partie), qui a trois articles ou parties au tarse (zool.). Au pl. section de l'ordre des insectes coléoptères.

TRIMESTRE, *sm.* espace de trois mois; ce que l'on paye pour trois mois.

TRIMESTRIEL, ELLE, *adj.* qui dure trois mois, qui revient tous les trois mois.

TRIMÈTRE, *sm.* vers latin iambique et de six pieds.

TRIMORPHE, *adj.* 2 g. (gr. *tréis* trois, *morphé* forme), se dit d'un minéral qui peut donner des cristaux dont la forme appartient à trois systèmes différents de polyèdres (min.).

TRIMOURTI, *sf.* la trinité des Hindous, composée de Brahma, Vichnou et Siva.

TRIN ou TRINE, *adj.* m. Trine aspect, se dit de deux planètes éloignées l'une de l'autre du tiers du zodiaque.

TRINACRIE, anc. nom de la Sicile.

TRINERVÉ, ÉE, *adj.* qui a trois nervures (bot.).

TRINGLE, *sf.* longue verge de fer servant à soutenir un rideau, une draperie; baguette équarrie en bois ou en métal.

TRINGLER, *va.* tracer sur du bois une ligne droite au moyen d'un cordeau que l'on pince.

TRINGLETTE, *sf.* petite tringle; outil de vitrier.

TRINITAIRE, *sm.* religieux d'un ordre fondé pour le rachat des captifs.

TRINITÉ, *sf.* un seul Dieu en trois personnes; fête qui tombe au premier dimanche après la Pentecôte.

TRINITÉ (LA), l'une des îles Antilles.

TRINÔME, *sm.* (gr. *tréis* trois, *nomé* part ou partie), quantité algébrique composée de trois termes ou parties (mathém.).

TRINQUART, *sm.* bâtiment pour la pêche du hareng.

TRINQUER, *vn.* boire en choquant les verres (fam.).

TRINQUET, sm. mât de misaine des bâtiments gréés en voiles latines.

TRINQUETTE, sf. voile triangulaire (mar.).

TRINSOTER, vn. grincer les valves du bec; crier faiblement comme fait l'hirondelle.

TRIO, sm. composition de musique à trois parties. Fig. réunion de trois personnes. Au pl. trios.

TRIŒCIE, sf. (gr. tréis trois; oikia maison, habitation), subdivision de la 23e classe des plantes (méthode de Linné), comprenant celles qui ont des fleurs mâles, des fleurs femelles et des fleurs hermaphrodites sur trois pieds différents (bot.).

TRIOLET, sm. (t final nul), petite pièce de poésie.

TRIOMPHAL, ALE, adj. appartenant au triomphe. Pl. triomphaux.

TRIOMPHALEMENT, adv. en triomphe.

TRIOMPHANT, ANTE, adj. qui triomphe. Fig. victorieux, pompeux, fier, satisfait.

TRIOMPHATEUR, sm. général qui rentrait en triomphe à Rome. Fig. celui qui a été victorieux, qui a remporté un succès éclatant.

TRIOMPHE, sm. honneur accordé chez les Romains à des généraux vainqueurs. Fig. victoire, succès éclatant, avantage marqué sur un concurrent. — sf. sorte de jeu de cartes.

TRIOMPHER, vn. obtenir un triomphe et faire une entrée triomphale. Fig. vaincre, l'emporter sur : triompher de ses concurrents; être ravi de joie; tirer vanité d'une chose.

TRIPAILLE, sf. (ll m.), amas de mauvaises tripes.

TRIPARTIT, ITE, adj. (l. tres trois, partitus partagé), partagé ou divisé en trois.

TRIPARTITION, sf. partage, division en trois parties.

TRIPE, sf. boyaux des animaux; œufs à la tripe, œufs durs coupés par tranches et fricassés; tripe de velours, sorte de velours de laine ou de fil.

TRIPENNÉ, ÉE, adj. se dit d'une feuille composée dont les pétioles secondaires constituent autant de feuilles bipennées (bot.).

TRIPERIE, sf. lieu où l'on vend des tripes.

TRIPÉTALE ou TRIPÉTALÉ, ÉE, adj. qui a trois pétales (bot.).

TRIPETTE, sf. petite tripe.

TRIPHTHONGUE, sf. syllabe composée de trois voyelles ou sons que l'on fait entendre en une seule émission de voix; concours de trois voyelles qui ne forment qu'un son : eau.

TRIPHYLIE, anc. partie de l'Élide.

TRIPHYLLE, adj. 2 g. (gr. tréis trois, phyllon feuille), se dit d'un calice qui a trois sépales ou feuilles (bot.).

TRIPIER, IÈRE, s. celui, celle qui vend des tripes.

TRIPIER, célèbre et savant avocat, pair de France (1765-1840).

TRIPLE, adj. 2 g. qui contient trois fois un nombre, une grandeur, etc. Triple croche, note à trois crochets qui vaut le huitième d'une noire (mus.). — sm. trois fois autant.

TRIPLEMENT, sm. augmentation jusqu'au triple. — adv. en trois façons : être triplement coupable.

TRIPLER, va. rendre triple. — vn. devenir triple.

TRIPLICATA, sm. troisième copie.

TRIPLICATION, sf. action de tripler.

TRIPLICITÉ, sf. qualité de ce qui est triple; quantité triple.

TRIPOLI, sm. sorte de pierre tendre qui sert à polir les métaux.

TRIPOLI, capitale de la régence de même nom dans les États barbaresques. — ville et port de Syrie.

TRIPOLITZA, ville de la Morée.

TRIPOT, sm. (t final nul), maison de jeu; maison où s'assemble mauvaise compagnie.

TRIPOTAGE, sm. assemblage d'objets discordants et malpropres. Fig. médisances, intrigues (fam.).

TRIPOTER, vn. et a. brouiller, faire un tripotage. Fig. intriguer, semer la discorde (fam.).

TRIPOTIER, IÈRE, s. celui, celle qui se plaît à faire des tripotages, de petites et basses intrigues.

TRIPTÈRE, adj. 2 g. (gr. tréis trois, pteron aile), qui est muni de trois ailes (bot. et zool.).

TRIPTOLÈME, roi d'Éleusis, apprit de Cérès l'art de l'agriculture (myth.).

TRIPUDIER, vn. danser en s'agitant pesamment.

TRIQUE, sf. gros bâton (pop.).

TRIQUE-BALE, sf. machine à transporter les pièces de canon.

TRIQUE-MADAME, sf. espèce de joubarbe.

TRIQUOISES, V. Tricoises.

TRIRÈME, sf. galère ancienne à trois rangs de rameurs.

TRISAÏEUL, EULE, s. le grand-père, la grand'mère de l'aïeul ou de l'aïeule.

TRISANNUEL, ELLE, adj. qui dure trois ans (bot.).

TRISECTION, sf. (on pr. trissexion), division en trois parties égales (géom.).

TRISECTEUR ou TRISSECTEUR, TRICE, adj. qui opère la trisection.

TRISÉPALE, adj. 2 g. se dit d'un calice à trois sépales (bot.).

TRISMÉGISTE, adj. m. (gr. tris trois fois; mégistos, superlatif de mégas grand), trois fois très-grand; surnom d'Hermès ou Mercure égyptien.

TRISPASTE, sf. (gr. tris trois fois, spaô tirer), machine à trois poulies.

TRISPERME, adj. 2 g. (gr. tréis trois, sperma graine), qui renferme trois graines (bot.).

TRISSIN (LE), poète italien (1478-1550).

TRISSYLLABE, adj. 2 g. et sm. qui est de trois syllabes.

TRISTAN D'ACUNHA, navigateur portugais, vers 1506. — (Île), au sud de l'Afrique.

TRISTAN L'ERMITE (Louis), grand prévôt de Louis XI. — (Pierre-François), poète français (1601-1655).

TRISTE, adj. 2 g. affligé, mélancolique;

affligeant, pénible; malheureux: *triste accident ;* sombre : *temps triste ;* mauvais :
triste comédien ; qui offre peu de ressources : *triste pays.* — sm. ce qui est triste.

TRISTEMENT, adv. d'une manière triste.

TRISTESSE, sf. état d'une personne ou d'une
chose triste ; affliction, mélancolie, manque
d'agrément.

TRISULCE, ou **TRISULQUE,** adj. (s est dure;
l. tres t ois, *sulcus* sillon), qui a le pied divisé en trois parties par deux sillons (zool.).

TRITERNÉ, adj. se dit d'une feuille
composée dont le pétiole commun émet trois
pétioles secondaires, qui se subdivisent
chacun en trois pétioles ternaires ayant des
feuilles digitées à trois folioles (bot.).

TRITHÈME (l'abbé), chroniqueur, né près de
Trèves (1462-1516).

TRITON, sm. dieu marin, moitié homme et
moitié poisson (myth.); sorte de coquillage;
intervalle dissonant composé de trois tons
(mus.).

TRITONIEN, IENNE, adj. se dit d'un groupe
de terrains thalassiques (géol.).

TRITOXYDE, sm. oxyde du troisième degré
(chim.).

TRITURABLE, adj. 2 g. qui peut être trituré.

TRITURATION, sf. broiement, réduction
d'un corps solide en trois parties très-fines.

TRITURE, sf. connaissance et pratique : la
triture des affaires.

TRITURER, va. faire une trituration.

TRIUMVIR, sm. (on pr. *triomevir* : l. tres
trois, *vir* homme), magistrat romain qui par-
tageait le pouvoir avec deux collègues.

TRIUMVIRAL, ALE, adj. (on pr. *triomevi-
ral*), des triumvirs.

TRIUMVIRAT, sm. (on pr. *triomevira*), pouvoir, gouvernement des triumvirs. *Fig.* association de trois personnages influents.

TRIVALVE, adj. 2 g. (l. tres trois, *valva*
valve), à trois valves (bot.).

TRIVIAIRE, adj. 2 g. (l. tres trois, *via* chemin). *Carrefour triviaire,* où aboutissent
trois chemins.

TRIVIAL, ALE, adj. vulgaire, commun, usé,
rebattu. Pl. m. *triviaux.* — sm. ce qui a ce
caractère.

TRIVIALEMENT, adv. d'une façon triviale.

TRIVIALITÉ, sf. caractère de ce qui est trivial ; chose triviale.

TRIVULCE, célèbre général milanais au service de la France (1447-1518).

TROADE, anc. contrée de l'Asie Mineure ;
capitale *Troie.*

TROC, sm. échange.

TROCADÉRO, fort de l'île de Léon, près de
Cadix, pris par les Français en 1823.

TROCHAÏQUE, adj. 2 g. (on pr. *trokaïque*),
composé de trochées.

TROCHANTER, sm. (on pr. *trokantère*),
nom de deux apophyses de la partie supérieure du fémur, auxquelles s'attachent les
muscles qui font tourner la cuisse (anat.). Se
dit aussi de la seconde pièce des pattes simples des crustacés et du second article de la
patte postérieure des insectes.

TROCHE, sm. sorte de coquillage.

TROCHÉE, sm. (on pr. *troké*), pied de vers
latin ou grec composé d'une syllabe longue
et d'une brève.

TROCHÉE, sf. rameaux que pousse un arbre
coupé à quelques centimètres de terre.

TROCHET (t final nul), sm. fleurs ou fruits
qui viennent comme par bouquets.

TROÈNE, sm. arbrisseau.

TROGLODYTES, sm. pl. anc. peuple d'A-
frique qui vivait dans des cavernes. Se dit
aussi d'une espèce de singe et d'oiseau.

TROGNE, sf. visage plein et coloré qui annonce la gaieté et l'amour de la bonne chère
(fam.).

TROGNON, sm. le milieu d'un fruit dont on
a ôté ce qu'il y avait de meilleur; tige de
chou.

TROGUE-POMPÉE, historien latin, 1er s.

TROIE, anc. ville de l'Asie Mineure, capit. de
la Troade; auj. ruinée.

TROÏEN, V. *Troyen.*

TROÏLE ou **TROÏLUS,** fils de Priam.

TROIS, adj. num. 2 g. deux plus un; troisième. — sm. le chiffre qui marque ce nombre ; le troisième jour : *le trois du mois.*

TROIS-ÉVÊCHÉS (LES), territoire et villes
de Metz, Toul et Verdun.

TROISIÈME, adj. 2 g. nombre ordinal de
trois. — sm. le troisième étage. — sf. la
troisième classe dans les lycées et les collèges.

TROISIÈMEMENT, adv. en troisième lieu.

TROIS-MÂTS, sm. navire de commerce à
trois mâts.

TRÔLER, va. mener partout et indiscrètement. — vn. courir çà et là (pop.).

TROLL (Gustave), archev. d'Upsal et gouverneur de la Suède; m. 1535.

TROMBE, sf. tourbillon d'air ou d'eau en
forme de cylindre ou de cône renversé et qui
fait de grands ravages.

TROMBLON, sm. grosse espingole.

TROMBONE, sm. (Acad.), sorte de trompette
formée de branches emboîtées qui s'allongent
ou se raccourcissent à volonté; celui qui en
joue.

TROMP (Martin), célèbre amiral hollandais
(1597-1653). — (Corneille), son fils et célèbre amiral (1629-1691).

TROMPE, sf. tuyau d'airain recourbé dont en
sonne à la chasse; trompette; partie du museau de l'éléphant, qui s'allonge et se re-
courbe; suçoir du papillon, de certains insectes; portion de voûte en saillie (arch.).

TROMPE-L'ŒIL, sm. (inv.), tableau où les
objets matériels sont peints de manière à
faire illusion.

TROMPER, va. user d'artifice pour induire
en erreur. *Fig.* décevoir, éluder; donner
lieu à une erreur, agir ou parler contrairement à l'attente de quelqu'un; échapper à la
surveillance. *Tromper son chagrin,* chercher à le dissiper. — SE TROMPER, vpr. faire
erreur, s'abuser.

TROMPERIE, sf. action du trompeur, artifice
pour tromper.

TROMPETER, va. publier à son de trompe. Fig. divulguer. — vn. se dit du cri de l'aigle.

TROMPETTE, sf. petite trompe, instrument de métal d'un son éclatant. Fig. personne bavarde et indiscrète. — sm. celui qui sonne de la trompette.

TROMPEUR, EUSE, adj. et s. qui trompe.

TROMPILLON, sm. (ll m.), petite trompe (arch.).

TROMSOË, groupe d'îles sur la côte de la Norwège.

TRONC, sm. (c nul), tige d'un arbre sans les branches ; le corps humain sans les membres ; boîte placée dans les églises pour recevoir les aumônes ; fragment : tronc de colonne. Fig. ligne directe des ascendants et des descendants d'une généalogie.

TRONCHET, sm. (t final nul), gros billot de bois à trois pieds.

TRONCHET, jurisconsulte français, défenseur de Louis XVI (1726-1806).

TRONCHIN, célèbre médecin genevois (1709-1781).

TRONÇON, sm. petit tronc, morceau coupé ou rompu de quelque objet plus long que large.

TRONÇONNER, va. couper par tronçons.

TRÔNE, sm. siège d'un prince souverain dans les solennités. Fig. la puissance souveraine : trône héréditaire. Au pl. l'un des neuf chœurs des anges.

TRÔNER, vn. occuper le trône. Fig. se pavaner, dominer (ironiq.).

TRONQUÉ, ÉE, adj. part. dont on a retranché quelque chose ; incomplet.

TRONQUER, va. retrancher une partie de quelque chose ; mutiler.

TRONSON DU COUDRAY, avocat, défenseur de la reine Marie-Antoinette, membre du conseil des Anciens (1750-1795).

TRONTO, riv. d'Italie, affluent de l'Adriatique.

TROP, adv. (p nul), plus qu'il ne faut, excessivement. — sm. ce qui est en excès.

TROPE, sm. expression employée dans un sens figuré.

TROPÉOLÉES, sf. pl. (l. tropæolum capucine), famille de plantes dont la capucine est le type (bot.).

TROPHÉE, sm. dépouille d'un ennemi vaincu ; assemblage d'armes, de dépouilles dressées avec art pour consacrer le souvenir d'une victoire ; assemblage d'attributs d'art ou de science. Fig. victoire.

TROPHONIUS, constructeur, avec son frère Agamède, du fameux temple de Delphes : il décapita son frère, et fut englouti dans la terre près d'un antre où, par la faveur d'Apollon, il rendit des oracles après sa mort.

TROPHOSPERME, sm. (gr. trophé nourriture, sperma graine), synonyme de placenta : vaisseaux fibreux de l'intérieur du péricarpe qui portent les graines, auxquelles ils transmettent la nourriture (bot.).

TROPICAL, ALE, adj. des tropiques.

TROPIQUE, sm. chacun des deux petits cercles parallèles à l'équateur qui passent par les points solsticiaux. — adj. 2 g. année

tropique, temps que le soleil a mis pour revenir au même point équinoxial (astr.).

TROPOLOGIQUE, adj. 2 g. figuré (rhét.).

TROPPAU, ville forte de la Silésie autrichienne.

TROP-PLEIN, sm. ce qui déborde d'un vase, d'un étang, d'un canal, etc.

TROQUER, va. échanger. Fig. troquer son cheval borgne contre un aveugle, faire un troc désavantageux.

TROQUEUR, EUSE, s. celui, celle qui aime à troquer.

TROS, roi de Troie (myth.).

TROT, sm. (t final nul), allure des bêtes de somme entre le pas et le galop.

TROTTE, sf. espace de chemin (pop.).

TROTTE-MENU, adj. qui trotte vite et à petits pas. La gent trotte-menu, les rats, les souris (La Fontaine).

TROTTER, vn. aller le trot. Fig. marcher beaucoup à pied ; se dit aussi d'une idée, d'une chose qui préoccupe l'esprit.

TROTTEUR, sm. cheval dressé au trot.

TROTTIN, sm. petit laquais (pop.).

TROTTINER, vn. trotter en raccourci ; trotter à petits pas.

TROTTOIR, sm. chemin élevé des deux côtés de la chaussée pour la commodité des piétons.

TROU, sm. ouverture dans un corps et dont la largeur et la longueur sont à peu près égales ; creux. Fig. lieu d'habitation très-petit. Boire comme un trou, boire beaucoup ; boucher un trou, payer une dette ; faire un trou à la lune, s'enfuir sans payer ses créanciers.

TROUBADOUR, sm. ancien poète provençal du moyen âge.

TROUBLE, adj. 2 g. brouillé, peu clair. Fig. pêcher en eau trouble, tirer de l'avantage des désordres publics ou particuliers.

TROUBLE, sm. confusion, désordre, mésintelligence, inquiétude, agitation de l'esprit ; action d'inquiéter le possesseur d'un bien. Au pl. émeute, guerre civile.

TROUBLE ou TRUBLE, sf. sorte de filet de pêche.

TROUBLEAU. V. Trubleau.

TROUBLE-FÊTE, sm. (inv.), personne ou événement qui vient interrompre la joie, troubler le plaisir.

TROUBLER, va. rendre trouble. Fig. apporter du désordre, agiter ; causer de la mésintelligence ; interrompre d'une manière désagréable : troubler la fête ; suspendre ou détruire une faculté morale : troubler la raison ; empêcher : troubler la digestion. — SE TROUBLER, vpr. devenir trouble. Fig. s'embarrasser : sa mémoire se trouble.

TROUÉE, sf. espace vide au travers d'un bois, d'une haie, etc. ; passage à travers les rangs ennemis.

TROUER, va. faire un trou, percer.

TROU-MADAME, sm. sorte de jeu avec de petites boules.

TROUPE, sf. réunion plus ou moins grande de personnes ou d'animaux ; ensemble des acteurs d'un théâtre ; corps de soldats. Au pl. armée, corps d'armée.

TROUPEAU, sm. troupe d'animaux de même espèce. Fig. grand nombre ; peuple de la paroisse, du diocèse. Le troupeau de Jésus-Christ, l'Église.

TROUPIER, sm. militaire.

TROUSSE, sf. faisceau de choses liées ensemble ; carquois ; étui de barbier ; portefeuille renfermant des instruments de chirurgie. Au pl. chausses que portent les pages. Fig. être aux trousses de quelqu'un, le poursuivre. — EN TROUSSE, loc. adv. en croupe.

TROUSSÉ, ÉE, adj. dont les vêtements sont relevés. Bien ou mal troussé, bien ou mal fait, bien ou mal disposé.

TROUSSEAU, sm. petite trousse. trousseau de clefs ; vêtements, linge, etc., d'un élève mis en pension, d'une fille que l'on marie.

TROUSSE-GALANT, sm. choléra.

TROUSSE-QUEUE, sm. (inv.). morceau de cuir ou de toile qui passe sous le haut de la queue d'un cheval.

TROUSSEQUIN, sm. pièce de bois cintrée qui s'élève sur le derrière de la selle.

TROUSSER, va. relever un vêtement tombant. Fig. trousser une volaille, la préparer pour la faire cuire ; trousser une affaire, l'expédier promptement ; trousser bagage, partir brusquement.

TROUSSIS, sm. (s finale nulle), pli fait à un vêtement pour le raccourcir.

TROUVABLE, adj. 2 g. que l'on peut trouver.

TROUVAILLE, sf. (ll m.), chose trouvée heureusement (fam.).

TROUVER, va. rencontrer une personne ou une chose, soit qu'on la cherche ou non Fig. inventer, imaginer : trouver un moyen ; surprendre : trouver quelqu'un en faute ; prendre : trouver du plaisir ; recevoir : trouver la mort ; remarquer, reconnaître : trouver bon visage à quelqu'un. — Trouver son compte, voir son avantage ; trouver bon, approuver ; trouver mauvais, désapprouver — vn. trouver à, trouver le moyen, l'occasion ; trouver à redire, trouver un défaut, un sujet de blâme. — SE TROUVER, vpr. être : se trouver en danger ; estimer, juger, se sentir : se trouver heureux. Se trouver bien de quelqu'un, de quelque chose, avoir lieu d'en être content. — v. imp. il se trouva, il y eut, il arriva.

TROUVÈRE ou **TROUVEUR**, sm. ancien poète français du moyen âge.

TROUVILLE, p. ville et port (Calvados).

TROYEN, ENNE, adj. et s. de l'anc. ville de Troie (Asie Mineure). Se dit aussi de Troyes, ville de France.

TROYES, ch.-l. du dép. de l'Aube.

TRUAND (d nul), ANDE, adj. vagabond, vaurien, mendiant.

TRUANDAILLE, sf. (ll m.), collection de truands (pop.).

TRUANDER, vn. mendier.

TRUANDERIE, sf. profession de truand (pop.).

TRUBLE, V. Trouble.

TRUBLEAU, sm. petite truble.

TRUC, sm. manière cachée de faire ; secret ;

TRUCHEMAN ou **TRUCHEMENT**, sm. interprète.

TRUCHER, vn. mendier par fainéantise (pop.).

TRUCHEUR, EUSE, s. celui, celle qui truche (pop.).

TRUCULENT, ENTE, adj. farouche, brutal.

TRUDAINE, sf. niaiserie, moquerie. — adj. 2 g. enjoué, facétieux.

TRUELLE, sf. outil de maçon pour prendre le plâtre ou le mortier ; ustensile d'argent pour servir le poisson.

TRUELLÉE, sf. ce qui peut tenir sur une truelle.

TRUFFE, sf. corps végétal bon à manger, que l'on trouve dans la terre.

TRUFFÉ, ÉE, adj. garni de truffes : dinde truffée.

TRUFFER, va. garnir de truffes. Railler, tromper (pop.).

TRUFFERIE, sf. tromperie, raillerie (pop.).

TRUFFIER, 1ÈRE, adj. qui produit des truffes.

TRUFFIÈRE, sf. terrain où l'on trouve des truffes.

TRUGUET, amiral français (1752-1839).

TRUIE, sf. femelle du porc.

TRUITE, sf. sorte de poisson d'eau douce. Truite saumonée, qui tient du goût du saumon.

TRUITÉ, ÉE, adj. marqueté de taches rougeâtres comme celles des truites.

TRUMEAU, sm. espace d'un mur entre deux fenêtres ; parquet de glace occupant cet espace ou placé au-dessus d'une cheminée ; viande du jarret d'un bœuf.

TRUSQUIN, sm. outil de menuisier pour tracer des parallèles.

TRYPHIODORE, grammairien et poète grec du 5e ou du 6e s.

TRYPHON (DIODOTE, dit), usurpateur du royaume de Syrie ; m. 133 av. J. C. — (SALVIUS, dit), joueur de flûte, proclamé roi de Sicile par les esclaves révoltés ; m. 99 av. J. C.

TSAR, sm. anc. titre des empereurs de Russie.

TSARIEN, ENNE, adj. du tsar, qui appartient au tsar.

TSARINE, sf. impératrice de Russie.

TSARISME, sm. pouvoir, gouvernement, politique du tsar.

TSAROWITZ, sm. fils du tsar.

TU, pron. pers. s. 2 g. de la 2e personne.

TUABLE, adj. 2 g. se dit d'un animal bon à tuer.

TUANT, ANTE, adj. Fig. fatigant, ennuyeux, importun (fam.).

TU-AUTEM, sm. (mots latins ; on pr. tu-autème), le point essentiel, la difficulté.

TUBAGE, sm. action de tuber.

TUBALCAÏN, fils du patriarche Lamech, inventeur de l'art de travailler les métaux, 30e s. av. J. C.

TUBE, sm. tuyau cylindrique de métal, de verre, de terre cuite, etc.

TUBER, va. et n. placer des tubes, garnir de tubes.

TUBERCULE, sm. excroissance en forme de

bosse qui survient à une plante, à une racine; nom générique par lequel on désigne la pomme de terre, la truffe, etc.; elevure à la peau, abcès au poumon.

TUBERCULÉ, ÉE, adj. garni de petites protubérances (bot.).

TUBERCULEUX, EUSE, adj. qui est de la nature du tubercule; où il y a des tubercules.

TUBÉREUSE, sf. plante; sa fleur.

TUBÉREUX, EUSE, adj. en masse épaisse et charnue (bot.).

TUBÉROSITÉ, sf. éminence sur un os (anat.); excroissance charnue sur les plantes (bot.).

TUBICOLE, adj. et sm. (l. tubus tube, colere habiter), qui habite dans un tube; se dit de certains vers (zool.).

TUBINGEN ou **TUBINGUE,** ville du Wurtemberg, sur le Necker.

TUBIPORE, sm. polypier tubulaire (zool.).

TUBULAIRE, adj. 2 g. en forme de tube.

TUBULÉ, ÉE, adj. en forme de tube, qui a une ou plus. tubulures.

TUBULEUX, EUSE, adj. long et creux comme un tube.

TUBULIBRANCHES, sm. pl. (l. tubulus petit tube, branchiæ branchies) ordre de Gastéropodes, comprenant ceux dont la coquille a la forme d'un petit tube qui loge les branchies (zool.).

TUBULURE, sf. ouverture de certains appareils de chimie, propre à recevoir un tube; petit tube ou tuyau dans certains végétaux.

TUCUMAN, ville et État de la république Argentine.

TUDELA, ville d'Espagne sur l'Èbre. Victoire des Français sur les Espagnols en 1808.

TUDESQUE, adj. 2 g. germanique. Fig. manières tudesques, rudes, grossières. — sm. la langue germaine.

TUDIEU, interj. exclamation marquant l'étonnement, l'impatience, etc.

TUDOR (Owen), gentilhomme anglais, tige de la maison royale des Tudors, en Angleterre; m. 1461.

TUE-CHIEN, sm. colchique.

TUER, va. mettre à mort, faire périr. Fig. fatiguer, importuner: ce grand bruit me tue; altérer la santé: le chagrin la tue; réduire à rien: cela tue tout l'effet; souiller: le péché tue l'âme. Tuer le temps, l'amuser à des riens. — SE TUER, vpr. se donner la mort, être tué. Fig. se donner beaucoup de peine: il se tue à rimer.

TUERIE, sf. carnage; lieu où l'on tue les animaux de boucherie.

TUE-TÊTE (à), loc. adv. Crier à tue-tête, crier de toute sa force.

TUEUR, sm. celui qui tue. Fig. spadassin.

TUF ou **TUFFEAU,** sm. sorte de pierre blanche et sèche.

TUFIER, IÈRE, adj. qui est de la nature du tuf.

TUILE, sf. carreau de terre cuite, plat ou en forme de demi-cylindre, et servant à couvrir les maisons. Fig. une tuile sur la tête, un accident imprévu.

TUILEAU, sm. morceau de tuile cassée.

TUILERIE, sf. lieu où l'on fait de la tuile. Au pl. palais habité par le souverain à Paris.

TUILIER, sm. ouvrier qui fait les tuiles.

TULIPE, sf. plante; sa fleur.

TULIPIER, sm. arbre dont la fleur ressemble à celle de la tulipe.

TULLE, sm. tissu en réseau très-mince et très-léger.

TULLE, ch.-lieu du dép. de la Corrèze.

TULLIE, fille de Servius Tullius, roi de Rome et femme de Tarquin le Superbe.

TULLINS, ch.-l. de canton (Isère).

TULLIUS, nom de famille de Cicéron. V. Servius.

TULLUS HOSTILIUS, troisième roi de Rome; m. 639 av. J. C.

TUMÉFACTION, sf. (on pr. tuméfaxion), enflure.

TUMÉFIER, va. rendre enflé, causer une enflure.

TUMESCENCE, sf. état de ce qui est enflé; enflure, gonflement.

TUMESCENT, ENTE, adj. enflé, gonflé.

TUMEUR, sf. grosseur qui se développe sur quelque partie du corps.

TUMULAIRE, adj. 2 g. qui a rapport aux tombeaux.

TUMULTE, sm. grand mouvement avec bruit et désordre. Fig. agitation: le tumulte du monde; trouble: le tumulte des passions. — EN TUMULTE, loc. adv. en confusion, en désordre.

TUMULTUAIRE, adj. 2 g. fait avec tumulte et contre les formes et les lois.

TUMULTUAIREMENT, adv. d'une façon tumultuaire.

TUMULTUEUSEMENT, adv. en tumulte.

TUMULTUEUX, EUSE, adj. qui se fait avec tumulte. Fig. agité, désordonné.

TUMULUS, sm. (on pr. l's), amas de terre ou de pierres en forme de cône au-dessus d'anciennes sépultures.

TUNES, anc. nom de Tunis. Défaite de Régulus par Xantippe; 256 av. J. C.

TUNGSTATE, TUNGSTIQUE, V. Tunstate, Tunstique.

TUNGSTÈNE, sm. l'un des corps simples de la chimie.

TUNICELLE, sf. petite tunique, petite enveloppe membraneuse.

TUNICIERS, sm. pl. classe ou sous-embranchement de Malacozoaires (zool.).

TUNIQUE, sf. vêtement de dessous des anciens; sorte de redingote; habillement que portent les évêques sous leur chasuble; dalmatique. Membrane enveloppante (anat. et bot.).

TUNIQUÉ, ÉE, adj. recouvert d'une tunique membraneuse.

TUNIS, capitale de la régence de même nom en Afrique.

TUNISIEN, IENNE, adj. et s. de Tunis.

TUNNEL, sm. passage souterrain (mot anglais).

TUNSTATE ou **TUNGSTATE,** sm. sel formé par la combinaison de l'acide tunstique avec une base (chim.).

TUNSTIQUE ou TUNGSTIQUE, adj. à g. se dit d'un acide dont la base est le tungstène (chim.).

TURBAN, sm. coiffure des Orientaux faite d'une pièce d'étoffe roulée autour de la tête.

TURBELLARIÉS, sm. pl. classe d'Annélides (zool.).

TURBIGO, village sur le Tésin, près de Magenta.

TURBINE, sf. sorte de machine hydraulique formée d'une roue en hélice ; jubé ou tribune de l'orgue d'une église.

TURBINÉ, ÉE, adj. (l. turbo toupie), qui a la forme d'une toupie ou d'un cône renverse (bot.) ; contourné en spirale (zool.).

TURBINITE, sf. coquille en spirale.

TURBITH, sm. sorte de liseron. Turbith minéral, sulfate jaune de mercure.

TURBOT, sm. (t final nul), sorte de poisson de mer.

TURBOTIÈRE, sf. vase pour faire cuire un turbot.

TURBOTIN, sm. petit turbot.

TURBULEMMENT, adv. d'une manière turbulente.

TURBULENCE, sf. caractère ou manière d'être de la personne turbulente.

TURBULENT, ENTE, adj. et s. qui est toujours dans l'agitation ; qui est naturellement porté à faire du bruit, du tumulte.

TURC, TURQUE, adj. et s. de la Turquie. — sm. la langue turque. Les Turcs, grande famille de peuples originaires du Turkestan ; le Grand Turc, le sultan. Fig. cet homme est un Turc, c'est un homme rude, inexorable ; traiter de Turc à More, sans quartier. — À LA TURQUE, loc. adv. sans ménagement.

TURCARET, sm. (t final nul), homme enrichi, financier sans mérite.

TURCIE, sf. levée au bord d'une rivière pour en contenir les eaux.

TURCKHEIM, p. ville près de Colmar. Victoire de Turenne sur les Impériaux, en 1675.

TURCO, sm. soldat d'un corps de troupes indigènes de l'Algérie.

TURCOING, V. Tourcoing.

TURCOMANS, sm. pl. peuple de famille turque répandu dans le Turkestan, l'Afghanistan, le Hérat, etc.

TURENNE, p. ville près de Brives (Corrèze).

TURENNE (Henri de La Tour d'Auvergne, vicomte de), illustre général français (1611-1675).

TURF, sm. emplacement où se font les courses de chevaux (m. anglais).

TURGESCENCE, sf. état de ce qui est turgescent, gonflement.

TURGESCENT, ENTE, adj. qui commence à se gonfler, qui se gonfle.

TURGIDE, adj. à g. enflé, gonflé.

TURGOT (t final nul), ministre de Louis XVI et célèbre économiste (1727-1781).

TURIN, ville d'Italie, capitale des États Sardes.

TURION, sm. bourgeon radical des plantes vivaces.

TURKESTAN, région de l'Asie occidentale et centrale.

TURKHEIM, V. Turckheim.

TURLUPIN, sm. nom d'un ancien acteur de farces sous Louis XIII. Fig. mauvais plaisant. Au pl. hérétiques du 14e siècle.

TURLUPINADE, sf. mauvaise plaisanterie fondée sur un jeu de mots ou sur une allusion basse.

TURLUPINER, vn. faire des turlupinades. — va. tourner en ridicule.

TURME, sf. compagnie de cavalerie dans la légion des Romains.

TURNÈBE, sav. philologue français (1512-1565).

TURNEPS, sm. sorte de gros navet.

TURNHOUT, ville de Belgique, dans la Campine. Victoire de Maurice de Nassau sur les Espagnols en 1597.

TURNUS, roi des Rutules, rival d'Énée, 12e s. av. J. C.

TURPIN, TULPIN ou TILPIN, archevêque de Reims et secrétaire de Charlemagne ; m. 800.

TURPIN DE CRISSÉ, général et sav. tacticien français (1710-1780).

TURPITUDE, sf. caractère de ce qui est honteux, immoral, ignominieux.

TURQUET, sm. (t final nul), petit chien ; sorte de froment.

TURQUETTE, sf. petite plante diurétique et astringente.

TURQUIE, ou EMPIRE OTTOMAN, gr. État d'Europe et d'Asie.

TURQUIN, adj. m. Bleu turquin, bleu foncé.

TURQUOISE, sf. pierre précieuse opaque et de couleur bleue.

TUSCULUM (on pr. Tusculome), anc. ville du Latium, auj. Frascati.

TUSSILAGE, sm. plante appelée aussi pas-d'âne.

TUTE, sf. creuset à pattes.

TUTÉLAIRE, adj. à g. qui tient sous sa garde, qui protège.

TUTELLE, sf. autorité sur la personne et les biens d'un mineur ou d'un interdit. Fig. protection. Être en tutelle, ne pas avoir sa liberté d'action.

TUTEUR, TUTRICE, s. celui, celle à qui est confiée la tutelle. Fig. perche qui soutient un jeune arbre.

TUTIE, sf. oxyde de zinc qui s'attache aux fourneaux où l'on fait fondre ce métal.

TUTOIEMENT ou TUTOIMENT, sm. action de tutoyer.

TUTOYER, va. user, en parlant à quelqu'un, des mots tu et toi (s. employer).

TUTOYEUR, sm. celui qui a l'habitude de tutoyer.

TUTTI (on pr. toutti), mot italien signifiant tous (mus.).

TUTTI QUANTI (on pr. toutti quouanti), locution italienne signifiant tout autant qu'ils sont.

TUYAU, sm. tube de métal, de terre cuite, etc. ; ouverture de la cheminée depuis le manteau jusqu'en haut ; bout creux de la plume des oiseaux ; tige creuse du blé, etc. ; sorte de pli. Fig. parler dans le tuyau de l'oreille, parler bas à quelqu'un.

TUYAUTER, va. faire des plis appelés *tuyaux*.

TUYÈRE, sf. ouverture d'un fourneau qui reçoit le tuyau du soufflet.

TVER, ville de Russie.

TWED ou TWEED, riv. qui sépare l'Écosse de l'Angleterre.

TYANE, anc. ville de Cappadoce, auj. *Kara-Hissar*.

TYBURN, village près de Londres, où étaient jadis les fourches patibulaires.

TYCHO-BRAHÉ (on pr. *Tiko*), célèbre astronome suédois (1546-1601).

TYDÉE, roi de Calydon et père de Diomède.

TYMPAN, sm. membrane tendue au fond de l'oreille et qui est frappée par les vibrations de l'air; châssis sur lequel on tend une étoffe ou du parchemin; espace uni entre les corniches d'un fronton; panneau de menuiserie entre moulures; pignon qui engrène dans les dents d'une roue.

TYMPANISER, va. décrier publiquement quelqu'un, déclamer contre lui.

TYMPANITE, sf. enflure du ventre causée par l'accumulation des gaz.

TYMPANON, sm. instrument de musique à cordes de métal que l'on frappe avec de petites baguettes.

TYNDARE, roi de Sparte et mari de Léda.

TYNDARIDES, sm. pl. les descendants de Tyndare; Castor et Pollux.

TYPE, sm. modèle, figure originale; figure symbolique d'une médaille; caractère d'imprimerie. Description graphique (*astr.*).

TYPHACÉES, TYPHINÉES ou TYPHOÏDES, sf. pl. (l. typha massette), famille ou tribu de plantes dont la massette est le type (*bot.*).

TYPHÉE, chef des géants qui escaladèrent le ciel (*myth.*).

TYPHIQUE, adj. 2 g. qui appartient au typhus (*méd.*).

TYPHOÏDE, adj. 2 g. de la nature du typhus. V. *Typhacées*.

TYPHON, sm. trombe de mer; ouragan furieux.

TYPHON, dieu égyptien, génie du mal (*myth.*).

TYPHONIEN, ENNE, adj. se dit de terrains non stratifiés de la période saturnienne, dûs à l'action de cataclysmes (*géol.*).

TYPHUS, sm. (on pr. l's), sorte de fièvre contagieuse; fièvre jaune, peste.

TYPIQUE, adj. 2 g. allégorique, symbolique.

TYPOGRAPHE, sm. imprimeur.

TYPOGRAPHIE, sf. (gr. *typos*, modèle, empreinte; *graphô*, écrire, tracer), imprimerie en caractères mobiles; établissement d'imprimeur.

TYPOGRAPHIQUE, adj. 2 g. qui a rapport à la typographie.

TYPOGRAPHIQUEMENT, adv. à la manière des typographes; par l'imprimerie.

TYPOLITHE, sf. (gr. *typos* empreinte, *lithos* pierre), pierre qui porte l'empreinte d'une plante ou d'un animal fossile.

TYR, anc. et célèbre ville de Phénicie, auj. *Sour*.

TYRAN, sm. prince qui gouverne avec injustice et cruauté. *Fig.* toute personne qui abuse de son autorité, de son influence.

TYRANNEAU, sm. petit tyran; tyran subalterne (*fam*).

TYRANNICIDE, sm. et adj. 2 g. meurtre d'un tyran; le meurtrier lui-même.

TYRANNIE, sf. domination injuste et cruelle. *Fig.* oppression, violence; pouvoir extraordinaire de certaines choses : *la tyrannie de la mode*.

TYRANNIQUE, adj. 2 g. qui tient de la tyrannie.

TYRANNIQUEMENT, adv. d'une manière tyrannique.

TYRANNISER, va. traiter tyranniquement. *Fig.* avoir un grand pouvoir sur : *les passions tyrannisent l'âme*.

TYRIEN, ENNE, adj. et s. de Tyr.

TYROL, province de l'empire d'Autriche; cap. *Inspruck*.

TYROLIEN, ENNE, adj. et s. du Tyrol.

TYROLIENNE, sf. sorte de chant ou de danse du Tyrol, des pays de montagnes.

TYRREL (James), historien et publiciste anglais (1642-1718).

TYRRHÈNES ou TYRRHÉNIENS, anc. peuple d'Italie; nom des Lydiens.

TYRRHÉNIENNE (mer), sur la côte occidentale de l'Italie.

TYRTÉE, célèbre poète athénien, chef des Spartiates dans la 2e guerre de Messénie, 668 av. J. C.

TZAR, TZARINE, etc., V. *Tsar, tsarine*.

TZARSKOË-SÉLO, ville près de St-Pétersbourg. Château impérial.

TZETZÉS (Jean), poète et grammairien grec (1120-1183).

U

U, sm. 21e lettre de l'alphabet. 5e voyelle.

UBERTÉ, sf. abondance (vx. mot).

UBIQUISTE, sm. (on pr. *ubicuiste*), docteur en théologie qui n'était attaché à aucune maison particulière; homme qui se trouve bien partout.

UBIQUISTES ou UBIQUITAIRES, sm. pl. (on pr. *ubicui*), nom d'une secte de protestants.

UBIQUITÉ, sf. (on pr. *ubicuité*), état de ce qui est partout; faculté d'être ou de se montrer partout (l. *ubiqué* partout).

UDINE, ville de la Vénétie.

UDOMÈTRE, sm. appareil indiquant la quantité de pluie qui tombe.

UGOLIN, tyran de Pise, mort de faim dans une tour avec ses quatre enfants, 1288.

UHLAN, *sm* (l'*u* est aspiré), cavalier allemand.

UKASE, *sm.* édit de l'empereur de Russie.

UKRAINE, région de la Russie méridionale.

ULADISLAS, V. *Vladislas.*

ULCÉRATION, *sf.* formation d'un ulcère; ulcère superficiel.

ULCÈRE, *sm.* plaie, ouverture des chairs avec écoulement de matières.

ULCÉRÉ, ÉE, *adj. part.* qui a un ulcère. *Fig.* fâché, irrité; *conscience ulcérée,* dévorée de remords.

ULCÉRER, *va.* produire un ulcère. *Fig.* exciter un ressentiment violent.

ULCÉREUX, EUSE, *adj.* qui est couvert d'ulcères, qui est tout ulcéré.

ULÉMA, *sm.* docteur de la loi chez les Turcs.

ULIGINAIRE ou ULIGINEUX, EUSE, *adj.* (l. *uligo* humidité du sol), qui vit, qui croît dans les prairies humides, dans les marecages (*bot.*); marécageux.

ULM (on pr. *Oulme*), ville du Wurtemberg

ULMACÉES, *sf. pl.* (l. *ulmus* orme), famille ou tribu de plantes dont l'orme est le type (*bot.*).

ULMAIRE, *sf.* plante dite aussi *reine des prés.*

ULPIEN, célèbre jurisconsulte romain, ministre d'Alexandre Sévère; m. 230.

ULRIC (St), évêque d'Augsbourg, 10e s.

ULRIQUE-ÉLÉONORE, reine de Suède, succéda à Charles XII, son frère (1688-1744).

ULTÉRIEUR, EURE, *adj.* qui est plus avant ou au delà. *Fig.* qui se fait ou qui arrive après.

ULTÉRIEUREMENT, *adv.* par delà, postérieurement.

ULTIMATUM, *sm.* (on pr. *ultimatome*), dernières conditions irrévocables que l'on met à un traité.

ULTIME, *adj.* 2 g. le dernier de tous. — *sf.* genre de coquille.

ULTRA, *prép. latine* signifiant *outre, au delà,* et employée comme initiatif de quelques mots français. — *sm.* personne exagérée dans ses opinions politiques.

ULTRADÉMOCRATE, *s.* 2 g. partisan outré de la démocratie.

ULTRAMONTAIN, AINE, *adj.* et *s.* qui habite ou qui est situé au delà des Alpes : se dit, par extension, de la cour de Rome, des partisans de la puissance du pape et de ce qui a rapport à cette puissance.

ULTRAMONTANISME ou ULTRAMONTISME, *sm.* doctrine des ultramontains ou partisans de la puissance absolue du pape.

ULULER, V. *Hululer.*

ULVE, *sf.* espèce d'algue.

ULYSSE, célèbre héros grec, roi d'Ithaque; 12e ou 13e s. av. J. C.

UMBLE, *sm.* (on pr. *omble*), sorte de truite. On dit aussi *umble chevalier* et *ombre chevalier.*

UMBON, *sm.* (on pr. *ombon*), centre d'un bouclier à la surface extérieure.

UN, *sm.* le premier de tous les nombres; unité, chiffre qui la désigne.

UN, UNE, *adj.* seul, unique : *Dieu est un;* simple : *l'action dramatique doit être une; tout : un chrétien doit pardonner les injures.* — L'UN L'AUTRE, L'UN ET L'AUTRE, *pr. ind.* tous deux; UN À UN, *loc. adv.* l'un après l'autre, un seul à la fois.

UNANIME, *adj.* 2 g. qui réunit tous les suffrages ; qui est d'un commun accord.

UNANIMEMENT, *adv.* d'une commune voix, d'un commun avis.

UNANIMITÉ, *sf.* conformité de sentiment, d'opinion, d'avis; commun accord.

UNAU, *sm.* quadrupède très-lent.

UNCIALE, V. *Onciale.*

UNCIFORME, *adj.* 2 g. (l. *uncus* crochet), qui a la forme d'un crochet, qui est crochu (*bot.* et *zool.*).

UNCINÉ, ÉE, *adj.* (l. *uncus* crochu), terminé par une pointe recourbée en crochet (*bot.*).

UNDÉCIMAL, ALE, *adj.* (on pr. *ondécimal*), dont la base est onze (*math.*); qui se compte ou se divise par onze.

UNGUICULÉ, V. *Onguiculé.*

UNGUIS, *sm.* (on pr. *ongu-ice*), le plus petit des os de la face (*anat.*).

UNGULÉ, V. *Ongulé.*

UNI, IE, *adj.* sans aspérité; simple, sans ornement. *Fig.* sans façon : *un homme tout uni.* — *adv.* uniment, également.

UNICAPSULAIRE, *adj.* 2 g. à une seule capsule ou loge (*bot.*).

UNICAULE, *adj.* 2 g. (l. *caulis* tige), à une seule tige (*bot.*).

UNICORNE, *adj.* 2 g. qui n'a qu'une seule corne.

UNIÈME, *adj.* 2 g. nombre ordinal de *un :* le vingt et unième jour du mois.

UNIÈMEMENT, *adv.* s'employant comme le mot unième : vingt et unièmement.

UNIFLORE, *adj.* 2 g. qui ne porte qu'une fleur (*bot.*).

UNIFOLIÉ, ÉE, *adj.* à une seule feuille (*bot.*).

UNIFORME, *adj.* 2 g. qui n'a qu'une seule et même forme, qui est de même forme, qui est semblable. — *sm.* vêtement qui est de même forme, fait sur le même modèle.

UNIFORMÉMENT, *adv.* d'une manière uniforme.

UNIFORMISER, *va.* rendre uniforme.

UNIFORMITÉ, *sf.* ressemblance des parties d'une chose ou de plusieurs choses entre elles.

UNIGEMME, *adj.* 2 g. (l. *gemma* bourgeon), qui ne porte qu'un seul bourgeon (*bot.*).

UNILABIÉ, ÉE, *adj.* (l. *labia* lèvre), à une seule lèvre (*bot.*).

UNILATÉRAL, ALE, *adj.* (l. *latus,* gén. *lateris* côté), disposé d'un seul côté (*bot.*). Se dit en termes de droit d'un contrat qui n'engage qu'une seule des parties contractantes.

UNILATÉRALEMENT, *adv.* d'un seul côté, d'une manière unilatérale.

UNILOBÉ, ÉE, *adj.* qui n'a qu'un seul lobe (*bot.*).

UNILOCULAIRE, *adj.* 2 g. (l. *loculus* compartiment), qui n'a qu'une seule loge ou compartiment (bot.).

UNIMENT, adv. également; simplement, sans façon.

UNIMÉTHODIQUE, adj. 2 g. où la méthode est une, en suivant une seule et même méthode.

UNION, sf. jonction de deux ou de plusieurs choses ensemble. Fig. concorde, liaison étroite, mariage.

UNION (L'), les États-Unis de l'Amérique du Nord.

UNIOVULÉ, ÉE, adj. qui ne contient qu'un seul ovule (bot.).

UNIPERSONNEL, ELLE, adj. se dit des verbes qui n'ont qu'une seule personne, autrement dits impersonnels (gram.).

UNIQUE, adj. 2 g. seul. Fig. infiniment supérieur aux autres; original, ridicule.

UNIQUEMENT, adv. exclusivement; au-dessus de tout.

UNIR, va. joindre. Fig. lier: l'amitié les unit; rendre plan, égal: unir une allée. — S'UNIR, vpr. se joindre, s'allier, s'associer.

UNISEXUEL, ELLE, adj. se dit des fleurs qui n'ont que des étamines ou seulement des pistils (bot.).

UNISSON, sm. littéral. un seul son: accord de plusieurs voix, de plusieurs instruments qui ne font entendre qu'un seul ton. Fig. accord de pensées, de sentiments, etc.

UNITAIRE, s. et adj. 2 g. nom d'une secte qui ne reconnaît qu'une seule personne en Dieu.

UNITÉ, sf. principe du nombre, le nombre un; quantité qui sert de commune mesure entre les quantités de même espèce; qualité de ce qui est un, par opposition à pluralité.

UNIVALVE, adj. 2 g. à une seule valve: se dit d'une coquille qui n'est composée que d'une seule pièce, et d'un péricarpe qui ne s'ouvre que d'un seul côté (zool. et bot.).

UNIVERS, sm. (s. nulle), le monde entier ou seulement la terre. Fig. tous les habitants de la terre.

UNIVERSALISER, va. rendre universel ou général.

UNIVERSALISME, sm. système de ceux qui n'admettent pour autorité que l'assentiment universel.

UNIVERSALISTE, sm. partisan de l'universalisme.

UNIVERSALITÉ, sf. généralité, totalité des genres et des espèces; qualité d'une proposition universelle.

UNIVERSAUX, V. Universel.

UNIVERSEL, ELLE, adj. général, qui s'étend à tout et partout, qui embrasse tout. — sm. (pl. universaux), ce qu'il y a de commun dans tous les individus d'un genre ou d'une espèce (philos.).

UNIVERSELLEMENT, adv. généralement.

UNIVERSITAIRE, adj. 2 g. et sm. qui appartient à l'Université.

UNIVERSITÉ, sf. corps de professeurs établi par l'autorité publique pour enseigner les lettres, les langues et les sciences.

UNIVOCATION, sf. caractère de ce qui est univoque.

UNIVOQUE, adj. 2 g. se dit des noms qui s'appliquent dans le même sens à plusieurs choses, même d'espèces différentes.

UNTERWALD, canton suisse qui se divise en Unterwald-Niedwald et Unterwald-Obwald.

UPAS, sm. arbre vénéneux de Java.

UPSAL, ville de Suède.

UR, anc. ville de Chaldée, patrie d'Abraham.

URANE ou **URANIUM** sm. (on pr. uraniome), métal, l'un des corps simples de la chimie.

URANIE, muse de l'astronomie (myth.).

URANOGRAPHIE, sf. (gr. ouranôs ciel, graphô décrire), description du ciel.

URANOGRAPHIQUE, adj. 2 g. qui appartient à l'uranographie.

URANOMÉTRIE, sf. (gr. ouranos ciel, métron mesure), partie de l'astronomie qui a pour objet la mesure des distances angulaires entre les différents points de la sphère céleste.

URANORAMA, sm. (gr. ouranos ciel; orama vue, spectacle), grand globe céleste qui fait voir les différents astres et leurs mouvements apparents ou réels.

URANUS, le Ciel, le plus ancien des dieux (myth.). — sm. l'une des grandes planètes.

URATE, sm. sel formé par la combinaison de l'acide urique avec une base (chim.).

URBAIN (St), pape et martyr; m. 230.

URBAIN, nom de plus. papes, dont les plus célèbres furent : URBAIN II, qui prêcha la 1re croisade, m. 1187; URBAIN IV, né à Troyes, m. 1264; URBAIN V, à Avignon (1307-1370); URBAIN VI, m. 1389; URBAIN VIII (1568-1644).

URBAIN, AINE, adj. (l. urbs ville), de la ville.

URBANITÉ, sf. politesse que donne l'usage du monde des villes.

URBIN, ville d'Italie, dans les anciens États de l'Église.

URCÉIFORME, adj. 2 g. (l. urceus cruche), qui a la forme d'un vase, d'une cruche, d'un gobelet (bot.).

URCÉOLAIRE, adj. 2 g. qui a la forme d'un urcéole (bot.).

URCÉOLE, sm. (l. urceolus petite cruche, petit vase), sac qui entoure l'ovaire dans les carex; tube formé dans beaucoup de plantes par la soudure des étamines monadelphes; test de certains infusoires (bot. et zool.).

URCÉOLÉ, ÉE, adj. renflé en forme de petite cruche (bot.).

URE, V. Urus.

URÈDE ou **UREDO**, sm. tache colorée sur les feuilles ou sur les écorces, produite par de petits champignons.

URÉE, sf. substance qui colore l'urine, radical de l'acide urique.

URETÈRE, sm. canal qui porte l'urine des reins à la vessie (anat.).

URÉTIQUE, adj. 2 g. de l'urètre.

URÈTRE, sm. canal par où sort l'urine.

URFÉ (Honoré d'), romancier français, auteur de l'Astrée (1568-1625).

URGEL, ville de Catalogne (Espagne).

URGENCE, *sf.* qualité de ce qui est urgent.

URGENT, ENTE, *adj.* pressant, qui ne souffre pas de délai.

URI, canton suisse, ch.-l. *Altorf.*

URIEL, ange de la lumière, l'un des ministres de la justice divine.

URINAIRE, *adj.* 2 g. qui a rapport à l'urine.

URINAL, *sm.* vase à col incliné où les malades urinent commodément.

URINE, *sf.* liquide sécrété par les reins et sortant de la vessie.

URINER, *vn.* évacuer l'urine.

URINEUX, EUSE, *adj.* de la nature de l'urine.

URIQUE, *adj.* 2 g. se dit d'un acide formé par la combinaison de l'urée avec l'oxygène (*chim.*).

URNE, *sf.* vase qui dans l'antiquité servait à renfermer les cendres des morts; vase moderne ayant la même forme; vase servant à tirer au sort, à faire un scrutin, etc.

URODÈLES, *sm. pl.* (gr. *oura* queue, *dêlos* visible), ordre ou famille de Batraciens ayant une queue, comme la salamandre (*zool.*).

UROLITHIQUE, *adj.* 2 g. (gr. *ouron* urine, *lithos* pierre), se dit de l'acide urique extrait des calculs urinaires (*chim.*).

URRAQUE, reine de Castille; m. 1126.

URSINS (princesse des), femme célèbre qui dirigea le gouvernement de l'Espagne sous Philippe V (1642-1722).

URSULE (Ste), vierge et martyre, 5e s.

URSULINES, *sf. pl.* ordre de religieuses.

URTICAIRE, *sf.* (l. *urtica* ortie), éruption assez semblable à celle que produit sur la peau l'action de l'ortie (*méd.*).

URTICÉES, *sf. pl.* (l. *urtica* ortie), famille de plantes dont l'ortie est le type (*bot.*).

URUGUAY, riv. de l'Amérique méridle, qui, réunie au Parana, forme le Rio de la Plata. Elle donne son nom à une république, dont la capitale est *Montevideo.*

URUS ou URE, *sm.* sorte de taureau sauvage appelé aussi *aurochs.*

US, *sm. pl.* usages, règles pratiques.

USAGE, *sm.* coutume; emploi d'une chose; droit d'user; habitude, pratique d'une chose; connaissance des devoirs de société.

USAGER, *sm.* celui qui a droit d'usage dans les bois, dans les pacages.

USANCE, *sf.* usage reçu; terme de 30 jours pour payer une lettre de change.

USANT, ANTE, *adj.* qui use et jouit de *(jurisp.).*

USCOQUES, peuple d'origine slave répandu dans la Dalmatie, la Croatie et l'Illyrie.

USÉ, ÉE, *adj.* détérioré par l'usage. *Fig.* épuisé; *homme usé;* émoussé: *goût usé;* rebattu, qui n'a plus de valeur: *moyen usé.*

USER, *vn.* faire usage de, se servir de. *En user,* agir de telle ou telle manière. — *va.* consommer, détériorer par l'usage: *user beaucoup d'habits;* diminuer par le frottement: *Fig.* amoindrir, affaiblir: *user sa santé.* — S'USER, *vpr.* se perdre; se détériorer, s'amoindrir.

USER, *sm.* durée d'une chose dont on use: *étoffe d'un bon user;* fréquentation, rap-

ports: *on ne connaît bien une personne qu'à l'user.*

USINE, *sf.* établissement tel que forge, fonderie, verrerie, etc.

USITÉ, ÉE, *adj.* qui est en usage, qui est pratiqué.

USSEL, s.-préf. du dép. de la Corrèze.

USSÉRIUS, savant prélat anglican (1580-1656).

USTENSILE, *sm.* petit meuble de ménage, de cuisine; outil.

USTION, *sf.* action de brûler, cautérisation, calcination.

USUEL, ELLE, *adj.* dont on se sert ordinairement.

USUELLEMENT, *adv.* communément, à l'ordinaire, d'habitude.

USUFRUCTUAIRE, *adj.* 2 g. qui ne donne que la faculté de jouir des fruits *(jurisp.).*

USUFRUIT, *sm.* (t mut), jouissance des fruits, des revenus, sans avoir la propriété du fonds ou du capital *(jurisp.).*

USUFRUITIER, IÈRE, *s.* celui, celle qui a l'usufruit. — *adj.* à la charge de l'usufruitier.

USURAIRE, *adj.* 2 g. où il y a de l'usure.

USURAIREMENT, *adv.* d'une manière usuraire.

USURE, *sf.* intérêt de l'argent ou profit à un taux illégal ou trop élevé; dépérissement des vêtements, des meubles par l'usage. *Fig. avec usure,* au delà de ce qu'on a reçu.

USURIER, IÈRE, *s.* celui, celle qui pratique l'usure.

USURPATEUR, TRICE, *s.* celui, celle qui usurpe.

USURPATION, *sf.* action d'usurper.

USURPER, *va.* et *vn.* s'emparer par force ou par ruse d'un trône, d'un bien, d'un titre qui appartient à un autre, ou d'une chose que l'on n'a pas méritée.

UT, *sm.* première note de la gamme naturelle; signe qui la représente.

UTEL ou UTELLE, ch.-l. de canton (Alpes-Maritimes).

UTÉRIN, INE, *adj.* et *s.* né de même mère, mais non de même père.

UTÉRINITÉ, *sf.* état d'utérin.

UTÉRUS, *sm.* (on pr. l's), viscère dans lequel se nourrit et se développe le fœtus.

UTILE, *adj.* 2 g. qui sert à quelque chose ou dont on peut se servir, que l'on peut employer. *Fig.* profitable, avantageux. — *sm.* ce qui est profitable. — EN TEMPS UTILE, *loc. adv.* dans le temps prescrit.

UTILEMENT, *adv.* d'une manière utile.

UTILISATION, *sf.* action d'utiliser.

UTILISER, *va.* rendre propre à servir, tirer parti d'une chose.

UTILITAIRE, *adj.* 2 g. qui a pour but l'utilité, qui vise à l'utilité.

UTILITÉ, *sf.* qualité de ce qui est utile, avantageux. Au *pl.* rôles de peu d'importance au théâtre.

UTIQUE, anc. ville d'Afrique, près de Carthage.

UTOPIE, *sf.* ce qui n'existe nulle part; plan d'un gouvernement imaginaire où tout est pour le mieux; réforme irréalisable.

UTOPISTE, s. 2 g. celui, celle qui fait des utopies.

UTRECHT, ville de Hollande. Traité de paix de 1713 qui mit fin à la guerre de la succession d'Espagne.

UTRICULAIRE, adj. 2 g. qui a la forme d'un utricule (bot.). — sf. sorte de plante.

UTRICULARIÉES ou UTRICULARINÉES, sf. pl. famille de plantes dont le type est l'utriculaire (bot.).

UTRICULE, sm. petite outre, petit sac (bot.).

UTRICULEUX, EUSE, adj. chargé d'utricules.

UVÉE, sf. l'une des tuniques de l'œil.

UVULAIRE, adj. 2 g. de la luette.

UVULE, sf. la luette.

UXELLES (marquis d'), maréchal de France (1652-1730).

UZBEKS, peuple du Turkestan.

UZERCHE, ch.-l. de canton (Corrèze).

UZÈS, s.-préf. du dép. du Gard.

V

V, sm. 22e lettre de l'alphabet ; elle vaut 5 en chiffre romain.

VA, impér. du verbe aller. S'emploie adverbialement dans le sens de soit, j'y consens, et comme interjection affirmative.

VACANCE, sf. temps pendant lequel une place, une dignité est vacante. Au pl. temps pendant lequel les lycées, les collèges, les écoles, cessent leurs études, et les tribunaux leurs fonctions.

VACANT, ANTE, adj. qui n'est pas occupé (se dit d'un logement, d'un emploi, etc.).

VACARME, sm. tumulte.

VACATION, sf. espace de temps employé à quelque fonction des officiers ministériels ; salaire des gens de loi ou des gens d'affaires ; état de ce qui n'est pas occupé ; profession (vieux dans ce sens). Au plur. cessation des séances des gens de justice. Chambre des vacations, qui rend la justice pendant les vacations.

VACCIN, sm. virus tiré de certaines pustules au pis des vaches et que l'on inocule pour préserver de la petite vérole.

VACCINABLE, adj. 2 g. qui peut être vacciné.

VACCINATEUR, TRICE, adj. et s. qui vaccine.

VACCINATION, sf. action de vacciner.

VACCINE, sf. maladie propre à la vache et qu'on inocule à l'homme pour le préserver de la petite vérole ; procédé pour opérer cette inoculation.

VACCINER, va. inoculer le vaccin.

VACCINIÉES, sf. pl. (l. vaccinium airelle), famille de plantes dont l'airelle est le type (bot.).

VACHE, sf. femelle du taureau ; peau de vache corroyée ; panier ou coffre couvert de cuir. Fig. vache à lait, personne ou chose dont on tire un profit continuel ; manger de la vache enragée, éprouver beaucoup de privations.

VACHER, ÈRE, s. celui, celle qui garde les vaches.

VACHERIE, sf. étable à vaches.

VACILLANT, ANTE, adj. (on pr. les 2 l), qui vacille. Fig. irrésolu, chancelant.

VACILLATION, sf. (on pr. les 2 l). mouvement de ce qui vacille. Fig. incertitude, irrésolution.

VACILLATOIRE, adj. 2 g. (on pr. les 2 l), douteux, incertain.

VACILLER, vn. (on pr. les 2 l), chanceler, n'être pas ferme. Fig. être irrésolu ; varier ; vaciller dans ses réponses.

VACKE, WACKE ou VAKE, sf. basalte terreux (min. et géol.).

VACUITÉ, sf. état de ce qui est vide.

VADÉ, poëte burlesque, créateur du genre poissard (1720-1757).

VADE-IN-PACE, sm. (loc. latine : on pr. vadé in pacé), prison d'un couvent.

VADE-MECUM, sm. (loc. latine : on pr. vadé mécome), se dit d'une chose que l'on porte ordinairement avec soi (inv.).

VADIER, membre de la Convention, fougueux révolutionnaire (1765-1828).

VA-ET-VIENT, sm. (inv.), partie de machine qui va et vient d'un point à un autre ; petit bac. Fig. agitation.

VAGABOND, ONDE, adj. qui vague ou erre toujours çà et là. Fig. désordonné : imagination vagabonde. — sm. homme sans aveu, sans domicile.

VAGABONDAGE, sm. habitude ou action de vagabonder.

VAGABONDER ou VAGABONNER, vn. être vagabond ; faire le vagabond.

VAGINELLE, sf. (l. vagina gaine), petite gaine qui embrasse la base des feuilles de pin (bot.).

VAGINULE, sf. (l. vaginula petit fourreau), membrane qui entoure comme un fourreau la pédicelle de l'urne des mousses ; fleuron tubuleux des synanthérées (bot.).

VAGIR, vn. pousser des vagissements ; crier comme le lièvre.

VAGISSANT, ANTE, adj. qui pousse des vagissements.

VAGISSEMENT, sm. cri des enfants nouveau-nés.

VAGON ou WAGON, sm. voiture de chemin de fer.

VAGUE, sf. eau de la mer, d'un lac, etc., agitée et soulevée par le vent.

VAGUE, adj. 2 g. indéfini. Fig. incertain, sans précision ; dont on ne peut se rendre compte. Terres vagues, terres incultes. — sm. manque de précision, de netteté ; grand espace vide : le vague de l'air.

VAGUEMENT, adv. d'une manière vague.

VAGUEMESTRE, sm. officier chargé de la conduite des équipages d'une armée ; sous-officier qui reçoit et distribue les lettres aux militaires de son régiment.

VAGUER, vn. errer çà et là.

VAILLAMMENT, adv. (ll m.), avec valeur.

VAILLANCE, sf. (ll m.), qualité de celui qui a du courage, de la valeur.

VAILLANT, ANTE, adj. (ll m.), courageux.

VAILLANT, sm. (ll m.), capital, fonds de biens. — adv. en capital; n'avoir pas un sou vaillant, être sans un sou.

VAILLANT (Jean), savant numismate et voyageur français (1632-1706). — (Sébastien), botaniste français (1669-1722).

VAILLANTISE, sf. (ll m.), action de valeur (fam.)

VAILLE QUE VAILLE, loc. adv. (ll m.), à tout hasard, tant bien que mal.

VAIN, VAINE, adj. inutile; frivole, chimérique; prétention vaine; orgueilleux; homme vain. — Vaine pâture, où le pâturage est libre. — EN VAIN, loc. adv. inutilement.

VAINCRE, va. remporter une victoire, un avantage sur quelqu'un. Fig. surpasser, surmonter, maîtriser; émouvoir, convaincre. — Ind. pr. je vaincs, tu vaincs, il vainc, n. vainquons, v. vainquez, ils vainquent; imp. je vainquais; pas. déf. je vainquis; fut. je vaincrai; cond. je vaincrais; impér. vaincs, vainquons, vainquez; subj. pr. que je vainque; imp. que je vainquisse; part. pr. vainquant; part. p. vaincu, ue.

VAINCU, UE, adj. battu par les armes. Fig. soumis, entraîné, convaincu. — sm. celui qui a été vaincu.

VAINEMENT, adv. en vain, inutilement.

VAINQUEUR, sm. celui qui a vaincu ou qui a surmonté des obstacles. — adj. qui entraîne. Des airs vainqueurs, des airs de suffisance, de confiance extrême.

VAIR, sm. fourrure blanche et grise; ornement de blason.

VAIRON, adj. m. se dit d'un œil dont la prunelle est entourée d'un cercle blanchâtre ou qui est différent de l'autre. — sm. petit poisson.

VAISON, p. ville (Vaucluse).

VAISSEAU, sm. vase propre à contenir des liquides; grand navire; veine, artère; canal conducteur des fluides dans les végétaux. Fig. édifice considéré en dedans.

VAISSELLE, sf. vases de cuisine, plats, assiettes, etc. Vaisselle plate, vaisselle d'argent (de l'espagnol plata, argent).

VAISSETTE (dom), savant bénédictin français (1685-1756).

VAÏVODE, VAÏVODIE, V. Vayvode, Vayvodie.

VAL, sm. (pl. vaux), vallée. Aller par monts et par vaux, de tous côtés.

VALABLE, adj. 2 g. qui vaut, qui a de la valeur; qui doit être reçu en justice.

VALABLEMENT, adv. d'une manière valable.

VALACHIE, l'une des provinces danubiennes, au N. de la Turquie.

VALAIS, canton suisse; capit. Sion.

VALANT, adj. m. qui vaut; qui est dans les formes voulues.

VALAQUE, adj. et s. 2 g. de la Valachie.

VALAZÉ, l'un des girondins à la Convention (1751-1793).

VALCKENAER, célèbre philologue hollandais (1715-1785)

VALDAÏ (monts), en Russie.

VAL D'AJOL, gros bourg (Vosges).

VALDEMAR, nom de plus. rois de Danemark, entre autres : VALDEMAR Ier le Grand (1131-1182). — II le Victorieux, m. 1241. — IV, père de la célèbre Marguerite, m. 1376. V. Marguerite.

VALDIVIA, ville et port du Chili. — (Pierre de), l'un des compagnons de Pizarre; m. 1559.

VALDO (Pierre), Lyonnais, fondateur de la secte des Vaudois, 12e s.

VALÉE (comte), maréchal de France (1773-1846).

VALENÇAY, p. ville (Indre).

VALENCE, ch.-l. du dép. de la Drôme. — ch.-l. de canton (Tarn-et-Garonne). — ville et anc. royaume d'Espagne.

VALENCIENNES, s.-préf. du dép. du Nord. — sf. dentelle fabriquée dans cette ville.

VALENS, empereur romain (328-378). — (Publius-Valerius), l'un des Trente tyrans, m. 261.

VALENTIN (St), prêtre et martyr, m. 270.

VALENTIN, hérésiarque égyptien, chef des Gnostiques, m. 161. — (Basile), célèbre alchimiste allemand du 15e s. — (Moïse), peintre français (1600-1632).

VALENTINE DE MILAN, fille de Galéas Visconti et femme du duc d'Orléans, grand-père du roi Louis XII; m. 1408.

VALENTINIEN Ier, empereur romain (321-375). — II, emper. d'Occident, m. 390. — III, emper. d'Occident, m. 455.

VALENTINOIS, pays du Dauphiné.

VALÈRE (St), martyr, m. 287. — (Ste), vierge et martyre, 3e s.

VALÈRE-MAXIME, historien latin du 1er s.

VALÉRIANE, sf. plante.

VALÉRIANÉES, sf. pl. famille de plantes dont la valériane est le type (bot.).

VALÉRIEN, emp. romain, m. 260.

VALÉRIEN (St), martyr, m. 179. — (St), évêque d'Aquilée, m. 389.

VALÉRIUS FLACCUS, poëte latin, m. 111.

VALÉRIUS PUBLICOLA, collègue de Brutus dans le consulat, 509 av. J. C.

VALÉRY (St), abbé, m. 622.

VALET, sm. (t nul), domestique, serviteur; l'une des cartes de jeu; poids suspendu derrière une porte pour qu'elle se ferme d'elle-même; instrument de fer pour fixer le bois que l'on travaille. Faire le bon valet, se montrer complaisant, empressé.

VALETAGE, sm. service de valet.

VALETAILLE, sf. (ll m.), multitude de valets.

VALETER, vn. être assidu, servile, auprès de quelqu'un par intérêt; faire beaucoup de démarches, de courses, etc.

VALETTE (Cité), capitale de l'île de Malte. V. La Valette.

VALÉTUDINAIRE, adj. et s. 2 g. maladif, qui est souvent malade.

VALEUR, sf. ce que vaut une chose ; durée que doit avoir une note de musique ; sens précis d'un mot ; somme d'argent, bien disponible, effet de commerce. — LA VALEUR DE, loc. prép. environ, à peu près.

VALEUR, sf. bravoure.

VALEUREUSEMENT, adv. avec bravoure.

VALEUREUX, EUSE, adj. brave, vaillant.

VALHUBERT, général français (1764-1805).

VALIDATION, sf. action de valider.

VALIDE, adj. 2 g. et sm. valable, qui a les conditions requises. Fig. sain, vigoureux, bien portant.

VALIDÉ, adj. et sf. titre de la mère du sultan régnant.

VALIDEMENT, adv. valablement, d'une façon valide.

VALIDER, va. rendre valide.

VALIDITÉ, sf. qualité de ce qui est valide.

VALINCOUR (de), historiographe de Louis XIV (1653-1730).

VALISE, sf. espèce de long sac de cuir à l'usage des voyageurs.

VALISNÈRE ou VALISNÉRIE, sf. sorte de plante aquatique.

VALKYRIES, sf. pl. nymphes du palais d'Odin, déesses scandinaves.

VALLADOLID, ville d'Espagne.

VALLAIRE, adj. f. se dit d'une couronne que les Romains donnaient à celui qui avait franchi le premier les retranchements ennemis.

VALLÉE, sf. espace entre deux ou plusieurs montagnes. Fig. vallée de larmes ou de misères, la vie sur la terre.

VALLERAUGUE, ch.-l. de canton (Gard).

VALLIA, V. Wallia.

VALLON, sm. petite vallée, espace de terrain entre deux coteaux. Fig. le sacré vallon, séjour des Muses entre deux croupes du Parnasse.

VALMONT DE BOMARE, naturaliste français (1731-1807).

VALMY, village près de Ste-Menehould (Marne). Victoire des Français sur les Prussiens en 1792. V. Kellermann.

VALOGNES, s.-préf. (Manche).

VALOIR, vn. être d'un certain prix, d'un certain mérite ; avoir la valeur de. Valoir mieux, être meilleur, préférable ; faire valoir, être en profit d'une chose, se donner du prix, la vanter ; se faire valoir, se vanter. — va. procurer, produire : cette belle action lui valut le grade de colonel — v. impers. Il vaut mieux, il est plus avantageux, plus convenable. — À VALOIR, loc. adv. à compte, en déduction de. — Ind. pr. je vaux, tu vaux, il vaut, n. valons, v. valez, ils valent ; imp. je valais ; p. déf. je valus ; fut. je vaudrai ; cond. je vaudrais ; impér. vaux, valons, valez (peu usité) ; subj. pr. que je vaille, que tu vailles, qu'il vaille, que n. valions, que v. valiez, qu'ils vaillent ; imp. que je valusse ; part. pr. valant ; part. p. valu, ue.

VALOIS, pays dans l'anc. province de l'Ile-de-France ; titre de duché de plusieurs princes du sang.

VALOIS (Henri de), historiographe de France (1603-1676). — (Adrien de), frère du précédent et célèbre historien (1607-1692).

VALPARAISO, ville et port du Chili.

VALRÉAS, p. ville (Vaucluse).

VALROMEY, petit pays dans le Bugey (Ain).

VALSE, sf. sorte de danse ; air de cette danse.

VALSER, vn. danser la valse.

VALSEUR, EUSE, s. celui, celle qui valse.

VALTELINE, vallée au N. du Milanais, entre l'Adda et le lac de Côme.

VALUE, sf. Plus value, ce que vaut une chose en sus du prix d'achat ou d'estimation.

VALVAIRE, adj. 2 g. se dit d'une préfloraison dans laquelle toutes les parties se touchent dans leur longueur par leurs bords contigus (bot.).

VALVE, sf. écaille de coquille (zool.) ; chacune des pièces qui forment un péricarpe sec ; filets qui forment les loges des anthères (bot.).

VALVÉ, ÉE, adj. se dit d'une corolle dont la préfloraison est valvaire (bot.).

VALVULAIRE, adj. 2 g. qui a de nombreuses valvules.

VALVULE, sf. petite valve (bot.) ; espèce de soupape aux oreillettes du cœur et dans les artères (anat.).

VAMBA, roi des Visigoths, en 672.

VAMPIRE, sm. espèce de fantôme que l'on dit sucer le sang des vivants ; grosse chauve-souris. Fig. homme qui s'enrichit aux dépens du peuple.

VAMPIRISME, sm. état des vampires ; croyance aux vampires.

VAN, sm. instrument qui sert à vanner.

VAN, ville et lac d'Arménie.

VANADIUM, sm. (on pr. vanadiome), l'un des corps simples de la chimie.

VANCOUVER, navigateur anglais (1750-1798).

VANDALE, nom d'un anc. peuple de Germanie, dont les bandes envahirent l'empire romain et s'établirent en Espagne, puis en Afrique. Fig. sm. celui qui détruit les monuments, les œuvres d'art ou de science ; ennemi de la civilisation.

VANDALISME, sm. opinion de ceux qui sont ennemis des arts et des sciences ; action de Vandale.

VANDAMME, général français (1771-1830).

VAN-DEN-VELDE ou VAN-DER-VELDE (Guillaume), peintre de marine, Hollandais (1633-1707). — (Adrien), peintre d'animaux, frère du précédent (1639-1672).

VAN-DER-MEULEN, peintre de batailles, Flamand (1634-1690).

VAN-DIÉMEN (Terre de), V. Tasmanie.

VANDOISE, sf. sorte de poisson.

VANDRILLE (St), abbé, m. 665.

VAN-DYCK (Antoine), célèbre peintre flamand (1599-1641). — (Philippe), peintre hollandais (1680-1753).

VAN-EYCK, dit Jean de Bruges, peintre flamand, inventeur de la peinture à l'huile (1386-1440).

VAN-HELMONT, fameux médecin et chimiste belge (1577-1644).

VAN-HUYSUM, célèbre peintre de fleurs, hollandais (1682-1749).

VANIÈRE (le Père), jésuite français, poète latin moderne (1664-1739).

VANIKORO, île de l'archipel Santa-Cruz (Océanie), sur laquelle *La Pérouse* fit naufrage.

VANILLE, sf. (*ll* m.), plante d'Amérique dont le fruit est d'un parfum très-agréable.

VANILLIER, sm. vanille.

VANITÉ, sf. inutilité, peu de solidité, néant : *la vanité de la gloire*; amour-propre fondé sur des prétentions frivoles, fierté. *Faire vanité d'une chose*, s'en glorifier.

VANITEUX, EUSE, adj. rempli d'une vanité puérile.

VANLOO (J.-B.), peintre français (1684-1745). — (Carle), frère du précédent et peintre comme lui (1705-1765).

VANNE, sf. porte de bois qui sert à lâcher ou à retenir les eaux à volonté.

VANNEAU, sm. sorte d'oiseau.

VANNER, va. nettoyer par le moyen du van.

VANNERIE, sf. métier ou marchandise de vannier.

VANNES, ch.-l. du Morbihan.

VANNETTE, sf. panier rond et plat pour vanner l'avoine.

VANNEUR, EUSE, s. celui, celle qui vanne.

VANNIER, sm. ouvrier qui fait des vans, des paniers et en général des ouvrages en osier; marchand qui vend ces ouvrages.

VANNOIR, sm. plat ou bassin à vanner.

VAN-OSTADE, célèbre peintre hollandais (1610-1685).

VANS (LES), ch.-l. de canton (Ardèche).

VAN-SPAENDONCK, peintre français, né en Hollande (1746-1822).

VANTAIL, sm. battant d'une porte ou d'une fenêtre s'ouvrant des deux côtés (pl. *vantaux*).

VANTARD, ARDE, adj. et s. qui a l'habitude de se vanter.

VANTER, va. louer extrêmement. — SE VANTER, vpr. se glorifier, se faire fort de : *il se vante de l'obtenir*.

VANTERIE, sf. vaine louange de soi-même.

VANTEUR, sm. celui qui se vante (*fam.*).

VA-NU-PIEDS, sm. (inv.), vagabond, mendiant.

VAPEUR, sf. toute substance qui passe à l'état de gaz; brouillard formé par la condensation de l'eau; fumées du vin, etc.; force motrice de la vapeur comprimée; *machine à vapeur*, machine mue par cette force. Au pl. affections hypocondriaques. — sm. bateau, navire à vapeur.

VAPORATION, sf. action de la vapeur sur un corps (*chim.*).

VAPOREUX, EUSE, adj. chargé de vapeurs; qui se perd à demi au milieu des vapeurs. — s. et adj. sujet aux vapeurs.

VAPORISATION, sf. action de vaporiser ou de se vaporiser.

VAPORISER, va. faire passer à l'état de vapeur. — SE VAPORISER, vpr. se résoudre en vapeur.

VAQUER, vn. être vacant; être en vacance. *Vaquer à*, s'occuper de.

VAR, riv. de France, affluent de la Méditerranée. Le Var donne son nom à un dép. dont le ch.-l. est *Draguignan*.

VARADES, ch.-l. de canton (Loire-Infre).

VARAIGNE, sf. ouverture par laquelle l'eau de la mer entre dans le premier réservoir d'un marais salant.

VARANGUE, sf. membre d'un navire qui porte sur la quille.

VARE, sf. mesure espagnole qui vaut 85 centimètres.

VARECH ou **VAREC**, sm. plante marine qui croît sur les rochers; débris rejetés par la mer; navire submergé.

VARÈGUES, peuple de Norwége, qui s'établit dans la Moscovie sous la conduite de Rurick, en 862.

VARENNE, sf. terrain inculte où il y a du gibier.

VARENNES, ch.-l. de canton (Meuse). Louis XVI y fut arrêté dans sa fuite en 1792.

VAREUSE, sf. espèce de blouse, de surtout des marins.

VARIABILITÉ, sf. disposition habituelle à varier; propriété de varier.

VARIABLE, adj. 2 g. qui est sujet à varier. — sm. degré du baromètre qui indique un temps incertain.

VARIANT, ANTE, adj. qui change souvent (peu usité).

VARIANTE, sf. se dit des diverses leçons d'un texte : *imprimer le texte avec les variantes*.

VARIATION, sf. changement; ornements ajoutés à un thème musical.

VARICE, sf. dilatation des veines; tumeur qui en résulte.

VARICELLE, sf. petite vérole volante.

VARIÉ, ÉE, adj. part. qui offre, qui renferme de la variété.

VARIER, va. diversifier, mettre de la variété. — vn. changer, différer de sentiment; être différent; dévier : *l'aiguille de la boussole varie de trois degrés*.

VARIÉTÉ, sf. diversité; animal ou plante qui se distingue de son espèce par quelque chose de particulier. Au pl. recueil de morceaux sur différents sujets.

VARIETUR (NE), loc. adv. (on pr. *né varietur*), mots latins signifiant *pour qu'il ne soit rien changé*, et qui se disent des précautions que l'on prend pour constater et fixer le texte d'un acte ou d'une pièce.

VARILLAS, historien français (1624-1696).

VARIOLE, sf. petite vérole.

VARIOLEUX, EUSE, adj. malade de la petite vérole.

VARIOLIQUE, adj. 2 g. qui appartient à la variole.

VARIORUM (on pr. *variorome*), loc. latine signifiant *de divers*; se dit d'une édition avec les notes des divers commentateurs.

VARIQUEUX, EUSE, *adj.* affecte de varices.

VARLET, *sm.* (*t* nul), anc. page.

VARLOPE, *sf.* grand rabot.

VARNA, ville et port de la Turquie d'Europe, sur la mer Noire.

VARRON (Caïus Terentius), consul romain (218 av. J. C.), fut défait à la bataille de Cannes par Annibal. — (Marcus Terentius), écrivain et savant romain (116-26 av. J. C.).

VARSOVIE, capit. de la Pologne.

VARUS, général romain sous Auguste, périt avec trois légions dans une embuscade que lui dressa Arminius, chef des Chérusques, l'an 9 av. J. C.

VASA, V. *Wasa*.

VASARI, peintre italien, auteur de la *Vie des peintres illustres* (1512-1574).

VASCO DE GAMA, V. *Gama*.

VASCONS, anc. peuples de la Navarre et de la Biscaye, qui s'établirent vers 528 dans la partie de l'Aquitaine appelée depuis *Vasconie* ou *Gascogne*.

VASCULAIRE ou **VASCULEUX, EUSE**, *adj.* (l. *vasculum* petit vase), qui est formé de vaisseaux, qui a la forme d'un petit vase, d'un godet (*physiol. et bot.*).

VASCULIFORME, *adj.* 2 g. (l. *vasculum* petit vase), en forme de godet ou de cornet (*bot.*).

VASE, *sf.* bourbe au fond de l'eau.

VASE, *sm.* ustensile pour contenir des liquides, des fleurs, des fruits, etc., ou pour servir d'ornement. *Vases sacrés*, le calice, le ciboire et autres objets du service religieux.

VASEUX, EUSE, *adj.* qui appartient à la vase, où il y a de la vase.

VASILI, nom de plusieurs princes et tsars de Russie.

VASILI-POTAMO, riv. de la Grèce, anc. *Eurotas*.

VASISTAS, *sm.* petite partie d'une porte ou d'une fenêtre, qui s'ouvre et se ferme à volonté.

VASON, *sm.* motte de terre pour faire la brique.

VASQUE, *sf.* sorte de grand bassin de fontaine, rond et plat.

VASSAL, ALE, s celui, celle qui relève d'un seigneur à cause d'un fief; prince ou État tributaire d'un autre (pl. *vassaux*).

VASSALITÉ, *sf.* vasselage.

VASSELAGE, *sm.* état, condition de vassal.

VASSELONNE, V. *Wasselonne*.

VASSY, s.-préf. du dép. de la Haute-Marne. Massacre des protestants en 1562, qui fut le signal des guerres de religion.

VASTE, *adj.* 2 g. qui est d'une très-grande étendue. *Fig.* grand, profond, capable de concevoir ou d'exécuter de grandes choses.

VASTHI, femme d'Assuérus, roi de Perse, qui la répudia et épousa Esther.

VASTITUDE, *sf.* grande étendue de terrain ou d'espace.

VATAN, ch.-l. de canton (Indre).

VATEL, fameux maître d'hôtel du prince de Condé; m. 1671. — *Fig. sm.* excellent cuisinier.

VATICAN, *sm.* colline de Rome sur la droite du Tibre; palais des papes sur cette colline. *Fig.* la cour de Rome.

VATICINATEUR, *adj.* et *sm.* qui prédit l'avenir.

VATICINATION, *sf.* prédiction de l'avenir.

VATICINER, *vn.* prédire l'avenir; être doué de l'inspiration prophétique.

VA-TOUT, *sm.* mise au jeu de tout ce que l'on a devant soi.

VAUBAN, maréchal de France et célèbre ingénieur (1633-1707).

VAUBLANC (comte de), ministre de Louis XVIII (1756-1845).

VAUBOIS, général français, s'illustra par sa belle défense de Malte (1748-1839).

VAUCANSON, célèbre mécanicien français (1709-1782).

VAUCLUSE, village et fontaine célèbre, près d'Avignon, donnant son nom à un dép. dont cette ville est le ch.-l.

VAUCOULEURS, ch.-l. de canton (Meuse).

VAUD, canton suisse; ch.-l. *Lausanne*.

VAUDEMONT, village (Meurthe), titre d'un ancien comté.

VAU-DE-ROUTE (A), *loc. adv.* en désordre, précipitamment.

VAUDEVILLE, *sm.* chanson de circonstance sur un air connu; pièce de théâtre mêlée de couplets.

VAUDEVILLISTE, *sm.* auteur de vaudevilles.

VAUDOIS, secte chrétienne dissidente fondée dans le 12e s. par Pierre Valdo.

VAUGELAS, célèbre grammairien français (1585-1650).

VAUGONDY, V. *Robert*.

VAU-L'EAU (A), *loc. adv.* suivant le courant de l'eau. *Fig.* à l'abandon.

VAUQUELIN, célèbre chimiste français (1763-1829).

VAUQUELIN DE LA FRESNAYE, poète français (1536-1606).

VAURIEN, *sm.* fripon, libertin, fainéant.

VAUTOUR, *sm.* oiseau de proie. *Fig.* homme rapace.

VAUTRER (SE), *vpr.* s'étendre et se rouler dans la boue, sur l'herbe, etc. *Fig.* s'abandonner entièrement au vice, aux voluptés, etc.

VAUVENARGUES, moraliste français (1715-1747).

VAUVERT, ch.-l. de canton (Gard).

VAUX (comte de), maréchal de France (1705-1788).

VAVASSEUR, *sm.* roturier possesseur d'un fief qui lui imposait la foi ou fidélité à son seigneur, mais non l'hommage.

VAYVODE, *sm.* titre des gouverneurs de la Moldavie, de la Valachie, de la Transylvanie, et des provinces de l'ancien royaume de Pologne.

VAYVODIE, *sf.* gouvernement de vayvode.

VEAU, *sm.* petit de la vache; morceau de cet animal; sa peau tannée ou mégissée. *Fig. tuer le veau gras*, célébrer par une fête le retour de quelqu'un ; *adorer le veau d'or*, faire sa cour aux gens riches et puissants; rechercher avidement les richesses. — *Veau marin*, sorte de phoque.

VECHT (LE), branche du Rhin, en Hollande.

VECTEUR, *adj. m. Rayon vecteur*, tiré du soleil au centre d'une planète ou à une comète (*astr.*).

VÉDA, *sm.* livre sacré des Indiens. Langue très-ancienne d'où sont dérivés le sanscrit, le zend et toutes les langues des nations indo-européennes.

VEDETTE, *sf.* sentinelle de cavalerie ; guérite sur un rempart; place où l'on met le titre de la personne à laquelle on écrit, un peu au-dessus de la première ligne. — EN VEDETTE, *loc. adv.* bien en vue.

VÉDIQUE, *adj.* 2 *g.* du Véda, des Védas.

VÉGA, V. *Garcilaso et Lope.*

VÉGÈCE, écrivain latin du 4e s. ; auteur d'un Traité sur l'art militaire.

VÉGÉTABLE, *adj.* 2 *g.* qui végète, qui peut végéter.

VÉGÉTAL, *sm.* tout ce qui végète, plante ou arbre.

VÉGÉTAL, ALE, *adj.* qui a rapport aux végétaux; qui en provient, qui en est tiré : *couleur végétale. Terre végétale*, qui est propre à la végétation.

VÉGÉTANT, ANTE, *adj.* qui prend nourriture du suc de la terre.

VÉGÉTATIF, IVE, *adj.* qui fait végéter, qui a la faculté de végéter, qui est dans l'état de végétation.

VÉGÉTATION, *sf.* action de végéter : l'ensemble des végétaux.

VÉGÉTER, *vn.* action de se nourrir et de croître (en parlant des arbres et des plantes). *Fig.* vivre dans l'inaction ou dans une situation précaire.

VÉHÉMENCE, *sf.* qualité de ce qui est véhément ; impétuosité, grande vivacité d'action ou de parole.

VÉHÉMENT, ENTE, *adj.* qui entraîne, impétueux. *Désir véhément*, désir ardent ; *discours véhément*, plein de chaleur et de force.

VÉHÉMENTEMENT, *adv.* fortement.

VÉHICULE, *sm.* ce qui sert à transporter, à conduire, à transmettre plus facilement ; voiture. *Fig.* ce qui prépare l'esprit à quelque chose.

VEHME (LA SAINTE), ou *Cour vehmique*, tribunal secret des *Francs-juges* en Allemagne, pendant le moyen âge.

VEHMIQUE, *adj.* 2 *g.* de la sainte Vehme.

VÉIEN, ENNE, *adj.* et *s.* de Véies.

VÉIES, anc. ville d'Étrurie près de Rome.

VEILLE, *sf.* (*ll m.*), privation de sommeil pendant la nuit ; travail de nuit; état du corps dans lequel tous les sens sont éveillés ; division de la nuit chez les anciens. Le jour précédent : *la veille de la Toussaint.* Au pl. grande application de l'esprit à un travail. — *Être à la veille de*, être sur le point de.

VEILLÉE, *sf.* (*ll m.*), veille en commun ; action de garder un malade pendant la nuit.

VEILLER, *vn.* (*ll m.*), s'abstenir de dormir pendant la nuit; ne point dormir. *Fig.* appliquer ses soins à, — *va.* garder un malade la nuit, le surveiller.

VEILLEUR, *sm.* (*ll m.*), celui qui veille, qui surveille pendant la nuit.

VEILLEUSE, *sf.* (*ll m.*), petite lampe de nuit dans une chambre à coucher ; petite mèche qui brûle dans la veilleuse.

VEINE, *sf.* vaisseau par lequel s'opère la circulation du sang se rendant au cœur. *Fig.* endroit d'une mine où se trouve un métal ; partie longue et colorée d'une roche, d'un terrain ; marque étroite et très-distincte dans le bois, etc. — *Fig. veine poétique*, génie poétique ; *être en veine*, être dans une disposition d'esprit favorable, avoir une chance heureuse.

VEINÉ, ÉE. *adj.* qui a des veines (en parlant du bois, du marbre, etc.).

VEINER, *va.* imiter les veines du bois, du marbre, etc.

VEINEUX, EUSE, *adj.* plein de veines, qui concerne les veines.

VEINULE, *sf.* petite veine.

VÉLAR, *sm.* sorte de plante.

VELASQUEZ (Diégo), général espagnol, compagnon de Christophe Colomb, à son 2e voyage ; m. 1523. — (Diégo-Rodriguez), célèbre peintre espagnol (1599-1660).

VELAUT, *interj.* (*t nul*), cri du chasseur pour annoncer la vue du gibier.

VELAY, anc. pays de la prov. du Languedoc dont la cap. était le *Puy*.

VELCHE ou WELCHE, *adj.* et *s.* 2 *g.* nom primitif des Celtes (le même que *Gaëls* ou *Gaulois*). *Fig.* homme ignorant et sans goût artistique.

VÊLER, *vn.* mettre bas (en parlant d'une vache).

VÉLIN, *sm.* peau de veau préparée, plus mince et plus unie que le parchemin; papier imitant la blancheur et l'uni du vélin.

VÉLITES, *sm. pl.* soldats romains légèrement armés ; corps de chasseurs sous Napoléon 1er.

VELLÉDA, prophétesse de la nation des Bructères, qui excita l'insurrection des Bataves sous Civilis, l'an 70.

VELLÉITÉ, *sf.* volonté faible et qui n'a point d'effet.

VELLEIUS PATERCULUS, historien latin du temps d'Auguste et de Tibère.

VELLETRI, ville d'Ital e, près et au S.-E. de Rome.

VELLY (l'abbé), historien français (1709-1759).

VÉLOCE, *adj.* 2 *g.* très-rapide.

VÉLOCIFÈRE, *sm.* voiture publique très-légère.

VÉLOCIPÈDE, *adj.* 2 *g.* aux pieds légers. — *sm.* machine de locomotion rapide au moyen d'un mécanisme mû par l'action des pieds.

VÉLOCITÉ, *sf.* caractère de ce qui se meut rapidement ; vitesse, rapidité.

VELOURS, *sm.* (*s nul*), étoffe de soie ou de coton à poils courts et serrés.

VELOUTÉ, ÉE. *adj.* se dit d'une étoffe dont les fleurs seules sont de velours; qui imite le velours ; qui est doux comme le velours. — *sm.* galon fabriqué comme le velours; duvet des fruits ou des fleurs.

VELOUTER, va. donner l'apparence du velours. — SE VELOUTER, vpr. prendre cette apparence.

VELTAGE, sm. mesurage à la velte.

VELTE, sf. ancienne mesure de six pintes ; instrument pour jauger.

VELTER, va. mesurer à la velte.

VELTEUR, sm. mesureur à la velte.

VELU, UE, adj. couvert de poils.

VELVOTE, sf. sorte de plante.

VENAISON, sf. chair de bête fauve, comme cerf, sanglier, etc.

VENAISSIN (comtat), pays aux environs d'Avignon.

VÉNAL, ALE, adj. qui se vend, qui peut se vendre. Fig. qui vend sa conscience, qui n'agit que par intérêt. Pl. m. vénaux.

VÉNALEMENT, adv. d'une manière vénale.

VÉNALITÉ, sf. qualité de ce qui est vénal.

VENANT, adj. et sm. qui vient. Les allants et les venants. — A tout venant, à toute personne qui vient, au premier venu.

VENASQUE, bourg (Vaucluse), anc. capit. du comtat Venaissin.

VENCE, ch.-l. de canton (Alpes-Maritimes). — (l'abbé de), commentateur de la Bible (1676-1749).

VENCESLAS (St), duc de Bohème (907-936).

VENCESLAS, nom de plus. ducs, rois et empereurs, entre autres : VENCESLAS IV, roi de Bohème et de Pologne (1270-1305) ; VENCESLAS VI l'Ivrogne, roi de Bohème et empereur d'Allemagne (1359-1419).

VENDABLE, adj. 2 g. qui peut être vendu.

VENDANGE, sf. récolte des raisins pour faire le vin. Au pl. temps de cette récolte.

VENDANGEOIR, sm. lieu où se met le raisin vendangé.

VENDANGEOIRE, sf. panier, hotte pour la vendange.

VENDANGER, va. et n. récolter le raisin. Fig. faire de grands dégâts : la grêle a tout vendangé ; faire des profits illicites.

VENDANGEUR, EUSE, s. celui, celle qui vendange.

VENDÉE, riv. de France, affluent de la Sèvre-Niortaise. Elle donne son nom à un dep. dont le ch.-l. est Napoléon-Vendée.

VENDÉEN, ENNE, adj. et s. de la Vendée. Les Vendéens, habitants des dep. de l'Ouest qui prirent les armes contre la République en 1793.

VENDÉMIAIRE, sm. premier mois de l'année républicaine.

VENDETTA, sf. (on pr. vendetta), mot italien signifiant vengeance ; sentiment de vengeance héréditaire, action inspirée par ce sentiment.

VENDEUR, VENDERESSE, s. celui, celle qui vend (t. de pratique).

VENDEUR, EUSE, s. celui, celle qui fait profession de vendre.

VENDICATION, VENDIQUER, V. Revendication, Revendiquer.

VENDÔME, s.—préf. (Loir-et-Cher).

VENDÔME (César, duc de), fils naturel de

Henri IV (1594-1665). — (Louis, duc de), fils du précédent, d'abord duc de Mercœur, entra dans les ordres à la mort de sa femme et devint cardinal (1612-1669). — (Louis-Joseph, duc de), fils de Louis et célèbre général (1654-1712). — (Philippe, dit le Prieur de), frère du précédent (1655-1727).

VENDÔMOIS, le pays de Vendôme.

VENDRE, va. céder une chose à prix d'argent ; faire commerce de. Fig. trahir par raison d'intérêt : vendre son ami. Vendre cher sa vie, la bien défendre. — SE VENDRE, vpr. être vendu, avoir un certain prix. Fig. se livrer pour des motifs d'intérêt.

VENDREDI, sm. sixième jour de la semaine.

VENDU, UE, adj. part. cédé à prix d'argent. Fig. se dit d'un homme gagné par l'argent.

VENÈDES ou WENDES, anc. peuple de Germanie, dont les Vandales formaient une tribu.

VÉNÉFICE, sm. empoisonnement par effet de sortilège (vx, inus.).

VENELLE, sf. petite rue, sentier. Fig. enfiler la venelle, s'enfuir.

VÉNÉNEUX, EUSE, adj. qui renferme du poison.

VÉNÉNIFIQUE, adj. 2 g. qui forme le poison.

VENER, va. faire courir une bête pour en attendrir la chair ; vener la viande, la faire mortifier.

VENER (lac), en Suède.

VÉNÉRABLE, adj. 2 g. digne de vénération, de respect.

VÉNÉRABLEMENT, adv. avec vénération.

VÉNÉRATION, sf. respect pour les choses saintes ; estime respectueuse.

VÉNÉRER, va. révérer, avoir de la vénération pour.

VÉNERIE, sf. art de chasser avec des chiens courants, équipage de chasse, corps des officiers attachés au service des chasses d'un prince.

VÉNÈTES, peuple d'origine slave qui s'établit en Italie. — anc. peuple de la Gaule.

VÉNÉTIE (on pr. Vénéci), la province de Venise.

VENETTE, sf. inquiétude, peur, alarme.

VENEUR, sm. celui qui est chargé de faire chasser les chiens courants. Grand veneur, chef de la vénerie d'un prince.

VÉNÉZUÉLA, république dans l'Amérique du Sud ; capit. Caracas.

VENEZ-Y-VOIR, sm. (inv.), attrape, bagatelle (pop.).

VENGEANCE, sf. action par laquelle on se venge ; désir de se venger.

VENGER, va. tirer satisfaction d'une injure, d'un outrage, d'une mauvaise action ; punir. — SE VENGER, vpr. tirer vengeance.

VENGEUR, VENGERESSE, adj. et s. qui se venge, qui punit.

VENIAT, sm. (on pr. véniate), ordre donné par un juge à son inférieur de se présenter en personne.

VÉNIEL, ELLE, adj. qui peut être pardonné : se dit des péchés légers qui ne font point perdre la grâce.

VÉNIELLEMENT, adv. Pécher véniellement, faire un péché véniel.

VENI-MECUM, sm. (on pr. véni-mécome), loc. latine ayant le même sens que vademecum.

VENIMEUX, EUSE, adj. qui a du venin (ne se dit que des animaux). Fig. médisant : langue venimeuse.

VENIN, sm. liqueur malfaisante de certains animaux; virus d'une maladie contagieuse. Fig. haine secrète, méchanceté, rancune.

VENIR, vn. (c. tenir; les temps composés prennent le verbe être), se transporter d'un lieu à un autre dans lequel est, était ou sera celui qui parle ou à qui l'on parle. Fig. arriver, croître, naître, être issu, procéder, émaner, dériver, parvenir, s'élever, etc.; survenir accidentellement, se présenter à l'esprit (il est aussi impers. dans ces deux sens); échoir, etc. Venir à bout, réussir à, terminer; venir au monde, naître; en venir aux mains, se battre; laisser venir, voir venir, attendre. — A VENIR, loc. qui tient lieu d'un adj. qui doit arriver, futur.

VENISE, ville d'Italie sur plus. petites îles de l'Adriatique; autrefois capitale d'une république de même nom.

VÉNITIEN, IENNE, adj. et s. (on pr. vénicien), de Venise.

VENLOO, ville de Hollande, sur la Meuse.

VENT, sm. courant d'air plus ou moins rapide. Fig. souffle, haleine, respiration; gaz qui sort du corps; chose vaine ou de peu de valeur : la gloire n'est que du vent; direction, cours des choses : le vent de la faveur. Avoir vent d'une chose, en recevoir quelque avis, la soupçonner.

VENTAIL, sm. partie inférieure d'un casque. V. Vantail.

VENTE, sf. contrat par lequel une chose est aliénée moyennant un certain prix; action de vendre; coupe réglée dans une forêt.

VENTEAU, sm. charpente pour former une écluse.

VENTENAT, botaniste français (1757-1808).

VENTER, vn. et impers. faire du vent.

VENTEUX, EUSE, adj. qui est sujet aux vents; qui cause des vents dans le corps.

VENTILATEUR, sm. machine qui sert à renouveler l'air, à produire un courant d'air continu.

VENTILATION, sf. action du ventilateur; action de ventiler (jurisp.).

VENTILER, va. évaluer les portions d'un tout par rapport au prix total (jurisp.); renouveler l'air.

VENTÔSE, sm. 6e mois du calendrier républicain.

VENTOSITÉ, sf. amas de vents, de gaz dans le corps.

VENTOUSE, sf. petit appareil à ouverture étroite dans lequel on fait le vide et que l'on applique sur la peau pour la soulever et y produire de l'irritation; suçoir de certains animaux; ouverture dans un conduit pour donner passage à l'air.

VENTOUSER, va. appliquer des ventouses (chir.).

VENTOUX (mont), dans le dép. de Vaucluse.

VENTRAL, ALE, adj. qui appartient au ventre; se dit des nageoires des poissons.

VENTRE, sm. partie du corps qui contient les intestins; chacune des trois grandes capacités qui contiennent les viscères. Fig. partie renflée d'une chose. Passer sur le ventre de quelqu'un, le vaincre, parvenir malgré lui à ce qu'on veut. — VENTRE A TERRE, loc. adv. extrêmement vite.

VENTREBLEU! interj. sorte de juron.

VENTRÉE, sf. portée des femelles d'animaux.

VENTRICULE, sm. se dit de diverses cavités du corps et surtout de celles du cœur et du cerveau.

VENTRIÈRE, sf. grande sangle que l'on passe sous le ventre du cheval. On dit plutôt sousventrière.

VENTRILOQUE, adj. et s. 2 g. se dit de ceux qui, ne remuant pas les lèvres, semblent parler du ventre et contrefont la voix de divers interlocuteurs.

VENTRILOQUIE, sf. art ou faculté du ventriloque.

VENTROUILLER (SE), vpr. (ll m.), se vautrer dans la boue.

VENTRU, UE, adj. et s. qui a un gros ventre.

VENU, UE, adj. part. qui arrive. Être bien venu partout, être bien reçu partout. — adj. et s. nouveau venu, nouvellement admis dans une société, nouvellement arrivé à des fonctions, etc.; le premier venu, le premier qui se présente, un homme quelconque.

VENUE, sf. arrivée, avènement. Fig. croissance : plante d'une belle venue. — Allées et venues, démarches, action d'aller et de venir; être tout d'une venue, être d'une taille longue et droite.

VÉNUS, sf. déesse de la beauté (myth.); l'une des planètes.

VÉNUSTÉ, sf. grâce, beauté (vx. mot).

VÊPRE, sm. le soir (vx. mot).

VÊPRES, sf. pl. office divin qui se dit dans l'après-midi. — Vêpres siciliennes, massacre des Français en Sicile, le lundi de Pâques 1282.

VER, sm. animal invertébré, long, rampant et sans organes articulés de locomotion. Ver à soie, chenille qui fait la soie (pl. vers à soie); ver solitaire, V. Ténia. — Fig. ver rongeur, remords, chagrin secret. Tirer les vers du nez, arracher un secret par d'adroites questions (pop.).

VÉRACE, adj. 2 g. qui a de la véracité (peu usité).

VÉRACITÉ, sf. attachement constant à la vérité; caractère de vérité.

VERA-CRUZ, ville et port du Mexique.

VÉRANDAH, sf. sorte de tente en avant d'une maison.

VÉRATRINE, sf. substance extraite de l'ellébore.

VERATRUM, sm. (on pr. vératrome), ellébore blanc.

VERBAL, ALE, adj. (pl. m. verbaux), qui vient du verbe (gram.); qui est de vive voix et non par écrit : ordre verbal. V. Procèsverbal.

VERBALEMENT, *adv.* de vive voix.

VERBALISER, *vn.* dresser un procès-verbal.

VERBE, *sm.* partie du discours qui affirme l'action ou l'état du sujet (*gram.*); seconde personne de la sainte Trinité. —*Fig.* avoir le verbe haut, parler d'un ton élevé, avoir le ton tranchant.

VERBÉNACÉES, *sf. pl.* (l. *verbena* verveine), famille de plantes dont la verveine est le type (*bot.*).

VERBÉRATION, *sf.* commotion de l'air qui produit un son (vx. mot).

VERBERIE, village sur l'Oise près de Senlis. Les rois mérovingiens y avaient une habitation.

VERBEUX, EUSE, *adj.* qui dit beaucoup de mots, qui abonde en paroles inutiles.

VERBIAGE, *sm.* amas de mots, abondance inutile de paroles.

VERBIAGER, *vn.* parler avec verbiage.

VERBIAGEUR, EUSE, *s.* celui, celle qui verbiage.

VERBOSITÉ, *sf.* caractère ou défaut de ce qui est verbeux.

VERCEIL, ville d'Italie (Piémont), Victoire de Marius et de Catulus sur les Cimbres, 101 av. J. C.

VERCINGÉTORIX, le plus célèbre des chefs gaulois qui résistèrent à César; m. 47 av. J.-C.

VER-COQUIN, *sm.* sorte de chenille de vigne; vertige qui atteint certains animaux. *Fig.* fantaisie, manie.

VERT, V. *Vert.*

VERDÂTRE, *adj.* 2 g. un peu vert, tirant sur le vert.

VERDELET, ETTE, *adj.* se dit d'un vin un peu vert, un peu acide. *Fig.* qui a encore de la vigueur.

VERDEN, ville du Hanovre. Massacre des Saxons par Charlemagne, en 782.

VERDERIE, *sf.* étendue de bois qui était soumise à un verdier.

VERDET, *sm.* vert-de-gris. Les verdets, volontaires royalistes qui s'organisèrent dans le midi de la France après le 9 thermidor.

VERDEUR, *sf.* sève dans le bois qui n'est pas mort; acidité du vin; *Fig.* jeunesse et vigueur de l'homme; âcreté de paroles.

VERDICT, *sm.* déclaration du jury.

VERDIER, *sm.* anc. chef des gardes de certaines forêts; sorte d'oiseau.

VERDILLON, *sm.* (ll m.), instrument de tapissier; outil d'ardoisier.

VERDIR, *va.* peindre en vert. — *vn.* devenir vert.

VERDON, riv. de France, affluent de la Durance.

VERDOYANT, ANTE, *adj.* qui verdoie; qui tire sur le vert.

VERDOYER, *vn.* devenir vert.

VERDUN, s.-préf. (Meuse). — VERDUN-SUR-GARONNE, ch.-l. de canton (Tarn-et-Garonne).

VERDUNOIS, le pays de Verdun.

VERDURE, *sf.* couleur verte des herbes, des plantes, des arbres, etc.; les herbes, les feuilles elles-mêmes.

VERDURIER, *sm.* marchand de salades, de légumes verts.

VÉREUX, EUSE, *adj.* se dit des fruits rongés intérieurement par les vers. *Fig.* mauvais, suspect d'un vice caché.

VERGE, *sf.* petite baguette longue et flexible; tringle; ancienne mesure. Au *pl.*, menus brins d'osier, de bouleau, etc. réunis pour fustiger. *Fig.* punition, afflictions.

VERGÉ, ÉE, *adj.* se dit du 1° d'une étoffe mêlée de fils d'une soie plus grossière que le reste; 2° d'une teinture irrégulière; 3° d'un papier où sont marquées les vergeures.

VERGÉE, *sf.* étendue d'une verge carrée (anc. mesure agraire).

VERGENNES (comte de), ministre de Louis XVI (1717-1787).

VERGER, *sm.* lieu planté d'arbres fruitiers.

VERGETÉ, ÉE, *adj.* marqué de petites raies; teint vergeté.

VERGETER, *va.* nettoyer avec une vergette.

VERGETIER, *sm.* fabricant ou marchand de vergettes.

VERGETTE, *sf.* brosse qui sert à brosser les habits.

VERGEURE, *sf.* (on pr. *verjure*), fils de laiton attachés en long sur la forme où l'on coule le papier; raies marquées par ces fils sur le papier.

VERGLAS, *sm.* (s nulle), glace mince formée par la pluie qui se gèle en touchant le sol.

VERGNE, *sm.* aune (arbre).

VERGNIAUD, célèbre orateur politique, chef des girondins à la Convention (1759-1793).

VERGOBRET, *sm.* magistrat suprême annuel chez les Gaulois.

VERGOGNE, *sf.* honte (*fam.*).

VERGOGNEUX, EUSE, *adj.* honteux, chaste.

VERGUE, *sf.* longue pièce de bois qui porte la voile (*mar.*).

VERHUELL, amiral hollandais, naturalisé français (1784-1845).

VÉRIDICITÉ, *sf.* qualité de celui qui est véridique; caractère de vérité dans un discours, dans un témoignage.

VÉRIDIQUE, *adj.* 2 g. qui a l'habitude de dire la vérité; qui est vrai.

VÉRIFICATEUR, *sm.* celui qui est chargé de vérifier. — *adj. m.* qui vérifie.

VÉRIFICATION, *sf.* action de vérifier.

VÉRIFIER, *va.* rechercher si une chose est vraie; démontrer l'exactitude, la vérité d'une chose. — SE VÉRIFIER, *vpr.* s'accomplir.

VÉRIN, *sm.* machine qui sert à élever de gros fardeaux.

VÉRISIMILITUDE, *sf.* vraisemblance.

VÉRITABLE, *adj.* 2 g. vrai, réel. *Fig.* excellent dans son genre : un *véritable poète.*

VÉRITABLEMENT, *adv.* conformément à la vérité, réellement.

VÉRITÉ, *sf.* qualité de ce qui est vrai; axiome, principe certain; sincérité; imitation fidèle de la nature. — EN VÉRITÉ, *loc. adv.* assurément, de bonne foi; À LA VÉRITÉ, *loc. adv.* en effet.

VERJUS, *sm.* (s nulle), suc acide des raisins

verts; le raisin vert lui-même; vin trop vert.

VERJUTÉ, ÉE, *adj.* où l'on a mis du verjus; acide comme le verjus.

VERJUTER, *va.* assaisonner de verjus.

VERMANDOIS, *anc.* pays dans la Picardie; ch.-l. *Saint-Quentin.*

VERMEIL, EILLE, *adj.* (*ll m.*), d'un rouge plus foncé que l'incarnat. — *sm.* argent doré.

VERMENTON, ch.-l. de canton (Yonne).

VERMICELLE ou VERMICEL, *sm.* sorte de pâte en forme de filaments; potage fait avec cette pâte.

VERMICELLIER, *sm.* fabricant ou marchand de vermicelle et autres pâtes d'Italie.

VERMICULAIRE, *adj. 2 g.* qui a rapport aux vers, qui leur ressemble. — *sm.* petit mollusque univalve.

VERMICULÉ, ÉE, *adj.* travaillé de manière à figurer des traces de vers (*arch.*).

VERMICULURES, *sf. pl.* ouvrage vermiculé.

VERMIFORME, *adj. 2 g.* qui a la forme d'un ver.

VERMIFUGE, *adj. 2 g.* et *sm.* se dit d'un remède qui chasse les vers du corps.

VERMILINGUE, *adj. 2 g.* dont la langue très-longue et très-extensible est semblable à un ver (*zool.*).

VERMILLER ou VERMILLONNER, *vn.* (*ll m*), se dit des sangliers qui fouillent la terre pour y chercher des vers.

VERMILLON, *sm.* (*ll m.*), bisulfure de mercure d'une couleur rouge très-vive. *Fig.* couleur vermeille du teint, des lèvres.

VERMILLONNER, *va.* enduire ou peindre de vermillon. V. *Vermiller.*

VERMINE, *sf.* tout insecte malpropre, nuisible et incommode. *Fig.* mauvais garnements, gens dangereux.

VERMINEUX, EUSE, *adj.* se dit des maladies causées ou entretenues par des vers intestinaux.

VERMISSEAU, *sm.* petit ver.

VERMONT, l'un des États de l'Union (États-Unis).

VERMOULER (SE), *vpr.* être piqué des vers.

VERMOULU, UE, *adj.* piqué par les vers. *Fig.* peu solide.

VERMOULURE, *sf.* trace que laissent les vers en rongeant; poudre qui sort des trous qu'ils font.

VERMOUT, *sm.* vin dans lequel on a mêlé de l'absinthe.

VERNACULAIRE, *adj. 2 g.* qui est de la famille, du pays; qui est ordinaire, commun.

VERNAL, ALE, *adj.* du printemps.

VERNATION, *sf.* (l. *vernatio;* de *vernare* pousser au printemps), disposition des organes de la fleur dans le bouton avant son épanouissement (*bot.*).

VERNE, V. *Vergne.*

VERNET (Joseph), célèbre peintre de marine, français (1714-1789). — (Carle), fils de Joseph, peintre de batailles et d'animaux (1758-1836). — (Horace), fils de Carle, l'un

des plus grands peintres du 19e s. (1789-1863).

VERNET, village près de Prades (Pyrénées-Orientales). Eaux thermales sulfureuses.

VERNEUIL, ch.-l. de canton (Eure). Bataille perdue par les Français contre les Anglais en 1424.

VERNIER, *sm.* instrument de géométrie qui sert à constater de très-petites divisions ou parties.

VERNIER (Pierre), mathématicien français, inventeur de l'instrument qui porte son nom (1580-1637).

VERNIR, *va.* enduire de vernis.

VERNIS, *sm.* (*s* nulle), enduit liquide qui rend les corps luisants et les préserve de l'humidité; enduit brillant des poteries, des tableaux, etc. *Fig.* apparence favorable ou non; légère notion : *un vernis d'érudition.*

VERNISSAGE, *sm.* action de vernisser ou de vernir.

VERNISSER, *va.* vernir la poterie.

VERNISSEUR, *sm.* artisan qui fait les vernis, qui les emploie.

VERNISSURE, *sf.* application du vernis.

VERNON, ch.-l. de canton (Eure).

VERNOUX, ch.-l. de canton (Ardèche).

VÉROLE (PETITE), V. *Petite vérole.*

VÉRON, V. *Vairon.*

VÉRONE, ville forte de la Vénétie, sur l'Adige.

VÉRONÈSE (Paul *Caliari*, dit), célèbre peintre italien (1528-1588).

VÉRONIQUE, *sf.* sorte de plante.

VÉRONIQUE (Ste), femme juive qui avec un linge essuya le sang et la sueur de la tête de J. C. montant au Calvaire.

VERRAT, *sm.* (*t* nul), pourceau mâle.

VERRE, *sm.* corps transparent et fragile produit par la fusion d'un mélange de sable et d'alcali ou de chaux. *Fig.* vase à boire fait de verre, son contenu; objet en verre.

VERRÉE, *sf.* plein un verre.

VERRERIE, *sf.* lieu où l'on fait le verre, art de le faire; ouvrages de verre.

VERRÈS, préteur romain en Sicile, célèbre par ses déprédations, 1er s. av. J.-C.

VERRI (Pierre), économiste italien (1728-1797).

VERRIER, *sm.* celui qui fait du verre ou qui vend des verreries; ustensile où l'on range les verres à boire. — *adj.* se dit d'un peintre sur verre.

VERRIÈRE, *sf.* ustensile de table dans lequel on place les verres; châssis vitré, vitraux d'église.

VERRIÈRE ou VERRINE, *sf.* verre au-devant des reliquaires ou des tableaux.

VERRINE, *sf.* vis de charpentier; tuyau de verre.

VERROTERIE, *sf.* menus objets en verre.

VERROU, *sm.* pièce de fer qui va et vient entre deux crampons et que l'on applique à une porte pour la fermer à l'intérieur (pl. *verrous*).

VERROUILLER, *va.* (*ll m.*), fermer au verrou.

VERRUE, sf. petite excroissance sur la peau.

VERRUQUEUX, EUSE, adj. couvert de verrues ; garni d'excroissances semblables à des verrues.

VERS, sm. (s nulle), assemblage de mots mesurés suivant certaines règles fixes. Vers libres, de différentes mesures ; vers blancs, non rimés.

VERS, prép. marque une tendance, une direction ; environ : vers deux heures.

VERSAILLES, ch.-l. du dép. de Seine-et-Oise.

VERSANT, sm. pente ; côté d'une montagne, d'un coteau.

VERSANT, ANTE, adj. sujet à verser (se dit des voitures).

VERSATILE, adj. 2 g. qui est sujet à tourner, à changer.

VERSATILITÉ, sf. qualité de celui ou de ce qui est versatile.

VERSE (À), loc. adv. Pleuvoir à verse, abondamment.

VERSE, adj. m. sinus verse, partie du rayon comprise entre l'arc et le pied du sinus (géom.).

VERSÉ, ÉE, adj. répandu, renversé ; expérimenté ; exercé : versé dans la politique.

VERSEAU, sm. constellation, l'un des 12 signes du zodiaque.

VERSEMENT, sm. action de verser de l'argent dans une caisse.

VERSER, va. répandre, épancher, transvaser ; mettre de l'argent dans une caisse. Fig. verser son sang, exposer ou perdre sa vie. — vn. se dit d'une voiture qui se renverse, des personnes qui sont dans cette voiture, et des blés sur pied qui sont couchés par le vent ou par la pluie.

VERSET, sm. passage très-court de l'Écriture sainte.

VERSICOLORE, adj. 2 g. de couleur variée ou changeante.

VERSICULES ou VERSICULETS, sm. pl. petits vers.

VERSIFICATEUR, sm. celui qui fait des vers, qui a plus de facilité à en faire que de génie poétique.

VERSIFICATION, sf. art de faire les vers.

VERSIFIER, vn. faire des vers. — va. mettre en vers.

VERSION, sf. interprétation ; traduction d'une langue en une autre ; manière de raconter un fait.

VERSO, sm. revers d'un feuillet. Au pl. versos.

VERSOIR, sm. pièce de la charrue.

VERSTE, sf. mesure russe d'environ un kilomètre.

VERT, VERTE, adj. qui est de la couleur des herbes et des feuilles des arbres. Se dit fig. du bois qui conserve de la sève ou qui est encore humide, d'un fruit qui n'est pas mûr, etc. Fig. ferme, résolu, vigoureux, sévère. — sm. couleur verte ; herbes vertes que l'on fait manger aux chevaux dans le printemps ; acidité du vin.

VERT (cap), sur la côte occidentale de l'Afrique. Il donne son nom à un archipel qui en est voisin.

VERT-DE-GRIS, sm. acétate de cuivre ; sorte de rouille verte qui se forme sur les vases de cuivre mal nettoyés et qui est un poison violent.

VERTÉBRAL, ALE, adj. qui a rapport aux vertèbres. Colonne vertébrale, l'épine du dos.

VERTÈBRE, sf. un des os qui composent l'épine dorsale ou du dos.

VERTÉBRÉ, ÉE, adj. qui a des vertèbres. sm. pl. le premier des grands embranchements zoologiques, comprenant les animaux qui ont des vertèbres et un squelette.

VERTEMENT, adv. avec fermeté, avec vigueur.

VERTEX, sm. sommet de la tête.

VERTICAL, ALE, adj. perpendiculaire au plan de l'horizon. — sm. cercle vertical. Pl. verticaux.

VERTICALE, sf. la ligne perpendiculaire au plan de l'horizon.

VERTICALEMENT, adv. dans une direction verticale.

VERTICALITÉ, sf. situation d'une chose placée verticalement.

VERTICILLE, sm. assemblage de feuilles, de pétales ou d'étamines formant une sorte d'anneau autour d'un axe (bot.).

VERTICILLÉ, ÉE, adj. qui forme verticille.

VERTIGE, sf. tournoiement de tête. Fig. égarement, folie momentanée.

VERTIGINEUX, EUSE, adj. qui a des vertiges.

VERTIGO, sm. caprice, fantaisie (fam.) ; maladie des chevaux.

VERTOT (l'abbé de), historien français (1655-1735).

VERTU, sf. disposition constante à faire le bien et à fuir le mal ; tendance naturelle vers le beau et le bon, chasteté, pudicité ; qualité qui rend propre à telle ou telle chose, propriété ; force, courage. — EN VERTU DE, loc. prep. en conséquence de, par l'effet de.

VERTUBLEU, VERTUCHOUX (x nulle), interj. sortes de jurons.

VERTUEUSEMENT, adv. d'une manière vertueuse.

VERTUEUX, EUSE, adj. qui a de la vertu ; inspiré par la vertu.

VERTUGADIN, sm. sorte de bourrelet que les dames portaient jadis par dessous leur corps de robe.

VERTUMNE, dieu des vergers (myth.).

VERTUS, ch.-l. de canton (Marne).

VÉRUS (Lucius), emper. romain, associé à l'empire par Marc-Aurèle (130-169).

VERVE, sf. chaleur d'imagination qui anime l'orateur, le poète, l'artiste ; fantaisie, caprice.

VERVEINE, sf. sorte de plante.

VERVEUX, sm. sorte de filet de pêche.

VERVIERS, ville de Belgique.

VERVINS, s.-préf. (Aisne).

VESALE (André), créateur de l'anatomie, né à Bruxelles ; m. 1564.

VÉSANIE, sf. nom générique des maladies mentales (méd.).

VESCE, sf. plante légumineuse ; sa graine.

VESCERON, sm. vesce sauvage.

VÉSERONCE, village près de Vienne (Isère). Victoire de Gondemar, roi des Bourguignons, sur Clodomir, roi d'Orléans, en 526.

VÉSICAL, ALE, adj. qui a rapport à la vessie.

VÉSICANTS, sm. pl. emplâtres pour attirer l'humeur ; coléoptères pour vésicatoires.

VÉSICATION, sf. naissance des vésicules ; effet produit par un vésicatoire.

VÉSICATOIRE, adj. 2 g. qui fait venir des ampoules. — sm. emplâtre qui produit cet effet ; la plaie qu'il forme.

VÉSICULAIRE, adj. 2 g. en forme de vésicule, de la nature des vésicules.

VÉSICULE, sf. petite vessie (anat.); petit sac membraneux (bot.).

VÉSICULEUX, EUSE, adj. qui porte des vésicules (bot.).

VESLE, riv. de France, affluent de l'Aisne.

VESOU, sm. suc qui sort de la canne à sucre écrasée.

VESOUL, ch.-l. de la Hte-Saône.

VESPASIEN, emper. romain (7-79).

VESPER, sm. l'étoile du soir, la planète Vénus.

VESPÉRAL, sm. livre qui contient l'office des vêpres.

VESPÉTRO, sm. sorte de ratafia.

VESPUCE, V. Améric.

VESSE, sf. vent qui sort sans bruit du fondement. Vesse-de-loup, sorte de champignon.

VESSER, vn. lâcher une vesse (terme bas).

VESSEUR, EUSE, s. celui, celle qui a l'habitude de vesser (terme bas).

VESSIE, sf. poche membraneuse qui contient l'urine; celle partie desséchée ; petite ampoule sur la peau.

VESTA, déesse du feu, la même que Cybèle (myth.). — sf. l'une des petites planètes.

VESTALE, sf. vierge romaine consacrée à Vesta. Fig. femme, fille très-chaste.

VESTE, sf. petit vêtement qui se portait sous l'habit, vêtement sans basques ou à basques très-courtes.

VESTIAIRE, sm. lieu où l'on serre les habits, où l'on dépose des vêtements; dépense de l'habillement.

VESTIBULE, sm. pièce à l'entrée d'un édifice, d'une maison, et qui ne sert que de passage; partie du labyrinthe de l'oreille (anat.).

VESTIGE, sm. empreinte d'un pied sur le sol. Fig. toute espèce de marque qui indique quelque chose; trace, restes.

VESTIMENTAL, ALE, adj. qui a rapport aux vêtements.

VESTRIS, nom de deux fameux danseurs ; le père, qui se disait le dieu de la danse (1729-1808) ; le fils (1760-1842).

VÉSUVE, volcan près de Naples.

VÊTEMENT, sm. habillement.

VÉTÉRAN, sm. vieux soldat qui est admis dans un corps sédentaire; ancien magistrat honoraire ; écolier qui redouble une classe.

VÉTÉRANCE, sf. qualité de vétéran.

VÉTÉRINAIRE, adj. 2 g. se dit de tout ce qui concerne la médecine des chevaux. — sm. médecin des chevaux et des bestiaux.

VÉTILLARD, ARDE, sm. (ll m.), vétilleur.

VÉTILLE, sf. (ll m.), bagatelle.

VÉTILLER, vn. (ll m.), s'amuser à des vétilles ; chicaner pour des riens.

VÉTILLERIE, sf. (ll m.), petite chicane.

VÉTILLEUR, EUSE, s. (ll m.), celui, celle qui vétille.

VÉTILLEUX, EUSE, adj. (ll m.), qui demande des soins minutieux, qui vétille.

VÊTIR, va. habiller. — SE VÊTIR, vpr. s'habiller. — Ind. pr. je vêts, tu vêts, il vêt, n. vêtons, v. vêtez, ils vêtent; imp. je vêtais ; p. déf. je vêtis ; fut. je vêtirai; cond. je vêtirais; impér. vêts, vêtons, vêtez, subj. pr. que je vête; imp. que je vêtisse; part. pr. vêtant; part p. vêtu, ue.

VÉTIVER, sm. racine odorante d'une sorte d'andropogon originaire des Indes orientales.

VETO, sm. (on pr. véto), mot latin qui signifie je défends, j'empêche: formule pour s'opposer à une décision.

VETTER (lac), en Suède.

VÊTU, UE, adj. part. habillé, recouvert.

VÊTURE, sf. prise d'habit religieux.

VÉTURIE, mère de Coriolan.

VÉTUSTÉ, sf. ancienneté; dépérissement causé par le temps.

VÉTYVER, V. Vétiver.

VEUF, VEUVE, s. et adj. celui qui a perdu sa femme; celle dont le mari est mort. Fig. privé de : église veuve de son évêque.

VEULE, adj. 2 g. mou, faible. Terre veule, légère.

VEUVAGE, sm. état d'un veuf ou d'une veuve. Fig. isolement.

VEVAY ou VEVEY, ville du canton de Vaud (Suisse), sur le lac de Genève.

VEXANT, ANTE, adj. qui vexe.

VEXATEUR, TRICE, adj. qui vexe ou se plaît à vexer.

VEXATION, sf. action de vexer.

VEXATOIRE, adj. 2 g. qui vexe, qui a le caractère de la vexation.

VEXER, va. tourmenter, faire de la peine, persécuter.

VEXILLAIRE, sm. (on pr. les 2 l), porte-étendard. — adj. 2 g. de pavillon : signaux vexillaires. Se dit en bot. de la préfloraison d'une fleur papilionacée, dans laquelle l'étendard, qui devrait être interne, est tout à fait extérieur.

VEXIN, anc. pays dans la Normandie et l'Ile-de-France.

VEYLE, riv. de France, affluent de la Saône.

VÉZELAY, ch.-l. de canton (Yonne). Ancienne abbaye.

VÉZÈRE, riv. de France, affluent de la Dordogne.

VIABILITÉ, sf. bon état des routes, des chemins (mot nouveau).

VIABILITÉ, sf. état de l'enfant né viable (méd.).

VIABLE, adj. 2 g. qui est né avec toutes les conditions nécessaires pour vivre.

VIADUC, sm. chemin porté par des arcades au-dessus d'une route, d'un vallon, etc.

VIAGER, ÈRE, *adj.* qui est à vie ; dont on ne doit jouir que durant sa vie sans pouvoir le transmettre à ses héritiers. — *sm.* revenu viager.

VIANDE, *sf.* chair dont on se nourrit. *Viande blanche*, chair de volaille, de veau, etc ; *viande noire*, chair de lièvre, de bécasse, etc.; *viande creuse*, chair qui n'est pas nourrissante, et au *fig.* bagatelle, rêveries.

VIANDER, *vn.* pâturer (se dit des bêtes fauves).

VIANDIS, *sm.* (*s* nulle), pâture des bêtes fauves.

VIATIQUE, *sm.* provisions ou argent pour le voyage. *Fig.* sacrement de l'eucharistie administré aux malades.

VIAU, V. *Théophile.*

VIBIUS GALLUS, V. *Gallus.*

VIBORG, ville de Russie (Finlande). — ville de Danemark (Jutland).

VIBRANT, ANTE, *adj.* qui vibre.

VIBRATILE, *adj.* 2 g. qui a la propriété de vibrer.

VIBRATION, *sf* mouvement alternatif, tremblement, oscillation d'un corps.

VIBRER, *vn.* exécuter des vibrations.

VIBRION, *sm.* animalcule infusoire.

VIC, ch.-l. de canton (Meurthe).

VIC-EN-BIGORRE, ch.-l. de canton (Hautes-Pyrénées).

VIC-FEZENSAC, ch.-l. de canton (Gers).

VICAIRE, *sm.* celui qui remplace un supérieur pour certaines fonctions (se dit surtout d'un ecclésiastique).

VICAIRIE, *sf.* vicariat.

VICARIAL, ALE, *adj.* de vicaire, du vicariat.

VICARIAT, *sm.* (*t* nul), emploi, fonctions du vicaire.

VICE, *sm.* défaut, imperfection ; disposition habituelle au mal ; libertinage. *Fig.* personnes vicieuses : *châtier le vice.*

VICE-AMIRAL, *sm.* lieutenant de l'amiral. Pl. *vice-amiraux.*

VICE-AMIRAUTÉ, *sf.* grade de vice-amiral.

VICE-BAILLI, *sm.* (ll m.), ancien officier de justice. Pl. *vice-baillis.*

VICE-CHANCELIER, *sm.* celui qui remplace le chancelier. Pl. *vice-chanceliers.*

VICE-CONSUL, *sm.* celui qui supplée le consul, qui tient lieu de consul. Pl. *vice-consuls.*

VICE-CONSULAT, *sm.* emploi de vice-consul. Pl. *vice-consulats.*

VICE-GÉRANT, *sm.* celui qui supplée le gérant. Pl. *vice-gérants.*

VICE-LÉGAT, *sm.* prélat qui supplée le légat. Pl. *vice-légats.*

VICE-LÉGATION, *sf.* emploi de vice-légat. Pl. *vice-légations.*

VICENCE, ville d'Italie (Vénétie).

VICENNAL, ALE, *adj.* qui est de 20 ans, qui se fait après 20 ans.

VICE-PRÉSIDENCE, *sf.* fonctions, dignité de vice-président.

VICE-PRÉSIDENT, *sm.* celui qui supplée le président. Pl. *vice-présidents.*

VICE-RECTEUR, *sm.* celui qui supplée le recteur. Pl. *vice-recteurs.*

VICE-RECTORAT, *sm.* fonctions du vice-recteur.

VICE-REINE, *sf* femme du vice-roi ; princesse qui gouverne avec l'autorité d'un vice-roi. Pl. *vice-reines.*

VICE-ROI, *sm.* celui qui tient lieu de roi, qui en remplit les fonctions. Pl. *vice-rois.*

VICE-ROYAUTÉ, *sf.* dignité de vice-roi ; pays gouverné par un vice-roi. Pl. *vice-royautés.*

VICE-SÉNÉCHAL, *sm.* ancien officier de justice, suppléant du sénéchal. Pl. *vice-sénéchaux.*

VICE VERSÀ, *adv.* (on pr. *vicé versà*), réciproquement (mots latins).

VICH, ville d'Espagne (Catalogne). Victoire des Français sur les Espagnols en 1810 et en 1823.

VICHNOU, dieu hindou, 2e personne de la trimourti (*myth*).

VICHY, p. ville (Allier). Eaux minérales très-renommées.

VICIÉ, ÉE, *adj.* gâté, altéré, corrompu; rendu nul, défectueux.

VICIER, *va.* gâter, corrompre; rendre nul (*jurisp.*).

VICIEUSEMENT, *adv.* d'une manière vicieuse.

VICIEUX, EUSE, *adj.* qui a quelque vice, quelque défaut ; qui a une disposition naturelle au mal ; qui tient du vice. *Cercle vicieux*, mauvais raisonnement qui suppose démontré ce que l'on veut prouver.

VICINAL, ALE, *adj.* du voisinage. *Chemin vicinal*, chemin qui sert de communication entre des villages voisins. Pl. m. *vicinaux.*

VICINALITÉ, *sf.* qualité de ce qui est vicinal, de ce qui est du voisinage.

VICISSITUDE, *sf.* changement de choses qui se succèdent ; instabilité, mutabilité des choses humaines.

VICO (Jean-Baptiste), célèbre philosophe et historien napolitain (1668-1744).

VICOMTE, *sm.* seigneur d'une terre qui avait le titre de vicomté ; *adj.* simple titre de noblesse.

VICOMTÉ, *sf.* titre de noblesse attaché à une terre; juridiction de vicomte.

VICOMTESSE, *sf.* femme d'un vicomte.

VICQ-D'AZYR, célèbre médecin et anatomiste français (1748-1794).

VICTIMAIRE, *sm.* celui qui apprêtait le sacrifice et frappait les victimes.

VICTIME, *sf.* homme ou animal immolé aux dieux du paganisme. *Fig.* celui qui éprouve quelque chose de funeste, de malheureux, de pénible ou de désagréable.

VICTIMER, *va.* rendre victime ; accabler de plaisanteries.

VICTOIRE, *sf.* avantage remporté à la guerre sur l'ennemi. — *Fig.* avantage sur un rival ; succès. Divinité du paganisme. *Chanter victoire*, se glorifier d'un succès.

VICTOIRE (Ste), vierge et martyre ; m. 249. — (Ste), martyre ; m. 304.

VICTOR (St), pape et martyr ; m. 197. — (St), soldat et martyr ; m. 303.

VICTOR (PERRIN, dit), maréchal de France, duc de Bellune (1764-1841).

VICTOR-AMÉDÉE Ier, duc de Savoie, m. 1637. — VICTOR-AMÉDÉE II, acquit la Sardaigne et prit le titre de roi (1665-1732). — VICTOR-AMÉDÉE III, adversaire de la Révolution française (1726-1796).

VICTOR-EMMANUEL Ier, roi de Sardaigne (1759-1824).

VICTORIA, sf. l'une des petites planètes.

VICTORIAL, ALE, adj. qui concerne la victoire.

VICTORIEN (St), proconsul d'Afrique et martyr; m. 484.

VICTORIN, l'un des 30 tyrans qui usurpèrent la pourpre sous Gallien; m. 268.

VICTORINE, sœur de Posthume, tyran des Gaules et mère de Victorin, fut surnommée la mère des armées.

VICTORIEUSEMENT, adv. d'une manière victorieuse.

VICTORIEUX, EUSE, adj. qui a remporté la victoire. — sm. vainqueur.

VICTUAILLE, sf. (ll m.), collection de vivres, provisions de bouche.

VIDA, poète latin moderne, né à Crémone (1490-1566).

VIDAME, sm. celui qui autrefois tenait ses terres d'un évêque, à condition de défendre le temporel de l'évêché.

VIDAMÉ, sm. ou VIDAMIE, sf. charge, dignité de vidame.

VIDANGE, sf. action de vider; état d'un vase qui n'est pas plein. Au pl. immondices retirées d'un lieu que l'on vide.

VIDANGEUR, sm. celui qui vide les fosses des privés.

VIDE, adj. 2 g. qui n'est pas rempli, qui n'est rempli que d'air. Fig. inhabité, dégarni : dépourvu de sens, d'idées, de raison, d'affection : tête vide, cœur vide. — sm. espace vide; espace qui ne contient point d'air (phys.). Fig. vanité, néant, manque, privation : le vide des idées. — À VIDE, loc. adv. sans rien contenir.

VIDE-BOUTEILLE (Acad.), sm. petite maison avec jardin près de la ville.

VIDELLE, sf. outil pour couper la pâte, pour vider les fruits à confire.

VIDE-POCHE ou VIDE-POCHES, sf. (inv.), petit meuble dans lequel on dépose ce que l'on porte habituellement dans sa poche.

VIDER, va. rendre vide, retirer de, creuser. Fig. terminer une affaire, un procès; décider une question; vider une place, la quitter.

VIDIMER, va. collationner la copie sur l'original.

VIDIMUS, sm. (on pr. l's), visa d'un acte (t. de pratique : mot latin signifiant nous avons vu).

VIDRECOME, sm. grand verre à boire (m. allemand).

VIDUITÉ, sf. veuvage.

VIDURE, sf. ouvrage à jour, ce que l'on ôte d'une chose évidée.

VIE, sf. état des êtres animés tant qu'ils ont en eux le principe des sensations; état des plantes pendant qu'elles ont un principe de végétation; espace de temps entre la naissance et la mort; manière d'agir, de se conduire, de se nourrir; existence; profession, occupations de la vie : une vie laborieuse; biographie : la vie de Turenne. Fig. énergie, vigueur : discours sans chaleur et sans vie. La vie future, l'existence après la mort. — À VIE, loc. adv. pendant le temps que l'on a à vivre.

VIEIL ou VIEUX, VIEILLE, adj. et s. fort avancé en âge, âgé, ancien, qui est depuis longtemps; usé : un vieil habit.

VIEILLARD, sm. (ll m. d nul), homme tout à fait vieux.

VIEILLERIE, sf. (ll m.), vieilles hardes, vieux meubles. Fig. idées rebattues, phrases usées.

VIEILLESSE, sf. (ll m.), état d'une personne vieille, qualité d'une chose vieille. Fig. les vieilles gens en général.

VIEILLEVILLE (de), maréchal de France (1509-1571).

VIEILLIR, vn. (ll m.), devenir vieux; perdre de sa vigueur, de sa vogue, de son importance, de son utilité, etc.; paraître vieux. — va. rendre vieux, faire paraître vieux. — SE VIEILLIR, vpr. se faire plus âgé qu'on ne l'est réellement.

VIEILLISSANT, ANTE, adj. (ll m.), qui devient vieux.

VIEILLISSEMENT, sm. (ll m.), état de ce qui devient vieux.

VIEILLOT, OTTE, adj. et s. (ll m.), déjà un peu vieux, qui commence à avoir l'air vieux.

VIELLE, sf. sorte d'instrument de musique à cordes, touches et roue.

VIELLER, vn. jouer de la vielle.

VIELLEUR, EUSE, s. celui, celle qui joue de la vielle.

VIEN, célèbre peintre français (1716-1809).

VIENNAISE, ou VIENNOISE, l'une des provinces de la Gaule romaine.

VIENNE, s.-préf. du dép. de l'Isère. — capitale de l'Autriche.

VIENNE, riv. de France, affluent de la Loire. Elle donne son nom à 2 dép. : la Vienne, ch.-l. Poitiers, et la Haute-Vienne, ch.-l. Limoges.

VIENNE (Jean de), amiral de France et célèbre capitaine; m. 1396.

VIENNOIS, partie du Dauphiné.

VIENNOIS, OISE, adj. et s. de Vienne.

VIERGE, sf. fille chaste et pure. Fig. l'une des constellations et des signes du zodiaque. La sainte Vierge, la mère de Jésus-Christ.

VIERGE, adj. 2 g. pur, intact. Fig. qui n'a pas été cultivé : sol vierge. — Huile vierge, la première qui sort des olives; forêt vierge, qui n'a jamais été exploitée; vigne vierge, sorte de plante grimpante.

VIERGES (les), groupe d'îles dans les Antilles.

VIERZON, p. ville (Cher).

VIÈTE, célèbre mathématicien français (1540-1603).

VIEUX, V. Vieil.

VIEUZAC (BARÈRE de), célèbre conventionnel, membre du Comité de salut public (1755-1841).

VIF, VIVE, *adj.* qui est en vie. *Fig.* qui a de la vigueur; qui est prompt, pur, éclatant, énergique, animé, piquant : *de vifs reproches.* — *Chaux vive,* qui n'a pas été imprégnée d'eau; *eau vive,* qui coule de source; *vive arête,* tranchant d'un angle dièdre non émoussé. — DE VIVE VOIX, *loc. adv.* en parlant; DE VIVE FORCE, *loc. adv.* avec violence.

VIF, *sm.* la chair vive. *Fig. piquer au vif,* faire une offense sensible; *trancher dans le vif,* prendre des mesures énergiques pour terminer une affaire.

VIF-ARGENT, *sm.* mercure. *Fig.* personne très-prompte, très-mobile.

VIGAN (LE), s.-préf. (Gard).

VIGÉE, poète et auteur comique français (1738-1820). — (Mme LEBRUN, née), sœur du précédent et célèbre peintre de portraits (1755-1842).

VIGEVANO, ville du Piémont.

VIGIE, *sf.* sentinelle sur un navire; pointe de rocher à fleur d'eau.

VIGILAMMENT, *adv.* avec vigilance.

VIGILANCE, *sf.* attention active.

VIGILANT, ANTE, *adj.* très-attentif, soigneux.

VIGILE, *sf.* veille de certaines fêtes de l'Église catholique.

VIGILE, pape; m. 555.

VIGNE, *sf.* plante qui porte le raisin; terre plantée de vignes.

VIGNERON, ONNE, *s.* celui, celle qui cultive la vigne.

VIGNETTE, *sf.* petite estampe ou dessin imprimé dans un livre.

VIGNOBLE, *sm.* étendue de pays plantée de vignes. — *adj.* 2 g. qui renferme des vignes.

VIGNOLE, célèbre architecte italien (1507-1573).

VIGNY (Alfred de), littérateur français (1799-1863).

VIGO, ville d'Espagne, sur l'Atlantique.

VIGOGNE, *sf.* animal ruminant du Pérou; sa laine.

VIGOUREUSEMENT, *adv.* avec vigueur.

VIGOUREUX, EUSE, *adj.* qui a de la vigueur; qui est fait avec vigueur.

VIGUERIE, *sf.* charge, fonctions ou juridiction du viguier.

VIGUEUR, *sf.* force, énergie. *Fig.* vie; faculté de produire son effet : *loi qui est en vigueur.*

VIGUIER, *sm.* ancien magistrat dans le Languedoc et la Provence.

VIL, VILE, *adj.* bas, méprisable; de peu de valeur : *chose de vil prix.* — *Vendre une chose à vil prix,* à un prix au-dessous de sa valeur.

VILAIN, *sm.* autrefois paysan, roturier. *Fig.* avare; homme peu honnête, qui agit mal.

VILAIN, AINE, *adj.* laid, désagréable; sale, déshonnête; méchant, dangereux, avare.

VILAINE, riv. de France, affluent de l'Atlantique. V. *Ille-et-Vilaine.*

VILAINEMENT, *adv.* d'une vilaine manière; grossièrement, honteusement, malproprement, désagréablement.

VILEBREQUIN, *sm.* outil pour trouer, pour percer.

VILEMENT, *adv.* d'une manière vile.

VILENIE, *sf.* ordure, saleté, parole injurieuse, action basse, avarice sordide.

VILETÉ, *sf.* bas prix ou peu d'importance d'une chose.

VILIPENDER, *va.* traiter avec un grand mépris.

VILITÉ, *sf.* vileté.

VILLA, *sf.* maison de plaisance à la campagne.

VILLACE, *sf.* grande ville mal bâtie.

VILLAGE, *sm.* réunion de maisons de cultivateurs. *Fig.* les villageois.

VILLAGEOIS, OISE, *s.* habitant d'un village. — *adj.* de village.

VILLANELLE, *sf.* sorte de poésie pastorale; air de danse.

VILLANI, historien italien (1275-1348).

VILLARET (Foulques), grand maître des Hospitaliers de Saint-Jean ou chevaliers de Malte, s'empara de l'île de Rhodes et y établit son Ordre; m. 1329. — (Claude), historien français (1715-1766).

VILLARET DE JOYEUSE, amiral français (1750-1812).

VILLARS (duc de), maréchal de France (1653-1734).

VILLAVICIOSA, village d'Espagne près d'Oviédo. Victoire du duc de Vendôme qui assura la couronne d'Espagne à Philippe V. — ville de Portugal.

VILLE, *sf.* assemblage d'un grand nombre de maisons disposées par rues. — *Fig.* les habitants d'une ville; séjour de la ville. — EN VILLE, *loc. adv.* hors de chez soi.

VILLEDIEU, ch.-l. de canton (Manche).

VILLEFRANCHE, s.-préf. (Aveyron). — s.-préf. (Rhône). — ch.-l. de canton (Hte-Garonne). — ch.-l. de canton (Alpes-Maritimes).

VILLÉGIATURE, *sf.* séjour à la campagne.

VILLEHARDOUIN (Geoffroi de), sénéchal de Champagne et chroniqueur, prit part à la 4e croisade (1167-1213).

VILLEMAIN, écrivain et critique français, anc. ministre sous Louis-Philippe, né en 1791.

VILLEMUR, ch.-l. de canton (Hte-Garonne).

VILLENAVE, littérateur français (1762-1846).

VILLENEUVE (Huon de), poète français du temps de Philippe-Auguste.

VILLENEUVE, vice-amiral français (1763-1806).

VILLENEUVE-D'AGEN, s.-préf. (Lot-et-Garonne).

VILLENEUVE-LE-ROI ou VILLENEUVE-SUR-YONNE, ch.-l. de canton (Yonne).

VILLENEUVE-LEZ-AVIGNON, ch.-l. de canton, sur le Rhône (Gard).

VILLEROI (Nicolas de NEUFVILLE, seigneur de), homme d'État (1542-1617). — (François de NEUFVILLE, duc de), petit-fils du précédent et maréchal de France (1643-1730).

VILLERS-BRETONNEUX, bourg près d'Amiens (Somme).

VILLERS-COTTERETS, ch.-l. de canton (Aisne).

VILLETTE, *sf.* petite ville.

VILLEUX, EUSE, adj. couvert d'un duvet mou (bot.).

VILLIERS DE L'ISLE-ADAM (Jean), maréchal de France (1384-1437). — (Philippe), grand maître de l'ordre de Saint-Jean de Jérusalem (1464-1534).

VILLIFÈRE, adj. 2 g. (l. villus poil, ferre porter), qui porte de longs poils (bot.).

VILLOISON (J. B. d'ANSSE de), helléniste et orientaliste français (1750-1805).

VILLON (François), poëte français du 15e s.

VILLOSITÉ, sf. qualité en état de ce qui est velu; petit appendice saillant à la surface de la membrane muqueuse.

VILNA, ville de Russie.

VIMAIRE, sf. dégât causé dans les bois par les ouragans.

VIMEUX, pays dans la Picardie, dont le ch.-l. était Saint-Valery-sur-Somme.

VIMINAL (mont), l'une des sept collines de Rome.

VIMOUTIERS, ch.-l. de canton (Orne).

VIN, sm. liqueur tirée du raisin; préparation médicinale où il entre du vin. Esprit-de-vin, alcool; pot-de-vin, présent en outre du prix convenu. Entre deux vins, presque ivre; pris de vin, ivre.

VINAGE, sm. droit payé en vin; fabrication du vin.

VINAIGRE, sm. vin rendu aigre; liqueur acide obtenue de différentes substances.

VINAIGRER, va. assaisonner avec du vinaigre.

VINAIGRERIE, sf. lieu où l'on fabrique le vinaigre.

VINAIGRETTE, sf. sorte de sauce où il entre du vinaigre, de l'huile, etc., mets à cette sauce; ancienne chaise à deux roues.

VINAIGRIER, sm. fabricant ou marchand de vinaigre; petit vase à vinaigre.

VINAIRE, adj. m. se dit de tout vase ou vaisseau à contenir du vin.

VINCÉES, sf. pl. (l. vinca pervenche), tribu de plantes dont la pervenche est le type (bot.).

VINCENNES, p. ville et château fort près de Paris.

VINCENT (St), martyr; m. 304. — (St) DE LÉRINS, moine; m. 450. — (St) FERRIER, dominicain (1357-1419).— (St) DE PAUL, prêtre célèbre par sa charité (1576-1660).

VINCENT DE BEAUVAIS, encyclopédiste du 13e s.; m. 1264.

VINCI (Léonard de), célèbre peintre, architecte et ingénieur italien (1452-1519).

VINCY, anc. village de la Gaule, auj. Jinchy (Pas-de-Calais). Victoire de Charles-Martel sur les Neustriens, en 717.

VINDAS, sm. (on pr. l's), cabestan.

VINDÉLÉCIE, région de l'Europe anc.; auj. sud du Wurtemberg.

VINDEX, général romain et propréteur de la Séquanaise, m. 68.

VINDICATIF, IVE, adj. qui est porté à la vengeance.

VINDICATION, sf. vengeance.

VINDICTE, sf. Vindicte publique, poursuite d'un crime au nom de la société.

VINÉE, sf. récolte de vin; lieu où l'on fait le vin.

VINETIERS, sm. pl. famille de plantes dont l'épine-vinette est le type et qui s'appelle aussi famille des Berbéridées (bot.).

VINEUX, EUSE, adj. se dit du vin qui a beaucoup de force et de choses qui ont le goût, l'odeur ou la couleur du vin.

VINGT, adj. num. 2 g. (on pr. vin), deux fois dix. Fig. beaucoup, maintes fois. — sm. le nombre vingt; vingtième.

VINGTAINE, sf. (g nul), vingt ou environ.

VINGTIÈME, adj. num. 2 g. (g nul), nombre ordinal de vingt. — sm. chaque partie d'un tout divisé en vingt parties égales.

VINICOLE, adj. 2 g. qui cultive la vigne, qui produit du vin.

VINIFÈRES, sf. pl. (l. vinum vin; ferre porter, produire), famille de plantes dont la vigne est le type (bot.).

VINIFICATION, sf. art de faire le vin.

VIOL, sm. action de violer.

VIOLACÉ, ÉE, adj. d'une couleur tirant sur le violet.

VIOLACÉES ou VIOLARIÉES, sf. pl. (l. viola violette), famille de plantes dont la violette est le type (bot.).

VIOLAT, adj. m. (t nul), fait avec des violettes, où il entre des violettes.

VIOLATEUR, TRICE, s. celui, celle qui viole les lois, les droits, etc.

VIOLATION, sf. action de violer un engagement, une règle, une chose sacrée, etc.

VIOLÂTRE, adj. 2 g. d'une couleur tirant sur le violet.

VIOLE, sf. ancien instrument de musique à cordes; alto.

VIOLEMENT, sm. infraction, contravention (vi. mot).

VIOLEMMENT, adv. avec violence.

VIOLENCE, sf. caractère ou qualité de la personne ou de la chose violente; force dont on use contre la loi, le droit, etc.

VIOLENT, ENTE, adj. qui agit avec une grande force, où la force domine; impétueux, emporté. Mort violente, mort par accident ou par force.

VIOLENTER, va. contraindre; obliger par force à faire une chose.

VIOLER, va. enfreindre, agir contre, faire violence, porter atteinte à; profaner : violer l'enceinte sacrée.

VIOLET, ETTE, adj. qui est de la couleur de la violette. — sm. cette couleur même.

VIOLETTE, sf. plante, sa fleur.

VIOLIER, sm. giroflée.

VIOLIR, va. rendre violet. — vn. devenir violet.

VIOLON, sm. instrument de musique; celui qui en joue; prison contiguë à un corps de garde. Fig. payer les violons, payer les frais d'une chose dont d'autres ont eu tous les avantages.

VIOLONCELLE, sm. sorte de gros violon appelé aussi basse.

VIOLONISTE, s. 2 g. celui, celle qui joue bien du violon.

VIORNE, sf. genre d'arbrisseau.

VIOTTI, célèbre violoniste et compositeur italien (1753-1824).

VIPÈRE, *sf.* espèce de serpent venimeux. *Fig.* personne médisante, méchante.

VIPEREAU, *sm.* petit d'une vipère.

VIPÉRINE, *sf.* sorte de plante.

VIRAGE, *sm.* espace pour virer.

VIRAGO, *sf.* fille ou femme de grande taille et qui a l'air d'un homme (*fam.*).

VIRE, *s.-préf.* (Calvados).

VIREBOUQUET, *sm.* cheville à l'usage des couvreurs.

VIRELAI, *sm.* sorte d'ancienne poésie française sur deux rimes.

VIREMENT, *sm.* action de virer de bord (*mar.*); transport d'une dette active fait à un créancier (*comm.*).

VIRER, *vn.* aller en tournant. — *va.* et *n.* tourner d'un sens dans un autre: *virer de bord* (*mar.*), et au *fig.* changer de conduite, de direction, de parti.

VIRET (Pierre), l'un des chefs de la Réformation en Suisse (1511-1571).

VIRETON, *sm.* sorte de flèche qui tournoyait en l'air.

VIREUX, EUSE, *adj.* qui tient du poison, qui est de la nature du poison.

VIREVEAU, *sm.* sorte de cabestan.

VIREVOLTE, *sf.* tour et retour fait avec vitesse (en parlant d'un cheval). *Fig.* changement de parti, d'opinion, d'idées.

VIRGILE, le plus célèbre des poëtes latins, auteur des *Géorgiques*, de l'*Enéide* et des *Églogues* (68-19 av. J. C.). V. *Polydore*.

VIRGILE (St), moine de Lérins et évêque d'Arles; m. 624. — (St), évêque de Salzbourg en 784.

VIRGINAL, ALE, *adj.* qui appartient aux vierges (pas de pl. m.). *Lait virginal*, cosmétique pour blanchir le teint.

VIRGINIE, jeune fille romaine que son père tua pour l'arracher à l'opprobre, 449 av. J. C.

VIRGINIE (LA), l'un des États de l'Union (États-Unis).

VIRGINITÉ, *sf.* état d'une vierge.

VIRGINIUS, centurion romain, père de Virginie, 449 av. J. C.

VIRGINIUS RUFUS, général romain qui refusa l'empire après Néron; m. 97.

VIRGOULEUSE, *sf.* sorte de poire fondante.

VIRGULE, *sf.* signe de ponctuation.

VIRGULTE, *sf.* petite branche d'un rejeton.

VIRIATHE, pâtre et brigand lusitanien, chef d'une révolte contre les Romains; m. 140.

VIRIL, ILE, *adj.* qui appartient à l'homme. *Age viril*, âge d'un homme fait. *Fig.* fort, énergique: *âme virile*.

VIRILEMENT, *adv.* d'une manière virile, avec vigueur.

VIRILITÉ, *sf.* caractère de ce qui est viril; âge viril.

VIROLE, *sf.* petit cercle de métal au bout d'une canne, au manche d'un couteau, d'un outil, etc.

VIRTUALITÉ, *sf.* caractère ou qualité de ce qui est virtuel.

VIRTUEL, ELLE, *adj.* qui a en soi la vertu d'agir; qui est en puissance d'agir, mais sans effet actuel.

VIRTUELLEMENT, *adv.* d'une manière virtuelle.

VIRTUOSE, *s.* 2 *g.* celui, celle qui a des talents en musique.

VIRULENCE, *sf.* qualité de ce qui est virulent.

VIRULENT, ENTE, *adj.* se dit des maladies produites par un virus. *Fig.* violent, plein de méchanceté.

VIRUS, *sm.* (on pr. l's), principe contagieux d'une maladie; venin.

VIS, *sf.* (on pr. l's), pièce cylindrique et cannelée en spirale qui pénètre en tournant. *Escalier à vis*, escalier en spirale; *pas de vis*, espace compris entre deux filets d'une vis.

VISA, *sm.* formule et signature qui rend valable et authentique un acte ou un écrit.

VISAGE, *sm.* face de l'homme; physionomie; air; personne: *visage inconnu*. *Fig. visage de bois*, porte fermée. — À VISAGE DÉCOUVERT, *loc. adv.* sans voile, sans déguisement.

VIS-À-VIS, *adv.* en face. — VIS-À-VIS, *loc. prép.* à l'opposite de, en face de.

VIS-À-VIS, *sm.* personne qui est en face d'une autre; sorte de voiture.

VISCÉRAL, ALE, *adj.* des viscères; qui appartient aux viscères.

VISCÈRE, *sm.* nom des divers organes renfermés dans les grandes cavités du corps, comme les poumons, le cœur, etc.

VISCONTI, famille illustre de Milan dont les principaux membres furent: *Othon*, archevêque de Milan (1208-1295); *Mathieu* Ier *le Grand*, comte de Milan (1250-1322); *Galéas* Ier, fils du précédent (1277-1328); *Jean Galéas*, duc de Milan, père de *Valentine*, duchesse d'Orléans (1347-1402); *Jean-Marie*, fils du précédent (1389-1412); *Philippe-Marie*, son frère (1391-1447).

VISCONTI (Ennius Quirinus), savant antiquaire né à Rome (1751-1818). — (Louis), fils du précédent, architecte français (1791-1854).

VISCOSITÉ, *sf.* qualité de ce qui est visqueux.

VISÉ ou VIZÉ (de), littérateur français, fondateur du *Mercure galant* (1640-1710).

VISÉE, *sf.* direction de la vue vers un but. *Fig.* dessein, but.

VISER, *va.* et *vn.* mirer un but; examiner un acte, un papier, et y mettre un visa. *Fig.* avoir en vue un certain résultat.

VISIBILITÉ, *sf.* qualité qui rend une chose visible.

VISIBLE, *adj.* 2 *g.* qui peut être vu, qu'il est facile de voir. *Fig.* évident.

VISIBLEMENT, *adv.* d'une manière visible, manifestement.

VISIÈRE, *sf.* pièce du casque qui se haussait et se baissait; partie d'un shako, d'une casquette, etc., qui abrite les yeux; vue. *Fig. rompre en visière*, attaquer ouvertement.

VISIGOTH, *sm.* Goth de l'ouest. *Fig.* homme grossier. Les Visigoths, peuple germain, envahirent l'empire d'Orient, puis l'Italie, et s'établirent dans le sud de la Gaule et en Espagne.

VISION, *sf.* faculté et action de voir; ce que, par l'effet de la volonté divine, l'on voit en esprit et des yeux du corps; hallucination. *Fig.* chimère, idée folle.

VISIONNAIRE, *adj.* et *s.* 2 *g.* qui a ou croit avoir des visions. *Fig.* extravagant.

VISIR, V. *Vizir.*

VISITANDINE, *sf.* religieuse de l'ordre de la Visitation.

VISITATION, *sf.* fête en mémoire de la visite que fit la sainte Vierge à sainte Élisabeth; ordre de religieuses.

VISITE, *sf.* action d'aller voir quelqu'un par devoir, par civilité, etc.; action d'un médecin qui va voir un malade; recherche, examen, inspection.

VISITER, *va.* faire une visite; examiner.

VISITEUR, EUSE, *s.* celui, celle qui fait une visite; personne chargée de visiter, d'inspecter.

VISO (mont), dans les Alpes.

VISON-VISU, *loc. adv.* vis-à-vis (*fam.*).

VISORIUM, *sm.* (on pr. *visoriome*), planchette sur laquelle le compositeur fixe sa copie (t. d'imprim.).

VISQUEUX, EUSE, *adj.* gluant.

VISSER, *va.* attacher avec une ou plus. vis.

VISTULE, fleuve de Pologne et de Prusse, affluent de la mer Baltique.

VISUEL, ELLE, *adj.* de la vue, qui appartient à la vue.

VITAL, ALE, *adj.* qui appartient à la vie, qui est nécessaire à la vie. Pl. m. *vitaux.*

VITAL (St), martyr, 1er s. — (St), abbé de Savigny (1060-1122). V. *Orderic.*

VITALIEN, général scythe, favori de l'emp. Julien le Thrace; m. 520. — pape, m. 672.

VITALISÉ, ÉE, *adj.* imprégné de principes de vie.

VITALITÉ, *sf.* force ou persistance de la vie, disposition des corps organisés pour vivre.

VITCHOURA, *sm.* vêtement garni de fourrure.

VITE, *adj.* 2 *g.* qui se meut rapidement. — *adv.* avec vitesse.

VITEBSK ou VITEPSK, ville de Russie, sur la Dwina mérid.

VITELLIN, INE, *adj.* du jaune d'œuf.

VITELLIUS, emper. romain (15-69).

VITELLUS, *sm.* (on pr. l's), jaune d'œuf, substance qui nourrit dans l'œuf l'embryon de l'oiseau.

VITELOTTE, *sf.* sorte de pomme de terre rouge.

VITEMENT, *adv.* avec vitesse.

VITERBE, ville de l'Italie centrale (États romains).

VITESSE, *sf.* célérité, promptitude.

VITI (archipel), dans l'Océanie.

VITICÉES, *sf. pl.* (l. *vitis* vigne), famille de plantes dont la vigne est le type (*bot.*).

VITICOLE, *adj.* 2 *g.* et *sm.* (l. *vitis* vigne, *colere* cultiver), qui cultive la vigne.

VITICULTEUR, *sm.* cultivateur de la vigne.

VITIGÈS, roi des Ostrogoths d'Italie; m. 553.

VITIKIND, V. *Witikind.*

VITORIA, ville d'Espagne. Bataille perdue par les Français contre les Anglais et les Espagnols, en 1813.

VITRAGE, *sm.* ensemble de toutes les vitres d'un bâtiment; châssis composé de vitres et servant de cloison.

VITRAIL, *sm.* grande fenêtre d'église.

VITRAUX, *sm. pl.* grands panneaux de vitres des églises.

VITRE, *sf.* pièce de verre qui se met à une fenêtre. *Fig. casser les vitres*, parler ou agir brutalement.

VITRÉ, ÉE, *adj.* garni de vitres. *Humeur vitrée*, celle qui remplit le fond du globe de l'œil; *électricité vitrée*, électricité positive, qui se développe lorsqu'on frotte le verre.

VITRÉ, s.-préf. (Ille-et-Vilaine).

VITRER, *va.* garnir de vitres.

VITRERIE, *sf.* art, commerce, marchandise du vitrier.

VITRESCIBILITÉ, *sf.* propriété des corps vitrescibles; propriété d'être converti en verre.

VITRESCIBLE, *adj.* 2 *g.* vitrifiable.

VITREUX, EUSE, *adj.* qui ressemble au verre. *Œil vitreux*, qui a l'aspect du verre.

VITRIER, *sm.* artisan qui travaille aux vitres, qui les met aux fenêtres, etc.

VITRIFIABLE *adj.* 2 *g.* susceptible d'être changé en verre.

VITRIFICATION, *sf.* action de vitrifier ou de se vitrifier; état de ce qui est vitrifié.

VITRIFIER, *va.* fondre une substance de manière à la transformer en verre.

VITRINE, *sf.* boîte ou caisse recouverte d'un vitrage et renfermant des marchandises en montre.

VITRIOL, *sm.* ancien nom des sulfates. *Huile de vitriol*, acide sulfurique concentré.

VITRIOLÉ, ÉE, *adj.* où il y a du vitriol.

VITRIOLIQUE, *adj.* qui tient de la nature du vitriol; sulfurique.

VITRIOLISATION, *sf.* formation du vitriol.

VITRIOLISER, *va.* et SE VITRIOLISER, *vpr.* convertir ou se convertir en vitriol.

VITRUVE, célèbre architecte romain; m 26 av. J. C.

VITRY (Jacques de), chroniqueur français et cardinal; m. 1244. — (marquis de), capitaine des gardes de Henri III et de Henri IV; m. 1611. — (duc de), fils du précédent et maréchal de France (1581-1645).

VITRY-LE-FRANÇOIS, s.-préf. (Marne).

VITTEAUX, ch.-l. de canton (Côte-d'Or).

VITTORIA, V. *Vitoria.*

VITUPÈRE, *sm.* blâme (vx. mot).

VITUPÉRER, *va.* blâmer (vx. mot).

VIVACE, *adj.* 2 *g.* qui a beaucoup de vie, qui a en soi les principes d'une longue vie, qui est d'une très-longue durée. Se dit des plantes qui durent plus de deux ans.

VIVACITÉ, *sf.* caractère de ce qui est vif; promptitude; activité de corps ou d'esprit; ardeur avec laquelle une chose est faite.

VIVANDIER, IÈRE, *s.* celui, celle qui suit les corps de troupes et leur vend des vivres ou des boissons.

VIVANT, ANTE, *adj.* qui vit. *Fig.* qui est très-animé : *quartier vivant*. *Langue vivante*, que parle un peuple moderne; *portrait vivant*, d'une très-grande ressemblance.

VIVANT, sm. personne en vie. *Bon vivant*, homme gai, jovial; *de son vivant*, pendant sa vie.

VIVARAIS, anc. pays du Languedoc; capit. *Viviers.*

VIVAT, *interj.* et sm. (inv.; on pr. le t), mot latin inv. signifiant *qu'il vive*, et que l'on emploie comme acclamation pour app audir, féliciter, témoigner la joie.

VIVE, exclamation : *vive l'empereur* (c'est la 3e pers. du subj. prés. du verbe *vivre*).

VIVE, *sf.* poisson de mer.

VIVEMENT, adv. avec vivacité, avec ardeur, profondément.

VIVÈS, sav. philologue espagnol (1492-1530).

VIVEUR, sm. homme qui mène une vie de plaisirs.

VIVIER, sm. pièce d'eau où l'on nourrit du poisson.

VIVIERS, p. ville (Ardèche).

VIVIFIANT, ANTE, adj. qui vivifie.

VIVIFICATION, *sf.* action par laquelle on vivifie.

VIVIFIER, va. rendre vif ou vivant; donner la vie ou la conserver. *Fig.* donner de la vigueur, de l'activité; ranimer.

VIVIFIQUE, adj. 2 g. qui donne la vie, qui vivifie.

VIVIPARE, adj. 2 g. se dit des animaux qui mettent au monde des petits tout vivants.

VIVISECTION, *sf.* opérations anatomiques ou physiologiques sur un animal vivant.

VIVONNE (duc de), maréchal de France et général des galères (1636-1688).

VIVOTER, vn. vivre petitement, subsister avec peine.

VIVRE, vn. être en vie; subsister, se nourrir, mener un train de vie, se conduire, durer. *Vivre au jour le jour*, subsister de son gain quotidien, et fig. s'inquiéter peu du lendemain. — *Ind pr.* je vis; *imp.* je vivais; *p. déf.* je vécus; *fut.* je vivrai; *cond.* je vivrais; *impér.* vis; *subj. pr.* que je vive; *imp.* que je vécusse; *part. pr.* vivant; *part. p.* vécu (inv.). — V. *Vive, Qui vive* et *Savoir-vivre.*

VIVRE, sm. nourriture. Au pl. tout ce qui sert à nourrir.

VIZILLE, ch.-l. de canton (Isère).

VIZIR, sm. officier du conseil du Grand Seigneur. *Fig.* homme hautain.

VIZIRAT ou **VIZIRIAT**, sm. dignité du vizir, durée de ses fonctions.

VLADIMIR (St), grand-duc de Russie; m.1015.

VLADIMIR, ville de Russie.

VLADISLAS, nom de plus. rois de Pologne, de Hongrie et de Bohême (c'est le même que *Ladislas* et *Uladislas*). Le plus célèbre de ces princes est VLADISLAS V *Jagellon*, fondateur d'une dynastie en Pologne (1354-1434).

VLAN, *interj.* marquant une action vive et subite.

VOCABLE, sm. mot; patronage, invocation : *église sous le vocable de saint Pierre.*

VOCABULAIRE, sm. liste de mots avec explication succincte; suite de mots particuliers à un art, à une science.

VOCABULISTE, sm. auteur d'un vocabulaire.

VOCAL, ALE, adj. de la voix; qui s'exprime, qui s'énonce par la voix. Pl. m. vocaux.

VOCALE, *sf.* la musique vocale.

VOCALEMENT, adv. de telle manière que l'on entend la voix.

VOCALISATION, *sf.* action de vocaliser.

VOCALISE, *sf.* vocalisation; morceau que l'on doit chanter en vocalisant.

VOCALISER, vn. chanter les sons sans nommer les notes.

VOCATIF, sm. cas dont on se sert quand on adresse la parole à quelqu'un.

VOCATION, *sf.* impulsion naturelle vers un genre de vie; inclination, disposition naturelle, talent.

VOCIFÉRATIONS, *sf. pl.* paroles accompagnées de grands cris.

VOCIFÉRER, vn. pousser des vociférations; parler avec l'accent de la colère.

VŒU, sm. promesse faite à Dieu; engagement volontaire à un acte; offrande promise par un vœu; suffrage, souhait, désir : *c'est mon vœu le plus cher.*

VOGEL, compositeur de musique, allemand (1756-1788).

VOGHERA, ville du Piémont.

VOGUE, *sf.* impulsion d'un navire, d'une embarcation causée par la force des rames. *Fig.* crédit, réputation; se dit des choses qui ont grand cours, qui sont fort à la mode.

VOGUER, vn. être poussé sur l'eau à force de rames; naviguer. *Fig. vogue la galère*, arrive ce qui pourra.

VOGUEUR, sm. rameur.

VOICI, VOILÀ, prép. désignant, la 1re une personne ou une chose qui est proche, la 2e celle qui est plus éloignée.

VOIE, *sf.* chemin, route; espace entre deux roues d'une voiture, entre les rails d'un chemin de fer; traces d'une voiture. *Fig.* moyen de transport; manière d'agir, d'opérer; moyen dont on se sert; prescriptions divines, décrets de Dieu : *les voies du Seigneur sont impénétrables.* — *Voies de droit*, recours à la justice; *voies de fait*, actes de violence; *voies digestives*, le tube digestif.

VOIE, *sf.* ancienne mesure pour le bois, le charbon et l'eau.

VOILA, V. *Voici.*

VOILE, sm. pièce d'étoffe destinée à cacher le visage ou toute autre chose; couverture de tête des femmes et des religieuses; grand rideau. *Fig.* ce qui cache, prétexte, apparence; obscurité : *les voiles de la nuit.*

VOILE, *sf.* pièce de toile attachée au mât d'un navire pour naviguer par l'action du vent. *Fig.* navire : *flotte de cent voiles.* — *Faire voile*, naviguer.

VOILÉ, ÉE, adj. se dit d'un navire par rapport à sa voilure. — adj. part. couvert d'un voile. *Fig.* caché, secret. *Voix voilée*, organe voilé, qui n'a qu'une partie de son timbre.

VOILER, va. couvrir d'un voile. *Fig.* dérober la vue de quelque chose, cacher, déguiser.

VOILERIE, *sf.* lieu où l'on fait les voiles d'un navire, où on les raccommode.

VOILETTE, *sf.* petit voile de femme.

VOILIER, sm. celui qui fait ou raccommode les voiles des navires. Se dit aussi d'un bâtiment par rapport à la vitesse de sa marche : un navire bon voilier.

VOILURE, sf. l'ensemble des voiles d'un navire; sa quantité de voiles par rapport au vent.

VOIR, va. avoir la perception des objets par l'organe de la vue; assister à, regarder, inspecter. Fig. fréquenter : voir ses parents; essayer, éprouver : voyons si la planche est solide; s'informer de : voyez si elle est venue; s'apercevoir de : je vois que je me suis trompé; juger : voir tout en beau. — Voir le jour, commencer d'être, paraître; voir d'un bon œil, d'un mauvais œil, voir avec plaisir, avec déplaisir. — SE VOIR, vpr. se regarder. Fig. se fréquenter; se manifester, exister : cela se voit tous les jours. — Ind. pr. je vois, tu vois, il voit, n. voyons, v. voyez, ils voient; imp. je voyais; p. déf. je vis; fut. je verrai; cond. je verrais; imp. vois, voyons, voyez; subj. pr. que je voie, que tu voies, qu'il voie, que n. voyions, que v. voyiez, qu'ils voient; imp. que je visse; part. pr. voyant; part. p. vu, vue.

VOIRE, adv. vraiment, même (vx. mot).

VOIRIE, sf. partie de l'administration publique qui a pour objet la police des rues, la solidité des édifices; lieu où l'on jette la boue, les immondices.

VOIRON, p. ville (Isère).

VOISENON (l'abbé de), littérateur français (1708-1775).

VOISIN, INE, adj. et s. qui est proche, qui demeure auprès. Fig. qui approche, qui est sur le point de : il est voisin de sa perte.

VOISINAGE, sm. ensemble des voisins ou des lieux voisins; proximité de lieux, de choses.

VOISINER, va. visiter familièrement les voisins.

VOITURE, sf. ce qui sert au transport des personnes, des marchandises, des objets; carrosse. Fig. le contenu d'une voiture; transport. Lettre de voiture, lettre qui contient l'indication de ce que transporte un voiturier.

VOITURE (Vincent), littérateur français (1598-1648).

VOITURER, va. transporter par voiture, mener en voiture.

VOITURIER, sm. celui qui fait métier de voiturer.

VOITURIN, sm. celui qui loue des voitures aux voyageurs et les conduit; sa voiture même.

VOIX, sf. (x nulle), son qui sort de la bouche de l'homme; son représenté par la voyelle. Fig. chant de l'homme ou de l'oiseau; chanteur, chanteuse : concert de voix et d'instruments; mouvement intérieur qui nous conseille : la voix de l'honneur; conseil : écoutez la voix d'un ami; suffrage : compter les voix; jugement, opinion : la voix publique est pour lui; nature des verbes : voix active, voix passive. — La déesse aux cent voix, la Renommée.

VOL, sm. action de voler dans l'air; étendue et longueur du vol. Fig. élévation, essor. —

'A VOL D'OISEAU, loc. adv. en ligne droite au-dessus des objets.

VOL, sm. action de prendre le bien d'autrui; chose volée.

VOLABLE, adj. 2 g. qui peut être volé.

VOLAGE, adj. et s. 2 g. changeant et léger.

VOLAILLE, sf. (ll m.), nom collectif des oiseaux de basse-cour.

VOLANT, ANTE, adj. qui a la faculté de voler; qui peut être déplacé à volonté. Feuille volante, feuille de papier détachée; petite vérole volante, maladie éruptive.

VOLANT, sm. petit morceau de liège, de bois, etc. garni de plumes et qu'on se renvoie dans l'air au moyen de raquettes; aile de moulin à vent; garniture au bas d'une robe de femme.

VOLATIL, ILE, adj. qui se résout en vapeur ou en gaz, qui se vaporise aisément.

VOLATILE, s. et adj. 2 g. animal qui vole.

VOLATILISATION, sf. action de volatiliser ou de se volatiliser.

VOLATILISER, va. résoudre en vapeur ou en gaz. — SE VOLATILISER, vpr. se résoudre en vapeur ou en gaz.

VOLATILITÉ, sf. qualité de ce qui est volatil.

VOLATILLE, sf. (ll non m.), se dit de petites espèces d'oiseaux bons à manger.

VOL-AU-VENT, sm. (inv.), espèce de pâtisserie chaude et très-légère.

VOLCAN, sm. gouffre, le plus souvent sur une montagne, qui vomit de la fumée, du feu et des matières en fusion. Fig. imagination ardente; grand danger imminent et caché.

VOLCANIQUE, adj. 2 g. de volcan.

VOLCANISATION, V. Vulcanisation.

VOLCANISÉ, EE, adj. où il y a des volcans, où il en a existé. V. Vulcanisé.

VOLGES, sm. pl. anc. peuple au S.-E. de la Gaule.

VOLE, sf. se dit au jeu de cartes quand un joueur fait toutes les levées.

VOLÉE, sf. vol d'un oiseau, bande d'oiseaux qui volent ensemble; pièce de traverse au timon d'une voiture. Fig. rang, élévation; compagnie de personnes de même âge, de même profession, de même qualité; décharge de canons; branle des cloches. Volée de coups, décharge d'un grand nombre de coups. — A LA VOLÉE, loc. adv. en l'air; promptement; inconsidérément : faire toutes choses à la volée.

VOLER, vn. se soutenir et se mouvoir en l'air au moyen des ailes. Fig. courir avec vitesse; être poussé vivement dans l'air : les tuiles volaient. Se dit aussi des bruits et de la renommée. — Voler de ses propres ailes, agir par soi-même et sans le secours d'autrui.

VOLER, va. prendre furtivement ou de force le bien d'autrui. Fig. s'approprier les pensées, les expressions, les œuvres d'autrui.

VOLEREAU, sm. petit voleur.

VOLERIE, sf. vol de l'oiseau de proie, chasse à laquelle il est dressé. Larcin, pillerie.

VOLET, sm. (t nul), panneau qui couvre une

fenêtre ; pigeonnier, ais à l'entrée du pigeonnier; tablette pour trier les graines.

VOLETER, *vn.* voler à plusieurs reprises en parcourant de petits espaces.

VOLETTE, *sf.* petite claie pour éplucher la laine. Au *pl.* rang de petites cordes pendantes à un réseau.

VOLEUR, **EUSE**, *s.* celui, celle qui a commis un vol ou qui vole habituellement. *Fig.* celui, celle qui exige plus qu'il ne lui est dû.

VOLGA, *g.* fleuve de Russie, affluent de la mer Caspienne.

VOLHYNIE, province de la Russie; ch.-l. *Jitomir.*

VOLIÈRE, *sf.* lieu fermé ou grande cage où l'on élève des oiseaux.

VOLIGE, *sf.* planche mince de sapin ou autre bois blanc.

VOLITION, *sf.* acte par lequel la volonté se détermine à une chose.

VOLNAY, village près de Beaune (Côte-d'Or); vin renommé.

VOLNEY, écrivain et érudit français (1757-1820).

VOLOGDA, ville et riv. de Russie.

VOLOGÈSE, nom de plus. anciens rois des Parthes.

VOLONTAIRE, *adj.* 2 *g.* qui se fait de pure volonté, sans contrainte. — *adj. et s.* 2 *g.* qui ne veut s'assujettir à aucune règle, qui n'agit que d'après sa volonté. — *sm.* celui qui sert de plein gré dans une armée.

VOLONTAIREMENT, *adv.* de plein gré, sans contrainte.

VOLONTÉ, *sf.* faculté, puissance de vouloir; acte ou résultat de cette faculté; disposition à agir ; désir: *jeune homme plein de bonne volonté.* Au *pl.* caprices.— À VOLONTÉ, *loc. adv.* quand on veut.

VOLONTIERS, *adv.* (on pr. *volontié*), de bon gré, de bon cœur; aisément, ordinairement.

VOLSQUES, anc. peuple du Latium.

VOLTA, célèbre physicien italien, inventeur de la pile électrique qui porte son nom (1745-1826).

VOLTAÏQUE, *adj. f.* se dit de la pile inventée par Volta.

VOLTAIRE (François Arouet de), célèbre poète et prosateur français; auteur de la *Henriade*, poème épique, et des tragédies de *Mérope*, *Zaïre*, *Alsire*, etc. Ses meilleurs ouvrages en prose sont : le *Siècle de Louis XIV* et l'*Histoire de Charles XII* (1694-1778).

VOLTAIRIEN, **IENNE**, *s.* celui, celle qui partage les opinions de Voltaire.

VOLTE, *sf.* mouvement que l'on fait exécuter à un cheval en le menant en rond; mouvement d'escrime pour éviter les coups de l'adversaire.

VOLTE-FACE, *sf.* Faire *volte-face*, se retourner pour résister à l'ennemi qui poursuit.

VOLTER, *vn.* faire une volte.

VOLTERRA, ville d'Italie (Toscane).

VOLTERRE (Daniel de), dit le *Volterran*, célèbre sculpteur et peintre italien (1509-1566).

VOLTIGE, *sf.* corde lâche sur laquelle les baleurs font des tours ; danse sur cette corde ; art de monter légèrement à cheval, sans étriers.

VOLTIGEANT, **ANTE**, *adj.* qui voltige.

VOLTIGEMENT, *sm.* mouvement de ce qui voltige.

VOLTIGER, *vn.* voler à petites et fréquentes reprises; faire des tours de voltige; courir à cheval çà et là. *Fig.* aller çà et là dans l'air au gré du vent. Se dit aussi de celui qui est inconstant et ne se fixe à rien.

VOLTIGEUR, *sm.* celui qui voltige. Soldat d'élite qui combat en tirailleur.

VOLUBILE ou **VOLUBLE**, *adj.* 2 *g.* se dit d'une tige qui s'enroule autour d'un corps voisin en formant une spirale montante (bot.).

VOLUBILIS, *sm.* (on pr. l's), plante grimpante qui s'entortille.

VOLUBILITÉ, *sf.* faculté de se mouvoir ou d'être mû en rond. *Fig.* prononciation rapide ; habitude de parler vite.

VOLUBLE, V. *Volubile*.

VOLUME, *sm.* étendue, grosseur d'une masse, d'un corps; livre relié ou broché. *Volume de la voix*, son étendue.

VOLUMINEUX, **EUSE**, *adj.* qui a beaucoup de volume; composé de nombreux volumes.

VOLUMNIE, femme de Coriolan.

VOLUPTÉ, *sf.* plaisir des sens, plaisir de l'âme.

VOLUPTUEUSEMENT, *adv.* avec volupté.

VOLUPTUEUX, **EUSE**, *adj.* et *s.* qui aime et cherche la volupté; qui inspire, exprime ou fait éprouver la volupté.

VOLUTE, *sf.* ornement en spirale dans le chapiteau ionique (*archit.*), sorte de coquille enroulée en spirale.

VOLUTER, *va.* faire des volutes; dévider le fil sur des fusées.

VOLVA ou **VOLVE**, *sm.* ou *f.* enveloppe des jeunes champignons (bot.).

VOLVÉ, **ÉE**, *adj.* qui a une volve (bot.).

VOLVIC, p. ville (Puy-de-Dôme).

VOMER, *sm.* (on pr. l'r) os qui sépare le nez en deux narines (anat.).

VOMIQUE, *adj. f.* se dit d'une sorte de noix qui est un poison. — *sf.* amas de pus rendu par vomissement.

VOMIR, *va. et n.* rendre par la bouche des matières contenues dans l'estomac. *Fig.* lancer, rejeter au dehors; proférer: *vomir des injures, des blasphèmes*.

VOMISSEMENT, *sm.* action de vomir.

VOMITIF, **IVE**, *adj.* qui fait vomir. — *sm.* remède qui fait vomir.

VOMITOIRE, *sm.* se dit des issues par où les Romains sortaient des cirques ou des théâtres; vomitif.

VOPISCUS, historien latin du 3e s.

VORACE, *adj.* 2 *g.* qui dévore, qui mange avec avidité.

VORACITÉ, *sf.* avidité à manger.

VORALBERG, l'un des 4 cercles du Tyrol.

VORONÈJE, ville de Russie.

VORORT, *sm.* directoire fédéral suisse.

VOS, *adj. poss. pl.* de *votre*.

VOSGES, chaîne de montagnes dans le N.-E de la France. Elles donnent leur nom à un dép. dont le ch.-l. est *Épinal*.

VOSS (Jean-Henri), célèbre poëte et critique allemand (1751-1826).

VOSSIUS (Gérard-Jean), sav. littérateur allemand (1577-1649). — (Isaac), fils du précédent, littérateur et philologue (1618-1689).

VOTANT, *sm.* celui qui vote.

VOTATION, *sf.* action de voter.

VOTE, *sm.* vœu, suffrage donné.

VOTER, *vn.* donner sa voix, son suffrage dans une délibération ou une élection.— *va.* exprimer son consentement ; adresser : *voter des remercîments.*

VOTIF, **IVE**, *adj.* qui appartient au vœu ; qui exprime un vœu ou des actions de grâces.

VOTRE, *adj. poss.* 2 g. de vous, qui est à vous. Pl. *vos.*

VÔTRE (LE), *m. s.* **VÔTRE** (LA), *f. s.* au pl. **LES VÔTRES**, des 2 g. — *pron. poss.* se dit des choses appartenant à la personne à laquelle on parle. — LE VÔTRE, *sm.* ce qui est à vous ; au *pl.* vos parents, votre famille, vos amis.

VOUÈDE, *sm.* petit pastel, plante tinctoriale.

VOUER, *va.* consacrer à Dieu, à la Vierge ; promettre par un vœu ; employer avec zèle, avec constance.— SE VOUER À, *vpr.* se consacrer à, se donner à.

VOUET (Simon), célèbre peintre français (1582-1649).

VOUGE, *sf.* serpe à long manche ; épieu.

VOUGEOT, village près de Nuits (Côte-d'Or). Vignoble célèbre.

VOUILLÉ ou **VOUGLÉ**, ch.-l. de canton, près de Poitiers (Vienne). Victoire de Clovis sur Alaric II, roi des Visigoths, en 507.

VOULOIR, *va.* avoir l'intention de, désirer, commander, exiger ; consentir : *je veux bien* ; demander un prix : *il veut mille francs de son cheval* ; pouvoir : *cette porte ne veut pas fermer.*— *Vouloir dire*, signifier : *que veut dire ce mot ?* — *En vouloir à quelqu'un*, avoir du ressentiment contre lui.— S'EN VOULOIR, *vpr.* avoir du regret d'une chose, se la reprocher.— *Ind. pr.* je veux, tu veux, il veut, n. voulons, v. voulez, ils veulent ; *imp.* je voulais ; *p. déf.* je voulus ; *fut.* je voudrai ; *cond.* je voudrais ; *impér.* veux, voulons, voulez, et plus souvent veuillez ; *subj. pr.* que je veuille, etc. que n. voulions, que v. vouliez, qu'ils veuillent ; *imp.* que je voulusse ; *part. pr.* voulant ; *part. p.* voulu, ue.

VOULOIR, *sm.* acte de la volonté, action de vouloir.

VOUS, *pron. pers. pl.* de *tu* (s'emploie au singulier par politesse).

VOUSSOIR ou **VOUSSEAU**, *sm.* chacune des pierres qui forment le cintre d'une voûte.

VOUSSURE, *sf.* courbure, élévation d'une voûte, cintre.

VOÛTE, *sf.* ouvrage de maçonnerie en forme d'arc et dont les pierres se soutiennent mutuellement ; se dit aussi de diverses choses qui affectent cette forme. — *Clef de voûte*, pierre du milieu de la voûte, qui soutient les autres voussoirs. *Fig.* point sur lequel tout repose.

VOÛTÉ, **ÉE**, *adj.* en voûte. *Fig.* dont le dos est courbé.

VOÛTER, *va.* faire une voûte.— SE VOÛTER, *vpr.* se dit des personnes dont le dos se courbe.

VOUZIERS, s.-préf. (Ardennes).

VOYAGE, *sm.* chemin que l'on fait pour aller d'un lieu à un autre ; allée et venue d'un lieu à un autre ; relation d'un voyage.

VOYAGER, *vn.* faire voyage, aller en pays éloigné.

VOYAGEUR, **EUSE**, *s.* celui, celle qui voyage.

VOYANT, **ANTE**, *adj.* que l'on voit (en parlant des couleurs éclatantes). — *sm.* illuminé, prophète.

VOYELLE, *sf.* lettre qui a un son par elle-même ; son qu'elle représente.

VOYER, *sm.* et *adj.* agent préposé à l'entretien des chemins ou des rues.

VOYER-D'ARGENSON, V. *Argenson.*

VOYOU, *sm.* petit polisson (*pop.*).

VOYSIN, ministre de Louis XIV et chancelier de France (1654-1717).

VOYVODE, **VOYVODIE**, V. *Vayvode, Vayvodie.*

VRAC (EN), *loc. adv.* se dit des harengs en tonne et des marchandises qui ne sont point dans des caisses ou des ballots.

VRAI, **VRAIE**, *adj.* véritable, qui exprime avec vérité ; qui est réellement ce qu'il doit être ; unique, principal, réel : *voilà le vrai motif* ; convenable : *la vraie manière de s'y prendre.* — *sm.* la vérité : *dites le vrai.* — *adv.* vraiment : *vrai, je suis content de vous voir.* — AU VRAI, *loc. adv.* selon le vrai.

VRAIMENT, *adv.* véritablement.

VRAISEMBLABLE, *adj.* 2 g. (l's est dure), qui a de la vraisemblance.

VRAISEMBLABLEMENT, *adv.* (l's est dure), selon la vraisemblance.

VRAISEMBLANCE, *sf.* (l's est dure), apparence de la vérité.

VRILLE, *sf.* (ll m.), outil de fer en spirale pour percer ; pousse en spirale avec laquelle la vigne et d'autres plantes s'attachent.

VRILLER, *vn.* (ll m.), se dit des fusées qui pirouettent en montant.

VRILLETTE, *sf.* (ll m.), insecte appelé aussi perce-bois.

VRILLIÈRE (LA), V. *La Vrillière.*

VRILLIFÈRE, *adj.* 2 g. (ll m.), qui porte des vrilles (*bot.*).

VRILLON, *sm.* (ll m.), petite tarière en vrille.

VU, *sm.* examen, visa. — *adv.* attendu, en égard à : *vu son âge.* — VU QUE, *loc. conj.* puisque.

VUE, *sf.* faculté de voir, sens par lequel on voit ; *Fig.* organe de la vue, yeux, regards ; inspection ; manière dont les objets se présentent aux regards ; étendue de ce que l'on peut voir d'un certain lieu ; tableau qui représente un paysage, une ville, un monument, etc. ; ouverture d'une maison qui laisse voir les lieux voisins ; but, dessein : *quelles sont vos vues* ; action par laquelle l'esprit pénètre ou découvre : c'est un esprit profond, rien n'échappe à sa vue. — À VUE D'ŒIL, *loc. adv.* à la vue seule, visiblement ; À VUE DE PAYS, *loc. adv.* sans s'arrêter aux détails ; EN VUE DE, *loc. prép.* en considération de.

VULCAIN, dieu du feu (*myth.*).

VULCANIQUE, *adj. 2 g.* formé ou modifié par l'action du feu (*géol.*).

VULCANISATION, ou VOLCANISATION, *sf.* action de vulcaniser.

VULCANISÉ ou VOLCANISE, ÉE, *adj. part.* se dit du caoutchouc combiné avec le soufre.

VULCANISER ou VOLCANISER, *va.* soumettre à l'action de la vapeur du soufre ; combiner avec le soufre.

VULCANISTE, *sm.* celui qui attribue au feu la formation du globe terrestre.

VULGAIRE, *adj. 2 g.* qui est du peuple, qui est commun, qui est reçu communément ; et, par extension, trivial. — *sm.* le peuple, le commun des hommes.

VULGAIREMENT, *adv.* communément.

VULGARISER, *va.* répandre dans le vulgaire.

VULGARITÉ, *sf.* qualité, défaut de ce qui est vulgaire.

VULGATE, *sf.* version latine de l'Écriture sainte.

VULNÉRABLE, *adj. 2 g.* qui peut être blessé.

VULNÉRAIRE, *adj. 2 g.* et *sm.* qui est propre à guérir une plaie. — *sf.* sorte de plante légumineuse à fleurs jaunes.

VULSINIES, anc. ville d'Étrurie, auj. *Bolsena*.

VULTURNE, riv. de la Campanie, auj. *Volturno*.

W

W, *sm.* se prononce en général comme V. Dans un certain nombre de mots empruntés à la langue anglaise on le prononce *ou* (prononciation indiquée à ces mots).

WAAST ou WAST (St), évêque d'Arras ; m. 540.

WACE (Robert), V. *Robert Wace*.

WACKE, V. *Vacke*.

WAERBEK, V. *Perkin-Varbeck*.

WAFFLARD, auteur comique français (1787-1824).

WAGON, V. *Vagon*.

WAGRAM, village d'Autriche, près de Vienne. Victoire de Napoléon Ier sur les Autrichiens, en 1809.

WAHABITES, puissante secte arabe.

WAHAL, bras du Rhin, qui s'unit à la Meuse.

WAIFRE ou GUAIFRE, duc d'Aquitaine ; m. 768.

WAIGATZ, île et détroit de Russie, dans l'océan Glacial.

WAILLY (Noël-François de), grammairien et lexicographe français (1724-1801).

WAKEFIELD (on pr. *Ouakefild*), ville d'Angleterre, près de Leeds.

WALCHEREN, île de Hollande, à l'embouchure de l'Escaut.

WALCKENAER, V. *Valckenaer*.

WALDECK (principauté de), l'un des États de la Confédération germanique.

WALDECK (prince de), feld-maréchal de l'empire d'Allemagne (1620-1692). — (Chrétien-Auguste, prince de), général allemand (1744-1798).

WALDÉMAR, V. *Valdemar*.

WALDSTEIN, V. *Wallenstein*.

WALID, nom de 2 califes d'Orient.

WALLACE (on pr. *Oualace*), célèbre chef écossais (1276-1305).

WALLENSTADT, lac et village dans le canton de St-Gall (Suisse).

WALLENSTEIN ou VALDSTEIN, célèbre général des Impériaux (1583-1634).

WALLIA, roi des Visigoths, m. 419.

WALLIS (on pr. *Oualis*), feld-maréchal autrichien (1671-1743). — (Jean), célèbre géomètre anglais (1616-1703). — (Samuel), navigateur anglais, du 18e s.

WALLON, ONE, *adj.* et *s.* se dit des anciens habitants de la Belgique qui étaient d'origine gauloise et parlaient un idiome français appelé *langue wallone*.

WALPOLE (Robert), célèbre ministre anglais (1676-1745). — (Horace), fils du précédent, littérateur (1717-1797).

WALSINGHAM (on pr. *Oualsingame*), ministre d'Élisabeth, reine d'Angleterre (1530-1590).

WALTER (on pr. *Oualter*), nom anglais. V. *Scott*.

WAMBA, V. *Vamba*.

WARBECK, V. *Perkin*.

WARBURTON (on pr. *Ouarburtone*), sav. prélat anglais (1698-1779).

WARNACHAIRE ou GARNIER, maire de Thierry II, roi de Bourgogne ; m. 626.

WARRANT, *sm.* (on pr. *ouarrante*), acte de garantie ; titre de propriété de marchandises ou d'autres valeurs ; décret de prise de corps en Angleterre (m. anglais).

WARTA, riv. de Pologne, affluent de l'Oder.

WARTON (on pr. *Ouartone*), nom de deux littérateurs anglais : *Joseph* (1722-1800), et *Thomas*, son frère (1728-1790).

WARWICK (on pr. *Ouarouik*), ville d'Angleterre. — ville des États-Unis. — (Richard NEVIL, comte de), général anglais, célèbre dans la guerre des Deux-Roses ; m. 1471.

WASA ou VASA, dynastie suédoise. V. *Gustave*.

WASHINGTON (on pr. *Ouachingtone*), célèbre général, fondateur de la république des États-Unis (1732-1799). — capitale des États-Unis.

WASSELONNE, p. ville (Bas-Rhin).

WAST (St). V. *Waast*.

WATCHMAN, sm. (on pr. *ouatchemane*), garde de nuit (m. anglais).

WATER-CLOSET, sm. (on pr. le *t*), lieux d'aisances (mot anglais).

WATERFORD (on pr. *Ouaterford*), ville d'Irlande.

WATERLOO, village de Belgique au S. de Bruxelles. Bataille perdue par les Français contre les Anglais et les Prussiens, en 1815.

WATT (James) (on pr. *Ouatt*), célèbre ingénieur et mécanicien anglais (1736-1819).

WATTEAU, peintre français (1684-1721).

WATTIGNIES, village près de Lille (Nord). Victoire des Français sur les Autrichiens en 1793.

WATRELOS, p. ville près de Lille (Nord).

WAT-TYLER (ou pr. *Ouat-tiler*), ouvrier anglais, chef d'une révolte sous Richard II, en 1381.

WAVRE, p. ville de Belgique, sur la Dyle.

WAZEMMES, ville à 2 kilom. de Lille (Nord).

WEBER (on pr. *Vèbre*), célèbre compositeur de musique allemand (1786-1826).

WEDGWOOD (on pr. *Ouèdge-oud*), manufacturier et physicien anglais (1730-1795).

WEHME, WEHMIQUE, V. *Vehme, Vehmique*.

WEHRGELD, sm. (ou pr. *verguéld*), indemnité qui, chez les Francs et les Germains, devait être payée par le meurtrier à la famille de la victime.

WEIMAR, capitale du grand-duché de Saxe-Weimar.

WEISHAUPT (Adam), chef de la secte des *Illuminés* en Allemagne (1748-1822).

WEISSEMBOURG, s.-pref. (Bas-Rhin).— ville de Bavière.

WELCHE, V. *Velche*.

WELF ou GUELFE, nom de plusieurs ducs de Bavière.

WELLINGTON, célèbre général anglais (1770-1852).

WENCESLAS, V. *Venceslas*.

WENDES, V. *Venèdes*.

WENER (lac), V. *Vener*.

WENZEL ou WENTZEL, chimiste allemand (1740-1793).

WERDEN, V. *Verden*.

WERNER, célèbre minéralogiste allemand (1750-1817). — (Frederic-Zacharie), poète tragique allemand (1768-1823).

WERRA, nom de 2 riv. d'Allemagne, toutes deux affluents du Weser.

WERT, WERTH ou WEERDT (Jean de), général au service de l'Autriche et de la Bavière pendant la guerre de Trente ans (1592-1652).

WESEL, ville de Prusse, sur le Rhin.

WESER, fl. d'Allemagne, affluent de la mer du Nord.

WESLEY (John), fondateur de la secte des Méthodistes (1703-1791).

WESSEX (on pr. *Ouessex*), l'un des royaumes de l'Heptarchie.

WESTERMANN, général français (1764-1794).

WESTMINSTER (on pr. *Ouestminster*), célèbre abbaye à Londres.

WESTMORELAND (on pr. *Ouestmoreland*), comté d'Angleterre.

WESTPHALIE, contrée de l'Allemagne, appartenant à la Prusse.

WETTER (lac), V. *Vetter*.

WEXFORD (on pr. *Ouexford*), ville et port d'Irlande.

WEYMOUTH (on pr. *Ouemout*), port d'Angleterre, sur la Manche.

WHARTON (on pr. *Ouarton*), homme d'État anglais (1640 1715). — (Philippe), fils du précédent, poète (1699 1731).

WHIG, sm. (ou pr. *ouigue*), membre du parti libéral en Angleterre.

WHIST, sm. (on pr. *ouiste*), sorte de jeu de cartes.

WICLEF (on pr. *Ouiclef*), célèbre hérésiarque anglais (1329-1387).

WIELAND, célèbre littérateur et poète allemand (1733-1813).

WIELICZKA, ville près de Cracovie. Célèbres mines de sel gemme.

WIESBADEN, cap. du duché de Nassau.

WIGHT (on pr. *Ouigt*), île sur la côte méridionale de l'Angleterre.

WILBERFORCE (on pr. *Ouilberforce*), célèbre philanthrope anglais (1759-1833).

WILFRID (St), moine anglo-saxon (634-709).

WILHELMINE ou GUILLELMINE, prénom de femme.

WILHEM, fondateur des écoles populaires de chant en France (1781-1842).

WILKIE (David) (on pr. *Ouilki*), peintre écossais (1785-1841).

WILLAUMEZ, vice amiral français (1761-1845).

WILLIAM (on pr. *Ouilliame*), nom anglais; le même que *Guillaume*.

WIMPFEN, p. ville de la Hesse-Darmstadt.—(Félix de), général, commandant l'insurrection fédéraliste de la Normandie en 1793 (1745-1814).

WINCHESTER (on pr. *Ouinchesteur*), ville d'Angleterre.

WINCKELMANN, célèbre antiquaire prussien (1717-1788).

WINCKELRIED ou WINKELRIED (Arnold de), Suisse dont le dévouement fit gagner la bataille de Sempach, en 1386.

WINDHAM, V. *Wyndham*.

WINDSOR (on pr. *Ouindsor*), ville d'Angleterre, sur la Tamise, à l'O. de Londres. Château royal.

WINIPEG, V. *Ouinipeg*.

WISCONSIN (on pr. *Ouisconsin*), l'un des États de l'Union (États-Unis).

WISIGOTHS, V. *Visigoths*.

WISKEY, sm. (on pr. *ouiski*), eau-de-vie de grains.

WISKI, sm. (on pr. *ouiski*), cabriolet léger.

WISSEMBOURG, V. *Weissembourg*.

WITIKIND, guerrier saxon qui lutta longtemps contre Charlemagne, m. 807.

WITT (de) (on pr. *Ouit*), nom de deux frères, Jean et Corneille, qui administrèrent la Hollande et furent massacrés par la populace en 1672.

WITTEMBERG, ville de la Saxe prussienne sur l'Elbe.

WITTGENSTEIN (prince de), feld-maréchal allemand au service de la Russie (1769-1843).

WLADIMIR, V. *Vladimir*.

WOERDEN, ville de Hollande près d'Utrecht. Victoire du maréchal de Luxembourg sur les Hollandais, en 1672.

WOLF (Jean-Chrétien), célèbre philosophe et mathématicien prussien (1679-1754). — (Frédéric-Auguste), célèbre philologue prussien (1759-1824).

WOLFENBUTTEL, ville du duché de Brunswick. Victoire du maréchal de Guébriant sur les Impériaux, en 1641.

WOLFGANG (St., évêque de Ratisbonne; m. 994.

WOLLASTON, philosophe moraliste anglais (1659-1724). — célèbre physicien anglais (1766-1828).

WOLSEY (le cardinal), ministre du roi d'Angleterre Henri VIII (1471-1530).

WOLVERHAMPTON, ville d'Angleterre.

WOOLWICH (on pr. *Oulouitch*), ville d'Angleterre, sur la Tamise.

WORCESTER (on pr. *Ouqrces'eur*), ville d'Angleterre. Victoire de Cromwell sur les Royalistes en 1651.

WORDSWORTH (on pr. *Ouordsouort*), poète anglais (1770-1850).

WORMS, ville de la Hesse-Darmstadt.

WORONZOFF (comte), grand chancelier de Russie (1710-1767). — (prince de), homme d'État et général russe (1782-1856).

WOUWERMANS, peintre hollandais (1620-1668).

WRANGEL, général suédois (1613-1676).

WREDE (prince de), feld-maréchal bavarois (1767-1839).

WREN (Christophe) (on pr. *Renn*), mathématicien et architecte anglais (1632-1723).

WURMSER, général autrichien (1724-1797).

WURTEMBERG, royaume faisant partie de la Confédération germanique.

WURTEMBERGEOIS, OISE, adj. et s. du Wurtemberg.

WURTZ (baron de), général allemand et feld-maréchal en Danemark; m. 1676.

WURTZBOURG, ville de Bavière, sur le Mein.

WYKEHAM (on pr. *Ouikehame*), chancelier d'Angleterre (1324-1404).

WYNANTS, peintre paysagiste hollandais (1600-1678).

WYNDHAM (on pr. *Quindame*), chancelier d'Angleterre (1687-1740). — (William), ministre anglais (1750-1810).

X

X, s.m. 23e lettre de l'alphabet; vaut 10 en chiffre romain.

XAINTRAILLES (Jean Poton de), vaillant capitaine de Charles VII; m. 1461.

XANTHE, riv. de la Troade.

XANTHIPPE ou **XANTIPPE**, général athénien, père de Périclès, 5e s. av. J.-C. — général lacédémonien au service de Carthage, 3e s. av. J.-C. — femme de Socrate.

XAVIER, V. *François* (St).

XENÉLASIE, s.f. interdiction faite aux étrangers de séjourner dans une ville.

XÉNIL, riv. d'Espagne, affluent du Guadalquivir.

XENOCRATE, philosophe grec, disciple de Platon (406-314 av. J.-C.).

XÉNOPHANE, philosophe grec, fondateur de l'école éléatique; 6e s. av. J.-C.

XÉNOPHON, célèbre historien grec, moraliste et général (445-355 av. J.-C.).

XÉRASIE, s.f. maladie des cheveux.

XERCÈS, V. *Xerxes*.

XÉRÈS (on pr. *Kéresse*, en aspirant le K), ville d'Espagne (Andalousie). Victoire des Arabes sur Rodrigue, roi des Visigoths, en 711.

XÉROPHAGIE, s.f. sorte d'abstinence des premiers chrétiens.

XEROPHTHALMIE, s.f. (gr. *xéros* sec, *ophthalmos* œil), inflammation sèche des yeux (méd.).

XERXÈS ou **XERCÈS**, nom de deux rois des Perses; le 1er m. 472 et le second 424 av. J.-C.

XIMENÈS (cardinal), célèbre ministre espagnol (1436-1517). — (marquis de), littérateur français (1726-1817).

XIPHIAS, s.m. poisson dont la mâchoire supérieure se prolonge en forme d'épée.

XIPHILIN, historien grec du 11e s.

XIPHOÏDE, adj. m. (gr. *xiphos* épée, *éidos* forme), se dit du cartilage situé au bas du sternum et qui ressemble un peu à la pointe d'une épée (anat.).

XIPHOSURES, s.m. pl. (gr. *xiphos* épée, *oura* queue), groupe de Crustacés comprenant ceux dont le corps se termine par une pièce très-dure en forme d'épée (zool.).

XUCAR, n. d'Espagne, affluent de la Méditerranée.

XUTHUS, fils d'Hellen et père d'Achéus et d'Ion, qui furent la tige des Achéens et des Ioniens.

XYLANDER, sur. philologue allemand (1332-1576).

XYLOGRAPHIE, s.f. (gr. *xylon* bois; *graphô* écrire (tracer); art d'imprimer avec des planches en bois ou de graver sur bois.

XYLOGRAPHIQUE, adj. 2 g. de la xylographie.

XYLOÏDE, adj. 2 g. (gr. *xylon* bois, *éidos* forme), qui ressemble à du bois.

XYLOPHAGE, s.m. (gr. *xylon* bois, *phagein* manger), insecte qui ronge le bois. Au pl.

famille de Coléoptères, comprenant ceux dont les larves se développent dans le tronc des arbres.

XYSTE, sm. lieu couvert où les Grecs se livraient à divers exercices; allées d'arbres servant de promenade aux anciens Romains.

XYSTIQUE, adj. 2 g. du xyste—sm. athlète, gladiateur qui s'exerçait dans le xyste.

Y

Y, sm. 24e lettre de l'alphabet.

Y, pron. pers. à cela, à cette personne. — adv. à cet endroit-là.

YACHT, sm. (on pr. iak, et l'y est aspiré), petit bâtiment à voiles et à rames.

YACK, sm. sorte de buffle à queue de cheval.

YACOUB, nom arabe (Jacob).

YANAON, port et comptoir français dans l'Hindoustan.

YANG-TSE-KIANG ou Fleuve Bleu, grand fleuve de la Chine.

YANKEE, sm. (on pr. Ianki), nom donné par les Anglais aux habitants des Etats-Unis.

YARD, sm. mesure linéaire anglaise valant 914 millimètres.

YARKAND, ville et riv. du Turkestan.

YARMOUTH, ville et port d'Angleterre, sur la mer du Nord.

YATAGAN, sm. (l'y est aspiré), sorte de poignard, de coutelas dont la lame est oblique.

YATREB, anc. nom de Médine.

YÈBLE. V. Hièble.

YÉDO, Yeddo ou Jeddo, capitale du Japon.

YÉMEN (on pr. Iémène), région de l'Arabie. Arabie Heureuse des anciens.

YEOMANRY, sf. (l'y est aspiré), la milice nationale à cheval en Angleterre.

YÉOU, riv. d'Afrique, affluent du lac Tchad.

YÈRES, riv. de France, affluent de la Seine.

YÉSO, g. île du Japon.

YEUSE, sf. sorte de chêne; chêne vert.

YEUX, pluriel d'œil.

YEZDEGERD, nom de trois rois de Perse, du 5e au 7e s.

YEZID, nom de plusieurs califes d'Orient.

YOLE, sf. (l'y est aspiré), petit canot très léger.

YOLOFS, peuple nègre d'Afrique.

YON (St), martyr, m. 290.

YONNE, riv. de France, affluent de la Seine. Elle donne son nom à un dep. dont le ch. l. est Auxerre.

YORK, ville d'Angleterre.

YORK (maison d'), branche de la famille des Plantagenets en Angleterre. — (Richard, duc d'), membre de cette famille, régent de France au nom de Henri VI, voulut enlever le trône d'Angleterre à ce prince et fut tué à la bataille de Wakefield, en 1460. — (Frédéric, duc d'), fils du roi George III, général anglais (1763-1827).

YOUNG (Edouard), poète anglais (1681-1765). — (Arthur), célèbre agronome anglais (1741-1820). — (Thomas), sav. archéologue et physicien anglais (1773-1829).

YOUSOUF, nom arabe (Joseph).

YPRÉAU, sm. espèce d'orme.

YPRES, ville de Belgique.

YPSILANTI, illustre famille grecque moderne dont quelques membres furent hospodars de Valachie ou de Moldavie.

YRIARTE, poète espagnol (1750 1791).

YRIEIX (St), abbé (511-591).

YSLY, V. Isly.

YSSEL, riv. de Hollande, affluent du Zuyderzee.

YSSENGEAUX ou Yssingeaux, V. Issengeaux.

YTTRIUM, sm. (on pr. itriome), l'un des corps simples de la chimie.

YUCATAN, presqu'île du Mexique; baie et détroit dans le golfe du Mexique.

YUCCA, sm. (l'y est aspiré), plante qui a l'aspect de l'aloès.

YVERDUN, ville du canton de Vaud (Suisse).

YVES (St), évêque de Chartres, m. 1115.

YVETOT, s.-préf. (Seine-Inférieure).

YVRÉE, V. Ivrée.

Z

Z, sm. 23e lettre de l'alphabet. Fig. fait comme un Z, tortu, mal bâti.

ZABULON, fils de Jacob; donna son nom à une tribu d'Israël.

ZACATECAS, ville du Mexique.

ZACH (baron de), général et astronome allemand (1754-1832).

ZACHARIE (on pr. Zacari), roi d'Israël, m. 762 av. J. C. — grand prêtre, fils de Joad, lapidé par ordre de Joas, 9e s. av. J. C. —

l'un des petits prophètes, 6e s. av. J. C. — père de saint Jean-Baptiste. — (St), pape, m. 752.

ZACYNTHE, anc. nom de Zante.

ZAGAIE, sf. sorte de javelot.

ZAIN, adj. m. se dit d'un cheval dont le poil n'a aucune tache de blanc.

ZAÏRE ou Congo, fl. d'Afrique, affluent de l'Atlantique.

ZALEUCUS, philosophe grec, 8e s. av. J. C.

ZAMA, anc. ville d'Afrique dans la Numidie. Victoire de Scipion l'Africain sur Annibal, 202 av. J. C.

ZAMBÈZE, fl. d'Afrique, affluent de l'océan Indien.

ZAMET, fameux financier italien, amené en France par Catherine de Médicis; m. 1614.

ZAMORA, ville d'Espagne, sur le Douro.

ZAMOSK, ville forte de Pologne.

ZAMOYSKI (Jean), grand chancelier de Pologne (1541-1605). — (André), général polonais et grand chancelier (1716-1792).

ZAMRI, roi d'Israël, m. 907 av. J. C.

ZANCLE, anc. nom de Messine.

ZANGUEBAR (côte de), sur la côte orientale de l'Afrique.

ZANI, sm. personnage bouffon dans les comédies italiennes.

ZANTE, l'une des îles Ioniennes.

ZANZIBAR, île sur la côte orientale de l'Afrique.

ZAPOLI ou ZAPOLY (Jean Ier), roi de Hongrie (1487-1540). — (Jean II), fils du précédent (1540-1570).

ZAPOROGUES, tribu de Cosaques de l'Ukraine.

ZARA, capit. de la Dalmatie.

ZARCO, navigateur portugais, 15e s.

ZÈBRE, sm. quadrupède d'Afrique qui ressemble à un mulet et dont la peau est rayée.

ZÉBRÉ, ÉE, adj. marqué de raies semblables à celles du zèbre.

ZÉBRURE, sf. état de ce qui est zébré.

ZÉBU, sm. sorte de bœuf qui a deux bosses charnues sur le garrot.

ZÉLANDAIS, AISE, adj. et s. de la Zélande.

ZÉLANDE, prov. de la Hollande.—NOUVELLE-ZÉLANDE, nom de deux grandes îles de la Polynésie.

ZÉLATEUR, TRICE, s. celui, celle qui agit avec zèle.

ZÈLE, sm. affection vive; ardeur, grand empressement.

ZÉLÉ, ÉE, adj. qui a du zèle.

ZÉLOTYPIE, sf. zèle outré; jalousie.

ZEMBLE (NOUVELLE-), archipel russe dans l'océan Glacial arctique.

ZEND, sm. langue des anciens Médo-Perses.

ZEND ou ZEND-AVESTA, sm. livre sacré des disciples de Zoroastre.

ZÉNITH, sm. extrémité supérieure de la verticale menée au lieu d'observation.

ZÉNITHAL, ALE, adj. du zénith.

ZÉNO (Charles), grand amiral de Venise, m. 1418. — (Nicolas et Antoine), frères du précédent, célèbres voyageurs, 14e s. — (Apostolo), poète et critique italien (1668-1750).

ZÉNOBIE, femme de Rhadamiste, roi d'Ibérie, 1er s. — reine de Palmyre, 3e s.

ZÉNODORE, sculpteur grec, 1er s.

ZÉNON d'Élée, philosophe grec, 5e s. av. J. C.—de Citium, philosophe grec, fondateur du stoïcisme; m. 260 av. J. C. — l'Isaurien, emp. d'Orient; m. 491.

ZÉNONIQUE, adj. 2 g. conforme à la doctrine de Zénon.

ZÉNONISME, sm. philosophie de Zénon.

ZÉOLITHE, sm. substance pierreuse qui, dissoute dans un acide, prend une consistance gélatineuse.

ZÉPHIRE, sm. vent d'occident chez les anciens. V. Zéphyre.

ZÉPHYR, sm. vent doux et agréable.

ZÉPHYRE ou ZÉPHIRE, dieu du vent d'occident, fils d'Éole (myth.).

ZÉPHYRIN (St), pape, m. 218.

ZÉRO, sm. chiffre (0) qui par lui-même n'a aucune valeur, mais qui, mis à droite d'autres chiffres, les multiplie par 10; point de la glace fondante sur le thermomètre. Fig. personne incapable; rien.

ZERRAH (lac), dans la Perse.

ZERVAN ou ZERVANE-AKÉRÈNE, dieu suprême chez les anc. Perses (myth.).

ZEST, sm. être entre le zist et le zest, être incertain ou ni bon ni mauvais. — interj. qui marque la moquerie ou la promptitude.

ZESTE, sm. séparation membraneuse à l'intérieur d'une noix; partie mince coupée sur l'écorce d'un citron, d'une orange, etc.

ZESTER, va. couper le zeste d'un citron, d'une orange.

ZÉTÉTIQUE, adj. 2 g. (gr. zétéô chercher), se dit de toute méthode qui consiste à résoudre une question en cherchant la nature et la raison des choses. — sm. pl. anciens philosophes qui faisaient profession de chercher la vérité absolue, mais qui, ne la trouvant point, doutaient de tout.

ZEUGITANE, anc. contrée de l'Afrique romaine.

ZEUGME, sm. sorte d'ellipse.

ZEUXIS, célèbre peintre grec (468-400 av. J. C.).

ZÉZAYEMENT, sm. action de zézayer.

ZÉZAYER, vn. prononcer le j et le ch comme un z (c. payer).

ZIBELINE, sf. martre de Sibérie à poil très-fin; sa peau préparée.

ZIÉRIKZÉE, port de Hollande, sur l'Escaut oriental.

ZIGZAG, sm. suite de lignes formant entre elles des angles alternativement saillants et rentrants; sorte de machine composée de baguettes qui se plient les unes sur les autres; tranchées peu larges et formant des angles aigus.

ZIMISCÉS (Jean), empereur grec (925-976).

ZIMMERMANN, médecin et philosophe suisse (1728-1795). — pianiste et compositeur de musique, français (1785-1753).

ZINC, sm. métal, l'un des corps simples de la chimie.

ZINGAGE, sm. travail du zingueur.

ZINGARELLI, compositeur de musique, italien (1752-1837).

ZINGUEUR, sm. ouvrier qui travaille ou applique le zinc.

ZINZOLIN, sm. sorte de violet rougeâtre.

ZIRCONE, sf. oxyde de zirconium (chim.).

ZIRCONIUM, sm. (on pr. zirconiome); l'un des corps simples de la chimie.

ZISKA (Jean), fameux chef des Hussites (1380-1424).

ZIST, V. Zest.

ZITTAU, ville du royaume de Saxe.

ZIZANIE, sf. ivraie, mauvaise graine qui vient parmi le bon grain. Fig. désunion, mésintelligence.

ZIZIM, ou DJEM, fils du sultan Mahomet II, voulut enlever le trône à son frère Bajazet II, fut défait, se réfugia chez les chevaliers de Rhodes et mourut en Italie en 1424.

ZODIACAL, ALE, adj. du zodiaque. Pl. m. zodiacaux.

ZODIAQUE, sm. zone céleste partagée en deux par l'écliptique et renfermant douze constellations; ensemble de ces constellations et de leurs signes; leur représentation.

ZOÉ, nom de plusieurs impératrices d'Orient.

ZOÏLE, Grec fameux par sa critique passionnée d'Homère, 4e s. av. J. C. — sm. critique méchant, injuste et envieux.

ZOLLVEREIN, sm. association douanière des États allemands.

ZONARAS, historien grec du 12e s.

ZONE, sf. bande, marque circulaire; division de la surface d'une sphère par des sections parallèles; chacune des cinq grandes divisions de la terre parallèlement à l'équateur; chacune des couches de terrain superposées; division de la surface d'un pays.

ZONÉ, ÉE, adj. tourné ou dessiné en zone; marqué de zones (bot. zool.).

ZOOGRAPHIE, sf. (gr. zôon animal, graphô décrire), description des animaux.

ZOOLÂTRIE, sf. (gr. zôon animal, latréia culte), adoration des animaux.

ZOOLITHE, sm. (gr. zôon animal, lithos pierre), substance animale pétrifiée (géol.).

ZOOLITHIFÈRE ou ZOOLITHIQUE, adj. 2 g. qui contient des zoolithes, des débris d'animaux (géol.).

ZOOLOGIE, sf. (gr. zôon animal; logos discours, traité), partie de l'histoire naturelle qui traite des animaux.

ZOOLOGIQUE, adj. 2 g. qui concerne la zoologie.

ZOOLOGISTE ou ZOOLOGUE, sm. celui qui s'occupe de zoologie.

ZOOMORPHITE, sf. (gr. zôon animal, morphé forme), pierre qui représente la figure d'un animal (min.).

ZOONOMIE, sf. (gr. zôon animal, nomos loi), recherche sur les principes de la vie et de l'organisation des animaux.

ZOONOMIQUE, adj. 2 g. de la zoonomie, qui appartient à la zoonomie.

ZOOPHAGE, adj. 2 g. (gr. zôon animal, phagein manger), qui se nourrit de la chair des animaux.

ZOOPHORE, sm. (gr. zôon animal, phérô porter), frise qui porte des figures d'animaux pour ornement (archit.).

ZOOPHORIQUE, adj. 2 g. (gr. zôon animal, phérô porter), se dit d'une colonne, d'un cippe, etc., qui porte un animal.

ZOOPHYTE, sm. (gr. zôon animal, phyton plante), littéral. animal-plante: se dit de certains animaux qui se rapprochent des plantes par leur forme et leur organisation (zool.).

ZOOPHYTOGRAPHIE, sf. description des zoophytes.

ZOOPHYTOLOGIE, sf. partie de l'histoire naturelle qui traite des zoophytes.

ZOOSPORÉES, sf. pl. (gr. zôon animal; V. spore), conferves et autres algues qui se reproduisent par des spores et ont en apparence une existence demi-animale, demi-végétale (bot.).

ZOOTECHNIE, sf. (gr. zôon animal, techné art), art d'élever ou d'acclimater les animaux.

ZOOTECHNIQUE, adj. 2 g. de la zootechnie.

ZOOTIQUE, adj. 2 g. (gr. zôon animal), qui contient des débris de corps organisés (géognosie).

ZOOTOMIE, sf. (gr. zôon animal; tomé taille, coupe, incision), anatomie ou dissection des animaux.

ZOPYRE, satrape perse, célèbre par son dévouement pour Darius Ier.

ZOPISSA, sf. vieux goudron détaché des navires.

ZORILLE, sf. (ll m.), sorte de belette du Pérou.

ZORNDORF, village de Prusse, près de Custrin. Victoire du grand Frédéric sur les Russes, en 1758.

ZOROASTRE, très-ancien et célèbre philosophe perse, fondateur ou reformateur du magisme ou religion des mages (époque incertaine).

ZOROBABEL, Juif qui ramena à Jérusalem les captifs de Babylone, 536 av. J. C.

ZOSIME ou ZOZIME, historien grec du 5e s. — (St), pape, m. 418.

ZOSTÉRACÉES ou ZOSTÈRES, sf. pl. (gr. zôstér ceinture, bandelette), tribu de plantes de la famille des Naïadées, comprenant des plantes marines dont les feuilles ressemblent à des bandelettes (bot.).

ZOUAVE, sm. fantassin d'un corps particulier de l'armée d'Afrique.

ZSCHOKKE, littérateur allemand (1771-1848).

ZUENTIBOLD ou ZWENTIBOLD, roi de Lorraine, fils d'Arnoul, roi de Germanie; m. 900.

ZUG (on pr. Zoug), ville, canton et lac (Suisse).

ZUIDERZÉE, V. Zuyderzée.

ZULPICH, ville de la Prusse rhénane, près de Cologne; anc. Tolbiac.

ZUMALACARREGUY, général espagnol (1789-1835).

ZURBARAN, peintre espagnol (1598-1662).

ZURICH, ville, canton et lac (Suisse).

ZUTPHEN, ville de Hollande, sur l'Yssel.

ZUYDERZÉE, golfe ou mer intérieure en Hollande.

ZWINGLE (Ulrich), fameux réformateur suisse (1484-1531).

ZWINGLIEN, sm. partisan de Zwingle.

ZWOLL, ville de Hollande sur l'Yssel.

ZYGOMA, sm. os jugal ou union de l'os des tempes avec celui de la pommette (anat.).

ZYGOMATIQUE, adj. 2 g. du zygoma.

ZYGOPHYLLÉES, *sf. pl.* (gr. *zygos* couple, paire; *phyllon* feuille), famille de plantes dont le type est le *zygophyllum* (vulgairement *fabagelle*), ainsi nommé à cause de la disposition de ses feuilles (*bot.*).

ZYMOLOGIE ou ZYMOTECHNIE, *sf.* (gr. *zymê* levain; *logos* discours, traité; *techné* art),

partie de la chimie qui traite de la fermentation.

ZYPŒTAS ou ZYPOETÈS, roi de Bithynie, m. 281 av. J. C.

ZYTHUM. *sm.* (on pr. *zitome*), boisson d'orge, sorte de bière en usage chez les anciens Égyptiens.

SUPPLÉMENT

MOTS NOUVEAUX OU RAREMENT EMPLOYÉS

A

ABAT, sm. (t nul), action d'abattre, de tuer un bœuf, un cerf, etc.

ABAYER, vn. écouter la bouche béante.

ABLACTATION, sf. action ou manière de sevrer un enfant.

ABLOCS, sm. pl. soubassement en maçonnerie ou parpaings d'une maison en bois.

ABLUER, va. invar. faire revivre l'écriture au moyen d'une teinture de noix de galle.

ABOLISSABLE, adj. 2 g. qui doit être aboli.

ABOUTER, va. joindre ou placer bout à bout.

ABRASION, sf. irritation intérieure causée par un remède violent; ulcération superficielle des membranes.

ABRÉVIATIVEMENT, adv. par abréviation.

ABRIVENT, sm. paillasson ou tout objet qui garantit du vent.

ABROUTISSEMENT, sm. action de brouter; dommage causé aux arbres par les bestiaux en broutant.

ABSCISSION, sf. retranchement d'une partie molle (chir.).

ABSCONS, se, adj. caché, secret (vx. mot).

ABSENTÉISME, sm. habitude de dépenser ses revenus hors de son pays; manie de s'expatrier.

ABSOLUTEUR, sm. ce qui absout.

ABSORPTIVITÉ, sf. faculté d'absorber.

ABYSSIN, ine, ou ABYSSINIEN, enne, adj. et s. de l'Abyssinie.

ACCLAMATEUR, adj. et sm. qui fait des acclamations.

ACCOLAGE, sm. action d'attacher les sarments de la vigne aux échalas.

ACCOLURE, sf. lien de paille pour faire l'accolage.

ACCOMMODATION, sf. accord (t. de pratique).

ACCORE, sm. pièce de bois pour étayer. — adj. f. escarpée (mar.).

ACCUSATOIRE, adj. 2 g. se dit des actes de l'accusation.

ACENS, sm. et ACENSE, sf. bien tenu à cens et à rente.

ACÉPHALIE, sf. état d'un animal acéphale.

ACHOPPER, vpr. se heurter contre.

À-COUP, sm. (inv.), temps d'arrêt brusque, mouvement saccadé.

ACRONYQUE, adj. 2 g. se dit du lever ou du coucher d'un astre en opposition avec le soleil (astr.).

ACTUALISATION, sf. action d'actualiser.

ACTUALISER, va. rendre actuel; réduire en acte.

ADIPOCIRE, sf. substance tenant de la graisse et de la cire, qui se produit par l'altération des matières animales.

ADMINICULE, sm. ce qui aide à prouver; ce qui facilite l'effet d'un remède.

AÉRONEF, sm. navire de l'air, ballon dirigeable.

AÉROSCAPHE, sm. (gr. aér air; skaphê bateau, nacelle), navire aérien, appareil pour naviguer dans l'air.

AÉROTHÉRAPIE, sf. (gr. aér air, thérapéa guérison), traitement des maladies par l'action de l'air.

AFFICHAGE, sm. action d'afficher.

AFFILEUR, sm. ouvrier qui affile.

AFFIXE, adj. 2 g. se dit d'une particule ou de lettres attachées à la fin d'un mot. — sm. préfixe ou suffixe.

AFFLEURAGE, sm. bonne mouture; action de délayer la pâte du papier.

AFFRIOLEMENT, sm. action d'affrioler.

AFFRITER ou ÂFRITER, va. faire fondre le beurre dans la poêle avant de frire.

AFFUSION, sf. action de verser une liqueur sur une partie du corps.

AGATISÉ, ee, adj. converti en agate. Bois agatisé, qui a l'apparence de l'agate.

AGATISER (S'), vpr. prendre l'apparence de l'agate.

AGGRAVEMENT, sm. ce qui aggrave, augmentation du mal.

AGLUTITION, sf. impossibilité d'avaler.

AGNATIQUE, adj. 2 g. qui appartient aux agnats.

AGNEL, sm. agneau (vx. mot); anc. monnaie française marquée d'un agneau.

AHURISSEMENT, sm. état de la personne ahurie.

39.

AIGUILLETAGE, sm. (ll m.), action d'aiguilleter; résultat de cette action.

AINS, conj. mais (vx. mot).

AJOUPA, sm. cabane de nègre.

ALBUGO, sf. tache blanche sur la cornée de l'œil.

ALÉPINE, sf. étoffe de soie et de laine.

ALÉSAGE ou ALAISAGE, sm. action d'aleser.

ALEXIPHARMAQUE, adj. 2 g. et sm. se dit de remèdes propres à prévenir les effets du poison et à expulser du corps les principes morbifiques.

ALGORITHME, sm. théorie des nombres; art ou science du calcul.

ALIBIFORAIN, sm. propos qui n'a pas de rapport à la chose qui est en question; échappatoire (fam.).

ALLODIALITÉ, sf. qualité de ce qui est allodial.

ALMAGESTE, sm. collection d'observations astronomiques.

ALMICANTARAT, sm. (t final nul), petit cercle parallèle à l'horizon (astr.).

ALOPÉCIE, sf. pelade, maladie qui fait tomber les cheveux ou la barbe et les sourcils.

ALOUATE, sm. sorte de sapajou.

ALTERNAT, sm. (t final nul), action ou droit d'alterner.

ALTHÆA, sm. espèce de guimauve en arbrisseau.

ALUNATION, sf. formation de l'alun.

AMASSETTE, sf. lame flexible pour amasser les couleurs broyées.

AMATIR, va. ôter le poli au métal, le rendre mat.

AMBARVALES, sf. pl. fêtes de Cérès.

AMBON, sm. jubé, tribune d'église; bord cartilagineux de la cavité d'un os.

AMBULACRE, sm. tentacule des zoophytes pour la locomotion; promenoir.

AMBURBALES, sf. pl. (l. ambulare marcher autour, urbs ville), procession des anciens Romains autour de Rome.

AMERS, sm. pl. indices sur la côte propres à guider les navigateurs.

AMISSION, sf. perte (jurisp.).

AMMONIACÉ, ÉE, adj. qui contient de l'ammoniaque.

AMPÉLOGRAPHIE, sf. (gr. ampélos vigne, graphô décrire), description de la vigne; traité de la culture de la vigne.

AMPÈRE (J.-J.-Antoine), littérateur français (1800-1864).

AMPHIBOLE, sf. minéral composé de silicate de chaux, de silicate de magnésie et de fer (min.).

AMPHIGOURIQUEMENT, adv. d'une manière amphigourique.

AMUNITIONNER, va. pourvoir des munitions nécessaires.

ANACOLUTHE, sf. (gr. a privatif, akolouthos compagnon), sorte d'ellipse, le corrélatif restant sous-entendu (gram.)

ANADYOMÈNE, adj. f. (gr. anadyomai sortir de l'eau), se dit de Vénus représentée naissant de la mer.

ANAMORPHIQUE, adj. 2 g. de l'anamorphose. Se dit aussi d'un cristal à noyau renversé.

ANAPESTE, sm. pied de vers grec ou latin, formé de deux brèves et d'une longue.

ANASTROPHE, sf. (gr. ana dans, strophô je tourne), mauvaise construction de phrase par inversion inusitée.

ANDIER, sm. gros chenet de fer.

ANFRACTURE, sf. anfractuosité.

ANGIOGRAPHIE, sf. (gr. aggeion veine, graphô décrire), description des veines.

ANGLET, sm. cavité en angle droit entre les bossages (arch.).

ANGLOPHOBE, adj. et s. 2 g. (gr. phobos crainte, aversion), qui a de l'aversion pour les Anglais.

ANGLOPHOBIE, sf. (gr. phobos crainte, horreur), horreur que l'on a des Anglais et de ce qui vient d'eux.

ANHÉLATION, sf. courte haleine.

ANHÉLER, va. entretenir par une chaleur convenable le feu d'une verrerie. — vn. avoir la respiration gênée.

ANHÉLEUX, EUSE, adj. se dit du souffle de la respiration qui est gênée.

ANIMALIER, sm. peintre ou sculpteur qui représente des animaux.

ANIMALISME, sm. état, qualité, nature de l'animal.

ANIMATEUR, adj. m. qui donne l'âme, la vie.

ANNONAIRE, adj. 2 g. qui a rapport à l'annone.

ANNULATIF, IVE, adj. qui annule.

ANTÉ-OCCUPATION, sf. figure par laquelle on prévient l'objection pour la relater (rhét.).

ANTIDYSSENTÉRIQUE, adj. 2 g. et sm. bon contre la dysenterie.

ANTIFÉBRILE, adj. 2 g. et sm. bon contre la fièvre.

ANTIHYDROPIQUE, adj. 2 g. et sm. bon contre l'hydropisie.

ANTIPÉRISTASE, sf. (gr. anti contre; péristasis rassemblement, réunion), action de deux qualités contraires qui augmentent mutuellement leurs forces.

ANTITRINITAIRE, sm. hérétique qui rejette le mystère de la sainte Trinité.

ANTIVERMINEUX, EUSE, adj. et sm. bon contre les vers intestinaux.

APAISEMENT, sm. action d'apaiser, pacification.

APEPSIE, sf. défaut de digestion.

APERCEPTIBILITÉ, sf. faculté d'apercevoir en soi les impressions morales et de les comparer.

APERCEPTIBLE, adj. 2 g. qui peut être aperçu.

APERTISE, sf. dextérité, capacité.

APLANISSEUR, sm. ouvrier qui aplanit.

APLATISSEUR, sm. celui qui aplatit quelque chose.

APOCRISIAIRE, sm. anciennement envoyé ou agent d'un prince; officier chargé de l'expédition des actes ou des édits; garde du trésor.

APOLLINAIRE, *adj.* 2 *g.* d'Apollon, en l'honneur d'Apollon.

APOPHTHEGMATIQUE, *adj.* 2 *g.* de l'apophthegme.

APPLIQUE, *sf.* chose qui s'applique sur une autre (t. d'arts et metiers).

APPOINTÉ, ÉE, *adj.* remis à tel jour; qui doit être jugé sur rapport; qui touche des appointements. — *sm.* adverse partie.

APPOINTEUR, *sm.* juge qui fait appointer pour prévariquer ou qui concilie les parties.

AQUA-FORTISTE, *sm.* (on pr. acoua), graveur en eau forte.

AQUARELLISTE, *s.* 2 *g.* (on pr. acouaréliste), celui, celle qui fait des aquarelles.

ARACK ou RACK, *sm.* rafia, eau-de-vie de ris, liqueur faite avec du lait de jument ou d'ânesse.

ARAIGNEUX, EUSE, *adj.* qui ressemble à la toile d'araignée.

ARAMBAGE, *sm.* abordage d'un navire ennemi.

ARAMBER, *va.* accrocher un navire pour venir à l'abordage.

ARBALETER, *va.* établir la charpente sur l'arbalétier (arch.)

ARBALÉTIER ou ARBALÉTRIER, *sm.* pièce de charpente qui soutient la couverture.

ARCATURE, *sf.* ouverture ou forme d'un arc (arch.).

ARCHIDIACONÉ, *sm.* partie d'un diocèse soumise à l'archidiacre.

ARCHITRAVÉ, ÉE, *adj.* qui est sans frise (arch.).

ARCHITRAVÉE, *sf.* entablement sans frise (arch.).

ARDUOSITÉ, *sf.* qualité de ce qui est difficile à concevoir; difficulté.

ARÉNATION, *sf.* bain de sable chaud.

ARGENTINE, *sf.* sorte de plante dont les feuilles sont d'un blanc d'argent en dessous; espèce d'opale.

ARGUTIEUX, EUSE, *adj.* (on pr. argucieu), qui a l'esprit petit et porté aux vaines subtilités; où il y a une argutie, qui en renferme.

ARITHMOMÈTRE, *sm.* machine à calculs.

ARRÊTISTE, *sm.* compilateur ou commentateur d'arrêts, de jugements, de declarations.

ARRIÈRE-BEC, *sm.* partie de la pile sous le pont, du côté d'aval.

ARROSION, *sf.* action de ce qui ronge; effet de cette action.

ARTILLÉ, ÉE, *adj.* qui est garni d'artillerie, de canons.

ARYANE, *sf.* région qui forma plus tard la Bactriane et la Sogdiane, auj. khanats de Balk, de Boukhara et de Samarcande.

ARYAS, *sm. pl.* ancien peuple de l'Aryane souche de la race indo-européenne.

ARYEN, ENNE, *adj.* des Aryas, du pays des Aryas. V. au Dictionnaire le mot Arien.

ASARET ou ASARUM, *sm.* sorte de plante appelée aussi cabaret.

ASPRE, *sm.* petite monnaie turque dont 120 font une piastre.

ASSAGIR, *vn.* devenir sage. — *va.* instruire (vx. mot).

ASSASSINANT, ANTE, *adj.* qui assassine. Fig. très-fatigant, très-ennuyeux.

ASSIMILATEUR, TRICE, *adj.* 2 *g.* qui assimile.

ASTRAGALE, *sm.* gros os du tarse (anat.).

ASTRICTION, *sf.* (on pr. astrixion), action ou qualité d'un astringent.

ATAVISME, *sm.* (l. atavi les aïeux), se dit de tout ce qui a rapport à nos aïeux, à ceux qui ont vécu longtemps avant nous.

ATTISOIR, *sm.* barre à crochet pour attiser le feu.

AUGMENTATEUR, *sm.* celui qui a augmenté le livre d'un autre.

AUMAILLES, *s.* et *adj. f. pl.* (ll m.), les bêtes à cornes.

AUNÉE, *sf.* sorte de plante du genre des asters.

AUSSIÈRE, *sf.* grosse corde (mar.); faisceaux de fil qui bordent les filets.

AUTHENTIQUER, *va.* rendre authentique (t. de droit).

AVANT-JOUR, *sm.* temps avant qu'il fasse jour.

AVERS, *sm.* (s nulle), face principale d'une médaille, d'une pièce d'argent, opposée au revers.

AVERTIN, *sm.* maladie mentale qui rend furieux, opiniâtre; maladie des bestiaux.

AVESTA, V. au Dictionnaire Zend-avesta.

AVILISSEUR, *sm.* celui qui cherche à avilir.

AVOCASSIER, IÈRE, *adj.* des avocats (se prend en mauvaise part).

AXIPÈTE, *adj.* 2 *g.* (l. axis axe, petere aller vers), qui s'approche de l'axe.

AZÉDARAC, *sm.* arbrisseau de la famille des Mohacées.

B

BABOUVISME, *sm.* doctrine politique du démagogue Gracchus Babeuf.

BABOUVISTE, *s.* 2 *g.* partisan de Babeuf.

BABY, *sm.* petit enfant (mot anglais).

BACCIO BANDINELLI, célèbre sculpteur italien (1487-1559).

BADIANE, *sf.* sorte d'arbuste; sa graine, appelée aussi anis de la Chine.

BAGASSE, *sf.* canne à sucre dont on a exprimé le suc; tige d'indigo retirée de la cuve.

BAILE, *sm.* anc. dignité à Venise; ambassadeur de cette anc. république à Constantinople; juge royal.

BAILLIAGER, ÈRE, *adj.* (ll m.), du bailliage.

BAÏOQUE, sf. petite monnaie des États romains, qui vaut environ 5 centimes.

BAISSIER, sm. celui qui dans des opérations de Bourse spécule sur la baisse.

BALLAST, V. au Dictionnaire Balast.

BALLOTTATION, sf. agitation.

BALME ou **BAUME**, sf. grotte, caverne.

BAN, sm. commandant ou gouverneur d'une province frontière en Hongrie et dans la Croatie; synonyme de margrave.

BANAT, sm. dignité, gouvernement d'un ban.

BANDINELLI, V. Baccio.

BANDITISME, sm. genre de vie, manière d'agir des bandits corses ou italiens.

BANDOULIER, sm. brigand des montagnes; bandit, gueux, fripon (pop.).

BANQUISTE, sm. charlatan, saltimbanque qui va de ville en ville.

BARDEAU, sm. plastron, armure.

BARLONG, ONGUE, adj. plus long que large; qui est d'une longueur mal proportionnée.

BARONNAGE, sm. état, qualité de baron (ironique).

BAS-DESSUS, sm. voix plus basse que la voix de dessus.

BATELER, va. transporter sur un bateau, conduire un bateau. — vn. faire des tours de bateleur.

BATELLERIE, sf. transport des marchandises par bateaux sur les canaux et les rivières.

BATZ, sm. monnaie suisse ou allemande, valant environ 15 centimes.

BAUDROIE, sf. poisson cartilagineux qui est une espèce de raie.

BAUME, sf. V. Balme.

BAVOCHÉ, ÉE, adj. part. se dit d'une lettre, d'un trait, d'un contour qui n'est pas net.

BAVOCHER, vn. imprimer sans netteté, maculer.

BAVOCHURE, sf. défaut de ce qui est bavoché.

BEDON, sm. homme gros et gras.

BÉGUINAGE, sm. communauté, couvent de béguines.

BELLUAIRE, sm. dompteur d'animaux féroces.

BÉNISSABLE, adj. 2 g. qui peut être béni, qui mérite de l'être.

BÉQUET, sm. petite pièce ajoutée à un soulier; petit papier écrit et ajouté.

BÉTYLE, sm. pierre informe servant d'idole ou pierre taillée en idole.

BÉZOARD, sm. concrétion pierreuse qui se forme dans le corps de certains animaux. Se dit aussi d'autres concrétions minérales, naturelles ou factices.

BIGE, sm. char antique à deux chevaux.

BIGNE, sf. tumeur au front produite par un coup.

BIGORNE, sf. enclume à deux bouts; enclume finissant en pointe.

BILLAULT (Auguste-Adolphe), orateur politique, homme d'État et ministre de l'emper. Napoléon III (1805-1863).

BILLEBAUDE, sf. confusion, désordre (fam.).

BINARD, sm. gros chariot à 4 roues égales.

BISSEXUEL, ELLE, adj. qui a les deux sexes.

BISTRER, va. donner la couleur de bistre, teinter de bistre.

BLAGUE, sf. vain propos, mensonge, fanfaronnade (pop.).

BLAGUER, vn. dire des blagues (pop.).

BLAGUEUR, EUSE, s. celui, celle qui dit des blagues; bâbleur (pop.).

BLANCHET, sm. sorte de camisole en laine blanche; chemise de laine; drap blanc pour filtrer; sorte de poisson ou de serpent.

BLANQUE, sf. jeu de hasard; sorte de loterie avec billets noirs et billets blancs.

BLÉSER, vn. parler gras et avec difficulté.

BLÉSITÉ, sf. défaut de celui qui blèse, difficulté dans l'articulation des mots.

BOCARD, sm. machine au moyen de laquelle on écrase la mine avant de la fondre (métall.).

BOCARDER, va. passer au bocard.

BOITE, sf. degré, point auquel le vin est bon à boire.

BOLAIRE, adj. f. se dit d'une sorte d'argile très-fine et rougeâtre.

BOLLANDISTES, sm. pl. jésuites d'Anvers, auteurs d'une Vie des saints en plus de 50 volumes in-folio, et dont le principal rédacteur s'appelait Bollandus.

BOMBEUR, sm. ouvrier qui fait des verres bombés.

BONBONNE, sf. sorte de grosse bouteille en verre ou en grès.

BON-HENRI, sm. sorte de plante appelée aussi épinard sauvage.

BONITE, sf. sorte de poisson de mer.

BONNE-DAME, sf. plante potagère appelée aussi arroche.

BONNE-VOGLIE, sm. (on pr. bonne-voille en mouillant les deux l; de l'ital. voglia volonté), homme qui se louait pour ramer sur les galères. — DE BONNE VOGLIE, loc. adv. de bonne volonté.

BOQUETEAU, sm. petit bois, taillis.

BORDIGUE, sf. enceinte de roseaux, de claies, etc., sur le bord de la mer pour prendre ou conserver du poisson.

BORNOYEUR, sm. celui qui bornoie.

BOSQUET, sm. maréchal de France (1811-1860).

BOUCASSIN, sm. étoffe de coton pour doublure, bougran, toile pour tendelets.

BOUCON, sm. mets ou breuvage empoisonné.

BOUGIER, va. passer sur de la cire fondue les bords d'une étoffe pour empêcher qu'elle ne s'effile.

BOULEUX, sm. cheval trapu et robuste. Fig. bon bouleux, homme de capacité médiocre et qui fait bien son devoir.

BOURBILLON, sm. (ll m.), pus épaissi au centre d'un furoncle ou d'un javart.

BOURDAINE ou **BOURGÈNE**, sf. sorte de nerprun dont le bois sert à faire le charbon pour la fabrication de la poudre à canon.

BOURDILLON, sm. (ll m.), bois de chêne refendu pour faire les futailles.

BOURDONNET, sm. rouleau de charpie qui sert à tamponner une plaie.

BOUSIN, m. surface tendre des pierres de taille.

BOUSTROPHÉDON, sm. se dit d'une écriture qui marche alternativement de droite à gauche et de gauche à droite, sans discontinuer le sens.

BOUTARGUE, sf. œufs de poisson salés et confits dans du vinaigre.

BOUTE-HORS, sm. sorte de jeu; perche armée de crocs; petite vergue pour porter les bonnettes (mar.). Fig. jouer au boute-hors, chercher à se supplanter l'un l'autre.

BOUTEROLLE, sf. garniture du bout d'un fourreau d'épée; fente de clef; poinçon acéré.

BOUTISSE, adj. et sf. pierre placée en long dans un mur, la largeur étant en dehors.

BRAISINE, sf. mélange d'argile, de bouse de vache et de boue pour enduire les moules des fondeurs.

BRANDILLOIRE, sf. balançoire faite avec des branches entortillées.

BRAYER, va. enduire de brai.

BRELUCHE, sf. droguet de fil et de laine.

BRIGNOLE, sf. sorte de prune sèche qui vient de Brignoles.

BRINGUEBALE, sf. brimbale.

BRISIS, sm. angle que forment les deux plans d'un comble brisé (arch.).

BROCHANT, part. prés. du v. brocher. Se dit en termes de blason des pièces qui passent par-dessus d'un côté de l'écu à l'autre. Fig. brochant sur le tout, par surcroît, en outre.

BROSSEUR, sm. celui qui brosse; soldat qui est attaché comme domestique à un officier.

BROUILLASSER, vn. (il m.), se dit du brouillard qui commence à s'épaissir ou à se dissoudre (pop.).

BRUCELLES, sf. pl. sorte de petites pinces dont les branches font ressort.

BRÛLABLE, adj. 2 g. qui peut ou doit être brûlé.

BRUSQUEMBILLE, sm. (il m.), sorte de jeu de cartes; les as et les dix à ce jeu.

BUBALE, sm. espèce d'antilope d'Afrique.

BUCCINATEUR, sm. homme qui sonne de la trompette. — adj. et sm. muscle latéral entre les deux mâchoires (anat.).

BUIRE, sf. flacon, vase à liqueurs.

BULLAIRE, sm. recueil de bulles des papes.

BURATINE, sf. popeline à chaîne de soie et trame de laine.

BURNS (Robert), poète écossais (1759-1796).

BUTÉ, ÉE, adj. part. fixé, arrête.

BUTYRIQUE, adj. 2 g. (l. butyrum beurre), se dit d'un acide qui a pour base les principes du beurre (chim.).

C

CABALETTE, sf. pensée musicale légère et mélodieuse dont le rhythme est bien marqué.

CABANER (Se), vpr. se construire une cabane; se loger dans des cabanes.

CABIRE, sm. divinité mystérieuse chez divers peuples de l'antiquité.

CÂBLEAU ou CÂBLOT, sm. petit câble.

CACAOYÈRE, sf. lieu planté de cacaoyers.

CACHECTIQUE, adj. 2 g. (on pr. cakectique), qui est attaqué de cachexie, qui appartient à la cachexie (méd.).

CACHEXIE, sf. (on pr. cakexi), mauvaise disposition du corps; dépérissement causé par certaines affections chroniques (méd.).

CACHUCHA, sf. sorte de danse espagnole.

CADRAT, sm. (t. nul), petit morceau de fonte qui maintient les caractères et ne marque point sur le papier (t. d'impr.).

CADRATIN, sm. petit cadrat.

CAILLOT-ROSAT, sm. (il m.), sorte de poire pierreuse qui a un goût de rose.

ÇAKYA-MOUNI ou ÇAKYA-MUNI, prince indien, fondateur du buddhisme, 7e s. av. J. C.

CALAMBOUR, sm. sorte de bois odorant qui vient des Indes.

CALAME, peintre, paysagiste genevois (1815-1864).

CALCANÉUM, sm. (on pr. calcanéome), l'os du tarse qui forme le talon.

CALÉFACTEUR, sm. sorte d'appareil pour faire la cuisine avec grande économie de combustible.

CALEMBOURISTE, s. 2 g. faiseur, faiseuse de calembours.

CALOTTER, va. donner un ou plusieurs coups appelés calottes (pop.).

CALQUOIR, sm. poinçon pour calquer.

CANEPETIÈRE, sf. espèce de petite outarde.

CANNIBALISME, sm. férocité, cruauté de cannibale.

CANONNAGE, sm. art du canonnier.

CANTATILLE, sf. petite cantate.

CAPELAN, sm. prêtre pauvre et de faible intelligence (t. dépréciatif); sorte de poisson; ver à soie malade qui a une teinte noire.

CAPITANE, sf. autrefois la première galère d'une armée navale.

CAPITON, sm. soie grossière, bourre.

CAPITONNÉ, ÉE, adj. piqué à l'aiguille en formant des losanges.

CAPNOMANCIE, sf. (gr. kapnos fumée, manteia divination), divination par la fumée de l'autel.

CAPRIPÈDE, adj. 2 g. (l. caper, gén. capri bouc; pes pied), à pieds de bouc ou de chèvre.

CAPUCINIÈRE, sf. demeure de capucins (t. de dénigrement).

CAPUT-MORTUUM, sm. (on pr. caputemortuome), mots latins signifiant tête morte. Se disait autrefois en chimie pour désigner un résidu terreux sans valeur. Fig. ce qui n'a aucune valeur, résultat nul ou peu important; queue des partis (au pl. caput-mortuum).

CARABÉ, sm. ambre jaune ou succin.

CARACTÉRISME, sm. ressemblance de quelque partie d'une plante avec certaine partie du corps humain.

CARAÏTE, sm. Juif qui s'attache à la lettre de l'Écriture et rejette les traditions.

CARMINATIF, IVE, adj. et s. au masculin. Se dit des remèdes contre les vents des intestins.

CARNIFICATION, sf. altération qui fait prendre au tissu d'un organe la consistance de la chair (méd.).

CARNIFIER (SE), vpr. se convertir en chair (méd.).

CAROTIDIEN, adj. m. se dit du conduit de l'os temporal qui donne passage à la carotide (anat.).

CARRET, V. Caret.

CARVI, sm. sorte de plante ombellifère.

CASSON, sm. pain informe de sucre raffiné; noyau de cacao brisé.

CASTORÉUM, sm. (on pr. castoréome), substance onctueuse et odorante qui se tire des aines du castor.

CASUISTIQUE, sf. art, habileté du casuiste.

CASUISTIQUER, vn. faire le casuiste.

CATADOUPE ou CATADUPE, sf. cataracte d'un fleuve.

CATAIRE, sf. sorte de plante de la famille des Labiées, vulgairement herbe aux chats.

CATALECTES, sm. pl. (gr. katalégô choisir), choix, recueil de morceaux détachés.

CATARACTÉ, ÉE, adj. qui est affecté de la cataracte (méd.).

CATASTÉRISME, sm. (gr. katastérizô orner d'étoiles), marque ou renvoi par une étoile.

CAUDATAIRE, s. et adj. m. celui qui porte la queue de la robe du pape, d'un cardinal, etc.

CAUSAL, ALE, adj. causatif.

CAVALIÈRE (A LA), loc. adv. en cavalier; librement, brusquement.

CAVECÉ, ÉE, adj. se dit d'un cheval, d'une jument qui a la tête noire.

CEINTURIER, sm. fabricant ou marchand de ceintures, de ceinturons et de baudriers.

CÉLÉRIFÈRE, adj. 2 g. (l. celeris prompt, vite; ferre porter), qui porte vite.—sf. sorte de voiture publique.

CÉLIAQUE, adj. 2 g. (gr. koilia le ventre), du ventre; artère céliaque, artère du tronc de l'aorte (anat.).

CÉLICOLE, sm. adorateur du ciel. Au pl. les habitants du ciel, les bienheureux.

CENELLE, sf. fruit du houx.

CÉPAGE, sm. ébranchage de la vigne.

CEPS, sm. sorte de champignon bon à manger.

CERNE, sm. rond tracé sur la terre, sur le sable; rond livide autour d'une plaie ou autour des yeux; cercles concentriques dans la tranche d'un arbre coupé horizontalement.

CERTIFICATION, sf. attestation par écrit en affaires.

CHAI, sm. grand cellier ou magasin de pièces de vin au rez-de-chaussée.

CHARBONNÉE, sf. petit aloyau; morceau de bœuf ou de porc grillé sur le charbon; couche de charbon dans un four.

CHARDONNET, sm. fort montant de bois aux portes, terminé par le pivot.

CHARMEUR, EUSE, s, celui, celle qui charme; sorcier.

CHASSE-COUSIN, sm. mauvais vin; choses propres à éloigner les parasites (fam.).

CHÂTIEUR, sm. celui qui châtie.

CHAUVINISME, sm. sentiment outré de gloire militaire.

CHAUVIR, vn. dresser les oreilles (se dit des chevaux, des ânes, etc.).

CHEMISIER, sm. fabricant et marchand de chemises.

CHEVECIER, sm. titre de dignité dans quelques églises.

CHIBOUCK, sm. ou CHIBOUQUE, sf. sorte de longue pipe des Orientaux.

CHIC, sm. habileté de main en peinture et dans les arts de dessin; habileté de style (fam.).

CHIPOLIN, sm. peinture en détrempe, vernie et polie.

CHLOROSE, sf. maladie des pâles couleurs; maladie des plantes par la privation de la lumière ou de l'air.

CHLOROTIQUE, adj. 2 g. atteint de chlorose; qui appartient à la chlorose.

CHORION, sm. (on pr. corion; gr. chorion peau), derme (bot.), membrane (anat.).

CHRYSOCOLLE, sf. matière que l'eau détache des mines d'or, de cuivre, etc.; borax.

CICUTAIRE, sf. ciguë aquatique.

CIRCONVENTION, sf. tromperie artificieuse.

CIVADIÈRE, sf. voile du mât de beaupré (mar.).

CLAQUEDENT, sm. gueux, misérable qui tremble de froid; bavard qui parle de lui avec jactance et fausseté.

CLINCHE, sf. loquet, bascule de loquet.

CLIPPER, sm. sorte de navire.

CLOSET, ou WATER-CLOSET, sm. lieux d'aisances (mot anglais).

CLUE, sf. facture profonde et escarpée résultant de la dislocation de la croûte terrestre (géol.).

CLUSE, sf. vallée transversale dans les montagnes jurassiques (géol.).

COATI, sm. petit mammifère d'Amérique à poil roux.

COACTIVEMENT, adv. par contrainte.

COALESCENCE, sf. union de parties solides.

COALTAR, ou COAL-TAR, sm. goudron de houille (mot anglais).

COCCYGIEN, ENNE, adj. du coccyx.

COCHONNÉE, sf. portée d'une truie.

CODA, sf. (ital. coda queue), période musicale qui termine un morceau (mus.).

CO-ÉTAT, sm. État faisant partie d'une confédération.

COFIDÉJUSSEUR, sm. chacun de ceux qui ont cautionné un débiteur pour la même dette (jurisp.).

COGNE-FÉTU, sm. (inv.), personne qui se donne beaucoup de peine pour ne rien faire (pop.).

COITE, sf. lit de plume.

COITEMENT, adv. tranquillement.

COJOUISSANCE, sf. se dit en parlant de choses dont la jouissance est commune à deux ou à plusieurs personnes (jurisp.).

COLCOTAR, sm. oxyde rouge de fer provenant de la calcination du sulfate de fer.

COLMATAGE, sm. exhaussement du niveau des terrains trop bas ou marécageux que l'on fait au moyen des dépôts formés par les eaux bourbeuses (agric.).

COLMATER va. faire un colmatage.

COLONELLE, sf. autrefois la première compagnie d'un régiment.

COLORIFIQUE, adj. 2 g. qui produit la couleur.

COLORISATION, sf. changement de couleur des substances.

COMBE, sf. vallée, creux.

COMBUGER, va. remplir d'eau une futaille pour l'imbiber, avant de l'employer.

COMITE, sm. officier de la chiourme d'une galère.

COMMUNIQUÉ, sm. explications, renseignements communiqués à un journal par le gouvernement.

COMMUTATIF, IVE, adj. qui est relatif à un échange ou aux échanges.

COMPARABILITÉ, sf. qualité de ce qui est comparable.

COMPARTITEUR, sm. juge dont l'avis était opposé à celui du rapporteur et qui occasionnait le partage des opinions.

COMPÉTEMMENT, adv. d'une manière compétente; convenablement.

COMPLAIGNANT, ANTE, adj. et s. qui se plaint en justice d'un tort qu'il prétend lui avoir été fait.

COMPOST, sm. comput, supputation de temps relative au calendrier; engrais composé de diverses matières.

COMPROMISSION, sf. action de compromettre; état de ce qui est compromis.

CONCEPTIBLE, adj. 2 g. qui est propre à être conçu.

CONCEPTIF, IVE, adj. qui est propre à concevoir.

CONCOCTION, sf. (on pr. concoxion), digestion des aliments.

CONFÉRENCIER, sm. celui qui préside à une conférence, qui propose, qui explique les matières.

CONFITURERIE, sf. art du confiturier; lieu où l'on fait, où l'on serre les confitures.

CONGRÉGANISME, sm. esprit de congrégation; système favorable aux congrégations.

CONJOUISSANCE, sf. témoignage donné à quelqu'un de la joie que l'on ressent pour ce qui lui est arrivé d'heureux; félicitation.

CONSISTORIALEMENT, adv. en consistoire, selon les formes du consistoire.

CONSOMPTIF, IVE, adj. se dit d'un remède qui consume les humeurs ou les chairs (méd.).

CONTADIN, INE, s. (ital. contadino), villageois, paysan.

CONTRE-FINESSE, sf. finesse opposée à une autre. Pl. contre-finesses.

CONTRE-FUGUE, sf. (pl. contre-fugues), fugue dont la marche est contraire à celle d'une autre établie auparavant (mus.).

CONVENTUALITÉ, sf. état d'une maison religieuse où l'on vit sous une règle.

CONVENTUEL, ELLE, adj. du couvent, qui appartient au couvent.

CONVENTUELLEMENT, adv. en communauté et selon les règles du couvent.

COOPTATION, sf. admission extraordinaire dans un corps avec dispense.

COOPTER, va. admettre quelqu'un dans un corps en le dispensant des conditions nécessaires.

COPTER, va. faire sonner une cloche en frappant du battant d'un seul côté.

CORNÉENNE, sf. sorte de roche appelée aussi diorite (géol.).

CORNEMENT, sm. tintement d'oreille; bruit d'un tuyau dont la soupape est ouverte.

CORNIFLE, sf. sorte de plante aquatique.

CORONILLE, sf. (ll m.), genre de plante de la famille des Légumineuses.

CORONOÏDE, adj. 2 g. (gr. korôné couronne, corneille; éidos forme), qui a la forme d'une couronne ou d'un bec de corneille.

COSEIGNEUR, sm. celui qui possède avec un autre un fief seigneurial.

CÔTELÉ, ÉE, adj. à côtes.

COUCHIS, sm. (s nulle), couche formant une aire; pièce de charpente qui porte les voussoirs; ce qui porte le pavé d'un pont; nouvelle pousse couchée en terre.

COUETTE, sf. lit de plume; crapaudine d'un pivot.

COUFIQUE, V. Koufique.

COULÉ, sm. liaison de deux ou de plusieurs notes (mus.); pas de danse; première teinte; ouvrage jeté au moule.

COULISSIER, sm. celui qui fait des affaires à la Bourse hors du parquet des agents de change.

COUPLETER, va. et n. faire des couplets, des chansons.

COURTAUDER, va. couper la queue d'un cheval.

COURTE-BOTTE, sm. petit homme (pop.).

COUVERTE, sf. émail de la porcelaine, sur la terre cuite; pont, tillac d'un navire.

CRAPAUDAILLE et mieux CRÉPODAILLE, sf. (ll m.), crêpe fort délié et fort clair.

CRASE, sf. confusion de deux syllabes en une seule (gram.); état naturel du sang (méd.).

CRATICULAIRE, adj. 2 g. en forme de grille; à petits carreaux.

CRATICULER, va. tracer des carreaux sur un tableau, sur un dessin pour le copier ou l'obtenir plus petit ou plus grand.

CRÉPAGE, sm. façon ou apprêt du crêpe.

CRÉPODAILLE, V. Crapaudaille.

CREUSAGE, sm. action de creuser; action de graver les lointains sur le bois.

CROÛTELETTE, sf. croustille.

CUBICULAIRE, *sm.* (l. *cubile* lit), valet de chambre.

CUVELAGE, *sm.* action de cuveler.

CUVELER, *va.* revêtir de planches ou de so-lives les parois d'un puits pour empêcher l'éboulement des terres.

CYSTOTOMIE, *sf.* (gr. *kystis* vessie; *tomé* incision), incision de la vessie (chir.).

D

DAGUER, *va.* frapper de coups de dague. — *vn.* voler à tire-d'aile.

DARNE, *sf.* tranche de poisson.

DATAIRE, *sm.* chancelier de la cour de Rome président de la daterie.

DATERIE, *sf.* chancellerie de la cour de Rome où s'expédient les actes de dispense, de bé-néfice, etc.

DATION, *sf.* action de donner une chose en payement d'une autre (*jurisp.*).

DAUBIÈRE, *sf.* ustensile pour faire cuire une daube.

DÉBÂCLEUR, *sm.* celui qui préside au dé-bâclage d'un port.

DÉBAGOULER, *vn.* vomir. — *va.* au fig. dire précipitamment tout ce qui vient à la bouche (l. bas).

DÉBAGOULEUR, *sm.* celui qui débagoule au fig. (l. bas).

DÉBANQUER, *va.* gagner tout l'argent du banquier qui tient le jeu.

DÉBOUILLI, *sm.* (ll m.), opération pour éprouver la teinture d'une étoffe ou pour l'ôter.

DÉBOUILLIR, *va.* (ll m.), faire le débouilli.

DÉCARBURER, *va.* séparer par l'affinage le carbone contenu dans la fonte.

DÉCHAPERONNÉ, ÉE, *adj. part.* se dit d'un mur dont le chaperon est ruiné, et d'un oi-seau dressé pour la chasse auquel on a ôté le chaperon.

DÉCHAPERONNER, *va.* enlever le chape-ron d'un mur, ou d'un oiseau dressé pour la chasse.

DÉCHARPIR, *va.* séparer avec effort; dé-chirer; séparer de force des gens qui se bat-tent (pop.).

DÉCIMATEUR, *sm.* celui qui avait le droit de lever la dîme dans une paroisse.

DÉCONSTRUIRE, *va.* désassembler les par-ties d'une machine, d'une phrase, d'un dis-cours, etc.

DÉCREUSAGE, **DÉCREUSER**, V. *Décrusage*, *Décruser*.

DÉCROIRE, *va.* ne pas croire, cesser de croire (fam.).

DÉCRÛMENT, *sm.* action de décruer.

DÉFAUSSER (SE), *vpr.* jeter au jeu la carte que l'on croit la moins utile, quand on n'a pas de la couleur demandée.

DÉFLUER, *vn.* s'éloigner de plus en plus de la conjonction (astr.).

DÉGAÎNEUR, *sm.* bretteur, ferrailleur, spa-dassin.

DÉGRAS, *sm.* huile de poisson qui a servi à passer les peaux.

DÉGUEULER, *vn.* vomir par excès de dé-bauche. *Fig.* vomir des injures, des propos indécents (t. bas).

DÉJUC, *sm.* le temps du lever des oiseaux.

DÉLAVÉ, ÉE, *adj. part.* qui est de couleur faible et blafarde.

DÉLAVER, *va.* délayer trop une couleur. — *vpr.* passer d'une couleur ou d'une nuance à l'autre.

DÉLESTEUR, *sm.* celui qui dans un port est chargé de faire délester les navires.

DÉLICOTER, *va.* traiter avec des soins trop délicats; accoutumer à la mollesse. — SE DÉLICOTER, *vpr.* avoir trop de petits soins pour soi.

DÉLINQUER, *vn.* faillir, contrevenir à la loi (jurisp.).

DELIQUIUM, *sm.* (on pr. *déliquoume*), dé-liquescence (mot latin).

DÉMARGER, *va.* nettoyer les marges, les bords; déboucher l'orifice d'un four de ver-rerie.

DÉMONOGRAPHE, *sm.* (gr. *daimôn* gé-nie, démon; *graphô*, écrire), auteur qui a écrit sur les démons.

DÉPORT, *sm.* action de se récuser soi-même; droit de jouir du revenu de la première année d'un fief, d'une cure, etc., après la mort du possesseur. — SANS DÉPORT, *loc. adv.* sans délai, incontinent.

DÉPRÉCATIF, IVE, *adj.* en forme de prière; qui a le caractère d'une prière.

DÉRADER, *vn.* quitter la rade, le mouillage; en être emporté par le vent ou les courants (mar.).

DÉRAPER, *vn.* se dit de l'ancre qui quitte le fond (mar.).

DÉSASSURER, *va.* ne plus assurer une chose qui était assurée (t. de commerce). — SE DÉS-ASSURER, *vpr.* rompre l'engagement con-tracté avec une compagnie d'assurances.

DÉSESTIMER, *va.* cesser d'estimer.

DESSERTIR, *va.* dégager une pierrerie, un portrait, etc., de la monture qui le retenait.

DESIDERATA, *sm. pl.* (mot latin signifiant les choses que l'on désire), se dit des parties d'une science qui ont besoin d'être éclaircies ou incontestablement établies.

DÉTERGENT, ENTE, *adj.* détersif.

DÉTERGER, *va.* nettoyer une plaie, un ul-cère (méd.).

DÉTERSIF, IVE, *adj.* qui déterge.

DÉTRANGER, *va.* chasser les animaux nui-sibles aux plantes.

DETTEUR, *sm.* qui a des dettes.

DEUTÉROCANONIQUE, *adj. 2 g.* (gr. *deu-téros* second, *kanon* règle), se dit des livres de l'Ecriture sainte qui ont été admis après les autres.

DEVANTIÈRE, *sf.* sorte de jupe de femme pour aller à cheval ; long tablier.

DÉVERS, ERSE, *adj.* qui n'est pas d'aplomb. — *sin.* pente, gauchissement du bois.

DÉVOLUTAIRE, *sm.* celui qui a obtenu un dévolu sur un bénéfice vacant ou à vaquer.

DÉVOLUTIF, IVE, *adj.* qui fait qu'une chose est transportée d'une personne à une autre ; se dit aussi d'un appel qui saisit un tribunal supérieur (*jurisp.*).

DIABLEZOT, *interj.* sorte d'exclamation familière pour signifier *je ne suis point assez sot pour cela.*

DIALYSE, *sf.* (gr. *dialysis* dissolution), séparation et purification de substances (*chim.*); solution de continuité (*chir.*).

DIALYSER, *va.* faire la dialyse (*chim.*).

DIALYSEUR, *sm.* instrument au moyen duquel on fait la dialyse (*chim.*).

DIGASTRIQUE, *adj.* 2 g. (gr. *dis* deux fois, *gaster* ventre), se dit de certains muscles qui ont deux portions charnues ou comme deux ventres attachés bout à bout (*anat.*).

DILATATEUR, *sm.* muscle qui dilate ; instrument de chirurgie pour dilater une plaie ou agrandir une ouverture.

DILAYER, *va.* différer, remettre à un autre temps. — *vn.* user de retards, traîner en longueur.

DÎMEUR, *sm.* celui qui était commis pour recueillir les dîmes.

DIMISSOIRE, *sm.* lettre d'un évêque à un autre auquel il donne le pouvoir de conférer à sa place les ordres ecclésiastiques.

DIMISSORIAL, ALE, *adj.* qui contient un dimissoire.

DINANDERIE, *sf.* toutes sortes d'ustensiles en cuivre jaune.

DIONÉE, *sf.* sorte de plante sensitive de la Caroline.

DIORITE, *sf.* roche de couleur verte ou noire et composée d'amphibole et de feldspath (*géol.*).

DIPSOMANE, *adj.* et *s.* 2 g. atteint du dipsomanie.

DIPSOMANIE, *sf.* (gr. *dipsos* soif ; *mania* manie, fureur), usage immodéré du vin, des liqueurs spiritueuses.

DISCALE, *sf.* déchet dans le poids d'une marchandise produit par l'évaporation de son humidité.

DISSECTEUR, *sm.* celui qui fait la dissection ; instrument pour disséquer.

DISSEMBLER, *vn.* être dissemblable.

DIVERSIF, IVE, *adj.* qui marque ou opère la diversion.

DOCTORERIE, *sf.* acte en théologie pour être reçu docteur.

DOCTORESSE, *sf.* femme savante (*ironiq.*).

DOLIMAN, *sm.* robe turque ouverte par devant et qui se met par-dessus les autres vêtements.

DOMINANCE, *sf.* état, qualité, action de l'être dominant.

DOUBLET, *sm.* cristaux doubles avec une feuille de métal entre deux et imitant les pierreries ; action de doubler au jeu de billard ; deux dés amenant le même point au jeu de trictrac.

DOUBLETTE, *sf.* un des jeux de l'orgue.

DOUCIR, *va.* donner le poli à une glace.

DRAMATISTE, *s.* 2 g. celui, celle qui fait des pièces de théâtre.

DRAW-BACK ou **DRAWBACK,** *sm.* (on pr. *draubak, draubak*), prime accordée à la réexportation des marchandises ; restitution à la sortie des droits perçus à l'entrée sur les matières premières.

DULCINÉE, *sf.* se dit de la femme aimée par un homme sur la passion duquel on plaisante, par allusion à la dame des pensées de don Quichotte.

DUPETIT-THOUARS (Abel-Aubert), contre-amiral français (1793-1864).

DUPLIQUE, *sf.* réponse à une réplique (t. de pratique ancienne).

DUPLIQUER, *vn.* fournir des dupliques.

DURACINE, *sf.* espèce de pêche à chair ferme.

DYSPNÉE, *sf.* (gr. *dys* avec peine, *pnéô* respirer), difficulté de respirer.

E

ÉBOUILLIR, *vn.* (*il m.*), diminuer à force de bouillir.

ÉBOUSINER, *va.* ôter le bousin d'une pierre.

ÉBRANCHAGE, *sm.* action d'ébrancher.

ÉCARTELURE, *sf.* division de l'écu en quatre quartiers (t. de blason).

ÉCHANSONNERIE, *sf.* lieu où l'on tient la boisson d'un souverain ; corps des échansons d'un prince.

ÉCHAUGUETTE, *sf.* guérite ou petite loge sur une tour, sur un rempart, etc.

ÉCUBIER, *sm.* trou pratiqué à un navire et par lequel passe le câble de l'ancre.

ÉFOURCEAU, *sm.* sorte de voiture pour porter des troncs d'arbres, des fardeaux très-pesants.

ÉGOÏSER, *vn.* parler trop de soi, agir en égoïste.

ÉGRAVILLONNER, *va.* et *n.* (*il m.*), ôter la terre engagée entre les racines d'un arbre levé en motte pour être replanté.

ÉGYPTOLOGUE, *sm.* auteur qui a écrit sur l'Égypte.

ÉLECTROPONCTURE ou **ÉLECTROPONCTURE,** *sf.* introduction dans les chairs d'une aiguille que l'on électrise pour faire pénétrer l'électricité dans la partie malade.

EMBOISER, *va.* engager quelqu'un par des cajoleries ou des promesses à faire ce que l'on souhaite de lui (*pop.*).

EMBOISEUR, EUSE, *s.* celui, celle qui emboise (*pop.*).

EMBORDURER, *va.* mettre une bordure à un tableau, à une estampe.

EMBOUTIR, *va.* revêtir de plomb un ouvrage en bois pour le préserver de la pourriture, donner du relief à la broderie; battre la tôle à froid sur le tas.

EMBRYOGÉNIE, *sf.* (gr. *embryon* et *genês* engendre, produit), production, formation et développement des embryons (*physiol.*).

ÉNALLAGE, *sf.* figure de grammaire qui consiste à employer un temps ou un mode pour un autre.

ENFOURCHEMENT, *sm.* retombée des angles; rencontre de deux douelles (*arch.*); sorte de greffe.

ENGAVER, *va.* donner à manger à un jeune pigeon, à un jeune oiseau.

ENGER, *va.* embarrasser, charger de (*fam.*).

ENGOULER, *va.* prendre tout d'un coup avec la gueule.

ENKYSTÉ, ÉE, *adj.* se dit d'une tumeur, d'un corps étranger enfermé dans une sorte de membrane appelée *kyste* (*méd.*).

ENQUÉRANT, ANTE, *adj.* qui s'enquiert avec trop de curiosité.

ENSAISINEMENT, *sm.* action d'ensaisiner, acte par lequel on ensaisinait.

ENSAISINER *va.* mettre en possession d'un immeuble; se disait du seigneur qui reconnaissait le nouvel acquéreur pour son tenancier.

ENTREPAS, *sm.* (s nulle), allure défectueuse du cheval, amble rompu.

ENTRE-TAILLER (s'), *vpr.* (ll m.), se dit d'un cheval qui en marchant se heurte les jambes l'une contre l'autre et s'entrecoupe.

ENTRETAILLURE, *sf.* (ll m.), blessure que se fait un cheval qui s'entre-taille.

ENTRETOISE, *sf.* pièce de bois ou barre de fer placée entre d'autres pour les soutenir ou les lier ensemble.

ENTREVOIE, *sm.* espace entre les deux voies d'un chemin de fer.

ENTREVOUS, *sm.* intervalle d'une solive à l'autre dans un plancher.

ÉPONYME, *adj.* et *sm.* celui des neuf archontes d'Athènes qui donnait son nom à l'année.

ÉRAILLEMENT, *sm.* renversement des paupières en dehors.

ÉRECTEUR, *adj.* se dit d'un muscle qui sert à élever quelque partie du corps (*anat.*).

ESCACHE, *sf.* mors ovale du cheval.

ESCALIN, *sm.* pièce de monnaie des Pays-Bas, valant 60 centimes.

ESTOCADER, *vn.* porter des estocades. *Fig.* disputer vivement, se presser par de vives raisons (*fam.*).

ÉTAPIER, *sm.* celui qui fournit et distribue l'étape.

ÉTERNUEUR, EUSE, *s.* celui, celle qui éternue souvent.

ÉVOLUER, *vn.* faire des évolutions.

EXCRUCIER, *va.* tourmenter, affliger vivement.

EXCURSIONNISTE, *s.* 2 g. celui, celle qui fait des excursions dans un pays.

EXPUITION ou **EXSPUITION**, *sf.* crachement fréquent.

F

FACÉ, ÉE, *adj. Bien facé*, qui a le visage plein et une belle figure (*fam.*).

FACIENDE, *sf.* cabale, intrigue, parti.

FAGOTIER, *sm.* diseur de sornettes.

FAGUENAS, *sm.* odeur fade et mauvaise, sortant d'un corps corrompu ou malsain.

FAITARDISE, *sf.* fainéantise, lâche paresse.

FALARIQUE, *sf.* espèce de dard enflammé, poutre serrée et garnie de matières inflammables qu'on lançait avec la baliste ou la catapulte.

FAMOSITÉ, *sf.* qualité de ce qui est fameux.

FANÈGUE, *sf.* mesure espagnole pour les grains, valant environ 56 litres et demi.

FARDELER, *va.* mettre en paquet.

FATUAIRE, *sm.* enthousiaste qui prédisait l'avenir.

FATUISME, *sm.* esprit ou caractère du fat.

FÉAGE, *sm.* contrat d'inféodation; héritage tenu en fief.

FERRANDINIER, *sm.* ouvrier qui fabrique des étoffes de soie.

FESCENNIN, INE, *adj.* se dit d'une sorte de poésie grossière et ordinairement licencieuse, usitée dans les divertissements dramatiques des anciens Romains.

FEUILLANTINE, *sf.* (ll m.), sorte de pâtisserie feuilletée.

FICELLIER, *sm.* dévidoir pour la ficelle.

FICHET, *sm.* petit morceau d'ivoire ou d'autre matière pour marquer dans les trous d'un trictrac.

FIEFFER, *va.* donner en fief.

FIGURISME, *sm.* opinion de ceux qui croient que l'Ancien Testament est la figure du Nouveau.

FIGURISTE, *sm.* celui qui professe le figurisme (*théol.*).

FISSIPARITÉ, *sf.* (l. *fissio* fente, *parere* engendrer), se dit en histoire naturelle de la reproduction des êtres organisés qui se fait par des parties détachées du corps auquel elles appartiennent.

FLAMBART, *sm.* charbon à demi consumé; feu follet qui s'attache aux mâts; chaloupe à deux mâts.

FLANDRIN (Hippolyte), peintre français (1809-1864).

FLANQUEMENT, *sm.* action de flanquer un mur de fortifications; résultat de cette action.

FLASQUE, *sm.* madrier qui forme un des côtés de l'affût du canon.

FLOU, adv. Peindre flou, peindre d'une manière tendre, légère, fondue, sans sécheresse.— adj. Un pinceau flou, tableau flou. — sm. le flou du pinceau.

FOLIÉ, ÉE, adj. (t. de chimie), semblable à de petits feuillets.

FOMALHAUT, sm. étoile de 1re grandeur à la bouche de la constellation du Poisson austral.

FONDOIR, sm. lieu où les bouchers fondent leurs graisses.

FONGOSITÉ, sf. substance molle, élastique comme la chair du champignon; fongus.

FONGUEUX, EUSE, adj. de la nature du fongus.

FONGUS, sm. (on pr. l's), excroissance charnue, molle, spongieuse, en champignon, sur un ulcère, une plaie (chir.).

FORMICATION, sf. picotement sur la peau, comme celui que produiraient les fourmis.

FORNICATEUR, TRICE, s. celui, celle qui fornique.

FORNICATION, sf. péché de luxure.

FORNIQUER, vn. commettre le péché de luxure.

FORT-VÊTU, sm. (pl. fort-vêtus), homme mieux habillé que ne le comporte sa condition ou sa fortune (fam.).

FOULEUR, sm. celui qui foule le raisin; ouvrier qui foule le drap.

FRELUCHE, sf. petite houppe de soie tôtant d'un bouton, d'une ganse, etc.

FRESAIE, sf. espèce d'oiseau nocturne appelé aussi effraie.

FRIPE-SAUCE, sm. goinfre, goulu; mauvais cuisinier (fam.).

FUNGINE, sf. (l. fungus champignon), matière fibreuse, substance extraite du champignon.

FUNGUS, V. Fongus.

FUNIN, sm. cordage non goudronné d'un navire.

FUSTE, sf. navire long et de bas bord allant à voiles et à rames. — sm. arbre à bois jaune, veiné.

G

GABARIT, sm. modèle de construction d'un navire ou de tout autre objet.

GALANTISER, va. faire ridiculement le galant (vx. et fam.).

GALLOPHOBE, adj. et s. 2 g. (l. Gallus Gaulois; gr. phobéô craindre), qui craint les Français, qui ne les aime pas.

GARGOTER, vn. hanter les gargotes; boire et manger malproprement; cuisiner mal.

GARUM, sm. (on pr. garome), saumure pour conserver le poisson.

GÂTE-ENFANT, s. 2 g. (inv.), celui, celle qui gâte un enfant par trop d'indulgence (fam.).

GÂTEUR, sm. Gâteur de papier, mauvais écrivain.

GAZETIN, sm. petite gazette.

GÉLINE, sf. poule ou poularde (vx. mot).

GÉNITAL, ALE, adj. de la génération.

GENTILHOMMIÈRE, sf. (ll m.), petite maison de gentilhomme à la campagne.

GÉOMANCE ou GÉOMANCIE, sf. (gr. gê terre, manteia divination), prétendue divination au moyen de points marqués sur la terre ou sur du papier et joints par des lignes.

GÉOMANCIEN, IENNE, s. celui, celle qui pratique la géomancie.

GERCE, sf. teigne qui ronge les étoffes, les livres, les meubles.

GEYSER, sm. volcan d'eau.

GINGAS, sm. toile de fil à carreaux bleus et blancs pour faire des matelas.

GINGUET, ETTE, adj. qui a peu de force, peu de valeur : vin ginguet; ouvrage ginguet; court : habit ginguet (fam.).

GIRASOL, sm. (on pr. girasso), sorte d'opale blanche, teinte de bleu et de jaune.

GLACEUR, sm. ouvrier qui glace les étoffes.

GOBERGES, sf. pl. ais qui soutiennent la paillasse d'un lit; lattes pour tenir l'ouvrage collé.

GOBIN, sm. bossu (fam.).

GODENOT, sm. (t nul), petite figure d'homme en bois ou en ivoire à l'usage des joueurs de gibecière. Fig. petit homme mal fait.

GODRON, sm. pli rond aux manchettes, au jabot, etc.; moulure ronde, ornement en forme d'œuf allongé.

GODRONNER, va. faire des godrons.

GOÉTIE, sf. (on pr. goéci), sorte de magie, évocation des génies malfaisants pour nuire aux hommes.

GOFFE, adj. 2 g. mal fait, malbâti, grossier, maladroit (fam.).

GONIN, sm. Maître gonin, fripon adroit et rusé (pop.).

GOUINE ou GOURGANDINE, sf. coureuse, femme de mauvaise vie (t. bas).

GRABATAIRE, adj. 2 g. qui est habituellement malade ou alité. — sm. se disait de ceux qui ne recevaient le baptême qu'au lit de mort.

GRATICULER, V. Craticuler.

GRÈNETIS, sm. (s nulle), tour de petits grains autour des médailles ou des monnaies, etc.; outil pour marquer ces petits grains.

GRIMELIN, sm. petit garçon; joueur qui joue toujours petit jeu (fam.).

GRIMELINAGE, sm. jeu mesquin, petit gain, petit profit (fam.).

GRIMELINER, vn. jouer mesquinement. — vn. et a. faire de petits gains, de petits profits.

GRINCHEUX, EUSE, adj. et s. aigre (au fig.);

se dit surtout d'une personne très-susceptible et d'humeur désagréable (fam.).

GROUINER, vn. se dit du cri du cochon.

GUÉRILLÉRO, sm. soldat qui fait partie d'une guérilla (mot espagnol).

GYPSERIE, sf. plâtrière.

H

HABILITER, va. rendre quelqu'un capable de faire une chose, lever les obstacles qui l'empêchaient de la faire (jurisp.).

HABITAT, sm. lieu où croissent spontanément des espèces végétales; lieu de séjour assigné par la nature à certaines espèces d'animaux.

* HAIM ou * HAIN, sm. crochet de l'hameçon.

* HALENER, va. sentir l'haleine, l'odeur. Fig. découvrir la pensée, les sentiments de quelqu'un; reconnaître son faible (fam.).

HALITUEUX, EUSE, adj. qui s'élève en vapeur comme l'haleine, qui est couvert d'une douce moiteur (méd.).

* HALLEBREDA, s. 2 g. personne grande et mal bâtie.

HALTÈRE, sm. masse pesante pour les exercices de la gymnastique; balancier.

* HALURGIE, sf. (gr. halos sel, ergon travail), art d'extraire ou de fabriquer les sels.

HAMELIN (Jacques-Félix), amiral français (1768-1839). — (Ferdinand-Alphonse), neveu du précédent, amiral et anc. ministre de la marine (1796-1864).

* HARDER, va. attacher plusieurs chiens ensemble (t. de chasse).

HARMONICORDE, sm. sorte d'instrument de musique.

* HATI-CHÉRIF, sm. décret du sultan de Turquie (mot turc).

* HAUSSIER, sm. celui qui dans les opérations de bourse spécule sur la hausse.

HAUSSIÈRE, V. Aussière.

HÉBERGE, sf. hauteur d'une construction élevée contre un mur mitoyen.

HÉBÊTEMENT, sm. hébétude.

HÉLICOPTÈRE, sm. (gr. hélix hélice, ptéron aile), hélice ailée.

HÉMIPPE, sm. (gr. hêmi demi, hippos cheval), animal dont la forme se rapproche de celle du cheval.

HENDÉCASYLLABE, adj. 2 g. (gr. hendéka onze), de onze syllabes.

HEPTAMÉRIDE, sf. (gr. hepta sept, méris partie), division en sept; septième partie.

HÉTAIRIE, sf. (gr. hetaireia société), association, camaraderie, ligue, parti.

HIPPOMANIE, sf. (gr. hippos cheval, mania manie), manie du grand amateur de chevaux.

HISTOLOGIE, sf. (gr. histos tissu; logos discours, traité), partie de la physiologie qui traite des tissus organiques.

* HOGNER, vn. gronder, murmurer, se plaindre (pop.).

* HOLLANDER, va. passer les plumes d'oie dans la cendre chaude pour les dégraisser et les rendre propres à servir pour écrire.

HOMICIDER, va. tuer, commettre un homicide.

* HONGRE, s. et adj. m. cheval qui n'est pas entier.

* HUCHER, va. appeler à haute voix ou en sifflant (vieux).

* HUCHET, sm. cornet pour appeler ou avertir de loin.

HUMORISME, sm. doctrine des médecins humoristes.

HYBRIDATION, sf. état de ce qui est hybride.

I

ICHNOGRAPHIE, sf. (on pr. iknograff; gr. ichnos trace, graphô décrire), plan géométral et horizontal; trace de la base d'un corps.

ICHNOGRAPHIQUE, adj. 2 g. (on pr. iknographique), qui appartient à l'ichnographie.

ILLUMINATIF, IVE, adj. qui illumine, qui éclaire (t. de dévotion mystique).

IMMORTIFICATION, sf. état d'une personne qui n'est point mortifiée; vie contraire à la mortification.

IMMORTIFIÉ, ÉE, adj. qui n'est pas mortifié. (Ne s'emploie que dans le style ascétique.)

IMPANATION, sf. substance du pain subsistant dans l'eucharistie, suivant l'opinion des luthériens, conjointement avec le corps de Jésus-Christ.

IMPASTATION, sf. composition de substances broyées et réduites en pâte.

IMPÉDITEUR, sm. celui qui empêche, qui met des entraves.

IMPERFORATION, sf. état de ce qui est imperforé.

IMPERMÉABILISER, va. rendre imperméable.

IMPLEXE, adj. 2 g. se dit des pièces de théâtre des anciens dans lesquelles il y a reconnaissance ou péripétie.

IMPUTATIF, IVE, adj. qui impute.

INANIMATION, sf. état de ce qui est inanime.

INCAGUER, va. défier ou braver avec mépris (fam. et vg.).

INCAMÉRATION, sf. action d'incamérer.

INCAMÉRER, va. unir une terre, un droit, un revenu, etc. au domaine du pape.

INCIDENTAIRE, *sm.* celui qui forme des incidents; chicaneur.

INCONVENABLE, *adj.* 2 g. non convenable, inconvenant.

INDENTÉ, ÉE, *adj.* sans dents (*bot.*).

INDEVINABLE, *adj.* 2 g. que l'on ne peut deviner.

INDIANISTE, *sm.* celui qui a écrit ou a fait des recherches sur les Indes, qui connaît les langues qu'on y parle ou qu'on y a parlées.

INDIFFÉRENTISME, *sm.* système de ceux qui se disent indifférents à toutes choses.

INDIVISÉ, ÉE, *adj.* non divisé.

INDIVISÉMENT, *adv.* par indivis.

INDO-EUROPÉEN, ENNE, *adj.* se dit de la race Aryenne ou descendants des Aryas, qui ont peuplé l'Inde et forme toutes les nations européennes.

INDRA, *sm.* divinité des Aryas.

INFIGURABLE, *adj.* 2 g. que l'on ne peut figurer.

INFORTIFIABLE, *adj.* 2 g. qui ne peut être fortifié.

INHARMONIEUX, EUSE, *adj.* non harmonieux, sans harmonie.

INOFFICIEUX, EUSE, *adj.* se dit d'un testament qui déshérite sans motif, ou d'une donation faite aux dépens de la légitime (*jurisp.*); le contraire d'officieux (*fam.*).

INOFFICIOSITÉ *sf.* qualité d'un acte inofficieux (*jurisp.*).

INQUISITIF, IVE, *adj.* interrogateur; d'inquisiteur.

INSÉCURITÉ, *sf.* défaut de sécurité.

INSTRUISANT, ANTE, *adj.* qui instruit.

INTENSIF, IVE, *adj.* qui a de l'intensité; *culture intensive*, où l'on force à la production par l'abondance des engrais.

INTERMÉDIAT, ATE, *adj.* se dit d'un intervalle de temps entre deux termes, entre deux actions.

INVOLUTION, *sf.* assemblage d'embarras, de difficultés dans un procès; état de ce qui est involuté.

IRRIGUER, *va.* et *n.* faire des irrigations.

ISCHURÉTIQUE, *adj.* 2 g. (on pr. *iscurétique*), propre à guérir l'ischurie (*méd.*).

J

JACOBÉE, *sf.* espèce de seneçon qu'on appelle aussi *herbe de Saint-Jacques*.

JALET, *sm.* (*t* nul), petit caillou rond.

JAQUIER, *sm.* genre de plantes dont l'espèce la plus connue est l'*arbre à pain*.

JAUNET, *sm.* (*t* nul), fleur jaune des prés; pièce d'or (*fam.*).

JAVEAU, *sm.* île de sable et de limon formée par un débordement d'eau.

JOUABLE, *adj.* 2 g. qui peut être joué (se dit d'un morceau de musique ou d'une pièce de théâtre).

JOUÉE, *sf.* épaisseur du mur dans l'ouverture d'une porte, d'une fenêtre, etc.

JUMELER, *va.* soutenir avec des jumelles.

JURAT, *sm.* (*t* nul), autrefois consul ou échevin de Bordeaux.

JURATOIRE, *adj.* f. *caution juratoire*, serment fait en justice de représenter sa personne ou une chose.

K

KAHOUANNE, *sf.* espèce de tortue de mer.

KAMICHI, *sm.* grand oiseau noir de l'ordre des Échassiers, dont la tête est surmontée d'une espèce de casque.

KINKAJOU, *sm.* coati à queue prenante.

KOUFIQUE, *adj.* et *sm.* sorte d'écriture arabe.

L

LABILE, *adj.* 2 g. caduc, sujet à manquer.

LANDI, *sm.* autrefois foire de Saint-Denis; jour de congé au collège.

LANISTE, *sm.* celui qui achetait, formait et vendait des gladiateurs.

LANTIPONNAGE, *sm.* action de lantiponner (*pop.*).

LANTIPONNER, *vn.* et *a.* tenir des discours frivoles, inutiles, importuns (*pop*).

LAST ou **LASTE**, *sm.* poids de deux tonneaux de mer ou 2,000 kilogrammes (*t.* de commerce).

LAURÉ, ÉE, *adj.* couronné de laurier : *tête laurée*.

LAYER, *va.* tracer une route étroite dans une forêt (e. *payer*).

LAYEUR, *sm.* celui qui laye.

LÉGATOIRE, *adj.* f. se dit d'une province qui était gouvernée par un légat sous les empereurs romains.

LÉGUMISTE, *sm.* jardinier qui cultive des légumes.

LEMNISCATE, *sf.* courbe du 4e degré ayant la forme d'un 8 (*géom.*).

LEVAGE, *sm.* droit seigneurial sur les denrées qui séjournaient dans un fief; élévation et pose de pierres au moyen de machines.

LEVRETTÉ, ÉE, *adj.* qui a la taille mince comme un levrier.

LIAISONNER, *va.* disposer les pierres, les briques, etc., de manière que les joints portent sur les pleins; remplir les joints de mortier.

LIENTÉRIQUE, *adj.* 2 g. de la lienterie.

LIGNETTE, *sf.* petite ficelle pour faire des filets; petite canne pour pêcher à la ligne.

LIPOGRAMMATIQUE, *adj.* 2 g. (gr. *leipô* laisser, *gramma* lettre), se dit d'un ouvrage d'où l'on a exclu une ou plusieurs lettres de l'alphabet.

LIPOGRAMMATISTE, *sm.* auteur d'un ouvrage lipogrammatique.

LIPPITUDE, *sf.* écoulement trop abondant de la chassie (*méd.*).

LISOIR, *sm.* pièce d'un carrosse qui porte le train de devant; bâti pour l'apprêt des etamines.

LITÉE, *sf.* réunion de plusieurs animaux dans le même gîte.

LITHOCOLLE, *sf.* (gr. *lithos* pierre, *kolla* colle), ciment des lapidaires.

LITHOPHYTE, *sm.* (gr. *lithos* pierre, *phyton* plante), pierre-plante, madrepore, sorte de polypier.

LITISPENDANCE, *sf.* temps de la durée d'un procès (*jurisp.*).

LONDRIN, *sm.* sorte de drap leger.

LOTISSAGE, *sm.* action de prendre dans un lot de minéral pulverisé de quoi faire un essai.

LUCIDONIQUE, *adj.* 2 g. se dit d'un genre de peinture à effets transparents.

LUMPS, *sm.* (on pr. *lomps*), pain de sucre de qualité inferieure.

LUXURIANCE, *sf.* surabondance extrême, pousse excessive des vegétaux.

LUXURIER, *vn.* être abondant ou fecond a l'excès.

LYCHNIS, *sm.* sorte de plante de la famille des Caryophyllees.

LYCHNITE, *sf.* sorte de pierre précieuse; plante dont la moelle servait de mèche aux lampes.

LYMNÉE, *sf.* sorte de mollusque à coquille univalve.

M

MAÏEUR, *sm.* maire (vx. mot).

MAILLURE, *sf.* (*ll m.*), tache ou moucheture sur les plumes.

MALÉFIQUE, *adj.* 2 g. qui a une influence maligne (se dit des planètes, des etoiles).

MALLIER, *sm.* cheval de brancard d'une chaise de poste.

MAL-TALENT, *sm.* mauvaise intention, rancune, mauvaise volonté, mechanceté (vx. mot).

MANTELURE, *sf.* poil du dos d'un chien, d'une couleur autre que celle du reste du corps.

MANUTENTIONNER, *va.* exercer la manutention sur.

MARCHANDEUR, EUSE, *s.* celui, celle qui a l'habitude de beaucoup marchander en faisant un achat.

MARJOLET, *sm.* (*t* nul), petit homme qui fait le galant, l'entendu.

MARLOWE, poète dramatique anglais (1562-1593).

MARUM, *sm.* (on pr. *marome*), germandrée à odeur forte appelée vulgairement *herbe-aux-chats*.

MASTOÏDE, *adj.* f. se dit de l'apophyse en forme de mamelon qui est placée à la partie inferieure et posterieure de l'os temporal (*anat.*).

MASTOÏDIEN, IENNE, *adj.* qui a rapport à l'apophyse mastoïde (*anat.*).

MATÉOLOGIE, *sf.* (gr. *mataios* inutile, *logos* discours), vaine discussion, vaines recherches sur des matières abstraites.

MÉCANISER, *va.* rendre machine, employer comme machine. *Fig.* harceler, causer du déplaisir (*pop.*).

MÉDIANIMIQUE, *adj.* 2 g. se dit de la faculté des mediums spirites.

MÉDIANIMITÉ ou **MÉDIUMNITÉ**, *sf.* faculté des mediums spirites.

MÉGALANTHROPOGÉNÉSIE, *sf.* (gr. *mégas* grand, *anthrópos* homme, *génésis* generation), art prétendu de procréer des grands hommes, des hommes de génie.

MÉLAÏNOCOME, *adj.* 2 g. et *sm.* (gr. *mélaina* noire, *komé* chevelure), qui teint les cheveux en noir.

MÉNIANTHE, *sm.* plante aquatique, vulgairement *trèfle d'eau*.

MÉNOLOGE, *sm.* martyrologe, calendrier de l'Eglise grecque.

MENON, *sm.* chèvre du Levant dont la peau sert à faire le maroquin.

MERLON, *sm.* partie du parapet qui est entre deux embrasures (*fortif.*).

MÉTABOLE, *sf.* figure de rhetorique consistant à accumuler les expressions synonymes; changement d'une maladie en une autre.

MÉTAIL, *sm.* (*l m.*), composition de divers metaux.

MÉTAPHYSIQUER, *vn.* faire de la métaphysique; parler ou écrire d'une manière abstraite.

MÉTÉORITE ou **MÉTÉORIDE**, *sf.* aérolithe.

MICROPHYTE, *sm.* ou *f.* (gr. *mikros* petit, *phyton* plante), vegetal microscopique.

MOHATRA, *adj.* m. se dit d'un contrat ou marché usuraire par lequel on vend très-cher et à terme ce que l'on rachète à vil prix et argent comptant.

MOINESSE, *sf.* religieuse (*ironique*).

MOISE, *sf.* pièce de charpente qui sert à en lier d'autres.

MOISER, *va.* mettre des moises.

MOISON, *sf.* bail à ferme à moitié des fruits; longueur de la chaîne du drap.

MOLY, *sm.* plante qui, suivant Homère, avait des vertus merveilleuses; sorte d'ail qui a peu d'odeur.

MONOMACHIE, *sf.* (on pr. *monomaki*; gr. *monos* un seul, *maché* combat), combat avec un seul homme; duel.

MONOSTIQUE, *sm.* (gr. *monos* un seul, *stichos* vers), épigramme ou inscription en un seul vers.

MONOTYPE, *adj. 2 g.* (gr. *monos* un seul, *typos* type), à un seul type.

MOREAU, *adj. m.* se dit d'un cheval extrêmement noir.

MORPHOLOGIE, *sf.* (gr. *morphé* forme; *logos* discours, traité), traité, écrit sur la forme des corps.

MUSCULE, *sm.* machine de guerre des anciens qui servait à couvrir les assiégeants. — *sf.* veine.

MUSICO, *sm.* espèce de tabagie flamande ou hollandaise où l'on entend de la musique.

MYSTRE, *sm.* mesure des anciens Grecs pour les liquides.

N

NASI, *sm.* président du sanhédrin des Juifs.

NATIVITÉ, *sf.* qualité de ce qui est natif ou naturel, de ce qui n'est point factice.

NÉOCORE, *sm.* (gr. *neos* temple, *koréô* soigner), conservateur d'un temple chez les anciens. — *adj. 2 g.* où il y avait un temple en l'honneur d'un empereur.

NÉO-GREC, **ECQUE**, *adj.* (gr. *néos* nouveau, moderne), de la Grèce moderne.

NÉO-LATIN, **INE**, *adj.* (gr. *néos* nouveau, moderne), des peuples modernes qui parlent une langue dérivée du latin.

NÉOPHOBE, *sm.* (gr. *néos* nouveau, *phobos* crainte), ennemi des nouveautés, de la néologie.

NÉOPHOBIE, *sf.* sentiment, opinion du néophobe.

NIVÉOLE, *sf.* plante appelée ordinairement perce-neige.

NIVET, *sm.* bénéfice illicite et caché obtenu sur un marché fait pour compte d'autrui (*pop.*).

NODUS, *sm.* (on pr. l's), tumeur dure et indolente sur les os (*chir.*).

NOMINATAIRE, *s.* et *adj. m.* celui, qui était nommé par le roi à un bénéfice ecclésiastique.

NOUVELLETÉ, *sf.* entreprise sur le possesseur d'un héritage; trouble dans la possession (t. de pratique). Au pl. innovations.

NUBÉCULE, *sf.* maladie de l'œil qui fait voir les objets comme à travers un brouillard (*méd.*).

NUMISMATOGRAPHIE, *sf.* (l. *numisma* médaille, gr. *graphô* décrire), description des médailles antiques.

NUMISMATOGRAPHIQUE, *adj. 2 g.* de la numismatographie.

O

OBÉDIENTIEL, **ELLE**, *adj.* (on pr. *obédian-ciel*), qui a rapport à l'obédience.

OBJURGATEUR, **TRICE**, *adj.* et *s.* désapprobateur, qui reproche violemment.

OBSCURANT, *sm.* obscurantiste.

OBSCURANTISME, *sm.* système, opinion des obscurantistes.

OBSCURANTISTE, *s. 2 g.* celui, celle qui n'approuve pas que l'instruction et les lumières pénètrent dans la masse du peuple.

OCTAÉTÉRIDE, *sf.* (gr. *oktô* huit, *etos* années), espace ou durée de huit ans.

OCTAVON, **ONNE**, *s.* né d'un quarteron et d'une femme blanche, ou d'un blanc et d'une quarteronne.

OCTIL, *adj. m.* Aspect octil, position de deux planètes éloignées l'une de l'autre de la 8e partie du zodiaque ou de 45 degrés (*astrol.*).

ŒNOMANCIE, *sf.* (gr. *oinos* vin, *manteia* divination), divination qui se faisait par le vin des libations.

OILLE, *sf.* (ll m.), potage garni de viandes et de racines (mot emprunté de l'espagnol).

OLINDE, *sf.* sorte de lame d'épée.

ONÉRER, *va.* charger. — S ONÉRER, *vpr.* se charger; s'imposer une charge, une obligation.

ONOMASTIQUE, *adj. 2 g.* (gr. *onomastos* nommé), se dit d'un jour qui doit être désigné, fixé.

ONOMATOLOGIE, *sf.* (gr. *onoma* nom; *logos* discours, traité), science des noms, des nomenclatures, des classifications; système d'orthographe des noms propres.

ONOMATOLOGIQUE, *adj. 2 g.* qui appartient à l'onomatologie.

OPHTHALMOGRAPHIE, *sf.* (gr. *ophthalmos* œil, *graphô* décrire), partie de l'anatomie qui décrit les différentes parties dont l'œil se compose.

OPLOMACHIE, *sf.* (on pr. *oplomaki*; gr. *oplon* arme, *maché* combat), combat de gladiateurs armés d'épées ou de poignards.

ORCHESTIQUE, *sf.* et *adj.* 2 g. (on pr. orkestique; gr. *orcheisthai* danser), art de la danse; exercice de la paume.

ORGANOLEPTIQUE, *adj.* 2 g. (gr. *organon* organe; *lépsis* prise, action de prendre, d'agir sur), se dit de tout ce qui exerce une action sur les organes.

ORILLONNÉ, ÉE, *adj.* (*ll* m.), qui a un orillon (*fortif.*).

ORNANO (d'), maréchal de France (1784-1863).

ORYCTÉRIEN, *adj.* et *sm.* (gr. *orycter* fouis-seur), se dit des animaux qui fouillent la terre.

OSSIANISME, *sm.* forme poétique grandiose à l'imitation du poème d'Ossian.

OTOGRAPHIE, *sf.* (gr. *ous,* gén. *ôtos* oreille; *graph.*) décrire), description de l'oreille (*anat.*).

OTOLOGIE, *sf.* (gr. *ous,* gén. *ôtos* oreille; *logos* discours, traité), traité de l'oreille (*anat.*).

OUILLER, *va.* (*ll* m.), ajouter du vin dans un tonneau pour le remplir.

OUVRAGER, *va.* travailler à la main.

P

PAILLOT, *sm.* (*ll* m.), petite paillasse.

PAIREMENT, *adv. Nombre pairement pair,* nombre pair dont la moitié est aussi un nombre pair.

PALANQUE, *sf.* retranchement formé de pieux.

PANDICULATION, *sf.* action de se renverser la tête et le tronc en arrière en étendant les bras et allongeant les jambes, pour cause de fatigue ou de sommeil.

PANTHÉE, *adj. f.* (gr. *pan* tout, *théos* dieu), se dit d'une statue qui réunit les symboles ou les attributs de plusieurs divinités.

PANTOUFLER, *vn.* causer à son aise chez soi; raisonner de travers.

PAPABLE, *adj. m.* propre à être élu pape.

PARAGUANTE, *sf.* (on pr. *paragouante*), présent fait en reconnaissance d'un service rendu (mot espagnol).

PARANYMPHE, *sm.* officier qui présidait au mariage chez les Grecs; jeune garçon qui conduisait la mariée à la maison de l'époux chez les Romains; discours solennel à la fin de la licence dans les anciennes facultés de théologie et de médecine.

PARATITLAIRE, *sm.* auteur de paratitles.

PARDONNEUR, *sm.* celui qui pardonne.

PARÉAGE ou **PARIAGE,** *sm.* égalité de droit et de possession d'une terre par indivis.

PARÉATIS, *sm.* (on pr. l's), se disait d'une lettre de chancellerie ordonnant l'exécution d'un jugement ailleurs que dans le ressort du tribunal qui l'avait rendu.

PARÉNÈSE, *sf.* discours moral, exhortation à la vertu.

PAREUR, *sm.* ouvrier qui pare, qui finit un ouvrage.

PARFOURNIR, *va.* fournir en entier, achever de fournir.

PARLEMENTARISME, *sm.* système de gouvernement où les chambres législatives ont en quelque sorte la direction des affaires publiques.

PAROLIER, *sm.* auteur des paroles d'un opéra.

PASSE-DIX, *sm.* jeu avec trois dés dans lequel il s'agit d'amener plus de dix.

PASSE-MÉTEIL, *sm.* mélange de deux tiers de froment et un tiers de seigle.

PASSE-PAROLE, *sm.* commandement militaire qui doit être transmis de bouche en bouche.

PATAVINITÉ, *sf.* style, façon de parler des habitants de Padoue dans l'antiquité.

PATCHOULI, *sm.* sorte de parfum dont l'origine est inconnue.

PATOUILLEUSE, *adj. f. Mer patouilleuse,* mer grosse pour des canots, pour des barques.

PAULETTE, *sf.* droit annuel que l'on payait au roi pour pouvoir revendre certains offices de justice ou de finance.

PAUMURE, *sf.* endroit d'un bois de cerf où il se partage en rameaux.

PAUSER, *vn.* appuyer sur une syllabe en chantant (*mus.*).

PÉLISSIER, duc de Malakof, maréchal de France (1794-1864).

PENDERIE, *sf.* action de pendre au gibet; lieu où l'on suspend des étoffes pour les faire sécher.

PENSIVETÉ, *sf.* souci mélancolique, inquiétude (vx. mot).

PERCE-FORÊT, *sm.* chasseur déterminé.

PERCE-LETTRE, *sm.* sorte de poinçon.

PERCEUR, *sm.* ouvrier qui perce.

PERCHÉE, *sf.* réunion d'oiseaux perchés.

PÉRIBOLE, *sm.* enceinte sacrée autour des temples anciens; espace entre un édifice et la clôture qui l'entoure; parapet.

PÉRICHONDRE, *sm.* (on pr. *péricondre*; gr. *péri* autour, *chondros* cartilage), membrane qui enveloppe certains cartilages (*anat.*).

PÉRIDROME, *sm.* (gr. *péri* autour, *dromos* promenade), galerie ou promenoir à couvert autour d'un édifice.

PÉRISPRIT, *sm.* enveloppe semi-matérielle des esprits après la mort, suivant les spirites.

PÉRISTOLE, *sf.* mouvement péristaltique des intestins (*physiol.*).

PERLUCIDE, *adj.* 2 g. très-transparent, très-brillant.

PERMIXTION, *sf.* mélange de deux choses que l'on veut tempérer l'une par l'autre.

PERNOCTER, *vn.* passer la nuit, coucher

dans un lieu ; passer la nuit debout (vx. mot).

PERSONNALISME, sm. défaut de celui ou celle qui rapporte tout à sa personne; action de personnaliser.

PERSPIRATION, sf. transpiration insensible.

PÉTALISME, sm. sorte d'ostracisme qui était en usage à Syracuse.

PÉTÉCHIES, sf. pl. petites taches pourprées qui paraissent sur la peau dans les fièvres graves (méd.).

PHOTOLITHOGRAPHE, sm. celui qui fait de la photolithographie.

PHOTOLITHOGRAPHIE, sf. application de la photographie à la lithographie.

PHOTOLITHOGRAPHIQUE, adj. 2 g. de la photolithographie.

PHYLARQUE, sm. chef de tribu à Athènes.

PHYLLITHE, sm. ou f. (gr. phyllon feuille, lithos pierre), feuille pétrifiée, pierre qui porte l'empreinte d'une ou de plus. feuilles.

PHYSIOGRAPHIE, sf. (gr. physis nature, graphô décrire), description des productions de la nature.

PHYSIOGRAPHIQUE, adj. 2 g. de la physiographie.

PICKPOCKET, sm. filou qui vole dans les poches; voleur adroit (mot anglais).

PINCENETTE, sf. action de pincer la peau.

PINÇEUR, EUSE, s. celui, celle qui aime à pincer (fam.).

PIQUAGE, sm. action de repiquer les meules.

PISSASPHALTE, sm. bitume mollasse, noir et d'une odeur très-forte.

PLASTICITÉ, sf. faculté ou propriété de recevoir une forme.

PLEIGE, sm. caution, répondant (vx. mot).

PLEIGER, va. cautionner en justice (vx. mot).

POLÉMISTE, sm. celui qui fait de la polémique.

POLLICITATION, sf. engagement contracté par quelqu'un sans qu'il soit accepté (t. de droit).

POLYACANTHE, adj. 2 g. et POLYACANTHE, EE, adj. (gr. polys plusieurs, akantha épine), qui a plusieurs aiguillons ou épines (bot.).

POLYGRAPHIE, sf. (gr. polys plusieurs, divers; graphô écrire), art de se servir de diverses écritures secrètes; partie d'une bibliothèque où sont les ouvrages des polygraphes.

POMOCULTEUR, sm. celui qui s'adonne à la pomoculture.

POMOCULTURE, sf. (l. pomum fruit), culture des fruits.

PONGO, sm. espèce de grand singe.

POPLITÉ, EE, adj. (l. poples jarret), qui appartient au jarret, qui y a rapport (anat.).

PORACÉ, EE, V. Porracé.

PORCELANISÉ, EE, adj. part. converti en porcelaine.

PORCELANISER, va. convertir en porcelaine.

PORCHAISON, sf. état du sanglier gras et bon à manger.

PORRACÉ, EE, adj. qui a la couleur verdâtre du poireau (méd.).

PORRECTION, sf. (on pr. porrexion), action de tendre, de présenter une chose; manière dont on confère les ordres mineurs.

PORTE-HACHE, sm. (inv.), étui d'une hache de sapeur.

PORTE-TARAUD ou **PORTE-TARIÈRE**, sm. (inv.), manche mobile d'un outil.

PORTE-VERGE, sm. (inv.), bedeau d'une église.

POSPOLITE, sf. noblesse de Pologne, réunie en corps d'armée.

POSTSCÉNIUM, sm. (on pr. postscéniome), partie du théâtre des anciens derrière la scène.

POTESTATIF, IVE, adj. qui dépend des parties contractantes (t. de droit).

POTRON-JAQUET ou **POTRON-MINET**, sm. Dès le potron-jaquet, dès la pointe du jour (pop.).

POUSSOIR, sm. bouton que l'on pousse pour faire sonner une montre à répétition; outils de divers métiers.

PRAMÉNIEN, adj. m. se dit d'un vin qui provenait du vignoble de Prame, dans la petite île d'Icare, entre Samos et Pathmos.

PRÉEMPTION, sf. (on pr. préempcion), se dit du droit que le fisc a de prendre à son compte les marchandises dont la valeur a été déclarée inexactement.

PRÉGNATION, sf. (on pr. prég-nacion), gestation des animaux.

PRÉLATION, sf. droit des enfants d'obtenir de préférence les emplois ou charges que possédaient leurs pères.

PRÉMOTION, sf. action de Dieu agissant avec la créature et la déterminant à agir (théol.).

PRIAPÉE, sf. pièce de poésie obscène, peinture licencieuse.

PRINCERIE, sf. état, dignité de prince (iron.).

PRODITOIREMENT, adv. en trahison (t. de Palais).

PROFECTIF, IVE, adj. se dit des biens dont on hérite de ses ascendants.

PROGNOSTIQUE, adj. 2 g. qui fournit le pronostic (méd.).

PROHIBITIONNISTE, sm. partisan du système qui prohibe les produits étrangers.

PROLATION, sf. durée de chant sur une syllabe; roulade (mus.).

PRONATEUR, adj. m. se dit de deux muscles de l'avant-bras qui servent à tourner la paume de la main vers la terre (anat.).

PRONATION, sf. mouvement par lequel on tourne la paume de la main vers la terre.

PROPOSANT, sm. jeune théologien protestant qui étudie pour être pasteur. — adj. m. qui propose; cardinal proposant, qui propose aux autres cardinaux les évêques nommés dans des pays d'obédience.

PRUDOTERIE, sf. pruderie, hypocrisie.

PSALLETTE, sf. lieu où l'on élève et exerce les enfants de chœur.

PSEUDOMORPHIQUE, adj. 2 g. (gr. pseudès faux, morphê forme), qui a une forme, une figure, une apparence fausse et trompeuse.

PULVINAIRE, *sm.* petit lit sur lequel les païens plaçaient les images des dieux.

PUPILLARITÉ, *sf.* temps qu'un enfant est pupille; qualité du pupille.

PUPILLER, *vn.* crier comme le paon.

PUPULER, *vn.* se dit du cri de la huppe.

PURGEOIR, *sm.* bassin en tête d'un aqueduc.

PYRACANTHE, *sm.* ou *f.* suivant l'Acad. (gr. *pyr* feu, *akantha* épine), arbrisseau nommé aussi *buisson ardent*.

Q

QUADRATRICE, *sf.* (on pr. *couadratrice*), courbe inventée pour parvenir à la quadrature approchée du cercle.

QUARTILE, *adj. m.* (on pr. *couartile*) se dit de la position de deux planètes éloignées l'une de l'autre de la quatrième partie du zodiaque (*astrol.*).

QUÉRIMONIE, *sf.* (on pr. *cuérimoni*), requête présentée au juge d'Église pour obtenir la permission de publier un monitoire.

QUÉSITEUR, *sm.* (on pr. *cuésiteur*), commissaire du peuple romain pour les informations.

QUEUTER, *vn.* pousser en même temps les

deux billes avec la queue (t. de jeu de billard).

QUIESCENT, ENTE, *adj.* (on pr. *cuiessan*), se dit des lettres hébraïques qui ne se prononcent point. En chim. *affinité quiescente*, affinité de deux corps unis.

QUINTAINE, *sf.* poteau contre lequel on s'exerçait à la lance, au dard (t. de manège).

QUINTANE, *adj. f.* fièvre quintane, fièvre quinte.

QUINTIL, ILE, *adj.* (on pr. *cuintil*), se dit de la position de deux planètes éloignées l'une de l'autre de la cinquième partie du zodiaque (*astrol.*).

QUOAILLER, *vn.* (ll m.), se dit d'un cheval qui remue toujours la queue.

R

RACINEAUX, *sm. pl.* petits pieux enfoncés en terre (t. de jardinage).

RADIOMÈTRE, *sm.* (l. *radius* rayon; gr. *métron* mesure), instrument pour prendre en mer la hauteur méridienne du soleil.

RAMEQUIN, *sm.* sorte de pâtisserie faite avec du fromage; hachis de rognons sur des grillades de pain.

RANCART, *sm. Mettre au rancart*, mettre au rebut, à l'écart (pop.).

RANCIO, *s.* et *adj. m.* vin vieux d'Espagne qui, de rouge qu'il était, est devenu jaunâtre.

RAPPORT, *sm.* masse d'eau apportée par la marée (t. de mar.).

RASSADE, *sf.* se dit de petits grains de verre ou d'émail dont on fait des colliers, des bracelets, etc.

RAUQUER, *vn.* se dit du cri du tigre.

REBAPTISANTS, *sm. pl.* (p nul), hérétiques qui rebaptisaient.

REBAUDIR, *va.* caresser les chiens. — *vn.* tenir la queue droite.

REBERCER, *va.* et SE REBERCER, *vpr.* bercer, se bercer de nouveau (au propre et au figuré).

REBRASSEMENT, *sm.* action de rebrasser.

REBRASSER, *va.* brasser de nouveau; retrousser. — SE REBRASSER, *vpr.* retrousser ses manches.

REBRUNIR, *va.* brunir une seconde fois.

RÉCOLLIGER (SE), *vpr.* se recueillir en soi-même (vi. mot).

RECOMMANDATAIRE, *sm.* créancier qui a fait emprisonner son débiteur.

RECOMMANDATOIRE, *adj. 2 g.* qui contient une recommandation.

RÉCRÉANCE, *sf.* jouissance provisionnelle des fruits d'un bien en litige. *Lettres de récréance,* envoyées à un ambassadeur pour les présenter au souverain d'auprès de qui on le rappelle.

RECRIBLER, *va.* cribler de nouveau.

REDOUL, *sm.* espèce de sumac qui fournit un tan très-actif.

REDOWA, *sf.* sorte de danse hongroise.

RÉÉDITEUR, *sm.* celui qui réédite ou a réédité un livre.

REFICHER, *va.* ficher de nouveau; rejoindre les joints.

REHAUTS, *sm. pl.* les endroits les plus éclairés dans une peinture, dans un dessin; blancs dans la gravure.

RÉINCARNATION, *sf.* action de se réincarner.

RÉINCARNER (SE), *vpr.* s'incarner de nouveau.

RELOCATION, *sf.* acte par lequel on reloue, sous-location.

REMBUCHEMENT, *sm.* action de se rembucher; rentrée du cerf dans son fort (t. de chasse).

REMBUCHER (SE), *vpr.* rentrer dans le bois (t. de chasse).

RENFORMIR, *va.* crépir un vieux mur; mettre des pierres où il en manque; remettre sur le renformoir.

RENFORMIS, *sm.* (s nulle), réparation d'un vieux mur, sans démolition.

RENFORMOIR, *sm.* instrument pour élargir les gants et leur donner la forme.

RENGRÉNEMENT, *sm.* action de rengréner.

RENGRÈNER, va. remettre les monnaies, les médailles sous le balancier ; remplir la trémie de nouveau grain ; remoudre le gruau.

REPLÂTREUR, sm. celui qui trouve une excuse à tout, qui voile les torts, les défauts, etc. (fam.).

REPROCHEUR, EUSE, s. celui, celle qui reproche.

RÉQUISITORIAL, ALE, adj. qui se fait par réquisitoire.

RESPECTABILITÉ, sf. qualité de la personne respectable ; honorabilité.

RESTITUTEUR, sm. celui qui rétablit un texte, qui renouvelle d'anciennes opinions.

RÉSUMPTION, sf. (on pr. résomcion), action de résumer.

RÉSURRECTIONNEL, ELLE, adj. qui est propre à ressusciter, qui doit ressusciter.

RÉSURRECTIONNISTE, sm. celui qui en Angleterre enlève les cadavres pour les vendre à ceux qui veulent les disséquer.

RETRAYANT, ANTE, s. et adj. celui, celle qui exerce un retrait (jurisp.).

RETUER, va. tuer de nouveau, continuer de tuer.

REVERDIE, sf. grande marée équinoxiale ; rapport de la mer après les mortes-eaux.

RÉVERSEAU, sm. pièce qui écarte l'eau.

RÉVOLUTIF, IVE, adj. qui opère une révolution (méd.).

RHABDOÏDE, adj. 2 g. (gr. rhabdos verge, éidos forme), qui ressemble à une verge.

RIDICULISSIME, adj. 2 g. très-ridicule.

RISTORNE ou RISTOURNE, sf. annulation d'une police d'assurance, diminution sur la somme assurée ; action de reporter un article d'un compte à un autre (comm.).

RITUALISTE, sm. auteur qui traite des différents rites.

ROMANCERO, sm. (on pr. romancéro), se dit d'anciens poëmes chevaleresques en langue espagnole, et d'auteurs de ces sortes de poëmes.

ROQUENTIN, sm. vieillard ridicule.

ROQUETIN, sm. bobine pour le fil d'or.

ROUCOUER, va. peindre ou teindre en rouge avec du roucou.

ROUETTE, sf. branche d'osier ; longue branche devenue flexible dans l'eau.

ROUGE-QUEUE, sm. nom de divers oiseaux à bec fin (pl. rouges-queues)

ROUVERIN, adj. m. se dit du fer rempli de gerçures et qui se casse au feu.

RUBACE, RUBACELLE ou RUBELLLE, sf. espèce de rubis clair.

RUBINE, sf. se dit de certaines préparations de métaux ayant acquis la couleur rouge du rubis (chim.).

RUILÉE, sf. bordure de plâtre ou de mortier mise par le couvreur sur une rangée de tuiles ou d'ardoises pour les lier avec le mur.

RUILER ou RUILLER, va. faire des repères pour dresser des plans et des surfaces (archit.).

RUMINAL, adj. m. Figuier ruminal, figuier sauvage dans le Forum romain, sous lequel, suivant la tradition, Romulus et Rémus avaient été trouvés tétant la louve.

S

SABRENAS, sm. (s finale nulle), ouvrier qui travaille salement, grossièrement (pop.).

SABRENASSER ou SABRENAUDER, va. travailler mal (pop.).

SABRENAUDÉ, ÉE, adj. part. se dit d'un ouvrage mal fait (pop.).

SAGITTALE, adj. f. se dit de la suture du crâne qui sépare les deux os pariétaux (anat.).

SAINBOIS, sm. écorce de garou.

SAINT-JEAN, célèbre peintre de fleurs et de fruits (1812-1860).

SAÏQUE, sf. bâtiment de charge de la Méditerranée.

SAMBUQUE, sf. machine de guerre montée sur des navires accouplés pour l'assaut, sorte de flûte, d'instrument à cordes.

SANDALIER, sm. ouvrier qui fait des sandales.

SANS-PEAU, sf. (inv.), sorte de poire d'été. — sm. poirier qui la produit.

SAPÈQUE, sf. monnaie de Chine.

SAPHÈNE, sf. veine du pied près de la malléole interne (anat.).

SARCOMATEUX, EUSE, adj. du sarcome, de la nature du sarcome (méd.).

SARCOME, sm. (gr. sarkôma chair), tumeur ou excroissance charnue (méd.).

SARGASSE, sf. lentille de mer ; sorte de forêt sous-marine.

SARONIDE, sm. espèce de prêtre ou barde gaulois.

SAUCÉE, adj. f. se dit d'une médaille de cuivre recouverte d'une feuille d'étain.

SAUVAGE (Pierre-Louis-Frédéric), ingénieur français, qui le premier employa l'hélice comme moyen de propulsion des navires (1785-1857).

SAUVAGETÉ, sf. qualité du végétal ou du fruit sauvage.

SAXHORN, sm. sorte d'instrument de musique en cuivre.

SCHÈME, sm. (gr. schéma, forme, figure, manière d'être), idée innée, chose qui existe dans l'entendement pur ; figure, plan ; figure de rhétorique.

SCHLICH, sm. (on pr. chlik), minéral préparé pour être porté au fourneau de fusion (mot allemand).

SCIATÉRIQUE, adj. 2 g. (gr. skia ombre ; thêraô prendre, obtenir), se dit de tout cadran qui donne l'heure au moyen de l'ombre du style.

SCIOGRAPHIE, sf. (gr. skia ombre, ombrage ; graphô décrire, dessiner), représentation de l'intérieur d'un édifice (arch.).

SCLÉROPHTHALMIE, sf. (gr. skléros dur, ophthalmos œil), ophthalmie avec douleur, dureté et rougeur dans le globe de l'œil (méd.).

SCOLARITÉ, sf. Droit de scolarité, privilèges des écoliers d'une université.

SCOTISME, sm. doctrine philosophique de Duns Scot.

SCOTISTE, sm. partisan du scotisme.

SCRIBOMANIE, sf. manie, fureur d'écrire, de faire des livres.

SCRIPTEUR, sm. officier de la chancellerie romaine qui écrit les bulles du Pape.

SÉBIFÈRE, adj. 2 g. (l. sebum suif, ferre porter), se dit de végétaux qui donnent une espèce de suif.

SÉLAM ou SÉLAN, sm. bouquet dans lequel la disposition des fleurs constitue une sorte de langage muet.

SÉLECTION, sf. (on pr. séléxion), action de choisir.

SEMONNEUR, sm. porteur de billets de convocation (vx. mot).

SEMPER VIRENS, sm. loc. latine signifiant toujours vert (on pr. sainpair viraince), espèce de chèvrefeuille qui a toujours des feuilles et des fleurs.

SENELLE, V. Cenelle.

SENTENCIER, va. condamner par sentence à une peine afflictive (vx. mot).

SÉRANCOLIN, sm. sorte de marbre de couleur d'agate.

SERGENTER, va. presser par le moyen des sergents, des huissiers. Fig. presser, importuner, fatiguer pour obtenir (vx. mot).

SERTISSEUR, EUSE, adj. ouvrier, ouvrière qui sertit.

SÉSAMOÏDE, adj. m. (gr. sésamé sésame, éidos forme), se dit de très-petits os qui sont à l'extrémité de quelques tendons (anat.). — sf. sp. le de plante.

SEX-DIGITAIRE, s. et adj. 2 g. personne qui est née avec six doigts à une main, ou à un pied.

SEX-DIGITAL, ALE, adj. se dit d'un pied ou d'une main qui a six doigts.

SGRAFFITE, sm. espèce de dessin tracé avec une pointe sur un mur revêtu d'une teinte grise.

SIMAROUBA, sm. arbre d'Amérique dont l'écorce est employée en médecine contre la dyssenterie, les scrofules, etc.

SISON, sm. berle aromatique.

SIZETTE, sf. sorte de jeu de cartes qui se joue à six personnes ayant chacune six cartes.

SMILLE, sf. marteau pour piquer le moellon et le grès.

SMILLER, va. piquer avec la smille.

SOLBATU, UE, adj. se dit d'un cheval, etc., dont la sole a été comprimée par le fer ou par tout autre corps dur.

SOLBATURE, sf. maladie du cheval solbatu. On dit plus ordinairement sole battue.

SONNA, sm. (f. suiv. l'Acad.), livre qui contient les traditions de la religion mahométane.

SOUDRILLE, sm. (ll m.), soldat libertin et fripon (fam.).

SOUEF, ÈVE, adj. suave, doux, agréable (vx. mot).

SOUPIREUR, sm. celui qui pousse des soupirs.

SOUS-BANDE, sf. bande sous une autre; bande sous les flasques d'un affût.

SOUSTYLAIRE, sf. ligne formée par la section du plan du cadran avec le méridien perpendiculaire à ce plan.

SOUS-TYRAN, sm. tyran subalterne.

SPAGIRIE ou SPAGYRIE, sf. chimie (vx. mot).

SPAGIRIQUE ou SPAGYRIQUE, adj. f. chimie spagirique, analyse des corps composés; recherche de la pierre philosophale; métallurgie.

SPAGIRISTE, sm. celui qui s'occupe de chimie spagirique.

SPARGANE, sf. plante aquatique, ruban d'eau.

SPECIES, sm. (mot latin; on pr. spéciesse), description méthodique, énumération d'espèces appartenant à l'une des divisions de l'histoire naturelle.

SPHÉRISTE, sm. celui qui dans l'antiquité enseignait les différents exercices où l'on se servait de balles; maître de jeu de paume.

SPHÉRISTÈRE, sm. lieu où l'on s'exerçait aux balles, au ballon, à la paume.

SPHÉRISTIQUE, sf. et adj. 2 g. art de jouer à la paume, au ballon.

SPHINCTER, sm. (on pr. l'r; gr. sphingô je lie), muscle circulaire qui sert à rétrécir ou à fermer certaines ouvertures naturelles du corps (anat.).

SQUALIDITÉ, sf. (on pr. scoualidité), saleté, malpropreté.

STATIONNALE, adj. f. se dit d'une église où l'on fait les stations pendant le jubilé.

STERCORAL, ALE, adj. des excrements; qui a rapport, qui appartient aux excrements.

STRAPASSONNER, va. peindre grossièrement.

STRIGILE, sm. instrument dont les anciens se servaient au bain pour racler la peau et en détacher la crasse.

SUBROGATEUR, adj. m. se dit d'un mot qui exprime la subrogation. — sm. acte qui subroge un rapporteur à un autre.

SUFFUMIGATION, sf. fumigation; cérémonie dans les sacrifices.

SUPERPURGATION, sf. purgation excessive.

SURANNATION, sf. état d'un acte, d'un titre suranné. Lettre de surannation, pour renouveler un titre suranné.

SURCHAUFFER, va. donner trop de feu au fer, le brûler en partie (t. de forge).

SURCHAUFFURE, sf. défaut du fer surchauffé.

SYLLOGISER, vn. argumenter.

SYLLOGISTIQUER, vn. ergoter en syllogismes.

SYMPOSIARQUE, sm. (gr. symposion festin, archos chef), roi d'un festin chez les anciens; ordonnateur d'une fête.

SYNDÉRÈSE, sf. (gr. syntérèsis examen attentif), remords de conscience; conscience d'être.

T

TANDOUR, sm. table couverte d'un grand tapis pendant et sous laquelle on met un brasier, en usage dans l'Orient.

TARGUM, sm. (on pr. targome), commentaire chaldaïque du texte hébreu de l'Ancien Testament.

TÉ, sm. disposition des fourneaux en T pour faire sauter un mur (t. de fortif.); regle en forme de T.

TÉNESME, sm. épreintes douloureuses au fondement, avec des envies d'aller à la selle sans évacuation (méd.).

TERRAL, sm. vent de terre (mar.).

TÉTRAGRAMMATIQUE, adj. 2 g. (gr. tétra quatre, gramma lettre), qui est composé de quatre lettres.

TÉTRAGRAMME, sm. locution mystique pour exprimer, sans le prononcer, le nom de Dieu, qui était tétragrammatique en grec et en latin.

TÉTRALOGIE, sf. (gr. tétra quatre; logos discours, composition écrite). ensemble de quatre pièces de théâtre que les poëtes grecs présentaient au concours.

THÉORISER, va. et n. établir une théorie.

TICKET, sm. (on pron. le t final), morceau de carton formant le billet d'un voyageur en chemin de fer ou une correspondance d'omnibus (mot anglais).

TIMARIOT, sm. soldat turc pourvu d'un bénéfice militaire et obligé de s'entretenir avec quelques hommes qu'il fournit.

TINTENAGUE, sf. V. Toutenague.

TIRONIEN, IENNE, adj. se dit de caractères d'abréviation inventés par Tiron, secrétaire de Cicéron.

TITRIER, sm. conservateur des titres d'un monastère; fabricateur de faux titres.

TONLIEU, sm. droit féodal sur les places occupées au marché.

TORTIL, sm. diadème dont une tête de mort est ceinte sur l'écu; sorte de ruban autour d'un diadème circulaire (t. de blason).

TOURDILLE, adj. 2 g. (ll m.).Gristourdille, gris sale.

TOURIE, sf. grande bouteille de grès.

TOUTENAGUE, sf. alliage de cuivre, de zinc et de fer, ou de cuivre, d'étain et d'arsenic; cuivre de la Chine.

TOUT-OU-RIEN, sm. partie de la quadrature d'une répétition de montre, d'horloge ou de pendule.

TRADITIONNAIRE, sm. Juif qui explique l'Ecriture par les traditions du Talmud.

TRANSANIMATION, sf. passage de l'âme d'un corps dans un autre.

TRÉPIGNEUR, s. et adj. m. grand applaudisseur, prôneur fanatique.

TRIRÈGNE, sm. tiare du Pape.

TRIVELIN, sm. personnage de l'ancienne comédie italienne. Fig. bouffon, farceur, baladin.

TRIVELINADE, sf. bouffonnerie, geste burlesque.

TROLLE, sf. espèce de clisse faite de branches d'arbre; action de découpler les chiens de chasse dans un bois.

TROLLER, va. faire une espèce de clisse avec des branches.

TRULLISATION, sf. action de faire un enduit, un crépi à la truelle; hachures pour le stuc.

U

UHLAND (Jean-Louis), poëte allemand (1787-1864).

UNITIF, IVE, adj. Vie unitive, état de l'âme dans l'exercice du pur amour (t. de dévotion mystique).

USUCAPION, sf. manière d'acquérir par la possession, par l'usage de la chose; sorte de prescription (t. de droit).

V

VADE, sf. mise au jeu; intérêt que chacun a dans une affaire.

VAISSELÉE, sf. contenu d'un vaisseau à fouler le drap.

VAUTRAIT, sm. équipage de chasse pour le sanglier.

VENDITION, sf. vente (t. de droit).

VERGOGNEUSEMENT, adv. honteusement, lâchement.

VERMICULITE, sf. sorte de coquille fossile univalve (géol.).

VERTICITÉ, sf. propriété d'un corps de tendre par préférence d'un côté; tendance de l'aiguille aimantée vers le nord.

VERTIQUEUX, EUSE, adj. qui va en tournoyant.

VIREVOUSSE ou VIREVOUSTE, sf. virevolte.

VOGLIE, V. Bonne-voglie.

VOLUPTUAIRE, *adj.* 2 *g.* fait pour l'agrément, le luxe, la fantaisie (t. de droit).

VOMITO ou VOMITO-NEGRO, *sm.* maladie bilieuse très-grave; fièvre jaune.

VORTICELLE, *sf.* infusoire à poils en cercles mobiles excitant un tourbillon.

VORTICULE, *sm.* petit tourbillon.

X

XÉRANTHÈME, *sm.* (gr. *xéros* sec, *anthos* fleur), grande immortelle d'un rouge jaune.

XYLOLÂTRIE, *sf.* (gr. *xylon* bois, *latréïa* adoration), culte des idoles de bois.

XYLOLOGIE, *sf.* (gr. *xylon* bois; *logos* discours, traité), traité des bois.

Y

YPSILOÏDE, *adj.* 2 *g.* (gr. lettre Y *ypsilon*, *eidos* forme), se dit d'une suture du crâne qui a la forme de l'ypsilon Y.

YTTRIA, *sf.* sorte de terre blanche, oxyde d'yttrium.

Z

ZINCOGRAPHIE, *sf.* gravure sur zinc.

ZONAIRE, *adj.* 2 *g.* entouré d'une zone de facettes.

ZOOGLYPHITE, *sf.* (gr. *zôon* animal, *glyphô* graver), pierre qui a des empreintes d'animaux fossiles (géol.).

DICTIONNAIRE

DES

LOCUTIONS, EXPRESSIONS PROVERBIALES OU CITATIONS LATINES

LE PLUS FRÉQUEMMENT EMPLOYÉES PAR LES FRANÇAIS
DANS LA CONVERSATION OU DANS LES ÉCRITS.

Nota. Nous n'avons pas cru devoir faire figurer dans la liste suivante un grand nombre de mots latins tels que *criterium, confer, ergo, illicò, memorandum, passim, ultimatum, veto,* ni diverses locutions simples comme *ab absurdo, ab intestat, ex abrupto, ad patres, à priori, extra muros, in extenso,* etc., parce que l'explication que nous en avons donnée dans le *Dictionnaire général,* où on les trouvera à leur ordre alphabétique, est parfaitement suffisante. Si nous avons reproduit ici quelques expressions occupant déjà leur place dans le Dictionnaire, c'est qu'elles nous ont paru susceptibles de recevoir quelques développements utiles ou que nous avons jugé convenable d'y ajouter quelques explications.

Parmi les citations ou expressions proverbiales qui suivent, on en trouvera quelques-unes qui ne sont peut-être pas d'une latinité tout à fait irréprochable ou dont la forme primitive paraît avoir été altérée : nous avons dû les admettre telles qu'un long et fréquent usage les a consacrées.

A

Ab hoc et ab hac.

Ab d'après, *hoc* ceci, *et* et, *ab* d'après, *hac* cette (ne chose). — C'est-à-dire à tort et à travers, et sans raison. V. le Dictionnaire.

Ab ovo usque ad mala
(Horace. *Sat.* 3, liv. I)

Ab depuis, *ovo* l'œuf, *usque* jusque, *ad* à, *mala* les fruits. — C.-à-d. depuis le commencement du repas jusqu'à la fin. Nous dirions : du potage au dessert.
Les Romains commençaient leurs repas par des œufs et le terminaient par des fruits.
Cette locution s'emploie pour exprimer la durée sans intermission d'un récit fatigant ou ennuyeux.

Ab uno disce omnes.
(Virgile, *Énéide,* II.)

Ab d'après, *uno* un seul, *disce* apprends, connais, *omnes* tous. — D'après un seul, jugez de tous les autres.
Se dit des personnes, ou des ruses, des méchancetés, des crimes, des actions blâmables de quelqu'un.

Acta res est........

Res la chose, *est* est, *acta* faite. — C'est une affaire faite, une affaire finie.

4

Actum est.......... *Est* c'est, *actum* fait. — C'est une chose faite; c'est fini, c'en est fait, il n'est plus temps.

Ad aperturam li-bri. *Ad* à, *aperturam* l'ouverture, *libri* du livre. — En ouvrant le livre; à livre ouvert.

Ad hoc............. *Ad* à, *hoc* cela, ou *ad* pour, *hoc* cela. « Répondre *ad hoc* », répondre directement à la chose. « Choisir quelqu'un *ad hoc* », choisir une personne spécialement propre à l'objet, à la chose. V. le Dictionnaire.

Ad hominem .... *Ad* à, *hominem* l'homme. « Argument *ad hominem* », argument personnel, qui touche directement la personne de l'adversaire. V. le Dictionnaire.

Ad libitum.......... *Ad* à, *libitum* gré, fantaisie. — Comme il vous plaira, comme on voudra, que l'on pourra faire indifféremment d'une façon ou d'une autre. V. le Dictionnaire.

Ad litteram......... *Ad* à, *litteram* la lettre. — A la lettre, littéralement, textuellement.

Ad majorem Dei gloriam. *Ad* à ou pour, *majorem* la plus grande, *gloriam* gloire, *Dei* de Dieu. Devise des jésuites, figurée souvent par les lettres A. M. D. G.

Ad rem .... *Ad* à, *rem* la chose. — A la chose en question, à l'objection, etc. « Répondre *ad rem* », répondre convenablement, catégoriquement. « Ce raisonnement parut si fort, si lumineux, si *ad rem*, c'est-à-dire tellement sans réplique. »

Ad unguem......... *Ad* à, *unguem* l'ongle. « Savoir une chose *ad unguem* », savoir sur le bout du doigt; « faire *ad unguem* », faire exactement, parfaitement. V. le Dictionnaire.

Ad unum........... *Ad* jusqu'à, *unum* un seul. — Jusqu'au dernier.

Ad usum........... *Ad* à ou selon, *usum* l'usage. — A l'usage, selon l'usage, selon la coutume, conformément à l'usage.

Ad valorem .... *Ad* selon ou d'après, *valorem* la valeur. Se dit, en matière de douanes, d'un droit perçu sur la valeur réelle ou déclarée de la marchandise.

Ad vitam æternam. *Ad* pour, *vitam* la vie, *æternam*, éternelle. — Pour l'éternité.

Æquo animo......... *Animo* d'un esprit, *æquo* égal, modéré, calme, résigné. — Avec calme, de sang-froid, sans s'émouvoir, patiemment, avec résignation, sans déplaisir.

Æquo Marte......... *Marte* Mars (dieu de la guerre), *æquo* ayant été égal, impartial. — A armes égales, sans que la victoire soit restée à aucun des deux partis.

A fortiori.......... *A fortiori*, à plus forte (*ratione* raison). « Raisonner ou conclure *à fortiori* », c'est-à-dire d'après un rapport du moins au plus, qui établit plus fortement ce que l'on veut prouver. V. le Dictionnaire.

Age quod agis..... *Age* fais, *quod* ce que, *agis* tu fais. — Sois tout entier à ce que tu fais.

Alea jacta est. (Proverbe latin.) *Alea* le dé, le sort, *est* est, *jacta* jeté. — Le sort en est jeté; il n'y a plus à revenir là-dessus. Au rapport de Suétone, César, passant le Rubicon, s'écria : *Jacta alea esto*, que le sort en soit jeté. — Le proverbe *Alea jacta est* se dit dans toute occasion où, après avoir longtemps hésité, on se décide enfin à faire quelque chose dont le résultat est douteux.

Alma parens......   *Parens* mère, *alma* nourricière, féconde, propice, bienfaisante.

L'Université est appelée quelquefois *alma parens*, parce qu'elle donne l'instruction à la jeunesse.

Alter ego..........   *Alter* un autre, *ego* moi-même.

« C'est mon *alter ego* », c'est un autre moi-même. « C'est son *alter ego* », c'est un autre lui-même, un second lui-même.

Amicus Plato, sed magis amica veritas.
Plato Platon (*est* est), *amicus* mon ami, *sed* mais, *veritas* la vérité (*est* est), *magis* plus, davantage, *amica* mon amie. — Je suis ami de Platon, mais encore plus ami de la vérité.

Fait entendre que, quelque grande que soit notre amitié, notre estime pour quelqu'un, nous ne sommes pas disposés à lui sacrifier la vérité.

Aperto libro........   *Libro* le livre, *aperto* ayant été ouvert. — 'A livre ouvert.

Apparent rari nantes in gurgite vasto.
(Virgile, *Én.* I.)
Rari de rares (*viri* hommes), *apparent* apparaissent, *nantes* nageant, *in* dans, *gurgite* le gouffre, l'abîme, *vasto* vaste.

Se dit d'un petit nombre de personnes qui sont parvenues à se tirer d'une mauvaise affaire; et par extension on l'applique à des choses qui, en petite quantité, ont surnagé à l'oubli, à des objets en petit nombre qui apparaissent dans un grand espace, etc.

A quia..............   V. *Quia.*

Ars longa, vita brevis.
Ars l'art (*est* est), *longa* long, *vita* la vie (*est* est), *brevis* courte. — L'art est long à acquérir, et la vie est courte.

Asinus asinum fricat.
Asinus l'âne, *fricat* frotte, gratte, *asinum* l'âne. — Un âne en flatte un autre.

Audaces, ou mieux Audentes Fortuna juvat.
(Virgile, *Én.* X.)
Fortuna la Fortune, *juvat* favorise, *audentes* les audacieux. — La Fortune favorise les gens hardis, entreprenants.

Audax Japeti genus.
(Horace, *Ode* 3, liv. I.)
Genus race, *audax* audacieuse. *Japeti* de Japet.

Horace désigne par ces mots le fils de Japet, Prométhée, qui déroba le feu du ciel, et il entend désigner aussi les descendants de Prométhée. De nos jours cette phrase s'applique à toute l'espèce humaine.

Aurea mediocritas.
(Horace, *Ode* 7 ou 10, liv. II.)
Mediocritas une médiocrité, *aurea* d'or. — Une médiocrité qui vaut de l'or, une heureuse médiocrité.

Auri sacra fames.
(Virgile, *Én.* III.)
Fames la faim, *sacra* détestable, *auri* de l'or. — Détestable soif des richesses.

A verbo magistri ou in verba magistri.
A d'après, *verbo* la parole, *magistri* du maître; ou *in* sur, *verba* les paroles, *magistri* du maître.

« Jurer *a verbo magistri, in verba magistri*, soutenir quelque chose d'après ou sur ce qu'en a dit le maître.

B

Beati pauperes spiritu.
(Évangile. Math, 5, 3.)

Beati heureux, *pauperes* les pauvres, *spiritu* en esprit.

C'est-à-dire bienheureux ceux dont l'esprit n'est point tourné vers les biens de la terre. On emploie ironiquement cette phrase dans le sens de *bienheureux les pauvres d'esprit, les hommes simples d'esprit.*

Bene sit. — Bene vertat.

Sit que ce soit, *benè* bien; *vertat* que cela tourne, *benè* bien. — Que cela aille bien, que cela réussisse, que les conséquences soient heureuses, que cela tourne à bien.

Expression d'un vœu favorable dans une affaire ardue et dont le succès est douteux.

Bis dat qui cito dat.
(Sénèque.)

Qui celui qui, *dat* donne, *cito* promptement, *dat* donne, *bis* deux fois. — Obliger promptement, c'est doubler le bienfait.

Bis repetita placent.

Repetita les choses répétées, *bis* deux fois, *placent* plaisent. — Ce qui est redemandé, ce que l'on fait répéter, plaît; ou ce que l'on répète est supposé devoir faire plaisir.

Bonâ fide............

Bonâ de bonne, *fide* foi.

Bone Deus............

Bone bon, *Deus* Dieu.

Locution qui exprime l'étonnement ou l'effroi: «*Bone Deus!* Que vous est-il donc arrivé!»

Bonum vinum lætificat cor hominis.

Bonum le bon, *vinum* vin, *lætificat* réjouit, *cor* le cœur, *hominis* de l'homme.

Brevis esse laboro, obscurus fio.
(Horace, *Art poét.*)

Laboro je travaille, *esse* à être, *brevis* court, *fio* je deviens, *obscurus* obscur.

J'évite d'être long, et je deviens obscur.

(Boileau, *Art poét.* 1.)

C

Calcibus et pugnis.

Calcibus des pieds, *et pugnis* et des poings. — A coups de pied et à coups de poing, ou des pieds et des mains.

S'emploie aussi au figuré pour signifier par toutes sortes d'injures, d'outrages, ou de toutes ses forces, par toutes sortes de moyens.

Caput mortuum....

Caput tête, *mortuum* morte.

V. Supplément au Dictionnaire général.

Castigat ridendo mores.

Castigat il châtie, *mores* les mœurs, *ridendo* en riant.

Devise donnée par Santeuil au théâtre de l'ancienne Comédie italienne. S'applique à une raillerie fine et mordante.

Casus belli........

Casus cas, *belli* de guerre.

Se dit de tout ce qui peut occasionner la guerre entre des États, ou des luttes, des querelles entre de simples particuliers.

Caveant consules.

Consules (que) les consuls, *caveant* prennent garde. — Que les consuls veillent, avisent, prennent leurs mesures.

Par cette formule, le sénat romain, dans les circonstances graves, déférait aux consuls des pouvoirs très-étendus. On s'en sert quelquefois de nos jours dans le sens de *il faut* ou *on doit prendre garde, veiller à,* soit qu'il s'agisse de choses graves, soit ironiquement lorsque le danger n'est pas bien grand.

Cave ne cadas......   *Cave* prends garde, *ne cadas* que tu ne tombes. — Prenez garde de tomber.

Tomber est dans ce cas pris au propre ou dans un sens figuré, comme, par exemple, *tomber du pouvoir, tomber d'un poste élevé.*

Cedant arma togæ.
(Cicéron, *Discours contre L. Pison.*)   *Arma* (que) les armes, *cedant* cèdent, *togæ* à la toge. — Que les armes cèdent à la toge, à la robe du magistrat; c'est-à-dire que le trouble et la guerre cèdent au calme et à la paix.

S'emploie souvent dans ce sens : que la force cède à la justice, que le guerrier cede au magistrat.

Compelle intrare.
(Évangile. Luc. 14, 23.)   *Compelle* force, *intrare* d'entrer. — Forcez-les d'entrer.

Concedo..... Nege.   *Concedo* j'accorde, je l'accorde, je vous l'accorde. ..... *Nego* je nie, je le nie.

Formes usitées autrefois dans les raisonnements et disputes philosophiques de l'École, et qui ont gardé un certain caractère pédantesque. « L'homme est un être « raisonnable, *concedo*; mais qu'il fasse toujours un « bon usage de sa raison, *nego*. »

Confiteor............   J'avoue, je l'avoue, je le confesse. V. le Dictionnaire général.

**Consensus omnium.
— Consensu omnium.**   *Consensus* l'assentiment, *omnium* de tous.
Il est difficile d'obtenir le *consensus omnium.*
Consensu omnium, de l'avis de tous, à l'unanimité.

Consummatum est.   (*Omne* tout) *est* est, *consummatum* consommé. — Tout est consommé, tout est fini.

Contraria contrariis curantur.   *Contraria* les contraires, *curantur* sont guéris, *contrariis* par les contraires.
Principe fondamental de la médecine allopathique. V. au Dictionnaire le mot *Allopathie.*

Coram populo......   *Coram* en présence, *populo* du peuple. — Devant le peuple, publiquement.

Cuique suum.......   *Cuique* à chacun, *suum* le sien.

Currente calamo..   *Calamo* le tuyau à écrire, la plume, *currente* courant. — Écrit à la hâte, en courant.

D

Dat veniam corvis, vexat censura columbas.
(Juvénal.)   *Censura* la censure, *dat* donne, *veniam* le pardon, *corvis* aux corbeaux, *vexat* elle vexe, elle maltraite, *columbas* les colombes. — La critique est indulgente pour les forts, et impitoyable pour les faibles.

On le dit aussi pour signifier que la loi frappe les faibles et laisse impunis les forts et les puissants. La loi, dit Plutarque (*Vie de Solon*), est semblable à une toile d'araignée où les moucherons se prennent, et que les taons traversent impunément.

Davus sum, non Œdipus.
(Térence, *Andrienne*.)

Sum je suis, *Davus* Dave, *non* et non, *Œdipus* Œdipe.
Paroles de l'esclave Davus feignant de ne pas comprendre ce que lui dit son maître. On sait qu'Œdipe devina l'énigme proposée par le Sphinx.
S'emploie lorsqu'on ne comprend pas une chose dite à demi-mot, ou obscure par elle-même, ou bien quelque réticence.

De auditu. — De visu.

De de, *auditu* l'ouïe. — Pour l'avoir entendu, ou par ouï-dire.
De visu, de vue. — Pour l'avoir vu, l'ayant vu : « J'en suis témoin *de visu* ».

De commodo et incommodo.

De de, touchant, *commodo* la commodité, l'avantage, et *incommodo* et l'incommodité, le dommage, l'inconvénient.
Se dit d'une enquête que l'on fait sur les avantages et les inconvénients qui peuvent résulter de la fondation d'un établissement industriel, d'une construction, de l'exécution matérielle d'un projet, etc.

Delenda Carthago.

Carthago Carthage, *delenda* (est) devant être détruite. — Il faut détruire Carthage.
C'est par ces mots que Caton l'Ancien terminait tous ses discours dans le sénat romain, quel que fût d'ailleurs le sujet qu'il eût traité. On les emploie quelquefois à propos d'un dessein, d'une proposition à laquelle une personne revient toujours et en toute occasion : « C'est son *delenda Carthago* ».

De minimis non curat prætor.

Prætor le préteur (*), *non curat* ne s'occupe point, *de minimis* des très-petites causes. — Le tribunal supérieur n'a pas à s'occuper des petits procès, des causes peu importantes.
Se dit par extension d'une affaire dont n'a pas à s'occuper une personne chargée de soins plus importants.

Dente superbo.....
(Horace, *Sat.* 6, liv. II.)

Dente d'une dent, *superbo* hautaine, dédaigneuse.
C'est de cette façon, c'est dédaigneusement et du bout des dents, que le rat de ville touche aux mets grossiers que lui a servis son ami le rat des champs.

Deo gratias........

(*Agamus* rendons) *gratias* grâces, *Deo* à Dieu.
Dernières paroles des assistants à la fin de la messe.
Se dit familièrement à la place de *grâce à Dieu*, c'est fini, pour exprimer la satisfaction de voir finir quelque chose de trop longue durée.

De omni re scibili.

De de ou touchant, *omni* toute, *re* chose, *scibili* que l'on peut savoir.
En 1486, le célèbre Pic de la Mirandole, âgé de 23 ans, se rendit à Rome et proposa de soutenir une thèse *de omni re scibili*, c'est-à-dire sur tous les objets des sciences; aucun savant du temps n'osa se mesurer avec lui.
On emploie ironiquement cette locution à propos d'un pédant qui étale son savoir, et l'on ajoute même quelquefois, pour plaisanter, *et quibusdam aliis*, c'est-à-dire et de plusieurs autres.

De plano...........

De de, *plano* plan, uni, non raboteux. C'est-à-dire sans difficulté, sans peine et sur-le-champ.

(*) Magistrat romain chargé de rendre la justice.

De profundis....... Premiers mots du 6e des Psaumes de la pénitence, qui se chante à un enterrement. La phrase entière est : *De profundis clamavi ad te, Domine* (De profundis du fond des abîmes, *clamavi* j'ai crié, *ad* vers, *te* toi, *Domine* Seigneur).

Desiderata......... V. Supplement au Dictionnaire général.

Desinit in piscem.. *Desinit* se termine, *in* en, *piscem* poisson.

Horace, voulant faire comprendre combien il est nécessaire qu'il y ait de l'unité dans toute composition littéraire, commence son *Art poétique* par cette hypothèse : « Si un peintre ajoutait un cou de cheval à une tête « humaine, et qu'il revêtît de plumes des membres « rassemblés de toutes parts, de façon que, belle femme « dans la partie supérieure, elle se terminât en poisson « (*desinat in piscem mulier formosa superne*), admis à « voir cette œuvre, mes amis, pourriez-vous vous em- « pêcher de rire (*risum teneatis, amici*) ? »

On se sert de cette locution pour faire entendre qu'une chose manque d'unité, que la fin ne répond pas au commencement, que de belles promesses ne sont pas suivies d'effet.

De te fabula narratur.............. Voir *Mutato nomine*.

Deus ex machinâ.. *Deus* un Dieu, *ex* de, *machinâ* une machine. — Un dieu descendant d'une machine de théâtre.

Dans les pièces du théâtre antique et à l'ancien Opéra français, le dénoûment se faisait quelquefois par l'intervention d'une divinité mythologique qui descendait d'une nue. C'est au moyen du pouvoir souverain de Louis XIV, que Molière a fait le dénoûment du *Tartuffe*, et l'on peut dire que, dans ce cas, Louis XIV est un véritable *Deus ex machinâ*.

Cette locution s'applique à quelqu'un qui intervient inopinément pour terminer une affaire en tranchant les difficultés qui en empêchaient la solution.

Deus nobis hæc otia fecit.
(Virgile, *Egl. 1.*) *Deus* un dieu, *fecit* a fait, *nobis* à nous, *hæc* ces, *otia* loisirs.

Le dieu dont parle Virgile est le triumvir Octave, qui fut depuis l'empereur Auguste. Après la bataille de Philippes, les triumvirs distribuèrent aux vétérans de leur armée des terres enlevées à leurs propriétaires et parmi lesquelles se trouvait une métairie appartenant à Virgile. Par la protection de Varius et de Pollion, le poëte obtint d'Auguste la restitution de cette propriété.

L'application de cette phrase se fait quelquefois, lorsqu'on jouit d'une vie douce et tranquille, grâce à un bienfaiteur haut placé, et mieux encore grâce à la Providence qui a béni nos travaux et assuré par là les derniers jours de notre existence.

De visu............. Voir *De auditu*.

Dignus est intrare.
(Molière, *le Malade imaginaire*.) *Est* il est, *dignus* digne, *intrare* d'entrer, *in* dans, *nostro* notre, *docto* docte, *corpore* corps.

Paroles des médecins qui, dans la cérémonie du *Malade imaginaire*, reçoivent docteur en médecine le malade imaginaire lui-même.

La locution *dignus est intrare* s'emploie familièrement dans le cas où il s'agit d'admettre quelqu'un dans une corporation ou dans une société.

Dimidium facti, qui cœpit, habet.
(Horace, *Ep.* 2, liv. I.)

Qui celui qui, *cœpit* a commencé, *habet* a, *dimidium* moitié, *facti* de fait. — Ouvrage commencé est à moitié fait.

Divide ut imperes. — Divide, et imperabis.

Divide divise, *ut* afin que, *imperes* tu commandes. — Divise pour commander.

Divide divise, *et imperabis* et tu commanderas.

Maxime à l'usage d'une politique machiavélique et tortueuse.

Dixi..............

J'ai dit.

Expression dont on se sert quelquefois dans la conversation familière à la fin d'un long raisonnement, d'un exposé de motifs, d'une réfutation, etc.

Donec eris felix multos numerabis amicos.
(Ovide, *Trist.* I, 8.)

Donec tant que, *eris* tu seras, *felix* heureux, *numerabis* tu compteras, *multos* de nombreux, *amicos* amis.

Ovide ajoute : *Tempora si fuerint nubila, solus eris,* c'est-à-dire si les temps deviennent durs pour toi, tu resteras seul.

Dulce et decorum est pro patriâ mori.
(Horace, *Ode* 2, liv. III.)

Est il est, *dulce* doux, *et decorum* et glorieux, *mori* de mourir, *pro* pour, *patriâ* la patrie.

Dura lex, sed lex..

Lex loi, *dura* dure, *sed* mais, *lex* loi. — Cette loi est dure, mais c'est la loi.

E

Ecce homo,.........

Ecce voilà, *homo* l'homme.

Paroles de Pilate présentant aux Juifs Jésus-Christ couronné d'épines après la flagellation.

On le dit familièrement de quelqu'un que l'on attendait et qui se présente; on dit aussi : « C'est un *ecce homo* » en parlant d'un homme pâle et fort maigre. V. le Dictionnaire général.

Ejusdem farinæ....

Ejusdem de la même, *farinæ* farine. — De même genre, de même espèce, de même nature.

Epicuri de grege porcus.

Porcus pourceau, *de grege* du troupeau, *Epicuri* d'Épicure.

Phrase empruntée à Horace (*Epît.* 4, liv. I). La vie matérielle et toute de plaisirs que menaient les Epicuriens leur fit donner le nom de pourceaux d'Epicure.

Errare humanum est.

Errare errer, *est* est, *humanum* de l'homme. — L'homme est sujet à l'erreur.

Est modus in rebus
(Horace, *Sat.* 1, liv. I.)

Modus modération, mesure, milieu, *est* est, *in* dans, *rebus* les choses. — En toutes choses il est un juste milieu.

Ex cathedrâ...... .

Ex de, *cathedrâ* la chaire.

« Parler *ex cathedrâ* », parler du haut de la chaire.

Exegi monumentum ære perennius.
(Horace, *Ode* 24 ou 30, liv. III.)

Exegi j'ai achevé, *monumentum* un monument, *perennius* plus durable, *ære* que l'airain.

Ce monument, ce sont les œuvres du poète, qui se donne ainsi lui-même un brevet d'immortalité. On applique quelquefois cette locution à un auteur vivant, mais on l'emploie alors sur le ton de la plaisanterie.

Ex nihilo nihil......
Nihil rien, *ex* de, *nihilo* rien. — Rien ne peut venir de rien. De rien on ne peut rien faire, on ne peut rien tirer.

Experto crede Roberto.
Crede crois, *Roberto* à Robert, *experto* ayant éprouvé. — Croyez-en celui qui l'a éprouvé, qui en a fait l'épreuve, qui le sait par expérience.
La personne qui prononce cette phrase veut ordinairement parler d'elle-même.

Ex professo.........
Pour l'avoir appris et enseigné, en professeur.
« Parler d'une chose *ex professo* », en homme qui s'y entend, qui possède bien son sujet.

Ex tempore..........
Sur le moment, sur-le-champ, sans préparation, en improvisant.

F

Fabricando fit faber.
Fabricando en fabriquant, *fit* il est fait, il devient, *faber* ouvrier, forgeron. — On devient ouvrier en travaillant; à force de forger, on devient forgeron.

Facilis descensus Averno.
(Virgile, *En.* VI.)
Descensus la descente, *Averno* vers l'Averne, *est* est, *facilis* facile.
L'Averne était un lac près duquel les anciens plaçaient l'entrée des enfers.
On se sert quelquefois de cette partie de vers pour faire entendre par une application détournée qu'il est toujours facile de quitter la vie.

Fama est ou fama volat.
Fama la renommée, *est* est ; ou *fama* la renommee, *volat* vole. — Le bruit court.

Fecundi calices quem non fecere disertum?
(Horace, *Ep.* 5, liv. I.)
Quem qui, quel homme, *calices* les coupes, *fecundi* abondantes, pleines, *non fecere* n'ont-elles pas fait, *disertum* disert? — A qui le vin ne donne-t-il pas la verve et l'éloquence?

Felix culpa.........
Felix heureuse, *culpa* faute.
Se dit d'une résolution, d'un acte contraire à la prudence ou à la raison, et qui néanmoins a eu d'heureuses conséquences.

Felix qui potuit rerum cognoscere causas.
(Virgile, *Georg.* II.)
Felix heureux, *qui* celui qui, *potuit* a pu, *cognoscere* connaître, *causas* les causes, *rerum* des choses. — Heureux celui qui a pu connaître les causes secrètes de toutes choses.

Fervet opus.........
(Virgile, *En.* I.)
Opus l'ouvrage, *fervet* est en activité. — L'œuvre avance rapidement; on est à l'ouvrage avec ardeur.

Festina lente.......
Festina hâte-toi, *lente* lentement.
Boileau a dit : « Hâtez-vous lentement quelque ordre « qui vous presse. »

Fiat...............
Qu'il soit fait, que cela soit. V. le Dictionnaire.

Fiat lux............
Lux (que) la lumière, *fiat* soit faite.
La Genèse nous apprend que Dieu, voulant créer la lumière, dit : « Que la lumière soit, *fiat lux* », et la lumière fut.
Cette locution s'emploie substantivement en parlant de toute grande théorie nouvelle qui éclaire tout à coup quelque point obscur de la science : « Ce fut le *fiat lux*

de la chimie. » On s'en sert aussi sous forme d'exclamation pour exprimer le désir qu'un sujet exposé ou traité d'une manière obscure le soit avec plus de clarté.

Fidus Achates......
(Virgile, *Énéide*.)

Le fidèle Achate. Achate est le fidèle compagnon d'Énée. Cette locution s'applique au compagnon, à l'ami inséparable d'une personne.

Finis coronat opus.

Finis la fin, *coronat* couronne, *opus* l'œuvre.
C'est-à-dire la fin répond au commencement; les résultats sont ce que les débuts faisaient prévoir qu'ils seraient. — Se dit de ce qui est bien comme de ce qui est mal.

Flagrante delicto.

En flagrant délit.

Fœnum habet in cornu.
(Horace, *Sat.* 4, liv. I.)

Habet il a, *fœnum* du foin, *in* sur, *cornu* la corne.
Se dit d'un homme emporté ou dangereux. Anciennement on mettait du foin à la corne d'un taureau ou d'un bœuf méchant pour avertir qu'on eût à s'en garantir.

Fructus belli ......

Fructus les fruits, les résultats, *belli* de la guerre.
S'emploie pour exprimer les fâcheuses conséquences, pour la santé, d'un travail pénible, de longues fatigues, etc.

Fugit irreparabile tempus.
(Virgile, *Géorg.* III.)

Tempus le temps, *fugit* s'enfuit, *irreparabile* irréparable. — Le temps irrévocable s'écoule rapidement; le temps écoulé est irréparable.

Furor arma ministrat.
(Virgile, *Én.* I.)

Furor la fureur, *ministrat* fournit, *arma* des armes.
— La rage arme les bras.

G

Genus irritabile vatum ....
(Horace, *Ep.* 2, liv. II.)

Genus la race, *irritabile* irritable, *vatum* des poètes.

Grammatici certant, et adhuc sub judice lis est.
(Horace, *Art poét.*)

Grammatici les grammairiens, les critiques, les érudits *, *certant* disputent, *et* et, *lis* le procès, *est adhuc* est encore, *sub* sous, *judice* le juge; c'est-à-dire et le procès est encore pendant, et la question est encore indécise.
La dernière partie du vers *adhuc sub judice lis est* se dit séparément de toute question qui n'a pas encore été résolue.

Gratis pro Deo.....

Gratis gratuitement, *pro Deo* pour Dieu. — Pour l'amour de Dieu; sans intérêt, sans profit, sans avantage.

H

Habeas corpus.....

Habeas que tu aies, *corpus* ton corps, ta personne. — Reste maître de ta personne, reste libre.
Une loi anglaise donne, dans certains cas, à l'accusé qui fournit caution, la faculté d'attendre en pleine liberté sa mise en jugement; cette loi s'appelle loi de l'*habeas corpus*.

(*) Le mot latin *grammatici* a un sens beaucoup plus étendu que notre mot *grammairien*.

Habemus confitentem reum.

Habemus nous avons, *reum* l'accusé, *confitentem* avouant. — L'accusé avoue le fait.

Se dit souvent, sur le ton de la plaisanterie, de quelqu'un qui finit par avouer ses torts, ses peccadilles, ou reconnaître ses propres actes.

Habent sua fata libelli.

Libelli les petits livres, *habent* ont, *sua* leurs, *fata* destinées. — Les ouvrages légers ont aussi leurs destinées; c'est-à-dire que les uns obtiennent la faveur du public capricieux, et les autres non.

Hic..................

Ici, c'est ici. — « Voilà le *hic*. » Voilà le point difficile, où se trouve la principale difficulté.

Hic et nunc ....

Hic ici, *et nunc* et à l'instant.

« Décidez-vous *hic et nunc* », décidez vous maintenant, tout de suite, à l'instant même.

Hic jacet............

Hic ici, *jacet* est étendu, est couché. — Ici repose. C'est l'inscription mise sur les tombes.

Hic jacet lepus....

Hic là, *jacet* gît, *lepus* le lièvre. C'est là le point délicat, là est le principal de l'affaire.

Hoc erat in votis..
(Horace, *Sat.* 1, liv. II.)

Hoc cela, *erat* était, *in* dans, *votis* mes vœux. — C'était là l'objet de mes vœux, de mes désirs; c'est ce que je désirais ardemment.

Hoc est.............

Est c'est, *hoc* cela. — C'est cela même.

Hoc opus, hic labor est.
(Virgile. *En.* VI.)

Hoc cet, *opus* ouvrage, *hic* ce, *labor* travail, *est* est.

Il est facile, dit Virgile, de descendre dans les enfers, *facilis descensus Averno* (voir plus haut); mais en sortir pour remonter au séjour de la lumière, c'est là l'œuvre difficile, *hoc opus, hic labor est.*

S'emploie toutes les fois que l'on veut faire entendre que l'exécution ou l'accomplissement d'une chose offre de grandes difficultés.

Hodiè mihi, cras tibi.

Hodiè aujourd'hui, *mihi* à moi, *cras* demain, *tibi* à toi. — C'est mon tour aujourd'hui, ce sera le tien demain. Ce que j'éprouve maintenant, tu l'éprouveras à ton tour.

Homo sum : humani à me nihil alienum puto.
(Térence, *Heautont.* I, 1.)

Sum je suis, *homo* homme, *puto* je pense, *nihil* rien, *humani* d'humain (*esse* être), *alienum* étranger, *à me* de moi, à moi. — Je suis homme : je pense donc que rien de tout ce qui touche à d'autres hommes ne doit m'être indifférent.

Horresco referens.
(Virgile *En.* II.)

Horresco je frémis d'horreur, *referens* en rapportant, en racontant. — Je frémis en le racontant.

On emploie quelquefois ironiquement et familièrement cette locution dans le cas où il ne s'agit que d'un fait de peu d'importance, et qui est plutôt ridicule que véritablement effrayant.

I

Id est.............

Id cela, *est* est. — C'est-à-dire.

In animâ vili......

In sur, *animâ* une âme, *vili* vile.

Faire une expérience *in animâ vili*, se dit au propre d'expériences scientifiques faites sur un animal vivant, et au figuré, d'épreuves morales que l'on fait subir à une personne de peu de valeur.

In articulo mortis. — *In* dans *ou* à, *articulo* l'article, *mortis* de la mort.

In caudâ venenum. — *Venenum* le venin (*est* est) *in* dans, *caudâ* la queue.

La queue du scorpion se termine par un dard venimeux: de là cette expression proverbiale, qui s'emploie au figuré pour faire entendre qu'un discours ou un écrit se termine par des insinuations perfides, des reproches, des méchancetés, etc.

Indè iræ............
(Juvénal, *Sat.* 1.) — *Indè* de là, *iræ* les haines. — Voilà l'origine, la cause de sa haine.

Indocti discant et ament meminisse periti. — *Indocti* (que) les ignorants, *discant* apprennent, *et* et, *periti* (que) les habiles, les gens instruits, *ament* aiment, *meminisse* à se rappeler (c'est-à-dire à revoir ce qu'ils ont déjà appris).

Ingenium præstat viribus. — *Ingenium* le génie, le talent, l'habileté, l'adresse, *præstat* l'emporte, *viribus* sur les forces.

In hoc signo vinces. — *Vinces* tu vaincras, *in* dans, avec, *hoc signo* ce signe. — Tu vaincras par ce signe.

L'histoire rapporte que l'empereur Constantin, marchant contre le tyran Maxence, vit dans le ciel une croix de feu avec cette inscription : *in hoc signo vinces;* Constantin victorieux fit placer sur ses étendards une croix entourée des mêmes mots.

In manus. — La phrase entière est : *in manus tuas, Domine, commendo spiritum meum.* C'est-à-dire *Domine* Seigneur, *commendo* je remets, *meum* mon, *spiritum* esprit, *in* dans, *tuas* tes, *manus* mains. — Seigneur, je remets mon âme entre vos mains.

Paroles que prononça le Christ avant d'expirer (*Évangile selon St. Luc*).

In medio virtus.... — *Virtus* la vertu, (*stat* se tient) *in* dans, *medio* le milieu. — La vertu se tient dans un juste milieu, loin des extrêmes.

In naturalibus..... — *In* dans, *naturalibus* l'état de nature.
C'est-à-dire dans l'état de nudité, tout nu.

In partibus infidelium, ou simplement **in partibus.** — *In* dans, *partibus* les parties (du globe), les pays, les contrées, *infidelium* des infidèles.
Evèque *in partibus*, évèque dont le siége est situé dans un pays qui est au pouvoir des infidèles, d'un peuple qui n'est pas chrétien.

In propriâ pelle quiesce.
(Affabulation mise en tête de la 3ᵉ fable de Phèdre.) — *Quiesce* tiens-toi en repos, reste, *in* dans (*tuâ* ta), *propriâ* propre, *pelle* peau.
N'imitez pas le geai qui voulut se parer des plumes du paon : ne cherchez pas à paraître plus que vous n'êtes.

In secula seculorum. — *In* dans, jusqu'à, *secula* les siècles, *seculorum* des siècles.
S'emploie pour désigner une durée extrêmement longue.

Instar omnium.... — *Instar* à la façon, *omnium* de tous. — Comme fait tout le monde, à l'imitation de la foule.

Intelligenti pauca. — (*Verba* des paroles) *pauca* peu nombreuses (*sunt* sont, *necessaria* nécessaires, *homini* à l'homme) *intelligenti* intelligent, qui comprend facilement. — Peu de mots à qui comprend facilement.

Inter pocula........

Inter au milieu de, *pocula* les coupes, les verres.
C'est-à-dire le verre en main : « Nous traiterons l'affaire *inter pocula.* »

In verba magistri.

V. *A verbo magistri.*

In vino veritas.....

Veritas la vérité, *in* dans, *vino* le vin.
Le vin rend expansif et indiscret : la vérité échappe à l'homme ivre; l'ivresse lui fait dire ce qu'il avait tenu secret jusque là.

Invitâ Minervâ.....
(Horace, *Art poét.*)

Minervâ Minerve, *invitâ* contrainte, s'opposant. — Malgré Minerve, c'est-à-dire en dépit du bon sens.
« Rimer malgré Minerve », faire de mauvais vers; s'obstiner à rimer, quoique l'on soit dépourvu de talent poétique.

Ipso facto..........

Facto par le fait, *ipso* lui-même. — Par le fait seul, par le fait même.

Ira furor brevis est.
(Horace, *Ép.* 2, liv. I).

Ira la colère, *est* est, *furor* une fureur, *brevis* courte. — La colère est une courte folie.

Is fecit cui prodest.
(Maxime de jurisprudence.)

Is celui, *cui* à qui, *prodest* il est utile, *fecit* a fait, a exécuté. — Celui-là a fait la chose à qui la chose est profitable. Le coupable est celui à qui le crime ou le délit est utile.

L

Labor omnia vincit improbus.
(Virgile, *Géorg.* I.)

Labor un travail, *improbus* opiniâtre, *vincit* vainc, *omnia* tout. — Un travail opiniâtre vient à bout de tout.

Latet anguis in herbâ.
(Virgile, *Egl.* III)

Anguis un serpent, *latet* est caché, *in* dans, *herbâ* l'herbe.
Même sens que notre phrase proverbiale, *le serpent se cache sous les fleurs,* c'est-à-dire de belles apparences couvrent de mauvais desseins.

Lugete, veneres cupidinesque.

Lugete pleurez, *veneres* grâces, *que* et, *cupidines* amours.

Lupus in fabulâ....

Lupus loup, *in* dans, *fabulâ* la conversation.
Cette locution revient à notre français *quand on parle du loup, on en voit la queue ou les oreilles,* qui s'applique à une personne arrivant juste au moment où l'on parle d'elle.

M

Macte, puer. Macte animo, macte virtute.

Macte allons, courage, *puer* enfant. *Macte* allons, croissons, *animo* en courage, *virtute* en valeur, en vertu.
Ce sont là, comme on voit, des formules d'encouragement.
Macte vient de l'adjectif *mactus,* contraction de *magis auctus,* et signifiant *accru, augmenté davantage* ou *beaucoup.*

Magister dixit.....

Magister le maître, *dixit* a dit. — Le maître l'a dit.
Paroles de ceux qui, n'ayant point d'opinions par eux-mêmes, jurent par la parole du maître.

Malesuada fames.
(Virgile, *Én.* VI.)

Fames la faim, *malesuada* qui conseille le mal. — La faim, mauvaise conseillère.

Manet altâ mente repostum.
(Virgile, *Én.* I).

Manet reste, *repostum* caché, enfoncé, *mente* dans son âme, *altâ* profonde, c'est-à-dire au fond de son âme.

Dans Virgile il s'agit du jugement de Pâris, qui avait accordé la pomme d'or à Vénus, au lieu de la donner à Junon; celle-ci gardait dans le fond de son cœur le souvenir de cette injure. On emploie cette locution dans des cas analogues, lorsqu'il s'agit d'un ressentiment qui n'a rien perdu de sa vivacité.

Manibus pedibusque.

Manibus des mains, *que* et, *pedibus* des pieds.
En faisant tous ses efforts, par tous les moyens possibles.

Manibus pedibusque discedo in tuamsententiam.
(Quintilien.)

Discedo je vais, je me range, *in* dans ou à, *tuam* ton, *sententiam* sentiment, avis, *manibus* des mains, *que* et, *pedibus* des pieds.

Quelques personnes disent : *pedibus et manibus descendo*, etc. C'est *discedo* qui est le seul bon ; *discedere in sententiam* signifie se ranger à l'avis de ; et la phrase latine peut se traduire ainsi : « Je suis de votre avis et « des mains et des pieds. » Elle vient de ce que l'on prenait les suffrages soit en levant les mains, soit en faisant passer d'un côté ceux qui approuvaient, et de l'autre ceux qui étaient d'un avis contraire.

Margaritas ante porcos.

Margaritas des perles, *ante* devant, *porcos* des pourceaux. — Ce sont des perles servies à des pourceaux.
Se dit de choses fines, délicates, d'une grande valeur littéraire ou artistique, soumises au jugement de personnes incapables de les apprécier.

Maxima debetur puero reverentia.
(Juvénal, *Sat.* XIV.)

Maxima le plus grand, *reverentia* respect, *debetur* est dû, *puero* à l'enfant. — Il faut religieusement respecter l'innocence des enfants.
On ne doit jamais se permettre de rien dire ou de rien faire d'inconvenant devant les enfants.

Meâ culpâ...........

Meâ par ma, *culpâ* faute.
« Dire son *meâ culpâ* », avouer que l'on s'est trompé, convenir de ses torts.

Me, me, adsum qui feci.
(Virgile, *Én.* IX.)

Me moi, *me* moi, *qui feci* qui ai fait, *adsum* je suis présent. — Moi, c'est moi qui ai tout fait; me voici.
C'est le cri de Nisus apercevant l'ennemi prêt à percer le cœur d'Euryale, son ami, qu'il a entraîné dans sa dangereuse expédition à travers le camp des Rutules
S'emploie familièrement comme aveu d'une faute légère ou d'une action plaisante, ridicule.

Mens agitat molem.
(Virgile, *Én.* VI.)

Mens l'esprit, *agitat* agite, met en mouvement, *molem* la masse. — Une âme universelle imprime le mouvement à la matière. Un principe de vie meut le monde matériel

Mens sana in corpore sano.
(Juvénal, *Sat.* X.)

Mens un esprit, *sana* sain, *in* dans, *corpore* un corps, *sano* sain. — La santé de l'esprit avec la santé du corps.

Minima de malis..
(Phèdre, I, 2.)

Minima les plus petits, *de malis* des maux. — De plusieurs maux il faut choisir le moindre.

Mirabile dictu..... (Virgile. *En.* I).	(Chose), *mirabile* merveilleuse, *dictu* à être dite. — Chose merveilleuse à dire.
Mirabile visu...... (Horace. *Ep.* 2, liv. II).	(Chose), *mirabile* merveilleuse, *visu* à être vue. — Chose merveilleuse, admirable à voir.
Modus faciendi....	*Modus* manière, *faciendi* de faire. — Manière de faire, d'exécuter, de procéder.
Morituri te salutant.	*Morituri* les allant mourir, *te salutant* te saluent. — Ceux qui vont mourir te saluent. C'est par ces paroles que les gladiateurs romains saluaient l'empereur en passant devant sa loge pour aller s'entre-tuer dans l'arène.
Mors ultima ratio.	*Mors* la mort (*est* est), *ratio* la raison, le compte, *ultima* dernier, final. — La mort termine, règle toute chose.
Motu proprio.......	*Motu* d'un mouvement, *proprio* propre. — De son propre mouvement, sans y être contraint par personne.
Motus	*Motus* mouvement (*non sit* ne soit pas). — Point de mouvement, point de bruit, pas un mot, paix, silence !
Multa paucis.......	*Multa* beaucoup de choses (*verbis* en paroles) *paucis* peu nombreuses. — Beaucoup de choses en peu de mots.
Mutato nomine de te fabula narratur. (Horace, *Sat.* 1, liv. I).	*Nomine* le nom, *mutato* étant changé, *fabula* le conte, l'histoire, *narratur* est racontée, *de te* de toi. — Changeons le nom, c'est ton histoire. Horace, interpellant un avare, lui fait le tableau de Tantale qui meurt de soif au milieu de l'eau. « Tu ris ? dit-il, changeons le nom, et c'est ton histoire. » On ne dit ordinairement que la dernière partie de la phrase, en l'adressant à une personne dont on a raconté quelque chose et qui ne s'est pas aperçue que c'était d'elle qu'il s'agissait.

N

Nec pluribus impar.	*Nec* non, *impar* inégal, *pluribus* à un grand nombre, ou *nec* non, *impar* insuffisant, *pluribus* contre plusieurs. — C'est-a-dire, seul je puis résister a plusieurs. Devise de Louis XIV, inscrite autour d'un soleil.
Nec ou non plus ultrà.	*Nec* ou *non* non, *plus* davantage, *ultrà* au delà. — Rien plus au delà. Le dernier point où l'on peut atteindre. V. le Dictionnaire.
Nego...............	Voir *Concedo*.
Neque semper arcum tendit Apollo (Horace, *Ode* 7 ou 10, liv. II.)	*Neque* ni, *Apollo* Apollon, *tendit* tend, *semper* toujours, *arcum* l'arc. — Et Apollon ne tend pas toujours son arc. Exprime la nécessité de ne pas toujours avoir l'esprit tendu, de ne pas toujours travailler. Mais la phrase n'a pas précisément ce sens dans la strophe du poète latin.
Ne quid nimis...... (Phèdre, 5, II.)	*Ne* non, *quid* quelque chose, *nimis* de trop. — Rien de trop.
Nescio vos.........	*Nescio* je ne sais pas, je ne connais pas, *vos* vous. — Je ne vous connais pas. Formule de refus.

Ne sus Minervam.

(Que) *sus* un pourceau, *ne* ne (*doceat* enseigne), *Minervam* Minerve. — Qu'un pourceau ne s'avise pas de vouloir instruire Minerve ; c'est-à-dire qu'un sot, qu'un ignorant ne cherche pas à en remontrer à plus savant, à plus habile que lui.

Revient à notre proverbe : « C'est Gros-Jean qui veut en remontrer à son curé. »

Ne sutor ultrà crepidam.

(Que) *sutor* le cordonnier, *ne* ne (*judicet* juge, ou *ne pergat* n'aille pas dans sa critique), *ultrà* au delà de, *crepidam* la chaussure. — Qu'un cordonnier ne juge que des chaussures ; c'est-à-dire qu'un homme ne donne son avis que sur ce qui est de sa compétence, et ne s'avise pas de raisonner de choses qui lui sont étrangères.

On raconte que le peintre Apelle ayant exposé un tableau, un cordonnier trouva à redire à la sandale d'une des figures représentées. Apelle reconnut la justesse de cette critique ; le cordonnier se permit alors de blâmer d'autres parties du tableau ; mais l'artiste le fit taire par quelques paroles qui ont été traduites ainsi en latin : *Ne sutor ultrà crepidam.*

Nihil ab omni parte beatum,
(Horace, *Ode* 13 ou 16, liv. II.)

Nihil rien (*est* n'est), *beatum* heureux, *ab* de, *omni* toute, *parte* part. — Rien n'est heureux de toute façon ; il n'est point de bonheur absolu.

Nul bonheur sans mélange. (*La Fontaine.*)

Nil admirari.........
(Horace, *Ep.* 6, liv. I.)

Admirari s'étonner, être surpris, *nihil* de rien. — Ne s'étonner de rien ; ne se laisser ébranler par rien. Garder une parfaite tranquillité d'âme dans la bonne ou dans la mauvaise fortune.

Non bis in idem....
(Axiome de jurisprudence.)

Non non, *bis* deux fois, *in* dans, *idem* le même.
Un accusé ne peut être puni deux fois pour la même action coupable. On ne doit pas appliquer deux fois la même prescription de la loi ou la même mesure dans un seul et même cas.

Se dit quelquefois pour signifier que le même incident ne peut pas se produire de nouveau, que l'on aurait tort d'employer encore le même moyen, lorsqu'il n'a pas réussi une première fois, etc.

Non est hìc locus ou **non erat hìc locus...............**

Non est ce n'est pas, ou *non erat* ce n'était pas, *hìc* ici, *locus* le lieu. — Ce n'est pas ou ce n'était pas le lieu, le moment de dire ou de faire telle chose.

Horace, dans son *Art poétique*, parle d'un poëte qui, à propos d'un bois consacré à Diane, se met à décrire un ruisseau, le Rhin ou l'arc-en-ciel ; et Horace s'écrie : *Sed nunc non erat hìc locus*, c'est-à-dire mais en ce moment il n'y avait pas lieu de décrire ces choses.

Non licet omnibus adire Corinthum.

Non licet il n'est pas permis, *omnibus* à tous, *adire* d'aller à, *Corinthum* Corinthe.

C'est-à-dire il n'est pas donné à tout le monde d'obtenir le succès, des faveurs, des richesses, d'atteindre le but proposé, etc.

Corinthe était une ville de plaisirs, et les plaisirs y étaient fort chers. Horace (*Epit.* 17, liv. I), a dit de même : *Non cuivis homini contingit adire Corinthum*, tout homme n'a pas le bonheur d'aller à Corinthe. Horace l'entend du bonheur d'approcher des grands.

Non missura cutem, nisi plena

Hirudo sangsue, *non missura* ne devant pas abandonner, *cutem* la peau, *nisi* si ce n'est, *plena* étant rem-

cruore, hirudo.
(Horace, *Art poét.*)

plie, *cruore* de sang. — C'est une sangsue qui ne se détache de la peau qu'après s'être gorgée de sang.

Horace parle d'un auteur qui, lisant ses vers à quelqu'un, s'attache à lui, le retient de force et l'assomme de sa lecture. La citation s'applique à un bavard fatigant ; mais surtout à l'homme intéressé, rapace, à l'usurier qui suce tout le sang de sa victime.

Non omnia possumus omnes.
(Virgile, *Egl.* VIII.)

Omnes tous, *non possumus* nous ne pouvons. *omnia* toutes choses. — Aucun de nous n'est propre à tout ; aucun n'a tous les talents réunis en lui.

Non passibus æquis.
(Virgile, *En.* II.)

Passibus à pas, *non æquis* non égaux. — A pas inégaux.

Enée, quittant Troie incendiée par les Grecs, dit qu'il emporte son père Anchise sur ses épaules, et ajoute que son fils Iule s'attache à sa main et le suit d'un pas inégal.

Nosce te ipsum.

Nosce connais, *te ipsum* toi-même. — Connais-toi toi-même.

Traduction de l'inscription grecque *gnôthi seauton*, mise sur le temple de Delphes. Cette belle maxime a été attribuée par les uns à Thalès et par d'autres à Pythagore.

Numero Deus impare gaudet.
(Virgile, *Egl.* VIII.)

Deus Dieu, *gaudet* éprouve de la satisfaction, *numero* du nombre, *impare* impair. — Dieu aime le nombre impair.

Nunc est bibendum.
(Horace, *Ode* 31 ou 37, liv. I)

Nunc maintenant, *est* il est, *bibendum* devant être bu. — Maintenant il faut boire. C'est maintenant qu'il faut boire.

O

O altitudo !.........

O élévation ! ô profondeur !

Oderint dum metuant.
(Suétone, *Vie de Caligula.*)

Oderint qu'ils haïssent, *dum* pourvu que, *metuant* ils craignent.

Paroles d'un prince qui exerce un pouvoir tyrannique et aime mieux être craint que d'être aimé, ou d'un supérieur qui se fait redouter de ses inférieurs et s'inquiète fort peu d'en être détesté.

Odi profanum vulgus et arceo.
(Horace, *Ode* 1, liv. III.)

Odi je déteste, *profanum* le profane, *vulgus* vulgaire, *et arceo* et je le repousse.

En matière de littérature, de sciences, d'arts, de philosophie, le vulgaire grossier, ignorant, sot et plein de préjugés, est comme un profane que l'on doit écarter de la célébration des mystères.

O fortunatos nimium, sua si bona nôrint agricolas !
(Virgile, *Georg.* II.)

O nimium ô trop, *fortunatos* heureux, *agricolas* les campagnards, *si nôrint* s'ils connaissent, *sua* leurs, *bona* avantages. — O heureux les cultivateurs, les habitants des campagnes, s'ils connaissaient leur bonheur !

Oleum et operam perdidi.
(Plaute, *Poenulus.*)

Perdidi j'ai perdu, *oleum* l'huile, *et operam* et le travail. — J'ai perdu mon temps et ma peine, mes veilles et mes travaux.

L'étude, le travail du soir ou de la nuit se faisait à la clarté de la lampe alimentée par l'huile d'olive.

Omne tulit punctum qui miscuit utile dulci.
(Horace, *Art. poét.*)

Qui celui qui, *miscuit* a mêlé, *utile* l'utile, *dulci* à l'agréable, *tulit* a emporté, *omne* tout, *punctum* point, suffrage. — Celui-là obtient tous les suffrages, qui a su joindre l'utile à l'agréable.

Les suffrages dans les comices s'indiquaient par des points que les votants marquaient sur une ablette.

Omnia amicorum communia.

Omnia toutes choses, *amicorum* des amis (*sunt* sont), *communia* communes. — Entre amis tout doit être commun.

Omnia mecum porto.

Porto je porte, *omnia* toutes choses, *mecum* avec moi. — Je porte tout mon bien, toutes mes richesses avec moi.

C'est ce que Bias, l'un des sept sages de la Grèce, répondit à ses concitoyens qui, chargés de leurs effets les plus précieux, s'apprêtaient à quitter la ville de Priène menacée par les Perses, et s'étonnaient que le philosophe ne fît pas comme eux. Bias estimait que les vraies richesses sont celles de l'esprit.

Omnia vincit labor improbus.

Voir *Labor omnia*, etc.

Omni modo........

Omni de toute, *modo* manière. — De toute manière, de toute façon, par tous les moyens possibles.

Omnis homo mendax.
(Psalmiste.)

Omnis tout, *homo* homme (*est* est), *mendax* menteur.

Omnium consensu.

Voir *Consensus*.

O rus, quando te aspiciam.
(Horace, *Sat.* 6, liv. II.)

O rus ô campagne, *quando* quand, *te aspiciam* te reverrai-je! — Ô champs, quand vous reverrai-je!

O tempora, ô mores!
(Cicéron, *Catil. 1.*)

O tempora ô temps, *ô mores* ô mœurs!
Cri d'indignation contre les mœurs de l'époque.

P

Panem et circenses.
(Juvénal.)

Panem du pain, *et circenses* et des cirques. — Du pain et des spectacles.

C'est tout ce que demandait le peuple romain corrompu et oublieux de la liberté.

Par pari refertur.
(Phèdre, I, 25.)

Par la pareille, *refertur* est reportée, est rendue, *pari* à la pareille.

Trompeurs, c'est pour vous que j'écris:
Attendez-vous à la pareille.
(La Fontaine, *Le Renard et la Cigogne*)

Parcere subjectis et debellare superbos.
(Virgile, *Én.* VI.)

Parcere épargner, *subjectis* ceux qui ont été soumis, *et debellare* et dompter, *superbos* les superbes. — Épargner les vaincus et dompter les superbes.

Parturiunt montes, nascetur ridiculus mus.
(Horace, *Art. poét.*)

Montes les montagnes, *parturiunt* vont accoucher, *mus* un rat, *ridiculus* ridicule, qui prête à rire, *nascetur* naîtra. — La montagne en travail enfante une souris (Boileau, *Art. poét.* III.)

Se dit de belles promesses non suivies d'effet, et généralement de tout avortement de l'esprit, de toutes grandes espérances trompées.

Patere legem quam fecisti ou **quam tulisti.**

Patere subis, *legem* la loi, *quam* que, *fecisti* tu as faite, ou *quam* que, *tulisti* tu as proposée.

Pauca sed bona...

(*Negotia* des choses, ou *verba* des paroles) *pauca* peu nombreuses, *sed* mais, *bona* bonnes. — Peu mais bon. — Peu de paroles mais excellentes.

Paulô majora canamus.
(Virgile, *Egl.* IV.)

Canamus chantons (des choses), *paulô* un peu, *majora* plus grandes. — Passons à un sujet plus noble, plus élevé.

Pectus est quod disertum facit.
(Quintilien.)

Pectus la poitrine, le cœur, *est* est, *quod* ce qui, *facit* fait, rend, *disertum* disert. — C'est le cœur qui rend éloquent.

Pede tacito. — Pedetentim.

Pede d'un pied, *tacito* qui ne fait pas de bruit, lent et discret. — *Pedetentim* pas à pas, lentement et avec précaution.

Ces deux locutions s'appliquent à celui qui n'agit pas précipitamment et à l'étourdie, mais lentement, avec précaution, tranquillement et sans bruit.

Pedibus et manibus discedo in tuam sententiam.

Voir *Manibus pedibusque*, etc.

Pendent opera interrupta.
(Virgile, *Én.* IV.)

Opera les travaux, *pendent* sont suspendus, *interrupta* interrompus. — Les travaux restent inachevés.

Dans Virgile il s'agit des travaux de construction de la ville de Carthage.

Per fas et nefas....

Per par, *fas* ce qui est permis, *et nefas* et ce qui n'est pas permis. — Par le juste et l'injuste ; par tous les moyens honnêtes ou non.

Perindè ac cadaver.

Perindè ac de même que, *cadaver* un cadavre.

C'est la règle de l'obéissance passive : l'inférieur doit être, à l'égard de son supérieur, comme un corps sans âme ; il doit faire abnégation complète de sa propre volonté et de sa raison.

Per jocum..........

Par plaisanterie, pour plaisanter, pour rire.

Per Jovem..........

Par Jupiter.
Sorte de serment fait en plaisantant.

Pertransivit ou **pertransiit benefaciendo.**

Pertransivit il traversa, il passa, *benefaciendo* en faisant le bien. — Il traversa le monde en semant les bienfaits.

Se dit de tout homme dont la vie, comme celle de saint Vincent de Paul, a été une longue suite d'actions bienfaisantes.

Plaudite, cives.....

Plaudite applaudissez, *cives* citoyens.
Dernières paroles des pièces de théâtre chez les Romains.

Plus æquo..........

Plus que le juste, plus que de raison, outre mesure, plus qu'il ne faut, plus qu'il ne convient.

Post equitem sedet atra cura.
(Horace, *Ode* I, liv. III.)

Atra le noir, *cura* souci, *sedet* s'assied, *post* après, derrière, *equitem* le cavalier.
Boileau a dit (*Epître* V) :

Un fou rempli d'erreurs, que le trouble accompagne,
Et malade à la ville ainsi qu'à la campagne,

En vain monte à cheval pour tromper son ennui :
Le chagrin monte en croupe et galope avec lui.

Post tenebras lux. *Post* après, *tenebras* les ténèbres, *lux* la lumière.
Se dit de tout ce qui cesse d'être obscur, secret ou caché.

Primo mihi........ *Primo* premièrement, *mihi* à moi. — D'abord pour moi.
Langage de l'égoïste et du plus fort.

Primo occupanti... *Primo* au premier, *occupanti* occupant.
C'est le droit que la belette invoque contre le lapin dans la fable de La Fontaine :
La dame au nez pointu répondit que la terre
Était au premier occupant. (Livre VII, fable 16.)

Primus inter pares. *Primus* le premier, *inter* parmi, *pares* des égaux.

Principiis obsta : serò medicina paratur. *Obsta* mets obstacle, *principiis* aux principes, aux commencements (du mal), *medicina* le remède, *paratur* est préparé, *serò* trop tard.

(Ovide, *De remed.* V, 91.) Ovide ajoute : *Quum mala per longas convaluere moras,* c'est-à-dire lorsque par de longs retards on a laissé au mal le temps de prendre de la force.

Pro aris et focis... *Pro* pour, *aris* les autels, *et focis* et les foyers.
Combattre pour les autels et pour les foyers, pour les dieux et pour la famille, et au figuré pour toute chose chère et sacrée. Les soldats romains juraient de combattre *pro aris et focis.*

Pro domo suâ...... *Pro* pour, *suâ* sa, *domo* maison. — Pour sa maison, pour ses affaires domestiques, pour sa famille, pour ses propres intérêts.
De retour de son exil, Cicéron plaida pour recouvrer le terrain où s'élevait sa maison, que le tribun Clodius avait fait abattre.
Son discours est intitulé *Pro domo suâ.*

Pro formâ.......... *Pro* pour, *formâ* la forme.

Proh pudor !....... *Proh* ô, *pudor* honte !

Pro tempore....... *Pro* selon, *tempore* le temps. — Suivant les circonstances.

Pugnis et calcibus. Voir *Calcibus et pugnis.*

Pulchrè, benè, rectè. *Pulchrè* beau, *benè* bien, *rectè* très-bien. — Bien, très-bien, parfait.
(Horace, *Art. poét.*)

Punica fides........ *Fides* la foi, *punica* punique.
La mauvaise foi des Carthaginois. Leur habitude de se parjurer était passée en proverbe.

Q

Qualis pater, talis filius ; ou talis pater, talis filius. *Filius* le fils (*est* est), *talis* tel, *qualis* quel (que), *pater* le père ; où *talis* tel, *pater* père, *talis* tel, *filius* fils.

Qualis vir, talis oratio. *Oratio* le discours (*est* est), *talis* tel, *qualis,* quel (que), *vir* l'homme. — Tel homme, tel discours.

Quandoque bonus dormitat Homerus. |
(Horace, *Art. poét.*)

Bonus le bon, l'excellent, *Homerus* Homère, *dormitat* dort, *quandoque* quelquefois.

Le meilleur auteur a des parties faibles : le grand Corneille n'est pas toujours sublime ni égal à lui-même.

Quantum mutatus ab illo !
(Virgile, *En.* II.)

Quantum combien, *mutatus* changé, différent, *ab* de, *illo* cet, *Hectore qui redit exuvias indutus Achillis,* ajoute Virgile, c'est-à-dire de cet Hector revenant chargé des dépouilles d'Achille !

Énée raconte que dans la nuit où Troie fut prise et incendiée par les Grecs, Hector lui apparut noir de sang et de poussière, abattu et fondant en larmes : « Qu'il était différent, s'écrie-t-il, de cet Hector, etc. ! »

En l'appliquant à quelqu'un, on ne cite que la première partie de la phrase ; et le sens est alors : *Combien différent de ce qu'il était autrefois !*

Quia................

Parce que.

« Mettre quelqu'un à *quia*, le réduire à *quia*, c'est-à-dire au point de ne savoir plus répondre que *parce que, parce que,* comme dans les disputes de l'École faisait l'adversaire à bout de raisons et répétant *quia, quia,* sans rien trouver à dire de plus.

Quia nominor leo..
(Phèdre, I, 5.)

Quia parce que, *nominor* je suis nommé, je m'appelle, *leo* lion.

On connaît la fable de La Fontaine imitée de celle de Phèdre : le lion prend pour lui toutes les parts, et la raison, dit-il, *c'est que je m'appelle lion.* C'est de là que vient la locution *se faire la part du lion.*

Qui bene amat bene castigat.

Qui qui, *amat* aime, *bene* bien, *castigat* châtie, *bene* bien.

Maxime prise tout à fait au sérieux par nos pères. De nos jours on la pratique beaucoup moins, et le plus souvent c'est par ironie qu'on l'énonce.

Qui habet aures audiendi audiat.

Qui celui qui, *habet* a, *aures* des oreilles, *audiendi* pour entendre, *audiat* qu'il entende. — Que celui qui a des oreilles entende.

On fait des observations renfermant quelque chose de menaçant, ou bien l'on donne indirectement un conseil, et l'on termine par ces mots : *Qui habet aures audiendi audiat;* ce qui revient à ces paroles : « Écoutez bien ce que je vous dis, et faites-en votre profit. »

Qui non laborat nec manducet.

Qui celui qui, *non laborat* ne travaille pas, *nec manducet* qu'il ne mange pas non plus. — Qui ne travaille pas ne doit pas manger.

Qui nescit dissimulare nescit regnare.

Qui qui, *nescit* ne sait pas, *dissimulare* dissimuler, *nescit* ne sait pas, *regnare* régner.

C'était la devise du roi Louis XI.

Qui potest capere capiat.

Qui qui, *potest* peut, *capere* comprendre, *capiat* qu'il comprenne. — Qui peut comprendre, comprenne.

Se dit en forme de conseil : « tâchez de comprendre ce qu'on vous dit, et faites-en votre profit. »

Quid novi?.........

Quid quoi, *novi* de nouveau. — Qu'y a-t-il de nouveau ? Quoi de nouveau ?

Question familière.

Quidquid delirant reges plectuntur Achivi.
(Horace, *Ep.* 2, liv. I.)

Quidquid en quelque chose que, *reges* les rois, *delirant* agissent sans raison, *Achivi* les Grecs, *plectuntur* sont châtiés, en souffrent. — Les Grecs portent la peine de toutes les sottises de leurs rois.

Horace dit que l'*Iliade* renferme de grands enseignements : il rappelle la cause de la guerre de Troie, la querelle d'Achille et d'Agamemnon, querelle qui fut fatale à l'armée grecque, et il conclut par le vers devenu proverbe et que l'on applique quelquefois aux peuples et aux rois des temps modernes.

Quod erat demonstrandum.

Quod ce qui, *erat* était, *demonstrandum* devant être démontré. — Ce qu'il fallait démontrer.

Formule empruntée aux anciens traités de mathématiques et qui s'abrégeait ainsi : Q. E. D.

Quod fieri non potest, nec incipiendum quidem.

Quod ce qui, *non potest* ne peut, *fieri* être fait, *nec quidem* non pas même (est est), *incipiendum* devant être commencé. — Ce que l'on ne peut faire, il ne faut pas même songer à l'entreprendre.

Quomodo vales ?...

Quomodo comment, *vales* te portes-tu ? — Comment te portes-tu ? ou comment vous portez-vous ?

Question familière entre amis. On dit mieux : *Ut vales?*

Quorum pars magna fui.
(Virgile, *Én.* II.)

Quorum desquels, *fui* j'ai été, *magna* une grande, *pars* partie. — Auxquels j'ai eu tant de part.

Il s'agit des événements, des malheurs de la guerre de Troie, qu'Énée va raconter à Didon : « Que j'ai vus, « dit-il, et auxquels j'ai eu tant de part. »

Quos ego!. . . . .
Virgile, *Én.* I.)

Quos lesquels, *ego* je. . . .

Les Vents se sont permis de faire une tempête sur mer sans l'aveu de Neptune ; le dieu irrité menace de les punir : *Quos ego...*, dit-il, *vous que je... si je vous...* Il n'achève pas : c'est ce que l'on appelle une *réticence*.

Cette formule de menace s'emploie familièrement et sur le ton de la plaisanterie.

Quos vult perdere Jupiter dementat.

Jupiter dementat Jupiter rend insensés, *quos* ceux que, *vult* il veut, *perdere* perdre.

S'applique à tous ceux qui, n'écoutant que leur passion, font des sottises et vont droit à leur perte.

Quot homines, tot sententiæ.
(Térence, *Phormio.*)

Tot autant, *sententiæ* de sentiments, d'avis, *quot* que, *homines* d'hommes. — Autant d'hommes, autant d'avis.

Quot capita tot sensus.

Voir *Tot capita tot sensus.*

Quousque tandem.
(Cicéron, *Catil.* 1.)

Quousque jusques à quand, *tandem* enfin.

C'est par ces mots que Cicéron commence son premier discours contre Catilina ; il l'interpelle en plein sénat : « Jusques à quand, dit-il, abuseras-tu de notre « patience ! »

R

Rara avis in terris.
(Juvénal.)

Avis oiseau, *rara* rare, *in* sur, *terris* les terres. — Oiseau rare sur cette terre.

Équivaut à notre locution *C'est un phénix.*

Rari nantes in gurgite vasto.

Voir *Apparent rari nantes.*

Regis ad exemplar.
(Claudien, *De cons. Hon.* IV, VIII.)

Ad d'après, *exemplar* l'exemple, *regis* du roi.

La phrase entière dans le poëme de Claudien est :
. . . . . . Totus componitur orbis
Regis ad exemplar.

C'est-à-dire « Toute la terre se règle sur l'exemple du souverain ». Massillon a dit de même : « La foule n'a « pas d'autre loi que les exemples de ceux qui com- « mandent. »

Rem acu tetigisti..
(Plaute, *Rudens.*)

Tetigisti tu as touché, *rem* la chose, *acu* avec l'ai-guille. — Tu as touché le point, tu as mis le doigt dessus, tu as deviné juste.

Res ipsâ loquitur.

Res la chose, *loquitur* parle, *ipsâ* d'elle-même. — La chose est évidente.

Requiescat in pace.

Requiescat qu'il repose, *in* en, *pace* paix.
Inscription tumulaire empruntée aux prières de l'É-glise pour un mort. Dans l'office des morts on dit aussi au pluriel : *requiescant in pace*, qu'ils reposent en paix.

Risum teneatis amici ?
(Horace, *Art poét.*)

Amici amis, *teneatis* retiendriez-vous, *risum* le rire ? — Mes amis, pourriez-vous vous empêcher de rire ?
Voir *Desinit in piscem.*

Rudis indigesta-que moles.
(Ovide, *Métam.* I.)

Moles masse, *rudis* informe, *que* et, *indigesta* con-fuse. — C'était, suivant Ovide, l'état de la matière dans le chaos avant la création.

S

Salus populi supre-ma lex esto.

Salus (que) le salut, *populi* du peuple, *esto* soit, *lex* la loi, *suprema* suprême. — Le salut du peuple doit être la suprême loi, la loi à laquelle cèdent toutes les autres.

Sat citò, si sat be-nè.

Sat assez, *citò* vite, *si sat* si assez, *benè* bien. — C'est assez vite, si c'est assez bien.
Ce sera toujours assez promptement fait, pourvu que ce soit assez bien fait.

Servum pecus.....
(Horace, *Ép.* 19, liv. I.)

Pecus troupeau, *servum* servile.
Horace parle des imitateurs en littérature, qui co-pient jusqu'aux défauts de leur modèle. La qualifica-tion s'applique aussi à ceux qui imitent servilement dans les arts, aux flatteurs, aux courtisans, etc.

Sic itur ad astra...
(Virgile, *En.* IX.)

Sic ainsi, *itur* on va, *ad astra* jusqu'aux astres. — C'est ainsi que l'on s'élève jusqu'aux astres.
C'est-à-dire c'est ainsi que l'on acquiert une grande réputation, une gloire éclatante.

Sic transit gloria mundi.
(*Imitation de J. C.*)

Sic ainsi, *gloria* la gloire, *mundi* du monde, *transit* passe. — Ainsi passe la gloire de ce monde. Richesse, honneurs, dignités, tout s'efface, tout disparait.

Sic ou hoc volo, sic jubeo : sit pro ra-tione voluntas.
(Plaute, *Asin.* I, 2.)

Volo je veux, *sic* ainsi, ou *hoc* cela, *jubeo* j'ordonne, *sic* ainsi : *voluntas* (que ma) volonté, *sit* soit, *pro* pour, *ratione* raison. — Je le veux, je l'ordonne ainsi : il ne doit pas y avoir d'autre raison que ma volonté.

Sic vos non vobis...
Virgile.)

Sic ainsi, de même, *vos* vous, *non vobis* non pour vous.
On raconte que Virgile écrivit secrètement sur la porte de la maison d'Auguste deux vers à la louange de ce prince. Un mauvais poëte s'en prétendit l'auteur

et fut généreusement récompensé. Virgile indigné écrivit encore une fois au même endroit les deux vers, suivis de celui-ci : *Hos ego versiculos feci, tulit alter honores* (c'est moi qui ai fait ces petits vers, un autre en a eu tout l'honneur), et il mit à la suite quatre fois l'hémistiche *sic vos non vobis*. Auguste désira que l'auteur des vers terminât ces quatre hemistiches : le poëte plagiaire essaya vainement de le faire ; mais Virgile n'eut pas de peine à finir ce qu'il avait commencé. Il nous suffira d'indiquer un de ces vers pour faire comprendre le sens de la citation latine :

Sic vos non vobis mellificatis apes.

C'est-à-dire, de même, ô abeilles, ce n'est pas pour vous que vous faites le miel.

Sicut meus est mos.
(Horace, *Sat.* 9, liv. I.)

Sicut comme, *est* c'est, *meus* mon, *mos* habitude.

Similia similibus curantur.

Similia les semblables, *curantur* sont guéris, *similibus* par les semblables.
Axiome des médecins homœopathes. Voir au Dictionnaire le mot *Homœopathie.*

Sine quâ non.......

Sine sans, *quâ* laquelle, *non* non.
« Condition *sine quâ non* », condition sans laquelle il n'y a rien de fait, sans laquelle il n'y a pas lieu à traiter, à faire la chose.

Sit pro ratione voluntas.

Voir, *Sic volo.*

Si vis pacem, para bellum.

Si vis si tu veux, *pacem* la paix, *para* prépare, *bellum* la guerre. — Si tu veux la paix, sois prêt à faire la guerre.

Sol lucet omnibus.

Sol le soleil, *lucet* luit, *omnibus* pour tous. — Le soleil luit pour tout le monde.

Spiritus flat ubi vult.

Spiritus l'esprit, *flat* souffle, *ubi* où, *vult* il veut. — L'inspiration se fait sentir où il lui plaît. Le génie peut se manifester chez les hommes de toute condition.

Sponte suâ........

Suâ de sa, *sponte* propre volonté. — De son propre mouvement, de soi-même, de son plein gré.

Statu quo ante bellum.

Statu dans l'état, *quo* dans lequel (on était), *ante* avant, *bellum* la guerre. — Dans l'état où étaient les choses avant la guerre.
On dit souvent simplement *statu quo* : V. le Dictionnaire.

Stupete, gentes....

Gentes nations, *stupete* soyez dans l'étonnement. — Peuples, émerveillez-vous.
S'emploie familièrement et sur le ton de la plaisanterie pour annoncer quelque chose de bizarre, de singulier.

Sub dio. — Sub Jove.

Sub sous, *dio* l'air. — Sous le ciel, à la belle étoile.
Sub Jove, mot à mot *sous Jupiter*, a la même signification : Jupiter était le dieu du ciel et de l'air.

Sub judice lis est..

Voir *Grammatici certant.*

Sublatâ causâ tollitur effectus.

Causâ la cause, *sublatâ* étant ôtée, *effectus* l'effet *tollitur* est enlevé. — Otez la cause, vous supprimez l'effet. Plus de cause, plus d'effet.

Sub lege libertas... — *Libertas* la liberté, *sub* sous, *lege* la loi. — La liberté pour tous sauf la restriction légale.

Suffcit............ — Il suffit (locution familière).

Sui generis......... — *Sui* de son, *generis* genre. — De son espèce, qui lui appartient en propre, particulier.
Chaque fruit d'espèce différente a un goût *sui generis* : la saveur de la pêche n'est pas celle de la poire.

Summum jus, summma injuria.
(Digeste.) — *Jus* droit, *summum* extrême, rigoureux; *injuria* injustice, *summa* extrême. — Le droit rigoureux est le comble de l'injustice.
On s'éloigne d'autant plus de l'équité que l'on s'attache davantage à la lettre de la loi, sans avoir égard au sens, à l'esprit de cette loi.

Suo tempore........ — *Suo* en son, *tempore* temps. — En son temps, de son temps.

Sursum corda...... — *Corda* les cœurs, *sursum* vers le haut. — Élevez vos cœurs vers Dieu.
Paroles du prêtre dans la *Préface* de la messe. Elles s'emploient quelquefois pour signifier exprimez, témoignez votre reconnaissance, votre bonheur, votre satisfaction.

Suus cuique mos.
(Térence.) — *Cuique* à chacun, *suus mos* sa coutume. — Chacun a sa coutume, sa manière, ses habitudes.

T

Talis pater, talis filius. — Voir *Qualis pater*.

Tandem, denique, tandem ! — Enfin, enfin, enfin !
« *Tandem, denique, tandem*, vous êtes arrivé ! »

Tantæne animis cœlestibus iræ !
(Virgile, *En.* I.) — *Ne* est-ce que, *tantæ* de si grandes, *iræ* colères haines (*sunt* sont), *animis* aux âmes, *cœlestibus* célestes ? — Tant de courroux peut-il entrer dans l'âme des dieux !
Exclamation de Virgile après avoir rappelé le ressentiment qui anime Junon contre les Troyens. Boileau a dit dans son *Lutrin* : « Tant de fiel entre-t-il dans l'âme des dévots ! »

Tardè venientibus ossa. — *Venientibus* aux venants, *tardè* tard, *ossa* des os. — Ceux qui viennent tard à table n'ont plus que des os à ronger.
Cette locution s'applique figurément aussi à ceux qui manquent une bonne affaire par négligence ou par défaut d'activité.

Telum imbelle et sine ictu.
(*Imité* de Virgile, qui a dit : *Telumque imbelle sine ictu conjecit. En.* II.) — *Telum* trait, *imbelle* impuissant, *et sine* et sans, *ictu* coup, blessure. — Trait lancé sans vigueur et qui ne saurait blesser.
Pyrrhus poursuit Polite, fils de Priam, et va le percer sous les yeux du père. Le vieux Priam veut défendre son fils et lance contre Pyrrhus un trait qui s'arrête à la surface du bouclier du héros grec.
La citation s'applique à toute attaque impuissante.

Teneo lupum auribus.
(Térence, *Phormion*.)

Teneo je tiens, *lupum* le loup, *auribus* par les oreilles.
Le loup a les oreilles relativement très-courtes : il est donc difficile de le retenir en le tenant par là ; d'autre part il y a du danger à le lâcher.
Exprime le très-grand embarras dans lequel on se trouve.

Testis unus, testis nullus.

Testis témoin, *unus* unique, seul, *testis* témoin, *nullus* nul.
Le témoignage d'une seule personne ne saurait suffire.

Tibi gratias.......

(*Ago* je rends, ou *agimus* nous rendons), *gratias* grâces, *tibi* a toi ou à vous.
S'emploie familièrement.

Timeo Danaos et dona ferentes.
(Virgile, *En.* II.)

Timeo je crains, *Danaos* les Grecs, *et* et même, *ferentes* portant, *dona* des présents. — Je crains les Grecs, même lorsqu'ils font des présents.
C'est le Troyen Laocoon qui parle ; il engage ses compatriotes à ne pas admettre dans la ville le cheval de bois offert à Minerve par les Grecs. — Les présents d'un ennemi couvrent quelque perfidie : on doit s'en défier.

Tot capita, tot sensus ou tot sententiæ.

Tot autant, *capita* de têtes, *tot* autant, *sensus* de sentiments, ou *tot* autant, *sententiæ* d'avis, d'opinions.

Totâ erras viâ......
(Térence, *l'Eunuque*.)

Erras tu erres, tu t'égares, *viâ* de la voie, *totâ* tout entière. — Vous êtes tout à fait hors de la voie.
Se dit à celui qui est complétement dans l'erreur.

Trahit sua quemque voluptas.
(Virgile, *Egl.* 2.)

Sua voluptas son plaisir, sa passion, *trahit* entraîne, *quemque* chacun. — Chacun est entraîné par son goût, par son penchant, par sa passion.

Tua res agitur.....
(Horace, *Ep.* 18, liv. I.)

Tua ta, *res* chose, affaire, *agitur* est traitée.— C'est votre affaire, cela vous touche, il y va de votre intérêt.

Tu autem..........

Autem or, *tu* toi.
Membre de phrase inachevée et dont le sens paraît être : *Et toi, que ferais-tu ?* ce qui suppose un embarras dans lequel on se trouve, une difficulté à surmonter. La locution *tu autem* ne s'emploie que substantivement : on dit *le tu-autem*. V. le Dictionnaire.

Tulit alter honores.
(Virgile.)

Alter un autre, *tulit* a emporté, a obtenu, *honores* les honneurs. — C'est un autre qui en a eu l'honneur ou les avantages.
Voir *Sic vos non vobis*.

Tu Marcellus eris..
(Virgile, *En.* VI.)

Tu toi, *eris* tu seras, *Marcellus* Marcellus.
Fils d'Octavie, la sœur d'Auguste, gendre de ce prince, qui l'avait désigné pour lui succéder, le jeune Marcellus, par les bonnes qualités dont il était doué, faisait espérer aux Romains un gouvernement heureux, lorsqu'il mourut subitement à l'âge de 18 ans.
Virgile nous montre Anchise indiquant à son fils Énée, dans les Champs Élysées, les âmes de tous les grands hommes qui doivent illustrer Rome. En voyant celle de Marcellus, il ne peut retenir ses larmes et fait l'éloge de ce prince, qui ne fera que paraître un moment sur la terre. « Ah ! s'écrie-t-il, si tu peux triompher des rigueurs du sort, *tu seras Marcellus*. » C'est-à-dire tu seras ce que tu promets devoir être, un prince accompli.

Tu quoque!.........   *Tu* toi, *quoque* aussi!

César, assailli dans le sénat par les conjurés, se défendait contre leurs coups, lorsqu'il aperçut parmi ses meurtriers Décimus Brutus, qui passait pour être son fils et qu'il avait toujours traité comme tel. « Toi aussi, s'écria-t-il, *tu quoque!* » Alors il s'enveloppa la tête de sa toge et se laissa percer de coups.

U

Ubi benè, ibi patria.   *Ubi* où, *bene* bien, *ibi* là, *patria* la patrie. — Où l'on est bien, là est la patrie.

Ultima ratio........   *Ultima* la dernière, *ratio* raison.

On dit que le canon est l'*ultima ratio regum*, c'est-à-dire la dernière raison des rois.

Una salus victis nullam sperare salutem.
(Virgile, *Én.* II.)
Una le seul, *salus* salut, *victis* pour des vaincus (*est* est), *sperare* d'espérer, *nullam* nul, *salutem* salut. — L'unique salut des vaincus, c'est de n'en point attendre.

Unâ voce...........   *Unâ* d'une seule, *voce* voix. — Tout d'une voix ; à l'unanimité, d'un consentement unanime.

Unguibus et rostro.   *Unguibus* des ongles, *et rostro* et du bec.

« Se défendre *unguibus et rostro* », c'est-à-dire se défendre énergiquement, de toutes ses forces.

Uno avulso non deficit alter.
(Virgile, *Én.* VI.)
Uno un, *avulso* arraché, enlevé, *alter* un autre, *non deficit* ne manque pas.

Virgile dit : *Primo avulso non deficit alter aureus*, le premier arraché, un autre d'or ne manque pas, c'est-à-dire le remplace. Il s'agit du rameau d'or qu'il faut cueillir dans une forêt ténébreuse et porter à la main en se présentant aux portes des enfers pour y être admis vivant.

Cette citation s'applique à toute personne ou à toute chose remplacée par une autre.

Unum et idem......   *Unum* un seul, *et idem* et le même. — C'est une seule et même chose.

Urbi et orbi........   *Urbi* à la ville, *et orbi* et à la terre entière.

Paroles que prononce le pape en donnant sa bénédiction du haut du balcon de l'église Saint-Pierre. On emploie familièrement cette locution pour signifier *partout, en tous lieux*.

Utile dulci.........   Voir *Omne tulit punctum*.

Ut ita dicam.......   *Ut* pour que, *dicam* je dise, *ita* ainsi. — Pour ainsi dire.

Ut pictura poesis..
(Horace, *Art poét.*)
Poesis la poésie (*est* est), *ut* comme, *pictura* une peinture.

La poésie présente des tableaux qui, comme ceux de la peinture, veulent être vus de différentes manières : les uns de près, les autres de loin; ceux-ci dans un demi-jour, ceux-là fortement éclairés : telle est la pensée exprimée par Horace.

Ut vales ?..........   *Ut* comment, *vales* te portes-tu *ou* vous portez-vous?

V

Vade in pace.......   *Vade* va, *in* en, *pace* paix. — Allez en paix.
Cette locution s'emploie aussi substantivement. V. au Dictionnaire *Vade-in-pace.*

Vade mecum.......   *Vade* va, *mecum* avec moi.
S'emploie substantivement. V. au Dictionnaire *Vade-mecum.*

Vade retro, Sata-nas. (Évangile selon saint Mathieu, iv.)   *Vade* va-t'en, *retrò* en arrière, *Satanas* Satan.
On dit familièrement, *vade retrò* à quelqu'un dont on repousse la présence ou les propositions.

Væ soli !........... (Ecclésiaste.)   *Væ* malheur (*homini* à l'homme), *soli* seul. — Malheur à celui qui vit seul.

Væ victis !.........   *Væ* malheur, *victis* aux vaincus.

Vale. — Vale et me ama.   *Vale* porte-toi bien. — *Vale* porte-toi bien, *et* et *ama* aime, *me* moi.
Formule par laquelle on termine une lettre à un ami.

Vanitas vanita-tum, omnia vani-tas (Ecclésiaste.)   *Vanitas* vanité, *vanitatum* des vanités, *omnia* tout (*est* est), *vanitas* vanité.

Veni, vidi, vici......   *Veni* je suis venu, *vidi* j'ai vu, *vici* j'ai vaincu.
Billet de César au sénat en lui annonçant sa victoire sur Pharnace, fils de Mithridate, roi de Pont.

Verba volant, scrip-ta manent.   *Verba* les paroles, *volant* s'envolent, *scripta* les écrits, *manent* restent.

Verbi gratiâ........   *Gratiâ* par service, par emploi ; *verbi* de mot, d'expression. — Par exemple.

Vice versâ.........   *Vice* par rôle, *versâ* renversé. — Inversement, réciproquement.

Victis honos........   *Honos* honneur, *victis* aux vaincus. — Honneur au courage malheureux.

Videbimus infrà...   *Videbimus* nous verrons, *infrà* plus bas, plus tard dans la suite.

Vires acquirit eun-do. (Virgile, *Én.* IV.)   *Acquirit* elle acquiert, *vires* des forces, *eundo* en allant.
Il s'agit de la Renommée dont la voix retentit d'autant plus qu'elle s'étend davantage. Mais la citation s'applique à tout ce qui gagne de jour en jour plus de force, plus de vigueur, plus de puissance.

Vis comica..........   *Vis* la force, *comica* comique. — La verve comique, le pouvoir d'exciter le rire.

Vitam impendere vero. (Juvénal.)   *Impendere* employer, consacrer, *vitam* la vie, *vero* au vrai. — Consacrer sa vie à la vérité.
C'était la devise de J.-J. Rousseau.

Vox clamantis in deserto. (Évangile selon saint Jean, ch. i, verset 23.)   *Vox* la voix, *clamantis* de celui qui crie, *in* dans, *deserta* le désert.
Se dit d'une personne dont on n'écoute pas les bonnes raisons, les bons conseils, les justes observations, etc.

Vox faucibus hæ-sit. (Virgile, *Én.* II.)   *Vox* la voix, *hæsit* s'arrêta (*in* dans), *faucibus* le gosier. — Ma voix expira sur mes lèvres, *ou* sa voix expira sur ses lèvres.

Vox populi, vox Dei.   *Vox* la voix, *populi* du peuple (*est* est), *vox* la voix, *Dei* de Dieu.

LOCUTIONS ET CITATIONS

EMPRUNTÉES A D'AUTRES LANGUES QUE LE LATIN.

Nota. On trouvera à leur rang dans le Dictionnaire général, où ils sont suffisamment expliqués, plusieurs autres mots italiens tels que *dolce*, *crescendo*, *in petto*, etc.

Alpha et oméga....
(Grec.)
L'*alpha* (A) est la première lettre de l'alphabet grec, l'*oméga* (Ω) en est la dernière. On dit *l'alpha et l'oméga* pour signifier le commencement ou principe et la fin.

Anch' io son pittore.
(Italien.)
(On pron. *ank io son pittoré*).
Io moi, *anche* aussi, *son* pour *sono* je suis, *pittore* peintre. — Et moi aussi je suis peintre.
Exclamation du jeune Corrège enthousiasmé à la vue d'un tableau de Raphaël.

Chi va piano, va sano.
(Italien.)
(On pron. *ki va piâno va sâno*.)
Chi celui qui, *va piano* va doucement, *va sano* va sain, va en bonne santé.
L'on ajoute quelquefois *e chi va sano, va lontano*, c'est-à-dire et celui qui va en bonne santé, va loin.

Dolce far niente...
(Italien.)
(On pron. *doltché far niénté*.)
Dolce le doux, *far* faire, *niente* rien. — La douce oisiveté.

È pur si muove....
(Italien.)
(On pron *é pour si mouôvé*.)
E pur et pourtant, *si muove* elle se meut, elle tourne.
Galilée avait publié un livre dans lequel il soutenait que la terre tourne sur elle-même et autour du soleil. Cette opinion fut taxée d'hérésie, et l'on força Galilée à la rétracter et à jurer sur l'Évangile qu'il ne la reproduirait plus. Le vieux savant prêta à genoux le serment exigé, mais, en se relevant, il ne put s'empêcher de dire : *E pur si muove*, et pourtant elle tourne.

È sempre bene.....
(Italien.)
(On pron. *é sempré béné*).
E sempre et toujours, *bene* bien. — Et c'est toujours bien.

Eurêka............
(Grec.)
J'ai trouvé.
Archimède trouva, étant au bain, la solution du problème de la couronne d'Hiéron et, comme conséquence, le fameux principe qui porte son nom pour déterminer le poids spécifique des corps. Il fut tellement frappé de l'importance de sa découverte qu'il sortit du bain, et, sans songer à s'habiller, courut chez lui en s'écriant comme un fou : *Eurêka, eurêka !*

Far niente.........
Voir *Dolce far niente*.

Furia francese.....
(Italien.)
(On pron. *fouria frantchésé*.)
La furie française ; la vivacité de l'attaque des soldats français.

Lasciate ogni speranza, voi ch'entrate.
(Italien.)

(On pron. *lachiâté ogni spérantza voï kèntrâté*.)
Lasciate laissez, *ogni* toute, *speranza* espérance, *voi* vous, *ch'entrate* qui entrez.
Inscription qui, suivant le Dante, est placée au-dessus de la porte de l'Enfer.

Se non è vero è bene trovato.
(Italien.)

(On pron. *sé non è véro è béné trovâto*.)
Se si, *non è* ce n'est pas, *vero* vrai, *è* c'est, *bene* bien, *trovato* trouvé, imaginé, inventé.

Sotto voce..........
(Italien.)

(On pron. *sotto votché*.)
A voix basse, tout bas.

Tempo è galant' uomo.
(Italien.)

(On pron. *tempo è galantouomo*.)
Tempo le temps, *è* est, *galant' uomo* honnête homme.
Le temps arrange tout, termine tout, remédie à tout.

That is the question.

Voir *To be*.

Time is money.....
(Anglais.)

(On pron. *taïme is monè*.)
Time le temps, *is* est, *money* de l'argent.

To be or not to be, that is the question.
(Anglais.)

(On pron. *tou bî or not tou bi, zat issé cueschtieun*.)
To be être, *or* ou, *not* ne pas, *to be* être, *that* cela, *is* est, *the question* la question. — Être ou ne pas être, c'est là la question.
Citation prise à Shakespeare : monologue d'Hamlet, dans la pièce de ce nom.

Tutti quanti..........
(Italien.)

(On pron. *toutti couanti*.)
Tout autant qu'ils sont, tout autant qu'il y en a.

F. N.

COURS COMPLET
DE LANGUE FRANÇAISE

THÉORIE ET EXERCICES

POUR L'ENSEIGNEMENT UNIMÉTHODIQUE DES LANGUES

PAR M. GUÉRARD

Agrégé de l'Université, préfet des études à Sainte-Barbe,
Chevalier de la Légion d'honneur.

1re PARTIE

Grammaire élémentaire, d'après LHOMOND.

Autorisée par S. Ex. M. le Ministre de l'instruction publique.

LIVRE DE L'ÉLÈVE. 1 vol. in-12, nouv. édit. Prix, cart. .... » 75

LIVRE DU MAITRE. 1 vol. in-12. Prix, cart. 1 25

GRAMMAIRE ÉLÉMENTAIRE (Élève) suivie du cahier de la conjugaison. 1 vol. in-12. Prix, cart. .... » 90

Ouvrage adopté exclusivement par la ville de Paris pour toutes ses écoles.

Exercices sur la Grammaire élémentaire :

LIVRE DE L'ÉLÈVE. 1 vol. in-12. Prix, cart. 1 25

Nota. Ces Exercices se vendent en outre par cahiers de 48 et 96 pages. Prix, br. 35 et 70 c.

LIVRE DU MAITRE. 1 vol. in-12. Prix, cart. .... 2 »

Cadres de Grammaire élémentaire, par M. Feillet, chef d'institution. 1 vol. in-12. Prix, br. .... » 25

Leçons et Exercices sur la prononciation. 1 vol. in-12. Prix, br. cart. .... » 75

Cahier de la conjugaison. 1 vol. in-12. Prix, br. rog. .... » 20

Exercices sur l'orthographe des verbes :

LIVRE DE L'ÉLÈVE. 1 vol. in-12. Prix, cart. .... » 80

LIVRE DU MAITRE. 1 vol. in-12. Prix, cart. 1 50

Cours de dictées élémentaires. 1 vol. in-18. Prix, cart. .... 2 »

Nota. Il n'y a point de partie de l'élève pour les Cours de dictées.

Dictionnaire abrégé de la langue française, par MM. Guérard et Sardou. 1 vol. in-18 carré. Prix, cart. .... 2 »

2e PARTIE

Grammaire et compléments :

Ouvrage autorisé par S. Ex. M. le Ministre de l'instruction publique.

LIVRE DE L'ÉLÈVE, 80e édit. 1 vol. in-12. Prix, cart. 1 50

LIVRE DU MAITRE. 1 vol. in-12. Prix, cart. .... 2 »

Exercices sur la grammaire et compléments :

LIVRE DE L'ÉLÈVE. 1 vol. in-12. Prix, cart. .... » 60

LIVRE DU MAITRE. 1 vol. in-12. Prix, cart. 1 50

Cadres de Grammaire et compléments, par M. Feillet, chef d'institution. 1 vol. in-12. br. .... » 40

Leçons graduées et Exercices d'analyse logique :

LIVRE DE L'ÉLÈVE. 1 vol. in-12. Prix, cart. .... » »

LIVRE DU MAITRE. 1 vol. in-12. Prix, cart. .... » »

Exercices sur les homonymes et les paronymes. 1 vol. in-12. Prix, cart. 1 25

Cours de dictées. 1 vol. in-12. Prix, cart. 2 25

Traité des Participes. 1 vol. in-12. Prix, cart. .... 1 »

Exercices sur les Participes :

LIVRE DE L'ÉLÈVE. 1 vol. in-12. Prix, cart. .... » »

LIVRE DU MAITRE. 1 vol. in-12. Prix, cart. .... 2 »

Dictionnaire général de la langue française, par MM. Guérard et Sardou. 1 vol. in-18 raisin. Prix, cart. 2 50

3e PARTIE

Cours de composition française, renfermant plus de 300 exemples et modèles, suivi de notions de littérature, et terminé par un recueil de Sujets et compositions. Édition revue avec soin. 1 fort vol. in-12. Prix, cart. 3 50

CORRIGÉ DES SUJETS DE COMPOSITION FRANÇAISE. 2e édit. 1 très fort vol. in-12. Prix, br. .... » »

CORBEIL. — Typ. et stér. de CRÉTÉ.

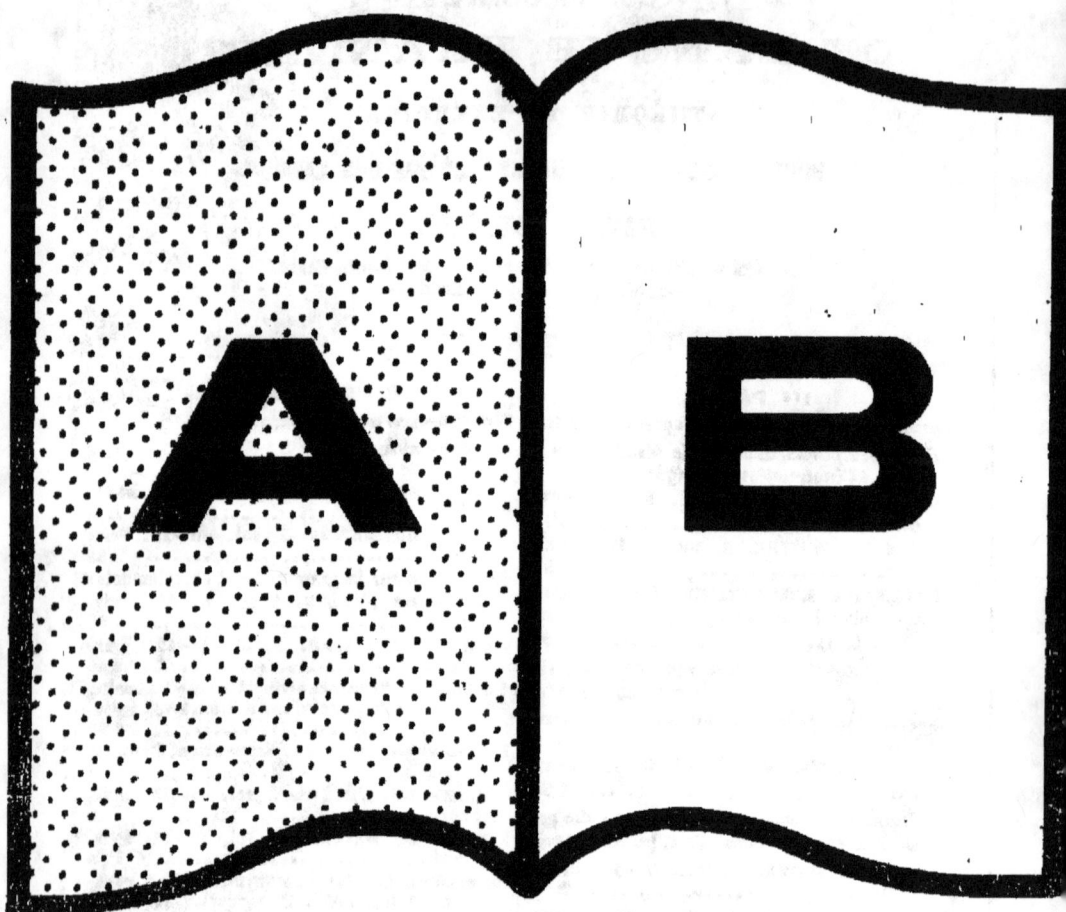

Contraste insuffisant

NF Z 43-120-14

Texte détérioré — reliure défectueuse

NF Z 43-120-11

www.ingramcontent.com/pod-product-compliance
Lightning Source LLC
Chambersburg PA
CBHW060542280326
41932CB00011B/1372